Deutsche Biographische Enzyklopädie (DBE)

Herausgegeben von
Walther Killy † und Rudolf Vierhaus

DEUTSCHE BIOGRAPHISCHE ENZYKLOPÄDIE (DBE)

Herausgegeben von Walther Killy † und Rudolf Vierhaus
unter Mitarbeit von Dietrich von Engelhardt,
Wolfram Fischer, Franz Georg Kaltwasser und
Bernd Moeller

Deutsche Biographische Enzyklopädie (DBE)

Herausgegeben von
Walther Killy † und Rudolf Vierhaus

Band 12/1
Ortsregister A-M

K · G · Saur   München 2000

Die Deutsche Bibliothek – CIP-Einheitsaufnahme

Deutsche biographische Enzyklopädie : (DBE) / hrsg. von
Walther Killy und Rudolf Vierhaus.
Unter Mitarb. von Dietrich von Engelhardt .... – München : Saur.
ISBN 3-598-23160-1

Bd. 12. Ortsregister
1. A–M. – 2000
ISBN 3-598-23172-5

Gedruckt auf säurefreiem und chlorarmem Papier
Printed on acid-free and chlorine-free paper

Alle Rechte vorbehalten / All Rights Strictly Reserved
K.G. Saur Verlag GmbH & Co KG, München 2000
Printed in the Federal Republic of Germany

Satz: bsix information exchange, Braunschweig
Druck: Strauss Offsetdruck GmbH, Mörlenbach
Binden: Kunst- und Verlagsbuchbinderei GmbH, Leipzig
ISBN 3-598-23160-1 (Gesamt)

Inhaltsverzeichnis

Hinweise für den Benutzer

Der zwölfte Band der DEUTSCHEN BIOGRAPHI-SCHEN ENZYKLOPÄDIE enthält in zwei Teil-bänden ein Orts- und ein Berufsregister zu den Arti-keln der Bände 1 bis 11. Die beiden Register sollen, wie schon das Personenregister in Band 11, dem Benutzer ein Hilfsmittel für die leichtere und wei-terführende Erschließung der DEUTSCHEN BIO-GRAPHISCHEN ENZYKLOPÄDIE an die Hand geben.

Das Ortsregister zur DEUTSCHEN BIOGRAPHI-SCHEN ENZYKLOPÄDIE verzeichnet die in den Artikeln erwähnten rund 19 000 Orte. Die Anset-zung erfolgt nach dem lateinischen Alphabet. Um-laute gelten als zwei Buchstaben; weitere diakriti-sche Zeichen sind bei der Einordnung nicht berück-sichtigt. ß wird wie ss behandelt. Die Fundstellen sind in folgender Form angegeben: Stichwort, Hin-weis auf Geburtsort (*), Wirkungsort (~) bzw. Ster-beort (†), Band/Seitenzahl.

Orte gleichen Namens werden durch Zusätze wie die Kreiszugehörigkeit gekennzeichnet. Bei Ge-meinden in der Schweiz und in Österreich wird im allgemeinen in Klammern der betreffende Kanton bzw. das Bundesland angegeben. Bei Ortsnamen-wechsel (z. B. Chemnitz, 1953-90 Karl-Marx-Stadt) bzw. Erweiterung des Ortsnamens (z. B. von Hers-feld zu Bad Hersfeld) erfolgt die Ansetzung unter dem heute üblichen Namen. Von Karl-Marx-Stadt wird auf Chemnitz, von Hersfeld auf Bad Hers-feld verwiesen. Bei Orten in ehemals deutschen oder österreichischen Gebieten wird der Name in der jetzigen Landessprache beigefügt, z.B. Lands-berg/Warthe (poln. Gorzów Wielkopolski). Von Gorzów Wielkopolski wird auf Landsberg/Warthe verwiesen.

Groß ist die Zahl derjenigen Gemeinden, die in eine andere Gemeinde eingegliedert oder mit anderen aufgelösten Gemeinden zu einer neuen Gemeinde zusammengeschlossen wurden. Seit den achtziger Jahren des 19. Jahrhunderts haben die Eingemein-dungen mit der fortschreitenden Industrialisierung und Ausdehnung der Städte zugenommen. Im Zuge der kommunalen Neugliederung der Bundesrepu-blik Deutschland in den sechziger und siebziger Jahren des 20. Jahrhunderts hat sich die Zahl der kreisangehörigen Gemeinden und die der kreis-freien Städte um zwei Drittel vermindert. Auch die Zahl der Gemeinden in den Ländern der ehemaligen Deutschen Demokratischen Republik ging im Zuge von Eingemeindungen zurück. Bei Orten, die einge-meindet wurden (z. B. Charlottenburg), erfolgt die Ansetzung unter dem bis zur Eingemeindung amtli-chen Namen. Das Jahr der Eingemeindung wird in der Regel erwähnt. Unterhalb des Stichworts zum Ort, in den die Eingemeindung erfolgte (in unserem Beispiel Berlin), wird auf die eingemeindeten Orte hingewiesen.

Das Berufsregister zur DEUTSCHEN BIOGRA-PHISCHEN ENZYKLOPÄDIE verzeichnet die in den Artikelköpfen erwähnten rund 2 000 Berufe. Manche Nennungen von Berufen unterhalb ei-nes Stichworts geben die spezifischen Tätigkeits-bereiche und Fachrichtungen an (z. B. Histori-ker, siehe auch Agrarhistoriker, Chemiehistoriker, Chronist etc.). In das Berufsregister aufgenommen sind auch die in der DEUTSCHEN BIOGRAPHI-SCHEN ENZYKLOPÄDIE aufgeführten Kaiser, Könige, Kurfürsten, Markgrafen etc. Die Fundstel-len sind in folgender Form angegeben: Stichwort, Band/Seitenzahl.

Abkürzungsverzeichnis

a.	am, an	NB.	Niederbayern
a. d.	an dem, an den, an der, auf der	Nm.	Neumark
b.	bei	OB.	Oberbayern
Bay.	Bayern	Oberpf	Oberpfalz
Bez.	Bezirk	OFr.	Oberfranken
		O. L.	Oberlausitz
Cty.	County	Oldb	Oldenburg
		OPf.	Oberpfalz
D. C.	District of Columbia	O. S.	Oberschlesien
Dép.	Département	Ostpr.	Ostpreußen
dt.	deutsch		
		Pom., Pomm.	Pommern
Erzgeb.	Erzgebirge	Pr	Preußen
evang.	evangelisch	Prov.	Provinz
frz.	französisch	Rhld.	Rheinland
		Rsgb.	Riesengebirge
Gem.	Gemeinde		
Gouv.	Gouvernement	Sa.	Sachsen
		Schles.	Schlesien
Hess	Hessen	Schwarzw	Schwarzwald
i.	im, in	Thür.	Thüringen
i. d.	in dem, in den, in der		
		v. d.	vor dem, vor der
kath.	katholisch	Vogtl.	Vogtland
Kr.	Kreis		
Kt.	Kanton	Westerw	Westerwald
		Westf.	Westfalen
luth.	lutherisch	Westpr.	Westpreußen
Meckl	Mecklenburg		

Die Adjektivendung ...isch wird abgekürzt.

Ortsregister
A – M

A

Aachen

siehe auch *Burtscheid, Diepenbenden, Haaren, Kornelimünster, Laurensberg, Melaten, Richterich*
Abondi, Alessandro ~ 1/11; Albert von Aachen ~/†
1/67; Alefeld, Georg Otto ~ 11/2; Aler, Paul ~ 1/86; Alertz, Clemens August */~ 1/86; Alkuin ~ 1/90; Alleker, Johannes ~ 1/91; Altmann, Bischof von Passau ~ 1/102; Altzenbach, Gerhard ~ 1/106; Alvary, Max ~ 1/106; Amalarius von Metz ~ 1/109; Amberg, Adolph ~ 1/111; Anders, Franz Julius ~ 1/123; Angilbert ~ 1/139; Anna, deutsche Königin ~ 1/141; Anna von der Pfalz ~ 1/142; Anno, Anton * 1/145; Anthony, Wilhelm ~ 1/149; Arbenz, Carl † 1/161; Arnim-Boitzenburg, Adolf Heinrich Graf ~ 1/181; Arnold II., Erzbischof von Köln ~ 1/183; Arnold (von Selenhofen), Erzbischof von Mainz ~ 1/184; Arzruni, Andreas ~ 1/200; Badius, Johannes ~/† 1/253; Bärsch, Georg Friedrich ~ 1/262; Ball, Georg Adam ~ 1/277; Bannenberg, Wilhelm ~ 1/289; Bansen, Hugo ~ 1/289; Bassermann, Albert ~ 1/315; Bauer, Karl ~ 1/327; Baum, Fritz ~ 1/332; Baur, Albert * 1/349; Baur, Ferdinand ~ 1/349; Baur, Renward ~ 1/352; Beatrix von Falkenburg ~ 1/362; Becher, Bruno ~ 1/365; Beeck, Peter von ~/† 1/387; Beissel, Jodokus ~ 1/406; Beissel, (Karl Christian) Stephan (Hubert) * 1/406; Belderbusch, Karl Leopold Graf von ~ 1/408; Belderbusch, Kaspar Anton Frh. von ~ 1/408; Benrath, Alfred ~ 1/427; Bernoulli, August Leonhard ~ 1/472; Berrer, Alfred (Wilhelm Albert) ~ 1/479; Bethmann, Heinrich Eduard ~ 1/496; Bidlingmaier, Friedrich ~ 1/515; Biermer, Magnus ~ 1/524; Billing, Hermann ~ 1/528; Binterim, Anton Joseph ~ 1/534; Birgel, Willy ~ 1/537; Birghden, Johann von der * 1/537; Bismarck, Otto (Eduard Leopold) von ~ 1/545; Blech, Leo */~ 1/565; Blondel, Franz ~/† 1/579; Blumenthal, (Ludwig) Otto ~ 1/588; Bock, Franz ~/† 1/594; Bock, Kornelius Peter * 1/595; Böckeler, Heinrich ~/† 1/607; Böhm, Johann Heinrich † 1/618; Boell, Heinrich ~ 1/627; Bogdandy, Ludwig von ~ 11/27; Bolzmann, Karl Anton ~ 2/14; Bonafont, Karl Philipp ~ 2/15; Borbet, Walter (Adolf) ~ 2/25; Borchers, (Johann Albert) Wilhelm ~ 2/27; Borght, Richard van der ~ 2/29; Bornewasser, Franz Rudolf ~ 2/34; Borries, Bodo von ~ 2/37; Brammart, Johannes */~ 2/59; Branca, Wilhelm von ~ 2/60; Brand, Heinz ~ 2/60; Brandis, August Friedrich Karl von ~/† 2/64; Brandt, Heinrich Karl Theodor ~ 2/69; Brandt, Leo ~ 2/70; Braunfels, Wolfgang ~ 2/89; Brauweiler, Heinz ~ 2/91; Bredow, Ferdinand von ~ 2/95; Bredt, (Conrad) Julius ~/† 2/96; Brewer, Heinrich ~ 2/128; Briesemeister, Otto ~ 2/133; Bruders, Heinrich * 2/151; Brühl, Julius Wilhelm ~ 2/156; Bruno, Bischof von Augsburg ~ 2/171; Bubendey, Johann Friedrich ~ 2/177; Bücken, Ernst */~ 2/199; Büttner, (Carl Ludwig) August (Friedrich) ~ 2/215; Buntru, Alfred ~/† 2/225; Burckhardt, Helmuth ~ 2/231; Burgmüller, Norbert † 2/240; Burrian, Karl ~ 2/247; Bury, Friedrich † 2/247; Busch, Fritz ~ 2/249; Busch, Hans Peter * 11/36; Buskühl, Ernst ~ 2/253; Caliga-Reh, Friedrich ~ 2/265; Capellmann, Georgette */† 2/277; Carlier, Leonhard * 2/281; Cathrein, Victor † 2/297; Chamen, Daniel von ~ 2/303; Charlier, Albert Franz Viktor ~ 2/305; Chorus, Gerhard ~ 2/314; Christ, Sophie ~ 2/316; Christianus, Johannes ~/† 2/322; Claisen, Ludwig Rainer ~ 2/328; Classen, Alexander */~/† 2/331; Claus, Hubert ~ 2/334; Clermont, (Johann) Arnold */~ 2/342; Colyn, Bonifacius ~ 2/360; Contzen, Johann */~/† 2/367; Conze, Johannes ~ 2/368; Corsten, Hermann ~ 2/379; Coudenhove-Kalergi, Richard Nikolaus Graf ~ 2/385; Couven, Johann Joseph */~/† 2/387; Cremers, (Paul) Joseph ~ 2/399; Daelen, Reiner ~ 2/425; Dahmen, Jost * 2/430; Dammer, Karl ~ 2/437; Danckelmann, Bernhard (Engelbert Joseph) ~ 2/438; Dautzenberg, (Peter Josef) Franz */~/† 2/451; Dauven, Stephan Dominikus ~ 2/451; Davring, Henri * 2/454; Debye, Peter (Joseph Wilhelm) ~ 2/456; Dechamps, Gustav (Leonard Joseph) */~ 2/456; Dessoff, (Felix) Otto ~ 2/498; Detmar, auch Thietmar, Bischof von Osnabrück ~ 2/500; Diepgen, Paul * 2/520; Diessenhofen, Johann Truchseß von ~ 2/525; Dietrich I., Erzbischof von Trier ~ 2/533; Dinnendahl, Franz ~ 2/552; Döring, August ~ 2/576; Domgraf-Fassbaender, Willi */~ 2/590; Dorpmüller, Julius (Heinrich) ~ 2/601; Dressel, Ludwig ~ 2/615; Dreuw, Heinrich ~ 2/616; Dubbel, Heinrich */~ 2/629; Du Mont, Markus (Theodor) ~ 2/649; Du Mont, (Johann Maria) Nikolaus † 2/649; Dustmann-Meyer, Marie Louise * 2/657; Eberle, Adam * 2/672; Eccarius, Alfons ~ 3/4; Eckardt, Wilhelm (Richard Ernst) ~ 3/8; Eckert-Greifendorff, Friedrich Eduard Max ~/† 3/12; Effertz, Josef ~ 3/22; Eibenschütz, Albert Maria ~ 3/45; Eichengrün, (Ernst) Arthur */~ 3/49; Eidens, Joseph */~/† 3/58; Einhard ~ 3/63; Elmendorff, Karl ~ 3/93; Elster, Ludwig (Hermann Alexander) ~ 3/98; Eltz-Rübenach, (Peter) Paul (Raimund Maria Josef Hubert) Frh. von ~ 3/99; Engelbert I. von Berg, Erzbischof von Köln ~ 3/116; Engelbert II. von Falkenburg, Erzbischof von Köln ~ 3/116; Ernst, Johann † 3/164; Esau, Abraham ~ 3/171; Esser, Karl Michael * 3/180; Esser, Thomas * 3/181; Eulenburg, Franz ~ 3/191; Euler, August (Heinrich) ~ 3/191; Evels, Friedrich Wilhelm ~/† 3/195; Fabri, Felix ~ 3/211; Fahrenkamp, Emil (Gustav) */~ 3/219; Faßbaender, Peter * 3/233; Fechner, Erich * 3/238; Fell, Johanna ~/† 3/259; Fell, Winand * 3/259; Fellmann, Hans-Georg * 3/261; Fenner, Paul Emmerich ~ 3/265; Fettweis, Ewald ~/† 3/275; Fey, Klara */~ 3/282; Fiederling, Otto ~ 3/291; Fieseler, Gerhard ~ 3/293; Fincken, Carl Clemens August */~ 3/298; Finckh, Ludwig ~ 3/299; Fink, Max (Hermann Julius) ~/† 3/303; Fischbach, Friedrich * 3/308; Fischenich, Bartholomäus Ludwig ~ 3/310; Flegler, Eugen ~/† 3/340; Föppl, Otto ~ 3/360; Förster, Arnold */† 3/361; Forchheimer, Philipp ~ 3/372; Forckenbeck, Oskar von ~ 3/372; Freisler, Roland ~ 3/423; Frieb-Blumauer, (Johanna) Minona ~ 3/445; Friedrich I. (Barbarossa), Kaiser ~ 3/456; Friedrich III., Graf von Saarwerden, Kurfürst und Erzbischof von Köln ~ 3/464; Friedrichs, Kurt (Otto) ~ 3/482; Frik, Wolfgang ~ 3/486; Froitzheim, Otto ~/† 3/507; Fromm, Emil ~/† 3/508; Fry, Adolf ~ 3/516; Fuchs, Walter (Maximilian) ~/† 3/522; Fürth, August Frh. von * 3/530; Fürth, Bernard Chrysart Frh. von * 3/530; Funke, Hermann ~ 3/542; Furtwängler, Philipp ~ 3/548; Gabelmann, (August) Hugo ~ 3/548; Garbotz, Georg ~/† 3/573; Gaßmann, Bernard Anton ~ 3/579; Gast, (Adolf Emil) Paul ~ 3/580; Gau, Andreas ~/† 3/583; Gauer, Bernhard ~ 3/584; Gehlen, Arnold ~ 3/599; Gehlen, Karl Maria Hubert ~ 3/599; Geiger, Carl (Gustav Theodor) ~ 3/603; Geilenkirchen, Karl Theodor ~ 3/607; Geisler, Walter ~ 3/610; Gelbke, Hans ~ 3/615; Genelli, Joseph (Johann Franz) * 3/621; Gerkan, Armin von ~ 3/646; Gerlach, Eduard ~ 3/647; Gerstein, Kurt ~ 3/657; Gerstein, Ludwig ~ 3/657; Gillhausen, Gisbert ~ 4/9; Gillmann, Alexander ~ 4/10; Gillmeister, Karl ~ 4/10; Gircken, Nikolaus † 4/14; Girschner, Karl Friedrich (Johann) ~ 4/15; Globke, Hans ~ 4/32; Goecke, Theodor ~ 4/50; Goerens, (Joseph) Paul ~ 4/56; Goossens, Josse (Maria Konstantin) * 4/97; Gottfried I., Graf von Spitzenberg-Helfenstein, Bischof von Würzburg ~ 4/105; Gottschalk von Aachen ~ 4/110; Gottschalk, Alfred ~ 4/110; Graaff, Carlo ~ 4/114; Graf, Heinrich ~ 4/127; Grashof, Karl Friedrich August ~ 4/138; Grau, Bernhard ~ 4/141; Graubner, Gerhard ~ 4/142; Greber, Julius * 4/146; Gregorius ~ 4/149; Greiner, Michael ~ 4/153; Gretscher, Philipp ~ 4/158; Greving, Joseph * 4/160; Gröppel, Karl ~ 4/180; Grohé, Josef ~ 4/181; Grohmann, Friedrich Wilhelm ~ 4/182; Groß, Edgar (Karl Marian) ~ 4/190; Grotrian, Otto (Natalius August) ~/† 4/203; Grotrian, Walter (Robert Wilhelm) * 4/203; Grümmer, Elisabeth ~ 4/209; Grünewald, Armin † 4/214; Grünhut, (Jacques-)Leo ~ 4/216; Günther, Jeremias ~ 4/241; Guilleaume, Franz Carl ~ 11/74; Gundlach, Karl

Georg */~ 10/473; Wiebe, Hermann Friedrich ~ 10/477; Wieghardt, Karl ~ 10/481; Wien, Max (Carl Werner) ~ 10/485; Wien, Wilhelm (Karl Werner Otto Fritz Franz) ~ 10/485; Wiener, Otto (Heinrich) ~ 10/487; Wieselsberger, Carl ~/† 10/489; Wilmers, Wilhelm ~ 10/515; Winkelmann, Adolph ~ 10/527; Wittekopf, Rudolf ~ 10/546; Wohlfart, Erwin ~ 10/561; Wolter, Maurus ~ 10/585; Worringer, Wilhelm * 10/588; Wüllner, (Friedrich Hugo Anton) Adolph ~/† 10/592; Wüllner, Franz ~ 10/592; Wunderlich, Hans-Heinz ~ 10/598; Zeerleder, Alfred von ~ 10/628; Ziegler, Karl Waldemar ~ 10/655; Zoeppritz, Rudolf (Karl Wolf Franz) ~ 10/685; Zottmayr, Nina * 10/690; Zwingli, Huldrych (Ulrich) ~ 10/709

Aahof (lett. Lejasciems, russ. Lejsk)
Hahn, (Karl) Hugo * 4/330; Maurina, Zenta * 6/670

Aalen
siehe auch *Diepertsbuch, Unterkochen, Wasseralfingen*
Adelmann von Adelmannsfelden, Heinrich ~ 1/33; Bausch, Hans ~ 11/14; Binkowski, Johannes ~ 11/22; Boemus, Johann ~ 1/629; Ebertin, Reinhold ~ 2/680; Fischer, Franz * 3/315; Ganzhorn, Wilhelm (Christian) ~ 3/572; Hartmann, Julius ~ 4/410; Keller, Johann Michael ~ 5/495; Lang, Carl Ludwig * 11/116; Nahmer, Adolf von der ~ 7/337; Pahl, Johann Gottfried von * 7/549; Scherrenmüller, Bartholomäus * 8/614; Stützel, Wolfgang (Hermann Martin) * 9/611; Theiss, Konrad ~ 9/692; Vogel, Rudolf ~ 10/228; Zapf, Georg Wilhelm ~ 10/620

Aalst (frz. Alost, Prov. Ostflandern, Belgien)
Johann von Westfalen ~ 5/350; Smetius a Leda, Henricus * 9/352; Stopius, Martinus * 9/557

Aarau (Kt. Aargau)
Abt, Siegfried ~ 1/16; Ammann, Hektor */† 1/115; Anacker, Heinrich * 1/121; Balthasar, Joseph Anton von ~ 1/281; Bay, David Ludwig ~ 1/356; Bell, August ~ 1/408; Benteli, (Emanuel) Albert ~ 1/428; Bernoulli, Christoph ~ 1/472; Bircher, Eugen */~/† 1/536; Bircher, Heinrich ~/† 1/536; Bircher-Benner, Maximilian Oskar * 1/536; Brandenberg, Johann(es) ~ 2/61; Bronner, Franz Xaver ~/† 2/145; Brunnhofer, Gottlieb Hermann */~ 2/171; Burgmeier, Max */† 2/240; Cramer-Frey, Conrad ~ 2/391; Dietsch, Andreas ~ 2/538; Dössekel, Eduard † 2/581; Dolder, Johann Rudolf ~ 2/585; Escher von der Linth, Hans Konrad ~ 3/175; Esser, Louis ~/† 3/181; Evers, Ernst August ~ 3/196; Fahrländer, Karl Emanuel */~/† 3/220; Fahrländer, Karl Franz Sebastian ~/† 3/220; Fahrländer, Sebastian † 3/220; Falke, Konrad * 3/226; Fallenter, Franz ~ 3/229; Feer, (Walter) Emil * 3/243; Feer, Jakob Emanuel † 3/243; Feer-Herzog, Carl † 3/243; Fehlmann, Heinrich * 3/245; Fellenberg, Theodor von ~ 3/259; Fisch, Hans Ulrich */~/† 3/308; Fisch, Rudolf (Samuel) * 3/308; Fischer, Adolf † 3/310; Fischer, Guido */† 3/317; Fleiner, Albert * 3/340; Fleiner, Fritz * 3/340; Fleiner, Hans * 3/340; Flühmann, Elisabeth ~/† 3/357; Forster, August (Adolf Ludwig) ~ 3/367; Forster, Ernst ~ 3/375; Frey, (Gustav) Adolf ~ 3/433; Frey, Jakob ~ 3/435; Frey, Julius ~ 3/436; Fricker, Hans */~/† 3/443; Fröhlich, Abraham Emanuel ~ 3/501; Fröhlich, (Friedrich) Theodor ~/† 3/504; Gladbach, Georg ~ 4/19; Görres, (Johann) Joseph von ~ 4/59; Greith, Franz Josef ~ 4/155; Greith, (Emil Franz) Karl * 4/155; Haemig-Burgmeier, Lisa * 4/306; Haemmerli-Marti, Sophie ~ 4/306; Hagnauer, Gottlieb */~/† 4/327; Haller, Ernst ~/† 4/347; Hartmann IV. der Ältere, Graf von Kyburg ~ 4/404; Hasler, Gustav Adolf */~/† 4/424; Hassler, Emil */~ 4/430; Haßler, Ferdinand Rudolph * 4/430; Herzog, Hans */† 4/665; Herzog, Johann ~ 4/665; Hesse, (Johann Heinrich Karl) Hermann ~ 4/675; Heuberger, Edmund * 5/6; Heuberger, Jakob ~/† 5/6; Hirnschrot, Johann Andreas ~ 5/59; Hoffmann, Felix */~/† 5/116; Hüssy, Paul ~/† 5/214; Imhof, Karl * 5/251; Isler, Peter Emil ~ 5/264; Jaberg, Karl ~ 5/269; Jäger, Josef ~ 5/284; Jeuch, Kaspar Joseph ~ 5/328; Kägi, Markus † 5/393; Känel, Rösy von * 5/395; Keller, Emanuel Gottfried ~/† 5/491; Keller, Eugen ~ 5/491; Keller, Georg Viktor ~ 5/492; Keller, Gottfried ~/† 5/493; Kern, Jakob ~/† 5/511;

Knie, Charles † 5/620; Kurz, Heinrich ~/† 6/179; Mager, Karl (Wilhelm Eduard) ~ 6/561; Menzel, Wolfgang ~ 7/67; Meyer, Johann Rudolf */† 7/106; Mieg, Peter † 7/130; Moosbrugger, Leopold † 7/205; Moosbrugger, Wendelin † 7/205; Moser, Robert ~ 7/228; Moßbrugger, Leopold von † 7/231; Mühlberg, Friedrich Christoph */~/† 7/240; Münch, Ernst Hermann Joseph ~ 7/293; Oehler, Karl Gottlieb Reinhard ~ 7/464; Osterrieth, Johann Daniel ~ 7/517; Otter, Jakob ~ 7/526; Pfeiffer, Michael Traugott ~ 7/641; Ragaz, Clara ~ 8/123; Rengger, Albrecht ~/† 8/242; Rengger, Johann (Rudolf) ~/† 8/242; Riesbeck, Johann Kaspar ~/† 8/305; Ringier, (Karl Albrecht) Gottlieb ~ 8/317; Rochholz, Ernst Ludwig ~/† 8/340; Roth, Helene ~ 8/413; Rothpletz, Ferdinand † 8/422; Rüetschi, Jakob ~/† 8/449; Rychner, Johann Jakob */~ 8/480; Sauerländer, Heinrich Remigius ~/† 8/528; Sauerländer, Johann David ~ 8/528; Sauerländer, Karl Heinrich Remigius */~/† 8/529; Saxer, Walter ~ 8/534; Schenker, Kurt */~ 8/607; Scheuermann, (Jakob) Emanuel * 8/618; Scheuermann, (Samuel Johann) Jakob ~/† 8/618; Schmid, Carl * 8/699; Schnell, Johann Rudolf ~ 9/62; Schnell, Karl ~/† 9/62; Schnell, Johann Robert ~ 9/172; Schuh, Willi ~ 9/181; Schwabe, Benno ~ 9/218; Steinmann, Paul ~/† 9/498; Stocker, Franz August ~ 9/538; Straumann, Heinrich ~ 9/573; Streuli, Hans † 9/585; Suter, Heinrich ~ 9/636; Tanner, Karl Rudolf */~/† 9/656; Tobler, Ludwig ~ 10/54; Troxler, Ignaz Paul Vitalis ~ 10/99; Ulrich, Hans Jakob ~ 10/146; Usteri, Paul ~ 10/171; Vetter, Ferdinand ~ 10/200; Vock, Alois ~ 10/219; Vogt, Alfred ~ 10/232; Walter, Otto F(riedrich) * 10/320; Walthard, Max ~ 10/321; Wartburg, Walther von ~ 10/338; Wehrli, Leo * 10/378; Wehrli, Werner */~ 10/379; Weissenbach, Plazid ~/† 10/413; Wieland, Ludwig (Friedrich August) ~ 10/484; Winteler, Jost ~ 10/531; Wintergerst, Joseph ~ 10/534; Wirri, Heinrich * 10/538; Zehnder, Gottlieb † 10/629; Zehnder-Stadlin, Josephine ~ 10/629; Zschokke, Conradin ~ 10/691; Zschokke, Friedrich * 10/691; Zschokke, (Johann) Heinrich (Daniel) ~ 10/691; Zschokke, Richard ~ 10/692; Zschokke, Theodor Joseph Karl */~/† 10/692

Aarberg (Kt. Bern)
Clias, Phokion Heinrich ~ 2/343

Aarbergen → Kettenbach, Panrod

Aarburg (Kt. Aargau)
Aerni, Franz Theodor */† 1/49; Beetschen, Lucie */~/† 1/393; Herzog, Emilie † 4/664; Kinkelin, Hermann ~ 5/543; Niggli, Arnold */~ 7/417; Niggli, Friedrich (Arnold) * 7/417; Niggli, Martha */† 7/417; Oppliger, Fritz * 7/502; Plepp, Joseph ~ 7/693; Schuler, Fridolin † 9/184; Wedekind, Erika ~ 10/368; Welti, Franz * 10/429; Welti, Heinrich ~/† 10/429; Zimmerli, Oskar */† 10/665; Zimmerli, Walther ~ 10/665

Aarhus (dän. Århus)
Chrestensen, Niels Lund ~ 2/314; Dutschke, Rudi ~/† 2/658; Gebauer, Christian David † 3/590; Geiger, Theodor ~ 3/606; Krüger, Friedrich ~/† 6/122; Notke, Bernt ~ 7/442; Rogosinski, Werner Wolfgang ~/† 8/366; Schneider, Erich ~ 9/51

Aarwangen (Kt. Bern)
Huber, Hans ~ 5/196; Willading, Johann Friedrich von ~ 10/509

Aastrup (dän. Åstrup)
Dose, Johannes (Valentin) ~ 2/602

Abano Terme (Prov. Padua, Italien)
Polsterer, Ludwig † 8/29

Abaújszina → Szina

Abbach → Bad Abbach

Abbazia → Opatija

Abbenburg (Gem. Bökendorf, seit 1970 zu Brakel)
Droste-Hülshoff, Annette von ~ 2/624

Abbiategrasso (Prov. Mailand, Italien)
Monti, Alois * 7/202

Åbenrå → Apenrade

Abensberg
Agricola, Stephan d. Ä. * 1/55; Albrecht IV. der Weise, Herzog von Bayern ~ 1/75; Aventinus, Johannes * 1/228; Haslang, Rudolf Frh. von ~ 4/424; Hazzi, Joseph Ritter von * 4/463; Jonas, Jakob † 5/360; Löffelholz von Colberg, Thomas ~ 6/439; Osterrieder, Franz Xaver * 7/517; Osterrieder, Sebastian * 7/517

Abentheuer
Böcking, Eduard Sigismund * 1/610

Aberdeen (Schottland)
Adler, Alfred † 1/37; Dieth, Eugen ~ 2/529; Driesch, Hans Adolf Eduard ~ 2/620; Goldschmidt, Victor Moritz ~ 4/86; Kauer, Walther ~ 5/468; Keith, James ~ 5/488; Rogosinski, Werner Wolfgang ~ 8/366; Straumann, Heinrich ~ 9/573

Abertamy → Abertham

Abertham (tschech. Abertamy)
Agricola, Georgius ~ 1/52; Henrich, Josef (Karl Ludwig) * 4/594

Abfaltersbach (Tirol)
Troger, Simon * 10/94

Ablaincourt (Dép. Somme, Frankreich)
Sorge, Reinhard Johannes † 9/379

Åbo → Turku

Abokobi (Ghana)
Bohner, Theodor Paul * 2/3

Abony (Ungarn)
Hay, Julius * 4/459

Abrau (poln. Obrowo)
Rosentreter, August(inus) * 8/401

Absam (Tirol)
Giner, Johann d. Ä. ~ 4/11; Holzhammer, Josef * 5/160; Kapferer, Josef Simon ~ 5/428; Stainer, Jakob */~/† 9/441; Welzenbacher, Lois † 10/431

Absberg
Ehrenfried, Matthias * 3/39

Abstatt → Wildeck

Abstetten (Niederösterreich)
Wann, Paul ~ 10/331

Abtei (italien. Badia)
Freinademetz, Joseph * 3/423

Abtenau (Salzburg)
Adrian, Karl ~ 1/47

Abterode (seit 1972 zu Meißner)
Waldis, Burkhard ~/† 10/304

Abtsdorf (Gem. Attersee, Oberösterreich)
Brusenbauch, Artur † 2/175

Abtsdorf (tschech. Opatov)
Peschka, Franz */~ 7/608

Abtsgmünd
siehe auch *Hohenstadt, Neubronn*
Funk, Franz Xaver von * 3/541; Keller, Friedrich von † 5/492; Salat, Jakob * 8/497; Steinbeis, Ferdinand von ~ 9/485; Zimmer, Patrizius Benedikt * 10/664

Abtwil (Kt. Aargau)
Balmer, Joseph * 1/279

Abuzabel (Ägypten)
Pruner, Franz (Ignaz) ~ 8/82

Abwinkl (Gem. Bad Wiessee)
Brecht, Gustav † 2/94

Acapulco de Juárez (Mexiko)
Humboldt, Alexander Frh. von ~ 5/221; Pichlmayr, Rudolf ~/† 7/662; Stauffer, Ernest Henry ~/† 9/459; Traven, B. (Pseud.) ~ 10/75; Trommer, Jack ~ 10/96

Accum (seit 1972 zu Schortens)
Gerdes, Heinrich (Bernhard) * 3/637; Hermann von Accum * 4/623

Achern
siehe auch *Großweier, Illenau*
Baumstark, Reinhold ~ 1/349; Burkard, Heinrich * 2/242; Doll, Karl Wilhelm † 2/586; Engesser, Friedrich † 3/124; Förderer, Albert ~ 3/360; Furler, Hans † 3/543; Kommerell, Karl * 6/22; Lender, Franz Xaver ~ 6/319; Roller, Christian Friedrich Wilhelm † 8/376

Achim (Kr. Verden)
siehe auch *Baden*
Kleukens, Christian Heinrich * 5/591; Kleukens, Friedrich Wilhelm * 5/591

Achim (Kr. Wolfenbüttel)
Flechsig, (Wilhelm) Eduard † 3/338

Achleithen (Oberösterreich)
Fixlmillner, Placidus * 3/333

Achmetkent (Kaukasus)
Gmelin, Samuel (Gottlieb) † 4/41

Achslach → Ödwies

Achstetten → Oberholzheim

Achterwehr → Marutendorf

Ackendorf → Glüsig

Acrington (England)
Klietsch, Karl ~ 5/593

Adamov → Adamsthal, Neu-Adamsthal

Adamsthal (tschech. Adamov)
Hardtmuth, Joseph ~ 4/385

Adana (Türkei)
Koenig, Paul ~ 5/662

Adazi → Neuermühlen

Addinghof
Ruben, Leonhard ~/† 8/431

Addis Abeba
Hansen, Karl-Heinz ~ 4/376; Ilg, Alfred ~ 5/247; Morgenthaler, Fritz † 7/212; Neubacher, Hermann (Josef) ~ 7/370; Schoen, Wilhelm Albrecht Frh. von ~ 9/82; Zechlin, Walter ~ 10/626

Adelaide (Australien)
Haacke, Johann Wilhelm ~ 4/282; Reschauer, Anton ~ 8/248; Schomburgk, Richard ~/† 9/112; Veress, Sándor ~ 10/195

Adelberg (Kr. Göppingen)
Andreae, Johann Valentin ~ 1/130; Assum, Johann ~ 1/208; Bidembach, Felix ~ 1/514; Binder, Christoph ~ 1/530; Fischer, Ludwig Eberhard ~ 3/324; Harttmann, Karl Friedrich * 4/414; Heinlin, Johann Jakob ~ 4/517; Jäger, Johann Wolfgang ~ 5/284; Kepler, Johannes ~ 5/506; Osiander, Lukas d. Ä. ~ 7/512; Sprenger, Balthasar ~/† 9/419

Adelboden (Kt. Bern)
Fink, Waldemar ~ 3/303; Jan, Karl von † 5/298; Kocher, Rudolf ~ 5/645

Adelby (Gem. Tastrup)
Dettmann, Ludwig * 2/501

Adelebsen
Burckhardt, Heinrich (Christian) * 2/231; Deneke, Otto * 2/485; Lebek, Johannes ~/† 6/278; Mahrenholz, Christhard * 6/569

Adelhausen (seit 1510 zu Freiburg im Breisgau)
Meyer, Johannes ~/† 7/106

Adelhausen (seit 1974 zu Rheinfelden, Baden)
Fritz, Karl * 3/496

Adelholzen → Bad Adelholzen

Adelig Dombrowken (auch Boguschau, poln. Boguszewo)
Keibel, Franz * 5/485

Adelmannsfelden
Hohenheim, Franziska Reichsgräfin von * 5/138; Nabor, Felix † 7/325; Stadelmann, Rudolf * 9/428

Adelnau (poln. Odalanow)
Altmann, Wilhelm * 1/104

Adelsberg → Postojna

Adelsdorf (Kr. Erlangen-Höchstadt)
Mönius, Georg ~ 7/173

Adelsdorf (poln. Zagrodno)
Colerus, Johann * 2/355

Adelsheim
siehe auch *Leibenstadt*
Flad, Friedrich * 3/334; Geiger, Philipp Lorenz ~ 3/605

Adelshofen (Kr. Ansbach)
siehe auch *Tauberscheckenbach*
Ulmer, Friedrich (Karl Hans) ~ 10/141

Aden
Roth, Johannes (Rudolf) ~ 8/413
Adenau
Albers, Bruno * 1/64; Fuchs, Hans ~ 3/519; Klausener,
Erich ~ 5/568; Stierlin, (Johann Gottfried) Adolf * 9/529
Adendorf (Gem. Wachtberg)
Loe, Klemens Frh. von * 6/436; Merklein, Helmut †
11/129
Adensen (seit 1974 zu Nordstemmen)
Wiegmann, Rudolf * 10/482
Aderstedt (Kr. Halberstadt)
Müller, Johann Heinrich Friedrich * 7/269
Adldorf (seit 1972 zu Eichendorf, Kr. Dingolfing-Landau)
Baader, Johannes † 1/232; Kapfinger, Johannes * 5/429
Adlerkosteletz (tschech. Kostelec nad Orlicí)
König, Friedrich Wilhelm * 11/108; Tuma, Franz * 10/116
Adlershof (seit 1920 zu Berlin)
Ahlborn, Friedrich (Christian Georg) ~ 1/56; Fuhrmann,
Georg ~ 3/538; Kahlbaum, Wilhelm † 5/401
Adlfurt (seit 1978 zu Bad Aibling)
Peyerl, Johann Nepomuk * 7/631
Adlig Goltzhausen → Bielkenfeld
Adlig-Krümmendorf (auch Krummendorf bei Züllichau,
poln. Krężoły)
Bernhardi, Friedrich */† 1/469
Adliswil (Kt. Zürich)
Kunz, (Hans) Heinrich ~ 6/172; Oprecht, Hans † 7/503;
Theiler, Willy * 9/691; Ulrich, Maria † 10/147
Adlwang (Oberösterreich)
Mayr, Michael * 7/15
Admont (Steiermark)
Auerbach, Johann Gottfried ~ 1/216; Clavenau, Ignaz
~/† 2/337; Engelbert von Admont ~/† 3/117; Gebhard,
Erzbischof von Salzburg ~ 3/592; Gliber, Jakob ~ 4/31;
Gottfried, Abt von Admont ~/† 4/105; Hemma von Gurk
~ 4/578; Konrad II., Bischof von Passau, Erzbischof von
Salzburg ~/† 6/30; Kuglmayer, Gotthard ~ 6/157; Kurtz,
August ~/† 6/178; Lebaldt von Lebenwaldt, Adam ~ 6/278;
Lechler, Benedikt ~ 6/282; Peinlich, Richard ~ 7/589;
Pölzer, Julius * 8/12; Schenzl, Guido (Johann) ~ 8/608;
Stammel, Josef Thaddäus ~/† 9/443; Zürn, Franz ~ 10/698
Admontbühel (Steiermark)
Waltenhofen, Adalbert (Karl) Edler von * 10/317
Adnet (Salzburg)
Brunetti-Pisano, August ~ 2/166
Adolf (bei Winterberg, tschech. Vimperk)
Kralik von Meyrswalden, Wilhelm Ritter † 6/68
Adorf (Vogtlandkreis)
siehe auch *Untergettengrün*
Becker, Reinhold * 1/381; Bischoff, (Julius) Ferdinand *
1/543; Claviez, Emil ~/† 2/338; Heckel, Johann Adam */~
4/469; Kerll, Johann Kaspar von * 5/510; Todt, Karl Gott-
lob ~ 10/55
Adriach (Gem. Rothleiten, Steiermark)
Penz, Alois ~ 7/596
Adrianopel → Edirne
Adschibend (Aserbaidschan)
Sorge, Richard * 9/379
Aegidienberg (Bad Honnef)
Müller, Josef * 7/272
Ägina (Griechenland)
Furtwängler, Adolf ~ 3/544
Aelen (Kt. Waadt)
Diesbach, Ludwig von ~ 2/523; Naegeli, Hans Franz *
7/331
Aerzen → Groß Berkel, Posteholz, Schwöbber
Aesch (Kt. Basel-Landschaft)
Häberlin, (Henriette) Paula ~ 4/302; Koch, Werner * 5/644
Aeschach (seit 1922 zu Lindau/Bodensee)
Bernus, Alexander Frh. von * 1/478
Aetingen (Kt. Solothurn)
Sieber, Hugo * 9/306

Affalterbach
Daser, Ludwig Herkules * 2/446; Naumann, Rudolf †
11/133
Affalterthal
Bauriedel, Johann Albrecht ~/† 1/353; Degen, Johann
Friedrich * 2/464
Affaltrach (seit 1972 zu Obersulm)
Thalheimer, August * 9/688
Affeltrangen (Kt. Thurgau)
Bion, (Hermann) Walter * 1/535; Dodel, Arnold * 2/566
Affing
Gumppenberg, Walter ~ 4/257; Haeutle, Christian * 4/315;
Leydl, Johann Baptist † 6/369
Afflighem (Belgien)
Gottfried V. der Große, Herzog von Niederlothringen †
4/104
Affolterbach (seit 1972 zu Wald-Michelbach)
Eß, Leander van † 3/179; Sattler, Joachim */† 8/524
Affoltern am Albis (Kt. Zürich)
Dubs, Jakob * 2/631; Näf-Enz, Johannes ~ 7/330; Näf-
Gallmann, Rudolf ~ 7/330; Semper, Gottfried ~ 9/284;
Usteri, Johann Martin ~ 10/171
Aflenz (Steiermark)
Pengg, Aegyd ~ 7/595; Pengg von Auheim, Johann d. J. †
7/595; Potyka, Hugo ~ 8/47
Afling (Gem. Kematen in Tirol)
Ortner, Gustav † 7/509
Agarone (Kt. Tessin)
Liepman, Heinz † 6/391
Agen (Dép. Lot-et-Garonne, Frankreich)
Maurice, Chéri * 6/670
Agerskov (Dänemark)
Andresen, Carl * 1/134
Aggsbach (Niederösterreich)
Calles, Sigismund * 2/267
Agilla (auch Haffwerder, russ. Krasnoe)
Schiegries, Eduard * 8/626
Agnetendorf (poln. Jagniątków)
Grisebach, Hans (Otto Friedrich Julius) ~ 4/175; Haupt-
mann, Benvenuto * 4/444; Hauptmann, Gerhart (Johann
Robert) ~/† 4/444; Hauptmann, Ivo (Manfred Gerhart) ~
4/445
Agnetheln (rumän. Agnita, ungar. Szent-agota)
Fronius, Franz Friedrich ~/† 3/512; Schmidt von Alten-
heim, Konrad Frh. * 9/21; Schullerus, Adolf ~ 9/185;
Teutsch, Georg Daniel ~ 9/683
Agnietenberg (Kloster)
Thomas von Kempen ~/† 10/17
Agnita → Agnetheln
Agno (Kt. Tessin)
Torriani, Vico † 10/65
Agordo (Prov. Belluno, Italien)
Fuchs, Wilhelm ~ 3/522; Mohs, (Carl) Friedrich (Christian)
† 7/184
Agra (Indien)
Farau, Alfred ~ 3/230; Pfander, Karl Gottlieb ~ 7/634;
Roth, Heinrich † 8/412; Strobl, Andreas ~/† 9/590;
Tieffenthaler, Joseph ~ 10/38
Agra (Kt. Tessin)
Burkhard, Paul † 2/243
Agram → Zagreb
Agrigent (italien. Agrigento)
Schweigger, August Friedrich † 9/235
Aha (seit 1978 zu Gunzenhausen)
Stählin, Adolf von ~ 9/434
Ahaus
siehe auch *Ottenstein*
Ahaus, Heinrich von * 1/56; Berendes, Julius Dominikus ~
1/436; Bockemöller, Johann Hermann Heinrich ~ 1/597;
Christoph Bernhard von Galen, Bischof von Münster
† 2/324; Cohausen, Johann Heinrich ~ 2/351; Guérard,
Theodor von † 4/245; Holtmann, Johannes * 5/155; Hoya,
Johann Graf von † 5/190; Klauser, Theodor * 5/568;
Lübbring, Joseph * 6/512

Ahlden (Aller)
Bialloblotzky, Christoph Heinrich Friedrich † 1/511; Königsmarck, Philipp Christoph Graf von ~ 5/666; Ompteda, Christian (Friedrich Wilhelm) Frh. von * 7/491; Sohnrey, Heinrich ~ 9/362; Sophie Dorothea, Prinzessin von Hannover ~/† 9/377

Ahlen
siehe auch *Vorhelm*
Brictius thon Norde ~ 2/130; Ludolf von Holte, Bischof von Münster ~ 6/496; Mallinckrodt, Bernhard von * 6/579; Rintelen, Friedrich * 8/320; Schücking, Catharina (Sibylla) * 9/168

Ahorn (Kr. Coburg)
Franck, Peter ~ 3/390; Gumlich, Ernst (Carl Adolf) * 4/254

Ahorn (Main-Tauber-Kreis) → Berolzheim, Buch am Ahorn

Ahorntal → Oberailsfeld

Ahrensbök
Bleek, Friedrich * 1/566; Johann der Jüngere, Herzog von Schleswig-Holstein-Sonderburg ~ 5/346

Ahrensburg
Becker, Dietrich ~ 1/376; Bonsels, Waldemar * 2/21; Laun, Rudolf Edler von † 6/269; Mücke, Hellmuth von † 7/239; Otremba, Erich † 7/524; Raethjen, Paul (Ernst Günther Siegmund) † 8/122

Ahrensdorf
Böttinger, Heinrich Theodor von ~ 1/640; Kardorff, Katharina von ~ 5/434; Kardorff, Siegfried von † 5/434

Ahrenshoop
Gerresheim, Anna ~/† 3/655; Hammel, Claus † 4/360; Leipoldt, Johannes † 6/308; Miethe, Käthe † 7/134; Müller-Kaempff, Paul ~ 7/288; Paul, Elfriede † 7/573; Seeberg, (Oskar Theodor) Alfred † 9/255; Seeberg, Erich † 9/255; Seeberg, Reinhold † 9/256; Spies, Leo † 9/404

Ahrweiler (seit 1969 zu Bad Neuenahr-Ahrweiler)
Assmann, Johann Baptist (Maria) † 1/207; Bresgen, (Karl) Maximilian (Hubert) * 2/119; Heß, (Maria) Joseph (Aloysius) ~ 4/671; Hülsmeyer, Christian † 5/210; Mausbach, (Karl) Joseph † 6/671; Otto, (Friedrich Victor) Carl † 11/153

Aibling → Bad Aibling

Aich (seit 1972 zu Neuendettelsau)
Johannes III. von Eych, Bischof von Eichstätt * 5/351

Aich (tschech. Doubí)
Czjzek, Johann Baptist Edler von Smidaich ~ 2/420; Regan, Anna * 8/183; Schreiber, Rudolf * 9/137

Aicha (bei Eggenfelden)
Mitterer, Max * 7/157

Aicha vorm Wald
Erhard, Ludwig (Anton) * 3/145; Vogl, Josef * 10/231

Aichach
siehe auch *Oberbernbach*
Beck, Karl Theodor ~/† 1/372; Flunk, Matthias * 3/357; Greiter, Matthäus * 4/154; Marcus, Carl Friedrich von ~ 6/609; Mayer, Ernst * 7/7; Müller, Vincenz * 7/282; Reuss-Belce, Luise † 8/258; Steub, Ludwig * 9/520; Zeller von und zu Leibersdorf, Johann Sig(is)mund Reichsfreiherr * 10/638

Aichelau (seit 1975 zu Pronstetten)
Arnold, Franz Xaver * 1/186

Aichelberg (seit 1974 zu Aichwald)
Fischer, Ludwig Eberhard * 3/324

Aichelberg (seit 1974 zu Bad Wildbach im Schwarzwald)
Bauerle, Karl Wilhelm Friedrich † 1/330

Aichen (Kr. Günzburg)
Angelus, Johannes * 1/136

Aichkirchen (Hemau)
Zoller, Konrad * 10/687

Aichstetten → Altmannshofen

Aichtal → Grötzingen, Neuenhaus

Aichwald → Aichelberg

Aidenried (Gem. Fischen, seit 1978 zu Pähl)
Spuler, Arnold † 9/423

Aidhausen → Friesenhausen

Aigen (seit 1939 zu Salzburg)
Haringer, Johann Jakob ~ 4/387; Hinterstoisser, Franz * 5/55; Hinterstoisser, Hermann Joseph * 5/55; Höfel, Blasius † 5/88; Philipps, George † 7/658; Rehrl, Kaspar * 8/194; Rettenpacher, Simon * 8/251; Schmid, Franz X. ~ 8/701; Schnehen, Rudolf Frh. von * 9/49; Spitzeder, Franz Xaver † 9/411; Trapp, Maria Augusta von ~ 10/69

Aigen a. Inn (Gem. Bad Füssing)
Hofmüller, Sebastian * 5/135

Aigen im Mühlkreis (Oberösterreich)
Pangerl, Franz Sales * 7/555

Aigle (Kt. Waadt)
Haussknecht, (Heinrich) Carl ~ 4/454

Ailingen (seit 1971 zu Friedrichshafen)
Eberle, Joseph * 2/673

Aindling
siehe auch *Stotzard*
Hofstätter, Heinrich * 5/135

Ainet (Tirol)
Gliber, Jakob */~/† 4/31

Ainring
siehe auch *Straß*
Kaser, Max † 11/101; Münster, Clemens † 11/133; Sänger, Eugen ~ 8/493; Sänger-Bredt, Irene (Reinhild Agnes Elisabeth) ~ 8/493

Airolo (Kt. Tessin)
Motta, Giuseppe * 7/233; Müller-Ury, Adolf * 7/291

Aislingen
Bach, Joseph * 1/240; Hundertpfund, Liberat ~ 5/227

Aitrach
Gaißer, Hugo Athanasius * 3/559

Aitrang
Steckel, Leon(h)ard † 9/462

Aix-en-Provence (Dép. Savoie, Frankreich)
Argens, Jean Baptiste de Bayer Marquis d' */~ 1/170; Erné, Nino ~ 3/156; Hasenclever, Walter (Georg Alexander) ~/† 4/423; Herr, Trude † 4/638; Hessel, Franz ~ 4/678; Höcherl, Hermann ~ 5/86; Israel Episcopus ~ 5/264; Kosel, Hermann ~ 6/51; Kreiten, Wilhelm ~ 6/93; Nachmann, Werner ~ 7/326; Nolting-Hauff, Ilse ~ 7/435; Noth, Ernst Erich ~ 7/442; Rauchenecker, Georg (Wilhelm) ~ 8/160; Rehfuß, Heinz ~ 8/191; Rüttenauer, Benno ~ 8/457; Schulz-Tattenbach, Hannes ~ 9/198; Seefried, Irmgard ~ 9/257; Wiegand, Heinrich ~ 10/481; Wilmers, Wilhelm ~ 10/515

Aizpute → Hasenpoth

Ajaccio (Dép. Corse-du-Sud, Frankreich)
Jérôme Bonaparte, König von Westfalen * 5/324; Rümann, Wilhelm Ritter von † 8/453

Aken (Elbe)
Bischoff, Karl † 11/22; Hülsen, August Ludwig * 5/209; Konrad II. von Sternberg, Erzbischof von Magdeburg ~ 6/28; Schummel, Johann Gottlieb ~ 9/208; Sickel, Theodor Ritter von ~ 9/302; Stock, Alfred Eduard † 9/536; Witte, (Otto) Karl (Emil) * 10/545

Akjär (Dänemark)
Cohen, Emil Wilhelm * 2/351

Akkon
Burchard von Schwanden, Hochmeister des Deutschen Ordens ~ 2/227; Friedrich V., Herzog von Schwaben ~/† 3/475; Gunther von Wüllersleben, Hochmeister des Deutschen Ordens ~ 4/261; Heinrich Walpot, Hochmeister des Deutschen Ordens ~ 4/526; Hermann von Salza, Hochmeister des Deutschen Ordens ~ 4/620; Jordan von Sachsen ~ 5/361; Konrad I. von Querfurt, Bischof von Hildesheim ~ 6/27; Ludwig III. der Fromme, Landgraf von Thüringen ~ 6/506; Paltram, vor dem Freithof † 7/552

Akkrum (Niederlande)
Acronius, Johannes * 1/24

Akron (Ohio, USA)
Arnstein, Karl † 1/193; Lehmann, Ernst August ~ 6/292

Akropong (Ghana)
Huppenbauer, Carl * 5/230

Alach

Alach (seit 1994 zu Erfurt)
Altenburg, Michael * 1/97; Berl, Johann Rudolph * 1/455; Fischer, Michael Gotthard * 3/325
Alassio (Italien)
Caminada, Christian ~ 2/270
Alba Iulia → Karlsburg
Albano → Albano Laziale
Albano Laziale (Prov. Rom, Italien)
Blaas, Eugen von * 1/552; Blaas, Julius von * 1/552; Hohenlohe-Schillingsfürst, Gustav Adolf Prinz zu ~ 5/140; Lang von Wellenburg, Matthäus ~ 6/228; Pforr, Franz † 7/651; Schulenburg, (Gebhard) Werner von der ~ 9/183; Seitz, Ludwig † 9/275; Spangenberg, Georg August † 9/383
Albany (New York, USA)
Engel, Johann Friedrich ~ 3/114; Funk, Casimir † 3/541; Tannenberg, Joseph ~ 9/655
Albeck (seit 1972 zu Langenau, Alb-Donau-Kreis)
Baur, Samuel ~/† 1/352; Blös(s)t, Johann Christoph ~ 1/577; Bosch, Robert (August) * 2/41
Albendorf (tschech. Alberiče)
Melzer, Moriz * 7/55
Alberiče → Albendorf
Alberschwende (Vorarlberg)
Gmeiner, Hermann * 4/39
Albersdorf (Kr. Dithmarschen)
Asmussen, Hans Christian ~ 1/206
Albersloh (seit 1975 zu Sendenhorst)
Bisping, August * 1/548
Albersweiler
Culmann, Hellmut * 2/409; Lipps, Gottlob (Friedrich) * 6/420
Alberti (Ungarn)
Politzer, Adam * 8/25
Albertsberg (Auerbach, Vogtl.)
Fiedler, Alfred ~ 3/291
Albertsberg (Niederösterreich)
Ehinger, Elias ~ 3/34
Albeuve (Kt. Freiburg)
Musy, Jean Marie * 7/319
Albisbrunn (Gem. Hausen am Albis, Kt. Zürich)
Hanselmann, Heinrich ~ 4/374
Albisheim (Pfrimm)
Bärmann, Johannes † 11/9
Albligen (Kt. Bern)
Brandt, Paul ~ 2/70
Albona → Labin
Albrechtsberg (Niederösterreich)
Rohan, Karl Anton Prinz */~/† 8/367
Albrechtsdorf (poln. Olbrachtowice)
Fürst von Kupferberg, Karl Joseph Max Frh. * 3/528
Albstadt → Ebingen, Laufen an der Eyach, Lautlingen, Tailfingen, Truchtelfingen
Albuquerque (New Mexico, USA)
Hallgarten, George (Wolfgang Friedrich) ~ 4/350
Alcalá de Henares (Spanien)
Ferdinand I., Römischer König und Kaiser, König von Böhmen und Ungarn * 3/267
Alcúdia (Spanien)
Althann, Maria Anna Josepha Gräfin von * 1/100
Aldein (italien. Aldino)
Di Pauli von Treuheim, Andreas (Alois) Frh. * 2/554; Franzelin, Johann Baptist * 3/415; Ladurner, Ignaz Anton * 6/194
Aldenhoven (Kr. Düren)
siehe auch *Siersdorf*
Gall, (Heinrich) Ludwig (Lambert) * 3/562
Aldersbach
Asam, Cosmas Damian ~ 1/201; Herneisen, Andreas ~ 4/634; Marius, Wolfgang ~/† 6/624; Ranzinger, Anton ~ 8/140
Aldingen (Kr. Tuttlingen)
Haller, Berchtold * 4/346; Leibl, Ernst Alfred † 6/302

Aldingen am Neckar (Gem. Remseck am Neckar)
Knaus, Friedrich * 5/615
Aldino → Aldein
Aleksandrija (Ukraine)
Tschiževskij, Dmitrij * 10/108
Aleksandropol (Kaukasus)
Tschechowa, Olga * 10/105
Aleppo (Syrien)
Burckhardt, Johann Ludwig ~ 2/233; Frech, Fritz (Friedrich Daniel) † 3/419; Krafft, Hans Ulrich ~ 6/63; Manlich, Melchior ~ 6/589; Schneider, Alfons Maria † 9/49; Zuchardt, Karl ~ 10/693
Alerheim
siehe auch *Wörnitzostheim*
Klein, Johann Wilhelm * 5/576; Mercy, Franz Frh. von † 7/69
Alexandria (Ägypten)
Burian von Rajecz, Stephan Graf ~ 2/242; Delaquis, Ernst * 2/474; Deutsch, Emanuel (Oskar Menachem) † 2/504; Flaschenträger, Bonifaz ~/† 3/336; Frank, Ludwig ~ 3/401; Gassner, Andre(as) (Ulrich Jakob) ~ 3/579; Hertz, Richard (Otto) ~ 4/653; Heß, Rudolf * 4/673; Hickmann, Hans (Robert Hermann) ~ 5/29; Hobrecht, James ~ 5/78; Kremer, Alfred Frh. von ~ 6/95; Lasker-Schüler, Else ~ 6/257; Manlich, Melchior ~ 6/589; Munzinger, Werner ~ 7/310; Noack, Ferdinand ~ 7/427; Planta, Gaudenz von * 7/685; Planta, Robert von * 7/686; Rappard, Carl Heinrich ~ 8/142; Rappard, Dora ~ 8/143; Raschdau, Ludwig ~ 8/144; Reitz, Konstantin ~ 8/236; Reuter, Gabriele * 8/260; Rhodokanakis, Nikolaus * 8/269; Rittmann, Alfred ~ 8/335; Roth, Gottfried ~ 8/412; Rüppel, Wilhelm Peter Eduard (Simon) ~ 8/454; Schäffer, Harry ~ 8/550; Schmidt, Carl ~ 9/4; Schreiber, Theodor ~ 9/137; Tralow, Johannes ~ 10/68; Wohlbrück, Wilhelm August † 10/561
Alexandria (Louisiana, USA)
Seckendorff, Gustav Anton Frh. von † 9/252
Alexandria (Virginia, USA)
Braun, Wernher Frh. von † 2/87; Minnigerode, Carl † 7/148; Stolper, Toni † 9/553
Alexbrück → Alexkehmen
Alexkehmen (auch Alexbrück, Ostpreußen)
Cappeler, Karl * 2/277
Alexotas → Alexoten
Alexoten (litauisch Alexotas, heute zu Kaunas/Kowno)
Minkowski, Hermann * 7/147; Minkowski, Oskar * 7/148
Alf
Gotthelf, Herta † 4/108
Alfdorf
Weismann, Wilhelm * 10/405
Alfeld (Leine)
siehe auch *Langenholzen*
Alveldt, Augustin von * 1/106; Arnoldi, Heinrich * 1/190; Benscheidt, Carl August ~/† 1/428; Block, August ~ 1/576; Dralle, Robert ~ 2/608; Eckard, Heinrich Martin ~/† 3/7; Gropius, Walter (Adolf Georg) ~ 4/187; Hagenbeck, Willy ~ 4/324; Immessen, Arnold ~ 5/254; Meyer, Adolf ~ 7/97; Müller, Waldemar † 7/282; Monheim, Rudolf ~ 7/295; Multhopp, Hans * 7/305; Rauschenplat, Johann Ernst Arminius von * 8/164; Ribbentrop, Heinrich Gottlieb ~ 8/271; Schrader, Heinrich Adolf * 9/125
Algeciras (Spanien)
Goluchowski, Agenor Maria Adam Graf ~ 4/94
Algermissen
siehe auch *Bledeln*
Ernst, Konrad */~/† 3/164
Algersdorf (tschech. Valkeřice)
Kreibich, Hans Robert * 6/90
Algier
Breitenstein, Ernst ~ 2/102; Burchartz, Max ~ 2/230; Dohrn, Carl August ~ 2/584; Emmenegger, Hans ~ 3/104; Fröbel, (Carl Ferdinand) Julius ~ 3/501; Gentz, (Wolfgang Christian) Ismael ~ 3/624; Goltz, Karl Friedrich Graf von der ~ 4/93; Heider, Arthur von ~ 4/490; Huber, Hermann ~ 5/196; Jaques-Dalcroze, Émile ~ 5/305; Jellinek-Mercédès,

Emil ~ 5/318; Junghuhn, Franz ~ 5/383; Kahler, Eugen
von ~ 5/402; Koenig, Alma Johanna ~ 5/657; Liebieg,
Theodor Frh. von ~ 6/384; Nachtigal, Gustav ~ 7/326;
Oer, Theobald (Reinhold) Frh. von ~ 7/468; Pfeiffer, Peter
(Hermann Josef) ~ 7/642; Schellenberg, (Karl) August
(Emil) ~ 8/594; Schönborn, Gottlob Friedrich Ernst ~ 9/87;
Schrödl, Anton ~ 9/153
Algrange → Algringen
Algringen (frz. Algrange, Dép. Moselle)
Wagner, Adolf * 10/277; Wagner, Josef * 10/283
Algund (italien. Lagundo)
Ladurner, Ignaz Anton ~ 6/194
Alhausen (Bad Driburg)
Weber, Friedrich Wilhelm * 10/353
Alheim → Heinebach
Aligarh (Indien)
Horovitz, Josef ~ 5/181; Spies, Otto ~ 9/404
Alingsås (Schweden)
Weiss, Peter (Ulrich) ~ 10/410
Alken
Johann V. von Wallenrode, Erzbischof von Riga, Bischof
von Lüttich † 5/344
Alkmaar (Niederlande)
Acronius, Ruard ~ 1/24; Anthing, Karl Heinrich Wilhelm
Baron von ~ 1/149; Murmellius, Johannes ~ 7/312;
Wilhelm von Holland, Deutscher König † 10/501
Allaman (Kt. Waadt)
Maurice, Pierre * 6/670
Alland (Niederösterreich)
Eckardt, Siegfried Gotthilf † 3/8; Sattler, Anton ~ 8/523;
Schroetter von Kristelli, Hermann ~ 9/157; Schroetter von
Kristelli, Leopold ~ 9/157; Sorgo, Josef ~ 9/379; Theyer,
Leopold ~ 9/695; Weichselbaum, Anton ~ 10/380
Allasch (lett. Allaži)
Blankenhagen, Wilhelm von † 1/557
Allaži → Allasch
Allenberg (Ostpreußen)
Hecker, Ewald ~ 4/470; Kahlbaum, Karl Ludwig ~ 5/401
Allendorf (seit 1929 zu Bad Sooden-Allendorf)
Buttlar, Eva Margaretha von ~ 2/259; Fabricius, Theodor
~ 3/215; Heinrich I. das Kind, Landgraf von Hessen ~
4/527; Mentzer, Balthasar I. * 7/65; Rehn, Ludwig * 8/193;
Waldis, Burkhard * 10/304; Wintzingerode, Ferdinand Frh.
von * 10/536
Allendorf (seit 1975 zu Sundern, Sauerland)
Peters, Norbert * 7/616
Allendorf (Stadtallendorf)
Heinrich von Hessen (d. J.) * 4/538
Allendorf (Eder)
Theobald, Gottfried Ludwig * 9/694
Allendorf (Lumda)
Baumer, Johann Wilhelm † 1/340
Allensbach
siehe auch *Hegne*
Lenz, Otto ~ 6/325; Mauthe, Christian ~ 6/672; Neumann,
Erich P. ~ 7/382; Sauter, Johann Nepomuk ~ 8/531
Allenstein (poln. Olsztyn)
Albers, Johann Christoph ~ 1/65; Bülow, Kurd (Edgar
Bodo) von ~ 2/203; Copernicus, Nicolaus ~ 2/368; David,
Lucas * 2/453; Gayl, Wilhelm (Moritz Egon) Frh. von ~
3/589; Giese, Tidemann (Bartholomäus) ~ 4/2; Girnus,
Wilhelm (Karl Albert) * 4/15; Haase, Hugo ~ 4/289;
Hindemith, Harry ~ 5/51; Hipler, Franz ~ 5/58; Laemmer,
(Eduard Ludwig) Hugo * 6/196; Mendelsohn, Erich ~ 7/57;
Rarkowski, Franz Justus * 8/143; Schrade, Leo * 9/124;
Warlimont, Walter ~ 10/335
Allenwiller (Dép. Bas-Rhin, Frankreich)
Gerold, Theodor † 3/654
Allermöhe (seit 1912 zu Hamburg)
Baxmann, Hein d. J. ~ 1/356
Allersberg
Riegg, Ignaz Albert von ~ 8/297
Allershausen (Kr. Freising)
Mutschelle, Sebastian * 7/321

Allersheim (Giebelstadt)
Reißmann, Johann Valentin von * 8/232
Alling
Fehrenberg, Hans ~ 3/246
Allmannsdorf (seit 1915 zu Konstanz)
Bettex, Frédéric † 1/499
Allmendingen
Waas, Adolf † 10/263
Allmenhausen (Ebeleben)
Schlotheim, Ernst Friedrich Frh. von * 8/686
Allrode
Domhardt, Johann Friedrich von * 2/590
Allschwil (Kt. Basel-Landschaft)
Gelpke, Ludwig (Hermann) * 3/618; Simon, Simon *
9/334
Allstedt
Acontius, Melchior † 1/23; Arnold, Gottfried ~ 1/187;
Demelius, Gustav * 2/482; Disselhoff, August Friedrich
Georg † 2/558; Fischer, Johann Karl * 3/321; Heumann,
Christoph August * 5/9; Müller, Karl * 7/273; Müntzer,
Thomas ~ 7/299; Piltz, Otto * 7/671; Schmidt, (Karl)
Adolf * 9/1; Stockmann, Ernst ~/† 9/539; Trebra, Friedrich
Wilhelm (Heinrich) von * 10/77; Voigt, Johann Carl
Wilhelm * 10/237; Wahl, Johann Graf von * 10/293;
Wolfram, Georg (Karl) * 10/580
Almadén (Spanien)
Fugger, Anton Reichsgraf ~ 3/534; Fugger, Jakob
Reichsgraf ~ 3/535
Almás (seit 1910 Apfelsbach, slowak. Jablonové, ungar.
Pozsonyalmás, seit 1951 zu Záhorie)
Grossmann, Michael * 4/198
Alme (seit 1975 zu Brilon)
Geyer, Bernhard * 3/671
Almrich (seit 1950 zu Naumburg/Saale)
Schultze-Naumburg, Paul * 9/194
Alnarp (Schweden)
Lamprecht, Herbert (Anton Karl) ~ 11/116
Alost → Aalst
Alp Grevasalvas (Kt. Graubünden)
Salis, Carl Albert von † 8/499
Alpen
siehe auch *Menzelen*
Alpen, Johann von * 1/93; Spieß, Johann Christoph ~
9/405; Stümpel-Schlichthaar, Carla * 9/610
Alpirsbach
Bengel, Johann Albrecht ~ 1/422; Blarer, Ambrosius ~
1/558; Boltz, Valentin ~ 2/12; Buchholz, Friedrich ~ 11/35;
Heine, Jacob ~ 4/510; Schlossberger, Hans (Otto Friedrich)
* 8/684
Alpl (Gem. Krieglach, Steiermark)
Rosegger, Peter * 8/388
Alpnach (Kt. Obwalden)
Rot, Wolfgang */~ 8/409
Alsbach (Gem. Nümbrecht)
Elkan, Benno ~ 3/89; Lüninck, Hermann (Joseph Anton
Maria) Frh. von ~ 6/519
Alsbach (seit 1977 zu Alsbach-Hähnlein)
Pasqué, Ernst † 7/567; Rieger, (Friedrich Leonhard)
Maximilian † 8/297
Alsbach-Hähnlein → Alsbach
Alse (seit 1974 zu Stadland)
Allmers, Robert (Anton Hinrich) * 1/92
Alsen (Wannsee, seit 1920 zu Berlin)
Steinen, Wolfram von den * 9/488
Alsenborn (seit 1969 zu Enkenbach-Alsenborn)
Kraemer, Heinrich * 6/61; Wunder, Wilhelm * 10/596
Alsenz
Frick, Wilhelm * 3/442; König, Karl * 5/661; Müller,
Jacob * 7/267
Alservorstadt (seit 1850 zu Wien)
Guschelbauer, Edmund * 4/265
Alsfeld
siehe auch *Eudorf*
Birckenstock, Johann Adam * 1/537; Bücking, Georg

(Dietrich Jakob) */† 2/199; Garthe, Balthasar ~/† 3/575; Hoelscher, (Friedrich August) Richard * 5/96; Kobelt, Wilhelm * 5/635; Kulpis, Johann Georg von * 6/165; Nestfell, Johann Georg * 7/367; Neurath, (Johann Friedrich Albert) Konstantin von * 7/392; Nigrinus, Georg ~ 7/417; Pistorius, Johann d. Ä. ~ 7/680; Schäffer, Martin ~ 8/551; Schleiermacher, Ernst * 8/665; Schnabel, Tilemann */~/† 9/43; Schwarz, Friedrich Heinrich Christian ~ 9/226; Spier, Samuel * 9/403; Stammler, Rudolf * 9/444; Weiser, Karl * 10/403

Alsheim
Briegleb, Elard ~ 2/132; Trunk, Johann Jakob † 10/102

Alsleben (Saale)
Ahlfeld, Johann Friedrich ~ 1/58; Ahlfeld, Johann Friedrich * 1/58; Arndt, Julius Karl * 1/175; Linneborn, Johannes ~ 6/413; Nicolai, Carl Ludwig * 7/399; Schaper, (Hugo Wilhelm) Fritz * 8/565

Alst (Horstmar)
Schorlemer-Alst, Burghard Frh. von ~/† 9/117; Schorlemer-Lieser, Clemens Frh. von * 9/117

Alt-Benatek (tschech. Staré Benátky, heute zu Benátky nad Jizerou)
Benda, Franz * 1/413; Benda, Georg Anton * 1/414; Benda, Johann * 1/414; Benda, Joseph * 1/414

Alt-Bischofsee → Bischofsee

Alt-Ehrenberg (tschech. Staré Křečany)
Kumpf, Heinrich * 6/166

Alt-Järshagen (poln. Stary Jarosław)
Kowalewski, Gerhard * 6/57

Alt Lietzegöricke (poln. Stare Łysogórski)
Nothnagel, (Karl Wilhelm) Hermann * 7/442

Alt Madlitz
Genelli, Hans Christian † 3/621

Alt-Ofen (ungar. Óbuda, seit 1872 zu Budapest)
Neumann, Julius * 7/384; Österreicher, Josef Manes * 7/473

Alt-Paka (tschech. Stará Paka)
Gruntzel, Josef * 4/227

Alt-Prerau (Gem. Wildendürnbach, Niederösterreich)
Meinl, Julius † 7/37

Alt-Rahlstedt (seit 1927 zu Rahlstedt, seit 1938 zu Hamburg)
Liliencron, Detlev von ~/† 6/395

Alt-Rothwasser (tschech. Stará Červená Voda)
Hoheisel, Konrad * 5/137

Alt Sankt Johann → Sankt Johann im Thurtal

Alt-Sattel (tschech. Staré Sedlo, Bez. Tachau)
Puchta, Anton * 8/85; Weil, Karl * 10/392

Alt Schadow
Gronau, Hans von * 4/184

Alt-Schwanenburg (lett. Vecgulhene)
Keußler, Gerhard von * 5/525

Alt Schwerin
Sellin, Ernst (Franz Max) * 9/279

Alt-Seidenberg (poln. Stary Zawidów)
Böhme, Jacob * 1/620

Alt-Stettin (Stettin)
Aschenbrenner, Christian Heinrich * 1/203

Alt Sührkow → Pohnstorf

Alt-Thann (frz. Vieux-Thann, Dép. Haut-Rhin)
Heilmann, Josua † 4/499

Alt-Töplitz (seit 1964 zu Töplitz)
Wieneke, Paul Friedrich ~/† 10/486

Alt-Vogelseifen (tschech. Stará Rudná, heute zu Rudná pod Pradědem)
Heider, Paul (Alois) ~ 4/491

Alt-Wallmoden (seit 1974 zu Wallmoden)
Weule, (Johann Konrad) Karl * 10/464

Alt Weißbach (poln. Stara Białka)
Rittner, Rudolf */~/† 8/335

Alt-Woidoma (estn. Vana Võidu)
Lellep, Otto * 6/314

Altach (Vorarlberg)
Ender, Otto * 3/109

Altaussee (Steiermark)
Alewyn, Richard ~ 1/86; Brandauer, Karin (Katharina) * 2/60; Brehm, Bruno von ~/† 2/97; Plappart von Leenheer, August Frh. † 7/686; Plieseis, Sepp ~ 8/2; Preuss, Paul * 8/66; Rebhann von Aspernbruck, Georg † 8/170; Wassermann, Jakob ~/† 10/342

Altbach (Kr. Esslingen)
Böblinger, Matthäus * 1/606; Bührer, Viktor Matthäus ~ 2/202

Altbreisach
Schäfer, Bernhard ~ 8/546

Altbrünn
Napp, Cyrill ~/† 7/339

Altbunzlau (tschech. Stará Boleslav)
Leopold Salvator, Erzherzog von Österreich * 6/334; Lukas von Prag † 6/529; Rost, Anton Franz ~ 8/406

Altburg (seit 1975 zu Calw)
Bohnenberger, Gottlieb Christoph ~ 2/3

Altchemnitz
May, Karl (Friedrich) ~ 7/2

Altdamm (poln. Dąbie, heute zu Szczecin/Stettin)
Gilly, Friedrich (David) * 4/10; Held, Heinrich ~ 4/556

Altdöbern
Heineken, Karl Heinrich Ritter von ~/† 4/512; Jander, Gerhart * 5/299

Altdorf (Dép. Bas-Rhin, Frankreich)
Gerber, Erasmus ~ 3/635

Altdorf (Kr. Böblingen)
Hahn, (Johann) Michael * 4/332

Altdorf (Kt. Uri)
Babberger, August † 1/233; Dätwyler, Peter ~ 2/426; Danioth, Friedrich */~/† 2/441; Dobler, Josef ~/† 2/564; Eberle, Oskar ~/† 2/674; Fidelis von Sigmaringen ~ 3/289; Gisler, Anton ~ 4/17; Heimgartner, Joseph ~ 4/504; Hospinian, Rudolf * 5/186; Kißling, Richard ~ 5/559; Kohlund, Erwin ~ 6/6; Martini, Martin ~ 6/640; Müller, Iso * 7/266; Müller, Josef */~/† 7/272; Müller, Karl Emanuel */~/† 7/274; Muheim, Gustav */† 7/303; Muheim, Gustav * 7/303; Muheim, Jost * 7/303; Muheim, Karl */~/† 7/304; Styger, Paul ~ 9/621; Zwyer, Sebastian Peregrin † 10/711

Altdorf b. Nürnberg
siehe auch *Eismannsberg, Grünsberg, Rasch*
Ackermann, (Johann Christian) Gottlieb ~/† 1/20; Adelbulner, Michael ~/† 1/32; Adolph, Johann Traugott ~/† 1/46; Algoewer, David ~ 1/90; Althofer, Christoph ~ 1/101; Anckelmann, Eberhard ~ 1/122; Apin, Johann Ludwig ~/† 1/157; Apin, Siegmund Jakob ~ 1/157; Arnold, Christoph ~ 1/185; Arnold, Johann Christian ~ 1/188; Arnold, Kaspar ~ 1/189; Arnschwanger, Johann Christoph ~ 1/193; Baier, Ferdinand Jakob */~ 1/271; Baier, Johann Jakob ~/† 1/271; Baier, Johann Wilhelm ~ 1/271; Balduin, Christian Adolf ~ 1/275; Bauder, Johann Friedrich ~ 1/320; Bauer, Georg Lorenz ~ 1/325; Bauer, Johann Gottfried ~ 1/326; Bausch, Johann Lorenz ~ 1/353; Beck, Johann Jobst */~ 1/371; Beeg, Johann Kaspar ~ 1/388; Beigel, Georg Wilhelm Siegmund ~ 1/404; Bel, Karl Andreas ~ 1/408; Bernhold, Johann Balthasar ~ 1/419; Bernhold, Johann Georg Samuel ~ 1/471; Besler, Michael Rupert ~ 1/491; Beurer, Johann Ambrosius ~ 1/501; Beust, Joachim Ernst Graf von ~ 1/502; Bezol, Ernst Friedrich */~/† 1/509; Bezzel, Christoph ~ 1/510; Bezzel, Erhard Christoph ~ 1/510; Bittner, Heinrich Tobias ~ 1/551; Bock, Benedikt ~ 1/594; Bocris, Johann Heinrich d. J. ~ 1/598; Böheim, Johann Karl ~ 1/614; Böhm, Carl */~ 1/616; Bornmeister, Simon ~ 2/36; Brander, Georg Friedrich ~ 2/62; Brenk, Johannes Wolfgang ~ 2/112; Brevern, Hermann von ~ 2/127; Bühler, Christian Friedrich Christoph von ~ 2/200; Camerarius, Ludwig ~ 2/269; Camerarius, Philipp ~ 2/269; Carpzov, Johann Gottlob ~ 2/287; Chapuset, Johann Karl */~ 2/304; Christ, Johann Ludwig ~ 2/315; Clapmarius, Arnold ~ 2/329; Clausberg, Christlieb von ~ 2/335; Clausnitzer, Tobias ~ 2/336; Cnopf, Ernst Friedrich Andreas ~ 2/347; Coler, Christoph ~ 2/355; Colmar, Johann Albert ~ 2/359; Conrad, Michael Georg ~ 2/362; Cramer, Johann Jakob

Altena

Altena (Märkischer Kreis)
Berg, Fritz */~ 1/440; Berve, Emil * 1/489; Bracht, Fritz ~ 2/54; Burckhardt, Johannes (Friedrich Paul) ~ 2/233; Diest, Heinrich van * 2/525; Goecke, Carl Friedrich (Melchior) */~/† 4/50; Goecke, (Heinrich Alexander Johann) Ferdinand (Theodor) * 4/50; Göring, Michael Christian ~ 4/58; Hartnacke, Wilhelm * 4/414; Hasenkamp, Johann (Gerhard) Heinrich † 4/423; Hegenscheidt, (Carl August) Wilhelm */~ 4/481; Heinemann, Fritz * 4/513; Heydweiller, Hermann ~ 5/21; Horster, Franz ~/† 5/183; Kronenberg, Rudolph ~ 6/117; Müllensiefen, Peter Eberhard ~ 7/246; Rauschenbusch, August Christian Ernst ~/† 8/164; Schirrmann, Richard ~ 8/651; Schwartz, Oskar ~ 9/224; Sieburg, Friedrich * 9/308; Starke, Richard F. † 9/453

Altenau Bergstadt (Kr. Goslar)
Calvör, Henning ~/† 2/268; Knop, (Johann August Ludwig) Wilhelm * 5/629

Altenberg (Gem. Odenthal)
Adolf IV., Graf von Berg ~ 1/42; Adolf VI., Graf von Berg ~ 1/42; Moschner, Gerhard ~ 7/221; Vincke, Johannes ~ 10/212; Wolker, Ludwig ~ 10/583

Altenberg (Gem. Sankt Andrä-Wördern, Niederösterreich)
Pereira-Arnstein, Louis Frh. von ~/† 7/598

Altenberg (Solms)
Gertrud, Prämonstratenserin, Äbtissin von Altenberg ~/† 3/662; Günther, Wilhelm Arnold ~ 4/243

Altenberg (tschech. Staré Hory, heute zu Jihlava/Iglau)
Venier, Karl * 10/194

Altenberg (Weißeritzkreis)
Grosse, Fritz (Willibald) * 4/194; Kaiser, Josef † 5/407; Rösler, Balthasar ~/† 8/360; Sulze, Heinrich ~ 9/631

Altenberge
Beckerich, Ferdinand Theodor * 1/382; Blumenberg, Hans † 11/24; Schroers, Rolf † 9/154

Altenbeuern (seit 1970 zu Neubeuern)
Bolváry, Géza (Maria) von † 2/13

Altenbochum (seit 1926 zu Bochum)
Honigmann, Ehrenfried † 5/168

Altenbögge (seit 1963 zu Bönen)
Niggemeyer, Maria ~ 7/416; Nocker, Hanns * 7/429; Winter, Fritz * 10/532

Altenbruch (seit 1972 zu Cuxhaven)
Barbarossa, Christoph ~ 1/291; Euler, Eduard ~ 3/192

Altenburg (Bamberg)
Schenk von Limpurg, Georg † 8/604

Altenburg (bei Weimar)
Brahms, Johannes ~ 2/57; Sayn-Wittgenstein, Caroline Fürstin von ~ 8/535

Altenburg (Kr. Altenburger Land)
siehe auch *Altendorf, Kosma, Lehnitzsch*
Acker, Johann Heinrich ~ 1/19; Adler, Georg Christian ~ 1/39; Albrecht, Herbert * 1/82; Altenbourg, Gerhard ~/†/† 1/97; Apetz, Johann Heinrich */~/† 1/155; Arnauld de la Perière, Raoul von ~ 1/172; Avenarius, Philipp ~ 1/227; Bachmann, Paul * 1/247; Bachoff von Echt, Ludwig Heinrich Frh. ~ 1/248; Barthel, Johann Christian ~/† 1/306; Berger, Christian Gottlieb ~ 1/444; Besser, Leopold (August) * 1/494; Betz, Franz ~ 1/500; Bienemann, Kaspar ~/† 1/521; Binzer, August Daniel von ~ 1/535; Bischoff, Melchior ~ 1/544; Blättner, Johann Samuel */~/† 1/554; Blättner, Samuel ~ 1/554; Blumer, Theodor ~ 1/589; Böhme, Christian Friedrich ~/† 1/620; Bonde, Oskar ~/† 2/16; Brentano, Sophie Friederike ~ 2/117; Bresnizer, Alexius ~ 2/120; Brisger, Eberhard ~/† 2/136; Brockhaus, Friedrich Arnold ~ 2/139; Buchwald, Juliane Franziska von ~ 2/189; Buddeus, Arthur * 2/192; Buddeus, Johann Karl Immanuel ~ 2/193; Büel, Johannes ~ 2/200; Choulant, Ludwig ~ 2/314; Christl, Anton Joseph * 2/322; Clauder, Gabriel */† 2/332; Clodius, Christian August Heinrich ~ 2/344; Clodius, Julie Friederike Henriette * 2/344; Cober, Gottlieb */~ 2/348; Coler, Matthias * 2/355; Cotta, Johannes ~ 2/385; Cranach, Lucas d. Ä. ~ 2/392; Demme, Hermann Askan */~ 2/482; Demme, Hermann

Christoph Gottfried ~/† 2/482; Dessoff, (Felix) Otto ~ 2/498; Döring, Johann Friedrich Samuel ~/† 2/577; Dreyse, Friedrich Wilhelm ~ 2/620; Dreyse, (Johann) Nikolaus von ~ 2/620; Dudek, Walter * 2/633; Einsiedel, Heinrich Hildebrand von ~ 3/65; Einsiedel, Heinrich Hildebrand von ~/† 3/65; Eisenbart, Johann Andreas ~ 3/69; Ellmenreich, Albert ~ 3/92; Erdmannsdörffer, Bernhard * 3/142; Ernst, Kurfürst von Sachsen ~ 3/161; Ernst I. der Fromme, Herzog von Sachsen-Gotha und Altenburg * 3/161; Ernst, Jakob Daniel ~/† 3/164; Fabrice, Andreas Heinrich von ~ 3/212; Fiedler, Johann Kuno ~ 3/292; Fischer, Otto * 3/325; Förtsch, Basilius ~ 3/365; Frank, Franz Hermann Reinhold von */~ 3/398; Freiesleben, Christian Heinrich ~ 3/422; Friederici, Christian Ernst ~ 3/450; Friederici, Georg † 3/450; Friedrich I. (Barbarossa), Kaiser ~ 3/456; Friedrich II. der Ernsthafte, Markgraf von Meißen, Landgraf von Thüringen ~ 3/466; Friedrich I. der Streitbare, Markgraf von Meißen, Kurfürst von Sachsen */† 3/471; Frölich, August ~ 3/504; Gabelentz, (Hans) Conon von der * 3/547; Galletti, Johann Georg August * 3/563; Geibel, Carl (Stephan Albert) ~ 3/601; Geibel, Stephan ~/† 3/602; Geinitz, Hanns (Bruno) * 3/608; Gentsch, Erich * 3/623; Gerke, (Christian Friedrich) Rudolf ~ 3/646; Glaß, Luise */~ 4/24; Glomme, (Moritz) Edmund ~ 4/34; Göhler, (Karl) Georg ~ 4/52; Grosser, Samuel ~ 4/195; Großmann, Christian (Gottlob Leberecht) ~ 4/196; Günther-Brauer, Marie ~ 4/243; Guth, Eugen ~ 4/269; Hagen, Otfried ~ 4/322; Hahn, Karl Friedrich Graf von ~ 4/331; Hahn, Rudolf ~ 4/333; Hain, Ludwig (Friedrich Theodor) ~ 4/337; Harnack, Falk (Erich Walter) ~ 4/392; Hausmann, Nikolaus ~ 4/452; Heinrich III. der Erlauchte, Markgraf von Meißen ~ 4/531; Herold, Johannes ~ 4/636; Hertz, Alfred ~ 4/651; Herzfeld, Friedrich (Karl) ~ 4/661; Hesekiel, Johannes * 4/667; Hesekiel, Ludovica (Karoline Albertine Emanuele) * 4/668; Heukeshoven, Fritz ~ 5/8; Heyne, Christian Leberecht ~ 5/26; Hoym-Söllingen, Otto von ~ 5/191; Huth, Enno Walther ~ 5/235; Jacob, Walter * 5/272; Kaiser, Oskar ~ 5/408; Kaps, Amandus ~ 5/432; Kawaczynski, Friedrich Wilhelm von ~ 5/499; Kettner, Gerhard ~ 5/524; Knorr, Hilmar ~ 5/630; Kötteritz, Wolf von * 5/678; Komareck, Johann Nepomuk ~ 6/22; Kost, Heinrich ~ 6/53; Krebs, Johann Ludwig ~/† 6/89; Krieg, Walter */~ 6/105; Kromer, Joachim ~ 6/115; Krüger, Friedrich ~ 6/122; Krüger, Hermann Anders ~ 6/123; Kuntsch, Margaretha Susanna von */~/† 6/170; Laube, Iduna * 6/264; Lenz, Ludwig Friedrich */† 6/324; Leonhardt, Albert ~ 6/329; Linck, Wenzeslaus ~ 6/399; Lindenau, Bernhard (August) von */~/† 6/403; Löbe, Julius * 6/437; Lotz, Gerhard * 6/484; Mathesius, Johann ~ 6/654; Mayer, Karl ~ 7/10; Meil, Johann Wilhelm * 7/32; Metzler-Loewy, Pauline ~ 7/92; Mirsalis, Otto ~ 7/151; Müller, Erwin (Wilhelm) ~ 7/254; Neisch, Marga ~ 7/360; Nettstraeter, Klaus ~ 7/369; Neumann, Caspar ~ 7/381; Nowack, Wilhelm * 7/446; Opiz, Georg Emanuel ~ 7/496; Osten, Vally van der ~ 7/515; Papsdorf, Paul ~ 7/561; Patze, Hans ~ 7/571; Pefferkorn, Georg Michael ~ 7/588; Petzoldt, Joseph * 7/628; Pierer, Heinrich August */† 7/667; Pierer, Johann Friedrich */~/† 7/667; Raabe, Siegfried ~ 8/106; Radowitz, Joseph Maria von ~ 8/118; Raeder, Gustav ~ 8/120; Rapp, Fritz ~ 8/141; Reichardt, Hans * 8/197; Reineisus, Thomas ~ 8/217; Remmele, Adam ~ 8/240; Reysmann, Dietrich ~ 8/266; Richter, Christian ~ 8/276; Richter, Rudolf Heinrich * 8/283; Richter, Wilhelm ~ 8/284; Ritzmann, Martin ~ 8/337; Rosth, Nikolaus ~ 8/408; Rosvaenge, Helge Anton ~ 8/409; Ruppius, Johann Karl */~ 8/472; Sagittarius, Johann Gottfried ~/† 8/494; Sahlender, (Paul) Emil (Wilhelm) ~ 8/495; Schlegel, Hermann * 8/661; Schmidt, Karl ~ 9/14; Schubert, Gotthilf Heinrich von ~ 9/162; Schumann, Kurt ~ 9/206; Seemann, (Hermann Ernst) Albrecht ~ 9/260; Semmig, Jeanne Berta ~ 9/284; Siebeck, Rudolf ~ 9/304; Siegrist, Philipp ~ 9/315; Sievers, Georg Ludwig Peter ~ 9/321; Singer, Ventur ~ 9/340; Sixt, Paul ~ 9/345; Söhning, Kurt ~ 9/358; Sommer, Karl Marcel ~ 9/369;

Sowade, Eduard d. Ä. ~/† 9/380; Sowade, Eduard d. J. ~ 9/380; Spalatin, Georg ~/† 9/382; Spering, Wilhelm ~ 9/397; Stade, (Friedrich) Wilhelm ~/† 9/427; Stein, Leo Walther ~ 9/479; Stücklen, Daniel ~ 9/608; Stünzner, Elisa * 9/610; Stury, Franz Xaver ~ 9/618; Szenkar, Eugen ~ 9/646; Thomasius, Johann ~/† 10/21; Thümmel, Hans Wilhelm von † 10/24; Vater, Johann Severin * 10/185; Voretzsch, Karl * 10/254; Wagner, Wieland ~ 10/290; Weichardt, Wolfgang * 10/379; Wermuth, Christian * 10/443; Wilhelm III. der Tapfere, Markgraf von Meißen ~ 10/504; Wilhelm, Gustav ~ 10/506; Winkelmann, Hermann ~ 10/527; Wörl, Georg ~ 10/558; Zetzsche, Karl Eduard * 10/648; Zinkeisen, Johann Wilhelm * 10/674

Altenburg (Niederösterreich)
Munggenast, Joseph ~ 7/308; Schuster, Fritz (Ferdinand) * 9/215; Troger, Paul ~ 10/94; Zeiller, Johann Jakob ~ 10/631

Altencelle (seit 1973 zu Celle)
Wieseler, Friedrich (Julius August) * 10/489; Wieseler, Karl * 10/489

Altendorf (Gem. Kosma, seit 1996 zu Altenburg, Altenburger Land)
Bischoff, Bernhard * 11/22

Altendorf (Holzminden)
Scheffers, Georg (Wilhelm) * 8/584; Steinacker, Karl * 9/483

Altendorf (Kt. Schwyz)
Kretz, Leodegar ~ 6/100

Altendorf (seit 1901 zu Essen)
Dinnendahl, Franz ~ 2/552; Kämpchen, Heinrich * 5/395; Nelle, Wilhelm ~ 7/362; Peitz, Wilhelm (Bernhard Maria) * 7/590; Wieprecht, Christoph * 10/488

Altenerding (Erding)
Grundmayr, Franz * 4/224

Altenesch (seit 1972 zu Lemwerder)
Dike, Detmar von ~ 2/545; Gerhard II., Edelherr zur Lippe, Erzbischof von Bremen ~ 3/638; Glüsing, Johann Otto * 4/38

Altenessen (seit 1915 zu Essen)
Kellermann, Hermann * 5/499; Krabler, Emil ~ 6/59; Kruse, Friedrich * 6/133; Pötsch, Joseph Anton ~ 8/16; Rürup, Heinrich ~ 8/455; Steingröver, Arnold (Christopher) ~ 9/492; Winkhaus, Fritz ~ 10/528

Altenfeld
Ochs, Traugott * 7/460

Altengamme (seit 1937 zu Hamburg)
Kosegarten, Wilhelm * 6/51

Altengottern
Coler, Johann Christoph * 2/355; Sommer, Kurt * 9/370

Altenhagen (Kr. Bad Doberan) → Klein Siemen
Altenhagen (seit 1973 zu Celle)
Gudehus, Heinrich * 4/233

Altenhagen I (Springe)
Wiggers, (Heinrich) August (Ludwig) * 10/493

Altenhain (Muldentalkreis)
Hönemann, Martin * 5/98

Altenhof (Kr. Barnim)
Schubart, Wilhelm † 9/159

Altenhof (Kr. Rendsburg-Eckernförde)
Reventlow, Friedrich (Karl) Graf zu * 8/263

Altenholz → Knoop, Projensdorf
Altenkessel (Saarbrücken)
Steinmetz, Bernard Michael ~ 9/499

Altenkirchen (Gem. Braunfels)
Budge, (Ludwig) Julius * 2/194

Altenkirchen (Kr. Kusel)
Bollinger, Otto von * 2/10

Altenkirchen (Kr. Rügen)
siehe auch *Schwarbe*
Baier, Alwill * 1/271; Kosegarten, Gotthard Ludwig ~ 6/51

Altenkirchen (Oberbayern)
Römer, Josef */~ 8/353

Altenkirchen (Westerwald)
Boden, Wilhelm ~ 1/602; Roeren, Hermann ~ 8/356; Traut, Hermann * 10/72; Wenderoth, Erich * 10/432

Altenklingen (Gem. Wigoltingen, Kt. Thurgau)
Boltshauser, Hans Heinrich * 2/12; Wiborada * 10/469

Altenkunstadt → Baiersdorf
Altenmarkt (seit 1960 zu Wies, Steiermark)
Halm, Anton * 4/352

Altenmarkt an der Triesting (Niederösterreich)
Luze, Karl * 6/543

Altenmarkt im Pongau (Salzburg)
Rumpler, Matthias ~ 8/465

Altenmedingen
siehe auch *Bostelwiebeck*
Büsch, Johann Georg * 2/212

Altenmünster → Baiershofen, Zusamzell
Altenmünster (Gem. Stadtlauringen)
Wagner, Liborius ~ 10/284

Altenplathow (seit 1920 zu Genthin)
Bonin-Brettin, Gisbert von * 2/20; Borggreve, Bernard Robert ~ 2/29; Wagener, Samuel Christoph ~ 10/275

Altenrath (seit 1969 zu Troisdorf)
Kellerhoven, Moritz * 5/499; Rademacher, Karl * 8/115

Altenricht (seit 1972 zu Freudenberg, Kr. Amberg-Sulzbach)
Lippert, Peter * 6/418

Altenroda (Burgenlandkreis)
Zincke, Georg Heinrich * 10/673

Altenstadt (Kr. Neu-Ulm)
Renz, Barbara Klara * 8/246; Renz, Franz * 8/247

Altenstadt (seit 1925 zu Feldkirch, Vorarlberg)
Ludwig, Paula * 6/510

Altenstadt (Wetteraukreis) → Lindheim
Altensteig (Kr. Calw)
siehe auch *Garrweiler*
Braun, Reinhold * 2/86; Friedrich I., Herzog von Württemberg ~ 3/475; Henssler, Fritz * 4/599; Schlotterbeck, Johann Friedrich * 8/686; Schmid, Rudolf von * 8/706; Schneck, Wilhelm Karl ~ 9/46

Altenstein (Bad Liebenstein)
Pückler-Muskau, Hermann (Ludwig Heinrich) Fürst von ~ 8/86

Altenthann
Haunold, Christoph * 4/442

Altentreptow → Treptow an der Tollense
Altenvoerde (Gem. Ennepetal)
Sträter, Artur * 9/564

Altenweddingen
Weissensee, Friedrich ~/† 10/414

Altenzoll (Tirol)
Heufler zu Rasen und Perdonegg, Ludwig von † 5/8

Altergarten (Gem. Bodnegg)
Hirscher, Johann Baptist von * 5/66

Alterkülz
Furck, Sebastian * 3/543

Alterswilen (Kt. Thurgau)
Schaltegger, Emanuel * 8/562

Altfelde (poln. Stare Pole)
Eisenack, Alfred * 3/69; Erdmann, Ernst * 3/140

Altfranken (seit 1997 zu Dresden)
Klemm, Heinrich * 5/585

Altfraunhofen
Seidl, Andreas ~ 9/267

Altgeringswalde (seit 1993 zu Geringswalde)
Möller, Hans Georg * 7/168

Altgersdorf (seit 1899 zu Neugersdorf)
Hering, (Karl) Ewald (Konstantin) * 4/616; Schneider, Johann Gottlieb * 9/56; Schneider, Johann Gottlob d. Ä. ~ 9/56; Schneider, Johann Gottlob d. J. * 9/56

Althaldensleben (Haldensleben)
Dietrich, Markgraf von Nordmark ~ 2/532; Nathusius, (Johann) Gottlob ~/† 7/343; Nathusius, Hermann von * 7/343; Nathusius, Marie (Karoline Elisabeth Luise) von ~ 7/343; Nathusius, Martin Friedrich Engelhard von * 7/344;

Nathusius, Simon * 7/344; Nihus, Bartholdus ~ 7/417; Otto, (Friedrich) Julius ~ 7/534

Althausen (Gem. Münnerstadt)
Herrlein, Johann Peter ~ 4/640; Hund, Ferdinand * 5/227

Althausen (poln. Stary Folwark)
Parpart, Adolf Ludwig Agathon von */~ 7/565

Althegnenberg
Hegnenberg-Dux, Friedrich (Adam Johann Justus) von * 4/483

Altheim (Alb-Donau-Kreis)
Haßler, Konrad Dieterich * 4/431

Altheim (Oberösterreich)
Bach, Anton † 1/235; Schmalzhofer, Josef * 8/692; Weinlechner, Josef * 10/398

Altheim (seit 1971 zu Essenbach)
Buchner, (Joseph) Andreas * 2/186

Althengstett
siehe auch *Neuhengstett*
Zahn, Christian Jakob * 10/613

Althof (heute zu Černjahovsk/Insterburg)
Brandes, Ernst ~ 2/62; Kreth, Hermann * 6/98

Althofen (Kärnten)
Grobecker, Anna ~ 4/176

Althütte
Haag, Anna * 4/282

Althütten (tschech. Staré Hutě)
Feistmantel, Ottokar * 3/253

Altikon (Kt. Zürich)
Staub, Hans * 9/455

Altishofen (Kt. Luzern)
Pfyffer von Altishofen, (Max) Alphons * 7/653

Altkalen
Floerke, Heinrich Gustav * 3/353

Altkettenhof (Schwechat, Niederösterreich)
Bressler, Emil ~ 2/121; Dreher, Anton d.J. † 2/612

Altkirch (Dép. Haut-Rhin, Frankreich)
Altkirch, Ernst * 1/102; Bergsträßer, Ludwig * 1/454; Koechlin, André ~ 5/647; Morandus ~ 7/206; Surgant, Johann Ulrich * 9/634; Vogel, Joseph Anton * 10/227

Altkloster (Buxtehude)
Brockmann, Hans Heinrich * 11/33; Fürsen, Johannes ~ 3/526; Johann Friedrich, Herzog von Schleswig-Holstein-Gottorf, Erzbischof von Bremen † 5/339; Nacke, Emil ~ 7/328

Altkrakow (poln. Stary Krakow)
Gadow, Hans (Friedrich) * 3/552

Altlambach (Oberösterreich)
Keim, Franz * 5/486

Altlandsberg
Behrens, Franz † 1/401; Brumbey, Karl Wilhelm ~ 2/164; Dove, Heinrich ~ 2/604; Gahrlieb von der Mühlen, Gustav Casimir † 3/558; Wolff, Leo ~ 10/576

Altleiningen
Jutzi, Phil * 5/389

Altmannsdorf (Sankt Pölten)
Hoffinger, Josepha von † 5/113

Altmannshofen (seit 1971 zu Aichstetten)
Pazaurek, Gustav Edmund † 7/585

Altmannstein
siehe auch *Mendorf, Schamhaupten*
Günther, Franz Xaver Anton * 4/239; Günther, (Franz) Ignaz * 4/241

Altmünster (Oberösterreich)
siehe auch *Ebenzweier*
Degenfeld-Schonburg, August (Franz Johann Christof) Graf von † 2/465; Grädener, Hermann † 4/120; Klaudy, Peter (Alexander) † 11/105; Köchert, Alexander Emanuel † 5/647; Lang, Marie † 6/227; Redl, Alois ~ 8/178; Stangl, Franz * 9/447; Tumler, Franz (Ernest Aubert) ~ 10/116

Altnau (Kt. Thurgau)
Baumgartner, Hans * 11/13

Altneudorf (seit 1975 zu Schönau, Rhein-Neckar-Kreis)
Remmele, Adam * 8/240

Altnußberg (seit 1818 zu Geiersthal)
Glasschröder, Franz Xaver * 4/25

Altöls
Nacke, Emil ~ 7/328

Altötting
Bacher, Petrus † 1/243; Benger, Johann Michael ~ 1/422; Berger, Karl Philipp */† 1/446; Birndorfer, Konrad ~/† 1/541; Bruchmann, Franz Seraph Joseph Vinzenz Ritter von ~ 2/148; Buchinger, Johann Nepomuk * 2/185; Clemens August Maria Hyazinth von Wittelsbach, Herzog von Bayern, Kurfürst und Erzbischof von Köln ~ 2/339; Danzer, Joseph Melchior ~/† 2/444; Eisengrein, Martin ~ 3/70; Englert, Sebastian ~ 3/126; Esterer, Rudolf * 3/182; Fechenbach zu Laudenbach, Johann Philipp (Karl Anton) Reichsfreiherr von ~ 3/237; Fehenberger, Lorenz ~ 3/244; Fröhlich, Cyprian ~ 3/502; Fuchsberger, Ortolph ~ 3/523; Gebsattel, Marie Freiin von ~/† 3/595; Grünpeck, Joseph ~ 4/217; Haindl, Franz Sebastian */~ 4/337; Hauber, Josef ~ 4/435; Hofstätter, Heinrich ~ 5/135; Hoppenbichl, Franz Xaver von ~ 5/173; Karlmann, König in Ostfranken † 5/449; Königsegg und Rothenfels, Maximilian Friedrich Reichsgraf von ~ 5/665; Königsfeld, Johann Christian Adam Reichsgraf von ~ 5/665; Lang, Franz ~ 6/223; Ludwig IV., das Kind, ostfränkischer König * 6/498; Megerle, Abraham ~/† 7/25; Moritz Adolph, Herzog zu Sachsen-Zeitz-Neustadt, Bischof von Königgrätz, dann von Leitmeritz ~ 7/215; Naab, Ingbert ~ 7/325; Neuhauser, Johann ~ 7/378; Osterrieder, Sebastian ~ 7/517; Pösl, Friedrich von ~ 8/15; Pranckh, Sigmund Frh. von ~ 8/52; Reeb, Georg ~ 8/183; Röder, Georg Vincent ~/† 8/348; Rohracher, Andreas † 8/371; Sardagna von Meanberg und Hohnstein, Karl ~ 8/519; Schmöger, Carl Erhard ~ 9/37; Schwarz, Ignaz ~ 9/227; Sighart, Joachim (Maria) * 9/324; Singriener, Hans * 9/340; Striedinger, Ivo † 9/587; Strixner, (Johann) Nepomuk * 9/589; Weiß, Ferdl * 10/407; Wimmer, Bonifaz ~ 10/517; Ziegler, Paul ~ 10/656; Zuccalli, Enrico ~ 10/693; Zuccalli, Gaspare ~ 10/693; Zumbusch, Julius ~ 10/700

Altomünster
siehe auch *Deutenhofen*
Dempf, Alois ~ 2/484; Faber, Matthias ~ 3/209; Lang, Franz ~ 6/223; Oekolampad, Johannes ~ 7/466

Altona (seit 1937 zu Hamburg)
Ackermann, (Karoline) Dorothea † 1/20; Adickes, Franz ~ 1/37; Adler, Georg Christian ~/† 1/39; Albrecht, Johann Friedrich Ernst ~/† 1/82; Albrecht, (Johanne) Sophie (Dorothea) ~ 1/83; Alton, (Joseph Wilhelm) Eduard d' ~ 1/105; Andresen, Karl Gustav ~ 1/134; Arendt, Martin Friedrich */~ 1/167; Asher, Carl Wilhelm * 1/205; Asmussen, Hans Christian ~ 1/206; Bahnsen, Julius Friedrich August ~ 1/269; Barlach, Ernst ~ 1/296; Basedow, Johann Bernhard ~ 1/313; Baudissin, Adalbert Heinrich Graf von ~ 1/321; Bebber, Wilhelm Jakob van † 1/363; Biernatzki, Karl Leonhard */~/† 1/524; Bittcko, Karl Friedrich Otto ~ 1/549; Bittong, Franz ~ 1/551; Blohm, (Adolph) Hermann ~ 1/578; Blunck, Hans Friedrich * 1/590; Bockendahl, Johannes (Adolf Ludwig) * 1/597; Bokelmann, Wilhelm (Hieronymus) ~ 2/6; Bollius, Johann ~ 2/10; Bolten, Johann Adrian ~/† 2/11; Borgward, Carl Friedrich Wilhelm * 2/30; Bortfeldt, Hans Robert ~ 2/39; Boysen, Jasper † 2/53; Brauer, Max (Julius Friedrich) ~ 2/78; Bremer, Johannes Gottfried */~ 2/109; Bröckelmann, Wilhelm * 2/142; Bruck, Carl ~ 2/148; Brunner, Constantin */~ 2/168; Bubendey, Johann Friedrich ~ 2/177; Bülck, Walter */~/† 2/203; Bürker, Robert ~ 2/212; Büttner, Wolfgang ~ 2/215; Burmester, Christoph Anton ~ 2/245; Burmester, (Franz Joachim) Heinrich ~ 2/245; Busch, Paul Vincenz ~ 2/250; Buschkötter, Wilhelm Ludwig Heinrich ~ 2/252; Buttlar, Eva Margaretha von ~/† 2/259; Carlebach, Josef ~ 2/281; Christian Albrecht, Herzog von Schleswig-Holstein-Gottorf, Bischof von Lübeck ~ 2/320; Claudius, Wilhelm (Ludwig Heinrich) * 2/334; Clausen, Thomas ~ 2/335; Costenoble, Carl Ludwig ~ 2/382; Cranz, August Friedrich ~ 2/394; Dehn, Siegfried (Wilhelm) * 2/469;

Deppe, (Friedrich Heinrich Christoph) Ludwig ~ 2/490; Detharding, Georg August ~ 2/500; Dippel, Johann Konrad ~ 2/554; Dörnberg, Ferdinand Ernst Wilhelm Karl Frh. von ~ 2/578; Dohm, Christian Conrad (Wilhelm) von ~ 2/581; Donner, Conrad Hinrich */~/† 2/595; Dornseiff, Richard ~ 2/600; Dralle, Eduard ~ 2/608; Drexelius, Wilhelm * 2/618; Dusch, Johann Jakob ~/† 2/656; Eberhard, Christoph ~ 2/670; Eberhard, Johann Peter * 2/671; Ed, Christoph Marquard ~ 3/16; Ehlers, Martin ~ 3/35; Ehren, Julius von * 3/37; Ehrenberg, Hans * 11/50; Ehrenberg, Richard ~ 3/38; Ehrenberg, Victor (Leopold) * 11/51; Eibenschütz, Jonathan ~/† 3/45; Ende, Edgar (Carl Alfons) * 3/107; Engels, Georg ~ 3/123; Enoch, Samuel ~ 3/128; Ettlinger, Jakob ~/† 3/185; Feddersen, Jakob Friedrich ~/† 3/240; Fehrs, Johann Hinrich ~ 3/247; Feltscher, Anton ~ 3/263; Fischer, Gustav (Paul Danckert) * 3/317; Flessa, Johann Adam ~ 3/349; Frahm, Andrea */~ 3/386; Friedrich Franz I., Großherzog von Mecklenburg-Schwerin ~ 3/465; Fuchs, Georg ~ 3/518; Funke, Karl Philipp † 3/542; Ganse, Robert ~ 3/570; Gerstenberg, Heinrich Wilhelm von ~/† 3/658; Glässel, (Gustav) Ernst * 4/20; Glückel von Hameln ~ 4/38; Glüsing, Johann Otto ~/† 4/38; Gottsche, Karl Moritz */~/† 4/111; Gröning, Karl ~ 4/180; Großheim, Karl von ~ 4/196; Großmann-Doerth, Hans (Gustav) * 4/199; Günther, Carl ~ 4/238; Gurlitt, (Gustav) Cornelius */† 4/263; Gurlitt, (Heinrich) Louis (Theodor) * 4/264; Haasenstein, (Carl) Ferdinand (Eduard) ~ 4/290; Habermann, (Hans) Max * 4/295; Hahn, Karl Friedrich Graf von † 4/331; Hambrock, (Dietrich) Alexander † 4/357; Hansen, Christian Friedrich ~ 4/375; Hansonn, Christian Heinrich */† 4/377; Hasenclever, Wilhelm ~ 4/423; Hegewisch, Franz (Hermann) ~ 4/483; Hein, Franz * 4/506; Heinicke, Samuel ~ 4/516; Heinitz, Wilhelm * 4/516; Hensler, Philipp Gabriel ~ 4/599; Hepp, Karl Ferdinand Theodor * 4/602; Hernsheim, Eduard Ludwig ~ 4/635; Heß, Heinrich Ludwig von ~ 4/670; Hildesheimer, Israel ~ 5/39; Hinselmann, Hans ~ 5/55; Hipper, Franz Ritter von † 5/59; Hoburg, Christian ~/† 5/79; Hoffmann, Hans ~ 5/118; Jakob ben Zwi Emden */† 5/295; Julius, Nikolaus Heinrich * 5/376; Kallmorgen, Friedrich * 5/415; Katsch, Gerhardt ~ 5/463; Katz, Rudolf ~ 5/466; Kinder, Christian ~ 5/540; Klatt, Fritz ~ 5/566; Kneisel, Rudolf ~ 5/618; Knuth, Gustav ~ 5/632; König, Fritz ~ 5/659; Kohl, Johann Peter ~/† 6/2; Kohler, Kaufmann ~ 6/4; Krause, Fedor ~ 6/80; Lamszus, Wilhelm * 6/212; Legband, Paul ~ 6/289; Leo, Karl Friedrich ~ 6/326; Levy, Moritz Abraham * 6/362; Lichtwitz, Leopold ~ 6/377; Liepman, Heinz ~ 6/391; Liliencron, Detlev von ~ 6/395; Loeffler, Adolph Friedrich ~ 6/439; Lyser, Johann Peter (Theodor) † 6/545; Maass, Joachim ~ 6/548; Mahnke, Hans ~ 6/568; Maimon, Salomon ~ 6/573; Menck, Johannes † 7/56; Meyer, Johann (Hinrich Otto) ~ 7/105; Mittelstädt, Otto (Samuel Ludwig) ~ 7/156; Mönckeberg-Kollmar, Vilma ~ 7/173; Munk, Esra * 7/308; Neddermeyer, Robert * 7/355; Nesmüller, Joseph Ferdinand ~ 7/366; Neumann, August ~ 7/380; Niemann, August (Christian Heinrich) * 7/408; Niese, Charlotte ~/† 7/412; Oelsing, Philipp Wilhelm ~ 7/463; Oelsner, Gustav ~ 7/467; Olitzki, Walter ~ 7/488; Otzen, Johannes ~ 7/538; Paulsen, Friedrich ~ 7/579; Paulsen, Harald ~/† 7/579; Peters, Christian August Friedrich ~ 7/615; Petersen, Heinrich Ludwig * 7/618; Pfahler, Gerhard ~ 7/634; Pirath, Wilhelm ~ 7/676; Pollini, Bernhard ~ 8/28; Ponto, Erich (Johannes Bruno) ~ 8/32; Raloff, Karl * 8/130; Ratschow, Max ~ 8/153; Rebmann, Andreas Georg Friedrich ~ 8/170; Reichard, Elias Kaspar ~ 8/196; Reimers, Georg * 8/212; Reimers, Wilhelm (Georg Detlev) * 8/212; Reinecke, Carl (Heinrich Carsten) * 8/215; Richthofen, Oswald Frh. von ~ 8/286; Rösner, Willy ~ 8/361; Rohde, Friedrich Wilhelm * 8/367; Roscher, Albrecht * 8/385; Rosenberg, Friedrich ~/† 8/392; Runkel, Achilles Matthias ~ 8/469; Salden, Ida * 8/497; Saring, Toni * 8/519; Schacht, Hermann ~ 8/539; Schäfer, Rudolf (Siegfried Otto) * 8/549; Schehr, John * 8/585; Schirach, Gottlob Benedikt ~/† 8/648; Schmidt, Georg Philipp ~/† 9/8; Schmidt, Johann Lorenz

~ 9/11; Schmidt, Ole Jürgen ~ 9/16; Schmidt, Theodor * 9/19; Schmieder, Heinrich Gottlieb ~ 9/27; Schnur, David ~ 9/70; Schroeder, Louise (Dorothea Sophie) */~ 9/149; Schütz, Friedrich Wilhelm von ~ 9/177; Schütze, Gottfried ~ 9/179; Schütze, Johann Friedrich */† 9/180; Schumacher, Heinrich Christian ~/† 9/203; Schur, (Adolph Christian) Wilhelm * 9/211; Schurmann, Anna Maria van ~ 9/212; Schwieger, Jacob * 9/246; Seifert, Hans (Julius Carl) ~ 9/270; Semper, Gottfried * 9/284; Semper, Karl (Gottfried) * 9/285; Semper, (Johann) Max * 9/285; Sick, Karl * 9/302; Simon, Ludwig ~/† 9/333; Simon, Ottilie ~ 9/334; Smidt, Heinrich * 9/353; Solbrig, Karl Friedrich ~ 9/363; Spitzeder, Adele ~ 9/411; Springer, Axel Cäsar * 9/420; Steinheim, Salomon Ludwig ~ 9/494; Stephanie, (Christian) Gottlob ~ 9/511; Steuben, Kuno von ~ 9/521; Stintzing, (Johann August) Roderich von * 9/535; Stolberg-Stolberg, Christian Graf zu ~ 9/549; Struensee, Adam ~ 9/597; Struensee, Johann Friedrich ~ 9/597; Struve, Heinrich Christoph Gottfried von ~ 9/600; Struve, Ludwig (August) */~ 9/600; Struve, (Friedrich Georg) Wilhelm ~ 9/601; Taeger, Friedrich (Hermann) ~ 9/649; Thaden, Adolf Georg Jakob von ~/† 9/685; Tietz, Friedrich ~ 10/40; Toepfer, Alfred Carl * 10/57; Trapp, Ernst Christian ~ 10/69; Triebel, Anna (Johanna Caroline) * 10/87; Umber, Friedrich ~ 10/148; Unzer, Johann August ~/† 10/162; Unzer, Johann Christoph ~ 10/162; Unzer, Johanne Charlotte ~/† 10/162; Verth, Max zur ~ 10/198; Villaret, Albert ~ 10/210; Vollmer, Adolf (Friedrich) ~ 10/248; Voss, Aurel (Edmund) * 10/257; Waldersee, Alfred Graf von ~ 10/303; Waldstein, Felix ~ 10/307; Walesrode, Ludwig Reinhold * 10/308; Warburg, Emil (Gabriel) * 10/333; Warburg, Moritz M. */~/† 10/334; Warburg, Pius */~/† 10/335; Warburg, Wulff Salomon */~/† 10/335; Warnecke, Georg (Heinrich Gerhard) */~ 10/336; Warrens, Eduard * 10/337; Wedekind, Edgar * 10/368; Weissner, Hilde ~ 10/415; Weniger, Erich ~ 10/436; Westarp, Theodor (Ernst Georg Viktor) Graf von * 10/458; Wienbarg, Ludolf * 10/486; Wilda, Wilhelm Eduard * 10/498; Wolff, Oskar Ludwig Bernhard * 10/576; Wolke, Christian Hinrich ~ 10/583; Wolstein, Johann Gottlieb ~/† 10/585; Würzer, Heinrich ~ 10/594; Zuccarini, Franz Anton ~ 10/693

Altpetrein (tschech. Starý Petřín)
Pölzer, Johann * 8/12; Tertsch, Hermann * 9/678

Altranstädt (Gem. Großlehna)
Fabrice, Friedrich Ernst von ~ 3/212; Friedrich August I., Kurfürst von Sachsen, August II. als König in Polen ~ 3/472; Joseph I., deutscher König, römisch-deutscher Kaiser ~ 5/365; Patkul, Johann Reinhold von ~ 7/570; Saran, Franz (Ludwig) * 8/518; Wratislaw, Johann Wenzel Reichsgraf von ~ 10/590; Zinzendorf, Franz Ludwig Graf von ~ 10/677

Altraudten (poln. Stara Rudna)
Knorr von Rosenroth, Christian * 5/631

Altrei (italien. Anterivo)
Zwerger, Johannes Baptist * 10/707

Altruppersdorf (Gem. Poysdorf, Niederösterreich)
Rupprich, Hans * 8/472

Altruppin (seit 1993 zu Neuruppin)
Benda, Franz ~ 1/413; Buchholz, (Paul Ferdinand) Friedrich * 2/184; Ehmcke, Fritz Helmuth ~ 3/36; Möhring, Ferdinand * 7/165; Riebicke, Otto * 8/289; Schultz-Schultzenstein, Carl Heinrich * 9/192

Altscherbitz (seit 1929 zu Schkeuditz)
Koeppe, Moritz ~/† 5/668; Schmidt, (Max Karl Wilhelm) Adolf ~ 9/1

Altshausen
Albrecht Maria Alexander Philipp Joseph, Herzog von Württemberg † 1/79; Andelfinger, Augustin * 1/122; Dirlewanger, Oskar ~/† 2/556; Elkart, Karl * 3/89; Hermann von Reichenau ~ 4/624

Altstadt (Mähren)
Heintl, Franz von * 4/546; Reutter, Hans * 8/262

Altstadt (poln. Stare Miasto)
Riedel, Georg ~ 8/291
Altstadt (tschech. Staré Město, heute zu Děčín/Tetschen)
Münzberg, Johann ~ 7/300
Altstätten (Kt. Sankt Gallen)
Ambühl, Johann Ludwig ~/† 1/113; Baumgartner, Gallus Jakob * 1/346; Baumgartner, Paul * 1/348; Bürki, Barnabas * 2/211; Custer, Jakob Laurenz * 2/415; Gehr, Ferdinand † 11/67; Kellermann, Rudolf † 5/499; Kubly, Felix Wilhelm */~ 6/136; Näff, Wilhelm Matthias * 7/330; Ruegg, Johann Jakob ~ 8/450; Schedler, Robert * 8/580; Schmidheiny, Max † 8/709; Studach, Jakob Lorenz * 9/604; Studer, Hugo * 9/606
Altstaßfurt
Bollmann, Friedrich Wilhelm Emil * 2/10
Altstedt
Bohm, Friedrich Samuel * 2/1
Altstetten (seit 1934 zu Zürich)
Baumberger, Otto * 1/339; Kempin-Spyri, Emilie * 5/504; Leu, Johann Jakob ~ 6/350; Matthias, Eugen * 6/662; Meuerer, Johannes Georg ~ 7/93; Schinz, Heinrich ~ 8/647; Schmid, Jacques * 8/703
Altstrelitz (seit 1931 zu Neustrelitz)
Lasson, Adolf * 6/261; Nespital, Robert * 7/366; Reinhard, (Adolph) Friedrich * 8/217; Sanders, Daniel (Hendel) */~/† 8/513; Siemssen, Adolf Christian * 9/320
Altusried → Kimratshofen
Altwaltersdorf (seit 1845 zu Waltersdorf, Kr. Löbau-Zittau)
Schneider, (Johann Christian) Friedrich * 9/53; Schneider, Johann Gottlob d. Ä. * 9/56
Altwarmbüchen (seit 1974 zu Isernhagen)
Jänecke, Ernst Gustav Georg * 5/287
Altwasser (poln. Stary Zdroj)
Liebich, Bruno * 6/383
Altwiesloch (seit 1908 zu Wiesloch)
Dörner, Karl * 2/578
Altwis (Kt. Luzern)
Hartmann, Anastasius * 4/405; Krauer, Johann Georg † 6/74
Altzella
Bachmann, Paul ~/† 1/247; Matthäus von Königsaal ~/† 6/660
Aluksne → Marienburg
Alvensleben
Alvensleben, Joachim von † 1/107; Behrends, Peter Wilhelm † 1/400
Alverdissen (seit 1969 zu Barntrup)
Deppe, (Friedrich Heinrich Christoph) Ludwig * 2/490; Meibom, Heinrich d. Ä. * 7/28
Alvinc → Unter-Winz
Alvincz → Unter-Winz
Alzano (Italien)
Zanchius, Hieronymus * 10/617
Alžbětín → Elisenthal
Alzenau i. UFr.
siehe auch *Wasserlos*
Hettinger, Franz ~ 5/4; Messmer, Otto † 7/84; Schuler, Georg Michael ~ 9/184
Alzey
Adler, Felix * 1/38; Adler, Samuel ~ 1/41; Bach, Max ~ 1/240; Becker, Adalbert (Georg Wilhelm Adolf) ~ 1/375; Claß, Heinrich * 2/331; Eseler, Niklas d. Ä. ~ 3/177; Eß, Leander van ~ 3/179; Friedrich II. der Weise, Kurfürst von der Pfalz † 3/467; Geier, Johann Daniel ~ 3/602; Hennes, Aloys ~ 4/590; Klee, Eugen ~ 5/570; Langgässer, Elisabeth * 6/244; Müller, Karl ~ 7/273; Nies, Konrad * 7/411; Scheu, Georg ~/† 8/616; Volk, Hermann ~ 10/243; Walb, Ernst ~ 10/297; Zincgref, Julius Wilhelm ~ 10/673; Zitz, Franz Heinrich ~ 10/680
Amalfi (Prov. Salerno, Italien)
Habicht, Ludwig † 4/296
Amalienhütte (Bad Laasphe)
Jung, Gustav * 5/379

Amalienhütte (Donaueschingen)
Heuglin, (Martin) Theodor von ~ 5/8
Amalienruhe (Henneberg)
Schosser, Johannes * 9/119
Amani (Tansania)
Braun, Karl Philipp ~ 2/84; Hindorf, Richard ~ 5/53; Stuhlmann, Franz (Ludwig) ~ 9/612; Zimmermann, Albrecht (Wilhelm Philipp) ~ 10/665
Ambach (seit 1978 zu Münsing)
Bachmann, Alf(red) August Felix ~/† 1/244; Bonsels, Waldemar ~/† 2/21; Hermann, Robert † 4/630; Hildesheimer, Wolfgang ~ 5/39; Piloty, Karl (Theodor) von † 7/671; Wedekind, Pamela † 10/369; Wiechert, Ernst ~ 10/477
Amberg (Kr. Unterallgäu)
Forster, Karl * 3/377; Welser, Bartholomäus † 10/427
Amberg (Oberpf)
Agricola, Georg ~/† 1/52; Agricola, Johann Georg ~ 1/55; Ammon, Johann ~ 1/117; Apobolymaeus, Johannes † 1/157; Aretin, Johann Georg Frh. von ~ 1/169; Arnpeck, Veit ~ 1/192; Atzenberger, Franz Xaver Florian ~ 1/211; Ayrer, Jacob d. J. † 1/230; Baader, Joseph Franz von Paula ~ 1/232; Banholzer, Johann ~ 1/289; Baumann, Hans * 11/13; Baumgärtner, Roman ~ 1/342; Becmann, Christian ~ 1/387; Beer-Walbrunn, Anton ~ 1/391; Biner, Josef ~ 1/532; Bissel, Johann † 1/548; Brechtel, Stephan ~ 2/94; Brendel, Sebald ~ 2/111; Buchner, (Joseph) Andreas ~ 2/186; Candidus, Pantaleon ~ 2/273; Carl, Matthäus ~/† 2/280; Carl, Peter ~ 2/280; Carlone, Giovanni Battista ~ 2/281; Christian I., Fürst von Anhalt-Bernburg ~ 2/317; Christian II., Fürst von Anhalt-Bernburg */~ 2/317; Coiter, Volcker ~ 2/354; Desing, Anselm * 2/496; Destouches, Joseph Anton ~ 2/499; Destouches, Ulrich ~ 2/499; Dientzenhofer, Wolfgang ~/† 2/520; Dobmayer, Marian ~/† 2/565; Endter, Georg ~ 3/112; Erlwein, Hans (Jakob) ~ 3/154; Finck, Johannes ~ 3/297; Forster, Georg */~ 3/376; Friederich von Amberg * 3/449; Friedrich III. der Strenge, Markgraf von Meißen, Landgraf von Thüringen † 3/466; Friedrich IV. der Aufrichtige, Kurfürst von der Pfalz * 3/467; Friedrich V., Kurfürst von der Pfalz, * 3/467; Frietzsche, Julius ~ 3/486; Fröschel, Sebastian * 3/506; Gewold, Christoph * 3/670; Girnus, Wilhelm (Karl Albert) ~ 4/15; Gleißenthal, Johann Georg von ~ 4/30; Gleißner, Franz (Johannes) ~ 4/30; Gollowitz, Dominikus ~ 4/90; Gottfried, Johann Ludwig * 4/107; Grammaticus, Nicasius ~ 4/134; Habbel, Josef ~ 4/290; Hagel, Maurus ~ 4/317; Hagen, Lorenz * 4/321; Hartmann, Johannes */~ 4/409; Hartmanni, Hartmann d. Ä. ~ 4/414; Heidenreich, Erhard ~ 4/490; Heilbronner, Jacob ~ 4/495; Heim, Ludwig ~ 4/501; Helmerich, Michael * 4/572; Hörmann, Johannes ~ 5/102; Hortig, Johann Nepomuk ~ 5/183; Janke, Johannes ~ 5/300; Jochner, Georg Maria von ~ 5/333; Kirchmayer, Joseph ~ 5/551; Kögler, Ignaz ~ 5/649; Lang, Franz Thaddäus ~ 6/224; Loch, Valentin ~ 6/433; Ludwig VI., Pfalzgraf bei Rhein, Statthalter der Oberpfalz, Kurfürst von der Pfalz ~ 6/505; Lufft, Hans * 6/526; Magold, Maurus ~ 6/565; Manz, Georg Joseph ~ 6/602; Matzinger, Sebastian ~ 6/666; Morawitzky, Theodor (Heinrich) Graf von ~ 7/207; Munk, Franz ~ 7/308; Obermayr, Joseph Eucharius Frh. von ~/† 7/455; Obernberg, Ignaz Joseph von * 7/456; Oexl, Johann Georg Frh. von ~ 7/476; Oppel, Nikolaus Michael ~ 7/497; Ortmann, Benno ~ 7/509; Ostendorfer, Michael ~ 7/515; Othmayr, Caspar */~ 7/523; Panizza, (Leopold Hermann) Oskar ~ 7/555; Pausch, Eugen ~ 7/582; Popp, Barbara * 8/34; Prändel, Johann Georg ~ 8/49; Prechtl, Maximilian ~/† 8/56; Quitzmann, Ernst Anton † 8/104; Rauch, Hans * 8/158; Reischl, Wilhelm Karl ~ 8/229; Rietter, Anton ~ 8/308; Ringseis, Johann Nepomuk von ~ 8/318; Rixner, Thaddäus Anselm ~ 8/337; Ruprecht, deutscher König, Kurfürst von der Pfalz * 8/472; Ruprecht II., Pfalzgraf bei Rhein, Herzog von Bayern, Kurfürst von der Pfalz */~/† 8/473; Rusdorf, Johann Joachim von ~ 8/475; Schalling, Martin ~ 8/562; Schedel, Hartmann ~ 8/579; Schenkl,

Maurus von ~/† 8/607; Schlosser, Maximilian * 8/685; Schmeltzl, Wolfgang ~ 8/696; Schmid, Josef Leonhard */~ 8/704; Schöpf, Johann Nepomuk ~ 9/100; Schrems, Josef ~ 9/140; Spanheim, Friedrich d. Ä. * 9/385; Stadlbauer, Max von ~ 9/429; Stauber, Carl (Theodor Wilhelm) * 9/456; Still, Valentin Stefan ~ 9/532; Strigel, Victorinus ~ 9/588; Tröster, Johannes * 10/93; Virdung, Sebastian * 10/214; Voit, Karl von * 10/241; Voith, Ignaz Edler von ~ 10/241; Walter, Franz Xaver * 10/318; Weber, Georg Michael von ~ 10/353; Weigl, Franz Xaver ~ 10/388; Weigl, Johann Baptist ~ 10/389; Wirth, Wilhelm † 10/539; Zottmayr, Ludwig * 10/690

Ambleside (Cty. Cumbria, England)
Schwitters, Kurt (Hermann Eduard Karl Julius) † 9/248

Amboina (Indonesien)
Doleschal, Carl Ludwig ~/† 2/586

Ambon (Insel, Molukken)
Rumpf, Georg Eberhard † 8/464

Ambringen
Wessenberg, Ignaz Heinrich (Karl) Frh. von ~ 10/457

Ambrosero (Spanien)
Blomberg, Barbara † 1/578

Amden (Kt. Sankt Gallen)
Fäh, Jakob * 3/216; Meyer-Amden, Otto ~ 7/111

Amelia (Italien)
Häser, Charlotte Henriette † 4/313

Amelinghausen
Schirm, Karl (Johann Cowen) ~/† 8/648

Amelunxen (seit 1970 zu Beverungen)
Ewers, (Johann Philipp) Gustav von * 3/200; Lotze, Franz Wilhelm * 6/485; Stricker, Fritz ~ 9/586

Amersfoort (Niederlande)
Alpert von Metz ~ 1/93; Birnbaum, Uriel ~/† 1/540; Buber, Martin ~ 2/177; Chieze, Philippe de * 2/311

Amersham (Cty. Buckinghamshire, England)
Schöffler, Paul † 9/77

Ames (Iowa, USA)
Kozlik, Adolf ~ 6/58

Amherst (Massachusetts, USA)
Löwenstein, Karl ~ 6/455; Speier, Hans ~ 9/391; Volbach, Walther ~/† 10/242

Amiens (Dép. Somme, Frankreich)
Adalhard, Abt von Corbie ~ 1/26; Bauhin, Jean * 1/331; Kobes, Alois ~ 5/636; Oppler, Edwin ~ 7/502; Richthofen, Manfred Frh. von ~ 8/286

Amlach (Tirol)
Rheden, Josef * 8/266

Ammelshain (seit 1991 zu Naunhof, Muldentalkreis)
Wolframsdorf, (Wolf) Otto von † 10/581

Ammendorf (seit 1950 zu Halle/Saale)
Balthasar, Karl ~ 1/281; Meier, Georg Friedrich † 7/31

Ammerbuch → Entringen, Hohenentringen, Poltringen, Reusten

Ammerland (Gem. Münsing)
Dinkelacker, Paul † 2/552; Föppl, August (Otto) † 3/360; Groll, Gunter † 4/183; Kempff, Wilhelm (Walter Friedrich) ~ 5/504; Kunkel, Adam (Josef) † 6/169; Laßberg, Joseph Frh. von † 6/259; Max, Gabriel Ritter von ~ 6/674; Pocci, Maria Elisabeth Gräfin von † 8/7; Poppel, Johann Gabriel Friedrich † 8/35; Ratzel, Friedrich † 8/153; Vetter, August † 10/200; Wagner, Ernst ~/† 10/279

Ammern (Unstrut-Hainich-Kreis)
Stadion, Johann Kaspar Graf von † 9/429

Amönau (seit 1972 zu Wetter, Hessen)
Wiegand, Hans * 10/481

Amöneburg (Kr. Marburg-Biedenkopf)
Albert, Heinrich ~ 1/69; Braun, Johann Balthasar * 2/82; Ferrarius Montanus, Johannes * 3/272; Isenbiehl, Johann Lorenz ~ 5/261; Milch, Wilhelm † 7/139; Müller, Heinrich Fidelis ~ 7/264; Neudecker, Johann d. Ä. ~ 7/375

Amöneburg (seit 1908 zu Mainz, nach 1945 zu Wiesbaden)
Dyckerhoff, Gustav (Wilhelm Wernhard) ~ 2/661; Dyckerhoff, Karl (Ludwig) ~ 2/661; Dyckerhoff, Rudolf (Philipp Wilhelm) ~ 2/661

Amorbach
Albert, Heinrich * 1/69; Amerbach, Johannes * 1/114; Beust, Friedrich (Karl Ludwig) von * 1/502; Dölger, Franz Joseph ~ 2/572; Eckardt, Sebastian ~/† 3/8; Feuchtmayer, Johann Michael ~ 3/276; Göriz, Karl Wilhelm Friedrich ~ 4/58; Greiffenclau zu Vollraths, Johann Philipp von * 4/151; Günther, Matthäus ~ 4/242; Gutwein, Johann Balthasar ~ 4/275; Heimberger, Josef * 4/503; Hoffstadt, Friedrich † 5/126; Huber, Konrad ~ 5/198; Itzstein, Johann Adam von ~ 5/267; Johann Friedrich Karl, Graf von Ostein, Kurfürst und Erzbischof von Mainz * 5/341; Knaus, Karl (Christian) ~ 5/616; Leiningen, Ernst Fürst */† 6/307; Leiningen, Karl Emich Fürst * 6/307; Martin-Amorbach, Oskar * 6/638; Oberkamp, Franz Joseph von * 7/453; Reichert, Benedikt Maria * 8/202; Schwab, Johann Baptist ~ 9/217; Speeth, Peter ~ 9/391; Stang, Georg * 9/446; Stein, Franz Josef von * 9/476; Trunk, Johann Jakob ~ 10/102; Tubeuf, Karl Frh. von * 10/110; Üblhör, Johann Georg ~ 10/124; Welsch, Maximilian von ~ 10/426; Wimpina, Konrad † 10/518; Würdtwein, Stephan Alexander * 10/593; Zick, Johann ~ 10/650

Amoy (China)
Hirth, Friedrich ~ 5/70

Amparo (Brasilien)
Bampi, Richard * 1/286

Ampelakia (Griechenland)
Haller von Hallerstein, (Johann) Carl (Christoph Wilhelm Joachim) Frh. † 4/349

Ampertshausen (Gem. Schweitenkirchen)
Eisenmann, Hans * 3/72

Ampfing
Windsperger, Lothar * 10/525

Ampfurth
Hortleder, Friedrich * 5/183; Kirchner, Timotheus ~ 5/553; Werner von Elmendorf ~ 10/443

Amras (seit 1938 zu Innsbruck)
Mayer, Siegmund † 7/11; Reiter, Ferdinand * 8/233

Amriswil (Kt. Thurgau)
Brühlmann, Hans * 2/158; Müller, Walter Heinrich ~ 7/282; Müller-Rutz, Johann * 7/290; Wegmann, Lienhard * 10/373

Amschelberg (tschech. Kosová Hora)
Adler, Friedrich * 1/39

Amsoldingen (Kt. Bern)
Haller, Johannes d. J. * 4/348; Hebler, Gottlieb ~ 4/466

Amsterdam
Abs, Hermann J(osef) ~ 1/13; Abshagen, Karl-Heinz (Gert Anton) ~ 1/15; Amman, Johann Konrad ~ 1/115; Andersen, Jürgen ~ 1/125; Arndt, Paul Julius ~ 1/175; Auerbach, Walter ~ 1/216; Augspurg, Anita (Johanna Theodora S.) ~ 1/220; Barbie, Klaus ~ 11/10; Barth, Karl ~ 1/303; Baschwitz, (Siegfried) Kurt ~/† 1/313; Baumgärtner, Johann Baptist ~ 1/342; Beck, Adolf ~ 1/368; Becker, Carl Heinrich * 1/376; Beckmann, Max ~ 1/385; Behrmann, (Friedrich) Georg ~ 1/403; Benecke, Christian Daniel ~ 1/418; Benzinger-Wahlmann, Eleonore ~ 1/432; Bercht, Julius Ludwig ~ 1/434; Berger, Carl Ludwig ~ 1/444; Bergler, Stephan ~ 1/449; Bernard, Daniel ~ 1/459; Besicken, Johannes ~ 1/491; Bielschowsky, Max ~ 1/521; Blasel, Paul ~ 1/561; Blasius, Gerhard ~/† 1/561; Blenkle, Konrad ~ 1/569; Blumenberg, Werner ~/† 1/586; Blumenfeld, Erwin ~ 11/25; Bodeck, Johann von ~ 1/600; Böhme, Jacob ~ 1/620; Boeke, Hendrik Enno ~ 1/625; Böninger, Karl Friedrich ~ 1/630; Börner, Christian Friedrich † 1/633; Bontjes van Beek, Jan ~ 2/22; Boumann, Johann ~ 2/49; Braunthal, Julius ~ 2/91; Breckling, Friedrich ~ 2/94; Brenk, Johannes Wolfgang ~ 2/112; Bressler, Emil ~ 2/121; Brockhaus, Friedrich Arnold ~ 2/139; Brockhaus, Heinrich ~ 2/139; Brockhaus, Hermann * 2/140; Bröckelmann, Julie ~ 2/142; Brunner, Johann Conrad von ~ 2/169; Buber, Martin ~ 2/177; Bühring, Diederich Ernst ~ 2/202; Campendonk, Heinrich † 2/271; Carsten, Francis L(udwig) ~ 11/38; Ceulen, Ludolph van ~ 2/302; Christl, Anton Joseph ~

2/322; Chrudimsky, Ferdinand ~ 2/325; Clement, Franz
~ 2/340; Comenius, Johann Amos ~/† 2/360; Conrat,
Max ~ 2/365; Cordan, Wolfgang ~ 2/371; Cornelius,
Karl ~ 2/375; Corvinus, Lorenz ~ 2/380; Crafft, Johann
Daniel † 2/387; Crell, Samuel ~/† 2/397; Cuno, Johann
Christian ~ 2/410; Dassler, Adolf ~ 2/447; Deetz, Arthur
~ 2/463; Deetz, Marie ~ 2/463; Dembitzer, Salomon ~
2/481; Deniger von Olinda, Joachim ~ 2/487; Denner,
Balthasar ~ 2/488; Derenburg, Joseph ~ 2/491; Detharding,
Georg Christoph ~ 2/500; Dierich, Karl ~ 2/521; Dietrich,
Paul ~ 2/537; Dippel, Johann Konrad ~ 2/554; Dögen,
Matthias ~ 2/571; Door, Anton ~ 2/596; Drathschmidt von
Bruckheim, Anna ~ 2/609; Drexel, Franz Martin ~ 2/617;
Duboc, Charles Edouard ~ 2/629; Dürninger, Abraham
~ 2/640; Dukes, Leopold (Jehuda Löb ben Zebi Hirsch)
~ 2/647; Eberhard, Christoph ~ 2/670; Ehrenfest, Paul †
3/39; Eick, Hans-Joachim ~ 3/57; Eiffe, Franz Ferdinand
~ 3/59; Elias, Norbert ~/† 3/85; Ellmenreich, Johann
Baptist ~ 3/92; Eltester, Christian ~ 3/99; Elwenspoek,
Curt ~ 3/100; Erdmann, Lothar ~ 3/141; Ernest, Gustav
† 3/157; Eskeles, Bernhard Frh. von ~ 3/178; Eunicke,
Friedrich ~ 3/194; Eunicke, Therese ~ 3/194; Everhard,
Nicolaus d. Ä. * 3/195; Faber, Conrad ~ 3/207; Fabricius,
Johann Jacob † 3/214; Fahrenheit, Gabriel Daniel ~ 3/219;
Falck, Jeremias ~ 3/222; Feigl, Friedrich ~ 3/249; Feuge,
Elisabeth ~ 3/281; Fischer, Johann Bernhard von ~ 3/320;
Fleischmann, Johann Michael † 3/344; Flemming, Walther
~ 3/347; Flemming, Willi (Karl Max) ~ 3/348; Flesch,
Carl ~ 3/348; Flettner, Anton ~ 3/349; Formes, Karl
Johann ~ 3/373; Forster, Joseph ~ 3/377; Frank, Anne
~ 3/397; Frank, Erich † 11/63; Franzen, Hans ~ 3/415;
Freiligrath, (Hermann) Ferdinand ~ 3/422; Fricker, Johann
Ludwig ~ 3/443; Friedländer, Max Jacob ~/† 3/452; Frings,
Theodor ~ 3/487; Fröhlich, Georg Wilhelm ~ 3/502;
Fröhlich, Otto Karl ~ 3/503; Fromantiou, Hendrik de ~
3/507; Froneck, Franz ~ 3/511; Fürbringer, Max Carl ~
3/525; Gabriel, Max ~/† 3/550; Galland, Georg ~ 3/563;
Garve, Karl Bernhard ~ 3/576; Gaub, Hieronymus David
~ 3/583; Gaulhofer, Karl (Luitpold) ~/† 3/585; Gebler,
Anton ~ 3/595; Genest, (Wilhelm Ludwig) Werner ~
3/621; Gentsch, Erich ~ 3/623; Georgi, Yvonne ~ 3/633;
Gerber, Walo Nicolas ~ 3/636; Gerhard, Hubert * 3/641;
Geselschap, Eduard * 3/664; Gichtel, Johann Georg
~/† 3/677; Giffteil, Ludwig Friedrich † 4/6; Glauber,
Johann Rudolf ~/† 4/42; Goetze, Thomas Matthias ~
4/73; Goldschmidt, Heinrich Jacob ~ 4/83; Goldschmidt,
Jakob ~ 4/84; Goldschmidt, Richard Hellmuth ~ 4/85;
Goldstein, Kurt ~ 4/88; Goslar, Hans ~ 4/100; Gottfurcht,
Hans ~ 4/107; Gräve, Johann Georg ~ 4/125; Graevenitz,
Gerhard von ~ 4/135; Granow, Hans-Ulrich ~ 4/135;
Grauert, Wilhelm Heinrich * 4/142; Grob, Johannes von ~
4/176; Groddeck, Albrecht ~ 4/177; Groß, Emil ~ 4/190;
Grünbaum, Max ~ 4/211; Grüning, Wilhelm ~ 4/217;
Günther, Leopold ~ 4/242; Guggenheim, Kurt ~ 4/249;
Guggisberg, Hans ~ 4/250; Guggisberg, Hans Rudolf ~
4/250; Guthery, Robert d.J. ~ 4/270; Hackmann, Heinrich
(Friedrich) ~ 4/299; Halleger, Kurt ~ 4/345; Hamm, Harry
*/~ 4/359; Hammer, Walter ~ 4/361; Hammes, Karl ~
4/364; Hanau, Salomo Salman ben Jehuda Löb ha-Kohen
~ 4/365; Harrassowitz, Otto (Wilhelm) ~ 4/395; Harscher
von Almendingen, Ludwig ~ 4/397; Hartmann, (Karl)
Ludwig (Friedrich) von ~ 4/411; Hassel-Barth, (Anna
Maria) Wilhelmine van * 4/428; Haßloch, Christiane
Magdalene Elisabeth ~ 4/431; Haugwitz, August Adolph
von ~ 4/441; Heidersbach-Källe, Käte ~ 4/492; Heine,
Samuel Friedrich ~ 4/511; Heister, Lorenz ~ 4/552;
Hendel-Schütz, (Johanne) Henriette (Rosine) ~ 4/581;
Hendrich, Hermann ~ 4/582; Hensel, Heinrich (August)
~ 4/597; Herder, Johann Gottfried ~ 4/611; Herrliberger,
David ~ 4/640; Herrlinger, Julie ~ 4/641; Herrmann, Hans
~ 4/643; Herzfeld, Arnold ~ 4/660; Heydt, Eduard Frh.
von der ~ 5/20; Heymann, (Anna Katharina) Friederike ~
5/24; Hieser, Helene ~ 5/32; Hindermann, Aenne ~ 5/53;
Hirsch, Rudolf ~ 5/64; Hoburg, Christian ~ 5/79; van't

Hoff, Jacobus Henricus ~ 5/111; Hoffmann, Johann Adolf
~ 5/120; Hoffmann, Johann Joseph ~ 5/120; Hoffmann von
Hoffmannswaldau, Christian ~ 5/124; Hofmann, Samuel
~ 5/132; Hottinger, Johann He(i)nrich ~ 5/187; Huber,
Johann Kaspar ~ 5/196; Huebner, Friedrich Markus †
5/204; Hummel, Johann Julius ~ 5/225; Hunnius, Friedrich
Johann Wilhelm ~ 5/228; Hurlebusch, Conrad Friedrich
~/† 5/231; Ichon, Eduard ~ 5/242; Jacob, Karl August ~
5/271; Jahn, Wilhelm ~ 5/292; Jakob ben Zwi Emden ~
5/295; Jöken, Karl ~ 5/335; Jörn, Karl ~ 5/336; Johnen,
Kurt ~ 5/356; Jolles, André ~ 5/358; Josel, Josef (von
Witzenhausen) ~/† 5/365; Junker, Hermann ~ 5/385;
Kandl, Eduard ~ 5/423; Katz, Henry William ~ 5/465;
Kautsch, Heinrich ~ 5/477; Kautsky, Karl † 5/477; Kayser,
Wolfgang ~ 5/481; Keller, Adolf ~ 5/490; Kelly, Petra ~
5/500; Kemp, Barbara ~ 5/502; Kertész, István ~ 5/518;
Kesten, Hermann ~ 5/521; Kienlen, Johann Adam I. ~
5/531; Kienzl, Wilhelm ~ 5/531; Klee, Alfred ~ 5/570;
Klöcker von Ehrenstrahl, David ~ 5/601; Klönne, Carl
~ 5/602; Klos, Johan Hermann * 5/603; Kneller, Sir
Godfrey ~ 5/619; Knipping, Erwin ~ 5/622; Kohlbrügge,
Hermann Friedrich */~ 6/3; Kohlmann, Anton ~ 6/4;
Konetzni, Anni ~ 6/24; Kowalke, Alfred ~ 6/57; Kraemer,
August ~ 6/60; Krannhals, Alexander ~ 6/71; Kraus, Karl
~ 6/78; Kriedemann, Herbert ~ 6/105; Kromer, Joachim
~ 6/115; Krüger, Karl Friedrich ~ 6/123; Kühne, Wilhelm
~ 6/146; Kuhlmann, Quirin(us) ~ 6/158; Kunert, Sophie
~ 6/168; Kupper, Annelies (Gabriele) ~ 6/176; Kuttner,
Erich ~ 6/183; Laddey, Emma ~ 6/192; Lambeck, Peter
~ 6/202; Landshoff, Fritz Helmut ~ 6/221; Lang, Karl
Heinrich Ritter von ~ 6/227; Lange, Luise Marie Antonie ~
6/235; Langen, Carl-Friedrich Frh. von ~ 6/237; Laqueur,
Ernst ~ 6/252; Lasker, Emanuel ~ 6/256; Lattermann,
Theodor ~ 6/262; Latzko, Andreas ~/† 6/262; Lautenburg,
Sigmund ~ 6/271; Le Blon, Jakob Christof ~ 6/280; Legler,
Gottlieb Heinrich * 6/290; Lewkowitz, Albert ~ 6/366;
Leyen, Friedrich von der ~ 6/370; Liebermann, Max ~
6/381; Liepman, Heinz ~ 6/391; Lion, Max ~ 6/415; Liss,
Johann ~ 6/423; Lücke, (Johann Christian) Ludwig von
~ 6/514; Luschnat, David (Christian Samuel) ~ 6/532;
Luther, Heinrich Ehrenfried ~ 6/536; Madaus, Gerhard
~ 6/554; Märklin, Eugen ~ 6/559; Malten, Therese ~
6/581; Mann, Klaus (Heinrich Thomas) ~ 6/591; Marées,
Georges des ~ 6/611; Marra-Vollmer, Marie von ~ 6/629;
Marshall, James * 6/632; Martinelli, Ludwig ~ 6/638;
Martini, Martin ~ 6/640; Mathys, Jan van Haarlem ~
6/656; Mayer, Gustav ~ 7/7; Mayer, Helene ~ 7/8; Mayer,
Karl ~ 7/10; Mayerhofer, Carl ~ 7/12; Meebold, Johann
Gottlieb ~ 7/24; Meister des Hausbuchs ~ 7/44; Melchert,
Helmut ~ 7/51; Mendel, Bruno ~ 7/56; Menger, Karl ~
7/62; Merian, Maria Sibylla ~/† 7/71; Merklein, Johann
Jakob ~ 7/75; Mettenleiter, Johann Jakob ~ 7/87; Milan,
Adele ~ 7/138; Miller, Julius ~ 7/143; Minuit, Peter ~
7/149; Misch, Robert ~ 7/152; Möller, Anton d. Ä. ~
7/167; Morena, Berta ~ 7/208; Mozer, Alfred ~ 7/237;
Müller, Kurt ~ 7/275; Müller, Wilhelm Heinrich ~ 7/283;
Mutzenbecher, Esdras Heinrich ~ 7/321; Mutzenbecher,
(Johann) Friedrich * 7/321; Nast, Minnie (Helena) ~
7/342; Nebe, Carl (Johann Eduard) ~ 7/353; Nelson,
Rudolph ~ 7/363; Nestroy, Johann (Nepomuk Eduard
Ambrosius) ~ 7/368; Nettlau, (Carl Hermann) Max ~/†
7/369; Neuberg, Carl ~ 7/372; Neuerburg, Heinrich ~
7/376; Neumann, Klaus-Günter ~ 7/385; Niclaes, Hendrik
~ 7/398; Niemöller, Martin ~ 7/410; Nihus, Bartholdus ~
7/417; Nippold, Friedrich ~ 7/423; Nottebohm, (Johann)
Abraham ~ 11/144; Nussbaum, Felix ~ 7/449; Obermayer,
Adolf ~ 7/455; Occo, Pompeius ~/† 11/146; Ochs, Georg
Friedrich ~ 7/460; Oestéren, (Maria) Friedrich Werner van
~ 7/471; Ohms, Elisabeth ~ 7/481; Oldendorp, Christian
Georg Andreas ~ 7/486; Ollendorff, Fritz ~ 7/489; Ovens,
Jürgen ~ 11/154; Papsdorf, Paul ~ 7/561; Pasqué, Ernst
~ 7/567; Patzak, Julius ~ 7/571; Paudiss, Christoph ~
7/572; Payer, Hieronymus ~ 7/584; Pereira-Arnstein, Louis
Frh. von ~ 7/598; Pfeifer, Emil * 11/157; Pferdmenges,

Andorf (Oberösterreich)
Gerl, Franz Xaver * 3/646; Gerl, Judas Thaddaeus * 3/646; Starzengruber, Josef † 9/454
Andreasberg (tschech. Ondřejov)
Watzlik, Hans ~ 10/347
Andria (Italien)
Konrad IV., König von Sizilien und Jerusalem * 6/26
Andrian (italien. Andriano)
Silbernagl, Johann Jakob † 9/327
Andriano → Andrian
Andrichau (auch Andrychau, poln. Andrychów)
Schirmer, Wilhelm Kajetan * 8/650
Andritz (seit 1938 zu Graz)
Hüttenbrenner, Anselm † 5/214; Körösi, Joseph ~ 5/674; Orel, Walther von ~ 7/504
Andropov → Rybinsk
Andrychau → Andrichau
Andrychów → Andrichau
Andwil (Kt. Sankt Gallen)
Egger, Augustin ~ 3/27
Andwil (Kt. Thurgau) → Guggenbühl
Angedair (seit 1900 zu Landeck, Tirol)
Flir, Alois (Cäsar Kasimir) * 3/352
Angelbachtal → Eichtersheim
Angelmodde (seit 1975 zu Münster, Westfalen)
Hersing, Otto † 4/647
Angelroda
Zäunemann, Sidonie Hedwig † 10/613
Angelsdorf (Gem. Elsdorf, Erftkreis)
Mummendey, Richard * 7/306
Anger (seit 1889 zu Leipzig)
Bromme, Karl Rudolf * 2/144
Angerapp → Darkehmen
Angerburg i. Ostpr. (poln. Węgorzewo)
Aronhold, Siegfried Heinrich * 1/195; Gerlach, Otto * 3/649; Hagen, Albrecht von ~ 4/319; Hein, Max * 4/507; Hillgruber, Andreas * 5/45; Jankuhn, Herbert * 11/96; Kröger, Timm ~ 6/110; Manigk, Alfred * 6/589; Rehberg, Theodor ~ 8/189; Salkowski, Erich * 8/500; Sommerfeld, Martin * 9/371; Tettau, Julius Ernst von ~ 9/681; Waldburg, Karl Heinrich Graf von ~ 10/300
Angermünde
Breithaupt, Christian David † 2/104; Magirus, Tobias * 6/562; Schleyer, Wilhelm * 8/673; Schmidt, Rudolf ~ 9/19
Angern (Niederösterreich)
Känischbauer von Hohenried, Johann Baptist * 5/396; Oberleitner, Andreas * 7/454
Angern (tschech. Bujanov)
Alschinger, Andreas * 1/94
Anhalt (Oberschlesien)
Schleiermacher, Friedrich Daniel Ernst ~ 8/665
Anhausen (Kloster)
Heilbronner, Jacob ~ 4/495; Isenmannus, Johann ~/† 5/262; Raiffeisen, Friedrich Wilhelm ~ 8/126; Roos, Magnus Friedrich ~/† 8/382; Stengel, Karl ~ 9/506; Zangmeister, Kaspar † 10/619
Anholt (seit 1975 zu Isselburg)
Anholt, Johann Jakob Graf von * 1/140; Donders, Adolf * 2/593; Fabricius, Theodor * 3/215; Nadorp, Franz (Johann Heinrich) * 7/329; Salm-Salm, Felix Prinz zu * 8/502; Salm-Salm, Wilhelm Florentin Fürst von * 8/502; Welty, Eberhard * 10/430
Anif (Salzburg)
Karajan, Herbert von † 5/432; Lux, Joseph August † 6/541
Ankara
Bielka, Erich ~ 1/520; Bischoff, Norbert ~ 1/544; Bonatz, Paul (Michael Nikolaus) ~ 2/16; Broich-Oppert, Georg von ~ 2/144; Brunswik, Egon ~ 11/34; Czaczkes, Ludwig ~ 2/416; Dewall, Wolf von ~ 2/509; Eberhard, Wolfram ~ 2/672; Ebert, Carl (Anton) ~ 2/677; Eckstein, Albert ~ 3/15; Elsaesser, Martin ~ 3/94; Emmel, Hildegard ~ 3/104; Escher, Alfred Martin ~ 3/174; Falke, Friedrich ~ 3/225; Freyer, Hans ~ 3/438; Gerngross, Otto ~/† 3/652; Gotschlich, Emil (Carl Anton Constantin) ~ 4/103;

Graevenitz, Kurt-Fritz von ~ 4/125; Haas, Wilhelm ~ 4/288; Hamburger, Hans (Ludwig) ~ 4/358; Hausmann, Gottfried ~ 4/452; Hey, Hans Erwin ~ 5/15; Hirsch, Ernst Eduard ~ 5/60; Holzmeister, Clemens ~ 5/161; Jansen, Hermann ~ 5/302; Keller, Friedrich von ~ 5/492; Klaiber, Manfred ~ 5/564; Kroll, Hans ~ 6/113; Kühlmann, Otto Ritter von ~ 6/142; Landsberger, Benno ~ 6/220; Laqueur, August ~/† 6/252; Lessing, Gotthold Ephraim ~ 6/346; Leuchs, Kurt ~ 6/351; Lichtenberger, Berthold (Hans Alfred) ~ 6/375; Louis, Herbert ~ 6/486; Marchionini, Alfred ~ 6/606; Menges, Karl Heinrich ~ 11/129; Meyer, Max (Siegmund Ludwig) ~ 7/108; Mirbach, Dietrich Frh. von ~ 7/150; Mordo, Renato ~ 7/207; Oelsner, Gustav ~ 7/467; Oelsner, Oscar (Walter) ~ 11/148; Osten, Hans Henning von der ~ 7/514; Papen, Franz von ~ 7/559; Paul, Ernst ~ 7/573; Pfannenstiel, Max (Jakob) ~ 7/635; Porten, Max von der ~ 8/40; Praetorius, Ernst ~/† 8/50; Pulewka, Paul ~ 8/90; Rahn, Rudolf ~ 8/124; Reuter, Ernst (Rudolf Johannes) ~ 8/259; Rohde, Georg ~ 8/367; Rosenberg, Frederic ~ 8/392; Ruben, Walter ~ 8/431; Salomon-Calvi, Wilhelm ~/† 8/504; Scheliha, Rudolf von ~ 8/592; Schröder, Arnulf ~ 9/145; Stummvoll, Josef ~ 9/613; Taut, Bruno † 9/667; Walther, Gebhardt von ~ 10/323; Welzenbacher, Lois ~ 10/431; Zehnder, Alfred ~ 10/629; Zuckmayer, Eduard ~/† 10/695
Ankershagen
Voß, Johann Heinrich ~ 10/259
Anklam
Adler, Franz Theodor ~ 1/39; Ahlwardt, Christian Wilhelm ~ 1/59; Bahnsen, Julius Friedrich August ~ 1/269; Balthasar, Augustin * 1/280; Barnstorf, Eberhard ~ 1/298; Beitzke, Heinrich ~ 1/407; Berends, Karl August Wilhelm * 1/437; Bissing, Henriette von ~/† 1/548; Boguslawski, (Heinrich) Georg von ~ 1/642; Bormann, Albert Karl ~ 2/31; Briesen, Kurt von * 2/133; Buddeus, Johann Franz * 2/193; Bülow, Burghart (Heinrich Friedrich Adolf Otto) von ~ 2/203; Cothenius, Christian Andreas von * 2/383; Dedelow, Nikolaus ~ 2/462; Eddeler, Matthäus ~ 3/16; Ewer, Leopold * 3/199; Friedrich, (Max) Wilhelm (Karl) * 3/481; Gadsky, Johanna (Emilia Agnes) * 3/552; Gräf, Walther Karl Theodor ~ 4/120; Grischow, August(in) * 4/174; Hagemeister, Johann Gottfried Lucas ~/† 4/318; Hassell, (Christian August) Ulrich von * 4/428; Herlitz, David ~ 4/618; Homeyer, Alexander von ~ 5/164; Johnson, Uwe (Klaus Dietrich) ~ 5/356; Kortzfleisch, Ida von ~ 6/49; Kretzschmer, Hermann ~ 6/101; Lilienthal, Gustav * 6/396; Lilienthal, Otto * 6/396; Mellin, Jürgen Graf von ~ 7/54; Meusebach, John O. ~ 7/95; Rath, Klaus Wilhelm (Kurt Otto) * 8/148; Rühl, Hugo * 8/450; Sahm, Heinrich (Friedrich Wilhelm Martin) * 8/495; Sander, Ulrich * 8/513; Schiphower, Johannes ~ 8/647; Schömann, Georg Friedrich ~ 9/79; Schröder, Walter Georg Karl * 9/151; Schwerin, Maximilian von ~ 9/244; Spörer, Gustav (Friedrich Wilhelm) ~ 9/414; Urgiss, Julius * 10/167; Westphal, Andreas * 10/460
Ankuhn (seit 1849 zu Zerbst)
Beier, Karl (Friedrich Adam) * 1/404
Ankum
Rattermann, Heinrich Armin * 8/153
Ann Arbor (Michigan, USA)
Brauer, Richard Dagobert ~ 2/78; Braun, Joachim Werner ~ 2/82; Brünnow, Franz Friedrich Ernst ~ 2/161; David, Hans Theodor(e) ~/† 2/452; Fajans, Kasimir ~/† 3/221; Flasche, Hans ~ 3/336; Kuhn, Alwin ~ 6/159; Kurath, Hans ~/† 11/116; Laporte, Otto † 6/251; Morsbach, Lorenz ~ 7/219; Penzl, Herbert ~ 11/156
Annaberg → Sankt Annaberg
Annaberg (seit 1945 zu Annaberg-Buchholz)
Arnauld de la Perière, Raoul von ~ 1/172; Arnold, Gottfried * 1/187; Badehorn, Leonhard ~ 1/252; Bauer, Erwin Heinrich † 1/324; Bersmann, Georg * 1/479; Biedermann, Traugott Andreas Frh. von * 1/518; Bier, (Ernst) Woldemar ~ 1/522; Böhm(e), Johann Heinrich d. J. ~ 1/618; Bretschneider, Karl Gottlieb ~ 2/123; Brunn,

Lukas * 2/167; Brust, Alfred ~ 2/175; Claus, Carlfriedrich * 11/40; Clodius, Christian (August) * 2/344; Daucher, Adolf ~ 2/449; Didymus, Gabriel * 2/513; Duflos, Adolph (Ferdinand) ~/† 2/644; Eisenstuck, (Jakob) Bernhard * 3/74; Eisenstuck, Christian Gottlob * 3/74; Ercker, Lazarus von * 3/139; Fabricius, Georg ~ 3/213; Fähse, Gottfried ~ 3/217; Frentzel, Johann * 3/425; Friderich, Johann ~ 3/444; Frotscher, Karl Heinrich ~ 3/513; Gast, Peter */† 3/580; Gaulrap, Erhard ~ 3/585; Gleditsch, Johann Gottlieb ~ 4/27; Gulden, Paul * 4/253; Heerklotz, Adolph ~ 4/476; Heilmann, Jakob ~/† 4/499; Hesse, Hans ~ 4/675; Heyn, (Friedrich) Emil * 5/26; Israel, August ~ 5/264; König, Walter * 5/663; Kraus, Agnes ~ 6/75; Krause, Jakob ~ 6/81; Küchelbecker, Johann Basilius ~ 6/140; Kunckel von Löwenstern, Johann ~ 6/166; Kunze, Johannes (Wilhelm) ~ 6/173; Mauersberger, Rudolf ~ 6/667; Meyer, (Christian) Friedrich * 7/102; Müller, Karl Herrmann ~ 7/274; Mykonius, Friedrich ~ 7/322; Richter, Andreas ~ 8/275; Ries, Adam ~/† 8/304; Rivius, Johann d. Ä. ~ 8/337; Rülein von Calw, Ulrich ~ 8/452; Sarcerius, Erasmus */~ 8/519; Seyfert, Richard (Hermann) ~ 9/298; Siber, Adam ~ 9/300; Uttmann, Barbara † 10/172; Weck, Anton * 10/365; Weiße, Christian Felix * 10/412; Wieck, Friedrich Georg ~ 10/478; Witten, Hans ~/† 10/546

Annaberg-Buchholz → Annaberg, Buchholz
Annapolis (Maryland, USA)
Dehn, Max (Wilhelm) ~ 2/468; Sommer, Albert ~ 9/368; Strauss, Leo ~/† 9/577

Annarode
Beyer, Hermann Wolfgang * 1/506

Annasmuiža → Annenhof
Annathal (Böhmen)
Lötz, Johann ~/† 6/448; Schell, Karl ~ 8/593

Annecy (Dép. Haute-Savoie, Frankreich)
Knopp, Konrad † 5/629

Annemasse (Dép. Haute-Savoie, Frankreich)
Windgassen, Wolfgang (Fritz Hermann) * 10/523

Annen (seit 1929 zu Witten)
Asthöwer, Fritz ~ 1/208; Lennemann, Wilhelm * 6/321

Annengof → Annenhof
Annenhof (lett. Annasmuiža, russ. Annengof)
Baumann, Joachim ~ 1/336

Annweiler am Trifels
Faber, Karl Wilhelm ~ 3/209; Jäger, Eugen * 5/283; Naegle, August * 7/332; Schauberg, Joseph * 8/574; Seel, Otto * 9/258

Anras (Tirol)
Hattler, Franz (Seraph) * 4/432; Penz, Franz de Paula ~ 7/596

Anrath (Willich)
Vynhoven, Gerhard ~ 10/262

Ansbach
siehe auch *Eyb, Schalkhausen*
Adam, Wilhelm * 1/29; Adler, Christian (Matthias) ~ 1/38; Albrecht Alcibiades, Markgraf von Brandenburg-Kulmbach * 1/76; Albrecht V., Markgraf von Brandenburg-Ansbach */† 1/76; Albrecht der Ältere, Markgraf von Brandenburg-Ansbach, Hochmeister des Deutschen Ordens, Herzog in Preußen * 1/78; Albrecht, Bartholomäus ~ 1/80; Christian Friedrich Carl Alexander, Markgraf von Ansbach-Bayreuth */~ 1/87; Alt, Theodor (Zacharias Friedrich) † 1/95; Altenstein, Karl (Sigmund Franz) Frh. vom Stein zum A. ~ 1/98; Althamer, Andreas ~/† 1/99; Ammon, Karl Wilhelm ~/† 1/118; Arnold, Ferdinand */~ 1/186; Arnold, Friedrich Christian Ritter von ~ 1/186; Artomedes, Sebastian ~ 1/198; Bacher, Gideon ~ 1/243; Baier, Ferdinand Jakob ~/† 1/271; Bal(l)enberger, (Johann Georg) Karl */~ 1/276; Bandel, (Joseph) Ernst von * 1/286; Barbara, Königin von Böhmen * 1/291; Baumann, Johann Adolf ~ 1/336; Baumgärtner, Albrecht Heinrich ~ 1/341; Bayer, Karl * 1/358; Beer, Gottfried Ludwig * 1/389; Behaim, Hans d. Ä. ~ 1/395; Bernatz, Karl Ritter von ~ 1/460; Berwart, Blasius d. Ä. ~ 1/489; Bezold, Albert (Ludwig Friedrich) von * 1/509; Bischoff, Johann Nikolaus * 1/543; Bloch, Markus

Elieser * 1/575; Böckh, (Christian) Friedrich von ~ 1/609; Böckler, Georg Andreas ~ 1/610; Böll, Friedrich Philipp Karl ~/† 1/626; Bolz, Johann Gottfried ~ 2/13; Bonn, Franz ~ 2/20; Brater, Karl (Ludwig Theodor) * 2/75; Breit, Thomas */~ 11/31; Breslau, Heinrich von * 2/119; Büttner, Heinrich Christoph */~ 2/215; Burger, Carl (Christian) von ~ 2/236; Buzengeider, Karl Heribert Ignatius ~ 2/262; Carl, Ernst Ludwig ~ 2/280; Carlone, Carlo (Innocenzo) ~ 2/281; Cella, Johann Jakob ~/† 2/299; Christiane Charlotte, Markgräfin von Brandenburg-Ansbach ~/† 2/321; Crailsheim, (Friedrich August Ernst Gustav Christoph) Krafft Graf von * 2/387; Cronegk, Johann Friedrich Frh. von * 2/404; Culmann, Leonhard ~ 2/409; Cuvilliés, François (Joseph Ludwig) de, d. J. ~ 2/415; Degen, Johann Friedrich ~ 2/464; Dewald, Georg * 2/508; Dittmar, Heinrich ~ 2/561; Dollmann, Georg (Carl Heinrich) von * 2/588; Dollmann, Karl Friedrich * 2/588; Drais von Sauerbronn, (Friedrich) Heinrich Georg Frh. * 2/607; Drais von Sauerbronn, Karl (Wilhelm Ludwig) Friedrich Frh. * 2/607; Drechsel, Karl Joseph Graf von ~ 2/610; Dürrner, Johannes (Ruprecht Julius) */~ 2/643; Duncker, Max † 2/652; Elisabeth, Kurfürstin von Brandenburg † 3/86; Erhard, Johann Benjamin ~ 3/144; Erhardt, Johann Simon ~ 3/147; Escherich, Theodor * 3/176; Eseler, Niklas d. J. ~ 3/178; Faber, Johann Melchior ~ 3/209; Fabri, Ernst Wilhelm ~ 3/211; Falkenstein, Johann Heinrich ~ 3/228; Feuerbach, Henriette ~/† 3/278; Feuerbach, Paul Johann Anselm Ritter von ~ 3/279; Fischer, Johann ~ 3/320; Förster, Ludwig (Christian Friedrich) von * 3/364; Forster, Konrad * 3/377; Fränkel, Elkan ~ 3/383; Franck, Johann Wolfgang ~ 3/389; Freiesleben, Christian Heinrich † 3/422; Friedrich, Johann Baptist ~ 3/456; Friedrich Eugen, Herzog von Württemberg ~ 3/475; Fröschel, Hieronymus ~ 3/506; Fuchs, Leonhart ~ 3/520; Fürst, Hermann Ritter von * 3/526; Gabler, Georg Andreas ~ 3/549; Gabrieli, Gabriel de ~ 3/551; Gebel, Matthes ~ 3/592; Gemmingen-Guttenberg, Carl (Friedrich Reinhard) Frh. von */† 3/619; Georg der Fromme oder der Bekenner, Markgraf von Brandenburg-Ansbach * 3/626; Georg Friedrich, Markgraf von Brandenburg-Ansbach */~/† 3/626; Gerhard, Johann Friedrich ~ 3/642; Gesner, Johann Matthias ~ 3/665; Göllerich, August ~ 4/53; Graff, Anton ~ 4/130; Grießmeyer, Albert * 4/166; Grund, Johann Jakob (Norbert) ~ 4/222; Güll, Friedrich (Wilhelm) */~ 4/235; Günther, (Gustav) Adolf * 4/237; Günther, (Adam Wilhelm) Siegmund ~ 4/243; Gumppenberg, Karl Frh. von ~ 4/256; Händel, Christoph Christian ~ 4/307; Hänlein, Heinrich Karl Alexander von */~ 4/310; Hardenberg, Karl August Fürst ~ 4/382; Hartung, Johannes * 4/416; Hauser, Kaspar ~/† 4/449; Hecht, (Karl) Wilhelm * 4/467; Heim, Georg ~ 4/500; Helmreich, Georg ~/† 4/575; Herman, Stephan ~ 4/619; Herterich, Johann (Caspar) * 4/649; Herterich, Ludwig * 4/649; Hess, Hans ~ 4/670; Hirsch, Jakob von ~ 5/61; Hochheimer, Moses ~/† 5/81; Hoffstadt, Friedrich ~ 5/126; Hofmann, Karl (Andreas) ~ 5/130; Hommel, Fritz * 5/164; Hubert, Christian Gottlob ~/† 5/200; Joachim Ernst, Markgraf von Brandenburg-Ansbach ~/† 5/329; Johann (Cicero), Kurfürst von Brandenburg * 5/338; Johann Friedrich, Markgraf von Brandenburg-Ansbach */~/† 5/339; Karg, Georg ~/† 5/435; Karl Alexander, Markgraf von Ansbach-Bayreuth */~ 5/441; Karl Wilhelm Friedrich, Markgraf von Brandenburg-Ansbach * 5/442; Karoline, Kurfürstin von Hannover, Königin von Großbritannien * 5/451; Kasimir, Markgraf von Brandenburg-Ansbach und Kulmbach * 5/457; Keerl, Johann Heinrich ~/† 5/482; Kerschensteiner, Hermann * 5/517; Keßlau, Albrecht Friedrich von ~ 5/519; Kleist, (Bernd) Heinrich (Wilhelm) von ~ 5/583; Knebel, Karl Ludwig von ~ 5/617; Knorr, Peter ~ 5/631; Koeßler, Hans ~/† 5/675; Kohn, Pinchas ~ 6/6; Kretschmann, Theodor von ~ 6/99; Ladenberg, Adalbert von * 6/192; Ladenberg, Philipp von ~ 6/192; Lang, Karl Heinrich Ritter von ~/† 6/227; Leidinger, Georg * 6/306; Leonrod, Franz Leopold Frh. von ~ 6/330; Leonrod, Leopold von *

6/330; Lerchenfeld, Maximilian Emanuel Frh. von ~ 6/338; Lessing, Anton ~ 6/344; Leyh, Georg * 6/371; Limnaeus, Johannes † 6/398; Lindner, Friedrich ~ 6/407; Löwenfinck, Adam Friedrich von ~ 6/453; Marius, Simon ~/† 6/624; Maximilian I. Joseph, König von Bayern (als Kurfürst Maximilian IV. Joseph) ~ 6/678; Mayr, Julius Karl * 7/14; Meiland, Jakob ~ 7/32; Mercklein, Albert Daniel ~ 7/69; Mertz von Quirnheim, Hermann Ritter * 7/78; Meyern, Wilhelm Friedrich von * 7/117; Mieg, Arnold Ritter von ~ 7/130; Moog, Leonhard * 7/203; Müller, Georg ~ 7/260; Müller, Iwan von ~ 7/267; Münster, Georg Graf zu ~ 7/296; Murrer, Johann ~ 7/314; Nagler, Carl Ferdinand Friedrich von * 7/336; Naumann, Friedrich Gotthard † 7/349; Neukirch, Benjamin ~/† 7/379; Ochsenheimer, Ferdinand ~ 7/461; Oeder, Georg Christian von * 7/462; Opsopoeus, Vincentius ~/† 7/503; Othmayr, Caspar ~ 7/523; Paulus, Heinrich Eberhard Gottlob ~ 7/581; Pedetti, Mauritio ~ 7/587; Pinhas, Juda ~/† 7/672; Platen, August von * 7/687; Plitzner, Ferdinand ~ 8/3; Plontke, Paul ~ 8/5; Pospiech, Heinrich */~/† 8/43; Puchta, Wolfgang Heinrich ~ 8/86; Rabe, Johann Jakob ~/† 8/108; Ranke, (Philipp Friedrich) Heinrich ~ 8/136; Rauch, Petrus von Ansbach * 8/159; Rehm, Albert ~ 8/191; Retti, Leopold(o) ~ 8/251; Riccio, Antonio Teodoro ~/† 8/271; Ridinger, Georg ~ 8/288; Riedel, Karl Christian ~ 8/292; Rochholz, Ernst Ludwig * 8/340; Rösler, Franz Anton ~ 8/360; Roman zu Schernau, Rudolf von ~ 8/378; Rost, Leonhard * 8/408; Rurer, Johann ~/† 8/474; Schaezler, Johann Lorenz von * 8/554; Scherzer, Otto */~ 8/616; Schletterer, Hans Michael */~ 8/672; Schlosser, Johann Georg ~ 8/685; Schmidel, Kasimir Christoph ~ 8/708; Schnizlein, Adalbert ~ 9/67; Schöpf, Johann David ~/† 9/100; Schopper, Jakob ~ 9/116; Schregle, Hans ~ 9/134; Schuckmann, (Kaspar) Friedrich Frh. von ~ 9/168; Schütz, Gabriel ~ 9/177; Sebastian, Ludwig ~ 9/251; Seckendorf(-Aberdar), (Franz Karl) Leo(pold) Frh. von * 9/252; Seckendorff, Karl Siegmund Frh. von † 9/252; Selling, Eduard * 9/279; Seuffert, Hermann ~ 9/294; Seuffert, Johann Adam von ~ 9/294; Soden, (Friedrich) Julius (Heinrich) Reichsgraf von * 9/357; Soldner, Johann Georg von ~ 9/363; Sperling, Johann Christian ~/† 9/397; Spies, Moritz von * 9/404; Spieß, Anton Ernst Wilhelm */~ 9/405; Spiess, Philipp Ernst ~ 9/405; Springer, Johann Christoph Erich von ~ 9/421; Stählin, Adolf von ~ 9/434; Stählin, Wilhelm ~ 9/435; Stahl, Georg Ernst * 9/438; Staudinger, Lucas Andreas * 9/458; Steingruber, Johann David ~/† 9/492; Stephani, Heinrich ~ 9/510; Stichaner, Franz Joseph Wigand von ~ 9/523; Strebel, Johann Siegmund ~/† 9/579; Täglichsbeck, Thomas * 9/649; Thürheim, Friedrich Graf von */~/† 10/26; Trew, Abdias V.~ 10/86; Urlaub, Georg Christian ~ 10/167; Urlaub, Georg Karl * 10/167; Uz, Johann Peter */~/† 10/173; Wassermann, Moses von */~ 10/343; Weichselbaum, Georg ~ 10/381; Wekhrlin, Wilhelm Ludwig ~/† 10/421; Weltrich, Richard * 10/430; Zenetti, Julius von ~ 10/641; Zinn, Johann Gottfried ~ 10/676; Zocha, Johann Wilhelm von ~ 10/682; Zocha, Karl Friedrich von ~/† 10/682; Zorn, (Karl Ludwig) Philipp ~/† 10/689

Ansfelden (Oberösterreich)
Bruckner, (Josef) Anton * 2/150; Pritz, Franz X. † 8/74; Schmidberger, Josef ~ 8/708

Antalya (Türkei)
Schmähl, Dietrich † 8/690; Schütte, Ernst † 9/175

Antella (Italien)
Marko, Karl (Andreas Gabriel) † 6/625

Anterivo → Altrei

Anterselva → Antholz

Anterskofen (Reisbach)
Schwarze, Hans Dieter † 9/229

Antholz (italien. Anterselva)
Messner, Theresia * 7/84; Santer, Jakob Philipp ~ 8/516

Antibes (Dép. Alpes-Maritimes, Frankreich)
siehe auch *Juan-les-Pins*

Hartung, Hans (Heinrich Ernst) † 4/415; Solti, Sir Georg † 9/366

Anticoli di Campagna (Italien)
Dreber, (Carl) Heinrich † 2/610

Antieul (Frankreich)
Rumford, Benjamin Thompson † 8/462

Antiochia (Syrien)
Gottfried I., Graf von Spitzenberg-Helfenstein, Bischof von Würzburg † 4/105; Martin, Bischof von Meißen † 6/635; Simeon von Trier ~ 9/328

Antonínov → Antoniwald

Antoniwald (tschech. Antonínov, heute zu Josefsthal/Josefův Důl, Bez. Gablonz an der Neiße)
Preussler, Robert * 8/66; Riedel, Wilhelm * 8/292

Antrifttal → Ohmes

Antvorskov (Dänemark)
Friedrich II., Herzog von Schleswig-Holstein, König von Dänemark und Norwegen † 3/473

Antweiler
Haberland, Ulrich (Klaus Walther Werner) † 4/293

Antwerpen
Agrippa von Nettesheim ~ 1/55; Ahrens, Wilhelm (Ernst Maria Georg) ~ 1/60; Alardus, Franz ~ 1/63; Albertus Magnus ~ 1/71; Aldegrever, Heinrich ~ 1/84; Alleintz, Lorenz */~ 1/90; Amling, Carl Gustav von ~ 1/115; Andreae, Nicolaus ~ 1/130; Andreas, Valerius ~ 1/132; Arenberg, Karl Fürst von ~ 1/165; Bacher, Petrus * 1/243; Baerwald, Robert ~ 1/263; Battus, Levin ~ 1/319; Bauhin, Jean ~ 1/331; Beissel, Jodokus ~ 1/406; Bernoulli, Jacob ~ 1/473; Bets, Johann ~ 1/498; Bin(c)k, Jakob ~ 1/533; Birckmann, Franz ~ 1/537; Bodeck, Johann von */~ 1/600; Bodmer, Walter ~ 1/606; Böcklin, Arnold ~ 1/611; Böschenstein, Johann ~ 1/635; Bredenbach, Tilmann ~ 2/95; Bressler, Emil ~ 2/121; Bretscher, Karl ~ 2/122; Briers, Daniel de ~ 2/133; Brinckmann, Justus ~ 2/134; Burchartz, Max ~ 2/230; Busch, (Heinrich Christian) Wilhelm ~ 2/250; Ceulen, Ludolph van ~ 2/302; Christiansen, Hans ~ 2/322; Clouth, Franz (Julius Hubert) ~ 2/346; Corinth, Lovis (Franz Heinrich Louis) ~ 2/373; Cornicelius, Georg ~ 2/376; Cramer von Clausbruch, Heinrich ~ 2/390; Czermak, Jaroslav ~ 2/418; Dathenus, Petrus ~ 2/447; Deiker, Johannes (Christian) ~ 2/470; Delius, (Hans) Walter ~ 2/478; Deschwanden, Theodor von ~ 2/495; Dessauer, Franz (Johann) ~ 2/497; Dornewaß, Wilhelm ~ 2/599; Ehem, Christoph von ~ 3/34; Ehrenberg, Karl ~ 3/38; Eichorn, Johann ~ 3/55; Eiffe, Franz Ferdinand ~ 3/59; Eitner, Ernst (Wilhelm Heinrich) ~ 3/78; Emelé, Wilhelm ~ 3/103; Erasmus von Rotterdam, Desiderius ~ 3/134; Erben, Balthasar ~ 3/138; Erdtelt, Alois ~ 3/143; Eulenburg, Friedrich (Albrecht) Graf zu ~ 3/191; Feuerbach, Anselm ~ 3/277; Fichtel, Karl ~ 3/286; Fischer, Carl Friedrich August ~ 3/312; Fitger, Arthur (Heinrich Wilhelm) ~ 3/332; Flüggen, Josef ~ 3/357; Freye, Hermann (Georg) ~ 3/438; Fuchte, Johann von * 3/523; Fugger, Anton Reichsgraf ~ 3/534; Fugger, Johannes Graf ~ 3/536; Fugger, Octavianus Secundus Graf ~ 3/537; Fuhrmann, Georg † 3/538; Galle, Philipp ~/† 3/563; Geldorp, Georg ~ 3/615; Geldorp, Gortzius ~ 3/616; Gentz, (Karl) Wilhelm ~ 3/625; Ghelen, Johann van */~ 3/676; Goepfert, Hermann † 4/54; Gonne, Friedrich ~ 4/96; Gozelo I., Herzog von Nieder- und Oberlothringen ~ 4/114; Groff, Guillielmus de ~ 4/181; Gruter, Jan(us) * 4/228; Günther XLI. der Streitbare, Graf von Schwarzburg ~/† 4/237; Gutherz, Carl ~ 4/270; Gymnich, Johann I. ~ 4/277; Hagen, Louis ~ 4/321; Hagn, Ludwig von ~ 4/327; Hausmann, Friedrich Karl ~ 4/452; Heidanus, Caspar ~ 4/485; Heilbuth, Ferdinand ~ 4/496; Heinrich von Zütphen ~ 4/542; Henkell, Otto ~ 4/586; Henneberg, Rudolf (Friedrich) ~ 4/589; Herder, Johann Gottfried ~ 4/611; Herzfeld, Arnold ~ 4/660; Hirsch-Gereuth, Clara Baronin von * 5/65; Hirschvogel, Franz ~ 5/69; Hoechstetter, Joachim ~ 5/86; Hoefnagel, Georg */~ 5/91; Hoefnagel, Jacob ~ 5/91; Hofmann, Heinrich ~ 5/129; Hofmann, Samuel ~ 5/132; Hohenems, Jakob Hannibal von ~ 5/137;

Holbein, Hans d. J. ~ 5/144; Hoogstraeten, Jakob van ~ 5/169; Jabach, Eberhard III. * 5/269; Kachel, Ludwig d. J. ~ 5/392; Kade, Max ~ 5/392; Kampf, (Karl Viktor) Eugen ~ 5/421; Kellerhoven, Moritz ~ 5/499; Kießling, Paul (Johann Adolf) ~ 5/535; Kisker, August Wilhelm ~ 5/558; Kneller, Sir Godfrey ~ 5/619; Köler, Hieronymus ~ 5/654; Koelwel, Eduard ~ 5/656; Königsegg-Rothenfels, Joseph Lothar Graf von ~ 5/665; Körbler, Clemens ~ 5/670; Kötter, Paul ~ 5/678; Kolbe, Heinrich (Christoph) ~ 6/12; Kolde, Dietrich ~ 6/14; Kraft, Walter (Wilhelm Johann) † 6/65; Krantz, Albert(us) ~ 6/71; Kupelwieser, Franz ~ 6/174; Langen, Albert * 6/237; Lasso, Orlando di ~ 6/260; Lechler, Paul ~ 6/282; Liebieg, Theodor Frh. von ~ 6/384; Ligarius, Johannes ~ 6/394; Lindenschmit, Wilhelm d. J., Ritter von ~ 6/404; Lindgens, Adolf * 6/405; Lorck, Melchior ~ 6/470; Louise, Pfalzgräfin bei Rhein ~ 6/487; Lüben, Adolf ~ 6/512; Manlich, Melchior ~ 6/589; Mansfeld, Karl Fürst von ~ 6/599; Mansfeld, Peter Ernst I. Fürst von ~ 6/599; Marshall, James ~ 6/632; Martini, Cornelius * 6/639; Meister von Osnabrück ~ 7/45; Meit, Conrad ~ 7/47; Merck, Ernst Frh. von ~ 7/68; Merian, Matthäus d. J. ~ 7/71; Meyer-Eppler, Werner * 7/112; Miller, Ferdinand von ~ 7/141; Moortgat, Anton * 7/203; Müller, Heinrich ~ 7/263; Müller, Viktor (Christian) ~ 7/282; Negker, Jost de * 11/153; Neuberger, Josef * 7/373; Neuhaus, Albert ~ 7/378; Noack, August ~ 7/427; Noltsch, Wenzel Ottokar ~ 7/435; Norbert von Xanten ~ 7/437; Normann, (Karl Peter) Wilhelm (Theodor) ~ 7/439; Obbergen, Antonius van ~ 7/451; Oboussier, Robert * 7/458; Overbeck, Johannes (Adolf) * 7/539; Papperitz, (Friedrich) Georg ~ 7/561; Peeters, Emil (Aloys Angelique) * 7/588; Petel, Georg ~ 7/611; Piloty, Karl (Theodor) von ~ 7/671; Pohle, (Friedrich) Léon ~ 8/20; Posthius, Johannes ~ 8/45; Precht, Burchardt d. Ä. ~ 8/55; Preller, (Ernst Christian Johann) Friedrich d. Ä. ~ 8/60; Pringsheim, Peter † 8/71; Probst, Jakob ~ 8/75; Quichelberg, Samuel * 8/102; Rauch, Hermann ~ 8/158; Rawitzki, Arthur ~ 8/168; Reininger, Karl ~ 8/225; Rem, Lucas ~ 8/237; Rieth, Kurt * 8/307; Rindfleisch, Peter ~ 8/314; Rosenberg, Frederic ~ 8/392; Roux, Karl ~ 8/429; Ruel, Johann Baptist de * 8/452; Ruths, Amelie ~ 8/477; Ryff, Andreas ~ 8/480; Salm-Salm, Wilhelm Florentin Fürst von ~ 8/502; Sambucus, Johannes ~ 8/508; Schlüsselburg, Konrad ~ 8/687; Schmeller, (Johann) Josef ~ 8/696; Schneider, Heinrich Justus ~ 9/55; Schneider-Schelde, Rudolf * 9/61; Schoen, Wilhelm Albrecht Frh. von ~ 9/82; Schumacher, Ernst ~ 9/202; Sedulius, Heinrich † 9/254; Servauter, Peter */~ 9/292; Spangenberg, Gustav Adolph ~ 9/384; Specklin, Daniel ~ 9/388; Sterneck, Berthold ~ 9/517; Stichart, Alexander (Otto) ~ 9/523; Strack, Magda ~ 9/563; Stratmann, Franziskus Maria ~ 9/570; Strunz, Georg Jakob ~ 9/599; Stückelberg, Ernst (Johann Melchior) ~ 9/608; Sudermann, Daniel ~ 9/624; Susato, Tilman ~/† 9/635; Thon, Sixtus (Armin) ~ 10/22; Thurn und Taxis, Lamoral Claudius Franz Graf von † 10/32; Thyssen, August ~ 10/34; Uhde, Fritz von ~ 10/126; Ury, Lesser ~ 10/169; Velde, Henry (Clemens) van de * 10/190; Vento, Ivo de ~ 10/194; Verhelst, Ägid d. Ä. */~ 10/195; Vorwerk, Adolf ~ 10/256; Weber, Paul ~ 10/360; Weckesser, August ~ 10/366; Welser, Anton ~ 10/426; Welzenbacher, Lois ~ 10/431; Wesenbeck, Matthaeus * 10/455; Wilhelm I. der Schweiger, Prinz von Oranien, Graf von Nassau ~ 10/504; Wittrisch, Marcel */~ 10/552; Zöllner, Heinrich ~ 10/684

Anwil (Kt. Basel-Landschaft)
Oesch, Hans † 7/471

Anzefahr (seit 1971 zu Kirchhain)
Wetzer, Heinrich Joseph * 10/464

Anzen (estn. Urvaste)
Tiling, Johann Nikolaus † 10/42

Anzing
Klemmer, Franz † 5/586

Apatin (Jugoslawien)
Abraham, Paul * 1/13

Apeldoorn (Niederlande)
Röntgen, Wilhelm Conrad ~ 8/355

Apelern
Dolle, Karl Anton ~ 2/586; Münchhausen, Alexander Frh. von * 7/294

Apenrade (dän. Åbenrå)
Arnkiel, Trogillus ~/† 1/182; Ecklon, Christian Friedrich * 3/15; Jebsen, Michael */~ 5/313; Kaftan, Theodor ~ 5/401; Meyer, Heinrich * 7/104; Neuber, August Wilhelm ~ 7/372; Reuter, Ernst (Rudolf Johannes) * 8/259; Saldern, Kaspar von * 8/497; Schenck, Gerhard * 8/600; Schlaikjer, Erich * 8/655; Thaulow, Gustav Ferdinand ~ 9/690

Apfelsbach → Almás

Apfelstädt
Kuntz, Julius * 6/170

Apfeltrach → Köngetried

Aplerbeck (seit 1929 zu Dortmund)
Canaris, Wilhelm * 2/272; Langenbruch, Wilhelm ~ 6/240

Apold → Trappold

Apolda
Aber, Adolf * 1/9; Altmann, Josef ~ 1/103; Blochmann, Elisabeth * 1/575; Dietrich von Apolda */~ 2/533; Gordon, Walter ~ 4/99; Heintz, (Johann) Christian ~ 4/546; Lewald, Emmi ~/† 6/363; Meisser, Otto * 7/40; Michel, (Georg) Hugo (Paul) ~ 7/125; Roh, Franz * 8/366; Tröbst, Christian Gottlob * 10/90

Apoldu de Sus → Großpold

Apoldya → Trappold

Appelhülsen (seit 1975 zu Nottuln)
Castelle, Friedrich * 2/296

Appenweier
Allgeier, (Franz) Arthur ~ 1/92; Lechleiter, Georg * 6/281; Schoepflin, Adolf * 9/102

Appenzell
Brüllisauer, Bartholomäus * 2/159; Corinth, Lovis (Franz Heinrich Louis) ~ 2/373; Einsiedel, Ludwig von Sachsen ~ 3/65; Fäh, Adolf ~ 3/216; Grebel, Konrad ~ 4/146; Hersche, Johann Sebastian */~ 4/646; Liner, Carl */~/† 11/123; Seitter, Heinrich ~ 9/274; Szondi, Peter ~ 9/647; Zürn, Michael d. Ä. ~ 10/698

Appiano sulla strada del vino → Eppan an der Weinstraße

Aprath (Wülfrath)
Erfurth, Paul ~ 3/143

Apukalns → Oppekaln

Aquapendente (Italien)
Sastrow, Johannes † 8/522

Aquileja (italien. Aquileia)
Alton, (Joseph Wilhelm) Eduard d' * 1/105; D'Alton, Eduard * 2/435; Embricho, Bischof von Würzburg † 3/102; Konrad von Bussnang, Abt von St. Gallen ~ 6/30; Meinhard VII., Graf von Görz und Pfalzgraf von Kärnten ~ 7/35

Ar Ruseiris (Sudan)
Barnim, Adalbert Frh. von † 1/297

Arad (seit 1920 zu Rumänien)
siehe auch *Sigmundshausen*
Berger von der Pleiße, Johann Frh. ~ 1/447; Chorin, Aaron Ben Kalman ~/† 2/313; Cziffra, Géza von * 2/420; Fuchs, Karl ~ 3/520; Groller, Balduin * 4/183; Guttmann, Jakob * 4/274; Juraschek, Franz Ritter von * 5/387; Kaufmann, Isidor * 5/472; Leithner, Joseph Frh. von * 6/312; Lippert von Granberg, Josef Erwin * 6/418; Politzer, Leopold Maximilian * 8/25; Preminger, Marion Mill * 8/61; Schmidt, Nikolaus * 9/16; Stolz, Eduard ~ 9/555

Araisi → Arrasch

Aranjuez (Spanien)
Maria Theresia, Erzherzogin von Österreich, Königin von Böhmen und von Ungarn, römisch-deutsche Kaiserin ~ 6/617

Arberg
siehe auch *Großlellenfeld*
Eyb, Gabriel von * 3/202; Motzel, Georg * 7/233; Schenk von Castell, Franz Ludwig Reichsfreiherr * 8/603

Arbergen (Gem. Hemelingen, seit 1939 zu Bremen)
Heeren, Arnold (Hermann Ludwig) * 4/476; Olbers, (Heinrich) Wilhelm (Matthias) * 7/483
Arbon (Kt. Thurgau)
Bornhauser, Thomas ~ 2/35; Büchi, Alfred ~ 2/195; Hobrecker, Eduard ~ 5/79; Lejeune, Robert ~ 6/313; Obereit, Jakob Hermann */~ 7/452; Oehler, Karl Gottlieb Reinhard ~ 7/464; Regl, Joseph ~ 8/187; Saurer, Adolph † 8/530; Saurer, Franz ~/† 8/530; Saurer, Hippolyt * 8/530; Steiner, Arthur ~ 9/488
Arc-le-Gray (Dijon, Frankreich)
Dietz, Fedor † 2/539
Arcegno (Gem. Losone, Kt. Tessin)
Flach, Jakob ~/† 3/334
Arcetri (Italien)
Tempel, Ernst Wilhelm Leberecht † 9/674
Archangelsk (Rußland)
Brandt, Wilhelm ~/† 2/71; Ottwalt, Ernst † 7/538; Platten, Fritz † 7/689; Wassilieff, Nikolaus ~ 10/344
Archangelskoje (Rußland)
Zetkin, Clara (Josephine) † 10/647
Archita → Arkeden
Archsum (Gem. Sylt-Ost)
Jensen, Christian (Cornelius) * 5/321
Arco (Prov. Trient, Italien)
Albrecht Friedrich Rudolf, Erzherzog von Österreich, Herzog von Teschen † 1/78; Arco, Johann Baptist Gerard Graf d' * 1/163; Arco, Johann Philipp Graf von * 1/163; Bruckmann, Friedrich † 2/149; Ernst, Erzherzog von Österreich † 3/160; Heller, Isidor † 4/563; Salburg, Edith Gräfin ~ 8/497; Trautzl, Julius * 10/75
Ardagger (Niederösterreich)
Gritzinger, Leon (Georg) † 4/175; Gruber, Johann Josef Augustin ~ 4/207
Aregua (Paraguay)
Schuster, Adolf Niklaus ~/† 9/215
Arel → Arlon
Arenberg (seit 1970 zu Koblenz am Rhein)
Schrötter, Elisabeth (Emma Ida Maria) von ~ 9/156; Weber, Karl * 10/356
Arendsee (Kühlungsborn)
Bülow, Babette von † 2/203
Arendsee (Altmark)
Deuticke, Hans Joachim * 11/46; Nagel, Gustaf ~ 7/334
Arensbök
Marquard von Behr † 6/628
Arensburg (estn. Kingisepp)
Arndt, Johann Gottfried ~ 1/175; Dücker, Eugen * 2/634; Freytagh-Loringhoven, Axel (August Gustav Johann) Frh. von * 3/441; Münchhausen, Johannes von ~ 7/294; Stackelberg, Karl-Georg Graf von * 9/427; Zöpffel, Richard Otto * 10/685
Aresing
Sailer, Johann Michael von * 8/495
Aretsried (Fischach)
Hundertpfund, Liberat ~ 5/227
Arezzo (Italien)
Viktor II., Papst † 10/210
Argenbühl
Farny, Oskar † 3/232
Argenthal
Disselhoff, Julius August Gottfried † 2/558
Argeş (Rumänien)
Carmen Sylva † 2/283
Argos (Spanien)
Ortenburg, Gabriel Graf von * 7/507
Arheilgen (seit 1937 zu Darmstadt)
Brunner, Peter * 11/34
Århus → Aarhus
Arisdorf (Kt. Basel-Landschaft)
Brandenberger, Gotthold * 2/61
Arkeden (rumän. Archita, ungar. Erked)
Fronius, Franz Friedrich ~ 3/512; Ziegler, Regine ~ 10/656

Arlaching (Chieming)
Hasselwander, Albert † 4/428
Arles (Frankreich)
Gwerder, Alexander Xaver † 4/277
Arlesheim (Kt. Basel-Landschaft)
Abt, Hans ~ 1/15; Alioth, Johann Siegmund ~ 1/90; Bernoulli, Carl Albrecht † 1/472; Boos, Roman † 2/24; Burckhardt, Carl ~ 2/231; Eichler, Martin (Maximilian Emil) † 11/51; Engel, Jakob ~ 3/114; Frey, Emil */† 3/434; Grabowsky, Adolf ~ 4/117; Heer, August † 4/474; Heusler, Andreas † 5/12; Oser, Hugo ~ 7/511; Reinhardt, Delia † 8/219; Richter-Linder, Johann Jakob ~ 8/285; Simon, Ellen ~ 9/330; Staehelin, Rudolf ~ 9/434; Stegmann, Anna Maria † 9/468; Stoll, Arthur † 9/550; Stuntz, Johann Baptist * 9/615; Stuntz, Joseph Hartmann * 9/615; Vischer-Alioth, Elisabeth * 10/218; Vogt, Martin ~ 10/234; Waldstetter, Ruth ~/† 10/307
Arlesried (Erkheim)
Bäßler, Johann Leonhard ~ 1/264
Arlon (dt. Arel, Belgien)
Cholinus, Maternus ~ 2/313; Eyschen, Georg von * 3/205; Heinrich II., Graf (bzw. Herzog) von Limburg ~ 4/529; Held, Matthias * 4/557; Latomus, Bartholomäus * 6/261; Lippert, Julius ~ 6/418
Armenruh (poln. Rochów)
Ritthausen, (Karl) Heinrich Leopold * 8/334
Armsfeld (seit 1972 zu Bad Wildungen)
Scheibler, Christoph * 8/586; Scheurmann, Erich † 8/620
Arnap (Schweden)
Lamprecht, Herbert (Anton Karl) ~ 11/116
Arnau (poln. Orłowo)
Schön, (Heinrich) Theodor von ~/† 9/82
Arnau (tschech. Hostinné)
Bachmann, Adolf ~ 1/244; Klietsch, Karl * 5/593; Oppenheim, Samuel ~ 7/499
Arnbach (Gem. Schwabhausen, Kr. Dachau)
Veit Adam von Gepeckh, Bischof von Freising * 10/188
Arneburg
Johann (Cicero), Kurfürst von Brandenburg † 5/338; Lothar, Markgraf der sächsischen Nordmark (Altmark) ~ 6/481; Zielenziger, Bernhard * 10/658
Arnfels (Steiermark)
Fuchs, Johann ~ 3/519; Machatschki, Felix (Karl Ludwig) * 6/550; Matzak, Franz * 6/665
Arnhausen (poln. Lipie)
Erasmus von Manteuffel, Bischof von Cammin * 3/134
Arnheim (niederländ. Arnhem)
Bergmann, Rudolf (Alexander) ~ 1/452; Brockhaus, Friedrich Arnold ~ 2/139; Brouwer, Christoph * 2/147; Bussche, Georg Wilhelm Friedrich von dem † 2/254; Ceulen, Ludolph van ~ 2/302; Ermatinger, Erhart † 3/155; Fontanus, Johann ~ 3/371; Horovitz, Jakob † 5/181; Kröller-Müller, Helene ~ 6/110; Meister der Bartholomäus-Altars * 7/43; Mozer, Alfred † 7/237; Ohms, Elisabeth * 7/481; Schleyermacher, Daniel † 8/673; Weyer, Johann ~ 10/465
Arnhem → Arnheim
Arni b. Biglen (Kt. Bern)
Moser, Christian * 7/223
Arnis
Adler, Georg Christian ~ 1/39; Adler, Jakob Georg Christian * 1/40; Hofe, Christian von * 5/108
Arnoldsdorf (poln. Jarantowice)
Wegener, Paul * 10/373
Arnoldshain (seit 1973 zu Schmitten)
Stiehl, (Anton Wilhelm) Ferdinand * 9/527
Arnsberg (Hochsauerlandkreis)
siehe auch *Herdringen, Höllinghofen, Neheim-Hüsten, Obereimer, Oelinghauserheide*
Arens, Franz Josef Frh. von * 1/167; Arndts, Bertha * 1/176; Arndts, Karl Ludwig Ritter von Arnsberg * 1/176; Bachofen von Echt, Claudia ~ 1/248; Baltz, Johanna */~/† 1/282; Bender, Joseph ~ 1/416; Berens-Totenohl, Josefa ~ 1/438; Birrenbach, Kurt * 1/541; Bleek, Karl

Theodor ~ 1/566; Bodelschwingh, Ernst (Albert Karl Wilhelm Ludwig) von ~ 1/601; Bodelschwingh, (Ludwig) Karl (Christian Gisbert Friedrich) von ~ 1/602; Busch, Friedrich ~/† 2/249; Busch, Fritz Franz Emanuel */† 2/249; Cosack, Josef Kaspar ~ 2/380; Cremer, Fritz * 2/398; Eckhardt, Christian (Leonhard Philipp) ~ 3/12; Eigenbrodt, Karl Christian ~ 3/59; Ernst, Herzog von Bayern, Kurfürst und Erzbischof von Köln ~/† 3/159; Ferdinand, Herzog von Bayern, Kurfürst und Erzbischof von Köln † 3/269; Figgen, Werner ~ 3/294; Gisevius, Hans Bernd * 4/17; Gottfried III., Graf von Arnsberg ~ 4/104; Gottfried IV., Graf von Arnsberg ~ 4/104; Graff, Eberhard (Gottlieb) ~ 4/130; Grimme, Friedrich Wilhelm ~ 4/172; Happel, Friedrich * 4/379; Happel, Peter Friedrich * 4/379; Hasenclever, Wilhelm * 4/423; Herrfurth, (Ernst) Ludwig ~ 4/639; Krenzlin, Anneliese * 6/98; Kries, Wolfgang (Ludwig Moritz) von ~ 6/107; Kroll, Josef * 6/113; Laub, Gabriel ~ 11/118; Lichte, August † 6/373; Lindner, Willi ~ 6/409; Link, Ernst ~ 6/412; Minnigerode, Carl * 7/148; Nischalke, Martin ~ 7/423; Osterrath, Heinrich Philipp */~/† 7/517; Overweg, August ~ 7/540; Pape, Georg Friedrich * 7/559; Pieler, Franz * 7/666; Plassmann, (Eduard Clemens Franz) Joseph * 7/686; Rintelen, Friedrich */~ 8/320; Rose, Felicitas * 8/387; Sauer, Friedrich Adolph ~/† 8/526; Schede, Max (Eduard Hermann Wilhelm) * 8/579; Schlüter, Anton Aloys ~ 8/688; Schoenfeld, Gustav (Adolf) ~ 9/93; Seibertz, Engelbert ~/† 9/264; Seibertz, Johann Suitbert ~/† 9/264; Sieglin, Hermann ~ 9/314; Siehr, Gustav * 9/316; Sommer, Johann Franz Josef ~/† 9/369; Spankeren, Friedrich Wilhelm von ~ 9/385; Struensee, Gustav (Karl Otto) von ~ 9/597; Temme, Jodocus Donatus Hubertus ~ 9/673; Ulrich, Karl Friedrich Kaspar * 10/147; Viebahn, (Friedrich Karl Hermann) Georg von * 10/203; Vollmer, Walter † 10/249; Ziegert, August (Hermann) ~ 10/651

Arnsburg (seit 1977 zu Lich)
Bockelmann, Christian ~ 1/596; Zschietzschmann, Willy ~/† 10/690

Arnsdorf (Gem. Lamprechtshausen, Salzburg)
Gruber, Franz (Xaver) ~ 4/205

Arnsdorf (poln. Karnków)
Dächsel, Heinrich Theobald ~ 2/425

Arnsdorf (poln. Milikowice)
Keller, Paul * 5/496

Arnsdorf (poln. Miłków)
Eberty, Felix † 2/680; Günther, Gotthard * 4/240

Arnsdorf (poln. Przecza)
Tulawski, Josef ~ 10/115

Arnsdorf b. Dresden
Bilz, Friedrich Eduard * 11/21; Lohse-Wächtler, Elfriede ~ 11/124; Schneider, Carl ~ 9/50

Arnstadt
Alexis, Willibald ~/† 1/89; Axt, Johann Konrad * 1/229; Bach, Christoph ~/† 1/236; Bach, Georg Christoph ~ 1/237; Bach, Heinrich ~/† 1/237; Bach, Johann Christoph */~ 1/237; Bach, Johann Michael * 1/238; Bach, Johann Sebastian ~ 1/238; Brusch, Kaspar ~ 2/175; Büttner, Georg Konrad ~ 2/215; Buxtehude, Dietrich ~ 2/261; Drese, Adam † 2/614; Ernesti, Johann Christian Gottlieb * 3/157; Ernesti, Johann Christoph ~ 3/157; Ernesti, Johann Friedrich Christoph ~/† 3/157; Franck, Salomo ~ 3/390; Fürer von Haimendorf, Christoph d. Ä. ~ 3/525; Funck, David † 3/539; Gerteis, Adolf ~ 3/661; Gottland, Peter ~ 4/108; Großmayr, Fritz Béla ~ 4/182; Günther XXIX., Graf von Schwarzburg † 4/237; Günther XLI. der Streitbare, Graf von Schwarzburg ~ 4/237; Hinckeldey, Ernst Paul * 5/51; Kampers, Fritz ~ 5/421; König, Johannes * 5/660; Konrad von Tanna ~ 6/35; Lendenstreich, Valentin ~ 6/319; Marlitt, Eugenie */~/† 6/626; Medler, Nikolaus ~ 7/24; Mörlin, Joachim ~ 7/176; Narbeshuber, Max ~ 7/340; Neubeck, Valerius Wilhelm */~ 7/371; Olearius, Johann Gottfried ~/† 7/486; Seidel, Bruno ~ 9/265; Sellier, Arthur L(ouis) * 9/279; Sperl, Johann ~ 9/397; Stade, Bernhard * 9/427; Stade, Friedrich * 9/427; Thiele, (Johann) Alexander ~ 10/2; Thomaschek, Hans * 10/19; Timme, Christian Friedrich * 10/45; Vogel, Johann Ludwig Andreas */~ 10/227; Weber, A(ndreas) Paul * 10/349

Arnstein
siehe auch *Gänheim*
Franz, Karl (Veit) * 3/414; Hutten, Moritz von * 5/236; Schmidt, Michael Ignaz * 9/16; Schmidt, Philipp Anton * 9/18; Schön, Johann ~ 9/81

Arnstein (Kloster, Gem. Seelbach, Rhein-Lahn-Kreis)
Konrad von Marburg ~ 6/34; Ludwig III., Graf von Arnstein ~ 6/499

Arnstorf → Puch

Arnswalde (poln. Choszczno)
Berliner, Abraham (Adolf) ~ 1/458; Briesemeister, Otto * 2/133; Elsner, Richard ~ 3/97; Fließ, Wilhelm * 3/351; Grabert, Martin (Heinrich Bruno) * 4/116; Havenstein, Rudolf (Emil Albert) ~ 4/457; Seewald, Richard (Josef Michael) * 9/261; Titel, Werner * 10/50; Wilms, Robert (Ferdinand) * 10/515

Arogno (Kt. Tessin)
Colombo, Gian Battista Innocenzo */† 2/359; Colombo, Luca Antonio */† 2/359

Arolsen → Bad Arolsen

Arosa (Kt. Graubünden)
Arnstein, Karl ~ 1/193; Backhausen, Karl Wilhelm August † 1/250; Bruggencate, Paul * 2/162; Cherbuliez, Antoine-Elisée ~ 2/309; Dahinden, Franz Josef ~ 2/427; Egger, Fritz ~ 3/28; Giehse, Therese ~ 3/678; Götz, (Friedrich Wilhelm) Paul ~ 4/70; Heman, Erwin (Rudolf) ~ 4/577; Klüber, Harald von ~ 5/607; Kohn, Hedwig ~ 6/6; Mann, Thomas ~ 6/592; Moeschlin, Felix ~ 7/177; Perthes, Georg Clemens † 7/605; Pestalozzi, Heinrich ~ 7/610; Ranke, Hans-Jürg * 8/136; Ranke, Karl Ernst ~ 8/136; Risch, Martin ~ 8/322; Roelli, Hans ~ 8/352; Salvisberg, Otto Rudolf * 8/505; Schrenk, Gottlob ~ 9/141; Siemens, Wilhelm von † 9/319; Vischer, Eberhard ~ 10/214

Arras (Dép. Pas-de-Calais, Frankreich)
Agyläus, Heinrich ~ 1/56; Beck, Johann Baron von † 1/370; Below, Otto (Ernst Vinzent Leo) von ~ 1/411; Bucquoi, Karl (Bonaventura) Graf von * 2/191; Clusius, Carolus * 2/347; Cramer von Clausbruch, Heinrich ~ 2/390; Dülfer, Johannes Emil † 2/635; Jacobi, Bernhard von ~ 5/272; Kodweiß, Friedrich ~ 5/646; Kuno, Kardinalbischof von Praeneste ~ 6/169; Maximilian I., deutscher König und Kaiser ~ 6/675; Runge, Wilhelm † 8/468

Arrasch (lett. Araisi)
Bergmann, Benjamin Fürchtegott Balthasar * 1/449; Bergmann, Gustav ~ 1/450

Arroyo (Puerto Rico)
Doelter, (y Cisterich), Cornelio August * 2/573

Ars an der Mosel (frz. Ars-sur-Moselle, Dép. Moselle)
Jung, Arthur * 5/377; Jung, Carl Theobald ~ 5/378; Karcher, Eduard ~ 5/433

Ars-sur-Moselle → Ars an der Mosel

Arsbach
Salat, Jakob ~ 8/497

Arsten (1901 zum Teil zu Bremen)
Achelis, Ernst Christian ~ 1/17

Artelshofen (seit 1972 zu Vorra)
Bayer, Johann Philipp ~ 1/358; Vogel, Hans * 10/225

Artenay (Frankreich)
Duflos, Adolph (Ferdinand) * 2/644; Duval, Valentin Jamerai * 2/659

Artern (Unstrut)
Borlach, Johann Gottfried ~ 2/31; Kern, Johann Gottlieb ~/† 5/511; Martini, Friedrich Heinrich Wilhelm ~ 6/639; Rasch, Otto * 8/144; Seusse, Johannes ~ 9/295; Ungewitter, Richard * 10/156; Welzel, Hans * 10/431

Arth (Kt. Schwyz)
Schrafl, Anton ~ 9/126; Schreiber, Johann(es) Evangelist(a) * 9/135; Tanner, (Franz Rudolf) Anton * 9/655; Tanner, Konrad * 9/656; Zurflüe, Johann ~ 10/701

Artlenburg
Magnus, Herzog in Sachsen † 6/563

Aruba
Stifft, Christian Ernst ~ 9/530
Arys (poln. Orzysz)
Boerschmann, Ernst (Johann Robert) ~ 1/634; Rösler, Waldemar † 8/361
Arzberg (Kr. Wunsiedel i. Fichtelgebirge)
Arzberger, Johann * 1/200; Bauernfeind, Carl Maximilian von * 1/330; Löffelhardt, Heinrich ~ 6/439; Seltmann, Christian Wilhelm ~ 9/281
Arzheim (seit 1972 zu Landau in der Pfalz)
Lauth, Franz Joseph * 6/274
Arzl (Innsbruck)
Laymann, Paul * 6/276
Arzl im Pitztal (Tirol)
Raffeiner, Emanuel ~ 8/122; Schnegg, Johann † 9/49; Schöpf, Ignaz * 9/100
Aš → Asch
Asamstadt (Baden)
Fohmann, Vinzenz * 3/367
Asbach (Kr. Birkenfeld)
Böcking, Rudolf * 1/610
Asbach (Kr. Neuwied)
Rintelen, Viktor ~ 8/320
Asch (Gem. Fuchstal)
Schrott, Johannes * 9/158
Asch (tschech. Aš)
Geipel, Christian */~/† 3/608; Geipel, Christian * 3/608; Geyer, August Johann * 3/671; Grath, Anton ~ 4/140; Henlein, Konrad ~ 4/587; Knüpfer, Sebastian * 5/632; Künzel, Johannes ~ 6/152; Ludwig, Wilhelm * 6/510; Panzer, Friedrich (Wilhelm) * 7/557; Procházka, Rudolf Frh. von ~ 8/76; Reh, Franz ~ 8/188; Rosenthal, Ernst (Georg Wilhelm) * 8/400; Watzal, Johannes ~ 10/346; Zedtwitz, Karl Maximilian Graf ~ 10/628
Aschach (Oberösterreich)
Abel, Joseph * 1/5; Albert von Aschach * 1/67
Aschaffenburg
siehe auch *Damm*
Ackermann, Johann Adam ~ 1/21; Adrian, Johann Valentin ~ 1/46; Amira, Karl (Konrad Ferdinand Maria) von * 1/115; Anderlohr, Max * 1/123; Anselm von Ingelheim, Kurfürst und Erzbischof von Mainz ~/† 1/147; Armbrust, Franz Amand */~ 1/171; Arnold (von Selenhofen), Erzbischof von Mainz ~ 1/184; Bachmann, Franz Moritz ~ 1/244; Baierlein, Josef ~ 1/271; Banniza von Bazan, Johann Peter * 1/289; Becker, Julius Maria */~/† 1/379; Beham, Hans Sebald ~ 1/395; Behringer, Edmund ~/† 1/403; Bekker, (Max) Paul (Eugen) ~ 1/408; Bernhardt, Josef ~ 1/470; Beusel, Gottfried ~/† 1/493; Blau, Felix Anton ~ 1/563; Bô Yin Râ * 1/591; Bohn, Johann Conrad ~/† 2/2; Boost, Johann Adam ~ 2/24; Bopp, Franz ~ 2/24; Braun, Karl Guido Robert * 2/84; Braun, Kaspar * 2/84; Breidenbach, Wolf ~ 2/100; Brendel von Homburg, Daniel */† 2/111; Brentano, Christian ~/† 2/117; Brentano, Clemens Wenzeslaus † 2/117; Brentano, Lujo * 2/117; Brettreich, Maximilian Friedrich Ritter von ~ 2/123; Brumhard, August ~ 2/165; Butzbach, Johannes ~ 2/260; Colchon, Leonard † 2/354; Dalberg, Carl Theodor von ~ 2/432; Dalberg, (Johann) Friedrich Hugo (Nepomuk Eckenbrecht) Frh. von und zu † 2/433; Dalberg, Wolfgang von † 2/433; Deetz, Marie ~ 2/463; Desch, Johann ~/† 2/495; Dessauer, Alois (Joseph) ~/† 2/497; Dessauer, Franz (Johann) */~ 2/497; Dessauer, Friedrich * 2/497; Dessauer, Philipp */~/† 2/498; Dewald, Georg ~ 2/508; Dieter, Graf von Isenburg, Erzbischof und Kurfürst von Mainz † 2/527; Dietrich I. von Erbach, Erzbischof und Kurfürst von Mainz † 2/531; Dimroth, Otto ~/† 2/550; Dingler, Hermann ~/† 2/551; Dippel, Leopold ~ 2/554; Dirmstein, Hans ~ 2/556; Döllinger, Johann Joseph Ignaz von ~ 2/573; Dörnhöffer, Friedrich ~ 2/579; Dyroff, Anton * 2/661; Dyroff, Karl * 2/662; Ebermayer, (Wilhelm Ferdinand) Ernst ~ 2/675; Egerer, Christoph ~/† 3/25; Endres, (Theodor Marquart) Max ~ 3/111; Englert, Sebastian (Maria) * 3/126; Erlenmeyer, (Richard August Carl) Emil ~/† 3/152;

Erthal, Lothar Franz Michael von und zu ~/† 3/168; Escherich, Georg ~ 3/175; Fechenbach, (Friedrich) Karl Konstantin Frh. von * 3/237; Fischer, Engelbert Lorenz * 3/314; Fleckenstein, Albrecht * 11/61; Frank, Andrea(s) ~ 3/397; Frank, Franz Philipp */~/† 3/398; Frank, Peter Anton Frh. von * 3/402; Friedrich Karl, Frh. von Erthal, Kurfürst und Erzbischof von Mainz ~/† 3/465; Fürst, Hermann Ritter von ~ 3/526; Ganghofer, August von ~ 3/568; Gayer, (Johann Christian) Karl ~ 3/589; Gerlach, Graf von Nassau-Saarbrücken, Erzbischof von Mainz † 3/647; Glück, Paul (Friedrich) ~ 4/37; Götz, Sebastian ~ 4/71; Goppel, Alfons ~ 4/97; Graff de Pancsova, Erwin * 4/131; Graff de Pancsova, Ludwig (Bartholomäus) ~ 4/131; Grasmann, Eustachius ~ 4/138; Grünewald, Matthias (Gothart Nithart) ~ 4/214; Güldner, Hugo ~ 4/235; Haas, Hans ~ 4/286; Hagel, Maurus ~ 4/317; Hager, Franziska ~ 4/325; Hauck, (Johannes) Jacobus von ~ 4/437; Haupt, Theodor ~ 4/444; Hefner-Alteneck, Friedrich (Franz Heinrich Philipp) von * 4/477; Hefner-Alteneck, Jakob Heinrich von */~ 4/478; Heim, Georg * 4/500; Heinse, (Johann Jakob) Wilhelm ~/† 4/545; Herigoyen, Emanuel Joseph von * 4/615; Heß, Richard ~ 4/672; Heß, Wilhelm (Philipp) * 4/674; Hettinger, Franz * 5/4; Hettstedt, Louise ~ 5/5; Hierl, Johann Eduard ~ 5/31; Hoffmann, Franz * 5/116; Hoffmann, Heinrich Anton ~ 5/119; Hoffmann, Karl ~ 5/121; Hoffstadt, Friedrich ~/† 5/126; Hoffstetter, Gustav von * 5/126; Huhn, (Georg) Adalbert ~ 5/219; Ingelheim, Franz Adolf Dietrich Graf von * 5/255; Jakob, Alfons Marie * 5/295; Janssen, Horst ~ 5/303; Johann II., Kurfürst und Erzbischof von Mainz † 5/341; Johann Adam, Kurfürst und Erzbischof von Mainz † 5/341; Juncker, Hans ~ 5/376; Karpf, Hugo ~ 5/452; Kersten, Paul ~ 5/517; Kirchner, Ernst Ludwig * 5/551; Klug, Ignaz ~ 5/608; Koch, Fritz ~ 5/639; Kolborn, Joseph Hieronymus Karl Frh. von † 6/14; Konrad II. von Weinsberg, Erzbischof von Mainz † 6/28; Kreuter, Franz Jakob ~ 6/101; Kundigraber, Hermann ~ 6/167; Lampert von Hersfeld ~ 6/210; Laßberg, Joseph Frh. von ~ 6/259; Lautenschläger, Aloys Maria */~ 6/272; Lipp, Balthasar ~ 6/416; Löhnis, Jonathan Michael Athanasius ~ 6/443; Löwenstein-Wertheim, Christian Philipp Fürst zu † 6/456; Lohmann, Paul † 6/462; Mager, Jörg (Adam) ~/† 6/561; Mantel, Joseph Nikolaus von ~ 6/600; Mantel, Sebastian ~ 6/600; Martin von Cochem ~ 6/635; Mayer, Christian ~ 7/6; Müller, Daniel Ernst ~/† 7/251; Müller, (Jacob) Hermann (Joseph) ~/† 7/265; Müller-Meiningen, Ernst ~ 7/289; Münch, Ernst ~ 7/293; Mulzer, Karl Christoph Frh. von ~ 7/305; Nau, Bernhard Sebastian von ~ 7/346; Neeb, Johannes ~ 7/355; Neuburger, Paul * 7/375; Neureuther, Gottfried von ~ 7/393; Noethig, Jakob * 7/432; Oswald, Heinrich ~ 7/521; Ott, Alfons * 7/524; Pfordten, Ludwig Frh. von der ~ 7/651; Pommersfelden, Lorenz Truchseß von ~ 8/31; Prantl, Karl ~ 8/53; Praxmarer, Johann Nepomuk Anton ~/† 8/55; Ranft, Joseph * 8/135; Recknagel, Georg ~ 8/174; Reder, Heinrich Ritter von ~ 8/177; Remling, Franz Xaver ~ 8/239; Ridinger, Georg ~ 8/288; Ries, Daniel Christoph ~/† 8/305; Roßbach, Johann Joseph ~ 8/405; Roth, Johann Richard von ~ 8/413; Rubner, Konrad ~ 8/433; Rummel, Kurt * 8/463; Schad, Christian ~ 8/541; Scherer, Johann Joseph von * 8/610; Schleiermacher, Ludwig ~/† 8/667; Schloer, Ferdinand von ~ 8/681; Schlotthauer, Josef ~ 8/687; Schneidawind, Franz Josef (Adolph) ~ 9/49; Schneider, Kurt ~ 9/57; Schönborn, Rudolf Franz Erwein von ~ 9/88; Scholl, Johann Baptist d. Ä. ~ 9/105; Scholz, Anton von ~ 9/107; Schweikard von Kronberg, Johann † 9/236; Seidel, Hanns ~ 9/265; Siegfried III. von Eppstein, Erzbischof von Mainz ~ 9/312; Simon von Aschaffenburg ~ 9/330; Stadler, Hans ~ 9/429; Stahl, Georg Anton ~ 9/438; Stenger, Erich * 9/506; Sterkel, Franz Xaver ~ 9/511; Stieler, Joseph (Karl) * 9/563; Stock, Jean ~ 9/537; Strack, Karl ~ 9/563; Stumpf, Joseph Karl ~ 9/614; Sutro, Abraham ~ 9/637; Thelemann, Heinrich von * 9/693; Thelemann, Karl Friedrich * 9/693; Thiel, (Ferdinand) Rudolf ~/† 10/2; Thoma, Ludwig ~ 10/14; Thüngen, Hans Karl Frh. von

~ 10/25; Tubeuf, Karl Frh. von ~ 10/110; Urlaub, Anton † 10/167; Urlaub, Georg Anton Abraham † 10/167; Vogt, Friedrich August */~ 10/233; Vogt, (Johann) Nicolaus ~ 10/235; Vordemfelde, August ~/† 10/254; Wagmüller, Michael ~ 10/276; Weber, Valentin * 10/362; Weinkamm, Otto * 10/397; Werner von Eppenstein, Erzbischof von Mainz ~/† 10/443; Windischmann, Carl Joseph Hieronymus ~ 10/524; Windischmann, Friedrich (Heinrich Hugo) * 10/525; Winkopp, Peter Adolph ~/† 10/530

Aschau (Gem. Kirchberg in Tirol)
Hagleitner, Kaspar (Benedikt) ~ 4/326

Aschau i. Chiemgau
siehe auch *Hohenaschau i. Chiemgau*
Hackethal, (Karl Heinrich) Julius ~ 11/75; Halder, Franz † 4/343; Rother, Artur (Martin) † 8/419

Aschau im Zillertal (Tirol)
Pendl, Johann Baptist * 7/595

Aschbach (Manhartsberg, Gem. Peterskirchen, Oberösterreich)
Paminger, Leonhard * 7/553

Aschbach (Schlüsselfeld)
Mayer, Georg Karl * 7/7; Nürnberger, Ludwig * 7/447; Sattler, Wilhelm ~ 8/524

Ascheberg (Kr. Coesfeld) → Herbern

Ascheberg (Holstein)
Brockdorff-Ahlefeldt, Konrad Graf von † 2/138; Schleiden, Rudolf * 8/664

Aschersleben
Ahlfeld, Johann Friedrich ~ 1/58; Arndt, Johann ~ 1/174; Boettger, Rudolph Christian * 1/638; Boysen, Peter Adolf */~ 2/53; Braun, Julius (Karl Heinrich) ~ 2/83; Brennecke, Jakob Andreas ~ 2/112; Douglas, Hugo Sholto (Oskar Georg) Graf von */~ 2/603; Erfurth, Paul ~ 3/143; Feit, Wilhelm Friedrich August ~ 3/253; Freye, Hans-Albrecht * 3/438; Goeze, Johann August Ephraim */~ 4/74; Goeze, Johann Melchior ~ 4/75; Greiling, Johann Christoph ~/† 4/152; Hartmann, Johann David * 4/409; Hermann, Ludwig ~ 4/630; Klinkowski, Maximilian ~ 5/599; Körte, (Friedrich Heinrich) Wilhelm * 5/674; Ludwig III. der Fromme, Landgraf von Thüringen ~ 6/506; Nève, Paul de ~ 7/395; Noé, Hermann ~ 11/142; Olearius, Adam * 7/486; Rimrott, Fritz * 8/313; Rundstedt, Gerd von * 8/466; Sangerhausen, Christoph Friedrich ~/† 8/515; Venzmer, Erich ~ 10/194; Wieprecht, Wilhelm Friedrich * 10/488; Wolff, Lion ~ 10/576; Wolfgang, Fürst zu Anhalt-Köthen ~ 10/579

Aschheim
Schreiber, Michael * 9/136

Ascona (Kt. Tessin)
siehe auch *Monte Verità, Moscia*
Bachmann, Karl Otto † 11/8; Beauclair, Gotthard de * 11/14; Bissier, Julius (Heinrich) † 1/548; Braun, Otto ~/† 2/53; Buber, Martin ~ 2/177; Davring, Henri ~ 2/454; Ettinger, Max ~ 3/185; Fischer, Otto † 3/326; Fleiner, Fritz † 3/340; Fleischmann, Richard (Adolf) ~ 3/345; Frisch, Efraim † 3/488; Gessner, Robert (Salomon) † 3/668; Goll, Yvan ~ 4/89; Guetermann, Erika ~ 4/247; Guggenheim, Werner Johannes ~ 4/250; Habe, Hans ~ 4/290; Hanhart, Ernst † 4/369; Hay, Julius ~ 4/459; Heine, Wolfgang † 4/511; Helm, Brigitte † 4/570; Heydt, Eduard Frh. von der ~/† 5/20; Keller, Werner † 5/498; Kohler, Albert ~/† 6/3; Krüger, Emmy ~ 6/121; Kuhn, Max † 6/161; Laban, Rudolf von ~ 6/188; Lavater-Sloman, Mary ~ 6/275; Macke, Helmuth ~ 6/553; Matthias, Leo † 6/663; Matzig, Richard (Blasius) ~ 6/665; Mehring, Walter ~ 7/28; Mihaly, Jo ~ 7/136; Moeschinger, Albert ~ 7/177; Morgenthaler, Hans ~ 7/212; Niemeyer-Holstein, Otto ~ 7/410; Nohl, Johannes ~ 7/433; Orabuena, José ~/† 7/503; Remarque, Erich Maria ~ 8/238; Rings, Werner † 11/143; Rohlfs, Christian (Friedrich) ~ 8/368; Saitschick, Robert ~ 8/496; Schneider-Manzell, Toni ~ 9/61; Schürch, Johann Robert † 9/172; Stein-Schneider, Lena ~ 9/482; Thelen, Albert Vigoleis ~ 9/693; Trommer, Jack ~ 10/96; Valangin, Aline † 10/177; Vogel, Wladimir (Rudolfowitsch)

~ 10/228; Waibel, Max ~ 10/295; Wentzel, Gregor † 10/437; Werefkin, Marianne ~/† 10/441; Wolff, Victoria (Trude) ~ 10/577

Ascot (England)
Kessler, Harry Graf ~ 5/519

Asenham (Gem. Ruhstorf a. d. Rott)
Pichler, Franz Seraph von * 7/661

Asheville (North Carolina, USA)
Albers, Josef ~ 1/65; Mohr, Charles Theodore † 7/181

Asick (Estland)
Wahl, Alexander (Amandus) von * 10/292

Askalon
Bayer, Josef ~ 1/358

Aslau (poln. Osła)
Franck, Fabian * 3/388

Aspach (Oberösterreich)
siehe auch *Wildenau*
Daringer, Engelbert ~ 2/445; Michl, Augustin Liebhart ~/† 7/128; Staudigl, Ulrich ~ 9/457

Aspach (Rems-Murr-Kreis) → Rietenau

Aspang (Niederösterreich)
Kitir, Joseph * 5/560; Magyar, Franz ~ 6/565; Pergen, Johann Anton Graf von † 7/599

Aspangberg (Niederösterreich)
Jahn, Rolf † 5/292

Asparn an der Zaya (Niederösterreich)
Hardtmuth, Joseph * 4/385; Schurz, Anton Xaver * 9/212

Aspel (Rees)
Irmgard von Köln ~ 5/259; Schneider, Emilie ~ 9/51

Aspen (Colorado, USA)
Bayer, Herbert (Wilhelm) ~ 1/357

Asperg
siehe auch *Hohenasperg*
Balck, Hermann † 1/273; Imkamp, Wilhelm ~ 5/253

Asperhofen (Niederösterreich)
Gegenbauer, Leopold Bernhard * 3/598

Aspern (seit 1905 zu Wien)
Bianchi, (Vincenz Ferrerius) Friedrich Frh. von ~ 1/511; Ferdinand, Prinz von Sachsen-Coburg-Saalfeld ~ 3/270; Friedrich, Prinz von Hohenzollern-Hechingen ~ 3/463; Hiller, Johann Frh. von ~ 5/44; Höchle, Johann Nepomuk ~ 5/86; Karl, Erzherzog von Österreich ~ 5/445; Liechtenstein, Johann I. Fürst von ~ 6/389; Mayr-Harting, Robert Ritter von * 7/16; Orsini und Rosenberg, Franz Fürst von ~ 7/507; Rebhann von Aspernbruck, Georg ~ 8/170; Wintzingerode, Ferdinand Frh. von ~ 10/536; Zedlitz und auf Nimmersatt, Joseph Christian Frh. von ~ 10/626

Assel (Otterndorf)
Seelen, Johann Heinrich von * 9/259

Asselheim (Grünstadt)
Rhodius, Theodorus ~/† 8/269

Assenheim (Reichelsheim, Wetterau)
Solms-Rödelheim und Assenheim, Maximilian Ludwig Graf zu * 9/365

Assinghausen (seit 1975 zu Olsberg, Hochsauerlandkreis)
Grimme, Friedrich Wilhelm * 4/172; Guntermann, Joseph * 4/261

Assisi (Italien)
Brühlmann, Hans ~ 2/158; Steinle, Eduard (Jakob) von ~ 9/497

Aßlar
Reitz, Johann He(i)nrich ~ 8/236

Aßlarer Hütte (Gem. Aßlar)
Droescher, Lili * 2/622

Aßling (Tirol)
Mitterer, Ignaz (Ulrich) * 7/157

Assos
Koldewey, Robert ~ 6/14

Assuan (Ägypten)
Dachauer, Wilhelm ~ 2/424; Gumpel, Hermann † 4/254

Assumstadt (Züttlingen, seit 1975 zu Möckmühl)
Ellrichshausen, Ludwig Frh. von */† 3/93; Hiller, Eduard ~ 5/44

Assur
Jordan, Julius ~ 5/362
Aßweiler (frz. Asswiller, Dép. Bas-Rhin)
Schrumpf, Friedrich Ludwig * 9/158
Asswiller → Aßweiler
Ast (Gem. Tiefenbach, Kr. Landshut)
Rottmanner, Karl */~/† 8/428; Rottmanner, Simon † 8/428
Astaig (bei Oberndorf am Neckar)
Andre, Josef ~ 1/127
Astano (Kt. Tessin)
Pannwitz, Rudolf † 7/556
Astrachan (Russische Föderation)
Gmelin, Samuel (Gottlieb) ~ 4/41
Astrolabe (Neuguinea)
Hagen, Bernhard ~ 4/319
Åstrup → Aastrup
Asunción
Hassler, Emil † 4/430; Schmidl, Ulrich ~ 8/710
Atel → Hetzeldorf
Athen
Amrein, Robert ~ 1/119; Arco-Valley, Emmerich Graf von ~ 1/164; Auzinger, Peter * 1/226; Bieber, Margarete ~ 1/516; Bilfinger, Paul ~ 1/526; Boehringer, Erich ~ 1/625; Bohn, (Karl Theodor) Richard ~ 2/2; Borcherdt, Hans Heinrich ~ 2/27; Bray-Steinburg, Hippolyt Graf von * 2/92; Bray-Steinburg, Otto (Camillus Hugo Gabriel) Graf von ~ 2/92; Brentano, Clemens von ~ 2/117; Bülow, Bernhard Wilhelm (Otto Viktor) von ~ 2/203; Bürklein, (Georg Christian) Friedrich ~ 2/211; Burian von Rajecz, Stephan Graf ~ 2/242; Buschor, Ernst ~ 2/253; Carathéodory, Constantin ~ 2/278; Caridis, Miltiades ~/† 11/38; Curtius, Ernst ~ 2/413; Czeija, Oskar ~ 2/417; Däubler, Theodor ~ 2/426; Deffner, (Josef) Michael ~/† 2/464; Dittenberger, Wilhelm ~ 2/560; Döbereiner, Christian ~ 2/568; Dörpfeld, Wilhelm ~ 2/579; Dumba, Nikolaus ~ 2/648; Eckenbrecher, Karl Paul Themistokeles von * 3/9; Eisenlohr, Ernst ~ 3/72; Eisler, Robert ~ 3/76; Escher, Alfred Martin ~ 3/174; Fraas, Carl (Nikolaus) ~ 3/381; Fraenkel, Ernst Eduard Samuel ~ 3/383; Friederike Luise, Königin von Griechenland ~ 3/450; Friedinger-Pranter, Robert ~ 3/451; Furtwängler, Adolf † 3/544; Gärtner, (Johann) Friedrich Ritter von ~ 3/554; Geibel, (Franz) Emanuel (August) von ~ 3/601; Geis, Jakob */~ 3/608; Georgiades, Thrasybulos */~ 3/633; Giesl von Gieslingen, Wladimir (Rudolf Karl) Frh. ~ 4/5; Gigon, Olof ~/† 11/69; Goltz, Robert Heinrich Ludwig Graf von der ~ 4/93; Graevenitz, Kurt-Fritz von ~ 4/125; Granow, Hans-Ulrich ~ 4/135; Grünwald-Zerkowitz, Sidonie ~ 4/218; Grundherr zu Altenthann und Weierhaus, Werner von ~ 4/223; Guggenberger, Thomas ~ 4/249; Gysis, Nikolaus ~ 4/278; Hahn, Johann Georg von ~ 4/330; Halbreiter, Ulrich ~ 4/342; Hampe, Roland ~ 4/364; Haniel von Haimhausen, Edgar von ~ 4/370; Hansen, Theophil (Edvard) Frh. von ~ 4/376; Haymerle, Heinrich Karl Frh. von ~ 4/462; Heberdey, Rudolf ~ 4/465; Heldreich, Theodor (Heinrich Hermann) von ~/† 4/558; Herbig, Reinhard ~ 4/607; Heß, Bernhard Franz von ~ 4/669; Heydemann, Heinrich Gustav Dieudonné ~ 5/17; Hoyer, Dore ~ 5/190; Jaeger, Maximilian ~ 5/285; Jansen, Josef ~ 5/302; Karnapp, Walter ~ 5/451; Karo, Georg ~ 5/451; Kaser, Max ~ 11/101; Kaupert, Johann August ~ 5/476; Kinzer, Karl ~ 5/544; Klenze, Leo von ~ 5/588; Klumpp, Karl Friedrich ~ 5/610; Knackfuß, Hubert ~ 5/612; Köhler, Ulrich (Leopold) ~ 5/653; König, Josef ~ 5/660; Kolbe, Walther ~ 6/13; Kondylis, Panajotis ~/† 11/109; Kordt, Theodor ~ 6/42; Kranzberger, Joseph ~/† 6/72; Kretzschmer, Hermann ~ 6/101; Kunze, Emil ~ 6/173; Kunze, Stefan * 6/173; Lange, Ludwig ~ 6/235; Langhans, Carl Gotthard ~ 6/245; Langwerth von Simmern, Ernst Frh. ~ 6/248; La Roche, Emanuel ~ 6/253; Laumann, Arthur (Wilhelm Franz) ~ 6/269; Lavater-Sloman, Mary ~ 6/275; Lehmann(-Hartleben), Karl ~ 6/294; Linfert, Andreas ~ 6/410; Ludwig, Emil ~ 6/508; Marr, Carl ~ 6/629; Marx, Friedrich ~ 6/644; Meyer, Ernst Wilhelm ~ 7/101; Mirbach-Harff, Wilhelm Graf von ~ 7/150; Mordo, Renato ~ 7/207; Müller, Kurt (Ferdinand) ~ 7/274; Müller, (Karl) Otfried † 7/278; Münzer, Friedrich ~ 7/301; Nesselhauf, Herbert (Adolf Josef) ~ 7/366; Neubacher, Hermann (Josef) ~ 7/370; Neuböck, Max ~ 7/373; Ohly, Dieter ~ 7/479; Peek, Werner ~ 11/156; Pernice, Erich ~ 7/603; Petersen, Eugen (Adolf Hermann) ~ 7/618; Petersen, Waldemar * 7/620; Petersen, Wilhelm * 7/620; Petyrek, Felix ~ 7/626; Pfeiffer, Ernst Friedrich ~ 11/158; Prokesch von Osten, Anton Graf ~ 8/78; Reichel, Manfred ~ 8/199; Reichel, Wolfgang ~/† 8/199; Renz, Carl ~/† 8/246; Riedel, Eduard von ~ 8/291; Robert, Carl ~ 8/338; Roß, Ludwig ~ 8/404; Sabel, Jakob ~ 8/485; Scherer, Joseph ~ 8/610; Schliemann, (Johann Ludwig) Heinrich (Julius) ~ 8/677; Schmal, Adolf ~ 8/690; Schmid, Heinrich Kaspar ~ 8/702; Schmidt, (Johann Friedrich) Julius ~/† 9/13; Schmit von Tavera, Ernst ~ 9/29; Schrader, Hans ~ 9/125; Schuhmann, Carl ~ 9/181; Schwab, Georg-Maria ~ 9/217; Schwarzmann, Joseph Anton ~ 9/232; Sembrich, Marcella ~ 9/282; Singer, Kurt † 9/339; Steinbach, Josef ~ 9/484; Strack, Johann Heinrich ~ 9/563; Swoboda, Heinrich ~ 9/642; Thiersch, Ludwig ~ 10/8; Ulrichs, Heinrich Nikolaus ~/† 10/147; Vollmoeller, Karl Gustav ~ 10/249; Wachsmuth, Curt ~ 10/266; Wackers, Coba ~ 10/270; Walter, Otto ~ 10/320; Watzke, Rudolf ~ 10/347; Wibmer, Carl August ~ 10/469; Wildenbruch, Ernst von ~ 10/499; Wilhelm, Adolf ~ 10/505; Wolters, Paul ~ 10/586; Wotruba, Fritz ~ 10/589
Athensleben (Gem. Löderburg)
Ertle, Sebastian ~ 3/168
Athenstedt
Anders, Fritz ~ 1/124
Atlanta (Georgia, USA)
Deutsch, Karl (Wolfgang) ~ 2/506; Falck, Richard ~/† 3/223; Flechtheim, Ossip K(urt) ~ 11/61; Grüntzig, Andreas ~ 4/218; Kuhn, Helmut ~ 6/160; Mohr, Charles Theodore ~ 7/181; Schoeck, Helmut ~ 9/75
Atlantic City (New Jersey, USA)
Manski, Dorothea † 6/599
Atsch (seit 1935 zu Stolberg/Rhld.)
Fischer-Wasels, Bernhard * 3/331
Attat (Äthiopien)
Dengel, Anna ~ 11/45
Attel (seit 1978 zu Wasserburg a. Inn)
Cranach, Lucas d. Ä. ~ 2/392
Atteln (Gem. Lichtenau, Kr. Paderborn)
Heiner, Franz Xaver * 4/515
Attendorn (Kr. Olpe)
siehe auch *Helden, Listernohl, Schnellenberg*
Rivius, Johann d. Ä. * 8/337
Attersee (Oberösterreich)
siehe auch *Abtsdorf*
Bibl, Viktor † 1/512; Hackel, Eduard † 4/297
Atterwasch
Bähr, Christian August * 1/256
Attinghausen (Kt. Uri)
Dätwyler, Peter † 2/426; Scheubner, Josef Konrad ~/† 8/617
Attiswil (Kt. Bern)
Schädelin, Klaus ~ 8/545; Zurlinden, Hans * 10/702
Attnang (seit 1912 zu Attnang-Puchheim, Oberösterreich)
Großmayr, Fritz Béla * 4/182; Koch, Franz * 5/639
Attnang-Puchheim → Attnang, Puchheim
Atzenbrugg (Niederösterreich)
Schachner, Friedrich * 8/539
Atzgersdorf (seit 1938 zu Wien)
Battista, Ludwig * 1/318; Bertalanffy, Ludwig von * 1/480; Fichtner, Johann † 3/286; Hörbiger, Alois ~ 5/100; Hörbiger, Hanns * 5/101; Loschmidt, Johann Joseph ~ 6/477; Peters, Kurt Gustav Karl * 7/616; Skraup, Karl * 9/347
Au (Gem. Rehling)
Kippo von Mühlfeld, Johann ~ 5/546

Au (Kr. Breisgau-Hochschwarzwald)
Hartmann von Aue ~ 4/404
Au (Kt. Sankt Gallen)
Rohner, Jakob ~ 8/370
Au (seit 1854 zu München)
Ainmiller, Max Emanuel ~ 1/62; Fischer, Josef Anton ~ 3/322; Grueber, Bernhard ~ 4/208; Ohlmüller, (Joseph) Daniel ~ 7/479; Pfeufer, Karl von ~ 7/646; Vogl, Heinrich * 10/231; Zick, Johann ~ 10/650
Au (Vorarlberg)
Beer, Franz Edler von Blaichten */~ 1/388; Beer, Johann Ferdinand */† 1/390; Beer, Johann Michael * 1/390; Beer, Michael */† 1/390; Moosbrugger, Caspar * 7/204; Thumb, Christian † 10/28
Au (Sieg) (Gem. Windeck)
Korf, Willy * 6/43
Au a. Inn (Gem. Reichertshofen)
Hauner, Norbert * 4/442
Au b. Bad Aibling (Gem. Bad Feilnbach)
Brües, Otto ~ 2/155; Dientzenhofer, Wolfgang * 2/520; Guggenberger, Thomas ~ 4/249
Au i. d. Hallertau
Hueber, Max * 11/92
Aub (Kr. Würzburg, Land)
Bausewein, Kaspar * 1/355; Böhm, Johann ~ 1/617; Boemus, Johann * 1/629; Bruckner, Michael * 2/151; Merklein, Helmut * 11/129; Neller, Georg Christoph * 7/363; Schmidt, Johann Adam * 9/11
Aubonne (Kt. Waadt)
Tscharner, Vinzenz Bernhard von ~/† 10/105
Auchsesheim (seit 1971 zu Donauwörth)
Egk, Werner * 3/32
Audenhain → Klitzschen
Audorf
Winkler, Georg Gustav * 10/529
Audun-le-Tiche → Deutsch Oth
Aue (Gem. Gloggnitz, Niederösterreich)
Hainisch, Michael (Arthur Josef Jakob) * 4/338; Lechner, Karl * 11/119
Aue (seit 1972 zu Wanfried)
Eschwege, Wilhelm Ludwig von * 3/177
Aue (Sachs)
Gaedt, (Peter) Paul ~ 3/553; Geßner, Albert * 3/667; Gessner, Ernst ~/† 3/667; Görges, Johannes (Friedrich Heinrich) † 4/57; Kircheis, Erdmann */~/† 5/547; Köhler, Paul ~ 5/652; Lotter, Melchior ~ 6/483; Maurer, Hans (Theodor Julius Christian Karl) † 6/670; Teubner, Hans * 9/682; Wrana, Joachim † 10/589
Auengrund → Oberwind
Auenheim (Kehl, Ortenaukreis)
Zimmern, Heinrich ~ 10/672
Auenstein (Gem. Ilsfeld)
Mangold, Otto * 6/588
Auenwald → Ebersberg
Auer (italien. Ora)
Fernberger von Aur, Johann * 3/272; Franzelin, Bernhard * 3/415
Auerbach (Bensheim)
Schleiermacher, Andreas † 8/664; Zimmermann, Ernst (Christoph Philipp) ~ 10/667
Auerbach (Kr. Stollberg)
Hayn, Friedrich (Karl Traugott) * 4/462
Auerbach (Vogtl.)
siehe auch *Albertsberg, Karolagrün*
Ackermann, (Wilhelm) Heinrich * 1/21; Bosse, Hans Alexander ~ 2/44; Crusius, Balthasar ~ 2/406; Doss, (Carl) Bruno * 2/602; Lindenau, Paul ~ 6/404; Schwabe, Willmar * 9/219; Todt, Karl Gottlob * 10/55
Auerbach i. d. OPf.
siehe auch *Michelfeld*
Auerbach, Heinrich * 1/215; Negelein, Paul ~ 11/135; Schenkl, Maurus von * 8/607
Auerberg (Gem. Bernbeuren)
Schmid-Lindner, August † 8/707

Auermühle (Gem. Steinhorst, Kr. Gifhorn)
Beindorff, Fritz † 1/405
Auerstedt
Baltz, Theodor Friedrich ~ 1/282; Bitterfeld, Johann Eberhard Ernst Herwarth von ~ 1/550; Eschenburg, Wilhelm Arnold ~ 3/173; Förster, Johann Christian * 3/363; Gneisenau, August Wilhelm Anton Graf Neidhardt von ~ 4/42; Haugwitz, (Heinrich) Christian (Kurt) Graf von ~ 4/441; Kalckreuth, Friedrich Adolf Graf von ~ 5/410; Karl Wilhelm Ferdinand, Herzog von Braunschweig-Lüneburg (-Wolfenbüttel) ~ 5/443; L'Estocq, Anton Wilhelm von ~ 6/347; Lombard, Johann Wilhelm ~ 6/465; Lucchesini, Girolamo Marchese di ~ 6/491; Lützow, (Ludwig) Adolf (Wilhelm) Frh. von ~ 6/525; Nauck, August * 7/346; Pfuel, Ernst ~ 7/652; Scharnhorst, Gerhard Johann David von ~ 8/569; Schmettau, Friedrich Wilhelm Karl Graf von ~ 8/697; Willisen, Wilhelm von ~ 10/512
Auerswalde
siehe auch *Garnsdorf*
Haubold, (Carl) Gottlieb * 4/436; Vitzthum von Eckstädt, Friedrich Graf ~ 10/219
Auetal → Hattendorf
Aufen (seit 1935 zu Donaueschingen)
Wannenmacher, Eugen (Viktor) * 10/331
Aufhausen (Kr. Regensburg, Land)
Seidenbusch, Johann Georg ~/† 9/266; Stangl, Thomas * 9/447
Aufhausen (seit 1978 zu Forheim)
Vocke, Wilhelm * 10/220
Aufkirchen (Gem. Berg, Kr. Starnberg)
Gura, Eugen † 4/262; Hörwarth von Hohenburg, Hans Georg d. Ä. † 5/104; Rühmann, Heinz † 8/451
Augaard (seit 1972 zu Sankelmark)
Lübke, Friedrich Wilhelm ~/† 6/512
Auggen → Zizingen
Augrub (Gem. Oberneumais, seit 1972 zu Regen)
Ertl, Jakob */† 3/168
Augsburg
siehe auch *Inningen, Oberhausen, Pfersee*
Aachen, Hans von ~ 1/1; Abbt, Benedikt ~/† 1/1; Abondi, Alessandro ~ 1/11; Abt, Benedikt ~ 1/15; Adalbero, Bischof von Augsburg ~ 1/24; Adam, Albrecht ~ 1/27; Adam, Heinrich ~ 1/28; Adelmann von Adelmannsfelden, Bernhard ~ 1/33; Adelmann von Adelmannsfelden, Johann Christoph ~ 1/34; Adelmann von Adelmannsfelden, Konrad ~ 1/34; Agricola, Christoph Ludwig ~ 1/52; Agricola, Johann ~ 1/54; Agricola, Stephan d. Ä. ~ 1/55; Agricola, Stephan d. J. * 1/55; Ahorner von Ahornrain, Joseph Georg Franz von Paula */~/† 1/59; Ahrens, Johann Thomas ~/† 1/60; Aichinger, Gregor ~/† 1/61; Albert, Eugen * 1/68; Albert, Joseph * 1/69; Alberthal, Hans ~ 1/69; Albertus Magnus ~ 1/71; Alexander, Isaak */~ 1/88; Allioli, Joseph Franz von ~/† 1/92; Alt, Eugen * 1/95; Alt, Georg * 1/95; Altenhöfer, August Joseph ~/† 1/98; Altenstetter, David ~/† 1/99; Amberger, Christoph ~/† 1/111; Ammerbacher, Heinrich Daniel ~ 1/117; Andreae, Nicolaus ~ 1/130; Angehrn, Benedikt Maria ~ 1/135; Angermair, Christof ~ 1/138; Anno II. von Steusslingen, Erzbischof von Köln ~ 1/145; Anselm von Ingelheim, Kurfürst und Erzbischof von Mainz ~ 1/147; Aperger, Andreas ~ 1/155; Apt, Ulrich d. Ä. */~/† 1/160; Apt, Ulrich d. J. */~ 1/160; Aquila, Kaspar */~ 1/161; Arenberg, Johann Graf von ~ 1/165; Armansperg, Joseph Ludwig Graf von ~ 1/171; Arnold, Jonas */~ 1/188; Arnoldi, Bartholomäus ~ 1/190; Arzt, Ulrich */~/† 1/200; Asch zu Asch auf Oberndorff, Adolf Frh. von ~ 1/202; Aspruck, Franz ~ 1/206; Attemstett, Andreas ~/† 1/210; Au, Andreas Meinrad von ~ 1/211; Auer, Johann Paul ~ 1/213; Auer, Nikolaus d. Ä. ~ 1/214; Aufhäuser, Siegfried * 1/219; Augspurg, Anita (Johanna Theodora S.) ~ 1/220; Ayblinger, Joseph Adam * 1/229; Baader, Ferdinand Maria † 1/231; Bader, August(in) ~ 1/252; Bämler, Johannes */~/† 1/258; Bahner, (Christian Ernst) Dietrich † 1/268; Barthel, Melchior * 1/307; Bartsch von Sigsfeld, Hans ~ 1/311; Bauberger, Wilhelm ~ 1/320;

Baudrexel, Philipp Jakob ~ 1/322; Bauer, Gustav (Conrad) * 1/325; Bauer, Karl † 1/327; Baumann, Johann Adolf ~/† 1/336; Baumeister, Johann Wilhelm ~ 1/340; Baumgärtner, Hieronymus ~ 1/342; Baumgärtner, Johann Baptist * 1/342; Baumgartner, David von ~ 1/346; Baumgartner, Hans d. Ä. ~/† 1/347; Baumgartner, Hans d. J., Frh. von */~ 1/347; Baumgartner, Johann Wolfgang ~/† 1/347; Baur, Valentin */~/† 1/352; Bause, Johann Friedrich ~ 1/354; Bayer, Johann ~/† 1/357; Bayrer, Leonhard */~/† 1/360; Bayrhammer, Gustl ~ 1/360; Bechteler, Theo ~/† 1/368; Beck, Johann Georg */~ 1/371; Beck, Leonard ~/† 1/372; Becker, Jurek ~ 11/15; Becker-Gundahl, Carl Johann ~ 1/382; Behaim, Hans d. Ä. ~ 1/395; Behaim, Paulus ~ 1/395; Bendl, Ehrgott Bernhard ~/† 1/418; Benecke, Christian Daniel ~ 1/418; Berg, Marquard von ~ 1/441; Bergmüller, Johann Georg ~/† 1/452; Bernatz, Karl Ritter von ~ 1/460; Bernauer, Agnes ~ 1/461; Berthold von Regensburg ~ 1/486; Besserer, Bernhard ~ 1/494; Beuther, Michael ~ 1/503; Beyschlag, Daniel Eberhard ~/† 1/508; Bianconi, Johann Ludwig Graf von ~ 1/511; Bidermann, Jakob ~ 1/515; Biedermann, Johann Jakob ~ 1/517; Bild, Veit ~/† 1/525; Biller, Albrecht */† 1/528; Biller, Johann Ludwig (I) */† 1/528; Biller, Johann Ludwig (II) */† 1/528; Billick, Eberhard ~ 1/528; Birck, Sixt */~/† 1/536; Birkhard, Anton * 1/538; Blasel, Paul ~ 1/561; Blaubirer, Johann ~ 1/564; Bleibtreu, Hedwig ~ 1/567; Blezinger, Johann Georg ~ 1/572; Bocksberger, Johann Melchior ~ 1/597; Boemus, Johann ~ 1/629; Böschenstein, Johann ~ 1/635; Boltshauser, Hans Heinrich ~ 2/12; Bonnet, Robert * 2/21; Boos, Roman Anton ~ 2/24; Boost, Johann Adam ~ 2/24; Bording, Jakob ~ 2/29; Bramsted, Ernest * 2/59; Brander, Georg Friedrich ~/† 2/62; Braun, Johann Adam * 2/82; Braun, Johann Philipp Otto ~ 2/82; Braun, Konrad ~ 2/84; Braun, Placidus ~/† 2/86; Brecht, Bertolt */~ 2/92; Bredetzky, Samuel ~ 2/95; Breit, Herbert */~ 2/101; Breit, Thomas ~ 11/31; Breitbach, Joseph ~ 2/101; Breitenauer, Ignatz Alexander ~ 2/101; Breiting, Hermann * 2/105; Brenz, Johannes ~ 2/118; Breslau, Heinrich von ~ 2/119; Breu, Jörg d. Ä. */~/† 2/124; Breu, Jörg d. J. */~/† 2/124; Bronner, Franz Xaver ~ 2/145; Brucker, Johann Jakob */~/† 2/149; Bruckmann, Ferdinand Alexander ~ 2/149; Brunner, Andreas ~ 2/168; Brunner, Peter ~/† 2/170; Bruno, Bischof von Augsburg ~ 2/171; Buckwitz, Harry ~ 2/190; Bühler, Franz ~/† 2/200; Bünderlin, Hans ~ 2/207; Buff, Adolf ~ 2/217; Burchard I., Herzog von Schwaben ~ 2/228; Burchard, Johann ~ 2/229; Burg, Robert ~ 2/235; Burger, Carl (Christian) von ~ 2/236; Burgkmair, Hans */~/† 2/240; Burkhard, Franz ~ 2/243; Busse, Carl ~ 2/255; Bussereau, Jakob Friedrich ~ 2/256; Butze-Beermann, Nuscha ~ 2/260; Buz, Heinrich Ritter von ~/† 2/262; Caliga-Ihle, Auguste ~ 2/265; Caliga-Reh, Friedrich ~ 2/265; Callwey, Georg Dietrich Wilhelm ~ 2/267; Canisius, Petrus ~ 2/274; Carl, Matthäus * 2/280; Castell-Remlingen, Friedrich Magnus Graf zu † 2/295; Chelard, Hippolyte André ~ 2/307; Christoph von Stadion, Bischof von Augsburg ~ 2/323; Christoph, Herzog von Mecklenburg, Administrator von Ratzeburg, Koadjutor von Riga * 2/324; Clarer, Theodor ~ 2/330; Clemens Wenzeslaus Hubertus Franziskus, Herzog zu Sachsen, Kurfürst und Erzbischof von Trier ~ 2/339; Cleve, Johannes de ~/† 2/342; Cochläus, Johannes ~ 2/349; Colloredo-Waldsee, Hieronymus (Josef Franz de Paula) Graf von ~ 2/358; Cotta von Cottendorf, Johann Friedrich ~ 2/384; Cramer-Klett, Theodor Frh. von ~ 2/391; Cranach, Lucas d. Ä. ~ 2/392; Cranach, Lucas d. J. ~ 2/393; Cron, Ferdinand * 2/403; Croph, Philipp Jakob */~/† 2/404; Curtius, Ludwig * 2/414; Czechtitzky, Karl ~ 2/417; Dadler, Sebastian ~ 2/424; Dannenmayer, Matthias ~ 2/443; Daucher, Adolf ~ 2/449; Daucher, Hans ~ 2/449; David von Augsburg † 2/451; Dechant, August ~ 2/456; Degle, Franz Josef */~ 2/466; Degler, Hans ~ 2/466; Deininger, Heinz Friedrich */~/† 2/472; Deinlein, Michael von ~ 2/472; Demeter, Ignaz (Anton) * 2/482; Denich, Sebastian ~ 2/486; Denifle, Johann Peter ~ 2/487; Denk, Hans ~ 2/487; Dertsch, Richard ~ 2/494; Deschler,

Joachim ~ 2/495; Deutschinger, Franz ~ 2/507; Dierig, Friedrich ~ 2/522; Diesel, Rudolf (Christian Karl) ~ 2/523; Dietenberger, Johannes ~ 2/527; Dietrich, Sixtus * 2/537; Dietrich, Wendel ~/† 2/537; Dingler, Emil Maximilian */† 2/551; Dingler, Johann Gottfried ~/† 2/552; Dinkel, Pankratius von ~/† 2/552; Dirr, Adolf * 2/557; Dirr, Pius ~ 2/557; Döderlein, Albert * 2/570; Döllgast, Hans ~ 2/572; Dörnhöffer, Friedrich ~ 2/579; Dorner, Johann Jakob d. Ä. ~ 2/599; Drechsel, Jeremias * 2/610; Drechsel, Karl Joseph Graf von ~ 2/610; Dreher, Konrad ~ 2/612; Drexel, Jeremias */~ 2/618; Drey, Johann Sebastian von ~ 2/618; Dreyer, Benedikt ~ 2/619; Drobisch, Karl Ludwig † 2/622; Dürer, Albrecht ~ 2/638; Duller, Raphael ~/† 2/648; Duminique, Ferdinand Frh. von ~ 2/648; Eberhard, Konrad ~ 2/671; Eberle, Franz Xaver */~/† 2/673; Eberle, Melchior ~ 2/673; Ebner, Wolfgang * 3/1; Ebner von Eschenbach, Erasmus ~ 3/2; Eccard, Johannes ~ 3/4; Eck, Johannes ~ 3/6; Eckardt, Johann Gottfried * 3/8; Eckart, Anselm (Franz Dominik) von ~ 3/8; Ecke, Wolfgang † 3/9; Edlinger, Joseph Georg ~ 3/24; Egenolff, Christian ~ 3/24; Egg, Franz ~ 3/25; Egger, Karl Borromäus ~ 3/28; Ehem, Christoph von * 3/34; Ehinger, Elias ~ 3/34; Ehinger, Heinrich ~ 3/35; Ehrenberg, Carl Emil Theodor ~ 3/37; Ehrhardt, (Karl) Ludwig (August) ~ 3/41; Eichler, Gottfried d. Ä. ~/† 3/54; Eichler, (Johann) Gottfried d. J. */† 3/54; Eichler, Matthias Gottfried ~/† 3/54; Eichthal, Simon Aron Frh. von ~ 3/56; Eickstedt, Valentin von ~ 3/58; Eilhart von Oberg ~ 3/62; Einsiedel, Hans Karl (August Simon) von ~ 3/65; Eisenhut, Thomas * 3/71; Elbel, Benjamin ~ 3/82; Elgard, Nikolaus ~ 3/84; Ellenbog, Ulrich ~ 3/90; Ellinger, Abt von Tegernsee ~ 3/91; Embricho von Mainz ~/† 3/102; Emminger, Erich ~ 3/105; Emminger, Otmar * 3/105; Enderle, Johann Baptist ~ 3/109; Endres, Joseph Anton ~ 3/111; Engelberg, Burkhard ~/† 3/116; Engelbrecht, Martin */~/† 3/118; Erasmus von Rotterdam, Desiderius ~ 3/134; Erbach, Christian ~/† 3/137; Erhardt, Christian Dominikus */~/† 3/147; Erhart, Gregor ~ 3/148; Erhart, Michel ~ 3/148; Erlinger, Georg */~ 3/154; Ernest, Wilhelm ~ 3/157; Eschenburg, Theodor ~ 11/55; Eßlair, Ferdinand (Johann Baptist) ~ 3/182; Euler-Chelpin, Hans Karl (August Simon) von ~ 3/194; Euringer, Richard * 3/194; Ezzo, Pfalzgraf in Lothringen ~ 3/206; Faber, Ägidius ~ 3/207; Faber, Benedikt ~ 3/207; Faber, Johannes (Augustanus) */~ 3/209; Fabri, Johannes ~ 3/211; Fabri, Johannes ~/† 3/211; Färber, Otto ~ 3/217; Fäustle, Johann Nepomuk von */~ 3/218; Fallmerayer, Jakob Philipp ~ 3/229; Faltz, Raymond * 3/230; Farinatoris, Matthias ~ 3/232; Federmann, Nikolaus ~ 3/242; Feld, Leo * 3/254; Feld, Walther ~ 3/254; Fellner, Ferdinand d. J. ~ 3/261; Fendt, Leonhard † 3/264; Fentsch, Eduard ~/† 3/266; Ferdinand I., Römischer König und Kaiser, König von Böhmen und Ungarn ~ 3/267; Fesenmair, Hans Christoph ~/† 3/273; Feuchtmayer, Franz Xaver I. ~ 3/276; Feuchtmayer, Franz Xaver II. * 3/276; Feuchtmayer, Johann Michael † 3/276; Feuchtmayer, Joseph (Anton) ~ 3/276; Feyerabend, Sigmund * 3/283; Fichard, Johann ~ 3/284; Fikentscher, Ludwig † 11/59; Fikentscher, Richard * 11/59; Fingerle, Anton ~ 3/301; Fink, Hermann * 3/302; Fischer, Anton (Friedrich) ~ 3/311; Fischer, Johann */~ 3/320; Fischer, Matthäus ~/† 3/324; Flacius, Matthias ~ 3/334; Flötner, Peter ~ 3/353; Föppl, Otto ~ 3/360; Forster, Johann */~ 3/377; Forster, Karl * 3/377; Franck, Franz Friedrich * 3/388; Franck, Hans Ulrich ~/† 3/388; Franck, Melchior ~ 3/390; Frank, Johannes ~ 3/400; Frauenpreis, Matthäus d. J. * 3/418; Fraunberg, Josef Maria Johann Nepomuk von und zu * 3/418; Freher, Marquard * 3/421; Frenzel, Curt ~ 3/425; Freudenberg, Wilhelm ~ 3/430; Freundorfer, Joseph ~/† 3/433; Frey, Johann Baptist ~ 3/435; Freyberg, Karl (Leopold Maria) Frh. von ~ 3/437; Freyberger, Joseph ~ 3/437; Friedrich, Graf von Zollern, Bischof von Augsburg ~ 3/460; Friedrich, Heinz ~ 3/479; Fries, Hans ~ 3/483; Frisch, (Christoph) Albert * 3/488; Frölich, Georg ~ 3/504; Fröschel, Hieronymus ~/† 3/506; Frommel, Richard * 11/65; Frosch, Johann ~ 3/513; Froumund vom

Auscha (tschech. Úštěk)
siehe auch *Lucka*
Absolon, Johann * 1/15; Kautny, Theodor * 5/477; Klar, Alois * 5/566; Kuchinka, Karl * 6/137
Auschwitz (poln. Oświęcim)
Adler, Friedrich ~/† 1/39; Altmann, Adolf † 1/103; Améry, Jean ~ 1/114; Auerbach, Philipp ~ 1/216; Axen, Hermann ~ 1/228; Blumenfeld, Erik B. ~ 11/25; Brandt, Heinz ~ 2/69; Braun, David ~/† 2/79; Bronner, Ferdinand * 2/145; Bubis, Ignatz ~ 11/34; Celan, Paul ~ 2/298; Clauberg, Carl ~ 2/332; Cremer, Fritz ~ 2/398; Danneberg, Robert ~/† 2/442; Dicker, Friedl † 2/512; Fall, Richard ~/† 3/228; Frankl, Viktor E(mil) ~ 11/63; Galinski, Heinz ~ 3/561; Goldberg, Isidor ~/† 4/77; Grelling, Kurt ~/† 4/155; Hammerschlag, Peter ~/† 4/362; Heller, Otto ~ 4/564; Hermann, Georg ~/† 4/627; Herrmann, Helene ~/† 4/643; Heymann, Friedrich ~/† 5/25; Höß, Rudolf ~/† 5/106; Hoffmann, Camill ~/† 5/114; Hoffmann, Ruth ~ 5/123; Joseph, Fred ~/† 5/367; Katz, Iwan ~ 5/465; Kautsky, Benedikt ~ 5/477; Klahr, Alfred ~ 11/105; Klein, Franz Eugen ~/† 5/575; Kohn, Salomon † 6/7; Kolmar, Gertrud ~/† 6/20; Koritschoner, Franz ~/† 6/44; Kramer, Josef ~ 6/69; Krupp von Bohlen und Halbach, Alfried ~ 6/131; Langbein, Hermann ~ 6/230; Lattermann, Ottilie † 6/262; Levy, Rudolf ~/† 6/362; Löhner, Fritz ~/† 6/442; Maillet, Léo ~ 6/573; Mandrella, Rudolf * 6/585; Mayer, August Liebmann ~/† 7/5; Mengele, Josef ~ 7/61; Metzger-Lattermann, Ottilie ~/† 7/92; Moses, Leopold † 7/229; Müller, Heinrich ~ 7/264; Müller-Hess, Adelheid ~ 7/287; Nadel, Arno ~/† 7/328; Nussbaum, Felix ~/† 7/449; Plättner, Karl ~ 7/683; Remak, Robert ~/† 8/238; Rewald, Ruth (Gustave) ~/† 8/264; Rosen, Willy ~/† 8/389; Rosenbaum, Fritz ~/† 8/390; Rosenthal, Friedrich ~/† 8/400; Rothauser, Therese † 8/417; Rudolph, Johanna ~ 8/441; Salomon, Charlotte ~/† 8/503; Salomon, Erich ~/† 8/503; Sanden, Hans ~ 8/511; Schliesser, Elli ~ 8/678; Schlusche, Eduard ~ 8/689; Schönhof, Egon ~/† 9/96; Seeler, Moriz ~/† 9/259; Selz, Otto ~/† 9/281; Simon, James ~/† 9/332; Simonsohn, Berthold ~ 9/335; Sonnenschein, Hugo ~ 9/375; Spiegel, Magda ~/† 9/400; Stahl, Karl ~/† 9/439; Stein, Edith † 9/475; Sussmann, Heinrich ~ 9/636; Ullmann, Viktor ~/† 10/137; Ury, Else ~ 10/169; Wallburg, Otto † 10/310
Ausleben
siehe auch *Warsleben*
Ganssen, (Ernst Alwin) Robert * 3/571
Auspitz (tschech. Hustopeče)
Kamler, Heinrich von * 5/419
Aussa (Äthiopien)
Munzinger, Werner † 7/310
Aussee → Bad Aussee
Außernzell
Kurz, Michael * 6/180
Aussersihl (seit 1893 zu Zürich)
Rüegg, Arnold * 8/448; Rüstow, Friedrich Wilhelm † 8/456
Aussig (tschech. Ústí nad Labem)
siehe auch *Türmitz*
Andergast, Maria ~ 11/4; Ascherham, Gabriel ~ 1/203; Breuer, Siegfried ~ 2/126; Danek, Vinzenz Edler von Esse ~ 2/440; Dörfel, Franz ~ 2/575; Eckert, Victor Heinrich Eduard ~ 3/11; Eckhardt, Fritz ~ 3/12; Eis, Gerhard * 11/52; Freundlich, Emmy * 3/432; Friedrich I. der Streitbare, Markgraf von Meißen, Kurfürst von Sachsen ~ 3/471; Gärtner, Fritz * 3/555; Geiger-Torel, Hermann ~ 3/606; Gillmann, Alexander ~ 4/10; Grün, Adolf ~ 4/209; Haensel, (Heinrich) Gustav ~ 4/311; Harbich, Adolf ~ 4/380; Hermann, Hugo ~/† 4/628; Hirschberg, Marie ~ 5/66; Kolniak, Angela ~ 6/21; Krips, Josef ~ 6/108; Lanna, Adalbert ~ 6/249; Lindheim, Hermann Dietrich ~ 6/406; Lumpe, Heinrich ~ 6/530; Mach, (Adolf Albert) Felix ~ 6/550; Mauermann, Ignaz Bernhard ~ 6/667; Mecklenburg, Werner ~ 7/21; Mengs, Anton Raphael * 7/63; Mühlig, Josef ~ 7/242; Mühlig, Max ~ 7/243; Munk,

Franz ~ 7/308; Neuschul, Ernst * 7/393; Paudler, Maria ~ 7/572; Paul, Gustav ~ 7/574; Permann, Adolf ~ 7/602; Petschek, Ignaz † 7/624; Pfersche, Emil ~ 7/645; Prandtl, Wilhelm ~ 8/52; Preminger, Otto (Ludwig) ~ 8/61; Rieger, Fritz ~ 8/296; Rösler, Franz * 8/360; Rösner, Willy ~ 8/361; Rzesacz, Ernst ~ 8/482; Saexinger, Johann von * 8/494; Saudek, Robert ~ 8/525; Saxl, Maximilian † 8/535; Schaffner, (Friedrich) Max(imilian) ~ 8/557; Scharschmid von Adlertreu, Franz Frh. * 8/572; Schmid, Anton ~ 8/698; Siegel, Hermann ~ 9/310; Skoda, Albin (Michael Johann) ~ 9/346; Stein, Erwin ~ 9/476; Streich, Rita ~ 9/581; Stroof, Ignaz ~ 9/594; Ullmann, Viktor ~ 10/137; Vallentin, Hermann ~ 10/180; Ziegler, Julius ~ 10/655
Austerlitz (tschech. Slavkov u Brna)
Ascherham, Gabriel ~ 1/203; Karpeles, Elias * 5/452; Nostitz-Rieneck, Johann Nepomuk Graf von ~ 7/441; Reublin, Wilhelm ~ 8/252; Steiner, Joseph Edler von Pfungen ~ 9/489; Wintzingerode, Ferdinand Frh. von ~ 10/536
Austin (Texas, USA)
Dräger, Hans-Heinz (Gerhard Kurt) ~/† 2/606; Mark, Herman Francis † 6/624; Ney, Elisabeth (Franzisca Bernhardina Wilhelmina) † 7/396; Pisk, Paul A(madeus) ~ 7/680; Prokosch, Eduard ~ 8/79
Auswil (Kt. Bern)
Flückiger, Gottlieb * 3/355
Autal (Steiermark)
Apfelbeck, Hugo * 1/156; Silberbauer, Fritz ~ 9/326
Autun (Dép. Saône-et-Loire, Frankreich)
Herlin, Hans † 4/618
Auw (Kt. Aargau)
Bütler, Anton * 2/214; Bütler, Nikolaus * 2/214
Avegno (Kt. Tessin)
Plievier, Theodor ~/† 8/3
Averbode (Belgien)
Schachinger, Norbert ~ 8/539
Aviano (Italien)
Marco d'Aviano * 6/609
Aviemore (Schottland)
Henschel, Sir Georg (Isidor) † 4/596
Avignon (Frankreich)
Albert von Sachsen ~ 1/68; Amerbach, Bonifacius ~ 1/114; Berthold von Hohenzollern, Bischof von Eichstätt ~ 1/483; Boëmund II. von Ettendorf-Warnesberg, Erzbischof von Trier ~ 1/629; Clare, Johannes ~ 2/330; Diessenhofen, Heinrich Truchseß von ~ 2/525; Dietrich von Portitz, genannt Kagelwit, Erzbischof von Magdeburg ~ 2/531; Dietrich Bayer von Boppard, Bischof von Worms und Metz ~ 2/533; Dietrich von Nieheim (Niem, Nyem) ~ 2/533; Eckhart von Hochheim ~/† 3/13; Franz von Lautern ~ 3/412; Friederich von Amberg ~ 3/449; Gasser, Achilles Pirminius ~ 3/577; Gerhard von Schwarzburg, Bischof von Naumburg und Würzburg ~ 3/640; Gerlach, Graf von Nassau-Saarbrücken, Erzbischof von Mainz ~ 3/647; Hager, Konrad † 4/326; Heinrich der Taube von Selbach ~ 4/541; Heinrich Totting von Oyta ~ 4/541; Hermann von Prag, Bischof von Ermland ~ 4/620; Hermann von Schildesche ~ 4/625; Hofmaier, Ulrich ~ 5/126; Horborch, Wilhelm ~ 5/174; Johannes (Hiltalingen) von Basel ~ 5/351; Johannes von Dambach ~ 5/352; Johannes von Hildesheim ~ 5/353; Karl von Trier, Hochmeister des Deutschen Ordens ~ 5/443; Kircher, Athanasius ~ 5/548; Klenkok, Johann ~/† 5/588; Konrad von Megenberg ~ 6/34; Lambert, Franz * 6/203; Levold von Northof ~ 6/360; Losse, Rudolf ~ 6/478; Marquard I. von Randeck (Randegg), Elekt von Bamberg, Bischof von Augsburg, Patriarch von Aquileja ~ 6/628; Marsilius von Inghen ~ 6/632; Matthias von Neuenburg ~ 6/662; Militsch, Johann ~/† 7/140; Rauchenecker, Georg (Wilhelm) ~ 8/160; Rode, Johannes ~ 8/344; Rudolf von Liebegg ~ 8/440; Schlözer, Dorothea von † 8/683; Thomas von Straßburg ~ 10/17
Avocourt (Frankreich)
Bidlingmaier, Friedrich † 1/515

Avrieux (Frankreich)
Karl II. der Kahle, westfränkischer König, Kaiser † 5/438
Avrig → Freck
Axams (Tirol)
Schönherr, Karl * 9/95; Schöpf, Ignaz ~ 9/100
Axenfels (Kt. Schwyz)
Michel, Adalbert Theodor † 7/124
Axenstein (Kt. Schwyz)
Schnabel, Artur † 9/42
Axstedt
Woltmann, Reinhard */~ 10/587
Azig → Mamuret-ul-Asis

B

Baar (Kt. Zug)
Andermatt, Joseph Lorenz */† 1/123; Henggeler, Wolfgang † 4/582; Pohle, Joseph ~ 8/20; Utinger, Gebhard * 10/172
Baarenhof (poln. Dworek)
Karnapp, Walter * 5/451
Baarn (Niederlande)
Landsberg, Otto † 6/220
Baaßen (rumän. Bazna, ungar. Bázna, auch Felsöbajom)
Eisenmenger, Rudolf ~ 3/73
Babelsberg (seit 1928 zu Nowawes, seit 1938 Babelsberg, seit 1939 zu Potsdam)
Courvoisier, Leo ~ 2/386; Maus, Heinz ~ 6/671; Morgenstern, Salomon Jakob † 7/211; Pewas, Peter ~ 7/631; Pückler-Muskau, Hermann (Ludwig Heinrich) Fürst von ~ 8/86; Schinkel, Karl Friedrich ~ 8/646; Struve, Georg (Otto Hermann) von ~ 9/600
Baben
Eggebrecht, Jürgen * 3/26
Babenhausen (Kr. Unterallgäu)
Behringer, Edmund * 1/403; Bissel, Johann * 1/548; Fugger zu Babenhausen, Anselm Maria Fürst von */† 3/537; Jochum, Eugen * 5/333; Jochum, Georg Ludwig * 5/333; Jochum, Otto * 5/333; Rainer, Johann Baptist ~ 8/128
Babenhausen (Hess)
Faustmann, Martin † 3/236
Babensham → Blaufeld, Penzing
Babitz (Wittstock)
Irmer, Carl * 5/259
Baccarat (Frankreich)
Berrer, Alfred (Wilhelm Albert) † 1/479
Baccum (Lingen/Ems)
Deermann, Bernhard * 2/463
Bach (Bez. Reutte, Tirol)
Schneller, Joseph Anton * 9/63
Bacharach
siehe auch *Steeg*
Heidanus, Caspar † 4/485; Horneck, Anton * 5/179; Kügelgen, Gerhard von * 6/141; Kügelgen, Karl von * 6/142
Bachhagel
Graf, Ulrich * 4/129
Bachs (Kt. Zürich)
Nabholz, Hans * 7/325; Schütz, Otto * 9/179
Bachzimmern (seit 1933 zu Immendingen)
Steinbeis, Otto von * 9/485
Backnang
siehe auch *Katharinenhof*
Buder, Paul von ~ 2/193; Bühler, Christian Friedrich Christoph von * 2/200; Eimer, Ernst † 3/62; Fickler, Johann Baptist * 3/289; Gaertner, Karl Friedrich von * 3/555; Geyer, David ~ 3/671; Hartmann, Julius * 4/410;

Henninger, Manfred * 4/593; Hermann II., Markgraf von Baden ~ 4/619; Kaelble, Carl ~/† 5/394; Mästlin, Michael ~ 6/560; Pflugfelder, Otto ~ 7/651; Schneckenburger, Erhard ~ 9/46; Wöhler, Lothar † 10/555
Bácsborsód (Ungarn)
Moholy-Nagy, László * 7/181
Bad Abbach
siehe auch *Oberndorf*
Schönleutner, Max * 9/98
Bad Adelholzen (Gem. Siegsdorf, Kr. Traunstein)
Baumann, Franz Ludwig von † 1/334; Fries, Joseph † 3/484; Goetz, Walter (Wilhelm) † 4/71; Zuccali, Giovanni Gaspare † 10/693
Bad Aibling
siehe auch *Adlfurt, Berbling, Holzhausen*
Cortolezis, Fritz ~/† 2/379; Dientzenhofer, Georg * 2/519; Dietl, Eduard (Wohlrat Christian) * 2/529; Lang, Franz * 6/223; Maillinger, Joseph Ritter von † 6/573; Osten, Franz ~/† 7/514; Scheller, Jürgen † 8/595; Schmid, Kaspar Frh. von ~ 8/704; Sperl, Johann ~/† 9/397; Stadlbauer, Max von † 9/429; Urban, Hermann † 10/164; Valentin, Erich † 10/177
Bad Arolsen
siehe auch *Helsen, Mengeringhausen, Schmillinghausen*
André, Christian Karl ~ 1/127; Bahnsen, Wilhelm ~ 1/269; Bassermann, Heinrich ~ 1/315; Bippen, Wilhelm von ~ 1/535; Caliga-Ihle, Auguste * 2/265; Calm, Marie * 2/267; Eichner, Ernst (Dietrich Adolf) * 3/55; Georg Friedrich, Graf von Waldeck */† 3/630; Graun, Johann Gottlieb ~ 4/143; Hadeln, Detlev Moritz Georg Heinrich Frh. von * 4/300; Hagen, Henriette Ernestine Christiane vom † 4/320; Kaulbach, Friedrich (Wilhelm Christian Theodor) * 5/474; Kaulbach, Wilhelm von * 5/474; Marcus, Adalbert Friedrich * 6/609; Rauch, Christian Daniel */~ 8/157; Rothweil, Julius Ludwig ~ 8/424; Schuchhardt, Carl † 9/167; Seidel, Karl August Gottlieb ~ 9/266; Speyer, Karl Friedrich * 9/399; Stieglitz, Heinrich ~ 9/527; Stieglitz, Johann * 9/527; Tischbein, Caroline * 10/48; Tischbein, Johann Friedrich August ~ 10/49; Unger, (Christian) Wilhelm (Jacob) ~ 10/155; Waldeck und Pyrmont, Josias Fürst zu ~ 10/301
Bad Aussee (Steiermark)
Bielka, Erich † 1/520; Binzer, Emilie von ~ 1/535; Burstyn, Gunther * 2/247; Chlumecky, Johann Frh. von † 2/312; Forster, Rudolf † 3/377; Huhn, (Georg) Adalbert † 5/219; Poestion, Josef Calasanz * 8/15; Pollhammer, Josef * 8/28; Schiller, Franz Ferdinand Frh. von ~ 8/634; Schmerling, Joseph von † 8/697; Schönstein, Karl Frh. von † 9/99; Schreiber, Clara ~ 9/134; Schreiber, Josef ~/† 9/136; Strnad, Oskar † 9/589; Valkenauer, Hans ~ 10/180
Bad Bentheim
Bening, (Daniel) Heinrich (Ludwig) ~ 1/423; Buchfelder, Ernst Wilhelm * 2/183; Christoph Bernhard von Galen, Bischof von Münster ~ 2/324; Goppel, Alfons ~ 4/97; Großfeld, Johann (Gerhard) * 4/196; Karmann, Wilhelm ~ 11/101; Seebohm, Hans-Christoph ~ 9/256
Bad Bergzabern
siehe auch *Liebfrauenberg*
Bolza, Oskar * 2/13; Culmann, Carl * 2/409; Culmann, Philipp Theodor */† 2/409; Döderlein, Ludwig (Heinrich Philipp) * 2/571; Geib, Hermann * 3/601; Hoffmann, Hans * 5/118; Hubert, Konrad * 5/200; Johann II., Pfalzgraf bei Rhein, Herzog von Zweibrücken, Administrator der Kurpfalz * 5/343; Johann, Pfalzgraf bei Rhein, Administrator des Bistums Regensburg ~ 5/344; Knoll, Konrad Ritter von ~ 5/627; Küchen, Richard ~ 6/140; Leuchsenring, Franz (Michael) ~ 6/351; Müller-Landau, Rolf † 7/288; Petersen, Johann Wilhelm * 7/619; Saalfeld, Martha ~/† 8/483; Schmitthenner, Friedrich * 9/34; Schüler, Friedrich * 9/169; Theodor, Jakob * 9/694; Thomä, Nikolaus ~/† 10/16
Bad Berka
Brütt, Adolf † 2/162; Coudray, Clemens Wenzel ~ 2/385; Degner, Erich Wolf(gang) † 2/466; Faselius, Johann

Friedrich * 3/233; Flitner, Wilhelm (August) * 3/352; Goullon, Karl Heinrich * 4/113; Kieser, Dietrich Georg von ~ 5/533; Kükelhaus, Heinz † 6/147; Müller, Karl ~ 7/273; Nipperdey, Hans Carl * 7/421; Tegtmeier, Adolf */~ 9/669; Victor, Walter † 10/203

Bad Berleburg
siehe auch *Beddelhausen, Diedenshausen, Homrighausen, Schwarzenau*
Carl, Johann Samuel ~ 2/280; Crocius, Paul ~ 2/401; Culmann, Herbert † 11/43; Dippel, Johann Konrad ~ 2/554; Edelmann, Johann Christian ~ 3/17; Haug, Johann Heinrich ~/† 4/441; Kraemer, Adolf * 6/60; Lipperheide, Franz Frh. von * 6/417; Müller, (Johann) Daniel ~ 7/251; Olevianus, Kaspar ~ 7/487; Sayn-Wittgenstein-Berleburg, August Ludwig Prinz von */~/† 8/535; Schrötter, Elisabeth (Emma Ida Maria) von * 9/156; Sommer, Elise ~ 9/368; Struensee, Adam ~ 9/597; Winckel, Franz (Karl Ludwig Wilhelm) Ritter von * 10/518

Bad Berneck i. Fichtelgebirge
siehe auch *Goldmühl*
Heidenreich, Carl * 4/489; Räntz, Elias ~ 8/121

Bad Bertrich
Ebel, Friedrich ~ 2/664

Bad Bevensen
Griese, Friedrich ~ 4/163; Hackethal, (Karl Heinrich) Julius ~ 11/75; Lyra, Justus Wilhelm ~ 6/544; Pflaumbaum, Walter † 7/648; Stahr, Hermann † 9/440

Bad Bibra
Förster, Christoph (Heinrich) * 3/362; Friedrich I., Graf von Wettin, Erzbischof von Magdeburg ~ 3/464; Neumeister, Erdmann ~ 7/390; Nikolaus von Bibra ~ 7/419; Ruediger, Erzbischof von Magdeburg ~ 8/446

Bad Birnbach
siehe auch *Grottham*
Unertl, Franz † 10/151

Bad Blankenburg
Fröbel, Friedrich (Wilhelm August) ~ 3/500; Günther, Graf von Schwarzburg-Blankenburg, deutscher Gegenkönig */~ 4/236; Leisegang, Hans * 6/309; Ludwig, Eduard ~ 6/508; Modersohn, Ernst ~/† 7/161; Prüfer, Johannes † 8/81; Sigismund, Berthold (August Richard) ~ 9/324

Bad Bleiberg (Kärnten)
Dulnigg, Johann ~ 2/648; Herbert-Kerchnawe, Ernst ~ 4/606; Jahne, Ludwig ~ 5/292; Scheuchenstuel, Karl Frh. von ~ 8/617; Sommer, Karl Marcel † 9/369; Spitaler, Rudolf (Ferdinand) * 9/409; Steinacher, Hans * 9/482

Bad Bocklet
Hessing, Friedrich Ritter von ~ 5/2

Bad Boll (Gem. Boll, Kr. Göppingen)
Bauhin, Johann ~ 1/331; Blumhardt, Christoph Friedrich ~ 1/589; Blumhardt, Johann Christoph ~ 1/589; Graf, Oskar † 4/128; Müller, Eberhard ~ 7/251

Bad Brambach
siehe auch *Schönberg*
Partsch, Joseph (Franz Maria) † 7/566

Bad Bramstedt
Crusius, Magnus ~ 2/407; Klinghe, Hinrich ~ 5/598; Mestorf, Johanna * 7/85; Meyer, Friedrich Ludwig Wilhelm ~/† 7/102; Paulsen, Felix ~ 7/579; Schumacher, Heinrich Christian * 9/203; Stolberg-Stolberg, Friedrich Leopold Graf zu * 9/549; Stolberg-Stolberg, (Henriette) Katharina Gräfin zu * 9/550

Bad Brückenau
Feßler, Julius * 3/274; Hohenlohe-Waldenburg-Schillingsfürst, Alexander Prinz zu ~ 5/140; Praun, Paul Ritter von ~ 8/55; Ruland, Ludwig ~ 8/461; Schäfer, Georg Josef Bernhard ~ 8/547; Stahl, Friedrich Julius † 9/437; Weikard, Melchior Adam ~/† 10/390

Bad Buchau
Bucher, Jordan ~ 2/182; Danzer, Jakob ~/† 2/444; Irmengard von Chiemsee ~ 5/259; Israel, Hans (Theodor Karl Konrad) ~ 5/264; Kaulla, Chaile */~ 5/475; Kayser, Hans * 5/480; Moos, Paul * 7/204; Rüeff, (Franz Joseph) Leonhard */~ 8/448; Ströbele, Urban von ~ 9/591; Thurn

und Taxis, Karl Anselm von ~ 10/31; Zürn, Hans d. Ä. ~ 10/698

Bad Camberg
siehe auch *Erbach*
Fritze, Wilhelm ~ 3/497; Lieber, Ernst (Philipp Maria) */† 6/380; Lieber, Moritz (Joseph Josias) ~/† 6/380; Meurer, Christian * 7/94; Naujok, Rudolf ~/† 7/347; Neudecker, Johann d. Ä. ~ 7/375; Wilker, Karl ~/† 10/508

Bad Cannstatt (seit 1905 zu Stuttgart)
Baumann, Eugen * 1/334; Bilfinger, Georg Bernhard * 1/526; Bläser, Gustav Hermann † 1/553; Coccyus, Sebastian * 2/349; Daimler, Gottlieb (Wilhelm) ~/† 2/431; Davinet, (Horace) Edouard ~ 2/454; Derschau, August Egbert von ~ 2/493; Donndorf, Adolf von ~ 2/594; Elsas, Fritz * 3/94; Elwert, Noa Gottfried ~ 3/100; Freiligrath, (Hermann) Ferdinand † 3/422; Friz, Max ~ 11/65; Ganzhorn, Wilhelm (Christian) ~/† 3/572; Glock, Paul ~ 4/32; Gräter, Kaspar ~ 4/124; Güldenstein, Albert ~ 4/234; Habermaas, Hermann von ~ 4/294; Hartenstein, Karl * 4/399; Heine, Jacob ~/† 4/510; Heine, Karl (Wilhelm) von */† 4/510; Heller von Hellwald, Friedrich Anton ~ 4/565; Hirth, Wolf ~ 5/70; Hoefer, Edmund † 5/88; Hoernle, Edwin * 5/103; Hofer, (Johannes) Ludwig von ~ 5/110; Hüther, Julius * 5/214; Jellinek-Mercédès, Emil ~ 5/318; Kaelble, Carl * 5/394; Keppler, Paul Wilhelm von ~ 5/508; Kerner, Theobald ~ 5/513; Kirner, Josef ~ 5/554; Knosp, Rudolf von ~ 5/631; Kodweiß, Friedrich * 5/646; Köstlin, Heinrich Adolf ~ 5/677; Lingg, Hermann Ritter von ~ 6/411; Löffler, Martin * 6/441; Löhner, Helmut * 6/442; Löhner, Kurt * 6/443; Lufft, Eckardt Hans * 6/525; Marx, Leopold * 6/648; Maybach, Karl ~ 7/3; Maybach, Wilhelm ~ 7/4; Memminger, Johann Daniel Georg von ~ 7/56; Molique, (Wilhelm) Bernhard ~/† 7/188; Ortlieb, Eduard † 7/508; Reyscher, August Ludwig ~/† 8/265; Rieger, Georg Konrad * 8/296; Schmid, Emil * 8/700; Schmidt-Weißenfels, Eduard ~ 9/26; Seyffer, August (Friedrich) ~ 9/299; Steudel, Johann Christian Friedrich ~ 9/521; Stockhausen, Julius ~ 9/539; Stutzmann, Johann Josua ~ 9/621; Veiel, Albert von ~/† 10/187; Veiel, Theodor */~ 10/187; Vogel, Jacob ~ 10/226; Wagner, Theodor ~ 10/290; Walcker, Eberhard Friedrich */~ 10/298; Zachariae, Heinrich Albert † 10/610; Zais, Christian * 10/615; Zanth, Karl Ludwig (Wilhelm) ~ 10/619; Ziel, Ernst ~ 10/657; Zwerger, Johann Nepomuk † 10/707

Bad Colberg-Heldburg → Gellershausen

Bad Darkau (tschech. Karviná-Darkov, heute zu Severní Morava)
Starhemberg, Fanny † 9/450

Bad Deutsch-Altenburg (Niederösterreich)
Hollitzer, Carl Leopold * 5/152; Machura, Lothar ~ 6/551; Ohmann, Friedrich ~ 7/481

Bad Dirsdorf (poln. Przerzeczyn-Zdroj)
Gregor, Christian * 4/148; Pfeiffer, Christoph ~ 7/639

Bad Doberan
Albrecht III., Herzog von Mecklenburg, König von Schweden † 1/77; Arresto, Christlieb Georg Heinrich † 1/195; Backhaus, Alexander * 1/249; Behm, Heinrich (Martin Theodor) ~ 1/397; Behm, Johannes * 1/397; Berno, Bischof von Schwerin ~ 1/471; Chrysander, (Karl Franz) Friedrich ~ 2/325; Colerus, Johann ~ 2/355; Ewald, Georg ~ 3/197; Graff, Wilhelm Paul * 4/131; Hänselmann, Ludwig ~ 4/311; Heyck, Eduard * 5/15; Kade, Otto * 5/392; Möckel, Gotthilf Ludwig ~/† 7/163; Mohn, Samuel ~ 7/181; Quistorp, Johannes d. Ä. † 8/104; Rilla, Paul ~ 8/312; Röper, Johannes (August Christian) * 8/356; Severin, Carl Theodor ~/† 9/295; Starke, Johannes * 9/453; Vogel, Samuel Gottlieb von ~ 10/228; Voss, Ernst (Christian Theodor Sophus Wilhelm) * 10/258; Welk, Ehm ~/† 10/424; Wilbrandt, Christian (Ludwig Theodor) † 10/495

Bad Dreikirchen (italien. Bagni Trechiese, Gem. Barbian)
Sax, Emanuel Hans † 8/534

Herzog von Braunschweig-Lüneburg ~ 3/462; Friedrich, Kardinal, Erzbischof von Ravenna ~ 3/471; Günther, Johann Friedrich Ludwig * 4/242; Hackmann, Friedrich August von * 4/299; Hamelmann, Hermann ~ 4/359; Harenberg, Johann Christoph ~ 4/386; Heinrich II. der Zänker, Herzog von Bayern, Herzog von Kärnten † 4/522; Heinrich Julius, Herzog von Braunschweig-Lüneburg-Wolfenbüttel ~ 4/525; Helm, Heinrich ~ 4/571; Hoffmann, Daniel ~ 5/114; Hrotsvit ~ 5/193; Kirchner, Timotheus ~ 5/553; Koch, Rudolph von * 5/644; Markward, Bischof von Hildesheim ~ 6/626; Meyer, August Wilhelm * 7/98; Nehring, (Carl Wilhelm) Alfred ~ 7/359; Sophie ~ 9/378; Strombeck, Friedrich Karl von ~ 9/593; Trott, Eva von ~ 10/98; Wehrstedt, Friedrich-Wilhelm * 10/379; Wenth, Johann * 10/437

Bad Gleichenberg (Steiermark)
Clar, Konrad ~ 2/330; Fink, Pius † 3/303; Förster, Ludwig (Christian Friedrich) von † 3/364; Jelenko, Siegfried ~ 5/316; Kasparides, Eduard † 5/459; Martinelli, Ludwig † 6/638; Nissel, Franz † 7/424; Präuscher, Hermann † 8/51; Wickenburg, Alfred * 10/472; Wickenburg, Matthias Constantin von ~/† 10/472

Bad Godesberg (seit 1969 zu Bonn)
Baare, Willy † 1/233; Bäumer, Gertrud ~ 1/265; Baltrusch, Georg Friedrich ~ 1/281; Barbie, Klaus * 11/10; Behrens, Dieter ~ 1/401; Blücher, Franz † 1/579; Bugge, (Friedrich Detlef) Günther * 2/218; Cartellieri, Wolfgang † 2/289; Claisen, Ludwig Rainer ~/† 2/328; Cossy, Hans ~ 2/382; Coupette, Gustav Karl Wilhelm † 2/385; Dennert, Eberhard ~/† 2/489; Diesbach, Ludwig von * 2/523; Diesbach, Wilhelm von * 2/523; Dreesen, Willrath ~ 2/612; Fabri, Friedrich (Gotthardt Karl Ernst) ~ 3/211; Frick, (Friedrich Emil Heinrich) Constantin ~ 3/441; Gieseke, Paul Ferdinand Karl Otto † 4/3; Götze, Hellmuth ~ 4/72; Gurian, Waldemar ~ 4/262; Hartmann, Alfred † 4/405; Hatzfeld, Adolf (Franz Iwan) von ~/† 4/433; Hertzka, Jella ~ 4/655; Hesslein, Paul (Leonhard) † 5/2; Heydt, Karl von der † 5/20; Holborn, Hajo ~ 5/146; Huch, Felix ~ 5/200; Kafka, Gustav E. ~ 5/400; Kaiser, Oskar ~ 5/408; Kampmann, Gustav ~ 5/422; Kemp, Paul * 5/503; Kirfel, Willibald † 5/554; Kliesing, Georg ~ 5/593; Kordt, Theodor † 6/42; Kordt, Walter ~ 6/42; Kreipe, Werner ~ 6/91; Kruse, Francis † 6/133; Küpper, Helmut ~ 6/152; Lehndorff, Hans Graf von ~ 6/299; Manteuffel-Szoege, Georg Baron von † 6/601; Merten, Hans † 7/76; Mevissen, Gustav von † 7/96; Meydenbauer, Albrecht † 7/96; Mitscherlich, Waldemar † 7/155; Mönnig, Hugo † 7/173; Monzel, Nikolaus ~ 7/202; Nebel, Rudolf ~ 7/354; Nelle, Wilhelm ~ 7/362; Nicolas, Waltraut † 7/401; Puttkamer, Jesco von ~ 8/94; Raiser, Ludwig ~ 8/129; Rauch, Karl † 8/158; Reichardt, Günther ~ 8/197; Reichensperger, August † 8/202; Rembold, Albert * 8/238; Renard, Heinrich ~ 8/241; Richartz, Willy ~ 8/273; Ruf, Sep ~ 8/457; Schauenburg, (Karl) Hermann ~ 8/574; Schauseil, Wally ~ 8/577; Scheibler, Ludwig Adolf † 8/587; Schieffer, Theodor * 11/169; Schlange-Schöningen, Hans † 8/655; Schmidtbonn, Wilhelm ~/† 9/26; Schubring, Paul (Wilhelm Julius) * 9/169; Schürmann-Horster, Wilhelm ~ 9/173; Schwann, Mathieu (Franz Josef) * 9/222; Selter, Hugo † 9/281; Sohl, Willi ~ 9/360; Staender, Josef † 9/435; Steffann, Emil † 9/464; Taube, Michael ~ 9/661; Watzka, Maximilian ~ 10/347; Weisenborn, Günther ~ 10/402; Wilisch, Hugo † 10/507; Zierold, Kurt ~ 10/659

Bad Gögging (seit 1972 zu Neustadt a. d. Donau)
Zoller, Konrad † 10/687

Bad Goisern (Oberösterreich)
Bronner, Ferdinand † 2/145; Deubler, Konrad */~ 2/502; Herzmansky, Bernhard sen. † 4/663; Höfer von Heimhalt, Hugo † 5/89; Krauss, Alfred † 6/83; Mühlwanger, Koloman ~ 7/243; Stadlmann, Daniel Achatius * 9/431; Wersin, Herthe von † 10/451

Bad Gottleuba → Börnersdorf

Bad Hall (Oberösterreich)
Amon, Anton ~ 1/118; Blaas, Julius von † 1/552; Geyling, Margarete * 3/674; Hillischer, Josef Hermann ~ 5/46; Hölzlhuber, Franz ~ 5/97; Kaiser, Gustav ~/† 5/406; Mahler, Gustav ~ 6/567; Pillat, Arnold ~ 7/670; Rabl, Hans * 8/110; Starzengruber, Josef ~ 9/454; Veidl, Theodor ~ 10/187; Werner, Fritz † 10/446; Wölfel, Hans Wilhelm * 10/556; Wörl, Georg ~ 10/558; Wurm-Arnkreuz, Alois von ~ 10/600

Bad Harzburg
siehe auch *Bündheim, Harlingerode*
Amsberg, August Philipp Christian Theodor von † 1/120; Behm, Eduard † 1/397; Beseler, Georg (Karl Christoph) † 1/490; Block, Paul † 1/576; Bogeng, Gustav Adolf Erich † 1/640; Fricke, Otto † 3/443; Fricke, (Karl Emanuel) Robert † 3/443; Goebel, Otto † 4/49; Hindenburg, Oskar von † 5/52; Huch, Rudolf ~/† 5/201; Jantzen, Georg ~ 5/304; Koch, Waldemar * 5/644; Manteufel, Paul † 6/600; Menzel, Walter † 7/67; Nissen, Henriette † 7/424; Nordmann, Otto (Wilhelm Karl) * 7/439; Orth, Albert † 7/507; Otto IV., deutscher König, Kaiser † 7/530; Otto der Quade, Herzog von Braunschweig ~ 7/531; Otto I. das Kind, Herzog von Braunschweig-Lüneburg † 7/531; Platte, Rudolf (Antonius Heinrich) ~ 7/689; Rautmann, Hermann * 8/166; Renger-Patzsch, Albert ~ 8/242; Schellbach, Oscar (Felix Arno) ~ 8/593; Schmidt, Manfred * 11/170; Schmidt-Bodenstedt, Adolf ~/† 9/22; Schmoller, Gustav (Friedrich) von † 9/39; Sonnenburg, Ferdinand † 9/373; Unger, (Friedrich Hermann) Hellmuth ~ 10/154; Veltheim, Hans Frh. von † 10/192; Wiesener, Rudolf ~/† 10/490

Bad Heilbrunn
Dieudonné, Adolf † 2/543; Reclam, Ernst ~/† 8/175; Schäfer, Georg Josef Bernhard ~ 8/547; Schlier, Paula † 8/678

Bad Herrenalb
Assum, Anton ~ 1/208; Ibach, Rudolf ~ 5/241; Kirschbaum, Emil † 5/555; Kölbing, Eugen † 5/654; Körting, Ernst † 5/675; Kutscher, Hans † 6/183; Landolt, Elias ~ 6/219; Obser, Karl ~ 7/459; Storr, Johann Christian ~ 9/560; Struve, (Karl) Hermann von ~ 9/600; Voelcker, Heinrich † 10/222; Zoozmann, Richard (Hugo Max) † 10/688

Bad Hersfeld
siehe auch *Oberrode*
Altmüller, Karl */~ 1/104; Asclepius, Nikolaus (Hiltbrant Barbatus) ~ 1/204; Bardo, Erzbischof von Mainz ~ 1/294; Baumbach, Moritz von ~ 1/338; Becker, Max ~ 1/380; Beermann, Johann Heinrich ~ 1/391; Berthold von Välkershausen, Abt von Hersfeld † 1/490; Dammann, Anna ~ 2/437; Dieterich, Albrecht * 2/527; Dieterle, Wilhelm ~ 2/529; Duden, Konrad ~ 2/633; Erfurth, Ulrich (Wilhelm) ~ 3/143; Euler, August Martin ~ 3/192; Godehard ~ 4/47; Gunther, Graf von Käfernburg ~ 4/261; Haimo, Bischof von Halberstadt ~ 4/337; Heringsdorf, Johannes ~ 4/617; Konrad, König * 6/25; Konrad III. Wild- und Rheingraf von Daun, Erzbischof von Mainz ~ 6/28; Krafft, Adam ~ 6/63; Krahl, Hilde ~ 11/167; Lampert von Hersfeld † 6/210; Mantey, Eberhard von * 6/601; Meginheri, Abt von Hersfeld ~ 7/26; Mel, Conrad ~/† 7/49; Moritz der Gelehrte, Landgraf von Hessen-Kassel ~ 7/215; Neutze, Günther ~ 7/395; Otloh von St. Emmeram ~ 7/523; Rechberg, Arnold ~ 8/171; Reichmann, Wolfgang ~ 11/162; Rink, Melchior ~ 8/319; Rosvaenge, Helge Anton ~ 8/409; Rotho, Bischof von Paderborn ~ 8/421; Scheumann, Karl Hermann † 8/618; Schimmelpfeng, (Franz Karl) Wilhelm * 8/641; Spiecker, Johannes ~ 9/400; Sterzenbach, Benno ~ 9/519; Suschka, Herbert ~ 9/635; Uhde, Gerhard (Gotthilf Karl) ~ 10/126; Ungeheuer, Günther ~ 10/152; Vilmar, August Friedrich Christian ~ 10/211; Vogel, Carl * 10/243; Volckmar, Wilhelm (Valentin) * 10/243; Volkmar, Gustav (Hermann Josef Philipp) */~ 10/247; Weissner, Hilde ~ 10/415; Wilhelm V., Landgraf von Hessen-Kassel ~ 10/503; Wilmowsky, Tilo von ~ 10/515; Zuse, Konrad (Ernst Otto) ~ 10/703

Bad Höhenstadt (seit 1972 zu Fürstenzell)
Dieß, Wilhelm * 2/525
Bad Hönningen
Feld, Walther ~ 3/254; Rüsberg, Ernst ~ 8/455
Bad Hofgastein (Salzburg)
Mauracher, Hans ~ 6/668; Mülhens, Peter Paul ~ 7/245;
Walther, Johannes † 10/324
Bad Homburg v. d. Höhe
siehe auch *Dornholzhausen, Kirdorf, Ober-Erlenbach,
Saalburg*
Abresch, Friedrich Ludwig * 1/13; Adlerflycht, Justin
Frh. von ~ 1/42; Arndt, Paul † 1/175; Aron, Hermann †
1/194; Asclepius, Nikolaus (Hiltbrant Barbatus) ~ 1/204;
Baumbach, Adolf * 1/337; Baur, Franz ~/† 1/350; Bethge,
Friedrich † 1/496; Boehlendorff, Casimir Ulrich ~ 1/615;
Buri, (Christian Karl Ernst) Wilhelm † 2/242; Corrodi,
Hermann ~ 2/378; Creutz, Friedrich Karl Kasimir Frh. von
*/† 2/399; Davisson, (Adolf) Walther * 2/454; Destouches,
Franz Seraph ~ 2/499; Dyckerhoff, Karl (Ludwig) ~
2/661; Ehrenberg, Carl Emil Theodor ~ 3/37; Ehrlich,
Paul † 3/44; Engels, Wolfram † 11/54; Erfurth, Paul *
3/143; Eschstruth, Hans Adolf Friedrich von * 3/177;
Fenner, Paul Emmerich * 3/265; Fischer, (Heinrich August
Wilhelm) Ferdinand † 3/315; Friedrich II., Landgraf von
Hessen-Homburg */† 3/463; Friedrich V. Ludwig Wilhelm
Christian, Landgraf von Hessen-Homburg */† 3/463;
Gerland, Ernst ~/† 3/650; Gerning, Johann Isaac Frh. von
~ 3/653; Goldschmidt, Moritz * 4/85; Golz, Gustav von
† 4/94; Guyet, Karl Julius * 4/276; Hahn, Friedrich von
* 4/329; Hartner, Willy † 4/414; Herrhausen, Alfred †
4/639; Hesse, Kurt † 4/677; Hetsch, Heinrich † 5/4; Heyse,
Walter ~ 5/28; Hirsch, Max † 5/63; Hölderlin, (Johann
Christian) Friedrich ~ 5/94; Ibell, Karl (Friedrich Justus
Emil) von † 5/241; Jacobi, Johann */~ 5/274; Jacobi,
Louis */~/† 5/275; Jordan, Julius † 5/362; Karg, Georg
† 5/435; Karow, Otto (Paul Rudolf) † 5/452; Kaufmann,
Hugo ~ 5/472; Kleemann, Fritz */~/† 5/572; Kloepfer,
Harry † 11/107; Knapp, Horst ~/† 5/613; Knappstein, Karl
Heinrich † 5/614; Koenigswald, (Gustav Heinrich) Ralph
von † 5/666; Korn, Karl (Johannes Robert) † 6/45; Krebs,
Friedrich † 6/88; Krüger, Emmy * 6/121; Langsdorff,
Johann Wilhelm ~ 6/247; Laubenthal, Hans Georg † 6/264;
Leibbrand, Willi ~/† 6/301; Leuchsenring, Franz (Michael)
~ 6/351; Liesegang, Raphael † 6/393; Loßberg, Friedrich
von * 6/478; Lotz, Karl * 6/484; Ludwig Georg, Prinz
von Hessen-Homburg * 6/503; Maaß, Alexander † 6/547;
Manteuffel-Szoege, Georg Baron von ~ 6/601; Marianne,
Prinzessin von Preußen * 6/622; Mersmann, Wolfgang
(Felix Walter) ~ 7/76; Möbius, Hans † 7/162; Möbius,
Martin * 7/162; Müller, Wilhelm ~ 7/283; Pasch, Moritz
† 7/566; Pfleiderer, Otto ~ 7/649; Philipp August Friedrich,
Landgraf von Hessen-Homburg */~/† 7/655; Podeyn, Hans
(Carl) † 8/9; Reimers, Werner ~ 8/212; Rolle, Friedrich
*/~/† 8/375; Schachenmeier, Richard (Hermann) † 8/537;
Scharre, Max ~ 8/571; Schauer, Georg Kurt * 8/575;
Schelp, Fritz † 8/598; Schmitt-Vockenhausen, Hermann ~
9/33; Schmitz, Oskar A(dolf) H(ermann) * 9/37; Schrumpf,
Friedrich Ludwig ~ 9/158; Schwalbe, Karl Gustav *
9/220; Siesmayer, (Franz) Heinrich ~ 9/320; Sinclair,
Isaak von * 9/337; Skalweit, August (Karl Friedrich) †
9/345; Steck, Karl Gerhard † 9/462; Steigenberger, Albert
~ 9/472; Strecker, Gabriele (Maria Katharina) ~/† 9/579;
Stürmer, Bruno * 9/610; Trapp, Eduard Christian ~/†
10/69; Viebrock, Helmut † 10/204; Vömel, Annelise *
10/223; Weber, Andreas ~ 10/349; Wittkop, Justus F(ranz)
† 10/549; Wolffsohn, David † 10/579; Wrede, Victor ~/†
10/590; Zuschneid, Karl ~ 10/703
Bad Honnef
siehe auch *Aegidienberg, Grafenwerth, Hohenhonnef,
Rhöndorf*
Bachem, Joseph (Wilhelm Peter) † 1/242; Berger, Hans †
1/445; Bredt, (Wilhelm) August † 2/96; Bretz, Julius ~/†
2/123; Coenders, Albert Aloysius Egon † 2/350; Dahl,
Franz † 2/428; Emge, Carl August † 3/103; Girardet,

Wilhelm † 4/14; Hessen, Johannes † 5/1; Kleinschmidt,
Hans † 5/581; Kliesing, Georg */† 5/593; Körnicke,
Max (Walther) † 5/674; Kreis, Wilhelm Heinrich † 6/92;
Lambrecht, Nanny ~ 6/205; Lauritzen, Lauritz † 6/270;
Lichtenfeld, Manfred † 11/122; Manger-Koenig, Ludwig
von † 6/587; Mense, Carlo ~ 7/64; Ramrath, Konrad
† 8/133; Rings, Josef * 8/318; Schmid, Carlo † 8/699;
Speidel, Hans † 9/391; Tillmann, Fritz * 10/44; Vahlen,
Franz † 10/176; Vordemberge, (Rudolf Heinrich) Friedrich
~ 10/253
Bad Iburg
Benno II., Bischof von Osnabrück ~/† 1/427; Eitel Fried-
rich, Graf von Hohenzollern-Sigmaringen, Fürstbischof
von Osnabrück † 3/78; Sophie Charlotte, Kurfürstin von
Brandenburg, Königin von Preußen * 9/378; Thimme,
Wilhelm ~ 10/12
Bad Ischl (Oberösterreich)
Abich, Julie * 1/11; Auer, Max Joseph † 1/214; Bachmann,
Luise George † 1/246; Blasel, Paul ~ 1/561; Bretschneider,
Hermann * 11/32; Carl, Karl † 2/280; Falkenhayn, Julius
Graf von ~ 3/227; Flesch-Brunningen, Hans † 3/348;
Fränkel, Ludwig † 3/384; Freytag, Gustav † 3/440;
Fürstenberg, Karl Egon Fürst von † 3/529; Girardi,
Alexander ~ 4/14; Gräflinger, Franz † 4/122; Großauer,
Joseph Vinzenz † 4/194; Hasner, Leopold Ritter von
Artha † 4/425; Heim, Wilhelm ~ 4/501; Hoffmann, Alfred
† 11/89; Jarno, Josef ~ 5/307; Klob, Julius † 5/601;
Krieghammer, Edmund Frh. von † 6/107; Lehár, Franz †
6/290; Lehmann, Moritz ~ 6/295; Lingen, Theo ~ 6/410;
Mackeben, Theo ~ 6/553; Malfatti, Johann (Giovanni
Domenico Antonio) ~ 6/578; Manz von Mariensee, Anton
† 6/603; Meyer, Stefan † 7/110; Mirbach-Harff, Wilhelm
Graf von ~ 7/150; Natzler, Siegmund ~ 7/346; Nilius,
Rudolf † 7/420; Ottmann, Marie ~ 7/527; Pancera, Ella
† 7/554; Pernter, Hans † 7/604; Perutz, Leo † 7/606;
Pfaff, Annetta † 7/633; Plieseis, Sepp ~/† 8/22; Pölleritzer,
Leopold * 8/11; Proft, Gabriele † 8/78; Reinl, Harald *
8/226; Schanzer, Rudolf ~ 8/565; Schlosser, Theodor †
8/686; Schmid, Josef Alois ~ 8/704; Schöller, Pauline ~
9/78; Selleny, Joseph ~ 9/278; Straus, Oscar (Nathan) †
9/573; Wallner, Franz ~ 10/314; Webern, Anton (Friedrich
Wilhelm) von ~ 10/363; Wedl, Carl ~ 10/370; Wersin,
Wolfgang von † 10/451; Widerhofer, Hermann † 10/474;
Windhager, Juliane * 10/523; Wirer, Franz Ritter von
Rettenbach ~ 10/537; Wörl, Georg ~ 10/558
Bad Karlshafen
Beermann, Johann Heinrich ~ 1/391; Henschel, (Carl)
Anton ~ 4/595; Karl, Landgraf von Hessen-Kassel ~ 5/443;
Korff, Gustav * 6/43; Krause, Friedrich Conrad Theodor ~
6/80; Suchier, Hermann * 9/623
Bad Kissingen
siehe auch *Garitz*
Adelmann, Margarete ~ 1/33; Altaner, Berthold † 1/96;
Altenhöfer, August Joseph * 1/98; Aretin, Erwein Frh. von
* 1/168; Berlichingen, Adolf Frh. von * 1/457; Blome,
(Otto Paul Julius) Gustav Graf von † 1/578; Brand, Joel
Jenö * 2/60; Braungart, Richard * 2/89; Brunner, Heinrich
† 2/169; Deurer, Peter Ferdinand ~ 2/503; Dittmar, Heini *
2/561; Dölger, Franz Joseph ~ 2/572; Egloffstein, August
Karl Frh. von und zu ~ 3/33; Ehrler, Joseph Georg von
~ 3/43; Eisenburger, Otto ~/† 3/70; Ekkehard von Aura
~ 3/81; Ende, Adolf * 3/107; Esterer, Rudolf ~ 3/182;
Flurl, Matthias Bartholomäus Ritter von † 3/357; Fuchs,
Theobald Ritter von ~ 3/522; Gauß, Carl Josef ~/† 3/588;
Geigel, Johann Philipp ~ 3/588; Gniffke, Erich (Walter) †
4/44; Gropp, Ignaz * 4/188; Heinemann, David ~ 4/513;
Helbig, Johann Lorenz ~ 4/554; Heß, Bernhard Franz von
† 4/669; Hesse, Johanna † 4/676; Hessing, Friedrich Ritter
von ~ 5/2; Holzschuher, Berthold ~ 5/162; Jarno, Georg ~
5/307; Kaiser, Emil ~ 5/405; Kalk, Heinrich-Otto ~ 5/413;
Kira Kyrillowna, Prinzessin von Preußen, Großfürstin von
Rußland ~ 5/546; Kistler, Cyrill ~/† 5/559; Knoch, Karl ~
5/624; Krug-Waldsee, Josef ~ 6/127; Luxburg, Friedrich
Karl Ludwig Reinhard Graf von ~ 6/542; Meffert, Franz

Bad Oldesloe

siehe auch *Wüstenfelde*

Ackermann, Harald Friedrich Nikolaus ~/† 1/21; Arps, (Johann) Friedrich (Nikolaus) * 1/195; Bokelmann, Wilhelm (Hieronymus) ~ 2/6; Buxtehude, Dietrich ~ 2/261; Callisen, Johann Leonhard ~ 2/267; Heidtrieder, Henning ~ 4/493; Möbus, Gerhard † 7/163; Olshausen, Hermann * 7/490; Schultze, Heinrich August ~/† 9/193

Bad Oppelsdorf (poln. Opolno-Zdrój)

Apelt, Ernst Friedrich ~/† 1/155

Bad Orb

Huhn, (Georg) Adalbert * 5/219; Kraus, Gregor * 6/77; Meister der Darmstädter Passion ~ 7/43; Rieger, Johann Adam * 8/296; Ritter zu Grünstein, Anselm Franz Frh.von ~ 8/333; Schroeder, Hermann † 9/147; Tarnow, Fritz † 9/659; Urban, Heinrich * 10/164; Wüstendörfer, Hans † 10/595

Bad Peterstal-Griesbach → Bad Freyersbach, Griesbach

Bad Pfäfers (Gem. Pfäfers, Kt. Sankt Gallen)

Deutinger, Martin † 2/504; Paracelsus ~ 7/561

Bad Pirawarth (Niederösterreich)

Knesl, Hans * 5/619; Panholzer, Johann Baptist ~ 7/555

Bad Polzin (poln. Połczyn-Zdrój)

Kaps, Amandus † 5/432; Schröder, Karl * 9/148; Zade, Adolf * 10/612; Zade, Martin * 10/612

Bad Pyrmont

Balck, Hans Joachim † 1/273; Bertelsmann, Conrad (Gustav) † 11/19; Boerschmann, Ernst (Johann Robert) † 1/634; Born, Max ~ 2/32; Breitfuss, Leonid † 2/103; Deppe, (Friedrich Heinrich Christoph) Ludwig † 2/490; Drake, (Johann) Friedrich * 2/607; Eggers, Hans Jürgen † 3/29; Flohr, Justus † 3/353; Gülich, Wilhelm (Johannes Daniel Otto) * 4/235; Klabunde, Erich † 5/563; Kubel, Alfred † 11/113; Künkel, Hans † 6/150; Kuhn, Alfred (Kurt) † 6/159; Leibniz, Gottfried Wilhelm ~ 6/303; Lwowski, Hermann † 6/543; Muff, Wolfgang † 7/303; Schreiber, Ilse * 9/135; Schücking, Levin † 9/168; Waldoff, Claire ~ 10/306; Weber, Friedrich Wilhelm ~ 10/353; Weidlich, Elfriede † 10/383; Weitz, Wilhelm * 10/418

Bad Radkersburg (Steiermark)

Keller, Paul Anton * 5/497; Königsbrunn, Hermann Frh. von * 5/664; Mayr, Karl * 7/14; Pflieger, Silvester ~ 7/649; Prášil, Franz * 8/54

Bad Ragaz (Kt. Sankt Gallen)

Bahlsen, Werner † 1/268; Bergk, (Wilhelm) Theodor von † 1/448; Fäh, Adolf * 3/216; Federer, Josef Anton † 3/241; Furrer, Jonas † 3/543; Garrè, Carl (Alois Philipp) * 3/575; Haug, Martin † 4/441; Hohenlohe-Schillingsfürst, Chlodwig Fürst zu † 5/139; Schelling, Friedrich Wilhelm Joseph von † 8/596; Tafel, (Johann Friedrich) Immanuel † 9/651; Wohlfahrt, Frank (Barnim Robert) ~ 10/561

Bad Rehme → Rehme

Bad Reichenhall

siehe auch *Burg Karlstein, Karlstein*

Adalbert III., Erzbischof von Salzburg ~ 1/26; Albert, Hans ~ 1/68; Albert, Herbert † 1/69; Baeyer, Otto von * 1/267; Bernatz, Karl Ritter von ~ 1/460; Brem, Beppo ~ 2/109; Claiß, Johann Sebastian ~ 2/328; Cornet, Georg ~ 2/376; Flurl, Matthias Bartholomäus Ritter von ~ 3/357; Folnesics, Josef † 3/368; Gebbing, Johannes † 3/591; Goldmann, Nahum † 4/80; Grasser, Erasmus ~ 4/139; Haringer, Johann Jakob ~ 4/387; Heimburg, Friedrich (August Gerhard Karl) von † 4/504; Herweg, (August) Julius † 4/656; Hess, Carl von † 4/669; Hessing, Friedrich Ritter von ~ 5/2; Hoffmann, Max † 5/122; Igelhoff, Peter † 5/244; Jente, Martin ~ 11/97; Jochum, Otto ~/† 5/333; Koch, Alexander † 5/637; Köstler, Josef Nikolaus † 5/676; Kolb, Richard † 6/11; Leonrod, Franz Leopold Frh. von ~ 6/330; Liebig, Georg Frh. von ~ 6/384; Mann Edler von Tiechler, Ernst Ritter von † 6/590; Menzel, Jakob ~ 7/66; Münster, Joseph Joachim (Benedikt) ~ 7/297; Muth, Carl † 7/319; Pappenheim, Martin † 7/560; Pauli, Friedrich August von ~ 7/575; Pfann, Hans † 7/635; Rathke, (Heinrich) Bernhard † 8/151; Reichenbach,

Georg (Friedrich) von ~ 8/200; Reiffenstuel, Hanns ~ 8/207; Reiter, Josef † 8/234; Rigele, Friedrich † 8/309; Röhm, Ernst ~/† 8/351; Schachner, Joseph Rudolf ~/† 8/539; Schnellar, Hans ~ 9/62; Steyrer, Clemens ~ 9/522; Taeschner, Franz Gustav * 9/650; Thoma, Antonius von ~ 10/14; Wagner, Adolf † 10/277; Wagner, Franz Michael von ~ 10/280; Waldoff, Claire † 10/306; Wiehe, Ernst † 10/482

Bad Reinerz (poln. Duszniki-Zdrój)

Egells, Franz Anton ~ 3/23; Hamacher, Willy † 4/354

Bad Rotenfels → Rotenfels

Bad Rothenfelde

siehe auch *Palsterkamp*

Wenck, Walther † 10/431

Bad Saarow (Bad Saarow-Pieskow)

Kreuz, Lothar ~ 6/103; Michaelis, Georg † 7/121; Schleich, Carl Ludwig † 8/662; Wieynck, Heinrich † 10/492

Bad Saarow-Pieskow

siehe auch *Bad Saarow*

Geißler, Fritz † 3/611; Liedtke, Harry † 6/390

Bad Sachsa

Grabau, Johannes Andreas August ~ 4/115; Koch, Johann Moritz Friedrich * 5/641; Michael, Eduard von * 7/119

Bad Säckingen

siehe auch *Harpolingen*

Agricola, Karl (Joseph Aloys) * 1/55; Albrecht der Weise, Graf von Habsburg ~ 1/76; Bally, Peter ~ 1/278; Bally, Theodor Armand ~ 1/279; Eichrodt, Ludwig Friedrich ~ 3/56; Goetsch, (Johann Heinrich) Wilhelm † 4/67; Graber, Rudolf * 4/116; Hiddemann, Benno ~ 5/29; Jäger, Josef * 5/284; Keller, Jakob * 5/495; Mangoldt-Reiboldt, Ursula-Ruth von † 6/589; Meyer, Gregor * 7/103; Näf-Gallmann, Rudolf ~ 7/330; Pfeiffer, Urban ~ 7/642; Richardis, Heilige ~ 8/272; Scheffel, Joseph Viktor von ~ 8/583

Bad Salzbrunn (bis 1935 Ober Salzbrunn, poln. Szczawno Zdrój)

Berger, Oskar † 1/446; Dannenberg, (Friedrich Emil) Hermann † 2/443; Hauptmann, Carl (Ferdinand Max) * 4/444; Hauptmann, Gerhart (Johann Robert) * 4/444; Hochberg, (Hans Heinrich XIV.) Bolko Graf von † 5/80; Milde, Karl August † 7/139; Schellhaus, Erich ~ 8/595; Thielscher, Guido † 10/4

Bad Salzdetfurth

siehe auch *Bodenburg, Breinum, Groß Düngen*

Engell, Hans Egon † 3/120; Heinhold, Max ~ 4/516

Bad Salzelmen (seit 1932 zu Schönebeck-Bad Salzelmen, seit 1933 Schönebeck/Elbe)

Bebermeyer, Gustav * 11/14

Bad Salzhausen (seit 1970 zu Nidda)

Langsdorff, Johann Wilhelm ~ 6/247; Langsdorff, Karl Christian von ~ 6/248; Laven, Paul † 6/275; Lepsius, (Carl Georg) Richard ~ 6/337

Bad Salzschlirf

Barth, (Magdalene Wilhelmine) Carola * 11/12; Gura, Anita † 4/262

Bad Salzuflen

Adam, Karl † 1/29; Apffelstaedt, Max † 1/156; Blecher, Friedrich ~ 1/565; Brandes, Friedrich */~ 2/63; Brandes, Rudolph */~/† 2/63; Capellen, Georg * 2/276; Dürkopp, (Ferdinand Robert) Nikolaus † 2/640; Euringer, Richard ~ 3/194; Gieß, Hermann Jakob † 4/5; Grestius, Hieronymus ~ 4/158; Heilersieg, Bernhard † 4/497; Hoffmann, Eduard ~/† 5/115; Lux, Hans Dieter * 6/541; Miegel, Agnes ~ 7/130; Reuter, Georg * 8/260; Schröder, Johannes * 9/148; Stolzmann, Paulus von ~ 9/557; Taube, Arved Frh. von ~ 9/661; Trier, Jost † 10/88; Warneck, Johannes † 10/336

Bad Salzungen

Beck, Heinrich * 1/370; Fielitz, Alexander von † 3/293; Ludwig, Daniel ~ 6/507; Mühlfeld, Richard * 7/242; Römhildt, Johann Theodor * 8/354; Ruppe, Christian Friedrich * 8/471; Scholz, Auguste † 9/108

Bad Sassendorf → Haus Düsse

Bad Saulgau
siehe auch *Friedberg, Renhardsweiler*
Eisele, Hans ~ 3/68; Martini, Ferdinand (Candidus) ~/†
6/639; Rehmann, Joseph * 8/192; Störck, Anton Frh. von *
9/545

Bad Schachen (Gem. Lindau/Bodensee)
Wacker, Alexander Ritter von † 10/268; Wiedersheim,
Robert (Ernst) † 10/480

Bad Schallerbach (Oberösterreich)
Scherndl, Balthasar ~ 8/613; Schwingshackl, Johannes ~
9/247

Bad Schandau
Berg, Edmund Frh. von † 1/439; Berg, Karl Heinrich
Edmund Frh. von † 1/440; Bier, (Ernst) Woldemar * 1/522;
Bosse, Hans Alexander von ~ 2/44; Fleischer, Heinrich
Leberecht * 3/341; Günther, Gustav Biedermann * 4/240;
Harms, Heinrich ~ 4/390; Hasse, Else */† 4/426; Hering,
Carl Gottlieb * 4/615; Sieber, Justus ~/† 9/306

Bad Schmiedeberg
siehe auch *Großwig, Reinharz*
Zschimmer, Emil ~/† 10/691

Bad Schönborn → Kislau, Langenbrücken, Mingolsheim

Bad Schönfließ (poln. Trzcińsko-Zdrój)
Billerbeck, Paul * 1/528

Bad Schussenried
siehe auch *Kleinwinnaden, Reichenbach, Steinhausen*
Burchard von Ursberg ~ 2/229; Hermann, Franz Georg ~
4/627; Österreicher, Heinrich ~ 7/472; Sailer, Sebastian ~
8/496; Stehle, Johann Gustav Eduard ~ 9/469

Bad Schwalbach (bis 1875 Langenschwalbach)
siehe auch *Fischbach, Villa Lilly*
Bidder, Heinrich † 1/514; Bry, Johann Theodor de †
2/176; Crocius, Paul ~/† 2/401; Delitzsch, Friedrich
(Conrad Gerhard) † 2/477; Elenson, Julius Franz ~/†
3/83; Ernst, Landgraf von Hessen-Rheinfels ~ 3/159;
Fauser, Jörg (Christian) * 11/58; Frickhoeffer, Otto (Karl
Friedrich) */† 3/444; Heusinger von Waldegg, Edmund
* 5/11; Hochstädter, Benjamin ~ 5/82; Huth, Friedrich
* 5/236; Lippert, Julius † 6/418; Merian, Matthäus d. Ä.
† 7/71; Nöll von der Nahmer, Robert Philipp * 7/431;
Pöckelsheim, Jean Georg ~/† 8/9; Pollack, Werner ~ 8/26;
Roth, Heinrich * 8/413; Rumpf, Hans * 8/464; Schepp,
Friedrich (Wilhelm) ~ 8/608; Siesmayer, (Franz) Heinrich
~ 9/320; Thelemann, Karl Friedrich ~ 9/693; Thierfelder,
Max Ulrich ~ 10/7; Verdries, Johann Melchior † 10/195;
Wallot, (Johann) Paul † 10/315

Bad Schwartau
Aken, Adolf Friedrich * 1/62; Bahnsen, Julius Friedrich
August ~ 1/269; Fick, Richard * 3/287; Griesbach,
Hermann Adolf */† 4/163

Bad Segeberg
siehe auch *Niendorf*
Adolf II., Graf von Holstein ~ 1/43; Adolf III., Graf von
Holstein ~ 1/43; Adolf VIII., Graf von Holstein, Herzog
von Schleswig † 1/43; Arps, (Johann) Friedrich (Nikolaus)
~/† 1/195; Bruhn, Christian Nis Nikolaus ~ 2/163; Ehlers,
Martin ~ 3/35; Gerhard I. von Holstein und Schauenburg
~ 3/639; Heinrich von Lettland ~ 4/538; Helmold von
Bosau ~ 4/575; Hensler, Philipp Gabriel ~ 4/599; Höger,
Fritz † 5/92; Junge, Friedrich ~ 5/382; Klinghe, Ghert ~
5/598; May, Karl (Friedrich) ~ 7/2; Meinhard, Bischof
von Livland ~ 7/35; Suadicani, Karl Ferdinand ~ 9/622;
Tiedemann, Christoph (Willers Markus Heinrich) von ~
10/37; Trapp, Ernst Christian ~ 10/69; Urbahns, Hugo ~
10/163; Vicelin, Bischof von Oldenburg ~ 10/203

Bad Sobernheim
siehe auch *Pferdsfeld*
Bernhardt, August Peter * 1/470; Felke, Erdmann Leopold
Stephanus Emanuel ~/† 3/258; Oertel, (Friedrich Philipp)
Wilhelm ~ 7/290; Schöffling, Karl * 9/77; Wiltberger,
August * 10/516

Bad Soden am Taunus
siehe auch *Neuenhain*
Abs, Hermann J(osef) † 1/13; Anschütz, August † 1/145;

Blencke, Erna † 1/568; Dahl, Franz * 2/428; Franck,
Heinz-Gerhard † 3/389; Hattstein, Konrad Ritter von ~
4/433; Hillebrand, Joseph † 5/43; Kozub, Ernst † 6/58;
Prentzel, Felix Alexander (Gustav August) † 8/62; Sammet,
Rolf * 11/167; Schwann, Mathieu (Franz Josef) ~ 9/222;
Schwoerer, Frank † 9/248; Stiebel, Salomon Friedrich ~
9/524; Stucken, Rudolf † 9/604; Thilenius, Georg (Heinrich
Karl Julius Wilhelm) ~ 10/10; Thilenius, Georg (Christian
Adolar Emil Julius) * 10/10; Thilenius, (Johann Friedrich
Heinrich) Otto ~ 10/10; Weber, Andreas ~ 10/349

Bad Soden-Salmünster
siehe auch *Katholisch-Willenroth, Salmünster*
Kühlmann, Knut Frh. von Stumm-Ramholz † 6/142

Bad Sooden-Allendorf
Ritter, Gerhard (Georg Bernhard) * 8/328

Bad Steinerhof (Steiermark)
Prinzhofer, August † 8/73

Bad Stuer (Gem. Stuer)
Bardey, Ernst † 1/293

Bad Sulza
Bohm, Friedrich Samuel ~ 2/1; Denhardt, (Gustav)
Clemens (Andreas) † 2/486; Fink, (Christian) Gottfried
Wilhelm * 3/302; Hase, Karl Benedikt * 4/420; Heylandt,
Paul * 5/23; Körner, Edmund (Hermann Georg) ~ 5/671;
Müller-Hartung, Karl Wilhelm * 7/287; Schulte vom Brühl,
(Heinrich) Walter ~ 9/187; Spitzweg, (Franz) Carl ~ 9/412;
Valenti, Ernst Joseph Gustav de ~ 10/177

Bad Teinach (seit 1975 zu Bad Teinach-Zavelstein)
Englisch, (Wilhelm) Eugen * 3/126; Kulpis, Johann Georg
von † 6/165

Bad Teinach-Zavelstein → Bad Teinach, Zavelstein

Bad Tennstedt
Bergmann, (Leonhard) Sigmund (Ludwig) * 1/452; Ernesti,
Johann August ~ 3/157; Ernesti, Johann Christoph ~/†
3/157; Ernesti, Johann Friedrich Christoph * 3/157; Faber,
Basilius ~ 3/207; Hellwig, Christoph von ~ 4/570; Novalis
~ 7/444

Bad Thal → Thal

Bad Tölz
Bernatz, Karl Ritter von ~ 1/460; Breslauer, Siegmund
† 2/120; Carossa, Hans * 2/285; Crivelli, Julius Cäsar ~
2/400; Egenberger, Rupert ~ 3/23; Fick, Roderich ~ 3/287;
Gesemann, Gerhard (Friedrich Franz) ~/† 3/665; Goidobon,
Johann Baptist Frh. von ~ 4/76; Grashey, Rudolf † 4/137;
Heller von Hellwald, Friedrich Anton ~/† 4/565; Hennig,
Martin ~ 4/591; Hentig, Hans von ~ 4/599; Horlacher,
Michael ~/† 5/176; Jäger, Johann * 5/284; Jörres, Mathilde
~ 11/97; Kuhn, Philaletes ~ 6/161; Kutscher, Friedrich
† 6/182; Mainz, Friedrich A. * 6/573; Mayer, Friedrich
Carl * 7/7; Probst, Christian † 8/74; Rémond, Fritz †
8/240; Richartz, Willy ~/† 8/273; Riedl, Adrian von ~
8/294; Ruhland, Gustav † 8/460; Seibold, Kaspar ~ 11/174;
Sepp, Johannes Nepomuk * 9/290; Sinkwitz, Paul * 9/340;
Sonner, Karl ~ 9/375; Straub, Walther * 9/571; Stumpf,
Max † 9/615; Thesing, Curt (Egon) * 9/695; Vordermayer,
Hans ~ 10/254; Weiser, Grethe † 10/403; Wenglein, Joseph
† 10/435

Bad Urach
siehe auch *Hohenwittlingen*
Abel, Jakob Friedrich von ~ 1/5; Bender, Hermann ~
1/416; Biel, Gabriel ~ 1/519; Bilhuber, Johann Christoph
*/~/† 1/527; Brassicanus, Johannes ~ 2/75; Butler, Walter
Graf von ~ 2/258; Camerer, (Johann Friedrich) Wilhelm
~/† 2/269; Carolus, Andreas ~ 2/285; Christoph, Herzog
von Württemberg * 2/324; Dillenius, Ferdinand Ludwig
Immanuel ~ 2/546; Dillenius, Friedrich Wilhelm Jonathan ~
2/546; Donner, Johann Jakob Christian ~ 2/595; Eberhard
I. (V.) im Bart, Herzog (Graf) von Württemberg * 2/669;
Eichele, Erich ~ 3/48; Enzlin, Matthäus † 3/130; Färber,
Otto * 3/217; Friz, Max * 11/65; Fyner, Konrad ~ 3/458;
Gaiser, Gerd ~ 3/559; Georgii, Johann Eberhard * 3/633;
Gnamm, Hellmut * 4/42; Haering, Theodor d. Ä. ~ 4/312;
Haug, Martin ~ 4/441; Isenmannus, Johann ~ 5/262;
Jäckh, Ernst * 5/281; Jäger, Gustav ~ 5/283; Joos, (Jakob

Christoph) Georg * 5/360; Kröner, Robert ~ 6/111; Lutz, Wilhelm Friedrich ~ 6/541; Mörike, Eduard ~ 7/174; Müller, Karl (Ferdinand Friedrich) ~ 7/273; Müller, Werner † 7/283; Münsinger, Albrecht ~ 7/296; Nägele, Eugen ~ 7/331; Pauly, August Friedrich von ~ 7/581; Peter von Koblenz ~ 7/613; Rieger, Georg Konrad ~ 8/296; Römer, Christian Friedrich ~ 8/352; Rommel, Otto ~ 8/380; Schneckenburger, Matthias ~ 9/46; Scholder, Rudolf ~ 11/171; Schott, Thomas * 9/122; Steinbach, Wendelin ~ 9/484; Toxites, Michael ~ 10/66; Trubar, Primož ~ 10/99; Ulrich I., Graf von Württemberg ~ 10/143; Ungnad, Hans Frh.von Sonneck ~ 10/156; Weinland, Ernst † 10/398; Weitbrecht, Gottlieb ~ 10/416; Widmann, Hans (Jakob) * 10/474; Wurster, Paul ~ 10/600; Zech, Paul Heinrich von ~ 10/625

Bad Vilbel
siehe auch *Dortelweil*
Finck, Wilhelm (Peter) von * 3/298; Heckmann, Herbert ~/† 11/81; Küppers, Erica † 6/153; Muth, Hermann * 7/319; Seitz, Eugen * 9/274; Stenger, Carl † 11/178

Bad Vöslau (Niederösterreich)
Boué, Ami ~/† 2/48; Deutsch, Maria * 2/506; Drasche, Anton von † 2/608; Frenkel-Brunswik, Else ~ 11/64; Fries, Johann Graf von ~/† 3/483; Fuchs, Johann Nepomuk † 3/519; Geymüller, Johann Heinrich Frh. von ~ 3/675; Haas, Philipp † 4/287; Hirschler, Anna † 5/68; Hohenlohe-Waldenburg-Schillingsfürst, Alexander Prinz zu † 5/140; Horowitz, Lazar † 5/182; Lerse, Franz † 6/340; Liebieg, Franz Ritter von ~ 6/384; Malfatti, Johann (Giovanni Domenico Antonio) ~ 6/578; Mauthner, Gustav Ritter von † 6/672; Mayer-Gunthof, Franz ~ 7/12; Neumann von Heilwart, Isidor Edler † 7/387; Pazdirek, Bohumil † 7/585; Piatnik, Ferdinand † 7/659; Poll, Konrad * 8/25; Scheibler, Karl Wilhelm ~ 8/587; Schlesinger, Wilhelm † 8/672; Schlumberger, Robert Edler von Goldeck ~/† 8/689; Schmid, Josef Alois ~ 8/704; Schneider, August (Johann Augustin) ~/† 9/50; Schönberger, Lorenz (Adolf) * 9/86; Szivessy, Guido * 9/646

Bad Waldsee
siehe auch *Reute*
Angerer, Gottfried * 1/137; Johner, Dominicus * 5/356; Krug-Waldsee, Josef * 6/127; Mandry, Gustav */~ 6/586; Raßler, Max * 8/147; Rüeff, (Franz Joseph) Leonhard ~ 8/448; Truchseß von Waldburg, Georg III. * 10/100; Zürn, David * 10/698; Zürn, Hans d. Ä. ~ 10/698; Zürn, Jörg * 10/698; Zürn, Martin * 10/698; Zürn, Michael d. Ä. */~ 10/698

Bad Warmbrunn (poln. Cieplice Śląskie Zdrój, seit 1976 zu Hirschberg i. Rsgb.)
Artelt, Walter * 11/6; Baumgart, Expeditus † 1/342; Bülow, Babette von * 2/203; Finsch, Otto (Friedrich Hermann) * 3/305; Füllner, Eugen ~/† 3/525; Goedsche, Herrmann (Ottomar Friedrich) † 4/51; Henselt, Adolf (Georg Martin) von ~/ 4/599; Müller, Georg * 7/260; Oswald, Johann Benjamin ~ 7/521; Pelldram, Leopold ~ 7/591; Pfeil, Friedrich Wilhelm † 7/643; Reisel, Salomon * 8/230; Rose, Paul (Arthur Max) ~ 8/387; Schaffgotsch, Philipp Gotthard Graf von ~ 8/556; Schanz, Frida * 8/564; Stehr, Hermann ~ 9/470; Weisflog, Carl † 10/403

Bad Weilbach (seit 1972 zu Flörsheim)
Zeiger, Karl (Friedrich Heinrich) * 10/631

Bad Weißer Hirsch (seit 1921 zu Dresden)
Kloeppel, Peter † 5/602; Lahmann, Heinrich ~ 6/199

Bad Wiessee
siehe auch *Abwinkl, Holz*
Bestelmeyer, German (Johann Georg) † 1/495; Bruyn, Katharina de † 2/176; Eichengrün, (Ernst) Arthur † 3/49; Gura-Hummel, Annie ~ 4/262; Heinze, Richard † 4/547; Issels, Josef (Maria Leonhard) ~ 11/94; Jahn, Friedrich † 11/96; Klitzsch, Ludwig † 5/601; Kwast-Hodapp, Frieda † 6/184; Liener, Gerhard ~ 11/123; Luckhardt, Johannes † 6/492; Martin, Kurt † 6/637; Nosseck, Max † 7/440; Rodenstock, (Christian) Alexander † 8/345; Röhm, Ernst (Julius) ~ 8/350; Schröder, Rudolf Alexander † 9/151;

Siebel, Fritz † 9/304; Teschemacher, Margarete † 9/679; Tschermak-Seysenegg, Armin von † 10/105; Wille, Günter † 10/510

Bad Wildbad im Schwarzwald
siehe auch *Aichelberg*
Alexander, Graf von Württemberg † 1/87; Braig, Karl ~ 2/58; Brassicanus, Johannes † 2/75; Dreher, Konrad ~ 2/612; Ebermayer, Johann ~ 2/676; Fehdmer, Helene ~ 3/244; Fischbach, Carl (Eberhard) von ~ 3/308; Hofacker, Ludwig * 5/108; Holscher, Georg Philipp † 5/153; Howaldt, Georg † 5/190; Kerner, Justinus (Andreas Christian) von ~ 5/513; Kleinlogel, Adolf * 5/580; Lautensach, Hermann † 6/271; Ott, Michael † 7/524; Renz, Wilhelm Theodor von ~ 8/247; Schultz, Hugo † 9/190; Seeger, Ludwig (Wilhelm Friedrich) * 9/258; Teuffel, Siegmund Jakob ~ 9/682; Thudichum, Friedrich (Karl Wolfgang) † 10/24; Vogts, Hanns ~ 10/236

Bad Wildungen
siehe auch *Armsfeld*
Andree, Carl Theodor † 1/133; Arnim, Hans-Jürgen von † 1/180; Baltrusch, Georg Friedrich † 1/281; Fuchs, Marc † 3/521; Georg II., Herzog von Sachsen-Meiningen † 3/629; Gutzeit, (Robert Julius) Kurt ~/† 4/275; Hoßfeld, Oskar † 5/186; Jaekel, Otto ~ 5/286; Konrad von Soest ~ 6/35; Meyer, Franz Andreas † 7/101; Niemann, Eduard † 7/408; Schaufuß, Hans Herrmann ~ 8/576; Sonnenburg, Eduard † 9/373; Spahn, Peter † 9/382; Strempel, Ernst ~ 9/583; Thiel, Carl † 10/1; Uckeley, Alfred ~ 10/122; Wiggers, (Heinrich) August (Ludwig) ~ 10/493; Wolff, Ludwig * 10/576

Bad Wilsnack
Gebauer, Johannes Heinrich * 3/591; Gravenhorst, (Johann) Heinrich (Christoph) † 4/144; Harnisch, (Christian) Wilhelm * 4/393; Lintorff, Konrad von ~ 6/414; Wangemann, Hermann Theodor * 10/329

Bad Wimpfen
Arens, Fritz ~ 1/167; Beecke, Ignaz von * 1/388; Dohany, Werner * 2/581; Drändorf, Johannes von ~ 2/606; Fabri, Johannes ~ 3/211; Fechenbach zu Laudenbach, Johann Philipp (Karl Anton) Reichsfreiherr von ~ 3/237; Fulda, Friedrich Karl * 3/539; Georg Friedrich, Markgraf von Baden-Durlach ~ 3/626; Heinrich von Löwen ~ 4/539; Hoelder, Alfred Ritter von * 5/93; Konrad II. von Weinsberg, Erzbischof von Mainz ~ 6/28; Lupold, Bischof von Worms ~ 6/531; Mair, Martin * 6/574; Pilgram, Anton ~ 7/670; Schnepf, Erhard ~ 9/64; Schramm, Friedrich ~ 9/128; Simler, Georg * 9/328; Sporer, Bernhard ~ 9/416; Vehe, Michael ~ 10/187; Vogtherr, Heinrich d. Ä. ~ 10/236; Weitbrecht, Richard ~ 10/416; Wimpina, Konrad * 10/518; Zeller, Adolf ~ 10/636

Bad Windsheim
siehe auch *Berolzheim, Külsheim*
Bomhard, Ernst von ~ 2/15; Brenner, Oskar * 2/114; Chemlin, Kaspar * 2/308; Döderlein, Johann Christoph */~ 2/570; Gailingen, Eppelein von ~ 3/559; Glück, Paul (Friedrich) * 4/37; Horb, (Johann) Heinrich ~ 5/174; Mercklein, Albert Daniel * 7/69; Merklein, Johann Jakob ~/† 7/75; Pastorius, Franz † 7/570; Pastorius, Melchior Adam ~ 7/570; Pencz, Georg ~ 7/594; Rabe, Johann Jakob ~ 8/108; Riemenschneider, Tilman ~ 8/301; Steller, Georg Wilhelm * 9/503; Strasser, Otto * 9/568

Bad Wörishofen
Beer, Franz Edler von Blaichten ~ 1/388; Ebert, Hans ~ 2/679; Fassbinder, Rainer Werner * 3/234; Figel, Albert ~ 3/294; Finck, Albert † 11/60; Fink, Albert † 3/301; Knab, Armin † 5/611; Kneipp, Sebastian ~/† 5/618; Leusser, Luitpold ~ 6/355; Merkle, Matthias † 7/75; Schindler, Josef † 8/644; Unglehrt, Max ~ 10/156; Wülfing, Ernst (Anton) † 10/592

Bad Wurzach → Hauerz, Rohrbach, Ziegelbach
Bad Ziegenhals → Ziegenhals
Bad Zwesten → Betzigerode

Oswald † 9/27; Schnack, Friedrich ~ 9/44; Schneider, Reinhold */~ 9/59; Schneider, Siegmar ~ 9/60; Schönbein, Christian Friedrich † 9/84; Schoenhals, Albrecht (Moritz James Karl) † 9/95; Scholtissek, Herbert † 9/107; Schreiber, Aloys Wilhelm ~/† 9/134; Schröder, (Friedrich Wilhelm Karl) Ernst ~ 9/145; Schrödl, Norbert ~ 9/153; Schweizer, Otto (Ernst) † 9/240; Seiterich, Eugen ~ 9/273; Skita, Aladar † 9/346; Söhnker, Hans (Albrecht Edmund) ~ 9/358; Spindler, Karl ~ 9/407; Spring, Alexander † 9/419; Starke, Ottomar † 9/453; Steffen, Ernst Siegfried ~ 9/464; Steigenberger, Albert ~ 9/472; Steigenberger, Egon * 9/472; Stemmle, R(obert) A(dolf Ferdinand) † 9/504; Stiebner, Hans Friedrich Wilhelm Georg Paul ~/† 9/524; Stiefel, Ernst C(arl) † 9/526; Stimmer, Abel ~/† 9/533; Stimmer, Tobias ~ 9/533; Stockmeyer-Lübken, Edmund ~ 9/540; Strauss, Jakob ~ 9/576; Strobel, Heinrich (Edmund August) ~/† 9/590; Stürzenacker, August ~/† 9/611; Suckow, Albert von † 9/623; Täglichsbeck, Thomas ~/† 9/649; Tannert, Hannes ~/† 9/656; Thomas, Wolfgang (Alexander) † 10/19; Thürach, Hans ~ 10/26; Tietjen, Heinz † 10/40; Tittel, Gottlob August ~ 10/52; Trooger, Margot (Elfriede) ~ 10/96; Vietta, Egon † 10/208; Vischer, Melchior ~ 10/216; Waag, Hans ~ 10/263; Waentig, Heinrich † 10/272; Watterich, Johannes Matthias ~ 10/346; Weigmann, Günther ~ 10/389; Weinhart, Kaspar ~ 10/397; Welke, Kurt Heinz ~ 10/424; Wendt, Herbert † 10/434; Werk, Franz Xaver ~ 10/442; Wilcken, Ulrich (Emil Elias Friedrich Wilhelm) † 10/496; Wilhelm, Markgraf von Baden */† 10/502; Winter, Georg † 10/532; Wirth, Emanuel ~ 10/539; Wirth, Franz Peter ~ 11/185; Wolff, Ernst * 10/572; Zahn, Hermann Wolfgang ~/† 10/614; Zerr, Anna * 10/645; Ziegler, Gustav ~ 10/653; Ziegler, Jakob ~ 10/654; Ziegler, Theobald ~ 10/656; Zinner, Hedda ~ 10/676

Badenburg (Gem. Wieseck, seit 1939 zu Gießen)
Büchner, (Carl) Georg ~ 2/196
Badenheim
Maus, Isaak */~/† 6/671
Badenweiler
siehe auch *Oberweiler*
Atzler, (Berthold) Edgar † 1/211; Below, Georg von † 1/411; Blankenhorn, Herbert † 1/558; Clementia von Zähringen, Herzogin von Sachsen und Bayern ~ 2/340; Clewing, Carl † 2/343; Eckmann, Otto (Theodor Heinrich) † 3/15; Eisenlohr, Ernst ~/† 3/72; Faber, Gustav † 11/57; Finckh, Johann Daniel von † 3/299; Fraenkel, Albert ~ 3/382; Friedrich II., Großherzog von Baden † 3/460; Gmelin, Wilhelm Friedrich * 4/41; Hohenlohe-Schillingsfürst, Alexander Fürst zu † 5/139; Kernecke, Heinz † 5/512; Kolb, Annette ~ 6/10; Lilien, Ephraim Mose † 6/395; Lüders, Heinrich † 6/516; Marschall von Bieberstein, Adolf (Hermann) Frh. † 6/631; Möhring, Dieter † 7/165; Moser, Fanny * 7/223; Moser, Heinrich † 7/225; Moser, Mentona * 7/227; Nohl, (Karl Friedrich) Ludwig ~ 7/433; Saller, Karl Felix ~ 8/501; Sander, Ernst ~ 8/511; Sillib, Rudolf † 9/328; Thomas, Wolfgang (Alexander) † 10/19; Thorade, Carl (Heinrich) † 10/23; Volz, Wilhelm (Ludwig) von † 10/252; Weil, Adolf ~ 10/390; Wilhelm-Kästner, Kurt † 10/507; Zanders, Carl Richard † 10/617

Badersleben
Roloff, Friedrich Heinrich */~ 8/377
Badgastein (Salzburg)
siehe auch *Badbruck, Böckstein*
Bekk, Adolf † 1/407; Beust, Friedrich Ferdinand Graf von ~ 1/502; Drdla, Franz † 2/610; Ender, Thomas ~ 3/109; Fichtner, Karl † 3/286; Heiderich, Franz † 4/492; Hofer, Franz * 5/109; Ipsen, Carl † 5/258; Jeritza, Marie ~ 5/324; Keil, Franz ~ 5/485; Koppay, Josef Arpád von † 6/39; Krause, Fedor † 6/80; Mader, Georg † 6/555; Metzger, Arnold † 7/91; Pröll, Arthur (Rudolf Franz Gustav) * 8/76; Recktenwald, Fritz ~/† 8/175; Reissacher, Karl ~ 8/232; Rittner, Tadeusz † 8/336; Roethe, Gustav † 8/364; Scheminzky, Ferdinand ~ 8/599; Schickh, Johann Valentin

† 8/623; Schlager, Ludwig † 8/654; Schorr, Richard (Reinhard Emil) † 9/119; Strantz, Ferdinand (Karl Friedrich Felix) von ~ 9/566; Stülz, Jodok † 9/609; Vogl, Johann Michael ~ 10/231; Waggerl, Karl Heinrich * 10/276; Winckler, Franz von † 10/520; Zittrauer, Maria † 10/680

Badki → Bündken
Badresch (Gem. Groß Miltzow)
Horn, Karl ~ 5/178
Badro → Wartha
Bäch (Kt. Schwyz)
Stüssi, Fritz † 9/611
Bächigut (bei Thun, Kt. Bern)
Mülinen, Nikolaus Friedrich Graf von † 7/245
Bächingen a. d. Brenz
Meinzolt, Hans * 7/37
Bächlingen (seit 1972 zu Langenburg)
Bossert, Gustav ~ 2/44
Bärdorf (poln. Niedźwiedź)
Kaps, Amandus * 5/432
Bärenstein
Anschütz, Johann Christoph ~ 1/145; Bernstein, Hans * 1/476; Hempel, Johannes * 4/579; Ulbrich, Franz (Ludwig) * 10/133
Bärenstein (Weißeritzkreis) → Lauenstein
Bärenthal
Morf, Salomon ~ 7/209
Bäretswil (Kt. Zürich)
Heidegger, Johann Heinrich * 4/486
Bärholz (russ. Listopadovska)
Schustehrus, Kurt (Louis Wilhelm) * 9/215
Baerl (seit 1975 zu Duisburg)
Kamp, Heinrich * 5/420; Krummacher, Gottfried Daniel ~ 6/129
Bärn (tschech. Moravský Beroun)
Fischer, Otto * 3/325; Späth, Ernst * 9/381
Bärnau (Kr. Tirschenreuth)
siehe auch *Heimhof*
Senestrey, Ignaz von * 9/287
Bärnbach (Steiermark)
Zinke, Alois * 10/674
Bärnstein (Gem. Grafenau, Kr. Freyung-Grafenau)
Preysing, Johann Christoph Frh. von ~ 8/67
Bärsdorf (poln. Gołaszyn)
Lubrich, Fritz * 6/489
Bärwalde (Neumark)
Grundemann, (Peter) Reinhold * 4/223; Woldemar, Markgraf von Brandenburg † 10/563
Baesweiler
siehe auch *Puffendorf*
Rudolph, Friedrich von ~ 8/440
Bätterkinden (Kt. Bern)
Aretius, Benedikt * 1/169; Steck, Theodor * 9/462
Baflo (Niederlande)
Agricola, Rudolf * 1/55
Bagdad
Cornelius, (Carl August) Peter ~ 2/375; Escher, Alfred Martin ~ 3/174; Franciscus Salesius a Matre Dolorosa ~ 3/387; Goetze, Albrecht ~ 4/71; Goltz, (Wilhelm Leopold) Colmar Frh. von der † 4/92; Graevenitz, Kurt-Fritz von ~ 4/125; Granow, Hans-Ulrich ~ 4/135; Hoff, Hans ~ 5/111; Koschmieder, Lothar ~ 6/50; Krückmann, Oluf ~ 11/113; Lamac, Carl ~ 6/202; Lenzen, Heinrich ~ 6/325; Nebuschka, Franz Josef ~ 7/354; Obermeyer, Jakob ~ 7/455; Reuther, Oscar ~ 11/163; Rosen, Friedrich ~ 8/389; Rosenow, Georg ~ 8/398; Schläfli, Alexander ~/† 8/652; Schmidt-Horix, Hans ~ 9/23; Wartmann, Rudolf * 10/339
Bagni Trechiese → Bad Dreikirchen
Bagnolo (Brescia, Italien)
Cerri, Kajetan * 2/301
Bagrationovsk → Preußisch Eylau
Bahia (Brasilien)
Hansen, Karl-Heinz ~ 4/376; Kruse, Michael ~ 6/134; Lohmann, Johann Georg ~ 6/462

Georg von * 5/3; Hezilo, Bischof von Hildesheim ~ 5/28; Hiltner, Johannes ~ 5/48; Höfler, Konstantin Ritter von ~ 5/90; Höller, Karl * 5/95; Hoffmann, E(rnst) T(heodor) A(madeus) ~ 5/115; Hoffmann, Franz ~ 5/116; Hoffmann, Johannes ~ 5/121; Hoffmeister, (Friedrich Ludwig) Cuno ~ 5/125; Hofmann, Ludwig ~ 5/131; Hofmann, Martin ~/† 5/131; Hohenlohe-Waldenburg-Schillingsfürst, Alexander Prinz zu ~ 5/140; Holbein von Holbeinsberg, Franz (Ignaz) ~ 5/146; Hornthal, Johann Peter von */~/† 5/181; Hoys, Johann Leopold ~/† 5/191; Hugo von Trimberg † 5/219; Isselburg, Peter ~ 5/265; Jacobs, Johann ~/† 5/276; Jochmus von Catignola, August Frh. von ~/† 5/333; Jochum, Georg Ludwig ~ 5/333; Johann Georg II. Fuchs von Dornheim, Bischof von Bamberg ~ 5/337; Johann II. von Brunn, Bischof von Würzburg ~ 5/347; Kaiser, Emil ~ 5/405; Kamm, Johann Bernhard ~/† 5/419; Kapfinger, Johannes ~ 5/429; Karg von Bebenburg, Johann Friedrich Frh. * 5/435; Katzheimer, Wolfgang ~/† 5/467; Kawaczynski, Friedrich Wilhelm von ~ 5/479; Keffer, Heinrich ~ 5/483; Keilberth, Joseph ~ 5/486; Keller, Joachim Martin */~/† 5/495; Kern, Michael d. J. ~ 5/512; Kittler, Philipp ~ 5/561; Kleemann, Wilhelm ~ 5/573; Kleinschrod, Gallus Aloysius Caspar ~ 5/582; Klopp, Onno ~ 5/603; Klug, Joseph ~ 5/608; Knauer, Mauritius ~ 5/615; Koeniger, Albert ~ 5/664; Körner, Ludwig ~ 5/672; Kolb, Joseph Otto ~/† 6/11; Kolb, Richard * 6/11; Konrad III., König † 6/26; Konrad II. von Weinsberg, Erzbischof von Mainz ~ 6/28; Konrad III. von Bibra, erwählter und bestätigter Bischof von Würzburg ~ 6/32; Krafft, Barbara (Maria) † 6/63; Kraus, Anton */~ 6/75; Krauß, Werner ~ 6/85; Kronacher, Alwin * 6/115; Kronacher, Carl ~ 6/115; Küchel, Michael */~/† 6/140; Kundmüller, Hans */~/† 6/167; Kunstmann, Friedrich ~ 6/170; Kunz, Carl Friedrich ~/† 6/171; Lamprecht von Brunn, Bischof von Brixen, Speyer, Straßburg und Bamberg ~ 6/210; Landgraf, Artur Michael ~/† 6/217; Lang, Georg ~ 6/225; Lautensack, Han(n)s Sebald * 6/271; Lautensack, Paul(us) */~ 6/272; Leitschuh, Friedrich ~/† 6/313; Leo, Karl Friedrich ~ 6/326; Lerchenfeld, Gustav Frh. von ~ 6/338; Lessing, Hans Bruno * 6/346; Lichtenthaler, Philipp von ~ 6/377; Lindner, Kurt † 6/408; Linz, Amélie * 6/414; Loch, Valentin */~/† 6/433; Loe, Felix Frh. von ~ 6/436; Lothar, Markgraf der sächsischen Nordmark (Altmark) ~ 6/481; Ludwig, Markgraf von Meißen, Landgraf von Thüringen, Bischof von Halberstadt und Bamberg, Erzbischof von Mainz und Magdeburg ~ 6/504; Luitpold, Erzbischof von Mainz ~ 6/528; Lupold von Bebenburg, Bischof von Bamberg ~/† 6/531; Maffei, Hugo von * 6/560; Mallinckrodt-Haupt, Asta * 6/580; Marcus, Adalbert Friedrich ~/† 6/609; Marcus, Carl Friedrich von * 6/609; Maretzek, Max ~ 6/613; Markward, Abt von Fulda ~ 6/625; Marquard I. von Randeck (Randegg), Elekt von Bamberg, Bischof von Augsburg, Patriarch von Aquileja ~ 6/628; Mattenheimer, Karl */~ 6/658; Mattenheimer, Theodor */~ 6/658; Maximilian, Herzog in Bayern * 6/678; May, Andreas ~ 7/1; Mayer, Andreas Ulrich ~ 7/5; Mayer, Georg Karl ~/† 7/7; Mayer, Heinrich ~/† 7/8; Mayer, Theodor ~ 7/11; Meck, Johann Leonard ~ 7/19; Meinhard von Bamberg, Bischof von Würzburg ~ 7/36; Meister der Bamberger Heimsuchung ~ 7/43; Meixner, Georg † 7/48; Merklein, Helmut ~ 11/129; Messerer, Wilhelm ~ 7/83; Messerschmitt, Johann Baptist * 7/83; Messerschmitt, Wilhelm (Emil) ~ 7/84; Mettenleiter, Johann Georg ~ 7/87; Miltner, Ferdinand von ~ 7/146; Minz, Moses ben Isaak ~ 7/149; Moeckel, Balthasar ~ 7/163; Morgenroth, Julius * 7/210; Mühldorfer, Josef ~ 7/240; Müller, Karl Valentin ~ 7/274; Münz, Martin * 7/300; Mutschele, Josef Bonaventura */~ 7/321; Nägele, Franz Carl Joseph ~ 7/331; Neumann, August ~ 7/380; Neumann, Balthasar ~ 7/380; Neumann, Franz Ignaz Michael ~ 7/382; Neumar, Rudolf ~ 7/388; Neupert, Hanns */~/† 7/391; Neupert, Johann Christoph ~/† 7/392; Neureuther, Gottfried von ~ 7/393; Neustetter, Erasmus von ~ 7/394; Nicol, Karl Ludwig Dietrich ~ 7/398; Nigri,

Petrus ~ 7/417; Nikel, Emil ~ 7/417; Noddack, Ida (Eva) ~ 7/429; Noddack, Walter (Karl Friedrich) ~/† 7/429; Nottarp, (Hugo) Hermann (Adolf Maria) ~ 7/443; Nüsslein, Georg */~/† 7/448; Oberkamp, Franz Joseph von ~ 7/453; Oberniedermayr, Anton * 11/146; Oechsler, Elias ~ 7/462; Oefele, Edmund Frh. von ~ 7/463; Oer, Anna Maria Freiin von ~ 7/468; Österreicher, Johann Friedrich */~ 7/473; Oestereicher, Paul ~/† 7/473; Ohlmüller, (Joseph) Daniel */~ 7/479; Ohm, Georg Simon ~ 7/480; Oswald, Josef ~ 7/521; Otto I., Bischof von Bamberg ~/† 7/530; Otto II., Bischof von Bamberg ~/† 11/153; Otto (VIII.), Pfalzgraf von Bayern ~ 7/531; Otto, Prinz von Bayern, König von Griechenland † 7/532; Panzer, Friedrich ~ 7/557; Paulus, (Elisabeth Friederike) Caroline ~ 7/580; Paulus, Heinrich Eberhard Gottlob ~ 7/581; Peter Philipp, Reichsgraf von Dernbach, Bischof von Bamberg und Würzburg ~ 7/612; Petrini, Antonio ~ 7/623; Petrus von Schaumberg, Bischof von Augsburg, Kardinal ~ 7/623; Petzmayer, Johann ~ 7/627; Pfeiffer, Maximilian ~ 7/641; Pfeufer, Benno Heinrich * 7/645; Pfeufer, Christian */~/† 7/645; Pfeufer, Christian von */~ 7/646; Pfeufer, Karl von * 7/646; Pfeufer, Sigmund Heinrich Frh. von * 7/646; Pfister, Albrecht ~ 7/646; Pflieger, Silvester ~ 7/649; Philipp von Schwaben, deutscher König † 7/654; Pilgrim, Erzbischof von Köln ~ 7/670; Pleydenwurff, Hans * 8/2; Podewils (-Juncker-Bigatto), Clemens Graf * 8/8; Podewils(-Juncker-Bigatto), Sophie Dorothee * 8/8; Pöhlmann, Josef ~ 8/10; Pölzel, Simon ~ 8/11; Quandt, Daniel Gottlieb ~ 8/99; Rab, Hermann * 8/107; Rappoldi, Adrian (Hans Eduard) † 8/143; Rauch, Petrus von Ansbach ~/† 8/159; Redwitz, Erich Frh. von * 8/182; Redwitz, Weigand von ~ 8/182; Reiff, Lili * 8/207; Reisser, Christoph ~ 8/232; Remeis, Karl */~/† 8/239; Reuschel, Wilhelm ~ 8/256; Richarz, Peter von ~ 8/273; Riegler, Johann Georg ~/† 8/298; Riemenschneider, Tilman ~ 8/301; Röckel, August ~ 8/347; Röschlaub, Andreas ~ 8/358; Roessert, Hanns ~/† 8/362; Roppelt, Johann Baptist (Georg) */~/† 8/383; Rosenbach, Johann Georg ~ 8/389; Rosenfeld, Samson Wolf ~ 8/396; Rosenstock, Hans ~ 8/399; Rosentritt, Johann Baptist ~ 8/402; Roßhirt, Johann Eugen ~ 8/406; Rost, Hans * 8/407; Rotermund, (Johann) Gottfried */~ 8/410; Rottenhammer, Hans ~/† 8/426; Rudhart, Franz Michael * 8/435; Rudhart, Georg Thomas ~ 8/435; Ruediger, Erzbischof von Magdeburg ~ 8/446; Rüdinger, Esrom * 8/447; Rüfner, Vinzenz ~ 8/449; Ruel, Johann Baptist de ~ 8/452; Ruf, (Johann) Paul ~ 8/457; Ruland, Ludwig ~ 8/461; Rumpf, Ludwig (Daniel) * 8/464; Rupprecht, Friedrich Carl ~/† 8/472; Rurer, Johann * 8/474; Saffenreuter, Georg Joseph * 8/494; Schacht, Heinrich ~ 8/539; Schäfer, Adam Joseph ~/† 8/546; Scharnagel, Franz Sebastian */~/† 8/568; Schaumberg, Peter von ~ 8/577; Schellein, Karl * 8/594; Schenk, Daniel ~ 8/602; Schenk von Limpurg, Georg ~ 8/604; Schenk von Stauffenberg, Marquard Sebastian Reichsfreiherr ~/† 8/605; Schlittenbauer, Sebastian ~ 8/680; Schlönbach, Karl Arnold ~ 8/681; Schlott, Franz Anton ~/† 8/686; Schmidt, Benedikt ~ 9/3; Schmidt, Karl ~ 9/14; Schmidt, Michael Ignaz ~ 9/16; Schmidt, Philipp Anton ~ 9/18; Schmittbaur, Joseph Aloys * 9/34; Schneemann, Karl ~ 9/48; Schneidawind, Franz Josef (Adolph) */~ 9/49; Schneider, Eulogius ~ 9/51; Schneider, Josef † 11/171; Schnurrer, Friedrich ~ 9/70; Schönborn, Friedrich Karl Reichsfreiherr (seit 1701 Reichsgraf) von ~ 9/87; Schönborn, Johann Philipp Franz Reichsfreiherr (seit 1701 Reichsgraf) von ~ 9/88; Schönborn, Lothar Franz Reichsfreiherr (seit 1701 Reichsgraf) von ~ 9/88; Schöner, Johannes ~ 9/92; Schönfelder, Georg ~ 9/94; Schönlein, Johann Lukas */~/† 9/98; Schöpfer, Franziska ~ 9/102; Scholl, Johann Baptist d. Ä. ~ 9/105; Schonath, Columba ~/† 9/112; Schondorff, Joachim ~ 9/112; Schork, Joseph von ~/† 9/117; Schottenloher, Karl ~ 9/123; Schramm, Dominicus */~ 9/128; Schulthess-Rechberg, Erica von * 9/189; Schwarz, Ildephons * 9/227; Schwarzenberg, Johann Frh. von ~ 9/231; Sebastian, Ludwig ~ 9/251; Seidlein, Lorenz Ritter von * 9/268; Seinsheim, Adam

Friedrich Graf von ~ 9/272; Senger, Adam ~/† 9/288; Sensenschmidt, Johann ~/† 9/290; Siebert, August ~ 9/306; Siegle, Hans ~ 9/314; Soden, (Friedrich) Julius (Heinrich) Reichsgraf von ~ 9/357; Speyer, Karl Friedrich ~/† 9/399; Spix, Johann Baptist von ~ 9/413; Stahel, Johann Jakob ~ 9/436; Starke, Johannes ~ 9/453; Steidl, Melchior (Michael) ~ 9/471; Steiner, Julius ~ 9/490; Stengel, Karl von ~ 9/506; Stengel, Stephan (Christian) Frh. von † 9/506; Stiebar von Butterheim ~ 9/524; Stoß, Andreas ~/† 9/561; Stoß, Veit ~ 9/561; Streckfuß, Walter ~ 9/580; Streubel, Marx ~ 9/585; Stromer von Reichenbach, (Karl) Otto Frh. von ~ 9/593; Stromeyer, (Georg Friedrich) Louis ~ 9/594; Stubenberg, Joseph Graf von ~ 9/602; Stumpf, Andreas Sebastian ~ 9/613; Stutzmann, Johann Josua ~ 9/621; Tann-Rathsamhausen, Ludwig (Samson Arthur) Frh. von ~ 9/655; Theiler, Friedrich ~ 9/691; Theilhaber, Adolf ~ 9/691; Theilhaber, Felix (Aaron) * 9/692; Thüngen, Neidhart von ~ 10/26; Thürheim, Friedrich Graf von ~ 10/26; Tiedemann, Friedrich ~ 10/37; Trautmann, Michael */† 10/73; Treu, (Maria) Catharina (Wilhelmine) * 10/83; Treu, (Johann Joseph) Christoph */~/† 10/83; Treu, (Joseph) Marquard */~/† 10/84; Treu, (Johann) Nicolaus * 10/84; Trooger, Margot (Elfriede) ~ 10/96; Ullheimer, Josef */~/† 10/135; Urban, Bonifaz Kaspar ~/† 10/163; Urlaub, Georg Anton Abraham ~ 10/167; Urlaub, Georg Sebastian ~ 10/167; Vischer, Melchior ~ 10/216; Vischer, Peter d. Ä. ~ 10/217; Vocke, Friedrich ~ 10/219; Vogler, Georg Joseph ~ 10/232; Voit von Rieneck, Philipp Valentin Albrecht Reichsritter ~ 10/241; Voit von Salzburg, Melchior Otto Reichsritter ~ 10/241; Volbach, Walther ~ 10/242; Voretzsch, Ernst-Arthur ~ 10/254; Wackenroder, Wilhelm Heinrich ~ 10/268; Walterbach, Karl ~ 10/321; Walther, Philipp Franz von ~ 10/325; Warnekros, Ehregott Ulrich ~ 10/336; Wassermann, August (Paul) von * 10/342; Wassermann, Max von * 10/343; Wassermann, Oscar * 10/344; Weber, Ernst ~ 10/352; Weber, Georg Michael von */~ 10/353; Weber, Valentin ~ 10/362; Wecklein, Nikolaus ~ 10/362; Weikenmeier, Albert ~ 10/390; Weinkauff, Hermann (Karl August) ~ 10/397; Werthner, Hans ~/† 10/454; Wetzel, Friedrich Gottlob Karl ~/† 10/463; Widnmann, Max von ~ 10/475; Wilbrand, Johann Bernhard ~ 10/495; Wildner, Hugo ~ 10/501; Williram von Ebersberg ~ 10/512; Willms, Günther ~ 11/184; Wölfel, Hans Wilhelm ~ 10/556; Wolf, Helmut ~ 10/566; Wolff, Jakob d. Ä. * 10/573; Wolff, Jakob d. J. * 10/574; Wolff, Leo ~ 10/576; Wolfger von Prüfening ~ 10/580; Wolfrum, Philipp ~ 10/581; Würtzburg, Veit von ~/† 10/594; Wunderlich, Hermann ~ 10/598; Zeuß, Johann Kaspar ~ 10/649; Ziegler, Benno ~ 10/652; Ziegler, Klara ~ 10/655; Zillich, Nikolaus ~ 10/662; Zink, Burkhard ~ 10/674; Zinner, Ernst ~ 10/676; Zirkel, Gregor von ~ 10/679; Zöpfl, Heinrich (Matthäus) * 10/685; Zu Rhein, Maximilian Joseph von ~ 10/702

Bammeln (Kr. Bartenstein, Ostpreußen)
Bretke, Johann * 2/122

Bán (slowak. Bánovce nad Bebravou)
Kunitsch, Michael von * 6/169

Banatski Brestovac → Rustendorf

Bandol (Frankreich)
Mann, Thomas ~ 6/592

Bandung (Indonesien)
Jerusalem, Friedrich Albert ~ 5/325; Koenigswald, (Gustav Heinrich) Ralph von ~ 5/666; Thierfelder, Max Ulrich ~/† 10/7; Visscher van Gaasbeek, (Gustav) Adolf * 10/218

Banfield (Argentinien)
Rübens, Annemarie * 8/443

Bangalore (Indien)
Pfestorf, Gerhard Kurt Martin ~ 7/645

Bangkok
Asmis, Rudolf ~ 1/205; Bergen, (Carl-Ludwig) Diego von * 1/442; Bethge, Karl † 1/496; Beyer, Kurt (Friedrich August) ~ 1/506; Ekert-Rotholz, Alice (Maria) ~ 3/80; Escher, Alfred Martin ~ 3/174; Gützlaff, Karl (Friedrich August) ~ 4/248; Hertz, Richard (Otto) ~ 4/653; Pringsheim, Klaus ~ 8/71; Schomburgk, Sir Robert (Hermann) ~ 9/112; Troger, Ernest ~ 10/94

Banjuwangi (Java, Indonesien)
Zollinger, Heinrich † 10/687

Bankau (poln. Bąków)
Bethusy-Huc, Eduard (Georg) Graf von */† 1/497

Banners (poln. Bieniasze)
Braxein, Fabian Abraham von * 2/92

Bannesdorf auf Fehmarn → Sahrensdorf

Bánovce nad Bebravou → Bán

Bansin
siehe auch *Neuhof*
Richter, Hans Werner * 8/279

Banská Bystrica → Neusohl

Banská Štiavnica → Schemnitz

Banstadt → Pantschowa

Bant (seit 1911 zu Rüstringen, seit 1937 zu Wilhelmshaven)
Deist, Heinrich * 2/473; Koch, Harald * 5/640

Banteln
Bennigsen, Alexander Levin Graf von † 1/426; Bennigsen, Levin August Gottlieb Graf von ~/† 1/426; Block, August † 1/576

Bantham
Keyser, Pieter Dircksz † 5/525

Banz (seit 1978 zu Staffelstein)
Bauer, Josef Friedrich ~ 1/327; Cantor, Johann Chrysostomus ~ 2/276; Dientzenhofer, Johann ~ 2/519; Frank, Othmar ~ 3/402; Glockengießer, Christoph II ~ 4/33; Hermann I., Bischof von Bamberg ~ 4/620; Hofmann, (Alberich) Konrad * 5/131; Nestfell, Johann Georg ~ 7/367; Pölzel, Simon ~ 8/11; Rathgeber, (Johann) Valentin ~/† 8/151; Rösser, Kolumban ~ 8/361; Roppelt, Johann Baptist (Georg) ~ 8/383; Schad, Johann Baptist ~ 8/542; Schramm, Dominicus ~/† 9/128; Schwarz, Ildephons ~/† 9/227; Steidl, Melchior (Michael) ~ 9/471

Bapaume (Frankreich)
Boelcke, Oswald † 1/626

Baranów (Galizien)
Schnur, David * 9/70

Baranowo → Barranowen

Barbançon
Arenberg, Johann Graf von * 1/165

Barbian (italien. Barbiano) → Bad Dreikirchen, Kollmann

Barbing → Illkofen

Barbis (Bad Lauterberg im Harz)
Carius, Georg Ludwig * 2/279

Barbizon (Frankreich)
Bakof, Julius ~ 1/272; Bodmer, (Johann) Karl ~/† 1/605; Frölicher, Otto ~ 3/506; Hörmann von Hörbach, Theodor ~ 5/102; Kallmorgen, Friedrich ~ 5/415; Liebermann, Max ~ 6/381; Ockel, Eduard ~ 7/461

Barborów → Bauerwitz

Barby (Elbe)
Albertini, Johann Baptist von ~ 11/2; Baumeister, Karl August ~ 1/340; Bruiningk, Heinrich ~ 2/164; Bruiningk, Heinrich Friedrich Frh. von ~ 2/164; Clemens, Gottfried ~ 2/340; Conrad, Walter Johannes Friedrich * 2/363; Fries, Jakob Friedrich * 3/483; Garve, Karl Bernhard ~ 3/576; Hehl, Matthäus Gottfried ~ 4/484; Jännicke, Johannes ~ 5/287; Moritz, Karl Philipp ~ 7/217; Schleiermacher, Friedrich Daniel Ernst ~ 8/665; Sering, Max * 9/291

Barca (Italien)
Glück, Guido * 4/37

Barcarozsnyó → Rosenau

Barcelona
Ackermann, Otto ~ 1/22; Aichel, Otto ~ 1/60; Bartels-Heimburg, Wera von ~ 1/300; Bethge, Hans ~ 1/496; Boelitz, Otto ~ 1/626; Boltenstern, Erich ~ 2/11; Bonhoeffer, Dietrich ~ 2/18; Brandt, Willy ~ 2/71; Chellery, Fortunato ~ 2/308; Feichtmayer, Rudolf ~ 3/247; Fein, Emil Wilhelm ~ 3/250; Fliedner, Fritz ~ 3/350; Frantz, (Gustav Adolph) Constantin ~ 3/409; Friedrich, Karl ~

(Wilhelm) ~ 7/490; Petri, Julius Richard * 7/622; Pfeiffer, Hubert */~ 7/640; Pollender, (Franz Anton) Aloys */~/† 8/28; Püttmann, Hermann ~ 8/88; Rahn, Hans Julius ~ 8/124; Rauchenecker, Georg (Wilhelm) ~ 8/160; Reinecke, Carl (Heinrich Carsten) ~ 8/215; Reuss, Wilhelm Franz ~ 8/258; Richter, Johann Heinrich ~/† 8/281; Rittershaus, (Friedrich) Emil */~/† 8/333; Roffhack, Albert * 8/365; Rose, Paul (Arthur Max) ~ 8/387; Rothschild, Walther * 8/423; Rott, Adolf (Peter) * 8/424; Rudolph, Oskar ~ 8/441; Salter, George ~ 8/505; Samuel, Richard H(erbert) ~ 8/509; Sauerbruch, (Ernst) Ferdinand * 8/528; Schäfer-Ast, Albert * 8/549; Schennich, Emil (Anton) ~ 8/607; Schlettow, Hans Adalbert von ~ 8/672; Schmidt, Otto d. Ä. ~ 9/17; Schmidt-Isserstedt, (Paul) Hans (Ernst) ~ 9/23; Schneidler, F(riedrich) H(ermann) Ernst ~ 9/61; Schnell, Robert Wolfgang * 9/62; Schrenk, Elias ~ 9/141; Simon, Arthur (Johann Peter Caspar) * 9/330; Simons, Karl ~ 9/334; Simons, Rainer ~ 9/335; Soldan, Kurt Erich Richard ~ 9/363; Somborn, (Theodor) Carl * 9/368; Steiner-Prag, Hugo ~ 9/491; Steinhaus, Wilhelm * 9/493; Ströter, Ernst Ferdinand * 9/592; Stuhrmann, Heinrich (Wilhelm) ~ 9/613; Tegtmeier, Wilhelm * 9/669; Thielicke, Helmut * 10/3; Thiemann, Walter (Wilhelm August) * 10/4; Thümmel, Friedrich Wilhelm * 10/24; Uthmann, (Gustav) Adolf */† 10/172; Vesper, Will * 10/199; Vits, Ernst Hellmut * 10/218; Vorwerk, Adolf */† 10/256; Vorwerk, Carl */~/† 10/256; Vorwerk, Wilhelm */~ 10/257; Wages, Peter ~ 10/276; Waldmeier, Karl ~ 10/305; Warneck, Gustav ~ 10/336; Warneck, Johannes ~ 10/336; Weber, Ludwig ~ 10/357; Weskott, Friedrich † 10/455; Wieynck, Heinrich * 10/492; Winnacker, Karl * 10/530; Wolff, Gustav Heinrich * 10/572; Wolff, Hans-Walter * 10/573; Wolff-Gudenberg, Erich (Julius Georg William August Alwin Karl) Frh. von ~ 10/578; Ziersch, Rudolf ~ 10/659; Ziersch, Walther * 10/659; Zoellner, Wilhelm ~ 10/684; Zweig, Fritz ~ 10/705

Barmstedt
Butenschön, Johann Friedrich * 2/258; Gardthausen, Gustav Waldemar ~ 3/574; Rantzau, Christian Reichsgraf von ~ 8/139

Barnaul (Rußland)
Gebler, Friedrich August von † 3/595; Radloff, (Friedrich) Wilhelm ~ 8/117; Streich, Rita * 9/581

Barnes (England)
Frölich, Friedrich Carl * 3/504

Barnim → Barnimskunow

Barnimskunow (poln. Barnim)
Bode, Hedwig Baronin von * 1/599

Barnówko → Berneuchen

Barnstaple (England)
Turner, Robert * 10/118

Barntrup
siehe auch *Alverdissen*
Kerssenbrock, Hermann von * 5/517

Barop (seit 1929 zu Dortmund)
Blass, Eduard ~ 1/562

Barr (Dép. Bas-Rhin, Frankreich)
Adam, Johannes * 1/28; Feuerstein, Martin * 3/281; Hartmann, Richard */~ 4/413; Hermann, Johann(es) * 4/628

Barranowen (poln. Baranowo)
Brenner, Hans Georg * 2/113

Barranquilla (Kolumbien)
Held, (Karl August) Adolf ~ 4/555

Barschken (litauisch Barškiai)
Fenkohl, Gustav Adalbert * 3/265

Barsinghausen
siehe auch *Wichtringhausen*
Jordan, Ernst Pasqual † 5/362

Barškiai → Barschken

Bartelshagen (Pommern)
Rée, Paul * 8/182

Barten (poln. Barciany)
Cholevius, Karl Leo * 2/313; Gemmel, Hermann (Johann Ernst) * 3/619; Le Blanc, Max (Julius Louis) * 6/280

Bartenstein (poln. Bartoszyce)
Casseder, Nikolaus ~ 2/293; Decius, Nikolaus ~ 2/457; Dietrich, Burggraf von Altenburg, Hochmeister des Deutschen Ordens ~ 2/531; Dulk, Friedrich Philipp * 2/647; Elsner, Christoph Friedrich ~ 3/96; Gottsched, Johann ~ 4/111; Halle, Johann Samuel * 4/345; Hartung, Gustav (Ludwig) * 4/415; Meyerowitz, Selmar * 7/117; Nestriepke, Siegfried Friedrich Heinrich ~ 7/367; Nischalke, Martin ~ 7/423; Waissel, Matthäus * 10/295

Bartenstein (Schrozberg)
Keller, Johann Baptist von † 5/495; Roeser, Jakob von † 8/359

Bartfeld
Henisch, Georg * 4/584

Barth
Bogislaw XIII., Herzog von Pommern ~ 1/641; Bogislaw XIV., Herzog von Pommern ~ 1/641; Douzette, Louis † 2/603; Esser, Max * 3/181; Fell, Johanna */~ 3/259; Füssli, Johann Heinrich ~ 3/532; Jühlke, Ferdinand * 5/372; Lavater, Johann Caspar ~ 6/275; Nobert, Friedrich Adolph */~/† 7/429; Segebarth, Johann (Peter Christoph) † 9/262; Spalding, Johann Joachim ~ 9/382

Bartholomä
Ensslin, Gudrun * 3/129

Bartlesville (Oklahoma, USA)
Brill, Rudolf ~ 11/32

Barton (Wisconsin, USA)
Rehrl, Kaspar ~/† 8/194

Bartošovice v Orlických Horách → Batzdorf

Bartoszówek → Barzdorf

Bartoszyce → Bartenstein

Bartschin (poln. Barcin)
Kalinke, Margot * 5/412

Bartšovice v Orlických horách → Neudorf

Baruth (Gem. Malschwitz)
Burger, Reinhold * 2/238; Lehmann, Ernst Johann Traugott * 6/292

Baruth (Mark)
Kunth, (Gottlob Johann) Christian * 6/170; Nathusius, (Johann) Gottlob * 7/343

Baruthe (poln. Borucice)
Barth, (Ernst Emil) Paul * 1/305

Barzdorf (poln. Bartoszówek)
Grolmann, Wilhelm von † 4/184; Richthofen, Wolfram Frh. von † 8/286

Barzdorf (tschech. Božanov)
Jüttner, Joseph * 5/375; Neugebauer, Max * 7/377

Barzowice → Barzwitz

Barzwitz (poln. Barzowice)
Meinhof, Carl * 7/36

Basadingen (Kt. Thurgau)
Häfeli, Johann Caspar * 4/303

Basbeck (Hemmoor)
Hahn, Diederich (Christian) † 4/328; Vagts, Alfred Hermann Friedrich * 10/176

Basdahl → Oese

Basedow (Kr. Demmin)
Thomsen, Johann Hinrich ~/† 10/22; Voss, Ernst (Christian Theodor Sophus Wilhelm) ~ 10/258

Basel
Abderhalden, Emil ~ 1/2; Aberli, Johannes ~ 1/10; Abt, Hans */~ 1/15; Ackermann, Konrad (Ernst) ~ 1/22; Acronius, Johannes ~/† 1/24; Adam von Fulda ~ 1/27; Adelmann von Adelmannsfelden, Bernhard ~ 1/33; Adelmann von Adelmannsfelden, Konrad ~ 1/34; Adler, Georg ~ 1/39; Adrianus, Matthäus ~ 1/47; Aeby, Christoph Theodor ~ 1/47; Agerius, Nikolaus ~ 1/51; Agster, Alfred (Emil Oskar) ~ 1/56; Alantsee, Leonhard ~ 1/62; Alantsee, Lucas ~ 1/62; Alioth, Johann Siegmund ~/† 1/90; Allemann, (Fritz) René */~ 11/3; Alt, Albrecht ~ 1/95; Altdorfer, Johann Jakob ~ 1/96; Altherr, Heinrich

*/~ 1/101; Althusius, Johannes ~ 1/102; Amberger, Gustav (Adolf) ~ 1/111; Amerbach, Basilius */~/† 1/114; Amerbach, Bonifacius */~/† 1/114; Amerbach, Johannes ~/† 1/114; Amiet, Jakob ~ 1/115; Amman, Johann Konrad ~ 1/115; Ammann, Jost ~ 1/116; Amsler, Alfred ~ 1/120; Anckelmann, Eberhard ~ 1/122; Andlau, Georg von ~/† 1/125; Andlaw, Peter von ~/† 1/126; Angst, Wolfgang ~ 1/139; Anhalt-Zerbst, Friederike Auguste Sophie Fürstin von ~ 1/140; Anheisser, (Carl Maximilian) Roland ~ 1/140; Anna, deutsche Königin ~ 1/141; Anno, Anton ~ 1/145; Annone, Johann Jacob d' */~/† 1/145; Annoni, Hieronymus */~ 1/145; Anton, Bischof von Bamberg ~ 1/151; Apiarius, Mat(t)hias ~ 1/156; Apiarius, Samuel */~/† 1/157; Arco, Ignaz Graf von ~ 1/163; Arnaud, Henri ~ 1/172; Arndt, Johann ~ 1/174; Arnold, Wilhelm (Christoph Friedrich) ~ 1/189; Arnoldi, Heinrich ~/† 1/190; Arnoldus Bergellanus, Johann ~ 1/192; Arnsberg, Paul ~ 1/193; Arp, Hans † 1/195; Arx, Adrian von ~ 1/199; Arx, Caesar von */~ 1/199; Attems, Karl Michael Graf von ~ 1/210; Attenhofer, Elsie ~ 11/7; Auberlen, Karl August ~/† 1/211; Babberger, August ~ 1/233; Bach, Max ~ 1/240; Bachofen, Johann Jakob */~/† 1/247; Bächtold, Hermann ~/† 1/254; Bächtold-Stäubli, Hanns ~/† 1/254; Bär, Ludwig */~ 1/260; Bäuerle, Adolf † 1/264; Bagge, Selmar ~/† 1/267; Bally, Carl Franz † 1/278; Bally, Theodor Armand ~ 1/279; Balmer, Johann Jakob ~/† 1/279; Balmer, (Paul Friedrich) Wilhelm */~ 1/279; Balser, Ewald ~ 1/279; Balthasar, Hans Urs von ~/† 1/281; Barth, Fritz */~ 1/301; Barth, Gottfried ~ 1/301; Barth, Hans */~ 1/301; Barth, Heinrich ~/† 1/302; Barth, Karl */~/† 1/303; Barth, Paul Basilius * 1/305; Bartholomäus von Maastricht ~ 1/308; Bass, Heinrich ~ 1/314; Battier, Samuel */~/† 1/318; Bauer, Hans ~ 11/13; Bauer, Johannes (Christian Ludwig August) ~ 1/327; Bauer, Stephan ~/† 1/329; Bauhin, Caspar */~/† 1/331; Bauhin, Hieronymus ~ 1/331; Bauhin, Jean ~ 1/331; Bauhin, Johann */~ 1/331; Bauhin, Johann Caspar */~ 1/331; Baumann, Fritz (Cäsar) */~/† 1/335; Baumann, Ida ~ 1/336; Baumann, Johannes ~ 1/336; Baumberger, Ernst ~/† 1/339; Baumgarten, Arthur ~ 1/343; Baumgartner, Max ~ 1/348; Baumgartner, Paul ~ 1/348; Baumgartner, Walter ~/† 1/348; Baur, Hermann ~ 1/351; Baur, Johann Jakob ~ 1/351; Beatus Rhenanus ~ 1/362; Bebel, Heinrich ~ 1/364; Bebel, Johann ~ 1/364; Becher, Ulrich ~/† 1/366; Bechmann, (Georg Carl) August Ritter von ~ 1/367; Beck, Conrad ~/† 1/369; Beck, Jakob Christoph */~/† 1/370; Beck, Johann Tobias ~ 1/371; Beck, Joseph ~ 1/371; Beck, Sebastian */~/† 1/373; Becker, Bernhard ~ 1/375; Becker, Wilhelm ~ 11/15; Beckerath, Erwin von ~/† 1/382; Beckmann, Lukas ~ 1/385; Beetschen, Lucie ~ 1/393; Behaghel, Otto ~ 1/394; Beirer, Hans ~ 1/406; Benecke, Wilhelm ~ 1/419; Benz, Gustav ~/† 1/430; Bercher, Emil */~/† 1/434; Bergmann, Gustav von ~ 1/450; Bergmann von Olpe, Johann ~ 1/452; Bernatzik, Edmund ~ 1/460; Bernoulli, August Leonhard */~/† 1/472; Bernoulli, Carl Albrecht */~ 1/472; Bernoulli, Carl Christoph */~/† 1/472; Bernoulli, Christoph */~/† 1/472; Bernoulli, Daniel ~/† 1/472; Bernoulli, Eduard */† 1/473; Bernoulli, Hans */~ 1/473; Bernoulli, Jacob */~/† 1/473; Bernoulli, Jakob * 1/473; Bernoulli, Johann */~/† 1/474; Bernoulli, Johann */~/† 1/474; Bernoulli, Johann * 1/474; Bernoulli, Johann Jakob */~/† 1/474; Bernoulli, Nikolaus */~ 1/475; Bernoulli, Nikolaus * 1/475; Berri, Melchior */~/† 1/479; Bertelsmann, Wilhelm (Heinrich) ~ 1/481; Bertholet, Alfred (Robert Felix) */~ 1/487; Besicken, Johannes ~ 1/490; Besserer, Hieronymus ~ 1/491; Besserer, Georg ~ 1/494; Bethe, Erich (Julius Adolf) ~ 1/496; Beurmann, Emil */~/† 1/501; Beuys, Joseph ~ 1/504; Beyerle, Franz ~ 11/20; Biberti, Leopold ~ 1/511; Bibliander, Theodor ~/† 1/512; Biedermann, Alois Emanuel ~ 1/516; Biedermann, Johann Jakob ~ 1/517; Bienstock, Heinrich ~ 1/522; Bilguer, Johann Ulrich von ~ 1/526; Bill, Max ~ 1/527; Binding, Karl (Ludwig Lorenz) ~ 1/532; Binding, Rudolf (Georg) * 1/532; Bing, (Paul) Robert ~/† 1/533; Bircher, Eugen ~ 1/536; Birck, Sixt ~ 1/536; Birkhäuser, Peter */~ 1/538; Birmann, Martin ~ 1/539; Birmann, Peter */~/† 1/539; Birr, Anton */~/† 1/541; Bischoff, Christoph ~/† 1/542; Bischoff, Johann Jakob ~/† 1/543; Blarer von Wartensee, Jakob Christoph ~ 1/559; Blau, Felix Anton ~ 1/563; Blessing, Karl ~ 11/23; Bloch, Alfred */~/† 1/573; Bloch, Bruno ~ 1/573; Blumhardt, Christian Gottlieb ~/† 1/589; Blumhardt, Johann Christoph ~ 1/589; Bock, Abraham von ~ 1/593; Bock, Hans d. Ä. ~/† 1/595; Bodelschwingh, Friedrich von ~ 1/601; Bodelschwingh, Friedrich von ~ 1/601; Bodenstein, Adam von ~/† 1/604; Bodmer, Walter */~/† 1/606; Böcklin, Arnold */~ 1/611; Böhl, Eduard ~ 1/614; Boehringer, Erich ~ 1/625; Boehringer, Robert ~ 1/625; Böschenstein, Johann ~ 1/635; Bohner, Heinrich ~ 2/3; Bohner, Theodor Paul ~ 2/3; Bolliger, Adolf ~ 2/10; Bolt, Niklaus ~ 2/11; Boltz, Valentin ~ 2/12; Boner, Alice ~ 2/17; Bonjour, Edgar (Konrad) ~/† 2/20; Bonstetten, Albrecht von ~ 2/21; Borchert, Wolfgang † 2/27; Born, Stephan ~/† 2/33; Bornemann, Helmut * 2/34; Bornemann, Wilhelm ~ 2/34; Borrhaus, Martin ~/† 2/37; Bossard, Johann Karl Silvan ~ 2/43; Bottlinger, Kurt Felix ~ 2/48; Bourcart, Charles ~/† 2/49; Bräm, Andreas * 2/56; Brambach, Rainer */~/† 2/59; Brandmüller, Gregorius */~/† 2/67; Brandmüller, Johannes */~ 2/67; Brandstetter, Josef Leopold ~ 2/67; Brandstetter, Renward ~ 2/67; Brant, Sebastian ~ 2/73; Brass, Kurt ~ 2/74; Brassicanus, Johannes ~ 2/75; Braun, Adolf ~ 2/78; Braun, Alfred (Johann August) ~ 2/79; Braun, Gustav Oskar Max ~ 2/80; Braun, Karl Philipp ~ 2/84; Braun, Samuel */~/† 2/87; Breitenstein, Ernst ~ 2/102; Breitinger, Heinrich ~ 2/105; Breitinger, Johann Jakob ~ 2/106; Brenner, Ernst */~ 2/113; Brenner-Kron, Emma † 2/114; Brennwald, Heinrich ~ 2/115; Brenz, Johannes ~ 2/118; Bridel, Philipp Syrach ~ 2/130; Briefer, Nikolaus */~/† 2/131; Briemle, Theodosius ~ 2/133; Brockhaus, Friedrich Arnold ~ 2/139; Brodmann, Roman ~ 2/142; Brömser, Philipp ~ 2/143; Brown, Charles ~/† 2/147; Brown, Charles Eugène Lancelot ~ 2/147; Browne, Maximilian Ulysses Reichsgraf von * 2/148; Bruckner, Daniel */~/† 2/151; Brückner, Arthur ~/† 2/153; Brühlmann, Hans ~ 2/158; Brünner, Karl ~ 2/161; Bruhns, Leopold Paul ~ 2/164; Brunfels, Otto ~ 2/166; Brunies, Stephan ~/† 2/167; Brunnenmeister, Emil ~ 2/168; Brusch, Kaspar ~ 2/175; Buber, Martin ~ 2/177; Bucherer, Max ~ 2/183; Buchka, Karl (Heinrich) von ~ 2/185; Büchel, Hilde ~ 2/194; Bücher, Karl ~ 2/195; Büchi, Albert ~ 2/195; Büchli, Werner ~ 2/195; Bühler, Alfred ~/† 2/200; Bührer, (Hans) Jakob ~ 2/202; Bünderlin, Hans ~ 2/207; Bürkner, Robert ~ 2/212; Bukofzer, Manfred F. ~ 2/219; Bumm, Ernst ~ 2/223; Bunge, Gustav von ~/† 2/223; Burchard, Bischof von Basel ~/† 2/227; Burchard, Johann ~ 2/229; Burckhardt, Albrecht (Eduard) */~/† 2/230; Burckhardt, Carl (Emanuel) */~ 2/230; Burckhardt, Carl ~ 2/231; Burckhardt, Carl Jacob * 2/231; Burckhardt, Felix Heinrich */~ 2/231; Burckhardt, Fritz ~/† 2/231; Burckhardt, Jacob Christoph */~/† 2/231; Burckhardt, Ludwig August */~/† 2/233; Burckhardt, Paul ~/† 2/233; Burckhardt, Walther ~/† 2/233; Burger, Fritz ~ 2/236; Buri, Fritz ~/† 11/36; Busch, Adolf ~ 2/248; Busch, Hans Peter ~ 11/36; Busch, Johannes ~ 11/36; Busoni, Ferruccio (Dante Michelangiolo Benvenuto) ~ 2/253; Buss, Ernst ~ 2/254; Buxtorf, Joachim Gerlach ~ 2/261; Buxtorf, Johannes d. Ä. ~ 2/261; Buxtorf, Johannes d. J. */~/† 2/261; Caliga-Ihle, Auguste ~ 2/265; Camenisch, Paul ~/† 2/268; Camerarius, Ludwig ~ 2/269; Camerarius, Philipp ~ 2/269; Cantiuncula, Claudius ~ 2/275; Capito, Wolfgang ~/† 2/277; Carlowitz, Christoph von ~ 2/282; Cartellieri, Otto (Ernst Wilhelm) † 2/289; Chladek, Rosalia ~ 11/39; Christ, Adolf */† 2/314; Christ, Hermann */~/† 2/314; Christ, Paul ~ 2/315; Christaller, Johann Gottlieb ~ 2/316; Christaller, Theodor ~ 2/316; Christen, Joseph Maria ~ 2/317; Christiani, David ~ 2/321; Christians, Rudolf ~ 2/322; Christl, Anton Joseph ~ 2/322; Christmann, Jakob ~ 2/323; Christoph von Utenheim, Bischof von Basel ~ 2/323; Clan, Joachim ~ 2/329; Clauser, Jakob

~/† 2/335; Cludius, Andreas ~ 2/346; Cludius, Johannes Thomas ~ 2/346; Cnobloch, Karl ~ 2/347; Coester, Oskar ~ 2/351; Colle, Hippolyt von ~ 2/356; Collinus, Rudolfus ~ 2/357; Colm, Gerhard ~ 2/359; Colombi, Plinio ~ 2/359; Comander, Johannes ~ 2/360; Copus, Wilhelm */~ 2/371; Cordes, Johann Heinrich Karl ~ 2/372; Corinth, Lovis (Franz Heinrich Louis) ~ 2/373; Cornarius, Friedrich ~ 2/374; Corrodi, Wilhelm August ~ 2/378; Courvoisier, Karl * 2/386; Courvoisier, Leo ~ 2/386; Courvoisier, Ludwig Georg */~/† 2/386; Courvoisier, Walter ~ 2/386; Cranach, Lucas d. Ä. ~ 2/392; Cratander, Andreas ~ 2/394; Creiling, Johann Konrad ~ 2/396; Croaria, Hieronymus von ~ 2/401; Crocius, Christian Friedrich ~ 2/401; Crocius, Ludwig ~ 2/401; Crocius, Paul ~ 2/401; Cronberg, Hartmuth von ~ 2/403; Cuno, Johannes ‡ 2/410; Cunrad, Caspar ~ 2/411; Curione, Celio Secundo ~/† 2/412; Czermak, Jaroslav ~ 2/418; Daetwyler, Jean * 2/426; Dam, Hendrik George van ~ 2/435; Danckwerth, Caspar ~ 2/439; Danioth, Heinrich ~ 2/441; David, Adam */† 2/451; David, Karl Heinrich ~ 2/452; Debary, Johannes ~ 2/455; Debrunner, (Johann) Albert */~ 2/455; Decker, Georg ~/† 2/458; Decker, Georg Jakob I. * 2/458; Decker, Georg Jakob II. ~ 2/458; Decker, Johann Heinrich I. * 2/459; Decker, Johann Heinrich II. ~ 2/459; Decker, Johann Jacob I. * 2/459; Decker, Johann Jacob II. */† 2/459; Delz, Christoph (Andreas) */~/† 2/480; Denais, Peter ~ 2/484; Denk, Hans ~/† 2/487; Dettling, Joseph (Leonard) ~ 2/501; Deutsch, Hans Rudolf Manuel ~ 2/505; De Wette, Martin Leberecht ~/† 2/509; Dies, Albrecht Christoph ~ 2/522; Diest, Heinrich van ~ 2/525; Dietrich, Hermann Robert ~ 2/536; Dietrich, Paul ~ 2/537; Dietschi, Eugen ~/† 2/539; Dietze, Ursula ~ 2/541; Dill, Emil ~ 2/546; Dilthey, Wilhelm (Christian Ludwig) ~ 2/548; Doerr, Robert ~ 2/579; Doetsch-Benziger, Richard ~/† 2/581; Dommann, Hans † 2/591; Donzé, Numa */~ 2/596; Dorn, Richard W. ~ 2/598; Dornau, Caspar von ~ 2/598; Dragendorff, Hans ~ 2/606; Dralle, Eduard ~ 2/608; Drathschmidt von Bruckheim, Anna ~ 2/609; Dreesen, Willrath ~ 2/612; Dreyfus, Jacques * 2/619; Drollinger, Karl Friedrich ~/† 2/623; Druskowitz, Helene von ~ 2/628; Dümmler, Georg Ferdinand ~/† 2/635; Dünser, Margret † 2/636; Dürer, Albrecht ~ 2/638; Dürninger, Abraham ~ 2/640; Dürr, Emil ~/† 2/640; Dürrenmatt, Friedrich ~ 2/642; Dürrenmatt, Peter (Ulrich) ~/† 2/642; Duhm, Bernhard (Laward) ~/† 2/645; Dunkmann, Karl ~ 2/653; Duvanel, Adelheid */~/† 11/49; Ebendorfer, Thomas ~ 2/666; Eberhard II., Abt von Weihenstephan ~ 2/669; Eberlin von Günzburg, Johann ~ 2/675; Ebert, Carl (Anton) ~ 2/677; Ebrard, Friedrich August */~ 3/3; Eckardt, Julius (Albert Wilhelm) ~ 3/8; Ecker, Alexander ~ 3/10; Edlbacher, Siegfried Augustin Johann ~/† 3/19; Egender, Karl ~ 3/24; Eger, Otto ~ 3/24; Eger, Paul ~ 3/24; Eggenberger, Hans */~ 3/27; Egger, Augustin ~ 3/27; Egger, Fritz */~/† 3/28; Egger, Karl */† 3/28; Eggert, John Emil Max † 3/30; Eglin, Raphael ~ 3/33; Egranus, Johannes Sylvius ~ 3/34; Ehinger, Hans */~/† 3/34; Ehret, Georg Dionys ~ 3/41; Ehrfeld, Joseph † 3/41; Ehrmann, Johann Christian ~ 3/44; Eichler, Martin (Maximilian Emil) ~ 11/51; Eichler, Matthias Gottfried ~ 3/54; Eichrodt, Walther ~/† 3/56; Eisele, (Hermann Friedrich) Fridolin ~ 3/68; Eisinger, Irene ~ 3/75; Elisabeth, Markgräfin von Baden-Durlach ~/† 3/86; Emde, Hermann (Karl Christian) ~ 3/102; Emser, Hieronymus ~ 3/106; Enderlein, Caspar */~ 3/110; Enderlen, Eugen ~ 3/110; Engi, Gadient ~ 3/124; Enholtz, Walter ~/† 3/127; Ensingen, Ulrich von ~ 3/129; Ensinger, Vincenz ~ 3/129; Eppendorf, Heinrich ~ 3/132; Erasmus von Rotterdam, Desiderius ~/† 3/134; Erastus, Thomas ~/† 3/136; Erhardt, Jakob ~ 3/147; Erlenmeyer, Hans Friedrich Albrecht ~/† 3/152; Ernst, Otto ~/† 3/166; Esperlin, Joseph ~/† 3/179; Esslinger, Anna Barbara ~/† 3/182; Ettinger, Max † 3/185; Etzel, Carl von ~ 3/187; Eucken, Rudolf (Christoph) ~ 3/187; Eugen, Erzherzog von Österreich ~ 3/188; Eugster-Züst, Howard ~ 3/190; Euler, Leonhard */~ 3/192; Faber, Johann ~ 3/208; Fabri, Felix ~ 3/211; Fabri, Johannes ~ 3/211; Fabricius, Johann Georg ~ 3/214; Fabricius Montanus, Johann ~ 3/215; Faesch, Johann Rudolph * 3/217; Faesch, Ruman */~ 3/217; Fäsi, Johann Konrad ~ 3/218; Fahrländer, Karl Emanuel */~ 3/220; Falkeisen, Theodor */~/† 3/226; Falkenberg, Johannes ~ 3/226; Falta, Wilhelm ~ 3/229; Farner, Konrad ~ 3/232; Farner, Oskar ~ 3/232; Faulhaber, Johannes ~ 3/235; Fecher, Friedrich ~/† 3/237; Fechter, Daniel Albrecht */~/† 3/239; Feer, (Walter) Emil ~ 3/243; Fehling, Hermann Johannes Carl ~ 3/244; Fehr, Bernhard */~ 3/245; Feigenwinter, Ernst ~/† 3/248; Feiwel, Berthold ~ 3/254; Felsenstein, Walter ~ 3/263; Ferand, Ernest † 3/266; Feyerabend, Franz */† 3/282; Fiala, Friedrich (Xaver Odo) ~ 3/283; Fichard, Johann ~ 3/284; Fichard, Raymund Pius ~ 3/284; Fichter, (Carl) Friedrich (Rudolf) */~/† 3/286; Fichter, Johann Baptist ~ 3/289; Fiechter, Arnold ~/† 3/291; Fiechter, Ernst Robert * 3/291; Fierz, Hans Eduard ~ 3/293; Finsler, Georg ~/† 3/305; Fisch, Rudolf (Samuel) ~ 3/308; Fischart, Johann ~ 3/308; Fischer, Edwin * 3/313; Fischer, Guido ~ 3/317; Fischer, Hans Eric ~ 3/318; Fischer, Kilian ~ 3/323; Fischer, Max (Wilhelm Conrad) ~ 3/324; Fischer, Otto ~ 3/326; Fischer, Res ~ 3/326; Fitting, (Heinrich) Hermann ~ 3/333; Flach, Martin */~ 3/334; Flacius, Matthias ~ 3/334; Flad, Johann Martin ~ 3/335; Fladung, Johann ~ 3/335; Flatt, Robert */~ 3/337; Fleckenstein, Johann von ~/† 3/339; Fleiner, Fritz ~ 3/340; Floerke, Hanns ~ 3/353; Flury, Richard ~ 3/358; Follen, Karl (Theodor Christian) ~ 3/367; Follenweider, Rudolf */~/† 3/368; Forcart-Weiss, Johann Rudolf */~/† 3/371; Forster, Johann ~ 3/377; Franck, Hans ~/† 3/388; Franck, Richard ~ 3/390; Franck, Sebastian ~/† 3/391; Frank, Fritz ~ 3/398; Frank, Horst (Bernhard Wilhelm) ~ 11/63; Frank, Rudolf ~/† 3/403; Franke, (Max) Walther ~/† 3/405; Freher, Marquard ~ 3/421; Frei, Hans */~ 3/421; Freigius, Johann Thomas ~/† 3/422; Frey, Emil ~ 3/434; Frey, Jakob ~ 3/435; Frey, Johann Jakob */~ 3/436; Frey, Johann Ludwig */~/† 3/436; Friderich, Karl (Hans Reinhold) ~ 3/444; Fridolin, Stephan ~ 3/445; Friedmann, (Adolph) Hermann ~ 3/455; Fries, Hans ~ 3/483; Fringeli, Albin ~ 3/487; Frisch, Hans von ~ 3/488; Frisius, Johannes ~ 3/492; Froben, Ambrosius */~/† 3/498; Froben, Hieronymus */~/† 3/499; Froben, Johann ~/† 3/499; Fröhlich, Samuel Heinrich ~ 3/503; Frohnmeyer, Ida ~/† 3/507; Fromolt, Eberhard ~ 3/511; Fuchs, Albert * 3/516; Fuchs, Leonhart ~ 3/520; Füssli, Wilhelm ~ 3/533; Fueter, Eduard */~/† 3/533; Fueter, Rudolf */~ 3/533; Furter, Michael ~ 3/544; Fuss, Nikolaus von * 3/546; Futterer, Karl (Wilhelm) */~ 3/546; Gabriel, Luzius ~ 3/550; Gärtner, Gottfried ~ 3/555; Gallus Rubiacensis, Jodocus ~ 3/565; Gantner, Joseph ~/† 3/571; Ganz, Hans (Heinrich) ~ 3/571; Ganz, Paul ~/† 3/572; Garrè, Carl (Alois Philipp) ~ 3/575; Gasser, Adolf ~/† 3/577; Gast, Johannes ~/† 3/580; Gast, Peter ~ 3/580; Geering, Johann Rudolf */~ 3/597; Geering, Traugott */~/† 3/597; Gehring, Jakob ~ 3/601; Geigy, Carl */† 3/607; Geigy, (Johann) Rudolf */† 3/607; Geiler von Kaysersberg, Johannes ~ 3/607; Geiser, Walther ~ 3/609; Geizkofler von Reifenegg von und zu Gailenbach, Zacharias ~ 3/614; Gelen, Sigmund */~/† 3/616; Gelpke, Ludwig (Hermann) ~ 3/618; Gelpke, Rudolf (Arnold) * 3/618; Gelzer, (Johann) Heinrich ~ 3/618; Gelzer, Heinrich ~ 3/619; Gelzer, Matthias ~ 3/619; Gengenbach, Pamphilus */~/† 3/622; Gentilis, Scipio ~ 3/623; Georgi, Felix ~/† 3/632; Gerbel, Nikolaus ~ 3/635; Gerecke, Eduard ~ 3/637; Gerhardt, Dietrich ~ 3/643; Gerkrath, Franz (Eduard Albert) ~ 3/646; Gernler, Lukas ~ 3/653; Gerold, Karl ~ 3/654; Gerold, Theodor ~ 3/654; Gerter, Elisabeth ~ 3/661; Gerwig, Max */~/† 3/663; Geß, Wolfgang (Heinrich Christian) Friedrich ~ 3/666; Gessner, Johann ~ 3/666; Geymüller, Johann Heinrich Frh. von ~ 3/674; Geymüller, Johann Heinrich Frh. von */† 3/675; Geymüller, Johann Jacob Frh. von * 3/675; Gfeller, Arnold */~ 3/675; Gidal, Nachum Tim ~ 11/68; Gigon, Alfred ~/† 4/6; Gigon, Olof */~ 11/69; Gillig, Charles ~ 4/9; Ginsberg, Ernst ~ 4/12; Glareanus, Henricus ~

Bath (England)
Hackert, Johann Gottlieb † 4/297; Herschel, Caroline Lucretia ~ 4/646; Herschel, (Friedrich) Wilhelm ~ 4/646

Batignolles (Frankreich)
Schlabrendorff, Gustav Graf von † 8/652

Baton Rouge (Louisiana, USA)
Bauer, Julius ~ 1/327

Battaune (seit 1996 zu Doberschütz)
Wislicenus, Gustav Adolf * 10/541

Battenberg (Eder)
siehe auch *Auhammer*
Gall, Ferdinand (Wilhelm Adam) Frh. von * 3/561; Nigrinus, Georg * 7/417; Rube, Johann Christoph ~/† 8/430

Battgendorf (seit 1950 zu Kölleda)
Dümmler, (Friedrich Heinrich Georg) Ferdinand * 2/635

Batum → Batumi

Batumi (früher Batum, Georgien)
Albrecht, Max ~ 1/83; Backe, Herbert ~ 1/249; Charlier, Albert Franz Viktor ~ 2/305; Schläfli, Alexander ~ 8/652

Batzdorf (tschech. Bartošovice v Orlických Horách)
Pitsch, Karl Franz * 7/681

Batzwitz (poln. Baszewice)
Thadden-Trieglaff, Adolf von † 9/685

Bauchwitz (poln. Bukowiec)
Gersdorff, Hans Otto von */† 3/656

Baudach (Niederlausitz) (poln. Budziechów)
Haupt, Joachim (Thomas) Leopold * 4/443

Baudis (heute zu Baudis-Meesendorf, poln. Budziszów)
Linke, Gottfried * 6/412

Bauen (Kt. Uri)
Heimgartner, Joseph ~ 4/504; Zwyssig, Alberich * 10/711

Bauerbach (Marburg)
Pfeiffer, Alois * 7/639

Bauerhof (Livland)
Sievers, Jakob Johann Graf von † 9/322

Bauerwitz (poln. Barborów)
Achtélik, Josef (Hermann) * 1/18

Bauma (Kt. Zürich)
Aeppli, August * 1/49; Egli, Jakob ~ 3/33; Knie, Eugen * 5/620; Rüstow, Friedrich Wilhelm ~ 8/456; Streuli, Schaggi */† 9/585

Baumersroda
Cramer, Ludwig Dankegott * 2/390

Baumgarten (Gem. Dietersburg)
Bendl, Ehrgott Bernhard * 1/418

Baumgarten (poln. Braszowice)
Goldmann, Wilhelm * 4/81; Taux, Alois * 9/668

Baumgarten (poln. Gudowo)
Zunker, Ferdinand * 10/701

Baumgartenbrück
Meusebach, Karl Hartwig Gregor Frh. von † 7/95

Baumholder
Moos, Heinz * 7/203; Rausch, Edwin * 8/163

Baumkirchen
Mutschelle, Sebastian ~ 7/321

Baunach
Batz, Johann Friedrich ~/† 1/319; Casseder, Nikolaus ~ 2/293

Baunatal → Großenritte

Bausendorf
Bohn, Peter * 2/2

Bausk → Bauske

Bauska → Bauske

Bauske (lett. Bauska, russ. Bausk)
Arbusow, Leonid ~ 1/162; Arbusow, Leonid (Hans Nikolaus) * 1/162; Wilde, Jakob * 10/499; Zadig, Abraham ~ 10/612

Baustetten (Laupheim)
Miller, Max * 7/143

Bautsch (tschech. Budišov nad Budiškovou)
Hallaschka, (Franz Ignaz) Cassian * 4/344; Polek, Johann * 8/24

Bautzen
Acoluth, Benjamin † 1/23; Acoluth, Karl Benjamin ~/† 1/23; Acoluth, Karl Gottlieb Immanuel ~/† 1/23; Ameis, Karl Friedrich * 1/113; Anders, Franz Julius * 1/123; Arnolf, Bischof von Halberstadt ~ 1/192; Bach, Carl von ~ 1/235; Barth, Johann August ~ 1/302; Beer, Eduard Friedrich Ferdinand * 1/388; Bergt, Christian Gottlob August ~/† 1/454; Bettermann, Wilhelm ~ 1/499; Biehle, (August) Johannes */~/† 1/519; Böhme, Kurt ~ 1/621; Böhmer, Johann Gotthold ~/† 1/623; Böttiger, Karl August ~ 1/639; Böttiger, Karl Wilhelm * 1/640; Bosse, Hans Alexander von ~/† 2/44; Braunbek, Werner * 2/88; Brescius, Karl Friedrich * 2/119; Brückner, Max Johannes ~/† 2/153; Buchheim, Rudolf (Richard) * 2/183; Buck, (Johann) Wilhelm * 2/190; Carus, Friedrich August * 2/290; Distelmeyer, Lampert ~ 2/558; Dittrich, Joseph ~ 2/562; Dreßler, Johann Gottlieb ~/† 2/616; Eichenberg, Karl Wilhelm ~ 3/48; Finckelthaus, Gottfried † 3/298; Fischer, Carl Friedrich August */~/† 3/312; Fischer, (Friedrich Wilhelm) Hermann ~ 3/319; Flügel, Gustav Leberecht * 3/356; Forwerk, Ludwig ~ 3/380; Fröhlich, Paul ~ 3/503; Frucht, Adolf-Henning ~ 3/514; Gero, Erzbischof von Magdeburg ~ 3/653; Giese, Ernst (Friedrich) * 4/1; Goldfriedrich, Johann (Adolph) * 4/79; Grohmann, Will ~ 4/182; Haupt, (Adolph) Hugo ~/† 4/443; Heine, Georg */~/† 4/508; Heinicke, Georg */~ 4/516; Heinrich II., deutscher König, Kaiser ~ 4/518; Helm, Rolf ~ 4/571; Hempel, (Karl) Gustav ~ 4/579; Hering, Richard * 4/616; Hermann, Markgraf von Meißen ~ 4/621; Högg, Emil ~ 5/92; Israel, August ~ 5/264; Kalckstein, Christian Ludwig von * 5/411; Kaps, Robert ~ 5/432; Küchelbecker, Johann Basilius ~ 6/140; Legge, Peter † 6/289; Leisentrit von Juliusberg, Johann ~/† 6/309; Leuner, Hanscarl ~ 11/121; Lotze, (Rudolph) Hermann */~ 6/485; Ludwig der Brandenburger, Markgraf von Brandenburg, als Ludwig V. Herzog von Bayern, Graf von Tirol ~ 6/502; Mannfeld, (Karl Julius) Bernhard ~ 6/595; Mauermann, Ignaz Bernhard ~ 6/667; Meißner, August Gottlieb * 7/41; Mittasch, (Paul) Alwin ~ 7/155; Mucke, (Karl) Ernst ~/† 7/238; Naumann, Christian Nikolaus ~ 7/348; Neubert, Fritz (Karl Hermann) ~ 7/373; Neubner, Ottomar * 7/373; Niavis, Paul ~/† 7/397; Peucer, Caspar ~ 7/629; Pezel, Johann Christoph ~/† 7/632; Philipps, Horst * 7/658; Polenz, Wilhelm von † 8/24; Porth, Karl ~ 8/40; Renn, Ludwig ~ 8/243; Richter, Andreas ~ 8/275; Röhrscheidt, Wenzel d. Ä. */~/† 8/352; Röhrscheidt, Wenzel d. J. */~/† 8/352; Rost, Friedrich Wilhelm Ehrenfried * 8/407; Rott, Adolf (Peter) ~ 8/424; Schade, Abraham ~ 8/542; Schaidenreisser, Simon (Felix) * 8/558; Schertzer, Johann Adam ~ 8/615; Schmidt, Johann * 9/11; Schneider, Johann Gottlieb ~ 9/56; Schönfeld, Victorin * 9/94; Semper, Gottfried ~ 9/284; Spülbeck, Otto ~ 9/423; Stolze, Gerhard (Wolfgang) ~ 9/556; Tabor, Johann Otto */~ 9/649; Thimig, Hugo (August) ~ 10/11; Treutler von Kroschwitz, Hieronymus ~/† 10/85; Tzschirner, Samuel Erdmann */~ 10/120; Ulrich, Christian Friedrich * 10/145; Unger, Hans * 10/153; Weck, Anton † 10/365; Wetzel, Friedrich Gottlob Karl * 10/463; Wezel, Johann Karl ~ 10/468; Zech-Burkersroda, Julius Graf von † 10/625; Zehmen, Ludwig von ~ 10/629; Zezschwitz, Karl Adolf Gerhard von ~/† 10/649; Zschietzschmann, Willy * 10/690; Zumpe, Hermann ~ 10/700

Bavenhausen (Gem. Kalletal)
Kluckhohn, August * 5/607

Bay Shore (New York, USA)
Skala, Lilia ~ 9/345

Baydorf (Österr.-Schlesien)
Mikusch, Margarethe * 7/138

Bayenthal (seit 1888 zu Köln)
Baehrens, Emil * 1/257; Klönne, August ~ 5/602

Bayerdießen (Gem. Dießen a. Ammersee)
Häberl, Franz Xaver von † 4/301

Bayerfeld (Sachsen)
Tag, Christian Gotthilf * 9/652

~ 8/136; Rasp, Fritz (Heinrich) * 8/146; Ratjen, Hans-Georg ~ 8/152; Reimesch, Fritz Heinz ~/† 8/212; Reinmar, Hans ~ 8/227; Reissinger, Hans */~/† 8/232; Rémond, Fritz ~ 8/240; Reuss-Belce, Luise ~ 8/258; Richter, Hans ~/† 8/279; Richter, Rudolf Heinrich ~/† 8/283; Ridderbusch, Karl ~ 8/288; Riedel, August * 8/290; Riedel, Eduard von * 8/291; Riedel, Johann Gottlieb ~/† 8/291; Riedel, Karl Christian ~/† 8/292; Riediger, Johann Adam ~/† 8/294; Roose, Friedrich ~ 8/383; Rosvaenge, Helge Anton ~ 8/409; Rother, Artur (Martin) ~ 8/419; Rudhart, Ignaz von ~ 8/435; Rudolph, Johann Christian ~ 8/441; Rüsche-Endorf, Cäcilie ~ 8/455; Saenger, Max * 8/493; Sartorius, Carl (Friedrich) * 8/520; Sattler, Joachim ~ 8/524; Sauer, Fred ~ 8/526; Schade, Abraham ~ 8/542; Schemm, Hans */~ 8/600; Scheppan, Hilde ~/† 8/608; Scherer, Wilhelm * 8/611; Schlosser, Maximilian ~ 8/685; Schlusnus, Heinrich ~ 8/689; Schmidel, Kasimir Christoph */~ 8/708; Schmitt-Walter, Karl ~ 9/33; Schnegg, Johann ~ 9/49; Schöpfel, Johann Wolfgang Andreas ~/† 9/101; Schoepflin, Adolf ~ 9/102; Schuckmann, (Kaspar) Friedrich Frh. von ~ 9/168; Schütz, Gabriel ~ 9/177; Schumann, Otto E. ~/† 9/206; Schweigger, Johann Salomo Christoph ~ 9/235; Schweitzer, Anton ~ 9/239; Schwend, Karl * 9/241; Seebeck, Thomas (Johann) ~ 9/255; Seiler, Georg Friedrich ~ 9/271; Senger-Bettaque, Katharina ~ 9/288; Söhnlein, Kurt ~ 9/358; Sophie Dorothea, Königin von Preußen ~ 9/378; Spieß, Anton Ernst Wilhelm ~ 9/405; Spiess, Philipp Ernst ~/† 9/405; Spring, Alexander ~ 9/419; Staden, Johann ~ 9/428; Stadler, Johann Wilhelm ~ 9/430; Stahl, Friedrich Karl ~ 9/438; Staudigl, Gisela ~ 9/457; Steidl, Franz ~ 9/471; Stein, Heinrich Frh. von ~ 9/478; Stenglein, Albert * 9/506; Stenglein, Melchior * 9/506; Stirner, Max * 9/535; Stoeckel, Joe ~ 9/541; Stölzel, Gottfried Heinrich ~ 9/545; Striedinger, Ivo * 9/587; Stübner, Friedrich Wilhelm * 9/607; Stübner, Georg Albrecht ~/† 9/608; Stumpf, Johannes ~/† 9/614; Sühler, Gustav † 11/180; Superville, Daniel von ~ 9/633; Synek, Liane ~ 9/644; Telemann, Georg Philipp ~ 9/671; Terkal, Karl ~ 9/677; Theil, Johann Gottfried Benedict ~ 9/691; Thomaschek, Hans ~ 10/19; Thürheim, Friedrich Graf von ~ 10/26; Unger, Georg ~ 10/153; Unger, Georg Christian */~ 10/153; Völderndorff und Waradein, Eduard Frh. von * 10/222; Vogl, Therese ~ 10/231; Volckmann, Adam ~/† 10/242; Vollmer, Artur ~ 10/248; Waechter, Eberhard ~ 10/271; Wagner, Adolf ~ 10/277; Wagner, Cosima ~ 10/279; Wagner, Friedelind */~ 10/280; Wagner, Moritz (Friedrich) * 10/285; Wagner, (Wilhelm) Richard ~ 10/286; Wagner, Rudolph * 10/289; Wagner, Siegfried † 10/290; Wagner, Wieland */~ 10/290; Wagner, Winifred ~ 10/291; Wagner-Jachmann, Johanna ~ 10/291; Wallnöfer, Adolf ~ 10/314; Walter, Benno ~ 10/317; Watzke, Rudolf ~ 10/347; Weber, Ludwig ~ 10/357; Wendling, Carl ~ 10/433; Wetzel, (Gottlieb) Friedrich Wilhelm ~ 10/463; Wilhelmine Friederike Sophie, Markgräfin von Bayreuth ~/† 10/507; Wilhelmj, (Ernst Daniel Friedrich) August ~ 10/507; Will, Johann Friedrich * 10/509; Wilmersdörffer, Max Ritter von * 10/515; Wirl, Erik ~ 10/537; Wirth, Johann Georg August ~ 10/539; Wolff, Fritz ~ 10/572; Wolff, Jakob d. J. ~ 10/574; Wolzogen, Hans (Paul) Frh. von ~/† 10/587; Würzburger, Eugen * 10/594; Würzburger, Karl Jakob Werther */~ 10/594; Zehme, Albertine ~ 10/629; Ziegler, Hans Severus † 10/654; Zimmermann, Jörg ~ 10/668; Zorn, (Karl Ludwig) Philipp * 10/689; Zumpe, Hermann ~ 10/700

Bayrischzell
siehe auch *Geitau*
Endell, Fritz † 3/108; Harth, Philipp ~/† 4/399; Veit, Friedrich (Tobias August) † 10/188

Bayswater (Neuseeland)
Wolfskehl, Karl † 10/581

Bazeilles (Frankreich)
Hofmann, Karl † 5/130

Bazin → Bösing

Bazna → Baaßen

Beacon (New York, USA)
Moreno, Jakob L(evy) † 7/209

Beatenberg (Kt. Bern)
Gatschet, Albert (Samuel) * 3/581; Hoetger, Bernhard † 5/106; Ivogün, Maria † 5/267; Raucheisen, Michael † 8/159; Steiner, Marie † 9/490

Beaulieu (Frankreich)
Burgmüller, Friedrich (Johann Franz) † 2/240

Beaulieu-sur-Mer (Frankreich)
Tischler, Victor † 10/50

Beaune-la-Rolande (Frankreich)
Alvensleben, Constantin Graf von ~ 1/107

Bebele (seit 1978 zu Füssen)
Fischer, (Johann) Martin * 3/324

Bebenhausen (seit 1974 zu Tübingen)
Andreae, Johann Valentin ~ 1/130; Bidembach, Eberhard ~/† 1/514; Bidembach, Felix † 1/514; Bidembach, Wilhelm † 1/515; Canz, Israel Gottlieb ~ 2/276; Carolus, Andreas ~ 2/285; Clemm, Heinrich Wilhelm ~ 2/341; Coccyus, Sebastian † 2/349; Conz, Karl Philipp ~ 2/368; Dann, Christian Adam ~ 2/442; Gaum, Johann Ferdinand ~ 3/585; Gwinner, Wilhelm Heinrich von ~ 4/277; Harttmann, Karl Friedrich ~ 4/414; Heilbronner, Jacob ~/† 4/495; Heinlin, Johann Jakob ~/† 4/517; Hochstetter, Johann Andreas ~/† 5/82; Kielmeyer, Carl Friedrich von * 5/529; Metzger, Wolfgang † 7/92; Mörike, Eduard ~ 7/174; Osiander, Lukas d. J. ~ 7/512; Pfizenmayer, Eugen Wilhelm * 7/647; Rieger, Karl Heinrich ~ 8/297; Roos, Magnus Friedrich ~ 8/382; Schelling, Carl Eberhard * 8/595; Seybold, David Christoph ~ 9/296; Tafel, Gottlieb Lukas Friedrich ~ 9/651; Thill, Johann Jacob ~ 10/10; Tscherning, Friedrich August ~ 10/106; Widenmann, Wilhelm von † 10/473; Wiedenmann, Wilhelm von ~/† 10/480; Wilhelm II. Karl Paul Heinrich Friedrich, König von Württemberg † 10/505

Beberbeck (Hofgeismar)
Orth, Albert ~ 7/507

Bebra → Imshausen, Solz

Bechhofen (Kr. Ansbach)
Heilmaier, Max ~ 4/498; Leuchs, Johann Michael * 6/351

Bechin (tschech. Bechyně)
Paar, Alois Graf von * 7/543; Pichl, Wenzel * 7/661; Postl, Karel * 8/45; Uher, Hugo ~ 10/127

Bechtheim (Kr. Alzey-Worms)
Baas, Johann Hermann * 1/233; Forch, Carl (Friedrich Otto Hugo) ~ 3/371; Mayer, Siegmund * 7/11

Bechyně → Bechin

Beckenham (London)
Schönberg, Johann Nepomuk ~ 9/85

Beckenried (Kt. Nidwalden)
Jung, Wilhelm † 5/381; Kaiser, Isabelle */~/† 5/407

Beckingen
Heye, Hellmuth * 5/21; Karcher, Bodo */~/† 5/433; Piette du Rivage, Prosper d. J. * 7/668

Beckstein (seit 1975 zu Lauda-Königshofen)
Rückert, Karl Theodor * 8/445

Beckum
Bozi, Carl ~ 11/29; Brinkmann, Johannes Bernhard ~ 2/135; Farwick, Wilhelm Anton ~ 3/232; Hagemann, Georg * 4/318; Krüger, Ferdinand ~ 6/121; Ludolf von Holte, Bischof von Münster ~ 6/496

Bečov nad Teplou → Petschau

Bedburg
siehe auch *Buchholz, Grottenherten, Kirchherten, Kirdorf, Pütz*
Eltz-Rübenach, (Peter) Paul (Raimund Maria Josef Hubert) Frh. von ~ 3/99; Koenen, Matthias * 5/657; Krementz, Philipp ~ 6/94; Mirbach-Harff, Wilhelm Graf von ~ 7/150; Schmitz, Ernst ~ 9/35; Silverberg, Paul * 9/328

Bedburg (Stift)
Gebhard von Windberg ~ 3/593

Bedburg-Hau → Huisberden, Till-Moyland

Beddelhausen (Bad Berleburg)
Kroh, Oswald * 6/112

Bederkesa
Felgenhauer, Paul ~ 3/257
Bedernau (seit 1978 zu Breitenbrunn, Kr. Unterallgäu)
Merkle, Matthias * 7/75
Bedford (Massachusetts, USA)
Junge, Christian ~ 5/381
Bedford Hills (New York, USA)
Tannenberg, Joseph ~ 9/655
Bedingrade (Gem. Borbeck, seit 1915 zu Essen)
Fischer, Hermann * 3/319
Bedjongsari (Java, Indonesien)
Ow-Wachendorf, Wernher Melchior Frh. von † 7/541
Bedlin (poln. Bydlino)
Ruhnken, David * 8/460
Bedra (seit 1942 zu Braunsbedra)
Helldorff, Otto (Heinrich) von */† 4/561
Będzyn → Bendzin
Beeck (seit 1972 zu Geilenkirchen)
Schröder, Peter Joseph * 9/150
Beeck (Wegberg)
König, Theodor ~/† 5/663
Beeckerwerth (seit 1904 zu Ruhrort, 1905 zu Duisburg)
Oestrich, Hermann * 11/149
Beek (bei Nimwegen, Niederlande)
Becanus, Syvert * 1/365
Beelen
Seraphim, Hans-Jürgen † 9/291
Beelitz (Kr. Potsdam-Mittelmark)
Bluhm, Agnes † 1/581; Friedemann, Edmund ~ 3/448; Kühn, Günther (Hermann Martin) * 6/143; Kühn, Herbert * 6/144; Lütkemüller, Ludwig Paul Wieland ~ 6/523
Beer Sheva (Israel)
Dürrenmatt, Friedrich ~ 2/642; Scherer, Marie † 8/610
Beer-Tuvia (Israel)
Neumann, Oskar † 7/386
Beerbach (Gem. Lauf a. d. Pegnitz)
Böheim, Johann Karl * 1/614; Heller, Wilhelm Ritter von * 4/565
Beerfelden
siehe auch *Krähenberg*
Braun, Heinrich * 2/81; Fuchs, Emil * 3/517; Fuchs, Georg * 3/518; Taesler, Clemens † 9/650
Beerheide → Hohengrün
Beerscheba → Beer Sheva
Beesdau
Koppe, Johann Gottlieb */~/† 6/40; Wienbeck, Erich * 10/486
Beesenlaublingen → Laublingen
Beeskow
siehe auch *Bahrensdorf*
Alvensleben, Gebhard von * 1/107; Corte, Gottlieb * 2/379; Marcus, Paul * 6/610; Seiffert, Max * 9/270; Steinmeyer, Franz (Karl Ludwig) * 9/500; Treuer, Gotthilf */~ 10/84
Beetzendorf
Klaeber, Friedrich * 5/563; Schulenburg-Nimptsch, Werner Graf von der */~/† 9/184
Begunje pri Lescah → Vigaun bei Lees
Behlertsbrück
Schneider, Louis † 9/58
Behnkenhagen (Neuendorf, Kr. Nordvorpommern)
Schlichtegroll, Carl Felix von * 8/674
Behnsdorf
Vatke, (Johann Karl) Wilhelm * 10/185
Behrenhoff
Bauernfeind, Otto * 1/330
Behrensbrook (Gem. Neudorf-Bornstein)
Steindorff, (Friedrich) Magnus * 9/487
Behringen → Großenbehringen
Behringersdorf (seit 1976 zu Schwaig b. Nürnberg)
Bezzel, Christoph ~ 1/510; Bezzel, Erhard Christoph * 1/510; Kordenbusch von Buschenau und Thumenberg, Georg Friedrich * 6/42

Behringersmühle
Sanden, Horst von † 8/511
Beia → Meeburg
Beicha (seit 1996 zu Mochau)
Fährmann, (Ernst) Hans * 3/217
Beichlingen
Werthern, Dietrich von † 10/454; Werthern, Georg von * 10/454; Werthern, Georg Reichsgraf von * 10/454
Beichor (tschech. Býchory)
Kubelik, (Jeroným) Rafael * 6/135
Beidenfleth
Baxmann, Hein d. J. ~ 1/356; Hudemann, Henrich * 5/202; Plütschau, Heinrich ~/† 8/6
Beiersdorf
Zietzschmann, Otto * 10/660
Beihingen (seit 1972 zu Freiberg am Neckar)
Flattich, Johann Friedrich * 3/338
Beilstein (Kr. Cochem-Zell)
Becker, Johann Nikolaus * 1/378; Duttenhofer, Christian Friedrich ~ 2/658
Beilstein (Kr. Heilbronn)
Niethammer, Friedrich Immanuel * 7/414
Beinuhnen → Großbeinuhnen
Beinwil (Kt. Aargau)
Nietlispach, Emil * 7/414
Beirut
Breycha-Vauthier de Baillamont, Arthur Carl Baron de ~ 2/128; Disselhoff, Julius August Gottfried ~ 2/558; Hartmann, Martin ~ 4/411; Hell, Joseph ~ 4/561; Holzmeister, Urban ~ 5/162; Krayer, Otto ~ 6/87; Kremer, Alfred Frh. von ~ 6/95; Künzler, Jakob ~ 6/152; L'Orange, Prosper * 6/469; Musil, Alois ~ 7/316; Rau, Heinz ~ 8/155; Rieber, Josef ~ 8/289; Roemer, Hans Robert ~ 11/164; Steffelbauer, Kurt ~ 9/464; Vries, Wilhelm de ~ 10/261; Walther, Gebhardt von ~ 10/323; Wildenbruch, Ernst von * 10/499
Beiseförth (Gem. Malsfeld)
Ellenberger, Wilhelm * 3/89
Beisleiden (poln. Bezledy)
Oldenburg-Januschau, Elard von * 7/486
Beitsch (poln. Biecz)
Cromer, Martin von ~ 2/403
Bekenreihe (Gem. Kiebitzreihe)
Höger, Fritz * 5/92
Bekioen (Sumatra, Indonesien)
Schmidt-Horix, Hans * 9/23
Bela (slowak. Belá, ungar. Béla)
Petzval, Joseph Maximilian * 7/628; Petzval, Otto * 7/628; Ratzenberger, Franz ~/† 8/154
Bela Crkva → Ungarisch-Weißkirchen
Belas (Portugal)
Herigoyen, Emanuel Joseph von * 4/615
Belém → Pará
Belfast
Beyschlag, Adolf ~ 1/508; Bozi, Carl ~ 11/29; Ewald, Peter Paul ~ 3/199; Gassel, Heinrich (Christoph) ~ 11/66
Belgard (Persante) (poln. Białogard)
Diestel, Georg Heinrich * 2/526; Ernst, Albert ~ 3/162; Grävell, Maximilian Karl Friedrich Wilhelm * 4/125; Hesse, Ludwig Ferdinand * 4/677; Kleist-Retzow, Hans Hugo von ~ 5/584; Leber, Julius (Hieronymus) ~ 6/279; Schneck, Wilhelm Karl ~ 9/46; Utech, Joachim (Christoph Ludwig) */~ 10/171
Belgern → Bockwitz, Dröschkau
Belgershain
Weigand, Gustav † 10/385
Belgrad (serbokroat. Beograd)
Altmaier, Jakob ~ 1/102; Andersen, Lale ~ 1/125; Arco, Johann Baptist Graf von ~ 1/163; Balk, Theodor ~ 1/276; Bartmann, Simon Wilhelm ~ 1/309; Bernfeld, Simon ~ 1/464; Bernstorff, Johann Heinrich Graf ~ 1/477; Blachstein, Peter ~ 1/552; Blumenthal, Ferdinand ~ 1/587; Bornmüller, (Friedrich Nicolaus) Joseph ~ 2/36; Bošnjaković, Fran ~ 11/29; Bray-Steinburg, Hippolyt

Graf von ~ 2/92; Bresnitz von Sydačoff, Philipp Franz ~ 2/120; Burian, (Anton) Richard ~ 2/242; Burian von Rajecz, Stephan Graf ~ 2/242; Clerfait, Karl Josef von Croix Graf von ~ 2/342; Corfey, Lambert Friedrich von ~ 2/373; Czeija, Oskar ~ 2/417; Diesbach, Johann Friedrich Graf von ~ 2/523; Dumba, Konstantin ~ 2/648; Eisenlohr, Ernst ~ 3/72; Eugen, Prinz von Savoyen ~ 3/188; Feine, Gerhart ~ 3/251; Fels, Edwin ~ 3/262; Fuchs, Wilhelm † 3/522; Gesemann, Gerhard (Friedrich Franz) ~ 3/665; Giesl von Gieslingen, Wladimir (Rudolf Karl) Frh. ~ 4/5; Gröning, Karl ~ 4/180; Hans, Josef ~ 4/373; Harrach, Johann Joseph Philipp Graf von ~ 4/395; Hassell, (Christian August) Ulrich von ~ 4/428; Hauser, Otto ~ 4/449; Herold, Balthasar von ~ 4/635; Heß, Walther ~ 4/673; Jenner, Charles von ~ 5/320; Keller, Friedrich von ~ 5/492; Khevenhüller-Metsch, Rudolf Graf von ~ 5/527; Kirste, Johann (Otto Ferdinand) ~ 5/556; Klaiber, Manfred ~ 5/564; Köster, Adolf ~/† 5/675; Kötter, Paul ~ 5/678; Konwitschny, Franz † 6/36; Kroll, Hans ~ 6/113; Laudon, Ernst Gideon Frh. von ~ 6/266; Laumann, Arthur (Wilhelm Franz) ~ 6/269; Liebert, Arthur ~ 6/382; Ligne, Karl Joseph Fürst de ~ 6/394; Löhr, Alexander † 6/443; Ludwig II., König von Ungarn und Böhmen ~ 6/502; Lustig-Prean von Preanfeld, Karl ~ 6/534; Malata, Oscar ~ 6/577; Martin, Helmut ~ 11/127; Meyer, Ernst Wilhelm ~ 7/101; Milloss, Aurel von ~ 7/145; Milojčić, Vladimir ~ 7/145; Mislowitzer, Ernst ~ 7/153; Neipperg, Wilhelm Reinhard Reichsgraf von ~ 7/360; Neubacher, Hermann (Josef) ~ 7/370; Ow-Wachendorf, Wernher Melchior Frh. von ~ 7/541; Poppinger, Karl † 8/36; Prowazek, Stanislaus Edler von Lanow ~ 8/81; Rahtgens, Karl Ernst ~ 8/125; Ries, Alfred ~ 8/305; Sacher-Masoch, Alexander von ~ 8/486; Schießl von Perstorff, Franz Frh. ~ 8/629; Schmaus, Alois ~ 8/693; Schmid, Heinrich ~ 8/702; Schneider, Erwin Eugen ~ 9/51; Schneller, Julius Franz Borgias ~ 9/63; Schumacher, Friedrich ~ 9/202; Schwarz, Vera ~ 9/228; Speck von Sternburg, Hermann Frh. ~ 9/388; Staudinger, Richard ~/† 9/458; Stolzmann, Paulus von ~ 9/557; Thürheim, Johann Wilhelm Graf von ~ 10/26; Treu, Emanuel ~ 10/83; Ulrich II., Graf von Cilli, Reichsfürst, Statthalter von Böhmen und Ungarn ~/† 10/142; Wodak, Walter ~ 10/554; Wulfen, Franz Xaver Frh. von * 10/596; Zweifel, Erwin ~ 10/704

Belgrano (heute zu Buenos Aires)
Darré, (Richard) Walter * 2/446

Belitz (seit 1950 zu Prebberede)
Hane, Philipp Friedrich * 4/368

Bell (Kr. Mayen-Koblenz)
Raab, Heribert * 8/105

Belleben
Plessing, Friedrich Viktor Lebrecht * 7/694; Richter, Johann Heinrich * 8/281

Bellelay (Kt. Bern)
Roggenbach, Franz Joseph Sigismund Johann Baptist von ~ 8/366

Belleville (Illinois, USA)
Körner, Gustav ~/† 5/671; Lengerken, Hanns von * 6/320

Bellevue (Frankreich)
Stone, Sasha ~ 11/179

Bellevue (Washington, USA)
Meisel, James Hans † 7/38

Bellheim
Bayersdörfer, Michael * 1/360

Bellinzona (Kt. Tessin)
Dolezalek, Carl (Borromäus) ~ 2/586; Fischer-Hinnen, Jakob ~ 3/330; Hasler, Gustav ~ 4/424; Helfferich, Karl (Theodor) † 4/559; Kleist, (Bernd) Heinrich (Wilhelm) von ~ 5/583; Lindi † 6/406; Maillet, Léo ~ 6/573; Mollo, Tranquillo ~† 7/192; Probst, Eugen ~ 8/75; Schrafl, Anton ~ 9/126; Stickelberger, Emanuel ~ 9/523; Stolze, Diether † 9/556; Straumann, Heinrich * 9/573; Tanner, Konrad ~ 9/656; Thalmann, Ernesto A. * 9/689

Bellmannsdorf (poln. Radzimów Dolny)
Bissing, Moritz Frh. von * 1/548

Bellschwitz → Groß-Bellschwitz

Belluno (Italien)
Bretschneider, Friedrich Frh. von ~ 2/123; Herz, Daniel ~ 4/657; Marco d'Aviano ~ 6/609

Belmont (Massachusetts, USA)
Korsch, Karl † 6/48

Belo Horizonte (Brasilien)
Holzmeister, Clemens ~ 5/161

Bělotín → Bölten

Belp (Kt. Bern)
Amstein, Rosalie † 1/121; Steck, Theodor ~ 9/462

Belprato → Schönau

Belsen (Gem. Mössingen)
Schlegel, (Johann) Bernhard * 8/660

Beltno → Boltenhagen

Belvès (Frankreich)
Scheyer, Moritz ~/† 8/620

Belz → Belzec

Belzec (poln. Bełżec)
Globocnik, Odilo ~ 4/32; Hoddis, Jakob van † 5/84; Wirth, Christian ~ 10/539

Belzec (ukrain. Belz, poln. Bełżec)
Jachimowicz, Theodor * 5/270

Belzheim (seit 1978 zu Ehingen a. Ries)
Jaumann, Anton * 5/310

Belzig
Eberhard, (Christian) August Gottlob * 2/670; Goltz, Moritz * 4/93; Grundemann, (Peter) Reinhold ~/† 4/223; Reissiger, Karl Gottlieb * 8/232; Winterfeld, Paul (Karl Rudolf) von † 10/534

Bemowizna → Böhmenhöfen

Bempflingen
Tafel, Gottlieb Lukas Friedrich * 9/651

Benares (heute Varanasi, Indien)
Boner, Alice ~ 2/17; Hoernle, Rudolf ~ 5/103

Benatek (Böhmen)
Vynhoven, Gerhard ~ 10/262; Werth, Johann Frh. von † 10/452

Benátky nad Jizerou → Alt-Benatek

Bendeleben
Cannabich, Johann Günther Friedrich ~ 2/274; Clajus, Johannes ~/† 2/328

Bendestorf
Sluyterman van Langeweyde, Georg (Wilhelm) † 9/351

Bendlikon (Gem. Kilchberg, Kt. Zürich)
Biedermann, Alois Emanuel * 1/516; Hitz, Konrad ~ 5/76; Naville-Neher, Gustave † 7/352

Bendorf (Kr. Mayen-Koblenz)
siehe auch *Sayn*
Balzar-Kopp, Elfriede * 1/283; Berkhan, Oswald ~ 1/455; Brosius, Caspar Max ~ 2/147; Erlenmeyer, (Johann Adolph) Albrecht ~/† 3/152; Gerschon ben Meir ~ 3/655; Junker, Hermann * 5/385; Lossen, Karl Maximilian ~/† 6/478; Moenting, Heinrich † 7/173; Rauff, (Carl Friedrich) Hermann ~ 8/161; Reger, Erik * 8/185; Remy, Carl Wilhelm * 8/240; Weidner, Julius † 10/384; Wiegand, Theodor * 10/481

Bendzin (poln. Będzyn)
Nunberg, Hermann * 11/145

Benediktbeuern
Asam, Cosmas Damian * 1/201; Asam, Hans Georg ~ 1/202; Barth von Harmating, Heinrich ~ 1/306; Barthscherer, Aegidius ~ 1/309; Blochmann, Rudolf Sigismund ~ 1/576; Bucherer, Hans Theodor † 2/183; Buchner, Alois ~ 2/186; Egilbert, Bischof von Freising ~ 3/31; Fraunhofer, Joseph von ~ 3/418; Günthner, Sebastian * 4/244; Hagel, Maurus ~ 4/317; Keck, Johannes ~ 5/482; Küchler, Walther † 6/141; Ladurner, Ignaz Anton ~ 6/194; Maier, Friedrich Sebastian * 6/570; Mall, Sebastian ~/† 6/579; Mayr, Beda ~ 7/13; Meichelbeck, Karl ~/† 7/29; Merz, Georg ~ 7/80; Merz, Ludwig */~ 7/80; Reichenbach, Georg (Friedrich) von ~ 8/200; Ussermann, Ämilian ~ 10/171; Utzschneider, Joseph von ~ 10/172; Weiller, Cajetan von ~ 10/393; Weinhart, Kaspar * 10/397

Beneschau (tschech. Benešov)
Huber, Franz Xaver * 5/195; Mraček, Franz * 7/237
Benešov → Beneschau
Benešov nad Černou → Deutsch-Beneschau
Benevent (italien. Benevento)
Leo IX., Bischof von Toul, Papst ~ 6/326; Manfred, König von Sizilien † 6/586; Meginfrid ~ 7/26; Ohtrich † 7/482
Benfeld (Dép. Bas-Rhin, Frankreich)
Diez, Christine von ~/† 2/543; Moscherosch, Johann Michael ~ 7/221
Benham on Speen (England)
Christian Friedrich Carl Alexander, Markgraf von Ansbach-Bayreuth † 1/87; Karl Alexander, Markgraf von Ansbach-Bayreuth † 5/441
Benidorm (Spanien)
Nauck, Ernst (Georg) † 7/346
Benisch (tschech. Horní Benešov)
Gebauer, Anton * 3/590; Greippel, Johann Franz * 4/154; Machold, Joseph * 6/551; Schlusche, Eduard * 8/689
Benk (seit 1978 zu Bindlach)
Raithel, Hans Adolf */† 8/129
Benken (Kt. Sankt Gallen)
Meinrad ~ 7/37
Benken (Kt. Zürich)
Schulthess, Ludwig † 9/189
Benkendorf
Arndt, Theodor * 1/176
Benneckenbeck (Gem. Ottersleben, seit 1956 zu Magdeburg)
Alemann, Friedrich Adolph von * 1/86
Benneckenstein (Harz)
Gelbke, Johann Heinrich * 3/615; Varges, August Wilhelm * 10/182; Vogel, Emil * 10/225; Werckmeister, Andreas * 10/440
Bennewitz (Muldentalkreis)
siehe auch *Leulitz, Schmölen*
Lipinski, Richard (Robert) † 6/415
Bennigsen (seit 1974 zu Springe)
Bennigsen, Rudolf (Karl Wilhelm) von † 1/426
Bennin → Schildfeld
Benningen am Neckar
Pauly, August Friedrich von * 7/581
Benninghofen (seit 1929 zu Dortmund)
Tombrock, Hans * 10/62
Bennington (Vermont, USA)
Dorner, Alexander ~ 2/599; Polanyi, Karl ~ 8/23; Stückgold, Grete ~ 9/608
Bennisch → Benisch
Bennungen
Haussknecht, (Heinrich) Carl * 4/454; Werckmeister, Andreas ~ 10/440
Benolpe (Drolshagen)
Hatzfeld, Johann(es) * 4/433
Benrath (seit 1929 zu Düsseldorf)
Egell, Augustin ~ 3/23; Fritsch, Werner (Thomas Ludwig) Frh. von * 3/495; Honnef, Hermann ~ 5/168; Pigage, Nicolas de ~ 7/669; Reuter, Wolfgang ~ 8/261
Bensberg (seit 1975 zu Bergisch Gladbach)
Agartz, Viktor † 1/51; Alten, Viktor (Karl Albert Johannes) von ~ 1/97; Bohne, Gotthold Hermann † 2/2; Budde, Hermann von * 2/191; Budde, Karl (Ferdinand Reinhard) * 2/192; Erfurth, Paul ~/† 3/143; Euler, Jakob * 3/192; Fahne, Anton ~ 3/218; Frings, Joseph ~ 3/487; Gmelin, Otto ~/† 4/41; Heye, Wilhelm ~ 5/21; Monzel, Nikolaus ~ 7/202; Ostau, Joachim von ~ 7/514; Reusch, (Johann) Friedrich ~ 8/255; Schiedermair, Ludwig * 8/625; Zörner, (Ernst Hermann) Richard † 10/686
Benshausen
Elster, Daniel * 3/98
Bensheim
siehe auch *Auerbach, Schwanheim*
Bahner, Hermann ~ 1/269; Beisler, Hermann Ritter von * 1/406; Buchinger, Philipp Jakob ~/† 2/185; Dionysius von Luxemburg ~ 2/553; Eichheimer, Friedrich * 3/50; Filehne,

Wilhelm † 3/295; Flegler, Eugen * 3/340; Heilbronner, Jacob ~ 4/495; Heyl, Johann * 5/22; Holzamer, Wilhelm ~ 5/158; Isaak, Stephan ~/† 5/260; Kleinschmidt, Paul † 5/581; Lell, Joachim † 6/314; Lenhart, Georg ~ 6/320; Lindemann, Hugo (Carl) † 6/402; Merling, Georg † 7/75; Metzendorf, Georg ~ 7/91; Noth, Ernst Erich † 7/442; Oettingen, Arthur Joachim von † 7/475; Reuter, Quirinius ~ 8/261; Schüssler, Wilhelm * 9/174; Sucker, Wolfgang ~ 9/623; Wachter, Friedrich von † 10/267
Bentheim → Bad Bentheim
Bentlage (seit 1975 zu Rheine)
Brabender, Johann ~ 2/53; Winckler, Josef * 10/521
Bentschen (poln. Zbąszyń)
Füllkrug, Gerhard ~ 3/524; Paulke, Karl * 7/578
Bentwisch (Wittenberge)
Hirsch, Emanuel * 5/60; Ideler, Carl Wilhelm * 5/242
Benye (Ungarn)
Stein, Ludwig * 9/481
Benz (Kr. Nordwestmecklenburg) → Goldebee
Benzenschwil (Kt. Aargau)
Reber, Burkard * 8/169; Reber, Josef * 8/170
Benzigerode (Wernigerode)
Oeding, Philipp Wilhelm * 7/463
Beograd → Belgrad
Beratzhausen
Kölwel, Gottfried * 5/656
Beraun (tschech. Beroun, Bez. Hořovice)
Gabriel, Alfons ~ 3/550; Kubinzky, Emil Frh. von ~ 6/136
Beraun (tschech. Beroun, heute zu Prag)
Emperger, Friedrich Ignaz Edler von ~ 3/106
Berbersdorf (seit 1994 zu Striegistal)
Starke, Hermann Franz Gerhard * 9/453
Berbling (Bad Aibling)
Leibl, Wilhelm (Maria Hubertus) ~ 6/302
Berching
siehe auch *Erasbach, Staufersbuch, Winterzhofen*
Heinrich von Berching * 4/537; Printzen, Marquard Ludwig Frh. von * 8/72; Schauwecker, Heinz ~/† 8/578; Vanselow, Karl * 10/181
Berchingen
Apiarius, Mat(t)hias * 1/156
Berchtesgaden
siehe auch *Obersalzberg*
Andree-Eysn, Marie † 1/133; Becker, Gustav (Johann Eduard) † 1/377; Berliner, Rudolf † 1/458; Clemens August Maria Hyazinth von Wittelsbach, Herzog von Bayern, Kurfürst und Erzbischof von Köln ~ 2/339; Dietmar von Aist ~ 2/530; Eckart, (Johann) Dietrich † 3/8; Flurl, Matthias Bartholomäus Ritter von ~ 3/357; Friedrich, Herzog von Bayern ~ 3/461; Fürst, Hermann Ritter von ~ 3/526; Gebhardt, Ludwig ~ 3/594; Goldenberger, Franz Xaver ~ 4/79; Gruber, Max(imilian Franz Maria) Ritter von † 4/207; Heymann, Carl ~ 5/24; Hitler, Adolf ~ 5/73; Hohlwein, Ludwig ~ 5/142; Joseph Clemens, Herzog von Bayern, Kurfürst und Erzbischof von Köln ~ 5/366; Kahle, Marie † 5/402; Kolmsperger, Waldemar * 6/21; Kriss, Rudolf */~/† 6/108; Lange, Ludwig ~ 6/235; Lerchenfeld, Gustav Frh. von † 6/338; Lerchenfeld-Köfering, Hugo Graf von ~ 6/339; Maffei, Hugo von ~ 6/560; Michael von Kuenburg, Erzbischof von Salzburg ~ 7/119; Miller, Ferdinand von ~ 7/141; Ow-Felldorf, Sigismund Felix Frh. von * 7/541; Raitenau, Wolf Dietrich von ~ 8/129; Ratzinger, Georg ~ 8/154; Reichenbach, Georg (Friedrich) von ~ 8/200; Riess, Carl * 8/306; Römer, Oskar * 8/353; Schäffer, Fritz * 8/550; Schlieker, Willy H. ~ 8/676; Schmidl, (Theresie) Marianne * 8/709; Schoen, Wilhelm (Eduard) Frh. von † 9/82; Schöner, Anton † 9/91; Schuschnigg, Kurt von ~ 9/213; Seyß-Inquart, Arthur ~ 9/300; Spillenberger, Johann von ~ 9/406; Steidl, Franz † 9/471; Sterneder, Hans ~ 9/518; Strachwitz, Rudolf (Alfred Emanuel) Graf von † 9/563; Tengelmann, Wilhelm † 9/675; Valkenauer, Hans ~ 10/180; Vietze, Josef ~ 10/208; Volkersdorf, Sigmund von ~ 10/245; Voss, Richard ~/†

10/259; Weinkauff, Hermann (Karl August) ~ 10/397;
Wurzbach, Constant Ritter von Tannenberg ~/† 10/601

Berdjansk (ukrain. Berdjans'k, russ. Ossipenko)
Voslensky, Michael * 10/257

Berdum (seit 1972 zu Wittmund)
Arents, Balthasar ~/† 1/168

Berdyčiv (Ukraine)
Kaminka, Aharon Noah * 5/418

Berea (Ohio, USA)
Schaedel, Johann Heinrich ~ 8/545

Beregove → Lampertshaus

Beregovo → Lampertshaus

Beregszász → Lampertshaus

Berehovo → Sächsisch Bereg

Berekum (Ghana)
Dengel, Anna ~ 11/45

Berent (poln. Kościerzyna)
Singer, Kurt * 9/339

Beresina (ukrain. Berezyna)
Helphand, Alexander (Israel Lasarewitsch) */~ 4/576;
Martinek, Robert † 6/638

Beresztóc → Rustendorf

Berethalom → Birthälm

Berezina → Beresina

Berezó → Brezowa

Berëzovo → Berjosow

Berezyna → Beresina

Berg (Gem. Eilenburg)
Bülow, (Karl) Eduard von * 2/203; Goetze, Friedrich
(Wilhelm) * 4/72; Liscow, Christian Ludwig † 6/422

Berg (Kr. Ahrweiler) → Krälingen

Berg (Kr. Hof) → Bruck, Bug

Berg (Kr. Ravensburg)
Rittler, Anselm * 8/334

Berg (Kr. Starnberg)
siehe auch *Aufkirchen, Kempfenhausen, Leoni, Oberall-
mannshausen, Sibichhausen*
Albrecht, Balthasar (Augustin) * 1/80; Baumgartner, Hans
Michael † 11/13; Denzel, Wolfgang W. † 2/489; Gehlen,
Reinhard † 3/599; Graf, Oskar Maria * 4/128; Gudden,
(Johann) Bernhard (Aloys) von * 4/232; Kaske, Karlheinz
† 11/101; Ludwig II., König von Bayern * 6/501; Moritz,
Carl † 7/216; Sckell, Ludwig * 9/249; Weber, Gerhard †
10/353; Wirth, Franz Peter † 11/185

Berg (Kt. Thurgau)
Hirzel-Langenhan, Anna ~/† 5/72; Leumann, Ernst * 6/353

Berg (seit 1836 zu Stuttgart)
Ehmann, Carl (Christian) von * 3/36; Hiller, Eduard * 5/44

Berg (seit 1973 zu Donauwörth)
Freys, Ernst * 3/439

Berg am Irchel (Kt. Zürich)
Finsler, (Diethelm) Georg ~ 3/305

Berg im Drautal (Kärnten)
Rizzi, Vinzenz ~ 8/338

Berga (Elster)
siehe auch *Tschirma*
Thomas, Oskar Heinrich * 10/19; Watzdorf, Christian
Bernhard von * 10/346; Weise, Friedrich ~ 10/402

Bergamo (Italien)
Adler, Salomon ~ 1/41; Aiblinger, Johann Kaspar ~ 1/60;
Gazzaniga, Peter * 3/590; Grumbach, Marquard III. von
~ 4/221; Lang, Katharina ~ 6/227; Mayr, (Johannes)
Simon ~/† 7/15; Orelli, Johann Kaspar von ~ 7/504;
Sarasin, Jacob ~ 8/518; Scandello, Antonio */~ 8/536;
Storer, Johann Christoph ~ 9/559; Tassoni, Ruth ~/† 9/660;
Zanchius, Hieronymus ~ 10/617

Bergatreute → Bolanden

Berge (Hamm, Westf.)
Niemeyer, Victor (Johannes Gotthold) * 7/410

Berge (Kloster, bei Magdeburg)
Breithaupt, Joachim Justus † 2/104; Corner, Christoph ~
2/375; Döring, Karl August ~ 2/577; Frommann, Erhard
Andreas ~/† 3/510; Groß, Johann Gottfried ~ 4/191;
Gurlitt, Johannes (Gottfried) ~ 4/263; Hähn, Johann

Friedrich ~ 4/305; Hahn, Simon Friedrich * 4/333;
Hartwig, Erzbischof von Magdeburg ~ 4/416; Hederich,
Benjamin ~ 4/473; Konrad I. von Querfurt, Erzbischof von
Magdeburg ~ 6/28; Matthisson, Friedrich von ~ 6/663;
Moser, Friedrich Carl Frh. von ~ 7/223; Reichard, Elias
Kaspar ~ 8/196; Resewitz, Friedrich Gabriel ~ 8/249;
Schmit, (Johann Christoph) Friedrich ~ 9/29; Schütze,
(Johann) Stephan ~ 9/180; Sommer, Johannes ~ 9/369;
Steinbart, Gotthilf Samuel ~ 9/484; Steinmetz, Johann
Adam ~ 9/500; Zerrenner, Heinrich Gottlieb ~ 10/646

Berge (Osnabrück, Land) → Börstel

Bergebersbach
Heidfeld, Justus * 4/492

Bergeborbeck (seit 1915 zu Essen)
Wieghardt, Karl * 10/481

Bergedorf (Gem. Ganderkesee)
Stalling, Gerhard */~ 9/442

Bergedorf (seit 1937 zu Hamburg)
Arnoldi, Daniel * 1/190; Boy-Ed, Ida (Cornelia Ernestine)
* 2/51; Brauns, Julius (Johann Dietrich Adolf) † 2/90;
Brennecke, Carl Wilhelm Adolf † 2/112; Brinckmann,
Justus † 2/134; Chrysander, (Karl Franz) Friedrich ~/†
2/325; Gampp, Josua Leander ~ 3/567; Graff, Kasimir
(Romuald) ~ 4/131; Hasse, Johann Adolf (Peter) *
4/426; Hermann, Eduard ~ 4/626; Johann II., Herzog
von Sachsen-Lauenburg ~ 5/344; Koppel, Walter ~ 6/40;
Lindley, Sir William H. ~ 6/406; Schaefer, Friedrich †
8/547; Scherer, Hans d. J. ~ 8/610; Schlosser, Johann
Ludwig † 8/685; Schmidt, Bernhard (Woldemar) ~ 9/4;
Soltau, Dietrich Wilhelm * 9/366; Struve, Georg (Otto
Hermann) von ~ 9/600; Timpe, Aloys Anton * 10/45

Bergell (Kt. Graubünden)
Schmidt, Hans † 9/9

Bergen → Mons

Bergen (Kr. Celle)
Brütt, Ferdinand (Martin Cordt) ~/† 2/162

Bergen (Kr. Traunstein)
Flüggen, Josef † 3/357; Hohmann, (Karl) Georg (Gottlieb)
† 5/143; Stockhausen, (Franz Joseph) Emanuel † 9/539

Bergen (Neuburg a. d. Donau)
Bernhard von Waging ~/† 1/466; Gangauf, Theodor *
3/568

Bergen (Norwegen)
Baade, Knud Andreassen ~ 1/231; Dahl, Johan Christian
Clausen ~ 2/428; Henneberg, (Carl Gabriel Wilhelm)
Richard ~ 4/589; Lassen, Christian * 6/260; Pietschmann,
Viktor ~ 7/668; Sperling, Otto ~ 9/398; Spiegelberg,
Johann Christian † 9/401

Bergen auf Rügen
Albrecht, Carl Adolf Friedrich Nicolaus * 1/80; Baetke,
Walter ~ 1/264; Billroth, (Christian Albert) Theodor
* 1/529; Bodinus, (Karl August) Heinrich ~ 1/604;
Breitsprecher von Breitenstern, Franz Philipp */~ 2/108;
Delbrück, Berthold ~ 2/474; Delbrück, Hans (Gottlieb
Leopold) * 2/475; Delbrück, Max (Emil Julius) * 2/475;
Fabarius, Johann David ~ 3/207; Grümbke, Johann Jakob
*/~/† 4/209; Jacobi, Wolfgang * 5/275; Last, Albert *
6/261; Oetken, August (Heinrich Hermann) ~ 7/474;
Rassow, Berthold (Leopold Peter) * 8/147; Rintelen, Viktor
~ 8/320; Ruge, Arnold * 8/458; Siehr, Ernst (Ludwig) †
9/316; Wolffradt, Gustav Anton Graf von */† 10/579

Bergen-Belsen
Améry, Jean ~ 1/114; Frank, Anne ~/† 3/397; Galinski,
Heinz ~ 3/561; Goslar, Hans ~/† 4/100; Graef, Adam
~/† 4/120; Jasper, Heinrich ~/† 5/308; Kramer, Josef ~
6/69; Landauer, Karl ~/† 6/215; Levie, Werner ~ 6/359;
Lewkowitz, Albert ~ 6/366; Magnus, Julius ~ 6/564; Parin,
Gino † 7/563; Spanier, Arthur ~/† 9/385; Szondi, Leopold
~ 9/646; Szondi, Peter ~ 9/647; Verweyen, Johannes Maria
† 10/198; Zielenziger, Kurt ~/† 10/658

Bergerbrühl (Hof, bei Gräfrath)
Schulte vom Brühl, (Heinrich) Walter * 9/187

Bergeroc (Kt. Waadt)
Poldini, Eduard ~ 8/24

Berggießhübel
Cramer, Johann Andreas † 2/389
Bergham (Gem. Mauerkirchen, Oberösterreich)
Seydel, Wolfgang * 9/297
Berghausen (Gem. Römerberg)
Bolanden, Konrad von ~ 2/7; Paulus, Eduard (Karl) d. Ä. * 7/580
Berghausen (Taunus)
Diels, Rudolf * 2/518
Bergheim (Dép. Haut-Rhin, Frankreich)
Fabricius Montanus, Johann * 3/215
Bergheim (Duisburg)
Siegrist, Heinrich Ernst * 9/315
Bergheim (Gem. Edertal)
Georg, Graf zu Waldeck und Pyrmont * 3/630
Bergheim (Salzburg)
siehe auch *Maria Plain*
Thurwieser, Peter Karl ~ 10/33
Bergheim (Erft)
siehe auch *Glesch, Quadrath*
Even, Johannes ~ 3/195; Falk, Bernhard * 3/224; Helmle, Lorenz ~ 4/575; Oppenheim, Max Frh. von ~ 7/498
Berghof (Gut bei Lilienfeld, Niederösterreich)
Vivenot, Rudolf R. von † 10/219
Berghof (Kurland)
Denffer (genannt Jansen), Johann Heinrich † 11/45
Bergholz-Rehbrücke → Rehbrücke
Bergholz-Rehbrücke
Breysig, Kurt † 2/129; Täufel, Kurt (Albert) † 9/650
Bergholzzell
Schuler, Augustinus ~ 9/184
Bergisch Gladbach
siehe auch *Bensberg, Refrath*
Beckhaus, Mauritz Johann Heinrich ~ 1/383; Bienefeld, Heinz ~ 11/21; Euler, Jakob † 3/192; Frotz, Augustinus † 3/513; Goossens, Josse (Maria Konstantin) ~ 4/97; Heyer, Wilhelm (Ferdinand) ~ 5/22; Keyserlingk, Wedig Frh. von ~/† 5/526; Kreyssig, Lothar † 6/104; Lübbe, Gustav H. ~/† 6/511; Schmidt, Paul † 9/17; Schmücker, Toni † 9/40; Schwann, Hermann † 9/222; Schwann, Mathieu (Franz Josef) † 9/222; Wilisch, Hugo ~ 10/507; Winckler, Josef † 10/521; Zanders, Carl Richard */~ 10/617; Zanders, Johann Wilhelm */~/† 10/617
Bergkamen
Koepe, Friedrich * 5/667
Bergkirchen
Sogemeier, Martin * 9/360
Berglen → Oppelsbohm, Steinach
Bergneustadt
siehe auch *Wiedenest*
Heinen, Werner ~ 4/515; Krawinkel, Bernhard (Leopold) * 6/87; Leschke, Erich * 6/341
Bergreichenstein (tschech. Kašperské Hory)
siehe auch *Rothsaifen*
Raab, Kurt * 8/105
Bergstadt (Kr. Groß-Strehlitz, heute Polen)
Grünfeld, Falk Valentin * 4/216
Bergstadtl (tschech. Hory Matky Boží)
Weinzierl, Max Ritter von * 10/400; Weinzierl, Theodor Ritter von * 10/400
Bergwitz
Ziegert, August (Hermann) * 10/651
Bergzabern → Bad Bergzabern
Berisal (Gem. Ried b. Brig, Kt. Wallis)
Anderledy, Anton Maria * 1/123
Berjosow (heute Berëzovo, Russische Föderation)
Ostermann, Heinrich Johann Friedrich Graf † 7/516
Berka (Werra)
siehe auch *Herda*
Avenarius, Johann ~ 1/227; Hellmund, Egidius Günther ~ 4/568; Schäfer, Paul * 8/549
Berkeley (Kalifornien, USA)
Alexander, Paul Julius ~/† 1/88; Arendt, Hannah ~ 1/166; Bendix, Reinhard ~/† 1/417; Braun, Joachim Werner ~

2/82; Brunswik, Egon ~/† 11/34; Bukofzer, Manfred F. ~/† 2/219; Eberhard, Wolfram ~/† 2/672; Ehrenzweig, Albert Arnim ~/† 3/40; Ehrmann, Rudolf † 3/45; Einstein, Albert ~ 3/65; Erikson, Erik H(omburger) ~ 11/55; Feyerabend, Paul (Karl) ~ 3/283; Forke, (Ernst Conrad) Alfred ~ 3/373; Frenkel-Brunswik, Else ~/† 11/64; Goldschmidt, Richard (Benedikt) ~/† 4/85; Gutowski, Armin ~ 4/272; Hachenburg, Max ~/† 4/296; Hallgarten, George (Wolfgang Friedrich) ~ 4/350; Hentig, Hans von ~ 4/599; Hermberg, Paul Gustav August † 4/631; Hippel, Arthur Robert von ~ 5/58; Hofmann, Hans ~ 5/129; Jauß, Hans Robert ~ 11/96; Kantorowicz, Ernst Hartwig ~ 5/428; Kelsen, Hans ~/† 5/501; Knaffl-Lenz, Erich ~ 5/612; Kronacher, Alwin ~ 6/115; Krüger, Lorenz ~ 6/123; Kühn, Herbert ~ 6/144; Lachmann-Mosse, Hans ~ 6/190; Lessing, Ferdinand Diedrich ~/† 6/344; Lewin, Kurt ~ 6/364; Loeb, Jacques ~ 6/437; Löwenstein, Ernst ~/† 6/454; Löwenthal, Leo ~/† 6/457; Maenchen-Helfen, Otto J. ~/† 6/558; Mayer, Helene ~ 7/8; Mehnert, Klaus ~ 7/27; Meyer-Lindenberg, Hermann ~ 7/113; Minkowski, Rudolf (Leo B.) ~/† 7/148; Neisser, Hans (Philip) † 11/135; Oppenheim, Adolf Leo † 7/498; Ostwald, (Carl Wilhelm) Wolfgang ~ 7/520; Pelzer, Karl J. ~ 7/593; Penzl, Herbert ~/† 11/156; Petri, Egon † 7/621; Pfeifer, Gottfried (Georg) ~ 11/157; Politzer, Heinz ~/† 8/25; Pringsheim, Peter ~ 8/71; Redlich, Otto ~/† 8/180; Reisiger, Hans ~ 8/231; Rosenberg, Hans ~ 8/392; Rosenthal, Jacques ~ 8/400; Rothschild, Walther ~ 8/423; Schlick, (Friedrich Albert) Moritz ~ 8/675; Schmid, Hans Eduard ~ 8/702; Schmieder, Oskar ~ 9/28; Schnitzler, Heinrich ~ 9/67; Siedler, Eduard Wolf Jobst † 9/309; Sponer-Franck, Hertha (Dorothea) ~ 9/415; Staiger, Emil ~ 9/441; Steck, Franz ~ 9/462; Stern, Curt ~ 11/178; Stern, Otto ~/† 9/514; Strauss, Leo ~ 9/577; Strauss, Levi ~ 9/577; Struve, Otto ~/† 9/601; Thurnwald, Richard (Christian) ~ 10/33; Uhle, Max ~ 10/129; Wachenheim, Hedwig ~ 10/264
Berkhamstead Castle (England)
Richard von Cornwall, deutscher König † 8/272
Berkum (Gem. Wachtberg)
Fassbinder, Klara (Marie) † 3/233
Berlaimont (Frankreich)
Duka von Kadar, Peter Frh. von ~ 2/646
Berlebeck (seit 1970 zu Detmold)
Valentiner, (Karl) Wilhelm (Friedrich Johannes) † 10/179; Ziehm, Ernst (Bruno Victor) ~ 10/657
Berleburg → Bad Berleburg
Berlin
siehe auch *Adlershof, Alsen, Biesdorf, Charlottenburg, Dahlem, Dalldorf, Falkenberg, Friedenau, Friedrichsfelde, Friedrichshagen, Frohnau, Grünau, Groß-Lichterfelde, Grunewald, Halensee, Haselhorst, Hermsdorf, Johannisthal, Karlshorst, Kölln, Köpenick, Lankwitz, Lichtenberg, Lichterfelde, Malchow, Marienfelde, Moabit, Müggelheim, Neukölln, Neu-Schöneberg, Niederschöneweide, Niederschönhausen, Nikolassee, Pankow, Plötzensee, Reinickendorf, Rosenthal, Rudow, Schlachtensee, Schmargendorf, Schöneberg, Schweizerhof, Spandau, Staaken, Steglitz, Tegel, Tempelhof, Treptow, Wannsee, Weißensee, Wilmersdorf, Zehlendorf*
Abarbanell, Lina */~ 1/1; Abb, Gustav */~/† 1/1; Abderhalden, Emil ~ 1/2; Abderhalden, Rudolf * 1/2; Abegg, Bruno Erhard ~/† 1/2; Abegg, Elisabeth ~/† 1/2; Abegg, Richard (Wilhelm Heinrich) ~ 1/3; Abegg, Wilhelm */~ 1/3; Abeken, Bernhard Rudolf ~ 1/3; Abeken, Heinrich (Johann Wilhelm Rudolf) ~/† 1/3; Abeken, Hermann ~ 1/3; Abeken, Wilhelm Ludwig ~ 1/4; Abeken, Wilhelm Ludwig Albert Rudolf ~ 1/4; Abel, August ~ 1/4; Abel, Hans Karl ~ 1/5; Abel, Willy † 1/6; Abendroth, (Fedor Georg) Walter ~ 1/8; Abendroth-Obentraut, Andreas Alfred von */~/† 1/8; Aber, Adolf ~ 1/9; Aber, Eduard */~/† 1/9; Abercron, Hugo Wilhelm von ~/† 1/9; Abert, Hermann ~ 1/10; Abich, (Otto Wilhelm) Hermann */~ 1/10; Abich, Julie ~ 1/11; Abraham, Karl ~/† 1/12; Abraham, Max ~ 1/12; Abraham, Max ~ 1/12; Abraham, Otto */~/†

1/13; Abraham, Paul ~ 1/13; Abraham, Reinhardt ~ 11/1; Abramson, Abraham ~/† 1/13; Abs, Hermann J(osef) ~ 1/13; Abshagen, Karl-Heinz (Gert Anton) ~ 1/15; Abusch, Alexander † 1/16; Ach, Narziß (Kaspar) ~ 1/16; Achard, Franz (Carl) */~ 1/16; Achelis, Hans ~ 1/17; Achelis, Johann Daniel ~ 11/1; Achenbach, Adolf ~/† 1/17; Achenbach, Adolf von */~ 11/1; Achenbach, Andreas ~ 1/17; Achenbach, Benno von † 1/17; Achenbach, Ernst ~ 1/17; Achenbach, Heinrich von ~ 1/17; Achtermann, (Theodor) Wilhelm ~ 1/18; Acker, Heinrich (Wilhelm Joseph) ~ 1/19; Ackerknecht, Eberhard ~ 1/19; Ackermann, (Friedrich) Adolf ~ 1/20; Ackermann, Anton ~/† 1/20; Ackermann, Ernst (Wilhelm) ~ 1/20; Ackermann, Max * 1/22; Ackermann, Otto */~ 1/22; Ackermann, Otto ~ 1/22; Ackermann, Sophie Charlotte * 1/22; Ackermann, Theodor ~ 1/23; Acoluth, Andreas ~ 1/23; Adalbert Heinrich Wilhelm, Prinz von Preußen * 1/26; Adam, Curt (Fr. O. Chr.) */~/† 1/27; Adam, Leonhard */~ 1/29; Adam, Wilhelm ~ 1/29; Adami, Friedrich Wilhelm † 1/30; Adelbulner, Michael ~ 1/32; Adelmann, Georg Franz Blasius von † 1/33; Adelmann von Adelmannsfelden, Raban ~ 1/34; Adenauer, Konrad (Hermann Joseph) ~ 1/35; Aderhold, Rudolf (Ferdinand Theodor) ~ 1/36; Aderkas, Friedrich Wilhelm von ~ 1/36; Adickes, Erich ~ 1/37; Adler, Felix ~ 1/38; Adler, (Johann Heinrich) Friedrich */† 1/39; Adler, Georg ~/† 1/39; Adler, Leopold ~ 1/40; Adler, Max ~ 1/40; Adlon, Lorenz ~/† 11/1; Adolph, Johann Traugott ~ 1/46; Adrio, Adam ~ 1/47; Aegidi, Ludwig Karl James ~/† 1/47; Aepinus, Franz Ulrich Theodosius ~ 1/48; Aepli, Arnold Otto ~ 1/49; Aereboe, Friedrich ~/† 1/49; Afinger, Bernhard ~/† 1/50; Agahd, Konrad † 1/51; Agricola, Johann ~/† 1/54; Agricola, Johann Friedrich ~/† 1/54; Ahlborn, August Wilhelm Julius ~ 1/56; Ahlborn, Friedrich (Christian Georg) ~ 1/56; Ahlefeldt-Laurwig, Elisa (Davidia Margarete) Gräfin von ~/† 1/57; Ahlers-Hestermann, Friedrich ~/† 1/58; Ahlersmeyer, Mathieu (Karl Maria) ~ 1/58; Ahlmann, (Carl Johann Hermann) Ludwig ~ 1/58; Ahlmann, Wilhelm † 1/58; Ahlwardt, Hermann ~ 1/59; Ahlwardt, Wilhelm (Theodor) ~ 1/59; Ahn, Albert ~ 1/59; Ahna, Heinrich de ~/† 1/59; Ahrens, Felix Benjamin ~/† 1/60; Ahrens, Wilhelm (Ernst Maria Georg) ~ 1/60; Aland, Kurt */~ 1/62; Albach-Retty, Rosa ~ 1/63; Albedyll, Emil (Heinrich Ludwig Wilhelm) von ~ 1/63; Alber, Erasmus ~ 1/64; Albermann, Wilhelm ~ 1/64; Albers, Hans ~ 1/64; Albers, Johann Christoph ~ 1/65; Albers, Josef ~ 1/65; Albert, Friedrich ~ 1/68; Albert, Michael ~ 1/69; Alberti, Karl Edmund Robert ~ 1/70; Alberti, Konrad ~ 1/70; Alberts, Jacob ~ 1/71; Albertz, Heinrich (Ernst Friedrich) ~ 1/73; Albertz, Martin ~/† 1/73; Albiker, Karl ~ 1/73; Albinus von Weissenlöw, Bernhard Friedrich ~ 1/74; Friedrich Heinrich Albrecht, Prinz von Preußen † 1/79; Albrecht Friedrich Wilhelm Nikolaus, Prinz von Preußen, Regent in Braunschweig * 1/79; Albrecht, (Heinrich Wilhelm) Eduard */~/† 1/80; Albrecht, Friedrich (Johann Hubert) ~ 1/81; Albrecht, Gerhard */~ 1/81; Albrecht, Gustav */~ 1/81; Albrecht, Heinrich (Karl Wilhelm) ~/† 1/81; Albrecht, Henry ~ 1/81; Albrecht, Herbert ~ 1/82; Albrecht, Karl Martin Paul ~ 1/82; Albrecht, Lisa Maria Fanny ~/† 1/83; Albu, Albert ~/† 1/84; Albu, Isidor ~/† 1/84; Aldenrath, Heinrich Jakob ~ 1/85; Alder, Kurt ~ 1/85; Alemann, Friedrich Adolph von ~ 1/86; Alertz, Clemens August ~ 1/86; Alewyn, Richard ~ 1/86; Alexander, Kurt ~ 1/88; Alexander, Paul Julius */~ 1/88; Alexander, Richard */~ 1/88; Alexander, Walter */~ 1/88; Alexis, Willibald ~ 1/89; Alfringhaus, Erich ~ 1/89; Alker, Ernst ~ 1/90; Allemann, Beda ~ 11/3; Allemann, (Fritz) René ~ 11/3; Allgeier, (Franz) Arthur ~ 1/92; Aloni, Jenny ~ 11/3; Alpar, Gitta ~ 1/93; Alport, Leo ~ 1/93; Alsberg, Max ~ 1/94; Alsberg, Moritz ~ 1/94; Alsdorf, Ludwig ~ 1/94; Alsen, Herbert ~ 1/94; Alsleben, Julius */~/† 1/94; Altdorfer, Albrecht ~ 1/96; Alten, Georg von † 1/96; Alten, Viktor (Karl Albert Johannes) von ~ 1/97; Altenberg, Paul */~/† 1/97; Altenbourg, Gerhard ~ 1/97; Altenkirch, Otto ~ 1/98; Altenstein, Karl (Sigmund

Franz) Frh. vom Stein zum A. ~/† 1/98; Althaus, Friedrich ~ 1/100; Althaus, Theodor ~ 1/100; Altheim, Franz ~ 1/100; Althoff, Friedrich ~/† 1/101; Altkirch, Ernst ~ 1/102; Altmaier, Jakob ~ 1/102; Altman, Georg */~ 1/102; Altmann, Johann Georg ~ 1/103; Altmann, Samuel Paul */~ 1/104; Altmann, Walter */~ 1/104; Altmann, Wilhelm ~ 1/104; Altmann-Gottheiner, Elisabeth */~ 1/104; Altmüller, Karl ~ 1/104; Altrock, Hermann */~ 1/105; Altschüler, Moritz Jakob ~ 1/106; Altschul, Salomon Eugen ~ 11/3; Altum, Johann Bernhard ~ 1/106; Alvensleben, Albrecht Graf von ~/† 1/107; Alvensleben, Constantin Graf von † 1/107; Alvensleben, Friedrich Johann Graf von ~ 1/107; Alvensleben, Gustav von ~ 1/107; Alvensleben, Gustav Hermann von ~ 1/107; Alvensleben, Ludwig (Karl Friedrich Wilhelm Gustav) von ~ 1/107; Alvensleben-Hundisburg, Philipp Karl Graf von † 1/108; Alwens, Walter (Edmund Johannes Daniel) ~ 1/108; Alwin, Karl Oskar ~ 1/108; Alxinger, Johann Baptist von ~ 1/109; Aly, (Gottfried) Friedrich ~ 1/109; Alzheimer, Alois ~ 1/109; Amann, Joseph Albert ~ 1/110; Amberg, Adolph ~/† 1/111; Amberg, Wilhelm (August Leberecht) */~/† 1/111; Ambesser, Axel von ~ 1/111; Ambronn, Hermann ~ 1/111; Ambrosch, Joseph Julius Athanasius */~ 1/112; Ambrosch, Joseph Karl ~/† 1/112; Ambrosi, Johann Baptist ~/† 1/112; Amelang, Karl Ludwig */† 1/113; Amelung, Ludwig Franz ~ 1/113; Amelung, Walther (Oskar Ernst) ~ 1/113; Amelunxen, Rudolf ~ 1/113; Amende, Hans ~ 1/113; Ammann, Hektor ~ 1/115; Ammann, Jost ~ 1/116; Ammon, Günter */~/† 11/4; Ammon, Karl Wilhelm ~ 1/118; Ammon, Ludwig (Johann Georg Friedrich) von ~ 1/118; Amrehn, Franz */~/† 1/119; Amsler, Alfred ~ 1/120; Anacker, Heinrich ~ 1/121; Ancillon, Charles ~/† 1/121; Ancillon, David ~/† 1/121; Ancillon, (Jean Pierre) Frédéric */~/† 1/122; Ancillon, Louis Frédéric */~/† 1/122; Andergast, Maria ~ 11/4; Anderlind, Ottomar Viktor ~ 1/123; Anderlohr, Max ~ 1/123; Anders, Franz Julius ~/† 1/123; Anders, Georg ~ 1/124; Anders, Günther ~ 1/124; Anders, Peter ~ 1/124; Andersch, Max ~ 1/124; Andersen, Friedrich Karl Emil ~ 1/124; Andersson, Adolf ~ 1/125; Andrae, Ferdinand Ludwig Alexander ~ 1/126; Andrássy, Gyula (Julius) Graf ~ 1/126; André, Johann ~ 1/127; Andre, Josef ~ 1/127; Andreae, August Wilhelm ~ 1/128; Andreae, Fritz ~ 1/128; Andreae, Hermann Victor ~ 1/128; Andreae, Johann Gerhart Reinhart ~ 1/129; Andreae, Karl Christian ~ 1/130; Andreae, Philipp Victor Achilles ~ 1/131; Andreae, Wilhelm ~ 1/132; Andreas, Friedrich Carl ~ 1/132; Andreas, Willy ~ 1/132; Andreas-Salomé, Lou ~ 1/132; Andree, Carl Theodor ~ 1/133; Andree-Eysn, Marie ~ 1/133; Andreesen, Alfred Theodor ~ 1/133; Andres, Stefan ~ 1/133; Andresen, Momme ~ 1/134; Andrian-Werburg, Ferdinand Leopold Frh. von ~ 1/134; Aner, Karl ~ 1/135; Angeli, Heinrich von ~ 1/135; Angely, Louis Jean Jacques ~/† 1/136; Angermayer, Gustav Heinrich ~ 1/137; Anger, Richard ~/† 1/137; Angermayer, Fred ~ 1/138; Angern, Ferdinand Ludwig Friedrich Frh. von ~ 1/138; Angerstein, Eduard Ferdinand ~/† 1/138; Anhalt, Friedrich Reichsgraf von ~ 1/139; Anhalt, Heinrich Wilhelm von ~ 1/139; Anhalt, Leopold Ludwig Reichsgraf von ~ 1/139; Anières, Friedrich Benjamin von */~/† 1/141; Anker, Alfons */~ 1/141; Ankwicz von Kleehoven, Hans ~ 1/141; Anna, Kurfürstin von Brandenburg † 1/142; Anna, Prinzessin von Hessen * 1/142; Anna Amalia, Prinzessin von Preußen, Äbtissin von Quedlinburg */† 1/143; Anno, Anton ~/† 1/145; Anrich, Gustav Adolf ~ 1/145; Anschütz, August ~ 1/145; Anschütz, Gerhard ~ 1/145; Anschütz, Ottomar † 1/145; Anselmino, Karl-Julius ~ 1/148; Ansorge, Conrad ~ 1/148; Ansorge, Max ~ 1/148; Anthes, Rudolf ~/† 1/149; Anton, August Friedrich Moritz ~ 1/151; Antony, Franz Joseph Alois ~ 1/153; Anzer, Johann Baptist von ~ 1/153; Aockerblum, Ottmar ~ 1/154; Apel, Erich † 11/4; Apel, Paul */~/† 1/154; Apel, Willi ~ 1/155; Apffelstaedt, Max ~ 1/156; Apitz, Bruno † 1/157; Apolant, Hugo ~ 11/5; Apolant, Jenny * 1/157; Appel, Carl Louis Ernst * 1/158; Appel, Otto ~/† 1/159; Appelt,

Walter Ritter von ~ 1/267; Bagdons, Friedrich ~ 1/267; Bagge, Erich (Rudolf) ~ 11/9; Baginsky, Adolf ~/† 1/267; Baginsky, Benno ~/† 1/268; Bahlmann, Paul ~ 1/268; Bahlmann, Wilhelm ~ 1/268; Bahn, Roma (Anna Helena) */~ 1/268; Bahn, Rudolf ~ 1/268; Bahner, (Christian Ernst) Dietrich ~ 1/268; Bahnsen, Christian August ~ 1/269; Bahnsen, Wilhelm ~ 1/269; Bahr, Hermann ~ 1/269; Bahr, Richard ~ 1/270; Bahrfeldt, Emil † 1/270; Bahrfeldt, Max Ferdinand ~ 1/271; Bahrmann, (Carl Fürchtegott) Hermann ~ 1/271; Bahro, Rudolf ~/† 11/10; Baier, Alwill ~ 1/271; Bailleu, Paul ~/† 1/272; Baisch, Otto ~ 1/272; Balck, (Konrad Friedrich August Henry) William ~ 1/273; Balden, Theo ~/† 11/10; Baldung, Hans ~ 1/275; Balk, Theodor ~ 1/276; Balkow, Julius */~ 1/276; Ball, Leo (Anton Carl) de ~ 1/277; Balla, Emil ~ 1/277; Ballasko, Viktoria von ~/† 1/277; Balmer, Johann Jakob ~ 1/279; Balser, Ewald ~ 1/279; Baltrusch, Georg Friedrich ~ 1/281; Baltz, Theodor Friedrich ~ 1/282; Baltzer, Armin (Richard) ~ 1/282; Baltzer, Hans Adolf */~/† 1/282; Baluschek, Hans ~/† 1/283; Bamberg, Felix ~ 1/284; Bamberg, Günther von ~ 1/284; Bamberg, (Johann) Karl (Wilhelm Anton) ~/† 1/284; Bamberger, Eugen */~ 1/284; Bamberger, Fritz (Siegfried) ~ 1/284; Bamberger, Johann Peter ~ 1/285; Bamberger, Ludwig † 1/285; Bambus, Willi */~/† 1/285; Bamm, Peter ~ 1/286; Banck, Karl ~ 1/286; Bandel, (Joseph) Ernst von ~ 1/286; Bandemer, Susanne von * 1/287; Bang-Kaup, Willy ~ 1/288; Bangemann, Oskar ~ 1/288; Banks, Edward ~ 1/289; Bansen, Hugo ~ 1/289; Bar, Carl Ludwig von ~ 1/290; Baranius, Henriette ~/† 1/291; Baratier, Johann Philipp ~ 1/291; Barbie, Klaus ~ 11/10; Barby, Johann Heinrich Christian ~/† 1/292; Barckhausen, Konrad Heinrich ~/† 1/292; Bardeleben, Heinrich (Karl Ludwig) ~ 1/293; Bardeleben, Heinrich Adolf von ~/† 1/293; Bardeleben, Karl (Heinrich) von ~ 1/293; Bardeleben, Kurt (Ludwig Karl Heinrich) von ~ 1/293; Bardenheuer, Franz Bernhard ~ 1/293; Barényi, Béla (Viktor Karl) von ~ 11/11; Barfus, Hans Albrecht Reichsgraf von ~ 1/294; Bargatzky, Walter ~ 11/11; Bargiel, Woldemar */~/† 1/294; Barkany, Marie ~/† 1/295; Barkhausen, Heinrich Georg ~ 1/295; Barkow, August Friedrich ~ 1/296; Barkow, Hans Karl Leopold ~ 1/296; Barlach, Ernst ~ 1/296; Barlog, Boleslaw ~/† 11/11; Barnack, Oskar ~ 1/297; Barnay, Ludwig ~ 1/297; Barnick, Johannes (Ferdinand) ~ 1/297; Barnim, Adalbert Frh. von ~ 1/297; Barnowsky, Viktor */~ 1/298; Baron, Ernst Gottlieb ~/† 1/298; Baron, Hans */~ 11/12; Barsig, Franz ~ 1/298; Bartels, Ernst Daniel August ~/† 1/299; Bartels, Friedrich ~/† 1/299; Bartels, Maximilian (Carl August) */~/† 1/299; Bartels, Paul */~ 1/299; Barth, Gottlob Georg ~ 1/301; Barth, Hans ~ 1/301; Barth, Heinrich ~/† 1/301; Barth, Heinrich ~/† 1/302; Barth, Heinrich ~ 1/302; Barth, Jakob ~/† 1/302; Barth, Johann August ~ 1/302; Barth, Karl ~ 1/303; Barth, Marquard ~ 1/304; Barth, (Wilhelm) Theodor ~ 1/305; Barth von Wehrenalp, Erwin ~ 11/12; Barthel, Alexander ~ 1/306; Barthel, Ernst ~ 1/306; Barthel, Johann Karl Rudolph ~ 1/306; Barthel, Max ~ 1/307; Barthel, Thomas S. * 11/12; Bartholdi, Christian Friedrich Frh. ~/† 1/307; Bartholdy, Georg Wilhelm ~ 1/307; Bartholdy, Jakob Ludwig Salomo * 1/307; Bartling, Eduard ~ 1/309; Bartmuss, Richard ~ 1/309; Bartning, Ludwig ~/† 1/309; Bartning, Otto ~ 1/309; Bartsch, Johann Gottfried ~ 1/310; Bartsch, Johann Leopold Gustav ~ 1/310; Bartsch, Karl (Friedrich Adolf Konrad) ~ 1/310; Bartsch von Sigsfeld, Hans ~ 1/311; Barwich, Heinz */~ 1/311; Bary, Anton Heinrich de ~ 1/312; Baschin, Otto */~/† 1/312; Baschwitz, (Siegfried) Kurt ~ 1/313; Basler, Otto ~ 1/314; Basse, Detmar Friedrich Wilhelm ~ 1/314; Bassermann, Albert ~ 1/315; Bassermann, Alfred ~ 1/315; Bassermann, Dieter ~ 1/315; Bassermann, Else ~ 1/315; Bassermann, Ernst ~ 1/315; Bassewitz, Hans-Barthold von ~ 1/316; Basté, Charlotte ~ 1/317; Bastgen, Hubert ~ 11/12; Bastian, Adolf ~ 1/317; Batocki-Friebe, Adolf Max Johannes Otto von ~ 1/317; Battermann, Hans Felix Heinrich ~ 1/318; Batthyani, Karl Joseph Fürst von ~ 1/318; Battke, Heinz

*/~ 1/319; Bauch, Kurt ~ 11/12; Bauch, Robert */~ 1/320; Baudisch, Paul ~ 1/321; Baudissin, Eva Gräfin von ~ 1/321; Baudissin, Friedrich Graf von † 1/321; Baudissin, Heinrich Friedrich Graf von ~ 1/321; Baudissin, Karoline Adelheid Cornelia Gräfin von ~ 1/321; Baudissin, Otto Friedrich Magnus Graf von ~ 1/321; Baudissin, Wolf (Wilhelm Friedrich) Graf von ~/† 1/322; Baudissin, Wolf Graf von ~ 1/322; Baudissin, Wolf (Stefan Traugott) Graf von ~ 1/322; Bauer, Adolf ~ 1/323; Bauer, Andreas Friedrich ~ 1/323; Bauer, Bruno ~ 1/324; Bauer, Gustav (Conrad) ~ 1/325; Bauer, Gustav (Adolf) ~/† 1/325; Bauer, Hans ~ 1/325; Bauer, Hans * 11/13; Bauer, Heinrich ~/† 1/325; Bauer, Karoline (Philippine Auguste) ~ 1/328; Bauer, Leo(pold) ~ 1/328; Bauer, Max Hermann ~ 1/328; Bauer, Max Hermann ~ 1/329; Bauer, Oswald ~/† 1/329; Bauer, Rudolf ~ 1/329; Bauer, Walter ~ 1/329; Bauerband, Johann Joseph ~ 1/330; Bauernfeind, Otto ~ 1/330; Bauersfeld, Walther */~ 1/331; Baule, Bernhard ~ 1/332; Baum, Fritz ~ 1/332; Baum, Gustav ~ 1/332; Baum, Herbert ~/† 11/13; Baum, Julius ~ 1/332; Baum, Marianne ~/† 11/13; Baum, Marie ~ 1/333; Baum, Peter ~ 1/333; Baum, Vicki ~ 1/333; Baumann, Eberhard ~ 1/334; Baumann, Edith */~ 1/334; Baumann, Emma ~ 1/334; Baumann, Eugen ~ 1/334; Baumann, Fritz (Cäsar) ~ 1/335; Baumann, Hans ~ 1/335; Baumann, Hermann ~ 1/335; Baumann, Johann Adolf ~ 1/336; Baumann, Johannes ~ 1/336; Baumann, Rudolf ~/† 11/13; Baumbach, Adolf ~ 1/337; Baumbach, Karl Adolf ~ 1/338; Baumbach, Max ~/† 1/338; Baumberger, Otto ~ 1/339; Baumeister, (Karl) August ~ 1/339; Baumeister, Wilhelm ~ 1/340; Baumert, (Friedrich) Moritz ~/† 1/341; Baumgärtel, Friedrich Johannes ~ 1/341; Baumgärtner, Adam Friedrich Gotthelf ~ 1/341; Baumgärtner, Karl Heinrich ~ 1/342; Baumgardt, David ~ 1/342; Baumgarten, Alexander Gottlieb * 1/343; Baumgarten, Arthur ~/† 1/343; Baumgarten, Gotthilf von * 1/343; Baumgarten, Hans */~ 1/343; Baumgarten, Hermann ~ 1/344; Baumgarten, Jakob ~/† 1/344; Baumgarten, Michael ~/† 1/344; Baumgarten, Otto ~ 1/344; Baumgarten, Otto Nathanael */~/† 1/345; Baumgarten, Paul ~ 1/345; Baumgarten-Crusius, Moritz August ~ 1/346; Baumgartner, Wilhelm (Franz Joseph) ~ 1/348; Baur, Emil ~ 1/349; Baur, Erwin ~/† 1/349; Baur, Franz ~ 1/350; Baur, Karl ~ 1/351; Baur, Valentin ~ 1/352; Baur, (Friedrich) Wilhelm ~ 1/352; Bausch, Paul ~ 1/353; Bauschinger, Julius ~ 1/354; Bauschke, Moritz Gustav ~ 1/354; Bause, Johann Friedrich ~ 1/354; Baussnern, Waldemar Edler von */~ 1/355; Bavendamm, Werner */~ 1/355; Baxmann, Ernst Valentin Rudolf ~ 1/355; Bayer, Aloys ~ 1/356; Bayer, Gottlieb Siegfried ~ 1/357; Bayer, Herbert (Wilhelm) ~ 1/357; Bayer, Josef August ~ 1/358; Bayer, Karl ~ 1/358; Bayrhammer, Gustl ~ 1/360; Bazille, Wilhelm ~ 1/361; Beaulieu, Gertraud Châlet de ~ 1/362; Beaulieu-Marconnay, Eugen Karl Theodor Levin Frh. von ~ 1/362; Beausobre, Isaak de ~/† 1/362; Bebel, (Ferdinand) August ~ 1/363; Becher, Johannes R(obert) † 1/366; Becher, Ulrich */~ 1/366; Becherer, Friedrich ~/† 1/366; Bechert, Emil ~ 1/367; Bechhold, Heinrich (Jakob) ~ 1/367; Bechmann, (Georg Carl) August Ritter von ~ 1/367; Bechstein, Carl ~/† 1/367; Bechstein, Reinhold ~ 1/368; Bechteler, Theo ~ 1/368; Beck, Adolf ~ 1/368; Beck, Adolf Franz ~ 1/369; Beck, Heinrich ~ 1/370; Beck, Johann Heinrich ~ 1/371; Beck, Karl Isidor ~ 1/371; Beck, Ludwig (August Theodor) ~/† 1/372; Beckedorff, Georg Philipp Ludolf von ~ 1/374; Becker, Albert */~/† 1/375; Becker, Albert Ernst Anton ~/† 1/375; Becker, Carl Heinrich ~/† 1/376; Becker, Eduard ~ 1/376; Becker, Enno (Franz August) ~ 1/376; Becker, Ernst (Emil Hugo) ~ 1/377; Becker, Ferdinand Wilhelm */~/† 1/377; Becker, Friedrich (Eberhard) ~ 1/377; Becker, Gustav August Adolf ~ 1/377; Becker, Hellmut ~/† 1/377; Becker, Hugo ~ 1/378; Becker, Johann (Baptist) ~ 1/378; Becker (Arnsberg), Johannes ~ 1/379; Becker, Joseph ~/† 1/379; Becker, Jurek ~/† 11/15; Becker, Karl ~ 1/379; Becker, Karl ~/† 1/379; Becker, Karl Albin † 1/379; Becker, Karl Ludwig Friedrich */~/† 1/379; Becker, Marie Luise †

Wilhelm ~/† 11/19; Bernstein, Aaron David ~ 1/475; Bernstein, Eduard */† 1/475; Bernstein, Felix ~ 1/475; Bernstein, Georg Heinrich ~ 1/476; Bernstein, Johann Gottlob ~ 1/476; Bernstein, Julius */~/† 1/476; Bernstein, Karoline */~/† 1/476; Bernstein, Max (Ernst) ~ 1/476; Bernstorff, Albrecht Graf von ~ 1/476; Bernstorff, Albrecht Graf von */† 1/476; Bernstorff, Andreas Graf von */~/† 1/477; Bernstorff, Christian Günther Graf von ~/† 1/477; Bernstorff, Georg Ernst Graf von ~ 1/477; Berolzheimer, Friedrich ~/† 1/479; Berrer, Albert ~ 1/479; Berson, Arthur (Joseph Stanislaus) ~/† 1/480; Berstl, Julius ~ 1/480; Bertelsmann, Heinrich (Friedrich Christian) ~/† 1/481; Bertelsmann, Wilhelm (Heinrich) ~/† 1/481; Berten, Walter ~ 1/481; Bertens, Rosa † 1/481; Bertheau, Ernst ~ 1/482; Bertheim, Alfred */~/† 1/482; Berthold, Arnold Adolph ~ 1/486; Berthold, Emil ~ 1/486; Berthold, Georg */~/† 1/486; Berthold, Hermann */~/† 1/487; Berthold, Luise */~ 1/487; Bertholet, Alfred (Robert Felix) ~ 1/487; Bertram, Christian August */~/† 1/488; Bertram, Ernst ~ 1/488; Bertram, Georg */~ 1/488; Bertram, Theodor ~ 1/488; Bertsch, Heinrich ~/† 11/19; Berve, Emil ~ 1/489; Berve, Helmut (Friedrich Konrad) ~ 1/489; Berwald, Hugo ~ 1/489; Besch, Otto ~ 1/490; Beschort, Jonas Friedrich ~/† 1/490; Beseler, Georg (Karl Christoph) ~ 1/490; Beseler, Gerhard (Friedrich) von */~ 1/490; Beseler, Max ~/† 1/491; Bessau, Georg ~/† 1/492; Besser, Karl Heinrich Wilhelm ~ 1/494; Besser, Leopold (August) ~ 1/494; Besser, Wilhelm Friedrich ~ 1/494; Beste, Konrad ~ 1/494; Beste, Theodor ~ 1/495; Bestelmeyer, Adolf (Christoph Wilhelm) ~ 1/495; Bestelmeyer, German (Johann Georg) ~ 1/495; Beta, (Johann) Heinrich ~/† 1/495; Beta, Ottomar */† 1/495; Beth, Karl ~ 1/495; Bethe, Albrecht ~ 1/496; Bethge, Friedrich */~ 1/496; Bethge, Karl * 1/496; Bethmann, Heinrich Eduard ~ 1/496; Bethmann Hollweg, Freda von ~ 1/497; Bethmann Hollweg, Moritz August von ~ 1/497; Bethmann Hollweg, Theobald (Theodor Friedrich Alfred) von ~ 1/497; Bethusy-Huc, Eduard (Georg) Graf von ~ 1/497; Bettac, Ulrich ~ 1/498; Bettauer, Fritz † 1/498; Bettauer, Hugo ~ 1/498; Bettelheim, Jakob ~/† 1/499; Bettkober, Heinrich (Christian Friedrich Siegismund) */† 1/499; Betz, (Johann) Albert ~ 1/499; Betz, Franz ~/† 1/500; Beucker, Ivo ~ 1/500; Beulwitz, Karl August von ~ 1/501; Beulwitz, Ludwig Friedrich von ~ 1/501; Beumelburg, Werner ~ 1/501; Beurmann, Moritz von ~ 1/501; Beushausen, (Hermann Ernst) Louis ~/† 1/501; Beust, Friedrich Ferdinand Graf von ~ 1/502; Beuth, Peter Christian Wilhelm ~/† 1/503; Beutin, Ludwig (Karl Johannes) ~ 1/503; Beutinger, Emil ~ 1/503; Beutler, Hans ~ 1/504; Beuttenmüller, Hermann ~ 1/504; Beyer, Gustav Friedrich von * 1/506; Beyer, Hermann Wolfgang ~ 1/506; Beyer, Kurt (Friedrich August) ~ 1/506; Beyling, Carl */~/† 1/507; Beyme, Karl Friedrich von ~ 1/507; Beyrich, (Heinrich) Ernst */~/† 1/507; Beyrich, (Carl Ernst Friedrich) Ferdinand */~/† 1/508; Beyrich, Heinrich Karl ~ 1/508; Beyschlag, Adolf ~ 1/508; Beyschlag, Franz ~/† 1/508; Beyschlag, (Johann Heinrich Christoph) Willibald ~ 1/508; Beythien, Heinrich (Friedrich Wilhelm) † 1/508; Bezold, Albert (Ludwig Friedrich) von ~ 1/509; Bezold, Friedrich ~ 1/509; Bezold, (Johann Friedrich) Wilhelm von ~/† 1/510; Bezzola, Andrea ~ 1/510; Bial, Rudolf ~ 1/510; Bialas, Günter ~ 11/20; Biberti, Leopold */~ 1/511; Bickel, Adolf ~ 1/513; Bicking, Franz Anton ~/† 1/514; Bidder, Heinrich ~ 1/514; Bidder, Heinrich (Friedrich) ~ 1/514; Bidlingmaier, Friedrich ~ 1/515; Bie, Oskar ~/† 1/515; Bieber, Hugo */~ 1/515; Bieber, Margarete ~ 1/516; Bieber, Oswald Eduard ~ 1/516; Bieber-Böhm, Hanna ~/† 1/516; Biedenfeld, Ferdinand Leopold Frh. von ~ 1/516; Biederlack, Johann Christoph ~ 1/516; Biedermann, Alois Emanuel ~ 1/516; Biedermann, Flodoard (Woldemar) Frh. von ~/† 1/517; Biedermann, (Friedrich) Karl ~ 1/517; Biedermann, Rudolf ~/† 1/518; Biedermann, Therese ~ 1/518; Biehle, (August) Johannes ~ 1/519; Bielfeld, Jakob Friedrich Frh. von ~ 1/520; Bielfeldt, Hans Holm ~/† 11/21; Bieling, Richard ~ 1/520; Bielschowsky, Albert

~/† 1/520; Bielschowsky, Alfred ~ 1/520; Bielschowsky, Max ~ 1/521; Bienek, Horst ~ 1/521; Biener, Friedrich August ~ 1/522; Bienstock, Heinrich ~ 1/522; Bier, (Karl Gustav) August ~ 11/21; Bierbaum, Otto Julius ~ 1/522; Biermann, (Karl) Eduard */~/† 1/523; Biermann, Gottlieb */~/† 1/523; Biermann, Johannes */~ 1/523; Biermann, Ludwig (Franz Benedikt) ~ 1/523; Biermann, (August Leo) Otto ~ 1/523; Biermer, (Michael) Anton † 1/524; Biermer, Magnus ~ 1/524; Biernatzki, Karl Leonhard ~ 1/524; Bierwes, Heinrich ~ 1/524; Biesalski, Konrad (Alexander Theodor) ~/† 1/524; Biese, Franz ~ 1/525; Biester, Johann Erich ~/† 1/525; Bildt, Paul (Hermann) */~/† 11/21; Bilguer, Johann Ulrich von † 1/526; Bilguer, Paul Rudolf von ~ 1/527; Bilharz, Alfons ~ 1/527; Bill, Max † 1/527; Billing, Hermann ~ 1/528; Billinger, Richard ~ 1/528; Billroth, (Christian Albert) Theodor ~ 1/529; Bilse, Benjamin ~ 1/529; Biltz, (Johann) Heinrich */~ 1/530; Biltz, Karl (Friedrich) ~ 1/530; Biltz, (Eugen) Wilhelm * 1/530; Binder, Georg ~ 1/531; Binder, Paul ~ 1/531; Binder, Sibylle ~ 1/532; Bing, (Paul) Robert ~ 1/533; Bing, Sir Rudolf (Franz Josef) ~ 11/22; Bingel, Rudolf ~ 1/533; Bingner, Adrian (Aloys Philipp Heinrich) ~ 1/533; Binkowski, Johannes ~ 11/22; Binswanger, Otto ~ 1/534; Binz, Arthur (Heinrich) ~/† 1/534; Binz, Carl ~ 1/535; Biow, Hermann ~ 1/535; Birch-Pfeiffer, Charlotte Karoline ~/† 1/536; Bircher-Benner, Maximilian Oskar ~ 1/536; Birckenstock, Johann Adam ~ 1/537; Bird, Friedrich Ludwig Heinrich ~ 1/537; Birk, Walter ~ 1/537; Birkenfeld, Günther ~/† 1/538; Birkholz, Georg Wilhelm von ~ 1/538; Birlinger, Anton ~ 1/539; Birnbach, Karl Joseph ~ 1/539; Birnbaum, Karl ~ 1/540; Birnbaum, Nathan ~ 1/540; Birnbaum, Uriel ~ 1/540; Birrenbach, Kurt ~ 1/541; Bischof, Carl ~ 1/541; Bischoff, Christian Heinrich Ernst ~ 1/542; Bischoff, Diedrich ~ 1/542; Bischoff, Ludwig ~ 1/543; Bischoff-Culm, Ernst ~ 1/544; Bismarck, August Wilhelm */~ 1/545; Bismarck, Friedrich Wilhelm Graf von ~ 1/545; Bismarck, Herbert Fürst von * 1/545; Bismarck, Johanna Fürstin von ~ 1/545; Bismarck, Otto (Eduard Leopold) von ~ 1/545; Bismarck, Otto Fürst von ~ 1/547; Bismarck-Bohlen, Friedrich (Theodor Alexander) Graf von ~ 1/547; Bismarck-Schönhausen, Gottfried Graf von * 1/547; Bistram, Ottilie von ~ 1/549; Bittcko, Karl Friedrich Otto ~ 1/549; Bittel, Kurt ~ 1/549; Bittenfeld, Karl Eberhard Herwarth von ~ 1/549; Bitter, Karl Hermann ~/† 1/550; Bitter, Rudolf von † 1/550; Bitterfeld, Johann Eberhard Ernst Herwarth von † 1/550; Bittner, Ludwig ~ 1/551; Blacher, Boris ~/† 1/552; Blachstein, Artur (Georg) ~ 1/552; Bläser, Gustav Hermann ~ 1/553; Bläsing, David ~ 1/553; Bläsing, Felix (Julian) ~ 1/553; Blätterbauer, Theodor ~ 1/553; Blättner, Johann Samuel ~ 1/554; Blanc, Louis Ammy */~ 1/555; Blanc, Ludwig Gottfried * 1/555; Blanck, Edwin ~ 1/555; Blancke, Alfred ~ 1/555; Blanckenburg, (Henning Karl) Moritz von ~ 1/555; Blanckenhorn, Max (Ludwig Paul) ~ 1/556; Blanckertz, Heinrich Siegmund ~/† 1/556; Blanckertz, Rudolf */~ 1/556; Blanke, Fritz ~ 1/557; Blankenburg, Walter ~ 11/23; Blankenfeld, Johannes * 1/557; Blankenhorn, Ernst ~ 1/558; Blankenhorn, Herbert ~ 1/558; Blankensee, Georg Friedrich Alexander Graf von ~ 1/558; Blankenstein, Karl ~ 1/558; Blankertz, Herwig ~ 1/558; Blaschko, Alfred ~/† 1/559; Blaschnik, Arthur ~/† 1/560; Blaschnik-Arndt, Fanny */~/† 1/560; Blasius, Ernst (Carl Friedrich) */~ 1/561; Blasius, Johann Heinrich ~ 1/561; Blasius, Rudolf ~ 1/561; Blaspeil, Werner Wilhelm Reichsfrh. ~ 1/562; Blass, Ernst */† 1/562; Blau, Bruno ~ 11/23; Blau, Fritz ~/† 1/563; Blau, Paul ~ 1/563; Blaul, Julius Ritter von ~ 1/564; Blaustein, Arthur ~ 1/564; Blech, Leo ~/† 1/565; Blechen, Karl ~/† 1/565; Blecher, Friedrich ~/† 1/565; Bledow, Ludwig (Erdmann) */† 1/566; Bleek, Friedrich ~ 1/566; Bleek, Wilhelm Heinrich Emanuel */~ 1/566; Blei, Franz ~ 1/566; Bleibtreu, Georg ~/† 1/567; Bleibtreu, Hedwig ~ 1/567; Bleibtreu, Karl * 1/567; Bleichert, Adolf Hermann ~ 1/567; Bleichröder, Gerson von */~/† 1/568; Blenck,

Emil ~/† 1/568; Blencke, Oskar ~/† 1/569; Blenkle, Konrad */~/† 1/569; Blesendorf, Elisabeth */~ 1/569; Blesendorf, Joachim Ernst ~ 1/569; Blesendorf, Konstantin Friedrich */~/† 1/569; Blesendorf, Samuel */~ 1/570; Blessing, Karl ~ 11/23; Blesson, Johann Ludwig Urbain */~/† 1/570; Bley, Fritz ~/† 1/571; Blezinger, (Gustav) Adolf ~ 1/572; Bliesener, Friedrich August ~/† 1/572; Bloch, August (Friedrich) † 1/573; Bloch, Bruno ~ 1/573; Bloch, Ernst ~ 1/573; Bloch, Georg ~/† 1/574; Bloch, Hermann */~ 1/574; Bloch, Iwan ~/† 1/574; Bloch, Joseph ~ 1/574; Bloch, Markus Elieser ~ 1/575; Bloch, Martin ~ 1/575; Bloch, Philipp ~/† 1/575; Blochmann, Elisabeth ~ 1/575; Blochmann, Rudolf Sigismund ~ 1/576; Block, Karl Heinrich von † 1/576; Block, Martin (Friedrich) ~ 1/576; Block, Paul ~ 1/576; Bloem, Walter ~ 1/577; Bloesch, Hans ~ 1/577; Blösch, Karl Emil ~ 1/577; Blohm, (Adolph) Hermann ~ 1/578; Blohm, (Georg Wilhelm) Rudolf ~ 1/578; Blohmke, Artur ~ 1/578; Blomberg, (Karl) Alexander (Johann Ludwig) Frh. von † 1/578; Blomberg, Hugo von */~ 1/578; Blon, Franz */~/† 1/579; Blos, Anna ~ 1/579; Blossfeldt, Karl ~/† 11/24; Blühdorn, Johann Ernst Christian ~ 1/580; Blüher, Bernhard ~ 1/580; Blüher, Hans ~/† 1/580; Blümner, Hugo (Johann Friedrich Daniel Wilhelm Ferdinand) */~ 1/581; Blüthgen, Clara ~/† 1/581; Blüthgen, Viktor (August Eduard) † 1/581; Bluhm, Agnes ~ 1/581; Blum, Carl (Wilhelm August) ~/† 1/581; Blum, Joachim Christian ~ 1/582; Blum, Otto (Leonhard) ~ 1/582; Blum, Robert ~ 1/582; Blum, Robert ~ 1/583; Blum, Robert ~ 1/583; Blum, Rudolf */~ 11/24; Blumauer, Alois ~ 1/584; Blume, Bernhard ~ 11/24; Blume, Bianka ~ 1/584; Blume, Friedrich ~ 1/584; Blume, Heinrich */~/† 1/584; Blume, Joseph ~/† 1/584; Blume, Wilhelm † 1/585; Blumenfeld, Erik B. ~ 11/25; Blumenfeld, Erwin * 11/25; Blumenfeld, Walter Georg ~ 1/586; Blumenreich, Franziska ~/† 1/587; Blumenreich, Paul */~/† 1/587; Blumenthal, Christoph Kaspar von * 1/587; Blumenthal, Ferdinand */~ 1/587; Blumenthal, Georg (Richard) ~/† 1/587; Blumenthal, Hermann ~ 1/587; Blumenthal, Lieselotte ~ 11/25; Blumenthal, Oskar */~/† 1/588; Blumenthal, Paul ~ 1/588; Blumer, Johann Jakob ~ 1/588; Blumer, Theodor † 1/589; Blumer, Martin (Traugott Wilhelm) † 1/589; Bluntschli, Johann Caspar ~ 1/590; Bluth, Karl-Theodor */~ 1/591; Boas, Eduard ~ 1/591; Boas, Ismar ~ 1/592; Boas, Walter */~ 11/26; Bobek, Hans ~ 1/592; Bobrowski, Johannes † 1/592; Bochmann, Werner ~ 11/26; Bock, Fedor von ~ 1/594; Bock, Friedrich ~ 1/594; Bock, Gustav */† 1/594; Bock, Hugo */† 1/595; Bock, Richard (Ernst) */~/† 1/596; Bockelmann, Paul ~ 1/596; Bockelmann, Rudolf (August Louis Wilhelm) ~ 1/596; Bockum-Dolffs, Florens Heinrich von ~ 1/598; Bockwitz, Hans (Heinrich) ~ 1/598; Bocris, Johann Heinrich d. Ä. ~ 1/598; Bodanzky, Artur ~ 1/598; Bode, Adolph Friedrich * 1/599; Bode, Hedwig Baronin von ~/† 1/599; Bode, Johann Elert ~/† 1/599; Bode, Rudolf (Fritz Karl Berthold) ~ 1/600; Bode, (Arnold) Wilhelm von ~/† 1/600; Bode, Wilhelm ~ 1/600; Bodelschwingh, Ernst (Albert Karl Wilhelm Ludwig) von ~ 1/601; Bodelschwingh, Friedrich von ~ 1/601; Bodelschwingh, (Ludwig) Karl (Christian Gisbert Friedrich) von † 1/602; Boden, August Friedrich von † 1/602; Boden, Wilhelm ~ 1/602; Bodenburg, Joachim Christoph ~/† 1/602; Bodendorf, Kurt ~ 1/603; Bodenhausen, (Hans) Eberhard Frh. von ~ 1/603; Bodenheimer, Siegmund ~ 1/603; Bodenstedt, Friedrich (Martin) von ~ 1/603; Bodenstedt, Hans ~ 1/604; Bodenstein, Max (Ernst August) ~/† 1/604; Bodinus, (Karl August) Heinrich ~/† 1/604; Bodman, Emanuel Frh. von und zu ~ 1/604; Bodman, (Johann) Heinrich Frh. von und zu ~ 1/605; Bodt, Johann von ~ 1/606; Böck, Johann Michael ~ 1/606; Böckel, Dagobert Ernst Friedrich ~ 1/607; Böckel, Otto ~ 1/607; Böckenhoff, Karl ~ 1/608; Böcker, Ewald ~ 1/608; Böckh, August ~/† 1/608; Böckh, (Georg Friedrich) Richard */~/† 1/609; Böcking, Eduard ~ 1/609; Böcking, Eduard Sigismund ~ 1/610; Boeckl, Herbert ~ 1/610; Boeckler, Albert ~ 1/610; Böckler, Hans ~ 1/611; Böckler, Otto Heinrich ~/†

1/611; Böcklin, Arnold ~ 1/611; Böckmann, Wilhelm ~/† 1/613; Bödiker, Johann † 1/613; Bödiker, Tonio (Wilhelm Laurenz Karl Maria) ~/† 1/613; Böheim, Joseph Michael ~/† 1/614; Boehlendorff, Casimir Ulrich ~ 1/615; Böhm, Albert ~ 1/615; Böhm, Elisabeth ~/† 1/616; Böhm, Franz ~ 1/616; Boehm, Franz ~ 11/27; Böhm, Gottfried Ritter von ~ 1/617; Böhm, Ludwig ~/† 1/619; Böhm, Martin ~/† 1/619; Böhm, Karl Wilhelm ~/† 1/621; Böhme, Margarete ~ 1/621; Böhme, Martin ~ 1/621; Böhme, Martin Heinrich ~/† 1/621; Böhmer, Georg Wilhelm Rudolph ~ 1/622; Böhmer, Gunter ~ 1/622; Böhmer, Heinrich ~ 1/622; Böhmer, (Heinrich) Wilhelm (Ludwig) ~ 1/624; Boehn, Max von † 1/624; Böhnecke, Günther * 1/624; Böhringer, August ~ 1/624; Boehringer, Erich ~ 1/625; Böhtlingk, Artur ~ 1/625; Böhtlingk, Otto Nikolaus von ~ 1/625; Böker, (Robert) Alexander ~ 11/27; Böker, Hans ~ 1/626; Böker, Moritz ~ 1/626; Boelitz, Martin ~ 1/626; Boelitz, Otto ~ 1/626; Bölsche, Franz ~ 1/627; Bölsche, Wilhelm ~ 1/628; Boeltzig, Reinhold */~ 1/628; Bömer, Aloys (Wilhelm Joseph Hubert) ~ 1/628; Bömer, Karl ~ 1/629; Boenheim, Felix ~/† 1/630; Böning, Eberhard ~ 1/630; Börger, Wilhelm ~ 1/631; Börmel, Eugen ~/† 1/632; Börne, (Karl) Ludwig ~ 1/632; Boerner, Heinrich ~ 1/633; Börner, Paul Albrecht ~ 1/633; Börnstein, Ernst ~/† 1/634; Börnstein, Richard (Leopold) ~/† 1/634; Börsch, (Carl Cäsar Ludwig) Otto ~/† 1/634; Boerschmann, Ernst (Johann Robert) ~ 1/634; Boese, Carl (Hermann Eduard) */~ 1/635; Böse, Johannes ~/† 1/635; Böß, Gustav (August Johann Heinrich) ~ 1/636; Böttcher, Karl ~ 1/637; Böttcher, Louis (Carl Friedrich) */~/† 1/637; Boettger, Caesar Rudolf ~ 1/637; Böttger, Johann Friedrich ~ 1/637; Bötticher, Adolf ~ 1/638; Bötticher, Clarissa Johanna † 1/639; Bötticher, (Karl) Heinrich von ~ 1/639; Boetticher, Johann Friedrich Wilhelm ~ 1/639; Bötticher, Karl Gottlieb Wilhelm ~/† 1/639; Bogdandy, Ludwig von */~ 11/27; Bogeng, Gustav Adolf Erich ~ 1/640; Bogler, Theodor ~ 1/641; Bognar, Friederike von ~ 1/641; Boguslawski, Albert von */† 1/642; Boguslawski, (Heinrich) Georg von ~/† 1/642; Boguslawski, Karl Andreas von ~ 1/642; Boguslawski, Palon Heinrich Ludwig von ~ 1/642; Bohatec, Joseph ~ 2/1; Bohlen, Peter von ~ 2/1; Bohlmann, Gerhard ~ 2/1; Bohm-Schuch, Clara † 2/1; Bohn, (Karl Theodor) Richard */~ 2/2; Bohnen, (Franz) Michael ~/† 2/2; Bohnenblust, Gottfried ~ 2/3; Bohner, Gerhard ~/† 2/3; Bohner, Theodor Paul ~/† 2/3; Bohnstedt, Emil ~ 2/3; Bohnstedt, Ludwig (Franz Karl) ~ 2/3; Bohnstedt, Rudolf ~ 2/4; Bohrdt, Hans */~/† 2/4; Boie, Margarethe Ida */~ 2/5; Bois, Curt */~ 2/5; Bojanowski, Paul von ~ 2/6; Bojanus, Ludwig Heinrich ~ 2/6; Bokelmann, Christian Ludwig ~ 2/6; Boll, Franz (Johannes Evangelista) ~ 2/8; Boll, Franz Christian ~ 2/8; Boll, Franz Christian ~ 2/8; Bollert, Martin ~ 2/9; Bollinger, Friedrich Wilhelm */~/† 2/10; Bollinger, Otto von ~ 2/10; Bollnow, Otto Friedrich ~ 2/10; Bolt, Johann Friedrich */~/† 2/11; Bolte, Johannes */~/† 2/11; Boltenstern, Erich ~ 2/11; Bolton, Werner von ~/† 2/11; Boltz, Hans ~ 2/12; Boltze, Erich (Adolf Otto) ~ 2/12; Boltzmann, Ludwig August ~ 2/12; Bolváry, Géza (Maria) von ~ 2/13; Bolz, Eugen Anton ~ 2/13; Bolz, Lothar † 2/13; Bolza, Oskar ~ 2/13; Bolze, Waldemar ~ 2/14; Bombelles, Ludwig Philipp Graf von ~ 2/15; Bomhard, Ernst von ~ 2/15; Bomsdorff, August von ~ 2/15; Bondy, Joseph Adolf ~ 2/16; Bongs, Rolf ~ 2/17; Bonhoeffer, Dietrich ~ 2/18; Bonhoeffer, Karl ~/† 2/18; Bonhoeffer, Karl Friedrich ~ 2/18; Bonhoeffer, Klaus † 2/18; Bonin, Adolf (Albert Ferdinand Karl Friedrich Leopold) von † 2/19; Bonin, Gustav (Karl Gisbert Heinrich Wilhelm Gebhard) von † 2/20; Bonin-Brettin, Gisbert von ~/† 2/20; Bonitz, Hermann ~/† 2/20; Bonjour, Edgar (Konrad) ~ 2/20; Bonn, Ferdinand ~ 2/20; Bonn, Moritz Julius ~ 2/21; Bonnell, Heinrich Eduard * 2/21; Bonnet, Johannes (Paul Georg) ~ 2/21; Bonte, Paula † 2/22; Bontjes van Beek, Jan ~/† 2/22; Bonus, Arthur ~ 2/22; Boock, Georg (Franz) * 2/23; Boockmann, Hartmut ~ 11/28; Boor, Carl

Bückling, Karl Friedrich † 2/199; Büdel, Julius (Karl) ~ 2/199; Büdinger, Max ~ 2/200; Bühler, Charlotte * 2/200; Bühler, Gerhard ~ 2/200; Bühler, Karl ~ 2/200; Bühler, Ottmar ~ 2/200; Bühlmann, Albert A. */~ 2/201; Bührer, (Hans) Jakob ~ 2/202; Bühring, Diederich Ernst † 2/202; Bülbring, Karl (Daniel) ~ 2/202; Bülck, Walter ~ 2/203; Bülow, Adolf * 2/203; Bülow, Arthur ~ 2/203; Bülow, Babette von ~ 2/203; Bülow, Bernhard Fürst von ~ 2/203; Bülow, Bernhard Ernst von ~ 2/203; Bülow, Bernhard Wilhelm (Otto Viktor) von † 2/203; Bülow, (Adam Heinrich) Dietrich Frh. von ~ 2/203; Bülow, (Karl) Eduard von ~ 2/203; Bülow, Frieda Freiin von * 2/203; Bülow, Friedrich von ~ 2/203; Bülow, Friedrich (Max Martin) ~/† 2/203; Bülow, (Ludwig Friedrich Viktor) Hans Graf ~ 2/203; Bülow, Hans (Adolf Julius) von † 2/203; Bülow, Heinrich (Ulrich Wilhelm) Frh. von † 2/203; Bülow, Johann Albrecht von † 2/203; Bülow, Karl (Wilhelm Paul) von */~/† 2/203; Bülow, Kurd (Edgar Bodo) von ~ 2/203; Bülow, Margarethe von */~/† 2/203; Bülow, Oskar ~ 2/206; Bülow-Cummerow, Ernst (Gottfried Georg) von † 2/206; Bülow von Dennewitz, Friedrich Wilhelm Graf ~ 2/206; Büning, Wilhelm ~/† 2/207; Bürde-Ney, Jenny ~ 2/208; Bürgel, Bruno Hans */~ 2/209; Bürger, Kurt ~ 2/209; Bürger, Max (Ferdinand) ~ 2/209; Bürgi, Emil ~ 2/210; Bürgmann, Ferdinand ~ 2/210; Bürker, Karl ~ 2/211; Bürkner, Robert Emanuel Heinrich ~ 2/212; Büry, Agnes */~/† 2/212; Büsch, Otto ~/† 2/212; Büschenthal, Lippman Moses ~/† 2/213; Büsching, Anton Friedrich † 2/213; Büsching, (Polyxene) Christiane (Auguste) † 2/213; Büsching, Johann Gustav Gottlieb * 2/213; Büsgen, Moritz (Heinrich Wilhelm Albert Emil) ~ 2/213; Büssing, (Johann) Heinrich (Friedrich Wilhelm) ~ 2/215; Büttner, (Carl Ludwig) August (Friedrich) ~ 2/215; Büttner, David Sigismund August ~ 2/215; Büttner, Erich Johann */~ 2/215; Büttner, Johann Arnold Joseph ~/† 2/215; Büttner, Karl Gotthilf ~ 2/215; Büttner, Max ~ 2/215; Büttner, Wolfgang ~ 2/217; Buff, Heinrich Ludwig ~ 2/217; Bugge, (Friedrich Detlef) Günther ~ 2/218; Buhl, Heinrich ~ 2/218; Buhlan, Bully */~/† 2/219; Buhle, Edward ~/† 2/219; Buhle, Max ~ 2/219; Bukofzer, Manfred F. ~ 2/219; Bukofzer, Werner ~ 2/219; Bukovics von Kiss Alacska, Karl ~ 2/220; Bulcke, Karl ~/† 2/220; Bulss, Paul ~ 2/221; Bultmann, Rudolf (Karl) ~ 2/222; Bulyovsky, Lilla ~ 2/222; Bumke, Erwin (Konrad Eduard) ~ 2/222; Bumke, Julius von ~/† 2/223; Bumm, Ernst ~ 2/223; Bungeroth, Karl ~ 2/224; Bungert, (Friedrich) August ~ 2/224; Bunsen, Marie von ~/† 2/224; Bunsen, Robert Wilhelm ~ 2/224; Buntzel, Alfred ~ 2/226; Buol, Heinrich (Emanuel) von ~ 2/226; Burchard, (Franz) Emil (Emanuel) von ~ 2/229; Burchard, Gustav † 2/229; Burchardt, Hermann */~ 2/229; Burchartz, Max ~ 2/230; Burckhardt, Fritz ~ 2/231; Burckhardt, Helmuth * 2/231; Burckhardt, Jacob Christoph ~ 2/231; Burckhardt, Johannes (Friedrich Paul) ~/† 2/233; Burckhardt, Rudolf ~ 2/233; Burckhardt, Walther ~ 2/233; Burdach, Konrad ~/† 2/234; Burg, Ernst von der ~ 2/235; Burg, Meno */~/† 2/235; Burg, Robert ~ 2/235; Burgdörfer, Friedrich ~ 2/236; Burgeff, Hans (Edmund Nicola) ~ 2/236; Burger, Fritz ~ 2/236; Burger, Konrad */~ 2/237; Burger, Reinhold † 2/238; Burggraf, Julius */~ 2/239; Burghardt, Max ~/† 2/239; Burghart, Georg */~/† 2/239; Burghart, Hermann ~ 2/239; Burgsdorff, Alhard (Karl Gustav Ehrenreich) von */~ 2/241; Burgsdorff, Konrad (Alexander Magnus) † 2/241; Burgsdorff, Wilhelm (Friedrich Theodor) von ~ 2/241; Buri, Fritz ~ 11/36; Burjan, Hildegard ~ 2/242; Burkard, Heinrich ~ 2/242; Burkard, Hans ~ 2/243; Burkhard, Paul ~ 2/243; Burkhard, Paul ~ 2/243; Burkhardt, Heinrich Friedrich (Karl Ludwig) ~ 2/243; Burkhardt, (Carl August) Hugo ~ 2/244; Burkhardt, Max ~/† 2/244; Burlage, (Heinrich) Eduard † 2/244; Burmann, Fritz ~/† 2/244; Burmann, Gottlob Wilhelm ~/† 2/244; Burmeister, Annelies ~/† 2/245; Burmeister, Friedrich † 2/245; Burmeister, (Carl) Hermann (Conrad) ~ 2/245; Burmeister, Joachim * 11/36; Burmeister, Richard ~/† 2/245; Burmeister, (Franz Joachim) Heinrich ~ 2/245; Burmester, Willy (Carl Adolph Wilhelm) ~ 2/246; Burnitz, Heinrich ~ 2/246; Burnitz, Karl Peter ~ 2/246; Burschell, Friedrich ~/† 2/247; Bury, Friedrich ~ 2/247; Busch, Adolf ~ 2/248; Busch, Clemens August ~ 2/248; Busch, Dietrich Wilhelm Heinrich ~/† 2/248; Busch, (Friedrich) Emil * 2/248; Busch, Ernst ~ 2/248; Busch, Ernst (Friedrich Wilhelm) ~/† 2/249; Busch, Fritz Franz Emanuel ~ 2/249; Busch, Hans Peter ~ 11/36; Busch, Max Gustav Reinhold ~ 2/250; Busch, (Julius Hermann) Moritz ~ 2/250; Busch, Paul Vincenz */~/† 2/250; Busch, Paula ~/† 2/250; Busch, Wilhelm ~ 2/250; Busch, (Heinrich Christian) Wilhelm ~ 2/250; Busch, Wilhelm M(artin) ~ 2/251; Busch, William (Martin Friedrich) ~/† 2/251; Buschbeck, Erhard ~ 2/251; Buschbeck, Ernst Heinrich ~ 2/252; Buschbeck, Hermann ~ 2/252; Buschke, Abraham ~ 2/252; Buschkötter, Wilhelm Ludwig Heinrich ~/† 2/252; Bushe, Karl-August ~ 11/37; Busoni, Ferruccio (Dante Michelangiolo Benvenuto) ~/† 2/253; Buss, Ernst ~ 2/254; Bussche-Haddenhausen, Hilmar Frh. von dem ~ 2/254; Busse, Carl ~ 2/255; Busse, (Johann) Friedrich (Christoph) † 2/255; Busse, (Carl Heinrich August) Ludwig ~ 2/255; Busse-Palma, Georg ~ 2/256; Bußler, Ludwig */~/† 2/256; Bussmann, Walter ~ 2/256; Busson, Arnold ~ 2/256; Butenandt, Adolf (Friedrich Johann) ~ 2/257; Butenop, Karl Heinrich ~ 2/257; Buths, Julius (Emil Martin) ~ 2/258; Buttel, Christian Diedrich von ~ 2/258; Buttersack, Felix ~ 2/259; Butting, Max */~/† 2/259; Buttmann, Philipp Karl ~/† 2/259; Buttmann, Rudolf ~ 2/259; Butze-Beermann, Nuscha */~ 2/260; Buurman, Ulrich (Albrecht) ~ 2/260; Buzengeider, Karl Heribert Ignatius ~ 2/262; Byk, Alfred */~ 2/262; Caemmerer, Ernst von */~/† 2/263; Cahén, Fritz Max ~ 2/263; Cahn-Garnier, Fritz ~ 2/264; Cahn-Speyer, Rudolf ~ 2/264; Calandrelli, Alexander */~/† 2/264; Calcum, Gerhard Romilian von † 2/265; Calé, Walter */~/† 2/265; Calker, Fritz van ~ 2/266; Calker, Wilhelm van ~ 2/266; Call zu Rosenberg und Kulmbach, Guido Frh. von ~ 2/266; Callwey, Georg Dietrich Wilhelm ~ 2/267; Calow, Theodor (Walter) ~ 11/37; Calwer, Richard ~/† 2/268; Camaro, Alexander ~/† 11/37; Camenisch, Paul ~ 2/268; Campendonk, Heinrich ~ 2/271; Camphausen, Otto von ~/† 2/272; Campi, Antonia ~ 2/272; Canal, Gilbert von ~ 2/272; Canaris, Carl (August) ~ 2/272; Canetti, Elias ~ 2/273; Canitz, Friedrich Rudolph Ludwig Frh. von */† 2/274; Canstein, Carl Hildebrand Frh. von ~/† 2/275; Canstein, Philipp Frh. von ~ 2/275; Canstein, Raban Frh. von † 2/275; Cantor, Georg ~ 2/275; Cantor, Moritz Benedikt ~ 2/276; Capellen, Georg ~ 2/276; Cappeler, Karl ~ 2/277; Caprivi, (Georg) Leo Graf (1891) von C. de Caprera de Montecuccoli ~ 2/278; Caracciola, Rudolf ~ 2/278; Carathéodory, Constantin */~ 2/278; Cardinal von Widdern, Georg ~/† 2/279; Carion, Johann † 2/279; Carl, Henriette Berta * 2/280; Carl, Walther ~ 2/281; Carlebach, Josef ~ 2/281; Carlin, Gaston ~/† 2/281; Carls, Carl Dietrich ~ 2/282; Carlsen, Traute ~ 2/282; Carnall, Rudolf von ~ 2/283; Carnap, Rudolf Leo ~ 2/283; Caro, Heinrich ~ 2/284; Caro, Jakob ~ 2/284; Caro, Nikodem(us) ~ 2/285; Caro, Paul ~ 2/285; Carové, Friedrich Wilhelm ~ 2/285; Carow, Heiner ~/† 11/38; Carp, Werner (Friedhelm Otto Franz) ~ 2/285; Carriere, (Philipp) Moriz ~ 2/288; Carsten, Francis L(udwig) */~ 11/38; Carstens, Asmus Jakob ~ 2/289; Carstens, Lina ~ 2/289; Cartellieri, Alexander (Georg Maximilian) ~ 2/289; Cartellieri, Casimir Antonio ~ 2/289; Cartellieri, Otto (Ernst Wilhelm) ~ 2/289; Carus, Ernst August † 2/290; Caskel, Werner ~ 2/291; Caspar, Erich ~ 2/291; Caspar, Horst ~/† 11/38; Caspar, Karl ~ 2/291; Caspari, Wilhelm ~ 2/292; Caspary, Johann Xaver Robert ~ 2/292; Casper, Johann Ludwig */~/† 2/292; Casper, Leopold */~ 2/292; Caspers, (Ludwig) Jakob ~ 2/292; Cassebohm, Friedrich (Georg Carl) ~ 2/293; Cassebohm, Johann Friedrich ~/† 2/293; Cassel, David ~/† 2/293; Cassel, Oskar ~/† 2/293; Cassel, Paulus Stephanus ~/† 2/293; Casselmann, Wilhelm (Theodor Oscar) ~ 2/294; Cassirer, Bruno ~ 2/294; Cassirer, Ernst ~ 2/294; Cassirer, Fritz ~/† 2/294;

Cassirer, Max ~ 2/295; Cassirer, Paul ~/† 2/295; Cassirer, Richard ~/† 2/295; Catel, Franz Ludwig * 2/296; Catel, Ludwig Friedrich */† 2/297; Cauer, Emil d. J. ~/† 2/297; Cauer, (Paul) Ludwig ~ 2/297; Cauer, Minna (Wilhelmine Theodore Marie) ~/† 2/297; Cauer, Stanislaus ~ 2/298; Cauer, Wilhelm (Eduard Ludwig) ~ 2/298; Cavael, Rolf ~ 2/298; Cebotari, Maria ~ 2/298; Celibidache, Sergiu ~ 11/38; Cerf, Raphael Friedrich † 2/301; Chajes, Benno ~ 2/302; Chalybaeus, Heinrich Franz ~ 2/303; Chambon, Eduard Egmont Joseph ~ 2/303; Chamisso, Adelbert von ~/† 2/303; Chapiro, Joseph ~ 2/304; Charisius, Christian Ludewig ~ 2/304; Charlemont, Hugo ~ 2/304; Chasôt, Ludwig Egmont Adolph Graf von ~ 2/306; Chauvin, Etienne ~/† 2/306; Chauvin, Franz von ~ 2/307; Chelius, Adolf ~ 2/307; Chelius, Oskar von ~ 2/308; Chemin-Petit, Hans (Helmuth) ~/† 2/308; Cherbuliez, Antoine-Elisée ~ 2/309; Chézy, Wilhelmine von */† 2/310; Chiari, Hermann ~ 11/38; Chieze, Philippe de ~/† 2/311; Chladek, Rosalia ~ 11/39; Chodowiecki, Daniel ~/† 2/312; Chop, Max (Friedrich Johann Theodor) ~/† 2/313; Christ, Hermann ~ 2/314; Christ, Joseph Anton ~ 2/315; Christ, Karl ~/† 2/315; Christ, Wilhelm von ~ 2/316; Christensen, Jeremias ~ 2/317; Christgau, Martin George ~ 2/317; Christian August, Fürst von Anhalt-Zerbst ~ 2/317; Christian Ernst, Markgraf von Brandenburg-Bayreuth ~ 2/317; Christian, Viktor ~ 2/320; Christiani, Edmund † 2/321; Christians, Mady ~ 2/321; Christians, Rudolf ~ 2/322; Christiansen, Johann Jacob Christian Friedrich ~/† 2/322; Christoff, Daniel ~ 11/39; Christoffel, Elwin Bruno ~ 2/323; Chronegk, Ludwig ~ 2/325; Chroust, Anton Julius ~ 2/325; Cimbal, Otto ~ 2/327; Cisek, Oscar Walter ~ 2/327; Claar, Emil ~ 2/327; Claar-Delia, Hermine ~ 2/328; Claaßen, Hermann (Peter) ~ 2/328; Claisen, Ludwig Rainer ~ 2/328; Clam-Martinic, Karl Joseph (Nepomuk) Graf von ~ 2/329; Clarus, Max ~ 2/330; Clasen, Lorenz ~ 2/331; Claß, Heinrich ~ 2/331; Classen, Alexander ~ 2/331; Classen, Johannes ~ 2/331; Classen, Walther Friedrich ~ 2/332; Claudius, Matthias ~ 2/333; Claudius, Wilhelm (Ludwig Heinrich) ~ 2/334; Clauren, Heinrich † 2/334; Claus, Carlfriedrich ~ 11/40; Claus, Hans (Max Wilhelm) */~ 2/334; Claus, Willi ~/† 2/334; Clausewitz, Carl (Philipp Gottlieb) von ~ 2/335; Clausewitz, Maria Sophia von † 2/335; Clausius, Rudolph (Julius Emanuel) ~ 2/335; Claussen, Peter (Heinrich) ~ 2/337; Clebsch, (Rudolf Friedrich) Alfred ~ 2/338; Cleinow, Georg ~/† 2/338; Clemen, Carl (Christian) ~ 2/338; Clemen, Otto (Konstantin) ~ 2/339; Clemens, Franz (Friedrich) Jakob ~ 2/340; Clemens, Gottfried * 2/340; Clemm, Adolf (Carl) ~ 2/341; Clemm, Hans ~ 2/341; Clericus, Ludwig (August) ~ 2/342; Clewing, Carl ~ 2/343; Cleyer, Andreas ~ 2/343; Closs, Gustav Adolf Karl ~/† 2/345; Cobenzl, (Johann) Ludwig (Joseph) Graf von ~ 2/348; Cobet, Rudolf Wilhelm ~ 2/348; Cocceji, Samuel Frh. von ~/† 2/348; Cochius, Leonhard ~ 2/349; Coehn, Alfred */~ 2/350; Coelestin, Georg ~/† 2/350; Cölln, (Georg) Friedrich (Willibald Ferdinand) von ~/† 2/350; Coenders, Albert Aloysius Egon ~ 2/350; Coenen, Hermann Wilhelm M. ~ 2/350; Coermann, Wilhelm ~ 2/350; Cohausz, Otto ~ 2/351; Cohen, Emil Wilhelm ~ 2/351; Cohen, Hermann ~/† 2/351; Cohen, Walter ~ 2/352; Cohen-Blind, Ferdinand ~/† 11/40; Cohn, Fritz ~/† 11/40; Cohn, Gustav ~ 11/40; Cohn, Jonas ~ 11/40; Cohn, Oskar ~ 2/352; Cohn, Oskar Justinus ~ 2/352; Cohn, Tobias ~/† 2/353; Cohn, Toby ~/† 2/353; Cohn, William */~ 2/353; Cohn-Wiener, Ernst ~ 2/353; Cohnheim, Julius ~ 2/353; Coler, Alwin Gustav Edmund von ~/† 2/355; Coler, Jakob ~ 2/355; Collande, Gisela Huberta Valentine Maria von ~ 2/356; Collande, Volker von ~ 2/356; Collenbach, Heinrich Gabriel Frh. von ~ 2/356; Collin, Erich */~ 11/41; Collini, Cosimo Alessandro ~ 2/357; Colm, Gerhard ~ 2/359; Colom du Clos, Isaac von ~ 2/359; Colomb, Enno von * 2/359; Colsman, Alfred ~ 2/360; Commer, Ernst */~ 2/361; Commer, Franz (Aloys Theodor) ~/† 2/361; Commer, Klara * 2/361; Conard, Julius ~/† 2/362; Concius, Andreas ~ 2/362; Conrad, Johannes Ernst ~ 2/362; Conrad, Karl Emanuel */~ 2/362; Conrad, Paul */~/† 2/363; Conrad, Walter Johannes Friedrich ~/† 2/363; Conrad-Martius, Hedwig * 11/41; Conradi, August Eduard Moritz */~/† 2/364; Conradi, (Heinrich Gottlieb) Hermann ~ 2/364; Conradi, Johann Wilhelm Heinrich ~ 2/364; Conrady, Emil von ~ 2/365; Conrat, Max ~ 2/365; Consbruch, Florens Arnold ~ 2/366; Consbruch, Johannes ~ 11/41; Consentius, Rudolf Otto ~ 2/366; Contessa, Carl Wilhelm ~/† 2/367; Conti, Leonardo ~ 2/367; Contzen, Johann ~ 2/367; Conwentz, Hugo ~ 2/367; Conze, Alexander (Christian Leopold) ~/† 2/368; Conze, Friedrich ~ 2/368; Conze, Johannes ~/† 2/368; Corda, August Karl Josef ~ 2/371; Cordan, Wolfgang * 2/371; Cordes, Carl H. T. ~ 2/372; Cordes, Johann Wilhelm ~ 2/372; Cordier, Leopold ~ 2/372; Corinth, Lovis (Franz Heinrich Louis) ~ 2/373; Cornelius, Auguste ~/† 2/374; Cornelius, Ernst-August ~ 2/374; Cornelius, Hans ~ 2/374; Cornelius, Karl Adolf von ~ 2/375; Cornelius, Peter von ~ 2/375; Cornelius, (Carl August) Peter ~ 2/375; Cornelsen, Franz ~/† 2/375; Cornet, Georg ~/† 2/376; Cornet, Julius ~/† 2/376; Cornill, Otto ~ 2/376; Correns, Carl Erich ~/† 2/377; Correns, Carl Wilhelm Erich ~ 2/378; Correns, Erich ~/† 2/378; Corsten, Hermann ~ 2/379; Cortolezis, Fritz ~ 2/379; Cortüm, Karl Arnold ~ 2/379; Corvinus, Lorenz ~ 2/380; Cosack, Karl Johann ~ 2/381; Cosack, Konrad Carl Albert ~ 2/381; Cosel, Charlotte von */~/† 2/381; Cosmar, Alexander */~/† 2/381; Cosmar, Emanuel Wilhelm Karl ~/† 2/381; Coßmann, Hermann Josef ~ 2/382; Cossmann, Paul Nikolaus ~ 2/382; Cothenius, Christian Andreas von ~/† 2/383; Cotta von Cottendorf, Johann Friedrich ~ 2/384; Cotta, Johannes ~ 2/385; Coubier, Heinz ~ 2/385; Coudray, Clemens Wenzel ~ 2/385; Courvoisier, Karl ~ 2/386; Courvoisier, Leo ~ 2/386; Coutre, Walter le ~ 2/387; Cram, Herbert † 2/388; Cramer, Eduard ~/† 2/388; Cramer, Johann Baptist ~ 2/389; Cramer, Richard Edmund Otto ~/† 2/390; Cramer-Klett, Theodor Frh. von ~ 2/391; Cramm, (Christian Friedrich Adolf) Burghard Frh. von ~ 2/391; Cranach, Lucas d. Ä. ~ 2/392; Cranz, August (Heinrich) * 2/394; Cranz, August Friedrich ~/† 2/394; Cranz, Carl Julius ~ 2/394; Credé, Benno * 2/395; Credé, Carl (Siegmund Franz) */~ 2/395; Credner, (Karl Friedrich) Heinrich ~ 2/395; Crelinger, (Sophie) Auguste (Friederike) */† 2/396; Crelinger, Ludwig ~/† 2/396; Crelle, August Leopold ~/† 2/397; Cremer, Arnold ~ 2/397; Cremer, Erika ~ 11/41; Cremer, Fritz ~ 2/398; Cremer, Lothar ~ 11/42; Cremer, Max ~/† 2/398; Cretius, Konstantin Johann Franz ~/† 2/399; Creutz, Ehrenreich Bogislav von † 2/399; Creutz, Friedrich Karl Kasimir Frh. von ~ 2/399; Creutzfeldt, Hans Gerhard ~ 2/399; Creutzfeldt, Otto * 11/42; Crocius, Johann ~ 2/401; Crodel, Carl Fritz David ~ 2/401; Crola, Hugo ~ 2/402; Crome, (Friedrich Theodor) Karl ~ 2/403; Cron, Helmut ~ 2/403; Croner, Else ~ 2/404; Croy, Ernst Bogislaw Herzog von ~ 2/405; Crüger, Johann ~/† 2/405; Crüsemann, (Conrad Carl) Eduard * 2/405; Crux, Marianne ~ 2/407; Csaki, Richard ~ 2/408; Csaki-Copony, Grete ~/† 2/408; Csillag, Rosa ~ 2/408; Cube, Hellmut von ~ 2/408; Cürlis, Hans ~/† 2/409; Culmann, Philipp Theodor ~ 2/409; Cuno, Johann Christian * 2/410; Cuno, Wilhelm (Carl Josef) ~ 2/410; Cunow, Heinrich ~/† 2/410; Cuntz, (Albert Hermann) Otto ~ 2/411; Cuny, Ludwig von ~/† 2/411; Cunz, Martha ~ 2/411; Curjel, Hans ~ 2/412; Cursch-Bühren, Theodor ~ 2/412; Curschmann, Fritz */~ 2/412; Curschmann, Hans * 2/412; Curschmann, Heinrich ~ 2/412; Curschmann, Karl Friedrich */~ 2/412; Curti, Franz ~ 2/413; Curtius, Ernst ~/† 2/413; Curtius, Ernst Robert ~ 2/413; Curtius, Georg ~ 2/413; Curtius, Julius ~ 2/413; Curtius, Ludwig ~ 2/414; Cycowski, Roman ~ 11/43; Czapski, Siegfried ~ 2/416; Czechtitzky, Karl ~ 2/417; Czellitzer, Arthur ~ 2/417; Czepa, Friedl ~ 2/417; Czerny, Adalbert ~/† 2/419; Cziffra, Géza von ~ 2/420; Czolbe, Heinrich ~ 2/421; Czollek, Walter ~ 2/421; Czyhlarz, Karl Ritter von ~ 2/421; Däbritz, Walter ~ 2/424; Dähn, Fritz ~ 2/425; Dähnhardt, Oskar ~

2/425; Daelen, Eduard ~ 2/425; Daelliker, Johann Rudolf * 2/426; Däubler, Theodor ~ 2/426; Däumig, Ernst † 2/427; Daffner, Franz ~ 2/427; Daffner, Hugo ~ 2/427; Dahl, Hermann (Friedrich) ~/† 2/428; Dahl, Otto ~/† 2/428; Dahlem, Franz † 2/428; Dahlhaus, Carl ~/† 2/429; Dahlke, Paul (Wilhelm Eduard) ~/† 2/429; Dahlke, Paul ~ 2/429; Dahlmann, Hellfried ~ 11/43; Dahlmann, Joseph ~ 2/430; Dahn, (Julius Sophus) Felix ~ 2/430; Dahn, Friedrich */~ 2/430; Dahrendorf, Gustav ~ 2/431; Daimler, Paul ~/† 2/432; Dalton, Hermann (Friedrich) ~/† 2/435; Daluege, Kurt ~ 2/435; Dam, Hendrik George van ~/~ 2/435; Damaschke, Adolf */† 2/436; Damerow, Erich ~/† 2/436; Damerow, Heinrich Philipp (August) ~ 2/436; Damm, Christian Tobias ~ 2/437; Dammann, Anna ~ 2/437; Dammann, Hans ~/† 2/437; Dammann, Karl (Johann Christian) ~ 2/437; Dammeier, Rudolf */† 2/437; Dammer, Karl ~ 2/437; Dammert, (Karl) Rudolf ~ 2/438; Damsch, Otto */~ 2/438; Danckelmann, Alexander (Sylvester Flavius Ernst) Frh. von ~ 2/438; Danckelmann, Bernhard (Engelbert Joseph) ~ 2/438; Danckelmann, Daniel Ludolf Frh. von ~/† 2/438; Danckelmann, Eberhard (Christoph) Frh. von ~/† 2/439; Danckelmann, Karl Ludolph Frh. von † 2/439; Danckelmann, Silvester Jacob Frh. von ~/† 2/439; Danckert, Werner ~ 2/439; Danegger, Mathilde ~/† 2/440; Danelius, Gerhard */~/† 2/440; Daniels, Heinrich Gottfried Wilhelm ~ 2/441; Dankberg, Friedrich Wilhelm ~/† 2/441; Dankwort, Werner ~ 2/442; Dannenberg, Ferdinand von † 2/443; Dannenberg, (Friedrich Emil) Hermann */~ 2/443; Dannenberg, Arnold ~ 2/443; Danz, August Heinrich Emil ~ 2/444; Danzel, Theodor Wilhelm ~ 2/444; Darmstaedter, Ludwig ~/† 2/445; Darnaut, Hugo ~ 2/445; Dasbach, (Georg) Friedrich ~ 2/446; Daub, Philipp † 2/448; Daude, Paul ~/† 2/449; Dauthendey, Max(imilian Albert) ~ 2/451; David, Christian ~ 2/451; David, Eduard (Heinrich Rudolph) ~/† 2/452; David, Ferdinand ~ 2/452; David, Hans Theodor(e) ~ 2/452; Davidsohn, Georg ~/† 2/453; Davidsohn, George † 2/453; Davidsohn, Hermann ~/† 2/454; Davidsohn, Robert ~ 2/454; Davidson, Paul ~ 2/454; Davring, Henri ~ 2/454; Daxenberger, Sebastian Franz von ~ 2/455; Debal, Leo Anton Karl ~ 2/455; Debye, Peter (Joseph Wilhelm) ~ 2/456; Dechen, Ernst Heinrich Carl von */~ 2/456; Dechend, Hermann (Friedrich Alexander) von ~/† 2/456; Dechert, Hugo ~/† 2/457; Decker, Georg ~ 2/458; Decker, Georg Jakob I. ~/† 2/458; Decker, Georg Jakob II. */~/† 2/458; Decker, (Friedrich) Karl von * 2/459; Decker, Paul ~ 2/459; Decker, Rudolf (Ludwig) von */† 2/460; Decker, Will ~/† 11/43; Deckert, Hermann (Siegfried Joachim) ~ 2/460; Deecke, (Ernst Georg) Wilhelm ~ 2/463; Deermann, Bernhard ~ 2/463; Deetjen, (Otto Paul) Werner ~ 2/463; Deetz, Arthur ~/† 2/463; Deetz, Marie † 2/463; Defant, Albert (Joseph Maria) ~ 11/43; Degener, Carl ~ 2/465; Degenfeld-Schonburg, Ferdinand Graf ~ 11/43; Degenhart, Bernhard ~ 11/43; Deger, Ernst ~ 2/465; Degering, (Julius August) Hermann ~ 2/466; Degischer, Vilma ~ 2/466; Degner, Artur ~/† 2/466; Dehio, Ludwig ~ 2/467; Dehlinger, Alfred ~/† 2/467; Dehmel, Paula */~/† 2/468; Dehmel, Richard (Fedor Leopold) ~ 2/468; Dehmlow, Herta ~ 2/468; Dehms, Alexander ~ 2/468; Dehn, Günther ~ 2/468; Dehn, Siegfried (Wilhelm) ~/† 2/469; Dehnke, Reinhold ~/† 2/469; Deibel, Joseph ~ 2/469; Deichgräber, Karl ~ 11/44; Deiker, Karl Friedrich ~ 2/471; Deinhardt, Johann Heinrich ~ 2/471; Deiß, Eugen ~/† 2/472; Deißmann, (Gustav) Adolf ~ 2/472; Deite, Hermann (Gustav Adolf) */~/† 2/473; Deiters, Heinrich (Karl Theodor) ~ 2/473; Deiters, Hermann (Clemens Otto) ~ 2/473; Deiters, Peter Franz Ignaz ~ 2/473; Deitmer, Joseph (Carl Maria) ~/† 2/473; De Kowa, Victor ~/† 2/473; De la Camp, Oskar ~ 2/473; Delaquis, Ernst ~ 2/474; Delbanco, Ernst ~ 2/474; Delbrück, (Gottlieb) Adelbert ~ 2/474; Delbrück, Berthold ~ 2/474; Delbrück, Berthold ~ 2/474; Delbrück, Clemens (Gottlieb Ernst) von ~ 2/474; Delbrück, (Johann Friedrich) Ferdinand ~ 2/474; Delbrück, Hans (Gottlieb Leopold) ~/† 2/475; Delbrück, Heinrich (Ludwig) */~ 2/475; Delbrück,

Max (Emil Julius) ~/† 2/475; Delbrück, Max (Ludwig Henning) */~ 2/475; Delbrück, (Martin Friedrich) Rudolf von (1896) */~/† 2/476; Delekat, Friedrich ~ 2/476; Delitzsch, Friedrich (Conrad Gerhard) ~ 2/477; Delius, Christian Heinrich ~ 2/477; Delius, Heinrich Friedrich von ~ 2/478; Delius, Nikolaus ~ 2/478; Delius, Rudolph ~ 11/44; Dellingshausen, Eduard (Alexander Julius) Frh. von ~ 2/479; Delmar, Ferdinand Moritz ~ 2/479; Delp, Alfred (Friedrich) † 2/479; Deltgen, René (Henri) ~ 2/480; Demandowski, Axel von */~ 2/481; Dember, Harry ~ 2/481; Dembitzer, Salomon ~ 2/481; Demeter, Karl ~ 2/482; Demeter, Peter A. ~/† 2/482; Demian, Johann Andreas ~/† 2/482; Demme, Hermann Askan ~ 2/482; Demmin, August (Friedrich) * 2/483; Demmler, Georg */† 2/483; Demmler, Theodor ~/† 2/483; Dempwolff, Otto (Karl August) ~ 2/484; Demuth, Fritz */~ 2/484; Dencker, Carl Heinrich (Theodor) ~ 2/484; Denckmann, (Heinrich Wilhelm Martin) August ~ 2/485; Denecke, Gerhard ~ 2/485; Denecke, Ludwig ~ 11/44; Denera, Erna ~/† 2/485; Dengel, Ignaz Philipp ~ 2/485; Dengel, Philipp ~/† 2/485; Denger, Fred ~ 2/485; Dengler, Alfred */~ 2/485; Denhardt, (Gustav) Clemens (Andreas) ~ 2/486; Denner, Balthasar ~ 2/488; Deny, Wilhelm ~ 2/489; Denzler, Robert F. ~ 2/490; Depner, Margarete ~ 2/490; Deppe, Hans */~/† 2/490; Deppe, (Friedrich Heinrich Christoph) Ludwig ~ 2/490; Derenthall, Otto von ~ 2/491; Dernburg, Bernhard (Jakob Ludwig) ~/† 2/492; Dernburg, Friedrich † 2/492; Dernburg, Heinrich ~/† 2/492; Dersch, Hermann ~/† 2/493; Derschau, (Christian) Reinhold von ~ 2/494; Dertinger, Georg * 2/494; Déry, Juliane ~/† 2/494; Des Coudres, Theodor ~ 2/496; Desczyk, Gerhard ~ 2/496; Dessau, Bernhard ~/† 2/496; Dessau, Hermann ~/† 2/496; Dessau, Paul ~ 2/496; Dessoir, Ferdinand ~ 2/498; Dessoir, Ludwig ~/† 2/498; Dessoir, Max */~ 2/498; Dessoir, Susanne ~ 2/499; Destinn, Emmy ~ 2/499; Deter, Adolf (Gustav) ~/† 2/499; Dethleffsen, Erich ~ 2/500; Detlefsen, (Sönnich) Detlef (Friedrich) ~ 2/500; Detschy, Serafine † 2/501; Dettmann, Ludwig ~/† 2/501; Dettmar, Georg (Max Richard) ~ 2/502; Dettweiler, Peter ~ 2/502; Deubner, Ludwig (August) ~/† 2/502; Deumer, Robert ~ 2/502; Deussen, (Franz Jakob Paul) Ernst ~ 2/503; Deussen, Paul (Jakob) ~ 2/503; Deuticke, Paul † 2/503; Deutsch, Emanuel (Oskar Menachem) ~ 2/504; Deutsch, Ernst ~/† 2/504; Deutsch, Felix † 2/504; Deutsch, Joseph ~ 2/505; Deutsch, Julius ~ 2/505; Deutsch, Karl (Wolfgang) ~ 2/506; Deutsch, Leopold ~ 2/506; Deutsch, Regina */~ 2/507; Deutsch, Samuel Martin ~/† 2/507; Deutschbein, Max (Leo Ammon) ~ 2/507; Deutschinger, Franz ~ 2/507; Deutschmann, Richard (Heinrich) ~/† 2/507; Devrient, (Philipp) Eduard */~ 2/508; Devrient, (Gustav) Emil * 2/508; Devrient, Karl (August) */~ 2/508; Devrient, Ludwig */~/† 2/508; Devrient, Otto */~ 2/508; De Wette, Martin Leberecht ~ 2/509; Dewey, Charles */~ 2/509; Dewischeit, Curt ~ 2/509; Dewitz, Kurt (Ludwig Karl) von ~ 2/509; Dexel, Walter ~ 2/510; Deycks, Ferdinand ~ 2/510; Dèzes, Karl ~ 2/510; Dibelius, Franz Wilhelm ~ 2/511; Dibelius, Martin (Franz) ~ 2/511; Dibelius, Otto */~/† 2/511; Dibelius, (Otto Franz) Wilhelm */~/† 2/511; Dickel, Friedrich † 2/512; Dicker, Friedl ~ 2/512; Dickopf, Paul ~ 2/512; Diebitsch-Zabalkanskij, Hans Karl Friedrich Anton Graf von ~ 2/513; Diebold, Bernhard Ludwig ~ 2/513; Dieck, Richard (Johann Heinrich) tom ~ 2/513; Dieckerhoff, (Friedrich Julius Heinrich) Wilhelm ~/† 2/513; Dieckhoff, Hans ~ 2/514; Dieckhoff, Hans-Heinrich ~ 11/46; Dieckmann, Johannes ~/† 2/514; Dieffenbach, Anton ~ 2/515; Dieffenbach, Johann Friedrich ~/† 2/516; Diehl, Ernst (Johann Ludwig) ~ 2/516; Diehl, Karl ~ 2/516; Diehl, Karl Ludwig (Hermann) ~ 2/516; Dielitz, Gabriel Maria Theodor ~/† 2/517; Dielmann, Jakob Fürchtegott ~ 2/517; Diels, Hermann (Alexander) ~/† 2/517; Diels, (Friedrich) Ludwig Emil ~/† 2/517; Diels, Otto (Paul Hermann) ~ 2/517; Diels, Paul (Cäsar Oskar Gottlieb) */~ 2/517; Diels, Rudolf ~ 2/518; Diem, Carl ~ 2/518; Diem, Nelly ~ 2/518; Diener, Franz ~ 2/519;

Eicken, Karl Otto von ~ 3/57; Eickstedt, Egon Frh. von ~ 3/58; Eidlitz, Walther ~ 3/58; Eiermann, Egon ~ 3/58; Eigenbrodt, Reinhard ~ 3/59; Eikemeier, Fritz ~ 3/60; Eilenberg, Richard ~/† 3/61; Eilers, Gerd ~ 3/61; Eilers, Gustav ~/† 3/61; Eilers, Konrad ~ 3/61; Eilers, Wilhelm (Max) ~ 11/51; Eilhardt, (Friedrich Christian) Carl ~ 3/62; Eimer, Theodor (Gustav Heinrich) ~ 3/62; Einecke, Gustav ~ 3/63; Einem, Gottfried von ~ 11/52; Einem, Herbert Günter von ~ 3/63; Einhorn, Max ~ 3/64; Einödshofer, Julius † 3/64; Einsiedel, Horst ~ 11/52; Einstein, Albert ~ 3/65; Einstein, Alfred ~ 3/67; Einstein, Carl ~ 3/67; Eipper, Paul ~ 3/68; Eis, Egon ~ 3/68; Eisbrenner, Werner */~/† 3/68; Eisele, (Hermann Friedrich) Fridolin ~ 3/68; Eisele, Hans ~ 3/68; Eiselen, Ernst (Wilhelm Bernhard) */~ 3/68; Eiselen, Johann Christoph ~/† 3/68; Eiselen, Johann Friedrich Gottfried ~ 3/68; Eisenberg, Ludwig Julius * 3/69; Eisenberger, Severin ~ 3/70; Eisenhart-Rothe, Georg Emil Ferdinand Karl von ~ 3/71; Eisenlohr, Ernst ~ 3/72; Eisenlohr, Friedrich ~/† 3/72; Eisenlohr, Ludwig ~ 3/72; Eisenmann, (Volker) Kurt (Erich) */~ 3/73; Eisenmann, Oskar * 3/73; Eisenreich, Herbert ~ 3/73; Eisenstaedt, Alfred ~ 3/74; Eisenstein, (Ferdinand) Gotthold (Max) */~/† 3/74; Eisfeld, Curt ~ 3/74; Eisgruber, Elsa † 3/74; Eisinger, Irene ~ 3/75; Eisler, Gerhart ~ 3/75; Eisler, Hanns ~/† 3/75; Eisner, Bruno ~ 3/77; Eisner, Kurt */~ 3/77; Eisner, Lotte * 3/77; Eißfeldt, Otto ~ 3/78; Eitel, Wilhelm (Hermann Julius) ~ 3/78; Eitner, Ernst (Wilhelm Heinrich) ~ 3/78; Eitner, Robert ~ 3/78; Ekhof, (Hans) Conrad (Dietrich) ~ 3/80; Elbogen, Ismar ~ 3/82; Elbogen, Paul ~ 3/83; Eldering, Bram ~ 3/83; Elers, Heinrich Julius ~ 3/84; Elgers, Paul * 3/84; Elias, Julius ~/† 3/85; Eliasberg, Alexander ~/† 3/85; Eliasberg, Carl ~ 3/85; Elisabeth, Kurfürstin von Brandenburg † 3/86; Elisabeth, Herzogin von Braunschweig-Lüneburg * 3/86; Elisabeth, Prinzessin von Hessen und bei Rhein * 3/87; Elisabeth Christine, Königin von Preußen † 3/88; Elkart, Karl ~ 3/89; Ell, Erik G. ~ 3/89; Ellenberger, Wilhelm ~ 3/89; Eller, Johann Theodor † 3/91; Ellerbeck, Leopold Ernst ~/† 3/91; Ellinger, Alexander ~ 3/91; Ellinger, Georg ~/† 3/92; Ellinghaus, (Hermann Bernhard) Wilhelm ~ 3/92; Ellissen, (Georg Anton) Adolf ~ 3/92; Ellmenreich, Erna † 3/92; Ellmenreich, Franziska ~ 3/92; Ellmenreich, Johann Baptist ~ 3/92; Ellstätter, Moritz ~ 3/93; Elmendorff, Karl ~ 3/93; Eloesser, Arthur */~/† 3/94; Elsas, Fritz ~ 3/94; Elsasser, Friedrich August * 3/94; Elschner, Kurt ~ 3/94; Elsheimer, Adam ~ 3/95; Elsholtz, Franz von * 3/96; Elsholtz, Ludwig */† 3/96; Elsner, (Johannes Ferdinand Bruno) Georg von ~/† 3/96; Elsner, Georg Wilhelm */~/† 3/97; Elsner, Ilse */~ 11/53; Elsner, Richard ~ 3/97; Elßholz, Johann Sigismund † 3/97; Elßler, Fanny ~ 3/97; Elster, Ernst ~ 3/98; Elster, Hanns Martin ~ 3/98; Elster, Julius ~ 3/98; Elster, Ludwig (Hermann Alexander) ~ 3/98; Elster, Otto ~ 3/99; Elten, Max ~ 3/99; Eltester, Christian */~ 3/99; Eltester, Otto Christoph ~/† 3/99; Eltester, Walther ~ 3/99; Eltz-Rübenach, (Peter) Paul (Raimund Maria Josef Hubert) Frh. von ~ 3/99; Eltzbacher, Paul ~/† 3/100; Elwenspoek, Curt ~ 3/100; Elwert, Rudolf ~/† 3/100; Elze, (Friedrich) Karl ~ 3/101; Emanuel, Gustav ~/† 3/101; Embden, Gustav (Georg) ~ 3/102; Emcke, Max ~ 3/102; Emden, (Jacob) Robert ~ 3/102; Emelé, Wilhelm ~ 3/103; Emmel, Hildegard ~ 3/104; Emminger, Otmar ~ 3/105; Emperius, Adolf Karl Wilhelm ~ 3/106; Emrich, Wilhelm ~/† 11/53; Emsmann, Hugo Georg August ~/† 3/106; Encke, Eberhard */~ 3/107; Encke, Erdmann */~ 3/107; Encke, Johann (Franz) ~ 3/107; End, Gustav ~ 3/107; Ende, Adolf ~ 3/107; Ende, Hans am ~ 3/107; Ende, Hermann (Gustav Louis) ~ 3/107; Ende, Konrad ~ 3/108; Endell, August (Ernst Moritz) */~/† 3/108; Endell, Kurd (Eduard Karl Heinrich) ~/† 3/108; Endemann, Friedrich ~ 3/108; Enderle, August ~ 3/109; Enderlein, Günther ~ 3/110; Enderling, Paul ~ 3/110; Endrikat, Fred ~ 3/111; Endrulat, Bernhard Ferdinand Julius ~ 3/111; Endt, Hermann vom ~ 3/112; Engel, Andreas ~ 3/112; Engel, Eduard ~ 3/113; Engel, Erich

(Otto Gustav) ~/† 3/113; Engel, (Christian Lorenz) Ernst ~ 3/113; Engel, (Martin Georg) Franz ~/† 3/113; Engel, (Johann Daniel) Friedrich ~/† 3/113; Engel, Friedrich ~ 3/113; Engel, Fritz ~/† 3/113; Engel, Georg (Julius Leopold) ~/† 3/113; Engel, Gustav Eduard ~/† 3/114; Engel, Heinrich † 3/114; Engel, Jakob Karl ~/† 3/114; Engel, Johann Carl Ludwig */~ 3/114; Engel, Johann Jakob ~ 3/115; Engel, Johannes ~ 3/115; Engel, Ludwig ~ 3/115; Engel, Otto Heinrich ~ 3/115; Engelbrecht, Martin ~ 3/118; Engelhardt, (Gustav) Moritz (Konstantin) Frh. von ~ 3/119; Engelhardt, Victor (Josef Karl) ~/† 3/119; Engelhardt, Wilhelm † 3/119; Engelking, Ernst ~ 11/54; Engell, Hans Egon ~ 3/120; Engelmann, Bernt * 3/120; Engelmann, Georg (Theodor) ~ 3/121; Engelmann, Richard ~ 3/121; Engelmann, Wilhelm ~ 3/121; Engelmann, (Theodor) Wilhelm ~/† 3/121; Engels, Friedrich ~ 3/122; Engels, Georg ~/† 3/123; Engels, Hubert Heinrich ~ 3/123; Engert, Thaddäus Hyazinth ~ 3/124; Engl, Joseph Benedict ~ 3/125; Engländer, Richard (Bernhard Wilhelm Otto) ~ 3/125; Engler, Adolf (Gustav Heinrich) ~/† 3/125; Ennemoser, Joseph ~ 3/128; Ennen, Edith ~ 11/54; Enslin, Adolf */~/† 3/129; Enslin, Theodor (Johann Christian Friedrich) ~/† 3/129; Ensslin, Gudrun ~ 3/129; Enzweiler, Max ~ 3/130; Eosander, Johann Friedrich (Nilsson) ~ 3/131; Ephraim, Fritz (Bruno) * 3/131; Ephraim, (Nathan) Veitel Heine */† 3/131; Eppenstein, Simon ~/† 3/132; Epstein, Max ~ 3/133; Erb, Karl ~ 3/137; Erbe, Walter ~ 3/137; Erben, Heinrich Karl ~ 11/54; Erbkam, Wilhelm Heinrich ~ 3/138; Erbslöh, Siegfried ~ 3/138; Erckert, Friedrich Carl von */~ 3/139; Erdberg-Krczenciewski, Robert (Adelbert Wilhelm) von ~/† 3/139; Erdmann, Benno ~/† 3/140; Erdmann, Carl ~ 3/140; Erdmann, David Christian Friedrich ~ 3/140; Erdmann, Eduard (Paul Ernst) ~ 3/140; Erdmann, Ernst ~ 3/140; Erdmann, Gerhard ~ 3/140; Erdmann, Hugo (Wilhelm Traugott) ~ 3/140; Erdmann, Johann Eduard ~ 3/141; Erdmann, Lothar ~ 3/141; Erdmann, Oskar ~ 3/142; Erdmann, Otto ~ 3/142; Erdmannsdörffer, Bernhard ~ 3/142; Erdmannsdörffer, Otto (Heinrich) ~ 3/142; Erfurth, Paul ~ 3/143; Erfurth, Ulrich (Wilhelm) ~ 3/143; Erfurth, Waldemar */~ 3/143; Erhard, Johann Benjamin ~/† 3/144; Erhardt, Franz (Bruno) ~ 3/147; Erhart, Gregor ~ 3/148; Erk, Ludwig (Christian) ~/† 3/150; Erk, Sigmund (Hugo Georg) ~ 3/150; Erkelenz, Anton (Peter) ~ 3/150; Erkes, Eduard August ~ 3/150; Erl, Joseph ~ 3/150; Erlacher, Philipp ~ 3/151; Erlanger, Carlo Frh. von ~ 3/151; Erlenmeyer, (Johann Adolph) Albrecht ~ 3/152; Erlenmeyer, (Friedrich Gustav Karl) Emil ~ 3/152; Erlenmeyer, Hans Friedrich Albrecht ~ 3/152; Erler, Adalbert ~ 11/55; Erler, Fritz * 3/153; Erler, Otto ~ 3/154; Erlwein, Georg ~ 3/154; Erman, (Johann Peter) Adolf */~ 3/154; Erman, Hans † 3/154; Erman, Heinrich */~ 3/155; Erman, Paul */~/† 3/155; Erman, Wilhelm (Adolf) */~ 3/155; Ermatinger, Emil ~ 3/155; Ermatinger, Erhart ~ 3/155; Ermers, Maximilian ~ 3/156; Erné, Nino */~ 3/156; Ernest, Gustav ~ 3/157; Ernst August Georg Wilhelm, Prinz von Hannover ~ 3/159; Ernst, (Friedrich Wilhelm) Adolf von */~ 3/162; Ernst, Adolf ~/† 3/162; Ernst, Albert ~ 3/162; Ernst, Eugen (Oswald Gustav) ~ 3/163; Ernst, Friedrich */~/† 3/163; Ernst, Fritz ~ 3/163; Ernst, Fritz ~ 11/55; Ernst, Heinrich ~/† 3/163; Ernst, Otto ~ 3/166; Ernst, Paul ~ 3/166; Ernst, (Karl Friedrich) Paul ~ 3/166; Ernst, (Friedrich) Wilhelm */~/† 3/166; Erpenbeck, Fritz ~/† 3/167; Ersing, Joseph ~ 3/167; Ertel, Hans (Richard Max) */~/† 3/167; Ertel, Jean Paul ~ 3/168; Ertheiler, August ~ 3/168; Erxleben, Dorothea (Christiane) ~ 3/169; Erzberger, Matthias ~ 3/170; Esau, Abraham ~ 3/171; Esch, Peter ~ 3/171; Eschelbacher, Max ~ 3/172; Eschenburg, Bernhard Georg ~ 3/172; Eschenburg, Theodor ~ 11/55; Escher, Alfred Martin ~ 3/174; Escher, Joseph ~ 3/174; Escher, Konrad ~ 3/175; Escher von der Linth, Arnold ~ 3/175; Escherich, Theodor ~ 3/176; Eschke, Ernst Adolph ~/† 3/176; Eschke, Hermann */~/† 3/176; Eschke, Richard * 3/176; Eschmann, Ernst ~ 3/176; Eschmann, Ernst Wilhelm */~ 3/176;

Hermann von ~/† 3/396; François, Kurt von ~ 3/396; Frangenheim, Paul ~ 3/397; Frank, Adolf ~ 3/397; Frank, Albert Bernhard ~/† 3/397; Frank, Albert Rudolf ~ 3/397; Frank, Alfred Erich * 3/397; Frank, Edmund ~ 3/398; Frank, Erich ~ 11/63; Frank, Felix ~ 3/398; Frank, Fritz ~ 3/398; Frank, Hans ~ 3/399; Frank, Karl (Borromäus) ~ 3/401; Frank, Leonhard ~ 3/401; Frank, Ludwig ~ 3/402; Frank, Raoul ~ 3/403; Frank, Reinhard (Karl Albrecht Otto Friedrich) von ~ 3/403; Frank, Rudolf ~ 3/403; Frank, Wilhelm ~ 3/403; Franke, (Ludwig) Adolf (Constantin Georg Hermann) ~/† 3/403; Franke, Friedrich Wilhelm ~ 3/404; Franke, Günther * 3/404; Franke, Heinrich ~ 3/404; Franke, (August) Hermann ~/† 3/404; Franke, Johannes */~/† 3/404; Franke, (Rudolf) Otto ~ 3/404; Franke, (Alwin Wilhelm) Otto ~/† 3/404; Franke, Rudolf (Heinrich August Philipp) ~ 3/405; Franke-Schievelbein, Gertrud */~/† 3/405; Franken, Alexander ~ 3/405; Frankenberg, Franz ~/† 3/406; Frankenfeld, Peter * 11/63; Frankenheim, Moritz Ludwig ~ 3/406; Frankenthal, Käte ~ 3/407; Frankfurter, Richard Otto ~ 3/407; Frankfurter, Salomon ~ 3/407; Frankl, Pinkas Fritz ~ 3/408; Franqué, Otto (Friedrich Wilhelm Paul) von ~ 3/408; Fransecky, Eduard (Friedrich Karl) von ~ 3/409; Frantz, (Gustav Adolph) Constantin ~ 3/409; Frantzius, Alexander von ~ 3/409; Franz Joseph I., Kaiser von Österreich ~ 3/410; Franz Egon, Frh. von Fürstenberg, Bischof von Hildesheim und Paderborn ~ 3/411; Franz, Carl ~ 3/413; Franz, Eugen ~ 3/413; Franz, Johann Christian † 3/413; Franz, Johannes ~/† 3/414; Franz, Julius (Heinrich Georg) ~ 3/414; Franz, Karl (Veit) † 3/414; Franz, (Johann Carl) Rudolph */~/† 3/415; Franzen, Erich ~ 3/415; Franzen, Hans ~ 3/415; Franzius, Ludwig ~ 3/416; Franzius, Otto ~ 3/416; Franzos, Karl Emil ~/† 3/416; Frauenstädt, (Christian Martin) Julius ~/† 3/418; Fraustädter, Werner ~ 3/419; Frech, Fritz (Friedrich Daniel) */~ 3/419; Freese, Hans (Dietrich Georg) ~/† 3/420; Freese, Heinrich (Johannes Carl) ~ 3/420; Frege, Livia ~ 3/420; Frege, Ludwig ~ 3/421; Frei, Bruno ~ 3/421; Freimann, Aron ~ 3/422; Freimann, Jakob ~ 3/423; Freisler, Roland † 3/423; Freksa, Friedrich */~/† 3/424; Frels, Wilhelm (Gustav Adolf) ~ 3/424; Fremery, Max ~ 3/424; Frenkel, Stefan ~ 3/424; Frensdorff, Ferdinand ~ 3/424; Frentzel, Carl Heinrich ~ 3/425; Frenzel, Karl (Wilhelm Theodor) */~/† 3/426; Frerichs, Friedrich Theodor von ~/† 3/426; Frerk, Julius Friedrich Willy ~ 3/426; Fresenius, (Remigius) Heinrich ~ 3/426; Fresenius, Ludwig (Remigius) ~ 3/426; Fresenius, Remigius (Carl Wilhelm Achim) ~ 3/427; Freudenberg, Karl ~ 3/429; Freudenberg, Karl Gottlieb (F.) ~ 3/429; Freudenberg, Wilhelm ~ 3/430; Freudenreich, Eduard (Alfred Friedrich Theodor Ernst) von ~ 3/430; Freudenthal, Berthold ~ 3/430; Freudweiler, Heinrich ~ 3/430; Freund, Erich ~/† 3/431; Freund, Erich */† 3/431; Freund, Ismar ~ 3/431; Freund, Julius ~ 3/431; Freund, Julius Conrad † 3/431; Freund, Martin ~ 3/432; Freund, Michael ~ 3/432; Freund, Richard ~/† 3/432; Freund, Wilhelm ~ 3/432; Freund, Wilhelm Alexander ~/† 3/432; Freundlich, Erwin Finlay ~ 3/432; Freundlich, Herbert Max Finlay */~/† 3/432; Frey, (Gustav) Adolf ~ 3/433; Frey, Alfred ~ 3/433; Frey, Emil ~ 3/434; Frey, Emil ~ 3/434; Frey, Emil Karl ~ 3/434; Frey, Erich (Maximilian) ~ 3/434; Frey, Erik ~ 3/434; Frey, Gottfried (Julius Ottokar) ~ 3/434; Frey, (Johann Friedrich) Heinrich (Konrad) ~ 3/435; Freybe, Otto ~/† 3/437; Freymuth, Arnold ~ 3/439; Freytag, Gustav ~ 3/440; Freytag, Gustav ~ 3/440; Freytag, Otto ~ 3/440; Freytag, Walter ~ 3/440; Freytag-Loringhoven, Mathilde Freiin von ~ 3/440; Frick, (Friedrich Emil Heinrich) Constantin ~ 3/441; Frick, Georg (Friedrich Christoph) */† 3/441; Frick, Gottlob ~ 3/441; Frick, Otto (Paul Martin) ~ 3/442; Frick, Wilhelm ~ 3/442; Fricke, August Ludwig † 3/442; Fricke, (Paul) Gerhard ~ 3/442; Fricke, Johann Karl Georg ~ 3/442; Fricke, Richard ~ 3/443; Fricke, (Karl Emanuel) Robert ~ 3/443; Fricke, Walter ~ 11/64; Fricker, Hans ~ 3/443; Frickhoeffer, Otto (Karl Friedrich) ~ 3/444; Friderich, Karl (Hans Reinhold) ~ 3/444; Fridrich, Karl

Julius ~ 3/445; Frieb, Lina ~ 3/445; Frieb-Blumauer, (Johanna) Minona ~/† 3/445; Frieboes, Walter (Martin Egon Oswald) ~/† 3/446; Fried, Alfred Hermann ~ 3/446; Fried, Carl ~ 3/446; Fried, Oskar */~ 3/446; Friedberg, Emil (Albrecht) von ~ 3/447; Friedberg, Heinrich von ~/† 3/447; Friedberg, Robert */~/† 3/447; Friedberger, Ernst ~/† 3/447; Friede, Aline ~ 3/447; Friedeberger, Walter Alexander ~/† 3/447; Friedel, Johann ~ 3/448; Friedell, Egon ~ 3/448; Friedemann, Edmund ~ 3/448; Friedemann, Ulrich */~ 3/448; Friedensburg, Ferdinand ~/† 3/448; Friedenthal, Albert ~ 3/449; Friedenthal, Hans von ~/† 3/449; Friedenthal, Richard ~ 3/449; Friedenthal, (Karl) Rudolf ~ 3/449; Friedheim, Ernst ~ 3/450; Friedjung, Heinrich ~ 3/451; Friedjung, Josef (Karl) ~ 3/451; Friedl, Theodor ~ 3/451; Friedländer, Benedikt */~/† 3/451; Friedländer, David (Joachim) ~ 3/451; Friedlaender, Ernst ~ 3/452; Friedländer, Gottfried Immanuel */~ 3/452; Friedlaender, Johnny ~ 11/64; Friedländer, Julius (Theodor) */† 3/452; Friedländer, Karl ~ 3/452; Friedländer, Ludwig (Heinrich) ~ 3/452; Friedländer, Ludwig Hermann ~ 3/452; Friedländer, Max ~ 3/452; Friedländer, Max ~/† 3/452; Friedländer, Max Jacob * 3/452; Friedländer, Otto * 3/453; Friedländer, Paul */~ 3/453; Friedländer, Salomo ~ 3/453; Friedländer, Thekla ~ 3/453; Friedländer, Walter ~ 3/453; Friedlaender-Fuld, Friedrich Viktor von ~ 3/454; Friedland, Martin ~ 3/454; Friedlander, Kate ~ 3/454; Friedman, Ignaz ~ 3/454; Friedmann, Alfred ~/† 3/454; Friedmann, Aron ~/† 3/454; Friedmann, Friedrich Franz */~ 3/455; Friedmann, (Adolph) Hermann ~ 3/455; Friedmann, Laura */~ 3/455; Friedmann, Siegwart ~ 3/455; Friedmann, Werner * 3/455; Friedmann-Frederich, Fritz */~ 3/456; Friedrich II. der Eiserne, Kurfürst und Markgraf von Brandenburg ~ 3/461; Friedrich I., König in Preußen ~/† 3/468; Friedrich Wilhelm I., König in Preußen, Kurfürst von Brandenburg ~ 3/468; Friedrich II. der Große, König in, seit 1772 von Preußen */~ 3/468; Friedrich Wilhelm II., König von Preußen * 3/471; Friedrich Wilhelm III., König von Preußen † 3/471; Friedrich Wilhelm IV., König von Preußen * 3/471; Friedrich Karl, Prinz von Preußen * 3/471; Friedrich, Adolf (Moritz) ~ 3/476; Friedrich, Albert ~ 3/477; Friedrich, Caspar David ~ 3/477; Friedrich, Elisabeth ~ 3/479; Friedrich, Ernst ~ 3/479; Friedrich, Friedrich ~ 3/479; Friedrich, Harald (Otto Julius) ~ 3/479; Friedrich, Heinz ~ 3/479; Friedrich, Johannes ~ 3/480; Friedrich, Konrad ~ 3/480; Friedrich, Otto Andreas ~ 3/481; Friedrich, Paul (Otto) ~ 3/481; Friedrich, Paul Leopold ~ 3/481; Friedrich, Theodor Heinrich ~ 3/481; Friedrich, Walther ~ 3/481; Friedrich, Woldemar ~/† 3/481; Friedrich-Freksa, Hans ~ 11/65; Friedrichs, Adolf ~ 3/482; Fries, Elisabeth † 3/483; Fries, Theodor Ritter von ~ 3/484; Fries, Willy ~ 3/485; Friese, Karl Ferdinand ~/† 3/485; Friese, Richard ~ 3/485; Friese, Robert Martin ~/† 3/485; Friesen, (Karl) Friedrich ~ 3/485; Friesen, Julius Heinrich Graf von ~ 3/486; Frietzsche, Julius ~/† 3/486; Frik, Karl ~/† 3/486; Frik, Wolfgang */~ 3/486; Frisch, (Christoph) Albert ~/† 3/488; Frisch, Efraim ~ 3/488; Frisch, Johann Christoph */~/† 3/488; Frisch, Johann Leonhard ~/† 3/489; Frisch, Max ~ 3/489; Frisch, Otto Robert ~ 3/490; Frisch, Walter */~ 3/490; Frischeisen-Köhler, Max */~ 3/491; Frischen, Carl Ludwig ~/† 3/491; Frischenschlager, Friedrich Friedwig ~ 3/491; Frischmuth, Johann Christian ~/† 3/492; Fritsch, Ernst Paul Max */~/† 3/492; Fritsch, Gustav Theodor ~/† 3/493; Fritsch, Paul (Ernst Moritz) ~ 3/494; Fritsch, Theodor (Emil) ~ 3/494; Fritsch, Werner (Thomas Ludwig) Frh. von ~ 3/495; Fritsch, Willy ~ 3/495; Fritsche, Hermann (Peter Heinrich) ~ 3/495; Fritsche, Paul ~ 3/495; Fritz, Bruno */~/† 3/495; Fritz, Gerhard ~ 3/495; Fritz, (Johann Julius Ferdinand Joseph) Gottlieb ~/† 3/495; Fritz, Kurt von ~ 3/496; Fritze, (Johann) Friedrich ~ 3/496; Fritze, Friedrich August ~ 3/496; Fritze, Petrus † 3/497; Fritze, Wilhelm ~ 3/497; Fritzen, (Johann) Adolf ~ 3/497; Fritzsche, Carl Julius Philipp von ~ 3/497; Fritzsche, Hans ~ 3/498; Fritzsche, Wilhelm Heinrich */~/† 3/498; Froben, Anton Frh. von ~

3/498; Frobenius, (Ferdinand) Georg */~ 3/499; Frobenius, Herman ~/† 3/499; Frobenius, Leo (Viktor) * 3/499; Frobenius-Kühn, Eleonore ~ 3/500; Fröbe, Gert ~ 3/500; Fröbel, Friedrich (Wilhelm August) ~ 3/500; Fröbel, (Carl Ferdinand) Julius ~ 3/501; Fröhlich, Franz ~/† 3/502; Fröhlich, Georg Wilhelm ~ 3/502; Fröhlich, Gustav ~ 3/502; Fröhlich, Karl (Hermann) ~/† 3/503; Fröhlich, Paul ~ 3/503; Fröhlich, Siegbert ~ 3/503; Fröhlich, (Friedrich) Theodor ~ 3/504; Fröhner, (Friedrich) Eugen ~/† 3/504; Froelich, Carl (August) */~/† 3/504; Frölich, Friedrich Carl ~ 3/504; Frölich, Heinrich ~ 3/505; Frölich, Karl Wilhelm Adolf ~ 3/505; Frölich, Oskar ~/† 3/505; Frölich, Rose ~ 3/505; Frölicher, Hans ~ 3/505; Froese, Hildegard ~/† 3/506; Frohberg, Regina * 3/506; Frohwein, Erich ~ 3/507; Froitzheim, Otto ~ 3/507; Fromantiou, Hendrik de ~/† 3/507; Fromhold, Johann ~ 3/508; Fromm, Emil ~ 3/508; Fromm, Emil ~ 3/508; Fromm, Emil ~ 3/509; Fromm, Erich ~ 3/509; Fromm, Ernst Ritter von ~ 3/509; Fromm, Friedrich * 3/509; Fromm, Friedrich Karl ~/† 3/509; Fromm, Hans ~ 3/509; Fromm-Michaels, Ilse ~ 3/509; Fromm-Reichmann, Frieda ~ 3/509; Frommann, (Carl) Friedrich (Ernst) ~ 3/510; Frommann, Friedrich (Johannes) ~ 3/510; Fromme, Albert ~ 3/510; Frommel, Emil (Wilhelm) ~ 3/511; Frommel, Otto ~ 3/511; Frommel, Richard ~ 11/65; Frommermann, Harry */~ 3/511; Frommknecht, Otto ~ 3/511; Fronz, Emil ~ 3/512; Froriep, Berta * 3/513; Frosch, Paul (Max Otto) */~/† 3/513; Frotscher, Gotthold ~/† 3/513; Frucht, Adolf-Henning ~/† 3/514; Früh, Johann Jacob ~ 3/515; Frühling, August ~ 3/515; Fründ, Hugo */~ 3/515; Fry, Adolf ~ 3/516; Fuchs, August ~ 3/517; Fuchs, Eduard ~ 3/517; Fuchs, Emil ~ 3/517; Fuchs, Emil † 3/517; Fuchs, Ernst ~ 3/518; Fuchs, Georg ~ 3/518; Fuchs, Günter Bruno */~/† 3/518; Fuchs, Hans ~ 3/519; Fuchs, Hermann ~ 3/519; Fuchs, Johann Heinrich von ~/† 3/519; Fuchs, Johann Nepomuk von ~ 3/519; Fuchs, Jürgen † 11/65; Fuchs, Karl ~ 3/519; Fuchs, Klaus (Emil Julius) † 3/520; Fuchs, (Immanuel) Lazarus ~/† 3/520; Fuchs, Marc ~ 3/521; Fuchs, Paul Karl Richard ~ 3/521; Fuchs, Richard ~ 3/521; Fuchs, Robert ~ 3/522; Fuchs, Walter * 3/522; Fuchs, (Ernst Adolf) Wilhelm ~ 3/522; Fühmann, Franz ~/† 3/523; Fühner, Hermann Georg ~ 3/524; Füllborn, Georg ~ 3/524; Fülleborn, Friedrich Georg Hans Heinrich ~ 3/524; Füllkrug, Gerhard ~ 3/524; Fülöp-Miller, René ~ 3/525; Fürbringer, Max Carl ~ 3/525; Fürbringer, Paul ~/† 3/525; Fürst, Alexander ~/† 3/526; Fürst, Artur ~/† 3/526; Fürst, Gerhard */~ 3/526; Fürst, Livius ~/† 3/527; Fürst, Manfred ~ 3/527; Fürst, Peter */~ 11/66; Fürst, Rudolf ~/† 3/527; Fürst von Kupferberg, Karl Joseph Max Frh. † 3/528; Fürstenberg, Hans */~ 3/528; Fürstenberg, Karl ~/† 3/529; Fürstenberg, Karl Egon Fürst zu ~ 3/529; Fürstner, Adolf */~ 3/530; Fürstner, Karl ~ 3/530; Fürstner, Otto */~ 3/530; Fürth, Otto von ~ 3/531; Fues, Erwin (Richard) ~ 3/531; Fuess, Rudolf ~/† 3/531; Fueter, Eduard ~ 3/533; Fugel, Gebhardt ~ 3/534; Fuhrmann, Martin Heinrich ~/† 3/538; Fuisting, Bernhard † 3/538; Fuks, Alexander ~ 3/538; Fuld, Harry (Herz Salomon) ~ 3/539; Fuld, Ludwig ~/† 3/539; Fulda, Ludwig (Anton Salomon) ~/† 3/539; Funcke, Oskar von ~ 3/540; Funk, Carl Friedrich ~ 3/541; Funk, Salomon ~ 3/542; Funk, Walther (Immanuel) ~ 3/542; Funke, Hermann ~ 3/542; Funke, Rudolf Ludwig Hermann ~ 3/543; Furbach, Curt ~ 3/543; Furler, Hans ~ 3/543; Furrer, Reinhard ~/† 3/544; Furtwängler, Adolf ~ 3/544; Furtwängler, Franz Josef ~ 3/544; Furtwängler, (Gustav Heinrich Ernst Martin) Wilhelm ~ 3/545; Fuss, Karl ~ 3/545; Futterer, Karl (Joseph Xaver) ~ 3/546; Futterer, Karl (Wilhelm) ~ 3/546; Gabelentz, (Hans) Georg (Conon) von der ~/† 3/547; Gabelentz, Hans von der ~ 3/547; Gabelin, Bernward ~/† 3/547; Gabelmann, (August) Hugo ~ 3/548; Gaber, Erwin ~/† 3/548; Gablentz, Otto Heinrich von der */~/† 3/548; Gablenz, Ludwig (Karl Wilhelm) Frh. von ~ 3/549; Gabler, Georg Andreas ~ 3/549; Gábor, Andor ~ 3/549; Gabor, Dennis (Dionys) ~ 3/549; Gabriel, Karl Eduard ~/† 3/550; Gabriel, Max ~ 3/550; Gabriel, Siegmund */~/†

3/550; Gad, Johannes ~ 3/551; Gadow, Hans (Friedrich) ~ 3/552; Gadsky, Johanna (Emilia Agnes) ~/† 3/552; Gäbler, Fritz † 3/552; Gaede, Kurt (Wilhelm) ~ 3/552; Gaedechens, Rudolf ~ 3/553; Gaedertz, Karl Theodor ~/† 3/553; Gädicke, Johann Christian ~ 3/553; Gährich, Wenzel ~/† 3/553; Gärtner, August (Anton Hieronymus) ~ 3/554; Gärtner, (Johann Philipp) Eduard * 3/554; Gärtner, Heinrich ~ 3/555; Gärtner, Margarete ~ 3/556; Gaffky, Georg (Theodor August) ~ 3/556; Gagel, (Friedrich August Wilhelm) Curt ~ 3/557; Gagern, Maximilian Frh. von ~/† 3/558; Gagliardi, Ernst (Robert) ~ 3/558; Gahrlieb von der Mühlen, Gustav Casimir ~ 3/558; Gaillard, Karl † 3/559; Galen, Clemens August Graf von ~ 3/560; Galen, Philipp ~ 3/561; Galinski, Heinz ~/† 3/561; Galinsky, Hans (Karl) ~ 11/66; Gall, August (Georg) Frh. von ~ 3/561; Gall, Ernst ~ 3/561; Gall, Willi ~/† 3/562; Galland, Georg ~ 3/563; Gallas, Wilhelm ~ 3/563; Galle, Andreas (Wilhelm Gottfried) ~ 3/563; Galle, (Johann) Gottfried ~ 3/563; Galli-Bibiena, Giuseppe † 3/564; Galliner, Julius ~ 3/565; Galling, Kurt ~ 3/565; Gallitzin, (Adelheid) Amalie Fürstin von * 3/565; Galston, Gottfried ~ 3/566; Gamillscheg, Ernst ~ 3/566; Gamp, Karl Frh. von ~/† 3/567; Gampert, Otto ~ 3/567; Gampp, Josua Leander ~ 3/567; Ganghofer, Ludwig (Albert) ~ 3/568; Gans, Eduard */~/† 3/569; Gans, Oscar ~ 3/570; Gans, Richard (Martin) ~ 3/570; Ganse, Robert ~ 3/570; Ganssen, (Ernst Alwin) Robert ~/† 3/571; Ganssen, Robert * 3/571; Ganswindt, (Johann) Hermann ~/† 3/571; Ganz, Eduard ~/† 3/571; Ganz, Hans (Heinrich) ~ 3/571; Ganz, Leopold (Alexander) ~/† 3/572; Ganz, (Eduard) Moritz † 3/572; Ganz, Rudolph (Hermann) ~ 3/572; Garbarini, Kurt † 3/573; Garbe, (Hermann) Robert ~/† 3/573; Garbotz, Georg ~ 3/573; Garcke, (Christian) August (Friedrich) ~/† 3/573; Gardthausen, Gustav Waldemar ~ 3/574; Gareis, Anton Johann ~ 3/574; Gareis, (Johann) Franz (Peter Paul) ~ 3/574; Garsó, Siga ~ 3/575; Gartmann, Heinz ~ 3/575; Gartmann, Hermann ~/† 3/575; Garve, Karl Bernhard ~ 3/576; Gary, Max (Louis Wilhelm Richard) ~/† 3/576; Gasbarra, Felix ~ 3/577; Gaspary, Adolf (Robert) */~/† 3/577; Gaß, Joachim Christian ~ 3/577; Gaß, (Friedrich) Wilhelm (Joachim Heinrich) ~ 3/577; Gassel, Heinrich (Christoph) ~ 11/66; Gasser, Manuel ~ 3/578; Gaßner, (Johann) Gustav */~ 3/579; Gast, Karl ~/† 3/580; Gast, (Adolf Emil) Paul ~ 3/580; Gatschet, Albert (Samuel) ~ 3/581; Gattermann, Hans H(ermann) ~ 3/582; Gattermann, (Friedrich August) Ludwig ~ 3/582; Gatz, Felix Maria */~ 3/583; Gaudy, Alice Freiin von */~ 3/584; Gaudy, Franz (Bernhard Heinrich Wilhelm) Frh. von † 3/584; Gaudy, Friedrich (Wilhelm Leopold) von ~ 3/584; Gaugler, Ernst ~ 3/585; Gaul, (Georg) August ~/† 3/585; Gaul, Gerhard ~ 3/585; Gaupp, Ernst Theodor ~ 3/586; Gaus, Friedrich (Wilhelm Otto) ~ 3/586; Gaus, Wilhelm (Karl Friedrich) ~ 3/586; Gauß, Carl Josef ~ 3/588; Gauß, (Friedrich) Gustav † 3/588; Gawell, Oskar ~ 3/589; Gaye, Johann Wilhelm ~ 3/589; Gayk, Andreas ~ 11/67; Gebauer, Ernst ~/† 3/590; Gebauer, Friedrich ~/† 3/591; Gebauer, Johannes Heinrich ~ 3/591; Gebauer, Julius (Hermann Carl) * 3/591; Gebbing, Johannes ~ 3/591; Gebhard, Bruno ~ 3/593; Gebhard, Hans ~ 3/593; Gebhard, Karl ~/† 3/593; Gebhardt, Bruno ~/† 3/594; Gebhardt, Oskar (Leopold) von ~ 3/594; Gebler, Otto Friedrich ~ 3/595; Gebsattel, Ludwig Frh. von ~ 3/595; Gebsattel, Marie Freiin von ~ 3/595; Gebsattel, Victor-Emil Frh. von ~ 3/595; Gebser, Anna ~ 3/595; Gebühr, Otto ~ 3/596; Gedeler, Gottfried von ~ 3/596; Gedicke, Lambert ~/† 3/596; Gedike, Friedrich ~/† 3/597; Geelhaar, Anne † 11/67; Geering, Johann Rudolf ~ 3/597; Geffcken, Friedrich Heinrich ~ 3/597; Geffcken, Heinrich * 3/597; Geffcken, Johannes * 3/597; Gegenbauer, Leopold Bernhard ~ 3/598; Gehema, Johann Abraham Jakobson von ~ 3/598; Gehlen, Adolph Ferdinand ~ 3/599; Gehlen, Karl Maria Hubert ~/† 3/599; Gehlen, Reinhard ~ 3/599; Gehlhoff, Georg Richard ~ 3/599; Gehlhoff, Wilhelm ~ 3/600; Gehr, Theodor ~ 3/600; Gehrcke, Ernst Johann */~ 3/600; Gehren, Reinhard von ~ 3/600; Gehrig, Hans ~ 3/600; Gehrig, Oscar Hermann

Otto (Georg Bogislav) von ~/† 4/22; Glaser, Adolf ~ 4/22; Glaser, Friedrich (Carl) ~/† 4/23; Glaser, Kurt ~ 4/24; Glaser, Walter ~ 4/24; Glaß, Luise ~ 4/24; Glaß, Otto ~/† 4/24; Glaßbrenner, (George) Adolf (Theodor) */~/† 4/25; Glatschke, Leopold ~ 4/25; Glatzel, (James Moritz) Bruno */~ 4/25; Glauning, Otto (Heinrich Julius) ~ 4/26; Gleditsch, Johann Gottlieb ~/† 4/27; Gleichen, Alexander (Wilhelm) ~/† 4/28; Gleichen-Rußwurm, Emilie Frfr. von ~ 4/28; Gleichen-Rußwurm, (Raimund August) Heinrich Frh. von ~ 4/28; Gleichen-Rußwurm, Ludwig Frh. von ~ 4/28; Gleichmann, Hans † 4/28; Gleim, Johann Wilhelm Ludwig ~ 4/29; Gleimius, Rudolf ~ 4/29; Gleispach, Wenzeslaus (Karl Maximilian Maria) Graf von ~ 4/29; Gleissberg, Gerhard ~ 4/30; Gleissberg, Wolfgang ~ 4/30; Gleissner, Heinrich ~ 4/30; Gleit, Maria ~ 4/30; Gleitze, Bruno Otto Fritz */~/† 4/31; Gliese, Rochus */~/† 4/31; Glinz, Gustav Adolf ~ 4/31; Globig, Fritz ~ 4/32; Globke, Hans ~ 4/32; Glöckner, Hermann † 4/34; Gloege, Gerhard (Hans Georg Karl) ~ 4/34; Glogau, Gustav ~ 4/34; Gloger, Constantin (Wilhelm Lambert) ~/† 4/34; Glomme, (Moritz) Edmund ~ 4/34; Gluck, Themistokles ~/† 4/36; Glück, August ~ 4/36; Glück, Gustav ~ 4/37; Glück, Paul (Friedrich) ~ 4/37; Glückauf, Erich † 4/37; Gluge, Gottlieb ~ 4/38; Glum, Friedrich (Johann) ~ 4/39; Glume, Friedrich Christian */~/† 4/39; Gmelin, Helmuth ~ 4/40; Gmelin, Karl ~ 4/40; Gmür, Max ~ 4/41; Gnade, Elisabeth ~ 4/41; Gnauck-Kühne, Elisabeth ~ 4/42; Gneisenau, August Wilhelm Anton Graf Neidhardt von ~ 4/42; Gneist, (Heinrich) Rudolf (Hermann Friedrich) von */~/† 4/43; Gniffke, Erich (Walter) ~ 4/44; Gobert, Boy (Christian Klée) ~ 4/45; Gobsch, Friedrich Johannes ~ 4/45; Gocht, Moritz Hermann ~/† 4/45; Godal, Erich * 4/46; Godet, Frédéric-Louis ~ 4/47; Godet, Marcel ~ 4/47; Godin, Reinhard Ludwig Bernhard Frh. von ~ 4/47; Goebbels, Joseph (Paul) ~/† 4/48; Goebel, Fritz ~ 4/48; Goebel, Otto ~ 4/49; Goebeler, Dorothee † 4/49; Goebeler, Elise ~/† 4/50; Goecke, Feodor ~ 4/50; Goecke, Theodor ~/† 4/50; Goeckingk, Leopold Friedrich Günther von ~ 4/50; Goedeking, Christian Friedrich † 4/51; Göderitz, Johannes ~ 11/69; Goehr, Walter */~ 4/52; Göhre, Paul ~ 4/52; Göler von Ravensburg, Friedrich Karl (Eberhard) Frh. ~ 4/53; Goenner, Alfred ~ 4/54; Goepel, Gustav Adolph ~/† 4/54; Goepfart, Karl (Eduard) ~ 4/54; Göppert, Ernst ~ 4/54; Goeppert, Friedrich ~/† 4/55; Göppert, Heinrich (Robert) ~ 4/55; Göppert, Heinrich (Robert) ~/† 4/55; Goeppert, Heinrich ~ 4/55; Goercke, Johann ~ 4/55; Goerdeler, Carl Friedrich † 4/55; Goerens, (Joseph) Paul ~ 4/56; Goergen, Fritz-Aurel ~ 4/56; Goering, (Wilhelm Bernhard) Adolf † 4/57; Göring, Bernhard */~ 4/57; Göring, Hermann (Wilhelm) ~ 4/57; Göring, Michael Christian ~ 4/58; Goering, Reinhard ~ 4/58; Görlitt, Paul ~ 4/58; Görner, Karl Ritter von ~ 4/59; Görner, Karl August */~ 4/59; Goerz, Carl (Paul) † 4/61; Görz, Hermann ~/† 4/61; Goeschen, Alexander */~/† 4/62; Göschen, Johann Friedrich Ludwig ~ 4/62; Göschen, Otto */~ 4/63; Goessler, Peter (Friedrich) ~ 4/63; Goethe, (Maximilian) Wolfgang Frh. von ~ 4/67; Götsch, (Johann Gottfried) Georg */~ 4/67; Goetsch, (Johann Heinrich) Wilhelm ~ 4/67; Gött, Emil (Servatius) von ~ 4/67; Göttmann, (Gustav) Adolf ~/† 4/68; Goetz, Carl ~ 4/68; Goetz, Curt ~ 4/69; Goetz, Fritz ~ 4/69; Goetz, George ~ 4/69; Götz, Hermann (Gustav) ~ 4/70; Goetz, Wolfgang (Carl Gustav) ~/† 4/71; Goetze, Albrecht ~ 4/71; Götze, Emil ~ 4/72; Götze, Hellmuth ~/† 4/72; Götze, Karl ~ 4/72; Goetze, Marie */~/† 4/72; Goetze, Otto ~/† 4/73; Goetze, Otto ~ 4/73; Götze, Sigismund von † 4/73; Götze, (Julius) Woldemar ~ 4/73; Götzen, (Gustav) Adolf Graf von ~/† 4/73; Gogarten, Friedrich ~ 4/75; Gohl, Johannes Daniel */~ 4/75; Gohrbandt, Erwin ~/† 4/75; Gohren, Karl Theodor von ~ 4/75; Gold, Franz ~ 4/76; Gold, Käthe ~ 11/70; Goldbaum, Wenzel ~ 4/76; Goldbaum, Wilhelm ~ 4/77; Goldberg, Emanuel ~ 4/77; Goldberg, Heinz ~/† 4/77; Goldberg, Jacques ~/† 4/77; Goldberg, Johann Gottlieb ~ 4/78; Goldberg, Oskar */~ 4/78; Goldberger, (Ludwig)

Max † 4/78; Goldenberg, Bernhard ~ 4/78; Goldhammer, Leo ~ 4/79; Goldmann, Emil ~ 4/80; Goldmann, Franz ~ 4/80; Goldmann, Karlheinz ~ 4/80; Goldmann, Nahum ~ 4/80; Goldschagg, Edmund ~ 4/81; Goldscheid, Rudolf ~ 4/81; Goldscheider, (Johann Karl August Eugen) Alfred ~/† 4/81; Goldschmid, Edgar ~ 4/82; Goldschmidt, Abraham Meyer ~ 4/82; Goldschmidt, Adalbert ~ 4/82; Goldschmidt, Adolph ~ 4/82; Goldschmidt, Alfons ~ 4/82; Goldschmidt, Berthold ~ 11/70; Goldschmidt, Dietrich ~/† 11/70; Goldschmidt, Ernst Daniel ~ 4/82; Goldschmidt, (Johannes) Friedrich */~/† 4/82; Goldschmidt, Fritz ~ 4/83; Goldschmidt, Hans */~ 4/83; Goldschmidt, Hans ~ 4/83; Goldschmidt, Harry ~ 4/83; Goldschmidt, Hermann Levin */~ 11/70; Goldschmidt, Hugo ~ 4/83; Goldschmidt, Jakob ~ 4/84; Goldschmidt, James Paul */~ 4/84; Goldschmidt, Johann Baptista ~ 4/84; Goldschmidt, Julius ~ 4/84; Goldschmidt, Karl (Bernhard) */~ 4/84; Goldschmidt, Lazarus ~ 4/84; Goldschmidt, Levin ~ 4/85; Goldschmidt, Ludwig ~ 4/85; Goldschmidt, Paul ~ 4/85; Goldschmidt, Richard (Benedikt) ~ 4/85; Goldschmidt, Richard Hellmuth ~ 4/85; Goldschmidt, Rudolf ~ 4/86; Goldschmidt, Theodor (Heinrich Hermann) * 4/86; Goldschmidt, Victor Mordechai ~ 4/86; Goldschmidt-Rothschild, Albert Max Frh. von ~ 4/86; Goldschmit-Jentner, Rudolf ~ 4/87; Goldstein, Eugen ~/† 4/87; Goldstein, Frieda † 4/87; Goldstein, Johann Theodor ~ 4/87; Goldstein, Julius ~ 4/88; Goldstein, Kurt ~ 4/88; Goldstein, Moritz */~ 4/88; Goldstücker, Theodor ~ 4/88; Goldziher, Ignaz ~ 4/88; Goll, Jaroslav ~ 4/89; Golling, Alexander ~ 4/90; Gollmick, Friedrich Karl * 4/90; Gollmik, Walter */~ 4/90; Gollwitzer, Helmut (Hans) ~/† 4/90; Gollwitzer-Meier, Klothilde ~ 4/91; Goltdammer, Eduard */~/† 4/91; Goltdammer, Theodor ~/† 4/91; Goltz, August (Friedrich Ferdinand) Graf von der ~/† 4/92; Goltz, (Wilhelm Leopold) Colmar Frh. von der ~ 4/92; Goltz, Eduard Alexander Frh. von der ~ 4/92; Goltz, Georg Konrad Frh. von der † 4/92; Goltz, (Alexander Georg Maximilian) Hermann Frh. von der ~ 4/92; Goltz, Joachim Frh. von der ~ 4/93; Goltz, Joachim Rüdiger Frh. von der ~ 4/93; Goltz, Karl Franz Frh. von der † 4/93; Goltz, Leopold Heinrich Graf von der */† 4/93; Goltz, Rüdiger Frh. von der ~ 4/93; Goltz, Rüdiger Graf von der ~ 4/94; Goluchowski, Agenor Maria Adam Graf ~ 4/94; Golyscheff, Jef ~ 4/94; Gombosi, Otto Johannes ~ 4/94; Gomperz, Aaron ben Salman Emmerich */~ 4/95; Gomperz, Ruben Elias ~/† 4/95; Gonne, Friedrich ~ 4/96; Gonszar, Rudolf */~ 4/96; Gontard, Gert von */~ 4/96; Gontard, Karl (Philipp Christian) von ~ 4/96; Gontard, Paul Curt von ~ 4/97; Gooß, Roderich ~ 4/97; Gopčevič, Spiridon Graf ~ 4/97; Goppelsröder, (Christoph) Friedrich ~ 4/98; Gordan, Paul (Albert) ~ 4/98; Gordon, Walter ~ 4/99; Gorlitt, Robert ~ 4/99; Gorrisch, Walter ~/† 4/99; Gorvin, Joana Maria ~ 4/100; Gosche, Richard ~ 4/100; Goslar, Hans ~ 4/100; Goslar, Lotte ~ 11/70; Goßler, Friedrich Franz Theodor ~ 4/101; Goßler, Gustav von ~ 4/101; Goßler, Heinrich von ~/† 4/101; Gossmann, Gerhard ~ 4/101; Goßner, Johannes Evangelista ~/† 4/101; Goth, Trudy ~ 4/102; Gothan, Walther (Ulrich Eduard Friedrich) ~/† 4/102; Gothein, Eberhard ~ 4/102; Gothein, Georg ~/† 4/102; Gotsche, Otto ~/† 4/103; Gotter, Gustav Adolf Graf von ~/† 4/103; Gottfurcht, Hans */~ 4/107; Gottgetreu, Erich ~ 4/107; Gottleff, Felix ~ 4/108; Gotthelf, Herta ~ 4/108; Gottl-Ottlilienfeld, Friedrich von ~ 4/108; Gottlieb, Theodor ~ 4/109; Gottron, Heinrich Adolf ~ 4/109; Gottschaldt, Kurt ~ 11/71; Gottschalk, Alfred ~ 4/110; Gottschalk, Benno ~ 4/110; Gottschalk, Hans (Ludwig) ~ 4/110; Gottschalk, Joachim ~/† 4/111; Gottschalk, Sigmund ~/† 4/111; Gottschall, Rudolf (Carl) von ~ 4/111; Gottsche, Karl Moritz ~ 4/111; Gottsched, Johann ~ 4/111; Gottstein, Adolf ~/† 4/112; Gotzkowsky, Johann Ernst ~/† 4/113; Goullon, Karl Heinrich ~ 4/113; Goy, Samuel (Ludwig Carl) ~ 4/114; Graaff, Carlo ~ 4/114; Graaff, Wilhelm ~ 11/71; Grab, Hermann ~ 4/114; Grabbe, Christian Dietrich ~ 4/115; Grabe, Georg Eugen

Leopold */~/† 4/115; Graben-Hoffmann, Gustav Heinrich ~ 4/116; Grabert, Martin (Heinrich Bruno) ~/† 4/116; Grabner, Hasso ~ 4/117; Grabner, Hermann ~ 4/117; Grabow, Robert ~ 4/117; Grabow, Wilhelm ~ 4/117; Grabower, Rolf */~ 4/117; Grabowsky, Adolf */~ 4/117; Grabowsky, Carl ~ 4/118; Gradenwitz, Otto ~/† 4/118; Gradl, Johann Baptist */~/† 4/118; Gradnauer, Georg ~/† 4/119; Graeb, Carl Georg Anton */~/† 4/119; Graebe, Carl ~ 4/119; Graebner, (Robert) Fritz */~/† 4/119; Gräf, Botho */~ 4/120; Gräf, Hans Gerhard ~ 4/120; Gräf, Walther Karl Theodor ~ 4/120; Graefe, (Friedrich Wilhelm Ernst) Albrecht von ~/† 4/120; Graefe, Albrecht von */~ 4/120; Graefe, Alfred (Karl) ~ 4/121; Graefe, Carl Ferdinand von ~ 4/121; Graefe, Friedrich ~ 4/121; Gräff, Franz Friedrich ~ 4/122; Gräff, Siegfried ~ 4/122; Gräl, Johann Friedrich (Jakob) ~ 4/123; Gräner, Paul */~ 4/123; Gräsel, Arnim ~ 4/123; Gräser, Erdmann */~/† 4/123; Gräser, Wolfgang ~/† 4/123; Grätz, Curt Emil Alexander ~ 4/124; Grätz, Heinrich (Hirsch) ~ 4/124; Grätz, Leo ~ 4/124; Grätzer, Alfred ~/† 4/125; Grävell, Maximilian Karl Friedrich Wilhelm ~ 4/125; Grävell, Paul Harald * 4/125; Gräven, Hans (August Theodor Wilhelm) ~ 4/125; Graevenitz, (Christiane) Wilhelmine (Friederike) Gräfin von ~/† 4/126; Graf, Eduard ~ 4/126; Graf, Georg Engelbert ~ 4/127; Graf, Oskar Maria ~ 4/128; Graf, Ulrich ~ 4/129; Graf, Ulrich (Paul Albert) ~ 4/129; Grafe, Eduard ~ 4/129; Grafe, Erich */~ 4/129; Graff, Eberhard (Gottlieb) † 4/130; Graff, Karl (Ludwig Theodor) ~ 4/131; Graff, Kasimir (Romuald) ~ 4/131; Graff, Wilhelm Paul ~ 4/131; Graff de Pancsova, Erwin † 4/131; Graffunder, Heinz */~/† 4/132; Gragert, (Karl Wilhelm) Otto */~ 4/132; Grahl, Hans ~/† 4/132; Grahl, Heinrich ~/† 4/132; Gramatté, Walter */~ 4/133; Gramatzki, Hugh Ivan ~ 4/133; Gramberg, Anton Gustav Adelbert */~ 4/133; Granach, Alexander ~ 4/134; Granow, Hans-Ulrich ~ 4/135; Grantzow, Adele ~/† 4/136; Grapow, Hermann ~/† 4/136; Graser, Ernst ~ 4/137; Grashey, Hubert Ritter von ~ 4/137; Grashey, Rudolf ~ 4/137; Grashof, Franz ~ 4/137; Grashof, Karl Friedrich August ~ 4/138; Graßhoff, Helmut ~/† 4/139; Grassi, Ernesto ~ 4/139; Graßmann, Hermann (Günther) ~ 4/140; Grassmann, Peter † 4/140; Grath, Anton ~ 4/140; Gratzl, Emil ~ 4/141; Grau, Alexander † 4/141; Grau, Bernhard † 4/141; Graudan, Nikolai ~ 4/142; Graudenz, Johannes † 4/142; Grauert, Hermann (Heinrich) von ~ 4/142; Grauert, Ulrich * 4/142; Graul, Richard Ernst ~ 4/142; Grauman, Johann Philipp ~ 4/143; Graumann, Peter Benedict Christian ~ 4/143; Graun, Johann Gottlieb ~/† 4/143; Graun, Karl Heinrich ~/† 4/143; Graupe, Paul ~ 4/143; Grautoff, Erna */~ 4/144; Grautoff, Ferdinand ~ 4/144; Grautoff, Ferdinand Heinrich ~ 4/144; Grautoff, Otto ~ 4/144; Gravenhorst, Traud ~ 4/145; Gravenreuth, Karl Frh. von ~ 4/145; Grawitz, Paul Albert ~ 4/145; Grebe, Friedrich † 4/146; Grebe, Karl Friedrich August ~ 4/146; Greber, Julius ~ 4/146; Greeff, Richard ~ 4/147; Greeff, (Karl) Richard ~/† 4/147; Greeff-Andrießen, Pelagie ~ 4/147; Gregor, Hans ~ 4/148; Gregor, Joseph ~ 4/148; Gregor, Kurt ~ 4/148; Gregor, Nora ~ 4/149; Gregori, Ferdinand ~/† 4/149; Greid, Herman(n) ~ 4/150; Greif, Heinrich ~/† 4/150; Greim, Robert Ritter von ~ 4/152; Greinacher, Heinrich ~ 4/152; Greiner, Helmuth ~ 4/153; Greiner, Leo ~/† 4/153; Greiner, Michael ~ 4/153; Grell, August Eduard */~/† 4/155; Grell, Heinrich ~ 4/155; Grell, Otto ~/† 4/155; Grelle, Frido ~ 4/155; Grelling, Kurt */~ 4/155; Grenacher, Alfred (Frederik Elias) ~/† 4/156; Grenzebach, Ernst */~/† 4/157; Greßmann, Hugo (Ernst Friedrich Wilhelm) ~ 4/157; Greßmann, Uwe */~/† 4/158; Gretler, Heinrich ~ 4/158; Greve, Eduard Wilhelm Johann ~ 4/159; Grève, Leopold */~ 4/160; Grevenberg, Julius ~ 4/160; Greyerz, Otto von ~ 4/161; Gribel, Friedrich Wilhelm ~ 4/161; Griepenkerl, (Wolfgang) Robert ~ 4/162; Griesbach, Hermann Adolf ~ 4/163; Griesheim, Christian Ludwig von ~ 4/164; Griesheim, Karl Gustav Julius von */~ 4/164; Griesinger, Wilhelm ~/† 4/165; Grießmeyer, Albert ~/† 4/166; Griewank, Karl ~ 4/166;

Grillenberger, Karl ~ 4/166; Grimm, Friedrich ~ 4/168; Grimm, Georg ~ 4/168; Grimm, Herman (Friedrich) ~/† 4/169; Grimm, Jacob (Ludwig Carl) ~/† 4/169; Grimm, Karl Otto ~/† 4/171; Grimme, Adolf (Berthold Ludwig) ~ 4/172; Grimme, Hubert ~ 4/172; Grindel, Gerhard */~/† 4/174; Grischow, August(in) ~/† 4/174; Grischow, August Nathanael * 4/175; Grisebach, (Heinrich) August (Rudolph) ~ 4/175; Grisebach, Eberhard ~ 4/175; Grisebach, Eduard (Anton Rudolf) ~ 4/175; Grisebach, Hans (Otto Friedrich Julius) ~/† 4/175; Grobecker, Anna ~ 4/176; Grobecker, Philipp ~/† 4/176; Grobecker, Wilhelmine */~/† 4/177; Groddeck, Albrecht von ~ 4/177; Groddeck, Georg ~ 4/177; Groeben, Georg Dietrich von der ~/† 4/178; Gröber, Adolf † 4/178; Gröger, Friedrich Carl ~ 4/179; Groener, (Karl Eduard) Wilhelm ~ 4/179; Groethuysen, Bernhard */~ 11/71; Groh, Herbert Ernst ~ 4/181; Grohmann, Friedrich Wilhelm */~/† 4/182; Grohmann, Will † 4/182; Grollmuss, Maria ~ 4/183; Grolman, Adolf (Karl-Friedrich Wilhelm) von ~ 4/183; Grolman, Helmuth (Otto Wilhelm) von ~ 4/183; Grolmann, Heinrich Dietrich von † 4/183; Grolmann, Karl (Wilhelm Georg) von * 4/184; Grolmann, Wilhelm Heinrich von */~/† 4/184; Gronau, Georg */~ 4/184; Gronau, Heinz ~ 4/185; Gronau, Karl Ludwig */~/† 4/185; Gronau, (Hans) Wolfgang von * 4/185; Gronemann, Sammy ~ 4/185; Gropius, Carl (Wilhelm) ~/† 4/187; Gropius, Martin (Carl Philipp) */~/† 4/187; Gropius, Walter (Adolf Georg) */~ 4/187; Gropper, Roberta ~/† 4/188; Groscurth, Georg */~ 4/189; Gross, Babette (Lisette) ~/† 4/190; Groß, Edgar (Karl Marian) ~ 4/190; Groß, Emil ~ 4/190; Gross, Franz ~ 4/191; Groß, Gustav ~ 4/191; Groß, Jenny ~/† 4/191; Groß, Nikolaus (Franz) † 4/192; Groß, Otto ~/† 4/192; Gross, Walter † 4/193; Groß, Walther ~ 4/193; Groß, Wilhelm (Ernst Julius) ~ 4/193; Grosse, Ernst (Carl Gustav) ~ 4/194; Grosse, Fritz (Willibald) † 4/194; Grosse, Herwart (Willy) */~/† 4/195; Grosse, Julius (Waldemar) ~ 4/195; Grosse, Karl ~ 4/195; Großfeld, Johann (Gerhard) ~ 4/196; Großheim, Karl von ~/† 4/196; Großheim, Karl E. ~/† 4/196; Grossi, Ernst von ~ 4/196; Großkopf, Marco ~ 4/196; Großmann, Gustav ~ 4/197; Großmann, Gustav Friedrich Wilhelm */~ 4/197; Großmann, Hermann */~ 4/197; Großmann, (Karl) Julius (Franz) ~ 4/197; Grossmann, Kurt Richard * 4/197; Großmann, Louis Adolf ~ 4/198; Großmann, Rudolf (Wilhelm Walter) ~ 4/198; Großmann, Stefan ~ 4/199; Grosz, George */~/† 4/199; Grosz, Wilhelm ~ 4/200; Grote, Gottfried ~/† 4/200; Grote, Hermann ~ 4/200; Grote, Louis (Radcliffe) ~ 4/200; Grotefend, (Ernst Heinrich) Hermann ~ 4/201; Grotemeyer, Fritz ~ 4/201; Grotewohl, Otto ~/† 4/201; Groth, Ernst Johann ~ 4/202; Groth, Paul Heinrich Ritter von ~ 4/202; Grothe, Franz (Johannes August) */~ 4/202; Grothe, (Albert Louis) Hugo ~ 4/202; Grothe, Wilhelm */~ 4/202; Grotjahn, Alfred ~/† 4/203; Grotrian, Otto (Natalius August) ~ 4/203; Grotrian, Walter (Robert Wilhelm) ~ 4/203; Grotthuß, (Jeannot) Emil Frh. von ~/† 4/203; Grotthuß, Sophie * 4/203; Grove, (Karl) Otto Ritter von ~ 4/204; Grube, Carl ~ 4/204; Grube, Max ~ 4/205; Grube, Wilhelm ~ 4/205; Gruben, Franz Joseph Frh. von ~ 4/205; Gruber, Karl ~ 4/207; Gruber, Lilo */~/† 4/207; Gruber, Otto (Heinrich Franz Anton) Ritter von ~ 4/207; Grüber, Heinrich (Karl) ~/† 4/209; Grübler, Martin (Fürchtegott) ~ 4/209; Grümbke, Johann Jakob ~ 4/209; Grümmer, Elisabeth ~ 4/209; Grümmer, Paul ~ 4/209; Grün, Adolf ~ 4/209; Grün, Albert ~ 4/209; Grün, Dionys Ritter von ~ 4/210; Grün, Friederike ~ 4/210; Grün, Karl (Theodor Ferdinand) ~ 4/210; Grünbaum, Fritz ~ 4/211; Grünbaum, Johann Christoph ~/† 4/211; Grünbaum, Karoline ~ 4/211; Grünbaum, Therese ~/† 4/211; Grünberg, Helene * 11/73; Grünberg, Karl */~/† 4/211; Grünberg, Martin ~/† 4/211; Grünberg, Max (Paul Emil) */~/† 4/212; Gründgens, Gustaf ~ 4/212; Grüneberg, Gerhard † 4/213; Grüneberg, Hermann Julius ~ 4/213; Grüneisen, Carl ~ 4/213; Grüneisen, Eduard ~ 4/213; Grünenwald, Jakob ~ 4/213; Grünewald, Matthias (Gothart Nithart) ~ 4/214; Grünfeld, Alfred ~ 4/216; Grünfeld,

Ernst † 4/216; Grünfeld, Falk Valentin ~ 4/216; Grünfeld, Heinrich ~/† 4/216; Grünhagen, Colmar ~ 4/216; Grüning, Ilka ~ 4/216; Grüning, Wilhelm */~/† 4/217; Grünstein, Joseph (Rudolph) ~ 4/218; Gruenter, Rainer ~ 4/218; Grünwedel, Albert ~ 4/219; Grüß, Gerhard (Christian) */~ 4/219; Grützner, Paul von ~ 4/219; Gruhl, Carl ~ 4/220; Gruhl, Herbert ~ 4/220; Grumach, Ernst ~ 4/220; Grumbkow, Friedrich Wilhelm von */† 4/221; Grund, Alfred (Johannes) ~ 4/222; Grund, (Franz) Friedrich (Alexander) ~/† 4/222; Grund, Friedrich Wilhelm ~ 4/222; Grundemann, (Peter) Reinhold ~ 4/223; Grundherr zu Altenthann und Weierhaus, Werner von ~ 4/223; Gruner, (Georg) Ernst (Robert) † 4/225; Gruner, Justus (Karl Alexander Friedrich Elliot Wilhelm Ferdinand) von */~/† 4/226; Gruner, Justus Karl von ~ 4/226; Grunholzer, Heinrich ~ 4/227; Gruntzel, Josef ~ 4/227; Grupe, Oskar ~/† 4/227; Gruppe, Otto Friedrich ~/† 4/228; Gruson, Hermann (Jacques August) ~ 4/228; Gruyter, Walter de ~/† 4/229; Grzesinski, Albert (Karl Wilhelm) ~ 4/230; Grzimek, Bernhard (Klaus Maria) ~ 4/230; Grzimek, Waldemar ~/† 4/231; Gsell Fels, Theodor (Johann) ~ 4/231; Gsovsky, Tatjana ~/† 4/231; Guardini, Romano ~ 4/231; Gubitz, Friedrich Wilhelm ~/† 4/232; Gubler, Max ~ 4/232; Gudden, (Johann) Bernhard (Aloys) von ~ 4/232; Gude, Hans (Fredrik) ~/† 4/233; Gudehus, Heinrich ~ 4/233; Guderian, Heinz Wilhelm ~ 4/233; Gudermann, Christoph ~ 4/233; Güldenstädt, Anton Johann ~ 4/234; Güldenstein, Albert ~ 4/234; Gümbel, Ludwig (Karl Friedrich) ~/† 4/235; Gümmer, Paul ~ 4/236; Günsburg, Karl Siegfried ~ 4/236; Günter, Siegfried ~/† 4/236; Günther, (Gustav) Adolf ~ 4/237; Günther, Albert (Charles Lewis Gotthilf) ~ 4/237; Günther, Carl ~ 4/238; Günther, Christian August † 4/238; Günther, Daniel Erhard ~ 4/238; Günther, Dorothee ~ 4/238; Günther, Eberhard ~ 4/239; Günther, (Johann Heinrich) Friedrich ~ 4/239; Günther, Gotthard ~ 4/240; Günther, Hans (Friedrich Karl) ~ 4/240; Günther, Herbert */~ 4/240; Günther, Joachim ~/† 4/241; Günther, Leopold */~ 4/242; Günther, (Ernst Gustav) Paul */~ 11/74; Günther, Rudolf Biedermann ~ 4/243; Günther, (Adam Wilhelm) Siegmund ~ 4/243; Günther, Walther (Franz Gustav) ~ 4/243; Günther-Braun, Walter ~ 4/244; Günther-Gera, Heinrich ~/† 4/244; Günther-Naumburg, Otto ~/† 4/244; Güntherschulze, Günther Adolf Eugen August ~ 4/244; Güntz, (Heinrich Edmund) Max ~ 4/244; Gürich, Georg (Julius Ernst) † 4/245; Guericke, Otto von ~ 4/245; Gürrlich, Joseph Augustin ~/† 4/246; Gürtler, Danny ~ 4/246; Guertler, William (Minot) ~ 4/246; Gürtner, Franz † 4/246; Güßfeldt, (Richard) Paul (Wilhelm) */~/† 4/247; Güterbock, Grete ~ 4/247; Güterbock, Karl Eduard ~ 4/247; Gütersloh, Albert Paris ~ 4/247; Güthling, Wilhelm ~ 4/248; Gütt, Arthur ~ 4/248; Gütt, Dieter ~ 4/248; Güttinger, Fritz ~ 4/248; Gützlaff, Karl (Friedrich August) ~ 4/248; Guggenbühl, Adolf ~ 4/249; Guggenheim, Paul ~ 4/249; Guggenheim, Werner Johannes ~ 4/250; Guggenheimer, Walter Maria ~ 4/250; Guggisberg, Hans Rudolf */~ 4/250; Guhl, Ernst Karl */~/† 4/251; Guhrauer, Gottschalk Eduard ~ 4/251; Guillaume, Günter * 4/251; Guinand, Valeska ~ 4/252; Guleke, Nicolai (Gustav Hermann) ~ 4/253; Gumbel, Emil (Julius) ~ 4/254; Gumbert, Ferdinand */~/† 4/254; Gumlich, Ernst (Carl Adolf) ~/† 4/254; Gumpert, Martin */~ 4/255; Gumpert, Thekla von ~ 4/255; Gumprecht, Otto ~ 4/257; Gumprecht, Theodor Gottfried † 4/257; Gumtau, Friedrich ~ 4/257; Gundlach, Friedrich-Wilhelm */~/† 4/259; Gundlach, Gustav ~ 4/259; Gundling, Jacob Paul Frh. von ~ 4/259; Gundolf, Friedrich (Leopold) ~ 4/259; Gungl, Joseph ~ 4/260; Gunkel, (Johann Friedrich) Hermann ~ 4/260; Gura, Anita */~ 4/262; Gura, Hermann ~ 4/262; Gura-Hummel, Annie ~ 4/262; Gurian, Waldemar ~ 4/262; Gurk, Paul ~/† 4/263; Gurland, Arcadius ~ 4/263; Gurlitt, Cornelius (Gustav) ~ 4/263; Gurlitt, Fritz (Louis Moritz Anton) ~ 4/263; Gurlitt, (Heinrich) Louis (Theodor) ~ 4/264; Gurlitt, (Georg Remi Ernst) Ludwig ~ 4/264; Gurlitt, Manfred */~ 4/264; Gurlitt, Wolfgang */~ 4/264; Gurlt, Ernst (Friedrich) † 4/264; Gurlt, Ernst Julius */~/† 4/265; Gussenbauer, Carl (Ignatz) ~ 4/265; Gusserow, Adolf Ludwig Sigismund */~/† 4/265; Gussow, Karl ~ 4/265; Guszalewicz, Genia ~ 4/266; Gutbier, Louise ~ 4/267; Gutbrod, (Konrad) Rolf (Dietrich) ~ 11/74; Guthe, Hermann (Adolph Wilhelm) ~ 4/269; Gutheil-Schoder, Marie ~ 4/270; Guthery, Franz ~/† 4/270; Guthery, Robert d. Ä. ~/† 4/270; Guthery, Robert d. J. ~ 4/270; Guthnick, Paul ~ 4/270; Gutike, Georg ~/† 4/270; Gutkind, Erwin (Anton) */~ 4/270; Gutman, Igo ~ 4/271; Gutmann, Eugen ~ 4/271; Gutschow, Hermann (Otto Theodor) ~/† 4/272; Guttenberg, Georg Frh. von und zu ~ 4/273; Guttenberg, Hermann von ~ 4/273; Guttenberg, Karl Ludwig Frh. von † 4/273; Guttmann, Alfred ~ 4/274; Guttmann, Bernhard ~ 4/274; Guttmann, Julius ~ 4/274; Guttmann, Marie ~ 4/274; Guttmann, Paul ~/† 4/275; Guttstadt, Albert ~/† 4/275; Gutzeit, (Robert Julius) Kurt */~ 4/275; Gutzkow, Karl (Ferdinand) */~ 4/275; Gutzmann, Hermann (Carl Albert) ~/† 4/275; Gutzner, (Carl Friedrich) August ~ 4/276; Gutzwiller, Max ~ 4/276; Guyer, (Heinrich Johann) Samuel ~ 4/276; Guyet, Karl Julius ~ 4/276; Gwinner, Arthur (Philipp Friedrich Wilhelm) von ~/† 4/277; Gwinner, Philipp Friedrich ~ 4/277; Gyptner, Richard ~ 4/278; Gysae, Otto ~ 4/278; Gysi, Fritz ~ 4/278; Gysi, Klaus */~/† 11/75; Haab, Robert ~ 4/281; Haab, Robert ~ 4/281; Haack, Hermann ~ 4/281; Haack, Käthe */~/† 4/281; Haack, (Carl Otto) Rudolph ~ 4/281; Haack, Wolfgang (Siegfried) ~/† 4/282; Haagen, Margarethe ~ 4/282; Haake, Paul */~/† 4/283; Haan, Willem de † 4/283; Haarmann, Fritz ~ 4/284; Haarmann, (Gustav Ludwig Friedrich) Wilhelm ~ 4/284; Haas, Albert ~ 4/284; Haas, Alma ~ 4/285; Haas, August ~ 4/285; Haas, Dolly ~ 4/285; Haas, Friedrich ~ 4/285; Haas, Hans ~ 4/286; Haas, Otto ~ 4/287; Haas, Robert Maria ~ 4/287; Haas, Wilhelm ~ 4/288; Haas, Willy ~ 4/288; Haase, (Ludwig Heinrich) Friedrich */~/† 4/289; Haase, Georg ~ 4/289; Haase, Helga † 4/289; Haase, Hugo † 4/289; Haase, Theodor Karl ~ 4/290; Haasenstein, (Carl) Ferdinand (Eduard) ~ 4/290; Haaß-Berkow, Gottfried ~ 4/290; Habel, Johann Simon ~/† 4/291; Haber, Fritz ~ 4/291; Haber, Heinz ~ 4/292; Haber, Sigmund ~/† 4/292; Haber, Christoph ~ 4/293; Haberland, Christoph ~/† 4/293; Haberlandt, Gottlieb (Johann Friedrich) ~/† 4/293; Haberlandt, Ludwig ~ 4/294; Habermann, (Hans) Max ~ 4/295; Habicht, Ludwig ~ 4/296; Hachfeld, Eckart † 4/296; Hachmann, Cord ~ 4/296; Hacker, Horst ~ 4/297; Hackert, Johann Gottlieb ~ 4/297; Hackert, (Jacob) Philipp ~ 4/298; Hackethal, (Karl Heinrich) Julius ~ 11/75; Hackewitz, Lili von ~ 4/298; Hackmann, Friedrich August von ~ 4/299; Hadeler, Werner ~ 4/300; Hadeln, Detlev Moritz Georg Herman Frh. von ~ 4/300; Hadwiger, Victor ~/† 4/301; Häberlin, Paul ~ 4/302; Haebler, Konrad ~ 4/302; Haeckel, Ernst (Heinrich Philipp August) ~ 4/302; Haecker, Hans-Joachim ~ 4/303; Haecker, Theodor ~ 4/303; Haedenkamp, Karl (Christian Friedrich Hermann) ~ 4/303; Haefeli, Max ~ 4/304; Haeften, Hans-Bernd von ~/† 4/305; Haeften, Werner von */~/† 4/305; Haehn, Hugo ~/† 4/305; Hähn, Johann Friedrich ~ 4/305; Hähnel, Amalie ~ 4/305; Hähnisch, Anton ~ 4/306; Hälschner, Hugo (Philipp Egmont) ~ 4/306; Haemig-Burgmeier, Lisa ~ 4/306; Haemmerling, Konrad ~/† 4/307; Haen, Carl Johann Eugen de ~ 4/307; Hänisch, Erich */~ 4/309; Haenisch, (George) Fedor * 4/309; Haenisch, (Benno Fritz Paul Alexander) Konrad ~ 4/309; Haenisch, Natalie ~ 4/310; Haenisch, Wolf ~ 4/310; Hänny, Karl ~ 4/310; Haensel, Carl ~ 4/311; Haentzschel, Emil (Rudolf) */~ 4/311; Häntzschel, Kurt (Emil Richard) */~ 4/311; Haenzel, Gerhard (Karl Theodor) ~ 4/311; Haerdter, Robert ~ 11/76; Haering, Theodor d. Ä. ~ 4/312; Haering, Theodor d. J. ~ 4/312; Härter, Franz Heinrich ~ 4/312; Häseler, Ernst ~ 4/313; Häßler, Johann Wilhelm ~ 4/313; Hättenschwiller, Alphons (Oskar) ~ 4/313; Häussermann, Reinhold ~ 4/315; Haff, Karl (Alois) ~ 4/315; Haffner, Alex ~ 4/315; Haffner, Felix ~ 4/315; Haffner, Friedrich Wilhelm ~ 4/316; Haffner, Sebastian */~/† 11/76; Hafftitz, Peter ~/† 4/316; Haftmann, Werner ~

11/77; Hagelstange, Rudolf ~ 4/317; Hagemann, (Christian) Carl ~ 4/318; Hagemann, Walter ~ 4/318; Hagemeister, Emanuel Friedrich ~ 4/318; Hagemeister, Johann Gottfried Lucas ~ 4/318; Hagen, Albrecht von † 4/319; Hagen, (Carl) Ernst (Bessel) ~ 4/319; Hagen, Friedrich Heinrich von der ~/† 4/320; Hagen, Gotthilf (Heinrich Ludwig) ~/† 4/320; Hagen, Heinrich ~ 4/320; Hagen, Ludwig Philipp Frh. vom † 4/321; Hagen, Matthäus ~/† 4/322; Hagen, Otto (Franz Herrmann) ~/† 4/322; Hagen, Richard ~ 4/322; Hagen, Thomas Philipp von † 4/322; Hagen, Wilhelm Hermann Adolf ~ 4/322; Hagenbach, (Jacob) Eduard ~ 4/323; Hagenbach, Ernst ~ 4/323; Hagenbach, Karl Rudolf ~ 4/323; Hagenbeck, Carl (Gottfried Wilhelm Heinrich) ~ 4/324; Hager, (Hans) Hermann (Julius) */~ 4/325; Hager, Kurt ~/† 11/77; Hagn, Charlotte von ~ 4/327; Hagn, Ludwig von ~ 4/327; Hahn, Albert ~/† 4/327; Hahn, Diederich (Christian) ~ 4/328; Hahn, Eduard ~/† 4/328; Hahn, Eduard Moritz ~ 4/328; Hahn, Emil ~ 4/328; Hahn, Eugen ~/† 4/328; Hahn, Friedrich von † 4/329; Hahn, Heinrich (Joseph Hubert) ~ 4/329; Hahn, Heinrich August ~ 4/329; Hahn, Hugo (Carl) ~ 4/330; Hahn, Karl ~/† 4/331; Hahn, Kurt (Matthias) */~ 4/331; Hahn, Ludwig (Ernst) ~/† 4/331; Hahn, Ludwig Albert ~ 4/331; Hahn, Mary ~ 4/332; Hahn, (Friedrich Wilhelm) Oskar ~/† 4/332; Hahn, Oskar */† 4/332; Hahn, Otto ~ 4/332; Hahn, Rudolf ~/† 4/333; Hahn, Traugott (I.) ~ 4/333; Hahn-Hahn, Ida (Marie Luise Gustave) Gräfin von ~ 4/334; Hahnemann, Paul G. ~ 11/78; Hahnke, (Karl) Wilhelm (Gustav Bernhard) von */~/† 4/334; Haiböck, Lambert ~ 4/335; Haid, Matthäus (Franz) ~ 4/335; Haindl, Georg ~ 4/338; Hainisch, Leopold ~ 4/338; Hainisch, Marianne ~ 4/338; Hainisch, Michael (Arthur Josef Jakob) ~ 4/338; Haizinger, Amalie ~ 4/339; Hajek, Egon ~ 4/339; Hakel, Hermann ~ 4/340; Halban, Alfred von ~ 4/340; Halban, Hans von ~ 4/340; Halbe, Max ~ 4/341; Halberstadt, Wilhelmine ~ 4/341; Halberstaedter, Ludwig ~ 4/341; Halbert, Awrum Albert ~ 4/342; Halbig, Hermann ~ 4/342; Halem, Nikolaus (Christoph) von ~ 4/343; Halir, Karl ~/† 4/343; Halla, Franz ~ 4/344; Halle, Johann Samuel ~/† 4/345; Haller, Ernst ~ 4/347; Haller, Hans ~ 4/347; Haller, Hermann ~ 4/347; Haller, Johannes ~ 4/348; Haller, (Wilhelm August) Max */~ 4/348; Haller, Paul ~ 4/348; Haller von Hallerstein, (Johann) Carl (Christoph Wilhelm Joachim) Frh. ~ 4/349; Haller von Hallerstein, (August) Sigmund (Karl Ulrich) Frh. von ~ 4/350; Hallier, Ernst ~ 4/350; Hallmann, Anton ~ 4/351; Hallmeyer, Rudolf ~/† 4/351; Hallstein, Walter ~ 4/351; Halm, Alfred ~/† 4/352; Halmhuber, Gustav (Friedrich) ~ 4/353; Halper, Max ~/† 4/353; Halske, Johann Georg ~/† 4/353; Halstenberg, Armin ~ 4/354; Hamann, Bernhard ~ 4/355; Hamann, Christel (Bernhard Julius) ~ 4/355; Hamann, Karl ~ 4/356; Hamann, (Heinrich) Richard ~ 4/356; Hambruch, Paul ~ 4/357; Hamburger, Carl ~ 4/357; Hamburger, Ernst */~ 4/357; Hamburger, Hans (Ludwig) */~ 4/358; Hamburger, Käte ~ 4/358; Hamburger, Martin */~/† 4/358; Hamburger, Meyer ~/† 4/358; Hamel, Carl ~ 4/358; Hamel, Georg (Karl Wilhelm) ~ 4/358; Hamm, Adolf ~ 4/359; Hamm, Eduard † 4/359; Hammacher, Friedrich (Adolf) ~ 4/360; Hammann, Otto † 4/360; Hammer, Bernhard ~ 4/360; Hammer, Gusta ~ 4/361; Hammerbacher, Hans (Leonhard) ~ 4/362; Hammermeister, Heinrich ~ 4/362; Hammerschlag, Peter ~ 4/362; Hammerschmidt, Helmut ~ 11/78; Hammerstein-Equord, Kurt (Gebhard Adolf Philipp) Frh. von ~/† 4/363; Hammes, Karl ~ 4/364; Hampe, August ~ 4/364; Hanau, Arthur ~ 11/78; Hancke, Oswald (Wilhelm) ~ 4/366; Hancke, (Johann Wenceslaus) Wenzel ~ 4/366; Handke, Georg † 4/367; Handloser, Siegfried (Adolf) ~ 4/367; Hanfmann, George (Maxim Anossov) ~ 11/78; Hanfstaengl, Eberhard (Viktor Eugen) ~ 4/368; Haniel von Haimhausen, Edgar von ~ 4/370; Hankamer, Paul (Johannes August) ~ 4/370; Hanke, Karl ~ 4/370; Hankel, Hermann ~ 4/370; Hann, Georg ~ 4/371; Hannenheim, Norbert (Wolfgang Stephan) von ~/† 4/372; Hanselmann, Heinrich ~ 4/374; Hanselmann, Johannes

~ 11/78; Hansemann, Adolph von † 4/374; Hansemann, David (Justus Ludwig) ~ 4/374; Hansemann, David (Paul) ~/† 4/374; Hansemann, Ferdinand */~/† 4/375; Hansen, Johannes ~/† 4/375; Hansen, Max ~ 4/376; Hansen, Theophil (Edvard) Frh. von ~ 4/376; Hansen, Wilhelm (Emil) ~ 4/376; Hanstein, (Ludwig) Adalbert von */~ 4/377; Hanstein, (Gottfried) August (Ludwig) ~/† 4/377; Hanstein, Johannes (Ludwig Emil Robert) von ~ 4/378; Hanstein, Otfried von † 4/378; Hanstein, Wolfram von */† 4/378; Hantzsch, Arthur ~ 4/378; Harbou, Thea (Gabriele) von ~/† 4/380; Hardegg, Julius (Friedrich Moritz Karl) von ~ 4/380; Hardekopf, Ferdinand (Wilhelm Emil) ~ 4/381; Harden, Maximilian (Felix Ernst) von */~ 4/381; Hardenberg, Henriette * 4/382; Hardenberg, Karl August Fürst ~ 4/382; Harder, Agnes (Marie Luise Gabrielle) ~/† 4/383; Harder, Richard ~ 4/384; Hardt, (Friedrich Wilhelm) Ernst ~ 4/384; Hardt, Ludwig ~ 4/385; Hardy, Edmund (Georg Nicolaus) ~ 4/385; Harell, Marte ~ 11/79; Harich, Walter ~ 4/386; Harich, Wolfgang ~/† 4/386; Harkort, Günther ~ 4/388; Harl, Johann Paul Ritter von ~ 4/388; Harlan, Fritz Moritz */~ 4/388; Harlan, Peter * 4/388; Harlan, Veit */~ 4/388; Harlan, Walter ~/† 4/389; Harlem, Simon Leonhard von † 4/389; Harleß, (Johann) Christian Friedrich ~ 4/389; Harms, (Christoph) Bernhard (Cornelius) ~/† 4/389; Harms, (Joachim) Friedrich (Simon) ~/† 4/390; Harmstorf, Raimund ~ 11/79; Harnack, Adolf von ~ 4/391; Harnack, Arvid ~/† 4/391; Harnack, Axel von */~ 4/391; Harnack, Ernst von † 4/392; Harnack, Falk (Erich Walter) */† 4/392; Harnack, Mildred ~/† 4/392; Harnack, Otto ~ 4/392; Harnack, Theodosius ~ 4/392; Harney, Fritz (Gustav Erich) † 4/392; Harnisch, (Christian) Wilhelm ~/† 4/393; Harper, Adolf Friedrich */~/† 4/393; Harr, (Hermann) Carl ~ 4/394; Harrach, Ferdinand Graf ~/† 4/394; Harrassowitz, Hermann (Ludwig Friedrich) ~ 4/395; Harrassowitz, Otto (Wilhelm) ~ 4/395; Harriers-Wippern, Luise ~ 4/396; Harries, Carl Dietrich ~/† 4/396; Harry, Adelma ~ 4/397; Hart, Heinrich ~ 4/398; Hart, Julius ~ 4/398; Harteck, Paul ~ 4/398; Hartenau-Thiel, Gert ~ 4/398; Hartert, Ernst (Johann Otto) ~/† 4/399; Hartfelder, Karl (Philipp) ~ 4/399; Harth, Philipp ~ 4/399; Hartig, Georg Ludwig ~/† 4/400; Hartig, Heinz Friedrich ~/† 4/400; Hartig, (Heinrich Julius Adolph) Robert ~ 4/401; Hartig, Theodor ~ 4/401; Harting, (Carl August) Johannes ~ 4/401; Hartknoch, Johann Friedrich ~ 4/401; Hartkopf, Günter ~ 4/402; Hartl, Karl ~ 4/402; Hartlaub, Felix ~ 4/402; Hartlaub, (Carl Johann) Gustav ~ 4/402; Hartlaub, Gustav Friedrich ~ 4/402; Hartleben, Otto Erich ~ 4/403; Hartmann, (Karl) Alfred (Emanuel) ~ 4/405; Hartmann, Alfred ~ 4/405; Hartmann, Carl ~ 4/406; Hartmann, (Karl Robert) Eduard von */~/† 4/406; Hartmann, Fritz ~ 4/408; Hartmann, Gustav ~ 4/408; Hartmann, (Carl-Eduard) Hermann ~ 4/409; Hartmann, Johann David ~ 4/409; Hartmann, Johannes (Franz) ~ 4/410; Hartmann, Karl (Julius) ~ 4/410; Hartmann, Ludo Moritz ~ 4/410; Hartmann, Martin ~/† 4/411; Hartmann, Max(imilian) ~ 4/411; Hartmann, (Paul) Nicolai ~ 4/411; Hartmann, Paul ~ 4/412; Hartmann, Philipp Jacob ~ 4/412; Hartmann, Richard ~/† 4/413; Hartmann, Rudolf ~ 4/413; Hartmann, Siegfried ~/† 4/413; Hartmann, Walther G(eorg) ~ 4/413; Hartmeyer, (Heinrich) Robert (Hermann) ~ 4/414; Hartnacke, Wilhelm ~ 4/414; Hartogs, Friedrich ~ 11/79; Hartung, Fritz ~/† 4/415; Hartung, Fritz ~ 11/80; Hartung, Gustav (Ludwig) ~ 4/415; Hartung, Hugo ~ 4/415; Hartung, Karl ~/† 4/416; Hartwich, Carl (Gottfried Eugen Victor) ~ 4/416; Hartwieg, (Leonhard Christoph) Adolf ~ 4/416; Hartwig, Mela ~ 4/417; Hartz, Franz ~ 4/417; Hartzer, (Carl) Ferdinand ~/† 4/417; Harvey, Lilian ~ 4/418; Harych, Theo ~/† 4/418; Harzen-Müller, Andreas Nikolaus ~ 4/418; Harzer, Paul (Hermann) ~ 4/418; Hasak, Max ~/† 4/418; Hasbach, Erwin ~ 4/418; Hasbach, Wilhelm ~ 4/419; Hase, (Arndt Michael) Albrecht ~/† 4/419; Hase, Annemarie */~/† 4/419; Hase, Oskar von ~ 4/421; Hase, Paul von ~/† 4/421; Haselberg, Peter von ~ 4/421; Haseloff, Arthur (Erich Georg) */~ 4/421;

Ernst) Johannes ~ 4/548; Heise, Carl Georg ~ 4/549; Heise, Fritz (Hermann) ~/† 4/549; Heise, Wolfgang */~/† 4/550; Heisenberg, Werner ~ 4/550; Heiss, Elias (Christoph) ~ 4/551; Heißenbüttel, Helmut ~ 11/82; Heitler, Walter (Heinrich) ~ 4/552; Heitmann, Fritz ~/† 4/552; Heitzer, Heinz ~/† 4/553; Hekking, Anton ~/† 4/554; Helander, Sven (Adolf Diego) ~ 4/554; Helberger, Alfred ~ 4/554; Helbing, Heinrich ~ 4/555; Helbok, Adolf ~ 4/555; Held, Adolf ~ 4/555; Held, (Johann) Friedrich Wilhelm (Franz) ~/† 4/556; Held, Hans (Heinrich Ludwig) von ~/† 4/556; Held, Martin */~/† 4/557; Held, Robert (Carl Ernst) */~/† 4/557; Heldt, Werner */~ 4/558; Helferich, Burckhardt ~ 4/559; Helfferich, Karl (Theodor) ~ 4/559; Helfreich, Friedrich ~ 4/560; Helfritz, Hans ~ 4/560; Helfritz, Hans ~ 4/560; Hell, Willy ter ~ 4/561; Hellauer, Josef ~ 4/561; Helldorff, Otto (Heinrich) von ~ 4/561; Helldorff, Wolf Heinrich Graf von ~/† 4/561; Heller, Arnold (Ludwig Gotthilf) ~ 4/562; Heller, Bert ~ 4/562; Heller, Gustav ~ 4/563; Heller, Heinrich Justus ~/† 4/563; Heller, Hermann Ignatz ~ 4/563; Heller, Isidor ~ 4/563; Heller, Julius */~/† 4/564; Heller, Leo ~ 4/564; Heller, Otto ~ 4/564; Hellerich, Johannes ~ 4/565; Hellgrewe, Rudolf ~ 4/565; Hellingrath, Berthold (Franz) ~ 11/83; Hellingrath, Karl Max von ~ 11/83; Hellmann, (Johann Georg) Gustav ~/† 4/567; Hellmann, Siegmund ~ 4/567; Hellmayr, Carl Eduard ~ 4/567; Hellmer, Arthur ~ 4/567; Hellmesberger, Ferdinand ~ 4/567; Hellmich, Waldemar (Theodor Eduard) ~ 4/568; Hellmuth-Bräm, Wilhelm ~/† 4/568; Hellwag, Rudolf ~/† 4/569; Hellwig, Johann (Christian Ludwig) ~ 4/570; Hellwig, Konrad (Maximilian) ~/† 4/570; Helm, Brigitte * 4/570; Helm, Clementine ~/† 4/570; Helm, Georg (Ferdinand) ~ 4/570; Helm, Rolf ~/† 4/571; Helm, Rudolf (Wilhelm Oskar) */~/† 4/571; Helmcke, Johann-Gerhard ~/† 4/572; Helmerding, Karl (Heinrich) */~/† 4/572; Helmert, (Friedrich) Robert ~ 4/573; Helmholtz, Anna von ~ 4/573; Helmholtz, Hermann (Ludwig Ferdinand) von ~/† 4/573; Helmolt, Hans (Ferdinand) † 4/575; Helphand, Alexander (Israel Lasarewitsch) ~/† 4/576; Helvig, (Anna) Amalie von ~/† 4/576; Helwig, Werner */~ 4/577; Hempel, Carl Gustav ~ 11/83; Hempel, Eberhard ~ 4/579; Hempel, Frieda ~/† 4/579; Hempel, (Karl) Gustav ~/† 4/579; Hempel, Johannes ~ 4/579; Hempel, Walther (Matthias) ~ 4/579; Hemprich, Friedrich Wilhelm ~ 4/580; Henckel, Carl * 4/580; Henckel von Donnersmarck, Guido (Georg Friedrich Erdmann Heinrich Adelbert) Fürst von † 4/580; Henckel von Donnersmarck, Hugo (Karl Anton Lazarus) Graf von ~ 4/580; Henckell, Karl (Friedrich) ~ 4/581; Henckels, Paul ~ 4/581; Hendel-Schütz, (Johanne) Henriette (Rosine) ~ 4/581; Hendreich, Christoph ~/† 4/582; Hendrich, Hermann ~ 4/582; Hendrichs, Hermann (Joseph Theodor Aloys Ernst) ~/† 4/582; Hendriks, Jan */~/† 4/582; Hengstenberg, (Ernst) Wilhelm (Theodor Herrmann) ~/† 4/583; Henisch, Karl Franz ~ 4/584; Henke, Ernst ~ 4/584; Henke, Friedrich ~ 4/584; Henke, Karl (Friedrich Wilhelm) ~ 4/584; Henke, Waldemar ~ 4/585; Henke, (Philipp Jakob) Wilhelm ~ 4/585; Henkel, Hugo ~ 4/585; Henkel, Max */~ 4/585; Henkels, Paul (Ludwig) ~ 4/586; Henking, Bernhard ~ 4/586; Henking, Hermann (Paul August Otto) † 4/586; Henle, Günter ~ 11/84; Henle, (Friedrich Gustav) Jakob ~ 4/587; Henne, Eberhard Siegfried ~/† 4/588; Henneberg, Anna ~ 4/588; Henneberg, Bruno ~ 4/588; Henneberg, Claus H. ~ 11/84; Henneberg, (Ernst) Lebrecht ~ 4/588; Henneberg, (Carl Albert Wilhelm) Richard * 4/589; Henneberg, Richard (Max Wilhelm) ~/† 4/589; Henneberg, Rudolf (Friedrich) ~ 4/589; Henneberg, Wilhelm (Hermann) ~ 4/589; Hennecke, Adolf † 4/589; Hennecke, Hans ~ 4/590; Hennert, Karl Wilhelm */† 4/590; Hennes, Aloys ~/† 4/590; Hennig, Edwin */~ 4/591; Hennig, Karl Raphael */~ 4/591; Hennig, Richard */~ 4/591; Hennig, Rudolf */~ 4/592; Henning, (Carl) Adolf */~/† 4/592; Henning, Fritz (Gustav Hermann) ~ 4/592; Henning, Georg Friedrich ~/† 11/84; Henning, Leopold (August Wilhelm Dorotheus) von ~/† 4/592; Henning, Otto ~ 4/592; Henning, Wolfgang */~

4/593; Hennings, (Adolph Friedrich) August von ~ 4/593; Hennings, Paul (Christoph) ~/† 4/594; Henoch, Eduard (Heinrich) */~ 4/594; Henrichs, Helmut ~ 11/85; Henry, Felix ~ 4/595; Henry, Susanne */~/† 4/595; Henschel, August Wilhelm (Eduard Theodor) ~ 4/595; Henschel, Sir Georg (Isidor) ~ 4/596; Hensel, Fanny (Cäcilia) † 4/597; Hensel, Kurt (Jakob Wilhelm Sebastian) ~ 4/597; Hensel, Luise (Maria) ~ 4/597; Hensel, Paul (Hugo) ~ 4/598; Hensel, Paul ~ 4/598; Hensel, Wilhelm ~/† 4/598; Henselmann, Hermann ~/† 4/598; Hensen, Victor (Christian Andreas) ~ 4/599; Hentig, Hans von */~ 4/599; Hentig, Otto von ~/† 4/600; Hentig, Werner Otto von * 4/600; Hentschel, Ernst Julius ~ 4/600; Hentzen, Alfred ~ 4/600; Henzen, (Johann Heinrich) Wilhelm ~ 4/601; Henzen, Wilhelm ~ 4/601; Hepp, Karl Ferdinand Theodor ~ 4/602; Her, Theodor ~ 4/603; Herald, Heinz ~ 4/603; Herberger, Josef ~ 4/604; Herberholz, Wilhelm ~ 4/604; Herbert-Kerchnawe, Ernst ~ 4/606; Herbig, Ernst ~ 4/607; Herbig, Friedrich August ~/† 4/607; Herbig, Otto ~ 4/607; Herbig, Wilhelm ~/† 4/607; Herbst, Friederike ~ 4/608; Herbst, Johann Friedrich Wilhelm ~/† 4/609; Herbst, Thomas (Ludwig) ~ 4/609; Herbst, (Friedrich Ludwig) Wilhelm ~ 4/609; Hercher, Ludwig ~ 4/610; Herdan-Zuckmayer, Alice ~ 4/610; Herfurth, (Julius) Edgar ~ 4/613; Herger, Edmund ~ 4/614; Hergesell, Hugo (Emil) ~/† 4/614; Hergt, Oskar (Gustav Rudolf) ~ 4/615; Hering, Eduard von ~ 4/616; Hering, Gerhard (Friedrich) ~ 4/616; Herking, Ursula ~ 4/617; Herklots, Carl Alexander ~/† 4/617; Herkner, Heinrich ~/† 4/617; Herle, Jakob ~ 4/618; Herlinger, Erich ~ 4/618; Herlitz, Georg Yosef ~ 4/619; Hermann, Bernhard */~/† 4/626; Hermann, Georg */~ 4/627; Hermann, Gottfried ~ 4/628; Hermann, Hans ~/† 4/628; Hermann, Jakob ~ 4/628; Hermann, Karl ~ 4/629; Hermann, Karl † 4/629; Hermann, Karl Heinrich ~/† 4/630; Hermann, Leo ~/† 4/630; Hermann, Ludimar */~ 4/630; Hermann, Rudolf ~/† 4/631; Hermanns, Will (Peter Josef) ~ 4/631; Hermberg, Paul Gustav August ~ 4/631; Hermbstaedt, Sigismund Friedrich ~/† 4/631; Hermes, Andreas (Anton Hubert) ~ 4/632; Hermes, Hermann Daniel ~ 4/633; Hermes, Johannes */~ 4/633; Hermes, Karl Heinrich ~ 4/633; Hermes, Otto ~/† 4/633; Hermes, Otto */~/† 4/633; Hermlin, Stephan ~/† 11/85; Herner, Heinrich Johannes Friedrich ~ 4/634; Hernried, Robert Franz Richard ~ 4/634; Herntrich, Volkmar (Martinus) ~ 4/635; Herold, Otto ~ 4/636; Herold, Theodor ~ 4/636; Herr, Trude ~ 4/638; Herre, Paul ~ 4/639; Herrenburg, Johann Andreas */~/† 4/639; Herrenburg-Tuczek, Leopoldine ~ 4/639; Herrfurth, (Ernst) Ludwig ~ 4/639; Herrich-Schäffer, Gottlieb August (Wilhelm) ~ 4/639; Herrig, Hans ~ 4/640; Herrig, (Friedrich Christian) Ludwig ~/† 4/640; Herrlinger, Julie ~ 4/641; Herrmann, Alfred ~/† 4/641; Herrmann, Curt ~ 4/641; Herrmann, Emil ~ 4/642; Herrmann, Franz */~ 4/642; Herrmann, Gustav (Friedrich) ~ 4/642; Herrmann, Hans */~/† 4/643; Herrmann, Helene */~ 4/643; Herrmann, Hugo ~ 4/643; Herrmann, Hugo ~ 4/643; Herrmann, Joachim */† 4/643; Herrmann, Josef ~ 4/643; Herrmann, Klaus ~ 4/644; Herrmann, Louis ~ 4/644; Herrmann, Max */~ 4/644; Herrmann-Neiße, Max ~ 4/645; Herrmannsdorfer, Adolf ~/† 4/645; Herrnstadt, Rudolf ~ 4/645; Hersch, Eugen ~ 4/646; Hersch, Hermann ~/† 4/646; Herse, Wilhelm (Georg Ludwig) ~ 4/647; Hertel, Albert */~/† 4/648; Hertel, Ernst ~ 4/648; Hertel, Johann Wilhelm ~ 4/648; Herter, Ernst */~/† 4/648; Herter, Erwin Karl */~/† 4/649; Herter, Konrad */~/† 4/649; Hertlein, Hans (Christoph) ~ 4/649; Hertling, Georg (Friedrich) Graf von ~ 4/650; Hertling, Philippine Freiin von ~ 4/650; Hertslet, William Lewis ~/† 4/650; Hertwig, August ~/† 4/650; Hertwig, Günther ~ 4/650; Hertwig, Karl Heinrich ~/† 4/650; Hertwig, Oskar (Wilhelm August) ~/† 4/650; Hertwig, Paula */~ 4/651; Hertz, Gustav (Ludwig) ~/† 4/652; Hertz, Heinrich (Rudolf) ~ 4/652; Hertz, Martin (Julius) ~ 4/653; Hertz, Paul ~/† 4/653; Hertz, Wilhelm (Ludwig) ~/† 4/654; Hertzberg, Ewald Friedrich Graf von † 4/654; Hertzberg, Hans Wilhelm ~

5/66; Hirschel, Hermann ~/† 5/66; Hirschfeld, Georg */~ 5/66; Hirschfeld, Gustav ~ 5/66; Hirschfeld, Hans Emil ~ 5/67; Hirschfeld, Kurt ~ 5/67; Hirschfeld, Kurt ~ 5/67; Hirschfeld, Magnus ~ 5/67; Hirschfeld, Max ~/† 5/67; Hirschfeld, Otto ~/† 5/67; Hirschfeld-Mack, Ludwig (Johann) ~ 5/68; Hirschland, Georg Simon ~ 5/68; Hirschwald, Julius ~ 5/69; Hirt, Franz Joseph ~ 5/69; Hirt, Michael Conrad ~ 5/70; Hirth, Friedrich ~ 5/70; Hirth, Georg ~ 5/70; Hirtsiefer, Heinrich † 5/71; Hirz, Heinrich ~ 5/71; Hirzel, Hans Caspar d. Ä. ~ 5/71; Hirzel, Hermann (Robert Catumby) ~/† 5/72; Hirzel, Rudolf ~ 5/72; Hirzel, Salomon ~ 5/72; His, Rudolf ~ 5/72; His, Wilhelm ~ 5/73; His, Wilhelm ~ 5/73; Hitler, Adolf † 5/73; Hittorf, Wilhelm ~ 5/75; Hitz, Dora ~/† 5/75; Hitzberger, Otto ~ 5/76; Hitzig, Eduard */~ 5/76; Hitzig, (Georg Heinrich) Friedrich */† 5/77; Hitzig, Julius Eduard */† 5/77; Hitzl, Franz de Paula ~ 5/77; Hobbing, Reimar ~/† 5/78; Hobe, Cord von ~ 5/78; Hobohm, Martin ~ 5/78; Hobrecht, Artur (Heinrich Ludolf Johnson) ~ 5/78; Hobrecht, James ~/† 5/78; Hoch, Gustav ~ 5/79; Hochbaum, Werner (Paul Adolf) ~ 5/79; Hochberg, (Hans Heinrich XIV.) Bolko Graf von ~ 5/80; Hochdorf, Max ~ 5/80; Hoche, Alfred (Erich) ~ 5/80; Hochheim, (Karl) Adolf ~ 5/81; Hochstetter, Carl Christian ~ 5/82; Hochstetter, Erich */~ 11/88; Hochstetter, Gustav ~ 5/82; Hock, Stefan ~ 5/83; Hock, Wilhelm ~/† 5/83; Hocke, Gustav René ~ 5/83; Hodann, Max (Julius) ~ 5/84; Hoddis, Jakob van * 5/84; Hodenberg, (Karl Iwan) Bodo Frh. von ~ 5/84; Höber, Rudolf (Otto Anselm) ~ 5/85; Höbling, Franz ~ 5/85; Höch, Hannah (Anna Therese) † 5/86; Höcherl, Hermann ~ 5/86; Höchheimer, Simon ~ 5/86; Höcker, Oskar ~/† 5/87; Höcker, Paul Oskar ~ 5/87; Hoecker, Rudolf ~/† 5/87; Höckner, (Woldemar) Georg ~ 5/87; Hoeder, Friedrich Wilhelm ~/† 5/88; Höegh, Emil von ~ 5/88; Hoefer, Albert ~ 5/88; Hoefer, Edmund ~ 5/88; Höfer, Werner ~ 11/88; Höffer, Paul ~/† 5/89; Höffgen, Marga ~ 5/89; Höfle, Anton † 5/90; Höflich, Lucie ~/† 5/91; Höger, Fritz ~ 5/92; Högg, Emil ~ 5/92; Hoegner, Wilhelm (Johann Harald) ~ 5/92; Höhne, Ottomar ~ 5/93; Hölder, (Ludwig) Otto ~ 5/93; Hoelper, Otto ~ 5/96; Hölscher, Gustav ~ 5/96; Hoelscher, Ludwig ~ 11/89; Hölscher, Uvo (Adolf) ~ 5/96; Hölscher, Uvo ~ 11/89; Höltje, Gerhard */~ 5/96; Hölzel, Gustav ~ 5/97; Hönemann, Martin ~ 5/98; Hoenes, Dieter ~ 5/98; Hoengen, Elisabeth ~ 11/89; Hoensbroech, Paul Graf von ~/† 5/99; Höpfl, Josef ~/† 5/99; Hoepfner, Carl ~ 5/99; Höpker-Aschoff, Hermann ~ 5/100; Hoepner, Erich ~/† 5/100; Hörbiger, Attila ~ 5/101; Hörbiger, Hanns ~ 5/101; Hörbiger, Paul ~ 5/101; Hoerner, Herbert von ~ 5/103; Hörnigk, Philipp Wilhelm von ~ 5/103; Hoernle, Edwin ~ 5/103; Hoerschelmann, Fred von ~ 5/104; Hörsing, (Friedrich) Otto † 5/104; Hörth, Franz Ludwig ~/† 5/104; Hoesch, Felix (Alwin) ~ 5/104; Hoeßlin, Erna von */~ 5/106; Hoeßlin, Roland-Heinrich von † 5/106; Hoetzsch, Otto ~/† 5/107; Hoevel, Andreas ~ 5/107; Höxter, John † 5/107; Hof, Willy ~ 5/107; Hofacker, Cäsar von ~/† 5/108; Hofe, Christian von ~ 5/108; Hofé, Günter */~ 5/108; Hofenfels, Christian von ~ 5/109; Hofer, Gottfried ~ 5/109; Hofer, Johanna */~ 5/110; Hofer, Karl (Christian Ludwig) ~/† 5/110; Hofer, Klara ~ 5/110; Hoff, Ernst ~ 5/110; van't Hoff, Jacobus Henricus ~ 5/111; Hoff, Wilhelm ~/† 5/112; Hoffa, Albert ~ 5/112; Hoffacker, Karl ~ 5/112; Hoffmann, Adolf */~/† 5/113; Hoffmann, Baptist ~ 5/113; Hoffmann, Camill ~ 5/114; Hoffmann, Carl ~ 5/114; Hoffmann, David ~/† 5/115; Hoffmann, Erich ~ 5/115; Hoffmann, Ernst */~ 5/115; Hoffmann, E(rnst) T(heodor) A(madeus) ~/† 5/115; Hoffmann, Felix ~ 5/116; Hoffmann, Friedrich ~ 5/117; Hoffmann, Friedrich ~/† 5/117; Hoffmann, Friedrich ~/† 5/117; Hoffmann, Friedrich ~ 5/117; Hoffmann, Hans ~ 5/118; Hoffmann, Hans ~ 5/118; Hoffmann, Hans-Joachim ~/† 5/118; Hoffmann, Heinz ~/† 5/119; Hoffmann, (Heinrich Karl) Hermann ~ 5/119; Hoffmann, Hugo ~/† 5/120; Hoffmann, Johann ~ 5/120; Hoffmann, Johann Gottfried ~/† 5/120; Hoffmann, Johannes † 5/121;

Hoffmann, Johannes ~ 5/121; Hoffmann, Leonhard ~ 5/122; Hoffmann, Ludwig ~/† 5/122; Hoffmann, Ludwig * 11/89; Hoffmann, Meinhardt ~ 5/122; Hoffmann, Paul ~ 5/122; Hoffmann, Ruth † 5/123; Hoffmann, Walter (Alexis Karl) ~ 5/123; Hoffmann, (Ludwig Friedrich) Wilhelm ~/† 5/123; Hoffmann, Wilhelm ~ 5/123; Hoffmann, Wolfgang ~/† 5/124; Hoffmann-Fölkersamb, Hermann ~ 5/124; Hoffmann-Harnisch, (Friedrich) Wolfgang ~ 5/124; Hoffmann-Krayer, Eduard ~ 5/124; Hoffmannsegg, Johann Centurius Graf ~ 5/125; Hoffnung, Ger(h)ard * 5/125; Hofmann, Albert */~/† 5/126; Hofmann, Artur † 5/127; Hofmann, August Wilhelm von ~/† 5/127; Hofmann, Carl ~/† 5/127; Hofmann, Ernst von ~ 5/128; Hofmann, Franz Bruno ~ 5/128; Hofmann, Fritz ~ 5/128; Hofmann, Hans ~ 5/129; Hofmann, Heinrich */~ 5/129; Hofmann, Hubert ~ 5/129; Hofmann, Johann (Christian Konrad) von ~ 5/129; Hofmann, Johannes ~ 5/130; Hofmann, Joseph Ehrenfried ~ 5/130; Hofmann, Karl von ~ 5/130; Hofmann, Karl ~ 5/130; Hofmann, Karl (Andreas) ~/† 5/130; Hofmann, (Alberich) Konrad ~ 5/131; Hofmann, Ludwig von ~ 5/131; Hofmann, Ludwig ~ 5/131; Hofmann, Martha ~ 5/131; Hofmann, Nickel ~ 5/132; Hofmann, Paul */~/† 5/132; Hofmann, Richard ~ 5/132; Hofmann, Ulrich ~ 11/89; Hofmann, Walter ~ 5/132; Hofmeister, Adolf (Ludwig Eduard) ~ 5/134; Hofmiller, Josef ~ 5/135; Hofpauer, Max ~ 5/135; Hofstätter, Peter (Robert) ~ 5/135; Hoguet, Michel François ~/† 5/136; Hohenau, Willi Graf von * 5/137; Hohendorff, Georg Wilhelm von ~ 5/137; Hohenemser, Richard (Heinrich) ~/† 5/138; Hohenhausen, Elise (Philippine Amalie) Frfr. von ~ 5/138; Hohenhausen, Elise (Friederike Felicitas) Frfr. von † 5/138; Hohenlohe-Langenburg, Hermann Fürst zu ~ 5/139; Hohenlohe-Oehringen, Hugo Fürst zu, Herzog von Ujest ~ 5/139; Hohenlohe-Schillingsfürst, Chlodwig Fürst zu ~ 5/139; Hohenzollern-Sigmaringen, Karl Anton (Joachim Zephyrin Friedrich Meinhard) Fürst von ~ 5/142; Hohlfeld, Gottfried ~ 5/142; Hohlwein, Ludwig ~ 5/142; Hohmann, (Karl) Georg (Gottlieb) ~ 5/143; Hohmann, Walter ~ 5/143; Holbein, (Carl Friedrich) Eduard */~/† 5/144; Holbein von Holbeinsberg, Franz (Ignaz) ~ 5/146; Holborn, Hajo */~ 5/146; Holborn, Louise W. */~ 11/90; Holborn, Ludwig (Friedrich Christian) † 5/146; Hold-Ferneck, Alexander ~ 5/146; Holder-Egger, Oswald ~/† 5/147; Holdheim, Samuel ~/† 5/147; Holek, Wenzel ~/† 5/147; Holfelder, Otto (Georg Dionysius) ~ 5/148; Holitscher, Arthur ~ 5/148; Holl, Karl ~/† 5/149; Holländer, Alexis ~/† 5/149; Holländer, Eugen ~/† 5/149; Hollaender, Felix ~/† 5/149; Hollaender, Friedrich ~ 5/150; Hollaender, Gustav ~/† 5/150; Holländer, Ludwig */† 5/150; Hollaender, Victor ~ 5/150; Hollander, Walther (Georg Heinrich) von ~ 5/150; Hollmann, Anton (Heinrich) ~/† 5/152; Hollmann, Hans Erich ~ 5/152; Hollweg, Ilse ~ 5/153; Holm, Korfitz ~ 5/153; Holst, Erich von ~ 5/153; Holste, Friedrich (August Karl) von † 5/154; Holstein, Günther */~ 5/154; Holstein, Horst */~/† 5/154; Holsten, Karl (Christian Johann) ~ 5/154; Holtei, Karl von ~ 5/154; Holthausen, Ferdinand ~ 5/155; Holthusen, Hans Egon ~ 11/90; Holthusen, Hermann ~ 5/155; Holtz, Julius (Friedrich) ~/† 5/155; Holtz, Wilhelm (Theodor Bernhard) ~ 5/156; Holtz-Baumert, Gerhard */~ 5/156; Holtzendorff, Franz von ~ 5/156; Holtzhausen, August Friedrich ~ 5/156; Holtzmann, Adolf ~ 5/157; Holtzmann, Heinrich Julius ~ 5/157; Holtzmann, Robert ~ 5/157; Holtzmann, Walther ~ 5/157; Holtzstamm, Auguste */~ 5/157; Holz, Arno (Hermann Oscar Alfred) ~/† 5/158; Holzamer, Wilhelm ~ 5/158; Holzapfel, Friedrich ~ 5/158; Holzer, Helmut ~ 11/91; Holzer, Rudolf ~ 5/159; Holzhausen, Rudolf (Hermann Johannes) ~ 5/160; Holzkamp, Klaus */~/† 11/91; Holzmann, Michael ~ 5/161; Homberg, Herz ~ 5/163; Homeyer, Carl Gustav ~ 5/164; Homma, Hans ~ 5/164; Hommel, Hildebrecht ~ 5/164; Hommer, Josef (Ludwig Alois) von ~ 5/165; Homolka, Oskar ~ 5/165; Honcamp, Franz ~ 5/165; Honecker, Erich ~ 5/166; Honigmann, Eduard ~ 5/168; Honigmann, Moritz ~ 5/168;

Honigsheim, Paul ~ 5/168; Hopf, Heinz ~ 5/170; Hopfen, Hans (Demetrius) Ritter von ~ 5/171; Hopfner, Friedrich ~ 5/171; Hopmann, Albert † 5/171; Hoppe, Josef */~ 11/91; Hopp, Hans ~/† 5/171; Hoppe, Carl † 5/172; Hoppe, Fritz ~/† 5/172; Hoppe, (Ernst) Reinhold (Eduard) ~/† 5/172; Hoppe, Theodor ~ 5/173; Hoppe-Seyler, Felix ~ 5/173; Hoppenhaupt, Johann Christian † 5/173; Hoppenhaupt, Johann Michael ~ 5/173; Horch, Franz J. H. ~ 5/174; Horenstein, Jascha ~ 5/175; Horkheimer, Hans ~ 5/175; Horlacher, Michael ~ 5/176; Horn, Cäsar * 5/176; Horn, Camilla ~ 5/176; Horn, Ernst ~/† 5/177; Horn, Franz (Christoph) ~/† 5/177; Horn, Jakob ~ 5/177; Horn, Walther */~/† 5/178; Hornbostel, Erich (Moritz) von ~ 5/178; Horneffer, Ernst ~ 5/179; Horner, Johann Friedrich ~ 5/180; Horney, Brigitte */~ 5/180; Horney, Karen ~ 5/180; Hornig, Ernst (Walter Erich) ~ 5/180; Horovitz, Jakob ~ 5/181; Horovitz, Josef ~ 5/181; Horovitz, Markus ~ 5/181; Horowitz, Leopold ~ 5/182; Horst, Karl August ~ 5/182; Hort, Wilhelm ~/† 5/183; Hortzschansky, Adalbert ~/† 5/184; Horváth, Ödön von ~ 5/184; Horwitz, Aron ~/† 5/185; Horwitz, Kurt (Thomas) ~ 5/185; Hosaeus, Hermann ~/† 5/185; Hosemann, Rolf † 5/185; Hosemann, Theodor (Friedrich Wilhelm Heinrich) ~/† 5/185; Hossauer, (Johann) George */~ 5/186; Hoßfeld, Oskar ~ 5/186; Hotho, Heinrich Gustav */~/† 5/187; Hotopp, Albert */~ 5/187; Hottinger, Christlieb Gotthold ~/† 5/187; Hotzel, Curt ~/† 5/188; Houben, Heinrich Hubert ~/† 5/188; Houben, Josef ~ 5/188; Houtermans, Fritz ~ 5/188; Houwald, (Christoph) Ernst Frh. von ~ 5/189; Hoven, Adrian ~ 5/189; Hoverbeck, Leopold Frh. von ~ 5/189; Howard, Walt(h)er (Otto Hermann) ~ 5/190; Hoyer, Dore ~/† 5/190; Hubbuch, Karl ~ 5/194; Huber, Anton ~ 5/194; Huber, Eugen ~ 5/195; Huber, Hermann ~ 5/196; Huber, Joseph ~ 5/197; Huber, Kurt (Theodor) ~ 5/198; Huber, Max ~ 5/198; Huber, Victor Aimé ~ 5/199; Hubmann, Hanns ~ 11/92; Huch, Friedrich ~ 5/200; Huchel, Peter */~ 5/201; Hude, Hermann von der ~/† 5/202; Hudelist, Josef von ~ 5/202; Hudler, August ~ 5/202; Hübbe, Heinrich ~ 5/203; Hübener, (Friedrich Julius) Erhard ~ 5/203; Hübner, Arthur ~/† 5/204; Hübner, Bruno ~ 11/92; Hübner, Eduard ~ 5/204; Hübner, Emil ~/† 5/204; Huebner, Friedrich Markus ~ 5/204; Hübner, Heinrich */~ 5/205; Hübner, Helmuth † 5/205; Hübner, Herbert ~ 5/205; Huebner, Joachim † 5/205; Hübner, Johannes */~/† 5/205; Hübner, (Rudolf) Julius (Benno) ~ 5/206; Hübner, Max */ 5/206; Hübner, Rudolf * 5/206; Hübner, Ulrich */~ 5/206; Hübotter, Franz ~/† 5/206; Hueck, Adolf ~ 5/207; Hueck-Dehio, Else ~ 5/207; Hüffer, Francis ~ 5/208; Hüffer, (Joseph Julius Alexander) Hermann ~ 5/208; Hüffer, Johann Hermann (Franz Georg) ~ 5/208; Hügel, Helmut vom ~ 5/208; Hügel, Klemens Wenzeslaus Frh. von ~ 5/209; Hügli, Emil ~ 5/209; Hüllmann, Hermann † 5/209; Hülsen, Botho von */~/† 5/210; Hülsen, Hans von ~ 5/210; Hülsen-Haeseler, Georg Graf von */~/† 5/210; Huelsenbeck, (Karl) Richard ~ 5/210; Huene von Hoiningen, Karl (Adolph Eduard) Frh. ~ 5/211; Hünefeld, (Ehrenfried) Günther Frh. von ~/† 5/211; Hünerwadel, Arnold ~ 5/211; Hueppe, Ferdinand ~ 5/212; Hürlimann, Bettina ~ 5/212; Hürlimann, Martin ~ 5/212; Hüsch, Gerhard (Heinrich Wilhelm Fritz) ~ 5/212; Hüser, Hartwig † 5/213; Hüsing, Georg ~ 5/213; Hüssener, Albert ~ 5/213; Hüthig, Alfred ~ 5/214; Hüttel, Franz † 5/214; Huf, Fritz ~ 5/215; Hufeland, Christoph Wilhelm ~/† 5/215; Hugenberg, Alfred ~ 5/216; Hugo, Otto ~ 5/219; Huhn, Charlotte ~ 5/220; Huhn, Diether ~/† 11/93; Huhn, Ernst ~/† 5/220; Huldschiner, Richard ~ 5/220; Humann, Carl ~ 5/221; Humbert, Claas (Hugo) ~ 11/92; Humboldt, Alexander Frh. von ~/† 5/221; Humboldt, Wilhelm von ~ 5/222; Humm, Rudolf Jakob ~ 5/224; Hummel, Caspar ~/† 5/224; Hummel, (Johann) Erdmann ~/† 5/224; Hummel, Ferdinand */† 5/225; Hummel, Johann Julius ~/† 5/225; Hummel, Theodor ~ 5/226; Hummelauer, Franz von ~ 5/226; Humperdinck, Engelbert ~ 5/226; Hundrieser, Emil ~/† 5/228; Hunziker, Rudolf ~ 5/229; Hupfeld, (Adolf

Hermann) Ludwig ~ 5/230; Hurka, Friedrich Franz † 5/231; Hurwitz, Adolf ~ 5/232; Huschke, Eduard ~ 5/232; Husemann, Theodor ~ 5/233; Husemann, Walter */~/† 5/233; Husen, Paulus van ~ 5/233; Husmann, Heinrich ~ 5/233; Hussa, Maria ~ 5/233; Hussong, Friedrich † 5/235; Huth, Enno Walther ~ 5/235; Huth, Georg ~/† 5/236; Huthmacher, Eugen ~ 5/236; Hutten-Czapski, Bogdan Graf von ~ 5/237; Huyssen, Heinrich Frh. von ~ 5/238; Hyan, Hans */~/† 5/239; Hymmen, Friedrich Wilhelm ~ 11/93; Ibach, Alfred ~ 5/241; Ibscher, Hugo */~/† 5/241; Ichenhaeuser, Eliza ~/† 5/242; Ideler, Carl Wilhelm ~ 5/242; Ideler, Julius Ludwig */~/† 5/243; Ideler, (Christian) Ludwig ~/† 5/243; Idelsohn, Abraham Zwi ~ 5/243; Iffert, August ~ 5/243; Iffland, August Wilhelm ~/† 5/243; Igelhoff, Peter ~ 5/244; Igersheimer, Josef ~ 5/244; Ihering, Herbert (Georg Albrecht E. Gustav) ~/† 5/244; Ihering, (Caspar) Rudolf von ~ 5/245; Ihlenfeld, Kurt ~/† 5/246; Ihne, Ernst Eberhard von ~/† 5/246; Ihrer, Emma ~/† 5/246; Ilberg, Johannes ~ 5/247; Ilberg, Werner ~/† 5/247; Ilg, Paul ~ 5/247; Ilgen, Heinrich Rüdiger von † 5/248; Ilgen, Karl David † 5/248; Ilgner, Karl ~ 5/248; Illig, Kurt ~ 5/249; Illiger, (Johann) Karl (Wilhelm) ~/† 5/249; Ilsemann, Johann Christoph ~ 5/249; Ilten, Jobst Hermann von ~ 5/250; Imbert, Georg ~ 5/250; Imhoff, Karl ~ 5/252; Immelmann, Max ~/† 5/253; Immer, Karl ~ 5/253; Immerwahr, Clara † 5/254; Immler, Werner ~ 5/254; Impekoven, Anton ~ 5/254; Ingenohl, Friedrich von † 5/255; Ingersleben, Karl von ~ 5/256; Inhoffen, Hans-Herloff ~ 11/94; Ippel, Eduard */~ 5/258; Irmer, Georg ~/† 5/259; Irrgang, Bernhard ~/† 5/260; Isay, Rudolf ~ 5/260; Isenburger, Erich ~ 11/94; Isenstein, Kurt Harald ~ 5/263; Isler, Ernst ~ 5/263; Isolani, Gertrud ~ 5/264; Israel, James Adolf */~/† 5/264; Israel, Wilfrid ~ 5/265; Istel, Edgar ~ 5/265; Italiaander, Rolf (Bruno Maximilian) ~ 5/265; Itelsohn, Gregorius Borisowitsch ~/† 5/266; Ith, Johann Samuel ~ 5/266; Itten, Johannes ~ 5/266; Itzig, (Isaak) Daniel */† 5/267; Itzig, Isaak Daniel */~/† 5/267; Ivogün, Maria ~ 5/267; Jablonski, Daniel Ernst † 5/269; Jacob, Berthold */~/† 5/270; Jacob, Franz ~ 5/270; Jacob, Hans */~ 5/270; Jacob, Heinrich Eduard * 5/271; Jacob, Julius */~/† 5/271; Jacob, Mathilde */~ 5/271; Jacob, Paul Walter ~ 5/271; Jacobi, Annot */~ 5/272; Jacobi, Arnold ~ 5/272; Jacobi, Bernhard von ~ 5/272; Jacobi, Erwin Reuben ~ 5/273; Jacobi, Eugen ~ 5/273; Jacobi, Franz ~ 5/273; Jacobi, Gerhard ~ 5/273; Jacobi, Heinrich Otto ~ 5/274; Jacobi, Hermann */~ 5/274; Jacobi, Johann ~/† 5/274; Jacobi, Karl Gustav Jacob ~/† 5/275; Jacobi, Lotte ~ 5/275; Jacobi, Werner Rudolf Fritz ~ 5/275; Jacobi, Wolfgang ~ 5/275; Jacobj, Carl ~ 5/276; Jacobowski, Ludwig ~/† 5/276; Jacobs, Emil ~/† 5/276; Jacobs, Helene ~ 5/276; Jacobs, Monty ~ 5/276; Jacobsohn, Bernhard ~/† 5/277; Jacobsohn, Louis ~/† 5/277; Jacobsohn, Paul */~ 5/277; Jacobsohn, Siegfried */~/† 5/277; Jacobson, Edith ~ 5/277; Jacobson, Eduard ~/† 5/277; Jacobson, Israel ~/† 5/277; Jacobson, Julius ~ 5/277; Jacobson, Leopold ~ 5/278; Jacobson, Ludwig ~ 5/278; Jacobsthal, Ernst */~ 5/278; Jacobsthal, Gustav ~/† 5/278; Jacobsthal, Johann Eduard ~ 5/278; Jacobsthal, Paul */~ 5/278; Jacoby, Felix ~/† 5/279; Jacoby, Georg * 5/279; Jacoby, Georges */~ 5/279; Jacoby, Günther ~ 5/279; Jacoby, Heinrich ~ 5/279; Jacoby, Hildegard † 5/279; Jacoby, Leopold ~ 5/280; Jacoby, Louis ~/† 5/280; Jacques, Norbert ~ 5/280; Jadamowitz, Hildegard ~/† 5/280; Jadasch, Anton ~/† 5/281; Jadlowker, Hermann ~ 5/281; Jaeckel, Georg */~/† 5/281; Jaeckel, Rudolf ~ 5/281; Jaeckel, Willy ~ 5/281; Jäckh, Ernst ~ 5/281; Jäger, Christian Friedrich von ~ 5/282; Jäger, Ferdinand ~ 5/283; Jaeger, Fritz ~ 5/283; Jäger, Gustav ~ 5/284; Jaeger, Hans (Heinrich Ferdinand) */~ 5/284; Jaeger, Maximilian ~ 5/284; Jaeger, Richard */~ 11/95; Jaeger, Werner (Wilhelm) ~ 5/285; Jaeger, Wilhelm Ludwig ~/† 5/285; Jaeger, Willy */~ 5/285; Jägerstätter, Franz † 5/286; Jähns, Friedrich Wilhelm */~/† 5/286; Jähns, Maximilian */† 5/286; Jaekel, Otto ~ 5/286;

Jänecke, Ernst Gustav Georg ~ 5/287; Jänicke, Johannes */~ 5/287; Jaenicke, Wolfgang ~ 5/287; Jännicke, Johannes */~/† 5/287; Jaffé, Edgar ~ 5/288; Jaffé, Franz */~ 5/288; Jaffe, Max ~/† 5/288; Jaffé, Philipp ~ 5/288; Jaffe, Theodor Julius */~ 5/289; Jagemann, Eugen von ~ 5/289; Jagemann von Heygendorff, Karoline ~ 5/289; Jagic, Nikolaus von * 5/289; Jagić, Vatroslav Ritter von ~ 5/290; Jagow, Gottlieb von */† 5/290; Jagow, Traugott von ~/† 5/290; Jagusch, Heinrich ~ 11/95; Jahn, Friedrich Ludwig ~ 5/290; Jahn, Georg ~ 5/290; Jahn, Gustav ~/† 5/291; Jahn, Kurt ~ 5/291; Jahn, Otto ~ 5/292; Jahn, Rolf ~ 5/292; Jahnke, Eugen */~/† 5/292; Jahr, John ~ 5/293; Jakob, Alfons Marie ~ 5/295; Jakob, Max ~ 5/296; Jameson, Egon * 5/297; Jamin, Friedrich ~ 5/297; Jan, Karl von ~ 5/298; Janauschek, Fanny ~ 5/298; Jander, Gerhart ~/† 5/299; Jandorf, Adolf ~/† 5/299; Janensch, (Adolf) Gerhard ~/† 5/299; Janensch, Werner ~/† 5/299; Janisch, Antonie ~ 5/299; Janitsch, Johann Gottlieb ~/† 5/299; Janitschek, Maria ~ 5/299; Janke, Otto */~/† 5/300; Jankuhn, Herbert ~ 11/96; Jannings, Emil ~ 5/300; Janowitz, Hans ~ 5/301; Jansen, Carl ~ 5/302; Jansen, Hermann ~/† 5/302; Janssen, Herbert ~ 5/302; Jansson, Wilhelm ~ 5/304; Janthur, Richard ~/† 5/304; Jantzen, Georg ~ 5/304; Jany, Curt ~/† 5/305; Jaquet, Agathon ~/† 5/305; Jarcke, Karl Ernst ~ 5/306; Jariges, Philipp Joseph von */† 5/306; Jarnach, Philipp ~ 5/307; Jarno, Hansi ~ 5/307; Jarno, Josef ~ 5/307; Jarowinsky, Werner ~/† 5/307; Jarres, Karl ~ 5/307; Jary, Michael ~ 5/308; Jaschke, Rudolf Theodor Edler von ~ 5/308; Jaspers, Karl (Theodor) ~ 5/309; Jaspert, Reinhard † 11/96; Jastrow, Ignaz ~/† 5/310; Jastrow, Markus ~ 5/310; Jastrowitz, Moritz ~/† 5/310; Jay, Friedrich ~ 5/312; Jean Paul ~ 5/312; Jebens, Adolf ~/† 5/313; Jebens, August Friedrich ~ 5/313; Jebsen, Michael † 5/313; Jedzek, Klaus ~ 5/314; Jegerlehner, Johannes ~ 5/314; Jeidels, Otto ~ 5/315; Jelenko, Siegfried ~ 5/316; Jellinek, Hermann ~ 5/317; Jellinek, Karl ~ 5/317; Jellinek, Walter ~ 5/318; Jendretzky, Hans */~/† 5/319; Jenisch, Daniel ~/† 5/319; Jenny, Heinrich ~ 5/320; Jensen, Adolf ~ 5/320; Jensen, Christian (Cornelius) ~/† 5/321; Jensen, Paul ~ 5/321; Jente, Martin ~ 11/97; Jentsch, Max ~ 5/322; Jentzen, Friedrich * 5/322; Jentzsch, Felix (Hermann Ferdinand) ~/† 5/322; Jentzsch, Karl Alfred ~ 5/323; Jeremias, Joachim ~ 5/323; Jerichau-Baumann, Elisabeth (Maria Anna) ~ 5/324; Jernberg, Olof (August Andreas) ~/† 5/324; Jerrmann, Eduard */† 5/324; Jerschke, Oskar ~ 5/325; Jesse, Otto ~/† 5/326; Jessel, Leon ~/† 5/326; Jessen, Carl Friedrich Wilhelm ~/† 5/326; Jessen, Hans ~/† 5/326; Jessen, Jens ~/† 5/327; Jessen, Peter ~ 5/327; Jessner, Fritz ~ 5/327; Jessner, Leopold ~ 5/327; Jester, Friedrich Ernst ~ 5/328; Joachim, Amalie ~/† 5/329; Joachim, Heinrich ~/† 5/330; Joachim, Heinz */~/† 5/330; Joachim, Joseph ~/† 5/330; Joachim, Marianne */† 5/330; Joachimsthal, Ferdinand ~ 5/330; Joachimsthal, Georg ~/† 5/330; Job, Jakob ~ 5/331; Jochmann, Georg ~ 5/332; Jochum, Eugen ~ 5/333; Jodl, Alfred ~ 5/333; Jöde, Fritz ~ 5/334; Jöhlinger, Otto ~/† 5/334; Jöhr, Adolf ~ 5/335; Jöhr, Walter Adolf ~ 5/335; Jöken, Karl ~ 5/335; Joël, Curt ~/† 5/335; Joël, Franziskus ~ 5/335; Joël, Karl ~ 5/335; Joël, Manuel ~/† 5/335; Jördens, Gustav */~ 5/335; Jördens, Karl Heinrich ~ 5/336; Jörn, Karl ~ 5/336; Jogiches, Leo ~/† 5/337; Johann Georg II., Fürst von Anhalt-Dessau † 5/337; Johann Sigismund, Kurfürst von Brandenburg † 5/338; Johann VII. Blankenfelde, Erzbischof von Riga, Bischof von Dorpat * 5/344; Johannesson, Rolf * 5/354; Johannsen, Otto ~ 5/355; John, George Friedrich ~ 5/355; John, Hans ~ 5/355; John, Karl ~ 5/355; Johnen, Kurt ~ 5/356; Johnsen, Arrien ~/† 5/356; Johnson, Uwe (Klaus Dietrich) ~ 5/356; Joho, Rudolf ~ 5/357; Johst, Hanns ~ 5/357; Jolles, André ~ 5/358; Jolles, Henry ~/† 5/358; Jolles, Oscar */~/† 5/358; Jolly, Friedrich ~/† 5/358; Jolly, Julius ~ 5/359; Jolly, Julius ~ 5/359; Jonas, Emil (Jakob) ~/† 5/359; Jonas, Hans ~ 5/359; Jonas, Hildegard ~ 5/360; Jonas, (Carl) Rudolf (Hugo) ~/† 5/360; Jordan, Charles Etienne */~/† 5/362; Jordan, Egon ~ 5/362; Jordan, Ernst Pascual ~ 5/362;

Jordan, Hans ~ 5/362; Jordan, Julius ~/† 5/362; Jordan, Max ~ 5/363; Jordan, (Ernst) Pascual ~ 5/363; Jordan, Rudolf * 5/363; Jordan, Wilhelm ~ 5/363; Jordan, Wilhelm ~ 5/364; Joseffy, Rafael ~ 5/365; Joseph, David (Dagobert) ~/† 5/367; Joseph, Eugen ~/† 5/367; Joseph, Jacques ~/† 5/367; Joseph, Mely ~/† 5/367; Josephi, Josef ~/† 5/368; Josephy, Gustav ~ 5/368; Jost, Friedrich Wilhelm ~ 11/97; Jost, Isaak Markus ~ 5/368; Jostes, Franz ~ 5/369; Jostock, Paul ~ 5/369; Juchacz, Marie ~ 5/369; Juchhoff, Rudolf ~ 5/370; Jucho, Caspar Heinrich ~ 5/370; Jucho, Heinrich ~ 5/370; Juckenack, Adolf ~/† 5/370; Jühlke, Karl Ludwig ~ 5/372; Jülg, Bernhard ~ 5/372; Jülicher, Adolf ~ 5/372; Jünger, Ernst ~ 11/97; Jünger, Friedrich Georg ~ 5/372; Jüngken, Johann Christian ~ 5/373; Jüngst, Ernst ~ 5/373; Jürgens, Curd ~ 5/374; Jürgens, Georg ~ 5/374; Jüttner, Franz ~ 5/375; Julius, Nikolaus Heinrich ~ 5/376; Julius, Paul ~ 5/376; Juliusburger, Otto ~ 5/376; Juncker, Axel ~ 5/376; Jung, Alexander ~ 5/377; Jung, Alfred * 5/377; Jung, Carl Gustav ~ 5/378; Jung, Carl Theobald ~ 5/378; Jung, Ernst ~ 5/379; Jung, Franz ~ 5/379; Jung, Georg ~/† 5/379; Jung, Gustav ~ 5/379; Jung, Helene ~ 5/380; Jung, Richard ~ 11/98; Junge, Gustav ~ 5/382; Jungeblut, Nikolaus † 5/382; Junghans, Sophie ~ 5/383; Junghuhn, Franz ~ 5/383; Jungk, Robert */~ 5/383; Jungnickel, Max ~ 5/384; Junk, Heinz ~ 5/384; Junk, Wilhelm ~ 5/385; Junker, Hermann ~ 5/385; Junker, Wolfgang ~/† 5/386; Junkermann, August † 5/386; Junkermann, Hans ~/† 5/386; Junkmann, Wilhelm ~ 5/386; Juon, Paul ~ 5/386; Jury, Johann Friedrich Wilhelm */~/† 5/387; Justi, Carl ~ 5/388; Justi, Eduard (Wilhelm Leonhard) ~ 5/388; Justi, Ferdinand ~ 5/388; Justi, Ludwig ~ 5/388; Jutzi, Phil ~ 5/389; Kaan von Albest, Julius ~/† 5/391; Kabisch, Richard ~ 5/391; Kadelburg, Gustav ~ 5/393; Kadelburg, Heinrich ~ 5/393; Kadmon, Stella ~ 5/393; Kähler, Heinz ~ 5/394; Kähler, Karl ~ 5/394; Kähler, Wilhelm ~/† 5/394; Kaempf, Johannes ~/† 5/395; Kaeser, Hildegard Johanna */~ 5/396; Kaestner, Alfred * 5/397; Kästner, Erich ~ 5/397; Käutner, Helmut ~ 5/398; Kaffka, Johann Christoph ~ 5/398; Kaffsack, Joseph ~/† 5/398; Kafka, Eduard Michael ~ 5/398; Kafka, Franz ~ 5/398; Kafka, Heinrich ~ 5/400; Kaftan, Julius ~/† 5/400; Kaftan, Theodor ~ 5/401; Kahane, Arthur ~/† 5/401; Kahl, Wilhelm ~/† 5/401; Kahlbaum, Georg */~ 5/401; Kahlbaum, Karl Ludwig ~ 5/401; Kahlbaum, Wilhelm * 5/401; Kahle, Marie ~ 5/402; Kahle, Paul Ernst ~ 5/402; Kahle, Richard */~ 5/402; Kahler, Erich (Gabriel) von ~ 5/402; Kahler, Eugen von ~ 5/402; Kahlert, Karl August Timotheus ~ 5/403; Kahn, Robert (August) ~ 5/403; Kahnert, Walter */~/† 5/403; Kahnis, Karl Friedrich August ~ 5/403; Kahrstedt, Albrecht ~/† 5/404; Kaibel, Georg ~ 5/404; Kainz, Josef (Gottfried Ignaz) ~ 5/404; Kaisen, Wilhelm ~ 5/405; Kaiser, (Friedrich Wilhelm) Erich ~ 5/406; Kaiser, Georg ~ 5/406; Kaiser, Hermann ~/† 5/407; Kaiser, Hermann † 5/407; Kaiser, Jakob ~/† 5/407; Kaiser, Josef ~ 5/407; Kaiser, Rudolf ~ 11/99; Kaiser, Wolf (Wilhelm) ~/† 5/408; Kaiserling, Carl ~ 5/409; Kalanag ~ 5/409; Kalb, Charlotte (Sophie Juliane) von ~/† 5/409; Kalbeck, Paul Johannes ~ 5/409; Kalbfleisch, Karl ~ 5/410; Kalckreuth, Friedrich Graf von ~/† 5/410; Kalckreuth, Friedrich Adolf Graf von ~/† 5/410; Kaléko, Mascha ~ 5/411; Kalide, Theodor ~ 5/412; Kalisch, David ~/† 5/412; Kalisch, Paul */~ 5/412; Kalisch, Alfred (Christlieb Salomon Ludwig) ~/† 5/413; Kalischer, Georg */~ 5/413; Kalischer, Salomon ~ 5/413; Kalk, Heinrich-Otto ~ 5/413; Kalkbrenner, Friedrich (Wilhelm Michael) ~ 5/413; Kalkoff, Paul ~ 5/413; Kalkschmidt, Eugen ~ 5/414; Kalle, Wilhelm ~ 5/414; Kallensee, Olga */~ 5/414; Kaller, Maximilian ~ 5/414; Kallmann, Hans Jürgen ~ 5/415; Kallmann, Hartmut (Paul) */~ 11/99; Kallmorgen, Friedrich ~ 5/415; Kallmus, Dora Philippine ~ 5/415; Kalmsteiner, Anton ~ 5/416; Kalser, Erwin */~/† 5/416; Kalthoff, Albert ~ 5/417; Kaminka, Aharon Noah ~ 5/418; Kaminski, Hannah */~ 5/418; Kaminski, Heinrich ~ 5/418; Kamm, Wunibald ~ 5/419; Kammer, Klaus ~/† 5/419; Kammerer, Otto ~

5/420; Kamossa, Käthe */~/† 5/420; Kamp, Heinrich †
5/420; Kamp, Norbert ~ 11/100; Kamp, Wilhelm Heinrich
† 5/420; Kampers, Fritz ~ 5/421; Kampf, Arthur von ~
5/421; Kampffmeyer, Georg */~/† 5/421; Kampfmeyer,
Paul */~/† 5/421; Kampschulte, Franz Wilhelm ~ 5/422;
Kamptz, Karl (Albert Christoph Heinrich) von ~/† 5/422;
Kandinsky, Wassily ~ 5/422; Kandl, Eduard ~ 5/423;
Kanehl, Oskar */~/† 5/423; Kanitz, Hans (Wilhelm
Alexander) Graf von ~/† 5/424; Kankelwitz, Wilhelm von
~ 5/424; Kann, Lily ~ 5/424; Kannegießer, Karl Friedrich
Ludwig ~/† 5/425; Kannemann, Johannes ~ 5/425;
Kanner, Heinrich ~ 5/425; Kanoldt, Alexander ~/† 5/425;
Kantorowicz, Alfred ~ 5/427; Kantorowicz, Alfred */~
5/427; Kantorowicz, Ernst Hartwig ~ 5/428; Kantorowicz,
Hermann (Ulrich) ~ 5/428; Kapferer, Chlodwig ~ 11/100;
Kapfhammer, Josef ~ 5/429; Kapfinger, Johannes ~ 5/429;
Kapler, Hermann ~/† 5/429; Kapp, Friedrich ~/† 5/430;
Kapp, Gisbert ~ 5/430; Kapp, (Johann) Gottfried ~ 5/430;
Kapp, Julius ~ 5/430; Kapp, Wolfgang ~ 5/430; Kappen,
Norbert ~ 11/101; Kapper, Paula ~ 5/431; Kappstein,
Carl (Friedrich) */~/† 5/431; Kappus, Franz Xaver ~/†
5/431; Kaps, Amandus ~ 5/432; Karajan, Herbert von
~ 5/432; Karcher, Bodo ~ 5/433; Kardorff, Katharina
von ~ 5/434; Kardorff, Konrad von ~/† 5/434; Kardorff,
Siegfried von ~ 5/434; Kardorff, Ursula von */~ 5/434;
Karén, Inger * 5/435; Kareski, Georg ~ 5/435; Karg,
Georg ~ 5/435; Karger, Heinz * 5/435; Karger, Samuel
(Siegbert) ~/† 5/436; Karl Eugen, Herzog von Württemberg
~ 5/448; Karlweis, Oscar Leopold ~ 5/450; Karman,
Wilhelm ~ 5/451; Karmann, Wilhelm ~ 11/101; Karnapp,
Walter ~ 5/451; Karpeles, Gustav ~ 5/452; Karsch, Anna
Luise ~/† 5/454; Karsch, Walther (Karl Ernst) ~/† 5/454;
Karsen, Fritz ~ 5/454; Karstadt, Rudolph ~ 5/454; Karsten,
Dietrich Ludwig Gustav ~/† 5/454; Karsten, Gustav */~
5/454; Karsten, Hermann ~/† 5/455; Karsten, Karl Johann
Bernhard † 5/455; Karsten, Paula (Franziska Wilhelmine)
~ 5/455; Kasack, Hermann ~ 5/456; Kaselitz, Gottfried †
5/456; Kaselowsky, August (Theodor) ~/† 5/456; Kaskel,
Walter */~/† 5/458; Kassmann, Fritz ~ 5/459; Kassner,
Carl Julius Hermann */~/† 5/459; Kassner, Rudolf ~
5/459; Kast, Peter ~/† 5/460; Kastl, Ludwig ~ 5/460;
Kastner, Hermann */~ 5/461; Katharina II., Kaiserin
von Rußland ~ 5/462; Kather, Linus ~ 5/463; Katona,
Julius ~/† 5/463; Katsch, Christoph von ~ 5/463; Katsch,
Gerhardt ~/† 5/463; Katscher, Berta ~ 5/463; Katscher,
Leopold */~ 5/464; Katte, Hans Hermann von */~ 5/464;
Kattenbusch, Ferdinand ~ 5/464; Kattenstroth, Ludwig
~ 5/464; Katz, Albert ~/† 5/464; Katz, David ~ 5/465;
Katz, Edwin ~/† 5/465; Katz, Erich ~ 5/465; Katz, Iwan
~ 5/465; Katz, Leo ~ 5/465; Katz, Richard ~ 5/466;
Katzenberger, Hermann ~ 5/466; Katzenstein, Simon ~
5/466; Kauer, Walther ~ 5/468; Kauffmann, Friedrich
† 5/469; Kaufmann, Eduard ~ 5/471; Kaufmann, Erich
~ 5/471; Kaufmann, Franz */~ 5/471; Kaufmann, Franz
Joseph ~ 5/471; Kaufmann, Fritz ~ 5/472; Kaufmann,
Fritz ~ 5/472; Kaufmann, Fritz Mordechai ~/† 5/472;
Kaufmann, Hans Paul ~ 5/472; Kaufmann, Isidor ~ 5/472;
Kaufmann, Oskar ~ 5/473; Kaufmann, Paul ~ 5/473;
Kaufmann, Walter ~ 5/473; Kaufung, Clemens ~/† 5/474;
Kaul, Friedrich Karl ~/† 5/474; Kaulbach, Wilhelm von
~ 5/474; Kaun, Hugo */~/† 5/475; Kaup, Ignaz ~ 5/476;
Kaupert, Johann August ~/† 5/476; Kaus, Gina ~ 5/476;
Kaus, Max */~/† 5/476; Kautsky, Benedikt ~ 5/477;
Kautsky, Hans ~ 5/477; Kautsky, Karl ~ 5/477; Kautsky,
Minna ~/† 5/478; Kautzsch, Rudolf ~/† 5/479; Kawerau,
Gustav ~/† 5/479; Kawerau, Siegfried */~/† 5/479; Kay,
Juliane ~ 5/479; Kayser, (Friedrich Heinrich) Emanuel ~
5/480; Kayser, Hans ~ 5/480; Kayser, Heinrich (Joseph)
~/† 5/480; Kayser, (Johann) Heinrich (Gustav) ~ 5/480;
Kayser, Karl Gangolf ~/† 5/480; Kayser, Rudolf ~ 5/481;
Kayser, Wolfgang */~ 5/481; Kayserling, Meyer ~/† 5/481;
Kayßler, Friedrich ~ 5/481; Kaznelson, Siegmund ~ 5/481;
Keckeis, Gustav ~ 5/482; Kegel, Gerhard ~ 5/483; Kegel,
Karl ~ 5/483; Kehler, Richard von ~/† 5/484; Kehr, Eckart

~ 5/484; Kehr, Günter ~ 5/484; Kehr, Johannes Otto
~/† 5/484; Kehrbach, Karl ~ 5/484; Keibel, Franz ~/†
5/485; Keil, Bruno ~ 5/485; Keil, Heinrich ~ 5/485; Keil,
Karl (Friedrich) ~ 5/486; Keilhack, (Friedrich Ludwig
Heinrich) Konrad ~/† 5/486; Keilson, Max † 5/486;
Keinath, Georg(e) ~ 5/487; Keisch, Henryk ~/† 5/487;
Keitel, Wilhelm ~ 5/488; Keith, George ~ 5/488; Keith,
James ~ 5/488; Keith, Peter Karl Christoph ~ 5/488;
Kekulé von Stradonitz, Reinhard ~/† 5/489; Kekulé von
Stradonitz, Stephan ~/† 5/489; Kelchen, Johann Heinrich
~ 11/102; Kelle, Johann (Nepomuk) von ~ 5/489; Keller,
Adolf ~ 5/490; Keller, Alfred ~ 5/490; Keller, Arthur
~/† 5/490; Keller, Curt * 5/491; Keller, Eugen ~ 5/491;
Keller, Friedrich von ~ 5/492; Keller, Friedrich Ludwig
von ~/† 11/102; Keller, Gottfried ~ 5/492; Keller, Gottfried
~ 5/493; Keller, Hans ~ 5/493; Keller, Hermann ~/†
5/494; Keller, Johannes Emil ~/† 5/495; Keller, Samuel ~
5/497; Keller, Werner ~ 5/498; Keller, Wolfgang ~ 5/498;
Kellermann, Bernhard ~ 5/499; Kellermann, Hermann ~
5/499; Kellner, Dorothea (Friederike Emma) ~ 5/500; Kelp,
Franz Ludwig Anton ~ 5/501; Kelterborn, Gustav ~ 5/502;
Kelterborn, Julius ~ 5/502; Kemmann, Gustav ~/† 5/502;
Kemp, Barbara † 5/502; Kemp, Paul ~ 5/503; Kemper,
Heinrich (Gerhard Franz) ~/† 5/503; Kemper, Heinz Pr.
~ 11/102; Kempf, Paul (Friedrich Ferdinand) */~ 5/504;
Kempff, Wilhelm (Walter Friedrich) ~ 5/504; Kempin-
Spyri, Emilie ~ 5/504; Kempinski, Berthold ~/† 5/504;
Kempkes, Carl ~ 5/505; Kempner, Robert (Maximilian
Wasili) ~ 5/505; Kempski Rakoszyn, Jürgen von ~/†
11/102; Keppler, Wilhelm ~ 5/508; Kerber, Arthur ~ 5/508;
Kerckhoff, Susanne */~/† 5/508; Kerényi, Karl ~ 5/509;
Kerkhof, Karl ~/† 5/509; Kerl, (Georg Heinrich) Bruno ~
5/509; Kern, August ~ 5/510; Kern, Fritz ~ 5/511; Kern,
Guido Joseph ~ 5/511; Kern, Johann Konrad ~ 5/511;
Kern, Otto ~ 5/512; Kerner, Justinus (Andreas Christian)
von ~ 5/513; Kernic, Beatrix ~ 5/514; Kerr, Alfred ~
5/514; Kerrl, Hanns ~/† 5/515; Kerschagl, Richard ~ 5/515;
Kerschbaumer, Anton ~/† 5/516; Kersten, Kurt ~ 5/517;
Kersten, Paul ~/† 5/517; Kessel, Eberhard ~ 5/518; Kessel,
Martin (Louis Herrmann) ~/† 5/518; Kesselring, Albert
~ 5/518; Kesser, Hermann ~ 5/519; Kessler, Gerhard ~
5/519; Kessler, Harry Graf ~ 5/519; Keßler, Oskar ~/†
5/520; Kessler, Richard */~/† 5/521; Kesten, Hermann
~ 5/521; Kesten, Wilhelm ~ 5/521; Kestenberg, Leo ~
5/522; Ketteler, Wilhelm Emmanuel Frh. von ~ 5/523;
Kettler, Hedwig (Johanna) ~/† 5/523; Kettler, Louis Heinz
~/† 5/524; Keudell, Marie von ~/† 5/524; Keudell, (Felix
Max Leopold) Robert von ~ 5/524; Keun, Irmgard *
5/524; Keup, Erich Wilhelm Ferdinand ~ 5/525; Keussen,
(Gerhard Emil) Hermann ~ 5/525; Keußler, Gerhard von
~ 5/525; Kewenig, Wilhelm Alexander ~ 5/525; Keyser,
Erich ~ 5/525; Keyserlingk, Wedig Frh. von ~ 5/526;
Kiaulehn, Walter (Felix) */~ 5/527; Kiekebusch, (Friedrich)
Albert ~/† 5/528; Kiel, Friedrich ~ 5/528; Kielhorn,
Franz ~ 5/528; Kieling, Wolfgang * 5/528; Kielmannsegg,
Eduard (Georg Ludwig William Howe) Graf von ~ 5/528;
Kienast, Alfred ~ 5/530; Kienlen, Johann Christoph ~
5/531; Kienzl, Hermann ~/† 5/531; Kienzle, Herbert ~
5/531; Kienzle, Otto ~ 5/532; Kiep, Otto (Karl) ~/† 5/532;
Kiepenheuer, Gustav ~ 5/532; Kiepert, (Johann Samuel)
Heinrich ~/† 5/532; Kiepert, (Friedrich Wilhelm August)
Ludwig ~ 5/532; Kiepura, Jan ~ 5/533; Kieschke, Paul
~ 5/533; Kiesel, Konrad ~/† 5/533; Kiesewetter, Johann
Gottfried Karl Christian */~/† 5/534; Kiesinger, Kurt Georg
~ 5/534; Kiesler, Friedrich ~ 5/534; Kiesselbach, Wilhelm
(Arnold) ~ 5/535; Kießling, Adolph ~ 5/535; Kießling,
Paul (Johann Adolf) ~ 5/535; Kilger, Heinrich ~/† 5/536;
Kilian, Georg ~ 5/536; Killian, Gustav ~/† 5/537; Killing,
Wilhelm (Karl Joseph) ~ 5/538; Killy, (Hans) Walther
(Theodor Maria) ~ 5/538; Kimmich, Karl ~/† 5/539;
Kimpfel, Johann Christoph ~/† 5/539; Kindermann, August
~ 5/540; Kindermann, Heinz ~ 5/541; Kinkel, (Johann)
Gottfried ~ 5/542; Kinkel, Johanna ~ 5/542; Kinkeldey,
Otto ~ 5/542; Kinkelin, Georg Friedrich ~ 5/543; Kinon,

* 5/654; Kölbel, Herbert ~/† 11/108; Koelle, Fritz ~ 5/655; Köller, Ernst (Matthias) von ~ 5/655; Koelliker, (Rudolf) Albert Ritter von ~ 5/655; Köllmann, Gustav ~ 5/656; Koellreutter, Otto ~ 5/656; Koelreuter, Joseph Gottlieb ~ 5/656; Koelsch, Franz ~ 5/656; Koelwel, Eduard ~/† 5/656; Kölzer, Joseph ~ 5/656; Könecke, Fritz ~ 5/657; Koenen, Matthias † 5/657; Koenen, Wilhelm ~/† 5/657; König, Albert ~ 5/657; Koenig, Alexander ~ 5/657; König, Anton Friedrich */~ 5/658; König, Arthur ~/† 5/658; König, Eberhard ~/† 5/658; König, Franz ~/† 5/658; König, Friedrich (Gottlob) ~ 5/658; König, Fritz ~ 5/659; König, Herbert ~ 11/108; König, Julius ~ 5/661; König, Karl ~ 5/661; König, Leo Frh. von ~ 5/661; Koenig, Paul ~ 5/662; König, René ~ 5/662; König, (Johann) Samuel ~ 5/663; König, Sophie ~ 5/663; König, Walter ~ 5/663; König, Willi ~/† 5/663; Königsberger, Bernhard ~/† 5/664; Koenigsberger, Leo ~ 5/664; Koenigswald, (Gustav Heinrich) Ralph von */~ 5/666; Köpke, Friedrich Karl ~/† 5/667; Koeppe, Leonhard (Wilhelm Hermann) ~ 5/668; Köppen, Edlef ~ 5/668; Koeppen, Wolfgang ~ 5/668; Koepping, Karl † 5/669; Köpsel, Adolf */~/† 5/669; Körber, Hilde ~/† 5/670; Körber, Kurt (Adolf) */~ 5/670; Körber, Lili ~ 5/670; Körner, Anna Maria Jakobine † 5/671; Körner, Christian Gottfried ~/† 5/671; Körner, Edmund (Hermann Georg) ~ 5/671; Körner, Emil ~/† 5/671; Koerner, Ernst ~/† 5/671; Körner, Heinrich ~/† 5/672; Körner, Hermine */~/† 5/672; Körner, Ludwig ~/† 5/672; Körnicke, Friedrich August ~ 5/674; Körte, Alfred * 5/674; Körte, Gustav */~ 5/674; Körte, Werner */~/† 5/674; Körting, Ernst ~ 5/675; Koes, Friedrich ~ 5/675; Köster, Adolf ~ 5/675; Köster, Albert ~ 5/675; Koester, Hans (Ludwig Raimund) von ~ 5/676; Köster, Liselotte */~/† 5/676; Köster, Louise ~ 5/676; Köster, Roland ~ 5/676; Kösters, Wilhelm ~ 5/676; Koestler, Arthur ~ 5/676; Köstler, Josef Nikolaus ~ 5/676; Köstlin, Julius ~ 5/677; Köstlin, Reinhold ~ 5/677; Koeth, Joseph † 5/677; Koetschau, Karl (Theodor) ~ 5/677; Köttelwesch, Clemens ~ 5/678; Kötter, Paul ~ 5/678; Köttgen, Carl ~ 5/678; Koffka, Friedrich */~ 5/679; Koffka, Kurt */~ 5/679; Kogel, Gustav (Friedrich) ~ 6/1; Kogler, Ferdinand ~ 6/1; Kohl, Horst ~ 6/1; Kohl, Johann Georg ~ 6/2; Kohl, Michael † 6/2; Kohlenegg, Viktor von ~/† 6/3; Kohler, Josef ~/† 6/4; Kohler, Kaufmann ~ 6/4; Kohlhase, Hans ~/† 6/4; Kohlhaußen, Heinrich ~ 6/4; Kohlrausch, Eduard ~/† 6/5; Kohlschütter, Arnold ~ 6/5; Kohlschütter, Ernst ~ 6/5; Kohn, Gustav ~ 6/6; Kohn, Pinchas ~ 6/6; Kohtz, Otto ~/† 6/7; Kohut, Adolph ~/† 6/7; Kohut, Oswald ~/† 6/7; Kohut, Oswald (Adolph) */~ 6/8; Kohut-Mannstein, Elisabeth ~/† 6/8; Koigen, David ~/† 6/8; Koken, Ernst (Friedrich Rudolph Karl) von ~ 6/8; Kokoschka, Oskar ~ 6/8; Kolander, Friedrich ~/† 6/9; Kolbe, Carl Wilhelm d. Ä. */~ 6/12; Kolbe, Carl Wilhelm d. J. */~/† 6/12; Kolbe, Ernst ~ 6/12; Kolbe, Georg ~/† 6/12; Kolbe, Walther ~ 6/13; Kolbenheyer, Moritz ~ 6/13; Kolbenhoff, Walter * 6/13; Kolberg, Hugo ~ 6/13; Kolbielski, Karl ~ 6/14; Koldehoff, Reinhard */~ 6/14; Koldewey, Robert ~/† 6/14; Kolhörster, Werner ~ 6/15; Kolitz, Louis ~/† 6/16; Koll, Otto † 6/16; Koll, Werner ~ 6/16; Kolle, Wilhelm ~ 6/16; Kollek, Helmut ~/† 6/16; Koller, Siegfried ~ 11/109; Kollmann, Julius ~ 6/18; Kollo, (Elimar) Walter ~/† 6/18; Kollo, Willi ~/† 6/18; Kollwitz, Käthe ~ 6/19; Kolman, Trude ~ 6/19; Kolmar, Gertrud * 6/20; Komnick, Franz ~ 6/23; Komorzynski, Egon von ~ 6/23; Koner, Max (Johann Bernhard) */~/† 6/24; Koner, Sophie ~/† 6/24; Konetzni, Anni ~ 6/24; Konewka, Paul ~/† 6/24; Konnerth, Hermann ~/† 6/25; Konow, Sten ~ 6/25; Konrad de Grossis (von Preußen, von Brüssel) ~ 6/33; Konstantin, Leopoldine (Eugenie Amelie) ~ 6/36; Konwitschny, Franz ~ 6/36; Kopacsy-Karczag, Julie ~ 6/36; Kopf, Hinrich Wilhelm ~ 6/37; Kopfermann, Albert ~/† 6/37; Kopfermann, Hans ~ 6/37; Kopff, August (Adelbert) ~ 6/38; Kopisch, August ~/† 6/38; Kopp, Josef Vital ~ 6/39; Kopp, Mila ~ 6/39; Koppay, Josef Arpád von ~ 6/39; Koppe, Carl ~ 6/39; Koppe, Heinrich ~ 6/39; Koppe, Johann Gottlieb ~ 6/40;

Koppenberg, Heinrich ~ 6/40; Koppenhöfer, Maria ~ 6/40; Koppmann, Karl ~ 6/41; Kopsch, Julius Eugen */~/† 6/41; Korach, Alfred George ~ 6/41; Koransky, Walter ~/† 6/41; Korber, Horst ~/† 6/41; Koreff, David Ferdinand ~ 6/42; Korell, Bruno ~/† 6/43; Korff, Gustav ~ 6/43; Korn, Arthur ~ 6/44; Korn, Arthur ~ 6/44; Korn, Heinrich von ~ 6/45; Korn, Johann Jacob ~ 6/45; Korn, Karl (Johannes Robert) ~ 6/45; Korn, Maximilian ~ 6/45; Korn, Peter Jona * 11/110; Kornemann, Ernst ~ 6/46; Kornfeld, Gertrud ~ 6/46; Kornfeld, Paul ~ 6/46; Kornhardt, Wilhelm ~ 6/47; Korodi, Lutz ~/† 6/47; Korrodi, Eduard ~ 6/48; Korsch, Karl ~ 6/48; Kortner, Fritz ~ 6/48; Kosch, Raphael Jacob † 6/49; Koschaker, Paul ~ 6/50; Koschlig, Manfred ~ 6/50; Koschmieder, Harald ~ 6/50; Koser, Reinhold ~ 6/51; Kosina, Heinrich ~ 6/51; Kosiol, Erich ~/† 6/51; Kosleck, Julius ~/† 6/52; Kossak, (Karl Ludwig) Ernst ~/† 6/52; Kossel, Albrecht (Ludwig Karl Martin Leonhard) ~ 6/52; Kossel, Walther (Ludwig) */~ 6/52; Kossinna, Gustaf ~/† 6/52; Kossmann, Wilfried ~ 6/53; Kossodo, Helmut * 6/53; Kosswig, Curt Karl Ferdinand ~/† 6/53; Kost, Heinrich ~ 6/53; Koster, Henry * 6/54; Kotelmann, Ludwig Wilhelm Johannes ~ 6/54; Kothe, Bernhard ~ 6/54; Kottenberg, Kurt (August Rudolf) ~ 6/55; Kottenrodt, Wilhelm ~ 6/55; Kotthaus, August ~ 6/55; Kottwitz, Hans Ernst Frh. von ~/† 6/55; Kotzolt, Heinrich ~/† 6/56; Koven, Ludolf ~/† 6/57; Kowalke, Alfred */~ 6/57; Kowalski, Max ~ 6/57; Kozub, Ernst ~ 6/58; Kraatz, Helmut ~/† 6/58; Krabler, Emil ~ 6/59; Kracauer, Siegfried ~ 6/59; Kraemer, Gustav ~/† 6/61; Kraemer, Hans ~ 6/61; Kraetke, Reinhold */† 6/62; Krafft-Ebing, Richard (Fridolin Joseph) Frh. von ~ 6/64; Kraft, Nikolaus ~ 6/65; Kraft, Robert ~ 6/65; Kraft, Victor ~ 6/65; Kraft, Waldemar ~ 6/65; Kraft, Walter (Wilhelm Johann) ~ 6/65; Krahl, Hilde ~ 11/110; Krahn, Maria ~ 6/66; Krain, Willibald ~ 6/67; Krainer, Paul ~/† 6/67; Kralik von Meyrswalden, Richard Ritter ~ 6/68; Krallinger, Hans Friedrich ~ 6/68; Kramer, Erwin ~/† 6/68; Kramer, Gustav ~ 6/68; Kramer, Josef von ~ 6/69; Kramer, Kurt ~ 11/110; Kramp, Willy ~ 6/70; Kranold, Viktor (Ferdinand) von ~/† 6/71; Kranz, Herbert ~ 6/71; Kranz, Peter-Paul ~ 6/71; Kranz, Walther ~ 6/71; Kranzler, Johann George ~/† 6/72; Kratky, Otto (Josef Leopold) ~ 6/73; Krauel, Richard ~ 6/74; Kraus, Agnes */~/† 6/75; Kraus, August ~/† 6/75; Kraus, Ernst ~ 6/75; Kraus, Ernst ~ 6/76; Kraus, Felix von ~ 6/76; Kraus, Friedrich ~/† 6/76; Kraus, Friedrich ~/† 6/76; Kraus, Herbert ~ 6/77; Kraus, Hertha ~ 6/77; Kraus, Karl ~ 6/78; Kraus, Leo ~ 6/79; Kraus, Theodor ~ 6/79; Krause, (Caesar Ernst) Albrecht ~ 6/80; Krause, Christian Gottfried ~/† 6/80; Krause, Ernst (Ludwig) ~ 6/80; Krause, Fedor ~ 6/80; Krause, (Georg) Friedrich ~ 6/80; Krause, Friedrich Conrad Theodor ~ 6/80; Krause, Friedrich Wilhelm ~ 6/80; Krause, Georg ~ 6/81; Krause, Hermann ~ 11/111; Krause, Karl Christian Friedrich ~ 6/81; Krause, Martin ~ 6/81; Krause, Martin ~ 6/82; Krause, Max ~ 6/82; Krause, Otto * 6/82; Krause, Paul (Georg Christoph) von ~/† 6/82; Krause, Theodor ~/† 6/82; Krause, Wilhelm von ~/† 6/82; Krause, Wilhelm (August Leopold Christian) ~/† 6/82; Krause, Wolfgang ~ 6/82; Krauseneck, (Johann) Wilhelm von † 6/83; Krauskopf, Bruno ~/† 6/83; Krausnick, Heinrich Wilhelm ~/† 6/83; Krausnick, Helmut ~ 6/83; Krauss, Clemens (Heinrich) ~ 6/83; Krauß, Hans Nikolaus ~/† 6/84; Krauss, Ingo (Arthur Richard) */~ 6/84; Krauß, Otto ~ 6/85; Krauss, Samuel ~ 6/85; Krauß, Sigmund ~ 6/85; Krauß, Werner ~ 6/85; Krauss, Werner ~/† 6/85; Kraußneck, Arthur (Carl Gustav) ~/† 6/85; Kraut, Wilhelm Theodor ~ 6/86; Krautheimer, Richard ~ 6/86; Krautt, Johann Andreas von ~/† 6/87; Krautwig, Carl ~ 6/87; Krawehl, Otto ~ 6/87; Krawinkel, Bernhard (Leopold) ~ 6/87; Krayer, Otto ~ 6/87; Kraze, Friede(rike) H(enriette Marie) ~ 6/88; Krebs, Carl ~/† 6/88; Krebs, Friedrich ~ 6/88; Krebs, Hans † 6/88; Krebs, Sir Hans Adolf ~ 6/88; Krebs, Norbert ~/† 6/89; Krehl, Ludolf von ~ 6/90; Kreikemeyer, Willi ~ 6/91; Kreis, Wilhelm Heinrich ~ 6/92; Kreisler, Fritz ~ 6/93; Krell, Max ~ 6/94; Krell, (Rudolf Georg) Otto ~/† 6/94;

*/† 6/190; Lachmann-Mosse, Hans */~ 6/190; Lacmann, Otto ~/† 6/191; Laddey, Emma ~ 6/192; Laddey, Gustav ~ 6/192; Laddey, Ulrike */~ 6/192; Ladenberg, Adalbert von ~ 6/192; Ladenberg, Philipp von † 6/192; Ladenburg, Rudolf ~ 6/193; Ladewig, Paul (Arthur Friedrich) ~/† 6/193; Ladner, Gerhard B. ~ 11/116; Laehr, Hans ~ 6/194; Laehr, (Bernhard) Heinrich ~ 6/194; Laehr, Max ~ 6/194; Laeisz, Ferdinand ~ 6/195; Laemmer, (Eduard Ludwig) Hugo ~ 6/196; Längin, Theodor ~/† 6/196; Laforet, Wilhelm ~ 6/197; Lagarde, Paul Anton de */~ 6/197; Lagger, Peter ~/† 6/198; Lahmeyer, Johann Wilhelm ~ 6/199; Lahr, Rolf ~ 6/199; Lahs, Curt ~/† 6/199; Lahs, Heinrich ~ 6/199; Lahusen, Christoph Friedrich ~ 6/200; La Jana ~/† 6/201; Lambert, Johann Heinrich ~/† 6/204; Lamberz, Werner ~ 6/204; Lambrecht, Hermann ~ 6/205; Lambrecht, Wilhelm ~ 6/205; La Mettrie, Julien Offray de ~/† 6/205; Lamm, Hans ~ 6/206; Lammers, Aloys ~ 6/206; Lammers, Clemens ~/† 6/207; Lammers, Egbert */~ 6/207; Lammers, Hans Heinrich ~ 6/207; Lammert, Will † 6/207; Lamp, Ernst August ~ 6/208; Lampe, (Karl Otto) Emil ~/† 6/209; Lampe, Felix */~/† 6/209; Lampe, Philipp Adolf ~ 6/209; Lampe, Walther ~ 6/209; Lampel, Peter Martin ~ 6/209; Lamprecht, Gerhard */~/† 6/211; Lamprecht, Jakob Friedrich ~/† 6/211; Lancizolle, Karl Wilhelm von */~/† 6/212; Lancken, Fritz von der ~/† 6/212; Lánczos, Cornel ~ 6/212; Land, Emmy ~ 6/212; Landau, Edmund (Georg Hermann) */~/† 6/213; Landau, Eugen Frh. von ~/† 6/213; Landau, Isidor ~ 6/213; Landau, Jacob Frh. von ~ 6/213; Landau, Jakob ~ 6/214; Landau, Lola */~ 6/214; Landau, Paul ~ 6/214; Landau, Richard ~ 6/214; Landauer, Georg ~ 6/215; Landauer, Gustav ~ 6/215; Landauer, Karl ~ 6/215; Landé, Walter ~ 6/216; Landfermann, Dietrich Wilhelm ~ 6/217; Landgut, Inge */~/† 6/217; Landmann, Friedrich ~ 6/218; Landmann, Ludwig ~ 6/218; Landmann, Michael ~ 6/218; Landmann, Robert Ritter von ~ 6/218; Landmann, Wilhelm ~/† 6/218; Landolt, Edmund ~ 6/219; Landolt, Hans (Heinrich) ~/† 6/219; Landsberg, Hans ~/† 6/220; Landsberg, Kurt */~/† 6/220; Landsberg, Otto ~ 6/220; Landsberger, Artur */~/† 6/220; Landsberger, Franz ~ 6/221; Landsberger, Hugo ~ 6/221; Landsberger, Julius ~/† 6/221; Landshoff, Fritz Helmut * 6/221; Landshoff, Ludwig ~ 6/221; Landshoff(-Yorck), Rut(h) * 6/221; Lang, August ~ 6/222; Lang, (Friedrich) Carl ~ 6/222; Lang, Carl ~ 6/223; Lang, Ferdinand ~ 6/223; Lang, Fritz ~ 6/224; Lang, Johann Jakob ~ 6/226; Lang, Konrad ~ 6/227; Lang, Otto ~ 6/228; Lang, Wilhelm ~/† 6/229; Lang-Ratthey, Agnes */~ 6/229; Langbein, August Friedrich Ernst ~/† 6/230; Langbein, Georg ~ 6/230; Lange, Bruno */~/† 6/230; Lange, Carl * 6/230; Lange, Ernst ~ 6/231; Lange, Friedrich (Wilhelm Theodor) ~ 6/231; Lange, Friedrich ~ 6/231; Lange, Fritz * 6/232; Lange, Fritz ~ 6/232; Lange, Helene (Henriette Elisabet) ~/† 6/232; Lange, Henry ~/† 6/233; Lange, Horst (Wilhelm Ernst Max) ~ 6/233; Lange, Joachim ~ 6/233; Lange, Konrad von ~ 6/234; Lange, Otto ~ 6/235; Lange, Rudolf */~/† 6/236; Lange, Samuel Gotthold ~ 6/236; Lange, Tönjes ~/† 6/236; Lange, Victor ~ 11/117; Langelütke, Hans ~ 11/117; Langen, Arnold ~ 6/237; Langenbeck, Bernhard von ~ 6/239; Langenbeck, Maximilian Adolf ~ 6/240; Langenbeck, Wolfgang ~ 6/240; Langenbruch, Wilhelm ~/† 6/240; Langendorff, Oskar ~ 6/240; Langenscheidt, Carl Georg Felix */† 6/241; Langenscheidt, Gustav */† 6/241; Langenscheidt, Paul */~/† 6/241; Langer, Angela ~ 6/241; Langer, Erich ~ 6/242; Langer, Felix ~ 6/242; Langer, Richard ~ 6/242; Langer, (Joseph) Robert von ~ 6/243; Langerfeld, Rutger van ~/† 6/243; Langerhans, Paul */~/† 6/243; Langerhans, Paul */~ 6/243; Langermann, Johann Gottfried ~/† 6/243; Langewiesche, Karl Robert ~ 6/243; Langfeldt, Johannes ~ 6/244; Langgässer, Elisabeth ~ 6/244; Langguth, Georg August ~ 6/245; Langhammer, Carl * 6/245; Langhans, Carl Ferdinand ~/† 6/245; Langhans, Carl Gotthard ~ 6/245; Langhans, Eduard ~ 6/245; Langhans, Theodor ~ 6/246; Langhans, Wilhelm ~/† 6/246; Langhoff, Wolfgang */~/† 6/246; Langner, Ilse ~ 6/247; Langner, Maria */†

6/247; Langosch, Karl ~ 11/117; Langsdorff, Werner von ~ 6/248; Langstein, Leo ~/† 6/248; Langwerth von Simmern, Ernst Frh. ~ 6/248; Lania, Leo ~ 6/248; Lanius, Frida ~ 6/249; Lankow, Anna ~ 6/249; Lanner, Katharina ~ 6/249; Lansburgh, Werner Neander */~ 6/250; Lanz, Karl ~ 6/250; Laquai, Reinhold ~ 6/252; Laqueur, August ~ 6/252; Laqueur, Ernst ~ 6/252; Larenz, Karl ~ 6/252; La Roche, Karl von * 6/253; L'Arronge, Adolph ~ 6/254; L'Arronge, Eberhard Theodor ~ 6/254; Lasch, Agathe */~ 6/254; Lasche, Oskar ~/† 6/255; Lasinsky, Adolf (Johann) ~ 6/255; Lask, Berta ~/† 6/255; Lask, Emil ~ 6/255; Laska, Gustav ~ 6/255; Lasker, Eduard ~ 6/256; Lasker, Emanuel ~ 6/256; Lasker-Schüler, Else ~ 6/257; Laspeyres, Adolph */~ 6/258; Laspeyres, Etienne ~ 6/258; Laspeyres, Hugo ~ 6/258; Lassalle, Ferdinand ~ 6/258; Lassar, Oskar ~/† 6/259; Lassen, Hans ~/† 6/260; Lasser, Johann Baptist ~ 6/260; Lasson, Adolf ~/† 6/261; Lasson, Georg */~/† 6/261; Laßwitz, (Theodor Victor) Kurd ~ 6/261; László, Alexander ~ 6/261; Lattermann, Theodor ~ 6/262; Latzko, Andreas ~ 6/262; Laub, Ferdinand ~ 6/263; Laube, Heinrich (Rudolf Constanz) ~ 6/263; Laubenthal, Hans Georg ~ 6/264; Laubenthal, Rudolf ~ 6/264; Laubinger, Otto ~ 6/265; Lauckner, Rolf ~ 6/265; Laudahn, Wilhelm ~/† 6/266; Laue, Max von ~/† 6/266; Lauer, Gustav Adolf ~/† 6/267; Laufer, Berthold ~ 6/268; Laun, (Konrad Wilhelm) Adolf ~ 6/269; Lauppert-Martin, Isabella von */~ 6/269; Lauritzen, Lauritz ~ 6/270; Lauser, Wilhelm ~ 6/271; Lautenbach, Wilhelm ~ 6/271; Lautenburg, Sigmund ~ 6/271; Lautensach, Hermann ~ 6/271; Lautensack, Heinrich ~ 6/272; Lautenschläger, Aloys Maria ~/† 6/272; Lautenschlager, Friedrich ~ 6/272; Lauter, Ernst-August ~/† 6/273; Lauterbach, Wolfgang ~ 11/118; Lauts, Jan ~ 6/274; Lautz, Ernst ~ 6/274; Laven, Paul ~ 6/275; Laverrenz, Victor */~/† 6/275; Laverrenz, Wilhelm */~/† 6/275; Lazarus, Gustav ~/† 6/277; Lazarus, Moritz ~ 6/277; Lazarus, Paul ~ 6/277; Leber, Annedore */~ 6/278; Leber, Julius (Hieronymus) ~/† 6/279; Leber, Theodor ~ 6/279; Lebert, Hermann ~ 6/279; Le Blanc, Max (Julius Louis) ~ 6/280; Lebrecht, Fürchtegott ~/† 6/280; Lebrun, Franziska (Dorothea) ~ 6/280; Lebrun, Karl August ~ 6/280; Lebrun, Ludwig August † 6/280; Lechter, Melchior ~ 6/283; Le Coq, Albert (August) von */† 6/283; Ledebur, Karl Frh. von * 6/284; Ledebur, Leopold (Karl Wilhelm August) Frh. von */~ 6/284; Lederer, Emil ~ 6/284; Lederer, Felix ~/† 6/285; Lederer, Hugo ~/† 6/285; Lederer, Joe ~ 6/285; Ledersteger, Karl ~ 6/286; Ledien, Franz † 6/286; Ledig-Rowohlt, Heinrich Maria ~ 6/286; Lee, Heinrich ~ 6/287; Leers, Johann von ~ 6/288; Leffler-Burckard, Martha */~ 6/288; Lefmann, Salomon ~ 6/289; Le Fort, Gertrud (Auguste Lina Elsbeth Mathilde Petrea) Freiin von ~ 6/289; Legal, Ernst ~/† 6/289; Legband, Paul ~ 6/289; Legeay, Jean-Laurant ~ 6/289; Legien, Carl ~ 6/290; Lehmann, Edgar * 6/291; Lehmann, Else */~ 6/292; Lehmann, Emil ~ 6/292; Lehmann, Ernst August ~ 6/292; Lehmann, Franz ~ 6/292; Lehmann, Gerhard */~/† 11/119; Lehmann, Gottfried Wilhelm † 6/293; Lehmann, Heinrich ~ 6/293; Lehmann, Helmut */~/† 6/293; Lehmann, Herbert ~ 6/293; Lehmann, Johann Georg Gottfried */~/† 6/294; Lehmann, Johann Gottlob ~ 6/294; Lehmann, Jon ~ 6/294; Lehmann, Joseph † 6/294; Lehmann(-Hartleben), Karl ~ 6/294; Lehmann, Kurt ~ 6/295; Lehmann, Lilli † 6/295; Lehmann, Marcus ~ 6/295; Lehmann, Marie † 6/295; Lehmann, Max ~ 6/295; Lehmann, Otto ~ 6/296; Lehmann, Paul ~ 6/296; Lehmann, Paul ~ 6/296; Lehmann, Robert ~ 6/296; Lehmann, Rudolf ~ 6/296; Lehmann, Theodor ~ 6/296; Lehmann, Walter */~/† 6/297; Lehmann, Wilhelm (Heinrich) ~ 6/297; Lehmann-Filhés, Rudolf */† 6/297; Lehmann-Haupt, (Ferdinand Friedrich) Carl ~ 6/297; Lehmann-Löw, Maria Theresia † 6/297; Lehmann-Russbüldt, Otto (Gustav Albert Willy) */† 6/297; Lehmbruck, Wilhelm ~/† 6/298; Lehmus, Emilie ~ 6/298; Lehndorff, Hans Graf von ~ 6/299; Lehndorff, Heinrich Graf von † 6/299; Lehne, Adolf ~ 6/299; Lehnert, Hildegard */~/† 6/300; Lehnert,

Hans ~ 6/393; Lietzmann, Sabina ~ 6/394; Lietzmann, Walter (Karl Julius) ~ 6/394; Lieven, Albert (Fritz) ~ 6/394; Lilge, Friedrich ~ 6/395; Lilien, Ephraim Mose ~ 6/395; Liliencron, Rochus (Wilhelm Traugott Heinrich Ferdinand) Frh. von ~ 6/395; Lilienfein, Heinrich ~ 6/395; Lilienthal, Gustav ~/† 6/396; Lilienthal, Karl von ~ 6/396; Lilienthal, Otto ~/† 6/396; Lilienthal, (Franz) Reinhold von */~ 6/397; Lilje, Hanns ~ 6/397; Lill, Georg ~ 6/397; Limmer, Michael Friedrich ~ 6/398; Linck, Walter ~ 6/399; Lincke, Paul */~ 6/399; Lind, Emil ~ 6/399; Lindau, Paul ~/† 6/400; Lindau, Rudolf ~ 6/400; Lindau, Rudolf † 6/400; Linde, Carl (Paul Gottfried) von ~ 6/400; Linde, Otto zur ~/† 6/401; Lindemann, August ~ 6/401; Lindemann, (Carl Louis) Ferdinand Ritter von ~ 6/401; Lindemann, Fritz † 6/401; Lindemann, Gustav ~ 6/401; Lindemann, Klaus ~ 6/402; Lindemann, Kurt */~ 6/402; Linden, Joseph Frh. von ~ 6/403; Lindenau, Heinrich */~/† 6/403; Lindenberg, Paul */~/† 6/404; Lindenberg, Wladimir Aleksandrowitsch ~/† 11/123; Lindenmaier, Fritz (Heinrich Karl Paul) ~ 6/404; Lindequist, Friedrich von ~ 6/405; Linder, Fritz ~ 6/405; Linder, Rudolf ~ 6/405; Lindley, Sir William H. ~ 6/406; Lindner, Albert ~ 6/407; Lindner, Amanda ~/† 6/407; Lindner, Friedrich Ludwig ~ 6/407; Lindner, Herbert ~/† 6/408; Lindner, Richard ~ 6/408; Lindner, Theodor ~ 6/409; Lindner, Wilhelm ~ 6/409; Lindtberg, Leopold ~ 6/409; Linfert, Andreas */~ 6/410; Lingen, Theo ~ 6/410; Lingner, Karl August † 6/411; Lingner, Max † 6/411; Lingner, Reinhold */~/† 6/411; Link, Adolf ~ 6/411; Link, Franz Konrad ~ 6/412; Link, Heinrich Friedrich ~/† 6/412; Linke, Franz ~ 6/412; Linke, Oskar * 6/413; Linnemann, (Anton Josef) Felix ~ 6/413; Linser, Karl ~/† 6/414; Linstow, Hans Otfried von ~/† 6/414; Linz, Armin ~/† 6/414; Linz, Marta ~/† 6/415; Linzbach, Johannes ~ 6/415; Lion, Ferdinand ~ 6/415; Lion, Hildegard Gudilla ~ 6/415; Lion, Max ~ 6/415; Lipmann, Fritz (Albert) ~ 6/416; Lipmann, Otto ~ 6/416; Lipperheide, Franz Frh. von ~ 6/417; Lipperheide, Frieda Frfr. von ~/† 6/417; Lippert, Julius ~ 6/418; Lippert, Julius ~ 6/418; Lippmann, Friedrich ~/† 6/419; Lippmann, Max ~ 6/420; Lippold † 6/420; Lippold, Georg ~ 6/420; Lipschitz, Joachim */~/† 6/421; Lipschitz, Rudolf (Otto Sigismund) ~ 6/421; Lipschitz, Werner Ludwig ~ 6/421; Lipsius, (Johann Wilhelm) Konstantin ~ 6/422; Lisco, Hermann */~/† 6/422; Lisiewska, Anna Dorothea */~/† 6/422; Lisiewska, Anna Rosina */~ 6/422; Lisiewski, Christian Friedrich Reinhold */~ 6/423; Lissauer, Ernst * 6/423; List, Emanuel ~ 6/424; List, Guido † 6/424; List, Paul */~ 6/425; Liszt, Franz von ~ 6/426; Litfaß, Ernst (Theodor Amandus) */~ 6/427; Litke, Karl */† 6/427; Litolff, Henry (Charles) ~ 6/427; Litt, Theodor ~ 6/428; Litten, Hans Achim ~ 6/428; Litten, Heinz Wolfgang ~/† 6/428; Litten, Irmgard ~/† 6/428; Littmann, Enno ~ 6/428; Littrow, Karl Ludwig von ~ 6/429; Litzmann, Berthold ~ 6/429; Litzmann, Carl (Konrad Theodor) ~/† 6/429; Lobe, Friedrich ~ 6/430; Lobe, Theodor Eduard ~ 6/431; Loch, Hans ~/† 6/433; Loch, Wolfgang * 6/433; Lockemann, Georg ~ 6/435; Lodahl, Gertrud ~ 6/435; Loeb, Jacques ~ 6/437; Löb, Rudolf ~ 6/437; Löbe, Paul (Gustav Emil) ~ 6/437; Loebell, Johann Wilhelm */~ 6/438; Loeben, (Ferdinand August) Otto Heinrich Graf von ~ 6/438; Loebinger, Lotte ~/† 11/123; Löck, Carsta ~/† 6/439; Löffelhardt, Heinrich ~ 6/439; Loeffler, Adolph Friedrich * 6/439; Löffler, Eugen ~ 6/440; Löffler, Friedrich (August Johannes) ~/† 6/440; Loeffler, Gottfried Friedrich Franz † 6/440; Löffler, Heinrich ~ 6/440; Löffler, Martin ~ 6/441; Löffler, Stephan ~/† 6/441; Löher, Franz von ~ 6/441; Löhlein, Walther */~ 6/442; Löhner, Helmut ~ 6/442; Löhner, Kurt ~ 6/443; Loehr, Ferdinand von ~ 6/443; Loehr, Moritz von ~ * 6/444; Loening, Carl Friedrich ~ 6/444; Loening, George ~ 6/445; Loeper, Gustav von ~ 6/445; Loerbroks, Hermann ~/† 6/445; Lörcher, Alfred ~ 6/445; Loerke, Oskar ~/† 6/446; Loersch, Hugo ~ 6/446; Loerzer, Bruno * 6/446; Loeschcke, Georg ~ 6/446; Loesche, Georg */~ 6/446; Löschhorn, Karl Albert */~/† 6/447; Loeser, Bernhard ~/†

6/447; Löser, Ewald ~ 6/447; Loew, (Carl Benedikt) Oscar ~/† 6/449; Löwe, Alexander ~ 6/450; Loewe, Frederick ~ 6/450; Löwe, Friedrich ~ 6/450; Loewe, Fritz Philipp */~ 6/450; Loewe, Heinrich ~ 6/450; Loewe, Isidor † 6/450; Loewe, Joel * 6/451; Loewe, Ludwig ~/† 6/451; Löwe, Moses Samuel ~/† 6/451; Löwe, Richard ~ 6/451; Loewe, Siegfried Walter ~ 6/451; Loewe, Siegmund */~ 6/452; Löwe, Sophie Johanna ~ 6/452; Löwe, Wilhelm ~ 6/452; Löwenbach, Georg ~ 6/452; Loewenberg, Alfred */~ 6/452; Löwenberg, Julius ~/† 6/452; Löwenfeld, Raphael ~ 6/453; Loewengard, Max ~ 6/453; Löwenheim, Leopold ~/† 6/453; Loewenheim, Walter * 6/454; Löwenherz, Leopold ~ 6/454; Loewenson, Erwin ~ 6/454; Loewenstamm, Arthur ~ 6/454; Loewenstein, Georg (Wolfgang) ~ 6/455; Löwenstein, Karl ~ 6/455; Löwenstein, Kurt ~ 6/455; Löwenstein, Leo ~ 6/455; Löwenstein, Rudolf ~/† 6/456; Löwenstein-Wertheim-Freudenberg, Hubertus Friedrich Prinz zu ~ 6/456; Löwenthal, Fritz ~ 6/457; Löwenthal, Richard */~/† 6/457; Loewy, Adolf */~ 6/459; Loewy, Alfred ~ 6/459; Logier, Johannes Bernhard ~ 6/460; Lohage, Franz Anton ~ 6/461; Lohbauer, Rudolf ~ 6/461; Lohmann, Karl ~/† 6/462; Lohmann, Paul ~ 6/462; Lohmann, Theodor ~ 6/462; Lohmeyer, Hans ~/† 6/463; Lohmeyer, (Karl) Julius ~ 6/463; Lohse, Adolf ~ 6/464; Lohse, Friedrich ~ 6/464; Lombard, Johann Wilhelm * 6/465; Lommatzsch, Erhard ~ 6/465; Lommer, Horst ~ 6/465; London, Fritz (Wolfgang) ~ 6/466; London, Heinz ~ 6/466; Longuelune, Zacharias ~ 6/466; Loos, Lina ~ 6/467; Loos, Theodor ~ 6/468; Loos, Wilhelm ~ 6/468; Looschen, Hans */† 6/468; Loosen, Kurt ~ 6/468; Looser, Guido ~ 6/468; L'Orange, Rudolf ~ 6/469; Lorch, Wilhelm ~ 6/469; Lorentz, Kay ~ 6/470; Lorentz, Lore ~ 6/470; Lorenz, Alfred ~ 6/471; Lorenz, Charlotte ~/† 6/471; Lorenz, Detlef */~ 11/124; Lorenz, Max ~ 6/473; Lorenz, Peter */~/† 6/473; Lorenz, Wilhelm ~ 6/473; Lorenzen, Paul ~ 6/474; Lorinser, Franz * 6/475; Lorinser, Karl Ignaz ~ 6/475; Lorre, Peter ~ 6/476; Lortzing, Albert (Gustav) */~/† 6/476; Lory, (Mathias) Gabriel ~ 6/477; Losch, Hermann ~ 6/477; Losch, Philipp ~ 6/477; Loßberg, Friedrich von ~ 6/478; Lossen, Hermann ~ 6/478; Lossen, Karl August ~/† 6/478; Lossen, Lina † 6/478; Lotan, Giora ~ 6/479; Lotar, Peter ~ 6/480; Lothar, Mark */~ 6/482; Lothar, Rudolf ~ 6/482; Lotter, Georg ~ 6/482; Lottmann, Hermann ~/† 6/483; Lottner, Heinrich */~/† 6/483; Lottner, Karl Friedrich */~ 6/483; Lotz, Ernst Wilhelm ~ 6/484; Lotz, Walther ~ 6/484; Lotz, Wolfgang ~ 6/485; Lotze, Franz Wilhelm ~ 6/485; Lotze, (Rudolph) Hermann ~/† 6/485; Louis Ferdinand von Hohenzollern, Prinz von Preußen ~ 6/486; Louis, Herbert */~ 6/486; Lowe, Adolph ~ 6/487; Lowenthal, Ernst Gottfried ~/† 6/488; Lowitz, Siegfried * 11/124; Lubarsch, Otto */~/† 6/488; Lubbe, Marinus van der ~ 6/488; Lubberger, Fritz ~ 6/488; Lubitsch, Ernst * 6/488; Lubliner, Hugo ~/† 6/489; Lublinski, Samuel ~ 6/489; Lubosch, Wilhelm ~ 6/489; Lucae, (Johann Constantin) August */~/† 6/490; Lucae, Richard */~/† 6/490; Lucanus, Hermann von ~ 6/490; Lucas, Karl Wilhelm * 6/490; Lucas, Robert ~ 6/491; Lucca, Pauline ~ 6/491; Lucchesini, Girolamo Marchese di ~ 6/491; Luchs, August ~ 6/491; Luchs, Hermann ~ 6/491; Lucius, Eugen (Nikolaus) ~ 6/492; Lucius von Ballhausen, Robert Frh. ~ 6/492; Luck und Witten, Hans Philipp August von ~ 6/492; Luckhardt, Johannes */~ 6/492; Luckhardt, Wassili */~/† 6/493; Ludat, Herbert ~ 6/493; Luden, Heinrich ~ 6/493; Ludendorff, (Friedrich Wilhelm) Hans ~ 6/494; Ludendorff, Mathilde ~ 6/494; Ludin, Adolf */† 6/495; Ludwig VI. der Römer, Herzog von Bayern, Kurfürst von Brandenburg ~ 6/502; Ludwig Gruno, Prinz von Hessen-Homburg † 6/503; Ludwig, Alfred ~ 6/506; Ludwig, (Friedrich) August ~ 6/507; Ludwig, Eduard ~ 6/508; Ludwig, Emil ~ 6/508; Ludwig, Emilie ~/† 6/508; Ludwig, Gerhard ~ 6/509; Ludwig, Karl ~/† 6/509; Ludwig, Leopold ~ 6/509; Ludwig, Maximilian ~/† 6/509; Ludwig, Nadeshda ~ 6/509; Ludwig, Paula ~ 6/510; Ludwig, Walther ~ 6/510; Ludwiger, Hans (Gottlob

Karl) von ~ 6/511; Ludz, Peter Christian ~ 6/511; Lübbe, Erich */~/† 6/511; Lübben, Heinrich August ~ 6/511; Lübbert, Erich (Ferdinand August) ~ 6/512; Lüben, Adolf ~ 6/512; Lübke, Friedhelm */~/† 6/512; Lübke, Georg ~ 6/512; Lübke, Heinrich ~ 6/513; Lübke, Wilhelm ~ 6/513; Lübke, Wilhelmine ~ 6/513; Lübker, Friedrich ~ 6/513; Lueck, Gustav (Paul Eduard Wilhelm) ~ 6/513; Luecke, Albert Georg ~ 6/513; Lücke, (Gottlieb Christian) Friedrich ~ 6/514; Lüdcke, Marianne */~ 11/124; Lüdecke, Heinz */~/† 6/514; Lüdeling, (Johann Hermann) Georg ~ 6/515; Lüdemann, Hermann ~ 6/515; Lüdemann, Karl-Friedrich ~ 6/515; Lueders, Adolph Friedrich ~ 6/515; Lüders, Günther ~ 6/515; Lüders, Heinrich ~ 6/516; Lüders, Hermann ~ 6/516; Lüders, Marie-Elisabeth */~/† 6/516; Lüdke, Friedrich Germanus ~/† 6/517; Lüdtke, Franz ~ 6/517; Lüdtke, Hans ~ 6/517; Lüer, Carl ~ 6/517; Lüer, Hans ~ 6/517; Lueg, Heinrich ~ 6/518; Lühring, Anna ~ 6/519; Lueken, Bernd ~/† 6/519; Lüninck, Ferdinand Frh. von † 6/519; Lüninck, Hermann (Joseph Anton Maria) Frh. von ~ 6/519; Lüning, Otto ~ 6/520; Lüppo-Cramer, Hinricus ~ 6/520; Lüpschütz, Kurt * 6/520; Lüpsen, Focko ~ 6/520; Lürmann, Fritz Wilhelm ~ 6/520; Lüroth, Jacob ~ 6/520; Lüschen, Friedrich Heinrich ~/† 6/521; Lütgens, Rudolf ~ 6/522; Lütgert, Wilhelm ~/† 6/522; Lüthge, Robert Erwin Konrad ~/† 6/522; Lüthi, (Johann) Albert ~ 6/522; Lüthi, Max ~ 6/522; Lütke, Albert (Friedrich Clemens) ~/† 6/523; Lütkemüller, Ludwig Paul Wieland ~ 6/523; Lütkens, Charlotte ~ 6/523; Lütschg, Waldemar ~/† 6/524; Lüttwitz, Heinrich von ~ 6/524; Lüttwitz, Smilo Frh. von ~ 6/524; Lüttwitz, Walther Frh. von ~ 6/525; Lützendorf, Felix ~ 6/525; Lützow, (Ludwig) Adolf (Wilhelm) Frh. von */† 6/525; Lützow, Karl von ~ 6/525; Lützow, Leopold Wichard Heinrich Frh. von */~ 6/525; Lufft, Eckardt Hans ~ 6/525; Luft, Friedrich (John) */~/† 6/526; Lugowski, Clemens */~ 6/526; Luipart, Marcel ~ 6/527; Luise Marie Elisabeth, Großherzogin von Baden * 6/527; Luise Henriette, Kurfürstin von Brandenburg † 6/527; Luise Auguste Wilhelmine Amalie, Königin von Preußen ~ 6/527; Luise, Herzogin (seit 1775), Großherzogin (seit 1815) von Sachsen-Weimar-Eisenach * 6/527; Luithlen, Marie ~ 6/528; Lukács, György von ~ 6/528; Lukas, Johannes ~ 6/529; Lukaschek, Hans ~ 6/529; Lukschy, Wolfgang (Jakob Ludwig Franz) */~/† 6/530; Lummer, Otto ~ 6/530; Lummitzsch, Otto ~ 6/530; Luppe, Hermann ~ 6/531; Lurtz, Franz Eduard ~ 6/532; Luschan, Felix Ritter von ~/† 6/532; Luschnat, David (Christian Samuel) ~ 6/532; Luserke, Martin * 6/533; Lusi, Spiridion Graf von ~ 6/533; Lusser, Robert ~ 6/533; Lust, Franz Alexander ~ 6/533; Lustig, Jan ~ 6/534; Lustig, Leo ~/† 6/534; Luthardt, (Christoph) Ernst ~ 6/534; Luther, Arthur ~ 6/535; Luther, Hans */~ 6/535; Luther, Martin */† 6/538; Luther, Paul ~ 6/538; Luther, (Karl Theodor) Robert ~ 6/538; Luther, Wilhelm (Alexander) ~ 6/538; Luther, Wilhelm Martin ~ 6/538; Lutterbeck, (Johann) Anton (Bernhard) ~ 6/539; Lutteroth, Ascan ~ 6/539; Lutz, Friedrich August ~ 6/540; Lutz, Otto ~ 6/540; Lutze, Ernestine ~ 6/541; Luxburg, Friedrich Karl Ludwig Reinhard Graf von ~ 6/542; Luxemburg, Rosa ~/† 6/542; Lwowski, Hermann ~ 6/543; Lwowski, Walter ~ 6/543; Lynar, Rochus Quirinus Graf zu ~ 6/543; Lynar, Wilhelm-Friedrich Graf zu */† 6/543; Lyncker, Moritz Frh. von ~ 6/544; Lyra, Gerhard ~ 6/544; Lyra, Justus Wilhelm ~ 6/544; Lysius, Heinrich ~ 6/545; Maack, Reinhard ~ 6/547; Maas, Paul ~ 6/547; Maass, Ernst ~ 6/548; Maass, Ernst */~ 6/548; Maaß, Hermann ~/† 6/548; Maaßen, Carl Georg (Heinrich) von ~ 6/549; Maaßen, Friedrich ~ 6/549; Maaßen, Karl Georg † 6/549; Macco, Heinrich ~ 6/549; Mach, (Adolf Albert) Felix ~ 6/550; Machatschek, Fritz ~ 6/550; Mack, Heinrich ~ 6/552; Mack, Karl (Friedrich) ~ 6/552; Mack, Max ~ 6/552; Mackay, John Henry ~/† 6/552; Macke, August ~ 6/553; Macke, Helmuth ~ 6/553; Mackeben, Theo ~/† 6/553; Mackensen, Fritz ~ 6/553; Mackowsky, Hans */~ 6/554; Madai, Carl Otto von ~ 6/554; Madaus, Gerhard ~ 6/554; Madelung, Georg ~

6/555; Madelung, Otto Wilhelm ~ 6/555; Madsack, Erich ~ 6/557; Mächler, Martin ~/† 6/557; Mädler, Johann Heinrich * 6/557; Maenchen-Helfen, Otto J. ~ 6/558; Männchen, Adolf ~ 6/558; Männchen, Albert (Gustav Theodor) ~/† 6/558; Maercker, Georg ~ 6/558; Märker, Friedrich ~ 6/559; Märklin, Adolf ~ 6/559; Märten, Lu */† 6/559; Maertens, Willy ~ 6/559; Maerz, Johannes † 6/559; Maffei, Hugo von ~ 6/560; Mager, Karl (Wilhelm Eduard) ~ 6/561; Magnus, Eduard */~/† 6/564; Magnus, Friedrich Martin Frh. von * 6/564; Magnus, Georg * 6/564; Magnus, (Heinrich) Gustav von */~/† 6/564; Magnus, Julius */~ 6/564; Magnus, Kurt ~ 6/564; Magnus, Ludwig Immanuel */† 6/565; Magnus, Paul */~/† 6/565; Magnus, Rudolf ~ 6/565; Magnus, Wilhelm * 11/125; Magon, Leopold ~/† 6/565; Magyar, Emmerich ~ 6/565; Mahlau, Alfred */~ 6/565; Mahle, Ernst ~ 6/566; Mahler, Elsa-Eugenie ~ 6/566; Maier, Anneliese ~ 6/570; Maier, Franz Karl ~/† 6/570; Maier, Heinrich ~/† 6/570; Maier, Otto ~ 6/571; Mailhac, Pauline Rebecca ~ 6/572; Maimon, Salomon ~ 6/573; Maisch, Herbert ~ 6/574; Maison, Rudolf ~ 6/575; Majunke, Paul ~ 6/576; Majut, Rudolf ~ 6/576; Makarov, Alexander ~ 6/576; Maler, Wilhelm ~ 6/578; Malipiero, Luigi ~ 6/579; Mallinckrodt, Hermann von ~/† 6/579; Mallinckrodt, Josef von ~ 6/580; Mallinckrodt-Haupt, Asta ~ 6/580; Mallinger, Mathilde ~/† 6/580; Mallison, Heinrich ~ 6/580; Mallwitz, Alfred */~ 6/580; Malortie, Ernst von ~ 6/581; Malten, Therese ~ 6/581; Maltitz, (Friedrich) Apollonius Frh. von ~ 6/581; Maltitz, Gotthilf August Frh. von ~ 6/581; Maltzahn-Gültz, Helmuth Frh. von ~ 6/582; Maltzan, Maria Gräfin von ~/† 11/126; Maltzan, Vollrath von */~ 6/582; Mammen, Jeanne */† 6/583; Mamroth, Paul ~/† 6/583; Man, Felix (Hans) ~ 6/583; Manasse, Paul ~ 6/583; Manazza, Bruno ~ 6/584; Mandrella, Rudolf ~ 6/585; Manes, Alfred ~ 6/586; Manescul, Ursula von ~ 6/586; Manger-Koenig, Ludwig von ~ 6/587; Mangold, Ernst */~ 6/588; Mangold, Hilde ~ 6/588; Mangoldt, Hans (Carl Friedrich) von ~ 6/588; Mangoldt-Reiboldt, Hans Karl von ~ 6/589; Mangoldt-Reiboldt, Ursula-Ruth von * 6/589; Manheimer, Valentin ~/† 6/589; Mankiewitz, Paul ~ 6/589; Mann, Erika (Julia Hedwig) ~ 6/590; Mann, Fritz Karl */~ 6/590; Mann, Golo ~ 6/590; Mann, (Luiz) Heinrich ~ 6/590; Mann, Joseph ~/† 6/591; Mann, Klaus (Heinrich Thomas) ~ 6/591; Mann, Ludwig ~ 6/592; Mannesmann, Max ~ 6/594; Mannesmann, Reinhard ~ 6/595; Mannfeld, (Karl Julius) Bernhard ~ 6/595; Mannhardt, Johann Wilhelm ~ 6/595; Mannhardt, Wilhelm (Johann Emanuel) ~ 6/595; Mannheim, Hermann ~ 6/595; Mannheim, Karl ~ 6/595; Mannheim, Lucie */~ 6/596; Mannheimer, Isaak Noah ~ 6/596; Mannich, Carl ~ 6/596; Mannkopff, Reinhold ~ 6/596; Manns, Sir August ~ 6/597; Mannstaedt, Franz ~ 6/597; Mannstaedt, Wilhelm ~ 6/598; Manowarda, Josef von † 6/598; Mansfeld, Michael ~ 6/599; Manski, Dorothea ~ 6/599; Manstein, Erich von * 6/600; Manteufel, Paul ~ 6/600; Manteuffel, Edwin (Hans Karl) Frh. von ~ 6/600; Manteuffel, Ernst Christoph Graf von ~ 6/600; Manteuffel, Otto Theodor Frh. von ~ 6/601; Manteuffel-Szoege, Georg Baron von ~ 6/601; Mantey, Eberhard von † 6/601; Manthey, Axel ~ 6/601; Mantius, Eduard ~ 6/601; Mantler, Heinrich ~/† 6/601; Manzel, Ludwig ~/† 6/603; Mara, Gertrud Elisabeth ~ 6/603; Mara, Lya ~ 6/603; Marbe, Karl ~ 6/604; Marburg, Otto ~ 6/604; March, Ernst ~ 6/605; March, Otto ~ 6/605; March, Werner ~/† 6/606; Marchand, (Jacob) Felix ~ 6/606; Marche, Kaspar ~/† 6/606; Marchtaler, Otto von ~ 6/607; Marck, Siegfried ~ 6/607; Marcks, Erich ~/† 6/607; Marcks, Gerhard */~ 6/608; Marckwald, Willy ~ 6/608; Marcus, Ernst */~ 6/609; Marcus, Ernst Moses ~ 6/610; Marcus, Paul ~ 6/610; Marcuse, Adolf ~/† 6/610; Marcuse, Herbert */~ 6/610; Marcuse, Ludwig */~ 6/611; Marcuse, Max */~ 6/611; Mardayn, Christl ~ 6/611; Marées, Hans von ~ 6/611; Marek, Kurt Wilhelm ~ 6/612; Marenbach, Leny † 6/612; Maretzky, Oskar ~ 6/613; Marggraf, Andreas Sigismund */~/† 6/615; Marggraff, Hermann ~ 6/616; Marggraff, Rudolf ~ 6/616; Margolis, Abraham ~

7/61; Meng, Heinrich ~ 7/61; Menges, Karl Heinrich ~ 11/129; Mengin, Ernst ~ 7/62; Menn, Wilhelm ~ 7/63; Menne, Bernhard ~ 7/63; Menne, Ernst ~ 7/63; Mensching, Gerhard ~ 11/129; Mensching, Gustav ~ 7/64; Mense, Carlo ~ 7/64; Menter, Sophie ~ 7/65; Mentzel, Rudolf ~ 7/65; Menz, Gerhard ~ 7/65; Menz, Maria ~ 7/66; Menzel, Adolph (Friedrich Erdmann) von ~/† 7/66; Menzel, Gerhard ~ 7/66; Menzel, Herybert ~ 7/67; Menzel, Walter */~ 7/67; Menzer, Paul */~ 7/67; Merck, Heinrich Emanuel ~ 7/68; Merensky, Alexander † 7/70; Mergenthaler, Ottmar ~ 7/70; Merian, Johann Bernhard ~/† 7/70; Mering, Joseph Frh. von ~ 7/72; Meringer, Rudolf ~ 7/72; Merk, Walther ~ 7/72; Merk, Wilhelm ~ 7/72; Merkel, Adolf ~ 7/73; Merkel, Garlieb (Helwig) ~ 7/73; Merkel, (Paul) Johannes ~ 7/73; Merker, (Ernst) Paul ~ 7/74; Merker, Paul ~ 7/74; Merling, Georg */~ 7/75; Mersmann, Hans ~ 7/76; Merten, Hans ~ 7/76; Mertens, Dieter (Wilhelm Ludwig) ~ 7/77; Mertens, Eduard */~ 7/77; Mertens, Franz ~/† 7/77; Mertens, Franz ~ 7/77; Merten, Wilhelm † 7/78; Mertz von Quirnheim, Albrecht Ritter ~/† 7/78; Merveldt, (Hanns) Hubertus Graf von ~ 7/79; Merx, Adalbert (Ernst Otto) ~ 7/79; Merz, Albrecht Leo ~ 7/79; Merz, Alfred ~ 7/79; Merz, Kurt Walter ~ 7/80; Meschendörfer, Adolf ~ 7/80; Meschkowski, Herbert */~/† 7/81; Messel, Alfred ~/† 7/82; Messter, Oskar (Eduard) * 7/84; Mette, Alexander ~/† 7/86; Mette, Hans Joachim ~ 7/87; Mettel, Hans ~ 7/87; Mettenius, Georg Heinrich ~ 7/87; Metternich-Winneburg, Clemens (Wenzeslaus Lothar Nepomuk) Graf, später Fürst von ~ 7/88; Metzeltin, Erich */~ 7/91; Metzger, Arnold ~ 7/91; Metzger, Max Josef ~ 7/91; Metzger, Wolfgang ~ 7/92; Metzger-Lattermann, Ottilie ~ 7/92; Metzing, Adalbert */~ 7/92; Metzner, Alfred */~/† 7/92; Metzner, Franz ~/† 7/93; Metzner, (Johann) Wolfgang (Otto Alfred) */~ 7/93; Meulenbergh, Gottfried ~ 7/93; Meurer, Kurt † 7/94; Meurer, Kurt Erich ~/† 7/95; Meurin, Johann Gabriel Leo * 7/95; Meusebach, Karl Hartwig Gregor Frh. von ~ 7/95; Meusel, Alfred (Theodor Helmut) ~/† 7/95; Mewaldt, Johannes ~ 7/96; Mewes, Ernst */~ 7/96; Mewis, Karl (Wilhelm Alfred) † 7/96; Meyboden, Hans ~ 7/96; Meydenbauer, Albrecht ~ 7/96; Meyen, Franz Julius Ferdinand ~/† 7/97; Meyen, Harry ~ 7/97; Meyen, Sabine */~ 7/97; Meyendorff, Peter von ~ 7/97; Meyer, Adolf ~ 7/97; Meyer, Adolf ~ 7/97; Meyer, Albert ~ 7/97; Meyer, Alexander */~ 7/98; Meyer, Alex(is) (Moritz Philipp) * 7/98; Meyer, Alfred Richard ~ 7/98; Meyer, Arnold Oskar ~ 7/98; Meyer, Bernhard Ritter von ~ 7/98; Meyer, Christian Erich Hermann ~ 7/99; Meyer, Edgar ~ 7/100; Meyer, Eduard ~/† 7/100; Meyer, Elard Hugo ~ 7/100; Meyer, Ernst ~ 7/100; Meyer, Ernst Hermann */~/† 7/101; Meyer, Ernst Wilhelm ~/† 7/101; Meyer, Erwin ~ 7/101; Meyer, Franz ~ 7/101; Meyer, Friedrich Elias ~/† 7/102; Meyer, Friedrich Ludwig Wilhelm ~ 7/102; Meyer, Georg Hermann von ~ 7/102; Meyer, Gerhard ~/† 7/103; Meyer, Gustav ~/† 7/103; Meyer, Hannes ~ 7/103; Meyer, Hans ~ 7/103; Meyer, Hans ~ 7/104; Meyer, Hans Horst ~ 7/104; Meyer, Heinrich ~ 7/104; Meyer, Heinrich ~ 7/104; Meyer, Herbert ~/† 7/105; Meyer, Hermann (August Heinrich) ~ 7/105; Meyer, Jenny */~/† 7/105; Meyer, Johann Carl Friedrich ~/† 7/106; Meyer, Johann Jakob ~ 7/106; Meyer, Joseph-Franz ~ 11/130; Meyer, Julius ~ 7/107; Meyer, Karl Friedrich ~ 7/107; Meyer, Kuno ~ 7/107; Meyer, Kurt ~ 7/107; Meyer, Leo ~ 7/108; Meyer, Ludwig ~ 7/108; Meyer, Max (Siegmund Ludwig) */~ 7/108; Meyer, Moritz */~/† 7/108; Meyer, Oscar * 7/109; Meyer, Richard (Emil) ~ 7/109; Meyer, Richard Joseph */~/† 7/109; Meyer, Richard Moritz */~/† 7/110; Meyer, Robert ~ 11/130; Meyer, Rolf ~ 7/110; Meyer, Rudolf (Hermann) ~ 7/110; Meyer, Selma ~ 7/110; Meyer, Sigmund ~ 7/110; Meyer, Ulfilas */~ 7/110; Meyer, Victor ~/† 7/111; Meyer, Wilhelm Christian ~/† 7/111; Meyer-Baer, Kathi (Gertrude) */~ 7/112; Meyer-Förster, Elsbeth ~ 7/112; Meyer-Förster, Wilhelm ~/† 7/112; Meyer von Knonau, Gerold (Ludwig) ~ 7/112; Meyer-Leviné, Rosa ~ 7/113; Meyer-Lindenberg, Hermann */~ 7/113;

Meyer-Lübke, Wilhelm ~ 7/113; Meyerbeer, Giacomo ~ 7/115; Meyeren, Wilhelm von ~ 7/115; Meyerheim, (Friedrich) Eduard ~/† 7/115; Meyerheim, Paul */~/† 7/116; Meyerhof, Max ~ 7/116; Meyerhof, Otto ~ 7/116; Meyerinck, Hubert von ~ 7/116; Meyerowitz, Jan ~ 11/130; Meyerowitz, Selmar ~ 7/117; Meynen, Emil ~ 7/117; Meyr, Melchior ~ 7/118; Meysenbug, (Amalie) Malwida (Wilhelmine Tamina) Freiin von ~ 7/118; Mez, Karl Christian ~ 7/118; Mezger, Edmund ~ 7/119; Michael, Jakob ~ 7/120; Michael, Max ~/† 7/120; Michael, Richard ~/† 7/120; Michaelis, Adolf ~ 7/120; Michaëlis de Vasconcel(l)os, Carolina * 7/121; Michaelis, Edgar */~ 7/121; Michaelis, Georg ~ 7/121; Michaelis, Gustav ~/† 7/122; Michaelis, Herbert † 7/122; Michaelis, Leonor */~ 7/122; Michaelis, Max (Hugo) */~/† 7/123; Michaelis, Otto ~/† 7/123; Michaelis, Ruth ~ 7/123; Michaelis, (Curt) Walter ~ 7/123; Micheel, Fritz ~ 7/124; Micheelsen, Hans Friedrich ~ 7/124; Michel von Derenburg ~/† 7/124; Michel, (Friedrich Chaumont) Eugen ~ 7/124; Michel, Horst ~ 7/125; Michel, Julius von ~/† 7/125; Michelet, Karl Ludwig */~/† 7/126; Michels, (Karl) Franz ~ 7/126; Michels, Viktor ~ 7/127; Michelsen, Andreas Ludwig Jacob ~ 7/127; Mickoleit, Kurt ~/† 7/128; Middeldorf, Ulrich ~ 7/129; Middeldorpf, Albrecht Theodor ~ 7/129; Middelschulte, Wilhelm ~ 7/129; Middendorf, Friedrich Ludwig † 7/129; Middendorff, Alexander Theodor von ~ 7/129; Middendorff, Wilhelm ~ 7/130; Miehe, Curt ~ 7/130; Miehe, Hugo ~/† 7/131; Miehe, Ulf ~ 7/131; Mielke, Antonie */~/† 7/131; Mielke, Otto (Georg Erich) * 7/132; Mielziner, Moses ~ 7/132; Mierdel, Georg ~ 7/132; Mierendorff, Carlo ~ 7/132; Mierendorff, Hans ~ 7/132; Mies van der Rohe, Ludwig ~ 7/132; Miescher-His, Johann Friedrich ~ 7/133; Mieses, Jacques ~ 7/134; Mieses, Matthias ~ 7/134; Mießner, Hermann */~ 7/134; Mießner, Wilhelm Hans Paul */~ 7/134; Miethe, Adolf ~/† 7/134; Migge, Leberecht † 7/135; Mihály, Dénes von ~/† 7/136; Mihaly, Jo ~ 7/136; Mikeleitis, Edith ~ 7/136; Mikorey, Franz ~ 7/137; Mikorey, Karl * 7/137; Miksch, Leonhard ~ 7/137; Mikulicz-Radecki, Felix von ~ 7/138; Mikusch, Margarethe ~ 7/138; Milan, Adele ~ 7/138; Milch, Erhard (Alfred Richard Oskar) ~ 7/138; Milch, Werner (Johannes) ~ 7/139; Milchhoefer, Arthur ~ 7/139; Milchsack, Gustav ~ 7/139; Milde, Karl August ~ 7/139; Milde, Rudolf von ~/† 7/140; Milder-Hauptmann, Anna Pauline ~ 7/140; Militzer, Hermann ~ 7/141; Milkau, Fritz ~/† 7/141; Milleker, Felix ~ 7/141; Millenet, Johann Heinrich */~ 7/141; Miller, Fritz von ~ 7/142; Miller, Joseph † 7/143; Miller, Julius ~ 7/143; Miller, Oskar von ~ 7/143; Miller, Wilhelm von ~ 7/144; Millington-Herrmann, Paul ~/† 7/144; Milloss, Aurel von ~ 7/145; Mills-Milarta, Maria von ~ 7/145; Minde-Pouet, Georg */~/† 7/146; Minding, Ferdinand ~ 7/147; Minetti, Bernhard (Theodor Henry) ~/† 11/130; Minkowitsch, Roland ~ 7/147; Minkowski, Hermann ~ 7/147; Minkowski, Mieczyslaw ~ 7/147; Minor, Jacob ~ 7/148; Minster, Carl ~/† 7/148; Mintrop, Ludger (Benedict) ~ 7/148; Mintz, Maximilian (Joseph) ~ 7/149; Minutoli, Johann Heinrich von ~/† 7/149; Minutoli, Julius (Rudolf Ottomar) Frh. von */~ 7/149; Miquel, Johannes von ~ 7/149; Mirbach-Harff, Wilhelm Graf von ~ 7/150; Mirbach-Sorquitten, Julius Graf von ~ 7/151; Mirbt, Rudolf ~ 7/151; Mirre, Ludwig ~ 7/151; Misch, Carl (Edward) ~ 7/151; Misch, Georg */~ 7/151; Misch, Ludwig ~ 7/152; Misch, Robert ~/† 7/152; Mises, Richard Martin Edler von ~ 7/152; Mislowitzer, Ernst ~ 7/153; Missenharter, Hermann ~ 7/153; Mitgau, (Johann[es]) Hermann ~ 7/153; Mitscherlich, Alexander ~ 7/154; Mitscherlich, Alexander ~ 7/154; Mitscherlich, Eilhard ~ 7/155; Mitscherlich, Eilhard Alfred (Max) */~ 7/155; Mitscherlich, Karl Gustav ~/† 7/155; Mitscherlich, Waldemar ~ 7/155; Mittag, Günter † 7/155; Mitteis, Heinrich ~ 7/156; Mittell, Karl Josef ~ 7/156; Mittelstädt, Otto (Samuel Ludwig) ~ 7/156; Mitterer, Max ~ 7/157; Mittermaier, Wolfgang Georg Gottfried ~ 7/158; Mitterwurzer, (Anton) Friedrich ~ 7/159; Mitterwurzer, Wilhelmine ~ 7/159; Mittler, Ernst

Siegfried ~/† 7/159; Mittler, Leo ~/† 7/159; Mittwoch, Eugen ~ 7/159; Mitzenheim, Moritz ~ 7/159; Mitzka, Walther ~ 7/160; Mitzscherling, Peter ~ 7/160; Mix, Erich ~ 7/160; Modersohn-Becker, Paula ~ 7/161; Möbius, Hans ~ 7/162; Möbius, Karl August ~/† 7/162; Möbius, Martin ~ 7/162; Möbius, Theodor ~ 7/162; Möbus, Gerhard ~ 7/163; Möckel, Konrad ~ 7/163; Möckel, Otto */~/† 7/163; Moede, Walther ~/† 7/163; Mödlinger, Josef ~/† 7/163; Möglich, Friedrich */~/† 7/164; Möhlmann, Friedrich ~ 7/165; Möhring, Bruno ~/† 7/165; Möhring, Dieter */~ 7/165; Möhring, Ferdinand ~ 7/165; Möhring, Philipp */~ 7/165; Möhrle, Eduard ~ 7/166; Moehsen, Johann Carl Wilhelm */~/† 7/166; Mölders, Werner ~ 7/166; Moeli, Karl ~/† 7/166; Moellendorff, Wichard (Joachim Heinrich) von ~ 7/167; Moellendorff, Wichard (Georg Otto) von ~/† 7/167; Moellendorff, Willi von * 7/167; Möller, Alex(ander Johann Heinrich Friedrich) ~ 7/167; Möller, Alfred * 7/167; Möller, Eberhard Wolfgang */~ 7/168; Moeller, Eduard von ~ 7/168; Möller, Hans Georg ~ 7/168; Moeller, Hein A. ~ 7/168; Möller, Heinrich (Wilhelm Theodor) ~ 7/169; Möller, Heinrich Ferdinand ~ 7/169; Möller, Karl Heinrich */† 7/170; Möller, Lotte ~ 7/170; Möller, Max (Emil Karl) ~ 7/170; Möller, Reinhard Johannes ~ 7/170; Möller, Waldemar ~ 7/170; Möller, Werner † 7/171; Moeller van den Bruck, Arthur ~/† 7/171; Möller-Dostali, Rudolf ~ 7/171; Möllers, Alfred (Dionysius) ~/† 7/171; Möllers, Bernhard Josef ~/† 7/171; Möllhausen, (Heinrich) Balduin ~/† 7/171; Mönch, Günther ~ 7/172; Mönckeberg-Kollmar, Vilma ~ 7/173; Mönnig, Hugo ~ 7/173; Mörath, Edgar ~ 7/173; Moering, Klaus-Andreas ~ 7/175; Mörsdorf, Klaus ~ 7/176; Moeschlin, Felix ~ 7/177; Möschlin, Walter Johann ~ 7/177; Mohaupt, Richard ~ 7/179; Mohl, Moriz ~ 7/179; Mohl, Robert von † 7/179; Mohn, Gottlob Samuel ~ 7/180; Mohn, Paul ~/† 7/180; Mohn, Samuel ~ 7/181; Moholy, Lucia ~ 7/181; Moholy-Nagy, László ~ 7/181; Moholy-Nagy, Sibyl ~ 7/181; Mohr, Ernst ~/† 7/182; Mohr, Ernst-Günther ~ 7/182; Mohr, Ernst Werner ~ 7/182; Mohr, (Carl) Friedrich ~ 7/182; Mohr, Friedrich Wilhelm ~ 7/183; Mohr, Laura ~ 7/183; Mohr, Martin ~/† 7/183; Mohr, Walter ~ 7/184; Mohrmann, Karl (Heinrich Friedrich) ~ 7/184; Moissi, Alexander ~ 7/185; Moissi, Johanna ~ 7/185; Mojsisovics von Mojsvár, Edgar (Hermann Georg) Edler ~ 7/186; Molden, Ernst ~ 7/186; Moldenhauer, Paul ~ 7/187; Molière, Kurt ~ 7/188; Molinski, Hans * 7/188; Molitor, Erich ~ 7/188; Molitor, Johann Peter ~ 7/189; Molitor, Karl ~ 7/189; Molkenbuhr, Hermann † 7/189; Moll, Albert ~/† 7/189; Moll, Bruno ~ 7/190; Moll, Friedrich ~/† 7/190; Moll, Josef ~ 7/190; Moll, Margarete ~ 7/190; Moll, Oskar ~/† 7/190; Mollenhauer, Ernst ~ 7/191; Molo, Walter Ritter von ~ 7/193; Moltke, Helmuth (Johannes Ludwig) von ~/† 7/194; Moltke, Helmuth James Graf von ~/† 7/194; Moltke, Helmuth Karl Bernhard Graf von ~ 7/194; Moltke, Max(imilian) Leopold ~ 7/195; Molzahn, Ilse ~/† 7/195; Molzahn, Johannes ~ 7/195; Mombert, Alfred ~ 7/195; Mombert, Paul ~ 7/195; Mommer, Karl (Adolf) ~ 7/195; Mommsen, Ernst Wolf ~ 7/195; Mommsen, Theodor ~/† 7/196; Mommsen, Wilhelm * 7/197; Mommsen, Wolfgang */~ 7/197; Mond, Ludwig ~ 7/197; Monden, Herbert ~ 7/197; Moníková, Libuše ~/† 11/131; Monnier, (Charles) Edouard ~ 7/199; Monte, Hilda ~ 7/199; Montez, Lola Gräfin von Landsfeld ~ 7/200; Montezuma, Magdalena ~/† 7/201; Montgelas, Albrecht (Leo Eduard Anton Maximilian Karl) Graf ~ 7/201; Monti, Max(imilian) ~ 7/202; Moog, Heinz ~ 7/203; Moog, Leonhard ~ 7/203; Moog, Willy ~ 7/203; Moor, Paul ~ 7/203; Mooren, Albert (Clemens) ~ 7/203; Moortgat, Anton ~ 7/203; Moos, Paul ~ 7/204; Morach, Otto ~ 7/205; Moral, Hans */~ 7/205; Moraller, Franz (Karl Theodor) ~ 7/205; Moran-Olden, Fanny † 7/205; Moras, Joachim ~ 7/206; Mordtmann, August (Justus) ~ 7/207; Mordtmann, Johann Heinrich ~/† 7/207; Moreau, Clément ~ 7/208; Morell, Theodor ~ 7/208; Morena, Berta ~ 7/208; Morena, Erna ~ 7/209; Morenz, Siegfried ~ 7/209; Morf, Heinrich ~ 7/209;

Morgan, Paul ~ 7/209; Morgenroth, Julius ~/† 7/210; Morgenstern, Lina ~/† 7/211; Morgenstern, Soma ~ 7/212; Morgenthau, Hans Joachim ~ 7/213; Morgner, Irmtraud ~/† 7/213; Morgner, Wilhelm ~ 7/213; Moris, Maximilian ~/† 7/214; Moritz, Andreas ~ 7/216; Moritz, Bernhard ~/† 7/216; Moritz, Carl */~ 7/216; Moritz, Friedrich ~ 7/216; Moritz, Karl Philipp ~/† 7/217; Morlock, Martin * 7/217; Morris, Max */~/† 7/219; Morsch, Anna ~ 7/219; Mortensen, Hans */~ 7/220; Morwitz, Eduard ~ 7/220; Morwitz, Ernst ~ 7/220; Mosbacher, Peter ~ 7/220; Mosen, Reinhard ~ 7/222; Moser, Andreas ~/† 7/222; Moser, Christian ~ 7/223; Moser, Fritz */~ 7/224; Moser, Hans ~ 7/224; Moser, Hans Albrecht ~ 7/224; Moser, Hans Joachim */~/† 7/225; Moser, Helmut ~ 7/225; Moser, James */~ 7/225; Moser, Joseph ~ 7/226; Moser, Ludwig ~ 7/227; Moser, Mentona † 7/227; Moser, Moses ~ 7/228; Moser, Simon ~ 7/228; Moses, Julius ~ 7/229; Moses, Siegfried ~ 7/229; Mosewius, Johann Theodor ~ 7/229; Mosewius, Sophie Wilhelmine */~ 7/230; Mosheim, Grete */~ 7/230; Mosle, Johann Ludwig ~ 7/230; Mosler, Eduard ~/† 7/231; Mosler, (Karl) Friedrich ~ 7/231; Mosse, Albert ~/† 7/231; Mosse, George L. * 11/131; Mosse, Rudolf ~ 7/232; Mostar, Gerhart Herrmann ~ 7/232; Moszkowski, Alexander ~/† 7/232; Moszkowski, Max ~ 7/232; Moszkowski, Moritz ~ 7/232; Motherby, Johanna Charlotte † 7/232; Mothes, (Alwin) Kurt ~ 7/232; Mottek, Hans ~/† 7/233; Motz, Friedrich (Christian Adolf) von † 7/233; Motzkin, Theodor(e) Samuel */~ 7/233; Mouson, August Friedrich * 7/234; Much, Hans ~ 7/237; Muche, Georg ~ 7/238; Muck, Carl ~ 7/238; Muckermann, Hermann ~/† 7/238; Müchler, Johann Georg ~/† 7/239; Müchler, Karl Friedrich ~/† 7/239; Mückenberger, Erich † 11/132; Müffling, Karl Frh. von ~ 7/239; Mügge, Theodor */~/† 7/240; Mühlbach, Luise ~/† 7/240; Mühlen, Leo (Erwin) von zur ~ 7/241; Mühler, Heinrich (Gottlob) von ~/† 7/242; Mühler, Heinrich von ~ 7/242; Mühlestein, Hans ~ 7/242; Mühlmann, Wilhelm Emil ~ 7/243; Muehlon, Johann Wilhelm ~ 7/243; Mühlpforte, Robert † 7/243; Mühr, Alfred * 7/243; Mühsam, Erich */~ 7/244; Mühsam, Paul ~ 7/244; Mühsam-Edelheim, Margaret T. */~ 7/244; Müllenhoff, Adolf * 7/245; Müllenhoff, Karl (Viktor) ~/† 7/246; Müller, Adam Heinrich Ritter von Nittersdorf */~ 7/246; Müller, Adolf ~ 7/247; Müller, Adolph ~/† 7/247; Müller, August ~/† 7/249; Müller, Carl ~/† 7/249; Müller, Christoph Heinrich ~ 7/250; Müller, Conrad ~ 7/250; Müller, (Alfred) Dedo ~ 7/251; Müller, Dode Emken ~ 7/251; Müller, Eberhard ~ 7/251; Müller, Edmund Josef ~ 7/252; Müller, Eduard ~ 7/252; Müller, Emil † 7/252; Müller, Erich (Max) ~ 7/253; Müller, Erich */~ 7/253; Müller, Erich ~ 7/253; Müller, Erich Albert ~ 7/253; Müller, Erich H. † 7/253; Müller, Erwin ~ 7/254; Müller, Erwin (Wilhelm) ~/† 7/254; Müller, Eugen ~ 7/255; Müller, Fooke Hoissen ~/† 11/132; Müller, Franz */~ 7/256; Müller, Franz (Hermann) */~ 7/256; Müller, Friedrich (d. Ä.) ~ 7/257; Müller, Friedrich von ~ 7/258; Müller, Friedrich (Wilhelm Karl) ~/† 7/258; Müller, Friedrich Max ~ 7/258; Müller, Fritz ~ 7/258; Müller, Fritz */~ 7/258; Müller, Gebhard ~ 7/259; Müller, Georg ~ 7/260; Müller, Georg Elias ~ 7/260; Müller, Gerd ~/† 7/260; Müller, Gerda ~/† 7/260; Müller, Gottfried ~ 7/261; Müller, (Karl Hermann) Gustav ~ 7/261; Müller, Hans ~/† 7/261; Müller, Hans (Heinrich) † 7/261; Müller, Hans ~ 7/262; Müller, Hans-Reinhard ~ 7/262; Müller, Hans-Wolfgang ~ 7/262; Müller, Heiner ~/† 7/262; Müller, Heinrich ~ 7/263; Müller, Heinrich ~ 7/264; Müller, Heinrich † 7/264; Müller, Heinz-Otto ~ 7/264; Müller, Hermann ~ 7/265; Müller, Hermann von ~/† 7/265; Müller, Hermann ~ 7/265; Müller, Hermann † 7/265; Müller, Hermann Christian Friedrich * 7/265; Müller, Hugo ~ 7/266; Müller, Inge */† 7/266; Müller, Ivan ~ 7/267; Müller, Joel ~/† 7/267; Müller, Johannes von ~ 7/270; Müller, Johannes ~/† 7/271; Müller, Johannes Peter ~/† 7/271; Müller, Josef ~ 7/272; Müller, Joseph ~ 7/272; Müller, Julius ~ 7/272; Müller, Karl (Christian)

~/† 7/273; Müller, Karl (Ferdinand Friedrich) ~ 7/273; Müller, Karl ~ 7/273; Müller, Kurt */~ 7/275; Müller, Kurt ~ 7/275; Müller, Leopold ~ 7/275; Müller, Lucian ~ 7/275; Müller, Ludwig † 7/276; Müller, Ludwig August von ~ 7/276; Müller, Maria ~ 7/276; Müller, Marianne ~/† 7/276; Müller, Max ~ 7/277; Müller, Nikolaus ~/† 7/278; Müller, (Karl) Otfried ~ 7/278; Mueller, Otto (H.) ~ 7/278; Müller, Otto † 7/278; Müller, Otto ~ 7/279; Müller, Paul Friedrich Wilhelm ~ 7/279; Müller, Renate ~/† 7/280; Müller, Richard Carl Georg August ~/† 7/280; Müller, Rolf (Hans) ~ 7/280; Müller, Sophie ~ 7/281; Müller, Therese ~/† 7/281; Müller, Theresina ~ 7/281; Müller, Traugott ~/† 7/281; Müller, Valentin */~ 7/282; Müller, Vincenz † 7/282; Müller, Waldemar ~ 7/282; Müller, Werner ~ 7/283; Müller, (Johann Ludwig) Wilhelm ~ 7/283; Müller, Wilhelm ~ 7/283; Müller, Wilhelm Carl Friedrich ~ 7/283; Müller, Willy ~ 7/284; Müller, Wolf Johannes ~ 7/284; Müller, Wolfgang ~ 7/284; Müller von Asow, Erich Hermann ~/† 7/284; Müller-Brandenburg, Hermann ~ 7/285; Müller-Braunschweig, Carl ~/† 7/285; Müller-Breslau, Heinrich ~/† 7/285; Müller-Bütow, Hedwig ~/† 7/285; Müller-Erzbach, Rudolf ~ 7/286; Müller-Freienfels, Richard ~ 7/286; Müller-Graaf, Carl-Hermann ~ 7/286; Müller-Hartmann, Robert ~ 7/287; Müller-Hess, Adelheid ~/† 7/287; Müller-Hess, Eduard */~ 7/287; Müller-Hillebrand, Dietrich ~ 7/287; Müller-Jabusch, Maximilian ~/† 7/288; Müller-Kaempff, Paul ~/† 7/288; Müller-Langenthal, Friedrich ~ 7/288; Müller-Lichtenberg, (Julius) Hermann † 7/288; Müller-Lincke, Anna */† 7/289; Müller-Linow, Bruno ~ 11/133; Müller-Lyer, Franz Carl ~ 7/289; Müller-Marein, Josef ~ 7/289; Müller-Osten, Wolfgang ~ 11/133; Müller-Rehrmann, Fritz ~ 7/290; Müller-Ronneburger, Katharina * 7/290; Müller-Sagan, Hermann † 7/290; Müller-Scheld, Wilhelm ~ 7/291; Müller-Weiss, Louise ~ 7/291; Müller-Wulckow, Walter Lothar ~ 7/292; Münch, Carl ~ 7/292; Münchhausen, Alexander Frh. von ~ 7/294; Münchhausen, Börries Frh. von ~ 7/294; Münchhausen, Gerlach Adolf Frh. von * 7/294; Münemann, Rudolf */~ 7/295; Münnich, Richard ~ 7/296; Münster, Hans (Amandus) ~ 7/297; Münsterberg, Emil ~/† 7/297; Münsterberg, Hugo ~ 7/297; Münsterberg, Oskar ~/† 7/297; Münter, Gabriele */~ 7/298; Münzenberg, Willi ~ 7/300; Münzer, Friedrich ~ 7/301; Münzer-Neumann, Käthe ~ 7/301; Münzinger, Friedrich † 7/301; Müsebeck, Ernst (Friedrich Christian) ~ 7/302; Müssemeier, Friedrich ~ 7/302; Müthel, Eva ~ 7/302; Müthel, Lothar (Max) */~ 7/302; Muff, Wolfgang ~ 7/303; Mugdan, Otto ~/† 7/303; Muhler, Emil ~ 7/304; Muhs, Hermann ~ 7/304; Mukarovsky, Hans Günther ~ 7/304; Mulert, Hermann ~ 7/305; Mulert, Oskar † 7/305; Mumm von Schwarzenstein, Alfons Frh. von ~ 7/306; Mumm von Schwarzenstein, (Daniel) Heinrich ~ 7/306; Mumm, Reinhard ~/† 7/306; Mummendey, Richard ~ 7/306; Mundt, Robert */~ 7/307; Mundt, Theodor ~/† 7/307; Mungenast, Ernst Moritz ~ 7/307; Munier-Wroblewska, Mia ~ 7/308; Munk, Esra ~ 7/308; Munk, Hermann ~/† 7/308; Munk, Immanuel ~/† 7/308; Munk, Marie */~ 7/308; Munkácsi, Martin ~ 7/309; Munschke, Ewald */~ 7/309; Muntner, Süßmann ~ 7/309; Munzinger, Edgar ~ 7/309; Munzinger, Ludwig ~ 7/310; Munzinger, Walter ~ 7/310; Murad-Michalkowski, Gabriele ~ 7/310; Muret, Eduard */~ 7/312; Murnau, Friedrich Wilhelm ~ 7/312; Mursinna, Friedrich Samuel */~/† 7/314; Murska, Ilma von ~ 7/315; Muschg, Walter ~ 7/315; Muschler, Reinhold Conrad */~/† 7/315; Musfeld, Ernst Max ~ 7/316; Musger, Erwin ~ 7/316; Musil, Alois ~ 7/316; Musil, Klara ~ 7/317; Musil, Robert Edler von ~ 7/317; Musy, Jean Marie ~ 7/319; Muth, Carl ~ 7/319; Muther, Richard ~ 7/320; Muthesius, Hans ~ 7/320; Muthesius, Hermann ~/† 7/320; Muthmann, Wilhelm ~ 7/320; Mutius, Gerhard von † 7/321; Mutzenbecher, Kurt von ~/† 7/322; Mutzenbecher, (Gustav) Wilhelm ~ 7/322; Mylius, Christlob ~ 7/322; Mylius, Franz (Benno) ~/† 7/323; Mylius, Wilhelm Christhelf Siegmund */~/† 7/323; Mysz, Susanne */~ 7/324; Mysz-Gmeiner, Lula ~

7/324; Nachbar, Herbert ~/† 7/325; Nacher, Ignatz ~ 7/326; Nachmansohn, David ~ 7/326; Nachtigal, Gustav ~ 7/326; Nachtlicht, Leo ~ 7/327; Nachtsheim, Hans (Friedrich Josef) ~ 7/327; Nachtweh, Alwin (Wilhelm Rudolf Arnold) ~ 7/328; Nacken, Richard ~ 7/328; Nadel, Arno ~ 7/328; Nadel, Siegfried (Ferdinand) ~ 7/328; Nadler, Karl (Christian) Gottfried ~ 7/329; Nadolny, Rudolf ~ 7/329; Nadolovitch, Jean ~/† 7/329; Näf, Werner ~ 7/330; Naegele, Reinhold ~ 7/331; Nägeli, Carl (Wilhelm) von ~ 7/331; Nägeli, Theodor (Rudolph) ~ 7/332; Nägelsbach, Elisabetha (Ida Charlotte Luise) ~ 7/332; Nägelsbach, Karl Friedrich von ~ 7/332; Nagel, Albrecht (Eduard) ~ 7/333; Nagel, August ~ 7/333; Nagel, Lorenz Theodor ~ 7/334; Nagel, Otto */~/† 7/334; Nagel, Wilhelm ~/† 7/335; Nagel, (Gottlieb) Wilhelm ~ 7/335; Nagel, Wilibald ~ 7/335; Nagel, Willibald ~ 7/335; Nagel zu Aichberg, Ludwig von ~ 7/335; Nagiller, Matthäus ~ 7/335; Nagler, Alois ~ 11/133; Nagler, Carl Ferdinand Friedrich von ~/† 7/336; Naglo, Emil (Ottomar) ~ 7/336; Nagy, Käthe von ~ 7/337; Nahl, Johann August d. Ä. */~ 7/337; Nahmer, Adolf von der ~ 7/337; Naphtali, Fritz * 7/339; Narath, Albert ~ 7/340; Narbeshuber, Max ~ 7/340; Narjes, Theodor Gustav ~ 7/340; Naso, Eckart von ~ 7/341; Nassauer, Max ~ 7/341; Nasse, Dietrich ~ 7/341; Nasse, Otto (Johann Friedrich) ~ 7/342; Natalis, Friedrich ~/† 7/342; Nathan, Hans ~/† 7/342; Nathan, Henry ~ 7/343; Nathan, Paul */~/† 7/343; Nathorff, Hertha ~ 7/343; Nathusius, Annemarie ~/† 7/343; Nathusius, (Johann) Gottlob ~ 7/343; Nathusius, Hermann von ~ 7/343; Nathusius, Martin Friedrich Engelhard von ~ 7/344; Nathusius, Simon ~ 7/344; Natorp, Gustav ~ 7/344; Natorp, Maria Anna Frfr. von ~ 7/344; Natorp, Paul ~ 7/344; Natzler, Leopold ~ 7/345; Nau, Alfred ~ 7/346; Nauck, August ~ 7/346; Nauck, Ernst (Georg) ~ 7/346; Nauen, Heinrich ~ 7/347; Naujok, Rudolf ~ 7/347; Naujoks, Hans ~ 7/347; Naumann, Bruno ~ 7/348; Naumann, Carl Wilhelm ~ 7/348; Naumann, Emil */~ 7/348; Naumann, Hans ~ 7/349; Naumann, Johann Gottlieb ~ 7/350; Naumann, Konrad ~ 7/350; Naumann, Max */† 7/350; Naumann, Rudolf ~ 11/133; Naumann, Viktor */~ 7/351; Naumann, Werner ~ 7/351; Naumburg, Samuel ~ 7/351; Naunyn, Bernhard */~ 7/351; Naval, Franz ~ 7/352; Nawiasky, Hans ~ 7/352; Nay, Ernst Wilhelm */~ 7/352; Nay, Joe */~ 11/134; Neander, (Johann) August (Wilhelm) ~/† 7/352; Nebe, Arthur */~ 7/353; Nebe, August ~ 7/353; Nebe, Carl (Johann Eduard) ~/† 7/353; Nebe, Eduard */~ 7/353; Nebehay, Gustav ~ 7/353; Nebel, Otto (Wilhelm Ernst) */~ 7/354; Nebel, Rudolf ~ 7/354; Nechansky, Arnold ~ 7/354; Neckel, Gustav (Karl Paul Christoph) ~ 7/354; Necker, Wilhelm ~ 7/355; Neef, Fritz ~ 7/356; Nees von Esenbeck, Christian Gottfried Daniel ~ 7/356; Nef, Albert ~ 7/357; Negelein, Erwin */~/† 11/135; Negri, Pola ~ 7/358; Neher, Carola ~ 7/358; Neher, (Rudolf Ludwig) Caspar ~ 7/358; Nehring, Alfons ~ 11/135; Nehring, (Carl Wilhelm) Alfred ~ 7/359; Neiendorff, Emmy */~ 7/360; Neinhaus, Karl ~ 7/360; Neisser, Max ~ 7/361; Neithardt, Heinrich August ~/† 7/361; Neitzel, Otto ~/† 7/361; Nelissen-Haken, Bruno ~ 7/361; Nelken, Dinah */~/† 7/361; Nell, Peter */~/† 7/361; Nell, Walter ~ 7/362; Nellen, Peter ~ 7/362; Nelson, Leonard ~ 7/363; Nelson, Rudolph */~/† 7/363; Nelson, Maria ~ 7/363; Nemitz, Anna ~/† 11/136; Nencki, Marcell von ~ 7/363; Nering, Johann Arnold ~/† 7/364; Nerlinger, Oskar ~/† 7/364; Nernst, Walther (Hermann) ~ 7/364; Neruda, Wilma Maria Franziska ~/† 7/365; Nerz, Otto ~ 7/365; Nesch, Rolf ~ 7/365; Neske, Günther (Hermann Albert) ~ 7/365; Nesper, Eugen (Heinrich Josef) † 11/136; Nesper, Josef ~/† 7/366; Nesselhauf, Herbert (Adolf Josef) ~ 7/366; Nesselmann, Kurt ~ 11/136; Nesselrode, Karl Robert Graf von ~ 7/366; Nestler, Werner ~ 7/367; Nestle, Wilhelm (Albrecht) ~ 7/367; Nestriepke, Siegfried Friedrich Heinrich ~/† 7/367; Nettesheim, Konstanze ~ 7/369; Nettlau, (Carl Hermann) Max ~ 7/369; Netto, (Otto Erwin Johannes) Eugen ~ 7/369; Nettstraeter, Klaus ~ 7/369; Neubauer, Friedrich ~ 7/371; Neubauer, Hugo

~ 11/137; Neubauer, Theodor (Thilo) ~ 7/371; Neuber, Heinz (August Paul) ~ 11/137; Neuberg, Carl ~ 7/372; Neubert, Fritz (Karl Hermann) ~/† 7/373; Neuburger, Kurt */~/† 7/374; Neuburger, Paul ~ 7/375; Neudörffer, Julius ~ 7/375; Neue, Paul Albert ~ 7/375; Neuendorff, (Gustav Rudolf) Edmund */~ 11/137; Neufeld, Eugen ~ 7/376; Neufert, Ernst Hermann ~ 7/376; Neugebauer, Alfred ~ 7/377; Neugebauer, Helmuth ~ 7/377; Neugebauer, Karl Anton */† 7/377; Neugebauer, Paul (Viktor) ~ 11/138; Neugebauer, Wilhelm Ehrenfried ~ 7/377; Neuhaus, Albert ~ 7/378; Neuhaus, Fritz (Alfred Ernst) */~ 11/138; Neuhaus, Günter Alexander */~/† 11/138; Neuhaus, Julie * 7/378; Neuhaus, Leopold ~ 11/139; Neuhauss, Richard (Gustav) ~ 11/139; Neukirch, Benjamin ~ 7/379; Neukrantz, Klaus (Fritz) */~ 7/380; Neumann, Adolphine ~ 7/380; Neumann, August ~ 7/380; Neumann, Caspar ~/† 7/381; Neumann, Erich */~ 7/381; Neumann, Franz */~/† 7/382; Neumann, Franz Ernst ~ 7/382; Neumann, Franz Leopold ~ 7/382; Neumann, Fritz ~ 7/383; Neumann, Georg (Fritz) ~/† 11/139; Neumann, Günter (Christian Ludwig) */~ 7/383; Neumann, Hans ~ 11/139; Neumann, Hans Otto ~ 7/383; Neumann, Heinz */~ 7/384; Neumann, Hermann Kunibert ~ 7/384; Neumann, Hugo */~/† 7/384; Neumann, Johanna ~ 7/384; Neumann, Karl August ~/† 7/385; Neumann, Karl Eugen ~ 7/385; Neumann, Karl Friedrich ~/† 7/385; Neumann, Karl Georg ~ 7/385; Neumann, Klaus-Günter */~/† 7/385; Neumann, Mathieu ~ 7/386; Neumann, Rudolf Otto ~ 7/386; Neumann, Salomon ~/† 7/386; Neumann, Siegmund ~ 7/386; Neumann, Siegmund ~ 11/140; Neumann, (Friedrich) Wilhelm */~ 7/387; Neumann-Hofer, Adolf ~ 7/387; Neumann-Hofer, Annie ~/† 7/388; Neumann-Hofer, Gilbert Otto ~ 7/388; Neumann-Viertel, Elisabeth ~ 7/388; Neumark, David ~ 7/388; Neumark, Fritz ~ 7/388; Neumayer, Fritz ~ 7/389; Neumayer, Georg (Balthasar) von ~ 7/389; Neumeyer, Alfred ~ 7/390; Neumeyer, Alfred ~ 7/391; Neumeyer, Fritz ~ 7/391; Neumeyer, Karl ~ 7/391; Neundörfer, Karl ~ 7/391; Neurath, Konstantin Frh. von ~ 7/392; Neurath, Otto (Karl Wilhelm) ~ 7/392; Neuschul, Ernst ~ 7/393; Neuß, Alwin ~/† 7/393; Neuss, Wolfgang ~/† 7/393; Neustätter, Otto ~ 7/394; Neutert, Eugen */~/† 7/394; Neutra, Richard (Josef) ~ 7/394; Nève, Paul de ~/† 7/395; Neven Du Mont, Alfred (Eduard Maria) ~ 7/395; Neven Du Mont, Joseph (August) ~ 7/395; Neven Du Mont, Jürgen ~ 7/396; Nevermann, Hans (Paul Friedrich Wilhelm) ~/† 11/140; Newald, Richard (Ludwig Adalbero) ~/† 7/396; Ney, Elisabeth (Franzisca Bernhardina Wilhelmina) ~ 7/396; Nichelmann, Christoph ~/† 7/397; Nick, Edmund (Josef) ~ 7/397; Nicklass-Kempner, Selma ~/† 7/398; Nicklisch, Heinrich (Karl) ~/† 7/398; Nicodé, Jean Louis ~ 7/398; Nicol, Karl Ludwig Dietrich ~ 7/398; Nicolai, (Christoph) Friedrich */~/† 7/399; Nicolai, Georg (Friedrich) */~ 7/399; Nicolai, Helmuth (Alphons Gottfried) */~ 7/400; Nicolai, (Carl) Otto (Ehrenfried) ~/† 7/400; Nicolai, Robert (Emil Gottlieb) ~ 7/400; Nicolaier, Arthur ~/† 7/401; Nicolovius, Alfred ~ 7/401; Nicolovius, Georg Heinrich Ludwig † 7/401; Niebelschütz, Wolf (Magnus Friedrich) von * 7/402; Nieberding, (Rudolf) Arnold † 7/402; Niebergall, Friedrich ~ 7/402; Niebuhr, Barthold Georg ~ 7/403; Niebuhr, Markus Carsten Nikolaus von ~ 7/403; Niedecken-Gebhard, Hanns (Ludwig) ~ 7/404; Nieden, Wilhelm zur ~/† 7/404; Niedenzu, Franz ~ 7/404; Niederhäusern, David von ~ 7/405; Niedermann, (Karl) Alfred ~ 7/405; Niedermayer, Oskar Ritter von ~ 7/405; Niedermoser, Otto (Wilhelm) ~ 7/406; Niederreuther, Thomas ~ 7/406; Niedlich, Gottfried */† 7/406; Niedner, Christian Wilhelm ~/† 7/406; Niehans, Paul ~ 7/406; Niehues, Bernhard ~ 7/407; Niekisch, Ernst (Karl August) ~/† 7/407; Nielsen, Asta ~/† 7/407; Nielsen, Hans † 7/407; Nielsen, Nicolaus Johann Ernst ~ 7/407; Niemann, Albert ~/† 7/408; Niemann, Albert */~/† 7/408; Niemann, Gustav ~ 11/141; Niemann, Rudolph (Friedrich) ~ 7/408; Niemann-Raabe, Hedwig ~/† 7/409; Niemczyk, Oskar ~/† 11/141; Niemeyer, Hermann ~ 7/409; Niemeyer, Paul ~/†

7/410; Niemeyer, Theodor ~/† 7/410; Niemeyer, Victor (Johannes Gotthold) ~ 7/410; Niemeyer-Holstein, Otto ~ 7/410; Niemöller, Martin ~ 7/410; Nienkemper, Fritz ~/† 7/411; Nienstedt, Gerd ~ 7/411; Niesel, Wilhelm */~ 7/412; Niesmann, Adolf Georg ~ 7/412; Niessen, Carl (Hubert) ~ 7/412; Niessen, Wilhelm ~ 7/412; Niessl von Mayendorf, Erwin Gustav ~ 7/412; Niessner, Alois ~ 7/413; Nietan, Hans ~ 7/413; Nietlispach, Emil ~ 7/414; Nieviera, Else † 7/416; Niggli, Arnold ~ 7/417; Nikisch, Arthur ~ 7/418; Nikolaus, Paul ~ 7/420; Nipkow, Paul (Julius Gottlieb) ~/† 7/421; Nipperdey, Karl Ludwig ~ 7/422; Nipperdey, Thomas ~ 7/422; Nippold, Otfried ~ 7/423; Nippoldt, Alfred ~ 11/142; Nirrnheim, Hans ~ 7/423; Nischwitz, Theo * 7/423; Nissen, Hans Hermann ~ 7/424; Nissen, Heinrich ~ 7/424; Nissen, Hermann ~/† 7/424; Nissen, Rudolf ~ 7/424; Nißle, Alfred ~ 7/425; Nithack-Stahn, Walther */~/† 11/142; Nitze, Maximilian */~/† 11/142; Nitzsch, Carl Immanuel ~/† 7/426; Nitzsch, Friedrich August Berthold ~ 7/426; Nitzsch, Karl Wilhelm ~/† 7/427; Noa, Manfred */† 7/427; Noack, Ferdinand ~/† 7/427; Noack, Friedrich ~ 7/427; Noack, Kurt ~/† 7/428; Noack, Ulrich ~ 7/428; Nobbe, Friedrich ~ 7/428; Nobbe, Karl ~ 7/428; Nobel, Johannes ~ 7/428; Nobel, Nehemia Anton ~ 11/142; Nobert, Friedrich Adolph ~ 7/429; Nocht, Bernhard (Albrecht) ~ 7/429; Nocker, Hanns ~/† 7/429; Noddack, Ida (Eva) ~ 7/429; Noddack, Walter (Karl Friedrich) */~/† 7/429; Noë, Oskar ~ 7/430; Nöggerath, Carl ~ 7/430; Noeldechen, Bernhard ~ 7/430; Nöldeke, Theodor ~ 7/430; Noelle, Heinrich ~ 7/431; Nölting, Erik (Wilhelm) ~ 7/431; Nörrenberg, Constantin ~ 7/431; Noetel, Heinrich (Friedrich) ~ 11/143; Noetel, Konrad Friedrich ~/† 7/432; Nötscher, Friedrich ~ 7/432; Nohl, Herman (Julius) */~ 7/432; Nohl, Johannes */~ 7/433; Nohl, (Karl Friedrich) Ludwig ~ 7/433; Noldan, Svend ~ 7/433; Nolde, Emil ~ 7/433; Nolden, Peter Richard Hubert ~ 7/434; Nolte, Ernst Ferdinand ~ 7/435; Nomi, Klaus ~ 7/435; Nonne, Max ~ 7/436; Noorden, Carl (Harko) von ~ 7/436; Noorden, Karl von ~ 7/436; Noppel, Constantin ~ 7/437; Norbert, Karl ~ 7/437; Nord, Friedrich Franz ~ 7/437; Norden, Albert ~/† 7/438; Norden, Eduard ~ 7/438; Nordhausen, Richard */~/† 7/438; Nordhoff, Heinrich ~ 7/438; Nordmann, Hans Friedrich ~/† 7/438; Nordmann, Otto (Wilhelm Karl) ~ 7/439; Noren, Heinrich Suso Johannes ~ 7/439; Noske, Gustav ~ 7/440; Noskowski, Sigismund ~ 7/440; Nosseck, Max ~ 7/440; Nossig, Alfred ~ 7/441; Nostitz-Wallwitz, Helene von */~ 7/441; Nostitz-Wallwitz, Oskar von ~ 7/441; Noth, Ernst Erich * 7/442; Nothnagel, (Karl Wilhelm) Hermann ~ 7/442; Nottarp, (Hugo) Hermann (Adolf Maria) ~ 7/443; Nottebohm, Friedrich ~/† 11/144; Nottebohm, (Martin) Gustav ~ 7/443; Nouseul, Johann ~ 7/444; Nouseul, Rosalia (Caroline) ~ 7/444; Nouveau, Henri ~ 7/444; Nowack, Wilhelm */~ 7/445; Nowack, Wilhelm ~ 7/446; Nowak, Karl Friedrich ~/† 7/446; Nuding, Hermann (Christian) ~ 7/447; Nüchtern, Hans ~ 7/447; Null, Werner von der ~ 11/144; Nuelsen, John Louis ~ 7/447; Nürnberg, Werner ~/† 11/144; Nuschke, Otto (Gustav) ~ 7/448; Nussbaum, Arthur */~ 7/448; Nussbaum, Felix ~ 7/449; Nussbaum, Jakob ~ 7/449; Nußbaum, Johann Nepomuk ~ 7/449; Oberbeck, Anton */~/† 7/451; Oberdorf, Fritz ~ 7/452; Oberdorfer, Günther ~ 7/452; Obereit, Jakob Hermann ~ 7/452; Oberfohren, Ernst ~ 7/452; Oberheid, Heinrich (Josef) ~ 11/145; Oberhoffer, Karl ~ 7/453; Oberhummer, Eugen ~ 7/453; Oberländer, Alfred ~/† 7/454; Oberländer, Gerhard */~ 7/454; Oberländer, Heinrich ~/† 7/454; Oberländer, Theodor ~ 11/145; Oberleithner, Max von ~ 7/454; Obermeier, Otto (Hugo Franz) ~/† 7/455; Oberndorff, Alfred Graf von ~ 7/456; Oberste-Brink, Karl ~ 7/456; Oberth, Hermann (Julius) ~ 7/457; Oberth, Julius ~ 7/457; Obertimpfler, Karl ~ 7/457; Oberwinder, Heinrich ~ 7/458; Oboussier, Robert ~ 7/458; Obrist, Aloys ~ 7/458; Obrist, Hermann ~ 7/459; Obst, Erich * 7/459; Obst, Georg ~ 7/459; Ochel, Willy ~ 7/460; Ochs, Karl Wilhelm ~/† 7/460; Ochs, Siegfried ~/† 7/460; Ochs,

Traugott ~/† 7/460; Ochsenfeld, Robert ~ 11/146; Ockel, Eduard ~/† 7/461; O'Daniel, Herbert ~ 11/146; Ode, Erik */~ 7/461; Odebrecht, (Paul) Rudolf */~/† 11/147; Odemar, Fritz (Otto Emil) ~ 7/461; Oechelhäuser, Wilhelm von ~ 7/462; Oehl, Ilse ~ 7/464; Oehlecker, Franz ~ 7/464; Oehler, Karl Gottlieb Reinhard ~ 7/464; Oehler, Richard ~ 7/464; Oehlke, Alfred ~ 7/465; Oehlke, Waldemar ~ 7/465; Öhlschläger, Otto Karl von ~ 7/465; Oehme, Curt (Oskar Alfred) ~ 7/465; Oehme-Foerster, Elsa ~ 7/465; Oehring, Richard ~ 7/465; Oelfken, Tami ~ 7/467; Oellers, Fritz ~ 7/467; Oelsner, Gustav ~ 7/467; Oelsner, Konrad Engelbert ~ 7/467; Oelssner, Fred ~/† 7/468; Oeltjen, Jan ~ 7/468; Oelze, Richard ~ 7/468; Oeri, (Jakob) Albert ~ 7/469; Oertel, Curt ~ 7/469; Oertel, Dieter ~ 7/469; Oertel, Johannes */~/† 11/148; Oertmann, Paul (Ernst Wilhelm) ~ 11/149; Oertzen, Hans Ulrich von */† 7/470; Oertzen, Jasper von ~ 7/470; Oeser, Rudolf ~/† 7/471; Oesfeld, Karl Wilhelm von */† 7/471; Oestéren, (Maria) Friedrich Werner van * 7/471; Oesterlen, Dieter ~ 7/472; Oesterlen, Otto ~ 7/472; Oesterreich, Matthias † 7/472; Oesterreich, Traugott Konstantin ~ 7/472; Oestreich, Gerhard ~ 7/473; Oestreich, Paul (Hermann August) ~/† 7/473; Oestrich, Hermann ~ 11/149; Oetken, August (Heinrich Hermann) ~ 7/474; Oetken, Friedrich ~ 7/474; Oetker, August ~ 7/474; Oetker, Friedrich † 7/474; Oetker, Karl † 7/475; Oettingen, Arthur Joachim von ~ 7/475; Oettingen, Hans (-Georg) von † 7/475; Oettingen, Wolfgang von ~ 7/475; Oettinger, Eduard Maria ~ 7/476; Oeynhausen, Karl August Ludwig Frh. von ~ 7/476; Offermann, Sabine ~ 7/478; Offermann, Theodor Frh. von ~ 7/478; Ohe, Adele aus der ~/† 7/478; Ohlendorf, Otto ~ 7/479; Ohlendorff, Heinrich Jacob Bernhard Frh. von ~ 7/479; Ohlhoff, Elisabeth ~/† 7/479; Ohlin, Anna Christine ~ 7/479; Ohly, Dieter * 7/479; Ohly, Friedrich ~ 7/479; Ohm, Georg Simon ~ 7/480; Ohm, Johannes ~ 7/480; Ohm, Martin ~/† 7/480; Ohms, Elisabeth ~ 7/481; Ohnesorge, Wilhelm ~ 11/149; Ohnsorg, Richard ~ 7/481; Ohnsorge, Werner ~ 11/149; Ohr, Wilhelm Ludwig ~ 7/482; Ohser, Erich † 7/482; Olbricht, Friedrich † 7/484; Oldekop, Iwan Christian Hermann ~ 7/484; Olden, Hans ~ 7/484; Olden, Rudolf ~ 7/484; Oldenberg, Hermann ~ 7/485; Oldenberg, Karl */~ 7/485; Oldenbourg, Rudolf Carl ~ 7/485; Oldenburg, Elimar Anton Günther Friedrich Herzog von ~ 7/485; Olfers, Hedwig von ~/† 7/487; Olfers, Ignaz (Franz Maria) von ~/† 7/487; Olfers, Marie von */† 7/488; Olfers, Sybille von ~ 7/488; Olitzka, Rosa */~ 7/488; Olitzki, Walter ~ 7/488; Oliven, Fritz ~ 7/488; Olivier, Heinrich von ~/† 7/489; Ollendorff, Franz Heinrich */~ 7/489; Ollenhauer, Erich ~ 7/489; Olshausen, Hermann ~ 7/490; Olshausen, Justus ~/† 7/490; Olshausen, (Hermann) Otto (Wilhelm) ~/† 7/490; Olshausen, Robert von ~/† 7/490; Olt, Adam ~ 7/491; Ompteda, Georg Frh. von ~ 7/491; Ompteda, Ludwig Frh. von ~ 7/492; Oncken, Hermann ~ 7/492; Oncken, Wilhelm ~ 7/492; Onegin, Sigrid ~ 7/492; Onowotschek, Ferdinand ~ 7/493; Opet, Otto */~ 11/150; Ophüls, Max ~ 7/494; Opitz, Herwart (Siegfried) ~ 11/150; Opitz, Max † 7/496; Oppel, Albert ~ 7/496; Oppeln-Bronikowski, Friedrich Frh. von ~/† 7/497; Oppenheim, Adolf ~ 7/497; Oppenheim, Alphons ~ 7/498; Oppenheim, Dagobert ~ 11/151; Oppenheim, Heinrich Bernhard ~/† 7/498; Oppenheim, Hermann ~/† 7/498; Oppenheim, Lassa (Francis Lawrence) ~ 11/151; Oppenheim, Meret */~ 7/499; Oppenheimer, Carl */~ 7/499; Oppenheimer, Franz */~ 7/500; Oppenheimer, Fritz Ernst */~ 7/500; Oppenheimer, Max ~ 7/501; Oppenheimer, Oscar Franklin ~ 7/501; Oppenhoff, Friedrich Christian ~/† 7/501; Oppert, Gustav Salomon ~/† 7/501; Oppert, Julius ~ 7/501; Oppler, Alfred C. ~ 7/501; Oppler, Ernst ~/† 7/502; Orabuena, José */~ 7/503; Ordenstein, Heinrich ~ 7/503; Orenstein, Benno ~/† 11/152; Orgéni, Aglaja ~ 7/505; Orges, Hermann Ritter von ~ 7/505; Orlik, Emil ~/† 7/506; Orlopp, Josef ~/† 7/506; Orlowski, Hans Otto ~/† 7/506; Orska, Maria ~ 7/507; Orth, Albert ~ 7/507; Orth, August (Friedrich Wilhelm) ~/† 7/507; Orth, Johannes ~/† 7/508; Ortlieb,

Friedrich ~ 7/508; Ortmann, Wilfried ~/† 7/509; Osann, Emil ~/† 7/510; Osborn, Franz Joachim */~ 7/510; Osborn, Max ~ 7/510; Oschilewski, Walther G. */~/† 7/511; Oser, Hugo ~/† 7/511; Ossietzky, Carl von ~/† 7/513; Ostau, Joachim von */~/† 7/514; Osten, Eva von der ~ 7/514; Osten, Franz ~ 7/514; Osten, Friedrich von der */~ 7/514; Osten, Gert von der ~ 7/514; Osten, Maria ~ 7/514; Osten-Hildebrandt, Rosa von der ~ 7/515; Ostendorf, Julius ~ 7/515; Oster, Hans ~ 7/515; Osterkamp, Ernst ~ 7/516; Osterloh, Edo ~ 7/516; Ostermann, Wilhelm (Otto Theodor) ~ 7/516; Osterrath, Heinrich Philipp ~ 7/517; Osterroth, Nikolaus ~ 7/517; Ostertag, Fritz ~ 7/517; Ostertag, Robert von ~ 7/518; Ostfelden, Maria von ~ 7/518; Osthaus, Karl Ernst ~ 7/518; Ostheim, Minna ~ 7/518; Osthoff, Helmuth ~ 7/519; Osthoff, Hermann ~ 7/519; Ostrowski, Otto ~/† 7/519; Ostwald, Hans */~/† 7/519; O'Sullivan de Grass, Elisabeth Charlotte Gräfin ~ 7/520; Oswald, Gerd * 7/521; Oswald, Johann Benjamin ~ 7/521; Oswald, Richard ~ 7/521; Oswald, (Karl) Wilhelm von ~ 11/152; Oswalda, Ossi */~ 7/522; Othmer, (Heinrich Friedrich) Wilhelm ~ 11/152; Otte, Bernhard ~ 7/525; Otten, Karl ~ 7/525; Ottenjan, Heinrich ~ 7/526; Ottenthaler von Ottenthal, Emil von ~ 7/526; Otth, Adolf Karl ~ 7/526; Ottiker, Ottilie ~ 7/527; Ottmann, Marie ~ 7/527; Ottmer, Carl Theodor ~/† 7/527; Otto, Berthold ~/† 7/534; Otto, Erich */~ 7/534; Otto, Hans ~/† 7/534; Otto, Richard ~ 7/536; Otto, Teo ~ 7/536; Otto, Walter (Gustav Albrecht) ~ 7/536; Otto, Wilhelm ~/† 7/537; Ottow, Benno ~ 7/538; Otzen, Johannes † 7/538; Otzen, (Ehlert) Robert (Friedrich) ~ 7/538; Overbeck, Johann Friedrich ~ 7/539; Overbeck, Karl ~ 7/540; Overhoff, Julius ~ 7/540; Overlach, Helene ~/† 7/540; Overmans, Jakob ~ 7/540; Overweg, Adolf ~ 7/540; Overweg, August ~ 7/540; Overweg, Karl ~ 7/540; Ow-Wachendorf, Hans Otto Frh. von ~ 7/541; Ow-Wachendorf, Wernher Melchior Frh. von ~ 7/541; Paal, Carl (Ludwig) ~ 7/543; Paalzow, (Carl) Adolph ~ 7/543; Paalzow, Henriette von */~/† 7/543; Paar, Ernst ~ 7/543; Paasche, Hermann ~ 7/544; Pabst von Ohain, Hans (Joachim) ~ 11/155; Pabst, Heinrich Wilhelm ~ 7/544; Pabst von Ohain, Rudolf * 7/545; Pabst, (Hermann August) Walter ~/† 7/544; Pachernegg, Alois ~ 7/546; Pachnicke, Hermann ~/† 7/547; Pachter, Henry Maximilian */~ 7/547; Paczka, Cornelia ~ 7/547; Pächt, Otto ~/† 7/547; Paeschke, Hans (Karl Hermann) */~ 11/155; Paetel, Elwin */~/† 7/548; Paetel, Erich */~/† 7/548; Paetel, Karl Otto */~ 7/548; Pätzold, Johannes ~ 11/155; Pagay, Hans ~/† 7/548; Pagay, Josefine ~/† 7/548; Pagay, Sofie ~/† 7/548; Pagel, Julius ~/† 7/548; Pagel, Walter */~ 11/155; Pagenstecher, (Friedrich Hermann) Alexander ~ 7/548; Pagin, Ferdinand ~ 7/549; Pahl, Manfred ~ 7/549; Pallas, Peter Simon */~/† 7/550; Pallas, Simon */~/† 7/551; Pallat, (Friedrich August) Ludwig ~ 7/551; Pallenberg, Max ~ 7/551; Palleske, Emil ~ 7/551; Palmer, Lilli ~ 7/552; Palyi, Melchior ~ 7/553; Pamperrien, Rudolf (Ernst Ferdinand Martin) ~ 7/553; Pan, Peter */~/† 7/554; Pander, Heinrich Christian von ~ 7/554; Pander, Oskar von ~/† 7/554; Paneth, Friedrich Adolf ~ 7/554; Pankok, Bernhard ~ 7/555; Pankow, Otto ~ 7/556; Pannwitz, Rudolf ~ 7/556; Panny, Joseph ~ 7/556; Panofka, Heinrich ~ 7/556; Panofka, Theodor Sigismund ~/† 7/557; Panofsky, Erwin ~ 7/557; Pantenius, Theodor Hermann ~ 7/557; Panzner, Karl ~ 7/558; Pape, Heinrich (Eduard) ~/† 7/559; Pape, Joseph ~ 7/559; Pape, (Friedrich Georg) William ~ 7/559; Papen, Franz von ~ 7/559; Papin, Heinrich * 7/559; Pappenheim, Artur */~ 7/560; Pappenheim, Eugenie ~ 7/560; Pappenheim, Max */~ 7/560; Pappenheim, Samuel Moritz ~/† 7/560; Pappritz, Anna ~ 7/561; Papsdorf, Paul ~ 7/561; Paquet, Alfons ~ 7/561; Paradis, Maria Theresia von ~/† 7/563; Parey, Paul */~/† 7/563; Parisius, Ludolf ~/† 7/564; Parker, Erwin * 7/564; Parpart, Adolf Ludwig Agathon von ~ 7/565; Parrod, François */~ 7/565; Parrot, Johann Jakob Friedrich Wilhelm ~ 7/565; Parseval, August von ~/† 7/565; Parth, Wolfgang W(illy) ~ 7/565; Paryla, Karl ~ 7/566; Pasch, Moritz ~ 7/566; Paschen, (Louis Carl

Heinrich) Friedrich ~ 7/566; Passarge, (Otto Karl) Siegfried ~ 7/568; Passavant, Karl ~ 7/568; Passow, Adolf ~ 7/568; Passow, Franz (Ludwig Karl Friedrich) ~ 7/568; Passow, Richard ~ 7/568; Pastor, Ludwig Frh. von Camperfelden (1916) ~ 7/569; Patow, (Erasmus) Robert Frh. von ~/† 7/570; Patry, Albert ~/† 7/571; Pattenhausen, Hellmuth ~ 7/571; Paudler, Maria ~ 7/572; Paul, Adolf Georg ~/† 7/573; Paul, Albert */~ 7/573; Paul, Bruno ~/† 7/573; Paul, Elfriede ~ 7/573; Paul, Hermann ~ 7/574; Paul, Hermann Julius ~ 7/574; Paul, Hugo † 7/574; Paul, Rudolf ~ 7/574; Paul, Theodor ~ 7/575; Paul, Wolfgang ~ 7/575; Paul, Wolfgang */~/† 7/575; Pauli, Alfred ~ 7/575; Pauli, Heinrich ~ 7/575; Pauli, Hertha ~ 7/576; Pauli, Max */~ 7/576; Pauli, Reinhold */~ 7/576; Paulick, Richard ~/† 7/578; Paulke, Karl ~ 7/578; Paulmichl, Karl ~ 7/578; Pauls, Volquart ~ 7/579; Paulsen, Anna ~ 7/579; Paulsen, Arno ~ 7/579; Paulsen, Friedrich ~/† 7/579; Paulsen, Harald ~ 7/579; Paulsen, Johannes (Joachim Heinrich) ~ 7/580; Paulsen, Max ~ 7/580; Paulsen, Rudolf */~/† 7/580; Paulssen, Arnold (Rudolf Otto) ~ 7/580; Paulus, Käthchen ~/† 7/581; Pauly, Georg ~ 7/581; Pauly, Rose ~ 7/582; Paur, Emil ~ 7/582; Pauspertl, Karl ~ 7/583; Pavel, Emil Wilhelm Rudolf ~ 7/583; Paweck, Heinrich ~ 7/583; Pawel-Rammingen, Rudolf von ~ 7/583; Pax, Ferdinand Albin ~ 7/584; Pechel, Rudolf (Ludwig August) ~ 7/586; Pechmann, Günther Frh. von ~ 7/586; Pechner, Gerhard */~ 7/586; Pechstein, (Hermann) Max ~/† 7/586; Pedrillo, Christiane Dorothea ~ 7/587; Peek, Werner ~ 11/156; Peerdt, Ernst Carl Friedrich te ~ 7/587; Peerenboom, Else ~ 7/588; Peeters, Emil (Aloys Angelique) ~ 7/588; Peierls, Heinrich ~ 7/588; Peierls, Sir Rudolf Ernst */~ 7/588; Peiffer, Engelbert Joseph ~ 7/589; Peiper, Herbert ~ 7/589; Peiser, Felix Ernst */~ 7/589; Peithner von Lichtenfels, Eduard ~/† 7/590; Pelet-Narbonne, Gerhard ~ 7/590; Pelldram, Leopold ~ 7/591; Pellon, Alfred ~ 7/592; Pels, Henry ~ 7/592; Pels-Leusden, Friedrich ~ 7/592; Pels-Leusden, Hans ~/† 7/592; Pelster, Georg ~ 7/592; Peltzer, Otto (Paul Eberhard) ~ 7/593; Peltzer, Walter ~ 7/593; Pelz von Felinau, Josef ~/† 7/593; Penck, (Friedrich Carl) Albrecht ~ 7/594; Penck, Walther ~ 7/594; Pepping, Ernst ~/† 7/597; Pepusch, Johann Christoph * 7/597; Perathoner, Hans ~ 7/598; Pereira-Arnstein, Henriette (Judith) Frfr. von * 7/598; Perels, Emil */~ 7/598; Perels, Ferdinand */† 7/598; Perels, Friedrich Justus (Leopold) */† 7/598; Peristerus, Wolfgang ~ 7/600; Perl, Jacques ~ 7/601; Perl, Karl ~ 7/601; Perles, Max ~ 7/601; Perlitius, Ludwig ~ 7/602; Perls, Paul Heinrich */~/† 7/602; Permoser, Balthasar ~ 7/602; Pernet, Johann ~ 7/603; Pernice, Erich ~ 7/603; Pernice, Lothar Anton Alfred ~/† 7/603; Pernice, Ludwig Wilhelm Anton ~ 7/603; Perponcher-Sedlnitzki, Friedrich Wilhelm Karl August Graf von */† 7/604; Perras, Margherita ~ 7/604; Perron, Oskar ~ 7/604; Perscheid, Nicola ~/† 7/605; Persius, Ludwig ~ 7/605; Perten, Hanns Anselm ~ 7/605; Perthes, Clemens (Theodor) ~ 7/605; Perthes, Georg Clemens ~ 7/605; Pertz, Georg Heinrich ~ 7/606; Pescatore, Gustav ~ 7/607; Pesch, Heinrich ~ 7/607; Pescheck, Paul ~ 7/607; Peschek, Christian August ~ 7/607; Peschkau, Emil ~ 7/608; Pesne, Anton ~/† 7/609; Pessler, Wilhelm Karl Johannes ~ 7/610; Pestalozzi, Heinrich ~ 7/610; Pestalozzi, Johann Heinrich ~ 7/610; Peter, Hans ~ 7/613; Peterka, Rudolf ~/† 7/614; Petermann, Helene ~ 7/614; Peters, Albert ~ 7/615; Peters, August ~ 7/615; Peters, Carl ~ 7/615; Peters, Gerd ~ 11/157; Peters, Hans (Carl Maria Alfons) */~ 7/616; Peters, Johann Martin ~ 7/616; Peters, Johannes ~ 7/616; Peters, Kurt Gustav Karl ~ 7/616; Peters, Oscar ~ 7/617; Peters, Theodor ~/† 7/617; Peters, Ulrich ~ 7/617; Peters, Werner ~ 7/617; Peters, Wilhelm Karl Hartwig ~/† 7/617; Petersdorff, Ernst von † 7/617; Petersen, Asmus ~ 7/618; Petersen, (Johann Christoph) August ~ 7/618; Petersen, Eugen (Adolf Hermann) ~ 7/618; Petersen, Jan */† 7/618; Petersen, Johann Wilhelm ~ 7/618; Petersen, Jürgen ~ 7/619; Petersen, Julius ~ 7/619; Petersen, Leiva */~ 7/619; Petersen, Waldemar ~ 7/620; Peterson, Erik ~

7/620; Peterson, Luise ~ 7/620; Peterssen, George Rudolf ~ 7/620; Petráss, Ilona von ~ 7/621; Petri, Egon ~ 7/621; Petri, Franz ~ 7/622; Petri, Henri (Wilhelm) ~ 7/622; Petri, Julius Richard ~ 7/622; Petri, Oskar Wilhelm Ritter von ~ 7/622; Petriconi, Hellmuth ~ 11/157; Petruschky, Johannes (Theodor Wilhelm) ~ 7/623; Petsch, Robert */~ 7/623; Petter, Franz ~ 7/625; Pettera, Günter ~ 7/625; Petyrek, Felix ~ 7/626; Petzet, Erich ~ 7/627; Petzet, Walter ~ 7/627; Petzmayer, Johann ~ 7/627; Petzoldt, Joseph ~/† 7/628; Petzoldt, Richard Johannes ~ 7/628; Peucker, Karl ~ 7/629; Peucker, Nikolaus ~ 7/629; Pevetz, George ~ 7/631; Pevsner, Sir Nikolaus (Bernhard Leon) ~ 7/631; Pewas, Peter */~ 7/631; Peyser, Alfred ~ 7/632; Pezold, Hans von ~ 7/632; Pfaff, Wilhelm von † 7/634; Pfann, Karl ~ 7/635; Pfannenstiel, (Hermann) Johannes */~ 7/635; Pfannenstiel, Max (Jakob) ~ 7/635; Pfannkuch, Wilhelm † 7/636; Pfannkuch, Wilhelm † 7/636; Pfannschmidt, Carl Gottfried ~/† 7/636; Pfannschmidt, Ernst Christian */~ 7/636; Pfannschmidt, Ernst Christian */~ 7/636; Pfeffer, Friedrich ~ 7/638; Pfeffer, Otto ~ 7/638; Pfeffer, Wilhelm (Friedrich Philipp) ~ 7/638; Pfeifer, Berthold (Christian) ~ 7/638; Pfeifer, Emil ~ 11/157; Pfeifer, Gottfried (Georg) * 11/157; Pfeiffer, August ~ 7/639; Pfeiffer, Emil (Ludwig Wilhelm) ~ 7/639; Pfeiffer, Ida ~ 7/640; Pfeiffer, Johann Friedrich von * 7/640; Pfeiffer, Ludwig ~ 7/641; Pfeiffer, Ludwig ~ 7/641; Pfeiffer, Mauritius ~ 7/641; Pfeiffer, Max Adolf */~ 7/641; Pfeiffer, Maximilian ~ 7/641; Pfeiffer, Peter (Hermann Josef) ~ 7/642; Pfeiffer, Richard (Friedrich Johann) ~ 7/642; Pfeiffer, Rudolf ~ 7/642; Pfeiffer-Belli, Erich ~ 7/642; Pfeil, Elisabeth */~ 7/643; Pfeil, Friedrich Wilhelm ~ 7/643; Pfeil und Klein-Ellguth, Joachim Graf von ~ 7/643; Pfeilsticker, Walther ~ 7/644; Pfemfert, Franz ~ 7/644; Pfenninger, Hans Felix ~ 7/644; Pferdmenges, Robert ~ 7/645; Pfersche, Emil ~ 7/645; Pfestorf, Gerhard Kurt Martin ~ 7/645; Pfister, Friedrich Eduard ~ 7/646; Pfitzer, Ernst ~ 7/647; Pfitzner, Hans (Erich) ~ 7/647; Pfizer, Theodor Paul ~ 7/648; Pflanzl, Heinrich ~ 7/648; Pfleiderer, Otto ~/† 7/649; Pfleiderer, Otto ~ 7/649; Pflüger, Eduard (Friedrich Wilhelm) ~ 7/650; Pflugk-Harttung, Julius von ~/† 7/651; Pfordten, Otto Frh. von der ~ 7/651; Pforr, Philipp ~ 7/652; Pfretzschner, Norbert ~ 7/652; Pfuel, Ernst ~/† 7/652; Pfülf, Antonie ~ 7/652; Pfuhl, Ernst ~ 7/652; Pfundtner, Hans ~/† 7/653; Philipp, Ernst ~ 11/158; Philipp, Hans ~ 7/657; Philipp, Hugo Wolfgang ~ 7/657; Philipp, Robert † 7/657; Philippi, Felix */~/† 7/657; Philippi, Friedrich Adolf */~ 7/657; Philippi, Fritz ~ 7/657; Philippi, Rudolph Amandus ~ 7/658; Philipps, George ~ 7/658; Philipps, Horst ~ 7/658; Philipps, Ludwig ~ 7/659; Philippson, Martin (Emanuel) ~/† 7/659; Phöbus, Philipp ~ 7/659; Picard, Jacob ~ 7/659; Picard, Lil ~ 7/660; Picard, Max ~ 7/660; Pichelmayer, Karl ~ 7/661; Pichler, Hans ~ 7/661; Pick, Alois ~ 7/663; Pick, Arnold ~ 7/663; Pick, Behrendt ~/† 7/663; Pick, Hayyim Herman ~ 7/663; Pick, Lupu ~/† 7/663; Piderit, Theodor ~ 7/664; Pieck, (Walter) Arthur (Heinrich) ~/† 7/665; Pieck, Margarete */~/† 7/665; Pieck, Wilhelm ~/† 7/665; Piel, Harry ~ 7/666; Pielasch, Helmut † 7/666; Pieper, August ~ 7/666; Pieper, Josef ~ 11/158; Pier, Matthias ~ 7/666; Pierson, Bertha ~ 7/667; Pierson, Karoline ~ 7/667; Pietsch, Johann Valentin ~ 7/667; Pietsch, Ludwig (Karl Adolf) ~/† 7/667; Pietscher, August ~ 7/668; Pietschmann, Richard ~ 7/668; Pijet, Georg W(aldemar) */~/† 7/669; Pilat, Joseph Anton Edler von ~ 7/669; Pilgram, Friedrich ~ 7/670; Piloty, Ferdinand d.J. ~ 7/671; Piloty, Hans */~ 7/671; Pincus, Lily ~ 7/672; Pinder, Moritz Eduard ~/† 7/672; Pinder, Wilhelm ~/† 7/672; Pindter, Emil Friedrich von † 7/672; Pinhas, Juda ~ 7/672; Pinkus, Felix */~ 7/673; Pinkus, Hans Hubert ~ 7/673; Pinkus, Hermann (Karl Benno) */~ 7/673; Pinkus, Lazar Felix ~ 7/673; Pinkus, Theo ~ 7/673; Pinkuss, Alfred ~/† 7/674; Pinner, Adolf ~/† 7/674; Pinner, Felix ~ 7/674; Pinschewer, Julius ~ 7/674; Pinsk, Johannes ~/† 7/674; Pinthus, Kurt ~ 7/674; Pintsch, Richard */† 7/675; Piontek, Klaus ~/† 11/159; Piper,

Otto ~/† 8/85; Puchta, Georg Friedrich ~/† 8/85; Pückler-Muskau, Hermann (Ludwig Heinrich) Fürst von ~ 8/86; Pühringer, Franz ~ 8/87; Pünder, Hermann ~ 8/87; Pütz, Theodor ~ 11/161; Pufendorf, Samuel Frh. von ~/† 8/89; Pummerer, Rudolf ~ 8/90; Purrmann, Hans (Marsilius) ~ 8/92; Puschmann, Theodor ~ 8/93; Putlitz, Gustav Heinrich Gans Edler Herr von und zu ~ 8/93; Putlitz, Wolfgang Gans Edler Herr zu † 8/94; Puttkamer, Gertrud Frfr. von ~ 8/94; Puttkamer, Jesco von ~ 8/94; Puttkamer, Robert (Viktor) von ~ 8/94; Putz, Hans ~ 8/94; Pyra, Immanuel Jakob † 8/95; Pyritz, Hans */~ 8/95; Quaatz, Reinhold Georg */~/† 8/97; Quaglio, Angelo II. ~ 8/97; Quaglio, Domenico II. ~ 8/97; Quaglio, Eugen ~/† 8/98; Quaglio, Julius ~ 8/98; Quandt, Günther ~ 8/99; Quandt, Harald * 8/99; Quandt, Herbert ~ 8/99; Quasebart, Karl ~/† 8/100; Quast, (Alexander) Ferdinand von ~ 8/100; Quedenfeldt, Max † 8/100; Quehl, Ryno ~ 8/100; Quenstedt, Friedrich August ~ 8/101; Quenstedt, Werner ~ 8/101; Quervain, Alfred de ~ 8/102; Quidde, Margarethe ~ 8/103; Quincke, Friedrich (Peter Hermann) */~ 8/103; Quincke, Georg Hermann ~ 8/103; Quincke, Heinrich Irenäus ~ 8/103; Quistorp, Johannes d. Ä. ~ 8/104; Raab, Friedrich ~/† 8/105; Raabe, Cuno Heinrich ~ 8/106; Raabe, Peter ~ 8/106; Raabe, Wilhelm (Karl) ~ 8/107; Raatz-Brockmann, Julius von ~ 8/107; Rabe, (Martin) Friedrich ~/† 8/108; Rabe, John ~/† 8/108; Rabe, Paul ~ 8/108; Rabel, Ernst ~ 8/108; Rabenalt, Arthur Maria (Lothar Konrad Heinrich Friedrich) ~ 8/109; Rabenau, Eitel-Friedrich Karl Balthasar von ~/† 8/109; Rabes, Max (Friedrich Ferdinand) ~ 8/110; Rabinowitch-Kempner, Lydia ~/† 8/110; Rabow, Siegfried ~ 8/111; Rabsch, Edgar */~ 8/111; Rachfahl, Felix ~ 8/112; Radakovič, Michael ~ 8/112; Radbruch, Gustav (Lambert) ~ 8/113; Raddatz, Karl ~/† 8/113; Radecke, Ernst */~ 8/114; Radecke, (Albert Martin) Robert ~ 8/114; Radecke, Rudolf ~/† 8/114; Radecki, Sigismund von ~ 8/114; Radek, Karl (Bernhardovič) ~ 8/114; Rademacher, Hans Adolph ~ 8/115; Rademacher, Johann Gottfried ~ 8/115; Radenbach, Karl Ludwig ~/† 8/116; Radicke, Gustav */~ 8/116; Rading, Adolf */~ 8/116; Radloff, (Friedrich) Wilhelm * 8/117; Radolin, Hugo Fürst von ~ 8/118; Radowitz, Joseph Maria von ~/† 8/118; Radowitz, Joseph Maria von ~/† 8/118; Radowitz, Otto von */~/† 8/119; Radziwill, Anton Heinrich Fürst ~/† 8/119; Radziwill, Elisa * 8/119; Radziwill, (Johann) Franz (Wilhelm Eduard) ~ 8/119; Radziwill, Gabriele * 8/119; Radziwill, (Friederike) Luise (Dorothea Philippine) Fürstin † 8/119; Radziwill, Luise Charlotte ~ 8/119; Radziwill, (Friedrich) Wilhelm (Paul) Fürst */~/† 8/119; Raeck, Kurt */~/† 8/120; Rädel, Siegfried (Engelbert Martin) † 8/120; Raeder, Gustav ~ 8/120; Raederscheidt, (Friedrich) Georg ~ 8/121; Raemisch, Waldemar */~ 8/121; Ragaz, Leonhard ~ 8/123; Rahn, Fritz ~ 8/124; Rahn, Hans Julius * 8/124; Rahn, Johann Rudolf ~ 8/124; Rahn, Rudolf ~ 8/124; Rahtgens, Karl Ernst ~/† 8/125; Raida, Carl Alexander ~/† 8/126; Raillard, Theodor ~ 8/126; Raimund, Ferdinand (Jakob) ~ 8/127; Rainalter, Erwin H(erbert) ~ 8/128; Rainer, Virgil ~ 8/128; Raiser, Ludwig ~ 8/129; Raithel, Hans Adolf ~ 8/129; Raitz von Frentz, Edmund (Erwin) Frh. ~ 8/129; Rajdl, Maria ~ 8/129; Rakette, Maximilian ~ 8/129; Rakowianu, Robert (Paul Richard Stephan) ~ 8/130; Ramann, Emil ~ 8/130; Rambach, Friedrich Eberhard ~ 8/130; Ramdohr, Paul (Georg Karl) ~ 8/131; Rameau, Emil */~/† 8/131; Rameau, (Paul) Hans */~ 8/131; Ramler, Karl Wilhelm ~/† 8/132; Ramm, Eberhard † 8/132; Ramm, Mathilde ~/† 8/132; Rammelmeyer, Alfred ~ 8/132; Rammelsberg, Karl Friedrich ~ 8/132; Ramming, Martin ~/† 8/132; Ramsauer, Carl Wilhelm ~/† 8/133; Ramsay, Hans ~ 8/133; Ramsayer, Karl (Heinrich) ~ 8/134; Range, Paul ~ 8/135; Ranke, (Karl) Ferdinand ~/† 8/135; Ranke, Friedrich (Gotthold Johann) ~ 8/136; Ranke, Hans-Jürg ~/† 8/136; Ranke, Heinrich von ~ 8/136; Ranke, Hermann ~ 8/136; Ranke, Johannes ~ 8/136; Ranke, Leopold von ~/† 8/137; Ranke, Otto (Friedrich) ~ 8/138; Rankl, Karl (Franz) ~ 8/138; Ranshofen-Wertheimer, Egon (Ferdinand) ~ 8/139;

Rantzau, (Christian) Emil zu ~ 8/139; Rantzau, Johann Albrecht von ~ 8/140; Raphael, Günter (Albert Rudolf) * 8/141; Raphael, Kurt * 8/141; Raphael, Max ~ 8/141; Rapp, Fritz ~ 8/141; Rappaport, Philipp (August) */~ 8/142; Rappard, Clara von ~ 8/142; Rappard, William Emmanuel ~ 8/143; Rappoldi, Adrian (Hans Eduard) */~ 8/143; Rappoldi, Eduard ~ 8/143; Rappoldi, Laura ~ 8/143; Raps, August ~/† 8/143; Rarkowski, Franz Justus ~ 8/143; Rasch, Ewald Ferdinand Wilhelm ~/† 8/144; Rasch, Otto ~ 8/144; Rasch, Wolfdietrich ~ 8/144; Raschdau, Ludwig † 8/144; Raschdorff, Julius Carl ~ 8/144; Raschein, Paul ~ 8/145; Raschig, Friedrich (August) ~ 8/145; Raschke, Marie ~/† 8/145; Raschke, Martin ~ 8/145; Rasenberg-Koch, Friedrich (Peter) ~/† 8/145; Rasp, Fritz (Heinrich) ~ 8/146; Rassow, Berthold (Leopold Peter) ~ 8/147; Rassow, Peter ~/† 8/147; Rastenberger, Julius */† 8/147; Rath, Erich von ~ 8/148; Rath, Gerhard vom ~ 8/148; Rath, Klaus Wilhelm (Kurt Otto) ~ 8/148; Rath, Walter vom ~ 8/148; Rath, Willy ~/† 8/148; Rathaus, Karol ~ 8/149; Rathenau, Emil */~/† 8/149; Rathenau, Fritz */~ 8/150; Rathenau, Henri G. */~ 8/150; Rathenau, Walther */~/† 8/150; Rathgen, Karl (Friedrich Theodor) ~ 8/151; Rathjens, Carl August ~ 8/151; Rathke, Arthur */~ 8/151; Rathke, Martin Heinrich ~ 8/151; Rathsack, Karl (Henry) ~ 8/152; Ratjen, Hans-Georg */~ 8/152; Ratschow, Max ~ 8/153; Ratzeburg, Julius Theodor Christian */~/† 8/153; Ratzel, Friedrich (Karl Julius) ~ 8/154; Ratzenberger, Matthäus ~ 8/154; Rau, Arthur Aharon */~ 8/154; Rau, Ernst ~ 8/155; Rau, Heinrich † 8/155; Rau, Heinz * 8/155; Rau, Leopold ~ 8/156; Rauch, Alf ~ 8/157; Rauch, Christian Daniel ~ 8/157; Rauch, (Johann Georg) Gustav von † 8/158; Rauch, Hans Georg * 11/162; Rauch, Hermann */~ 8/158; Rauch, Josef ~/† 8/158; Rauch, Karl ~ 8/158; Rauch, Petrus von Ansbach ~ 8/159; Raucheisen, Michael ~ 8/159; Rauchenecker, Georg (Wilhelm) ~ 8/160; Rauchheld, (Carl Ferdinand) Adolf ~ 8/160; Raue, Johann */† 8/160; Rauer, Maximilian † 8/160; Rauff, (Carl Friedrich) Hermann */~/† 8/161; Raule, Benjamin ~ 8/161; Raumer, Friedrich (Ludwig Georg) von ~/† 8/161; Raumer, Hans von ~ 8/161; Raumer, Hans ~/† 8/161; Raumer, Karl Georg von ~/† 8/162; Raumer, Karl Georg von ~ 8/162; Raumer, Karl Otto von ~/† 8/162; Raupach, Ernst (Benjamin Salomo) ~/† 8/162; Raupach, Hans ~ 8/163; Rauschenberger, Walther (Georg Heinrich) ~ 8/164; Rauschenbusch, Helmut ~/† 8/164; Rauschenplat, Johann Ernst Arminius von ~ 8/164; Rauscher, Ulrich ~ 8/165; Rauschning, Hermann (Adolf Reinhold) ~ 8/165; Rauße, (Hans Hermann) Hubert ~ 8/165; Rautenberg, Johann Wilhelm ~ 8/165; Rauterberg, Eduard (Conrad Christian Friedrich) ~/† 8/166; Rauther, Max ~ 8/166; Rautmann, Adolf ~/† 8/166; Rave, Judith ~ 8/166; Rave, Paul Ortwin ~ 8/167; Raveaux, Franz ~ 8/167; Raven, Mathilde ~ 8/167; Raven, Werner ~ 8/167; Ravené, Louis */~/† 8/167; Ravené, Pierre Louis */~/† 8/167; Ravoth, Friedrich (Wilhelm Theodor) ~/† 8/168; Rawitz, Bernhard ~/† 8/168; Rawitzki, Arthur ~ 8/168; Raydt, Wilhelm ~ 8/168; Razum, Hannes * 8/169; Rebenstein, Lebrecht Gottlieb */~ 8/169; Reber, Franz Ritter von ~ 8/169; Řebíček, Josef † 8/170; Reccard, Gotthilf Christian ~ 8/171; Rechberg, Arnold ~ 8/171; Rechberg und Rothenlöwen, Aloys Franz Xaver Graf von ~ 8/171; Rechberg und Rothenlöwen, Otto Graf von ~ 8/172; Reche, Otto ~ 8/172; Rechenberg, Albrecht Frh. von † 8/172; Rechenberg, Hans Albrecht Frh. von ~ 8/172; Recher, Peter Emil ~ 8/173; Rechlin, Wilhelm ~ 8/173; Reck, Hans ~ 8/173; Recke von der Horst, (Friedrich) Eberhard Frh. von der * 8/174; Reckert, Karl Christian ~/† 8/174; Recklinghausen, Friedrich (Daniel) von ~ 8/174; Recknagel, Hermann ~ 8/175; Reclam, Anton Philipp ~ 8/175; Reda, Siegfried ~ 8/176; Redeker, Martin ~ 8/176; Reden, Franz Ludwig Wilhelm Frh. von ~/† 8/176; Redern, Hedwig (Anna Charlotte) von */~/† 8/177; Redern, Wilhelm Friedrich Graf von */~/† 8/177; Redetzky, Hermann ~ 8/177; Reding, Marcel ~/† 8/178; Redlich, Fritz */~ 8/179; Redlich, Hans Ferdinand

von ~/† 8/293; Riedesel zu Eisenbach, Johann Hermann Frh. von ~ 8/294; Riedl, Richard ~ 8/295; Riedler, Alois ~ 8/295; Riedt, Friedrich Wilhelm */~/† 8/295; Riedt, Heinz * 8/295; Riefstahl, Wilhelm (Ludwig Friedrich) ~ 8/296; Rieger, (Friedrich Leonhard) Maximilian ~ 8/297; Riehl, Alois ~ 8/298; Riehm, Eduard ~/† 8/300; Riem, Andreas ~ 8/300; Riemann, (Georg Friedrich) Bernhard ~ 8/300; Riemann, (Karl Wilhelm Julius) Hugo ~ 8/301; Riemann, Ludwig (Ferdinand Heinrich) ~ 8/301; Riemenschneider, Tilman ~ 8/301; Riemerschmid, Robert ~ 8/303; Riemkasten, Felix ~ 8/303; Rienäcker, Günther ~/† 8/303; Ries, Franz */~ 8/305; Ries, Hubert ~/† 8/305; Riese, Heinrich */~/† 8/305; Riese, Lorenz ~ 8/305; Riese, Otto ~ 8/306; Riesemann, Oskar von ~ 8/306; Riesenburger, Martin */~/† 8/306; Riesenthal, Julius Adolf Oskar ~ 8/306; Riess, Curt ~ 8/306; Rieß, Paul ~ 8/307; Riesser, Jakob ~/† 8/307; Rieth, Otto ~ 8/308; Rietschel, Ernst Friedrich August ~ 8/308; Rietschel, Hans ~ 8/308; Rietschel, Hermann (Immanuel) ~/† 8/308; Rietz, Eduard (Theodor Ludwig) */~/† 8/308; Rietzler, Erwin ~ 8/309; Riffert, Julius Ehrenfried ~ 8/309; Riggenbach, (Germann) Albert ~ 8/310; Riggenbach, Christoph Johannes ~ 8/310; Rikli, Martin ~ 8/311; Rilke-Westhoff, Clara (Henriette Sophie) ~ 8/311; Rilke, Rainer Maria ~ 8/311; Rilla, Paul ~ 8/312; Rilla, Walter ~ 8/312; Rimarski, Walther ~/† 8/312; Rimbach, (Friedrich) Eberhard ~ 8/312; Rimpau, Wilhelm ~ 8/313; Rimrott, Fritz ~ 8/313; Rincklake, Johann Christoph ~ 8/314; Rindfleisch, (Georg) Eduard von ~ 8/314; Rindfleisch, Walter ~ 8/314; Ring, Max ~/† 8/315; Ringelnatz, Joachim ~/† 8/316; Rings, Werner ~ 11/164; Ringseis, Johann Nepomuk von ~ 8/318; Rinne, Friedrich (Wilhelm Berthold) ~ 8/319; Rintelen, Friedrich ~ 8/320; Rintelen, Friedrich ~ 8/320; Rintelen, Fritz Joachim ~ 8/320; Rintelen, Fritz Martin † 8/320; Rintelen, Max ~ 8/320; Rintelen, Viktor ~/† 8/320; Riphahn, Wilhelm ~ 8/321; Ripken, Georg ~ 8/321; Rippler, Heinrich ~/† 8/322; Risch, Curt */~ 8/322; Rischmüller, Heinrich ~ 8/322; Rissmann, Robert ~/† 8/323; Ristenpart, Karl ~ 8/323; Rister, Herbert ~ 8/324; Ristock, Harry ~/† 8/324; Ritschl, Albrecht (Benjamin) * 8/324; Ritschl, Georg Karl Benjamin ~/† 8/325; Ritschl, Rudolf ~/† 8/325; Rittberger, Werner * 8/326; Rittelmeyer, Friedrich ~ 11/164; Ritter, August Gottfried ~ 8/326; Ritter, Carl ~/† 8/326; Ritter, Emil ~ 8/327; Ritter, Emma (Georgina Karoline) ~ 8/328; Ritter, Franz ~ 8/328; Ritter, Gerhard (Georg Bernhard) ~ 8/328; Ritter, (August) Heinrich ~ 8/329; Ritter, Hermann ~ 8/329; Ritter, Immanuel Heinrich ~ 8/329; Ritter, Joachim-Friedrich */~ 8/330; Ritter, Joseph Ignaz ~ 8/331; Ritter, Julius */~ 8/331; Ritter, Karl ~ 8/331; Ritter, Karl ~ 8/331; Ritter, Karl Bernhard ~ 8/331; Ritter, (Heinrich Gottlob) Konstantin ~ 8/331; Ritter, Kurt */~/† 8/332; Ritter, Lorenz ~ 8/332; Ritterfeldt, Ernst */~ 8/333; Ritterling, Emil ~ 8/333; Rittershaus, (Hermann) Trajan ~ 8/333; Rittershausen, Heinrich ~ 8/334; Ritthausen, (Karl) Heinrich Leopold † 8/334; Rittler, Theodor ~ 8/335; Rittmeister, John ~/† 8/335; Rittmeyer, Robert ~ 8/335; Rittner, Rudolf ~ 8/335; Ritzmann, Martin ~/† 8/337; Rixner, Josef ~ 8/337; Robert, Carl ~ 8/338; Robert, Eugen ~ 8/338; Robert, (Ernst Friedrich) Ludwig */~ 8/338; Robert-Tornow, Walther (Heinrich) ~ 8/339; Roberts, Alexander Frh. von ~ 8/339; Roberts, Ralph Arthur ~/† 8/339; Robinsohn, Hans (Joachim) ~ 8/339; Robinson, Adolf ~ 8/339; Robinson, Saul Benjamin */~/† 8/340; Robitschek, Kurt ~ 8/340; Robitschek, Robert ~ 8/340; Rocholl, Rudolf ~ 8/340; Rocholl, Theodor (Bernhard Richard Oswald) ~/† 8/341; Rochow, Friedrich (Eberhard) Frh. von * 8/341; Rock, Johann Friedrich ~ 8/341; Roda Roda, Alexander ~ 8/342; Rodbertus, Johann Karl ~ 8/342; Rode, (Christian) Bernhard */~/† 8/343; Rode, Wilhelm ~ 8/344; Rodenberg, Hans Rudolph ~/† 8/344; Rodenberg, Julius ~/† 8/344; Rodenberg, Julius (Friedrich Wilhelm Anton) ~/† 8/344; Rodenhauser, Wilhelm ~ 8/345; Rodenwaldt, Ernst */~ 8/345; Rodenwaldt, Gerhart */~/† 8/345; Rodigast, Samuel

~/† 8/346; Rodominsky, Eugen */~/† 8/346; Rodrian, Fred */† 8/346; Roeber, Ernst ~ 8/347; Röbling, Johann August ~ 8/347; Röchling, Hermann ~ 8/347; Röchling, Karl ~/† 8/347; Röckel, August ~ 8/347; Roeder, Emy ~ 8/348; Roeder, Günther Ernst ~ 8/348; Röder, (Gustav) Oscar (Wilhelm) ~ 8/349; Roederstein, Ottilie (Wilhelmine) ~ 8/349; Roediger, Conrad ~ 8/349; Roediger, Elisabeth ~ 8/349; Roediger, Emil ~/† 8/349; Roediger, Johannes ~ 8/350; Roehl, Karl ~ 8/350; Roehl, Wilhelm * 8/350; Röhling, Karl */~/† 8/350; Röhmann, Franz */~ 8/351; Röhr-Brajnin, Sophie ~ 8/351; Röhricht, Wolf ~ 8/351; Röhrig, Arnold ~ 8/351; Röllig, Karl Leopold ~ 8/352; Römer, Ferdinand ~ 8/352; Römer, Friedrich Adolph ~ 11/164; Römer, Georg ~ 8/353; Roemer, Hans Robert ~ 11/164; Römer, Josef ~ 8/353; Römer, Oskar ~ 8/353; Römer, Paul Heinrich ~ 8/353; Römpler, Alexander */~ 8/354; Rönne, Friedrich (Ludwig) ~/† 8/354; Rönne, Ludwig (Peter Moritz) von ~/† 8/354; Roenneke, Rolf ~/† 8/354; Roentgen, David ~ 8/354; Röntgen, Wilhelm Conrad ~/† 8/355; Röper, Johannes (August Christian) ~ 8/356; Röpke, Wilhelm ~ 8/356; Roeren, Hermann ~ 8/356; Rörig, Fritz ~/† 8/357; Rösch, Friedrich ~/† 8/357; Röse, Otto ~ 8/358; Rösel, Johann Gottlob Samuel ~ 8/358; Roeseler, Albrecht */~ 8/359; Roeseler, Marcella */~/† 8/359; Roeser, Jakob von ~ 8/359; Rösicke, Adolf * 8/359; Roesicke, Gustav */~ 8/359; Roesicke, Richard */~/† 8/359; Rösing, Johannes ~/† 8/360; Roesle, Emil Eugen ~ 11/165; Rösler, Franz ~ 8/360; Rösler, Louise * 8/360; Rösler, Waldemar ~ 8/361; Rössing, Karl ~ 8/362; Rössle, Robert ~/† 8/362; Rössler, Carl ~ 8/362; Rössler, (Karl) Constantin ~/† 8/362; Roeßler, Gustav */~/† 8/363; Rötger, Max ~/† 8/364; Roethe, Gustav ~ 8/364; Röthig, (Gustav) Bruno ~ 8/364; Rötscher, Heinrich Theodor ~/† 8/364; Röttger, Karl ~ 8/364; Röttiger, Hans ~ 8/364; Rötzer, Karl ~ 8/365; Roffhack, Albert ~ 8/365; Rogge, Alma ~ 8/365; Rogge, (Johann Friedrich) Christian (Albrecht) ~ 8/366; Rogge-Börner, Sophie (Pia) ~ 8/366; Roggenbach, Franz Frh. von ~ 8/366; Rogowsky, Bruno ~ 8/366; Roh, Franz ~ 8/366; Rohde, Georg */~/† 8/367; Rohde, Hedwig (Marie) */~/† 8/367; Rohde-Liebenau, Alix (Monica) ~ 8/368; Rohlfs, Christian (Friedrich) ~ 8/368; Rohlfs, Gerhard */~ 8/369; Rohlfs, Heinrich ~ 8/369; Rohmer, Friedrich ~ 8/369; Rohr, Hans Joachim (Emil Adolf) von ~ 8/370; Rohr, (Louis Otto) Moritz von ~ 8/370; Rohr, Otto von * 8/370; Rohrbach, Adolf (Karl) ~ 8/371; Rohrbach, Paul (Carl Albert) ~ 8/371; Rohrbeck, Walter ~ 8/371; Rohrscheidt, Kurt von ~ 8/372; Rohwer, Jens ~ 8/372; Rokyta, Erika ~ 8/373; Roland, Ida ~ 8/373; Roland, Marc ~ 8/374; Roleff, Peter ~ 8/374; Rolfes, Max ~ 8/374; Rolle, Georg ~/† 8/375; Roloff, Ernst-August ~ 8/377; Roloff, Ernst Max ~/† 8/377; Roloff, Friedrich Heinrich ~/† 8/377; Romang, Johann Peter ~ 8/378; Rombach, Otto ~ 8/378; Romberg, Bernhard (Heinrich) ~ 8/378; Romberg, Ernst von */~ 8/379; Romberg, Johann Andreas */† 8/379; Romberg, Moritz (Heinrich) ~/† 8/379; Rometsch, Gunter ~/† 8/379; Rominger, Erich (Gottfried) ~ 8/379; Rona, Peter ~ 8/381; Ronacher, Anton ~ 8/381; Ronnefeld, Peter ~ 8/381; Roon, Albrecht (Theodor Emil) Graf von ~/† 8/381; Roos, Joseph ~ 8/382; Roos, Otto ~ 8/382; Roquette, Otto ~ 8/383; Rosanes, Jakob ~ 8/384; Roscher, Wilhelm (Georg Friedrich) ~ 8/385; Rose, Bernhard ~ 8/386; Rose, Edmund ~ 8/386; Rosé, Eduard ~ 8/386; Rose, Gustav */~/† 8/387; Rose, Heinrich */~/† 8/387; Rose, (Peter Conrad) Hermann ~ 8/387; Rose, Paul (Arthur Max) */~ 8/387; Rose, Valentin d. Ä. ~/† 8/387; Rose, Valentin d. J. */~/† 8/387; Rose, Valentin */~/† 8/388; Rose, Willi (Bernhard Max) */~ 11/165; Roselius, Ludwig † 8/388; Rosemann, Rudolf (Robert Adolf) * 8/388; Rosen, Friedrich (August) ~ 8/389; Rosen, Friedrich ~ 8/389; Rosen, Georg ~ 8/389; Rosen, Julius ~ 8/389; Rosen, Willy ~ 8/389; Rosenbach, Friedrich Julius ~ 8/389; Rosenbach, Ottomar ~/† 8/390; Rosenbaum, Eduard ~ 8/390; Rosenbaum, Julius ~ 8/391; Rosenbaum, Kory Elisabeth */~ 8/391; Rosenbaum, Richard ~ 8/391;

Rosenberg, Adolf ~ 8/391; Rosenberg, Albert ~ 8/391; Rosenberg, Arthur */~ 8/391; Rosenberg, Frederic */~ 8/392; Rosenberg, Hans ~ 8/392; Rosenberg, Hans Oswald */~ 8/393; Rosenberg, Johann Carl Wilhelm */~/† 8/393; Rosenberg, Johann Georg */~/† 8/393; Rosenberg, Ludwig * 8/393; Rosenberg, Moritz ~/† 8/394; Rosenfeld, Elsbeth Rahel Charlotte */~ 8/395; Rosenfeld, Georg ~ 8/395; Rosenfeld, Hans-Friedrich ~ 8/395; Rosenfeld, Hellmut ~ 8/395; Rosenfeld, Kurt ~ 8/396; Rosenfeld, Max † 8/396; Rosenfeld, Siegfried ~ 8/396; Rosenfelder, (Karl) Ludwig (Julius) ~ 8/396; Rosenhain, (Simon) Johann Georg † 8/396; Rosenhauer, Theodor † 8/396; Rosenheim, Arthur ~/† 8/397; Rosenheim, Jakob ~ 8/397; Rosenheim, Theodor ~/† 8/397; Rosenkranz, Gerhard ~ 8/397; Rosenkranz, (Johann) Karl (Friedrich) ~ 8/397; Rosenmöller, Bernhard ~ 8/398; Rosenow, Georg */~ 8/398; Rosenstein, Paul ~ 8/399; Rosenstein, Siegmund Samuel */~ 8/399; Rosenstock, Joseph ~ 8/399; Rosenstock-Huessy, Eugen */~ 8/399; Rosenthal, Eduard ~ 8/400; Rosenthal, Ernst (Georg Wilhelm) ~ 8/400; Rosenthal, Friedrich Christian ~ 8/400; Rosenthal, Hans (Günter) */~/† 8/400; Rosenthal, Isidor ~ 8/400; Rosenthal, Oskar */~/† 8/401; Rosenthal, Wolfgang ~/† 8/401; Rosenthal-Bonin, Hugo ~ 8/401; Rosenzweig, Franz ~ 8/402; Roser, Karl ~ 8/403; Rosié, Paul */~/† 8/403; Rosin, Heinrich */~/† 8/403; Rosner, Karl (Peter) ~/† 8/404; Roß, Wilhelm Johann Gottfried ~ 8/404; Rossbach, Arwed ~ 8/405; Roßbach, Michael Joseph ~ 8/405; Roßbach, Otto ~ 8/405; Rossipaul, Lothar ~ 8/406; Roßmann, Erich Hermann ~ 8/406; Rost, (Franz) Eugen (Richard) ~ 8/407; Rost, Georg † 8/407; Rost, Johann Christoph ~ 8/407; Rost, Leonhard ~ 8/408; Rostal, Max ~ 8/408; Rosterg, August ~ 8/408; Rosvaenge, Helge Anton ~ 8/409; Rotenhan, Hermann von ~ 8/410; Roters, Eberhard ~/† 8/410; Roters, Ernst ~/† 8/410; Roth, Abraham ~ 8/410; Roth, Arnold ~ 8/411; Roth, Arnold ~ 8/411; Roth, Ernst */~ 8/411; Roth, Franz ~ 8/412; Roth, (Moses) Joseph ~ 8/414; Roth, Justus (Ludwig Adolph) ~/† 8/414; Roth, Karl Johann Friedrich von ~ 8/415; Roth, Louis ~ 8/415; Roth, (August Heinrich) Ludwig ~ 8/415; Roth, Mori(t)z ~ 8/415; Roth, Wilhelm August ~ 8/416; Rothacker, Erich ~ 8/416; Rothacker, Gottfried ~/† 8/416; Rothauser, Therese ~ 8/417; Rothbarth, Margarete (Johanna) ~ 8/417; Rothe, Carl ~ 8/417; Rothe, Eva † 8/417; Rothe, Ferdinand ~ 8/418; Rothe, Hans (Ludwig) ~ 8/418; Rothe, Richard ~ 8/418; Rothenberg, Erich */~ 8/419; Rothenberger, Curt Ferdinand ~ 8/419; Rothenburg, Friedrich Rudolf Graf von † 8/419; Rother, Artur (Martin) ~ 8/419; Rother, Christian von ~ 8/419; Rothkirch und Panthen, Eberhard (Carl Sigismund) von ~/† 8/420; Rothlin, Ernst ~ 8/420; Rothmaler, Werner ~ 8/420; Rothmann, Max */~/† 8/421; Rothmühl, Nikolaus ~/† 8/421; Rothmund, Franz Christoph von ~ 8/421; Rothschild, Anselm Salomon Frh. von ~ 8/422; Rothschild, Karl Mayer Frh. von ~ 8/422; Rothschild, Mayer Carl Frh. von ~ 8/422; Rothschild, Walther ~ 8/423; Rothschuh, Karl Eduard ~ 8/424; Rotten, Elisabeth */~ 8/425; Rottenburg, Franz von ~ 8/426; Rotter, Fritz ~ 8/426; Rotter, Kurt ~ 8/427; Rotth, August ~/† 8/427; Rottonara, Franz Angelo ~ 8/428; Rousseau, Johann Baptist ~ 8/428; Roux, Wilhelm ~ 8/429; Rowohlt, Ernst (Hermann Heinrich) ~ 8/429; Ruben, Ernst */~ 8/431; Ruben, Walter ~/† 8/431; Rubens, Heinrich ~/† 8/431; Rubensohn, Otto ~ 8/431; Rubiner, Fri(e)da ~ 8/432; Rubiner, Ludwig */~/† 8/432; Rubinstein, Siegmund ~ 8/433; Rubner, Max ~/† 8/433; Ruck, Ernst (Traugott) */~/† 8/433; Rudeloff, Max † 8/435; Rudio, Ferdinand ~ 8/435; Rudloff, Karl Gustav von ~ 8/436; Rudolph, Friedrich von ~ 8/440; Rudolph, Hans-Georg ~ 8/441; Rudolph, Johanna ~ 8/441; Rudolphi, Karl Asmund ~/† 8/442; Rudorf, Wilhelm (Hermann Friedrich) ~ 8/442; Rudorff, Adolf August Friedrich ~/† 8/442; Rudorff, Ernst Friedrich Karl */~/† 8/443; Rübelt, Lothar ~ 8/443; Rübsaamen, Ewald Heinrich ~ 8/443; Rübsam, Richard */~/† 8/443; Rück, Fritz ~ 8/444; Rückauf, Anton ~ 8/444;

Ruecker, Alfred ~ 8/444; Rückert, (Johann Michael) Friedrich ~ 8/444; Rückert, Hanns ~ 8/445; Rückert, Theodor ~/† 8/445; Rüdel, Hugo ~/† 8/445; Rüdenberg, Reinhold ~ 8/445; Ruederer, Josef (Anton Heinrich) ~ 8/446; Rüdin, Ernst ~ 8/447; Rüdorff, Friedrich ~ 8/448; Rüdorff, Walter */~ 11/166; Rüdt von Collenberg-Bödigheim, Albrecht Frh. ~ 8/448; Rüetschi, Rudolf ~ 8/449; Rüfenacht, Hermann ~ 8/449; Rüfer, Philipp ~/† 8/449; Rueff, Gottlob Adolf ~ 8/449; Ruegger, Elsa ~ 8/450; Rühl, Franz ~ 8/450; Ruehle, Hugo ~ 8/450; Rühle, Jürgen */~ 8/450; Rühle, (Karl Heinrich) Otto ~ 8/450; Rühle, Otto ~ 8/450; Rühle-Gerstel, Alice ~ 8/451; Rühle von Lilienstern, (Johann Jakob) Otto August * 8/451; Rühlmann, (Moritz) Richard ~ 8/451; Rühmann, Heinz ~ 8/451; Rühs, Christian Friedrich ~ 8/452; Rümelin, Max ~ 8/453; Rümker, Karl Ludwig Christian ~ 8/453; Rümker, Kurt (Heinrich Theodor) von ~/† 8/454; Rünger, Gertrude ~/† 8/454; Rünger, Julius ~/† 8/454; Ruest, Anselm ~ 8/455; Rüstow, Alexander ~ 8/455; Rüstow, Friedrich Wilhelm ~ 8/456; Rüthling, Johann Friedrich Ferdinand */~/† 8/456; Rütimeyer, Leopold ~ 8/456; Rütschi, Salomon ~ 8/456; Rufer, Josef (Leopold) ~/† 8/458; Ruff, Karl Otto ~ 8/458; Ruge, Arnold ~ 8/458; Ruge, Carl Arnold */~/† 8/458; Ruge, Georg (Herrmann) */~ 8/459; Ruge, Reinhold ~ 8/459; Ruhland, Gustav ~ 8/460; Ruhland, Wilhelm ~ 8/460; Rukop, Hans ~ 8/461; Rummel, Franz ~/† 8/463; Rummel, Hans ~ 8/463; Rummel, Kurt ~ 8/463; Rummel, Walter Frh. von ~ 8/463; Rummel, Walther * 8/463; Rumpel, Oskar ~ 8/464; Rumpf, Max ~ 8/464; Rumpf, Willy */† 8/465; Rumpler, Edmund ~ 8/465; Runde, Justus Friedrich ~ 8/466; Rundstedt, Gerd von ~ 8/466; Rundt, Karl Ludwig ~ 8/466; Runge, Friedlieb Ferdinand ~ 8/467; Runge, Iris ~ 8/467; Runge, Karl Friedrich Ferdinand ~ 8/467; Runge, Max ~/† 8/467; Runge, Otto Sigismund ~ 8/468; Runge, Paul ~ 8/468; Runge, Wilhelm ~ 8/468; Runge, Wilhelm T. ~ 8/468; Rungenhagen, Karl Friedrich */† 8/469; Runkehl, Karla ~ 8/469; Runkel, Achilles Matthias ~ 8/469; Runze, Georg ~/† 8/469; Runze, Max(imilian) (Paul Wilhelm Karl) ~/† 8/469; Ruperti, Oskar (Heinrich) ~ 8/470; Rupp, Albert ~ 8/470; Rupp, Franz (Theodor) ~/† 8/470; Rupp, Hans (Georg) ~ 8/470; Rupp-von Brünneck, (Emmi Agathe Karola Margarete) Wiltraut ~ 8/471; Ruppel, Aloys (Leonhard) ~ 8/471; Ruppel, Heinrich ~ 8/471; Ruppel, Julius ~ 8/471; Ruppel, Karl Heinrich ~ 8/471; Ruppel, Sigwart ~ 8/472; Ruppin, Arthur ~ 8/472; Ruppius, Johann Karl ~ 8/472; Ruppius, Otto ~/† 8/472; Rupprecht Maria Luitpold Ferdinand, Kronprinz von Bayern ~ 8/472; Rusca, Carlo Francesco ~ 8/474; Ruschen, Carl ~ 8/475; Ruska, Ernst (August Friedrich) ~/† 8/475; Ruska, Helmut (Georg Philipp) ~ 8/475; Ruska, Julius ~ 8/475; Rust, Bernhard ~ 8/476; Rust, Josef ~ 8/476; Rustige, Heinrich (Franz Gaudenz) von ~ 8/476; Ruth, Lewis ~ 8/476; Ruthardt, Julius ~ 8/477; Ruthe, Johann Friedrich ~/† 8/477; Ruthe, (Friedrich) Wilhelm ~ 8/477; Ruths, (Johann) Heinrich ~ 8/477; Ruttmann, Walther ~/† 8/478; Ruville, Albert von ~ 8/479; Rysanek, Leonie ~ 8/481; Saak, Therese ~ 8/483; Saalfeld, Edmund Gotthold ~/† 8/483; Saalschütz, Joseph Levin ~ 8/483; Sabalitschka, Theodor ~/† 8/484; Sabel, Jakob ~ 8/485; Sablatnig, Josef ~/† 8/485; Saccur, Alma ~ 8/485; Sacer, Gottfried Wilhelm ~ 8/485; Sachau, Eduard ~ 8/485; Sacher-Masoch, Alexander von ~ 8/486; Sachs, Curt */~ 8/486; Sachs, Hans ~ 8/487; Sachs, Hans-Georg ~ 8/487; Sachs, Heinrich ~ 8/487; Sachs, Johann Jakob ~ 8/487; Sachs, Karl ~ 8/488; Sachs, Ludwig Wilhelm ~ 8/488; Sachs, Michael ~ 8/488; Sachs, Nelly */~ 8/488; Sachs, Salomo */~/† 8/489; Sachse, Leopold * 8/490; Sachse-Hofmeister, Anna ~/† 8/490; Sachsenberg, (Friedrich Eduard) Ewald ~/† 8/490; Sachsse, Eugen Friedrich Ferdinand ~ 8/490; Sachtleben, Hans ~ 8/490; Sack, August Friedrich Wilhelm ~ 8/491; Sack, Emmy ~ 8/491; Sack, Erna (Dorothea Luise) */~ 8/491; Sack, Friedrich Ferdinand Adolf */~ 8/491; Sack, Friedrich Samuel Gottfried ~/† 8/491; Sack, Johann August ~ 8/491; Sack, Karl ~ 8/491; Sack, Karl Heinrich */~ 8/491; Sackur,

Otto ~/† 8/492; Saefkow, Anton * 8/492; Saemisch, Friedrich (Ernst Moritz) ~ 8/492; Saemisch, (Edwin) Theodor ~ 8/492; Sänger, Alfred ~ 8/492; Sänger, Eugen ~/† 8/493; Sänger, Fritz (Paul) ~ 8/493; Saenger, Konrad ~ 8/493; Säuberlich-Lauke, Lu ~ 8/494; Sahl, Hans ~ 8/494; Sahm, Heinrich (Friedrich Wilhelm Martin) ~ 8/495; Sais, Tatjana ~/† 8/496; Saitschick, Robert ~ 8/496; Salbach, Klara */~ 8/497; Salden, Ida ~ 8/497; Salewski, Wilhelm */~ 8/498; Salin, Edgar (Bernhard) ~ 8/498; Salingré, Hermann */† 8/499; Salis, Arnold von ~ 8/499; Salis, Gubert von ~ 8/499; Salis, Jean Rodolphe von ~ 8/499; Salis, Peter von ~ 11/167; Salkowski, Erich ~ 8/500; Salkowski, Ernst ~/† 8/500; Salkowski, Heinrich Otto ~ 8/500; Sallaba, Richard ~ 8/500; Sallet, Friedrich (Karl Ernst Wilhelm) von ~ 8/501; Sallwürk, (Ernst) Sigmund von ~ 8/501; Salmang, Hermann ~ 8/502; Salomon, Albert */~ 8/502; Salomon, Alice */~ 8/503; Salomon, Charlotte * 8/503; Salomon, Erich */~ 8/503; Salomon, Gotthold ~ 8/503; Salomon, Heinrich ~/† 8/503; Salomon, Hugo ~ 8/504; Salomon, Johann Peter ~ 8/504; Salomon, Richard */~ 8/504; Salomon-Calvi, Wilhelm */~ 8/504; Salter, Ernest J. ~/† 8/505; Salter, George ~ 8/505; Salter, Hans (Julius) ~ 8/505; Saltzmann, Karl */† 8/505; Salvisberg, Otto Rudolf ~ 8/505; Salz, Arthur ~ 8/505; Salzenberg, Wilhelm ~ 8/506; Salzer, Eugen ~ 8/506; Salzmann, Friedrich ~ 8/507; Salzmann, Max ~ 8/507; Samosch, Siegfried ~/† 8/508; Samt, Friedrich */~ 8/509; Samt, Paul ~/† 8/509; Samuel, Richard H(erbert) ~ 8/509; Samuel, Simon ~ 8/509; Samwer, Adolf (Franz) ~ 8/509; Samwer, Karl (Friedrich Lucian) ~ 8/509; Samwer, Karl (August Friedrich) ~ 8/509; Sandberg, Herbert ~ 8/510; Sandberg, Herbert † 8/510; Sandberger, Adolf ~ 8/510; Sandberger, Guido ~ 8/510; Sanden, Aline */~/† 8/510; Sanden, Hans */~/† 8/511; Sander, Ernst ~ 8/511; Sander, Friedrich ~ 8/512; Sander, Friedrich Emil ~ 8/512; Sander, Johann Daniel ~/† 8/512; Sander, Wilhelm ~ 8/513; Sander, Wilhelm ~/† 8/513; Sanders, Daniel (Hendel) ~ 8/513; Sandig, Curt ~ 8/513; Sandow, Eugen */~ 8/514; Sandrock, Adele ~/† 8/514; Sandrock, Leonhard ~/† 8/515; Sandt, Maximilian van de ~ 8/515; Sandvoß, Franz */~ 8/515; Sanguinetti, Francesco ~ 8/515; Santifaller, Leo ~ 8/516; Sanzara, Rahel ~/† 8/517; Saphir, (Carl Friedrich) Moritz (Gottlieb Georg) ~ 8/517; Sapper, Karl ~ 8/518; Saran, Franz (Ludwig) ~ 8/518; Saran, Mary (Martha) ~ 8/518; Sarasin, Alfred ~ 8/518; Sarasin, Felix ~ 8/518; Sarasin, Fritz ~ 8/518; Sarasin, Rudolf ~ 8/519; Saring, Toni ~/† 8/519; Sarrazin, Otto ~/† 8/520; Sarre, Friedrich */~ 8/520; Sartori, Carl Joseph ~ 8/520; Sartori, Constantin Philipp Georg ~ 8/520; Sartorius, Carl (Friedrich) ~ 8/520; Sartorius, Otto ~ 8/521; Sarwey, Otto ~ 8/521; Sasse, Hermann ~ 8/522; Sassenbach, Johann ~ 8/522; Sassmann, Hans ~ 8/522; Satori-Neumann, Bruno Thomas ~/† 8/523; Satter, Gustav ~ 8/523; Sattler, Carl ~ 8/523; Sattler, Dieter ~ 8/523; Sattler, Ernst ~ 8/523; Sattler, Heinz ~/† 8/524; Sattler, Hubert ~ 8/524; Sattler, Joseph ~ 8/524; Sauce, Wilhelm Karl August de la ~ 8/525; Saudek, Robert ~ 8/525; Sauer, August ~ 8/526; Sauer, Emil von ~ 8/526; Sauer, Erich */~ 8/526; Sauer, Franz ~/† 8/526; Sauer, Fred ~/† 8/526; Sauer, Ludwig ~ 8/527; Sauer, Oskar */~/† 8/527; Sauer, Wilhelm ~ 8/527; Sauer von Aichried, Emil Georg (Konrad) ~ 8/527; Sauerbaum, Heinz ~ 8/528; Sauerbruch, (Ernst) Ferdinand ~/† 8/528; Sauerländer, Karl Heinrich Remigius ~ 8/529; Sauerlandt, (Friedrich August) Max */~ 8/529; Sauermann, Heinz ~ 8/529; Sauerwald, Franz * 8/529; Sauter, Fritz ~ 8/531; Sautter, Karl (Christian Jakob) ~ 8/531; Savigny, Friedrich Carl von † 8/532; Savigny, Karl von ~ 8/533; Savigny, Karl Friedrich von */~ 8/533; Savigny, Leo von ~ 8/533; Sawitzky, Walter ~ 8/534; Sax, Emanuel Hans ~ 8/534; Saxl, Fritz ~ 8/535; Sayn-Wittgenstein-Hohenstein, Wilhelm Ludwig Georg Fürst von † 8/535; Scaria, Emil ~ 8/536; Schaaf, Julius (Jakob) * 8/537; Schaaffhausen, Hermann ~ 8/537; Schaarschmidt, August ~ 8/537; Schaarschmidt, Karl */~ 8/537; Schaber, Will ~ 8/537; Schachenmeier, Richard (Hermann) ~ 8/537; Schachermeyr, Fritz ~ 8/538; Schacht, Hermann ~ 8/539; Schacht, Roland ~/† 8/540; Schack, Adolf Friedrich Graf von ~ 8/541; Schack, Herbert ~/† 8/541; Schacko, Hedwig ~ 8/541; Schad, Christian ~ 8/541; Schade, Johann Caspar ~/† 8/542; Schade, Oskar ~ 8/542; Schadewaldt, Wolfgang */~ 8/543; Schadow, Albert Dietrich ~/† 8/543; Schadow, Felix */~/† 8/543; Schadow, Friedrich Gottlieb */~/† 8/544; Schadow, Johann Gottfried */~/† 8/544; Schadow, (Friedrich) Wilhelm von */~ 8/544; Schaechter, Regina */~ 8/545; Schädel, Hans ~ 11/167; Schaeder, Erich ~/† 8/545; Schaeder, (Hans) Heinrich (Georg Wilhelm) ~ 8/545; Schaeder, Hildegard ~ 8/545; Schaefer, Carl Anton ~ 8/546; Schaefer, Clemens ~ 8/546; Schäfer, Dietrich ~/† 8/546; Schäfer, Friedrich ~ 8/547; Schäfer, Georg Josef Bernhard ~ 8/547; Schäfer, Hans ~ 8/547; Schäfer, (Johann) Heinrich */~ 8/547; Schäfer, Karl ~ 8/548; Schaefer, Karl Ludolf ~/† 8/548; Schäfer, Marie ~ 8/548; Schaefer, Maximilian */~/† 8/548; Schaefer, Oda */~ 8/548; Schäfer, Paul ~/† 8/549; Schäfer (-Dittmar), Wilhelm ~ 8/549; Schäfer-Ast, Albert ~ 8/549; Schäferdiek, Willi ~ 8/549; Schaeffer, Albrecht ~ 8/549; Schäffer, August ~ 8/550; Schäffer, Bernhard ~ 11/168; Schäffer, Georg Sylvester ~ 8/550; Schäffer, Hans ~ 8/550; Schäffer, Harry * 8/550; Schäffer, Hugo ~ 8/550; Schäffer, Julius ~ 8/551; Schaeffers, Willi ~ 8/551; Schälike, Fritz */~/† 8/552; Schaer, (Wilhelm Eduard) Alfred ~ 8/552; Schaer, Eduard ~ 8/552; Schär, Johann Friedrich ~ 8/552; Schaer-Krause, Ida * 8/553; Schärnack, Louise ~ 8/553; Schätzel, Pauline von */~ 8/553; Schätzel, Walter */~ 8/553; Schaeuble, Johann ~ 8/554; Schaewen, Richard von ~ 8/554; Schaff, Philip(p) ~ 8/555; Schaffganz, Wilhelm ~ 8/556; Schaffner, Jakob ~ 8/556; Schaffrath, Christoph ~/† 8/557; Schafheitlin, Franz */~ 8/557; Schafranek, Franz ~ 8/558; Schairer, Erich ~ 8/558; Schairer, Reinhold ~ 8/558; Schale, Christian Friedrich ~/† 8/559; Schalfejew, Eduard ~ 8/559; Schalk, Franz ~ 8/560; Schall, Wilhelm ~ 8/560; Schallock, Richard † 8/562; Schalscha-Ehrenfeld, Amalie von ~ 8/562; Schamoni, Ulrich */~/† 8/563; Schanz, Alfred ~ 8/564; Schanz, Frida ~ 8/564; Schanz, Pauline ~/† 8/564; Schanzer, Rudolf ~ 8/565; Schaper, (Hugo Wilhelm) Fritz ~/† 8/565; Schaper, Hermann ~ 8/565; Schardin, Hubert ~ 8/566; Schardt, Alois (Jakob) ~ 8/566; Scharf, Kurt † 8/567; Scharf, Ludwig ~ 8/567; Scharff, Alexander ~ 8/567; Scharff, Edwin ~ 8/568; Scharff, Werner ~ 8/568; Scharnberg, Hugo ~ 8/568; Scharnhorst, Gerhard Johann David von ~ 8/569; Scharnke, Reinhold (Ernst Rudolf) */~ 8/569; Scharnowski, Ernst ~/† 8/570; Scharoun, Hans ~/† 8/570; Scharrelmann, (Ludwig) Heinrich † 8/571; Scharrer, Adam ~ 8/571; Scharrer, August ~ 8/571; Scharwenka, Philipp ~ 8/572; Scharwenka, Walter Gerhard */~/† 8/572; Scharwenka, Xaver ~/† 8/572; Schasler, Max (Alexander Friedrich) ~ 8/572; Schattauer, Friedrich-Karl ~ 8/572; Schattmann, Alfred ~ 8/572; Schattschneider, Arnold (Heinrich) ~ 8/573; Schaub, Hans Ferdinand ~ 8/574; Schaub, Werner ~ 8/574; Schaudinn, Fritz Richard ~ 8/574; Schauenburg, (Karl) Hermann ~ 8/574; Schauer, Herbert ~/† 8/575; Schauff, Johannes ~ 8/575; Schaufuß, Hans Herrmann ~ 8/576; Schaul, Hans ~/† 8/576; Schaum, (Ferdinand) Karl (Franz) ~ 8/576; Schaumann, Ernst ~ 8/576; Schaumberger, Julius ~ 8/577; Schauseil, Wally ~ 8/577; Schauß, Ferdinand */† 8/577; Schauwecker, Franz ~ 8/578; Schawinski, Alexander ~ 8/578; Scheck, Gustav ~ 8/579; Schede, Franz Ludwig ~ 8/579; Scheel, (Friedrich Wilhelm) Hans von † 8/581; Scheel, Heinrich */~/† 8/581; Scheel, Helmuth Friedrich August */~ 8/581; Scheel, Karl Friedrich ~/† 8/581; Scheel, Margarethe ~ 8/581; Scheel, Mildred ~ 8/581; Scheele-Müller, Ida von ~ 8/582; Scheer, Jens ~ 8/582; Scheer, Maximilian † 8/582; Scheer, Reinhard ~ 8/582; Scheerbart, Paul (Karl Wilhelm) ~/† 8/582; Scheerer, Richard ~ 8/583; Scheffel, Joseph Viktor von ~ 8/583; Scheffer, Paul ~ 8/583; Scheffer, Thassilo von ~/† 8/584; Scheffer-Boichorst, Paul ~/† 8/584; Scheffers, Georg (Wilhelm) ~/† 8/584; Scheffler, Erna ~

8/584; Scheffler, Karl ~ 8/584; Schehr, John ~/† 8/585; Scheibe, Richard ~/† 8/585; Scheibler, Carl (Bernhard Wilhelm) ~/† 8/586; Scheibler, Ludwig Adolf ~ 8/587; Scheibler, Ludwig Helmuth ~/† 8/587; Scheidemann, Philipp ~ 8/587; Scheidl, Theodor ~ 8/588; Scheiner, Andreas Gottlieb ~ 8/589; Scheiner, Jakob ~ 8/590; Scheinpflug, Paul ~ 8/590; Schelble, Johann Nepomuk ~ 8/591; Schelcher, Raimund ~/† 8/591; Scheler, Max (Ferdinand) ~ 8/591; Scheliha, Rudolf von */† 8/592; Schell, Wilhelm (Joseph Friedrich Nikolaus) ~ 8/593; Schelle, (Karl) Eduard ~ 8/594; Schellenberg, Ernst */~/† 8/594; Schellenberg, Walter ~ 8/595; Schellhaus, Erich ~ 8/595; Schelling, Friedrich Wilhelm Joseph von ~ 8/596; Schelling, Hermann von † 8/597; Schellong, Otto ~ 8/598; Schellow, Erich */~/† 8/598; Schelp, Fritz ~ 8/598; Schelper, Otto ~ 8/598; Schemann, Ludwig ~ 8/599; Schempp, Johannes Karl d. J. ~ 8/600; Schenck, (Johann Heinrich) Adolf ~ 8/600; Schenck, Gerhard ~/† 8/600; Schenck, Hans ~ 8/601; Schendell, Werner † 8/601; Schenk, (Joseph) August von ~ 8/602; Schenk, Erich ~ 8/602; Schenk, Friedrich (Franz Karl) † 8/602; Schenk, (Johann) Heinrich (Rudolf) ~ 8/603; Schenk, (Heinrich Eduard) Paul ~ 8/603; Schenk zu Schweinsberg, Eberhard Frh. von ~ 8/604; Schenk von Stauffenberg, Alexander Graf ~ 8/604; Schenk von Stauffenberg, Berthold Graf ~/† 8/604; Schenk von Stauffenberg, Claus (Philipp) Graf ~/† 8/605; Schenk von Stauffenberg, Melitta Gräfin ~ 8/606; Schenk von Stauffenberg, Wilhelm ~ 11/169; Schenkel, Karl ~ 8/606; Schenkendorf, Emil von † 8/606; Schenzinger, Karl Aloys ~ 8/608; Schepeler-Lette, Anna † 8/608; Scher, Peter ~ 8/608; Scherbarth-Flies, Bertha ~ 8/608; Scherchen, Hermann (Karl) */~ 8/609; Scherenberg, Christian Friedrich ~ 8/609; Scherer, Marie * 8/610; Scherer, Wilhelm ~/† 8/611; Scherg, Georg Alfred ~ 8/612; Scherhag, Richard ~ 8/612; Schering, Arnold ~/† 8/612; Schering, Ernst (Friedrich Christian) ~/† 8/612; Schering, Ernst (Christian Julius) ~ 8/612; Schering, Harald (Ernst Malmsten) ~ 8/612; Scherl, August (Hugo Friedrich) ~/† 8/613; Scherrer, Paul ~ 8/615; Scherres, Karl ~/† 8/615; Schettler, Gotthard ~ 8/616; Scheumann, Karl Hermann ~ 8/618; Scheuner, Ulrich ~ 8/618; Scheunert, (Carl) Arthur ~ 8/619; Scheunert, Gerhart ~ 8/619; Scheurenberg, Joseph ~/† 8/619; Scheurich, Paul ~ 8/619; Schichau, Ferdinand ~ 8/621; Schick, Ernst (Johann Christoph) ~/† 8/621; Schick, Joseph ~ 8/621; Schick, Margarete ~/† 8/622; Schick, Rudolf */~ 8/622; Schickele, René ~ 8/622; Schiedermair, Ludwig ~ 8/625; Schieffer, Theodor ~ 11/169; Schiel, Hubert ~ 8/626; Schiel, Samuel Traugott ~ 8/626; Schiele, Egon ~ 8/626; Schiele, Friedrich Michael Martin ~ 8/627; Schiemann, Elisabeth ~/† 8/628; Schiemann, Max ~ 8/628; Schiemann, Theodor ~/† 8/628; Schiemenz, Friedrich (Karl Berthold) */~ 8/628; Schiemenz, Paulus ~/† 8/628; Schieske, Alfred ~ 8/629; Schievelbein, Hermann */† 8/630; Schiff, Hermann ~ 8/630; Schiff, Moritz ~ 8/630; Schiff, Victor ~ 8/630; Schiffer, Eugen † 8/631; Schiffer, Marcellus */† 8/631; Schiftan, Hans */~ 8/632; Schilder, Franz Alfred ~ 8/633; Schildkraut, Joseph ~ 8/634; Schildkraut, Rudolf ~ 8/634; Schiller, Karl (August Fritz) ~ 8/637; Schiller, Willy * 8/638; Schilling, Claus (Karl) ~ 8/638; Schilling, Erich ~ 8/638; Schilling, Johannes ~ 8/639; Schilling, Otto ~ 8/639; Schilling, Viktor ~ 8/639; Schillings, Karl Georg † 8/640; Schillings, Max von ~/† 8/640; Schimank, Hans (Friedrich Wilhelm Erich) */~ 11/170; Schimmelbusch, Curt Theodor ~/† 8/641; Schimmelpfeng, (Franz Karl) Wilhelm ~ 8/641; Schindelmeißer, Louis Alexander Balthasar ~ 8/642; Schindewolf, Otto (Heinrich Nikolaus) ~ 8/642; Schindler, Dietrich ~ 8/643; Schink, Johann Friedrich ~ 8/645; Schinkel, Karl Friedrich ~/† 8/646; Schinz, Hans ~ 8/647; Schippel, Max ~ 8/647; Schirach, Baldur von */~ 8/648; Schirach, Rosalind von */~ 8/648; Schirm, Karl (Johann Cowen) ~ 8/648; Schirmer, Adolf ~ 8/649; Schirmer, Michael ~/† 8/649; Schirmer, Walter F(ranz) ~ 8/649; Schirmer, (August) Wilhelm (Ferdinand) * 8/650;

Schirmer-Pröscher, Wilhelmine ~/† 8/650; Schirnding, August Carl Friedrich Frh. von ~ 8/650; Schirokauer, Arno(ld) (Fritz Kurt) ~ 8/650; Schiskowski, John ~ 8/651; Schittenheim, Alfred ~ 8/651; Schjerning, Otto von ~/† 8/651; Schlabrendorff, Fabian von ~ 8/652; Schlack, Paul ~ 8/652; Schlaf, Johannes ~ 8/653; Schlageter, Karl ~ 8/654; Schlaginhaufen, Otto ~ 8/654; Schlagintweit, Adolf ~ 8/654; Schlagintweit, Emil ~ 8/654; Schlagintweit, Hermann (Rudolph Alfred) von ~ 8/654; Schlagintweit, Robert von ~ 8/655; Schlaikjer, Erich ~/† 8/655; Schlange-Schöningen, Hans ~ 8/655; Schlar, Josef ~ 8/655; Schlatter, Adolf von ~ 8/656; Schlayer, Karl Robert ~/† 8/657; Schlechta von Wschehrd, Kamill(o) Franz Karl Adam Frh. ~ 8/658; Schlechtendahl, Dietrich Franz Leonhard von ~ 8/658; Schlechter, Karl ~ 8/659; Schlee, Alfred ~ 11/170; Schlee, Ernst ~ 8/659; Schlee-Pascha, Max ~ 8/659; Schlegel, August Wilhelm von ~ 8/659; Schlegel von Gottleben, Dorothea von */~ 8/660; Schlegel, Karl Wilhelm Friedrich von ~ 8/662; Schlegelberger, Franz ~ 8/662; Schlegelberger, Günther */~ 8/662; Schlei, Marie ~/† 8/662; Schleich, Carl Ludwig ~ 8/662; Schleicher, Ferdinand (Alois) ~ 8/663; Schleicher, Kurt von ~ 8/664; Schleicher, Rüdiger † 8/664; Schleiden, Matthias Jakob ~ 8/664; Schleiden, Rudolf ~ 8/664; Schleiermacher, Friedrich Daniel Ernst ~/† 8/665; Schleinitz, Alexander Frh. von † 8/667; Schlemm, Friedrich ~/† 8/668; Schlemmer, Oskar ~ 8/668; Schlenk, Wilhelm ~ 8/669; Schlenther, Paul ~/† 8/670; Schlenther-Conrad, Paula ~/† 8/670; Schlesinger, Georg * 8/670; Schlesinger, Ludwig ~ 8/671; Schlesinger, Paul */~/† 8/671; Schlesinger, Walter ~ 8/672; Schlettow, Hans Adalbert von ~/† 8/672; Schleußner, Carl Adolf ~ 8/672; Schlicht, Levin Johannes ~/† 8/674; Schlichtegroll, Carl Felix von ~ 8/674; Schlichter, Rudolf ~ 8/674; Schlichtkrull, Aline von ~/† 8/675; Schlick, (Friedrich Albert) Moritz */~ 8/675; Schlicke, Alexander * 8/676; Schlickeisen, Carl ~/† 8/676; Schlieben, Gertrud Emilie von ~ 8/676; Schlieffen, Alfred Graf von */† 8/676; Schliemann, Adolf Karl Wilhelm ~ 8/677; Schliemann, (Johann Ludwig) Heinrich (Julius) ~ 8/677; Schliepe, Ernst Heinrich ~/† 8/677; Schlieper, Adolf ~ 8/678; Schlieper, (Karl Peter) Adolf ~ 8/678; Schliephake, Erwin (Friedrich Karl Victor Georg Heinrich) ~ 8/678; Schliepmann, Hans Karl Gottfried ~/† 8/678; Schliesser, Elli */~ 8/678; Schliestedt, Heinrich ~ 8/679; Schlimbach, Georg Christian Friedrich ~ 8/679; Schlimme, Hermann Ernst † 8/679; Schlippe, Karl Friedrich ~ 8/679; Schlippenbach, Albert (Ernst Ludwig Karl) Graf von ~ 8/680; Schlippenbach, Karl Friedrich Graf von ~ 8/680; Schlitter, Oskar ~ 8/680; Schlitz genannt von Görz, Emil Friedrich (Franz Maximilian) Graf */~ 8/681; Schlömilch, Oscar Xaver ~ 8/681; Schlönbach, Georg Justin Karl Urban ~ 8/681; Schlösser, Rainer ~/† 8/682; Schlözer, Kurd von † 8/683; Schlossberger, Hans (Otto Friedrich) ~ 8/684; Schlossberger, Julius Eugen ~ 8/684; Schlosser, Julie ~/† 8/685; Schlosser, Theodor ~ 8/686; Schloßmann, Arthur ~ 8/686; Schlottmann, Carl * 8/687; Schlottmann, Konstantin ~ 8/687; Schlottmann, Louis */~ 8/687; Schlümbach, Friedrich von ~ 8/687; Schlüter, Andreas ~ 8/687; Schlüter, Anton Aloys ~ 8/688; Schlüter, Clemens August Joseph ~ 8/688; Schlüter, Gisela * 8/688; Schlüter, Otto (Ludwig Karl) ~ 8/689; Schlüter, Wilhelm ~ 8/689; Schlunk, (Karl Albert) Martin ~ 8/689; Schlusnus, Heinrich ~ 8/689; Schmack, Maximilian † 8/690; Schmalenbach, Ernst Friedrich ~ 8/690; Schmalenbach, Herman ~ 8/691; Schmalstich, Clemens (Carl Otto) ~/† 8/692; Schmalz, Kurt Robert ~ 8/692; Schmalz, Auguste Amalie */~/† 8/692; Schmalz, Theodor Anton Heinrich ~/† 8/692; Schmarsow, August ~ 8/693; Schmauch, Werner ~ 8/693; Schmauss, August ~ 8/693; Schmedding, Adolf ~ 8/693; Schmedding, Johann Heinrich † 8/694; Schmedes, Erik ~ 8/694; Schmehl, Heinz ~ 8/694; Schmeidler, Bernhard (Felix) */~ 8/694; Schmeidler, Carl Friedrich ~ 8/694; Schmeidler, Josef ~ 8/694; Schmeidler, Werner (Johannes) */~/† 8/694; Schmeißer, Karl ~/† 8/695; Schmelka, Heinrich Ludwig

~ 8/695; Schmeller, Alfred ~ 8/695; Schmeller, Johann Andreas ~ 8/695; Schmelzkopf, (Heinrich Robert) Eduard ~ 8/696; Schmettau, Friedrich Wilhelm Karl Graf von * 8/697; Schmettau, Samuel Graf von */† 8/697; Schmezer, Friedrich ~ 8/698; Schmid, August ~ 8/699; Schmid, Bernhard ~ 8/699; Schmid, Coloman ~ 8/700; Schmid, Edmund (Anton Paul) */~ 8/700; Schmid, Erich ~ 8/700; Schmid, Heinrich Alfred ~ 8/702; Schmid, Heinrich Felix */~ 8/702; Schmid, Helmut ~ 8/703; Schmid, Karl Georg ~ 8/704; Schmid, Peter ~ 8/705; Schmid, Waldemar (Berthold Georg) */~ 8/706; Schmid, Wilhelm ~ 8/706; Schmid-Lindner, August ~ 8/707; Schmid Noerr, Friedrich Alfred ~ 8/707; Schmidhauser, Julius ~ 8/708; Schmidl, (Theresie) Marianne ~ 8/709; Schmidseder, Ludwig ~ 8/710; Schmidt, (Wilhelm) Adolf */~ 9/1; Schmidt, Adolf (Friedrich Karl) ~ 9/1; Schmidt, Adolf ~ 9/2; Schmidt, Albrecht ~ 9/2; Schmidt, Alfred ~ 9/2; Schmidt, Bernhard ~ 9/3; Schmidt, Carl ~ 9/4; Schmidt, Conrad ~/† 9/4; Schmidt, Eberhard (Ludwig Ferdinand) ~ 9/4; Schmidt, Eberhard ~ 9/4; Schmidt, Elli */~/† 9/5; Schmidt, Erhard (Oswald Johann) ~/† 9/5; Schmidt, Erich ~/† 9/5; Schmidt, Erich (August) ~ 9/5; Schmidt, Erich ~ 9/5; Schmidt, Felix ~/† 9/6; Schmidt, Ferdinand ~/† 9/6; Schmidt, Ferdinand Jacob ~/† 9/6; Schmidt, Friedrich Ludwig ~ 9/7; Schmidt, Friedrich Wilhelm Valentin */~/† 9/7; Schmidt, Fritz (Franz Anton) ~ 9/7; Schmidt, Georg Friedrich ~/† 9/8; Schmidt, Gerhard Karl (Nathaniel) ~ 9/8; Schmidt, Guido ~ 9/8; Schmidt, Gustav Friedrich ~ 9/9; Schmidt, Hans ~ 9/9; Schmidt, Hans ~ 9/9; Schmidt, (John) Harry ~ 9/9; Schmidt, Heinz H. † 9/10; Schmidt, Horst ~ 9/11; Schmidt, Johann-Lorenz ~/† 9/12; Schmidt, Johann Philipp Samuel ~/† 9/12; Schmidt, Johannes ~/† 9/12; Schmidt, Jonas (Friedrich Wilhelm) ~ 9/12; Schmidt, Joost ~ 9/12; Schmidt, Joseph ~ 9/13; Schmidt, Joseph Hermann ~/† 9/13; Schmidt, Jürgen */~ 9/13; Schmidt, (Heinrich) Julian (Aurel) ~/† 9/13; Schmidt, Karl (Ernst Heinrich) ~ 9/13; Schmidt, Karl (Eduard Franz) ~ 9/13; Schmidt, Karl Ludwig ~ 9/14; Schmidt, Karl Theodor ~ 9/14; Schmidt, Leopold */~/† 9/14; Schmidt, Martin ~/† 9/15; Schmidt, Martin ~ 9/15; Schmidt, Max(imilian) ~/† 9/15; Schmidt, Maximilian */~ 9/16; Schmidt, Nikolaus ~ 9/16; Schmidt, (Eduard) Oskar ~ 9/16; Schmidt, Patrick ~ 9/17; Schmidt, (Karl) Paul ~ 9/17; Schmidt, Paul ~ 9/17; Schmidt, Paul Ferdinand ~ 9/18; Schmidt, Paul Otto ~ 9/18; Schmidt, Paul Wilhelm */~ 9/18; Schmidt, Robert */~/† 9/18; Schmidt, Robert ~ 9/19; Schmidt, Rüdiger ~ 9/19; Schmidt, Theodor ~ 9/19; Schmidt, Waldemar Paul */~/† 9/20; Schmidt, Walter ~/† 9/20; Schmidt, Wieland ~/† 9/20; Schmidt, Wilhelm ~ 9/20; Schmidt, Willi (Erwin Georg) ~/† 9/21; Schmidt, Wolf ~ 9/21; Schmidt-Berg, Heinz */† 9/22; Schmidt-Boelcke, Werner */~ 9/22; Schmidt-Cabanis, (Otto) Richard */† 9/22; Schmidt-Cassella, Otto (Johann Friedrich Richard) ~ 9/22; Schmidt-Elmendorff, Hans (Reinhard) ~ 9/23; Schmidt-Elskop, Arthur ~ 9/23; Schmidt-Isserstedt, (Paul) Hans (Ernst) */~ 9/23; Schmidt-Kolmer, Eva ~/† 9/23; Schmidt-Metzler, (Johann Friedrich) Moritz ~ 9/24; Schmidt-Ott, Friedrich ~/† 9/24; Schmidt-Pauli, Edgar (Fiath Florentin Richard) von ~ 9/24; Schmidt-Reindahl, Theo ~ 9/25; Schmidt-Rimpler, Hermann */~ 9/25; Schmidt-Rottluff, Karl ~/† 9/25; Schmidt-Weißenfels, Eduard * 9/26; Schmidt-Wittmack, Karlfranz * 9/26; Schmidtbonn, Wilhelm ~ 9/26; Schmidthässler, Walter ~/† 9/26; Schmidtmann, Adolf ~ 9/26; Schmidtmann, Paul ~/† 9/26; Schmied-Kowarzik, Walther ~ 9/27; Schmieden, Victor (Gottfried Otto) */~ 9/27; Schmieding, Walther † 9/28; Schmit von Tavera, Ernst ~ 9/29; Schmitson, Teutwart ~ 9/29; Schmitt, Aloys ~ 9/29; Schmitt, Carl ~ 9/29; Schmitt, Eugen Heinrich ~/† 9/31; Schmitt, Friedrich ~/† 9/31; Schmitt, Horst */† 9/31; Schmitt, Josef ~ 9/32; Schmitt, Kurt (Paul) ~ 9/32; Schmitt, Saladin ~ 9/33; Schmitt-Vockenhausen, Hermann ~ 9/33; Schmitt-Walter, Karl ~ 9/33; Schmitthenner, Adolf ~ 9/34; Schmitthenner, Hansjörg ~ 9/34; Schmitthenner, Heinrich (Wilhelm) ~ 9/34; Schmitthenner, (Ludwig

Wilhelm Martin) Paul ~ 9/34; Schmitthenner, Paul ~ 9/35; Schmitthenner, Walter ~ 9/35; Schmitz, (Franz) Arnold ~ 9/35; Schmitz, Bruno ~ 9/35; Schmitz, Ludwig (Joseph) ~ 9/36; Schmitz, Oskar A(dolf) H(ermann) ~ 9/37; Schmitz, Sybille (Maria Christine) ~ 9/37; Schmölders, Günter */~ 9/38; Schmoller, Gustav (Friedrich) von ~ 9/39; Schmückert, (Gottlob) Heinrich ~/† 9/40; Schmückle, Georg ~ 9/40; Schmückle, Hans-Ulrich ~ 9/40; Schmuz-Baudiss, Theo ~ 9/41; Schnaase, Carl (Julius Ferdinand) ~ 9/42; Schnabel, Artur ~ 9/42; Schnabel, Ernst ~/† 9/42; Schnabel, Franz ~ 9/42; Schnabel, Karl ~/† 9/43; Schnabel-Behr, Therese ~ 9/43; Schnadel, Georg ~ 9/44; Schnapper-Arndt, Gottlieb ~ 9/45; Schnars-Alquist, (Carl Wilhelm) Hugo ~ 9/45; Schneck, Wilhelm Karl ~ 9/46; Schneckenburger, Matthias ~ 9/46; Schnee, Heinrich ~/† 9/47; Schnee, Walter ~ 9/47; Schneegans, Ludwig ~ 9/48; Schnegg, Johann ~ 9/49; Schneider, Albert ~ 9/49; Schneider, Alfred † 9/50; Schneider, Ern(e)st ~ 9/51; Schneider, Fedor ~ 9/52; Schneider, Franz ~ 9/52; Schneider, Franz Paul ~ 9/52; Schneider, Friedrich Anton ~ 9/53; Schneider, Friedrich Konrad Leopold */~/† 9/53; Schneider, Georg Abraham ~/† 9/54; Schneider, Gustav † 9/54; Schneider, Heinrich ~ 9/55; Schneider, Hermann ~ 9/55; Schneider, Johann Rudolf ~ 9/56; Schneider, Johannes ~ 9/56; Schneider, Johannes Ferdinand ~/† 9/56; Schneider, Joseph ~ 9/57; Schneider, (Johann) Julius */† 9/57; Schneider, Karl (Rudolf) ~ 9/57; Schneider, Kurt ~ 9/57; Schneider, Lambert ~ 9/57; Schneider, Louis */~ 9/58; Schneider, Luise */~ 9/58; Schneider, Max ~ 9/58; Schneider, Michael ~ 9/59; Schneider, Otto ~ 9/59; Schneider, Paul ~ 9/59; Schneider, Romy ~ 9/60; Schneider, Siegmar */~ 9/60; Schneider-Lengyel, Ilse ~ 9/60; Schneider-Lenne, Ellen-Ruth * 11/171; Schneider-Schelde, Rudolf ~ 9/61; Schneiderhöhn, Hans ~ 9/61; Schneidler, F(riedrich) H(ermann) Ernst * 9/61; Schnell, Robert Wolfgang ~/† 9/62; Schneller, Ernst ~ 9/63; Schneppenhorst, Ernst † 9/64; Schneyder-Duncker, Paul ~ 9/64; Schniewind, Julius ~ 9/64; Schniewind, Otto ~ 9/64; Schnitger, Arp ~ 9/65; Schnitger, Gerhard † 9/65; Schnittke, Alfred (Garrijewitsch) ~ 9/65; Schnitzler, Arthur ~ 9/66; Schnitzler, Heinrich ~ 9/67; Schnog, Karl ~/† 9/68; Schnorr von Carolsfeld, Franz ~ 9/68; Schnürer, Gustav ~ 9/69; Schnur, David ~ 9/70; Schnurbusch, (Johann Heinrich Friedrich) Diedrich ~ 9/70; Schnurre, Wolfdietrich ~ 9/70; Schnurrer, Friedrich ~ 9/70; Schnyder, Felix ~ 9/71; Schnyder, Franz ~ 9/71; Schoberlechner, Franz de Paula Jakob † 9/72; Schock, Rudolf (Johann) ~ 9/73; Schocken, Salmann ~ 9/74; Schoeck, Paul ~ 9/75; Schöffel, Joseph ~ 9/76; Schoeler, Heinrich (Leopold) ~/† 9/77; Schöll, (Gustav) Adolf ~ 9/77; Schoeller, Julius Victor ~/† 9/78; Schöller, Peter */~ 9/79; Schoeller, Walter */~ 9/79; Schoen, Ernst (Fritz Erich) ~/† 9/80; Schön, Horst † 9/80; Schoen, Matthias Johann Albrecht ~ 9/81; Schön, Michael ~ 9/81; Schön, (Heinrich) Theodor von ~ 9/82; Schoen, Wilhelm ~ 9/82; Schoen, Wilhelm Albrecht Frh. von ~ 9/82; Schönaich, Paul Frh. von ~ 9/83; Schönbach, Anton Emanuel ~ 9/83; Schönbauer, Ernst ~ 9/83; Schönberg, Arnold (Franz Walter) ~ 9/84; Schoenberg, Erich (Karl Wilhelm) ~ 9/85; Schönberg, Gustav (Friedrich) von ~ 9/85; Schönberger, Arno ~ 9/85; Schönberger, Guido Leopold ~ 9/86; Schoenberner, Franz */~ 9/86; Schoenborn-Anspach, Alfred */~ 9/88; Schönborn-Wiesentheid, Erwein Clemens Chlodwig Graf von ~ 9/88; Schönburg-Hartenstein, (Josef) Alexander Fürst von ~ 9/89; Schönburg-Hartenstein, (Eduard) Alois Fürst von ~ 9/89; Schönchen, Amalie ~ 9/89; Schöndorf, (Max) Friedrich (Hermann Adolf) ~ 9/89; Schöne, Friedrich * 9/90; Schöne, Hermann ~/† 9/90; Schöne, Lotte ~ 9/90; Schöne, Otto (Robert Alwin) ~/† 9/90; Schöne, Richard ~/† 9/90; Schönemann, Daniel ~ 9/91; Schönemann, Friedrich ~ 9/91; Schöner, Anton ~ 9/91; Schönerer, Alexandrine von ~ 9/92; Schönewolf, Karl ~/† 9/92; Schöney, Lazarus ~ 9/92; Schönfeld, Alfred ~/† 9/92; Schönfeld, Carl (Emil) ~ 9/93; Schönfeld, Franz Julius ~/† 9/93; Schoenfeld,

Gustav (Adolf) ~/† 9/93; Schönfeld, Herbert ~ 9/93; Schönfeld, Walther ~ 9/94; Schoenflies, Arthur (Moritz) ~ 9/95; Schoenhals, Albrecht (Moritz James Karl) ~ 9/95; Schönheimer, Rudolf */~ 9/95; Schönhoff, Leopold ~ 9/96; Schönholz, Friedrich Anton von ~ 9/96; Schoenichen, Walther ~ 9/96; Schönick, Wilhelm ~/† 9/96; Schöning, Hans Adam von ~ 9/97; Schöningh, Franz Joseph ~ 9/97; Schönke, Adolf ~ 9/97; Schönlank, Bruno ~ 9/97; Schönlank, Bruno */~ 9/97; Schönleber, Gustav ~ 9/98; Schönstedt, Walter */~ 9/99; Schönthan von Pernwaldt, Franz ~ 9/100; Schöpf, Johann David ~ 9/100; Schoepflin, Adolf ~ 9/102; Schöpflin, Georg Johann ~ 9/102; Schoeps, Hans-Joachim ~ 9/103; Scholem, Gershom */~ 9/105; Scholem, Werner * 9/105; Scholinus, Gustav † 9/105; Scholtis, August ~/† 9/106; Scholtz, Arthur ~/† 9/107; Scholtz, Robert ~/† 9/107; Scholz, Adolf von ~ 9/107; Scholz, Arno */~/† 9/108; Scholz, Bernhard (Ernst) ~ 9/108; Scholz, Ernst † 9/108; Scholz, Ernst */~/† 9/108; Scholz, Ernst Paul Erich */~/† 9/108; Scholz, Gerhard ~/† 9/109; Scholz, Hans (Rudolf Wilhelm) */~/† 9/109; Scholz, Heinrich */~ 9/109; Scholz, Luise Emilie ~/† 9/110; Scholz, Maximilian ~ 9/110; Scholz, Robert ~ 9/110; Scholz, Werner */~ 9/111; Scholz, Wilhelm */~/† 11/172; Scholz, (Franz Johann) Wilhelm von ~/† 9/111; Scholz, Wilhelm Johann Ludwig * 9/111; Schomburgk, Hans † 9/112; Schondorff, Joachim ~ 9/112; Schoop, Hermann ~ 9/113; Schopenhauer, Arthur ~ 9/114; Schoppe, Julius */~/† 9/116; Schorlemer-Lieser, Clemens Frh. von † 9/117; Schorn, Carl (Philipp Theodor) ~ 9/118; Schorn, Karl ~ 9/118; Schornstein, Johannes ~ 9/118; Schorr, Richard (Reinhard Emil) ~ 9/119; Schott, Carl ~ 9/120; Schott, Erdmann ~ 9/120; Schott, (Paul) Gerhard ~ 9/121; Schott, Richard ~ 9/121; Schott, Siegfried * 9/122; Schott, Walter ~/† 9/122; Schott, Wilhelm (Christian) ~/† 9/122; Schottelius, Max ~ 9/122; Schottenloher, Karl ~ 9/123; Schottky, Friedrich (Hermann) ~/† 9/123; Schottky, Walter ~ 9/123; Schottlaender, Julius (Gustav Adam) ~ 9/123; Schottlaender, Rudolf */~/† 9/123; Schottmüller, (Adolf Alfred Louis George) Hugo ~ 9/124; Schottmüller, Oda ~/† 11/172; Schoyer, Adolf */~ 9/124; Schrader, Eberhard ~/† 9/124; Schrader, Georg Wilhelm ~ 9/125; Schrader, Hans ~/† 9/125; Schrader, (Johanne Juliane) Henriette ~ 9/125; Schrader, (Gabriel Friedrich) Karl ~/† 9/126; Schrader, Wilhelm ~ 9/126; Schrameier, (Ludwig) Wilhelm ~ 9/127; Schramm, Anna ~ 9/128; Schramm, Gerhard (Felix) ~ 9/128; Schramm, Karl Rudolf ~ 9/129; Schramm, Margit ~ 11/172; Schramm, Max ~ 9/129; Schratt, (Maria) Katharina ~ 9/130; Schrauth, Walther ~/† 9/132; Schreib, Werner * 9/134; Schreiber, Adolf ~/† 9/134; Schreiber, Christian ~/† 9/134; Schreiber, Georg ~ 9/135; Schreiber, Ilse ~ 9/135; Schreiber, Oskar (Karl August Heinrich) ~ 9/136; Schreiber, Otto * 9/136; Schreiber, Walther ~/† 9/137; Schreiber-Krieger, Adele ~ 9/137; Schreiner, Helmuth Moritz ~ 9/138; Schreiner, Jakob (Gottlieb) ~ 9/138; Schreiner, Liselotte ~ 9/139; Schreker, Franz † 9/139; Schreker-Binder, Maria ~/† 9/139; Schrenck, Leopold-Peter von ~ 9/140; Schrenk, Walter ~/† 9/141; Schreuer, Hans ~ 9/142; Schrey, Ferdinand ~/† 9/142; Schrey, Otto ~ 9/142; Schreyer, Isaac ~ 9/142; Schreyer, Johannes ~ 9/143; Schreyer, Lothar ~ 9/143; Schriewer, Franz (Wilhelm Heinrich) ~ 9/144; Schrimpf, Georg ~/† 9/144; Schröder, Arnulf ~/† 9/145; Schroeder, Carl (Adolf Heinrich Friedrich) ~ 9/145; Schröder, Edward ~ 9/145; Schröder, Ernst (August) ~/† 9/146; Schroeder, Franz ~ 9/146; Schröder, Friedrich (Hermann Dietrich) ~/† 9/146; Schröder, Gerhard ~ 9/147; Schröder, Hanning ~/† 9/147; Schröder, Herbert ~ 9/147; Schröder, Hermann ~/† 9/147; Schröder, Johannes ~ 9/148; Schröder, Karl ~/† 9/148; Schröder, Karl Ernst Friedrich ~/† 9/148; Schröder, Kurt */~/† 9/149; Schroeder, Louise (Dorothea Sophie) ~/† 9/149; Schröder, Ludwig von ~/† 9/149; Schroeder, Max (Robert Paul) ~ 9/150; Schröder, Paul */~ 9/150; Schroeder, Philipp Georg ~ 9/150; Schroeder, Richard (Karl Heinrich) ~ 9/150; Schröder, Robert ~ 9/150; Schröder, Rudolf Alexander ~

9/151; Schröder, Walter Georg Karl ~/† 9/151; Schröder-Devrient, Wilhelmine ~ 9/151; Schröder-Kaminsky, Clarissa ~ 9/152; Schroeder-Sonnenstern, Friedrich ~/† 9/152; Schrödinger, Erwin ~ 9/152; Schrödl, Norbert ~ 9/153; Schrödter, Adolf ~ 9/153; Schroers, Rolf ~ 9/154; Schröter, Adalbert ~/† 9/154; Schröter, Fritz (Georg Ernst) */~ 9/155; Schröter, Heinrich Eduard ~ 9/155; Schröter, Heinz * 9/155; Schroeter, Joseph ~ 9/155; Schröter, Karl ~/† 9/156; Schrötter, Elisabeth (Emma Ida Maria) von ~ 9/156; Schrötter, Friedrich Leopold Frh. von ~/† 9/156; Schroetter, Karl Wilhelm Frh. von ~ 9/156; Schroth, Carl-Heinz ~ 9/158; Schroth, Hannelore (Emilie Käte Grete) * 9/158; Schrübbers, Hubert ~ 9/158; Schrutka, Lothar Edler von Rechtenstamm ~ 9/158; Schubart, Wilhelm ~ 9/159; Schubart-Fikentscher, Gertrud ~ 9/159; Schubarth, Ernst Ludwig ~/† 9/160; Schubert, Carl (Theodor Conrad) von */~ 9/160; Schubert, Friedrich Wilhelm ~ 9/162; Schubert, Georgine ~ 9/162; Schubert, Heinz * 11/172; Schubert, Hermann (Cäsar Hannibal) ~ 9/163; Schubert, Johann Friedrich ~ 9/163; Schubert, Johannes von ~/† 9/164; Schubert, Joseph ~ 9/164; Schubert, Kurt */~/† 9/164; Schubert, Manfred † 9/164; Schubert, Maschinka ~ 9/164; Schubert, Oskar */~/† 9/164; Schuberth, Hans ~ 9/165; Schubotz, (Johann G.) Hermann ~ 9/165; Schubring, Paul (Wilhelm Julius) ~ 9/166; Schubring, Walther ~ 9/166; Schubring, Wilhelm ~/† 9/166; Schuch, Franz ~ 9/166; Schuch, Werner (Wilhelm Gustav) ~/† 9/167; Schuch-Proska, Clementine von ~ 9/167; Schuchardt, Fedor ~ 9/167; Schuchhardt, Carl ~ 9/167; Schuckmann, (Kaspar) Friedrich Frh. von † 9/168; Schücking, Levin L(udwig) ~ 9/168; Schücking, Walther (Max Adrian) ~ 9/168; Schüddekopf, Karl (Bernhard Conrad) ~ 9/169; Schüfftan, Eugen ~ 9/169; Schüler, Gustav ~ 9/170; Schüler, Hans (Ernst Wilhelm Carl) */~ 9/170; Schüler, Johannes (Erich Wilhelm) ~/† 9/170; Schülke, Albert (Martin Wilhelm) ~/† 9/170; Schüller, Arno ~ 9/170; Schümer, Georg ~ 9/170; Schündler, Rudolf (Ernst Paul) ~ 9/171; Schünemann, Georg */~/† 9/171; Schünzel, Reinhold ~ 9/171; Schürenberg, Siegfried ~/† 9/172; Schürer, Emil (Johannes) ~ 9/172; Schürer, Oskar ~ 9/173; Schürmann-Horster, Wilhelm * 9/173; Schürmeyer, Walter ~ 9/173; Schüßler, Wilhelm ~ 9/174; Schüssler, Wilhelm ~ 9/174; Schütt, Franz ~ 9/174; Schütte, Ernst (Heinrich Conrad) ~/† 9/175; Schütte, Johann (Heinrich Karl) ~/† 9/175; Schütz, Erich ~ 9/176; Schütz, Ferdinand ~ 9/177; Schütz, Hanns Lothar ~ 9/177; Schütz, Paul Wilhelm Lukas */~ 9/179; Schütz, (Christian) Wilhelm von * 9/179; Schütz, (Johann) Wilhelm */~/† 9/179; Schütze, Gottfried ~ 9/179; Schützendorf, Leo ~/† 9/180; Schuh, Oscar Fritz ~ 9/181; Schuhmann, Carl † 9/181; Schuke, Hans-Joachim ~ 9/181; Schuke, Karl (Ludwig Alexander) ~/† 9/181; Schulenburg, Friedrich Werner Graf von der ~/† 9/182; Schulenburg, Fritz-Dietlof Graf von der ~/† 9/182; Schulenburg, Lewin Rudolf von der † 9/183; Schulenburg, (Gebhard) Werner von der ~ 9/183; Schulenburg-Kehnert, Friedrich Wilhelm Graf von der ~ 9/184; Schulhoff, Julius ~/† 9/185; Schulte, Johann Friedrich Ritter von ~ 9/186; Schulte, Robert Werner ~ 9/187; Schulte-Drüggelte, Friedrich (August) ~ 9/187; Schulte im Hofe, Rudolf ~/† 9/187; Schulten, Adolf ~ 9/187; Schultheiß von Unfried, Joachim Ludwig ~ 9/188; Schulthess, Walter ~ 9/189; Schulthess-Rechberg, Erica von ~ 9/189; Schultz, Alwin ~ 9/189; Schultz, Clemens (Eduard Ferdinand Carl) ~ 9/189; Schultz, Ferdinand */~ 9/190; Schultz, Franz ~ 9/190; Schultz, Gustav (Theodor August Otto) ~ 9/190; Schultz, Hugo ~ 9/190; Schultz, Johann Karl ~ 9/191; Schultz, Johannes (Heinrich) ~/† 9/191; Schultz, Paul ~ 9/191; Schultz-Hencke, Harald */~/† 9/191; Schultz-Schultzenstein, Carl Heinrich ~/† 9/192; Schultze, Bernhard Sigismund ~ 9/192; Schultze, Ernst ~ 9/192; Schultze, Ernst */~ 9/192; Schultze, Friedrich ~ 9/193; Schultze, Johann Heinrich ~/† 9/193; Schultze, Johannes ~/† 9/193; Schultze, Max (Johann Sigismund) ~ 9/193; Schultze, Oskar ~ 9/193; Schultze-Jena, Leonhard (Sigmund Friedrich Kuno Klaus)

Sexau, Richard Wilhelm ~ 9/296; Seydel, Karl ~ 9/297; Seydelmann, Karl ~/† 9/298; Seydewitz, Max ~ 9/298; Seydewitz, Otto Theodor von ~ 9/298; Seydlitz-Kurzbach, Walther (Kurt) von ~ 9/298; Seyffardt, Ernst Hermann ~ 9/299; Seyffarth, Johann Gabriel ~/† 9/299; Seyffer, Carl Felix ~ 9/299; Seyfried, Heinrich Wilhelm ~ 9/299; Sichardt, Willy (Gustav Friedrich Adolf) ~ 9/301; Sichel, (Friedrich) Julius ~ 9/301; Sichel, Nathanael ~/† 9/301; Sick, Karl ~ 9/302; Sickel, Theodor Ritter von ~ 9/302; Sickel, Wilhelm ~ 9/302; Siebeck, Hans Georg ~ 9/303; Siebeck, Hermann ~ 9/304; Siebeck, Oskar ~/† 9/304; Siebeck, Richard ~ 9/304; Siebel, Erich (Lothar Max) ~ 9/304; Siebel, Fritz ~ 9/304; Sieber, Carl ~ 9/305; Sieber, Ferdinand † 9/306; Sieber, Josef ~ 9/306; Siebold, Adam Elias von ~/† 9/307; Siebold, Alexander (Georg Gustav) Frh. von ~ 9/307; Siebold, Eduard Kaspar Jakob von ~ 9/307; Siebold, Karl Theodor Ernst von ~ 9/308; Sieburg, Friedrich ~ 9/308; Siede, Johann Christian ~/† 9/309; Siedhoff, Werner ~ 9/309; Siedler, Eduard Wolf Jobst ~ 9/309; Sieg, Georg Erich ~ 9/310; Sieg, John ~/† 9/310; Siegel, Carl Ludwig * 9/310; Siegel, (Michael) Harro ~ 9/310; Siegel, Ralph Maria ~ 9/310; Siegel, Rudolf */~ 9/311; Sieger, Robert ~ 9/311; Siegfried, Herbert ~ 9/312; Siegfried, (Friedrich Adolf) Theodor */~ 9/313; Siegismund, Karl H. ~ 9/313; Sieglitz, Georg ~ 9/314; Siegmann-Wolff, Phila ~ 9/314; Siegmund, Condi ~ 9/314; Siegmund, Justina ~ 9/315; Siegmund-Schultze, Friedrich ~ 9/315; Siegrist, Lucie ~ 9/315; Siegrist, Philipp ~/† 9/315; Siehr, Ernst (Ludwig) ~ 9/316; Siehr, Gustav ~ 9/316; Siemens, Carl von ~ 9/316; Siemens, Carl Friedrich von ~ 9/316; Siemens, Ernst (Albrecht) von ~ 9/316; Siemens, Georg von ~/† 9/317; Siemens, Hermann von */~ 9/317; Siemens, Hermann Werner ~ 9/317; Siemens, Peter von */~ 9/317; Siemens, (Ernst) Werner von ~/† 9/317; Siemens, Wilhelm von */~ 9/319; Siemering, (Leopold) Rudolf ~/† 9/319; Siemerling, Ernst ~/† 9/319; Siems, Friedrich ~ 9/319; Siems, Margarethe ~ 9/319; Siemsen, Anna ~ 9/319; Siemsen, August ~/† 9/319; Siemsen, Hans ~ 9/320; Sierp, Heinrich (Matthias Emil) ~ 9/320; Sievers, (Georg) Eduard ~ 9/321; Sievers, Max (Wilhelm Georg) * 9/322; Siewert, Clara ~/† 9/322; Siewert, Hans † 9/322; Siggel, Alfred (Karl Gustav Johannes) */~ 9/324; Sigl, Georg ~ 9/325; Sigmundt, Adolf ~ 9/325; Sikorski, Hans (Carl) ~ 9/326; Silbergleit, Heinrich ~/† 9/326; Silex, Karl ~ 9/327; Silex, Paul ~/† 9/328; Sillib, Rudolf ~ 9/328; Sima, Oskar (Michael) ~ 9/328; Simchowitz, Sascha ~ 9/328; Simmel, Georg */~ 9/329; Simmel, Paul ~/† 9/330; Simoleit, Herbert * 9/330; Simon, Ellen ~ 9/330; Simon, Franz ~ 9/331; Simon, Franz (Eugen) */~ 9/331; Simon, Günther */~/† 9/331; Simon, Heinrich */~/† 9/331; Simon, Heinrich */~ 9/332; Simon, Heinz ~ 9/332; Simon, Helene (Henriette) ~ 9/332; Simon, Hermann */~ 9/332; Simon, Hugo ~ 9/332; Simon, James */~/† 9/332; Simon, James ~ 9/332; Simon, Johann Franz ~ 9/332; Simon, Julius ~ 9/333; Simon, Leo ~ 9/333; Simon, Max ~ 9/334; Simon, Paul Ludwig */† 9/334; Simon, Walter Veit */~ 9/334; Simon, Wilhelm ~ 11/175; Simon, Walter ~ 9/335; Simpson, George William von ~ 9/336; Simpson, William von ~ 9/336; Simrock, Karl (Joseph) ~ 9/336; Simson, (Martin) Eduard (Sigismund) von † 9/336; Simson, Ernst von ~/† 9/337; Simson, Maximilian */~/† 9/337; Simson, Otto (Georg) von */~/† 9/337; Simson, Werner von ~ 9/337; Sindermann, Horst ~/† 9/338; Singer, Felix (Gustav) ~ 9/338; Singer, Franz ~/† 9/338; Singer, Hans */~ 9/338; Singer, Hans Wolfgang ~ 9/338; Singer, Kurt ~ 9/339; Singer, Kurt ~ 9/339; Singer, Otto ~ 9/339; Singer, Paul */† 9/339; Singer, Rudolf ~/† 9/339; Sinjen, Sabine ~/† 9/340; Sinogowitz, Heinrich Sigismund ~ 9/340; Sinsheimer, Hermann ~ 9/341; Sintenis, Renée ~/† 9/341; Sinzheimer, Hugo (Daniel) ~ 9/342; Siodmak, Robert ~ 9/342; Sioli, Emil Franz ~ 9/342; Sioli, Franz ~ 9/342; Sirk, Douglas ~ 9/343; Sirk, Hugo ~ 9/343; Sistig, Alfred Erich ~ 9/343; Sittard, Alfred ~/† 9/343; Sittig, Ernst (Carl Wilhelm) */~ 9/344; Sitzler, Friedrich (Georg) ~ 9/344;

Sivkovich, Hans Ludwig Friedrich Christian ~/† 9/345; Six, Franz (Alfred) ~ 11/175; Skalweit, August (Karl Friedrich) ~ 9/345; Skarbina, Franz */† 9/345; Skaupy, Franz ~/† 9/346; Skita, Aladar ~ 9/346; Skladanowsky, Max */~/† 9/346; Sklarek, Wilhelm ~/† 9/346; Skoda, Albin (Michael Johann) ~ 9/346; Skopnik, Günter ~ 9/347; Skorzeny, Otto ~ 9/347; Skowronnek, Richard ~ 9/347; Skramlik, Emil Ritter von † 9/347; Skrzeczka, Karl ~/† 9/348; Slaby, Adolf (Karl Heinrich) */~/† 9/348; Sladek, Maximilian Viktor ~/† 9/348; Slevogt, (Heinrich) Carl ~ 9/349; Slevogt, Max ~ 9/349; Slezak, Leo ~ 9/350; Slezak, Margarete ~ 9/350; Smekal, Gustav (Stephan) ~ 9/352; Smend, Friedrich ~/† 9/352; Smend, Günther † 9/352; Smend, Rudolf ~ 9/352; Smend, (Carl Friedrich) Rudolf ~ 9/352; Smidt, Heinrich ~/† 9/353; Smidts, Michael Matthias ~/† 9/353; Smolian, Arthur (Theodor Ferdinand) ~ 9/353; Smolny, Paul */~ 9/353; Snaga, Josef ~ 9/354; Snell, Bruno ~ 9/354; Snell, (Christian) Karl ~ 9/354; Snell, Otto ~ 9/354; Sobernheim, Curt (Joseph) */~ 9/355; Sobernheim, Georg ~ 9/355; Sobernheim, Moritz (Sebastian) */~/† 9/355; Sobernheim, Walter */~ 9/355; Sobotta, Johannes */~ 9/356; Sobottka, Gustav ~/† 9/356; Soden, Hans Frh. von ~ 9/356; Soden, Hermann Frh. von ~/† 9/357; Soden, Wolfram Frh. von */~ 9/357; Soden-Fraunhofen, Maximilian Graf von */~ 9/357; Söhngen, Oskar ~/† 9/358; Söhning, Kurt * 9/358; Söhnker, Hans (Albrecht Edmund) ~/† 9/358; Soergel, Albert ~ 9/359; Soetbeer, Volker ~ 9/360; Sogemeier, Martin ~ 9/360; Sohl, Hans-Günther ~ 9/360; Sohl, Willi ~ 9/360; Sohm, Rudolph ~ 9/360; Sohn, Carl Ferdinand */~ 9/361; Sohn, (Johann August) Wilhelm * 9/361; Sohn-Rethel, Alfred ~ 9/362; Sohnrey, Heinrich ~ 9/362; Solbrig, Karl August von ~ 9/363; Soldan, Kurt Erich Richard */~ 9/363; Soldat-Röger, Maria ~ 9/363; Solf, Hermann */~ 9/363; Solf, Johanna ~ 9/364; Solf, Wilhelm Heinrich */~/† 9/364; Solger, Karl Wilhelm Ferdinand ~/† 9/364; Solitaire, M. ~ 9/364; Soller, August ~/† 11/175; Solmitz, Walter Moritz */~ 9/365; Solms-Baruth, Friedrich Fürst zu * 9/365; Solms-Laubach, Hermann Graf zu ~ 9/365; Solms-Laubach, Otto Graf zu ~ 9/365; Solmsen, Felix ~ 9/365; Solmsen, Friedrich ~ 9/365; Solmssen, Georg Adolf */~ 9/366; Soltmann, Otto */~ 9/366; Somary, Felix ~ 9/366; Sombart, Anton Ludwig ~ 9/367; Sombart, Werner (Friedrich Wilhelm Carl) ~/† 9/367; Sommer, Ferdinand (Johann) ~ 9/368; Sommer, Hans ~ 9/369; Sommer, Johann Samuel ~ 9/369; Sommer, Johann Wilhelm Ernst ~ 9/369; Sommer, Kurt ~/† 9/370; Sommer, Margarete */~/† 9/370; Sommer, (Karl) Robert ~ 9/370; Sommerfeld, Arno */~ 9/370; Sommerfeld, Martin ~ 9/371; Sommerfeld, Theodor ~/† 9/371; Sondheimer, Robert ~ 9/372; Sonnemann, Ulrich */~ 9/373; Sonnen, Willi ~ 9/373; Sonnenburg, Eduard ~ 9/373; Sonnenburg, Ferdinand ~ 9/373; Sonnenschein, Carl ~/† 9/374; Sonntag, Carl ~/† 11/176; Sonntag, Waldemar ~ 9/376; Sontag, Franziska ~/† 9/376; Sontag, Helmut ~/† 9/376; Sontag, Henriette (Gertrude Walpurgis) ~ 9/376; Sontag, Karl * 9/376; Sontag, Nina ~ 9/376; Soomer, Walter ~ 9/377; Soot, Fritz ~/† 9/377; Sophie Dorothea, Königin von Preußen ~/† 9/378; Sorge, Christian ~ 9/379; Sorge, Kurt Oskar ~/† 9/379; Sorge, Reinhard Johannes ~ 9/379; Sorge, Richard ~ 9/379; Sorma, Agnes ~ 9/379; Souchy, Augustin ~ 9/380; Späth, Franz Ludwig */~/† 9/381; Spaethen, Rolf (Carl) ~ 9/381; Spahn, Martin ~ 9/382; Spahn, Peter ~ 9/382; Spalding, Johann Joachim ~/† 9/382; Spallart, Johannes von ~ 9/382; Spamer, Adolf (Karl Emil Gustav) ~ 9/382; Spamer, Carl ~ 9/382; Spangenberg, Dietrich ~/† 9/383; Spangenberg, Gustav Adolph ~/† 9/384; Spangenberg, Louis ~/† 9/384; Spangenberg, Paul ~/† 9/384; Spanheim, Ezechiel Frh. von ~ 9/384; Spanier, Arthur ~ 9/385; Spankeren, Friedrich Wilhelm von ~ 9/385; Spanuth, August ~/† 9/385; Sparrer, Georg † 9/386; Spatz, Hugo ~ 9/386; Spaur und Flavon, Karl Graf zu ~ 9/387; Spazier, Johann Gottlieb Karl */~ 9/387; Spazzer-Palm, Antonia ~ 9/387; Specht, Gustav ~ 9/387; Specht, Renate */~ 9/387; Specht, Wilhelm ~ 9/388; Speck,

Wilhelm ~ 9/388; Speelmanns, Hermann ~/† 9/389; Speer, (Berthold Konrad Hermann) Albert ~ 9/390; Speidel, Hans ~ 9/391; Speier, Hans */~ 9/391; Speiser, Andreas ~ 9/392; Spemann, Adolf ~ 9/392; Spemann, Hans ~ 9/392; Spener, Johann Karl Philipp */~/† 9/393; Spener, Philipp Jakob ~/† 9/393; Spengel, Julius (Heinrich) ~ 9/394; Spengel, Leonhard von ~ 9/394; Spengler, (Carl Ludwig) Oskar ~ 9/395; Spennrath, Friedrich ~/† 9/396; Sperber, Manès ~ 9/397; Spering, Wilhelm ~/† 9/397; Sperl, Friedrich ~ 9/397; Sperling, Heinrich ~/† 9/397; Sperr, Franz ~/† 9/398; Sperr, (Anna Johanna) Monika */~/† 9/398; Spethmann, Johannes ~ 9/398; Speyer, Emil John ~ 9/399; Speyer, Wilhelm */~ 9/399; Spiecker, Carl ~ 9/400; Spieckernagel, Wilhelm ~/† 9/400; Spiegelberg, Ernst ~ 9/401; Spiegelberg, Otto ~ 9/401; Spiegelberg, Wilhelm ~ 9/401; Spieker, Joseph Anton ~ 9/402; Spiel, Hilde (Maria Eva) ~ 9/402; Spielhagen, Friedrich ~/† 9/402; Spielmann, Julius ~/† 9/403; Spielrein, Sabina ~ 11/176; Spier, Arthur ~ 9/403; Spiero, Heinrich ~/† 9/403; Spies, Heinrich (Louis) ~ 9/404; Spies, Hermine ~ 9/404; Spies, Leo ~ 9/404; Spieß, Gustav Adolf ~ 9/405; Spiethoff, Arthur ~ 9/406; Spiethoff, Bodo ~ 9/406; Spiker, Samuel Heinrich */~/† 9/406; Spilcker, Max ~ 9/406; Spilker, Adolf ~ 9/406; Spiller, Gottfried ~/† 9/406; Spilling, Willy ~ 9/406; Spillmann, Cecil ~ 9/406; Spindler, Johann Julius Wilhelm */~/† 9/407; Spira, Camilla ~/† 9/408; Spira, Fritz ~ 9/408; Spira, Steffie ~/† 11/176; Spiro, Eugen ~ 9/408; Spiro, Karl */~ 9/408; Spitta, Heinrich (Arnold Theodor) ~ 9/409; Spitta, (Johannes Heinrich) Oscar ~ 9/409; Spitta, (Julius August) Philipp d. J. ~/† 9/409; Spitta, (Arnold) Theodor ~ 9/409; Spitta, Walter ~ 9/410; Spitz, René Arpad ~ 9/411; Spitzeder, Adele * 9/411; Spitzeder, Josef ~ 9/411; Spitzeder-Schüler, Henriette ~/† 9/411; Spitzeder-Vio, Betty ~ 9/411; Spitzemberg, Hildegard Frfr. von ~/† 9/411; Spitzner, Osmar ~/† 9/412; Spitzy, Hans ~ 9/413; Spivak, Juan ~ 9/413; Spletter, Carla ~ 9/414; Splitgerber, David ~/† 9/414; Splitgerber, Arthur Gustav ~/† 9/414; Spörer, Gustav (Friedrich Wilhelm) */~ 9/414; Spoerl, Alexander (Johann Heinrich) ~ 9/414; Spoerl, Heinrich (Christian Johann) ~ 9/414; Spohn, Jürgen ~/† 9/415; Spohr, Auguste ~ 9/415; Spoliansky, Mischa ~ 9/415; Spontini, Gasparo (Luigi Pacifico) ~ 9/416; Spranger, Eduard */~ 9/416; Sprengel, Auguste Friderica Luise ~/† 9/417; Sprengel, Christian Konrad ~/† 9/418; Sprengel, Otto (Gerhard Karl) † 9/418; Sprenger, Eberhard ~/† 9/419; Sprenger, Klaus ~ 9/419; Spricksmann, Anton Matthias ~ 9/419; Springer, Axel Cäsar † 9/420; Springer, Ferdinand (I.) */~/† 9/420; Springer, Ferdinand (II.) * 9/421; Springer, Hermann ~/† 9/421; Springer, Julius (I.) */~/† 9/421; Springer, Julius (II.) ~/† 9/422; Springer, Konrad Ferdinand * 9/422; Springer, Robert (Gustav Moritz) */~/† 9/422; Sproemberg, Heinrich */~/† 9/423; Sprung, Adolf (Friedrich Wichard) ~ 9/423; Spuler, Arnold ~ 9/423; Spunda, Franz ~ 9/424; Srbik, Heinrich von ~ 9/424; Staab, Wilhelm ~ 9/425; Staal, Viktor ~ 9/425; Stach, Erich */~ 9/426; Stach, Ilse von ~ 9/426; Stache, Guido (Karl Heinrich Hector) ~ 9/426; Stackelberg, Heinrich Frh. von ~ 9/426; Stade, Bernhard ~ 9/427; Stadeler, August ~ 9/427; Stadelmayer, Franz ~ 9/428; Stadion, Johann Philipp Graf von ~ 9/429; Stadler, Herbert ~/† 9/430; Stadler, Toni d. Ä. ~ 9/430; Stadler, Toni d. J. ~ 9/430; Stadlinger, Hermann (Friedrich August) ~ 9/431; Stadthagen, Arthur */~/† 9/431; Stäckel, Paul (Gustav) */~ 9/432; Stägemann, Eugen (Eduard Otto) ~ 9/432; Stägemann, (Christian) Friedrich August von ~/† 9/433; Stägemann, Ida Valeska Malwine ~ 9/433; Staegemann, Pauline ~ 9/433; Stägemann, Waldemar (Walter Ludwig Eugen) ~ 9/433; Staehelin, Ernst ~ 9/433; Staehelin, Rudolf ~ 9/434; Staehelin, Rudolf ~ 9/434; Staehle, Wilhelm † 9/434; Stählin, Gustav ~ 9/434; Stählin, Karl ~/† 9/435; Stählin, Wilhelm ~ 9/435; Stahl, Emil (Theodor) ~ 9/436; Stahl, Ernst Leopold ~ 9/437; Stahl, Friedrich ~ 9/437; Stahl, Friedrich Julius ~ 9/437; Stahl, Georg Ernst ~/† 9/438; Stahl, Heinrich ~ 9/439; Stahl, Hermann (Bernhard Ludwig) ~ 9/439; Stahl, Jockel ~/† 9/439; Stahl, Wilhelm ~/† 9/440; Stahl-Nachbaur, Ernst ~/† 9/440; Stahr, Adolf (Wilhelm Theodor) ~ 9/440; Stahr, Hermann ~ 9/440; Staimer, Richard † 9/441; Stambke, Moritz † 9/442; Stamford, Heinrich Wilhelm von ~ 9/442; Stamm, August Theodor */~ 9/442; Stamm, Robert ~/† 9/443; Stamm, Rudolf (Georg) ~ 9/443; Stammer, Emil ~/† 9/444; Stammer, Otto ~/† 9/444; Stammler, Rudolf ~ 9/444; Stammler, Wolfgang ~ 9/444; Stampfer, Friedrich ~ 9/445; Standfuß, Richard ~ 9/445; Stanek, Josef */~ 9/445; Stange, Alfred ~ 9/446; Stange, Erich ~ 9/446; Stange, Max ~/† 9/446; Stangen, Karl ~/† 9/446; Stannius, Hermann Friedrich ~ 9/447; Stapel, Wilhelm ~ 9/447; Stapenhorst, Günther ~ 9/448; Stapff, Friedrich-Moritz ~ 9/448; Starck, Constantin ~/† 9/449; Starck, Johann Anton von ~ 9/449; Starcke, Paul Eduard ~/† 9/450; Stargardt, Karl (Bruno) */~ 9/450; Stark, Günther */~ 9/451; Stark, Johann(es) Nicolaus ~ 9/452; Stark, Karl Bernhard ~ 9/452; Starke, Gotthold ~ 9/453; Starke, Hermann Franz Gerhard † 9/453; Starke, Ottomar ~ 9/453; Starke, Richard F. ~ 9/453; Starosson, Franz */† 9/454; Stasiewski, Bernhard ~ 9/454; Statz, Vinzenz ~ 9/455; Staub, Hermann */~/† 9/455; Staub, Walther ~ 9/455; Stauber, Georg ~ 9/456; Staudigl, Josef d. J. ~ 9/457; Staudte, Wolfgang (Georg Friedrich) ~ 9/459; Stauffer, Ethelbert ~ 9/459; Stauffer-Bern, Karl ~ 9/459; Stauß, Emil Georg von † 9/460; Stauss, Traugott ~ 9/460; Stave, John */~/† 11/177; Stavenhagen, Agnes ~ 9/460; Stavenhagen, Alfred (Friedrich Rudolph Otto) ~/† 9/460; Stavenhagen, Bernhard ~ 9/460; Stavenhagen, Friedrich Karl Leopold von † 9/460; Stavenhagen, Fritz ~ 9/460; Stechert, Kurt * 9/461; Stechow, Eberhard */~ 9/461; Stechow, Wolfgang ~ 9/462; Steck, Johann Christoph Wilhelm von ~/† 9/462; Steckel, Leon(h)ard ~/† 9/462; Steeg, Ludwig ~ 9/462; Steenbeck, Max (Christian Theodor) ~/† 9/463; Steffeck, Carl (Constantin Heinrich) */~ 9/464; Steffelbauer, Kurt ~/† 9/464; Steffen, Albert ~ 9/464; Steffen, Heinrich ~ 9/464; Steffen, Wolfgang ~/† 9/465; Steffens, Günter ~ 9/465; Steffens, Henrik ~/† 9/465; Steffensen, Karl (Christian Friedrich) ~ 9/466; Steffensmeier, Heinrich ~ 9/466; Steffes, Johann Peter ~ 9/466; Steffin, Grete */~ 9/466; Steffter, Adalbert ~ 9/466; Stege, Fritz ~ 9/466; Steger, Milly ~/† 9/467; Stegerwald, Adam ~ 9/467; Stegmayer, Ferdinand ~ 9/468; Stegner, Artur ~ 9/469; Stehle, Sophie ~ 9/469; Stehlin, Johann Jakob d. J. ~ 9/470; Stehmann, Siegbert */~ 9/470; Steibelt, Daniel Gottlieb * 9/470; Steiger, Emma ~ 9/473; Steiger, Niklaus Friedrich von ~ 9/473; Steigner, Walter ~ 9/474; Stein, Alexander ~ 9/474; Stein, Christian Gottfried Daniel ~/† 9/475; Stein, Ernst † 9/476; Stein, Franz ~ 9/476; Stein, Friedrich ~ 9/477; Stein, Fritz ~/† 9/477; Stein, Heinrich Frh. von ~/† 9/478; Stein, (Heinrich Friedrich) Karl Frh. vom und zum ~ 9/478; Stein, Leo Walther ~/† 9/479; Stein, Lorenz von ~ 9/480; Stein, Ludwig ~ 9/481; Stein, Nathan ~ 9/481; Stein, Philipp ~/† 9/481; Stein, Philipp ~/† 9/481; Stein, Richard Heinrich ~ 9/481; Stein, Sigmund Theodor ~ 9/482; Stein, Werner */~/† 9/482; Stein-Schneider, Lena ~ 9/482; Steinacher, Hans ~ 9/483; Steinacker, Karl ~ 9/483; Steinar, Theodor ~ 9/483; Steinbach, Ernst ~ 9/484; Steinbart, Gotthilf Samuel ~ 9/484; Steinbeck, Johannes ~ 9/485; Steinbeck, Walter ~/† 9/485; Steinberg, Salomon David ~ 9/486; Steinberg, William ~ 9/486; Steinbiß, Viktoria ~ 9/486; Steinbrecht, Conrad (Emanuel) ~ 9/486; Steinbrück, Paul ~/† 9/487; Steindorff, Georg ~ 9/487; Steindorff, (Friedrich) Magnus ~ 9/487; Steinecke, (Friedrich Heinrich) Wolfgang ~ 9/487; Steinen, Karl von den ~ 9/488; Steinen, Wolfram von den ~ 9/488; Steiner, Felix ~ 9/488; Steiner, Jakob ~/† 9/489; Steiner, Marie ~ 9/490; Steiner, Rudolf (Joseph Lorenz) ~ 9/490; Steiner, Sigfrit ~ 9/491; Steiner-Prag, Hugo ~ 9/491; Steinert, Otto ~ 9/491; Steinhäuser, Pauline ~ 9/492; Steinhardt, Jakob ~ 9/492; Steinhaus, Wilhelm ~/† 9/493; Steinhausen, Georg ~ 9/493; Steinhausen, Heinrich ~ 9/493; Steinhausen, Wilhelm (August Theodor) ~ 9/493; Steinheil, Hugo Adolph von ~ 9/493; Steinheim, Salomon

Ludwig ~ 9/494; Steinhoff, Fritz ~ 9/494; Steinhoff, Hans ~ 9/495; Steinhoff, Karl ~/† 9/495; Steinicke, Georg Carl * 9/495; Steiniger, Karl ~ 9/495; Steiniger, Peter Alfons */~/† 9/495; Steinitz, Ernst ~ 9/495; Steinitz, Wolfgang ~/† 9/496; Steinke, Martin ~ 9/496; Steinkopf, Wilhelm ~ 9/496; Steinkopf, Willy ~ 9/497; Steinmann, (Ernst Hermann) Heinrich ~ 9/498; Steinmayr, Johann ~ 9/499; Steinmetz, Karl Friedrich von ~ 9/500; Steinmetz, Stefan ~/† 9/500; Steinmeyer, Elias von ~ 9/500; Steinmeyer, Franz (Karl Ludwig) ~/† 9/500; Steinrück, Albert ~/† 9/500; Steinschneider, Moritz ~/† 9/501; Steinthal, Heymann ~/† 9/501; Steinthal, Max */~/† 9/501; Steinthal, Walter ~ 9/501; Stelling, Johannes ~/† 9/503; Steltzer, Theodor (Hans Friedrich) ~ 9/503; Stemmle, R(obert) A(dolf Ferdinand) ~ 9/504; Stempell, Walter */~ 9/504; Stenbock-Fermor, Alexander Graf ~ 9/504; Stenbock-Fermor, Nils Graf ~ 9/505; Stengel, Edmund Ernst ~ 9/505; Stengel, Friedrich Joachim (Michael) ~ 9/505; Stengel, Hermann Frh. von ~ 9/505; Stenger, Erich ~ 9/506; Stenger, Paul (Karl Georg Heinrich) ~/† 9/506; Stenzel, Gustav Adolf Harald ~ 9/507; Stenzler, Adolf Friedrich ~ 9/507; Stephan, Hanna ~ 9/509; Stephan, (Ernst) Heinrich (Wilhelm) von ~/† 9/509; Stephan, Ruth ~/† 9/510; Stephani, Franz von ~/† 9/510; Stern, Curt ~ 11/178; Stern, Erich */~ 9/512; Stern, Ernst (Julian) ~ 9/512; Stern, Irma ~ 9/513; Stern, Jean ~ 9/513; Stern, Josef ~ 9/513; Stern, Julius ~/† 9/514; Stern, Julius Bernhard ~ 9/514; Stern, Karoline † 9/514; Stern, Richard ~ 9/515; Stern, Sigismund ~ 9/515; Stern, Viktor † 9/515; Stern, Wilhelm ~/† 9/515; Stern, William Louis */~ 9/515; Stern-Rubarth, Edgar ~ 9/515; Stern-Täubler, Selma ~ 9/516; Sternaux, Ludwig */~/† 9/516; Sternberg, Erich ~ 9/516; Sternberg, Fritz ~ 9/516; Sternberg, Leo ~ 9/517; Sternberg, Theodor (Hermann) */~ 9/517; Sternberg, Wilhelm ~ 9/517; Sternheim, (William Adolf) Carl ~ 9/518; Sternheim, Hermann ~/† 9/518; Sterzenbach, Benno ~ 9/519; Stettenheim, Julius ~/† 9/519; Stetter, David ~ 9/520; Steuben, Kuno von ~/† 9/521; Steudel, Hermann ~ 9/521; Stibi, Georg ~ 9/522; Stich, Klara */~/† 9/522; Stich, Wilhelm */~/† 9/523; Stichel, (Johann August) Bernhard ~ 9/523; Stichtenoth, Friedrich ~ 9/523; Stickel, Max ~/† 9/523; Stickelberger, Ludwig ~ 9/523; Stiebel, Salomon Friedrich ~ 9/524; Stieber-Walter, Paul ~ 9/524; Stiebner, Hans Friedrich Wilhelm Georg Paul ~ 9/524; Stieda, Wilhelm ~ 9/525; Stiedenroth, Ernst ~ 9/525; Stiedry, Fritz ~ 9/525; Stief, Karl ~ 9/525; Stiefel, Ernst C(arl) ~ 9/526; Stieff, Helmuth ~/† 9/526; Stiegholzer, Hermann ~ 9/526; Stiegler, Julius Paul ~ 9/526; Stieglitz, Heinrich ~ 9/527; Stiehl, (Anton Wilhelm) Ferdinand ~ 9/527; Stiehl, Otto (Max Johannes) ~ 9/527; Stiehle, Gustav von † 9/527; Stieler, Karl † 9/528; Stieler, Kurt ~ 9/528; Stieler von Heydekampf, Gerd * 9/528; Stier-Somlo, Fritz */~ 9/529; Stierlin, (Johann Gottfried) Adolf ~ 9/529; Stieve, Friedrich ~/† 9/529; Stieve, Hermann (Philipp Rudolf) ~/† 9/529; Stift, Markus ~ 9/530; Stilgebauer, (Johannes) Edward (Alexander) ~ 9/532; Stilke, Georg ~/† 9/532; Stilke, Georg H. */~ 9/532; Stilke, Hermann (Anton) */~/† 9/532; Stilke, Hermann (Georg Friedrich Wilhelm) */~/† 9/532; Stille, (Wilhelm) Hans ~ 9/532; Stille, Ulrich * 9/532; Stilling, Jakob ~ 9/533; Stimming, Albert ~ 9/534; Stimming, Carl Joachim ~ 9/534; Stinde, Julius (Ernst Wilhelm) ~ 9/534; Stinnes, Hugo † 9/534; Stinnes, Otto ~ 9/535; Stintzing, (Johann August) Roderich von ~ 9/535; Stirm, Karl August Maximilian ~ 9/535; Stirner, Max ~/† 9/535; Stobrawa, Renée ~ 9/536; Stobwasser, Johann Heinrich ~ 9/536; Stock, Alfred Eduard ~ 9/536; Stock, (Johanna) Dorothea ~/† 9/537; Stock, Hanns ~ 9/537; Stock, Herbert † 9/537; Stock, Robert ~/† 9/537; Stock, Werner Bruno Wilhelm Hartmann */~/† 9/537; Stock, Wolfgang ~ 9/538; Stockhausen, (Franz Joseph) Emanuel ~ 9/539; Stockhausen, Julius ~ 9/539; Stodola, Aurel ~ 9/540; Stöbe, Ilse */~/† 9/540; Stoeckel, Walter ~/† 9/541; Stoecker, Adolf ~ 9/541; Stöcker, (Hulda Caroline Emilie)

Helene ~ 9/541; Stöcker, Lydia ~ 9/541; Stoecker, Walter ~ 9/541; Stöckhardt, Julius Adolph ~ 9/542; Stöckl, Karl ~ 9/542; Stoecklin, Franziska ~ 9/542; Stöhr, Hermann ~/† 9/544; Stoeltzner, Wilhelm */~/† 9/544; Stölzel, Adolf ~/† 9/544; Stoerk, Felix ~ 9/545; Störring, Willi ~ 9/546; Stössel, Ludwig ~ 9/546; Stössinger, Felix ~ 9/546; Stötzel, Gerhard † 9/547; Stoetzer, Hermann ~ 9/547; Stoevesandt, Karl ~ 9/547; Stoeving, Kurt † 9/547; Stöwer, Willy ~/† 9/547; Stohm, Gustav ~ 9/548; Stolberg-Stolberg, Christian Graf zu ~ 9/549; Stolberg-Stolberg, Friedrich Leopold Graf zu ~ 9/549; Stolberg-Wernigerode, Anton Graf zu † 9/550; Stolberg-Wernigerode, Udo Graf zu */† 9/550; Stoldt, Marianne ~/† 9/550; Stoll, Arthur ~ 9/550; Stollberg, Georg J. ~ 9/551; Stollberg, Otto Karl ~ 9/552; Stolle, Marie ~/† 9/552; Stollwerck, Karl ~ 9/553; Stolper, Gustav ~ 9/553; Stolper, Toni ~ 9/553; Stolte, Heinz Hermann ~ 9/553; Stoltenberg, Hans Lorenz ~ 9/554; Stolz, Eduard ~ 9/555; Stolz, Otto ~ 9/555; Stolz, Otto * 9/555; Stolz, Robert ~/† 9/555; Stolze, Alfred Otto ~ 9/556; Stolze, Gerhard (Wolfgang) ~ 9/556; Stolze, (Heinrich August) Wilhelm */† 9/556; Stolzenberg, Benno ~/† 9/556; Stolzenberg, Hertha ~ 9/556; Stolzmann, Paulus von ~ 9/557; Stomps, Victor Otto ~/† 9/557; Stone, Michael */~/† 9/557; Stone, Sasha ~ 11/179; Stoph, Willi */† 9/557; Stoppel, Rose ~ 9/557; Storck, Karl (Gustav Ludwig) ~ 9/559; Storck, Wilhelm ~ 9/559; Storm, Ernst ~ 9/559; Storm, (Hans) Theodor (Woldsen) ~ 9/559; Stosch, Albrecht von ~ 9/560; Stosch, Anny von ~ 9/560; Stosch, Bartholomäus ~/† 9/560; Strachwitz, Moritz (Karl Wilhelm Anton) Graf von ~ 9/562; Strack, Hermann (Leberecht) */~/† 9/563; Strack, Johann Heinrich ~/† 9/563; Strack, Karl ~ 9/563; Stradiol-Mende, Pauline Henriette von ~ 9/564; Strätz, Karl ~ 9/565; Strahl, Hans * 9/565; Strakosch, Alexander ~/† 9/565; Strakosch, Irma ~ 9/565; Strakosch, Ludwig ~ 9/565; Stralendorf, Carl (Hermann Fritz Johannes) ~ 9/565; Stramm, August ~ 9/566; Strantz, Ferdinand (Karl Friedrich Felix) von ~/† 9/566; Strasburger, Julius ~ 9/567; Strassen, Otto (Ladislaus) zur * 9/567; Strasser, Charlot ~ 9/567; Strasser, Gregor ~/† 9/568; Strasser, Hans Gotthilf ~/† 9/568; Strasser, Otto ~ 9/568; Strassmann, Fritz ~ 9/569; Strassmann, Ernst ~/† 9/569; Strassmann, Fritz ~ 9/569; Strassmann, Paul Ferdinand */~ 9/569; Straßmeyer, Leopold ~ 9/569; Strathmann, Friedrich ~ 9/570; Stratmann, Franziskus Maria ~ 9/570; Stratmann, Friedrich Eduard Wilhelm ~ 9/570; Stratz, Rudolf ~ 9/571; Straub, Agnes (Josephine) ~/† 9/571; Straub, Hermann ~ 9/571; Straub, Johannes ~ 9/571; Straub, Josef ~ 9/571; Straube, (Montgomery Rufus) Karl (Siegfried) */~ 9/572; Straubel, (Constantin) Rudolf ~ 9/572; Strauch, Philipp ~ 9/573; Straumann, Heinrich ~ 9/573; Straumer, Heinrich ~/† 9/573; Straus, Erwin (Walter Maximilian) ~ 9/573; Straus, Fritz ~ 9/573; Straus, Oscar (Nathan) ~ 9/573; Strauss, Bruno ~ 9/574; Strauß, David Friedrich ~ 9/574; Strauss, Eduard ~ 9/575; Strauß, Emil (Josef) ~ 9/575; Strauß, Hermann ~ 9/576; Strauß, Johann (Maria Eduard) ~/† 9/577; Strauss, Leo ~ 9/577; Strauss, Ludwig ~ 9/578; Strauß, Walter */~ 9/578; Strecker, Karl (Georg Bernhard Christian) ~ 9/580; Strecker, Ludwig ~ 9/580; Strecker, Paul ~/† 9/580; Strecker, Reinhard */~ 9/580; Streckfuß, Carl Adolph */† 9/580; Streckfuß, (Adolf Friedrich) Karl † 9/580; Streich, Rita ~ 9/581; Streisand, Joachim */~/† 9/582; Streit, Josef ~ 9/582; Streit, Wilhelmine * 9/582; Streitberg, Wilhelm (August) ~ 9/582; Streitmann, Karl ~ 9/583; Streitmann, Louise ~ 9/583; Strelitz, Johannes */~ 9/583; Stremme, Hermann ~/† 9/583; Strempel, Horst ~/† 9/583; Strempel, (Johann) Karl Friedrich ~ 9/584; Stresau, Hermann ~ 9/584; Stresemann, Erwin (Friedrich Theodor) ~/† 9/584; Stresemann, Gustav */† 9/584; Stresemann, Wolfgang ~/† 11/180; Streubel, Karl Wilhelm ~ 9/585; Strich, Fritz ~ 9/586; Stricker, Augustin Reinhard */~ 9/586; Stricker, Wilhelm (Friedrich Carl) ~ 9/586; Strickrodt, Curt ~/† 9/587; Striebeck, Karl ~ 9/587; Strieder, Jakob ~ 9/587; Striedinger, Ivo ~ 9/587; Strienz, Wilhelm ~ 9/587; Strietzel, Achim */~

9/587; Strimes, Samuel ~ 9/588; Stritt, Robert ~ 9/588; Strittmatter, Thomas ~/† 9/589; Strnad, Oskar ~ 9/589; Strobel, Heinrich (Edmund August) ~ 9/590; Strobl, Julius ~ 9/590; Ströher, Karl (Friedrich) ~ 9/591; Ströter, Ernst Ferdinand ~ 9/592; Ströver-Wedigenstein, Ida Carola ~ 9/592; Strohbach, Hans ~ 9/592; Strombeck, Friedrich Heinrich von ~ 9/593; Stromeier, Johann Heinrich ~ 9/593; Stromer von Reichenbach, Ernst Frh. ~ 9/593; Stromer von Reichenbach, (Karl) Otto Frh. von ~ 9/593; Stromeyer, (Georg Friedrich) Louis ~ 9/594; Strousberg, Bethel Henry ~/† 9/594; Stroux, Johannes ~/† 9/595; Stroux, Karl-Heinz ~ 9/595; Strub, Max ~ 9/595; Strubberg, Otto von † 9/595; Strubell-Harkort, Alexander ~ 9/595; Struck, (Friedrich) Bernhard ~ 9/595; Struck, Gustav ~ 9/596; Struck, Hermann */~ 9/596; Struck, Johann Heinrich ~ 9/596; Struck, Paul ~ 9/596; Struck, Wolfgang E. ~/† 9/596; Strübe, Adolf ~ 9/597; Strübing, Paul ~ 9/597; Strünck, Theodor † 9/597; Struensee von Karlsbach, Karl Gustav ~/† 9/598; Strüver, Paul ~ 9/598; Struve, (Friedrich Adolph) August ~/† 9/599; Struve, Georg (Otto Hermann) von ~/† 9/600; Struve, (Karl) Hermann von ~ 9/600; Strzygowski, Josef ~ 9/601; Stubbe, Hans */~ 9/602; Stubbe, Wolf ~ 9/602; Stubenrauch, Amalie ~ 9/602; Stubenrauch, Ernst von ~ 11/180; Stuchtey, Karl ~/† 9/603; Stuck, Franz von ~ 9/603; Stuck, Paula ~ 9/603; Stucken, Eduard (Ludwig) ~/† 9/603; Stucken, Rudolf ~ 9/604; Stuckenberg, Fritz ~ 9/604; Stuckenschmidt, Hans Heinz ~/† 9/604; Studemund, Wilhelm ~ 9/605; Studer, Heinrich ~ 9/606; Studt, Konrad von ~/† 9/606; Stübben, (Hermann) Joseph ~ 9/607; Stübben, Oscar † 9/607; Stübel, (Moritz) Alfons ~ 9/607; Stuebs, Albin (Gustav Robert) */~ 9/608; Stückgold, Grete ~ 9/608; Stückgold, Jacques ~ 9/608; Stücklen, Daniel ~/† 9/608; Stüdemann, Günther */~ 9/609; Stüler, (Friedrich) August ~/† 9/609; Stülpnagel, Carl-Heinrich von */† 9/609; Stülpnagel, Ferdinand Wolf von */† 9/609; Stülpnagel, Joachim (Fritz Constantin) von ~ 9/609; Stülpnagel, Otto (Edwin) von * 9/609; Stümcke, Heinrich C. A. ~/† 9/610; Stümer, (Johann Daniel) Heinrich ~/† 9/610; Stümpke, Gustav ~ 9/610; Stürmer, Karl (Benjamin) */~/† 9/611; Stürmer, Viktor ~ 9/611; Stüve, Gustav ~ 9/612; Stüve, Johann Carl Bertram ~ 9/612; Stüwe, Hans (Karl) ~/† 9/612; Stuhlfauth, Georg ~/† 9/612; Stuhrmann, Heinrich (Wilhelm) ~ 9/613; Stumm, Johannes */~/† 9/613; Stummel, Friedrich (Franz Maria) ~ 9/613; Stummvoll, Josef ~ 9/613; Stumpf, (Friedrich) Carl ~/† 9/614; Stumpf, Johannes ~/† 9/614; Stumpf, Theodor ~ 9/615; Stumpff, Hans-Jürgen ~ 9/615; Stumpff, Karl (Johann Nikolaus) ~ 9/615; Stumpp, Emil ~ 9/615; Sturz, Johann Jakob ~ 9/619; Sturzenegger, Richard ~ 9/619; Stutz, Ulrich ~/† 9/621; Sucher, Josef ~/† 9/622; Sucher, Rosa ~ 9/622; Sucker, Wolfgang ~ 9/623; Sudermann, Hermann ~/† 9/624; Sudhaus, Siegfried ~ 9/624; Suedekum, Albert (Oskar Wilhelm) ~/† 9/625; Sündermann, Helmut ~ 9/625; Süring, Reinhard (Joachim) ~ 9/626; Süß, Bruno ~ 9/626; Süss, Theodor (Ludwig) ~ 9/627; Süss, Wilhelm ~ 9/627; Süßenguth, Walther (Wilhelm Rudolf) ~/† 9/627; Süßheim, Karl ~ 9/627; Süßkind, Heinrich ~ 9/627; Süßmilch, Johann Peter */~/† 9/627; Süssner, Jeremias ~ 9/628; Sütterlin, Ludwig ~/† 9/628; Süvern, Johann Wilhelm ~/† 9/628; Suhr, Eduard R. ~ 9/628; Suhr, Otto ~/† 9/628; Suhrbier, Max † 9/629; Suhrkamp, Johann Heinrich ~ 9/629; Sulger-Gebing, Emil ~ 9/630; Sulzer, Johann Georg(e) ~/† 9/631; Sulzer, Oscar ~ 9/632; Sulzer-Ott, Johann Jakob ~ 9/632; Sulzer-Ziegler, Eduard ~ 9/633; Sundelin, Carl Heinrich Wilhelm */~ 9/633; Superville, Daniel von ~ 9/633; Supf, Peter ~ 9/634; Suphan, Bernhard ~ 9/634; Sureth, Fritz ~ 9/634; Sury-Bienz, Ernst ~ 9/635; Susa, Charlotte ~ 9/635; Suschka, Herbert ~ 9/635; Susemihl, (Friedrich) Franz (Karl Ernst) ~ 9/635; Suske, Ferdinand ~ 9/635; Susman, Margarete ~ 9/635; Sussdorf, Max Julius Felix von ~ 9/636; Sussin, Mathilde ~ 9/636; Sussmann, Heinrich ~ 9/636; Sußmann-Hellborn, Louis */~/† 9/636; Suter, Heinrich ~ 9/636;

Suter, Karl ~ 9/636; Suthaus, Ludwig ~/† 9/637; Sutter-Kottlar, Beatrice ~ 9/638; Svarez, Carl Gottlieb ~/† 9/639; Swarowsky, Hans ~ 9/640; Swarzenski, Georg ~ 9/640; Swarzenski, Hanns (Peter) ~ 9/640; Swientek, Horst Oskar ~ 9/640; Swoboda, Albin ~ 9/641; Swoboda, Heinrich ~ 9/642; Swoboda, Josef Wilhelm † 9/642; Swoboda, Karl ~/† 9/642; Sybel, Heinrich (Karl Ludolf) von ~ 9/643; Sybel, Heinrich Ferdinand Philipp von ~ 9/643; Syberberg, Rüdiger (Johannes) ~ 9/643; Sydow, Emil von ~/† 9/643; Sydow, Karl Leopold Adolf */~/† 9/643; Sydow, Reinhold von */~/† 9/644; Sylten, Werner ~ 9/644; Sym, Igo ~ 9/644; Sympher, Leo ~/† 9/644; Synek, Liane ~ 9/644; Szenessy, Mario ~ 9/646; Szittya, Emil ~ 9/646; Szivessy, Guido ~ 9/646; Szondi, Peter ~/† 9/647; Szpinger, Leonhardt von ~ 9/647; Taeger, Friedrich (Hermann) ~ 9/649; Tänzer, Ahron ~ 9/649; Tänzler, Hans */~/† 9/650; Taeschner, Franz Gustav ~ 9/650; Täubler, Eugen ~ 9/650; Täufel, Kurt (Albert) ~ 9/650; Tafel, Albert ~ 9/651; Tafel, Wilhelm ~ 9/651; Taglicht, David Israel ~ 9/652; Taglioni, Paul ~/† 9/652; Talhoff, Albert ~ 9/652; Tamm, Erich */† 9/653; Tamm, Ernst (Adam) ~ 9/653; Tamms, Friedrich W. ~ 9/653; Tams, Ernst (Friedrich) ~ 9/653; Tangl, Michael ~ 9/654; Tank, Kurt ~ 9/654; Tank, Wilhelm (Heinrich) ~ 9/654; Tannenberg, Joseph ~ 9/655; Tannert, Hannes ~ 9/656; Tantzen, Richard (Hinrich) ~ 9/657; Tappe, Walter (Paul Heinrich) ~/† 9/657; Tappert, Georg (Wilhelm) */~/† 9/658; Tappert, Wilhelm ~/† 9/658; Tappolet, Siegfried ~ 9/658; Tarnow, Fritz ~ 9/659; Tarrasch, Siegbert ~ 9/659; Taschner, Gerhard ~/† 9/659; Taschner, Ignatius ~ 9/660; Tassoni, Ruth * 9/660; Tatitscheff, Hermine von ~ 9/660; Tau, Max ~ 9/660; Taub, Valter ~ 9/660; Taube, Michael ~ 9/661; Taube, Otto Frh. von ~ 9/661; Taube, Robert ~/† 9/661; Tauber, Anton Richard ~ 9/662; Tauber, Richard ~/† 9/662; Taubert, Ernst Eduard ~ 9/662; Taubert, Gustav (Friedrich Amalius) */~/† 9/662; Taubert, (Carl Gottfried) Wilhelm */~/† 9/662; Taubmann, Otto ~/† 9/663; Taucher, Curt ~ 9/663; Tauchnitz, Karl Christoph Traugott ~ 9/664; Tauentzien von Wittenberg, (Friedrich) Bogislaw (Emanuel) Graf von † 9/664; Tausch, Franz ~/† 9/665; Tausig, Karl ~ 9/666; Taut, Bruno ~ 9/667; Taut, Max ~/† 9/667; Taute, Max Reinhold ~/† 9/667; Tautz, Kurt */~ 9/668; Tavel, Rudolf von ~ 9/668; Techow, Friedrich Gustav Eduard ~/† 9/668; Teege, Joachim ~ 9/668; Teichmann, Albert ~ 9/669; Teichmann, Ernst (Gustav Georg) ~ 9/669; Teichmann, Kurt Emil Carl */~/† 9/670; Teichmüller, Gustav ~ 9/670; Teichmüller, Joachim (Julius Friedrich Heinrich) ~ 9/670; Teichmüller, (Paul Julius) Oswald ~ 11/181; Teichs, Alf ~ 9/670; Telemann, Georg Philipp ~ 9/671; Teller, Jürgen ~ 11/181; Teller, Wilhelm Abraham † 9/673; Tellenbach, Karoline ~ 9/673; Tellkampf, Johann Ludwig † 9/673; Temme, Jodocus Donatus Hubertus ~ 9/673; Tempel, Hermann ~ 9/674; Tempelhoff, Georg Friedrich von ~/† 9/674; Tempeltey, (Karl Ernst) Eduard von */~ 9/674; Templer, Bernhard ~ 9/674; Tenbruck, Friedrich Heinrich (Wilhelm) ~ 9/674; Tengelmann, Wilhelm ~ 9/675; Tennecker, (Christian Ehrenfried) Seyfert von ~ 9/675; Tenschert, Joachim ~/† 9/676; Tergit, Gabriele * 9/677; Tern, Jürgen ~ 9/677; Ternite, (Friedrich) Wilhelm ~ 9/677; Terpis, Max ~ 9/678; Terres, Ernst ~ 9/678; Terwiel, Maria ~/† 9/678; Tesch, Carl ~ 9/679; Teschemacher, Hans (Georg) ~ 9/679; Teschemacher, Margarete ~ 9/679; Tescher, Karl ~ 9/679; Teschner, Gustav Wilhelm ~ 9/680; Tessenow, Heinrich ~/† 9/680; Tessmer, Heinrich */~ 9/680; Testa, Adelheid ~ 9/680; Tetzlaff, Carl Albert Ferdinand ~/† 9/681; Tetzner, Lisa ~ 9/681; Teuber, Hermann ~ 9/682; Teuchert, Hermann ~ 9/682; Teutenberg, Elisabeth ~ 9/683; Teutsch, Friedrich ~ 9/683; Teutsch, Georg Daniel ~ 9/683; Teutsch, Traugott ~ 9/683; Textor, Karl ~ 9/684; Thadden, Elisabeth von ~/† 9/685; Thadden-Trieglaff, Adolf von * 9/685; Thaden, Adolf Georg Jakob von ~/† 9/685; Thälmann, Rosa † 9/686; Thaer, Albrecht Conrad ~ 9/686; Thaer, Albrecht Philipp ~ 9/687; Thäter, Julius Cäsar ~ 9/687; Thalheim, Karl C(hristian) ~/† 9/688; Thalheimer, August ~ 9/688;

Thannhauser, Justin ~ 9/689; Thaulow, Gustav Ferdinand ~ 9/690; Theden, Johann Christian Anton ~ 9/690; Theiler, Willy ~ 9/691; Theilhaber, Felix (Aaron) ~ 9/692; Thein, Ulrich ~/† 9/692; Theiss, Caspar ~/† 9/692; Theissing, Heinrich ~ 9/693; Thellmann, Erika von ~ 9/693; Then-Bergh, Erik ~ 9/693; Theremin, (Ludwig Friedrich) Franz ~/† 9/694; Thesing, Curt (Egon) ~ 9/695; Theuerkauf, (Christian) Gottlob (Heinrich) ~ 9/695; Theuner, Otto ~/† 9/695; Theunert, Hugo ~ 9/695; Theusner, Felix ~ 9/695; Thiel, Carl ~ 10/1; Thiel, Otto ~ 10/2; Thiel, (Ferdinand) Rudolf ~ 10/2; Thiele, Heinrich Friedrich */~ 10/2; Thiele, Hertha (Margaretha) † 10/2; Thiele, (Karl Emil Hermann) Johannes ~ 10/3; Thiele, Rolf ~ 10/3; Thieler, Fred ~/† 11/182; Thielmann, Max Frh. von */~/† 10/3; Thielscher, Guido ~ 10/4; Thieme, Karl Otto ~ 10/4; Thieme, (Conrad) Ulrich ~ 10/5; Thiemig, Karl * 10/5; Thienemann, Alfred Bernhard ~/† 10/5; Thienhaus, Erich ~ 10/6; Thierfelder, Benjamin Theodor ~ 10/6; Thierfelder, Franz (Felix Reinhold) ~ 10/6; Thierfelder, Hans ~ 10/7; Thierfelder, Helmuth ~ 10/7; Thierfelder, Johann Gottlieb ~ 10/7; Thierfelder, Max Ulrich ~ 10/7; Thierry, George Henry de † 10/7; Thiersch, Carl ~ 10/7; Thiersch, Hermann ~ 10/8; Thiersch, Paul (Johann Wilhelm) ~ 10/8; Thiesen, Max Ferdinand ~/† 10/9; Thiess, (Theodor) Frank ~ 10/9; Thiess, Karl ~ 10/9; Thiessen, Peter Adolf ~/† 10/9; Thile, Louis Gustav von ~ 10/10; Thilenius, Georg (Heinrich Karl Julius Wilhelm) ~/† 10/10; Thilenius, Georg (Christian Adolar Emil Julius) ~ 10/10; Thilo, Erich (Rudolf Julius) ~/† 10/10; Thimig, (Ottilie) Helene ~ 10/11; Thimig, Hermann (Friedrich August) ~ 10/11; Thimme, Friedrich Wilhelm Karl ~ 10/12; Thinemann, Otto ~ 10/12; Thode, Henry ~ 10/12; Thoelke, Wim ~ 10/13; Tholuck, Friedrich August Gottreu ~ 10/13; Thoma, Busso † 10/14; Thoma, Helmut ~/† 10/14; Thoma, Richard (Emil) ~ 10/15; Thoma, Richard Andreas ~ 10/15; Thomae, (Karl) Johannes ~ 10/15; Thomas, Adrienne ~ 10/17; Thomas, Emil */~/† 10/18; Thomas, Georg ~ 10/18; Thomas, Karl (Albert Ferdinand) ~ 10/18; Thomas, Kurt (Georg Hugo) ~ 10/18; Thomas, Stephan G. ~ 10/19; Thomas, Wolfgang (Alexander) ~ 10/19; Thomaschek, Hans ~ 10/19; Thomaschek-Hinrichsen, Berta ~/† 10/19; Thomasius, Gottfried ~ 10/20; Thomkins, André ~/† 10/21; Thoms, Hermann (Friedrich Maria) ~/† 10/21; Thoms-Heinrich, Lieselotte */† 10/21; Thomsen, Christian Nikolaus Theodor Heinrich ~ 10/21; Thomsen, Henning * 10/21; Thomsen, (Asmus) Julius (Thomas) ~ 10/22; Thomsen, Robert ~ 10/22; Thon, Heinrich ~ 10/22; Thoor, Jesse * 10/23; Thorak, Josef ~ 10/23; Thorbecke, Andreas Heinrich ~ 10/23; Thorndike, Andrew ~ 10/24; Thrasolt, Ernst † 10/24; Thümmel, Friedrich Wilhelm ~ 10/24; Thünen, Johann Heinrich von ~ 10/25; Thüngen, Hans Karl Frh. von ~ 10/25; Thüngen, Karl Frh. von ~ 10/26; Thulemeier, Wilhelm Heinrich von † 10/28; Thum, August ~ 10/28; Thumann, (Friedrich) Paul ~/† 10/28; Thumm, Karl † 10/28; Thun und Hohenstein, Friedrich Graf von ~ 10/29; Thurau, Gustav ~ 10/30; Thurneisser, Leonhard ~ 10/32; Thurneysen, (Eduard) Rudolf ~ 10/33; Thurnheer, Walter ~ 10/33; Thurnwald, Richard (Christian) ~/† 10/33; Tiburtius, Franziska ~/† 10/35; Tiburtius, Henriette ~/† 10/35; Tiburtius, Joachim ~/† 10/35; Tiburtius, Karl ~/† 10/35; Tieck, Christian Friedrich */† 10/36; Tieck, Dorothea † 10/36; Tieck, (Johann) Ludwig */~/† 10/36; Tiede, Erich */~ 10/37; Tiedemann, Christoph (Willers Markus Heinrich) von ~/† 10/37; Tiedemann auf Seeheim, Heinrich von † 10/37; Tiedtke, Jakob (Karl Heinrich Wilhelm) */~/† 10/37; Tiegs, Ernst Heinrich Fritz ~/† 10/38; Tielker, Johann Friedrich ~ 10/38; Tiemann, (Johann Karl Wilhelm) Ferdinand ~ 10/38; Tiersch, Otto ~/† 10/39; Tiessen, Ernst (Georg) ~ 10/39; Tiessen, Heinz Richard Gustav ~/† 10/39; Tietjen, Friedrich ~/† 10/39; Tietjen, Heinz ~ 10/40; Tietz, Alfred Leonhard ~ 10/40; Tietz, Friedrich ~/† 10/40; Tietz, Georg ~ 10/40; Tietz, Leonhard ~ 10/40; Tietz, Martin ~ 10/40; Tietz, Oscar ~ 10/40; Tigges, Eduard ~ 10/41; Tilegant, Friedrich ~ 10/41;

Tilemann, Heinrich (Johann Cornelius) ~ 10/41; Tilke, Max ~/† 10/42; Tille, Alexander ~ 10/43; Tillich, Paul (Johannes) ~ 10/43; Tillmanns, Robert ~/† 10/44; Tilmann, Otto ~ 10/44; Timendorfer, Berthold ~/† 10/45; Timm, Johann Friedrich Heinrich ~ 10/45; Timpe, Aloys Anton ~/† 10/45; Tinzmann, Julius */~/† 10/46; Tippelskirch, Ernst Ludwig von ~/† 10/46; Tippelskirch, Kurt (Oskar Heinrich Ludwig Wilhelm) von ~ 10/47; Tisch, Harry † 10/47; Tischbein, August Anton ~ 10/48; Tischbein, Caroline † 10/48; Tischbein, (Heinrich) Jacob ~ 10/48; Tischbein, Johann Friedrich August ~ 10/49; Tischbein, Johann Heinrich Wilhelm ~ 10/49; Titel, (Friedrich Wilhelm) Conrad ~/† 10/50; Titel, Werner ~/† 10/50; Titius, Arthur ~/† 10/51; Titzenhofer, Sophie (Eleonore Helene) von ~ 10/52; Tkaczyk, Wilhelm ~/† 10/53; Tobien, Heinz ~ 10/53; Tobler, Adolf ~/† 10/53; Tobler, Friedrich */~ 10/53; Tobler, Ludwig ~ 10/54; Tobold, Adelbert (Augustus Oscar) von ~/† 10/54; Toch, Ernst ~ 10/54; Todt, Fritz ~ 10/55; Toeche, Ernst */† 10/55; Toeche-Mittler, Konrad (Heinrich Ernst Siegfried) */~/† 10/55; Toeche-Mittler, (Christian Siegfried) Theodor */~/† 10/55; Tölle, Hermann ~ 10/56; Toellner, Johann Gottlieb ~ 10/56; Töndury, Hans ~ 10/56; Tönnis, Wilhelm ~ 10/57; Töpfer, Karl (Friedrich Gustav) * 10/57; Toepler, August (Joseph Ignaz) ~ 10/57; Töpler, Michael ~ 10/57; Törne, Volker von ~ 10/58; Toller, Ernst ~ 10/60; Tollin, Henri Wilhelm Nathanael */~ 10/61; Tollmien, Walter (Gustav Johannes) */~ 10/61; Tombrock, Hans ~ 10/62; Tomschik, Marie ~ 10/63; Topitz, Anton Maria ~ 10/63; Torczyner, Harry (Naftali Hirsch) ~ 10/64; Tordek, Ella ~ 10/64; Torgler, Ernst * 10/64; Torhorst, Marie † 10/64; Tourtual, Kaspar Theobald ~ 10/66; Tovote, Heinz ~/† 10/66; Träder, Willi */~ 10/67; Traeger, Albert ~ 10/67; Tralles, Johann Georg ~ 10/68; Tralow, Johannes ~/† 10/68; Transky, Eugen ~ 10/69; Trapp, (Hermann Emil Alfred) Max */~/† 10/70; Traub, Hellmut ~ 10/70; Traube, Hermann ~/† 10/70; Traube, Isidor ~ 10/70; Traube, Ludwig ~/† 10/71; Traube, Ludwig * 10/71; Traube, Moritz ~/† 10/71; Traube, Wilhelm ~/† 10/71; Traugott, Marcel ~ 10/71; Traustel, Sergej ~ 10/72; Traut, Hermann ~ 10/72; Trautmann, (Moritz) Ferdinand ~/† 10/72; Trautmann, Moritz ~ 10/73; Trautmann, Reinhold ~ 10/73; Trautschold, Ilse */~/† 10/74; Trautschold, (Carl Friedrich) Wilhelm */~ 10/74; Trautwein, Friedrich ~ 10/75; Trautz, Friedrich (Max) ~ 10/75; Treffner, Willy ~ 10/77; Treibs, Wilhelm ~ 10/77; Treichlinger, Wilhelm Michael ~ 10/78; Treidler, Adolf */~ 10/78; Treitschke, Heinrich (Gotthard) von ~/† 10/78; Tremper, Will ~ 11/182; Trendelenburg, Adolf ~/† 10/80; Trendelenburg, Ernst † 10/80; Trendelenburg, Ferdinand ~ 10/80; Trendelenburg, Friedrich */~/† 10/80; Trendelenburg, Friedrich Adolf ~/† 10/80; Trendelenburg, Paul ~/† 10/81; Trendelenburg, Wilhelm ~ 10/81; Trenk-Trebitsch, Willy ~/† 10/81; Trenker, Luis ~ 10/81; Trenkle, (Hermann) Rudolf ~ 10/81; Trepte, Curt † 10/82; Treptow, Günther */~/† 10/82; Treskow, Emil */~ 10/83; Treu, Georg ~ 10/83; Treue, (Friedrich) Wilhelm (Karl Franz) */~ 10/84; Treuer, Gotthilf ~ 10/84; Treuge, Lothar ~/† 10/84; Treumann, Louis ~ 10/85; Treviranus, Gottfried Reinhold ~ 10/86; Tribolet, Johann Friedrich Albrecht ~ 10/86; Tricklir, Jean Balthasar ~ 10/87; Triebel, Anna (Johanna Caroline) ~ 10/87; Triebnigg, Heinrich ~ 10/87; Triepel, (Carl) Heinrich ~ 10/87; Trier, Hann ~ 11/182; Trier, Jost ~ 10/88; Trier, Walter ~ 10/88; Triesch, Irene ~ 10/88; Triest, (August Ludwig) Ferdinand ~/† 10/88; Trietsch, Sofie ~/† 10/88; Troche, Ernst Günter ~ 10/90; Troeger, Heinrich ~ 10/91; Trökes, Heinz ~/† 10/91; Troeltsch, Anton Friedrich Frh. von ~ 10/91; Troeltsch, Ernst (Peter Wilhelm) ~/† 10/91; Tröltsch, Hermann ~ 10/93; Troeltsch, (Friedrich) Walter (Julius) ~ 10/93; Trömner, Ernst ~ 10/93; Trösch, Robert ~ 10/93; Trötschel, Elfriede ~/† 10/93; Trofimowa, Natacha */~ 10/94; Trojan, Johannes ~ 10/94; Troll, Carl ~ 10/94; Trommer, Carl August ~/† 10/95; Trommer, Hans ~ 10/96; Trommsdorff, Paul ~ 10/96; Trooger, Margot (Elfriede)

10/192; Veltheim, Hans Frh. von ~ 10/192; Veltheim, Hans Graf von ~ 10/193; Vely, E(mma) ~/† 10/193; Ventzki, August ~ 10/194; Venzmer, Erich ~ 10/194; Venzmer, Gerhard ~ 10/194; Verhoeven, Paul ~ 10/196; Verner, Paul † 10/197; Verner, Waldemar † 10/197; Verschuer, Otmar Frh. von ~ 10/197; Verth, Max zur ~ 10/198; Verweyen, Johannes Maria ~ 10/198; Verworn, Max (Richard Konstantin) */~ 10/198; Vesper, Walter † 10/199; Vesper, Will ~ 10/199; Vespermann, Klara ~ 10/199; Vestner, Georg Wilhelm ~ 10/200; Vettel, Franz ~ 10/200; Vetter, August ~ 10/200; Vetter, Ferdinand ~ 10/200; Vetter, Franz Xaver ~ 10/201; Vetter, Friedrich Wilhelm August ~ 10/201; Vetter, Karl (Otto Paul) * 10/201; Vetter, Walther (Hermann) */~/† 10/201; Vetterlein, Ernst (Friedrich) ~ 10/202; Vezin, Hermann ~ 10/202; Viala-Mittermayer, Marie ~ 10/202; Victor, Walter ~ 10/203; Viebahn, (Friedrich Karl Hermann) Georg von † 10/203; Viebig, Clara ~/† 10/203; Viebig, Ernst */~ 10/203; Vielhaber, Gerd * 10/204; Vielhaber, Heinrich (Gustav August) ~ 10/204; Vierhaus, Felix ~ 10/204; Vierkandt, Alfred (Ferdinand) ~/† 10/205; Vierling, Georg ~ 10/205; Vierling, Johann Gottfried ~ 10/206; Vierordt, Heinrich ~ 10/206; Vierordt, Hermann ~ 10/206; Vierordt, Karl von ~ 10/206; Viertel, Berthold ~ 10/206; Viertel, Salka ~ 10/206; Vierthaler, Ludwig (Karl Maria) ~ 10/207; Viëtor, Karl ~ 10/207; Viëtor, (Karl Adolf Theodor) Wilhelm ~ 10/208; Vietze, Josef ~ 10/208; Vieweg, (Hans Heinrich) Eduard * 10/208; Vieweg, Johann Friedrich ~ 10/209; Vieweg, (Gotthold) Richard ~ 10/209; Vignau, Hippolith von ~ 10/209; Viktoria Adelheid Marie Luise, Kaiserin und Königin von Preußen ~ 10/210; Villaret, Albert ~ 10/210; Villaume, Peter */~ 10/210; Villers, Alexander (Heinrich) von ~ 10/210; Vincke, Georg Frh. ~ 10/211; Vincke, Karl (Friedrich Ludwig) Frh. von † 10/212; Virchow, Hans ~/† 10/213; Virchow, Rudolf (Ludwig Carl) ~/† 10/213; Vischer, Eduard ~ 10/215; Vischer, Melchior ~/† 10/216; Vischer, Wilhelm ~ 10/218; Vischer-Alioth, Elisabeth ~ 10/218; Visscher van Gaasbeek, (Gustav) Adolf ~ 10/218; Vits, Ernst Hellmut ~ 10/218; Vivié, Ernst Gottfried ~ 10/219; Vocke, Wilhelm ~ 10/220; Vockel, Heinrich ~/† 10/220; Vöchting, Christian ~ 10/220; Vöchting, Hermann von ~ 10/220; Vögler, Eugen ~ 10/221; Voelcker, Fritz ~ 10/221; Völcker, Hans ~ 10/221; Voelcker, Heinrich ~ 10/222; Völderndorff und Waradein, Eduard Frh. von ~ 10/222; Völker, Gottfried Wilhelm */~/† 10/222; Völker, Karl ~ 10/222; Vötter, Hans-Georg † 10/223; Vogel, Alfred ~ 10/224; Vogel, August ~ 10/224; Vogel, August ~/† 10/224; Vogel, Bruno ~ 10/224; Vogel, Christian * 10/225; Vogel, Eduard ~ 10/225; Vogel, (Johannes) Emil (Eduard Bernhard) ~ 10/225; Vogel, Heinrich (Rudolf Gottfried) ~/† 10/226; Vogel, Hermann Wilhelm ~/† 10/226; Vogel, Hugo ~/† 10/226; Vogel, Rudolf ~ 10/228; Vogel, Rudolph Augustin ~ 10/228; Vogel, (Julius Rudolph) Theodor */~ 10/228; Vogel, Theodor ~ 10/228; Vogel, Traugott ~ 10/228; Vogel von Falckenstein, Eduard ~ 10/228; Vogelsang, Karl (Friedrich) Frh. von ~ 10/229; Vogelstein, Hermann ~ 10/230; Vogelstein, Theodor Max ~ 10/230; Voges, (Robert Karl) Fritz ~ 10/230; Voggenhuber, Vilma von ~/† 10/230; Vogl, Heinrich ~ 10/231; Vogl, Therese ~ 10/231; Vogler, Christian Wilhelm Jacob August ~/† 10/232; Vogler, Paul ~/† 10/232; Vogt, Emil ~ 10/233; Vogt, Hans ~ 10/234; Vogt, Johann ~ 10/234; Vogt, Joseph ~ 10/234; Vogt, Oskar (Georg) ~ 10/235; Voigt, Andreas ~ 10/236; Voigt, Carl Friedrich */~ 10/236; Voigt, Elisabeth ~ 10/237; Voigt, Friedrich † 10/237; Voigt, Heinrich (Carl Gisbert August) ~ 10/237; Voigt, Heinz ~ 10/237; Voigt, Henriette ~ 10/237; Voigt, Wilhelm ~ 10/238; Voigt, Wolfgang ~/† 10/239; Voigtländer, Edith von ~ 10/239; Voigtländer, Robert von ~ 10/240; Voigts, Bodo ~/† 10/240; Voigts-Rhetz, Julius von ~ 10/240; Voigts-Rhetz, Konstantin Bernhard von ~ 10/240; Volbach, Fritz ~ 10/241; Volbach, Walther ~ 10/242; Volbach, Wolfgang Fritz ~ 10/242; Volckmar, Friedrich ~ 10/242; Volhard, Franz ~ 10/243; Volk, Wilhelm Gustav ~ 10/243; Volkart,

Otto ~ 10/244; Volkens, Georg */~/† 10/245; Volkmann, Hans ~ 10/246; Volkmann, Richard von ~ 10/246; Vollbehr, Ernst ~ 10/247; Voller, (Carl) August ~ 10/247; Vollerthun, Georg ~ 10/247; Vollmer, Artur ~ 10/248; Vollmer, Friedrich ~ 10/248; Vollmer, Hans ~ 10/248; Vollmer, Johannes ~ 10/248; Vollmöller, Karl ~ 10/249; Vollmoeller, Karl Gustav ~ 10/249; Volmer, Max ~ 10/250; Volp, Rainer ~ 10/250; Voltolini, Friedrich Eduard Rudolph ~ 10/250; Voltz, (Johann) Friedrich ~ 10/251; Volz, Hermann ~ 10/251; Volz, Paul ~ 10/251; Volz, Wilhelm (Theodor August Hermann) ~ 10/252; Vorbrodt, Gustav Theodor Ferdinand Franz ~ 10/253; Vordemberge, (Rudolf Heinrich) Friedrich ~ 10/253; Vordemberge-Gildewart, Friedrich (August Wilhelm) ~ 10/254; Voretzsch, Ernst-Arthur ~ 10/254; Vorgang, Paul */~/† 10/254; Vorherr, (Johann Michael Christian) Gustav ~ 10/254; Vorkastner, Willy ~ 10/254; Vorländer, Daniel ~ 10/255; Vorst, Johannes ~/† 10/255; Vorster, Albert ~ 10/255; Vorster, Johannes ~ 10/255; Vorstius, Joris ~/† 10/256; Vortmann, Georg ~ 10/256; Vorwerk, Anna ~ 10/256; Vosberg, Harry ~ 10/257; Vosberg-Rekow, Max ~ 10/257; Voslensky, Michael ~ 10/257; Voss, Christian Friedrich ~ 10/257; Voß, Georg ~ 10/258; Voss, Hermann ~ 10/258; Voss, Julie von † 10/259; Voss, Julius (Johann Joachim) von ~/† 10/259; Voss, Otto Friedrich von */~ 10/259; Voss, Richard ~ 10/259; Voss, Sophie Marie Gräfin von † 10/260; Vossler, Otto ~ 10/261; Vostell, Wolf ~/† 10/261; Vuilleumier, John Fred ~ 10/262; Vulpius, Oskar ~ 10/262; Waag, Hans ~ 10/263; Waagen, Gustav Friedrich ~ 10/263; Wabnitz, Agnes ~/† 10/264; Wabra, Ernst † 10/264; Wacek-Orlic, Anton ~ 10/264; Wach, Adolf ~ 10/264; Wach, Joachim ~ 10/264; Wach, (Karl) Wilhelm */~/† 10/264; Wachenheim, Hedwig ~ 10/264; Wachholtz, Karl Johann Gottfried ~ 10/265; Wachler, Ernst ~ 10/265; Wachler, Ludwig ~/† 10/265; Wachler, Paul ~ 10/266; Wachsmann, Alfons Maria * 10/266; Wachsmann, Franz ~ 10/266; Wachsmann, Konrad ~ 10/266; Wachsmuth, Adolph ~ 10/266; Wachsmuth, Curt ~ 10/266; Wachsmuth, Helene ~ 10/266; Wachsmuth, Richard ~ 10/267; Wachtel, Theodor ~ 10/267; Wachter, Ernst ~ 10/267; Wackenroder, Wilhelm Heinrich */~/† 10/268; Wacker, (Peter Johannes Georg) Emil ~ 10/268; Wacker, Otto ~ 10/269; Wacker, Rudolf ~ 10/269; Wackerbarth, August Christoph Reichsgraf von ~ 10/269; Wackerle, Joseph ~ 10/269; Wackernagel, Martin ~ 10/270; Wackernagel, (Karl Eduard) Philipp */~ 10/270; Wackernagel, (Karl Heinrich) Wilhelm */~ 10/270; Wackernell, Joseph Eduard ~ 10/270; Wackers, Coba ~ 10/270; Wächter, Erich ~/† 10/271; Wächter, Johann Michael ~ 10/271; Wächter, Max ~ 10/271; Wächtler, Karl Gottlieb ~ 10/272; Waenker, Ludwig Anton von ~ 10/272; Waentig, Heinrich ~ 10/272; Wäscher, Aribert ~/† 10/273; Wätjen, Julius ~ 10/273; Waetzoldt, Stephan ~/† 10/273; Waetzoldt, Wilhelm ~ 10/273; Wagemann, Ernst ~ 10/273; Wagener, Guido Richard */~ 10/274; Wagener, Hermann ~ 10/274; Wagener, Hilde ~ 10/274; Wagener, Kurt ~ 10/274; Wagener, Oskar ~ 10/274; Wagenfeld, Wilhelm ~ 10/275; Wagenführ, Felix ~ 10/275; Wagenführ, Kurt (Hans Fritz) ~ 10/275; Wagenführ, Rolf (Karl Willy) ~ 10/275; Waghalter, Ignaz ~ 10/276; Wagner, Adolph (Heinrich Gotthilf) ~/† 10/277; Wagner, Albert † 10/277; Wagner, Albert Malte ~ 10/278; Wagner, Eduard ~ 10/279; Wagner, Elsa ~/† 10/279; Wagner, Franz ~/† 10/280; Wagner, Friedrich Wilhelm ~ 10/280; Wagner, Gabriel ~ 10/280; Wagner, Georg August ~ 10/281; Wagner, Günter * 10/281; Wagner, Hans ~ 10/281; Wagner, Johann Wilhelm ~/† 10/283; Wagner, Josef † 10/283; Wagner, Joseph ~ 10/283; Wagner, Karl ~ 11/183; Wagner, Karl Ernst Albrecht */~ 10/284; Wagner, Karl Wilhelm Ulrich ~/† 10/284; Wagner, Kurt † 10/284; Wagner, Martin ~ 10/285; Wagner, Max Leopold ~ 10/285; Wagner, Otto ~ 10/285; Wagner, (Wilhelm) Richard ~ 10/286; Wagner, Siegfried ~ 10/290; Wagner, Werner ~ 10/290; Wagner, (Karl) Willy ~ 10/291; Wagner-Jachmann, Johanna ~ 10/291; Wagner-Régeny, Rudolf ~/† 10/291; Wagula, Hans ~ 10/292; Wahl,

Weinland, (Christoph) David Friedrich ~ 10/398; Weinland, Ernst ~ 10/398; Weinmann, Karl ~ 10/399; Weinzheimer, Friedrich August ~ 10/400; Weirauch, Anna Elisabet ~/† 10/400; Weisbach, Hans ~ 10/401; Weisbach, Reinhard ~/† 10/401; Weisbach, Walter */~ 10/401; Weisbach, Werner */~ 10/401; Weischedel, Wilhelm ~/† 10/402; Weisenborn, Günther ~/† 10/402; Weiser, Grethe ~ 10/403; Weiskopf, Franz Carl ~/† 10/404; Weismann, Robert ~ 10/405; Weiss, Amalie ~/† 10/406; Weiss, (Karl Philipp) Bernhard ~/† 10/406; Weiss, Bernhard */~ 10/406; Weiss, Christian Samuel ~ 10/406; Weiss, Dorothea ~/† 10/406; Weiß, Emil Rudolf ~ 10/407; Weiss, (Christian) Ernst ~/† 10/407; Weiss, Ernst ~ 10/407; Weiss, Eugen † 10/407; Weiss, Eugen Robert ~ 10/407; Weiss, Gerhard † 10/408; Weiss, (Konrad Richard) Guido ~ 10/408; Weiss, Helmut (Ludwig Johann Georg) † 10/408; Weiss, Hermann ~/† 10/408; Weiß, Johannes ~ 10/409; Weiss, Peter (Ulrich) ~ 10/410; Weissenbach, Plazid ~ 10/413; Weißenberg, Joseph ~ 10/414; Weissenborn, Hermann Johann Christian ~ 10/414; Weissert, Otto (Heinrich) ~ 10/415; Weissmann, Adolf ~ 10/415; Weissner, Hilde ~ 10/415; Weitbrecht, Wolfgang ~ 10/416; Weiterer, Maria (Elisabeth Wilhelme) ~/† 10/417; Weitsch, Friedrich (Georg) ~/† 10/418; Weitsch, Johann Friedrich ~ 10/418; Weitz, Wilhelm ~ 10/418; Weitzmann, Karl Friedrich */~/† 10/419; Weitzmann, Kurt ~ 10/419; Weizsäcker, Viktor Frh. von ~ 10/420; Welck, (Kurt Heinrich) Wolfgang Frh. von ~ 10/421; Welke, Kurt Heinz * 10/424; Well, Günther van ~ 10/424; Wels, Otto */~ 10/426; Welskopf-Henrich, Liselotte ~/† 10/427; Welter, Erich ~ 10/428; Welter, Ludwig ~ 10/428; Welter, Michael ~ 10/428; Welti, Emil ~ 10/429; Welti, Heinrich ~ 10/429; Weltmann, Lutz ~ 10/429; Welter, Armin ~ 10/429; Weltsch, Robert ~ 10/430; Welz, Robert ~ 10/430; Wempe, Johann ~ 10/431; Wenck, Walther ~ 10/431; Wende, Erich ~ 10/431; Wendel, Ernst ~ 10/431; Wendel, Friedrich ~ 10/432; Wendland, Heinz-Dietrich */~ 10/433; Wendland, (Johann Theodor) Paul ~ 10/433; Wendland, Waldemar ~ 10/433; Wendling, Carl ~ 10/433; Wendorff, Hugo ~/† 10/433; Wendt, Erich † 10/434; Wendt, Ernst ~ 10/434; Wendt, Johann ~ 10/434; Wendt, Siegfried ~ 10/434; Weng, Gerhard ~ 10/435; Wengler, Wilhelm ~/† 11/184; Wenke, Hans ~ 10/436; Wentscher, Dora * 10/437; Wentzcke, Paul ~ 10/437; Werber, Mia ~ 10/440; Werder, Bernhard von † 10/440; Werdy, Friedrich August ~ 10/441; Werkmeister, Karl ~ 10/442; Werminghoff, Albert ~ 10/443; Wermuth, Adolf ~/† 10/443; Werner, Alfred ~/† 10/444; Werner, Anton (Alexander) von ~/† 10/445; Werner, Arno ~ 10/445; Werner, Bruno E(rich) ~ 10/445; Werner, Elisabeth * 10/445; Werner, Fritz */~/† 10/446; Werner, Fritz ~ 10/446; Werner, (Otto) Heinrich ~/† 10/446; Werner, Hugo */~/† 10/446; Werner, Joachim */~ 10/447; Werner, Joseph ~ 10/447; Werner, Reinhold von ~ 10/447; Werner, Richard Maria ~ 10/448; Werner, Theodor (Georg Wilhelm) ~ 10/448; Werner, Theodor ~ 10/448; Wernher, Adolph ~ 10/450; Wernich, Albrecht (Ludwig Agathon) ~/† 10/450; Wernicke, Carl ~ 10/450; Wernicke, Erich (Arthur Emanuel) ~ 10/450; Wernicke, Marie ~/† 10/450; Wernicke, Otto (Karl Robert) ~ 10/451; Wernle, Paul ~ 10/451; Wertheim, Georg ~/† 10/452; Wertheim, Theodor ~ 10/452; Wertheimer, Fritz ~ 10/453; Wertheimer, Ludwig ~ 10/453; Wertheimer, Max ~ 10/453; Wery, Carl ~ 10/455; Werz, Luitpold ~ 10/455; Wesendonck, Mathilde ~ 10/455; Weskamm, Wilhelm ~/† 10/455; Wessel, Horst ~/† 10/456; Wessely, Friedrich ~ 10/456; Wessely, Hartwig ~ 10/456; Wessely, Karl */~ 10/457; Wessely, Karl Bernhard */~ 10/457; Wessenberg, Johann Philipp Reichsfreiherr von ~ 10/457; Westarp, Kuno Graf von ~/† 10/458; Westermann, Diedrich (Hermann) ~ 10/458; Westermann, Gerhart von ~/† 10/459; Westheim, Paul ~/† 10/459; Westphal, Alexander ~/† 10/460; Westphal, Andreas ~ 10/460; Westphal, Carl (Friedrich Otto) */~ 10/460; Westphal, Heinz * 10/460; Westphal, Max ~/† 10/460; Westphal, Wilhelm (Heinrich) ~/† 10/461; Westphalen, Ferdinand Otto Wilhelm von ~/†

10/461; Westrick, Ludger ~ 10/461; Wette, Wilhelm Martin Leberecht de ~ 10/462; Wettstein, Friedrich Ritter von Westersheim ~ 10/462; Wetzel, Justus Hermann ~ 10/464; Wetzstein, Johann Gottfried ~/† 10/464; Weule, (Johann Konrad) Karl ~ 10/464; Wever, Franz ~ 10/465; Wewerka, August ~ 10/465; Weygandt, Wilhelm ~ 10/466; Weyhenmeyer, Georg Gottfried ~/† 10/466; Weyl, Theodor */~/† 10/467; Weyrauch, Wolfgang ~ 10/468; Wezel, Johann Karl ~ 10/468; Wicclair, Walter ~ 10/469; Wichelhaus, Hermann ~ 10/469; Wichern, Johann Hinrich ~ 10/470; Wichern, Karoline ~/† 10/470; Wichert, Ernst (Alexander August George) ~/† 10/470; Wichert, Fritz ~ 10/470; Wichert, Karl ~ 10/471; Wichmann, Johanna (Rosemarie) ~ 10/471; Wichmann, Karl (Friedrich) ~/† 10/471; Wichmann, Ludwig (Wilhelm) ~/† 10/471; Wichura, Max ~/† 10/472; Wick, Karl ~ 10/472; Widemann, Wilhelm ~/† 10/473; Widmann, Ellen ~ 10/474; Widmann, Hans (Jakob) ~ 10/474; Wiebe, Adolf ~ 10/476; Wiebe, Friedrich Karl Hermann ~/† 10/476; Wiebe, Hermann Friedrich ~ 10/477; Wiebel, Johann Wilhelm von */† 10/477; Wiechert, Ernst ~ 10/477; Wieck, Dorothea (Olavia) ~/† 10/477; Wiedemann, Eilhard (Ernst Gustav) * 10/479; Wiedemann, Eilhard (Heinrich Karl) ~ 10/479; Wiedemann, Gustav Heinrich */~ 10/479; Wiedemann, Hans * 10/479; Wiedemann, Hermann ~ 10/479; Wiedemann, Max ~ 10/479; Wiedenfeld, Kurt (August Bernhard Julius) */~ 10/480; Wieder, Hanne ~ 10/480; Wiedfeldt, Otto (Ludwig) ~ 10/480; Wiegand, Heinrich ~ 10/481; Wiegand, Theodor ~/† 10/481; Wiegler, Paul ~/† 10/482; Wiehl, Emil ~ 10/482; Wieland, Deba † 10/483; Wieland, Emil ~ 10/484; Wieland, Heinrich (Otto) ~ 10/484; Wieman, Mathias ~ 10/485; Wien, Max (Carl Werner) ~ 10/485; Wien, Wilhelm (Karl Werner Otto Fritz Franz) ~ 10/485; Wienbeck, Erich ~ 10/486; Wiene, Robert ~ 10/486; Wieneke, Paul Friedrich ~ 10/486; Wiener, Alfred ~ 10/486; Wiener, Max ~ 10/487; Wiener, Otto (Heinrich) ~ 10/487; Wienken, Heinrich ~/† 10/487; Wienrich, Adele ~/† 10/487; Wiens, Paul ~ 10/487; Wieprecht, Wilhelm Friedrich ~/† 10/488; Wiersich, Oswald † 10/488; Wiese und Kaiserswaldau, Leopold von ~ 10/488; Wiese, Ludwig ~ 10/489; Wiese, Mathias ~ 10/489; Wiese, Otto ~ 10/489; Wieseler, Friedrich (Julius August) ~ 10/489; Wiesenthal, Grete ~ 10/490; Wiesmann, Richard (Gustav Arnold) ~/† 10/491; Wießmann, Hans ~ 10/491; Wieynck, Heinrich ~ 10/492; Wigand, Albert (Julius Wilhelm) ~ 10/492; Wigger, Friedrich ~ 10/493; Wiggers, Julius (Otto August) ~ 10/493; Wiggers, Moritz (Karl Georg) ~ 10/493; Wigman, Mary ~/† 10/493; Wilamowitz-Moellendorff, Ulrich von ~/† 10/494; Wilberg, Friedrich (Wilhelm) ~/† 10/495; Wilbrandt, Adolf von ~ 10/495; Wilbrandt, Christian (Ludwig Theodor) ~ 10/495; Wilbrandt, Robert (August Hermann Friedrich Karl) ~ 10/496; Wilbrandt, Walther * 10/496; Wilbrandt-Baudius, Auguste ~ 10/496; Wilcken, Ulrich (Emil Elias Friedrich Wilhelm) ~ 10/496; Wild, Heinrich ~ 10/497; Wild, Sebastian ~ 10/498; Wildberg, Christian Friedrich Ludwig ~/† 10/498; Wildbolz, Hans ~ 10/498; Wildbrunn, Helene ~ 10/498; Wildenbruch, Ernst von ~/† 10/499; Wildermann, Hans ~ 10/499; Wildermuth, Eberhard (Hermann) ~ 10/500; Wildführ, Georg ~ 10/500; Wildhagen, Karl ~ 10/501; Friedrich Wilhelm I. Ludwig, König von Preußen, Deutscher Kaiser */~/† 10/501; Wilhelm II., Deutscher Kaiser, König von Preußen ~/† 10/502; Wilhelm-Kästner, Kurt ~ 10/507; Wilhelmine Friederike Sophie, Markgräfin von Bayreuth * 10/507; Wilhelmy, Ludwig (Ferdinand) ~/† 10/507; Wilk, Werner ~/† 10/507; Wilke, Gisela ~ 10/508; Wilken, Friedrich ~/† 10/508; Wilker, Karl ~ 10/508; Willdenow, Karl Ludwig */† 10/509; Wille, Bruno ~ 10/509; Wille, Günter ~ 10/510; Wille, Ulrich ~ 10/510; Willeke, Eduard (Heinrich Wilhelm) ~ 10/511; Willer, Alfred ~ 10/511; Willers, Friedrich Adolf ~ 10/511; Willmann, Heinz † 10/512; Willmann, Michael (Lukas Leopold) ~ 10/513; Willmann, Otto (Philipp Gustav) ~ 10/513; Willner, Arthur ~ 10/513; Willrich, Erich ~ 10/513; Willstätter, Richard ~ 10/513; Wilm, Alfred ~ 10/514;

Günther */~ 10/701; Zuntz, Nathan ~/† 10/701; Zunz, Leopold ~/† 10/701; Zupitza, Julius ~/† 10/702; Zur Linde, Otto ~/† 10/702; Zurlinden, Hans ~ 10/702; Zur Mühlen, Raimund von ~ 10/702; Zuse, Konrad (Ernst Otto) */~ 10/703; Zutt, Jürg ~ 10/703; Zwehl, Hans Wilhelm von ~/† 10/703; Zweig, Arnold ~/† 10/704; Zweig, Fritz ~ 10/705; Zweig, Max ~ 10/705; Zweig, Stefan ~ 10/705; Zweigert, Konrad ~ 10/706; Zweigert, Kurt ~/† 10/706; Zwierzina, Konrad ~ 10/708; Zwilgmeyer, Franz ~ 10/708; Zwillenberg, Hugo ~ 10/708; Zwirner, (Adolf Wilhelm) Eberhard ~ 10/710; Zwirner, Ernst Friedrich ~ 10/711; Zwißler, Karl Maria ~ 10/711

Berlinchen
Lasker, Emanuel * 6/256

Berlingen (Kt. Thurgau)
Dietrich, Adolf */† 2/534; Kern, Jakob * 5/511; Kern, Johann Konrad * 5/511; Knecht, Hermann ~ 5/617; Kunert, Marie † 6/168; Neher, Dora † 7/359; Studer-de Goumoens, Elisabeth † 9/606

Berlstedt → Stedten am Ettersberg
Bermbach (Kr. Schmalkalden-Meiningen)
Wehner, Josef Magnus * 10/377

Bermersheim
Hildegard von Bingen * 5/38

Bern
siehe auch *Bümpliz, Ostermundingen, Waldau*

Abart, Franz ~ 1/1; Abelin, Isaak ~ 1/7; Abendroth, Wolfgang ~ 1/8; Aberli, (Johann) Ludwig ~/† 1/10; Abt, Roman ~ 1/16; Abt, Siegfried ~/† 1/16; Ackermann, Otto † 1/22; Aeby, Christoph Theodor ~ 1/47; Aellen, Hermann ~ 1/48; Agnes, Lore ~ 11/2; Ah, Joseph Ignaz von ~ 1/56; Alder, Cosmas ~/† 1/85; Allgäuer, Oscar ~ 1/91; Alster, Raoul ~/† 1/94; Altermatt, Leo ~ 1/99; Althamer, Andreas ~ 1/99; Altmann, Adolf ~ 1/103; Altmann, Johann Georg ~ 1/103; Amiet, Jakob ~ 1/115; Amonn, Alfred ~/† 1/118; Anderwert, Joseph Fridolin † 1/125; Andreae, Volkmar */~ 1/131; Anker, Albert ~ 1/141; Annasohn, Jakob † 1/144; Anshelm, Valerius ~/† 1/148; Ansorge, Conrad † 1/148; Apetz, Johann Heinrich ~ 1/155; Apiarius, Mat(t)hias ~/† 1/156; Apiarius, Samuel ~ 1/157; Appenzeller, Johann Konrad * 1/159; Aretius, Benedikt ~/† 1/169; Arndt, Georg ~ 1/174; Arnstein, Karl ~ 1/193; Arx, Adrian von */~ 1/199; Arx, Adrian von ~ 1/199; Asher, Leon ~/† 1/205; Attinghausen-Schweinsberg, Johannes Frh. von ~ 1/210; Auburtin, Victor ~ 1/212; Auer, Hans Wilhelm ~ 1/213; Baader, Theodor ~ 1/232; Bach, August ~ 1/235; Bähr, Christian August ~ 1/256; Bäschlin, Carl Fridolin ~ 1/263; Baggesen, Karl (Albrecht Reinhold) */~/† 1/267; Ball, Hugo ~ 1/277; Ballasko, Viktoria von ~ 1/277; Bally, Peter ~ 1/278; Baltzer, Armin (Richard) ~ 1/282; Barth, Fritz ~/† 1/301; Barth, Heinrich */~ 1/302; Barth, Karl ~ 1/303; Bassermann, Albert ~ 1/315; Baumann, Johannes ~ 1/336; Baumgarten, Franziska ~/† 1/343; Bay, David Ludwig */~ 1/356; Beer, Max ~ 1/390; Beetz, Wilhelm von ~ 1/393; Bellac, Paul ~/† 1/409; Benjamin, Walter ~ 1/423; Benteli, (Emanuel) Albert ~/† 1/428; Benziger, Carl Joseph ~ 1/432; Berlepsch, Emilie von ~ 1/446; Bernhard, Oskar ~ 1/468; Bernhardi, Friedrich (Adam Julius) von ~ 1/469; Bernoulli, Nikolaus ~ 1/475; Berthold V., Herzog von Zähringen ~ 1/485; Bessau, Georg ~ 1/492; Biberti, Leopold ~ 1/511; Bichler, Heinrich ~ 1/512; Biedermann, Johann Jakob ~ 1/517; Bielka, Erich ~ 1/520; Biermer, (Michael) Anton ~ 1/524; Biermer, Magnus * 1/524; Bilfinger, Paul * 1/526; Bircher, Heinrich ~ 1/536; Birmann, Peter ~ 1/539; Bischoff, Samuel Rudolf ~ 1/544; Blaurock, Jörg ~ 1/564; Bloch, Rosa ~ 1/575; Blösch, Eduard (Eugen) ~/† 1/577; Bloesch, Hans */~/† 1/577; Blösch, Karl Emil ~/† 1/577; Blumenstein, Ernst ~/† 1/587; Blumer, Hans ~ 1/588; Bluntschli, Hans (Hermann) ~/† 1/590; Böhm, Gottfried Ritter von ~ 1/617; Böhm, Johanna ~ 1/618; Bohnenblust, Gottfried */~ 2/3; Bohren, Arnold ~ 2/4; Bombelles, Ludwig Philipp Graf von ~ 2/15; Bondeli, Julie von */~ 2/16; Boner, Ulrich ~ 2/17; Bonjour, Edgar (Konrad) */~ 2/20; Bonstetten, Abraham Sigmund August von * 2/21; Bonstetten, Gustav (Karl Ferdinand) von ~ 2/22; Bonstetten, Karl Viktor von */~ 2/22; Boor, Helmut de ~ 2/23; Borel, Eugène ~/† 2/29; Borel, Eugène ~ 2/29; Boss, Eduard ~/† 2/43; Boss, Gottlieb ~ 2/43; Bosshardt, Alfred ~ 2/45; Bourcart, Charles ~ 2/49; Bourgeois, Pierre ~/† 2/49; Bovet, Arnold ~/† 2/51; Brack, Max (Eugen) */~/† 2/54; Brambach, Rainer ~ 2/59; Brandt, Paul ~ 2/70; Bratschi, Robert ~/† 2/75; Breisky, August ~ 2/101; Breisky, Walter * 2/101; Bremer, Claus ~ 11/31; Brenner, Ernst ~ 2/113; Bretscher, Karl ~/† 2/122; Bridel, Gustav † 2/130; Brieger, Ludwig ~ 2/132; Brückner, Eduard ~ 2/153; Bruggisser, Anton ~ 2/162; Bruggmann, Carl ~ 2/162; Bruhns, Carl ~ 2/163; Brun, Alphonse Aimé ~/† 2/165; Brun, Fritz ~ 2/165; Brunfels, Otto ~/† 2/166; Brunner, Karl ~ 11/34; Brunner, Kaspar ~ 2/169; Brunner von Wattenwyl, Karl Ritter */~ 2/171; Brunnhofer, Gottlieb Hermann ~ 2/171; Bubenberg, Adrian von ~/† 2/177; Bubenberg, Johann d. Ä. ~ 2/177; Buchstab, Johannes ~ 2/189; Buchwalder, Antoine Joseph ~ 2/190; Büchi, Jakob ~ 2/195; Bühler, Christian */~/† 2/200; Bülow, Alfred von ~ 2/203; Büren, Günther von */~ 2/208; Bürgi, Emil */~/† 2/210; Bürkli, Johann Heinrich ~ 2/211; Bütikofer, Ernst * 2/214; Büttikofer, Johann ~ 2/214; Bunsen, (Christian) Karl (Josias) Frh. von ~ 2/224; Burchard von Schwanden, Hochmeister des Deutschen Ordens ~ 2/227; Burckhardt, Walther ~/† 2/233; Buri, Fritz ~ 11/36; Buri, Rudolf */~/† 2/242; Burkhard, Paul ~ 2/243; Burkhard, Willy ~ 2/243; Burkhardt, Jakob ~ 2/244; Burri, Conrad † 2/246; Busch, Clemens August ~/† 2/248; Buss, Ernst ~ 2/254; Butenop, Karl Heinrich ~ 2/257; Calonder, Felix ~ 2/267; Cardinaux, Emil */~/† 2/279; Carlin, Gaston ~ 2/281; Cassirer, Paul ~ 2/295; Chaudet, Paul ~ 2/306; Christen, Joseph Maria ~ 2/317; Christen, Raphael */~/† 2/317; Cisek, Oscar Walter ~ 2/327; Clias, Phokion Heinrich ~ 2/343; Collinus, Rudolfus ~ 2/357; Colombi, Plinio ~ 2/359; Corbat, Marius † 2/377; Creutzfeldt, Otto ~ 11/42; Crispien, Arthur † 2/400; Daelliker, Johann Rudolf ~ 2/426; Dändliker, Sophie */~/† 2/426; Davinet, (Horace) Edouard ~/† 2/454; Debrit-Vogel, Agnes */~/† 2/455; Debrunner, (Johann) Albert ~/† 2/455; Decker, Georg Jakob I. ~ 2/458; Delaquis, Ernst ~ 2/474; Delsen, Leo ~ 2/480; Demme, Hermann Askan ~/† 2/482; Demme, Rudolf */~/† 2/482; Dettling, Joseph (Leonard) ~ 2/501; Deucher, Adolf (Karl Wilhelm) † 2/502; Deutsch, Hans Rudolf Manuel ~ 2/505; Diebold Baselwind ~/† 2/513; Diebold, Bernhard Ludwig ~ 2/513; Diesbach, Bernhard Gottlieb Isaak von */~ 2/522; Diesbach, Ludwig von † 2/523; Diesbach, Niklaus von */~ 2/523; Diesbach, Nikolaus Joseph Albert von * 2/523; Diesbach, Sebastian von ~ 2/523; Diesbach, Wilhelm von ~/† 2/523; Diessenhofen, Johann Truchseß von ~ 2/525; Dietler, Johann Friedrich ~/† 2/530; Dill, Emil ~ 2/546; Döderlein, (Johann) Ludwig (Christoph Wilhelm) von ~ 2/570; Dössekel, Eduard ~ 2/581; Dolder, Johann Rudolf ~ 2/585; Donauer, Friedrich ~ 2/593; Drathschmidt von Bruckheim, Anna ~ 2/609; Drechsel, (Ferdinand Heinrich) Edmund ~ 2/610; Dreßler, Helmut ~ 2/615; Dubois, Paul (Charles) ~/† 2/629; Dubs, Jakob ~ 2/631; Dübi, Heinrich-Albert */† 2/633; Dürr, (Georg) Ernst ~/† 2/641; Dürrenmatt, Friedrich ~ 2/642; Dürrenmatt, Peter (Ulrich) ~ 2/642; Dürrenmatt, Ulrich ~ 2/642; Duerst, Ulrich (Johann) ~/† 2/653; Dunker, Balthasar Anton ~/† 2/653; Dunker, Philipp Heinrich * 2/653; Durrer, Robert ~ 2/655; Ebener, Wilhelm ~ 2/666; Eberhardt, Johann Jakob ~ 2/672; Eckardt, Ludwig ~ 3/8; Eckenfelder, Friedrich * 3/10; Edlibach, Jakob ~ 3/20; Effinger von Wildegg, Ludwig Rudolf von * 3/22; Effinger von Wildegg, Rudolf Emanuel ~/† 3/22; Egger, August ~ 3/27; Eggimann, Hans */~/† 3/31; Ehlermann, Erich Friedrich Theodor ~ 3/35; Eichler, Matthias Gottfried ~ 3/54; Eilhardt, (Friedrich Christian) Carl ~ 3/62; Einem, Gottfried von ~ 11/52; Einstein, Albert ~ 3/65; Eisler-Terramare, Georg ~ 3/77; Eitel Friedrich, Graf von Hohenzollern-Sigmaringen, Fürstbischof von Osnabrück ~ 3/78; Emmel, Hildegard † 3/104; Emmert, August Gottfried Ferdinand ~ 3/105;

Engel, Samuel */~/† 3/116; Engelberg, Burkhard ~ 3/116; Ensinger, Matthäus ~ 3/129; Ensinger, Moritz */~ 3/129; Ensinger, Vincenz */~ 3/129; Ephraim, Fritz (Bruno) ~/† 3/131; Epper, Franz Joseph ~/† 3/132; Erb, Matthias ~ 3/137; Erlach, Franz Ludwig von ~ 3/150; Erlach, Hieronymus von ~ 3/150; Erlach, Johann Ludwig von */~ 3/151; Erlach, Karl Ludwig von * 3/151; Erlach, Ludwig von ~ 3/151; Erlach, Ludwig Rudolf von ~ 3/151; Erlach, Rudolf von ~ 3/151; Erlach, Rudolf von ~ 3/151; Erlach, Sigmund von ~/† 3/151; Ernst, Franz von */~/† 3/163; Ernst, (Karl Friedrich) Paul ~ 3/166; Escher, Joseph ~/† 3/174; Escher von der Linth, Hans Konrad ~ 3/175; Etter, Philipp ~/† 3/184; Eugster-Züst, Howard ~ 3/190; Fabricius Hildanus, Wilhelm ~/† 3/215; Faesch, Ruman ~ 3/217; Fahrländer, Sebastian ~ 3/220; Fankhauser, Alfred ~/† 3/230; Farbstein, David ~ 3/231; Federer, Georg ~ 3/241; Feer, Jakob Emanuel ~ 3/243; Fehlmann, Heinrich ~ 3/245; Fehr, Hans ~ 3/245; Feitknecht, Walter */~/† 3/253; Feldmann, Marcus ~/† 3/257; Feldscher, Peter Anton ~ 3/257; Fellenberg, Edmund von */~/† 3/259; Fellenberg, Karl Gustav Rudolf von ~/† 3/259; Fellenberg, Ludwig Rudolf von */~ 3/259; Fellenberg, Philipp Emanuel von * 3/259; Fellenberg, Theodor von */~ 3/259; Feller, Richard ~/† 3/260; Ferber, Johann Jakob † 3/266; Fetscherin, Bernhard Rudolf */~/† 3/275; Fetscherin, Rudolf Friedrich */~ 3/275; Feuerring, Josef ~ 3/280; Fink, Waldemar */~/† 3/303; Fischer, Beat */~/† 3/312; Fischer, Eduard */~/† 3/313; Fischer, Emanuel (Friedrich) */~/† 3/313; Fischer, Hans * 3/318; Fischer, Heinrich ~ 3/318; Fischer, Otto † 3/326; Flatt, Robert ~ 3/337; Flück, Johann Peter ~ 3/355; Flückiger, Friedrich August ~/† 3/355; Flückiger, Gottlieb */† 3/355; Flückiger, Hermann ~ 3/356; Flückiger, Otto ~ 3/356; Flühmann, Elisabeth ~ 3/357; Flury, Richard ~ 3/358; Follen, August (Adolf Ludwig) † 3/367; Forrer, Ludwig † 3/374; Fränkel, Jonas ~ 3/384; Fränkli, Hans */~/† 3/385; Franck, Eduard ~ 3/388; Francke, Alexander (Theodor) ~/† 3/392; Frankfurter, David ~ 3/407; Frauchiger, Ernst ~ 3/417; Frei, Hans † 3/421; Freudenberger, Franz Friedrich */~/† 3/430; Freudenberger, Sigmund */† 3/430; Freudenreich, Eduard (Alfred Friedrich Theodor Ernst) von ~ 3/430; Frey, (Gustav) Adolf ~ 3/433; Frey, Alfred * 3/433; Frey, Jakob ~/† 3/435; Frey, (Jeanne) Marguerite ~/† 3/436; Frey, Willy ~/† 3/437; Fricker, Hans ~ 3/443; Friederichsen, Max ~ 3/450; Friedli, Emanuel ~ 11/64; Friedrich, Johann ~ 3/480; Fries, Hans ~/† 3/483; Frisching, Karl Albrecht von */† 3/491; Frisching, Samuel von */~ 3/491; Fritzsch, Ernst Wilhelm ~ 3/497; Frölich, Oskar */~ 3/505; Frölicher, Hans † 3/505; Frohwein, Erich ~ 3/507; Frutschi, Friedrich ~ 3/516; Fueter, Christian ~/† 3/533; Funck, Hans ~ 3/540; Funk, Casimir ~ 3/541; Funke, Otto ~ 3/543; Furger, Ernst ~ 3/543; Gaberel, Rudolf * 3/548; Gäumann, Ernst ~ 3/556; Gafner, Gottlieb (Eduard) ~ 3/556; Gafner, Max (Rudolf) ~ 3/556; Ganguillet, Franz (Alfred) ~ 3/569; Gareis, Karl (Heinrich Franz) ~ 3/574; Garrè, Carl (Alois Philipp) ~ 3/575; Gasser, Emil ~ 3/578; Gatschet, Albert (Samuel) ~ 3/581; Gauchat, Louis ~ 3/583; Gaugler, Ernst ~/† 3/585; Gebser, Anna ~ 3/595; Geering, Traugott ~ 3/597; Gehri, Franz ~ 3/600; Gehri, Karl ~ 3/600; Geiser, Karl ~/† 3/609; Geiser, Karl ~ 3/609; Gelpke, Ernst Friedrich ~/† 3/618; Gelzer, (Johann) Heinrich ~ 3/618; Georgi, Felix ~ 3/632; Gerber, Niklaus ~ 3/635; Gerngross, Otto ~ 3/652; Gerter, Elisabeth ~ 3/661; Gertsch, Max ~ 3/662; Gfeller-Aberegg, Otto ~/† 3/675; Gigon, Alfred ~ 4/6; Gigon, Olof ~ 3/675; Giorgio, Hans ~ 4/13; Girard, Gregor ~ 4/14; Gladbach, Georg ~ 4/19; Glanzmann, Eduard ~/† 4/21; Glareanus, Henricus ~ 4/21; Glauser, Otto ~ 4/26; Gleimius, Rudolf ~ 4/29; Gmür, Harry */~ 4/41; Gmür, Max ~ 4/41; Gnägi, Rudolph ~/† 4/42; Gobat, Charles Albert ~/† 4/44; Godet, Marcel ~ 4/47; Goeldi, Emil August ~/† 4/52; Gold, Käthe ~ 11/70; Gombosi, Otto Johannes ~ 4/94; Gomperz, Heinrich ~ 4/95; Gonzenbach, August von ~/† 4/97; Gordon, Harry ~/† 4/98; Gorgé, Camille ~ 4/99; Gosset, Philipp Charles */~ 4/101; Gotthelf, Jeremias ~ 4/108; Graber, Frank Alfred ~ 4/116; Gräfe, Friedrich (Heinrich Franz Konrad Karl) ~ 4/121; Graf, Emma Elise † 4/126; Graf, Ernst ~/† 4/126; Graf, (Kaspar) Ernst * 4/126; Graffenried, Christoph von ~ 4/131; Grautoff, Otto ~ 4/144; Greinacher, Heinrich ~/† 4/152; Gretener, Xaver Severin ~ 4/158; Greyerz, Gottlieb von */~/† 4/161; Greyerz, Hans Karl Walter von */~/† 4/161; Greyerz, Otto von */~/† 4/161; Grimm, Johann */~/† 4/170; Grimm, Robert ~/† 4/171; Grimm, Samuel Hieronymus ~ 4/172; Grooth, Johann Nikolaus ~ 4/187; Gross, Franz ~ 4/191; Gruber, Karl ~ 4/207; Grütsch, Konrad ~ 4/219; Grützner, Paul von ~/† 4/219; Grunder, Karl ~/† 4/223; Gruner, Gottlieb Sigmund ~ 4/225; Gruner, Johann Rudolf ~ 4/226; Gruner, Justus Karl von ~ 4/226; Gruner, (Franz Rudolf) Paul */~/† 4/226; Grynäus, Johann Jakob * 4/229; Gsell, Robert † 4/231; Güterbock, Grete ~ 4/247; Guggenbühl, Adolf ~ 4/249; Guggenbühl, (Johann) Jakob ~ 4/249; Guggenheim, Werner Johannes ~ 4/250; Guggisberg, Hans */~/† 4/250; Guggisberg, Kurt Viktor ~/† 4/250; Guszalewicz, Alice ~ 4/266; Gutzwiller, Max ~ 4/276; Guyer, Lux ~ 4/276; Guyer, (Heinrich Johann) Samuel † 4/276; Gygax, Fritz ~ 4/277; Gysi, Fritz ~ 4/278; Gysi-Roth, Jenny ~ 4/278; Gysler, Paul ~ 4/279; Haab, Robert ~ 4/281; Haarbeck, Theodor ~ 4/283; Haberstich, Samuel ~/† 4/295; Hadorn, Ernst ~ 4/300; Hadorn, (Friedrich) Wilhelm */~/† 4/300; Hadwiger, Hugo */~/† 4/301; Häberlin, Paul ~ 4/302; Häberlin, (Henriette) Paula ~ 4/302; Hänle, Hans ~/† 4/310; Hänny, Karl ~ 4/310; Hagen, Hermann ~/† 4/321; Hagen, Karl ~/† 4/321; Haller, Adolf ~ 4/345; Haller, Albrecht von */~/† 4/345; Haller, Berchtold ~/† 4/346; Haller, Carl Ludwig von */~ 4/346; Haller, Ernst ~ 4/347; Haller, Gottlieb (Emanuel) von */~/† 4/347; Haller, Hans ~/† 4/347; Haller, Hermann * 4/347; Haller, Johannes d. J. ~/† 4/348; Haller, Lilli ~ 4/348; Haller, Rudolf Emanuel von */~/† 4/349; Hallwil, Wilhelmina Gräfin von ~ 4/352; Hamel, Richard ~ 4/358; Hamm, Wilhelm (Philipp) Ritter von ~ 4/360; Handmann, (Jakob) Emanuel ~/† 4/367; Haniel von Haimhausen, Edgar von ~ 4/370; Hartmann V. der Jüngere, Graf von Kyburg ~ 4/404; Hartmann, (Johann) Georg ~ 4/408; Hartmann, Placidus ~ 4/413; Hartmann, (Johann Daniel) Wilhelm ~ 4/413; Hartwich, Carl (Gottfried Eugen Victor) ~ 4/416; Hasler, Gustav * 4/424; Haßler, Ferdinand Rudolph ~ 4/430; Hauser, Sophie ~/† 4/450; Hauser, Walter ~ 4/450; Havers, Wilhelm (Maria Hubert) ~ 4/457; Hebler, Gottlieb */~/† 4/466; Hedinger, Ernst ~ 4/473; Heer, Gottlieb Heinrich ~ 4/475; Heffter, Arthur (Wilhelm Karl) ~ 4/478; Hegel, Georg Wilhelm Friedrich ~ 4/478; Hegetschweiler, Emil (Johann) ~ 4/482; Heidegger, Johann Konrad ~ 4/486; Heigelin, Karl Marcell ~ 4/494; Heilmann, Georg Friedrich ~ 4/499; Heilmann, Johann ~ 4/499; Heimann, Erwin */~ 4/502; Heintz, Daniel ~/† 4/546; Heinzmann, Johann Georg ~ 4/549; Helmschmied, Lorenz ~ 4/576; Henke, (Hermann Wilhelm) Eduard ~ 4/584; Henne, (Josef) Anton ~ 4/588; Henne am Rhyn, Otto ~ 4/588; Henze, (Friedrich Wolfgang) Martin ~ 4/601; Henzen, Walter ~/† 4/601; Henzi, Samuel ~/† 4/601; Hepp, Karl Ferdinand Theodor ~ 4/602; Herbart, Johann Friedrich ~ 4/603; Herbertz, Richard ~ 4/606; Hermann, Daniel ~ 4/626; Hermann, Robert * 4/630; Hertenstein, Wilhelm Friedrich † 4/648; Herzog, Eduard ~/† 4/664; Hess, Ernst ~/† 4/669; Hess, Walter Rudolf ~ 4/673; Hesse, Hermann ~ 4/675; Heynlin de Lapide, Johannes ~ 5/27; Heyse, Hans ~ 5/27; Hickel, Anton ~ 5/29; Hieber, Theodor ~ 5/30; Hildebrand, Bruno ~ 5/35; Hildebrand, Otto * 5/36; Hiltbrunner, Hermann ~ 5/47; Hilty, Carl ~ 5/48; Hintzsche, Erich ~/† 5/57; Hipp, Matthäus ~ 5/58; Hirnschrot, Johann Andreas ~ 5/59; Hirschfeld, Christian Cay ~ 5/66; Hirschi, Hans ~ 5/68; Hirt, Franz Joseph ~/† 5/69; Hirzel, Max ~ 5/72; His, Wilhelm ~ 5/73; His, Wilhelm ~ 5/73; Hodler, Alfred */~/† 5/84; Hodler, Ferdinand */~ 5/84; Hoffmann, Felix ~ 5/116; Hofmann, (Alberich) Konrad ~ 5/131; Hofmannsthal, Emil(io) Edler von ~ 5/133; Hofmannsthal, Hugo von ~ 5/133;

Hofmeister, Sebastian ~ 5/134; Hohenlohe-Waldenburg-Schillingsfürst, Alexander Prinz zu ~ 5/140; Holbein, Sigmund ~/† 5/146; Holenstein, Thomas ~ 5/147; Holsten, Karl (Christian Johann) ~ 5/154; Holzapfel, Friedrich ~ 5/158; Holzapfel, Rudolf Maria ~ 5/158; Houtermans, Fritz ~/† 5/188; Howald, Ernst * 5/189; Hubacher, Hermann ~ 5/194; Huber, Eugen ~/† 5/195; Huber, Hans ~ 5/196; Huber, Hans ~ 5/196; Huber, Hermann ~ 5/196; Huber, Johann Rudolf d. Ä. ~ 5/197; Huber, Samuel ~ 5/199; Hügel, Helmut vom ~ 5/208; Hügli, Emil */~ 5/209; Hundeshagen, Karl Bernhard ~ 5/227; Huttenlocher, Heinrich (Ferdinand) ~ 5/237; Ilg, Konrad † 5/247; Imhof, Heinrich Max ~ 5/251; Inglin, Meinrad ~ 5/256; Ingold, Otto */~/† 5/256; Ith, Johann Samuel */~/† 5/266; Itten, Johannes ~ 5/266; Jaberg, Karl ~ 5/269; Jadassohn, Josef ~ 5/281; Jaeger, Maximilian ~ 5/285; Jegerlehner, Johannes ~ 5/314; Jenner, Charles von */~ 5/320; Jenny, Albert ~ 5/320; Jessner, Fritz ~ 5/327; Jöhr, Adolf */~ 5/335; Joho, Rudolf † 5/357; Joos, Eduard ~/† 5/360; Joß, Walter */~/† 5/368; Jucker, Waldemar ~ 5/370; Justinger, Konrad ~ 5/389; Känzig, Ernst ~/† 5/396; Kalbeck, Paul Johannes † 5/409; Kampffmeyer, Georg ~ 5/421; Kasthofer, Karl (Albrecht) */~/† 5/460; Katscher, Leopold ~ 5/464; Kauer, Walther * 5/468; Kaufmann, Christoph ~ 5/470; Keckeis, Gustav ~ 5/482; Kehrer, Erwin ~ 5/484; Keiser, Jakob Karl Quirinus ~ 5/487; Keller, Eugen ~/† 5/491; Keller, Gottfried ~ 5/493; Keller, Heinrich ~ 5/494; Keller, Wilhelm ~ 5/498; Keller-Lips, Otto * 5/498; Kern, August */~ 5/510; Kerschbaumer, Rosa ~ 5/516; Killy, (Hans) Walther (Theodor Maria) ~ 5/538; Kinkelin, Hermann */~ 5/543; Klaesi, Adam ~ 5/563; Klatzkin, Jakob ~ 5/567; Kleberger, Hans ~ 5/569; Klebs, Edwin ~/† 5/570; Klee, Felix ~/† 5/570; Klee, Paul ~ 5/570; Kleist, (Bernd) Heinrich (Wilhelm) von ~ 5/583; Klimmer, Martin ~ 5/594; Kobelt, Karl † 5/635; Kocher, Rudolf */~/† 5/645; Kocher, Theodor */~/† 5/645; König, (Franz) Niklaus */~/† 5/661; König, Samuel */~/† 5/663; König, Johann Samuel ~ 5/663; Kohli, Robert † 6/4; Kohlschmidt, Werner ~ 11/109; Kohlund, Ekkehard ~ 6/6; Koigen, David ~ 6/8; Kolb, Franz ~/† 6/10; Kolbensteiner, Wilhelm Frh. von ~ 6/13; Kolle, Wilhelm ~ 6/16; Kolmer, Walter ~ 6/20; Kordt, Erich ~ 6/42; Kordt, Theodor ~ 6/42; Korodi, Lutz ~ 6/47; Kotter, Hans ~/† 6/55; Kreidolf, Ernst */~/† 6/91; Kreis, Otto ~/† 6/91; Kreutzberg, Harald ~ 6/102; Kronacher, Carl ~ 6/115; Kronecker, Hugo ~ 6/117; Krumholz, Ferdinand ~/† 6/128; Kruse, Georg Richard ~ 6/133; Kümmerly, Hermann ~/~ 6/149; Küng, Emil ~ 11/114; Küng, Erhart ~ 6/150; Küry, Adolf ~/† 6/153; Küry, Urs ~ 6/153; Kuhn, Gottlieb Jakob */~ 6/160; Kummer, Johann Jakob ~/† 6/165; Kummer, Walter * 6/166; Kunz, Ernst * 6/171; Kunze, Stefan ~/† 6/173; Kurth, Ernst ~/† 6/178; Kurz, Gertrud ~/† 6/179; Kutter, Hermann ~/† 6/183; Lämmlin, Heinrich ~/† 6/196; Lätt, Arnold ~ 6/196; Landau, Eugen Frh. von ~ 6/213; Landmann, Julius ~ 6/218; Lang, Arnold ~ 6/222; Lang, Carl Emil ~/† 6/223; Lang, Carl Ludwig ~/† 11/116; Lang, Herbert ~/† 6/225; Lang, Paul ~ 6/228; Lang, Siegfried ~ 6/228; Langhans, Eduard ~/† 6/245; Langhans, Theodor ~/† 6/246; Langwerth von Simmern, Ernst Frh. ~ 6/248; Lapide, Pinchas E(lias) ~ 11/117; Laub, Jakob ~ 6/263; Lauber, Maria ~ 6/265; Laubscher, Karl Adolf ~ 6/265; Lauchert, Friedrich ~ 6/265; Lauffer, (Johann) Jakob ~/† 6/268; Lauterburg, Ludwig */~/† 6/273; Lauterburg, Martin ~/† 6/273; Lauterburg, Robert ~/† 6/273; Lazarus, Moritz ~ 6/277; Ledebour, Georg † 6/284; Leemann, Burkhard ~ 6/288; Lehmann, Fritz Erich ~/† 6/293; Lehner, Peter ~/† 6/293; Leimgruber, Oskar ~/† 6/307; Lentulus, Robert Scipio von ~ 6/322; Lenzen, Heinrich ~ 6/325; Lerber, Helene von ~/† 6/337; Lesser, Edmund ~ 6/343; Leu, Max ~ 6/350; Leuch-Reinicke, Annie ~ 6/350; Leuenberger, Adolf ~ 6/352; Leuenberger, Hans ~ 6/352; Leuenberger, Niklaus ~/† 6/352; Leuthold, Heinrich ~ 6/356; Leutwiler, Fritz (Georg) ~ 11/121; Lichtegg, Max ~ 6/373; Lichtheim, Ludwig ~/† 6/377; Liechti, Adolf ~/† 6/389; Liechti, Paul */~/†

6/389; Lietzau, Hans ~ 6/393; Linck, Walter */† 6/399; Lindi */~ 6/406; Lindt, Andreas */~ 6/409; Lindt, (Johann) Rudolf */~/† 6/409; Litten, Heinz Wolfgang ~ 6/428; Locher, Gottfried W(ilhelm) ~/† 6/434; Locher, Karl */~/† 6/434; Loeffel, Felix ~/† 6/439; Lohbauer, Rudolf ~ 6/461; Lohner, Alfred ~ 6/463; Loos, Cécile Ines ~ 6/467; Loosli, Carl Albert † 6/468; Lory, Gabriel (Ludwig) */~/† 6/477; Lory, (Mathias) Gabriel * 6/477; Losinger, Eugen ~/† 6/478; Lotmar, Philipp ~/† 6/482; Lubarsch, Otto ~ 6/488; Luecke, Albert Georg ~ 6/513; Lüdi, Fritz */~ 6/516; Lüdi, Rudolf ~/† 6/517; Lüscher, Martin ~ 6/521; Lüthi, Max */~ 6/522; Lüthy, Oskar (Wilhelm) */~ 6/522; Lütschg, Otto * 6/524; Lustig-Prean von Preanfeld, Karl ~ 6/534; Lutz, Carl Robert ~ 6/539; Lutz, Wilhelm ~ 6/541; Luz, Julius ~/† 6/543; Maass, Ern(e)st ~ 6/548; Mai, Julius ~/† 6/570; Maillart, (Robert) Gabriel */~/† 6/572; Manuel, Hans Rudolf ~ 6/602; Manuel, Niklaus */~/† 6/602; Marbach, Fritz ~/† 6/603; March, Arthur † 6/605; Marius, Augustinus ~ 6/624; Marti, Hugo ~ 6/634; Marti, Karl ~/† 6/634; Maschmann, Ernst ~ 6/650; Matt, Hans von ~ 6/657; Mattauch, Joseph ~ 6/658; Matzig, Richard (Blasius) ~ 6/665; Matzke, Hermann ~ 6/666; May, Bartholomäus von */~/† 7/1; Mayer, August (Franz Joseph Karl) ~ 7/5; Maync, Harry ~ 7/13; Meckel, August Albrecht ~/† 7/20; Meckel, Heinrich ~ 7/20; Megander, Kaspar ~ 7/25; Meili, Richard */~/† 7/32; Meister H. S. ~ 7/44; Melamid, Michael ~ 7/49; Merz-Schmid, Julie ~/† 7/80; Methfessel, Adolf */~/† 7/86; Methfessel, Adolph ~/† 7/86; Meyer, Hans ~ 7/103; Meyer, Johannes ~ 7/106; Meyer-Amden, Otto * 7/111; Meyer von Schauensee, Ludwig Plazid ~ 7/114; Michaelis, Edgar † 7/121; Miescher-His, Johann Friedrich ~ 7/133; Mills-Milarta, Maria von ~ 7/145; Milt, Bernhard ~ 7/145; Mind, Gottfried */~/† 7/146; Mirsalis, Otto ~ 7/151; Missong, Alfred ~ 7/153; Mittermaier, Wolfgang Georg Gottfried ~ 7/158; Moeschinger, Albert ~ 7/177; Mohl, Hugo von ~ 7/179; Mohr, (Johann) Melchior ~ 7/184; Moilliet, Louis René ~ 7/185; Monnard, Karl * 7/199; Montgelas, Albrecht (Leo Eduard Anton Maximilian Karl) Graf * 7/201; Montigel, Rudolf ~ 7/202; Moog, Georg ~ 7/202; Moos, Ludwig von † 7/204; Morach, Otto ~ 7/205; Morel, Karl ~ 7/208; Morf, Heinrich ~ 7/209; Morgenthaler, Hans ~/† 7/212; Morgenthaler, Max ~ 7/212; Morgenthaler, Otto ~/† 7/212; Morgenthaler, Walter ~ 7/212; Moser, Carl † 7/222; Moser, Christian ~/† 7/223; Moser, Hans Albrecht ~/† 7/224; Moser, Karl (Cölestin) ~ 7/226; Moser, Robert ~ 7/228; Motta, Giuseppe ~ 7/233; Muehlon, Johann Wilhelm ~ 7/243; Mülinen, Caspar von † 7/245; Mülinen, Helene von */~/† 7/245; Mülinen, Nikolaus Friedrich Graf von */~ 7/245; Müller, Eduard ~/† 7/252; Müller, Elisabeth ~ 7/252; Müller von Friedberg, Karl Frh. ~ 7/273; Müller, Karl Emanuel ~ 7/274; Müller, Max */~ 7/277; Müller-Graaf, Carl-Hermann † 7/286; Müller-Hess, Eduard ~/† 7/287; Münger, Rudolf */~/† 7/295; Münzenberg, Willi */~ 7/300; Müri, Hans ~ 7/301; Mürset, Anna † 7/301; Muheim, Gustav ~ 7/303; Muheim, Karl ~ 7/304; Munzinger, Josef † 7/310; Munzinger, Karl ~/† 7/310; Munzinger, Walter ~/† 7/310; Munzinger, Werner ~/† 7/310; Muralt, Alexander von ~ 7/310; Muralt, Beat Ludwig von ~ 7/311; Murner, Thomas ~ 7/313; Musculus, Wolfgang ~/† 7/316; Musulin von Gomirje, Alexander Frh. ~ 7/318; Myconius, Oswald ~ 7/322; Näf, Werner ~ 7/330; Näff, Wilhelm Matthias ~ 7/330; Nägeli, Elisabeth ~ 7/331; Naegeli, Hans Franz ~/† 7/331; Nägeli, Oskar ~ 7/332; Nägeli, Otto ~ 7/332; Nahl, Johann August d. Ä. ~ 7/337; Nahl, Johann August d. J. ~ 7/337; Natter, Johann Lorenz ~ 7/345; Naunyn, Bernhard ~ 7/351; Nebel, Otto (Wilhelm Ernst) ~/† 7/354; Nef, Albert ~ 7/357; Nencki, Marcell von ~ 7/363; Neuburg, Hans ~ 7/374; Neuenschwander, Rosa ~/† 7/375; Neuhaus, Johann Karl Friedrich ~/† 7/378; Neumann-Hofer, Gilbert Otto ~ 7/388; Neuweiler, Walter ~/† 7/395; Niderberger, Franz ~ 7/402; Niederer-Kasthofer, Rosette * 7/404; Niederhäusern, David von ~/† 7/405; Niehans, Paul */~ 7/406; Nietlispach, Emil ~ 7/414; Niggeler, Johannes ~/† 7/416; Nippold, Friedrich

Steck, Franz */~ 9/462; Steck, Friedrich Albert */~/†
9/462; Steck, Leo ~/† 9/462; Steck, Theodor ~/† 9/462;
Stegemann, Hermann ~ 9/467; Stegmann, Anna Maria
~ 9/468; Steiger, Eduard von ~/† 9/472; Steiger, Emma
~ 9/473; Steiger, Niklaus Friedrich von */~ 9/473; Stein,
Ludwig ~ 9/481; Steiner, Gotthold ~ 9/489; Steiner, Sigfrit
~ 9/491; Steinmann, Ernst (Karl) ~/† 9/498; Steinmann,
Fritz ~ 9/498; Stengel, Karl von ~ 9/506; Stephan, Ruth
~ 9/510; Stern, Alfred ~ 9/512; Stern, Maurice Reinhold
von ~ 9/514; Stern, Moritz Abraham ~/† 9/514; Stettler,
(Adelheid Fanny) Martha */~ 9/520; Stettler, Michael
*/† 9/520; Stettler, Wilhelm ~/† 9/520; Stigelli, Georg
~ 9/531; Stigler, Robert ~ 9/531; Stockmar, Xavier ~/†
9/540; Stöcker, (Hulda Caroline Emilie) Helene ~ 9/541;
Stooß, Carl */~ 9/557; Strack, Magda ~ 9/563; Strasser,
Charlot */~ 9/567; Strasser, Hans ~/† 9/568; Strasser, Vera
~ 9/569; Strauss, Isabel ~/† 9/576; Streng, Franz von ~
9/584; Strich, Fritz ~/† 9/586; Strickler, Johannes ~/†
9/586; Stucki, Helene */~/† 9/604; Stucki, Walter */~/†
9/604; Studer, Bernhard (Rudolf) ~/† 9/605; Studer, Ernst
~ 9/605; Studer, Friedrich I. */~/† 9/605; Studer, Gottlieb
Ludwig */~/† 9/605; Studer, Gottlieb Samuel ~/† 9/605;
Studer, Gottlieb Sigmund */~ 9/605; Studer, Heinrich ~
9/606; Studer, Samuel (Emanuel) */~/† 9/606; Studer,
Theophil */~/† 9/606; Studer-de Goumoens, Elisabeth *
9/606; Stürler, Franz Adolf von */~ 9/610; Sturzenegger,
Richard ~/† 9/619; Sulzer, Oscar ~ 9/632; Sulzer, Simon
~ 9/632; Sulzer-Hirzel, Johann Jakob ~ 9/632; Sulzer-Ott,
Johann Jakob ~ 9/632; Sulzer-Steiner, Heinrich ~ 9/633;
Surbek, Victor ~/† 9/634; Sutter, Anna ~ 9/637; Suttner,
Bertha (Sophie Felicita) Frfr. von ~ 9/638; Tanner, Ernst
Eduard ~ 9/656; Tanner, Hermann Alfred */† 9/656; Tavel,
Rudolf von */~/† 9/668; Terpis, Max ~ 9/678; Teutenberg,
Elisabeth ~/† 9/683; Teyber, Franz ~ 9/685; Thalmann,
Ernesto A. ~/† 9/689; Theile, Friedrich Wilhelm ~ 9/691;
Theiler, Arnold ~ 9/691; Theiler, Willy ~/† 9/691; Thiele,
Hertha (Margaretha) ~ 9/2; Thielmann, Max Frh. von
~ 10/3; Thüring von Ringoltingen ~ 10/27; Thürlings,
Adolf ~/† 10/27; Thurn und Taxis, Maximilian Karl von
~ 10/32; Tièche, Adolf */~/† 10/36; Tillier, Johann Anton
von * 10/44; Tinguely, Jean † 10/46; Tobler, Adolf ~
10/53; Tobler, Johann Jakob ~ 10/54; Tobler, Ludwig
~ 10/54; Töndury, Hans ~/† 10/56; Trachsel, Christian
~/† 10/67; Tralles, Johann Georg ~ 10/68; Traunsdorf,
Johann Heinrich von ~ 10/72; Trauttmannsdorff, Franz
Ehrenreich von ~ 10/74; Trechsel, Johann Friedrich ~/†
10/77; Treger, Konrad ~ 10/77; Tribolet, Hans Paul ~/†
10/86; Tribolet, Johann Friedrich Albrecht */~/† 10/86;
Troxler, Ignaz Paul Vitalis ~/† 10/99; Trüssel, Bertha
~/† 10/101; Tschachtlan, Benedicht † 10/103; Tscharner,
Eduard Horst von ~ 10/104; Tscharner, Niklaus Emanuel
von */~ 10/105; Tscharner, Vinzenz Bernhard von */~
10/105; Tschiffeli, Johann Rudolf */~/† 10/107; Tschirch,
(Wilhelm Oswald) Alexander ~/† 10/107; Tschumi, Otto
~/† 10/110; Türler, Heinrich ~/† 10/115; Türst, Konrad ~
10/115; Tumarkin, Anna ~/† 10/116; Tunmann, Paul Otto ~
10/117; Turek, Anton ~ 10/118; Uhlmann, Ernst ~ 10/131;
Ulrich, Robert ~ 10/147; Umbricht, Victor H. ~ 10/149;
Urbach, Josef ~ 10/163; Usener, Hermann (Karl) ~ 10/170;
Valenti, Ernst Joseph Gustav de ~ 10/177; Valentin, Gabriel
Gustav ~/† 10/178; Vaterhaus, Hans ~ 10/185; Vattel, Emer
de ~ 10/185; Veress, Sándor ~/† 10/195; Vetter, Ferdinand
~ 10/200; Vock, Alois ~ 10/219; Vögtlin, Adolf † 10/221;
Voellmy, Erwin † 10/223; Vogt, Carl ~ 10/233; Vogt,
Gustav ~ 10/234; Vogt, Walter ~ 10/235; Volk, Richard
~ 10/243; Volkart, Otto ~ 10/244; Volmar, (Johann) Georg
~/† 10/249; Volmar, Joseph Simon */~/† 10/250; Volmar,
Paul */~ 10/250; Volmar, Theodor */~ 10/250; Volz, Walter
~ 10/252; Vortisch, Hermann ~ 10/256; Wäber, Johann
~ 10/270; Wälti, Christian ~ 10/272; Wahle, Christian
~ 10/293; Wahlen, Friedrich Traugott † 10/293; Walden,
Marie ~/† 10/301; Walden, Nell † 10/301; Wallburg, Otto
~ 10/310; Walser, Karl † 10/316; Walser, Robert (Otto) ~
10/316; Walthard, Max */~ 10/321; Walzel, Oskar (Franz)

~ 10/327; Wangemann, Hermann Theodor ~ 10/329;
Wannenmacher, Johannes ~/† 10/331; Wanner, Harald
~/† 10/331; Wartburg, Walther von ~ 10/338; Waser,
Anna ~ 10/340; Waser, Maria ~ 10/340; Waser, Otto ~
10/340; Wassilieff, Nikolaus ~ 10/344; Wattenwyl, Eduard
von */~/† 10/345; Wattenwyl, Jakob von */~/† 10/345;
Wattenwyl, Niklaus von */~/† 10/345; Wattenwyl, Nikolaus
Rudolf von */~/† 10/345; Watteville, Hubert de */~ 10/346;
Weber, Annie ~ 10/350; Weber, Eduard ~/† 10/352; Weber,
Friedrich August ~ 10/353; Weber, Johann † 10/356;
Weber, Karl ~ 10/356; Weber, Max ~/† 10/359; Weder,
Heinz ~ 10/370; Wegner, Ernestine ~ 10/374; Weiler,
Margrit ~ 10/392; Weiss, Ernst ~ 10/407; Weissmann,
Adolf ~ 10/415; Weitnauer, Albert † 10/418; Weizsäcker,
Ernst Frh. von ~ 10/420; Weldler-Steinberg, Augusta ~
10/423; Welten, Max ~/† 10/428; Welti, Albert ~ 10/428;
Welti, August ~ 10/429; Welti, Emil ~ 10/429; Wenger,
Lisa * 10/435; Werenfels, Samuel ~ 10/441; Werner,
Joseph */~/† 10/447; Werner, Martin */~/† 10/447; Werz,
Luitpold * 10/455; Wickart, Thomas Anton ~ 10/472;
Widmann, Ellen ~ 10/474; Widmann, Josef Victor ~/†
10/475; Wieland, Christoph Martin ~ 10/482; Wieland,
Emil ~ 10/484; Wieland, Ludwig (Friedrich August) ~
10/484; Wilbrandt, Walther ~/† 10/496; Wild, Heinrich
~ 10/497; Wildbolz, Hans */~/† 10/498; Wilker, Gertrud
*/~ 10/508; Willading, Johann Friedrich von */~/† 10/509;
Winkelmann, Eduard (August) ~ 10/527; Winter, Paul †
10/533; Winterberger, Gerhard ~ 10/534; Wirth, Max ~
10/539; Wirz, Hans Georg ~ 10/540; Wirz, Otto ~ 10/540;
Wirz-Wyss, Clara † 10/540; Wocher, Marquard (Fidel
Dominikus) ~ 10/554; Wohlfahrt, Frank (Barnim Robert)
~ 10/561; Woker, Gertrud Johanna */~/† 10/563; Wolf,
(Johann) von ~ 10/568; Worringer, Wilhelm ~ 10/588;
Würgler, Otto † 10/593; Wuzél, Hans ~ 10/602; Wyrsch,
Jakob † 10/603; Wyss, Johann David */~ 10/603; Wyss,
Johann Rudolf */~/† 10/603; Wyss, Johann Rudolf */~/†
10/603; Wyssmann, Ernst ~/† 10/604; Wyttenbach, Jakob
Samuel */~/† 10/604; Wyttenbach, Thomas ~ 10/604;
Zahn, Friedrich Wilhelm ~ 10/614; Zangger, Rudolf ~
10/619; Zarest, Julius ~ 10/621; Zaugg, Ernst Rudolf ~/†
10/623; Zbinden, Emil † 10/624; Zbinden, Hans */~/†
10/624; Zeerleder, Alfred von * 10/628; Zehender, Karl
Wilhelm von ~ 10/628; Zeller, Eduard ~ 10/637; Zeller,
Rudolf ~/† 10/638; Zemp, Josef † 10/640; Zetkin, Clara
(Josephine) ~ 10/647; Ziegler, Ernst Albrecht ~ 10/652;
Ziely, Wilhelm */~ 10/658; Zimmermann, Johann Georg
~ 10/669; Zingg, Adrian ~ 10/674; Zinniker, Otto ~
10/676; Zinsser, Ferdinand ~ 10/677; Zollinger, Albin ~
10/687; Zorn, (Karl Ludwig) Philipp ~ 10/689; Zschokke,
Bruno ~ 10/691; Züricher, Bertha */~/† 10/698; Züricher,
Gertrud */~/† 10/698; Züricher, (Ulrich) Wilhelm * 10/698;
Zurlinden, Hans ~ 10/702; Zwillenberg, Hugo † 10/708;
Zwingli, Huldrych (Ulrich) ~ 10/709

Berna (poln. Bierna)
Altnikol, Johann Christoph * 1/105

Bernardswiller → Bernhardsweiler

Bernau (Kr. Waldshut)
Eichhorn, Ambros ~ 3/51; Fritz, Karl ~ 3/496; Haueisen,
(Carl) Albert ~ 4/438; Thoma, Hans * 10/14

Bernau (Mähren)
Kiwisch von Rotterau, Franz Ritter ~ 5/562

Bernau a. Chiemsee
siehe auch *Lambelhof*
Baumbach, Adolf † 1/337; Bonn, Ferdinand † 2/20;
Hackethal, (Karl Heinrich) Julius † 11/75; Lehmann,
Arthur-Heinz † 6/291

Bernau b. Berlin
Baltz, Theodor Friedrich * 1/282; Duncker, Hermann †
2/651; Duncker, Käthe † 2/651; Frentzel, Carl Heinrich *
3/425; Gloege, Gerhard (Hans Georg Karl) ~ 4/34; Hintze,
Jacob */~ 5/56; Jaffé, Franz ~ 5/288; Karmann, Wilhelm ~
11/101; Rollenhagen, Georg * 8/375; Schmückert, (Gottlob) Heinrich ~ 9/40; Ulitzka, Carl ~ 10/135; Wolf, Konrad
~ 10/567

5/25; Kaunitz, Dominik Andreas Graf von ~ 5/475; Keller, Balthasar (Johann) ~ 5/491; Kleber, Johann Baptist ~ 5/569; Lamberg, Joseph Dominik Graf von ~ 6/203; Lisola, Franz Paul Frh. von ~ 6/423; Müller von Friedberg, Karl Frh. ~ 7/273; Rudolf I., König von Hochburgund ~ 8/437; Thalmann, Marianne ~ 9/689; Wyrsch, Johann Melchior ~ 10/603

Besazio (Kt. Tessin)
Musfeld, Ernst Max ~/† 7/316; Staiger, Otto ~ 9/441

Beschine (poln. Baszyn)
Ehrhardt, Sigismund Justus ~/† 3/42

Besdiekau (tschech. Bezděkov nad Třebůvkou, heute zu Bouzov)
Spieß, Christian Heinrich † 9/405

Beselich → Heckholzhausen

Besenhausen (Friedland, Kr. Göttingen)
Below, Otto (Ernst Vinzent Leo) von † 1/411

Besigheim
Arthopius, Balthasar */~ 1/197; Friedrich I., Herzog von Württemberg ~ 3/475; Harpprecht, Johann ~ 4/394; Henne, Willi ~ 4/588; Kirn, Otto ~ 5/554; Pregizer, Christian Gottlob ~ 8/57; Rümelin, Theodor * 8/453; Schrempf, Christoph * 9/139; Schrempf, (Christian) Friedrich * 9/140; Villinger, Werner * 10/210

Bessungen (seit 1888 zu Darmstadt)
Hegar, (Ernst Ludwig) Alfred * 4/478; Heyer, Carl * 5/21; Knaus, Ludwig ~ 5/616; Lautenschläger, Karl * 6/272; Ludwig IV., Großherzog von Hessen und bei Rhein * 6/504; Markwort, Johann Christian † 6/626; Noack, August * 7/427; Noack, Ludwig * 7/428

Beßwitz (poln. Biesowice)
Zitzewitz, Nicolaus von * 10/681

Bestwig → Ostwig, Ramsbeck, Velmede

Beszterce → Bistritz

Besztercebánya → Neusohl

Betberg (Gem. Buggingen)
Schneider, Johann Jakob ~/† 9/56

Bethau
Bieler, Benjamin ~ 1/519

Bethel (Gem. Gadderbaum, seit 1972 zu Bielefeld)
Arndt, Georg ~ 1/174; Bäumer, Gertrud † 1/265; Bodelschwingh, Friedrich von ~/† 1/601; Bodelschwingh, Friedrich von */~/† 1/601; Bodelschwingh, Friedrich von ~/† 1/602; Bornkamm, Günther ~ 2/35; Braune, Paul ~/† 2/88; Busch, Johannes ~ 11/36; Dieterici, Conrad (Heinrich) † 2/528; Döhne, Jacob Ludwig ~ 2/571; Eichrodt, Walther ~ 3/56; Fichtner, Johannes ~ 3/286; Forck, Gottfried ~ 11/62; Gümmer, Paul ~ 4/236; Herntrich, Volkmar (Martinus) ~ 4/635; Johst, Hanns ~ 5/357; Körting, Johannes ~ 5/675; Krause, Gerhard ~ 6/81; Kuhlo, Johannes ~/† 6/158; Lüpsen, Focko ~/† 6/520; Marxsen, Willi ~ 6/650; Merz, Georg ~ 7/80; Michaelis, (Curt) Walter ~ 7/123; Neske, Günther (Hermann Albert) ~ 7/365; Osterloh, Edo ~ 7/516; Roehl, Karl ~/† 8/350; Schlink, Edmund (Wilhelm Ludwig) ~ 8/679; Schlosser, (Georg Karl Wilhelm) Gustav ~ 8/684; Schmidt, Wilhelm † 9/20; Schneider, Carl ~ 9/50; Schrenk, Elias ~/† 9/141; Schrenk, Gottlob ~ 9/141; Steffann, Emil * 9/464; Steinbeck, Johannes † 9/485; Thiemann, Walter (Wilhelm August) ~ 10/4; Tiele-Winckler, Eva von ~ 10/38; Urner, Hans ~ 10/168; Villinger, Werner ~ 10/210; Vischer, Wilhelm ~ 10/218; Volp, Rainer ~ 10/250; Warneck, Johannes ~ 10/336; Wester, Reinhard Heinrich ~ 10/458; Wilm, Ernst (Julius Ewald) ~ 10/514; Wölber, Hans-Otto (Emil) ~ 10/556; Wolff, Hans-Walter ~ 10/573

Bethel (Stutterheim, Republik Südafrika)
Kropf, Albert ~/† 6/119

Betheln
Hennecke, Hans * 4/590

Bethesda (Maryland, USA)
Holzer, Helmut ~ 11/91; Madelung, Georg ~ 6/555; Seubert, Werner ~ 11/175

Bethlehem (Pennsylvania, USA)
Mack, Johann Martin ~ 6/552; Miller, John Henry † 7/142; Nitschmann, David ~/† 7/426

Bethlehem (Westjordanland)
Dominikus Germanus de Silesia ~ 2/591; Simeon von Trier ~ 9/328

Bettbrunn (seit 1972 zu Kösching)
Gießl, Leonhard Matthäus ~ 4/5; Grünberger, Johann Georg * 4/212

Bettenhausen (Kr. Schmalkalden-Meiningen)
Voigt, Johannes * 10/238

Bettenhausen (Lich)
Köhler, Philipp ~ 5/652

Bettingen (seit 1921 zu Wertheim)
Klein, Matthäus * 5/577

Bettlach (Kt. Solothurn)
Pfeiffer, Franz * 7/640

Bettlern (tschech. Petlery, heute zu Domašín)
Kyeser, Conrad † 6/184

Bettmar (seit 1974 zu Schellerten)
Heinemann, (Heinrich Ernst Ludwig) Ferdinand von * 4/513

Bettswil (Gem. Bäretswil, Kt. Zürich)
Stutz, Jakob † 9/620

Betzdorf
Fröbes, Joseph * 3/501; Haupt, Herman † 4/443; Kost, Heinrich ~ 6/53; Lübke, Anton * 6/512

Betzendorf (Kr. Lüneburg)
Cordes, Johann Heinrich Karl ~ 2/372

Betzigerode (Gem. Bad Zwesten)
Hesberg, Louis von * 4/667

Beucha
Albanus, Johann August Leberecht * 1/63; Hayner, Christian August Fürchtegott * 4/463; Nitzsch, Carl Ludwig ~ 7/426; Stephani, Eduard * 9/510

Beuchlitz (Gem. Holleben)
Tromlitz, A. ~ 10/95

Beuchte
Broeder, Christian Gottlieb ~/† 2/143

Beuditz (Naumburg/Saale)
Müntzer, Thomas ~ 7/299

Beuel (seit 1969 zu Bonn)
Fassl, Aloys (Ferdinand) † 3/234; Gerhartz, Heinrich ~ 3/645; Knieper, Werner * 5/620; Tille, Armin † 10/43

Beuerberg (seit 1978 zu Eurasburg, Kr. Bad Tölz-Wolfratshausen)
Greuter, Elias d. Ä. ~ 4/159; Liebermann, Ernst † 6/380; Untersteiner, Johann Baptist ~ 10/160; Urban, Bonifaz Kaspar ~ 10/163

Beuggen (Gem. Karsau, seit 1975 zu Rheinfelden, Baden)
Hugo von Langenstein ~ 5/217; Zeller, Christian Heinrich ~/† 10/636

Beurig (seit 1935 zu Saarburg, Kr. Trier-Saarburg)
Thrasolt, Ernst * 10/24

Beuron
Albers, Bruno ~/† 1/64; Amrhein, Andreas ~ 1/119; Bäumer, Suitbert ~ 1/265; Baur, Benedikt ~/† 1/349; Benzler, Willibrord ~ 1/433; Blättler, Rudolf ~ 1/553; Denk, Joseph ~ 2/488; Dobler, Josef ~ 2/564; Dold, Alban ~ 2/585; Ebel, Basilius ~ 2/664; Feuling, Daniel ~ 3/281; Gaißer, Hugo Athanasius ~ 3/559; Guntermann, Joseph ~ 4/261; Hatzfeld, Adolf (Franz Iwan) von ~ 4/433; Herwegen, Ildefons ~ 4/656; Johner, Dominicus ~/† 5/356; Kienle, Ambrosius ~/† 5/530; Kögel, Gustav ~ 5/649; Lenz, Peter (Fr. 6/325; Mager, Alois ~ 6/561; Molitor, Gregor (Ferdinand) ~/† 7/189; Molitor, Raphael ~/† 7/189; Sauter, Benedikt ~ 8/531; Schachleiter, Alban ~ 8/539; Schäfer, Bernhard ~/† 8/546; Schelver, Hugo von ~ 8/599; Schober, Ildefons ~/† 9/72; Schott, Anselm ~ 9/119; Vettiger, Franz ~ 10/202; Walzer, Raphael ~ 10/327; Watterich, Johannes Matthias ~/† 10/346; Werra, Ernst von ~/† 10/451; Wolter, Maurus ~/† 10/585; Wolter, Placidus ~/† 10/585; Wüger, Gabriel ~ 10/591

Beuthen/Oder (poln. Bytom Odrzański)
Klepper, Jochen * 5/589; Opitz, Martin ~ 7/495
Beuthen O. S. (poln. Bytom)
Arnold, Franz ~ 1/186; Aufricht, Ernst Josef * 1/220;
Bähnisch, Theanolte * 1/256; Barsig, Franz * 1/298;
Beilschmied, Karl Traugott ~ 1/405; Braun, David ~ 2/79;
Buchal, Hermann (Franz Joseph) ~ 2/181; Croner, Else
* 2/404; Cycowski, Roman ~ 11/43; Domin, Friedrich *
2/590; Dornau, Caspar von ~ 2/598; Felsenstein, Walter
~ 3/263; Flascha, Paul Peter Vincenz von */~ 3/336;
Friderich, Karl (Hans Reinhold) ~ 3/444; Gaupp, Ernst
(Wilhelm Theodor) * 3/586; Georg der Fromme oder
der Bekenner, Markgraf von Brandenburg-Ansbach ~
3/626; Gotschlich, Emil (Carl Anton Constantin) * 4/103;
Gröppel, Karl * 4/180; Guttmann, Jakob * 4/274; Halberstaedter, Ludwig * 4/341; Henckel von Donnersmarck,
Lazarus ~ 4/581; Ilgner, Karl ~ 5/248; Jadasch, Anton ~
5/281; Jary, Michael ~ 5/308; Kaller, Maximilian * 5/414;
Keßler, Oskar ~ 5/520; Kober, Adolf * 5/635; Luchs,
Hermann * 6/491; Mellerowicz, Konrad ~ 7/54; Petzelt,
Alfred ~ 7/626; Popitz, Johannes ~ 8/33; Posse, Hans Ernst
~ 8/44; Reichmann, Wolfgang * 11/162; Rister, Herbert
~ 8/324; Robertz, Heinz ~ 8/339; Schmeidler, Josef *
8/694; Schmieding, Walther ~ 9/28; Schönaich-Carolath,
Fabian von † 9/83; Schündler, Rudolf (Ernst Paul) ~ 9/171;
Schulz-Beuthen, Heinrich * 9/198; Schuppe, Wilhelm ~
9/210; Siegmund, Condi ~ 9/314; Singer, Simon * 9/340;
Slotta, Günter ~ 9/351; Stein, Franz ~ 9/476; Stoscheck,
Walter ~ 9/561; Strempel, Horst * 9/583; Tau, Max *
9/660; Thierfelder, Franz (Felix Reinhold) ~ 10/6; Trautz,
Wilhelm ~ 10/75; Veith, Else ~ 10/189; Vogel, Rudolf
* 10/228; Wegner, Walburga ~ 10/374; Wessely, Karl ~
10/457
Bevensen → Bad Bevensen
Bever (Kt. Graubünden)
Salis, Carl Albert von ~ 8/499
Bevergern (seit 1975 zu Hörstel)
Epping, Joseph * 3/133; Lutze, Viktor * 6/541
Beverly Hills (Kalifornien, USA)
Bauer, Julius † 1/327; Frank, Bruno (Sebald) † 3/398;
Goetz, Curt * 4/69; Lang, Fritz † 6/224; Mahler-Gropius-
Werfel, Alma (Maria Margarethe) ~ 6/567; Steiner, Gabor
† 9/489; Stössel, Ludwig † 9/546; Walter, Bruno † 10/317;
Werfel, Franz ~/† 10/441
Bevern (Kr. Holzminden)
Baldov, Samuel ~ 1/274; Ferdinand Albrecht I., Herzog
von Braunschweig-Bevern ~/† 3/269; Schmelzkopf,
(Heinrich Robert) Eduard ~/† 8/696
Beverstedt → Osterndorf
Beverungen → Amelunxen, Würgassen
Bewangen (Gem. Bertschikon, Kt. Zürich)
Huggenberger, Alfred * 5/216
Bewinden (Gem. Ingstetten, 1972 zu Schelklingen)
Bebel, Heinrich * 1/364
Bex (Kt. Waadt)
Charpentier, Johann von ~/† 2/305; Claiß, Johann Sebastian
~ 2/328; Eggenberger, Hans ~ 3/27; Lebert, Hermann ~/†
6/279
Bexbach
Pirrung, Adolf * 7/678
Beyenburg (seit 1929 zu Barmen-Elberfeld, seit 1930
Wuppertal)
Ibach, Johannes Adolph ~ 5/241; Lo, Peter ~ 6/430;
Nägele, Franz Carl Joseph ~ 7/331
Beyernaumburg
Stockmann, Ernst ~ 9/539
Beyersdorf (Gem. Glebitzsch)
Golf, (Richard) Arthur ~ 4/88
Beyharting (seit 1978 zu Tuntenhausen)
Zimmermann, Johann Baptist ~ 10/669
Bezau (Vorarlberg)
Beer, Franz Edler von Blaichten † 1/388; Beer, Johann
Michael Edler von Blaichten * 1/390; Bumiller, Lambert
† 2/222; Stülz, Jodok * 9/609; Thumb, Christian * 10/28;

Thumb, Michael */† 10/28; Thumb, Peter * 10/28;
Wilhelm, Jodok (Friedrich) * 10/506
Bezděkov nad Třebůvkou → Besdiekau
Bezdružice → Weseritz
Bezledy → Beisleiden
Biała → Zülz
Biala (poln. Biała, seit 1951 zu Bielitz-Biala, poln. Bielsko-
Biała)
Knopf, Rudolf ~ 5/629; Kruppa, Erwin * 6/132; Löwen-
finck, Adam Friedrich von * 6/453; Morawski, Theodor
(Rudolf) † 7/207; Seeliger, Gerhard (Wolfgang) * 9/259;
Seeliger, Hugo (Hans) Ritter von * 9/260; Strzygowski,
Josef ~ 9/601
Biała Nyska → Bielau
Biała Piska → Bialla
Bialken (poln. Białki)
Arndt, Rudolf Gottfried * 1/175
Białki → Bialken
Bialla (poln. Biała Piska)
Rimarski, Walther * 8/312
Bialokosch (poln. Białokosz)
Massenbach, Christian Frh. von † 6/651
Białokosz → Bialokosch
Białołęka → Weißholz
Biały Bor → Baldenburg
Biały Kościoł → Steinkirche
Białystok (Polen)
Bock, Ignatius Friedrich Raphael ~ 1/595; Friedmann,
(Adolph) Hermann * 3/455; Halberstam, Sophie * 4/341;
Hasbach, Erwin * 4/418; Holland, Konstantin * 5/150;
Koch, Erich ~ 5/638; Ladenberg, Philipp von ~ 6/192;
Lilienfeld-Toal, Paul von * 6/396; Manteuffel-Szoege,
Georg Baron von ~ 6/601; Perl, Jacques ~ 7/601; Röhr-
Brajnin, Sophie ~ 8/351; Schön, (Heinrich) Theodor von ~
9/82; Spoliansky, Mischa * 9/415; Tresckow, Henning von
† 10/82; Zweig, Arnold ~ 10/704
Biarritz (Frankreich)
Gabor, Hans † 3/550; Goumois, William de ~ 4/113;
Grünberg, Walter ~ 11/73
Biberach (Heilbronn)
Vehe, Michael * 10/187
Biberach an der Riß
Abt, Felicitas */~ 1/15; Arnold, Franz Xaver ~ 1/186;
Atzel, Jacob ~ 1/211; Bachmann, Joseph Siegmund Eugen
~ 1/246; Bäumlein, Wilhelm Friedrich Ludwig von ~
1/266; Baumgärtner, Georg August * 1/341; Beuttenmüller,
Hermann ~/† 1/504; Braith, Anton */~/† 2/58; Burchard
von Ursberg ~ 2/229; Dieterich, Johann Friedrich * 2/528;
Dinglinger, Johann Melchior * 2/552; Dollinger, Conrad
von * 2/587; Ellenbog, Nikolaus ~ 3/90; Ellenbog, Ulrich
~ 3/90; Emminger, Eberhard */~/† 3/105; Erler, Fritz ~
3/153; Esperlin, Joseph ~ 3/179; Fahrenkrog, Ludwig †
3/219; Hetsch, Albert ~ 5/4; Kaiser, Friedrich (Anton) *
5/406; Karoch von Lichtenberg, Samuel ~ 5/451; Kisling,
Martin ~ 5/558; Knecht, Justin Heinrich */~/† 5/617;
Kneipp, Sebastian ~ 5/618; Kremer, Johannes * 6/95;
Lamparter, Gregor(ius) * 6/208; Lauterbach, Helmina †
6/273; Magirus, Hermann ~ 6/562; Martini, Ferdinand
(Candidus) * 6/639; Martini, Ludwig Sebastian */~ 6/640;
Müller, Franz Xaver */~/† 7/256; Münzinger, Adolf ~
7/301; Natter, Johann Lorenz * 7/345; Neher, (Karl Joseph)
Bernhard */~ 7/358; Oekolampad, Johannes ~ 7/466;
Pauly, August Friedrich von ~ 7/581; Pflug, Johann Baptist
*/~/† 7/650; Pirrung, Adolf ~/† 7/678; Rau, Ernst * 8/155;
Rudolf von Biberach ~ 8/439; Sautter, Karl (Christian
Jakob) * 8/531; Schardin, Hubert ~ 8/566; Schenk von
Winterstetten, Ulrich ~ 8/606; Schlierholz, Josef von *
8/678; Schönfeld, Johann (Heinrich) * 9/93; Schopper,
Jakob */~ 9/116; Steinhofer, Friedrich Christoph ~ 9/494;
Storz, Gerhard ~ 9/560; Tritschler, Alexander von * 10/90;
Unseld, Albert ~ 10/159; Volz, Hermann */~/† 10/251;
Weckmann, Nikolaus ~ 10/366; Wieland, Christoph Martin
~ 10/482; Wirth, (Johann) Albertus * 10/538; Xeller,

(Johann) Christian */~ 10/605; Ziegler, Gottfried * 10/653; Zoege von Manteuffel, Peter (Arthur) Baron ~/† 10/683

Biberegg (Gem. Rothenthurm, Kt. Schwyz)
Styger, Paul * 9/621

Biberist (Kt. Solothurn)
Dübi, Ernst * 2/633; Flury, Richard * 3/358; Gysi-Roth, Jenny † 4/278

Bibermühle (seit 1978 zu Wackersberg, Kr. Bad Tölz-Wolfratshausen)
Amort, Eusebius * 1/118

Bibertal → Bühl, Großkissendorf

Biberwier (Tirol)
Giemsa, (Berthold) Gustav (Carl) † 3/679

Biblis
Hochschild, Zachary * 5/81; Krauß, Sigmund * 6/85; Mandel, Heinrich ~ 6/584; Sellheim, Hugo * 9/278

Biburg (Kr. Kelheim)
Eberhard I., Erzbischof von Salzburg ~ 2/668

Biburg (seit 1978 zu Diedorf, Kr. Augsburg, Land)
Berberich, Ludwig * 1/433; Zapf, Georg Wilhelm ~/† 10/620

Bichel
Kraemer, Simpert * 6/61

Bichl
Merz, Georg * 7/80; Thesing, Curt (Egon) ~ 9/695

Bichlhof (Gem. Unterwössen)
Köstring, Ernst † 5/677

Bickenbach (Kr. Darmstadt-Dieburg)
Amelung, Ludwig Franz * 1/113; Zimmermann, Wilhelm Ludwig * 10/671

Bickenbach (seit 1975 zu Engelskirchen)
Bockemühl, Erich * 1/597

Bickendorf
Fuchs, Hans * 3/519

Bicocca (Italien)
Diesbach, Sebastian von ~ 2/523

Biddenden (Cty. Kent, England)
Kahn, Robert (August) * 5/403

Biding → Büdingen

Bidingen → Ob

Bidschow → Neu-Bidschow

Biebelried
Friedrich, Bruno † 3/477

Bieber (seit 1938 zu Offenbach am Main)
Bau(e)r, Friedrich Wilhelm * 1/351

Bieber (seit 1974 zu Biebergemünd)
Bücking, (Carl Ferdinand Bertram) Hugo * 2/199

Biebergemünd → Bieber

Bieberstein (Gem. Hofbieber)
Andreesen, Alfred Theodor † 1/133; Goering, Reinhard * 4/58; Haase, (Dietrich) Otto ~ 4/289; Lietz, Hermann ~ 6/393

Biebertal → Königsberg, Obermühle, Rodheim

Biebesheim am Rhein
Friederich, Ernst (Otto Heinrich) * 3/449; Ilgner, Max * 11/93

Biebrich (seit 1926 zu Wiesbaden)
Adolf Wilhelm Karl August Friedrich, Herzog von Nassau, Großherzog von Luxemburg * 1/45; Albert, Heinrich ~/† 1/69; Almenräder, Karl ~/† 1/93; Bär, Seligmann ~/† 1/261; Beck, Ludwig † 1/372; Beck, Ludwig (August Theodor) * 1/372; Bickel, Johann Daniel Karl ~/† 1/513; Braun, Karl Philipp * 2/84; Bucherer, Hans Theodor ~ 2/183; Bünte, Gottlob ~ 2/208; Carstanjen, Arnold Julius Maximilian ~/† 2/289; Diels, Hermann (Alexander) * 2/517; Dilthey, Karl (Peter Friedrich) * 2/548; Dilthey, Wilhelm (Christian Ludwig) * 2/548; Dischinger, Franz ~ 2/557; Doderer, Otto * 2/567; Dyckerhoff, Gustav (Wilhelm Wernhard) † 2/661; Dyckerhoff, Karl (Ludwig) */~ 2/661; Dyckerhoff, Rudolf (Philipp Wilhelm) † 2/661; Ferdinand August Friedrich, Herzog von Württemberg ~ 3/270; Fiederling, Otto * 3/291; Finsterwalder, Ulrich ~ 11/60; Freundlich, Erwin Finlay * 3/432; Fritze, Wilhelm ~ 3/497; Gerlach, Walther * 3/650; Heckel, Johann Adam †

4/469; Heckel, Wilhelm */† 4/470; Henkell, Otto ~ 4/586; Hennings, Friedrich † 4/593; Herber, Richard * 4/604; Hiernle, Franz Matthias ~ 5/32; Kalle, Wilhelm ~/† 5/414; Minckwitz, Hans von † 7/146; Möller-Dostali, Rudolf * 7/171; Niemann, Rudolph (Friedrich) ~ 7/408; Riehl, Wilhelm Heinrich */~ 8/299; Sartorius, Otto * 8/521; Schnurrer, Friedrich ~/† 9/70; Schrumpf, Friedrich Ludwig ~/† 9/158; Sender, Tony * 9/286; Siesmayer, (Franz) Heinrich ~ 9/320; Stengel, Friedrich Joachim (Michael) ~ 9/505; Stifft, Christian Ernst † 9/530; Thelemann, Karl Friedrich ~ 9/693; Wallot, (Johann) Paul ~ 10/315; Weimer, Hermann ~ 10/507; Wilhelmi, Ludwig Wilhelm ~ 10/507; Wilhelmj, (Ernst Daniel Friedrich) August ~ 10/507; Wolf, Erik * 10/564

Biecz → Beitsch

Biedenkopf
siehe auch *Dexbach, Eckelshausen, Engelbach*
Blumhof, Johann Georg Ludolf ~ 1/589; Heimburg, Friedrich (August Gerhard Karl) von ~ 4/504; Jüngst, Ernst * 5/373; Kobelt, Wilhelm ~ 5/635

Biederstein
Stengel, Karl von * 9/506

Biedrzychowice → Friedersdorf

Biel (frz. Bienne, Kt. Bern)
siehe auch *Mett*
Aegler, Hermann */† 1/47; Alioth, Johann Siegmund * 1/90; Altenburger, Emil ~ 1/97; Appenzeller, Johann Konrad ~/† 1/159; Beguelin, Nikolaus von * 1/394; Behrens, Eduard * 1/401; Blarer, Ambrosius ~ 1/558; Blaurock, Jörg ~ 1/564; Blösch, Eduard (Eugen) * 1/577; Bratschi, Robert ~ 2/75; Bridel, Carl ~ 2/130; Bridel, Gustav */~ 2/130; Büchel, Hilde ~ 2/194; Bütikofer, Ernst ~ 2/214; Delsen, Leo ~ 2/480; Dürrenmatt, Friedrich * 2/642; Flückiger, Hermann ~/† 3/356; Funkelin, Jakob ~ 3/543; Gerter, Elisabeth ~ 3/661; Giauque, Elsi ~ 3/677; Glück, August ~ 4/36; Guggisberg, Hans Rudolf ~ 4/250; Hänny, Karl ~ 4/310; Haller, Anna ~ 4/346; Hattemer, Heinrich ~/† 4/432; Heilmann, Georg Friedrich */† 4/499; Heimgartner, Joseph ~ 4/504; Hodler, Alfred ~ 5/84; Hubacher, Hermann */~ 5/194; Huttenlocher, Heinrich (Ferdinand) * 5/237; Joß, Walter ~ 5/368; Klöpfer, Eugen ~ 5/602; Knöbel, Friedrich Wilhelm † 5/625; Kocher, Rudolf ~ 5/645; Kohlund, Ekkehard ~ 6/6; Levy, Ernst ~ 6/361; Lotar, Peter ~ 6/480; Manazza, Bruno ~ 6/584; Methfessel, Adolf ~ 7/86; Mühlestein, Hans * 7/242; Müller, Walter Heinrich ~ 7/282; Neuhaus, Johann Karl Friedrich ~/† 7/378; Nieriker, Joseph ~ 7/411; Peter, Walter */† 7/614; Rehfuß, Heinz ~ 8/191; Rhellikan, Johannes ~/† 8/268; Ritter, Hans * 8/332; Ritter, Philipp * 8/332; Rochholz, Ernst Ludwig ~ 8/340; Rödiger, Fritz ~ 8/349; Roggenbach, Franz Joseph Sigismund Johann Baptist von ~ 8/366; Romang, Johann Jakob ~ 8/378; Romang, Johann Peter ~ 8/378; Ruprecht, Ernst ~ 8/474; Salvisberg, Otto Rudolf ~ 8/505; Scheim, Freddy * 8/589; Schlatter, Edgar ~ 8/656; Schneider, Friedrich ~ 9/53; Schüler, Ernst ~/† 9/169; Schwab, Hans Max * 9/217; Spallart, Johannes von ~ 9/382; Spieß, Adolf ~ 9/404; Stuntz, Johann Baptist ~ 9/615; Sturm, Wilhelm (Franz) von * 9/631; Sulzberger, Arnold ~ 9/631; Tobler, Ludwig ~ 10/54; Türler, Heinrich * 10/115; Ulrich, Trude ~ 10/147; Vöchting, Christian ~ 10/220; Walser, Karl * 10/316; Walser, Robert (Otto) */~ 10/316; Weber, Eduard * 10/352; Widmann, Ellen * 10/474; Wyttenbach, Thomas */~/† 10/604; Zinniker, Otto ~/† 10/676

Biel-Benken (Kt. Basel-Landschaft)
Hiltbrunner, Hermann * 5/47; Preiswerk, Samuel ~ 8/59; Schaffner, Maria Tabitha * 8/556

Biela (Böhmen)
Kolletschka, Jakob ~ 6/17; Saxl, Maximilian * 8/535

Bielau (poln. Biała Nyska)
Bohn, Emil (Gottfried Carl Ignaz Adolf) * 2/2

Bielawe (poln. Bielawy)
Janssen, Ulfert * 5/304

Bielawki → Bühlau

Bielawy

Bielawy → Bielawe
Bielawy Pogorzelskie → Buchwald
Bielefeld
siehe auch *Bethel, Brackwede, Brock, Hoberge, Jöllenbeck, Kupferhammer, Quelle, Schildesche, Senne I*
Anders, Helga ~ 1/124; Bacmeister, Ernst * 1/250; Baensch-Drugulin, (Egbert) Johannes ~ 1/258; Bauer, Constantin † 1/324; Bavink, Bernhard ~/† 1/355; Bernsdorf, Wilhelm * 11/19; Bertelsmann, Conrad (Gustav) */~ 11/19; Bertelsmann, Gustav (Heinrich Eduard) */~/† 11/19; Bertelsmann, Wilhelm (Heinrich) * 1/481; Bischoff, Richard ~ 1/544; Blass, Friedrich Wilhelm ~ 1/562; Blecher, Friedrich ~ 1/565; Blumenthal, Lieselotte * 11/25; Bodelschwingh, Friedrich von ~ 1/601; Borheck, August Christian ~ 2/30; Bozi, Carl */~/† 11/29; Bozi, Gustav */~/† 11/29; Bozi, Michael ~/† 11/30; Brüninghaus, Ernst Caspar ~ 2/160; Burckhardt, Johannes (Friedrich Paul) ~ 2/233; Busch, Johannes ~ 11/36; Bussche-Ippenburg, Clamor von dem ~/† 2/255; Calow, Theodor (Walter) ~/† 11/37; Christ, Liesel ~ 11/39; Consbruch, Georg Wilhelm Christoph ~/† 2/366; Crüwell, Arnold (Friedrich) */~/† 11/42; Decker, Jacques ~ 2/459; Delius, Carl Albrecht */~/† 11/44; Delius, Hermann (Wilhelm) */† 2/478; Delius, Rudolph */~/† 11/44; Delkeskamp, Friedrich Wilhelm * 2/478; Droop, Theodor (Gottfried) ~/† 11/49; Dustmann, Hanns ~ 11/49; Eichhorn, Kurt (Peter) ~ 3/53; Elias, Norbert ~ 3/85; Engelking, Ernst * 11/54; Espagne, Franz ~ 3/178; Eyermann, Erich ~ 11/57; Fichtner, Johannes ~ 3/286; Fischbeck, Otto ~ 3/309; Florath, Albert * 3/354; Fries, Wilhelm ~ 3/484; Gassel, Heinrich (Christoph) */~/† 11/66; Gauß, (Friedrich) Gustav * 3/588; Gerson, Max ~ 3/656; Gerteis, Adolf ~ 3/661; Gieseler, (Friedrich) Eberhard ~ 4/4; Glückauf, Erich ~ 4/37; Gobelin Person ~ 4/45; Goebel, Fritz * 4/48; Goergen, Fritz-Aurel ~ 4/56; Grohé, Josef ~ 4/181; Groß, Emil */~/† 4/190; Großjohann, Christoph (Hartwig) ~ 4/196; Guntermann, Franz ~ 4/261; Hamelmann, Hermann ~ 4/359; Hartmann, Johann David ~ 4/409; Hasse, (Martin) Karl (Woldemar) ~ 4/427; Havergo, Johann Adolph */~/† 11/80; Herbst, (Friedrich Ludwig) Wilhelm ~ 4/609; Herzog, Reinhart ~ 4/666; Hinzpeter, Georg (Ernst) ~/† 11/80; Höpker-Aschoff, Hermann ~ 5/100; Hoffmann, Hans ~/† 5/118; Hoffmann-Harnisch, (Friedrich) Wolfgang ~ 5/124; Hofmann, Hubert ~ 5/129; Holzapfel, Friedrich */~ 5/158; Huesmann, Fritz ~ 5/213; Humbert, Claas (Hugo) ~/† 11/92; Husemann, (Friedrich Ernst) Fritz ~ 5/232; Jessel, Leon ~ 5/326; Junkermann, August * 5/386; Kaminski, Heinrich ~ 5/418; Karman, Wilhelm ~ 5/451; Kaselowsky, Ferdinand ~/† 5/456; Kisker, August Wilhelm ~/† 5/558; Klasing, August */† 5/566; Klasing, August */~/† 5/566; Klönne, Carl ~ 5/602; Koch, Karl † 5/642; Kopf, Hinrich Wilhelm ~ 6/37; Kramer, Otto (Konrad Wilhelm) ~/† 6/69; Krönig, Bernhard * 6/111; Krüger, Lorenz ~ 6/123; Küchen, Richard * 6/140; Küstermeier, Rudolf ~ 6/154; Kufferath, Johann Hermann ~ 6/156; Kuithan, Erich * 6/162; Lang, Wilhelm ~ 6/229; Langelütke, Hans ~ 11/117; Lindner, Wilhelm ~ 6/409; Lindtberg, Leopold ~ 6/409; Loewenstein, Otto ~ 6/455; Lohmann, Karl * 6/462; Lohmar, (Karl) Ulrich ~ 6/463; Lorenz, Wilhelm ~ 6/473; Ludz, Peter Christian ~ 6/511; Lueder, August Ferdinand * 6/515; Lüpsen, Focko ~ 6/520; Luhmann, Niklas ~ 11/125; Mannstaedt, Ludwig Emil * 6/597; Mannstaedt, Wilhelm ~ 6/598; Markert, Richard ~ 6/625; Massolle, Joseph * 6/651; Meinardus, Ludwig ~/† 7/33; Meinders, Franz von * 7/33; Mendelssohn, Arnold Ludwig ~ 7/58; Meyer, Ludwig * 7/108; Michaelis, (Curt) Walter ~ 7/123; Möller, Reinhard Johannes † 7/170; Möller-Dostali, Rudolf ~ 7/171; Müller, Albert ~ 7/248; Müller, Fritz ~ 7/258; Müller, Hermann Paul * 7/266; Murnau, Friedrich Wilhelm * 7/312; Nasse, Christian Friedrich */~ 7/341; Neumann, Hans * 11/139; Nienstedt, Gerd ~ 7/411; Nocker, Hanns ~ 7/429; Ochs, Traugott ~ 7/460; Oertmann, Paul (Ernst Wilhelm) * 11/149; Oetker, August ~/† 7/474; Ostenburg, Lothar ~ 7/515; Osthoff, Helmuth */~ 7/519; Peek, Werner */~/† 11/156; Perathoner, Hans ~ 7/598; Pferdekämper, Ewald ~ 7/645; Pollard, Sidney ~ 11/160; Pollius, Johannes * 8/29; Potthoff, Heinz */† 8/47; Redeker, Martin * 8/176; Rein, Ernst ~ 11/162; Rempel, Rudolf (Heinrich Clamor Friedrich) */~ 8/240; Riemann, (Karl Wilhelm Julius) Hugo ~ 8/301; Rösler, Robert ~ 8/361; Roleff, Peter ~ 8/374; Rosenberg, Hans ~ 8/392; Rosenberg, Ludwig ~ 8/393; Sack, Erna (Dorothea Luise) ~ 8/491; Sauermann, Heinz * 8/529; Schauenburg, (Karl) Hermann ~ 8/574; Schelsky, Helmut ~ 8/598; Schmidt, Erich ~ 9/5; Schneider, Carl ~ 9/50; Schnoor, Hans ~/† 9/68; Schreck, Carl */~/† 9/132; Schröder, Ernst (August) ~ 9/146; Schröder, Friedrich Joseph Wilhelm * 9/146; Schroeder, Gerhard * 9/147; Schwier, Hans ~ 9/246; Seemann, Ernst (Elert) Arthur (Heinrich) ~ 9/261; Sentpaul, Frithjof ~ 9/290; Severing, (Wilhelm) Carl † 9/296; Siegfried, Herbert ~ 9/312; Siegl, Otto ~ 9/313; Sonnen, Willi ~ 9/373; Stackelberg, Karl-Georg Graf von ~ 9/427; Steffelbauer, Kurt ~ 9/464; Steinbiß, Viktoria */~/† 9/486; Stephani, Franz von * 9/510; Stukenbrok, August ~ 9/613; Suschka, Herbert ~ 9/635; Thauren, Johannes ~ 10/102; Trump, Georg ~ 10/234; Vollmer, Bernhard ~ 10/248; Vordtriede, Werner * 10/254; Wedekind, Hermann ~ 10/369; Weiss, Dorothea ~ 10/406; Wertheimer, Eduard */† 11/184; Wertheimer, Josef † 11/184; Wertheimer, Paul * 11/184; Wery, Carl ~ 10/455; Wessel, Horst * 10/456; Wilke, Fritz ~ 10/508; Wilmans, Roger * 10/515; Windel, Hermann */~ 11/184; Zänker, Otto (Ewald Paul) ~/† 10/613

Bielitz (poln. Bielsko, seit 1951 zu Bielitz-Biala, poln. Bielsko-Biała)
Bayer, Karl Josef * 1/359; Beer, Rudolf * 1/390; Berkowitz, Michael ~ 1/455; Breinl, Friedrich * 2/100; Conried, Heinrich * 2/365; Dirmoser, Richard ~ 2/556; Ehre, Ida ~ 3/37; Eibl, Hans * 3/46; Floeck, Oswald ~ 3/352; Frankfurter, Richard Otto ~ 3/407; Fritsch, Hans ~ 3/493; Geiger, Bernhard ~ 3/603; Georgievics, Georg (Cornelius Theodor) von ~ 3/633; Gerhard, Hanns Fritz ~ 3/641; Glondys, Viktor ~ 4/35; Haase, Theodor Karl ~ 4/290; Halban, Selma von * 4/341; Hoinkes, Herfried * 11/89; Horovitz, Saul ~ 5/182; Huppert, Hugo * 5/230; Irschik, Magda ~ 5/260; Josephy, Gustav */~/† 5/368; Kolbenheyer, Moritz ~ 6/13; Kropatschek, Alfred Ritter von * 6/119; Kurrein, Adolf ~ 6/177; Löw-Beer, Rudolf ~ 6/449; Lohan, Robert ~ 6/461; Lubrich, Fritz ~ 6/489; Machold, Reinhard * 6/551; Mariot, Emil ~ 6/623; May, Maria Theresia * 7/3; Molden, Berthold * 7/186; Morawski, Theodor (Rudolf) ~ 7/207; Nachtlicht, Leo * 7/327; Pant, Eduard ~ 7/557; Pratobevera von Wiesborn, Adolf Frh. * 8/54; Pratobevera von Wiesborn, Karl Joseph Frh. ~ 8/54; Preses, Peter ~ 8/63; Prüwer, Julius ~ 8/82; Ruttin, Erich * 8/478; Schirmer, Wilhelm Kajetan ~ 8/650; Schneider, Carl Samuel */~/† 9/50; Schön, Karl * 9/81; Schroll, Anton * 9/157; Schur, (Philipp) Johann Ferdinand † 9/211; Solms-Wildenfels, Friedrich Ludwig Graf ~ 11/175; Spira, Fritz ~ 9/408; Tomschik, Marie ~ 10/63; Zellner, Julius ~ 10/639; Zenker, Hans * 10/642
Bielitz-Biala → Biala, Bielitz
Bielkenfeld (auch Adlig Goltzhausen, russ. Ivanovka)
Goltz, (Wilhelm Leopold) Colmar Frh. von der * 4/92
Bielschowitz (poln. Bielzowice)
Bialas, Günter * 11/20
Bielsko → Bielitz
Bielsko-Biała → Bielitz-Biala
Bielzowice → Bielschowitz
Biendorf (Kr. Bad Doberan)
Riedel, Adolf Friedrich Johann * 8/290
Bienenbüttel → Bargdorf, Grünhagen
Bienenhof (Lettland)
Müthel, Johann Gottfried † 7/302
Bieniasze → Banners
Bieniowice → Bienowitz
Bienne → Biel

Bienowitz (poln. Bieniowice)
Otto, Berthold * 7/534
Bierbergen (seit 1974 zu Hohenhameln)
Michaelis, (Karl Arnold) August * 7/121
Bierde (Gem. Böhme)
Oeynhausen, Ferdinand Ludwig Graf von * 7/476
Bierdziany → Burkhardsdorf
Bierhelderhof (Heidelberg)
Gruter, Jan(us) † 4/228
Bierhütten
Pasterwitz, Georg von * 7/569
Bierkowice → Birgwitz
Bierna → Berna
Biertan → Birthälm
Bierutów → Bernstadt
Biesdorf (seit 1920 zu Berlin)
Hefner-Alteneck, Friedrich (Franz Heinrich Philipp) von †
4/477
Biesenbrow
Welk, Ehm * 10/424
Biesenrode
Zeller, Magnus * 10/638; Zeller, Wolfgang (Friedrich) *
10/638
Biesenthal
Blumenthal, Georg (Richard) * 1/587; Laas, Walter †
6/187; Schelle, (Karl) Eduard * 8/594
Biesheim (Dép. Haut-Rhin, Frankreich)
Leber, Julius (Hieronymus) * 6/279
Biesig (seit 1994 zu Reichenbach O. L.)
Seydewitz, Otto Theodor von † 9/298
Biesowice → Beßwitz
Biestow (Rostock)
Eggerdes, Andreas ~ 3/29; Wiggers, Gustav Friedrich *
10/493
Bieswang (seit 1978 zu Pappenheim, Kr. Weißenburg-
Gunzenhausen)
Döderlein, Johann Alexander * 2/570
Bietigheim (seit 1975 zu Bietigheim-Bissingen)
Bälz, Erwin Otto Eduard von * 1/258; Carion, Johann *
2/279; Daser, Ludwig Herkules ~ 2/446; Gärttner, Karl
(Gottlob Christian) von * 3/556; Hager, Kurt * 11/77;
Heilner, Richard ~ 4/499; Heinlin, Johann Jakob ~ 4/517;
Kemper, Heinz P. ~ 11/102; Mergenthaler, Ottmar ~ 7/70;
Möller, Eberhard Wolfgang † 7/168; Nittinger, Karl Georg
Gottlob * 7/426; Ostermayer, Georg ~ 7/517; Rohrer,
Johann Peter Ernst ~ 8/372; Schönleber, Gustav * 9/98;
Zimmermann, Johann Jacob ~ 10/669
Bietigheim a. d. Enz (seit 1975 zu Bietigheim-Bissingen)
Rombach, Otto ~ 8/378
Bietigheim-Bissingen
siehe auch *Bietigheim, Bissingen a. d. Enz*
Rombach, Otto † 8/378; Traub, Hellmut † 10/70
Bietingen (seit 1974 zu Konstanz)
Flügler, Adolf * 3/357
Biganzolo (heute zu Verbania, Italien)
Frobenius, Leo (Viktor) † 3/499
Biglen (Kt. Bern)
Frutschi, Friedrich ~ 3/516; Rütimeyer, (Karl) Ludwig *
8/456
Bílavsko → Bilawsko
Bilawsko (tschech. Bílavsko)
Schindler, Franz Friedrich * 8/643
Bilderlingshof (Lettland)
Freytag Löringhoff, Bruno Baron von * 11/64; Wittram,
Reinhard * 10/552
Bilderweitschen (russ. Lugovoe)
Lenkeit, Walter * 11/120
Bildstein (Vorarlberg)
Beer, Johann Michael † 1/390
Biled → Billed
Bilin (tschech. Bílina)
Aeby, Christoph Theodor † 1/47; Biedermann, Wilhelm *
1/518; Helle, Friedrich Wilhelm ~ 4/561; Hutter, Theodor
~ 5/238; Jorhan, Wenzeslaus * 5/364; Reuss, August

(Leopold) Ritter von * 8/256; Reuss, August Emanuel */~
8/257; Reuss, Franz Ambros ~/† 8/257; Walter, Gustav */~
10/318; Watzek, Hans * 10/347
Bílina → Bilin
Bilk (Düsseldorf)
Benzenberg, Johann Friedrich ~/† 1/432; Binterim, Anton
Joseph ~/† 1/534; Brünnow, Franz Friedrich Ernst ~ 2/161;
Floß, (Joseph) Heinrich ~ 3/354; Luther, (Karl Theodor)
Robert ~ 6/538; Schmidt, (Johann Friedrich) Julius ~ 9/13
Billed (rumän. Biled, ungar. Billéd)
Oschanitzky, Richard Karl † 7/511
Billerbeck
Blume, (Ferdinand Anton) Clemens * 1/584; Liudger,
Bischof von Münster † 6/430; Wenge, Franz Ferdinand
Frh. von ~ 10/435
Billigheim (Neckar-Odenwald-Kreis)
Goebel, Karl (Immanuel Eberhard) Ritter von * 4/49
Billigheim (seit 1969 zu Billigheim-Ingenheim)
Billican, Theobald * 1/528; Culmann, Hellmut ~ 2/409
Billigheim-Ingenheim → Billigheim
Billmerich (Unna)
Osthoff, Hermann * 7/519
Billroda → Tauhardt
Billwerder (seit 1912 zu Hamburg)
Campe, Joachim Heinrich ~ 2/270; Franck, Adolf
(Theodor) * 3/388; Runge, Friedlieb Ferdinand * 8/467;
Ziegenhagen, Franz Heinrich ~ 10/651
Bilogirs'k → Karassubasar
Bilstein
Dietrich II. von Moers, Erzbischof und Kurfürst von Köln
~ 2/531
Bilten (Kt. Glarus)
Schuler, Fridolin * 9/184
Bilthoven (Niederlande)
Rathenau, Fritz † 8/150
Bimöhlen → Weide
Bindersleben (seit 1950 zu Erfurt)
Adelung, Jakob * 1/34; Buttstedt, Johann Heinrich * 2/260;
Cuno, Johannes ~ 2/410
Bindlach
siehe auch *Benk*
Arzberger, Nikolaus Friedrich ~ 1/200
Bingen (Kr. Sigmaringen)
Halm, Jacob (Karl Ernst) * 4/352; Rolfus, Karl Joseph ~
8/374; Syrlin, Jörg d. J. ~ 9/645
Bingen (Rhein)
siehe auch *Büdesheim, Dromersheim*
Beringer, Franz ~ 1/454; Berndt, Otto ~ 1/462; Bingel,
Rudolf ~ 1/533; Böhm, Dominikus ~ 1/616; Bourdin,
Paul ~ 2/49; Brandenburg, Hans † 2/61; Brück, Heinrich
* 2/151; Dietrich I. von Erbach, Erzbischof und Kurfürst
von Mainz ~ 2/531; Dionysius von Luxemburg ~ 2/553;
Eckart, Anselm (Franz Dominik) von * 3/8; Fischer,
Alfred ~ 3/311; Foltz, Ludwig * 3/368; Foltz, Philipp *
3/368; Friedberg, Carl * 3/447; Fritz, Hermann * 3/496;
Geßner, Adolf * 3/667; Grünewald, Matthias (Gothart
Nithart) ~ 4/214; Haan, Willem de ~ 4/283; Hartmann,
Richard ~ 4/413; Holzhauser, Bartholomäus ~/† 5/160;
Ittner, Johann Albrecht von * 5/267; Kayser, (Johann)
Heinrich (Gustav) * 5/480; Kreis, Wilhelm Heinrich ~
6/92; Kurz, Otto Orlando ~ 6/180; Mayer-Gross, Willy *
7/12; Mehler, Juda ~/† 7/27; Nahm, Peter Paul ~ 7/337;
Pommersfelden, Lorenz Truchseß von ~ 8/31; Praxmarer,
Johann Nepomuk Anton */~ 8/55; Riffel, Kaspar ~ 8/309;
Schaub, Hans Ferdinand ~ 8/574; Schilling, Johannes
~ 8/639; Schmitt, Saladin * 9/33; Schnaubert, Andreas
Joseph * 9/46; Siegfried III. von Eppstein, Erzbischof
von Mainz † 9/312; Spamer, Carl ~ 9/382; Usinger, Fritz
~ 10/170; Wagner, (Karl) Willy ~ 10/291
Bingenheim (seit 1972 zu Echzell)
Reuning, Theodor * 8/255
Bingerau (poln. Węgrów)
Prill, Hans-Joachim * 8/70

Bingum (seit 1973 zu Leer, Ostfriesland)
Duhm, Bernhard (Laward) * 2/645

Binningen (Kt. Basel-Landschaft)
Abderhalden, Rudolf ~ 1/2; Bauer, Hans † 11/13; Baur, Hermann † 1/351; Becker, Wilhelm † 11/15; Birkhäuser, Peter † 1/538; Breitenstein, Ernst */~/† 2/102; Brodmann, Roman * 2/142; Geering, Johann Rudolf † 3/597; Häberlin, (Henriette) Paula ~ 4/302; Joris, David ~ 5/364; Locher, Gottfried W(ilhelm) ~ 6/434; Preiswerk-Becker, Heinrich * 8/60; Salathe, Friedrich * 8/497; Schorer, Christoph ~ 9/117; Urech, Rudolf † 10/166

Binsdorf (seit 1974 zu Geislingen, Zollernalbkreis)
Koch, Wilhelm ~ 5/644; Koller, Joseph Benedikt (von?) * 6/17

Binsfeld (Kr. Bernkastel-Wittlich)
Binsfeld, Peter * 1/533

Binswangen
Loewenfeld, Leopold ~ 6/453; Reck, Franz Xaver * 8/173

Binzen (Kr. Lörrach)
Boltz, Valentin † 2/12

Bioko → Fernando Póo

Birgitz (Tirol)
Kühn, Heinrich ~/† 6/144; Strohal, Emil * 9/592

Birgwitz (poln. Bierkowice)
Zedlitz-Neukirch, Constantin Frh. von † 10/627

Birk
Arzberger, Nikolaus Friedrich ~ 1/200

Birka (Schweden)
Unni, Erzbischof von Hamburg-Bremen † 10/157

Birkach (Oberfranken)
Dietz, Johannes * 2/540

Birkenau → Nieder-Liebersbach

Birkenberg (Gem. Telfs, Tirol)
Damasch, Andreas ~ 2/435

Birkenfeld (Enzkreis)
Brecht, Theodor ~ 2/94; Christlieb, Theodor * 2/323; Nonnenmann, Klaus ~ 7/436; Schmidt, Ludwig Friedrich von ~ 9/15; Theremin, Charles Guillaume ~ 9/694

Birkenfeld (Kr. Birkenfeld)
Behrens, Gustav ~ 1/401; Finckh, Alexander Christian von ~ 3/299; Fischer, Laurenz (Martin) Hannibal (Christian) ~ 3/323; Fischer, (Laurenz) Wilhelm ~ 3/328; Greverus, Johann Ernst ~ 4/160; Heiler, Günther ~ 4/497; Pick, Otto * 7/664; Rippel-Baldes, August * 11/164

Birkenfeld (Kr. Main-Spessart)
Einhorn, David ~ 3/64; Grünebaum, Elias ~ 4/213

Birkenruh (bei Wenden, lett. Zehsis)
Bergmann, Ernst von ~ 1/449

Birkenstein (Gem. Fischbachau)
Gasteiger, Michael * 3/581; Lankensperger, Georg ~/† 6/249

Birkenwerder b. Berlin
Gehrcke, Ernst Johann † 3/600; Haasenstein, (Carl) Ferdinand (Eduard) † 4/290

Birkesdorf (Düren)
Müller, Heinrich ~ 7/263

Birkholz (poln. Borów)
Student, Kurt * 9/605

Birklar (seit 1970 zu Lich)
Leuchtgens, Heinrich * 6/352

Birlenbach → Fachingen

Birmensdorf (Kt. Zürich)
Job, Jakob * 5/331; Rüegg, Arnold ~ 8/448

Birmenstorf (Kt. Aargau)
Zehnder, Gottlieb * 10/629

Birmingham (England)
Baumgardt, David ~ 1/342; Brandt, Walter ~ 2/71; Cohn, Jonas † 11/40; Feuling, Daniel ~ 3/281; Frisch, Otto Robert ~ 3/490; Fuchs, Klaus (Emil Julius) ~ 3/520; Gottschalk, Hans (Ludwig) ~ 4/110; Hirsch, Max ~ 5/63; Hobrecker, Johann Karl ~ 5/79; Kapp, Gisbert ~/† 5/430; Kurrein, Max ~ 6/177; Liebert, Arthur ~ 6/382; Mayer-Gross, Willy ~/† 7/12; Mendelssohn Bartholdy, Felix (Jacob Ludwig) ~ 7/60; Peierls, Sir Rudolf Ernst ~ 7/588;

Pevsner, Sir Nikolaus (Bernhard Leon) ~ 7/631; Redlich, Hans Ferdinand ~ 8/179; Richter, Hans ~ 8/279; Rosenfeld, Elsbeth Rahel Charlotte † 8/395; Wönner, Max ~ 10/558; Zerr, Anna ~ 10/645

Birnau (Gem. Uhldingen-Mühlhofen)
Dirr, Johann Georg ~ 2/557; Haid, Kassian ~ 4/335; Thumb, Peter ~ 10/28

Birnbach → Bad Birnbach

Birnbach (Kr. Main-Spessart)
Boden, Wilhelm † 1/602

Birnbaum (Oberfranken)
Spindler, Max * 9/407

Birnbaum (poln. Międzychód)
Herald, Heinz ~ 4/603; Hirsch, Hugo * 5/61; Joël, Manuel * 5/335; Jüttner, Franz ~ 5/375; Kögel, Rudolf * 5/649; Pinner, Felix ~ 7/674; Tietz, Leonhard * 10/40; Tietz, Oscar * 10/40; Ury, Lesser * 10/169

Birnfeld (seit 1978 zu Stadtlauringen)
Bauerschubert, Joseph * 1/331; Heubner, Rudolf Leonhard † 5/7; Ziegler, Wilhelm † 10/656

Birnstein
Gruber, Eberhard Ludwig ~ 4/205

Birsfelden (Kt. Basel-Landschaft)
Lotz, Marie † 6/484

Birstein
Buri, (Christian Karl Ernst) Wilhelm * 2/242; Isenburg-Birstein, Karl (Friedrich Ludwig Moritz) Fürst von */† 5/262; Isenburg und Büdingen, Wolfgang Ernst Graf zu */† 5/262; Scultetus, Johann ~ 9/250; Ziegler, Wilhelm * 10/656

Birthälm (rumän. Biertan, ungar. Berethalom)
Bielz, Michael */~ 1/521; Binder, Georg Paul ~/† 1/531; Grafius, Lukas ~/† 4/132; Haner, Georg ~/† 4/368; Haner, Georg Jeremias ~/† 4/368; Müller, Jakob Aurelius † 7/267; Neugeboren, Daniel Georg ~/† 7/377; Salzer, Friedrich Franz * 8/506; Ungleich, Lucas ~ 10/156

Bisamberg (Niederösterreich)
Gregorig, Josef * 4/149

Bischdorf (Schlesien)
Buddenbrock-Hettersdorff, Wolfgang (Erich Richard) Frh. von * 2/192

Bischheim (Dép. Bas-Rhin, Frankreich)
Gillig, Charles * 4/9; Sinzheim, Joseph David ~ 9/342

Bischoffingen (Vogtsburg im Kaiserstuhl)
Pfeffel, Johann Andreas d. Ä. * 7/638

Bischoflack (slowen. Škofja Loka)
Jesenko, Fran * 5/326

Bischofsburg (poln. Biskupiec)
Bueck, Henry Axel * 2/199; Heinemann, Heinrich * 4/514

Bischofsee (Alt-Bischofsee, poln. Stare Biskupice)
Bredow, Gottfried Albrecht von * 2/96

Bischofsgrün
Brandes, Bruno † 2/62

Bischofsheim → Neckarbischofsheim

Bischofsheim (Gem. Maintal)
Sorg, Heinrich * 9/378

Bischofsheim a. d. Rhön
Hartmann, Hermann * 11/80; Helbig, Johann Lorenz * 4/554; Metz, Andreas * 7/90; Prechtl, Johann Josef von * 8/56

Bischofshofen (Salzburg)
Henglein, Friedrich August † 4/583; Leitgeb, Josef * 6/311; Macheiner, Eduard ~ 6/551; Pawlikowski, Ferdinand Stanislaus ~ 7/584; Weber, Herbert * 10/355

Bischofsmais
Freundorfer, Joseph * 3/433

Bischofstein
Bonus, Arthur ~/† 2/22

Bischofswalde (poln. Biskupów)
Ronge, Johannes * 8/381

Bischofswang (Gem. Roßhaupten)
Boos, Roman Anton * 2/24

Bischofswerda
Bahrdt, Carl Friedrich * 1/270; Bahrdt, Johann Friedrich ~ 1/270; Bönisch, Johann Gottfried ~ 1/630; Hesse, Walther * 4/678; Klotz, Christian Adolph * 5/606; Uhlich, Adam Gottfried * 10/130; Volkmann, Hans * 10/246
Bischofswerder (Ostpr.) (poln. Biskupiec)
Holder-Egger, Oswald * 5/147
Bischofswerder (Westpr.) (poln. Biskupiec)
Poenitz, Franz * 8/12
Bischofswiesen
siehe auch *Strub*
Leist, Karl † 6/310
Bischofszell (Kt. Thurgau)
Beuttner, Oskar * 1/504; Bibliander, Theodor * 1/512; Bridler, Placidus * 2/131; Büchi, Jakob * 2/195; Hätzer, Ludwig * 4/313; Maler, Josua ~ 6/577; Rudolf von Liebegg ~ 8/440; Sicher, Fridolin */~/† 9/302; Zwick, Johannes † 10/707
Bischofteinitz (tschech. Horšovský Týn)
siehe auch *Horschau*
Ecker, Johann Matthias Alexander * 3/10; Littrow, Joseph Johann Edler von * 6/429; Nusshard, Franz Willibald * 7/450; Stangl, Georg ~ 9/447; Weißenbach, Egon * 10/413
Bischofwiesen → Stangaß
Bischweiler (frz. Bischwiller, Dép. Bas-Rhin)
Christian IV., Herzog von Pfalz-Zweibrücken * 2/318; Heyer, Franz ~ 5/21; Horb, (Johann) Heinrich ~ 5/174; Kapp, Wilhelm * 5/430; Leutwein, Friedrich † 6/356; Meißner, Otto * 7/42; Strohl, Jean * 9/592; Witz-Oberlin, Charles Alphonse ~ 10/552
Bischwiller → Bischweiler
Bischwitz (poln. Biskupice Widawskie)
Nehring, Alfons * 11/135
Bisdamitz (seit 1945 zu Lohme)
Tiburtius, Franziska * 10/35; Tiburtius, Karl * 10/35
Bisenz (tschech. Bzenec)
Auspitz, Rudolf ~ 1/225; Brüll, Nehemias ~ 2/158; Jokl, Norbert * 5/358; Königstein, Leopold * 5/666; Kurzweil, Max(imilian) * 6/181
Bisingen → Burg Hohenzollern
Biskupice Widawskie → Bischwitz
Biskupiec → Bischofsburg
Biskupiec → Bischofswerder (Ostpr.)
Biskupiec → Bischofswerder (Westpr.)
Biskupów → Bischofswalde
Biskupství → Biskupstwo
Biskupstwo (tschech. Biskupství, heute zu Náměšť na Hané)
Feigerle, Ignaz * 3/248
Bislich (Gem. Wesel)
Bernsau, Wirich von ~ 1/475
Bismarckhütte (auch Oberheiduk, poln. Hajduki Wielkie)
Kollmann, Wilhelm ~ 6/18; Mauermann, Max ~ 6/667; Meier, Max ~/† 7/31; Monden, Herbert ~ 7/197; Schneider, Georg * 9/54
Bissendorf
siehe auch *Holte, Schelenburg*
Sextro, Heinrich Philipp * 9/296
Bissingen (Kr. Dillingen a. d. Donau) → Oberliezheim, Zoltingen
Bissingen (seit 1975 zu Bietigheim-Bissingen)
Lorber, Jakob ~ 6/469; Maybach, Karl ~ 7/3
Bissingen a. d. Enz (seit 1975 zu Bietigheim-Bissingen)
Heyd, Ludwig Friedrich * 5/15; Maybach, Wilhelm ~ 7/4; Sauter, Samuel Friedrich ~ 8/531
Bissingen an der Teck
Gaupp, Robert von ~ 3/586
Bissone (Kt. Tessin)
Tencala, Carpoforo * 9/674; Tencala, Giovanni Pietro * 9/675
Bistrița → Bistritz
Bistritz (rumän. Bistrița, urspr. dt. Nösen, ungar. Beszterce)
Brenner, Martin * 2/114; Davidis, Franz ~ 2/453; Eisenburger, Kuno * 3/70; Eisenburger, Otto * 3/70; Franchy,

Franz Karl * 3/387; Kisch, Gustav Oswald */~ 5/558; Oschanitzky, Richard Karl ~ 7/511; Raupenstrauch, Gustav Adolf */~ 8/163; Schunn, Heinrich ~ 9/210; Zehner, Wilhelm * 10/630
Bistritz am Hostein (tschech. Bystřice pod Hostýnem)
Bohrmann, Marianne * 2/4; Thonet, Michael ~ 10/22; Zifferer, Paul * 10/660
Bistritz ob Pernstein (tschech. Bystřice nad Pernštejnem)
Boczek, Anton * 1/598; Gwinner, Wilhelm Heinrich von † 4/277
Bitsch
Frank, Johann (Peter) ~ 3/399
Bitsé (Ungarn)
Hoffmann, Adolf * 5/113
Bitterfeld
Altenburg, Johann Ernst ~/† 1/97; Bartmuss, Richard * 1/309; Beck, Adolf Franz ~ 1/369; Bleichert, Adolf Hermann ~ 1/567; Bührle, Emil (Georg) ~ 2/202; Hasse, Sella * 4/427; Kobert, (Eduard) Rudolf * 5/636; Lepsius, Bernhard ~ 6/337; Moschel, Wilhelm ~ 7/220; Rathenau, Walther ~ 8/150; Schneider, Michael * 9/58; Stroof, Ignaz ~ 9/594; Stürmer, Bruno ~ 9/610; Vorbrodt, Gustav Theodor Ferdinand Franz ~ 10/253; Werner, Arno ~/† 10/445
Bittwil (Gem. Rapperswil, Kt. Bern)
Tschumi, Otto * 10/110
Bitz (Zollernalbkreis)
Schick, Conrad * 8/621
Bitzfeld (seit 1975 zu Bretzfeld)
Seyffer, Carl Felix * 9/299
Bixschoote (Belgien)
Kabisch, Richard † 5/391; Sudhaus, Siegfried † 9/624
Bizau (Vorarlberg)
Gmeiner, Josef Anton * 4/39
Bjelograd
Eggers, Kurt † 3/30
Blachownia Śląska → Blechhammer
Blachta (poln. Błachta)
Calow, Theodor (Walter) * 11/37
Black Mountain (North Carolina, USA)
Dehn, Max (Wilhelm) ~/† 2/468; Kahler, Erich (Gabriel) von ~ 5/402; Schawinski, Alexander ~ 8/578; Straus, Erwin (Walter Maximilian) ~ 9/573
Bladiau (russ. Pjatidorožnoe)
Volkmann, Paul (Oskar Eduard) * 10/246
Bläsheim (frz. Blaesheim, Dép. Bas-Rhin)
Zabern, Theodor von * 10/609
Bläsiberg (Tübingen)
Weber, Mathilde ~ 10/358
Blandford Forum (Cty. Dorset, England)
Hickmann, Hans (Robert Hermann) † 5/29
Blankenberg (Saale-Orla-Kreis)
Flinsch, Ferdinand Traugott * 3/351
Blankenberg (Sieg) (seit 1934 zu Hennef/Sieg)
Dietzgen, Josef ~ 2/542
Blankenberghe (Belgien)
Fick, Adolf † 3/286; Huck, August † 5/202
Blankenburg (Harz)
siehe auch *Börnecke*
Battermann, Hans Felix Heinrich † 1/318; Beckmann, Hermann † 1/385; Berkhan, Oswald * 1/455; Blasius, Rudolf ~ 1/561; Bretschneider, Friedrich * 2/123; Bülow, Gottfried Philipp von ~ 2/203; Carpzov, Benedikt I. ~ 2/286; Cramer, Johann Andreas ~ 2/389; Cramm, (Christian Friedrich Adolf) Burghard Frh. von † 2/391; Crola, Hugo † 2/402; Döbel, Heinrich Wilhelm ~ 2/568; Eggeling, Joachim Albrecht * 3/26; Elster, Julius * 3/98; Ernst August, Prinz von Hannover, Herzog zu Braunschweig und Lüneburg ~ 3/159; Flessa, Johann Adam ~ 3/349; Friederike Luise, Königin von Griechenland * 3/450; Gaedechens, Rudolf † 3/553; Gatterer, Magdalene Philippine † 3/582; Glümer, Claire von * 4/38; Gnauck-Kühne, Elisabeth ~/† 4/42; Haxthausen, Christian Friedrich

Graf von ~ 4/458; Henke, Heinrich Philipp (Konrad) ~ 4/584; Hollander, Walther (Georg Heinrich) von * 5/150; Johannsen, Christa ~ 5/354; Knepper, Gustav ~ 5/619; Köhler, Wilhelm † 5/653; Koldewey, Robert * 6/14; Laehr, Max ~ 6/194; Ledebur, Adolf * 6/284; Mertz von Quirnheim, Hermann Ritter † 7/78; Müller, Karl ~ 7/273; Neuss, Heinrich Georg ~ 7/393; Nicolai, Carl Ludwig ~ 7/399; Radowitz, Joseph Maria von * 8/118; Ranke, Kurt * 8/136; Ribbentrop, Heinrich Gottlieb ~ 8/271; Rössing, Karl ~ 8/362; Schleinitz, Alexander Frh. von * 8/667; Schleinitz, Wilhelm (Johann Karl Heinrich) Frh. von * 8/668; Spengler, Oswald (Arnold Gottfried) * 9/396; Struck, Johann Heinrich † 9/596; Sturm, Leonhard (Christoph) ~/† 9/618; Viktoria Luise, Herzogin von Braunschweig-Lüneburg ~ 10/210; Wätjen, Julius † 10/273; Wehrenpfennig, Wilhelm * 10/377; Weichmann, Christian Friedrich ~ 10/380; Weling, Anna Thekla von ~/† 10/424; Winnig, August * 10/531; Ziegenbein, (Johann) Heinrich (Wilhelm) ~ 10/651; Zincken, (Johann Ludwig) Carl ~ 10/673

Blankenese (seit 1937 zu Hamburg)
Dehmel, Richard (Fedor Leopold) ~/† 2/468; Frenssen, Gustav ~ 3/425; Junge, Friedrich ~ 5/382; Kümmel, Otto (H. Christian) * 6/148; Lohmann, Hans † 6/462; Oesterley, Carl (August Heinrich Ferdinand) ~ 7/472; Scharrelmann, (Ludwig) Heinrich ~ 8/571

Blankenfelde
Meurer, Kurt Erich ~ 7/95; Neuhauss, Richard (Gustav) * 11/139

Blankenhain
Anger, Christian Ernst ~/† 1/137; Hammann, Otto * 4/360; Hegeler, Wilhelm ~ 4/480; Landmann, Arno * 6/218; Leßner, Friedrich * 6/347

Blankenheim (Kr. Euskirchen)
Blankenheim, Hermann Graf von ~/† 1/557; Lieber, Moritz (Joseph Josias) * 6/380; Manderscheid-Blankenheim, Johann Moritz Gustav Graf von * 6/585

Blankenhof → Gevezin

Blankenstein (Burg, bei Marburg)
Ruprecht, Pfalzgraf bei Rhein, Erzbischof von Köln † 8/473

Blankenstein (Gem. Hattingen)
Bonin, Anselm Christoph von ~ 2/19; Haarmann, (Hermann) August * 4/284; Metzendorf, Georg ~ 7/91

Blankenstein (seit 1996 zu Wildsruff)
Bieler, Benjamin * 1/519

Blansko (heute zu Hrochowteinitz/Hrochův Týnec, Tschechische Republik)
André, Rudolph ~ 1/127; Arzberger, Johann ~ 1/200; Danek, Vinzenz Edler von Esse ~ 2/440; Gohren, Karl Theodor von ~ 4/75; Hauff, Johann Karl Friedrich ~ 4/439; Hochstetter, Carl Christian ~ 5/82; Hohenegger, Ludwig ~ 5/137; Kleinpeter, Franz ~ 5/580; Orliczek, Alois ~ 7/506

Blasewitz (seit 1921 zu Dresden)
Bauer, Constantin * 1/324; Devrient, Dorothea † 2/508; Frantz, (Gustav Adolph) Constantin † 3/409; Haverland, Anna † 4/457; Heubner, Otto (Leonhard) † 5/7; Heyde, Ludwig (Hans Karl) * 5/16; Hottenroth, Woldemar * 5/187; Hultzsch, Hermann * 5/220; Israel, August * 5/264; Lange, Franz Adolf † 6/231; Naumann, Friedrich Gotthard * 7/349; Naumann, Johann Gottlieb * 7/350; Oettinger, Eduard Maria ~/† 7/475; Pietzsch, Richard * 7/668; Reinhold, Peter * 8/224; Scaria, Emil † 8/536; Schönthan von Pernwaldt, Franz ~ 9/100; Schreyer, Lothar * 9/143; Schweighofer, Felix † 9/236; Tichatschek, Joseph † 10/35; Vetter, Benjamin † 10/200; Wilhelmj, (Ernst Daniel Friedrich) August ~ 10/507

Blasienzell → Zella Sankt Blasii

Blasiwald (seit 1974 zu Schluchsee)
Hör, Joseph * 5/100

Blatno (dt. Platten) → Rodenau

Blatzheim (seit 1975 zu Kerpen, Erftkreis)
Meisen, Karl * 7/39

Blaubeuren
siehe auch *Gerhausen*
Alber, Matthäus ~/† 1/64; Bader, August(in) ~ 1/252; Bardili, Christoph Gottfried * 1/294; Baur, Ferdinand Christian ~ 1/350; Bidembach, Balthasar ~ 1/514; Brecht, Theodor ~ 2/94; Cementarius, Johannes */~/† 2/300; Conz, Karl Philipp ~ 2/368; Eger, Hans d. Ä. ~ 3/24; Erhart, Gregor ~ 3/148; Ernst, Viktor ~ 3/166; Eyth, Eduard ~ 3/206; Gaum, Johann Ferdinand ~ 3/585; Geß, Wolfgang (Heinrich Christian) Friedrich ~ 3/666; Gfrörer, August Friedrich ~ 3/676; Hartmann, Gottlob David ~ 4/408; Hartmann, Richard ~ 4/413; Harttmann, Karl Friedrich ~ 4/414; Hauff, Wilhelm ~ 4/440; Hegler, Alfred (Wilhelm) ~ 4/483; Heinrich von Rugge ~ 4/540; Heyd, Wilhelm von ~ 5/16; Hinderer, August ~ 5/53; Hipp, Matthäus */~ 5/58; Jenisch, Philipp Joseph ~/† 5/319; Kirn, Otto ~ 5/554; Kümmerle, Salomon ~ 6/149; Lang, Wilhelm ~ 6/229; Lechler, Gotthard Viktor ~ 6/282; Mancz, Konrad ~ 6/584; Mauch, Carl ~ 6/666; Mörike, Otto ~ 7/175; Nieberle, Karl * 7/402; Oehler, Gustav Friedrich ~ 7/464; Osiander, Lukas d. Ä. ~ 7/512; Peter von Koblenz ~ 7/613; Planck, Karl Christian ~ 7/683; Pressel, Gustav Adolf ~ 8/63; Reysmann, Dietrich ~ 8/266; Richter, Friedrich ~ 8/278; Rieger, Karl Heinrich ~ 8/297; Rießler, Paul ~ 8/307; Ritter, (Heinrich Gottlob) Konstantin ~ 8/331; Roos, Hans ~ 8/382; Roos, Magnus Friedrich ~ 8/382; Rümelin, Christian Adolf ~ 8/453; Rupp, Erwin von ~ 8/470; Sapper, Karl * 8/518; Schairer, Erich ~ 8/558; Seybold, David Christoph ~ 9/296; Sigwart, Christoph ~ 9/325; Speyer, Christian ~ 9/399; Stöffler, Johannes ~/† 9/543; Strauß, David Friedrich ~ 9/574; Syrlin, Jörg d. J. ~ 9/645; Tafel, Gottlieb Lukas Friedrich ~ 9/651; Tengler, Ulrich ~ 9/675; Thill, Johann Jacob ~ 10/10; Vischer, Friedrich Theodor von ~ 10/215; Walz, Gustav Adolf ~ 10/326; Weitbrecht, Richard ~ 10/416; Wurster, Paul ~ 10/600; Zech, Paul Heinrich von ~ 10/625; Zeitblom, Bartholomäus ~ 10/633; Zimmermann, (Balthasar Friedrich) Wilhelm ~ 10/671

Blaufeld (Gem. Babensham)
Näbauer, Martin * 7/330

Blaufelden
siehe auch *Simmetshausen, Wiesenbach*
Dillenius, Ferdinand Ludwig Immanuel ~ 2/546

Blaustein → Herrlingen

Blechhammer (poln. Blachownia Śląska)
Giemsa, (Berthold) Gustav (Carl) * 3/679; Hoym, Adolf Magnus Graf von ~ 5/191

Blechowka (Kr. Tarnowitz, Oberschlesien)
Kirschniok, Jakob * 5/556

Bleckede
siehe auch *Göddingen*
Baldamus, (Max) Karl ~ 1/273; Decken, Auguste von der * 2/457; Kücken, Friedrich Wilhelm * 6/141; Löwenstein, Kurt * 6/455

Bled (dt. Veldes, Slowenien)
Benscheidt, Carl August ~ 1/428; Bleyle, Karl ~ 1/572; Luckmann, Karl * 6/493; Payer, Julius Ritter von † 7/585; Rikli, Arnold ~ 8/311

Bledau (russ. Sosnovka)
Batocki-Friebe, Adolf Max Johannes Otto von */† 1/317

Bledeln (seit 1974 zu Algermissen)
Meyer, Leo * 7/108

Bleiberg → Bad Bleiberg

Bleiburg (Kärnten)
Kogelnik, Kiki * 6/1; Kumer, Leo * 6/165; Potiorek, Oskar * 8/45; Sorgo, Josef * 9/379

Bleicherode
Apel, Erich ~ 11/4; Herzfeld, Hugo (Julius) * 4/661; Hesse, Albert (Hermann) * 4/674; Merx, Adalbert (Ernst Otto) * 7/79; Petermann, August * 7/614

Bleienried → Blönried

Blekendorf → Kaköhl

Blevio (Italien)
Artaria, Domenico * 1/196; Artaria, Dominik * 1/196

Blexen (seit 1933 zu Nordenham)
Hanneken, Meno * 4/372
Bleyersdorf → Tscheb
Blickensdorf (Gem. Baar, Kt. Zug)
Waldmann, Hans * 10/304
Blidene → Blieden
Blieden (lett. Blidene)
Baumann, Joachim ~ 1/336; Denffer (genannt Jansen),
Johann Heinrich ~ 11/45
Bliesheim (seit 1969 zu Erftstadt)
Zimmermann, Bernd Alois * 10/666
Blieskastel
siehe auch *Ballweiler, Webenheim*
Hautt, (Johann) Christian Ludwig ~ 4/456; Marianne,
Gräfin von der Leyen, geb. Freiin von Dalberg, Regentin
der Herrschaft Blieskastel im Westrich und der Grafschaft
Hohengeroldseck in Baden ~ 6/622; Riotte, Philipp Jakob
~ 8/321; Thinnes, Friedrich ~ 10/12; Wendel, Joseph *
10/432
Blijenbeck (Niederlande)
Dressel, Ludwig ~ 2/615; Dreves, Guido Maria ~ 2/616;
Epping, Joseph ~ 3/133; Frick, Karl ~ 3/442; Meyer,
Theodor ~ 7/110
Blindendorf (Ternitz, Niederösterreich)
Hauser, Otto † 4/449
Blížkovice → Lispitz
Blodelsheim (Dép. Haut-Rhin, Frankreich)
Albrecht der Weise, Graf von Habsburg ~ 1/76; Berthold
von Teck, Bischof von Straßburg ~ 1/484
Blödesheim (Gem. Hochborn)
Schack, Friedrich Otto * 8/541
Bloemendaal (Niederlande)
Sinzheimer, Hugo (Daniel) † 9/342
Bloemfontein (Republik Südafrika)
Jordan, Julius * 5/362
Blönried (seit 1971 zu Aulendorf)
Reher, Pius * 8/190
Blois (Frankreich)
Königsmarck, Otto Wilhelm Graf von ~ 5/666; Mandelslo,
Johann Albrecht von † 6/584; Schlesinger, Therese † 8/671
Blomberg (Kr. Lippe)
Bömers, Karl Wilhelm Theodor * 1/629; Crugot, Martin ~
2/406; Hausmann, (August Adolph) Bernhard */† 4/451;
Krüger, Friedrich * 6/122; Vöchting, Hermann von *
10/220; Zeller, Magnus ~ 10/638
Bloomington (Indiana, USA)
Apel, Willi ~/† 1/155; Artin, Emil ~ 1/197; Brendel, Otto
Johannes ~ 2/111; Bricht, Walter † 2/130; Busch, Hans
Peter ~/† 11/36; Eisner, Bruno ~ 3/77; Haurowitz, Felix
~ 4/445; Jacobi, Erwin Reuben ~ 5/273; Manes, Alfred ~
6/586; Manski, Dorothea ~ 6/599; Nettl, Paul ~/† 7/369;
Roeseler, Albrecht ~ 8/359; Wildhaber, Robert ~ 10/500
Blottendorf (tschech. Polevsko)
Kittel, Johann Caspar † 5/560; Rautenstrauch, Franz
Stephan * 8/165; Richter, Anton Josef ~ 8/275
Blotzheim (Dép. Haut-Rhin, Frankreich)
Anthes, Johann Heinrich von ~ 1/149
Blšany → Flöhau
Bludenz (Vorarlberg)
Gassner, Andre(as) (Ulrich Jakob) */~ 3/579; Gassner,
Anton */† 3/579; Gassner, Ferdinand */† 3/579; Hohenems,
Jakob Hannibal von * 5/137; Jeczmieniowski, Karl ~
5/313; Jehly, Jacob */† 5/315; Lucerna, Eduard ~ 6/491;
Lucianus Montifontanus ~ 6/492; Renner, Joseph ~ 8/244;
Schmid von Leubas, Jörg ~ 8/707; Schmidt, Guido * 9/8
Blücherhof (seit 1968 zu Klocksin)
Koenig, Alexander ~/† 5/657
Blühnbach (Gem. Werfen, Salzburg)
Krupp von Bohlen und Halbach, Gustav ~/† 6/132;
Schnehen, Rudolf Frh. von ~ 9/49
Blumau (Niederösterreich)
Moser, Ludwig ~ 7/227

Blumberg (Schwarzwald-Baar-Kreis)
siehe auch *Riedböhringen*
Draht, Martin * 2/607; Landau, Hans von † 6/213
Blumbergshof (Livland)
Vegesack, Manfred von ~ 10/186; Vegesack, Siegfried von
* 10/186
Blumenau (Santa Catarina, Brasilien)
Balden, Theo * 11/10; Blumenau, Hermann (Bruno Otto)
~ 1/585; Kahle, Maria ~ 5/402; Müller, Fritz ~/† 7/258;
Zimmermann, Armin * 10/665
Blumenau (Wunstorf)
Kielmannsegg, Eduard (Georg Ludwig William Howe)
Graf von † 5/528
Blumenberg
Bötticher, Adolf * 1/638
Blumenfelde (Kr. Friedeberg, Neumark)
Beneckendorf, Karl Friedrich von */~/† 1/419
Blumenhagen (bei Stettin)
Fernow, Carl Ludwig * 3/272
Blumenhalde (Kt. Aargau)
Zschokke, (Johann) Heinrich (Daniel) † 10/691
Blumenthal (Gem. Hellenthal)
Poensgen, Mimi * 8/13
Blumenthal (poln. Kwiatków)
Falkenhausen, Alexander von * 3/227
Blumenthal (seit 1939 zu Bremen)
Dallmann, Eduard */† 2/434; Oelfken, Tami * 7/467; Rust,
Josef * 8/476
Blumlage (Gem. Celle)
Goldmann, Georg Friedrich August ~ 4/80
Blussen (bei Wenden, lett. Zehsis)
Bergmann, Benjamin Fürchtegott Balthasar † 1/449
Bnin (heute zu Kórnik-Bnin, Polen)
Graben-Hoffmann, Gustav Heinrich * 4/116
Bobbio (Italien)
Wala ~/† 10/296
Bobenhausen
Reitz, Konstantin * 8/236
Boberow
Gedike, Friedrich * 3/597
Bobingen
Laymann, Johannes * 6/276; Sammet, Rolf ~ 11/167;
Schlack, Paul ~ 8/652
Bobischau (poln. Boboszów)
Veith, Rudolf * 10/190
Bobitz
Schulenburg, Friedrich Graf von der * 9/182
Bobolice → Bublitz
Boboszów → Bobischau
Bobrek
Maerz, Johannes ~ 6/559
Bobrezewo (bei Wologda, Rußland)
Monakow, Constantin von * 7/197
Bobritzsch → Naundorf, Niederbobritzsch
Bobruyrsk (Litauen)
Baumer, Johann Wilhelm Christian ~ 1/340
Bobstadt (seit 1972 zu Bürstadt)
Graf, Georg Engelbert * 4/127
Bochnia (Polen)
Bukowski von Stolzenburg, Geiza */† 2/220; Gersdorff,
(Johann) Rudolf (Nepomuk Sebastian) von * 3/656; Ha-
berda, Albin * 4/292; Laub, Gabriel * 11/118; Reicher,
Emanuel * 8/202; Riepl, Franz Xaver Laurenz * 8/304
Bocholt
siehe auch *Barlo*
Althoff, Theodor ~ 1/101; Arnoldi, Johannes ~ 1/191;
Berthold, Karl Adam ~/† 1/487; Bocholt, Johannes *
1/593; Diepenbrock, Apolonia von * 2/520; Diepenbrock,
Konrad Joseph von * 2/520; Diepenbrock, Melchior
Ferdinand Joseph Frh. von * 2/520; Fenneker, Josef *
3/265; Gebbing, Johannes * 3/591; Heymann, Friedrich
* 5/25; Jan von Halberstadt ~ 5/298; Janssen, Arnold ~
5/302; Joris, David ~ 5/364; Meckenem, Isra(h)el van, d. J.

Bochum

~/† 7/21; Otte, Bernhard ~ 7/525; Poggenburg, Johannes ~ 8/17; Sarrazin, Otto * 8/520; Wolff, Jeanette */~ 10/574

Bochum

siehe auch *Altenbochum, Dahlhausen, Harpen, Linden, Overdyk, Werne*

Agnes, Lore * 11/2; Alberts, Walter † 1/71; Baare, Fritz * 1/232; Baare, Louis * 1/232; Baare, Willy * 1/233; Balck, Hans Joachim ~ 1/273; Balke, Siegfried * 11/10; Bardeleben, Adolf von ~/† 1/293; Beckert, Theodor ~ 1/383; Beckmann, (Wilhelm) Gustav * 1/384; Beickler, Ferdinand ~ 11/16; Bering, Friedrich ~ 1/454; Bernhard, Thomas ~ 1/468; Blumenberg, Hans ~ 11/24; Borbet, Walter (Adolf) ~/† 2/25; Brennecke, Emil ~ 2/112; Breuhaus de Groot, Fritz August ~ 2/126; Bringmann, Karl ~ 2/135; Brost, Erich (Eduard) ~ 11/33; Brügmann, Heinrich Leonhard ~ 2/156; Buckwitz, Harry ~ 2/190; Bürkle de la Camp, Heinz ~ 2/211; Burchartz, Max ~ 2/230; Burgers, Franz ~ 2/238; Burgers, Franz (Karl) * 2/238; Busch, Hermann ~ 2/249; Busch, Johannes ~ 11/36; Cortüm, Karl Arnold ~/† 2/379; Cramer, Eduard * 2/388; Dechen, Ernst Heinrich Carl von ~ 2/456; Dieckerhoff, (Friedrich Julius Heinrich) Wilhelm ~ 2/513; Dierichs, Paul * 11/46; Dücker, Franz-Fritz Frh. von ~ 2/634; Düsterloh, Gustav † 2/643; Dufhues, Josef-Hermann ~ 2/644; Ehrenberg, Hans ~ 11/50; Eklöh, Herbert * 3/82; Elkart, Karl ~ 3/89; Epp, Leon ~ 3/131; Falk, Johannes Nepomuk (Maria) ~ 3/225; Fassbinder, Rainer Werner ~ 3/234; Feisenberger, Albert (Salomon) ~ 3/252; Fickler, Erich ~ 3/289; Fischer-Karwin, Heinz ~ 3/330; Flottmann, Heinrich */~ 3/355; Forsbeck, Leo ~ 3/374; Frangenheim, Paul * 3/397; Freese, Hans (Dietrich Georg) ~ 3/420; Friedrich, (Johann) Wilhelm (Ludwig) * 3/481; Fritzsche, Hans * 3/498; Gantenberg, Mathilde * 3/571; Gerstein, Karl ~ 3/657; Goergen, Fritz-Aurel ~ 4/56; Göring, Michael Christian ~ 4/58; Graf, Robert ~ 4/128; Graubner, Gerhard ~ 4/142; Grimberg, Heinrich */† 4/167; Gröppel, Karl † 4/180; Grolmann, Heinrich Dietrich von * 4/183; Grunsky, Karl ~ 4/227; Gutermuth, Heinrich † 4/269; Haussig, Hans Wilhelm ~ 4/454; Heerdegen, Edith ~ 4/476; Heimann, Karl Maria ~ 4/502; Heise, Fritz (Hermann) ~ 4/578; Hemmerle, Klaus ~ 4/578; Herbst, Friedrich Karl */~ 4/608; Heyden-Rynsch, Hermann Frh. von der ~ 5/18; Hiddemann, Benno ~ 5/29; Hinrich, Hans ~ 5/54; Hold, Carl ~ 5/146; Holthusen, Johannes (Dietrich) ~ 5/155; Honigmann, Eduard ~ 5/168; Hue, Otto ~ 5/203; Huesmann, Fritz ~ 5/213; Imdahl, Max ~/† 11/93; Jäger, Hanns Ernst ~ 11/95; Jensen, Uwe Jens ~ 11/96; Jesinghaus, Walter ~ 5/326; Kegel, Karl ~ 5/483; Kläber, Kurt ~ 5/563; Klagges, Friedrich ~/† 5/564; Klein, Kaspar ~ 5/577; Knappstein, Karl Heinrich * 5/614; Knepper, Gustav ~ 5/619; Köhler, Gustav ~ 5/651; Koepe, Friedrich ~/† 5/667; Kofler, Leo ~ 5/680; Korte, Carl Theodor ~/† 6/48; Krahn, Maria ~ 6/66; Kraupp, Otto ~ 11/110; Krone, Max ~ 6/117; Kruse, Friedrich ~ 6/133; Kühne, Eduard ~ 6/145; Kuhnen, Fritz ~ 6/162; Kukuk, Paul ~/† 6/163; Laarmann, Franz (Heinrich) * 6/187; Lammers, Egbert ~ 6/207; Lange, Fritz ~ 6/232; Lindinger, Hans ~ 6/406; Lindner, Willi ~ 6/406; Löffler, Heinrich ~ 6/440; Loerbroks, Hermann ~ 6/445; Lohmann, Walter */† 6/462; Lohmar, Paul * 6/462; Lottner, Heinrich ~ 6/483; Lüders, Günther ~ 6/515; Lueg, Friedrich */~ 6/518; Magnus, Georg ~ 6/564; Mahnke, Hans ~ 6/568; Mallison, Heinrich ~ 6/580; Manger, Jürgen von ~ 6/587; Marcus, Eli ~ 6/609; Marées, Horst de ~ 6/612; Martin, Helmut ~ 11/127; Matthias, Adolf ~ 6/662; Mayer, Jacob ~/† 7/8; Mensching, Gerhard ~/† 11/129; Mensch, Hannes ~ 7/82; Meyer, Heinz-Werner ~ 7/105; Minetti, Bernhard (Theodor Henry) ~ 11/130; Mintrop, Ludger (Benedict) ~ 7/148; Moog, Heinz ~ 7/203; Mostar, Gerhart Herrmann ~ 7/232; Muck, Fritz ~/† 7/238; Müller, Fritz ~ 7/259; Müser, Franz Josef */~ 7/302; Musso, Hans ~ 7/318; Muth, Jakob ~ 7/319; Nemitz, Anna ~ 11/136; Nettstraeter, Klaus ~ 7/369; Nolting-Hauff, Ilse ~ 7/435; Nottebohm, Friedrich ~ 11/144; Oberste-Brink, Karl * 7/456; Oelmüller, Willi ~ 11/148; Oesterlen, Dieter ~

7/472; Ostermann, Heinrich Johann Friedrich Graf * 7/516; Ostwald, Walter (Karl Wilhelm) ~ 11/152; Overweg, August ~ 7/540; Pankok, Hulda * 7/555; Peeters, Emil (Aloys Angelique) ~/† 7/588; Platiel, Nora */~ 7/688; Praetorius, Ernst ~ 8/50; Prümer, Karl ~ 8/81; Raab, Kurt ~ 8/105; Rauchheld, (Carl Ferdinand) Adolf * 8/160; Reda, Siegfried * 8/176; Reichwein, Leopold ~ 8/205; Rempel, Rudolf (Heinrich Clamor Friedrich) ~ 8/240; Röhrig, Arnold ~/† 8/351; Roesler, Trude ~ 8/361; Rohland, Walter ~ 8/368; Roos, Hans ~ 8/382; Rürup, Heinrich ~ 8/455; Ruperti, Oskar (Heinrich) ~ 8/470; Ruschen, Carl ~ 8/475; Sahm, Heinrich (Friedrich Wilhelm Martin) ~ 8/495; Schalla, Hans ~ 8/560; Schenck, Hermann (Reinhard) ~ 8/601; Schieske, Alfred ~ 8/629; Schmitt, Saladin ~/† 9/33; Schöller, Peter ~ 9/79; Schröder, Ernst (August) ~ 9/146; Schürmann, Walter ~/† 9/173; Schultz, Hugo ~ 9/190; Schulz-Dornburg, Rudolf ~ 9/198; Schupp, Fritz ~ 9/210; Schwarzkopf, Klaus † 9/232; Sendler, Hans-Jörg ~ 9/286; Sethe, Paul * 9/293; Sierp, Heinrich (Matthias Emil) ~/† 9/320; Skopnik, Günter ~/† 9/347; Sogemeier, Martin ~ 9/360; Stadeler, August † 9/427; Stieler, Georg ~ 9/528; Strüver, Paul ~ 9/598; Suschka, Herbert ~ 9/635; Tengelmann, Ernst ~ 9/675; Treskow, Elisabeth * 10/83; Unruh, Walther (Karl Gustav) ~ 10/158; Velsen, Otto von ~ 10/192; Vetter, Heinz Oskar * 10/201; Vögler, (Emil) Albert (Wilhelm) ~ 10/221; Wagner, Josef ~ 10/283; Weber, Helene ~ 10/355; Wenke, Hans ~ 10/436; Werdehausen, Hans * 10/440; Weyrauch, Wolfgang ~ 10/468; Wichmann, Johanna (Rosemarie) ~ 10/471; Widmann, Ellen ~ 10/474; Wilberg, Friedrich (Wilhelm) * 10/495; Winschuh, Josef ~ 10/531; Wössner, Jakobus ~ 10/560; Wolff, Leo ~ 10/576; Wolff, Otto ~ 10/576

Bockau

Crusius, Balthasar ~ 2/406

Bockela

Klenze, Leo von * 5/588

Bockenem

siehe auch *Mahlum*

Brennecke, (Karl Wilhelm) Erich * 2/112; Deger, Ernst * 2/465; Lüer, Carl * 6/517

Bockenheim (seit 1895 zu Frankfurt am Main)

Baer, Joseph Abraham ~ 1/259; Bär, Leopold Joseph * 1/260; Delkeskamp, Friedrich Wilhelm † 2/478; Dreyer, Max ~ 2/619; Lohmann, Ernst ~ 6/461; Miller, Friedrich ~ 7/141; Schindler, Anton † 8/643; Siesmayer, (Franz) Heinrich ~ 9/320; Ungewitter, Georg Gottlob ~ 10/156; Wallach, Joseph ~ 10/309; Walter, Max ~ 10/320

Bockenheim an der Weinstraße → Großbockenheim

Bocket (Gem. Waldfeucht)

Lemmens, Leonhard * 6/316; Rademacher, Arnold * 8/115

Bockhorn (Kr. Friesland)

Uhlhorn, Dietrich * 10/130

Boćki (Polen)

Nencki, Marcell von * 7/363

Bockum

Behrens, Elieser * 1/401

Bockwitz (seit 1994 zu Belgern)

Hasse, Traugott (Lebrecht) * 4/427

Bocşa → Deutsch-Bogschan

Bodenbach (tschech. Podmokly, seit 1943 zu Tetschen)

Haarer, Johanna * 4/284; Holey, Karl * 5/148; Hanns Erich * 5/651; Kraus, Friedrich * 6/76; Kulisch, Max * 6/163; Müller, Karl Valentin ~ 7/274; Nicolai, (Georg) Hermann † 7/400; Paudler, Maria * 7/572

Bodenburg (Bad Salzdetfurth)

Bode, Johann Justus * 1/600; Brumleu, Johann Heinrich ~/† 2/165

Bodenfelde

Freudenthal, Jacob * 3/430; Henckell, Gustav * 4/581

Bodenhausen (Habichtswald)

Motz, Gerhard Heinrich † 7/233

Bodenheim (Kr. Mainz-Bingen)

Hedderich, Philipp * 4/473; Heuss, Eduard (Franz) Edler von † 5/12

Bodenmais
Nachtmann, Franz Xavier * 7/327; Schmid von Altenstadt, Franz Joachim Reichsritter * 8/706
Bodensdorf (Gem. Steindorf am Ossiacher See, Kärnten)
Dumba, Konstantin † 2/648
Bodenwerder
siehe auch *Kemnade*
Münchhausen, Hieronymus Karl Friedrich Frh. von */~/† 7/294; Reuter, Wolfgang † 8/261
Bodenwöhr
Haindl, Sebastian * 4/338; Voith, Ignaz Edler von ~ 10/241
Bodersweier (Kehl)
Moscherosch, Quirin(us) ~ 7/221
Bodfeld (Harz)
Heinrich III., deutscher König, Kaiser † 4/519
Bodland (poln. Bogacica)
Lüttwitz, Walther Frh. von * 6/525
Bodman (Bodman-Ludwigshafen)
Ley, Sophie * 6/368
Bodman-Ludwigshafen
siehe auch *Bodman*
Schumann, Gerhard † 11/173
Bodnegg → Altergarten
Bodok (rumän Bodoc)
Lange, Martin † 6/235
Böblingen
Baisch, Rudolf Christian * 1/272; Barényi, Béla (Viktor Karl) von † 11/11; Beckh, August Ludwig von ~ 1/383; Bernritter, Friedrich ~ 1/475; Böblinger, Hans d. Ä. * 1/606; Dinkelacker, Paul * 2/552; Feuerbacher, Matern ~ 3/280; Ganzhorn, Wilhelm (Christian) * 3/572; Gerok, Karl (Friedrich) von ~ 3/653; Hartmann, Julius ~ 4/410; Heinlin, Johann Jakob ~ 4/517; Hochstetter, Johann Andreas ~ 5/82; Klemm, Hanns ~ 5/585; Lechler, Paul * 6/282; Lusser, Robert ~ 6/533; Merz, Albrecht Leo ~ 7/79; Mögling, Daniel * 7/164; Niethammer, Theodor ~ 7/414; Reitter, Johann Daniel * 8/235; Scharoun, Hans ~ 8/570; Schlotterbeck, Christian Jakob */~/† 8/686; Schönbein, Christian Friedrich ~ 9/84; Siebel, Fritz ~ 9/304; Steudel, Wilhelm ~ 9/521
Böckingen (seit 1933 zu Heilbronn)
Renz, Ernst (Jakob) * 8/247; Rohrbach, Jäcklin † 8/371
Böckstein (Gem. Badgastein, Salzburg)
Mielichhofer, Mathias ~ 7/131; Reissacher, Karl ~ 8/232
Boécourt (Kt. Jura)
Stuntz, Johann Baptist ~ 9/615
Böddeken
Badurat, Bischof von Paderborn ~ 1/253; Gobelin Person † 4/45
Bödigheim (Buchen, Odenwald)
Rüdt von Collenberg-Bödigheim, Albrecht Frh. * 8/448
Bögen (russ. Minino)
Wormit, Hans-Georg * 10/588
Böheimkirchen (Niederösterreich)
Ankwicz von Kleehoven, Hans * 1/141; Jungwirth, Josef ~ 5/384
Böhla
Oehme, Ruthardt (Alexander Johannes) * 11/147
Böhlen (Kr. Leipziger Land)
Döring, David von † 2/576; Grimmer, Walter (Eugen) * 4/173
Böhlitz-Ehrenberg
Diesner, Hans-Joachim * 11/46
Böhme
siehe auch *Bierde*
Montenglaut, (Artemisia) Henriette (Marianne) * 7/200; Weyhe, Eberhard von ~ 10/466
Böhmenhöfen (poln. Bemowizna)
Molière, Kurt * 7/188
Böhmenkirch
siehe auch *Treffelhausen*
Grupp, Georg * 4/228

Böhmisch-Aicha (tschech. Český Dub)
Isolani, Johann Ludwig (Hektor) Graf von ~ 5/264; Klinger, Richard * 5/598
Böhmisch-Budweis → Budweis
Böhmisch-Kamnitz (tschech. Česká Kamenice)
siehe auch *Nieder-Preschkau*
Frint, Jakob * 3/488; Hegenbarth, Emanuel * 4/481; Hegenbarth, Josef (Franz) * 4/481; Pohl, Johann Emanuel * 8/18; Preidl von Hassenbrunn, Franz ~ 8/58
Böhmisch-Kosteletz
Slawata, Wilhelm Graf von * 9/349
Böhmisch Krumau (tschech. Český Krumlov)
Ambrosch, Joseph Karl * 1/112; Camel, Georg Joseph ~ 2/268; Hock von Zwaybruck, Theobald ~ 5/83; Knittel, Kaspar ~ 5/623; Krummauer, Hans * 6/129; Leppa, Karl Franz ~ 6/336; Schiele, Egon ~ 8/626; Schwarzenberg, Felix Fürst zu * 9/230; Stephani, Clemens ~ 9/510; Waldbrunn, Ernst * 10/299
Böhmisch-Leipa (teschech. Česká Lípa)
Altschul, Jakob * 1/106; Ehrmann, Daniel ~ 3/44; Feldegg, Ferdinand Ritter von ~ 3/254; Goldschmidt, Hermann * 4/83; Günther, Gustav * 4/240; Hegenbarth, Emanuel ~ 4/481; Herold, Franz * 4/635; Hickel, Anton * 5/29; Hickel, Joseph * 5/29; Hocke, Wenzel ~ 5/84; Jarisch, Anton Hieronymus ~ 5/307; Kampe, Robert * 5/421; Krombholz, Anton ~ 6/114; Kundt, Ernst * 6/167; Kutzer, Ernst * 6/184; Moll, Leopold * 7/190; Müller, Joel ~ 7/267; Patzelt, Julius * 7/572; Prasch, Alois * 8/53; Resinarius, Balthasar ~/† 8/249; Richter, Anton * 8/275; Richter, Anton Josef * 8/275; Richter, Heinrich Hermann ~ 8/280; Salus, Hugo * 8/505; Scheiner, Josef * 8/590; Schiffner, Viktor Ferdinand * 8/632; Schmid, Anton ~ 8/698; Schönhofer, Robert * 9/96; Schreiber, Friedrich * 9/135; Schreiber, Josef * 9/136; Wildner, Hugo ~ 10/501; Winkler, Franz * 10/528
Böhmischdorf (tschech. Česká Ves, Bez. Freiwaldau)
Schroth, Johann * 9/158
Böhringen (seit 1975 zu Römerstein)
Gifftheil, Ludwig Friedrich * 4/6
Bökendorf (seit 1970 zu Brakel)
Droste-Hülshoff, Annette von ~ 2/624; Haxthausen, August (Franz Ludwig Maria) Frh. von * 4/458; Haxthausen, Werner (Moritz Maria) Graf von * 4/458
Bökenförde (seit 1975 zu Lippstadt)
Helle, Friedrich Wilhelm * 4/561
Bölkow (Kr. Bad Doberan) → Hohen Luckow
Bölten (tschech. Bělotín)
Popp, Julius * 8/34
Bönen → Altenbögge
Bönnigheim
siehe auch *Hofen*
Beer, Georg * 1/389; Erhardt, Jakob * 3/147; Karl Eugen, Herzog von Württemberg ~ 5/448; Stadion, Friedrich Graf von ~ 9/428; Stock, Wolfgang * 9/538
Börgermoor
Hirtsiefer, Heinrich ~ 5/71; Langhoff, Wolfgang ~ 6/246; Wagner, Albert ~ 10/278; Wegner, Armin T(heophil) ~ 10/373
Börmersdorf (Börnersdorf-Breitenau)
Paul, Ernst Johann * 7/573
Börnchen (seit 1970 zu Possendorf, Weißeritzkreis)
Querner, Curt * 8/101
Börnchen (seit 1973 zu Öderan)
Heerklotz, Adolph * 4/476
Börnecke (seit 1994 zu Blankenburg/Harz)
Frantz, (Gustav Adolph) Constantin * 3/409
Börnersdorf (seit 1968 zu Börnersdorf-Breitenau, seit 1999 zu Bad Gottleuba)
Krille, Otto Moritz * 6/107
Börnicke (Kr. Havelland)
Simon, Kurt * 9/333
Börstel (Gem. Berge, Osnabrück, Land)
Dincklage, Emmy von ~ 2/550

Bösdorf (poln. Pakosławice)
Schellhaus, Erich * 8/595
Bösing (slowak. Pezinok, ungar. Bazin)
Borott, Johann Baptist * 2/36; Frank, Kathi * 3/401; Réti, Richard * 8/250
Bösingfeld (Extertal)
Kähler, Karl ~/† 5/394
Bössow (Warnow, Kr. Nordwestmecklenburg)
Strempel, (Johann) Karl Friedrich * 9/584
Bötersen
Majewski, Hans-Martin † 6/575
Böttingen (Kr. Tuttlingen)
Häring, Bernhard * 11/76
Bötzingen
Enderlin, Joseph Friedrich * 3/110; Lay, August * 6/276
Bötzow
Theiss, Caspar ~ 9/692
Bözen (Kt. Aargau)
Heim-Vögtlin, Marie * 4/501; Heuberger, Jakob * 5/6; Heuberger, Samuel * 5/6
Boffzen → Fürstenberg (Weser)
Bogacica → Bodland
Bogaczów → Reichenau bei Naumburg am Bober
Bogen
siehe auch *Nesselbach*
Matthießen, Wilhelm † 6/663; Roth, Christian ~ 8/411
Boggusch (poln. Bogusze)
Genzmer, Berthold * 3/625; Genzmer, Ewald * 3/625
Bogliasco (Italien)
Marchlewski, Julian † 6/607
Bogoiawlenskij Sawod (Rußland)
Neubert-Drobisch, Walther * 7/373
Bogor (früher niederländ. Buitenzorg, Java, Indonesien)
Gäumann, Ernst ~ 3/556; Hallier, Johannes Gottfried ~ 4/350; Haßkarl, Justus Karl ~ 4/429; Kuhl, Heinrich † 6/157
Bogotá (bis 1819 Santa Fe de Bogotá)
Bayer, Johann Wolfgang ~ 1/358; Brunner-Lehenstein, Karl Heinrich ~ 2/170; Federmann, Nikolaus ~ 3/242; Karsten, Paula (Franziska Wilhelmine) ~ 5/455; Meyer, Oscar ~ 7/109; Meyer-Lindenberg, Hermann ~ 7/113; Röthlisberger, Ernst ~ 8/364; Rosenberg, Emanuel † 8/392; Schumacher, Fritz ~ 9/203; Schumacher, Hermann ~ 9/203; Treu, Emanuel ~ 10/83
Boguschau → Adelig Dombrowken
Bogusze → Boggusch
Boguszewo → Adelig Dombrowken
Boguszów → Gottesberg
Bohdalitz (Mähren)
Pitsch, Karl Franz ~ 7/681
Bohlingen (seit 1975 zu Singen/Hohentwiel)
Sauter, Johann Nepomuk ~ 8/531; Weber, Simon * 10/361
Bohlsbach (Offenburg)
Oken, Lorenz * 7/482; Wacker, Theodor * 10/269
Bohlsohle
Block, August * 1/576
Bohosudov → Mariaschein
Bohuslän (Schweden)
Thorild, Thomas * 10/23
Bohutin (tschech. Bohutín)
siehe auch *Tisau*
Nadherny, Johann von * 7/329
Boiensdorf → Stove
Bois-Colombes (Frankreich)
Litolff, Henry (Charles) † 6/427
Boitzenburg
Arnim, Georg Abraham von * 1/180; Arnim-Boitzenburg, Adolf Heinrich Graf † 1/181; Arnim-Boitzenburg, Hans Georg von * 1/181; Titge, Gebhard (Jürgen Georg) ~ 10/50
Boizenburg (Elbe)
siehe auch *Vier*
Berg, Christian ~ 11/17; Bertram von Cremon, Bischof von Lübeck ~ 1/488; Brandenburg, Michael Christoph * 2/62; Burmester, (Franz Joachim) Heinrich † 2/245; Faber,

Ägidius ~/† 3/207; Knaudt, Adolf * 5/614; Laag, Heinrich * 6/187
Bojan (ukrain. Bojani)
Stekel, Wilhelm * 9/502
Bojanowo (Polen)
Frauenstädt, (Christian Martin) Julius * 3/418; Guhrauer, Gottschalk Eduard * 4/251; Peucker, Karl * 7/629
Bokane (Nigeria)
Hornemann, Friedrich (Konrad) † 5/179
Boke (seit 1975 zu Delbrück)
Wilmers, Wilhelm * 10/515
Boksánbánya → Deutsch-Bogschan
Bolanden (Bergatreute)
Mennel, Faustinus ~/† 7/64
Bolatice → Bolatitz
Bolatitz (tschech. Bolatice)
Scholtis, August * 9/106
Bolchen (frz. Boulay, Dép. Moselle)
Niedbruck, Kaspar von * 7/404
Boldekow
Schwerin, Maximilian von * 9/244; Sprengel, Kurt Polykarp Joachim * 9/418
Bôle (Kt. Neuenburg)
Huber, Ludwig Ferdinand ~ 5/198
Boleslav → Bunzendorf
Bolesławiec → Bunzlau
Boletice nad Labem → Politz a. d. Elbe
Bolheim (seit 1972 zu Herbrechtingen)
Unsöld, Albrecht Otto Johannes * 10/159
Bolkács → Bulkesch
Bolkenhain (poln. Bolków)
Bayer, Johann Georg ~ 1/358
Bolków → Bolkenhain
Boll (Kr. Göppingen)
Blumhardt, Christoph Friedrich † 1/589; Blumhardt, Johann Christoph † 1/589; Niemeyer, Theodor * 7/410
Bollendorf (Kr. Bitburg-Prüm)
Bongers, Hans M. † 2/17
Bollendorf (Ostpreußen)
Raethjen, Paul (Ernst Günther Siegmund) * 8/122
Bollersdorf
Görzke, Joachim Ernst von * 4/61
Bollhagen
Hesse, Paul ~ 4/678
Bolligen (Kt. Bern)
Kayser, Hans ~/† 5/480
Bollingstedt
Ahlefeldt, Gottschalk von */† 1/57
Bollschweil
siehe auch *Sankt Ulrich*
Kaschnitz, Marie Luise ~ 5/456; Marx, Werner † 6/648
Bologna
Abezier, Johannes ~ 1/10; Acidalius, Valens ~ 1/19; Aesticampianus, Johannes Rhagius ~ 1/50; Agricola, Georgius ~ 1/52; Ahlefeldt, Gottschalk von ~ 1/57; Albrecht IV. von Querfurt, Erzbischof von Magdeburg ~ 1/76; Algarotti, Francesco Graf von ~ 1/89; Altomonte, Bartolomeo ~ 1/105; Amerbach, Basilius ~ 1/114; Arco, Prosper Graf von ~ 1/163; Arnold (von Stapel), Bischof von Kulm ~ 1/183; Bach, Johann Christian ~ 1/237; Berg, Marquard von ~ 1/441; Beust, Joachim von ~ 1/502; Beyrich, (Heinrich) Ernst ~ 1/507; Bianconi, Johann Ludwig Graf von */~ 1/511; Birker, Hans ~ 1/538; Blankenfeld, Johannes ~ 1/557; Blumenau, Laurentius ~ 1/585; Bock, Abraham von ~ 1/593; Borcholt, Heinrich ~ 2/27; Botzheim, Johann(es) von ~ 2/48; Braunschweig, Hieronymus ~ 2/90; Brömse, Heinrich ~ 2/143; Brück, Christian ~ 2/151; Brunschwig, Hieronymus ~ 2/174; Buch, Johann von ~ 2/180; Bülow, Dietrich von ~ 2/203; Burchard von Ursberg ~ 2/229; Busoni, Ferruccio (Dante Michelangiolo Benvenuto) ~ 2/253; Cäsarius, Johannes ~ 2/263; Camerarius, Joachim d. J. ~ 2/269; Canestrini, Antonio ~ 2/273; Carl, Henriette Berta ~ 2/280; Caselius, Johannes ~ 2/291; Castell, Heinrich Graf zu ~ 2/295;

Bolsward (Niederlande)
Acronius, Ruard ~ 1/24; Simons, Menno ~ 9/335
Boltenhagen (poln. Bełtno)
Titel, Wilhelm * 10/50
Bóly (Ungarn)
Mitterpacher von Mitterburg, Ludwig * 7/158
Bolzano → Bozen
Bombay (Indien)
Bickel, Wilhelm * 1/513; Bühler, (Johann) Georg ~ 2/200; Franciscus Salesius a Matre Dolorosa ~ 3/387; Gans, Oscar ~ 3/570; Ghon, Anton ~ 3/676; Hartmann, Anastasius ~ 4/405; Josef, Carl ~ 5/365; Levi, Friedrich (Wilhelm Daniel) ~ 6/358; Liebig, Georg Frh. von ~ 6/384; Mandelslo, Johann Albrecht von ~ 6/584; Meurin, Johann Gabriel Leo ~ 7/95; Opelt, Ilona † 11/150; Osten, Franz ~ 7/514; Peters, Theodor ~ 7/617; Plate, Georg Heinrich ~ 7/687; Pöch, Rudolf ~ 8/9; Rembold, Albert ~ 8/238; Schläfli, Alexander ~ 8/652; Sierp, Heinrich (Matthias Emil) ~ 9/320; Tichy, Herbert ~ 10/35; Volkart, Salomon ~ 10/244
Bomlitz → Cordingen
Bommel (Niederlande)
Bommelius, Heinrich * 2/15
Bommern (seit 1929 zu Witten bzw. Herbede, seit 1975 zu Witten)
Berger, Carl Ludwig * 1/444
Bonames (seit 1910 zu Frankfurt am Main)
Hattstein, Konrad Ritter von ~ 4/433
Bonamondone (Kamerun)
Christaller, Theodor ~/† 2/316
Bondeno (Italien)
Birker, Hans ~ 1/538; Mathilde, Markgräfin von Tuszien † 6/655
Bondo (Kt. Graubünden)
Scartazzini, Giovanni Andrea * 8/536; Varlin ~/† 10/182
Bone (Luso)
Stutz, Johann Ernst † 9/621
Bonlanden
Sandkühler, Konrad † 8/513
Bonn
siehe auch *Bad Godesberg, Beuel, Dottendorf, Endenich, Friesdorf, Kessenich, Lannesdorf, Lessenich, Mehlem, Oberkassel, Plittersdorf, Poppelsdorf, Pützchen, Ramersdorf, Rüngsdorf*
Abeken, Hermann ~ 1/3; Abs, Hermann J(osef) */~ 1/13; Achelis, Hans ~ 1/17; Achelis, Johann Daniel ~ 11/1; Achenbach, Adolf ~ 1/17; Achenbach, Heinrich von ~ 1/17; Achterfeldt, Johann Heinrich ~/† 1/18; Ackermann, Ernst (Wilhelm) ~ 1/20; Adam, Leonhard ~/† 1/29; Adenauer, Konrad (Hermann Joseph) ~ 1/35; Adler, Samuel ~ 1/41; Aereboe, Friedrich ~ 1/49; Afinger, Bernhard ~ 1/50; Agrippa von Nettesheim ~ 1/55; Ahlers, Conrad † 1/57; Ahn, Albert ~ 1/59; Aitzing, Michael Frh. von ~/† 1/62; Albers, Bruno ~ 1/64; Albers, Johann Friedrich Hermann ~/† 1/65; Albert, König von Sachsen ~ 1/67; Albert Franz Albrecht August Karl Emanuel, Prinz von Sachsen-Coburg-Gotha ~ 1/67; Aldenhoven, Karl ~ 1/85; Alertz, Clemens August ~ 1/86; Alewyn, Richard ~ 1/86; Alexander, Kurt ~ 1/88; Alfter, Bartholomäus Joseph Blasius ~ 1/89; Alker, Ernst ~ 1/90; Allemann, Beda ~/† 11/3; Allemann, (Fritz) René ~ 11/3; Alsberg, Max */~ 1/94; Altenstein, Karl (Sigmund Franz) Frh. vom Stein zum A. ~ 1/98; Althans, Ludwig Karl ~ 1/100; Althaus, Friedrich ~ 1/100; Althaus, Theodor ~ 1/100; Althoff, Friedrich ~ 1/101; Altmaier, Jakob ~/† 1/102; Alton, (Joseph Wilhelm) Eduard d' ~/† 1/105; Alvensleben, Friedrich Johann Graf von ~ 1/107; Aly, (Gottfried) Friedrich ~ 1/109; Alzog, Johannes Baptist ~ 1/109; Amelunxen, Rudolf ~ 1/113; Amling, Carl Gustav von ~ 1/115; Anders, Georg ~ 1/124; Andrae, Ferdinand Ludwig Alexander ~ 1/126; Andreae, Hermann Victor ~ 1/128; Andreae, Philipp Victor Achilles ~ 1/131; Andresen, Karl Gustav ~/† 1/134; Anheisser, (Carl Maximilian) Roland ~ 1/140; Anrich, Gustav Adolf ~ 1/145; Anschütz, August

~ 1/145; Anschütz, Richard ~ 1/145; Anselmino, Karl-Julius ~ 1/148; Anton, Max ~ 1/151; Antropoff, Andreas von ~/† 1/153; Antweiler, Anton ~ 1/153; Apel, Wilhelm † 1/154; Apel, Willi ~ 1/155; Arenberg, Franz Ludwig Prinz von ~ 1/164; Arent, Benno von † 1/168; Argelander, Friedrich Wilhelm (August) ~/† 1/169; Arndgen, Josef ~ 1/172; Arndt, Ernst Moritz ~/† 1/173; Arndt, Paul ~ 1/175; Arndts, Bertha ~ 1/176; Arndts, Karl Ludwig Ritter von Arnsberg ~ 1/176; Arnim, Hans (Friedrich) von ~ 1/180; Arnold, Thea ~ 1/189; Arntz, Aegidius Rudolph Nicolaus ~ 1/194; Artaria, August ~ 1/196; Aschbach, Joseph von ~ 1/202; Aschoff, Jürgen ~ 1/155; Aschoff, Ludwig ~ 1/204; Asmus, (Johann) Rudolf ~ 1/206; Asten, Friedrich Emil von ~ 1/208; Attems-Petzenstein, Carl Graf von ~ 1/210; Aubin, Hermann (Carl William) ~ 1/212; Auburtin, Victor ~ 1/212; Auerbach, Erna ~ 1/215; Auerbach, Walter † 1/216; Aufrecht, (Simon) Theodor ~/† 1/219; Augusti, Johann Christian Wilhelm ~ 1/222; Avenarius, Tony * 1/227; Baade, Fritz ~ 1/231; Baargeld, Johannes Theodor ~ 11/8; Bach, Adolf ~ 1/234; Bachem, Carl ~ 1/242; Bachem, Franz Xaver ~/† 1/242; Bachmann, Kurt ~ 11/8; Back, Friedrich Carl ~ 1/249; Bacmeister, Adolf ~ 1/250; Bade, Peter ~ 1/252; Baedeker, Friedrich Wilhelm ~ 1/255; Bähnisch, Theanolte ~ 1/256; Baehrens, Emil ~ 1/257; Baensch, (Friedrich Robert) Emanuel ~ 1/258; Bärwinkel, Richard ~ 1/263; Bäumer, Remigius ~ 11/9; Bäumer, Suitbert ~ 1/265; Baeumker, Clemens ~ 1/266; Baeumler, Alfred ~ 11/9; Bahlmann, Wilhelm ~ 1/268; Bahn, Roma (Anna Helena) † 1/268; Ball, Leo (Anton Carl) de ~ 1/277; Ballerstedt, Kurt ~/† 1/277; Baltzer, Johann Baptist ~/† 1/282; Band, Karl (Friedrich Heinrich) ~ 11/10; Bandmann, Günter ~/† 11/10; Bardenhewer, (Bertram) Otto ~ 1/293; Bargatzky, Walter † 11/11; Barion, Hans ~/† 11/11; Barlage, Heinrich ~ 1/296; Barsig, Franz ~ 1/298; Barth, Karl ~ 1/303; Bastgen, Hubert ~ 11/12; Bastian, Gert † 1/317; Batocki-Friebe, Adolf Max Johannes Otto von ~ 1/317; Bauer, Adolf ~ 1/323; Bauer, Bruno ~ 1/324; Bauer, Hans ~ 11/13; Bauer, Leo(pold) † 1/328; Bauerband, Johann Joseph ~/† 1/330; Bauknecht, Bernhard ~ 1/332; Baumann, Rudolf ~ 11/13; Baumert, (Friedrich) Moritz ~ 1/341; Baumgärtel, Friedrich Johannes ~ 1/341; Baumgarten, Franziska ~ 1/343; Baumgarten, Hermann ~ 1/344; Baumgartner, Hans Michael ~ 11/13; Baumhauer, Heinrich (Adolph) */~ 1/348; Baumstark, (Carl) Anton Joseph Maria Dominikus ~/† 1/349; Baur, Renward ~ 1/352; Bausch, Paul ~ 1/353; Bavink, Bernhard ~ 1/355; Baxmann, Ernst Valentin Rudolf ~/† 1/355; Bayer, Friedrich ~ 1/356; Bayer, Otto ~ 1/359; Bazille, Helmut † 1/361; Becher, Bruno ~ 1/365; Becher, Erich ~ 1/365; Becher, Erwin (Friedrich) ~ 1/365; Becher, Hellmut ~ 1/366; Becher, Johann Philipp ~ 1/366; Bechmann, (Georg Carl) August Ritter von ~ 1/367; Beckenkamp, Jakob ~ 1/374; Becker, Carl Heinrich ~ 1/376; Becker, (Karl Günther Ernst) Felix ~ 1/377; Becker, Friedrich (Eberhard) ~ 1/377; Becker, Kurt ~ 1/380; Becker, Max ~ 1/380; Becker, Nikolaus * 1/380; Becker, Walther ~/† 1/381; Beckerath, Erwin von ~ 1/382; Beckerath, Herbert von ~ 1/382; Beckmann, Franz ~ 1/384; Beckmann, Fritz ~ 1/384; Beckmann, Joachim ~ 1/385; Beckmann, Liesel ~ 1/385; Beer, August ~/† 1/388; Beethoven, Ludwig van */~ 1/391; Behler, Ernst ~ 11/16; Behn, Siegfried ~/† 1/398; Behn-Eschenburg, Hermann ~ 1/398; Behrens, Gustav ~ 1/401; Behring, Emil von ~ 1/402; Behringer, Edmund ~ 1/403; Beier, Peter ~ 11/16; Beilschmied, Karl Traugott ~ 1/405; Beissel, (Karl Christian) Stephan (Hubert) ~ 1/406; Beitzke, Hermann ~ 1/407; Belderbusch, Anton Frh. von ~ 1/408; Belderbusch, Kaspar Anton Frh. von ~/† 1/408; Bellermann, Christian Friedrich † 1/409; Benary, Franz Simon Ferdinand ~ 1/412; Bender, Hans ~ 1/416; Bender, Joseph ~ 1/416; Bender, Wilhelm ~/† 1/417; Benecke, Wilhelm ~ 1/419; Benger, Johann Michael ~ 1/422; Benndorf, (Friedrich August) Otto ~ 1/425; Benndorf, Wolfgang ~ 1/425; Benrath, Alfred ~ 1/427; Benrath, Karl ~ 1/427; Berendes, Julius

Dominikus ~ 1/436; Berendt, Karl Hermann ~ 1/437; Berg, Carl † 1/439; Berg, Philipp von ~ 1/441; Berg, Werner ~ 1/441; Bergbohm, Karl Magnus ~/† 1/441; Berger, Emil † 11/17; Berghoeffer, Christian ~ 1/448; Bergk, (Wilhelm) Theodor von ~ 1/448; Bering, Friedrich ~ 1/454; Berlage, Anton ~ 1/456; Berlepsch, August (Sittich Eugen Heinrich) Frh. von ~ 1/456; Bernays, Jakob ~/† 1/461; Bernays, Michael ~ 1/461; Bernd, Christian Samuel Theodor ~/† 1/462; Bernoulli, August Leonhard ~ 1/472; Bernthsen, August ~ 1/477; Bertram, Ernst ~ 1/488; Beseler, Wilhelm Hartwig ~/† 1/491; Besser, Leopold (August) † 1/494; Beste, Theodor ~ 1/495; Bethe, Erich (Julius Adolf) ~ 1/496; Bethmann Hollweg, Moritz August von ~ 1/497; Bettendorff, Anton ~/† 1/499; Betz, Anton ~ 1/499; Beumann, Helmut ~ 11/20; Beumer, Wilhelm ~ 1/501; Beyerle, Konrad ~ 1/507; Beyschlag, (Johann Heinrich Christoph) Willibald ~ 1/508; Bezold, Friedrich (Gustav Johannes) ~/† 1/509; Bickel, Adolf ~ 1/513; Bickel, Ernst (Johann Friedrich H.) ~/† 1/513; Bickenbach, Werner ~ 1/514; Bieber, Margarete ~ 1/516; Biegeleben, Ludwig (Maximilian Balthasar Theodor) Frh. von ~ 1/518; Bieling, Richard ~/† 1/520; Bier, (Karl Gustav) August ~ 11/21; Biese, Alfred (Karl Julius Adolf) ~ 1/525; Bilfinger, Gustav (Adolf) ~ 1/526; Bilke, Karl-Heinz ~/† 1/527; Binz, Arthur (Heinrich) *(/~ 1/534; Binz, Carl ~/† 1/535; Bird, Friedrich Ludwig Heinrich ~/† 1/537; Birgel, Willy ~ 1/537; Birlinger, Anton ~/† 1/539; Birnbaum, Johann Michael Franz ~ 1/540; Birt, Theodor ~ 1/541; Bischof, Karl Gustav Christoph ~/† 1/542; Bischoff, Christian Heinrich Ernst ~/† 1/542; Bischoff, Theodor Ludwig Wilhelm ~ 1/544; Bismarck, Herbert Fürst von ~ 1/545; Bittenfeld, Karl Eberhard Herwarth von † 1/549; Bitter, Karl Hermann ~ 1/550; Bizer, Ernst ~ 11/23; Blachstein, Peter ~ 1/552; Blanckenhorn, Max (Ludwig Paul) ~ 1/556; Blank, Theodor ~/† 1/557; Blankenhorn, Ernst ~ 1/558; Blankenhorn, Herbert ~ 1/558; Blaschke, Wilhelm (Johann Eugen) ~ 1/560; Blasius, Wilhelm ~ 1/561; Blatzheim, Hans Herbert ~ 1/563; Bleek, Friedrich ~/† 1/566; Bleek, Karl Theodor ~ 1/566; Bleek, Wilhelm Heinrich Emanuel ~ 1/566; Blefken, Dithmar ~ 1/566; Bleibtreu, Hermann ~/† 1/567; Blissenius, Heinrich * 1/573; Bloch, Iwan ~ 1/574; Blome, (Otto Paul Julius) Gustav Graf von ~ 1/578; Blum, Ernst ~ 1/581; Blum, Peter Josef ~ 1/582; Blumer, Johann Jakob ~ 1/588; Blunck, (Johann Christian) Hans ~ 1/590; Bluntschli, Johann Caspar ~ 1/590; Bluth, Karl-Theodor ~ 1/591; Boas, Franz ~ 1/592; Bock, Kornelius Peter ~ 1/595; Bodelschwingh, Friedrich von ~ 1/601; Bodelschwingh, Friedrich von * 1/602; Boden, Wilhelm ~ 1/602; Bodenhausen, (Hans) Eberhard Frh. von ~ 1/603; Böckeler, Heinrich ~ 1/607; Böcker, Ewald ~ 1/608; Böcking, Eduard ~/† 1/609; Böcking, Heinrich † 1/610; Böckle, Franz ~ 11/26; Böhle-Stamschräder, Aloys † 11/26; Böhm, Albert ~ 1/615; Böhmer, Heinrich ~ 1/622; Böhtlingk, Otto Nikolaus von ~ 1/625; Böker, (Robert) Alexander ~ 11/27; Boelitz, Otto ~ 1/626; Boell, Heinrich † 1/627; Böning, Eberhard ~/† 1/630; Bönninghausen, Franz Egon Frh. von ~ 1/631; Boerger, Albert ~ 1/631; Boerner, Heinrich ~ 1/633; Börnstein, Ernst ~ 1/634; Boettger, Caesar Rudolf ~ 1/637; Bohatec, Joseph ~ 2/1; Bohle, Ernst ~ 2/1; Bohlen, Peter von ~ 2/1; Boisserée, Melchior (Hermann Joseph Georg) ~/† 2/5; Boisserée, (Johann) Sulpiz (Melchior Dominikus) ~/† 2/6; Boll, Franz Christian ~ 2/8; Bollert, Martin ~ 2/9; Boltze, Erich (Adolf Otto) ~ 2/12; Bolz, Eugen Anton ~ 2/13; Bon, Jean Pierre Louis ~ 2/15; Bonafont, Karl Philipp ~ 2/15; Bondini, Pasquale * 2/16; Bonhoeffer, Dietrich ~ 2/18; Bonnet, Robert ~ 2/21; Bonwetsch, (Gottlieb) Nathanael ~ 2/22; Boor, Carl (Gotthard) de ~ 2/23; Boor, Helmut de * 2/23; Borchardt, Rudolf ~ 2/27; Borggreve, Bernard Robert ~ 2/29; Borm, William ~/† 2/31; Bormann, Eugen ~ 2/31; Born, Gustav Jakob ~ 2/34; Bornemann, Helmut ~/† 2/34; Borner, Wilhelm ~ 2/34; Bornewasser, Franz Rudolf ~ 2/34; Bornhardt, (Friedrich) Wilhelm (Conrad Eduard) ~ 2/35; Borsig, (August Paul) Ernst von ~ 2/38;

Bourdin, Paul ~ 2/49; Bourfeind, Paul ~ 2/49; Boyen, Ludwig Wilhelm Otto Karl von † 2/52; Bracken, Helmut ~ 2/55; Brambach, Kaspar Joseph */~/† 2/59; Brambach, Wilhelm */~ 2/59; Brandis, Christian August ~/† 2/64; Brandis, Johannes */~ 2/65; Brandis, Sir Ludwig Christian Georg */~/† 2/65; Brandt, Gerhard (Hans Hermann) ~ 11/30; Brandt-Weber, Karoline * 2/72; Brassert, Hermann (Friedrich Wilhelm) ~/† 2/74; Braubach, Max ~/† 2/76; Brauchitsch, Bernhard (Eduard Adolf) von ~ 2/76; Brauer, (August) Ludolf ~ 2/77; Brauer, Theodor ~ 2/78; Braun, Heinz ~ 2/81; Braun, Johann Philipp Otto ~ 2/82; Braun, Johann Wilhelm Josef ~/† 2/82; Braun, Joseph ~ 2/83; Braun, Joseph ~ 2/83; Braun, Karl Joseph Eduard ~ 2/84; Braun, Sigismund Frh. von † 11/30; Braunfels, Ludwig ~ 2/89; Braunfels, Wolfgang ~ 2/89; Brauns, Heinrich ~ 2/90; Brauns, Reinhard Anton ~/† 2/90; Braus, Hermann ~ 2/91; Brauweiler, Heinz ~ 2/91; Brauweiler, Roland Heinrich Wilhelm ~ 2/91; Bray-Steinburg, Hippolyt Graf von ~ 2/92; Brecht, Arnold ~ 2/92; Brecht, (Karl) Walter ~ 2/94; Bredenbach, Tilmann ~ 2/95; Bredt, (Wilhelm) August ~ 2/96; Bredt, Johann (Viktor) ~ 2/96; Bredt, (Conrad) Julius ~ 2/96; Brefeld, Ludwig ~ 2/97; Breidenstein, Heinrich Karl ~/† 2/100; Breloer, Bernhard ~ 2/108; Brenner, Otto ~ 2/114; Brenner, Paul Albert ~ 2/114; Brentano di Tremezzo, Heinrich von ~ 2/117; Brese, Wilhelm ~ 2/119; Breuer, Heinz */~/† 11/32; Breuer, Leo ~/† 2/125; Breusing, Friedrich August Arthur ~ 2/127; Brewer, Heinrich ~ 2/128; Brewer, Hubert ~ 2/128; Brinkmann, Roland ~ 11/32; Brinkmann, (Johann Heinrich) Theodor ~/† 2/136; Brockhaus, Hermann ~ 2/140; Broich-Oppert, Georg von ~/† 2/144; Brosius, Caspar Max ~ 2/147; Bruch, Max (Karl August) ~ 2/148; Bruck, Eberhard Friedrich ~ 2/149; Bruck, Julius ~ 2/149; Bruders, Heinrich ~ 2/151; Brües, Otto ~ 2/155; Brüggemann, Karl Heinrich ~ 2/156; Brüne, Heinrich * 2/159; Brüning, Friedrich Wilhelm Johann ~ 2/159; Brüning, Heinrich ~ 2/159; Brüning, Hermann ~ 2/159; Brugmann, Karl (Friedrich Christian) ~ 2/163; Bruhns, Leopold Paul ~ 2/164; Brunn, Heinrich von ~ 2/167; Brunnhofer, Gottlieb Hermann ~ 2/171; Bruns, Ivo ~ 2/173; Bruns, Paul ~ 2/174; Brunswig, Peter ~ 2/175; Bucherer, Alfred (Heinrich) ~/† 2/183; Buchheim, Karl (Arthur) ~ 2/183; Buchholz, Peter ~ 2/184; Buchhorn, Josef ~ 2/185; Budde, Emil (Arnold) ~ 2/191; Budde, Karl (Ferdinand Reinhard) ~ 2/192; Budde, Werner ~ 2/192; Budge, (Ludwig) Julius ~ 2/194; Bücheler, Franz ~/† 2/195; Bücher, Karl ~ 2/195; Büdinger, Max ~ 2/200; Bühler, Karl ~ 2/200; Bülbring, Karl (Daniel) ~/† 2/202; Bülow, Arthur ~ 2/203; Büngeler, Walter ~ 2/207; Büren, Günther von ~ 2/208; Bürger, Max (Ferdinand) ~ 2/209; Bürger-Prinz, Hans ~ 2/210; Büsgen, Moritz (Heinrich Wilhelm Albert Emil) ~ 2/213; Buff, Adolf ~ 2/217; Bunsen, (Christian) Karl (Josias) Frh. von † 2/224; Burckhardt, Jacob Christoph ~ 2/231; Burckhardt, Johannes (Friedrich Paul) ~ 2/233; Burdach, Konrad ~ 2/234; Burgbacher, Fritz ~ 2/235; Burgmüller, Johann August Franz ~ 2/240; Burkhard, Franz † 2/243; Burmann, Maximilian Heinrich von */† 2/244; Burr, Viktor ~ 2/246; Bursig, Hans † 2/247; Busaeus, Theodor ~ 2/248; Busch, Clemens August ~ 2/248; Busch, Ernst † 2/248; Busch, Fritz Franz Emanuel ~ 2/249; Busch, Wilhelm ~ 2/250; Buschmann, Peter ~/† 2/252; Bussche, Axel Frh. von dem ~ 2/254; Bussche-Ippenburg, Clamor von dem ~ 2/255; Busz, Karl Heinrich ~ 2/257; Buthe, Michael † 11/37; Cahén, Fritz Max † 2/263; Camphausen, Otto von ~ 2/272; Cardauns, (Bernhard) Hermann ~/† 2/279; Leopold Carl Eduard Georg Albert von Sachsen-Coburg und Gotha ~ 2/279; Carnall, Rudolf von ~ 2/283; Carp, Werner (Friedhelm Otto Franz) ~ 2/285; Carstens, Karl ~ 2/289; Cartellieri, Wolfgang ~ 2/289; Casel, Odo ~ 2/291; Caspar, Erich ~ 2/291; Caspary, Johann Xaver Robert ~ 2/292; Cauer, Emil d. Ä. ~ 2/297; Chory, Werner ~/† 2/314; Christ, Karl ~ 2/315; Christiani, Edmund ~ 2/321; Christlieb, Theodor ~/† 2/323; Christoff, Daniel * 11/39; Claaßen, Hermann (Peter) ~ 2/328; Claisen, Ludwig Rainer

Bonn

~ 2/328; Classen, Johannes ~ 2/331; Clausius, Rudolph (Julius Emanuel) ~/† 2/335; Clemen, Carl (Christian) ~/† 2/338; Clemen, Paul ~ 2/339; Clemen, Wolfgang * 2/339; Clemens, Franz (Friedrich) Jakob ~ 2/340; Cloos, Hans ~/† 2/345; Coenders, Albert Aloysius Egon ~ 2/350; Cohen, Karl Hubert ~ 2/352; Cohen, Walter */~ 2/352; Collet, Hugo ~ 2/356; Commer, Ernst ~ 2/361; Conradi, Johann Wilhelm Heinrich ~ 2/364; Contzen, Johann ~ 2/367; Conze, Friedrich ~ 2/368; Cordier, Leopold ~ 2/372; Cornelius, Karl Adolf von ~ 2/375; Cornill, Karl Heinrich ~ 2/376; Correns, Erich ~ 2/378; Corsten, Hermann ~ 2/379; Cosack, Konrad Carl Albert ~ 2/381; Cossy, Hans ~ 2/382; Cremer, Arnold ~ 2/397; Cremer, Ernst Richard ~ 2/398; Cremer, Max ~ 2/398; Cremers, (Paul) Joseph ~/† 2/399; Crome, (Friedrich Theodor) Karl ~/† 2/403; Csaki, Richard ~ 2/408; Cuntz, (Albert Hermann) Otto ~ 2/411; Cuny, Ludwig von ~ 2/411; Curtius, Ernst ~ 2/413; Curtius, Ernst Robert ~ 2/413; Curtius, Georg ~ 2/413; Curtius, Julius ~ 2/413; Curtius, Theodor ~ 2/414; Dahl, Otto ~ 2/428; Dahlmann, Friedrich (Christoph) ~ 2/429; Dahmen, Jost ~ 2/430; Dahs, Hans ~/† 2/431; Dallwitz, Hans von ~ 2/434; D'Alton, Eduard ~/† 2/435; Dammer, Karl ~ 2/437; Daniels, Heinrich Gottfried Wilhelm ~ 2/441; Daniels, Wilhelm ~/† 2/441; Dasbach, (Georg) Friedrich † 2/446; Daude, Paul ~ 2/449; Debal, Leo Anton Karl ~ 2/455; Dechamps, Gustav (Leonard Joseph) ~ 2/456; Dechen, Ernst Heinrich Carl von ~/† 2/456; Dechend, Hermann (Friedrich Alexander) von ~ 2/456; Deeters, Gerhard ~/† 2/463; Degering, (Julius August) Hermann ~ 2/466; Dehn, Günther ~/† 2/468; Deichmann, Friedrich Wilhelm ~ 2/470; Deiters, Hermann (Clemens Otto) */~ 2/473; Deiters, Peter Franz Ignaz ~/† 2/473; Delbrück, (Johann Friedrich) Ferdinand ~/† 2/474; Delbrück, Hans (Gottlieb Leopold) ~ 2/475; Delbrück, Max (Ludwig Henning) ~ 2/475; Delbrück, Richard ~/† 2/476; Delbrück, (Martin Friedrich) Rudolf von (1896) ~ 2/476; Delius, Nikolaus ~/† 2/478; Delius, Rudolph ~ 11/44; Dempf, Alois ~ 2/484; Dencker, Carl Heinrich (Theodor) ~/† 2/484; Denera, Erna ~ 2/485; Dennert, Eberhard ~ 2/489; Derbolav, Josef ~/† 11/45; Derenburg, Joseph ~ 2/491; Dereser, Anton ~ 2/491; Derfflinger, Georg Frh. von ~ 2/491; Derra, Ernst ~ 2/493; Detlefsen, (Sönnich) Detlef (Friedrich) ~ 2/500; Deubner, Ludwig (August) ~ 2/502; Deussen, Paul (Jakob) ~ 2/503; Deuticke, Hans Joachim ~ 11/46; Deutsch, Joseph ~ 2/505; Deutschmann, Richard (Heinrich) ~ 2/507; Dewitz, Kurt (Ludwig Karl) von ~ 2/509; Deycks, Ferdinand ~ 2/510; Dibelius, (Otto Franz) Wilhelm ~ 2/511; Dichgans, Hans (Hermann) ~ 2/512; Dickopf, Paul † 2/512; Diefenbach, Johann(es) ~ 2/515; Diehl, Ernst (Johann Ludwig) ~ 2/516; Diehl, Günter ~ 11/46; Diels, Hermann (Alexander) ~ 2/517; Diepenbach, Wilhelm ~ 2/520; Diepgen, Paul ~ 2/520; Dierauer, Johannes ~ 2/521; Dieringer, Franz Xaver ~ 2/522; Diestel, Ludwig ~ 2/526; Diesterweg, Wilhelm Adolph ~/† 2/526; Dieterich, Albrecht ~ 2/527; Dietrich II. von Moers, Erzbischof und Kurfürst von Köln ~ 2/531; Dietrich, Albert (Hermann) ~ 2/534; Dietzel, (Gottlob) Heinrich (Andreas) ~/† 2/542; Dietzel, Karl August ~ 2/542; Diez, Friedrich Christian ~/† 2/543; Dilthey, Karl (Peter Friedrich) ~ 2/548; Dingelstadt, Hermann ~ 2/551; Dinkler, Erich ~ 11/47; Dirichlet, Gustav Peter ~ 2/555; Dirksen, Herbert von ~ 2/556; Dirksen, (Karl Ernst Eduard) Willibald von ~ 2/556; Dirscherl, Wilhelm ~/† 11/47; Dittmann, Herbert ~ 2/561; Dittmann, Wilhelm ~/† 2/561; Dix, Walter (Hans Bruno) ~ 2/563; Dölger, Franz Joseph ~ 2/572; Dölle, Hans (Heinrich Leonhard) ~ 2/572; Dönitz, Wilhelm ~ 2/574; Dönniges, (Franz Alexander Friedrich) Wilhelm von ~ 2/575; Dörr, Walther (Hugo) ~ 2/579; Dohany, Werner ~ 2/581; Dohna-Schlodien, Alexander (Georg Theobald) Burggraf zu ~/† 2/583; Dohrn, Anton Felix ~ 2/584; Doll, Max † 2/586; Dorner, Isaak August ~ 2/599; Dornseiff, Richard ~ 2/600; Dorow, (Friedrich Ferdinand) Wilhelm ~ 2/601; Doß, Adolf von ~ 2/602; Doutrelepont, (Louis Guillaume) Joseph ~ 2/603; Dove, Alfred ~ 2/604;

Dragendorff, Hans ~ 2/606; Drathschmidt von Bruckheim, Anna ~ 2/609; Dreesen, Willrath ~ 2/612; Dreesmann, Heinrich ~ 2/612; Dreher, Eduard † 11/48; Dresbach, August ~ 2/613; Drescher, Carl (Maria) ~ 2/614; Drescher-Kaden, Friedrich Karl † 11/48; Dressel, Ludwig ~ 2/615; Dreuw, Heinrich ~ 2/616; Drevermann, Friedrich Ernst ~ 2/616; Dronke, Ernst ~ 2/623; Dronke, Ernst ~ 2/623; Droste-Hülshoff, Annette von ~ 2/624; Droste-Hülshoff, Clemens August Frh. von ~ 2/625; Droste zu Vischering, Clemens August Frh. von ~ 2/625; Droste zu Vischering, Klemens (Heidenreich Franz) Graf ~ 2/626; Dryander, Ernst von ~ 2/628; Drygalski, Erich von ~ 2/629; Du Bois-Reymond, Emil (Heinrich) ~ 2/630; Duden, Konrad ~ 2/633; Dücker, Franz-Fritz Frh. von ~ 2/634; Dümmler, Georg Ferdinand ~ 2/635; Dünkelberg, (Friedrich) Wilhelm ~ 2/636; Düntzer, Heinrich ~ 2/636; Dürr, Lorenz ~ 2/641; Duerst, Ulrich (Johann) ~ 2/643; Dütting, Christian (Hubert) ~ 2/644; Duhn, Friedrich (Carl) von ~ 2/645; Duisberg, Carl Ludwig ~ 2/646; Dullien, Reinhard ~ 2/648; Dumont, Karl Theodor ~ 2/649; Duncker, Max ~ 2/652; Dunin-Borkowski, (Zbigniew) Stanislaus (Martin) Graf ~ 2/652; Dustmann, Hanns ~ 11/49; Dyk, Peter van ~ 11/49; Dyroff, Adolf ~ 2/661; Dziatzko, Karl (Franz Otto) ~ 2/662; Ebbecke, Ulrich ~/† 2/663; Ebbinghaus, Hermann ~ 2/663; Ebel, Basilius ~ 2/664; Eberle, Rudolf ~ 2/674; Eberty, Felix ~ 2/680; Ebrachar, Bischof von Lüttich ~ 3/3; Eccius, Max Ernst ~ 3/4; Eckardt, Felix von ~ 3/7; Ecke, Gustav ~/† 3/9; Ecker, Jakob ~ 3/10; Eckstein, (Friedrich Ludwig Adolf) Ernst ~ 3/15; Edel, Elmar ~/† 11/50; Effertz, Josef ~/† 3/22; Effmann, Wilhelm ~/† 3/22; Ehlers, Adolf ~ 3/35; Ehlers, Hermann (Ludwig) ~ 3/35; Ehre, Ida ~ 3/37; Ehrhard, (Josef Maria) Albert ~/† 3/41; Eibach, Ludwig Wilhelm ~ 3/45; Eichhoff, Johann Joseph */~ 3/50; Eichhoff, Johann Peter * 3/50; Eichhoff, (Peter) Joseph Frh. von * 3/50; Eichholtz, Fritz ~ 3/51; Eichler, Willi † 3/54; Eick, Hans-Joachim ~ 3/57; Eiermann, Egon ~ 3/58; Eiff, August Wilhelm von ~/† 11/51; Einem, Herbert Günter von ~ 3/63; Einenkel, Eugen ~ 3/63; Eitel Friedrich, Prinz von Preußen ~ 3/78; Ekbert von Schönau ~ 3/79; Ellinger, Alexander ~ 3/91; Ellstätter, Moritz ~ 3/93; Elsner, Ilse ~ 11/53; Elter, Anton ~/† 3/99; Elvenich, Peter Joseph ~ 3/100; Embden, Gustav (Georg) ~ 3/102; Emmerich, Ferdinand ~ 3/105; Endemann, Friedrich ~ 3/108; Endemann, (Samuel) Wilhelm ~ 3/109; Engelbert II. von Falkenburg, Erzbischof von Köln ~/† 3/116; Engelbrecht, August ~ 3/117; Engelhardt, (Gustav) Moritz (Konstantin) Frh. von ~ 3/119; Engelmann, Bernt ~ 3/120; Engels, Jakob (Gerhard) ~ 3/123; Ennemoser, Joseph ~ 3/128; Ennen, Edith ~/† 11/54; Ennen, Leonhard ~ 3/128; Erben, Heinrich Karl ~/† 11/54; Erbkam, Wilhelm Heinrich ~ 3/138; Ercklentz, Wilhelm ~ 3/139; Erdmann, Benno ~ 3/140; Erdmann, Lothar ~ 3/141; Erfurth, Paul ~ 3/143; Erhard, Ludwig (Wilhelm) † 3/145; Erismann, Theodor ~ 3/149; Erkes, Eduard August ~ 3/150; Erlenmeyer, (Johann Adolph) Albrecht ~ 3/152; Erlenmeyer, (Friedrich Gustav Karl) Emil ~ 3/152; Erman, Wilhelm (Adolf) ~/† 3/155; Ernst II., Herzog von Sachsen-Coburg und Gotha ~ 3/161; Ernst, Eugen von ~ 3/164; Ernst, Max ~ 3/165; Ernsthausen, Ernst von ~/† 3/167; Esch, Ernst ~ 3/171; Eschelbach, Hans */~ 3/172; Escher, Alfred Martin ~ 3/174; Eschweiler, Franz Gerhard ~ 3/177; Esser, Gerhard ~/† 3/180; Esser, Peter (Hans Heinrich) ~ 3/181; Esser, Robert Josef Karl Max Bernhard ~ 3/181; Esser, Thomas ~ 3/181; Esser, Wilhelm ~ 3/181; Ettighofer, Paul Coelestin ~ 3/185; Etzdorf, Hasso von ~ 3/186; Eucken, Walter ~ 3/188; Eulenberg, Herbert ~ 3/190; Eulenberg, Hermann ~/† 3/190; Eulenburg, Albert ~ 3/190; Eulenburg, Botho Wend August Graf zu ~ 3/190; Euler, Carl (Philipp) ~ 3/192; Eunicke, Friedrich ~ 3/194; Evels, Friedrich Wilhelm ~ 3/195; Everding, August ~ 11/56; Everling, Otto ~ 3/196; Eversbusch, Oskar ~ 3/196; Ewald, Hermann Adolf ~ 3/198; Ewald, Julius ~ 3/198; Ewald, Karl Anton (Emil) ~ 3/198; Ewers, Hanns Heinz ~ 3/200; Ewers, Ludwig ~ 3/200; Fabarius, (Ernst) Albert ~ 3/207; Faber, Robert

(Friedrich Gustav) ~ 3/209; Fabri, Friedrich (Gotthardt Karl Ernst) ~ 3/211; Fahne, Anton ~ 3/218; Falk, Bernhard ~ 3/224; Falk, Johannes Nepomuk (Maria) ~ 3/225; Faßbender, Martin ~ 3/233; Fassbinder, Franz † 3/233; Fassbinder, Klara (Marie) ~ 3/233; Fastenrath, Johannes (Karl Ferdinand) ~ 3/235; Fechner, Erich ~ 3/238; Federer, Georg ~ 3/241; Fehr, Götz ~/† 3/245; Fehr, Hans ~ 3/245; Feist, Franz † 3/253; Feiten, Josef ~ 3/253; Feldmann, Erich Emil ~/† 3/256; Feldmann, Franz ~/† 3/256; Fell, Winand ~ 3/259; Feller, Kurt ~ 3/260; Fellner, Thomas ~ 3/261; Felten, Joseph ~/† 3/263; Ferro, Pasqual Joseph Ritter von */~ 3/273; Fettweis, Ewald ~ 3/275; Fichte, Immanuel Hermann ~ 3/284; Ficker, (Johann Kaspar) Julius von ~ 3/288; Finck von Finckenstein, Konrad Graf ~ 3/298; Finckenstein, Ottfried Graf ~ 3/298; Finkelnburg, (Karl Ernst) Wolfgang */~ 3/304; Finkler, Dittmar ~/† 3/304; Finsler, (Diethelm) Georg ~ 3/305; Firle, Otto * 3/306; Firle, Rudolph * 3/307; Firmenich-Richartz, Johann Matthias ~ 3/307; Fischenich, Bartholomäus Ludwig */~ 3/310; Fischer, Alexander ~ 3/310; Fischer, Antonius ~ 3/311; Fischer, Emil (Hermann) ~ 3/313; Fischer, Hermann ~ 3/319; Fischer, Otto ~ 3/325; Fischer, Otto ~ 3/325; Fischer, Theobald ~ 3/327; Fischer, Walther ~ 3/328; Fischer-Wasels, Bernhard ~ 3/331; Fischerkoesen, Hans † 3/331; Fitting, Johannes ~ 3/333; Flasche, Hans † 3/336; Flasdieck, Hermann ~ 3/336; Flaskamp, Wilhelm ~ 3/337; Fleischer, Anton ~ 3/341; Fleischer, (Hermann A.) Moritz ~ 3/342; Flemming, Johannes ~ 3/347; Flohn, Hermann ~/† 11/61; Floß, (Joseph) Heinrich ~/† 3/354; Focke, Wilhelm Olbers ~ 3/359; Förster, Arnold ~ 3/361; Förster, Max (Theodor Wilhelm) ~ 3/364; Foerster, Wendelin ~/† 3/365; Förster, Wilhelm (Julius) ~ 3/365; Fonk, Wilhelm ~ 3/369; Forschbach, Edmund ~ 3/374; Forst de Battaglia, Otto ~ 3/375; Forsthoff, Ernst ~ 3/378; Fraenkel, Ernst Eduard Samuel ~ 3/383; Fränkel, Hermann ~ 11/62; Fränkel, Wolfgang Bernhard */~ 3/385; Frahne, Heinrich Hans ~ 3/386; Frangenheim, Paul ~ 3/397; Frank, Horst (Bernhard Wilhelm) ~ 11/63; Frank, Josef Maria ~ 3/400; Franken, Alexander ~ 3/405; Franken, Joseph Paul ~/† 3/406; Frankenberg und Ludwigsdorf, Friedrich (Ludwig Ernst) Graf von ~ 3/406; Franqué, Otto (Friedrich Wilhelm Paul) von ~ 3/408; Franz, (Johann Carl) Rudolph ~ 3/415; Frech, Fritz (Friedrich Daniel) ~ 3/419; Freeden, Wilhelm (Ihno Adolf) von ~/† 3/420; Freese, Hans (Dietrich Georg) ~ 3/420; Frensdorff, Salomon ~ 3/425; Fresenius, (Carl) Remigius ~ 3/427; Fresenius, Remigius (Carl Wilhelm Achim) ~ 3/427; Freudenberg, Karl ~ 3/429; Freudenfeld, Burkhard Heinrich ~ 3/430; Frey, (Johann Friedrich) Heinrich (Konrad) ~ 3/435; Freytag, Georg Wilhelm ~ 3/439; Fricke, (Otto) Robert ~ 3/443; Frieboes, Walter (Martin Egon Oswald) ~ 3/446; Friedemann, Edmund ~ 3/448; Friedenthal, Hans von ~ 3/449; Friedlaender, Ernst ~ 3/452; Friedländer, Paul ~ 3/453; Friedrich III., deutscher Kaiser, König von Preußen ~ 3/460; Friedrich II., Großherzog von Baden ~ 3/460; Friedrich III., Graf von Saarwerden, Kurfürst und Erzbischof von Köln † 3/464; Friedrich IV., Graf von Wied, Kurfürst und Erzbischof von Köln ~ 3/464; Friedrich Franz II., Großherzog von Mecklenburg-Schwerin ~ 3/465; Friedrich Karl, Prinz von Preußen ~ 3/471; Friedrich, Bruno ~ 3/477; Friedrich, (Max) Wilhelm (Karl) ~ 3/481; Friesenhahn, Ernst ~/† 3/486; Frings, Joseph ~ 3/487; Frings, Theodor ~ 3/487; Frischen, Joseph ~ 3/491; Fritsch, Heinrich ~ 3/493; Fritzen, (Johann) Adolf ~ 3/497; Fröhlich, Friedrich Wilhelm ~ 3/502; Fromme, Albert ~ 3/510; Frotscher, Gotthold ~ 3/513; Frotz, Augustinus ~ 3/513; Fuchs, Ernst ~ 3/518; Fuchs, Hans ~ 3/519; Fuchs, Hermann ~ 3/519; Fühner, Hermann Georg ~/† 3/524; Fürstenberg, Maximilian Egon Fürst zu ~ 3/529; Füth, Heinrich ~ 3/533; Fuhlrott, Karl ~ 3/538; Funcke, Otto ~ 3/540; Furtwängler, Adolf ~ 3/544; Furtwängler, Philipp ~ 3/544; Gagern, Maximilian (Joseph Ludwig) Frh. von ~ 3/558; Galen, Ferdinand (Heribert) Graf von ~ 3/560; Galland, Adolf ~ 11/66; Gan, Peter ~ 3/567; Gans, David ben Salomon ~

3/569; Gans, Oscar ~ 3/570; Gantenberg, Mathilde ~ 3/571; Ganz, (Eduard) Moritz ~ 3/572; Garrè, Carl (Alois Philipp) ~ 3/575; Gasbarra, Felix ~ 3/577; Gast, (Adolf Emil) Paul ~ 3/580; Gatscher, Emanuel ~ 3/581; Gau, Andreas ~ 3/583; Gebauer, Christian August ~ 3/590; Gehlhoff, Wilhelm ~ 3/600; Geib, (Karl) Gustav ~ 3/601; Geibel, (Franz) Emanuel (August) von ~ 3/601; Geibel, Stephan ~ 3/602; Geiger, Abraham ~ 3/603; Geiger, Bernhard ~ 3/603; Geiger, (Elieser) Lazarus (Salomon) ~ 3/605; Geiger, Ludwig (Moritz Philipp) ~ 3/605; Geiger, Wilhelm (Ludwig) ~ 3/606; Geißler, (Johann) Heinrich (Wilhelm) ~/† 3/611; Geitler-Armingen, Josef Ritter von ~ 3/613; Gelpke, Ernst Friedrich ~ 3/618; Georg II., Herzog von Sachsen-Meiningen ~ 3/629; Geppert, (August) Julius ~ 3/634; Gercke, Alfred ~ 3/637; Gerhartz, Heinrich ~/† 3/645; Gering, Hugo ~ 11/68; Gerkan, Armin von ~ 3/646; Gerlach, Otto ~ 3/649; Gerst, Wilhelm Karl ~ 3/656; Gerstein, Ludwig ~/† 3/657; Gerstenkorn, Robert † 3/659; Gerwig, Walter † 3/664; Gescher, Alfred (Klemens Karl Maria) von ~ 3/664; Geyer, Bernhard ~/† 3/671; Geyser, (Gerhard) Joseph (Anton Maria) ~ 3/675; Gielen, Josef ~ 3/679; Gierach, Erich Clemens ~ 3/679; Giese, (Dietrich Kaspar) Friedrich ~ 4/2; Giesecke, Christian Alfred ~ 4/3; Gieseke, Paul Ferdinand Karl Otto ~ 4/3; Gieseler, (Friedrich) Eberhard † 4/4; Gieseler, (Johann) Karl (Ludwig) ~ 4/4; Gildemeister, (Martin Wilhelm) Eduard */~ 4/7; Gildemeister, Johannes Gustav ~/† 4/8; Gildemeister, Otto ~ 4/8; Girtanner, Wilhelm ~ 4/15; Gisevius, Paul ~ 4/17; Glasenapp, (Otto Max) Helmuth von ~ 4/22; Glaser, Karl (Andreas) ~ 4/23; Globke, Hans ~/† 4/32; Gloege, Gerhard (Hans Georg Karl) ~/† 4/34; Glück, Gustav ~ 4/37; Glum, Friedrich (Johann) ~ 4/39; Gockeln, Josef (Anton) ~ 4/46; Godet, Frédéric-Louis ~ 4/47; Goebel, Fritz ~ 4/48; Goebel, Max ~ 4/49; Goecke, Feodor ~/† 4/50; Gögler, Hermann ~ 4/52; Göppert, Heinrich ~ 4/55; Görgen, Hermann Matthias ~/† 4/56; Goering, Reinhard ~ 4/58; Görres, Guido (Moritz) ~ 4/59; Goethe, (Maximilian) Wolfgang Frh. von ~ 4/67; Gött, Theodor (Gustav Hugo) ~/† 4/67; Götzenberger, Jakob ~ 4/74; Götzinger, Ernst ~ 4/74; Goldfuß, Georg August ~/† 4/79; Goldmann, Franz ~ 4/80; Goldschmidt, Levin ~ 4/85; Goldstücker, Theodor ~ 4/88; Golf, (Richard) Arthur ~ 4/88; Gollwitzer, Helmut (Hans) ~ 4/90; Goltz, (Alexander Georg Maximilian) Hermann Frh. von der ~ 4/92; Goltz, Theodor Alexander Georg Ludwig Frh. von der ~ 4/94; Goßler, Friedrich Franz Theodor ~ 4/101; Gosswin, Anton ~ 4/102; Gothein, Eberhard ~ 4/102; Gothein, Percy * 4/102; Gotthelf, Felix ~ 4/108; Gotthelf, Herta ~ 4/108; Gottlob, Theodor ~/† 4/109; Gottschaldt, Kurt ~ 11/71; Gottschalk, Alfred ~ 4/110; Graebner, (Robert) Fritz ~ 4/119; Graf, Willi ~ 4/129; Grafe, Eduard ~/† 4/129; Grafe, Erich ~ 4/129; Granow, Hans-Ulrich ~ 4/135; Gratz, Peter Alois ~ 4/141; Grauert, Wilhelm Heinrich ~ 4/142; Gravenhorst, Karl Theodor ~ 4/145; Grebe, Ernst Wilhelm ~ 4/145; Greeff, Richard ~ 4/147; Grell, Karl Gottlieb ~ 4/155; Greve, Otto-Heinrich ~ 4/160; Greving, Joseph ~/† 4/160; Grimm, Herman (Friedrich) ~ 4/169; Grimm, Julius ~ 4/171; Grober, Julius ~/† 4/177; Gronau, Georg ~ 4/184; Gropper, Kaspar ~ 4/188; Grosche, Robert ~ 4/189; Großjohann, Christoph (Hartwig) ~ 4/196; Groth, Klaus Johannes ~ 4/202; Groth, Wilhelm ~ 4/202; Gruben, Franz Joseph Frh. von ~ 4/205; Gruber, Karl ~ 4/207; Grüber, Heinrich (Karl) ~ 4/209; Grün, Albert ~ 4/209; Grün, Karl (Theodor Ferdinand) ~ 4/210; Grünbaum, Max ~ 4/211; Grünebaum, Elias ~ 4/213; Grünewald, Armin ~ 4/218; Gruenter, Rainer ~ 4/218; Gruhle, Hans Walter ~/† 4/220; Grund, (Friedrich Wilhelm) Bernhard ~ 4/222; Grund, Walter † 4/223; Grundmann, Herbert ~/† 11/73; Gruyter, Walter de ~ 4/229; Grysar, Karl Josef ~ 4/230; Guardini, Romano ~ 4/231; Gudden, (Johann) Bernhard (Aloys) von ~ 4/232; Gudden, Bernhard (Friedrich Adolf) ~ 4/232; Güde, Max ~ 4/234; Günther, Albert (Charles Lewis Gotthilf) ~ 4/237; Guenther, Konrad (Eduard Franz) ~ 4/242; Günther,

~ 5/188; Huber, Ernst Rudolf ~ 5/195; Hübinger, Paul Egon ~/† 11/92; Hübner, Bruno ~ 11/92; Hübner, Emil ~ 5/204; Hübner, Rudolf ~ 5/206; Hüffer, (Joseph Julius Alexander) Hermann ~/† 5/208; Hüllmann, Karl Dietrich ~/† 5/209; Hülskamp, Franz ~ 5/210; Hüsgen, Eduard ~ 5/213; Hüsgen, Johann ~ 5/213; Hultzsch, Eugen ~ 5/220; Humbert, Claas (Hugo) ~ 11/92; Humburg, Paul ~ 5/224; Hundeshagen, Hermann ~ 5/227; Hundeshagen, Karl Bernhard ~/† 5/227; Huonder, Anton † 5/229; Hussak, Eugen ~ 5/234; Ihm, Max ~ 5/246; Ihne, Egon ~ 5/246; Ilberg, Johannes ~ 5/247; Ilk, Herta ~ 5/248; Inhoffen, Hans-Herloff ~ 11/94; Isaac, Simon ~ 5/260; Isay, Rudolf ~/† 5/260; Isenkrahe, Kaspar ~ 5/262; Issels, Josef (Maria Leonhard) ~ 11/94; Iwand, Hans Joachim ~/† 5/268; Jachmann, Günther ~ 11/94; Jacobi, Abraham ~ 5/272; Jacobi, Hermann (Georg) ~/† 5/274; Jacobi, Werner Rudolf Fritz ~ 5/275; Jacobsthal, Paul ~ 5/278; Jacques, Norbert ~ 5/280; Jaeckel, Rudolf ~/† 5/281; Jaeger, Richard ~/† 11/95; Jahn, Otto ~ 5/292; Jakobs, Konrad ~ 5/296; Janker, Robert ~/† 5/300; Jansen, Bernhard ~ 5/302; Jansen, Josef ~ 5/302; Janssen, Arnold ~ 5/302; Janssen, Johannes ~ 5/303; Janssen, Peter * 5/303; Jantsch, Gustav ~ 5/304; Jarcke, Karl Ernst ~ 5/306; Jarres, Karl ~ 5/307; Jedin, Hubert ~/† 5/313; Jeghers, Ernst ~ 5/314; Jeidels, Otto ~ 5/315; Jensen, Adolf Ellegard ~ 5/320; Jensen, Christian (Cornelius) ~ 5/321; Jörs, Paul ~ 5/337; Johnen, Wilhelm ~ 5/356; Jordan, Max ~ 5/363; Jores, Arthur * 5/364; Joseph Clemens, Herzog von Bayern, Kurfürst und Erzbischof von Köln † 5/366; Jost, Ludwig ~ 5/369; Jovy, Michael */~ 5/369; Juchhoff, Rudolf ~ 5/370; Jung, Georg ~ 5/379; Junkmann, Wilhelm ~ 5/386; Justi, Carl ~/† 5/388; Justi, Ludwig ~ 5/388; Kaas, Ludwig ~ 5/391; Kabisch, Richard ~ 5/391; Kähler, Martin ~ 5/394; Käsemann, Ernst ~ 11/99; Kahl, Wilhelm ~ 5/401; Kahl, Willi ~ 5/401; Kahle, Paul Ernst ~/† 5/402; Kaibel, Georg ~ 5/404; Kaiser, (Friedrich Wilhelm) Erich ~ 5/406; Kalinke, Margot ~ 5/412; Kallen, Gerhard ~ 11/99; Kamphausen, Adolf (Hermann Heinrich) ~/† 5/421; Kampschulte, Franz Wilhelm ~/† 5/422; Kann, Lily ~ 5/424; Kantorowicz, Alfred ~/† 5/427; Karg von Bebenburg, Johann Friedrich Frh. ~/† 5/435; Karl III. der Einfältige, westfränkischer König ~ 5/438; Karl (IV.) V. Leopold, Herzog von Lothringen ~ 5/444; Karo, Georg ~ 5/451; Karow, Otto (Paul Rudolf) ~ 5/452; Karsten, Gustav ~ 5/454; Kastner, Karl Wilhelm Gottlob ~ 5/461; Kattenbusch, Ferdinand ~ 5/464; Kattenstroth, Ludwig † 5/464; Kattwinkel, Wilhelm ~ 5/464; Kaufmann, Eduard */~ 5/471; Kaufmann, Erich ~ 5/471; Kaufmann, Paul */~ 5/473; Kaufmann, Walter ~ 5/473; Kaul, Oskar ~ 5/474; Kaulen, Franz Philipp ~/† 5/475; Kausen, Armin ~ 5/477; Kayser, (Johann) Heinrich (Gustav) ~/† 5/480; Keckeis, Gustav ~ 5/482; Kehrer, Erwin ~ 5/484; Keil, Bruno ~ 5/485; Keil, Heinrich ~ 5/485; Kekulé, (Friedrich) August ~/† 5/488; Kekulé von Stradonitz, Reinhard ~ 5/489; Kekulé von Stradonitz, Stephan ~ 5/489; Keller, Arthur ~ 5/490; Keller, Hans Peter ~ 5/494; Keller, Joseph von ~ 5/495; Keller, Oskar ~ 5/496; Keller, Otto von ~ 5/496; Kelly, Petra † 5/500; Kemp, Paul † 5/503; Kerényi, Karl ~ 5/509; Kerkhof, Karl ~ 5/509; Kern, Fritz ~ 5/511; Kessler, Harry Graf ~ 5/519; Keudell, Walter von † 5/524; Keussen, (Gerhard Emil) Hermann ~ 5/525; Kewenig, Wilhelm Alexander ~ 5/525; Kieckers, Ernst ~ 5/528; Kießelbach, Clemens † 5/535; Kiesselbach, Wilhelm (Arnold) ~ 5/535; Kießling, Adolph ~ 5/535; Kilian, (Hermann) Friedrich ~ 5/536; Killy, (Hans) Walther (Theodor Maria) */~ 5/538; Kinkel, (Johann) Gottfried ~ 5/542; Kinkel, Johanna * 5/542; Kirchheimer, Otto ~ 11/104; Kirchhoff, Alfred ~ 5/549; Kirchner, Johannes ~ 5/553; Kirfel, Willibald ~ 5/554; Kirschweng, Johannes ~ 5/556; Kirsten, Ernst (Hermann) ~/† 11/105; Kisch, Ruth ~ 5/558; Kißkalt, Karl ~ 5/559; Klasing, August ~ 5/566; Klauser, Theodor ~/† 5/568; Klee, Heinrich ~ 5/570; Klein, Christian Felix ~ 5/574; Klein, Günter ~/† 5/575; Klein, Hans † 11/106; Klein, Joseph ~ 5/576; Klein-Rogge, Rudolf ~ 5/579; Kleinknecht, Theodor ~ 11/106; Kleinschmidt, Beda

~ 5/580; Kleinschmidt, Hans ~ 5/581; Klewitz, Hans-Walter ~ 5/591; Kley, Carl ~/† 5/592; Klinkhammer, Carl ~ 11/106; Klöpfer, Eugen ~ 5/602; Kloeppel, Peter ~ 5/602; Klopp, Onno ~ 5/603; Klose, Hans ~ 5/605; Knabenbauer, Joseph ~ 5/611; Knappertsbusch, Hans ~ 5/614; Knappstein, Karl Heinrich ~ 5/614; Kneip, Jakob ~ 5/618; Knieper, Werner ~ 5/620; Knipping, Hugo Wilhelm † 5/622; Knoodt, (Franz) Peter ~/† 5/628; Knopf, Rudolf ~/† 5/629; Knothe, Willi ~ 5/632; Knuth, Paul ~ 5/633; Knyphausen zu Innhausen, Edzard Fürst ~ 5/633; Koch, Joseph ~ 5/641; Köckritz, Sieghart von ~ 5/648; Koehler, Karl Franz † 5/652; Köhler, Reinhold ~ 5/653; Köhler, Wilhelm Reinhold Walter ~ 5/653; Köhler, Wolfgang ~ 5/653; Koelliker, (Rudolf) Albert Ritter von ~ 5/655; Kölzer, Joseph ~ 5/656; Koenig, Alexander ~ 5/657; König, Arthur ~ 5/658; König, (Friedrich) Eduard ~/† 5/658; König, Heinrich Justus ~ 5/659; Koenig, Paul ~ 5/662; Koeniger, Albert ~ 5/664; Koenigs, Wilhelm ~ 5/664; Königsegg-Rothenfels, Hugo Franz Reichsgraf von ~/† 5/664; Königsegg und Rothenfels, Maximilian Friedrich Reichsgraf von † 5/665; Köppler, Heinrich ~ 5/669; Körnicke, Friedrich August † 5/674; Körnicke, Max (Walther) */~ 5/674; Körte, Alfred ~ 5/674; Körte, Werner ~ 5/674; Kösters, Wilhelm ~ 5/676; Koetschau, Karl (Theodor) ~ 5/677; Köttgen, Arnold * 5/678; Kötting, Bernhard ~ 5/678; Kohlrausch, Rudolf (Hermann Arndt) ~ 6/5; Kohlschütter, Arnold ~/† 6/5; Kohut, Oswald ~ 6/7; Kolb, Walter */~ 6/11; Kolping, Adolph ~ 6/21; Konen, Heinrich (Mathias) ~/† 6/23; Konow, Gerhard † 11/109; Kopfermann, Albert ~ 6/37; Koppe, Carl ~ 6/39; Korber, Horst ~ 6/41; Kordt, Erich ~ 6/42; Kordt, Theodor ~ 6/42; Koreff, David Ferdinand ~ 6/42; Korff, Hermann August ~ 6/43; Korodi, Lutz ~ 6/47; Koschaker, Paul ~ 6/50; Kosegarten, Wilhelm ~ 6/51; Koser, Reinhold ~ 6/51; Kosiol, Erich ~ 6/51; Kossinna, Gustaf ~ 6/52; Kowalewski, Gerhard ~ 6/57; Krämer, Karl Emerich ~ 6/61; Kraft, (Wilhelm Ludwig) Friedrich ~ 6/63; Kraft, Waldemar † 6/65; Kralik von Meyrswalden, Richard Ritter ~ 6/68; Kramp, Willy ~ 6/70; Kranz, Walther ~/† 6/71; Krauel, Richard ~ 6/74; Kraus, Carl von ~ 6/75; Kraus, Theodor ~ 6/79; Krause, Gerhard ~ 6/81; Krautwig, Carl ~ 6/87; Krementz, Philipp ~ 6/94; Kreutz, Heinrich ~ 6/102; Kreuzer, Erwin ~/† 6/103; Krieg, Cornelius ~ 6/105; Krimer, Johann Franz Wenzel ~ 6/108; Kroll, Hans ~ 6/113; Kroll, Wilhelm ~ 6/114; Kromayer, Ernst ~ 6/114; Krone, Heinrich † 6/116; Kronecker, Leopold ~ 6/117; Kronstein, Heinrich David ~ 6/119; Krüger, Adalbert ~ 6/120; Krüger, Hans ~/† 6/122; Kruft, Hanno-Walter ~ 6/126; Krug von Nidda, Friedrich Ludwig ~ 6/127; Krukenberg, Hermann ~ 6/127; Krukenberg-Conze, Elsbeth ~ 6/128; Krull, Wolfgang ~/† 11/113; Kruse, Heinrich (August Theodor) ~ 6/133; Kruse, Walther ~ 6/134; Kühn, Friedrich ~ 6/143; Kühn, Friedrich ~ 6/147; Külpe, Oswald ~ 6/148; Kümmel, Otto (H. Christian) ~ 6/148; Küry, Adolf ~ 6/153; Küster, August † 6/154; Küster, Ernst ~ 6/154; Küster, Ernst ~ 6/154; Küstner, Friedrich ~ 6/155; Kuhn, Alwin ~ 6/159; Kuhn, Josef ~ 6/160; Kukuk, Paul ~ 6/163; Kunkel, Wolfgang (Ernst Karl Friedrich) ~ 6/169; Kunst, (Rudolf) Hermann (Adolf) ~/† 11/115; Kurtz, Johann Heinrich ~ 6/178; Kusserow, Heinrich von ~ 6/182; Kutzner, Oskar ~ 6/184; Laarmann, Franz (Heinrich) ~ 6/187; Laeis, Eduard ~ 6/194; Längin, Theodor ~ 6/196; Lahmeyer, Wilhelm † 6/199; Lahn, Lothar ~/† 6/199; Lahr, Rolf ~ 6/199; Lahusen, Christoph Friedrich ~ 6/200; Lamey, (Franz Friedrich) August ~ 6/206; Lammers, Robert ~ 6/207; Lampe, Adolf ~ 6/209; Lampe, Felix ~ 6/209; Lamprecht, Karl Gotthard ~ 6/211; Landauer, Georg ~ 6/215; Landolt, Hans (Heinrich) ~ 6/219; Landsberg, Ernst ~/† 6/219; Landsberg-Velen, Maximilian Graf von ~ 6/220; Lang, August ~ 6/222; Lang, Emil (Karl Georg Adolf) ~ 6/223; Lange, Friedrich Albert ~ 6/231; Lange, Josef ~ 6/234; Langen, Joseph ~/† 6/238; Langen, Theodor Friedrich ~ 6/238; Langlotz, Ernst ~/† 6/247; Lankow, Anna */† 6/249; Lantzke, Ulf ~ 6/250;

Molitor, Johann Peter ~ 7/189; Mommer, Karl (Adolf) † 7/195; Monnard, Karl ~/† 7/199; Monzel, Nikolaus ~ 7/202; Moog, Georg */~/† 7/202; Mooren, Albert (Clemens) ~ 7/203; Mordtmann, Johann Heinrich ~ 7/207; Morsbach, Lorenz */~ 7/219; Moser, Hugo (Leonhard) ~/† 7/225; Mosler, Eduard ~ 7/231; Most, Otto ~ 7/231; Mosterts, Carl ~ 7/232; Moufang, (Franz) Christoph (Ignaz) ~ 7/234; Muck, Fritz ~ 7/238; Mühlens, Peter */~ 7/242; Müller, Franz Hubert * 7/256; Müller, Fritz ~ 7/258; Müller, Günther ~/† 7/261; Müller, Hans ~ 7/261; Müller, Hans ~ 7/262; Müller, (Josef) Heinz ~ 7/264; Müller, Hubert ~ 7/266; Müller, Johann (Heinrich) ~ 7/268; Müller, Johann Georg ~ 7/268; Müller, Johannes Peter ~ 7/271; Müller, John W. Frh. von ~ 7/271; Müller, Josef ~ 7/272; Müller, Lucian ~ 7/275; Müller, Marianne ~ 7/276; Müller, Max Carl ~ 7/277; Müller, Otto ~ 7/278; Müller, Valentin ~ 7/282; Müller, Werner ~ 7/283; Müller, Wolfgang ~ 7/284; Müller-Erzbach, Rudolf ~ 7/286; Müller-Hermann, Ernst ~ 7/287; Müller-Lyer, Franz Carl ~ 7/289; Müller-Marion, Henriette ~ 7/289; Münch, Franz Xaver ~ 7/293; Müncker, Theodor ~ 7/295; Münster, Clemens ~ 11/133; Münster, Hans (Amandus) ~ 7/297; Muhr, Caroline ~/† 7/304; Mumm, Reinhard ~ 7/306; Mummendey, Richard ~ 7/306; Munk, Marie ~ 7/308; Munkácsy, Mihály von ~ 7/309; Mutzenbecher, Kurt von ~ 7/322; Nachtsheim, Hans (Friedrich Josef) ~ 7/327; Nacken, Josef ~ 7/328; Nägeli, Theodor (Rudolph) ~ 7/332; Nakatenus, Wilhelm ~ 7/338; Nasse, Christian Friedrich ~ 7/341; Nasse, Dietrich */~ 7/341; Nasse, Erwin */~/† 7/342; Nasse, Karl Friedrich Werner */~/† 7/342; Natorp, Paul ~ 7/344; Nau, Alfred † 7/346; Naumann, Emil ~ 7/348; Naumann, Hans ~/† 7/349; Naunyn, Bernhard ~ 7/351; Neeb, Johannes ~ 7/355; Neefe, Christian Gottlieb ~ 7/356; Neefe, Hermann Josef * 7/356; Neefe, Susanna Maria ~ 7/356; Nees von Esenbeck, Christian Gottfried Daniel ~ 7/356; Nees von Esenbeck, Theodor Friedrich Ludwig ~ 7/357; Neff, Alfred (Heinrich) ~ 11/134; Neinhaus, Karl ~ 7/362; Nellen, Peter ~ 7/362; Neubauer, Hugo ~ 7/373; Neubert-Drobisch, Walther ~ 7/373; Neubürger, Emil ~ 7/374; Neuendorff, (Gustav Rudolf) Edmund ~ 11/137; Neuhaus, Albert ~ 7/378; Neuhaus, Alfred ~/† 11/138; Neuhaus, Günter Alexander ~ 11/138; Neumann, Erich P. † 7/382; Neumann, Hans Otto * 7/383; Neumann, Joseph Maria ~ 7/384; Neumann, Rudolf Otto ~ 7/386; Neumayer, Fritz ~ 7/389; Neuss, Wilhelm ~/† 7/393; Neven Du Mont, August (Philipp Christian) ~ 7/395; Ney, Hubert ~ 7/397; Nicolovius, Alfred ~/† 7/401; Niebergall, Friedrich ~ 7/402; Niebour, August Karl Adalbert ~ 7/402; Niebuhr, Barthold Georg ~/† 7/403; Niebuhr, Markus Carsten Nikolaus von ~/† 7/403; Niese, Benedictus ~ 7/411; Niessen, Carl (Hubert) ~ 7/412; Niessner, Alois ~ 7/413; Niethammer, Günther ~/† 7/414; Nietzsche, Friedrich (Wilhelm) ~ 7/414; Nippold, Friedrich ~ 7/423; Nirrnheim, Hans ~ 7/423; Nissen, Heinrich ~/† 7/424; Nitzsch, Carl Immanuel ~ 7/426; Nitzsch, Friedrich August Berthold */~ 7/426; Noack, Kurt ~ 7/428; Nobel, Nehemia Anton ~ 11/142; Nöggerath, Johann Jacob */~/† 7/430; Nörrenberg, Constantin ~ 7/431; Nötscher, Friedrich ~/† 7/432; Nohl, (Karl Friedrich) Ludwig ~/† 7/432; Nokk, Wilhelm ~ 7/433; Noll, Fritz ~ 7/434; Nollau, Günther (Konrad) ~ 7/435; Nolting-Hauff, Ilse ~ 7/435; Noorden, Carl (Harko) von * 7/436; Noorden, Karl von */~ 7/436; Norden, Eduard ~ 7/438; Norrenberg, Peter ~ 7/439; Nose, Carl Wilhelm ~ 7/440; Noth, Martin ~ 7/442; Nottarp, (Hugo) Hermann (Adolf Maria) ~ 7/443; Notthafft Frh. von Weißenstein, Albrecht ~ 7/444; Nüßgens, Karl ~ 11/145; Nussbaum, Adolf */~/† 7/448; Nussbaum, Moritz ~/† 7/449; Obenauer, Karl (Justus) ~ 11/145; Oberborbeck, Felix ~ 7/451; Oberfohren, Ernst ~ 7/452; Oberheid, Heinrich (Josef) ~ 11/145; Oberländer, Theodor † 11/145; Obermayer, Adolf ~ 7/455; Obernier, Franz O. */~/† 7/456; Oehler, Richard ~ 7/464; Oehlke, Waldemar ~ 7/465; Oehme, Curt (Oskar Alfred) ~ 7/465; Oertel, Dieter † 7/469; Oertel, Friedrich ~/† 7/470; Oetker, Friedrich ~ 7/474; Oettingen, Wolfgang von † 7/475; Oeynhausen,

Karl August Ludwig Frh. von ~ 7/476; Olden, Rudolf ~ 7/484; Oldenburg, Elimar Anton Günther Friedrich Herzog von ~ 7/485; Ollenhauer, Erich † 7/489; Opelt, Ilona ~ 11/150; Oppel, Horst ~ 11/150; Oppenheim, Alphons ~ 7/498; Oppenheim, Dagobert ~ 11/151; Oppenheim, Franz ~ 11/151; Oppenheim, Hermann ~ 7/498; Oppenheim, Salomon */~/† 7/499; Oppenhoff, Friedrich Christian ~ 7/501; Oppert, Gustav Salomon ~ 7/501; Oppert, Julius ~ 7/501; Orth, Johannes ~ 7/508; Ostendorf, Julius ~ 7/515; Osterheld, Horst † 11/152; Osterrath, Heinrich Philipp ~ 7/517; Osterwald, Georg Rudolf Daniel ~ 7/518; Osthaus, Karl Ernst ~ 7/518; Osthoff, Hermann ~ 7/519; Oswald, Heinrich ~ 7/521; Oswald, (Karl) Wilhelm von ~ 11/152; Otten, Ignaz Anton Frh. von (Reichsfreiherr 1705) * 11/153; Otten, Karl ~ 7/525; Overbeck, Fritz ~ 7/539; Overbeck, Johannes (Adolf) ~ 7/539; Overbeck, Karl ~ 7/540; Overweg, Adolf ~ 7/540; Overweg, Karl ~ 7/540; Pabst, (Hermann August) Walter ~ 7/544; Palleske, Emil ~ 7/551; Pamperrien, Rudolf (Ernst Ferdinand Martin) ~ 7/553; Pape, Georg Friedrich ~ 7/559; Pape, Heinrich (Eduard) ~ 7/559; Pappenheim, Georg Graf zu ~ 7/560; Paret, Rudi ~ 7/563; Pastor, Ludwig Frh. von Camperfelden (1916) ~ 7/569; Paul, Wolfgang ~/† 7/575; Pauli, Reinhold ~ 7/576; Pauli, Richard ~ 7/576; Paulsen, Friedrich ~ 7/579; Pauly, Ferdinand ~ 7/581; Peche, Therese ~ 7/585; Peerenboom, Else ~ 7/588; Peeters, Emil (Aloys Angelique) ~ 7/588; Peiner, Werner ~ 7/589; Pelldram, Leopold ~ 7/591; Pelman, Karl Wilhelm */~/† 7/592; Pelster, Franz ~ 7/592; Pelzer, Karl J. ~ 7/593; Pempelfort, Karl ~/† 7/594; Pernice, Erich ~ 7/603; Perthes, Clemens (Theodor) ~/† 7/605; Perthes, Georg Clemens ~ 7/605; Pesch, Heinrich ~ 7/607; Peschl, Ernst Ferdinand ~ 7/609; Peter, Hermann ~ 7/613; Peters, Albert ~ 7/615; Peters, Gerd */~ 11/157; Peters, Johann Theodor ~ 7/616; Peters, Norbert ~ 7/616; Peters, Ulrich ~ 7/617; Petersen, Eugen (Adolf Hermann) ~ 7/618; Peterson, Erik ~ 7/620; Petri, Franz ~ 7/622; Pettersch, Karl Hugo ~ 7/626; Petz, Johann Christoph ~ 7/626; Pfarrius, Gustav ~ 7/637; Pfeffer, Wilhelm (Friedrich Philipp) ~ 7/638; Pfeifer, Gottfried (Georg) ~ 11/157; Pfeiffer, Anton ~ 7/639; Pfeiffer, August ~ 7/639; Pfeiffer, Emil (Ludwig Wilhelm) ~ 7/639; Pfeiffer, Paul ~/† 7/642; Pfeiffer, Peter (Hermann Josef) ~ 7/642; Pfitzer, Ernst ~ 7/647; Pfleiderer, Johann Gottlob ~ 7/649; Pfleiderer, Karl † 7/649; Pflüger, Eduard (Friedrich Wilhelm) ~/† 7/650; Pflugk-Harttung, Julius von ~ 7/651; Philippson, Alfred */~/† 7/659; Philippson, Ludwig ~/† 7/659; Philippson, Martin (Emanuel) ~ 7/659; Pieper, Ernst ~ 7/666; Pinder, Moritz Eduard ~ 7/672; Pinkus, Hans Hubert ~ 7/673; Plassmann, (Eduard Clemens Franz) Joseph ~ 7/686; Plassmann, Joseph Otto ~ 7/686; Plate, Ludwig (Hermann) ~ 7/687; Platz, Hermann ~ 7/691; Pleßner, Martin ~ 7/695; Plücker, Julius ~/† 8/5; Podewils-Dürnitz, Maximilian Graf von ~ 8/9; Poensgen, Helmuth ~ 8/13; Pohl, Heinrich ~ 8/18; Pohlig, Johannes ~/† 8/21; Polis, Peter (Hermann Johann) ~ 8/25; Pollender, (Franz Anton) Aloys ~ 8/28; Ponten, (Servatius) Josef ~ 8/32; Poppelreuter, Walther ~/† 8/35; Poppen, Hermann Meinhard ~ 8/35; Posadowsky-Wehner, Harald Graf von ~/† 8/41; Posner, Carl ~ 8/43; Posner, Ernst ~ 8/43; Posner, Theodor ~ 8/43; Posse, Hans Ernst ~ 8/44; Potonié, Robert ~ 8/46; Praechter, Karl ~ 8/49; Praschma, Friedrich Graf ~ 8/53; Praschma, Hans Graf ~ 8/54; Precht, Julius ~ 8/56; Predöhl, Andreas ~ 8/56; Presser, Helmut ~ 11/160; Preusker, Victor-Emanuel ~/† 8/65; Preyer, William Thierry ~ 8/67; Prieger, Erich ~/† 8/68; Prill, Hans-Joachim ~/† 8/70; Prinzhorn, Fritz ~/† 8/73; Prittwitz und Gaffron, Friedrich Wilhelm von ~ 8/73; Probener, Michael ~ 8/74; Probst, Maria † 8/75; Proell, Friedrich Wilhelm ~/† 8/77; Prym, Friedrich Emil † 8/83; Przybyllok, Erich ~ 8/83; Pulfrich, Carl ~ 8/90; Quincke, Friedrich (Peter Hermann) ~ 8/103; Quint, Josef ~ 8/103; Raape, Leo ~ 8/107; Raatz-Brockmann, Julius von ~ 8/107; Rademacher, Arnold ~/† 8/115; Rademacher, Bernhard ~ 8/115; Rademacher, Willy ~ 8/115; Radermacher, (Martin)

Franziskus Maria ~ 9/570; Straub, Agnes (Josephine) ~ 9/571; Straub, Johannes ~/† 9/571; Strauss, Eduard ~ 9/575; Strauß, Franz Josef ~ 9/575; Strauß, Walter ~ 9/578; Streck, Karl ~ 9/579; Strecker, Georg ~ 9/579; Streibl, Max ~ 11/180; Stremme, Hermann ~ 9/583; Strich, Fritz ~ 9/586; Strieder, Jakob ~ 9/587; Strodtmann, Adolf Heinrich ~ 9/591; Ströter, Ernst Ferdinand ~ 9/592; Strohm, Heinrich (Konrad) ~ 9/593; Strümpell, Ludwig (Adolf) von ~ 9/597; Struensee, Gustav (Karl Otto) von ~ 9/597; Struve, Georg (Otto Hermann) von ~ 9/600; Struve, (Gustav Wilhelm) Ludwig von ~ 9/600; Stuchtey, Karl ~ 9/603; Stuchtey, Rudolf ~ 9/603; Studt, Konrad von ~ 9/606; Study, (Christian Hugo) Eduard ~/† 9/606; Stübben, Oscar ~ 9/607; Stübinger, Oskar ~ 9/607; Stürzinger, (Johannes) Jakob ~ 9/611; Sturm, Karl (Christian Gottlieb) ~/† 9/618; Sturm, Vilma † 9/618; Stutte, Hermann ~ 9/620; Stutz, Ulrich ~ 9/621; Sudhaus, Siegfried ~ 9/624; Swarzenski, Hanns (Peter) ~ 9/640; Sybel, Heinrich (Karl Ludolf) von ~ 9/643; Sybel, Heinrich Ferdinand Philipp von † 9/643; Syberberg, Rüdiger (Johannes) ~ 9/643; Szivessy, Guido ~ 9/646; Taeschner, Franz Gustav ~ 9/650; Taube, Michael ~ 9/661; Taubert, Ernst Eduard ~ 9/662; Taubert, Otto ~ 9/662; Tausch, Julius ~/† 9/665; Teichmann, Ernst (Gustav Georg) ~ 9/669; Temme, Jodocus Donatus Hubertus ~ 9/673; Tenhumberg, Heinrich ~ 9/675; Terhalle, Fritz ~ 9/677; Tettau, Daniel von ~ 9/681; Thaler, Karl von ~ 9/687; Thalheimer, Siegfried ~ 9/688; Thedieck, Franz ~/† 9/690; Thegan, Bischof von Trier ~ 9/691; Thiel, (Ferdinand) Rudolf ~ 10/2; Thielicke, Helmut ~ 10/3; Thiemann, Walter (Wilhelm August) ~ 10/4; Thies, (Johann) Heinrich (Wilhelm) † 10/9; Thilenius, Georg (Heinrich Karl Julius Wilhelm) ~ 10/10; Thilenius, Georg (Christian Adolar Emil Julius) ~ 10/12; Thissen, Eugen (Johann Theodor) ~ 10/12; Thode, Henry ~ 10/12; Thoma, Richard (Emil) ~/† 10/15; Thomae, (Johann) Karl (Jakob) ~ 10/16; Thomas, Stephan G. † 10/19; Thomas, Wolfgang (Alexander) ~ 10/19; Thomée, Friedrich ~ 11/182; Thomsen, Robert ~/† 10/22; Thümmel, Friedrich Wilhelm ~ 10/24; Thürlings, Adolf ~ 10/27; Thurneysen, (Eduard) Rudolf ~/† 10/33; Tichi, Hans ~ 10/33; Tigges, Eduard ~ 10/41; Tille, Armin ~ 10/43; Tillmann, Fritz ~ 10/44; Tillmanns, (Robert) Hermann ~ 10/44; Tillmanns, Robert ~ 10/44; Tischbein, Carl Wilhelm ~ 10/48; Tischler, Friedrich (Carl Adalbert) ~ 10/50; Tischler, Georg (Friedrich Leopold) ~ 10/50; Tobler, Adolf ~ 10/53; Toeplitz, Otto ~ 10/58; Tollin, Henri Wilhelm Nathanael ~ 10/61; Torhorst, Marie ~ 10/64; Traub, Hellmut ~ 10/70; Traube, Isidor ~ 10/70; Traut, Hermann ~ 10/72; Trautmann, Moritz ~ 10/73; Treibs, Wilhelm ~ 10/77; Treitschke, Heinrich (Gotthard) von ~ 10/78; Trendelenburg, Ernst ~ 10/80; Trendelenburg, Friedrich ~ 10/80; Trendelenburg, Paul * 10/81; Treviranus, Ludolf Christian ~/† 10/86; Trimborn, Hermann */~/† 10/89; Trimborn, Karl † 10/89; Troeltsch, Ernst (Peter Wilhelm) ~ 10/91; Trojan, Johannes ~ 10/94; Troll, Carl ~/† 10/94; Troßmann, Hans ~/† 10/97; Trott zu Solz, August (Clemens Bodo Paul Willy) von ~ 10/99; Troxler, Ignaz Paul Vitalis ~ 10/99; Trumpf, Arnold ~/† 10/102; Trunk, Johann Jakob ~ 10/102; Tschudi, Friedrich von ~ 10/109; Twesten, August (Detlev Christian) ~ 10/119; Ude, Karl ~ 10/122; Ueberweg, Friedrich ~/† 10/124; Uhde, Gerhard (Gotthilf Karl) ~ 10/126; Ullrich, Hermann (Theodor) ~ 10/138; Ullrich, Otto ~/† 10/138; Ulrich, Robert ~ 10/147; Ulrichs, Heinrich Nikolaus ~ 10/147; Ungar, Emil */~/† 10/151; Ungeheuer, Günther ~/† 10/152; Unkelbach, Hermann ~/† 10/157; Unverzagt, Wilhelm (Hermann) ~ 10/161; Urlichs, (Karl) Ludwig von ~ 10/167; Usener, Hermann (Karl) ~/† 10/170; Vaerting, (Maria Johanna) Mathilde ~ 10/175; Vahlen, Franz * 10/176; Vahlen, Johannes */~ 10/176; Valenti, Ernst Joseph Gustav de ~ 10/177; Varrentrapp, Franz ~ 10/184; Varrentrapp, Konrad ~ 10/184; Vehring, Friedrich (Heinrich Theodor Hubert) ~ 10/187; Veit, (Aloys Constantin Conrad) Gustav von ~ 10/188; Velden, Johannes Joseph van der ~ 10/191; Velsen, Gustav von ~

10/191; Velten, Jodocus Bernhard */~/† 10/192; Venedey, Jacob ~ 10/193; Vering, Friedrich Heinrich ~ 10/196; Versé, Max August ~ 10/198; Vershofen, Wilhelm */~ 10/198; Verweyen, Johannes Maria ~ 10/198; Verworn, Max (Richard Konstantin) ~/† 10/198; Viehöver, Joseph ~ 10/204; Vielhaber, Heinrich (Gustav August) ~ 10/204; Vielhauer, Philipp (Adam Christoph) ~/† 10/204; Vierhaus, Felix ~ 10/204; Viëtor, Karl ~ 10/207; Virchow, Hans ~ 10/213; Vischer, Robert ~ 10/218; Vischer, Wilhelm ~ 10/218; Vleugels, Wilhelm ~/† 10/219; Vöchting, Hermann von ~ 10/220; Vöge, Wilhelm ~ 10/220; Vogel, (Julius Rudolph) Theodor ~ 10/228; Vogelsang, Karl (Friedrich) Frh. von ~ 10/229; Vogl, Annie † 10/230; Vogler, Christian Wilhelm Jacob August ~ 10/232; Vogt, Joseph (Heinrich Peter) ~ 10/234; Voigt, Fritz ~ 10/237; Volbach, Fritz ~ 10/241; Volhard, Franz ~ 10/243; Volkmann, Ernst (Oskar) ~ 10/245; Volkmann, Ludwig ~ 10/246; Volkmann, Otto (Hermann) † 10/246; Vollmer, Friedrich ~ 10/248; Vollmer, Johannes ~ 10/248; Vollmöller, Karl ~ 10/249; Vollmoeller, Karl Gustav ~ 10/249; Vondenhoff, Bruno ~ 10/252; Vonhausen, Wilhelm ~ 10/253; Vopelius, Richard von ~ 10/253; Vosen, Christian Hermann ~ 10/257; Voslensky, Michael ~/† 10/257; Vries, Axel de ~/† 10/261; Wach, Adolf ~ 10/264; Wachsmuth, Curt ~ 10/266; Wachsmuth, Werner (Curt Ferdinand) ~ 10/267; Wagemann, Ernst † 10/273; Wagener, Oskar ~ 10/274; Wages, Peter ~ 10/276; Wagner, Karl ~ 10/284; Wagner, Wilhelm ~ 10/290; Wahl, Adalbert ~ 10/292; Waibel, Leo ~ 10/294; Walb, Heinrich ~/† 10/297; Waldau, Max ~ 10/299; Waldstein, Ferdinand (Ernst Joseph Gabriel) Graf von ~ 10/307; Wallach, Otto (Hermann Theodor Gustav) ~ 10/309; Wallich, Hermann * 10/312; Wallraf, (Ludwig Theodor Ferdinand) Max ~ 10/315; Walter, Ferdinand ~/† 10/318; Walther, Friedrich * 10/323; Walther, Philipp Franz von ~ 10/325; Walzel, Oskar (Franz) ~/† 10/327; Wandersleb, Hermann ~/† 10/328; Wangenheim, Conrad von ~ 10/329; Wappäus, Johann Eduard ~ 10/332; Warburg, Aby M(oritz) ~ 10/332; Warburg, Otto ~ 10/334; Warmbold, Hermann ~ 10/335; Wartenberg, Albert Ernst Reichsgraf von ~ 10/338; Wasielewski, Joseph Wilhelm von ~ 10/341; Wasserfuhr, (Augustus) Hermann ~ 10/342; Wattenbach, (Ernst Christian) Wilhelm ~ 10/345; Wattenwyl, Eduard von ~ 10/345; Watterich, Johannes Matthias ~ 10/346; Watzinger, Carl ~ 10/347; Weber, Adolf ~ 10/348; Weber, Albrecht (Friedrich) ~ 10/348; Weber, Alfred ~ 10/349; Weber, Carl Maria ~ 10/351; Weber, Carl Otto ~ 10/351; Weber, Hans Emil ~/† 10/354; Weber, Helene ~/† 10/355; Weber, Hellmuth von ~/† 10/355; Weber, Hermann ~ 10/355; Weber, Karl ~ 10/356; Weber, Ludwig ~/† 10/357; Weber, Otto ~ 10/360; Weber, Theodor ~/† 10/361; Weber, Werner ~ 10/362; Weber-Liel, Friedrich Eugen ~/† 10/363; Websky, (Christian Friedrich) Martin ~ 10/364; Wecus, Walter von ~ 10/366; Wedekind, Hermann ~ 10/369; Wedel, Botho Graf von ~ 10/369; Weege, Fritz ~ 10/371; Wegeler, Franz Gerhard */~ 10/371; Wehberg, Hans ~ 10/375; Wehner, Herbert (Richard) † 10/376; Wehrstedt, Friedrich-Wilhelm ~/† 10/379; Weidert, Otto † 10/382; Weierstraß, Karl (Theodor Wilhelm) von ~ 10/385; Weigel, Hermann ~ 10/387; Weinel, Heinrich ~ 10/395; Weisenborn, Günther ~ 10/402; Weisgerber, (Johannes) Leo ~/† 10/403; Weiss, (Christian) Ernst ~ 10/407; Weisser, Gerhard † 10/414; Weitbrecht, Hans Jörg ~/† 10/416; Weizel, Walter ~/† 10/419; Welcker, Friedrich Gottlieb ~/† 10/421; Welcker, Hermann ~ 10/421; Welcker, Karl Theodor ~ 10/421; Welczek, Johannes Graf von ~ 10/422; Weling, Anna Thekla von ~ 10/424; Well, Günther van ~/† 10/424; Welte, Benedikt ~ 10/428; Welzel, Hans ~ 10/431; Wende, Erich † 10/431; Wendland, (Johann Theodor) Paul ~ 10/433; Wendorff, Hugo ~ 10/433; Wenger, Paul Wilhelm † 10/435; Werner, Fritz ~ 10/446; Wernicke, Otto (Karl Robert) ~ 10/451; Werth, Helene * 10/452; Wessel, Helene † 10/456; Wessels, Theodor ~ 10/456; Westhues, Heinrich ~ 10/459; Westphal, Alexander ~/† 10/460; Westphal, Heinz ~/† 10/460; Westphal, Siegfried ~ 10/461;

Mises, Richard Martin Edler von † 7/152; Motzkin, Theodor(e) Samuel ~ 7/233; Muck, Carl ~ 7/238; Münch, Carl ~ 7/292; Muralt, Alexander von ~ 7/310; Muthmann, Wilhelm ~ 7/320; Nathan, Fritz ~ 7/342; Nikisch, Arthur ~ 7/418; Nissen, Rudolf ~ 7/424; Noether, Gottfried (Emanuel) ~ 11/143; Oertel, Hanns ~ 11/148; Parkus, Heinz ~ 11/155; Paur, Emil ~ 7/582; Prager, Richard † 8/51; Rahner, Karl (Josef Erich) ~ 8/125; Redlich, Fritz ~ 8/179; Rehbock, Theodor ~ 8/190; Richterich, Roland ~ 8/285; Riotte, (Nicolaus Ferdinand) Hermann ~ 8/321; Rohde, Friedrich Wilhelm ~ 8/367; Rosé, Eduard ~ 8/386; Rüdenberg, Reinhold † 8/445; Satter, Gustav ~ 8/523; Schaltenbrand, Georges ~ 8/563; Schaper, Alfred ~ 8/565; Schipper, Emil ~ 8/648; Schmidt, Gerhard ~/† 9/8; Schrödinger, Erwin ~ 9/152; Schubert, Oskar ~ 9/164; Spurzheim, Johann Christoph † 9/424; Steinberg, William ~ 9/486; Swarzenski, Georg ~/† 9/640; Swarzenski, Hanns (Peter) ~ 9/640; Thannhauser, Siegfried (Josef) † 9/689; Urban, Joseph ~ 10/165; Viëtor, Karl † 10/207; Walcker, Eberhard Friedrich ~ 10/298; Wiegand, Heinrich ~ 10/481; Wieland, Heinrich (Otto) ~ 10/484; Wislicenus, Johannes (Adolph) ~ 10/542; Zerbe, Karl ~ 10/644

Boswil (Kt. Aargau)
Haller, Hermann † 4/347; Nüscheler, Richard Arthur ~/† 7/447

Botany Bay (Australien)
Bauer, Ferdinand Lukas ~ 1/324

Botenlauben
Otto von Botenlauben, Graf von Henneberg ~ 7/533

Botenwald (tschech. Butovice, heute zu Studénka)
Gold, Franz * 4/76

Bothenheiligen
Blumentrost, Laurentius * 1/588

Bothfeld (seit 1907 zu Hannover)
Gerns, Heinrich * 3/653; Schlegel, Karl August Moritz ~ 8/661

Botnang (seit 1922 zu Stuttgart)
Wekhrlin, Wilhelm Ludwig * 10/421

Botoşani → Botuschani

Botshabelo (Transvaal)
Merensky, Hans * 7/70

Bottendorf (Kyffhäuserkreis)
Steinhoff, Johannes * 9/495

Bottmingen (Kt. Basel-Landschaft)
Müller, Eduard † 7/252

Bottorf (Gem. Menslage)
Wachhorst de Wente, Friedrich * 10/265

Bottrop
siehe auch *Kirchhellen*
Albers, Josef */~ 1/65; Everding, August * 11/56; Feller, Kurt † 3/260; Giese, Else ~/† 4/1; Lange, Albert ~ 6/230; Lüer, Hans ~ 6/517; Ohm, Johannes ~/† 7/480; Postberg, Wilhelm ~/† 8/45; Velten, Bernhard † 10/192; Zech, Paul ~ 10/625

Bottwar → Großbottwar

Botuschani (rumän. Botoşani)
Halbert, Awrum Albert * 4/342

Bouchoute (Belgien)
Charlotte, Kaiserin von Mexiko † 2/305

Bouconville (Frankreich)
Lotz, Ernst Wilhelm † 6/484

Boucquenon (Frankreich)
Frank, Johann (Peter) ~ 3/399

Boudry (Kt. Neuenburg)
Bovet, Arnold * 2/51; Forrer, Joachim ~ 3/374

Bouge (Belgien)
Juan d'Austria, Don ~ 5/369

Boulay → Bolchen

Boulder (Colorado, USA)
Praeger, Frederick Amos ~/† 8/49

Boulogne-sur-Mer (Dép. Pas-de-Calais, Frankreich)
Blahetka, Marie Leopoldine ~/† 1/554; Heinrich II. von Finstingen, Erzbischof von Trier † 4/536; Lehmann,

Heinrich ~ 6/293; Reichardt, Alexander ~/† 8/196; Schüfftan, Eugen ~ 9/169

Bourges
Bouquin, Pierre ~ 2/49; Donellus, Hugo ~ 2/594; Dryander, Johann ~ 2/629; Freher, Marquard ~ 3/421; Geizkofler von Reifenegg von und zu Gailenbach, Zacharias ~ 3/614; Gerhaert, Nicolaus von Leiden ~ 3/638; Gesner, Konrad ~ 3/665; Giphanius, Hubertus ~ 4/13; Günterode, Tilemann ~ 4/236; Holbein, Hans d.J. ~ 5/144; Husanus, Henricus ~ 5/232; Jagemann, Johann von ~ 5/289; Johann Adam, Kurfürst und Erzbischof von Mainz ~ 5/341; Kistner, Nicolaus ~ 5/560; Knebel von Katzenellenbogen, Johann Anton Reichsfreiherr ~ 5/617; Lambeck, Peter ~ 6/202; Lobwasser, Ambrosius ~ 6/433; Olevianus, Kaspar ~ 7/487; Rem, Wolfgang Andreas ~ 8/237; Rodenstein, Philipp von ~ 8/345; Schütz, Benjamin ~ 9/176; Stamford, Heinrich Wilhelm von * 9/442; Zimmern, Froben Christoph Graf von ~ 10/672

Bournemouth (England)
Grieß, Johann Peter † 4/166

Bout du Monde
Sanden, Hans ~ 8/511

Bouvines
Horstmar, Bernhard II. Edelherr von ~ 5/183

Bouxwiller → Buchsweiler

Bouzov → Besdiekau

Bouzov → Busau

Bovenau → Kluvensiek

Bovenden
siehe auch *Eddigehausen, Harste, Lenglern*
Bretschneider, Hans-Jürgen † 2/123; Deichgräber, Karl † 11/44; Römer, Friedrich Adolph ~ 11/164; Schulze, Ernst (August) * 9/199

Bowil (Kt. Bern)
Wölfli, Adolf * 10/557

Bowood (England)
Ingen-Housz, Jan † 5/255

Bowrede
Steenken, Hartwig * 9/463

Boxberg (Main-Tauber-Kreis)
siehe auch *Lengenrieden*
Abegg, Johann Friedrich ~ 1/2; Manuwald, Martin * 6/602; Nied, (Johann) Edmund * 7/403; Reichert, Jakob Wilhelm * 8/203; Vulpius, Oskar * 10/262; Weickum, Karl Franz * 10/381

Boyne (Irland)
Schomberg, Friedrich Hermann Graf von † 9/112

Božanov → Barzdorf

Bozen (italien. Bolzano)
siehe auch *Gries, Rentsch, Sankt Justina*
Aichner, Simon ~ 1/61; Alten, Karl (August) Graf von † 1/97; Ammerbacher, Heinrich Daniel ~ 1/117; Amonn, Marius ~ 1/118; Anzoletti, Patrizius */~ 1/154; Atz, Karl ~ 1/211; Bachlechner, Joseph ~ 1/244; Baldauf, Adam ~ 1/273; Beisbarth, Carl Friedrich ~ 1/406; Bickel, Theodor (Johannes) † 1/513; Böhler, Lorenz ~ 1/615; Braith, Anton ~ 2/58; Bühler, Franz ~ 2/200; Butze-Beermann, Nuscha ~ 2/260; Coreth und Starkenberg, Emerich Nikolaus Ferdinand Otto Maria Graf zu ~ 2/373; Danek, Vinzenz Edler von Esse ~ 2/440; Debs, Benedikt ~/† 2/455; Delug, Alois (Johann Josef) */~ 2/497; Di Pauli von Treuheim, Andreas (Alois) Frh. ~ 2/554; Duile, Josef ~ 2/645; Eberle, Syrius † 2/674; Egger, Josef ~ 3/28; Egno, Bischof von Brixen und Trient ~ 3/33; Eisenstecken, Josef ~/† 3/74; Engelberg, Burkhard ~ 3/116; Erhard, Andreas * 3/144; Exeler, Adolf † 3/200; Förster, Emil von ~ 3/362; Freumbichler, Johannes ~ 3/431; Gasbarra, Felix ~/† 3/577; Gasser, Georg ~/† 3/578; Gassner, Andre(as) (Ulrich Jakob) † 3/579; Gasteiger, Albert (Josef) Frh. von Raabenstein und Kobach † 3/580; Gatterer, Claus ~ 3/582; Giampietro, Joseph ~ 3/677; Giovanelli, Ignaz Frh. von * 4/13; Giovanelli, Joseph Frh. von ~/† 4/13; Giovanelli, Karl Frh. von ~ 4/13; Glantschnigg, Joseph Anton */~ 4/21; Glantschnigg, Ulrich ~/† 4/21; Goldschmitt, Bruno

~ 4/87; Grabmayr von Angerheim, Karl von * 4/116; Grabner, Hermann † 4/117; Gredler, Vincenz Maria ~/† 4/146; Gruber von Zurglburg, Philibert ~/† 4/208; Gütersloh, Albert Paris ~ 4/247; Gufler, Josef ~ 4/248; Gurschner, Gustav ~ 4/265; Guthery, Franz * 4/270; Pater Hartmann ~ 4/404; Haslmayr, Adam */~ 4/425; Haspinger, Joachim ~ 4/426; Hausmann, Franz Frh. von */† 4/451; Heermann, Hugo ~ 4/476; Heinrich von Burgeis ~ 4/537; Hellweger, Franz ~ 4/569; Hempel, Sebastian R. von ~ 4/579; Henrici, (Johann Josef) Karl ~/† 4/594; Hepperger, Josef von */† 4/602; Heyl, Johann Adolf ~ 5/22; Hinterholzer, Andreas ~ 5/55; Hintner, Johann ~/† 5/56; Hocher von Hohenburg und Hohenkräen, Johann Paul Frh. ~ 5/81; Hofbauer, Louis ~ 5/108; Hofer, Gottfried * 5/109; Hoffmann, Hans ~ 5/118; Huber-(Pestalozzi), Gottfried ~ 5/196; Huldschiner, Richard ~ 5/220; Huyn, Paul Graf von † 5/238; Jäger, Alderich von ~/† 5/282; Jehly, Georg * 5/315; Jordan, Carl * 5/361; Jung, Franz ~ 5/379; Kessler, Gabriel ~/† 5/519; Kink, Franz * 5/542; Klocker, Hans ~ 5/601; Knoll, Albert (Joseph) ~/† 5/627; Kob, Anton ~/† 5/633; Köbrich, Karl † 5/647; Körbler, Clemens ~ 5/670; Kolland, Engelbert ~ 6/16; Kraft, Emil ~ 6/64; Langer, Angela ~ 6/241; Lanzinger, Hubert ~/† 6/251; Liebener von Monte Cristallo, Leonhard ~ 6/379; Lierheimer, Bernhard ~ 6/392; Lippert, Johann Georg ~ 6/418; Lucerna, Eduard † 6/491; Luchner, Oskar Friedrich ~ 6/491; Lustig-Prean von Preanfeld, Karl ~ 6/534; Matzak, Franz ~ 6/665; Mayr, Peter † 7/15; Mayr, Richard ~ 7/15; Mayrl, Anton von * 7/17; Meyer-Förster, Elsbeth † 7/112; Moser, Carl */~/† 7/222; Moser, Ludwig Karl † 7/227; Mumelter, Hubert */† 7/306; Nagiller, Matthäus ~ 7/335; Natter, Heinrich ~ 7/345; Neuert, Hans ~ 7/376; Noë, Heinrich (August) † 7/430; Noldin, Josef † 7/434; Oberkofler, Josef Georg ~ 7/453; Oberrauch, Herkulan ~ 7/456; Obwexer, Josef Vinzenz */~/† 7/460; Orel, Eduard von † 7/504; Penz, Ludwig ~ 7/596; Pepöck, August ~ 7/597; Perathoner, Julius ~ 7/598; Pettenkofer, Franz Xaver ~ 7/624; Piffrader, Hans ~/† 7/669; Ploner, Innozenz ~ 8/5; Posch, Eduard ~ 8/41; Posch, Rudolf † 8/42; Prokop, August † 8/78; Psenner, Ludwig * 8/84; Raber, Vigil ~ 8/110; Rainer Josef, Erzherzog von Österreich ~/† 8/128; Ramoser, Peter */~/† 8/133; Rappel, Jakob ~ 8/143; Rautenkranz, Johann Wenzel ~ 8/165; Reider, Simon ~ 8/206; Reitzenbeck, Heinrich ~ 8/236; Renk, Anton ~ 8/242; Reut-Nicolussi, Eduard ~ 8/259; Riehl, Alois * 8/298; Rigler, Peter (Paul) † 8/310; Riß, Heinrich ~ 8/323; Roesler, (Carl Friedrich) Hermann † 8/360; Santifaller, Leo ~ 8/516; Santner, Johann ~/† 8/517; Scala, Ferdinand von * 8/536; Schenk, Alois David ~ 8/602; Schmid, Josef */~ 8/703; Schmidt-Weißenfels, Eduard † 9/26; Schnack, Anton ~ 9/44; Schnurbein, Balthasar (II.) ~ 9/70; Schnurbein von und zu Meitingen, Balthasar (III.) ~ 9/70; Schönherr, (Maximilian) Joseph ~ 9/95; Schrafl, Anton * 9/126; Schullern, Heinrich Ritter von und zu Schrattenhofen ~ 9/185; Siegmund, Ferdinand ~ 9/314; Silbernagl, Johann Jakob * 9/327; Singer, Peter Alkantara ~ 9/339; Six, Franz (Alfred) † 11/175; Spaeth, Josef * 9/381; Stoll, August ~ 9/551; Stolz, Rudolf */~ 9/555; Theyer, Leopold ~ 9/695; Thoman, Moritz ~/† 10/16; Thuille, Ludwig (Wilhelm Andreas Maria) * 10/27; Trautson, Johann Frh. von ~ 10/74; Trenker, Luis ~/† 10/81; Trentini, Albert von * 10/82; Tritonius, Petrus */~ 10/90; Tschiderer zu Gleifheim, Johannes Nepomuk * 10/107; Valier, Maximilian * 10/179; Waideck, Leopoldine Frfr. von ~ 10/295; Wasmann, (Rudolf) Friedrich ~ 10/341; Weber, Adam ~ 10/350; Wieser, Franz Ritter von ~ 10/490; Wüllerstorf-Urbair, Bernhard Frh. von † 10/592; Wustmann, Rudolf ~ 10/601; Zallinger zum Thurn, Jakob Anton von */† 10/616; Zallinger zum Thurn, Otto von * 10/616; Ziegler, Julius ~ 10/655

Bożepole → Groß-Nogath
Boží Dar → Gottesgab
Božice → Groß Grillowitz
Bożków → Eckersdorf

Brachelen (seit 1972 zu Hückelhoven)
Schüngeler, Heinz * 9/171
Bracht (Eslohe, Sauerland)
Koch, Christine ~/† 5/638
Bracht (Gem. Brüggen, Kr. Viersen)
Dingelstadt, Hermann * 2/551
Brachwitz (Saalkreis)
Eversmann, (August Friedrich) Alexander von * 3/197
Brackenheim
siehe auch *Hausen an der Zaber, Meimsheim*
Balz, Friedrich ~ 1/283; Bidembach, Wilhelm * 1/515; Heuss, Theodor ~ 5/13; Hock, Wendelin * 5/83; Kyriß, Ernst * 6/185; Richter, Friedrich ~ 8/278; Sam, Konrad ~ 8/508; Seybold, David Christoph * 9/296
Brackrade (seit 1936 zu Bosau, Kr. Ostholstein)
Harms, Heinrich * 4/390
Brackwede (seit 1972 zu Bielefeld)
Heiler, Anne Marie * 4/497; Heye, Hermann ~ 5/21; Niemeyer, Reinhold ~/† 11/141; Nottebohm, (Johann) Abraham ~/† 11/144; Windel, Hermann ~ 11/184
Bradford (England)
Bohle, Ernst * 2/1; Borchardt, Ludwig ~ 2/26; Haas, Alma ~ 4/285; Haas, Philipp ~ 4/287; Trübner, Alice * 10/100; Weerth, Georg (Ludwig) ~ 10/371
Bradley (Illinois, USA)
Manes, Alfred ~ 6/586
Bradu → Gierelsau
Braemar (Schottland)
Lamont, Johann von * 6/207
Brätz (poln. Brojce)
Seiffert, Konrad (Julius Friedrich) * 9/270
Bräunrode
Garcke, (Christian) August (Friedrich) * 3/573
Bräunsdorf (seit 1994 zu Bräunsdorf-Langhennersdorf, seit 1997 zu Oberschöna)
Nostitz und Jänckendorff, Gottlob Adolf Ernst von ~ 7/441; Tennecker, (Christian Ehrenfried) Seyfert von * 9/675
Bräunsdorf (seit 1998 zu Limbach-Oberfrohna)
Walther, Carl Ferdinand Wilhelm ~ 10/323
Bragança (Portugal)
Müller, Walter Heinrich ~ 7/282
Brăila (Rumänien)
Economo von San Serff, Constantin Alexander Frh. * 3/16; Pfannes, Fini † 7/636
Brake (seit 1969 zu Lemgo)
Roller, Christian ~ 8/375; Simon IV., Graf zur Lippe † 9/330
Brake (Unterweser)
siehe auch *Hammelwarden*
Becker, Enno (Franz August) ~ 1/376; Bunje, Karl ~ 2/224; Finckh, Eugen (Alexander Gustav Carl Emil) von ~ 3/299; Graepel, Otto (Friedrich) ~ 4/123; Groninger, Friedrich Ludwig Adolph * 4/186; Lueken, Emil (Heinrich Wilhelm) ~ 6/519; Müller, Wilhelm ~ 7/283; Scherer, Hans d. J. ~ 8/610; Vring, Georg von der * 10/262
Brakel
siehe auch *Abbenburg, Bökendorf, Niesen*
Dietrich von Nieheim (Niem, Nyem) * 2/533; Gluge, Gottlieb * 4/38; Hatteisen, Ludwig * 4/432; Kleinschmidt, Beda * 5/580; Legge, Peter * 6/289; Rudolphi, Johann Georg */† 8/442
Bralin (Kr. Groß-Warthenberg)
Perlitius, Ludwig * 7/602
Brambach
Lichtenberger, Johannes ~/† 6/375; Rödiger, Fritz * 8/349; Seitz, Johannes † 9/275
Bramberg (Gem. Neuenegg, Kt. Bern)
Moser, Christian ~ 7/223
Bramsche
siehe auch *Engter, Strang*
Arning, Marie * 1/182; Neuendorff, (Gustav Rudolf) Edmund ~/† 11/137
Bramstedt → Bad Bramstedt

Brand (Freiberg, Kr. Freiberg)
Pfeifer, Richard Arwed * 7/639
Brand (Kr. Tirschenreuth)
Reger, Max (Johann Baptist Joseph) * 8/185
Brand (Marktredwitz)
Brandt, (Christoph) Jobst vom ~/† 2/69
Brand (tschech. Milíře, Bez. Tachau, heute zu Lučina/Sorghof)
Dill, Hans * 2/546
Brand (tschech. Žd'ár, Bez. Gablonz an der Neiße)
Hartig, Arnold * 4/399
Brand-Erbisdorf → Linda
Brand-Laaben (Niederösterreich)
Posch, Andreas * 8/41
Brandberg (Tirol)
Schneeberger, Hans * 9/48
Brande-Hörnerkirchen → Hörnerkirchen
Brandeis (tschech. Brandýs)
Porges, Otto * 8/37; Zierotin, Karl von * 10/659
Brandeis an der Adler (tschech. Brandýs nad Orlicí)
Heger, Franz * 4/482
Brandeis an der Elbe (tschech. Brandýs nad Labem)
Dallinger, Franz Theodor ~ 2/434; Ludwig Salvator, Erzherzog von Österreich † 6/504; Mahr, Gustav * 6/569
Brandenburg (russ. Ušakovo)
Büttner, Christoph Gottlieb * 2/215; Heinrich, (Ernst Gustav) Theodor * 4/543; Loesel, Johannes * 6/447; Mylius, Georg † 7/323; Thierfelder, Albert ~ 10/6
Brandenburg an der Havel
siehe auch *Plaue*
Adler, Georg Christian ~/† 1/39; Adler, Georg Christian * 1/39; Albrecht, Lisa Maria Fanny ~ 1/83; Altmann, Josef ~ 1/103; Arndt, Walter † 1/176; Bardey, Ernst ~ 1/293; Baumann, Ludwig Adolph ~ 1/337; Blell, Karl */~/† 1/568; Blühdorn, Johann Ernst Christian ~ 1/580; Bömiche, Georg ~ 1/629; Bormann, Albert Karl ~ 2/31; Breymann, Heinrich Adam Julius ~ 2/129; Brünneck, Karl Otto Magnus von * 2/161; Buchholz, (Paul Ferdinand) Friedrich ~ 2/184; Budeus, Walter † 2/193; Büchmann, (August Methusalem) Georg ~ 2/195; Carpzov, Benedikt I. * 2/286; Chronegk, Ludwig * 2/335; Conitzer, Alfred ~ 2/362; Dehms, Alexander ~ 2/468; Dietrich II. von der Schulenburg, Bischof von Brandenburg † 2/531; Dohna, Fabian Burggraf zu * 2/583; Ehrenberg, Friedrich ~ 3/37; Ehrenberg, Paul (Richard Rudolf) * 3/38; Forck, Gottfried ~ 11/62; Formey, Johann Heinrich Samuel ~ 3/373; Fouqué, Friedrich (Heinrich Karl) Baron de la Motte * 3/380; Fouqué, Heinrich August Baron de la Motte ~ 3/380; Fraenger, Wilhelm ~ 3/381; Fromm, Friedrich † 3/509; Gäbler, Fritz ~ 3/552; Garcaeus, Johann d. J. ~ 3/573; Gebauer, Johannes Heinrich ~ 3/591; Gebhard, Paul */~ 3/593; Giebe, Erich * 3/677; Girnus, Wilhelm (Karl Albert) ~ 4/15; Goerz, Carl (Paul) * 4/61; Groscurth, Georg † 4/189; Grunert, Johann August ~ 4/226; Gutschow, Hermann (Otto Theodor) * 4/272; Hagen, Thomas Philipp von ~ 4/322; Hammer, Gusta * 4/361; Hausser, Paul * 4/453; Havemann, Robert (Hans Günther) ~ 4/457; Heins, Martin ~ 4/545; Hermes, Johann Timotheus ~ 4/633; Heydekampff, Gerd Stieler von ~ 5/17; Hieronymus Schultze, Bischof von Brandenburg und Havelberg ~ 5/32; Hochheim, (Karl) Adolf ~ 5/81; Honecker, Erich ~ 5/166; Horn, Cäsar † 5/176; Hosemann, Theodor (Friedrich Wilhelm Heinrich) * 5/185; Jacob, Franz † 5/270; Jung, Alfred ~ 5/377; Kaempf, Johannes ~ 5/395; Kehr, Eckart * 5/484; Kehrl, Hans † 11/101; Kindermann, Balthasar ~ 5/540; Knöchel, Wilhelm † 5/625; Kowalke, Alfred † 6/57; Kropatschek, Hermann ~ 6/119; Kühne, Otto † 6/146; Lange, Fritz ~ 6/232; Leow, Willy ~ 6/335; Loebell, Friedrich Wilhelm von † 6/438; Ludwig, Maximilian ~ 6/509; Mandrella, Rudolf † 6/585; Matschie, Paul * 6/657; Meinicke, Carl Eduard * 7/36; Metzger, Max Josef † 7/91; Moellendorff, Wichard (Joachim Heinrich) von ~ 7/167; Moritz, Prinz von Anhalt-Dessau ~ 7/215; Mühsam, Paul * 7/244; Müller,

Friedrich (Carl Georg) ~ 7/258; Neddermeyer, Robert ~ 7/355; Neubauer, Theodor (Thilo) ~/† 7/371; Neumann, (Friedrich) Wilhelm † 7/387; Nordhoff, Heinrich ~ 7/438; Noske, Gustav */~ 7/440; Oldenburg-Januschau, Elard von ~ 7/486; Otto III., Markgraf von Brandenburg † 7/531; Raschig, Friedrich (August) * 8/145; Reichstein, Carl */† 8/204; Reichstein, Walter */~ 8/205; Reinisch, Franz † 8/225; Rescher, Wilhelm ~ 8/248; Riedesel, Friederike Charlotte Luise Frfr. von * 8/293; Römer, Josef † 8/353; Roffhack, Albert ~ 8/365; Rüstow, Friedrich Wilhelm * 8/456; Sabinus, Georg * 8/485; Sachs, Karl † 8/488; Saefkow, Anton ~/† 8/492; Schale, Christian Friedrich * 8/559; Schenck, Hans ~ 8/601; Scheurich, Paul † 8/619; Schleicher, Kurt von * 8/664; Schlicht, Levin Johannes ~ 8/674; Schlicht, Ludolf Ernst * 8/674; Schlunk, (Karl Albert) Martin ~ 8/689; Schwantes, Martin † 9/223; Seckendorff, Götz von ~ 9/252; Seelenbinder, Werner † 9/259; Siegrist, Philipp ~ 9/315; Sievers, Max (Wilhelm Georg) † 9/322; Sprengel, Christian Konrad * 9/418; Stavenhagen, Alfred (Friedrich Rudolph Otto) * 9/460; Steinhausen, Georg * 9/493; Steinmayr, Johann † 9/499; Stephan Bodeker, Bischof von Brandenburg ~/† 9/508; Stökl, Helene * 9/544; Susa, Charlotte ~ 9/635; Thüngen, Karl Frh. von † 10/26; Tschirch, Otto ~/† 10/107; Uhlmann, Walter ~ 10/132; Uhrig, Robert † 10/132; Voss, Julius (Johann Joachim) von * 10/259; Wachsmann, Alfons Maria † 10/266; Wegener, Georg * 10/372; Weidling, Friedrich ~ 10/383; Wölfel, Hans Wilhelm † 10/556; Wüsten, Johannes † 10/595; Zach, Richard ~/† 10/609; Zedlitz und Leipe, Karl Abraham Frh. von ~ 10/627
Brandýs → Brandeis
Brandýs nad Labem → Brandeis an der Elbe
Brandýs nad Orlicí → Brandeis an der Adler
Branica → Branitz
Braniewo → Braunsberg (Ostpr.)
Branitz (Cottbus)
Pückler-Muskau, Hermann (Ludwig Heinrich) Fürst von ~/† 8/86
Branitz (poln. Branica)
Assmann, Johann Baptist (Maria) * 1/207; Snaga, Josef * 9/354
Brannenburg
siehe auch *Degerndorf a. Inn, Sankt Margarethen, Vorderleiten*
Caspar, Karl ~/† 2/291; Caspar-Filser, Maria von ~ 2/291; Eberle, Christoph ~ 2/673; Funk, Fritz Bernhard ~ 3/541; Heiseler, Bernt von */† 4/550; Kröner, Christian ~ 6/111; Lampe, Walther ~ 6/209; Langelütke, Hans † 11/117; Loschge, August † 6/477; Mintz, Maximilian (Joseph) † 7/149; Müller, Rolf (Hans) ~ 7/280; Schmaedel, Joseph Ritter von ~ 8/690; Schoenberg, Erich (Karl Wilhelm) † 9/85; Steinbeis, Otto von † 9/485; Winzerer, Kaspar von † 10/537
Bransdorf (tschech. Brantice)
Kuenburg, Gandolph Graf von * 6/150
Brantice → Bransdorf
Braschwitz
Behrens, Franz Richard * 1/401
Brasilia (Brasilien)
Scharoun, Hans ~ 8/570
Braşov → Kronstadt
Brass (Nigeria)
Flegel, Eduard (Robert) † 3/340
Braszowice → Baumgarten
Brathean → Brattian
Bratislava → Preßburg
Bratjan → Brattian
Brattian (poln. Bratjan)
Dusemer, Heinrich ~ 2/657; Heinrich Dusemer, Hochmeister des Deutschen Ordens † 4/526
Braubach
siehe auch *Marksburg*
Berge, Elisabeth von ~ 1/442; Braubach, Peter * 2/76;

Brückmann, Karl Philipp * 2/153; Dillenius, Johann Jakob ~ 2/546; Schlusnus, Heinrich * 8/689; Schupp, Johann Balthasar ~ 9/210; Tremper, Will * 11/182; Winterwerb, (Georg) Philipp * 10/536

Brauchitschdorf (poln. Chróstnik)
Schmolck, Benjamin * 9/39

Brauna (seit 1994 zu Schönteichen)
Peerenboom, Else * 7/588

Braunau (Gem. Tobel, Kt. Thurgau)
Salis, Arnold von ~ 8/499

Braunau (poln. Brunow)
Scholz, Paul * 11/172

Braunau (tschech. Broumov)
Brokoff, Johann ~ 2/144; Eppinger, Karl * 3/133; Fritsch, Franz Xaver ~ 3/493; Gerberich, Karl ~ 3/636; John, Hanns * 5/355; Langer, Eduard ~/† 6/241; Liebieg, Franz Ritter von ~ 6/384; Liebieg, Johann Frh. von * 6/384; Lippert, Julius * 6/418; Rautenstrauch, Franz Stephan ~ 8/165; Teuber, Karl Oskar ~ 9/682

Braunau am Inn (Oberösterreich)
Daringer, Engelbert ~ 2/445; Führer, Robert (Johann Nepomuk) ~ 3/524; Glaise-Horstenau, Edmund von * 4/20; Hammerstein-Equord, Hans (Baptist August Franz Seraph Placidus Maria) Frh. von ~ 4/363; Heyden, Hubert von ~ 5/18; Hitler, Adolf * 5/73; Hitzenauer, Christoph * 5/76; Löffelholz von Colberg, Thomas † 6/439; Meichel, Joachim * 7/29; Palm, Johann Philipp ~/† 7/552; Pöschl, Thomas ~ 8/14; Prechtl, Hermann * 8/56; Reiter, Josef * 8/234; Rotenbucher, Erasmus * 8/410; Schneider, Constantin * 9/51; Staudigl, Gisela * 9/457; Valkenauer, Hans ~ 10/180; Weissner, Hilde † 10/415; Zürn, Martin ~/† 10/698

Braunfels
siehe auch *Altenkirchen*
Amalia, Prinzessin von Oranien * 1/109; Deiker, Johannes (Christian) ~ 2/470; Deiker, Karl Friedrich ~ 2/471; Deißmann, (Friedrich Jakob Wilhelm) Carl ~ 2/472; Du Bos Frh. du Thil, Carl (Wilhelm Heinrich) */~ 2/631; Frankenberger, Johann ~ 3/406; Gerster, Ottomar * 3/659; Henkel, Heinrich * 4/585; Kaiser, Eduard † 5/405; Kleist, Ewald von * 5/582; Mallet, Friedrich Ludwig * 6/579; Münster, Friederike * 7/296; Oppler, Edwin ~ 7/502; Reitz, Johann He(i)nrich ~ 8/236; Salm-Horstmar, Wilhelm Friedrich Karl August Fürst * 8/501; Stroh, Friedrich † 9/592; Vely, E(mma) * 10/193; Wüllner, Franz † 10/592

Braunlage
siehe auch *Hohegeiß*
Brandes, Wilhelm * 2/64; Dahrendorf, Gustav † 2/431; Göderitz, Johannes † 11/69; Graaff, Carlo † 4/114; Heye, Wilhelm † 5/21; Mannheim, Lucie † 6/596; Rath, Klaus Wilhelm (Kurt Otto) † 8/148

Braunsbach (Kr. Schwäbisch Hall)
siehe auch *Steinkirchen*
Frankfurter, Naftali ~ 3/407; Neudörffer, Julius * 7/375; Schwedhelm, Karl † 9/234

Braunsbedra → Bedra

Braunsberg (tschech. Brušperk)
Oppenheim, Samuel * 7/499

Braunsberg (Ostpr.) (poln. Braniewo)
Achterfeldt, Johann Heinrich ~ 1/18; Annegarn, Joseph ~/† 1/144; Barion, Hans ~ 11/11; Bauer, Clemens ~ 1/324; Beckmann, Franz ~ 1/384; Bender, Joseph ~/† 1/416; Bittner, Franz (Seraph[in] Anton) ~ 1/551; Bludau, Augustinus ~ 1/579; Bronsart von Schellendorf, Heinrich Karl Christoph * 2/146; Cornelius, Karl Adolf von ~ 2/375; Dittrich, Franz ~ 2/562; Dürr, Lorenz ~ 2/641; Eichhorn, Anton ~ 3/51; Feldmann, Erich Emil ~ 3/256; Fischer, Johann ~ 3/320; Fürst, Alexander * 3/526; Funk, Philipp ~ 3/542; Gisevius, Paul ~ 4/17; Grunau, George (August) ~ 4/221; Grunau, Ignaz */~ 4/221; Grunwald, Georg */~ 4/227; Hefele, Hermann ~ 4/477; Hipler, Franz ~ 5/58; Hosius, Stanislaus ~ 5/185; Jedzink, Paul */~ 5/314; Jeroschewitz, Karl ~ 5/324; Junkmann, Wilhelm ~ 5/386; Killing, Wilhelm (Karl Joseph) ~ 5/538; Koch,

Hugo ~ 5/641; Koeniger, Albert ~ 5/664; Kranich, Anton ~ 6/71; Kroll, Josef ~ 6/113; Laemmer, (Eduard Ludwig) Hugo ~ 6/196; Laum, Bernhard ~ 6/268; Lehndorff, Ahasverus Graf ~ 6/299; Lichtenstein, Ernst * 6/376; Lortz, Joseph ~ 6/476; Lüdinghausen gen. Wolff, Friedrich Stanislaus Frh. von ~ 6/517; Meder, Johann Valentin ~ 7/22; Michelis, Friedrich ~ 7/126; Niedenzu, Franz ~/† 7/404; Oswald, Heinrich ~/† 7/521; Oswald, Josef ~ 7/521; Polzin, Ludwig Sebald ~ 8/30; Poschmann, Bernhard ~ 8/42; Protmann, Regina */† 8/81; Quadrantinus, Fabian ~/† 8/97; Regenbrecht, Michael Eduard * 8/184; Rosenmöller, Bernhard ~ 8/398; Schacht, Heinrich ~ 8/539; Schäfer, Karl Theodor ~ 8/548; Schmidt, Johann Christian ~ 9/11; Schreiber, Georg ~ 9/135; Söhngen, Gottlieb (Clemens) ~ 9/357; Steinmann, Alphons ~ 9/497; Thiel, Andreas ~ 10/1; Tiessen, Ernst (Georg) * 10/39; Tulawski, Josef ~ 10/115; Vincke, Johannes ~ 10/212; Watterich, Johannes Matthias ~ 10/346; Weierstraß, Karl (Theodor Wilhelm) ~ 10/385; Weiss, Hugo ~ 10/408; Ziegler, Joseph ~ 10/655

Braunschweig
siehe auch *Querum, Riddagshausen, Völkenrode, Wenden*
Abt, Franz ~ 1/15; Adler, Leopold ~ 1/40; Adler, Samuel ~ 1/41; Albanus, Johann August Leberecht ~ 1/63; Albrecht I. der Große, Herzog von Braunschweig ~ 1/76; Albrecht II., Herzog von Braunschweig-Lüneburg, Bischof von Halberstadt ~ 1/76; Albrecht IV., Graf von Wernigerode (als Albrecht VIII.), Bischof von Halberstadt ~ 1/76; Albrecht Friedrich Wilhelm Nikolaus, Prinz von Preußen, Regent in Braunschweig ~ 1/79; Ammann, Jost ~ 1/116; Amsberg, August Philipp Christian Theodor von ~ 1/120; Andersen, Friedrich Karl Emil † 1/124; Andreae, Johann Gerhart Reinhart ~ 1/129; Andree, Carl Theodor * 1/133; Andree, Richard ~ 1/133; Angelus von Braunschweig * 1/136; Anna Amalia, Herzogin von Sachsen-Weimar-Eisenach ~ 1/143; Anschütz, Georg * 1/145; Anton Ulrich, Herzog von Braunschweig-Wolfenbüttel ~ 1/151; Apin, Siegmund Jakob ~/† 1/157; Arents, Balthasar ~ 1/168; Arndt, Johann ~ 1/174; Arnold von Lübeck ~ 1/184; Arnold, Heinz ~ 11/6; Arnsburg, Friedrich Ludwig ~ 1/193; August Wilhelm, Herzog von Braunschweig und Lüneburg * 1/221; Bach, Wilhelm Friedemann ~ 1/241; Bader, Karl Adam ~ 1/253; Baerensprung, Horst W. ~/† 1/261; Baesecke, Georg * 1/263; Bangemann, Oskar */~ 1/288; Baring, Eberhard ~ 1/295; Bartels, August Christian ~ 1/298; Bartels, Ernst Daniel August * 1/299; Bartels, Johann Martin Christian * 1/299; Barthel, Alexander */~ 1/306; Barthel, Johann Christian Friedrich † 1/306; Basse, Gottfried ~ 1/314; Bauer, Constantin ~ 1/324; Bauer, Fritz ~ 1/325; Bauer, Hans ~ 11/13; Baumgarten, Hermann ~ 1/344; Baur, Emil ~ 1/349; Beck, Anton August */~/† 1/369; Beck, Johann Georg ~/† 1/371; Becker, Konrad † 1/380; Beckmann, Ernst Otto ~ 1/384; Beckurts, Heinrich */~/† 1/387; Beczwarzowsky, Anton Felix ~ 1/387; Behrends, Peter Wilhelm ~ 1/400; Behrens, Wilhelm Julius * 1/402; Bemmel, Peter von ~ 1/412; Beneke, Rudolf ~ 1/421; Bennigsen, Levin August Gottlieb Graf von * 1/426; Bercht, Julius Ludwig ~/† 1/434; Berger, Karl Philipp ~ 1/446; Berger, Wilhelmine ~ 1/447; Bergobzoomer, Katharina ~ 1/453; Bergwitz, Karl (Friedrich August) ~/† 1/454; Berkhan, Oswald ~/† 1/455; Bernewitz, Johann Heinrich Karl ~ 1/464; Bernstein, Elsa ~ 1/475; Beseler, Otto ~ 1/491; Beste, Wilhelm ~/† 1/495; Beumann, Helmut * 11/20; Beyer, Christian ~ 1/505; Beyer, Moritz ~ 1/506; Bielfeld, Jakob Friedrich Frh. von ~ 1/520; Bischoff, Johann Heinrich Christian ~ 1/543; Bitter, Friedrich Wilhelm Heinrich ~ 1/550; Blasius, Johann Heinrich ~/† 1/561; Blasius, Rudolf */~/† 1/561; Blasius, Wilhelm † 1/561; Blasius, Wilhelm */~/† 1/561; Blaustein, Arthur ~ 1/564; Blume, Heinrich Julius von */~ 1/585; Blumenau, Hermann (Bruno Otto) * 1/585; Bockelmann, Petrus ~ 1/596; Bodden, Ilona ~ 1/598; Bode, Johann (Joachim Christoph) */~ 1/599; Bode, (Georg) Wilhelm (Julius) ~/† 1/600; Boden, Hans Constantin * 1/602; Böck, Johann Michael ~ 1/606; Böhmer, Justus

Friedrich ~ 1/623; Böttcher, Ernst Christoph ~ 1/637; Boettger, Caesar Rudolf ~ 1/637; Bokemeyer, Heinrich ~ 2/6; Bora, Katharina von ~ 2/25; Borcholten, Statius ~ 2/28; Borcke, Caspar Wilhelm von ~ 2/28; Bornhardt, (Friedrich) Wilhelm (Conrad Eduard) * 2/35; Bošnjaković, Fran ~ 11/29; Bosse, Georg von */~ 2/44; Bosselt, Rudolf ~ 2/44; Bote, Hermann */~/† 2/46; Bote, Konrad ~/† 2/46; Botsack, Bartholomäus ~ 2/47; Brabant, Henning */† 2/53; Bracke, (Franz August) Wilhelm */† 2/54; Bracken, Helmut ~ 2/55; Brandes, Georg ~ 2/63; Brandes, Wilhelm ~ 2/64; Brandis, Joachim Dietrich ~ 2/65; Braun, Hermann ~ 2/81; Brecht, Gustav ~ 2/94; Breithaupt, Johannes Wilhelm Wolfgang ~/† 2/104; Breithaupt, (Theodor Maria Paul Franz) Rudolf * 2/105; Bressand, Friedrich Christian ~ 2/121; Bretschneider, Friedrich ~ 2/123; Breymann, Adolf ~ 2/129; Brinckmeier, Eduard ~/† 2/135; Brockdorff, Cay (Ludwig Georg Konrad) Baron von ~ 2/138; Bruchhausen, Friedrich Wilhelm Bernhard von ~/† 2/148; Brucks, Otto * 2/151; Brückmann, Franz Ernst ~ 2/153; Brückmann, Urban Friedrich Benedikt ~/† 2/153; Brüning, Kurt ~ 2/159; Brumleu, Johann Heinrich ~ 2/165; Bruns, Viktor von ~ 2/174; Bucholtz, Andreas Heinrich ~/† 2/188; Bülow, Gottfried Philipp von */~/† 2/203; Bünger, Christian Heinrich * 2/207; Büssing, (Johann) Heinrich (Friedrich Wilhelm) */~/† 2/213; Bugenhagen, Johannes ~ 2/217; Buhle, Johann Gottlieb Gerhard */~/† 2/219; Buresch, Ernst (Friedrich) ~ 2/234; Bussche, Axel Frh. von dem * 2/254; Busse, (Carl Heinrich August) Ludwig * 2/255; Bußmeyer, Hans * 2/256; Buteranus, Homerus ~ 2/258; Camerarius, Heinrich ~ 2/269; Campe, Asche Burchhard Karl Ferdinand von † 2/270; Campe, (Franz) August (Gottlieb) ~ 2/270; Campe, Joachim Heinrich ~/† 2/270; Cappel, Johann Friedrich Ludwig ~ 2/277; Cario, Günther ~/† 2/279; Catel, Ludwig Friedrich ~ 2/297; Cavael, Rolf ~ 2/298; Cellarius, Balthasar ~ 2/300; Chemnitz, Martin ~/† 2/309; Chemnitz, Martin * 2/309; Christ, Joseph Anton ~ 2/315; Christian Ludwig, Herzog von Braunschweig-Lüneburg ~ 11/39; Claar, Marie ~ 2/328; Clarus, Max ~/† 2/330; Clement, David ~ 2/340; Cleve, Johann Friedrich */~ 2/342; Cludius, Johannes Thomas ~ 2/346; Cordes, Carl H. T. ~ 2/372; Cordus, Euricius ~ 2/372; Cornet, Franziska ~/† 2/376; Cornet, Julius ~ 2/376; Corvinus, Lorenz ~ 2/380; Cossmann, Bernhard ~ 2/382; Cotta, Johannes ~ 2/385; Cramer von Clausbruch, Henning ~ 2/390; Cramolini, Ludwig ~ 2/391; Cranach, Lucas d. Ä. ~ 2/392; Crell, Lorenz Florens Friedrich von ~ 2/397; Cuppener, Christoph ~ 2/411; Curio, (Johann) Carl Daniel ~ 2/411; Daelliker, Johann Rudolf ~ 2/426; Daetrius, Brandanus ~ 2/426; Dahmen, Jost ~ 2/430; Dambroth, Manfred ~/† 2/436; Daubert, Philipp Wilhelm */† 2/448; Dauth, Johann ~ 2/450; Decius, Nikolaus ~ 2/457; Decker, Jacques ~ 2/459; Dedekind, Julius (Levin Ulrich) ~/† 2/461; Dedekind, Richard */~/† 2/461; Deutsch, Gotthard ~ 2/505; Devrient, (Gustav) Emil ~ 2/508; Devrient, Karl (August) ~ 2/508; Dexel, Walter † 2/510; Diede, Charlotte ~ 2/514; Dietrich II. Arndes, Bischof von Lübeck ~ 2/531; Döbel, Heinrich Wilhelm ~ 2/568; Doebner, Oscar (Gustav) ~ 2/570; Döteber, Franz Julius ~ 2/581; Draeseke, (Johann Heinrich) Bernhard * 2/606; Drechsler, (Karl Christian) Gustav ~ 2/611; Drude, (Carl Georg) Oscar */~ 2/627; Drude, Paul (Karl Ludwig) * 2/627; Dürre, Hermann (Christian August Konrad) */~/† 2/642; Dufour-Feronce, Albert (Johann Markus) ~ 2/644; Dunker, Wilhelm ~ 2/653; Du Roi, Georg August Wilhelm */~ 2/655; Du Roi, Johann Philipp */~/† 2/655; Du Roi, Julius Georg Paul */~/† 2/655; Ebeling, (August Hugo) Alfred */~/† 2/665; Ebeling, Johann Georg ~ 2/665; Ebermaier, Johann Edwin Christoph ~ 2/675; Ebert, Johann Arnold ~/† 2/679; Ebner von Eschenbach, Erasmus ~ 3/2; Echtermeier, Karl ~/† 3/5; Eckert, Victor Heinrich Eduard ~ 3/11; Eckhart von Hochheim ~ 3/13; Edzard, Kurt ~/† 3/21; Eggeling, Georg * 3/26; Eggers, Heinrich Friedrich von ~ 3/30; Ehrhardt, Hermann ~ 3/41; Eichhorn, Albert † 3/51; Eigner, Gebhard Friedrich ~ 3/60; Eisenmann,

(Volker) Kurt (Erich) ~ 3/73; Elisabeth Eleonore, Herzogin von Sachsen-Meiningen * 3/88; Elster, Otto ~/† 3/99; Emde, Hermann (Karl Christian) ~ 3/102; Emden, Levin von ~ 3/102; Emperius, Adolf Karl Wilhelm */~/† 3/106; Engelbrecht, Hans */~/† 3/117; Engelke, Bernhard * 3/120; Engels, Hubert Heinrich ~ 3/123; Erath, Anton Ulrich von */~ 3/136; Erdmann, Martin † 3/142; Erich I., Herzog von Braunschweig-Grubenhagen ~ 3/148; Erl, Anton ~ 3/150; Ernesti, (Heinrich Friedrich Theodor) Ludwig */~ 3/157; Ernst, d. Ä., Herzog von Braunschweig-Grubenhagen ~ 3/158; Ernst August, Prinz von Hannover, Herzog zu Braunschweig und Lüneburg ~ 3/159; Ernst August Georg Wilhelm, Prinz von Hannover * 3/159; Ernsting, Arthur Conrad ~ 3/167; Eschenburg, Johann Joachim ~/† 3/173; Eschenburg, Wilhelm Arnold */~ 3/173; Esdorn, Ilse */~/† 3/177; Everling, Henry * 3/196; Faber, Heinrich ~ 3/208; Fabricius, August Heinrich ~ 3/212; Fabricius, David ~ 3/213; Fabricius, Johann Andreas ~ 3/214; Faesebeck, (Georg Matthias) Ferdinand ~ 3/217; Falckenberg, (Otto Richard) Hans ~ 3/223; Feddersen, Jakob Friedrich ~ 3/240; Fehr, Oskar */~ 3/246; Feifel, Eugen ~ 3/248; Fein, Eduard */~ 3/250; Feld, Leo ~ 3/254; Feltscher, Anton ~ 3/263; Fendrich, Anton ~ 3/264; Fenner, Käthe */~/† 3/265; Ferdinand Albrecht I., Herzog von Braunschweig-Bevern * 3/269; Ferdinand Albrecht II., Herzog von Braunschweig-Bevern ~ 3/269; Ferdinand, Herzog von Braunschweig-Lüneburg † 3/269; Feronce von Rotenkreutz, Jean Baptiste † 3/272; Fiehler, Karl * 3/292; Finsch, Otto (Friedrich Hermann) ~/† 3/305; Fischer, Emil */~ 3/313; Fischer, Friedrich ~ 3/316; Fischer-Achten, Caroline ~ 3/329; Flechsig, (Wilhelm) Eduard ~ 3/338; Florencourt, Franz Chassot von * 3/354; Föppl, Otto ~ 3/360; Forest, Jean Kurt ~ 3/373; Formstecher, Salomon ~ 3/374; Francé, Raoul (Heinrich) ~ 3/386; Franchetti-Walzel, Fortunata ~ 3/387; Franke, Felix (Hermann) ~/† 3/404; Franke, Rudolf (Heinrich August Philipp) ~ 3/405; Frankenheim, Moritz Ludwig */~ 3/406; Frankfurter, Naftali ~ 3/407; Freundlich, Herbert Max Finlay ~ 3/432; Fricke, August Ludwig */~ 3/442; Fricke, Johann Heinrich Gottlieb */~/† 3/442; Fricke, Johann Karl Georg * 3/442; Fricke, Otto ~ 3/443; Fricke, (Karl Emanuel) Robert ~ 3/443; Fricke, Wilhelm */~ 3/443; Friderici, Daniel ~ 3/444; Frieb, Lina ~ 3/445; Friedemann, Friedrich Traugott ~ 3/448; Friedrich I. (Barbarossa), Kaiser ~ 3/456; Friedrich, Herzog von Braunschweig-Lüneburg ~ 3/462; Friedrich Ulrich, Herzog von Braunschweig-Lüneburg-Wolfenbüttel † 3/462; Friedrich Wilhelm, Herzog von Braunschweig-Oels * 3/462; Friedrich, Adolf (Moritz) ~ 3/476; Friedrichs, Fritz */~ 3/482; Friedrichs, Kurt (Otto) ~ 3/482; Fries, Karl (Theophil) ~ 3/484; Frischen, Joseph ~ 3/491; Frischlin, Nicodemus ~ 3/492; Frölich, (Georg) Gustav (Adolf) ~ 3/504; Frölich, Heinrich ~ 3/505; Frölich, Karl Wilhelm Adolf ~ 3/505; Frohne, Edmund ~ 3/507; Fuchs, Martha ~ 3/521; Fuchs, Richard ~ 3/521; Fürbringer, Ernst Fritz * 3/525; Fuhse, Franz ~/† 3/538; Funck, Karl Wilhelm Ferdinand * 3/540; Gärtner, Karl Christian ~/† 3/555; Garten, (Ernst Heinrich) Siegfried ~ 3/575; Gaßner, (Johann) Gustav ~ 3/579; Gaus, Wilhelm (Karl Friedrich) ~/~ 3/586; Gauß, Carl Friedrich */~ 3/587; Gebhard, Hermann August Wilhelm Karl */~ 3/593; Geertz, Julius ~/† 3/597; Gehlhoff, Wilhelm ~/† 3/600; Geibel, Carl (Stephan Albert) ~ 3/601; Geiger, Theodor ~ 3/606; Geitel, Hans (Friedrich Karl) */~ 3/613; Georg IV., König von Hannover, König von Großbritannien und Irland ~ 3/628; Georg Friedrich, Graf von Waldeck ~ 3/630; Germershausen, Raimund */~ 11/68; Gerold, Bischof von Oldenburg ~ 3/654; Gerstäcker, Friedrich (Wilhelm Christian) † 3/657; Gesenius, Justus ~ 3/665; Gibel, Otto ~ 3/677; Giese, (Friedrich Julius) Erich ~ 4/1; Giesel, Friedrich Oskar */~ 4/4; Gieseke, Nikolaus Dietrich ~ 4/16; Glandorp, Johann ~ 4/21; Glaser, Adolf ~ 4/22; Glockner, Hermann ~/† 4/33; Gmelin, Helmuth ~ 4/40; Gniffke, Erich (Walter) ~ 4/44; Göbel, Johann Wilhelm von ~ 4/49; Göderitz, Johannes ~ 11/69; Göding,

Frankenberg von Ludwigsdorf, Johann Heinrich (Ferdinand Joseph Johann Nepomuk) Graf von ~/† 3/406; Ingen-Housz, Jan * 5/255; Mertens, Evariste * 7/77; Moritz, Graf von Nassau-Katzenelnbogen, Prinz von Oranien, Statthalter von Holland, Seeland, Geldern, Utrecht, Overijssel, Groningen und Drenthe ~ 7/215; Smidts, Michael Matthias * 9/353

Breddewarden (Wilhelmshaven)
Günther, Walther (Franz Gustav) ~ 4/243

Bredenbach
Breidenbach, Wolf * 2/100

Bredenbeck am Deister (seit 1969 zu Wennigsen/Deister)
Knigge, Adolph Frh. */~ 5/621; Rischmüller, Heinrich † 8/322

Bredimus (Luxemburg)
Boor, Peter * 2/23

Bredow (poln. Drzetowo, heute zu Stettin/Szczecin)
Garbe, Richard (Karl) von * 3/573; Haack, (Carl Otto) Rudolph ~ 4/281; Saß, August Leopold * 8/521

Bredstedt
Bähr, David Andreas † 1/256

Breetz (Gem. Eldenburg)
Jesse, Otto * 5/326

Bregenz
siehe auch *Mehrerau*
Arco, Johann Philipp Graf von † 1/163; Bayer, Karl Emmerich Robert von * 1/359; Beer, Franz Anton */~/† 1/388; Bergmeister, Hermann * 1/452; Bilgeri, Georg * 1/526; Bodek-Ellgau, Marie Frfr. von ~ 1/600; Brenner, Hans ~ 11/32; Caridis, Miltiades ~ 11/38; Dallinger von Dalling, Johann ~ 2/434; Ebenhoch, Alfred * 2/666; Ebner-Rofenstein, Anton Gilbert Viktor Ritter von * 3/2; Ender, Otto ~/† 3/109; Felder, Franz Michael † 3/255; Fenner von Fenneberg, Daniel Ferdinand † 3/265; Feßler, Johann Baptist * 3/274; Flatz, Gebhard ~/† 3/338; Gabler, Joseph ~/† 3/549; Gassner, Franz Josef ~ 3/579; Gebhard II., Bischof von Konstanz * 3/592; Hagen, Johann Georg * 4/321; Hagen, Martin * 4/322; Haid, Kassian † 4/335; Henrich, Josef (Karl Ludwig) † 4/594; Hermann, Franz Benedikt ~ 4/627; Hohenems, Jakob Hannibal von ~ 5/137; Hugo II., Pfalzgraf von Tübingen ~ 5/217; Hundertpfund, Liberat */~/† 5/227; Kaiser, Kurt ~ 5/408; Kauffmann, Angelica (Maria Anna Angelica Catarina) ~ 5/468; Keßler, Franz * 5/519; Kink, Julius Ritter von * 5/542; Klingenbeck, Fritz ~ 5/596; Koch, Gaudentius ~ 5/639; Kuen, Franz Anton */~ 6/149; Lucianus Montifontanus ~/† 6/192; Matejko, Theo ~ 6/653; Mauthe, Christian ~ 6/673; Meißner, Alfred ~/† 7/41; Mennel, Jakob * 7/64; Merhart von Bernegg, Gero * 7/70; Müller, Christian Leo ~ 7/250; Müller, Iso ~ 7/266; Obwexer, Josef Anton von ~ 7/460; Payr, Artur * 7/585; Pezzey, Bruno ~ 7/633; Pichl, Eduard ~ 7/661; Prechtl, Hermann ~ 8/56; Rauber, Eugen Siegfried ~/† 8/156; Redler, Ferdinand * 8/178; Redler, Karoline Maria * 8/178; Rem, Jakob * 8/237; Reyer, Walther ~ 11/163; Rohrer, Joseph ~ 8/372; Rosvaenge, Helge Anton ~ 8/420; Schaffer, Adolf * 8/555; Schaffgotsch, Levin Gotthard Graf von ~ 8/556; Schmid, Georg Fidelis * 8/701; Schmid von Leubas, Jörg ~/† 8/707; Schneider, Franz Anton ~ 9/52; Sterneder, Hans † 9/518; Terkal, Karl ~ 9/677; Wacker, Rudolf */~/† 10/269; Welte, Adalbert † 10/427; Zardetti, Eugen ~ 10/620

Brehna
Bora, Katharina von ~ 2/25; Bornmann, Christian * 2/35

Breidenbach
Cancrin, Franz Ludwig von * 2/272; Ohly, Friedrich * 7/479

Breidt (seit 1969 zu Lohmar)
Höver, (Johann) Philipp (Martin) ~ 5/107; Klein, Joseph * 5/576

Breiholz
Struve, Detlef * 9/600

Breinig (Stolberg, Rhld.)
Pitz, Wilhelm * 7/682

Breinum (seit 1974 zu Bad Salzdetfurth)
Dettmer, Wilhelm Georg * 2/502

Breisach am Rhein
Decker, Georg ~ 2/458; Elbs, Karl (Joseph Xavier) * 3/83; Engesser, Lukas ~ 3/124; Erlach, Johann Ludwig von ~/† 3/151; Etterlin, Petermann ~ 3/184; Gallinarius, Johannes ~ 3/565; Gast, Johannes * 3/580; Gebwiler, Hieronymus ~ 3/596; Hagenbach, Peter Ritter von ~/† 4/324; Heinrich III., Graf von Neuenburg, Bischof von Basel ~ 4/522; Jakob I., Markgraf von Baden ~ 5/294; Keller, Balthasar (Johann) ~ 5/491; Krieg, Cornelius ~ 6/105; Meister des Breisacher Hochaltars ~ 7/43; Schöpf, Thomas * 9/101; Schongauer, Martin ~/† 9/113

Breitbrunn a. Chiemsee
siehe auch *Stock*
Tomaschek, Rudolf † 10/62; Vosberg, Harry † 10/257

Breite (Kt. Zürich)
Morf, Heinrich * 7/209

Breitenau (Guxhagen)
Paulus, Friedrich Wilhelm Ernst * 7/581; Weber, Christoph (Leopold) ~ 10/351

Breitenau (Obernzenn)
Stählin, Karl * 9/435

Breitenau (Rodach b. Coburg)
Fromm, Curt Wilhelm ~/† 3/508

Breitenbach (Kr. Sangerhausen) → Schwarz

Breitenbach (Tirol)
Giner, Johann d. Ä. ~ 4/11

Breitenbach (tschech. Potůčky)
Kolb, Viktor * 6/11

Breitenbend (Gem. Linnich)
Losenhausen, Joseph † 6/478

Breitenbrunn (Kr. Neumarkt i. d. OPf.)
Brems, Alois ~ 2/110; Gumppenberg, Anton Frh. von * 4/256

Breitenbrunn (Kr. Unterallgäu) → Bedernau

Breitenbrunn (seit 1970 zu Lützelbach)
Olt, Adam * 7/491

Breitenburg
Clenovius, Michael ~ 2/342; Rantzau, Christian Reichsgraf von ~ 8/139; Rantzau, Heinrich von ~/† 8/139; Rantzau, Johann von † 8/139

Breitenfeld (Altmarkkreis Salzwedel)
Adolf, Herzog von Schleswig-Holstein-Gottorp ~ 1/45; Conräder, Georg ~ 2/365; Fürstenberg-Heiligenberg, Egon Graf von ~ 3/530; Gelpke, Ernst Friedrich * 3/618; Leopold Wilhelm, Erzherzog von Österreich, Bischof von Straßburg, Passau, Halberstadt, Olmütz und Breslau, Erzbischof von Magdeburg, Hoch- und Deutschmeister, Statthalter der Spanischen Niederlande ~ 6/334; Piccolomini-Pieri, Ottavio Herzog von Amalfi ~ 7/660; Ramsay, Jakob Frh. von ~ 8/133; Tilly, Johann Tserclaes Graf von ~ 10/44; Wahl, Johann Graf von ~ 10/293

Breitenfurt (tschech. Široký Brod)
Weiss, Joseph * 10/409

Breitenfurt bei Wien (Niederösterreich)
Eichert, Franz Xaver * 3/50; Grabner, Leopold * 4/117; Graff, Kasimir (Romuald) † 4/131; Leber, Ferdinand Joseph Edler von ~ 6/279; Lechner, Franziska † 6/282; Sigl, Georg * 9/325

Breitenlohe
Hammer, Christian Friedrich ~ 4/360

Breitensee (seit 1890/92 zu Wien)
Zatzka, Ludwig ~ 10/623

Breitenstein (Kr. Sangerhausen)
Gast, Karl ~ 3/580; Wallroth, Karl Friedrich Wilhelm * 10/315

Breitenstein (poln. Dobino)
Polzin, Ludwig Sebald * 8/30

Breitental (Kr. Günzburg)
Huber, Konrad ~ 5/198

Breitenwang (Tirol)
Lothar III. von Süpplingenburg, deutscher König, Kaiser †
6/480
Breitingen (seit 1920 zu Regis-Breitingen)
Fleischer, Rudolf Amadeus * 3/342
Breitmatten (Gem. Eischoll, Kt. Wallis)
Roten, Leo Lucian von † 8/410
Breitnau (Kr. Breisgau-Hochschwarzwald)
Helmle, Lorenz * 4/575
Breitscheid (Lahn-Dill-Kreis)
Philippi, Fritz ~ 7/657
Breitscheid (seit 1975 zu Ratingen)
Fahrenkamp, Emil (Gustav) † 3/219
Breitungen (Kr. Sangerhausen)
Gast, Karl * 3/580
Breklum
Hansen, Heinrich † 4/375; Jensen, Christian ~ 5/321
Bremen
siehe auch *Blumenthal, Borgfeld, Bröcken, Gröpelingen,
Grohn, Horn, Lesum, Osterholz, Rablinghausen, Rosenthal,
Sankt Magnus, Seehausen, Vegesack*
Aber, Felix ~ 1/9; Abraham, Karl * 1/12; Achelis,
Eduard (Alfred) */~/† 1/16; Achelis, Ernst Christian *
1/17; Achelis, Johann (Christoph) */~/† 1/17; Achelis,
Thomas Ludwig Bernhard ~ 1/17; Adalbero, Erzbischof
von Hamburg-Bremen ~/† 1/24; Adaldag, Erzbischof
von Hamburg-Bremen † 1/26; Adalgar, Erzbischof von
Hamburg-Bremen ~/† 1/26; Adam von Bremen ~ 1/27;
Adelung, (August) Bernhard * 1/34; Aders, (Johann)
Jakob ~ 1/37; Ahlefeld, Hunold von † 1/57; Ahrens,
Adolf ~/† 1/59; Albers, Anton d. Ä. */~ 1/64; Albers,
Johann Abraham */~/† 1/64; Albers, Johann Christoph *
1/65; Albers, Johann Hinrich */~/† 1/65; Albert, Herzog
von Braunschweig, Erzbischof von Bremen ~/† 1/66;
Albert I. von Buxhöfen, Bischof von Riga */~ 1/66;
Albert II. Suerbeer, Erzbischof von Riga ~ 1/67; Albertz,
Heinrich (Ernst Friedrich) † 1/73; Albrecht, Conrad *
1/80; Albrecht, Georg Alexander ~/† 1/81; Allmers,
Robert (Anton Hinrich) ~ 1/92; Althaus, Theodor ~ 1/100;
Andreae, Samuel ~ 1/131; Andreae, Tobias */~ 1/131;
Andree, Carl Theodor ~ 1/133; Ansgarius, Erzbischof
von Hamburg und Bremen ~/† 1/148; Anthony, Wilhelm
~ 1/149; Arnold, Samuel Bénedikt ~ 1/189; Aston,
Luise Franziska ~ 1/209; Augustiny, Waldemar ~ 1/223;
Bachmann, Ingeborg ~ 1/245; Backhaus, Wilhelm Emanuel
~/† 1/250; Bader, Karl Adam ~ 1/253; Baldov, Samuel
~ 1/274; Balduin II., Erzbischof von Bremen ~ 1/274;
Ball, Georg Adam ~ 1/277; Barkey, Nikolaus */~ 1/295;
Barkhausen, Heinrich Georg * 1/295; Barlach, Ernst ~
1/296; Barth, (Wilhelm) Theodor ~ 1/305; Bartram, Walter
~ 1/310; Bass, Heinrich * 1/314; Basté, Charlotte ~ 1/317;
Bastian, Adolf * 1/317; Beck, Johann Nepomuk ~ 1/371;
Becker, Carus August Adolf ~ 1/377; Becker, Jurek ~
11/15; Becking, Gustav (Wilhelm) * 1/383; Bender, Karl
~ 1/416; Beneke, Ferdinand * 1/420; Benthem, Lüder
von */~/† 1/429; Bercht, Gottlob Friedrich August ~
1/434; Berg, Johann Peter */~ 1/440; Berger, Albrecht
Ludwig von † 1/443; Berger, Karl Philipp ~ 1/446;
Berger, Wilhelm ~/† 1/447; Berger, Wilhelmine † 1/447;
Bergholz, Paul ~/† 1/448; Bergius, Konrad ~/† 1/448;
Bernhard, Otto (Heinrich Christoph) ~/† 1/468; Beutin,
Ludwig (Karl Johannes) ~ 1/503; Bezelin-Alebrand,
Erzbischof von Hamburg-Bremen ~ 1/509; Biel, Karl
~ 1/519; Bippen, Wilhelm von ~/† 1/535; Birnbaum,
Immanuel ~ 1/540; Bischoff, Diedrich */~ 1/542; Bittong,
Franz ~ 1/551; Blechen, Karl ~ 1/565; Blome, Reinhold
~ 1/579; Bodenstedt, Friedrich (Martin) von ~ 1/603;
Böckel, Ernst Gottfried Adolf ~ 1/607; Boehlendorff,
Casimir Ulrich ~ 1/615; Böhm, Johann Heinrich * 1/618;
Böhmert, (Karl) Viktor ~ 1/624; Börnstein, Heinrich ~
1/634; Böse, Heinrich */~/† 1/635; Bogdandy, Ludwig
von ~ 11/27; Bohner, Gerhard ~ 2/3; Boie, Nikolaus d. J.
~ 2/5; Boljahn, Richard */† 2/8; Boots, Abraham * 2/24;
Borgward, Carl Friedrich Wilhelm ~/† 2/30; Borinski,

Fritz ~/† 11/28; Borsig, Conrad (August Albert) ~ 2/38;
Bosch, Ernst Karl ~ 2/41; Bothmer, Lennelotte von *
11/29; Bourdon, Samuel ~ 2/49; Brahms, Johannes ~
2/57; Brandler, Heinrich ~ 2/67; Brandt, Wilhelm ~ 2/71;
Braubach, Daniel */~ 2/76; Braun, Hugo ~ 2/82; Breitinger,
Johann Jacob ~ 2/105; Breuhaus de Groot, Fritz August ~
2/126; Breusing, Friedrich August Arthur ~/† 2/127; Brock,
Paul (Friedrich Karl) ~ 2/138; Bröckelmann, Julie * 2/142;
Brunner, Wolfgang Matthias ~ 2/170; Buchenau, Franz
(Georg Philipp) ~/† 2/181; Buchenau, Heinrich * 2/181;
Buchfelder, Ernst Wilhelm ~ 2/183; Buchholz, Carl August
~ 2/184; Bühring, Diederich Ernst * 2/202; Bünte, Gottlob
*/† 2/208; Büren, Daniel von, d. Ä. ~/† 2/208; Büren,
Daniel von, d. J. ~/† 2/208; Büssing, Kaspar ~ 2/213;
Bukovics von Kiss Alacska, Karl ~ 2/220; Bulle, Heinrich
~ 2/220; Bulle, Heinrich * 2/220; Bulthaupt, Heinrich */~/†
2/221; Bultmann, Hermann */~ 2/221; Burchard, Gustav ~
2/229; Burchard, (Johann) Heinrich * 2/229; Buresch, Ernst
(Friedrich) ~ 2/234; Burggraf, Julius ~/† 2/239; Burggraf,
Waldfried */† 2/239; Burghardt, Max ~ 2/239; Buttel-
Reepen, Hugo Berthold von * 2/258; Buurman, Ulrich
(Albrecht) ~ 2/260; Buxtorf, Joachim Gerlach ~ 2/261;
Cabisius, Julius ~ 2/263; Calcheim, Wilhelm von ~ 2/265;
Cappeln, Johann Friedrich von */~ 2/277; Carstens, Karl
*/~ 2/289; Cassel, Carl Philipp ~/† 2/293; Celan, Paul ~
2/298; Christoph, Herzog von Braunschweig-Wolfenbüttel,
Erzbischof von Bremen, Bischof von Verden ~ 2/323;
Christoph, Graf von Oldenburg ~ 2/324; Chytraeus, Nathan
† 2/326; Clapmarius, Arnold * 2/329; Clement, David ~
2/340; Clenck, Rudolph * 2/341; Clodius, Carl August
* 11/40; Cocceji, Heinrich Frh. von ~ 2/348; Coccejus,
Johannes */~ 2/348; Colom du Clos, Isaac von ~ 2/359;
Combach, Johannes ~ 2/360; Conried, Heinrich ~ 2/365;
Cordus, Euricius ~/† 2/372; Crocius, Christian Friedrich
* 2/401; Crocius, Johann ~ 2/401; Crocius, Ludwig †
2/401; Crollius, Johann ~ 2/402; Cronberger, Wilhelm
~ 2/403; Crüsemann, (Conrad Carl) Eduard ~/† 2/405;
Crüwell, Arnold (Friedrich) ~ 11/42; Crugot, Martin
*/~ 2/406; Curtius, Theodor ~ 2/414; Dahmen, Karl
Friedrich (Fred) ~ 2/430; Dam, Hendrik George van ~
2/435; Dammer, Karl ~ 2/437; Davidis, Henriette ~ 2/453;
Decken, Burchard Otto Hans von der ~ 2/457; Decken,
Klaus von der ~ 2/458; Degener, Carl */~ 2/465; Degler,
Josef ~ 2/466; Dehnkamp, Willy ~/† 2/469; Deichmann,
Karl ~/† 2/470; Deichmann, Wilhelm Ludwig ~ 2/470;
Deinet, Anna ~ 2/471; Delius, (Christoph Diedrich)
Arnold ~ 2/477; Delius, (Christian) Friedrich ~/† 2/477;
Delius, Nikolaus * 2/478; Delius, (Hans) Walter ~/† 2/478;
Delwig, Heinrich von ~ 2/480; Depser, Hans ~ 2/490;
Dessau, Bernhard ~ 2/496; Dessauer, Franz (Johann) ~
2/497; Dessoir, Ferdinand ~ 2/498; Deutschinger, Franz ~
2/507; Devrient, (Gustav) Emil ~ 2/508; Dèzes, Karl */~/†
2/510; Diederichs, Wilhelm Ernst † 2/515; Dierich, Karl ~
2/521; Dilich, Wilhelm ~ 2/545; Dippel, Andreas ~ 2/554;
Doebbelin, Auguste ~ 2/567; Donandt, Ferdinand */~/†
2/592; Donandt, Martin (Donatus Ferdinand) */~/† 2/592;
Doneldey, Arnoldus */† 2/593; Dornseiff, Richard ~ 2/600;
Draeseke, (Johann Heinrich) Bernhard ~ 2/606; Drechsler,
Hermann */~ 2/611; Droste, Georg */~/† 2/624; Duckwitz,
Arnold */~/† 2/632; Duckwitz, Georg (Ferdinand) */†
2/632; Dürkopp, (Ferdinand Robert) Nikolaus ~ 2/640;
Dulon, (Christoph Josef) Rudolf ~ 2/648; Dunkel, Manfred
* 2/653; Durieux, Tilla ~ 2/655; Duysing, Heinrich */~
2/660; Dyck, Felix ~ 2/660; Dyk, Peter van * 11/49;
Eberhardt, Hugo ~ 2/672; Eberhardt, Johann Jakob ~
2/672; Ebert, Friedrich ~ 2/677; Ebert, Friedrich * 2/679;
Ebhardt, Bodo (Heinrich Justus) * 2/681; Eckardt, Felix
von ~ 3/7; Ecke, Gustav ~ 3/9; Edlbacher, Maximilian
Josef Augustin ~/† 3/19; Edzard, Kurt * 3/21; Egestorff,
Johann Hinrich ~ 3/25; Eggebrecht, Axel ~ 3/26; Ehlers,
Adolf */~/† 3/35; Eichberger, Josef * 3/47; Eichberger,
Wilhelm ~ 3/47; Eicke, Carl Julius ~ 3/57; Eilbert von
Bremen ~ 3/61; Eilers, Albert ~ 3/61; Eitner, Ernst
(Wilhelm Heinrich) ~ 3/78; Enderle, August ~ 3/109;

Engels, Hubert Heinrich ~ 3/123; Engels, Wolfram ~ 11/54; Erdberg-Krczenciewski, Robert (Adelbert Wilhelm) von ~ 3/139; Erdmannsdörfer, Max (Carl Christian) von ~ 3/142; Etzel, Franz August * 3/187; Ewald, Johann Ludwig ~ 3/198; Ewich, Johann von ~/† 3/200; Fassbinder, Rainer Werner ~ 3/234; Fechner, Eberhard ~ 3/238; Fedeler, Carl Justus Harmen */† 3/240; Fehling, Hermann Christian von ~ 3/244; Fehrenberg, Hans † 3/246; Fehrmann, Jacob */~/† 3/247; Feine, Gerhart ~ 3/251; Felden, Emil Jakob ~/† 3/255; Felgenhauer, Paul † 3/257; Feltmann, Gerhard † 3/263; Feltscher, Anton ~ 3/263; Ferl, Gustav ‡ 3/271; Fernau, Friedrich Wilhelm † 3/271; Fernau, Rudolf ~ 3/271; Fette, Christian * 11/59; Fidicin, Ernst Carl ~ 3/290; Finckh, Christian Daniel von † 3/299; Finsch, Otto (Friedrich Hermann) ~ 3/305; Firle, Rudolph ~ 3/307; Fischer, (Friedrich Hermann) ~ 3/319; Fitger, Arthur (Heinrich Wilhelm) ~ 3/332; Fitger, Emil(ius) Augustus ~/† 3/332; Fleischer, (Hermann A.) Moritz ~ 3/342; Fock, Gorch ~ 3/358; Focke, Gustav Woldemar */~/† 3/358; Focke, Henrich */~/† 3/358; Focke, Johann */~/† 3/359; Focke, Wilhelm Olbers */~/† 3/359; Franco von Meschede ~ 3/396; Frank, Kathi ~ 3/401; Franzius, Ludwig † 3/416; Franzius, Otto */~ 3/416; Frauenlob ~ 3/417; Frauscher, Moritz ~ 3/419; Frese, Hermann ~/† 3/426; Freudenberg, (Ernst) Walther (Herbert) ~ 3/429; Frey, Erik ~ 3/434; Frick, (Friedrich Emil Heinrich) Constantin ~/† 3/441; Fricke, August Ludwig ~ 3/442; Fricke, Wilhelm */† 3/443; Fricke, Wilhelm ~ 3/443; Friedmann, Laura ~ 3/455; Friedrich II., Herzog von Schleswig-Holstein, Erzbischof von Bremen ~ 3/462; Friedrich I., Landgraf von Hessen-Kassel, König von Schweden ~ 3/463; Friedrich, Graf von Stade ~ 3/475; Friedrichs, Fritz ~ 3/482; Frischen, Carl Ludwig * 3/491; Fritze, Wilhelm * 3/497; Fröhlich, Karl (Hermann) ~ 3/503; Frölich, Paul ~ 3/505; Frommermann, Harry ~/† 3/511; Froneck, Franz ~ 3/511; Fürsen, Johannes ~ 3/526; Funcke, Otto ~/† 3/540; Gadsky, Johanna (Emilia Agnes) ~ 3/552; Gärtner, Carl Christian ~ 3/555; Gansberg, Fritz */† 3/570; Gebhardt, Ernst Heinrich ~ 3/594; Geiger-Torel, Hermann ~ 3/606; Geisler, Paul ~ 3/609; Geldmacher, Erwin ~ 3/615; Georg, Herzog von Braunschweig-Lüneburg, Erzbischof von Bremen ~ 3/627; Georg Ludwig, Kurfürst von Hannover, Georg I. als König von Großbritannien und Irland ~ 3/627; Gerdes, Daniel */~ 3/637; Gerhard I., Graf von Oldenburg, Bischof von Osnabrück, Erzbischof von Hamburg-Bremen ~ 3/638; Gerhard II., Edelherr zur Lippe, Erzbischof von Bremen ~/† 3/638; Gerhard VI. der Mutige, Graf von Oldenburg ~ 3/640; Gerlach, Theodor (Heinrich) ~ 3/649; Gerstberger, Karl † 3/657; Getelen, Augustin van ~ 3/669; Gevekoht, Karl Theodor */~/† 3/670; Giesebrecht, Karl (Heinrich Ludwig) ~ 4/2; Giesecke, Karl Ludwig ~ 4/3; Gildemeister, Alfred Hermann ~ 4/7; Gildemeister, Eduard */~/† 4/7; Gildemeister, (Martin Wilhelm) Eduard † 4/7; Gildemeister, Johann */~/† 4/7; Gildemeister, Johann Carl Friedrich ~/† 4/8; Gildemeister, Johann Friedrich */~/† 4/8; Gildemeister, Johann Matthias */~/† 4/8; Gildemeister, Karl */† 4/8; Gildemeister, Martin Hermann ~ 4/8; Gildemeister, Otto */~/† 4/8; Glässel, (Gustav) Ernst ~/† 4/20; Gleim, Betty */~/† 4/29; Globig, Fritz ~ 4/32; Gmelin, Helmuth ~ 4/40; Göschen, Georg Joachim */~ 4/62; Goldberg, Albert ~ 4/77; Gräfe, Heinrich (Gotthilf Adam) ~/† 4/121; Graupenstein, Friedrich Wilhelm ~ 4/143; Gravenhorst, Karl Theodor ~ 4/145; Greverus, Johann Paul Ernst ~ 4/160; Grober, Julius * 4/177; Gröning, Albert Wilhelm */† 4/180; Gröning, Georg von */† 4/180; Grohne, Ernst ~ 4/182; Groninger, (Friedrich Ludwig Adolph † 4/186; Groß, Wilhelm (Ernst Julius) ~ 4/193; Grosse, Wilhelm ~/† 4/195; Grote, Louis (Radcliffe) * 4/200; Grube, Max ~ 4/205; Grüner, Christoph Sig(is)mund ~ 4/213; Grüning, Ilka ~ 4/216; Grund, Franz (Joseph) ~ 4/222; Gruner, August Wilhelm ~/† 4/225; Gudehus, Heinrich ~ 4/233; Gümbel, Ludwig (Karl Friedrich) ~ 4/235; Günther, Leopold ~ 4/242; Günther-Bachmann, Caroline (Wilhelmine) ~ 4/243; Gurlitt, Manfred ~ 4/264; Guthery,

Franz ~ 4/270; Haas, Wilhelm */† 4/288; Haase, Carl ~ 11/75; Haasemann, Albert (Friedrich Theodor) ~/† 4/290; Hackfeld, Heinrich ~/† 4/298; Häfeli, Johann Caspar ~ 4/303; Hagedorn, August */~/† 4/317; Hagen, Adolf */~ 4/318; Hall, Johann von ~ 4/344; Hampe, Karl (Ludwig) * 4/364; Hampe, Theodor (Eduard) * 4/364; Hardenberg, Albert ~ 4/381; Harding, Carl Ludwig ~ 4/384; Harmssen, (Gustav) Wilhelm */~/† 4/390; Hart, Heinrich ~ 4/398; Hart, Julius ~ 4/398; Hartlaub, Felix * 4/402; Hartlaub, (Carl Johann) Gustav */~/† 4/402; Hartlaub, Gustav Friedrich * 4/402; Hartnacke, Wilhelm ~ 4/414; Hartwig I., Erzbischof von Bremen ~ 4/416; Hartwig II., Erzbischof von Bremen ~ 4/416; Hartwig, Friederike Wilhelmine ~ 4/417; Hasemann, Wilhelm ~ 4/421; Hausmann, Manfred (Georg Andreas) ~/† 4/452; Hausner, Berta ~ 4/453; Hauttmann, Richard ~ 4/456; Hebbel, (Johanne Louise) Christine ~ 4/464; Heckermann, (Franz) Heinrich (Wilhelm) † 4/472; Heeren, Arnold (Hermann Ludwig) ~ 4/476; Heidegger, Martin ~ 4/486; Heidenhain, Arthur ~ 4/488; Heider, Otto ~ 4/491; Heilersieg, Bernhard ~/† 4/497; Heimbach, Wolfgang ~ 4/503; Heine, Georg Wilhelm ~ 4/508; Heineken, Christian Abraham */~ 4/512; Heineken, Johann */~/† 4/512; Heineken, Philipp */~ 4/513; Heineken, Philipp Cornelius */~/† 4/513; Heinemann, Hilda * 4/514; Heinemann, Maria ~ 4/514; Heinrich der Ältere, Herzog von Braunschweig-Lüneburg-Wolfenbüttel ~ 4/525; Heinrich III., Herzog von Sachsen-Lauenburg, Erzbischof von Bremen ~ 4/525; Heinrich Bergmeier, Bischof von Ratzeburg ~ 4/532; Heinrich von Zütphen ~ 4/542; Heiser, Heinrich (Joachim Friedrich August) † 4/551; Held, (Karl August) Adolf ~/† 4/555; Hellmuth, Otto ~ 4/568; Helmolt, Hans (Ferdinand) ~ 4/575; Helms, Hermann (Christian) */~ 4/575; Henke, Ernst ~ 4/584; Henke, Karl (Friedrich Wilhelm) * 4/584; Henning, Fritz (Gustav Hermann) † 4/592; Hentschel, Theodor ~ 4/600; Henzen, (Johann Heinrich) Wilhelm * 4/601; Henzen, Wilhelm * 4/601; Hermann I., Erzbischof von Köln ~ 4/621; Herterich, Ludwig ~ 4/649; Herz, Franz ~ 4/658; Heß, Otto ~ 4/672; Hesse, Hermann Albert ~ 4/676; Heßler, Friedrich Alexander ~ 5/3; Heukelum, Gerhard van ~ 5/8; Heyl, Hedwig * 5/22; Heymel, Alfred Walter ~ 5/26; Heyse, Hans * 5/27; Hille, Peter ~ 5/42; Hilverding, Johann Baptist ~ 5/48; Hirsch, August ~ 5/60; Hirschfeld, Eduard */~/† 5/66; Höcker, Oskar ~ 5/87; Höger, Fritz ~ 5/92; Högg, Emil ~ 5/92; Hoetger, Bernhard ~ 5/106; Hofer, Gottfried ~/† 5/109; Hofmann, Ludwig ~ 5/131; Holtzstamm, Auguste ~ 5/157; Hoppe, Heinz ~ 5/172; Horborch, Wilhelm ~ 5/174; Horche, Heinrich ~ 5/175; Hormayr zu Hortenburg, Josef Frh. von ~ 5/176; Horn, Franz (Christoph) ~ 5/177; Hotopp, Albert ~ 5/187; Huber, Victor Aimé ~ 5/199; Huch, Ricarda ~ 5/200; Hülle, Hedwig ~ 5/209; Hülsmeyer, Christian ~ 5/210; Hünefeld, (Ehrenfried) Günther Frh. von ~ 5/211; Hüsch, Gerhard (Heinrich Wilhelm Fritz) ~ 5/212; Ichon, Eduard ~ 5/242; Isenberg, Paul ~/† 5/261; Jacobi, Gerhard * 5/274; Jacobs, Johann ~/† 5/276; Jacobs, Walther J. ~/† 11/95; Jacobsohn, Simon ~ 5/277; Jaffe, Theodor Julius ~ 5/289; Jahn, Hans ~ 5/291; Jelenko, Siegfried ~ 5/316; Jessel, Leon ~ 5/326; Johann III. Rode, Erzbischof von Bremen * 5/339; Johann Friedrich, Herzog von Schleswig-Holstein-Gottorf, Erzbischof von Bremen ~ 5/339; Johann Adolf, Herzog von Schleswig-Holstein-Gottorf ~ 5/346; Johannes Schele, Bischof von Lübeck ~ 5/351; Jung, Richard † 5/380; Kaisen, Wilhelm ~/† 5/405; Kalthoff, Albert ~/† 5/417; Kamp, Norbert ~ 11/100; Kastein, Josef */~ 5/460; Kaufmann, Theophil Heinrich ~ 11/101; Kawaczynski, Friedrich Wilhelm von ~ 5/479; Kenckel, Detmar ~/† 5/505; Kepp, Richard † 5/507; Kerneck, Heinz ~ 5/512; Kettler, Hedwig (Johanna) ~ 5/523; Kiepenheuer, Gustav ~ 5/532; Kiesselbach, Wilhelm (Arnold) */~ 5/535; Killy, (Hans) Walther (Theodor Maria) ~ 5/538; Kindt, Georg Christian ~/† 5/541; Kippenberg, Anton */~ 5/545; Kira Kyrillowna, Prinzessin von Preußen, Großfürstin von Rußland ~ 5/546; Kirst, Hans Hellmut

† 11/104; Klafsky, Katharina ~ 5/563; Klatte, Wilhelm * 5/567; Klinghe, Ghert ~/† 5/598; Klinghe, Goteke ~ 5/598; Klinghe, Hinrich ~ 5/598; Knaust, Heinrich ~ 5/616; Knief, Johann */~/† 5/620; Knieper, Werner ~ 5/620; Knigge, Adolph Frh. ~/† 5/621; Knittermeyer, (Johann) Hinrich ~/† 5/623; Knoop, Gerhard Ouckama * 5/628; Knoop, Ludwig */~/† 5/629; Koch, Hermann ~ 5/641; Kocks, Friedrich ~ 5/646; Königsmarck, Hans Christoph Graf von ~ 5/665; Königsmarck, Otto Wilhelm Graf von ~ 5/666; Köpcke, Karl-Heinz ~ 5/667; Kohl, Johann Georg */~/† 6/2; Koldewey, Karl ~ 6/14; Konrad von Vechta, Erzbischof von Prag ~ 6/30; Korff, August */~/† 6/43; Korff, Hermann August * 6/43; Kowalke, Alfred ~ 6/57; Kozak, Johann Sophron ~/† 6/58; Krages, Louis */† 6/66; Krebs, Richard Julius Hermann ~ 6/89; Krefting, Heinrich */~/† 6/89; Krollmann, Christian */~ 6/114; Kronacher, Alwin ~ 6/115; Krüger, Gustav * 6/122; Krummacher, Friedrich Adolf ~/† 6/129; Krummacher, Friedrich Wilhelm ~ 6/129; Küchemann, Dietrich ~ 6/140; Kühne, Alfred * 6/145; Kürenberg, Joachim von ~ 6/153; Kufferath, Wilhelm ~ 6/156; Kugler, Luise (Charlotte) ~/† 6/156; Kulenkampff, Georg * 6/163; Kulenkampff, Hans-Joachim */~ 11/115; Kulenkampff, Heinrich */~/† 6/163; Kulenkampff, Helmut * 6/163; Kunze, Wilhelm ~ 6/173; Lahmann, Heinrich * 6/199; Lahusen, (Johann) Carl * 6/200; Lahusen, (Martin) Christian (Leberecht) */~/† 6/200; Lahusen, Christoph Friedrich */† 6/200; Lammers, August † 6/206; Lammers, Mathilde ~/† 6/207; Lampe, Friedo */~ 6/209; Lampe, Friedrich Adolph ~/† 6/209; Lamprecht, Helmut ~/† 6/211; Lange, Carl ~/† 6/230; Lange, Tönjes ~ 6/236; L'Arronge, Eberhard Theodor ~ 6/254; Laun, (Konrad Wilhelm) Adolf */~ 6/269; Laun, Rudolf Edler von ~ 6/269; Lauts, Jan * 6/274; Lederer, Felix ~ 6/285; Leege, Otto (Karl Georg) ~ 6/287; Leffler-Burckard, Martha ~ 6/288; Lehmann, Else ~ 6/292; Lehmann-Löw, Maria Theresia ~ 6/297; Leins, Hermann ~ 6/308; Lerbs, Karl (Johann Friedrich) * 6/337; Lewinger, Ernst ~ 6/364; Leyen, Friedrich von der * 6/370; Liemar, Erzbischof von Hamburg-Bremen ~ 6/390; Lienau, Otto ~ 6/390; Lieven, Albert (Fritz) ~ 6/394; Lippert, Albert ~ 6/417; Liutbirg ~ 6/430; Lochner, Jacob Hieronymus ~/† 6/434; Loeber, Valentin ~ 6/438; Löffler, Mathilde ~ 6/441; Loening, George * 6/445; Loges, Karl ~ 6/460; Lohmann, Johann Georg */~/† 6/462; Lossow, Arnold Hermann † 6/479; Ludwig, (Friedrich) August ~ 6/507; Ludwig, Hubert ~ 6/509; Lücke, (Johann Christian) Ludwig von ~ 6/514; Lüderitz, Adolf * 6/515; Lühring, Anna */~ 6/519; Lueken, Emil (Heinrich Wilhelm) ~ 6/519; Lürssen, Friedrich ~/† 6/520; Mackensen, Fritz ~/† 6/553; Maier, Fritz Franz ~ 6/570; Maison, Rudolf ~ 6/575; Malata, Oscar ~ 6/577; Mallet, Friedrich Ludwig ~/† 6/579; Manchot, Wilhelm * 6/584; Mangoldt, Hermann von ~ 6/588; Mann, Erika (Julia Hedwig) ~ 6/590; Marcks, Gerhard ~ 6/608; Markert, Richard ~ 6/625; Marr, (Friedrich) Wilhelm (Adolph) ~ 6/629; Matray, Maria ~ 6/656; Mattfeld, Marie ~ 6/659; May, Ernst (Georg) ~ 7/1; Mayerhofer, Elfie ~ 7/12; Meder, Johann Valentin ~ 7/22; Meier, Hermann Henrich */† 7/31; Meinhard, Bischof von Livland ~ 7/35; Meisner, Günter * 7/40; Mel, Conrad ~ 7/49; Menken, Gottfried */~/† 7/63; Menne, Bernhard ~ 7/63; Mentzel, Rudolf * 7/65; Meyer, Alexander ~ 7/98; Meyer, Elard Hugo */~ 7/100; Meyer, Franz Andreas ~ 7/101; Meyer, Friedrich */~ 7/102; Meyer, Hans */~ 7/103; Meyer, Heinrich Christian ~ 7/105; Meyer, Lotte * 7/108; Meyer, Nikolaus */~ 7/108; Meyer, Sigmund ~/† 7/110; Middendorf, Friedrich Ludwig ~ 7/129; Mielke, Antonie ~ 7/131; Miller, Joseph ~ 7/143; Mirsalis, Hans ~ 7/151; Misch, Ludwig ~ 7/152; Mitterwurzer, (Anton) Friedrich ~/† 7/159; Modersohn-Becker, Paula ~ 7/161; Möller, Friedrich Wilhelm ~ 7/172; Mölling, Georg Philipp Friedrich † 7/172; Moller, Alhard(us) * 7/191; Moníková, Libuše ~ 11/131; Morawietz, Kurt ~ 7/206; Moser, Anton ~ 7/222; Moser-Steinitz, Marie von ~ 7/229; Müller, Conrad * 7/250; Müller, Georg ~ 7/260; Müller, Otto ~

7/278; Müller, Robert ~ 7/280; Müller, Waldemar ~ 7/282; Müller-Hermann, Ernst ~ 7/287; Müller-Lichtenberg, (Julius) Hermann ~ 7/288; Münstermann, Ludwig * 7/298; Musäus, Simon ~ 7/315; Nawatzki, Viktor ~ 11/133; Neander, Joachim */~/† 7/353; Nebuschka, Franz Josef ~ 7/354; Neuerburg, Heinrich ~ 7/376; Neufville, Gerhard de ~/† 7/376; Neugebauer, Helmuth ~ 7/377; Neumann, Angelo ~ 7/380; Neumann, August ~ 7/380; Neumann, Julius ~ 7/384; Neuss, Wolfgang ~ 7/393; Neutze, Günther ~ 7/395; Nicolai, Johann David ~/† 7/400; Niering, Joseph ~ 7/411; Noack, Ursula ~ 7/428; Nobbe, Friedrich * 7/428; Noeldechen, Bernhard ~ 7/430; Nöll von der Nahmer, Robert Philipp ~ 7/431; Nolting-Hauff, Ilse * 7/435; Noske, Gustav ~ 7/440; Odemar, Fritz (Otto Emil) ~ 7/461; Oelfken, Tami ~ 7/467; Oelschlegel, Gerd ~ 11/148; Olbers, (Heinrich) Wilhelm (Matthias) ~/† 7/483; Oloff, Friedrich (Christian) ~/† 11/150; Ostertag, Karl ~ 7/517; Otto, Everhard ~/† 11/153; Otto-Thate, Karoline ~ 7/537; Overbeck, Fritz * 7/539; Overbeck, Fritz † 7/539; Overbeck, Johann Friedrich ~ 7/539; Panzner, Karl ~ 7/558; Papsdorf, Paul ~ 7/561; Passarge, (Otto Karl) Siegfried † 7/568; Pauli, Alfred ~/† 7/575; Pauli, Gustav */~ 7/575; Pauli, Reinhold † 7/576; Pempelfort, Karl ~ 7/594; Permann, Adolf ~ 7/602; Peters, Oscar ~ 7/617; Petzmayer, Johann ~ 7/627; Pezel, Christoph */~/† 7/632; Pezzey, Bruno ~ 7/633; Pfannschmidt, Carl Gottfried ~ 7/636; Philipp Sigismund, Herzog von Braunschweig-Lüneburg-Wolfenbüttel, Administrator des Bistums Verden, Elekt von Osnabrück ~ 7/655; Pieck, (Walter) Arthur (Heinrich) * 7/665; Pieck, Wilhelm ~ 7/665; Plättner, Karl ~ 7/683; Plate, Georg Heinrich ~ 7/687; Plate, Ludwig (Hermann) * 7/687; Plath, Theodor Christian ~ 7/688; Plenge, Johann (Max Emanuel) * 7/693; Pohl, (Friedrich Karl Ludwig) Emil ~ 8/17; Pollak, Egon ~ 8/26; Popper, David ~ 8/35; Pratje, Johann Hinrich ~ 8/54; Precht, Burchardt d. Ä. */~ 8/55; Precht, Julius * 8/56; Prill, Paul † 8/70; Pringsheim, Klaus ~ 8/71; Prinzhorn, Fritz ~ 8/73; Probst, Jakob ~/† 8/75; Pröll, Arthur (Rudolf Franz Gustav) ~ 8/76; Quidde, Ludwig * 8/103; Raab, Kurt ~ 8/105; Rademacher, Willy ~ 8/115; Radziwill, (Johann) Franz (Wilhelm Eduard) ~ 8/119; Rauers, Friedrich */~ 8/160; Raupach, Bernhard ~ 8/162; Rausch, Jürgen * 11/162; Raven, Mathilde ~ 8/167; Razum, Hannes ~ 8/169; Reichenberger, Hugo ~ 8/201; Reichow, Hans (Bernhard) ~ 8/204; Reimann, Wolfgang ~ 8/210; Reinhardt, Philipp Jakob ~ 8/221; Reinkingk, Dietrich von ~ 8/226; Reinthaler, Karl Martin ~/† 8/228; Reitz, Johann He(i)nrich ~ 8/236; Rémond, Fritz ~ 8/240; Renner, Johann ~/† 8/244; Renner, Kaspar Friedrich ~ 8/245; Rettig, Fritz * 8/251; Ribov, Georg Heinrich ~ 8/271; Richter, Heinrich ~ 8/280; Riebau, Hans */† 8/288; Riechmann, Friedrich ~ 8/289; Rieder, Wilhelm ~/† 8/293; Rieger, Fritz ~ 8/296; Riem, Wilhelm Friedrich */~ 8/300; Rienäcker, Günther * 8/303; Ries, Alfred */~/† 8/305; Riese, Lorenz ~ 8/305; Rilke-Westhoff, Clara (Henriette Sophie) * 8/311; Rimbert, Erzbischof von Hamburg-Bremen ~/† 8/312; Rinesberch, Gerd */~/† 8/314; Robinson, Adolf ~ 8/339; Rode, Johann */~ 8/343; Röckel, Josef August ~ 8/348; Roediger, Elisabeth ~ 8/349; Römer, Georg ~ 8/353; Rösicke, Adolf ~ 8/359; Rösing, Johannes */~ 8/360; Röver, Carl ~ 8/365; Rogge, Alma ~/† 8/365; Rohde, Hedwig (Marie) ~ 8/367; Rohrbach, Adolf (Karl) ~ 8/371; Roland, Marc */~ 8/374; Roose, Betty ~ 8/383; Rose, Just(us) Philipp ~ 8/387; Roselius, Ludwig */~ 8/388; Roßdeutscher, Eberhard ~ 8/405; Rowohlt, Ernst (Hermann Heinrich) */~ 8/429; Rühmann, Heinz ~ 8/451; Ruffini, Alwin ~/† 8/458; Rumpff, Vincent ~ 8/465; Runge, Carl (David Tolmé) ~ 8/467; Runge, Conrad Heinrich */~/† 8/467; Runge, Hermann Gustav * 8/467; Runge, Iris ~ 8/467; Runge, Ludolph Heinrich ~/† 8/467; Ruperti, Georg Alexander ~ 8/470; Rutenberg, (Diedrich) Christian * 8/476; Ruthardt, Julius ~ 8/477; Sackmann, Jacobus ~ 8/492; Salter, George ~ 8/505; Salzmann, Max ~/† 8/507; Santoroc, Johann Kaspar ~ 8/517; Sarnetzki, Dettmar Heinrich */† 8/519; Sattler, Heinz ~ 8/524; Sauer, Wilhelm

Bremerhaven
siehe auch *Wulsdorf*

Bremerlohe

Erich */~ 5/645; Lange, Johann ~ 6/233; Lohmann, Johann Georg ~ 6/462; May, Ernst (Georg) ~ 7/1; Mehrtens, Georg Christoph * 7/28; Meier, Hermann Henrich ~ 7/31; Michelsen, Hans Günter ~ 7/127; Nienstedt, Gerd ~ 7/411; Noé, Hermann ~/† 11/142; Olberg-Lerda, Oda * 7/483; Pröll, Arthur (Rudolf Franz Gustav) ~ 8/76; Richter, Walter ~ 8/284; Rode, Wilhelm ~ 8/344; Rodenberg, Julius (Friedrich Wilhelm Anton) * 8/344; Schackow, Albrecht ~ 11/167; Scharoun, Hans ~ 8/570; Schley, Karl-Maria ~ 8/673; Schütte, Heinrich ~ 9/175; Schütte, Johann (Heinrich Karl) ~ 9/175; Semper, Gottfried ~ 9/284; Siegfried, Samuel Benoni ~ 9/313; Smidt, Johann ~ 9/353; Stollberg, Georg J. ~ 9/551; Warnken-Piorkowski, Maria */~ 10/337; Wegener, Alfred (Lothar) ~ 10/372; Wieting, Julius (Meno) † 10/492; Wöhlken, Egon * 10/556; Ziegler, Hans ~ 10/653

Bremerlohe
Goldschmidt, Johanna * 4/84

Bremervörde
siehe auch *Mehedorf, Niederochtenhausen*
Alpers, Ludwig † 1/93; Giselbert von Brunkhorst, Erzbischof von Bremen † 4/16; Havemann, Michael * 4/457; Heinrich III., Herzog von Sachsen-Lauenburg, Erzbischof von Bremen † 4/459; Johann III. Rode, Erzbischof von Bremen † 5/339; Rode, Johann ~ 8/343; Ruperti, Georg Alexander * 8/470; Tiedemann, Dietrich * 10/37; Willers, Friedrich Adolf * 10/511

Bremgarten (Kt. Aargau)
Aal, Johannes */~ 1/1; Albrecht der Weise, Graf von Habsburg ~ 1/76; Boll, Jakob ~ 2/8; Buchstab, Johannes ~ 2/189; Bullinger, Heinrich * 2/221; Burchard, Johann ~ 2/229; Elster, Daniel ~ 3/98; Gletle, Johann Melchior * 4/31; Haussknecht, (Heinrich) Carl ~ 4/454; Niklas von Wyle ~ 7/418; Plepp, Joseph ~ 7/693; Schodelor, Wern(h)er d. Ä. */~/† 9/74; Schott, Thomas ~/† 9/122; Stammler, Jakobus * 9/444; Wagner, Johannes * 10/283; Walther von Rheinau ~ 10/321; Weissenbach, Elisabeth */† 10/413; Weissenbach, Plazid */~ 10/413

Bremke (seit 1973 zu Gleichen)
Gerdien, Hans † 3/637

Brenden (Kt. Aargau)
Niederer, Johannes * 7/404

Brenditz (tschech. Přimětice)
Divisch, Procopius ~/† 2/562

Brenkenhof (Gem. Großderschau)
Rautmann, Adolf * 8/166

Brennberg (Kr. Regensburg, Land)
Höcherl, Hermann * 5/86; Reinmar von Brennenberg ~ 8/227

Brennbüchel (Imst, Tirol)
Friedrich August II., König von Sachsen † 3/473

Brensbach
Anthes, Eduard * 1/149

Brenz (seit 1974 zu Sontheim an der Brenz)
Althamer, Andreas * 1/99

Brenzone → Magugnano sul Garda

Brescia (Italien)
Adelmann von Lüttich ~ 1/33; Auer, Johann Paul ~ 1/213; Donegani von Stilfsberg, Carlo Ritter von */† 2/593; Drexel, Anton ~ 2/617; Giovanelli, Karl Frh. von * 4/13; Grumbach, Marquard III. von ~ 4/221; Haynau, Julius Jacob Frh. von ~ 4/462; Ludwig II., König von Italien, fränkischer König, römischer Kaiser † 6/498; Riccio, Antonio Teodoro */~ 8/271

Breselenz (Gem. Jameln, Kr. Dannenberg)
Riemann, (Georg Friedrich) Bernhard * 8/300

Breslau (poln. Wrocław)
siehe auch *Deutsch-Lissa, Goldschmieden, Grüneiche, Hundsfeld, Stabelwitz*
Abegg, Bruno Erhard ~ 1/2; Abegg, Georg Friedrich Heinrich † 1/2; Abegg, Julius Friedrich Heinrich ~/† 1/3; Abegg, Richard (Wilhelm Heinrich) ~ 1/3; Aber, Felix */~ 1/9; Ablaß, Bruno ~ 1/11; Abschatz, Hans Aßmann Frh. von */~ 1/14; Abt, Ephraim Ludwig Gottfried */~/†

1/15; Acoluth, Andreas ~/† 1/23; Acoluth, Benjamin */~ 1/23; Acoluth, Johann ~ 1/23; Adamkiewicz, Albert ~ 1/31; Adamy, Heinrich ~ 1/31; Aderkas, Friedrich Wilhelm von * 1/36; Adler, Samuel ~ 1/41; Adlersfeld-Ballestrem, Eufemia von ~ 1/42; Adolphi, Christian Michael ~ 1/46; Aereboe, Friedrich ~ 1/49; Ahlefeldt-Laurwig, Elisa (Davidia Margarete) Gräfin von ~ 1/57; Ahrens, Felix Benjamin ~ 1/60; Albert, Herbert ~ 1/69; Alberti, Konrad */~/† 1/70; Albertz, Heinrich (Ernst Friedrich) */~ 1/73; Albrecht, Friedrich (Johann Hubert) ~ 1/81; Albrecht, Karl ~ 1/82; Alexis, Willibald */~ 1/89; Altaner, Berthold ~ 1/96; Altenstein, Karl (Sigmund Franz) Frh. vom Stein zum A. ~ 1/98; Alter, Wilhelm ~ 1/99; Altmann, Karl */~ 1/103; Altmann, Wilhelm ~ 1/104; Altnikol, Johann Christoph ~ 1/105; Alzheimer, Alois ~/† 1/109; Alzog, Johannes Baptist ~ 1/109; Ambrosch, Joseph Julius Athanasius † 1/112; Amman, Paul * 1/115; Ampringen, Johann Caspar von † 1/119; Anders, Günther * 1/124; Andersch, Max ~ 1/124; Anderssen, Adolf */† 1/125; Andreae, Wilhelm ~ 1/132; Andrée, Karl Maximilian ~/† 1/133; Angelus Silesius */~/† 1/136; Anno, Anton ~ 1/145; Anschütz, Heinrich (Johann Immanuel) ~ 1/145; Anschütz, Willy ~ 1/147; Ansorge, Max ~ 1/148; Anthony, Wilhelm ~ 1/149; Anton, Christian Gotthelf ~ 1/151; Appel, Carl Louis Ernst ~/† 1/158; Appell, Georg ~ 1/159; Apt, Max ~ 1/160; Arco, Georg (Wilhelm Alexander Hans) Graf von ~ 1/162; Arends, Georg Adalbert ~ 1/165; Arletius, Johann Caspar */~/† 1/170; Arndt, Fritz ~ 1/174; Arndt, Gottfried August * 1/174; Arndt, Walter ~ 1/176; Arnold, Eberhard ~ 1/185; Articus, Ernst ~ 1/197; Arzruni, Andreas ~ 1/200; Ascherham, Gabriel ~ 1/203; Assig, Hans von ~ * 1/207; Assmann, Arno * 1/207; Assmann, Johann Baptist (Maria) ~ 1/207; Aubin, Hermann (Carl William) ~ 1/212; Auerbach, Berthold ~ 1/215; Auerbach, Felix */~ 1/215; Auerbach, Friedrich */~ 1/215; Auerbach, Leopold */~/† 1/216; August Wilhelm, Herzog von Braunschweig und Lüneburg ~ 1/221; Augusti, Johann Christian Wilhelm ~ 1/222; Auhagen, Otto (Georg Gustav Edwin) ~ 1/223; Aurifaber, Andreas * 1/224; Aurifaber, Johannes (Vratislaviensis) */~/† 1/224; Bach, Carl Daniel Friedrich ~/† 1/235; Bach, Max Hugo ~ 1/241; Bachmann, Paul (Gustav Heinrich) ~ 1/247; Bachmann, Paul ~ 1/247; Bachstrom, Johann Friedrich ~ 1/249; Badt, Hermann */~ 1/253; Badt-Strauß, Bertha */~ 1/253; Baeck, Leo ~ 1/254; Baerwald, Leo ~ 1/263; Baeumker, Clemens ~ 1/266; Baeyer, Walter Ritter von ~ 1/267; Bahr, Robert ~ 1/270; Ballasko, Viktoria von ~ 1/277; Balling, Michael Joseph ~ 1/278; Baltzer, Johann Baptist ~ 1/282; Baluschek, Hans * 1/283; Bandmann, Eugen */~ 1/287; Banz, Heinrich */~ 1/289; Bar, Carl Ludwig von ~ 1/290; Barkow, Hans Karl Leopold ~ 1/296; Barlog, Boleslaw * 11/11; Barnick, Johannes (Ferdinand) ~ 1/297; Barnowsky, Viktor ~ 1/298; Baron, Ernst Gottlieb * 1/298; Bartels, Ernst Daniel August ~ 1/299; Barth, Friedrich ~/† 1/301; Barth, (Stanislaus) Hermann * 1/302; Barth, Johann August ~/† 1/302; Barth, (Ernst Emil) Paul ~ 1/305; Barthel, Johann Karl Rudolph */~/† 1/306; Bartsch, Johann Gottfried ~ 1/310; Bartsch, Johann Leopold Gustav ~ 1/310; Bartsch, Karl (Friedrich Adolf Konrad) ~ 1/310; Basch, Siegmund ~ 1/312; Bassermann, Else ~ 1/315; Bastgen, Hubert ~ 11/12; Bastiani, Giovanni Battista ~/† 1/317; Bauer, Heinrich ~ 1/325; Bauer, Karl Heinrich ~ 1/327; Bauer, Klara ~/† 1/328; Bauer, Oswald ~ 1/329; Bauer, Walter ~ 1/329; Baumann, Emma ~ 1/334; Baumann, Georg */~ 1/335; Baumeister, Wilhelm ~ 1/340; Baumert, (Friedrich) Moritz ~ 1/341; Baumgart, Expeditus ~ 1/342; Baumgarten, Gotthilf von ~ 1/343; Baumgarten, Konrad ~ 1/344; Baumgartner, Matthias ~ 1/348; Baur, Ludwig ~ 1/352; Bauschke, Moritz Gustav */~ 1/354; Bechtel, Heinrich ~ 1/368; Becker, Joseph ~ 1/379; Beckmann, Friedrich */~ 1/384; Bederke, Erich ~ 11/15; Behm, Johannes ~ 1/397; Behr, Isa(s)char Falkensohn ~ 1/399; Behrens, Christian ~/† 1/400; Beilschmied, Karl Traugott ~ 1/405; Beling, Ernst von ~ 1/408; Benckert, Heinrich ~ 1/413; Bender,

Georg ~/† 1/416; Bender, Paul Friedrich Gustav ~ 1/417; Beneckendorf, Karl Friedrich von ~ 1/419; Benedict, Traugott Wilhelm Gustav ~ 1/419; Benfey, Anna ~ 1/421; Beninde, Max ~ 1/423; Benkhoff, Fita ~ 1/424; Benkowitz, Karl Friedrich ~ 1/424; Bennek, Hubert ~ 1/426; Bennhold, Fritz ~ 1/426; Bensef, Juda Löw ~ 1/428; Bequignolles, Hermann d'Artis von ~ 1/433; Bercht, Julius Ludwig ~ 1/434; Berends, Karl August Wilhelm ~ 1/437; Berg, Max ~ 1/441; Berger, Emil ~ 11/17; Berger, Oskar ~ 1/446; Berger, Wilhelmine ~ 1/447; Bergius, Friedrich (Karl Rudolf) ~ 1/448; Bergius, Karl Julius ~ 1/448; Bergmann, Ernst von ~ 1/449; Bergmann, Karl ~ 1/451; Bergmann, Rudolf (Alexander) ~ 1/452; Bergson, Josef ~ 1/453; Bergsträßer, Gotthelf ~ 1/453; Berlin, Jesaja ~/† 1/458; Berliner, Arnold ~ 1/458; Bermann Fischer, Gottfried ~ 11/18; Bernard, Esther */† 1/459; Bernays, Jakob ~ 1/461; Bernd, Adam * 1/462; Bernd, Christian Samuel Theodor ~ 1/462; Berneker, Erich ~ 1/463; Berner, Friedrich Wilhelm */~/† 1/463; Bernhard von Kamenz, Bischof von Meißen ~ 1/465; Berning, Wilhelm ~ 1/471; Bernstein, Georg Heinrich ~ 1/476; Bernstein, Heinrich Agathon */~ 1/476; Bernstein, Julius ~ 1/476; Berrer, Alfred (Wilhelm Albert) ~ 1/479; Bersu, Gerhard ~ 1/480; Bertram, Adolf Johannes ~ 1/488; Berve, Emil ~/† 1/489; Berve, Helmut (Friedrich Konrad) */~ 1/489; Beseler, Max ~ 1/491; Besler, Samuel ~/† 1/492; Besler, Simon ~/† 1/492; Bessau, Georg ~ 1/492; Besser, Wilhelm Friedrich ~ 1/494; Betsch, Roland ~ 1/498; Bettauer, Fritz * 1/498; Beurmann, Moritz von ~ 1/501; Beyerle, Franz ~ 11/20; Beyerle, Konrad ~ 1/507; Beythien, Adolf (Carl Heinrich) ~ 1/508; Bial, Rudolf ~ 1/510; Bialas, Günter ~ 11/20; Biberti, Leopold ~ 1/511; Bie, Oskar */~ 1/515; Biedenfeld, Ferdinand Leopold Frh. von ~ 1/516; Bielschowsky, Albert ~ 1/520; Bielschowsky, Alfred ~ 1/520; Bielschowsky, Max */~ 1/521; Bierey, Gottlob Benedikt ~/† 1/523; Biermer, (Michael) Anton ~ 1/524; Biermer, Magnus ~ 1/524; Biltz, (Johann) Heinrich ~/† 1/530; Binkowski, Johannes ~ 11/22; Binswanger, Otto ~ 1/534; Biow, Hermann * 1/535; Birk, Walter ~ 1/537; Birlinger, Anton ~ 1/539; Birnbach, Karl Joseph ~ 1/539; Birnbaum, Immanuel ~ 1/540; Bischoff, Friedrich ~ 1/543; Bitta, Joseph ~ 1/549; Bittner, Franz (Seraph[in] Anton) ~/† 1/551; Blanck, Edwin ~ 1/555; Bleek, Karl Theodor ~ 1/566; Bloch, Georg */~ 1/574; Bloch, Hermann ~/† 1/574; Bloch, Philipp ~ 1/575; Blochmann, Rudolf Sigismund ~ 1/576; Block, Karl Heinrich von * 1/576; Blümner, Hugo (Johann Friedrich Daniel Wilhelm Ferdinand) ~ 1/581; Blume, Bianka ~ 1/584; Bobertag, Bianka */† 1/592; Bobertag, (Karl) Felix ~/† 1/592; Bodenheimer, Siegmund ~ 1/603; Böckler, Wilhelm ~ 1/611; Böhm, Martin * 1/619; Böhmer, Georg Wilhelm Rudolph ~/† 1/622; Böhringer, August ~ 1/624; Boell, Heinrich ~ 1/627; Bömer, Aloys (Wilhelm Joseph) ~ 1/628; Boettger, Caesar Rudolf ~ 1/637; Boguslawski, Palon Heinrich Ludwig von */~ 1/642; Bohn, Emil (Gottfried Carl Ignaz Adolf) ~/† 2/2; Bohn, Johann Carl * 2/2; Boleslaw II. der Kahle, Herzog von Liegnitz-Brieg ~ 2/7; Boleslaw III., Herzog von Liegnitz-Brieg ~ 2/7; Bolz, Lothar ~ 2/13; Boner, Hans ~ 2/17; Bonhoeffer, Dietrich ~ 2/18; Bonhoeffer, Karl ~ 2/18; Bonhoeffer, Karl Friedrich * 2/18; Bonhoeffer, Klaus * 2/18; Boor, Carl (Gotthard) de ~ 2/23; Boor, Helmut de ~ 2/23; Bopp, Friedrich Arnold ~ 11/28; Borchardt, Ludwig ~ 2/26; Borcherdt, Hans Heinrich */~ 2/27; Borck, Edmund Konstantin Wilhelm von */~ 2/28; Born, Gustav Jakob ~/† 2/32; Born, Max */~ 2/32; Borsche, Dieter ~ 2/38; Borsig, (Johann Friedrich) August */~ 2/38; Botgarschek, Karoline ~ 2/46; Bothe, Peter Friedrich Gottlieb ~ 2/46; Bottengruber, Ignaz ~ 2/48; Brachvogel, Albert Emil */~ 2/54; Brachvogel, Udo ~ 2/54; Bräuer, Albrecht */~/† 2/56; Bräuer, Karl ~ 2/56; Bräuer, Leonore ~ 2/56; Brahms, Johannes ~ 2/57; Brammer, Julius ~ 2/59; Brandeis, Jakob B(ermann) ~ 2/61; Brandenburg, Karl Albrecht Markgraf von † 2/61; Brandes, Esther Charlotte ~ 2/62; Brandes, Georg ~ 2/63; Brandes, Heinrich Wilhelm ~ 2/63; Brandes, Johann Christian ~ 2/63; Brandt, Gerhard (Hans Hermann)

* 11/30; Braniß, Christlieb Julius */~/† 11/30; Brann, Marcus Mordechaj ~/† 2/73; Brasch, Martin * 2/74; Brauchitsch, Ludwig Mathias Nathanael Gottlieb von * 2/76; Braumüller, Georg ~ 2/78; Braumüller, Wilhelm ~ 2/78; Braun, Johann Wilhelm Josef ~ 2/82; Braun, Julius von ~ 2/83; Braun von Braunthal, Johann Karl Ritter ~ 2/87; Brecht, (Karl) Walter ~ 2/94; Bredow, Gabriel Gottfried ~ 2/95; Brefeld, Oskar ~ 2/97; Brehmer, Hermann ~ 2/99; Bremer, Christoph ~ 2/109; Brentano, Lujo ~ 2/117; Breuer, Hans ~ 2/124; Brie, Friedrich (Daniel Wilhelm) * 2/131; Brie, Siegfried ~/† 2/131; Brieger, Heinrich ~ 2/131; Brieger, Ludwig ~ 2/132; Briesemeister, Otto ~ 2/133; Brilling, Bernhard ~ 2/134; Brintzinger, Herbert ~ 2/136; Brockelmann, Carl ~ 2/138; Bröer, Ernst ~ 2/143; Brokoff, Ferdinand Maximilian ~ 2/144; Brosig, Moritz † 2/147; Bruch, Max (Karl August) ~ 2/148; Bruck, Carl ~ 2/148; Bruck, Eberhard Friedrich */~ 2/149; Bruck, Julius */~/† 2/149; Bruck, Walther Wolfgang */~ 2/149; Bruck, Werner Friedrich */~ 2/149; Brückner, Helmuth ~ 2/153; Brüll, Adolf ~ 2/158; Brunhuber, August David ~ 2/167; Brunies, Stephan ~ 2/167; Bruns, Marianne ~ 2/173; Bruns, Simon * 2/174; Bubis, Ignatz */~ 11/34; Bubnoff, Serge von ~ 2/179; Buch, Fritz Peter ~ 2/180; Buchal, Hermann (Franz Joseph) ~ 2/181; Buchner, Eduard ~ 2/186; Buchner, Paul Ernst ~ 2/188; Buchwald, Conrad */~ 2/189; Buchwitz, Otto * 2/190; Buddenbrock, Wilhelm Dietrich von ~/† 2/192; Buder, Johannes ~ 2/193; Büchler, Adolf ~ 2/195; Büchner, Richard ~ 2/198; Bühler, Ottmar ~ 2/200; Bülow, Babette von ~ 2/203; Bülow, Oskar */~ 2/206; Bürde, Samuel Gottlieb */~/† 2/208; Bürkner, Robert Emanuel Heinrich */~ 2/212; Büschenthal, Lippman Moses ~ 2/213; Büsching, Johann Gustav Gottlieb ~/† 2/213; Bultmann, Rudolf (Karl) ~ 2/222; Bumke, Oswald ~ 2/223; Bunsen, Robert Wilhelm ~ 2/224; Buntzel, Alfred ~ 2/226; Bunzel-Westen, Lotte ~ 2/226; Burckhardt, Helmuth ~ 2/231; Burg, Johann Friedrich */~/† 2/235; Burg, Meno ~ 2/235; Burghardt, Hans-Georg */~ 2/239; Busch, Ernst ~ 2/248; Busch, Paul Vincenz ~ 2/250; Busch, Paula ~ 2/250; Busch, Wilhelm M(artin) * 2/251; Busch, William (Martin Friedrich) ~ 2/251; Buschke, Abraham ~ 2/252; Butenop, Karl Heinrich ~ 2/257; Buths, Julius (Emil Martin) ~ 2/258; Butschky und Rutinfeld, Samuel von ~/† 2/258; Byß, Johann Rudolf ~ 2/262; Calagius, Andreas */~/† 2/264; Calaminus, Georg ~ 2/264; Camaro, Alexander */~ 11/37; Camerarius, Joachim d. J. ~ 2/269; Canstein, Philipp Frh. von ~ 2/275; Carathéodory, Constantin ~ 2/278; Carlowitz, Carl Adolf von † 2/282; Carmer, Johann Heinrich Kasimir Graf von ~ 2/283; Carnall, Rudolf von ~/† 2/283; Caro, Jakob ~/† 2/284; Caro, Oscar * 2/285; Caro, Paul */~/† 2/285; Carové, Friedrich Wilhelm ~ 2/285; Carrach, Johann Philipp von ~ 2/288; Cassirer, Bruno * 2/294; Cassirer, Ernst * 2/294; Cassirer, Fritz * 2/294; Cassirer, Max ~ 2/295; Cassirer, Richard * 2/295; Castendorfer, Stefan ~ 2/296; Catt, Henri Alexandre de ~ 2/297; Cauer, Wilhelm (Eduard Ludwig) * 2/298; Ceslaus ~/† 2/302; Charpentier, Toussaint von ~ 2/306; Chladni, Ernst Florens Friedrich † 2/311; Christ, Karl ~ 2/315; Christ, Liesel ~ 11/39; Christ, Sophie ~ 2/316; Christmann, Jakob ~ 2/323; Chun, Karl ~ 2/326; Clausewitz, Carl (Philipp Gottlieb) von ~/† 2/335; Cloos, Hans ~ 2/345; Clusius, Klaus */~ 2/347; Cobet, Rudolf Wilhelm ~ 2/348; Cochläus, Johannes ~ 2/349; Coenen, Hermann Wilhelm M. ~ 2/350; Cohausz, Otto ~ 2/351; Cohen, Hermann ~ 2/351; Cohn, Oskar Justinus * 2/352; Cohn, Theodor ~ 2/353; Cohn, Toby */~ 2/353; Cohnheim, Julius ~ 2/353; Commer, Ernst ~ 2/361; Conrat, Max ~ 2/365; Contessa, Christian Jakob ~ 2/367; Conwentz, Hugo ~/† 2/367; Cornill, Karl Heinrich ~ 2/376; Cortolezis, Fritz ~ 2/379; Corvinus, Laurentius ~/† 2/380; Corvinus, Lorenz ~ 2/380; Courant, Richard ~ 2/386; Cramm, (Christian Friedrich Adolf) Burghard Frh. von ~ 2/391; Crato von Krafftheim, Johannes */~/† 2/394; Credner, (Karl) Hermann (Georg) ~ 2/395; Credner, Karl August ~ 2/395; Croner, Else ~ 2/404; Cunrad, Caspar */~/† 2/411; Cunrad, Johann

Heinrich */~ 2/411; Czapski, Siegfried ~ 2/416; Czellitzer, Arthur */~ 2/417; Czermak, Johann Nepomuk ~ 2/418; Czerny, Adalbert ~ 2/419; Czibulka, Alfons Frh. von ~ 2/420; Czolbe, Heinrich ~ 2/421; Dächsel, Heinrich Theobald ~ 2/425; Dahlmann, Hellfried ~ 11/43; Dahn, (Julius Sophus) Felix ~/† 2/430; Dallwitz, Hans von * 2/434; Damrosch, Frank Heino * 2/438; Damrosch, Leopold ~ 2/438; Damrosch, Walter (Johannes) * 2/438; Danckwortt, Peter (Walter Friedrich) ~ 2/439; Davidsohn, George ~ 2/453; Deetz, Arthur ~ 2/463; Dehn, Max (Wilhelm) ~ 2/468; Delitzsch, Friedrich (Conrad Gerhard) ~ 2/477; Demantius, (Johannes) Christoph ~ 2/481; Demiani, Carl Friedrich * 2/482; Denk, Otto ~ 2/488; Deppe, (Friedrich Heinrich Christoph) Ludwig ~ 2/490; Dereser, Anton ~/† 2/491; Dersch, Wilhelm (Heinrich) ~ 11/45; Dessoir, Ferdinand */~ 2/498; Dessoir, Ludwig ~ 2/498; Dessoir, Therese ~ 2/499; Dettmer, Wilhelm Georg ~ 2/502; Deuticke, Hans Joachim ~ 11/46; Deutsch, Felix * 2/504; Deutsch, Gotthard ~ 2/505; Deutsch, Moritz † 2/506; Devrient, Ludwig ~ 2/508; Dewischeit, Curt ~ 2/509; Dewitz, Kurt (Ludwig Karl) von ~ 2/509; Diels, Paul (Cäsar Oskar Gottlieb) ~ 2/517; Dienemann, Max ~ 2/519; Dienst, Arthur ~ 2/519; Diepenbrock, Melchior Ferdinand Joseph Frh. von ~ 2/520; Dieterici, Conrad (Heinrich) ~ 2/528; Dietrich, Albert ~ 2/534; Dietrichstein, Franz Fürst von ~ 2/538; Dietz, Rolf ~ 11/46; Dietze, (Friedrich Carl Nikolaus) Constantin von ~ 2/541; Dilthey, Karl (Peter Friedrich) ~ 2/548; Dilthey, Wilhelm (Christian Ludwig) ~ 2/548; Dippel, Andreas ~ 2/554; Dirichlet, Gustav Peter ~ 2/555; Dix, Walter (Hans Bruno) ~ 2/563; Dobschall, Johann Gottlieb ~/† 2/566; Dobschütz, Ernst (Adolf Alfred Oskar Adalbert) von ~ 2/566; Dobschütz, Wilhelm Leopold von ~ 2/566; Dölger, Franz Joseph ~ 2/572; Döring, Michael */† 2/577; Döring, Theodor ~ 2/577; Doflein, Erich ~ 2/581; Doflein, Franz Theodor ~ 2/581; Dohm, (Wilhelm) Ernst * 2/582; Dohrn, Anton Felix ~ 2/584; Dohrn, Georg ~ 2/584; Dohrn, Klaus * 2/584; Dombrowski, Erich ~ 2/590; Doms, Joseph ~ 2/592; Donadini, Ermenegildo Antonio ~ 2/592; Dorn, (Friedrich) Ernst ~ 2/597; Dornewaß, Wilhelm ~ 2/599; Dove, Alfred ~ 2/604; Dove, Heinrich Wilhelm ~ 2/604; Drescher, Carl (Maria) ~/† 2/614; Drescher, Franz † 2/614; Drescher-Kaden, Friedrich Karl ~ 11/48; Dronke, Ernst Friedrich Johann ~ 2/622; Drossbach, (Georg) Paul ~ 2/632; Duda, Herbert (Wilhelm) ~ 2/632; Dudith, Andreas ~/† 2/633; Dülfer, Martin */~ 2/635; Dümichen, Johannes ~ 2/635; Dürckheim, Karlfried Graf ~ 2/637; Dürig, Günter * 11/49; Dürken, Bernhard (Heinrich) ~ 2/640; Dürr, Lorenz ~ 2/641; Duflos, Adolph (Ferdinand) ~ 2/644; Dukes, Leopold (Jehuda Löb ben Zebi Hirsch) ~ 2/647; Dulk, Albert (Friedrich Benno) ~ 2/647; Du Moulin-Eckart, Richard Graf ~ 2/649; Dunin-Borkowski, (Zbigniew) Stanislaus (Martin) Graf ~ 2/652; Dunkel, Manfred ~ 2/653; Dustmann-Meyer, Marie Louise ~ 2/657; Dyroff, Rudolf ~ 2/662; Dyrssen, Carl Ludwig ~ 2/662; Dziatzko, Karl (Franz Otto) ~ 2/662; Ebbinghaus, Hermann ~ 2/663; Ebers, Godehard Josef ~ 2/676; Ebert, Johann Jakob * 2/680; Eberty, Felix ~ 2/680; Ebstein, Wilhelm ~ 3/3; Eck, Ernst Wilhelm Eberhard ~ 3/5; Eck, Heinrich Adolf von ~ 3/5; Effenberger, Theodor */~ 3/22; Eggeling, Heinrich Friedrich von ~ 3/26; Eggeling, Julius ~ 3/26; Ehrenberg, Paul (Richard Rudolf) ~ 3/38; Ehrhardt, Kurt ~ 11/51; Ehrlich, Felix ~ 3/43; Ehrlich, Paul ~ 3/44; Eichborn, Eduard von */~ 3/47; Eichborn, Hermann (Ludwig) */~ 3/48; Eichborn, Johann Ludwig ~/† 3/48; Eichborn, Kurt von * 3/48; Eichendorff, Joseph (Karl Benedikt) Frh. von ~ 3/49; Eichhorn, (Karl Friedrich) Hermann ~ 3/52; Eichhorn, (Emil Gottfried) Hermann von * 3/52; Eichler, Hermann ~ 3/54; Eicke, Carl Julius ~ 3/57; Eickstedt, Egon Frh. von ~ 3/58; Einsiedel, Horst ~ 11/52; Eiselen, Johann Friedrich Gottfried ~ 3/68; Eistert, Bernd (Karl Georg) ~ 3/78; Eitner, Robert * 3/78; Ekhof, (Hans) Conrad (Dietrich) ~ 3/80; Elbogen, Ismar ~ 3/82; Elert, Werner ~ 3/84; Elias, Norbert */~ 3/85; Elsner, (Johannes Ferdinand Bruno) Georg von ~ 3/96; Elsner, Joseph (Anton Franz) ~ 3/97; Elsner, Moritz ~ 3/97; Elster, Ludwig (Hermann Alexander) ~ 3/98; Elvenich, Peter Joseph ~/† 3/100; Elyan, Kaspar ~ 3/101; Endell, Kurd (Eduard Karl Heinrich) ~ 3/108; Enderle, August ~ 3/109; Engel, Fritz * 3/113; Engel, Stefan ~ 3/116; Engelbert, Kurt ~ 3/117; Engelhardt, Victor (Josef Karl) ~ 3/119; Enger, Robert ~ 3/124; Engler, Adolf (Gustav Heinrich) ~ 3/125; Engler, Michael d. J. */~/† 3/126; Eppenstein, (Martin) Otto */~ 3/132; Ercklentz, Wilhelm ~ 3/139; Erdmann, Benno ~ 3/140; Erdmann, David Christian Friedrich ~ 3/140; Erdmann, Lothar * 3/141; Erdmann, Oskar ~ 3/142; Erdmannsdörffer, Bernhard ~ 3/142; Erhardt, Otto */~ 3/147; Erichsen, Karl Gustav von ~ 3/149; Erler, Erich ~ 3/152; Erler, Fritz ~ 3/153; Erman, Wilhelm (Adolf) ~ 3/155; Ermisch, Hubert (Maximilian) ~ 3/156; Ernst, Adolf */~ 3/162; Ernst, Eugen (Oswald Gustav) ~ 3/163; Eschenloer, Peter ~/† 3/173; Ettner von Eiteritz, Johann Christoph ~/† 3/186; Eucken, Arnold (Thomas) ~ 3/187; Eulenburg, Franz ~ 3/191; Euler, Hermann ~ 3/192; Ewald, Otto ~ 3/199; Fabri, Johannes ~ 3/211; Fabricius, (Karl) Ferdinand ~/† 3/213; Fahsel, Helmut ~ 3/220; Falck, Richard ~ 3/223; Falk, (Paul Ludwig) Adalbert von ~ 3/224; Falkenhorst, Nikolaus von * 11/58; Fasser, Rosa ~ 3/234; Fedde, Friedrich */~ 3/239; Feigl, Georg ~ 3/249; Feiler, Arthur * 3/250; Feiler, Erich */~ 3/250; Feine, Hans Erich Alfred ~ 3/251; Feine, Paul ~ 3/251; Feist, Eduard Richard Karl ~ 3/252; Felbiger, Johann Ignatz von ~ 3/254; Feldmann, Joseph ~ 3/256; Fels, Erich ~ 3/262; Fenderlin, Lukas */~ 3/264; Ferber, Erwin ~ 3/266; Fernbach, Henry * 3/272; Fester, Georg Gustav Anselm ~ 3/274; Feuerhahn, Hermann ~ 3/283; Fiala, Joseph ~ 3/283; Fichtner, Johannes ~ 3/286; Ficinus, Heinrich David August ~ 3/286; Fick, Adolf (Gaston Eugen) ~ 3/287; Fick, (Friedrich Conrad) August ~ 3/287; Ficker, (Philipp) Martin ~ 3/288; Fietz, Gerhard */~ 11/59; Filehne, Wilhelm ~ 3/295; Filke, Max * 3/295; Finckenstein, Raphael */† 3/299; Finger, Gottfried ~ 3/301; Finkenstein, Jettka ~ 3/304; Firle, Otto ~ 3/306; Firle, Walter * 3/307; Fischer, Adolf */† 3/310; Fischer, Ernst * 3/314; Fischer, Hermann Eberhard ~ 3/319; Fischer, Max (David) * 3/325; Fischer, Nikolaus Wolfgang ~/† 3/325; Fischer, Otto ~/† 3/325; Fischer, Otto (Christian) ~ 3/326; Fitzner, Wilhelm ~ 3/333; Flascha, Paul Peter Vincenz von ~ 3/336; Flatter, Richard ~ 3/337; Fleck, (Johann Friedrich) Ferdinand * 3/339; Fleischer, Max ~ 3/342; Fleischer, Richard */~ 3/342; Fleischmann, (Michael) Max */~ 3/344; Fliegel, (Walter) Gotthard (Waldemar) ~ 3/352; Floericke, Curt (Ehrenreich) ~ 3/352; Flügel, Ernst (Paul) ~/† 3/356; Flügel, Carl (Georg Friedrich Wilhelm) ~ 3/357; Förster, Alban ~ 3/361; Förster, (Johann) August ~ 3/361; Förster, Franz */~ 3/363; Förster, Heinrich ~ 3/363; Foerster, Otfried */~/† 3/364; Förster, (Carl Friedrich) Richard ~/† 3/364; Foerster, Richard ~/† 3/365; Foerster, Wolfgang * 3/365; Forckenbeck, Max(imilian) (Franz August) von ~ 3/372; Formstecher, Salomon ~ 3/374; Forschbach, Edmund ~ 3/374; Fraenckel, Jonas */~/† 3/381; Fraenkel, Adolf * 3/382; Fraenkel, Ernst */~/† 3/383; Fraenkel, Ernst */~ 3/383; Fraenkel, Eugen ~ 3/383; Fränkel, Hans-Joachim ~ 11/62; Fränkel, Levi Saul ~ 3/384; Fränkel, Ludwig ~ 3/384; Fränkel, Siegmund ~/† 3/384; Fraenkel, Walter ~ 3/385; Fraenkel, Wilhelm ~ 3/385; Francé, Raoul (Heinrich) ~ 3/386; Franck, Eduard * 3/388; Franck, Hermann */~ 11/63; Franck, Sebastian ~ 3/391; Franck, Walter ~ 3/391; Frank, Alfred Erich * 3/397; Frank, Wilhelm ~/† 3/403; Frankel, Zacharias ~/† 3/405; Frankenberg von Ludwigsdorf, Johann Heinrich (Ferdinand Joseph Johann Nepomuk) Graf von ~ 3/406; Frankenberg und Ludwigsdorf, Friedrich (Ludwig Ernst) Graf von */~ 3/406; Frankenheim, Moritz Ludwig ~ 3/406; Frankl, Pinkas Fritz ~ 3/408; Frankl-Grün, Adolf ~ 3/408; Frantz, Erich ~ 3/409; Frantzius, Alexander von ~ 3/409; Franz Ludwig, Pfalzgraf von Neuburg, Kurfürst und Erzbischof von Trier und Mainz ~/† 3/412; Franz, Adolf ~ 3/413;

Franz, Agnes ~/† 3/413; Franz, Eugen ~ 3/413; Franz, Ignaz ~/† 3/413; Franz, Julius (Heinrich Georg) ~/† 3/414; Franz, Victor (Julius) ~ 3/415; Frauscher, Moritz ~ 3/419; Frech, Fritz (Friedrich Daniel) ~ 3/419; Frege, Ludwig ~ 3/421; Freitag, Rudolf * 3/423; Frerichs, Friedrich Theodor von ~ 3/426; Freudenberg, Karl Gottlieb (F.) ~/† 3/429; Freudenthal, Berthold */~ 3/430; Freudenthal, Jacob ~ 3/430; Freund, Erich */~ 3/431; Freund, Ismar */~ 3/431; Freund, Julius * 3/431; Freund, Martin ~ 3/432; Freund, Marya * 3/432; Freund, Richard ~ 3/432; Freund, Wilhelm ~/† 3/432; Freund, Wilhelm Alexander ~ 3/432; Frey, Dagobert ~ 3/433; Frey, Erich (Maximilian) * 3/434; Freytag, Gustav ~ 3/440; Freytagh-Loringhoven, Axel (August Gustav Johann) Frh. von ~/† 3/441; Fried, Carl ~ 3/446; Friede, Aline ~ 3/447; Friedeberger, Walter Alexander * 3/447; Friedensburg, Ferdinand ~ 3/448; Friedensburg, Ferdinand ~ 3/448; Friedenthal, Hans von * 3/449; Friedenthal, (Karl) Rudolf */~ 3/449; Friederichsen, Max ~ 3/450; Friedlaender, Johnny ~ 11/64; Friedländer, Max ~ 3/452; Friedrich, Landgraf von Hessen-Darmstadt, Bischof von Breslau ~/† 3/462; Friedrich, Ernst * 3/479; Friedrich, Johann Christoph ~/† 3/480; Friedrich-Freksa, Margarete */~ 3/482; Fries, Wilhelm ~ 3/484; Frisch, Joseph ~/† 3/489; Frisch, Karl Ritter von ~ 3/489; Fritsch, Gustav Theodor ~ 3/493; Fritsch, Heinrich ~ 3/493; Fritsch, Paul (Ernst Moritz) ~ 3/494; Fritsch, Thomas ~/† 3/494; Fröböss, Georg */~/† 3/500; Fröhlich, Georg Wilhelm ~ 3/502; Fromm, Friedrich Karl ~ 3/509; Frommhold, Georg ~ 3/511; Frühling, August ~ 3/515; Fry, Adolf ~ 3/516; Fülleborn, Georg Gustav ~/† 3/524; Füllner, Eugen * 3/525; Fürst, Julius ~ 3/527; Fürst, Manfred ~ 3/527; Fues, Erwin (Richard) ~ 3/531; Fugger, Anton Reichsgraf ~ 3/534; Funke, Karl Philipp ~ 3/542; Furtwängler, (Gustav Heinrich Ernst Martin) Wilhelm ~ 3/545; Gadamer, Johannes (Georg) ~ 3/551; Gaebler, Carl (Ludwig August Hermann) ~/† 3/552; Galewsky, Eugen */~ 3/561; Galinsky, Hans (Karl) */~ 11/66; Galle, Andreas (Wilhelm Gottfried) */~ 3/563; Galle, (Johann) Gottfried ~ 3/563; Gallwitz, Max (Karl Wilhelm) von * 3/566; Ganzenmüller, (Karl) Wilhelm ~ 3/572; Garbotz, Georg * 3/573; Gareis, Anton Johann ~ 3/574; Garrè, Carl (Alois Philipp) ~ 3/575; Garve, Christian */~/† 3/576; Gaspary, Adolf (Robert) ~ 3/577; Gaß, Joachim Christian ~/† 3/577; Gaß, (Friedrich) Wilhelm (Joachim Heinrich) */~ 3/577; Gaudy, Franz (Bernhard Heinrich Wilhelm) Frh. von ~ 3/584; Gaupp, Ernst (Wilhelm Theodor) ~/† 3/586; Gaupp, Ernst Theodor ~/† 3/586; Gaupp, Robert (Eugen) ~ 3/586; Gaus, Wilhelm (Karl Friedrich) ~ 3/586; Gawell, Oskar ~ 3/589; Gebel, Georg d. Ä. */~/† 3/589; Gebel, Georg d. J. ~ 3/591; Gebhardt, Bruno ~ 3/594; Gebhardt, Walter */~ 3/594; Gehlen, Reinhard ~ 3/599; Gehler, Gustav Willy ~ 3/599; Geiger, Abraham ~ 3/603; Geiger, Ludwig (Moritz Philipp) * 3/605; Geis, Robert Raphael ~ 3/608; Geisham, Johann Karl Wilhelm * 3/609; Geisler, Walter ~ 3/610; Geller, Friedrich Christoph ~ 3/616; Gellhorn, Alfred ~ 3/618; Gentz, Friedrich * 3/624; Georg Rudolf, Herzog von Liegnitz † 3/628; Georgi, Felix ~ 3/632; Geppert, Harald (Aloysius August Maria) */~ 3/634; Gercke, Alfred ~/† 3/637; Gerhard, (Friedrich Wilhelm) Eduard ~ 3/641; Gerhardt, Dagobert von ~ 3/643; Gerhardt, Ulrich (Karl Friedrich Kurt) ~ 3/644; Gerlach, Otto ~ 3/649; Gerson, Max ~ 3/656; Gerstmann, Martin von ~ 3/660; Geß, Wolfgang (Heinrich Christian) Friedrich ~ 3/666; Geyer, Bernhard ~ 3/671; Geyersbach, Gertrude ~ 3/673; Giehse, Therese ~ 3/678; Gierke, Anna von * 3/679; Gierke, Edgar (Otto Konrad) von * 3/680; Gierke, Julius (Karl Otto) von * 3/680; Gierke, Otto von ~ 3/680; Giesche, Georg von † 4/1; Giese, Friedrich (Wilhelm Carl) ~ 4/1; Ginrod, Friedrich ~ 4/11; Girnus, Wilhelm (Karl Albert) ~ 4/15; Giseke, (Heinrich Ludwig) Robert ~ 4/16; Glaser, Kurt ~ 4/24; Gleissberg, Gerhard */~ 4/30; Gleissberg, Wolfgang */~ 4/30; Glenck, (Karl Christian) Friedrich ~ 4/30; Gloger, Constantin (Wilhelm Lambert) ~ 4/34; Glomme, (Moritz) Edmund ~ 4/34;

Gluck, Themistokles ~ 4/36; Glücksmann, Frieda */~ 4/38; Godin, Reinhard Ludwig Bernhard Frh. von ~ 4/47; Godulla, Karl † 4/48; Göppert, Ernst * 4/54; Goeppert, Friedrich ~ 4/55; Göppert, Heinrich (Robert) ~/† 4/55; Göppert, Heinrich (Robert) */~ 4/55; Göppert, Heinrich * 4/55; Goerlitz, Theodor (Hans Walter) */~ 4/59; Görner, Karl August ~ 4/59; Goetsch, (Johann Heinrich) Wilhelm ~ 4/67; Goetz, Franz ~ 4/69; Goetz, Fritz * 4/69; Goetze, Heinrich ~/† 4/72; Götze, Hellmuth ~ 4/72; Goetze, Johann Christian ~ 4/72; Götze, Karl ~ 4/72; Gogarten, Friedrich ~ 4/75; Gold, Käthe ~ 11/70; Goldmann, Karlheinz ~ 4/80; Goldmann, Nikolaus * 4/80; Goldmann, Paul */~ 4/81; Goldschmidt, Ernst Daniel ~ 4/82; Goldschmidt, Fritz * 4/83; Goldschmidt, Hugo */~ 4/83; Goldstein, Franz ~ 4/87; Goldstein, Frieda ~ 4/87; Goldstein, Kurt ~ 4/88; Golf, (Richard) Arthur ~ 4/88; Golitschek, Hubertus von ~ 4/89; Goltdammer, Theodor ~ 4/91; Gontard, Karl (Philipp Christian) von † 4/96; Gordan, Paul (Albert) */~ 4/98; Gorter, Albert ~ 4/99; Gosen, Theodor von ~/† 4/100; Gothein, Eberhard ~ 4/102; Gothein, Georg ~ 4/102; Gotschlich, Emil (Carl Anton Constantin) ~ 4/103; Gotthelf, Herta ~ 4/108; Gottron, Heinrich Adolf ~ 4/109; Gottschall, Rudolf (Carl) von */~ 4/111; Gottstein, Adolf */~ 4/112; Gottstein, Jakob ~/† 4/112; Gottstein, Leo */~ 4/112; Gottwald, Heinrich ~/† 4/113; Gradenwitz, Otto */~ 4/118; Grätz, Curt Emil Alexander ~ 4/124; Grätz, Heinrich (Hirsch) ~ 4/124; Grätz, Leo */~ 4/124; Grävell, Paul Harald * 4/125; Graf, Herbert ~ 4/127; Grahl, Hans ~ 4/132; Grans, Heinrich ~/† 4/136; Gravenhorst, Johann Ludwig Christian Carl ~/† 4/144; Gravenhorst, Traud * 4/145; Gretener, Xaver Severin ~ 4/158; Greulich, Hermann * 4/159; Grève, Leopold ~ 4/160; Grieben, Hermann ~ 4/161; Gritzinger, Leon (Georg) ~ 4/175; Grobecker, Anna * 4/176; Groddeck, Albrecht von ~ 4/177; Groeben, Georg Dietrich von der ~ 4/178; Gröber, Gustav ~ 4/178; Grögler, Wilhelm ~ 4/179; Grohmann, Friedrich Wilhelm ~ 4/182; Gronemann, Selig ~ 4/185; Großmann, (Karl) Julius (Franz) ~ 4/197; Großmann, Louis Adolf ~ 4/198; Grotefend, (Ernst Heinrich) Hermann ~ 4/201; Grube, Adolf Eduard ~/† 4/204; Gruchot, Julius Albrecht ~ 4/208; Grünhagen, Colmar ~ 4/216; Grützner, Paul von ~ 4/219; Gruithuisen, Franz von Paula ~ 4/220; Grund, (Friedrich Wilhelm) Bernhard */~ 4/222; Grund, (Franz) Friedrich (Alexander) ~ 4/222; Grund, Walter ~ 4/223; Grundmann, Friedrich Wilhelm ~ 4/224; Gruner, Christian Gottfried ~ 4/225; Grunwald, Max ~ 4/227; Gryphius, Christian ~/† 4/230; Güdemann, Moritz ~ 4/234; Günsburg, Karl Siegfried ~/† 4/236; Günther, Adelheid ~ 4/237; Günther, Dorothee ~ 4/238; Günther, Johann Christian ~ 4/241; Günther-Braun, Walter ~ 4/244; Gürich, Georg (Julius Ernst) ~ 4/245; Gürrlich, Joseph Augustin ~ 4/246; Guhr, Karl (Wilhelm Ferdinand) ~ 4/251; Guhrauer, Gottschalk Eduard ~/† 4/251; Guichard, Karl Theophil von ~ 4/251; Guinand, Valeska ~ 4/252; Gumprecht, Otto ~ 4/257; Gumtau, Friedrich ~ 4/257; Gura, Eugen ~ 4/262; Gura, Hermann * 4/262; Gurian, Waldemar ~ 4/262; Gurlt, Ernst (Friedrich) ~ 4/264; Gusinde, Martin * 4/265; Gutbier, Louise ~ 4/267; Gutbier, Ludwig (Wilhelm) ~ 4/267; Guthery, Franz ~ 4/270; Gutmann, Franz ~ 4/271; Guttmann, Alfred ~ 4/274; Guttmann, Bernhard * 4/274; Guttmann, Jakob ~/† 4/274; Guttmann, Julius ~ 4/274; Gutzeit, (Robert Julius) Kurt ~ 4/275; Haas, Alma ~ 4/285; Haas, Philipp de ~ 4/287; Haase, Georg */† 4/289; Haber, Fritz * 4/291; Haber, Salomon von */~ 4/292; Haber, Sigmund ~ 4/292; Haberl, Gotthard Johannes ~ 4/293; Haberling, Wilhelm Gustav Moritz ~ 4/294; Hackner, Christoph ~/† 4/299; Hadeke, Johannes ~ 4/300; Haehn, Hugo ~ 4/305; Hälschner, Hugo (Philipp Egmont) ~ 4/306; Haeser, Heinrich ~/† 4/313; Hagen, Friedrich Heinrich von der ~ 4/320; Hager, Georg ~ 4/325; Hahn, Albert */~ 4/327; Hahn, August ~/† 4/327; Hahn, Eduard Moritz ~/† 4/328; Hahn, Eugen ~ 4/328; Hahn, Heinrich August ~ 4/329; Hahn, Johann Gottfried von ~ 4/330; Hahn, Karl */~ 4/331; Hahn, Ludwig (Ernst) */~ 4/331; Hahn, (Friedrich

Wilhelm) Oskar */~ 4/332; Hahn, Rudolf ~ 4/333; Halban, Alfred von ~ 4/340; Halberstaedter, Ludwig ~ 4/341; Halleger, Kurt ~ 4/345; Hallmann, Johann Christian ~/† 4/351; Halm, Alfred ~ 4/352; Hamacher, Willy * 4/354; Hamburger, Carl */~ 4/357; Hamburger, Ernst ~ 4/357; Hancke, Gottfried Benjamin ~ 4/366; Hancke, (Johann Wenceslaus) Wenzel ~/† 4/366; Hanfstängl, Marie * 4/369; Hanke, Karl ~ 4/370; Hanke, Martin ~/† 4/370; Hannewaldt von Eckersdorf, Andreas ~ 4/372; Harnisch, (Christian) Wilhelm ~ 4/393; Harry, Adelma ~ 4/397; Hartert, Ernst (Johann Otto) ~ 4/399; Hartmann, Georg ~ 4/408; Hartmann, Johann Ernst ~ 4/409; Hartmann, Julius (Hartwig Friedrich) von ~ 4/410; Hartmann, Martin * 4/411; Hartmeyer, (Heinrich) Robert (Hermann) ~ 4/414; Hartung, Hugo ~ 4/415; Hase, Karl Alfred von ~/† 4/420; Hasenclever, Wilhelm ~ 4/423; Hasse, O(tto) E(duard) ~ 4/427; Haugwitz, (Heinrich) Christian (Kurt) Graf von ~ 4/441; Haugwitz, Otto Graf von ~ 4/441; Haunold, Johann Sigismund */~/† 4/442; Hausdorff, Felix * 4/446; Hauser, Franz ~ 4/448; Haussknecht, (Heinrich) Carl ~ 4/454; Haussmann, David ~ 4/454; Havers, Wilhelm (Maria Hubert) ~ 4/457; Hecke, Erich ~ 4/468; Heckel, Hans * 4/469; Heckmann, Carl-Justus ~ 4/472; Hedemann, Justus Wilhelm ~ 4/473; Hedwig, Herzogin von Schlesien ~ 4/474; Heermann, Johann(es) ~ 4/477; Hegenscheidt, Rudolf † 4/481; Heidenhain, Arthur */~ 4/488; Heidenhain, Lothar */~ 4/489; Heidenhain, Martin */~ 4/489; Heidenhain, Rudolf (Peter Heinrich) ~ 4/489; Heidenreich, Gustav ~ 4/490; Heidersbach-Källe, Käte */~ 4/492; Heilbronner, Karl ~ 4/495; Heimann, Ernst */~/† 4/502; Heimann, Fritz ~ 4/502; Heimann, Hanns */~ 4/502; Heindorf, Ludwig Friedrich ~ 4/507; Heine, Leopold ~ 4/510; Heine, Wolfgang ~ 4/511; Heinemann, Heinrich ~ 4/514; Heinemann, Isaak ~ 4/514; Heinemann, Maria ~ 4/514; Heinen, Reinhold ~ 4/515; Heines, Edmund ~ 4/515; Heinrich I. von Würben, Bischof von Breslau ~ 4/525; Heinrich I. der Bärtige, Herzog von Schlesien ~ 4/533; Heinrich II. der Fromme, Herzog von Schlesien ~ 4/534; Heinrich III., Herzog von Schlesien ~ 4/534; Heinrich IV., Herzog von Schlesien-Breslau ~ 4/534; Heinrich V. der Dicke, Herzog von Schlesien, Herr von Breslau und Liegnitz ~ 4/534; Heinrich VI., Herzog von Schlesien, Herr von Breslau ~/† 4/534; Heinrich I. (III.), Herzog von Schlesien, Herr von Glogau, zuletzt auch von Posen und Großpolen ~ 4/535; Heinrich, Ernst ~ 4/543; Heinroth, Katharina (Bertha Charlotte) */~ 4/544; Heinzel, Max ~ 4/548; Helfritz, Hans ~ 4/560; Hellinger, Ernst (David) ~ 4/566; Hellmann, (Johann Georg) Gustav ~ 4/567; Hellmich, Waldemar (Theodor Eduard) */~ 4/568; Helwig, Paul ~ 4/577; Hempel, Frieda ~ 4/579; Hemprich, Friedrich Wilhelm ~ 4/580; Henckel von Donnersmarck, Guido (Georg Friedrich Erdmann Heinrich Adelbert) Fürst von ~ 4/580; Henckel von Donnersmarck, Hugo (Karl Anton Lazarus) Graf von ~ 4/580; Hendel-Schütz, (Johanne) Henriette (Rosine) ~ 4/581; Henel von Hennenfeld, Nicolaus † 4/582; Henke, Friedrich ~ 4/584; Henkel, Heinrich ~ 4/585; Hennig, Martin ~ 4/591; Henrici, Nikolaus ~ 4/595; Henry, Felix */~/† 4/595; Henschel, August Wilhelm (Eduard Theodor) */~/† 4/595; Henschel, Elias */~/† 4/596; Henschel, Sir Georg (Isidor) * 4/596; Herberstein, Johann Joseph Graf von ~ 4/605; Herberstein, Sigmund Christoph Graf von ~ 4/605; Herbig, Gustav ~ 4/607; Herbst, Friederike ~ 4/608; Hermann, Rudolf ~ 4/631; Hermes, Hermann Daniel ~ 4/633; Hermes, Johann Timotheus ~/† 4/633; Hermes, Karl Heinrich ~ 4/633; Herms, Adalbert ~ 4/634; Herold, Hans Georg von ~/† 4/636; Herrmann, Alfred ~ 4/641; Herrmann, Carl (Adalbert) ~/† 4/641; Herrmann-Neiße, Max ~ 4/645; Herschel, Hans ~/† 4/646; Hertwig, Karl Heinrich ~ 4/650; Hertz, Alfred ~ 4/651; Hertz, Martin (Julius) ~/† 4/653; Hertz, (Gottfried) Wilhelm * 4/654; Herwarth von Bittenfeld, Hans Heinrich ~ 11/86; Herxheimer, Karl ~ 4/657; Herzfeld, Ernst Salomon ~ 4/660; Herzog, Alfred ~ 4/664; Herzog, Karl ~ 4/665; Heß, Johann ~/† 4/671;

Hesse, Adolf Friedrich */† 4/674; Hesse, Albert (Hermann) ~ 4/674; Hesse, August Wilhelm ~ 4/675; Hesse, (Friedrich August) Max ~ 4/677; Hessenberg, Gerhard ~ 5/2; Heßler, Friedrich Alexander ~ 5/3; Heukeshoven, Fritz ~ 5/8; Heuss, Alfred ~ 5/12; Heydebrand und der Lase, Ernst von ~ 5/16; Heyden, August (Jakob Theodor) von * 5/17; Heyden, Friedrich (August) von ~/† 5/17; Heyden, Friedrich von * 5/18; Heydweiller, Adolf ~ 5/21; Heyer, Friedrich ~ 5/21; Heyfelder, Johann Ferdinand (Martin) ~ 5/22; Heymann, Bruno */~ 5/24; Heymann, Ernst ~ 5/24; Heyse, Hans ~ 5/27; Hiecke, Robert ~ 5/31; Hiersemann, Karl-Heinz * 11/87; Hildach, Eugen ~ 5/34; Hildebrand, Bruno ~ 5/35; Hildebrand, Richard * 5/36; Hilka, Alfons ~ 5/42; Hillebrandt, Alfred ~ 5/43; Hiller, Johann Adam ~ 5/44; Hinrichs, Hermann Friedrich Wilhelm ~ 5/54; Hintze, Carl (Adolf Ferdinand) */~/† 5/56; Hipler, Franz ~ 5/58; Hirsch, Martin */~ 5/63; Hirschberg, Herbert ~ 5/65; Hirschberg, (Karl) Rudolf ~ 5/66; Hirschfeld, Magnus ~ 5/67; Hirt, Arnold * 5/69; Hirt, Ferdinand ~/† 5/69; Hobrecht, Artur (Heinrich Ludolf Johnson) ~ 5/78; Hock, Wilhelm ~ 5/83; Hölmann, Christian */~/† 5/96; Hönigswald, Richard ~ 5/99; Hoerner, Herbert von ~ 5/103; Hoeßlin, Franz von ~ 5/106; Hoff, Konrad ~ 5/111; Hoffmann, Benjamin Gottlob ~ 5/113; Hoffmann, Emanuel ~ 5/115; Hoffmann, Hans ~ 5/118; Hoffmann, Johann Gottfried * 5/120; Hoffmann, Leopold Alois ~ 5/122; Hoffmann, Otto ~ 5/122; Hoffmann, Ruth */~ 5/123; Hoffmann von Fallersleben, August Heinrich ~ 5/124; Hoffmann von Hoffmannswaldau, Christian */~/† 5/124; Hofmann, Fritz ~ 5/128; Hohenau, Willi Graf von ~ 5/137; Hohenlohe-Ingelfingen, Adolf Prinz zu * 5/139; Hohenlohe-Ingelfingen, Friedrich Ludwig Fürst zu ~ 5/139; Hohenlohe-Schillingsfürst, Gustav Adolf Prinz zu ~ 5/140; Hohmann, Walter ~ 5/143; Holland, Konstantin ~/† 5/150; Holtei, Karl von */~/† 5/154; Holtzmann, Robert ~ 5/157; Holtzstamm, Auguste ~ 5/167; Homberg, Herz ~ 5/163; Honigmann, David ~/† 5/168; Hopf, Heinz * 5/170; Horn, Rudolf ~ 11/91; Hornig, Ernst (Walter Erich) ~ 5/180; Horovitz, Saul ~/† 5/182; Hoßfeld, Oskar ~ 5/186; Hotho, Heinrich Gustav ~ 5/187; Hoym, Karl Georg Heinrich Graf von ~ 5/191; Hoym-Söllingen, Otto von ~ 5/191; Huch, Emilie † 5/200; Hübner, Herbert * 5/205; Hückel, Walter (Karl Friedrich Bernhard) ~ 11/92; Hüsing, Georg ~ 5/213; Hufeland, Christoph Wilhelm ~ 5/215; Huhn, Charlotte ~ 5/220; Huschke, Eduard ~/† 5/232; Hylla, Erich * 5/239; Ilgner, Karl ~ 5/248; Ilk, Herta ~ 5/248; Iltz, Walter Bruno ~ 5/250; Imkamp, Anton ~ 5/252; Immerwahr, Clara ~ 5/254; Inger, Manfred ~ 5/256; Italiener, Bruno ~ 5/266; Iwand, Hans Joachim ~ 5/268; Jacob, Benno */~ 11/95; Jacobi, Eduard ~ 5/272; Jacobi, Franz ~ 5/273; Jacobsthal, Johann Eduard ~ 5/278; Jacoby, Felix ~ 5/279; Jadassohn, Josef ~ 5/281; Jadassohn, Salomon * 5/281; Jaeckel, Willy */~ 5/281; Jäckh, Ernst ~ 5/281; Jaekel, Otto ~ 5/286; Jaenicke, Wolfgang ~ 5/287; Jaensch, Erich ~ 5/287; Jaeschke, Emil ~ 5/288; Jaffe, Max ~ 5/288; Jaffé, Max ~ 5/288; Jaffe, Theodor Julius ~ 5/289; Jagow, Gustav von ~ 5/290; Jagow, Traugott von ~ 5/290; Jagusch, Heinrich */~ 11/95; Janitsch, Johann Gottlieb ~ 5/299; Janthur, Richard ~ 5/304; Jarno, Georg † 5/307; Jaskolla, Else ~ 5/308; Jastrow, Ignaz ~ 5/310; Jedin, Hubert ~/† 5/313; Jensen, Paul ~ 5/321; Jensen, Wilhelm (Hermann) ~ 5/321; Jentsch, Karl ~ 5/322; Jerin, Andreas von ~ 5/324; Jessen, Johannes von */~ 5/327; Jessner, Leopold ~ 5/327; Jiriczek, Otto Luitpold ~ 5/329; Joachim, Erich Julius ~ 5/329; Joachimsthal, Ferdinand ~/† 5/330; Jochmann, Georg ~ 5/332; Jochmann, Werner ~ 5/332; Jöhlinger, Otto ~ 5/334; Joël, Karl ~ 5/335; Joël, Manuel ~/† 5/335; Jörs, Paul ~ 5/337; Johann III. Beckenschlager, Erzbischof von Salzburg * 5/346; Johannes IV. Roth, Bischof von Breslau und Lavant ~ 5/350; Johannes V. Turzo, Bischof von Breslau ~ 5/351; Johannes von Schwenkenfeld ~ 5/354; Jolles, Adolf ~ 5/358; Jordan, Wilhelm ~ 5/364; Joseph, Eugen ~ 5/367; Jürgensen, Theodor von ~ 5/374; Juliusburger, Otto * 5/376; Jung, Bodo ~/† 5/377; Junkmann, Wilhelm ~/†

5/386; Juraschek, Franz Ritter von ~ 5/387; Just, Leopold ~ 5/387; Kähler, (Joachim) Siegfried A(ugust) ~ 11/98; Kaergel, Hans Christoph † 5/396; Kahlert, Karl August Timotheus */~/† 5/403; Kahnis, Karl Friedrich August ~ 5/403; Kaibel, Georg ~ 5/404; Kalbeck, Max */~ 5/409; Kalckreuth, Friedrich Adolf Graf von ~ 5/410; Kalisch, David * 5/412; Kalischer, Salomon ~ 5/413; Kalkoff, Paul ~/† 5/413; Kallensee, Olga ~ 5/414; Kannegießer, Karl Friedrich Ludwig ~ 5/425; Kaps, Amandus ~ 5/432; Karl VII., Kaiser, als Karl Albrecht Kurfürst von Bayern ~ 5/441; Karl, Erzherzog von Österreich, Bischof von Breslau und Brixen ~ 5/445; Karpeles, Gustav ~ 5/452; Karsen, Fritz */~ 5/454; Karsten, Karl Johann Bernhard ~ 5/455; Kather, Linus ~ 5/463; Kauffmann, Salomon ~/† 5/470; Kaufmann, David ~ 5/471; Kaufmann, Eduard ~ 5/471; Kautzsch, Rudolf ~ 5/479; Kawerau, Gustav ~ 5/479; Kawerau, Siegfried ~ 5/479; Kayßler, Friedrich ~ 5/481; Kegel, Gerhard ~ 5/483; Keil, Othmar Edler von Eichenthurn ~ 5/486; Keller, Arthur ~ 5/490; Keller, Hans ~ 5/493; Keller, Paul ~/† 5/496; Kellner, Oskar (Johann) ~ 5/500; Kemna, Julius † 5/502; Kemp, Barbara ~ 5/502; Kempinski, Berthold ~ 5/504; Kempner, Robert (Maximilian Wasili) ~ 5/505; Kenngott, (Johannes) Gustav Adolf */~ 5/506; Kernic, Beatrix ~ 5/514; Kerr, Alfred */~ 5/514; Kersten, Paul ~ 5/517; Kestner, Otto * 5/522; Kettel, Johann Georg ~ 5/522; Kettler, Hedwig (Johanna) ~ 5/523; Keudell, (Felix Max Leopold) Robert von ~ 5/524; Kielhorn, Franz ~ 5/528; Kiepert, (Friedrich Wilhelm August) Ludwig W/~ 5/532; Kießling, Paul (Johann Adolf) * 5/535; Kimpfel, Johann Christoph * 5/539; Kindler, (Hermann Julius) Karl ~ 5/541; Kinkeldey, Otto ~ 5/542; Kirchberg, Helmut ~ 5/547; Kirchhoff, Gustav Robert ~ 5/550; Kirschner, Martin ~ 5/556; Kirschner, Martin * 5/556; Kisch, Guido ~ 5/558; Kiss, August (Karl Eduard) ~ 5/558; Kittel, Gerhard * 5/560; Kittel, Rudolf ~ 5/561; Kittlitz, Heinrich Frh. von * 5/561; Klaatsch, Hermann ~ 5/563; Klein, Ernst Ferdinand */~ 5/574; Klein, Joseph ~ 5/576; Klein, Martin ~ 5/577; Kleiner, Ernst ~ 5/579; Klemm, Wilhelm (Karl) ~ 5/586; Klemperer, Georg ~ 5/586; Klemperer, Otto * 5/587; Klepper, Jochen ~ 5/589; Klingenbeck, Fritz ~ 5/596; Klinger, Paul ~ 5/598; Kloeber, (Karl Friedrich) August von * 5/601; Klose, Franz ~ 5/605; Kneser, Adolf ~/† 5/619; Kneser, Hellmuth ~ 11/107; Kniese, Julius ~ 5/621; Knietsch, Rudolf (Theophil Josef) ~ 5/621; Knorr, Hilmar ~ 5/630; Kny, Leopold */~ 5/633; Kober, Adolf ~ 5/635; Koberger, Anton ~ 5/636; Koberwein, Auguste * 5/636; Koch, Christian Friedrich ~ 5/638; Koch, Hans ~ 5/640; Koch, Joseph ~ 5/641; Koch, Max */† 5/642; Koch, (Heinrich Hermann) Robert ~ 5/643; Kochmann, Martin */~ 5/645; Kock, Theodor ~ 5/646; Köbner, Heinrich */~ 5/647; Koebner, Richard */~ 11/108; Koehler, Otto (David Waldemar) ~ 5/652; Kölbing, Eugen ~ 5/654; Koeler, Christoph ~/† 5/654; König, Sophie ~ 5/663; Koeppe, Leonhard (Wilhelm Hermann) ~ 5/668; Körner, Ludwig ~ 5/672; Körner, (Karl) Theodor ~ 5/673; Köstlin, Julius ~ 5/677; Kohlhaußen, Heinrich ~ 6/4; Kohn, Hedwig */~ 6/6; Kohut, Adolph ~ 6/7; Kohut, Alexander ~ 6/7; Kolde, (Hermann Friedrich) Theodor Ritter von ~ 6/14; Kolisch, Sigmund ~ 6/15; Kollwitz, Johannes (Franz) ~ 6/18; Komorzynski, Egon von ~ 6/23; Konrad IV., Herzog von Oels, Bischof von Breslau ~ 6/26; Kopisch, August */~ 6/38; Kopp, Georg von ~ 6/38; Koppenberg, Heinrich ~ 6/40; Koreff, David Ferdinand * 6/42; Korn, Arthur * 6/44; Korn, Arthur * 6/44; Korn, Heinrich von */† 6/45; Korn, Johann Gottlieb */† 6/45; Korn, Johann Jacob † 6/45; Korn, Wilhelm Gottlieb */† 6/45; Kornemann, Ernst ~ 6/46; Kosch, Wilhelm (Franz Josef) ~ 6/50; Koschmieder, Erwin ~ 6/50; Koschmieder, Lothar ~ 6/50; Koschwitz, Eduard */~ 6/50; Kosiol, Erich ~ 6/51; Kossok, Manfred * 6/53; Kothe, Bernhard ~/† 6/54; Kotzolt, Heinrich ~ 6/56; Kräusel, Richard * 6/62; Kraft, Julius ~ 6/65; Krain, Willibald * 6/67; Krallinger, Hans Friedrich ~ 6/68; Kranold, Viktor (Ferdinand) von ~ 6/71; Krause, (Caesar Ernst) Albrecht ~ 6/80; Krause,

Friedrich Conrad Theodor ~ 6/80; Krause, Martin ~ 6/81; Krause, Otto ~ 6/82; Krausnick, Heinrich Wilhelm ~ 6/83; Krausnick, Helmut ~ 6/83; Krautwald, Valentin ~ 6/87; Krawutzcky, Adam ~/† 6/87; Kreienberg, Walter ~ 6/91; Kremser, Simon † 6/95; Kremser, Victor ~ 6/95; Kren, Jean ~ 6/96; Kretschmann, Theobald ~ 6/99; Krieger, Friedrich Christian ~ 6/106; Kroll, Gerhard * 11/112; Kroll, Wilhelm ~ 6/114; Krone, Hermann */~ 6/116; Kronecker, Leopold ~ 6/117; Kroner, Kurt * 6/117; Kroner, Richard */~ 6/117; Kroner, Theodor ~ 6/118; Krug von Nidda, Otto ~ 6/127; Kruis, Theodor ~ 6/127; Krusch, Bruno ~ 6/132; Kruse, Käthe * 6/133; Kruse, Walther ~ 6/134; Krzymowski, Richard ~ 6/134; Kubetschek, Gerhard * 6/135; Kühnemann, Eugen ~ 6/146; Kükenthal, Willy ~ 6/147; Kümmel, Werner ~ 6/148; Küster, Ernst */~ 6/154; Küster, Friedrich (Wilhelm Albert) ~ 6/154; Küstner, Otto ~ 6/155; Küttner, Hermann ~ 6/155; Kuh, Ephraim Moses */~/† 6/157; Kuhlmann, Quirin(us) * 6/158; Kuhn, Helmut ~ 6/160; Kuhn, Hugo ~ 6/160; Kuhn, Karl-Georg ~ 11/115; Kulmus, Johann Adam * 6/164; Kummer, Ernst Eduard ~ 6/165; Kundmann, Johann Christian */~/† 6/167; Kunz, Erich ~ 6/171; Kupper, Annelies (Gabriele) ~ 6/176; Kurowski, Margarete von ~ 6/177; Kuss, Ernst ~ 6/181; Kutschera, Franz ~ 6/183; Kutta, (Martin) Wilhelm ~ 6/183; Laband, Paul */~ 6/188; Ladenburg, Albert ~/† 6/192; Ladenburg, Rudolf ~ 6/193; Laemmer, (Eduard Ludwig) Hugo ~/† 6/196; Lagnasco, Peter Robert Taparello Graf von † 6/198; Lahn, Lothar */~ 6/199; Lakmann, Nikolaus † 6/201; Lambrecht, Hermann ~ 6/205; Lammers, Hans Heinrich ~ 6/207; Landau, Eugen Frh. von */~ 6/213; Landau, Jacob Frh. von * 6/213; Landau, Lola ~ 6/214; Landau, Paul ~ 6/214; Landmann, Wilhelm ~ 6/218; Landolt, Hans (Heinrich) ~ 6/219; Landsberg, Georg */~ 6/219; Landsberg, Hans * 6/220; Landsberger, Franz ~ 6/221; Landsberger, Julius ~ 6/221; Landshoff, Ludwig ~ 6/221; Lang, Carlos ~ 6/223; Lange, Gregor ~/† 6/232; Lange, Horst (Wilhelm Ernst Max) ~ 6/233; Lange, Johannes ~/† 6/234; Langendorff, Oskar */~ 6/240; Langer, Erich ~ 6/242; Langer, Ernst Theodor * 6/242; Langhans, Carl Ferdinand */~ 6/245; Langhans, Carl Gotthard ~ 6/245; Langner, Ilse * 6/247; Langstein, Leo ~ 6/248; Lanius, Frida ~ 6/249; Laqueur, Ernst ~ 6/252; Lasker, Eduard ~ 6/256; Lasker, Emanuel ~ 6/256; Lassalle, Ferdinand */~ 6/258; Laßwitz, (Theodor Victor) Kurd */~ 6/261; Laube, Heinrich (Rudolf Constanz) ~ 6/263; Lauterbach, Heinrich */~ 6/273; Lauterbach, Wolfgang ~ 11/118; Lazarus, Paul ~ 6/278; Lebert, Hermann */~ 6/279; Lederer, Felix ~ 6/285; Lederer, Hugo ~ 6/285; Ledien, Franz ~ 6/286; Lee, Heinrich ~ 6/287; Leffler-Burckard, Martha ~ 6/288; Lehmann, Else ~ 6/292; Lehmann, Jon † 6/294; Lehmann, Joseph ~ 6/294; Lehmann, Max * 6/295; Lehmann, Moritz ~ 6/295; Lehmann, Paul ~ 6/296; Lehmann, Rudolf ~/† 6/296; Lehrs, Max ~ 6/301; Leipziger, Leo * 6/308; Lemberg, (Max) Rudolf */~ 11/120; Lemme, Ludwig ~ 6/316; Lenard, Philipp ~ 6/317; Lengerke, Caesar von ~ 6/320; Lentze, Hans ~ 6/322; Lenz, Fritz ~ 6/323; Lenz, Hans ~ 6/323; Leo, Heinrich ~ 6/326; Leo, Karl Friedrich ~ 6/326; Leonhard, Rudolf */~/† 6/329; Leopold Wilhelm, Erzherzog von Österreich, Bischof von Straßburg, Passau, Halberstadt, Olmütz und Breslau, Erzbischof von Magdeburg, Hoch- und Deutschmeister, Statthalter der Spanischen Niederlande ~ 6/334; Leppich, Johannes ~ 6/336; Leppmann, Arthur ~ 6/336; Lersch, Philipp ~ 6/340; Less, Georg ~ 6/343; Lesser, Adolf ~/† 6/343; Lesser, Edmund ~ 6/343; Lessing, Carl Friedrich * 6/344; Lessing, Christian Friedrich */~ 6/344; Lessing, Gotthold Ephraim ~ 6/345; Lessing, Karl Gotthelf ~/† 6/347; L'Estocq, Anton Wilhelm von ~ 6/347; Leszynsky, Rudolf ~ 6/348; Leube, Erich Hans ~ 6/350; Leubuscher, Rudolf * 6/350; Leuner, Heinz David */~ 6/353; Leuninger, Franz ~ 6/353; Leuschner, Ernst ~ 6/354; Levy, Isidor ~ 6/361; Levy, Jakob ~/† 6/361; Levy, Ludwig ~ 6/361; Levy, Moritz Abraham ~/† 6/362; Levy, Richard ~ 6/362; Lewald, (Johann Karl) August

~ 6/362; Lewin, Adolf ~ 6/364; Lewin, Louis ~ 6/364; Lewinski, Karl von ~ 6/365; Lewinsky, Abraham ~ 6/365; Lewkowitz, Albert ~ 6/366; Lewy, Ernst */~ 6/366; Lexis, Wilhelm ~ 6/367; Ley, Willy ~ 6/368; Leyh, Georg ~ 6/371; Lichtenberg, Bernhard ~ 6/374; Lichtheim, Ludwig */~ 6/377; Lichtwitz, Leopold ~ 6/377; Liebich, Bruno ~/† 6/383; Liebich, Christoph ~ 6/384; Liebisch, Rudolf ~ 6/385; Liebisch, Theodor */~ 6/385; Liedtcke, Marie ~ 6/389; Liepmann, Hugo ~ 6/391; Linder, Fritz */~ 6/405; Lindheim, Hermann Dietrich * 6/406; Lindner, Theodor */~ 6/409; Lindtberg, Leopold ~ 6/409; Link, Adolf ~ 6/411; Link, Heinrich Friedrich ~ 6/412; Linke, Gottfried ~/† 6/412; Linke, Oskar ~ 6/413; Linser, Karl ~ 6/414; Lipmann, Otto */~ 6/416; Lippmann, Max ~ 6/420; Lipps, Theodor ~ 6/420; Lipschitz, Rudolf (Otto Sigismund) ~ 6/421; Lipschütz, Benjamin ~ 6/421; Liška Ritter von Rottenwald, Johann Christoph * 6/423; Lobe, Theodor Eduard ~ 6/431; Loch, Walther E. */~ 6/433; Löbe, Paul (Gustav Emil) ~ 6/437; Loebell, Johann Wilhelm ~ 6/438; Loebinger, Lotte ~ 11/123; Löffler, Klemens ~ 6/441; Löhr, Max ~ 6/444; Loewe, Joel ~/† 6/451; Löwe, Moses Samuel ~ 6/451; Löwe, Theodor † 6/452; Löwenfeld, Raphael ~ 6/453; Loewenstamm, Arthur ~ 6/454; Loewenstein, Georg (Wolfgang) * 6/455; Löwenstein, Rudolf */~ 6/456; Löwenstein-Wertheim, Christian Philipp Fürst zu ~ 6/456; Löwenstern, Matthäus Apelles von ~/† 6/457; Löwig, Karl Jacob ~/† 6/458; Loewy, Alfred ~ 6/459; Logau, Georg von ~/† 6/460; Logau, Kaspar von ~/† 6/460; Lohenstein, Daniel Casper von ~/† 6/461; Lohmeyer, Ernst ~ 6/463; Lohmeyer, Hans ~ 6/463; Loitz, Michael ~ 6/465; London, Fritz (Wolfgang) * 6/466; London, Heinz ~ 6/466; Lorenz, Bischof von Breslau ~ 6/470; Lorinser, Franz ~/† 6/475; Lorre, Peter ~ 6/476; Lotter, Georg ~ 6/482; Lotter, Melchior ~ 6/483; Lubarsch, Otto ~ 6/488; Lubliner, Hugo * 6/489; Lubosch, Wilhelm ~ 6/489; Lubrich, Fritz ~ 6/489; Luchs, Hermann ~/† 6/491; Lucius von Ballhausen, Robert Frhr. ~ 6/492; Ludloff, Karl (Rudolf) ~ 6/495; Ludwich, Arthur ~ 6/497; Ludwig V., Landgraf von Hessen-Darmstadt ~ 6/503; Ludwig, Emil */~ 6/508; Ludwig, Emilie ~ 6/508; Ludwig, Maximilian */~ 6/509; Ludwig, Paula ~ 6/510; Ludwig, (Ernst Paul) Walther */~ 6/512; Lück, Kurt ~ 6/513; Lüdemann, Hermann ~ 6/515; Lüdinghausen gen. Wolff, Friedrich Stanislaus Frh. von ~/† 6/517; Lüdtke, Hans ~ 6/517; Lüning, Otto ~ 6/520; Lüttwitz, Walther Frh. von † 6/525; Lukaschek, Hans */~ 6/529; Lummer, Otto ~/† 6/530; Lunen, Johann von ~ 6/531; Lunge, Georg */~ 6/531; Lustig, Leo ~ 6/534; Luther, (Karl Theodor) Robert ~ 6/538; Madaus, Gerhard ~ 6/554; Maerz, Johannes ~ 6/559; Mager, Friedrich ~ 6/561; Magnus, Hugo ~/† 6/564; Maier, Friedrich Wilhelm ~ 6/570; Maimon, Salomon ~ 6/573; Maiwald, Kurt ~ 6/575; Major, Elias d. Ä. */~/† 6/575; Major, Johann Daniel * 6/576; Majunke, Paul ~ 6/576; Mallison, Heinrich ~ 6/580; Mampé-Babnigg, Emma ~ 6/583; Mamroth, Fedor */~ 6/583; Mamroth, Paul * 6/583; Manigk, Alfred ~ 6/589; Mann, Ludwig */~/† 6/592; Mann, Ludwig ~ 6/592; Mannfeld, (Karl Julius) Bernhard ~ 6/595; Mannhardt, Johann Wilhelm ~ 6/595; Mannich, Carl * 6/596; Manso, Johann Caspar Friedrich ~/† 6/599; Marbach, (Gotthard[t]) Oswald ~ 6/604; Marchand, (Jacob) Felix ~ 6/606; Marck, Siegfried */~ 6/607; Maretzky, Oskar */~ 6/613; Margolis, Abraham ~ 6/616; Markovics, Marie Antoinette ~ 6/625; Marschner, Heinrich August ~ 6/632; Marshall, James ~ 6/632; Martius, Carl ~ 6/642; Marwitz, Johann Nepomuk von der ~ 6/643; Marx, Friedrich ~ 6/644; Marx, Jakob ~ 6/644; Matossi, Frank ~ 6/656; Mattersberger, Joseph ~/† 6/658; Matting, Alexander ~ 6/664; Mattuschka, Heinrich Gottfried Frh. von ~ 6/664; Matuschka, Michael Graf von ~ 6/664; Matzke, Hermann ~ 6/666; Mauermann, Max ~ 6/667; Maurach, Reinhard ~ 6/668; Mauve, Ludwig ~ 6/673; May, Ernst (Georg) ~ 7/1; Maybach, Albert von ~ 7/3; Meckauer, Walter */~ 7/20; Meerwarth, Rudolf ~ 7/25; Mehlich,

Ernst ~ 7/27; Meidner, Ludwig ~ 7/30; Meinardus, Otto ~ 7/33; Meinecke, Carl */~ 7/34; Meissner, Bruno ~ 7/41; Meister der Worcester-Kreuztragung ~ 7/46; Meitzen, August */~ 7/48; Mellerowicz, Konrad ~ 7/54; Mendel, Emanuel ~ 7/57; Menne, Bernhard ~ 7/63; Mense, Carlo ~ 7/64; Menz, Gerhard ~ 7/65; Menzel, Adolph (Friedrich Erdmann) von * 7/66; Menzel, Herybert ~ 7/67; Menzel, Walter ~ 7/67; Merckel, Friedrich Theodor von */~/† 7/69; Merensky, Hans ~ 7/70; Merkel, Heinrich Georg ~ 7/73; Merker, (Ernst) Paul ~ 7/74; Merx, Adalbert (Ernst Otto) ~ 7/79; Meurer, Christian ~ 7/94; Meyer, Alexander ~ 7/98; Meyer, Arnold Oskar */~ 7/98; Meyer, Eduard ~ 7/100; Meyer, Ernst Wilhelm ~ 7/101; Meyer, Erwin ~ 7/101; Meyer, Gustav ~ 7/103; Meyer, Heinrich † 7/104; Meyer, Herbert */~ 7/105; Meyer, Julius ~ 7/107; Meyer, (Julius) Lothar von ~ 7/108; Meyer, Oskar Emil ~/† 7/109; Meyer, Wilhelm ~ 7/111; Meyer-Förster, Elsbeth * 7/112; Meyerhof, Max ~ 7/116; Meyerowitz, Jan * 11/130; Mez, Karl Christian ~ 7/118; Miaskowski, August von ~ 7/119; Michael, Richard */~ 7/120; Michaelis-Nimbs, Eugenie ~ 7/123; Michels, Thomas ~ 7/127; Middeldorpf, Albrecht Theodor */~/† 7/129; Mielke, Antonie ~ 7/131; Mierendorff, Hans ~ 7/132; Mieses, Fabius ~ 7/134; Mihes, Julie */~ 7/136; Mikulicz-Radecki, Felix von * 7/138; Mikulicz-Radecki, Johannes von ~/† 7/138; Milch, Ludwig */~/† 7/138; Milch, Werner (Johannes) */~ 7/139; Milde, Karl August * 7/139; Milkau, Fritz ~ 7/141; Miller, Julius ~ 7/143; Milloss, Aurel von ~ 7/145; Minkowski, Mieczyslaw ~ 7/147; Minkowski, Oskar ~ 7/148; Minkowski, Rudolf (Leo B.) ~ 7/148; Mintrop, Ludger (Benedict) ~ 7/148; Mirbt, Rudolf ~ 7/151; Mirre, Ludwig ~ 7/151; Mitscherlich, Waldemar ~ 7/155; Mittelstädt, Otto (Samuel Ludwig) ~ 7/156; Mitterwurzer, (Anton) Friedrich ~ 7/159; Mittler, Leo ~ 7/159; Möbus, Gerhard */~ 7/163; Möhler, Johann Adam ~ 7/164; Mölders, Werner † 7/166; Möller, Heinrich (Wilhelm Theodor) * 7/169; Moering, Klaus-Andreas * 7/175; Mohaupt, Richard ~ 7/179; Mohr, Ernst ~ 7/182; Mohr, Martin ~ 7/183; Mohwinkel, Hans ~ 7/185; Moibanus, Ambrosius */~/† 7/185; Moll, Albert ~ 7/189; Moll, Bruno ~ 7/190; Moll, Oskar ~ 7/190; Mollison, Theodor ~ 7/192; Molsdorf, Wilhelm ~ 7/193; Moltke, Helmuth James Graf von ~ 7/194; Molzahn, Ilse ~ 7/195; Molzahn, Johannes ~ 7/195; Mommsen, Theodor ~ 7/196; Monden, Herbert ~ 7/197; Mordo, Renato ~ 7/207; Morgenstern, Carl Ernst ~ 7/210; Morgenstern, Lina * 7/211; Morgenstern, Salomon Jakob ~ 7/211; Moschner, Gerhard */~ 7/221; Mosewius, Johann Theodor ~ 7/229; Mosewius, Sophie Wilhelmine ~/† 7/230; Moszkovius, Alexander ~ 7/232; Moszkowski, Max * 7/232; Moszkowski, Moritz ~ 7/232; Moulin-Eckart, Richard Graf du ~ 7/234; Mühlbach, Luise ~ 7/240; Mühler, Heinrich (Gottlob) von ~ 7/242; Mühler, Heinrich von ~ 7/242; Mühlmann, Wilhelm Emil ~ 7/243; Mühlpfort, Heinrich */† 7/243; Müller, David Heinrich von ~ 7/251; Müller, Eduard ~ 7/252; Müller, Friedrich von ~ 7/258; Müller, Georg */~ 7/260; Müller, Hermann ~ 7/265; Müller, Hugo ~ 7/266; Müller, Julius ~ 7/272; Müller, Julius ~ 7/272; Müller, Karl (Ferdinand Friedrich) ~ 7/273; Müller, Ludwig Robert ~ 7/276; Müller, (Karl) Otfried ~ 7/278; Müller, Otto ~ 7/279; Müller, Wilhelm Carl Friedrich ~/† 7/283; Müller-Breslau, Heinrich * 7/285; Müller-Graaf, Carl-Hermann ~ 7/286; Müller-Osten, Wolfgang ~ 11/133; Müller-Sagan, Hermann ~ 7/290; Müller-Wulckow, Walter Lothar * 7/292; Müncker, Theodor ~ 7/295; Münzer, Adolf ~ 7/300; Münzer-Neumann, Käthe * 7/301; Müttrich, Anton ~ 7/302; Mugdan, Otto */~ 7/303; Mundt, Theodor ~ 7/307; Munk, Immanuel ~ 7/308; Murawski, Hans ~ 7/311; Mursinna, Friedrich Samuel ~ 7/314; Musiol, Robert Paul Johann * 7/317; Muther, Richard ~ 7/320; Nacher, Ignatz ~ 7/326; Nagler, Johannes ~ 7/336; Nanker ~ 7/339; Naso, Eckart von ~ 7/341; Naso von Löwenfels, Ephraim Ignaz ~/† 7/341; Nathan, Hans ~ 7/342; Nathusius, Simon ~ 7/344; Naumann, Karl Georg ~ 7/350; Naumann, Werner ~ 7/351; Neckel, Gustav (Karl

Paul Christoph) ~ 7/354; Nees von Esenbeck, Christian Gottfried Daniel ~/† 7/356; Neese, Hans ~ 11/134; Neher, Carola ~ 7/358; Nehring, Alfons ~ 11/135; Neiendorff, Emmy ~ 7/360; Neigebaur, (Johann Daniel) Ferdinand ~/† 11/135; Neisch, Marga † 7/360; Neisser, Albert (Ludwig Sigesmund) ~/† 7/360; Neisser, Hans (Philip) */~ 11/135; Neisser, Max ~ 7/361; Nesmüller, Joseph Ferdinand ~ 7/366; Neubert, Fritz (Karl Hermann) ~ 7/373; Neuburger, Kurt ~ 7/374; Neuert, Hans ~ 7/376; Neugebauer, Paul (Viktor) */~ 11/138; Neugebauer, Wilhelm Ehrenfried * 7/377; Neuhaus, Alfred ~ 11/138; Neukirch, Benjamin ~ 7/379; Neumann, August ~ 7/380; Neumann, (Heinrich) Bernhard ~ 7/381; Neumann, Caspar */~/† 7/381; Neumann, Erich P. * 7/382; Neumann, Ernst Richard ~ 7/382; Neumann, Franz Leopold ~ 7/382; Neumann, Heinrich */~/† 7/383; Neumann, Karl August ~ 7/385; Neumann, Klemens (Andreas) ~ 11/140; Neuss, Wolfgang * 7/393; Neuwiem, Erhard ~ 7/395; Nick, Edmund (Josef) ~ 7/397; Nicklass-Kempner, Selma * 7/398; Niedenzu, Franz ~ 7/404; Niedermeyer, Albert (Paul Thomas) ~ 7/406; Niekrawietz, Hans ~ 11/141; Niemczyk, Oskar ~ 11/141; Niering, Joseph ~ 7/411; Niese, Benedictus ~ 7/411; Niessl von Mayendorf, Erwin Gustav ~ 7/412; Nikel, Emil ~/† 7/417; Nikel, Johannes ~/† 7/418; Nissen, Rudolf ~ 7/424; Noeldechen, Bernhard ~ 7/430; Nöll von der Nahmer, Robert Philipp ~ 7/431; Noether, Fritz (Alexander Ernst) ~ 7/432; Norden, Eduard ~ 7/438; Nothnagel, (Karl Wilhelm) Hermann ~ 7/442; Nürnberger, August Joseph */~ 7/447; Nüßler, Bernhard Wilhelm † 7/448; Obbergen, Antonius van ~ 7/451; Oberhauser, Rudolf ~ 7/453; Oberländer, Alfred ~ 7/454; Oberländer, Heinrich ~ 7/454; Obst, Erich ~ 7/459; Obst, Georg */~ 7/459; Oehler, Gustav Friedrich ~ 7/464; Oehler, Richard ~ 7/464; Oehler, Theodor (Friedrich) * 7/464; Oehlke, Alfred † 7/465; Oelsner, Gustav ~ 7/467; Oettinger, Eduard Maria * 7/475; Ohmann, Anton Ludwig ~ 7/481; Oliven, Fritz * 7/488; Oliven, Oskar * 11/150; Ollendorff, Paula ~ 7/489; Olmütz, Hans von ~ 7/490; Ompteda, Ludwig Frh. von ~ 7/492; Ophüls, Max ~ 7/494; Opitz, Martin ~ 7/495; Oppenheimer, Fritz Ernst ~ 7/500; Oppler, Edwin ~ 7/502; Oppler, Kurt */~ 11/151; Ortlob, Carl ~/† 7/508; Ossolinski, Józef Maksymilian Graf ~ 7/513; Osten-Sacken, Johanne Florentine ~ 7/515; Ostermann, Wilhelm (Otto Theodor) ~/† 7/516; Oswald, Johann Benjamin ~ 7/521; Otte, Waldemar ~/† 7/525; Otto, Rudolf (Louis Karl) ~ 7/536; Otto, Walter (Gustav Albrecht) */~ 7/536; Overbeck, Fritz ~ 7/539; Pachaly, Friedrich Wilhelm */~/† 7/545; Pagay, Sofie ~ 7/548; Palgen, Rudolf ~ 7/550; Palko, (Franz) Xaver (Karl) * 7/550; Panofka, Heinrich */~ 7/556; Panofka, Theodor Sigismund * 7/557; Pappenheim, Max ~ 7/560; Pappenheim, Samuel Moritz */~ 7/560; Partsch, Joseph (Franz Maria) ~ 7/566; Partsch, Karl ~/† 7/566; Paryla, Karl ~ 7/566; Pasch, Moritz */~ 7/566; Passarge, (Otto Karl) Siegfried ~ 7/568; Passow, Franz (Ludwig Karl Friedrich) ~/† 7/568; Patry, Albert ~ 7/571; Paul, Hermann Julius */~/† 7/574; Pauli, Hertha ~ 7/576; Paulsen, Friedrich ~ 7/579; Pauly, Georg ~ 7/581; Pax, Ferdinand Albin ~/† 7/584; Peierls, Heinrich * 7/584; Pein, Johann ~/† 7/589; Peiper, (Leo) Rudolf (Samuel) ~/† 7/589; Peiser, Felix Ernst ~ 7/589; Pelldram, Leopold ~ 7/591; Pempelfort, Karl ~ 7/594; Perles, Joseph ~ 7/601; Perlitius, Ludwig ~ 7/602; Pernet, Johann ~ 7/603; Pescheck, Paul ~ 7/607; Peschka-Leutner, Minna ~ 7/608; Peter, Hermann ~ 7/613; Peter, Karl Georg ~ 7/613; Peters, Hans (Carl Maria Alfons) ~ 7/616; Petraschek, Walther Emil ~ 11/157; Petzelt, Alfred ~ 7/626; Petzet, (Georg) Christian ~ 7/627; Petzet, Erich ~ 7/627; Petzet, Walter * 7/627; Petzmayer, Johann ~ 7/627; Peucker, Karl ~ 7/629; Peuckert, Will-Erich ~ 7/629; Pfannenstiel, (Hermann) Johannes ~ 7/635; Pfannenstiel, Max (Jakob) ~ 7/635; Pfeiffer, Richard (Friedrich Johann) ~ 7/642; Pflanzl, Heinrich ~ 7/648; Pietschmann, Richard ~ 7/668; Pinder, Wilhelm ~ 7/672; Pinkus, Lazar Felix */~ 7/673; Pinner, Adolf ~ 7/674; Pinsk, Johannes ~ 7/674; Pirath, Carl ~

7/676; Pirquet, Clemens Frh. von ~ 7/678; Pischel, Richard */~ 7/679; Pistorius, Johann d. J. ~ 7/680; Pleßner, Martin ~ 7/695; Pleydenwurff, Hans ~ 8/2; Ploetz, Alfred (Julius) ~ 8/4; Plontke, Paul */~ 8/5; Plümicke, Carl Martin ~ 8/6; Pniower, Georg (Wolf Theodor Bela) * 8/6; Pochhammer, Margarete * 8/7; Podewils, Heinrich Graf von ~ 8/8; Pölzer, Julius ~ 8/12; Poelzig, Hans ~ 8/12; Poelzig, (Hans) Peter * 8/12; Pohl, Gerhart (Oskar Ferdinand) ~ 8/18; Pohl, Heinrich ~/† 8/18; Pohl, Julius ~ 8/19; Pohl, Sieghard * 8/19; Pohle, Joseph ~/† 8/20; Poleck, (Thomas August) Theodor ~/† 8/24; Polenz, Wilhelm von ~ 8/24; Pollak, Ferdinande ~ 8/26; Pollert, Karoline ~ 8/28; Pommeranz-Liedtke, Gerhard ~ 8/31; Ponfick, Emil ~/† 8/31; Porsch, Christoph ~ 8/38; Porsch, Felix ~/† 8/38; Poschmann, Bernhard ~ 8/42; Possart, Ernst Ritter von ~ 8/44; Praetorius, Ernst ~ 8/50; Praetorius, Franz ~/† 8/50; Prantl, Karl ~/† 8/53; Praschma, Hans Graf ~ 8/54; Prausnitz, Giles Carl ~ 8/55; Prerauer, Walter ~ 8/63; Preysing, Hermann ~ 8/67; Pribram, Karl ~ 8/68; Priemel, Kurt ~ 8/69; Prijs, Joseph ~ 8/70; Pringsheim, Ernst */~/† 8/70; Pringsheim, Ernst Georg */~ 8/71; Pringsheim, Fritz ~ 8/71; Pringsheim, Klaus ~ 8/71; Pringsheim, Nathanael ~ 8/71; Prinz, Joachim ~ 8/72; Prittwitz und Gaffron, Moritz Karl Ernst von ~ 8/74; Probst, Ferdinand ~/† 8/75; Proskauer, Curt */~ 8/80; Prüwer, Julius ~ 8/82; Prutz, Robert (Eduard) ~ 8/83; Przybyllok, Erich ~ 8/83; Purkyně, Jan Evangelista ~ 8/91; Puschmann, Adam ~/† 8/92; Puttfarcken, Hans ~ 8/94; Quint, Josef ~ 8/103; Raabe, (Karl) Josef ~/† 8/106; Rabl, Walter ~ 8/111; Rachfahl, Felix ~ 8/112; Radecke, Rudolf ~ 8/114; Rademacher, Hans Adolph ~ 8/115; Rading, Adolf ~ 8/116; Radon, Johann ~ 8/118; Radziwill, (Friedrich) Wilhelm (Paul) Fürst ~ 8/119; Räbiger, Julius Ferdinand ~/† 8/120; Raeder, Christian ~ 8/120; Raeder, Gustav * 8/120; Raeder, Karl Friedrich Balthasar ~ 8/121; Raether, Heinz ~ 11/161; Rafael, Franz ~ 8/122; Rahmer, Moritz ~ 8/124; Raida, Carl Alexander ~ 8/126; Raitz von Frentz, Edmund (Erwin) Frh. ~ 8/129; Ramsauer, Carl Wilhelm ~ 8/133; Ranke, Friedrich (Gotthold Johann) ~ 8/136; Ranke, Hans-Jürg ~ 8/136; Rarkowski, Franz Justus ~ 8/143; Rasch, Wolfdietrich */~ 8/144; Raschdau, Ludwig ~ 8/144; Rassow, Peter ~ 8/147; Ratschow, Max ~ 8/153; Rauch, Georg von ~ 8/158; Rauch, Karl ~ 8/158; Rauchmiller, Matthias ~ 8/160; Rauer, Maximilian ~ 8/160; Raumer, Friedrich (Ludwig Georg) von ~ 8/161; Raumer, Karl Georg von ~ 8/162; Raumer, Rudolf (Heinrich Georg) von * 8/162; Raupach, Hans ~ 8/163; Ravenstein, Paul von * 8/168; Reche, Otto ~ 8/172; Rechenberg, Hans Albrecht Frh. von ~ 8/172; Reclam, Heinrich ~ 8/176; Reden, Friedrich Wilhelm Graf von ~ 8/176; Reden, Melchior Frh. von * 8/177; Redetzky, Hermann ~ 8/177; Redner, Leo ~ 8/180; Regelsberger, Ferdinand (Aloys Friedrich Woldemar) ~ 8/184; Regenbrecht, Michael Eduard ~/† 8/184; Regis, Johann Gottlob ~/† 8/187; Rehdiger, Thomas ~ 8/190; Rehme, Paul (Walter Julius) ~ 8/192; Reichardt, Günther ~ 8/197; Reichenberger, Hugo ~ 8/201; Reichert, Karl Bogislaus ~ 8/203; Reichmann, Eva (Gabriele) ~ 11/162; Reichwein, Leopold * 8/205; Reimann, Heinrich ~ 8/210; Reimann, Wolfgang ~ 8/210; Reinecke, Carl (Heinrich Carsten) ~ 8/215; Reiners, Ludwig ~ 8/216; Reinhardt, Delia ~ 8/219; Reininghaus, Johann Peter von ~ 8/225; Reinkens, Joseph Hubert ~ 8/226; Reisiger, Hans * 8/231; Reiß, Anton ~ 8/232; Reißmann, August Friedrich Wilhelm ~ 8/232; Reiter, Hans ~ 8/233; Reitzenstein, Richard (August) */~ 8/236; Remak, Ernst (Julius) ~ 8/237; Remer, Karl Julius Wilhelm Paul ~/† 8/239; Remer, Wilhelm (Hermann Georg) ~/† 8/239; Rémond, Fritz ~ 8/240; Renz, Carl ~ 8/246; Renz, Ernst (Jakob) ~ 8/247; Renz, Franz ~/† 8/247; Reuleaux, Erich (Wilfried) ~ 8/253; Reuleaux, Otto (Hermann Karl Henning) * 8/254; Reuter, Hermann ~ 8/261; Reuter, Quirinius ~ 8/261; Révy, Richard (Anton Robert Felix) ~ 8/263; Rhode, Gotthold ~ 8/269; Rhode, Johann Gottlieb ~/† 8/269; Ribbeck, (Heinrich Viktor Constanz) Woldemar ~ 8/270;

Richter, Friedrich ~ 8/278; Richter, Jeremias (Benjamin) ~ 8/280; Richter, Johann Julius */~ 8/281; Richter, (Adolf) Maximilian ~ 8/282; Richter, Walter ~ 8/284; Richter, Wilhelm ~ 8/284; Richthofen, Bolko (Karl Ernst Gotthard) Frh. von ~ 8/285; Richthofen, Ferdinand (Paul Wilhelm Dieprand) Frh. von ~ 8/285; Richthofen, Manfred Frh. von * 8/286; Richthofen, Wolfram Frh. von ~ 8/286; Rickert, Heinrich ~ 8/287; Riechers, Helene ~ 8/289; Riechmann, Friedrich ~ 8/289; Riese, Lorenz ~ 8/305; Riesen, Günther * 8/306; Riesenthal, Julius Adolf Oskar * 8/306; Rilla, Walter ~ 8/312; Rindfleisch, (Georg) Eduard von ~ 8/314; Rindfleisch, Peter ~ 8/314; Ring, Max ~ 8/315; Rintel, Karl Gustav Nikolaus ~/† 8/319; Rippel-Baldes, August ~ 11/164; Rister, Herbert ~ 8/324; Ritschl, Friedrich Wilhelm ~ 8/325; Ritter, Immanuel Heinrich ~ 8/329; Ritter, Joseph Ignaz ~/† 8/331; Rittershausen, Heinrich ~ 8/334; Rive, Richard Robert ~ 8/337; Robert, (Ernst Friedrich) Ludwig ~ 8/338; Roberts, Ralph Arthur ~ 8/339; Robinson, Adolf ~ 8/339; Robinson, Saul Benjamin ~ 8/340; Rocholl, Rudolf ~ 8/341; Rode, Wilhelm ~ 8/344; Roeder, Günther Ernst ~ 8/348; Rödern, Melchior Frh. von */~ 8/349; Roediger, Johannes ~ 8/350; Röhmann, Franz ~/† 8/351; Röhr, Hugo ~ 8/351; Röhr-Brajnin, Sophie ~ 8/351; Römer, Ferdinand ~/† 8/352; Römer, Georg * 8/353; Roemer, Theodor ~ 8/353; Rönne, Ludwig (Peter Moritz) von ~ 8/354; Roepell, Richard ~/† 8/356; Röse, Otto ~/† 8/358; Rösel, Johann Gottlob Samuel * 8/358; Roeseler, Marcella ~ 8/359; Rösler, Augustin ~/† 8/360; Rößler, Robert ~ 8/363; Rogosinski, Werner Wolfgang */~ 8/366; Rohde, Emil ~ 8/367; Rohr, Ignaz ~ 8/370; Rona, Peter ~ 8/381; Ronge, Johannes ~ 8/381; Rosa, Bernhard ~ 8/384; Rosanes, Jakob ~/† 8/384; Rosenbach, Ottomar ~ 8/390; Rosenbaum, Julius ~ 8/391; Rosenberg, Jodokus von ~ 8/393; Rosenberg, Leo ~ 8/393; Rosenfeld, Georg */~ 8/395; Rosenfelder, (Karl) Ludwig (Julius) * 8/396; Rosenhain, (Simon) Johann Georg ~ 8/396; Rosenmöller, Bernhard ~ 8/398; Rosenstock-Huessy, Eugen ~ 8/399; Rosenthal, David August ~/† 8/399; Rosenthal, Felix ~ 8/400; Rosin, Heinrich */~ 11/166; Rosin, Heinrich ~ 8/403; Rossbach, (Georg) August (Wilhelm) ~/† 8/405; Roßbach, Otto */~ 8/405; Roßkopf, Wendel ~ 8/406; Rostock, Sebastian (Ignaz) von ~/† 8/409; Roth, Christian † 8/411; Roth, Johannes ~ 8/413; Rottmayr von Rosenbrunn, Johann Michael Frh. ~ 8/428; Ruchti, Hans ~ 8/433; Rudolf von Rüdesheim, Bischof von Lavant und Breslau ~ 8/437; Rücker, Adolf ~ 8/444; Ruehle, Hugo ~ 8/450; Rühle, (Karl Heinrich) Otto ~ 8/450; Rühmann, Heinz ~ 8/451; Rümker, Kurt (Heinrich Theodor) von ~ 8/454; Ruff, Karl Otto ~/† 8/458; Ruffer, Samuel Benjamin ~ 8/458; Rukop, Hans ~ 8/461; Runge, Friedlieb Ferdinand ~ 8/467; Rupp, Erwin ~ 8/470; Ruzek, Maria ~ 8/479; Sabais, Heinz Winfried * 8/484; Saccur, Alma */~ 8/485; Sachs, Hans ~ 8/487; Sachs, Heinrich ~/† 8/487; Sachs, Julius * 8/487; Sachs, Max * 8/488; Sachs von Löwenheim, Philipp Jakob */~/† 8/489; Sack, Erna (Dorothea Luise) ~ 8/491; Sackur, Otto */~ 8/492; Sagittarius, Johann Gottfried * 8/494; Sagittarius, Thomas ~/† 8/494; Sahl, Hans ~ 8/494; Salomon, Gotthold */~ 8/503; Salzmann, Max * 8/507; Sambach, Caspar Franz */~ 8/508; Samosch, Siegfried */~ 8/508; Sandberg, Herbert */~ 8/510; Sandberg, Herbert ~ 8/510; Sanden, Hans ~ 8/511; Sander, Wilhelm ~ 8/513; Sandrart, Jakob von ~ 8/514; Santifaller, Leo ~ 8/516; Sattler, Heinz ~ 8/524; Sattler, Hubert ~ 8/524; Sauerbruch, (Ernst) Ferdinand ~ 8/528; Sauermann, George * 8/529; Sauerwald, Franz ~ 8/529; Schacht, Joseph ~ 8/540; Schaeder, Erich ~ 8/545; Schaeder, (Hans) Heinrich (Georg Wilhelm) ~ 8/545; Schaeder, Hildegard ~ 8/545; Schäfer, Aloys ~ 8/546; Schaefer, Clemens ~ 8/546; Schäfer, Dietrich ~ 8/546; Schaefer, Friedrich ~ 8/547; Schäfer, Marie ~/† 8/548; Schäffer, Hans ~ 8/548; Schäffer, Harry ~ 8/550; Schäffer, Julius ~/† 8/551; Schäffer, Karl Friedrich Ludwig ~/† 8/551; Schaeffer-Heyrothsberge, Paul ~ 8/551; Schaffer, Hermann ~ 8/555; Schaffgotsch, Christoph Leopold Frh. von † 8/556; Schaffgotsch, Philipp Gotthard

Graf von ~ 8/556; Schaffran, Gerhard ~ 8/557; Schall, Carl */† 8/560; Schalscha-Ehrenfeld, Amalie von ~ 8/562; Schaltenbrand, Georges ~ 8/563; Schaper, Alfred ~/† 8/565; Scharoun, Hans ~ 8/570; Schaubert, Else (Constanze Wilhelmine) ~ 8/574; Schauseil, Wally ~ 8/577; Scheffler, Erna */~ 8/584; Scheffler, Felix Anton ~ 8/584; Scheibel, Johann Gottfried */~ 8/586; Schenck, Hermann (Reinhard) ~ 8/601; Schenck, (Friedrich) Rudolf ~ 8/601; Schenk, (Heinrich Eduard) Paul ~ 8/603; Scherbarth-Flies, Bertha ~ 8/608; Schering, Arnold * 8/612; Scherk, Heinrich Ferdinand ~ 8/613; Schermann, Lucian ~ 8/613; Schian, Martin ~/† 8/620; Schickfus, Jakob † 8/623; Schiemann, Günther Robert Arthur */~ 8/628; Schiemann, Max * 8/628; Schiffer, Eugen * 8/631; Schiller, Karl (August Fritz) * 8/637; Schimonsky-Schimoni, Emanuel von ~/† 8/641; Schirm, Karl (Johann Cowen) ~ 8/648; Schittenhelm, Alfred ~ 8/651; Schlabrendorff, Ernst Wilhelm von † 8/652; Schlegel, Karl Wilhelm Ferdinand ~ 8/662; Schleiermacher, Friedrich Daniel Ernst */~ 8/665; Schlesinger, Hans */~ 8/670; Schleupner, Dominikus ~ 8/673; Schloßmann, Arthur */~ 8/686; Schlüter, Clemens August Joseph ~ 8/688; Schmähl, Dietrich * 8/690; Schmarsow, August ~ 8/693; Schmauch, Werner ~ 8/693; Schmechtig, Lothar * 8/693; Schmeidler, Carl Friedrich ~/† 8/694; Schmeidler, Werner (Johannes) ~ 8/694; Schmeißer, Karl ~ 8/695; Schmelka, Heinrich Ludwig ~ 8/695; Schmid, Coloman ~ 8/700; Schmidt, Adolf (Friedrich Karl) */~ 9/1; Schmidt, Adolf */~ 9/2; Schmidt, Auguste */~ 9/3; Schmidt, Bernhard ~ 9/3; Schmidt, Eberhard (Ludwig Ferdinand) ~ 9/4; Schmidt, Erhard (Oswald Johann) ~ 9/5; Schmidt, Erich (August) ~ 9/5; Schmidt, Fritz */~ 9/7; Schmidt, Hans ~ 9/9; Schmidt, Heinrich (Maria) ~ 9/10; Schmidt, Paul ~ 9/17; Schmidt, Wilhelm ~/† 9/20; Schmidt-Barrien, Heinrich (Adolf) ~ 9/22; Schmidtmann, Adolf ~ 9/26; Schmidtmann, Paul ~ 9/26; Schmitt, Viktor Christian ~ 9/33; Schmitz, (Franz) Arnold ~ 9/35; Schmölders, Günter ~ 9/38; Schnabel, Joseph Ignaz */~ 9/43; Schnack, Friedrich ~ 9/44; Schnee, Heinrich ~ 9/47; Schnee, Walter ~ 9/47; Schneider, Arthur (Carl August) ~ 9/50; Schneider, Ceslaus Maria ~ 9/50; Schneider, Friedrich Anton ~/† 9/53; Schneider, Gustav */ 9/54; Schneider, Johann Gottlob Saxo ~/† 9/56; Schneider, Johannes Ferdinand ~ 9/56; Schneider, Karl Ernst Christoph ~/† 9/57; Schneider, Max ~ 9/58; Schneiderhan, Franz ~ 9/61; Schneyder-Duncker, Paul ~ 9/64; Schnorr von Carolsfeld, Malwina ~ 9/69; Schnürer, Gustav ~ 9/69; Schober, Franz von ~ 9/71; Schobinger, Karl (Friedrich) ~ 9/73; Schöbel von Rosenfeld, Georg */~ 9/74; Schön, Johann ~/† 9/81; Schönaich-Carolath, Emil Prinz von * 9/83; Schoenberg, Erich (Karl Wilhelm) ~ 9/85; Schöne, Otto (Robert Alwin) ~ 9/90; Schönewolf, Karl ~ 9/92; Schönfeld, Alfred * 9/92; Schönfeld, Carl (Emil) ~ 9/93; Schönfeld, Walther ~ 9/94; Schönfeld, Walther ~ 9/94; Scholtissek, Herbert ~ 9/107; Scholtz, Herrmann * 9/107; Scholtz, (Moritz Wilhelm) Walther ~ 9/107; Scholz, Adolf von ~ 9/107; Scholz, (Johann Martin) Augustin ~ 9/108; Scholz, Bernhard (Ernst) ~ 9/108; Scholz, (Jean Paul) Friedrich ~ 9/109; Scholz, Gerhard ~ 9/109; Scholz, Maximilian ~ 9/110; Schorlemer-Lieser, Clemens Frh. von ~ 9/117; Schorn, Heinrich ~ 9/118; Schornstein, Max(imilian) ~ 9/118; Schott, Erdmann ~ 9/120; Schottky, Friedrich (Hermann) */~ 9/123; Schottky, Julius Max(imilian) ~ 9/123; Schottlaender, Salo ~/† 9/124; Schrader, Otto ~/† 9/126; Schramm, Friedrich ~ 9/128; Schramm, Hermann ~ 9/129; Schramm, Karl ~ 9/129; Schröder, Paul ~ 9/150; Schrödinger, Erwin ~ 9/152; Schröter, Heinrich Eduard ~/† 9/155; Schroeter, Joseph ~/† 9/155; Schubart, Wilhelm ~ 9/159; Schuch, Ernst Edler von ~ 9/166; Schuch, Franz ~ 9/166; Schuckmann, (Kaspar) Friedrich Frh. von ~ 9/168; Schücking, Levin L(udwig) ~ 9/168; Schücking, Walther (Max Adrian) ~ 9/168; Schüfftan, Eugen */~ 9/169; Schütte, Karl ~ 9/175; Schütz, Ferdinand ~ 9/177; Schulemann, Werner ~ 9/182; Schulenburg, Fritz-Dietlof Graf von der ~

Straußenburg, Arthur Albert Frh. von ~ 1/200; Berger-Waldenegg, Egon (Maria Eduard Oskar Thaddäus) Frh. von ~ 1/447; Bülow, Bernhard Wilhelm (Otto Viktor) von ~ 2/203; Czernin von und zu Chudenitz, Ottokar (Theobald Otto Maria) Graf ~ 2/418; Hoesch, Leopold von ~ 5/105; Hoffmann, Max ~ 5/122; Jensen, Adolf ~ 5/320; Johann III. Mewe von Heilsberg, Bischof von Pomesanien ~ 5/344; Kühlmann, Richard (Konstantin Leonhard Ludwig) von ~ 6/142; Ladewig, Paul (Arthur Friedrich) * 6/193; Ludendorff, Erich (Friedrich-Wilhelm) ~ 6/494; Mirbach-Harff, Wilhelm Graf von ~ 7/150; Paul von Rusdorf, Hochmeister des Deutschen Ordens ~ 7/572; Radek, Karl (Bernhardovič) ~ 8/114; Schroeder, Franz ~ 9/146; Stalzer, Hans ~ 9/442; Stramm, August ~ 9/566

Brest-Litovsk → Brest

Brestanica (Slowenien)
Bohorič, Adam * 2/4

Breteuil (Frankreich)
Thiesen, Max Ferdinand ~ 10/9

Bretnig-Hauswalde → Hauswalde

Bretten
siehe auch *Diedelsheim, Ruit*
Baumann, Heinrich Carl * 1/335; Bruno, Graf von Bretten und Lauffen, Erzbischof von Trier * 2/172; Doller, Johann Lorenz ~ 2/587; Eberbach, Otto ~ 2/667; Fecht, Hermann * 3/239; Gräff, Franz Friedrich * 4/122; Heberer, Michael * 4/466; Melanchthon, Philipp * 7/49; Müller, Nikolaus ~ 7/278; Neff, Alfred (Heinrich) * 11/134; Neff, Carl (Andreas) */~/† 11/135; Turban, Ludwig (Karl Friedrich) * 10/117; Weber, Hermann * 10/355

Brettheim (seit 1973 zu Rot am See)
Trump, Georg * 10/102

Bretzenheim (Kr. Bad Kreuznach)
Wagner, Friedrich Wilhelm ~ 10/280

Bretzenheim (seit 1930 zu Mainz)
Dang, Johann Sebastian * 2/440

Bretzfeld → Bitzfeld, Unterheimbach

Breuberg
Bergsträsser, Arnold * 1/453

Breun (Gem. Lindlar)
Sassenbach, Johann * 8/522

Breuschwickersheim (Dép. Bas-Rhin, Frankreich)
Fröreisen, Johann Leonhard * 3/506

Břevnov
Asam, Cosmas Damian ~ 1/201; Kunigunde von Hohenstaufen, Königin von Böhmen ~ 6/168

Breyell (seit 1970 zu Nettetal)
Cornely, Rudolf Karl Josef * 2/375; Meyer-Eckhard, Viktor † 7/112; Overmans, Jakob ~ 7/540; Therstappen, Paul */† 9/695

Brez (bei Bozen, Italien)
Avancini, Nicolaus * 1/226

Břežany → Pressern

Brežice → Rann

Breznica → Bresnitz

Březnice → Bresnitz

Březnice → Březnitz

Březnitz (tschech. Březnice)
Kohn, Theodor * 6/7

Březova → Theussau

Březová nad Svitavou → Brüsau

Brezova (slowak. Brezowa pod Bradlom, ungar. Berezó)
Taglicht, David Israel * 9/652

Brezowa pod Bradlom → Brezowa

Bridgeport (Connecticut, USA)
Weißkopf, Gustav Albin ~ 10/415

Břidličná → Friedland a. d. Mohra

Brieg (poln. Brzeg)
siehe auch *Rathau*
Adam, Melchior ~ 1/29; Adlersfeld-Ballestrem, Eufemia von ~ 1/42; Alter, Wilhelm ~ 1/99; Baumann, Ernst * 1/334; Besler, Samuel * 1/492; Besler, Simon * 1/492; Bielschowsky, Albert ~ 1/520; Boleslaw II. der Kahle, Herzog von Liegnitz-Brieg ~ 2/7; Boleslaw III., Herzog

von Liegnitz-Brieg ~ 2/7; Buckisch und Löwenfels, Gottfried Ferdinand Ritter von ~ 2/190; Burghart, Gottfried Heinrich ~/† 2/239; Charpentier, Toussaint von ~/† 2/306; Cretius, Konstantin Johann Franz * 2/399; Cureus, Joachim ~ 2/411; Damerow, Heinrich Philipp (August) ~ 2/436; Deroy, (Bernhard) Erasmus von ~ 2/493; Dobschütz, Wilhelm Leopold von * 2/566; Dornau, Caspar von ~/† 2/598; Friedländer, Karl * 3/452; Friedländer, Max * 3/452; Friedländer, Thekla * 3/453; Frisch, Joseph ~ 3/489; Fuhrmann, August ~/† 3/538; Gebel, Georg d. Ä. ~ 3/591; Gebel, Georg d. J. * 3/591; Georg II. der Schwarze, Herzog von Brieg ~ 3/627; Geßler, Friedrich Leopold Graf von † 3/666; Gruttschreiber und Czopkendorf, Hans Adam von ~ 4/229; Harry, Adelma * 4/397; Hautcharmoy, Heinrich Karl Ludwig de Hérault ~ 4/455; Hedemann, Justus Wilhelm * 4/473; Heermann, Johann(es) ~ 4/477; Heidenreich, Johannes ~ 4/490; Heimann, Fritz * 4/502; Heinrich von Bitterfeld ~ 4/537; Herzog, Karl * 4/665; Ilk, Herta * 5/248; Knietsch, Rudolf (Theophil Josef) ~ 5/621; Koeler, Christoph ~ 5/654; Kurella, Alfred * 6/176; Kurowski, Margarete von * 6/177; Land, Emmy * 6/212; Landsberger, Julius ~ 6/221; Logau, Friedrich Frh. von ~ 6/460; Ludwig, Christian Gottlieb * 6/507; Moll, Oskar * 7/190; Mühler, Heinrich (Gottlob) von ~ 7/242; Mühler, Heinrich von * 7/242; Müller, Julius * 7/272; Müller, (Karl) Otfried * 7/278; Neisch, Marga ~ 7/360; Oeynhausen, Karl August Ludwig Frh. von ~ 7/476; Radziwill, Luise Charlotte † 8/119; Reichenbach, Eduard Graf von † 8/200; Reusner, Esaias ~ 8/256; Scherffer von Scherffenstein, Wenzel ~/† 8/611; Schickfus, Jakob ~ 8/623; Schneider, Ceslaus Maria * 9/50; Schuppe, Wilhelm * 9/210; Siegmund, Georg ~ 9/314; Siegmund, Justina ~ 9/315; Stein, Barthel * 9/474; Tschesch, Johann Theodor ~ 10/106; Wachler, Ludwig ~ 10/265; Wechmann, Artur * 10/364; Weidemann, Friedrich ~ 10/381; Weigmann, Günther * 10/389; Wicclair, Walter ~ 10/469; Winckler, Franz von ~ 10/520; Zedlitz und Leipe, Karl Abraham Frh. von ~ 10/627

Briel
Gmelin, Samuel (Gottlieb) ~ 4/41

Brielow
Neumann, Karl ~ 7/385

Brienne (Frankreich)
Coiter, Volcker † 2/354

Brienz (Kt. Bern)
Buri, Max ~ 2/241; Christen, Raphael ~ 2/317; Federer, Heinrich * 3/241; Flück, Johann Peter † 3/355; Frutschi, Friedrich ~ 3/516; Neuenschwander, Rosa * 7/375; Streich, Albert */~ 9/581

Brienz (Kt. Graubünden)
Regl, Joseph ~ 8/187

Briesen (Westpr.) (poln. Wąbrzeźno)
Eppenstein, Simon ~ 3/132; Nernst, Walther (Hermann) * 7/364; Satori-Neumann, Bruno Thomas * 8/523; Zech, Paul * 10/625

Briest (Gem. Wust, Kr. Stendal)
Bismarck, Levin Friedrich von † 1/545

Brig (seit 1972 zu Brig-Glis, Kt. Wallis)
Anderledy, Anton Maria ~ 1/123; Brandt, Alfred ~/† 2/68; Carlen, Albert ~ 2/281; Cathrein, Victor * 2/297; Deharbe, Joseph (Gervais) ~ 2/467; Dellberg, Karl */~ 2/478; Doß, Adolf von ~ 2/602; Ebener, Wilhelm ~ 2/666; Escher, Joseph ~ 3/174; Henzen, Walter * 4/601; Kleutgen, Joseph ~ 5/591; Le Coq, Karl Christian Erdmann Edler von † 6/283; Locher-Freuler, Eduard ~ 6/434; Ottiger, Ignaz ~ 7/527; Ritz, Cäsar ~ 8/336; Ritz, (Maria Joseph Franz Anton) Raphael * 8/336; Roh, Peter ~ 8/367; Schaper, Edzard (Hellmuth) ~ 8/565; Schmid, Arnold ~ 8/698; Seiler, Franz */~ 9/271; Sigristen, Anton * 9/325; Stockalper, Kaspar Jodok */~/† 9/538; Werlen, Ludwig ~ 10/442

Brigachtal → Überauchen

Brighton

Brighton (England)
Franck, Hermann † 11/63; Kuhe, Wilhelm ~ 6/157; Ruge, Arnold ~/† 8/458

Brilon
siehe auch *Alme, Madfeld*
Berthold, Karl Adam ~ 1/487; Cornäus, Melchior * 2/374; Dichtel, Anton * 2/512; Grimme, Friedrich Wilhelm ~ 4/172; Herte, Adolf * 4/648; Killing, Wilhelm (Karl Joseph) ~ 5/538; Linde, Justin (Timotheus Balthasar) Frh. von * 6/401; Pape, Heinrich (Eduard) * 7/559; Reusch, (Franz) Heinrich * 8/255; Seibertz, Engelbert */~ 9/264; Seibertz, Johann Suitbert */~ 9/264

Brinck-Pedwalen (Kurland)
Brincken, Gertrud von den * 2/134

Brindisi (Italien)
Gunther von Wüllersleben, Hochmeister des Deutschen Ordens ~ 4/261; Laurentius von Brindisi * 6/270; Ludwig IV. der Heilige, Landgraf von Thüringen, Pfalzgraf von Sachsen ~ 6/506; Siegfried (III.) von Rechenberg, Bischof von Augsburg † 9/311

Brinkum
Spanuth, August * 9/385

Bristol (England)
Baedeker, Friedrich Wilhelm ~ 1/255; Delbrück, Max (Ludwig Henning) ~ 2/475; Ehrenzweig, Albert Arnim ~ 3/40; Fischer, Isidor † 3/319; Fuchs, Klaus (Emil Julius) ~ 3/520; Gross, Philipp ~ 4/193; Heitler, Walter (Heinrich) ~ 4/552; Lohse, Bernhard ~ 11/124; London, Heinz ~ 6/466; Miegel, Agnes ~ 7/130; Stadler, Karl R(udolph) ~ 9/430

Bristol (Vermont, USA)
Sommerfeld, Martin † 9/371

Bristow
Bassewitz-Levetzow, Karl Graf von † 1/316

Brittnau (Kt. Aargau)
Aeppli, Ernst * 1/49; Kunz, Emma * 6/171; Kunz, Jakob * 6/172

Brixen (italien. Bressanone)
siehe auch *Sankt Andrä, Tils*
Ahorner von Ahornrain, Joseph Georg Franz von Paula ~ 1/59; Aichner, Simon ~ 1/61; Albert III., Graf von Tirol ~ 1/67; Altenweisel, Josef ~ 1/99; Alton, Johann Baptist ~ 1/105; Andreas von Österreich, Markgraf von Burgau ~ 1/132; Aretin, Johann Georg Frh. von ~ 1/169; Atz, Karl ~ 1/211; Baldauf, Adam ~ 1/273; Bernardi, Steffano ~ 1/460; Bernhard von Cles, Kardinal, Bischof von Trient ~/† 1/466; Berthold III., Graf von Andechs ~ 1/482; Burgau, Andreas Markgraf von ~ 2/235; Burger, Leopold † 2/237; Buttlar, Auguste Freiin von ~ 2/259; Christoph (Fuchs), Fürstbischof von Brixen ~ 2/324; Christoph IV. Andreas, Frh. von Spaur, Bischof von Brixen ~/† 2/324; Damasus II. ~ 2/436; Denifle, Johann Peter ~ 2/487; Drexel, Anton ~ 2/617; Eberhard II., Bischof von Brixen, Erzbischof von Salzburg ~ 2/668; Egger, Franz ~ 3/28; Egno, Bischof von Brixen und Trient ~ 3/33; Feichter, Michael ~ 3/247; Felsburg, Albrecht Steiner von ~ 3/262; Feßler, Josef ~ 3/274; Flir, Alois (Cäsar Kasimir) ~ 3/352; Freinademetz, Joseph ~ 3/423; Fugger, Jakob Reichsgraf ~ 3/535; Gaismair, Michael ~ 3/559; Galura, Bern(h)ard † 3/566; Gasser, Vinzenz (Ferrer[ius]) ~/† 3/578; Gatt, Ferdinand ~/† 3/581; Geizkofler von Reifenegg von und zu Gailenbach, Zacharias * 3/614; Georg Golser, Bischof von Brixen ~/† 3/627; Georg von Österreich, Bischof von Brixen, Erzbischof von Valencia, Bischof von Lüttich ~ 3/627; Gerster, Thomas Villanova ~ 3/659; Golser, Georg ~/† 4/91; Grasmair, Anton * 4/138; Grasmair, Johann Georg Dominikus */~ 4/138; Greuter, Josef ~ 4/159; Gschwari, Georg ~/† 4/231; Haidegger, Wendelin ~ 4/336; Harrach zu Rohrau, Ernst Adalbert Frh. von ~ 4/394; Hartmann, Bischof von Brixen ~/† 4/403; Pater Hartmann ~ 4/404; Haslmayr, Adam ~ 4/425; Hellweger, Michael ~/† 4/569; Herz, Daniel ~ 4/657; Heyl, Johann Adolf * 5/22; Hintner, Johann ~ 5/56; Hocher von Hohenburg und Hohenkräen, Johann Paul Frh. ~ 5/81; Hofer, Joseph Anton ~/† 5/110; Huter, Rupert ~ 5/235; Innerkofler, Adolf ~ 5/256; Jäger, Alderich von ~ 5/282; Jele, Kaspar ~ 5/316; Johann Ribi von Lenzburg (genannt von Platzheim), Bischof von Gurk und Brixen ~/† 5/339; Johannes Hinderbach, Bischof von Trient ~ 5/351; Karl, Erzherzog von Österreich, Bischof von Breslau und Brixen ~ 5/445; Kaser, Norbert Conrad * 5/457; Kessler, Gabriel * 5/519; Kessler, Stefan ~/† 5/521; Klebelsberg zu Thumburg, Raimund von */~ 5/569; Klocker, Hans ~ 5/601; Kofler, Anton ~ 5/679; Lampi, Johann Baptist d. Ä., Edler von ~ 6/210; Lamprecht von Brunn, Bischof von Brixen, Speyer, Straßburg und Bamberg ~ 6/210; Leonhard Wiesmair, Bischof von Chur, Kanzler von Tirol ~ 6/327; Madrutz, Christoph Frh. von ~ 6/556; March, Arthur * 6/605; Matthäus an der Gassen, Bischof von Brixen ~ 6/659; Meinhard II., Graf von Görz (IV.) und Tirol, Herzog von Kärnten ~ 7/35; Melchior von Meckau, Bischof von Brixen, Kardinal ~ 7/52; Messner, Johannes ~ 7/84; Migazzi, Christoph (Bartholomäus Anton) Graf ~ 7/135; Mitterer, Albert ~ 7/157; Mitterer, Ignaz (Ulrich) ~/† 7/157; Mitterrutzner, Johannes Chrysostomus ~ 7/158; Montel von Treuenfest, Johannes ~ 7/200; Murr, Josef * 7/314; Nas, Johannes ~ 7/340; Nikolaus von Kues ~ 7/419; Oberkofler, Josef Georg ~ 7/453; Occo, Adolf II. * 7/460; Oswald von Wolkenstein ~ 7/520; Otto II., Bischof von Bamberg ~ 11/153; Pacher, Friedrich ~ 7/545; Pacher, Michael */~ 7/546; Penz, Franz de Paula ~ 7/596; Pfanner, Franz ~ 7/635; Pichler, Anton * 7/661; Plattner, Ferdinand ~ 7/690; Ploner, Innozenz ~ 8/5; Praxmarer, Josef ~ 8/55; Raffeiner, Johann Stefan ~ 8/122; Raffl, Johannes ~/† 8/123; Rarkowski, Franz Justus ~ 8/143; Reichle, Hans ~/† 8/204; Reinisch, Franz ~ 8/225; Resch, Joseph ~/† 8/248; Revertera von Salandra, Friedrich (Karl Maria Anton) Graf † 8/263; Ricius, Paulus ~ 8/286; Rieger, Sebastian ~ 8/297; Röttel, Johannes ~/† 8/364; Rubatscher, Maria Veronika † 8/430; Rudigier, Franz Josef * 8/435; Rutz, Benno (Jakob) ~ 8/516; Santeler, Josef ~ 8/516; Santer, Jakob Philipp ~ 8/516; Sauerzapf, Sebastian ~ 8/529; Schälzky, Robert (Johann) ~ 8/552; Schenk, Alois David ~ 8/602; Schöpf, Ignaz ~ 9/100; Schoepfer, Aemilian */~ 9/101; Schor, Johann (Baptist) Ferdinand ~ 9/117; Schrofenstein, Christoph von ~ 9/157; Seeber, Joseph ~ 9/255; Sepp von Rainegg (auch Rechegg) und Seppenburg, Anton ~ 9/290; Spaur, Christoph Andreas Frh. von ~/† 9/386; Spaur, Joseph Philipp Reichsgraf von ~/† 9/386; Stapf, Joseph Ambrosius ~/† 9/448; Steinmann, Johannes † 9/497; Thöny, Eduard * 10/13; Thun, Sigmund Alphons Reichsfreiherr, seit 1629 Reichsgraf von ~ 10/29; Tritonius, Petrus ~ 10/90; Troger, Paul ~ 10/94; Tschiderer zu Gleifheim, Johannes Nepomuk ~ 10/107; Tschuggmall, Christian ~ 10/110; Tumler, Marian ~ 10/116; Ulrich II. Putsch, Bischof von Brixen ~/† 10/142; Unterberger, Christoph ~ 10/159; Unterberger, Franz Sebald ~ 10/159; Unterberger, Michelangelo ~ 10/159; Waitz, Sigismund */~ 10/296; Waldmann, Kaspar ~ 10/305; Weingartner, Josef ~ 10/396; Zangl, Joseph Gregor ~/† 10/619; Zeiller, Franz Anton ~ 10/631; Zingerle, Ignaz Vinzenz Edler von Summersberg ~ 10/642; Zwerger, Johannes Baptist ~ 10/707

Brixen im Thale (Tirol)
Schöpf, Josef ~ 9/101

Brixlegg (Tirol)
Balling, Karl Albert Max ~ 1/278; Geppert, Anton * 3/634; Mayr, Georg * 7/14; Mersi, Andreas Dominikus Ritter von † 7/76; Schmalz, Josef ~/† 8/692

Brněnské Ivanovice → Nennowitz

Broc (Kt. Freiburg)
Gruner, Heinrich Eduard ~ 4/226

Brochocin → Dürr Brockhut

Brock (Brackwede, seit 1972 zu Bielefeld)
Delius, Rudolph ~ 11/44

Brockel
Wischmann, Adolf * 10/541

Brod (heute Slavonski Brod, Kroatien)
Krahl, Hilde * 11/110

Brodek u Prostějova → Prödlitz

Brodi → Brody
Brodnica → Strasburg in Westpr.
Brody → Pförten
Brody (ukrain. Brodi)
Capilleri, Wilhelm ~ 2/277; Chajes, Hirsch Perez * 2/303; Chajes, Saul * 2/303; Derblich, Wolfgang * 2/491; Färber, Eduard * 3/217; Goldenthal, Jakob * 4/79; Herzberg-Fränkel, Leo * 4/659; Herzberg-Fränkel, Sigmund * 4/659; Landau, Alfred * 6/213; Landau, Ezechiel ~ 6/213; Lipschütz, Benjamin * 6/421; Margules, Max * 6/616; Mieses, Fabius * 7/134; Raabe, Josef Ludwig * 8/106; Rapoport, Salomo Jehuda Löw ~ 8/141; Rosanes, Jakob * 8/384; Roth, (Moses) Joseph * 8/414; Voigt, Christian August */† 10/237
Bröcken (Vegesack, seit 1939 zu Bremen)
Overbeck, Fritz † 7/539
Broekhuizen (Niederlande)
Mali, Christian * 6/578
Brömsebro (Schweden)
Friedrich II., Herzog von Schleswig-Holstein, Erzbischof von Bremen ~ 3/462
Brösa
Wolff, Emil (Theodor) von ~ 10/572
Brösen
Fischer, Friedrich (Wilhelm Heinrich) ~ 3/316
Broich (seit 1904 zu Mülheim an der Ruhr)
Daun, Wirich von ~/† 2/450; Hallberg-Broich, (Karl) Theodor (Maria Hubert) Frh. von * 4/344; Siebel, Fritz * 9/304
Broich (seit 1972 zu Jülich)
Acker, Amandus ~ 1/19; Goffiné, Leonhard * 4/75
Brojce → Brätz
Brokdeich (Gem. Hude, Oldenburg)
Münnich, Anton Günther von */† 7/295
Bromberg (poln. Bydgoszcz)
Arnold, August ~ 1/185; August, Prinz von Preußen † 1/221; Bardeleben, Heinrich (Karl Ludwig) ~ 1/293; Berndt, Otto ~ 1/462; Bertelsmann, Conrad (Gustav) ~ 11/19; Bethmann Hollweg, Theobald (Theodor Friedrich Alfred) von ~ 1/497; Boehn, Max (Ferdinand Carl) von ~ 1/624; Bollert, Martin ~ 2/9; Borchardt, Bruno * 2/26; Braun, Magnus Frh. von ~ 2/85; Buchholz, Erich * 2/184; Burow, Julie † 2/246; Clewing, Carl ~ 2/343; Cohn-Wiener, Ernst * 2/353; Damerow, Erich ~ 2/436; Deinhardt, Johann Heinrich ~/† 2/471; Dewitz, Karl (Ludwig Karl) von ~ 2/509; Ellerbeck, Leopold Ernst * 3/91; Fernau, Joachim ~ 3/271; Förster, (Johann) August ~ 3/361; Friedenthal, Albert * 3/449; Fritz, Willy * 3/496; Gehl, Julius * 3/598; Geissler, Friedrich Adolf * 3/611; George, Heinrich ~ 3/630; Gerlach, Max ~ 3/649; Gierach, Erich Clemens * 3/679; Goldberg, Isidor * 4/77; Graben-Hoffmann, Gustav Heinrich ~ 4/116; Graebe, Kurt ~ 4/119; Hahn, (Friedrich Wilhelm) Oskar ~ 4/332; Hauff, Bruno * 4/439; Hegemann, Ernst ~ 4/480; Hergesell, Hugo (Emil) * 4/614; Hippel, Theodor Gottlieb von † 5/59; Höflich, Lucie ~ 5/91; Höpker, Wolfgang * 5/99; Hoeßlin, Erna von ~ 5/96; Hofer, Klara * 5/110; Jensen, Adolf ~ 5/320; Kabisch, Richard ~ 5/391; Kasimir IV., Herzog von Pommern(-Stolp) ~/† 5/457; Kruse, Francis ~ 6/133; Kühn, Walter ~ 6/145; Lehn, Georg ~ 6/299; Leistikow, Walter * 6/310; Lessing, Emil ~ 6/344; Liedtke, Harry ~ 6/390; Lüdtke, Franz * 6/517; Maaß, Hermann * 6/548; Maertens, Willy ~ 6/559; Martiensen, Carl Adolf ~ 6/634; Martiensen-Lohmann, (Carolina Wilhelmine) Franziska */~ 6/634; Mauthner, Eugen Moritz ~ 6/672; Mießner, Hermann ~ 7/134; Minde-Pouet, Georg ~ 7/146; Mittler, Ernst Siegfried ~ 7/159; Müller, Waldemar ~ 7/282; Neigebaur, (Johann Daniel) Ferdinand ~ 11/135; Nemitz, Anna * 11/136; Nesselmann, Kurt * 11/136; Noetel, Heinrich (Friedrich) ~ 11/143; Peppler, Albert (Gustav) ~ 7/597; Perten, Hanns Anselm ~ 7/605; Posse, Wilhelm * 8/44; Rameau, Emil ~ 8/131; Rasp, Fritz (Heinrich) ~ 8/146; Rémond, Fritz ~ 8/240; Roemer, Theodor ~ 8/353; Rötscher, Heinrich Theodor ~ 8/364; Roquette, Otto ~

8/383; Rosenberg, Adolf * 8/391; Rosenheim, Theodor * 8/397; Ruethling, Bernhard ~ 8/456; Schattschneider, Arnold (Heinrich) ~ 8/573; Schenk, (Heinrich Eduard) Paul */~ 8/603; Scheu, Georg ~ 8/616; Schlaubitz, Johann Gottfried ~ 8/657; Schleinitz, Georg (Emil Gustav) Frh. von * 8/667; Schmieder, Wolfgang * 9/28; Schur, Willi ~ 9/211; Seeling, (Christian) Heinrich ~ 9/260; Sekel, Leo ~ 9/276; Sperl, Friedrich * 9/397; Starke, Gotthold ~ 9/453; Stein, Leo Walther ~ 9/479; Stern, Wilhelm ~ 9/515; Streitmann, Karl ~ 9/583; Sturm, (Friedrich Otto) Rudolf ~ 9/618; Tank, Kurt * 9/654; Techow, Friedrich Gustav Eduard * 9/668; Tiedemann, Christoph (Willers Markus Heinrich) von ~ 10/37; Trendelenburg, Adolf * 10/80; Unger, Ernst Max ~ 10/152; Wegner-Zell, Bertha * 10/375; Wollschläger, Alfred Ernst * 10/584; Ziegert, August (Hermann) ~ 10/651; Zierold, Kurt * 10/659
Bromö (Schweden)
Paul, Adolf Georg * 7/573
Bromskirchen
Brumhard, August * 2/165
Bronnamberg → Weiherhof
Bronnbach (Gem. Reicholzheim, seit 1975 zu Wertheim)
Löwenstein-Wertheim-Rosenberg, Alois Fürst zu † 6/456
Bronnzell (Fulda)
Herquet, Lothar † 4/637
Brookline (Massachusetts, USA)
Igersheimer, Josef † 5/244
Brooklyn (seit 1898 zu New York)
Brandeis, Friedrich ~ 2/60; Großmann, Louis Adolf * 4/198; Hauk, Minnie ~ 4/442; Röbling, Johann August ~/† 8/347; Schaedel, Johann Heinrich ~ 8/545
Broos (rumän. Orăștie, ungar. Szászváros)
Eisenmenger, Rudolf ~ 3/73; Henning, Karl * 4/592; Lode, Alois * 6/435; Schuster, Friedrich Wilhelm ~ 9/215
Brotterode
Klepper, Otto * 5/589; Malsius, Simon * 6/581
Brou (Frankreich)
Meit, Conrad ~ 7/47
Broumov → Braunau
Brsesz
Baysen, Stibor von ~ 1/361
Brtnice → Pirnitz
Brtníky → Zeidler
Bruch (Wied)
Diez, Christine von ~ 2/543
Bruchhausen (seit 1974 zu Bruchhausen-Vilsen)
Lüer, Kurt * 6/517; Steinheim, Salomon Ludwig * 9/494; Wätjen, Dietrich Heinrich * 10/273
Bruchhausen-Vilsen → Bruchhausen, Vilsen
Bruchköbel
Fliedner, Conrad * 3/350
Bruchmachtersen (seit 1942 zu Watenstedt-Salzgitter, seit 1951 Salzgitter)
Pape, Ernst * 7/558
Bruchmachtstetten
Breymann, Heinrich Adam Julius * 2/129
Bruchsal
Ammann, Hermann Josef * 1/116; Arnsperger, Karl Philipp Friedrich ~ 1/193; Asbeck, Franz Wilhelm Friedrich Frh. von ~ 1/202; Bacmeister, Adolf (Lucas) ~ 1/250; Baer, Karl Anton Ernst */~ 1/259; Bekk, Johann Baptist ~/† 1/407; Belzner, Emil * 1/412; Berner, Eugen Friedrich * 1/463; Beroldingen, Joseph (Anton Siegmund) Frh. von ~ 1/478; Brandl, Johann ~ 2/66; Brauer, Eduard ~/† 2/77; Brunner, Philipp Joseph ~ 2/170; Buch, Walter * 2/181; Capito, Wolfgang ~ 2/277; Christiani, Friedrich Albrecht ~ 2/321; Dammert, (Karl) Rudolf * 2/438; Doller, Johann Lorenz ~ 2/587; Drais von Sauerbronn, Karl (Wilhelm Ludwig) Friedrich Frh. ~ 2/607; Ehrensberger, Hugo ~ 3/40; Eichrodt, Hellmut * 3/55; Epstein, Naphtali ~ 3/134; Eschelbacher, Max */~ 3/172; Feuchtmayer, Johann Michael ~ 3/276; Fischel, Luise * 3/309; Gall, Joseph Anton ~ 3/562; Gattenhoff, Georg Matthias ~ 3/581; Gerstel, Wilhelm * 3/657; Güde, Max ~ 4/234;

Henning, Theodor (Wilhelm Julius Joseph Hubertus) ~ 4/593; Herbst, Ignaz ~ 4/609; Hermann II., Herzog von Schwaben ~ 4/622; Hund, Ferdinand ~/† 5/227; Knecht, Friedrich Justus * 5/617; Lang, Konrad * 6/227; Marquard von Hattstein, Bischof von Speyer ~ 6/628; Neumann, Balthasar ~ 7/380; Nikolaus von Wiesbaden, Bischof von Speyer † 7/418; Nokk, Wilhelm * 7/433; Oberkamp, Franz Joseph von ~ 7/453; Oppenheimer, Karl * 7/500; Orbin, Johann Baptist * 7/503; Otto von Speyer ~ 7/534; Pedetti, Mauritio ~ 7/587; Praechter, Karl ~ 8/49; Preiss, Balthasar */~ 8/58; Regenauer, Franz Anton * 8/184; Reuss, August Christian von ~ 8/256; Rohrer, Johann Michael Ludwig ~ 8/372; Scheffel, Joseph Viktor von ~ 8/583; Schlatter, Georg Friedrich ~ 8/656; Schönborn, Damian Hugo Philipp Reichsfreiherr (seit 1701 Reichsgraf) von ~/† 9/86; Schumacher, Karl ~ 9/203; Sckell, Friedrich Ludwig Ritter von ~ 9/249; Sickinger, (Joseph) Anton ~ 9/303; Stahl, Johann Georg ~/† 9/439; Stahl, Leonhard */~/† 9/440; Stahl, Philipp von * 9/440; Stengel, Franz Frh. von * 9/505; Stumpf, Johannes * 9/614; Thumm, Karl * 10/28; Traitteur, Johann Andreas von † 10/67; Treu, (Maria) Catharina (Wilhelmine) ~ 10/83; Treu, (Johann Joseph) Christoph ~ 10/83; Treu, (Joseph) Marquard ~ 10/84; Troendle, Hugo * 10/93; Walderdorf, Philipp Franz Wilderich Nepomuk Graf (seit 1767 Reichsgraf) von † 10/302; Warnkönig, Leopold August * 10/337; Welsch, Maximilian von ~ 10/426; Wertheimer, Fritz * 10/453; Weygandt, Sebastian */~ 10/466; Zick, Johann ~ 10/650; Zukschwerdt, Ludwig ~ 10/699

Bruck
Schlattl, Christoph * 8/656

Bruck (Gem. Berg, Kr. Hof)
Herzog, Johann Georg ~ 4/665

Bruck (Kr. Ebersberg) → Eichtling

Bruck an der Leitha (Niederösterreich)
Auersperg, Gottfried Leopold Graf von ~ 1/217; Bauer, Ferdinand Frh. von ~ 1/324; Gfall, Johann ~ 3/675; Hörmannseder, Anselm ~/† 5/102; John, Franz Frh. von * 5/355; Kobatsch, Rudolf * 5/634; Kretschmayr, Heinrich * 6/99; Petznek, Leopold * 7/628; Stadler, Anton (Paul) * 9/429; Strobl, Julius * 9/590; Weinlechner, Josef † 10/398

Bruck an der Mur (Steiermark)
Bienenstein, Karl ~/† 1/521; Diamant, Moritz ~ 2/510; Ernst der Eiserne, Herzog von Österreich und Steiermark */† 3/160; Hugo VIII., Graf von Montfort ~ 5/217; Jugoviz, Rudolf ~/† 5/375; Kunitsch, Michael von ~ 6/169; Lobkowitz, Karl Johann Josef Prinz von ~ 6/432; Pesendorfer, Josef ~ 7/609; Pichelmayer, Karl * 7/661; Sacher-Masoch, Leopold von ~ 8/486; Schifkorn, Rudolf * 8/632; Schleinzer, Karl † 8/668; Schmid, Erich * 8/700; Stiny, Josef ~ 9/535; Wallisch, Koloman ~ 10/313

Bruck bei Erlangen (seit 1924 zu Erlangen)
Heyden, Sebald * 5/18; Sutro, Abraham * 9/637

Bruckberg (Kr. Ansbach)
Abel, Adolf † 1/4; Feuerbach, Ludwig (Andreas) ~ 3/278

Bruckdorf (seit 1950 zu Halle/Saale)
Zörner, (Ernst Hermann) Richard ~ 10/686

Bruckmühl → Heufeld

Brüchberg
Christiane Charlotte, Markgräfin von Brandenburg-Ansbach ~ 2/321

Brück
Brück, Gregor * 2/151; Coler, Johann Christoph ~ 2/355

Brücken (Helme)
Justi, Johann Heinrich Gottlob von * 5/388; Lohmann, Ernst † 6/461

Brücken (Pfalz)
Gillmann, Franz ~ 4/10

Brückenau → Bad Brückenau

Brüel
Hinstorff, Detloff Carl * 5/55; Schulze, Johannes (Karl Hartwig) * 9/200; Voss, Ernst (Christian Theodor Sophus Wilhelm) ~ 10/258

Brügg (Kt. Bern)
Walter, Hans * 10/318

Brügge (Belgien)
Aldegrever, Heinrich ~ 1/84; Artevelde, Jakob van ~ 1/196; Artevelde, Philipp van ~ 1/197; Bertelsmann, Gustav (Heinrich Eduard) ~ 11/19; Bremer, Detlev d. Ä. ~ 2/109; Candid, Peter * 2/273; Cassander, Georgius ~ 2/293; Castorp, Hinrich ~ 2/296; Clusius, Carolus ~ 2/347; Engelbert II., Graf von Nassau ~ 3/117; Heinrich von Coesfeld † 4/537; Joris, David * 5/364; Kögel, Gustav ~ 5/649; Krantz, Albert(us) ~ 6/71; Maria, Herzogin von Burgund, Erzherzogin von Österreich † 6/619; Memling, Hans ~/† 7/55; Michiels, Johann Franz */~ 7/127; Philipp der Schöne, Erzherzog von Österreich, König von Kastilien * 7/655; Pückler-Muskau, Hermann (Ludwig Heinrich) Fürst von ~ 8/86; Rudolf, Fürst von Anhalt ~ 8/437; Seidenfaden, Theodor ~ 9/266; Susato, Johannes de ~ 9/635; Wex, Helga ~ 10/465

Brügge (Kr. Rendsburg-Eckernförde)
Harries, Heinrich ~/† 4/396

Brüggen (Kr. Hildesheim)
Lauterbach, Johann Balthasar ~ 6/273

Brüggen (Kr. Viersen)
siehe auch *Bracht*
Diergardt, Friedrich Frh. von ~ 2/521

Brühl (Erftkreis)
Adolf III., Graf von Schaumburg, Kurfürst und Erzbischof von Köln † 1/44; Alleker, Johannes ~ 1/91; Antonius von Königstein ~ 1/152; Auvera, Johann Wolfgang van der ~ 1/226; Bach, Michael ~ 1/241; Bönicke, Johann Michael ~ 1/630; Büchel, Dietrich von † 2/194; Bürvenich, Adam ~ 2/212; Claaßen, Hermann (Peter) ~ 2/328; Cordier, Honorius ~/† 2/372; Devora, Victor Josef (Aloysius) ~ 2/507; Ernst, Max ~ 3/165; Eschelbach, Hans ~ 3/172; Ferber, Nikolaus ~ 3/267; Gruhl, Carl ~/† 4/220; Gruhl, Hermann Eduard † 4/220; Hayo, Johannes ~ 4/463; Heller, Johannes ~/† 4/563; Helm, Heinrich ~ 4/571; Helmont, Johann Franz van ~ 4/575; Höver, (Johann) Philipp (Martin) ~ 5/107; Janke, Johannes ~ 5/300; Johannes von Deventer ~ 5/352; Klopriß, Johann ~/† 5/603; Kolde, Dietrich ~ 6/14; Kühnen, Friedrich * 6/147; Leveilly, Michael ~ 6/357; Mallinckrodt-Haupt, Asta * 6/580; Neumann, Balthasar ~ 7/380; Oberhoffer, Heinrich ~ 7/453; Osten, Gert von der † 7/514; Raederscheidt, (Friedrich) Georg * 8/121; Remy, Theodor † 8/241; Roth, (Johann) Heinrich (Jakob) ~ 8/412; Schlaun, Johann Conrad ~ 8/657; Toepler, August (Joseph Ignaz) * 10/57; Töpler, Michael ~/† 10/57; Treskow, Elisabeth † 10/83; Wegelin, Adolf ~ 10/371; Wiltberger, August ~ 10/516

Brühl (Rhein-Neckar-Kreis)
Kapper, Paula † 5/431

Brühl (Weitra, Niederösterreich)
Hackl, Oskar (Eduard Carl) * 4/298

Brülisau (Kt. Appenzell Innerrhoden)
Manser, Gallus Maria * 6/598

Bründel (Gem. Plötzkau)
Müller, Hermann von * 7/265

Brünn (tschech. Brno)
siehe auch *Königsfeld*
Ackermann, Otto ~ 1/22; Adametz, Leopold * 1/30; Ambros, Josef ~ 1/112; André, Christian Karl ~ 1/127; Angermayer, Fred ~ 1/138; Argenteau, Eugen Graf von ~ 1/170; Arnold, Ferdinand Philipp ~ 1/186; Arnsburg, Friedrich Ludwig ~ 1/193; Arzberger, Johann ~ 1/200; Autenrieth, Edmund Friedrich von ~ 1/225; Axmann, Josef * 1/229; Baar, Hugo ~ 1/232; Bahr, Florian Joseph ~ 1/269; Barach, Rosa ~ 1/290; Bauer, Stephan ~ 1/329; Baumbach, Rudolf ~ 1/338; Bayer, Karl Josef ~ 1/359; Beckmann-Muzzarelli, Adele ~ 1/386; Beer, Friedrich Salomon * 1/389; Berchtold, Leopold Graf von ~ 1/435; Berger, Alfred * 1/443; Berger, Rudolf */~ 1/446; Bergobzoomer, Johann Baptist ~ 1/453; Beutel-Keller, Rosa ~ 1/503; Biedermann, Therese ~ 1/518; Biermann, (August Leo) Otto ~/† 1/523; Blasel, Paul ~ 1/561;

10/317; Walter, Gustav ~ 10/318; Walter, Raoul ~ 10/321; Wasserburger, Paula (Therese) von ~ 10/342; Wawra, Heinrich * 10/348; Weber, Johann Nikolaus ~ 10/356; Weidlich, Ignaz Joseph ~/† 10/383; Weigl, Bruno */~/† 10/388; Weinberger, Otto * 10/395; Weiss, Ernst * 10/407; Wellner, Georg ~/† 10/426; Weltner, Armin ~ 10/429; Werner, Richard (Victor) ~ 10/448; Wickenhaußer, Richard */~ 10/473; Wiedemann, Hermann ~ 10/479; Wieland, Guido ~ 10/484; Wieser, Franz Ritter von ~ 10/490; Wiesner, Julius Ritter von ~ 10/491; Wilhelm, Karl * 10/506; Winarsky, Leopold * 10/518; Wirsing, Rudolf ~ 10/538; Wlassak, Moriz ~ 10/554; Wlassak, Rudolf * 10/554; Wölfl, Joseph ~ 10/557; Wohlmuth, Alois */~ 10/562; Wolf, Julius * 10/567; Wranitzky, Anton ~ 10/590; Zängerle, Roman Sebastian ~ 10/612; Zang, August ~ 10/618; Zapf, Johann Nepomuk ~ 10/620; Zeller, Karl August ~ 10/637; Zobel, Carl ~ 10/682; Zweig, Walter * 10/706; Zwißler, Karl Maria ~ 10/711

Brüsau (tschech. Březová nad Svitavou)
Kořistka, Karl Franz Eduard Ritter von * 6/44; Schwoiser, Eduard * 9/248

Brüsewitz
Schack, Adolf Friedrich Graf von * 8/541

Brüssel
siehe auch *Laeken, Schloß Laeken*
Abaco, Evaristo Felice dall' ~ 1/1; Abel, Othenio ~ 1/6; Abshagen, Karl-Heinz (Gert Anton) ~ 1/15; Adam, Emil ~ 1/27; Adelmann von Adelmannsfelden, Raban ~ 1/34; Adolf von Kleve und von der Mark, Herr zu Ravenstein und Winnendahl ~ 1/44; Agricola, Alexander ~ 1/52; Ahrens, Heinrich ~ 1/60; Aitzing, Michael Frh. von ~ 1/62; Alardus, Franz * 1/63; Albert, Heinrich ~ 1/69; Albrecht VII., Erzherzog von Österreich † 1/78; Albrecht, Karl Martin Paul † 1/82; Alton, Richard Graf d' ~ 1/105; Alvensleben, Friedrich Johann Graf von ~ 1/107; Amberg, Adolph ~ 1/111; Améry, Jean ~ 1/114; Arberg, Karl Anton Graf von † 1/162; Arenberg, Karl Fürst von ~ 1/165; Arenberg, Ludwig Engelbert Herzog von */† 1/165; Arnhold, Adolf ~ 1/177; Arnim-Heinrichsdorf, Heinrich Friedrich Graf von ~ 1/181; Arnim-Suckow, Alexander (Heinrich) Frh. von ~ 1/181; Arning, Marie ~ 1/182; Arntz, Aegidius Rudolph Nicolaus ~/† 1/194; Artôt de Padilla, (Marguerite Joséphine) Désirée */~ 1/198; Asmis, Rudolf ~ 1/205; Aspre, Constantin Frh. von * 1/206; Aspruck, Franz */~ 1/206; Auhauser, Johann Baptist ~ 1/219; Baare, Willy ~ 1/233; Baerwald, Robert ~ 1/263; Ball, Leo (Anton Carl) de ~ 1/277; Barbier, Adrian Nikolaus Frh. von */~ 1/292; Beilke, Irma ~ 1/405; Beissel, Jodokus ~ 1/406; Benziger, August ~ 1/432; Berg, Alban (Maria Johannes) ~ 1/438; Berghaus, Ruth ~ 11/18; Bernhardi, Karl Christian Sigismund ~ 1/469; Bertelsmann, Gustav (Heinrich Eduard) ~ 11/19; Bertolf, Gregor ~ 1/487; Berty, Baptist ~ 1/489; Biedermann, Hans Jakob ~ 1/517; Birnbaum, Johann von ~ 1/540; Blancke, Alfred ~ 1/555; Blaspeil, Werner Wilhelm Reichsfrh. von ~ 1/562; Blomberg, Barbara ~ 1/578; Bock, Kornelius Peter ~ 1/595; Bodt, Johann von ~ 1/606; Böcklin, Arnold ~ 1/611; Boelitz, Otto ~ 1/626; Bombeck, Seger ~ 2/14; Boner, Alice ~ 2/17; Borchardt, Paul ~ 2/27; Born, Stephan ~ 2/33; Bourdin, Paul ~ 2/49; Braunthal, Julius ~ 2/91; Breuer, Leo ~ 2/125; Briegleb, Moritz ~ 2/132; Brockdorff-Rantzau, Ulrich (Karl Christian) Graf von ~ 2/138; Brockhaus, Max ~ 2/140; Brücke, Hans Gottfried ~ 2/152; Brückner, Edmund ~ 2/153; Bruggmann, Carl ~ 2/162; Bühler, Gerhard ~ 2/200; Burg, Adam Frh. von ~ 2/234; Busch, Hans Peter ~ 11/36; Campe, Carl (Rudolf) von ~ 2/270; Canstein, Carl Hildebrand Frh. von ~ 2/275; Clemens August Maria Hyazinth von Wittelsbach, Herzog von Bayern, Kurfürst und Erzbischof von Köln ~ 2/339; Clossius, Johannes Friedrich ~ 2/345; Cobenzl, Johann Karl Philipp Graf von ~/† 2/347; Cobenzl, (Johann) Ludwig (Joseph) Graf von * 2/348; Cohen-Blind, Ferdinand ~ 11/40; Conrat, Ilse ~ 2/365; Cranach, Lucas d. Ä. ~ 2/392; Cranz, August

(Heinrich) ~ 2/394; Cremer, Arnold * 2/397; Cremer, Joseph Wilhelm Julius ~ 2/398; Cretius, Konstantin Johann Franz ~ 2/399; Czermak, Jaroslav ~ 2/418; Deermann, Bernhard ~ 2/463; Degler, Josef ~ 2/466; Denich, Joachim * 2/486; Deschwanden, Theodor von ~ 2/495; Dessau, Bernhard ~ 2/496; Deutsch, Ernst ~ 2/504; Deym von Střítež, Franz (Severin Wenzel Maria Philipp Benitus) Graf ~ 2/510; Diehl, Günter ~ 11/46; Dornewaß, Wilhelm ~ 2/599; Dreyfus, Willy ~ 2/620; Dudith, Andreas ~ 2/633; Duesberg, Franz von ~ 2/643; Eckardt, Felix von ~ 3/7; Eduard Fortunat, Markgraf von Baden ~ 3/21; Egmont, Maximilian von † 3/33; Ehrenberg, Kurt ~ 3/38; Eichberg, Julius ~ 3/47; Einstein, Albert ~ 3/65; Einstein, Carl ~ 3/67; Eldering, Bram ~ 3/83; Erben, Balthasar ~ 3/138; Ernst, Erzherzog von Österreich † 3/160; Ernst II., Herzog von Sachsen-Coburg und Gotha ~ 3/161; Esders, Stephan ~ 3/177; Euler, August Martin ~/† 3/192; Falk, Bernhard ~/† 3/224; Federer, Georg ~ 3/241; Fendrich, Anton ~ 3/264; Ferber, Rudolf ~ 3/267; Ferl, Gustav ~ 3/271; Finck, Adele von ~ 3/297; Flaischlen, Cäsar (Otto Hugo) ~ 3/335; Flake, Otto ~ 3/335; Flüggen, Josef ~ 3/357; Forbes-Mosse, Irene (Anna Maria Magdalena Gisela Gabriele) ~ 3/371; Forst de Battaglia, Otto ~ 3/375; Franckenstein, Sir George ~ 3/395; Franzen, Hans ~ 3/415; Freiligrath, (Hermann) Ferdinand ~ 3/422; Freund, Leopold ~/† 3/432; Friedrichs, Hermann ~ 3/482; Fries, Johann Graf von ~ 3/483; Froberger, Johann Jakob ~ 3/500; Fürstenberg, Hans ~ 3/528; Funk, Casimir ~ 3/541; Funk, Philipp ~ 3/542; Ganz, Julian ~/† 3/572; Ganz, Paul ~ 3/572; Georg von Österreich, Bischof von Brixen, Erzbischof von Valencia, Bischof von Lüttich ~ 3/627; Georgii, Theodor ~ 3/633; Gerhaert, Nicolaus von Leiden ~ 3/661; Gerstein, Karl ~ 3/657; Gerter, Elisabeth ~ 3/661; Geyer, Florian ~ 3/672; Ghelen, Johann van ~ 3/676; Ghelen, Johann Peter van ~ 3/676; Girschner, Karl Friedrich (Johann) ~ 4/15; Gluge, Gottlieb ~ 4/38; Goëss, Johann (Friedrich) Frh. von * 4/63; Goldmann, Paul ~ 4/81; Gottfurcht, Hans ~ 4/107; Grelling, Kurt ~ 4/155; Grohmann, Will ~ 4/182; Großmann, Stefan ~ 4/199; Gruber, Lilo ~ 4/207; Grün, Albert ~ 4/209; Grün, Karl (Theodor Ferdinand) ~ 4/210; Grupello, Gabriel de ~ 4/227; Günther XLI. der Streitbare, Graf von Schwarzburg ~ 4/237; Gutherz, Carl ~ 4/270; Gyrowetz, Adalbert ~ 4/278; Haferkamp, Wilhelm ~/† 4/315; Hagn, Ludwig von ~ 4/327; Hahn, Heinrich (Joseph Hubert) ~ 4/329; Halla, Franz ~ 4/334; Haller von Hallerstein, Bartholomäus ~ 4/349; Haller von Hallerstein, Christoph ~ 4/349; Haller von Hallerstein, Ruprecht † 4/350; Haller von Hallerstein, Wolf † 4/350; Hallstein, Walter ~ 4/351; Hamburger, Erna * 4/357; Hammes, Karl ~ 4/364; Haniel von Haimhausen, Edgar von ~ 4/370; Hann, Georg ~ 4/371; Harkort, Günther ~ 4/388; Harst, Karl ~ 4/397; Hartogs, Friedrich * 11/80; Hase, Oskar von ~ 4/421; Haskil, Clara † 4/424; Hauff, Johann Karl Friedrich † 4/439; Hauk, Minnie ~ 4/442; Hauschild, Herbert ~ 4/446; Heerklotz, Adolph ~ 4/476; Heermann, Hugo ~ 4/476; Heimbach, Wolfgang ~ 4/503; Heinefetter, Kathinka ~ 4/512; Heinrich von Brabant, Bischof von Lübeck * 4/529; Heller, Gustav ~ 4/562; Hempel, Carl Gustav ~ 11/83; Henckell, Karl (Friedrich) ~ 4/581; Hensel, Heinrich (August) ~ 4/597; Henselder-Barzel, Helga ~ 11/85; Herder, Johann Gottfried ~ 4/611; Herzog, Emilie ~ 4/645; Hess, Moses ~ 4/672; Heurich, Alfred ~ 5/10; Heydebrand und der Lasa, Tassilo von ~ 5/16; Hindemith, Harry * 5/51; Hirsch, Moritz Frh. von ~ 5/63; Hirsch-Gereuth, Clara Baronin von ~ 5/65; Hochbrucker, Jacob ~ 5/80; Hochdorf, Max ~/† 5/80; Hochstetter, Gustav ~ 5/82; Hocke, Gustav René * 5/83; Hoensbroech, Paul Graf von ~ 5/99; Hoffmann, Baptist ~ 5/113; Hoffmann, Josef ~ 5/121; Hofmann, Carl ~ 5/127; Hohendorff, Georg Wilhelm von † 5/137; Holitscher, Arthur ~ 5/148; Horkheimer, Max ~ 5/175; Huber, Willi ~ 5/199; Hügel, Karl Alexander (Anselm) Frh. von ~/† 5/208; Huppelsberg, Joachim * 5/230; Jaeschke, Emil ~ 5/288; Jagemann, Eugen von ~ 5/289; Jakob, Alfons Marie ~ 5/295; Janstein, Elisabeth von ~ 5/304; Jentsch, Max ~

5/322; Jessen, Hans ~ 5/326; Joël, Curt ~ 5/335; Jörn, Karl ~ 5/336; Joest, Jan ~ 5/337; Johann I., Herzog von Brabant und Lothringen, seit 1287 auch Herzog von Limburg * 5/338; Johann III., Herzog von Brabant, Lothringen und Limburg † 5/338; Johann VIII. der Jüngere, Graf von Nassau-Siegen ~ 5/342; Joseph, David (Dagobert) ~ 5/367; Jüngken, Johann Christian ~ 5/373; Jüngst, Ernst ~ 5/373; Jungen, Johann Hieronymus Frh. von und zum † 5/382; Jungnickel, Ludwig Heinrich ~ 5/384; Kachel, Ludwig d. J. ~ 5/392; Käs, Ferdinand * 5/396; Kampf, (Karl Viktor) Eugen ~ 5/421; Karl VII., Kaiser, als Karl Albrecht Kurfürst von Bayern * 5/441; Karl, Erzherzog von Österreich ~ 5/445; Karl Eugen, Herzog von Württemberg */~ 5/448; Kaulbach, Wilhelm von ~ 5/474; Kenckel, Detmar ~ 5/505; Kerens, Heinrich Johann von ~ 5/509; Khevenhüller-Metsch, Rudolf Graf von ~ 5/527; Kirschner, Lola ~ 5/556; Kitzler, Otto ~ 5/561; Klahr, Alfred ~ 11/105; Kleeberg, Klothilde † 5/572; Klimt, Gustav ~ 5/594; Klinger, Max ~ 5/598; Knaus, Friedrich ~ 5/615; Koch, Richard ~ 5/643; Köchly, Hermann (August Theodor) ~ 5/648; Kölzer, Joseph ~ 5/656; Körting, Max ~ 5/675; Köster, Roland ~ 5/676; Kohtz, Otto ~ 6/7; Kolbe, Heinrich (Christoph) ~ 6/12; Kolde, Dietrich ~ 6/14; Koller, Bronislawa ~ 6/16; Koller, (Johann) Rudolf ~ 6/17; Konetzni, Anni ~ 6/24; Koppel, Walter ~ 6/40; Kraus, Ernst ~ 6/75; Kreiten, Wilhelm ~ 6/93; Kriege, Hermann ~ 6/106; Kupper, Annelies (Gabriele) ~ 6/176; Kuranda, Ignaz ~ 6/176; Kurtz von Senftenau, Ferdinand Sigmund Graf ~ 6/178; Kwast-Hodapp, Frieda ~ 6/184; Landau, Edmund (Georg Hermann) ~ 6/213; Landsberg, Otto ~ 6/220; Lange, Tönjes ~ 6/236; Langen, Theodor Friedrich * 6/238; Langer, Angela ~ 6/241; Lannoy, Eduard Frh. von */~ 6/249; Lassen, Eduard ~ 6/260; Lattermann, Theodor ~ 6/262; Lehmann, Julius Friedrich ~ 6/294; Leimgruber, Oskar ~ 6/307; Lempertz, Heinrich ~ 6/317; Lerchenfeld-Köfering, Hugo Graf von ~ 6/339; Levin, Julius ~/† 6/359; Lewy, Karl ~ 6/366; Liefmann, Robert ~ 6/390; Ligne, Karl Joseph Fürst de * 6/394; Lisiewska, Anna Dorothea ~ 6/422; Litfaß, Ernst (Theodor Amandus) ~ 6/427; Litolff, Henry (Charles) ~ 6/427; Löffler, Berthold ~ 6/440; Lohse, Otto ~ 6/464; Loos, Cornelius ~/† 6/467; Lüders, Marie-Elisabeth ~ 6/516; Lütkemüller, Ludwig Paul Wieland ~ 6/523; Mainzer, Joseph ~ 6/573; Mallitsch, Ferdinand ~ 6/580; Mangoldt-Reiboldt, Hans Karl von ~ 6/589; Mansfeld, Ernst II. Graf von ~ 6/598; Mansfeld, Peter Ernst I. Fürst von ~ 6/599; Margarethe, Erzherzogin von Österreich, Statthalterin der Niederlande * 6/615; Margulies, Robert ~ 6/617; Maria Antonia Theresia Josepha, Erzherzogin von Österreich, Kurfürstin von Bayern ~ 6/619; Maria, Herzogin von Burgund, Erzherzogin von Österreich * 6/619; Maria Elisabeth, Erzherzogin von Österreich, Statthalterin der Österreichischen Niederlande ~ 6/620; Maria Christine, Erzherzogin von Österreich, Herzogin von Sachsen-Teschen, Statthalterin der Österreichischen Niederlande ~ 6/621; Maria, Erzherzogin von Österreich, Königin von Böhmen und Ungarn, Statthalterin der Niederlande * 6/622; Marquardt, Wilhelm ~ 6/629; Marra-Vollmer, Marie von ~ 6/629; Martin, Marie Clementine * 6/637; Marx, Henry * 6/644; Marx, Karl ~ 6/645; Matthias, Kaiser ~ 6/661; Maximilian II., Kaiser ~ 6/676; Maximilian II. Emanuel, Kurfürst von Bayern ~ 6/677; Mayer, Gustav ~ 7/7; Mayseder, Joseph ~ 7/18; Meister von Osnabrück ~ 7/45; Melchior, Carl Joseph ~ 7/52; Memling, Hans ~ 7/55; Merode Markgraf von Westerloo, Johann Philipp Eugen Graf von */~ 7/76; Methfessel, Adolf ~ 7/86; Metternich-Winneburg, Clemens (Wenzeslaus Lothar Nepomuk) Graf, später Fürst von ~ 7/88; Metternich-Winneburg, Pauline Fürstin von ~ 7/89; Metzeler, Robert ~ 7/90; Metzendorf, Georg ~ 7/91; Metzger-Lattermann, Ottilie ~ 7/92; Metzner, Franz ~ 7/93; Meyendorff, Peter von ~ 7/97; Meyer, Robert ~ 11/130; Moiret, Edmund ~ 7/185; Mottl-Standthartner, Henriette ~ 7/233; Müller, Heinrich ~ 7/263; Nagler, Josef ~ 7/336; Nahmer, Adolf von der ~ 7/337; Nebe, Carl (Johann Eduard) ~ 7/353; Neubauer, Theodor (Thilo) ~ 7/371; Niedbruck, Kaspar von † 7/404; Noren, Heinrich Suso Johannes ~ 7/439; Nussbaum, Felix ~ 7/449; Oberndorff, Alfred Graf von ~ 7/456; Oestéren, (Maria) Friedrich Werner van ~ 7/471; Oettinger, Eduard Maria ~ 7/475; Olitzka, Rosa ~ 7/488; Opel, Adam ~ 7/493; Osterkamp, Ernst ~ 7/516; Ow-Wachendorf, Wernher Melchior Frh. von ~ 7/541; Pack, Otto † 7/547; Paetel, Karl Otto ~ 7/548; Pannasch, Anton * 7/556; Paradis, Maria Theresia von ~ 7/563; Patsche, Wilhelm ~ 7/571; Pernerstorfer, Alois ~ 7/603; Petri, Henri (Wilhelm) ~ 7/622; Pfaff, Adam ~ 7/639; Pfeiffer, Anton ~ 7/639; Pfeifle, Alfred ~ 7/643; Pfordten, Otto Frh. von der † 7/651; Philippson, Martin (Emanuel) ~ 7/659; Piccard, Auguste ~ 7/660; Pighius, Stephan Vinandus ~ 7/669; Platen zu Hallermund, Adolf (Ludwig Karl) Graf von ~ 7/687; Ploennies, L(o)uise von ~ 8/4; Podewils (-Juncker-Bigatto), Clemens Graf ~ 8/8; Podewils(-Juncker-Bigatto), Sophie Dorothee ~ 8/8; Pollak, Marianne ~ 8/27; Pollak, Oscar ~ 8/27; Pott, (Friedrich) August ~ 8/61; Prey, Hermann (Oskar Karl Bruno) ~ 11/160; Prielmair von Priel, Korbinian Frh. von ~ 8/69; Pringsheim, Peter ~ 8/71; Puchner, Paul I. ~ 8/84; Quaglio, Angelo II. ~ 8/97; Radl, Anton ~ 8/117; Rakette, Maximilian ~ 8/129; Rauch, Hermann ~ 8/158; Rauscher, Ulrich ~ 8/165; Rechberg und Rothenlöwen, Johann Bernhard Graf von ~ 8/171; Reclam, Hans Heinrich ~ 8/175; Rehwinkel, Edmund ~ 8/194; Reichl, Josef ~ 8/204; Rheinbaben, Werner (Karl Ferdinand) Frh. von ~ 8/267; Rheinstein, Max ~ 8/268; Richthofen, Herbert Frh. von ~ 8/286; Riphahn, Wilhelm ~ 8/321; Rittershaus, Ernst (Ludwig Johann) ~ 8/333; Ritzmann, Martin ~ 8/337; Robin, Georg ~ 8/339; Roediger, Conrad ~ 8/349; Rohling, August ~ 8/369; Rohr-Renard, Katharina ~ 8/371; Rohs, Martha ~ 8/372; Rothschild, Anselm Salomon Frh. von ~ 8/422; Rothschild, Jakob Mayer Frh. von ~ 8/422; Ruegger, Elsa ~ 8/450; Rühr, Josef ~ 8/452; Ruf, Sep ~ 8/457; Sacher, Maja ~ 8/486; Sachs, Hans-Georg ~ 8/487; Sanden, Aline ~ 8/510; Savigny, Karl Friedrich von ~ 8/533; Savigny, Leo von * 8/533; Schacht, (Horace Greeley) Hjalmar ~ 8/539; Scherchen, Hermann (Karl) ~ 8/609; Schiel, Hubert ~ 8/626; Schlegel, Johann Christian Traugott ~ 8/661; Schleiden, Rudolf ~ 8/664; Schlesinger, Georg ~ 8/670; Schliephake, Theodor (F. W.) ~ 8/678; Schmid, Rosl ~ 8/705; Schmidt, Joseph ~ 9/13; Schmidt-Pauli, Edgar (Fiath Florentin Richard) ~ 9/24; Schmitt, Saladin ~ 9/33; Schnippenkötter, Swidbert ~ 9/65; Schoen, Wilhelm Albrecht Frh. von ~ 9/82; Schörg, Franz ~ 9/103; Schöttler, Walter ~ 9/104; Scholz-Zelezny, Helene ~ 9/111; Schröder, Rudolf Alexander ~ 9/151; Schrödinger, Erwin ~ 9/152; Schubert, Carl (Theodor Conrad) von ~ 9/160; Schubert, Gustav ~ 9/163; Schulmann, Horst ~ 9/186; Schulte, Marcel * 9/186; Schumann, Albert ~ 9/205; Seeliger, Günther ~ 9/260; Seemann, Artur (Gustav Otto Emil) ~ 9/260; Seifert, Victor Heinrich ~ 9/270; Siegfried, Herbert ~ 9/312; Sievers, Max (Wilhelm Georg) ~ 9/322; Sigg, Ferdinand ~ 9/323; Singer, Paul ~ 9/339; Spillmann, Joseph Martin ~ 9/406; Stadler, Ernst (Maria Richard) ~ 9/429; Stahlhuth, Georg ~ 9/440; Steger, Milly ~ 9/467; Steingruber, Ilona (Erika) ~ 9/492; Steinke, Eduard Gottfried ~ 9/496; Stern, Georg ~ 9/512; Sternheim, (William Adolf) Carl † 9/518; Stone, Sasha ~ 11/179; Strauss, Isabel ~ 9/576; Swieten, Gerard van ~ 9/640; Swieten, Gottfried Frh. van ~ 9/641; Thedieck, Franz ~ 9/690; Thielmann, Max Frh. von ~ 10/3; Thugut, (Johann Amadeus) Franz de Paula Frh. von ~ 10/27; Thurn und Taxis, Anselm Franz Fürst von */† 10/31; Thurn und Taxis, Eugen Alexander Franz Fürst von */~ 10/31; Thurn und Taxis, Lamoral Graf von ~/† 10/32; Thurn und Taxis, Lamoral Claudius Franz Graf von ~ 10/32; Thurn und Taxis, Leonard II. Graf von * 10/32; Tischbein, Carl Wilhelm von ~ 10/48; Torri, Pietro ~ 10/65; Trauttmannsdorff, Ferdinand Fürst zu ~ 10/74; Trebelli, Zélia ~ 10/76; Treskow, Emil ~ 10/83; Trundt, Henny ~ 10/102; Tunica,

Hermann (August Theodor) ~ 10/117; Unruh, Walther (Karl Gustav) ~ 10/158; Unterberger, Franz Richard ~ 10/159; Ury, Lesser ~ 10/169; Valesi, Johann Evangelist ~ 10/179; Varnhagen von Ense, Karl August ~ 10/183; Velde, Henry (Clemens) van de ~ 10/190; Verschaffelt, Peter (Anton) von ~ 10/197; Volbach, Fritz ~ 10/241; Vollmer, Friedrich ~ 10/248; Wachsmuth, Werner (Curt Ferdinand) ~ 10/267; Wartenburg, Karl (Friedrich Anton) ~ 10/338; Weber, Andreas ~ 10/349; Weerth, Georg (Ludwig) ~ 10/371; Wegner, Walburga ~ 10/374; Weigand, Wilhelm ~ 10/385; Weil, Hermann ~ 10/391; Weitling, Wilhelm (Christian) ~ 10/417; Welck, (Kurt Heinrich) Wolfgang Frh. von ~ 10/421; Werkmeister, Karl ~ 10/442; Wernigk, William ~ 10/451; Wiegand, Heinrich ~ 10/481; Wieland, Deba ~ 10/483; Windisch-Graetz, Alfred I. Candidus Ferdinand Fürst zu * 10/524; Wittich, Marie ~ 10/548; Wörner, Manfred † 10/560; Wolf, Otto ~ 10/568; Wolf, Sophie ~ 10/568; Wolff, (Friedrich) Wilhelm ~ 10/578; Wotruba, Fritz ~ 10/589; Wüerst, Richard (Ferdinand) ~ 10/591; Zimmerli, Oskar ~ 10/665; Zottmayr, Georg ~ 10/689

Brüx (tschech. Most)
Biach, Adolf ~/† 1/510; Cori, Carl Isidor ~ 2/373; Dernschwam von Hradiczin, Johannes ~ 2/492; Deutsch, Gotthard ~ 2/505; Faber, Wenzel ~ 3/209; Fahringer, Josef ~ 3/220; Fleißner, Hans ~ 3/345; Friedrich I. der Streitbare, Markgraf von Meißen, Kurfürst von Sachsen ~ 3/471; Gaßmann, Florian (Leopold) * 3/579; Görbig, Johann Anton Thaddeus * 4/55; Grimmich, Virgil ~ 4/173; Hammerschmidt, Andreas * 4/362; Heilmann, Jakob ~ 4/499; Laube, Anton * 6/263; Laube, Horst * 11/118; Löcker, Hermann ~ 6/439; Mörl, Franz ~ 7/176; Neumann, Oskar ~ 7/386; Oberdorffer, Kurt ~ 7/452; Pontanus von Breitenberg, Georg Barthold * 8/32; Pontanus, Jacobus * 8/32; Ritter, Rudolf * 8/332; Rössler, Emil Franz * 8/363; Titta, Josef W. † 10/51; Weston, Elisabeth Johanna von ~ 10/460

Brugg (Kt. Aargau)
Abt, Heinrich Eugen ~ 1/16; Agnes von Österreich, Königin von Ungarn * 1/51; Albrecht I. † 1/74; Albrecht der Weise, Graf von Habsburg ~ 1/76; Anner, Emil ~/† 1/144; Feer, Jakob Emanuel */~ 3/243; Fröhlich, Abraham Emanuel */~ 3/501; Fröhlich, Samuel Heinrich * 3/503; Fröhlich, (Friedrich) Theodor * 3/504; Grenacher, Karl * 4/156; Hänggi, Anton ~ 4/309; Haller, Ernst * 4/347; Herzog, Johann ~ 4/665; Heuberger, Jakob ~ 5/6; Heuberger, Samuel ~/† 5/6; Kägi, Markus * 5/393; Laur, Ernst ~ 6/269; Laur-Belart, Rudolf */~ 6/270; Müller, Rosalia ~/† 7/280; Pestalozzi, Johann Heinrich † 7/610; Rehwinkel, Edmund ~ 8/194; Schmidt, Karl * 9/13; Schulthess, Edmund ~ 9/188; Siebenmann, Friedrich ~ 9/305; Siegrist, Hans Emil ~/† 9/315; Stäbli, Diethelm Rudolf * 9/432; Suhner, Gottlieb ~ 9/628; Toxites, Michael ~ 10/66; Vögtlin, Adolf * 10/221; Wartmann, Rudolf ~/† 10/339; Wieland, Christoph Martin ~ 10/482; Zimmermann, Johann Georg */~ 10/669

Bruggen (Kt. Sankt Gallen)
Rittmeyer, Robert * 8/335

Brumath (Dép. Bas-Rhin, Frankreich)
siehe auch *Stephansfeld*
Goethe, Rudolf ~ 4/67; Hauß, Karl * 4/453; Thietmar, Bischof von Prag ~ 10/9

Brumovice → Brumowitz
Brumowitz (tschech. Brumovice)
Liznar, Josef * 6/430

Bruneck (italien. Brunico)
Amonn, Alfred * 1/118; Bachlechner, Joseph * 1/244; Bergmann, Hermann ~ 1/451; Bondini, Pasquale † 2/16; Fenner von Fenneberg, Daniel Ferdinand * 3/265; Gassner, Hieronymus Joseph † 3/580; Gilm zu Rosenegg, Hermann von ~ 4/10; Grebmer von Wolfsthurn, Eduard ~/† 4/146; Hellweger, Franz ~ 4/569; Hurdes, Felix * 5/231; Kaser, Norbert Conrad ~/† 5/457; Kerer, Johann * 5/509; Klebelsberg zu Thumburg, Hieronymus von * 5/569;

Knoll, Albert (Joseph) * 5/627; Koch, Gaudentius ~ 5/639; Kornberger, Richard von * 6/45; Larisch, Hermann ~/† 6/253; Lucerna, Eduard ~ 6/491; Mader, Georg ~ 6/555; Miller, Josef Kassian ~ 7/143; Pacher, Friedrich ~/† 7/545; Pacher, Michael ~ 7/546; Prantl, Jakob Isidor ~ 8/52; Santer, Jakob Philipp */~/† 8/516; Seeber, Joseph * 9/255; Stolz, Rudolf ~ 9/555; Toldt, Carl * 10/60

Brunegg (Kt. Aargau)
Burger, Hermann † 2/237

Brunn (Kr. Mecklenburg-Strelitz) → Dahlen

Brunn am Gebirge (Niederösterreich)
Fischer von Röslerstamm, Franz (Josef) † 3/330; Gál, Hans * 3/560; Held, Friedrich von * 4/555; Keim, Franz ~/† 5/486; Mauer, Otto * 6/667; Solar, Lola * 9/363; Wehle, Johannes (Raphael) ~ 10/376

Brunn am Walde (Niederösterreich)
Ehrhardt, Hermann † 3/41

Brunn bei Pitten (Gem. Erlach, Niederösterreich)
Ludwig, Eduard † 6/507

Brunne
Brunn, Balthasar von * 2/167; Nieter, Reinhard * 7/413

Brunnen (Gem. Ingenbohl, Kt. Schwyz)
Benziger, August ~ 1/432; Fueter, Rudolf † 3/533; Pollak, Robert † 8/27; Schoeck, Othmar * 9/75; Schoeck, Paul */~ 9/75

Brunnen (Gem. Schwangau)
Pfeiffer, Pankratius * 7/642

Brunnersdorf (tschech. Prunéřov)
Hain, Joseph von * 4/337

Brunnkirchen (Niederösterreich)
Fuchs, Adalbert ~ 3/516

Brunnthal (Kr. München, Land)
Andergast, Maria * 11/4; Reindl, Ludwig Emanuel * 8/215; Steinbacher, Josef ~ 9/484

Brunnwinkl (Salzburg)
Frisch, Karl Ritter von ~ 3/489

Brunow → Braunau
Brunoy (Frankreich)
Höfer, (Johann Christian) Ferdinand † 5/89; Zborowski, Helmut Graf von ~/† 10/624

Brunsbüttel
Keller, Hermann ~ 5/494; Schütte, Karl * 9/175

Brunsholm (seit 1970 zu Esgrus)
Thomsen, (Asmus) Julius (Thomas) * 10/22

Brunsrode (Gem. Lehre)
Frank, Walter † 11/63

Brunst (Leutershausen, Kr. Ansbach, Land)
Frauenholz, Johann Friedrich * 3/417

Brunstein (Gem. Langenholtensen, seit 1974 zu Northeim)
Weppen, Johann August ~ 10/439

Brunswarden (Gem. Stadland)
Rogge, Alma * 8/365

Brunswick (Maine, USA)
Haas, Arthur Erich ~ 4/285; Kohl, Johann Georg ~ 6/2; Solmitz, Walter Moritz ~/† 9/365

Brunswik (seit 1869 zu Kiel)
Binzer, Ludwig Johann von † 1/535

Bruntál → Freudenthal
Brušperk → Braunsberg
Bruttig
Mosellanus, Petrus * 7/222

Bryn Mawr (Pennsylvania, USA)
Frank, Erich ~ 11/63; Gilbert, Felix ~ 4/7; Haas, Albert ~ 4/284; Kraus, Hertha ~ 6/77; Lasch, Agathe ~ 6/254; Müller, Valentin ~ 7/282; Noether, (Amalie) Emmy ~/† 7/432; Politzer, Heinz ~ 8/25; Prokosch, Eduard ~ 8/79; Stürzinger, (Johannes) Jakob ~ 9/611; Tassoni, Ruth ~ 9/660; Taussky-Todd, Olga ~ 9/666

Brzeg → Brieg
Brzeg Dolny → Dyhernfurth
Brzegan (Böhmen)
Manderscheid-Blankenheim, Johann Moritz Gustav Graf von † 6/585

Brzenic
Burgau, Andreas Markgraf von * 2/235
Brześć nad Bugiem → Brest
Brzesko (Polen)
Templer, Bernhard * 9/674
Brzeziny → Großbriesen
Brzeźno → Großbreesen
Bubendorf (Kt. Basel-Landschaft)
Franck, Hans * 3/388; Marti, Karl * 6/634
Bubeneč → Bubentsch
Bubenheim (seit 1970 zu Koblenz am Rhein)
Caspers, (Ludwig) Jakob */~/† 2/292
Bubentsch (tschech. Bubeneč, heute zu Prag)
Gaertner, Eduard * 3/554; Horak, Wenzel Emanuel †
5/174; Piette du Rivage, Prosper d. Ä. ~ 7/668; Saenger,
Max † 8/493
Bubikon (Kt. Zürich)
Hartmann II., Graf von Werdenberg-Sargans, Bischof von
Chur ~ 4/404; Heusser-Staub, Jakob ~ 5/14; Staub, Hans
* 9/455; Stumpf, Johannes ~ 9/614; Zangger, Heinrich *
10/619
Bublitz (poln. Bobolice)
Bonin, Georg Otto von */~ 2/19; Dittmer, Georg Friedrich
Edler von * 2/562; Kleinschmidt, Paul * 5/581; Seliger,
Max * 9/277
Bučač → Buczacz
Buch (bei Bitterfeld)
Bleichert, Adolf Hermann * 1/567
Buch (Gem. Buch bei Jenbach, Tirol)
Grauss, Alois ~ 4/144
Buch (Gem. Meckenbeuren)
Gaelle, Meingosus * 3/553
Buch (Kr. Neu-Ulm)
Schmelzle, Hans * 8/696
Buch (Kt. Schaffhausen)
Stickelberger, Ludwig * 9/523
Buch (seit 1920 zu Berlin)
Voss, Julie von * 10/259
Buch (seit 1924 zu Nürnberg)
Sperl, Johann * 9/397
Buch a. Forst (seit 1978 zu Lichtenfels, Kr. Lichtenfels)
Clarus, Johann Christian August * 2/330
Buch a. Wald → Schönbronn
Buch am Ahorn (seit 1975 zu Ahorn, Main-Tauber-Kreis)
Koelsch, Adolf * 5/656
Bucha
Goering, Reinhard † 4/58
Buchau → Bad Buchau
Buchau (Gem. Pegnitz)
Bäumler, Christian * 1/266
Buchau (tschech. Bochov)
Richter, Franz * 8/278; Staff, Alois */† 9/436; Stephani,
Clemens * 9/510; Wallisch, Wilhelm * 10/313; Zimmer,
Carl * 10/663
Buchbach (Kr. Mühldorf a. Inn)
Ernst, Georg * 3/163; Strobl, Andreas ~/† 9/590
Buchberg (Gem. Geretsried)
Girardet, Paul † 4/14
Buchberg (Slowenien)
Lapp, Daniel von ~ 6/252
Buchbergsthal (tschech. Železná)
Peschke, Julius (Paul) * 7/608
Buchdorf
Mecklinger, Ludwig * 7/22
Buchelsdorf (tschech. Bukovice, heute Jeseník)
Leder, August(in) Paul * 6/284
Buchen (Odenwald)
siehe auch *Bödigheim*
Bessel, Gottfried * 1/493; Corner, Christoph * 2/375;
Emelé, Wilhelm * 3/103; Moosbrugger, August ~ 7/204;
Schnarrenberger, Wilhelm * 9/45
Buchenau
Schmoll von Eisenwerth, Karl ~ 9/39

Buchenbach (Kr. Breisgau-Hochschwarzwald)
siehe auch *Wieseneck*
Guttmann, Bernhard ~/† 4/274
Buchenbach (seit 1975 zu Mulfingen)
Irenäus, Christoph † 5/258; Spangenberg, Wolfhart † 9/384
Buchenbühl (Gem. Simmerberg, seit 1968 zu Weiler-
Simmerberg)
Hartmann, Max(imilian) † 4/411
Buchendorf (seit 1978 zu Gauting)
Mathéy, Georg Alexander † 6/654
Buchenwald
Ackermann, Josef ~ 1/21; Améry, Jean ~ 1/114; Apitz,
Bruno ~ 1/157; Auerbach, Philipp ~ 1/216; Axen, Hermann
~ 1/228; Bachmann, Kurt ~ 11/8; Bettelheim, Bruno
~ 1/498; Blumenfeld, Erik B. ~ 11/25; Brandt, Heinz
~ 2/69; Breitscheid, Rudolf ~/† 2/107; Brill, Hermann
(Luis) ~ 2/133; Brilling, Bernhard ~ 2/134; Busse, Ernst
~ 2/255; Cremer, Fritz ~ 2/398; Czollek, Walter ~ 2/421;
Danneberg, Robert ~ 2/442; Dienemann, Max ~ 2/519;
Freund, Ismar ~ 3/431; Fried, Carl ~ 3/446; Galinski,
Heinz ~ 3/561; Gauger, Martin ~ 3/585; Geis, Robert
Raphael ~ 3/608; Gerig, Otto ~/† 3/645; Gerö, Josef ~
3/653; Gleissner, Heinrich ~ 4/30; Goldmann, Wilhelm
~ 4/81; Gronau, Heinz ~ 4/185; Hagen, Lorenz ~ 4/321;
Halt, Karl Ritter von ~ 4/354; Hamburger, Martin ~
4/358; Hannak, Jacques ~ 4/371; Hantsch, Hugo ~ 4/378;
Heilmann, Ernst ~/† 4/498; Hillegeist, Friedrich ~ 5/44;
Hilpert, Werner Johannes ~ 5/46; Hoevel, Andreas ~
5/107; Honay, Karl ~ 5/165; Horovitz, Jakob ~ 5/181;
Husemann, Walter ~ 5/233; Jacob, Heinrich Eduard ~
5/271; Jahn, Rudi ~ 5/292; Jaksch, Friedrich † 5/296;
Kahn, Robert (Ludwig) ~ 5/403; Kanitz, Otto Felix ~/†
5/424; Katz, William ~ 5/466; Kautsky, Benedikt ~ 5/477;
Kogon, Eugen ~ 6/1; Kowalski, Max ~ 6/57; Kraus, Hans
Peter ~ 6/77; Langhammer, Leopold ~ 6/245; Leopoldi,
Hermann ~ 6/335; Ley, Hermann ~ 6/367; Löhner, Fritz
~ 6/442; Maisel, Karl ~ 6/575; Mantler, Karl ~ 6/601;
Mayr, Karl ~/† 7/14; Morgan, Paul ~/† 7/209; Neubauer,
Theodor (Thilo) ~ 7/371; Oberegger, Josef ~ 7/452; Ostry,
Vincenz Ludwig ~ 7/519; Plättner, Karl ~ 7/683; Poser,
Magnus ~/† 8/43; Probst, Otto ~ 8/75; Rauscher, Franz ~
8/164; Sabatzky, Kurt ~ 8/485; Sandberg, Herbert ~ 8/510;
Schlack, Peter ~ 8/652; Schneider, Paul ~/† 9/59; Schnog,
Karl ~ 9/68; Schönhof, Egon ~ 9/96; Scholem, Werner ~/†
9/105; Schreier, Maximilian ~ 9/137; Siegelberg, Mark ~
9/311; Siewert, Robert ~ 9/323; Soyfer, Jura ~/† 9/380;
Steidle, Richard ~/† 9/471; Steiner, Wilhelm (Viktor) ~
9/491; Stoecker, Walter ~/† 9/541; Thälmann, Ernst (Fritz
Johannes) † 9/686; Thape, Ernst ~ 9/690; Thiemann,
Walter (Wilhelm August) ~ 10/4; Thyssen, Fritz ~ 10/34;
Trillitzsch, Otto ~ 10/89; Veken, Karl ~ 10/190; Waldeck
und Pyrmont, Josias Fürst zu ~ 10/301; Wiechert, Ernst ~
10/477; Winterstein, Robert ~/† 10/536; Wojtkowski, Paul
~ 10/563; Zeigner, Erich (Richard Moritz) ~ 10/631
Buchheim (Kr. Tuttlingen)
Neller, Georg Christoph ~ 7/363
Buchheim (seit 1994 zu Bad Lausick)
Küchenmeister, Gottlob Friedrich Heinrich * 6/140
Buchhof (Oberpfalz)
Flierl, Johann * 3/351
Buchholz (Bedburg)
Heinen, Anton * 4/515
Buchholz (Kr. Herzogtum Lauenburg)
Göhre, Paul † 4/52
Buchholz (Kr. Nordvorpommern)
Ewald, Georg * 3/197
Buchholz (seit 1945 zu Annaberg-Buchholz)
Götzinger, Maximilian (Wilhelm) ~ 4/74; Rost, Georg *
8/470; Sturz, Georg * 9/619
Buchholz (seit 1970 zu Hattingen)
Pleiger, Paul * 11/159
Buchholz in der Nordheide
Alsdorf, Ludwig † 1/94; Egner, Erich † 3/33; Langhoff,
Udo † 6/246

Buchhorn (Friedrichshafen)
Mötteli, Rudolf d. Ä. ~ 7/179; Pertsch, Matthäus * 7/606; Zürn, Hans d. Ä. ~ 10/698; Zürn, Hans d. J. ~ 10/698

Buchillon (Kt. Waadt)
Walter, Hans ~/† 10/318

Buchkirchen (Oberösterreich)
Lanz, Engelbert ~ 6/250; Tumler, Franz (Ernest Aubert) ~ 10/116

Buchloe
siehe auch *Honsolgen*
Erath von Erathsberg, Augustin * 3/136; Stock, Hanns † 9/537

Buchs (Kt. Aargau)
Marti, Fritz * 6/634

Buchs (Kt. Luzern)
Gassmann, Alfred Leonz * 3/579

Buchs (Kt. Sankt Gallen)
Lagger, Peter * 6/198; Rohrer, Christian Friedrich */† 8/372; Schwendener, Simon * 9/241

Buchschlag (seit 1977 zu Dreieich)
Binding, Rudolf (Georg) ~ 1/532; Brennecke, Ludwig Nathaniel August † 2/113; Eichborn, Kurt von † 3/48

Buchsweiler (frz. Bouxwiller, Dép. Bas-Rhin)
Ableiter, Leonhard ~ 1/11; Besnard, Franz Joseph von * 1/492; Böddeker, Philipp Friedrich ~ 1/613; Bojanus, Ludwig Heinrich * 2/6; Deecke, (Ernst Georg) Wilhelm ~ 2/463; Englisch, Johannes * 3/126; Grupe, Eduard (August Rudolf) ~ 4/227; Koch, Christoph Wilhelm Edler von * 5/638; Lerse, Franz * 6/340; Petri, Ernst * 7/622; Reisel, Salomon ~ 8/230; Seybold, David Christoph ~ 9/296; Stöber, August (Daniel Ehrenfried) ~ 9/540

Buchwald (poln. Bielawy Pogorzelskie)
Lübbert, Erich (Ferdinand August) * 6/512

Buchwald (poln. Bukówka)
Ansorge, Conrad * 1/148; Scholz, (Jean Paul) Friedrich * 9/109

Buchwald (Schlesien)
Reden, Friedrich Wilhelm Graf von ~/† 8/176; Rotenhan, Hermann von † 8/410; Stolper, Paul * 9/553

Buchwald (tschech. Bučina)
Peter, Johann * 7/613

Bučina → Buchwald

Buckau
Andreae, Abraham ~ 1/128; Mueller, Otto (H.) ~ 7/278

Buckhagen (Gem. Rabel)
Ahlefeldt, Joachim von † 1/57; Schiller, Hans (Caspar Michael) von * 8/636

Buckow
Brecht, Bertolt ~ 2/92

Bučovice → Butschowitz

Buczacz (ukrain. Bučač)
Gabel, Heinrich * 3/547; Lichtegg, Max * 6/373; Müller, David Heinrich von * 7/251

Buczeck (poln. Buczek)
Zollenkopf, Alexander * 10/687

Buczek → Buczeck

Buda → Ofen

Budački (Kroatien)
Auersperg, Herbart VIII. Frh. von † 1/217

Budapest
siehe auch *Altofen, Ofen, Pest*
Abel, Eugen */~/† 1/4; Abraham, Paul ~ 1/13; Adam, Richard Benno ~ 1/29; Alpar, Gitta */~ 1/93; Aman, Johann ~ 1/110; Amon, Anton ~ 1/118; Anda, Géza * 1/122; Anday, Rosette */~ 1/122; Arndt, Paul Julius ~ 1/175; Arthaber, Rudolf Edler von ~ 1/197; Arz von Straußenburg, Arthur Albert Frh. von † 1/200; Auer, Leopold von (1895) ~ 1/214; Auersperg, Leopold (Wolfgang Albert) Graf von * 1/218; Bannenberg, Wilhelm ~ 1/289; Barnay, Ludwig ~ 1/297; Bartmann, Simon Wilhelm ~ 1/309; Basch, Franz Anton † 1/312; Becker, Philipp August ~ 1/380; Beckmann-Muzzarelli, Adele ~ 1/386; Beer, Georg Joseph ~ 1/389; Benedek, Therese ~ 1/419; Berchem, Maximilian (Sigismund Rudolf) Graf von ~ 1/434; Bergl, Johann Baptist Wenzel ~ 1/448; Bergmann, Karl ~ 1/451; Bergmann, Rudolf (Alexander) ~ 1/452; Bianchi, (Charitas) Bianca ~ 1/511; Bielz, Eduard Albert ~ 1/521; Binder, Sebastian ~/† 1/532; Blasel, Paul ~ 1/561; Bleyer, Jakob ~/† 1/571; Boeselager, Csilla von */~ 11/27; Boltze, Erich (Adolf Otto) ~ 2/12; Bolváry, Géza (Maria) von */~ 2/13; Brand, Joel Jenö ~ 2/60; Braun, Heinrich * 2/81; Breisach, Paul ~ 2/100; Brik, Johann Emanuel ~ 2/133; Brockdorff-Rantzau, Ulrich (Karl Christian) Graf von ~ 2/138; Broich-Oppert, Georg von ~ 2/144; Brüll, Jakob (ben Michael) ~ 2/158; Brunswik, Egon * 11/34; Buchbinder, Bernhard (Ludwig) */~ 2/181; Budenz, Josef ~/† 2/193; Büchler, Adolf ~ 2/195; Burger, Karl */~ 2/237; Burmeister, Richard ~ 2/245; Busch, Clemens August ~ 2/248; Cahn-Speyer, Rudolf ~ 2/264; Conräder, Georg ~ 2/365; Cranach, Lucas d. Ä. ~ 2/392; Csaki-Copony, Grete ~ 2/408; Csillag, Rosa ~ 2/408; Czinner, Paul * 2/420; Czjzek, Johann Baptist Edler von Smidaich ~ 2/420; Decker, Georg * 2/458; Decsey, Alexander ~ 2/460; Deetz, Arthur ~ 2/463; Demmer, Friedrich ~ 2/483; Depiny, Adalbert * 2/490; Derblich, Wolfgang ~ 2/491; Dernschwam von Hradiczin, Johannes ~ 2/492; Deubel, Friedrich ~ 2/502; Deutsch, Joel ~ 2/505; Doczi, Ludwig Frh. von ~/† 2/566; Dohnányi, Ernst von ~ 2/583; Doleschal, Carl Ludwig ~ 2/586; Dolezalek, Carl (Borromäus) ~ 2/586; Doppler, Franz ~ 2/597; Duczynska, Ilona ~ 2/632; Dukes, Leopold (Jehuda Löb ben Zebi Hirsch) ~ 2/647; Dumba, Nikolaus † 2/648; Edelsheim-Gyulai, Leopold Wilhelm Frh. von ~/† 3/18; Ehre, Ida ~ 3/37; Ehrenzweig, Armin Emil * 3/41; Eibenschütz, Riza * 3/46; Eichberger, Josef ~ 3/47; Eicke, Carl Julius ~ 3/57; Einsle, Anton ~ 3/65; Eldering, Bram ~ 3/83; Endlicher, Stephan (Ladislaus) ~ 3/111; Engel, Jakob Karl ~ 3/114; Engel, Josef ~/† 3/115; Engelmann, Eduard jun. ~ 3/121; Erdmannsdorf, Otto von ~ 3/142; Ernst, Heinrich ~ 3/163; Farkas, Julius von ~ 11/58; Feine, Gerhart ~ 3/251; Fellner, Ferdinand d. J. ~ 3/261; Ferand, Ernst */~ 3/266; Ferenczi, Sándor ~/† 3/271; Feuer, Nathaniel ~/† 3/277; Filtsch, Carl ~ 3/296; Fleischer, Anton ~ 3/341; Flesch, Ella */~ 3/348; Formes, Theodor ~ 3/373; Francé, Raoul (Heinrich) ~/† 3/386; Francesconi, Hermengild Ritter von ~ 3/387; Frank, Gustav Ritter von ~ 3/399; Freyer, Hans ~ 3/438; Fuss, Heinrich ~ 3/545; Gábor, Andor ~/† 3/549; Gabor, Dennis (Dionys) */~ 3/549; Gabor, Hans */~ 3/550; Ganz, Abraham * 3/571; Ganz, Hugo ~ 3/572; Garsó, Siga ~ 3/575; Geibel, (Friedrich Wilhelm) Karl ~ 3/602; Geibel, Karl * 3/602; Geibel, Stephan * 3/602; Gert, Valeska ~ 3/661; Geyer, Stefi * 3/673; Giampietro, Joseph ~ 3/677; Glatz, (Karl Heinrich) Eduard † 4/25; Glücksmann, Heinrich ~ 4/38; Göllerich, August ~ 4/53; Goldziher, Ignaz ~/† 4/88; Goltz, Alexander Demetrius ~ 4/92; Gombosi, Otto Johannes */~ 4/94; Goth, Trudy ~ 4/102; Gotthilf, Ernst von ~ 4/108; Graevenitz, Kurt-Fritz von ~ 4/125; Graffunder, Heinz ~ 4/132; Grahl, Hans ~ 4/132; Gratz, Gustav ~/† 4/140; Grey-Stipek, Valerie (Karoline) * 4/160; Groschel, Franz Karl ~ 4/189; Gross, Karl * 4/192; Großmann, Gustav */~/† 4/197; Großmann, Marcel (Hans) * 4/198; Grün, Jakob * 4/210; Grüner, Karl Franz † 4/214; Grünfeld, Josef ~ 4/216; Grünwald-Zerkowitz, Sidonie ~ 4/218; Gull, Josef ~ 4/254; Gundy, Babette ~/† 4/259; Guszalewicz, Alice * 4/266; Gutmann, Eugen ~ 4/271; Haas, Rudolf ~ 4/287; Habe, Hans * 4/290; Haberle, Karl Konstantin ~/† 4/294; Hajek, Egon ~ 4/339; Hannenheim, Norbert (Wolfgang Stephan) von ~ 4/372; Harta, Felix Albrecht * 4/398; Hartleben, (Conrad) Adolf ~ 4/403; Hatvani, Paul ~ 4/433; Hauser, Arnold ~/† 4/448; Hay, Julius ~ 4/459; Heinefetter, Kathinka ~ 4/512; Heinicke, Georg ~ 4/516; Hejda, Wilhelm ~ 4/553; Heller, August */~/† 4/562; Heller, Josef * 4/564; Heller, Stephen * 4/565; Hellmann, Alois Philipp ~ 4/566; Helmer, Hermann (Gottlieb) ~ 4/572; Hennet, (Maria) Leopold (Albrecht) Frh. von ~ 4/590; Hertzka, Theodor */~ 4/655; Herzfeld, Victor von ~/† 4/662; Herzl, Theodor ~ 4/662; Hesse, Carl † 4/675; Hesshaimer, Ludwig ~ 5/2;

Albin (August Heinrich Emil) ~ 9/641; Swoboda,
Friederike ~ 9/642; Szasz, Otto ~ 9/645; Szenkar, Eugen
*/~ 9/646; Szilasi, Wilhelm */~ 9/646; Szittya, Emil *
9/646; Szondi, Leopold ~ 9/646; Szondi, Peter */~ 9/647;
Tänzler, Hans ~ 9/650; Taschner, Gerhard ~ 9/659; Teller,
Leopold * 9/673; Thaller, Willy ~ 9/688; Thannhoffer,
Ludwig ~/† 9/689; Tittel, Bernhard ~ 10/51; Treumann,
(Matthias) Karl (Ludwig) ~ 10/85; Triebnigg, Ella */~
10/87; Troll-Borostýani, Irma von ~ 10/95; Trundt, Henny
~ 10/102; Tuczek, Vincenz Ferrarius ~ 10/112; Ulf, Otto ~
10/134; Veress, Sándor ~ 10/195; Viala-Mittermayer, Marie
~ 10/202; Vogel, Eduard ~ 10/225; Voggenhuber, Vilma
von */~ 10/230; Volkmann, (Friedrich) Robert † 10/246;
Wächter, Johann Michael ~ 10/271; Wagner, Alexander
von * 10/278; Wagner, Otto ~ 10/286; Walser, Friedrich
~ 10/316; Wedel, Botho Graf von ~ 10/369; Weinlich-
Tipka, Louise ~ 10/398; Weinmüller, Karl Friedrich
Clemens ~ 10/399; Weixlgärtner, Arpád ~ 10/419; Welck,
(Kurt Heinrich) Wolfgang Frh. von ~ 10/421; Welczek,
Johannes Graf von ~ 10/422; Werkmeister, Karl ~ 10/442;
Wielemans, Alexander Augustin Edler von Monteforte ~
10/485; Wilt, Marie ~ 10/516; Windisch-Graetz, Alfred
I. Candidus Ferdinand Fürst zu ~ 10/524; Wolff, Fritz
~ 10/572; Young, Friedrich * 10/607; Zador, Desider ~
10/612; Ziehen, Julius ~ 10/657; Zsolnay, Paul von *
10/692; Zutt, Richard Adolf ~ 10/703
Budberg
Roß, Wilhelm Johann Gottfried ~ 8/404
Budda (poln. Budy)
Siewert, Clara * 9/322
Buddern (poln. Budry)
Jung, Frieda ~ 5/379
Budenheim
Dahl, Johann Konrad ~ 2/428; Flemming, Willi (Karl Max)
† 3/348; Heineck, Friedrich † 4/512
Budikau (tschech. Budíkov)
Fischer, Bernhard * 3/312
Budíkov → Budikau
Budischau
Prenner, Anton Joseph von ~ 8/62
Budislau (tschech. Budislav)
Pawel, Jaroslaus * 7/583
Budislav → Budislau
Budišov nad Budiškovou → Bautsch
Budissin
Budäus, Johann Christian Gotthelf * 2/191
Budleigh Salterton (Cty. Devon, England)
Herkomer, Sir Hubert von † 4/617
Budry → Buddern
Budua (Budva, Montenegro)
Fries-Skene, Alfred Frh. von * 3/485
Budupönen (Ostpreußen)
Liebrucks, Bruno * 6/388
Budweiler
Wegelin, Josua ~ 10/371
Budweis (tschech. České Budějovice)
Bodanzky, Artur ~ 1/598; Bucquoi, Karl (Bonaventura)
Graf von ~ 2/191; Colloredo-Waldsee, Rudolf Graf von ~
2/358; Depiny, Adalbert ~ 2/490; Destinn, Emmy † 2/499;
Faber, Wenzel */~/† 3/209; Faktor, Franz Josef † 3/222;
Fehr, Götz * 3/245; Fleischer, Max ~ 3/341; Friedrich,
Herzog von Bayern † 3/461; Gerstner, Franz Anton Ritter
von ~ 3/660; Görner, Karl Ritter von * 4/59; Guttmann,
Arthur ~ 4/274; Gyrowetz, Adalbert * 4/278; Hamerník,
Josef ~ 4/359; Herold, Franz ~ 4/635; Jaksch, Friedrich
* 5/296; Janauschek, Wilhelm Raphael ~ 5/298; Kautsch,
Heinrich ~ 5/477; Lanna, Adalbert */~ 6/249; Leppa,
Karl Franz * 6/336; Mitis, Ignaz von ~ 7/153; Mourek,
Václav Emanuel ~ 7/234; Neumann, Johann Nepomuk
~ 7/384; Nissl, Franz * 11/142; Oberparleiter, Ignaz ~
7/546; Peter, Johann ~ 7/613; Redtenbacher, Josef ~ 8/181;
Reitterer, Franz Xaver ~/† 8/235; Rint, Johann ~ 8/319;
Schaller, Gustav * 8/561; Schönborn, Franz de Paula von
~ 9/87; Schuselka, Franz * 9/214; Stephani, Clemens ~

9/510; Stögbauer, Isidor ~ 9/543; Tomaschek, Rudolf *
10/62; Tremmel, Ludwig ~ 10/79; Watzlik, Hans ~ 10/347;
Wunderlich, Hermann * 10/598; Zedtwitz, Karl Maximilian
Graf * 10/628
Budy → Budda
Budzanow (poln. Budzanów)
Morgenstern, Soma * 7/212
Budziechów → Baudach (Niederlausitz)
Budziszów → Baudis
Budziszów Wielki → Groß-Baudiß
Buea (Kamerun)
Gravenreuth, Karl Frh. von † 4/145
Büchel (Kr. Cochem-Zell)
Steinmetz, Bernard Michael ~/† 9/499
Büchen
Block, August Samuel ~/† 1/576
Büchenbach (Kr. Roth)
Helmreich, Georg * 4/575
Büchenbach (seit 1923 zu Erlangen)
Morgenstern, David * 7/211
Büchenbronn (Pforzheim)
Eberhard, Julius Friedrich † 2/671
Bückeburg
siehe auch *Evesen*
Abbt, Thomas ~/† 1/2; Althans, Ludwig Karl * 1/100;
Bach, Johann Christian ~ 1/237; Bach, Johann Christoph
Friedrich ~/† 1/238; Bach, Wilhelm (Friedrich Ernst) *
1/241; Battermann, Hans Felix Heinrich * 1/318; Benthem,
Lüder von ~ 1/429; Bömers, Karl Wilhelm Theodor ~/†
1/629; Brade, William ~ 2/55; Brandes, Friedrich ~/†
2/63; Breitenbach, Paul von † 2/102; Breithaupt, Heinrich
Carl ~/† 2/104; Campe, Rudolf (Ernst Emil Otto) von *
2/271; Compenius, Esaias ~ 2/361; Dincklage, Georg (Max
Richard) † 2/502; Dincklage, Emmy von ~ 2/550; Dücker,
Franz-Fritz Frh. von † 2/634; Ecke, Wolfgang ~ 3/9; Faust,
Bernhard Christoph ~/† 3/236; Franke, Rudolf (Heinrich
August Philipp) † 3/405; Froriep, Justus Friedrich von ~
3/513; Hagius, Konrad ~ 4/326; Haupt, (Karl) Albrecht
~ 4/442; Herder, (Siegmund) August (Wolfgang) Frh.
von * 4/610; Herder, (Maria) Carolina ~ 4/610; Herder,
Johann Gottfried ~ 4/611; Jordan, Ernst Pasqual ~ 5/362;
Juliane, Gräfin zu Schaumburg-Lippe † 5/375; Kölbel, Carl
Rudolph ~ 5/654; Kruse, Heinrich (August Theodor) †
6/133; Külz, Wilhelm (Leopold Friedrich) ~ 6/148; Löns,
Hermann ~ 6/445; Meister, Jakob Heinrich * 7/46; Meyer-
Steineg, Theodor * 7/114; Muckermann, Friedrich (Joseph)
* 7/238; Muckermann, Hermann * 7/238; Muckermann,
Richard (Siegbert) * 7/239; Müller, Ivan † 7/267; Nell,
Walter † 7/362; Neubauer, Franz Christoph ~/† 11/137;
Rau, Karl August ~ 8/156; Rulmann, Anton † 8/462; Sahla,
Richard ~/† 8/495; Schümer, Wilhelm ~ 9/171; Seiffert,
Max ~ 9/270; Seufert, Friedrich ~ 9/293; Sommer-Peters,
Hildegard † 9/370; Springer, Johann Christoph Erich von
~ 9/421; Strack, Johann Heinrich * 9/563; Strauß und
Torney, Lulu von * 9/579; Tellkampf, Johann Ludwig *
9/673; Tilemann, Philipp Johann * 10/41; Tischbein, Carl
Wilhelm ~/† 10/48; Tischbein, Georg Heinrich ~ 10/48;
Torgler, Ernst ~ 10/64; Weigel, Oskar * 10/387; Westphal,
Rudolf (Georg Hermann) ~ 10/461; Weyhe, Eberhard
von ~ 10/466; Friedrich Wilhelm Ernst, Reichsgraf von
Schaumburg-Lippe ~/† 10/505; Wolf, Ebert ~ 10/564; Zell,
Albrecht Jakob ~ 10/635
Bücken
Bezelin-Alebrand, Erzbischof von Hamburg-Bremen †
1/509; Klenkok, Johann * 5/588; Koldewey, Karl * 6/14;
Wrede, William * 10/590
Büdelsdorf
Frahm, Hermann * 3/386
Büderich (Meerbusch)
Mataré, Ewald † 6/652
Büderich (Wesel)
Brictius thon Norde ~ 2/130; Büderich, Bernhard (Derike)
von * 2/200; Clarenbach, Adolf ~ 2/330; Klopriß, Johann ~
5/603; Oemeken, Gerdt ~ 7/468

Büdesheim

Büdesheim (Bingen/Rhein)
George, Stefan (Anton) * 3/631; Riffel, Kaspar * 8/309
Büdesheim (Gem. Schöneck)
Fettmilch, Vinzenz * 3/275
Büdingen
siehe auch *Düdelsheim, Herrnhag, Marienborn, Vonhausen*
Becker, Adalbert (Georg Wilhelm Adolf) ~ 1/375; Brauer,
Johann (Nikolaus) Friedrich * 2/77; Buchfelder, Ernst
Wilhelm ~ 2/183; Buri, Christian (Karl Friedrich) von ~
2/241; Buri, Maximilian von * 2/241; Girsch, Frederick
* 4/15; Gruber, Eberhard Ludwig ~ 4/205; Haupt, (Karl)
Albrecht * 4/442; Ihering, Hermann von † 5/244; Isenburg-
Offenbach-Birstein, Karl Fürst von * 5/262; König, Samuel
~ 5/663; König, (Johann) Samuel * 5/663; Krebs, Conrad *
6/88; Neurath, (Johann Friedrich Albert) Konstantin von ~
7/392; Rettig, Georg Ferdinand ~ 8/251; Scultetus, Johann
~ 9/250; Staab, Wilhelm * 9/425; Thudichum, Friedrich
(Karl Wolfgang) * 10/24; Wertheimer, Ludwig * 10/453
Büdingen (frz. Biding, Dép. Moselle)
Filljung, Katharina */~/† 3/295
Bühl (Lauf, Franken)
Batz, Johann Joseph ~/† 1/319
Bühl (Offenburg)
Rolfus, Hermann Ludwig † 8/374
Bühl (seit 1971 zu Tübingen)
Brischar, Johannes Nepomuk ~/† 2/136
Bühl (seit 1978 zu Bibertal)
Bernhard, Nikolaus Johann * 1/467
Bühl (Baden)
siehe auch *Bühlerhöhe, Neusatz*
Backhaus, Hermann (Emil Wilhelm) † 1/250; Betzinger,
Bernhard (Anton) * 1/500; Eichrodt, Ludwig ~ 3/55;
Heilbrunn, Ludwig † 4/496; Klett, Arnulf Theodor †
5/590; Krauch, Carl † 6/74; Manoff, August von † 6/598;
Müller-Osten, Wolfgang † 11/133; Ruska, Julius * 8/475;
Schreiber, Aloys Wilhelm * 9/134; Stolz, Alban (Isidor)
* 9/554; Tuschkau-Huth, Elsa † 10/119; Vietta, Egon *
10/208
Bühlau (poln. Bielawki)
Paulina-Mürl, Lianne-Maren * 7/578
Bühlau (seit 1921 zu Dresden)
Büttner-Wobst, (Johann Rudolf) Theodor † 2/216;
Wustmann, Rudolf ~/† 10/601
Bühler (Kt. Appenzell Außerrhoden)
Grubenmann, Jakob ~ 4/205
Bühlerhöhe (Bühl, Baden)
Schöttle, Erwin † 9/103; Wimmer, Maria † 10/517
Bühlertal
siehe auch *Oberbühlertal*
Fröhlich, Georg Wilhelm † 3/502; Geiger, Albert * 3/603;
Geiger, Eugen Richard * 3/604
Bülach (Kt. Zürich)
Bänninger, Konrad † 1/258; Edlibach, Gerold ~ 3/20; Fehr,
Max * 3/246; Ganz, Johannes * 3/572; Kern, Alfred *
5/510; Meyer, Adolf * 7/97; Murer, Heinrich * 7/311
Bülheim (Lichtenau, Kr. Paderborn)
Meschede, Franz * 7/81
Bülow
Barner, Christoph von * 1/297
Bülstringen
Lübke, Georg * 6/512
Bümpliz (seit 1919 zu Bern)
Feller, Frank * 3/260; Gfeller-Aberegg, Otto * 3/675;
Henzi, Samuel * 4/601; Loosli, Carl Albert ~ 6/468;
Siebenpfeiffer, Philipp Jakob † 9/305; Tribolet, Johann
Friedrich Albrecht ~ 10/86
Bünde
siehe auch *Muckum*
Krause, Gerhard ~ 6/81; Rauschenbusch, August Christian
Ernst * 8/164; Schauenburg, (Karl) Hermann * 8/574
Bündheim (seit 1972 zu Bad Harzburg)
Bansen, Hugo † 1/289; Schmidt-Reindahl, Theo ~ 9/25
Bündken (poln. Bądki)
Stoppel, Rose * 9/557

Buenos Aires
Ahlersmeyer, Mathieu (Karl Maria) ~ 1/58; Apt, Max
~ 1/160; Baucke, Florian ~ 1/320; Behn, Fritz ~ 1/398;
Bergius, Friedrich (Karl Rudolf) † 1/448; Birrenbach, Kurt
~ 1/541; Bohnen, (Franz) Michael ~ 2/2; Borchardt, Moritz
~/† 2/26; Breslauer, Siegmund ~ 2/120; Brurein, Wilhelm ~
2/175; Burmeister, (Carl) Hermann (Conrad) ~/† 2/245;
Busch, Hans Peter ~ 11/36; Bussche-Haddenhausen,
Hilmar Frh. von dem ~/† 2/254; Bußmeyer, Hans ~ 2/256;
Chavanne, Josef ~/† 2/307; Chlumecky, Leopold Frh. von
† 2/312; Domagk, Gerhard (Johannes Paul) ~ 2/588; Ebert,
Carl (Anton) ~ 3/130; Erhardt,
Otto ~ 3/147; Fels, Erich ~/† 3/262; Ferency, José † 3/271;
Finck, Adele von * 3/297; Fischer, Res ~ 3/326; Fischer-
Treuenfeld, Richard von ~ 3/330; Fleischer-Engel, Editha
~ 3/343; Flinsch, Alexander Ferdinand ~ 3/351; Friedrich,
Heinz ~ 3/479; Frisch, (Christoph) Albert ~ 3/488; Galland,
Adolf ~ 11/66; Gans, Richard (Martin) ~ 3/570; Ganz,
Hans (Heinrich) ~ 3/571; Gast, (Adolf Emil) Paul ~ 3/580;
Gellhorn, Alfred ~ 3/618; Georgii, Walter ~ 3/634; Gielen,
Josef ~ 3/679; Gilbert, Jean ~/† 4/7; Glück, Gustav ~ 4/37;
Gredler, Vincenz Maria ~ 4/146; Greindl, Josef ~ 4/152;
Grümmer, Elisabeth ~ 4/209; Güterbock, Grete † 4/247;
Guilleaume, (Carl Maria) Theodor Frh. von ~ 11/74; Haas,
Albert ~/† 4/284; Hagenbeck, Lorenz ~ 4/324; Hartmann,
Georg ~ 4/408; Heller, Fred ~ 4/562; Hellwig, Judith ~
4/570; Herzfeld, Ernst Salomon † 4/660; Hesse, Max René
† 4/677; Heyck, Hans ~ 5/15; Hirzel, Hermann (Robert
Catumby) * 5/72; Hoecker, Rudolf * 5/87; Höffgen, Marga
~ 5/89; Hopf, Hans ~ 5/170; Jacob, Paul Walter ~ 5/271;
Jakob, Alfons Marie ~ 5/295; Janssen, Herbert ~ 5/302;
Jerusalem-Kotányi, Else ~/† 5/325; Jöken, Karl ~ 5/335;
Kabrun, Jacob ~ 5/392; Kaiser, Georg ~ 5/406; Kertész,
István ~ 5/518; Kiepura, Jan ~ 5/533; Kircheiss, Carl
~ 5/547; Kleiber, Erich ~ 5/573; Klose, Margarethe ~
5/605; Kolm, Berta ~ 6/19; Konetzni, Anni ~ 6/24; Kozub,
Ernst ~ 6/58; Krauel, Richard ~ 6/74; Kraus, Leo ~ 6/79;
Kraus, Rudolf ~ 6/79; Krenn, Fritz ~ 6/97; Kronenberg,
Karl ~ 6/117; Krüger, Felix ~ 6/121; Lahusen, Christian
* 6/200; Lakenbacher, Ernst ~ 6/201; Laub, Jakob ~
6/263; List, Emanuel ~ 6/424; Loos, Walter ~/† 6/468;
Lorenz, Max ~ 6/473; Lufft, Eckardt Hans ~ 6/525; Lustig,
Rudolf ~/† 6/534; Mallmann, Josef Ritter von ~ 6/580;
Manes, Alfred ~ 6/586; Mangelsdorff, Simone ~ 6/587;
Matzenauer, Margarethe ~ 6/665; Mengele, Josef ~ 7/61;
Menghin, Oswald † 7/62; Merz, Alfred † 7/79; Methfessel,
Adolf ~ 7/86; Moreau, Clément ~ 7/208; Moser, Hans ~
7/224; Münz, Sigmund ~ 7/300; Nienstedt, Gerd ~ 7/411;
Olberg-Lerda, Oda ~/† 7/483; Olszewska, Maria ~ 7/491;
Pamperrien, Rudolf (Ernst Ferdinand Martin) ~ 7/553;
Pauly, Georg ~/† 7/581; Pauly, Rose ~ 7/582; Pechner,
Gerhard ~ 7/586; Perras, Margherita ~ 7/604; Pistor,
Gotthelf ~ 7/680; Prohaska, Jaro ~ 8/78; Radowitz, Otto
von ~ 8/119; Reinhardt, Delia ~ 8/219; Rennert, Günther
(Peter) ~ 8/246; Ritter, Karl † 8/331; Rohr, Otto von ~
8/370; Salomon, Hugo ~/† 8/504; Schelp, Fritz * 8/598;
Schipper, Emil ~ 8/648; Schirnböck, Ferdinand ~ 8/650;
Schmidl, Ulrich ~ 8/710; Schmidt-Elskop, Arthur ~/† 9/23;
Schöffler, Paul ~ 9/77; Schützenhofer, Viktor ~ 9/180;
Schumann, Elisabeth ~ 9/205; Sepp von Rainegg (auch
Rechegg) und Seppenburg, Anton ~ 9/290; Speck von
Sternburg, Hermann Frh. ~ 9/388; Stern, Jean ~ 9/513;
Stichel, (Johann August) Bernhard */~ 9/523; Strack, Theo
~ 9/563; Suthaus, Ludwig ~ 9/637; Sutter-Kottlar, Beatrice
~ 9/638; Teschemacher, Margarete ~ 9/679; Thompson,
Carlos */† 10/21; Thyssen, Fritz † 10/34; Treptow, Günther
~ 10/82; Ulf, Otto ~ 10/134; Vogel, Adolf ~ 10/224;
Wächter, Max ~/† 10/271; Waldthausen, Julius (Wilhelm)
Frh. von ~ 10/308; Wallmann, Margarethe ~ 10/313;
Wassermann, Martin † 10/343; Weidt, Lucie ~ 10/384;
Weil, (Lucio) Felix (José) */~ 10/391; Weil, Hermann ~
10/391; Werz, Luitpold ~ 10/455; Wiedemann, Hermann
~ 10/479; Wildbrunn, Helene ~ 10/498; Wildbrunn, Karl ~
10/499; Windgassen, Wolfgang (Fritz Hermann) ~ 10/523;

Wirl, Erik ~ 10/537; Wittrisch, Marcel ~ 10/552; Wörle, Willi ~ 10/558; Woermann, Hedwig ~ 10/559; Wolfes, Richard † 10/570; Wunderlich, Fritz ~ 10/598; Zech, Paul † 10/625

Bünzen (Kt. Aargau)
Abt, Heinrich Eugen */† 1/16; Abt, Roman * 1/16; Galliker, Anton † 3/564; Kretz, Leodegar ~ 6/100; Meyer, Theodor * 7/110; Oswald, Wilhelm * 7/522; Reber, Josef † 8/170

Bünzwangen (seit 1975 zu Ebersbach an der Fils)
Grünenwald, Jakob * 4/213

Buer (seit 1928 zu Gelsenkirchen-Buer, seit 1930 Gelsenkirchen)
Bergius, C. C. * 11/18; Berke, Hubert * 1/455; Claudius, Eduard * 2/332; Evels, Friedrich Wilhelm ~ 3/195; Wohlgemuth, (August Heinrich Gustav) Otto ~ 10/562; Zimmermann, Emil (Friedrich) ~ 10/666

Buer (seit 1972 zu Melle)
Heckermann, (Franz) Heinrich (Wilhelm) * 4/472

Büraburg
Bonifatius ~ 2/19

Büren (Gem. Wesel)
Büderich, Bernhard (Derike) von * 2/200

Büren (Kr. Paderborn)
Arnold von Egmond, Herzog von Geldern, Graf von Zutphen ~ 1/183; Büren, Moritz von * 2/208; Evels, Friedrich Wilhelm ~ 3/195; Havestadt, Bernhard ~ 4/458; Pape, Joseph ~/† 7/559; Ramus, Johann Daniel ~ 8/134; Tengnagel, Sebastian * 9/675; Terbeck, Franz Anton ~ 9/677; Uphues, Joseph ~ 10/163; Wink, Joseph Gregor ~ 10/526

Büren (Kt. Bern)
Pflüger, Ernst * 7/650; Studer, Bernhard (Rudolf) * 9/605

Büren (Kt. Solothurn)
Altermatt, Leo */† 1/99

Büren an der Aare (Kt. Bern)
Leibundgut, Hans ~ 6/304; Sanden, Hans ~ 8/511

Bürg (Neuenstadt am Kocher)
Jäger, Gustav * 5/283

Bürgel
Fuchs, Georg Friedrich Christian ~/† 3/518; Grimm, Eduard ~ 4/168

Bürgeln (Gem. Cölbe)
Maus, Heinz † 6/671

Bürgenstock (Kt. Nidwalden)
Jeidels, Otto † 5/315

Bürglen (Kt. Thurgau)
Gilsi, Fritz * 4/11

Bürglen (Kt. Uri)
Gisler, Anton */~ 4/17; Greyerz, Hans Karl Walter von ~ 4/161; Hauser, Walter ~ 4/450; Imhof, Heinrich Max * 5/251; Scheubner, Josef Konrad ~ 8/617

Bürgstein (tschech. Sloup)
Eitner, Wilhelm ~ 3/79; Jannings, Emil ~ 5/300; Kinsky, Joseph Graf */~ 5/544; Kittel, Johann Caspar ~ 5/560

Bürstadt
siehe auch *Bobstadt*
Konrad, Herzog von Schwaben ~ 6/31; Stadtmüller, Georg * 9/431

Büsbach (Stolberg, Rhld.)
Dreuw, Heinrich * 2/616

Büssen (Reg.-Bez. Marienwerder)
Borraß, Emil * 2/37

Büssow
Schramm, Karl Rudolf * 9/129

Büsum
Behrens, Heinrich * 1/402; Neocorus, Johannes ~/† 7/364

Büsweiler (frz. Buswiller, Dép. Bas-Rhin)
Gayling von Altheim, Christian Heinrich Frh. ~ * 3/590

Bütow (poln. Bytów)
Abel, Wilhelm * 11/1; Derenthall, Otto von * 2/491; Gehlen, Adolph Ferdinand * 3/599; Gutzmann, Hermann (Carl Albert) * 4/275; Rudnick, Paul Jakob * 8/436; Wagner, Albert ~ 10/278

Bütschwil (Kt. Sankt Gallen)
Buomberger, Ferdinand * 2/227; Holenstein, Thomas * 5/147

Büttelborn → Klein-Gerau

Büttgen (seit 1975 zu Kaarst)
Werth, Johann Frh. von * 10/452

Bütthard
Bitthäuser, Johann Pleikard * 1/550; Meynberger, Friedrich * 7/117; Pfister, Bernhard * 11/158

Bützow
Ackermann, (Friedrich) Adolf * 1/20; Ackermann, Georg Christian Benedikt ~ 1/20; Adler, Jakob Georg Christian ~ 1/40; Becker, Hermann ~ 1/378; Biester, Johann Erich ~ 1/525; Dabelow, Christoph Christian Frh. von ~ 2/423; Decken, Burchard Otto Hans von der ~ 2/457; Detharding, Georg Christoph ~/† 2/500; Döderlein, Christian Albrecht ~/† 2/570; Engel, Johann Jakob ~ 3/115; Graumann, Peter Benedict Christian ~/† 4/143; Griewank, Karl * 4/166; Kamptz, Karl (Albert Christoph Heinrich) von ~ 5/422; Karsten, Dietrich Ludwig Gustav * 5/454; Karsten, Karl Johann Bernhard ~ 5/455; Karsten, Lorenz ~ 5/455; Magnus III., Herzog zu Mecklenburg, postulierter Bischof von Schwerin † 6/563; Nettelbladt, Rudolf von ~ 7/369; Reinhard, (Adolph) Friedrich ~ 8/217; Rudloff, Ernst August † 8/435; Rudloff, Wilhelm August ~ 8/436; Rudolf I., Bischof von Schwerin ~ 8/439; Schaarschmidt, August ~/† 8/537; Schreber, Johann Christian Daniel Edler von ~ 9/132; Severin, Carl Theodor ~ 9/295; Spangenberg, Georg August * 9/383; Tetens, Johann Nicolaus ~ 9/680; Tychsen, Oluf Gerhard ~ 10/120; Zachariae, Gotthilf Traugott ~ 10/610

Buffalo (New York, USA)
Behrens, Heinrich † 1/401; Bertalanffy, Ludwig von ~/† 1/480; Bonvin, Ludwig ~ 2/22; Dornberger, Walter Robert ~ 2/598; Grabau, Johannes Andreas August ~/† 4/115; Kauders, Otto ~ 5/468; Kaufmann, Fritz ~ 5/472; Krips, Josef ~ 6/108; Lang, Franz ~ 6/223; Langer, Paul ~ 6/242; Lenhoff, Arthur ~/† 6/321; Lippart, Walter ~ 6/417; Machlup, Fritz ~ 6/551; Neuburger, Max ~ 7/374; Rehfuß, Heinz ~/† 8/191; Stecher, Franz Anton ~ 9/461; Steinberg, William ~ 9/486

Bufleben
siehe auch *Hausen*
Buddeus, Johann Karl Immanuel * 2/193

Buftea (Rumänien)
Fischer, Emil ~ 3/314

Bug (seit 1978 zu Berg, Kr. Hof)
Holzschuher, Heinrich † 5/162

Buggingen
siehe auch *Betberg*
Längin, Georg * 6/196

Bugnaux (Gem. Essertines-sur-Rolle, Kt. Waadt)
Neufert, Ernst Hermann † 7/376

Buitenzorg → Bogor

Bujanov → Angern

Buk (Polen)
Bolze, Waldemar * 2/14; Hecke, Erich * 4/468

Bukarest
Abt, Anton ~ 1/15; Ackermann, Otto * 1/22; Aehrenthal, Aloys (Leopold Johann Baptist) Graf Lexa von ~ 1/48; Alvensleben, Friedrich Johann Graf von ~ 1/107; Babinger, Franz ~ 1/233; Barthel, Ernst ~ 1/306; Bergler, Stephan ~ 1/449; Bettelheim, Jakob ~ 1/499; Blell, Karl ~ 1/568; Block, Martin (Friedrich) ~ 1/576; Bossert, Rolf ~ 11/29; Bray-Steinburg, Hippolyt Graf von ~ 2/92; Brociner, Marco ~ 2/138; Bülow, Bernhard Fürst von ~ 2/203; Burian von Rajecz, Stephan Graf ~ 2/242; Busch, Clemens August ~ 2/248; Busch, Ernst */~ 2/248; Bussche-Haddenhausen, Hilmar Frh. von den ~ 2/254; Calice, Heinrich Graf von ~ 2/265; Celan, Paul ~ 2/298; Celibidache, Sergiu ~ 11/38; Cisek, Oscar Walter */~/† 2/327; Clodius, Carl August ~ 11/40; Czernin von und zu Chudenitz, Ottokar (Theobald Otto Maria) Graf ~ 2/418; Dörnberg, Alexander Frh. von ~ 2/578; Donle, Ludwig Friedrich Karl Ritter von ~

Bukovice

2/594; Dornseiff, Richard ~ 2/600; Dralle, Eduard ~ 2/608; Dumba, Konstantin ~ 2/648; Edeleanu, Lazar † 3/17; Ferdinand, Prinz von Sachsen-Coburg und Gotha, König der Bulgaren ~ 3/269; Ferdinand, Prinz von Hohenzollern-Sigmaringen, König von Rumänien ~/† 3/270; Filtsch, Eugen ~ 3/296; Fischer, Emil ~/† 3/314; Flesch, Carl ~ 3/348; Floderer, Wilhelm ~ 3/352; Förster, Emil von ~ 3/362; Frank, Jakub Lejbowicz ~ 3/399; Funk, Philipp ~ 3/542; Godet, Marcel ~ 4/47; Goluchowski, Agenor Maria Adam Graf ~ 4/94; Gong, Alfred ~ 4/96; Gotthilf, Ernst von ~ 4/108; Grisebach, Eduard (Anton Rudolf) ~ 4/175; Grundherr zu Altenthann und Weierhaus, Werner von ~ 4/223; Hansen, Erik ~ 4/375; Hardenberg, (Bernhard) Heinrich Graf von ~ 4/381; Haskil, Clara * 4/424; Hauser, Arnold † 4/448; Hentsch, (Friedrich Heinrich) Richard † 4/600; Hitz, Dora ~ 5/75; Hoesch, Leopold von ~ 5/105; Jäger, Gustav ~ 5/283; Jatho, Carl ~ 5/310; Kawerau, Siegfried ~ 5/479; Kersten, Paul ~ 5/517; Kiderlen-Waechter, Alfred von ~ 5/528; Killinger, Manfred Frh. von ~/† 11/103; Kittner, Alfred ~ 11/105; Kober, Franz ~ 5/635; Kremnitz, Mite ~ 6/95; Kühlmann, Richard (Konstantin Leonhard Ludwig) von ~ 6/142; Kuranda, Felix ~ 6/176; Langfelder, Paul ~/† 6/244; Lanner, Katharina ~ 6/249; Latzina, Anemona ~/† 6/262; Lebouton, Alois ~ 6/280; Leopoldi, Hermann ~ 6/335; Lewinger, Maximilian ~ 6/365; Lichnowsky, Karl Max Fürst von ~ 6/372; Mann, Joseph ~ 6/591; Margosches, Benjamin Max ~ 6/616; Margul-Sperber, Alfred ~/† 6/616; Maurer, Georg ~ 6/669; Mikorey, Franz ~ 7/137; Milloss, Aurel von ~ 7/145; Mirbach, Dietrich Frh. von ~ 7/150; Möller, Karl von ~ 7/169; Moreno, Jakob L(evy) * 7/209; Müthel, Lothar (Max) ~ 7/302; Mumm von Schwarzenstein, Alfons Frh. von ~ 7/306; Musulin von Gomirje, Alexander Frh. ~ 7/318; Mutius, Gerhard von ~ 7/321; Netzhammer, Raymund Albin ~ 7/370; Neubacher, Hermann (Josef) ~ 7/370; Nietan, Hans ~ 7/413; Nissl, Franz ~ 11/142; Nocker, Hanns ~ 7/429; Orendi-Hommenau, Viktor ~/† 11/151; Oschanitzky, Richard Karl ~ 7/511; Peyfuss, Karl Johann ~ 7/632; Popovici, Aurel Constantin ~ 8/33; Radowitz, Joseph Maria von ~ 8/118; Rezzori, Gregor ~ 11/163; Rheinbaben, Werner (Karl Ferdinand) Frh. von ~ 8/267; Ritzmann, Martin ~ 8/337; Rosen, Friedrich ~ 8/389; Rosenberg, Hermann */~ 8/393; Rotter, Adrian ~ 8/426; Salis, Peter von ~ 11/167; Scheid, Georg Adam ~ 8/587; Schlechta von Wschehrd, Ottokar Maria Frh. ~ 8/658; Schmitt, Hans ~ 9/31; Schnirer, Moritz Tobias */~ 9/65; Schoefft, August ~ 9/77; Schönburg-Hartenstein, Johannes Prinz von ~ 9/89; Schroeder, Franz ~ 9/146; Schulenburg, Friedrich Werner Graf von der ~ 9/182; Schullerus, Adolf ~ 9/185; Soden, Julius Frh. von ~ 9/357; Spiru, Basil ~ 9/408; Stern, Ernst (Julian) * 9/512; Storck, Karl ~/† 11/179; Strakosch, Ludwig ~ 9/565; Ströher, Karl (Friedrich) ~ 9/591; Stürmer, Viktor ~ 9/611; Sulzer, Julius ~ 9/632; Tatitscheff, Hermine von ~ 9/660; Trundt, Henny ~ 10/102; Vitzthum von Eckstädt, Friedrich Graf ~ 10/219; Wackers, Coba ~ 10/270; Waldthausen, Julius (Wilhelm) Frh. von ~ 10/308; Waschow, Gustav ~ 10/340; Weissglas, (James) Immanuel ~/† 10/415; Wille, Bruno ~ 10/509; Wittstock, Erwin ~ 10/552; Zardetti, (Johann Joseph Friedrich) Otto ~ 10/621; Zeiß, Hans † 10/633; Zurlinden, Hans ~ 10/702

Bukovice → Buchelsdorf

Bukowa (Böhmen)
Fleischmann, Karl * 3/344

Bukowan (Böhmen)
Brentano, Christian ~ 2/117; Brentano, Clemens Wenzeslaus ~ 2/117

Bukowiec → Bauchwitz

Bukówka → Buchwald

Bukumbi (Tansania)
Schynse, August Wilhelm † 9/248

Bulawayo (Simbabwe)
Klemperer, Victor von † 5/587

Buldern (seit 1975 zu Dülmen)
Heiner, Franz Xaver † 4/515; Lorenz, Konrad (Zacharias) ~ 6/472

Bulgenbach (Gem. Grafenhausen)
Müller, Hans */~ 7/262

Bulkesch (rumän. Balcaciu, ungar. Bolkács)
Fay, Martin * 3/237

Bullenheim
Trenkle, (Hermann) Rudolf * 10/81

Bunde
Riechmann, Friedrich * 8/289; Staedtke, Joachim ~ 9/432

Bundweil (italien. Pontevilla)
Gallicius, Philipp * 3/564

Bunzendorf (tschech. Boleslav, seit 1965 zu Černousy [Tschernhausen])
Liebieg, Franz Ritter von ~ 6/384

Bunzlau (poln. Bolesławiec)
Ablaß, Bruno * 1/11; Appun, Karl Ferdinand * 1/160; Bernt, Joseph ~ 1/477; Blätterbauer, Theodor ~ 1/553; Broda, Abraham ben Saul * 2/141; Bucquoi, Erdmann Friedrich ~/† 2/191; Dreist, Karl August Gottlieb ~ 2/613; Fiebach, Otto ~ 3/290; Finck, Werner ~ 3/298; Flössel, Auguste * 3/353; Frankenberg von Ludwigsdorf, Johann Heinrich (Ferdinand Joseph Johann Nepomuk) Graf von ~ 3/406; Gaede, William Richard ~ 3/552; Gerstmann, Martin von * 3/660; Heinemann, Albert ~ 4/513; Hennig, Artur ~ 4/591; Hentschel, Ernst Julius ~ 4/600; Hill, Friedrich Moritz ~ 5/42; Hoffmann, Hans-Joachim * 5/118; Jördens, Karl Heinrich ~ 5/336; Kawerau, Gustav ~ 5/479; Koeler, Christoph * 5/654; Mendel, Emanuel * 7/57; Metzing, Adalbert ~ 7/92; Naso von Löwenfels, Ephraim Ignaz * 7/341; Niedergesäß, Robert ~ 7/405; Nüßler, Bernhard Wilhelm ~ 7/448; Opitz, Martin * 7/495; Rissmann, Robert ~ 8/323; Rott, Adolf (Peter) ~ 8/424; Schulz, Fritz ~ 9/196; Scultetus, Andreas * 9/250; Seeck, Adelheid ~ 9/256; Simon, Franz ~ 9/331; Singer, Felix (Gustav) ~ 9/338; Sioli, Emil Franz ~ 9/342; Tscherning, Andreas */~ 10/106; Wagner, Franz ~ 10/280; Wander, Karl Friedrich Wilhelm ~ 10/328; Woltersdorf, Ernst Gottlieb ~/† 10/586; Zoellner, Adalbert ~ 10/683

Buoch (Gem. Remshalden)
Hiller, Eduard ~/† 5/44

Buochs (Kt. Nidwalden)
Blättler, Rudolf * 1/553; Christen, Joseph Maria * 2/317; Fierz, Henry † 3/293; Wyrsch, Johann Melchior */† 10/603

Buonas (Gem. Risch, Kt. Zug)
Keiser, Karl Joseph † 5/487

Buonconvento (Italien)
Heinrich VII., deutscher König, Kaiser † 4/521

Bur-Sankt Georgen (slowak. Borský Jur, ungar. Búrszentgyörgy)
Ewald, Oskar * 3/198

Burbach (Gem. Halver)
Killing, Wilhelm (Karl Joseph) * 5/538; Märklin, Adolf ~ 6/559

Burbach (Gem. Hürth)
Achenbach, Adolf ~ 1/17

Burbach (Gem. Malstatt-Burbach, seit 1909 zu Saarbrücken)
Jung, Carl Theobald ~ 5/378

Burbach (Gem. Wolfenbüttel)
Korte, Gerhard ~ 6/48

Burbach (Kr. Siegen-Wittgenstein)
Herbig, Ernst * 4/607

Burbank (Kalifornien, USA)
Haber, Heinz ~ 4/292

Buren (Niederlande)
Giphanius, Hubertus * 4/13

Burg (Gem. Winhöring)
Halbe, Max † 4/341

Burg (Herborn, Lahn-Dill-Kreis)
Becker, Heinrich † 1/377

Burg (Kt. Aargau)
Burger, Johann * 2/237

Burg (Kt. Schaffhausen)
Keller, Adolf ~ 5/490
Burg (seit 1977 zu Thannhausen, Kr. Günzburg)
Lutz, Johann Evangelist Georg * 6/540
Burg (Solingen)
Deycks, Ferdinand * 2/510
Burg a. d. Wupper
Grell, Karl Gottlieb * 4/155
Burg auf Fehmarn
Gibel, Otto * 3/677; Gloxin, David * 4/35; Kortholt,
Christian * 6/48; Niese, Benedictus * 7/411; Niese,
Charlotte * 7/412; Schoppe, (Emerentia Catharina) Amalia
(Sophia) * 9/116; Tunder, Franz * 10/116
Burg b. Magdeburg
Aly, (Gottfried) Friedrich ~ 1/109; Bandhauer, Mauritius
Zacharias * 1/287; Beseke, Christian Wilhelm ~ 1/490;
Beseke, Johann Melchior Gottlieb * 1/490; Blühdorn,
Johann Ernst Christian † 1/580; Böhmer, Georg Wilhelm
Rudolph * 1/622; Burck, Joachim von * 2/230; Clausewitz,
Carl (Philipp Gottlieb) von * 2/335; Fontane, Theodor ~
3/369; Fuhrmann, Wilhelm * 3/538; Giebel, Carl August
* 3/678; Jüngken, Johann Christian * 5/373; Kurlbaum,
Ferdinand * 6/177; Matern, Hermann * 6/653; Ohlhoff,
Elisabeth * 7/479; Paasche, Hermann * 7/544; Paatz,
Walter * 7/544; Reimann, Brigitte * 8/210; Riedel,
Hermann * 8/291; Rosenbaum, (Georg August Wilhelm)
Julius * 8/391; Rüdiger, Johann Christian Christoph *
8/447; Schumacher, Ernst * 9/202; Wendler, Otto Bernhard
† 10/433
Burg Beilstein (Gem. Greifenstein)
Diez, Christine von ~ 2/543
Burg Belchau (Kr. Thorn)
Falkenhayn, Erich (Georg Anton Sebastian) von * 3/227;
Falkenhayn, Eugen von * 3/227
Burg Bergerhausen
Loe, Klemens Frh. von † 6/436
Burg Dinklage (Gem. Dinklage)
Galen, Clemens August Graf von * 3/560; Galen,
Ferdinand (Heribert) Graf von † 3/560
Burg Eltz (Gem. Wierschem)
Jakob III., zu Eltz, Kurfürst und Erzbischof von Trier *
5/295
Burg Eschbach (Taunus)
Schönborn, Johann Philipp Reichsfreiherr von * 9/87
Burg Falkenstein (Schwarzwald)
Ernst II., Herzog von Schwaben † 3/162
Burg-Gemünden (seit 1972 zu Gemünden/Felda)
Kutsch, Ferdinand * 6/182; Rube, Johann Christoph ~
8/430
Burg-Gräfenrode (Karben)
Schott, August * 9/120; Schott, Theodor * 9/122
Burg Gräfenstein
Georg Johann I. der Scharfsinnige, Pfalzgraf zu Veldenz-
Lützelstein * 3/630
Burg Hartelstein (Eifel)
Schönenberg, Johann von * 9/91
Burg Haselstein
Tann, Eberhard von der * 9/654
Burg Hassenstein (Böhmen)
Lobkowitz von Hassenstein, Bohuslaw * 6/432
Burg Hochhaus
Hildegard von Hürnheim * 5/38
Burg Hohenneuffen
Gottfried von Neifen ~ 4/106; Ulrich IV., Graf von
Württemberg † 10/143
Burg Hohenstaufen
Irene Maria, deutsche Königin † 5/258
Burg Hohenzollern (Zimmern, seit 1972 zu Bisingen)
Eitel Friedrich, Graf von Hohenzollern-Sigmaringen,
Fürstbischof von Osnabrück * 3/78
Burg Kalden
Heinrich von Kalden ~ 4/538
Burg Karlstein (Bad Reichenhall)
Paltram, vor dem Freithof ~ 7/552

Burg Landskron
Ruprecht, deutscher König, Kurfürst von der Pfalz † 8/472
Burg Lochstädt (Samland)
Heinrich von Plauen, Hochmeister des Deutschen Ordens
~/† 4/526
Burg Maus (Sankt Goarshausen)
Konrad II. von Falkenstein(-Münzenberg), Erzbischof von
Trier † 6/31
Burg Nanstein
Sickingen, Franz von † 9/303
Burg Oberhaus (Gem. Hacklberg, seit 1972 zu Passau)
Käser, Leonhard ~ 5/396; Ulrich II., Bischof von Passau ~
10/143
Burg Ottenstein
Mallinckrodt, Bernhard von ~/† 6/579
Burg Rösberg (Bornheim, Rhein-Sieg-Kreis)
Weichs an der Glon, Maximilian (Lamoral) Reichsfreiherr
von und zu † 10/380
Burg Rothenkirchen
Würtzburg, Veit von * 10/594
Burg Sponeck (Gem. Sasbach, Kr. Emmendingen)
Bühler, Hans Adolf † 2/200
Burg Stahleck
Virdung, Sebastian ~ 10/214
Burg Stauf
Albertus Magnus ~ 1/71; Zocha, Johann Wilhelm von ~
10/682
Burg Steckelberg (Vollmerz, seit 1969 zu Schlüchtern)
Hutten, Ulrich von * 5/236
Burg Stettenfels (Elsaß)
Spieser, Friedrich † 9/404
Burg Ter Horst
Friedrich von Blankenheim, Bischof von Straßburg und
Utrecht † 3/475
Burg Thurant
Allmers, Robert (Anton Hinrich) † 1/92
Burg Trost
Colonna, Philipp Graf von * 2/360
Burg Valentia
Heinrich I. von Müllenark, Erzbischof von Köln ~ 4/528
Burg Wartensee (Kt. Sankt Gallen)
Blarer von Wartensee, Diethelm * 1/559; Blarer von
Wartensee, Jakob Christoph * 1/559
Burg Weißenfels
Nordström, Clara ~ 7/439
Burg Wolfstein (Landshut)
Konradin, König von Sizilien und Jerusalem, Herzog von
Schwaben * 6/35
Burgau (Kr. Günzburg)
Glink, Franz Xaver * 4/31; Magenau, Rudolf Friedrich
Heinrich von ~ 6/560; Mang, Johann * 11/126
Burgberg (seit 1972 zu Giengen a. d. Brenz)
Linden, Maria Gräfin von ~ 6/403
Burgberg (seit 1975 zu Königsfeld im Schwarzwald)
Domagk, Gerhard (Johannes Paul) † 2/588; Gräff, Siegfried
† 4/122
Burgbrohl
Marcks, Gerhard † 6/608; Stenzel, Hugo * 9/507
Burgdorf (Kr. Hannover)
siehe auch *Schillerslage*
Cillien, Adolf ~ 2/327; Hahn, Traugott (I.) † 4/333; Hoppe,
Edmund * 5/172; Italiener, Bruno * 5/266; Spitta, (Carl
Johann) Philipp d. Ä. † 9/409; Wackenroder, Heinrich
Wilhelm Ferdinand * 10/268
Burgdorf (Kt. Bern)
Billeter, (Karl) Agathon ~/† 1/528; Blösch, Karl Emil
* 1/577; Buri, Max * 2/241; Denzel, Bernhard Gottlieb
von ~ 2/489; Diesbach, Sebastian von ~ 2/523; Erlach,
Franz Ludwig von ~ 3/150; Erlach, Ludwig Rudolf von ~
3/151; Frisching, Samuel von * 3/491; Fröbel, Friedrich
(Wilhelm August) ~ 3/500; Gaberel, Rudolf ~ 3/548;
Ganguillet, Franz (Alfred) * 3/569; Gasser, Adolf * 3/577;
Graffenried, Johann Rudolph * 4/131; Grimm, Hans
Rudolf */~/† 4/168; Grimm, Johann */~ 4/170; Grimm,

Samuel Hieronymus * 4/172; Gruner, (Gottlieb) Anton ~ 4/225; Gruner, Johann Rudolf ~/† 4/226; Gygax, Fritz † 4/277; Haller, Hans ~ 4/347; Herbst, Adolf ~ 4/608; Huber, Samuel * 5/199; Ingold, Otto ~ 5/256; Knie, Friedrich † 5/620; Kreis, Otto ~ 6/91; Krüsi, Hermann ~ 6/125; Kuhn, Gottlieb Jakob ~/† 6/160; Lohbauer, Rudolf ~ 6/461; Losinger, Eugen * 6/478; Luz, Julius * 6/543; Minder, Albert ~/† 7/146; Morgenthaler, Hans * 7/212; Morgenthaler, Max */~ 7/212; Mülinen, Caspar von ~ 7/245; Niederer, Johannes ~ 7/404; Nieriker, Joseph ~ 7/411; Pestalozzi, Johann Heinrich ~ 7/610; Peter, Walter ~ 7/614; Reithard, Johann Jakob ~ 8/234; Röthlisberger, Ernst * 8/364; Schläfli, Alexander */~ 8/652; Schneckenburger, Max ~/† 9/47; Schnell, Johann */~/† 9/62; Schnell, Karl */~ 9/62; Schnell, Samuel Ludwig * 9/62; Schnyder, Felix * 9/71; Schnyder, Franz * 9/71; Schoop, Hermann ~ 9/113; Spieß, Adolf ~ 9/404; Studer, Ernst ~ 9/605; Sutter, John (Augustus) ~ 9/637; Tobler, Johann Georg ~ 10/54; Trechsel, Johann Friedrich * 10/77; Tschachtlan, Benedicht ~ 10/103; Volz, Walter ~ 10/252; Zaugg, Ernst Rudolf ~ 10/623; Zeller, Karl August ~ 10/637

Burgebrach → Grasmannsdorf

Burgeis (italien. Burgusio, Gem. Mals)
Ambros, Michael Hermann * 1/112; Heinrich von Burgeis * 4/537; Holzer, Johann Evangelist * 5/159

Burgellern (seit 1972 zu Scheßlitz)
Schonath, Columba * 9/112

Burgerbrug-Zyde (Niederlande)
Meyer, Gerhard Lucas * 7/103

Burggriesbach (seit 1972 zu Freystadt, Kr. Neumarkt i. d. OPf.)
Mader, Felix † 6/555; Reichenau, Wilhelm von * 8/200

Burggrumbach (seit 1972 zu Unterpleichfeld)
Albert, Adam * 1/68

Burghaig (seit 1972 zu Kulmbach)
Gräbner, Johann Heinrich Philipp * 4/119

Burghaslach
Hammer, Christian Friedrich ~ 4/360; Marschütz, Carl * 6/632

Burghaun
siehe auch *Hünhan*
König, Heinrich (Joseph) ~ 5/659

Burghausen (Kr. Altötting)
siehe auch *Raitenhaslach*
Bärmann, Christian ~ 1/261; Bauder, Johann Friedrich ~ 1/320; Berchem, Maximilian (Franz Joseph) Graf von */~ 1/434; Bruckbräu, Friedrich Wilhelm ~ 2/149; Brunhuber, August David * 2/167; Dachsberg, Johann (Nepomuk Joseph) Frh. von ~ 2/424; Doerner, Max (Wilhelm) * 2/578; Eck, Simon Theodor ~ 3/7; Ernst, Herzog von Bayern, Administrator von Passau und Salzburg ~ 3/160; Figel, Albert ~ 3/294; Freymon von Randeck, Johann Wolfgang ~ 3/439; Georg der Reiche, Herzog von Bayern-Landshut ~ 3/626; Grünpeck, Joseph * 4/217; Hartmann, Leopold Frh. von ~ 4/410; Heinrich XIII., Herzog von Bayern, † 4/523; Heinrich XVI. der Reiche, Herzog von Bayern, ~ 4/524; Hess, Johannes ~ 4/671; Hoppenbichl, Franz Xaver von */~/† 5/173; Hübner, Lorenz ~ 5/206; Hutter, Franz † 5/238; Ketteler, Wilhelm Emmanuel Frh. von † 5/523; Lang, Franz ~ 6/223; Liebenwein, Maximilian ~ 6/379; Ludwig VII. der Bärtige, Herzog von Bayern-Ingolstadt † 6/500; Ludwig IX. der Reiche, Herzog von Bayern-Landshut * 6/500; Mailhac, Pauline Rebecca † 6/572; Mann Edler von Tiechler, Ernst Ritter von * 6/590; Meggenhofen, Ferdinand Frh. von ~ 7/26; Moshammer Ritter von Mosham, Franz Xaver * 7/230; Neuburger, Christoph ~ 7/374; Niedermayer, Johann Karl † 7/405; Obernberg, Ignaz Joseph von ~ 7/456; Orban, Ferdinand ~ 7/503; Peer von Egerthal, Josef Johann Ritter ~ 7/587; Peysser, Wolfgang ~ 7/632; Riemerschmid, Anton * 8/303; Schrank, Franz de Paula von ~ 9/130; Selhamer, Christoph * 9/277; Stethaimer, Hans d. Ä. * 9/519; Stranitzky, Joseph Anton ~ 9/566; Thoma, Ludwig ~ 10/14; Ullmann, Regina

~ 10/137; Weiss, Viktricius ~ 10/411; Weißbrod, Johann Baptist von * 10/412; Zetl, Paul ~ 10/648

Burghausen (Schwarzach, Kr. Straubing-Bogen)
Steppes, Edmund * 9/511

Burgheßler (seit 1990 zu Bad Kösen)
Heinrich von Hesler * 4/538

Burgholzhausen
Rudolph, Friedrich August Wilhelm * 8/441

Burghorn (Gem. Habighorst)
Mackensen, August von † 6/553

Burgkirchen (Tüßling)
Pichler, Alois * 7/661

Burgkirchen a. d. Alz
Kammhuber, Josef * 5/420; Staudhamer, Sebastian * 9/457

Burgkunstadt
Arneth, Joseph * 1/177; Baur, Friedrich ~ 1/350; Stein, Leopold ~ 9/480; Stein, Sigmund Theodor * 9/482; Tremel-Eggert, Kuni * 10/79

Burglengenfeld
Fischer, Johann Michael * 3/321; Koch, Karl Ludwig ~ 5/642; Michiels, Télémaque ~ 7/127

Burgoberbach → Sommersdorf

Burgörner
Humboldt, Wilhelm von ~ 5/222

Burgos (Spanien)
Becker, Art(h)ur ~/† 1/375; Philipp der Schöne, Erzherzog von Österreich, König von Kastilien † 7/655; Zettler, Franz Xaver ~ 10/648

Burgpreppach
Stein, Leopold * 9/480

Burgsalach
siehe auch *Pfraunfeld*
Bernhold, Johann Balthasar * 11/19

Burgstädt
Bergt, Walther (Adolf) * 1/454; Bohne, Gotthold Hermann * 2/2; Preller, Ludwig * 8/61; Wahrig, Gerhard * 10/294

Burgstall (Gem. Eismannsberg, seit 1978 zu Ried b. Mering)
Fridl, Marcus */† 3/445

Burgstall (Niederösterreich)
Neu, Andreas Frh. von † 7/370

Burgstein → Krebes

Burgsteinfurt (seit 1975 zu Steinfurt)
Bachem, Carl † 1/242; Brosius, Caspar Max */~ 2/147; Buch, Karl Ludwig * 2/180; Buck, Rudolf * 2/190; Danckelmann, Silvester Jacob Frh. von ~ 2/439; Gigas, Johann ~ 4/6; Goué, (August) Siegfried von † 4/113; Heidegger, Johann Heinrich ~ 4/486; Hoffmann, Christoph Ludwig ~ 5/114; Ravensberger, Hermann ~ 8/167; Schorlemer-Alst, Burghard Frh. von ~ 9/117; Schücking, Levin L(udwig) * 9/168; Schulze, Wilhelm * 9/200; Timpler, Clemens † 10/46; Withof, Johann Philipp Lorenz ~ 10/543

Burgstetten → Kirschenhardthof

Burgthann
Cella, Johann Jakob ~ 2/299

Burgusio → Burgeis

Burgwald → Ernsthausen

Burgwedel
siehe auch *Großburgwedel*
Hoyermann, Gerhard † 5/190; Oesterlen, Dieter † 7/472

Burgwerben
Heydenreich, Karl Heinrich † 5/19

Burgwindheim
Bauer, Bernardin * 1/323

Burgwitz (Borkowice)
Lewinski, Eduard (Julius Ludwig) von † 6/365

Burk (Kr. Ansbach, Land)
Bürklein, (Georg Christian) Friedrich * 2/211

Burkardsdorf → Burkhardsdorf

Burkau
siehe auch *Großhänchen*
Drews, Paul (Gottfried) ~ 2/617

Burkersdorf (Kr. Saalfeld-Rudolstadt)
Wahl, Hans * 10/293

C

Caana (Oberlausitz)
Bachmann, Traugott * 11/8
Cademario (Kt. Tessin)
Alker, Ernst † 1/90
Cádiz (Spanien)
Böhl von Faber, Johann Nikolaus ~/† 1/614; Haenke, Thaddäus ~ 4/310; Humboldt, Wilhelm von ~ 5/222; Karpfanger, Berend Jacobsen † 5/453
Cadolzburg
Bolz, Johann Gottfried ~ 2/13; Esper, Eugen Johann Christoph ~ 3/179; Friedrich I., Kurfürst von Brandenburg † 3/461; Friedrich III., Burggraf von Nürnberg † 3/466; Pisendel, Johann Georg * 7/680; Puchta, Christian Heinrich (Rudolf) * 8/85; Puchta, Georg Friedrich */~ 8/85; Puchta, Wolfgang Heinrich ~ 8/86; Seinsheim, Georg Ludwig Frh. von ~ 9/272
Cäciliengrube (bei Beuthen, Oberschlesien)
Schalscha-Ehrenfeld, Amalie von * 8/562
Caen (Frankreich)
Kozak, Johann Sophron ~ 6/58; Morin, Germain * 7/214; Rommel, Erwin ~ 8/380; Schröder, Johannes ~ 9/148; Thyssen, August ~ 10/34
Cagnes-sur-Mer (Frankreich)
Davring, Henri ~ 2/454; Gütersloh, Albert Paris ~ 4/247; Hasenclever, Walter (Georg Alexander) ~ 4/423; Zimen, Karl-Erik † 10/663
Čajkino → Rinau
Čakovec → Csakathurn
Čakovice → Groß-Čakowitz
Calau
Gottschalk, Joachim * 4/111
Calbe (Saale)
siehe auch *Gottesgnaden*
Arnold von Westfalen ~ 1/185; Boden, August Friedrich von ~ 1/602; Brennecke, Jakob Andreas ~ 2/112; Cuno, Johannes ~/† 2/410; Friedrich III., Graf von Beichlingen, Erzbischof von Magdeburg † 3/465; Kröger, Timm ~ 6/110; Krukenberg, Hermann * 6/127; Ludwig, Markgraf von Meißen, Landgraf von Thüringen, Bischof von Halberstadt und Bamberg, Erzbischof von Mainz und Magdeburg † 6/504; Maercker, Max (Heinrich) * 6/558; Müller, Ludolf H. * 7/276; Ortmann, Wilfried * 7/509; Scharff, Alexander * 8/567; Sidow, Max (Paul Otto) * 9/303
Calbitz → Kötitz
Caldaro sulla strada del vino → Kaltern an der Weinstraße
Caldas (Brasilien)
Hussak, Eugen † 5/234
Calden → Schloß Wilhelmsthal
Caldern (seit 1974 zu Lahntal)
Hertzberg, Hans Wilhelm ~ 4/654; Maurer, Wilhelm ~ 6/670
Calenberg (Gem. Schulenburg, seit 1974 zu Pattensen)
Ernst August Georg Wilhelm, Prinz von Hannover ~ 3/159
Calenberg (seit 1975 zu Warburg)
Clenck, Rudolph ~/† 2/341
Calgary (Kanada)
Görtler, Henry * 4/61
Calicut (Indien)
Frohnmeyer, Ida * 3/507; Liebendörfer, Georg (Eugen) ~ 6/379; Schlunk, (Karl Albert) Martin * 8/689
Call (Bleihütte, Eifel)
Tafel, Viktor (Eugen) ~ 9/651
Callenberg
siehe auch *Langenchursdorf*
Fürstenberg, Jakob Ludwig Graf von ~ 3/528

Callenberg (Kr. Chemnitzer Land)
Becker, Wilhelm Gottlieb * 1/382; Meurer, Gottlob Siegfried * 7/94
Calliano → Stein am Gallian
Calvörde
Bode, (Arnold) Wilhelm von * 1/600; Voß, Friedrich (Wilhelm Heinrich August) * 10/258
Calw
siehe auch *Altburg, Stammheim*
Andreae, Johann Valentin ~ 1/130; Armbruster, Adolf * 1/171; Auler, Wilhelm ~ 1/223; Barth, Christian Gottlob ~/† 1/300; Carolus, Andreas David */~ 2/285; Cless, David Friedrich von * 2/342; Doertenbach, Johann Georg */~/† 2/580; Ebermayer, Johann ~/† 2/676; Eichmann, Jodocus * 3/55; Etzel, Hermann (Joseph Clemens) ~ 3/187; Fleck, Fritz * 3/339; Gärtner, Joseph */~/† 3/555; Gärtner, Karl Friedrich von ~/† 3/555; Ganzenmüller, (Karl) Wilhelm * 3/572; Gaum, Johann Ferdinand ~/† 3/585; Georgii-Georgenau, Emil (Wilhelm) von */~ 3/634; Gfrörer, August Friedrich * 3/676; Gundert, Hermann † 4/258; Haering, Theodor d. Ä. ~ 4/312; Haug, Martin * 4/441; Heinlin, Johann Jakob * 4/517; Hellwag, Christoph (Friedrich) * 4/569; Hesse, Hermann * 4/675; Hesse, Johannes ~ 4/676; Hiemer, Franz Carl ~ 5/31; Kaiser, Rudolf * 11/99; Koelreuter, Joseph Gottlieb ~ 5/656; Messerschmid, Felix ~ 7/83; Pommer, Christoph Friedrich von * 8/30; Rieger, Konrad * 8/297; Rieger, Magdalena Sibylle ~ 8/297; Rücker, August Gottlieb ~ 8/444; Rülein von Calw, Ulrich * 8/452; Schlichter, Rudolf * 8/674; Schlierholz, Josef von ~ 8/678; Schmid, Rudolf von ~ 8/706; Schneck, Wilhelm Karl ~ 9/46; Stälin, Christoph Friedrich von ~ 9/435; Summenhart, Konrad * 9/633; Supper, Auguste (Luise) ~ 9/634; Sylvan, Johannes ~ 9/644; Thellmann, Erika von † 9/693; Vogts, Hanns ~ 10/236; Weismann, Christian Eberhard ~ 10/405; Weiss, Diether ~ 10/406; Weitbrecht, Gottlieb * 10/416; Widenmann, Wilhelm von * 10/473; Wiedenmann, Wilhelm von * 10/480; Zahn, Christian Jakob ~/† 10/613
Camaiore (Italien)
Bermann Fischer, Gottfried † 11/18
Camarillo (Kalifornien, USA)
Koster, Henry † 6/54
Camberg → Bad Camberg
Cambrai (Dép. Nord, Frankreich)
Agricola, Alexander ~ 1/52; Below, Fritz Theodor Karl von ~ 1/411; Erasmus von Rotterdam, Desiderius ~ 3/134; Holste, Lukas ~ 5/154; Kalteisen, Heinrich ~ 5/416; Kerle, Jacobus de ~ 5/509; Lang von Wellenburg, Matthäus ~ 6/228; Monte, Filippo di ~ 7/199; Schönberg, Nikolaus von ~ 9/85; Seckendorff, Götz von † 9/252
Cambridge (England)
Ackermann, (Friedrich) Wilhelm ~ 1/23; Albert Franz Albrecht August Karl Emanuel, Prinz von Sachsen-Coburg-Gotha ~ 1/67; Alesius, Alexander ~ 1/86; Arnold, Christoph ~ 1/185; Baur, Ludwig ~ 1/352; Berg, Alban (Maria Johannes) ~ 1/438; Bergius, Johannes (Peter) ~ 1/448; Bestelmeyer, Adolf (Christoph Wilhelm) ~ 1/495; Borkenau, Franz ~ 2/30; Born, Max ~ 2/32; Brahms, Johannes ~ 2/57; Brücke, Franz Theodor ~ 2/152; Bucer, Martin † 2/179; Bukofzer, Manfred F. ~ 2/219; Burckhardt, Johann Ludwig ~ 2/233; Courant, Richard ~ 2/386; Darmstaedter, Friedrich (Ludwig Wilhelm) ~ 2/445; Deuticke, Hans Joachim ~ 11/46; Deutsch, Otto Erich ~ 2/506; Dietze, (Friedrich Carl Nikolaus) Constantin von ~ 2/541; Duisberg, Carl Ludwig ~ 2/646; Engel-Janosi, Friedrich ~ 11/53; Erlanger, Carlo Frh. von ~ 3/151; Ermers, Maximilian ~ 3/156; Ewald, Peter Paul ~ 3/199; Fagius, Paul ~/† 3/218; Fleisch, Alfred ~ 3/340; Fraenkel, Eduard (David Mortier) ~ 3/382; Frisch, Otto Robert ~/† 3/490; Gadow, Hans (Friedrich) ~/† 3/552; Goldmann, Emil ~/† 4/80; Gruter, Jan(us) ~ 4/228; Gulkowitsch, Lazar ~ 4/254; Haak, Theodor(e) ~ 4/283; Haber, Fritz ~ 4/291; Handschin, Eduard ~ 4/367; Harms, Jürgen (Wilhelm) ~ 4/390; Harta, Felix Albrecht ~ 4/398; Harteck,

Paul ~ 4/398; Held, Hermann (Josef) ~ 4/557; Heller, Erich ~ 4/562; Heusler, Andreas ~ 5/12; Hirsch, Paul ~/† 5/64; Hopf, Ludwig ~ 5/170; Hornbostel, Erich (Moritz) von ~/† 5/178; Horsch, Paul ~ 5/182; Hübinger, Paul Egon ~ 11/92; Jaffé, George Cecil ~ 5/288; Kantorowicz, Hermann (Ulrich) ~/† 5/428; Karlik, Berta ~ 5/449; Killy, (Hans) Walther (Theodor Maria) ~ 5/538; Klüber, Harald von ~ 5/607; Knaus, Hermann (Hubert) ~ 5/616; Köhler, Georges (Jean Franz) ~ 5/650; Kramer, Kurt ~ 11/110; Krauss, Samuel ~/† 6/85; Krebs, Sir Hans Adolf ~ 6/88; Kunz, Jakob ~ 6/172; Kutta, (Martin) Wilhelm ~ 6/183; Landau, Edmund (Georg Hermann) ~ 6/213; Laue, Max von ~ 6/266; Lemberg, (Max) Rudolf ~ 11/120; Leubuscher, Charlotte ~ 6/350; Levy, Hermann ~ 6/361; Lohse, Bernhard ~ 11/124; Lorenzen, Paul ~ 6/474; Lüscher, Martin ~ 6/521; Mackenroth, Gerhard ~ 6/553; Mattiesen, Emil ~ 6/664; Meissner, Hans-Otto ~ 7/41; Meitner, Lise ~/† 7/47; Mercator, Nicolaus ~ 7/68; Meyer, Ernst Hermann ~ 7/101; Mitscherlich, Alexander ~ 7/154; Mosse, George L. ~ 11/131; Musil, Alois ~ 7/316; Nipperdey, Thomas ~ 7/422; Nordheim, Lothar Wolfgang ~ 7/438; Oppenheim, Lassa (Francis Lawrence) ~/† 11/151; Overbeck, Karl ~ 7/540; Pagel, Walter ~ 11/155; Peierls, Sir Rudolf Ernst ~ 7/588; Pevsner, Sir Nikolaus (Bernhard Leon) ~ 7/631; Pfister, Bernhard ~ 11/158; Pierson, Heinrich Hugo ~ 7/667; Preyer, Wilhelm Dietrich ~ 8/67; Pringsheim, Ernst Georg ~ 8/71; Pringsheim, Peter ~ 8/71; Rand, Rose ~ 8/134; Rapp, (Julius) Franz ~ 8/141; Redlich, Hans Ferdinand ~ 8/179; Rheinstein, Max ~ 8/268; Rogosinski, Werner Wolfgang ~ 8/366; Rothbarth, Erwin ~ 8/417; Ruperti, Oskar (Heinrich) ~ 8/470; Salz, Arthur ~ 8/505; Samuel, Richard H(erbert) ~ 8/509; Schmidt-Pauli, Edgar (Fiath Florentin Richard) von ~ 9/24; Schnee, Heinrich ~ 9/47; Schott, Erich ~ 9/120; Solmsen, Friedrich ~ 9/365; Sommer, Johann Wilhelm Ernst ~ 9/369; Straub, Hermann ~ 9/571; Straus, Ludwig † 9/573; Strimes, Samuel ~ 9/588; Stueckelberg von Breidenbach, Ernst Carl Gerlach ~ 9/608; Taglicht, David Israel † 9/652; Taussky-Todd, Olga ~ 9/666; Tintner, Gerhard ~ 10/46; Tossanus, Paul ~ 10/65; Ullmann, Walter ~/† 10/137; Waismann, Friedrich ~ 10/295; Warburg, Otto (Heinrich) ~ 10/334; Wellesz, Egon (Joseph) ~ 10/425; Wettstein, Johann Jakob ~ 10/462; Wittgenstein, Ludwig (Josef Johann) ~/† 10/547; Wittkower, Rudolf ~ 10/549; Zergiebel, Dankmar ~ 10/644; Ziegler, Hans Severus ~ 10/654; Zuntz, Günther † 10/701

Cambridge (Massachusetts, USA)

Albers, Josef ~ 1/65; Alexander, Paul Julius ~ 1/88; Althoff, Friedrich ~ 1/101; Baerensprung, Horst W. ~ 1/261; Basch, Alfred ~ 1/312; Bellmann, Hans ~ 1/410; Benesch, Otto ~ 1/421; Bibring, Grete ~/† 1/512; Blasius, Wilhelm ~ 1/561; Blume, Bernhard ~ 11/24; Böker, (Robert) Alexander ~ 11/27; Brauer, Richard Dagobert ~ 2/78; Breuer, Marcel Lajos ~ 2/125; Broda, Rudolf ~ 2/141; Bruck, Eberhard Friedrich ~ 2/149; Brücke, Ernst Theodor von ~ 2/152; Brüning, Heinrich ~ 2/159; Brunner, Peter ~ 11/34; Carnap, Rudolf Leo ~ 2/283; Clemen, Paul ~ 2/339; Demus, Otto ~ 2/484; Deutsch, Felix ~/† 2/504; Deutsch, Helene † 2/505; Deutsch, Karl (Wolfgang) ~/† 2/506; Dobschütz, Ernst (Adolf Alfred Oskar Adalbert) von ~ 2/566; Edinger, Tilly ~/† 11/50; Einsiedel, Horst ~ 11/52; Erikson, Erik H(omburger) ~ 11/55; Feigl, Herbert ~ 11/58; Fischer, Ruth ~ 3/327; Francke, Kuno ~/† 3/395; Frank, Philipp ~/† 3/402; Freund, Gerhard ~ 3/431; Friedrich, Carl Joachim ~ 3/477; Gerhard, Dietrich ~ 3/641; Giedion, Siegfried ~ 3/678; Gombosi, Otto Johannes ~ 4/94; Gropius, Walter (Adolf Georg) ~ 4/187; Haberler, Gottfried von ~ 4/294; Hagen, Hermann August ~/† 4/321; Hanfmann, George (Maxim Anossov) ~ 11/78; Hanfstaengl, Ernst (Franz Sedgwick) ~ 4/369; Hauser, Ernst (Alfred Charles) ~/† 4/404; Hindemith, Paul ~ 5/51; Hochrein, Max ~ 5/81; Hönigschmid, Otto ~ 5/99; Holborn, Hajo ~ 5/146; Holborn, Louise W. ~ 11/90; Jacoby, Günther ~ 5/279; Jacoby, Leopold ~ 5/280; Jaeger, Werner (Wilhelm) ~ 5/285; Jöhr, Walter Adolf ~ 5/335;

Johnson, Uwe (Klaus Dietrich) ~ 5/356; Jung, Carl Gustav ~ 5/378; Kaltefleiter, Werner ~ 11/100; Kelsen, Hans ~ 5/501; Killy, (Hans) Walther (Theodor Maria) ~ 5/538; Klemperer, Georg † 5/586; Köhler, Wilhelm Reinhold Walter ~ 5/653; Kohl, Johann Georg ~ 6/2; Kraus, Herbert ~ 6/77; Krayer, Otto ~ 6/87; Kühnemann, Eugen ~ 6/146; Kükenthal, Willy ~ 6/147; Leichtentritt, Hugo ~/† 6/305; Lettau, Reinhard ~ 6/348; Levy, Ernst ~ 6/361; Lewin, Kurt ~ 6/364; Liepe, Wolfgang ~ 6/391; Löwenthal, Richard ~ 6/457; Lohner, Edgar ~ 6/463; Luhmann, Niklas ~ 11/125; Maaß, Hermann ~ 6/548; Machlup, Fritz ~ 6/551; März, Eduard ~ 6/559; Maler, Teobert ~ 6/578; Mann, Michael ~ 6/592; Marcuse, Herbert ~ 6/610; Mertes, Alois ~ 7/78; Metzger, Arnold ~ 7/91; Mises, Richard Martin Edler von ~ 7/152; Motzkin, Theodor(e) Samuel ~ 7/233; Münsterberg, Hugo ~/† 7/297; Munk, Marie ~/† 7/308; Neumann, Siegmund ~ 7/386; Neutra, Richard (Josef) ~ 7/394; Oppenheim, Paul ~ 7/499; Oppolzer, Wolfgang ~ 11/151; Petschek, Georg ~/† 7/624; Pollak, Gustav † 8/26; Prager, Richard ~ 8/51; Rappard, William Emmanuel ~ 8/143; Redlich, Fritz ~ 8/179; Redlich, Josef ~ 8/179; Rosenstock-Huessy, Eugen ~ 8/399; Rüdenberg, Reinhold ~ 8/445; Rupp, Hans (Georg) ~ 8/470; Scharfenberg, Joachim ~ 8/567; Schindler, Jochem ~ 11/170; Schneider, Heinrich ~ 9/55; Schönemann, Friedrich ~ 9/91; Schrade, Leo ~ 9/124; Schumpeter, Joseph Alois ~ 9/209; Schwarzschild, Martin ~ 9/233; Simson, Otto (Georg) von ~ 9/337; Solmitz, Walter Moritz ~ 9/365; Spemann, Hans ~ 9/392; Swarzenski, Hanns (Peter) ~ 9/640; Terzaghi, Karl (Anton) von ~/† 9/678; Thurnwald, Richard (Christian) ~ 10/33; Tillich, Paul (Johannes) ~ 10/43; Tschižewskij, Dmitrij ~ 10/108; Ulich, (Heinrich Gottlob) Robert ~ 10/135; Vagts, Alfred Hermann Friedrich ~/† 10/176; Viëtor, Karl ~ 10/207; Voegelin, Eric ~ 10/220; Wagner, Martin ~/† 10/285; Weinland, (Christoph) David Friedrich ~ 10/398; Well, Günther van ~ 10/424; Werner, Heinz ~ 10/446; Wingler, Hans M(aria) ~ 10/526; Wittmann, Waldemar ~ 10/551; Zeidler, Wolfgang (Walter Heinrich) ~ 10/630; Zerbe, Karl ~ 10/644

Camburg

Koch, Anton Wilhelm Friedrich ~ 5/638; Konrad von Wettin, Markgraf von Meißen und Lausitz ~ 6/29; Otto der Reiche, Markgraf von Meißen ~ 7/532; Reichardt, Eduard * 8/197; Weise, Friedrich * 10/402

Camby (auch Kambi, estn. Kambja)

Hasselblatt, Arnold * 4/428; Musso, Hans * 7/318

Camden (South Carolina, USA)

Kalb, Johann † 5/409

Camenz (tschech. Kamenec, heute zu Holasovice)

Albrecht Friedrich Wilhelm Nikolaus, Prinz von Preußen, Regent in Braunschweig † 1/79

Cammin (Kr. Bad Doberan)

Bachmann, Gustav * 1/245

Cammin i. Pom. (poln. Kamień Pomorski)

Asher, Adolf * 1/204; Bogislaw VIII., Herzog von Pommern-Wolgast ~ 1/641; Bogislaw IX., Herzog von Pommern-Wolgast ~ 1/641; Croy, Ernst Bogislaw Herzog von ~ 2/405; Erasmus von Manteuffel, Bischof von Cammin ~ 3/134; Franz I., Herzog von Pommern-Stettin ~ 3/412; Henning Iwen, Herzog von Cammin ~ 4/592; Horborch, Wilhelm ~ 5/174; Johnson, Uwe (Klaus Dietrich) * 5/356; Kleist, Ewald Jürgen (Georg) von ~ 5/582; Köller, Ernst (Matthias) von ~ 5/655; Magnus, Herzog von Sachsen-Lauenburg, Bischof von Cammin und Hildesheim ~ 6/563; Martin Carith, Bischof von Cammin ~ 6/635; Meinhold, Johannes (Friedrich Hellmuth) * 11/128; Stutterheim, Joachim Friedrich von ~ 9/620; Venediger, Georg von ~ 10/194; Walter, Georg ~ 10/318; Wartislaw I., Fürst in Pommern ~ 10/339; Weiher, Martin ~ 10/390

Camogask → La Punt Chamues-ch

Campe (Ems)

Dincklage, Clara von * 2/550; Dincklage, Emmy von * 2/550; Dincklage, Friedrich Frh. von * 2/550

Campen (Prov. Overijssel, Niederlande)
Pighius, Albertus * 7/669; Pighius, Stephan Vinandus * 7/669

Campo Formio (Italien)
Walderdorf, Philipp Franz Wilderich Nepomuk Graf (seit 1767 Reichsgraf) von ~ 10/302

Campo Grande (Portugal)
Wiehl, Emil † 10/482

Campo Túres → Sand in Taufers

Canarienhausen (seit 1973 zu Wangerland)
Thünen, Johann Heinrich von * 10/25

Canaveral → Cape Canaveral

Canberra (Australien)
Gottschalk, Alfred ~ 4/110; Nadel, Siegfried (Ferdinand) ~/† 7/328; Posadowsky-Wehner, Harald Graf von ~ 8/41; Ritter, Joachim-Friedrich ~ 8/330

Cannanore (Indien)
Hebich, Samuel ~ 4/466

Cannes (Frankreich)
Auerbach, Berthold † 1/215; Aufricht, Ernst Josef † 1/220; Fellenberg, Ludwig Rudolf von † 3/259; Kowarzik, Josef † 6/57; Lippmann, Max ~ 6/420; Mann, Klaus (Heinrich Thomas) † 6/591; Mayer, August Liebmann ~ 7/5; Rathenau, Walther ~ 8/150; Rhein, Eduard † 8/267; Ritz, Cäsar ~ 8/336

Cannewitz
Höppler, Fritz * 5/100

Cannstatt → Bad Cannstatt

Canossa (Prov. Massa Carrara)
Schönfelder, Heinrich (Ernst) † 9/94

Canossa (Prov. Reggio nell'Emilia, Italien)
Benno II., Bischof von Osnabrück ~ 1/427; Bertha von Susa ~ 1/482; Burchard, Bischof von Basel ~ 2/227; Eberhard, Bischof von Naumburg ~ 2/668; Heinrich IV., deutscher König, Kaiser ~ 4/519; Konrad, König ~ 6/25; Liemar, Erzbischof von Hamburg-Bremen ~ 6/390

Canova (Kt. Graubünden)
Planta, Peter Conradin von † 7/685

Cansiglio (Italien)
Berenger, (Joseph Maria) Adolf von ~ 1/437

Canstein (seit 1975 zu Marsberg)
Canstein, Raban Frh. von * 2/275; Spiegel zum Desenberg, Ferdinand August Frh. von (seit 1816 Graf) * 9/401; Spiegel zum Desenberg, Franz Wilhelm Frh. von */† 9/401

Canterbury (England)
Erasmus von Rotterdam, Desiderius ~ 3/134; Hogenberg, Franz ~ 5/136; Honorius Augustodunensis ~ 5/169; Pfander, Karl Gottlieb ~ 7/634; Rost, Ernst Reinhold ~/† 8/407

Cantrida (Kroatien)
Conräder, Georg † 2/365

Cap d'Antibes
Harvey, Lilian † 4/418

Capaptice → Pomuk

Cape Canaveral (1963-73 Cape Kennedy)
Debus, Kurt (Heinrich) ~ 2/455

Cape Kennedy → Cape Canaveral

Capelle
Anhalt, Heinrich Wilhelm von * 1/139; Bohm, Friedrich Samuel ~/† 2/1; Schappeler, Christoph ~ 8/566

Capo Colonne (Italien)
Heinrich I., Bischof von Augsburg † 4/521

Capodistria → Koper

Cappel (seit 1975 zu Öhringen)
Krauch, Carl † 6/74

Cappenberg (Selm)
Gottfried, Graf von Cappenberg ~ 4/105; Hermann von Scheda ~ 4/625; Stein, (Heinrich Friedrich) Karl Frh. vom und zum ~/† 9/478

Capranica (Italien)
Doebbing, Bernhard ~ 2/568; Hosius, Stanislaus † 5/185

Capri (Italien)
Achelis, Thomas Ludwig Bernhard † 1/17; Achenbach, Oswald ~ 1/18; Blaschnik, Arthur ~ 1/560; Bühlmann,

Johann Rudolf ~ 2/201; Corrodi, Arnold ~ 2/378; Corrodi, Hermann ~ 2/378; Eckardt, Felix von † 3/7; Fielitz, Alexander ~ 3/293; Fried, Heinrich Jakob ~ 3/446; Friedrichs, Hermann ~ 3/482; Geißler, Max ~/† 3/612; Harlan, Veit † 4/388; Kopisch, August ~ 6/38; Langerhans, Paul ~ 6/243; Luz, Julius ~ 6/543; Peerdt, Ernst Carl Friedrich te ~ 7/587; Reinhold, Peter † 8/224; Salis-Marschlins, Meta (Barbara) Freiin von ~ 8/499; Scheffel, Joseph Viktor von ~ 8/583; Uexküll, Jakob (Johann) Baron von ~/† 10/125; Wielandt, Manuel ~ 10/484; Zimmermann, Alfred ~ 10/665; Zürcher, Jakob ~ 10/697

Caputh
Sophie Charlotte, Kurfürstin von Brandenburg, Königin von Preußen ~ 9/378

Caracas (Venezuela)
Biel, Karl ~ 1/519; Boeselager, Csilla von ~ 11/27; Kallmann, Hans Jürgen ~ 5/415; Mayer, Martin † 7/10; Mussgay, Manfred ~ 7/318; Vareschi, Volkmar ~/† 10/181; Wiener, Hugo ~ 10/487

Caransebeş → Karanschebesch

Cardiff
Berend, Fritz ~ 1/436; Bruck, Werner Friedrich ~ 2/149; Mitsche, Roland ~ 7/154; Müller-Hess, Eduard ~ 7/287

Carlsdorf (Hofgeismar)
Endemann, Samuel * 3/108

Carlshof (Schlesien)
Bitta, Joseph ~ 1/549

Carlsruhe (Oberschlesien, poln. Pokój)
Borchers, David ~/† 2/27; Eugen Friedrich Karl Paul Ludwig, Herzog von Württemberg † 3/189; Maria Dorothea, Palatinessa von Ungarn, Erzherzogin von Österreich * 6/620; Richthofen, Ferdinand (Paul Wilhelm Dieprand) Frh. von * 8/285; Weber, Carl Maria (Friedrich Ernst) von ~ 10/350; Winkler, Johannes * 10/529

Carmel (Kalifornien, USA)
Gebhard, Bruno † 3/593; Rothschild, Walther † 8/423

Carmel (Ösel, Estland)
Girgensohn, Karl (Gustav) * 4/15

Carmel-by-the-Sea → Carmel (Kalifornien, USA)

Carolath (poln. Siedlisko)
Beninde, Max ~ 1/423; Block, Albrecht † 1/576; Crugot, Martin ~/† 2/406; Feßler, Ignaz Aurelius ~ 3/274; Schack, Antonia * 8/541; Winkler, Paul */~ 10/530

Carolina-Atoll
Palisa, Johann ~ 7/550

Carolinensiel (Wilhelmshaven)
Fimmern, Ihno Hayen * 3/296

Carona (Kt. Tessin)
Wenger, Lisa † 10/435

Carouge (Kt. Genf)
Graeser, Camille (Louis) * 4/123

Carpentras (Dép. Vaucluse, Frankreich)
Rauchenecker, Georg (Wilhelm) ~ 8/160; Ruest, Anselm † 8/455

Carrara (Italien)
Sanguinetti, Francesco * 8/515

Carrolltown (Pennsylvania, USA)
Lemke, Heinrich ~/† 6/315

Cartagena (Spanien)
Lang von Wellenburg, Matthäus ~ 6/228

Carwaiten (Kurische Nehrung)
Rhesa, Ludwig (Jedemin Martin) * 8/269

Carwitz (Feldberg, Kr. Mecklenburg-Strelitz)
Fallada, Hans ~ 3/228

Casablanca
Kersten, Kurt ~ 5/517; Morgenstern, Soma ~ 7/212

Casalanza
Bianchi, (Vincenz Ferrerius) Friedrich Frh. von ~ 1/511

Casamicciola (Ischia)
Boss, Gottlieb † 2/43

Casasco (Italien)
Pedetti, Mauritio * 7/587

Cascina d'Olmo (Italien)
Birago, Karl Frh. von * 1/535

Časlau (auch Tschaslau, tschech. Čáslav)
Dussek, Johann Joseph ~/† 2/657; Dussek, Johann Ludwig * 2/657; Opiz, Johann Ferdinand ~/† 7/496; Opiz, Philipp Maximilian * 7/496; Richter, Heinrich (Wenzel) * 8/280

Casolt → Kastenholz

Cassel (Dép. Pas-de-Calais, Frankreich)
Dathenus, Petrus * 2/447

Cassino → Montecassino, San Germano

Castagnola (seit 1972 zu Lugano, Kt. Tessin)
Katz, Iwan † 5/465; Thyssen-Bornemisza, Heinrich Baron ~/† 10/34

Castasegna (Kt. Graubünden)
Semper, Gottfried ~ 9/284

Castel Fiorentino (Prov. Toggio, Italien)
Friedrich II., Kaiser † 3/458

Castel Fondo (Italien)
Thun, Guidobald Reichsfreiherr, seit 1629 Reichsgraf von * 10/29

Castel Gandolfo (Italien)
Gatterer, Alois ~ 3/582

Castel San Pietro (Kt. Tessin)
Pozzi, Giuseppe * 8/48; Wiemken, Walter Kurt † 10/485

Castel Sant'Elia (Italien)
Doebbing, Bernhard ~/† 2/568

Castel Tirolo → Schloß Tirol

Castelcorno (Italien)
Lichtenstein, Paul Frh. von Castelcorn ~ 6/376

Castelfranco (Veneto, Italien)
Bretschneider, Friedrich Frh. von ~ 2/123; Steffani, Agostino * 9/463

Castelfranco di Sopra (Italien)
Fleckhaus, Willy † 3/340

Castell
Castell, Ludwig Friedrich Graf zu */~/† 2/295; Castell-Remlingen, Wolfgang Dietrich Graf zu ~/† 2/296; Müller, Heinrich * 7/263; Schorn, Ludwig von * 9/118; Stephani, Heinrich * 9/510

Castellamare di Stabia (Prov. Neapel, Italien)
Hake, Karl Georg Albrecht Ernst von † 4/340; Keudell, Walter von * 5/524; Züblin, Eduard * 10/696

Castellina in Chianti (Italien)
Käutner, Helmut † 5/398

Castello d'Appiano → Hocheppan

Castello Montecuccolo (heute zu Pavullo nel Frignano, Prov. Modena, Italien)
Montecuccoli, Raimund Graf, Fürst (seit 1651), Herzog von Melfi (seit 1679) * 7/200

Castelrotto → Kastelruth

Castiglione della Pescaia (Italien)
Trier, Hann † 11/182

Castlemaine (Victoria, Australien)
Menge, Johannes † 7/61

Castrop-Rauxel
siehe auch Goldschmieding
Bach, Ernst * 1/236; Dufhues, Josef-Hermann * 2/644; Fassbinder, Franz ~ 3/233; Feller, Kurt ~ 3/260; Imig, Heinrich ~/† 5/252; Kampf, Arthur von */† 5/421; Schwarze, Hans Dieter ~ 9/229; Sympher, Leo ~ 9/644

Castrovillari (Italien)
Kramer, Gustav † 6/68

Catagallo (Brasilien)
Peckolt, Theodor ~ 7/587

Catania (Italien)
Calonder, Felix ~ 2/267; Edel, Elmar ~ 11/50; Kaser, Max ~ 11/101; Markward von An(n)weiler, Herzog von Ravenna ~ 6/626; Rintelen, Friedrich † 8/320; Rittmann, Alfred ~/† 8/335; Schiner, Matthäus ~ 8/645

Cattaro → Kotor

Cavalese (Prov. Trient, Italien)
Grasmair, Johann Georg Dominikus ~ 4/138; Raber, Vigil ~ 8/110; Riccabona von Reichenfels, Karl Josef * 8/271; Unterberger, Christoph * 10/159; Unterberger, Franz Sebald */† 10/159; Unterberger, Ignaz * 10/159; Unterberger, Michelangelo * 10/159

Caveaine (Italien)
Madrutz, Christoph Frh. von * 6/556

Cavigliano (Kt. Tessin)
Maass, Ernst ~/† 6/548; Pauli, Fritz Eduard † 7/575

Cazis (Kt. Graubünden)
Pedretti, Turo † 7/587; Vogt, Emil ~ 10/233

Čechyně → Tschechen

Cedar Rapids (Iowa, USA)
Lippisch, Alexander (Martin) ~/† 6/419

Cedynia → Zehden (Oder)

Čelákovice (Bez. Brandeis an der Elbe)
Zach, Jan * 10/609

Celano (Italien)
Friedrich von Antiochien ~ 3/476

Čelarevo → Tscheb

Celerina (bündnerroman. Schlarigna, Kt. Graubünden)
Bezzola, Reto Raduolf * 1/510; Rée, Paul † 8/182

Céligny (Kt. Genf)
Schmidheiny, Ernst II. † 8/709

Celle
siehe auch Altencelle, Altenhagen, Blumlage, Westercelle
Ackermann, Sophie * 1/22; Albrecht I. der Große, Herzog von Braunschweig ~ 1/76; Arndt, Johann ~/† 1/174; Arnswaldt, Karl Friedrich Alexander Frh. von * 1/194; Asseburg, Rosamunde Juliane von ~ 1/207; Ayrer, Gustav Heinrich ~/† 1/229; Bach, Johann Sebastian ~ 1/238; Becker, Dietrich ~ 1/376; Beckmann, Johann Friedrich Gottlieb ~/† 1/385; Behr, Burkhard Christian von ~ 1/398; Beneke, Friedrich Wilhelm */~ 1/421; Bentheim, Heinrich Ludolf * 1/429; Berger, Johann August von ~ 1/445; Bergmann, Gottlob Heinrich ~ 1/450; Berkefeld, Wilhelm ~/† 1/455; Bernhard I., Herzog von Braunschweig ~ 1/464; Bernhard II., Herzog von Braunschweig † 1/465; Beulwitz, Ludwig Friedrich von ~ 1/501; Bilderbeck, Christoph Lorenz */~/† 1/525; Bockelmann, Rudolf (August Louis Wilhelm) */~ 1/596; Bode, Johann (Joachim Christoph) ~ 1/599; Boehm, Franz ~ 11/27; Böhmer, Justus Friedrich ~ 1/623; Böhmer, Philipp Ludwig ~/† 1/624; Bolle, Ludwig ~ 2/9; Borcholten, Statius ~/† 2/28; Borries, Wilhelm Friedrich Otto Graf von † 2/37; Bothmer, Karl Friedrich Ernst August von ~ 2/47; Brandes, Georg (Friedrich) * 2/63; Brese, Wilhelm ~ 2/119; Brockdorff, Kai Lorenz Graf von ~ 2/138; Bülow, Friedrich von ~ 2/203; Bülow, Friedrich Ernst von ~/† 2/203; Bussche-Haddenhausen, Ernst Gustav Frh. von dem ~/† 2/254; Capelle, Eduard (Carl Ernst) ~ 2/276; Christian Ludwig, Herzog von Braunschweig-Lüneburg ~/† 11/39; Christiani, (Carl) Rudolf (Ferdinand) † 2/321; Debo, (Heinrich) Ludwig ~ 2/455; Döteber, Franz Julius * 2/581; Düring, (Otto) Albrecht ~/† 2/639; Dusch, Johann Jakob * 2/656; Ebell, Georg * 2/666; Elver, Leonhard von ~ 3/100; Ernst der Bekenner, Herzog von Braunschweig-Lüneburg-Celle ~/† 3/158; Euler, August Martin ~ 3/192; Fabrice, Friedrich Ernst von ~ 3/212; Fabrice, Weipart Ludwig von ~/† 3/212; Falcke, Georg Friedrich Frh. von ~ 3/223; Falcke, Johann Philipp Konrad ~ 3/223; Fechner, Eberhard ~ 3/238; Feisenberger, Albert (Salomon) ~ 3/252; Fleisch, Paul Alwin Gottlieb ~ 3/341; Freisler, Roland * 3/423; Fröhlich, Gustav ~ 3/502; Frommel, Max ~/† 3/511; Galliard, John Ernest */~ 3/564; Georg, Herzog von Braunschweig-Lüneburg ~ 3/627; Georg Wilhelm, Herzog von Braunschweig-Lüneburg ~ 3/627; Georg Ludwig, Kurfürst von Hannover, Georg I. als König von Großbritannien und Irland ~ 3/627; Goedeke, Karl (Ludwig Friedrich) */~ 4/51; Goetten, Gabriel Wilhelm ~ 4/68; Grasshoff, Fritz ~ 11/71; Gravenhorst, (Heinrich Ludwig Diedrich) Friedrich ~ 4/144; Gravenhorst, Johann Heinrich ~ 4/144; Grote, August Otto Graf von * 4/200; Grote, Johann Daniel ~ 4/206; Hagemann, Theodor ~/† 4/318; Hansonn, Christian Heinrich ~ 4/377; Hartzer, (Carl) Ferdinand * 4/417; Haxthausen, Anton Wolf Frh. von ~ 4/458; Heinrich Bergmeier, Bischof von Ratzeburg ~ 4/532; Herzfeld, Ernst (Emil) * 4/660; Heß, August ~

4/668; Heusinger, Bruno † 5/11; Hodenberg, Wilhelm
(Iwan August Benedict) Frh. von † 5/84; Hoppe, David
Heinrich ~ 5/172; Hunaeus, Georg (Christian Konrad) ~
5/227; Jacobi, Andreas Ludolf ~/† 5/272; Jastram, Cord
~ 5/309; Jeep, Johann(es) ~ 5/314; Kampffmeyer, Georg
~ 5/421; Klammer, Balthasar ~/† 5/564; Koch, Albert
~/† 5/637; Köhler, Karl * 5/651; Kopf, Hinrich Wilhelm
~ 6/37; Korte, Gerhard * 6/48; Kraut, Karl (Johann) ~
6/86; Kregel, Wilhelm ~ 6/89; Kricheldorf, Hermann *
6/104; Kruse, Gottschalk ~ 6/133; Langenbeck, Heinrich
~/† 6/239; Lehr, Robert * 6/301; Leist, Justus Christoph
~/† 6/310; Lenz, Carl Gotthold ~ 6/323; Leonhardt,
Adolf ~ 6/329; L'Estocq, Anton Wilhelm von * 6/347;
L'Estocq, Hermann Graf */~ 6/348; Lochner, Rudolf
~ 6/434; Meiland, Jakob ~ 7/32; Mellinger, Johannes
~/† 7/55; Meyer, Gerhard Lucas ~ 7/103; Moericke,
Dagobert ~ 7/173; Mohrbutter, Alfred * 7/184; Moller,
Joachim d. J. von ~ 7/191; Münchhausen, Gerlach Adolf
Frh. von ~ 7/294; Neubur, Friedrich Christian ~ 7/374;
Niemack, Horst † 7/407; Olbreuse, Eleonore Desmier d'
† 7/483; Ompteda, Ludwig Frh. von ~/† 7/492; Planck,
Gottlieb (Karl Georg) ~ 7/683; Plassmann, Joseph Otto †
7/686; Pott, August Friedrich ~ 8/46; Pretzell, Lothar ~
8/64; Ramdohr, Friedrich Wilhelm Basilius von ~ 8/131;
Rautenkranz, Hermann von ~/† 8/165; Raven, Mathilde
~ 8/167; Razum, Hannes ~ 8/169; Rehwinkel, Edmund
† 8/194; Reinbeck, Johann Gustav * 8/214; Rettberg,
Friedrich Wilhelm */~ 8/250; Rhegius, Urbanus ~/† 8/267;
Rinck, Hans-Justus ~ 8/313; Rumann, Ernst August
~ 8/462; Rumann, Wilhelm * 8/462; Runge, Conrad
Heinrich ~ 8/467; Schetelig, Johann Andreas Gottfried
~/† 8/616; Schmettow, Woldemar Friedrich Graf von *
8/697; Schmidt, Adolf * 9/1; Schmidt, (Max Karl Wilhelm)
Adolf * 9/1; Schmidt, Arno (Otto) † 9/2; Schmidt, Robert
~ 9/19; Schönleutner, Max ~ 9/98; Schomerus, Christoph
Bernhard ~ 9/112; Schultze, Fritz * 9/193; Schulze, Ernst
(Konrad Friedrich) */† 9/199; Soik, Helmut Maria ~/†
9/362; Sophie Dorothea, Prinzessin von Hannover * 9/377;
Sprengel, Carl Philipp ~ 9/418; Steffens, Johann Heinrich
~/† 9/466; Stolze, Heinrich Wilhelm ~/† 9/556; Strombeck,
Friedrich Karl von ~ 9/593; Strungk, Nicolaus Adam ~
9/598; Taube, Arved Frh. von ~ 9/661; Taube, Johann
Daniel */~/† 9/661; Thaer, Albrecht Daniel */~ 9/686;
Thaer, Albrecht Philipp * 9/687; Thünen, Johann Heinrich
von ~ 10/25; Tielker, Johann Friedrich ~ 10/38; Timäus,
Friedrich August * 10/44; Tischbein, Willy † 10/49; Topp,
Johann Konrad Sigismund ~ 10/64; Trüller, Harry */~/†
10/101; Völker, Karl ~ 10/222; Voigts, Bodo ~ 10/240;
Wackenroder, Heinrich Wilhelm Ferdinand ~ 10/268;
Weisker, Rudolf ~ 10/404; Wenzel, Herzog, Kurfürst
von Sachsen-Wittenberg ~ 10/438; Westphal, Siegfried
† 10/461; Wichmann, Moritz Ludwig Georg * 10/471;
Windthorst, Ludwig ~ 10/525; Wolfslast, Jürgen ~ 10/582

Čeminy → Tschemin
Centerport (New York, USA)
  Leschnitzer, Adolf (Friedrich) † 6/341
Central Valley (New York, USA)
  Helbing, Philipp † 4/555
Cerhovice → Cerhowitz
Cerhowitz (tschech. Cerhovice)
  Gährich, Wenzel * 3/553
Čermákovice → Tschermakowitz
Černá v Pošumaví (dt. Schwarzbach) → Untermoldau
Cernatu → Michelsdorf
Cernay → Sennheim
Černčice → Tscherntschitz
Černíkovice → Černikowitz
Černikowitz (tschech. Černíkovice)
  Koch, Heinrich ~ 5/640
Černivci → Czernowitz
Černjahovsk → Keppurren

Černoschitz (tschech. Čzernošice)
  Lebeda, Anton * 6/278
Černousy → Tschernhausen
Černovcy → Czernowitz
Černy Potok → Pleil
Černýs → Tschirnitz
Černyševka → Großbeinuhnen
Černyševskoe → Eydtkuhnen
Červená → Rothsaifen
Červenica (Slowakei)
  Ratzenberger, Franz ~ 8/154
Červený Hrádek → Rothenhaus
Cervia (Italien)
  Wolker, Ludwig † 10/583
Cesena (Italien)
  Burnacini, Giovanni * 2/246
Cesis (Lettland)
  Walden, Paul * 10/302
Česká Kamenice → Böhmisch-Kamnitz
Česká Lípa → Böhmisch-Leipa
Česká Ves → Böhmischdorf (Bez. Freiwaldau)
České Budějovice → Budweis
Česke Křidlovice → Groß Grillowitz
Český Dub → Böhmisch-Aicha
Český Krumlov → Böhmisch Krumau
Cesvaine → Seßwegen
Cetatea-de-Balta → Kockelburg
Cetinje (Montenegro)
  Zech-Burkersroda, Julius Graf von ~ 10/625
Chabarowsk (Chabarovsk, Rußland)
  Breitner, Burghard ~ 2/107
Chabeřice → Chaberschitz
Chaberschitz (tschech. Chabeřice)
  Michel, Robert * 7/125
Chabičov → Chabitschau
Chabitschau (tschech. Chabičov)
  Hlubek, Franz Xaver Ritter von * 5/78
Châlons-sur-Marne (Dép. Marne, Frankreich)
  Kleist, (Bernd) Heinrich (Wilhelm) von ~ 5/583; Mayrisch,
  Emil † 7/17
Chalons-sur-Saône (Dép. Saône-et-Loire, Frankreich)
  Donellus, Hugo * 2/594
Cham (Kt. Zug)
  Baumgartner, Heinrich ~ 1/347; Brandenberg, Johann(es) ~
  2/61; Egg, Karl ~/† 3/25; Felder, Hans d. Ä. ~ 3/255
Cham (Oberpfalz)
  siehe auch *Höfen*
  Bosl, Karl * 2/43; Fraunberg, Josef Maria Johann
  Nepomuk von und zu ~ 3/418; Gerhoh von Reichersberg
  ~ 3/645; Heinrich XV., Herzog von Bayern, ~ 4/523;
  Luckner, Nikolaus Graf von ~ 6/493; Maßl, Franz Xaver
  ~ 6/651; Petz, Johann ~ 7/626; Pflug, Sebastian ~ 7/650;
  Rauch, Hans ~ 8/158; Reber, Franz Ritter von * 8/169;
  Seeliger, Ewald Gerhard (Hartmann) ~/† 9/259; Vogt,
  Martin ~ 10/234; Vorwalter, Johann Menrad von ~ 10/256;
  Westermayer, Anton ~ 10/459
Chambéry (Dép. Savoie, Frankreich)
  Anderledy, Anton Maria ~ 1/123
Chambord (Frankreich)
  Albrecht Alcibiades, Markgraf von Brandenburg-Kulmbach
  ~ 1/76; Moritz, Kurfürst von Sachsen ~ 7/215; Moritz,
  Graf von Sachsen † 7/216; Schertlin von Burtenbach,
  Sebastian ~ 8/615
Chañarcillo (Chile)
  Wagemann, Ernst * 10/273
Chantilly (Dép. Oise, Frankreich)
  Hügel, Helmut vom † 5/208
Chapel Hill (North Carolina, USA)
  Badt-Strauß, Bertha † 1/253; Baer, Reinhold ~ 1/260;
  Brauer, Alfred Theodor ~/† 2/77; Kuhn, Helmut ~ 6/160;
  Morwitz, Ernst ~ 7/220; Solmsen, Friedrich † 9/365; Wald,
  Abraham ~ 10/299

Wassili ~ 6/493; Ludin, Adolf ~ 6/495; Ludowigs, Paul ~ 6/497; Lübke, Georg ~ 6/512; Lüders, Marie-Elisabeth ~ 6/516; Luger, Georg ~ 6/526; Luther, Hans ~ 6/535; Mann, Ludwig ~ 6/592; March, Ernst † 6/605; March, Otto * 6/605; March, Werner * 6/606; Matschoß, Conrad ~ 6/657; Matting, Alexander * 6/664; Mebes, Paul ~ 7/18; Meding, (Johann Ferdinand Martin) Oskar ~/† 7/23; Meerwarth, Rudolf ~ 7/25; Meerwein, Hans (Lebrecht) ~ 7/25; Meidinger, Walter * 7/30; Meinhold, (Johann) Wilhelm † 7/36; Meißner, (Fritz) Walther ~ 7/42; Metzeltin, Erich ~ 7/91; Metzing, Adalbert ~ 7/92; Miethe, Adolf ~ 7/134; Miller, Julius † 7/143; Misch, Carl (Edward) * 7/151; Moede, Walther ~ 7/163; Möhring, Bruno ~ 7/165; Moellendorff, Wichard (Georg Otto) von ~ 7/167; Mönch, Günther * 7/172; Mommsen, Ernst Wolf * 7/195; Müllenhoff, Adalbert ~ 7/245; Müller, Carl ~ 7/249; Müller, Hans (Heinrich) ~ 7/261; Müller-Hartung, Karl Wilhelm † 7/287; Münzinger, Friedrich ~ 7/301; Mundt, Robert ~ 7/307; Muthesius, Hermann ~ 7/320; Mylius, Franz (Benno) ~ 7/323; Nachtlicht, Leo ~ 7/327; Nahl, Johann August d. Ä. ~ 7/337; Nawatzki, Viktor ~ 11/133; Nechansky, Arnold ~ 7/354; Nehring, (Carl Wilhelm) Alfred † 7/359; Nesper, Eugen (Heinrich Josef) ~ 11/136; Neuhaus, Fritz (Alfred Ernst) ~ 11/138; Neumann-Hofer, Gilbert Otto ~ 7/388; Niethammer, Anneliese * 11/142; Noddack, Ida (Eva) ~ 7/429; Nordhoff, Heinrich ~ 7/438; Normann, (Karl Peter) Wilhelm (Theodor) ~ 7/449; Öhlschläger, Otto Karl von † 7/465; Oetken, August (Heinrich Hermann) ~ 7/474; Ollendorff, Franz Heinrich ~ 7/489; Oppenheim, Franz * 11/151; Orlowski, Hans Otto ~ 7/506; Ostendorf, Friedrich ~ 7/515; Otzen, Johannes ~ 7/538; Paalzow, (Carl) Adolph † 7/543; Paasche, Hermann ~ 7/544; Paul, Adolf Georg ~ 7/573; Pavel, Emil Wilhelm Rudolf ~ 7/583; Pelet-Narbonne, Gerhard † 7/590; Pels, Henry ~ 7/592; Perathoner, Hans ~ 7/598; Perl, Jacques ~ 7/601; Perls, Paul Heinrich ~ 7/602; Pfuhl, Ernst * 7/652; Philippi, Rudolph Amandus * 7/658; Planck, Erwin * 7/683; Poelzig, Hans ~ 8/12; Poensgen, Ernst ~ 8/13; Probener, Michael ~ 8/74; Probst, Emil ~ 8/74; Pröll, Arthur (Rudolf Franz Gustav) ~ 8/76; Proetel, Hermann Friedrich ~ 8/77; Rappaport, Philipp (August) ~ 8/142; Rasch, Ewald Ferdinand Wilhelm ~ 8/144; Raschdorff, Julius Carl ~ 8/144; Rauch, Christian Daniel ~ 8/157; Redlich, Fritz ~ 8/179; Reichel, Walther Emil Berthold ~ 8/199; Reichenow, Anton * 8/201; Reicke, Ilse ~ 8/205; Reuleaux, Franz ~ 8/253; Richter, Klaus (Carl Friedrich) ~ 8/282; Riedler, Alois ~ 8/295; Riesenthal, Julius Adolf Oskar ~ 8/306; Rietschel, Hermann (Immanuel) ~ 8/308; Rimpl, Herbert ~ 11/163; Risch, Curt ~ 8/322; Rosenfeld, Siegfried ~ 8/396; Roß, Colin ~ 8/404; Roth, Arnold ~ 8/411; Rubens, Heinrich ~ 8/431; Rudeloff, Max ~ 8/435; Rüdenberg, Reinhold ~ 8/445; Rüdorff, Friedrich ~/† 8/448; Rümelin, Theodor ~ 8/453; Ruths, (Johann) Heinrich ~ 8/477; Ryniker, Adolf J. ~ 8/480; Sartori, Carl Joseph ~ 8/520; Sartori, Constantin Philipp Georg * 8/520; Schadow, Albert Dietrich ~ 8/543; Scharoun, Hans ~ 8/570; Schenk, Friedrich (Franz Karl) ~ 8/602; Schering, Harald (Ernst Malmsten) ~ 8/612; Schiemann, Max ~ 8/628; Schilling, Balduin ~ 8/638; Schlesinger, Georg ~ 8/670; Schmidt, Paul Otto * 9/18; Schmidt, Wieland * 9/20; Schmitz, Bruno ~ 9/35; Schoen, Ernst (Fritz Erich) * 9/80; Scholtz, Arthur ~ 9/107; Scholz, Ernst ~ 9/108; Scholz, Wilhelm Johann Ludwig ~ 9/111; Schütte, Johann (Heinrich Karl) ~ 9/175; Schultz, Ferdinand ~/† 9/190; Schustehrus, Kurt (Louis Wilhelm) ~/† 9/215; Schwarzkopf, Hans ~ 9/232; Seeliger, Rudolf ~ 9/260; Seeling, (Christian) Heinrich ~ 9/260; Seeßelberg, Friedrich ~ 9/261; Sehmer, Theodor (II.) ~ 9/264; Seibt, Georg ~ 9/265; Seidenschnur, Fritz Karl Georg ~ 9/267; Sichardt, Willy (Gustav Friedrich Adolf) ~ 9/301; Siebel, Erich (Lothar Max) ~ 9/304; Siemens, Carl Friedrich von * 9/316; Siemens, Hermann Werner * 9/317; Simon, Carl * 9/330; Simon, Leo ~ 9/333; Singer, Felix (Gustav) ~ 9/338; Singer, Kurt ~ 9/339; Slaby, Adolf (Karl Heinrich)

~ 9/348; Sobernheim, Georg * 9/355; Sophie Charlotte, Kurfürstin von Brandenburg, Königin von Preußen ~ 9/378; Spangenberg, Louis ~ 9/384; Speer, Albert ~ 9/390; Spoerl, Alexander (Johann Heinrich) ~ 9/414; Stahl, Wilhelm ~ 9/440; Starke, Richard F. ~ 9/453; Steiner, George ~ 9/489; Steiner, Julius * 9/490; Steinitz, Ernst ~ 9/495; Stiehl, Otto (Max Johannes) ~ 9/527; Stinnes, Hugo ~ 9/534; Stoeving, Kurt ~ 9/547; Swarzenski, Hanns (Peter) * 9/640; Techel, Hans ~ 9/668; Thierry, George Henry de ~ 10/7; Thyssen, Fritz ~ 10/34; Tippelskirch, Kurt (Oskar Heinrich Ludwig Wilhelm) von * 10/47; Toellner, Johann Gottlieb * 10/56; Traeger, Albert † 10/67; Treadwell, William Dupré ~ 10/76; Triest, (August Ludwig) Ferdinand ~ 10/88; Ubbelohde, Leo (Karl Eduard) ~ 10/121; Uller, Karl ~ 10/135; Unruh, Max (Curt) von ~ 10/158; Uphues, Joseph ~ 10/163; Utech, Joachim (Christoph Ludwig) ~ 10/171; Valentiner, (Richard Wilhelm) Siegfried ~ 10/179; Vieweg, (Gotthold) Richard ~ 10/209; Vollmer, Hans * 10/248; Vollmer, Johannes ~ 10/248; Vorgang, Paul ~ 10/254; Voss, Hans-Alexander ~ 10/258; Wagner, Martin ~ 10/285; Wandschneider, Wilhelm (Georg) ~ 10/329; Waske, Erich ~ 10/341; Weber, Alfred ~ 10/349; Weber, Carl ~ 10/350; Weber, Hans Hermann (Julius Wilhelm) * 10/354; Wedepohl, Edgar ~ 10/370; Wehnelt, Arthur (Rudolph Berthold) ~ 10/376; Weisbach, Walter ~ 10/401; Wendt, Karl ~ 10/434; Werner, Reinhold von † 10/447; Wieynck, Heinrich ~ 10/492; Wilbrandt, Robert (August Hermann Friedrich Karl) ~ 10/496; Wildhagen, Karl ~ 10/501; Wilm, Alfred ~ 10/514; Wittgenstein, Ludwig (Josef Johann) ~ 10/547; Wittig, Georg (Friedrich Karl) * 10/549; Wolf, Julius ~ 10/567; Wolff, Julius ~/† 10/574; Wolff, Lion ~ 10/576; Wolfsfeld, Erich ~ 10/581; Zastrow, (Friedrich) Wilhelm (Christian) von ~ 10/622; Zeller, Adolf ~ 10/636; Zimmermann, Waldemar ~ 10/671

Charlottental → Klein Grabow

Charlowitz (Böhmen)
Koegel, Ilse * 5/649

Charlton (England)
Schalch, Andreas † 8/559

Charmoille (Kt. Jura)
Gobat, Georg * 4/44

Charsy
Weber, Carl † 10/350

Chartreuse, Grande C. (Frankreich)
Blumenau, Laurentius ~ 1/585; Bruno von Köln ~ 2/172

Chartum → Khartum

Chasseneuil-du-Poitou (Frankreich)
Ludwig I. der Fromme, fränkischer Kaiser * 6/497

Château-d'Œx (Kt. Waadt)
Bridel, Philipp Syrach ~ 2/130

Châteauneuf-du-Pape (Dép. Vaucluse, Frankreich)
Horbach, Michael ~ 5/174

Châteauroux (Frankreich)
Groethuysen, Bernhard ~ 11/71

Châtenois → Kestenholz

Chatham (England)
Schön, Jacob Friedrich ~/† 9/80

Châtillon-sur-Indre (Frankreich)
Beausobre, Isaak de ~ 1/362

Châtillon-sur-Seine (Dép. Côte-d'Or, Frankreich)
Humboldt, Wilhelm von ~ 5/222; Stettler, (Adelheid Fanny) Martha † 9/520

Chatoux (Frankreich)
Strupp, Carl † 9/599

Chattanooga (Tennessee, USA)
Land, Emmy † 6/212

Cheb → Eger

Chelchen (auch Vorbergen, poln. Chełchy)
Seydel, Karl * 9/297

Chełchy → Chelchen

Chełmsko → Schömberg

Chelsea (London)
Clias, Phokion Heinrich ~ 2/343; Dietrich, (Johann Christian) Gottlieb ~ 2/535; Ehret, Georg Dionys † 3/41

(Albert Ferdinand) ~ 10/18; Ueberhorst, Karl ~ 10/124; Uhlig, (Adolf) Kurt ~ 10/130; Uhlitzsch, Wolfgang Heinz * 10/131; Unger, Ernst Max ~ 10/152; Unzer, August Wilhelm * 10/162; Velhagen, Karl */~ 10/191; Verner, Paul * 10/197; Verner, Waldemar * 10/197; Vogel, Theodor ~ 10/228; Voigt, Valentin * 10/238; Wabra, Ernst */~ 10/264; Wach, Joachim * 10/264; Wagner, Kurt */~ 10/284; Watzdorf, Heinrich August von ~ 10/346; Weber, Carl Maria (Friedrich Ernst) von ~ 10/350; Weißbach, Franz Heinrich * 10/411; Weißmantel, Christian ~/† 10/415; Welz, Justinian Ernst Frh. von * 10/430; Wenig, Josef ~ 10/436; Wernigk, William * 10/451; Wieck, Friedrich Georg ~ 10/478; Wilisch, Hugo * 10/507; Wilsdorf, (Max) Georg * 10/516; Winkelmann, Hans ~ 10/527; Witten, Hans ~ 10/546; Wolff, Fritz ~ 10/572; Zeigner, Erich (Richard Moritz) ~ 10/631; Zeisler, Moritz ~ 10/632; Zetzsche, Karl Eduard ~ 10/648; Zeuner, Gustav (Anton) * 10/649; Zilken, Willy ~ 10/661; Zimmer, Walter ~ 10/664; Zimmermann, Emmy ~ 10/666; Zimmermann, Johann von ~ 10/668; Zohsel, Fritz ~ 10/686; Zschille, Dora */~ 10/691

Chêne-Bougeries (Kt. Genf)
Borel, Eugène † 2/29

Cherbourg (Frankreich)
Rommel, Erwin ~ 8/380

Cherson → Kherson

Chevrières (Frankreich)
Mitte de Caprariis, Petrus * 7/156

Chevy Chase (Maryland, USA)
Weigert, Oscar † 10/388

Chexbres (Kt. Waadt)
Gimmi, Wilhelm ~/† 4/11; Roth, Rolf † 8/415

Chiangchow (China)
Herdtrich, Christian Wolfgang ~/† 4/613

Chiavenna (Italien)
Heinrich der Löwe, Herzog von Sachsen und Bayern ~ 4/533; Zanchius, Hieronymus ~ 10/617

Chicago (Illinois, USA)
Abdoullah-Bey(Leb)-Hammerschmidt, Anni(e) Marie ~ 1/2; Abel, August ~ 1/4; Adelmann von Adelmannsfelden, Heinrich ~ 1/33; Adler, Dankmar ~/† 1/38; Alwin, Karl Oskar ~ 1/108; Apffelstaedt, Max ~ 1/156; Arendt, Hannah ~ 1/166; Auerbach, Alfred ~ 1/215; Balatka, Hans ~ 1/273; Bamberger, Fritz (Siegfried) ~ 1/284; Bamberger, Karl ~ 1/285; Baron, Hans ~ 11/12; Bauer, Stephan ~ 1/329; Baumbach, Max ~ 1/338; Beck, Adolf Franz * 1/369; Bendix, Reinhard ~ 1/417; Benedek, Therese ~/† 1/419; Bergmann, Karl ~ 1/451; Bergstraesser, Arnold ~ 1/453; Bertalanffy, Ludwig von ~ 1/480; Beth, Karl ~/† 1/495; Bettelheim, Bruno ~ 1/498; Beutler, Hans ~/† 1/504; Bing, Ignaz ~ 1/532; Blaschke, Wilhelm (Johann Eugen) ~ 1/560; Blau, Tina ~ 1/564; Bolt, Niklaus ~ 2/11; Bolza, Oskar ~ 2/13; Bondy, Ottilie ~ 2/16; Brachvogel, Udo ~ 2/54; Brentano, Lorenz Peter Karl ~/† 2/117; Carnap, Rudolf Leo ~ 2/283; Conrad, Viktor ~ 2/363; Dehn, Max (Wilhelm) ~ 2/468; Dernburg, Friedrich ~ 2/492; Dietzgen, Josef ~/† 2/542; Dreikurs, Rudolf ~/† 2/613; Druskowitz, Helene von ~ 2/628; Duisberg, Carl Ludwig ~ 2/646; Durand-Wever, Anne-Marie (Katharina Ulrike Fanny Elisabeth) ~ 2/654; Dux, Claire ~/† 2/659; Ehrenzweig, Albert Arnim ~ 3/40; Eisgruber, Elsa ~ 3/74; Eissler, Kurt Robert ~ 11/52; Erhardt, Otto ~ 3/147; Feininger, Lyonel (Charles Adrian) ~ 3/252; Fichtel, Karl ~ 3/286; Fielitz, Alexander von ~ 3/293; Finkler, Dittmar ~ 3/304; Förster, Anton ~ 3/361; Forrer, Emil Orgetorix ~ 3/374; Franck, James ~ 3/389; Ganz, Rudolph (Hermann) ~/† 3/572; Gerth, Hans Heinrich ~ 3/662; Goeppert-Mayer, Maria ~ 4/55; Goetz, Hermann ~ 4/70; Gombosi, Otto Johannes ~ 4/94; Gräsel, Arnim ~ 4/123; Graßberger, Roland ~ 4/138; Greßmann, Hugo (Ernst Friedrich Wilhelm) † 4/157; Gropius, Walter (Adolf Georg) ~ 4/187; Grotrian-Steinweg, (Albert Theodor Emanuel Ludwig) Willi ~ 4/203; Guggenberger, Thomas ~ 4/249; Gundlach, Karl ~ 4/259; Gutowski, Armin ~ 4/272; Haas, Arthur Erich † 4/285;

Haasen, Peter ~ 11/75; Haemmerli-Schindler, Gertrud ~ 4/307; Hagenbeck, Carl (Gottfried Wilhelm Heinrich) ~ 4/324; Hahn, Hermann ~ 4/330; Hassler, Emil ~ 4/430; Haupt, Ullrich * 4/444; Hayek, Friedrich (August) von ~ 4/461; Heermann, Hugo ~ 4/476; Hellinger, Ernst (David) ~/† 4/566; Hellmayr, Carl Eduard ~ 4/567; Helly, Eduard ~/† 4/570; Hempel, Carl Gustav ~ 11/83; Henckel, Carl ~ 4/580; Hensel, Heinrich (August) ~ 4/597; Hertz, Richard (Otto) ~ 4/653; Hilbersheimer, Ludwig ~/† 5/33; Hilgard, Heinrich ~ 5/40; Hirsch, Samuel ~/† 5/65; Hölscher, Uvo (Adolf) ~ 5/96; Hoffacker, Karl ~ 5/112; Hofmann, Hubert ~ 5/129; Hohner, Matthias ~ 5/143; Hollaender, Victor ~ 5/150; Holst, Hermann (Eduard) von ~ 5/154; Holthusen, Hans Egon ~ 11/90; Horkheimer, Max ~ 5/175; Horney, Karen ~ 5/180; Huhn, Charlotte ~ 5/220; Hussa, Maria ~/† 5/233; Inwald Edler von Waldtreu, Josef ~ 5/257; Jacobsohn, Simon ~/† 5/277; Jaeger, Werner (Wilhelm) ~ 5/285; Jaffé, Franz ~ 5/288; Jakob, Max ~/† 5/296; Jöhr, Walter Adolf ~ 5/335; Kautny, Theodor ~ 5/477; Kiepura, Jan ~ 5/533; Kips, Alexander ~ 5/546; Klaudy, Peter (Alexander) ~ 11/105; Klebs, Edwin ~ 5/570; Klenze, Camillo von ~ 5/588; Knappstein, Karl Heinrich ~ 5/614; Köhler, Ludwig (Hugo) ~ 5/652; Körting, Max ~ 5/675; Kohler, Kaufmann ~ 6/4; Kohut, Heinz ~/† 11/109; Kolb, Otto ~ 6/11; Kriege, Hermann ~ 6/106; Kubelik, (Jeroným) Rafael ~ 6/135; Kurath, Hans ~ 11/116; Landsberger, Benno ~/† 6/220; Lang, Franz Joseph ~ 6/224; Lasche, Oskar ~ 6/255; Lattermann, Theodor ~ 6/262; Laubenthal, Rudolf ~ 6/264; Laue, Max von ~ 6/266; Laufer, Berthold ~/† 6/268; Laves, Fritz ~ 6/276; Lerski, Helmar ~ 6/340; Levy, Ernst ~ 6/361; Liepe, Wolfgang ~ 6/391; List, Emanuel ~ 6/424; Loeb, Jacques ~ 6/437; Loewenfeld, Leopold ~ 6/453; Loewenstein, Georg (Wolfgang) ~ 6/455; Loos, Adolf ~ 6/466; Lütschg, Waldemar ~ 6/524; Machlup, Fritz ~ 6/551; Manes, Alfred † 6/586; Marck, Siegfried ~/† 6/607; Marschak, Jacob ~ 6/630; Matzenauer, Margarethe ~ 6/665; Meier, Emerenz ~/† 7/30; Meister der Worcester-Kreuztragung ~ 7/46; Menger, Karl ~/† 7/62; Meyer, Johann Jakob ~ 7/106; Middeldorf, Ulrich ~ 7/129; Middelschulte, Wilhelm ~ 7/129; Mies van der Rohe, Ludwig ~/† 7/132; Möller, Alfred ~ 7/167; Moholy-Nagy, László ~/† 7/181; Moldenhauer, Hans ~ 7/187; Molzahn, Johannes ~ 7/195; Morgenthau, Hans Joachim ~ 7/213; Morsbach, Lorenz ~ 7/219; Most, Johann (Joseph) ~ 7/231; Mucha, Alfons ~ 7/237; Müller, Georg ~ 7/260; Müller-Cohen, Anita ~ 7/285; Neutra, Richard (Josef) ~ 7/394; Nörrenberg, Constantin ~ 7/431; Ohly, Friedrich ~ 7/479; Olitzka, Rosa ~/† 7/488; Olszewska, Maria ~ 7/491; Oncken, Hermann ~ 7/492; Oppenheim, Adolf Leo ~ 7/498; Oppenheim, Moritz ~/† 7/499; Osten, Hans Henning von der ~ 7/514; Palyi, Melchior ~/† 7/553; Peschka-Leutner, Minna ~ 7/608; Petzet, Walter ~ 7/627; Piccard, Jean Félix ~ 7/660; Pichler, Johann ~ 7/662; Pollak, Egon ~ 8/26; Porges, Otto ~/† 8/37; Preminger, Otto (Ludwig) ~ 8/61; Pribram, Ernst August ~/† 8/68; Pringsheim, Peter ~ 8/71; Prokosch, Eduard ~ 8/79; Proskowetz von Proskow und Marstorff, Maximilian Ritter von ~ 8/80; Rainer, Virgil ~ 8/128; Rajdl, Maria ~ 8/129; Ramus, Pierre ~ 8/134; Rapp, Wilhelm † 8/142; Reichenberger, Emanuel ~ 8/201; Reiner, Fritz ~ 8/215; Reissner, Hans Jacob ~ 8/233; Rethberg, Elisabeth ~ 8/250; Rewald, John ~ 8/264; Rheinstein, Max ~ 8/268; Rintelen, Fritz Joachim ~ 8/320; Rittig, Johann ~ 8/334; Rohde, Friedrich Wilhelm ~ 8/367; Rosenberg, Hans Oswald ~ 8/393; Rothfels, Hans ~ 8/419; Ruegger, Elsa † 8/450; Schäffer, Bernhard ~ 11/168; Scharrer, Berta ~ 8/571; Scharrer, Ernst (Albert) ~ 11/168; Schawinski, Alexander ~ 8/578; Schimkowitz, Othmar ~ 8/640; Schindler, Friedrich Wilhelm ~ 8/644; Schipper, Emil ~ 8/648; Schirmacher, Käthe ~ 8/649; Schlenke, Manfred ~ 8/669; Schlusnus, Heinrich ~ 8/689; Schmidt, Erich F(riedrich) ~ 9/6; Schnabel, Artur ~ 9/42; Schnars-Alquist, (Carl Wilhelm) Hugo ~ 9/45; Schneider, Karl (Rudolf) † 9/57; Schubert, Richard ~ 9/164; Schuckert, (Johann) Sigmund ~ 9/168; Schurz, Carl ~ 9/212; Schwarz,

Chrustenitz (tschech. Chrustenice)
Homolka, Benno * 5/165
Chrzanów → Schmidlow
Chuchelná → Kuchelna
Chudenice → Chudenitz
Chudenitz (tschech. Chudenice)
Reicha, Joseph * 8/196
Chur (Kt. Graubünden)
Ah, Joseph Ignaz von ~ 1/56; Albertini, Christoph von
~/† 1/71; Anhorn, Bartholomäus ~ 1/140; Ardüser, Hans
~ 1/164; Arnstein, Karl ~ 1/193; Attenhofer, Adolf †
1/210; Barblan, Otto ~ 1/292; Bernhardi, Bartholomäus
~ 1/469; Bilguer, Johann Ulrich von * 1/526; Blaurock,
Jörg ~ 1/564; Böckle, Franz ~ 11/26; Bosshard, Emil ~
2/44; Braschler, Otto ~/† 2/74; Brügger, Friedrich ~/†
2/156; Buol-Schauenstein, Karl Rudolf Graf von ~ 2/227;
Byß, Johann Rudolf * 2/262; Calonder, Felix ~ 2/267;
Caminada, Christian ~/† 2/270; Carigiet, Alois ~ 2/279;
Cherbuliez, Antoine-Elisée ~ 2/309; Christ, Paul ~ 2/315;
Collalto, Rambaldo Graf von † 2/356; Collini, Cosimo
Alessandro ~ 2/357; Colombi, Plinio ~ 2/359; Comander,
Johannes ~/† 2/360; Curjel, Hans ~ 2/412; Devrient,
Max † 2/508; Eichhorn, Ambros ~ 3/51; Engi, Gadient *
3/124; Ercklentz, Wilhelm † 3/139; Fabricius Montanus,
Johann ~/† 3/215; Federspiel, Johann Anton Frh. von
~/† 3/243; Federspiel, Ulrich Frh. von ~/† 3/243; Feiner,
Johannes ~ 3/252; Florentini, Theodosius ~ 3/354; Flugi
von Aspermont, Conradin ~/† 3/357; Gallicius, Philipp
~/† 3/564; Gasser, Conrad * 3/578; Gelyto, Petrus I. ~
3/618; Giorgio, Hans * 4/13; Gisler, Anton ~/† 4/17; Götz,
(Friedrich Wilhelm) Paul † 4/70; Gumposch, Philipp Viktor
~ 4/255; Gyr, Niklaus ~ 4/278; Hartmann II., Graf von
Werdenberg-Sargans, Bischof von Chur ~ 4/404; Hartmann,
Nicolaus d. Ä. * 4/412; Hauser, Walter ~ 4/450; Heinrich
I., Bischof von Chur ~ 4/525; Heinrich II., Bischof
von Chur ~ 4/525; Herold, Otto * 4/636; Heuß, Alfred
(Valentin) * 5/12; Hilty, Carl ~ 5/48; Hohenlandenberg,
Hugo von ~ 5/138; Hotzenköcherle, Rudolf * 5/188;
Huber, Kurt (Theodor) ~ 5/198; Hügli, Emil ~/† 5/209;
Huonder, Anton * 5/229; Husemann, August ~ 5/232;
Jenatsch, Georg (Jürg) ~/† 5/319; Jörger, Johann Joseph
~/† 5/336; Johann VI. Ambundi, Erzbischof von Riga ~
5/344; Jonas, Jakob ~ 5/360; Kauffmann, Angelica (Maria
Anna Angelica Catarina) * 5/468; La Nicca, Richard †
6/248; Lemnius, Simon ~/† 6/317; Leonhard Wiesmair,
Bischof von Chur, Kanzler von Tirol ~ 6/327; Lindner,
Fritz † 6/408; Marischka, Ernst † 6/624; Markees, Karl *
6/625; Martini, Martin ~ 6/640; Meisser, Leonhard */~/†
7/40; Meyer, Johann Jakob † 7/106; Meyer, Richard (Emil)
~ 7/109; Mirer, Johann Peter ~ 7/151; Mohr, Theodor von
~/† 7/184; Mont, Ulrich de */~/† 7/199; Moser, Robert ~
7/228; Müller, Jean Hermann ~ 7/267; Neubronner, Karl
Heinrich von † 7/374; Orelli, Johann Kaspar von ~ 7/504;
Pedretti, Turo ~ 7/587; Peer, Andri ~ 7/587; Planta, Peter
Conradin von ~ 7/685; Planta, Robert von † 7/686; Platow,
Robert † 7/689; Plattner, Placidus A. * 7/691; Ragaz,
Clara */~ 8/123; Ragaz, Leonhard ~ 8/123; Remedius,
Bischof von Chur ~/† 8/239; Risch, Martin */~ 8/322;
Riß, Heinrich ~ 8/323; Roffler, Thomas * 8/365; Rost,
Dionys Frh. von ~/† 8/406; Rost, Joseph Benedikt Frh.
von ~ 8/408; Rutz, Benno (Jakob) ~ 8/479; Salis-Seewis,
Johann Gaudenz von ~ 8/500; Salis-Soglio, Johann Ulrich
von */~/† 8/500; Salis-Soglio, Peter von ~/† 8/500; Sanden,
Hans ~ 8/511; Scartazzini, Giovanni Andrea ~ 8/536;
Schaff, Philip(p) * 8/555; Schatzmann, Rudolf Friedrich
~ 8/573; Scherer, Maria Theresia ~ 8/610; Scheubner, Josef
Konrad ~ 8/617; Schlegel, Theodul */~/† 8/662; Schmid
von Grüneck, Georg von ~/† 8/707; Schnöller, Etienne
† 9/67; Schoop, Hermann ~ 9/113; Schorta, Andrea ~/†
9/119; Spescha, Hendri ~ 9/398; Sprecher, Salomon von
* 9/417; Sprecher von Bernegg, Jakob Ulrich † 9/417;
Stampfer, Jakob Hans ~ 9/445; Szadrowsky, Manfred
~/† 9/645; Teutenberg, Elisabeth ~ 9/683; Theobald,
Gottfried Ludwig ~/† 9/694; Truog-Saluz, Tina */† 10/103;

Tscharner, Johann Baptist von */† 10/104; Tscharner,
Johann Friedrich von */~/† 10/104; Ulrich II. Putsch,
Bischof von Brixen ~ 10/142; Vetter, Ferdinand ~ 10/200;
Wartburg, Walther von ~ 10/338; Weigel, Helene ~ 10/386;
Wido, Bischof von Chur ~ 10/476; Ziegler, Paul ~ 10/656
Churwalden (Kt. Graubünden)
Brügger, Friedrich * 2/156
Chust → Húszt
Chválkov → Chwalkow
Chwalkow (tschech. Chválkov)
Kittel, Johann Joseph ~ 5/560
Chyše → Chiesch
Chyška → Chisten
Ciechanów (Polen)
Koch, Erich ~ 5/638
Ciepielów → Tschöplau
Cieplice Śląskie Zdrój → Bad Warmbrunn
Cieszków → Freyhan
Cieszyn → Teschen
Cífer → Ziffer
Ciffer → Ziffer
Cigales (Spanien)
Maria, Erzherzogin von Österreich, Königin von Böhmen
und Ungarn, Statthalterin der Niederlande † 6/622
Čigirin → Tschigirin
Číhaň → Tschihan
Cilacap (Java, Indonesien)
Bacheracht, Therese von † 1/244
Cilli (slowen. Celje)
siehe auch *Petschounik*
Baumayer, Marie * 1/337; Baumkircher, Andreas Frh. von
~ 1/348; Bergmann, Joseph Ritter von ~ 1/451; Hohenwart,
Sigismund Graf von * 5/141; Kaiser, Josef * 5/407;
Karlin, Alma Maximiliana * 5/449; Kermauner, Fritz *
5/510; Königsbrun-Schaup, Franz Joseph von * 5/664;
Krainz, Johann * 6/67; Kummer, Karl Ferdinand ~ 6/165;
Kundigraber, Hermann ~ 6/167; Macher, Matthias ~ 6/551;
May, Gerhard ~ 7/1; Neuner, Jakob Anton * 7/391; Oblak,
Vatroslav (Ignaz) */† 7/458; Seidl, Johann Gabriel ~ 9/268;
Ungnad, Hans Frh.von Sonneck ~ 10/156; Wagner, Ernst *
10/279; Weinhandl, Margarete * 10/396; Windisch-Graetz,
Alfred III. (August Karl Maria Wolfgang Erwin) Fürst zu ~
10/524; Wolf, Karl Hermann ~ 10/567
Čimelice → Tschimelitz
Cincinnati (Ohio, USA)
Baeck, Leo ~ 1/254; Berger, Wilhelm ~ 1/447; Bossard,
Johann Karl Silvan ~ 2/43; Braun, Sigismund Frh. von
~ 11/30; Brühl, Gustav ~/† 2/156; Busch, Fritz ~ 2/249;
Deutsch, Gotthard ~/† 2/505; Dietz, Oswald † 2/541;
Eisenberger, Severin ~ 3/70; Furger, Franz ~ 3/543;
Gutherz, Carl ~ 4/270; Hassaurek, Friedrich ~ 4/426;
Idelsohn, Abraham Zwi ~ 5/243; Jacobsohn, Simon ~
5/277; Jollasse, Jean David ~ 5/358; Knappstein, Karl
Heinrich ~ 5/614; Knortz, Karl ~ 5/631; Kohler, Kaufmann
~ 6/4; Korach, Alfred George ~ 6/41; Kunwald, Ernst
~ 6/171; Landsberger, Franz ~/† 6/221; Lewy, Julius
~/† 6/366; Lilienthal, Max ~/† 6/396; Ludvigh, Samuel
~/† 6/497; Marc, Franz ~ 6/604; Mielziner, Moses ~/†
7/132; Moldovan, Kurt ~ 7/187; Neumark, David ~/†
7/205; Most, Johann (Joseph) † 7/231; Multhopp, Hans
† 7/305; Neumark, David ~/† 7/388; Nies, Konrad ~
7/411; Rattermann, Heinrich Armin ~/† 8/153; Reiner,
Fritz ~ 8/215; Rese, Friedrich ~ 8/248; Rickelt, Gustav
~ 8/286; Rittig, Johann ~ 8/334; Röbling, Johann August
~ 8/347; Rosenberg, Wilhelm Ludwig ~ 8/394; Rümelin,
Karl (Gustav) ~/† 8/453; Singer, Otto ~ 9/339; Soden,
Hermann Frh. von ~ 9/357; Stern-Täubler, Selma ~ 9/516;
Stöhr, Richard (Franz) ~ 9/544; Szasz, Otto ~ 9/645;
Täubler, Eugen ~/† 9/650; Weninger, Franz Xaver †
10/436; Wiener, Max ~ 10/487; Zilzer, Wolfgang * 10/663;
Zirndorf, Heinrich ~/† 10/679
Cincu → Großschenk

Cingoli (Italien)
Vogel, Joseph Anton ~ 10/227
Cínovec → Zinnwald
Cinuos-chel (Gem. S-chanf, Kt. Graubünden)
Brunies, Stephan * 2/167
Cîrţa → Kerz
Cismar (seit 1970 zu Grömitz)
Bruhn, Richard * 2/163; Bülow, Bernhard Ernst von *
2/203; Mercator, Nicolaus * 7/68; Stricker, Johannes ~
9/586
Çisowo → Zizow
Čiste Prudy → Tollmingkehmen
Cîteaux (Frankreich)
Konrad von Urach ~ 6/35
Cítoliby → Zittolieb
City Bell (La Plata, Argentinien)
Gans, Richard (Martin) † 3/570
Civezzano (Italien)
Alexandrinus von Neustein, Julius † 1/88
Cividale del Friuli (Italien)
Heinrich (VII.), deutscher König, König von Sizilien ~
4/521; Konrad von Soest, Bischof von Regensburg ~ 6/30;
Ludwig, Herzog von Teck, Patriarch von Aquileja ~ 6/499;
Siegfried III. von Eppstein, Erzbischof von Mainz ~ 9/312;
Ulrich III. von Spanheim, Herzog von Kärnten und Herr
von Krain † 10/142
Civitavecchia (Italien)
Theiner, Augustin † 9/692
Čížkovice → Tschischkowitz
Čkalov → Orenburg
Clacsan (Ungarn)
Lang, Eduard * 6/223
Clairvaux (Frankreich)
Konrad von Urach ~ 6/35; Wolfrath, Franz Anton ~ 10/581
Clam (Oberösterreich)
Clam-Martinic, Heinrich (Karl Maria) Graf von † 2/329
Claremont (England)
Leopold Carl Eduard Georg Albert von Sachsen-Coburg
und Gotha * 2/279
Claremont (Kalifornien, USA)
Breitner, Hugo * 2/107; Hartwig, Johann Christoph †
4/417; Sulzbach, Walter ~ 9/630
Clarens (Gem. Le Châtelard, 1953-61 Montreux-Châtelard,
seit 1962 zu Montreux)
Clodt-Jürgensburg, Elisabeth von ~/† 2/344; Hilty, Carl †
5/48; Loos, Adolf ~ 6/466
Claußnitz
Türk, Daniel Gottlob * 10/114
Clausthal (seit 1924 zu Clausthal-Zellerfeld)
Abicht, Karl Ernst * 1/11; Achenbach, Adolf ~ 1/17;
Albert, Wilhelm August Julius ~/† 1/69; Alberts, Walter
~ 1/71; Albrecht, Helmuth ~ 1/81; Andrée, Karl Erich
~ 1/133; Aockerblum, Ottmar ~ 1/154; Arnim, Max *
1/181; Bärtling, (Theodor Carl Wilhelm) Richard ~ 1/263;
Berg, Edmund Frh. von ~ 1/439; Berg, Karl Heinrich
Edmund Frh. von ~ 1/440; Bergeat, Alfred (Edmund) ~
1/442; Beyling, Carl ~ 1/507; Biltz, (Eugen) Wilhelm ~
1/530; Blezinger, (Gustav) Adolf ~ 1/572; Bockemüller,
Friedrich Christian Julius */~ 1/597; Böhm, Albert ~ 1/615;
Borchers, (Johann Albert) Wilhelm ~ 2/27; Bornhardt,
(Friedrich) Wilhelm (Conrad Eduard) ~ 2/35; Breithaupt,
Johannes Wilhelm Wolfgang ~ 2/104; Breitkopf, Bernhard
Christoph * 2/106; Brüning, Kurt ~ 2/159; Bugge,
(Friedrich Detlef) Günther ~ 2/218; Calvör, Caspar
~/† 2/268; Calvör, Henning ~ 2/268; Credner, (Karl)
Hermann (Georg) ~ 2/395; Decker, (August) Heinrich *
2/459; Dehnke, Reinhold ~ 2/469; Dörell, Georg Ludwig
(Wilhelm) * 2/575; Drechsler, (Karl Christian) Gustav
~ 2/611; Drechsler, Gustav (Adolph Wilibald) * 2/611;
Dürr, Philipp Paul Theodor ~ 2/641; Ebeling, Georg ~
2/665; Emde, Fritz ~ 3/102; Ende, Konrad ~ 3/108; Eule,
Gottfried ~ 3/190; Ey, Louise ~ 3/202; Fickler, Erich
* 3/289; Fueter, Rudolf ~ 3/533; Gabelmann, (August)
Hugo ~ 3/548; Gerland, Ernst ~/† 3/650; Gothan, Walther

(Ulrich Eduard Friedrich) ~ 4/102; Groddeck, Albrecht
von ~/† 4/177; Gros, (Franz Jakob) Oskar ~ 4/189; Grosse,
Wilhelm ~ 4/195; Grote, Carl Georg Christian Frh. von ~
4/200; Gruhl, Carl ~ 4/220; Haarmann, (Gustav Ludwig
Friedrich) Wilhelm ~ 4/284; Harr, (Hermann) Carl ~
4/394; Hartleben, Otto Erich * 4/403; Hausmann, (Johann)
Friedrich (Ludwig) ~ 4/452; Haxthausen, August (Franz
Ludwig Maria) Frh. von ~ 4/458; Heintzmann, Johann
Friedrich ~ 4/547; Heintzmann, Julius Philipp * 4/547;
Herbst, Friedrich Karl ~ 4/608; Herwegen, Leo ~ 4/656;
Hirz, Heinrich ~ 5/71; Honigmann, Friedrich ~ 5/168;
Hüttig, Gustav (Franz) ~ 5/214; Hunaeus, Georg (Christian
Konrad) ~ 5/227; Illing, Georg ~/† 5/249; Ilsemann,
Johann Christoph */~/† 5/249; Jantzen, Georg ~ 5/304;
Jung, Carl Theobald ~ 5/378; Kerl, (Georg Heinrich)
Bruno ~ 5/509; Kesten, Wilhelm ~ 5/521; Kloos, Johan
Hermann ~ 5/603; Koch, Hermann */~/† 5/640; Koch,
Hugo ~ 5/641; Koch, (Heinrich Hermann) Robert */~
5/643; Köhler, Gustav ~ 5/651; Köhler, Wilhelm ~ 5/653;
Küster, Friedrich (Wilhelm Albert) ~ 6/154; Lahmeyer,
Wilhelm * 6/199; Lellep, Otto ~ 6/314; Löwen, Johann
Friedrich * 6/452; Loewenstein zu Loewenstein, Hans
Louis Ferdinand von ~ 6/456; Luther, Gottlieb ~ 6/535;
Mecklenburg, Werner ~ 7/21; Meding, Franz von ~ 7/23;
Meyer, Franz ~ 7/101; Michael, Eduard von ~ 7/119;
Oelsen, Willy ~ 11/148; Otto, Karl ~ 7/535; Ramdohr,
Paul (Georg Karl) ~ 8/131; Riebeck, Karl Adolf * 8/289;
Riehn, (Carl Andreas) Wilhelm ~ 8/300; Römer, Friedrich
Adolph ~/† 11/164; Rosterg, August ~ 8/408; Ruschen,
Carl ~ 8/475; Sanden, Horst von ~ 8/511; Schaeder,
Erich * 8/545; Schmeißer, Karl ~ 8/695; Schnabel, Karl
~ 9/43; Simon, Arthur (Johann Peter Caspar) ~ 9/330;
Sommerfeld, Arnold (Johannes Wilhelm) ~ 9/370; Stein,
(Heinrich Friedrich) Karl Frh. vom und zum ~ 9/478;
Stolze, Heinrich Wilhelm ~ 9/556; Tengelmann, Wilhelm
~ 9/675; Thiel, Alfred ~ 10/1; Trebra, Friedrich Wilhelm
(Heinrich) von ~ 10/77; Uhlitzsch, Wolfgang Heinz ~
10/131; Valentiner, (Richard Wilhelm) Siegfried ~ 10/179;
Wallot, Julius ~ 10/315; Weigel, Oskar ~ 10/387; Wieland,
Philipp ~ 10/484; Wiese, Ludwig ~ 10/489; Zincken,
(Johann Ludwig) Carl ~ 10/673; Zörner, (Ernst Hermann)
Richard ~ 10/686
Clausthal-Zellerfeld
Auwers, Otto (Artur Siegfried) von ~/† 1/226; Böhm,
Albert † 1/615; Dahlke, Paul ~ 2/429; Drescher-Kaden,
Friedrich Karl ~ 11/48; Friedrich, Adolf (Moritz) ~
3/476; Germershausen, Raimund ~ 11/68; Goubeau,
Josef ~ 11/70; Gutenberg, Erich ~ 4/267; Harders, Fritz
~ 4/384; Jung, Karl Theodor ~ 5/380; Mayer, Herbert
~ 11/128; Meyer, Julius ~/† 7/107; Mönkemeyer, Karl
~ 11/131; Müller, Hans ~ 7/262; Oberste-Brink, Karl ~
7/456; O'Daniel, Herbert ~ 11/146; Pomp, Anton ~ 8/31;
Rischmüller, Heinrich ~ 8/322; Rüsberg, Ernst ~ 8/455;
Siebel, Erich (Lothar Max) ~ 9/304; Simon, Wilhelm ~
11/175; Traustel, Sergej ~ 10/72; Vollmer, Walter ~ 10/249
Clavadel (Gem. Davos, Kt. Graubünden)
Boßhart, Jakob ~/† 2/45
Claycross (Derbyshire, England)
Dengel, Anna ~ 11/45
Cleebourg → Kleeburg
Cleebronn
Koelle, Sigismund Wilhelm * 5/655; Krauch, Carl * 6/74;
Reysmann, Dietrich ~ 8/266
Clemenswerth (Gem. Sögel)
Gall, Louise Freiin von † 3/562; Holzer, Johann Evangelist
~/† 5/159; Schlaun, Johann Conrad ~ 8/657
Clenze
Haacke, Johann Wilhelm * 4/282
Cles (Prov. Trient, Italien)
Bernhard von Cles, Kardinal, Bischof von Trient * 1/466;
Canestrini, Antonio * 2/273; Miller zu Aichholz, Josef
Maria von * 7/144; Strudel, Paul Frh. von ~ 9/596; Strudel,
Peter Frh. von * 9/596

Johann ~ 8/146; Riemann, Ludwig (Ferdinand Heinrich) ~ 8/301; Ring, Friedrich Dominikus ~ 8/315; Ringmann, Matthias ~ 8/318; Rogge, Friedrich Wilhelm ~ 8/366; Ruckmich, Karl (Maria) ~ 8/434; Runge, Paul ~/† 8/468; Scharpff, Paulus ~ 8/571; Schmidt, Robert (Emanuel) * 9/18; Schmitthenner, Hansjörg * 9/34; Schmitthenner, Paul ~ 9/35; Schönaich-Carolath, Emil Prinz von ~ 9/83; Schoenflies, Arthur (Moritz) ~ 9/95; Schongauer, Martin */~ 9/113; Schwander, Rudolf * 9/221; Simons, Walter ~ 9/335; Sonnen, Willi ~ 9/373; Soomer, Walter ~ 9/377; Stadler, Ernst (Maria Richard) * 9/429; Stockhausen-Schmuck, Margarete † 9/539; Vogt, Martin ~/† 10/234; Wadere, Heinrich * 10/270; Wickram, Georg */~ 10/473; Wiltberger, August ~ 10/516; Wolf, Sophie * 10/568; Zeidler, Georg (Ulrich Theodor) ~ 10/630

Colmberg
Schöberlein, Ludwig Friedrich * 9/75; Voretzsch, Ernst-Arthur † 10/254

Cologny (Kt. Genf)
Bodmer, Martin ~ 1/605; Goergen, Fritz-Aurel † 4/56

Colombey-Nouilly
Steinmetz, Karl Friedrich von ~ 9/500

Colombier (Kt. Neuenburg)
Muralt, Beat Ludwig von ~/† 7/311

Colombo
Freudenberg, (Johann) Philipp ~/† 3/429; Freudenberg, (Ernst) Walther (Herbert) ~ 3/429; Heimann, Betty ~ 4/501; Saar, Johann Jakob ~ 8/484

Colonia Avigdor (Argentinien)
Neumeyer, Alfred † 7/390

Columbus (Nebraska, USA)
Bacherl, Franz † 1/244

Columbus (Ohio, USA)
Alberti, Leopold David Scharlau ~ 1/70; Blume, Bernhard ~ 11/24; Jung, Karl Theodor ~ 5/380; Kaufmann, Fritz ~ 5/472; Keinath, Georg(e) ~ 5/487; Landé, Alfred ~/† 6/216; Nordheim, Lothar Wolfgang ~ 7/438; Rosenberg, Wolf ~ 11/165; Salz, Arthur ~ 8/505

Comano (Kt. Tessin)
Menzel, Gerhard † 7/66

Comayagua (Honduras)
Forrer, Emil Orgetorix ~ 3/374

Combe-Varin, La (Kt. Neuenburg)
Désor, (Johann Peter) Eduard ~ 2/496

Comburg (Schwäbisch Hall)
Aschhausen, Johann Gottfried von ~ 1/204; Lang, Johann Friedrich ~ 6/226; Stiebar von Butterheim ~ 9/524

Como (Italien)
siehe auch *Lazzago*
Aribo, Erzbischof von Mainz † 1/170; Berthold, Markgraf von Vohburg-Hohenburg ~ 1/485; Corrodi, Salomon † 2/378; Donegani von Stilfsberg, Carlo Ritter von ~ 2/593; Esterházy von Galántha, Nikolaus (II.) Fürst † 3/183; Liebenberg de Zsittin, Adolf Ritter von * 6/379; Pozzo, Andrea ~ 8/48; Sambuga, Joseph Anton Franz Maria ~ 8/508; Schiner, Matthäus ~ 8/645; Wagner, Cosima * 10/279

Comologno (Kt. Tessin)
Valangin, Aline ~ 10/177

Compiègne (Dép. Oise, Frankreich)
Drees, Johannes ~ 2/611; Grauert, Ulrich ~ 4/142

Concarneau (Dép. Finistère, Frankreich)
Kurzweil, Max(imilian) ~ 6/181

Concepción (Chile)
Aichel, Otto * 1/60; Neger, Franz Wilhelm ~ 7/358

Concepción (Paraguay)
Dobrizhoffer, Martin ~ 2/565

Concepción del Oro (Mexiko)
Bergeat, Alfred (Edmund) ~ 1/442

Concepción del Uruguay (Argentinien)
Lorentz, Paul Günther ~/† 6/470

Concord (New Hampshire, USA)
Jacobi, Lotte † 5/275

Conegliano (Italien)
Koch von Langentreu, Friederike * 5/645

Conerow (Pommern)
Müsebeck, Ernst (Friedrich Christian) * 7/301

Connewitz (seit 1891 zu Leipzig)
Korn, Friedrich ~ 6/44; Winter, Georg † 10/532

Constitución (Chile)
Krumm-Heller, Arnold ~ 6/129

Contamine-sur-Arve (Frankreich)
Reisach, Karl August Graf von † 8/228

Conthey (Kt. Wallis)
Roh, Peter * 8/367

Coorjee (Indien)
Hartmann, Anastasius † 4/405

Copitz (seit 1923 zu Pirna)
Haufe, Rudolf * 4/439; Rädel, Siegfried (Engelbert Martin) * 8/120; Wildhagen, Erik * 10/501

Coppenbrügge
siehe auch *Harderode, Marienau*
Elbert, Johannes (Eugen Wilhelm) * 3/82

Coppet (Kt. Waadt)
Chamisso, Adelbert von ~ 2/303; Clias, Phokion Heinrich † 2/343; Dohna zu Schlobitten, Alexander Graf * 2/583; Schlegel, August Wilhelm von ~ 8/659

Corban (Kt. Jura)
Fetscherin, Rudolf Friedrich ~ 3/275

Corbie (Dép. Somme, Frankreich)
Adalhard, Abt von Corbie ~ 1/26; Ansgarius, Erzbischof von Hamburg und Bremen * 1/148; Gottschalk der Sachse ~ 4/110

Corcetta (Italien)
Mercy, Claudius Florimund Graf von † 7/69

Cordeshagen
Kameke, Ernst Boguslav von ~ 5/418

Cordignano (Prov. Treviso, Italien)
Francesconi, Hermengild Ritter von * 3/387

Cordingen (seit 1968 zu Bomlitz)
Melchers, (Johann) Georg (Friedrich) * 11/128

Córdoba (Argentinien)
Brackebusch, Ludwig ~ 2/55; Burmeister, (Carl) Hermann (Conrad) ~ 2/245; Domagk, Gerhard (Johannes Paul) ~ 2/588; Goldschmidt, Alfons ~ 4/82; Lorentz, Paul Günther ~ 6/470; Schmieder, Oskar ~ 9/28; Siewert, Hans ~ 9/322; Stelzner, Alfred Wilhelm ~ 9/504; Vogler, Christian Wilhelm Jacob August ~ 10/232

Córdoba (Spanien)
Humboldt, Wilhelm von ~ 5/222; Otto I. der Große, ostfränkischer König, Kaiser ~ 7/527

Córdoba (Veracruz, Mexiko)
Semeleder, Friedrich † 9/282

Corielles (Kt. Neuenburg)
Steinmann, Fritz * 9/498

Cork (Irland)
Dengel, Anna ~ 11/45; Schram, Stephan † 9/127

Cormínbœuf (Kt. Freiburg)
Raab, Heribert † 8/105

Cormons (Italien)
Craigher de Jachelutta, Jacob Nikolaus † 2/387

Cornacalda (Italien)
Schneller, Christian † 9/63

Cornaiano → Girlan

Cornwall (Connecticut, USA)
Lietzmann, Sabina † 6/394

Coro (Venezuela)
Dalfinger, Ambrosius † 2/433; Federmann, Nikolaus ~ 3/242; Hohermuth, Georg ~/† 5/142

Corona (Gem. Pambio-Noranco, Kt. Tessin)
Tetzner, Lisa † 9/681

Corseaux (Kt. Waadt)
Poldini, Eduard † 8/24; Schuricht, Carl † 9/211

Cortina d'Ampezzo (Prov. Belluno, Italien)
Lanzedelly, Josef d. Ä. * 6/251; Noske, Sophie ~ 7/440

Čortkiv → Czortków

Cortona (Italien)
Hagenbuch, Johann Kaspar ~ 4/324; Winckelmann, Johann Joachim ~ 10/518
Corvara (italien. Corvara in Badia)
Rottonara, Franz Angelo * 8/428
Corvara (Saretino) → Rabenstein
Corvara in Badia → Corvara
Corvey
Adalgar, Erzbischof von Hamburg-Bremen ~ 1/26; Agius ~ 1/51; Altfrid, Bischof von Hildesheim ~ 1/99; Ansgarius, Erzbischof von Hamburg und Bremen ~ 1/148; Badurat, Bischof von Paderborn ~ 1/253; Benno II., Bischof von Osnabrück ~ 1/427; Bernhard I., Herzog in Sachsen † 1/465; Bernhard von Konstanz ~/† 1/466; Beumann, Helmut ~ 11/20; Christoph Bernhard von Galen, Bischof von Münster ~ 2/324; Dietger, Abt von St. Georgen ~ 2/529; Falcke, Johann Friedrich ~ 3/223; Hathumar, Bischof von Paderborn ~ 4/432; Heinrich I. von Boyneburg, Abt von Corvey ~ 4/526; Hermann, Mönch von Helmarshausen ~ 4/623; Hildebert, Abt von Fulda, Erzbischof von Mainz ~ 5/35; Hoffmann von Fallersleben, August Heinrich ~/† 5/124; Lüninck, Ferdinand Frh. von ~/† 6/519; Markward, Abt von Corvey ~ 6/625; Markward, Bischof von Hildesheim ~ 6/626; Mathilde, Äbtissin von Quedlinburg ~ 6/655; Paullini, Christian Franz ~ 7/578; Poeta Saxo ~ 8/15; Rimbert, Erzbischof von Hamburg-Bremen ~ 8/312; Wala ~ 10/296; Wibald ~ 10/469; Widukint von Corvey ~ 10/476; Wilhelm V., Landgraf von Hessen-Kassel ~ 10/503; Zitzewitz, Nicolaus von ~ 10/681
Cosa → Ziebigk
Cosel (poln. Koźle)
Brieger, Heinrich * 2/131; Gottstein, Leo ~ 4/112; Nicolaier, Arthur * 7/401
Cospeda (seit 1994 zu Jena)
Bernstein, Georg Heinrich * 1/476
Cossebaude (seit 1997 zu Dresden)
Berger, Erna ~ 1/444; Meurer, Gottlob Siegfried ~ 7/94
Coßmannsdorf (Freital)
Uhlig, (Adolf) Kurt * 10/130
Cossonay (Kt. Waadt)
Pilet-Golaz, Marcel (Edouard) * 7/670
Coswig (Kr. Meißen-Radebeul)
Bendrat, Arthur † 1/418; Kirchbach, Kurt ~ 5/546; Landmann, Wilhelm ~ 6/218; Oer, Theobald (Reinhold) Frh. von † 7/468; Unger, Manasse * 10/154
Coswig (Anhalt)
Amling, Wolfgang ~ 1/115; Anhalt-Zerbst, Friederike Auguste Sophie Fürstin von ~ 1/140; Cohen, Hermann */~ 2/351; Heinzelmann, Gerhard * 4/548; Oeser, Rudolf * 7/471; Unger, Ephraim Salomon * 10/152
Cotnari
Sommer, Johannes ~ 9/369
Cotrone (Italien)
Otto II., deutscher König, Kaiser ~ 7/529
Cotta
Härtel, Gottfried Christoph † 4/312; Thilmann, Johannes Paul * 10/10
Cottbus
siehe auch *Kahren*
Becher, Friedrich Liebegott ~ 1/365; Birkenfeld, Günther * 1/538; Blechen, Karl */~ 1/565; Breslau, Emil */~ 2/120; Bresnizer, Alexius * 2/120; Briesmann, Johannes * 2/133; Burghardt, Hans-Georg ~ 2/239; Crodel, Paul Eduard * 2/401; Damerow, Erich ~ 2/436; Dammann, Karl (Johann Christian) ~ 2/437; Doebler, Curt * 2/568; Ehre, Ida ~ 3/37; Feckert, Gustav Heinrich Gottlob * 3/239; Forck, Gottfried ~ 11/62; Friedrich II. der Eiserne, Kurfürst und Markgraf von Brandenburg ~ 3/461; Fritsch, Gustav Theodor ~ 3/493; Fromm, Emil ~ 3/508; Grävell, Maximilian Karl Friedrich Wilhelm ~ 4/125; Graffunder, Heinz ~ 4/132; Günther-Braun, Walter ~ 4/244; Hammerschmidt, Helmut * 11/78; Harrassowitz, Hermann (Ludwig Friedrich) * 4/395; Havemann, Gustav ~ 4/456; Hieronymus Schultze, Bischof von Brandenburg

und Havelberg ~ 5/32; Hoeder, Friedrich Wilhelm * 5/88; Hofer, Klara ~ 5/110; Hotopp, Albert ~ 5/187; Jessner, Leopold ~ 5/327; Kalow, Gert * 5/416; Kehrl, Hans ~ 11/101; Koch, Richard * 5/643; Mehrtens, Georg Christoph ~ 7/28; Michaelis, Ruth ~ 7/123; Mitgau, (Johann[es]) Hermann ~ 7/153; Model, Walter ~ 7/160; Pischon, Friedrich August * 7/680; Prill, Paul ~ 8/70; Prowazek, Stanislaus Edler von Lanow † 8/81; Pyra, Immanuel Jakob * 8/95; Rauch, Alice ~ 8/157; Rauch, Hermann ~ 8/158; Rott, Adolf (Peter) ~ 8/424; Rühr, Josef ~ 8/452; Schaewen, Richard von ~ 8/554; Schirokauer, Arno(ld) (Fritz Kurt) * 8/650; Schlottmann, Carl ~ 8/687; Schönemann, Friedrich * 9/91; Siegmund, Condi ~ 9/314; Spannuth-Bodenstedt, Ludwig ~/† 9/385; Speck, Wilhelm ~ 9/388; Thiem, Karl ~/† 10/4; Wörle, Willi ~ 10/558; Wolff, Kurt (Otto Adam) Frh. von ~ 10/575
Cottenheim
Cervaes, Matthias * 2/301
Cottens (Kt. Waadt)
Wackernagel, Martin † 10/270
Coucy (Dép. Aisne, Frankreich)
Norbert von Xanten ~ 7/437
Couvet (Kt. Neuenburg)
Vattel, Emer de * 10/185
Covelano → Göflan
Crailsheim
siehe auch *Ingersheim*
Artomedes, Sebastian ~ 1/198; Burk, Karl ~ 2/242; Camerer, (Johann Friedrich) Wilhelm ~ 2/269; Culmann, Leonhard * 2/409; Dietrich, Christian ~ 2/534; Dorrer, August von ~ 2/601; Fischbach, Carl (Eberhard) von ~ 3/308; Heim, Karl ~ 4/501; Lauterbach, Heinrich ~ 6/273; Lindner, Fritz * 6/408; Richter, Friedrich * 8/278; Schneider, Kurt * 9/57; Zocha, Karl Friedrich von ~ 10/682
Craiova (Rumänien)
Edeleanu, Lazar * 3/17
Crana (Santa Maria Maggiore, Italien)
Feminis, Johann Paul * 3/264
Cranz (russ. Zelenogradsk)
Brust, Alfred ~ 2/175; Heisrath, Friedrich † 4/551; Jacobson, Julius † 5/277; Saran, Mary (Martha) * 8/518
Cranzahl
Metzler, Augustus * 7/92; Voigt, Fritz * 10/237
Crassier (Kt. Waadt)
Bridel-Brideri, Samuel Elias von * 2/130
Crécy (Luxemburg)
Johann, Graf von Luxemburg, König von Böhmen † 5/337
Creglingen
siehe auch *Freudenbach, Münster*
Bernhold, Johann Michael */~ 1/471; Böckh, Georg Christoph Friedrich ~ 1/609; Riemenschneider, Tilman ~ 8/301; Walther, Friedrich Ludwig ~ 10/323
Crémines (Kt. Bern)
Gobat, Samuel * 4/44
Cremlingen → Destedt
Cremona (Italien)
Berger von der Pleiße, Johann Frh. ~ 1/447; Botta d'Adorno, Jakob * 2/48; Cerri, Kajetan ~ 2/301; Enzio, König von Sardinien ~ 3/130; Friedrich von Antiochien ~ 3/476; Ganahl, Johann von * 3/568; Konrad, König ~ 6/25
Crengeldanz (seit 1929 zu Witten)
Müllensiefen, Peter Eberhard † 7/246; Müllensiefen, Theodor ~ 7/246
Crete (Nebraska, USA)
Schilling, (Friedrich) Gustav † 8/639
Creußen
Seiler, Georg Friedrich ~ 9/271
Creuzburg (Wartburgkreis)
siehe auch *Scherbda*
Lagus, Konrad ~ 6/198; Praetorius, Michael * 8/50; Rothe, Johannes * 8/418
Cricklewood (England)
Lachmann, Gustav ~ 6/189

Crimmitschau
Auerbach, Hermann * 1/216; Beler, Johannes * 1/408; Böttcher, Karl ~ 1/637; Gleit, Maria * 4/30; Jugel, Caspar * 5/375; Meyer, Gerhard ~ 7/103; Müller, Ernst (Karl Eduard) * 7/253; Oehler, David Friedrich ~/† 11/147; Richter, Max * 8/282; Rudolph, Johanna * 8/441; Täufel, Kurt (Albert) * 9/650; Winter, Arno * 10/531

Crispendorf
Penzoldt, Franz * 7/597

Cristian → Großau

Cristian → Neustadt

Črna → Schwarzenbach

Crocifisso di Savosa (Kt. Tessin)
Meyer, Hannes † 7/103

Cröbern
Wilhelm-Kästner, Kurt * 10/507

Cröchern
Brennecke, Johannes Benjamin * 2/112

Crompond (New York, USA)
Rocker, Rudolf † 8/342

Cronenberg (seit 1929 zu Barmen-Elberfeld, seit 1930 Wuppertal)
Felke, Erdmann Leopold Stephanus Emanuel ~ 3/258; Fürer, Karl Eduard ~ 3/525; Rauschenbusch, August Christian Ernst ~ 8/164; Riedel, Karl * 8/292

Cronheim (seit 1971 zu Gunzenhausen)
Boeckler, Johann (Heinrich) * 1/611; Ried, Karl ~ 8/290

Crosby-Hill (Camberley, bei London)
Müller, Hugo † 7/266

Crossen (Kr. Zwickauer Land)
Kreyssig, Gerhard * 6/104; Leonhardt, Christian Gottlieb ~/† 6/329

Crossen/Oder (poln. Krosno Odrzańskie)
Becker, Christiane * 1/376; Brühl, Heinrich Graf von ~ 2/156; Buchholzer, Abraham ~ 2/184; Egidi, Hans * 3/31; Elisabeth Charlotte, Kurfürstin von Brandenburg † 3/86; Gloege, Gerhard (Hans Georg Karl) * 4/34; Klabund * 5/563; Krabler, Emil * 6/59; Ludwig Philipp, Pfalzgraf von Simmern, Administrator der Kurpfalz † 6/505; Maerz, Johannes * 6/559; Pannwitz, Rudolf * 7/556; Ritschl, Hans ~ 8/325; Schönemann, Johann Friedrich * 9/91; Sklarek, Wilhelm ~ 9/346

Crossen an der Elster
Engelhardt, Hermann ~ 3/118; Frey, Martin (Alfred) * 3/436; Manteuffel, Otto Theodor Frh. von † 6/601

Crottorf (Gem. Friesenhagen)
Hatzfeldt, Melchior Graf von * 4/434; Hatzfeldt-Wildenburg, Hermann Fürst von † 4/434

Crownsend (Arizona, USA)
Sorma, Agnes † 9/379

Crumstadt (seit 1975 zu Riedstadt)
Schäfer, Wilhelm * 11/168

Csakathurn (kroat. Čakovec)
Fischer, Wilhelm * 3/328; Orsini und Rosenberg, Felix Graf von † 7/507

Csanád (Ungarn)
Dudith, Andreas ~ 2/633

Csatád → Lenauheim

Csenátfalu → Michelsdorf

Čserfalu → Schattmannsdorf

Čtyřicet Lánů → Vierzighuben

Cuamana (Venezuela)
Gessner, Fritz ~ 11/68

Cucujães (Portugal)
Johner, Dominicus ~ 5/356

Cuernavaca (Mexiko)
Goldschmidt, Alfons † 4/82

Cürtow
Schmidt, Wilhelm ~ 9/20

Cugy (Kt. Freiburg)
Broillet, Frédéric ~ 2/144

Culm (bei Gera)
Koppy, Moritz von * 6/41

Culm (poln. Chełmno)
Arnold (von Stapel), Bischof von Kulm ~ 1/183; Balk(e), Hermann ~ 1/276; Bentheim, (Georg) Ferdinand von ~ 1/429; Bischoff-Culm, Ernst * 1/544; Bitschin, Konrad ~ 1/549; Bronsart von Schellendorf, Walter ~ 2/146; Buddenbrock, Johann Jobst Heinrich Wilhelm Frh. von ~ 2/192; Cardinal von Widdern, Georg ~ 2/279; Cleinow, Georg ~ 2/338; Copernicus, Nicolaus ~ 2/368; David, Lucas ~ 2/453; Fülleborn, Friedrich Georg Hans Heinrich * 3/524; Giese, Tidemann (Bartholomäus) ~ 4/2; Guderian, Heinz Wilhelm * 4/233; Heidenreich, Bischof von Kulm † 4/489; Herrant, Crispin ~ 4/638; Hoddis, Jakob van † 5/84; Hosius, Stanislaus ~ 5/185; Jaquet, Agathon * 5/305; Johannes Schadland, Bischof von Kulm, Hildesheim, Worms und Augsburg ~ 5/351; Kießling, Adolph * 5/535; Kleist von Nollendorf, Friedrich Heinrich Ferdinand Graf ~ 5/584; Koch, Christian Friedrich ~ 5/638; Konrad Zöllner von Rotenstein, Hochmeister des Deutschen Ordens ~ 6/26; Löns, Hermann * 6/445; Lotz, Ernst Wilhelm * 6/484; Margenau, Johannes ~ 6/615; Marwitz, Johann Nepomuk von der ~ 6/643; Mathy, Ignaz Anton Stanislaus von ~ 6/655; Moll, Friedrich ~ 7/190; Moller, Heinrich ~ 7/191; Parpart, Adolf Ludwig Agathon von ~ 7/565; Redner, Leo ~ 8/180; Richter, Karl ~ 8/281; Rosentreter, August(inus) ~ 8/401; Ruest, Anselm * 8/455; Sawicki, Franz ~ 8/534; Schultz, Franz ~ 9/190; Schumacher, Kurt (Ernst Karl) */~ 9/204; Sedlag, Anastasius ~ 9/253; Splett, Carl Maria ~ 9/414; Steinmetz, Karl Friedrich von ~ 9/500; Tilo von Kulm ~ 10/44; Tippelskirch, Ernst Ludwig von ~ 10/46; Usedom, Ernst von ~ 10/170; Wach, Adolf * 10/264

Culmsee (poln. Chełmża)
Arnold (von Stapel), Bischof von Kulm ~ 1/183; Heidenreich, Bischof von Kulm ~ 4/489; Jutta von Sangerhausen ~/† 5/389; Siegfried von Feuchtwangen, Hochmeister des Deutschen Ordens ~ 9/312; Treuge, Lothar * 10/84

Cumberland (Maryland, USA)
Nefflen, Johannes † 7/358

Cunmor Hill (bei Oxford, England)
London, Heinz † 6/466

Cunnersdorf
Reuning, Theodor † 8/255

Curaçao
Stifft, Christian Ernst ~ 9/530

Cureglia (Kt. Tessin)
Losinger-Ferri, Jenny † 6/478

Curitiba (Brasilien)
Maack, Reinhard ~/† 6/547; Zimmermann, Walter (Wilhelm Hans) ~ 10/671

Curon Venosta → Graun in Vinschgau

Cursdorf
Macheleid, Georg Heinrich * 6/551

Curslack (Hamburg)
Behrmann, (Christian Conrad) Georg ~ 1/403

Custoza (Italien)
Bauer, Ferdinand Frh. von ~ 1/324; John, Franz Frh. von ~ 5/355

Cuxhaven
siehe auch *Altenbruch, Groden, Lüdingworth, Ritzebüttel*
Abendroth, Amandus Augustus ~ 1/7; Auffm Ordt, Conrad Arnold ~ 1/219; Behr, Beimler, Hans ~ 1/405; Götze, Carl (Johann Heinrich) † 4/72; Grimsehl, (Carl) Ernst (Heinrich) ~ 4/174; Hübbe, Heinrich ~ 5/203; Laage, Wilhelm ~ 6/187; Olfers, Karl ~/† 7/487; Rothenberger, Curt Ferdinand * 8/419; Schmack, Maximilian ~ 8/690; Vinnen, Carl ~ 10/212; Walther, Andreas * 10/323; Wieting, Julius (Meno) ~ 10/492

Cybulino → Zeblin

Czanto (Ungarn)
Horovitz, Saul * 5/182

Czaplinek → Tempelburg

Czarne → Hammerstein

Czarnikau (poln. Czarnków)
Deter, Adolf (Gustav) * 2/499; Gersdorff, Ada von *

3/655; Löwenherz, Leopold * 6/454; Starke, Gotthold ~ 9/453

Czarnków → Czarnikau

Czarny Bór → Schwarzwaldau

Czerlin (Prov. Posen)
Lorch, Wilhelm * 6/469

Čzerna Hora (Mähren)
Löw, Leopold * 6/449

Czerńczyce → Frömsdorf

Czerńczyce → Kapsdorf

Czerniki → Schwarzstein

Czernin → Hohendorf

Čzernošice → Černoschitz

Czernowitz (ukrain. Černivci, russ. Černovcy, rumän. Cernăuţi)
Amonn, Alfred ~ 1/118; Amster, Moritz * 1/121; Ausländer, Rose */~ 1/224; Bahr, Hermann ~ 1/269; Becke, Friedrich ~ 1/374; Beer, Adolf ~ 1/388; Birnbaum, Nathan ~ 1/540; Blum, Klara * 11/24; Böhm von Böhmersheim, August ~ 1/619; Böhm-Ermolli, Eduard Frh. von ~ 1/619; Capilleri, Wilhelm ~ 2/277; Celan, Paul */~ 2/298; Conrad, Viktor ~ 2/363; Czapek, Friedrich (Johann Franz) ~ 2/416; Daublebsky von Sterneck, Robert ~ 2/449; Dellinger, Rudolf ~ 2/479; Demuth, Leopold † 2/484; Dostal, Nico ~ 2/603; Drozdowski, Georg von * 11/49; Ehrlich, Eugen */~ 3/43; Elter, Anton ~ 3/99; Escherich, Gustav von ~ 3/175; Exner, Franz ~ 3/201; Ficker, Adolf ~ 3/288; Fischer, Eduard ~ 3/313; Friedwagner, Matthias ~ 3/482; Friese, Carl ~ 3/485; Frisch, Hans von ~ 3/488; Gartner, Theodor ~ 3/576; Gegenbauer, Leopold Bernhard ~ 3/598; Geitler-Armingen, Josef Ritter von ~ 3/613; Gelber, Adolf (Aron) ~ 3/614; Gerhard, Gustav Adolf ~ 3/641; Glondys, Viktor ~ 4/35; Goldbacher, Alois ~ 4/76; Gong, Alfred */~ 4/96; Graber, Vitus ~ 4/116; Gregor, Joseph */~ 4/148; Grienberger, Theodor (Maria) Ritter von ~ 4/162; Groß, Hans ~ 4/191; Groß, Wilhelm ~ 4/193; Gürtler, Alfred ~ 4/246; Haas, August ~ 4/285; Häusle, Hugo ~ 4/314; Hahn, Hans ~ 4/329; Halban, Alfred von ~ 4/340; Hatschek, Julius (Karl) */~ 4/432; Haupt, Joseph * 4/443; Herbich, Franz ~ 4/606; Herzberg-Fränkel, Sigmund ~ 4/659; Hessing, Gustav * 5/2; Hietzinger, Carl Bernhard Frh. von * 5/33; Hiller, Karl ~ 5/45; Hlávka, Josef ~ 5/77; Hörmann von Hörbach, Walther ~ 5/102; Homma, Hans ~ 5/164; Jacobson, Leopold ~ 5/278; Jarno, Hansi ~ 5/307; Jüthner, Julius ~ 5/374; Juraschek, Franz Ritter von ~ 5/387; Kaindl, Raimund Friedrich */~ 5/404; Kalinka, Ernst ~ 5/412; Kaser, Kurt ~ 5/457; Kellner, Leon ~ 5/500; Kiesler, Friedrich * 5/534; Kittner, Alfred * 11/106; Klein-Haparash, Jacob */~ 11/106; Klein-Rhoden, Rudolf ~ 5/579; Kleinwächter, Friedrich von ~/† 5/582; Kleinwächter, Friedrich ~ 5/582; Kleinwächter, Ludwig ~/† 5/582; Koechlin, Karl ~ 5/647; Kogler, Ferdinand ~ 6/1; Kolbe, Josef ~ 6/21; Kosch, Wilhelm (Franz Josef) ~ 6/50; Kostin von Kolakiewicz, Adrienne ~ 6/54; Kovács, Edgar ~ 6/57; Kromayer, Johannes ~ 6/114; Kruppa, Erwin ~ 6/132; Lamp, Karl ~ 6/208; Laske, Oskar * 6/256; Lazarus, Paul * 6/277; Lebouton, Alois ~/† 6/280; Leder, August(in) Paul ~ 6/284; Lendlmayer von Lendenfeld, Robert ~ 6/319; Lenz, Adolf ~ 6/323; Lenz, Oskar ~ 6/325; Linsbauer, Karl ~ 6/413; Löwl von Lenkenthal, Ferdinand ~ 6/459; Loserth, Johann ~ 6/478; Mandyczewski, Eusebius * 6/586; Martinovics, Ignaz Joseph ~ 6/641; Marty, (Martin) Anton (Maurus) ~ 6/643; Mayer, Herbert */~ 11/128; Mayr-Harting, Robert Ritter von ~ 7/16; Meerbaum-Eisinger, Selma */~ 7/24; Migotti, Adolf ~ 7/135; Mikulicz-Radecki, Johannes von * 7/138; Mischler, Ernst ~ 7/152; Morawski, Theodor (Rudolf) ~ 7/207; Morgan, Paul ~ 7/209; Müller, Georg Elias ~ 7/260; Nahlowsky, Josef Wilhelm ~ 7/337; Neubauer, Ernst Rudolf ~ 7/370; Norst, Anton ~ 7/440; Nossig, Alfred ~ 7/441; Obertimpfler, Karl ~ 7/457; Obrist, Johann Georg ~ 7/459; Onowotschek, Ferdinand * 7/493; Ostheim, Minna ~ 7/518; Paur, Emil * 7/582; Peckary, Karl ~ 7/587; Penecke, Karl Alfons ~/† 7/595; Petschek, Georg ~ 7/624; Polek, Johann ~ 8/24; Pomeranz, Cesar ~

8/30; Popp, Wilhelm ~ 8/34; Porsch, Otto ~ 8/38; Přibram, Richard ~ 8/68; Puchta, Anton ~/† 8/85; Radakovič, Michael ~ 8/112; Ranzenhofer, Adolf ~ 8/140; Reichelt, Johann ~ 8/199; Rezzori, Gregor * 11/163; Rottenberg, Ludwig */~ 8/425; Rubinstein, Susanna * 8/433; Rudolph, Karl ~ 8/441; Sawka, Michael */~/† 8/534; Schalk, Franz ~ 8/560; Scharizer, Rudolf ~ 8/568; Schiffner, Ludwig ~ 8/631; Schmidt, Joseph ~ 9/13; Schreyer, Isaac ~ 9/142; Schrutka, Lothar Edler von Rechtenstamm * 9/158; Schuler von Libloy, Friedrich ~ 9/185; Schumpeter, Joseph Alois ~ 9/209; Schwarzwald, Eugenie ~ 9/233; Siegel, Carl ~ 9/310; Spiru, Basil ~ 9/408; Stark, Michael ~ 9/452; Supan, Alexander (Georg) ~ 9/633; Sutter-Kottlar, Beatrice * 9/638; Tumlirz, Ottokar (Anton Alois) ~ 10/116; Ursuleac, Viorica * 10/169; Vehring, Friedrich (Heinrich Theodor Hubert) ~ 10/187; Vering, Friedrich Heinrich ~ 10/196; Vincent, Heinrich Josef ~ 10/211; Wahle, Richard ~ 10/293; Wahrmund, Ludwig ~ 10/294; Waßmuth, Anton ~ 10/344; Weissglas, (James) Immanuel * 10/415; Wlassak, Moriz ~ 10/554; Wolff, Karl ~ 10/574; Zador, Desider ~ 10/612; Zauner, Adolf ~ 10/623

Częstochowa → Tschenstochau

Człopa → Schloppe

Człuchów → Schlochau

Czortków (ukrain. Čortkiv)
Franzos, Karl Emil * 3/416

Czuszów (Polen)
Bocheński, Joseph Marie * 11/26

Czymochen (Ostpreußen)
Lenski, Arno von * 6/322

D

Daaden
Hellmund, Egidius Günther ~ 4/568

Dabendorf (Zossen)
Kluke, Paul * 5/610

Dąbie → Altdamm

Dabroszyn → Tamsel

Dąbrowa → Damerau

Dąbrówno → Gilgenburg

Dabrun
Leutmann, Johann Georg ~ 6/356

Dacca → Dhaka

Dachau
siehe auch *Etzenhausen, Mitterndorf*
Ackermann, Josef ~ 1/21; Ackermann, Karl (Friedrich) ~ 11/1; Adam, Walter ~ 1/29; Alexander, Kurt ~ 1/88; Andersch, Alfred ~ 1/124; Aretin, Erwein Frh. von ~ 1/168; Auernheimer, Raoul ~ 1/216; Baerwald, Leo ~ 1/263; Baum, Paul ~ 1/333; Bayros, Franz Marquis von ~ 1/361; Beimler, Hans ~ 1/405; Bendix, Ludwig ~ 1/417; Berliner, Rudolf ~ 1/458; Bernstorff, Albrecht Graf von ~ 1/476; Bettelheim, Bruno ~ 1/498; Bock, Fritz ~ 11/26; Bocksberger, Johann Melchior ~ 1/597; Borchardt, Hermann ~ 2/26; Bouhler, Philipp † 2/49; Brandis, August Friedrich Karl von ~ 2/64; Breitbach, Karl ~ 2/101; Bresslern-Roth, Norbertine von ~ 2/121; Bröger, Karl ~ 2/143; Brunner, Peter ~ 11/34; Buchmann, Albert ~ 2/186; Buttersack, Bernhard ~ 2/259; Cahn-Garnier, Fritz ~ 2/264; Canaval, Gustav Adolf ~ 2/272; Cavael, Rolf ~ 2/298; Coester, Oskar * 2/351; Cohen, Walter ~/† 2/352; Corinth, Lovis (Franz Heinrich Louis) ~ 2/373; Cunz, Martha ~ 2/411; Czollek, Walter ~ 2/421; Daffner, Hugo † 2/427; Dewald, Georg ~ 2/508; Dill, Ludwig ~ 2/546; Doblhoff, Robert Frh. von ~ 2/565; Doderer, (Franz Carl) Heimito (Ritter) von ~ 2/567; Döring, Oskar

Dahlerau (seit 1929 zu Radevormwald)
Goldenberg, Bernhard * 4/78
Dahlhausen (seit 1929 zu Bochum)
Hilgenstock, Gustav ~ 5/41; Käsemann, Ernst * 11/99
Dahlinghausen (seit 1972 zu Bad Essen)
Bertling, Karl * 1/487
Dahlum → Groß Dahlum
Dahme (bei Wittenberg)
Posewitz, Johann Friedrich Sigismund */~ 8/43
Dahme (Kr. Teltow-Fläming)
August, Herzog von Sachsen-Weißenfels ~ 1/221;
Beythien, Adolf (Carl Heinrich) ~ 1/508; Buchholzer,
Georg * 2/185; Bünger, Heinrich ~ 2/207; Gisevius, Paul
~ 4/17; Gutschmid, (Christian) Gotthelf Frh. von ~ 4/272;
Unverdorben, Otto (Paul) */~/† 10/160
Dahn
Naab, Ingbert * 7/325
Dakar
Kobes, Alois ~/† 5/636
Dakka → Dhaka
Dalaas (Vorarlberg)
Jeczmieniowski, Karl ~ 5/313
Dalarö (Schweden)
Baudisch, Paul † 1/321
Daleké Dušniky → Duschnik
Dalheim
Knackfuß, Hubert * 5/612; Linderath, Hugo ~ 6/405
Dalking (Gem. Weiding, Kr. Cham)
Lukas, Joseph † 6/529
Dalkingen (seit 1975 zu Rainau)
Rathgeb, Caspar * 8/151
Dallas (Texas, USA)
David, Hans Theodor(e) ~ 2/452; Wiegand, Heinrich ~
10/481
Dallau (Gem. Elztal)
Eßlinger, Johann Georg * 3/182
Dalldorf (Berlin)
Liepmann, Hugo ~ 6/391; Lindner, Albert ~/† 6/407;
Moeli, Karl ~ 7/166; Sander, Wilhelm ~ 8/513
Dallmin
Bärwinkel, Richard * 1/263; Hering, Hermann * 4/616;
Jagow, Gustav von * 5/290
Dalwitz (seit 1934 zu Walkendorf)
Bassewitz, Henning Friedrich Graf von * 1/316; Bassewitz,
Sabine Elisabeth Gräfin von † 1/316; Graevenitz, Friedrich
Wilhelm Graf von † 4/125
Damaskus
Bauernfeind, Gustav ~ 1/330; Burchardt, Hermann ~ 2/229;
Kolland, Engelbert ~/† 6/16; Kremer, Alfred Frh. von ~
6/95; Meinecke, Michael ~ 7/34; Meißner, Heinrich August
~ 7/41; Obermeyer, Jakob ~ 7/455; Wetzstein, Johann
Gottfried ~ 10/464
Dambach (Dép. Bas-Rhin, Frankreich)
Johannes von Dambach * 5/352
Dambenoy (Frankreich)
Forstner, Christof von ~ 3/378
Damerau (poln. Dąbrowa)
Ziehm, Ernst (Bruno Victor) * 10/657
Damiette (Ägypten)
Adolf III., Graf von Berg † 1/42
Damm (Aschaffenburg)
Deetz, Marie * 2/463; Dyroff, Adolf * 2/661; Müller,
Daniel Ernst ~ 7/251
Damme (Belgien)
Moortgat, Anton † 7/203
Damme (Kr. Vechta) → Osterfeine
Dammerkirch (frz. Dannemarie, Dép. Haut-Rhin)
Kauffmann, Leo Justinus * 5/470; Ricklin, Eugen */~/†
8/287
Damníkov → Thomigsdorf
Damp
Witt, Arthur Nikolaus * 10/543
Danderyd (Schweden)
Sandberg, Herbert † 8/510

Dangast (Varel)
Heckel, Erich ~ 4/468; Schmidt-Rottluff, Karl ~ 9/25
Dankersen (seit 1973 zu Minden)
Ditfurth, Franz Wilhelm Frh. von * 2/559
Dannau (seit 1937 zu Oldenburg in Holstein)
Ehrenberg, Karl * 3/38
Dannemarie → Dammerkirch
Dannenberg (Elbe)
August d. J., Herzog von Braunschweig-Wolfenbüttel *
1/220; Bentheim, Heinrich Ludolf ~ 1/429; Born, Nicolas
~ 2/33; Bresslau, Harry * 2/121; Düring, Johann Christian
von * 2/639; Prochaska, (Marie Christine) Eleonore † 8/76;
Schultz, Johannes ~/† 9/191
Dannenfels
Brunck, Heinrich von ~ 2/166; Gümbel, (Wilhelm)
Theodor von * 4/235; Gümbel, (Carl) Wilhelm von * 4/235
Dannenwalde
Ungern-Sternberg, (Peter) Alexander Frh. von † 10/155;
Waldow-Dannenwalde, Wilhelm von † 10/306
Dannhorst (Gem. Nienhagen. Kr. Celle)
Erdmann, Friedrich (August Christian) * 3/140
Dansenberg (Kaiserslautern)
Pfleger, Johannes * 11/158
Danstedt
Drumann, Wilhelm (Karl August) * 2/628
Danville (Kentucky, USA)
Misch, Carl (Edward) ~/† 7/151
Danzig (poln. Gdańsk)
siehe auch *Ohra, Heiligenbrunn, Krückwald, Langfuhr,
Neufahrwasser, Oliva (Westpr.), Scharfenort*
Abegg, Georg Friedrich Heinrich ~ 1/2; Abegg, Richard
(Wilhelm Heinrich) * 1/3; Abicht, Johann Georg ~ 1/11;
Abraham, Max * 1/12; Abraham, Max * 1/12; Ackermann,
(Karoline) Dorothea * 1/20; Ackermann, Karl David ~/†
1/21; Ackermann, Konrad (Ernst) ~ 1/22; Ackermann,
Sophie Charlotte ~ 1/22; Acoluth, Johann ~ 1/23; Adler,
Salomon */~ 1/41; Ahrens, Felix Benjamin * 1/60; Alberti,
Karl Edmund Robert */~ 1/70; Alexander Friedrich Karl,
Herzog von Württemberg ~ 1/87; Alvensleben, Johann
Friedrich von ~ 1/108; Amandus, Johannes ~ 1/110;
Andreae, Nicolaus ~ 1/130; Andreae, Samuel * 1/131;
Anger, Karl Theodor */~/† 1/137; Anschütz, Heinrich
(Johann Immanuel) ~ 1/145; Arendt, Oskar * 1/167;
Arnold, August ~ 1/185; Arnoldi, Nikolaus ~ 1/191;
Arnsburg, Friedrich Ludwig ~ 1/193; Arthus, Gotthard
*/~ 1/197; Assmann, Herbert * 1/207; Auerbach, Adolf
~ 1/215; Aurifaber, Andreas ~ 1/224; Auwers, Otto (Artur
Siegfried) von ~ 1/226; Bär, Max ~ 1/262; Baison, Jean
Baptiste ~ 1/272; Balck, Hermann ~ 1/273; Bamberger,
Karl ~ 1/285; Baranius, Henriette */~ 1/291; Baum, Marie
* 1/333; Baumbach, Karl Adolf ~/† 1/338; Baumgarten,
Konrad ~ 1/344; Bechtel, Heinrich ~ 1/368; Beckher,
Daniel * 1/383; Behrend, Paul Gerhard */† 1/400; Behrend,
(Michael Wilhelm) Theodor ~ 1/400; Beke, Gert von der
~/† 1/407; Below, Fritz Theodor Karl von * 1/411; Below,
Otto (Ernst Vinzent Leo) von */~ 1/411; Bendrat, Arthur
* 1/418; Beneke, Paul */~/† 1/421; Benziger, Carl Joseph
~ 1/432; Bercht, Julius Ludwig ~ 1/434; Berendt, Georg
Karl */~/† 1/437; Berendt, Karl Hermann * 1/437; Bergius,
Konrad ~ 1/448; Bernhard, Christoph */~ 1/467; Bernhardi,
Otto (Heinrich Wilhelm) von ~ 1/469; Bernstein, Aaron
David */~ 1/475; Bertling, Ernst August ~/† 1/487; Beyer,
Christoph ~/† 1/505; Birkholz, Georg Wilhelm von ~
1/538; Bischof, Philipp */† 1/542; Bitschin, Konrad *
1/549; Blachstein, Peter ~ 1/552; Blesendorf, Joachim
Ernst ~ 1/569; Block, Abraham von dem ~/† 1/576; Block,
Wilhelm von dem ~ 1/577; Blohm, (Georg Wilhelm)
Rudolf ~ 1/578; Blohmke, Artur * 1/578; Blumenau, Lau-
rentius * 1/585; Böckel, Dagobert Ernst Friedrich * 1/607;
Böckel, Ernst Gottfried Adolf */~ 1/607; Bömeln, Gabriel
von */~/† 1/628; Bönigk, Gottfried ~ 1/630; Bötticher,
Clarissa Johanna * 1/639; Bolz, Lothar ~ 2/13; Bornbach,
Stanislaus ~/† 2/33; Borries, Bodo von ~ 2/37; Borsche,
Dieter ~ 2/38; Borz, Georg Heinrich ~ 2/40; Botsack,

Johann(es) ~/† 2/47; Boy, Adolf */† 2/51; Brandes, Esther Charlotte ~ 2/62; Brandes, Johann */~/† 2/63; Brandis, August Friedrich Karl von ~ 2/64; Brauchitsch, Ludwig Mathias Nathanael Gottlieb von ~ 2/76; Brausewetter, Otto ~ 2/91; Braxein, Fabian Abraham von ~ 2/92; Breitenbach, Paul von */~ 2/102; Brennecke, (Karl Wilhelm) Erich ~ 2/112; Brenneke, (Johann Friedrich Robert) Adolf ~ 2/113; Breyne, Jakob */† 2/129; Breyne, Johann Philipp */~/† 2/129; Breysig, Johann Adam ~/† 2/129; Bronk, Otto von * 2/145; Bronsart von Schellendorf, Heinrich Karl Christoph ~ 2/146; Bronsart von Schellendorf, Paul (Leopold Eduard Heinrich Anton) * 2/146; Bronsart von Schellendorf, Walter * 2/146; Broschek, Albert (Vincent) */~ 2/146; Brost, Erich (Eduard) ~ 11/33; Brüche, Ernst ~ 2/151; Brückner, Johann Gottfried ~ 2/153; Brückner, Katharina Magdalena ~ 2/153; Brünneck, Wilhelm Magnus von ~ 2/161; Bruns, Viktor ~ 2/174; Buchhorn, Josef ~ 2/185; Buck, Heinrich ~/† 2/190; Büngeler, Walter ~ 2/207; Büthner, Friedrich ~/† 2/214; Bütner, Crato ~/† 2/214; Bugge, (Friedrich Detlef) Günther ~ 2/218; Buramer, Berthold ~/† 2/227; Burckhardt, Carl Jacob ~ 2/231; Burow, Julie ~ 2/246; Butenandt, Adolf (Friedrich Johann) ~ 2/257; Calov, Abraham ~ 2/267; Camenisch, Paul ~ 2/268; Caridis, Miltiades * 11/38; Carlson, Carl Fridolf ~ 2/283; Cartellieri, Casimir Antonio * 2/289; Caskel, Werner * 2/291; Cassirer, Max ~ 2/295; Cerrini di Monte Varchi, Klemens Franziskus Xaver Frh. von ~ 2/301; Chajes, Benno * 2/302; Chodowiecki, Daniel */~ 2/312; Cissarz, Johann Vinzenz * 2/327; Clausberg, Christlieb von */~ 2/335; Clericus, Ludwig (August) * 2/342; Clüver, Philipp * 2/346; Cohausz, Otto † 2/351; Conwentz, Hugo */~ 2/367; Conze, Friedrich ~ 2/368; Cosack, Karl Johann ~ 2/381; Cranach, Lucas d. Ä. ~ 2/392; Creutzburg, Nikolaus ~ 11/42; Crispien, Arthur ~ 2/400; Crüger, Peter ~/† 2/405; Dadler, Sebastian ~ 2/424; Dalitz, Friedrich Rudolf * 2/433; Dantiscus, Johann */~ 2/443; Davidsohn, George * 2/453; Davidsohn, Robert * 2/454; Delbrück, Clemens (Gottlieb Ernst) von ~ 2/474; Deniger von Olinda, Joachim ~ 2/487; Denner, Balthasar ~ 2/488; Deutschinger, Franz ~ 2/507; Diest, Gustav von ~ 2/525; Dircksen, Ernst * 2/554; Dirksen, Herbert von ~ 2/556; Döring, (Johann Michael) Heinrich * 2/577; Dohna-Schlobitten, Heinrich Graf von ~ 11/48; Dolezalek, Friedrich ~ 2/586; Dombrowski, Erich */~ 2/590; Domke, Johann Friedrich ~/† 2/591; Dommer, Arrey von * 2/591; Dornewaß, Wilhelm ~ 2/599; Dorothea von Montau ~ 2/600; Droop, Friedrich Wilhelm ~ 2/623; Dugrain, Johann Jeremias */~/† 2/645; Dulichius, Philipp ~ 2/647; Echtermeyer, Theodor ~ 3/5; Echtler, Adolf * 3/5; Eckardt, Siegfried Gotthilf ~ 3/8; Edelmann, Hirsch ben Mordechai ~ 3/17; Eggert, Otto (Paul Hermann) ~/† 3/30; Egloffstein, August Karl Frh. von adel zu ~ 3/33; Eichberger, Wilhelm ~ 3/47; Eichendorff, Joseph (Karl Benedikt) Frh. von ~ 3/49; Eichhorn, Johann Konrad */~/† 3/52; Eichstädt, Lorenz † 3/56; Eisenhart-Rothe, Georg Emil Ferdinand Karl von ~ 3/71; Enderling, Paul */~ 3/110; Engel, (Johann Daniel) Friedrich * 3/113; Erbach, Rudolf ~ 3/137; Erben, Balthasar */~/† 3/138; Essen, August Franz von ~ 3/180; Ewerbeck, Christian Gottfried ~ 3/199; Fahrenheit, Gabriel Daniel * 3/219; Falck, Jeremias */~ 3/222; Falk, Johannes (Daniel) * 3/224; Falk-Auerbach, Nanette ~/† 3/225; Farensbach, Jürgen ~ 3/231; Fellenstein, Niclaus ~ 3/259; Ferber, Eberhard */~ 3/266; Ferber, Konstantin */~/† 3/266; Ferber, Mauritius */~ 3/267; Ferdinand Kettler, Herzog von Kurland und Semgallen ~/† 3/269; Feyrter, Friedrich ~ 3/283; Fichte, Johann Gottlieb ~ 3/284; Fiebach, Otto ~ 3/290; Fischel, Oskar * 3/309; Fischer, Alfons ~ 3/311; Fischer, Emil ~ 3/313; Fischer, Friedrich (Wilhelm Heinrich) ~ 3/316; Fischer, (Rudolf Erich) Walther ~ 3/328; Flügel, Gustav ~ 3/356; Förstemann, Ernst (Wilhelm) */~ 3/361; Förstemann, Wilhelm August † 3/361; Förster, (Johann) August ~ 3/361; Förster, Kaspar */~ 3/364; Förster, Max (Theodor Wilhelm) * 3/364; Föttinger, Hermann ~ 3/366; Forster,

Albert ~ 3/375; Forster, Ellen ~ 3/375; Forster, (Johann) Reinhold ~ 3/377; Franckenberg, Abraham von ~ 3/395; Frantzius, Alexander von */~ 3/409; Freislich, Johann Balthasar Christian ~/† 3/423; Freislich, Maximilian Dietrich ~/† 3/423; Freitag, Rudolf ~/† 3/423; Freytag-Loringhoven, Mathilde Freiin von ~ 3/440; Friede, Aline ~ 3/447; Friedrich, Ernst ~ 3/479; Fromantiou, Hendrik de ~ 3/507; Fromm, Hans ~ 3/509; Frotscher, Gotthold ~ 3/513; Fuchs, Gustav Adolf ~/† 3/518; Fuchs, Karl ~/† 3/519; Fürst, Manfred * 3/527; Fürstenberg, Karl * 3/529; Gadebusch, Friedrich Konrad ~ 3/551; Gaede, William Richard ~ 3/552; Gall, Ernst * 3/561; Gast, Peter ~ 3/580; Gaudy, Friedrich (Wilhelm Leopold) von ~ 3/584; Gehema, Johann Abraham Jakobson von */~ 3/598; Gehl, Julius ~ 3/598; Gehlhoff, Georg Reinhard ~ 3/599; Geisler, Walter ~ 3/610; Gelling, Hans ~ 3/618; Genée, Ottilie ~ 3/621; Genée, (Friedrich) Richard (Franz) * 3/621; Genée, (Heinrich) Rudolf ~ 3/621; Genzmer, Berthold ~ 3/625; Genzmer, Ewald ~ 3/625; Gerlach, Eduard * 3/647; Gerlach, Samuel ~ 3/649; Gerlach, Walter Paul ~ 3/650; Gersdorff, Carl August von ~ 3/655; Gibsone, Alexander ~/† 3/677; Giese, Tidemann (Bartholomäus) * 4/2; Girschner, Karl Friedrich (Johann) ~ 4/15; Gmelin, Hermann Ernst ~ 4/40; Gnade, Elisabeth ~ 4/41; Gölnitz, Abraham * 4/53; Goethe, Ottilie (Wilhelmine Ernestine Henriette) von * 4/66; Goetz, George ~ 4/69; Goldberg, Johann Gottlieb * 4/78; Goldschmidt, Levin * 4/85; Goldschmidt, Paul * 4/85; Goltz, Heinrich Frh. von der ~ 4/92; Goßler, Gustav von ~/† 4/101; Gottsched, Luise (Adelgunde Viktorie) * 4/112; Grabowsky, Carl * 4/118; Graf, Eduard ~ 4/126; Graf, Ulrich (Paul Albert) ~ 4/129; Gralath, Daniel d. Ä. */~/† 4/133; Gralath, Daniel d. J. */~/† 4/133; Gramberg, Anton Gustav Adelbert ~ 4/133; Grammel, Richard ~ 4/134; Graudenz, Johannes * 4/142; Greflinger, Georg ~ 4/148; Greiser, Arthur Karl ~ 4/154; Grobecker, Ewald ~ 4/176; Groddeck, Albrecht ~/† 4/177; Groddeck, Albrecht von * 4/177; Groddeck, Ernst Gottfried * 4/177; Groddeck, Gabriel */~/† 4/177; Gronau, Johann Friedrich Wilhelm ~ 4/185; Gronemann, Selig ~ 4/185; Groschuff, Friedrich ~ 4/189; Großmann, Gustav Friedrich Wilhelm ~ 4/197; Groth, Ernst Johann ~ 4/202; Grüner, Christoph Sig(is)mund ~ 4/213; Grüning, Wilhelm ~ 4/217; Grunau, George (August) ~ 4/221; Grunau, Simon ~/† 4/222; Gruppe, Otto Friedrich * 4/228; Gryphius, Andreas ~ 4/229; Günther, Adelheid ~ 4/237; Guinand, Valeska ~ 4/252; Gumtau, Friedrich ~ 4/257; Gutschow, Konstanty ~ 11/75; Haack, Wolfgang (Siegfried) ~ 4/282; Haase, Helga */~ 4/289; Hagen, Adolf ~ 4/318; Hahn, Hermann ~ 4/330; Hakenberger, Andreas ~/† 4/340; Hanow, Michael Christoph ~/† 4/373; Hansch, Michael Gottlieb ~ 4/374; Hartmann, Siegfried ~ 4/413; Haupt, Ullrich ~ 4/444; Hauser, Otto ~ 4/449; Hecker, Johann(es) */~/† 4/471; Heidingsfeld, Ludwig ~ 4/492; Heiland, Rudolf-Ernst ~ 11/82; Heinrich von Plauen, Hochmeister des Deutschen Ordens ~ 4/526; Hellingrath, Berthold (Franz) ~ 4/566; Hellmuth-Bräm, Wilhelm ~ 4/568; Hendreich, Christoph * 4/582; Henglein, Friedrich August ~ 4/583; Hennig, Karl (Wilhelm Julius Hildebrandt Gustav) ~ 4/591; Hennig, Rudolf * 4/592; Hermann von Wartberge ~ 4/625; Hermann, Daniel ~ 4/626; Herrlinger, Julie ~ 4/641; Hertzer, Ludwig ~ 4/655; Herzog, Alfred ~ 4/664; Heßler, Friedrich Alexander ~ 5/3; Hevelius, Johannes */~/† 5/14; Heyl, Ferdinand ~ 5/22; Hildebrandt, Eduard * 5/36; Hilverding, Johann Baptist ~ 5/48; Hintze, Jacob ~ 5/56; Hintze, Wilhelm ~ 5/57; Hippel, Theodor Gottlieb von ~ 5/59; Hirsch, August */~ 5/60; Höpfner, Karl ~ 5/99; Hoeßlin, Erna von ~ 5/106; Hoeßlin, Franz von ~ 5/106; Hoffmann, Hans ~ 5/118; Hogenstein, Jodocus * 5/136; Holtzstamm, Auguste ~ 5/157; Houtermans, Fritz ~ 5/188; Huber-Anderach, Theodor ~ 5/199; Huenefeld, Andreas ~/† 5/211; Jachmann, Eduard von * 5/270; Jachmann, Reinhold Bernhard ~ 5/270; Jacobi von Wallhausen, Johann ~/† 5/276; Janauschek, Fanny ~ 5/298; Jantsch, Heinrich ~ 5/304; Jantzen, Georg * 5/304; Jarcke, Karl Ernst * 5/306;

Jebens, Adolf ~ 5/313; Jebens, August Friedrich ~ 5/313; Jellinek, Karl ~ 5/317; Jerichau-Baumann, Elisabeth (Maria Anna) ~ 5/324; Joachimsen, Paul * 5/330; Johannsen, Otto ~ 5/355; John, Karl ~ 5/355; Jonas, (Carl) Rudolf (Hugo) ~ 5/360; Jung, Alexander ~ 5/377; Kabrun, Jakob */† 5/392; Kaiser, Rudolf ~ 11/99; Kalckreuth, Friedrich Adolf Graf von ~ 5/410; Kaps, Robert ~ 5/432; Karl Leopold, Herzog von Mecklenburg-Schwerin ~ 5/444; Karnapp, Walter ~ 5/451; Kaske, Karlheinz ~ 11/101; Keckermann, Bartholomäus */~/† 5/482; Keppler, Wilhelm ~ 5/508; Keyser, Erich */~ 5/525; Kienbaum, Gerhard ~ 11/103; Kindermann, Heinz ~ 5/541; Kirch, Christfried ~ 5/546; Kirch, Gottfried ~ 5/546; Klaproth, Martin Heinrich ~ 5/565; Klawitter, Carl William */~/† 5/569; Kleefeld, Georg ~/† 5/572; Klein, Jacob Theodor ~/† 5/576; Klein, Martin ~ 5/577; Klemm, Wilhelm (Karl) ~/† 5/586; Klemme, Pankratius ~/† 5/586; Kluckhohn, Paul ~ 5/607; Knaack, Wilhelm ~ 5/611; Kniprode, Winrich von ~ 5/622; Koch, Julius August ~/† 5/642; Koch, Richard ~ 5/643; Kolbe, Ernst ~ 6/12; Koldehoff, Reinhard ~ 6/14; Koll, Werner ~ 6/16; Konrad Zöllner von Rotenstein, Hochmeister des Deutschen Ordens ~ 6/26; Korell, Bruno ~ 6/43; Koschmieder, Harald ~ 6/50; Kossel, Walther (Ludwig) ~ 6/52; Kramer, Hans ~/† 6/69; Krannhals, Hanns von ~ 6/71; Kreikemeyer, Willi ~ 6/91; Krischen, Friedrich ~ 6/108; Kruckenberg, Franz ~ 6/120; Krüger, Friedrich ~ 6/122; Kühn, Friedrich ~ 6/143; Kühn, Nikolaus ~/† 6/144; Kühn, Walter ~ 6/143; Küpfmüller, Karl ~ 6/152; Kulmus, Johann Adam ~/† 6/164; La Baume, Wolfgang ~ 6/188; Laddey, Ulrike † 6/192; Lagus, Daniel ~ 6/198; Lagus, Konrad ~ 6/198; Lakmann, Nikolaus */~ 6/201; Lampe, Philipp Adolf */~/† 6/209; Lang, Georg ~ 6/225; Lang-Ratthey, Agnes ~ 6/229; Langer, Richard ~ 6/242; La Roche, Karl von ~ 6/253; L'Arronge, Eberhard Theodor ~ 6/254; Lehmann(-Danzig), Bernhard */~/† 6/291; Lehmann, Emil ~ 6/292; Lehmann, Lilli ~ 6/295; Lehrs, Karl ~ 6/301; Lengerken, Hanns von ~ 6/320; Lengnich, Gottfried */~/† 6/320; Less, Gottfried ~ 6/343; Lessing, Gotthold Ephraim ~ 6/346; Levy, Rudolf ~ 6/362; Lewinger, Ernst ~ 6/364; Leyden, Ernst (Viktor) von * 6/369; Lieberkühn, Christian Gottlieb ~ 6/380; Liebert, Paul * 6/382; Liek, Erwin ~ 6/390; Lienau, Otto ~ 6/390; Liepmann, Moritz * 6/391; Liepmann, Wilhelm * 6/392; Linck, Johann Heinrich ~ 6/399; Lindemann, Gustav * 6/401; Link, Ernst ~ 6/412; Lipinski, Richard (Robert) * 6/415; Löhner, Helmut ~ 6/442; Löschin, Matthias Gotthilf */~/† 6/447; Loitz, Michael ~ 6/465; Loos, Theodor ~ 6/468; L'Orange, Rudolf * 6/469; Lorenz, Hans ~ 6/472; Lücke, Carl August ~ 6/513; Lücke, (Johann Christian) Ludwig von ~/† 6/514; Männchen, Adolf ~ 6/558; Magni, Valerian ~ 6/562; Maier, Michel ~ 6/571; Maier-Leibnitz, Hermann ~ 6/572; Mangoldt, Hans (Carl Friedrich) von ~/† 6/588; Mangoldt, Hermann von ~ 6/595; Mannhardt, Wilhelm (Johann Emanuel) ~/† 6/595; Manns, Sir August ~ 6/597; Marquardt, Joachim * 6/629; Marra-Vollmer, Marie von ~ 6/629; Marschner, Heinrich August ~ 6/632; Martens, Wilhelm * 6/634; Martiny, Benno ~ 6/641; Matthaei, Rupprecht ~ 6/659; Mauthner, Eugen Moritz ~ 6/672; Meder, Johann Valentin ~ 7/22; Meermann, Arno ~ 7/24; Memling, Hans ~ 7/55; Merz, Horst ~ 7/80; Messerschmidt, Daniel Gottlieb */~ 7/83; Metzing, Adalbert ~ 7/92; Metzke, Erwin * 7/92; Meyerheim, (Friedrich) Eduard */~ 7/115; Migge, Leberecht * 7/135; Milch, Erhard (Alfred Richard Oskar) ~ 7/138; Mirbach, Dietrich Frh. von ~ 7/150; Mitzka, Walther ~ 7/160; Moehring, Paul Heinrich Gerhard ~ 7/165; Möllenstedt, Gottfried ~ 11/131; Möller, Anton d. Ä. ~/† 7/167; Möller, Johann Gottlieb */~/† 7/169; Moll, Carl ~ 7/190; Moller, Heinrich ~/† 7/191; Morgenstern, (Johann) Karl (Simon) von ~ 7/211; Morwitz, Eduard * 7/220; Morwitz, Ernst ~ 7/220; Mosewius, Sophie Wilhelmine ~ 7/230; Mrongovius, Christoph Coelestin ~/† 7/237; Müller, Eugen ~ 7/255; Müller, Heinrich ~ 7/263; Müller, Wilhelm ~ 7/283; Münnich, Burchard Christoph Graf

von ~ 7/296; Münsterberg, Emil */~ 7/297; Münsterberg, Hugo * 7/297; Münsterberg, Oskar * 7/297; Näcke, Paul Adolf ~ 7/330; Nagel, Albrecht (Eduard) */~ 7/333; Nesselmann, Kurt ~ 11/136; Neter, Laurenz de ~ 7/368; Neugebauer, Helmuth ~ 7/377; Neugebauer, Wilhelm Ehrenfried ~ 7/377; Neuhaus, Julie ~ 7/378; Neumann, Angelo ~ 7/380; Neumann, August ~ 7/380; Nève, Paul de ~ 7/395; Nicolai, Heinrich */~/† 7/400; Niedenthal, Samuel ~/† 7/404; Niemann, Johanna ~/† 7/408; Niering, Joseph ~ 7/411; Noé, Hermann ~ 11/142; Nötel, Louis ~ 7/442; Notke, Bernt ~ 7/442; Obbergen, Antonius van ~/† 7/451; Oberländer, Theodor ~ 11/145; Oehlke, Waldemar ~ 7/465; Ollendorff, Franz Heinrich ~ 7/489; Opitz, Martin ~/† 7/495; Osten-Sacken, Johanne Florentine * 7/515; Ostendorf, Friedrich ~ 7/515; Osterrath, Heinrich Philipp ~ 7/517; Otto, Wilhelm ~ 7/537; Pasch, Georg * 7/566; Paullini, Christian Franz ~ 7/578; Peschwitz, Gottfried von */~/† 7/609; Petruschky, Johannes (Theodor Wilhelm) ~ 7/623; Pietsch, Ludwig (Karl Adolf) * 7/667; Pirath, Carl ~ 7/676; Plactomus, Johannes ~/† 7/682; Plank, Rudolf (Aloys Valerian) ~ 7/685; Plavius, Johannes ~/† 7/692; Plehn, Auguste */~/† 7/692; Plümicke, Carl Martin ~ 8/6; Pochhammer, Margarete ~ 8/7; Pommeresch, Johann ~ 8/31; Potuznik, Herbert ~ 8/47; Prinz, Christian ~ 8/72; Prinzhorn, Fritz ~ 8/73; Pröll, Arthur (Rudolf Franz Gustav) ~ 8/76; Proetel, Hermann Friedrich ~ 8/77; Prutz, Hans ~ 8/82; Quehl, Ryno * 8/100; Quessel, Ludwig ~ 8/102; Raabe, Siegfried */~ 8/106; Radde, Gustav (Ferdinand Richard) * 8/114; Radowitz, Otto von ~ 8/119; Radziwill, Boguslaw Fürst * 8/119; Ramsauer, Carl Wilhelm ~ 8/133; Rathke, Martin Heinrich */~ 8/151; Rathmann, Hermann ~/† 8/151; Raue, Johann ~ 8/160; Rauschning, Hermann (Adolf Reinhold) ~ 8/165; Rawitzki, Arthur ~ 8/168; Redner, Leo ~ 8/180; Reek, Walter Arthur */~/† 8/183; Reichardt, Johann Friedrich ~ 8/197; Reichl, Josef ~ 8/203; Reichow, Hans (Bernhard) ~ 8/204; Reinick, Robert ~ 8/224; Reinking, Wilhelm ~ 8/226; Rembold, Viktor ~ 8/238; Rémond, Fritz ~ 8/240; Reucker, Alfred ~ 8/253; Richard, Paul ~ 8/272; Richter-Ender, Elise ~ 8/285; Rickert, Heinrich ~ 8/287; Rickert, Heinrich ~ 8/287; Riechmann, Friedrich ~ 8/289; Riegel, Werner * 8/296; Rieser, Michael ~ 8/306; Rimrott, Fritz ~ 8/313; Rinck, Friedrich Theodor ~/† 8/313; Riotte, Philipp Jakob ~ 8/321; Röchling, Karl ~ 8/347; Rödern, Melchior Frh. von ~ 8/349; Roepell, Richard * 8/356; Roeßler, Gustav ~ 8/363; Rogowski, Walter ~ 8/366; Roose, Friedrich ~ 8/383; Rose, Heinrich ~ 8/387; Rosenberg, Friedrich * 8/392; Rosenberg, Johann Georg ~ 8/393; Rosenfelder, (Karl) Ludwig (Julius) ~ 8/396; Rosenstein, Siegmund Samuel ~ 8/399; Roters, Ernst ~ 8/410; Rott, Adolf (Peter) ~ 8/424; Rottenburg, Franz von * 8/426; Ruarus, Martin ~ 8/430; Rudnick, Paul Jakob ~ 8/436; Rüchel-Kleist, Friedrich Jakob von ~/† 8/444; Ruff, Karl Otto ~ 8/458; Ruthart, Carl (Borromäus Andreas) * 8/477; Saenger, Konrad ~ 8/493; Sahm, Heinrich (Friedrich Wilhelm Martin) ~ 8/495; Salomon, Gottlieb * 8/503; Samt, Friedrich ~ 8/509; Sanden, Horst von ~ 8/511; Sanden, Kurt Bernhard von ~ 8/511; Sander, Friedrich Emil ~ 8/512; Sandrart, Jakob von ~ 8/514; Sauer, Oskar ~ 8/527; Sawatzki, Anton ~/† 8/534; Schacko, Hedwig ~ 8/541; Schaefer, Carl Anton ~ 8/546; Schaeffer-Heyrothsberge, Paul ~ 8/551; Scheerbart, Paul (Karl Wilhelm) * 8/582; Schelwig, Samuel ~ 8/599; Schenk, (Heinrich Eduard) Paul ~ 8/603; Scherres, Karl ~ 8/615; Schirmacher, Käthe * 8/649; Schlaubitz, Johann Gottfried */† 8/657; Schlott, Nathanael ~ 8/686; Schlüter, Andreas */~ 8/687; Schmidt, Bernhard ~ 9/3; Schmidt, Ernst (Heinrich Wilhelm) ~ 9/6; Schmidt, Robert ~ 9/18; Schnaase, Carl (Julius Ferdinand) * 9/42; Schnadel, Georg ~ 9/44; Schön, (Heinrich) Theodor von ~ 9/82; Scholz, Adolf von ~ 9/107; Schopenhauer, Arthur */~ 9/114; Schopenhauer, Johanna (Henriette) * 9/115; Schrey, Otto ~ 9/142; Schroeder, Franz * 9/146; Schubert, Johannes (Oskar) * 9/164; Schütte, Johann (Heinrich Karl) ~ 9/175; Schütz, Caspar ~/† 9/176; Schultz, Daniel ~/†

Karl ~ 1/619; Bohner, Gerhard ~ 2/3; Bojanus, Ludwig Heinrich ~/† 2/6; Boll, Walter * 2/9; Bonhard, Georg Christian ~/† 2/17; Bopp, Friedrich Wilhelm Ferdinand * 2/25; Borée, Karl Friedrich ~/† 2/29; Borkhausen, Moritz Balthasar ~/† 2/31; Bornemann, Helmut ~ 2/34; Borngässer, Ludwig */~ 11/28; Bosselt, Rudolf ~ 2/44; Bossler, Heinrich Philipp Karl */~ 2/45; Bracht, Eugen ~/† 2/53; Bräuning, Karl † 2/56; Brandis-Zelion, Emma von * 2/66; Brandt, Fritz * 2/68; Brandt, Karl */~/† 2/70; Braun, Ernst ~ 2/80; Braun, Georg ~ 2/80; Breidenbach, Moritz Wilhelm August ~/† 2/100; Breidenbach, Tilli ~ 11/31; Breidenbach, Wolf ~ 2/100; Breitfeld, Carl ~ 2/103; Breiting, Hermann ~ 2/105; Bremer, Claus ~ 11/31; Brenner, Hans ~ 11/32; Brentano di Tremezzo, Heinrich von ~/† 2/117; Brentano di Tremezzo, Otto Rudolf von * 2/117; Breslauer, Alfred (Franz Friedrich) ~ 2/119; Breuhaus de Groot, Fritz August ~ 2/126; Briegel, Wolfgang Carl ~/† 2/131; Brill, Alexander (Wilhelm) von */~ 2/133; Brill, Rudolf ~ 11/32; Bruhn, Christian Nis Nikolaus ~ 2/163; Brunner, Franz ~ 2/169; Brunner, Georg */~/† 2/169; Buchholz, Friedrich † 11/35; Buchner, Karl (Friedrich August) */~/† 2/187; Buchner, (Christian Ludwig) Otto * 2/188; Büchner, (Johann) August Wilhelm ~ 2/196; Büchner, (Carl) Georg ~ 2/196; Büchner, Georg */~/† 2/196; Büchner, (Friedrich Karl Christian) Ludwig */~/† 2/196; Büchner, Luise */† 2/196; Bürck, Paul ~ 2/208; Burckhardt, Paul ~ 2/233; Buri, Maximilian von ~ 2/241; Caliga-Reh, Friedrich * 2/265; Callenbach, Franz † 2/266; Cannabich, Johann Günther Friedrich ~ 2/274; Cherbuliez, Antoine-Elisée ~ 2/309; Christaller, Helene * 2/316; Christiansen, Hans ~ 2/322; Cissarz, Johann Vinzenz ~ 2/327; Claudius, Matthias ~ 2/333; Clemm, Hans † 2/341; Cornelius, Auguste */~ 2/374; Cornelius, Karl ~ 2/375; Cramer-Klett, Theodor Frh. von ~ 2/391; Cramolini, Ludwig ~/† 2/391; Cranach, Lucas d. Ä. ~ 2/392; Dahl, Johann Konrad ~ 2/428; Dalwigk zu Lichtenfels, (Carl Friedrich) Reinhard Frh. von */† 2/435; Dambmann, Georg Peter */† 2/436; Dang, Johann Sebastian ~/† 2/440; David, Eduard (Heinrich Rudolph) ~ 2/452; Debus, Kurt (Heinrich) ~ 2/455; Deetz, Arthur ~ 2/463; Denger, Fred * 2/485; Dernburg, Bernhard (Jakob Ludwig) * 2/492; Dernburg, Friedrich ~ 2/492; Dersch, Hermann ~ 2/493; Dersch, Wilhelm (Heinrich) † 11/45; Dessauer, Friedrich ~ 2/497; Diefenbach, Georg Lorenz Anton † 2/515; Dieffenbach, Georg Christian ~ 2/516; Dieffenbach, Johann Philipp ~ 2/516; Diehl, Wilhelm ~/† 2/516; Dieterich, Johann Conrad ~ 2/528; Dietz, Johann Ludwig Friedrich */† 2/540; Dietz, Johanna (Margarethe) ~ 2/540; Dillenius, Johann Jakob * 2/546; Dingeldey, Eduard ~ 2/550; Dingeldey, (Friedolin Gustav Theodor Karl W.) Friedrich */~/† 2/551; Dingler, Hugo (Albert Emil Hermann) ~ 2/552; Dippel, Leopold ~/† 2/554; Doebber, Johannes ~ 2/574; Doenges, Paula ~ 2/574; Dörnberg, Alexander Frh. von * 2/578; Dörr, Adolf * 2/579; Dolivo-Dobrowolsky, Michael ~ 2/586; Dorn, (Friedrich) Ernst ~ 2/597; Dornewaß, Wilhelm † 2/599; Dräxler, Karl Ferdinand ~/† 2/606; Draht, Martin ~ 2/607; Draudt, August ~/† 2/609; Draudt, Karl (Friedrich Wilhelm Christoph) ~/† 2/609; Drescher-Kaden, Friedrich Karl ~ 11/48; Du Bos Frh. du Thil, Carl (Wilhelm Heinrich) † 2/631; Duesterberg, Theodor * 2/643; Duller, Eduard ~ 2/647; Dumont, Konrad Alexis ~ 2/649; Dumont, Luise ~ 2/649; Eberle, Christoph ~/† 2/673; Ebert, Carl (Anton) ~ 2/677; Ebert, Ferdinand ~ 2/677; Eck, Samuel ~ 3/6; Eckhardt, Christian (Leonhard Philipp) ~/† 3/12; Edschmid, Kasimir */~ 3/20; Effenberger, Theodor ~ 3/22; Eger, Otto * 3/24; Eger, Paul ~ 3/24; Eiff, August Wilhelm von * 11/51; Eigenbrodt, Karl */~ 3/59; Eigenbrodt, Karl Christian ~/† 3/59; Eilers, Albert ~/† 3/61; Eissenhardt, Johann (Kaspar) ~ 3/78; Eistert, Bernd (Karl Georg) ~ 3/78; Elisabeth, Prinzessin von Hessen und bei Rhein ~/† 3/87; Elkan, Benno ~ 3/89; Elschner, Walter ~ 3/95; Emil, Prinz von Hessen und bei Rhein * 3/104; Emmerling, Ludwig August ~/† 3/105; Endler, Johann Samuel ~/† 3/110; Engel, Ludwig */~/† 3/115; Eppelsheimer, Hanns W(ilhelm) ~ 3/131; Erbslöh, Siegfried ~ 3/138; Erlenmeyer, (Friedrich Gustav Karl) Emil ~ 3/152; Ernst Ludwig, Landgraf von Hessen-Darmstadt ~ 3/159; Ernst Ludwig, Großherzog von Hessen und bei Rhein */~ 3/159; Eß, Leander van ~ 3/179; Esselborn, Karl ~/† 3/180; Everth, Franz ~ 3/197; Ewald, (Christian Wilhelm) Carl von † 3/197; Fabian, Julius (Georg Siegfried) ~ 3/210; Fabrice, Weipart Ludwig von * 3/212; Fabricius, Ernst * 3/213; Fabricius, Eugen ~ 3/213; Falcke, Ernst Friedrich Hector * 3/223; Faltis, Evelyn ~ 3/230; Fasch, Johann Friedrich ~ 3/232; Fassbender, Heinrich (Konrad Friedrich) ~ 3/233; Feder, Karl August Ludwig ~/† 3/241; Feldhaus, Franz Maria ~ 3/256; Feldmann, Erich Emil ~ 3/256; Felsing, Georg Jacob */~/† 3/263; Felsing, Johann Conrad ~/† 3/263; Felsing, Johann Heinrich */~/† 3/263; Fenner, Paul Emmerich ~/† 3/265; Fessler, Eduard ~ 3/274; Fettweis, Rudolf ~ 3/275; Finck, Wilhelm (Peter) von ~ 3/298; Finkelnburg, (Karl Ernst) Wolfgang ~ 3/304; Finkenstein, Jettka ~ 3/304; Finsterwalder, Ulrich ~ 11/60; Fischbeck, Kurt Hellmuth ~ 3/309; Fischer, Viktor ~ 3/328; Flegler, Eugen ~ 3/340; Flotow, Friedrich Frh. von ~/† 3/355; Föppl, August (Otto) ~ 3/360; Fohr, Carl Philipp ~ 3/367; Forch, Carl (Friedrich Otto Hugo) ~ 3/371; Forest, Jean Kurt * 3/373; Franck, Heinz-Gerhard ~ 3/389; François, Hermann von ~ 3/396; Frank, Rudolf ~ 3/403; Frankenberg und Ludwigsdorf, Alex-Victor von */~ 3/406; Franzen, Erich ~ 3/415; Fresenius, Johann Philipp ~ 3/426; Frick, Heinrich */~ 3/441; Friderich, Karl (Hans Reinhold) ~ 3/444; Frieb-Blumauer, (Johanna) Minona ~ 3/445; Friederich, Ernst (Otto Heinrich) ~ 3/449; Friedländer, Paul ~/† 3/453; Friedrich, Landgraf von Hessen-Darmstadt, Bischof von Breslau * 3/462; Friedrich, Albert ~ 3/477; Fries, Ernst ~ 3/483; Fries, Karl (Friedrich Emil) ~/† 3/484; Fries, Karl (Theophil) ~ 3/484; Friese, Robert Martin ~ 3/485; Froelich, Carl (August) ~ 3/504; Frommel, Gerhard ~ 3/511; Furtwängler, Franz Josef ~ 3/544; Furtwängler, Philipp ~ 3/544; Gagern, (Wilhelm) Heinrich (August) von ~/† 3/557; Gagern, Maximilian Frh. von ~ 3/558; Gall, August Frh. von */~/† 3/561; Gall, Louise Freiin von * 3/562; Garbotz, Georg ~ 3/573; Gareis, Joseph ~ 3/574; Gasser, Max ~ 3/578; Gast, (Adolf Emil) Paul ~ 3/580; Gatzert, (Christian) Hartmann (Samuel) Frh. von ~ 3/583; Geibel, Hermann ~/† 3/601; Geiger, Rudolf (Oskar Robert Williams) ~ 3/606; Geis, Jacob ~ 3/608; Georg I. der Fromme, Landgraf von Hessen-Darmstadt ~/† 3/628; Georg II. der Gelehrte, Landgraf von Hessen-Darmstadt */† 3/628; Georg, Landgraf von Hessen-Darmstadt * 3/628; George, Heinrich ~ 3/630; Georgii, Walter ~ 3/634; Gervinus, Georg Gottfried * 3/663; Geyersbach, Gertrude ~ 3/673; Gielen, Josef ~ 3/679; Giese, (Dietrich Kaspar) Friedrich ~ 4/2; Gillmeister, Karl ~ 4/10; Girsch, Frederick ~ 4/15; Gladbach, Ernst (Georg) * 4/19; Gladbach, Georg * 4/19; Gläser, Gotthelf Leberecht ~ 4/20; Glaser, (Johann) Ludwig (Valentin) ~ 4/24; Gleichen-Rußwurm, Alexander Frh. von ~ 4/28; Glum, Friedrich (Johann) ~ 4/39; Görz, Hermann ~ 4/61; Goethe, Rudolf † 4/67; Göttmann, (Gustav) Adolf * 4/68; Götzenberger, Jakob † 4/74; Goldschmidt, Berthold ~ 11/70; Goldschmidt, Rudolf ~ 4/86; Goldstein, Julius ~/† 4/88; Gonzenbach, Carl Arnold ~ 4/97; Gout, Jean François ~ 4/113; Gräfe, Friedrich (Heinrich Franz Konrad Karl) ~/† 4/121; Graf, Heinrich ~/† 4/127; Graffunder, Walter ~ 4/132; Grahl, Hans ~ 4/132; Gramberg, Anton Gustav Adelbert ~ 4/133; Gratz, Peter Alois † 4/141; Graupner, (Johann) Christoph † 4/143; Greim, Georg Heinrich ~ 4/152; Greiner, Daniel ~ 4/153; Grienauer, Alois ~ 4/161; Grisebach, Eberhard ~ 4/175; Groh, Herbert Ernst ~ 4/181; Grolmann, Karl Ludwig Wilhelm von † 4/184; Grosch, Minnie ~ 4/189; Grotrian, Otto (Natalius August) ~ 4/203; Grünbaum, Karoline ~ 4/211; Grüner, Karl Franz ~ 4/214; Grünewald, Ernst Friedrich */~/† 4/214; Grünewald, Gottfried † 4/214; Grund, Peter ~/† 4/223; Grundler, (Franz Eberhard) Friedrich von ~ 4/224; Grzimek, Waldemar ~ 4/231;

Gürtler, Danny * 4/246; Gundelfinger, Sigmund ~/†
4/258; Gundlach, Friedrich-Wilhelm ~ 4/259; Gundolf,
Friedrich (Leopold) * 4/259; Gurland, Arcadius ~/† 4/263;
Gutenberg, Beno */~ 4/267; Haacke, Johann Wilhelm ~
4/282; Haan, Willem de ~ 4/283; Haas, Otto ~ 4/286;
Haas, (Karl Friedrich) Wilhelm */~/† 4/288; Haberkorn,
Peter ~ 4/292; Habich, Georg * 4/295; Habich, Ludwig */~
4/295; Hackmack, Hans ~ 4/299; Haenel, Günter ~ 11/76;
Hänle, Georg Friedrich ~ 4/310; Hagner, Walter ~ 4/327;
Hallwachs, Karl */~ 4/351; Hallwachs, Wilhelm (Ludwig
Franz) * 4/351; Halm, Peter (Ignaz Johann) von ~ 4/353;
Hamm, Wilhelm (Philipp) Ritter von * 4/360; Hardenberg,
Kuno (Ferdinand) Graf von ~/† 4/383; Harnack, Arvid *
4/391; Harnack, Otto ~ 4/392; Hartenau, Johanna (Marie
Luise) Gräfin von ~ 4/398; Hartung, Gustav (Ludwig) ~
4/415; Haselberg, Peter von ~ 4/421; Haßloch, Christiane
Magdalene Elisabeth ~/† 4/431; Hattemer, Heinrich ~
4/432; Haufler, Max ~ 4/440; Haupt, Theodor ~ 4/444;
Havemann, Gustav ~ 4/456; Havemann, Wilhelm ~ 4/457;
Hax, Karl ~ 11/80; Hebebrand, Werner (Bernhard) ~ 4/464;
Heck, Ludwig (Franz Friedrich Georg) */~ 4/468; Hegar,
(Ernst Ludwig) Alfred ~ 4/478; Hegenbart, Fritz ~ 4/481;
Heger, Franz ~/† 4/482; Heidebroek, Enno Wilhelm Tielko
~ 4/486; Heidenreich, (Henriette) Charlotte (Theresia) ~/†
4/489; Heigelin, Karl Marcell ~ 4/494; Heimann, Walter ~
4/503; Heiß, Hermann */~/† 4/552; Heißenbüttel, Helmut
~ 11/82; Held, Martin ~ 4/557; Hemmel, Peter von ~
4/578; Hendrichs, Hermann (Joseph Theodor Aloys Ernst)
~ 4/582; Henglein, Martin ~ 4/583; Henneberg, (Ernst)
Lebrecht ~ 4/588; Hennecke, Hans ~ 4/590; Henning,
Georg Friedrich ~ 11/84; Henrich, Konrad ~/† 4/594;
Henschel, Karl (Anton Theodor Ferdinand) ~ 4/596;
Henschel, Oscar (Robert) ~ 4/596; Hensel, Georg */†
4/597; Hepp, Karl ~/† 4/602; Herbst, Johann Andreas ~
4/609; Hercher, Ludwig ~ 4/610; Herder, (Maria) Carolina
~ 4/610; Herder, Johann Gottfried ~ 4/611; Herff, Otto
von ~ 4/613; Hering, Gerhard (Friedrich) ~/† 4/616;
Hermann, Karl Heinrich ~ 4/630; Herold, Gustav (Karl
Martin) ~ 4/635; Herrmann, Josef */~ 4/643; Herrmann,
Theo ~ 4/644; Hert, Johann Christoph ~ 4/648; Hertling,
Georg (Friedrich) Graf von * 4/650; Herz, Karl Andreas
~/† 4/658; Herzog, Rudolf ~ 4/666; Hess, Carl Ernst
Christoph * 4/669; Hesse, Ernst Christian ~/† 4/675;
Hesse, Johanna ~ 4/676; Hesse, Johanna Elisabeth † 4/676;
Hessemer, Friedrich Maximilian */~ 5/1; Hettstedt, Emil
~ 5/5; Hettstedt, Louise ~ 5/5; Heumann, Karl */~ 5/9;
Heuser, Emil ~ 5/10; Heuser, Heinrich ~ 5/11; Heuss,
Eduard (Franz) Edler von ~ 5/12; Hilger, Gustav ~ 5/41;
Hinz, Werner (Heinz Alfons) ~ 5/57; Hirschfeld, Kurt
~ 5/67; Hoelscher, (Friedrich August) Richard ~/† 5/96;
Hölzel, Gustav ~ 5/97; Höpfner, Ludwig Julius Friedrich
† 5/99; Hörlein, (Philipp) Heinrich ~ 5/101; Hoetger,
Bernhard ~ 5/106; Hoffacker, Karl * 5/112; Hoffmann,
Alexander ~ 5/113; Hoffmann, Ernst Emil */~/† 5/115;
Hoffmann, Karl Ernst Emil * 5/122; Hoffmann, Ludwig *
5/122; Hoffmann-Harnisch, (Friedrich) Wolfgang ~ 5/124;
Hofmann, August Frh. von */† 5/127; Hofmann, Heinrich
*/~ 5/129; Hofmann, Karl von */† 5/130; Hofmann, Karl
~/† 5/130; Hofmann, Ludwig von * 5/131; Hofmann,
Ulrich ~ 11/89; Hofmüller, Sebastian ~ 5/135; Hohenner,
Heinrich ~/† 5/141; Holfelder, Otto (Georg Dionysius) ~
5/148; Holighaus, Klaus ~ 5/148; Hollmann, Hans Erich
~ 5/152; Holtei, Karl von ~ 5/154; Holzamer, Wilhelm ~
5/158; Holzmann, Philipp ~ 5/161; Horn, Jakob ~ 5/177;
Horst, Karl August * 5/182; Hoym-Söllingen, Otto von
† 5/191; Huber, Bruno ~ 5/194; Hübner, Rudolf † 5/206;
Hünlich, Oskar ~ 5/212; Ihne, Egon ~/† 5/246; Illig,
Moritz Friedrich ~/† 5/249; Iro, Otto ~ 5/259; Issel, Georg
Wilhelm * 5/265; Italiener, Bruno ~ 5/266; Jacobi, Eugen
~ 5/273; Jäger, Hanns Ernst ~ 11/95; Janauschek, Fanny ~
5/298; Jaup, Carl † 5/311; Jessen, Hans ~ 5/326; Joseph,
Mely ~ 5/367; Jost, Friedrich Wilhelm ~ 5/367; Jucker,
Benedikt ~ 5/370; Kallensee, Olga ~ 5/414; Kapper, Paula
~ 5/431; Karén, Inger ~ 5/435; Karoline Luise, Markgräfin

von Baden-Durlach * 5/451; Karoline, Landgräfin von
Hessen-Darmstadt † 5/451; Kaufmann, Eugenie ~ 5/471;
Kaup, Johann Jakob */~/† 5/476; Kautzsch, Rudolf
~ 5/479; Kayser, Leopold (Johann Eduard Friedrich)
*/~/† 5/480; Kayser, Wolfgang ~ 5/481; Kehr, Günter
* 5/484; Kehrein, Joseph ~ 5/484; Kekulé, (Friedrich)
August * 5/488; Kekulé von Stradonitz, Reinhard * 5/489;
Keller, Eugen ~ 5/491; Kerner, Karl Frh. von ~ 5/513;
Kerz, Ferdinand † 5/518; Kessler, Harry Graf ~ 5/519;
Keßler, Otto ~ 5/520; Keyserling, Hermann Graf von ~
5/526; Kiepert, (Friedrich Wilhelm August) Ludwig ~
5/532; Kinz, Franziska ~ 5/544; Kippenberger, Martin
~ 11/103; Kirschmer, Otto ~/† 5/555; Kittler, Erasmus
~/† 5/561; Klaas, Adolph ~/† 5/562; Klaas, Walter */~
5/562; Klasing, August ~ 5/566; Kleiber, Erich ~ 5/573;
Kleinlogel, Adolf ~/† 5/580; Kleinschmidt, Johannes ~/†
5/581; Kleukens, Christian Heinrich ~/† 5/591; Kleukens,
Friedrich Wilhelm ~ 5/591; Kleyer, Heinrich */~ 5/592;
Knapp, Friedrich (Ludwig) ~ 5/612; Knapp, Fritz ~ 5/612;
Knapp, Georg Friedrich * 5/612; Knaus, Friedrich ~ 5/615;
Koch, Alexander ~ 5/637; Koch, Alexander ~/† 5/637;
Köhler, August */~ 5/650; Köhler, Philipp ~ 5/652; Körner,
Edmund (Hermann Georg) ~ 5/671; Köstlin, Heinrich
Adolf ~ 5/677; Köth, Erika */~ 5/677; Kogon, Eugen
~ 6/1; Kohlrausch, Eduard ~ 6/5; Kohlrausch, Friedrich
(Wilhelm Georg) ~ 6/5; Kohlrausch, Wilhelm (Friedrich)
~ 6/5; Kollek, Helmut ~ 6/16; Kolneder, Walter ~ 6/21;
Korell, Adolf ~ 6/42; Kornfeld, Paul ~ 6/46; Koschmieder,
Harald ~ 6/50; Kraemer, Adolf ~ 6/60; Krainer, Paul
~ 6/67; Krane, Anna Freiin von * 6/70; Kranz, Peter-
Paul ~ 6/71; Krauch, Carl ~ 6/74; Krauch, Carl * 6/74;
Krauß, Sigmund ~ 6/85; Krenek, Ernst ~ 6/96; Kreuder,
Ernst † 6/101; Krieger, Arnold ~ 6/106; Kroencke,
Claus ~/† 6/110; Kröner, Alfred ~ 6/111; Krolow, Karl
(Heinrich Gustav) ~/† 11/112; Kronfeld, Robert ~ 6/118;
Kruft, Hanno-Walter ~ 6/126; Kühnel, August ~ 6/146;
Küpfmüller, Karl ~/† 6/152; Küstner, Karl Theodor von
~ 6/155; Kutschera, Franz ~ 6/183; Lachmann, Gustav
~ 6/189; La Fosse, (Charles) Louis Remy de † 11/116;
Landsberger, Julius ~ 6/221; Lange, Johanna ~ 6/234;
Lange, Julius * 6/234; Lange, Ludwig */~ 6/235; Lange,
Tönjes ~ 6/236; Langen, Arnold † 6/237; Langgässer,
Elisabeth ~ 6/244; Langner, Ilse ~/† 6/247; Langosch,
Karl ~ 11/117; Langsdorff, Johann Wilhelm ~ 6/247;
Langsdorff, Werner von ~ 6/248; Lattermann, Jenny ~
6/262; Laubenthal, Hans Georg ~ 6/264; Lauterbach,
Heinrich ~ 6/273; Le Coq, Albert (August) von ~ 6/283;
Legal, Ernst ~ 6/289; Lehms, Georg Christian † 6/298;
Lehn, Georg */~ 6/299; Lehr, Ernst ~ 6/300; Leibelt,
Hans ~ 6/302; Leichtweiß, Ludwig ~/† 6/306; Leonhard,
Johannes * 6/328; Lepel, Viktor Frh. von ~/† 6/335;
Lepsius, (Carl Georg) Richard ~/† 6/337; Lerch, Georg
August */~/† 6/338; Leske, Carl Friedrich Julius */~/†
6/341; Leske, Carl Wilhelm ~/† 6/342; Leuchsenring, Franz
(Michael) ~ 6/351; Leuschner, Wilhelm ~ 6/354; Levy,
Max ~ 6/361; Ley, Hellmut ~ 6/367; Liebig, (Johann)
Justus Frh. von * 6/384; Lietzau, Hans ~ 6/393; Limmer,
Michael Friedrich ~ 6/398; Linde, Justin (Timotheus
Balthasar) Frh. von ~ 6/401; Linß, Carl (Wilhelm) † 6/414;
Lippert, Albert ~ 6/417; Löffler, Mathilde * 6/441; Löfftz,
Ludwig von * 6/441; Loos, Wilhelm ~ 6/468; Lorey,
Tuisko von * 6/474; Loth, Wilhelm */~/† 6/480; Lotz,
Franz * 6/484; Lotz, Johannes Baptist * 6/484; Lucas,
August */~/† 6/490; Luchtenberg, Paul ~ 6/491; Ludwig
V., Landgraf von Hessen-Darmstadt */~/† 6/503; Ludwig
IX., Landgraf von Hessen-Darmstadt ~/† 6/503; Ludwig
I., Großherzog von Hessen und bei Rhein, als Ludwig
X. Landgraf von Hessen-Darmstadt † 6/503; Ludwig II.,
Großherzog von Hessen und bei Rhein */† 6/503; Ludwig
III., Großherzog von Hessen und bei Rhein ~ 6/503;
Ludwig IV., Großherzog von Hessen und bei Rhein †
6/504; Ludwig, Georg * 6/508; Ludwig, Paula † 6/510;
Lüft, Johann Baptist ~/† 6/517; Luise Auguste Wilhelmine
Amalie, Königin von Preußen ~ 6/527; Luise, Herzogin

(seit 1775), Großherzogin (seit 1815) von Sachsen-Weimar-Eisenach ~ 6/527; Maderna, Bruno ~/† 6/556; Magdalena Sibylle, Herzogin von Württemberg * 6/560; Mangold, Karl Ludwig Amand * 6/588; Marcus, Paul ~ 6/610; Marguerre, Karl ~/† 6/616; Maria Alexandrowna, Kaiserin von Rußland * 6/620; Markwort, Johann Christian ~ 6/626; Marlow, Mathilde ~ 6/626; Martin, Friedrich ~ 6/636; Marx, Friedrich * 6/644; Maurer, Friedrich ~ 6/669; Maurer, Hans (Theodor Julius Christian Karl) * 6/670; May, Ernst (Georg) ~ 7/1; Mayer, August Liebmann * 7/5; Mehmke, Rudolf ~ 7/27; Meidner, Ludwig ~/† 7/30; Meister der Darmstädter Passion ~ 7/43; Mendelssohn, Arnold Ludwig ~/† 7/58; Mentzer, Balthasar I. ~ 7/65; Mentzer, Balthasar II. ~/† 7/65; Merck, Heinrich Emanuel */~/† 7/68; Merck, Johann Heinrich */~/† 7/68; Merck, Karl (Emanuel) */† 7/69; Mersmann, Hans ~ 7/76; Messel, Alfred * 7/82; Messer, Adolf ~ 7/83; Metz, August(in) † 7/90; Metzendorf, Georg ~ 7/91; Metzger, Ludwig */~/† 7/91; Meyer-Sevenich, Maria ~ 7/114; Meyerbeer, Giacomo ~ 7/115; Michaelis-Nimbs, Eugenie ~ 7/123; Mierendorff, Carlo ~ 7/132; Miller, Julius ~ 7/143; Minetti, Bernhard (Theodor Henry) ~ 11/130; Mischler, Peter ~ 7/152; Mittermayer, Michael ~/† 7/158; Mittler, Ernst Siegfried ~ 7/159; Mörath, Edgar ~ 7/173; Moholy-Nagy, Sibyl ~ 7/181; Moller, Georg ~/† 7/191; Montenglaut, (Artemisia) Henriette (Marianne) ~ 7/200; Mordo, Renato ~ 7/207; Mordtmann, August (Justus) † 7/207; Morgenstern, Johann Ludwig Ernst ~ 7/211; Moritz der Gelehrte, Landgraf von Hessen-Kassel ~ 7/215; Mosbacher, Peter ~ 7/220; Moscherosch, Johann Michael ~ 7/221; Moser, Franz Josef ~ 7/223; Moser, Wilhelm Gottfried ~ 7/228; Moufang, Ruth * 7/234; Muck, Carl * 7/238; Muck, Fritz ~ 7/238; Mügge, Ratje ~ 7/240; Müllenhoff, Adolf ~ 7/245; Müller, Albin (Camillo) ~/† 7/248; Müller, (Johann) Daniel ~ 7/251; Müller, Franz Hubert ~/† 7/256; Müller, Friedrich ~ 7/258; Müller, Fritz */~ 7/259; Müller, Heinrich ~ 7/264; Müller, Johann (Heinrich) ~ 7/268; Müller, Johann Helfrich von ~/† 7/269; Müller, Karl * 7/273; Müller, Karl ~ 7/273; Müller, Reinhold (Heinrich Robert) ~/† 7/280; Müller, Wilhelm ~ 7/283; Müller-Hillebrand, Dietrich ~ 7/287; Müller-Linow, Bruno ~/† 11/133; Müller-Wiener, Wolfgang ~ 7/291; Münzinger, Adolf */301; Müthel, Lothar (Max) ~ 7/302; Mysz, Susanne ~ 7/324; Nachbaur, Franz ~ 7/326; Nagel, Wilibald ~ 7/335; Naso, Eckart von * 7/341; Naujoks, Eberhard * 7/347; Naumann, Alexander (Nicolaus Franz) ~ 7/347; Nette, Herbert ~/† 7/369; Neufert, Ernst Hermann ~ 7/376; Neuhaus, Alfred ~ 11/138; Neukäufler, Ferdinand ~/† 7/379; Neukäufler, Jakob ~/† 7/379; Neukäufler, Hermann ~/† 7/379; Neumann, (Heinrich) Bernhard ~ 7/381; Neurath, (Johann Friedrich Albert) Konstantin von ~ 7/392; Neven Du Mont, Jürgen ~ 7/396; Niebergall, Ernst Elias */~/† 7/402; Niemann, Gustav ~ 11/141; Niering, Joseph ~ 7/411; Noack, August ~/† 7/427; Noack, Ferdinand ~ 7/427; Noack, Friedrich */~/† 7/427; Noack, Ulrich * 7/428; Nötel, Louis * 7/432; Noldan, Svend † 7/433; Nossack, Hans Erich ~ 7/440; Nürnberg, Werner ~ 11/144; Nusselt, (Ernst Kraft) Wilhelm ~ 7/450; Obenauer, Karl (Justus) */~ 11/145; Ochs, Siegfried ~ 7/460; Offenbach, Joseph † 7/477; Olbrich, Joseph (Maria) ~ 7/483; Ollendorff, Fritz * 7/489; Opel, Fritz (Adam Hermann) von ~ 7/494; Opel, (Albert) Wilhelm von ~ 7/494; Orff, Carl ~ 7/504; Ottenheimer, Paul ~/† 7/526; Otterstedt, Friedrich Frh. von ~ 7/526; Pabst, Heinrich Wilhelm ~ 7/544; Pabst, (Hermann August) Walter * 7/544; Palmer, Lilli ~ 7/552; Pander, Oskar von ~ 7/554; Paryla, Karl ~ 7/566; Pasqué, Ernst ~ 7/567; Pauly, Georg ~ 7/581; Paweck, Heinrich ~ 7/583; Peche, Therese ~ 7/585; Pellar, Hanns ~ 7/591; Peppler, Albert (Gustav) ~ 7/597; Peschka-Leutner, Minna ~ 7/608; Petersen, Waldemar ~/† 7/620; Petersen, Wilhelm ~/† 7/620; Pfaff, Friedrich * 7/633; Pfannmüller, Gustav ~/† 7/636; Pfarr, Georg Adolf ~/† 7/637; Pfeiffer, Max Adolf ~ 7/641; Pfeilschifter, Julie Sophie Marie Agathe von ~ 7/644; Pfestorf, Gerhard Kurt Martin ~ 7/645; Pieper,

Josef ~ 11/158; Pinand, Jan Hubert ~/† 7/672; Pinder, Wilhelm ~ 7/672; Pistor, Gotthelf ~ 7/680; Ploennies, L(o)uise von */~/† 8/4; Plügge, Herbert ~ 8/6; Pockh, Hans ~ 8/8; Pohl, Karl Ferdinand * 8/19; Pollak, Egon ~ 8/26; Pommer, Kurt ~ 8/31; Praetorius, Michael ~ 8/50; Prager, Stephan (Friedrich) ~ 8/51; Prager, William ~ 8/52; Prasch-Grevenberg, Auguste * 8/53; Prausnitz, Giles Carl ~ 8/55; Preuschen, Erwin (Friedrich Ferdinand Wilhelm) ~ 8/64; Preuschen, Hermi(o)ne Baronin von * 8/65; Pützer, Friedrich ~ 8/89; Quessel, Ludwig ~/† 8/102; Raabe, (Karl) Josef ~ 8/106; Raethjen, Paul (Ernst Günther Siegmund) ~ 8/122; Ramdohr, Paul (Georg Karl) ~ 8/131; Rammelmeyer, Alfred † 8/132; Raphael, Günter (Albert Rudolf) ~ 8/141; Rasch, Gustav ~ 8/144; Ratschow, Max † 8/153; Rau, Hans ~ 8/155; Raupp, Karl * 8/163; Reichl, Josef ~/† 8/203; Reinking, Wilhelm ~ 8/226; Reinowski, Hans † 8/227; Reissig, Jakob ~/† 8/232; Reitz, Konstantin ~ 8/236; Renker, Armin ~ 8/243; Reppe, Walter Julius ~ 8/247; Reuleaux, Erich (Wilfried) ~/† 8/253; Reuling, Wilhelm Ludwig */~ 8/254; Richter, Willi ~ 8/284; Riechmann, Friedrich ~ 8/289; Rieger, (Friedrich Leonhard) Maximilian */~ 8/297; Rieth, Kurt ~ 8/307; Rinck, Johann Christian Heinrich ~/† 8/313; Ring, Friedrich Dominikus † 8/315; Rings, Josef ~ 8/318; Rittershaus, Ernst (Ludwig Johann) * 8/333; Rodenberg, Carl (Friedrich) ~ 8/344; Rodenhauser, Wilhelm ~ 8/345; Roeder, Emy ~ 8/348; Rößler, Hellmuth ~ 8/363; Roessler, Ludwig (Friedrich Carl) von ~/† 8/363; Rohn, Karl (Friedrich Wilhelm) ~ 8/369; Rohrbach, Adolf (Karl) ~ 8/371; Roquette, Otto ~/† 8/383; Rosemann, Heinz Rudolf ~ 11/165; Rosenberg, (Karl Benjamin) Hermann von * 8/393; Rosenstock, Joseph ~ 8/399; Rosner, Franz ~ 8/404; Rubens, Heinrich ~ 8/431; Rücker, August Gottlieb ~ 8/444; Rumpf, Hans ~ 8/464; Runge, Wilhelm T. ~ 8/468; Ruppel, Karl Heinrich */~ 8/471; Ruppel, Sigwart ~ 8/472; Ruths, (Johann) Heinrich * 8/477; Sabais, Heinz Winfried ~/† 8/484; Saccur, Alma ~ 8/485; Salden, Ida ~ 8/497; Salomon (-Delatour), Gottfried ~ 8/503; Sanzara, Rahel ~ 8/517; Sartorius, (Carl) Christian (Wilhelm) ~ 8/520; Sartorius, Ernst Wilhelm Christian * 8/520; Sattler, Joachim ~ 8/524; Schack, Friedrich Otto ~ 8/541; Schaefer, Georg ~/† 8/547; Schäffer, Martin ~/† 8/551; Schaffner, Jakob ~ 8/556; Schalfejew, Eduard ~ 8/559; Schaub, Hans Ferdinand ~ 8/574; Schauer, Georg Kurt ~ 8/575; Scheffers, Georg (Wilhelm) ~ 8/582; Schenk, (Johann) Heinrich (Rudolf) ~/† 8/603; Schenk zu Schweinsberg, Eberhard Frh. von */~ 8/604; Scheppan, Hilde ~ 8/608; Schering, Karl (Julius Eduard) ~/† 8/612; Scherzer, Otto ~/† 8/616; Schiebelhuth, Hans (Hans Hieronymus) */~ 8/623; Schiele, Johann Heinrich ~/† 8/633; Schindelmeißer, Louis Alexander Balthasar ~/† 8/642; Schlechta, Karl ~ 8/658; Schleiden, Matthias Jakob ~ 8/664; Schleiermacher, Andreas */~ 8/664; Schleiermacher, August (Ludwig Eduard Friedrich) * 8/665; Schleiermacher, Ernst † 8/665; Schleiermacher, Ludwig */~/† 8/666; Schleiermacher, Ludwig */~ 8/667; Schlink, Edmund (Wilhelm Ludwig) * 8/679; Schlink, Wilhelm ~/† 8/679; Schlösser, Carl William Adolph * 8/682; Schlösser, Louis */~/† 8/682; Schlosser, (Georg Karl Wilhelm) Gustav ~ 8/684; Schlosser, Ludwig Heinrich * 8/685; Schlosser, Philipp Kasimir * 8/685; Schmaltz, (Friedrich Philipp) Gustav ~ 8/692; Schmidt, Adolf */~/† 9/1; Schmidt, Albrecht ~ 9/2; Schmidt, Gustav (Friedrich) ~/† 9/8; Schmidt, Heinrich Frh. von ~ 9/10; Schmidt, Karl Theodor ~ 9/14; Schmidt-Isserstedt, (Paul) Hans (Ernst) ~ 9/23; Schmitt, Eduard ~/† 9/30; Schmitt, Friedrich ~ 9/31; Schmitt, Ludwig */~ 9/32; Schmitthenner, Friedrich (Jakob) ~ 9/34; Schmoll von Eisenwerth, Karl ~ 9/39; Schnack, Anton ~ 9/44; Schnack, Friedrich ~ 9/44; Schneider, Georg Abraham * 9/54; Schocke, Johannes ~ 9/73; Schöffler, Heinz ~ 9/76; Schönberger-Marconi, Marianna ~/† 9/86; Schöpf, Clemens Josef */† 9/100; Scholl, Johann Baptist d. Ä. ~/† 9/105; Scholl, Johann Baptist d. J. ~ 9/105; Scholz, Wilhelm Johann Ludwig ~ 9/111; Schorlemmer, Carl */~ 9/117; Schorn, Heinrich ~ 9/118; Schramm,

Dauborn (Gem. Hünfelden)
Heimann, Walter * 4/503; Heimann, Werner * 4/503;
Knapp, Hermann * 5/613
Daubrawitz (Böhmen)
Pacher, Josef Adalbert * 7/545
Daubrawitz (Mähren)
Arzberger, Johann ~ 1/200
Dauchingen
Bob, Franz Joseph * 1/592
Dauernheim (seit 1971 zu Ranstadt)
Draud, Georg * 2/609; Eckhardt, Christian (Leonhard
Philipp) * 3/12
Daugavpils → Dünaburg
Daugeln (lett. Dauguli)
Vegesack, Manfred von ~ 10/186
Dauguli → Daugeln
Dautphe (Gem. Dautphetal)
Jacobi von Wallhausen, Johann * 5/276
Dautphetal → Dautphe
Davidivci → Dawideny
Davis (Kalifornien, USA)
Levy, Ernst † 6/361
Davos
siehe auch *Davos-Platz*
Ardüser, Hans * 1/164; Ardüser, Johannes * 1/164;
Berblinger, Walther ~ 1/434; Bircher, Franklin ~ 1/536;
Blaich, Hans Erich ~ 1/554; Bleichert, Adolf Hermann
† 1/567; Bührer, (Hans) Jakob ~ 2/202; Buschkötter,
Wilhelm Ludwig Heinrich ~ 2/252; Delaquis, Ernst †
2/474; Dorno, Carl (Wilhelm Max) ~/† 2/600; Frankfurter,
David ~ 3/407; Gaberel, Rudolf ~ 3/548; Gnoß, Ernst
† 4/44; Götz, (Friedrich Wilhelm) Paul ~ 4/70; Haefeli,
Robert ~ 4/304; Hausmann, Caspar Anton Friedrich ~
4/451; Heim, Ernst ~ 4/500; Kaltneker, Hans ~ 5/417;
Kirchner, Ernst Ludwig ~ 5/551; Klabund † 5/563; Knorr,
Georg † 5/630; Kroeger, Theodor ~ 6/110; Lautenbach,
Wilhelm † 6/271; Leisegang, Dieter ~ 6/308; Loewy, Adolf
~/† 6/459; Luz, Julius ~ 6/543; Mann, Katia ~ 6/591;
Marti, Hugo † 6/634; Miescher-Ruesch, Johann Friedrich
† 7/133; Mörikofer, Walter ~/† 7/175; Nesch, Rolf ~ 7/365;
Pauly, Georg ~ 7/581; Ruppanner, Ernst ~ 8/471; Salomon
(-Delatour), Gottfried ~ 8/503; Saß, August Leopold ~
8/521; Sattler, Anton ~ 8/523; Schäfer, Karl ~ 8/548;
Schaumberger, Heinrich † 8/577; Schnöller, Etienne * 9/67;
Schrenk, Elias ~ 9/141; Späni, Paul † 9/381; Spengler,
Alexander ~/† 9/395; Spengler, Carl */† 9/395; Sprecher,
Salomon ~ 9/417; Staub, Hans Otto * 9/455; Steck,
Leo * 9/462; Taeuber-Arp, Sophie * 9/650; Turban, Karl
~ 10/117; Utzinger, Rudolf † 10/172; Veil, Wolfgang
Heinrich ~ 10/188; Vischer, Eberhard ~ 10/214; Vischer,
Wilhelm * 10/218; Werner, Bruno E(rich) † 10/445; Wieck,
Dorothea (Olavia) * 10/477; Wohlfahrt, Frank (Barnim
Robert) ~ 10/561; Zur Mühlen, Hermynia ~ 10/702
Davos-Platz (Gem. Davos)
Gelbke, Hans * 3/615; Risch, Martin ~ 8/322
Dawideny (ukrain. Davidivci)
Schmidt, Joseph * 9/13
Dawson City (Kanada)
Kippenberger, Martin ~ 11/103
Dayton (Ohio, USA)
Hallgarten, George (Wolfgang Friedrich) ~ 4/350; Mayer,
Hans Ferdinand ~ 7/7; Merté, Willy ~/† 7/76; Nüll, Werner
von der ~ 11/144; Pabst von Ohain, Hans (Joachim) ~
11/155
Deal (New Jersey, USA)
Bauer, Rudolf † 1/329
Dealu Frumos → Schönberg
Debe (Indien)
Hartmann, Anastasius ~ 4/405
Deblin (Polen)
Bubis, Ignatz ~ 11/34
Dębnica → Rathsdamnitz
Dębno → Neudamm

Debrecen (dt. Debreczin, Ungarn)
Bosse, Lothar ~ 11/29; Franchy, Franz Karl ~ 3/387;
Hentzi von Arthurm, Heinrich * 4/600; Hoffhalter, Rafael
~ 5/112; Klein, Karl Kurt ~ 5/577; Kopacsy-Karczag, Julie
~ 6/36; Liebermann, Leo von * 6/381; Moskovics, Simon *
7/230; Oldofredi-Hager, Julie (Marie Christine) Gräfin von
* 7/486; Steinacker, Edmund * 9/482
Debreczin → Debrecen
Debrzno → Preußisch Friedland
Dębsko → Denzig
Debstedt (Gem. Langen, Kr. Cuxhaven)
Klinghe, Goteke ~ 5/598
Dechantskirchen (Steiermark)
Kernstock, Ottokar ~ 5/514
Děčín → Tetschen
Deckenhausen (Gem. Krummendeich)
Tunica, (Johann) Christian (Ludwig) † 10/117
Dedeleben
Krüger, Otto * 6/123; Meyer, Robert ~ 11/130
Dedelstorf
Wollschläger, Alfred Ernst † 10/584
Deensen
Campe, (Franz) August (Gottlieb) * 2/270; Campe,
(August) Friedrich (Andreas) * 2/270; Campe, Joachim
Heinrich * 2/270; Campe, (Johann) Julius (Wilhelm) *
2/271
Deep
Feininger, Lyonel (Charles Adrian) ~ 3/252
Deerfield Beach (Florida, USA)
Katz, Henry William ~/† 5/465
Deetz (Kr. Anhalt-Zerbst)
Külz, Eduard * 6/148
Deezbüll (seit 1950 zu Niebüll)
Feddersen, Johann Daniel * 3/240; Jessen, Carl Ludwig
*/~/† 5/326; Nissen, (Benedikt) Momme * 7/424
Degerloch (seit 1908 zu Stuttgart)
Abel, Hans Karl ~ 1/5; Benger, Wilhelm Friedrich * 1/422;
Blume, Bernhard * 11/24
Degernau (Gem. Ingoldingen)
Esperlin, Joseph * 3/179
Degerndorf a. Inn (seit 1972 zu Brannenburg)
Caspar-Filser, Maria von † 2/291; Grimme, Adolf
(Berthold Ludwig) † 4/172
Degersheim (Kt. Sankt Gallen)
Rechsteiner, Johann Bartholome * 8/173; Roth, Bertrand *
8/411
Deggendorf
siehe auch *Natternberg, Seebach*
Bumm, Anton (Rupprecht) ~ 2/223; Fink, Wilhelm ~
3/303; Freytag, Theodor ~ 3/440; Goller, Vinzenz ~ 4/89;
Grashey, Hubert Ritter von ~ 4/137; Grashey, Rudolf *
4/137; Heinrich XV., Herzog von Bayern, ~ 4/523; Heugel,
Johannes * 5/8; Knabenbauer, Joseph * 5/611; Lotter,
Georg ~ 6/482; Pader, Konstantin ~ 7/547; Reining, Maria
† 8/225; Rixner, Thaddäus Anselm ~ 8/337; Rörer, Georg
* 8/357; Schenzinger, Karl Aloys * 8/608; Steigenberger,
Albert * 9/472; Steppes, Edmund † 9/511; Thürheim,
Friedrich Graf von ~ 10/26; Trost, Andreas * 10/97;
Weber, Maximilian * 10/360; Westermayer, Anton *
10/459; Wink, Joseph Gregor * 10/526
Deggenhausertal → Oberhomberg
Deggingen
Dursch, Johann Georg Martin * 2/655; Fischer, Franz ~
3/315; Markward, Abt von Fulda ~ 6/625
Degmarn (seit 1971 zu Oedheim)
Schott, Franz Joseph von * 9/120
Dehles (seit 1994 zu Reuth, Vogtlandkreis)
Müller, Helmut * 7/264
Dehlitz (Saale)
Wagner, Ernst Leberecht * 10/279
Deichhausen (seit 1933 bzw. 1974 zu Delmenhorst)
Guilleaume, Arnold (Karl Hubert) von ~ 4/252

Deidesheim
Bacmeister, Adolf (Lucas) ~ 1/250; Bassermann-Jordan, Ernst von * 1/316; Bassermann-Jordan, Friedrich von */† 1/316; Buhl, Franz (Peter) ~ 2/218; Buhl, Franz Armand † 2/218; Buhl, Heinrich * 2/218; Jordan, Ludwig Andreas */† 5/363; Schultz, Karl Heinrich ~/† 9/191

Deining (seit 1978 zu Egling, Kr. Bad Tölz-Wolfratshausen)
Babenstuber, Ludwig * 1/233

Deisenhofen (Gem. Oberhaching)
Gebhard, Torsten † 3/593

Deisenhofen (seit 1978 zu Höchstädt a. d. Donau)
Pfeifer, Franz Xaver * 7/639

Deißlingen
Huber, Fridolin ~/† 5/196

Deisternau
Hamm, Gerhard Ernst * 4/359

Deitingen (Kt. Solothurn)
Ritschard, Willi ~ 8/324

Deixlfurt (seit 1978 zu Tutzing)
Hoffmann, Meinhardt † 5/122

Delbrück → Boke

Delémont → Delsberg

Delft (Niederlande)
Adrichem, Christian */~ 1/47; Behrens, Heinrich ~/† 1/402; Blotius, Hugo * 1/579; Ceulen, Ludolph van ~ 2/302; Delphius, Johannes * 2/479; Dohna, Christoph Graf von und zu ~ 2/582; Herzberger, Maximilian Jakob ~ 4/659; van't Hoff, Jacobus Henricus ~ 5/111; Johann, Herzog von Bayern, Bischof von Lüttich, Graf von Holland † 5/341; Joris, David ~ 5/364; Kaserer, Hermann ~ 5/457; Thomas, Eugen ~ 10/18; Wilhelm I. der Schweiger, Prinz von Oranien, Graf von Nassau † 10/504

Delhi (Indien)
siehe auch *Neu Delhi*
Regler, Gustav † 8/187; Sprenger, Aloys ~ 9/418

Deli (Sumatra, Indonesien)
Hagen, Bernhard ~ 4/319

Delingsdorf
Heitmann, Walter † 4/553

Delitzsch
siehe auch *Werben*
Baltzer, Eduard Wilhelm ~ 1/282; Bi(e)lefeld, Johann Christoph ~ 1/526; Duimchen, Theodor * 2/645; Ettmüller, Christian Friedrich Benedikt ~/† 3/186; Förster, Bernhard * 3/362; Fürbringer, Paul * 3/525; Gast, Karl ~ 3/580; Grünrade, Otto von * 4/218; Helm, Clementine * 4/570; Hofmann, Richard * 5/132; Jungnickel, Max ~ 5/384; Kanne, Friedrich August * 5/424; Kind, (Johann) Friedrich ~ 5/540; Löscher, Valentin Ernst ~ 6/447; Rocke, Paul * 8/342; Schönfeld, Gregor ~ 9/93; Schultze, Christoph ~/† 9/192; Schulze-Delitzsch, Franz Hermann */~ 9/201; Tiemann, Walter * 10/39

Dellach im Gailtal (Kärnten)
Ronacher, Anton * 8/381; Schabus, Jakob * 8/537

Delley (Kt. Freiburg)
Dedelley, Jakob * 2/462

Dellfeld
Glahn, Fritz * 4/20

Dellmensingen (seit 1974 zu Erbach, Alb-Donau-Kreis)
Egle, Joseph von ~ 3/32

Dellwig
Bodelschwingh, Friedrich von ~ 1/601

Delmenhorst
siehe auch *Deichhausen*
Anton I., Graf von Oldenburg ~ 1/151; Arents, Balthasar ~ 1/168; Bloch, Iwan * 1/574; Büssing, Kaspar ~ 2/213; Fitger, Arthur (Heinrich Wilhelm) * 3/332; Fitger, Emil(ius) Augustus */~ 3/332; Flessa, Johann Adam ~ 3/349; Gerhard VI. der Mutige, Graf von Oldenburg ~ 3/640; Hamelmann, Hermann ~ 4/359; Haxthausen, Christian Friedrich Graf von ~ 4/458; Johann XVI. (VII.), Graf von Oldenburg und Delmenhorst ~ 5/343; Kelp, Franz Ludwig Anton ~ 5/501; Koch-Weser, Erich ~ 5/645; Kühnel, August * 6/146; Lahusen, (Johann) Carl ~

6/200; Lueken, Emil (Heinrich Wilhelm) ~ 6/519; Lüring, Heinrich Ludwig Emil * 6/520; Schloifer, Johann Heinrich ~ 8/684; Stuckenberg, Fritz ~ 9/604; Wätjen, Dietrich Heinrich ~ 10/273

Delmond (Niederlande)
Arberg, Karl Anton Graf von * 1/162

Delsberg (frz. Delémont, Kt. Jura)
Brandt, Paul ~ 2/70; Buchwalder, Antoine Joseph */† 2/190; Carlin, Gaston * 2/281; Dübi, Ernst ~ 2/633; Dürrenmatt, Ulrich ~ 2/642; Frey, (Jeanne) Marguerite * 3/436; Gigon, Alfred * 4/6; Gobat, Charles Albert ~ 4/44; Gobat, Marguerite * 4/44; Schnyder, Albert */~/† 9/70; Wenger, Lisa ~ 10/435

Dembogorsch (poln. Suchy Dwór)
Tiedemann auf Seeheim, Heinrich von * 10/37

Demmin
Ahlwardt, Christian Wilhelm ~ 1/59; Both, Karl Friedrich von * 2/46; Cohnheim, Julius * 2/353; Ehrke, Hans (Willi Walter) * 3/43; Heyden-Cadow, Wilhelm von ~ 5/18; Jörs, Paul ~ 5/337; Kaufmann, Erich * 5/471; Kotelmann, Ludwig Wilhelm Johannes * 6/54; Lütkemann, Joachim * 6/523; Schimmelmann, Heinrich Karl Graf von ~ 8/641; Stavenhagen, Friedrich Karl Leopold von * 9/460

Den Haag
siehe auch *Scheveningen, Zogvliet*
Acronius, Ruard ~ 1/24; Albrecht I., Herzog von Bayern, Pfalzgraf bei Rhein, Graf von Hennegau, Holland, Seeland, Herr zu Friesland † 1/75; Alvensleben, Friedrich Johann Graf von ~ 1/107; Amalia, Prinzessin von Oranien ~/† 1/109; Anthing, Karl Heinrich Wilhelm Baron von ~ 1/149; Apt, Max ~ 1/160; Argens, Jean Baptiste de Bayer Marquis d' ~ 1/170; Arno, Siegfried ~ 1/183; Arnoldi, Valentin ~ 1/191; Arntz, Ger(har)d ~/† 1/194; Aufricht, Hans ~ 11/7; Augspurg, Anita (Johanna Theodora S.) ~ 1/220; Bar, Carl Ludwig von ~ 1/290; Barkey, Nikolaus ~ 1/295; Basse, Detmar Friedrich Wilhelm ~ 1/314; Baumgarten-Crusius, Ludwig Friedrich Otto ~ 1/345; Becher, Alfred Julius ~ 1/365; Behaim, Lukas Friedrich ~ 1/395; Bentinck, Wilhelm Gustav Friedrich Reichsgraf von * 1/429; Berger, Hans ~ 1/445; Berger-Waldenegg, Egon (Maria Eduard Oskar Thaddäus) Frh. von ~ 1/447; Bernstorff, Albrecht Graf von ~ 1/476; Bismarck, Herbert Fürst von ~ 1/545; Blaspeil, Werner Wilhelm Reichsfrh. von ~ 1/562; Blessing, Karl ~ 11/23; Böhm, Franz ~ 1/616; Boltze, Erich (Adolf Otto) ~ 2/12; Borel, Eugène ~ 2/29; Bothmer, Johann Kaspar von ~ 2/47; Breckling, Friedrich ~/† 2/94; Bretz, Julius ~ 2/123; Breuer, Leo ~ 2/125; Brockdorff-Rantzau, Ulrich (Karl Christian) Graf von ~ 2/138; Brockhausen, Karl Christian von ~ 2/140; Brünings, Christian † 2/161; Brunner, Constantin † 2/168; Bruns, Viktor ~ 2/174; Bülow, Alfred von ~ 2/203; Buol-Schauenstein, Johann Rudolf Frh. von ~ 2/227; Burckhardt, Walther ~ 2/233; Caemmerer, Ernst von ~ 2/263; Camerarius, Ludwig ~ 2/269; Carlin, Gaston ~ 2/281; Cauer, Minna (Wilhelmine Theodore Marie) ~ 2/297; Christian Ludwig I., Herzog von Mecklenburg-Schwerin ~ 2/318; Clossius, Johannes Friedrich ~ 2/345; Copes, Johann ~/† 2/370; Czernin von und zu Chudenitz, Ottokar (Theobald Otto Maria) Graf ~ 2/418; Des Coudres, Hans-Peter ~ 2/495; Dessau, Bernhard ~ 2/496; Diest, Friedrich Wilhelm von ~ 2/525; Dietzgen, Josef ~ 2/542; Doblhoff, Robert Frh. von ~ 2/565; Doblhoff-Dier, Anton d. J., Frh. von ~ 2/565; Dögen, Matthias ~ 2/571; Doman, Johannes † 2/589; Duker, Karl Andreas ~ 2/646; Dunkel, Johann Gottlob Wilhelm ~ 2/663; Eberhard, Christoph ~ 2/670; Eckardstein, Hermann (Johannes Arnold Wilhelm Julius Ernst) Frh. von † 3/7; Eisenburger, Otto ~ 3/70; Elisabeth Stuart, Kurfürstin von der Pfalz, Königin von Böhmen ~ 3/87; Erckert, Friedrich Carl von ~ 3/139; Ernst, Georg ~ 3/163; Fahrenheit, Gabriel Daniel † 3/219; Fallati, Johannes (Baptista) † 3/229; Feder, Ernst ~ 3/240; Feine, Gerhart ~ 3/251; Feuge, Elisabeth ~ 3/281; Fleischmann, Johann Michael ~ 3/344; Fleischmann, (Michael) Max ~ 3/344; Flemming, (Carl) Georg Friedrich Graf von ~ 3/347;

Fouqué, Heinrich August Baron de la Motte * 3/380; Frideli, Xaver Ernbert ~ 3/444; Friedinger-Pranter, Robert ~ 3/451; Friedrich Wilhelm, Fürst von Nassau-Weilburg * 3/466; Friedrich V., Kurfürst von der Pfalz, ~ 3/467; Fröhlich, Otto Karl ~ 3/503; Fromantiou, Hendrik de ~ 3/507; Gallitzin, (Adelheid) Amalie Fürstin von ~ 3/565; Gmelin, Samuel (Gottlieb) ~ 4/41; Gnapheus, Gulielmus ~ 4/42; Golius, Jacob * 4/89; Graf, Christian Ernst ~/† 4/126; Graf, Friedrich Hartmann ~ 4/126; Guggenheim, Paul ~ 4/249; Gustav Samuel Leopold, Herzog von Pfalz-Zweibrücken ~ 4/266; Halem, Ludwig (Wilhelm Christian) von ~ 4/343; Harlan, Fritz Moritz ~ 4/388; Hatzfeldt-Wildenburg, (Melchior Gustav) Paul Graf von ~ 4/434; Haymerle, Heinrich Karl Frh. von ~ 4/462; Heine, Johann Georg † 4/510; Heinrich, Herzog zu Mecklenburg, Prinz der Niederlande † 4/531; Heinsius, (Johann) Julius ~ 4/546; Hekking, Anton */~ 4/554; Heydebrand und der Lasa, Tassilo von ~ 5/16; Heymann, Ernst ~ 5/24; Heymann, Lida Gustava ~ 5/25; Hodenberg, (Karl Iwan) Bodo Frh. von ~ 5/84; Hohendorff, Georg Wilhelm von ~ 5/137; Hohl, Ludwig ~ 5/142; Holzhausen, Rudolf (Hermann Johannes) ~ 5/160; Huber, Max ~ 5/198; Hügel, Klemens Wenzeslaus Frh. von ~ 5/209; Hummel, Johann Julius ~ 5/225; Jagow, Gottlieb von ~ 5/290; Jakobaea von Bayern, Herzogin von Brabant * 5/296; Janssen, Herbert ~ 5/302; Johann, Herzog von Bayern, Bischof von Lüttich, Graf von Holland † 5/341; Jorissen, Matthias ~/† 5/364; Junk, Wilhelm † 5/385; Kandl, Eduard ~ 5/423; Kaunitz, Dominik Andreas Graf von ~ 5/475; Keller, Johann Heinrich II. ~/† 5/495; Kögel, Linda * 5/649; Kögel, Rudolf ~ 5/649; König, (Johann) Samuel ~ 5/663; Köster, Roland ~ 5/676; Kraemer, August ~ 6/60; Kröller-Müller, Helene † 6/110; Kroner, Richard ~ 6/117; Krupp von Bohlen und Halbach, Gustav * 6/132; Kühlmann, Richard (Konstantin Leonhard Ludwig) von ~ 6/142; Künzli, Arnold ~ 6/152; Kupper, Annelies (Gabriele) ~ 6/176; Kusserow, Heinrich von ~ 6/182; Lagnasco, Peter Robert Taparello Graf von ~ 6/198; Lammasch, Heinrich ~ 6/206; Landau, Jakob ~ 6/214; Landsteiner, Karl ~ 6/222; Lange, Samuel de ~ 6/236; Langenhöffel, Johann Joseph ~ 6/240; Liebermann, Max ~ 6/381; Louise, Pfalzgräfin bei Rhein * 6/487; Luise Henriette, Kurfürstin von Brandenburg * 6/527; Maltzan, Adolf Georg Otto von ~ 6/582; Marschall von Bieberstein, Adolf (Hermann) Frh. ~ 6/631; Medinger, Wilhelm Edler von ~ 7/23; Mendelssohn Bartholdy, Albrecht ~ 7/60; Mercy-Argenteau, Florimund Claudius Graf von ~ 7/69; Mirbach-Harff, Wilhelm Graf von ~ 7/150; Mohr, Ernst-Günther ~ 7/182; Molden, Ernst ~ 7/186; Moritz, Graf von Nassau-Katzenelnbogen, Prinz von Oranien, Statthalter von Holland, Seeland, Geldern, Utrecht, Overijssel, Groningen und Drenthe † 7/215; Mozart, Wolfgang Amadeus ~ 7/235; Müller, Joseph ~ 7/272; Münster, Georg (Herbert) Graf zu M.-Ledenburg, seit 1899 Fürst M. v. Derneburg ~ 7/297; Musy, Jean Marie ~ 7/319; Mutzenbecher, Esdras Heinrich ~ 7/321; Nesselrode, Karl Robert Graf von ~ 7/366; Netscher, Caspar ~/† 7/369; Neumeyer, Karl ~ 7/391; Neurath, Otto (Karl Wilhelm) ~ 7/392; Nippold, Otfried ~ 7/423; Obermayer, Adolf ~ 7/455; Oelhafen von und zu Schöllenbach, Johann Christoph ~ 7/467; Oppenheimer, Carl ~/† 7/499; Osten, Eva von der ~ 7/514; Plener, Ernst Frh. von ~ 7/693; Posener, Moritz * 8/42; Pourtalès, Friedrich Graf von ~ 8/47; Praeger, Ferdinand (Christian Wilhelm) ~ 8/49; Prielmair von Priel, Korbinian Frh. von ~ 8/69; Rabel, Ernst ~ 8/108; Raufft, Franz Ludwig */~ 8/161; Rauter, Hanns † 8/166; Rechberg und Rothenlöwen, Johann Bernhard Graf von ~ 8/171; Roediger, Conrad ~ 8/349; Röntgen, (Gottfried) August von ~ 8/354; Roos, Johann Melchior ~ 8/382; Rosemondt, Godschalk ~ 8/389; Rosen, Friedrich ~ 8/389; Rosenbaum, Julius † 8/391; Rosenberg, (Karl Benjamin) Hermann von † 8/393; Rosenstein, Siegmund Samuel † 8/399; Rothenberger, Curt Ferdinand ~ 8/419; Rüegger, Paul ~ 8/449; Rusdorf, Johann Joachim von ~/† 8/475; Rutgers, Johannes ~/† 8/476; Salis-Soglio, Peter von ~ 8/500; Salomon, Erich ~ 8/503; Sarburgh, Bartholomäus ~ 8/519; Saudek, Robert ~ 8/525; Schalch, Johann Jakob ~ 8/559; Scheffer, Paul ~ 8/583; Schenk von Stauffenberg, Berthold Graf ~ 8/604; Schick, Ernst (Johann Christoph) * 8/621; Schiffer, Eugen ~ 8/631; Schlesinger, Hans † 8/670; Schoen, Wilhelm Albrecht Frh. von * 9/82; Schönburg-Hartenstein, (Josef) Alexander Fürst von ~ 9/89; Schücking, Walther (Max Adrian) ~/† 9/168; Seemann, Artur (Gustav Otto Emil) ~ 9/260; Senfft von Pilsach, Friedrich Christian Ludwig ~ 9/287; Sontag, Henriette (Gertrude Walpurgis) ~ 9/376; Sophie von der Pfalz, Kurfürstin von Hannover * 9/377; Stamitz, Carl (Philipp) ~ 9/442; Stifft, Christian Ernst ~ 9/530; Stöcker, (Hulda Caroline Emilie) Helene ~ 9/541; Strupp, Carl ~ 9/599; Studnitz, Hans Georg von ~ 9/606; Tillier, Johann Anton von ~ 10/44; Tischbein, Anton Wilhelm ~ 10/48; Trautmann, Oskar ~ 10/73; Trautz, Wilhelm ~ 10/75; Uhde, Hermann ~ 10/126; Ulfeldt, Anton Corfiz Graf ~ 10/134; Valentiner, Wilhelm (Reinhold) ~ 10/179; Vandenhoeck, Abraham * 10/181; Verdroß-Droßberg, Alfred ~ 10/195; Vietinghoff, Egon von ~ 10/207; Vries, Regina de * 10/261; Wallerstein, Lothar ~ 10/312; Wegner, Walburga ~ 10/374; Weisbach, Walter † 10/401; Weizsäcker, Ernst Frh. von ~ 10/420; Wenckebach, Karl Friedrich * 10/431; Wessenberg, Johann Philipp Reichsfreiherr von ~ 10/457; Wex, Helga ~ 10/465; Zech-Burkersroda, Julius Graf von ~ 10/625

Dengfurth (Kr. Rastenburg, Ostpreußen)
Schwantes, Martin * 9/223

Denia (Spanien)
Wittkopf, Rudolf ~ 10/549

Denkendorf (Kr. Esslingen)
Abel, Jakob Friedrich von ~ 1/5; Bardili, Christoph Gottfried ~ 1/294; Bengel, Johann Albrecht ~ 1/422; Binder, Christoph ~ 1/530; Burk, Philipp David ~ 2/242; Denzel, Bernhard Gottlieb von ~ 2/489; Flattich, Johann Friedrich ~ 3/338; Hiller, Philipp Friedrich ~ 5/45; Hölderlin, (Johann Christian) Friedrich ~ 5/94; Kauffmann, Fritz * 5/469

Denklingen (Kr. Landsberg a. Lech)
siehe auch *Epfach*
Egger, Karl Borromäus * 3/28

Denklingen (seit 1969 zu Reichshof)
Guilleaume, Franz Carl ~ 11/74; Guilleaume, (Johann) Theodor * 4/252

Dennenlohe (seit 1971 zu Unterschwaningen)
Naumburg, Samuel * 7/351; Roth, Karl Friedrich ~ 8/415; Scherer, Georg * 8/610

Dennewitz
Bülow von Dennewitz, Friedrich Wilhelm Graf ~ 2/206

Dennheritz
Böttcher, Karl * 1/637

Dentlein a. Forst
Muck, Fritz * 7/238

Denver (Colorado, USA)
Damrosch, Frank Heino ~ 2/438; Hoepfner, Carl † 5/99; Jörn, Karl ~/† 5/336; Nuelsen, John Louis ~ 7/447; Scharrer, Berta * 8/571; Scharrer, Ernst (Albert) ~ 11/168; Sgalitzer, Max ~ 9/300; Spitz, René Arpad * 9/411; Ströter, Ernst Ferdinand ~ 9/592; Ziegler, Hans † 10/653

Denzerheide
Heydweiller, Hermann ~/† 5/21

Denzig (poln. Dębsko)
Falkenberg, Johannes * 3/226

Depenau (Stolpe, Kr. Plön)
Cosel, Anna Constanze Gräfin von * 2/381

Depkinshof (Lettland)
Merkel, Garlieb (Helwig) † 7/73

Děpoltovice → Tüppelsgrün

Deptford (England)
Benecke, Wilhelm ~ 1/419

Derajna (Rußland)
Melamid, Michael * 7/49

Derenburg
Göttling, Johann Friedrich August * 4/68; Michel von Derenburg ~ 7/124; Zerrenner, Heinrich Gottlieb ~/† 10/646

Derendingen (seit 1934 zu Tübingen)
Beurlin, Jakob ~ 1/501; Blumhardt, Christian Gottlieb ~ 1/589; Heinlin, Johann Jakob ~ 4/517; Krapf, Johann Ludwig * 6/72; Trubar, Primož † 10/99

Deriewka (Rußland)
Briesen, Kurt von † 2/133

Dernbach (Westerwald)
Kasper, Maria */† 5/459

Derneburg (seit 1974 zu Holle)
Bernhard, Bischof von Hildesheim ~ 1/465; Buresch, Ernst (Friedrich) * 2/234; Schridde, Hermann * 9/144

Dertingen (seit 1972 zu Wertheim)
Thoma, Albrecht * 10/13

Derwitz
Lilienthal, Otto ~ 6/396

Des Moines (Iowa, USA)
Mies van der Rohe, Ludwig ~ 7/132

Deschel (Belgien)
Andreas, Valerius */~ 1/132

Dessau
siehe auch *Törten*
Ackermann, Theodor * 1/23; Affsprung, Johann Michael ~ 1/50; Ahlfeld, Johann Friedrich ~ 1/58; Albers, Josef ~ 1/65; Albinus von Weissenlöw, Bernhard Friedrich * 1/74; Alsen, Herbert ~ 1/94; Anhalt, Leopold Ludwig Reichsgraf von ~ 1/139; Anhalt-Dessau, Moritz Prinz von */† 1/140; Arndt, Alfred ~ 11/5; Arnhold, Eduard * 1/178; Baade, Brunolf ~ 1/231; Banck, Karl ~ 1/286; Bannenberg, Wilhelm ~ 1/289; Bartmuss, Richard † 1/309; Basedow, Carl (Adolf) von * 1/313; Basedow, Johann Bernhard ~ 1/313; Bayer, Herbert (Wilhelm) ~ 1/357; Beausobre, Isaak de ~ 1/362; Beck, Johann Heinrich */~/† 1/371; Becker, Gustav August Adolf ~/† 1/377; Becker, Rudolf Zacharias ~ 1/381; Becker, Wilhelm Gottlieb ~ 1/382; Beckmann, Minna Frieda Helene ~ 11/15; Behrisch, Ernst Wolfgang ~/† 1/403; Behrisch, Heinrich Wolfgang † 1/403; Bellmann, Hans ~ 1/410; Bender, Karl ~ 1/416; Berenhorst, Adolf (Leopold Heinrich) von */† 1/437; Berenhorst, Georg Heinrich von ~/† 1/438; Bethge, Hans * 1/496; Bethmann, Heinrich Eduard ~ 1/496; Bill, Max ~ 1/527; Bischoff, Ludwig * 1/543; Bobbe, Johann Benjamin Gottlieb ~/† 1/592; Bonasegla-Schüler, Felicitas ~ 2/15; Bongers, Hans M. ~ 2/17; Bossann, Friedrich Wilhelm ~/† 2/43; Brandt, Marianne ~ 2/70; Breuer, Marcel Lajos ~ 2/125; Broeder, Christian Gottlieb ~ 2/143; Brundert, Willi ~ 2/166; Buchholz, Friedrich * 11/35; Buchhorn, (Karl) Ludwig (Bernhard Christian) ~ 2/185; Bürkner, Hugo (Leopold Friedrich Heinrich) * 2/212; Busse, Friedrich Gottlieb von ~ 2/255; Buttmann, Philipp Karl ~ 2/259; Caliga-Ihle, Auguste ~ 2/265; Caliga-Reh, Friedrich ~/† 2/265; Campe, Joachim Heinrich ~ 2/270; Cerf, Raphael Friedrich ~ 2/301; Christian II., Fürst von Anhalt-Bernburg ~ 2/317; Clemens, (Hermann Herbert) Roman */~ 2/340; Cohen, Hermann ~ 2/351; Cossmann, Bernhard * 2/382; Cranach, Lucas d. Ä. ~ 2/392; Crelinger, Ludwig ~ 2/396; Darnaut, Hugo * 2/445; Deetz, Arthur ~ 2/463; Degen, Johann Friedrich ~ 2/464; Deist, Heinrich ~/† 2/472; Devrient, Ludwig ~ 2/508; Diener, Franz */† 2/519; Dietrich, Fürst von Anhalt-Dessau */† 2/530; Doebbelin, Konrad Karl Theodor Ernst ~ 2/567; Döbel, Heinrich Wilhelm ~ 2/568; Doenges, Paula ~ 2/568; Dohm, Christian Conrad (Wilhelm) von ~ 2/581; Drechsler, Karl ~ 2/611; Dürckheim, Karlfried Graf ~ 2/637; Dürrner, Johannes (Ruprecht Julius) ~ 2/643; Elze, (Friedrich) Karl */~ 3/101; Ende, Hermann (Friedrich) ~ 3/107; Erdmannsdorff, Friedrich Wilhelm von † 3/143; Erich I., Herzog von Braunschweig-Lüneburg ~ 3/148; Ethofer, Rosa ~ 3/183; Ewers, Ludwig ~ 3/200; Eyserbeck, Johann Friedrich ~ 3/205; Faber, Ägidius ~ 3/207; Falckenberg, (Friedrich Otto) Richard ~ 3/224; Feininger, Lyonel

(Charles Adrian) ~ 3/252; Feuge, Elisabeth */~ 3/281; Feuge, Oskar ~/† 3/281; Fischli, Hans ~ 3/332; Forti, Helena ~ 3/379; Fränkel, David (ben Naftali Hirsch) ~ 3/382; Franz, Robert ~ 3/415; Freyberg, (Bruno Erich) Alfred ~ 3/437; Fuchs, August */~/† 3/517; Funke, Karl Philipp ~ 3/542; Gartmann, Heinz * 3/575; Gathy, (Franz Servais) August ~ 3/581; Geisler, Walter * 3/610; Geller-Wolter, Luise ~ 3/617; Georg III. der Gottselige, Fürst von Anhalt-Dessau */~/† 3/626; Gerhartz, Wilhelm ~/† 3/645; Gerstel, August Christian ~ 3/657; Gey, Marie ~ 3/671; Gleichen-Rußwurm, (Raimund August) Heinrich Frh. von * 4/28; Göschen, Georg Joachim ~ 4/62; Gollmick, Karl * 4/90; Gout, Jean François ~ 4/113; Grabowsky, Carl ~ 4/118; Graul, Karl (Friedrich Leberecht) ~ 4/142; Greiner, Michael ~ 4/153; Gropius, Walter (Adolf Georg) ~ 4/187; Grote, Ludwig ~ 4/201; Grünberg, Martin ~ 4/211; Grützmacher, Friedrich (Wilhelm Ludwig) * 4/219; Gumtau, Friedrich ~ 4/257; Guntermann, Franz ~ 4/261; Hahn, Rudolf ~ 4/333; Haldenwang, Christian ~ 4/343; Hartmann, Georg ~ 4/408; Hasemann, Wilhelm ~ 4/421; Hauptmann, Elisabeth ~ 4/444; Hausmann, Nikolaus ~ 4/452; Heiner, Franz Xaver ~ 4/515; Helt, Georg † 4/576; Henckel von Donnersmarck, Wilhelm Ludwig Viktor Graf ~ 4/581; Henrici, Karl (Friedrich Wilhelm) ~ 4/594; Hensel-Schweitzer, Elsa ~ 4/598; Herking, Lilly ~/† 4/617; Herking, Ursula * 4/617; Herms, Adalbert ~ 4/634; Herzfeld, Jakob * 4/661; Heukeshoven, Fritz ~ 5/8; Hilbersheimer, Ludwig ~ 5/33; Hirsch, Samuel ~ 5/65; Hoeßlin, Erna von ~ 5/106; Hoeßlin, Franz von ~ 5/106; Hoffmann, (Alexander Friedrich) Franz ~ 5/116; Hofmann, Ludwig ~ 5/131; Huck, Johann Gerhard ~ 5/202; Hugo, Gustav ~ 5/219; Imkamp, Wilhelm ~ 5/253; Irmer, Georg ~ 5/259; Isolani, Johann Ludwig (Hektor) Graf von ~ 5/264; Joachim Ernst, Fürst von Anhalt */† 5/329; Johann Georg II., Fürst von Anhalt-Dessau * 5/337; John, Karl ~ 5/355; Junkers, Hugo ~ 5/386; Kandinsky, Wassily ~ 5/422; Kasimire, Gräfin zur Lippe ~ 5/458; Kaufmann, Christoph ~ 5/470; Kienlen, Johann Christoph † 5/531; Klee, Paul ~ 5/570; Kleemann, Karl ~ 5/572; Klemperer, Johanna ~ 5/586; Klughardt, August ~ 5/609; Knappertsbusch, Hans ~ 5/614; Köppe, Hans * 5/668; Kolbe, Carl Wilhelm d. Ä. ~/† 6/12; Krause, Wilhelm (August Leopold Christian) */~ 6/82; Krauskopf, Wilhelm ~ 6/83; Krauß, Sigmund ~ 6/85; Kronau, Friederike ~ 6/115; Kubin, Alfred ~ 6/136; Kubsch, Hermann Werner ~ 6/137; Kühns, Volkmar ~ 6/147; Kuntz, Karl ~ 6/170; Lange, Fritz * 6/231; Langenhöffel, Johann Joseph ~ 6/240; Langhans, Carl Ferdinand ~ 6/245; Lebrun, Karl August ~ 6/280; Lenz, Max Werner ~ 11/121; Leonhardt, Albert ~ 6/329; Leopold I., Fürst von Anhalt-Dessau */† 6/331; Leopold II. Maximilian, Fürst von Anhalt-Dessau */~/† 6/332; Leopold III. Friedrich Franz, Fürst, seit 1807 Herzog, von Anhalt-Dessau, „Vater Franz" */ 6/332; Levedag, Fritz ~ 6/357; Lichte, August ~ 6/373; Lichtenau, Wilhelmine Gräfin von * 6/373; Lichtenstein, Karl August Frh. von ~ 6/376; Liebisch, Rudolf ~/† 6/385; Lisiewski, Christian Friedrich Reinhold ~ 6/423; Loeper, Wilhelm (Friedrich) † 6/445; Loose, Fritz ~ 6/468; Lucas, Eduard ~ 6/490; Ludwig, Fürst von Anhalt-Köthen */~ 6/499; Ludwig, Eduard ~ 6/508; Lüders, Günther ~ 6/515; Lühr, Peter ~ 6/519; Lux, Friedrich ~ 6/541; Maass, Ernst ~ 6/548; Madelung, Georg ~ 6/555; Mader, Otto ~ 6/556; Mahnke, Hans ~ 6/568; Mangelsdorf, Karl Ehregott ~ 6/587; Margarethe, Fürstin von Anhalt † 6/614; Matthisson, Friedrich von ~ 6/663; Meinck, Willi * 7/33; Mendelssohn, Moses * 7/58; Mensing, Johann ~ 7/65; Meyer, Hannes ~ 7/103; Meyer, Rudolf (Hermann) † 7/110; Miehe, Curt */~ 7/130; Mielke, Antonie ~ 7/131; Mies van der Rohe, Ludwig ~ 7/132; Mikorey, Franz ~ 7/137; Mikorey, Max † 7/137; Milde, Rudolf von ~/† 7/140; Miller, Julius ~ 7/143; Moholy-Nagy, László ~ 7/181; Molsdorf, Wilhelm † 7/193; Moritz, Prinz von Anhalt-Dessau */~/† 7/215; Moritz, Karl Philipp ~ 7/217; Muche, Georg ~ 7/238; Müller, Friedrich Max * 7/258; Müller, (Johann Ludwig)

Wilhelm */~/† 7/283; Nebe, Carl (Johann Eduard) ~ 7/353; Nebel, Gerhard * 7/353; Neefe, Christian Gottlieb ~/† 7/356; Neefe, Susanna Maria ~ 7/356; Neiendorff, Emmy ~ 7/360; Neufert, Ernst Hermann ~ 7/376; Niemann, Albert ~ 7/408; Nietan, Hans ~/† 7/413; Nötel, Louis ~ 7/432; Nouveau, Henri ~ 7/444; Oechelhäuser, Wilhelm ~ 7/462; Oechelhäuser, Wilhelm von ~/† 7/462; Olivier, (Johann Heinrich) Ferdinand von * 7/488; Olivier, (Woldemar) Friedrich von */† 7/489; Olivier, Heinrich von */~ 7/489; Opel, (Albert) Wilhelm von ~ 7/494; Otto, Teo ~ 7/536; Pabst von Ohain, Hans (Joachim) * 11/155; Pankok, Bernhard ~ 7/555; Paulick, Richard ~ 7/578; Paulus, Alfred ~ 7/580; Peschka-Leutner, Minna ~ 7/608; Peucer, Caspar ~/† 7/629; Philippson, Ludwig * 7/659; Pierson, Karoline ~ 7/667; Pietscher, August ~/† 7/668; Plümicke, Carl Martin ~/† 8/6; Pozzi, Carlo Ignazio ~/† 8/47; Preitz, Franz † 8/60; Preitz, Gerhard ~/† 8/60; Prien, Paul ~ 8/69; Quaglio, Giulio III. ~ 8/98; Rauch, Karl ~ 8/159; Rauch, Petrus von Ansbach ~ 8/159; Raumer, Friedrich (Ludwig Georg) von ~ 8/161; Raumer, Hans * 8/161; Raumer, Karl Georg von * 8/162; Rehberg, Friedrich ~ 8/189; Richter, Hans ~ 8/279; Rieß, Paul ~/† 8/307; Rocke-Heindl, Anna ~ 8/342; Rode, August von */~/† 8/343; Röhrer, Heinz ~ 8/351; Roeseler, Marcella ~ 8/359; Roesicke, Richard ~ 8/359; Rother, Artur (Martin) ~ 8/419; Rühle, Otto * 8/450; Rümelin, Christian Adolf † 8/453; Rusch, Heinz * 8/474; Saak, Therese ~ 8/483; Sachsenberg, (Friedrich Eduard) Ewald * 8/490; Salomon, Gotthold ~ 8/503; Sander, Levin (Friedrich) Christian ~ 8/512; Schachtschabel, Hans Georg * 8/541; Schalfejew, Eduard ~ 8/559; Schawinski, Alexander ~ 8/578; Schlemmer, Oskar ~ 8/668; Schlotterbeck, Wilhelm Friedrich ~ 8/686; Schmedding, Adolf ~ 8/693; Schmidt, Joost ~ 9/12; Schmidt, Karl ~ 9/14; Schmidt, Maria ~ 9/15; Schmitt, Viktor Christian ~ 9/33; Schmohl, Johann Christian ~ 9/39; Schneider, (Johann Christian) Friedrich ~/† 9/53; Schönthan von Pernwaldt, Franz ~ 9/100; Schroeder, Carl (Adolf Heinrich Friedrich) ~ 9/145; Schubert, Richard * 9/164; Schwabe, Samuel Heinrich */~/† 9/219; Schwoon, Karl ~ 9/248; Seger, Gerhart Heinrich ~ 9/262; Seidel, Georg */~ 9/265; Seidel, Karl August Gottlieb ~/† 9/266; Seidl, Arthur ~/† 9/267; Seitz, Friedrich ~/† 9/274; Selmanagic, Selman ~ 9/280; Semper, Emanuel ~/† 9/284; Siedhoff, Werner ~ 9/309; Simon, Johann Friedrich ~ 9/332; Söhnge, Peter ~ 9/357; Solbrig, Karl Friedrich ~ 9/363; Sommerfeld, Heinrich * 9/371; Spazier, Johann Gottlieb Karl ~ 9/387; Speith, Rudolf ~ 9/392; Spielmeyer, Walter * 9/403; Spitzeder-Schüler, Henriette * 9/411; Stade, (Friedrich) Wilhelm ~ 9/427; Stauber, Georg ~ 9/456; Steffen, Heinrich ~ 9/464; Steindorff, Georg * 9/487; Steiner, Julius ~ 9/490; Steinthal, Walter * 9/501; Stieber, Hans (Albert Oskar) ~ 9/524; Stieber-Walter, Paul ~ 9/524; Stolberg-Stolberg, Christian Graf zu ~ 9/549; Stolle-Garvens, Milly ~ 9/552; Stolze, Gerhard (Wolfgang) * 9/556; Strätz, Carl */~ 9/565; Strützel, (Leopold) Otto * 9/598; Tannenhofer, Karl * 9/655; Tarnow, Fanny ~/† 9/658; Tausch, Julius */~ 9/665; Teichmüller, Ernst ~/† 9/670; Tescher, Karl ~ 9/679; Tetzlaff, Carl Albert Ferdinand ~ 9/681; Tinzmann, Julius ~ 10/46; Tischbein, Carl Wilhelm * 10/48; Trapp, Ernst Christian ~ 10/69; Treskow, Emil ~ 10/83; Tuch, Heinrich Agatius Gottlob ~ 10/111; Ubrich, Asminde ~ 10/121; Uhlig, Theodor ~ 10/130; Unruh, Hans Victor von ~/† 10/158; Vahsel, Margarete von ~ 10/176; Vieth, Gerhard Ulrich Anton ~/† 10/207; Vignau, Hippolith von ~ 10/209; Vorbrodt, Gustav Theodor Ferdinand Franz † 10/253; Wahrmann-Schöllinger, Fanny ~ 10/294; Weber, Gerhard ~ 10/353; Weckerlin, Mathilde ~ 10/365; Weichs an der Glon, Maximilian (Lamoral) Reichsfreiherr von und zu * 10/380; Weill, Kurt (Julian) ~ 10/392; Wichert, Fritz ~ 10/470; Willisen, Wilhelm von † 10/512; Winkler, Johannes ~ 10/529; Woepcke, Franz * 10/558; Wolke, Christian Hinrich ~ 10/583; Wols ~ 10/585; Woltreck, Franz ~/† 10/587; Wulff, Moses Benjamin ~/† 10/596;

Zilken, Willy ~ 10/661; Zimmermann, Mac ~ 10/670; Zschiesche, Pauline ~ 10/690

Destedt (seit 1974 zu Cremlingen)
Lauterbach, Johann Balthasar ~ 6/273

Dětenice → Wosenitz

Detern
Harms, (Christoph) Bernhard (Cornelius) * 4/389

Detligen (Kt. Bern)
Weibel, Rosa * 10/379

Detmold
siehe auch *Berlebeck, Heiligenkirchen, Hiddesen, Pivitsheide*
Althaus, Friedrich * 1/100; Althaus, Theodor * 1/100; Althof, Ludwig Christoph * 1/101; Anton, Max ~ 1/151; Arnauld de la Perière, Raoul von ~ 1/172; Bandel, (Joseph) Ernst von ~ 1/286; Barckhausen, Konrad Heinrich * 1/292; Bialas, Günter ~ 11/20; Bolle, Ludwig ~ 2/9; Brahms, Johannes ~ 2/57; Braunhofer, Karl ~ 2/89; Briesemeister, Otto ~ 2/133; Brock, Paul (Friedrich Karl) ~ 2/138; Crollius, Georg Christian ~ 2/402; Drake, Heinrich (Hermann Wilhelm) ~/† 2/607; Drüner, Leo * 2/627; Eschenburg, Wilhelm Arnold ~/† 3/173; Ewald, Johann Ludwig ~ 3/198; Falkmann, Christian Friedrich ~ 3/228; Fechenbach, Felix † 3/237; Feichtmayer, Rudolf ~/† 3/247; Fortner, Wolfgang ~ 3/379; Freiligrath, (Hermann) Ferdinand * 3/422; Fromm-Michaels, Ilse † 3/509; Grabbe, Christian Dietrich */~/† 4/115; Heidersbach-Källe, Käte ~ 4/492; Herling, Simon Heinrich Adolf * 4/618; Hettstedt, Emil † 5/5; Hoetger, Bernhard ~ 5/106; Hoffmann, Christoph Ludwig ~ 5/114; Hoppe, Heinz ~ 5/172; Humburg, Paul † 5/224; Husemann, Theodor ~ 5/233; Kanne, Johann Arnold * 5/424; Kasimire, Gräfin zur Lippe ~ 5/473; Keßler, Oskar * 5/520; Kleefeld, Wilhelm ~ 5/572; Lamertz, Maximilian † 6/205; Lampe, Friedrich Adolph * 6/209; Lange, Friedrich † 6/231; Langewiesche, Karl Robert ~ 6/243; Lindner, Wilhelm ~ 6/409; Lortzing, Albert (Gustav) ~ 6/476; Maler, Wilhelm ~ 6/578; Meixner, Karl Wilhelm ~ 7/48; Mellies, Wilhelm ~ 7/54; Meyer, Georg * 7/102; Meyer-Steineg, Theodor ~ 7/114; Mirsalis, Otto ~ 7/151; Müller, Karl ~ 7/273; Münsterberg, Oskar ~ 7/297; Nebe, Eduard ~ 7/353; Neumann-Hofer, Adolf ~/† 7/387; Neumann-Hofer, Gilbert Otto ~ 7/388; Nienstedt, Gerd ~ 7/411; Nölting, Erik (Wilhelm) ~ 7/431; Oertzen, Luise * 7/470; Otto, Erich † 7/534; Papst, Eugen ~ 7/561; Pauline Christine Wilhelmine, Fürstin zur Lippe † 7/578; Piderit, Theodor */~/† 7/664; Plaut, Joseph */† 7/692; Pohlman, Reimar * 8/21; Pustkuchen(-Glanzow), Johann Friedrich Wilhelm * 8/93; Rasp, Fritz (Heinrich) ~ 8/146; Reinhardt, Karl ~ 8/219; Reinhardt, Karl * 8/219; Richter-Haaser, Hans ~ 8/285; Roeseler, Albrecht ~ 8/359; Rohr, Max ~ 8/370; Rosen, Georg † 8/389; Rudolph, Ferdinand ~ 8/440; Schmidt, Erich ~ 9/5; Schneider, Michael ~ 9/59; Schreiber, Otto ~ 9/136; Schürenberg, Siegfried * 9/172; Schütz, Eduard (Johannes Nikolaus) ~ 9/176; Schulz, August ~ 9/195; Sieber, Ferdinand ~ 9/306; Siemsen, Anna ~ 9/319; Simon IV., Graf zur Lippe * 9/330; Sixt, Paul ~/† 9/345; Söhnge, Peter ~ 9/357; Spemann, Heinrich ~ 9/393; Storz, Walter ~ 9/560; Ströhlin, Otto ~ 9/592; Stroop, Jürgen * 9/594; Strub, Max ~/† 9/595; Taeger, Friedrich (Hermann) ~ 9/649; Thienhaus, Erich ~ 10/6; Thomas, Kurt (Georg Hugo) ~ 10/18; Ueberhorst, Karl ~ 10/124; Unkair, Jörg ~/† 10/156; Valentin, Erich ~ 10/177; Vöchting, Hermann von ~ 10/220; Vogt, Hans ~ 10/234; Wangel, Hedwig ~ 10/329; Weerth, Georg (Ludwig) * 10/371; Welter, Ludwig ~ 10/428; Ziehm, Ernst (Bruno Victor) ~ 10/657; Zohsel, Fritz ~ 10/686; Zunz, Leopold * 10/701

Dětřichov → Dittersbach (Bez. Friedland)

Detroit (Michigan, USA)
Adler, Dankmar ~ 1/38; Geyer, Anna † 3/671; Hagenbeck, Carl-Heinrich ~ 4/324; Hahnemann, Paul G. ~ 11/78; Hernried, Robert Franz Richard ~/† 4/634; Herrmann, Hugo ~ 4/643; Johnson, Uwe (Klaus Dietrich) ~ 5/356; Kerschbaumer, Anton ~ 5/516; Knortz, Karl ~ 5/631;

1/478; Bommelius, Heinrich ~ 2/15; Busche, Hermann von dem ~ 2/252; Buteranus, Homerus ~ 2/258; Butzbach, Johannes ~ 2/260; Diest, Heinrich van ~/† 2/525; Dringenberg, Ludwig ~ 2/622; Erasmus von Rotterdam, Desiderius ~ 3/134; Ewich, Johann von ~ 3/200; Gaub, Hieronymus David ~ 3/583; Geldenhauer, Gerhard ~ 3/615; Goeddaeus, Johannes ~ 4/51; Gräve, Johann Georg ~ 4/125; Gratius, Ortwin ~ 4/140; Gronovius, Johann Friedrich ~ 4/186; Hegius, Alexander ~/† 4/483; Heinrich von Ahaus (bzw. von Schöppingen) ~ 4/536; Holtermann, Arnold Moritz ~ 5/155; Johannes von Deventer ~ 5/352; John, Hanns ~/† 5/355; Konrad III. von Diepholz, Bischof von Osnabrück ~ 6/29; Konrad IV. von Rietberg, Bischof von Osnabrück und Münster ~ 6/29; Liudger, Bischof von Münster ~ 6/430; Montanus, Jacob(us) ~ 7/199; Murmellius, Johannes ~/† 7/312; Mutianus Rufus, Conradus ~ 7/320; Pithopoeus, Lambertus Ludolfus */~ 7/681; Quadt von Kinckelbach, Matthias * 8/97; Reinken, Johann Adam * 8/226; Röntgen, Engelbert * 8/355; Rothmann, Bernhard ~ 8/420; Thomas von Kempen ~ 10/17; Tossanus, Paul ~ 10/65; Ulsenius, Theodoricus ~ 10/148

Dewitz (Kr. Mecklenburg-Strelitz)
Becmann, Gustav Bernhard * 1/387; Becmann, Otto David Heinrich * 1/387

Dexbach (seit 1971 zu Biedenkopf)
Schwarz, Friedrich Heinrich Christian ~ 9/226

Dexheim
Conradi, Kasimir † 2/364

Deyelsdorf
Goltz, Eduard Alexander Frh. von der ~ 4/92; Veit, (Aloys Constantin Conrad) Gustav von ~/† 10/188

Dhaka
Dengel, Anna ~ 11/45; Pirker, Theo ~ 7/678

Dharwar (seit 1961 zu Hubli-Dharwar, Indien)
Hebich, Samuel ~ 4/466; Knittel, John * 5/623; Pfander, Karl Gottlieb ~ 7/634

Dhrönchen (Gem. Trittenheim)
Andres, Stefan * 1/133

Dickenschied
Chelius, Ferdinand * 2/307; Schneider, Paul ~ 9/59

Didyma
Rehm, Albert ~ 8/191; Wiegand, Theodor ~ 10/481

Diebach (Bayern)
Reu, Johann Michael * 8/252

Diebrock (seit 1969 zu Herford)
Dustmann, Hanns * 11/49

Dieburg
Albini, Franz Josef Martin Frh. von † 1/73; Dieburg, Peter * 2/513; Erler, Fritz ~ 3/153; Fell, Georg ~ 3/258; Herz, Karl Andreas * 4/658; Johann von Frankfurt * 5/348; Künlin, Konrad ~ 6/151; Leichtweiß, Ludwig ~ 6/306; Praxmarer, Johann Nepomuk Anton ~ 8/55; Schäfer, Jakob ~ 8/548; Steinmetz, Hans */† 9/499; Zimmermann, Emil (Friedrich) * 10/666

Diebzig
Dunkel, Johann Gottlob Wilhelm ~ 2/653; Uhlich, Leberecht ~ 10/130

Diedelsheim (seit 1975 zu Bretten)
Steck, Johann Christoph Wilhelm von * 9/462

Diedendorf (Dép. Bas-Rhin, Frankreich)
Witz-Oberlin, Charles Alphonse * 10/552

Diedenhain (seit 1950 zu Hartha, Kr. Döbeln)
Fallou, Friedrich Albert † 3/229

Diedenhofen (frz. Thionville, Dép. Moselle)
siehe auch *Nieder-Jeutz*
Apold, Anton ~ 1/157; Beck, Johann Baron von ~ 1/370; Fries, Lorenz ~ 3/484; Heise, Fritz (Hermann) ~ 4/549; Honnef, Hermann ~ 5/168; Lancken, Fritz von der * 6/212; Mathilde von Schwaben, Herzogin von Kärnten und Oberlothringen ~ 6/655; Oppler, Alfred C. * 7/501; Röchling, Karl ~ 8/347; Schneider, Joseph ~ 9/57; Watterich, Johannes Matthias ~ 10/346

Diedenshausen (seit 1975 zu Bad Berleburg)
Althusius, Johannes * 1/102

Diedesfeld (seit 1969 zu Neustadt an der Weinstraße)
Grün, Ferdinand * 4/210; Ritzler, Remigius * 8/336

Diedolshausen (frz. Le Bonhomme, Dép. Haut-Rhin)
Kisch, Wilhelm * 5/558

Diedorf (Kr. Augsburg, Land)
siehe auch *Biburg*
Abbt, Benedikt * 1/1; Abt, Benedikt * 1/15

Diefenbach (Württemberg)
Schmidt, (Carl) August von * 9/3

Diekholzen → Egenstedt

Diemarden (seit 1973 zu Gleichen)
Schachtebeck, (August Louis Hermann) Heinrich * 8/540

Diemelsee → Südeck

Diemelstadt → Rhoden

Diemerode (seit 1972 zu Sontra)
Katz, William * 5/466

Diemitz
Trenkle, (Hermann) Rudolf ~ 10/81

Diemrich → Déva

Dienethal
Thomae, (Johann) Karl (Jakob) * 10/16

Dienten am Hochkönig (Salzburg)
Faistenberger, Benedikt ~ 3/221

Diepenau
siehe auch *Nordhausen*
Wahrendorff, Ferdinand * 10/294

Diepenbenden (Gem. Burtscheid, seit 1897 zu Aachen)
Rethel, Alfred * 8/250

Diepertsbuch (Gem. Ebnat, seit 1972 zu Aalen)
Heide, Carl von der * 4/485

Diepholz
Barckhaus, Hermann ~ 1/292; Duensing, Frieda (Johanna) * 2/636; Heile, Paul * 4/496; Heile, Wilhelm */† 4/496; Klatte, Fritz * 5/567; Logemann, Fritz † 6/460; Moller, Georg * 7/191; Wedekind, Georg Christian Gottlieb von ~ 10/368

Diepoldsburg (Gem. Lenningen)
Lang, Wilhelm * 6/229

Diepolz (Neunkirchen, Niederösterreich)
Nagl, Johann Willibald † 7/335

Dieppe (Dép. Seine-Maritime, Frankreich)
Meyer-Peter, Eugen ~ 7/113; Ruttenstein, Konstanze Frfr. von † 8/478

Diera → Golk

Dierbach
Adam, Heinrich * 1/28

Dierberg
Hermes, Hermann Daniel ~ 4/633

Dierdorf
Abel, Willy * 1/6; Keetman, Theodor * 5/483; Rintelen, Viktor ~ 8/320; Rühle von Lilienstern, (Johann) August Friedemann ~ 8/451; Schmitthenner, Friedrich (Jakob) ~ 9/34

Diersburg (Hohberg)
Ehrhardt, Hermann * 3/41; Riehm, Eduard (Karl August) * 8/299

Diesbar-Seußlitz → Seußlitz

Diespeck
siehe auch *Stübach*
Einhorn, David * 3/64

Dießen a. Ammersee
siehe auch *Bayerdießen, Riederau, Sankt Alban*
Albert von Diessen ~ 1/68; Assmus, Robert † 1/208; Bergmüller, Johann Georg ~ 1/452; Cleve, Hartwig † 2/342; Cziffra, Géza von † 2/420; Feuchtmayer, Franz Xaver I. ~ 3/276; Fiehler, Karl ~ 3/292; Fischer, Johann Michael ~ 3/321; Friesenegger, Maurus * 3/486; Ganghofer, August von * 3/568; Grimm, Hans (August Georg) ~ 4/168; Hauser, Heinrich † 4/449; Hirth-du Frênes, Rudolf ~ 5/71; Hummel, Theodor ~ 5/226; Lang, Georg ~/† 6/225; Lang-Ratthey, Agnes † 6/229; Michelsen, Hans Günter † 7/127; Niemeyer, Hermann * 7/409; Nordström, Clara ~ 7/439; Pasetti, Peter (Viktor Rudolf) † 11/156; Pfeil, Elisabeth † 7/643; Schleich, Eduard Ritter von †

8/663; Schmuz-Baudiss, Theo ~ 9/41; Seifert, Alwin †
9/269; Stahl, Hermann ~/† 11/177; Syberberg, Rüdiger
(Johannes) ~ 9/643; Üblhör, Johann Georg ~ 10/124;
Winter, Fritz ~ 10/532

Diessenhofen (Kt. Thurgau)
Aberli, Johannes ~ 1/10; Aepli, Johann Melchior * 1/49;
Altenburger, Emil * 1/97; Boltshauser, Hans Heinrich ~
2/12; Brunner, Alfred * 2/168; Brunner, Conrad * 2/168;
Brunner, Johann Conrad von * 2/169; Bucelin, Gabriel *
2/179; Diessenhofen, Johann Truchseß von ~ 2/525; Fein,
Georg † 3/251; Hartmann III., Graf von Kyburg ~ 4/404;
Roesch, Carl */† 8/357; Schmid, August * 8/699

Dietach (Oberösterreich)
Regner von Bleyleben, Oktavian Frh. † 8/188

Dietenheim (Alb-Donau-Kreis)
Brenner, Martin * 2/114; Vogt, Christoph * 10/233

Dietenheim (italien. Teodone)
Perathoner, Julius * 7/598

Dietenhofen
Arzberger, Nikolaus Friedrich ~/† 1/200

Dietersburg → Baumgarten

Dietersheim (Kr. Neustadt a. d. Aisch-Bad Windsheim) →
Dottenheim

Dietfurt a. d. Altmühl
Götz, Johann Baptist * 4/70; Grumbach, Argula von ~
4/220

Dietikon (Kt. Zürich)
Fleisch, Alfred * 3/340; Leemann, Burkhard ~ 6/288;
Schmid, Hans Rudolf * 8/702; Schmidlin, Johannes ~
8/710

Dietramszell
siehe auch *Baiernrain*
Albert von Diessen ~ 1/68; Bernatz, Karl Ritter von ~
1/460; Crodel, Paul Eduard † 2/401; Holbein, Sigmund ~
5/146; Sutner, Josef * 9/637

Dietwil (Kt. Aargau)
Gretener, Xaver Severin * 4/158

Dietz
Magnus, Frieda ~ 6/564

Dietzenbach
Dieffenbach, Johann Philipp * 2/516; Morell, Theodor ~
7/208

Dieuze (Dép. Moselle, Frankreich)
Claiß, Johann Sebastian ~ 2/328; Ficquelmont, Karl
Ludwig Graf von * 3/289; Müller-Hillebrand, Dietrich
* 7/287; Münsterer, Hanns Otto ~ 7/298; Musculus,
Wolfgang * 7/316; Richter, Hermann * 8/280

Diez
siehe auch *Freiendiez*
Diel, August Friedrich Adrian ~ 2/517; Eibach, Ludwig
Wilhelm * 3/45; Fritze, Wilhelm ~ 3/497; Hoeber, Karl *
5/85; Hoen, Philipp Heinrich von ~ 5/98; Mohr von Leun,
Johann ~ 7/184; Philippi, Fritz ~ 7/657; Reinhard, Johann
Jakob * 8/217; Sattler, Carl Hubert ~ 8/523; Stutzer,
Gustav ~ 9/621; Unruh, Fritz von ~/† 10/158; Widebram,
Friedrich ~ 10/473

Differdange → Differdingen

Differdingen (frz. Differdange, Luxemburg)
Brüninghaus, Alfred ~ 2/160; Eigenbrodt, Reinhard
~ 3/59; Esser, Wilhelm ~ 3/181; Meier, Max ~ 7/31;
Schlippenbach, (Eleonore Elise Adelheid Emma) Gabriele
Frfr. von ~ 8/680

Differt (Belgien)
Rarkowski, Franz Justus ~ 8/143

Dijaneš (Kroatien)
Hauser, Otto */† 4/449

Dijon
Bauer, Constantin ~ 1/324; Binder, Paul ~ 1/531; Carstens,
Karl ~ 2/289; Commenda, Hans ~ 2/361; Eysenck, Hans
Jürgen ~ 11/57; Gerhaert, Nicolaus von Leiden ~ 3/638;
Hayen, Heinrich Wilhelm ~ 4/462; Holtz, Wilhelm
(Theodor Bernhard) ~ 5/156; Hugo von Flavigny ~
5/217; Jansen, Josef ~ 5/302; Jorhan, Christian d. J. ~
5/364; Manz, Kaspar ~ 6/602; Marck, Siegfried ~ 6/607;

Mathey, Jean Baptiste * 6/654; Rabiny, Joseph ~ 8/110;
Rauschenbach, Johannes ~ 8/164; Riepp, Karl Joseph ~/†
8/304; Tricklir, Jean Balthasar * 10/87; Wattenwyl, Jakob
von ~ 10/345

Dilborn
Nauen, Heinrich ~ 7/347

Dillenburg
siehe auch *Oberscheld*
Almendingen, Ludwig Harscher von ~/† 1/93; Althusius,
Johannes ~ 1/102; Arnoldi, Friedrich Albert von * 1/190;
Arnoldi, Johannes von ~/† 1/191; Arnoldi, Valentin *
1/191; Becher, Johann Philipp ~ 1/366; Böttger, (Heinrich)
Ludwig (Christian) ~/† 1/638; Borcke, Friedrich Heinrich
Graf von ~ 2/28; Braun, Karl Joseph Eduard ~ 2/84;
Braun, Karl Joseph Wilhelm ~ 2/84; Christian, Andreas
~ 2/320; Cruciger, Caspar d. J. ~ 2/405; Diez, Christine
von ~ 2/543; Dresler, Justus Heinrich ~/† 2/614; Erath,
Anton Ulrich von ~/† 3/136; Fritze, Friedrich August ~
3/496; Grünrade, Otto von ~ 4/218; Günther XLI. der
Streitbare, Graf von Schwarzburg ~ 4/237; Haas, (Wilhelm)
Ernst */† 4/285; Hartig, Georg Ludwig ~ 4/400; Hartig,
Theodor * 4/401; Heidfeld, Justus ~/† 4/492; Heinrich I.,
Graf von Nassau-Dillenburg ~ 4/531; Hergenhahn, (Jakob
Ludwig Philipp) August ~ 4/613; Hermann, Johannes
Jakob ~/† 4/629; Heusler, (Carl Ludwig David) Friedrich
~/† 5/12; Heusler, Karl Ludwig */~ 5/12; Holz, Emil
~ 5/158; Johann VI., Graf von Nassau-Katzenelnbogen
*/† 5/342; Johann VIII. der Jüngere, Graf von Nassau-
Siegen * 5/342; Johann Moritz, Fürst zu Nassau-Siegen *
5/342; Kehrer, Karl (Christian) * 5/485; Koch, Karl (Jakob
Ludwig Wilhelm) ~ 5/642; Ludwig, Graf von Nassau *
6/504; Ludwig Heinrich, Fürst von Nassau-Dillenburg
† 6/504; Meusebach, John O. * 7/95; Meusebach, Karl
Hartwig Gregor Frh. von ~ 7/95; Mörlin, Maximilian ~
7/176; Mohr von Leun, Johann ~ 7/184; Morf, Salomon
~/† 7/209; Moritz, Graf von Nassau-Katzenelnbogen,
Prinz von Oranien, Statthalter von Holland, Seeland,
Geldern, Utrecht, Overijssel, Groningen und Drenthe
* 7/215; Müller, (Johann) Daniel ~ 7/251; Otterbein,
Philipp Wilhelm * 7/526; Pieler, Franz ~ 7/666; Ramsay,
Jakob Frh. von ~† 8/133; Rau, Gustav ~ 8/155; Roth,
(August Heinrich) Ludwig * 8/415; Rühle von Lilienstern,
(Johann) August Friedemann ~/† 8/451; Rumpf, Joachim
~ 8/464; Ruppel, Heinrich ~ 8/471; Sandberger, (Carl
Ludwig) Fridolin von * 8/510; Sandberger, Guido *
8/510; Sarcerius, Erasmus ~ 8/519; Schmidt, Marie ~
9/15; Schmitthenner, Friedrich (Jakob) ~ 9/34; Schreiner,
Helmuth Moritz * 9/138; Schrumpf, Friedrich Ludwig
~ 9/158; Snell, (Johann) Wilhelm ~ 9/355; Speck, Karl
(Friedrich Christian) ~/† 9/388; Spieß, Johann Christoph
* 9/405; Stahl, Hermann ~ 11/177; Steubing, Walter
(Friedrich Wilhelm) ~ 9/521; Stifft, Christian Ernst */~
9/530; Textor, Johann ~/† 9/684; Thilenius, (Johann
Friedrich Heinrich) Otto ~ 10/10; Volp, Rainer ~ 10/250;
Wilhelm I. der Schweiger, Prinz von Oranien, Graf von
Nassau */~ 10/504; Zepper, Wilhelm */~ 10/644

Dillingen a. d. Donau
siehe auch *Fristingen, Schretzheim, Steinheim*
Adelmann von Adelmannsfelden, Johann Christoph ~ 1/34;
Agricola, Rudolf ~ 1/55; Alberthal, Hans ~ 1/69; Albini,
Franz Josef Martin Frh. von ~ 1/73; Angehrn, Benedikt
Maria ~ 1/135; Ayblinger, Joseph Adam ~ 1/229; Bacher,
Petrus ~ 1/243; Banholzer, Johann ~ 1/289; Bauer, Lorenz
Georg ~ 1/328; Bauer, Wilhelm Sebastian Valentin * 1/330;
Baumann, Christian ~ 1/334; Baur, Fritz ~ 11/14; Bayrer,
Leonhard ~ 1/360; Beckers, Hubert (Karl Philipp) ~ 1/382;
Berg, Marquard von † 1/441; Berwart, Blasius d. Ä. ~
1/489; Bestlin, Johann Nepomuk ~ 1/495; Bidermann,
Jakob ~ 1/515; Bigelmair, Andreas ~/† 1/525; Biner, Josef
~ 1/532; Bissel, Johann ~ 1/548; Bollius, Daniel ~ 2/10;
Boos, Martin ~ 2/23; Braun, Konrad ~ 2/84; Brenner,
Martin ~ 2/114; Brockmann, Johann Heinrich ~ 2/140;
Bronner, Franz Xaver ~ 2/145; Brüllisauer, Bartholomäus
~ 2/159; Brunner, Andreas ~ 2/168; Bucelin, Gabriel ~

Dobrš (Böhmen, seit 1965 zu Drážov)
Mayer, Anton * 7/5
Dobry → Döbern
Dobrzan (tschech. Dobřany)
Langl, Joseph * 6/247; Pick, Arnold ~ 7/663
Dobrzany → Jacobshagen
Dobrzcynica → Dobzau
Dobrzyca (Bez. Posen) → Doberschütz
Dobrzyń → Döbern
Dobzau (Dobrzcynica, Galizien)
Reich, Wilhelm * 8/195
Dockenhuden (seit 1919 zu Blakenese, seit 1937 zu
Hamburg)
Godeffroy, Johann Cesar VI. † 4/46
Dodendorf
Baumgarten, Johann Christoph Friedrich ~ 1/344;
Fabricius, Johann Andreas * 3/214
Döbeln
Balduin, Balthasar ~ 1/275; Balduin, Christian Adolf */~
1/275; Dost, Walter ~ 2/602; Fromm, Curt Wilhelm ~
3/508; Heckel, Erich * 4/468; Hendel-Schütz, (Johanne)
Henriette (Rosine) * 4/581; Hesse, Ferdinand ~ 4/675;
Kretzschmar, Bernhard * 6/100; Lyon, Otto ~ 6/544;
Meiche, Louis * 7/29; Mogk, Eugen * 7/179; Rühlmann,
(Moritz) Richard ~/† 8/451; Semmig, (Friedrich) Herman *
9/284; Springer, Hermann * 9/421; Teller, Jürgen * 11/181
Döberitz
Bäumer, Paul ~ 1/265; Borcke, Adrian Bernhard Graf von
* 2/28; Jürgens, Georg ~ 5/374; Katsch, Christoph von †
5/463; Wagenführ, Felix ~ 10/275; Wöllner, Johann Chri-
stoph von * 10/557
Döbern (poln. Dobry)
Schultz, Ernst Gustav * 9/190
Döbern (poln. Dobrzyń)
Theiss, Konrad * 9/692
Döbernitz
Roller, David Samuel ~ 8/376
Döbling (seit 1890/92 zu Wien)
Bandl, Ludwig ~ 1/287; Bowitsch, Ludwig * 2/51;
Bukovics von Kiss Alacska, Karl † 2/220; Gautsch
von Frankenthurn, Paul Frh. * 3/589; Geitler, Leopold
(Lavoslav) Václav † 3/613; Heinefetter, Clara † 4/512;
Kremer, Alfred Frh. von † 6/95; Mitterwurzer, Anton
Georg † 7/158; Pelzel von Pelzeln, August † 7/593; Rieder,
Ambros(ius) (Matthias) * 8/292; Saar, Ferdinand (Ludwig
Adam) von ~ 8/484; Seifert, Victor Heinrich * 9/270
Döbör (Ungarn)
Sucher, Josef * 9/622
Döffingen (seit 1972 zu Grafenau, Kr. Böblingen)
Eberhard II. der Greiner (Zänker), der Rauschebart, Graf
von Württemberg ~ 2/669; Zeller, Hermann von * 10/637
Döhlau (Kr. Hof, Land)
siehe auch *Tauperlitz*
Alt, Theodor (Zacharias Friedrich) * 1/95
Döhlen (seit 1921 zu Freital)
Geissler, Friedrich Adolf * 3/611; Nägel, Adolph * 7/330
Döhren (seit 1907 zu Hannover)
Inhoffen, Hans-Herloff * 11/94; Offermann, Leopold ~
7/478
Dölau (seit 1950 zu Halle/Saale)
Flügel, Otto ~/† 3/356
Döllach (Kärnten)
Kahn, Joseph * 5/403
Döllstädt
Kirchner, Timotheus * 5/553
Dölsach (Tirol)
siehe auch *Görtschach*
Hintner, Michael ~ 5/56; Rabl, Josef Peter ~ 8/110;
Weingartner, Josef * 10/396
Dömitz
Brennecke, Ludwig Nathaniel August ~ 2/113; Karl
Leopold, Herzog von Mecklenburg-Schwerin ~/† 5/444;
Slüter, Joachim * 9/351; Spangenberg, Dietrich * 9/383;
Spangenberg, Gustav * 9/383

Döperlin (Kt. Zürich)
Schenkel, (Georg) Daniel * 8/606
Dörentrup → Wendlinghausen
Dörfel → Schmartsch
Dörfel (Kr. Annaberg)
Stoll, Karlheinz * 9/551
Dörfel (tschech. Vesec, Bez. Reichenberg)
Liebieg, Franz Ritter von ~ 6/384
Dörfern (slowen. Dorfarje)
Dolliner, Thomas * 2/587
Dörfl (italien. Montepláir)
Peer von Egerthal, Josef Johann Ritter * 7/587
Dörfl (Niederösterreich)
Halla, Franz † 4/344
Dörflas (seit 1939 zu Marktredwitz)
Kolb, Peter * 6/11; Ritter, Karl * 8/331
Döringstadt (seit 1978 zu Ebensfeld)
Senger, Adam * 9/288
Dörlesberg (Wertheim)
Platz, Vinzenz * 7/691
Dörntal (tschech. Suchy Důl)
Bittner, Adam * 1/550
Dörnten (seit 1972 zu Liebenburg)
Schliephake, Theodor (F. W.) * 8/678
Dörperhöhe (seit 1975 zu Hückeswagen)
Kotthaus, August * 6/55
Dörrenzimmern (seit 1972 zu Ingelfingen)
Eichhorn, Johann Gottfried * 3/52
Dörzbach → Hohebach
Döschnitz
Höfer, (Johann Christian) Ferdinand * 5/89
Döschwitz → Kirchsteitz
Dösing (Gem. Lalling, Kr. Deggendorf)
Oswald, Heinrich * 7/521
Dössel (seit 1975 zu Warburg)
Böhlen, Johannes Hippolytus * 1/615
Döteberg (seit 1974 zu Seelze)
Heitmüller, Wilhelm * 4/553
Dötlingen
Müller vom Siel, Georg Bernhard ~ 7/291; Roth, Albrecht
Wilhelm * 8/411
Döttingen (Kt. Aargau)
Stüssi, Fritz ~ 9/611
Dózna
Rosthorn, Josef von ~ 8/409
Doftana (Rumänien)
Brandsch, Rudolf ~/† 2/67
Dohna
siehe auch *Krebs*
Hasse, (Martin) Karl (Woldemar) * 4/427; Meyer,
(Christian) Friedrich ~ 7/102; Nacke, Emil ~ 7/328;
Wilhelm I., Markgraf von Meißen ~ 10/504
Doka (Sudan)
Reitz, Konstantin † 8/236
Dokkum (seit 1984 zu Dongeradeel, Niederlande)
Aitzema, Foppe van * 1/62; Bonifatius † 2/19; Liudger,
Bischof von Münster ~ 6/430
Doksany → Doxan
Doksy → Hirschberg
Dolberg
Böckenhoff, Karl ~ 1/608
Dôle (Dép. Jura, Frankreich)
Castell, Heinrich Graf zu ~ 2/295; Düker von Haßlau,
Franz ~ 2/635; Geizkofler von Reifenegg, Lukas ~ 3/614;
Kümmerly, Hermann ~ 6/149; Lisola, Franz Paul Frh. von
~ 6/423; Manz, Kaspar ~ 6/602; Rechberg, Wolf Konrad
Graf von ~ 8/171; Schweikard von Kronberg, Johann ~
9/236; Stiebar von Butterheim, Johann ~ 9/524; Truchseß von
Waldburg, Otto ~ 10/100; Wagner, Karl Ernst Albrecht †
10/284
Dołhobyczów (Polen)
Cleinow, Georg ~ 2/338
Dollenchen
Contius, Christian Gotthold ~ 2/367

Dollgow
Strittmatter, Erwin ~/† 9/588
Dollnstein
Lainberger, Simon ~ 6/200; Ruff, Ludwig * 8/458
Dolní Dunajovice → Unter-Tannowitz
Dolní Dvořiště → Unter Haid
Dolní Jiřetín → Niedergeorgenthal
Dolní Maršov → Marschendorf
Dolní Podlůží → Nieder-Grund
Dolní Police → Nieder-Politz
Dolní Prýsk → Nieder-Preschkau
Dolní Růžodol → Nieder-Rosenthal
Dolní Rychlov → Unterreichenau
Dolní Vítkov → Niederwittig
Dolní Vlatice → Untermoldau
Dolzig (poln. Dłużek)
Auguste Viktoria Luise Feodora Jenny, Königin von Preußen, deutsche Kaiserin * 1/222; Vogel von Falckenstein, Eduard † 10/228
Domašín → Bettlern
Domasław → Domslau
Domat/Ems (Kt. Graubünden)
Federspiel, Ulrich Frh. von * 3/243; Mont, Ulrich de ~ 7/199; Oswald, Werner ~ 7/522; Spescha, Hendri ~ 9/398; Willi, Dominikus * 10/512
Domažlice → Taus
Domberg (bei Dorpat)
Hezel, Johann Wilhelm Friedrich † 5/28
Dombühl → Kloster Sulz
Domersleben
Salig, Christian August * 8/498; Schöttler, Rudolf * 9/104
Dommelstadl (seit 1972 zu Neuburg a. Inn)
Auer, Erhard * 1/213; Auer, Ignaz * 1/213; Maier, Max * 6/571
Dommitzsch
Contius, Christian Gotthold ~/† 2/367; Koeppe, Leonhard (Wilhelm Hermann) ~ 5/668; Rohleder, Hermann Oskar * 8/368; Warneck, Gustav ~ 10/336; Warneck, Johannes * 10/336
Domnau (russ. Domnovo)
Weissel, Georg * 10/412
Domnovo → Domnau
Domschale (slowen. Domžale)
Ladstätter, Peter d. Ä. † 6/194
Domslau (poln. Domasław)
Acoluth, Johann ~ 1/23
Domžale → Domschale
Donaueschingen
siehe auch *Amalienhütte, Aufen, Neudingen*
Barack, Karl August ~ 1/291; Baumann, Franz Ludwig von ~ 1/334; Burkard, Heinrich ~ 2/242; Butting, Max ~ 2/259; Delz, Christoph (Andreas) ~ 2/480; Denk, Joseph ~ 2/487; Dessau, Paul ~ 2/496; Ebert, Karl (Leopold Felix) ~ Egon Ritter von ~ 2/680; Feurstein, Heinrich Karl Josef ~ 3/281; Fiala, Joseph ~/† 3/283; Fickler, Karl Alois ~ 3/289; Fürstenberg, Karl Egon Fürst von ~ 3/529; Fürstenberg, Karl Egon Fürst zu * 3/529; Fürstenberg, Max Egon Prinz von ~/† 3/529; Goetz, Hermann */~ 4/70; Grasmair, Johann Georg Dominikus ~ 4/138; Güde, Max * 4/234; Habrecht, Isaak ~ 4/296; Heim, (Benedikt) Ignaz ~ 4/500; Hentig, Otto von ~ 4/600; Heyck, Eduard ~ 5/15; Hilbert, Anton † 11/87; Hindemith, Paul ~ 5/51; Kalliwoda, Johann Wenzel ~ 5/414; Kaulla, Chaile ~ 5/475; Kreutzer, Conradin ~ 6/102; Laßberg, Joseph (Maria Christoph) Frh. von */~ 6/259; Mager, Jörg (Adam) ~ 6/561; Nied, (Johann) Edmund ~ 7/403; Rehmann, Wilhelm August */~/† 8/192; Rieple, Max */~/† 8/304; Riezler, Erwin * 8/309; Riezler, Si(e)gmund von ~ 8/309; Runge, Paul ~ 8/468; Scheffel, Joseph Viktor von ~ 8/583; Schelble, Johann Nepomuk ~ 8/591; Schrenk, Elias ~ 9/141; Schulte, Aloys ~ 9/186; Seele, Johann Baptist ~ 9/259; Strobel, Heinrich (Edmund August) ~ 9/590; Wassermann, Heinrich Joseph ~ 10/342; Yun, Isang ~ 10/607; Zwerger, Johann Nepomuk * 10/707

Donaustauf
Eck, Leonhard von ~ 3/6; Klenze, Leo von ~ 5/588; Mayr, Simon ~ 7/16; Thurn und Taxis, Karl Alexander Fürst von ~ 10/31
Donauwörth
siehe auch *Auchsesheim, Berg*
Albertus Magnus ~ 1/71; Auer, Ludwig † 1/214; Bandel, (Joseph) Ernst von † 1/286; Bezold, Carl (Christian Ernst) * 1/509; Bonn, Ferdinand * 2/20; Brandl, Johann ~ 2/66; Bronner, Franz Xaver ~ 2/145; Bschorer, Hans Georg ~ 2/176; Bühler, Franz ~ 2/200; Deffner, (Josef) Michael * 2/464; Denk, Otto ~ 2/488; Dirlmeier, Franz * 2/556; Ebner, Margarethe * 3/1; Enderle, Johann Baptist ~/† 3/109; Erhart, Gregor ~ 3/148; Fabri de Werdea, Johannes * 3/212; Fäustle, Johann Nepomuk von ~ 3/218; Faulhaber, Johannes ~ 3/235; Franck, Sebastian * 3/391; Friedrich, Leonhard ~ 3/480; Geiger, Tobias ~ 3/606; Grueber, Bernhard * 4/208; Herberich, Johann Michael ~ 4/604; Hochbrucker, Jacob ~/† 5/80; Hübner, Lorenz * 5/206; Ixnard, (Pierre) Michel d' ~ 5/268; Kruse, Käthe ~ 6/133; Lentersheim, Ulrich von ~ 6/322; Ludwig IX. der Reiche, Herzog von Bayern-Landshut ~ 6/500; Mangold I. von Werd ~ 6/587; Maximilian I., Herzog, seit 1623 Kurfürst von Bayern ~ 6/677; Mayr, Beda ~/† 7/13; Mörlin, David ~ 7/176; Praxmarer, Johann Nepomuk Anton ~ 8/55; Raid, Sylvester ~ 8/126; Reutter, Hans † 8/262; Scherer, Claudius Ritter von * 8/609; Schmuzer, Franz ~ 9/41; Ulrich II. Putsch, Bischof von Brixen ~ 10/142; Ulrich III. von Nußdorf, Bischof von Passau ~ 10/143; Unzner, Karl * 10/162; Weber, Josef von ~ 10/356
Donawitz (seit 1939 zu Leoben, Steiermark)
Jüptner von Jonstorff, Hans Frh. von ~ 5/373; Jugoviz, Rudolf * 5/375; Mayr von Melnhof, Franz Frh. ~ 7/16; Oberegger, Josef ~ 7/452
Donawitz (tschech. Stanovice, Bez. Karlsbad)
Hartl, Rudolf * 4/402
Dongeradeel → Dokkum
Donji Miholjac (Kroatien)
Danhelovsky, Konstantin * 2/440
Donndorf (Kyffhäuserkreis)
Ranke, Leopold von ~ 8/137; Seebach, Richard Camillo von * 9/255
Donndorf (seit 1978 zu Eckersdorf)
Haas, Hans * 4/286
Donnersdorf
Halbig, Andreas * 4/342; Halbig, Johann von * 4/342
Donnerskirchen (Burgenland)
Huber, Johannes * 5/197
Donnini (Italien)
Rezzori, Gregor † 11/163
Donzdorf
Baur, Georg ~ 1/351; Beeg, Johann Kaspar ~ 1/388; Merz, Alois * 7/79; Rechberg und Rothenlöwen, Aloys Franz Xaver Graf von ~/† 8/171; Rechberg und Rothenlöwen, Anton Graf von * 8/171; Rechberg und Rothenlöwen, Otto Graf von */† 8/172; Schurr, Viktor * 9/212; Staudenmaier, Franz Anton * 9/456
Doorn (Niederlande)
Auguste Viktoria Luise Feodora Jenny, Königin von Preußen, deutsche Kaiserin ~/† 1/222; Diest, Friedrich Wilhelm von † 2/525; Frobenius, Leo (Viktor) ~ 3/499; Wilhelm II., Deutscher Kaiser, König von Preußen † 10/502
Doornik → Tournai
Dorbianen (litauisch Darbėnai, russ. Dorbjany, poln. Dorbiany)
Wolffsohn, David * 10/579
Dorbiany → Dorbianen
Dorchheim (seit 1971 zu Elbtal)
Strieder, Jakob * 9/587
Dordrecht (Niederlande)
Alsted, Johann Heinrich ~ 1/94; Breitinger, Johann Jakob ~ 2/106; Buxtorf, Johannes d. J. ~ 2/261; Crocius, Ludwig ~

2/401; Heinrich von Zütphen ~ 4/542; Rutgers, Johannes *
8/476; Vorstius, Conrad ~ 10/255

Dorf am Irchel (Kt. Zürich)
Maag, Max * 6/547

Dorf an der Enns (Niederösterreich)
Pleischl, Adolph Martin † 7/693

Dorf Wehlen (Stadt Wehlen)
Haebler, Konrad † 4/302

Dorfarje → Dörfern

Dorfbeuern (Salzburg)
Rettensteiner, Werigand ~ 8/251

Dorfchemnitz
Pufendorf, Samuel Frh. von * 8/89

Dorfen (Kr. Erding)
siehe auch *Schwindkirchen*
Bauer, Josef Martin ~/† 1/327; Braun, Maria † 11/30;
Roider, Peter ~ 8/372; Terofal, Xaver */~ 9/678; Welden,
Ludwig Josef Frh. von ~ 10/423

Dorfmerkingen (seit 1972 zu Neresheim)
Gauß, Otto * 3/589

Dorking (Surrey, England)
Müller-Hartmann, Robert † 7/287

Dorlar (seit 1979 zu Lahnau)
Schneider, Heinrich * 9/55

Dorlisheim (Dép. Bas-Rhin, Frankreich)
Adam, Johannes ~/† 1/28; Gerber, Erasmus ~ 3/635;
Musculus, Wolfgang ~ 7/316

Dormagen
siehe auch *Knechtsteden, Straberg, Zons*
Claaßen, Hermann (Peter) ~ 2/328; Gans, Oscar * 3/570;
Gockeln, Josef (Anton) † 4/46; Goebel, Hermann (Heinrich
Joseph) * 4/49; Haberland, Ulrich (Klaus Walther Werner)
~ 4/293; Nörrenberg, Constantin * 7/431; Wagner, Helmut
~ 10/282

Dornach (Kt. Solothurn)
siehe auch *Dornach-Arlesheim*
Boos, Roman ~ 2/24; Dressel, Erwin (Herbert Alfred) ~
11/48; Erlach, Rudolf von ~ 3/151; Gutbrod, (Konrad) Rolf
(Dietrich) † 11/74; Koch, Werner ~ 5/644; Kotányi-Pollak,
Hilda ~ 6/54; Midart, Lorenz Ludwig * 7/129; Probst,
Jakob ~ 8/75; Reinhardt, Delia ~ 8/219; Richter-Linder,
Johann Jakob ~ 8/285; Scherer-Boccard, Theodor Graf von
* 8/611; Steffen, Albert ~/† 9/464; Steiner, Marie ~ 9/490;
Steiner, Rudolf (Joseph Lorenz) ~/† 9/490; Suter, Heinrich
† 9/636; Walliser, Josef */† 10/313

Dornach (seit 1914 zu Mülhausen, frz. Mulhouse, Dép.
Haut-Rhin)
Bohn, René * 2/2

Dornach-Arlesheim (Gem. Dornach, Kt. Solothurn)
Jellinek, Karl † 5/317

Dornbach (seit 1890/92 zu Wien)
Haidinger, Wilhelm (Karl) Ritter von † 4/336; Mayerhofer,
Franz Karl † 7/13; Neumann, Gustav Ritter von * 7/383;
Teuber, Karl Oskar † 9/682

Dornbirn (Vorarlberg)
siehe auch *Wallenmahd, Weppach*
Drexel, Franz Martin */~ 2/617; Dünser, Margret * 2/636;
Hämmerle, (Franz) Martin */† 4/306; Hämmerle, Theodor
* 4/306; Ilg, Ulrich */† 5/247; Klotz, Hermann † 5/606;
Koch, Gaudentius ~ 5/639; Kofler, Ludwig * 5/680;
Rhomberg, Adolf */~ 8/270; Rhomberg, Josef Anton *
8/270; Scala, Ferdinand von ~ 8/536

Dornburg (Kr. Anhalt-Zerbst)
Christian August, Fürst von Anhalt-Zerbst ~ 2/317

Dornburg (Kr. Limburg-Weilburg) → Thalheim

Dornburg (Saale)
Hebenstreit, Johann Paul ~ 4/465; Kornberger, Richard von
~ 6/45; Krohne, Gottfried Heinrich ~ 6/112; Lindig, Otto
~ 6/406; Marcks, Gerhard ~ 6/608; Salomon, Ludwig ~/†
8/504; Schröter, Johann Samuel ~ 9/155

Dorndorf (seit 1972 zu Illerrieden)
Clarer, Theodor * 2/330

Dorndorf (Wartburgkreis)
Herbig, Otto * 4/607

Dornhan
siehe auch *Marschalkenzimmern, Weiden*
Barth, Christian Gottlob ~ 1/300; Holzwarth, Hans * 5/162

Dornhausen
Redenbacher, (Christian) Wilhelm (Adolf) † 8/177

Dornheim (Ilmkreis)
Crotus Rubeanus * 2/404; Gregorii, Johann Gottfrid †
4/149

Dornheim (seit 1977 zu Groß-Gerau)
Pfannmüller, Gustav * 7/636

Dornholzhausen (Bad Homburg v. d. Höhe)
Deckert, (Friedrich Karl) Emil † 2/460; Neumann, Ernst
Richard † 7/382

Dornick
Harms, Heinrich ~ 4/390

Dornloh
Bardo, Erzbischof von Mainz † 1/294

Dornstadt (Alb-Donau-Kreis) → Tomerdingen

Dornstetten
Beurlin, Jakob * 1/501

Dornum → Resterhafe

Dorotheenthal (bei Arnstadt)
Ramann, Emil * 8/130

Dorpat (estn. und russ. Tartu)
Abich, (Otto Wilhelm) Hermann ~ 1/10; Adelmann, Georg
Franz Blasius von ~ 1/33; Aderkas, Friedrich Wilhelm von
~ 1/36; Aepinus, Franz Ulrich Theodosius † 1/48; Albert I.
von Buxhöfen, Bischof von Riga ~ 1/66; Andreae, Samuel
Traugott ~ 1/131; Arbusow, Leonid (Hans Nikolaus) ~
1/162; Arends, Leopold ~ 1/166; Arnkiel, Trogillus ~
1/182; Ascharin, Andreas ~ 1/202; Baer, Karl Ernst von
~/† 1/259; Baerens, Bernhard Friedrich ~ 1/261; Bartels,
Johann Martin Christian ~/† 1/299; Bauer, Erwin Heinrich
~ 1/324; Below-Hohendorf, Alexander Ewald von ~ 1/411;
Benz, Ernst (Wilhelm) ~ 1/430; Berg, Emil */~ 1/439;
Berg, Friedrich Wilhelm Rembert Graf von ~ 1/440;
Bergbohm, Karl Magnus ~ 1/441; Bergmann, Ernst von ~
1/449; Bidder, Heinrich (Friedrich) ~/† 1/514; Bielenstein,
August (Johann Gottfried) ~ 1/519; Blankenfeld, Johannes
~ 1/557; Bode, Adolph Friedrich ~ 1/599; Boehm,
Gottfried * 1/617; Bonwetsch, (Gottlieb) Nathanael ~ 2/22;
Bradke, Peter von ~ 2/55; Braun, Gustav Oskar Max *
2/80; Braun, Maximilian ~ 2/85; Bretschneider, Emil ~
2/123; Broedrich, Silvio ~ 2/143; Brückner, Alexander
~ 2/153; Brückner, Arthur * 2/153; Brückner, Eduard ~
2/153; Brüggemann, Alfred ~ 2/156; Brünninghausen,
Hermann Joseph ~ 2/161; Bruhns, Leopold Paul ~ 2/164;
Bruns, (Ernst) Heinrich ~ 2/173; Buchheim, Rudolf
(Richard) ~ 2/183; Bücher, Karl ~ 2/195; Bunge, Friedrich
Georg von ~ 2/223; Bunge, Gustav von * 2/223; Burdach,
Karl Friedrich ~ 2/233; Carus, Ernst August ~ 2/290;
Carus, Julius Viktor ~ 2/291; Ceumern, Kaspar von ~
2/302; Claus, Karl (Ernst) */~ 2/334; Clausen, Thomas
~/† 2/335; Claussen, Peter (Heinrich) ~ 2/337; Clossius,
Walter Friedrich von ~ 2/346; Curschmann, Fritz ~ 2/412;
Dabelow, Christoph Christian Frh. von ~/† 2/423; David,
Ferdinand ~ 2/452; Dehio, Georg (Gottfried Julius) ~
2/467; Dellingshausen, Eduard (Alexander Julius) Frh.
von ~ 2/479; Deutsch, Christian Friedrich von ~ 2/504;
Dietzel, (Gottlob) Heinrich (Andreas) ~ 2/542; Dobbert,
Eduard ~ 2/564; Dragendorff, (Johann) Georg (Noël) ~
2/606; Dragendorff, Hans */~ 2/606; Dyrsen, Ludwig
~ 2/662; Eckardt, Julius (Albert Wilhelm) von ~ 3/8;
Emminghaus, Hermann ~ 3/106; Engelhardt, Moritz Frh.
von ~/† 3/119; Engelhardt, (Gustav) Moritz (Konstantin)
Frh. von */~/† 3/119; Engelmann, Woldemar (August) */~
3/121; Erdmann, Carl * 3/140; Erdmann, Johann Eduard
~ 3/141; Erdmann, Johann Friedrich ~ 3/141; Eschscholtz,
Johann Friedrich von */~/† 3/177; Ewers, (Johann Philipp)
Gustav von ~/† 3/200; Falck, Carl Philipp ~ 3/222; Ferber,
Mauritius ~ 3/267; Fischer, Johann ~ 3/320; Fleisch, Alfred
~ 3/340; Francke, Johann Valentin ~/† 3/394; Freifeldt,
Conrad (Raimund) */~ 3/422; Freytagh-Loringhoven, Axel
(August Gustav Johann) Frh. von ~ 3/441; Friedmann,

(Adolph) Hermann ~ 3/455; Gadebusch, Friedrich Konrad ~/† 3/551; Gaspari, Adam Christian ~ 3/577; Geibel, Karl ~ 3/602; Germann, Gottfried Albert ~ 3/651; Gille, Karl ~ 4/9; Girgensohn, Karl (Gustav) ~ 4/15; Glasenapp, Karl Friedrich ~ 4/22; Göbel, Karl Christian Traugott Friedemann ~/† 4/49; Goette, Alexander (Wilhelm) ~ 4/67; Graubner, Gerhard * 4/142; Grimm, Julius Otto ~ 4/171; Grindel, David Hieronymus von ~ 4/174; Grober, Julius ~ 4/177; Groß, Walther ~ 4/193; Grube, Adolf Eduard ~ 4/204; Grube, Max * 4/205; Gulkowitsch, Lazar ~/† 4/254; Hagen-Schwarz, Julie Wilhelmine */~ 4/322; Hahn, Hugo (Carl) ~ 4/330; Hahn, Traugott (I.) ~ 4/333; Hahn, Traugott (II.) ~/† 4/333; Hahn, Wilhelm * 11/77; Haller, Johannes ~ 4/348; Harnack, Adolf von */~ 4/391; Harnack, (Friedrich Moritz) Erich */~ 4/391; Harnack, Otto ~ 4/392; Harnack, Theodosius ~/† 4/392; Hartmann, (Paul) Nicolai ~ 4/411; Hartwig, (Karl) Ernst (Albrecht) ~ 4/417; Hasselblatt, Arnold ~/† 4/428; Hasselblatt, Werner (Richard Karl) */~ 4/428; Haußleiter, Johannes ~ 4/454; Hehn, Victor (Amadeus) */~ 4/484; Heinroth, Johann Christian August ~ 4/544; Helmersen, Gregor von ~ 4/573; Hezel, Johann Wilhelm Friedrich ~ 5/28; Hilten, Johann ~ 5/47; Hoerschelmann, Fred von ~ 5/104; Hoffmann, Paul * 5/122; Hofmann, Ernst von */~/† 5/128; Holst, Hermann (Eduard) von ~ 5/154; Hueck-Dehio, Else * 5/207; Isenflamm, Heinrich Friedrich ~ 5/262; Jachmann, Günther ~ 11/94; Jäsche, Gottlieb Benjamin ~/† 5/287; Johann VII. Blankenfelde, Erzbischof von Riga, Bischof von Dorpat ~ 5/344; Johannes Schele, Bischof von Lübeck ~ 5/351; Jung, Heinrich ~ 5/379; Junker, Wilhelm ~ 5/385; Kämtz, Ludwig Friedrich ~ 5/395; Keil, Karl (Friedrich) ~ 5/486; Keller, Samuel ~ 5/497; Keußler, Gerhard von ~ 5/525; Keyserling, Eduard Graf von ~ 5/525; Keyserling, Hermann Graf von ~ 5/526; Kieckers, Ernst ~ 5/528; Kikuth, Walter ~ 5/536; Kirchenpauer, Gustav Heinrich ~ 5/548; Klinger, Friedrich Maximilian von ~ 5/597; Knapp, Georg Friedrich ~ 5/612; Kneser, Adolf ~ 5/619; Kneser, Hellmuth * 11/107; Kobert, (Eduard) Rudolf ~ 5/636; Kolbe, Walther ~ 6/13; Kozeny, Josef Alexander ~ 11/110; Kraepelin, Emil ~ 6/62; Krüger, Hermann Anders * 6/123; Küstner, Otto ~ 6/155; Kupffer, Karl Wilhelm ~ 6/175; Kurtz, Johann Heinrich ~ 6/178; Laspeyres, Etienne ~ 6/258; Ledebour, Karl (Christian) Friedrich von ~ 6/284; Lehrberg, Aron Christian */~ 6/301; Lenz, Heinrich (Friedrich Emil) * 6/324; Lenz, Jakob (Michael Reinhold) ~ 6/324; Lerche, Theodor Heinrich Wilhelm ~ 6/338; Lexis, Wilhelm ~ 6/367; Lindemann, Karl ~ 6/402; Löhlein, Walther ~ 6/442; Loening, Edgar ~ 6/444; Loeschcke, Georg ~ 6/446; Loewe, Siegfried Walter ~ 6/451; Ludwig, Walther ~ 6/510; Luther, Robert (Thomas Diedrich) ~ 6/538; Madai, Carl Otto von ~ 6/554; Mädler, Johann Heinrich ~ 6/557; Mattiesen, Emil */~ 6/664; Maurenbrecher, Wilhelm ~ 6/669; Maydell, (Friedrich) Ludwig ~ 7/4; Mercklin, Carl Eugen von ~ 7/69; Meyer, Hans Horst ~ 7/104; Meyer, Kurt Hans * 7/108; Meyer, Leo ~ 7/108; Miaskowski, August von ~ 7/119; Middendorff, Alexander Theodor von ~ 7/129; Middendorff, Ernst ~/† 7/130; Minding, Ferdinand ~/† 7/147; Möbius, August Ferdinand ~ 7/161; Morgenstern, (Johann) Karl (Simon) von ~/† 7/211; Mühlen, Leo (Erwin) von zur */~ 7/241; Müller, Ferdinand ~ 7/255; Napiersky, Karl Eduard von ~ 7/339; Naunyn, Bernhard ~ 7/351; Neumann, Ernst Richard ~ 7/382; Nottbeck, Arvid von ~ 7/443; Nyenstede, Franz ~ 7/450; Oesterlen, Friedrich ~ 7/472; Oettingen, Alexander von ~/† 7/475; Oettingen, Arthur Joachim von ~ 7/475; Oettingen, Wolfgang von ~ 7/475; Osenbrüggen, Eduard ~ 7/511; Ostwald, (Friedrich) Wilhelm ~ 7/519; Otto, Ludwig ~ 7/535; Ottow, Benno ~ 7/538; Pander, Heinrich Christian von ~ 7/554; Parrot, Georg Friedrich von ~ 7/565; Parrot, Johann Jakob Friedrich Wilhelm ~/† 7/565; Petersen, Eugen (Adolf Hermann) ~ 7/618; Petzholdt, (Georg Paul) Alexander ~ 7/627; Pezold, Leopold von ~ 7/632; Philippi, Friedrich Adolf ~ 7/657; Preller, Ludwig ~

8/61; Preyer, Wilhelm Dietrich ~ 8/67; Raehlmann, Eduard ~ 8/121; Rambach, Friedrich Eberhard ~ 8/130; Rathke, Martin Heinrich ~ 8/151; Rauber, August ~/† 8/156; Rauch, Georg von ~ 8/158; Rehbinder, Nikolai Graf † 8/190; Reichert, Karl Bogislaus ~ 8/203; Reutz, Alexander (Magnus Fromhold) von ~ 8/262; Rohrbach, Paul (Carl Albert) ~ 8/371; Rosenberg, Emil ~ 8/392; Rosenberger, Carl Otto */~ 8/394; Rühl, Franz ~ 8/450; Runge, Max ~ 8/467; Sahmen, Gottlieb Franz Immanuel ~/† 8/495; Sartorius, Ernst Wilhelm Christian ~ 8/520; Scherer, Alexander Nicolaus von ~ 8/609; Schiemann, Theodor ~ 8/628; Schirren, Carl ~ 8/650; Schleiden, Matthias Jakob ~ 8/664; Schmidt, Erhard (Oswald Johann) */~ 9/5; Schmidt, Karl (Ernst Heinrich) ~/† 9/13; Schmied-Kowarzik, Walther ~ 9/27; Schmiedeberg, (Johann Ernst) Oswald ~ 9/27; Schoeler, Heinrich (Leopold) ~ 9/77; Schoenberg, Erich (Karl Wilhelm) ~ 9/85; Schrenck, Leopold-Peter von ~ 9/140; Schroeder, Leopold (Alexander) von */~ 9/149; Schultze, Friedrich ~ 9/193; Schumacher, Heinrich Christian ~ 9/203; Schur, Friedrich (Heinrich) ~ 9/210; Seeberg, (Oskar Theodor) Alfred ~ 9/255; Seeberg, Erich * 9/255; Seeberg, Reinhold ~ 9/256; Seeck, Otto ~ 9/256; Stammler, Wolfgang ~ 9/444; Staude, Otto ~ 9/456; Stieda, Alexander (Bernhard Ludwig August) * 9/525; Stieda, Alfred * 9/525; Stieda, (Christian Hermann) Ludwig ~ 9/525; Stieda, Wilhelm ~ 9/525; Strasser, Vera ~ 9/569; Strümpell, Adolf von ~ 9/597; Strümpell, Ludwig (Adolf) von ~ 9/597; Struve, (Karl) Hermann von ~ 9/600; Struve, Ludwig (August) ~/† 9/600; Struve, (Gustav Wilhelm) Ludwig von ~ 9/600; Struve, Otto Wilhelm von */~ 9/601; Struve, (Jacob) Theodor ~ 9/601; Struve, (Friedrich Georg) Wilhelm ~ 9/601; Styx, Martin Ernst von ~/† 9/622; Tammann, Gustav (Heinrich Johann Apollon) ~ 9/653; Tammann, Heinrich (Johann Gustav Linus Alexander) * 9/653; Taube, Arved Frh. von ~ 9/661; Teichmüller, Gustav ~/† 9/670; Thielmann, Karl Heinrich ~ 10/3; Thoma, Richard Andreas ~ 10/15; Tiling, Theodor ~ 10/42; Tobien, Alexander von */~ 10/53; Traustel, Sergej ~ 10/72; Treu, Georg ~ 10/83; Uexküll, Jakob (Johann) Baron von ~ 10/125; Ulmann, Heinrich ~ 10/140; Ungern-Sternberg, (Peter) Alexander Frh. von ~ 10/155; Unverricht, Heinrich ~ 10/160; Uppendorf, Johannes ~/† 10/163; Vasmer, Max ~ 10/184; Vegesack, Manfred von ~ 10/186; Vegesack, Siegfried von ~ 10/186; Vogel, Alfred ~ 10/224; Volck, Wilhelm ~ 10/242; Volkmann, Alfred Wilhelm ~ 10/245; Vries, Axel de ~ 10/261; Wachsmuth, Adolph ~/† 10/266; Waenker, Ludwig Anton von ~ 10/272; Wagner, Adolph (Heinrich Gotthilf) ~ 10/277; Wagner, Karl ~ 10/284; Wagner, Werner ~ 10/290; Wahl, Eduard ~/† 10/292; Walter, Heinrich ~ 10/319; Walter, Johannes (Wilhelm) von ~ 10/319; Walter, Julius ~ 10/320; Walter, Reinhold von ~ 10/321; Wanach, (Carl) Bernhard ~ 10/327; Weber, Guido ~ 10/354; Weihrauch, (Johann) Karl (Friedrich) ~/† 10/390; Weil, Adolf ~ 10/390; Weinhold, Karl August ~ 10/397; Wiedemann, Ferdinand (Johannes) ~ 10/479; Winkelmann, Eduard (August) ~ 10/527; Winkler, Konstantin (Georg Alexander) ~ 10/529; Wittlich, Michael ~/† 10/550; Wittram, (Gottlieb Friedrich) Theodor ~ 10/552; Wolff, Kurt (Otto Adam) Frh. von ~ 10/575; Wulff, Oskar ~ 10/596; Zoege von Manteuffel, Peter (Arthur) Baron ~ 10/683; Zöllner, Heinrich ~ 10/684; Zöpffel, Richard Otto ~ 10/685

Dorsten
siehe auch *Wulfen*
Albers, Johann Friedrich Hermann * 1/65; Dorsten, Johannes von * 2/602; Evelt, August * 3/195; Glasmeier, Heinrich * 4/24; Goßler, Friedrich Franz Theodor ~ 4/101; Johannes von Deventer ~ 5/352; Johannes von Dorsten * 5/352; Lohmeyer, Ernst * 6/463; Oelmüller, Willi * 11/148; Oswald, Heinrich * 7/521; Schilling, Balduin † 8/638; Schwane, Joseph Anton * 9/221; Soiron, Hubert Heinrich Leo ~ 9/362; Winkelmann, Adolph * 10/527; Witte, Fritz * 10/544

Dorstfeld (seit 1914 zu Dortmund)
Bagdons, Friedrich ~ 1/267; Bendix, Ludwig * 1/417; Dahlke, Paul ~ 2/429; Funke, Carl ~ 3/542; Tengelmann, Walter ~ 9/675
Dortelweil (seit 1971 zu Bad Vilbel)
Hattstein, Konrad Ritter von ~ 4/433
Dortmund
siehe auch *Aplerbeck, Barop, Benninghofen, Brechten, Dorstfeld, Eving, Hacheney, Hörde, Hombruch, Kley, Kurl, Lichtendorf, Marten, Mengede, Somborn, Wellinghofen, Westrich, Wickede*
Achenbach, Adolf ~ 1/17; Aderhold, Rudolf (Ferdinand Theodor) ~ 1/36; Adickes, Franz ~ 1/37; Albrecht, Martin † 1/83; Alfringhaus, Erich * 1/89; Althoff, Theodor ~ 1/101; Ameln, Konrad ~ 11/3; Aockerblum, Ottmar ~ 1/154; Asthöwer, Fritz ~ 1/208; Bagdons, Friedrich ~/† 1/267; Barbie, Klaus ~ 11/10; Bartmann, Bernhard ~ 1/309; Baumann, Emma ~ 1/334; Becker, Hermann Heinrich ~ 1/378; Becker, Wilhelm von ~ 1/381; Beckhäuser, Eduard ~/† 1/383; Behrendt, Walter */~/† 11/16; Bender, Karl ~ 1/416; Benkhoff, Fita */~ 1/424; Bennhold, Fritz ~ 1/426; Bering, Friedrich ~ 1/454; Berndt, Otto ~ 1/462; Besseler, Heinrich * 1/493; Beukenberg, (Heinrich) Wilhelm ~ 1/500; Beurhaus, Friedrich ~/† 1/501; Biernat, Hubert ~ 1/524; Blank, Theodor ~ 1/557; Blass, Eduard ~ 1/562; Bodechtel, Gustav ~ 1/600; Boerner, Heinrich ~ 1/633; Bornemann, Helmut ~ 2/34; Bornkamm, Günther ~ 2/35; Brandi, Ernst (Theodor Oswald) ~/† 2/64; Brassert, Hermann (Friedrich Wilhelm) * 2/74; Braumüller, Wilhelm ~ 2/78; Braun, Georg ~ 2/80; Brauns, Hermann ~ 2/90; Bringmann, Karl ~ 2/135; Brockhaus, Friedrich Arnold */~ 2/139; Brodde, Otto ~ 11/33; Brügmann, Heinrich Leonhard ~ 2/156; Brüninghaus, Alfred ~/† 2/160; Brun, Fritz ~ 2/165; Brust, August ~ 2/175; Buntzel, Alfred ~ 2/226; Burger-Weber, Amalie ~ 2/238; Buschkötter, Wilhelm Ludwig Heinrich ~ 2/252; Buskühl, Ernst ~ 2/253; Castorp, Hinrich * 2/296; Charpentier, Toussaint von ~ 2/306; Contzen, Heinz * 11/41; Cremer, Arnold ~ 2/397; Cremer, Joseph Wilhelm Julius † 2/398; Danubianus, Theodor ~ 2/443; Daume, Willi ~ 11/43; Davidis, Henriette † 2/453; Deilmann, Carl ~/† 2/471; Denecke, Johannes ~ 11/44; Detmar, auch Thietmar, Bischof von Osnabrück ~ 2/500; Dickhut, Adalbert * 2/512; Dittmann, Herbert ~ 2/561; Döring, August ~ 2/576; Droop, Friedrich Wilhelm ~ 2/623; Druckenmüller, Nikolaus ~ 2/627; Duboc, Karl Julius ~ 2/629; Dudek, Walter ~ 2/633; Dütting, Christian (Hubert) ~ 2/644; Ebermaier, Johann Edwin Christoph ~ 2/675; Eckhart von Hochheim ~ 3/13; Ehrenberg, Carl Emil Theodor ~ 3/37; Eichhoff, Ernst ~ 3/50; Eickemeyer, Willy ~ 3/57; Eigenbrodt, Reinhard ~ 3/59; Elkan, Benno * 3/89; Engel, Stefan ~ 3/116; Fahrenhorst, Walther ~ 3/219; Falk, Ria */~/† 3/225; Feldmann, Louis ~ 3/257; Feudel, Elfriede ~ 3/277; Fickler, Erich ~ 3/289; Fischer, Johann Karl ~ 3/321; Fischer, Josef ~ 3/321; Flemming, Ernst ~ 3/347; Forkardt, (Hermann) Paul (Max) ~ 3/373; Forschbach, Edmund */~ 3/374; Frerk, Julius Friedrich Willy ~ 3/426; Fuchs, Alois ~ 3/517; Funcke, Wilhelm ~ 3/540; Gabler, Johann Philipp ~ 3/549; Gattermann, Hans H(ermann) */~/† 3/582; Gebhard, Bruno ~ 3/593; Gelling, Hans ~ 3/618; Gerstein, Ludwig ~ 3/657; Gillmeister, Karl ~ 4/10; Girschner, Otto ~ 4/15; Gla, Dietrich ~/† 4/19; Godlewski, Karl * 4/48; Goeddaeus, Johannes ~ 4/51; Gogarten, Friedrich * 4/75; Graf, Otto ~ 4/128; Grillo, (Heinrich) Friedrich (Theodor Ernst) ~ 4/166; Grisar, Erich */† 4/174; Gröppel, Karl ~ 4/180; Gronowski, Johannes Franz ~ 4/186; Grüber, Heinrich (Karl) ~ 4/209; Grünvalszky, Karl ~ 4/218; Grund, Peter ~ 4/223; Gryphiander, Johannes ~ 4/229; Günther-Braun, Walter ~ 4/244; Guntermann, Joseph ~ 4/261; Haenisch, (Benno Fritz Paul Alexander) Konrad ~ 4/309; Harders, Fritz ~/† 4/384; Harr, (Hermann) Carl † 4/394; Hartmann, Georg ~ 4/408; Hatzfeld, Carl (Wilhelm) ~ 4/433; Hausberg, Fritz * 4/446; Heim, Konrad ~ 4/501; Heinemann, Käthe ~ 4/514; Henle, Fritz *

4/587; Hensel, Walther ~ 4/598; Henssler, Fritz ~ 4/599; Herrhausen, Alfred ~ 4/639; Herrmannsdorfer, Adolf * 4/645; Herzog, Alfred ~ 4/664; Hettinger, Theodor ~ 5/4; Heyden-Rynsch, Hermann Frh. von der */~ 5/18; Hirsch, Paul ~ 5/64; Hoch, Fritz ~ 11/88; Huber, Anton ~ 5/194; Hüser, Fritz ~/† 5/213; Huesmann, Fritz ~ 5/213; Hugo, Otto ~ 5/219; Ipsen, Gunther ~ 5/258; Jacob, Benno ~ 11/95; Jacob, Paul Walter ~ 5/271; Jacobi, Eugen ~ 5/273; Jacobi, Werner Rudolf Fritz * 5/275; Jacobsohn, Bernhard ~ 5/277; Jaeger, Lorenz ~ 5/285; Jucho, Caspar Heinrich */~/† 5/370; Jucho, Heinrich */~/† 5/370; Kaiser, Emil ~ 5/405; Kalle, Julius * 5/414; Kamp, Wilhelm Heinrich ~ 5/420; Kampf, Arthur von ~ 5/421; Kannengießer, Louis von ~ 5/425; Karner, Leopold ~ 5/451; Kassmann, Fritz ~ 5/459; Kippenberger, Martin * 11/103; Kirdorf, Adolf ~ 5/553; Kleine, Eduard ~/† 5/579; Kleutgen, Joseph * 5/591; Klöckner, Florian † 5/601; Klönne, August ~ 5/602; Klönne, Moritz */~ 5/602; Knepper, Gustav ~ 5/619; Knipping, Hugo Wilhelm * 5/622; Koch, Harald ~/† 5/640; Kölzer, Joseph ~ 5/656; Köttgen, Carl ~ 5/678; Kogel, Gustav (Friedrich) ~ 6/1; Kohlund, Erwin * 6/6; Konrad von Soest */~ 6/35; Kopfermann, Albert * 6/37; Korell, Bruno ~ 6/43; Kowalke, Alfred ~ 6/57; Kraut, Heinrich (Albrecht) ~ 6/86; Krips, Josef ~ 6/108; Krone, Max ~ 6/117; Lambach, Johann */~/† 6/202; Lehmann, Otto */~ 6/296; Lehnkering, Carl ~ 6/300; Leifhelm, Hans ~ 6/306; Lemberg, Tidemann */~ 6/315; Lensing, Lambert ~/† 6/322; Lensing, Lambert */† 6/322; Lessing, Gotthold Ephraim ~ 6/346; Leunenschloß, Otto * 6/353; Lindemann, Ernst (Heinrich) ~ 6/401; Lindemann, Kurt ~ 6/402; Lion, Max * 6/415; Löher, Paul */~/† 6/441; Loewenstein zu Loewenstein, Hans Louis Ferdinand von ~ 6/456; Lohage, Franz Anton ~ 6/461; Lübbring, Joseph ~/† 6/512; Lübke, Wilhelm * 6/513; Luhmann, Niklas ~ 11/125; Mallinckrodt, Arnold (Andreas Friedrich) */~/† 6/579; Mallinckrodt, Gustav * 6/579; Marx, Jules ~ 6/645; Matting, Alexander ~ 6/664; Mayerhofer, Elfie ~ 7/12; Melcher, Kurt * 7/51; Menne, Wilhelm Alexander ~ 7/64; Mertes, Werner (Josef Karl) * 7/78; Middelschulte, Wilhelm ~/† 7/129; Möller, Alex(ander Johann Heinrich Friedrich) */† 7/167; Müller, Erich Albert ~ 7/253; Müller, Hans ~ 7/262; Müller, Hermann */~ 7/265; Müser, Robert */~/† 7/302; Mulvany, William Thomas ~ 7/305; Natorp, Gustav ~ 7/344; Necker, Wilhelm * 7/355; Neuhaus, Agnes */~ 7/378; Neuloh, Otto ~ 11/139; Neumann, Wilhelm (Paul) ~/† 11/140; Nischalke, Martin ~ 7/423; Nobbe, Karl ~/† 7/428; Noetel, Heinrich (Friedrich) ~ 11/143; Oberste-Brink, Karl ~ 7/456; Ochel, Willy ~/† 7/460; Oeynhausen, Karl August Ludwig Frh. von ~ 7/476; Ohnesorge, Wilhelm ~ 11/149; Ophüls, Max ~ 7/494; Overbeck, Wilhelm */~/† 11/154; Pabst, Georg Wilhelm ~ 7/544; Pelcking, Johannes ~ 7/590; Pepöck, August ~ 7/597; Petri, Oskar Wilhelm Ritter von ~ 7/622; Pfeil, Elisabeth ~ 7/643; Philipp, Hugo Wolfgang * 7/657; Pieler, Franz ~ 7/666; Proebstl, Max ~ 8/76; Prümer, Karl */~/† 8/81; Quasebart, Karl ~ 8/100; Rabl, Walter ~ 8/111; Reda, Siegfried ~ 8/176; Rempel, Rudolf (Heinrich Clamor Friedrich) ~ 8/240; Richter, Willi ~ 8/284; Rickelt, Gustav * 8/286; Rindfleisch, Walter ~/† 8/314; Rintelen, Viktor ~ 8/320; Rittershaus, (Hermann) Trajan * 8/333; Roesler, Trude ~ 8/361; Rosenbaum, Fritz ~ 8/390; Rüsche-Endorf, Cäcilie * 8/455; Ruschen, Carl ~ 8/475; Sachs, Nelly ~ 8/488; Sandvoß, Franz ~ 8/515; Schäfer, Theo ~ 8/549; Schaeffer-Heyrothsberge, Paul */† 8/551; Schanzara, Hans ~ 8/564; Scheibler, Christoph ~/† 8/586; Schelsky, Helmut ~ 8/598; Schleicher, Ferdinand (Alois) ~/† 8/663; Schlenker, Rudolf ~ 8/669; Schlüter, Wilhelm ~ 8/689; Schmal, Adolf * 8/690; Schmidt, August (Heinrich) */~/† 9/3; Schmidt, (Julius August) Fritz ~ 9/7; Schmidt, Otto † 9/17; Schmidt, Theodor ~ 9/19; Schmieding, Walther ~ 9/28; Schmitt-Walter, Karl ~ 9/33; Schmitz, (Franz) Arnold ~ 9/35; Schoenhals, Albrecht (Moritz James Karl) ~ 9/95; Schöpper, Jakob */~/† 9/102; Schöttler, Walter ~ 9/104; Scholtissek, Herbert ~ 9/107; Schomberg, Hermann ~

9/112; Schramm, Margit */~ 11/172; Schridde, Hermann ~ 9/144; Schröder, Ernst August * 9/146; Schuberth, Hans ~ 9/165; Schündler, Rudolf (Ernst Paul) ~ 9/171; Schulz, Erich (Gustav Hermann) ~ 9/195; Schumacher, Emil ~ 11/173; Schuricht, Carl ~ 9/211; Schwanzer, Karl ~ 9/223; Seebohm, Hans-Christoph ~ 9/256; Seng, Willi ~ 9/288; Sieben, Wilhelm (Ludwig) ~ 9/304; Siegfried II. von Westerburg, Erzbischof von Köln ~ 9/312; Simon, Paul * 9/334; Söhning, Kurt ~ 9/358; Specht, Renate ~ 9/387; Speer, Albert * 9/390; Spieckernagel, Wilhelm ~ 9/400; Spilcker, Max ~ 9/406; Spohr, Auguste ~ 9/415; Springorum, Friedrich ~/† 9/422; Starke, Richard F. ~ 9/453; Steffann, Emil ~ 9/464; Stricker, Fritz * 9/586; Strickrodt, Curt ~ 9/587; Stritt, Robert ~ 9/588; Stücklen, Daniel ~ 9/608; Stumpp, Emil ~ 9/615; Swientek, Horst Oskar ~/† 9/640; Tannert, Hannes ~ 9/656; Tengelmann, Wilhelm ~ 9/675; Teschemacher, Margarete ~ 9/679; Tgahrt, Erich ~/† 9/685; Thies, (Johann) Heinrich (Wilhelm) ~ 10/9; Tombrock, Hans ~ 10/62; Trapp, (Hermann Emil Alfred) Max ~ 10/70; Traub, Gottfried ~ 10/70; Traub, Hellmut * 10/70; Treffner, Willy ~ 10/77; Troeger, Heinrich ~ 10/91; Tübben, Ludwig ~ 10/113; Uhlmann-Bixterheide, Wilhelm ~/† 10/132; Velsen, Otto von */~ 10/192; Vincke, (Friedrich Wilhelm) Ludwig (Philipp) Frh. von ~ 10/212; Volhard, Franz ~ 10/243; Vollbehr, Ernst ~ 10/247; Vomelius, Cyprianus ~ 10/252; Vomfelde, Fritz ~ 10/252; Wackers, Coba ~ 10/270; Walleck, Oskar ~ 10/310; Watzke, Rudolf ~ 10/347; Weckermann, Bernhard */~ 10/365; Weidlich, Elfriede ~ 10/383; Weiss, Eugen Robert ~ 10/407; Weltner, Armin ~ 10/429; Wessel, Helene * 10/456; Wildbrunn, Helene ~ 10/498; Wildbrunn, Karl ~ 10/499; Wildermann, Hans ~ 10/499; Wildhagen, Karl * 10/501; Winkhaus, Fritz ~ 10/528; Winterfeld, (Dorothea Anna) Luise von ~/† 10/534; Wiskott, Eugen * 10/541; Witt, Josef ~ 10/544; Wohlgemuth, Hildegard ~ 10/561; Wronkow, Ludwig ~ 10/591; Zehlen, Egon (Otto) ~ 10/629; Zergiebel, Dankmar ~ 10/644; Ziegler, Benno ~ 10/652; Zimmermann, Erich ~ 10/667; Zörgiebel, Karl (Friedrich) ~ 10/685; Zohsel, Fritz ~ 10/686

Doruchow (poln. Doruchów)
Harych, Theo * 4/418

Dorum
Borries, Wilhelm Friedrich Otto Graf von ~ 2/37; Finckh, Alexander Christian von ~ 3/299; Finckh, Johann Daniel von * 3/299; Olfers, Karl ~ 7/487; Ruge, Sophus * 8/459

Dossenheim (Dép. Bas-Rhin, Frankreich)
Schimper, Wilhelm Philipp * 8/642

Dothen (Kr. Heiligenbeil)
Gaudy, Friedrich (Wilhelm Leopold) von * 3/584

Dottendorf (seit 1904 zu Bonn)
Freytag, Georg Wilhelm † 3/439

Dottenheim (Dietersheim, Kr. Neustadt a. d. Aisch-Bad Windsheim)
Hagen, Friedrich Wilhelm * 4/320; Hagen, Karl * 4/321

Dottikon (Kt. Aargau)
Fischer, Hans Eric */† 3/318

Dottingen (seit 1972 zu Ballrechten-Dottingen)
Bürkle de la Camp, Heinz † 2/211

Dotzheim (Wiesbaden)
Herxheimer, Salomon * 4/657; Herxheimer, Salomon * 4/657; Heydenreich, (August) Ludwig (Christian) ~ 5/19

Dotzigen (Kt. Bern)
Minder, Albert * 7/146

Douai (Dép. Nord, Frankreich)
Andreas, Valerius ~ 1/132; Blondel, Franz ~ 1/579; Büren, Moritz von ~ 2/208; Commelinus, Hieronymus * 2/361; Hillebrand, Karl ~ 5/43; Immelmann, Max † 5/253; Isaak, Stephan ~ 5/260; Jacobi, Bernhard von † 5/272; Julius Echter von Mespelbrunn, Bischof von Würzburg ~ 5/376; Keller, Balthasar (Johann) ~ 5/491; Regnart, Jacob * 8/187; Rodenstein, Georg Anton Reichsritter von ~ 8/345; Schalch, Andreas ~ 8/559; Turner, Robert ~ 10/118; Vynhoven, Gerhard ~ 10/262

Doubí → Aich

Doubice → Neu-Daubitz

Douglaston (New York, USA)
Grosz, George ~ 4/199

Doupov → Duppau

Dover (Cty. Kent, England)
Reumont, Gerhard ~ 8/255; Weckherlin, Georg Rudolf ~ 10/366

Dover (Delaware, USA)
Weil, (Lucio) Felix (José) † 10/391

Doxan (tschech. Doksany)
Hiebel, Johann ~ 5/30

Dozwil (Kt. Thurgau)
Coradi-Stahl, Emma * 2/371; Schoop, Hermann */† 9/113

Drachenberg (1939-45 Kallnen, russ. Novo-Gur'evskoe)
Genast, Anton * 3/620

Drachenloch (Gem. Grödig, Salzburg)
Ritter, Josef * 8/331

Draganivka → Draganówka

Draganówka (ukrain. Draganivka)
Ebermann, Leo * 2/675

Drage (Kr. Steinburg) → Ellernbrook

Dragun
siehe auch *Vietlübbe*
Schmidt, Bernhard * 9/3

Drahan (tschech. Drahany)
Kosch, Wilhelm (Franz Josef) * 6/50

Drahany → Drahan

Drahnow (poln. Drzonowo Wałeckie)
Foertsch, Friedrich * 3/366

Drahovice → Drahowitz

Drahowitz (tschech. Drahovice)
Pazdirek, Bohumil * 7/585

Draiach (Steiermarkt)
Klinger, Heinrich ~ 5/597

Drakenburg
Christoph, Graf von Oldenburg ~ 2/324

Dramburg (poln. Drawsko)
Dewitz, Kurt (Ludwig Karl) von ~ 2/509; Kabisch, Richard ~ 5/391; Stephan, Hanna * 9/509

Dransfeld
Breithaupt, Johannes Jakob * 2/104; Isenberg, Paul * 5/261; Jeep, Johann(es) * 5/314

Drausen (Ostpreußen)
Drusina, Benedictus de * 2/628

Drawöhnen (litauisch Dreverna)
Schwede, Franz * 9/233

Drawsko → Dramburg

Drážov → Dobrš

Drebach
Arnold, Friedrich * 1/186

Drechow
Müchler, Johann Georg * 7/239

Dreiborn (seit 1972 zu Schleiden)
Hilgers, Bernhard Josef * 5/41

Dreibrücken → Keppurren

Dreieich
siehe auch *Buchschlag, Sprendlingen*
Neckermann, Josef (Carl) † 7/355

Dreieichenhain (seit 1977 zu Dreieich)
Ewald, Johann Ludwig * 3/198; Holzmann, Philipp * 5/161; Metz, August(in) * 7/90

Dreierwalde (seit 1975 zu Hörstel)
Hermes, Georg * 4/632

Dreifelden
Schmitthenner, Friedrich (Jakob) ~ 9/34

Dreihaus (Gem. Braunhirschengrund, seit 1890/92 zu Wien)
Arnstein, Fanny Frfr. von † 1/193

Dreilützow
Bernstorff, Albrecht Graf von * 1/476

Dreißigacker (seit 1991 zu Meiningen)
Angermann, Franz Georg ~ 1/138; Bechstein, Johann Matthäus ~ 1/367; Berg, Edmund Frh. von ~ 1/439; Berg, Karl Heinrich Edmund Frh. von ~ 1/440; Binge, Nikolaus Adolf ~ 1/533; Cramer, Karl Gottlob ~/† 2/390; Herrle,

Johannes ~ 4/640; Heyden, Karl (Heinrich Georg) von ~ 5/18; Veltheim, Hans Frh. von ~ 10/192; Wedekind, Georg Wilhelm von ~ 10/369

Dreizehnlinden (portugies. Treze Tílias, Brasilien)
Thaler, Andreas † 9/687

Drengfurt (poln. Srokowo)
Braun, Herbert ~ 11/30; Sinogowitz, Heinrich Sigismund * 9/340

Dřenice → Drenitz

Drenitz (tschech. Dřenice)
Jerusalem, Wilhelm * 5/325

Drensteinfurt → Rinkerode

Drentkau (poln. Drzonków)
Gurlt, Ernst (Friedrich) * 4/264

Dresden
siehe auch *Altfranken, Bad Weißer Hirsch, Blasewitz, Bühlau, Cossebaude, Friedrichstadt, Gittersee, Gohlis, Hellerau, Hosterwitz, Klotzsche, Langenbrück, Laubegast, Leubnitz, Löbtau, Loschwitz, Niederpoyritz, Niederwartha, Pieschen, Pillnitz, Plauen, Prohlis, Striesen, Trachau, Trachenberge, Wachwitz*
Abel, Adolf ~ 1/4; Abel, Carl Friedrich ~ 1/4; Abel, Michael ~ 1/6; Abendroth, Heinrich von ~/† 1/7; Abendroth, Irene ~ 1/7; Abendroth, William ~/† 1/8; Abramson, Abraham ~ 1/13; Acier, Michael Victor † 1/19; Ackermann, Oskar ~/† 1/22; Ackermann, Otto ~ 1/22; Adami, Johann Samuel */~ 1/31; Adelheid Victoria Amalie Luise Marie Konstanze, Herzogin zu Schleswig-Holstein-Augustenburg ~/† 1/33; Adelung, Friederike ~ 1/34; Adelung, Johann Christoph ~/† 1/35; Aderkas, Friedrich Wilhelm von ~ 1/36; Ahlersmeyer, Mathieu (Karl Maria) ~ 1/58; Albert, König von Sachsen * 1/67; Alberti, Johann Friedrich ~ 1/70; Alberti, Salomon ~/† 1/70; Albiker, Karl ~ 1/73; Albinus, Peter † 1/74; Albrecht der Beherzte, Herzog von Sachsen, Markgraf von Meißen ~ 1/79; Albrecht, Johann Friedrich Ernst ~ 1/82; Albrecht, (Johanne) Sophie (Dorothea) ~ 1/83; Aldenhoff, Bernd ~ 1/85; Aldenrath, Heinrich Jakob ~ 1/85; Alexich, Georg Maria ~ 1/89; Algarotti, Francesco Graf von ~ 1/89; Alster, Raoul ~ 1/94; Alt, Eugen ~/† 1/95; Altenkirch, Otto ~ 1/98; Althof, Ludwig Christoph ~ 1/101; Altkirch, Ernst ~ 1/102; Alvensleben, Friedrich Johann Graf von ~ 1/107; Alvensleben, Johann Friedrich Karl von ~ 1/108; Alvensleben-Hundisburg, Philipp Karl Graf von ~ 1/108; Amalia Marie Friederike Auguste, Herzogin zu Sachsen */~ 1/110; Amende, Johann Joachim Gottlob ~/† 1/113; Amende, Karl Friedrich ~ 1/114; Ammon, Christoph Friedrich von ~/† 1/117; Ammon, Friedrich August ~/† 1/117; Amsler, Alfred ~ 1/120; Anders, Franz Julius ~ 1/123; Andreae, Karl Christian ~ 1/130; Andree, Carl Theodor ~ 1/133; Andrée, Karl Maximilian * 1/133; Andresen, Momme ~ 1/134; Anger, Rudolf * 1/137; Anhalt, Friedrich Reichsgraf von ~ 1/139; Anhalt-Dessau, Moritz Prinz von ~ 1/140; Anker, Albert ~ 1/141; Anna, Kurfürstin von Sachsen ~/† 1/143; Anna, Herzogin von Sachsen, Prinzessin von Oranien */† 1/143; Anno, Anton ~ 1/145; Anschütz, Hermann ~ 1/145; Anton Clemens Theodor, König von Sachsen ~ 1/151; Anton, Konrad Gottlob † 1/151; Apelt, Willibalt ~ 1/155; Appen, Karl von ~ 1/159; Appia, Adolphe François ~ 1/159; Ardenne, Manfred Baron von ~/† 11/5; Arend, Max ~ 1/165; Armbrust, Walter ~ 1/171; Arndt, Paul Julius * 1/175; Arndt, Theodor ~ 1/176; Arnecke, Friedrich */~ 1/176; Arnhold, Adolf */~ 1/177; Arnhold, Hans * 1/178; Arnhold, Heinrich (Gustav) */~/† 1/178; Arnhold, Johann Samuel ~ 1/178; Arnhold, Kurt ~/† 1/178; Arnim-Boitzenburg, Hans Georg von † 1/181; Arnold von Westfalen ~ 1/185; Arnold, Arno ~ 1/185; Arnold, Christoph ~/† 1/185; Arnold, Friedrich ~/† 1/186; Arnold, Gottfried ~ 1/187; Arnold, Heinrich Gotthold ~/† 1/187; Arnold, Heinz ~ 1/6; Arnold, Samuel Bénedikt */~/† 1/189; Arnoldson, Sigrid ~ 1/191; Arnsburg, Friedrich Ludwig * 1/193; Arresto, Christlieb Georg Heinrich ~ 1/195; Artner, Josefine von ~ 1/197; Artzt, Gottlob Friedrich ~ 1/199; Arzt, Arthur

(Georg) ~ 1/200; Ascher, Anton */~ 1/203; Asher, David * 1/205; Asher, Louis (Julius Ludwig) ~ 1/205; Askenasy, Eugen ~ 1/205; Aster, Ernst Ludwig von * 1/208; Aster, Friedrich Ludwig */~/† 1/208; Auer, Leopold von (1895) ~/† 1/214; Auerbach, Berthold ~ 1/215; Aufricht, Ernst Josef ~ 1/220; Aufschläger, Gustav (Moritz Adolf) ~ 1/220; August, Kurfürst von Sachsen ~/† 1/221; August, Herzog von Sachsen-Weißenfels * 1/221; Avenarius, Eduard (Ludwig Friedrich) † 1/227; Avenarius, Ferdinand (Ernst Albert) ~ 1/227; Baade, Brunolf ~ 1/231; Baade, Knud Andreassen ~ 1/231; Baader, Johannes ~ 1/232; Bach, Carl von ~ 1/235; Bach, Johann Sebastian ~ 1/238; Bach, Max Hugo † 1/241; Bach, Wilhelm Friedemann ~ 1/241; Bachenschwanz, Lebrecht ~/† 1/243; Bachmann, Gottlob ~ 1/245; Bachmann, Paul ~ 1/247; Bachoff von Echt, Ludwig Heinrich Frh. ~ 1/248; Bachstrom, Johann Friedrich ~ 1/249; Badenfeld, Eduard (Karl Franz Heinrich Eusebius Johann Sarkander) Frh. von ~ 1/252; Bähr, (Johann) George ~/† 1/256; Bähr, Johann Carl ~/† 1/257; Baensch, Wilhelm von ~/† 1/258; Bärbig, Kurt */~ 1/261; Bäßler, Arthur ~ 1/264; Bäumer, Heinrich ~/† 1/265; Baeumler, Alfred ~ 11/9; Bahrdt, Hans Paul * 1/270; Bahrdt, Johann Friedrich ~ 1/270; Baisch, Hermann * 1/272; Baisch, Otto * 1/272; Baison, Jean Baptiste ~ 1/272; Balduin, Balthasar * 1/275; Balduin, Friedrich * 1/275; Baldwein, Eber(har)dt ~ 1/276; Baltzer, Richard ~ 1/282; Balzer, Anton ~ 1/283; Banck, Karl ~/† 1/286; Banck, Otto (Alexander) ~/† 1/286; Bantzer, Carl (Ludwig Noah) ~ 1/289; Bardua, Caroline ~ 1/294; Barkhausen, Heinrich Georg ~/† 1/295; Barlach, Ernst ~ 1/296; Barth von Wehrenalp, Erwin * 11/12; Barthel, Johann Christian Friedrich ~ 1/306; Barthel, Max * 1/307; Barthel, Melchior */~/† 1/307; Bartisch, Georg ~/† 1/309; Bartzsch, Karl Friedrich ~ 1/311; Barwich, Heinz ~ 1/311; Bary, Alfred (Erwin Cajetan Maria) von ~ 1/311; Basch, Alfred ~ 1/312; Bassi, Luigi ~/† 1/316; Basté, Charlotte † 1/317; Bauch, Meinrad d. Ä. ~ 1/320; Baudissin, Eva Gräfin von ~ 1/321; Baudissin, Heinrich Christoph Graf von ~ 1/321; Baudissin, Karoline Adelheid Cornelia Gräfin von * 1/321; Baudissin, Wolf Graf von ~ 1/322; Baudissin, Wolf Heinrich Friedrich Karl Graf von ~/† 1/322; Baudius, Karl Friedrich ~ 1/322; Bauer, Karoline (Philippine Auguste) ~ 1/328; Bauer, Klara ~ 1/328; Baum, Hermann ~ 1/332; Baum, Paul ~ 1/333; Baumann, Johann Friedrich ~/† 1/336; Baumeister, (Karl) August ~ 1/339; Baumgarten, Johann Christian Gottlob ~ 1/344; Baumgarten, Paul Clemens von */† 1/345; Baumgarten-Crusius, Gottlob August ~ 1/345; Baumgarten-Crusius, (Detlev) Karl Wilhelm */~ 1/345; Baumgarten-Crusius, Moritz August ~ 1/346; Bausch, Theodor ~ 1/354; Baussnern, Waldemar Edler von ~ 1/355; Bavendamm, Werner ~ 1/355; Bayer-Bürck, Marie ~/† 1/359; Bayersdorfer, Adolph ~ 1/360; Bebel, (Ferdinand) August ~ 1/363; Becher, Friedrich Liebegott † 1/365; Beck, Johann Heinrich ~ 1/371; Becker, Christian Gottfried ~ 1/376; Becker, Philipp Jakob ~ 1/381; Becker, Reinhold ~/† 1/381; Becker, Wilhelm Adolf * 1/381; Becker, Wilhelm Gottlieb ~/† 1/382; Beckmann, Lukas ~ 1/385; Beeger, Julius ~ 1/388; Beer, Bernhard ~/† 1/388; Beese, Amelie ~ 1/391; Beethoven, Ludwig van ~ 1/391; Begas, Oskar ~ 1/393; Behn-Eschenburg, Hermann ~ 1/398; Behr, Johann August Heinrich von † 1/399; Behrens, Christian ~ 1/400; Beigel, Georg Wilhelm Siegmund ~/† 1/404; Bellegarde, Heinrich Graf von * 1/409; Bellingrath, Ewald ~/† 1/410; Bellomo, Joseph ~ 1/410; Benda, Franz ~ 1/413; Benda, Johann ~ 1/414; Bendemann, Felix Robert Eduard Emil von * 1/415; Bendemann, Rudolf Christian Eugen * 1/415; Bendrat, Arthur ~ 1/418; Benfey, Anna ~ 1/421; Benk, Johannes ~ 1/424; Benndorf, Friedrich Kurt ~ 1/425; Bennigsen, Rudolph Christian von ~ 1/427; Bensel, Carl (Gustav) ~ 1/428; Berg, Georg Ernst Wilhelm * 1/428; Berg, Karl Ernst von † 1/440; Bergander, Rudolf ~/† 1/441; Berger, Christoph Heinrich von ~ 1/444; Berger, Erna ~ 1/444; Berger-Waldenegg, Egon (Maria Eduard Oskar Thaddäus) Frh. von ~ 1/447; Berghaus, Ruth */~

Erdmann, Johann Friedrich ~ 3/141; Erdmann, Otto ~ 3/142; Erdmann, Otto Linné * 3/142; Erdmannsdörfer, Max (Carl Christian) von ~ 3/142; Erdmannsdorf, Otto von * 3/142; Erdmannsdorff, Friedrich Wilhelm von * 3/143; Erfurth, Hugo ~ 3/143; Erhard, Christian Daniel * 3/144; Erhard, Christian Hugo Theodor * 3/144; Erhardt, Otto ~ 3/147; Erl, Anton ~/† 3/150; Erler, Erich ~ 3/152; Erler, Otto ~/† 3/154; Erlwein, Hans (Jakob) ~ 3/154; Ermisch, Hubert (Maximilian) ~/† 3/156; Ermisch, Hubert (Georg Karl Rudolf Wilhelm) */~/† 3/156; Ermold, Ludwig ~ 3/156; Ernemann, (Carl Heinrich) Alexander */~ 3/156; Ernemann, (Johann) Heinrich ~/† 3/156; Ernst II., Herzog von Sachsen-Coburg und Gotha ~ 3/161; Ernst, Heinrich ~ 3/163; Ernst, Heinrich * 3/163; Esche, Johann Georg ~ 3/171; Essen, August Franz von ~ 3/180; Esterházy von Galántha, Paul Anton (III.) Fürst ~ 3/183; Eule, Gottfried * 3/190; Euler, August (Heinrich) ~ 3/191; Exner, Christian Friedrich ~/† 3/201; Eye, (Johann Ludolf) August von ~ 3/204; Fabian, Max ~ 3/210; Fabrice, (Georg Friedrich) Alfred Graf von ~/† 3/212; Facius, Friedrich Wilhelm ~ 3/216; Fährmann, (Ernst) Hans ~ 3/217; Faesch, Johann Rudolph † 3/217; Falke, Johann ~ 3/226; Falkenhagen, Adam ~ 3/227; Falkenhausen, Alexander von ~ 3/227; Falkenhorst, Nikolaus von ~ 11/58; Falkenstein, (Johann) Paul Frh. von † 3/228; Faltis, Evelyn ~ 3/230; Farina, Carlo ~ 3/231; Faßmann, Auguste von ~ 3/234; Fechter, Paul (Otto Heinrich) ~ 3/239; Fehenberger, Lorenz ~ 3/244; Fehling, Heinrich Christoph ~/† 3/244; Fehr, Bernhard ~ 3/245; Fehr, Johann Michael ~ 3/245; Fehre, Christian ~/† 3/246; Fehre, Johann † 3/246; Fehre, Johann Gottfried */~/† 3/246; Fehrmann, Paul (Gustav Emil) */~ 3/247; Feige, Johann Christian ~/† 3/248; Fein, Maria ~ 3/251; Feindt, Jürgen ~ 3/251; Feldbauer, Max ~ 3/254; Felfe, Werner ~ 3/257; Felixmüller, Conrad */~ 3/258; Felseneck, Marie von ~ 3/262; Felten, Wolfgang ~ 3/263; Fenner, Käthe ~ 3/265; Ferber, Wolfgang d. Ä. ~ 3/267; Feronce von Rotenkreutz, Jean Baptiste ~ 3/272; Feuge, Elisabeth ~ 3/281; Feurich, Walter */~/† 3/281; Ficinus, Heinrich David August */~/† 3/286; Fick, Roderich ~ 3/287; Fiedler, Alfred † 3/291; Fiedler, Marianne * 3/292; Fikentscher, Otto ~ 3/295; Finck, Werner ~ 3/298; Findeisen, Kurt Arnold ~/† 3/300; Findorff, Dietrich ~ 3/300; Fink, Johann ~/† 3/303; Finke, Fidelio Fritz ~/† 3/304; Finselberger, Erni ~ 3/305; Fiorino, Jeremias David Alexander ~/† 3/306; Fircks, Wilhelm Baron von ~ 3/306; Fischer, Alexander ~ 3/310; Fischer, Alexander ~ 3/310; Fischer, (Hermann) Bruno */~/† 3/312; Fischer, Christian August ~ 3/312; Fischer, Emil ~ 3/313; Fischer, Fritz ~ 3/316; Fischer, Hannes ~/† 11/60; Fischer, Heinz Leo ~ 11/60; Fischer, Johann Christian ~ 3/320; Fischer, Kurt ~ 3/323; Fischer, Otto ~/† 3/325; Fischer, Theodor ~ 3/327; Fischer-Dückelmann, Anna ~ 3/329; Fischer von Röslerstamm, Franz (Josef) ~ 3/330; Fischer-Trachau, Otto ~ 3/330; Fischer-Treuenfeld, Richard von † 3/330; Fischinger, Emil Gottfried ~/† 3/331; Flad, Georg ~ 3/334; Fleckeisen, (Karl Friedrich Wilhelm) Alfred ~/† 3/339; Fleischer, Heinrich Leberecht ~ 3/341; Fleischer, Paul ~ 3/342; Fleischer-Edel, Katharina Wilhelmine ~/† 3/343; Flemming, (Carl) Georg Friedrich Graf von † 3/347; Flemming, Jakob Heinrich Graf von ~ 3/347; Flinzer, Fedor (Alexis) ~ 3/352; Flössel, Auguste ~ 3/353; Flor, Ferdinand ~ 3/353; Flotow, Albrecht von ~ 3/355; Flügel, Fritz (Eugen) * 3/356; Flügel, Gustav Leberecht † 3/356; Flügge, Siegfried */~ 11/62; Flügler, Adolf ~ 3/357; Föppl, Ludwig ~ 3/360; Förstemann, Ernst (Wilhelm) ~ 3/361; Förster, Alban ~ 3/361; Förster, Berthold Paul ~ 3/362; Förster, Friedrich (Christoph) ~ 3/363; Foerster, Fritz ~/† 3/363; Förster, Karl (August) † 3/363; Förster, Karl Richard */~ 3/364; Foerster, Max ~/† 3/364; Fontane, Theodor ~ 3/369; Forßmann, Werner (Theodor Otto) ~ 3/374; Forti, Helena ~ 3/379; Forwerk, Ludwig */~ 3/380; Foy, Willy ~ 3/381; Fränkel, Wilhelm ~/† 3/385; Francillo-Kaufmann, Hedwig ~ 3/387; Franck, Adolf (Theodor) ~ 3/388; Franck-Witt, Käthe † 3/392; Francke, Johann

Michael ~/† 3/394; Franckel, Adolf ~ 3/395; Franckenstein, Sir George * 3/395; Frank, Albert Bernhard * 3/397; Franke, Traugott Samuel ~ 3/405; Frankel, Zacharias ~ 3/405; Frankenheim, Moritz Ludwig † 3/406; Frantz, (Gustav Adolph) Constantin ~ 3/409; Franz, Agnes ~ 3/413; Franzius, Otto ~ 3/416; Freese, Hans (Dietrich Georg) ~ 3/420; Freislich, Johann Balthasar Christian ~ 3/423; Frenkel, Stefan ~ 3/424; Frenzel, Curt * 3/425; Frenzel, Johann Gottfried Abraham ~ 3/425; Freudweiler, Heinrich ~ 3/430; Frey, Willy ~ 3/437; Freye, Hermann (Georg) */~ 3/438; Freystein, Johanna Marianne ~ 3/439; Freytag, Gustav ~ 3/440; Freytag-Loringhoven, Mathilde Freiin von ~ 3/440; Frick, Gottlob ~ 3/441; Fricke, Richard ~/† 3/443; Friedeberger, Walter Alexander ~ 3/447; Friedlaender, Johnny ~ 11/64; Friedmann, Laura ~ 3/455; Friedmann, Siegwart ~/† 3/455; Friedrich III. der Strenge, Markgraf von Meißen, Landgraf von Thüringen * 3/466; Friedrich August I., Kurfürst von Sachsen, August II. als König in Polen */~ 3/472; Friedrich August II., Kurfürst von Sachsen */~/† 3/472; Friedrich Christian, Kurfürst von Sachsen */~/† 3/473; Friedrich August I. der Gerechte, König von Sachsen */~/† 3/473; Friedrich August II., König von Sachsen */~ 3/473; Friedrich August III., König von Sachsen ~ 3/477; Friedrich, Caroline Friederike † 3/477; Friedrich, Caspar David ~/† 3/477; Friedrich, Friedrich ~ 3/479; Friedrich, Harald (Otto Julius) * 3/479; Friedrich, Ludwig (Gotthelf Emil Louis) */† 3/480; Friedrich, Theodor Heinrich ~ 3/481; Friedrichs, Rudolf ~ 3/482; Friese, Carl ~/† 3/485; Friese, Karl Ferdinand ~ 3/485; Friesen, Julius Heinrich Graf von * 3/486; Friesen, Richard Frh. von † 3/486; Frietzsche, Julius * 3/486; Fritsch, Jakob Friedrich Frh. von * 3/493; Fritsch, Thomas Frh. von ~/† 3/494; Fritz, (Max Daniel) Hermann ~/† 3/496; Fritzen, (Johann) Adolf ~ 3/497; Fritzsche, Carl Julius Philipp von † 3/497; Fritzsche, Friedrich Wilhelm ~ 3/498; Fritzsche, Gottfried ~ 3/498; Fröbel, (Carl Ferdinand) Julius ~ 3/501; Fröhlich, Paul ~ 3/503; Frohne, Edmund ~ 3/507; Fromme, Albert ~ 3/510; Frühling, August ~ 3/515; Fuchs, Albert † 3/516; Fuchs, Gottlieb ~ 3/518; Fuchs, Klaus (Emil Julius) ~ 3/520; Fuchs, Marc * 3/521; Fuchs, Robert ~ 3/522; Füllborn, Georg ~/† 3/524; Fürstenau, Anton Bernhard ~/† 3/528; Fürstenau, Moritz */† 3/528; Fürstenberg-Heiligenberg, Anton Egon Fürst von ~ 3/530; Fürstenhoff, Johann Georg Maximilian von */~/† 3/530; Fueter, Christian ~ 3/533; Fuhrmann, Arved */~/† 3/538; Funcke, Oskar von ~/† 3/540; Gabelentz, Georg von der ~ 3/547; Gabelin, Bernward ~ 3/547; Gärtner, Andreas d. Ä. ~/† 3/554; Gärtner, (Johann) Andreas d. J. * 3/554; Gärtner, Heinrich ~/† 3/555; Gaiser, Gerd ~ 3/559; Galewsky, Eugen ~/† 3/561; Galland, Adolf ~ 11/66; Galli-Bibiena, Giuseppe ~ 3/564; Galliculus, Johannes * 3/564; Gamper, Gustav (Adolf) ~ 3/567; Ganse, Robert ~ 3/570; Gareis, Anton Johann ~ 3/574; Gareis, (Johann) Franz (Peter Paul) ~ 3/574; Garsó, Siga ~ 3/575; Gartenberg, (Peter) Nikolaus Neugarten Frh. von ~ 3/575; Gattiker, Hermann ~ 3/582; Gaudy, Alice Freiin von ~ 3/584; Gaul, Gustav ~ 3/585; Gebauer, Christian David ~ 3/590; Gebel, Georg d. J. ~ 3/591; Gebhard, Bruno ~ 3/593; Gebler, Friedrich August von ~ 3/595; Gebler, Otto Friedrich */~ 3/595; Gebühr, Otto ~ 3/596; Gehe, Ludwig Franz † 3/598; Gehler, Gustav Willy ~/† 3/599; Gehrig, Hans ~ 3/600; Geibel, Hermann ~ 3/601; Geier, Martin ~ 3/602; Geinitz, (Franz) Eugen * 3/608; Geinitz, Hanns (Bruno) ~/† 3/608; Geisberg, Max (Heinrich) ~ 3/609; Geißler, Ewald (Ludwig) * 3/611; Geissler, Ewald Albert ~/† 3/611; Geissler, Friedrich Adolf ~ 3/611; Geißler, Max ~ 3/612; Geißler, Paul ~ 3/612; Geißler, Rudolf (Carl Gottfried) ~ 3/612; Geitner, Valentin ~/† 3/614; Gelbke, Georg (Hermann) ~/† 3/615; Gelbke, Hans ~ 3/615; Geller, Friedrich Christoph ~ 3/616; Gellert, Christian Fürchtegott ~ 3/617; Genast, Eduard (Franz) ~ 3/620; Genée, Ottilie * 3/621; Gensler, (Johann) Günther ~ 3/623; Genzmer, Ewald ~/† 3/625; Georg der Bärtige, Herzog von Sachsen † 3/629; George, Heinrich ~ 3/630; Georgi, Otto ~/† 3/632;

Georgi, Walter (Karl Gustav) ~ 3/632; Georgi, Yvonne ~ 3/633; Georgii-Hildebrand, Irene ~ 3/634; Gerber, Carl (Friedrich Wilhelm) von † 3/635; Gerhardt, Reinhold Oskar ~ 3/644; Geringswald, Moritz Ferdinand */† 3/646; Gerkan, Armin von ~ 3/646; Gerke, (Christian Friedrich) Rudolf ~/~ 3/646; Gerlach, Eduard ~ 3/647; Gerlach, Theodor (Heinrich) */~ 3/649; Germer, Heinrich ~/† 3/652; Gerresheim, Anna ~ 3/655; Gersdorf, Ernst Gotthelf ~ 3/655; Gersdorf, Henriette Katharina von ~ 3/655; Gerth, Bernhard * 3/661; Geselschap, Friedrich ~ 3/664; Geßner, Albert * 3/667; Gey, Leonhard ~/~ 3/670; Geyer, Alexius ~ 3/671; Geyer, Elias ~ 3/671; Geyer, Ludwig (Heinrich Christian) † 3/673; Geyr von Schweppenburg, Leo Frh. von ~ 3/675; Gielen, Josef ~ 3/679; Giese, (Friedrich Julius) Erich ~ 4/1; Giese, Ernst (Friedrich) ~ 4/1; Giese, Max (Eduard) ~ 4/2; Giesel, Johann August */~/† 4/4; Giesel, Johann Ludwig */~/† 4/4; Gießwein, Max ~ 4/6; Gille, Christian Friedrich ~ 4/9; Gipfel, Gabriel ~/† 4/13; Girardi, Alexander ~ 4/14; Giseke, (Heinrich Ludwig) Robert ~ 4/16; Gjellerup, Karl ~ 4/19; Gläser, Franz ~ 4/20; Glafey, Adam Friedrich ~/† 4/20; Gleich, Ferdinand ~ 4/27; Gleichauf, Rudolf ~ 4/28; Gliemann, (Philipp) Albert ~/† 4/31; Globig, (Hans) Ernst von ~/† 4/32; Glöckner, Hermann * 4/34; Glümer, Claire von ~/† 4/38; Gmelin, Karl ~ 4/40; Gmelin, Wilhelm Friedrich ~ 4/41; Godelmann, Johann Georg von † 4/47; Göde, Christian August Gottlieb * 4/51; Göding, Heinrich † 4/51; Gölsdorf, Louis Adolf ~ 4/53; Görges, Johannes (Friedrich Heinrich) ~ 4/57; Göring, Bernhard * 4/57; Görlich, Paul */~ 4/58; Görres, Ida Friederike ~ 4/59; Goethe, Ottilie (Wilhelmine Ernestine Henriette) von ~ 4/66; Götz, (Carl) Theodor von ~/† 4/71; Götze, Auguste ~ 4/71; Götze, Emil ~ 4/72; Goetze, Johann Christian ~/† 4/72; Götze, (Julius) Woldemar */~ 4/73; Goetzen, Friedrich Wilhelm Graf von ~ 4/73; Götzloff, Carl Wilhelm * 4/74; Gold, Franz ~ 4/76; Goldberg, Emanuel ~ 4/77; Goldberg, Isidor ~ 4/77; Goldberg, Johann Gottlieb ~/† 4/78; Goldhammer, Bruno */~/† 4/79; Goldschmidt, Harry † 4/83; Goldschmidt, (Emil August) Johannes */~/† 4/84; Goldschmidt, Otto (Moritz David) ~ 4/85; Goldschmidt, Theodor (Heinrich Hermann) ~ 4/86; Goldstein, Johann Theodor ~/† 4/87; Gollner, Hermann ~ 4/90; Goltermann, Julius ~ 4/91; Goltz, August (Friedrich Ferdinand) Graf von der * 4/92; Goltz, Joachim Rüdiger Frh. von der † 4/93; Goltz, Konrad Frh. von der † 4/93; Gonne, Friedrich ~/† 4/96; Goslar, Lotte * 11/70; Gotthelf, Felix ~/† 4/108; Gottschaldt, Kurt * 11/71; Gottstein, Hans ~ 4/112; Gotzkowsky, Johann Ernst ~ 4/113; Graben-Hoffmann, Gustav Heinrich ~ 4/116; Gradnauer, Georg ~ 4/119; Gräbner, Johann Friedrich † 4/119; Graefe, Carl Ferdinand von ~/† 4/121; Gräfe, Richard Edmund */~/† 4/121; Gränicher, Samuel ~/† 4/123; Grässe, Johann Georg Theodor ~ 4/123; Grätzer, Alfred ~ 4/125; Grävell, Maximilian Karl Friedrich Wilhelm † 4/125; Graf, Ernst ~ 4/126; Graf-Pfaff, Cäcilie ~ 4/129; Graff, Anton ~/† 4/130; Graff, Karl (Ludwig Theodor) ~/† 4/131; Grammann, Karl ~/† 4/133; Grassi, Joseph ~/† 4/139; Grassmann, Wolfgang ~ 4/140; Graul, Karl (Friedrich Leberecht) ~ 4/142; Greflinger, Georg ~ 4/148; Gregor, Hans ~ 4/148; Gregor, Kurt * 4/148; Greif, Heinrich * 4/150; Grenser, Karl August ~/† 4/157; Grenser, Karl August(in) * 4/157; Greser, (Hans) Daniel ~/† 4/157; Gretschel, Heinrich Friedrich ~ 4/158; Griebel, Otto † 4/161; Griebner, Michael Heinrich ~ 4/161; Grießbach, Robert * 11/71; Grimm-Sachsenberg, Richard ~ 4/172; Grimmer, Walter (Eugen) ~ 4/173; Gritzinger, Leon (Georg) ~ 4/175; Grobecker, Wilhelmine ~ 4/177; Groebel, Christian Ernst August ~/† 4/178; Gröger, Friedrich Carl ~ 4/179; Gröll, Michael ~ 4/179; Gröne, Georg */~ 4/179; Grohmann, (Johann) Christian August † 4/182; Grohmann, Friedrich Wilhelm ~ 4/182; Grohmann, Will ~ 4/182; Grosch, Georg (Oskar August) ~/† 4/189; Groschopp, Richard ~ 11/72; Groß, Karl ~/† 4/192; Grosse, Ernst Ludwig ~ 4/194; Großmann, (Carl) Moritz */~ 4/198; Grosz, George ~ 4/199; Grote, August Otto Graf von ~ 4/200; Grote, Louis (Radcliffe) ~ 4/200; Groth, Paul Heinrich Ritter von ~ 4/202; Grotthuß, Elisabeth Freiin von ~ 4/203; Grotthuß, Sophie ~ 4/203; Grua, Carlo (Luigi) Pietro ~ 4/204; Grube, Max ~ 4/205; Gruber, Georg Wilhelm ~ 4/206; Grübler, Martin (Fürchtegott) ~/† 4/209; Grün, Dionys Ritter von ~ 4/210; Grünenwald, Jakob ~ 4/213; Grünne, Philipp Ferdinand Graf von * 4/217; Grüntzig, Andreas ~ 4/218; Grützmacher, Friedrich (Wilhelm Ludwig) ~/† 4/219; Grundig, Hans */~/† 4/223; Grundig, Lea */~/† 4/223; Gsell, Robert ~ 4/231; Gudehus, Heinrich † 4/233; Günther, Alfred * 4/237; Günther, August Friedrich */† 4/238; Günther, Carl * 4/238; Günther, Carl Gottlob ~/† 4/238; Günther, Christian August ~ 4/238; Günther, Christian August ~/† 4/238; Günther, Johann Christian ~ 4/241; Guenther, Johannes (Ferdinand) von ~ 4/242; Günther, Rudolf Biedermann */~/† 4/243; Günther-Gera, Heinrich ~ 4/244; Güntherschulze, Günther Adolf Eugen August ~ 4/244; Guertler, William (Minot) ~ 4/246; Guinand, Valeska ~/† 4/252; Gumpert, Thekla von ~/† 4/255; Gurlitt, (Gustav) Cornelius ~ 4/263; Gurlitt, Cornelius (Gustav) ~/† 4/263; Gurlitt, Willibald (Ludwig Ferdinand) * 4/264; Gußmann, Otto (Friedrich) ~/† 4/265; Gutbier, (Felix) Alexander ~ 4/267; Gutbier, Louise ~ 4/267; Gutbier, Ludwig (Wilhelm) */~ 4/267; Gutmann, Bruno */~ 4/271; Gutmann, Eugen * 4/271; Gutschmid, (Christian) Gotthelf Frh. von ~/† 4/272; Gutzkow, Karl (Ferdinand) ~ 4/275; Gutzschbach, Richard ~ 4/276; Gyr, Karl Heinrich ~ 4/278; Gyulai von Maros-Németh und Nadaska, Ignaz Graf von ~ 4/279; Haach, Ludwig */~ 4/281; Haage, Friedrich Adolph (Martin) ~ 4/282; Haas, Robert Maria ~ 4/287; Haase, Adolf Theodor ~ 4/288; Haberland, Christoph ~ 4/293; Habicht, Ludwig ~ 4/296; Hacker, Horst ~ 4/297; Hackeschmidt, Manfred ~/† 11/75; Hadeln, Detlev Moritz Georg Heinrich Frh. von ~ 4/300; Haebler, Konrad */~/† 4/302; Haefeli, Max ~ 4/304; Hähn, Johann Friedrich ~ 4/305; Hähnel, Ernst (Julius) */~/† 4/305; Haenel, Erich (Anton) */~/† 4/309; Haenel, Günter * 11/76; Haenisch, (Benno Fritz Paul Alexander) Konrad ~ 4/309; Haenisch, Natalie ~ 4/310; Haensel, (Heinrich) Gustav ~ 4/311; Häpe, Hugo ~/† 4/312; Härtel, Gottfried Christoph ~ 4/312; Häseler, Ernst ~ 4/313; Häser, Charlotte Henriette ~ 4/313; Häser, Johann Georg ~ 4/313; Haffner, Friedrich Wilhelm */† 4/316; Hagedorn, Christian Ludwig von ~/† 4/317; Hagen, Adolf ~/† 4/318; Hagen, (Carl) Ernst (Bessel) ~ 4/319; Hagen-Schwarz, Julie Wilhelmine ~ 4/322; Hager, Karl (Heinrich) ~ 4/326; Hagn, Charlotte von ~ 4/327; Hahn, Hugo (Carl) ~/† 4/330; Hahn, Mary ~ 4/332; Hahn, Rudolf * 4/333; Hahn-Hahn, Ida (Marie Luise Gustave) Gräfin von ~ 4/342; Halbreiter, Adolph ~ 4/342; Hallwachs, Wilhelm (Ludwig Franz) ~/† 4/351; Hamann, Bernhard ~ 4/355; Hammer, Gusta ~ 4/361; Hammer, (Friedrich) Julius * 4/361; Hammer, Karl ~ 4/361; Hampel, Anton Joseph ~/† 4/364; Hancke, Gottfried Benjamin ~/† 4/366; Handloser, Siegfried (Adolf) ~ 4/367; Hanfstaengl, Franz (Seraph) ~ 4/369; Hansch, Michael Gottlieb ~ 4/374; Hansen, Erik ~ 4/375; Hantzsch, Arthur */~/† 4/378; Hantzsch, (Gustav Robert) Viktor */† 4/378; Hantzsche, (Willy) Walter ~ 4/378; Harbig, Rudolf */† 4/380; Harbou, Thea (Gabriele) von ~ 4/380; Hardenberg, Henriette Luise Juliane von ~/† 4/382; Hardenberg, Kuno (Ferdinand) Graf von ~ 4/383; Hardorff, Gerdt ~ 4/384; Hardt, (Friedrich Wilhelm) Ernst ~ 4/384; Hardt, Hermann von der ~ 4/385; Haringer, Johann Jakob * 4/387; Harlan, Walter * 4/389; Harleß, (Gottlieb Christoph) Adolf von ~ 4/389; Harms, Johann Oswald ~ 4/390; Harrach, Aloys (Thomas Raimund) Graf von ~ 4/394; Harrach, Friedrich (August Gervas) Graf von ~ 4/395; Harrer, (Johann) Gottlob ~ 4/396; Harring, Harro Paul (Kasimir) ~ 4/396; Hartig, Carl Ernst ~/† 4/399; Hartig, Franz de Paula Graf von ~ 4/400; Hartig, Franz de Paula Graf von * 4/400; Hartmann, (Christian) Ferdinand ~/† 4/407; Hartmann, Georg ~ 4/408; Hartmann, Gustav ~ 4/408; Hartmann, Siegfried * 4/413; Hartmann, Walther G(eorg) ~ 4/413; Hartnacke, Wilhelm ~ 4/414; Hartung, Hans (Heinrich Ernst) ~ 4/415;

Hartwig, Friederike Wilhelmine ~/† 4/417; Hartzer, (Carl) Ferdinand ~ 4/417; Hase, Friedrich Traugott ~/† 4/419; Hase, Julie */† 4/420; Hase, Karl (August) von ~ 4/420; Hasenclever, Walter (Georg Alexander) ~ 4/423; Hasse, Friedrich Rudolf * 4/426; Hasse, Johann Adolf (Peter) ~ 4/426; Hasse, Traugott (Lebrecht) † 4/427; Hasse-Bordoni, Faustina ~ 4/427; Hassebrauk, Ernst */~/† 4/427; Hassel, (Johann Otto) Paul ~ 4/428; Hassenpflug, Gustav ~ 4/429; Hassert, (Ernst Emil) Kurt ~ 4/429; Haßler von Roseneck, Hans Leo ~ 4/430; Haubner, Gottlieb (Carl) ~/† 4/435; Haubold, Christian Gottlieb * 4/435; Hauff, Wilhelm ~ 4/440; Haupt, (Adolph) Hugo ~ 4/443; Hauptmann, Ivo (Manfred Gerhart) ~ 4/445; Hauptmann, Moritz * 4/445; Hauptmann, Susette ~ 4/445; Hauschild, Ernst Innozenz * 4/446; Hauschild, Herbert */~ 4/446; Hauschka, Vinzenz ~ 4/446; Hausen, Max (Clemens Lothar) Frh. von */† 4/447; Hauß, Karl ~ 4/453; Haußwald, Günter ~ 4/455; Havemann, Gustav ~ 4/456; Haverland, Anna ~ 4/457; Haxthausen, Anton Wolf Frh. von ~ 4/458; Hay, Julius ~ 4/459; Haymerle, Heinrich Karl Frh. von ~ 4/462; Hebenstreit, Pantaleon † 4/465; Heckel, Erich ~ 4/468; Hedenus, August Wilhelm */~ 4/473; Heerdegen, Edith */~ 4/476; Heerklotz, Adolph † 4/476; Heermann, George ~ 4/476; Hegenbarth, Emanuel † 4/481; Hegenbarth, Josef (Franz) ~/† 4/481; Heiberg, Asta Sophie Charlotte ~ 4/484; Heidebroek, Enno Wilhelm Tielko ~/† 4/486; Heidenreich, David Elias ~ 4/490; Heidner, Heinrich ~ 4/493; Heidrich, Maximilian † 4/493; Heiduschka, Alfred */~ 4/494; Heige, Peter ~/† 4/494; Heim-Vögtlin, Marie ~ 4/501; Heindl, Robert ~ 4/507; Heine, Georg ~ 4/508; Heine, Gustav */~/† 4/508; Heine, Peter Bernhard Wilhelm */~/† 4/511; Heine, Samuel Friedrich ~ 4/511; Heine, Thomas Theodor ~ 4/511; Heinefetter, Clara ~ 4/512; Heineken, Karl Heinrich Ritter von ~ 4/512; Heinichen, Johann David † 4/516; Heinicke, Georg ~ 4/516; Heinrich der Fromme, Herzog von Sachsen */† 4/533; Heinrich, (Johann) August */~ 4/542; Heinze, (Karl Friedrich) Rudolf ~ 4/547; Heinze, (Karl) Rudolf ~/† 4/548; Heiser, Heinrich (Joachim Friedrich August) ~ 4/551; Heiß, Hanns ~ 4/551; Heißenbüttel, Helmut ~ 11/82; Helbig, Carl Ernst * 4/554; Helbig, Karl Gustav */† 4/554; Helbig, Wolfgang * 4/554; Helck, (Hans-)Wolfgang ~ 4/555; Held, Martin ~ 4/557; Heldreich, Theodor (Heinrich Hermann) von * 4/558; Hell, Willy ter ~ 4/561; Helle, Friedrich Wilhelm ~ 4/561; Heller, Karl Maria ~/† 4/564; Hellingrath, Berthold (Franz) ~ 4/566; Hellmuth-Bräm, Wilhelm ~ 4/568; Helm, Georg (Ferdinand) */~/† 4/570; Helm, Rolf * 4/571; Helmert, (Friedrich) Robert ~ 4/573; Helmolt, Hans (Ferdinand) */~ 4/575; Helssig, (Karl) Rudolf (Bernhard) * 4/576; Hemken, Ernst (Georg Melchior Bernhard) ~/† 4/578; Hempel, Eberhard */~/† 4/579; Hempel, Johannes ~ 4/579; Hempel, Walther (Matthias) ~/† 4/579; Henckel, Carl ~ 4/580; Henckel, Johann Friedrich ~ 4/580; Henne, (E.) Heinrich */~ 4/588; Hennig, Artur */~ 4/591; Hennig, Gustav Adolph * 4/591; Hennig, Karl * 4/591; Henninger, Manfred ~ 4/593; Hennings, (Adolph Friedrich) August von ~ 4/593; Henoch, Eduard (Heinrich) ~/† 4/594; Hensel, Sophie Friederike * 4/598; Hentschel, Theodor ~ 4/600; Henze, (Friedrich Wolfgang) Martin * 4/601; Henze, Robert (Eduard) */~/† 4/601; Hepp, Leo ~ 4/602; Herbst, (Friedrich Ludwig) Wilhelm ~ 4/609; Herder, (Siegmund) August (Wolfgang) Frh. von † 4/610; Hering, Eduard von ~ 4/616; Hering, Richard ~ 4/616; Herkommer, Hans ~ 4/618; Hermann, Agnes ~ 4/625; Hermann, Hans ~ 4/628; Hermann, Joseph */~ 4/629; Hermann, Karl Heinrich */~ 4/630; Herms, Adalbert ~ 4/634; Herold, Andreas von † 4/635; Herrenburg, Johann Andreas ~ 4/639; Herrmann, Alexander ~ 4/641; Herrmann, Alfred ~ 4/641; Herrmann, Emil * 4/642; Herrmann, Josef ~ 4/643; Herschel, (Friedrich) Wilhelm ~ 4/646; Hertlein, Adolf ~ 4/649; Hertlein, Hans (Christoph) ~ 4/649; Hertwig-Bünger, Doris ~ 4/651; Hertz, Heinrich (Rudolf) ~ 4/652; Herzfeld, Friedrich (Karl) */~ 4/661; Herzfeld, Hugo (Julius) † 4/661; Herzig, Gottfried ~ 4/662; Herzog,

Alfred ~ 4/664; Herzog, Alois ~ 4/664; Heske, Franz ~ 4/668; Hess, Carl Adolph Heinrich */~ 4/669; Hess, Fritz ~ 4/669; Hess, Kurt ~ 4/671; Hesse, (Johann Heinrich Karl) Hermann ~ 4/675; Hesse, Johanna ~ 4/676; Hesse, Johanna Elisabeth ~ 4/676; Hesse, Walther ~/† 4/678; Hettner, Alfred * 5/4; Hettner, Hermann (Julius Theodor) ~/† 5/5; Hettner, Otto */~/† 5/5; Heubach, Julius ~ 5/6; Heubner, Friedrich (Leonhard) */~ 5/7; Heubner, Konrad */~ 5/7; Heubner, Otto (Leonhard) ~ 5/7; Heubner, Otto (Johann Leonhard) † 5/7; Heubner, Rudolf Leonhard ~ 5/7; Heucher, Johann Heinrich von ~/† 11/86; Heuer, Joachim */~/† 5/7; Heuser, Ernst ~ 5/10; Heuser, Werner ~ 5/11; Heusinger, Johann Heinrich Gottlob ~/† 5/11; Hey, Hans Erwin ~ 5/15; Heyde, Georg Moritz */† 5/16; Heyde, Gustav */~/† 5/16; Heyden, Friedrich von ~/† 5/18; Heydenreich, Willy */~ 5/19; Heydrich, (Richard) Bruno ~ 5/19; Heydrich, (Gustav) Moritz */~ 5/19; Heydt, Eduard Frh. von der ~ 5/20; Heymann, Friedrich Moritz † 5/25; Heymel, Alfred Walter von * 5/26; Heyne, Christian Gottlob ~ 5/26; Heyne, Wilhelm ~ 11/87; Heynitz, Friedrich Anton von ~ 5/27; Hibler-Lebmannsport, Leo Nikolaus ~ 5/28; Hickmann, Hugo ~ 5/29; Hiebsch, Josef ~ 5/30; Hildach, Anna ~ 5/34; Hildach, Eugen ~ 5/34; Hildebrandt, (Amalie) */† 5/38; Hiller, Ferdinand von ~ 5/44; Hiller, Johann Adam ~ 5/44; Hilliger, Wolfgang ~ 5/46; Himmel, Friedrich Heinrich ~ 5/49; Himmer, Franz ~ 5/49; Hindenburg, Carl Friedrich * 5/52; Hindermann, Aenne ~ 5/53; Hinterholzer, Andreas ~ 5/55; Hirsch, Arnold ~ 5/60; Hirsch, Richard ~ 5/64; Hirschberg, Elise * 5/65; Hirschberg, Marie ~ 5/66; Hirschberg, (Karl) Rudolf ~ 5/66; Hirt, Max ~ 5/70; Hirzel, Max ~ 5/72; His, Wilhelm ~ 5/73; Hitz, Dora ~ 5/75; Hitzl, Franz de Paula ~ 5/77; Hodler, Ferdinand ~ 5/84; Hoë von Hoënegg, Matthias ~/† 5/85; Höcker, Oskar ~ 5/87; Högg, Emil ~/† 5/92; Hoelper, Otto † 5/96; Höltzer, Gottlob August */† 5/97; Höpfl, Josef ~ 5/99; Hörnigk, Philipp Wilhelm von ~ 5/103; Hoesch, Hugo von * 5/104; Hoesch, Leopold von * 5/105; Hofenfels, Christian von ~ 5/109; Hofer, Franz ~ 5/109; Hoff, Konrad ~ 5/111; Hoffmann, Baptist ~ 5/113; Hoffmann, Camill ~ 5/114; Hoffmann, Eduard ~ 5/115; Hoffmann, E(rnst) T(heodor) A(madeus) ~ 5/115; Hoffmann, (Alexander Friedrich) Franz ~/† 5/116; Hoffmann, Johann Christian ~ 5/120; Hoffmann, Leonhard ~ 5/122; Hoffmann, Paul ~ 5/123; Hoffmann, Walter (Alexis Karl) ~ 5/123; Hoffmann von Hoffmannswaldau, Christian ~ 5/124; Hoffmannsegg, Johann Centurius Graf † 5/125; Hofmann, Artur ~ 5/127; Hofmann, Egon ~ 5/127; Hofmann, Heinrich ~/† 5/129; Hofmann, Johannes * 5/130; Hofmann, Ludwig von ~ 5/131; Hofmann, Walter */~ 5/132; Hofmann-Bosse, Elise ~ 5/132; Hofmüller, Sebastian ~ 5/135; Hohenberger, Franz ~ 5/137; Hohenthal, Peter Graf von ~ 5/141; Hohlfeld, Gottfried ~ 5/142; Hohlwein, Ludwig ~ 5/142; Holek, Wenzel ~ 5/147; Holfelder, Otto (Georg Dionysius) ~ 5/148; Holm, Hanya ~ 5/153; Holtei, Karl von ~ 5/154; Homburg, Ernst Christoph ~ 5/163; Homilius, Gottfried August ~/† 5/164; Hopp, Hans ~ 5/171; Hoppe, Fritz ~ 5/172; Hoppenhaupt, Johann Michael ~ 5/173; Horn, Johann Caspar † 5/177; Horn, Uffo (Daniel) ~ 5/178; Horowitz, Leopold ~ 5/182; Hosaeus, Hermann ~ 5/185; Hottenroth, Woldemar ~ 5/187; Houwald, (Christoph) Ernst Frh. von ~ 5/189; Hoyer, Dore */~ 5/190; Huber, Bruno ~ 5/194; Huber, Emil ~ 5/195; Huber, Ludwig Ferdinand ~ 5/198; Huch, Felix ~ 5/200; Hudler, August ~/† 5/202; Hübner, Eduard */~ 5/204; Hübner, Emil ~ 5/204; Huebner, Friedrich Markus */~ 5/204; Hübner, Hans ~ 5/205; Hübner, (Rudolf) Julius (Benno) ~ 5/205; Hügel, Emil ~ 5/209; Hülße, Julius (Ambrosius) ~/† 5/211; Hünerwadel, Theodor ~ 5/212; Hueppe, Ferdinand † 5/212; Hüsch, Gerhard (Heinrich Wilhelm Fritz) ~ 5/212; Hugershoff, Reinhard ~/† 5/216; Hultzsch, Friedrich (Otto) */~/† 5/220; Hultzsch, Eugen * 5/220; Hultzsch, Hermann */~ 5/220; Hurka, Friedrich Franz ~ 5/231; Hutter, Elias ~ 5/237; Iffert, August ~/† 5/243; Ihlenfeld, Kurt ~ 5/246; Ilten, Jobst Hermann

Kunz, Karl Theodor */~/† 6/172; Kunze, Emil * 6/173; Kunze, Johannes (Wilhelm) ~ 6/173; Kurt, Melanie ~ 6/177; Kurz, (Johann) Joseph Felix von ~ 6/180; Kuske, Bruno * 6/181; Kutzbach, Carl ~/† 6/183; Lachmann, Gustav * 6/189; Lachmann, Hedwig ~ 6/189; Lachnit, Max ~/† 6/191; Lachnit, Wilhelm ~/† 6/191; Lagally, Max ~/† 6/197; Lahmann, Heinrich † 6/199; Lamertz, Maximilian ~ 6/205; Landau, Isidor ~ 6/213; Landau, Richard */~ 6/214; Langbehn, (August) Julius ~ 6/229; Langbein, August Friedrich Ernst ~ 6/230; Lange, Adolf */~ 6/230; Lange, Albert ~ 6/230; Langen, Arnold ~ 6/237; Langenau, Friedrich Karl Gustav Frh. von * 6/238; Langenbeck, Wolfgang ~ 6/240; Langendorff, Hanns * 6/240; Langenn, Friedrich Albert von ~/† 6/241; Langer, (Joseph) Robert von ~ 6/243; Lankau, Anna ~ 6/249; Lanner, Katharina ~ 6/249; La Roche, Maria ~ 6/253; Laske, Oskar ~ 6/256; Lattermann, Ottilie ~ 6/262; Lau, Franz ~ 6/263; Laun, Friedrich */~/† 6/269; Lauterbach, Heinrich ~ 6/273; Lauterbach, Wolfgang ~ 6/274; Laux, Karl ~/† 6/274; Lazar, Auguste ~/† 6/277; Lederer, Hugo ~ 6/285; Lederer, Joachim ~/† 6/285; Ledien, Franz ~ 6/286; Legal, Ernst ~ 6/289; Lehmann, Antonio ~ 6/291; Lehmann, Behrend ~ 6/291; Lehmann, Emil */† 6/292; Lehmann, Erich Arno */~ 6/292; Lehmann, Georg ~ 6/293; Lehmann, Hans ~ 6/293; Lehmann, Johann Gottlob ~ 6/294; Lehmann, Moritz */~ 6/295; Lehmann, Otto ~ 6/296; Lehmann, Rudolf * 6/296; Lehmann-Löw, Maria Theresia ~ 6/297; Lehmbruck, Wilhelm ~ 6/298; Lehmus, Emilie ~ 6/298; Lehrs, Max † 6/301; Leibniz, Gottfried Wilhelm ~ 6/303; Leipoldt, Johannes * 6/308; Leisering, Theodor † 6/309; Le Maistre, Mattheus ~/† 6/314; Lemnitz, Tiana ~ 6/317; Lenz, Leo ~ 6/324; Lersch, Philipp ~ 6/340; Leschetizky, Theodor (Hermann) von † 6/341; Lessing, Friedrich Hermann ~/† 6/345; Lessing, Gottfried ~ 6/345; Lessing, Theodor ~ 6/347; Levi, Max ~ 6/359; Levy, Alphonse */~ 6/360; Lewald, Fanny † 6/363; Lewicki, Ernst */~/† 6/363; Lewinger, Ernst ~/† 6/364; Lewinger, Maximilian ~ 6/365; Ley, Hermann ~/† 6/367; Leyser, Polykarp † 6/371; Lichnowsky, Karl Max Fürst von ~ 6/372; Lichte, August ~ 6/373; Liebner, Albert ~ 6/387; Lier, Adolf (Heinrich) ~ 6/392; Lindau, Karl ~ 6/400; Lindau, Wilhelm Adolf ~/† 6/400; Lindenau, Carl (Heinrich August) Graf von ~ 6/403; Lindenau, Paul ~/† 6/404; Lindner, Friedrich ~ 6/407; Lingner, Karl August ~ 6/411; Linke, Johannes * 6/412; Linnebach, Adolf ~ 6/413; Linser, Karl ~ 6/414; Lippert, (Hermann) Woldemar * 6/418; Lipps, Hans ~ 6/420; Lipsius, (Johann Wilhelm) Konstantin ~/† 6/422; Liscow, Christian Ludwig ~ 6/422; Lisiewska, Anna Rosina ~/† 6/422; Lisiewski, Christian Friedrich Reinhold ~ 6/423; List, Hans ~ 11/123; List, Wilhelm ~ 6/425; Liste, Anton ~ 6/425; Litolff, Henry (Charles) ~ 6/427; Littmann, Max ~/† 6/428; Lobe, Theodor Eduard ~ 6/431; Locke, Samuel ~/† 6/435; Loeben, (Ferdinand August) Otto Heinrich Graf von */~/† 6/438; Löffler, Mathilde ~ 6/441; Löhmann, Friedrich ~ 6/442; Löhn-Siegel, Maria Anna ~/† 6/442; Löhnis, Felix * 6/443; Löscher, Hans */~/† 6/447; Löscher, Valentin Ernst ~/† 6/447; Löser, Hans Reichsgraf von */~ 6/447; Löwe, Johann Jakob ~ 6/451; Löwe, Julie Sophie * 6/451; Löwe, Moses Samuel ~ 6/451; Loges, Karl ~ 6/460; Lohmar, Heinz ~/† 6/462; Lohrmann, Wilhelm Gotthelf */~/† 6/464; Lohse, Otto */~ 6/464; Lohse-Wächtler, Elfriede ~ 11/124; Lommatzsch, Erhard * 6/465; Longuelune, Zacharias ~/† 6/466; Loos, Adolf ~ 6/466; L'Orange, Rudolf ~ 6/469; Lorenz, Hans ~ 6/472; Lorenz, Kurt (Walter) ~ 6/473; Lorenz, Max ~ 6/473; Lorm, Hieronymus ~ 6/475; Lossen, Lina † 6/479; Lossow, William ~ 6/479; Lotter, Hieronymus ~ 6/483; Lottermoser, Alfred */~/† 6/483; Lotz, Ernst Wilhelm ~ 6/484; Luchtenberg, Paul ~/† 6/491; Luckner, Felix Nikolaus Alexander Georg Graf von */† 6/493; Ludwig, (Friedrich) August ~/† 6/507; Ludwig, Eduard ~ 6/508; Ludwig, Maximilian ~ 6/509; Ludwig, Otto † 6/509; Ludwig, Rudolf */~ 6/510; Ludwig, (Ernst Paul) Walther ~/† 6/510; Lücke, Carl August * 6/513; Lücke, (Johann Christian)

Ludwig von */~ 6/514; Lüdemann, Karl-Friedrich ~ 6/515; Lüthi, (Johann) Albert ~ 6/522; Lüttichau, Wolf Adolf August von ~/† 6/524; Luther, Paul ~ 6/538; Luther, Robert (Thomas Diedrich) ~/† 6/538; Lutze, Ernestine ~/† 6/541; Luxburg, Friedrich Karl Ludwig Reinhard Graf von * 6/542; Lyon, Otto ~/† 6/544; Lyser, Johann Peter (Theodor) ~ 6/545; Macke, August ~ 6/553; Macquire von Inniskillen, Johann Sigismund Graf ~ 6/554; Madaus, Gerhard ~/† 6/554; Männchen, Adolf ~ 6/558; Männchen, Albert (Gustav Theodor) ~ 6/558; Maercker, Georg ~/† 6/558; Mager, Reimer ~/† 6/561; Malata, Oscar ~ 6/577; Maler, Valentin ~ 6/578; Mallitsch, Ferdinand ~ 6/580; Malsburg, Ernst (Friedrich Georg Otto) Frh. von ~ 6/581; Maltitz, Gotthilf August Frh. von ~/† 6/581; Maltzan, Heinrich (Karl Eckard Helmuth) von * 6/582; Mampé-Babnigg, Emma ~ 6/583; Mangelsdorf, Karl Ehregott * 6/587; Mangoldt, Hans (Carl Emil) von * 6/588; Mangoldt-Reiboldt, Hans Karl von * 6/589; Manitius, Max */~ 6/589; Mann, Eduard ~ 6/590; Mann, (Luiz) Heinrich ~ 6/590; Mannfeld, (Karl Julius) Bernhard */~ 6/595; Manstein, Christoph Hermann von ~ 6/599; Manteuffel, Edwin (Hans Karl) Frh. von * 6/600; Manteuffel, Ernst Christoph Graf von ~ 6/600; Marberg, Lilli ~ 6/604; March, Werner ~ 6/606; Marchlewski, Julian ~/† 6/606; Marées, Hans von ~ 6/611; Marées, Horst de ~ 6/612; Marenholtz-Bülow, Bertha von † 6/613; Marezoll, Johann Gottlob ~ 6/613; Maria Ludovika, Kaiserin von Österreich ~ 6/620; Maria Josepha, Erzherzogin von Österreich, Kurfürstin von Sachsen, Königin von Polen † 6/621; Maria Antonia Walburga, Kurfürstin von Sachsen † 6/621; Marperger, Bernhard Walther ~/† 6/628; Marperger, Paul Jacob ~/† 6/628; Marschner, Heinrich August ~ 6/632; Marshall, James ~ 6/632; Martens, Kurt ~/† 6/633; Maruhn, Karl ~ 6/643; Marx, Erwin ~ 6/644; Marx, Pauline ~ 6/648; Massow, Julie (Marie Franziska Elisabeth) von † 6/652; Materna, Amalia ~ 6/653; Matkowsky, Adalbert ~ 6/656; Mattersberger, Joseph ~ 6/658; Matthäi, (Johann) Friedrich ~ 6/659; Mattielli, Lorenzo ~/† 6/663; Mauermann, Franz Laurenz ~/† 6/667; Mauermann, Ignaz Bernhard ~ 6/667; Mauersberger, Rudolf † 6/667; Maurenbrecher, Max ~ 6/669; Maurer, Erich (Otto Heinrich) ~ 6/669; Maurischat, (Artur Georg) Fritz ~ 6/671; Max, Prinz von Sachsen * 6/674; May, Karl (Friedrich) ~ 7/2; Mayenburg, Ruth von ~ 7/4; Mayer, Charles ~/† 7/6; Mayer, Jakob Wilhelm ~/† 7/18; Mediz, Karl ~/† 7/23; Mediz-Pelikan, Emilie ~/† 7/23; Mehrtens, Georg Christoph ~/† 7/28; Meiche, Alfred ~ 7/29; Meiland, Jakob ~ 7/32; Meinardus, Ludwig ~ 7/33; Meinicke, Carl Eduard † 7/36; Meißner, August Gottlieb ~ 7/41; Meißner, Heinrich August ~ 7/41; Meixner, Karl Wilhelm ~ 7/48; Melanchthon, Philipp ~ 7/49; Mengs, Anton Raphael ~ 7/63; Merck, Johann Heinrich ~ 7/68; Merck, Karl (Emanuel) ~ 7/69; Merker, (Ernst) Paul * 7/74; Merté, Willy * 7/76; Meßthaler, Emil ~ 7/85; Methfessel, Albert ~ 7/86; Mettel, Max ~ 7/87; Metternich-Winneburg, Clemens (Wenzeslaus Lothar Nepomuk) Graf, später Fürst von ~ 7/88; Metternich-Winneburg, Pauline Fürstin von ~ 7/89; Metzburg, Johann Nepomuk Frh. von * 7/90; Metzsch, Horst von ~ 7/93; Metzsch-Reichenbach, Georg Graf von ~/† 7/93; Meurer, Friedrich ~/† 7/94; Meurer, Gottlob Siegfried ~/† 7/94; Meuser, Caspar ~ 7/96; Meyboden, Hans ~ 7/96; Meyer, Ernst (Sigismund Christian) von ~/† 7/100; Meyer, Friedrich Elias ~ 7/102; Meyer, Kurt ~ 7/107; Meyer, Lotte ~/† 7/108; Meyer, Ulfilas ~ 7/110; Meyer, Walter */~ 7/111; Meynert, Hermann Günther * 7/117; Meynert, Theodor ~ 7/117; Meytens, Martin van ~ 7/118; Michael, Max ~ 7/120; Michael, Rogier ~/† 7/120; Michael, Tobias */~/† 7/120; Middendorff, Wilhelm ~ 7/130; Mierdel, Georg ~/† 7/132; Mießner, Hermann ~ 7/134; Mietzsch, Fritz ~ 7/135; Mihes, Julie ~ 7/136; Miksch, Johann Nepomuk Alois ~/† 7/137; Mikusch, Margarethe ~ 7/138; Milde, Karl Julius ~ 7/139; Miller, Ferdinand von ~ 7/141; Miller, Julius */~ 7/143; Millington-Herrmann, Paul ~ 7/144; Miltitz, Carl Borromäus (Alexander Stephan) von */~/† 7/145; Minde-Pouet, Georg ~ 7/146; Mingotti,

Pflanzl, Heinrich ~ 7/648; Pfuel, Ernst ~ 7/652; Pfuhl, Christian (Traugott) ~ 7/652; Philipp, Hugo Wolfgang ~ 7/657; Philippi, Friedrich Adolf ~ 7/657; Pichel, Alfred (Franz) ~ 7/660; Pienitz, Ernst (Gottlob) ~ 7/666; Pierson, Bertha ~ 7/667; Pierson, Karoline ~ 7/667; Pietzsch, Albert (Theodor) ~ 7/668; Piglhein, (Elimar Ulrich) Bruno ~ 7/669; Piontek, Klaus ~ 11/159; Piper, Reinhard ~ 7/675; Pisendel, Johann Georg † 7/680; Pistoris, Simon ~ 7/680; Pixis, Francilla ~ 7/682; Plättner, Karl ~ 7/683; Plaichinger, Thila ~ 7/683; Planitz, Karl Paul Edler von der ~ 7/685; Plank, Rudolf (Aloys Valerian) ~ 7/685; Plaschke, Friedrich ~ 7/686; Platen zu Hallermund, Adolf (Ludwig Karl) Graf von ~/† 7/687; Platner, Ernst Zacharias ~ 7/689; Plehn, Albert ~ 7/692; Plockhorst, Bernhard ~ 8/3; Plontke, Paul ~ 8/5; Plüddemann, Hermann (Freihold) ~/† 8/6; Pockels, Friedrich Carl Alwin ~ 8/7; Podewils, Heinrich Graf von ~ 8/8; Pölitz, Karl Heinrich Ludwig ~ 8/11; Pölzer, Julius ~ 8/12; Poelzig, Hans ~ 8/12; Pöppelmann, Matthäus Daniel ~/† 8/13; Pohl, Johann Ehrenfried ~/† 8/18; Pohl, Richard (Georg) ~ 8/19; Pohl-Meiser, Viktoria ~ 8/20; Pohle, David ~ 8/20; Pohle, (Friedrich) Léon ~/† 8/20; Polenz, Wilhelm von ~ 8/24; Polko, Elise ~ 8/25; Pommer, Kurt ~/† 8/31; Ponto, Erich (Johannes Bruno) ~ 8/32; Porth, Hans Heinrich ~ 8/40; Porth, Karl */~/† 8/40; Posse, Hans */~/† 8/44; Potthoff, Gerhart ~/† 8/46; Praetorius, Michael ~ 8/50; Precht, Burchardt d. Ä. ~ 8/55; Preißler, Daniel ~ 8/59; Prell, Heinrich (Bernward) ~/† 8/60; Prell, Hermann ~/† 8/60; Preller, (Ernst Christian Johann) Friedrich d. Ä. ~ 8/60; Preller, Friedrich d. J. ~/† 8/61; Preller, Ludwig ~ 8/61; Pringsheim, Heinz (Gerhard) ~ 8/71; Printz, Wolfgang Caspar ~ 8/72; Prinz, Karl Gottlob */~/† 8/72; Pröckl, Ernst Johann ~ 8/76; Prölß, Johannes * 8/77; Prölß, (Karl) Robert */† 8/77; Proles, Andreas * 8/79; Puchner, Paul I. ~/† 8/84; Pückler-Muskau, Hermann (Ludwig Heinrich) Fürst von ~ 8/86; Puttlitz, Julius ~ 8/94; Putzger, Friedrich Wilhelm ~ 8/95; Quaglio, Angelo II. ~ 8/97; Quaglio, Lorenzo I. von ~ 8/98; Quaisser, Josef ~ 8/98; Quandt, (Johann) Gottlob von ~/† 8/99; Quantz, Johann Joachim ~ 8/100; Querner, Curt ~ 8/101; Querner, Ursula * 11/161; Raab, Friedrich ~ 8/105; Rabener, Gottlieb Wilhelm ~/† 8/109; Rabich, (Christian Heinrich) Ernst ~ 8/110; Rabl, Walter ~ 8/111; Racknitz, Joseph Friedrich Frh. von */† 8/112; Radolin, Hugo Fürst von ~ 8/118; Raeder, Gustav ~ 8/120; Raeder, Karl Friedrich Balthasar † 8/121; Raida, Carl Alexander ~ 8/126; Ramberg, Arthur Georg Frh. von ~ 8/131; Rammler, Erich ~ 8/133; Rapp, Fritz ~ 8/141; Rappoldi, Adrian (Hans Eduard) ~ 8/143; Rappoldi, Eduard ~/† 8/143; Rappoldi, Laura ~/† 8/143; Raschig, Christoph Eusebius R. */~/† 8/145; Raschke, Martin */~ 8/145; Rasenberg-Koch, Friedrich (Peter) ~ 8/145; Rastrelli, Joseph */~/† 8/147; Rastrelli, Vincenzo ~/† 8/148; Rauch, Christian Daniel ~/† 8/157; Rauchheld, (Carl Ferdinand) Adolf ~ 8/160; Rauda, Fritz ~/† 8/160; Rave, Judith ~ 8/166; Raven, Mathilde ~/† 8/167; Rayski, (Louis) Ferdinand von ~/† 8/169; Rebell, Josef † 8/169; Rebmann, Andreas Georg Friedrich ~ 8/170; Recke, Elisa(beth) Charlotte Konstantia von der ~/† 8/174; Reclam, Hans Heinrich ~ 8/175; Redtenbacher, Rudolf ~ 8/182; Regan, Anna ~ 8/183; Rehberg, August Wilhelm ~ 8/188; Rehberg, Friedrich ~ 8/189; Rehkopf, Heinrich Wohlfarth ~ 8/191; Rehn, Walter Richard */~/† 8/193; Reichardt, Alexander ~ 8/196; Reichel, Adolf ~ 8/198; Reichel, Walther Emil Berthold ~ 8/199; Reichenbach, (Heinrich Gottlieb) Ludwig ~/† 8/201; Reichl, Josef ~ 8/203; Reichow, Hans (Bernhard) ~ 8/204; Reifner, Vinzenz ~/† 8/208; Reinbold, Adelheid ~/† 8/214; Reiner, Fritz ~ 8/215; Reingruber, Hans ~ 8/217; Reinhard, Franz Volkmar ~/† 8/217; Reinhard, Karl Friedrich Graf von ~ 8/218; Reinhardt, Carl August ~ 8/219; Reinhardt, Max ~ 8/220; Reinhart, Hans * 8/221; Reinhart, Johann Christian ~ 8/222; Reinhold, Conrad */~ 8/222; Reinhold, Friedrich (Philipp) ~ 8/223; Reinick, Robert ~/† 8/224; Reinmar, Hans ~ 8/227; Reinsberg-Düringsfeld, Ida von ~ 8/227; Reiß, Anton ~ 8/232; Reissiger, Karl Gottlieb

~/† 8/232; Reissinger, Hans ~ 8/232; Renger-Patzsch, Albert ~ 8/242; Renk, Friedrich (Georg) ~/† 8/242; Renn, Ludwig */~ 8/243; Ressel, Wilhelm ~ 8/249; Rethberg, Elisabeth ~ 8/250; Rethel, Alfred ~ 8/250; Rettich, Julie ~ 8/251; Reubke, Friedrich Julius ~ 8/252; Reucker, Alfred † 8/253; Reuss, Christian Gottlob ~/† 8/257; Reuss, Eduard † 8/257; Reuss, Wilhelm Franz * 8/258; Reuss-Belce, Luise ~ 8/258; Reuter, Christian ~ 8/259; Reuter, Fritz */~/† 8/260; Reuter, Hans ~ 8/260; Reuther, Oscar ~ 11/163; Révy, Richard (Anton Robert Felix) ~ 8/263; Rheiner, Walter ~ 8/268; Rhoden, Emmy (Henriette Auguste Karoline) von ~ 8/269; Riccius, Christian Gottlieb ~ 8/271; Riccius, Karl August Gustav ~/† 8/272; Richter, August */~ 8/275; Richter, Guido Paul */~/† 8/279; Richter, Hans Theo ~ 8/279; Richter, Harald * 8/280; Richter, Hermann Eberhard Friedrich ~/† 8/280; Richter, Johann Christoph */† 8/281; Richter, Karl ~ 8/281; Richter, (Adrian) Ludwig */~/† 8/282; Richter, Richard (Immanuel) ~ 8/283; Richter, (Hieronymus) Theodor * 8/283; Richter-Haaser, Hans */~ 8/285; Ricker, Gustav † 8/287; Riedel, Gottlieb Friedrich * 8/291; Riedel, Johann Anton ~/† 8/291; Riedel, Johann Gottfried ~/† 8/291; Riedel, Karl Christian ~ 8/292; Riedesel zu Eisenbach, Volpert Christian Frh. von ~/† 8/294; Riepel, Joseph ~ 8/303; Riepenhausen, Franz ~ 8/303; Riese, Lorenz ~ 8/305; Rietschel, Ernst Friedrich August † 8/308; Rietschel, Georg (Christian) * 8/308; Rietschel, Hans ~ 8/308; Rietschel, Hermann (Immanuel) */~ 8/308; Rincklake, Johann Christoph ~ 8/314; Riphahn, Wilhelm ~ 8/321; Ritter, Erasmus ~ 8/328; Ritter, Max ~ 8/332; Rittershaus, (Hermann) Trajan ~/† 8/333; Rivius, Johann d. Ä. ~ 8/337; Robert, (Ernst Friedrich) Ludwig ~ 8/338; Roberts, Alexander Frh. von ~ 8/339; Rochlitzer, Ludwig ~ 8/341; Rocholl, (Rudolf) Theodor ~ 8/341; Rocholl, Theodor (Bernhard Richard Oswald) ~ 8/341; Rocke-Heindl, Anna ~ 8/342; Rode, Wilhelm ~ 8/344; Röckel, August ~ 8/347; Röckel, Josef August ~ 8/348; Röder, (Gustav) Oscar (Wilhelm) ~ 8/349; Röhr, Hugo */~ 8/351; Römer, Georg ~ 8/353; Roenneke, Rolf ~ 8/354; Röntgen, Paul ~ 8/355; Roeseler, Marcella ~ 8/359; Roesle, Emil Eugen ~ 11/165; Rösler, Jo Hanns ~ 8/360; Rösler, Waldemar ~ 8/361; Rösler-Keuschnigg, Maria ~ 8/362; Rößler, Hellmuth */~ 8/363; Roffler, Thomas ~ 8/365; Rohn, Karl (Friedrich Wilhelm) ~ 8/369; Rohs, Martha ~ 8/372; Roller, David Samuel ~ 8/376; Ronnefeld, Peter * 8/381; Roos, Joseph ~ 8/382; Roquette, Otto ~ 8/383; Rordorf, Conrad Caspar ~ 8/383; Roscher, Wilhelm Heinrich ~/† 8/386; Rose, (Karl) Julius ~ 8/387; Rosemann, Heinz Rudolf ~ 11/165; Rosenberg, Wolf * 11/165; Rosenhauer, Theodor */~ 8/396; Rosenthal, Ernst (Georg Wilhelm) ~ 8/400; Ross, Rudolf ~ 8/404; Rossbach, Arwed ~ 8/405; Rost, Franz ~ 8/407; Rost, Johann Christoph ~/† 8/407; Rostosky, Gertraud ~ 8/409; Roters, Eberhard * 8/410; Roth, Bertrand ~ 8/411; Roth, Rolf ~ 8/415; Roth, Wilhelm August ~/† 8/416; Rothe, Edith ~ 8/417; Rothe, Heinrich August * 8/418; Rothmühl, Nikolaus ~ 8/421; Rothpletz, Ferdinand ~ 8/422; Rotten, Elisabeth ~ 8/425; Rotter, Dietrich † 8/426; Rottonara, Franz Angelo ~ 8/428; Roux, Jakob (Wilhelm Christian) ~ 8/429; Rubinstein, Susanna ~ 8/433; Rubner, Konrad ~ 8/433; Rudolph, Wilhelm (Friedrich) ~/† 8/442; Rudorf, Karl Hermann † 8/442; Rübsam, Richard ~ 8/443; Rückert, Leopold Immanuel ~ 8/445; Ruediger, Karl August ~/† 8/447; Rüegg, Ernst Georg ~ 8/449; Rühle von Lilienstern, (Johann Jakob) August ~ 8/451; Rühlmann, Adolf Julius */~/† 8/451; Rühlmann, Christian Moritz */~ 8/451; Rühlmann, (Moritz) Richard */~ 8/451; Ruff, Karl Otto ~ 8/458; Ruge, Arnold ~ 8/458; Ruge, Reinhold * 8/459; Ruge, Sophus ~ 8/459; Ruhl, Ludwig Sigismund ~ 8/460; Rumohr, Carl Friedrich (Ludwig Felix) von † 8/463; Rumpf, Hans ~ 8/464; Runge, Otto Sigismund ~ 8/468; Runge, Philipp Otto ~ 8/468; Ruppius, Johann Karl † 8/472; Rupprecht, Friedrich Carl ~ 8/472; Rutowsky, Friedrich August Graf */~ 8/478; Saak, Therese ~ 8/483;

Saccur, Alma ~ 8/485; Sachs, Max ~ 8/488; Sachse-Hofmeister, Anna ~ 8/490; Sachsen, Johann Georg Ritter von */~/† 8/490; Sachsen, Max Prinz von * 8/490; Sachsenberg, (Friedrich Eduard) Ewald ~ 8/490; Sack, Emmy ~ 8/491; Sack, Erna (Dorothea Luise) ~ 8/491; Sahl, Hans */~ 8/494; Salbach, Klara ~/† 8/497; Salburg, Edith Gräfin ~/† 8/497; Saliger, Rudolf ~ 8/498; Sallwürk, (Ernst) Sigmund von ~ 8/501; Saloman, Siegfried ~ 8/502; Sandberg, Herbert ~ 8/510; Sandkühler, Konrad ~ 8/513; Satter, Gustav ~ 8/523; Sattler, Carl ~ 8/523; Sattler, Joachim ~ 8/524; Sauer, Emil von * 8/526; Saugy, Louis ~ 8/529; Savigny, Karl Friedrich von ~ 8/533; Sax, Joseph Edler von * 8/534; Scandello, Antonio ~/† 8/536; Scaria, Emil ~ 8/536; Schacko, Hedwig */~ 8/541; Schade, Johann Daniel ~/† 8/542; Schadow, Felix ~ 8/543; Schäfer, Aloys ~ 8/546; Schälike, Fritz ~ 8/552; Schaffganz, Wilhelm ~ 8/556; Schaffran, Gerhard † 8/557; Schaffrath, Christoph ~ 8/557; Schairer, Reinhold ~ 8/558; Schallmayer, (Friedrich) Wilhelm ~ 8/562; Schaltegger, Emanuel ~ 8/562; Schanz, Alfred ~/† 8/564; Schanz, Frida */~ 8/564; Schanz, Pauline ~ 8/564; Schaufuß, Heinrich Gotthelf ~ 8/576; Schebest, Agnes ~ 8/578; Scheele-Müller, Ida von ~ 8/582; Scheibe, Richard ~ 8/585; Scheibel, Johann Gottfried ~ 8/586; Scheiblauer, Mimi ~ 8/586; Scheidemantel, Karl ~ 8/588; Schein, Johann Hermann ~ 8/589; Scheinpflug, Paul ~ 8/590; Schelcher, Walter (Friedrich Ernst) † 11/169; Schelle, Johann ~ 8/594; Schelling, (Dorothea) Caroline (Albertina) von ~ 8/596; Schenau, Johann Eleazar ~/† 8/600; Schenck, Martin (Adolf Friedrich) ~ 8/601; Schenk, (Heinrich Eduard) Paul ~ 8/603; Scheppan, Hilde ~ 8/608; Scherk, Heinrich Ferdinand ~ 8/613; Scheunert, (Carl) Arthur */~ 8/619; Schiebold, Ernst ~ 8/624; Schieck, Franz * 8/624; Schiele, Egon ~ 8/626; Schiemann, Max ~ 8/628; Schiller, (Johann Christoph) Friedrich von ~ 8/635; Schilling, Friedrich Gustav */† 8/639; Schilling, Johannes ~ 8/639; Schimmelthor, Carl August von ~ 8/641; Schippel, Max ~/† 8/647; Schirmer, David ~/† 8/649; Schlaginhaufen, Otto ~ 8/654; Schlechta, Karl ~ 8/658; Schlechte, Horst */~/† 8/658; Schlee, Alfred * 11/170; Schlegel, (Karl Wilhelm) Friedrich von † 8/660; Schleiden, Matthias Jakob ~ 8/664; Schlenkert, Friedrich Christian * 8/670; Schletter, (Theodor) Hermann * 8/672; Schlettow, Hans Adalbert von ~ 8/672; Schlick, Ernst Otto ~ 8/675; Schlick, Regina † 8/676; Schlick von Schlackenwerth, Joachim Andreas Graf von ~ 8/676; Schlieben, Gertrud Emilie von */~ 8/676; Schlieben, Wilhelm Ernst August von */~/† 8/676; Schlieper, (Karl Peter) Adolf ~ 8/678; Schliephake, Theodor (F. W.) ~ 8/678; Schliesser, Elli † 8/678; Schlömilch, Oscar Xaver ~/† 8/681; Schloßmann, Arthur ~ 8/686; Schmack, Maximilian ~ 8/690; Schmalnauer, Rudolf ~/† 8/691; Schmalz, Auguste Amalie ~ 8/692; Schmedes, Erik * 8/694; Schmettow, Woldemar Friedrich Graf von ~ 8/697; Schmid, Johann Georg ~/† 8/703; Schmid, Otto */~/† 8/705; Schmidgruber, Anton ~ 8/708; Schmidt, Adolf ~ 9/2; Schmidt, Eduard Johann ~ 9/5; Schmidt, Ernst (Heinrich Wilhelm) ~ 9/6; Schmidt, Felix * 9/6; Schmidt, Gustav ~/† 9/9; Schmidt, Herbert ~ 9/10; Schmidt, Johann Christoph ~/† 9/11; Schmidt, Johann Philipp Samuel ~ 9/12; Schmidt, Paul Ferdinand ~ 9/18; Schmidt, Robert * 9/18; Schmidt, Wilhelm ~ 9/20; Schmidt, Wilhelm */~ 9/21; Schmidt, Willi (Erwin Georg) * 9/21; Schmidt-Cassella, Otto (Johann Friedrich Richard) ~ 9/22; Schmidt-Rottluff, Karl ~ 9/25; Schmied, Wilhelm * 9/27; Schmieder, Heinrich Gottlieb * 9/27; Schmieder, Wolfgang ~ 9/28; Schmitt, Friedrich ~ 9/31; Schmitt, Heinrich ~ 9/31; Schmitt, Joseph ~ 9/32; Schmitz, Eugen ~ 9/35; Schmorl, (Christian) Georg ~/† 9/40; Schneider, Johann Aloys ~/† 9/55; Schneider, Johann Gottlob d. J. ~/† 9/56; Schneider, Karl (Rudolf) ~ 9/57; Schneider, Reinhold ~ 9/59; Schneider, Richard Ludwig */~/† 9/60; Schnoor, Hans ~ 9/68; Schnorr von Carolsfeld, Franz ~/† 9/68; Schnorr von Carolsfeld, Julius (Veit Hans) ~ 9/68; Schnorr von Carolsfeld, Ludwig ~/† 9/69; Schob, Franz ~/† 9/71; Schober, Franz von ~/† 9/71;

Schöffel, Josef ~ 9/76; Schöffler, Paul */~ 9/77; Schöller, Pauline ~ 9/78; Schoellhorn, Hans (Karl) ~ 9/79; Schoen, Heinrich August */~/† 9/80; Schön, Helmut * 9/80; Schön, (Heinrich) Theodor von ~ 9/82; Schönberger, Johanna ~ 9/86; Schönburg-Hartenstein, (Eduard) Alois Fürst von ~ 9/89; Schöne, Alfred * 9/89; Schöne, Hermann * 9/90; Schöne, Richard * 9/90; Schöne, Walter (Paul) * 9/90; Schönewolf, Karl ~ 9/92; Schönfeld, Franz Julius ~ 9/93; Schönfeld, Gregor ~ 9/93; Schönfeld, Johann (Heinrich) ~ 9/93; Schönfelder, Heinrich (Ernst) ~ 9/94; Schönherr, Karl Gottlob ~/† 9/95; Schöning, Hans Adam von † 9/97; Schönleber, Gustav ~ 9/98; Schoepflin, Adolf ~ 9/102; Schöttgen, Johann Christian ~/† 9/103; Scholl, Roland (Heinrich) ~ 9/106; Scholtz, Herrmann ~/† 9/107; Scholtz, Robert */~ 9/107; Schopenhauer, Arthur ~ 9/114; Schorn, Ludwig von ~ 9/118; Schornstein, Max(imilian) ~ 9/118; Schottky, Julius Max(imilian) ~ 9/123; Schottlaender, Rudolf ~ 9/123; Schrag, Martha ~ 11/172; Schramm, (Johann) Albert ~ 9/128; Schramm-Zittau, Rudolf ~ 9/129; Schreyer, Christian Heinrich */† 9/142; Schreyer, Johannes ~/† 9/143; Schröder-Devrient, Wilhelmine ~ 9/151; Schrödl, Norbert ~ 9/153; Schröter, Christoph Gottlieb ~ 9/154; Schubart, Johann Christian Edler von Kleefeld ~ 9/159; Schubert, (Johann) Andreas ~/† 9/160; Schubert, Franz */~/† 9/162; Schubert, Georgine * 9/162; Schubert, Gotthilf Heinrich von ~ 9/162; Schubert, Hans von * 9/163; Schubert, Joseph ~/† 9/164; Schubert, Manfred ~ 9/164; Schubert, Maschinka ~/† 9/164; Schubert, Richard ~ 9/164; Schuberth, Karl (Eduard) ~ 9/165; Schuch, Ernst Edler von ~ 9/166; Schuch, Liesel von */~/† 9/166; Schuch-Proska, Clementine von ~ 9/167; Schucht, Elisabeth * 9/167; Schürer, Johann Georg † 9/172; Schürer, Oskar ~ 9/173; Schütte, Anton ~ 9/174; Schütz, Hans ~ 9/177; Schütz, Heinrich ~/† 9/177; Schütz, (Christian) Wilhelm von ~ 9/179; Schulhoff, Julius ~ 9/185; Schulthess-Hünerwadel, Hans ~ 9/189; Schultz, Johannes (Heinrich) ~ 9/191; Schultze, Fritz ~/† 9/193; Schultze, Heinrich August * 9/193; Schulz, (Joachim Christoph) Friedrich ~ 9/196; Schulz-Beuthen, Heinrich ~/† 9/198; Schulze, Fritz (Rudolf) ~ 9/199; Schulze-Knabe, Eva ~/† 9/202; Schumacher, Fritz ~ 9/203; Schumann, Elisabeth ~ 9/205; Schumann, Georg (Alfred) ~ 9/206; Schumann, Georg † 9/206; Schumann, Robert (Alexander) ~ 9/207; Schumann-Heink, Ernestine ~ 9/208; Schuricht, Carl ~ 9/211; Schuricht, Christian Friedrich */~/† 9/212; Schurig, Arthur */~/† 9/212; Schurth, Ernst ~ 9/212; Schuselka, Franz ~ 9/214; Schuselka-Brüning, Ida ~ 9/214; Schuster, Joseph */~/† 9/216; Schwab-Felisch, Hans * 9/218; Schwabe, Kurt (Walter) ~ 9/218; Schwarz, Franz ~ 9/225; Schwarze, Friedrich Oscar † 9/229; Schwenk, Paul ~ 9/242; Schwimmer, Max ~ 11/173; Schwitters, Kurt (Hermann Eduard Karl Julius) ~ 9/248; Sedlmair, Sophie ~ 9/254; Seebach, Richard Camillo von ~ 9/255; Seebeck, (Ludwig Friedrich Wilhelm) August ~/† 9/255; Seidel, Traugott Jakob Hermann */~/† 9/266; Seidler, Louise (Caroline Sophie) ~ 9/269; Seifert, Ernst (Hubert) ~ 9/269; Seifert, (Karl Johannes) Herbert ~ 9/270; Seiler, Burkhard Wilhelm */† 9/271; Seinemeyer, Meta ~/† 9/272; Seiß, Isidor Wilhelm */~ 9/273; Seitz, Friedrich ~ 9/274; Selnecker, Nikolaus ~ 9/280; Sembrich, Marcella ~ 9/282; Semler, Christian August ~/† 9/282; Semmig, (Friedrich) Herman ~ 9/284; Semmig, Jeanne Berta ~ 9/284; Semper, Emanuel */~ 9/284; Semper, Gottfried ~ 9/284; Semper, Manfred */~ 9/285; Seusse, Johannes † 9/295; Seydel, Friedrich Gustav */~/† 9/297; Seydelmann, Crescentius Josephus */† 9/297; Seydelmann, Franz */† 9/297; Seydewitz, Max ~/† 9/298; Seyfert, Richard (Hermann) */~/† 9/298; Seyffert, Oskar */~/† 9/299; Seyler, Abel */ 9/300; Seyler, Friederike Sophie * 9/300; Siebenkäs, Johann ~ 9/305; Sieber, Ferdinand ~ 9/306; Siebert, Franz ~ 9/306; Siebert, Georg */~ 9/307; Siebert, Hans ~/† 9/307; Siegel, Paul Willy * 9/310; Siegen, Karl (Franz Max August) ~ 9/311; Siegfried, Samuel Benoni ~ 9/313; Siegmund, Condi ~ 9/314; Siemens, (August)

Friedrich ~/† 9/316; Siems, Margarethe ~/† 9/319; Sieverts, Adolf (Ferdinand) ~ 9/322; Siewert, Hans ~ 9/322; Sigler, Pauline ~ 9/325; Silberbauer, Fritz ~ 9/326; Silbermann, Gottfried ~/† 9/327; Simon, Arthur (Johann Peter Caspar) ~/† 9/330; Simon, Günther ~ 9/331; Simon, Heinz ~ 9/332; Simonson-Castelli, Ernst Otto */~/† 9/335; Sindermann, Horst */~ 9/338; Singer, Franz ~ 9/338; Singer, Hans Wolfgang † 9/338; Singer, Otto ~ 9/339; Singer, Otto * 9/339; Sinkwitz, Paul ~ 9/340; Siodmak, Robert */~ 9/342; Sittard, Alfred ~ 9/343; Skala, Lilia ~ 9/345; Slevogt, Max ~ 9/349; Smolny-Heerdt, Mathilde ~ 9/354; Snell, (Christian) Karl ~ 9/354; Sobolewski, Eduard (Johann Friedrich) ~ 9/355; Soden, Hermann Frh. von ~ 9/357; Söhle, Karl ~/† 9/357; Solms-Wildenfels, Friedrich Ludwig Graf ~ 11/175; Sommer, Albert ~ 9/368; Sommer, Karl Marcel ~ 9/369; Sommer, Kurt ~ 9/370; Sommerschuh, Gerda * 9/371; Sonntag, Erich ~ 9/376; Sonntag-Uhl, Emmy ~ 9/376; Sontag, Franziska † 9/376; Sontag, Karl */~/† 9/376; Soomer, Walter ~ 9/377; Soot, Fritz ~ 9/377; Spalteholz, (Karl) Werner * 9/382; Spamer, Adolf (Karl Emil Gustav) ~/† 9/382; Spangenberg, Berthold * 9/383; Spangenberg, (Julius) Heinrich ~ 9/384; Sparmann, Karl Christian ~/† 9/386; Spazzer-Palm, Antonia ~ 9/387; Specht, Renate ~ 9/387; Spelz, Franz ~ 9/392; Spemann, Heinrich ~ 9/393; Spener, Philipp Jakob ~ 9/393; Sperling, Heinrich ~ 9/397; Spies, Leo ~ 9/404; Spoliansky, Mischa ~ 9/415; Sprengel, Otto (Gerhard Karl) ~ 9/418; Stadelmann, Heinrich ~/† 9/427; Stägemann, Max ~ 9/433; Stägemann, Waldemar (Walter Ludwig Eugen) ~ 9/433; Stahl, Wilhelm ~ 9/440; Stahl-Nachbaur, Ernst ~ 9/440; Stahr, Hermann ~ 9/440; Stanek, Josef ~ 9/445; Stanger, Alois ~ 9/447; Stapel, Wilhelm ~ 9/447; Starcke, Johann Georg ~/† 9/450; Starke, Marie Wilhelmine ~ 9/453; Starrmann, Margarethe ~ 9/454; Stather, Friedrich ~ 9/454; Staudigl, Gisela ~ 9/457; Steffter, Adalbert ~ 9/466; Stegmann, Anna Maria ~ 9/468; Stegmann, Karl David * 9/468; Steiger, Ernst ~ 9/473; Stein, Ernst * 9/476; Steinar, Theodor ~ 9/483; Steinkopf, Wilhelm ~ 9/496; Steinkopff, Theodor ~/† 9/497; Steinla, Moritz (Franz Anton Erich) ~/† 9/497; Stelzner, Alfred Wilhelm * 9/504; Stephan, Martin ~ 9/509; Stepun, Fedor ~ 9/511; Sterl, Robert (Hermann) ~ 9/512; Stern, Adolf ~/† 9/512; Stern, Julius ~ 9/514; Stern, Margarethe */~/† 9/514; Steude, Albert * 9/521; Stichart, Alexander (Otto) ~ 9/523; Stiedry, Fritz ~ 9/525; Stier, Alfred ~ 9/529; Stobrawa, Renée ~ 9/536; Stock, (Johanna) Dorothea ~ 9/537; Stöckel, Wolfgang ~ 9/541; Stöger, Alfred ~ 9/543; Stölzel, Christian Ernst */~/† 9/545; Stölzel, Christian Friedrich ~/† 9/545; Stötzner, Walther ~ 9/547; Stollberg, Georg J. ~ 9/551; Stolle, Ferdinand */~/† 9/552; Stolle, Philipp ~ 9/552; Stolte, Ferdinand Ludwig ~ 9/553; Stoltzenberg, Christoph ~ 9/554; Stolze, Gerhard (Wolfgang) ~ 9/556; Stosch-Sarrasani, Hans ~ 9/561; Stoscheck, Walter ~ 9/561; Strack, Theo ~ 9/563; Strätz, Carl ~ 9/565; Strantz, Ferdinand (Karl Friedrich Felix) von ~ 9/566; Straub, Werner ~/† 9/572; Straumer, Heinrich ~ 9/573; Stresemann, Erwin (Friedrich Theodor) * 9/584; Stresemann, Wolfgang * 11/180; Stricker, Wilhelm (Friedrich Carl) ~ 9/586; Striegler, Kurt (Emil) */~ 9/587; Stritt, Albert ~/† 9/588; Stritt, Marie ~/† 9/588; Strnad, Oskar ~ 9/589; Strohbach, Hans ~ 9/592; Stromeier, Johann Heinrich ~ 9/593; Strub, Max ~ 9/595; Strubell-Harkort, Alexander */~ 9/595; Struck, (Friedrich) Bernhard ~ 9/595; Strungk, Nicolaus Adam ~/† 9/598; Struve, (Friedrich Adolph) August ~ 9/599; Stubmann, Peter Franz * 9/602; Stuchtey, Rudolf ~ 9/603; Stuck, Franz von ~ 9/603; Stucken, Eduard (Ludwig) ~ 9/603; Stübel, (Moritz) Alfons ~/† 9/607; Stübel, Alfred */~/† 9/607; Stübel, Andreas */~ 9/607; Stübel, Christoph Karl † 9/607; Stückgold, Grete ~ 9/608; Stünzner, Elisa ~/† 9/610; Stumpf, Max ~ 9/615; Sturm, Wilhelm ~ 9/618; Sudermann, Hermann ~ 9/624; Suedekum, Albert (Oskar Wilhelm) ~ 9/625; Süpfle, Karl ~ 9/626; Süs, (Peter Augustin) Wilhelm ~ 9/626; Süß, Bruno ~ 9/626; Süßenguth, Walther (Wilhelm Rudolf) ~ 9/627; Süssner, Conrad Max ~ 9/628; Süssner, Jeremias ~/† 9/628; Suhr, Eduard R. ~ 9/628; Suhrlandt, Rudolph Friedrich Karl ~ 9/630; Suhrmann, Rudolf (Johannes) ~ 9/630; Sulze, Heinrich ~/† 9/631; Sulzer-Schmidt, Carl ~ 9/633; Sulzer-Ziegler, Eduard ~ 9/633; Sury, Max Joseph von ~ 9/635; Sussdorf, Max Julius Felix von */~ 9/636; Suttinger, Daniel ~/† 9/638; Swarzenski, Georg * 9/640; Swoboda, Albin (August Heinrich Emil) ~/† 9/641; Swoboda, Albin */~ 9/641; Swoboda, Friederike ~/† 9/642; Synek, Liane ~ 9/644; Sysang, Johann Christoph ~ 9/645; Sysang, Johanna Dorothea * 9/645; Szivessy, Guido ~ 9/646; Taeger, Friedrich (Hermann) ~ 9/649; Täglichsbeck, Thomas ~ 9/649; Täufel, Kurt (Albert) ~/† 9/650; Tarnow, Fanny ~ 9/658; Tatitscheff, Hermine von ~ 9/660; Tauber, Richard ~ 9/662; Taubert, Gustav (Friedrich Amalius) ~ 9/662; Taubmann, Horst ~ 9/663; Taubmann, Otto ~ 9/663; Taucher, Curt ~ 9/663; Tausch, Franz ~ 9/665; Tausig, Karl ~ 9/666; Teichs, Alf * 9/670; Teleky, Emmy ~ 9/671; Telemann, Georg Philipp ~ 9/671; Tennecker, (Christian Ehrenfried) Seyfert von ~/† 9/675; Tennstedt, Klaus ~ 9/676; Tentzel, Wilhelm Ernst ~/† 9/676; Terpis, Max ~ 9/678; Teschemacher, Margarete ~ 9/679; Teschner, Gustav Wilhelm ~/† 9/680; Tessenow, Heinrich ~ 9/680; Tessmer, Heinrich ~/† 9/680; Tetzlaff, Carl Albert Ferdinand ~ 9/681; Teuber, Hermann * 9/682; Teubner, Hans ~ 9/682; Teyber, Elisabeth ~ 9/685; Thäter, Julius Cäsar */~ 9/687; Theil, Johann Gottfried Benedict ~/† 9/691; Then-Bergh, Erik ~ 9/693; Thiele, (Johann) Alexander ~/† 10/2; Thiele, Johann Friedrich Alexander */~/† 10/2; Thiele, (Karl Emil Hermann) Johannes ~ 10/3; Thielmann, Johann Adolf Frh. von * 10/3; Thieme, Clemens (Wilhelm) ~ 10/4; Thienemann, Friedrich August Ludwig ~ 10/5; Thierack, Otto Georg ~ 10/6; Thierfelder, (Fürchtegott) Felix ~ 10/6; Thierfelder, Franz (Felix Reinhold) ~ 10/6; Thierry, George Henry de ~ 10/7; Thiersch, Friedrich (Wilhelm) von ~ 10/8; Thile, Louis Gustav von * 10/10; Thilmann, Johannes Paul */~/† 10/10; Thimig, Hugo (August) */~ 10/11; Thode, Henry * 10/12; Thomae, (Johann) Benjamin ~/† 10/15; Thomas, Theodor * 11/182; Threlfall, William (Richard Maximilian Hugo) */~ 10/24; Thürmer, Joseph ~ 10/27; Thumann, (Friedrich) Paul ~ 10/28; Tiburtius, Franziska ~ 10/35; Tichatschek, Joseph ~ 10/35; Tieck, Dorothea † 10/36; Tieck, (Johann) Ludwig ~ 10/36; Tiedge, Christoph August † 10/37; Tille, Armin ~ 10/43; Tillich, Paul (Johannes) ~ 10/43; Timäus, Friedrich August */† 10/44; Tippelskirch, Ernst Ludwig von ~ 10/46; Tischbein, August Anton ~ 10/48; Tischbein, Carl Wilhelm ~ 10/48; Tischbein, (Heinrich) Jacob ~ 10/48; Tischbein, Johann Friedrich August ~ 10/50; Titel, Wilhelm ~ 10/50; Titius, Gottlieb Gerhard ~ 10/51; Tittmann, Friedrich Wilhelm ~/† 10/52; Tittmann, Karl August ~/† 10/52; Tittmann, Karl Christian ~/† 10/52; Tobler, Friedrich ~ 10/53; Todt, Karl Gottlob ~ 10/55; Töpfer, Heinrich August † 10/57; Toepler, August (Joseph Ignaz) ~/† 10/57; Toepler, Maximilian (August) ~ 10/57; Törmer, Benno Friedrich */~ 10/58; Toller, Ernst ~ 10/60; Tollmien, Walter (Gustav Johannes) ~ 10/61; Tomaschek, Rudolf ~ 10/62; Trede, Paul ~ 10/77; Treffner, Willy ~ 10/77; Trefftz, Erich (Immanuel) ~/† 10/77; Treffz, Henriette ~ 10/77; Treitschke, Heinrich (Gotthard) von * 10/78; Trepte, Curt ~ 10/82; Treu, Georg ~/† 10/83; Tricklir, Jean Balthasar † 10/87; Tridon, Caroline (Franziska) ~/† 10/87; Triller, Daniel Wilhelm ~ 10/88; Trillitzsch, Otto ~/† 10/89; Tröger, Fritz */~/† 10/91; Troemer, Johann Christian */† 10/93; Trömner, Ernst ~ 10/93; Trötschel, Elfriede */~ 10/93; Troll, Johann Heinrich ~ 10/95; Tromlitz, A. ~/† 10/95; Trostorff, Fritz ~ 10/98; Trümpy, Bertha (Emilie) ~ 10/101; Trützschler, Wilhelm Adolf ~ 10/102; Tschammer und Osten, Hans von * 10/104; Tscharmann, Heinrich ~/† 10/104; Tschichold, Jan ~ 10/106; Tschirnhaus, Ehrenfried Walther von † 10/107; Tülsner, Adam */~ 10/113; Türk, Daniel Gottlob ~ 10/114; Tullinger, Paula ~ 10/116; Tunica, (Johann) Christian (Ludwig) ~ 10/117; Turnau, Josef ~ 10/118; Uber, (Christian Friedrich) Hermann ~/† 10/121; Ueberhorst, Karl ~/† 10/124; Ueberweg, Friedrich

Dubrovnik (italien. Ragusa, Kroatien)
Chlumecky, Leopold Frh. von ~ 2/312; Eckstein, Karl (Georg Wilhelm) † 3/16; Feigl, Friedrich ~ 3/249; Hofmann, Julius ~ 5/130; Leon, Alfons * 6/327; Philippovich von Philippsberg, Franz Frh. ~ 7/658; Stekl, Konrad * 9/502; Thellmann, Erika von ~ 9/693

Dubuque (Iowa, USA)
Fritschel, Gottfried (Leonhard Wilhelm) ~ 3/495; Fritschel, (Konrad) Sigmund ~/† 3/495; Hertz, Richard (Otto) ~ 4/653; Reu, Johann Michael ~ 8/252

Dubý → Eichwald

Duchcov → Dux

Ducherow (bei Stettin)
Heyden, Otto (Johann Heinrich) * 5/18

Duckershof (estn. Kammeri)
Helmersen, Gregor von * 4/573

Dudeldorf
Neumann, Joseph Maria * 7/384

Duderstadt
siehe auch *Fuhrbach*
Arnold, Thea ~ 1/189; Barth, (Wilhelm) Theodor * 1/305; Behlen, Ludwig Philipp * 1/396; Erich I., Herzog von Braunschweig-Grubenhagen ~ 3/148; Filke, Max ~ 3/295; Greve-Lindau, Georg Wilhelm † 4/160; Kopp, Georg von * 6/38; Kunne, Albrecht * 6/169

Dudweiler (seit 1974 zu Saarbrücken)
Dill, Liesbeth * 2/546; Rauch, Richard ~ 8/159; Thomas, Alois ~ 10/17

Dübendorf (Kt. Zürich)
Bider, Oskar † 1/515; Birgel, Willy † 1/537; Burkhard, Hans ~ 2/243; Gessner, Georg * 3/668; Meyer-Lübke, Wilhelm * 7/113; Ulrich, Hans Jakob ~ 10/146

Dübzow (poln. Dobieszewo)
Pretzell, Lothar * 8/64

Düdelingen (Luxemburg)
Jantzen, Georg ~ 5/304

Düdelsheim (Büdingen)
Gruber, Eberhard Ludwig ~ 4/205

Dühren (seit 1971 zu Sinsheim)
Schumacher, Karl * 9/203

Dülken (seit 1970 zu Viersen)
Berten, Walter ~ 1/481; Frings, Theodor ~ 3/487; Koenigs, Franz Wilhelm * 5/664; Koenigs, Wilhelm * 5/664; Laue, Oskar ~ 6/267; Mevissen, Gustav von */~ 7/96; Peters, Theodor * 7/617; Schnitzler, Ernst Wilhelm ~ 9/67

Dülmen
siehe auch *Buldern, Weddern*
Althoff, Theodor * 1/101; Bispink, Franz Heinrich * 1/548; Brentano, Clemens Wenzeslaus ~ 2/117; Busche, Hermann von dem † 2/252; Cramer, Wilhelm ~ 2/390; Emmerick, Anna Katharina ~/† 11/53; Glasmeier, Heinrich ~ 4/24; Hobrecker, Eduard ~ 5/79; Johannes Schele, Bischof von Lübeck ~ 5/351; Ludwig, Landgraf von Hessen, Bischof von Münster ~ 6/504; Schmidt, Paul Wilhelm * 9/18; Schücking, Catharina (Sibylla) ~ 9/168; Wenge, Franz Ferdinand Frh. von ~ 10/435

Dültgensthal (Solingen)
Kronenberg, Rudolph * 6/117

Dümpten (seit 1910 zu Mülheim an der Ruhr)
Oberfohren, Ernst * 7/452

Dünaburg (lett. Daugavpils, russ. Dvinsk, poln. Dyneburg)
Fürstenberg, Wilhelm von ~ 3/529; Gotthard Kettler, Herzog von Kurland ~ 4/107; Lüdinghausen gen. Wolff, Friedrich Stanislaus Frh. von * 6/517

Dünkirchen (frz. Dunkerque, Dép. Nord)
Frisching, Samuel von ~ 3/491; Juvenel, Nicolas * 5/389

Düren
siehe auch *Birkesdorf, Lendersdorf, Merken, Schneidhausen, Schoellershammer*
Aler, Paul ~/† 1/86; Bachmann, Kurt * 11/8; Baur, Ferdinand ~ 1/349; Beier, Peter ~ 11/16; Benrath, Alfred * 1/427; Benrath, Karl */~ 1/427; Bürvenich, Adam * 2/212; Canzler, Carl ~/† 2/276; David, (Anton Johann Ludwig) Pascal * 2/453; Deiters, Hermann (Clemens

Otto) ~ 2/473; Dirichlet, Gustav Peter * 2/555; Esser, Peter (Hans Heinrich) * 3/181; Esser, Wilhelm */† 3/181; Felten, Joseph * 3/263; Fuß, Johann Dominikus * 3/545; Gossen, Hermann (Heinrich) * 4/100; Grosche, Robert * 4/189; Haberer von Kremshohenstein, Hans † 4/292; Hamel, Carl * 4/358; Hamel, Georg (Karl Wilhelm) * 4/358; Hausmann, Gottfried * 4/452; Hoesch, Eberhard † 5/104; Hoesch, Felix (Alwin) * 5/104; Hoesch, Hugo von * 5/104; Hoesch, Leopold */~/† 5/105; Hoesch, Ludolf † 5/105; Holbein, Hans d. J. ~ 5/144; Hollar von Prahenberg, Wenzel ~ 5/151; Holzapfel, (Gustav Hermann) Eduard ~ 5/158; Honigmann, Eduard ~ 5/168; Honigmann, Friedrich * 5/168; Honigmann, Moritz * 5/168; Jarres, Karl ~ 5/307; Krause, Max ~ 6/82; Kuhnke, Hans-Helmut ~ 11/115; Maaß, Alexander ~ 6/547; Mahlberg, Walter * 6/566; May, Helmut * 7/1; Mensching, Gustav † 7/64; Müller, Friedrich ~ 7/258; Müller, Traugott * 7/281; Nellen, Peter */† 7/362; Neumann, Ernst † 11/139; Nolden, Peter Richard Hubert * 7/434; Pfeifer, Emil ~ 11/157; Pfeiffer, Hubert ~ 7/640; Prym, Friedrich Emil * 8/83; Ripping, Ludwig Hugo ~ 8/321; Rombach, Wilhelm ~ 8/378; Schillings, Karl Georg * 8/640; Schillings, Max von * 8/640; Schleicher, Alwin (Friedrich) * 8/663; Schock, Rudolf (Johann) † 9/73; Schoeller, (Wilhelm) Alexander von * 9/78; Schoeller, Julius Victor * 9/78; Strohm, Heinrich (Konrad) ~ 9/593; Vordemberge, (Rudolf Heinrich) Friedrich ~ 10/253

Dürmenach (frz. Durmenach, Dép. Haut-Rhin)
Storck, Karl (Gustav Ludwig) * 9/559

Dürnau (Kr. Göppingen)
Blumhardt, Christoph Friedrich ~ 1/589; Degenfeld, Christoph Martin Frh. von † 2/465; Gauger, Joseph ~ 3/584

Dürnberg (Salzburg)
Schaitberger, Joseph * 8/558; Schmid, Franz X. ~ 8/701

Dürnkrut (Niederösterreich)
Hamilton, Maximilian Reichsgraf von ~ 4/359; Otakar II. Přemysl, König von Böhmen ~/† 7/522

Dürnstein (Niederösterreich)
Eitzing, Ulrich Frh. von ~ 3/79; Munggenast, Joseph ~ 7/308; Schmidt, Martin Johann ~ 9/15

Dürr Brockuth (poln. Brochocin)
Logau, Friedrich Frh. von */~ 6/460

Dürr Kamitz (poln. Sucha Kamienica)
Huch, Emilie * 5/200

Dürren (Lindau/Bodensee)
Farny, Oskar * 3/232

Dürrenroth (Kt. Bern)
Gutensohn, Johann Gottfried * 4/269; Hess, Ernst * 4/669

Dürrheim → Bad Dürrheim

Dürrmenz (Mühlacker)
Kerner, Justinus (Andreas Christian) von ~ 5/513

Dürrwangen (seit 1937 zu Frommern, seit 1957 zu Balingen)
Mörike, Otto * 7/175

Dürrweitzschen → Thümmlitzwalde

Düssel (Wülfrath)
Langen, Johann Jakob * 6/238

Düsseldorf
siehe auch *Benrath, Bilk, Düsseltal, Gerresheim, Golzheim, Golzheimer Heide, Grafenberg, Kaiserswerth, Kalkum, Lohausen, Oberkassel, Pempelfort, Schloß Kalkum, Wittlaer*
Abercron, Hugo Wilhelm von ~ 1/9; Abosch, Heinz † 11/1; Achenbach, Andreas ~/† 1/17; Achenbach, Benno von ~ 1/17; Achenbach, Oswald */~/† 1/18; Ackermann, Otto ~ 1/22; Adolf V., Graf von Berg ~ 1/42; Adolf VI., Graf von Berg ~ 1/42; Agnes, Lore ~ 11/2; Ahlefeldt-Laurwig, Elisa (Davidia Margarete) Gräfin von ~ 1/57; Alberts, Jacob ~ 1/71; Albrecht, Karl ~ 1/82; Aldenhoff, Bernd ~ 1/85; Allgeyer, Julius ~ 1/92; Alvary, Max * 1/106; Alwin, Karl Oskar ~ 1/108; Amelunxen, Rudolf † 1/113; Andreae, Johann Heinrich ~ 1/129; Andreae, Karl Christian ~ 1/130; Angeli, Heinrich von ~ 1/135; Anheisser, (Carl Maximilian) Roland * 1/140; Anschütz, Hermann ~ 1/145; Anselmino, Karl-Julius ~ 1/148; Anthony, Wilhelm ~ 1/149; Appen, Karl von * 1/159;

Arnauld de la Perière, Raoul von ~ 1/172; Arnim-Suckow, Alexander (Heinrich) Frh. von † 1/181; Arnold, Karl ~/† 1/189; Arnold, Thea ~/† 1/189; Arntz, Ger(har)d ~ 1/194; Asher, Louis (Julius Ludwig) ~ 1/205; Assing, Rosa Maria * 1/207; Au, Andreas Meinrad von ~ 1/211; Auer, Leopold von (1895) ~ 1/214; Auerbach, Philipp ~ 1/216; Aufseeser, Ernst ~/† 1/220; Ausländer, Rose ~/† 1/224; Bach, Rudolf ~ 1/241; Badenhausen, Rolf ~ 1/252; Badius, Johannes ~ 1/253; Baeck, Leo ~ 1/254; Bäumer, Hans Otto ~/† 11/9; Bagel, (Peter) August ~ 11/9; Bahner, Hermann ~ 1/269; Baisch, Rudolf Christian ~ 1/272; Balser, Ewald ~ 1/279; Bamberger, Gustav ~ 1/284; Bandhauer, (Christian) Gottfried (Heinrich) ~ 1/287; Barfuß, Grischa ~/† 11/11; Barion, Hans * 11/11; Bartels, Hans von ~ 1/299; Barth, Emil † 1/300; Barth von Wehrenalp, Erwin ~ 11/12; Barthelmess, Nikolaus ~/† 1/307; Baudri, (Peter Ludwig) Friedrich ~ 1/323; Baum, Marie ~ 1/333; Baumann, Rudolf * 11/13; Baur, Albert ~/† 1/349; Becher, Alfred Julius ~ 1/365; Beck, Johann Nepomuk ~ 1/371; Becker, Jakob ~ 1/378; Becker, Wilhelm von ~ 1/381; Beckerath, Moritz von ~ 1/382; Beckerath, Willy von ~ 1/382; Beckhäuser, Eduard ~ 1/383; Beckhaus, Mauritz Johann Heinrich */~ 1/383; Beckmann, Joachim ~/† 1/385; Beckmann, Ludwig † 1/385; Beckmann, Max ~ 1/385; Beckmann, Wilhelm * 1/386; Beier, Peter † 11/16; Beitter, Hermann ~/† 1/407; Beitzke, Hermann ~ 1/407; Bendemann, Eduard Julius Friedrich ~/† 1/415; Bendemann, Rudolf Christian Eugen ~ 1/415; Benjamin, Erich ~ 1/423; Benkhoff, Fita ~ 1/424; Bennigsen-Foerder, Rudolf von † 1/427; Bensel, Carl (Gustav) ~ 1/428; Benzenberg, Johann Friedrich ~ 1/432; Bercht, Julius Ludwig ~ 1/434; Berens-Totenohl, Josefa ~ 1/438; Berger, Hans ~ 1/445; Bergmann, Julius (Hugo) ~ 1/451; Bergner, Elisabeth ~ 1/452; Berke, Hubert ~ 1/455; Berlepsch, Hans Hermann Frh. von ~ 1/457; Bernatzik, Wilhelm ~ 1/461; Berndorff, Hans-Rudolf ~ 1/462; Bernhard, Friedrich Frh. von * 1/467; Bertsch, Heinrich ~ 11/19; Beseler, Max ~ 1/491; Bessel, Ehmi ~ 11/20; Best, Werner † 1/494; Betz, Anton † 1/499; Beucker, Ivo ~/† 1/500; Beumelburg, Werner ~ 1/501; Beumer, Wilhelm ~ 1/501; Beuys, Joseph ~/† 1/504; Bewer, Max * 1/505; Bicheroux, Toussaint † 1/512; Binder, Sibylle † 1/532; Binterim, Anton Joseph ~/† 1/534; Birrenbach, Kurt † 1/541; Bissinger, Joseph August ~ 1/549; Bläser, Gustav Hermann * 1/553; Blätterbauer, Theodor ~ 1/553; Blaimhofer, Maximilian ~ 1/554; Blanc, Louis Ammy ~/† 1/555; Blanckarts, Moritz */~ 1/555; Blaspeil, Werner Wilhelm Reichsfrh. von ~ 1/562; Blatzheim, Hans Herbert ~ 1/563; Bleibtreu, Georg ~ 1/567; Blomberg, Wilhelm Frh. von ~ 1/578; Blüthgen, Clara ~ 1/581; Bobleter, Carl ~ 1/592; Bochmann, (Alexander Heinrich) Gregor von ~ 1/593; Bodechtel, Gustav ~ 1/600; Boden, Wilhelm ~ 1/602; Böcklin, Arnold ~ 1/611; Boelitz, Otto † 1/626; Böttcher, Christian Eduard ~/† 1/636; Bogdandy, Ludwig von ~ 11/27; Bohle, Ernst † 2/1; Bohnen, (Franz) Michael ~ 2/2; Bokelmann, Christian Ludwig ~ 2/6; Bongard, Hermann ~/† 2/17; Bongs, Rolf */~/† 2/17; Boos, Martin ~ 2/23; Borcke, Friedrich Heinrich Graf von ~ 2/28; Borner, Wilhelm * 2/34; Borries, Bodo von ~ 2/37; Borsig, Conrad (August Albert) ~ 2/38; Bosch, Ernst Karl ~/† 2/41; Bosselt, Rudolf ~ 2/44; Bosshardt, (Johann) Caspar ~ 2/45; Bottomley, John William ~ 2/48; Boy, Peter ~/† 2/51; Bracht, Eugen ~ 2/53; Brahms, Johannes ~ 2/57; Brandi, Ernst (Theodor Oswald) ~ 2/64; Brandt, Gerhard (Hans Hermann) ~/† 11/30; Brandt, Leo ~ 2/70; Brauda, Benno ~ 2/76; Braune, Rudolf ~ 2/88; Braunhofer, Karl ~ 2/89; Brauweiler, Heinz ~ 2/91; Breker, Arno ~/† 2/108; Breker, Hans ~/† 2/108; Brenner, Hans ~ 11/32; Bretz, Julius ~ 2/123; Breuhaus de Groot, Fritz August ~ 2/126; Brewer, Johann Paul ~/† 2/128; Brillmacher, Peter Michael ~ 2/134; Bringmann, Karl */~/† 2/135; Brinkmann, Johann Peter ~ 2/135; Brockhaus, Friedrich Arnold ~ 2/139; Bromeis, August ~ 2/144; Brucks, Otto ~ 2/151; Brües, Otto ~ 2/155; Brügelmann, Johann Gottfried ~/† 2/156; Brüggemann, Alfred ~ 2/156; Brüggemann, (Johann

Heinrich) Theodor ~ 2/156; Brühl, Alfred Graf von ~ 2/156; Brühl, Moritz * 2/158; Brüning, Peter */~ 2/159; Brüninghaus, Alfred ~ 2/160; Brünnow, Franz Friedrich Ernst ~ 2/161; Brütt, Ferdinand (Martin Cordt) ~ 2/162; Bruhn, Christian Nis Nikolaus ~/† 2/163; Bruhn, Richard † 2/163; Brulliot, Franz (Josef Augustinus) */~ 2/164; Brulliot, Joseph (August) ~ 2/164; Brunner, Ferdinand ~ 2/169; Bruns, Oskar ~ 2/173; Brunswig, Peter ~ 2/175; Buch, Fritz Peter ~ 2/180; Buchholz, Peter ~ 2/184; Buchholz, Rudolf ~ 11/35; Buchhorn, Josef ~ 2/185; Bueck, Henry Axel ~ 2/199; Bürkle de la Camp, Heinz ~ 2/211; Bürkner, Hugo (Leopold Friedrich Heinrich) ~ 2/212; Bütler, Anton ~ 2/214; Buininck, Goswin Joseph Arnold */~/† 2/219; Bukovics von Kiss Alacska, Karl ~ 2/220; Bungeroth, Karl † 2/224; Burchartz, Max ~ 2/230; Burghart, Georg ~ 2/239; Burgmüller, Herbert ~ 2/240; Burgmüller, Johann August Franz ~/† 2/240; Burgmüller, Norbert */~ 2/240; Burgsdorff, Alhard (Karl Gustav Ehrenreich) von ~ 2/241; Bury, Friedrich ~ 2/247; Busch, (Heinrich Christian) Wilhelm ~ 2/250; Buscher, Clemens ~/† 2/252; Buskühl, Ernst ~ 2/253; Buthe, Michael ~ 11/37; Buths, Julius (Emil Martin) ~/† 2/258; Callwey, Georg Dietrich Wilhelm ~ 2/267; Campanus, Johannes ~ 2/270; Campendonk, Heinrich ~ 2/271; Canal, Gilbert von ~ 2/272; Canton, Gustav Jakob ~ 2/275; Caro, Joseph * 2/284; Carp, Werner (Friedhelm Otto Franz) ~ 2/285; Caspers, Johannes ~ 2/293; Castelle, Friedrich ~ 2/296; Chevalley, Heinrich * 2/310; Chézy, Max ~ 2/310; Christians, Rudolf ~ 2/322; Chrudimsky, Ferdinand ~ 2/325; Claaßen, Hermann (Peter) ~ 2/328; Clarenbach, Max ~ 2/330; Clasen, Lorenz */~ 2/331; Cleff, Maria ~/† 2/338; Clemen, Paul ~ 2/339; Cleven, Wilhelm ~ 2/343; Cohen, Walter ~ 2/352; Conrad, Karl Emanuel ~ 2/362; Conradi, August Eduard Moritz ~ 2/364; Contzen, Johann ~ 2/367; Cordes, Johann Wilhelm ~ 2/372; Cornelius, Aloys */† 2/374; Cornelius, Ignaz */~ 2/375; Cornelius, Karl ~ 2/375; Cornelius, Peter von */~ 2/375; Courvoisier, Karl ~ 2/386; Criegee, Rudolf ~ 11/42; Crola, Hugo ~ 2/402; Crome, (Friedrich Theodor) Karl * 2/403; Cuny, Ludwig von * 2/411; Curjel, Hans ~ 2/412; Czermak, Jaroslav ~ 2/418; Czerny, Adalbert ~ 2/419; Czermak, Eduard ~/† 2/425; Daelen, Reiner † 2/425; Daelen, Reiner Maria ~ 2/425; Dahmen, Karl Friedrich (Fred) ~ 2/430; Dam, Hendrik George van † 2/435; Dammann, Anna ~ 2/437; Dammeier, Rudolf ~ 2/437; Daniels, Wilhelm * 2/441; Darnaut, Hugo ~ 2/445; Daun, Wirich von ~ 2/450; Dechamps, Gustav (Leonard Joseph) † 2/456; Decker, Jacques ~ 2/459; Deermann, Bernhard ~ 2/463; Deger, Ernst ~/† 2/465; Degode, Wilhelm (Georg) † 2/467; Deiker, Johannes (Christian) ~/† 2/470; Deiker, Karl Friedrich ~/† 2/471; Deist, Heinrich ~ 2/473; Delbrück, (Johann Friedrich) Ferdinand ~ 2/474; Derra, Ernst ~ 2/493; Deschwanden, Melchior (Paul) von ~ 2/495; Des Coudres, Ludwig ~ 2/495; Dessoff, (Felix) Otto ~ 2/498; Deurer, Peter Ferdinand ~ 2/503; Deuser, Erich † 2/503; Deycks, Ferdinand ~ 2/510; Dichgans, Hans (Hermann) † 2/512; Diederichs, Johann Gottlieb ~ 2/515; Dieffenbach, Anton ~ 2/515; Dielmann, Jakob Fürchtegott ~ 2/517; Dietrich, Albert (Hermann) ~ 2/534; Dietrich, Otto † 2/537; Dietz, Maria * 2/541; Dinkelbach, Heinrich ~ 2/552; Dobbert, Alfred ~ 2/564; Döring, Wolfgang † 2/577; Doerkes(-Boppard), Wilhelm Nikolaus ~ 2/578; Dörrenberg, Gustav ~ 2/580; Domagk, Gerhard (Johannes Paul) ~ 2/588; Doms, Wilhelm ~ 2/592; Dorn, Joseph ~ 2/598; Dornseiff, Richard ~ 2/600; Dowerg, Hugo ~ 2/604; Dreesbach, August * 2/611; Dreesmann, Heinrich † 2/612; Dresbach, August ~ 2/613; Dreuw, Heinrich ~ 2/616; Droste, Heinrich ~ 2/624; Druckenmüller, Nikolaus ~/† 2/627; Duboc, Charles Edouard ~ 2/629; Dudek, Walter ~ 2/633; Dücker, Eugen ~/† 2/634; Düringer, Philipp Jacob ~ 2/640; Dürr, Gustav ~ 2/641; Dumont, Luise ~/† 2/649; Dunker, Wilhelm ~ 2/653; Dustmann, Hanns ~ 11/49; Ebeling, Adolf ~ 2/664; Eberan-Eberhorst, Robert ~ 2/667; Eberhard, (Eduard Hermann) Otto Ritter von †

~/† 6/301; Leifhelm, Hans ~ 6/306; Lennings, Wilhelm ~ 6/321; Leonhardi, (Emil August) Eduard ~ 6/329; Lersner, Kurt Frh. von † 6/340; Lert, Richard ~ 6/340; Lessing, Carl Friedrich ~ 6/344; Lessing, Otto * 6/347; Letterhaus, Bernhard ~ 6/348; Leutze, Emanuel (Gottlieb) ~ 6/356; Levedag, Fritz ~ 6/357; Levison, Wilhelm * 6/360; Lewinger, Ernst ~ 6/364; Lewytzkyj, Borys ~ 6/366; Leyden, Ernst (Viktor) von ~ 6/369; Liebermann, Max ~ 6/381; Lier, Adolf (Heinrich) ~ 6/392; Liesegang, (Paul) Eduard ~/† 6/392; Liesegang, Helmuth ~ 6/392; Liesegang, (Friedrich) Paul ~/† 6/392; Lietzmann, Hans * 6/393; Limbertz, Heinrich (Wilhelm) ~ 6/398; Lind, Emil ~ 6/399; Lindau, Wilhelm Adolf * 6/400; Linde, Otto zur ~ 6/401; Lindemann, August ~ 6/401; Lindemann, Ernst (Heinrich) ~/† 6/401; Lindemann, Gustav ~ 6/401; Linderath, Hugo ~/† 6/405; Lindinger, Hugo ~ 6/406; Lindner, Amanda ~ 6/407; Lindtberg, Leopold ~ 6/409; Lips, Johann Heinrich ~ 6/421; Litt, Theodor * 6/428; Lochner, Wilhelm ~/† 6/435; Loe, Felix Frh. von * 6/436; Loe, Paulus Frh. von ~/† 6/436; Loerbroks, Hermann ~ 6/445; Lommer, Horst ~ 6/465; Loos, Walter ~ 6/468; Lorentz, Kay ~/† 6/470; Lorentz, Lore ~/† 6/470; Lorenz, Max * 6/473; Lortzing, Albert (Gustav) ~ 6/476; Losenhausen, Joseph ~ 6/478; Lubarsch, Otto ~ 6/488; Ludendorff, Erich (Friedrich-Wilhelm) ~ 6/494; Ludwig Anton, Pfalzgraf von Neuburg, Hochmeister des Deutschen Ordens, Bischof von Worms * 6/502; Ludwig, Heinrich ~ 6/509; Ludwig, Karl ~ 6/509; Lübbe, Erich ~ 6/511; Lüben, Adolf ~ 6/512; Lübke, Anton ~ 6/512; Lüders, Günther ~/† 6/515; Lüders, Marie-Elisabeth ~ 6/516; Lueg, Carl † 6/518; Lueg, Heinrich ~/† 6/518; Lühr, Peter ~ 6/519; Lüninck, Ferdinand Frh. von ~ 6/519; Lüninck, Hermann (Joseph Anton Maria) Frh. von ~ 6/519; Lütsches, Peter ~/† 6/524; Lüttwitz, Heinrich von ~/† 6/524; Luther, Hans † 6/535; Luther, (Karl Theodor) Robert † 6/538; Luther, Wilhelm (Alexander) */~/† 6/538; Lutteroth, Ascan ~ 6/539; Macke, August ~ 6/553; Madaus, Gerhard ~ 6/554; Mader, Helmut ~/† 6/555; Männchen, Adolf ~/† 6/558; Mager, Reimer ~ 6/561; Magon, Leopold * 6/565; Maier-Hultschin, Johannes † 6/572; Mallinckrodt, Hermann von ~ 6/579; Mallinckrodt-Haupt, Asta ~ 6/580; Mallitsch, Ferdinand ~ 6/580; Manazza, Bruno ~ 6/584; Mandel, Heinrich † 6/584; Mannesmann, Reinhard ~ 6/595; Manser, Gallus Maria ~ 6/598; Manteufel, Paul ~ 6/600; Manteuffel, Hasso von ~ 6/600; Margulies, Robert * 6/617; Marschner, Heinrich August ~ 6/632; Martiensen-Lohmann, (Carolina Wilhelmine) Franziska ~/† 6/634; Martini, Wolfgang ~ 6/640; Marx, Karl ~ 6/648; Marx, Paul † 6/648; Marx, Wilhelm ~/† 6/649; Marx, Wilhelm ~ 6/649; Masen, Jacob ~ 6/650; Massenez, Josef ~ 6/651; Mataré, Josef ~ 6/653; Matthias, Adolf ~/† 6/662; Matthiesen, Klaus † 11/127; Matting, Alexander ~ 6/664; Matzerath, Otto * 6/665; Mauracher, Hans ~ 6/668; Maurenbrecher, Romeo */† 6/669; Maurer, Eduard (Georg) ~ 6/669; Maurus, Gerda ~/† 6/671; Mautner, Karl ~ 6/673; Mayerhofer, Elfie ~ 7/12; Meier, Eduard ~ 7/30; Meisner, Günter ~ 7/40; Meistermann, Georg ~ 7/47; Melchert, Helmut ~/† 7/51; Mende, Lotte ~ 7/56; Mendelssohn, Peter de (bis 1937: von) ~ 7/59; Mendelssohn Bartholdy, Felix (Jacob Ludwig) ~ 7/60; Menn, Wilhelm ~ 7/63; Mense, Carlo ~ 7/64; Menzel, Walter ~ 7/67; Merklein, Renate † 7/75; Mertens, Franz 7/77; Meyer, Alex(is) (Moritz Philipp) ~ 7/98; Meyer, Selma ~ 7/110; Meyer-Eckhard, Viktor ~ 7/112; Milloss, Aurel von ~ 7/145; Minetti, Bernhard (Theodor Henry) ~ 11/130; Mintrop, Theodor † 7/149; Mirsalis, Hans ~ 7/151; Mittler, Leo ~ 7/159; Modersohn, Otto ~ 7/161; Möhlau, Richard ~ 7/164; Möller, Hermann ~/† 7/169; Molinski, Hans ~ 7/188; Moll, Carl ~ 7/190; Moll, Margarete ~ 7/190; Moll, Oskar ~ 7/190; Mollenhauer, Ernst ~/† 7/190; Mommsen, Ernst Wolf † 7/191; Monden, Herbert ~/† 7/197; Monheim, Johannes ~/† 7/198; Monjé, Paula */† 7/198; Mooren, Albert (Clemens) ~/† 7/203; Mosbacher, Peter ~ 7/220; Mosheim, Grete ~ 7/230; Most, Otto ~ 7/231; Mosterts, Carl ~ 7/232; Mühlmann, Wilhelm

Emil * 7/243; Mülhens, Wilhelm ~ 7/245; Müller, Adolf ~ 7/247; Müller, Andreas (Johannes Jacobus Heinrich) † 7/248; Müller, Georg ~ 7/260; Müller, Hans ~ 7/262; Müller, Hermann Christian Friedrich ~ 7/265; Müller, Karl ~ 7/273; Müller, Max Carl ~/† 7/277; Müller, Traugott ~ 7/281; Müller, Wilhelm Heinrich ~ 7/283; Müller, Wolfgang ~ 7/284; Müller-Kaempfel, Paul ~ 7/288; Müller-Schlösser, Hans */~/† 7/291; Müller-Weiss, Louise ~ 7/291; Mündnich, Karl Rudolf ~ 7/295; Münter, Gabriele ~ 7/298; Münzer, Adolf ~ 7/300; Mulvany, William Thomas ~ 7/305; Mumm, Reinhard * 7/306; Munkácsy, Mihály von ~ 7/309; Munzer, Gustav August ~/† 7/309; Nadolny, Rudolf † 7/329; Nägele, Franz Carl Joseph */~ 7/331; Naeser, Gerhard ~ 7/333; Nahmer, Wilhelm von der ~/† 7/338; Nakatenus, Wilhelm ~ 7/338; Natorp, Paul * 7/344; Nauen, Heinrich ~ 7/347; Naumann, Werner ~ 7/351; Neander, Joachim ~ 7/353; Nebel, Rudolf † 7/354; Neese, Hans * 11/134; Nette, Herbert ~ 7/369; Nettesheim, Konstanze */~ 7/369; Netzer, Hubert ~ 7/370; Neuberger, Josef ~/† 7/373; Neubürger, Emil * 7/374; Neuhaus, Albert ~ 7/378; Neumann, Hans Otto ~ 7/383; Neumann, Hermann Kunibert ~ 7/384; Neumann, Joseph Maria † 7/384; Neumann, Julius ~ 7/384; Neumann, Mathieu ~/† 7/386; Neumann-Viertel, Elisabeth ~ 7/388; Neuss, Wolfgang ~ 7/393; Ney, Elly * 7/397; Nickel, Goswin ~ 7/397; Niebelschütz, Wolf (Magnus Friedrich) von ~/† 7/402; Niecks, Friedrich */~ 7/403; Niehaus, Ruth ~ 7/407; Niemeyer, (Hans Gustav) Adelbert ~ 11/141; Niemeyer, Wilhelm ~ 11/141; Niermann, Gustav ~ 7/411; Niessner, Alois ~ 7/413; Nillius, Heinrich ~/† 7/421; Noack, August ~ 7/427; Nobiling, Eduard Adolph ~ 11/142; Nörrenberg, Constantin ~ 7/431; Nötel, Louis ~ 7/432; Noren, Heinrich Suso Johannes ~ 7/439; Oberheid, Heinrich (Josef) ~/† 11/145; Oberleithner, Max von ~ 7/454; Oeder, Georg † 7/462; Oehme-Foerster, Elsa ~ 7/465; Oehring, Richard * 7/465; Oellers, Fritz */~ 7/467; Oelsen, Willy ~ 11/148; Oer, Anna Maria Freiin von ~ 7/468; Oer, Theobald (Reinhold) Frh. von ~ 7/468; Oesterley, Carl (Wilhelm Friedrich) ~ 7/472; Oesterley, Carl (August Heinrich Ferdinand) ~ 7/472; Oettingen, Wolfgang von ~ 7/475; Offermann, Sabine ~ 7/478; Olbrich, Joseph (Maria) ~/† 7/483; Opelt, Ilona ~ 11/150; Ophey, Walter ~/† 7/494; Opitz, Herwart (Siegfried) ~ 11/150; Oppenheim, Adolf ~ 7/497; Orban, Ferdinand ~ 7/503; Ostendorf, Julius ~ 7/515; Ostertag, Karl ~ 7/517; O'Sullivan de Grass, Elisabeth Charlotte Gräfin ~ 7/520; Oswald, Richard ~/† 7/521; Otte, Bernhard ~ 7/525; Otto, Teo ~ 7/536; Otto-Thate, Karoline ~ 7/537; Overbeck, Egon ~/† 11/154; Overbeck, Fritz ~ 7/539; Overlach, Helene ~ 7/540; Paalen, Bella ~ 7/543; Pagenstecher, Wolfgang ~ 7/549; Palermo, Blinky ~ 7/550; Pankok, Bernhard ~ 7/555; Pankok, Hulda ~ 7/555; Pankok, Otto ~ 7/556; Pankow, Otto ~ 7/556; Panzner, Karl ~/† 7/558; Paquet, Alfons ~ 7/561; Parker, Erwin ~ 7/564; Parrod, François ~ 7/565; Paryla, Karl ~ 7/566; Pauli, Max ~ 7/576; Pausinger, Franz August von ~ 7/583; Peerdt, Ernst Carl Friedrich te ~/† 7/587; Peiner, Werner */~ 7/589; Peithner von Lichtenfels, Eduard ~ 7/590; Pempelfort, Karl * 7/594; Perfall, Karl (Theodor Gabriel Christoph) Frh. von ~ 7/599; Petersen, Hans von ~ 7/618; Petersen, Otto (Friedrich) ~/† 7/619; Pezold, Leopold von ~ 7/632; Pfannschmidt, Ernst Christian ~ 7/636; Pfeiffer, Alois ~ 7/639; Pfeifle, Alfred ~ 7/643; Pfleghar, Michael † 7/649; Piel, Harry */~ 7/666; Pilartz, Joseph ~ 7/669; Piltz, Klaus ~ 7/671; Piper, Otto (Karl Heinrich Christoph) ~ 7/675; Platte, Rudolf (Antonius Heinrich) ~ 7/689; Platz, Hermann ~/† 7/691; Plüddemann, Hermann (Freihold) ~ 8/6; Poell, Alfred ~ 8/11; Poensgen, Ernst */~ 8/13; Poensgen, Helmuth */~ 8/13; Pohle, Wolfgang ~ 8/20; Pomp, Anton ~ 8/31; Potthoff, Karl Wilhelm Hermann ~ 8/47; Prager, Stephan (Friedrich) ~/† 8/51; Preyer, Johann Wilhelm ~ 8/67; Preyer, Wilhelm Dietrich * 8/67; Pritzkoleit, Kurt ~ 8/74; Pross, Helge * 8/80; Prümmer, Dominikus Maria ~ 8/81; Puttfarcken, Hans * 8/94; Rabl, Walter ~ 8/111; Rademacher, Hanna

~ 8/115; Rahn, Rudolf † 8/124; Ramrath, Konrad * 8/133; Randerath, Edmund */~ 8/135; Rappaport, Philipp (August) ~ 8/142; Rath, Willy ~ 8/148; Ratjen, Friedrich Adolf ~/† 8/152; Ratzenberger, Theodor ~ 8/154; Rauch, Karl ~ 8/159; Rauchheld, (Carl Ferdinand) Adolf ~ 8/160; Razum, Hannes ~ 8/169; Redinghoven, Johann Gottfried von */~ 8/178; Redlich, Paul Clemens ~ 8/180; Redslob, Edwin ~ 8/180; Rehkemper, Heinrich ~ 8/191; Rehn, Eduard ~ 8/193; Reichmann, Wolfgang ~ 11/162; Reimann, Max † 8/210; Rein, Ernst ~ 11/162; Reinhold, Conrad ~ 8/222; Reinick, Robert ~ 8/224; Reinicke, René ~ 8/224; Reinl, Josefine ~ 8/226; Reissinger, Hans ~ 8/232; Rémond, Fritz ~ 8/240; Renard, Edmund ~ 8/241; Renfert, Bernhard ~ 8/242; Rethel, Alfred ~/† 8/250; Reuter, Hermann ~/† 8/261; Reutter, Otto † 8/262; Rheinbaben, Georg Frh. von ~/† 8/267; Richter, Eugen * 8/277; Richter, Friedrich ~ 8/278; Richter, Willi ~ 8/284; Ridderbusch, Karl ~ 8/288; Riedel, Wilhelm ~ 8/292; Rincklake, Johann Christoph ~ 8/314; Risse, Heinz * 8/323; Ritter, Emil ~ 8/327; Ritter, Emma (Georgina Karoline) ~ 8/328; Ritz, (Maria Joseph Franz Anton) Raphael ~ 8/336; Rocholl, Rudolf † 8/341; Rocholl, (Rudolf) Theodor ~/† 8/341; Rocholl, Theodor (Bernhard Richard Oswald) * 8/341; Rocke, Leopold ~ 8/341; Roeber, Ernst ~/† 8/347; Roeber, Friedrich † 8/347; Roeber, Fritz ~/† 8/347; Röchling, Ernst † 8/347; Röckel, Wilhelm ~ 8/348; Rögge, (Ernst Friedrich) Wilhelm ~ 8/350; Röhr-Brajnin, Sophie ~ 8/351; Röttger, Karl ~/† 8/364; Röttinger, Johann Jakob ~ 8/365; Roffmann, Ludwig ~/† 8/365; Rogge-Börner, Sophie (Pia) ~/† 8/366; Rohde, Emil * 8/367; Rohland, Walter ~ 8/368; Rohwedder, Detlev Carsten ~/† 8/372; Roland, Ida ~ 8/373; Rombach, Wilhelm ~ 8/378; Ronnefeld, Peter ~ 8/381; Rordorf, Conrad Caspar ~ 8/383; Rosenberg, Ludwig † 8/393; Rott, Adolf (Peter) ~ 8/424; Roux, Karl ~ 8/429; Ruben, Christian ~ 8/431; Ruer, Julius Wilhelm ~ 8/454; Rummel, Kurt † 8/463; Rumpf, Theodor ~ 8/465; Ruska, Helmut (Georg Philipp) ~/† 8/475; Rustige, Heinrich (Franz Gaudenz) von ~ 8/476; Ruths, (Johann Georg) Valentin ~ 8/477; Saalfeld, Martha ~ 8/483; Salbach, Klara ~ 8/497; Salden, Ida ~ 8/497; Salewski, Wilhelm ~ 8/498; Salm-Reifferscheidt, Josef Fürst und Altgraf ~ 8/502; Saltzmann, Karl ~ 8/505; Sandweg, Hans-Dieter * 8/515; Sauerborn, Maximilian ~ 8/528; Saur, Karl-Otto * 8/530; Schacht, Heinrich ~ 8/539; Schacht, (Horace Greeley) Hjalmar ~ 8/539; Schadow, (Friedrich) Wilhelm von ~/† 8/544; Schäfer, Hermann (Rudolf) ~ 8/547; Schäfer, Rudolf (Siegfried Otto) ~ 8/549; Schäfer(-Dittmar), Wilhelm ~ 8/549; Schäfer-Ast, Albert ~ 8/549; Schäffer, Eugen Eduard ~ 8/550; Schaffgans, Wilhelm ~ 8/556; Schalla, Hans ~ 8/560; Schallmayer, (Friedrich) Wilhelm ~ 8/562; Schauenburg, (Karl) Hermann ~ 8/574; Schauseil, Wally */~ 8/577; Scheck, Gustav ~ 8/579; Scheffler, Erna ~ 8/584; Schenck, Hermann (Reinhard) ~ 8/601; Schenck, Johann ~ 8/601; Schenk, Eduard von ~ 8/602; Schenk, (Johann) Heinrich Ritter von * 8/603; Scherbarth-Flies, Bertha ~ 8/608; Scherhag, Richard * 8/612; Scherl, August (Hugo Friedrich) */~ 8/613; Scherpe, Richard ~ 8/613; Scheuner, Ulrich ~ 8/618; Scheuren, (Johann) Kaspar (Nepomuk) ~/† 8/619; Scheurenberg, Joseph */~ 8/619; Schiefer, Friedrich ~ 8/625; Schiele, Egon ~ 8/626; Schieske, Alfred ~ 8/629; Schieß, Ernst ~ 8/629; Schilling, Balduin ~ 8/638; Schirmer, Johann (Wilhelm) ~ 8/649; Schirmer, Walter F(ranz) * 8/649; Schirmer, Wilhelm Kajetan ~ 8/650; Schleich, Eduard Ritter von ~ 8/663; Schley, Karl-Maria ~ 8/673; Schlicht, Abel ~ 8/674; Schloßmann, Arthur ~/† 8/686; Schlüter, Erna ~ 8/688; Schlüter-Hermkes, Maria * 8/689; Schmal, Felix * 8/690; Schmedding, Adolf ~ 8/693; Schmid, Coloman ~ 8/700; Schmid, Ernst Fritz ~ 8/701; Schmid, Peter ~ 8/705; Schmidt, Friedrich Karl ~ 9/6; Schmidt, Hans */~ 9/9; Schmidt, Martin Benno ~ 9/15; Schmidt, Otto d. Ä. ~ 9/17; Schmidt, Robert ~ 9/19; Schmidt-Elmendorff, Hans (Reinhard) ~/† 9/23; Schmidt-Garre, Helmut * 9/23; Schmidt-Horix, Hans ~ 9/23; Schmidtbonn, Wilhelm ~

9/26; Schmidthässler, Walter ~ 9/26; Schmitson, Teutwart ~ 9/29; Schmittmann, Benedikt */~ 9/35; Schmittmann, Heinrich */~ 9/35; Schmitz, Bruno * 9/35; Schmitz, Carl August * 9/35; Schmitz, Hermann (Harry) */~ 9/36; Schmitz, Hermann-Joseph ~ 9/36; Schmitz, Ludwig (Joseph) ~ 9/36; Schnaase, Carl (Julius Ferdinand) ~ 9/42; Schneck, Wilhelm Karl ~ 9/50; Schneider, Ceslaus Maria ~ 9/50; Schneider, Emilie ~/† 9/51; Schneider, Ernst ~ 9/51; Schneider, Georg ~ 9/54; Schneider, Hugo ~ 9/55; Schneider, Louis ~ 9/58; Schneider-Lenne, Ellen-Ruth ~ 11/171; Schnippenkötter, Josef (André) ~ 9/65; Schnitzler, Ernst Wilhelm ~/† 9/67; Schnorr von Carolsfeld, Ludwig ~ 9/69; Schnyder, Franz ~ 9/71; Schocke, Johannes ~ 9/73; Schöllgen, Werner * 9/79; Schönberger, Johanna ~ 9/86; Schöne, Friedrich ~ 9/90; Schönnenbeck, (Carl) Adolf ~ 9/99; Schöttler, Walter ~ 9/104; Scholderer, Otto ~ 9/104; Scholz, Ernst ~ 9/108; Schomberg, Hermann ~ 9/112; Schorlemer-Lieser, Clemens Frh. von ~ 9/117; Schorn, Karl * 9/118; Schramm, Friedrich ~ 9/128; Schreus, Hans Theodor ~/† 9/142; Schreyer, (Christian) Adolf ~ 9/142; Schroeder, Ernst ~ 9/145; Schröder, Hanning ~ 9/147; Schrödter, Adolf ~ 9/153; Schrödter, Emil */~ 9/153; Schrübbers, Hubert ~ 9/158; Schuch, Werner (Wilhelm Gustav) ~ 9/167; Schürmann-Horster, Wilhelm ~ 9/173; Schütte, Ernst ~ 9/175; Schütter, Friedrich * 9/175; Schütz, Hans ~ 9/177; Schütz, Johann Georg ~ 9/178; Schütz, Werner ~/† 9/179; Schulemann, Werner ~ 9/182; Schulz, Paul † 9/197; Schulz-Tattenbach, Hermann ~ 9/198; Schulze zur Wiesche, Paul ~/† 9/202; Schumacher, Joseph ~ 9/203; Schumann, Robert (Alexander) ~ 9/207; Schwab-Felisch, Hans ~ 9/218; Schwagenscheidt, Walter ~ 11/173; Schwann, Franz ~/† 9/222; Schwedler, Maximilian ~ 9/234; Schwenzen, Per ~ 9/243; Schwier, Hans ~ 9/246; Schwippert, Hans ~/† 9/247; Sebon, Karl-Bernhard * 9/252; Sebrecht, Friedrich ~ 9/252; Seeck, Adelheid ~ 9/256; Sehmer, Theodor (II.) ~ 9/264; Seibertz, Engelbert ~ 9/264; Sellheim, Hugo ~ 9/278; Semmer, Gerd ~ 9/283; Sendler, Hans-Jörg † 9/286; Seng, Willi ~ 9/288; Sibylle, Kurfürstin von Sachsen * 9/301; Sieglitz, Georg ~ 9/314; Siegrist, Philipp ~ 9/315; Siemsen, Anna ~ 9/319; Siemsen, Karl ~/† 9/320; Sievert, Ludwig ~ 9/322; Simon, Helene (Henriette) * 9/332; Simon, Johann Franz ~ 9/332; Simons, Anna ~ 9/334; Simons, Karl ~/† 9/334; Simons, Rainer ~ 9/335; Simson, Ernst von ~ 9/337; Sioli, Franz ~/† 9/342; Slembeck, Dieter ~ 9/349; Sluyterman van Langeweyde, Georg (Wilhelm) ~ 9/351; Sohl, Hans-Günther † 9/360; Sohl, Willi ~ 9/360; Sohn, Carl Ferdinand ~ 9/361; Sohn, Carl Rudolf */~/† 9/361; Sohn, (Johann August) Wilhelm ~ 9/361; Sommer, Christian ~ 9/374; Sonnenschein, Carl * 9/374; Sonntag, Erich ~ 9/376; Sonreck, Franz Wilhelm ~ 9/376; Sopher, Bernhard (Burnat David) ~ 9/377; Spangenberg, Paul ~ 9/384; Spankeren, Friedrich Wilhelm von ~ 9/385; Spatz, Willy */~/† 9/386; Specht, Renate ~ 9/387; Spelz, Franz ~ 9/392; Spengler, Oswald (Arnold Gottfried) ~ 9/396; Spiegel, Magda ~ 9/400; Spieker, Joseph Anton ~/† 9/402; Spiethoff, Arthur * 9/406; Spiethoff, Bodo * 9/406; Spitzeder-Vio, Betty ~ 9/411; Spivak, Juan ~ 9/413; Splett, Carl Maria † 9/414; Spoerl, Alexander (Johann Heinrich) * 9/414; Spoerl, Heinrich (Christian Johann) */~ 9/414; Sponeck, Hans Graf von * 9/415; Stägemann, Eugen (Eduard Otto) ~/† 9/432; Stägemann, Ida Valeska Malwine ~ 9/433; Stahl-Nachbaur, Ernst ~ 9/440; Stang, Rudolf * 9/446; Stange, Theodor Friedrich ~ 9/446; Stangl, Franz ~/† 9/447; Starke, Ottomar ~ 9/453; Staub, Hans ~ 9/455; Steffani, Agostino ~ 9/463; Steffens, Günter ~ 9/465; Steger, Milly ~ 9/467; Steigenberger, Albert ~ 9/472; Steigenberger, Egon ~ 9/472; Stein, Gustav ~ 9/477; Steinbeck, Walter ~ 9/485; Steinfurth, Hermann ~ 9/492; Stenbock-Fermor, Alexander Graf † 9/504; Stern, Karoline ~ 9/514; Stibi, Georg ~ 9/527; Stier-Somlo, Fritz ~ 9/529; Stilke, Georg * 9/532; Stilke, Hermann (Anton) ~ 9/532; Stobrawa, Renée ~ 9/536; Störring, Willi ~/† 9/546; Stolberg-Wernigerode, Anton Graf zu ~ 9/550; Stolzenberg, Klara ~ 9/556; Stosch, Anny von ~

9/560; Stradiol-Mende, Pauline Henriette von ~ 9/564; Strathmann, Carl * 9/570; Strathmann, Theodor (Althet) Graf von ~ 9/570; Stratmann, Franziskus Maria ~ 9/570; Strauss, Ludwig ~ 9/578; Ströhlin, Otto ~/† 9/592; Stroux, Karl-Heinz ~/† 9/595; Struensee, Gustav (Karl Otto) von ~ 9/597; Strützel, (Leopold) Otto ~ 9/598; Stückelberg, Ernst (Johann Melchior) ~ 9/608; Stürmer, Bruno ~ 9/610; Stürmer, Karl (Benjamin) ~ 9/611; Stummel, Friedrich (Franz Maria) ~ 9/613; Sturm, Alexander ~ 9/616; Sudermann, Daniel ~ 9/624; Süs, (Peter Augustin) Wilhelm */~ 9/626; Süß, Bruno ~ 9/626; Suhr, Eduard R. ~ 9/628; Sulz, Karl ~ 9/630; Susa, Charlotte ~ 9/635; Susman, Margarete ~ 9/635; Swoboda, Josef Wilhelm ~ 9/642; Sybel, Heinrich (Karl Ludolf) von * 9/643; Sybel, Heinrich Ferdinand Philipp von ~ 9/643; Syrup, Friedrich ~ 9/645; Szenkar, Eugen ~/† 9/646; Tamms, Friedrich W. ~/† 9/653; Tannert, Hannes ~ 9/656; Tausch, Julius ~ 9/665; Teichmüller, Joachim (Julius Friedrich Heinrich) ~ 9/670; Teleky, Ludwig ~ 9/671; Tengelmann, Wilhelm ~ 9/675; Teschemacher, Margarete ~ 9/679; Thalheimer, Siegfried * 9/688; Thannhauser, Siegfried (Josef) ~ 9/689; Thelen, Peter ~ 9/693; Thienemann, Alfred Bernhard ~ 10/5; Thoma, Hans ~ 10/14; Thomaschek, Hans ~ 10/19; Thomaschek-Hinrichsen, Berta ~ 10/19; Thomkins, André ~ 10/21; Thurmair, Georg ~ 10/30; Thyssen, Fritz ~ 10/34; Tigges, Eduard ~ 10/41; Tigges, Hubert ~ 10/41; Tillessen, Rudolf * 10/43; Trautschold, (Carl Friedrich) Wilhelm ~ 10/74; Trautwein, Friedrich ~/† 10/75; Trede, Paul ~ 10/77; Trepte, Curt ~ 10/82; Treskow, Elisabeth ~ 10/83; Treu, (Maria) Catharina (Wilhelmine) ~ 10/83; Trieloff, Wilhelm ~ 10/87; Trier, Hann ~ 11/182; Trost, Carl ~ 10/97; Tunica, (Johann) Christian (Ludwig) ~ 10/117; Turek, Anton ~ 10/118; Ubbelohde, Leo (Karl Eduard) † 10/121; Ude, Karl * 10/122; Ueberhorst, Karl ~ 10/124; Uechtritz, (Peter) Friedrich von ~ 10/125; Ulrich, Franz Heinrich ~ 10/145; Umbo ~ 10/149; Ungar, Clara ~ 10/151; Unruh, Walther (Karl Gustav) ~ 10/158; Urbach, Josef ~ 10/163; Ury, Lesser ~ 10/169; Uzarski, Adolf ~/† 10/173; Vaerting, (Maria Johanna) Mathilde ~ 10/175; Valk, Fritz ~ 10/180; Varena, Adolf ~ 10/181; Varnhagen von Ense, Karl August */~ 10/183; Velden, Reinhard (Friedrich Wilhelm Alexander) von den ~ 10/191; Versing, Wilhelm ~ 10/198; Viehöver, Joseph ~ 10/204; Vielhaber, Gerd ~/† 10/204; Viertel, Berthold ~ 10/206; Viertel, Salka ~ 10/206; Viëtor, (Karl Adolf Theodor) Wilhelm ~ 10/208; Villaret, Albert * 10/210; Vinnen, Carl ~ 10/212; Vögler, (Emil) Albert (Wilhelm) ~ 10/221; Vogel, Hugo ~ 10/226; Vogel, Wilhelm ~ 10/228; Volkmann, Hans (Richard) von ~ 10/246; Volkmann, Otto (Hermann) * 10/246; Vollmer, Bernhard ~/† 10/248; Vollmer, Friedrich ~ 10/248; Vomfelde, Fritz ~/† 10/252; Vordemberge, (Rudolf Heinrich) Friedrich ~ 10/253; Vorwerk, Wilhelm † 10/257; Voß, Abraham (Sophus) † 10/257; Vrieslander, Otto ~ 10/261; Vynhoven, Gerhard ~ 10/262; Wachholtz, Ulf † 10/265; Wächtler, Karl Gottlieb ~ 10/272; Wälterlin, Oskar ~ 10/272; Wagner, Werner ~ 10/290; Wahle, Christian ~ 10/293; Waldmeier, Karl */~/† 10/305; Waldthausen, Oscar von ~ 10/308; Walther, Gebhardt von */~ 10/323; Waltking, Friedrich Wilhelm (Christian) † 10/326; Wamper, Adolf ~ 10/327; Waninger, Carl */~ 10/330; Waschow, Gustav ~ 10/340; Wasielewski, Joseph Wilhelm von ~ 10/341; Wasserthal, Elfriede ~ 10/344; Weber, Carl Maria * 10/351; Weber, Ludwig ~ 10/357; Wecus, Walter von */~ 10/366; Weese, Helmut ~ 10/371; Wegner, Walburga ~ 10/374; Wehberg, Hans * 10/375; Weichert, Richard (Gustav-Wilhelm) ~ 10/380; Weidlich, Elfriede ~ 10/383; Weidner, Johann Leonhard ~ 10/384; Weinzheimer, Friedrich August ~ 10/400; Weisbach, Hans ~ 10/401; Weise, Robert ~ 10/402; Weiss, Hermann ~ 10/408; Weisweiler, Franz Josef † 10/416; Weitsch, (Johann) Anton (August) ~ 10/418; Weitsch, Johann Friedrich ~ 10/420; Weizsäcker, Heinrich ~ 10/430; Welty, Eberhard ~ 10/430; Wenderoth, Erich ~/† 10/432; Wendt, Herbert * 10/434; Wenger, Lisa ~ 10/435; Wenker, Georg */~ 10/436; Wentzcke, Paul ~ 10/437;

Wentzel, Gregor * 10/437; Werner, Fritz ~ 10/446; Werner, William ~ 10/448; Werthes, Friedrich August Clemens ~ 10/454; Wever, Franz ~/† 10/465; Weydenhammer, Konrad ~ 10/465; Wichmann, Johanna (Rosemarie) ~ 10/471; Wiebeking, Carl Friedrich von ~ 10/477; Wieber, Franz † 10/477; Wieder, Hanne ~ 10/480; Wiegmann, Rudolf ~/† 10/482; Wieland, Philipp ~ 10/484; Wiener, Max ~ 10/487; Wiese und Kaiserswaldau, Leopold von ~ 10/488; Wigand, Albert ~ 10/492; Wilderer, Johann Hugo von ~ 10/499; Wildermann, Hans ~ 10/499; Wilmowsky, Tilo von ~ 10/515; Wimmelmann, Alfred † 10/516; Wimmer, Maria ~ 10/517; Windscheid, (Josef Hubert) Bernhard * 10/525; Winkelmann, Hans ~ 10/527; Winkhaus, Hermann ~ 10/528; Winkler, Max † 10/529; Wintergerst, Joseph † 10/534; Wischnewski, Siegfried ~ 10/541; Wislicenus, Hermann ~ 10/541; Wittich, Marie ~ 10/548; Wittkopf, Rudolf ~ 10/549; Witzel, Oskar ~ 10/553; Woermann, Karl ~ 10/559; Wohlmuth, Alois ~ 10/562; Wolfgang Wilhelm, Herzog von Jülich-Berg, Pfalzgraf von Neuburg ~/† 10/579; Wolfram, Karl ~ 10/581; Wollheim, Gert (Heinrich) ~ 10/584; Wüllner, (Friedrich Hugo Anton) Adolph * 10/592; Wünnenberg, Carl */~ 10/592; Wunsch, Hermann ~ 10/599; Wuzél, Hans ~ 10/602; Xeller, (Johann) Christian ~ 10/605; Zahn, Friedrich (Wilhelm Karl Theodor) ~ 10/614; Zaisser, Else * 10/615; Zangen, Wilhelm ~/† 10/618; Zanotelli, Hans ~ 10/619; Zaun, Fritz ~ 10/623; Zawilowski, Konrad von ~ 10/624; Zerkaulen, Heinrich ~ 10/644; Zetsche, Eduard ~ 10/648; Ziegler, Gottfried † 10/653; Ziegler, Hans ~ 10/653; Ziegler, Hans Severus ~ 10/654; Zillig, Winfried ~ 10/662; Zimmer, Walter ~ 10/664; Zimmermann, Clemens von * 10/666; Zimmermann, Max Georg ~ 10/670; Zintgraff, Eugen * 10/677; Zivi, Hermann ~ 10/681; Znamenáček, Wolfgang ~ 10/682; Zoellner, Wilhelm † 10/684; Zollenkopf, Alexander ~/† 10/687; Zschokke, Alexander ~ 10/691; Züllig, Hans ~ 10/696; Zwißler, Karl Maria ~ 10/711

Düsseltal (Düsseldorf)
Münster, Friederike ~ 7/296; Recke-Volmerstein, Adalbert Graf von der ~ 8/174; Valenti, Ernst Joseph Gustav de ~ 10/177

Duingen
Eccard, Johann Georg von * 3/4

Duino (Italien)
Boltzmann, Ludwig Eduard † 2/12; Rilke, Rainer Maria ~ 8/311

Duisburg
siehe auch *Baerl, Beeckerwerth, Bergheim, Großenbaum, Hamborn, Hochemmerich, Homberg, Huckingen, Laar, Meiderich, Rheinhausen, Ruhrort*
Adolf VI., Graf von Berg ~ 1/42; Alberts, Walter ~ 1/71; Albertz, Luise ~ 1/73; Aldenhoff, Bernd * 1/85; Andreae, Tobias ~ 1/131; Aockerblum, Ottmar * 1/154; Arning, Marie ~ 1/182; Bäumer, Paul * 1/265; Bandmann, Günter * 11/10; Baum, Fritz ~ 1/332; Bechem, August (Johann Friedrich) ~/† 1/365; Beckert, Theodor ~ 1/383; Beier, Peter ~ 11/16; Beitter, Hermann * 1/407; Berg, Johann Peter ~/† 1/440; Beuys, Joseph ~ 1/504; Bicheroux, Toussaint ~ 1/512; Bindseil, Christoph Heinrich ~ 1/532; Bird, Friedrich Ludwig Heinrich ~ 1/537; Bischoff, Richard */† 1/544; Blezinger, (Gustav) Adolf ~ 1/572; Böninger, Karl Friedrich */~/† 1/630; Bommelius, Heinrich ~/† 2/15; Borchers, (Johann Albert) Wilhelm ~ 2/27; Borcke, Friedrich Heinrich Graf von ~ 2/28; Borheck, August Christian ~ 2/30; Born, Nicolas * 2/33; Brauksiepe, Aenne */~ 11/30; Braumüller, Wilhelm ~ 2/78; Brehmer, Klaus Peter ~ 11/31; Breuning, Christian Heinrich ~ 2/127; Brinkmann, Johann Peter ~ 2/135; Brückner, Nathanael ~ 2/153; Brunner, Franz ~ 2/169; Büttner, Johann Arnold Joseph ~ 2/215; Buininck, Goswin Joseph Arnold ~ 2/219; Canaris, Carl (August) ~ 2/272; Caridis, Miltiades ~ 11/38; Carp, Werner (Friedhelm Otto Franz) */~ 2/285; Carrach, Johann Philipp von ~ 2/288; Carstanjen, Arnold Julius Maximilian * 2/289; Cassander, Georgius ~ 2/293; Clauberg, Johann ~/† 2/332; Collenbusch, Samuel ~

Dungen
Schulze-Smidt, Berhardine (Cornelie Wilhelmine) * 9/202

Dunkelthal (tschech. Temný Důl, heute zu Horní Maršov/Marschendorf)
Kluge, Johann Adam ~ 5/609; Kosel, Hermann Clemens * 6/51; Mündnich, Karl Rudolf * 7/295

Dunkerque → Dünkirchen

Dunningen
Mayer, Jacob * 7/8; Ohmacht, Landolin * 7/481

Dunowo → Thunow

Dunum
Gittermann, (Johannn) Carl * 4/18; Gittermann, (Johann Christian) Hermann * 4/18

Duppau (tschech. Doupov)
Schwager, Richard * 9/219

Dupus → Tobsdorf

Duque de Braganza (Angola)
Barth von Harmating, Hermann Frh. ~ 1/306

Durango (Mexiko)
Fischer, August (Ludwig Gottlieb) ~ 3/312; Wilmanns, (Franz Heinrich) Karl * 10/514

Durazzo → Durrës

Durbe → Durben

Durben (lett. Durbe)
Baumann, Joachim ~ 1/336; Baumbach, Johann Christoph ~ 1/338; Grotthuß, Elisabeth Freiin von * 4/203

Durchfurth (Gem. Lalling, Kr. Deggendorf)
Nirschl, Joseph * 7/423

Durham (England)
Ehrenberg, Victor (Leopold) ~ 11/51; Levison, Wilhelm ~/† 6/360; Nadel, Siegfried (Ferdinand) ~ 7/328; Paneth, Friedrich Adolf ~ 7/554

Durham (North Carolina, USA)
Beckerath, Herbert von ~ 1/382; Franck, James ~ 3/389; Kohn, Hedwig ~/† 6/6; London, Fritz (Wolfgang) ~/† 6/466; Nordheim, Lothar Wolfgang ~ 7/438; Sponer-Franck, Hertha (Dorothea) ~ 9/415; Stern, William Louis ~/† 9/515

Ďurkov → Györke

Durlach (seit 1938 zu Karlsruhe)
Adlersfeld-Ballestrem, Eufemia von ~ 1/42; Amelius, Martin ~ 1/113; Backofen, Johann Georg Heinrich * 1/250; Baltzer, Eduard Wilhelm † 1/282; Bechtel, Friedrich * 1/368; Böddeker, Philipp Friedrich ~ 1/613; Bressand, Friedrich Christian * 2/121; Dill, Ludwig ~/† 2/546; Drollinger, Karl Friedrich * 2/623; Egell, Paul ~ 3/23; Eichrodt, Ludwig */~ 3/55; Elisabeth, Markgräfin von Baden-Durlach * 3/86; Ernst I., Markgraf von Baden-Durlach ~ 3/158; Ernst Friedrich, Markgraf von Baden-Durlach ~ 3/158; Fecht, Johannes ~ 3/239; Förtsch, Michael ~ 3/366; Friedrich V., Markgraf von Baden-Durlach † 3/460; Friedrich VI., Markgraf von Baden-Durlach */† 3/461; Gallinarius, Johannes * 3/565; Geiger, Carl (Gustav Theodor) ~ 3/603; Georg Friedrich, Markgraf von Baden-Durlach * 3/626; Haldenwang, Christian * 4/343; Hermann, Johannes Jakob ~ 4/629; Karl Friedrich, Markgraf, Großherzog von Baden ~ 5/441; Karl II., Markgraf von Baden-Durlach ~/† 5/442; Karl III. Wilhelm, Markgraf von Baden-Durlach * 5/442; Karoline Luise, Markgräfin von Baden-Durlach ~ 5/451; Keßlau, Albrecht Friedrich von ~ 5/519; Kobian, Valentin */~ 5/637; Konrad II. von Rothenburg, Herzog von Schwaben † 6/31; Mair, Johann Ulrich ~ 6/574; Maler, Valentin ~ 6/578; Pistorius, Johann d. J. ~ 7/680; Posselt, Ernst Ludwig * 8/44; Praecheisen, Karl ~ 8/49; Ratzel, Friedrich (Karl Julius) * 8/154; Reichenbach, Georg (Friedrich) von * 8/200; Renz, Carl * 8/246; Riehm, Eduard (Karl August) ~ 8/299; Rompler von Löwenhalt ~ 8/381; Rottmann, Anton ~/† 8/427; Scheurl, Lorenz ~ 8/619; Schill, Johann Heinrich * 8/634; Schmid Noerr, Friedrich Alfred * 8/707; Schoch, Johannes ~ 9/73; Strattner, Georg Christoph ~ 9/570

Durmenach → Dürmenach

Durmersheim
Spuler, Arnold * 9/423

Durrës (italien. Durazzo, Albanien)
Babinger, Franz † 1/233; Hornbostel, Theodor ~ 5/179

Duschnik (tschech. Daleké Dušniky)
Hartmann, Moritz * 4/411

Dussoi (Prov. Belluno, Italien)
Begrich, Joachim † 1/394

Duszniki-Zdrój → Bad Reinerz

Dutzow (Missouri, USA)
Follenius, Paul ~/† 3/367

Dux (tschech. Duchcov)
Jordan, Egon * 5/362; Schauenstein, Anton von ~ 8/575; Walther von der Vogelweide ~ 10/322; Weis, Georg * 10/401; Zauper, Stanislaus * 10/624

Duża Wólka → Großschwein

Dvinsk → Dünaburg

Dvorce → Hof

Dvůr Králové nad Labem → Königinhof an der Elbe

Dworek → Baarenhof

Dyhernfurth (poln. Brzeg Dolny)
Hanke, Henriette (Wilhelmine) ~ 4/370; Hoym, Karl Georg Heinrich Graf von † 5/191; Kroner, Theodor * 6/118

Dyjákovičky → Klein-Tajax

Dykhausen (seit 1972 zu Sande)
Krechting, Heinrich ~/† 6/89

Dymokury → Dimokur

Dyneburg → Dünaburg

Dyszno → Ringenwalde

Działdowo → Soldau

Dziećmarowy → Dittmerau

Dziećmorowice → Dittmannsdorf

Dzielów → Eiglau

Dziemiany → Dzimianen

Dzierzgón → Christburg

Dzierżoniów → Reichenbach

Dzikowice → Ebersdorf

Dzimianen (auch Sophienwalde, poln. Dziemiany)
Dieckhoff, Hans * 2/514

Dzwonowo → Schönebeck

E

Eagle Pass (Texas, USA)
Cram, Herbert * 2/388

East Hampton (New York, USA)
Namuth, Hans † 7/338; Schiebelhuth, Hans (Hans Hieronymus) † 8/623

East Lansing (Michigan, USA)
Honigsheim, Paul † 5/168

East Orange (New Jersey, USA)
Wunderlich, Frieda † 10/597

Ebeleben
siehe auch *Allmenhausen*
Gerber, Carl (Friedrich Wilhelm) von * 3/635

Ebelsberg (seit 1923 zu Linz, Oberösterreich)
Larisch von Moennich, Heinrich Graf * 6/253; Rupertsberger, Matthias ~ 8/470; Seckendorf (-Aberdar), (Franz Karl) Leo(pold) Frh. von † 9/252

Eben am Achensee → Pertisau

Ebenau (Salzburg)
Haringer, Johann Jakob ~ 4/387; Mielichhofer, Mathias ~ 7/131

Ebenau (seit 1899 zu München)
Berenger, (Joseph Maria) Adolf von * 1/437

Ebenezer (Georgia, USA)
Boltzius, Johann Martin ~/† 11/27

Ebenfurth (Niederösterreich)
Benesch, Otto * 1/421; Halbax, Michael Wenzel * 4/341; Salzer, Matthäus Kaspar ~ 8/506

Ebenhausen (Gem. Schäftlarn)
Benjamin, Erich ~ 1/423; Buhl, Ludwig von † 2/219; Coubier, Heinz ~/† 2/385; Davidson, Paul † 2/454; Edens, Ernst ~ 3/18; Ettlinger, Max (Emil) † 3/186; Fischer, (Rudolf Erich) Walther † 3/328; Hartmann, Gustav † 4/408; Heilmann, Jacob ~ 4/499; Hommel, Hildebrecht † 5/164; Jaffé, Edgar † 5/288; Langewiesche-Brandt, Wilhelm ~/† 6/244; Li, Mirok † 6/372; Martini, Wolfgang † 6/640; Riezler, Walter ~/† 8/309; Seidel, Ina ~ 9/265; Tirpitz, Alfred von † 10/47; Wiskott, Eugen † 10/541

Ebenhausen (seit 1972 zu Oerlenbach)
Endres, Fritz * 3/111; Wenz-Viëtor, Else † 10/437

Ebenheit (poln. Glogowo)
Neumann, Karl Johannes * 7/385

Ebenrode → Stallupönen

Ebensee (Oberösterreich)
Bermanschläger, Ludwig ~ 1/459; Gillesberger, Hans * 4/9; Grosse, Fritz (Willibald) ~ 4/194; Heller, Otto ~/† 4/564; Katzer, Friedrich Xaver * 5/467; Loidl, Franz */~ 6/465; Lugmayer, Karl * 6/526; Mair, Kurt * 6/574; Plättner, Karl ~ 7/683; Rössler, Richard * 8/363; Wirl, Erik * 10/537

Ebensfeld
siehe auch *Döringstadt, Niederau*
Meixner, Georg * 7/48

Ebenthal (Kärnten)
Goëss, Leopold Graf † 4/63

Ebenzweier (Gem. Altmünster, Oberösterreich)
Ferdinand Karl Josef, Erzherzog von Österreich-Este † 3/270; Maximilian Joseph, Erzherzog von Österreich-Este, Hochmeister des Deutschen Ordens † 6/678

Eberbach (Gem. Mulfingen)
Haecker, Theodor * 4/303

Eberbach (Kloster, Eltville am Rhein)
Bär, Hermann ~ 1/259; Gebeno von Eberbach ~ 3/592; Heinrich Heinbuche von Langenstein, auch H. von Hessen d. Ä. ~ 4/538; Isenbiehl, Johann Lorenz ~ 5/261; Schenk, Daniel ~ 8/602; Schmitt, Joseph ~ 9/32

Eberbach (Rhein-Neckar-Kreis)
siehe auch *Lindach, Rockenau*
Beissel, Georg Konrad * 1/406; Epp, Rudolf * 3/131; Groos, Friedrich † 4/186; Holtzmann, Walther * 5/157; Keppler, Wilhelm ~ 5/508; Konrad von Eberbach ~/† 6/32; Leibfried, Eugen * 6/302; Snell, Ludwig (Daniel Christian) ~ 9/354; Thürach, Hans ~ 10/26

Eberdingen
Heilbronner, Jacob * 4/495

Eberfing
Eberle, Robert † 2/674; Ebert, Carl ~ 2/677; Langko, Dietrich ~ 6/247; Podewils(-Juncker-Bigatto), Sophie Dorothee ~ 8/8; Zimmermann, (August) Richard ~ 10/670

Ebergassing (Niederösterreich)
Peterka, Hubert * 7/614

Ebergötzen
Busch, (Heinrich Christian) Wilhelm ~ 2/250

Eberhardzell → Füramoos, Oberessendorf

Ebermannstadt
siehe auch *Gasseldorf*
Eberhard, Rudolf ~ 11/49; Theiler, Friedrich */~/† 9/691

Ebern
siehe auch *Eyrichshof*
Glantschnigg, Joseph Anton ~ 4/21

Ebernburg (seit 1969 zu Bad Münster am Stein-Ebernburg)
Hutten, Ulrich von ~ 5/236; Oekolampad, Johannes ~ 7/466; Sickingen, Franz von */~ 9/303

Eberndorf (Kärnten)
Leonhard von Keutschach, Erzbischof von Salzburg ~ 6/328

Ebersbach (Kr. Löbau-Zittau)
Bergmann, Karl * 1/451; Clemas, Matthäus * 2/338; Dreßler, Bruno * 2/615; Hesse, Ferdinand ~ 4/675; Jäger,

Gustav ~ 5/283; Röthig, (Gustav) Bruno * 8/364; Sinkwitz, Paul * 9/340

Ebersbach (Kr. Riesa-Großenhain) → Kalkreuth, Niederebersbach

Ebersbach an der Fils
siehe auch *Bünzwangen*
Dinkelacker, Paul ~ 2/552; Hehl, Matthäus Gottfried * 4/484; Kauffmann, Fritz ~/† 5/469; Mohr, Ernst ~ 7/182; Schepp, Friedrich (Wilhelm) * 8/608; Schwan, Johann Friedrich ~ 9/221; Seebich, Gustav (Karl) */~/† 9/256

Ebersbach-Musbach → Ried

Ebersberg
Adalbero, Herzog von Kärnten ~/† 1/24; Beck, (Christian) Friedrich * 1/370; Beck, Karl Theodor ~ 1/372; Beer, Michael ~ 1/390; Eichthal, Bernhard von ~ 3/56; Eichthal, Simon Aron Frh. von ~/† 3/56; Heuser, Kurt * 5/11; Kolb, Alois ~ 6/9; Koschmieder, Erwin † 6/50; Lechner, Franziska ~ 6/282; Lohner, Tobias ~ 6/464; Meginheri, Abt von Hersfeld ~ 7/26; Michl, Anton * 7/127; Raßler, Max † 8/147; Schlitpacher von Weilheim, Johann ~ 8/680; Staudacher, Michael † 9/456; Ullmann, Regina † 10/137; Widl, Adam ~/† 10/474; Williram von Ebersberg ~ 10/512; Wintrich, Josef (Marquart) ~/† 10/536; Zellner, Valerian * 10/639

Ebersberg (Gem. Auenwald)
Bäuerle, Hermann * 1/264; Jäger von Gärtringen, Melchior ~ 5/285

Ebersburg → Weyhers

Ebersdorf (Niederösterreich)
Reder Ritter von Schellmann, Albert * 8/177

Ebersdorf (poln. Dzikowice)
Genähr, Ferdinand * 3/620

Ebersdorf (Thüringen)
Benigna Maria, Gräfin von Reuß-Ebersdorf * 1/422; Bonin, Ulrich Bogislav von ~/† 2/20; Clemens, Gottfried ~ 2/340; Fränkel, Ludwig ~ 3/384; Garve, Karl Bernhard ~ 3/576; Häpe, Hugo * 4/312; Moser, Friedrich Carl Frh. von ~ 7/223; Moser, Johann Jacob ~ 7/225; Oldendorp, Christian Georg Andreas ~/† 7/486; Pfannschmidt, Ernst Christian † 7/636; Reuß, Heinrich Erbprinz von * 8/257; Rosenbach, Johann Georg ~/† 8/389; Steinhofer, Friedrich Christoph ~ 9/494; Zinzendorf, Erdmuth(e) Dorothea Gräfin von * 10/677

Ebersdorf b. Coburg
Bayer, Johann Philipp ~ 1/358

Ebersmünster
Thumb, Peter ~ 10/28

Ebersol (Gem. Hohenrain, Kt. Luzern)
Leu, Joseph */† 6/350

Eberspark (Bez. Bromberg)
Baecker, Paul (Wilhelm Erich) * 1/255

Eberstadt (seit 1937 zu Darmstadt)
Leichtweiß, Ludwig * 6/306

Eberstädt (seit 1964 zu Sonneborn, Kr. Gotha)
Koch-Gotha, Fritz * 5/644

Eberstahl
Wieselsberger, Carl * 10/489

Ebersteinburg (seit 1971 zu Baden-Baden)
Allgeier, (Franz) Arthur † 1/92; Mahle, Hermann † 6/566; Marx, Karl † 6/648; Schenk, Gustav * 8/602; Sterling, Eleonore † 9/512

Eberstorf
Tanner, Georg * 9/656

Eberswalde (1375-1877 Neustadt-Eberswalde)
Altum, Johann Bernhard ~/† 1/106; Arnold, Franz ~ 1/186; Bäßler, Arthur † 1/264; Bamberg, Albert von ~ 1/283; Becker, Marie Luise * 1/380; Bernhardt, August Peter ~ 1/470; Bernstorff, Georg Ernst Graf von ~ 1/477; Bonin, Ulrich Bogislav von ~ 2/20; Borggreve, Bernard Robert ~ 2/29; Borgmann, Wilhelm ~ 2/29; Bornkessel, Hans ~ 2/35; Brefeld, Oskar ~ 2/97; Bussche-Haddenhausen, Ernst Gustav Frh. von dem ~ 2/254; Councler, Konstantin ~ 2/385; Cramer, (Johann Baptist Joseph) August ~ 2/388; Danckelmann, Bernhard (Engelbert Joseph) ~/† 2/438;

Edelstetten (seit 1978 zu Neuburg a. d. Kammel)
Kraemer, Simpert ~/† 6/61; Sutor, Wilhelm * 9/637; Zimmermann, Johann Baptist ~ 10/669

Eden (Oranienburg)
Gesell, (Jean) Silvio † 3/664; Landmann, Friedrich ~/† 6/218

Edenbergen (seit 1978 zu Gersthofen)
Geiger-Weishaupt, Fanny Edle von * 3/607

Edenhof (seit 1808 zu Sankt Johannisrain, seit 1911 zu Penzberg)
Carl, Anton Joseph * 2/280

Edenkoben
Arnold, (Philipp) Friedrich * 1/186; Arnold, Johann Wilhelm * 1/188; Auerbach, Friedrich ~ 1/215; Drexl, Franz † 2/618; Laforet, Wilhelm * 6/197; Lommel, Eugen (Cornelius Joseph) Ritter von * 6/465; Marx, Werner * 6/649; Minster, Carl * 7/148; Remling, Franz Xaver */† 8/239; Stübinger, Oskar * 9/607; Weidenreich, Franz * 10/382

Ederheim
siehe auch *Christgarten*
Rehm, Heinrich * 8/192

Edertal → Bergheim

Edesheim (Kr. Südliche Weinstraße)
Holbach, Paul (Heinrich) Thiry (Dietrich) Baron von * 5/143

Ediger (seit 1969 zu Ediger-Eller)
David, Eduard (Heinrich Rudolph) * 2/452

Edinburgh
Ahlersmeyer, Mathieu (Karl Maria) ~ 1/58; Albers, Johann Abraham ~ 1/64; Alesius, Alexander */~ 1/86; Aufrecht, (Simon) Theodor ~ 1/219; Bauer, Johann Christian ~ 1/326; Becker, Ferdinand Wilhelm ~ 1/377; Beilschmied, Karl Traugott ~ 1/405; Biermann, Ludwig (Franz Benedikt) ~ 1/523; Bing, Sir Rudolf (Franz Josef) ~ 11/22; Born, Max ~ 2/32; Boué, Ami ~ 2/48; Breslau, Bernhard ~ 2/119; Broda, Engelbert ~ 2/141; Carro, Johann Ritter von ~ 2/288; Dieffenbach, Ernst ~ 2/516; Diem, Nelly ~ 2/518; Dürrner, Johannes (Ruprecht Julius) ~/† 2/643; Düraus, Johann * 2/654; Eggeling, Julius ~ 3/26; Emminger, Otmar ~ 3/105; Fehling, Hermann Johannes Carl ~ 3/244; Fischer, Philipp ~ 3/326; Fuchs, Klaus (Emil Julius) ~ 3/520; Fürth, Reinhold Heinrich ~ 3/531; Gál, Hans ~/† 3/560; Gibsone, Alexander * 3/677; Girtanner, Christoph ~ 4/15; Hähnisch, Anton ~ 4/306; Halm, Jacob (Karl Ernst) ~ 4/352; Hedrich, Franz † 4/474; Herrmann, Theo ~ 4/644; Herschel, (Friedrich) Wilhelm ~ 4/646; Höber, Rudolf (Otto Anselm) ~ 5/85; Holtz, Wilhelm (Theodor Bernhard) ~ 5/156; Isensee, Ludwig Theodor Emil ~ 5/263; Jellinek, Stefan † 5/318; Kerschensteiner, Georg (Michael) ~ 5/516; Kilian, (Hermann) Friedrich ~ 5/536; Koffka, Kurt ~ 5/679; Krüss, Hugo Andres ~ 6/125; Kunz, Erich ~ 6/171; Lange, Henry ~ 6/233; Lappenberg, Johann Martin ~ 6/252; Lechleitner, Franz ~ 6/281; Lewald, Walter ~ 11/122; Lottner, Karl Friedrich ~ 6/483; Mainzer, Joseph ~ 6/573; Meyer, Kuno ~ 7/107; Müller, Gottfried ~ 7/261; Neuhaus, Günter Alexander ~ 11/138; Niebuhr, Barthold Georg ~ 7/403; Niecks, Friedrich ~/† 7/403; Ninck, Johannes ~ 7/421; Olpp, Gottlieb ~ 7/490; Petermann, August ~ 7/614; Pierson, Heinrich Hugo ~ 7/667; Rankl, Karl (Franz) ~ 8/138; Redlich, Hans Ferdinand ~ 8/179; Rée, Louis * 8/182; Rehfuß, Heinz ~ 8/191; Rennert, Günther (Peter) ~ 8/246; Reumont, Gerhard ~ 8/255; Rothe, Hans (Ludwig) ~ 8/418; Schlossberger, Julius Eugen ~ 8/684; Schmückle, Hans-Ulrich ~ 9/40; Schoener, Johann */~ 9/91; Schröder, Gerhard ~ 9/147; Schweitzer, Albert ~ 9/237; Snell, Bruno ~ 9/354; Stilling, Benedikt ~ 9/533; Traube, Isidor ~/† 10/70; Trendelenburg, Ferdinand ~ 10/80; Waldstetter, Ruth ~ 10/307; Wiegand, Heinrich ~ 10/481; Wölfler, Anton ~ 10/557; Wunderlich, Fritz ~ 10/598; Zirkel, Ferdinand ~ 10/679; Zweifel, Erwin ~ 10/704

Edingen
Oberndorff, Alfred Graf von * 7/456; Ott, August † 7/524

Edirne (früher Adrianopel, Türkei)
Tafel, Viktor (Eugen) * 9/651

Edlach (Niederösterreich)
Herzl, Theodor † 4/662; Schalk, Franz † 8/560

Edling (Kr. Rosenheim, Land)
Ecker, Joseph * 3/10; Lechner, Franziska * 6/282

Edlitz (Niederösterreich) → Jakobshof

Edlspitz (tschech. Sedlešovice, heute zu Nový Šaldorf)
Krükl, Franz * 6/124

Eelde (Niederlande)
Alting, Menso * 1/102

Eferding (Oberösterreich)
Brik, Johann Emanuel † 2/133; Coelestin, Johann Friedrich ~ 2/350; David, Johann Nepomuk * 2/452; Fadinger, Stephan † 3/216; Starhemberg, Ernst Rüdiger Fürst * 9/450

Efferen (seit 1933 zu Hürth)
Mohlberg, Kunibert * 7/180

Effingen (Kt. Aargau)
Herzog, Johann * 4/665; Laur, Ernst † 6/269

Efringen-Kirchen → Istein, Welmlingen

Egedesminde (Grönland)
Waldthausen, Julius (Wilhelm) Frh. von † 10/308

Egellshütte (Schlesien)
Egells, Franz Anton † 3/23

Egeln
Lücke, (Gottlieb Christian) Friedrich * 6/514; Rintelen, Friedrich ~ 8/320; Schlegel, Karl Wilhelm Ferdinand * 8/662

Egelsbach (Kr. Offenbach)
Tamm, Ernst (Adam) * 9/653

Egelshofen (seit 1927 zu Kreuzlingen, Kt. Thurgau)
Dahm, Helen * 2/430; Steiger, Edgar * 11/177

Egelstal (Gem. Mühlen, seit 1975 zu Horb am Neckar)
Vollmer, Wilhelm * 10/249

Egenburg
Schöpf, Johann Adam † 9/100

Egenhausen (Franken)
Thomasius, Gottfried * 10/20

Egenstedt (seit 1974 zu Diekholzen)
Ruthe, Johann Friedrich */~ 8/477

Eger → Erlau

Eger (tschech. Cheb)
Avenarius, Johann * 1/227; Bach, Ernst * 1/236; Bayer, Paul Ignaz ~ 1/359; Bergmann, Josef † 1/451; Braun von Braunthal, Johann Karl Ritter ~ 2/87; Butler, Walter Graf von ~ 2/258; Callot, Magdalena Freiin von * 2/267; Dalla Torre von Turnberg-Sternhof, Karl Wilhelm ~ 2/434; Dellinger, Rudolf ~ 2/479; Dientzenhofer, Christoph ~ 2/519; Elbel, Benjamin ~ 3/82; Englisch, Lucie ~ 3/126; Ernst, Kurfürst von Sachsen ~ 3/161; Ernst, Richard * 3/166; Friedrich II., Kaiser ~ 3/458; Friedrich, Herzog von Bayern ~ 3/461; Friedrich II. der Sanftmütige, Kurfürst von Sachsen ~ 3/471; Frind, Anton Ludwig ~ 3/487; Gradl, Heinrich */~/† 4/118; Gruber von Menninger, Ignaz Frh. ~ 4/208; Grüner, Joseph Sebastian */~/† 4/214; Hagius, Johann ~ 4/326; Haßler, Jakob † 4/430; Hausner, Albert ~ 4/453; Heinemann, Albert ~/† 4/513; Herget, Anton ~ 4/614; Hickmann, Anton Leo ~ 5/29; Holk, Henrik Graf ~ 5/148; Ilow, Christian Frh. von † 5/249; Iro, Otto * 5/259; Kinsky, Wilhelm Graf ~ 5/544; Kolbenschlag, Friedrich * 6/13; Komareck, Johann Nepomuk ~ 6/22; Kraft, Nikolaus † 6/65; Krzyzanowski, Rudolf ~ 6/135; Leslie, Walter Graf von ~ 6/342; Leuthner von Grundt, Abraham ~ 6/356; Mayer, Josef */~/† 7/9; Medler, Nikolaus ~ 7/24; Neumann, Balthasar ~ 7/380; Niavis, Paul * 7/397; Ostheim, Minna ~ 7/518; Pezel, Christoph ~ 7/632; Plener, Ernst Frh. von */~ 7/693; Plener, Ignaz Frh. von ~ 7/693; Pöschmann, Johann * 8/15; Procházka, Rudolf Frh. von ~ 8/76; Prokosch, Eduard * 8/79; Richter, Alexander † 8/275; Röhling, Karl ~ 8/350; Schertzer, Johann Adam * 8/615; Schlick, Kaspar * 8/675; Schubert, Karl * 9/164; Sensenschmidt, Johann * 9/290; Serkin, Rudolf * 9/291; Stephani, Clemens ~/† 9/510; Trczka, Adam Erdmann Graf von ~/† 10/76; Ulbrich, Josef * 10/133; Ungar, Hermann ~

10/151; Volckmann, Adam ~ 10/242; Wallenstein, Albrecht (Wenzel Eusebius) von ~/† 10/311; Wann, Sigmund ~/† 10/331; Watzal, Johannes * 10/346; Weidl, Josef * 10/383; Weiss, Christian Samuel † 10/406; Widmann, Johannes * 10/475; Wilfert, Karl */† 10/501; Wolf, Adam */~ 10/563; Wolf, Karl Hermann * 10/567; Zimmer, Carl ~ 10/663

Egern (Gem. Rottach-Egern)
Ennemoser, Joseph † 3/128; Feustel, Friedrich * 3/282

Egersund (Norwegen)
Hoenes, Dieter † 5/98

Egesheim
Reiser, Wilhelm von * 8/230

Egg (Bez. Bregenz)
Dorner, Johann Konrad * 2/599; Kohler, Johann */~ 6/3; Murr, Wilhelm ~/† 7/314

Egg (Kt. Zürich)
Hess, Ernst † 4/669

Egg a. d. Günz
Eck, Johannes * 3/6; Eck, Simon Theodor * 3/7

Eggebek → Gravenstein

Eggenberg (Gem. Graz)
Homberger, Jeremias ~ 5/163; Hueber, Joseph ~ 5/204; Illig, Udo ~ 5/249; Taucher, Franz * 9/663

Eggenburg (Niederösterreich)
Fürnberg, Friedl * 3/526; Gamerith, Walther * 3/566; Janauschek, Wilhelm Raphael ~ 5/298; Rösler, Augustin ~ 8/360

Eggendorf (Niederösterreich)
Sterneder, Hans * 9/518

Eggenfelden
siehe auch *Gern*
Viebig, Ernst † 10/203; Weiss, Viktricius */~ 10/411; Wink, (Johann) Christian (Thomas) ~ 10/526

Eggenhausen
Baumgartner, Johann Wolfgang ~ 1/347

Eggenstadt
Arndt, Georg ~ 1/174

Eggenstein-Leopoldshafen → Leopoldshafen

Eggerding (Oberösterreich)
Reidinger, Anton ~ 8/206

Eggeringhausen (Gem. Borchen)
Gotthard Kettler, Herzog von Kurland * 4/107

Eggerscheidt (seit 1975 zu Ratingen)
Bagel, (Peter) August ~ 11/9

Eggersdorf b. Müncheberg
Guillaume, Günter † 4/251

Eggesin → Hinzenkamp

Egghölzli (Bern)
Graf, Emma Elise ~ 4/126

Eggingen → Untereggingen

Egglham
Griesbacher, Peter * 4/163; Wagner, Sebastian * 10/289

Egglkofen
Dachsberg, Johann (Nepomuk Joseph) Frh. von * 2/424; Häglsperger, Franz Seraph ~/† 4/305

Eggolsheim
Fröhlich, Cyprian * 3/502; Hartmann, Georg * 4/408

Eggstätt
Dempf, Alois † 2/484

Egisheim (frz. Eguisheim, Dép. Haut-Rhin)
Leo IX., Bischof von Toul, Papst * 6/326; Schwalbe, Gustav (Albert) ~ 9/220

Eglfing
Schachinger, Gabriel † 8/538; Scherer, Georg † 8/610; Vocke, Friedrich ~/† 10/219; Wagner, Friedrich Wilhelm ~ 10/280

Egling (Kr. Bad Tölz-Wolfratshausen)
siehe auch *Deining, Puppling*
Friesenegger, Maurus ~ 3/486

Eglingen (Gem. Hohenstein, Kr. Reutlingen)
Bernritter, Friedrich * 1/475

Eglisau (Kt. Zürich)
Ardüser, Johannes ~ 1/164; Meyer, Dietrich (Theodor)

* 7/100; Meyer von Knonau, Ludwig ~ 7/113; Reinhart, Walther † 8/222; Schmid-Kerez, Emil * 8/707

Egloffstein
Egloffstein, August Karl Frh. von und zu * 3/33; Neumeyer, Fritz (Ludwig) * 7/391; Neumeyer, Hans-Friedrich † 7/391; Stählin, Wilhelm ~ 9/435

Eglosheim (Ludwigsburg, Kr. Ludwigsburg)
Hardegg, Georg David * 4/380

Egna → Neumarkt

Egolzwil (Kt. Luzern)
Vogt, Emil ~ 10/233

Ehingen (Kr. Ansbach)
Gutmann, Bruno † 4/271

Ehingen (Donau)
siehe auch *Kirchen, Mochenthal, Rißtissen, Steußlingen*
Aberle, Moritz von ~ 1/10; Allgayer, Franz Xaver ~ 1/91; Andelfinger, Augustin ~ 1/122; Bauer, Clemens * 1/324; Bidermann, Jakob * 1/515; Brentano, (Franz Ernst) Heinrich ~ 2/117; Buck, Mich(a)el (Richard) ~/† 2/190; Donfried, Johannes ~ 2/594; Dursch, Johann Georg Martin ~ 2/655; Leiprecht, Carl Joseph ~ 11/119; Lipp, Joseph ~ 6/416; Locher, Jakob * 6/434; Moser, Georg ~ 7/224; Probst, Ferdinand * 8/75; Renz, Wilhelm Theodor von ~ 8/247; Rießler, Paul ~ 8/307; Ruef, Johann Caspar Adam * 8/449; Scherr, Johannes ~ 8/614; Schmöger, Carl Erhard * 9/37; Ziegler, Gregorius Thomas ~ 10/653

Ehingen a. Ries
siehe auch *Belzheim*
Hanselmann, Johannes */~ 11/78

Ehningen
siehe auch *Mauren*
Hafenreffer, Matthias ~ 4/315; Jäger von Gärtringen, Melchior ~ 5/285; Kammerer, Jakob Friedrich * 5/419

Ehrenberg (bei Füssen/Allgäu)
Baumgartner, Hans d. Ä. ~ 1/347; Dax, Paul ~ 2/454; Gumpp, Johann Martin d. J. ~ 4/256

Ehrenbreitstein (seit 1938 zu Koblenz am Rhein)
Aster, Ernst Ludwig von ~ 1/208; Babo, Joseph (Marius Franz) von * 1/234; Beyer, Gustav Friedrich von ~ 1/506; Böhmer, Georg Wilhelm ~ 1/622; Breitbach, Joseph * 2/101; Brentano, Clemens Wenzeslaus * 2/117; Bücker, Carl Clemens * 2/199; Burmann, Maximilian Heinrich von ~ 2/244; Clemens August Maria Hyazinth von Wittelsbach, Herzog von Bayern, Kurfürst und Erzbischof von Köln † 2/339; Coudray, Clemens Wenzel * 2/385; Dionysius von Luxemburg ~ 2/553; Ehses, Stephan ~ 3/45; Ewers, Hanns Heinz ~ 3/200; Fahne, Anton ~ 3/218; Günther, Wilhelm Arnold ~ 4/243; Haßlacher, Peter ~ 4/430; Heinemann, Albert * 4/513; Hommer, Josef (Ludwig Alois) von ~ 5/165; Johann II., Markgraf von Baden, Kurfürst und Erzbischof von Trier † 5/347; Johann Hugo von Orsbeck, Kurfürst und Erzbischof von Trier, Bischof von Speyer † 5/347; Judas, Johann Georg ~/† 5/371; Lang, Johann Georg ~/† 6/226; La Roche, (Marie) Sophie von ~ 6/253; Leyen-Hohengeroldseck, Karl Kaspar Reichsfrh. von der † 6/370; Müller, Johann Georg ~ 7/268; Neumann, Balthasar ~ 7/380; Reil, Johann Anton Friedrich * 8/208; Ridinger, Georg ~ 8/288; Schmid, Peter † 8/705; Schönborn, Franz Georg Reichsfreiherr (seit 1701 Reichsgraf) von † 9/87; Seitz, Johannes * 9/274; Starhemberg, Guido Graf ~ 9/451; Theis, Peter ~ 9/692; Walderdorff, Johann Philipp Reichsfreiherr (seit 1767 Reichsgraf) von † 10/303; Zick, Januarius ~/† 10/650; Zoffany, John Edler von ~ 10/686

Ehrenfeld (seit 1888 zu Köln)
Bucherer, Hans Theodor ~ 2/183; Leybold, Ernst ~ 6/368; Statz, Vinzenz ~ 9/455

Ehrenforst → Slawentzitz

Ehrenfriedersdorf
Becher, Friedrich Liebegott * 1/365; Lindenau, Paul ~ 6/404; Zenker, Julius Theodor * 10/642

Ehrenhausen (Steiermark)
Eggenberg, Ruprecht Frh. von * 3/27; Millenkovich, Stefan von ~ 7/141

Ehrenkirchen

Ehrenkirchen
siehe auch *Ehrenstetten, Kirchhofen*
Lettenbauer, Wilhelm † 6/348; Sturm, Hertha † 9/616
Ehrenstetten (seit 1973 zu Ehrenkirchen)
Dorner, Johann Jakob d. Ä. * 2/599; Stech, Willi † 9/461;
Wenzinger, (Johann) Christian * 10/439
Ehreshausen
Brunchorst, Christoph ~ 2/166
Ehringen (seit 1978 zu Wallerstein)
Meyr, Melchior * 7/118
Ehringhausen (Gem. Breckerfeld)
Hasenclever, Josua */† 4/422; Hasenclever, Richard *
4/422
Ehrwald (Tirol)
Behn, Fritz ~ 1/398; Bürkner, Kurd † 2/212; Kirschner,
Martin † 5/556; Pidoll, Carl (Friedrich) Frh. von † 7/665;
Schramm-Zittau, Rudolf ~/† 9/129; Srbik, Heinrich von ~/†
9/424; Woester, Heinz (Otto Johannes) † 10/560
Eibau
Israel, August * 5/264; Peschek, Christian August */~
7/607
Eibelshausen (seit 1971 zu Eschenburg)
Holighaus, Klaus * 5/148
Eibenschitz → Eibenschütz
Eibenschütz (tschech. Ivančice)
Adler, Guido * 1/40; Adler, Leopold * 1/40; Bulhart,
Vinzenz * 11/35; Entfelder, Christian ~ 3/130; Herbert,
Petrus † 4/606; Liechtenstein, Karl I. Fürst von ~ 6/389;
Mucha, Alfons * 7/237; Pollak, Joachim ~ 8/26; Rüdinger,
Esrom ~ 8/447; Schmiedl, Adolph Abraham * 9/28
Eibenstock
siehe auch *Wildenthal*
Drews, Paul (Gottfried) * 2/617; Georgi, Theophil * 3/632;
Gläser, Friedrich Gottlob ~ 4/20; Gottschaldt, Johann Jacob
*/~ 4/109; Günther, Rudolf Biedermann ~ 4/243; Neuber,
Johann Christian † 7/372
Eiberg (Tirol)
Lehmann, Arthur-Heinz ~ 6/291
Eibertingen (Belgien)
Gircken, Nikolaus * 4/14
Eibesthal (Niederösterreich)
Fried, Jakob * 3/446
Eibingen (seit 1939 zu Rüdesheim am Rhein)
Hildegard von Bingen ~ 5/38
Eibiswald (Steiermark)
Kloepfer, Hans * 5/602; Michelitsch, Anton * 7/126;
Pantz, Anton Ferdinand Frh. von * 7/557; Pantz, Ferdinand
Maximilian Frh. von * 7/557; Pongratz, Josef * 8/31;
Wallner, Joseph * 10/314
Eich (Luxemburg)
Mayrisch, Emil * 7/17
Eichberg (Eltville am Rhein)
Cramer, Heinrich ~ 2/389; Snell, Ludwig (Daniel Christian)
~ 9/354; Snell, Richard (August Emil) ~ 9/354
Eichberg (Lausitz)
Schätzel, Pauline von † 8/553
Eichberg (Niederösterreich)
Schönbauer, Ernst † 9/83
Eiche (Böhmen)
Kraus, Johann * 6/78
Eichelsdorf (seit 1978 zu Hofheim i. UFr.)
Brenk, Johannes Wolfgang * 2/112
Eichenbarleben
Alvensleben, Constantin Graf von * 1/107; Alvensleben,
Gustav von * 1/107
Eichendorf (Kr. Dingolfing-Landau) → Adldorf
Eichenhausen (seit 1978 zu Wülfershausen a. d. Saale)
Voit von Salzburg, Melchior Otto Reichsritter * 10/241
Eichenhof (bei Oels, Schlesien)
Schneider, Karl Camillo † 9/57
Eichenhof (Hückeswagen)
Heimann, Friedrich Carl * 4/502
Eichenhof (Oberbayern)
Reinhart, Friedrich † 8/221

Eichenrod (seit 1972 zu Lautertal/Vogelsberg)
Laubinger, Otto * 6/265
Eichenzell → Lütter
Eichgraben (Niederösterreich)
Bönisch, Hermann Friedrich ~ 1/630
Eichholz
Stifel, Michael ~ 9/530
Eichhorn (tschech. Veveří)
Mundy, Jaromir Frh. von * 7/307
Eichstädt
Benckert, Johann Peter ~ 1/413
Eichstätt
siehe auch *Rebdorf, Ziegelhof*
Adelmann von Adelmannsfelden, Bernhard ~/† 1/33;
Adelmann von Adelmannsfelden, Konrad ~ 1/34; Alber,
Ferdinand ~ 1/64; Alberthal, Hans */~ 1/69; Andreas von
Regensburg ~ 1/132; Antweiler, Anton ~ 1/153; Arnold,
Ferdinand ~ 1/186; Arnold, Friedrich Christian Ritter von
~ 1/186; Bachschmidt, Anton ~/† 1/249; Banholzer, Johann
~ 1/289; Barth, Marquard * 1/304; Bartmann, Bernhard
~ 1/309; Baumann, Christian ~ 1/334; Baumgärtner,
Johann Baptist ~/† 1/342; Bayrer, Leonhard ~ 1/360; Beer-
Walbrunn, Anton ~ 1/391; Berthold von Hohenzollern,
Bischof von Eichstätt ~/† 1/483; Besler, Basilius ~ 1/491;
Boller, Friedrich Wilhelm ~ 2/9; Bonifatius ~ 2/19;
Breitenauer, Ignatz Alexander */~/† 2/101; Brems, Alois
~/† 2/110; Brunner, Andreas ~ 2/168; Burchard, Bischof
von Basel ~ 2/227; Buz, Heinrich Ritter von * 2/262;
Clenck, Rudolph ~ 2/341; Cochläus, Johannes ~ 2/349;
Cornet, Georg * 2/376; Curtz, Albert Graf von ~ 2/414;
Cysat, Johann Baptist ~ 2/416; Dehm, Richard ~ 11/44;
Diekamp, Franz ~ 2/517; Dörr, Friedrich (Michael) ~
2/579; Ebner, Adalbert ~/† 3/1; Eck, Johannes ~ 3/6;
Eck, Simon Theodor ~ 3/7; Ehrenfried, Matthias ~ 3/39;
Ehses, Stephan ~ 3/45; Eisenhofer, Ludwig (Karl August)
~/† 3/71; Emminger, Erich * 3/105; Engel, Jakob ~/†
3/114; Englert, Sebastian (Maria) ~/† 3/126; Erchanbald,
Bischof von Eichstätt ~/† 3/138; Ertlin, Johann ~ 3/169;
Eyb, Albrecht von ~/† 3/202; Eyb, Gabriel von ~/† 3/202;
Falkenstein, Johann Heinrich ~ 3/228; Federer, Heinrich
~ 3/241; Feucht, Jakob ~ 3/275; Filtz, Anton * 3/296;
Finck, Johannes ~ 3/297; Franz, Johann Michael ~/†
3/414; Freisen, Joseph ~ 3/423; Gabrieli, Gabriel de ~/†
3/551; Geiges, Fritz ~ 3/607; Georgii-Hildebrand, Irene
~ 3/634; Glossner, Michael ~ 4/35; Gmelch, Joseph ~/†
4/40; Götz, Johann Baptist ~ 4/70; Grabmann, Martin
~/† 4/116; Guldimann, Joseph ~ 4/253; Gumppenberg,
Ambrosius Frh. von † 4/256; Gundekar, Bischof von
Eichstätt ~/† 4/257; Hämel, Adalbert (Josef) ~ 4/306;
Harburger, Edmund * 4/380; Heidenreich, Erhard ~ 4/490;
Heim, Ludwig * 4/501; Heiner, Franz Xaver ~ 4/515;
Heinrich von Berching ~ 4/537; Heinrich der Taube von
Selbach ~/† 4/541; Heiss, Johann ~ 4/552; Hergenröther,
Philipp ~/† 4/614; Heribert, Bischof von Eichstätt ~ 4/615;
Hering, Loy ~/† 4/616; Hitzl, Franz de Paula ~ 5/77;
Hollweck, Josef ~/† 5/152; Holzer, Johann Evangelist ~
5/159; Hompesch-Bollheim, Johann Wilhelm Frh. von
~ 5/165; Hutten, Moritz von ~/† 5/236; Iseke, Hermann
~ 5/261; Jaeger, Richard ~ 11/95; Johann VI. Ambundi,
Erzbischof von Riga ~ 5/344; Johann I., Bischof von
Straßburg ~ 5/346; Johannes III. von Eych, Bischof
von Eichstätt ~/† 5/351; Ketteler, Wilhelm Emmanuel
Frh. von ~ 5/523; Knabl, Josef ~ 5/611; Knebel von
Katzenellenbogen, Johann Anton Reichsfreiherr ~/† 5/617;
Koelsch, Franz * 5/656; Konhofer, Konrad ~ 6/24; Konrad
von Eichstätt */~/† 6/33; Konrad von Heimesfurt ~ 6/34;
Kranich, Anton ~ 6/71; Kreutz, Benedikt ~ 6/102; Kyeser,
Conrad */~ 6/184; Landersdorfer, Simon Konrad ~ 6/216;
Lang, Franz ~ 6/223; Lang, Hans ~ 6/225; Lang von
Wellenburg, Matthäus ~ 6/228; Leonard, Franz Leopold
Frh. von ~/† 6/330; Leuchtenberg, Eugen Herzog von ~
6/351; Liebeskind, Margareta (Sophia Dorothea) † 6/383;
Lierheimer, Bernhard * 6/392; Loe, Paulus Frh. von ~
6/436; Mader, Felix ~ 6/555; Mager, Jörg (Adam) */~

282

6/561; Marquard von Randeck (Randegg), Bischof von Konstanz ~ 6/628; Mausbach, (Karl) Joseph ~ 6/671; Max, Prinz von Sachsen ~ 6/674; Mayr, Rupert Ignaz ~ 7/15; Megingoz, Bischof von Eichstätt ~ 7/26; Meister des Eichstätter Domhochaltars ~ 7/43; Mermann von Schönburg zu Aufhofen, Thomas ~ 7/76; Mezger, Joseph * 7/119; Mezger, Paul * 7/119; Mörlin, David ~ 7/176; Morgott, Franz von Paula ~/† 7/213; Motzel, Georg ~ 7/233; Müller, Hubert ~ 7/266; Müller, Josef ~ 7/272; Müller, Ludwig ~ 7/276; Naab, Ingbert ~ 7/325; Öllinger, Georg ~ 11/148; Österreicher, Johann Friedrich ~/† 7/473; Oettl, Georg von ~/† 7/476; Orterer, Georg Ritter von ~ 7/507; Ow, Honorat Frh. von ~ 7/541; Ow-Felldorf, Maximilian Frh. von * 7/541; Ow-Felldorf, Sigismund Felix Frh. von ~ 7/541; Pausch, Eugen ~ 7/582; Pedetti, Mauritio ~/† 7/587; Pickel, (Johann) Ignaz Balthasar */~/† 7/664; Pieper, Josef ~ 11/158; Pirckheimer, C(h)aritas ~ 7/677; Pirckheimer, Willibald * 7/677; Pirhing, Enricus ~ 7/677; Prehauser, Gottfried ~ 8/57; Preysing-Lichtenegg-Moos, Konrad Graf von ~ 8/67; Pruner, Johann Evangelist Ritter von ~/† 8/82; Rackl, Michael ~/† 8/112; Raiser, Johann Nepomuk von ~ 8/128; Reber, Peter ~ 8/170; Reeb, Georg * 8/183; Reichenau, Wilhelm von ~ 8/200; Reisach, Karl August Graf von ~ 8/228; Reyser, Georg ~ 8/266; Reyser, Michael ~ 8/266; Richel, Bartholomäus von ~ 8/273; Ried, Karl ~/† 8/290; Romstoeck, Franz Sales ~/† 8/381; Roritzer, Matthäus ~ 8/384; Rüdinger, Gottfried ~ 8/448; Ruf, (Johann) Paul ~ 8/457; Schaumberg, Martin von ~/† 8/576; Schenk von Castell, Franz Ludwig Reichsfreiherr ~/† 8/603; Schenk von Castell, Johann Euchar Reichsfreiherr ~ 8/604; Schenk von Castell, Marquard ~ 8/604; Schenk von Stauffenberg, Marquard Sebastian Reichsfreiherr * 8/605; Schinn, Georg Johann ~ 8/646; Schlecht, Joseph ~ 8/658; Schlecht, Raymund */~/† 8/658; Schneid, Mathias ~/† 9/49; Schröffer, Joseph ~ 9/153; Sendtner, Otto ~ 9/286; Senestrey, Ignaz von ~ 9/287; Seuffert, Johann Adam von ~ 9/294; Steidl, Melchior (Michael) ~ 9/471; Stephani, Heinrich ~ 9/510; Stiebar von Butterheim, Albert ~/† 9/542; Stöckl, Karl * 9/542; Stoll, Maximilian ~ 9/551; Strasoldo, Raymund Anton Graf von ~/† 9/567; Stubenberg, Joseph Graf von ~ 9/602; Studach, Jakob Lorenz ~ 9/604; Stufler, Johann ~ 9/612; Sutor, Wilhelm ~ 9/637; Tann, Eberhard von der ~ 9/654; Thalhofer, Valentin ~ 9/688; Thinnes, Friedrich ~ 10/12; Toller, Ernst ~ 10/60; Trauner, Ignatius ~ 10/72; Treyling, Johann Jakob ~ 10/86; Turner, Robert ~ 10/118; Viktor II., Papst ~ 10/210; Vischer, Peter † 10/216; Vogt, Joseph (Heinrich Peter) ~ 10/234; Vogt von Altensumerau und Prasberg, Franz Johann Reichsritter (seit 1674 Reichsfreiherr) ~ 10/236; Wallner, Bertha Antonia ~ 10/314; Weigl, Franz Xaver ~ 10/388; Weiss, Viktricius ~ 10/411; Welden, Ludwig Josef Frh. von ~ 10/423; Widl, Adam ~ 10/474; Widnmann, Max von * 10/475; Wink, (Johann) Christian (Thomas) */~ 10/526; Witt, Franz Xaver ~ 10/544; Zehmen, Johann Anton Frh. von ~/† 10/629; Zimmern, (Johann) Oswald von ~ 10/672
Eichstedt (Altmark)
Nachtigal, Gustav * 7/326
Eichstetten
Bähr, Karl Wilhelm Christian Felix ~ 1/257
Eichtersheim (seit 1972 zu Angelbachtal)
Hecker, Friedrich (Franz Karl) ~ 4/471; Ritter, Matthias d. J. * 8/332
Eichtling (Gem. Bruck, Kr. Ebersberg)
Etzdorf, Hasso von † 3/186
Eichwald (tschech. Dubý)
Brecher, Gustav * 2/92; Lumpe, Heinrich † 6/530; Renner, Carl Oskar * 8/244
Eichwalde
Giese, Friedrich (Wilhelm Carl) † 4/1; Lenski, Arno von † 6/322; Redetzky, Hermann † 8/177
Eichwerder
Crelle, August Leopold * 2/397

Eickendorf
Nathusius, Marie (Karoline Elisabeth Luise) von ~ 7/343
Eidlitz (tschech. Údlice)
Conn, Leopold * 2/362; Hirsch, Julius * 5/61; Kirchenberger, Salomon * 5/548; Löwy, Julius * 6/460; Pöschmann, Johann * 8/15
Eiershausen (Gem. Eschenburg)
Feldes, Roderich † 11/58
Eigeltingen → Honstetten
Eigenstedt
Asseburg, Rosamunde Juliane von * 1/207
Eiglau (poln. Dzielów)
Wilpert, Josef * 10/516
Eijsden (Niederlande)
Mantz, Werner † 6/602
Eilenburg
siehe auch *Berg*
Abt, Franz * 1/15; Adolf, Herzog von Schleswig-Holstein-Gottorp † 1/45; Didymus, Gabriel ~ 2/513; Haentze, (Johann) Carl Gottfried * 4/311; Hartmann, (Carl-Eduard) Hermann * 4/409; Heideck, Johann Frh. von ~/† 4/486; Heinrich I., Graf von Eilenburg, Markgraf von Meißen ~ 4/530; Höcker, Oskar * 5/87; Hunnius, Nikolaus ~ 5/229; Kranold, Viktor (Ferdinand) von * 6/71; Lünig, Johann Christian ~ 6/519; Möbius, Karl August */~ 7/162; Neumann, Karl ~ 7/385; Plischke, (Hermann) Hans * 8/3; Poach, Andreas * 8/6; Rinckart, Martin */~/† 8/313; Rodominsky, Eugen ~ 8/346; Schelle, Johann ~ 8/594; Tülsner, Adam * 10/113; Weiss, (Christian) Ernst * 10/407; Zachow, Friedrich Wilhelm ~ 10/611
Eilsen → Bad Eilsen
Eilsum (seit 1972 zu Krummhörn)
Buwo, Bernhard ~ 2/260
Eimen → Vorwohle
Einbeck
siehe auch *Hullersen, Iber, Salzderhelden, Strodthagen, Sülbeck*
Andreae, August Heinrich ~ 1/128; Bartels, August Christian ~ 1/298; Bensen, (Carl) Daniel (Heinrich) * 1/428; Boden, (Friedrich Wilhelm) Karl * 1/602; Borowski, Richard ~ 2/37; Brandis, Eberhard Frh. von ~ 2/64; Crome, Bruno * 2/402; Dralle, Robert ~ 2/608; Ebert, Ludwig † 2/680; Edler, Wilhelm Heinrich Ludwig * 3/20; Engelhus, Dietrich */~ 3/120; Ernst, d. Ä., Herzog von Braunschweig-Grubenhagen ~ 3/120; Geller, Friedrich Christoph † 3/616; Grupe, Oskar * 4/227; Hase, Konrad Wilhelm * 4/420; Heinrich I. von Wartenburg, Erzbischof von Mainz † 4/529; Immessen, Arnold ~ 5/254; Johannes, Herzog von Braunschweig-Lüneburg ~ 5/350; Konrad von Einbeck * 6/33; Lambrecht, Wilhelm ~ 6/205; Ludolf, Abt von Sagan (von Einbeck) * 6/496; Marahrens, August ~ 6/603; Meding, Franz von * 7/23; Mohrmann, Karl (Heinrich Friedrich) * 7/184; Mühlenberg, Heinrich (Melchior) * 7/241; Müller-Otfried, Paula † 7/289; Raphon, Hans ~ 8/141; Rosenbusch, (Karl) Harry (Ferdinand) * 8/395; Schöttler, Rudolf ~ 9/104; Schottelius, Justus Georg * 9/122; Sertürner, Friedrich Wilhelm (Adam) ~ 9/292; Sieber, Justus * 9/306; Strombeck, Friedrich Karl von ~ 9/593; Stukenbrok, August ~/† 9/613; Ventzki, August ~ 10/194; Wilhelm II., Kurfürst von Hessen ~ 10/503
Eindhoven (Niederlande)
Beuys, Joseph ~ 1/504; Hertz, Gustav (Ludwig) ~ 4/652; Hespers, Theodor (Franz Maria) ~ 4/668
Einersheim → Markt Einersheim
Einigen (seit 1834 zu Spiez, Kt. Bern)
Müller, Hans † 7/262
Einöd (Steiermark)
Kapeller, Josef Anton ~/† 5/428
Einsiedel (Gem. Heubach, Kr. Hildburghausen)
Siebert, Franz */† 9/306
Einsiedel (seit 1829 zu Kirchentellinsfurt)
Biel, Gabriel ~/† 1/519
Einsiedel (tschech. Mnichov, Bez. Marienbad)
Reitzner, Richard * 8/236

Einsiedeln

Einsiedeln (Kt. Schwyz)
Ah, Joseph Ignaz von ~ 1/56; Asam, Cosmas Damian ~ 1/201; Asper, Hans Conrad ~ 1/206; Attinghausen-Schweinsberg, Thüring I. Frh. von ~ 1/211; Babel, Johann Baptist ~/† 1/233; Benziger, August * 1/432; Benziger, Carl Joseph * 1/432; Benziger, (Joseph) Karl */~/† 1/432; Benziger, (Joseph) Nikolaus */~/† 1/432; Birchler, Linus * 1/536; Blättler, Rudolf ~/† 1/553; Bonstetten, Albrecht von ~/† 2/21; Braun, Johann Karl † 2/82; Carlone, Carlo (Innocenzo) ~ 2/281; Carlone, Diego Francesco ~ 2/281; Eberhard, Abt von Einsiedeln ~ 2/667; Eberle, Oskar ~ 2/674; Edlibach, Gerold ~ 3/20; Eichhorn, Joachim ~/† 3/52; Fuchs, Ildephons * 3/519; Gebhard II., Bischof von Konstanz ~ 3/592; Geroldseck, Diebold von ~ 3/654; Guggenbichler, (Johann) Meinrad * 4/249; Gut, Benno ~ 4/266; Gutwein, Johann Caspar ~ 4/275; Gyr, Niklaus */~ 4/278; Hartmann, Christoph ~ 4/406; Heinrich, Karl Borromäus ~/† 4/543; Jaeggi, Oswald ~ 5/286; Jud, Leo ~ 5/370; Kraus, Franz Anton ~/† 6/76; Kuhn, Albert ~/† 6/159; Kunz, (Johann) Fritz (Friedrich) * 6/172; Lienert, Meinrad */~ 6/390; Lienert, Otto Hellmut * 6/391; Manser, Gallus Maria ~ 6/598; Martini, Martin ~ 6/640; Marty, Martin ~ 6/643; Meinrad ~/† 7/37; Meister E. S. ~ 7/43; Moosbrugger, Caspar ~/† 7/204; Morel, Gall ~/† 7/208; Müller, Iso ~ 7/266; Muth, Carl ~ 7/319; Myconius, Oswald ~ 7/322; Netzhammer, Raymund Albin ~ 7/370; Oswald, Wendelin ~/† 7/522; Paracelsus * 7/561; Portmann, Anton ~ 8/41; Reding, Augustin ~/† 8/177; Ringholz, Odilo ~/† 8/317; Rodt, Maximilian Augustinus Christoph Reichsfreiherr von ~ 8/346; Schäufelein, Hans d. J. ~ 8/554; Schmid, August ~ 8/699; Schubiger, Anselm ~/† 9/165; Tanner, Konrad ~/† 9/656; Traber, Johann Evangelist ~ 10/67; Wagner, Leonhard ~ 10/284; Weidmann, Jakob Anton */~/† 10/383; Weissenbach, Johann Caspar ~ 10/413; Wilhelm, Abt von Hirsau ~ 10/505; Wolfgang, Bischof von Regensburg ~ 10/579; Wyrsch, Johann Melchior ~ 10/603; Zwingli, Huldrych (Ulrich) ~ 10/709

Einum (seit 1974 zu Hildesheim)
Snell, Ludwig (Daniel Christian) ~ 9/354

Einville-au-Jard (Frankreich)
Margarethe, Pfalzgräfin bei Rhein, Herzogin von Lothringen † 6/614

Eischoll → Breitmatten

Eisdorf (seit 1950 zu Kitzen)
Böhme, Johann August * 1/621

Eisemroth (seit 1970 zu Oberndorf, seit 1972 zu Siegbach)
Martin, Berthold * 6/636

Eisenach (Kr. Eisenach)
siehe auch *Göringen, Madelungen, Neukirchen, Oberhausen, Wartburg*
Abbe, Ernst (Carl) * 1/1; Agricola, Georg Ludwig ~ 1/52; Amsdorf, Nikolaus von ~ 1/120; André, Christian Karl ~ 1/127; Anna, Herzogin von Sachsen-Coburg ~ 1/143; Anton, Paul ~ 1/151; Appell, Georg ~ 1/159; Armbrust, Walter ~/† 1/171; Arnold, August ~ 1/185; Avenarius, Matthäus * 1/227; Bach, Johann Ambrosius ~/† 1/237; Bach, Johann Bernhard ~/† 1/237; Bach, Johann Christoph ~/† 1/237; Bach, Johann Ernst */~/† 1/238; Bach, Johann Jakob */~ 1/238; Bach, Johann Nikolaus * 1/238; Bach, Johann Sebastian * 1/238; Bacmeister, Walter * 1/251; Bamberg, Günther von ~ 1/284; Batsch, Karl Ferdinand * 1/318; Bebel, (Ferdinand) August ~ 1/363; Bechtolsheim, Julie Frfr. von † 1/368; Becker, August ~/† 1/375; Bender, Hedwig ~ 1/416; Birckenstock, Johann Adam ~/† 1/537; Bötius, Sebastian ~ 1/636; Böttcher, Maximilian ~/† 1/637; Bossann, Friedrich Wilhelm ~ 2/43; Boyneburg, Johann Christian Frh. von * 2/52; Bracke, (Franz August) Wilhelm ~ 2/54; Braumüller, Wilhelm (Karl Ernst Heinrich) Ritter von ~ 2/78; Brauns, Hermann * 2/90; Brieglebb, Johann Valentin ~ 2/132; Buddensieg, Hermann (Karl Robert) * 2/192; Büsgen, Moritz (Heinrich Wilhelm Albert Emil) ~ 2/213; Buttlar, Eva Margaretha von ~ 2/259; Cleve, Johann Friedrich ~ 2/342; Cranach, Lucas d. Ä. ~ 2/392;

Demmer, Arnold * 2/483; Diehl, Guida ~ 2/516; Dietrich, (Johann Christian) Gottlieb ~/† 2/535; Diez, Fritz Walter ~ 2/543; Döhler, Johann Georg ~ 2/571; Draconites, Johannes ~ 2/605; Eberlin, Daniel ~ 2/675; Edelmann, Johann Christian ~ 3/17; Engels, Friedrich ~ 3/122; Erhardt, Heinrich ~ 3/147; Ettinger, Wilhelm * 3/185; Eucken-Addenhausen, Georg (Udo Viktor) von ~ 3/188; Fiedler, Fritz ~ 11/59; Fischer, Johann Andreas ~ 3/320; Flex, Walter * 3/349; Forkardt, (Hermann) Paul (Max) * 3/373; Fritsch, Jakob Friedrich Frh. von ~ 3/493; Fritsch, Karl (Georg Wilhelm) von ~ 3/493; Fuchs, Emil ~ 3/517; Gabelentz, Hans von der † 3/547; Gademann, Johann Georg ~ 3/551; Geissler, (Friedrich Jakob) Kurt * 3/611; Gersdorff, Ernst Christian August Frh. von ~ 3/655; Göbel, Karl Christian Traugott Friedemann ~ 4/49; Göchhausen, Ernst August Anton Frh. von ~/† 4/50; Göchhausen, Louise (Ernestine Christiane Juliane) von * 4/50; Götze, Hellmuth ~ 4/72; Grebe, Karl Friedrich August ~/† 4/146; Güntz, (Heinrich Edmund) Max ~ 4/244; Gumprecht, Theodor Gottfried ~ 4/257; Hagen, Johannes ~ 4/321; Hebenstreit, Pantaleon ~ 4/465; Heidebroek, Enno Wilhelm Tielko ~ 4/486; Heinz, Wolfgang ~ 4/547; Helwig, Paul ~ 4/577; Henschel, Gustav ~ 4/596; Hermann, Karl ~/† 4/629; Hertel, Johann Wilhelm */~ 4/648; Heß, Mendel † 4/672; Hesse, Ernst Christian ~ 4/675; Heumann, Christoph August ~ 5/9; Heusinger, Johann Heinrich Gottlob ~ 5/11; Heusinger, Johann Michael ~/† 5/11; Hilten, Johann † 5/47; Höfer, Conrad ~/† 5/88; Hohmann, (Karl) Georg (Gottlieb) * 5/143; Hohnstein, Elger Graf zu ~ 5/143; Hosaeus, Hermann * 5/185; Husanus, Henricus * 5/232; Junk, Heinz * 5/384; Klaatsch, Hermann † 5/563; König, Gottlob ~/† 5/659; Kramer, Walter * 6/69; Krasselt, Alfred † 6/72; Kraze, Friede(rike) H(enriette Marie) † 6/88; Krohne, Gottfried Heinrich ~ 6/112; Krumm, Heinrich † 6/128; Kürschner, Joseph ~ 6/153; Laehr, (Bernhard) Heinrich ~ 6/194; Landgut, Inge ~ 6/217; Leibelt, Hans ~ 6/302; Liebknecht, Wilhelm ~ 6/386; Lienhard, Friedrich † 6/391; Losse, Rudolf * 6/478; Lotz, Gerhard ~/† 6/484; Luther, Martin ~ 6/536; Mager, Karl (Wilhelm Eduard) ~ 6/561; Matthes, Hermann * 6/660; Mauersberger, Erhard ~ 6/667; Mauersberger, Rudolf ~ 6/667; Meder, Johann Valentin ~ 7/22; Menius, Justus ~ 7/63; Merck, Heinrich Emanuel ~ 7/68; Mitzenheim, Moritz ~/† 7/159; Mosengel, Johann Josua * 7/222; Müller-Hartung, Karl Wilhelm ~ 7/287; Mützel, Johann ~/† 7/303; Nawatzki, Viktor † 11/133; Neger, Franz Wilhelm ~ 7/358; Oesterlein, Nikolaus Johannes ~ 7/471; Otto-Walster, August ~ 7/537; Pachelbel, Johann ~ 7/545; Paullini, Christian Franz */~/† 7/558; Pfeiffer, Heinrich ~/† 7/640; Pfeiffer, Ludwig * 7/641; Pranger, Paul ~ 8/52; Preller, (Ernst Christian Johann) Friedrich d. Ä. * 8/60; Rein, Wilhelm */~ 8/213; Rendtorff, Franz (Martin Leopold) ~ 8/241; Reuter, (Heinrich Ludwig Christian) Fritz ~/† 8/260; Rhoden, Emmy (Henriette Auguste Karoline) ~ 8/269; Rinkens, Wilhelm ~/† 8/319; Rosinus, Johannes * 8/403; Rothe, Johannes ~/† 8/418; Schempp, Johannes d. Ä. ~ 8/600; Scheu, Andreas ~ 8/616; Schmidt, Friedrich Ludwig † 9/7; Schneider, Christian Wilhelm ~ 9/50; Schoenborn-Anspach, Lili ~ 9/88; Schumann, Kurt * 9/206; Schwendler, Karl von ~ 9/242; Seidlitz, Wilfried von ~/† 9/269; Sellin, Ernst (Franz Max) † 9/279; Spier, Samuel ~ 9/403; Stein, Charlotte (Albertine Ernestine) von * 9/475; Steinmetz, Karl Friedrich von ~ 9/500; Steuben, Kuno von ~ 9/521; Stieler, Kaspar (David) von ~ 9/528; Stoetzer, Hermann ~/† 9/547; Storch, Johann ~ 9/558; Strauss, Jakob ~ 9/576; Strempel, Ernst ~ 9/583; Telemann, Georg Philipp ~ 9/671; Thies, (Johann) Heinrich (Wilhelm) ~ 10/9; Thon, Eleonore (Sophie Auguste) */† 10/22; Thon, Sixtus (Armin) * 10/22; Trebelius, Hermann */~ 10/76; Trutvetter, Jodocus * 10/103; Urbach, Hans (Hermann) * 10/163; Urbach, Otto * 10/163; Villaret, Albert * 10/210; Wernicke, Otto (Karl Robert) ~ 10/451; Wette, Hermann ~ 10/462; Widebram, Friedrich ~ 10/473; Winterstein, Eduard von ~ 10/535; Wislicenus, Hermann * 10/541; Wisten, Fritz ~ 10/543;

Witzel, Georg ~ 10/553; Zack, Oskar Viktor ~ 10/611; Zeidler, Christian ~/† 10/630; Ziegler, Hans Severus * 10/654; Zschackwitz, Johann Ehrenfried ~ 10/690

Eisenbach (seit 1974 zu Selters/Taunus)
Berninger, Johannes * 1/471

Eisenbach (seit 1978 zu Obernburg a. Main)
Knecht, Josef * 5/617

Eisenbach (Hochschwarzwald)
Schwoerer, Frank * 9/248

Eisenberg (Moritzburg)
Locke, Samuel * 6/435

Eisenberg (poln. Żelazna Góra)
Schack, Herbert * 8/541

Eisenberg (Saale-Holzland-Kreis)
Avianus, Johann ~/† 1/228; Bauer, Bruno * 1/324; Böhme, Christian Friedrich * 1/620; Büchel, (Karl) Eduard * 2/194; Heineccius, Johann Gottlieb * 4/512; Kleinschmidt, Karl ~ 5/581; Koch, Anton Wilhelm Friedrich ~ 5/638; Krause, Karl Christian Friedrich * 6/81; Krieger, Johann ~ 6/106; Procksch, Otto * 8/76; Rost, Ernst Reinhold * 8/407; Zach, Franz Xaver Frh. von ~ 10/609

Eisenbrod (tschech. Železný Brod)
Arland, Anton * 1/170

Eisendorfhütte (tschech. Eisendorfská Hut')
Schrenk, Wenz(e)l ~ 9/141

Eisendorfská Hut' → Eisendorfhütte

Eisenerz (Steiermark)
Clar, Eberhard ~ 11/39; Gängl von Ehrenwerth, Josef ~ 3/553; Hauer, Franz Ritter von ~ 4/438; Huebmer, Georg ~ 5/204; Krainz, Johann ~ 6/67; Musger, August * 7/316; Payer, Ernst * 7/584; Reissacher, Karl ~/† 8/232; Widmann, Erasmus ~ 10/474

Eisenfelden (Gem. Winhöring)
Etzel, Hermann (Joseph Clemens) * 3/187

Eisenhammer (tschech. Hutě, seit 1965 zu Sudoměřice u Bechyně)
Pleyer, Kleo(phas) * 8/2; Pleyer, Wilhelm * 8/2

Eisenhofen (seit 1972 zu Erdweg)
Neuhäusler, Johann * 7/378

Eisenhüttenstadt → Fürstenberg

Eisenstadt
Ambrosi, Gustinus * 1/112; Benedikt, Moritz * 1/420; Berlin, Jesaja * 1/458; Breisach, Wilhelm von * 2/100; Carlone, Carlo Antonio ~ 2/281; Elßler, Johann * 3/98; Elßler, Joseph * 3/98; Elßler, Joseph * 3/98; Esterházy von Galántha, Nikolaus ~ 3/182; Esterházy von Galántha, Nikolaus (I.) Joseph Fürst ~ 3/183; Esterházy von Galántha, Nikolaus (II.) Fürst ~ 3/183; Esterházy von Galántha, Paul Fürst */† 3/183; Farkas, Julius von * 11/58; Forti, Anton (Franz) ~ 3/379; Franz, Karl ~ 3/414; Friberth, Karl ~ 3/441; Füssl, Karl Heinz † 11/66; Gaál, Georg von ~ 3/547; Grell, Otto ~ 4/155; Haydn, (Franz) Joseph ~ 4/459; Henneberg, Johann Baptist ~ 4/588; Herold, Balthasar von ~ 4/635; Hildesheimer, Israel ~ 5/39; Hildesheimer, Meier * 5/39; Hoffmann, David ~ 5/115; Hyrtl, Joseph * 5/239; Kober, Franz ~ 5/635; Köpp, Wolfgang Edler von Felsenthal * 5/668; László, Stefan ~/† 11/118; Marko, Karl (Andreas Gabriel) ~ 6/625; Marschall, Josef † 6/631; Mayr, Michael ~/† 7/15; Moreau, Karl Ritter von ~ 7/208; Musil, Robert Edler von ~ 7/317; Opferkuh, Friedrich † 7/494; Pittioni, Richard ~ 7/681; Rosenbaum, Joseph Karl ~ 8/390; Schachermeyr, Fritz † 8/538; Schmidt, Heinrich ~ 9/10; Schoiswohl, Josef ~ 9/104; Spangler, Maria Magdalena Rosalie ~ 9/384; Spieß, Christian Heinrich ~ 9/405; Stamprech, Franz † 9/445; Stern, Max Emanuel ~ 9/514; Teuber, Karl Oskar ~ 9/682; Weigl, Joseph * 10/389; Werner, Gregorius Joseph ~/† 10/446; Wranitzky, Paul ~ 10/590

Eisentratten (Kärnten)
Gasser, Hanns * 3/578

Eisfeld (Kr. Hildburghausen)
Barth, Johann Carl * 1/302; Beer, Johann Friedrich * 1/390; Decker, Georg * 2/458; Dilliger, Johann * 2/547; Glaser, Sebastian * 4/24; Glockengießer, Christoph II

~ 4/33; Höllein, Emil * 5/95; Jonas, Justus ~/† 5/360; Ludwig, Otto */~ 6/509; Rhaw, Georg * 8/266; Ullrich, Hans * 10/138

Eisgrub (tschech. Lednice)
Beck von Mannagetta, Günther ~ 1/374; Boos, Franz ~ 2/23; Frimmel von Traisenau, Franz ~ 3/487; Hardtmuth, Joseph ~ 4/385; Johann II., Fürst von und zu Liechtenstein * 5/341; Kreling, August von ~ 6/93; Roemer, Theodor ~ 8/353; Sittenberger, Hans † 9/344

Eisingen (Kr. Würzburg)
Heiderhoff, Horst † 4/491; Herberich, Johann Michael ~ 4/604; Scholz, Anton von ~ 9/107

Eisleben
siehe auch *Helfta*
Agricola, Johann * 1/54; Agricola, Stephan d. Ä. ~/† 1/55; Agricola, Stephan d. J. ~ 1/55; Alt, Johann Karl Wilhelm * 1/95; Amerbach, Veit ~ 1/114; Arndt, Johann ~ 1/174; Augustin, Karl Haymo Semeca ~/† 1/223; Bauer, Andreas Friedrich ~ 1/323; Beckmann, Wilhelm ~ 1/386; Bieck, Johann Erdmann ~ 1/586; Böhmer, Philipp Adolph ~ 1/623; Braun, Karl Adolf von ~ 2/83; Brever, Johann * 2/127; Bucholtz, Christian Friedrich * 2/188; Burckhardt, Helmuth ~ 2/231; Colberg, Johannes ~ 2/354; Compenius, Esaias * 2/361; Crell, Paul * 2/397; Crusius von Krusenstjern, Philipp * 2/407; Cuno, Johannes ~ 2/410; Deyling, Salomo ~ 2/510; Eberhard, Christoph * 2/670; Eitz, Carl (Andreas) † 3/79; Ellendt, Friedrich Theodor ~/† 3/90; Eschengahn, (Johann August Friedrich) Max */~ 3/173; Fabricius, Andreas ~/† 3/212; Fein, Eduard † 3/250; Freiesleben, Johann Karl ~ 3/422; Friderici, Daniel ~ 3/444; Gaubisch, Urban ~/† 3/583; Genthe, Friedrich Wilhelm ~ 3/623; Gerhardt, Carl Immanuel ~ 3/642; Geyer, Ludwig (Heinrich Christian) * 3/673; Gneist, (Heinrich) Rudolf (Hermann Friedrich) von ~ 4/43; Haase, (Reinhold) Ernst ~ 4/288; Haase, (Christoph) Hermann ~ 4/289; Hayner, Christian August Fürchtegott ~ 4/463; Hebenstreit, Pantaleon * 4/465; Hebenstreit, Wilhelm * 4/465; Heinhold, Max ~ 4/516; Hoffmann, Walter (Alexis Karl) * 5/123; Irenäus, Christoph ~ 5/258; Jonas, Justus ~ 5/360; Kegel, Karl ~ 5/483; Keller, Robert ~ 5/497; Klingspor, Walter ~/† 5/599; König, Friedrich (Gottlob) * 5/658; Korte, Gerhard ~ 6/48; Kreuzhage, Eduard Adolf Günther ~ 6/103; Krug von Nidda, Otto ~ 6/127; Krumpach, Nikolaus ~/† 6/130; Kuntsch, Margaretha Susanna von ~ 6/170; Laska, Gustav ~ 6/255; Leuschner, Ernst ~/† 6/354; Lobe, Theodor Eduard ~ 6/431; Luther, Martin */† 6/536; Moris, Maximilian ~ 7/214; Novalis ~ 7/444; Quenstedt, Friedrich August * 8/101; Rademacher, Bernhard * 8/115; Reichenbach, Carl August * 8/200; Rinckart, Martin * 8/313; Sarcerius, Erasmus ~ 8/519; Schneider, Max ~ 9/58; Schütz, Caspar ~ 9/176; Siebeck, Hermann ~ 9/304; Spangenberg, Cyriacus ~ 9/383; Spangenberg, Johannes ~/† 9/384; Stephani, Hermann ~ 9/510; Strasser, Hans Gotthilf ~ 9/568; Trinius, Karl Bernhard von * 10/89; Veltheim, Franz Wilhelm Werner von ~ 10/192; Vieweg, Kurt (Hugo Gustav Eduard) ~ 10/209; Wachler, Paul † 10/266; Wedel-Piesdorf, Wilhelm ~ 10/370; Weiskern, Friedrich Wilhelm * 10/404; Witzel, Georg ~ 10/553; Zopf, Wilhelm Friedrich ~ 10/688

Eislingen (Fils)
siehe auch *Kleineislingen*
Mühlberger, Josef † 7/240

Eismannsberg (seit 1972 zu Altdorf b. Nürnberg)
Oelhafen von und zu Schöllenbach, Elias ~ 7/467

Eisnern (slowen. Železniki)
Pfleger von Wertenau, Anton Ritter * 7/649

Eitelsbach (Trier)
Goergen, Josef-Matthias * 4/57

Eiterfeld
Brauns, Reinhard Anton * 2/90; Grohne, Ernst * 4/182

Eitorf
Giese, (Dietrich Kaspar) Friedrich * 4/2; Knorr, Ernst Lothar von * 5/630; Peschl, Ernst Ferdinand † 7/609; Stross, Wilhelm (Carl) * 9/594

Eiwanowitz (tschech. Ivanovice u Brna)
Karpeles, Elias ~ 5/452; Karpeles, Gustav * 5/452
Eixe (seit 1974 zu Peine)
Langeheine, Richard * 11/117
Ekaterinoslav → Dnjepropetrowsk
El Alamein (Ägypten)
Rommel, Erwin ~ 8/380
El Arenal (Mallorca)
Kaempfert, Bert † 5/395
El Cerrito (Kalifornien, USA)
Einstein, Alfred † 3/67
El Escorial (Spanien)
Dominikus Germanus de Silesia ~/† 2/591; Margarethe, Erzherzogin von Österreich, Königin von Spanien und Portugal † 6/615; Vollmöller, Karl ~ 10/249
El Fasher (Sudan)
Roth, Gottfried † 8/412
Elben (Gem. Wenden)
Klein, Kaspar * 5/577
Elbenberg (Naumburg, Hessen)
Buttlar, Rudolf Georg Walrab Carl Frh. von † 2/259
Elberfeld (seit 1929 zu Barmen-Elberfeld, seit 1930 Wuppertal)
Abel, August ~ 1/4; Abendroth, Wolfgang * 1/8; Achinger, Hans * 1/18; Aders, (Johann) Jakob */~/† 1/37; Albermann, Wilhelm ~ 1/64; Albrecht, Konstantin (Karl) * 1/83; Anno, Anton ~ 1/145; Arnim, Hans (Friedrich) von ~ 1/180; Arnold, Friedrich Wilhelm ~ 1/186; Auerbach, Hermann ~ 1/216; Baeumker, Wilhelm ~ 1/266; Bahrmann, (Carl Fürchtegott) Hermann * 1/271; Ball, Ernst Friedrich * 1/277; Balser, Ewald */~ 1/279; Baudri, (Peter Ludwig) Friedrich * 1/323; Baum, Peter * 1/333; Baum, Peter Rudolf von */~ 1/333; Baum, Werner von */~ 1/333; Baumeister, (Karl) August ~ 1/339; Bayer, Friedrich ~ 1/356; Becker, Hermann Heinrich * 1/378; Beckmann, Minna Frieda Helene ~ 11/15; Behaghel, Wilhelm Jakob * 1/395; Benedix, (Julius) Roderich ~ 1/420; Berg, Werner * 1/441; Bernuth, Max ~ 1/478; Bertelsmann, Gustav (Heinrich Eduard) ~ 11/19; Bertelsmann, Heinrich (Friedrich Christian) ~ 1/481; Bertram, Ernst * 1/488; Blass, Eduard * 1/562; Bloem, Walter * 1/577; Blüthgen, Viktor (August Eduard) ~ 1/581; Böckmann, Wilhelm * 1/613; Bölling, Johann Peter * 1/627; Boerner, Heinrich ~ 1/633; Bohatec, Joseph ~ 2/1; Bonn, Gisela * 11/27; Bornewasser, Franz Rudolf ~ 2/34; Brauweiler, Heinz ~ 2/91; Bredt, (Wilhelm) August ~ 2/96; Brefeld, Ludwig ~ 2/97; Breker, Arno * 2/108; Breker, Hans * 2/108; Breuer, Johann Gregor ~ 2/124; Brockhaus, Carl (Friedrich Wilhelm) ~/† 2/139; Bruck, Karl Ludwig Frh. von * 2/149; Brügelmann, Johann Gottfried */~ 2/156; Buchhorn, Josef ~ 2/185; Büchel, Anna von */~ 2/194; Bürck, Paul * 2/208; Büschenthal, Lippman Moses ~ 2/213; Burchartz, Max * 2/230; Burger-Weber, Amalie ~ 2/238; Busch, Johannes * 11/36; Buths, Julius (Emil Martin) ~ 2/258; Cassirer, Fritz ~ 2/294; Cordier, Leopold ~ 2/372; Corvinus, Lorenz ~ 2/380; Daum, Robert */~ 2/450; Davidis, Henriette ~ 2/453; Decken, Felix ~ 2/458; Decker, Jacques ~ 2/459; Deecke, (Ernst Georg) Wilhelm ~ 2/463; Delius, Carl Albrecht ~ 11/44; Dichgans, Hans (Hermann) * 2/512; Diest-Daber, Otto ~ 2/525; Diesterweg, Friedrich Adolph Wilhelm ~ 2/526; Dilthey, Wernhard ~ 2/548; Dircksen, Ernst ~ 2/554; Dobbert, Alfred ~ 2/564; Döring, August * 2/576; Döring, Karl August ~/† 2/577; Domagk, Gerhard (Johannes Paul) ~ 2/588; Dorpmüller, Julius (Heinrich) * 2/601; Dreuw, Heinrich ~ 2/616; Dronke, Ernst ~ 2/623; Duisberg, (Friedrich) Carl ~ 2/645; Duisberg, Carl Ludwig * 2/646; Eckert, Victor Heinrich Eduard ~ 3/11; Egen, Peter Nikolaus Kaspar ~ 3/23; Eggerath, Werner Karl Jakob * 3/29; Ehrenberg, Friedrich * 3/37; Eichhoff, Ernst ~ 3/91; Eller, Elias ~ 3/91; Elschner, Kurt ~ 3/94; Erfurth, Paul ~ 3/143; Erfurth, Ulrich (Wilhelm) * 3/143; Erhardt, Otto ~ 3/147; Eyken, Heinrich Robert von ~ 3/204; Falk, Bernhard ~ 3/224; Fay, Josef ~ 3/237; Feldmann, Erich Emil * 3/256; Fellinger, Richard Albert

* 3/260; Fidesser, Hans ~ 3/290; Flasdieck, Hermann * 3/336; Formes, Theodor ~ 3/373; Fränkel, Bernhard * 3/382; Fränkel, Wolfgang Bernhard ~/† 3/385; Friedrich, (Johann) Wilhelm (Ludwig) ~ 3/481; Frowein, Abraham * 3/514; Fürer, Karl Eduard ~ 3/525; Fuhlrott, Karl † 3/538; Funcke, Otto ~ 3/540; Funcke, Wilhelm ~ 3/540; Gattermann, (Friedrich August) Ludwig ~ 3/582; Gauger, Joseph ~ 3/584; Gauger, Martin * 3/585; Gebhard, Kurt (Alfred Thomas) * 3/593; Geck, Rudolf * 3/596; Gerling, Robert Wilhelm * 3/651; Gettke, Ernst ~ 3/669; Gieseler, (Friedrich) Eberhard ~ 4/4; Gießwein, Max ~ 4/6; Ginkel, Emil * 4/11; Glaß, Otto * 4/24; Gleim, Betty ~ 4/29; Goecke, (Heinrich Alexander Johann) Ferdinand (Theodor) † 4/50; Goldberg, Jacques ~ 4/77; Goldmann, Franz * 4/80; Graf, Eduard */~ 4/126; Grafe, Eduard * 4/129; Grafe, Hermann Heinrich ~/† 4/130; Greeff, Richard * 4/147; Greeff, (Karl) Richard * 4/147; Grohmann, Friedrich Wilhelm ~ 4/182; Hackländer, Friedrich Wilhelm Ritter von ~ 4/298; Hahn, Mary ~ 4/332; Halm, Alfred ~ 4/352; Hammer, Walter * 4/361; Hartje-Leudesdorff, Irma */~ 4/401; Hartmann, Carl ~ 4/406; Hausmann, Otto */† 4/452; Hebebrand, Werner (Bernhard) * 4/464; Henrichs, Helmut * 11/85; Herbst, (Friedrich Ludwig) Wilhelm ~ 4/609; Herrig, (Friedrich Christian) Ludwig ~ 4/640; Hertz, Alfred ~ 4/651; Herweg, Stephan * 4/656; Herzog, Albert ~ 4/664; Hesekiel, Johannes ~ 4/667; Hess, Moses ~ 4/672; Hesse, Hermann Albert ~ 4/676; Heuser, Ernst * 5/10; Heydt, August Frh. von der */~ 5/20; Heydt, August Frh. von der * 5/20; Heydt, Daniel von der */~ 5/20; Heydt, Eduard Frh. von der * 5/20; Heydt, Karl von der * 5/20; Heymann, Bernhard ~ 5/24; Hieber, Theodor ~ 5/30; Hirsch, Karl ~ 5/62; Hörlein, (Philipp) Heinrich ~ 5/101; Hoetger, Bernhard ~ 5/106; Hoffmann, Felix ~ 5/116; Hofmann, Fritz ~ 5/128; Holzmüller, (Ferdinand) Gustav ~ 5/162; Horten, Anton Hubert * 5/183; Humbert, Claas (Hugo) ~ 11/92; Humburg, Paul ~ 5/224; Huth, Friedrich ~ 5/236; Ihne, Ernst Eberhard von * 5/246; Jaeckel, Rudolf * 5/281; Jaeschke, Emil ~ 5/288; Jahn, Rolf ~ 5/292; Jesinghaus, Walter ~ 5/326; Jordan, Hans ~/† 5/362; Jung, Wilhelm ~ 5/381; Jung-Stilling, Johann Heinrich ~ 5/381; Kamp, Heinrich ~ 5/420; Kast, Peter * 5/460; Kaufmann, Walter ~ 5/473; Kersten, Abraham ~/† 5/517; Klarer, Josef ~ 5/566; Kleinschmidt, Hans * 5/581; Knappertsbusch, Hans */~ 5/614; Koch, Erich * 5/638; Köhler, Walther * 5/653; König, Walter ~ 5/663; Kohlbrügge, Hermann Friedrich ~/† 6/3; Kolping, Adolph ~ 6/21; Konetzni, Anni ~ 6/24; Krekeler, Karl ~ 6/93; Krönig, Bernhard ~ 6/111; Krukenberg, Hermann ~ 6/127; Krummacher, (Friedrich Wilhelm ~ 6/129; Krummacher, Gottfried Daniel ~/† 6/129; Krummacher, Karl * 6/129; Krzyzanowski, Rudolf ~ 6/135; Krzyzanowski-Doxat, Ida ~ 6/135; Kuczynski, Jürgen * 11/114; Kuczynski, Robert René ~ 6/138; Landé, Alfred * 6/216; Landmann, Friedrich ~ 6/218; Lange, Ludwig ~ 6/235; Langenbeck, Curt */~ 6/239; Langewiesche, Karl Robert ~ 6/243; Lasker-Schüler, Else */~ 6/257; Lazarus, Gustav ~ 6/277; Legband, Paul ~ 6/289; Liesegang, (Paul) Eduard */~ 6/392; Liesegang, (Friedrich) Carl * 6/392; Liesegang, Raphael * 6/393; Lilienthal, Karl von * 6/396; Lo, Peter */~/† 6/430; Locher, Gottfried W(ilhelm) * 6/434; Löb, Rudolf * 6/437; Loeschenkohl, Hieronymus * 6/446; Lohmann, Ernst ~ 6/461; Lühdorf, Friedrich August Frh. von * 6/519; Malata, Oscar ~ 6/577; Mallison, Heinrich ~ 6/580; Marberg, Lilli ~ 6/604; Marées, Hans von * 6/611; Marx, Alexander * 6/644; Marx, Paul * 6/648; Marx, Wilhelm ~ 6/649; Marx, Wilhelm ~ 6/649; Mauß, Hans ~ 6/672; Meckel, Wilhelm ~/† 7/21; Mende, Lotte ~ 7/56; Meyer-Schwickerath, Gerhard * 7/114; Mietzsch, Fritz ~ 7/135; Mikorey, Franz ~ 7/137; Minding, Ferdinand ~ 7/147; Mirsalis, Otto ~ 7/151; Müller-Brandenburg, Hermann * 7/285; Muthmann, Wilhelm * 7/320; Natorp, (Bernhard Christoph) Ludwig ~ 7/344; Nebe, August ~ 7/353; Neuhaus, Julie ~ 7/378; Neumann, Karl August * 7/385; Niesel, Wilhelm ~ 7/412; Nörrenberg, Constantin ~ 7/431; Norden, Albert

~ 7/438; Nose, Carl Wilhelm ~ 7/440; Oberstetter, Edgar ~ 7/457; Olshausen, (Hermann) Otto (Wilhelm) ~ 7/490; Opitz, Herwart (Siegfried) * 11/150; Osten, Vally van der ~ 7/515; Osten-Hildebrandt, Rosa von der ~ 7/515; Otto, Wilhelm ~ 7/537; Otto-Thate, Karoline ~ 7/537; Overbeck, Wilhelm ~ 11/154; Pagenstecher, Wolfgang * 7/549; Panzner, Karl ~ 7/558; Patry, Albert ~ 7/571; Pepöck, August ~ 7/597; Petri, Oskar Wilhelm Ritter von * 7/622; Pfeiffer, Hubert ~ 7/640; Pfeiffer, Paul * 7/642; Pirath, Wilhelm ~ 7/676; Plücker, Julius * 8/5; Pörtner, Paul * 8/14; Potthoff, Karl Wilhelm Hermann ~ 8/47; Prümer, Karl ~ 8/81; Püttmann, Hermann */~ 8/88; Raabe, Peter ~ 8/106; Rademacher, Arnold ~ 8/115; Rassow, Peter ~ 8/147; Rauchenecker, Georg (Wilhelm) ~/† 8/160; Rave, Paul Ortwin * 8/167; Reingruber, Hans * 8/217; Reinhardt, Delia * 8/219; Ribbeck, (Johannes Karl) Otto ~ 8/270; Richter-Ender, Elise ~ 8/285; Riotte, (Nicolaus Ferdinand) Hermann */~ 8/321; Rittershaus, (Friedrich) Emil ~ 8/333; Roeber, Ernst * 8/347; Roeber, Friedrich */~ 8/347; Roeber, Fritz * 8/347; Roehl, Wilhelm † 8/350; Roeren, Hermann ~ 8/356; Rose, Paul (Arthur Max) ~ 8/387; Rosenberg, Johann Carl Wilhelm ~ 8/393; Rosin, Siegfried * 8/403; Rothe, Ferdinand ~ 8/418; Rüdiger, Theo ~ 8/447; Rünger, Julius ~ 8/454; Rüsche-Endorf, Cäcilie ~ 8/455; Runge, Karl Friedrich Ferdinand ~ 8/467; Salomon, Ludwig ~ 8/504; Salter, George ~ 8/505; Samuel, Richard H(erbert) * 8/509; Schäfer(-Dittmar), Wilhelm ~ 8/549; Scheffer-Boichorst, Paul * 8/584; Schellenberg, (Karl) August (Emil) ~ 8/594; Schempp, Johannes d. Ä. ~ 8/600; Schennich, Emil (Anton) ~ 8/607; Schilling, Balduin ~ 8/638; Schleyermacher, Daniel ~ 8/673; Schlieper, Adolf */~/† 8/678; Schlieper, (Karl Peter) Adolf * 8/678; Schlitter, Oskar ~ 8/680; Schmidt, Robert (Emanuel) ~ 9/18; Schmidt-Isserstedt, (Paul) Hans (Ernst) ~ 9/23; Schmitt, Hermann Joseph ~ 9/31; Schmitt, Saladin ~ 9/33; Schneider, Johannes ~ 9/56; Schniewind, Julius * 9/64; Scholtz, (Moritz Wilhelm) Walther ~ 9/107; Schrey, Ferdinand * 9/142; Schröder, Peter Joseph † 9/150; Schrötter, Elisabeth (Emma Ida Maria) von ~/† 9/156; Schulemann, Werner ~ 9/182; Schulten, Adolf * 9/187; Schulten, Hans (Joachim) * 9/187; Schulz, Erich (Gustav Hermann) ~ 9/195; Schwagenscheidt, Walter */~ 11/173; Secker, Hans-Friedrich ~ 9/253; Sedlmayr, Lorenz ~ 9/254; Simons, Walter * 9/335; Simson, Maximilian ~ 9/337; Soldan, Kurt Erich Richard ~ 9/363; Sombart, Anton Ludwig † 9/367; Sonnenschein, Carl ~ 9/374; Spies, Hans ~ 9/404; Spieß, Johann Christoph ~ 9/405; Steger, Milly ~ 9/467; Steinitzer, Max ~ 9/496; Stöcker, (Hulda Caroline Emilie) Helene * 9/541; Stöcker, Lydia * 9/541; Stoecker, Walter ~ 9/541; Stralendorf, Carl (Hermann Fritz Johannes) ~ 9/565; Strempel, Ernst ~ 9/583; Strickrodt, Curt ~ 9/587; Strohm, Heinrich (Konrad) * 9/593; Sulz, Eugen ~ 9/630; Sybel, Heinrich Ferdinand Philipp von ~ 9/643; Tänzler, Hans ~ 9/650; Taube, Robert ~ 9/661; Theremin, Charles Guillaume ~ 9/694; Theusner, Felix ~ 9/695; Thiel, Bernhard August * 10/1; Tietz, Leonhard ~ 10/40; Tiling, Magdalene von ~ 10/42; Tillmanns, (Robert) Hermann * 10/44; Timmermann, Theodor Gerhard ~ 10/45; Triebel, Anna (Johanna Caroline) ~ 10/87; Troost, Paul Ludwig * 10/97; Turnau, Josef ~ 10/118; Ueberweg, Friedrich ~ 10/124; Ulich-Beil, Else * 10/135; Unger, Georg ~ 10/153; Uphoff, Fritz ~ 10/163; Urban, Johann ~ 10/165; Valk, Fritz * 10/180; Velten, Wilhelm * 10/192; Vetter, August ~ 10/200; Vogt, Joseph (Heinrich Peter) ~ 10/234; Voller, (Carl) August * 10/247; Wackernagel, (Karl Eduard) Philipp ~ 10/270; Wackers, Coba * 10/270; Waldmeier, Karl ~ 10/305; Warneck, Gustav ~ 10/336; Weber, Helene */~ 10/355; Weber, Otto ~ 10/360; Weber, Otto Friedrich */~ 10/360; Weerth, Georg (Ludwig) ~ 10/371; Wegner, Armin T(heophil) * 10/373; Weidner, Johann Leonhard ~ 10/384; Weischedel, Wilhelm Gotthilf ~ 10/402; Wesendonck, Mathilde * 10/455; Wester, Reinhard Heinrich * 10/458; Wetzler, Hans Hermann ~ 10/464; Wever, Franz * 10/465; Wichelhaus, Hermann

* 10/469; Wiedemann, Hermann ~ 10/479; Witt, Lotte ~ 10/544; Wolff, Carl * 10/570; Wolff, Hans Julius * 10/572; Wülfing, Ernst (Anton) * 10/592; Zador, Desider ~ 10/612; Zange, Johannes * 10/618; Zarest, Julius ~ 10/621; Zech, Paul ~ 10/625; Ziersch, Rudolf * 10/659; Zilken, Willy ~ 10/661; Zillmer, August ~ 10/663; Zimmer, Friedrich ~ 10/664; Zivi, Hermann ~ 10/681; Zoeppritz, Rudolf (Karl Wolf Franz) ~ 10/685; Zweig, Fritz ~ 10/705

Elbeteinitz (tschech. Týnec nad Labem)
Hesch, Wilhelm * 4/667; Melas, Michael Frh. von † 7/51

Elbeu
Harnisch, (Christian) Wilhelm ~ 4/393

Elbigenalp (Tirol)
Dengel, Ignaz Philipp * 2/485; Falger, (Johann) Anton */~/† 3/224; Lang, Franz Joseph * 6/224; Zeiller, Johann Jakob ~ 10/631

Elbing (poln. Elbląg)
Abegg, Bruno Erhard * 1/2; Achenwall, Gottfried * 1/18; Albrecht, Wilhelm (Eduard) * 1/83; Altkirch, Ernst ~/† 1/102; Ameln, Konrad ~ 11/3; Ammelung, Johann Heinrich */† 1/117; Arndt, Alfred */~ 11/5; Aurifaber, Andreas ~ 1/224; Bäckler, Max * 1/255; Baumgart, Hermann * 1/342; Becker, Carl Heinrich ~ 1/376; Benecke, Berthold Adolph * 1/418; Berdau, Johann Christoph ~ 1/435; Bessau, Georg * 1/492; Boltz, Hans ~ 2/12; Brandt, Wilhelm von ~ 2/71; Brost, Erich (Eduard) ~ 11/33; Bülovius, Bartholomäus ~ 2/203; Carlson, Carl Fridolf ~/† 2/283; Comenius, Johann Amos ~ 2/360; Dathenus, Petrus ~/† 2/447; Dorr, Robert ~/† 2/601; Dugrain, Johann Jeremias ~ 2/645; Duräus, Johann ~ 2/654; Elschner, Walter ~ 3/95; Etzdorf, Hasso von * 3/186; Ewerbeck, Christian Gottfried ~/† 3/199; Fechter, Paul (Otto Heinrich) * 3/239; Felderhoff, Reinhold * 3/256; Fischer, Friedrich (Wilhelm Heinrich) * 3/316; Fleischer, Tobias ~ 3/343; Forckenbeck, Max(imilian) (Franz August) von ~ 3/372; Friedrich, (Max) Wilhelm (Karl) ~ 3/481; Füllborn, Georg * 3/524; Gabriel, Max * 3/550; Gille, Karl ~ 4/9; Gnapheus, Gulielmus ~ 4/42; Gniffke, Erich (Walter) ~ 4/44; Götze, Hellmuth ~ 4/72; Goltz, Stanislaus August Graf von der ~ 4/94; Gottfried von Hohenlohe, Hochmeister des Deutschen Ordens ~ 4/104; Graff, Eberhard (Gottlieb) */~ 4/130; Grothe, Wilhelm ~ 4/202; Grunau, George (August) */~/† 4/221; Grunau, Ignatz ~/† 4/221; Grunau, Simon ~ 4/222; Grunwald, Georg ~ 4/227; Gümbel, Ludwig (Karl Friedrich) ~ 4/235; Haase, (Dietrich) Otto ~ 4/289; Harder, Agnes (Marie Luise Gabrielle) * 4/383; Heinrich von Hohenlohe, Hochmeister des Deutschen Ordens ~ 4/526; Heinrich Reuß von Plauen, Hochmeister des Deutschen Ordens ~ 4/526; Hellingrath, Berthold (Franz) * 4/566; Herzog, Alfred * 4/664; Hetzer, Hildegard ~ 5/6; Hirsch, August ~ 5/60; Holland, Konstantin ~ 5/150; Hoppe, Israel */~/† 5/172; Jacobsson, Johann Karl Gottfried * 5/278; Jaenicke, Wolfgang ~ 5/287; Jebens, Adolf * 5/313; Jebens, August Friedrich ~ 5/313; Jordan, Hans * 5/362; Kanter, Johann Jakob ~ 5/427; Kleefeld, Georg */~ 5/572; Kock, Theodor ~ 5/646; Köhler, (Christian) Louis (Heinrich) ~ 5/652; Körnicke, Friedrich August ~ 5/674; Komnick, Franz ~/† 6/23; Krainer, Paul ~ 6/67; Kronau, Friederike ~ 6/115; Laddey, Emma * 6/192; Lengerke, Caesar von † 6/320; Levin, Julius ~ 6/359; Liebert, Paul ~ 6/382; Lipschitz, Rudolf (Otto Sigismund) ~ 6/421; Litten, Fritz Julius * 6/428; Lockemann, Theodor ~ 6/435; Löper-Housselle, Marie Luise ~ 6/445; Loeser, Bernhard ~ 6/447; Lohmeyer, (Karl) Julius ~ 6/463; Maertens, Willy ~ 6/559; Manns, Sir August ~ 6/597; Margenau, Johannes ~ 6/625; Mauthner, Eugen Moritz ~ 6/672; Mnioch, Johann Jacob * 7/160; Mönch, Johannes * 7/172; Neter, Laurenz de * 7/368; Neumann, Hermann Kunibert ~ 7/384; Nicolai, Heinrich ~ 7/400; Noé, Hermann ~ 11/142; Patry, Albert * 7/571; Perwanger, Christoph ~ 7/607; Peterson, Luise ~ 7/620; Plactomus, Johannes ~ 7/682; Porsch, Christoph */~/† 8/38; Pulewka, Paul * 8/90; Rahlwes, Alfred ~ 8/124; Rapp, Fritz ~ 8/141; Reimann, Max * 8/210; Satori, Johanne † 8/522; Schaeffer, Albrecht * 8/549; Schichau,

Ferdinand */~/† 8/621; Schlaubitz, Johann Gottfried
~ 8/657; Schubert, Johann Ernst * 9/163; Schubert,
Johannes (Oskar) ~ 9/164; Sieg, Georg Erich * 9/310;
Siegfried von Feuchtwangen, Hochmeister des Deutschen
Ordens ~ 9/312; Streibing, Karl-Heinz ~ 9/581; Strobel,
Bartholomäus d. J. ~ 9/590; Struensee von Karlsbach, Karl
Gustav ~ 9/598; Süvern, Johann Wilhelm ~ 9/628; Thieme,
Karl Otto ~ 10/4; Thierfelder, Albert ~ 10/6; Thiesen, Max
Ferdinand ~ 10/9; Töppen, Max Pollux ~/† 10/58; Trede,
Paul ~ 10/77; Truhn, (Friedrich) Hieronymus */~ 10/102;
Tschesch, Johann Theodor ~/† 10/106; Urban, Christian
*/~/† 10/164; Veith, Rudolf ~ 10/190; Weiss, Hugo *
10/408; Weltmann, Lutz * 10/429; Wernich, Albrecht
(Ludwig Agathon) * 10/450; Wernicke, Christian * 10/450;
Zamehl, Friedrich */~/† 10/616; Ziese, Carl Heinrich ~/†
10/659; Zimmermann, Max Georg * 10/670

Elbingerode (Harz)
Alten, Viktor (Karl Albert Johannes) von * 1/97;
Beushausen, (Hermann Ernst) Louis * 1/501; Blumhof,
Johann George Ludolf ~ 1/589; Erich I., Herzog von
Braunschweig-Grubenhagen ~ 3/148; Ernst, (Karl
Friedrich) Paul * 3/166; Hasse, Traugott (Lebrecht) ~
4/427; Neuss, Heinrich Georg * 7/393; Wedemeyer, Georg
(Ludwig Heinrich Karl) * 10/370; Werckmeister, Andreas ~
10/440

Elbogen (tschech. Loket)
Bachmann, Hermann * 1/245; Exner, Wilhelm (Johann
Franz) ~ 3/201; Finger, Josef ~ 3/301; Freysleben,
Johannes ~ 3/439; Haidinger, Wilhelm (Karl) Ritter von
~ 4/336; Höfer von Heimhalt, Hans * 5/89; Holk, Henrik
Graf ~ 5/148; Lobkowitz, Georg Popel von † 6/432;
Morstadt, Vinzenz ~ 7/219; Ortmann, Anton ~/† 7/509;
Pfohl, Ferdinand * 7/651; Stark, Abraham */† 9/451;
Widmannstätten, Aloys Joseph Beck Edler von ~ 10/475;
Wildner, Hugo * 10/501

Elbtal → Dorchheim

Elcherait (Belgien)
Elgard, Nikolaus * 3/84

Elchingen
Bachmann, Joseph Siegmund Eugen ~ 1/246; Fuchs,
Bernhard * 3/517; Hohenwang, Ludwig * 5/141; Schielen,
Johann Georg ~ 8/628

Eldagsen (Springe)
Gille, Karl * 4/9; Goldschmidt, Jakob * 4/84; Goldschmidt,
Julius * 4/84

Eldena (Greifswald)
Beyer, Moritz ~ 1/506; Bülow-Cummerow, Ernst (Gottfried
Georg) von ~ 2/206; Dammann, Karl (Johann Christian)
~ 2/437; Grebe, Karl Friedrich August ~ 4/146; Grunert,
Johann August ~ 4/226; Hackewitz, Lili von * 4/298;
Hagenow, (Karl) Friedrich von ~ 4/325; Haubner, Gottlieb
(Carl) ~ 4/435; Jessen, Carl Friedrich Wilhelm ~ 5/326;
Jühlke, Ferdinand ~ 5/372; Jühlke, Karl Ludwig * 5/372;
Langethal, Christian Eduard ~ 6/243; Martiny, Benno ~
6/641; Pabst, Heinrich Wilhelm ~ 7/544; Schulze, Franz
(Ferdinand) ~ 9/199; Schulze, Franz Eilhard * 9/199;
Schulze, Friedrich Gottlob ~ 9/199; Toeche, Ernst ~ 10/55;
Trommer, Carl August ~ 10/95; Werner, Hugo ~ 10/446

Eldenburg → Breetz

Eldern (Gem. Ottobeuren)
Riepp, Karl Joseph * 8/304

Eldingen
siehe auch *Bargfeld*
Estorff, Eggert Ludwig von † 3/183

Eleonorenhain (tschech. Lenora)
Kralik von Meyrswalden, Richard Ritter * 6/68; Kralik
von Meyrswalden, Wilhelm Ritter ~ 6/68; Quast, Johann
Zacharias ~ 8/100

Elfenau (Kt. Bern)
Anna Fjodorovna, Großfürstin † 1/144

Elfershausen → Langendorf

Elgersburg
Arnoldi, Ernst Wilhelm ~ 1/190; Linde, Ernst ~ 6/401;

Piutti, Karl * 7/682; Rinck, Johann Christian Heinrich *
8/313

Elgg (Kt. Zürich)
Cramer, Johann Jakob * 2/389; Maler, Josua ~ 6/577;
Reher, Pius ~ 8/190

Elgin (Illinois, USA)
Dulon, (Christoph Josef) Rudolf ~ 2/648

Elisabethstadt (rumän. Dumbrăveni, auch Ibaşfalău, ungar.
Erzsébetváros)
Orendi-Hommenau, Viktor * 11/151

Elisenthal (tschech. Alžbětín, heute zu Železná Ruda II-
Alžbětín)
Schrenk, Wenz(e)l * 9/141

Elizabeth (Pennsylvania, USA)
Lemke, Heinrich ~ 6/315

Elkofen (seit 1978 zu Grafing b. München)
Hazzi, Joseph Ritter von † 4/463

Elleben
Bechmann, Friedemann * 1/367; Emmerling, Ludwig
August * 3/105; Lendenstreich, Valentin ~ 6/319

Ellenbogen (Vorarlberg)
Felder, Katharina * 3/255

Ellernbrook (Gem. Drage, Kr. Steinburg)
Peltzer, Otto (Paul Eberhard) * 7/593

Ellersbach
Dirnböck-Schulz, Johanna † 2/557

Elliehausen (seit 1973 zu Göttingen)
Kolbe, (Adolph Wilhelm) Hermann * 6/12

Ellierode (Hardegsen)
Ost, Hermann * 7/513

Ellikon an der Thur (Kt. Thurgau)
Breitinger, Heinrich * 2/105; Egg, Johann Jakob */~ 3/25

Ellingen (Kr. Weißenburg-Gunzenhausen)
Bock, Friedrich * 1/594; Glockengießer, Christoph II ~
4/33; Heinrich von Pfalzpaint ~ 4/540; Laber, Heinrich *
6/188; Lentersheim, Ulrich von ~ 6/322; Pozzi, Giuseppe
~ 8/48; Roeser, Jakob von * 8/359; Roth, Franz Joseph ~
8/412; Schücking, Levin ~ 9/168; Waldstein, Ferdinand
(Ernst Joseph Gabriel) Graf von ~ 10/307; Wrede, Karl
Philipp von † 10/590

Ellischau (tschech. Nalžovy, heute zu Nalŏvské Hory)
Taaffe, Eduard Graf von † 9/649

Ellmendingen (seit 1972 zu Keltern)
Preisendanz, Karl (Lebrecht) * 8/58

Ellrich
siehe auch *Guderslebe, Sülzhayn*
Apel, Wilhelm * 1/154; Bischoff, Georg Friedrich *
1/543; Goeckingk, Leopold Friedrich Günther von ~ 4/50;
Herzfeld, Levi * 4/661; Holtzhausen, August Friedrich *
5/156; Keuchenthal, Johannes ~ 5/524; Michaelis, Christian
Benedikt ~ 7/121

Ellwangen (Jagst)
siehe auch *Espachweiler, Killingen, Röhlingen, Rötlen,
Schönenberg*
Adelmann von Adelmannsfelden, Johann Christoph ~/†
1/34; Adelmann von Adelmannsfelden, Konrad ~ 1/34;
Becher, Theodor † 1/366; Belser, Johann Evangelist ~
1/411; Beroldingen, Joseph Ignaz * 1/478; Beroldingen,
Paul Joseph ~ 1/479; Bestlin, Johann Nepomuk */~ 1/495;
Bruckmann, Ferdinand Alexander * 2/149; Burr, Viktor
*/† 2/246; Buttersack, Felix * 2/259; Dobler, Joseph Alois
~ 2/564; Donner, Johann Jakob Christian ~ 2/595; Drey,
Johann Sebastian von ~ 2/618; Dreyer, Johann Melchior
~/† 2/619; Ermenrich von Ellwangen, Benediktiner,
Bischof von Passau ~ 3/155; Flaischlen, Cäsar (Otto Hugo)
~ 3/335; Franz Ludwig, Pfalzgraf von Neuburg, Kurfürst
und Erzbischof von Trier und Mainz ~ 3/412; Frölich,
Alois von ~/† 3/504; Fugel, Gebhardt ~ 3/534; Fugger,
Anton Ignaz Joseph ~ 3/535; Gaßner, Johann Joseph ~
3/580; Gaupp, (Friedrich) Ludwig (Adolf) */~ 3/586;
Gebhardt, Friedrich * 3/594; Geß, Friedrich Ludwig von
* 3/666; Gögler, Hermann † 4/52; Goez, Karl von * 4/74;
Gozbert ~ 4/114; Gratz, Peter Alois ~ 4/141; Guldimann,
Joseph ~ 4/253; Gwinner, Wilhelm Heinrich von ~ 4/277;

Hatto I., Erzbischof von Mainz ~ 4/433; Heigelin, Karl Marcell ~ 4/494; Heß, Arthur */~ 11/86; Hess, Isaak ~/† 4/671; Hirscher, Johann Baptist von ~ 5/66; Hohenlohe-Waldenburg-Schillingsfürst, Alexander Prinz zu ~ 5/140; Jordan, Wilhelm * 5/364; Kiene, Hans (Baptist) von ~ 5/530; Knöringen, Johann Egolf von ~ 5/626; Koenig, Paul * 5/662; Lipp, Joseph ~ 6/416; Ludwig Anton, Pfalzgraf von Neuburg, Hochmeister des Deutschen Ordens, Bischof von Worms ~ 6/502; Märklin, Eugen ~ 6/559; Merkle, Sebastian * 7/75; Mittnacht, Hermann (Friedrich Karl) Frh. von ~ 7/159; Möhler, Johann Adam ~ 7/164; Münch, Johann Gottlieb ~ 7/293; Pflanz, Benedikt Alois ~ 7/648; Rau, Gustav Adolf ~ 8/155; Reiser, Wilhelm von † 8/230; Ringler, Joseph Jakob ~ 8/317; Rosenthal, Ludwig ~ 8/400; Rümelin, Christian Adolf * 8/453; Rugel, Joseph Alexander ~ 8/459; Salat, Jakob ~ 8/497; Scheffler, Christoph Thomas ~ 8/584; Schönborn, Franz Georg Reichsfreiherr (seit 1701 Reichsgraf) von ~ 9/87; Schuster, Ignaz * 9/215; Schwarz, Ignaz ~ 9/227; Thumb, Christian ~ 10/28; Truchseß von Waldburg, Otto ~ 10/100; Vischer, Peter d. Ä. ~ 10/217; Waldburg-Syrgenstein, Karl Graf von ~ 10/300; Wintergerst, Joseph ~ 10/534; Wintzingerode, Heinrich (Friedrich Karl Levin) Graf von ~ 10/536; Zach, Jan † 10/609; Zimmer, Patrizius Benedikt ~ 10/664

Ellzee → Hausen

Elmarshausen (Wolfhagen)
Ihlee, Johann Jakob * 5/246

Elmeloh (Gem. Ganderkesee)
Hackfeld, Heinrich * 4/298

Elmhurst (Illinois, USA)
Richter, Werner ~ 8/284

Elmshorn
siehe auch *Hainholz, Klostersande*
Biernatzki, Johann Christoph * 1/524; Feddersen, Johann Daniel ~/† 3/240; Kröger, Timm ~ 6/110; Pauls, Volquart ~ 7/579; Paulsen, Harald * 7/579; Peters, Johannes ~ 7/616; Praetorius, Johann Philipp * 8/50; Rathjens, Carl August * 8/151; Rehbein, Franz ~ 8/188; Rodenhauser, Wilhelm * 8/345; Struve, Ludwig (August) ~ 9/600; Wagener, Kurt * 10/274; Weyl, (Claus Hugo) Hermann * 10/466

Elmshorst (Holstein)
Junge, Christian * 5/381

Elnon
Arno, Erzbischof von Salzburg ~ 1/182

Elsau (Kt. Zürich)
Dändliker, Karl ~ 2/426

Elsdorf (Erftkreis) → Angelsdorf, Etzweiler, Niederembt, Oberembt

Elsenau (Joachimsthal, Kr. Barnim)
Becker, Eduard † 1/376

Elsendorf (Kr. Kelheim)
Rainer, Johann Baptist * 8/128

Elsey (seit 1920 zu Hohenlimburg, seit 1976 zu Hagen, Westfalen)
Ueberhorst, Karl * 10/124

Elsfleth
Fimmern, Ihno Hayen † 3/296; Freeden, Wilhelm (Ihno Adolf) von ~ 3/420; Graepel, (Carl Bernhard) Friedrich ~ 4/123; Immler, Werner * 5/254; Schütte, Heinrich ~ 9/175; Timerding, (Heinrich Carl Franz) Emil ~ 10/45

Elskop
Schmidt-Elskop, Arthur * 9/23

Elsnerowo (Polen)
Elsner, Joseph (Anton Franz) † 3/97

Elsoff (bei Frankfurt am Main)
Becker, Edmund (Christopherus) * 1/376

Elspe (Lennestadt)
Becker (Arnsberg), Johannes * 1/379

Elsterberg (Vogtlandkreis)
Döring, Friedrich Wilhelm * 2/576; Lindenau, Paul ~ 6/404

Elsterwerda
Markert, Richard * 6/625; Rohr, Julius Bernhard von * 8/370; Schendell, Werner * 8/601; Voltolini, Friedrich Eduard Rudolph * 10/250

Elstiborsch (tschech. Lstiboř, seit 1965 zu Klučov)
Pokorny, Franz * 8/22

Elstorf (seit 1972 zu Neu Wulmstorf)
Walbaum, Hermann * 10/297

Elstra
Beger, (Paul) Johannes * 1/394

Elte (seit 1975 zu Rheine)
Pieper, Josef * 11/158

Eltersdorf (seit 1972 zu Erlangen)
Althamer, Andreas ~ 1/99; Stadler, Johann Wilhelm † 9/430

Eltershofen (seit 1973 zu Schwäbisch Hall)
Bok, Albert von * 2/6

Eltingen (Leonberg, Kr. Böblingen)
Röckle, Christian * 8/348

Eltmann
Casseder, Nikolaus ~/† 2/293; Graser, Johann Baptist * 4/137; Hauck, (Johannes) Jacobus von ~ 4/437; Klarmann, Georg (Adam) * 5/566; Nas, Johannes * 7/340; Stumpf, Joseph Karl ~ 9/614

Eltville am Rhein
siehe auch *Eberbach, Eichberg, Erbach, Hattenheim, Rauenthal*
Adolf II., Graf von Nassau, Erzbischof von Mainz † 1/45; Bechtermünze, Heinrich ~/† 1/368; Bechtermünze, Nikolaus ~/† 1/368; Beck, Ludwig Joseph ~ 1/373; Biel, Gabriel ~ 1/519; Crève, Johann (Caspar Ignaz Anton) † 2/400; Diefenbach, Johann(es) † 2/515; Fritze, Wilhelm ~ 3/497; Günther, Graf von Schwarzburg-Blankenburg, deutscher Gegenkönig ~ 4/236; Heinrich III. von Virneburg, Erzbischof von Mainz † 4/530; Herber, Johann Georg † 4/604; Hoffmann, Christoph Ludwig † 5/114; Heinrich I., Kurfürst und Erzbischof von Mainz † 5/341; Konrad III. Wild- und Rheingraf von Daun, Erzbischof von Mainz † 6/28; Kreis, Wilhelm Heinrich * 6/92; Langwerth von Simmern, Ernst Frh. */† 6/248; Langwerth von Simmern, Heinrich ~ 6/248; Michels, (Karl) Franz * 7/126; Müller, Matheus */† 7/277; Schott, (Peter) Bernhard * 9/120; Spengler, Ludwig ~ 9/395; Stein, Franz ~ 9/476

Eluisenstein (bei Uexküll, lett. Ikskile)
Thiess, (Theodor) Frank * 10/9

Elz
Blank, Theodor * 1/557; Mechtel, Johann ~ 7/19

Elzach
siehe auch *Oberprechtal*
Schäufele, Hermann ~ 8/554

Elze
siehe auch *Wittenburg*
Beroldingen, Franz Cölestin Frh. von ~ 1/478; Cordes, Carl H. T. * 2/372; Ebeling, Johann Justus * 2/665; Falcke, Johann Philipp Konrad ~ 3/223; Furtwängler, Philipp * 3/544; Graaff, Carlo ~ 4/114; Krüger, Louis */† 6/123; Wallbrecht, Ferdinand * 10/309

Elztal → Dallau, Neckarburken

Emanuelssegen (poln. Murcki)
Seebohm, Hans-Christoph * 9/256

Emaus (bei Mariannhill, Natal, Republik Südafrika)
Pfanner, Franz ~/† 7/635

Embken (seit 1972 zu Nideggen)
Elvenich, Peter Joseph * 3/100

Embrach (Kt. Zürich)
Brennwald, Heinrich ~ 2/115; Ganz, Abraham * 3/571; Oetiker, Edwin * 7/473

Embrun (Frankreich)
Arnaud, Henri * 1/172

Embühren
Struve, Detlef ~/† 9/600

Emden (Kr. Emden)
siehe auch *Jarßum, Nesse*
Abicht, Karl Ernst ~ 1/11; Althusius, Johannes ~/† 1/102; Alting, Heinrich * 1/102; Alting, Jakob ~ 1/102; Alting, Menso ~/† 1/102; Andrae, Oswald ~ 11/4; Aportanus, Georg ~/† 1/158; Badenhausen, Rolf * 1/252; Bartels, Petrus Georg * 1/299; Baumann, Nikolaus * 1/337;

6/533; Lussy, Melchior ~ 6/533; Müller, Joachim Eugen */~/† 7/267; Rot, Wolfgang ~ 8/409; Talhoff, Albert ~/† 9/652

Engelbrechtsmünster
Bucher, (Leonhard) Anton von ~ 2/182

Engelburg (Gem. Gaiserwald, Kt. Sankt Gallen)
Fuchs, Ildephons ~ 3/519; Hostettler, Rudolf † 5/187

Engelhartszell (Oberösterreich)
Dolch, Moritz † 2/585

Engelmannsreuth (Gem. Prebitz)
Hellmann, (Franz) Otto * 4/567

Engelrod (seit 1972 zu Lautertal/Vogelsberg)
Arnold, Johann Christian * 1/188

Engels (bis 1931 Pokrovsk, Rußland)
Schnittke, Alfred (Garrijewitsch) * 9/65

Engelsberg (tschech. Andělska Hora, heute zu Světlá Hora)
Alter, Franz Karl * 1/99; Schindler, Albert * 8/643

Engelsburg (bei Graudenz)
Ludolf König, Hochmeister des Deutschen Ordens ~/† 6/495

Engelsburg (Kr. Sangerhausen)
Bose, (Friedrich) Julius (Wilhelm) Graf von * 2/42

Engelshöhe (Kr. Wehlau, Ostpreußen)
Hausbrand, Eugen (Gottfried Julius) * 4/446

Engelskirchen
siehe auch *Bickenbach, Kaltenbach*
Engels, Friedrich ~ 3/122; Guilleaume, Emil * 4/252; Lohmar, (Karl) Ulrich * 6/463; Lücke, Paul ~ 6/514; Steinbach, Franz * 9/484

Engelstein (poln. Węgielsztyn)
Borz, Georg Heinrich * 2/40

Engelstetten
Bschorer, Hans Georg ~ 2/176

Engelthal
Ebner, Christine ~/† 3/1; Köler, Hieronymus ~ 5/654; Langmann, Adelheid ~/† 6/247

Engen
siehe auch *Stetten, Welschingen*
Eckhard, Carl Maria Joseph * 3/12; Ehrensberger, Hugo * 3/40; Engentinus, Philipp * 3/124; Gießler, Franz Josef ~ 4/5; Oeftering, Wilhelm Engelbert * 7/463; Schiel, Hubert * 8/626; Vogler, Georg * 10/232

Engerau (slowak. Petržalka, ungar. Ligetfalva, Ligetfalu, heute zu Bratislava/Preßburg)
Gärtner, Wilhelm † 3/556

Engers (seit 1970 zu Neuwied)
Bülow, Babette von ~ 2/203; Kaufung, Clemens * 5/474; Mohr, Friedrich Wilhelm * 7/183; Seitz, Johannes ~ 9/274; Viebahn, (Friedrich Karl Hermann) Georg von ~ 10/203

Enghien (Belgien)
Arenberg, Karl Fürst von ~/† 1/165; Arenberg, Karl Maria Raymond Herzog von */† 1/165

Enghien-les-Bains (Dép. Val-d'Oise, Frankreich)
Kalkbrenner, Friedrich (Wilhelm Michael) † 5/413

Engi (Kt. Glarus)
Blumer, Hans * 1/588

Englewood (New Jersey, USA)
Niederland, William G. † 11/141; Schacht, Joseph † 8/540; Sommer, Julius ~ 9/369

Englewood Cliffs (New Jersey, USA)
Sachse, Leopold † 8/490

Engter (seit 1972 zu Bramsche)
Lübbe, Gustav H. * 6/511; Schwietering, Julius * 9/246

Eningen unter Achalm
Baeumler, Alfred † 11/9; Kittel, Rudolf * 5/561; Lange, Helene (Henriette Elisabet) ~ 6/232

Enkenbach (seit 1969 zu Enkenbach-Alsenborn)
Mayer, Wilhelm * 7/12

Enkhausen (seit 1975 zu Sundern, Sauerland)
Lübke, Friedrich Wilhelm * 6/512; Lübke, Heinrich * 6/513

Enkirch
Jaeger, Christian Gottfried * 5/282

Ennatbüel (Kt. Sankt Gallen)
Anderegg, Tobias * 1/123

Ennenda (Kt. Glarus)
Becker, Bernhard * 1/375; Huber-(Pestalozzi), Gottfried * 5/196; Jenny, Melchior * 5/320; Schindler, Cosmus * 8/643; Trümpy, Hans * 10/101

Ennepetal
siehe auch *Altenvoerde, Oelkinghausen, Voerde*
Öttinghaus, Walter † 7/476

Ennetach (seit 1972 zu Mengen)
Briemle, Theodosius * 2/133

Ennetbaden (Kt. Aargau)
Lotar, Peter ~/† 6/480

Ennetbühl (Gem. Krummenau, Kt. Sankt Gallen)
Goeldi, Emil August * 4/52

Ennetbürgen (Kt. Nidwalden)
Scheubner, Josef Konrad * 8/617

Ennigerloh
siehe auch *Ostenfelde*
Farwick, Wilhelm Anton * 3/232; Hartner, Willy * 4/414

Enns (Oberösterreich)
Fischer, Cyrill ~ 3/313; Hafner, Josef * 4/316; Kaltenbrunner, Karl Adam * 5/416; Kaltenhauser, Franziska ~/† 5/417; Leopold V. der Tugendhafte, Herzog von Österreich und von Steier(mark) ~ 6/333; Leopold VI. der Glorreiche, Herzog von Österreich und Steier(mark) ~ 6/333; Mautner, Karl * 6/673; Mayrhofer, Adolf */~/† 7/16; Otakar IV. (I.), Markgraf, Herzog von Steiermark ~ 7/523; Seeber, Joseph † 9/255; Ulrich von Pottenstein */~ 10/144

Ennsdorf (Steyr, Oberösterreich)
Vogl, Johann Michael * 10/231

Ensdorf (Oberpf)
Asam, Egid Quirin ~ 1/201; Desing, Anselm ~/† 2/496; Enhueber, Johann Baptist ~ 3/127; Moritz, Josef */~ 7/216

Ensenada (Mexiko)
Kiepenheuer, Karl-Otto † 11/103

Ensfelden (Kraiburg a. Inn)
Desing, Anselm ~ 2/496

Ensheim (Kr. Alzey-Worms)
Jacobs, Johann * 5/276; Winkelblech, Karl Georg * 10/527

Ensheim (seit 1974 zu Saarbrücken)
Görlinger, Robert (Johann) * 4/59

Ensingen (seit 1974 zu Ulm)
Ensingen, Ulrich von * 3/129

Ensisheim (Dép. Haut-Rhin, Frankreich)
Balde, Jakob * 1/273; Cantiuncula, Claudius ~ 2/275; Dünewald, Heinrich Johann Graf von ~ 2/636; Fidelis von Sigmaringen ~ 3/289; Gervasius von Breisach ~ 3/663; Hagenbach, Peter Ritter von ~ 4/324; Meir ben Baruch † 7/38; Pictorius, Georg ~/† 7/664; Rasser, Johann */~/† 8/146; Sicher, Fridolin * 9/302; Volmar, Isaak Frh. von Rieden ~ 10/249

Ensival (Belgien)
Bettendorff, Anton * 1/499

Enslingen (Gem. Untermünkheim)
Laib, Conrad * 6/200

Entenbruch (Forsthaus, Prov. Posen)
Kittel, Bruno * 5/560

Entlebuch (Kt. Luzern)
Pfyffer von Altishofen, Eduard ~ 7/653; Pfyffer von Altishofen, Ludwig ~ 7/653; Schibi, Christian ~ 8/620; Stalder, Franz Joseph ~ 9/441; Zemp, Josef * 10/640

Entringen (seit 1971 zu Ammerbuch)
Bärtle, Ugge ~ 1/263; Bauser, Adolf * 1/354; Lanz, Hubert * 6/250

Enzenbach (Hörgas, Gem. Eisbach, Steiermark)
Scholtys, Hans Heinz † 9/107

Enzenreith (Niederösterreich) → Hart

Enzersdorf (Niederösterreich)
Bauer, Fulgentius * 1/325

Enzersdorf an der Fischa (Niederösterreich)
Holzapfel, Joseph ~ 5/158

Enzersfeld (Niederösterreich)
Diesbach, Bernhard Gottlieb Isaak von † 2/522; Eckhel, Joseph Hilarius von * 3/15; Schönburg-Hartenstein, Johannes Prinz von * 9/89

Enzesfeld (Niederösterreich)
Auersperg, Leopold (Wolfgang Albert) Graf von ~ 1/218; Nabl, Franz ~ 7/325

Enzingen
Fulda, Friedrich Karl ~/† 3/539

Enzuhnen (Ostpreußen)
Behrendt, Johann ~ 1/400

Enzweihingen (seit 1971 zu Vaihingen an der Enz)
Blessing, Karl * 11/23; Kraut, Wilhelm * 6/86; Neurath, Konstantin Frh. von † 7/392

Epe (seit 1975 zu Gronau, Westf.)
Bockemöller, Johann Hermann Heinrich * 1/597; Laurenz, Hermann ~ 6/270

Eperies (auch Preschau, tschech. Prešov, ungar. Eperjes)
Fuchs, Theodor * 3/522; Kolbenheyer, Moritz ~ 6/13; Kurth, Max ~/† 6/178; Pauly, Rose * 7/582; Petráss, Ilona von ~ 7/621; Ratzenberger, Franz ~ 8/154; Sachs von Harteneck, Johannes Graf * 8/489; Schröder, Wilhelm Frh. von † 9/151

Eperjes → Eperies

Épernay (Frankreich)
Bissinger, Joseph August ~ 1/549

Epfach (seit 1972 zu Denklingen)
Diemut ~ 2/518; Rauch, Gregor † 8/158

Epfenbach
Ullmann, Carl Christian * 10/136

Epfingen
Dill, Ludwig ~ 2/546

Ephesos
Heberdey, Rudolf ~ 4/465; Vetters, Hermann ~ 10/202

Ephrata (Pennsylvania, USA)
Beissel, Georg Konrad *~ 1/406

Épinal (Dép. Vosges, Frankreich)
Bergsträsser, Heinrich Wilhelm † 1/454; Schuler, Augustinus ~ 9/184

Épinay-sur-Seine (Dép. Seine-Saint-Denis, Frankreich)
Levy, Ludwig † 6/361

Eppan an der Weinstraße (italien. Appiano sulla strada del vino)
siehe auch *Sankt Michael, Sankt Pauls, Thalegg*
Haspinger, Joachim ~ 4/426; Kofler, Tina ~ 5/680; Weber-Tirol, Hans Josef † 10/363

Eppelborn
Koßmann, Bartholomäus * 6/53

Eppelsheim
Geier, Johann Daniel ~ 3/602; Wetz, Wilhelm * 10/463

Eppenberg (Gem. Eppenberg-Wöschnau, Kt. Solothurn)
Huber, Hans (Johann Alexander) * 5/196

Eppenberg (Kr. Cochem-Zell)
Lening, Johannes ~ 6/321

Eppendorf (Kr. Freiberg)
Eppendorf, Heinrich ~ 3/132; Müller, Heiner * 7/262

Eppendorf (seit 1879 zu Hamburg)
Eimbcke, Georg † 3/62; Eule, Gottfried † 3/190; Heinicke, Samuel ~ 4/516; Mutzenbecher, Hermann (Franz Matthias) * 7/321

Eppenschlag → Marbach

Eppingen
siehe auch *Kleingartach*
Quadt von Kinckelbach, Matthias ~/† 8/97; Stoesser, Franz Ludwig von ~ 9/546

Eppishausen (Gem. Erlen, Kt. Thurgau)
Droste-Hülshoff, Annette von ~ 2/624; Laßberg, Joseph (Maria Christoph) Frh. von ~ 6/259

Eppstein
siehe auch *Vockenhausen*
Becker, Peter ~ 1/380; Fliedner, (Georg Heinrich) Theodor * 3/350; Welter, Ludwig † 10/428

Epsom (Cty. Surrey, England)
Lendvai, Erwin † 6/319; Plaut, Felix † 7/691; Schönbein, Christian Friedrich ~ 9/84

Equord (seit 1974 zu Hohenhameln)
Hammerstein-Equord, Hans (Georg) Frh. von */~ 4/363

Erasbach (Berching)
Gluck, Christoph Willibald Ritter von * 4/35

Erbach (Alb-Donau-Kreis)
siehe auch *Dellmensingen*
Loscher, Sebastian ~ 6/477

Erbach (Eltville am Rhein)
Lohmann, Ernst ~ 6/461

Erbach (Odenwaldkreis)
Bezzenberger, Georg Heinrich von * 1/510; Engel, Heinrich ~ 3/114; Engel, Otto Heinrich * 3/115; Erbach-Erbach, Franz Graf zu * 3/137; Illig, Moritz Friedrich *~ 5/249; Joseph Friedrich, Prinz von Sachsen-Hildburghausen * 5/367; Landau, Hans von ~ 6/213; Olt, Adam ~ 7/491; Schweikart, Ferdinand Karl */~ 9/236; Stengel, Balthasar Wilhelm ~ 9/505

Erbach (seit 1974 zu Bad Camberg)
Held, Heinrich * 4/556

Erbenheim (Wiesbaden)
Gompe, Nikolaus ~ 4/95

Erbes-Büdesheim
Rüdinger, Nikolaus * 8/448

Erbisdorf (seit 1912 zu Brand-Erbisdorf)
Sturz, Friedrich Wilhelm * 9/619

Erdeborn
Hüllmann, Karl Dietrich * 5/209; Rinckart, Martin ~ 8/313

Erdhausen (Gladenbach)
Schneider, Ludwig * 9/58

Erding
siehe auch *Altenerding, Siglfing*
Aschenbrenner, Beda ~ 1/202; Baader, Ferdinand Maria ~ 1/231; Ernst, Bernhard ~ 3/162; Gerlach, Dietrich ~ 3/647; Hirsch, Karl ~ 5/62; Hofmann, Gert ~/† 5/128; Johan, Christian d. Ä. ~ 5/364; Pracher, Ferdinand Maximilian von ~ 8/48; Press, Volker * 8/63; Prielmair von Priel, Korbinian Frh. von * 8/69; Stahl, Franz Xaver */~/† 9/437

Erdington (England)
Bäumer, Suitbert ~ 1/265

Erdmannhausen
Oehler, Wilhelm ~/† 11/176

Erdmannrode (seit 1971 zu Schenklengsfeld)
Luther, Wilhelm Martin * 6/538

Erdmannsdorf
Kaselowsky, Ferdinand ~ 5/456; Schütz, Friedrich Wilhelm von * 9/177

Erdningen
Eichel von Rautenkron, Johann ~ 3/48

Erdweg → Eisenhofen

Eremitage (Bayreuth)
Riedel, Karl Christian * 8/292

Eresburg
Thankmar † 9/689

Eresing
Ett, Caspar * 3/184

Erftstadt
siehe auch *Bliesheim, Friesheim, Gymnich, Liblar*
Muthmann, Günther ~ 7/320

Erfurt
siehe auch *Alach, Bindersleben, Ilversgehofen, Mittelhausen, Stedten, Stotternheim, Töttelstädt, Vieselbach, Windischholzhausen*
Acoluth, Karl Gottlieb Immanuel ~ 1/23; Adalbert II., Erzbischof von Mainz ~/† 1/25; Adelung, Jakob ~/† 1/34; Adelung, Johann Christoph ~ 1/35; Adolf I., Graf von Nassau, Erzbischof von Mainz ~ 1/44; Adolf II., Graf von Nassau, Erzbischof von Mainz ~ 1/45; Agricola, Johann ~ 1/54; Agricola, Rudolf ~ 1/55; Ahle, Johann Rudolf ~ 1/56; Albrecht der Entartete, Markgraf von Meißen, Landgraf von Thüringen † 1/78; Albrecht Friedrich Wilhelm Nikolaus, Prinz von Preußen, Regent in Braunschweig ~

Sack, Emmy ~ 8/491; Salzmann, Christian Gotthilf ~ 8/506; Sauerbruch, (Ernst) Ferdinand ~ 8/528; Schade, Oskar * 8/542; Schaewen, Richard von ~ 8/554; Schaper, (Hugo Wilhelm) Fritz ~ 8/565; Scharfenberg, Joachim * 8/567; Scharre, Max ~ 8/571; Scheibner, Otto ~ 8/587; Schempp, Johannes Karl d.J. ~ 8/600; Scherrenmüller, Bartholomäus ~ 8/614; Schlotheim, Giselher ~ 8/686; Schlottmann, Carl ~ 8/687; Schmidt, Aloys * 9/2; Schmidt, Benedikt ~ 9/3; Schmidt, Robert ~ 9/18; Schmidt, Wilhelm * 9/20; Schnabel, Tilemann ~ 9/43; Schneider, Friedrich ~ 9/53; Schnepf, Erhard ~ 9/64; Schnur, David ~ 9/70; Schöne, Hermann ~ 9/90; Scholliner, Hermann ~ 9/106; Schorch, Hieronymus (Friedrich Wilhelm) */~/† 9/117; Schröter, Johann (Hieronymus) */~/† 9/155; Schubring, Wilhelm * 9/166; Schuchardt, Bernhard ~ 9/167; Schüler, Hans (Ernst Wilhelm Carl) ~ 9/170; Schütz, Benjamin ~/† 9/176; Schultze, Heinrich August ~ 9/193; Schur, Willi ~ 9/211; Schwalm, Oskar * 9/220; Seidel, Bruno ~/† 9/265; Semper, Emanuel ~ 9/284; Sibote ~ 9/301; Siegfried II. von Eppstein, Erzbischof von Mainz † 9/312; Sinapius, Johann ~ 9/337; Skraup, Karl † 9/347; Soller, August */~ 11/175; Sontag, Helmut * 9/376; Spalatin, Georg ~ 9/382; Spangenberg, Johannes ~ 9/384; Springer, Johann Christoph Erich von ~ 9/421; Steinbeck, Johannes ~ 9/485; Steiner, Arthur ~ 9/488; Stenzel, Gustav Adolf Harald ~ 9/507; Stiebar von Butterheim ~ 9/524; Stiefel, Esajas ~/† 9/526; Stiehle, Gustav von * 9/527; Stieler, Kaspar (David) von */~/† 9/528; Stock, Herbert ~ 9/537; Stöckel, Wolfgang ~ 9/541; Stolze, Heinrich Wilhelm * 9/556; Storch, Johann ~ 9/558; Strack, Karl ~ 9/563; Strecker, Konrad Wilhelm ~/† 9/580; Strigel, Victorinus ~ 9/588; Strobel, Heinrich (Edmund August) ~ 9/590; Stromeier, Johann Heinrich ~ 9/593; Stroux, Karl-Heinz ~ 9/595; Stürmer, Bruno ~ 9/610; Sturz, Georg ~/† 9/619; Suchier, Wolfram ~ 9/623; Süßenguth, Walther (Wilhelm Rudolf) ~ 9/627; Sydow, Emil von ~ 9/643; Sydow, Wilhelmine (Friederike Karoline) von ~ 9/644; Tann, Eberhard von der ~ 9/654; Tapfer, Siegfried ~ 9/657; Tegtmeier, Adolf ~/† 9/669; Tennemann, Wilhelm Gottlieb ~ 9/676; Tentzel, Ernst ~/† 9/676; Tescher, Karl ~ 9/679; Tetleben, Valentin von ~ 9/681; Tetzlaff, Carl Albert Ferdinand * 9/681; Theele, Joseph ~ 9/691; Thiele, (Johann) Alexander * 10/2; Thieme, Karl von * 10/4; Thiloninus Philymnus ~ 10/11; Thomas von Erfurt ~ 10/17; Timme, Christian Friedrich ~/† 10/45; Tippelskirch, Ernst Ludwig von ~ 10/46; Toke, Heinrich ~ 10/60; Trebelius, Hermann ~ 10/76; Trenkle, (Hermann) Rudolf ~ 10/81; Triller, Daniel Wilhelm * 10/88; Trillitzsch, Otto ~ 10/89; Trommsdorff, Johann Bartholomäus ~/† 10/96; Trommsdorff, Paul * 10/96; Trutvetter, Jodocus ~/† 10/103; Tünger, Augustin ~ 10/114; Udalrich, Bischof von Augsburg ~ 10/122; Unger, Ephraim Salomon ~/† 10/152; Unger, Manasse ~ 10/154; Ungern-Sternberg, (Peter) Alexander Frh. von ~ 10/155; Unverdorben, Otto (Paul) ~ 10/160; Urban, Heinrich ~ 10/164; Utenheim, Christoph von ~ 10/171; Varnhagen von Ense, Karl August ~ 10/183; Vesti, Justus ~/† 10/199; Vetter, Nikolaus ~ 10/201; Vigilantius, Publius ~ 10/209; Vignau, Hippolith von ~ 10/209; Vincke, Georg Frh. ~ 10/211; Vogel, Rudolph Augustin */~ 10/228; Vogel, Samuel Gottlieb von * 10/228; Volk, Wilhelm Gustav ~/† 10/243; Volmar ~ 10/249; Vomelius, Cyprianus ~ 10/252; Wagner, (Johann) Rudolf von ~ 10/289; Walderdorf, Philipp Franz Wilderich Nepomuk Graf (seit 1767 Reichsgraf) von ~ 10/302; Walther, Johann Gottfried */~ 10/324; Watteroth, Heinrich Joseph ~ 10/349; Weber, Alfred * 10/349; Weber, A(ndreas) Paul ~ 10/349; Weber, Max * 10/358; Wedekind, Edgar † 10/368; Weinmann, Sebastian ~/† 10/399; Weise, Friedrich ~ 10/402; Weiss, Gerhard * 10/408; Weissenborn, Hermann Johann Christian † 10/414; Welsch, Maximilian von ~ 10/426; Wentscher, Dora † 10/437; Wernicke, Otto (Karl Robert) ~ 10/451; Werthern, Dietrich von ~ 10/454; Werthes, Friedrich August Clemens ~ 10/454; Westphal, Georg Christian Erhard ~ 10/460; Westphal, Joachim ~ 10/460; Westphalen, Ferdinand Otto Wilhelm von ~ 10/461; Wetz, Richard ~/† 10/463; Wiedemann, Hans ~ 10/479; Wieland, Christoph Martin ~ 10/482; Wiesmann, Richard (Gustav Arnold) ~ 10/491; Wimpfeling, Jakob ~ 10/517; Winkopp, Peter Adolph ~ 10/530; Witzel, Georg ~ 10/553; Würtzburg, Veit von ~ 10/594; Wunderlich, Hans-Heinz ~ 10/598; Wurmb, Lothar von ~ 10/600; Zachariae, Johannes ~ 10/610; Zäunemann, Sidonie Hedwig * 10/613; Zeigner, Erich (Richard Moritz) * 10/631; Zell, Matthäus ~ 10/636; Ziehn, Bernhard */~ 10/657; Zierenberg, Tilemann ~ 10/659; Zincke, Georg Heinrich ~ 10/673; Zuschneid, Karl ~ 10/703

Ergenzingen (Rottenburg am Neckar)
Stolz, Eugen ~ 9/555; Weiss, Franz (Borgias Reinhold) † 10/408

Ergersheim → Ermetzhofen
Ergolding → Piflas
Erichshagen (seit 1974 zu Nienburg/Weser)
Bergmann, Gottlob Heinrich * 1/450

Eriwan → Jerewan
Erked → Arkeden
Erkelenz
siehe auch *Geneiken, Gerderath, Vossem*
Benger, Johann Michael ~ 1/422; Gerkrath, Franz (Eduard Albert) * 3/646; Geyser, (Gerhard) Joseph (Anton Maria) * 3/675; Herle, Jakob */† 4/618

Erkerode
Stutzer, Gustav ~ 9/621

Erkersreuth
Rosenthal, Philipp ~ 8/401

Erkheim → Arlesried
Erkner
Hauptmann, Ivo (Manfred Gerhart) * 4/445; Spilker, Adolf ~ 9/406

Erkrath
siehe auch *Hochdahl*
Schieß, Ernst † 8/629; Spindler, Gert P(aul) † 11/176

Erl (Tirol)
Dörrer, Anton Franz ~ 2/580; Innerkofler, Adolf ~ 5/256; Pichler, Adolf Ritter von Rautenkar (seit 1877) * 7/661

Erlaa (seit 1938 zu Wien)
Oldenburg, Elimar Anton Günther Friedrich Herzog von † 7/485

Erlabrunn (Kr. Würzburg, Land)
Hessdörfer, Ludwig * 4/674

Erlach (Kt. Bern)
Blumenstein, Ernst * 1/587; Burchard, Bischof von Basel ~ 2/227; Deutsch, Hans Rudolf Manuel * 2/505; Manuel, Hans Rudolf ~ 6/602; Manuel, Niklaus ~ 6/602

Erlach (Niederösterreich)
Jahn, Rolf ~ 5/292; Scheimpflug, Theodor † 8/589; Zollschan, Ignaz * 10/688

Erlangen
siehe auch *Bruck, Büchenbach, Eltersdorf, Frauenaurach, Hüttendorf, Tennenlohe*
Abegg, Julius Friedrich Heinrich * 1/3; Abele, Karl von ~ 1/6; Abendroth, Amandus Augustus ~ 1/7; Abicht, Johann Heinrich ~ 1/11; Abshagen, Karl-Heinz (Gert Anton) ~ 1/15; Achelis, Hans ~ 1/17; Adler, Bruno ~ 1/38; Adler, Nathan Marcus ~ 1/41; Aegidi, Ludwig Karl James ~ 1/47; Ahrens, Johann Thomas ~ 1/60; Aichel, Otto ~ 1/60; Albertz, Martin ~ 1/73; Albrecht, Gerhard ~ 1/81; Allfeld, Philipp ~/† 1/91; Alt, Albrecht ~ 1/95; Altenstein, Karl (Sigmund Franz) Frh. vom Stein zum A. ~ 1/98; Althaus, Paul d.Ä. ~ 1/100; Althaus, Paul (August Wilhelm) ~/† 1/100; Amende, Christian Karl ~ 1/113; Ammerbacher, Heinrich Daniel ~ 1/117; Ammon, Christoph Friedrich von ~ 1/117; Anderlohr, Max ~ 1/123; Andreas, Friedrich Carl ~ 1/132; Armbrust, Franz Amand ~ 1/171; Arndt, Georg ~ 1/174; Arnold, Eberhard ~ 1/185; Arnold, Friedrich Christian Ritter von ~ 1/186; Arnold, Johann Christian ~/† 1/188; Arzberger, Johann ~ 1/200; Arzberger, Nikolaus Friedrich ~ 1/200; Asmis, Walter ~ 1/206; Aub, Ernst Friedrich ~ 1/211; Aubin, Gustav ~ 1/212; Aufseß, Hans (Philipp Werner) Frh. von

Falckenberg, (Friedrich Otto) Richard ~ 3/224; Falke, Jakob von ~ 3/225; Falke, Johann ~ 3/226; Falkenstein, Johann Heinrich ~ 3/228; Fassbender, Heinrich (Konrad Friedrich) † 3/233; Fechter, Paul (Otto Heinrich) ~ 3/239; Feder, Johann Georg Heinrich ~ 3/241; Felix, Johannes Paul ~ 3/258; Fendt, Leonhard ~ 3/264; Fester, Richard ~ 3/275; Feuerbach, Joseph Anselm von ~ 3/278; Feuerbach, Karl Wilhelm ~/† 3/278; Feuerbach, Ludwig (Andreas) ~ 3/278; Fichte, Johann Gottlieb ~ 3/284; Fick, Franz Ludwig * 3/287; Fick, Rudolf Armin ~ 3/287; Filehne, Wilhelm ~ 3/295; Filtsch, Johann ~ 3/296; Finkelnburg, (Karl Ernst) Wolfgang † 3/304; Fischbacher, Jakob ~ 3/309; Fischer, Emil (Hermann) ~ 3/313; Fischer, Ernst (Sigismund) ~ 3/314; Fischer, Johann Heinrich ~ 3/321; Fischer, Karl Philipp ~ 3/323; Fischer, Otto ~/† 3/325; Fitting, (Heinrich) Hermann ~ 3/333; Flasch, Adam ~/† 3/336; Flasche, Hans ~ 3/336; Flaskamp, Wilhelm ~ 3/337; Flechtheim, Julius ~ 3/339; Fleisch, Paul Alwin Gottlieb ~ 3/341; Fleischmann, Albert ~/† 3/344; Fleischmann, Max ~ 3/344; Fleischmann, (Gustav Friedrich) Wilhelm */~ 3/345; Flex, Walter ~ 3/349; Flottmann, Heinrich † 3/355; Flügel, Fritz (Eugen) ~/† 3/356; Flury, Ferdinand ~ 3/358; Fonk, Wilhelm † 3/369; Forster, Sigmund ~ 3/377; Fraenger, Wilhelm ~ 3/381; Frank, Franz Hermann Reinhold von ~/† 3/398; Frank, Josef ~ 3/400; Franke, Heinrich ~/† 3/404; Frankenthal, Käte ~ 3/407; Frankfurter, Richard Otto ~ 3/407; Freimann, Aron ~ 3/422; Friedenthal, Hans von ~ 3/449; Friedl, Hermann ~ 3/451; Friedreich, Johann Baptist ~ 3/456; Friedreich, Nikolaus Anton ~ 3/456; Fritschel, Gottfried (Leonhard Wilhelm) ~ 3/495; Frobenius-Kühn, Eleonore ~ 3/500; Froböss, Georg ~ 3/500; Fröhler, Ludwig ~ 11/65; Frölich, Alois von ~ 3/504; Fromm, Emil ~ 3/509; Frommel, Emil (Wilhelm) ~ 3/511; Frommel, Max ~ 3/511; Frommel, Otto ~ 3/511; Frommel, Richard ~ 11/65; Füllkrug, Gerhard ~ 3/524; Fürnrohr, August Emanuel ~ 3/526; Fürnrohr, Heinrich Karl August ~ 3/526; Fugger von Glött, Karl Ernst Fürst ~ 3/537; Funck, Heinrich Christian ~ 3/540; Funk, Carl Friedrich ~ 3/541; Ganse, Robert ~ 3/570; Gatz, Felix Maria ~ 3/583; Gauß, Carl Josef ~ 3/588; Gebauer, Christian Samuel ~ 3/590; Gebbert, (Julius) Max (Gotthard) ~/† 3/591; Gedeler, Gottfried von ~ 3/596; Geib, Hermann ~ 3/601; Geiger, Conrad * 3/603; Geiger, Hans ~ 3/604; Geiger, Hugo ~ 3/604; Geiger, Johann Burkhard ~/† 3/605; Geiger, Rudolf (Oskar Robert Williams) */~ 3/606; Geiger, Wilhelm (Ludwig) ~ 3/606; Geißler, Ewald (Ludwig) ~/† 3/611; Geist, Lorenz (Melchior) ~ 3/612; Gemeiner, Karl Theodor ~ 3/619; Genczik, August von ~ 3/620; Gengler, Heinrich Gottfried (Philipp) ~/† 3/622; Gerber, Carl (Friedrich Wilhelm) von ~ 3/635; Gerhardt, Dietrich ~ 3/643; Gerl, Franz Xaver ~ 3/646; Gerlach, Joseph von ~ 3/648; Gerlach, Leo ~/† 3/648; Geßler, Otto (Karl) ~ 3/666; Gessner, Adolf ~/† 3/667; Geyer, Christian (Karl Ludwig) ~ 3/671; Ghillany, Friedrich Wilhelm */~ 3/676; Giesebrecht, Friedrich ~ 4/2; Gilbert, Otto ~ 4/7; Glaser, Karl (Andreas) ~ 4/23; Glatzel, (James Moritz) Bruno ~ 4/25; Glauning, Otto (Heinrich Julius) ~ 4/26; Glenck, (Karl Christian) Friedrich ~ 4/30; Glockner, Hermann ~ 4/33; Glück, Paul (Friedrich) ~ 4/37; Gmelin, Karl ~ 4/40; Gocht, Moritz Hermann ~ 4/45; Göllerich, August ~ 4/53; Götz, (Johann Konrad) Wilhelm (Friedrich Eduard) ~ 4/71; Goetze, Otto ~ 4/73; Goldfuß, Georg August ~ 4/79; Gollwitzer, Helmut (Hans) ~ 4/90; Goppelt, Leonhard ~ 4/98; Gordan, Paul (Albert) ~/† 4/98; Gorup von Besánez, Eugen Franz Frh. ~ 4/99; Gottschick, Johannes (Friedrich) ~ 4/112; Grabower, Rolf ~ 4/117; Gradmann, Robert (Julius Wilhelm) ~ 4/119; Gräbner, Johann Heinrich Philipp ~ 4/119; Gräter, Friedrich David ~ 4/124; Graf-Pfaff, (Karl) Cäcilie * 4/129; Gramberg, Gerhard Anton Hermann ~ 4/133; Graser, Ernst ~ 4/137; Grau, Rudolf Friedrich ~ 4/141; Graul, Karl (Friedrich Leberecht) ~/† 4/142; Grell, Heinrich ~ 4/155; Grießmeyer, Albert ~ 4/166; Grolmann, Karl Ludwig Wilhelm von ~ 4/184; Groß, Johann Gottfried ~/† 4/191; Großmann, Hermann ~ 4/197; Grümbke, Johann Jakob ~ 4/209; Gründler, Karl August ~/† 4/212; Gudden, Bernhard (Friedrich Adolf) ~ 4/232; Günther, (Gustav) Adolf ~ 4/237; Günther, (Adam Wilhelm) Siegmund ~ 4/243; Gund, Konrad ~ 4/257; Gutbier, (Felix) Alexander ~ 4/267; Gutbier, Rolf * 11/74; Guthe, (Friedrich Wilhelm Leopold) Hermann ~ 4/269; Guttenberg, Erich Frh. von ~/† 4/273; Guttenberg, Karl Ludwig Frh. von ~ 4/273; Haag, Carl * 4/282; Haberle, Karl Konstantin ~ 4/294; Haccius, Georg ~ 4/296; Hackenschmidt, Karl ~ 4/297; Hackethal, (Karl Heinrich) Julius ~ 11/75; Haenel, Karl Friedrich ~ 4/301; Hämel, Adalbert (Josef) ~/† 4/306; Hänle, Georg Friedrich ~ 4/310; Hänlein, Heinrich Karl Alexander von ~ 4/310; Haeutle, Christian ~ 4/315; Hagen, Friedrich Wilhelm ~/† 4/320; Hagen, Karl ~ 4/321; Hahnemann, (Christian Friedrich) Samuel ~ 4/334; Haller, Josef ~ 4/348; Haller von Hallerstein, (August) Sigmund (Karl Ulrich) Frh. von ~ 4/350; Hamberger, Julius ~ 4/357; Hankel, Hermann ~ 4/370; Hanselmann, Johannes ~ 11/78; Hansen, Heinrich ~ 4/375; Harl, Johann Paul Ritter von ~ 4/388; Harleß, (Gottlieb Christoph) Adolf von ~ 4/389; Harleß, (Johann) Christian Friedrich */~ 4/389; Harleß, Gottlieb Christoph ~/† 4/389; Harnack, Otto * 4/392; Harnack, Theodosius ~ 4/392; Hartwig, (Karl) Ernst (Albrecht) ~ 4/417; Hase, Karl (August) von ~ 4/420; Hasselwander, Albert ~ 4/428; Hauck, Albert ~ 4/436; Hauser, Friedrich (Ludwig Gustav) */~ 4/448; Hauser, Gustav ~/† 4/448; Haußleiter, August ~ 4/454; Haußleiter, Johannes ~ 4/454; Havemann, Wilhelm ~ 4/457; Hayner, Christian August Fürchtegott ~ 4/463; Hebel, Johann Peter ~ 4/464; Heckel, Theodor ~ 11/81; Hegel, (Friedrich Wilhelm) Karl von ~/† 4/480; Heim, Ludwig ~/† 4/501; Heindl, Karl von ~ 4/507; Heine, Leopold ~ 4/510; Heinrich, Karl Borromäus ~ 4/543; Held, Joseph von ~ 4/557; Helferich, Johann (Alphons Renatus) von ~ 4/559; Helfritz, Hans ~/† 4/560; Hell, Joseph ~/† 4/561; Heller, Arnold (Ludwig Gotthilf) ~ 4/562; Heller, Gustav ~ 4/563; Hellingrath, Karl Max von ~ 11/83; Hellwig, Konrad (Maximilian) ~ 4/570; Helmreich, Georg ~ 4/575; Heman, Karl Friedrich ~ 4/577; Henke, Christian Heinrich Adolph ~/† 4/584; Henke, (Hermann Wilhelm) Eduard ~ 4/584; Henning, Georg Friedrich ~ 11/84; Henrich, Ferdinand (August Karl) ~/† 4/594; Hense, Otto ~ 4/597; Hensel, Paul (Hugo) ~/† 4/598; Hermann, Friedrich Benedikt Wilhelm von ~ 4/627; Herrich-Schäffer, Gottlieb August (Wilhelm) ~ 4/639; Herz, Jacob ~ 4/658; Herzog, Johann Georg ~ 4/665; Herzog, Johann Jakob ~/† 4/665; Herzog, Wilhelm ~ 4/666; Hesekiel, Johannes ~ 4/667; Hess, Anton ~ 4/668; Hess, Hans ~ 4/670; Hessel, Friedrich Christian ~ 4/678; Hessler, Franz ~ 5/3; Heubeck, Alfred ~/† 5/6; Heumann von Teutschenbrunn, Johann von ~ 5/9; Heydenreich, (August) Ludwig (Christian) ~ 5/19; Heyfelder, Johann Ferdinand (Martin) ~ 5/22; Hiersemann, Karl-Heinz ~/† 11/87; Hilb, Emil ~ 5/33; Hildebrandt, Georg Friedrich ~/† 5/37; Hilger, Albert ~ 5/41; Hilsch, Rudolf ~ 11/87; Hilsenbeck, Adolf ~ 5/47; Hiltner, Lorenz ~ 5/48; Hirsching, Friedrich Karl Gottlob ~/† 5/68; Hirzel, Hans Caspar d. J. ~ 5/71; Hitzig, Julius Eduard ~ 5/77; Hochrein, Max ~ 5/81; Höber, Rudolf (Otto Anselm) ~ 5/85; Höfle, Anton ~ 5/90; Höfling, (Johann) Wilhelm (Friedrich) ~ 5/91; Hoegner, Wilhelm (Johann Harald) ~ 5/92; Hölscher, Gustav ~ 5/96; Hörth, Franz Ludwig ~ 5/104; Hoff, Ferdinand ~ 5/111; Hoffstadt, Friedrich ~ 5/126; Hofmann, Andreas Joseph ~ 5/126; Hofmann, August Frh. von ~ 5/127; Hofmann, Ernst ~ 5/128; Hofmann, Johann (Christian Konrad) von ~/† 5/129; Hofmann, (Alberich) Konrad ~ 5/131; Holtzmann, Adolf ~ 5/157; Homann, Johann Baptist ~ 5/162; Homolka, Benno ~ 5/165; Honcamp, Franz ~ 5/165; Hoppe, David Heinrich ~ 5/172; Horkheimer, Hans ~ 5/175; Horn, Ernst ~ 5/177; Horn, Franz (Christoph) ~ 5/177; Hubmann, Heinrich ~/† 11/92; Hufnagel, Wilhelm Friedrich ~ 5/215; Humburg, Paul ~ 5/224; Ihering, Hermann von ~ 5/244; Ihmels, Ludwig ~ 5/246; Irmischer, Johann Konrad ~/† 5/259; Isenflamm, Heinrich Friedrich */~/† 5/262; Isenflamm,

Frh. von der ~ 7/651; Pierer, Johann Friedrich ~ 7/667; Platen, August von ~ 7/687; Plessner, Helmuth ~ 7/694; Plitt, Gustav Leopold ~/† 8/3; Plontke, Paul ~/† 8/5; Poehlmann, August */~ 8/10; Pöhlmann, Robert von ~ 8/10; Pöhner, Konrad ~ 8/10; Pölnitz, Götz Frh. von ~/† 8/11; Poeverlein, Hermann ~ 8/16; Pohlenz, Max (Hugo) ~ 8/20; Posse, Adolph Felix Heinrich ~/† 8/44; Prager, Stephan (Friedrich) ~ 8/51; Preger, Johann Wilhelm ~ 8/57; Preger, Konrad von ~ 8/57; Preiswerk, Samuel ~ 8/59; Prentzel, Felix Alexander (Gustav August) ~ 8/62; Preuß, Hans ~/† 8/65; Procksch, Otto ~ 8/76; Puchta, Christian Heinrich (Rudolf) ~ 8/85; Puchta, Georg Friedrich ~ 8/85; Puchta, Wolfgang Heinrich ~/† 8/86; Pummerer, Rudolf ~ 8/90; Quandt, Daniel Gottlieb ~ 8/99; Rad, Gerhard von ~ 8/112; Radon, Johann ~ 8/118; Raeck, Kurt ~ 8/120; Rahn, Fritz ~ 8/124; Ranke, Hans-Jürg ~ 8/136; Ranke, Heinrich von ~ 8/136; Ranke, Otto (Friedrich) ~/† 8/138; Rapp, (Julius) Franz ~ 8/141; Rau, Gottlieb Martin Wilhelm Ludwig */~ 8/155; Rau, Johann Wilhelm ~ 8/155; Rau, Karl Heinrich */~ 8/156; Raumer, Hans von ~/† 8/161; Raumer, Karl Georg von ~/† 8/162; Raumer, Kurt von * 8/162; Raumer, Rudolf (Heinrich Georg) von ~/† 8/162; Rautenstrauch, Johann * 8/166; Razum, Hannes ~ 8/169; Rebmann, Andreas Georg Friedrich ~ 8/170; Redenbacher, (Christian) Wilhelm (Adolf) ~ 8/177; Reess, Max ~ 8/183; Regelsberger, Ferdinand (Aloys Friedrich Woldemar) ~ 8/184; Rehm, Heinrich ~ 8/192; Rehm, Hermann ~ 8/192; Rehm, Walther * 8/192; Reichenbach, Hans (Friedrich Herbert Günther) ~ 8/200; Reicke, Siegfried ~ 8/206; Reimers, Heinrich ~ 8/212; Reincke, Heinrich (Theodor) ~ 8/214; Reinhard, Johannes Richard ~ 8/218; Reisinger, Franz ~ 8/231; Reitzenstein, Sigismund (Karl Johann) Frh. von ~ 8/236; Rendtorff, Franz (Martin Leopold) ~ 8/241; Richter, Wilhelm (Michael) ~ 8/284; Ricklin, Eugen ~ 8/287; Ried, Franz Jordan von ~ 8/290; Rieder, Robert Pascha ~ 8/293; Riedesel zu Eisenbach, Johann Hermann Frh. von ~ 8/294; Riezler, Erwin ~ 8/309; Rittelmeyer, Friedrich ~ 11/164; Ritter, Heinz ~ 8/329; Ritter, Karl Bernhard ~ 8/331; Rittershaus, Ernst (Ludwig Johann) ~ 8/333; Roemer, Adolf ~/† 8/352; Röntgen, (Gottfried) August von ~ 8/354; Roesler, (Carl Friedrich) Hermann ~ 8/360; Roesler, Leonhard ~ 8/360; Rössler, Emil Franz ~ 8/363; Rößler, Hellmuth ~ 8/363; Roeßlin, Eucharius d. Ä. ~ 8/364; Rosenbach, Johann Georg ~ 8/389; Rosenfeld, Max ~ 8/396; Rosenmüller, Johann Christian ~ 8/398; Rosenmüller, Johann Georg ~ 8/398; Rosenthal, Isidor ~/† 8/400; Roßhirt, Johann Eugen ~/† 8/406; Roßhirt, Konrad Eugen Franz ~ 8/406; Rost, Leonhard ~/† 8/408; Rotenhan, Hermann von ~ 8/410; Roth, Albrecht Wilhelm ~ 8/411; Roth, Karl Friedrich ~ 8/415; Roth, Victor ~ 8/416; Rothe, Heinrich August ~/† 8/418; Rudhart, Georg Thomas ~ 8/435; Rudolph, Johann Christian ~/† 8/441; Rudolph, Johann Philipp Julius ~ 8/441; Rückert, (Johann Michael) Friedrich ~ 8/444; Rüstow, Alexander ~ 8/455; Ruffmann, Karl-Heinz ~ 11/166; Ruhland, Wilhelm ~ 8/460; Rumpf, Ludwig (Daniel) ~ 8/464; Sand, Karl Ludwig ~ 8/509; Saran, Franz (Ludwig) ~/† 8/518; Sartori, Franz ~ 8/520; Sartorius, Carl (Friedrich) ~ 8/520; Sasse, Hermann ~ 8/522; Sattler, Carl Hubert * 8/523; Sattler, Hubert ~ 8/524; Sauser, Gustav ~ 8/531; Schäffer, Johann Ulrich Gottlob von ~ 8/551; Schäzler, (Johann Lorenz) Konstantin Frh. von ~ 8/555; Schaller, Gottfried Jakob ~ 8/561; Schanz, Georg von ~ 8/564; Scharpff, Paulus ~ 8/571; Schauwecker, Heinz ~ 8/578; Schelling, Friedrich Wilhelm Joseph von ~ 8/596; Schelling, Hermann von * 8/597; Schenk, (Joseph) August von ~ 8/602; Scheurl, (Christoph Gottlieb) Adolf Frh. von ~ 8/619; Schildknecht, Hermann ~ 11/169; Schittenheim, Alfred ~ 8/651; Schlegel, Gottlieb ~ 8/661; Schleiermacher, Ludwig ~ 8/667; Schlichtegroll, Nathanael von ~ 8/674; Schlögl, Alois ~ 8/681; Schmeidler, Bernhard (Felix) ~ 8/694; Schmeller, Alfred * 8/695; Schmid, Euchar Albrecht ~ 8/701; Schmid, Franz X. ~ 8/701; Schmidel, Kasimir Christoph ~/† 8/708; Schmidt, Erhard (Oswald Johann) ~ 9/5; Schmidt,

Ernst ~/† 9/6; Schmidt, Friedrich Karl ~ 9/6; Schmidt, Gerhard Karl (Nathaniel) ~ 9/8; Schmidtmüller, Johann Anton ~ 9/27; Schmitt, Alfred ~ 9/29; Schnedermann, Georg (Hermann) ~ 9/47; Schneegans, Heinrich ~ 9/48; Schnizlein, Adalbert ~/† 9/67; Schöberlein, Ludwig Friedrich ~ 9/75; Schöffel, (Johann) Simon ~ 9/76; Schöffler, Heinz ~ 9/76; Schönbein, Christian Friedrich ~ 9/84; Schöne, Alfred ~ 9/89; Schönefeld, Helmut * 11/171; Schöner, Johann Gottfried ~ 9/92; Schöner, Johannes ~ 9/92; Schöpf, Johann David ~ 9/100; Schöpfel, Johann Wolfgang Andreas ~ 9/101; Schoeps, Hans-Joachim ~/† 9/103; Scholder, Klaus * 9/104; Scholder, Rudolf ~ 11/171; Scholz, Heinrich ~ 9/109; Schomerus, Christoph Bernhard ~ 9/112; Schorn, Ludwig von ~ 9/118; Schornbaum, Karl ~ 9/118; Schornstein, Max(imilian) ~ 9/118; Schramm, Karl Rudolf ~ 9/129; Schreber, Johann Christian Daniel Edler von ~/† 9/132; Schreck, Eugen † 9/132; Schreck, Konrad ~ 9/133; Schreger, Bernhard Nathanael (Gottlieb) von ~/† 9/133; Schreger, Christian Heinrich Theodor ~ 9/133; Schregle, Hans ~/† 9/134; Schreiner, Helmuth Moritz ~ 9/138; Schridde, Hermann ~ 9/144; Schröder, Friedrich Joseph Wilhelm ~ 9/146; Schröder, Karl Ernst Friedrich ~ 9/148; Schrötter, Hugo ~ 9/156; Schubart, Christian Friedrich Daniel ~ 9/159; Schubert, Gotthilf Heinrich von ~ 9/162; Schubert, René ~ 9/164; Schücking, Levin L(udwig) ~ 9/168; Schürer, Emil (Johannes) ~ 9/172; Schütze, (Johann) Stephan ~ 9/180; Schuh, Georg Ritter von ~ 9/180; Schulten, Adolf ~/† 9/187; Schulten, Hans (Joachim) ~ 9/187; Schulthesius, Johann Paul ~ 9/188; Schultz, (Heinrich) Hermann ~ 9/190; Schultz, Karl Heinrich ~ 9/191; Schulz, Gottfried ~ 9/196; Schweigger, August Friedrich */~ 9/235; Schweigger, Johann Salomo Christoph */~ 9/235; Schweigger, Karl Ernst Theodor ~ 9/235; Schweitzer, Carl Gunther ~ 9/239; Seckendorff, Karl Siegmund Frh. von */~ 9/252; Seeberg, (Oskar Theodor) Alfred ~ 9/255; Seeberg, Erich ~ 9/255; Seeberg, Reinhold ~ 9/256; Seefelder, Richard ~ 9/257; Seel, Otto ~/† 9/258; Seeling, Otto ~ 9/260; Seemann, Hugo Josef ~ 9/261; Seggel, Karl ~ 9/263; Sehling, Emil ~/† 9/264; Sehmer, Theodor (II.) ~ 9/264; Seidl, Erwin ~ 11/174; Seifert, Ernst ~ 9/270; Seiler, Burkhard Wilhelm */~ 9/271; Seiler, Georg Friedrich ~/† 9/271; Seitz, Ludwig ~ 9/275; Selenka, (Hermann) Emil (Robert) ~ 9/277; Sellheim, Hugo ~ 9/278; Sellin, Ernst (Franz Max) ~ 9/279; Semrau, Alfred ~ 9/285; Sendtner, Otto † 9/286; Seuffert, Lothar von ~ 9/294; Siebert, August ~ 9/306; Siebold, Karl Theodor Ernst von ~ 9/308; Siemens, Ernst (Albrecht) von ~ 9/316; Siemens, Peter von ~ 9/317; Siewing, Rolf ~/† 9/323; Sivkovich, Hans Ludwig Friedrich Christian ~ 9/345; Soden, (Friedrich) Julius (Heinrich) Reichsgraf von ~ 9/357; Solbrig, Karl August von ~ 9/363; Solger, Bernhard ~ 9/364; Sophie Caroline, Markgräfin von Brandenburg-Bayreuth † 9/377; Soyter, Gustav ~ 9/381; Specht, Gustav ~/† 9/387; Speicher, Rosine † 9/391; Spiegel, Friedrich von ~ 9/400; Spilker, Adolf ~ 9/406; Spilling, Willy ~ 9/406; Spitta, Friedrich (Adolf Wilhelm) ~ 9/409; Spuler, Arnold ~ 9/423; Stadler, Hans ~ 9/429; Stadler, Johann Wilhelm ~ 9/430; Stadlinger, Hermann (Friedrich August) ~ 9/431; Stäblein, Bruno ~/† 9/431; Stählin, Adolf von ~ 9/434; Stählin, Gustav ~ 9/434; Stählin, Otto ~/† 9/435; Stählin, Wilhelm ~ 9/435; Stahl, Friedrich Julius ~ 9/437; Stahl, Friedrich Karl ~ 9/438; Stahl, (Friedrich) Wilhelm ~ 9/440; Stammberger, Wolfgang ~ 9/443; Stange, Alfred ~ 9/446; Stargardt, Karl (Bruno) ~ 9/450; Stauder, Alfons ~ 9/456; Staudt, Karl Georg Christian von ~/† 9/459; Staudt, Wilhelm von ~ 9/459; Stauffer, Ethelbert ~/† 9/459; Steglich, Rudolf ~ 9/468; Stein, Franz Joseph Frh. von ~ 9/477; Stein, Leopold ~ 9/480; Stein, Richard Heinrich ~ 9/481; Stein, Sigmund Theodor ~ 9/482; Steinheil, Carl August Ritter von ~ 9/493; Steinmeyer, Elias von ~/† 9/500; Stephani, Heinrich ~ 9/510; Stepp, Wilhelm ~ 9/511; Stich, Rudolf ~ 9/522; Stickel, Max ~ 9/523; Stieda, (Christian Hermann) Ludwig ~ 9/525; Stimming, Carl Joachim ~ 9/534; Stintzing, (Johann August) Roderich von ~ 9/535;

Ermershausen (Kr. Haßberge)
Ach, Narziß (Kaspar) * 1/16; Dietzfelbinger, Hermann * 2/542
Ermetzhofen (seit 1974 zu Ergersheim)
Feuerbach, Henriette * 3/278
Ermlitz
siehe auch *Oberthau*
Apel, Johann August ~ 1/154
Ermschwerd (Witzenhausen)
Neubauer, Theodor (Thilo) * 7/371
Ermsleben
Barby, Johann Heinrich Christian * 1/292; Gleim, Johann Wilhelm Ludwig * 4/29; Hankel, Wilhelm Gottlieb * 4/371; Reimmann, Jakob Friedrich ~ 8/213; Sombart, Anton Ludwig ~ 9/367; Sombart, Werner (Friedrich Wilhelm Carl) * 9/367
Erndtebrück
Baum, Gustav * 1/332
Ernen (Kt. Wallis)
Küng, Erhart ~ 6/150; Schiner, Matthäus ~ 8/645
Ernsbach (seit 1972 zu Forchtenberg)
Back, Friedrich Carl * 1/249; Bauer, Ludwig Amandus ~ 1/328; Blezinger, (Gustav) Adolf * 1/572; Blezinger, Johann Georg ~ 1/572; Weitbrecht, (Georg) Konrad * 10/416
Ernsdorf (poln. Jaworze)
Arnim, Hans-Jürgen von * 1/180; Voltolini, Friedrich Eduard Rudolph ~ 10/250
Ernsdorf (seit 1969 zu Kreuztal)
Flick, Friedrich * 3/349
Ernstbrunn (Niederösterreich)
Fitzner, Rudolf * 3/333
Ernsthausen (seit 1971 zu Burgwald)
Engel, Johannes * 3/115
Ernsthofen (Niederösterreich) → Rubring
Ernstthal (seit 1898 zu Hohenstein-Ernstthal)
May, Karl (Friedrich) * 7/2; Pölitz, Karl Heinrich Ludwig * 8/11
Ernstweiler (seit 1926 zu Zweibrücken)
Roth, Ernst * 8/412
Erolzheim
Held, Willibald * 4/558; Mennel, Faustinus ~ 7/64
Erpel
Bachem, Johann Peter * 1/242; Schlüter-Hermkes, Maria † 8/689
Erpen → Palsterkamp
Erpen (seit 1974 zu Bad Rothenfelde)
Reuß, Heinrich V. Prinz von * 8/257
Erpfingen (seit 1975 zu Sonnenbühl)
Schneller, Johann Ludwig * 9/63
Erpolzheim
Maurer, Georg Ludwig Ritter von * 6/670
Érsekújvár → Neuhäusel
Erstein (Dép. Bas-Rhin, Frankreich)
Vacano, Otto-Wilhelm von * 10/175
Erstfeld (Kt. Uri)
Heimgartner, Joseph ~ 4/504
Ertingen
Buck, Mich(a)el (Richard) * 2/190
Ervěnice → Seestadtl
Erwitte
siehe auch *Horn, Söbringhof, Völlinghausen*
Siemens, Fritz * 9/317
Erwitzen (seit 1970 zu Nieheim)
Hille, Peter * 5/42
Erxleben
Alvensleben, Friedrich Johann Graf von */† 1/107; Alvensleben, Johann August Ernst Graf von */~ 1/108; Lütkemüller, Samuel Christoph Abraham * 6/523; Martius, Friedrich * 6/642; Niemann, Albert * 7/408; Schoppius, Andreas ~ 9/116

Erzingen (Gem. Klettgau)
Netzhammer, Raymund Albin * 7/370; Stoll, Maximilian * 9/551
Erzingen (seit 1971 zu Balingen)
Frischlin, Nicodemus * 3/492
Erzleben
Eisenhart, Johannes * 3/71
Erzsébetváros → Elisabethstadt
Esbeck (Gem. Freden/Leine)
Gesenius, Justus * 3/665
Esch an der Alzette (frz. Esch-sur-Alzette, Luxemburg)
Deltgen, René (Henri) * 2/480
Esch-sur-Alzette → Esch an der Alzette
Eschdorf (Gem. Schönfeld-Weißig)
Bienert, Gottlieb Traugott * 1/522; Gleditsch, Johann Friedrich * 4/27; Gleditsch, Johann Ludwig * 4/27
Escheberg
Malsburg, Ernst (Friedrich Georg Otto) Frh. von † 6/581
Eschelbach
Bonhöffer, Adolf Friedrich * 2/18
Eschelbronn
Cordier, Leopold ~ 2/372
Eschen (Liechtenstein)
Hoop, Josef * 5/170; Schaedler, Otto ~ 8/546
Eschenau (Gem. Knetzgau)
Feuerlein, Johann Konrad * 3/280; Feuerlein, Konrad ~ 3/280
Eschenau (Gem. Obersulm)
Pirker, Marianne † 7/678
Eschenbach → Wolframs-Eschenbach
Eschenbach (Kr. Göppingen)
Hermelink, Heinrich (August) ~ 4/632
Eschenbach (Rheinpfalz)
Ehrhart, Franz Josef * 3/42
Eschenbach i. d. OPf.
Rudder, Bernhard de * 8/434; Zahn, Johannes (Christoph Andreas) * 10/614
Eschenbergen
Augusti, Friedrich Albert ~/† 1/222; Augusti, Johann Christian Wilhelm * 1/222
Eschenburg → Eibelshausen, Eiershausen
Eschendorf (Rheine)
Exeler, Adolf * 3/200
Eschenfelden (seit 1972 zu Hirschbach, Kr. Amberg-Sulzbach)
Panzer, Friedrich * 7/557
Eschershausen
Elster, Otto * 3/99; Raabe, Wilhelm (Karl) * 8/107
Eschersheim (seit 1910 zu Frankfurt am Main)
Wöhler, Friedrich * 10/555
Eschikofen (Gem. Hüttlingen, Kt. Thurgau)
Wehrli, Johann Jakob * 10/378
Eschlkam
Schmidt, Maximilian * 9/16
Escholzmatt (Kt. Luzern)
Comander, Johannes ~ 2/360; Schibi, Christian */~ 8/620; Stalder, Franz Joseph ~ 9/441
Eschringen (seit 1974 zu Saarbrücken)
Heinen, Edmund Heinrich * 11/82
Eschwege
siehe auch *Hohne*
Becker, Theophilus Christian ~ 1/381; Bethel, Johannes ~ 1/496; Braun, Julius (W.) */~ 2/83; Brill, Alfred * 2/133; Brill, Rudolf * 11/32; Buttlar, Eva Margaretha von */~ 2/259; Canstein, Philipp Frh. von * 2/275; Dunker, Wilhelm (Bernhard Rudolf Hadrian) * 2/653; Ernst, Landgraf von Hessen-Rheinfels ~ 3/159; Ganske, Kurt † 3/570; Heckmann, Carl-Justus * 4/472; Heinrich I. das Kind, Landgraf von Hessen ~ 4/527; Herxheimer, Salomon ~ 4/657; Hohenhausen, Elise (Friederike Felicitas) Frfr. von * 5/138; Horche, Heinrich * 5/175; Kluthe, Hans Albert † 5/610; Leibelt, Hans ~ 6/302; Moritz der Gelehrte, Landgraf von Hessen-Kassel † 7/215; Savigny, Karl von ~ 8/533; Sophie ~ 9/378; Trott auf Solz zu Imshausen,

Eschweiler

August Heinrich ~ 10/99; Westheim, Paul * 10/459; Zachariae, Johannes ~ 10/610

Eschweiler
siehe auch *Lohn, Röhe*
Baur, Ferdinand ~ 1/349; Briefs, Goetz Anton * 2/131; Burckhardt, Helmuth ~ 2/231; Evels, Friedrich Wilhelm ~ 3/195; Everling, Otto * 3/196; Geilenkirchen, Karl Theodor * 3/607; Holzapfel, (Gustav Hermann) Eduard ~ 5/158; Jung, Carl Theobald ~ 5/378; Kaufmann, Fritz Mordechai * 5/472; Kratz, Paul * 6/73; Lexis, Wilhelm * 6/367; Michiels, Télémaque ~ 7/127; Müller, Edmund Josef ~ 7/252; Petersen, Otto (Friedrich) * 7/619; Reuleaux, Franz * 8/253; Reuleaux, Ludwig * 8/254; Roelen, Wilhelm ~ 8/352; Schenck, Hermann (Reinhard) † 8/601; Sucher, Rosa † 9/622; Thyssen, August * 10/34; Zollenkopf, Alexander ~ 10/687

Eschweileraue
Eichhoff, Franz Richard ~ 3/50; Zollenkopf, Alexander ~ 10/687

Eselheide (Sennelager)
Thierack, Otto Georg † 10/6

Esenhausen (seit 1973 zu Wilhelmsdorf, Kr. Ravensburg)
Straubinger, Johannes * 9/572

Esens
Brenneysen, Enno Rudolf * 2/115; Coners, Gerhard Julius ~ 2/362; Dornum, Ulrich von * 2/600; Erlebach, Philipp Heinrich * 3/152; Fabricius, David * 3/213; Gittermann, (Johannn) Carl ~ 4/18; Gittermann, (Johann Christian) Hermann ~ 4/18; Grestius, Hieronymus ~ 4/158; Hülsemann, Johann * 5/209; Klinghe, Hinrich ~ 5/598; Tischbein, (Sophie Margarete) Antonie ~ 10/48

Esgrus → Brunsholm

Eslarn
Löw, Joseph * 6/448

Eslohe (Sauerland)
siehe auch *Bracht, Herhagen*
Pape, Joseph * 7/559

Esmarkholm (Gem. Esmark, seit 1970 zu Satrup)
Pump, Hans Wilhelm † 8/90

Espachweiler (seit 1973 zu Ellwangen/Jagst)
Pflanz, Benedikt Alois * 7/648

Espelkamp
Ilgner, Max ~ 11/93; Niemeyer, Reinhold ~ 11/141; Wilm, Ernst (Julius Ewald) † 10/514

Espen (Bischofszell, Kt. Thurgau)
Goldast von Haiminsfeld, Melchior * 4/76

Esseg → Osijek

Esseklee (tschech. Nesachleby, heute zu Oblekovice)
Zita, Heinrich * 10/680

Essen
siehe auch *Altendorf, Altenessen, Barkhoven, Bedingrade, Bergeborbeck, Borbeck, Hamm, Heidhausen, Heisingen, Horst, Hügel, Katernberg, Kray, Kupferdreh, Margarethenhöhe, Rellinghausen, Steele, Stoppenberg, Überruhr*
Abel, August ~ 1/4; Abendroth, Hermann (Paul Maximilian) ~ 1/7; Achenbach, Ernst ~/† 1/17; Adrio, Adam * 1/47; Albers, Josef ~ 1/65; Altfrid, Bischof von Hildesheim ~ 1/99; Althoff, Theodor ~ 1/101; Anders, Peter * 1/124; Aner, Karl ~ 1/135; Anger, Richard * 1/137; Arends, Georg Adalbert */~ 1/165; Arndt, Adolf ~ 11/5; Asthöwer, Fritz ~/† 1/208; Baade, Fritz ~ 1/231; Bacmeister, Walter ~/† 1/251; Baedeker, Diedrich (Gottschalk) */~/† 1/255; Baedeker, Gottschalk Diedrich */~/† 1/256; Baedeker, Julius */† 1/256; Baedeker, Karl ~ 1/256; Bannenberg, Wilhelm ~/† 1/289; Bansen, Hugo ~ 1/289; Barlach, Ernst ~ 1/296; Battig, Rudolf ~/† 1/318; Bauer, Karl ~ 1/327; Baum, Fritz */~ 1/332; Baur, Ferdinand */† 1/349; Becker, Jurek ~ 11/15; Beckmann, (Wilhelm) Gustav ~/† 1/384; Behler, Ernst * 11/16; Beindorff, Fritz ~ 1/405; Bell, Johannes */~ 1/409; Bender, Friedrich August ~ 1/415; Bennek, Hubert ~/† 1/426; Berger, Erna ~/† 1/444; Bergius, Friedrich (Karl Rudolf) ~ 1/448; Bering, Friedrich ~ 1/454; Berndt, Otto ~ 1/462; Berten, Walter ~ 1/481;

Blass, Eduard ~/† 1/562; Blau, Ewald ~ 1/563; Blücher, Franz */~ 1/579; Blumenthal, Hermann */~ 1/587; Boden, Wilhelm ~ 1/602; Bodenhausen, (Hans) Eberhard Frh. von ~ 1/603; Born, Nicolas ~ 2/33; Borries, Bodo von ~ 2/37; Bracht, (Clemens Emil) Franz ~ 2/54; Brandt, Karl * 2/70; Brauns, Hermann ~ 2/90; Brecht, Gustav ~ 2/94; Breidenbach, Tilli ~ 11/31; Breuer, Marcel Lajos ~ 2/125; Brinkmann, Rolf Dieter ~ 2/136; Brodde, Otto ~ 11/33; Brost, Erich (Eduard) ~/† 11/33; Brust, August † 2/175; Bruyn, Bartholomäus d. Ä. ~ 2/176; Buchholz, Peter ~ 2/184; Budde, Karl (Ferdinand Reinhard) ~ 2/192; Bürck, Paul ~ 2/208; Bulcke, Karl ~ 2/220; Bumke, Erwin (Konrad Eduard) ~ 2/222; Burchartz, Max ~ 2/230; Burg, Joseph ~ 2/235; Busch, Fritz Franz Emanuel ~ 2/249; Busch, Hermann ~ 2/249; Corleis, Ehrenfried Johann ~/† 2/374; Coutelle, Friedrich Johann Karl ~/† 2/387; Cremer, Fritz ~ 2/398; Däbritz, Walter ~/† 2/424; Dahmen, Jost ~ 2/430; Dechen, Ernst Heinrich Carl von ~ 2/456; Deist, Heinrich ~ 2/473; Dietrich, Otto * 2/537; Dinnendahl, Franz ~/† 2/552; Dinnendahl, Johann ~ 2/553; Doerkes(-Boppard), Wilhelm Nikolaus ~ 2/578; Dorpmüller, Julius (Heinrich) ~ 2/601; Dralle, Robert ~ 2/608; Dresbach, August ~ 2/613; Droop, Friedrich Wilhelm ~ 2/623; Dubbel, Heinrich ~ 2/629; Dütting, Hans † 2/644; Dustmann, Hanns ~ 11/49; Eberhard, (Eduard Hermann) Otto Ritter von ~ 2/671; Eckardt, Wilhelm (Richard Ernst) ~/† 3/8; Ehrhardt, Kurt ~ 11/51; Eichhoff, Ernst * 3/50; Eichhoff, Franz Richard ~ 3/50; Elten, Max ~ 3/99; Enseling, Joseph (Bernhard Hubert) ~ 3/129; Erasmy, Walter * 3/136; Erb, Alfons * 3/136; Erfurth, Ulrich (Wilhelm) ~ 3/143; Erhardt, Albrecht Johannes ~ 3/146; Ernst, Johann ~ 3/164; Erpf, Hermann Robert ~ 3/167; Euringer, Richard ~/† 3/194; Even, Johannes */~ 3/195; Eyssen, Jürgen ~ 3/205; Falke, Gustav ~ 3/225; Falkenhausen, Gotthard Frh. von ~/† 3/227; Fassbinder, Franz ~ 3/233; Feinhals, Friedrich (Fritz) Joseph ~ 3/252; Feiten, Josef ~ 3/253; Feller, Kurt ~ 3/260; Fellmann, Hans-Georg ~ 3/261; Feudel, Elfriede ~ 3/277; Fiedler, (August) Max ~ 3/292; Fischer, Alfred ~ 3/311; Fischer, Antonius ~ 3/311; Fischer, Josef † 3/321; Fischer, Kurt ~ 3/323; Fischer-Essen, Alfred ~ 3/330; Florian, Friedrich Karl * 11/61; Förster, Richard ~ 3/365; Forstmann, Richard † 3/378; Freytag, Hermann ~ 3/440; Friedrich, Graf von Isenberg ~ 3/463; Friedrich, Adolf (Moritz) ~ 3/476; Frommel, Gerhard ~ 3/511; Fründ, Hugo ~ 3/515; Fry, Adolf ~ 3/516; Fuhse, Franz ~ 3/538; Funke, Carl * 3/542; Gebler, Anton ~ 3/595; Gelling, Hans ~ 3/618; Gerloff, Wilhelm ~ 3/651; Gerschon ben Meir ~ 3/655; Gerster, Ottomar ~ 3/659; Gerteis, Adolf ~ 3/661; Gilles, Werner † 4/9; Gillhausen, Gisbert † 4/9; Girardet, Hellmut * 4/14; Girardet, Paul * 4/14; Girardet, Wilhelm ~ 4/14; Girardet, Wilhelm ~/† 11/69; Gliese, Rochus ~ 4/31; Gnoß, Ernst ~ 4/44; Goerens, (Joseph) Paul ~ 4/56; Göring, Peter ~ 4/58; Goldberg, Jacques ~ 4/77; Goldenberg, Bernhard † 4/78; Goldschmidt, Hans ~ 4/83; Goldschmidt, Karl (Bernhard) ~ 4/84; Goldschmidt, Theodor (Heinrich Hermann) ~ 4/86; Gottlob, Theodor */~ 4/109; Greving, Joseph ~ 4/160; Grillo, (Heinrich) Friedrich (Theodor Ernst) * 4/166; Grillo, Wilhelm (Theodor) * 4/166; Grimm, Friedrich ~ 4/168; Grober, Julius ~ 4/177; Gurlitt, Manfred ~ 4/264; Gymnich, Johann I. * 4/277; Halbfell, August ~ 4/342; Hammacher, Friedrich (Adolf) * 4/360; Hardung, Viktor ~ 4/385; Hasenack, Wilhelm ~ 4/422; Hatzfeld, Carl (Wilhelm) ~ 4/433; Haux, Ernst (Theodor) ~ 4/456; Heckel, Erich ~ 4/468; Heckroth, Hein ~ 4/472; Heiken, Gussa ~ 4/495; Heinemann, Adolf ~ 4/513; Heinemann, Gustav ~/† 4/514; Heinemann, Hilda † 4/514; Heinen, Werner ~ 4/515; Heintzmann, (Johann) Heinrich ~/† 4/557; Helbing, Heinrich ~ 4/555; Held, Heinrich (Karl Ewald) ~ 4/557; Hengsbach, Franz ~/† 4/583; Henke, Ernst ~/† 4/584; Hennig, Karl (Wilhelm Julius Hildebrandt Gustav) ~ 4/591; Hennig, Rudolf ~ 4/592; Herbig, Ernst ~ 4/607; Herbst, Friedrich Karl ~ 4/608; Herrhausen, Alfred * 4/639; Herzfeld, Ernst Salomon ~

4/660; Hettinger, Theodor ~ 5/4; Hettlage, Karl Maria
* 5/4; Heyn, (Friedrich) Emil ~ 5/26; Hieber, Theodor
~ 5/30; Hilger, Ewald * 5/41; Hinselmann, Wilhelm
~/† 5/55; Hirsch, Wilhelm ~/† 5/65; Hirschland, Georg
Simon */~ 5/68; Hirschland, Simon ~/† 5/68; Hirtsiefer,
Heinrich * 5/71; Höffgen, Marga ~ 5/89; Höpfl, Josef ~
5/99; Hohmann, Walter ~/† 5/143; Hold, Carl † 5/146;
Houdremont, Eduard ~/† 5/188; Huber, Willi † 5/199; Hue,
Otto † 5/203; Hueck, Adolf ~ 5/207; Hüssener, Albert
~/† 5/213; Husemann, (Friedrich Ernst) Fritz ~ 5/232;
Huyssen, Heinrich Frh. von * 5/238; Huyssen, Heinrich
*/~/† 5/239; Imbusch, (Johann) Heinrich ~/† 5/250; Imhoff,
Karl † 5/252; Imig, Heinrich * 5/252; Imkamp, Wilhelm
~ 5/253; Jacob, Paul Walter ~ 5/271; Jacobi, Gottlob
(Julius) ~ 5/274; Jakobs, Konrad ~ 5/296; Jansen, Carl ~
5/302; Jansen, Josef */~ 5/302; Janssen, Ulfert ~ 5/304;
Jooss, Kurt ~ 5/361; Jüngst, Ernst ~/† 5/373; Jung, Bodo
* 5/377; Jung, Heinrich * 5/379; Kätelhön, Hermann
~ 5/398; Kaiser, Eduard ~ 5/405; Kaiser, (Friedrich
Wilhelm) Erich * 5/406; Kalveram, Wilhelm */~ 5/418;
Kammer, Klaus ~ 5/419; Kannengießer, Louis von *
5/425; Karnapp, Walter ~ 5/451; Kaske, Karlheinz *
11/101; Katona, Julius ~ 5/463; Kaufung, Clemens ~
5/474; Kindermann, Josef † 5/541; Kirchner, Ernst Ludwig
~ 5/551; Klinger, Paul * 5/598; Klinkhammer, Carl ~
11/106; Klotzbach, Arthur */† 5/607; Knaudt, Adolf ~/†
5/614; Knepper, Gustav ~/† 5/619; Koch, Helmut ~ 5/640;
Koepchen, Arthur † 5/667; Koerfer, Jacob ~ 5/670; Körner,
Edmund (Hermann Georg) ~/† 5/671; Kötter, Paul ~ 5/678;
Koppers, Heinrich ~/† 6/40; Korte, Carl Theodor * 6/48;
Kossmann, Wilfried ~ 6/53; Kottenberg, Kurt (August
Rudolf) * 6/55; Krabler, Emil † 6/59; Krahwinkel-Sperling,
Hildegard */~ 6/66; Krawehl, Otto ~/† 6/87; Krekeler, Karl
~ 6/93; Krolik, Martin ~/† 6/113; Krüger, Ferdinand †
6/121; Krummacher, Friedrich-Wilhelm ~ 6/129; Krumme,
Elisabeth ~ 6/130; Krupp, Alfred */† 6/130; Krupp,
Arthur ~ 6/131; Krupp, Friedrich */~/† 6/131; Krupp,
Friedrich Alfred * 6/131; Krupp, Hermann */~ 6/131;
Krupp von Bohlen und Halbach, Alfried */~/† 6/131;
Krupp von Bohlen und Halbach, Bertha */† 6/132; Krupp
von Bohlen und Halbach, Gustav ~ 6/132; Kruse, Friedrich
~ 6/133; Kruse, Georg ~ 6/133; Küchler, Walther * 6/141;
Kühlthau, Walther (Friedrich) */~ 6/143; Kükelhaus, Heinz
* 6/147; Kükelhaus, Hermann * 6/147; Kükelhaus, Hugo
* 6/147; Küppers, Erica ~ 6/153; Küster, August ~ 6/154;
Kuhnke, Hans-Helmut ~ 11/115; Kukat, Erich ~ 6/162;
Kunwald, Ernst ~ 6/171; Laarmann, Franz (Heinrich)
~/† 6/187; Ladenspelder, Johann */~ 6/193; Ladewig,
Paul (Arthur Friedrich) ~ 6/193; Lamertz, Maximilian ~
6/205; Lammert, Will ~ 6/207; Lange, Otto ~ 6/228; Lange,
Albert ~ 6/230; Lange, Friedrich (Wilhelm Theodor) ~/†
6/231; Lange, Josef */~/† 6/234; Latscha, Jakob ~ 6/262;
Laube, Horst ~ 11/118; Laue, Oskar † 6/267; Laumann,
Arthur (Wilhelm Franz) * 6/269; Lauscher, Albert ~ 6/271;
Lazarus, Paul ~ 6/278; Leeder, Sigurd ~ 6/287; Lehmann,
Behrend */~ 6/291; Lehn, Georg ~ 6/299; Lehnert, Gustav
(Adolf) ~/† 6/300; Lentze, August ~ 6/322; Lerbs, Karl
(Johann Friedrich) ~ 6/337; Lessing, Ferdinand Diedrich
* 6/344; Lettau, Reinhard ~ 6/348; Lewy, Kurt */~ 6/366;
Lichtenfeld, Manfred ~ 11/122; Liebknecht, Otto ~ 11/122;
Limbertz, Heinrich (Wilhelm) ~/† 6/398; Linde, Otto
zur * 6/401; Lindemann, August */~ 6/401; Lindemann,
Ernst (Heinrich) ~ 6/401; Lindemann, (Johann) Wilhelm
* 6/402; Linden, Walter ~ 6/403; Lindworsky, Johannes
† 6/410; Link, Ernst ~ 6/412; Linnemann, (Anton Josef)
Felix * 6/413; Löhlein, Walther † 6/442; Loerbroks,
Hermann */~ 6/445; Löser, Ewald ~/† 6/447; Loewenstein
zu Loewenstein, Hans Louis Ferdinand von ~ 6/456;
Loosen, Kurt † 6/468; Lorentz, Lore ~ 6/470; Lüer, Hans
~/† 6/517; Luther, Hans ~ 6/535; Lwowski, Hermann ~
6/543; Lwowski, Walter ~ 6/543; Maaß, Alexander */~
6/547; Magiera, Kurtmartin ~ 6/561; Mallison, Heinrich
~/† 6/580; Marc, Franz ~ 6/604; Marcus, Ernst Moses
~/† 6/610; Marenbach, Leny */~ 6/612; Masius, Lore ~

6/650; Maslowski, Peter (Markus) ~ 6/651; Mathilde,
Äbtissin von Essen ~ 6/655; Matthias, Adolf ~ 6/662;
Maurer, Eduard (Georg) ~ 6/669; Melcher, Kurt ~ 7/51;
Mendel, Bruno * 7/56; Menges, (Dietrich) Wilhelm von
~/† 7/62; Menzel, Adolph (Friedrich Erdmann) von ~
7/66; Metzendorf, Georg ~/† 7/91; Meurer, Albert ~ 7/94;
Meyer, Hannes ~ 7/103; Meyer, Selma * 7/110; Meyer-
Schwickerath, Gerhard ~/† 7/114; Minetti, Bernhard
(Theodor Henry) ~ 11/130; Minster, Carl ~ 7/148; Misch,
Ludwig ~ 7/152; Möller-Dostali, Rudolf † 7/171; Möllers,
Alfred (Dionysius) * 7/171; Mommsen, Ernst Wolf ~
7/195; Monheim, Johannes ~ 7/198; Monzel, Nikolaus
~ 7/202; Moufang, Ruth ~ 7/234; Muckermann, Richard
(Siegbert) ~/† 7/239; Müller, Albert † 7/248; Müller,
Fritz † 7/259; Müller, (Jacob) Hermann (Joseph) * 7/265;
Müller-Armack, Alfred * 7/284; Müller-Kray, Hans
(Albert) ~ 7/288; Müller-Weiss, Louise ~ 7/291; Muhr,
Caroline * 7/304; Namuth, Hans * 7/338; Narjes, Theodor
Gustav ~/† 7/340; Nathan, Fritz ~ 7/342; Natorp, Gustav
~/† 7/344; Natorp, (Bernhard Christoph) Ludwig ~ 7/344;
Neher, (Rudolf Ludwig) Caspar ~ 7/358; Nesselhauf,
Herbert (Adolf Josef) † 7/366; Neumeyer, Fritz (Ludwig) ~
7/391; Niebelschütz, Wolf (Magnus Friedrich) von ~ 7/402;
Niemeyer, Victor (Johannes Gotthold) ~/† 7/410; Niessner,
Alois ~ 7/413; Nieswandt, Wilhelm (Julius) ~/† 7/413;
Nixdorf, Heinz ~ 7/427; Nocker, Hanns ~ 7/429; Noller,
Alfred ~ 7/435; Nürnberg, Werner * 11/144; Oberborbeck,
Felix */~ 7/451; Oberheid, Heinrich (Josef) ~ 11/145;
Oberste-Brink, Karl ~/† 7/456; Orlopp, Josef */~ 7/506;
Otto, Wilhelm ~ 7/537; Paul, Erich ~ 7/573; Pavel, Emil
Wilhelm Rudolf ~ 7/583; Peeters, Emil (Aloys Angelique)
~ 7/588; Peiffer-Watenphul, Max ~ 7/589; Pepping, Ernst
~ 7/597; Pieper, Josef ~ 11/158; Pirath, Wilhelm ~ 7/676;
Plettner, Helmut ~ 8/1; Pohle, Wolfgang ~ 8/20; Postberg,
Wilhelm */~ 8/45; Puttlitz, Julius ~ 8/94; Quaatz, Reinhold
Georg ~ 8/97; Rabl, Walter ~ 8/111; Ramseger, Georg *
8/134; Rappaport, Philipp (August) ~/† 8/142; Rasche,
Thea ~/† 8/144; Raydt, Wilhelm ~ 8/168; Rechlin, Wilhelm
~/† 8/173; Reda, Siegfried ~ 8/176; Rehmann, Theodor
Bernhard * 8/192; Reismann-Grone, Theodor ~/† 8/231;
Renger-Patzsch, Albert ~ 8/242; Renner, Heinz ~ 8/244;
Rennert, Günther (Peter) * 8/246; Ridderbusch, Karl ~
8/288; Riemann, Ludwig (Ferdinand Heinrich) ~/† 8/301;
Rings, Josef ~ 8/318; Rittmeyer, Robert ~ 8/335; Roelen,
Wilhelm ~ 8/352; Roesler, Trude ~/† 8/361; Rössing, Karl
~ 8/362; Rötger, Max ~ 8/364; Roleff, Peter ~ 8/374;
Ruben, Ernst ~ 8/431; Ruben, Leonhard * 8/431; Rubin,
Hans Wolfgang */† 8/432; Rübsam, Richard ~ 8/443;
Rüfer, Philipp ~ 8/449; Rühmann, Heinz * 8/451; Rünger,
Julius ~ 8/454; Rürup, Heinrich ~ 8/455; Runkel, Peter
~/† 8/469; Ruperti, Oskar (Heinrich) ~ 8/470; Ruschen,
Carl ~ 8/475; Saccur, Alma ~ 8/485; Salewski, Wilhelm
~ 8/498; Salzinger, Helmut * 11/167; Sauce, Wilhelm
Karl August de la ~/† 8/525; Saur, Karl-Otto ~ 8/530;
Schacht, Heinrich ~ 8/539; Schäfer, Karl Theodor *
8/548; Scharl, Joseph ~ 8/568; Schauenburg, (Johann)
Moritz (Konrad) ~ 8/574; Schempp, Johannes d. Ä. ~
8/600; Schempp, Johannes Karl d. J. * 8/600; Schenck,
Hermann (Reinhard) ~ 8/601; Scheppmann, Heinrich
*/~/† 8/608; Schlapper, Ernst * 8/655; Schlemmer, Oskar
~ 8/668; Schlitter, Oskar ~ 8/680; Schlüter, Clemens
August Joseph ~ 8/688; Schmid, Waldemar (Berthold
Georg) ~ 8/706; Schmidt, August (Heinrich) ~ 9/3;
Schmidt, Emil ~ 9/5; Schmidt, Robert ~ 9/19; Schmidt,
Rüdiger † 9/19; Schmitt, Walther ~/† 9/33; Schmitz,
(Heinrich Gustav) Hermann * 9/36; Schmitz, Maria †
9/36; Schmitz, Viktor A(ugust) * 9/37; Schmücker, Toni
~ 9/40; Schnippenkötter, Josef (André) ~ 9/65; Schöne,
Friedrich ~ 9/90; Schoepflin, Adolf ~ 9/102; Schöttler,
Walter ~ 9/104; Schorn, Carl (Philipp Theodor) */~ 9/118;
Schoy, Frida ~/† 9/124; Schrameier, (Ludwig) Wilhelm
* 9/127; Schröder, Ernst August ~/† 9/146; Schröder,
Johannes ~/† 9/148; Schüler, Johannes (Erich Wilhelm) ~

9/170; Schürenberg, (Johann) Wilhelm */† 9/172; Schulte-Drüggelte, Friedrich (August) ~/† 9/187; Schulz, Werner ~/† 9/198; Schulz-Dornburg, Rudolf ~ 9/198; Schulz-Euler, Carl Friedrich * 9/198; Schulze-Fielitz, Günther † 9/201; Schumm, Felix ~ 9/208; Schupp, Fritz † 9/210; Schuster, Fritz (Ferdinand) ~/† 9/215; Schwenniger, Franz */~/† 9/243; Schwerd, Friedrich ~ 9/243; Schwerin, Eberhard (Viktor Detlof) Graf von ~/† 9/244; Schwerin von Krosigk, Johann Ludwig Graf † 9/244; Schwier, Hans ~ 9/246; Sebrecht, Friedrich ~ 9/252; Seeling, (Christian) Heinrich ~ 9/260; Seemann, Ernst (Elert) Arthur (Heinrich) ~ 9/261; Sehling, Emil * 9/264; Sellner, Gustav Rudolf ~ 9/280; Seng, Willi ~ 9/288; Siegel, Rudolf ~ 9/311; Siegfried II. von Westerburg, Erzbischof von Köln ~ 9/312; Siegl, Otto ~ 9/313; Siemsen, August ~ 9/319; Siemsen, Hans † 9/320; Siercke, Alfred ~ 9/320; Sierp, Friedrich ~ 9/320; Sierp, Heinrich (Matthias Emil) */~ 9/320; Siewert, Hans ~ 9/322; Simon, Ernst */~ 9/331; Sluyterman van Langeweyde, Georg (Wilhelm) */~ 9/351; Söhngen, Werner */† 9/358; Sogemeier, Martin ~/† 9/360; Sohl, Hans-Günther ~ 9/360; Sombart, Anton Ludwig ~ 9/367; Sophie ~ 9/378; Sorge, Kurt Oskar ~ 9/379; Spaur, Maria Clara Gräfin von ~ 9/387; Specht, Renate ~ 9/387; Spies, Hans ~ 9/404; Spindel, Ferdinand */~ 9/407; Spindler, Walter ~/† 9/407; Spletter, Carla ~ 9/414; Springorum, Otto ~ 9/422; Stamm, Willy ~/† 9/443; Stankowski, Anton ~ 11/177; Steffensmeier, Heinrich ~/† 9/466; Steinecke, (Friedrich Heinrich) Wolfgang */~ 9/487; Steinert, Otto ~/† 9/491; Steingröver, Arnold (Christopher) ~/† 9/492; Stern, Viktor ~ 9/515; Stifft, Christian Ernst ~ 9/530; Stötzel, Gerhard ~ 9/547; Strauss, Isabel ~ 9/576; Streck, Karl ~ 9/579; Streich, Rita ~ 9/581; Strunk, Heinrich */~/† 9/599; Stubmann, Peter Franz ~ 9/602; Stuchtey, Rudolf ~ 9/603; Stümpel-Schlichthaar, Carla ~ 9/610; Stürmer, Bruno ~ 9/610; Sulz, Eugen ~ 9/630; Susa, Charlotte ~ 9/635; Suthaus, Ludwig ~ 9/637; Tenbruck, Friedrich Heinrich (Wilhelm) * 9/674; Tengelmann, Ernst ~/† 9/675; Tengelmann, Walter */~ 9/675; Tengelmann, Wilhelm * 9/675; Terboven, Josef (Antonius Heinrich) */~ 9/677; Then-Bergh, Erik ~ 9/693; Thies, (Johann) Heinrich (Wilhelm) ~ 10/9; Thomée, Friedrich ~ 11/182; Timper, Rudo ~ 10/46; Totzek, Friedrich */~/† 10/66; Toussaint, Hans */† 10/66; Traenckner, Kurt † 10/67; Trede, Paul ~ 10/77; Treskow, Elisabeth ~ 10/83; Tropsch, Hans ~ 10/97; Tümmler, Karl */~ 10/114; Uhlrich, Wendelin ~ 10/124; Ullrich, Otto ~ 10/138; Ungar, Emil ~ 10/151; Urbach, Josef ~/† 10/163; Veken, Karl * 10/190; Velten, Bernhard * 10/192; Velten, Wilhelm ~ 10/192; Viehöver, Joseph ~ 10/204; Vielhaber, Gerd ~ 10/204; Vielhaber, Heinrich (Gustav August) ~/† 10/204; Viëtor, (Karl Adolf Theodor) Wilhelm ~ 10/208; Vögler, Eugen */~/† 10/221; Vogelsang, Hermann */~/† 10/229; Vomfelde, Fritz * 10/252; Wächter, Erich */~ 10/271; Wächtler, Karl Gottlieb ~/† 10/272; Wages, Peter ~/† 10/276; Waghalter, Ignaz ~ 10/276; Waldthausen, (Gustav) Ernst */~/† 10/307; Waldthausen, Eugen von */~/† 10/308; Waldthausen, Julius (Wilhelm) Frh. von * 10/308; Waldthausen, Oscar von */~/† 10/308; Waldthausen, (Gottfried) Wilhelm von */~/† 10/308; Walleck, Oskar ~ 10/310; Walther, Hans ~ 10/324; Wamper, Adolf ~/† 10/327; Waniek, Herbert ~ 10/330; Waninger, Carl ~ 10/330; Wasserthal, Elfriede ~ 10/344; Weber, Jacob ~/† 10/355; Weber, Ludwig ~/† 10/357; Weidauer, Walter ~ 10/381; Weidemann, Friedrich ~ 10/381; Weiterer, Maria (Elisabeth Wilhelme) * 10/417; Weitz, Heinrich ~ 10/418; Wendt, Karl ~/† 10/434; Wenge, Franz Ferdinand Frh. von */~/† 10/435; Werdehausen, Hans ~ 10/440; Wessels, Theodor ~ 10/456; Westphal, Siegfried ~ 10/461; Westrick, Ludger ~ 10/461; Widmann, Ellen ~ 10/474; Wiedfeldt, Otto (Ludwig) ~/† 10/480; Wieprecht, Christoph † 10/488; Wiese, Mathias */† 10/489; Wiesmann, Richard (Gustav Arnold) ~ 10/491; Wilberg, Friedrich (Wilhelm) ~/† 10/495; Wilhelm-Kästner, Kurt ~ 10/507; Willenberg, Alex */~/† 10/511; Wilm, Alfred ~ 10/514; Wilmowsky, Tilo von ~/† 10/515; Wimmelmann, Alfred ~

10/516; Winkhaus, Fritz ~/† 10/528; Winkhaus, Hermann * 10/528; Wittkugel, Klaus ~ 10/550; Wörner, Karl Heinrich ~ 10/559; Wojtkowski, Paul ~ 10/563; Zaisser, Else ~ 10/615; Zaisser, Wilhelm ~ 10/615; Zech, Karl ~ 10/625; Zerkaulen, Heinrich ~ 10/644; Ziegenfuß, Werner * 10/651; Ziegler, Hans ~ 10/653; Ziervogel, Friedrich-Wilhelm ~ 10/659; Zilken, Willy ~ 10/661; Zillig, Winfried ~ 10/662; Zimmermann, Emil (Friedrich) ~ 10/666; Züllig, Hans ~/† 10/696; Zur Linde, Otto * 10/702; Zwingenberg, Glanka ~ 10/708

Essen (Oldenburg)
siehe auch *Münzebrock*
Hülskamp, Franz * 5/210

Essenbach → Altheim

Essenrode (Gem. Lehre)
Bülow, Friedrich Ernst von */~ 2/203; Bülow, (Ludwig Friedrich Viktor) Hans Graf * 2/203; Hardenberg, Karl August Fürst * 4/382

Essentuki (Rußland)
Koch, Richard ~/† 5/643

Essing
siehe auch *Randeck*
Gallermayer, Joseph * 3/563; Gozbert */~ 4/114

Essingen (Ostalbkreis) → Lauterburg, Teussenberg

Eßling (seit 1938 zu Wien)
Donner, Matthäus ~ 2/595; Donner, (Georg) Raphael * 2/595; Donner, Sebastian * 2/595

Esslingen am Neckar
siehe auch *Hegensberg, Kennenburg, Oberesslingen*
Bacmeister, Adolf (Lucas) * 1/250; Bäuerle, Theodor ~ 1/264; Bazille, Wilhelm * 1/361; Betz, Rudolf * 1/500; Bezzenberger, Georg Heinrich von ~ 1/510; Böblinger, Hans d. Ä. † 1/606; Böblinger, Hans d. J. */~ 1/606; Böblinger, Marx ~/† 1/606; Böblinger, Matthäus ~/† 1/606; Böckh, Georg Christoph Friedrich */~ 1/609; Bömlin, Konrad † 1/629; Böschenstein, Johann * 1/635; Bornefeld, Helmut ~ 2/33; Braun, Friedrich von ~ 2/80; Brintzinger, Herbert * 2/136; Brunner, Leonhard ~ 2/170; Burk, Karl ~ 2/242; Calwer, Richard * 2/268; Cranz, Carl Julius † 2/394; Datt, Johann Philipp */~ 2/448; Deffner, Carl (Christian Ulrich) ~/† 2/463; Denzel, Bernhard Gottlieb von ~/† 2/489; Dick, (Paul) Otto */~/† 2/512; Diethelm von Krenkingen, Bischof von Konstanz ~ 2/529; Dietzenschmidt, Anton Franz † 2/542; Dihlmann, Carl ~ 2/545; Dirlewanger, Oskar ~ 2/556; Eberhard I. der Erlauchte, Graf von Württemberg ~ 2/669; Eberhard I. (V.) im Bart, Herzog (Graf) von Württemberg ~ 2/669; Eberhard (II.) der Jüngere, Herzog von Württemberg ~ 2/669; Ebner, Theodor * 3/1; Eck, Johann von * 3/5; Eckstein, Utz ~ 3/16; Egle, Joseph von ~ 3/32; Ensingen, Ulrich von ~ 3/129; Ensinger, Matthäus ~ 3/129; Faißt, Immanuel (Gottlob Friedrich) ~ 3/220; Falkenstein, Kuno Frh. von * 3/228; Feuerbach, Johann Peter von ~ 3/278; Fink, Christian ~/† 3/302; Fischer, Johann Georg ~ 3/320; Flegler, Eugen ~ 3/340; Fleischmann, Richard (Adolf) * 3/345; Franck, Sebastian ~ 3/391; Fyner, Konrad ~ 3/546; Gauger, Joseph ~ 3/584; Gaupp, (Friedrich) Ludwig (Adolf) ~ 3/586; Geiger, Carl (Gustav Theodor) ~/† 3/603; Gemmingen-Guttenberg, Wilhelm Frh. von ~ 3/619; Georgii, Max Theodor * 3/633; Georgii, Theodor † 3/633; Georgii, Theodor Immanuel */~ 3/633; Georgii-Georgenau, Emil (Wilhelm) von ~ 3/634; Geß, Friedrich Ludwig von ~ 3/666; Greiner, Friedrich Eberhard ~ 4/153; Günther, Albert (Charles Lewis Gotthilf) * 4/237; Haas, Otto ~ 4/286; Haaß-Berkow, Gottfried ~ 4/290; Hänlein, Heinrich Karl Alexander von † 4/310; Hahn, Christoph (Ulrich) ~ 4/328; Halm, August (Otto) ~ 4/352; Hausleutner, Philipp Wilhelm Gottlob ~/† 4/451; Hengstenberg, Carl (August Ernst) ~/† 4/583; Herold, Hans Georg von ~ 4/636; Herzog, Ernst von * 4/664; Hochstetter, Ferdinand Ritter von * 5/82; Ihle, Johann Eberhard ~ 5/246; Irenicus, Franciscus ~ 5/258; Jassoy, Heinrich ~ 5/309; Keim, Karl Theodor ~ 5/487; Keßler, Emil von ~/† 5/519; Kessler, Georg Christian von ~/† 5/519; Knecht, Justin

Heinrich ~ 5/617; König, Johann Ulrich von * 5/660; Kübel, Franz von ~ 6/139; Laistner, Ludwig * 6/201; Lang, Heinrich ~ 6/225; Lang, Richard * 6/228; Lechler, Lorenz ~ 6/282; Lutz, Johann Evangelist Georg † 6/540; Mahler, Gerhard ~ 11/126; Maier-Leibnitz, Hermann ~ 6/572; Manz, Philipp Jakob ~ 6/602; Maybach, Karl ~ 7/3; Mayer, Karl (Friedrich Hartmann) ~ 7/9; Mayer, Karl * 7/10; Merkel, Johannes ~/† 7/73; Mohr, Charles Theodore * 7/181; Moser, Hugo (Leonhard) * 7/225; Mühleisen, Richard * 7/241; Müller von Mühlenfels, Johann Heinrich ~ 7/269; Murr, Wilhelm * 7/314; Nagel, (Gottlieb) Wilhelm ~/† 7/335; Nallinger, Friedrich ~ 7/338; Nallinger, Fritz * 7/338; Naogeorg, Thomas ~ 7/339; Niefer, Werner ~ 7/406; Niklas von Wyle ~ 7/418; Olpp, Gottlieb † 7/490; Ostermayer, Georg ~ 7/517; Otter, Jakob ~/† 7/526; Paul, Ernst † 7/573; Reublin, Wilhelm ~ 8/252; Ritter, Kaspar * 8/331; Roser, Dieter */~ 8/402; Roth, Heinrich ~ 8/413; Salzmann, (Karl Ludwig) Valentin */~/† 8/508; Schenkel, Gotthilf (Adolf) ~/† 8/606; Schieber, Anna * 8/624; Schmückle, Georg * 9/40; Schneck, (Gustav) Adolf (Friedrich) * 9/46; Schöfferlin, Bernhard * 9/76; Schott, Theodor Friedrich * 9/122; Schröter, Carl (Josef) * 9/154; Schulmeister von Esslingen ~ 9/186; Schumann, Gerhard */~ 11/173; Seeger, Hermann ~ 9/257; Stankowski, Anton † 11/177; Steinhöwel, Heinrich ~ 9/494; Steudel, Johann Christian Friedrich † 9/521; Stifel, Michael */~ 9/530; Stohm, Gustav * 9/548; Thienemann, Karl Ludwig Christian ~ 10/6; Truchseß von Waldburg, Georg III. ~ 10/100; Tüchle, Hermann * 10/113; Uhde, Gerhard (Gotthilf Karl) ~ 10/126; Ulitz, Arnold ~ 10/135; Vegesack, Siegfried von ~ 10/186; Weigle, Carl Gottlieb ~ 10/389; Weinland, Ernst ~ 10/398; Zangmeister, Eberhard d. J. ~/† 10/619

Estavayer-le-Lac (Kt. Freiburg)
Hasler, Gustav ~ 4/424
Estebrügge (Gem. Jork)
Riehn, (Carl Andreas) Wilhelm * 8/300
Esterház (Ungarn)
Kraft, Nikolaus * 6/65
Esterwegen
Finck, Werner ~ 3/298; Hennig, Rudolf ~ 4/592; Huesmann, Fritz † 5/213; Husemann, (Friedrich Ernst) Fritz † 5/232; Kramer, Josef ~ 6/69; Leber, Julius (Hieronymus) ~ 6/279; Mühlpforte, Robert ~ 7/243; Ossietzky, Carl von ~ 7/513
Estorf (Kr. Nienburg/Weser)
Freytag, Heinrich Wilhelm von * 3/440
Eszék → Osijek
Esztergom → Gran
Étaples (Dép. Pas-de-Calais, Frankreich)
Engelke, Gerrit (Ernst Manilius) † 3/120
Eton (Cty. Berkshire, England)
Fogel, Johannes ~ 3/366; Jung, Karl Emil ~ 5/380
Étretat (Dép. Seine-Maritime, Frankreich)
Trebelli, Zélia † 10/76
Ettal
Babensteber, Ludwig ~/† 1/233; Bradl, Jakob † 2/55; Camerloher, Placidus von ~ 2/270; Cramer-Klett, Theodor Frh. von ~ 2/391; Gaißer, Hugo Athanasius † 3/559; Geiger, Franz Xaver ~ 3/604; Hamilton, Maximilian Reichsgraf von ~ 4/359; Hermann, Franz Ludwig * 4/627; Höfer, Franz ~ 5/89; Knoller, Martin ~ 5/628; Landersdorfer, Simon Konrad ~ 6/216; Mayer, Rupert ~ 7/11; Rosner, Ferdinand ~/† 8/404; Rost, Dionys Frh. von ~ 8/406; Roth, Eugen ~ 8/412; Schaller, Stephan ~/† 8/561; Schlitpacher von Weilheim, Johann ~ 8/680; Schmuzer, Joseph ~ 9/41; Schönegg, Ulrich II. von ~ 9/91; Schöpf, Josef ~ 9/101; Seehofer, Arsacius ~ 9/258; Seitz, Placidus ~/† 9/225; Straub, Johann Baptist ~ 9/571; Thurn und Taxis, Johann Baptist Reichsgraf von ~ 10/31; Üblhör, Johann Georg ~ 10/124; Umbach, Jonas ~ 10/148; Verhelst, Ägid d. Ä. ~ 10/195; Verhelst, Ägid d. J. *

10/196; Verhelst, Placidus * 10/196; Zuccalli, Enrico ~ 10/693
Ettelried (seit 1972 zu Dinkelscherben)
Scherer, Joseph */† 8/610
Ettenheim
siehe auch *Münchweiler*
Fahrländer, Sebastian * 3/220; Hergt, Franz Joseph ~ 4/614; Knoblochtzer, Heinrich * 5/624; Weinrich, Franz Johannes † 10/399; Weiss, Johann Baptist * 10/408
Ettenstatt
Spiess, Philipp Ernst * 9/405
Etterbeek (Belgien)
Kroeber-Riel, Werner * 6/109
Ettersburg
Pückler-Muskau, Hermann (Ludwig Heinrich) Fürst von ~ 8/86
Etterzhausen (Nittendorf)
Forster, Fortunatus Joseph Michael Anton ~ 3/376; Fromm, Ernst Ritter von † 3/509
Ettiswil (Kt. Luzern)
Baumann, Johannes * 1/336; Feer, Ludwig ~ 3/243
Ettlenschieß (seit 1972 zu Lonsee)
Fellmeth, Hermann * 3/261
Ettlingen
Albiker, Karl ~/† 1/73; Baumgartner, Eugen ~ 1/346; Bayer, Jakob ~ 1/357; Betsch, Roland † 1/498; Buhl, Franz (Peter) * 2/218; Buhl, Franz Armand * 2/218; Erb, Matthias * 3/137; Fickler, Karl Alois ~ 3/289; Hedio, Kaspar * 4/473; Irenicus, Franciscus ~ 5/258; Karl Friedrich, Markgraf, Großherzog von Baden ~ 5/441; Kaufmann, Theophil Heinrich ~/† 11/101; Kobian, Valentin ~ 5/637; Lang, Heinrich ~ 6/225; Linden, Walter * 6/403; Lorenz, Wilhelm ~ 6/473; Plank, Rudolf (Aloys Valerian) † 7/685; Rohrer, Johann Michael Ludwig † 8/372; Rohrer, Johann Peter Ernst ~ 8/372; Rüttenauer, Benno ~ 8/457; Schaffroth, Johann Adam Gottlieb ~ 8/557; Ungeheuer, Günther ~ 10/152; Willms, Günther † 11/184
Étupes (Frankreich)
Maucher, Eugen Frh. von * 6/667
Etzelskirchen (Höchstadt a. d. Aisch)
Fink, Lorenz ~ 3/303
Etzelwang
Künneth, Walter * 11/114; Panzer, Georg Wolfgang Franz ~ 7/558; Panzer, Georg Wolfgang Franz * 7/558
Etzen (Havelland)
Diericke, Christian Friedrich von ~ 2/521
Etzen (Niederösterreich)
Brandstetter, Karl Maria * 2/67
Etzenhausen (Dachau)
Geiger-Weishaupt, Fanny Edle von ~ 3/607; Herterich, Ludwig † 4/649
Etzenricht
Oberberger, Josef * 7/451
Etzin
Schurig-Markee, Arthur ~ 9/212
Etzweiler (seit 1975 zu Elsdorf, Erftkreis)
Langen, Eugen † 6/237; Wissmann, Hermann von * 10/542
Eudorf (seit 1972 zu Alsfeld)
Naumann, Alexander (Nicolaus Franz) * 7/347
Euerbach → Obbach
Eufingen
Franz, Gottfried * 3/413
Eula (seit 1973 zu Nossen)
Hesse, (Julius) Oswald ~ 4/677
Eulenberg (tschech. Sovinec)
Jugoviz, Rudolf ~ 5/375; Peschke, Julius (Paul) ~ 7/608
Eupen (Belgien)
Bläsing, Felix (Julian) ~ 1/553; Cursch-Bühren, Theodor ~ 2/412; Daelen, Reiner ~ 2/425; Feder, Alfred * 3/240; Fettweis, Ewald * 3/275; Fettweis, Rudolf * 3/275; Gretscher, Philipp ~ 4/158; Hansemann, David (Paul) * 4/374; Hüffer, Anton Wilhelm ~/† 5/207; Jeghers, Ernst * 5/314; Ophey, Walter ~ 7/494; Peters, Oscar * 7/617; Ramrath, Konrad ~ 8/133; Rombach, Wilhelm ~ 8/378;

Rossaint, Joseph † 8/405; Simar, Hubert Theophil * 9/328; Spankeren, Friedrich Wilhelm von * 9/385; Vorländer, Daniel * 10/255

Eurasburg (Kr. Bad Tölz-Wolfratshausen) → Beuerberg, Oberherrnhausen

Euskirchen
siehe auch *Flamersheim, Kuchenheim, Niederkastenholz*
Esser, Thomas ~ 3/181; Esser, Thomas ~/† 3/181; Fischer, Emil (Hermann) * 3/313; Fischer, Otto * 3/325; Hagemann, Walter * 4/318; Luther, Carl Joseph * 6/535; Pfeifer, Emil ~ 11/157; Troeger, Heinrich ~ 10/91

Eußerthal
Frank, Johann (Peter) ~ 3/399

Eustis (Florida, USA)
Falke, Konrad † 3/226

Eutin
siehe auch *Fissau, Pulverbeck*
August Friedrich, Herzog von Schleswig-Holstein-Gottorf, Bischof von Lübeck † 1/221; Bahnsen, Julius Friedrich August ~ 1/269; Bahr, Benedikt * 1/269; Balemann, Georg Gottlieb von * 1/276; Bennewitz von Löfen, Karl d. Ä. † 1/426; Berger, Albrecht Ludwig von ~ 1/443; Bippen, Wilhelm von ~ 1/535; Brecht, Arnold † 2/92; Bredow, Gabriel Gottfried ~ 2/95; Broedrich, Silvio † 2/143; Burchard von Serkem, Bischof von Lübeck ~ 2/228; Cassebohm, Friedrich (Georg Carl) ~ 2/293; Christiani, Christoph Johann Rudolph ~ 2/321; Dietrich II. Arndes, Bischof von Lübeck † 2/531; Dittmann, Wilhelm * 2/561; Eckermann, Jakob Christoph Rudolf ~ 3/10; Finckh, Alexander Christian von ~ 3/299; Flor, Ferdinand ~ 3/353; Förtsch, (Johann) Philipp † 3/366; Fries, Wilhelm ~ 3/484; Gensler, (Johann) Jacob ~ 3/623; Graepel, Otto (Friedrich) ~/† 4/123; Greverus, Johann Ernst † 4/160; Groschuff, Friedrich ~ 4/189; Halem, Gerhard Anton von ~/† 4/343; Heinrich III. Bockholt, Bischof von Lübeck ~ 4/529; Hellwag, Christoph (Friedrich) ~/† 4/569; Hellwag, Konrad Wilhelm * 4/569; Herder, Johann Gottfried ~ 4/611; Humboldt, Wilhelm von ~ 5/222; Jacobi, Friedrich Heinrich ~ 5/273; Katharina II., Kaiserin von Rußland ~ 5/462; Kraut, Karl (Johann) ~ 6/86; Lackmann, Adam Heinrich ~ 6/191; Maassen, Nikolaus Heinrich ~ 6/549; Maltzan, Hans Albrecht Frh. von † 6/582; Mecklenburg, Adolf Friedrich Herzog zu † 7/21; Mercator, Nicolaus * 7/68; Mierendorff, Hans † 7/132; Mölling, Georg Philipp Friedrich ~ 7/172; Netter, Hans † 11/132; Nicolovius, Georg Heinrich Ludwig ~ 7/401; Peltzer, Otto (Paul Eberhard) † 7/593; Petersen, Johann Wilhelm ~ 7/618; Petersen, Johanna Eleonora ~ 7/619; Quistorp, Johann Jacob ~ 8/104; Rüder, Maximilian Heinrich */~ 8/446; Saenger, Alwin * 8/493; Schmidt, (Johann Friedrich) Julius * 9/13; Slevogt, (Heinrich) Carl * 9/349; Starklof, Karl Christian Ludwig ~ 9/453; Stiehl, Karl (Johann Christian) ~ 9/527; Stolberg-Stolberg, Agnes Gräfin zu ~ 9/549; Stolberg-Stolberg, Friedrich Leopold Graf zu ~ 9/549; Strack, Ludwig Philipp ~ 9/563; Suhrlandt, Johann Heinrich ~ 9/629; Tischbein, Johann Heinrich Wilhelm ~/† 10/49; Trendelenburg, Friedrich Adolf * 10/80; Ukert, Friedrich August * 10/133; Voß, Abraham (Sophus) * 10/257; Voß, (Marie Christiane Henriette) Ernestine ~ 10/258; Voß, Johann Heinrich ~ 10/259; Wachholtz, Ulf ~ 10/265; Weber, Carl Maria (Friedrich Ernst) von * 10/350; Wedekind, Christoph Friedrich ~ 10/367; Wester, Reinhard Heinrich † 10/458

Evanston (Illinois, USA)
Dibelius, Otto ~ 2/511; Heckmann, Herbert ~ 11/81; Heller, Erich ~/† 4/562; Hellinger, Ernst (David) ~ 4/566; Holthusen, Hans Egon ~ 11/90; Kaufmann, Fritz ~ 5/472; Schmitz, Viktor A(ugust) ~ 9/37

Evansville (Indiana, USA)
Knortz, Karl ~ 5/631

Evenburg (Loga, seit 1968 zu Leer, Ostfriesland)
Wedel, Botho Graf von * 10/369

Everbach
Bocris, Johann Heinrich d. Ä. * 1/598

Everberg
Pieper, August * 7/666

Evergreen (Colorado, USA)
Schalit, Heinrich † 8/559

Eversten (Oldenburg, Oldb)
Lübbing, Hermann * 6/512; Schnitger, Gerhard * 9/65

Everswinkel
Brinkmann, Johannes Bernhard * 2/135; Langen, Rudolf von * 6/238

Evesen (seit 1974 zu Bückeburg)
Falcke, Johann Friedrich ~/† 3/223

Évian-les-Bains (Dép. Haute-Savoie, Frankreich)
Apt, Max ~ 1/160; Rathenau, Henri G. † 8/150

Evilard (Leubringen, Kt. Bern)
siehe auch *Magglingen/Macolin*
Burkhard, Willy * 2/243

Eving (seit 1914 zu Dortmund)
Limbertz, Heinrich (Wilhelm) * 6/398

Ewattingen (seit 1975 zu Wutach)
Keller, Georg Viktor * 5/492

Exaeten (Niederlande)
Andelfinger, Augustin † 1/122; Braunsberger, Otto † 2/90; Dressel, Ludwig ~ 2/615; Duhr, Bernhard (Matthias Wilhelm Heinrich) ~ 2/645; Dunin-Borkowski, (Zbigniew) Stanislaus (Martin) Graf ~ 2/652; Epping, Joseph ~/† 3/133; Fischer, Joseph ~ 3/322; Frick, Karl ~ 3/442; Granderath, Theodor ~ 4/134; Gruber, Hermann ~ 4/206; Hagen, Martin ~ 4/322; Kugler, Franz Xaver ~ 6/156; Linden, Jakob ~ 6/403; Mayrhofer, Johannes ~ 7/17; Meyer, Theodor ~/† 7/110; Peitz, Wilhelm (Bernhard Maria) ~ 7/590; Przywara, Erich ~ 8/83; Schneemann, Gerhard ~ 9/48; Spillmann, Joseph Martin ~ 9/406; Wasmann, Erich ~ 10/341

Exeter (Cty. Devon, England)
Bonifatius */~ 2/19

Exin (poln. Kcynia)
Boas, Ismar * 1/592; Krümmel, Otto * 6/124; Mielziner, Moses ~ 7/132

Externbrock (Gem. Nieheim)
Enomiya-Lassalle, Hugo Makibi * 3/128

Extertal → Bösingfeld, Kükenbruck, Sternberg

Eyb (seit 1972 zu Ansbach)
Puchta, Christian Heinrich (Rudolf) ~ 8/85

Eydelstedt
Hülsmeyer, Christian * 5/210

Eydtkau → Eydtkuhnen

Eydtkuhnen (1938-45 Eydtkau, russ. Černyševskoe)
Brauda, Benno * 2/76; Bressart, Felix * 2/121; Puttkamer, Gertrud Frfr. von * 8/94

Eylungen
Ey, Louise * 3/202

Eyrichshof (seit 1971 zu Ebern)
Eyring, Jeremias Nikolaus * 3/205; Meusel, Johann Georg * 7/95; Plitzner, Ferdinand ~/† 8/3

Eythra
Pflug, Julius von * 7/650

Ezelheim (seit 1972 zu Sugenheim)
Eyrich, Johann Leonhard ~/† 3/205

F

Faaborg (Dänemark)
Berger, Johann Erich * 1/445

Faak am See (Kärnten)
Porod, Günther * 11/160

Fabriano (Italien)
Bergler, Joseph d. J. ~ 1/449

Fabrik-Schleichach (Rauhenebrach)
Neumann, Balthasar ~ 7/380
Fachingen (Birlenbach)
Nobiling, Eduard Adolph † 11/142
Fachsenfeld (seit 1973 zu Aalen)
Kocherthal, Josua * 5/645
Fällanden (Kt. Zürich)
Meyer, Albert * 7/97; Wolf, (Johann) Rudolf * 10/568
Făgăraş → Fogarasch
Faggen (Tirol)
Sturm, Anton * 9/616
Faha (seit 1974 zu Mettlach)
Wehr, Matthias * 10/377
Fahlburg (Prov. Bozen, Italien)
Brandis, Franz Adam Graf von * 2/65
Fahnenburg
Fahne, Anton † 3/218
Fahr (Gem. Würenlos, Kt. Aargau)
Eichhorn, Joachim ~ 3/52; Hugo von Straßburg ~ 5/219
Fahr (seit 1978 zu Volkach)
Dereser, Anton * 2/491
Fahrafeld (Niederösterreich)
Preradović, Petar von † 8/63
Fahrenbach (Witzenhausen)
Berlepsch, Hans (Hermann Carl Ludwig) Graf von * 1/456
Fahrland
Schmidt, Friedrich Wilhelm August * 9/7
Fahrstedt
Harms, Claus * 4/390
Fahrwangen (Kt. Aargau)
Scartazzini, Giovanni Andrea ~/† 8/536
Faido (Kt. Tessin)
Jesinghaus, Walter † 5/326; Lang, Paul † 6/228
Fairfield (Connecticut, USA)
Weißkopf, Gustav Albin † 10/415
Fairfield (Manchester, England)
Franke, (August) Hermann ~ 3/404
Fairmont (West Virginia, USA)
Schoeck, Helmut ~ 9/75; Wiener, Max ~ 10/487
Faistenau (Salzburg)
Lerperger, Emil * 6/339
Falenty Duże (Polen)
Dangel, Thomas Michael Frh. von † 2/440
Falkenau (München)
Avenarius, Philipp ~ 1/227
Falkenau an der Eger (tschech. Sokolov)
Apfelbeck, Hugo ~ 1/156; Eberle, Josef * 2/673; Groß, Josef ~ 4/192; Heidler von Heilborn, Karl * 4/493; Kittel, Johann Joseph */~ 5/560; Riedel, Johann Anton * 8/291; Riedel, Johann Gottfried * 8/291; Schönborn, Franz de Paula von † 9/87; Schram, Adolf * 9/126; Schram, August * 9/126; Wersin, Karl * 10/451; Zippe, Franz Xaver Maximilian * 10/679
Falkenberg (Gem. Wabern, Schwalm-Eder-Kreis)
Losch, Philipp † 6/477
Falkenberg (Kr. Dahme-Spreewald)
Hildebrand, Ernst * 5/35; Hildebrand, Max * 5/36; Küster, Friedrich (Wilhelm Albert) * 6/154
Falkenberg (Kr. Oder-Spree, früher Kr. Beeskow)
Bredow, Friedrich Sigismund von * 2/95
Falkenberg (Kr. Stendal)
Bülow, (Adam Heinrich) Dietrich Frh. von * 2/203; Bülow von Dennewitz, Friedrich Wilhelm Graf * 2/206
Falkenberg (poln. Brzezina)
Brülow, Caspar * 2/159; Wulle, Reinhold * 10/596
Falkenberg (seit 1920 zu Berlin)
Jülicher, Adolf * 5/372
Falkenberg (Mark)
Döbel, Heinrich Wilhelm ~ 2/568; Müller, Friedrich (Carl Georg) † 7/258
Falkenberg O. S. (poln. Niemodlin)
Bahr, Florian Joseph * 1/269; Dronke, Ernst Friedrich Johann * 2/623; Liebich, Christoph * 6/384; Praschma, Friedrich Graf */† 8/53; Praschma, Hans Graf */† 8/54

Falkenburg i. Pomm. (poln. Złocieniec)
Katz, Rudolf * 5/466; Neitzel, Otto * 7/361
Falkenhain (Meuselwitz, Kr. Altenburger Land)
Blüthner, Julius * 1/581
Falkenhusen (Lübeck)
Brehmer, Hugo * 2/99
Falkenkrug
Bozi, Carl ~ 11/29
Falkensee
Schwachhofer, René ~/† 9/219; Stickelmann, Hermann † 9/524; Ungnad, Arthur † 10/156
Falkenstein (Dettingen, seit 1972 zu Gerstetten)
Eberhard, Julius Friedrich * 2/671
Falkenstein (Kr. Cham)
Fleischer-Engel, Editha * 3/343
Falkenstein (seit 1972 zu Königstein im Taunus)
Dettweiler, Peter ~ 2/502; Kogon, Eugen † 6/1; Mettel, Hans † 7/87; Neisser, Max † 7/361; Opel, Georg von † 7/494; Pfeiffer, Karl ~/† 7/641
Falkenstein (Vogtl.)
Gall, Willi * 3/562; Hölz, Max ~ 5/97; Schettler, Gotthard * 8/616
Falkland Castle (bei Perth)
Elisabeth Stuart, Kurfürstin von der Pfalz, Königin von Böhmen * 3/87
Fałkowice → Falkowitz
Falkowitz (poln. Fałkowice)
Sedlag, Anastasius ~ 9/253
Fallersleben (seit 1972 zu Wolfsburg)
Althaus, Paul d. Ä. * 1/100; Graff, Paul * 4/131; Hoffmann von Fallersleben, August Heinrich * 5/124; Kerrl, Hanns * 5/515; Marco, Bischof von Haithabu (bei Schleswig) ~ 6/608; Schmidt-Bodenstedt, Adolf * 9/22; Siefkes, Wilhelmine ~ 9/309
Fallingbostel
siehe auch *Westendorf*
Freudenthal, (Heinrich) Friedrich * 3/430; Gildemeister, Martin Hermann † 4/8
Falls Village (Connecticut, USA)
Stückgold, Grete † 9/608
Fálzes → Pfalzen
Famagusta (Zypern)
Krafft, Hans Ulrich ~ 6/63; Manlich, Melchior ~ 6/589
Fano (Italien)
Courten, Angelo Graf von ~ 2/386; Rastrelli, Vincenzo */~ 8/148
Fanö
Bonhoeffer, Dietrich ~ 2/18
Farchant
Föcher, Matthias † 3/359; Schücking, Levin L(udwig) † 9/168; Vollmer, Friedrich † 10/248
Farmington (Connecticut, USA)
Schorr, Friedrich † 9/119
Farnborough (England)
Brenner, Paul Albert ~ 2/114; Küchemann, Dietrich ~ 6/140; Multhopp, Hans ~ 7/305; Tollmien, Walter (Gustav Johannes) ~ 10/61
Farnham (Surrey, England)
Küchemann, Dietrich † 6/140; Lieven, Albert (Fritz) † 6/394
Farnroda (seit 1987 zu Wutha-Farnroda)
Dohrn, Max * 2/585; Heusinger, Karl Friedrich * 5/11
Farvagny (Kt. Freiburg)
Heilmann, Christoph ~ 4/498
Fasangarten (bei Pilsen)
Ullrich, Konrad * 10/138
Faßberg → Müden (Örtze)
Faulbrück (poln. Mościsko)
Rister, Herbert * 8/324
Faulenbach → Bad Faulenbach
Faurndau (Göppingen)
Dannenmann, Arnold * 2/443
Fazenda Janeta (Paraná, Brasilien)
Koch-Weser, Erich † 5/645

Fécamp

Fécamp (Dép. Seine-Maritime, Frankreich)
Schmidt, Patrick * 9/17
Fechenheim (seit 1928 zu Frankfurt am Main)
Gans, Leo (Ludwig) ~ 3/569; Pless, Philipp * 7/694
Fechheim (seit 1978 zu Neustadt b. Coburg)
Schulthesius, Johann Paul * 9/188
Feffernitz (Kärnten)
Schuller, Ludwig (Friedrich) * 9/185
Fehebeutel (poln. Wieśnica)
Weißenberg, Joseph * 10/414
Fehraltorf (Kt. Zürich)
Corrodi, Salomon * 2/378
Fehrbellin
Christian Albrecht, Herzog von Schleswig-Holstein-Gottorf,
Bischof von Lübeck ~ 2/320; Görzke, Joachim Ernst von ~
4/61; Möller, Heinrich Ferdinand † 7/169
Feichten a. d. Alz → Oberweidach
Feilbingert
Bohner, Heinrich * 2/3
Feistritz (Niederösterreich)
Ellend, Bernhard ~ 3/90
Feketeváros (Ungarn)
Orient, Joseph * 7/506
Felben (seit 1983 zu Felben-Wellhausen, Kt. Thurgau)
Keller, Conrad * 5/491
Felchow
Hinneberg, Paul * 5/53
Feldafing
siehe auch *Garatshausen*
Bauernfeind, Carl Maximilian von † 1/330; Bodenstedt,
Hans † 1/604; Breuhaus de Groot, Fritz August ~ 2/126;
Budde, Emil (Arnold) † 2/191; Effner, Carl Joseph von
~ 3/22; Fritz, Kurt von † 3/496; Herrhausen, Alfred ~
4/639; Koeppen, Wolfgang ~ 5/668; Langer, Erich † 6/242;
Märker, Friedrich † 6/559; Nowack, Wilhelm † 7/446;
Plettner, Helmut † 8/1; Roth, Josef ~ 8/414; Schmitt-Carl,
Fritz * 9/33; Schwarz-Schilling, Reinhard ~ 9/229; Speyer,
Wilhelm ~ 9/399; Sterzenbach, Benno † 9/519; Wilfert,
Karl ~ 10/501
Feldbach (Gem. Hombrechtikon, Kt. Zürich)
Recher, Peter Emil ~ 8/173
Feldbach (Gem. Steckborn, Kt. Thurgau)
Molitor, Fidel ~ 7/188
Feldbach (Steiermark)
Gaulhofer, Karl (Luitpold) * 3/585; Groß, Otto * 4/192;
Herbert, Franz Paul Anton Frh. von † 4/606; Kaufmann,
Harald * 5/472; Mauracher, Hans ~ 6/668; Sapper, Theodor
* 8/518
Feldberg (bei Fehrbellin)
Pankow, Otto * 7/556
Feldberg (Kr. Mecklenburg-Strelitz) → Carwitz
Feldberg (Schwarzwald)
Euler, August (Heinrich) † 3/191
Feldbrunnen-Sankt Niklaus (Kt. Solothurn)
Buchser, Frank */† 2/189
Feldioara → Marienburg
Feldkirch (Vorarlberg)
siehe auch *Altenstadt*
Aschenbrenner, Johann Baptist ~/† 1/203; Bachmann,
Nikolaus Leodegar Franz Ignaz Frh. von ~ 1/246; Baum-
gartner, Alexander ~ 1/346; Berlichingen, Adolf Frh. von
~ 1/457; Bernhardi, Bartholomäus ~ 1/469; Bleyle, Karl
* 1/572; Bleyle, Wilhelm */~ 1/572; Blume, (Ferdinand
Anton) Clemens ~ 1/584; Bobleter, Carl */† 1/592;
Bucelin, Gabriel ~ 2/179; Buol-Schauenstein, Karl Rudolf
Graf von ~ 2/227; Clauser, Jakob ~ 2/335; Cornely, Rudolf
Karl Josef ~ 2/375; Delp, Alfred (Friedrich) ~ 2/479;
Dölsch, Johannes * 2/573; Dreves, Leberecht Blücher ~/†
2/616; Dunin-Borkowski, (Zbigniew) Stanislaus (Martin)
Graf ~ 2/652; Ellenbog, Ulrich ~/~ 3/90; Eugling, Max
* 3/189; Fäh, Jakob ~ 3/216; Fidelis von Sigmaringen
~ 3/289; Fischer, Joseph ~ 3/322; Frick, Karl ~/† 3/442;
Ganahl, Carl (Friedrich) */~/† 3/567; Ganahl, Johann Josef
~ 3/568; Gasser, Achilles Pirminius ~ 3/577; Getzner,

Christian † 3/669; Gmeiner, Hermann ~ 4/39; Grimm,
Hugo * 4/169; Gruber, Hermann ~ 4/206; Gugger von
Staudach, Coelestin * 4/250; Haan, Heinrich (Aloys Hubert
Anton Franz Xaver) ~ 4/283; Hagen, Johann Georg ~
4/321; Hammer, Wilhelm * 4/361; Hartmann II., Graf
von Werdenberg-Sargans, Bischof von Chur ~ 4/404;
Heyl, Johann Adolf ~ 5/22; Hoensbroech, Paul Graf von ~
5/99; Hörmann von Hörbach, Ludwig * 5/102; Hohenems,
Jakob Hannibal von ~ 5/137; Huber-(Feldkirch), Josef
* 5/197; Huber, Wolf(gang) */~ 5/199; Hummelberg,
Gabriel ~ 5/226; Jehly, Jacob ~ 5/315; Klöpfer, Eugen
~ 5/602; Linden, Jakob * 6/403; Lippert, Peter ~ 6/418;
Lucianus Montifontanus ~ 6/492; Mohr, Joseph ~ 7/183;
Monte, Hilda † 7/199; Münzer, Hieronymus * 7/301;
Murr, Josef ~ 7/314; Ott, Josef Friedrich Frh. von ~ 7/524;
Pappus von Tratzberg, Leonhard * 7/561; Peitz, Wilhelm
(Bernhard Maria) ~ 7/590; Rahner, Karl (Josef Erich) ~
8/125; Redler, Ferdinand ~ 8/178; Reinisch, Franz * 8/225;
Rheticus, Georg Joachim * 8/269; Rick, Johannes ~ 8/286;
Rieß, (Joseph) Florian † 8/307; Rösch, Augustin ~ 8/357;
Rothenflue, Franz ~ 8/419; Rusch, Paul ~ 8/474; Scala,
Ferdinand von ~ 8/536; Schaffgotsch, Levin Gotthard Graf
von ~ 8/556; Schmier, Franz * 9/28; Schuschnigg, Kurt
von ~ 9/213; Seidler, Herbert * 11/174; Tribus, Max ~
10/87; Waitz, Sigismund ~ 10/296; Wessenberg, Ignaz
Heinrich (Karl) Frh. von ~ 10/457
Feldkirchen (Kärnten)
siehe auch *Waiern*
Klimsch, Robert ~ 5/594; Pilgram, Franz Anton * 7/670
Feldkirchen (seit 1972 zu Feldkirchen-Westerham)
Stollwerck, Karl ~ 9/553
Feldkirchen an der Donau (Oberösterreich)
Schläger, Hans * 8/653
Feldkirchen bei Graz (Steiermark)
Schlar, Josef * 8/655
Feldkirchen-Westerham
siehe auch *Feldkirchen, Vagen*
Dohrn, Klaus † 2/584; Mirbt, Rudolf † 7/151
Feldmeilen (Gem. Meilen, Kt. Zürich)
Fierz, (Johann) Heinrich * 3/293; Hausammann, Werner †
4/445; Widmer, Leonhard * 10/475; Zeller, (Georg) Eugen
† 10/637
Feldsberg (Niederösterreich)
Bauer, Ferdinand Lukas * 1/324; Bauer, Franz Andreas
* 1/324; Fischer, Johannes * 3/321; Sperger, Johannes
Matthias * 9/397
Feldsberg (tschech. Valtice)
Frimmel von Traisenau, Franz ~ 3/487; Johann II., Fürst
von und zu Liechtenstein ~/† 5/341; Liechtenstein, Franz
I. Fürst von † 6/389; Liechtenstein, Karl I. Fürst von ~
6/389; Müller, Ignaz ~ 7/266; Reithoffer, Johann Nepomuk
* 8/235
Feldstetten (Laichingen)
Enderle, August * 3/109
Feldwies (Gem. Übersee)
Exter, Julius † 3/202
Félegyháza (Ungarn)
Kohut, Alexander * 6/7
Felek → Freck
Felka → Fölk
Fellbach
siehe auch *Oeffingen, Schmiden*
Auberlen, Karl August * 1/211; Cementarius, Johannes
~ 2/300; Mahle, Ernst ~ 6/566; Mörike, Eduard ~ 7/174;
Schneck, (Gustav) Adolf (Friedrich) † 9/46
Felldorf (seit 1972 zu Starzach)
Mayer, August * 7/5
Fellheim
Rosenthal, Jacques * 8/400; Rosenthal, Ludwig */~ 8/400
Fellin (estn. Viljandi)
Bostroem, Eugen * 2/46; Fabri, Dionysius ~ 3/211;
Farensbach, Jürgen ~/† 3/231; Fürstenberg, Wilhelm von
~ 3/529; Goswin von Herike ~ 4/102; Gotthard Kettler,
Herzog von Kurland ~ 4/107; Holst, Hermann (Eduard)

von * 5/154; Lander von Spanheim, Siegfried ~ 6/216;
Pezold, Leopold von * 7/632; Schiemann, Elisabeth *
8/628; Schiemann, Theodor ~ 8/628; Schoeler, Heinrich
(Leopold) * 9/77

Felsberg (Kt. Graubünden)
Högger, (Andreas) Renatus ~ 5/92; Rupflin, Emil ~ 8/470

Felsberg (Schwalm-Eder-Kreis)
siehe auch *Hesserode*
Combach, Johannes ~ 2/360; Cordus, Euricius ~ 2/372;
Fleischhacker, Leopold * 3/343; Hoffmann, Friedrich
Wilhelm ~ 5/117

Felsöbajom → Baaßen

Felsöszászújfalu → Oberneudorf

Fendels (Tirol)
Greil, Philipp Jakob ~ 4/152; Schnegg, Johann ~ 9/49

Fenne (Völklingen)
Neuberger, Hermann * 7/373; Trittelvitz, Hermann * 10/90

Ferdinandshof
Egner, Erich * 3/33

Fergana (bis 1907 Nowy Margelan, 1907-24 Skobelew,
Usbekistan)
Gog, Gregor ~/† 4/75

Ferlach (Kärnten)
Perkonig, Joseph Friedrich * 7/600

Ferme La Bovelle (bei Laon, Frankreich)
Haniel, (Curt) Alfons † 4/369

Fermo (Italien)
Vogel, Joseph Anton ~ 10/227

Fernando Póo (heute Bioko, Äquatorialguinea)
Vogel, (Julius Rudolph) Theodor † 10/228

Ferndorf (seit 1969 zu Kreuztal)
Klein, Friedrich * 5/575; Kocher, Jakob * 5/645; Menn,
Wilhelm * 7/63; Schaub, Werner */~/† 8/574

Fernpaß (Tirol)
Egg, Franz * 3/25

Ferny Creek (Victoria, Australien)
Hirschfeld-Mack, Ludwig (Johann) ~ 5/68

Ferrara
Abraham a Sancta Clara ~ 1/12; Adelmann von Adel-
mannsfelden, Bernhard ~ 1/33; Adelmann von Adelmannsfelden, Konrad ~ 1/34; Agricola, Rudolf ~ 1/55;
Beuther, Michael ~ 1/503; Blarer, Gerwig ~ 1/559; Bodenstein, Adam von ~ 1/604; Cochläus, Johannes ~ 2/349;
Copernicus, Nicolaus ~ 2/368; Cordatus, Konrad ~ 2/371;
Cordus, Euricius ~ 2/372; Degenhart, Bernhard ~ 11/43;
Fichard, Raymund Pius ~ 3/284; Fröschel, Hieronymus
~ 3/506; Gresemund, Dietrich d. J. ~ 4/157; Henricpetri,
Adam ~ 4/595; Heresbach, Konrad ~ 4/613; Heß, Johann
~ 4/671; Hieronymus Schultze, Bischof von Brandenburg
und Havelberg ~ 5/32; Jajus, Claudius ~ 5/294; Jakob von
Salza, Bischof von Breslau ~ 5/294; Jamnitzer, Hans ~
5/298; Lange, Johann ~ 6/233; Leunclavius, Johannes ~
6/353; Morata, Olympia Fulvia */~ 7/206; Mutianus Rufus,
Conradus ~ 7/320; Occo, Adolf III. ~ 7/460; Paracelsus ~
7/561; Pettendorfer, Johannes ~ 7/624; Peurbach, Georg
von ~ 7/629; Plieningen, Dietrich von ~ 8/2; Schleinitz,
Johann von ~ 8/667; Schöfferlin, Bernhard ~ 9/76;
Sinapius, Johann ~ 9/337; Tremellius, Immanuel * 10/79;
Waldmann, Maria † 10/305; Widmann, Johannes ~ 10/474

Fessenheim (Dép. Haut-Rhin, Frankreich)
Kobes, Alois * 5/636; Rippel, Gregor ~/† 8/321

Fessenheim (Gem. Wechingen)
Dreher, Konrad † 2/612

Festenberg (poln. Twardoróga)
Bockshammer, Johann Christian ~ 1/597; Grützner, Paul
von * 4/219

Festenburg (Gem. Sankt Lorenzen am Wechsel, Steiermark)
Hackhofer, Johann Cyriak ~ 4/298; Kernstock, Ottokar ~/†
5/514

Fetternear House (bei Aberdeen, Schottland)
Leslie, Walter Graf von * 6/342

Feucht
Stählin, Wilhelm ~ 9/435

Feuchtwangen
siehe auch *Georgenhof, Tribur*
Aub, Ernst Friedrich ~ 1/211; Bachmann, Johann Heinrich
* 1/246; Froumund vom Tegernsee ~ 3/514; Geyling,
Johann ~ 3/674; Graser, Ernst * 4/137; Hamberger,
Georg Christoph * 4/357; Jaskolla, Else ~ 5/308; Jung,
Johann Georg * 5/380; Nerreter, Paul ~ 7/365; Schnizlein,
Adalbert * 9/67; Soldner, Johann Georg von ~ 9/363

Feudingen (Bad Laasphe)
Brandt, Heinrich Karl Theodor * 2/69

Feuerbach (Kandern)
Elsenhans, Ernst * 3/95

Feuerbach (seit 1933 zu Stuttgart)
Gehr, Fritz * 3/600; Gnamm, Hellmut ~ 4/42; Hesse,
(Julius) Oswald ~/† 4/677; Leitz, Louis ~ 6/313; L'Orange,
Rudolf ~ 6/469; Rau, Heinrich * 8/155; Volk, Otto ~
10/243; Weischedel, Wilhelm Gotthilf * 10/402

Feuerthalen (Kt. Zürich)
Federle, Egidius ~ 3/242; Fröhlich, Samuel Heinrich ~
3/503; Locher, Gottfried W(ilhelm) ~ 6/434; Quidort,
Willy † 8/103; Sutermeister, Heinrich * 9/636; Zollinger,
Heinrich * 10/687

Fichtelberg
Wagner, Franz Michael von ~ 10/280

Fichtenau (Berlin)
Luger, Georg † 6/526; Naumann, Rudolf * 11/133

Fichtenau (Kr. Schwäbisch Hall) → Unterdeufstetten

Fichtenbach (tschech. Bystřice)
Schrenk, Franz * 9/141

Fichtwerder (poln. Świerkoein)
Albu, Isidor * 1/84; Rieß, Paul * 8/307

Fiddichow (poln. Widuchowa)
Schellhaus, Erich ~ 8/595

Fideris (Kt. Graubünden)
Schneider, Franz Anton † 9/52

Fidisch
Sperger, Johannes Matthias ~ 9/397

Fiè allo Sciliar → Völs am Schlern

Fieberbrunn (Tirol)
Leithe, Friedrich * 6/312; Reithmann, Christian * 8/235

Fiecht (Gem. Vomp, Tirol)
Arnold, Josef d. Ä. ~ 1/188; Bernhard von Waging ~ 1/466;
Feilmoser, Andreas Benedikt ~ 3/250; Haller, Philipp ~
4/349; Huber, Anton ~ 5/194

Fiechtenstein (Oberösterreich)
Breymann, Karl ~ 2/129

Fienstedt
Jördens, Karl Heinrich * 5/336; Zeidler, Johann Gottfried *
10/630

Fiesole (Italien)
Anderledy, Anton Maria † 1/123; Böcklin, Arnold ~
1/611; Bruckmann, Peter ~ 2/150; Gronau, Georg † 4/184;
Hettner, Otto ~ 5/5; Neumann, Alfred ~ 7/380

Filderstadt
Mahler, Gerhard † 11/126

Filehne (poln. Wieleń)
Adami, Ernst Daniel ~ 1/30; Baer, Abraham Adolf *
1/259; Bläsing, Felix (Julian) * 1/553; Freimann, Aron *
3/422; Just, Leopold * 5/387; Kries, Wolfgang (Ludwig
Moritz) von ~ 6/107; Lazarus, Moritz * 6/277; Waldenburg,
Louis * 10/302

Fili (Rußland)
Hackmack, Hans ~ 4/299

Filippsdorf → Philippsdorf

Filzbach (Kt. Glarus)
Winteler, Jost * 10/531

Filzburg (bei Libau)
Idelsohn, Abraham Zwi * 5/243

Filzmoos (Salzburg)
Gappmayr, Peter */† 3/573

Finale (Italien)
Birker, Hans ~ 1/538

Finchley (London)
Ackermann, Rudolf † 1/22

Finckenstein (poln. Kamieniec)
Dohna zu Schlobitten, (Friedrich Ferdinand) Alexander Graf * 2/583; Finck von Finckenstein, Albrecht Konrad Graf ~ 3/298; Finck von Finckenstein, Friedrich Ludwig Graf † 3/298; Schultz, Gustav (Theodor August Otto) * 9/190

Fingscheid (Barmen, seit 1929 zu Barmen-Elberfeld, seit 1930 Wuppertal)
Vollmer, Friedrich * 10/248

Finkenberg (Tirol)
Egger, Franz ~ 3/28

Finkenhammer (Gem. Miesbrunn, seit 1972 zu Pleystein)
Wittmann, Georg Michael * 10/551

Finkenheerd
Graefe, (Friedrich Wilhelm Ernst) Albrecht von * 4/120

Finkenkrug
Bubendey, Johann Friedrich ~ 2/177; Herrmann, Immanuel † 11/85; Kolmar, Gertrud ~ 6/20; Lang, Wilhelm † 6/229

Finkenwerder (seit 1919/1937 zu Hamburg)
Fock, Gorch */~ 3/358; Hansemann, David (Justus Ludwig) * 4/374; Kinau, Rudolf */~/† 5/539

Finnentrop → Heggen, Lenhausen, Schönholthausen

Finsing (Gem. Uderns, Tirol)
Posch, Leonhard * 8/42

Finsterwalde
Brunn, (Karl) Hermann ~ 2/167; Dieskau, Rudolf * 2/524; Lehman, Christoph(orus) * 6/291; Ostrowski, Otto ~ 7/519; Schade, Abraham † 8/542; Wagenführ, Felix * 10/275

Finstringen
Frimont von Palota, Johann Maria Graf * 3/487

Finta Mare (Rumänien)
Sack, Gustav † 8/491

Fintel
Freudenthal, (Heinrich) Friedrich † 3/430

Finthen (seit 1969 zu Mainz)
Veit, Ludwig Andreas * 10/189

Fischach
siehe auch *Aretsried*
Rantzau, Johann Albrecht von † 8/140; Schreiber, Ilse ~/† 9/135

Fischamend (Niederösterreich)
Löw-Beer, Rudolf ~ 6/449

Fischbach (Bad Schwalbach)
Wagner, Johann Philipp * 10/283

Fischbach (Gem. Nittenau)
Still, Valentin Stefan * 9/532

Fischbach (Kr. Westlausitz-Dresdner Land)
Kändler, Johann Joachim * 5/395

Fischbach (poln. Karpniki)
Kühnemann, Eugen † 6/146; Wander, Karl Friedrich Wilhelm * 10/328

Fischbach (seit 1972 zu Nürnberg)
Bittner, Heinrich Tobias ~ 1/551; Harsdörfer, Georg Philipp * 4/397

Fischbachau
siehe auch *Aurach, Birkenstein, Hundham*
Klemm, Hanns † 5/585; Peter, Karl Georg † 7/613

Fischbachtal → Lichtenberg, Nonrod

Fischen i. Allgäu
Beckler, Hermann ~/† 1/383; Blanz, Josef * 1/558

Fischenich (seit 1930 zu Hürth)
Klemmer, Franz * 5/586; Neumann, Joseph Maria ~ 7/384

Fischenthal (Kt. Zürich)
Egli, Jakob * 3/33; Keller, Johann Jakob */† 5/495; Senn, (Hans) Jakob * 9/289; Stutz, Arnold */~ 9/620

Fischerhude (Ottersberg)
Dieckmann, Johannes * 2/514; Gerstberger, Karl ~ 3/657; Meyboden, Hans ~ 7/96; Modersohn, Otto ~ 7/161; Rilke-Westhoff, Clara (Henriette Sophie) ~/† 8/311; Speckmann, Diedrich (Wilhelm Gotthilf) † 9/388

Fischern (tschech. Rybaře, heute zu Karlsbad, Karlovy Vary)
Lukas, Johannes * 6/529; Zuth, Josef * 10/703

Fischhausen (russ. Primorsk)
Abegg, Bruno Erhard ~ 1/2; Hippel, Artur von * 5/58; Saucken, Dietrich von * 8/525; Schulenburg, Fritz-Dietlof Graf von der ~ 9/182

Fischingen (Kt. Thurgau)
Benz, Gustav * 1/430; Ida von Toggenburg ~/† 5/242; Streng, Alfons von † 9/584; Streng, Franz von * 9/584

Fischröden (Kurland)
Schlippenbach, (Eleonore Elise Adelheid Emma) Gabriele Frfr. von * 8/680

Fislisbach (Kt. Aargau)
Heimgartner, Joseph * 4/504; Heimgartner, Maria Bernarda * 4/505

Fissau (seit 1934 zu Eutin)
Matthiessen, Ludwig * 6/663

Fiume → Rijeka

Flaach (Kt. Zürich)
Egli, Emil * 3/33; Fäsi, Johann Konrad ~/† 3/218

Flachslanden
Güll, Friedrich (Wilhelm) ~ 4/235

Fläsch (Kt. Graubünden)
Anhorn, Bartholomäus */~ 1/140

Flamatt (Gem. Wünnewil-Flamatt, Kt. Freiburg)
Gfeller-Aberegg, Otto ~ 3/675; Nussbaum, Fritz * 7/449

Flamerscheid (Gem. Witzhelden, seit 1975 zu Leichlingen, Rheinland)
Killing, Albert Heinrich * 5/537

Flamersheim (seit 1969 zu Euskirchen)
Dilthey, Elisabeth Juliane * 2/548; Dumont, Karl Theodor * 2/649

Flamhof (Flamberg, Gem. Sankt Nikolai im Sausal, Steiermark)
Keller, Paul Anton ~ 5/497

Flammersbach (Gem. Wilnsdorf)
Kölsch, Robert * 5/656

Flammersfeld
Croner, Else ~ 2/404; Raiffeisen, Friedrich Wilhelm ~ 8/126

Flamschen (seit 1969 zu Coesfeld)
Emmerick, Anna Katharina * 11/53

Flatow (Kr. Oberhavel)
Hake, Karl Georg Albrecht Ernst von * 4/340

Flatow (poln. Złotów)
Kasimir IV., Herzog von Pommern(-Stolp) ~ 5/457; Tobold, Adelbert (Augustus Oscar) von * 10/54

Flatschach (Gem. Unternberg, Salzburg)
Fingerlos, Matthäus * 3/301

Flaurling (Tirol)
Plattner, Ferdinand ~ 7/690

Flavigny (Frankreich)
Hugo von Flavigny ~ 5/217

Flawil (Kt. Sankt Gallen)
Baltensperger, (Hans) Walter ~ 1/280; Gmür, Max */~ 4/41

Flehingen (seit 1973 zu Oberderdingen)
Back, Josef * 1/249; Barth, Jakob * 1/302; Gerber, Rudolf * 3/636; Sauter, Samuel Friedrich */~/† 8/531

Fleinhausen (seit 1978 zu Dinkelscherben)
Streicher, Julius * 9/581

Fleischwangen
Baumann, Josef * 1/336

Flemlingen
Minges, Parthenius * 7/147

Flemmingen (Gem. Jückelberg)
Groebel, Christian Ernst August * 4/178

Flensburg
Adeler, Christian Frh. von Lente ~ 1/32; Adolf I., Herzog von Schleswig-Holstein * 1/45; Ahlefeldt, Detlev von ~ 1/57; Andersen, Friedrich Karl Emil ~ 1/124; Andreae, Nicolaus */~ 1/130; Andresen, Andreas Peter */~/† 1/133; Andresen, Carl ~ 1/134; Aschenfeld, Christoph Karl Julius ~/† 1/203; Asmussen, Anton Claus Christian * 1/206; Asmussen, Hans Christian */~ 1/206; Ball-Hennings, Emmy * 1/277; Beccau, Joachim ~ 1/365; Binzer, August Daniel von ~ 1/535; Böckmann, Frantz

*/~/† 1/612; Boie, Nikolaus d. Ä. ~ 2/5; Brandt, (Christian) Friedrich ~/† 2/68; Breckling, Friedrich ~ 2/94; Bucerius, Gerd ~ 11/35; Christiani, Christoph Johann Rudolph ~ 2/321; Christiansen, Hans * 2/322; Clotz, Stephan ~/† 2/346; Detlefsen, (Sönnich) Detlef (Friedrich) ~ 2/500; Diez, Fritz Walter ~ 2/543; Dönitz, Karl ~ 2/574; Dohrn, Georg ~ 2/584; Eckener, Hugo * 3/10; Elvers, Christian Friedrich * 3/100; Enum, Johan von ~ 3/130; Fabricius, Anna Cäcilie ~ 3/212; Fabricius, Werner ~ 3/215; Fehr, Conrad (Heinrich Frantz) ~ 3/245; Finck, Thomas * 3/297; Francke, Johann Valentin ~ 3/394; Friedeburg, Hans-Georg von ~/† 3/448; Fromm, Emil ~/† 3/508; Funke, Hermann * 3/542; Hachmann, Cord ~ 4/296; Hahn, Mary * 4/332; Halfmann, Wilhelm ~ 4/343; Harries, Heinrich * 4/396; Hassel, Kai-Uwe von ~ 11/80; Heine, Georg Wilhelm ~ 4/508; Heinemann, Heinrich ~ 4/514; Herntrich, Volkmar (Martinus) * 4/635; Heyde, Werner ~ 5/16; Hoberg, Hermann ~ 11/87; Hoffman, Melchior ~ 5/113; Huber, Anton ~ 5/194; Jensen, Christian † 5/321; Jensen, Wilhelm (Hermann) ~ 5/321; Jessen, Peter * 5/327; Jonas, Emil (Jakob) ~ 5/359; Jürgensen, Theodor von * 5/374; Kirchner, Ambrosius ~ 5/551; Klotz, Hans ~ 5/606; Kneisel, Rudolf ~ 5/618; Koenig, Ernst * 5/658; Kröger, Timm ~ 6/110; Küntscher, Gerhard ~ 6/151; Langfeldt, Johannes */~ 6/244; Leisner, Emmi */† 6/310; Levetzow, Magnus von * 6/358; Lorck, Melchior * 6/470; Lübeck, Vincent ~ 6/512; Lübker, Friedrich ~/† 6/513; Lücke, Karl Gottlieb ~ 6/514; Lücke, (Johann Christian) Ludwig von ~ 6/514; Lüders, Günther ~ 6/515; Lüpsen, Focko ~ 6/520; Lüth, Wolfgang ~/† 6/522; Lyser, Johann Peter (Theodor) * 6/545; Lysius, Heinrich */~ 6/545; Mau, Carl * 6/666; Medau, Hinrich ~ 7/22; Meyer, Georg Conrad */† 7/102; Mikulicz-Radecki, Felix von ~ 7/138; Miller, Julius ~ 7/143; Nolde, Emil ~ 7/433; Ostenburg, Lothar ~ 7/515; Rantzau, Gerhard von ~ 8/139; Rehn, Jens * 8/193; Reimers, Georg ~ 8/212; Schlegelberger, Franz † 8/662; Schmidt, Karl Otto ~ 9/14; Schriewer, Franz (Wilhelm Heinrich) ~/† 9/144; Schwerin von Krosigk, Johann Ludwig Graf ~ 9/244; Seelen, Johann Heinrich von ~/† 9/259; Seemann, Carl Friedrich ~ 9/261; Sladek, Maximilian Viktor ~ 9/348; Spletter, Carla * 9/414; Steffen, Jochen ~ 9/464; Steffensen, Karl (Christian Friedrich) * 9/466; Stein, Lorenz von ~ 9/480; Steindorff, (Friedrich) Magnus ~ 9/487; Stephani, Hermann ~ 9/510; Strempel, Ernst ~/† 9/583; Strodtmann, Adolf Heinrich * 9/591; Strodtmann, Johann Sigismund ~ 9/591; Struve, (Jacob) Theodor * 9/601; Suske, Ferdinand ~ 9/635; Thomsen, Johann Hinrich ~ 10/22; Tiedemann, Christoph (Willers Markus Heinrich) von ~ 10/37; Trendelenburg, Ernst ~ 10/80; Treue, (Friedrich) Wilhelm (Karl Franz) ~ 10/84; Völkel, Eduard ~ 10/222; Vogel, August * 10/224; Voigt, Andreas * 10/236; Vorst, Johannes ~ 10/255; Wacker, (Peter Johannes Georg) Emil ~/† 10/268; Wächter, Max ~ 10/271; Wäscher, Aribert * 10/273; Waitz, Georg * 10/296; Wanke, Robert ~ 10/330; Weisker, Rudolf ~ 10/404; Wille, Günter * 10/510; Witt, Arthur Nikolaus ~/† 10/543; Wohlbrück, Wilhelm August * 10/561; Woldstedt, Paul * 10/563; Wolf, Johann Christoph ~ 10/566; Wolff, Emil (Theodor) von * 10/572

Flerzheim (seit 1969 zu Rheinbach)
Gau, Andreas * 3/583

Fleury → Saint-Benoît-sur-Loire

Flieden
siehe auch *Magdlos*
Neurath, Karl (August Emil Maximilian) † 7/392

Fließ (Tirol)
Knabl, Josef * 5/611; Stapf, Joseph Ambrosius * 9/448

Fliesteden
Effertz, Josef * 3/22

Flims (Kt. Graubünden)
Büchi, Jakob † 2/195; Dahinden, Franz Josef ~ 2/427; Gabriel, Luzius */~ 3/550; Gabriel, Stephan ~ 3/551; Kuhnert, Wilhelm † 6/162; Rosenberg, Albert † 8/391

Flinsberg → Bad Flinsberg

Flintbek → Großflintbek, Schierensee, Voorde

Flirsch (Tirol)
Schönach, Alois * 9/82

Flitsch
Ressel, Josef (Ludwig Franz) ~ 8/249

Flochberg (Gem. Bopfingen)
Welf VI., Markgraf von Tuszien, Herzog von Spoleto ~ 10/423

Flöha
siehe auch *Plaue*
Felfe, Werner ~ 3/257; Kreyssig, Lothar * 6/104

Flöhau (tschech. Blšany)
Leiner, Carl * 6/307; Waller, Johann Ritter von * 10/312

Flörsheim am Main
siehe auch *Bad Weilbach, Wicker*
Altmaier, Jakob * 1/102; Schütz, Christian Georg * 9/176

Flörsheim-Dalsheim → Nieder-Flörsheim

Flößingen → Plawniowitz

Flötenstein (poln. Koczała)
Gronemann, Selig * 4/185

Floisdorf (seit 1970 zu Mechernich)
Schneider, Ceslaus Maria ~/† 9/50

Flonheim
Baum, Johann Wilhelm * 1/332; Koeler, Georg Ludwig ~ 5/654

Florennes (Belgien)
Balderich * 1/274

Florenz
siehe auch *San Piero di Careggi*
Aachen, Hans von ~ 1/1; Alberts, Jacob ~ 1/71; Albiker, Karl ~ 1/73; Amrein, Robert ~ 1/119; Amrhein, Andreas ~ 1/119; Apell, (Johann) David August von ~ 1/155; Aspre, Constantin Frh. von ~ 1/206; Assing, Ludmilla ~/† 1/207; Auer, Johann Paul ~ 1/213; Babberger, August ~ 1/233; Baer, Gustav ~ 1/259; Balmer, Alois ~ 1/279; Bampi, Richard ~ 1/286; Barlach, Ernst ~ 1/296; Baron, Hans ~ 11/12; Barth, Paul Basilius ~ 1/305; Bassermann, Alfred ~ 1/315; Bassi, Luigi ~ 1/316; Battke, Heinz ~ 1/319; Bayersdorfer, Adolph ~ 1/360; Becher, Erwin (Friedrich) ~ 1/365; Bechteler, Theo ~ 1/368; Becker, Jean ~ 1/378; Becker, Philipp Jakob ~ 1/381; Beckmann, Max ~ 1/385; Beer, Friedrich Salomon † 1/389; Benrath, Karl ~ 1/427; Berend, Alice † 1/436; Berenger, (Joseph Maria) Adolf von ~ 1/437; Berg, Alban (Maria Johannes) ~ 1/438; Bezzola, Reto Raduolf ~ 1/510; Blaas, Julius von ~ 1/552; Blättler, Rudolf ~ 1/553; Blaschnik, Arthur ~ 1/560; Blaschnik-Arndt, Fanny ~ 1/560; Blum, Rudolf ~ 11/24; Blumenthal, Hermann ~ 1/587; Böcklin, Arnold ~ 1/611; Bombelles, Ludwig Philipp Graf von ~ 2/15; Bonus, Arthur ~ 2/22; Borchardt, Karl Wilhelm ~ 2/26; Borel, Eugène ~ 2/29; Bosshard, Walter ~ 2/44; Brack, Max (Eugen) ~ 2/54; Brandenburg, Martin ~ 2/62; Braunfels, Wolfgang ~ 2/89; Brentano, Franz (Clemens Honoratus Hermann Josef) ~ 2/117; Bresgen, Cesar * 2/119; Britsch, Gustav (Adolf) ~ 2/136; Brockhaus, Heinrich ~ 2/139; Bruckmann, Peter ~ 2/150; Brühlmann, Hans ~ 2/158; Brunner, Fritz ~ 2/169; Bruns, Paul ~ 2/174; Buber, Martin ~ 2/177; Bühler, Gerhard ~ 2/200; Bülow, Hans (Guido) von ~ 2/203; Bürklein, (Georg Christian) Friedrich ~ 2/211; Burckhardt, Carl ~ 2/231; Burger, Johann ~ 2/237; Busch, (Heinrich Christian) Wilhelm ~ 2/250; Buschbeck, Erhard ~ 2/257; Buthe, Michael ~ 11/37; Buttlar, Auguste Freiin von † 2/259; Cahn-Speyer, Rudolf ~/† 2/264; Candid, Peter ~ 2/273; Canestrini, Antonio ~ 2/273; Caselius, Johannes ~ 2/291; Cauer, (Paul) Ludwig ~ 2/297; Chajes, Hirsch Perez ~ 2/303; Chellery, Fortunato ~ 2/308; Collini, Cosimo Alessandro * 2/357; Constantin, Abraham ~ 2/366; Conti, Francesco Bartholomeo * 2/367; Cornicelius, Georg ~ 2/376; Cranach, Lucas d. Ä. ~ 2/392; Davidsohn, Robert ~/† 2/454; Delius, Christoph Traugott † 2/477; Dieck, August (Christian Hermann) tom ~ 2/513; Diederichs, Eugen ~ 2/514; Dietler, Johann Friedrich ~ 2/530; Diller, Hans ~ 2/547; Disselhoff, Julius August Gottfried ~ 2/558; Doebbing, Bernhard ~ 2/568; Dörrer, Anton Franz ~ 2/580;

Florenz

Dörrie, Heinrich ~ 2/580; Drake, Heinrich ~ 2/608; Dürck, Friedrich ~ 2/637; Dürer, Albrecht ~ 2/638; Dussler, Luitpold ~ 2/657; Ebert, Carl (Anton) ~ 2/677; Ehlert, Louis ~ 3/36; Einstein, Alfred ~ 3/67; Elbogen, Ismar ~ 3/82; Ellenrieder, (Anna) Maria ~ 3/90; Elsheimer, Adam ~ 3/95; Embel, Franz Xaver * 3/102; Engelmann, Richard ~ 3/121; Erasmus von Rotterdam, Desiderius ~ 3/134; Erdmannsdorff, Friedrich Wilhelm von ~ 3/143; Fabricius, Georg ~ 3/213; Farner, Konrad ~ 3/232; Fehr, Friedrich ~ 3/245; Feibusch, Hans ~ 3/247; Feigl, Friedrich ~ 3/249; Feld, Leo † 3/254; Felsing, Georg Jacob ~ 3/263; Ferdinand, Erzherzog von Österreich, Großherzog von Toskana, Kurfürst von Salzburg, Großherzog von Würzburg */† 3/271; Feuerbach, Anselm ~ 3/277; Ficquelmont, Karl Ludwig Graf von ~ 3/289; Fiedler, Marianne ~ 3/292; Finck, Thomas ~ 3/297; Fischer, (Hermann) Bruno ~ 3/312; Flor, Ferdinand ~ 3/353; Forbes-Mosse, Irene (Anna Maria Magdalena Gisela Gabriele) ~ 3/371; Franck, Adolf (Theodor) ~ 3/388; Frank, Ludwig ~ 3/401; Franz II., Kaiser, als Franz I. Kaiser von Österreich * 3/410; Franz, Johannes ~ 3/414; Frener, Johann Baptist ~ 3/424; Freundlich, Otto ~ 3/433; Fricci, Antonietta ~ 3/441; Friedrich von Antiochien ~ 3/476; Friedrich, Harald (Otto Julius) † 3/479; Fries, Anna Susanna ~ 3/482; Fürst, Max ~ 3/527; Füssli, Wilhelm (Heinrich) ~ 3/533; Furttenbach, Joseph von ~ 3/544; Gabelentz, Hans von der ~ 3/547; Gail, Wilhelm ~ 3/559; Garrick, Eva Maria ~ 3/575; Gartner, Hermine ~ 3/576; Gaye, Johann Wilhelm ~/† 3/589; Gehr, Ferdinand ~ 11/67; Geiger, Hans Conrad ~ 3/604; Georgii-Hildebrand, Irene * 3/634; Geyger, Ernst Moritz ~ 3/673; Goëss, Peter Graf * 4/63; Götzenberger, Jakob ~ 4/74; Goldstein, Louis ~ 4/87; Goldstein, Moritz ~ 4/88; Goth, Trudy ~/† 4/102; Grabow, Matthäus ~ 4/117; Graf, Herbert ~ 4/127; Grafe, Erich † 4/129; Grahl, Hans ~ 4/132; Greve-Lindau, Georg Wilhelm ~ 4/160; Grimm-Sachsenberg, Richard ~ 4/172; Groß, Wilhelm (Ernst Julius) ~ 4/193; Grua, Carlo (Luigi) Pietro * 4/204; Grund, Johann Jakob (Norbert) ~ 4/222; Gubler, Max ~ 4/232; Guttenberg, Georg Frh. von und zu † 4/273; Guyer, (Heinrich Johann) Samuel ~ 4/276; Gysi, Fritz ~ 4/278; Hackert, (Jacob) Philipp ~ 4/298; Hadeln, Detlev Moritz Georg Heinrich Frh. von ~/† 4/300; Hähnel, Ernst (Julius) ~ 4/305; Händel, Georg Friedrich ~ 4/307; Haftmann, Werner ~ 11/77; Hagenbuch, Johann Kaspar ~ 4/324; Hallawanya, Emilie von ~ 4/344; Harth, Philipp ~ 4/399; Hartung, Karl ~ 4/416; Haseloff, Arthur (Erich Georg) ~ 4/421; Hasenöhrl von Lagusius, Johann Georg ~ 4/424; Hassel-Barth, (Anna Maria) Wilhelmine van ~ 4/428; Heigel, Franz Napoleon ~ 4/494; Heldreich, Theodor (Heinrich Hermann) von ~ 4/558; Hennig, Gustav Adolph ~ 4/591; Henselmann, Josef ~ 4/599; Herbig, Otto ~ 4/607; Heyden, Otto (Johann Heinrich) ~ 5/18; Heydenreich, Ludwig Heinrich ~ 5/19; Heydweiller, Adolf ~ 5/21; Hildebrand, Adolf von ~ 5/35; Hildebrand, Dietrich von * 5/35; Hildebrandt, Kurt * 5/37; Hilgers, Karl ~ 5/41; Hillebrand, Karl ~/† 5/43; Hirsch, Arnold ~ 5/60; Hirschvogel, Franz ~ 5/69; Hoeßlin, Erna von ~ 5/106; Hoeßlin, Franz von ~ 5/106; Hofer, Fridolin ~ 5/109; Hohenfels-Berger, Stella Frfr. von */~ 5/138; Hohenwart, Sig(is)mund Anton Graf von ~ 5/141; Holitscher, Arthur ~ 5/148; Horny, Franz (Theobald) ~ 5/181; Hubacher, Hermann ~ 5/194; Hübner, Ulrich ~ 5/206; Hügel, Friedrich Frh. von * 5/208; Hügel, Karl Alexander (Anselm) Frh. von ~ 5/208; Hülsen, Christian † 5/210; Hunziker, Max ~ 5/229; Isaac, Heinrich ~/† 5/260; Jaberg, Karl ~ 5/269; Jacobi, Wolfgang ~ 5/275; Jagemann, Christian Joseph ~ 5/289; Jakob I. von Si(e)rck, Kurfürst und Erzbischof von Trier ~ 5/294; Johann, Erzherzog von Österreich * 5/342; Johannes (Hiltalingen) von Basel ~ 5/351; Johannes von Rheinfelden ~ 5/353; Jolles, André ~ 5/358; Joseph Anton Johann, Erzherzog von Österreich, Palatin von Ungarn * 5/366; Jutz, Adolf ~ 5/389; Kaegi, Werner ~ 5/393; Kässmann, Josef ~ 5/396; Kammüller, Paul ~ 5/420; Kampffmeyer, Georg ~ 5/421; Karl, Erzherzog von Österreich * 5/445;

Karo, Georg ~ 5/451; Kauffmann, Angelica (Maria Anna Angelica Catarina) ~ 5/468; Kayser, Leopold (Johann Eduard Friedrich) ~ 5/480; Kettner, Gerhard ~ 5/524; Kilian, Philipp ~ 5/537; Kippenberger, Martin ~ 11/103; Klenkok, Johann ~ 5/588; Koch, Joseph Anton ~ 5/641; Kogon, Eugen ~ 6/1; Konetzni, Anni ~ 6/24; Konrad, König † 6/25; Krafft, Hans Ulrich ~ 6/63; Krell, Max ~/† 6/94; Kriegbaum, Friedrich ~/† 6/106; Kruft, Hanno-Walter ~ 6/126; Kunz, (Johann) Fritz (Friedrich) ~ 6/172; Kupezky, Johann ~ 6/175; Kurz, Erwin (Dietbald) ~ 6/179; Kurz, Isolde (Maria Klara) ~ 6/180; Kurz, Otto Orlando * 6/180; Lätt, Arnold ~ 6/196; Landshoff, Ludwig ~ 6/221; Lang, Albert ~ 6/222; Langer, Richard ~ 6/242; La Roche, Emanuel ~ 6/253; Leidesdorf, Maximilian Joseph ~/† 6/306; Lenbach, Franz Seraph von ~ 6/318; Leopold II., Erzherzog von Österreich, Großherzog von Toskana * 6/334; Leppmann, Franz ~ 6/336; Levy, Rudolf ~ 6/362; Liebermann, Max ~ 6/381; Loose, Emmy ~ 6/468; Lotz, Wolfgang ~ 6/484; Lucchesini, Girolamo Marchese di † 6/491; Ludwich, Arthur ~ 6/497; Ludwig, Fürst von Anhalt-Köthen ~ 6/499; Ludwig Salvator, Erzherzog von Österreich * 6/504; Manfred, König von Sizilien ~ 6/586; Marchand, Margarethe ~ 6/606; Maria Anna, Erzherzogin von Österreich ~ 6/620; Maria Magdalena, Erzherzogin von Österreich, Großherzogin von Toskana ~ 6/622; Marko, Karl (Andreas Gabriel) ~/† 6/625; Marsop, Paul † 6/632; Matthäi, (Johann) Friedrich ~ 6/659; Maurina, Zenta ~ 6/670; Mayer, Eduard Alexander von ~ 7/6; Memling, Hans ~ 7/55; Mendelssohn Bartholdy, Felix (Jacob Ludwig) ~ 7/60; Mermann von Schönburg zu Aufhofen, Thomas ~ 7/76; Mettler, Walter ~ 7/89; Meyer, (Johann) Heinrich ~ 7/104; Meysenbug, (Amalie) Malwida (Wilhelmine Tamina) Freiin von ~ 7/118; Middeldorf, Ulrich ~/† 7/129; Mozart, Wolfgang Amadeus ~ 7/235; Münch, Franz Xaver † 7/293; Münz, Sigmund ~ 7/300; Murska, Ilma von ~ 7/315; Mussafia, Adolf * 7/318; Muther, Richard ~ 7/320; Natorp, Maria Anna Frfr. von ~ 7/344; Natter, Johann Lorenz ~ 7/345; Nauwach, Johann ~ 11/133; Neher, Dora ~ 7/359; Neuhof, Theodor Frh. von ~ 7/379; Nikodem, Arthur ~ 7/418; Nillius, Heinrich ~ 7/421; Nosseni, Giovanni Maria ~ 7/441; Nouveau, Henri ~ 7/444; Oboussier, Robert ~ 7/458; Obrist, Hermann ~ 7/459; Oehler, Richard ~ 7/464; Oesterlen, Dieter ~ 7/472; Ohlmüller, (Joseph) Daniel ~ 7/479; Orsini-Rosenberg, Franz Xaver Wolf Fürst von (Reichsfürst 1790) ~ 11/152; Orth, Johann * 7/508; Otterstedt, Carl Alexander Friedrich Frh. von ~ 7/526; Ow-Wachendorf, Adolf Frh. von ~ 7/541; Paatz, Walter ~ 7/544; Pagenstecher, Wolfgang ~ 7/549; Panofka, Heinrich ~/† 7/556; Paumgartner, Bernhard ~ 7/582; Pausinger, Clemens von ~ 7/583; Permoser, Balthasar ~ 7/602; Peterich, Eckart ~/† 7/614; Piccolomini-Pieri, Ottavio Herzog von Amalfi * 7/660; Pichler, Ludwig ~ 7/662; Pidoll zu Quintenbach, Karl (Michael Valentin) Frh. von ~ 7/665; Pierson, Bertha ~ 7/667; Popp, Lucia ~ 8/34; Preißler, Johann Justin ~ 8/59; Preiswerk, Theophil ~ 8/60; Prestel, Johann Gottlieb ~ 8/64; Purgstall, Gottfried Wenzel Graf von † 8/91; Purrmann, Hans (Marsilius) ~ 8/92; Raaff, Anton ~ 8/107; Radio-Radiis, Alfred von * 8/117; Radolin, Hugo Fürst von ~ 8/118; Raffl, Ignaz ~ 8/123; Ramoser, Peter ~ 8/133; Rauch, Johann Nepomuk ~ 8/162; Regan, Anna ~ 8/183; Rehfuß, Heinz ~ 8/191; Reichel, Wolfgang ~ 8/199; Reichle, Hans ~ 8/204; Reinhard, Karl Friedrich Graf von ~ 8/218; Reinhardt, Max ~ 8/220; Reinhold, Johann Gotthard ~ 8/223; Reumont, Alfred von ~ 8/255; Riedel, Andreas Frh. von ~ 8/290; Righini, Sigismund ~ 8/310; Rintelen, Friedrich ~ 8/320; Roeder, Emy ~ 8/348; Römer, Georg ~ 8/353; Rohlfs, Gerhard ~ 8/369; Rokitansky, Hans Frh. von ~ 8/373; Roos, Johann ~ 8/382; Rosenberg, Wolf ~ 11/165; Rothe, Hans (Ludwig) ~/† 8/418; Rudolf Johann Josef Rainer, Erzherzog von Österreich, Fürsterzbischof von Olmütz * 8/438; Rüegger, Paul † 8/449; Rühs, Christian Friedrich † 8/452; Sandreuter, Hans ~ 8/514; Sattler, Carl * 8/523; Saudek, Rudolf ~ 8/525; Saurau, Franz Joseph Graf von † 8/530; Schaller-Härlin, Käte ~ 8/561; Schanz, Julius (August) ~ 8/564; Scherchen, Hermann (Karl) † 8/609; Scheu, Heinrich ~ 8/617; Schiebelhuth, Hans (Hans Hieronymus) ~ 8/623; Schiff, Hugo (Josef) ~/† 8/630; Schiff, Moritz ~ 8/630; Schimon, Adolf ~ 8/641; Schmarsow, August ~ 8/693; Schmid, Julius ~ 8/704; Schmidl, Carlo ~ 8/709; Schmidt, Gerhard ~ 9/8; Schober-lechner, Franz de Paula Jakob ~ 9/72; Schoberlechner, Sophie ~ 9/72; Schönberg, Nikolaus von ~ 9/85; Scholz, Bernhard (Ernst) ~ 9/108; Scholz-Zelezny, Helene ~ 9/111; Schubert, Georgine ~ 9/162; Schütz, Heinrich ~ 9/177; Schultz, Ferdinand ~ 9/190; Schweikhart, Gunter ~ 9/236; Seckendorff, Götz von ~ 9/252; Seiler, Johannes ~ 9/271; Seligmann, Kurt ~ 9/278; Senfft von Pilsach, Friedrich Christian Ludwig ~ 9/287; Siegel, (Michael) Harro ~ 9/310; Siegel, Ralph Maria ~ 9/310; Sommer, Oskar ~ 9/370; Spaur und Flavon, Karl Graf zu † 9/387; Spontini, Gasparo (Luigi Pacifico) ~ 9/416; Stahl, Friedrich ~ 9/437; Stauffer-Bern, Karl † 9/459; Steger, Milly ~ 9/467; Steinla, Moritz (Franz Anton Erich) ~ 9/497; Steno, Nicolaus ~ 9/507; Stephan IX., Papst † 9/508; Sterkel, Franz Xaver ~ 9/511; Sterneck, Berthold ~ 9/517; Stoß, Veit ~ 9/561; Ströver-Wedigenstein, Ida Carola ~ 9/592; Stürler, Franz Adolf von ~ 9/610; Susemihl, (Friedrich) Franz (Karl Ernst) † 9/635; Sustris, Friedrich ~ 9/636; Swarzenski, Georg ~ 9/640; Tatitscheff, Hermine von ~ 9/660; Teyber, Anton ~ 9/684; Titel, Wilhelm ~ 10/50; Trautschold, (Carl Friedrich) Wilhelm ~ 10/74; Treidler, Adolf ~ 10/78; Treviranus, Gottfried Reinhold † 10/86; Truppe, Karl ~ 10/103; Tucher von Simmelsdorf, Heinrich Frh. von ~ 10/112; Tuscher, Marcus ~ 10/119; Ulrich, Hans Caspar ~ 10/146; Unger, Carl ~ 10/152; Unger, Manasse ~ 10/154; Unger, Max ~ 10/154; Usedom, (Karl Georg Ludwig) Guido Graf von ~ 10/170; Vestvali, Felicita von ~ 10/200; Waetzoldt, Wilhelm ~ 10/273; Wagner, Max Leopold ~ 10/285; Wallbach-Canzi, Katharina ~ 10/309; Warburg, Aby M(oritz) ~ 10/332; Wartburg, Walther von ~ 10/338; Wegner, Walburga ~ 10/374; Weidenmann, Johann Caspar ~ 10/382; Weinberger, Martin ~ 10/394; Weinzheimer, Friedrich August ~/† 10/400; Weisbach, Julius (Ludwig) ~ 10/401; Weissmann, Adolf ~ 10/415; Weitbrecht, (Georg) Konrad ~ 10/416; Wenger, Lisa ~ 10/435; Werner, Carl (Friedrich Heinrich) ~ 10/445; Wessely, Karl ~ 10/457; Wickenburg, Alfred ~ 10/472; Wiegand, Heinrich ~ 10/481; Winckelmann, Johann Joachim ~ 10/518; Wlassak, Rudolf ~ 10/554; Wölfflin, Heinrich ~ 10/556; Wohlfahrt, Frank (Barnim Robert) ~ 10/561; Wolff, Kurt (August Paul) ~ 10/575; Wolfskehl, Karl ~ 10/581; Würtenberger, Ernst ~ 10/593; Wulff, Oskar ~ 10/596; Zeiller, Paul ~ 10/632; Zimmermann, Max Georg ~ 10/670; Zinkernagel, Franz (August Anton) ~ 10/675; Zita, Heinrich ~ 10/680; Zürcher, Jakob ~ 10/697; Zutt, Richard Adolf ~ 10/703

Floridsdorf (seit 1904 zu Wien)
Egger, Berthold Anton ~ 3/27; Eichhorn, Rudolf ~ 3/53; Littrow, Hermann von ~ 6/429; Löffler, Karl ~ 6/441; Luick, Karl * 6/526; Urban, Anton ~ 10/163

Floß
Horowitz, Lazar * 5/182; Hubmann, Heinrich * 11/92

Flossenbürg
Bonhoeffer, Dietrich † 2/18; Buchmann, Albert ~ 2/186; Canaris, Wilhelm ~/† 2/272; Dohnanyi, Hans von ~/† 2/584; Drexel, Joseph (Eduard) ~ 2/618; Engelmann, Bernt ~ 3/120; Funder, Friedrich ~ 3/540; Girnus, Wilhelm (Karl Albert) ~ 4/15; Graf, Ferdinand ~ 4/216; Hessen, Philipp Landgraf von ~ 5/1; Höhne, Franz ~ 5/93; Maleta, Alfred ~ 6/578; Oster, Hans ~/† 7/515; Rollett, Edwin ~ 8/376; Sack, Karl ~/† 8/491; Schlabrendorff, Fabian von ~ 8/652; Schmitz, Richard ~ 9/37; Selbmann, Fritz ~ 9/276; Staud, Johann ~/† 9/456; Strünck, Theodor ~ 9/597; Thomas, Georg ~ 10/18

Flottbek (seit 1937 zu Hamburg)
Booth, John Cornelius ~ 2/24; Booth, John Richmond */† 2/24; Staudinger, Lucas Andreas † 9/458

Flüelen (Kt. Uri)
Attinghausen-Schweinsberg, Johannes Frh. von ~ 1/210; Sorge, Reinhard Johannes ~ 9/379

Flüeli (Gem. Sachseln, Kt. Obwalden)
Nikolaus von (der) Flüe * 7/419

Flühli (Kt. Luzern)
Felder, Hilarin * 3/255

Flums (Kt. Sankt Gallen)
Ritter, Kaspar ~ 8/331; Umberg, Johann Baptist * 10/149

Fluntern (seit 1893 zu Zürich)
Fierz, (Johann) Heinrich ~/† 3/293; Wislicenus, Gustav Adolf † 10/541

Flushing (New York, USA)
Alewyn, Richard ~ 1/86

Foche (seit 1929 zu Solingen)
Hammesfahr, Ernst † 4/364

Focșani (Rumänien)
Buchner, Eduard † 2/186; Grünberg, Carl * 4/211; Scheyer, Moritz * 8/620

Föherczeglak (Ungarn, heute Kneževo, Kroatien)
Révy, (Karl Julius) Heinrich * 8/263; Révy, Richard (Anton Robert Felix) * 8/263

Földvar → Marienburg

Fölk (auch Felka, Völk, slowak. Vel'ka pri Poprade, heute zu Poprad; ungar. Felka)
Klesch, Christoph ~ 5/590

Fölz (Gem. Thörl, Steiermark)
Lewy, Eduard † 6/366

Förde (seit 1930 zu Grevenbrück, seit 1969 zu Lennestadt)
Boerger, Albert * 1/631; Tigges, Hubert * 10/41

Förderstedt
Beth, Karl * 1/495; Brüninghaus, Franz Willi † 2/160

Föritz → Mogger, Oerlsdorf

Fogaras → Fogarasch

Fogarasch (rumän. Făgăraș, ungar. Fogaras)
Haller von Hallerstein, Johann ~ 4/349; Schuller-Schullerus, Anna * 9/185; Schullerus, Adolf * 9/185

Foggia (Italien)
Friedrich von Antiochien † 3/476

Fohnsdorf (Steiermark)
Stekl, Konrad ~ 9/502

Folgaría (Italien)
Hasenöhrl, Fritz † 4/423

Folignano (Italien)
Chiaveri, Gaetano ~/† 2/311

Foligno (Italien)
Arndes, Stephan ~ 1/172; Friedrich II., Kaiser ~ 3/458; Gaap, Johann Adolf ~ 3/547

Folkestone (England)
Bar, Carl Ludwig von † 1/290

Fontainebleau (Frankreich)
Dunker, Wilhelm ~ 2/653; Eggenschwyler, (Urs) Pankraz ~ 3/27; Goldschmidt, Hermann (Mayer Salomon) † 4/83; Guttenberg, Heinrich ~ 4/273; Huf, Fritz ~ 5/215; Schuppen, Johann Jakob van ~ 9/210; Seidel, August ~ 9/265

Fontenoy (Frankreich)
La Mettrie, Julien Offray de ~ 6/205; Lothar I. ~ 6/480

Fonyód (Ungarn)
Neubauer, Paul † 7/371

Forbach (Dép. Moselle, Frankreich)
Braun, Angelika ~ 2/79; Braun, Max (Mathias) ~ 2/85; Fischart, Johann ~/† 3/308; Geldern, Simon ben Elieser von † 3/615; Götz, Johann Nikolaus ~ 4/70; Kirchner, Johanna ~ 5/552; Kirschmann, Emil ~ 5/555; Langsdorff, Werner von * 6/248

Forbach (Kr. Rastatt)
siehe auch *Herrenwies*
Arnsperger, Karl Philipp Friedrich ~ 1/193

Forch (Maur) (Kt. Zürich)
Bremer, Claus † 11/31; Leitner, Ferdinand † 6/312

Forchheim (Oberfr)
Arno, Bischof von Würzburg ~ 1/182; Bauer, Josef Friedrich * 1/327; Burkart, Friedrich Karl ~ 2/243; Dinkel,

Pankratius von ~ 2/552; Dresch, (Georg) Leonhard von * 2/614; Erchanbald, Bischof von Eichstätt ~ 3/138; Ertlin, Johann ~ 3/169; Fuchs, Theobald Ritter von ~ 3/522; Heinrich VIII. von Bibra, Fürstabt und Bischof von Fulda ~ 4/527; Helt, Georg * 4/576; Hermann I., Erzbischof von Köln ~ 4/621; Hillers, Wilhelm † 5/45; Johann I. von Egloffstein, Bischof von Würzburg † 5/347; Kleemann, Wilhelm * 5/573; Konrad I., König ~ 6/25; Lamprecht von Brunn, Bischof von Brixen, Speyer, Straßburg und Bamberg ~/† 6/210; Ludwig IV., das Kind, ostfränkischer König ~ 6/498; Morgenstern, David ~ 7/211; Oesterreicher, Paul * 7/473; Praun, Paul Ritter von ~ 8/55; Reisser, Christoph * 8/232; Roth, Christian * 8/411; Schmidt, Benedikt * 9/3; Schmidt, Ottmar ~ 9/17; Schönfelder, Joseph * 9/94; Streubel, Marx ~ 9/585; Tandler, Max ~/† 9/654; Urlaub, Georg Sebastian ~ 10/167; Voit von Salzburg, Melchior Otto Reichsritter † 10/241; Welsch, Maximilian von ~ 10/426

Forchtenberg
siehe auch *Ernsbach*
Geißler, Nikolaus ~ 3/612; Gradmann, Robert (Julius Wilhelm) ~ 4/119; Kern, Leonhard * 5/511; Kern, Michael d. J. */~/† 5/512; Scholl, Robert ~ 9/106; Scholl, Sophie * 9/106

Forest Grove (Oregon, USA)
Berliner, Siegfried † 1/458

Forheim → Aufhausen

Fornells (Menorca)
Wittkopf, Rudolf ~ 10/549

Forst (Kt. Bern)
Hadorn, Ernst * 4/300

Forst (Lausitz)
Boltzius, Johann Martin * 11/27; Fensch, Ludwig † 3/265; Heyde, Werner * 5/16; Nobel, Johannes * 7/428; Pohle, Kurt * 8/20; Rauer, Maximilian ~ 8/160; Rescher, Wilhelm * 8/248; Rüdiger, Max (Theodor) * 8/447; Scheppan, Hilde * 8/608; Seydewitz, Max * 9/298; Sinold, Philipp Balthasar ~ 9/341; Sylvius, Petrus * 9/644

Forsting (Oberpfalz)
Reber, Peter * 8/170

Forstinning → Moos

Fort de Joux
Kleist, (Bernd) Heinrich (Wilhelm) von ~ 5/583

Fort Devens (Massachusetts, USA)
Redlich, Fritz ~ 8/179

Fort Eben Emael (Belgien)
Kluge, Kurt † 5/609

Fort Gibbon (Arkansas, USA)
Beyrich, Heinrich Karl † 1/508

Fort Lauderdale (Florida, USA)
Müller, Rolf (Hans) † 7/280; Schwartz, Philipp † 9/224

Fort Monmouth (USA)
Brill, Rudolf ~ 11/32

Fort Myers (Florida, USA)
Lellep, Otto † 6/314

Fort Pine (Südafrika)
Döhne, Jacob Ludwig † 2/571

Fort Wayne (Indiana, USA)
Proskowetz von Proskow und Marstorff, Maximilian Ritter von † 8/80

Forte dei Marmi (Italien)
Gmür, Max † 4/41; Spitzer, Leo † 9/412

Fouday (Frankreich)
Legrand, Johann Lukas † 6/290

Fox Lake (Illinois, USA)
Trotha, Carl Dietrich von † 10/98

Fränkisch-Crumbach
Stahl, Hermann (Bernhard Ludwig) * 9/439; Stahl, Wilhelm * 9/440; Wiegand, Heinrich * 10/481

Framsum am Dollart (Prov. Groningen, Niederlande)
Knyphausen zu Innhausen, Dodo Frh. von * 5/633

Franeker (seit 1984 zu Franekeradeel, Niederlande)
Acronius, Ruard ~ 1/24; Aitzema, Foppe van ~ 1/62; Andreae, Johann Heinrich ~ 1/129; Andreae, Tobias ~/†

1/131; Angelocrater, Daniel ~ 1/135; Arnoldi, Nikolaus ~ 1/191; Arumäus, Dominikus ~ 1/199; Bashuysen, Heinrich Jakob van ~ 1/313; Bökel, Hieronymus ~ 1/626; Breitinger, Johann Jakob ~ 2/106; Charisius, Karl Emanuel ~ 2/304; Charisius, Karl Heinrich ~ 2/304; Coccejus, Johannes ~ 2/348; Danckelmann, Silvester Jacob Frh. von ~ 2/439; Duker, Karl Andreas ~ 2/646; Fuchs, Paul Frh. von ~ 3/521; Heineccius, Johann Gottlieb ~ 4/512; König, Samuel ~ 5/663; König, (Johann) Samuel ~ 5/663; Lampe, Friedrich Adolph ~ 6/209; Ringier, Johann Heinrich ~ 8/317; Ritter, Johann Jakob ~ 8/330; Schleyermacher, Daniel ~ 8/673; Schurmann, Anna Maria van ~ 9/212; Schurzfleisch, Heinrich Leonhard ~ 9/213; Zoll, Hermann ~ 10/686

Franekeradeel → Franeker

Franken (seit 1978 zu Weißenstadt)
Beauvais, Peter (Ernst Rudolf) * 1/363

Frankenau (Kr. Waldeck-Frankenberg)
Huelsenbeck, (Karl) Richard * 5/210

Frankenbach (seit 1974 zu Heilbronn)
Rücker, August Gottlieb * 8/444

Frankenberg (bei Cuxhaven)
Rehwinkel, Edmund ~ 8/194

Frankenberg (Kr. Mittweida)
Baumhauer, Heinrich (Adolph) ~ 1/348; Gartmann, Hermann ~ 3/575; Kuhn, Franz (Walther) * 6/159; Landau, Richard ~ 6/214; Müller, Heinz-Otto † 7/264; Schiel, Karl ~ 8/626; Schiel, Samuel ~ 8/626; Uhland, Wilhelm Heinrich ~ 10/128; Wendler, Otto Bernhard * 10/433

Frankenberg (Eder)
Bayrhoffer, Karl Theodor ~ 1/361; Garthe, Balthasar * 3/575; Gerstenberg, Wigand */~ 3/658; Lambert, Franz † 6/203; Matthaeus, Anton * 6/660; Saurius, Abraham * 8/531; Trabert, Wilhelm * 10/67

Frankenburg am Hausruck (Oberösterreich)
Egger, Berthold Anton * 3/27; Fadinger, Stephan ~ 3/216

Frankenhardt → Honhardt

Frankenhausen → Bad Frankenhausen (Kyffhäuser)

Frankenhorst (seit 1936 zu Schwerin)
Franck, Hans ~/† 3/388

Frankenmarkt (Oberösterreich)
Faltis, Franz * 3/230

Frankenmuth (Michigan, USA)
Meyer, Johann Jakob * 7/106

Frankenstein (Gem. Mühltal, Kr. Darmstadt-Dieburg)
Dippel, Johann Konrad * 2/554

Frankenstein (Kr. Kaiserslautern, Land)
Sebastian, Ludwig * 9/251

Frankenstein i. Schlesien (poln. Ząbkowice Śląskie)
Clajus, Johannes ~ 2/328; Erler, Erich * 3/152; Erler, Fritz * 3/153; Frank, Wilhelm ~ 3/403; Friedrich II., Herzog von Liegnitz ~ 3/464; Gebauer, Franz Xaver ~ 3/590; Gruchot, Julius Albrecht * 4/208; Johannes von Frankenstein ~ 5/352; Kroll, Wilhelm ~ 6/114; Pareus, David ~ 7/563; Pfeiffer, Christoph ~ 7/639; Reißmann, August Friedrich Wilhelm */~ 8/232; Ried, Benedikt ~ 8/290

Frankental (Böhmen)
Neumann, Carl ~ 7/381

Frankenthal (Kr. Bautzen)
Döring, Friedrich Christlieb * 2/576; Potthoff, Gerhart * 8/46

Frankenthal (Pfalz)
Balck, Hans Joachim ~ 1/273; Becker, Johann Philipp * 1/378; Bernard, Daniel * 1/459; Blaul, Friedrich ~ 1/564; Blaul, Julius Ritter von * 1/564; Böhm, Johann Philipp ~ 1/618; Bollius, Johann ~ 2/10; Bosslet, Albert * 2/45; Bräuer, Karl * 2/56; Dathenus, Petrus ~ 2/447; Degenfeld, Loysa (Maria Susanna) Freiin von ~ 2/465; Dick, Hermann ~ 2/512; Eicher, Hermann ~ 3/50; Elsheimer, Adam ~ 3/95; Fanck, Arnold * 3/230; Feilner, Hans Simon ~/† 3/250; Hannong, Paul Anton ~ 4/372; Heidanus, Abraham * 4/485; Heidanus, Caspar ~ 4/485; Heideloff, Karl Alexander von ~ 4/488; Hottinger, Johann He(i)nrich ~ 5/187; Hulsius, Levin ~ 5/220; Jung, Richard * 11/98;

Karcher, Carl ~/† 5/433; Klein, Jacob ~ 5/575; Klein, Johannes ~/† 5/576; Kühnle, Georg Adam ~/† 6/147; Kuhn, Josef * 6/160; Lanz, Johann Wilhelm † 6/250; Lerchenfeld, Gustav Frh. von ~ 6/338; Lieb, Norbert * 6/378; Lingelsheim, (Georg) Michael ~/† 6/410; Lücke, Christian Gottlob ~ 6/514; Lücke, Johann Friedrich ~ 6/514; Lücke, Karl Gottlieb ~/† 6/514; Martini, Paul * 6/640; Marum, Ludwig * 6/643; Maurer, Konrad von * 6/670; Mehring, Johannes ~ 7/28; Melchior, Johann Peter ~ 7/52; Merian, Matthäus d. Ä. ~ 7/71; Michel, (Friedrich Chaumont) Eugen * 7/124; Michel, Julius von * 7/125; Nardini, Paul Josef * 7/340; Nissl, Franz (Alexander) * 7/425; Ohmacht, Landolin ~ 7/481; Parseval, August von * 7/565; Perron, Karl * 7/604; Perron, Oskar * 7/604; Perron, Philipp * 7/604; Redinger, Johann Jakob ~ 8/178; Reitz, Johann He(i)nrich ~ 8/236; Riedel, Gottlieb Friedrich ~ 8/291; Riem, Andreas * 8/300; Roemer, Adolf ~ 8/352; Roth, Ernst ~ 8/412; Sixtus von Tanberger, auch Tannberg, Bischof von Freising † 9/345; Spina, Peter de, d. J. ~ 9/407; Steinkopf, Johann Friedrich ~ 9/496; Tossanus, Paul ~ 10/65; Vierling, Georg * 10/205; Voelcker, Fritz ~ 10/221; Wurster, Carl † 11/185; Zenetti, Julius von ~ 10/641; Zuleger, Wenzeslaus ~/† 10/699

Frankentrost (Michigan, USA)
Gräbner, Johann Heinrich Philipp ~ 4/119

Frankenwinheim
Rudolf II. von Scherenberg, Bischof von Würzburg * 8/439

Frankfurt am Main
siehe auch *Bockenheim, Bonames, Fechenheim, Griesheim, Höchst, Rödelheim, Sossenheim*
Abbe, Ernst (Carl) ~ 1/1; Abegg, Bruno Erhard ~ 1/2; Abel, August † 1/4; Abelin, Johann Philipp ~/† 1/7; Abendroth, Hermann (Paul Maximilian) * 1/7; Abendroth, Wolfgang † 1/8; Abich, Julie ~ 1/11; Abraham, Reinhardt ~ 11/1; Abt, Anton ~ 1/15; Abt, Gottlieb Christian ~ 1/15; Achinger, Hans ~/† 1/18; Acker, Heinrich (Wilhelm Joseph) ~ 1/19; Ackermann, (Wilhelm) Heinrich ~/† 1/21; Ackermann, Johann Adam ~/† 1/21; Adalbero, Herzog von Kärnten ~ 1/24; Adalbert Heinrich Wilhelm, Prinz von Preußen ~ 1/26; Adam, Wilhelm ~ 1/29; Adickes, Franz ~/† 1/37; Adler, Nathan ben Simeon Hakohen */† 1/41; Adler, Samuel ~ 1/41; Adlerflycht, Justin Frh. von */~ 1/42; Adorno, Theodor W(iesengrund) */~ 1/46; Albertus Magnus ~ 1/71; Albini, Franz Josef Martin Frh. von ~ 1/73; Albrecht II., deutscher König ~ 1/75; Albrecht Achilles, Markgraf von Brandenburg † 1/75; Albrecht, Eugen ~/† 1/80; Albrecht, Johann Friedrich Ernst ~ 1/82; Albrecht, Johann Georg † 1/82; Albrecht, (Johanne) Sophie (Dorothea) ~ 1/83; Alewyn, Richard */~ 1/86; Alexandrinus von Neustein, Julius ~ 1/88; Alleintz, Lorenz ~/† 1/90; Almenräder, Karl ~ 1/93; Alster, Raoul ~ 1/94; Alt, Jakob */~ 1/95; Altheim, Franz */~ 1/100; Altmaier, Jakob ~ 1/102; Altmann, Karl ~/† 1/103; Altmann, Samuel Paul ~ 1/104; Altmann-Gottheiner, Elisabeth ~ 1/104; Altrock, Hermann ~/† 1/105; Altschul, Salomon Eugen ~ 11/3; Alvary, Max ~ 1/106; Alwens, Walter (Edmund Johannes Daniel) ~/† 1/108; Alzheimer, Alois ~ 1/110; Ambach, Melchior ~/† 1/111; Ammann, Jost ~ 1/116; Ammon, Clemens ~ 1/117; Ammon, Johann Wilhelm ~ 1/117; Ancillon, David ~ 1/121; Anderlohr, Max ~ 1/123; Andersch, Alfred ~ 1/124; André, Karl August † 1/127; Andreae, Abraham * 1/128; Andreae, Christoph * 1/128; Andreae, Fritz * 1/128; Andreae, Hermann Victor */~/† 1/128; Andreae, Johann d. J. ~/† 1/129; Andreae, Johann Benjamin d. Ä. */† 1/129; Andreae, Johann Benjamin d. J. * 1/129; Andreae, Johann Gerhart Reinhart ~ 1/129; Andreae, Johann Nikolaus */~/† 1/130; Andreae, Johann Philipp ~/† 1/130; Andreae, Philipp Victor Achilles */~ 1/131; Andreae, Tobias */~ 1/131; Andrian-Werburg, Victor Franz Frh. von ~ 1/134; Angerer, Gottfried ~ 1/137; Angermann, Franz Georg ~ 1/138; Anna, Prinzessin von Hessen ~/† 1/142; Anrich, Gustav Adolf ~ 1/145; Anselm Kasimir, Wamboldt von Umbstadt, Erzbischof von Mainz ~/† 1/147; Anstett, Johann von ~/† 1/149; Anthing, Johann

Friedrich ~ 1/149; Anton Clemens Theodor, König von Sachsen ~ 1/151; Anton, Max ~ 1/151; Antonius, Wilhelm ~ 1/153; Apel, Wilhelm ~ 1/154; Apolant, Hugo † 11/5; Apolant, Jenny ~/† 1/157; Appel, Johann ~ 1/158; Appen, Karl von ~ 1/159; Appun, Georg August Ignaz ~ 1/160; Aquila, Ägidius ~ 1/161; Arcularius, Johann Daniel ~/† 1/164; Aretin, Johann Adam Frh. von ~ 1/169; Aretin, Karl Maria Frh. von ~ 1/169; Arndt, Adolf ~ 11/5; Arndt, Adolf ~ 1/172; Arndt, Paul ~ 1/175; Arndts, Bertha ~ 1/176; Arndts, Karl Ludwig Ritter von Arnsberg ~ 1/176; Arneth, Alfred Ritter von ~ 1/177; Arnim, (Ludwig) Achim von ~ 1/178; Arnim, Bettine von */~ 1/179; Arnim, Hans (Friedrich) von ~ 1/180; Arno, Bischof von Würzburg ~ 1/182; Arnold, Heinz ~ 11/6; Arnold, Johann Gottfried ~/† 1/188; Arnsberg, Paul */~/† 1/193; Artelt, Walter ~ 11/6; Arthus, Gotthard ~ 1/197; Aschbach, Joseph von ~ 1/202; Asher, Carl Wilhelm ~ 1/205; Asmis, Walter ~ 1/206; Auerbach, Adolf ~/† 1/215; Auerbach, Alfred ~ 1/215; Auerbach, Erna */~ 1/215; Auerbach, Jakob ~/† 1/216; Auerswald, Hans Adolf Erdmann von ~/† 1/218; Aufhäuser, Martin ~ 1/219; Auler, Wilhelm ~ 1/223; Baader, Andreas (Bernd) ~ 11/8; Babberger, August ~ 1/233; Bach, August ~ 1/235; Bach, Rudolf ~ 1/241; Bachmann, Ingeborg ~ 1/245; Backhaus, Wilhelm ~ 1/250; Baer, Joseph Abraham ~/† 1/259; Baer, Leo(pold Alfred) */~ 1/260; Bär, Leopold Joseph † 1/260; Baer, Reinhold ~ 1/260; Bäuerle, Theodor ~ 1/264; Bäumer, Eduard ~ 1/265; Bahn, Roma (Anna Helena) ~ 1/268; Baison, Jean Baptiste ~ 1/272; Bal(l)enberger, (Johann Georg) Karl ~/† 1/276; Baltzer, Eduard Wilhelm ~ 1/282; Bamberger, Fritz ~ 1/284; Bamberger, Fritz (Siegfried) * 1/284; Bamberger, Ludwig ~ 1/285; Bamm, Peter ~ 1/286; Bang-Kaup, Willy ~ 1/288; Banks, Edward ~ 1/289; Bappert, Jakob (Joseph) ~ 1/290; Bárány, Robert ~ 1/291; Bardua, Caroline ~ 1/294; Barényi, Béla (Viktor Karl) von ~ 11/11; Barfuß, Paul ~ 1/294; Barkany, Marie ~ 1/295; Barnay, Ludwig ~ 1/297; Barnim III., Herzog von Pommern-Stettin ~ 1/297; Bartels, Adolf ~ 1/298; Barth, (Magdalene Wilhelmine) Carola ~/† 11/12; Barth, Johann Carl ~ 1/302; Barthel, Alexander ~/† 1/306; Baruch, Simon ~ 1/311; Bary, Anton Heinrich de * 1/312; Baselt, Fritz ~ 1/313; Basse, Detmar Friedrich Wilhelm ~ 1/314; Bassée, Nikolaus ~/† 1/314; Bassermann, Friedrich Daniel ~ 1/315; Bassermann, Heinrich * 1/315; Battke, Heinz ~/† 1/319; Battonn, Johann Georg ~/† 1/319; Bauch, Kurt ~ 11/12; Bauer, Fritz ~ 1/325; Bauer, Johann Christian ~/† 1/326; Bauer, Karl ~ 1/327; Bauer, Moritz ~/† 1/329; Baumann, Julius * 1/337; Baumeister, Wilhelm ~ 1/340; Baumeister, Willi ~ 1/340; Baumgarten, Arthur ~ 1/343; Baumgarten, Eduard † 1/343; Baumgarten, Hans † 1/343; Baumgartner, Max ~ 1/348; Baur, Franz ~ 1/350; Baur von Eysseneck, Johann Martin */~/† 1/352; Baurschmidt, Karl Gustav Wilhelm ~ 1/353; Baussnern, Waldemar Edler von ~ 1/355; Bayer, Otto */~ 1/359; Beatus, Georg ~ 1/362; Beatus, Romanus ~ 1/362; Beauclair, Gotthard de ~ 11/14; Bebel, (Ferdinand) August ~ 1/363; Becher, Erwin (Friedrich) ~ 1/365; Bechhold, Heinrich (Jakob) */~/† 1/367; Bechtold(t), Heinrich ~ 1/368; Beck, Heinrich ~ 1/370; Beck, Heinrich ~ 1/370; Beck, Heinrich Valentin ~/† 1/370; Beck, Johann Nepomuk ~ 1/371; Beck, Leonard ~ 1/372; Becker, Carl ~ 1/375; Becker, Hugo ~ 1/378; Becker, Jakob ~/† 1/378; Becker, Jurek ~ 11/15; Becker, Karl Ferdinand ~ 1/379; Becker, Peter */~ 1/380; Beckerath, Hermann von ~ 1/382; Beckmann, Eberhard ~ 1/384; Beckmann, Max ~ 1/385; Beer, Johann Friedrich ~/† 1/390; Beer, Wilhelm Amandus */~/† 1/391; Beham, Hans Sebald ~/† 1/395; Behrend-Brandt, Magdalena ~ 1/400; Behrmann, Walter ~ 1/403; Beidtel, Ignaz ~ 1/403; Beil, Johann Adam */~/† 1/404; Beilstein, Friedrich (Konrad) ~ 1/405; Beisler, Hermann Ritter von ~ 1/406; Beitter, Hermann ~ 1/407; Bekker, (Max) Paul (Eugen) ~ 1/408; Belli-Gontard, Maria */† 1/409; Benda, Ludwig ~ 1/414; Bender, Johann Heinrich */~/† 1/416; Benedix, (Julius) Roderich ~ 1/420; Benjamin, Walter ~ 1/423; Benkard, Georg */~ 11/17; Benndorf, Wolfgang ~

1/425; Benner, Paul ~ 1/426; Benninghoff, Alfred ~ 1/427; Benthin, Walther ~ 1/429; Benzel-Sternau, (Karl) Christian Ernst Graf von ~ 1/431; Berber, Felix ~ 1/433; Berberich, Joseph ~ 1/433; Berends, Johann Bernhard Jakob */~/† 1/437; Berg, Edmund Frh. von ~ 1/439; Berg, Max ~ 1/441; Berg, Philipp von ~ 1/441; Berghaus, Ruth ~ 11/18; Berghoeffer, Christian ~/† 1/448; Berglar-Schröer, (Hans) Peter ~ 11/18; Bergmann, Gustav von ~ 1/450; Bergmann, Julius (Hugo) ~ 1/451; Bergstraesser, Arnold ~ 1/453; Bergsträßer, Ludwig ~ 1/454; Berlepsch, Hans (Hermann Carl Ludwig) Graf von ~ 1/456; Berlepsch, Hans Karl Eduard ~ 1/457; Berly, Karl Peter */~/† 1/458; Berney, Arnold ~ 11/19; Bernhard, Johann ~ 1/467; Bersu, Gerhard ~ 1/480; Bertha von Susa ~ 1/482; Bertheim, Alfred ~ 1/482; Berthold von Leiningen, Bischof von Bamberg ~ 1/483; Bertram, Theodor ~ 1/489; Beseler, Georg (Karl Christoph) ~ 1/490; Best, Werner ~ 1/494; Bestelmeyer, Adolf (Christoph Wilhelm) ~ 1/495; Besthorn, Emil * 1/495; Bethe, Albrecht ~ 1/496; Bethge, Friedrich ~ 1/496; Bethmann, Johann Philipp */~/† 1/496; Bethmann, Simon Moritz von */† 1/496; Bethmann Hollweg, Moritz August von * 1/497; Bettac, Ulrich ~ 1/498; Beuther, Friedrich (Christian) ~ 1/503; Beutler, Ernst (Rudolf) ~/† 1/504; Beyer, Hartmann */~/† 1/506; Beyer, Johann Hartmann */~/† 1/506; Beyerle, Franz ~ 11/20; Beyschlag, Adolf */~ 1/508; Beyschlag, (Johann Heinrich Christoph) Willibald * 1/508; Bezold, Gustav von † 1/509; Biberti, Leopold ~/† 1/511; Biegeleben, Ludwig (Maximilian Balthasar Theodor) Frh. von ~ 1/518; Bieling, Richard ~ 1/520; Bielschowsky, Albert ~ 1/520; Bielschowsky, Max ~ 1/521; Bienek, Horst ~ 1/521; Biese, Alfred (Karl Julius Adolf) ~/† 1/525; Bill, Max ~ 1/527; Binder, Josef ~ 1/531; Binding, Karl (Ludwig Lorenz) * 1/532; Bing, Ilse */~ 11/22; Bing, (Paul) Robert ~ 1/533; Binz, Arthur (Heinrich) ~ 1/534; Biow, Hermann ~ 1/535; Birghden, Johann von der ~/† 1/537; Bismarck, Otto (Eduard Leopold) von ~ 1/545; Bismarck, Wilhelm (Otto Albrecht) Graf von * 1/547; Bissingen und Nippenburg, Cajetan Graf von * 1/548; Bissinger, Joseph August ~ 1/549; Bittel, Kurt ~ 1/549; Blaramberg, Johann von * 1/558; Blaum, Kurt ~ 1/564; Blencke, Erna ~ 1/568; Blittersdorf, Friedrich Landolin Karl Frh. von ~/† 1/573; Blocher, Rudolf * 11/24; Blohmke, Artur ~/† 1/578; Blum, Ferdinand */~ 1/581; Blum, Robert ~ 1/582; Blum, Rudolf ~ 11/24; Blum, Wolf ~ 1/584; Blume, (Ferdinand Anton) Clemens ~ 1/584; Blumenberg, Hans ~ 11/24; Blumenthal, (Ludwig) Otto * 1/588; Blumröder, Gustav Philipp ~ 1/590; Bluntschli, Alfred Friedrich ~ 1/590; Bluntschli, Hans (Hermann) */~ 1/590; Bô Yin Râ ~ 1/591; Bockelmann, Werner ~ 1/596; Bodeck, Johann von ~/† 1/600; Bodek-Ellgau, Marie Frfr. von ~ 1/600; Boden, Hans Constantin † 1/602; Bodenstedt, Friedrich (Martin) von ~ 1/603; Böblinger, Matthäus ~ 1/606; Böck, Johann Michael ~ 1/606; Böckel, Otto * 1/607; Böcker, Ewald ~ 1/608; Böcking, Heinrich ~ 1/610; Böckler, Georg Andreas ~ 1/610; Böckler, Hans ~ 1/611; Böckler, Johann Heinrich ~ 1/611; Böddeker, Philipp Friedrich ~ 1/613; Böheim, Johann Karl ~ 1/614; Böheim, Joseph Michael ~ 1/614; Böhle, Fritz ~/† 1/615; Böhlen, Johannes Hippolytus ~ 1/615; Böhm, Franz ~ 1/616; Boehm, Franz ~ 11/27; Böhme, Franz Magnus ~ 1/620; Boehmer, Gustav ~ 1/622; Böhmer, Johann Friedrich */† 1/623; Boeke, Hendrik Enno ~/† 1/625; Börne, (Karl) Ludwig */~ 1/632; Boeselager, Csilla von ~ 11/27; Boettger, Caesar Rudolf * 1/637; Böttger, Oskar */~/† 1/638; Boettger, Rudolph Christian ~/† 1/638; Bohner, Gerhard ~ 2/3; Boll, Walter ~ 2/9; Boller, (Jakob) Ludwig (Wilhelm) * 2/9; Bollnow, Otto Friedrich ~ 2/10; Bolsterer, Hans ~ 2/11; Boltze, Erich (Adolf Otto) † 2/12; Bonhoeffer, Karl Friedrich ~ 2/18; Bonn, Moritz Julius * 2/20; Bopp, Friedrich Arnold * 11/28; Bopp, Friedrich Wilhelm Ferdinand ~ 2/25; Borck, Edmund Konstantin Wilhelm von ~ 2/28; Bordes, Ludovika Katharina Maria Frfr. des * 2/28; Born, Max ~ 2/32; Bornemann, Helmut ~ 2/34; Bornemann, Wilhelm ~ 2/34; Borsche, Walther

Georg Rudolf ~/† 2/38; Bosetti, Hermine ~ 2/42; Bosselt, Rudolf ~ 2/44; Bossert, Rolf † 11/29; Bouffier, Willy */~ 11/29; Boveri, (Johann) Walter (David) ~ 2/50; Boy, Peter ~ 2/51; Boyneburg, Johann Christian Frh. von ~ 2/52; Bozzini, Philipp ~ 2/53; Bräuer, Albrecht ~ 2/56; Bräuer, Karl ~ 2/56; Brambach, Kaspar Joseph ~ 2/59; Bramsted, Ernest ~ 2/59; Brandes, Georg ~/† 2/63; Brandl, Rudolf Hermann ~/† 2/66; Brandt, Heinz † 2/69; Brandt-Weber, Karoline ~ 2/72; Braubach, Peter ~/† 2/76; Braun, Anna Maria † 2/79; Braun, Hugo ~ 2/82; Braun, Johann Wilhelm Josef ~ 2/82; Braun, Joseph ~ 2/83; Braun, Julius von ~ 2/83; Braun, Waldemar ~ 2/87; Braunfels, Ludwig */~/† 2/89; Braunfels, Walter */~ 2/89; Brausewetter, Otto ~ 2/91; Brecher, Gustav ~ 2/92; Bredt, (Conrad) Julius ~ 2/96; Breidenbach, Wolf ~ 2/100; Breitenstein, Johannes Philipp ~ 2/103; Breithaupt, Joachim Justus ~ 2/104; Brendel, (Otto Rudolf) Martin ~ 2/111; Brenner, Otto ~/† 2/114; Brentano, Auguste Magdalena Margarete */† 2/115; Brentano, Christian */~ 2/117; Brentano, Clemens Wenzeslaus ~ 2/117; Brentano, Maximiliane ~ 2/117; Brenzel, Otto */~ 2/118; Brese, Wilhelm ~ 2/119; Bresgen, (Karl) Maximilian (Hubert) ~ 2/119; Bresslau, Ernst Ludwig ~ 2/121; Bresslau, Harry ~ 2/121; Breuer, Isaak ~ 2/124; Breuer, Philipp ~ 2/126; Breuer, Salomo ~ 2/126; Breuer, Samson */~ 2/126; Brieger, Heinrich ~ 2/131; Briegleb, Moritz ~ 2/132; Briemle, Theodosius ~ 2/133; Briers, Daniel de ~/† 2/133; Brill, Alfred ~ 2/133; Brill, Hermann (Luis) ~ 2/133; Brincken, Gertrud von den ~ 2/134; Broda, Abraham ben Saul ~/† 2/141; Brodmann, Korbinian ~ 2/142; Bromeis, August ~ 2/144; Bromme, Karl Rudolf ~ 2/144; Brosamer, Hans ~ 2/146; Browe, Peter ~ 2/147; Bruch, Max (Karl August) ~ 2/148; Bruck, Eberhard Friedrich ~ 2/149; Bruckmann, Friedrich ~ 2/149; Brückner, Nathanael ~ 2/153; Brückner, Peter ~ 2/153; Brühl, Moritz ~ 2/158; Brüll, Adolf ~/† 2/158; Brüll, Nehemias ~/† 2/158; Brümmer, Johann ~ 2/159; Brüning, Adolf von ~/† 2/159; Bruhn, Richard ~ 2/163; Bruhns, Leopold Paul ~ 2/164; Brun, Alphonse Aimé * 2/165; Brundert, Willi ~/† 2/166; Bruyn, Bartholomäus d. Ä. ~ 2/176; Bry, Johann Theodor de ~ 2/176; Bry, Theodor de ~/† 2/176; Buber, Martin ~ 2/177; Buber-Neumann, Margarete † 2/179; Bubis, Ignatz ~/† 11/34; Bucerius, Gerd ~ 11/35; Buch, Fritz Peter ~ 2/180; Buchenau, Franz (Georg Philipp) ~ 2/181; Buchholz, Carl August ~ 2/184; Buchner, Philipp Friedrich ~ 2/188; Bucholtz, Franz Bernhard von ~ 2/188; Buckwitz, Harry ~ 2/190; Büchel, Dietrich von ~ 2/194; Büchel, Hilde ~ 2/194; Bücher, Hermann † 2/195; Bücher, Karl ~ 2/195; Büchner, Johann Gottfried Sigmund Albert * 2/196; Bülow, Alfred von * 2/203; Bülow, Bernhard Ernst von ~/† 2/203; Büngeler, Walter ~ 2/207; Bünte, Gottlob ~ 2/208; Bürger, Elise ~/† 2/209; Bütschli, (Johann Adam) Otto * 2/214; Büttner, Wolfgang ~ 2/215; Buhl, Bernhard ~/† 2/227; Buol-Schauenstein, Johann Rudolf Frh. von ~ 2/227; Burger, Anton */~ 2/236; Burger, Friedrich Moritz Frh. von ~ 2/236; Burgmüller, Johann August Franz ~ 2/240; Burgsdorff, Alhard (Karl Gustav Ehrenreich) von ~ 2/241; Burgstaller, Aloys ~ 2/241; Burnitz, Heinrich */~/† 2/246; Burnitz, Karl Peter */~/† 2/246; Busch, Günther † 2/249; Busch, (Heinrich Christian) Wilhelm ~ 2/250; Buscher, Clemens ~ 2/252; Buttmann, Philipp Karl * 2/259; Butz, Friedrich Karl */~/† 2/260; Calcum, Gerhard Romilian von ~ 2/265; Caliga-Ihle, Auguste ~ 2/265; Camphausen, Ludolf ~ 2/271; Campi, Antonia ~ 2/272; Canetti, Elias ~ 2/273; Cannabich, (Johann) Christian (Innocenz Bonaventura) † 2/274; Cannabich, Karl ~ 2/274; Capellmann, Georgette ~ 2/277; Carlowitz, Hans Georg von ~ 2/282; Carlsen, Traute ~ 2/282; Caro, Joseph ~ 2/284; Carp, Werner (Friedhelm Otto Franz) ~ 2/285; Carstanjen, Arnold Julius Maximilian ~ 2/289; Carstens, Karl ~ 2/289; Caspari, Wilhelm */~ 2/292; Cassella, Leopold ~/† 2/294; Cavael, Rolf ~ 2/298; Chelius, Adolf */~ 2/307; Chelius, Georg Kaspar ~/† 2/307; Chemlin, Kaspar ~ 2/308; Chorus, Gerhard ~ 2/314; Christ, Liesel */~/† 11/39; Christoph Bernhard von Galen,

Ernst, Marianne Katharina ~ 3/165; Ernstberger, Anton ~ 3/167; Ersing, Joseph ~ 3/167; Escher, Hans Konrad von ~ 3/174; Eseler, Niklas d. Ä. ~/† 3/177; Eßlinger, Johann Georg † 3/182; Ettlinger, Josef (Moritz) † 3/186; Ettlinger, Karl (Emil) * 3/186; Ettlinger, Max (Emil) * 3/186; Etzel, Franz ~ 3/187; Etzel, Hermann (Joseph Clemens) ~ 3/187; Eucken, Rudolf (Christoph) ~ 3/187; Euler, August (Heinrich) ~ 3/191; Euler, August Martin ~ 3/192; Euler, Ludwig Heinrich */~/† 3/194; Eunicke, Friedrich ~ 3/194; Eunicke, Therese ~ 3/194; Eymer, Heinrich * 3/204; Eysen, Louis ~ 3/205; Eytelwein, Johann (Albert) * 3/206; Faber, Conrad ~/† 3/207; Fabian, Julius (Georg Siegfried) ~ 3/210; Fabian, Walter (Max) ~ 3/210; Fabricius, Johann Ludwig ~/† 3/214; Falk, Johannes Nepomuk (Maria) ~/† 3/225; Fallati, Johannes (Baptista) ~ 3/229; Fallmerayer, Jakob Philipp ~ 3/229; Fassbender, Heinrich (Konrad Friedrich) * 3/233; Fassbinder, Rainer Werner ~ 3/234; Faulhaber, Johannes ~ 3/235; Fauser, Jörg (Christian) ~ 11/58; Fehringer, Franz ~ 3/246; Feibusch, Hans */~ 3/247; Feik, Eberhard ~ 3/249; Feiler, Arthur ~ 3/250; Feiler, Erich ~ 3/250; Feisenberger, Albert (Salomon) * 3/252; Feist, Franz * 3/253; Feldes, Roderich ~ 11/58; Felix, Kurt Arthur Alfred Oskar ~/† 3/258; Fellner, Ferdinand (August Michael) ~ 3/261; Fellner, Karl Constanz Victor */† 3/261; Felsenstein, Walter ~ 3/263; Fendrich, Anton ~ 3/264; Fendt, Adam ~/† 3/264; Fenneker, Josef ~/† 3/265; Fessler, Eduard ~ 3/274; Fester, Georg Gustav Anselm */~ 3/274; Fester, Richard * 3/275; Fettmilch, Vinzenz ~/† 3/275; Feuchtwanger, Angelo ~ 3/276; Feuerbach, Paul Johann Anselm Ritter von ~/† 3/279; Feulner, Adolf ~ 3/281; Feury, Otto (Kajetan) Frh. von ~ 11/59; Feyerabend, Johann ~ 3/283; Feyerabend, Sigmund ~/† 3/283; Feyerabend, Johann */~/† 3/284; Fichard, Johann Carl von */† 3/284; Fichard, Raymund Pius */~/† 3/284; Fillunger, Marie ~ 3/296; Finck, Hermine ~ 3/297; Finck, Wilhelm (Peter) von ~ 3/298; Fink, Agnes */~ 3/301; Fink, Lorenz ~ 3/303; Firbas, Franz ~ 11/60; Fisch, Walter ~/† 3/308; Fischbeck, Kurt Hellmuth ~ 3/309; Fischel, Luise ~ 3/309; Fischer, Alexander ~ 3/310; Fischer, Alfons ~ 3/311; Fischer, Ernst ~ 3/314; Fischer, Ernst ~ 3/315; Fischer, Friedrich ~ 3/316; Fischer, Guido ~ 3/317; Fischer, Johann Nepomuk ~ 3/321; Fischer, (Laurenz) Wilhelm ~/† 3/328; Fischer-Achten, Caroline ~ 3/329; Fischer-Wasels, Bernhard ~/† 3/331; Flach, Karl-Hermann † 11/61; Flacius, Matthias ~/† 3/334; Fladung, Johann * 3/335; Flaskämper, Paul Johannes ~ 3/336; Fleckhaus, Willy ~ 3/340; Flegel, Georg ~/† 3/340; Fleischer, Max ~ 3/342; Fleischer, Viktor ~ 3/343; Fleischer, (Johann Daniel) Wilhelm */~ 3/343; Fleischmann, Johann Michael ~ 3/344; Flettner, Anton ~ 3/349; Flir, Alois (Cäsar Kasimir) ~ 3/352; Flörcken, Heinrich (Heinz) (Anton Adolf) ~ 3/352; Flohn, Hermann */~ 11/61; Flügge, Siegfried ~ 11/62; Flürscheim, Michael * 3/357; Förster, Erich ~/† 3/362; Fogel, Johannes ~ 3/366; Forest, Jean Kurt ~ 3/373; Formstecher, Salomon ~ 3/374; Forsthoff, Ernst ~ 3/378; Forti, Anton (Franz) ~ 3/379; Fraenkel, Ernst ~/† 3/383; Fraenkel, Ernst ~ 3/383; Fraenkel, Heinrich ~ 3/383; Fränkel, Levi Saul */~/† 3/384; Fränkel, Walter ~ 3/385; Fränzl, Ferdinand (Ignaz Joseph) ~ 3/386; Franck, (Johann Heinrich) Philipp */~ 3/390; Franck, Sebastian ~ 3/391; Franck, Walter ~ 3/391; Francke, Karl (Philipp) ~ 3/394; Franckenstein, Clemens (Erwein Georg Heinrich Karl Bonaventura) Frh. von ~ 3/395; Frank, Andrea(s) ~/† 3/397; Frank, Anne * 3/397; Frank, Kathi ~ 3/401; Frank, Rudolf ~ 3/403; Frankel, Zacharias ~ 3/405; Der Frankfurter ~ 3/407; Frankfurter, David ~ 3/407; Frankfurter, Philipp ~ 3/407; Franz, Victor (Julius) ~ 3/415; Freimann, Aron ~ 3/422; Frensdorff, Salomon ~ 3/425; Fresenius, August * 3/426; Fresenius, Georg (Johann Baptist Wolfgang) */~/† 3/426; Fresenius, Johann Philipp ~ 3/426; Fresenius, (Carl) Remigius * 3/427; Freud, Sigmund ~ 3/427; Freudenberg, (Ernst) Walther (Herbert) ~ 3/429; Freudenthal, Berthold ~/† 3/430; Freund, Martin ~/† 3/432; Frey, Emil ~ 3/434; Frey, (Johann Friedrich) Heinrich (Konrad) * 3/435;

Freyeisen, Johann Christoph */† 3/438; Frickhoeffer, Otto (Karl Friedrich) ~ 3/444; Fried, Oskar ~ 3/446; Friedberg, Carl ~ 3/447; Friedell, Egon ~ 3/448; Friederich, Johann Konrad * 3/449; Friedländer, Max ~ 3/452; Friedlein, Christine ~ 3/454; Friedmann, Alfred * 3/454; Friedrich I. (Barbarossa), Kaiser ~ 3/456; Friedrich II., Kaiser ~ 3/458; Friedrich, Adolf (Wilhelm) ~ 3/476; Friedrich, Carl Joachim ~ 3/477; Friedrich, Elisabeth ~ 3/479; Friedrich, Otto Andreas ~ 3/481; Friedwagner, Matthias ~ 3/482; Fritsch, Karl (Georg Wilhelm) von ~ 3/493; Fritsch, Thomas ~ 3/494; Fritsch, Thomas Frh. von ~ 3/494; Frobenius, Leo (Viktor) ~ 3/499; Fröbe, Gert ~ 3/500; Fröbel, Friedrich (Wilhelm August) ~ 3/500; Fröbel, (Carl Ferdinand) Julius ~ 3/501; Frölich, Karl Wilhelm Adolf ~ 3/505; Frölich, Paul ~/† 3/505; Frölich, Rose ~/† 3/505; Frohne, Edmund † 3/507; Fromm, Erich */~ 3/509; Fromm-Reichmann, Frieda ~ 3/509; Frommel, Gerhard ~ 3/511; Froneck, Franz ~ 3/511; Fuchs, Peter Dominikus ~ 3/521; Fück, Johann (Wilhelm) */~ 3/523; Fürbringer, Ernst Fritz ~ 3/525; Fürst, Gerhard ~ 3/526; Fürstenau, Anton Bernhard ~ 3/528; Fürth, Henriette ~/† 3/531; Füssli, Wilhelm (Heinrich) ~ 3/533; Fueter, Christian ~ 3/533; Fuld, Harry (Herz Salomon) */~ 3/539; Fulda, Ludwig (Anton Salomon) * 3/539; Funk, Heinrich ~ 3/542; Furck, Sebastian ~/† 3/543; Furtwängler, (Gustav Heinrich Ernst Martin) Wilhelm ~ 3/545; Gabler, Johann Philipp * 3/549; Gabriel, Max ~ 3/550; Gademann, Johann Georg ~ 3/551; Gaertner, Eduard ~ 3/554; Gagern, (Wilhelm) Heinrich (August) von ~/† 3/557; Gallois, Moritz von ~/† 3/565; Gans, David ben Salomon ~ 3/569; Gans, Leo (Ludwig) */~/† 3/569; Gans, Oscar ~ 3/570; Ganse, Robert ~ 3/570; Gantner, Joseph ~ 3/571; Ganz, (Eduard) Moritz ~ 3/572; Garbotz, Georg ~ 3/573; Gareis, Joseph ~/† 3/574; Gasser, Vinzenz (Ferrer[ius]) ~ 3/578; Gebhard, Hans ~ 3/593; Gebhard, Kurt (Alfred Thomas) ~ 3/593; Gebhardt, Friedrich ~ 3/594; Geck, Ernst Adolf ~ 3/596; Geck, Rudolf ~/† 3/596; Gehrmann, Hermann ~ 3/601; Geiger, Abraham */~ 3/603; Geiger, (Elieser) Lazarus (Salomon) */† 3/605; Geiger, Moritz (Alfred) * 3/605; Geiger, Rudolf */~ 3/605; Geiger, Salomo Salman ben Abraham ~ 3/606; Geiger, Salomo Salman ben Jechiel ~ 3/606; Geiger-Torel, Hermann */~ 3/606; Geiges, Fritz ~ 3/607; Geis, Jacob ~ 3/608; Geis, Robert Raphael * 3/608; Geisow, Hans */† 3/610; Geißler, Max ~ 3/612; Geitlinger, Ernst * 3/613; Gelb, Adhémar (Maximilian Maurice) ~ 3/614; Geldern, Simon ben Elieser von ~ 3/615; Gelzer, Matthias ~/† 3/619; Genast, Karoline (Christine) ~ 3/620; Gennrich, Friedrich (Albert Ferdinand) ~ 3/622; Gentner, Wolfgang */~ 3/623; Genzmer, Erich (Stefan Hermann) ~ 3/625; George, Heinrich ~ 3/630; George, Stefan (Anton) ~ 3/631; Georgi, Felix ~ 3/632; Georgi, Walter ~/† 3/633; Gerber, Rudolf ~ 3/636; Gercken, Philipp Wilhelm ~ 3/637; Gerhard I., Graf von Oldenburg, Bischof von Osnabrück, Erzbischof von Hamburg-Bremen ~/† 3/638; Gerhard II. von Epp(en)stein, Erzbischof und Kurfürst von Mainz ~ 3/639; Gerhart, Maria ~ 3/644; Gerlach, Eduard ~ 3/647; Gerlach, Johann Valentin */~ 3/648; Gerlach, Walther ~ 3/650; Gerland, Ernst ~ 3/650; Gerloff, Wilhelm ~ 3/651; Gerning, Johann Isaac Frh. von */† 3/653; Gerold, Karl † 3/654; Gerold, Theodor ~ 3/654; Gerschon ben Meir ~ 3/655; Gerst, Wilhelm Karl * 3/656; Gerster, Ottomar ~ 3/659; Gerteis, Adolf ~/† 3/661; Gertener, Madern */~/† 3/661; Gerth, Hans Heinrich ~/† 3/662; Gervinus, Georg Gottfried ~ 3/663; Gerz, Irmgard ~ 3/664; Geyer, Anna * 3/671; Geyler, Hermann Theodor ~/† 3/674; Giese, (Dietrich Kaspar) Friedrich ~ 4/2; Giese, Hans */~ 4/2; Giesecke, Heinrich ~ 4/3; Giesecke, Hermann ~ 4/3; Giesecke, Karl Ludwig ~ 4/3; Gieß, Hermann Jakob * 4/5; Gießwein, Max ~ 4/6; Gins, Heinrich (Alexander) */~ 4/11; Ginster, Ria ~ 4/12; Giskra, Karl ~ 4/17; Gladbach, Ernst (Georg) ~ 4/19; Glaeser, Ernst ~ 4/19; Gläser, Gotthelf Leberecht ~ 4/20; Glauber, Johann Rudolf ~ 4/26; Glauburg, Johann von */~/† 4/26; Gleichauf, Rudolf ~ 4/28; Gleissberg, Wolfgang

~ 4/521; Heinrich von Bobenhausen, Hochmeister des Deutschen Ordens ~ 4/527; Heiß, Hermann ~ 4/552; Heißenbüttel, Helmut ~ 11/82; Heister, Lorenz * 4/552; Helberger, Alfred */~ 4/554; Helbing, Heinrich ~ 4/555; Held, Martin ~ 4/557; Helferich, Burckhardt ~ 4/559; Hellauer, Josef ~/† 4/561; Helle, Georg von ~/† 4/561; Heller, Hermann Ignatz ~ 4/563; Heller, Jakob */~/† 4/563; Hellinger, Ernst (David) ~ 4/566; Hellmer, Arthur ~ 4/567; Hellmuth-Bräm, Wilhelm ~ 4/568; Helm, Karl (Hermann Georg) ~ 4/571; Helmolt, Hans (Ferdinand) ~ 4/575; Helwig, Christoph ~ 4/575; Helwig, Werner ~ 4/577; Hemfler, Karl ~ 4/578; Hendel-Schütz, (Johanne) Henriette (Rosine) ~ 4/581; Hendrichs, Hermann (Joseph Theodor Aloys Ernst) ~ 4/582; Hendschel, Albert */† 4/582; Henkel, Heinrich ~/† 4/585; Henkel, Heinrich ~ 4/585; Henle, Franz (Wilhelm) † 4/587; Henning, Otto ~ 4/592; Henschel, Oscar (Robert) ~ 4/596; Hensel, Georg ~ 4/597; Hensel, Heinrich (August) ~ 4/597; Hensel, Sophie Friederike ~ 4/598; Hensel-Schweitzer, Elsa */~/† 4/598; Hepp, Eduard † 4/602; Heraeus, Wilhelm Carl ~ 4/603; Herber, Richard ~ 4/604; Herbst, Johann Andreas ~/† 4/609; Herbst-Jazedé, Adele ~ 4/609; Herkommer, Hans ~ 4/618; Herling, Simon Heinrich Adolf ~/† 4/618; Hermann, Eduard ~ 4/626; Hermann, Friedrich ~ 4/627; Hermann, Friedrich Benedikt Wilhelm von ~ 4/627; Hermann, Karl Friedrich * 4/630; Hermann, Ludwig ~/† 4/630; Hermanns, Hans ~ 4/631; Hermlin, Stephan ~ 11/85; Herold, Gustav (Karl Martin) ~/† 4/635; Herr, Jakob ~/† 4/637; Herrhausen, Alfred ~ 4/639; Herrlich, (Johann) Philipp ~ 4/640; Herrlinger, Julie ~ 4/641; Herrmann, Albert † 4/641; Herrmann, Franz */~/† 4/642; Herrmann, Gottfried ~ 4/642; Herrmann, Theo ~ 4/644; Hertlein, Adolf ~ 4/649; Hertwig, Günther ~ 4/650; Hertz, Alfred */~ 4/651; Hertz, Heinrich (Rudolf) ~ 4/652; Herwarth, Bartholomäus ~ 4/655; Herxheimer, Gotthold ~ 4/657; Herxheimer, Herbert ~ 4/657; Herxheimer, Karl ~ 4/657; Herxheimer, Salomon ~ 4/657; Herz, Richard (Leopold) ~/† 4/659; Heß, Walther * 4/673; Heß, Willy ~ 4/674; Hesse, Johanna ~ 4/676; Hesse, Kurt ~ 4/677; Hesse, Paul ~ 4/678; Hesselbach, Walter */† 5/1; Hessemer, Friedrich Maximilian ~ 5/1; Hessenberg, Gerhard * 5/2; Hessenberg, Kurt */~/† 5/2; Hetsch, Heinrich ~ 5/4; Hettinger, Theodor ~ 5/4; Hettstedt, Emil ~ 5/5; Heubner, Otto (Leonhard) ~ 5/7; Heydebrand und der Lasa, Tassilo von ~ 5/16; Heyden, Karl (Heinrich Georg) von */~/† 5/18; Heyden, Lukas von */~/† 5/18; Heymann, Bernhard ~ 5/24; Heyse, Walter ~/† 5/28; Hieber, Theodor ~ 5/30; Hieronymi, Robert (Philipp) ~/~ 5/32; Hieronymus Schultze, Bischof von Brandenburg und Havelberg ~ 5/32; Hilchenbach, Karl Wilhelm * 5/34; Hildach, Anna ~/† 5/34; Hildach, Eugen ~ 5/34; Hildebrand, Camillo ~ 5/35; Hildebrand, Hilde ~ 5/36; Hildenbrandt, Fred ~ 5/39; Hildibald, Bischof von Worms ~ 5/39; Hill, Karl ~ 5/42; Hillebrand, Karl ~ 5/43; Hillebrand, Lucy ~ 11/87; Hiller, Ferdinand von */~ 5/44; Hiller, Paul ~ 5/45; Hillern, Wilhelmine von ~ 5/45; Hillin, Erzbischof von Trier ~ 5/46; Hilpert, Heinz ~ 5/46; Hilpert, Werner Johannes ~ 5/46; Hindemith, Paul ~/† 5/51; Hippel, Fritz von ~ 5/59; Hirsch, Ernst Eduard ~ 5/60; Hirsch, Naphtali ~/† 5/63; Hirsch, Paul * 5/64; Hirsch, Rahel */~ 5/64; Hirsch, Robert von * 5/64; Hirsch, Rudolf ~/† 5/64; Hirsch, Samson Raphael ~ 5/65; Hirsch, Samuel ~ 5/65; Hirschfeld, Kurt ~ 5/67; Hirschfeld-Mack, Ludwig (Johann) * 5/68; Hirschmann, Johann Leonhard * 5/68; Hirt, Friedrich Wilhelm */~/† 5/69; Hirtzwig, Heinrich ~ 5/71; Hitzelberger, Sabina ~ 5/76; Hoberg, Hermann ~ 11/87; Hoch, Fritz ~ 11/88; Hoch, Gustav ~ 5/79; Hochmann von Hochenau, Ernst Christoph ~ 5/81; Hochschild, Zachary ~ 5/81; Hochstädter, Benjamin † 5/82; Hoehn, Alfred (Hermann) ~ 5/93; Hölderlin, (Johann Christian) Friedrich ~ 5/94; Höller, Karl ~ 5/95; Hölscher, Uvo ~ 11/89; Hoen, Philipp Heinrich von † 5/98; Hoenes, Dieter * 5/98; Höniger, Heinrich ~/† 5/98; Hoerbst, Baptist ~ 5/101; Hörnigk, Philipp Wilhelm von * 5/103; Hörth, Franz Ludwig */~ 5/104; Hoevel, Andreas † 5/107; Hofbauer,

Josef ~/† 5/108; Hofe, Christian von † 5/108; Hofer, Johanna ~ 5/110; Hoff, Ferdinand ~ 5/111; Hoff, Hans vom ~ 5/111; Hoffmann, Baptist ~ 5/113; Hoffmann, Carl Gottlieb ~ 5/114; Hoffmann, David ~ 5/115; Hoffmann, Heinrich */~/† 5/119; Hoffmann, Heinrich Anton ~/† 5/119; Hoffmann, Johann ~ 5/120; Hoffmann, Johannes ~ 5/121; Hoffmann, Karl ~ 5/121; Hoffmann, Meinhardt ~ 5/122; Hoffmann-Harnisch, (Friedrich) Wolfgang ~ 5/124; Hoffstadt, Friedrich ~ 5/126; Hofmann, Ernst * 5/128; Hofmann, Heinrich ~ 5/129; Hofmann, Ludwig */~/† 5/131; Hofmann, Samuel ~/† 5/132; Hofmann, Walter ~ 5/132; Hohenemser, Richard (Heinrich) */~ 5/138; Hohmann, (Karl) Georg (Gottlieb) ~ 5/143; Hohnstein, Elger Graf zu † 5/143; Holbein, Hans d. Ä. ~ 5/144; Holbein, Sigmund ~ 5/146; Holfelder, Hans ~ 5/148; Holfelder, Otto (Georg Dionysius) ~ 5/148; Holl, Karl ~ 5/149; Hollar von Prahenberg, Wenzel ~ 5/151; Hollender, Paul ~ 5/151; Hollwich, Fritz ~ 11/90; Holst, Erich von ~ 5/153; Holtz, Peter (Wilhelm) ~/† 5/156; Holtzstamm, Auguste ~ 5/157; Holzbogen, Johann Georg ~ 5/159; Holzhausen, Hamman */~/† 5/160; Holzhausen, Rudolf (Hermann Johannes) ~ 5/160; Holzmann, Philipp ~/† 5/161; Homberger, Jeremias ~ 5/163; Homburger, August */~/† 5/163; Homeyer, Alexander von ~ 5/164; Homolka, Benno † 5/165; Hoppe, Heinz ~ 5/172; Horche, Heinrich ~ 5/175; Horkheimer, Max ~ 5/175; Horn, Camilla * 5/176; Hornig, Ernst (Walter Erich) † 5/180; Horovitz, Jakob ~ 5/181; Horovitz, Josef ~/† 5/181; Horovitz, Markus ~/† 5/181; Horster, Franz ~ 5/183; Hoyer, Dore ~ 5/190; Hromada, Anton ~ 5/193; Hub, Ignaz ~ 5/193; Huber, Johann Kaspar ~ 5/196; Huck, August ~ 5/202; Huck, Wolfgang ~ 5/202; Hübsch, Heinrich (Gottlieb Heinrich Christian) ~ 5/206; Hübscher, Angelika † 11/92; Hübscher, Arthur † 5/206; Hügel, (Johann) Aloys (Joseph) Frh. von ~ 5/208; Hüttenmüller, Robert * 5/214; Hufnagel, Wilhelm Friedrich */† 5/215; Hugenberg, Alfred ~ 5/216; Hulsius, Levin ~/† 5/220; Humann, Johann Jakob ~ 5/221; Humboldt, Wilhelm von ~ 5/222; Hummel, Georg ~ 5/225; Hummel, Otto ~ 5/226; Humperdinck, Engelbert ~ 5/226; Hund, Friedrich ~ 11/92; Hunnius, Monika ~ 5/228; Huth, Enno Walther † 5/235; Hutter, Elias ~ 5/237; Hylla, Erich ~/† 5/239; Igersheimer, Josef */~ 5/244; Ihlee, Johann Jakob † 5/246; Ilgner, Max ~ 11/93; Illig, Kurt */~/† 5/249; Impekoven, Anton ~/† 5/254; Indagine, Johannes ~ 5/255; Instinsky, Hans Ulrich ~ 11/94; Iro, Otto ~ 5/259; Isaac, Alfred ~ 5/260; Isaac, Simon ~ 5/260; Isele, Hellmut Georg ~ 11/94; Isenburger, Erich */~ 11/94; Israel, Hans (Theodor Konrad) ~ 5/264; Ittner, Johann Albrecht von ~ 5/267; Jacob, Benno ~ 11/95; Jacob, Simon † 5/272; Jacobi, Eugen ~/† 5/273; Jacobi, Friedrich Heinrich ~ 5/273; Jacoby, Heinrich * 5/279; Jäger, Anna ~/† 5/282; Jaeger, Hans (Heinrich Ferdinand) ~ 5/284; Jäger, Johann Peter ~ 5/284; Jäger, Rolf * 5/285; Jaeger, Wilhelm ~/† 5/285; Jaeger, Wilhelm Ludwig * 5/285; Jagemann von Heygendorff, Karoline ~ 5/289; Jagic, Nikolaus von ~ 5/289; Jahn, Hans † 5/291; Jahn, Janheinz * 5/291; Jahn, Rolf */~ 5/292; Janauschek, Fanny ~ 5/298; Janneck, Franz Christoph ~ 5/300; Janssen, Johannes ~ 5/303; Jantsch, Heinrich ~ 5/304; Jantzen, Hans ~ 5/305; Jaspers, Karl (Theodor) ~ 5/309; Jaspert, Reinhard * 11/96; Jassoy, Heinrich * 5/309; Jedzek, Klaus ~ 5/314; Jeep, Johann(es) ~ 5/314; Jeidels, Otto */~ 5/315; Jenny, Albert ~ 5/320; Jensen, Adolf Ellegard ~/† 5/320; Jente, Martin ~ 11/97; Jochum, Georg Ludwig ~ 5/333; Joel, Tilmann ~ 5/335; Johann Friedrich Karl, Graf von Ostein, Kurfürst und Erzbischof von Mainz ~ 5/341; Johann, Erzherzog von Österreich ~ 5/342; Johann Lange von Wetzlar ~ 5/349; Johann von Wilnau ~ 5/350; Johannes Schadland, Bischof von Kulm, Hildesheim, Worms und Augsburg ~ 5/351; Johannes Steinwert von Soest ~/† 5/354; John, Otto ~ 11/97; Johnsen, Arrien ~ 5/356; Johnson, Uwe (Klaus Dietrich) ~ 5/356; Jolberg, Regine * 5/358; Jordan, Julius ~ 5/362; Jordan, Wilhelm † 5/363; Josel von Rosheim ~ 5/365; Joseph II., römisch-deutscher Kaiser, Erzherzog

Lánczos, Cornel ~ 6/212; Landauer, Karl ~ 6/215; Landé, Alfred ~ 6/216; Landmann, Ludwig ~ 6/218; Landshoff, Fritz Helmut ~ 6/221; Landshut, Siegfried ~ 6/221; Lang, Albert ~ 6/222; Lang, Carlos ~ 6/223; Lang, Georg ~/† 6/225; Lang, Wilhelm ~ 6/229; Langenhöffel, Johann Joseph ~ 6/240; Langlotz, Ernst ~ 6/247; Langwerth von Simmern, Heinrich ~ 6/248; Lapide, Pinchas E(lias) ~/† 11/117; Laporte, Otto ~ 6/251; La Roche, Maria ~ 6/253; Laski, Jan ~ 6/257; Latscha, Jakob ~/† 6/262; Lattermann, Ottilie */~ 6/262; Lattermann, Theodor */~ 6/262; Laube, Horst ~ 11/118; Laubenthal, Hans Georg ~ 6/264; Laue, Max von ~ 6/266; Lauffer, Otto ~ 6/268; Laum, Bernhard ~ 6/268; Launitz, Eduard Schmidt von der ~/† 6/269; Lautenschläger, Carl Ludwig ~ 6/272; Laven, Paul ~ 6/275; Le Blon, Jakob Christof * 6/280; Leeb, Emil ~ 6/287; Leerse, Johann Georg */~/† 6/288; Legien, Carl ~ 6/290; Lehmann, Herbert ~/† 6/293; Lehmann, Kurt ~ 6/295; Lehmann-Löw, Maria Theresia ~ 6/297; Lehmbruck, Wilhelm ~ 6/298; Lehnartz, Emil ~ 6/299; Lehndorff, Heinrich Graf von ~ 6/299; Lehner, Carl ~/† 6/299; Lehnert, Julius ~ 6/300; Leibbrand, Kurt ~ 6/301; Leiningen, Karl Emich Fürst ~ 6/307; Leisegang, Dieter ~ 6/308; Leiske, Walter ~/† 6/309; Leißring, Christian August Joachim ~ 6/310; Leitner, Friedrich ~ 6/312; Lemberg, Eugen ~ 6/315; Lemmer, Ernst ~ 6/316; Lemnitz, Tiana ~ 6/317; Lendle, Ludwig ~ 6/319; Lenz, Max Werner ~ 11/121; Lenz, Wilhelm * 6/325; Lenzewski, Gustav ~/† 6/326; Leo, Ulrich ~ 6/328; Leonhard, Karl ~ 6/328; Leopold Wilhelm, Markgraf von Baden ~ 6/332; Lepel, Georg Ferdinand Frh. von ~ 6/335; Lepel, Viktor Frh. von ~ 6/335; Lepsius, Bernhard ~ 6/337; Lerchenfeld, Maximilian Emanuel Frh. von ~ 6/338; Lerg, Winfried B(ernhard) * 6/339; Lert, Richard ~ 6/340; Lesmüller, Max ~ 6/342; Leuchs, Kurt ~ 6/351; Leucht, Valentin ~/† 6/351; Leuchtgens, Heinrich ~ 6/352; Leuenberger, Hermann ~ 6/352; Leuner, Hanscarl ~ 11/121; Levi, Elise ~/† 6/358; Levi, Paul ~ 6/359; Levy, Ernst ~ 6/361; Levy, Ludwig ~ 6/361; Levy, Max ~ 6/361; Levysohn, Wilhelm ~ 6/362; Lewald, Hans ~ 6/363; Lewald, Walter ~ 11/122; Ley, Hellmut ~ 6/367; Leybold, Hans * 6/368; Leyen-Hohengeroldseck, Damian Hartard Reichsfrh. von der ~ 6/370; Lichnowsky, Felix Fürst † 6/372; Liebieg, Heinrich Frh. von ~/† 6/384; Liebknecht, Kurt * 6/386; Liebknecht, Otto ~ 11/122; Liebrucks, Bruno ~/† 6/388; Lieffen, Karl ~ 11/123; Liepe, Wolfgang ~ 6/391; Liepman, Heinz ~ 6/391; Liepmann, Hugo ~ 6/391; Liermann, Hans * 6/392; Liesegang, Raphael ~ 6/393; Lindau, Karl ~ 6/400; Linden, Joseph Frh. von ~ 6/403; Lindenschmit, Wilhelm d. J., Ritter von ~ 6/404; Lindley, Sir Walter ~ 6/406; Lindley, Sir William H. ~ 6/406; Lindner, (Maria) Karoline (Friederike) ~/† 6/408; Lindner, Wilhelm ~ 6/409; Lindworsky, Johannes * 6/410; Lingen, Theo ~ 6/410; Linke, Franz ~/† 6/412; Linnebach, Adolf ~ 6/413; Linnemann, Eduard ~ 6/413; Lipp, Balthasar ~ 6/416; Lipphardt, Walther ~/† 6/419; Lippius, Johannes ~ 6/419; Lipps, Hans ~ 6/420; Lipschitz, Werner Ludwig ~ 6/421; Liscow, Christian Ludwig ~ 6/422; Lismann, Hermann ~ 6/423; Listing, Johann Benedikt * 6/425; Livneh, Emmi ~ 6/430; Lobe, Friedrich */~ 6/430; Lobe, Theodor Eduard ~ 6/431; Loch, Wolfgang ~ 6/433; Loeb, Walter ~ 6/437; Löhndorff, Ernst Friedrich ~ 6/442; Löhner, Hermann von ~ 6/442; Loen, Johann Michael von */~ 6/444; Loening, Carl Friedrich ~ 6/444; Loewengard, Max */~ 6/453; Löwenthal, Leo */~ 6/457; Loewi, Otto * 6/458; Lohmann, Paul ~ 6/462; Lommatzsch, Erhard ~/† 6/465; Lommel, Hermann ~ 6/465; Lommer, Horst ~ 6/465; Lonitzer, Adam ~/† 6/466; Loos, Theodor ~ 6/468; Lorch, Wilhelm ~ 6/469; Lorenz, Alfred ~ 6/471; Lorenz, Richard ~/† 6/473; Lotan, Giora ~ 6/479; Lothar, Hanns ~ 6/481; Lotichius, Johannes Petrus ~/† 6/482; Lotmar, Philipp * 6/482; Lotz, Franz ~ 6/484; Lotz, Gerhard ~ 6/484; Lowe, Adolph ~ 6/487; Lowitz, Siegfried ~ 11/124; Lucae, (Johann Christian) Gustav */~/† 6/490; Lucae, Richard ~ 6/490; Lucius, Eugen (Nikolaus) ~/† 6/492; Ludin,

Adolf ~ 6/495; Ludloff, Karl (Rudolf) ~/† 6/495; Ludolf, Hiob † 6/497; Ludwig II. der Deutsche, ostfränkischer Kaiser † 6/498; Ludwig III. der Jüngere, ostfränkischer König † 6/498; Ludwig IV., das Kind, ostfränkischer König † 6/498; Ludwig, Herzog von Teck, Patriarch von Aquileja ~ 6/499; Lüders, Günther ~ 6/515; Lüer, Carl ~/† 6/517; Lueger, Otto ~ 6/518; Lüppo-Cramer, Hinricus ~ 6/520; Lüring, Heinrich Ludwig Emil ~/† 6/520; Lüth, Paul (Egon Heinrich) ~ 6/522; Lüthi, (Johann) Albert ~/† 6/522; Lundorff, Michael Caspar */~/† 6/530; Luppe, Hermann ~ 6/531; Lußberger, Jakob (Hans) */~ 6/533; Lust, Franz Alexander ~ 6/533; Lustig, Rudolf ~ 6/534; Luther, Heinrich Ehrenfried */~/† 6/536; Luther, Johann Erasmus */† 6/536; Lyon, Otto ~ 6/544; Maas, Paul * 6/547; Macklot, Johann Michael * 6/554; Madelung, Erwin (Rudolf) ~/† 6/555; Mager, Jörg (Adam) ~ 6/561; Magnus, Wilhelm ~ 11/125; Mahler, Charlotte ~/† 6/566; Mahnke, Hans ~ 6/568; Mai, Franz ~ 11/126; Mai, Julius ~ 6/570; Maier, Hans Wolfgang * 6/570; Maier, Michel ~ 6/571; Maier, Willibald Apollinar ~ 6/572; Maillet, Léo */~ 6/573; Mainzer, Otto */~ 11/126; Maisch, Herbert ~ 6/574; Malata, Fritz ~/† 6/577; Maler, Valentin ~ 6/578; Malß, Karl (Balthasar) */† 6/581; Mampé-Babnigg, Emma ~ 6/583; Mamroth, Fedor † 6/583; Manes, Alfred * 6/586; Mangelsdorff, Simone ~ 6/587; Mann, Gunter ~ 6/590; Mann, Joseph ~ 6/591; Mannfeld, (Karl Julius) Bernhard ~/† 6/595; Mannheim, Karl ~ 6/595; Mannich, Carl ~ 6/596; Manteuffel-Szoege, Georg Baron von ~ 6/601; Manthey, Axel ~ 6/601; Marbe, Karl ~ 6/604; Marchand, Theobald (Hilarius) ~ 6/606; Marchesi de Castrone, Mathilde */~ 6/606; Marcuse, Herbert ~ 6/610; Marcuse, Ludwig ~ 6/611; Marcuse, Max ~ 6/611; Mareck, Alois Titus ~ 6/611; Marggraf, Andreas Sigismund ~ 6/615; Marggraff, Hermann ~ 6/616; Marianne, Gräfin von der Leyen, geb. Freiin von Dalberg, Regentin der Herrschaft Blieskastel im Westrich und der Grafschaft Hohengeroldseck in Baden ~/† 6/622; Markart, Annie * 6/625; Marquardt, Wilhelm ~ 6/629; Marr, (Friedrich) Wilhelm (Adolph) ~ 6/629; Marra-Vollmer, Marie von ~/† 6/629; Martens, Georg Friedrich von ~/† 6/633; Martin, Alfred von ~ 6/635; Martin, Karl Heinz ~ 6/637; Martini, Winfried ~ 6/640; Marx, Jules * 6/645; Marx, Lothar Franz (Melchior Philipp) ~/† 6/648; Maschmann, Ernst ~/† 6/650; Massenbach, Christian Frh. von ~ 6/651; Matossi, Frank */~ 6/656; Mattes, Wilhelm ~ 6/659; Maull, Otto */~ 6/668; Maurer, Franz Anton ~ 6/669; Maurer, Friedrich ~ 6/669; Maus, Heinz ~ 6/671; Mautner, Karl ~ 6/673; Maximilian I., deutscher König und Kaiser ~ 6/675; Maximilian II., Kaiser ~ 6/676; Maximilian III. Joseph, Kurfürst von Bayern ~ 6/678; Maxsein, Agnes ~ 6/679; May, Ernst (Georg) */~ 7/1; May, Johann Martin */~/† 7/2; May, Kurt ~/† 7/3; Mayer, Helene ~ 7/8; Mayerhofer, Elfie ~ 7/12; Mayseder, Joseph ~ 7/18; Meck, Johann Leonard ~/† 7/19; Meckel, Maximilian (Emanuel Franz) ~ 7/20; Mecking, Ludwig * 7/21; Meibom, Viktor von ~ 7/29; Meidinger, Heinrich ~ 7/29; Meiland, Jakob ~ 7/32; Meinhold, Helmut ~ 7/36; Meir ben Baruch ha Levi ~ 7/38; Meißinger, Karl August ~ 7/40; Meißner, Karl Wilhelm ~ 7/42; Meister des Frankfurter Paradiesgärtleins ~ 7/44; Meister der Worcester-Kreuztragung ~ 7/46; Meister, Aloys * 7/46; Meister, Ernst ~ 7/46; Meister, Wilhelm ~/† 7/47; Meistermann, Georg ~ 7/47; Melander, Dionysius d. Ä. ~ 7/51; Melchinger, Siegfried ~ 7/52; Mellies, Wilhelm ~ 7/54; Mendel, Bruno ~ 7/56; Mendelssohn Bartholdy, Felix (Jacob Ludwig) */~ 7/61; Meng, Heinrich ~ 7/61; Menges, Karl Heinrich ~ 11/129; Menken, Gottfried ~ 7/63; Menn, Wilhelm ~/† 7/63; Merck, Heinrich Emanuel ~ 7/68; Mergell, Bodo (Wilhelm Friedrich) ~/† 11/129; Merian, Maria Sibylla * 7/71; Merian, Matthäus d. Ä. ~ 7/71; Merian, Matthäus d. J. ~/† 7/71; Mertens, Robert ~/† 7/77; Merton, Richard */† 7/78; Merton, Wilhelm */~ 7/78; Mertz, Leonhard ~ 7/78; Merz, Kurt Walter ~ 7/80; Merzbacher, Friedrich ~ 7/80; Messer, Adolf ~/† 7/83; Messerschmitt, Wilhelm (Emil) * 7/84; Messmer,

Eduard ~ 7/84; Messmer, Otto ~ 7/84; Mettel, Hans ~ 7/87; Mettenius, Georg Heinrich */~ 7/87; Metternich-Winneburg, Clemens (Wenzeslaus Lothar Nepomuk) Graf, später Fürst von ~ 7/88; Metzger, Wolfgang ~ 7/92; Metzger-Lattermann, Ottilie * 7/92; Metzler, Augustus ~ 7/92; Metzner, (Johann) Wolfgang (Otto Alfred) † 7/93; Meyer, Adolf ~ 7/97; Meyer, Carl Joseph ~ 7/99; Meyer, Christian Erich Hermann */† 7/99; Meyer, Ernst Wilhelm ~ 7/101; Meyer, Georg Hermann von */† 7/102; Meyer, Heinrich ~ 7/104; Meyer, Johann Friedrich ~ 7/106; Meyer, Johann Friedrich von */~/† 7/106; Meyer, Otto ~ 7/109; Meyer-Baer, Kathi (Gertrude) ~ 7/112; Meyer-Sevenich, Maria ~ 7/114; Meyern, Wilhelm Friedrich von ~/† 7/117; Michael, Jakob * 7/120; Michaelis, Johann Heinrich ~ 7/122; Michel, Ernst ~/† 7/124; Michel, Robert ~ 7/126; Michel, (Karl) Franz ~ 7/126; Michelsen, Hans Günter ~ 7/127; Michiels, Télémaque ~ 7/127; Micyllus, Jacobus ~ 7/128; Middelhauve, Bertha ~ 7/129; Mieg, Arnold Ritter von ~/† 7/130; Mierendorff, Carlo ~ 7/132; Mieses, Jacques ~ 7/134; Mihaly, Jo ~ 7/136; Milch, Wilhelm ~ 7/139; Miller, Friedrich † 7/141; Miller, Julius ~ 7/143; Miller, Oskar von ~ 7/143; Minetti, Bernhard (Theodor Henry) ~ 11/130; Miquel, Johannes von ~/† 7/149; Mischlich, Adam † 7/152; Mises, Richard Martin Edler von ~ 7/152; Mitscherlich, Alexander ~/† 7/154; Mittermaier, Karl Joseph Anton ~ 7/157; Mittler, Leo ~ 7/159; Möbius, Hans * 7/162; Möbius, Martin ~ 7/162; Moellendorff, Otto Franz von ~/† 7/166; Möller, Fritz ~ 7/168; Möller, (Kurt) Walter ~ 7/171; Mölling, Georg Philipp Friedrich ~ 7/172; Moest, Rudolf ~ 7/179; Mohl, Moriz ~ 7/179; Mohler, Philipp (Heinrich) ~/† 7/180; Mohr, Jacob Christian Benjamin */~ 7/183; Molitor, Franz Joseph ~/† 7/189; Molnar, Vera * 7/192; Molter, Johann Melchior ~ 7/193; Moog, Heinz * 7/203; Moran-Olden, Fanny ~ 7/205; Mordeisen, Ulrich von ~ 7/207; Mordo, Renato ~ 7/207; Morel, Willy (Alfred) */~ 7/208; Morf, Heinrich ~ 7/209; Morgenroth, Julius ~ 7/210; Morgenstern, Carl */~/† 7/210; Morgenstern, David ~ 7/211; Morgenstern, Johann Ludwig Ernst ~/† 7/211; Morgenthau, Hans Joachim ~ 7/213; Mori, Gustav */~ 7/214; Moser, Friedrich Carl Frh. von ~ 7/223; Moses Reinganum, Lemle ~ 7/229; Mosheim, Grete ~ 7/230; Moufang, Ruth ~/† 7/234; Mouson, August Friedrich ~/† 7/234; Mozart, Wolfgang Amadeus ~ 7/235; Mügge, Ratje ~ 7/240; Mühlestein, Hans ~ 7/242; Müller, Artur ~ 7/249; Müller, (Johann) Daniel ~ 7/251; Müller, Ernst Ferdinand ~/† 7/254; Müller, Erwin ~ 7/254; Müller, Eugen ~ 7/255; Müller, Franz Hubert ~ 7/256; Müller, Georg */~ 7/260; Müller, Gerda ~ 7/260; Müller, Gerhard (Maria) ~/† 11/132; Müller, Hans ~ 7/261; Müller, Hans ~ 7/261; Müller, (Jacob) Hermann (Joseph) ~ 7/265; Müller, Hubert ~ 7/266; Müller, Hugo ~ 7/266; Müller, Jacob ~ 7/267; Müller, Julius ~ 7/272; Müller, Louise * 7/275; Müller, Otto ~ 7/278; Müller, Viktor (Christian) */~ 7/282; Müller-Blattau, Joseph Maria ~ 7/284; Müller-Graaf, Carl-Hermann ~ 7/286; Müller-Kray, Hans (Albert) ~ 7/288; Müller-Marein, Josef ~ 7/289; Müller-Reuter, Theodor ~ 7/290; Müller-Wulckow, Walter Lothar ~ 7/292; Münch-Bellinghausen, Joachim (Eduard) Graf von ~ 7/294; Münsinger, Albrecht ~ 7/296; Müthel, Lothar (Max) † 7/302; Muffel, Nikolaus III. ~ 7/303; Mumm von Schwarzenstein, Alfons Frh. von * 7/306; Mumm von Schwarzenstein, (Daniel) Heinrich */~/† 7/306; Murawski, Hans ~ 7/311; Murhard, Friedrich (Wilhelm August) ~ 7/312; Murhard, (Johann) Karl (Adam) ~ 7/312; Murner, Thomas ~ 7/313; Musulin, Branka ~ 7/319; Muth, Hermann ~ 7/319; Muthesius, Hans ~/† 7/320; Mylius, (Johannes) Daniel ~ 7/322; Mylius, Heinrich */~ 7/323; Mylius von Gnadenfeld, Hermann ~ 7/323; Nabholz, Philipp ~ 7/325; Nacken, Richard ~ 7/328; Nagel, Lorenz Theodor ~ 7/334; Nagiller, Matthäus ~ 7/335; Nagler, Carl Ferdinand Friedrich von ~ 7/336; Napp-Zinn, Anton Felix ~ 7/339; Naso, Eckart von ~/† 7/341; Nau, Bernhard Sebastian von ~ 7/346; Naujoks, Hans ~/† 7/347; Naumann, Bruno ~ 7/348; Naumann, Edmund † 7/348; Naumann, Emil ~ 7/348; Naumann, Friedrich ~ 7/349; Naumann, Hans ~ 7/349; Nausea, Friedrich ~ 7/351; Naval, Franz ~ 7/352; Neander, Joachim ~ 7/353; Necker, Wilhelm ~ 7/355; Neckermann, Josef (Carl) ~ 7/355; Neef, Fritz ~ 7/356; Neefe, Christian Gottlieb ~ 7/356; Neeff, Christian Ernst */† 7/356; Neff, Alfred (Heinrich) ~ 11/134; Neher, (Rudolf Ludwig) Caspar ~ 7/358; Neidlinger, Gustav ~ 7/359; Neisch, Marga ~ 7/360; Neisser, Max ~ 7/361; Nell von Nellenburg und Damenacker, Franz Anton Maria Frh. ~/~ 7/361; Nell, Walter ~ 7/362; Nell-Breuning, Oswald von ~/† 7/362; Neller, Georg Christoph ~ 7/363; Nelles, Johannes */~ 11/136; Nemeitz, Joachim Christoph ~ 7/363; Nesselrode, Karl Robert Graf von ~ 7/366; Nestlé, Henri */~ 7/367; Nette, Herbert ~ 7/369; Nettstraeter, Klaus ~ 7/369; Neuber, Friederike Caroline ~ 7/372; Neubürger, Emil ~/† 7/374; Neubürger, Karl Theodor */~ 7/374; Neudörffer, Julius ~ 7/375; Neugebauer, Helmuth ~ 7/377; Neuhaus, Leopold ~ 7/379; Neukäufler, Marie ~ 7/379; Neumann, Franz Leopold ~ 7/382; Neumann, Hugo ~ 7/384; Neumann, Siegmund † 11/140; Neumann-Hofer, Annie † 7/388; Neumark, Fritz ~ 7/388; Neundörfer, Ludwig ~/† 7/391; Neustück, Maximilian ~ 7/394; Neven Du Mont, Jürgen ~ 7/396; Neydhart, Josef ~ 7/397; Nicolai, (Georg) Hermann ~ 7/400; Nicolai, Robert (Emil Gottlieb) ~ 7/400; Niebergall, Buschi † 11/141; Niedermayer, Andreas † 7/405; Niemeyer, Reinhold ~ 11/141; Nienstedt, Gerd ~ 7/411; Niering, Joseph ~/† 7/411; Niesel, Wilhelm † 7/412; Niggli, Friedrich (Arnold) ~ 7/417; Nink, Caspar ~/† 7/421; Nippold, Otfried ~ 7/423; Nippoldt, Alfred * 11/142; Nissl, Franz (Alexander) ~ 7/425; Nixdorf, Heinz ~ 7/427; Noack, Friedrich ~ 7/427; Noack, Ulrich ~ 7/428; Nobel, Nehemia Anton ~/† 11/142; Noë, Oskar ~ 7/430; Nölting, Erik (Wilhelm) ~ 7/431; Nolden, Peter Richard Hubert ~ 7/434; Noll, Fritz * 7/434; Noller, Alfred ~ 7/435; Nonnenbruch, Wilhelm ~ 7/436; Nonnenmann, Klaus ~ 7/436; Noorden, Carl (Harko) von ~ 7/436; Nossack, Hans Erich ~ 7/440; Noth, Ernst Erich ~ 7/442; Nottebohm, (Johann) Abraham ~ 11/144; Nouseul, Johann ~ 7/444; Nussbaum, Jakob ~ 7/449; Oberländer, Alfred ~ 7/454; Oberparleiter, Karl ~ 7/456; Oberthür, Karl ~ 7/457; Ochs, Karl Wilhelm * 7/460; Ochs, Siegfried * 7/460; O'Daniel, Herbert ~/† 11/146; Odemar, Fritz (Otto Emil) ~ 7/462; Oechelhäuser, Wilhelm ~ 7/462; Oechelhäuser, Wilhelm von ~ 7/462; Oehler, Karl Gottlieb Reinhard */† 7/464; Oehler, Richard ~ 7/464; Oellers, Fritz ~ 7/467; Oelsner, Konrad Engelbert ~ 7/467; Oeser, Albert † 7/471; Oeser, Rudolf ~/† 7/471; Oetinger, Friedrich Christoph ~ 7/473; Oettingen, Hans(-Georg) von ~ 7/475; Offenbach, Joseph ~ 7/477; Ohly, Friedrich ~ 7/479; Ohmacht, Landolin ~ 7/481; Ohms, Elisabeth ~ 7/481; Ohnesorge, Wilhelm ~ 11/149; Ohr, Wilhelm Ludwig ~ 7/482; Olden, Hans * 7/484; Oldenbourg, Rudolf ~ 7/485; Ollmert, Karl ~/† 7/489; Onegin, Sigrid ~ 7/492; Opel, Adam ~ 7/493; Opel, Georg von */~ 7/494; Ophüls, Max ~ 7/497; Oppenheim, Heinrich Bernhard * 7/498; Oppenheim, Moritz Daniel † 7/499; Oppenheim, Paul */~ 7/499; Oppenheimer, Franz ~ 7/500; Oppenheimer, Oscar Franklin */~ 7/501; Oppler, Kurt ~ 11/151; Orff, Carl ~ 7/504; Orient, Joseph ~ 7/508; Ortmann, Rolf ~ 7/509; Ossenfelder, Heinrich August ~/† 7/512; Osten, Vally van der ~ 7/515; Osthoff, Helmuth ~ 7/519; Oswald, Johann Benjamin ~ 7/521; Otremba, Erich */~ 7/524; Otterstedt, Friedrich Frh. von ~ 7/526; Ottiker, Ottilie ~ 7/527; Otto IV., deutscher König, Kaiser ~ 7/530; Otto, Hans ~ 7/534; Otto, Nicolaus August ~ 7/535; Otto, Richard ~/† 7/536; Otto, Teo ~/† 7/536; Otto, Walter F(riedrich Gustav Hermann) ~ 7/536; Overbeck, Egon ~ 11/154; Overbeck, Fritz ~ 7/539; Overbeck, Johann Friedrich ~ 7/539; Overhoff, Julius ~ 7/540; Overmans, Jakob ~ 7/540; Pabst, (Hermann August) Walter ~ 7/544; Pagenstecher, Maximilian (Alexander Ludwig) ~ 7/549; Palm, Johann Philipp ~ 7/552; Pander, Oskar von ~

7/554; Paneth, Friedrich Adolf ~ 7/554; Panzer, Friedrich (Wilhelm) ~ 7/557; Pape, Ernst ~ 7/558; Pappenheim, Bertha ~ 7/560; Pappenheim, Eugenie ~ 7/560; Paquet, Alfons ~/† 7/561; Pascher, Joseph ~ 7/567; Passavant, Johann David */~/† 7/568; Passavant, Johann Karl */~/† 7/568; Passow, Richard ~ 7/568; Pastor, Ludwig Frh. von Camperfelden (1916) ~ 7/569; Pastorius, Franz Daniel ~ 7/570; Patat, Franz (Xaver Maria Theresia) ~ 7/570; Patow, (Erasmus) Robert Frh. von ~ 7/570; Patze, Hans ~ 7/571; Paul, Rudolf ~/† 7/574; Pauli, Max ~ 7/576; Pauly, Georg * 7/581; Payer, Julius Ritter von ~ 7/585; Pecht, (August) Friedrich ~ 7/586; Peiper, Herbert ~ 7/589; Pelargus, Wilhelm ~ 7/590; Pellar, Hanns ~ 7/591; Penz, Alois ~ 7/596; Perls, Paul Heinrich ~ 7/602; Permann, Adolf ~ 7/602; Perthaler, Johann Alois Ritter von ~ 7/605; Perthes, Clemens (Theodor) ~ 7/605; Peschkau, Emil ~ 7/608; Pestalozzi, Johann Heinrich ~ 7/610; Peter, Karl Georg * 7/613; Petersen, Johann Wilhelm ~ 7/618; Petersen, Johanna Eleonora */~ 7/619; Petersen, Julius ~ 7/619; Petriconi, Hellmuth ~/† 11/157; Petter, Franz ~ 7/625; Pettera, Günter ~ 7/625; Petzer von Rasenheim, Anton Ritter ~ 7/627; Petzet, Walter ~ 7/627; Petzmayer, Johann ~ 7/627; Pevsner, Sir Nikolaus (Bernhard Leon) ~ 7/631; Pezzey, Bruno ~ 7/633; Pfahler, Gerhard ~ 7/634; Pfannes, Fini ~/† 7/636; Pfarr, Georg Adolf */~ 7/637; Pfeiffer, Alois ~ 7/639; Pfeiffer, Ernst Friedrich */~ 11/158; Pfeiffer-Belli, Erich ~ 7/642; Pfeilschifter, Johann Baptist von ~ 7/644; Pfeilschifter, Julie Sophie Marie Agathe von ~ 7/644; Pfitzner, Hans (Erich) ~ 7/647; Pfleger, Johannes ~ 11/158; Pfleiderer, Otto ~ 7/649; Pfordten, Ludwig Frh. von der ~ 7/651; Pfordten, Otto Frh. von der ~ 7/651; Pforr, Franz * 7/651; Pfretzschner, Norbert ~ 7/652; Pfusterschmid von Hardtenstein, Karl Frh. von ~ 7/653; Philipp, Wolfgang ~/† 7/657; Philippi, Maria ~ 7/658; Philipps, Horst ~ 7/658; Pidoll, Johann Michael Josef von ~ 7/665; Pidoll zu Quintenbach, Karl (Michael Valentin) Frh. von ~ 7/665; Pischek, Johann von * 7/679; Pischek, Johann Baptist ~ 7/679; Pischinger, Alfred ~ 7/680; Plath, Johann Heinrich ~ 7/688; Platiel, Nora ~ 7/688; Plattner, Albert ~ 7/690; Pless, Philipp ~/† 7/694; Pleßner, Martin ~ 7/695; Plettl, Martin ~ 8/1; Pochhammer, Adolf ~ 8/7; Podeyn, Hans (Carl) ~ 8/9; Poehlmann, August ~ 8/10; Poelchau, Harald ~ 8/10; Pölzer, Julius ~ 8/12; Pörzgen, Hermann ~ 8/14; Pöschl, Viktor ~ 8/15; Pohlmann, Alexander ~ 8/21; Polak, Karl ~ 8/23; Polko, Elise ~ 8/25; Pollak, Egon ~ 8/26; Pollatschek, Walther ~ 8/28; Pollert, Karoline ~ 8/28; Pollock, Friedrich ~ 8/29; Ponfick, Emil * 8/31; Popp, Lucia ~ 8/34; Poppe, Johann Heinrich Moritz von ~ 8/34; Poritzky, Jakob Elias ~ 8/37; Posadowsky-Wehner, Harald Graf von ~ 8/41; Potthoff, Heinz ~ 8/47; Prasch, Alois ~ 8/53; Prassek, Johannes ~ 8/54; Pratobevera von Wiesborn, Adolf Frh. ~ 8/54; Preiser, Erich ~ 8/58; Preller, Ludwig ~ 8/61; Presber, (Hermann Otto) Rudolf * 8/63; Press, Volker ~ 8/63; Prestel, Johann Gottlieb ~/† 8/64; Pribram, Karl ~ 8/68; Priebe, Hermann ~/† 11/161; Priemel, Kurt ~/† 8/69; Prigge, Richard */~/† 8/69; Prijs, Joseph ~ 8/69; Printz, Wilhelm ~ 8/72; Printzen, Marquard Ludwig Frh. von ~ 8/72; Prinzhorn, Hans ~/† 8/73; Pritius, Johann Georg ~/† 8/73; Prittwitz und Gaffron, Friedrich Wilhelm von ~ 8/73; Pröckl, Ernst Johann ~ 8/76; Pröll, Rudolf ~ 8/77; Prölß, Johannes ~ 8/77; Proesler, Hans ~ 8/77; Prohaska, Felix ~ 8/78; Prokesch von Osten, Anton Graf ~ 8/78; Pross, Helge ~ 8/80; Prowazek, Stanislaus Edler von Lanow ~ 8/81; Pütmann, Johann Stephan ~ 8/87; Pützer, Friedrich † 8/89; Puschmann, Adam ~ 8/92; Puttfarcken, Hans ~ 8/94; Quaglio, Giuseppe ~ 8/98; Quincke, Heinrich Irenäus ~/† 8/103; Quirin, Eberhard ~ 8/103; Quix, Christian ~ 8/104; Raab, Friedrich ~ 8/105; Raab, Johann ~ 8/105; Rade, Martin ~/† 8/114; Radenbach, Karl Ludwig ~ 8/116; Radl, Anton ~/† 8/117; Radowitz, Joseph Maria von ~ 8/118; Radowitz, Joseph Maria von * 8/118; Raecke, Julius ~/† 8/120; Raederscheidt, (Friedrich) Georg ~ 8/121; Raethjen, Paul (Ernst Günther Siegmund) ~ 8/122;

Raff, Helene ~ 8/122; Raff, (Joseph) Joachim ~/† 8/122; Rajewsky, Boris ~/† 8/129; Rakette, Maximilian */~/† 8/129; Rammelmeyer, Alfred ~ 8/132; Rank, Josef ~ 8/135; Rapp, Fritz ~ 8/141; Rasche, Johann Christoph ~ 8/144; Ratgeb, Jörg ~ 8/148; Rath, Ernst vom * 11/161; Rath, Klaus Wilhelm (Kurt Otto) ~ 8/148; Rath, Walter vom ~ 8/148; Rathmann, Hermann ~ 8/151; Ratke, Wolfgang ~ 8/152; Ratschow, Max ~ 8/153; Rau, Heribert */~ 8/155; Rau, Karl August */~ 8/156; Rauch, Alf ~/† 8/157; Raupp, Karl ~ 8/163; Rausch, Edwin ~ 8/163; Rauschenberger, Walther (Georg Heinrich) ~/† 8/164; Rauschenbusch, Helmut ~ 8/164; Rauwolf, Leonhard ~ 8/166; Raveaux, Franz ~ 8/167; Ravenstein, (Friedrich) August */~/† 8/167; Ravenstein, Ernst Georg */~ 8/167; Ravenstein, Hans ~ 8/167; Ravenstein, Simon */~ 8/168; Raymond, Walter ~ 8/168; Razum, Hannes ~ 8/169; Rebner, Adolf (Franklin) ~ 8/171; Rechberg und Rothenlöwen, Johann Bernhard Graf von ~ 8/171; Reden, Friedrich Wilhelm Otto Ludwig Frh. von ~ 8/176; Reding von Biberegg, Aloys Graf ~ 8/177; Redlich, Hans Ferdinand ~ 8/179; Redtenbacher, Rudolf ~ 8/182; Rehberg, Willy ~ 8/189; Rehfuß, Carl */~ 8/191; Rehfuß, Heinz * 8/191; Rehn, Eduard * 8/193; Rehn, Johann Heinrich ~/† 8/193; Rehn, Ludwig ~/† 8/193; Reich, Lilly ~ 11/162; Reich, Lucian ~ 8/195; Reichard, Johann Jakob */~/† 8/196; Reichenberg, Franz von ~ 8/201; Reichenberger, Hugo ~ 8/201; Reicher, Ernst ~ 8/202; Reichmann, Wolfgang ~ 11/162; Reifenberg, Benno ~ 8/206; Reiffenstein, Carl Theodor */~/† 8/207; Reifferscheidt, Adolph ~ 8/208; Rein, Johannes Justus ~ 8/213; Rein, Walter ~ 8/213; Reinert, Hans Egon ~ 8/216; Reinganum, Maximilian */~/† 8/217; Reinhard, Karl Friedrich Graf von ~ 8/218; Reinhardt, Delia ~ 8/219; Reinhardt, Karl ~ 8/219; Reinhardt, Karl ~/† 8/219; Reinhardt, Philipp Jakob * 8/221; Reinhart, Friedrich ~ 8/221; Reinhart, Walther ~ 8/222; Reinhold, Conrad ~ 8/222; Reininger, Karl ~ 8/225; Reis, Johann Philipp ~ 8/228; Reißner, Anton ~ 8/233; Reitsch, Hanna † 8/235; Rémond, Fritz ~ 8/240; Renard, Heinrich ~ 8/241; Renner, Paul (Friedrich August) ~ 8/245; Rennert, Günther (Peter) ~ 8/246; Reschke, Hans ~ 8/248; Rethel, Alfred ~ 8/250; Reuleaux, Otto (Hermann Karl Henning) ~ 8/254; Reuter, Georg ~ 8/260; Reutter, Hermann ~ 8/262; Révy, Richard (Anton Robert Felix) ~ 8/263; Rewald, John ~ 8/264; Rheinstein, Max ~ 8/268; Richard von Cornwall, deutscher König ~ 8/272; Richartz, Walter E. ~ 8/273; Richel, Friedrich August ~ 8/273; Richstätter, Karl ~ 8/275; Richter, Trude ~ 8/284; Richter, Walter ~ 8/284; Richter, Willi */~/† 8/284; Richthofen, Hartmann (Oswald Heinrich Ferdinand) Frh. von ~ 8/285; Rieder, Robert Pascha ~ 8/293; Riedl, Johann ~ 8/295; Riedl von Riedenstein, Johann Baptist Edler ~ 8/295; Riedmüller, Franz Xaver Edler von ~ 8/295; Riehl, Anton ~ 8/298; Riehl, Wilhelm Heinrich ~ 8/299; Ries, Ferdinand * 8/305; Riese, Otto */~ 8/306; Riesser, Jakob */~ 8/307; Rieth, Otto ~ 8/308; Riezler, Kurt ~ 11/163; Rimrott, Fritz ~ 8/313; Rincklake, Johann Christoph ~ 8/314; Ringleb, Karl */~ 11/163; Riotte, Philipp Jakob ~ 8/321; Risse, Heinz ~ 8/323; Ritter, Carl ~ 8/326; Ritter, Emil * 8/327; Ritter, Hellmut ~ 8/329; Ritter, Johann Balthasar */~/† 8/330; Ritter, Josef ~ 8/331; Ritter, Kaspar ~ 8/331; Ritter, Matthias d. J. ~/† 8/332; Ritterling, Emil ~ 8/333; Rittershausen, Heinrich ~ 8/334; Rittmeyer, Robert ~ 8/335; Rocke-Heindl, Anna ~ 8/342; Rodemund, Karl ~ 8/344; Röckel, August ~ 8/347; Roeder-stein, Ottilie (Wilhelmine) ~ 8/349; Roediger, Elisabeth ~ 8/349; Roehl, Wilhelm ~ 8/350; Römpler, Alexander ~ 8/361; Roesicke, Richard ~ 8/361; Rösler, Robert ~ 8/361; Roesler, Trude ~ 8/361; Rössle, Karl Friedrich ~ 8/362; Roessler, Heinrich */~/† 11/165; Roeßlin, Eucharius d. Ä. ~/† 8/364; Röth, Eduard Maximilian ~ 8/364; Rogge, Friedrich Wilhelm ~/† 8/366; Roggenbach, Franz Frh. von ~ 8/366; Rohr, Otto von ~ 8/370; Rombach, Otto ~ 8/378; Roner, Anna ~ 8/381; Ronge, Johannes ~ 8/381; Roos, Johann Heinrich ~/† 8/382; Roos, Johann Melchior */~/† 8/382; Roos, Philipp Peter * 8/382; Rorbach, Bernhard

*/~/† 8/383; Rorbach, Job */~/† 8/383; Rosbaud, Hans ~ 8/385; Rosenberg, Richard */~ 8/394; Rosenberg, Wolf † 11/165; Rosenberger, (Johann Karl) Ferdinand ~ 11/165; Rosenhain, Jakob ~ 8/396; Rosenheim, Jakob */~ 8/397; Rosenkranz, Elisabeth */~/† 8/397; Rosenstock-Huessy, Eugen ~ 8/399; Rosenzweig, Franz ~/† 8/402; Roser, Dieter ~ 8/402; Roser, Wilhelm Friedrich Ludwig † 8/403; Roth, Bertrand ~ 8/411; Roth, Heinrich ~ 8/413; Roth, Johann Richard von ~/† 8/413; Roth, (Moses) Joseph ~ 8/414; Rothaug, Alexander ~ 8/417; Rothbarth, Erwin * 8/417; Rothbarth, Margarete (Johanna) * 8/417; Rothe, Edith ~ 8/417; Rothschild, Amschel Meyer Frh. von */~/† 8/422; Rothschild, Anselm Salomon Frh. von */~ 8/422; Rothschild, Jakob Mayer Frh. von * 8/422; Rothschild, Karl Mayer Frh. von */† 8/422; Rothschild, Mayer Carl Frh. von */~/† 8/422; Rothschild, Meyer Amschel */~/† 8/423; Rothschild, Nathan Mayer Frh. von */† 8/423; Rothschild, Salomon Mayer Frh. von */~ 8/423; Rothschild, Walther ~ 8/423; Rothschuh, Karl Eduard ~ 8/424; Rottenberg, Ludwig ~/† 8/425; Rottmann, Josefine ~/† 8/428; Rousseau, Johann Baptist ~ 8/428; Ruben, Walter ~ 8/431; Rudder, Bernhard de ~ 8/434; Rudolf I., Graf von Habsburg, römisch-deutscher König ~ 8/436; Rübsam, Richard ~ 8/443; Rübsamen, Ludwig Christoph ~ 8/443; Rüppel, Wilhelm Peter Eduard (Simon) */~/† 8/454; Rüschkamp, Felix ~/† 8/455; Rütten, Joseph (Jakob) */~/† 8/457; Ruge, Arnold ~ 8/458; Ruhl, Johann Christian ~ 8/460; Ruland, Karl * 8/461; Rumpf, (Peter) Philipp */~ 8/464; Rumpff, Vincent ~ 8/465; Rumpler, Edmund ~ 8/465; Ruppel, Karl Heinrich ~ 8/471; Ruppel, Sigwart ~ 8/472; Rustige, Heinrich (Franz Gaudenz) von ~ 8/476; Ruttmann, Walther * 8/478; Sabatzky, Kurt ~ 8/485; Sabel, Anton ~ 8/485; Sabel, Jakob ~ 8/485; Saccur, Alma ~/† 8/485; Sachs, Ernst ~ 8/486; Sachs, Hans ~ 8/487; Sachse-Hofmeister, Anna ~ 8/490; Sack, Karl ~ 8/491; Säuberlich-Lauke, Lu ~ 8/494; Sais, Tatjana */~ 8/496; Sakheim, Arthur ~/† 8/497; Salden, Ida ~ 8/497; Salin, Edgar (Bernhard) * 8/498; Salomon(-Delatour), Gottfried */~/† 8/503; Salomon, Hugo ~ 8/504; Salomon, Johann Peter ~ 8/504; Salz, Arthur ~ 8/505; Sammet, Rolf ~ 11/167; Sandrart, Jakob von * 8/514; Sandrart, Joachim von, d. Ä. * 8/514; Sarg, Johann Heinrich Karl * 8/519; Sartorius, (Carl) Christian (Wilhelm) ~ 8/520; Saß, August Leopold ~ 8/521; Sassenbach, Johann † 8/522; Sattler, Ernst ~ 8/523; Sauce, Wilhelm Karl August de la ~ 8/525; Sauer, Franz */~ 8/526; Sauer, Karl Adolf ~ 8/527; Sauerborn, Maximilian ~ 8/528; Sauerländer, Heinrich Remigius * 8/528; Sauerländer, Johann David */~/† 8/528; Sauermann, Heinz ~ 8/529; Sauerwein, Johann Wilhelm */~/† 8/529; Saul, Daniel (Johannes) ~ 8/529; Savigny, Friedrich Carl von * 8/532; Savigny, Karl von ~ 8/533; Savigny, Karl Friedrich von ~/† 8/533; Savoye, Joseph ~ 8/533; Scaria, Emil ~ 8/536; Schaaf, Julius (Jakob) ~ 8/537; Schachnowitz, Selig (Joschua) ~ 8/539; Schack, Adolf Friedrich Graf von ~ 8/541; Schacko, Hedwig ~ 8/541; Schad, Joseph ~ 8/542; Schaeder, Hildegard ~/† 8/545; Schaefer, Georg ~ 8/547; Schäfer, Georg ~ 8/547; Schäfer, Klaus ~ 11/167; Schäfer, Marie ~ 8/548; Schäfer, Theo */~ 8/549; Schäfer(-Dittmar), Wilhelm ~ 8/549; Schäfer, Wilhelm ~/† 8/550; Schäffer, Eugen Eduard */~/† 8/550; Schaewen, Richard von */† 8/554; Schaezler, Johann Lorenz von ~ 8/554; Schalfejew, Eduard ~ 8/559; Schall von Falkenforst, Josef ~ 8/560; Schardt, Alois † 8/566; Scharff, Alexander * 8/567; Scharpff, Paulus ~/† 8/571; Scharrer, Berta ~ 8/571; Scharrer, Ernst (Albert) ~ 11/168; Schatzki, Walter ~ 8/573; Schaub, Hans Ferdinand */~ 8/574; Schaubert, Else (Constanze Wilhelmine) ~ 8/574; Schauer, Georg Kurt */~ 8/575; Schauer, Johannes */~ 8/575; Schaum, (Ferdinand) Karl (Franz) * 8/576; Schaumann, Otto ~ 11/168; Schaumberg, Peter von ~ 8/577; Schauroth, Lina (Susanna) */~/† 8/577; Schauseil, Wally ~ 8/577; Scheff, Fritzi ~ 8/583; Scheffel, Joseph Viktor von ~ 8/583; Scheibe, Richard ~ 8/585; Schelble, Johann Nepomuk ~ 8/591; Schelcher, Raimund ~ 8/591;

Schele zu Schelenburg, Eduard (August Friedrich) Frh. von ~/† 8/591; Scheler, Max (Ferdinand) ~/† 8/591; Schellenberg, (Ernst) Ludwig (Theodor) ~ 8/595; Schelp, Fritz ~ 8/598; Schenk zu Schweinsberg, Eberhard Frh. von ~ 8/604; Scherl, August (Hugo Friedrich) ~ 8/613; Schick, Margarete ~ 8/622; Schiel, Hubert ~ 8/626; Schiff, Hugo (Josef) * 8/630; Schiff, Moritz */~ 8/630; Schiller, Karl (August Fritz) ~ 8/637; Schilter, Johann ~ 8/640; Schimmelpfeng, (Franz Karl) Wilhelm ~ 8/641; Schindelmeißer, Louis Alexander Balthasar ~ 8/642; Schindler, Anton ~ 8/643; Schindler, Oskar † 8/644; Schlabrendorff, Fabian von ~ 8/652; Schlechta, Karl ~ 8/658; Schlegel von Gottleben, Dorothea von ~/† 8/660; Schleich, Martin (Eduard) ~ 8/663; Schleiden, Matthias Jakob ~/† 8/664; Schleiden, Rudolf ~ 8/664; Schlesinger, Ludwig ~ 8/671; Schlesinger, Walter ~ 8/672; Schlettow, Hans Adalbert von */~ 8/672; Schleußner, Carl Adolf */† 8/673; Schlick, Arnold ~ 8/675; Schliepmann, Hans Karl Gottfried ~ 8/678; Schlitz genannt von Görz, Emil Friedrich (Franz Maximilian) Graf † 8/681; Schlossberger, Hans (Otto Friedrich) ~ 8/684; Schlosser, Christian * 8/684; Schlosser, Friedrich Christoph ~ 8/684; Schlosser, (Georg Karl Wilhelm) Gustav ~/† 8/684; Schlosser, Hermann August ~ 8/684; Schlosser, Hieronymus Peter */~/† 8/685; Schlosser, Johann Georg */~/† 8/685; Schlosser, Julie * 8/685; Schlosser, Ludwig Heinrich ~/† 8/685; Schlusnus, Heinrich ~/† 8/689; Schmaltz, (Friedrich Philipp) Gustav † 8/692; Schmaltz, Kurt Robert ~ 8/692; Schmedes, Erik ~ 8/692; Schmeidel, Hermann Ritter von ~ 8/694; Schmeidler, Josef † 8/694; Schmerling, Anton von ~ 8/697; Schmerling, Joseph von ~ 8/697; Schmezer, Friedrich ~ 8/698; Schmid, Carlo ~ 8/699; Schmid, Coloman ~ 8/700; Schmid, Erich ~ 8/700; Schmid, Paul von ~ 8/705; Schmid, Peter ~ 8/705; Schmidt, Agnes ~ 9/2; Schmidt, Albrecht ~ 9/2; Schmidt, Anton ~ 9/2; Schmidt, Eduard Johann ~ 9/5; Schmidt, Erich ~ 9/5; Schmidt, (Julius August) Fritz ~ 9/7; Schmidt, Gerhard ~ 9/8; Schmidt, Gustav (Friedrich) ~ 9/8; Schmidt, Heinrich Frh. von ~ 9/10; Schmidt, Horst ~ 9/11; Schmidt, Jürgen ~ 9/13; Schmidt, Karl Ludwig * 9/14; Schmidt, Max(imilian) */~ 9/15; Schmidt, Otto ~ 9/17; Schmidt, Robert (Emanuel) ~ 9/18; Schmidt, Robert * 9/19; Schmidt, Robert ~ 9/19; Schmidt, (Christoph) Rudolf ~ 9/19; Schmidt-Heyder, (Johann) Adolph */~/† 9/23; Schmidt-Metzler, (Johann Friedrich) Moritz */~/† 9/24; Schmied-Kowarzik, Walther ~ 9/27; Schmieden, Victor (Gottfried Otto) ~/† 9/27; Schmieder, Wolfgang ~ 9/28; Schmitson, Teutwart */~ 9/29; Schmitt, Aloys ~/† 9/29; Schmitt, Friedrich * 9/31; Schmitt, Nikolaus Eduard ~ 9/32; Schmitt, Otto ~ 9/32; Schmitt, Viktor Christian */~ 9/33; Schmitt-Vockenhausen, Hermann ~ 9/33; Schmitthenner, Hansjörg ~ 9/34; Schmitz, Carl August ~/† 9/35; Schmitz, (Heinrich Gustav) Hermann ~ 9/36; Schmitz, Oskar A(dolf) H(ermann) † 9/37; Schnabel-Behr, Therese ~ 9/43; Schnack, Anton ~ 9/44; Schnapper-Arndt, Gottlieb */~ 9/45; Schnapper, Mayer (Salomon) Arthur von * 9/45; Schnaudigel, Otto (Franz August) ~ 9/46; Schneck, Wilhelm Karl ~ 9/46; Schnée, (Karl) Emil † 9/47; Schneider, Arthur (Carl August) ~ 9/50; Schneider, Carl † 9/50; Schneider, Ernst ~ 9/51; Schneider, Fedor ~/† 9/52; Schneider-Lenne, Ellen-Ruth ~ 11/171; Schneiderhöhn, Hans ~ 9/61; Schnell, Ludwig Franz Seraph ~ 9/62; Schnitzler, Lilly (Bertha Dorothea) ~ 9/67; Schnorr von Carolsfeld, Ludwig ~ 9/69; Schnurbein von und zu Meitingen, Balthasar (III.) ~ 9/70; Schnurre, Wolfdietrich */~ 9/70; Schnyder von Wartensee, (Franz) Xaver ~/† 9/71; Schöffling, Karl ~/† 9/77; Schoen, Ernst (Fritz Erich) ~ 9/80; Schön, Michael ~ 9/81; Schoenberger, Guido Leopold */~ 9/86; Schönberger, Johanna ~ 9/86; Schönborn, Johann Philipp Franz Reichsfreiherr (seit 1701 Reichsgraf) von ~ 9/88; Schönborn, Rudolf Franz Erwein von ~ 9/88; Schönborn-Wiesentheid, Franz Erwein Graf von † 9/88; Schöne, Wolfgang ~ 9/90; Schönemann, Lili * 9/91; Schöner, Georg Friedrich Adolph ~ 9/91; Schönewolf, Karl * 9/92; Schönfeld, Carl (Emil) ~

9/93; Schoenflies, Arthur (Moritz) ~/† 9/95; Schoenhals, Albrecht (Moritz James Karl) ~ 9/95; Schoeps, Hans-Joachim ~ 9/103; Scholderer, Otto */~/† 9/104; Scholl, Johann Baptist d. J. ~ 9/105; Scholz, Bernhard (Ernst) ~ 9/108; Scholz, Ernst ~ 9/108; Scholz, Ernst Paul Erich ~ 9/108; Scholz, Luise Emilie ~ 9/110; Scholz, Wilhelm Johann Ludwig ~ 9/111; Schomberg, Hermann ~ 9/112; Schopenhauer, Arthur ~/† 9/114; Schopper, Hartmann ~ 9/116; Schornstein, Johannes ~ 9/118; Schott, Anton ~ 9/119; Schott, August ~/† 9/120; Schott, Theodor † 9/122; Schott von Schottenstein, Friedrich (Siegmund Johann Albert Karl) Frh. ~/† 9/122; Schottmüller, Oda ~ 11/172; Schottroff, Willy */~ 11/172; Schrader, Hans ~ 9/125; Schramm, Friedrich */~ 9/128; Schramm, Hermann ~/† 9/129; Schreiber, Bernhard † 9/134; Schreiber, Ottomar ~ 9/136; Schrenk, Gottlob * 9/141; Schrepfer, Hans */~ 9/141; Schreyer, (Christian) Adolf */~ 9/142; Schreyer, Otto * 9/143; Schröckh, (Samuel) Jacob ~ 9/144; Schröder, Johannes ~/† 9/148; Schröder, Kurt ~/† 9/148; Schröder, Wolfgang ~ 9/151; Schrödl, Norbert ~ 9/153; Schrödter, Adolf ~ 9/153; Schröter, Heinz ~ 9/155; Schröter, Karl ~ 9/156; Schubert, Georgine ~ 9/162; Schuberth, Hans ~ 9/165; Schubotz, (Johann G.) Hermann ~ 9/165; Schubring, Paul (Wilhelm Julius) ~ 9/166; Schuch, Franz ~ 9/166; Schuchhardt, Walter-Herwig ~ 9/167; Schümer, Wilhelm ~ 9/171; Schündler, Rudolf (Ernst Paul) ~ 9/171; Schürmeyer, Walter ~ 9/173; Schüssler, Wilhelm ~ 9/174; Schütte, Anton ~ 9/174; Schütte, Ernst ~ 9/175; Schütte, Karl ~ 9/175; Schütz, Christian Georg ~/† 9/176; Schütz, Ferdinand ~ 9/177; Schütz, Hanns Lothar † 9/177; Schütz, Hans ~ 9/177; Schütz, Hans ~ 9/177; Schütz, (Ludwig) Harald ~/† 9/177; Schütz, Johann Georg */~ 9/178; Schütz, Johann Jakob */~/† 9/178; Schulmann, Horst */~/† 9/186; Schulte, Marcel ~/† 9/186; Schulte vom Brühl, (Heinrich) Walter ~ 9/187; Schultz, Franz ~/† 9/190; Schultz, Johannes (Heinrich) ~ 9/191; Schultze, Johann Heinrich ~ 9/193; Schultze, Walter ~ 9/194; Schulz, Fritz ~ 9/196; Schulz, Otto August ~ 9/197; Schulz-Euler, Carl Friedrich ~ 9/198; Schulz-Euler, Sophie Luise */~ 9/198; Schumann, Albert ~ 9/205; Schumann, Clara ~/† 9/205; Schumann, Otto E. ~ 9/206; Schuricht, Carl ~ 9/211; Schuselka, Franz ~ 9/214; Schuster, Franz ~ 9/215; Schuster-Woldan, Georg ~ 9/216; Schuster-Woldan, Raffael ~ 9/216; Schwab, Hermann */~ 9/217; Schwab-Felisch, Hans ~ 9/218; Schwabe, Benno ~ 9/218; Schwagenscheidt, Walter ~/† 11/173; Schwamberger, Emil ~ 9/220; Schwan, Christian Friedrich ~ 9/221; Schwander, Rudolf ~ 9/221; Schwann, Mathieu (Franz Josef) ~ 9/222; Schwartz, Philipp ~ 9/224; Schwarz, Ella (Melanie) ~ 9/225; Schwarz, Franz ~ 9/225; Schwarz, Jean Albert * 9/227; Schwarz, Max ~/† 9/227; Schwarz, Robert ~ 9/228; Schwarz, Rudolf ~ 9/228; Schwarz, Walter ~ 9/228; Schwarzenberg, Felix Fürst zu ~ 9/230; Schwarzhaupt, Elisabeth */~/† 9/231; Schwarzhaupt, Wilhelm ~ 9/232; Schwarzkopf, Joachim von ~ 9/232; Schwarzschild, Heinrich */~/† 9/232; Schwarzschild, Karl * 9/232; Schwarzschild, Leopold */~ 9/233; Schweinitz, Hans Lothar von ~ 9/237; Schweitzer, Albert ~ 9/237; Schweitzer, Hans * 9/239; Schweitzer, Johann Baptist von */~ 9/239; Schwemer, Richard ~/† 9/240; Schwenck, Johann (Conrad) ~/† 9/240; Schwerd, Friedrich ~ 9/243; Schwerin von Schwanenfeld, Christoph Graf von ~ 9/245; Schwietering, Julius ~/† 9/246; Schwind, Moritz von ~ 9/247; Schwoerer, Frank ~ 9/248; Seeger, Karl Friedrich ~/† 9/257; Seekatz, (Johann) Conrad ~ 9/258; Seel, Otto ~ 9/258; Seeling, (Christian) Heinrich ~ 9/260; Seeling, Otto ~ 9/260; Seelos, Gebhard ~ 9/260; Seibert, Philipp † 9/264; Seibold, Kaspar ~ 11/174; Seiboth, Frank ~ 9/264; Seifert, Hans (Julius Carl) ~ 9/270; Seippel, Edda ~ 9/273; Seitz, Adalbert ~ 9/274; Seitz, Ludwig ~ 9/275; Sekel, Leo ~/† 9/276; Sekles, Bernhard */~/† 9/276; Seligmann, Caesar ~ 9/277; Sellien, Reinhold ~ 9/279; Sembach, Carl * 9/282; Semler, Johann Ferdinand ~ 9/282; Senckenberg, Heinrich Christian von */~ 9/286; Senckenberg, Johann Christian */~/† 9/286; Senckenberg, Renatus (Karl) von ~

9/286; Sender, Tony ~ 9/286; Senfter, Johanna ~ 9/288; Senger, Valentin */† 9/288; Sethe, Paul ~ 9/293; Settegast, (Joseph) Anton (Nikolaus) ~ 9/293; Seubert, Werner ~ 11/175; Seufert, Friedrich */~/† 9/293; Seuffert, Walter ~ 9/294; Seuß, Wilhelm ~/† 9/295; Seyffert, Rudolf ~ 9/299; Seyfried, Heinrich Wilhelm */~ 9/299; Seyler, Friederike Sophie ~ 9/300; Sichardt, Johannes ~ 9/301; Sichel, (Friedrich) Julius * 9/301; Sichel, Nathanael ~ 9/301; Siebert, Franz ~ 9/306; Sieburg, Friedrich ~ 9/308; Siedhoff, Werner ~/† 9/309; Siegel, Carl Ludwig ~ 9/310; Siemens, (Ernst) Werner von ~ 9/317; Siercke, Alfred ~ 9/320; Siesmayer, (Franz) Heinrich ~/† 9/320; Siesmayer, Karl Friedrich von ~ 9/321; Sievers, Max (Wilhelm Georg) ~ 9/322; Sievert, Ludwig ~ 9/322; Sieverts, Adolf (Ferdinand) ~ 9/322; Sieverts, Rudolf (Hubert) ~ 9/322; Sigwart, Georg Friedrich ~ 9/326; Simon, Ellen ~ 9/330; Simon, Gustav ~ 11/175; Simon, (August) Heinrich ~ 9/331; Simon, Heinrich ~ 9/332; Simon, Kurt ~ 9/333; Simon, Walter Veit ~ 9/334; Simon, Wilhelm ~ 11/175; Simonsohn, Berthold ~ 9/335; Simonson, Ernst ~ 9/335; Sinai, Wilhelm */† 9/337; Singer, Josef ~ 9/339; Sinzheimer, Hugo (Daniel) ~ 9/342; Sioli, Emil Franz ~ 9/342; Skalweit, August (Karl Friedrich) ~ 9/345; Skopnik, Günter ~ 9/347; Skraup, Siegmund Hans Ludwig ~ 9/348; Slembeck, Dieter ~ 9/349; Slevogt, Max ~ 9/349; Slezak, Leo ~ 9/350; Slotta, Günter ~ 9/351; Smolny-Heerdt, Mathilde * 9/354; Söhnker, Hans (Albrecht Edmund) ~ 9/358; Söhnlein, Johann Jacob * 9/358; Söhnlein, Kurt ~ 9/358; Soemmerring, Detmar Wilhelm */~/† 9/359; Soemmerring, Samuel Thomas von ~/† 9/359; Soldenhoff, Alexander (Leo) ~ 9/363; Solms-Laubach, Friedrich Christian Reichsgraf von ~ 9/365; Solti, Sir Georg ~ 9/366; Sommer, Jakob Karl Ernst ~/† 9/369; Sommer, Johann Wilhelm Ernst ~ 9/369; Sommer, Julius * 9/369; Sommer, Oskar ~/† 9/370; Sommerfeld, Martin ~ 9/371; Sonnemann, Leopold ~ 9/372; Sonnemann, Ulrich ~ 9/373; Sorg, Heinrich ~/† 9/378; Souchay, Eduard Franz */~/† 9/379; Spahn, Peter ~ 9/382; Spamer, Adolf (Karl Emil Gustav) ~ 9/382; Spangenberg, Heinrich ~ 9/384; Spann, Othmar ~ 9/385; Spanuth, August ~ 9/385; Spatz, Hugo ~/† 9/386; Spaur und Flavon, Karl Graf zu ~ 9/387; Speeth, Peter ~ 9/391; Speigler, Karl ~ 9/392; Spelz, Franz ~/† 9/392; Spemann, Heinrich ~ 9/393; Spener, Philipp Jakob ~ 9/393; Sperl, Friedrich † 9/397; Speyer, Edmund (Jakob) */~ 9/399; Speyer, Wilhelm ~ 9/399; Spiegel, Magda ~ 9/400; Spier, Arthur ~ 9/403; Spier, Samuel ~/† 9/403; Spies, Hans ~ 9/404; Spies, Hermine ~ 9/404; Spies, Johann ~ 9/404; Spies, Moritz von ~ 9/404; Spieß, Alexander */~/† 9/405; Spieß, Gustav */~/† 9/405; Spieß, Gustav Adolf ~/† 9/405; Spieß, Johann Christoph ~/† 9/405; Spina, Peter de, d. J. ~/† 9/407; Spitzeder, Adele ~ 9/411; Splittgerber, Arthur Gustav ~ 9/414; Spörri, Theophil ~ 9/414; Spohr, August */~ 9/415; Sprenger, Jakob ~ 9/419; Springer, Ferdinand (II.) ~ 9/421; Stadelhofer, Emil ~ 9/427; Stadler, Toni d. J. ~ 9/430; Städel, Johann Friedrich */† 9/432; Stägemann, Eugen (Eduard Otto) ~ 9/432; Stägemann, Ida Valeska Malwine ~/† 9/433; Staff, Curt ~ 9/436; Stahel, Johann Jakob ~ 9/436; Stahl, Emil (Theodor) † 9/436; Stammberger, Wolfgang ~ 9/443; Stampfer, Friedrich ~ 9/445; Starck, Johann Friedrich ~/† 9/449; Starck, Wilhelm von ~ 9/450; Staritz, Katharina (Helene Charlotte) ~/† 9/451; Starke, Ottomar ~ 9/453; Starklof, Karl Christian Ludwig ~ 9/453; Starrmann, Margarethe ~/† 9/454; Staudenmeyer, Emil */~/† 9/456; Steck, Karl Gerhard ~ 9/462; Steffani, Agostino † 9/463; Steffens, Günter ~ 9/465; Steffes, Johann Peter ~ 9/466; Stegmann, Karl David ~ 9/468; Steigenberger, Albert ~/† 9/472; Steigenberger, Egon ~ 9/472; Stein, Erwin ~ 9/476; Stein, Franz ~ 9/476; Stein, (Heinrich Friedrich) Karl Frh. vom und zum ~ 9/478; Stein, Leopold ~/† 9/480; Stein, Philipp ~ 9/481; Stein, Sigmund Theodor ~/† 9/482; Steinacher, Hans ~ 9/482; Steinbach, Fritz ~ 9/484; Steinberg, William ~ 9/486; Steinbiß, Viktoria ~ 9/486; Steiner, Sigfrit ~ 9/491; Steinhausen, Wilhelm (August

Theodor) † 9/493; Steinhoff, Fritz ~ 9/494; Steinkopf, Willy ~ 9/497; Steinkopff, Theodor ~ 9/497; Steinle, Eduard (Jakob) von ~/† 9/497; Steinschneider, Eva † 9/501; Stenzel, Gustav Adolf Harald ~ 9/507; Stenzel, Hugo † 9/507; Stephan, (Ernst) Heinrich (Wilhelm) von ~ 9/509; Stephan, Rudi ~ 9/510; Sterling, Eleonore ~ 9/512; Stern, Georg ~/† 9/512; Stern, Jean ~/† 9/513; Stern, Josef † 9/513; Stern, Moritz Abraham * 9/514; Stern, Otto ~ 9/514; Stern, Sigismund ~/† 9/515; Stern-Rubarth, Edgar * 9/515; Sternberg, Fritz ~ 9/516; Sternberger, Dolf ~/† 9/517; Sterner, Siegfried † 9/518; Sterzenbach, Benno ~ 9/519; Stettler, Wilhelm ~ 9/520; Stichtenoth, Friedrich † 9/523; Stickelmann, Hermann ~ 9/524; Stiebel, Salomon Friedrich */~/† 9/524; Stiefel, Esajas ~ 9/526; Stieler, Elisabeth * 9/528; Stierle, Georg * 9/529; Stifter, Adalbert ~ 9/530; Stigelli, Georg ~ 9/531; Stigler-Staeven, Wilhelm ~ 9/531; Stilgebauer, (Johannes) Edward (Alexander) * 9/532; Stilling, Heinrich */~ 9/533; Stirnbrand, Franz Seraph ~ 9/535; Stobrawa, Renée ~ 9/536; Stock, Christian ~ 9/537; Stock, Herbert ~ 9/537; Stockhausen, Julius ~/† 9/539; Stockmar, Christian Friedrich Frh. von ~ 9/539; Stoecklin, Franziska ~ 9/542; Stolle, Marie ~ 9/552; Stoltze, (Karl) Adolf ~/† 9/554; Stoltze, Friedrich */~/† 9/554; Stoltzenberg, Christoph ~ 9/554; Stolz, Friedrich † 9/555; Strack, Magda */~ 9/563; Strahl, Hans ~ 9/565; Strasburger, Hermann ~ 9/567; Strasburger, Julius ~/† 9/567; Strassen, Otto (Ladislaus) zur ~ 9/567; Strasser, Hans Gotthilf * 9/568; Strathmann, Friedrich ~ 9/570; Strattner, Georg Christoph ~ 9/570; Straus, Erwin (Walter Maximilian) */~ 9/573; Straus, Ludwig ~ 9/573; Strauss, Eduard ~ 9/575; Strauss, Hans */~ 9/576; Strauss, Leo ~ 9/577; Strauss, Ludwig ~ 9/578; Streck, Karl ~ 9/579; Streffleur, Valentin von ~ 9/581; Streit, Robert † 9/582; Streit, Wilhelmine ~ 9/582; Stremayr, Karl (Anton Franz) von ~ 9/583; Streng, Emmy ~ 9/584; Stresau, Hermann ~ 9/584; Streubel, Marx ~ 9/585; Stricker, Fritz ~ 9/586; Stricker, Wilhelm (Friedrich Carl) */~/† 9/586; Strickrodt, Georg ~ 9/587; Strieffler, Heinrich ~ 9/587; Strienz, Wilhelm ~/† 9/587; Strietzel, Achim ~ 9/587; Stritt, Albert ~ 9/588; Stritt, Marie ~ 9/588; Stritt, Robert ~ 9/588; Stroh, Friedrich ~ 9/592; Strohbach, Hans ~/† 9/592; Strupp, Carl ~ 9/599; Strupp, Joachim ~ 9/599; Struve, Gustav von ~ 9/600; Stuckart, Wilhelm ~ 9/603; Stübben, (Hermann) Joseph † 9/607; Stühmer, Alfred ~ 9/609; Stülz, Jodok ~ 9/609; Stürmer, Bruno ~ 9/610; Stützel, Wolfgang (Hermann Martin) ~ 9/611; Stumpff, Hans-Jürgen † 9/615; Stumpp, Emil ~ 9/615; Sturz, Johann Jakob * 9/619; Stutte, Hermann ~ 9/620; Such, Heinz * 9/622; Sudermann, Daniel ~ 9/624; Sudhoff, Karl (Friedrich Jakob) */~ 9/625; Süss, Theodor (Ludwig) ~ 9/627; Süss, Wilhelm */~ 9/627; Suhrkamp, Johann Heinrich ~/† 9/629; Sulz, Eugen ~ 9/630; Sulzbach, Walter */~ 9/630; Sulzberger, Arnold ~ 9/631; Susato, Johannes de ~/† 9/635; Susman, Margarete ~ 9/635; Sutter, Anna ~ 9/637; Sutter-Kottlar, Beatrice ~ 9/638; Swarzenski, Georg ~ 9/640; Swoboda, Eduard ~ 9/642; Swoboda, Erich ~ 9/642; Swoboda, Josef Wilhelm ~ 9/642; Szasz, Otto ~ 9/645; Szenkar, Eugen ~ 9/646; Tabor, Johann Otto ~/† 9/649; Taesler, Clemens ~ 9/650; Tannenberg, Joseph ~ 9/655; Tarnow, Fritz ~ 9/659; Taube, Michael ~ 9/661; Taube, Robert ~ 9/661; Tauber, Richard ~ 9/662; Taucher, Franz ~ 9/663; Teege, Joachim ~ 9/668; Teichmann, Ernst (Gustav Georg) ~/† 9/669; Teichmüller, Joachim (Julius Friedrich Heinrich) ~ 9/670; Telemann, Georg Philipp ~ 9/671; Tenbruck, Friedrich Heinrich (Wilhelm) ~ 9/676; Tennhardt, Johann ~ 9/676; Tern, Jürgen † 9/677; Tesch, Carl */~/† 9/679; Tesch, Johanna (Friederike) * 9/679; Teves, Alfred ~ 9/684; Textor, Johann Wolfgang ~/† 9/684; Textor, Johann Wolfgang */~/† 9/684; Tgahrt, Erich ~ 9/685; Thalmann, Hans ~ 9/689; Thamer, Theobald ~ 9/689; Thelen, Peter ~ 9/693; Then-Bergh, Erik ~ 9/693; Thiersch, Friedrich Ritter von ~ 10/8; Thiessen, Peter Adolf ~ 10/9; Thissen, Eugen (Johann Theodor) ~ 10/12; Thode, Henry ~ 10/12; Thoma, Cella ~ 10/14; Thoma, Hans ~ 10/14; Thoma, Max ~ 10/15; Thomae,

(Johann) Karl (Jakob) ~ 10/16; Thomas, Eduard */~ 10/18; Thomas, Emil ~ 10/18; Thomas, Georg † 10/18; Thomas, Kurt (Georg Hugo) ~ 10/18; Thomas, Theodor ~ 11/182; Thomas-Schwartz, Anny ~/† 10/19; Thomasius, Johann ~ 10/21; Thormann, Werner (Ernst Heinrich Karl) */~ 10/23; Thorndike, Andrew * 10/24; Threlfall, William (Richard Maximilian Hugo) ~ 10/24; Thun und Hohenstein, Friedrich Graf von ~ 10/29; Thurn und Taxis, Alexander Ferdinand Fürst von */~ 10/30; Thurn und Taxis, Eugen Alexander Franz Fürst von ~/† 10/31; Thurn und Taxis, Karl Anselm von * 10/31; Thurn und Taxis, Lamoral Graf von ~ 10/32; Thurn und Taxis, Leonard II. Graf von ~ 10/32; Thurn und Taxis, Maximilian Karl von ~ 10/32; Tiedemann, Friedrich ~ 10/37; Tielker, Johann Friedrich ~ 10/38; Tietjens, Therese (Cathline Johanna Alexandra) ~ 10/40; Tillich, Paul (Johannes) ~ 10/43; Tischbein, Anton Wilhelm ~ 10/48; Tischbein, Carl Wilhelm ~ 10/48; Tischbein, Georg Heinrich ~ 10/48; Tischbein, (Heinrich) Jacob ~/† 10/48; Tischbein, Johann Anton ~ 10/49; Toch, Ernst ~ 10/54; Tralow, Johannes ~ 10/68; Traugott, Marcel ~ 10/71; Traut, Hermann ~/† 10/72; Trautmann, Johann Georg ~/† 10/73; Trautmann, Johann Peter */~/† 10/73; Trautmann, Moritz † 10/73; Treffner, Willy ~ 10/77; Trendelenburg, Friedrich Adolf ~ 10/80; Treupel, Gustav ~/† 10/85; Treusch, Willi */† 10/85; Triesch, Irene ~ 10/88; Triller, Daniel Wilhelm ~ 10/88; Trofimowa, Natacha ~ 10/94; Trost, Carl ~ 10/97; Trott auf Solz zu Imshausen, August Heinrich † 10/99; Trübner, Alice ~ 10/100; Trübner, Nikolaus ~ 10/101; Trübner, Wilhelm ~ 10/101; Trundt, Henny ~ 10/102; Trunk, Peter * 10/103; Tschudi, Georg (Julius Friedrich) von ~ 10/109; Turba, (Marie) Sidonie ~ 10/117; Turnau, Josef ~ 10/118; Ubrich, Asminde ~/† 10/121; Udet, Ernst * 10/123; Udluft, Hans */~ 10/123; Uffenbach, Johann Friedrich von */~/† 10/125; Uffenbach, Peter */~/† 10/126; Uffenbach, Philipp */~/† 10/126; Uffenbach, Zacharias Conrad von */~/† 10/126; Uhland, (Johann) Ludwig ~ 10/128; Uhlich, Adam Gottfried ~/† 10/130; Uhlich, Leberecht ~ 10/130; Uhlig, (Adolf) Kurt ~/† 10/130; Uhlmann, Walter † 10/132; Uller, Karl † 10/135; Ulrich I., Graf von Württemberg ~ 10/143; Ulrich, Christian Friedrich ~/† 10/145; Umgelter, Fritz † 10/149; Umlauff, Ernst † 10/150; Ungeheuer, Edgar ~/† 10/152; Ungeheuer, Günther ~ 10/152; Unger, Georg ~ 10/153; Unger, Heinz ~ 10/153; Ungerer, Paul */~/† 10/155; Unna, Isak ~ 10/157; Unruh, Fritz von ~ 10/158; Unverzagt, Wilhelm (Hermann) ~ 10/161; Unzelmann, Friederike (Auguste Conradine) ~ 10/161; Unzelmann, Karl Wilhelm Ferdinand ~ 10/161; Urbach, Otto ~ 10/163; Urbschat, Fritz ~ 10/166; Urlaub, Anton ~ 10/167; Ursinus, Oskar ~/† 10/168; Urspruch, Anton */~/† 10/168; Ursuleac, Viorica ~ 10/169; Usener, Friedrich Philipp ~/† 10/170; Valentin, Bruno ~ 10/177; Valentin, Veit */~ 10/178; Varnhagen von Ense, Rahel (Antonie Friederike) ~ 10/183; Varrentrapp, Franz * 10/184; Varrentrapp, Johann Georg */~/† 10/184; Vaterhaus, Hans ~ 10/185; Veil, Wolfgang Heinrich ~ 10/188; Veit, Otto */~ 10/189; Veit, Philipp ~ 10/189; Velden, Reinhard von den */~ 10/191; Velhagen, August ~ 10/191; Verhoeven, Paul ~ 10/196; Verschuer, Otmar Frh. von ~ 10/197; Vesper, Walter ~ 10/199; Vetter, Franz Xaver ~ 10/201; Viala-Mittermayer, Marie ~ 10/202; Viebrock, Helmut ~ 10/204; Viëtor, Karl ~ 10/207; Villaret, Albert ~ 10/210; Villers, Alexander (Heinrich) von ~ 10/210; Vischer, Friedrich Theodor von ~ 10/215; Vocke, Wilhelm † 10/220; Vögler, Eugen ~ 10/221; Voelcker, Heinrich */~ 10/222; Völderndorff und Waradein, Eduard Frh. von ~/† 10/222; Völker, Franz ~ 10/222; Vogel von Falckenstein, Eduard ~ 10/228; Vogt, (Johann) Nicolaus ~/† 10/235; Voigt, Andreas ~/† 10/236; Voigt, Heinz * 10/237; Voigts-Rhetz, Konstantin Bernhard von ~ 10/240; Volger, Georg Heinrich Otto ~ 10/243; Volhard, Franz ~/† 10/243; Volkmann, Artur (Joseph Wilhelm) ~ 10/245; Volmar, Isaak Frh. von Rieden ~ 10/249; Vondenhoff, Bruno ~/† 10/252; Vorkastner, Willy ~ 10/254; Vosberg, Harry ~ 10/257; Vossler, Otto ~/† 10/261; Waag, Hans

* 10/263; Waas, Adolf ~ 10/263; Wachenheim, Hedwig ~ 10/264; Wachsmuth, Helene ~ 10/266; Wachsmuth, Richard ~ 10/267; Wachsmuth, Werner (Curt Ferdinand) ~ 10/267; Wachtel, Theodor † 10/267; Wackers, Coba ~/† 10/270; Wälterlin, Oskar ~ 10/272; Wagner, Anton Ulrich Friedrich Karl */~/† 10/278; Wagner, Falk ~ 11/183; Wagner, Hans ~ 10/281; Wagner, Heinrich Leopold ~/† 10/282; Wagner, Helmut † 10/282; Wagner, Johann Philipp ~/† 10/283; Wagner, Julius ~/† 10/283; Wagner, Karl ~/† 10/284; Wagner, Siegfried ~ 10/290; Wahl, Eduard */~ 10/292; Wahl, Gustav ~ 10/293; Waibel, Max ~ 10/295; Walcha, Helmut † 10/298; Waldschmidt, Johann Martin */~/† 10/307; Waldstein, Felix ~ 10/307; Wallach, Joseph ~/† 10/309; Wallbach-Canzi, Katharina ~ 10/309; Wallburg, Otto ~ 10/310; Walleck, Oskar ~ 10/310; Wallerstein, Lothar ~ 10/312; Wallich, Paul ~ 10/313; Wallner-Basté, Franz ~ 10/314; Wallot, (Johann) Paul ~ 10/315; Walser, Robert (Otto) ~ 10/316; Walter, Gustav ~ 10/318; Walter, Ignaz ~ 10/319; Walter, Max ~/† 10/320; Walter, Minna ~ 10/320; Walter, Raoul ~ 10/321; Walthard, Max ~ 10/321; Warburg, Eric M(oritz) ~ 10/333; Warburg, Fritz M(oritz) ~ 10/333; Warburg, Max M(oritz) ~ 10/333; Warburg, Otto (Heinrich) ~ 10/334; Warneyer, Marianne ~ 10/336; Wartenberg, Johann Kasimir von Kolbe † 10/338; Wassermann, Friedrich ~ 10/342; Wattenbach, (Ernst Christian) Wilhelm † 10/345; Wayß, Gustav Adolf ~ 10/348; Weber, Adolf ~ 10/348; Weber, Andreas */~ 10/349; Weber, Beda ~/† 10/350; Weber, Carl Maria (Friedrich Ernst) von ~ 10/350; Weber, Carl Otto * 10/351; Weber, Fritz ~ 10/353; Weber, Hans ~ 10/354; Weber, Hildegard ~/† 10/355; Weber, Paul ~ 10/360; Weber, Vincent † 10/362; Weber, Wilhelm ~ 10/363; Wechel, Andreas ~/† 10/364; Wechel, Christian ~ 10/364; Wecus, Walter von ~ 10/366; Wedekind, Edgar ~ 10/368; Wedekind, Tilly ~ 10/369; Weege, Fritz * 10/371; Wegele, Franz Xaver von ~ 10/371; Wegleiter, Christoph ~ 10/373; Wegner, Christian ~ 10/374; Wegner, Richard (Nikolaus) ~ 10/374; Wehmer, Carl ~ 10/376; Wehrle, Emil ~/† 10/378; Wehrle, Hermann (Josef) ~ 10/378; Wehrli, Werner ~ 10/379; Wehrstedt, Georg Friedrich Engelhard ~ 10/379; Weichbrodt, Raphael ~ 10/380; Weichert, Richard (Gustav-Wilhelm) ~/† 10/380; Weichmann, Herbert ~ 10/380; Weidenreich, Franz ~ 10/382; Weidner, Julius ~ 10/384; Weigel, Christoph ~ 10/386; Weigel, Helene ~ 10/386; Weigelt, Kurt ~ 10/388; Weigert, Carl ~/† 10/388; Weigmann, Günther ~ 10/389; Weil, (Lucio) Felix (José) ~ 10/391; Weil, Gotthold ~ 10/391; Weil, Grete ~ 11/183; Weil, Hans ~ 10/391; Weil, Hermann † 10/391; Weil, Hermann ~ 10/391; Weiland, Ludwig * 10/392; Weiler, Margrit ~ 10/392; Weimer, Hermann ~/† 10/393; Weinberg, Arthur von * 10/393; Weinberg, Carl von * 10/394; Weinberg, Wilhelm ~ 10/394; Weinhandl, Ferdinand ~ 10/396; Weinhandl, Margarete ~ 10/396; Weinkamm, Otto ~ 10/397; Weinland, (Christoph) David Friedrich ~ 10/398; Weinrich, (Friedrich Justus) Karl ~/† 10/399; Weisbach, Hans ~ 10/401; Weischedel, Wilhelm * 10/402; Weischedel, Wilhelm Gotthilf ~ 10/402; Weise, Georg * 10/402; Weisgerber, Albert ~ 10/403; Weismann, (Leopold Friedrich) August */~ 10/404; Weismann, Robert * 10/405; Weiss, Diether ~/† 10/406; Weiss, (Konrad Richard) Guido ~/† 10/408; Weiss, Katharina ~/† 10/409; Weiss, Konrad */~/† 10/409; Weiss, Peter (Ulrich) ~ 10/410; Weissermel, Klaus † 10/414; Weitzel, Johann(es Ignaz) ~ 10/419; Weizsäcker, Heinrich ~ 10/420; Welcker, Karl Theodor ~ 10/421; Welke, Kurt Heinz ~ 10/424; Welter, Erich ~/† 10/428; Welter, Ludwig ~ 10/428; Wendel, Ernst ~ 10/431; Wendel, Hermann ~ 10/432; Wendelstadt, Carl Friedrich ~ 10/432; Wendelstadt, Karl Eduard */~/† 10/432; Weniger, Erich ~ 10/436; Wenner, Johann Friedrich */~/† 10/436; Wentzcke, Paul ~/† 10/437; Wenzel, Joseph ~ 10/438; Wenzel, Karl ~/† 10/439; Werdy, Friedrich August ~ 10/441; Werner, Joachim ~ 10/447; Werner, Joseph ~ 10/447; Wertheimer, Ludwig ~/† 10/453; Wertheimer, Martha */~ 10/453; Wertheimer, Max ~ 10/453; Westerburg, Gerhard ~ 10/458;

Wetzel, Heinz † 10/464; Wetzlar, Karl Abraham Frh. von Plankenstern ~ 10/464; Wetzler, Hans Hermann */~ 10/464; Weyrauch, Jakob Johann * 10/468; Weyrauch, Wolfgang ~ 10/468; Wezler, Karl ~/† 10/468; Wichert, Fritz ~ 10/470; Wichmann, Johanna (Rosemarie) † 10/471; Wickenburg, Erik Graf ~ 10/472; Widemann, Wilhelm ~ 10/473; Wiegand, Carl Friedrich ~ 10/481; Wiegand, Hans ~/† 10/481; Wiegand, Heinrich ~/† 10/481; Wiegler, Paul * 10/482; Wieland, Theodor ~ 10/484; Wienbarg, Ludolf ~ 10/486; Wiese und Kaiserswaldau, Benno (Georg Leopold) von * 10/488; Wiese und Kaiserswaldau, Leopold von ~ 10/488; Wiese, Otto ~ 10/489; Wiesenhütten, Ludwig Friedrich Wilhelm Frh. von ~ 10/490; Wilbrandt, Adolf von ~ 10/495; Wild, Achilles */† 10/497; Wilhelm II., Kurfürst von Hessen † 10/503; Wilhelm, Karl ~ 10/506; Wilhelm, Richard ~ 10/506; Wilhelmi, Hans ~/† 10/507; Wilker, Karl ~ 10/508; Wille, Johann Georg ~ 10/510; Willemer, Johann Jakob von */~/† 10/511; Willemer, Marianne von ~ 10/511; Willms, Günther ~ 11/184; Willner, Max † 10/513; Wilmans, (Gerhard) Friedrich ~/† 10/515; Wilt, Marie ~ 10/516; Wimmer, Maria ~ 10/517; Windisch, Albert † 10/523; Windsperger, Lothar † 10/525; Wingler, Hans M(aria) ~ 10/526; Winnacker, Karl ~ 10/530; Winterhalter, Elisabeth ~ 10/535; Winterhalter, Franz Xaver † 10/535; Winterwerb, (Georg) Philipp ~/† 10/536; Wirl, Erik ~ 10/537; Wirt, Wigand */~ 10/538; Wirth, Albrecht */~ 10/538; Wirth, Franz Peter ~ 11/185; Wirth, Johann Georg August ~/† 10/539; Wirth, Max ~ 10/539; Witt, Friedrich ~ 10/544; Witt, Josef ~ 10/544; Wittfogel, Karl August ~ 10/546; Wittkop, Justus F(ranz) ~ 10/549; Wittmann, Waldemar ~ 10/551; Witzleben, Erwin ~ 10/553; Wöhr, Elisabethe Anna */† 10/556; Wönner, Max ~ 10/558; Wörle, Willi ~ 10/558; Wohleb, Leo † 10/561; Wolf, Erik ~ 10/564; Wolff, Carl ~ 10/570; Wolff, Ernst ~/† 10/572; Wolff, Hans Julius ~ 10/572; Wolff, Paul ~/† 10/577; Wolff, Willy ~ 10/578; Wolfram, Georg (Karl) ~ 10/580; Wolfslast, (Ernst) Walter ~ 10/582; Wolinski, Kurt */~ 10/583; Wollgarten, Adelheid ~ 10/584; Wucherer, Fritz (Ferdinand) ~ 10/591; Wüerst, Richard (Ferdinand) ~ 10/591; Wülker, Richard Paul * 10/592; Wüllner, Franz ~ 10/592; Wunderlich, Friedrich ~/† 10/597; Wunderlich, Fritz ~ 10/598; Wurm, Mathilde * 10/599; Xeller, (Johann) Christian ~ 10/605; Xylander, Joseph Ritter von ~/† 10/605; Young, Friedrich ~ 10/607; Zach, Franz Xaver Frh. von ~ 10/609; Zarest, Julius */~ 10/621; Zastrow, (Friedrich) Wilhelm (Christian) von ~ 10/622; Zedtwitz-von Arnim-Nechlin, Georg-Volkmar Graf von † 10/628; Zehlen, Egon (Otto) ~/† 10/629; Zeidler, Hans Dieter ~ 11/185; Zeiger, Karl (Friedrich Heinrich) ~ 10/631; Zeiß, Hans ~ 10/633; Zeiss, Heinrich * 10/633; Zeiß, Karl ~ 10/633; Zeitlin, Leon ~ 10/634; Zell, Friedrich (Joseph) ~ 10/649; Zezschwitz, Johann Adolph von ~ 10/649; Zezschwitz, Karl Adolf Gerhard von ~ 10/649; Ziegelmayer, Wilhelm ~ 10/651; Ziegler, Benno ~ 10/652; Ziegler, Hans ~ 10/653; Ziegler, Julius */~/† 10/655; Ziegler, Karl ~ 10/655; Ziegler, Leopold (Carl Claudius) ~ 10/656; Ziegler, Theobald ~ 10/656; Ziegler, Wilhelm ~ 10/656; Ziehen, Eduard */~/† 10/656; Ziehen, Julius */~/† 10/657; Ziehen, Theodor * 10/657; Ziesenis, Johann Georg ~ 10/660; Zietsch, Friedrich ~ 10/660; Zilcher, Hermann */~ 10/661; Zillig, Winfried ~ 10/662; Zimmermann, Emil (Friedrich) ~ 10/666; Zimmermann, Johann Jacob ~ 10/669; Zink, Burkhard ~ 10/674; Zinn, Georg August */† 10/676; Zirndorf, Heinrich ~ 10/679; Zittel, Carl ~ 10/680; Zivi, Hermann ~ 10/681; Zizek, Franz ~/† 10/681; Znamenáček, Wolfgang ~ 10/682; Zoder, Anna ~ 10/683; Zoffany, John Edler von */~ 10/686; Zollikofer, Georg Joachim ~ 10/687; Zottmayr, Nina ~ 10/690; Zuckmayer, Carl ~ 10/695; Zülch, Walther Karl ~ 10/696; Zülzer, Georg (Ludwig) ~ 10/697; Zukowsky, Ludwig (Karl) ~ 10/699; Zumpe, Hermann ~ 10/700; Zunner, Johann David */~/† 10/701; Zur Mühlen, Hermynia ~ 10/702; Zutt, Jürg ~ 10/703; Zwehl, Hans Wilhelm von ~ 10/703; Zwerger, Johann Nepomuk ~ 10/707; Zwißler, Karl Maria ~ 10/711

Frankfurt (Oder)

siehe auch *Lossow*

Franzburg
Berdrow, Otto ~ 1/435

Franzensbad (tschech. Františkovy Lázně)
Brömse, August * 2/143; Helm, Theodor ~ 4/571; Mattoni, Heinrich Edler von ~ 6/664; Mayrhofer, Karl ~/† 7/17; Pöschmann, Johann ~ 8/15; Pontini, Friedrich ~ 8/32; Puluj, Johann ~ 8/90; Samter, Adolf † 8/509; Wilfert, Karl ~ 10/501; Wörl, Georg * 10/558; Zörkendörfer, Karl ~ 10/685

Franzensburg (Niederösterreich)
Mohn, Gottlob Samuel ~ 7/180

Frascati (Italien)
Corrodi, Hermann * 2/378; Erhart, Jörg † 3/148; Frey, Johann Jakob † 3/436; Heinemann, Fritz ~ 4/513; Horny, Franz (Theobald) ~ 5/181; Voss, Richard ~ 10/259

Frasdorf
Gronau, (Hans) Wolfgang von † 4/185; Rittlinger, Herbert ~ 8/335

Frastanz (Vorarlberg)
Ganahl, Carl (Friedrich) ~ 3/567; Welte, Adalbert * 10/427

Fratte di Salerno (Italien)
Vonwiller, David ~ 10/253

Fraubrunnen (Kt. Bern)
Erlach, Karl Ludwig von ~ 3/151; Gruner, Gottlieb Sigmund ~ 4/225; Hartmann IV. der Ältere, Graf von Kyburg ~ 4/404; Tschachtlan, Benedicht ~ 10/103

Frauenalb (Gem. Marxzell)
Boos, Franz * 2/23; Colombo, Luca Antonio ~ 2/359; Rischer, Johann Jakob ~ 8/322

Frauenaurach (Erlangen)
Baumgärtner, Albrecht Heinrich ~ 1/341; Bodenschatz, Georg (Johann Christoph) ~ 1/603; Esper, Johann Friedrich ~ 3/179; Wolff, Jakob d. J. ~ 10/574

Frauenberg
Romeis, Capistran ~ 8/379

Frauenberg (Fulda)
Brinkmann, Angelinus ~ 2/135; Romeis, Capistran † 8/379

Frauenberg (Gem. Ebsdorfergrund)
Hansel, Hans † 4/374

Frauenberg (tschech. Hluboká nad Vltavou)
Heske, Franz * 4/668

Frauenburg (poln. Frombork)
Abezier, Johannes ~ 1/10; Bludau, Augustinus † 1/579; Bock, Ignatius Friedrich Raphael ~ 1/595; Copernicus, Nicolaus ~/† 2/368; Cromer, Martin von ~ 2/403; Dittrich, Franz ~/† 2/562; Eichhorn, Anton ~/† 3/51; Ferber, Mauritius ~ 3/267; Geritz, Joseph Ambrosius ~/† 3/646; Giese, Tidemann (Bartholomäus) ~ 4/2; Hatten, Andreas Stanislaus von ~/† 4/432; Hefele, Hermann † 4/477; Hipler, Franz ~/† 5/58; Kranich, Anton ~/† 6/71; Mathy, Ignaz Anton Stanislaus von ~ 6/655; Meckel, Maximilian (Emanuel Franz) ~ 7/20; Rheticus, Georg Joachim ~ 8/269; Schlaubitz, Johann Gottfried ~ 8/657; Strobel, Bartholomäus d. J. ~ 9/590; Suchten, Alexander von ~ 9/623; Thiel, Andreas ~/† 10/1; Weiss, Hugo ~/† 10/408

Frauenburg (seit 1968 zu Unzmarkt-Frauenburg, Steiermark)
Ulrich von Liechtenstein ~ 10/144

Frauenchiemsee (Gem. Chiemsee)
Degler, Josef † 2/466; Eberle, Melchior ~ 2/673; Hauner, Norbert ~/† 4/442; Haushofer, Max(imilian) ~ 4/450; Irmengard von Chiemsee † 5/259; Klein, Philipp ~ 5/578; Rauchenbichler, Josef ~/† 8/159; Ziersch, Roland ~ 10/659

Frauendorf (Ermland, heute Polen)
Tulawski, Josef ~ 10/115

Frauendorf (Gem. Windorf)
Fürst, Johann Evangelist */~ 3/527

Frauendorf (Kr. Randow, heute Polen)
Meyer, Gustav * 7/103

Frauendorf (poln. Golęcino, heute zu Szczecin/Stettin)
Görlitz, Walter * 4/59

Frauenfeld (Kt. Thurgau)
Baumgartner, Hans ~/† 11/13; Bein, Peter ~/† 1/405; Böckel, Dagobert Ernst Friedrich ~ 1/607; Braschler,

Otto ~ 2/74; Breitinger, Heinrich ~ 2/105; Büchi, Albert * 2/195; Dasypodius, Konrad * 2/447; Dasypodius, Petrus */~ 2/447; Diessenhofen, Johann Truchseß von ~ 2/525; Dürrenmatt, Ulrich ~ 2/642; Frey, Max ~ 3/436; Greuter, Bernhard ~ 4/159; Grubenmann, (Johann) Ulrich ~ 4/205; Hartmann IV. der Ältere, Graf von Kyburg ~ 4/404; Hartmann, Christoph * 4/406; Heidegger, Johann Konrad ~ 4/486; Hess, Walter Rudolf * 4/673; Ilg, Alfred * 5/247; Kreis, Otto * 6/91; Künzler, August † 6/152; Lehmann, Julius Friedrich ~ 6/294; Maggi, Julius * 6/561; Martini, Friedrich von ~/† 6/639; Mörikofer, Johann Kaspar */~ 7/175; Moos-Zetter, August ~ 7/204; Pallmann, Hans * 7/551; Ramsperger, Augustin ~ 8/134; Rebstein, (Johann) Jakob ~ 8/171; Schilt, Otto Heinrich */~ 8/640; Schmid, Walter * 8/706; Schoop, Max Ulrich * 9/113; Spitteler, Carl ~ 9/410; Spörri, Theophil ~ 9/414; Stoll, Otto * 9/551; Streng, Alfons von * 9/584; Suicerus, Johann Kaspar * 9/630; Wettstein, Albert * 10/462; Widmann, Josef Victor ~ 10/475; Wolfart, Karl Christian ~ 10/569

Frauenfels
Osse, Melchior von ~/† 7/512

Frauenholz (seit 1929 zu Rethwisch, Kr. Stormarn)
Schwarz, Henning * 9/227; Schwarz, Werner ~/† 9/229

Fraueninsel → Frauenchiemsee

Frauenkirch (Gem. Davos)
Camenisch, Paul ~ 2/268; Kirchner, Ernst Ludwig ~/† 5/551

Frauenprießnitz
Berlich, Burkhard * 1/457

Frauenrode
Otto von Botenlauben, Graf von Henneberg ~ 7/533

Frauenstadt (poln. Wadowice)
Lask, Berta * 6/255; Lask, Emil * 6/255

Frauenstein (Kr. Freiberg)
siehe auch Dittersbach, Kleinbobritzsch
Naeke, Gustav Heinrich * 7/332

Frauenstein (Oberösterreich)
Haushofer, Marlen * 4/450

Frauental an der Laßnitz (Steiermark)
Franz Joseph II., Fürst von und zu Liechtenstein * 3/410; Fuchs, Johann Nepomuk * 3/519; Fuchs, Robert * 3/522; Liechtenstein, Alfred Prinz von † 6/388

Frauenzimmern (seit 1971 zu Güglingen)
Burk, Karl * 2/242; Heim, Karl * 4/501

Fraunberg (Kr. Erding)
Fraunberg, Josef Maria Johann Nepomuk von und zu * 3/418

Fraunreuth
Fritzhans, Johann * 3/497

Fraustadt (poln. Wschowa)
Arnold, Martin ~ 1/189; Chwaldkowski, Samuel von ~ 2/326; Gryphius, Andreas ~ 4/229; Gryphius, Christian * 4/230; Hager, (Hans) Hermann (Julius) ~ 4/325; Heermann, Johann(es) ~ 4/477; Herberger, Valerius */~/† 4/604; Hindenburg, Paul (Ludwig Hans Anton) von Beneckendorff und von ~ 5/52; Hölmann, Christian ~ 5/96; Hubert, Christian Gottlob * 5/200; Karsch, Anna Luise ~ 5/464; Knorr von Rosenroth, Christian ~ 5/631; Musiol, Robert Paul Johann ~/† 7/317; Neigebaur, (Johann Daniel) Ferdinand ~ 11/135; Rehnschild, Karl Gustav Graf von ~ 8/193; Rosenberg, Leo * 8/393; Streit, Robert * 9/582; Teschner, Melchior */~/† 9/680

Frechen
siehe auch Königsdorf
Band, Karl (Friedrich Heinrich) ~ 11/10; Schmücker, Toni * 9/40; Wunderlich, Hermann ~ 10/598

Freck (rumän. Avrig, ungar. Felek)
Neugeboren, Johann Ludwig ~ 7/377; Ungar, Karl ~ 10/151

Fréconrupt (Dép. Bas-Rhin, Frankreich)
Hermelink, Siegfried † 4/632

Freden (Leine)
siehe auch Esbeck
Loges, Karl † 6/460

Frederick (Maryland, USA)
Braun, Joachim Werner ~ 2/82
Frederiksberg (Dänemark)
Hansen, Christian Friedrich † 4/375; Nielsen, Asta † 7/407
Frederiksborg → Friedrichsburg
Fredrikstad (Norwegen)
Saenger, Hans Erling ~/† 8/493
Freet
Pernice, Erich † 7/603
Frei-Laubersheim
Linß, Carl (Wilhelm) ~ 6/414
Freiberg (Kr. Freiberg)
Alberts, Walter ~ 1/71; Albertus Magnus ~ 1/71; Anacker, August Ferdinand */~/† 1/121; Andrian-Werburg, Ferdinand Leopold Frh. von ~ 1/134; Arnold, Christoph ~ 1/185; Aufschläger, Gustav (Moritz Adolf) ~ 1/220; August, Kurfürst von Sachsen * 1/221; Baader, (Benedikt) Franz (Xaver) von ~ 1/231; Bachstrom, Johann Friedrich ~ 1/249; Balduin, Friedrich ~ 1/275; Baudissin, Adalbert Heinrich Graf von ~ 1/321; Bauer, Oswald ~ 1/329; Becher, Johann Philipp ~ 1/366; Beck, Carl Richard ~/† 1/369; Beck, Ludwig ~ 1/372; Behr, Johann August Heinrich von * 1/399; Benseler, Gustav Eduard * 1/428; Berg, Georg Ernst Wilhelm ~ 1/440; Bergeat, Alfred (Edmund) ~ 1/442; Bertele, Georg August ~ 1/481; Beust, Friedrich Konstantin Frh. von ~ 1/502; Beyer, August d. Ä. */~/† 1/505; Biedermann, Johann Gottlieb ~/† 1/517; Bischoff, (Julius) Ferdinand ~ 1/543; Blöde, Karl August * 1/577; Blüher, Bernhard */~ 1/580; Böcking, Eduard Sigismund ~ 1/610; Böttcher, Eduard Theodor ~ 1/637; Böttger, Oskar ~ 1/638; Borbet, Walter (Adolf) ~ 2/25; Breithaupt, (Johann Friedrich) August ~/† 2/103; Breithaupt, Friedrich Wilhelm ~ 2/104; Brendel, Christian Friedrich ~/† 2/110; Brendel, (Karl) Franz ~ 2/110; Brion, Georg Gustav Alfred ~ 2/136; Brunck, Otto ~/† 2/166; Buch, (Christian) Leopold Frh. von ~ 2/181; Buchheim, Karl (Arthur) ~ 2/183; Bückling, Karl Friedrich ~ 2/199; Bülau, Friedrich von * 2/202; Bürgmann, Ferdinand ~ 2/210; Busse, Friedrich Gottlieb von ~/† 2/255; Buttlar, Rudolf Georg Walrab Carl Frh. von ~ 2/259; Carlowitz, Albert von * 2/282; Carlowitz, Hans Carl von ~/† 2/282; Charpentier, Johann von */~ 2/305; Charpentier, Johann Friedrich Wilhelm Toussaint von ~/† 2/306; Charpentier, Toussaint von * 2/306; Cordes, Johann Heinrich Karl ~ 2/372; Cotta, Bernhard Carl von ~/† 2/383; Credner, (Karl Friedrich) Heinrich ~ 2/395; Crüger, Johann ~ 2/405; Dabercusius, Matthias Markus ~ 2/423; Demantius, (Johannes) Christoph ~/† 2/481; Dietrich von Freiberg ~ 2/533; Disselhoff, Hans-Dietrich ~ 2/558; Dittmarsch, Alfred Ludwig ~ 2/561; Dörell, Georg Ludwig (Wilhelm) ~ 2/575; Döring, Moritz Wilhelm ~/† 2/577; Döring, Theodor */~/† 2/577; Doles, Johann Friedrich ~ 2/585; Drechsel, (Ferdinand Heinrich) Edmund ~ 2/610; Drossbach, (Georg) Paul ~/† 2/623; Einsiedel, (Johann) August von ~ 3/64; Einsiedel, Detlev Karl von ~ 3/64; Emmerling, Ludwig August ~ 3/105; Ende, Adolf ~ 3/107; Engelhardt, Moritz Frh. von ~ 3/119; Eppendorf, Heinrich ~ 3/132; Erhard, Christian Hugo Theodor ~/† 3/144; Ermisch, Hubert (Maximilian) ~ 3/156; Ertel, Traugott Leberecht von ~ 3/168; Faber du Faur, Adolf (Friedrich) von ~ 3/210; Faber du Faur, (Achilles Christian) Wilhelm (Friedrich) von ~ 3/210; Fabricius, Georg ~ 3/213; Fellenberg, Edmund ~ 3/259; Fiedler, (Otto) Wilhelm ~ 3/292; Fink, Johann */~ 3/303; Fircks, Wilhelm Baron von ~ 3/306; Fischer, Alexander ~/† 3/310; Fischer, Eugen ~ 3/315; Fischer, Karl Heinrich ~/† 3/323; Fischer von Röslerstamm, Franz (Josef) ~ 3/330; Fleischmann, Paul * 3/345; Flurl, Matthias Bartholomäus Ritter von ~ 3/357; Förster, Richard ~ 3/365; Freiesleben, Johann Karl */~ 3/422; Friederici, Christian Ernst ~ 3/450; Friesen, Richard Frh. von ~ 3/486; Frotscher, Karl Heinrich ~ 3/513; Fuchs, Johann Nepomuk von ~ 3/519; Gärtner, Karl Christian * 3/555; Gartenberg, (Peter) Nikolaus Neugarten Frh. von ~ 3/575; Gehler, Johann Karl ~ 3/599; Geier, Martin

† 3/602; Gellert, Christlieb Ehregott ~/† 3/617; Gläser, Friedrich Gottlob ~ 4/20; Glenck, (Karl Christian) Friedrich ~ 4/30; Götze, (Julius) Woldemar ~ 4/73; Gold, Franz ~ 4/76; Goldschmidt, Victor Mordechai ~ 4/86; Gräfe, Richard Edmund ~ 4/121; Gretschel, Heinrich Friedrich ~/† 4/158; Gröne, Georg ~ 4/179; Groth, Paul Heinrich Ritter von ~ 4/202; Grüß, Gerhard (Christian) ~/† 4/219; Grulich, Martin ~ 4/220; Haberle, Karl Konstantin ~ 4/294; Hackeschmidt, Manfred ~ 11/75; Haidinger, Wilhelm (Karl) Ritter von ~ 4/336; Hammerschmidt, Andreas ~ 4/362; Hasse, Traugott (Lebrecht) ~ 4/427; Hauchecorne, (Heinrich Lambert) Wilhelm ~ 4/436; Hausmann, Nikolaus */~/† 4/452; Heberlein, (Christian Otto) Ferdinand ~ 4/466; Heckel, Erich ~ 4/468; Heerklotz, Adolph ~ 4/476; Heinrich der Fromme, Herzog von Sachsen ~ 4/533; Heinrich von Freiberg ~ 4/537; Helmert, (Friedrich) Robert * 4/573; Henckel, Johann Friedrich ~/† 4/580; Henglein, Martin ~ 4/583; Herder, (Siegmund) August (Wolfgang) Frh. von ~ 4/610; Heusler, Karl Ludwig ~ 5/12; Heyn, (Friedrich) Emil ~ 5/26; Heynitz, Friedrich Anton von ~ 5/27; Hildebrand, Max ~/† 5/36; Hildebrandt, Zacharias ~ 5/38; Hilliger, Martin */~/† 5/46; Hilliger, Wolfgang */~/† 5/46; Hövel, Friedrich Frh. von ~ 5/107; Hoffmann, (Immanuel Karl) Volkmar ~ 5/123; Hoffmann, Walter (Alexis Karl) ~ 5/123; Hohenegger, Ludwig ~ 5/137; Honigmann, Friedrich ~ 5/168; Horn, Jakob ~ 5/177; Hülße, Julius (Ambrosius) ~ 5/211; Humboldt, Alexander Frh. von ~ 5/221; Hunger, Richard ~/† 5/228; Ihle, Friedrich Moritz ~ 5/245; Instinsky, Hans Ulrich * 11/94; Janke, Johannes ~ 5/300; Jessel, Leon ~ 5/326; Jobst, Herbert ~ 5/331; Jobst, Oskar ~ 5/331; Johann Georg II., Kurfürst von Sachsen † 5/345; Karsten, Dietrich Ludwig Gustav ~ 5/454; Katharina, Herzogin zu Sachsen ~ 5/462; Kegel, Karl ~/† 5/483; Keil, Othmar Edler von Eichenthurn ~ 5/486; Keilhack, (Friedrich Ludwig Heinrich) Konrad ~ 5/486; Kern, Johann Gottlieb ~ 5/511; Kirchberg, Helmut ~/† 5/547; Kloos, Johan Hermann ~ 5/603; Köhler, Alexander (Wilhelm) */~/† 5/650; Köhler, Günther ~ 5/651; Körner, (Karl) Theodor ~ 5/673; Köttig, Friedrich August ~ 5/678; Köttig, Otto Friedrich ~ 5/678; Kraiger, Karl ~ 6/67; Krause, Otto ~ 6/82; Kühn, Heinrich Gottlieb ~ 6/144; Küntscher, Gerhard ~ 6/151; Kuntz, Julius ~ 6/170; La Baume, Wolfgang ~ 6/188; Lampadius, Wilhelm August ~/† 6/208; Ledebur, Adolf ~/† 6/284; Lehmann, Ernst Johann Traugott ~/† 6/292; Lempe, Johann Friedrich ~/† 6/317; Leonhardi, (Emil August) Eduard * 6/329; Leutwein, Friedrich ~ 6/356; Liedtke, Harry ~ 6/390; Limmer, Michael Friedrich ~ 6/398; Lindenau, Paul ~ 6/404; Lingke, Wilhelm Friedrich ~/† 6/411; Lissner, Anton */~ 6/423; Löscher, Carl Imanuel ~/† 6/446; Lorentz, Samuel */~ 6/470; Lücke, Christian Gottlob * 6/514; Lücke, Johann Friedrich * 6/514; Lüdemann, Karl-Friedrich ~/† 6/515; Marggraf, Andreas Sigismund ~ 6/615; Maucher, Albert * 6/667; Maurer, Eduard (Georg) ~ 6/669; Meisser, Otto ~/† 7/40; Mende, Johann Friedrich ~/† 7/56; Meyer, Hans Leopold ~ 7/104; Moebius, Bernhard ~ 7/162; Mohs, (Carl) Friedrich (Christian) ~ 7/184; Moritz, Kurfürst von Sachsen * 7/215; Mucke, (Karl) Ernst ~ 7/238; Mühlig, Max ~ 7/243; Müller, Hans ~ 7/262; Müller, Karl Herrmann ~/† 7/274; Naumann, Carl Friedrich ~ 7/348; Naumann, Ernst * 7/349; Neubert, Karl ~/† 11/137; Neuhaus, Alfred ~ 11/138; Neumann, (Heinrich) Bernhard ~/† 7/381; Nosseni, Giovanni Maria ~ 7/441; Noth, Gottfried ~ 7/442; Novalis ~ 7/444; Oelsner, Oscar (Walter) ~/† 11/148; Oppel, Friedrich Wilhelm von ~/† 11/150; Oppel, Julius Wilhelm von * 7/497; Otto der Reiche, Markgraf von Meißen ~ 7/532; Otto, (Friedrich Victor) Carl ~ 11/153; Otto, Hans ~/† 11/154; Pässler, Ernst Johannes */~ 7/548; Papperitz, (Johannes) Erwin ~/† 7/561; Pfannstiehl, Bernhard † 7/637; Pfeifer, Emil ~ 11/157; Pfeil, Johann Gottlob Benjamin ~ 7/643; Plattner, Karl Friedrich ~/† 7/691; Porth, Karl ~ 8/40; Putzger, Friedrich Wilhelm ~ 8/95; Quellmalz, Samuel Theodor * 8/101; Rabener, Justus Gottfried ~ 8/109;

Radecki, Sigismund von ~ 8/114; Rammler, Erich ~/† 8/133; Regler, Friedrich Maria ~ 8/187; Reich, Ferdinand ~/† 8/195; Richter, (Hieronymus) Theodor ~/† 8/283; Rivius, Johann d. Ä. ~ 8/337; Rösler, Balthasar ~ 8/360; Roessler, Heinrich ~ 11/165; Roscher, Max ~ 8/385; Roth, (August Heinrich) Ludwig ~ 8/415; Rothe, Heinrich August ~ 8/418; Rotschitz, Georg von ~ 8/424; Rotter, Dietrich ~ 8/426; Ruediger, Karl August ~ 8/447; Rülein von Calw, Ulrich ~ 8/452; Schamberg, Johann Christian ~ 8/563; Schlotheim, Ernst Friedrich Frh. von ~ 8/686; Schmidt, Adolf ~ 9/1; Schroll, Kaspar Melchior Balthasar ~ 9/157; Schubert, Gotthilf Heinrich von ~ 9/162; Schüller, Arno ~ 9/170; Schumacher, Friedrich ~ 9/202; Schwarz, Bernhard Wilhelm ~ 9/225; Seebohm, Hans-Christoph ~ 9/256; Seidenschnur, Fritz Karl Georg ~ 9/267; Siber, Adam ~ 9/300; Silbermann, Gottfried ~ 9/327; Silbermann, Johann Andreas ~ 9/327; Sorge, Kurt Oskar ~ 9/379; Spieß, Christian Heinrich ~ 9/405; Stapff, Friedrich-Moritz ~ 9/448; Stather, Friedrich ~/† 9/454; Steffens, Henrik ~ 9/465; Stein, (Heinrich Friedrich) Karl Frh. vom und zum ~ 9/478; Stelzner, Alfred Wilhelm ~ 9/504; Stifft, Christian Ernst ~ 9/530; Stoscheck, Walter ~ 9/561; Stübel, (Moritz) Alfons ~ 9/607; Sydow, Emil von * 9/643; Tafel, Viktor (Eugen) ~/† 9/651; Trebra, Friedrich Wilhelm (Heinrich) von ~ 10/77; Treptow, (Carl Johann) Emil ~/† 10/82; Tulla, Johann Gottfried ~ 10/115; Uhlitzsch, Wolfgang Heinz ~ 10/131; Undeutsch, Hermann ~/† 10/151; Veltheim, Franz Wilhelm Werner von ~ 10/192; Voigt, Johann Carl Wilhelm ~ 10/237; Wachsmuth, Richard ~ 10/267; Weber, Carl Maria (Friedrich Ernst) von ~ 10/350; Websky, (Christian Friedrich) Martin ~ 10/364; Wedding, Hermann ~ 10/367; Weisbach, Julius (Ludwig) ~/† 10/401; Weller, Hieronymus */~/† 10/425; Werner, Abraham Gottlob ~ 10/444; Willers, Friedrich Adolf ~ 10/511; Winkler, Clemens (Alexander) */~ 10/528; Witten, Hans ~ 10/546; Wrana, Joachim ~ 10/589; Zedler, Johann Heinrich ~ 10/626; Zerrenner, Karl Michael ~ 10/646; Zeuner, Gustav (Anton) ~ 10/649

Freiberg (tschech. Příbor)
Bretholz, Berthold * 2/122; Butschek von Heraltitz, Joseph Ignaz * 2/258; Freud, Sigmund * 3/427; Müller, Anton Josef ~ 7/248; Richter, Benedikt * 8/276; Taesler, Clemens ~ 9/650; Zeisler, Moritz * 10/632

Freiberg am Neckar → Beihingen, Heutingsheim
Freibergsdorf
Lotze, Moritz (Eduard) * 6/486

Freiburg (Kt. Freiburg)
Abt, Hans ~ 1/15; Ah, Joseph Ignaz von ~ 1/56; Alker, Ernst ~ 1/90; Anderledy, Anton Maria ~ 1/123; Andrian-Werburg, Leopold Frh. von ~/† 1/134; Baumhauer, Heinrich (Adolph) ~/† 1/348; Baur, Renward ~ 1/352; Beck, Joseph ~ 1/371; Beck, Maria Paula ~ 1/373; Behrens, Heinrich ~ 1/401; Benziger, Carl Joseph ~ 1/432; Bichler, Heinrich ~ 1/512; Bliemetzrieder, Placidus Franz ~ 1/572; Blumer, Hans ~/† 1/588; Boas, Walter ~ 11/26; Bocheński, Joseph Marie ~/† 11/26; Bossard, Johann Karl Silvan ~ 2/43; Broillet, Frédéric ~ 2/144; Brun, Georg ~/† 2/165; Buchstab, Johannes ~/† 2/189; Büchi, Albert ~/† 2/195; Buomberger, Ferdinand ~ 2/227; Canisius, Petrus ~/† 2/274; Decurtins, Caspar ~ 2/461; Dedelley, Jakob ~ 2/462; Deharbe, Joseph (Gervais) ~ 2/467; Dessauer, Friedrich ~ 2/497; Diesbach, Johann Friedrich Graf von */~/† 2/523; Diesbach, Sebastian von ~ 2/523; Diessenhofen, Johann Truchseß von ~ 2/525; Dommann, Hans ~ 2/591; Donauer, Friedrich ~ 2/593; Doß, Adolf von ~ 2/602; Drinkwelder, Otto ~ 2/622; Ebel, Basilius ~ 2/664; Eberle, Adam ~ 2/674; Effmann, Wilhelm ~ 3/22; Egger, Augustin ~ 3/27; Ender, Otto ~ 3/109; Ensinger, Matthäus ~ 3/129; Enzinger, Moritz ~ 11/54; Erhard, Hubert ~ 3/144; Esser, Thomas ~ 3/181; Ettmayer von Adelsburg, Karl ~ 3/186; Fäh, Adolf ~ 3/216; Falck, Peter ~ 3/222; Federer, Heinrich ~ 3/241; Felder, Hans d.J. ~ 3/255; Felder, Hilarin ~/† 3/255; Fellerer, Karl Gustav ~ 3/260; Fidelis von Sigmaringen ~ 3/289; Fietz, Hermann ~ 3/294; Fischer,

Beat ~ 3/312; Fleck, Florian Hans ~/† 3/339; Fontaine, Karl Alois */~ 3/369; Freudenfeld, Burkhard Heinrich ~ 3/430; Friederich von Amberg † 3/449; Fries, Hans */~ 3/483; Fries, Lorenz ~ 3/484; Funck, Hans ~ 3/540; Geiger, Franz ~ 3/604; Geiler, Hans ~ 3/607; Gemperlin, Abraham ~/† 3/620; Geser-Rohner, Albert ~ 3/665; Gietl, Heinrich Maria ~ 4/6; Gigon, Olof ~ 11/69; Girard, Gregor */~/† 4/14; Gisig, Sebastian ~ 4/17; Gleispach, Wenzeslaus (Karl Maximilian Maria) Graf von ~ 4/29; Gmelch, Joseph ~ 4/40; Gobat, Georg ~ 4/44; Gockel, Albert (Wilhelm Friedrich Eduard) ~/† 4/45; Graf, Thomas ~ 4/128; Graffunder, Walter ~ 4/132; Grimme, Hubert ~ 4/172; Grütsch, Konrad ~ 4/219; Guillimann, Franz * 4/252; Gutzwiller, Max ~ 4/276; Hänggi, Anton ~/† 4/309; Hättenschwiller, Alphons (Oskar) ~ 4/313; Häusle, Hugo ~ 4/314; Haid, Kassian ~ 4/335; Haller, Hans * 4/347; Hardegger, August ~ 4/381; Hartmann, Anastasius ~ 4/405; Hartmann, Placidus ~ 4/413; Hefti, Beda ~/† 4/478; Heilmann, Christoph */~/† 4/498; Helfenzrieder, Johann Evangelist ~ 4/558; Heman, Erwin (Rudolf) ~ 4/577; Hensel, Walther ~ 4/598; Henzen, Walter ~ 4/601; Herpol, Homer ~ 4/637; Herschel, Hans ~ 4/646; Hess, Johann Jakob */~ 4/671; Hochdorf, Max ~ 5/80; Horsch, Paul ~ 5/182; Huber, Anton ~ 11/92; Hürlimann, Hans ~ 5/212; Iten, Alphons ~ 5/266; Jerger, Wilhelm ~ 5/323; Jordan, Johann Baptist † 5/362; Jostes, Franz ~ 5/369; Jüthner, Julius ~ 5/374; Kälin, Joseph A. ~/† 5/394; Keller, Jakob ~ 5/495; Kirsch, Johann Peter ~ 5/555; Klenze, Camillo von * 5/588; Kleutgen, Joseph ~ 5/591; Kohlmann, Anton ~ 6/4; Kolb, Franz ~ 6/10; Kosch, Wilhelm (Franz Josef) ~ 6/50; Kotzina, Vinzenz ~ 6/56; Lange, Karl Nikolaus ~ 6/234; Laub, Jakob † 6/263; Lazarus, Paul ~ 6/277; Leimgruber, Oskar */~ 6/307; Lenz, Adolf ~ 6/323; Lessiak, Primus ~ 6/344; Locher, Gottfried ~/† 6/433; Locher, Karl ~ 6/434; Lorenz, Jakob ~/† 6/472; Luther, Carl Joseph ~ 6/535; Manser, Gallus Maria ~/† 6/598; Martini, Martin ~ 6/640; Max, Prinz von Sachsen ~ 6/674; Mayer, Hans ~ 7/7; Mayer, Rupert ~ 7/11; Meienberg, Niklaus (Markus Maria) ~ 7/30; Melamid, Michael ~ 7/49; Merz, Friedrich ~ 7/80; Moos, Ludwig von ~ 7/204; Motta, Giuseppe ~ 7/233; Müller, Alois ~ 7/237; Müller, Günther ~ 7/261; Müller, Joseph ~ 7/272; Musy, Jean Marie ~/† 7/319; Nadler, Josef ~ 7/329; Nägeli, Oskar † 7/332; Newald, Richard (Ludwig Adalbero) ~ 7/396; Niderberger, Franz ~ 7/402; Nötscher, Friedrich ~/† 7/432; Obermaier, Hugo ~/† 7/455; Oehl, Ilse ~/† 7/464; Oehl, Wilhelm ~/† 7/464; Oeing-Hanhoff, Ludger ~ 11/147; Oser, Hugo ~ 7/511; Oswald, Wilhelm ~/† 7/522; Overbeck, Alfred Frh. von ~/† 7/538; Ow-Wachendorf, Adolf Frh. von ~ 7/541; Peiger, Ludwig ~ 7/589; Prümmer, Dominikus Maria ~/† 8/81; Raab, Heribert ~ 8/105; Reichensperger, August ~ 8/202; Ritz, Joseph Maria ~ 8/336; Ritzler, Remigius ~ 8/336; Roh, Peter ~ 8/367; Ruhland, Gustav ~ 8/460; Sachsen, Max Prinz von ~/† 8/490; Salat, Johannes ~/† 8/497; Sartory, Anna ~ 8/521; Savigny, Leo von ~ 8/533; Schäufelein, Hans d.J. ~/† 8/554; Scheiwiler, Alois ~ 8/591; Scherer-Boccard, Theodor Graf von ~ 8/611; Schiess, Ernst ~ 8/629; Schmid, Erich ~ 8/700; Schmidinger, Heinrich ~ 8/709; Schmidt, Ernst (Albert) ~ 9/6; Schmidt, Wilhelm ~/† 9/20; Schnürer, Gustav ~/† 9/69; Schrems, Theobald ~ 9/140; Schulenburg, (Gebhard) Werner von der ~ 9/183; Schwarzenbach, James ~ 9/230; Spescha, Hendri ~ 9/398; Spieler, Josef ~ 9/402; Stammler, Wolfgang ~ 9/444; Streitberg, Wilhelm (August) ~ 9/582; Studer, Eugen ~ 9/605; Stünke, Hein † 9/610; Sulzer, Johann Anton ~ 9/631; Tinguely, Jean * 10/46; Treger, Konrad * 10/77; Troxler, Ignaz Paul Vitalis ~ 10/99; Tuor, Alfons Eduard ~ 10/117; Ulich, (Heinrich Gottlob) Robert ~ 10/135; Unger, Frieda ~ 10/153; Vischer, Paul ~ 10/217; Vogt, Alois ~ 10/232; Volk, Hermann ~ 10/243; Volmar, Joseph Simon ~ 10/250; Wagner, Peter (Josef) ~/† 10/286; Walter, Otto ~ 10/320; Wannenmacher, Johannes ~ 10/331; Wasserrab, Karl ~ 10/344; Weinmann, Karl ~ 10/399; Weiss, Albert (Maria) ~/† 10/406; Wick, Karl ~ 10/472;

Zapletal, Vinzenz (Adolf) ~ 10/620; Zemp, Joseph ~ 10/640; Zihlmann, Josef ~ 10/660; Zwierzina, Konrad ~ 10/708; Zycha, Adolf ~ 10/711

Freiburg (Elbe)
Postel, Christian He(i)nrich * 8/45; Voigts, Bodo ~ 10/240; Wehmer, Carl (Friedrich Wilhelm) * 10/376

Freiburg i. Schlesien (poln. Świebodzice)
Becker, Gustav (Johann Eduard) * 1/377; Bennhold, Hans-Hermann * 1/426; Blüher, Hans * 1/580; Dornblüth, Otto (Wilhelm Albert Julius) ~ 2/598; Kirschner, Martin * 5/556; Kramsta, Georg Gottlob */† 6/70; Kutzner, Oskar * 6/184; Priemel, Kurt * 8/69; Reichardt, Günther * 8/197

Freiburg im Breisgau
siehe auch *Adelhausen, Ebnet, Herdern, Tiengen*
Aal, Johannes ~ 1/1; Abb, Gustav ~ 1/1; Abraham, Karl ~ 1/12; Abraham, Max ~ 1/12; Adam, Curt (Fr. O. Chr.) ~ 1/27; Adenauer, Konrad (Hermann Joseph) ~ 1/35; Adler, Georg ~ 1/39; Agrippa von Nettesheim ~ 1/55; Ahrens, Wilhelm (Ernst Maria Georg) ~ 1/64; Alber, Matthäus ~ 1/64; Albrecht VI., Erzherzog von Österreich ~ 1/78; Albrecht, Gerhard ~ 1/81; Albrecht, Karl Hermann † 1/82; Alexander, Walter ~ 1/88; Algermissen, Konrad ~ 1/90; Allgeier, (Franz) Arthur ~ 1/92; Allmers, Robert (Anton Hinrich) ~ 1/92; Altschul, Salomon Eugen ~ 11/3; Alzog, Johannes Baptist ~/† 1/109; Aman, Johann ~ 1/110; Amann, Heinrich */~ 1/110; Amelius, Martin */~ 1/113; Ameln, Konrad ~ 11/3; Amelunxen, Rudolf ~ 1/113; Amerbach, Bonifacius ~ 1/114; Amerbach, Veit ~ 1/114; Amira, Karl (Konrad Ferdinand Maria) von ~ 1/115; Amman, Kaspar ~ 1/115; Ammann, Hermann Josef ~ 1/116; Ammelburg, (Heinrich) Alfred ~ 1/116; Amonn, Alfred ~ 1/118; Amrhyn, Joseph Karl Franz ~ 1/119; Anderlind, Ottomar Viktor ~ 1/123; Anders, Günther ~ 1/124; Andlaw-Birseck, Franz Xaver Reichsfrh. von * 1/126; Andlaw-Birseck, Heinrich Bernhard Reichsfrh. von */~ 1/126; Andlaw-Birseck, Konrad Reichsfrh. von ~/† 1/126; Andreas, Willy ~ 1/132; Anholt, Johann Jakob Graf von † 1/140; Anna von Munzingen ~ 1/143; Apstein, Carl Heinrich ~ 1/160; Apt, Max ~ 1/160; Arendt, Hannah ~ 1/166; Armbruster, Johann Michael ~ 1/171; Arndt, Fritz ~ 1/174; Arnhold, Heinrich (Johann) ~ 1/178; Arnhold, Kurt ~ 1/178; Arnold, (Philipp) Friedrich ~ 1/186; Artelt, Walter ~ 11/6; Artopoeus, Johannes ~/† 1/198; Aschaffenburg, Gustav ~ 1/202; Aschheim, Selmar ~ 1/204; Aschoff, Jürgen */~/† 11/6; Aschoff, Ludwig ~/† 1/204; Asmus, (Johann) Rudolf ~/† 1/206; Assmann, Herbert ~ 1/207; Aubin, Gustav ~ 1/212; Aubin, Hermann (Carl William) ~/† 1/212; Auerbach, Erich ~ 1/215; Auerbach, Walter ~ 1/216; Auffenberg, Joseph Frh. von */† 1/218; Autenrieth, Wilhelm ~/† 1/226; Axenfeld, Theodor ~/† 1/228; Babo, (Clemens Heinrich) Lambert Frh. von ~ 1/234; Bach, Max Hugo ~ 1/241; Back, Josef ~ 1/249; Bacmeister, Adolf ~ 1/250; Bader, Josef ~/† 1/253; Bader, Karl */~/† 1/253; Bader, Karl Siegfried ~ 11/8; Badt, Kurt ~ 1/253; Bächtold, Hermann ~ 1/254; Baedeker, Friedrich Wilhelm ~ 1/255; Bär, Franz Joseph ~ 1/259; Baer, Karl Anton Ernst ~ 1/259; Bär, Ludwig ~/† 1/260; Baer, Reinhold ~ 1/260; Bäumer, Remigius ~ 11/9; Bäumer, Suitbert † 1/265; Bäumler, Christian ~ 1/266; Baisch, Karl ~ 1/272; Baldung, Hans ~ 1/275; Baldung, Kaspar ~ 1/275; Ballowitz, Emil ~ 1/278; Bamm, Peter ~ 1/286; Bampi, Richard ~ 1/286; Banholzer, Johann ~ 1/289; Bárány, Robert * 1/291; Bargatzky, Walter ~ 11/11; Barth, Johann Carl ~ 1/302; Barth-Bartenheim, Johann Baptist Ludwig Ehrenreich Graf von ~ 1/305; Bartram, Walter ~ 1/310; Bary, Anton Heinrich de ~ 1/312; Basler, Otto ~/† 1/314; Bauch, Bruno (Arthur Kanut) ~ 1/320; Bauch, Kurt ~/† 11/12; Baudissin, Wolf Graf von ~ 1/322; Bauer, Benedikt ~ 1/323; Bauer, Clemens ~/† 1/324; Bauer, Karl ~ 1/327; Baumann, Christian ~ 1/334; Baumann, Eugen ~ 1/334; Baumann, Hermann */~ 1/335; Baumgardt, David ~ 1/342; Baumgarten, Eduard ~ 1/342; Baumgarten, Hans ~ 1/343; Baumgartner, Eugen */~/† 1/346; Baumgartner, Leopold ~/† 1/347;

Baumgartner, Matthias ~ 1/348; Baumstark, Reinhold * 1/349; Baur, Erwin ~ 1/349; Baur, Franz ~ 1/350; Baurmeister, Tobias von ~ 1/353; Bayern, Konstantin Prinz von ~ 1/360; Beauclair, Gotthard de † 11/14; Bechert, Emil ~ 1/367; Bechhold, Heinrich (Jakob) ~ 1/367; Beck, Bernhard Oktav von */~/† 1/369; Beck, Carl Richard ~ 1/369; Beck-Rzikowsky, Friedrich Graf von * 1/374; Beckenkamp, Jakob ~ 1/374; Becker, Enno (Franz August) ~ 1/376; Becker, Ernst (Emil Hugo) † 1/377; Becker, Hellmut ~ 1/377; Becker, Joseph ~ 1/379; Becker, Otto ~ 1/380; Becker, Philipp August ~ 1/380; Becker, Richard ~ 1/381; Beckerath, Erwin von ~ 1/382; Beckerath, Herbert von ~ 1/382; Beckmann, Fritz ~ 1/384; Beckmann, Josef Hermann ~/† 1/385; Beeking, Joseph ~/† 1/388; Behaghel, Wilhelm Jakob ~/† 1/395; Behrend, (Anton Friedrich) Robert ~ 1/400; Behrle, Rudolf ~/† 1/403; Bekk, Johann Baptist ~ 1/407; Below, Georg von ~ 1/411; Bender, Hans */~/† 1/416; Bendix, Bernhard ~ 1/417; Benkard, Georg ~ 11/17; Bennhold, Hans-Hermann ~ 1/426; Benthin, Walther ~ 1/429; Beradt, Martin ~ 1/433; Bercken, Erich von der ~ 1/435; Berckheim, (Karl) Christian Frh. von ~ 1/435; Berek, Max ~ † 1/436; Berend, Fritz ~ 1/436; Berendsohn, Walter Arthur ~ 1/437; Bergk, (Wilhelm) Theodor von ~ 1/448; Bergstraesser, Arnold ~/† 1/453; Bermann Fischer, Gottfried ~ 11/18; Berneker, Erich ~ 1/463; Berney, Arnold ~ 11/19; Bernhard II., Markgraf von Baden ~ 1/464; Berthold von Freiburg ~ 1/485; Berve, Helmut (Friedrich Konrad) ~ 1/489; Besseler, Heinrich ~ 1/493; Best, Werner ~ 1/494; Bethe, Albrecht ~ 1/496; Betz, Anton ~ 1/499; Beuttenmüller, Hermann ~ 1/504; Beyer, Hermann Wolfgang ~ 1/506; Beyerle, Franz ~ 11/20; Beyerle, Konrad ~ 1/507; Beyerlein, Franz Adam ~ 1/507; Biechele, Johann Nepomuk ~/† 1/516; Biedenfeld, Ferdinand Leopold Frh. von ~ 1/516; Bieling, Richard ~ 1/520; Biener, Wilhelm ~ 1/522; Biermann, Ludwig (Franz Benedikt) ~ 1/523; Biermann-Ratjen, Hans Harder ~ 1/524; Bilharz, Alfons ~ 1/527; Bilharz, Theodor (Maximilian) ~ 1/527; Bilz, Jakob ~ 1/530; Binding, Karl (Ludwig Lorenz) ~/† 1/532; Biner, Josef ~ 1/532; Birnbaum, Hans ~ 1/540; Birnbaum, Johann Michael Franz ~ 1/540; Birnbaum, Karl ~ 1/540; Birukow, Georg ~ 11/22; Bischoff, Diedrich ~ 1/542; Bissier, Julius (Heinrich) */~ 1/548; Bittmann, Carl † 1/550; Blacker, Carola ~/† 1/553; Blättner, Fritz ~ 1/553; Blankenburg, Walter ~ 11/23; Blarer, Gerwig ~ 1/559; Blarer, Thomas ~ 1/559; Blarer von Wartensee, Jakob Christoph ~ 1/559; Blau, Bruno † 11/23; Blech, Hans Christian ~ 11/23; Blittersdorf, Friedrich Landolin Karl Frh. von ~ 1/573; Bloch, Emil ~/† 1/573; Bloch, Hermann ~ 1/574; Bob, Franz Joseph ~/† 1/592; Bobek, Hans ~ 1/592; Bock, Kornelius Peter ~/† 1/595; Bode, Wilhelm ~ 1/600; Bodenstein, Adam von ~ 1/604; Bodman, (Johann) Ferdinand Frh. von und zu † 1/605; Bodman, (Johann) Heinrich Frh. von und zu * 1/605; Böblinger, Hans d. Ä. ~ 1/606; Boeckler, Albert † 1/610; Böcklin von Böcklinsau, Franz (Friedrich Siegmund August) Reichsfrh. von † 1/612; Böhm, Franz ~ 1/616; Boehm, Franz † 11/27; Böhm, Georg ~/† 1/616; Boehmer, Gustav ~ 1/622; Boehringer, Erich ~ 1/625; Böker, Hans ~ 1/626; Boenheim, Felix ~ 1/630; Bönninghausen, Franz Egon Frh. von ~ 1/631; Böttinger, Heinrich Theodor von ~ 1/640; Bohner, Theodor Paul ~ 2/3; Boll, Bernhard ~/† 2/8; Bolle, Adolf ~ 2/13; Bolza, Oskar ~/† 2/13; Boor, Helmut de ~ 2/23; Boos, (Georg Christian) Karl ~ 2/23; Borchard, August ~ 2/26; Borgmann, Wilhelm ~ 2/29; Borner, Wilhelm ~ 2/34; Boruttau, Ernst Paul ~ 11/29; Bossert, Hellmuth Theodor ~ 2/44; Bostroem, August ~ 2/46; Bostroem, Eugen ~ 2/46; Bräuer, Karl † 2/56; Braig, Karl ~/† 2/58; Brambach, Wilhelm ~ 2/59; Bramsted, Ernest ~ 2/59; Brandes, Bruno ~ 2/62; Brandes, Gustav (Philipp Hermann) ~ 2/63; Brandi, Ernst (Theodor Oswald) ~ 2/64; Brandt, Karl ~ 2/70; Brandt, Walter ~ 2/71; Brauchle, Alfred ~ 2/76; Brauer, (Karl Ludwig Wilhelm) Arthur von ~ 2/77; Brauer, (August) Ludolf ~ 2/77; Braun, Adolf ~ 2/78; Braun, Alexander

(Carl Heinrich) ~ 2/78; Braun, Harald (Heinrich Oskar) ~ 2/81; Braun, Karl Joseph Eduard ~/† 2/84; Braun, Karl Joseph Wilhelm † 2/84; Braun, Waldemar ~ 2/87; Brauns, Heinrich ~ 2/90; Brecht, (Karl) Walter ~ 2/94; Bredig, Georg ~ 2/95; Bredt, Ernst Wilhelm ~ 2/96; Bredt, Heinrich † 11/31; Brefeld, Ludwig † 2/97; Breitenbach, Franz Joseph ~ 2/102; Bremer, Claus ~ 11/31; Brendel, (Otto Rudolf) Martin † 2/111; Brentano, Margherita von ~ 2/117; Breslauer, Walter ~ 2/120; Brie, Friedrich (Daniel Wilhelm) ~/† 2/131; Briefs, Goetz Anton ~ 2/131; Brinkmann, Carl ~ 2/135; Brinkmann, Roland ~ 11/32; Brockdorff-Rantzau, Ulrich (Karl Christian) Graf von ~ 2/138; Brodmann, Korbinian ~ 2/142; Brömser, Philipp ~ 2/143; Brückner, Wilhelm ~ 2/153; Brüggemann, Alfred ~ 2/156; Brühl, Julius Wilhelm ~ 2/156; Brühler, Ernst-Christoph ~/† 2/158; Brüning, Friedrich Wilhelm Johann ~ 2/159; Brünings, Wilhelm ~ 2/161; Brugier, Gustav ~ 2/162; Brugmann, Karl (Friedrich Christian) ~ 2/163; Bruhns, Leopold Paul ~ 2/164; Brunhuber, August David ~ 2/167; Brunner, Andreas ~ 2/168; Brunner, Constantin ~ 2/168; Brunner, Heinrich ~ 2/169; Bubis, Ignatz ~ 11/34; Bubnoff, Nicolai von ~ 2/179; Bubnoff, Serge von ~ 2/179; Bucerius, Gerd ~ 11/35; Buchenberger, Adolf ~ 2/182; Buchinger, Michael ~ 2/185; Buckwitz, Harry ~ 2/190; Bueb, Julius */~ 2/194; Bücheler, Franz ~ 2/195; Büchner, Franz ~/† 2/196; Büdingen, Theodor ~ 2/200; Bühler, Karl ~ 2/200; Bührle, Emil (Georg) ~ 2/202; Bürger, (Heinrich) Otto (Wilhelm) ~ 2/209; Bürgi, Emil ~ 2/210; Bürkle de la Camp, Heinz ~ 2/211; Bürklin, Albert ~ 2/212; Büttner, Erich Johann † 2/215; Büttner, Sigismund ~ 2/215; Bulcke, Karl ~ 2/220; Bulle, Heinrich ~ 2/220; Bulst, Walther ~ 11/35; Bumke, Oswald ~ 2/223; Buol von Berenberg, Rudolf Frh. ~ 2/226; Burchard, Johann ~ 2/229; Burg, Joseph ~ 2/235; Burg, Joseph Vitus ~ 2/235; Burgeff, Hans (Edmund Nicola) ~ 2/236; Burger, Johann ~ 2/237; Burger, Wilhelm ~/† 2/238; Burgsdorff, Curt (Ludwig Ehrenreich) von ~ 11/36; Burkhardt, Gerd ~ 2/243; Burri, Conrad ~ 2/246; Buschor, Ernst ~ 2/253; Bushe, Karl-August ~ 11/37; Buß, Franz Joseph Ritter von ~/† 2/254; Busse, Hermann Eris */~/† 2/255; Buttel-Reepen, Hugo Berthold von ~ 2/258; Buttmann, Rudolf ~ 2/259; Buzengeider, Karl Heribert Ignatius ~/† 2/262; Byk, Alfred ~ 2/262; Caemmerer, Ernst von ~ 2/263; Cahn-Garnier, Fritz ~ 2/264; Calé, Walter ~ 2/265; Calker, Fritz van ~ 2/266; Calker, Wilhelm van ~ 2/266; Campe, Rudolf (Ernst Emil Otto) von ~ 2/271; Capito, Wolfgang ~ 2/277; Carnap, Rudolf Leo ~ 2/283; Cartellieri, Otto (Ernst Wilhelm) ~ 2/289; Caspar, Erich ~ 2/291; Caspari, Wilhelm ~ 2/292; Cassebohm, Friedrich (Georg Carl) ~ 2/293; Cassirer, Fritz ~ 2/294; Cassirer, Richard ~ 2/295; Catel, Werner ~ 2/297; Chajes, Benno ~ 2/302; Chézy, Wilhelm Theodor von ~ 2/310; Christians, Clemens ~ 11/39; Christoph von Stadion, Bischof von Augsburg ~ 2/323; Christoph I., Markgraf von Baden ~ 2/323; Chrudimsky, Ferdinand ~ 2/325; Claß, Heinrich ~ 2/331; Claus, Adolf (Karl Ludwig) ~ 2/334; Clauß, Joseph ~/† 2/337; Claussen, Peter (Heinrich) ~ 2/337; Clemm, Adolf (Carl) ~/† 2/341; Cloos, Hans ~ 2/345; Closs, Gustav Adolf Karl ~ 2/345; Coenen, Hermann Wilhelm M. ~ 2/350; Coermann, Wilhelm ~ 2/350; Cohn, Jonas ~ 11/40; Cohn, Toby ~ 2/353; Colm, Gerhard ~ 2/359; Cornelius, Hans Peter ~ 2/374; Cosack, Konrad Carl Albert ~ 2/381; Coubier, Heinz ~ 2/385; Cramer, (Johann Baptist Joseph) August ~ 2/388; Cramer, Carl Eduard ~ 2/388; Cremer, Arnold ~ 2/397; Cremer, Erika ~ 11/41; Cremer, Ernst Richard ~ 2/398; Creutzburg, Nikolaus ~/† 11/43; Creutzfeldt, Otto ~ 11/42; Cron, Helmut ~ 2/403; Curjel, Hans ~ 2/412; Curschmann, Fritz ~ 2/412; Curschmann, Hans ~ 2/412; Curtius, Ludwig ~ 2/414; Czellitzer, Arthur ~ 2/417; Czerny, Vinzenz von ~ 2/419; Dabelow, Adolf † 2/423; Dambacher, Josef ~ 2/436; Dammann, Oswald ~ 2/437; Dammert, (Karl) Rudolf ~ 2/438; Dannenmayer, Matthias ~ 2/443; Darmstaedter, Friedrich (Ludwig Wilhelm) ~ 2/445; Deecke, Wilhelm ~/† 2/463; Deetjen, (Otto Paul)

Werner ~ 2/463; Degenfeld-Schonburg, Ferdinand Graf ~ 2/465; Dehler, Thomas ~ 2/467; De la Camp, Oskar † 2/473; Delbanco, Ernst ~ 2/474; Demeter, Ignaz (Anton) ~/† 2/482; Demoll, Reinhard ~ 2/483; Demuth, Fritz ~ 2/484; Denecke, Ludwig ~ 11/44; Denk, Joseph ~ 2/487; Derrer, Sebastian ~ 2/493; Dessoir, Ferdinand ~ 2/498; Deubner, Ludwig (August) ~ 2/502; Dewischeit, Curt † 2/509; Dichgans, Hans (Hermann) ~ 2/512; Dichtel, Anton ~/† 2/512; Diehl, Karl ~/† 2/516; Diener, Hermann ~ 2/519; Diepenbach, Wilhelm ~ 2/520; Diepgen, Paul ~ 2/520; Dieringer, Franz Xaver ~ 2/522; Diestel, Arnold Friedrich Georg ~ 2/525; Dieterich, Viktor ~ 2/528; Dietrich, Otto ~ 2/537; Dietrich, Sixtus ~ 2/537; Dietsche, Friedolin Josef ~ 2/539; Dietze, (Friedrich Carl Nikolaus) Constantin von ~/† 2/541; Dietze, Ursula ~ 2/541; Dietze, Walther Wilhelm Hermann ~ 2/541; Dill, Ludwig ~ 2/546; Disselhoff, Hans-Dietrich ~ 2/558; Disteli, Martin ~ 2/558; Ditfurth, Hoimar von † 2/559; Dittler, Rudolf ~ 2/561; Döblin, Alfred ~ 2/569; Dölle, Hans (Heinrich Leonhard) ~ 2/572; Doelter (y Cisterich), Cornelio August ~ 2/573; Dörinkel, Wolfram ~ 2/578; Dörner, Karl ~ 2/578; Dörr, Wilhelm Ernst ~ 2/579; Doetsch, Gustav Heinrich Adolf † 2/581; Doetsch-Benziger, Richard ~ 2/581; Doflein, Erich ~ 2/581; Doflein, Franz Theodor ~ 2/581; Dohna-Schlodien, Alexander (Georg Theobald) Burggraf zu ~ 2/583; Dold, Hermann ~/† 2/585; Domarus, Alexander von ~ 2/589; Dominicus, (Adolf) Alexander (Eberhard) † 2/590; Dorer-Egloff, Edward ~ 2/597; Dorn, Herbert ~ 2/598; Dorner, Johann Jakob d. Ä. ~ 2/599; Doublier, Othmar ~ 2/603; Dove, Alfred ~/† 2/604; Dove, Karl ~ 2/604; Dragendorff, Hans ~/† 2/606; Drais von Sauerbronn, (Friedrich) Heinrich Georg Frh. ~/† 2/607; Dreher, Theodor ~/† 2/613; Drerup, Engelbert (Julius Philipp) ~ 2/613; Dreyfus, Georg(es) L. ~ 2/619; Driesch, Hans Adolf Eduard ~ 2/620; Drude, Paul (Karl Ludwig) ~ 2/627; Du Bois-Reymond, (David) Paul (Gustave) ~/† 2/631; Düker von Haßlau, Franz ~ 2/635; Düringer, Philipp Jacob ~ 2/640; Dürr, Wilhelm d. J. * 2/642; Dürr, Wilhelm d. Ä. ~ 2/641; Duminique, Ferdinand Frh. von * 2/648; Dungern, Emil Frh. von ~ 2/652; Dusch, (Georg) Theodor Frh. von ~ 2/656; Duttlinger, Johann Georg ~/† 2/659; Dyroff, Adolf ~ 2/661; Dyroff, Rudolf ~ 2/662; Dziatzko, Karl (Franz Otto) ~ 2/662; Ebbinghaus, Julius Karl Ludwig ~ 2/663; Ebeling, August ~ 2/665; Eberle, Rudolf ~ 2/674; Eberlin von Günzburg, Johann ~ 2/675; Eck, Johannes ~ 3/6; Ecker, Alexander */~/† 3/10; Ecker, Johann Matthias Alexander ~/† 3/10; Eckert, Alois ~/† 3/11; Eckert, Erwin ~ 3/11; Eckert, Victor Heinrich Eduard ~ 3/11; Eckert, Wilhelm */~/† 3/11; Eckhard, Carl Maria Joseph ~ 3/12; Eckstein, Albert ~ 3/15; Eggebrecht, Hans Heinrich ~/† 11/50; Eggs, Ignatius ~ 3/31; Ehmann, Wilhelm Christoph Ernst ~/† 3/36; Ehrenberg, Rudolf (Hans Hermann) ~ 3/37; Ehrenberg, Viktor (Gabriel) ~ 3/38; Ehrensberger, Hugo ~ 3/40; Ehrhard, (Josef Maria) Albert ~ 3/41; Ehrlich, Paul ~ 3/44; Eichborn, Eduard von ~ 3/47; Eichborn, Kurt von ~ 3/48; Eichholtz, Fritz ~ 3/51; Eichmann, Eduard ~ 3/55; Eichrodt, Ludwig ~ 3/55; Eicken, Karl Otto von ~ 3/57; Eickstedt, Egon Frh. von ~ 3/58; Eidens, Joseph ~ 3/58; Eimer, Theodor (Gustav Heinrich) ~ 3/62; Eisele, (Hermann Friedrich) Fridolin ~/† 3/68; Eisenlohr, Friedrich ~ 3/72; Eisenlohr, Friedrich * 3/72; Eisfeld, Curt ~ 3/74; Elbs, Karl (Joseph Xavier) ~ 3/85; Elias, Julius ~ 3/85; Elias, Norbert ~ 3/85; Ellinghaus, (Hermann Bernhard) Wilhelm ~ 3/92; Elwert, (Wilhelm) Theodor ~ 11/53; Embden, Gustav (Georg) ~ 3/102; Emelé, Wilhelm † 3/103; Emminghaus, Hermann ~/† 3/106; Engelking, Ernst ~ 11/54; Engelmann, Woldemar (August) ~ 3/121; Engentinus, Philipp ~ 3/124; Engesser, Lukas ~/† 3/124; Engisch, Karl (Franz Wilhelm) ~ 3/125; Engler, Carl (Oswald Viktor) ~ 3/126; Ennen, Edith ~ 11/54; Eppinger, Hans jun. ~ 3/133; Erasmus von Rotterdam, Desiderius ~ 3/134; Erb, Alfons † 3/136; Erdmann, Lothar ~ 3/141; Erdt, Paulin ~/† 3/143; Erfurth, Waldemar ~ 3/143; Erhardt, Johann Simon ~ 3/147; Ermatinger, Erhart ~

3/155; Ernst August Georg Wilhelm, Prinz von Hannover ~ 3/159; Erpf, Hermann Robert ~ 3/167; Esch, Ernst ~ 3/171; Eschelbacher, Max ~ 3/172; Escher, Hans Konrad von ~ 3/174; Eucken, Walter ~ 3/188; Euler, Hermann ~ 3/192; Everth, Franz ~ 3/197; Exner, Karl (Franz Joseph) ~ 3/201; Eyck, Erich ~ 3/203; Eynatten, Maria Carola Freiin von ~ 3/204; Faber, Gustav ~ 11/57; Faber, Johann ~/† 3/208; Faber, Johannes (Augustanus) ~ 3/209; Faber, Robert (Friedrich Gustav) ~ 3/209; Fabian, Walter (Max) ~ 3/210; Fabri, Johannes ~ 3/211; Fabricius, Ernst ~/† 3/213; Färber, Otto ~ 3/217; Fahnenberg, Karl Heinrich Frh. von */~ 3/218; Fahrländer, Karl Emanuel ~ 3/220; Falk, Johannes Nepomuk (Maria) ~ 3/225; Fallenter, Franz ~ 3/229; Fanck, Arnold † 3/230; Fassbinder, Franz ~ 3/233; Federer, Josef Anton ~ 3/241; Federer, Julius ~ 3/241; Federle, Egidius ~/† 3/242; Fehrenbach, Konstantin ~/† 3/246; Fehringer, Eduard † 3/246; Feilchenfeld, Walter ~ 3/249; Feine, Hans Erich Alfred ~ 3/251; Feldmann, Franz ~ 3/256; Felix, Kurt Arthur Alfred Oskar ~ 3/258; Felner, Ignaz Andreas Anton */~ 3/262; Felsenstein, Walter ~ 3/263; Feltscher, Anton ~ 3/263; Fendrich, Anton ~/† 3/264; Fest, Winfried ~ 3/274; Feudel, Elfriede ~/† 3/277; Feuerbach, Anselm ~ 3/277; Feuerbach, Joseph Anselm von ~/† 3/278; Feuerbach, Karl Wilhelm ~ 3/278; Feulgen, Robert (Joachim Wilhelm) ~ 3/281; Feurstein, Heinrich Karl Josef */~ 3/281; Fiala, Friedrich (Xaver Odo) ~ 3/283; Fichard, Johann ~ 3/284; Fick, Adolf (Gaston Eugen) ~ 3/287; Fickler, Erich ~ 3/289; Fickler, Karl Alois ~ 3/289; Fidelis von Sigmaringen ~ 3/289; Fieser, Emil ~/† 3/293; Finckh, Karl ~ 3/299; Finckh, Ludwig ~ 3/299; Fink, Eugen ~/† 3/302; Finke, Heinrich ~/† 3/304; Firnberg, Hertha ~ 3/308; Fischel, Luise ~ 3/309; Fischer, Eugen ~/† 3/315; Fischer, Franz (Josef Emil) */~ 3/315; Fischer, (Leopold) Heinrich */~/† 3/318; Fischer, Johann Christian * 3/320; Fischer, Kilian ~ 3/323; Fischer, Walther ~ 3/328; Fischer, Walther ~ 3/328; Fischler, Franz Josef (Bendedikt) ~ 3/332; Flaskamp, Wilhelm ~ 3/337; Flechtheim, Ossip K(urt) ~ 11/61; Fleckenstein, Albrecht ~/† 11/61; Fleischer, Paul † 3/342; Flemming, Willi (Karl Max) ~ 3/348; Flitz, Hedi ~ 3/352; Flügge, Siegfried ~ 11/62; Föhr, Ernst Gottlieb ~/† 3/359; Förster, Friedrich Wilhelm ~ 3/363; Förster, Karl Richard ~ 3/364; Foerster, Otfried ~ 3/364; Forsthoff, Ernst ~ 3/378; Forstmann, Richard ~ 3/378; Fortner, Wolfgang ~ 3/379; Fraenkel, Eduard (David Mortier) ~ 3/382; Fraenkel, Ernst ~ 3/383; Fränkel, Sigmund ~ 3/385; Fräßle, (Martin) Joseph */† 3/386; Francke, Ernst (Moritz August Martin) † 3/394; Frank, Bruno (Sebald) ~ 3/398; Frank, Erich ~ 11/63; Frank, Ludwig ~ 3/402; Franke, (Alwin Wilhelm) Otto ~ 3/404; Franken, Hermann */~ 3/406; Frankenthal, Käte ~ 3/407; Frantzius, Alexander von ~/† 3/409; Freigius, Johann Thomas */~ 3/422; Fremery, Max ~ 3/424; Frerk, Julius Friedrich Willy ~ 3/426; Freudenberg, Karl ~ 3/429; Freund, Michael ~ 3/432; Frey, Alexander Moritz ~ 3/433; Frey, Gottfried (Julius Ottokar) ~ 3/434; Frey, Max (Ruppert Franz) von ~ 3/436; Frey, Rudolf ~ 3/436; Freytag Löringhoff, Bruno Baron von ~ 11/64; Frick, Gottlob ~ 3/441; Frickhinger, (Hans) Walter ~ 3/443; Friedberg, Emil (Albrecht) von ~ 3/447; Friedemann, Ulrich ~ 3/448; Friedländer, Walter ~ 3/453; Friedmann, Friedrich Franz ~ 3/455; Friedrich, Graf von Zollern, Bischof von Augsburg ~ 3/460; Friedrich II., Großherzog von Baden ~ 3/460; Friedrich von Wirsberg, Bischof von Würzburg ~ 3/476; Friedrich, Hugo ~/† 3/479; Friedrichs, Kurt (Otto) ~ 3/482; Frings, Joseph ~ 3/487; Frisch, Hans von ~ 3/488; Fritz, Gerhard ~ 3/495; Fritz, Joß ~ 3/496; Fritz, Karl ~/† 3/496; Fritz, Kurt von ~ 3/496; Froben, Ambrosius ~ 3/498; Frobenius-Kühn, Eleonore ~ 3/500; Fromherz, Karl ~/† 3/508; Fromm, Emil ~ 3/509; Frosch, Franz ~ 3/513; Fuchsmagen, Johannes ~ 3/524; Fühner, Hermann Georg ~ 3/524; Fürstenberg, Karl Egon Fürst von ~ 3/529; Funk, Philipp ~/† 3/542; Funke, Otto ~/† 3/543; Furler, Hans ~ 3/543; Furtwängler, Adolf */~ 3/544; Futterer, Karl (Joseph Xaver) ~ 3/546; Futterer, Karl (Wilhelm) ~

3/546; Gablentz, Otto Heinrich von der ~ 3/548; Gaede, Wolfgang ~ 3/552; Galewsky, Eugen ~ 3/561; Galura, Bern(h)ard ~ 3/566; Gans, Oscar ~ 3/570; Ganssen, Robert ~ 3/571; Gaspary, Adolf (Robert) ~ 3/577; Gattermann, (Friedrich August) Ludwig ~/† 3/582; Gaupp, Ernst (Wilhelm Theodor) ~ 3/586; Gauß, Carl Josef ~ 3/588; Gebsattel, Victor-Emil Frh. von ~ 3/595; Geck, Oskar ~ 3/596; Gehrig, Oscar Hermann ~ 3/600; Geibel, Hermann * 3/601; Geiger, Albert ~ 3/603; Geiges, Fritz ~/† 3/607; Geiler von Kaysersberg, Johannes ~ 3/607; Geiler, Karl (Hermann Friedrich) ~ 3/607; Geissler, Friedrich Adolf ~ 3/611; Geller, Friedrich Christoph ~ 3/616; Gelpke, Ludwig (Hermann) ~ 3/618; Gelzer, Matthias ~ 3/619; Gemperlin, Abraham ~ 3/620; Gennerich, Wilhelm ~ 3/622; Gentner, Wolfgang ~ 3/623; Georgi, Felix ~ 3/632; Georgi, Walter ~ 3/633; Gerhardt, Rainer Maria ~ 3/644; Gerlach, Eduard ~ 3/647; Germar, Ernst (Friedrich) ~ 3/652; Gerngross, Otto ~ 3/652; Gerold, Karl ~ 3/654; Gerson, Max ~ 3/656; Gerstein, Ludwig ~ 3/657; Gerstel, Wilhelm ~/† 3/657; Gerteis, Adolf * 3/661; Gervasius von Breisach ~ 3/663; Geyer, Horst ~ 3/672; Geyser, (Gerhard) Joseph (Anton Maria) ~ 3/675; Gfrörer, August Friedrich ~ 3/676; Gierke, Edgar (Otto Konrad) von ~ 3/680; Gierster, Hans ~ 11/68; Giese, Hans ~ 4/2; Giesecke, Christian Alfred ~ 4/3; Giesecke, (Bruno) Konrad ~ 11/68; Gießler, Franz Josef ~ 4/5; Gießler, Rupert ~/† 4/5; Gihr, Nikolaus ~ 4/6; Gilbert, Robert ~ 4/7; Gildemeister, Eduard ~ 4/7; Gildemeister, (Martin Wilhelm) Eduard ~ 4/7; Gillmeister, Karl ~ 4/10; Glaeser, Ernst ~ 4/19; Glareanus, Henricus ~/† 4/21; Glaser, Adolf † 4/22; Glaser, Kurt ~ 4/24; Glümer, (Carl Ludwig) Adolf von † 4/38; Gockel, Albert (Wilhelm Friedrich Eduard) ~ 4/45; Goebel, Fritz ~ 4/48; Göller, Emil ~/† 4/53; Gönner, Albert ~ 4/54; Görres, Ida Friederike ~/† 4/59; Görtler, Henry ~/† 4/61; Goerttler, Kurt ~/† 11/69; Gött, Emil (Servatius) von ~/† 4/67; Götz, Johann Baptist ~ 4/70; Goetz, Walter (Wilhelm) ~ 4/71; Goldschagg, Edmund Rudolf * 4/81; Goldschmid, Edgar ~ 4/82; Goldschmidt, Alfons ~ 4/82; Goldschmidt, Dietrich * 11/70; Goldschmidt, Hans ~ 4/83; Goll, Yvan ~ 4/89; Gorlitt, Robert ~ 4/99; Gottlob, Theodor ~ 4/109; Gottschalk, Alfred ~ 4/110; Gottschalk, Hans (Ludwig) */~ 4/110; Goubeau, Josef ~ 11/70; Grabowsky, Adolf ~ 4/117; Gräf, Hans Gerhard ~ 4/120; Gräff, Franz Friedrich ~/† 4/122; Gräff, Siegfried ~ 4/122; Gräfle, Albert */~ 4/122; Graf, Georg ~ 4/127; Graf, Oskar * 4/128; Grassi, Ernesto ~ 4/139; Greiner, Michael ~ 4/153; Greiter, Matthäus ~ 4/154; Greith, Franz Josef ~ 4/155; Grelling, Kurt ~ 4/155; Gremels, (Karl Felix) Hans † 4/156; Grieshaber, Franz Karl ~/† 4/164; Grillmeier, Alois ~ 11/71; Grimm, Friedrich † 4/168; Grimm, Siegmund ~ 4/172; Gröber, Konrad ~/† 4/178; Grolman, Adolf (Karl-Friedrich Wilhelm) von ~ 4/183; Groos, Friedrich ~ 4/186; Grosse, Ernst (Carl Gustav) ~/† 4/194; Großfeld, Johann (Gerhard) ~ 4/196; Großmann, Rudolf (Wilhelm Walter) */† 4/198; Großmann-Doerth, Hans (Gustav) ~ 4/199; Grote, Louis (Radcliffe) ~ 4/200; Grün, Adolf ~ 4/209; Grünewald, Matthias (Gothart Nithart) ~ 4/214; Gruithuisen, Franz von Paula ~ 4/220; Grunert, Carl ~ 4/226; Guardini, Romano ~ 4/231; Gudehus, Heinrich ~ 4/233; Güldenstein, Gustav ~ 4/235; Günther, Eberhard ~ 4/239; Günther, Hans (Friedrich Karl) */~/† 4/240; Guenther, Konrad (Eduard Franz) ~/† 4/242; Guillimann, Franz ~/† 4/252; Guinand, Valeska * 4/252; Guldimann, Joseph ~/† 4/253; Gundelfingen, Heinrich ~ 4/258; Gundert, Hermann ~/† 4/258; Gundlach, Gustav ~ 4/259; Gundlach, Karl ~ 4/259; Gurlitt, Willibald (Ludwig Ferdinand) ~/† 4/264; Gutenbrunner, Siegfried ~/† 11/74; Gysin, Samuel ~ 4/278; Haake, Paul ~ 4/283; Haas, Albert ~ 4/284; Haas, Friedrich ~ 4/285; Haas, Ludwig */~ 4/286; Haas, Richard ~ 4/287; Haas, Wilhelm ~ 4/288; Hack, Bertold ~ 4/297; Hadwiger, Alois ~ 4/297; Haecker, (Ferdinand Carl) Valentin ~ 4/303; Häfeli, Leo ~ 4/304; Hägele, Joseph Matthias ~/† 4/305; Haemig-Burgmeier, Lisa ~ 4/306; Haenel, Erich (Anton) ~ 4/309; Haenisch, (George) Fedor ~ 4/309; Haensel, Carl ~ 4/311;

Haenzel, Gerhard (Karl Theodor) ~ 4/311; Hätzer, Ludwig ~ 4/313; Haffner, Felix ~ 4/315; Hagelstange, Alfred ~ 4/317; Hagen, Adolf ~ 4/318; Hagner, Walter */~ 4/327; Hahn, Kurt (Matthias) ~ 4/331; Hahn, Ludwig Albert ~ 4/331; Hahnemann, Paul G. ~ 11/78; Haindl, Georg ~ 4/338; Haiz, Fidelis ~/† 4/339; Hamburger, Carl ~ 4/357; Hanser, Carl ~ 4/376; Hansjakob, Heinrich ~ 4/377; Hardy, Edmund (Georg Nicolaus) ~ 4/385; Harich, Walter ~ 4/386; Harlan, Fritz Moritz ~/† 4/388; Harnack, Axel von ~ 4/391; Harrassowitz, Hermann (Ludwig Friedrich) ~ 4/395; Harsch, Ferdinand Amadée Graf von ~/† 4/397; Hartlaub, Gustav Friedrich ~ 4/402; Hartmann, Alfred ~ 4/405; Hartmann, Walther G(eorg) ~/† 4/413; Hartmeyer, (Heinrich) Robert (Hermann) † 4/414; Hartung, Johann ~/† 4/415; Hasenack, Wilhelm ~ 4/422; Hassinger, Hugo (Rudolf Franz) ~ 4/429; Hauenstein, Fritz ~ 4/438; Haufe, Rudolf ~/† 4/439; Hauser, Franz † 4/448; Hauser, Harald ~ 4/448; Hauser, Heinrich ~ 4/449; Havemann, (Johannes) Julius ~ 4/456; Hayek, Friedrich (August) von ~/† 4/461; Heck, Heinz ~ 4/467; Heck, Lutz ~ 4/468; Heckel, Ernst ~ 4/469; Hedio, Kaspar ~ 4/473; Heffter, Arthur (Wilhelm Karl) ~ 4/477; Heffter, Lothar (Wilhelm Julius) ~/† 4/477; Hegar, (Ernst Ludwig) Alfred ~ 4/478; Heggelin, Ignaz Valentin ~ 4/483; Heidegger, Martin ~/† 4/486; Heidenhain, Lothar ~ 4/489; Heidenhain, Martin ~ 4/489; Heilmeyer, Ludwig Siegfried ~ 4/499; Heim, (Benedikt) Ignaz ~ 4/500; Heimann, Eduard ~ 4/501; Heimgartner, Maria Bernarda ~ 4/505; Heimpel, Hermann ~ 4/505; Heine, Georg Wilhelm ~ 4/508; Heinefetter, Kathinka ~/† 4/512; Heiner, Franz Xaver ~ 4/515; Heinrich von Hessen (d. J.) ~ 4/538; Heinrich, Johann Baptist ~ 4/543; Heinsheimer, Karl (August) ~ 4/545; Heise, Carl Georg ~ 4/549; Heisler, August (Gustav) ~ 4/551; Heiß, Hanns ~/† 4/551; Helander, Sven (Adolf Diego) ~ 4/554; Held, Hermann (Josef) */~ 4/557; Heldreich, Theodor (Heinrich Hermann) von ~ 4/558; Helferich, Johann (Alphons Renatus) von ~ 4/559; Hellmuth, Otto ~ 4/568; Hellu, Balthasar von ~ 4/569; Helm, Karl (Hermann Georg) ~ 4/571; Helmle, Lorenz ~/† 4/575; Hemmerle, Klaus */~ 4/578; Henglein, Martin ~ 4/583; Hengsbach, Franz ~ 4/583; Henhöfer, Aloysius ~ 4/583; Henkel, Heinrich ~ 4/585; Henkel, Konrad ~ 11/83; Henkel, Max ~ 4/585; Henking, Hermann (Paul August Otto) ~ 4/586; Henne, (Josef) Anton ~ 4/588; Henneberg, Bruno ~ 4/588; Hennig, Edwin ~ 4/591; Hennig, Ottfried ~ 11/84; Hense, Otto ~/† 4/597; Hensel, Heinrich (August) ~ 4/597; Hensel, Paul (Hugo) ~ 4/598; Herder, Bartholomä ~/† 4/610; Herder, Benjamin */† 4/610; Herder, Hermann */~/† 4/611; Herder-Dorneich, Theophil */~/† 4/612; Heresbach, Konrad ~ 4/613; Herkner, Heinrich ~ 4/617; Hermann, Eduard ~ 4/626; Hermann, Josef Marcus */~/† 4/629; Hermansgrün, Hans ~ 4/631; Herpol, Homer ~ 4/637; Herrgott, Marquard */~ 4/639; Herter, Konrad ~ 4/649; Hertwig, Günther ~ 4/650; Hertz, Richard (Otto) ~ 4/653; Herxheimer, Karl ~ 4/657; Herzfeld, Ernst Salomon ~ 4/660; Herzfeld, Friedrich (Karl) ~ 4/661; Herzfeld, Hans ~ 4/661; Herzog, Eduard ~ 4/664; Herzog, Franz Alfred ~ 4/665; Herzog, Theodor (Carl Julius) */~ 4/666; Hess, Kurt ~ 4/671; Hesse, Albert (Hermann) † 4/674; Hesse, Otto Ernst ~ 4/677; Hesselbach, Alexander ~ 5/1; Hetzer, Theodor (Johann) ~ 5/6; Heubner, Rudolf Leonhard ~ 5/7; Heurich, Fridolin ~ 5/10; Heusler, Andreas ~ 5/12; Hevesy, Georg Karl von ~/† 5/14; Heyck, Eduard ~ 5/15; Heyck, Hans * 5/15; Heyde, Ludwig (Hans Karl) ~ 5/16; Heydt, Eduard Frh. von der ~ 5/20; Heymann, Bruno ~ 5/24; Heymann, Walther ~ 5/25; Heyne, Hildegard ~ 5/30; Hieber, Theodor ~ 5/30; Hildebrand, Camillo ~ 5/35; Hildebrandt, Fritz ~ 5/37; Hiller, Kurt ~ 5/45; Hillgruber, Andreas ~ 5/45; Hilling, Nikolaus ~/† 5/46; Hippel, Fritz von ~/† 5/59; Hippel, Robert ~ 5/59; Hirsch, Karl ~ 5/62; Hirscher, Johann Baptist von ~/† 5/66; Hirt, Hermann ~ 5/69; Hoberg, Gottfried ~/† 5/78; Hoberg, Hermann ~ 11/87; Hobohm, Martin ~/† 5/78; Hoche, Alfred (Erich) ~ 5/80; Hocher von Hohenburg und Hohenkräen, Johann Paul Frh. * 5/81;

Hochstetter, Erich ~ 11/88; Hoeber, Karl ~ 5/85; Höber, Rudolf (Otto Anselm) ~ 5/85; Höchheimer, Simon ~ 5/86; Höckner, (Georg) Hilmar ~ 5/88; Höffner, Joseph ~ 5/90; Höfler, Heinrich ~ 5/90; Hoelper, Otto ~ 5/96; Hoenes, Dieter ~ 5/98; Höniger, Heinrich ~ 5/98; Hör, Joseph ~/† 5/100; Hörth, Franz Ludwig ~ 5/104; Hoferichter, Ernst ~ 5/110; Hoffa, Albert ~ 5/112; Hoffmann, Carl ~ 5/114; Hoffmann, Hans ~ 5/118; Hoffmann, Johannes ~ 5/121; Hoffmann, Paul ~/† 5/122; Hoffmann-Krayer, Eduard ~ 5/124; Hoffmeister, Johannes ~ 5/125; Hofmann, Gert ~ 5/128; Hofmann, Johannes ~ 5/130; Hofmeister, Sebastian ~ 5/134; Hollnsteiner, Johannes ~ 5/152; Hollweck, Josef ~ 5/152; Holst, Hermann (Eduard) von ~/† 5/154; Holtzmann, Adolf ~/† 5/157; Holzer, Helmut ~/† 11/91; Honecker, Martin ~/† 5/166; Hoops, Johannes (Ludwig) ~ 5/170; Horkheimer, Max ~ 5/175; Horn, Jakob ~ 5/177; Horney, Karen ~ 5/180; Hornthal, Johann Peter von ~ 5/181; Hosemann, Rolf ~ 5/185; Hosius, Karl ~ 5/185; Huber, Bruno ~ 5/194; Huber, Ernst Rudolf ~/† 5/195; Huber, Fridolin ~ 5/196; Hubmaier, Balthasar ~ 5/200; Huchel, Peter ~ 5/201; Hübschmann, Heinrich † 5/207; Hueck, Alfred ~ 5/207; Hückel, Walter (Karl Friedrich Bernhard) ~ 11/92; Hülskamp, Franz ~ 5/210; Hug, Johann Leonhard ~/† 5/215; Hugo von Langenstein ~ 5/217; Hummel, Hermann ~ 5/225; Hummel, Karl L. ~ 5/225; Hummel, Matthäus von Villingen ~ 5/226; Husserl, Edmund ~/† 5/234; Hutten, Moritz von ~ 5/236; Ihering, Herbert (Georg Albrecht E. Gustav) ~ 5/244; Immisch, Otto ~/† 5/254; Instinsky, Hans Ulrich ~ 11/94; Isele, Hellmut Georg ~ 11/94; Isfordink von Kostnitz, Johann Nepomuk ~ 5/263; Issels, Josef (Maria Leonhard) ~ 11/94; Ittner, Franz von ~/† 5/267; Ittner, Johann Albrecht von ~ 5/267; Jacobi, Eduard ~/† 5/272; Jacobi, Johann Georg ~/† 5/274; Jacobi, Werner Rudolf Fritz ~ 5/275; Jacobowski, Ludwig ~ 5/276; Jacobs, Emil ~ 5/276; Jacobsohn, Paul ~ 5/277; Jacoby, Felix ~ 5/279; Jaeger, Wolfgang ~ 11/95; Jänecke, Walther ~ 5/287; Jaenicke, Wolfgang ~ 5/287; Jaffé, George Cecil ~ 5/288; Jakob III., zu Eltz, Kurfürst und Erzbischof von Trier ~ 5/295; Jamin, Friedrich ~ 5/297; Jansen, Bernhard ~ 5/302; Jansen, Carl † 5/302; Jansen, Josef ~ 5/302; Janssen, Heinrich Maria ~ 5/302; Janssen, Sigurd ~/† 5/303; Jantzen, Hans ~/† 5/305; Jaschke, Rudolf Theodor Edler von ~ 5/308; Jeblinger, Raimund ~ 5/313; Jedin, Hubert ~ 5/313; Jehle, Johann Baptist ~ 5/314; Jelinek, Walter ~ 5/318; Jensen, Paul ~ 5/321; Jensen, Peter ~ 5/321; Jensen, Wilhelm (Hermann) ~ 5/321; Jochmann, Georg ~ 5/332; Jöken, Karl ~ 5/335; Joël, Curt ~ 5/335; Joerger, Kuno ~/† 5/336; Jörn, Karl ~ 5/336; Johannes, Herzog von Braunschweig-Lüneburg ~ 5/350; Johannes (Hiltalingen) von Basel † 5/351; Johannes von Dambach † 5/352; Johannes (Rumsich) von Freiburg † 5/352; Johannes von Köln ~ 5/353; Johannes von Rheinfelden */~ 5/353; Jolles, André ~ 5/358; Jonas, Hans ~ 5/359; Jordan, Johann Baptist ~ 5/362; Jostock, Paul ~ 5/369; Jud, Leo ~ 5/370; Jürgens, Jürgen ~ 5/374; Jung, Richard ~ 11/98; Jung, Ulrich von ~ 5/381; Jutz, Adolf */~ 5/389; Kähler, Heinz ~ 5/394; Kähler, (Joachim) Siegfried A(ugust) ~ 11/98; Kästner, Erhart ~ 5/397; Kahl, Willi ~ 5/401; Kahler, Otto ~/† 5/402; Kalbfleisch, Karl ~ 5/410; Kalk, Heinrich-Otto ~ 5/413; Kamann, Karl ~ 5/418; Kantorowicz, Alfred ~ 5/427; Kantorowicz, Alfred ~ 5/427; Kantorowicz, Hermann (Ulrich) ~ 5/428; Kapferer, Chlodwig */~ 11/100; Kapfhammer, Josef */† 5/429; Kapp, Ernst ~ 5/429; Kapp, Wilhelm ~/† 5/430; Kaps, Robert ~ 5/432; Karo, Georg † 5/451; Karolus, August ~ 5/452; Karrillon, Adam ~ 5/453; Karsthans ~ 5/455; Kaschnitz-Weinberg, Guido Frh. von ~ 5/456; Kaskel, Walter ~ 5/458; Katz, Erich ~ 5/465; Katzenellenbogen, Adolf ~ 5/466; Kauffmann, Friedrich ~ 5/469; Kaufmann, Fritz ~ 5/472; Kaufmann, Walter ~/† 5/473; Kautzsch, Rudolf ~ 5/479; Keckeis, Gustav ~ 5/482; Kees, Hermann ~ 5/482; Kehr, Johannes Otto ~ 5/484; Kehrer, Erwin ~ 5/484; Keibel, Franz ~ 5/485; Keller, Franz ~/† 5/491; Keller, Georg Viktor ~ 5/492; Keller, Hermann † 5/494; Keller, Otto von ~ 5/496; Keller, Samuel ~/† 5/497; Keller, Walter ~/† 5/497; Keller, Wolfgang * 5/498; Kempner, Robert (Maximilian Wasili) */~ 5/505; Kempski Rakoszyn, Jürgen von ~ 11/102; Keppler, Paul Wilhelm von ~ 5/508; Kern, Arthur ~ 5/510; Kern, Eduard ~ 5/510; Keyser, Erich ~ 5/525; Kieffer, Richard ~ 11/103; Kiene, Hans (Baptist) von ~ 5/530; Kiepenheuer, Karl-Otto ~ 11/103; Kiepert, (Friedrich Wilhelm August) Ludwig ~ 5/532; Kikuth, Walter ~ 5/536; Kiliani, Heinrich ~/† 5/537; Killian, Gustav ~ 5/537; Kino, Eusebio (Franz) ~ 5/543; Kirchbach, Kurt † 5/546; Kirchheimer, Franz (Waldemar) ~/† 11/104; Kirschner, Martin ~ 5/556; Kirschweng, Johannes ~ 5/556; Klaas, Walter ~ 5/562; Klein, Günter ~ 5/575; Klein, Karl ~ 5/576; Kleinschmidt, Hans ~ 5/581; Klemperer, Victor von ~ 5/587; Klenau, Paul von ~ 5/587; Klewitz, Hans-Walter ~ 5/591; Klimsch, Fritz † 5/594; Klotz, Heinrich ~ 11/107; Klotz, Helmut */~ 5/606; Klüpfel, Engelbert ~/† 5/608; Kluge, Friedrich ~/† 5/609; Klute, Fritz */~ 5/610; Knecht, Friedrich Justus ~ 5/617; Knecht, Josef ~/† 5/617; Knickmann, Erich ~ 5/619; Knies, Karl (Gustav Adolf) ~ 5/620; Knöller, Fritz ~ 5/626; Knöringen, Johann Egolf von ~ 5/626; Knoop, Franz ~ 5/628; Kobelt, Georg Ludwig ~/† 5/635; Koch, Harald ~ 5/640; Koch, Joseph ~ 5/641; Köhler, Alban ~ 5/650; Köhler, Erich ~/† 11/108; Köhler, Georges (Jean Franz) ~/† 5/650; Koehler, Karl Franz ~ 5/651; Koehler, Otto (David Waldemar) ~/† 5/652; Koehne, Werner ~ 5/654; Kölbel, Herbert ~ 11/108; Koellreutter, Otto */~/† 5/666; König, Joseph ~/† 5/660; Koeppe, Leonhard (Wilhelm Hermann) ~ 5/668; Körte, Alfred ~ 5/674; Kötting, Bernhard ~ 5/678; Kohl-Larsen, Ludwig ~ 6/3; Kohler, Josef ~ 6/4; Kohlschmidt, Werner ~ 11/109; Kohlund, Ekkehard * 6/6; Kolbe, Walther ~/† 6/13; Koller, Joseph Benedikt (von ?) ~ 6/17; Kollwitz, Johannes (Franz) ~/† 6/18; Kolroß, Johannes ~ 6/22; Konrad, Herzog von Zähringen ~ 6/32; Konrad, Erich ~ 6/35; Konwitschny, Franz ~ 6/36; Kopf, Hermann */~/† 6/37; Kopf, Josef von ~ 6/37; Kopp, Josef Vital ~ 6/39; Kopp, Joseph Eutych ~ 6/39; Korach, Alfred George ~ 6/41; Koransky, Walter ~ 6/41; Korell, Bruno ~ 6/43; Koschmieder, Lothar ~ 6/50; Kotter, Hans ~ 6/55; Koziol, Herbert ~ 6/58; Kraft, Walter (Wilhelm Johann) ~ 6/65; Kramer, Kurt ~ 11/110; Krannhals, Hanns von ~ 6/71; Kranz, Peter-Paul ~ 6/71; Krauel, Richard † 6/74; Krauer, Johann Georg ~ 6/74; Kraus, Franz Xaver ~ 6/76; Kraut, Heinrich (Albrecht) † 6/86; Krawehl, Carl ~ 6/87; Krawehl, Otto ~ 6/87; Krayer, Otto ~ 6/87; Krebs, Engelbert */~/† 6/88; Krebs, Sir Hans Adolf ~ 6/88; Krebs, Johann Baptist ~ 6/89; Krebs, Norbert ~ 6/89; Kreller, Hans Christoph ~ 6/94; Krenn, Karl ~/† 6/97; Kreutz, Benedikt ~/† 6/102; Kreuzer, Erwin ~ 6/103; Krieg, Cornelius ~/† 6/105; Kries, Johannes (Adolf) von ~/† 6/107; Kries, Wolfgang (Ludwig Moritz) von ~ 6/107; Kristeller, Paul Oskar ~ 11/111; Krönig, Bernhard ~/† 6/111; Krohn, Johannes ~ 6/112; Krojanker, Gustav ~ 6/113; Kroll, Josef ~ 6/113; Kroner, Richard ~ 6/117; Krückmann, Oluf ~/† 11/113; Krüger, Hartmut ~ 11/113; Krüger, Horst ~ 11/113; Krüger, Wolfgang ~ 6/124; Krull, Wolfgang ~ 11/113; Kruse, Walther ~ 6/134; Kubaschewski, Oswald ~ 11/113; Kuchinka, Karl † 6/137; Kuckhoff, Adam ~ 6/137; Kuczynski, Robert René ~ 6/138; Kübel, Lothar von ~ 6/139; Kühn, Alfred ~ 6/143; Kühn, Heinrich ~ 6/144; Kümmel, Otto (H. Christian) ~ 6/148; Kuen, Heinrich ~ 6/149; Künstle, Karl ~/† 6/151; Küster, August ~ 6/154; Küstermeier, Rudolf ~ 6/154; Kuhn, Alwin ~ 6/159; Kuhn, Franz (Walther) ~/† 6/159; Kunkel, Wolfgang (Ernst Karl Friedrich) ~ 6/169; Kuntze, Friedrich ~ 6/171; Kurrus, Karl ~/† 6/177; Kurtscheid, Bertrand ~ 6/178; Kusenberg, Kurt ~ 6/181; Kußmaul, Adolf ~ 6/182; Kutner, Robert ~ 6/182; Lachmann-Mosse, Hans ~ 6/190; Längin, Georg † 6/196; Längin, Theodor ~ 6/196; Läwen, Arthur ~ 6/197; Lahr, Rolf ~ 6/199; Lamey, (Franz Friedrich) August ~ 6/206; Lampe, Adolf ~ 6/209; Lampe, Friedo ~ 6/209; Lánczos, Cornel ~ 6/212; Landauer, Karl ~ 6/215; Landé, Walter ~ 6/216; Landersdorfer, Simon Konrad ~ 6/216; Landgrebe, Ludwig

~ 6/217; Landshoff, Fritz Helmut ~ 6/221; Landshut, Siegfried ~ 6/221; Lang, Franz Thaddäus ~ 6/224; Lang, Heinrich ~ 6/225; Lang, Joseph ~/† 6/227; Lang, Karl Nikolaus ~ 6/227; Lang, Konrad ~ 6/227; Langelütke, Hans ~ 11/117; Langenbeck, Curt ~ 6/239; Langendorff, Hanns ~/† 6/240; Langendorff, Oskar ~ 6/240; Langerhans, Paul ~ 6/243; Langhoff, Wolfgang ~ 6/246; Langsdorf, Georg Heinrich von ~/† 6/247; Lask, Emil ~ 6/255; Latomus, Bartholomäus ~ 6/261; Laufenberg, Heinrich */~ 6/267; Lauritzen, Lauritz ~ 6/270; Lautensach, Hermann ~ 6/271; Lautenschläger, Aloys Maria ~ 6/272; Lautenschläger, Carl Ludwig ~ 6/272; Lautenschlager, Friedrich ~ 6/272; Lauterborn, Robert ~/† 6/273; Laven, Paul ~ 6/275; Leber, Julius (Hieronymus) ~ 6/279; Lecher, Hans ~ 6/281; Legband, Paul ~ 6/289; Lehmann, Antonio ~ 6/291; Lehmann, Fritz Erich ~ 6/293; Lehmann, Hans ~ 6/293; Lehmann, Heinrich ~ 6/293; Lehmann, Otto ~ 6/296; Lehnartz, Emil ~ 6/299; Lehne, Adolf ~ 6/299; Leitzmann, Albert ~ 6/313; Lender, Franz Xaver ~ 6/319; Lendle, Ludwig ~ 6/319; Lenel, Otto ~/† 6/319; Lenz, Fritz ~ 6/323; Lenz, Otto ~ 6/325; Lenzen, Heinrich ~/† 6/325; Leppla, August ~ 6/336; Leppmann, Arthur ~ 6/336; Lesser, Ernst ~ 6/344; Lessing, Theodor ~ 6/347; Lettenbauer, Wilhelm ~ 6/348; Letterer, Erich ~ 11/121; Leu, Hans d. J. ~ 6/349; Leuckart, Friedrich Sigismund ~/† 6/352; Leumann, Ernst ~/† 6/353; Leupold, Ernst ~ 6/354; Leutwein, Friedrich ~ 6/356; Leutwein, Theodor † 6/356; Leverkuehn, Paul ~ 6/357; Levi, Friedrich (Wilhelm Daniel) † 6/358; Levi, Hermann ~/† 6/360; Levy, Ernst ~ 6/361; Lewald, Hans ~ 6/363; Lewald, Walter ~ 11/122; Lewin, Adolf ~/† 6/364; Lewin, Kurt ~ 6/364; Lewy, Kurt † 6/366; Lexer, Erich */~ 6/367; Lexer, Matthias Ritter von ~ 6/367; Lexis, Wilhelm ~ 6/367; Lichtwitz, Leopold ~ 6/377; Liebknecht, Theodor ~ 6/386; Lieffen, Karl ~ 11/123; Liefmann, Robert ~ 6/390; Liek, Erwin ~ 6/390; Liepmann, Hugo ~ 6/391; Liepmann, Wilhelm ~ 6/392; Liermann, Hans ~ 6/392; Liesegang, Raphael ~ 6/393; Linde, Otto zur ~ 6/401; Lindemann, August ~ 6/401; Lindemann, (Carl Louis) Ferdinand Ritter von ~ 6/401; Linden, Walter ~/† 6/403; Linfert, Andreas ~ 6/410; Linser, Karl ~ 6/414; Lion, Hildegard Gudilla ~ 6/415; Lipphardt, Walther ~ 6/419; Lipschitz, Werner Ludwig ~ 6/421; Litten, Fritz Julius ~ 6/428; Locher, Jakob ~ 6/434; Locherer, Johann Nepomuk */~ 6/434; Löbell, Frank ~ 6/438; Löffler, Klemens ~ 6/441; Löhr, Franz von ~ 6/441; Löhlein, Walther ~ 6/442; Löhr, Georg-Wilhelm ~/† 11/124; Loening, George ~ 6/445; Lösch, August ~ 6/446; Loewe, Siegfried Walter ~ 6/451; Löwenstein-Wertheim-Rosenberg, Alois Fürst zu ~ 6/456; Löwith, Karl ~ 6/459; Loewy, Alfred ~/† 6/459; Lohmeyer, Hans ~ 6/463; Loose, Fritz † 6/468; Lorichius, Jodocus ~/† 6/475; Lossnitzer, Heinz ~/† 6/479; Lotz, Johannes Baptist ~ 6/484; Ludendorff, Mathilde ~ 6/494; Ludin, Hanns (Elard) * 6/495; Ludwig, (Ernst Paul) Walther ~ 6/510; Ludwig, Walther ~ 6/510; Ludwig, Wilhelm ~ 6/510; Lübbe, Axel ~ 6/511; Lückert, Heinz-Rolf * 6/514; Lueger, Otto ~ 6/518; Lüninck, Hermann (Joseph Anton Maria) Frh. von ~ 6/519; Lüroth, Jacob ~ 6/520; Lütge, Friedrich ~ 6/521; Lütke, Albert (Friedrich Clemens) ~ 6/523; Lütolf, Alois ~ 6/524; Lüttringhaus, Arthur ~ 6/524; Lüttringhaus, Arthur ~ 6/524; Lugo, Emil ~ 6/526; Luhmann, Niklas ~ 11/125; Lukaschek, Hans † 6/529; Luschka, Hubert von ~ 6/532; Luscinius, Ottmar ~ 6/533; Lutz, Friedrich August ~ 6/540; Mackowsky, Hans ~ 6/554; Madai, Carl Otto von ~ 6/554; Mätzler, Anton ~ 6/560; Magnus, Paul ~ 6/565; Mahlberg, Walter ~/† 6/566; Mahnke, Dietrich (Friedrich Hermann) ~ 6/568; Maier, Friedrich † 11/126; Maier, Friedrich Wilhelm ~ 6/570; Maier, Julius Joseph */~ 6/571; Maier, Karl Friedrich ~ 6/571; Man, Felix (Hans) * 6/583; Mangold, Ernst ~ 6/588; Mangold, Hilde ~ 6/588; Mangold, Otto ~ 6/588; Mangoldt, Hans (Carl Emil) von † 6/588; Mangoldt, Hans (Carl Friedrich) von ~ 6/588; Mann, Fritz Karl ~ 6/590; Mannhardt, Johann Wilhelm ~/† 6/595; Mannheim, Hermann ~ 6/595; Mannkopff,

Reinhold ~ 6/596; Manoff, August von ~ 6/598; Mantel, Kurt ~/† 6/600; Marbe, Karl ~ 6/604; Marbe, Ludwig */~/† 6/604; Marchionini, Alfred ~ 6/606; Marcks, Erich ~ 6/607; Marcks, Erich ~ 6/608; Marcuse, Herbert ~ 6/610; Marcuse, Ludwig ~ 6/611; Marcuse, Max ~ 6/611; Marg, Walter ~ 6/613; Marggraf, Andreas Sigismund ~ 6/615; Marggraff, Rudolf † 6/616; Marschall von Bieberstein, Adolf (Hermann) Frh. ~ 6/631; Martin, Ernst ~/† 6/636; Martin, Gottfried ~ 6/636; Martin, Karl Heinz * 6/637; Martin, Kurt ~ 6/637; Martin, Priska von * 6/637; Martin, Rudolf ~ 6/637; Martini, (Martin) Johann Paul Ägidius ~ 6/640; Martitz, Ferdinand von ~ 6/641; Marx, Werner ~ 6/648; Mathar, Ludwig ~ 6/654; Matossi, Frank ~/† 6/656; Matt, Heinrich * 6/657; Mattes, Wilhelm ~ 6/659; Matzig, Richard (Blasius) ~ 6/665; Maunz, Theodor ~ 6/668; Maurer, Friedrich ~ 6/669; Maurer, Julius * 6/670; Mauthner, Fritz ~ 6/672; Max, Prinz von Sachsen ~ 6/674; Mayer, August ~ 7/5; Mayer, Martin ~ 7/10; Mayer, Theodor ~ 7/11; Mayr, Anton ~ 7/13; Mayr, Beda ~ 7/13; Mayr, Julius Karl ~ 7/14; Mechow, Karl Benno von ~ 7/19; Mechthild, Gräfin von Württemberg, Erzherzogin von Österreich ~ 7/19; Meckel, Eberhard */~/† 7/20; Meckel, Maximilian (Emanuel Franz) ~/† 7/20; Mederer Edler von Wuthwehr, Matthäus ~/† 7/22; Meier, John ~/† 7/31; Meinecke, Friedrich ~ 7/34; Meißner, Georg ~ 7/41; Melchers, (Johann) Georg (Friedrich) ~ 11/128; Meng, Heinrich ~ 7/61; Mennel, Jakob ~/† 7/64; Menzel, Walter ~ 7/67; Merk, Walther ~/† 7/72; Merk, Wilhelm ~ 7/72; Merkel, Rudolf ~/† 7/74; Mersmann, Wolfgang (Felix Walter) ~ 7/76; Mertens, Eduard † 7/77; Merz, Alois ~ 7/79; Merz, Kurt Walter ~/† 7/80; Metlinger, Bartholomäus ~ 7/86; Mettenius, Georg Heinrich ~ 7/87; Metz, Friedrich ~/† 7/90; Metzger, Arnold ~ 7/91; Metzger, Max Josef ~ 7/91; Meurer, Christian ~ 7/94; Mewes, Wilhelm ~ 7/96; Meyboden, Hans ~/† 7/96; Meyer, Elard Hugo ~/† 7/100; Meyer von Schauensee, Renward ~ 7/114; Meyerhof, Otto ~ 7/116; Mez, Karl ~/† 7/118; Mez, Karl Christian */† 7/118; Mezler, Franz Xaver ~ 7/119; Michaelis, Edgar ~ 7/121; Michelis, Friedrich ~/† 7/126; Michels, (Karl) Franz ~ 7/126; Mie, Gustav Adolf Feodor Wilhelm ~/† 7/130; Mierendorff, Carlo ~ 7/132; Miksch, Leonhard ~/† 7/137; Mikulicz-Radecki, Felix von ~ 7/138; Minkowski, Oskar ~ 7/148; Mirbach, Dietrich Frh. von ~ 7/150; Mirbach-Harff, Wilhelm Graf von ~ 7/150; Mischler, Peter ~ 7/152; Mitscherlich, Alexander ~ 7/154; Mitscherlich, Waldemar ~ 7/155; Mitterwurzer, Wilhelmine * 7/159; Möbius, Hans ~ 7/162; Möhlau, Richard ~ 7/164; Möhler, Johann Adam ~ 7/164; Möhring, Philipp ~ 7/165; Möhrle, Eduard ~ 7/166; Moellendorff, Wilhelm von ~ 7/167; Moericke, Dagobert ~ 7/173; Moest, (Karl) Friedrich ~ 7/179; Mohler, Ludwig Arnold ~/† 7/180; Mohr von Leun, Johann ~ 7/184; Mollison, Theodor ~ 7/192; Mombert, Paul ~ 7/195; Monzel, Nikolaus ~ 7/202; Moosbrugger, Leopold ~ 7/205; Morawitz, Paul (Oskar) ~ 7/206; Morel, Willy (Alfred) ~ 7/208; Morgenroth, Julius ~ 7/210; Morstein Marx, Fritz ~ 7/219; Mortensen, Hans ~ 7/220; Moser, Fanny ~ 7/223; Moser, Simon ~ 7/228; Moßburger, Leopold von ~ 7/231; Mosterts, Carl ~ 7/232; Mottek, Hans ~ 7/233; Mühlen, Leo (Erwin) von zur ~ 7/241; Mühsam, Paul ~ 7/244; Müller, Carl † 7/249; Müller, Conrad ~ 7/250; Müller, Erich Albert † 7/253; Müller, Ernst Ferdinand ~ 7/254; Müller, Eugen ~ 7/255; Müller, Gallus ~ 7/259; Müller, Georg ~ 7/260; Müller, Hans ~ 7/262; Müller, Hans ~ 7/262; Müller, Hans-Reinhard ~ 7/262; Müller, (Josef) Heinz ~ 7/264; Müller, Hermann ~ 7/265; Müller, Johann (Heinrich) ~/† 7/268; Müller, Karl ~/† 7/273; Müller, Max ~/† 7/277; Müller, Wolf Johannes ~ 7/284; Müller-Armack, Alfred ~ 7/284; Müller-Blattau, Joseph Maria ~ 7/284; Müller-Braunschweig, Carl ~ 7/285; Müller-Clemm, Hellmuth ~ 7/285; Müller-Erzbach, Rudolf ~ 7/286; Münch, Ernst Hermann Joseph ~ 7/293; Münch, Franz Xaver ~ 7/293; Müncker, Theodor ~ 7/295; Münster, Hans (Amandus) ~ 7/297; Münster, Sebastian ~ 7/297; Münsterberg, Hugo ~ 7/297; Münsterberg, Oskar ~ 7/297; Muheim, Karl ~ 7/304; Munk, Marie ~ 7/308; Murner, Thomas ~ 7/313; Mylius, Franz (Benno) ~ 7/323; Mynsinger von Frundeck, Joachim ~ 7/324; Nachtsheim, Hans (Friedrich Josef) ~ 7/327; Nägele, Franz Carl Joseph ~ 7/331; Nägeli, Carl (Wilhelm) von ~ 7/331; Nägeli, Oskar ~ 7/332; Nagel, Willibald ~ 7/335; Nagler, Johannes ~ 7/336; Nasse, Otto (Johann Friedrich) ~/† 7/342; Nathorff, Hertha ~ 7/343; Neeff, Christian Ernst ~ 7/356; Nehring, Kurt (Julius Adolf) ~ 7/359; Neiendorff, Emmy ~ 7/360; Neisser, Hans (Philip) ~ 11/135; Neisser, Max ~ 7/361; Nesselhauf, Herbert (Adolf Josef) ~ 7/366; Neßler, Julius ~ 7/366; Neubert, Fritz (Karl Hermann) ~ 7/373; Neuböck, Johann Kaspar */~ 7/373; Neubürger, Karl Theodor ~ 7/374; Neugart, Trudpert ~ 7/376; Neumann, Friedrich Julius von ~/† 7/383; Neumann, Fritz ~ 7/383; Neumeyer, Fritz ~/† 7/391; Neundörfer, Karl ~ 7/391; Neuss, Wilhelm ~ 7/393; Neustädter, Erwin ~ 7/394; Newald, Richard (Ludwig Adalbero) ~ 7/396; Ney, Hubert ~ 7/397; Nied, (Johann) Edmund ~ 7/403; Niemann, Albert ~ 7/408; Niemeyer, Victor (Johannes Gotthold) ~ 7/410; Niesenberger, Hans ~/† 7/412; Nigri, Petrus ~ 7/417; Nink, Caspar ~ 7/421; Nißle, Alfred ~/† 7/425; Noack, Kurt ~ 7/428; Nobbe, Karl ~ 7/428; Noddack, Ida (Eva) ~ 7/429; Noddack, Walter (Karl Friedrich) ~ 7/429; Nöggerath, Carl ~/† 7/430; Noelle, Heinrich ~ 7/431; Nörber, Thomas ~/† 7/431; Nokk, Wilhelm ~ 7/433; Nonne, Max ~ 7/436; Noorden, Carl (Harko) von ~ 7/436; Noppel, Constantin ~ 7/437; Nordmann, Otto (Wilhelm Karl) ~ 7/439; Normann, (Karl Peter) Wilhelm (Theodor) ~ 7/439; Nothnagel, (Karl Wilhelm) Hermann ~ 7/442; Nüßgens, Karl ~ 11/145; Oberborbeck, Felix ~ 7/451; Oberndorff, Alfred Graf von ~ 7/456; Obst, Georg ~ 7/459; Oeftering, Wilhelm Engelbert ~ 7/463; Oehme, Curt (Oskar Alfred) ~ 7/465; Oehme, Ruthardt (Alexander Johannes) ~/† 11/147; Oertmann, Paul (Ernst Wilhelm) ~ 11/149; Oetker, August ~ 7/474; Ohly, Friedrich ~ 7/479; Ohm, Johannes ~ 7/480; Ohmacht, Landolin ~ 7/481; Oken, Lorenz ~ 7/482; Olden, Balder ~ 7/484; Oliven, Fritz ~ 7/488; Olms, Georg (Ernst Walter) ~ 7/489; Oltmanns, Friedrich ~/† 7/491; Opelt, Ilona ~ 11/150; Oppel, Albert ~ 7/497; Oppenheim, Lassa (Francis Lawrence) ~ 11/151; Oppenheimer, Carl ~ 7/499; Oppenheimer, Fritz Ernst ~ 7/500; Oppler, Alfred C. ~ 7/501; Orbin, Johann Baptist ~/† 7/503; Osann, Carl Alfred ~/† 7/510; Ostertag, Robert von ~ 7/518; Ostwald, Walter (Karl Wilhelm) * 11/152; Oswald, Wendelin ~ 7/522; Otter, Jakob ~ 7/526; Otto, Marcus ~ 11/154; Otto, Wilhelm ~ 7/537; Overbeck, Alfred Frh. von ~ 7/538; Overbeck, Fritz ~ 7/539; Ow-Wachendorf, Hans Otto Frh. von ~ 7/541; Ow-Wachendorf, Wernher Melchior Frh. von ~ 7/541; Pachter, Henry Maximilian ~ 7/547; Pätzold, Johannes ~ 11/155; Pagenstecher, Maximilian (Alexander Ludwig) ~ 7/549; Pankow, Otto ~/† 7/556; Panofsky, Erwin ~ 7/557; Panzer, Friedrich (Wilhelm) ~ 7/557; Passarge, (Otto Karl) Siegfried ~ 7/568; Patzelt, Viktor ~ 7/572; Paul, Hermann ~ 7/574; Paulcke, Wilhelm ~ 7/575; Pauli, Johannes * 7/576; Paulssen, Arnold (Rudolf Otto) ~ 7/580; Paulsen, Hans Constantin ~ 7/580; Pechmann, Günther Frh. von ~ 7/586; Peerenboom, Else ~ 7/588; Peiper, Herbert ~ 7/589; Pels-Leusden, Friedrich ~ 7/592; Permann, Adolf ~ 7/602; Perthes, Georg Clemens ~ 7/605; Peter, Karl Georg ~ 7/613; Peters, Albrecht ~ 7/615; Peters, Gerd ~ 11/157; Petzek, Joseph Anton von ~ 7/626; Petzholdt, (Georg Paul) Alexander † 7/627; Pfaff, Friedrich ~/† 7/633; Pfannenstiel, Max (Jakob) ~/† 7/635; Pfeifer, Berthold (Christian) ~ 7/638; Pfeifer, Gottfried (Georg) † 11/157; Pfeiffer, Johannes ~ 7/641; Pfeiffer, Rudolf ~ 7/642; Pfeifle, Alfred ~ 7/643; Pfeilschifter, Georg ~ 7/644; Pfister, Bernhard ~ 11/158; Pfretzschner, Norbert ~ 7/652; Philipp, Franz */~/† 7/656; Philippi-Depner, Maja ~ 7/658; Philippovich von Philippsberg, Eugen Frh. ~ 7/658; Picard, Max ~ 7/660; Pichler, Johann ~ 7/662; Picht, Georg ~ 7/662; Pickel, (Johann) Ignaz Balthasar ~ 7/664; Pictorius, Georg ~ 7/664; Pinkus, Felix ~ 7/673; Pinkus, Hermann

(Karl Benno) ~ 7/673; Pinthus, Kurt ~ 7/674; Piper, Carl (Anton) ~ 7/675; Pistorius, Johann d. J. ~/† 7/680; Plehn, Friedrich ~ 7/692; Plessner, Helmuth ~ 7/694; Plieningen, Dietrich von ~ 8/2; Pockels, Friedrich Carl Alwin ~ 8/7; Poeschel, Hans ~ 8/14; Pohl, Hermine ~/† 8/18; Pohlmann, Alexander ~/† 8/21; Polak, Karl ~ 8/23; Polano, Oskar (Julius Herbert) ~ 8/23; Polis, Peter (Hermann Johann) ~ 8/25; Pollock, Friedrich */~ 8/29; Ponfick, Emil ~ 8/31; Posner, Akiva Baruch ~ 8/43; Praesent, Hans ~ 8/49; Prausnitz, Wilhelm ~ 8/55; Prell, Heinrich (Bernward) ~ 8/60; Preyer, Wilhelm Dietrich ~ 8/67; Pringsheim, Fritz ~/† 8/71; Prinzhorn, Hans ~ 8/73; Prion, Willi ~ 8/73; Probst, Maria ~ 8/75; Proesler, Hans ~ 8/77; Przybyllok, Erich ~ 8/83; Puchstein, Otto ~ 8/85; Pünder, Hermann ~ 8/87; Püttmann, Hermann ~ 8/88; Pulver, Max ~ 8/90; Quaglio, Domenico II. ~ 8/97; Quarin, Joseph Frh. von ~ 8/100; Quichelberg, Samuel ~ 8/102; Raabe, Cuno Heinrich ~ 8/106; Rabow, Siegfried † 8/111; Rachfahl, Felix ~/† 8/112; Rackl, Michael ~ 8/112; Radowitz, Otto von ~ 8/119; Raecke, Julius ~ 8/120; Raederscheidt, (Friedrich) Georg ~ 8/121; Rahner, Karl (Josef Erich) */~ 8/125; Raiser, Johann Nepomuk von */~ 8/128; Ranke, Hermann † 8/136; Ranke, Otto (Friedrich) ~ 8/138; Ratschow, Max ~ 8/153; Ratzel, Friedrich (Karl Julius) ~ 8/154; Rauber, Eugen Siegfried ~ 8/156; Rauch, Wendelin ~/† 8/159; Rausch von Traubenberg, Heinrich (Adolf August Julius) Frh. ~ 8/163; Rauschenberger, Walther (Georg Heinrich) ~ 8/164; Rauße, (Hans Hermann) Hubert ~ 8/165; Rautmann, Hermann ~ 8/166; Reatz, August ~ 8/169; Reding, Augustin ~ 8/177; Redner, Leo ~ 8/180; Redtenbacher, Rudolf † 8/182; Reess, Max ~ 8/183; Rehm, Walther ~/† 8/192; Rehmann, Wilhelm August ~ 8/192; Rehn, Eduard ~/† 8/193; Reichlin-Meldegg, Karl Alexander Frh. von ~ 8/204; Reichmann, Hans ~ 8/204; Reidemeister, Kurt (Werner Friedrich) ~ 8/206; Reimers, Werner † 8/212; Rein, Friedrich Hermann ~ 8/213; Reindell, Herbert ~/† 8/214; Reiner, Hans ~/† 8/216; Reinhart von Thurnfels und Ferklehen, Josef Frh. */~ 8/222; Reinhold, Peter ~ 8/224; Reisch, Gregor ~/† 8/229; Reitzenstein, Richard (August) ~ 8/236; Remak, Robert ~ 8/238; Remmele, Adam † 8/240; Rémond, Fritz ~ 8/240; Remy, Heinrich (Gerhard Everhard) ~ 8/241; Rest, Josef ~/† 8/249; Retzbach, Anton ~/† 8/252; Reublin, Wilhelm ~ 8/252; Reuchlin, Johannes ~ 8/253; Reuß, Josef-Maria ~ 8/258; Reuter, Hermann ~ 8/261; Rhegius, Urbanus ~ 8/267; Rheinfelder, Hans (Anton Felix) ~ 8/268; Rheinstein, Max ~ 8/268; Rhomberg, Adolf ~ 8/270; Richter, Gregor ~ 8/278; Richter, Hermann ~ 8/280; Richter, Klaus (Carl Friedrich) ~ 8/282; Richthofen, Hartmann (Oswald Heinrich Ferdinand) Frh. von ~ 8/285; Rickert, Heinrich ~ 8/287; Ricklin, Eugen ~ 8/287; Riechmann, Friedrich ~ 8/289; Riederer, Friedrich ~ 8/293; Riegger, Joseph Anton Stephan Ritter von ~ 8/297; Riegger, Paul Joseph Ritter von * 8/298; Riehl, Alois ~ 8/298; Rienäcker, Günther ~ 8/303; Rieple, Max ~ 8/304; Riese, Heinrich ~ 8/305; Riezler, Erwin ~ 8/309; Rimbach, (Friedrich) Eberhard ~ 8/312; Rinderspacher, Ernst ~ 8/314; Ringholz, Odilo ~ 8/317; Ringmann, Matthias ~ 8/318; Rings, Werner ~ 11/164; Rinne, Friedrich (Wilhelm Berthold) ~/† 8/319; Ritschl, Alexander ~/† 8/325; Ritschl, Hans ~ 8/325; Ritschl, Rudolf ~ 8/325; Ritter, Bernhard ~ 8/326; Ritter, Gerhard (Georg Bernhard) ~/† 8/328; Ritter, Heinz ~ 8/329; Ritter, Joachim ~ 8/329; Ritter, Julius ~ 8/331; Rittershausen, Joseph Sebastian von ~ 8/334; Rodt, Franz Konrad (Kasimir Ignaz) Reichsfreiherr von ~ 8/346; Rodt, Maximilian Augustinus Christoph Reichsfreiherr von ~ 8/346; Röder, Franz-Josef ~ 8/348; Röhrer, Heinz ~ 8/351; Roemer, Hans Robert ~/† 11/164; Römer, Oskar ~ 8/353; Rösch, Adolf ~/† 8/357; Rösler, Augustin ~ 8/360; Roeßlin, Eucharius d. Ä. ~ 8/364; Roggenbach, Franz Frh. von † 8/366; Roggenbach, Franz Joseph Sigismund Johann Baptist von ~ 8/366; Rogosinski, Werner Wolfgang ~ 8/366; Rohmer, Ernst ~ 8/369; Rolfus, Hermann Ludwig * 8/374; Rolfus, Karl Joseph * 8/374; Roloff, Ernst

Max ~ 8/377; Roman, Max * 8/377; Rombach, Wilhelm ~ 8/378; Romeis, Capistran ~ 8/379; Rominger, Erich (Gottfried) */~/† 8/379; Roos, Johannes Christian ~/† 8/382; Rosenberg, Hans ~ 8/392; Rosenberg, Leo ~ 8/393; Rosenbusch, (Karl) Harry (Ferdinand) ~ 8/395; Rosenfeld, Kurt ~ 8/396; Rosenfeld, Siegfried ~ 8/396; Rosenmöller, Bernhard ~ 8/398; Rosenzweig, Franz ~ 8/402; Roser von Reiter, Franz de Paula ~ 8/403; Rosin, Heinrich ~/† 11/166; Rosin, Heinrich ~ 8/403; Rost, Georg ~ 8/407; Rothbarth, Margarete (Johanna) ~ 8/417; Rothe, Carl ~/† 8/417; Rothenflue, Franz ~ 8/419; Rothfels, Hans ~ 8/419; Rothmann, Max ~ 8/421; Rothschild, Walther ~ 8/423; Rotmar, Valentin ~ 8/424; Rotteck, Hermann Rodecker von */~/† 8/424; Rotteck, Karl Wenzeslaus Rodecker von */~/† 8/424; Rottler, Berthold ~ 8/427; Ruben, Ernst ~ 8/431; Ruckmich, Karl (Maria) */~/† 8/434; Rückert, Johannes ~ 8/445; Rückert, Karl Theodor ~/† 8/445; Rüdt von Collenberg-Bödigheim, Albrecht Frh. ~ 8/448; Ruef, Johann Caspar Adam ~/† 8/449; Rüfner, Vinzenz ~ 8/449; Rümelin, Gustav ~/† 8/453; Rüttenauer, Benno ~ 8/457; Ruffini, Alwin ~ 8/458; Rumpf, Max ~ 8/464; Rumpf, Theodor ~ 8/465; Runge, Hermann Gustav ~ 8/467; Runk, Ferdinand * 8/469; Rupp, Erwin ~/† 8/470; Rupp, Franz (Theodor) ~ 8/470; Ruppel, Karl Heinrich ~ 8/471; Ruprecht, Franz Joseph * 8/474; Sachs, Hans ~ 8/487; Sachs, Julius ~ 8/487; Sackmann, Horst */~ 8/492; Saemisch, Friedrich (Ernst Moritz) † 8/492; Sänger, Alfred ~ 8/492; Sänger-Bredt, Irene (Reinhild Agnes Elisabeth) ~ 8/493; Salomon, Albert ~ 8/502; Sam, Konrad ~ 8/508; Sander, Ernst ~/† 8/511; Sandhage, Josepha ~ 8/513; Santifaller, Leo ~ 8/516; Saran, Franz (Ludwig) ~ 8/518; Sauer, Eberhard ~ 8/526; Sauer, Joseph ~/† 8/527; Sauerborn, Maximilian ~ 8/528; Sauermann, Heinz ~ 8/529; Saur, Karl-Otto ~ 8/530; Sauter, Benedikt ~ 8/531; Savelsberg, Gertrud ~ 8/532; Sawicki, Franz ~ 8/534; Schachenmeier, Richard (Hermann) ~ 8/537; Schachner-Korn, Doris ~ 8/539; Schacht, Joseph ~ 8/540; Schadewaldt, Wolfgang ~ 8/543; Schäfer, Bernhard ~ 8/546; Schaefer, Carl Anton ~ 8/546; Schäfer, Friedrich ~ 8/547; Schäfer, Paul ~ 8/549; Schaeuble, Johann ~ 8/554; Schäufele, Hermann ~ 8/554; Schäzler, (Johann Lorenz) Konstantin Frh. von ~ 8/555; Schaffroth, Johann Adam Gottlieb ~/† 8/557; Schalch, Ferdinand ~ 8/559; Schalk, Fritz ~ 8/560; Schardin, Hubert ~/† 8/566; Schaubert, Else (Constanze Wilhelmine) ~ 8/574; Schauer, Georg Kurt ~ 8/575; Scheck, Gustav ~/† 8/579; Scheerer, Richard ~ 8/583; Scheffer, Thassilo von ~ 8/584; Schell, Herman */~ 8/593; Schemann, Ludwig † 8/599; Schenck von Grafenberg, Johannes ~/† 8/601; Schenzinger, Karl Aloys ~ 8/608; Scherer, Wilhelm ~ 8/611; Scherpenberg, Albert Hilger van ~ 8/613; Schiel, Hubert ~ 8/626; Schiemann, Günther Robert Arthur ~ 8/628; Schill, Lambert † 8/634; Schilling, Otto ~ 8/639; Schirmer, Walter F(ranz) ~ 8/649; Schlatter, Friedrich ~ 8/656; Schleiden, Rudolf † 8/664; Schleußner, Carl Adolf ~ 8/673; Schleyer, Johann Martin ~ 8/673; Schliz, Alfred ~ 8/681; Schloffer, Hermann Alexander ~/† 8/686; Schloßmann, Arthur ~ 8/686; Schlottmann, Carl ~/† 8/687; Schlüter, Otto (Ludwig Karl) ~ 8/689; Schlüter, Wilhelm ~ 8/689; Schmähl, Dietrich ~ 8/690; Schmalenbach, Ernst Friedrich ~ 8/690; Schmaltz, Kurt Robert ~ 8/692; Schmeidler, Bernhard (Felix) ~ 8/694; Schmid, Ernst Fritz ~ 8/701; Schmid, Franz ~ 8/701; Schmid, Karl ~/† 8/704; Schmid, Richard ~ 8/705; Schmid Noerr, Friedrich Alfred ~ 8/707; Schmiderer, Joseph Ignaz ~/† 8/708; Schmidlin, Joseph ~ 8/710; Schmidt, (Karl) Adolf ~ 9/1; Schmidt, Friedrich Karl ~ 9/6; Schmidt, Georg Benno ~ 9/8; Schmidt, Hans ~ 9/9; Schmidt, Karl ~ 9/13; Schmidt, Martin Benno ~ 9/15; Schmidt, (Karl) Paul ~/† 9/17; Schmidt, Paul Wilhelm ~ 9/18; Schmidt, Richard ~ 9/18; Schmidt, Walter ~ 9/21; Schmidt-Horix, Hans ~ 9/23; Schmieden, Victor (Gottfried Otto) ~ 9/27; Schmitt, Albert ~ 9/29; Schmitt, Alfons ~/† 9/29; Schmitt, Jakob ~/† 9/31; Schmitt, Saladin ~

9/689; Theiss, Konrad ~ 9/692; Thierfelder, Hans ~ 10/7; Thiersch, Hermann ~ 10/8; Thiessen, Peter Adolf ~ 10/9; Thoma, Albrecht ~ 10/13; Thoma, Richard (Emil) ~ 10/15; Thomae, (Karl) Johannes ~ 10/15; Thomas, Alois ~ 10/17; Thomas, Karl (Albert Ferdinand) */~ 10/18; Thomas, (Georg Friedrich) Ludwig ~/† 10/18; Thomas, Wolfgang (Alexander) ~ 10/19; Thürach, Hans † 10/26; Thuilius, Johann ~ 10/27; Thumb, Albert */~/† 10/28; Thurneysen, (Eduard) Rudolf ~ 10/33; Tiede, Erich ~ 10/37; Tigges, Hubert ~ 10/41; Timerding, (Heinrich Carl Franz) Emil ~ 10/45; Tobien, Heinz ~ 10/53; Tornquist, Alexander (Johannes Heinrich) ~ 10/65; Traugott, Marcel ~ 10/71; Trautmann, Reinhold ~ 10/73; Trautz, Max (Theodor) ~ 10/75; Treger, Konrad ~ 10/77; Treibs, Wilhelm ~ 10/77; Treitschke, Heinrich (Gotthard) von ~ 10/78; Trendelenburg, Ferdinand ~ 10/80; Trendelenburg, Paul ~ 10/81; Trendelenburg, Wilhelm ~ 10/81; Treupel, Gustav ~ 10/85; Triepel, (Carl) Heinrich ~ 10/87; Trier, Jost ~ 10/88; Trunk, Johann Jakob ~ 10/102; Tschirch, (Wilhelm Oswald) Alexander ~ 10/107; Tschiževskij, Dmitrij ~ 10/108; Turban, Karl ~ 10/117; Uhde, Hermann ~ 10/126; Uhde, Karl Wilhelm Ferdinand ~ 10/127; Uhlenhuth, Paul ~/† 10/129; Uhlig, Carl ~ 10/130; Uhlmann, Fred ~ 10/131; Ulich, Hermann (Emil) ~ 10/134; Ullrich, Hermann (Theodor) † 10/138; Ullstein, Franz (Edgar) ~ 10/139; Ullstein, Leopold ~ 10/140; Ulmer, Karl ~ 10/141; Ulrich, Franz Heinrich ~ 10/145; Ulsenius, Theodoricus ~ 10/148; Unger, (Friedrich Hermann) Hellmuth † 10/154; Unger, Hermann ~ 10/154; Unger, Rudolf ~ 10/155; Unna, Klaus Robert Walter ~ 10/157; Utenheim, Christoph von ~ 10/171; Vahlen, Johannes ~ 10/176; Valentin, Veit ~ 10/178; Vanselow, Karl ~ 10/181; Veit, Ludwig Andreas ~/† 10/189; Velden, Reinhard (Friedrich Wilhelm Alexander) von den ~ 10/191; Velhagen, Karl ~ 10/191; Velsen, Otto von ~ 10/192; Verschuer, Otmar Frh. von ~ 10/197; Verweyen, Johannes Maria ~ 10/198; Vest, Lorenz Chrysanth Edler von ~ 10/199; Vicari, Hermann von ~/† 10/203; Victor, Walter ~ 10/203; Villinger, Hermine (Anna Theresia Xaveria) * 10/210; Vincke, Johannes ~ 10/212; Vöchting, Christian ~ 10/220; Vöge, Wilhelm ~ 10/220; Vögtle, Anton ~/† 10/221; Vogelstein, Theodor Max ~ 10/230; Vogt, Joseph ~ 10/234; Voigt, Andreas ~ 10/236; Volmar, Isaak Frh. von Rieden ~ 10/249; Volz, Wilhelm (Ludwig) von ~ 10/252; Vondenhoff, Bruno ~ 10/252; Vordtriede, Werner ~ 10/254; Voretzsch, Karl ~ 10/254; Wach, Joachim ~ 10/264; Wacker, Friedrich ~ 10/268; Wacker, Otto ~ 10/269; Wacker, Theodor ~/† 10/269; Waenker, Ludwig Anton von ~/† 10/272; Wätjen, Julius ~ 10/273; Waffenschmidt, Walter Georg ~ 10/273; Wagner, Adolph (Heinrich Gotthilf) ~ 10/277; Wagner, Albert Malte ~ 10/278; Wagner, (Wilhelm Hermann) Christof ~ 10/278; Wagner, Johannes ~ 10/283; Wagner, Karl ~ 10/284; Wahl, Adalbert ~ 10/292; Wahl, Gustav ~ 10/293; Walb, Ernst ~ 10/297; Walchner, Friedrich August ~ 10/298; Walcker, Oscar ~ 10/299; Waldburg zu Zeil und Trauchburg, Erich Fürst von ~ 10/300; Waldeck, Florian ~ 10/300; Waldmann, Michael * 10/305; Waldseemüller, Martin */~ 10/307; Wallaschek, Richard ~ 10/309; Wallich, Paul ~ 10/313; Wallner, Franz ~ 10/314; Wannenmacher, Eugen (Viktor) ~ 10/331; Warburg, Emil (Gabriel) ~ 10/333; Warburg, Gustav Otto ~ 10/333; Warburg, Otto (Heinrich) */~ 10/334; Warnecke, Georg (Heinrich Gerhard) ~ 10/336; Warnkönig, Leopold August ~ 10/337; Weber, Adolf ~ 10/348; Weber, Hans ~/† 10/354; Weber, Heinrich ~ 10/355; Weber, Hermann ~ 10/355; Weber, Max ~ 10/358; Weber, Simon ~/† 10/361; Weech, Friedrich ~ 10/370; Wegener, Paul ~ 10/373; Wegmann, August ~ 10/373; Wegner, Max ~ 10/374; Wehrle, Emil */~ 10/378; Weichbrodt, Raphael ~ 10/380; Weickum, Karl Franz ~/† 10/381; Weiditz, Christoph * 10/383; Weiditz, Hans d. Ä. ~ 10/383; Weiditz, Hans d. J. * 10/383; Weigelt, Kurt ~ 10/388; Weigert, Oscar ~ 10/388; Weil, Gustav † 10/391; Weil, Hermann ~ 10/391; Weingarten, Julius ~/† 10/396; Weisbach, Walter ~ 10/401; Weisbach, Werner ~ 10/401; Weischedel, Wilhelm ~ 10/402; Weise, Georg ~ 10/402; Weismann, (Leopold Friedrich) August ~/† 10/404; Weismann, Julius */~ 10/405; Weiss, Bernhard ~ 10/406; Weiss, Johann Baptist ~ 10/408; Weiss, Konrad ~ 10/409; Weissegger von Weißeneck, Joseph (oder Johann) Maria ~/† 10/412; Weizsäcker, Viktor Frh. von ~ 10/420; Welck, (Kurt Heinrich) Wolfgang Frh. von ~ 10/421; Welcker, Karl Theodor ~ 10/421; Welke, Kurt Heinz ~ 10/424; Welte, Bernhard ~/† 10/428; Welte, Michael ~/† 10/428; Weltmann, Lutz ~ 10/429; Welty, Eberhard † 10/430; Wendt, Siegfried ~ 10/434; Wentzel, Gregor ~ 10/437; Wenzinger, (Johann) Christian ~/† 10/439; Werk, Franz Xaver ~/† 10/442; Werminghoff, Albert ~ 10/443; Werra, Ernst von ~ 10/451; Werth, Johann Frh. von ~ 10/452; Wertheimer, Fritz ~/† 10/453; Werthmann, Lorenz ~/† 10/454; Wessenberg, Ignaz Heinrich (Karl) Frh. von ~ 10/457; Wessenberg, Johann Philipp Reichsfreiherr von ~/† 10/457; Westhues, Heinrich ~ 10/459; Wettstein, Albert ~ 10/462; Wetz, Wilhelm ~/† 10/463; Wetzer, Heinrich Joseph ~/† 10/464; Weygandt, Wilhelm ~ 10/466; Wibbelt, Augustin ~ 10/469; Wieacker, Franz ~ 10/476; Wiedemann, Eilhard (Heinrich Karl) ~ 10/479; Wiedersheim, Robert (Ernst) ~ 10/480; Wiegand, Theodor ~ 10/481; Wiehl, Emil ~ 10/482; Wieland, Heinrich (Otto) ~ 10/484; Wieland, Hermann ~ 10/484; Wieland, Theodor ~ 10/484; Wien, Max (Carl Werner) ~ 10/485; Wikenhauser, Alfred ~/† 10/494; Wilbrandt, Walther ~ 10/496; Wilhelm, Friedrich ~ 10/506; Willeke, Eduard (Heinrich Wilhelm) ~ 10/511; Willer, Alfred ~ 10/511; Wilmanns, August ~ 10/514; Wimmelmann, Alfred ~ 10/516; Wimpfeling, Jakob ~ 10/517; Winckelmann, Otto ~/† 10/520; Wind, Edgar ~ 10/521; Windaus, Adolf (Otto Reinhold) ~ 10/521; Windelband, Wilhelm ~ 10/522; Windelband, Wolfgang ~ 10/523; Winkhaus, Hermann ~ 10/528; Winterfeldt, Margarethe von ~ 10/534; Winterhalter, Franz Xaver ~ 10/535; Wintz, Hermann Ludwig ~ 10/536; Wirth, Joseph (Karl) */† 10/539; Wirtz, Karl ~ 10/540; Witkop, Philipp (Wilhelm) ~/† 10/543; Witt, Ernst ~ 10/544; Wittenbauer, Ferdinand ~ 10/546; Wittig, Georg (Friedrich Karl) ~ 10/549; Wizinger-Aust, Robert (Karl) ~ 10/553; Woerl, Leo */~ 10/558; Woermann, Ernst ~ 10/559; Wörter, Friedrich (Johann) ~ 10/560; Wohleb, Leo */~ 10/561; Wohlgemuth, Julius ~ 10/562; Woikowsky-Biedau, Hugo von ~ 10/563; Woldstedt, Paul ~ 10/563; Wolf, Erik ~/† 10/564; Wolf, Kurt ~ 10/567; Wolff, Charlotte ~ 10/571; Wolff, Hans Julius ~/† 10/573; Wolff, Hellmuth ~ 10/573; Wolff, Paul ~ 10/577; Woltereck, Richard ~ 10/586; Wolters, Friedrich ~ 10/586; Woltmann, Ludwig ~ 10/587; Worringer, Wilhelm ~ 10/588; Wuermeling, Franz-Josef ~ 10/593; Wunderlich, Frieda ~ 10/597; Wunderlich, Fritz ~ 10/598; Wundt, Max ~ 10/598; Wundt, Walter ~ 10/598; Wychgram, Jakob † 10/602; Zade, Martin ~ 10/612; Zahn, Lola ~ 10/614; Zander, Paul ~ 10/617; Zange, Johannes ~ 10/618; Zasius, Ulrich ~/† 10/622; Zehnder, Ludwig (Albert) ~ 10/629; Zeiss, Heinrich ~ 10/633; Zell, (Adam) Carl (Philipp) ~/† 10/635; Zell, Matthäus ~ 10/636; Zeller, Rudolf ~ 10/638; Zenck, Hermann ~/† 10/641; Zentgraf, Eduard ~ 10/643; Zentgraf, Johann Joachim ~ 10/644; Zergiebel, Dankmar ~ 10/644; Zermelo, Ernst (Friedrich Ferdinand) ~/† 10/645; Zettler, Franz Xaver ~ 10/648; Zeuner, Frederick Everard ~ 10/649; Ziegler, Ernst Albrecht ~/† 10/652; Ziegler, Gregorius Thomas ~ 10/653; Ziegler, Heinrich Ernst */~ 10/654; Zielenziger, Kurt ~ 10/658; Ziemke, Ernst ~ 10/658; Zikel, Heinz ~ 10/660; Zimmermann, (Ernst) Heinrich ~ 10/668; Zimmermann, Karl-Heinz ~ 10/670; Zimmermann, Reinhard Sebastian ~ 10/670; Zimmermann, Walter ~ 10/671; Zimmern, Johannes Werner (d. Ä.) Frh. von ~ 10/672; Zimmern, Wilhelm Werner Graf von ~ 10/672; Zinn, Ernst ~ 10/675; Zintl, Eduard ~ 10/677; Zocher, Rudolf ~ 10/682; Zöllner, Heinrich † 10/684; Zollikofer, Clara ~ 10/687; Zondek, Hermann ~ 10/688; Zotz, Lothar ~ 10/690; Zuchardt, Karl ~ 10/693; Zülzer, Georg (Ludwig) ~ 10/697; Zürcher, Paul ~/† 10/697; Zuschneid, Karl ~ 10/703; Zutt, Jürg ~ 10/703; Zweifel,

Erwin ~ 10/704; Zweigert, Kurt ~ 10/706; Zwick, Johannes ~ 10/707

Freidorf (Gem. Muttenz, Kt. Basel-Landschaft)
Schär, Johann Friedrich † 8/552

Freiendiez (seit 1938 zu Diez)
Eckert, Erwin ~ 3/11

Freienhagen (seit 1974 zu Waldeck, Kr. Waldeck-Frankenberg)
Martinius, Matthias * 6/641

Freienorla
Gundermann, Gotthold * 4/258

Freienwalde → Bad Freienwalde (Oder)

Freienwalde i. Pomm. (poln. Chociwel)
Arndt, Adolf * 11/5

Freigericht → Somborn

Freihirten (Gem. Hauptwil, Kt. Thurgau)
Epper, Franz Joseph * 3/132

Freilassing
Albert, Adam ~ 1/68; Schmidt, Fritz (Franz Anton) * 9/7

Freinsheim
Geiger, Philipp Lorenz * 3/605; Neu, Maximilian * 7/370; Reitz, Johann He(i)nrich ~ 8/236; Sinsheimer, Hermann * 9/341; Weber, Gottfried ~ 10/353

Freising
siehe auch *Neustift, Weihenstephan*
Abensberg, Niclas Graf von ~/† 1/9; Abraham, Bischof von Freising ~/† 1/12; Albert I., Bischof von Freising ~ 1/66; Albert II., Graf von Hohenberg-Haigerloch, Bischof von Freising ~ 1/66; Altmann von Sankt Florian ~ 1/103; Ampferle, Franziskus ~/† 1/119; Anno, Bischof von Freising ~ 1/144; Arbeo, Bischof von Freising ~ 1/161; Aretin, Johann Adam Frh. von ~ 1/169; Aribo Scholasticus ~ 1/170; Arno, Erzbischof von Salzburg ~ 1/182; Arnpeck, Veit */~ 1/192; Asam, Cosmas Damian ~ 1/201; Asam, Egid Quirin ~ 1/201; August Damian Philipp Carl, Graf von Limburg-Stirum, Fürstbischof von Speyer ~ 1/222; Baader, Klemens (Alois) ~ 1/232; Begnudello, Basso ~/† 1/394; Berberich, Ludwig ~ 1/433; Berthold von Wehingen, Bischof von Freising ~ 1/483; Biener, Wilhelm ~ 1/522; Bonifatius ~ 2/19; Braun, Heinrich ~ 2/81; Braungart, Richard * 2/89; Breitenauer, Ignatz Alexander ~ 2/101; Bruno, Bischof von Augsburg ~ 2/171; Buchberger, Michael ~ 2/181; Bucher, Benedikt ~ 2/182; Burglechner, Matthias von ~ 2/240; Camerloher, Placidus von ~/† 2/270; Carl, Anton Joseph ~ 2/280; Clemens Wenzeslaus Hubertus Franziskus, Herzog zu Sachsen, Kurfürst und Erzbischof von Trier ~ 2/339; Daller, Balthasar von ~/† 2/434; Destouches, Franz Seraph ~ 2/499; Deutinger, Martin von ~ 2/504; Döpfner, Julius ~ 2/575; Drakolf, Anton ~ 2/608; Dürr, Lorenz ~ 2/641; Ecker, Joseph † 3/10; Eckher von Kapfing und Liechteneck, Johann Franz Frh. ~/† 3/15; Eder, Georg * 3/18; Egckl, Wilhelm ~ 3/23; Egenter, Richard ~ 3/24; Egilbert, Bischof von Freising ~ 3/31; Ehrenberg, Paul (Richard Rudolf) † 3/38; Eisenhofer, Ludwig (Karl August) ~ 3/71; Ellenhard, Bischof von Freising ~ 3/90; Emicho, Bischof von Freising ~ 3/103; Erb, Anselm ~ 3/137; Ernsdorfer, Bernhard von ~ 3/158; Ernst, Herzog von Bayern, Kurfürst und Erzbischof von Köln ~ 3/159; Espenberger, Johann Nepomuk ~/† 3/179; Fastlinger, Max ~ 3/235; Feldigl, Ferdinand ~ 3/256; Fellerer, Karl Gustav * 3/260; Finckh, Georg Philipp ~ 3/299; Flascha, Paul Peter Vincenz von ~ 3/336; Forster, Frobenius ~ 3/376; Frank, Josef † 3/400; Freyberg-Eisenberg, Max(imilian) Prokop Frh. von * 3/437; Fritz, Willy ~ 3/496; Fugger, Markus ~ 3/537; Gebsattel, Lothar Anselm Frh. von ~ 3/595; Geistbeck, Alois ~ 3/612; Geistbeck, Michael ~/† 3/613; Gerhoh von Reichersberg ~ 3/645; Gietl, Heinrich Maria ~ 4/6; Göttler, Joseph ~ 4/68; Göttsberger, Johann (Baptist) ~ 4/68; Grienwald, Franz Joseph ~ 4/162; Grimm, Joseph * 4/170; Guldin, Paul ~ 4/253; Halbreiter, Ulrich * 4/342; Harrach zu Rohrau, Ernst Adalbert Frh. von ~ 4/394; Hartig, Michael ~ 4/400; Hauber, Johann Michael ~ 4/435; Hayd, Heinrich ~/† 4/459; Haydlauf, Sebastian ~ 4/459; Heimbucher, Max ~ 4/503; Heimeran ~ 4/504; Heinrich von Neustadt ~ 4/539; Held, Philipp ~ 4/557; Hengeler, Adolf ~ 4/582; Henkel, Theodor (Ludwig) † 4/586; Heribert, Bischof von Eichstätt † 4/615; Hofmiller, Josef ~ 5/135; Hueber, Fortunatus ~ 5/203; Illig, Kurt † 5/249; Jocham, Magnus ~/† 5/332; Johann Franz, Bischof von Freising ~/† 5/339; Johannes III., Bischof von Freising ~ 5/351; Joseph Clemens, Herzog von Bayern, Kurfürst und Erzbischof von Köln ~ 5/366; Kalcher, Johann Nepomuk * 5/410; Kerschensteiner, Georg (Michael) ~ 5/516; Keßler, Franz ~ 5/519; Kirchmayer, Joseph ~ 5/551; Knöringen, Johann Egolf von ~ 5/626; Königsfeld, Johann Christian Adam Reichsgraf von ~ 5/665; Konrad I. von Tölz, Bischof von Freising ~ 6/27; Konrad II. Wildgraf, Bischof von Freising ~ 6/27; Kraus, Ernst * 6/76; Lantbert, Bischof von Freising ~ 6/250; Leuthner, Cölestin ~ 6/355; Lodgman von Auen, Rudolf ~ 6/436; Löw, Reinhard ~ 6/449; Lorichius, Johannes ~ 6/475; Marius, Augustinus ~ 6/624; Mayer, Heinrich ~ 7/8; Mayr, Rupert Ignaz ~/† 7/15; Meichelbeck, Karl ~ 7/29; Michl, Anton ~ 7/127; Michl, Augustin Liebhart ~ 7/128; Mutschelle, Sebastian ~ 7/321; Nagel, Anton ~ 7/333; Nas, Johannes ~ 7/340; Neuhäusler, Johann ~ 7/378; Niedermayer, Oskar Ritter von * 7/405; Notker Balbulus ~ 7/443; Nußdorf, Ulrich von ~ 7/449; Oberstetter, Edgar * 7/457; Oettl, Georg von ~ 7/476; Orterer, Georg Ritter von ~ 7/507; Osterrieder, Sebastian ~ 7/517; Osterwald, Peter von ~ 7/518; Otloh von St. Emmeram ~ 7/523; Otto von Freising ~ 7/533; Papst, Eugen ~ 7/561; Paudiss, Christoph ~/† 7/572; Permaneder, Franz Michael ~ 7/602; Pfeilschifter, Georg ~ 7/644; Philipp, Pfalzgraf bei Rhein, Bischof von Freising, Administrator von Naumburg ~/† 7/654; Pinand, Jan Hubert ~ 7/672; Plättner, Karl † 7/683; Prandtl, Ludwig * 8/52; Pretzl, Otto ~ 8/64; Pütz, Theodor ~ 11/161; Quitzmann, Ernst Anton * 8/104; Quoika, Rudolf ~/† 8/104; Rahewin ~ 8/123; Rampf, Michael von ~ 8/133; Ranzinger, Anton ~ 8/140; Reiffenstuel, Anaklet ~/† 8/207; Reisach, Karl August Graf von ~ 8/228; Renner, Carl Oskar ~ 8/244; Riedel, Valentin ~ 8/292; Rixner, Thaddäus Anselm ~ 8/337; Röttel, Johannes ~ 8/364; Roider, Peter ~ 8/372; Rosner, Ferdinand ~ 8/404; Rottaler, Stephan ~ 8/424; Rottenkolber, Georg ~ 8/426; Rottmanner, Simon ~ 8/428; Ruland, Ludwig ~ 8/461; Ruland, Martin d. Ä. * 8/461; Ruprecht, Pfalzgraf bei Rhein ~ 8/473; Ruprecht von Freising ~ 8/473; Safferling, Benignus Ritter von * 8/494; Sandizell, Moritz von ~/† 8/513; Scala, Nikodemus della ~ 8/536; Schallhammer, Beda von ~ 8/562; Scharnagl, Anton ~ 8/568; Scherr, Gregor von ~ 8/614; Schiltberger, Hans * 8/640; Schlecht, Joseph ~/† 8/658; Schmaus, Michael ~ 8/693; Schmid, Josef ~ 8/704; Schollorer, Hermann * 9/106; Schurr, Viktor ~ 9/212; Seidenbusch, Johann Georg ~ 9/266; Seld, Georg Sigismund ~ 9/277; Sellier, Arthur ~ 9/279; Sellmair, Josef ~ 9/279; Sensenschmidt, Johann ~ 9/290; Siber, Thaddäus ~ 9/300; Sickenberger, Otto ~ 9/302; Sixtus von Tanberger, auch Tannberg, Bischof von Freising ~ 9/345; Stadlbauer, Max von ~ 9/429; Stadlmayr, Johannes * 9/431; Steichele, Anton ~/† 9/476; Stein, Franz Josef von ~ 9/476; Sternberg, Kaspar Maria Graf von ~ 9/516; Stieglitz, Heinrich ~ 9/527; Streber, Franz Ignaz von ~ 9/579; Tatius, Marcus ~/† 9/660; Thoma, Antonius von ~ 10/14; Thurmair, Georg ~ 10/30; Törring-Jettenbach, Max Prokop Reichsgraf von ~ 10/59; Tulbeck, Sixtus ~ 10/111; Tulbeck, Johann (IV.) ~ 10/115; Überacker, Georg ~ 10/124; Ulrich III. von Nußdorf, Bischof von Passau ~ 10/143; Ulrich von Zell ~ 10/145; Unterholzner, Karl August Dominikus * 10/160; Unterleitner, Hans * 10/160; Ursprung, Otto ~ 10/169; Valesi, Johann Evangelist ~ 10/179; Veit Adam von Gepeckh, Bischof von Freising ~/† 10/188; Verhelst, Ägid d. Ä. ~ 10/195; Voll, Karl ~ 10/247; Waldo, Bischof von Freising ~ 10/306; Wehrle, Hermann (Josef) ~ 10/378; Weinhart, Benedikt ~/† 10/396; Weinland, Ernst ~ 10/398; Weiss, Albert (Maria) ~ 10/406; Weiss, Johann Evangelist ~/† 10/409; Weiss, Viktricius ~ 10/411; Welden, Ludwig Josef Frh. von ~/† 10/423; Welf II.,

Graf in Schwaben ~ 10/423; Wendel, Joseph ~ 10/432; Werkmeister, Benedikt Maria ~ 10/442; Westenrieder, Lorenz von ~ 10/458; Winkler, Georg Gustav ~ 10/529; Wolf, Johann Nepomuk Frh. von ~ 10/567; Wolff, (Johann) Andreas ~ 10/570; Wolker, Ludwig ~ 10/583; Zaininger, Benedikt ~ 10/615; Zallwein, Gregor ~ 10/616; Zeller, Heinrich ~ 10/637; Zeller von und zu Leibersdorf, Johann Sig(is)mund Reichsfreiherr ~/† 10/638; Zimmermann, Joseph Anton ~ 10/669

Freistadt (Oberösterreich)
Doppelbauer, Franz Maria ~ 2/596; Kronberger, Karl * 6/116; Landau, Hans von ~ 6/213; Neuhofer, Franz Karl */~ 7/379; Rexius, Johann Baptista † 8/264; Rohling, August ~ 8/369; Sailer, Franz ~ 8/495; Sawka, Michael ~ 8/534; Scharizer, Rudolf */† 8/568; Schöfmann, Karl † 9/77; Schrauf, Karl ~ 9/131; Stowasser, Josef Maria ~ 9/562

Freistadt (tschech. Frýštát)
Gryphius, Andreas ~ 4/229; Lange, Johann * 6/233

Freistatt
Bodelschwingh, Friedrich von ~ 1/601; Ehmann, Wilhelm Christoph Ernst * 3/36; Wilm, Ernst (Julius Ewald) ~ 10/514

Freital
siehe auch *Coßmannsdorf, Döhlen, Hainsberg, Potschappel, Somsdorf*
Hennig, Arno (Richard) ~ 4/590; Hofmann, Richard † 5/132; Rotter, Dietrich ~ 8/426

Freitzberg (Gem. Ried im Oberinntal, Tirol)
Jele, Kaspar * 5/316

Freiwaldau (poln. Gozdnica)
Haupt, Joachim (Thomas) Leopold ~ 4/443; Paul, Oskar * 7/574; Werner, Richard (Victor) * 10/448

Freiwaldau (tschech. Jeseník)
siehe auch *Gräfenberg*
Raimann, Johann Nepomuk Ritter von * 8/126; Raymann, Adolf */† 8/168; Regenhart, Alois (II) ~/† 8/185; Regenhart, Alois (III) ~ 8/185; Weiss, Adolph * 10/405; Weiss, Edmund * 10/407; Weiss, Joseph ~/† 10/409

Frellstedt
Bittmann, Carl ~ 1/550

Fremdingen → Hausen

Fresen (Steiermark)
Macheiner, Eduard * 6/551

Fresenburg
Simons, Menno ~ 9/335

Fresenhagen (Stadum)
Reiser, Rio † 8/230

Fressen (Hof, bei Ochtendung)
Kraft, (Johann) Jakob * 6/64

Freudenbach (seit 1972 zu Creglingen)
Vorherr, (Johann Michael Christian) Gustav * 10/254

Freudenberg (Gem. Ribnitz-Damgarten)
Schröder, Joachim * 9/148

Freudenberg (Kr. Amberg-Sulzbach)
siehe auch *Altenricht, Pursruck*
Manlich, Melchior ~/† 6/589

Freudenberg (Kr. Siegen-Wittgenstein)
Anton, Gottfried * 1/151

Freudenberg (tschech. Veselé)
Schlusche, Eduard ~ 8/689

Freudenstadt
siehe auch *Grüntal, Wittlensweiler*
Biese, Karl ~ 1/525; Bultmann, Hermann † 2/221; Carolus, Andreas David ~ 2/285; Drissler, Fritz * 2/622; Friedrich I., Herzog von Württemberg ~ 3/475; Griesinger, Karl Theodor ~ 4/165; Gurlitt, (Georg Remi Ernst) Ludwig † 4/264; Haug, Martin † 4/441; Hildebrandt, Fritz † 5/37; Kähler, Karl * 5/394; Mehnert, Klaus † 7/52; Merz, Kurt Walter * 7/80; Pfahler, Gerhard * 7/634; Ploucquet, Gottfried ~ 8/5; Rittmeyer, (Gottlob) Emil † 8/335; Schickhardt, Heinrich d. J. ~ 8/623; Steurer, Otto * 9/522; Vogts, Hanns ~/† 10/236

Freudenstein (seit 1975 zu Knittlingen)
Leuze, Eduard * 6/356

Freudental (Kr. Ludwigsburg)
Gadner von Garneck, Georg † 3/551; Mayer, Samuel Marum * 7/11

Freudenthal (seit 1969 zu Borken, Hessen)
Baumbach-Freudenthal, Karl Friedrich von * 1/338

Freudenthal (tschech. Bruntál)
Berl, Ernst * 1/455; Gruner, Ferdinand * 4/225; Handke, Johann Christoph ~ 4/367; Heeger, Viktor ~ 4/474; Heider, Paul (Alois) ~ 4/491; Klein, Norbert ~/† 5/578; Kowarz, Wilhelm Maria * 6/57; Krones, Josef Franz * 6/118; Krones, Therese * 6/118; Ludwig, Ernst * 6/508; Petermann, Reinhard E. * 7/615; Pfeiffer von Forstheim, Johann ~/† 7/643; Schälzky, Robert (Johann) ~ 8/552; Schmitt, Franz * 9/31; Wittek, Bruno Hans * 10/545

Freundenberg (poln. Radostowo)
Schmidt, Johann Christian ~ 9/11

Freundental (Krain)
Ulrich III. von Spanheim, Herzog von Kärnten und Herr von Krain ~ 10/142

Freyburg (Unstrut)
Amende, Johann Joachim Gottlob ~ 1/113; Cnobloch, Karl * 2/347; Hoppe-Seyler, Felix * 5/173; Jahn, Friedrich Ludwig † 5/290; Neufert, Ernst Hermann * 7/376; Schomburgk, Richard * 9/112; Schomburgk, Sir Robert (Hermann) * 9/112

Freyenstein
Cauer, Minna (Wilhelmine Theodore Marie) * 2/297

Freyhan (poln. Cieszków)
Strachwitz, Johann Moritz von * 9/562

Freystadt (Kr. Neumarkt i. d. OPf.)
siehe auch *Burggriesbach, Obernricht*
Götz, Johann Baptist ~ 4/70; Martini, (Martin) Johann Paul Ägidius * 6/640; Negelein, Paul * 11/135; Schweninger, Ernst * 9/242; Viscardi, Giovanni Antonio ~ 10/214

Freystadt i. Niederschlesien (poln. Kożuchow)
Beier, Dorothea ~/† 1/404; Buchholzer, Abraham ~/† 2/184; Cureus, Joachim */~ 2/411; Heinrich II. (IV.) der Getreue, Herzog von Schlesien, Herr von Sagan (und Posen), zeitweise auch von Glogau ~ 4/535; Heune, Johannes ~ 5/9; Kupfer, Margarethe * 6/175; Leygebe, Gottfried (Christian) * 6/370; Rissmann, Robert * 8/323; Römhildt, Johann Theodor ~ 8/354; Trott, Magda * 10/98; Tschackert, Paul * 10/103; Verdy du Vernois, Julius von * 10/195; Zedlitz und Trützschler, (Karl Eduard) Robert Graf von ~ 10/628

Fribourg → Freiburg (Kt. Freiburg)

Frick (Kt. Aargau)
Brunnhofer, Gottlieb Hermann ~ 2/171; Mösch, Kasimir * 7/177; Stocker, Franz August * 9/538; Theiler, Arnold * 9/691; Vischer, Ernst (Benedikt) ~ 10/215

Frickenhausen a. Main
Berg, Franz * 1/440; Zang, Christoph Bonifacius * 10/618

Frickenhofen (seit 1971 zu Gschwend, Ostalbkreis)
Schmidt, Friedrich Frh. von * 9/6

Frickhofen (Dornburg, Kr. Limburg-Weilburg)
Schardt, Alois (Jakob) * 8/566

Fridau (Niederösterreich)
Musulin von Gomirje, Alexander Frh. † 7/318

Friedau (slowen. Ormož)
Lakner, Franz * 6/201; Schüle, Johann Heinrich Ritter von ~ 9/169

Friedberg (Hessen)
Abel, Jakob ~ 1/5; Altenburger, Emil ~ 1/97; Baumann, Josef ~ 1/336; Baur, Gustav Adolph Ludwig ~ 1/351; Baur, (Friedrich) Wilhelm ~ 1/352; Bender, Wilhelm ~ 1/417; Benrath, Henry ~ 1/427; Brentano, Clemens von * 2/117; Brentano di Tremezzo, Otto Rudolf von ~ 2/117; Brincken, Gertrud von der ~ 2/185; Buchinger, Philipp Jakob ~ 2/294; Cassella, Leopold * 2/294; Dieffenbach, Georg Christian ~ 2/516; Dieffenbach, Johann Philipp ~/† 2/516; Diehl, Wilhelm ~ 2/516; Dietrich, Ernst Ludwig ~ 2/535; Dörnberg, Hans von † 2/578; Eger, Karl (Christian) */~

Friedrichsburg

Friedrichsburg (dän. Frederiksborg)
Baden, Torkel * 1/252; Christian IV., Herzog von
Schleswig und Holstein, König von Dänemark und
Norwegen ~ 2/319; Compenius, Esaias ~ 2/361; Enum,
Johan von ~ 3/130; Haxthausen, Anton Wolf Frh. von ~
4/458; Ulfeldt, Leonora Christina * 10/134

Friedrichsdorf (Gütersloh)
Bozi, Michael ~ 11/30; Zoellner, Wilhelm ~ 10/684

Friedrichsdorf (Hochtaunuskreis)
siehe auch *Köppern*
Buchenau, Franz (Georg Philipp) ~ 2/181; Désor, (Johann
Peter) Eduard * 2/496; Fischer, Alexander † 3/310;
Mergner, (Adam Christoph) Friedrich ~ 7/70; Reis, Johann
Philipp ~/† 8/228; Sioli, Emil Franz † 9/342; Viëtor, (Karl
Adolf Theodor) Wilhelm ~ 10/208; Wagner, (Karl) Willy
*/† 10/291

Friedrichsfelde (seit 1920 zu Berlin)
August, Prinz von Preußen * 1/221; Biron, Dorothea *
1/541; Böhme, Martin Heinrich ~ 1/621; Louis Ferdinand
von Hohenzollern, Prinz von Preußen * 6/486; Woltersdorf,
Ernst Gottlieb * 10/586

Friedrichsgrün
Schüller, Arno * 9/170

Friedrichshafen
siehe auch *Ailingen, Buchhorn, Manzell, Unterailingen*
Arnstein, Karl ~ 1/193; Bassus, Konrad Maximilian
Friedrich Maria Frh. von ~ 1/316; Beckh, August Ludwig
von * 1/383; Benz, Ernst (Wilhelm) * 1/430; Bodman,
Emanuel Frh. von und zu * 1/604; Caspar, Karl * 2/291;
Christlieb, Theodor ~ 2/323; Colsman, Alfred ~ 2/360;
Dörr, Wilhelm Ernst ~ 2/579; Dürr, Ludwig ~/† 2/641;
Eckener, Hugo ~/† 3/10; Eggert, Eduard † 3/30; Findeisen,
(Theodor Robert) Walter ~ 3/300; Gehlen, Karl Maria
Hubert ~ 3/599; Gerold, Karl ~ 3/654; Götsch, (Johann
Gottfried) Georg † 4/67; Grzimek, Waldemar ~ 4/231;
Jaray, Paul ~ 5/306; Karl, König von Württemberg ~
5/449; Keppler, Wilhelm † 5/508; Kober, Theodor ~/†
5/635; Köstlin, Heinrich Adolf ~ 5/677; Lanz, Heinrich
* 6/250; L'Orange, Rudolf ~ 6/469; Maag, Max ~ 6/547;
Maybach, Karl ~/† 7/3; Mittnacht, Hermann (Friedrich
Karl) Frh. von † 7/159; Müller, Karl (Ferdinand Friedrich)
~ 7/273; Olga, Königin von Württemberg † 7/488;
Regener, Erich (Rudolf Alexander) ~ 8/184; Rohrbach,
Adolf (Karl) ~ 8/371; Scherpe, Richard ~ 8/613; Schleyer,
Hanns-Martin ~ 8/673; Schmid, Rudolf von ~ 8/706;
Schmuzer, Franz ~ 9/41; Schneider-Manzell, Toni */~ 9/61;
Schrader, Wilhelm ~ 9/126; Sedlmeier, Wilhelm * 9/254;
Thumb, Christian ~ 10/28

Friedrichshagen (seit 1920 zu Berlin)
Baur, Erwin ~ 1/349; Blecher, Friedrich ~ 1/565;
Buttenstedt, Carl † 2/259; Gladenbeck, Hermann ~/†
4/19; Grothe, Wilhelm † 4/202; Hart, Julius ~ 4/398;
Joho, Rudolf ~ 5/357; Mohr, Laura ~ 7/183; Rosenthal,
Wolfgang * 8/401; Schiemenz, Paulus ~ 8/628; Wille,
Bruno ~ 10/509; Willer, Alfred ~ 10/511

Friedrichshain
Hamel, Carl ~ 4/358

Friedrichshall → Bad Friedrichshall

Friedrichshof (bei Rostock)
Wossidlo, Richard * 10/589

Friedrichshof (Ostpreußen)
Braun, Herbert ~ 11/30

Friedrichshütte
Buderus, Johann Wilhelm */~/† 2/193; Dowerg, Hugo ~
2/604

Friedrichslohra (seit 1952 zu Großlohra)
Hoepfner, Carl * 5/99

Friedrichsmühlen (Gem. Teldau)
Moeller, Hein A. * 7/168

Friedrichsort (seit 1922 zu Kiel)
Ekkard, Friedrich * 3/81; Matz, Elsa * 6/665; Olde, Hans ~
7/484

Friedrichsroda
Duncker, Käthe ~ 2/651; Rost, Valentin Christian Friedrich
* 8/408

Friedrichsruh (seit 1929 zu Aumühle)
Bismarck, Herbert Fürst von † 1/545; Bismarck, Otto
(Eduard Leopold) von ~/† 1/545; Bismarck, Otto Fürst von
~/† 1/547; Booth, John Cornelius ~ 2/24

Friedrichstadt (Kr. Nordfriesland)
Alberti, Eduard Christian Scharlau * 1/70; Bähr, David
Andreas ~ 1/256; Biernatzki, Johann Christoph ~/† 1/524;
Biernatzki, Karl Leonhard ~ 1/524; Friedrich III., Herzog
von Schleswig-Holstein-Gottorf ~ 3/474; Hudemann,
Ludwig Friedrich * 5/202; Jebens, August Friedrich *
5/313; Mannhardt, Wilhelm (Johann Emanuel) * 6/595;
Ovens, Jürgen ~/† 11/154; Rachel, Samuel † 8/112

Friedrichstadt (Magdeburg)
Mueller, Otto (H.) * 7/278

Friedrichstadt (seit 1835 zu Dresden)
Choulant, Ludwig ~ 2/314; Friedrich, Caroline Friederike *
3/477; Theil, Johann Gottfried Benedict * 9/691

Friedrichstal (Kr. Dresden)
Blochmann, Heinrich August ~/† 1/575

Friedrichstal (Württ) (Gem. Baiersbronn)
Hahn, Karl von ~ 4/331; Stauß, Emil Georg von * 9/460

Friedrichstein (russ. Kamenka)
Dönhoff, August (Heinrich Hermann) Reichsgraf von †
2/574

Friedrichsthal (Böhmen)
Rank, Josef * 8/135

Friedrichsthal (Kr. Oberhavel)
Eltester, Christian ~ 3/99; Jaffé, Franz ~ 5/288; Weyhenmeyer, Georg Gottfried ~ 10/466

Friedrichsthal (Saar)
Einecke, Gustav ~ 3/63; Hilger, Ewald ~ 5/41; Tübben,
Ludwig ~ 10/113

Friedrichswald (Böhmen)
Kittel, Johann Joseph ~ 5/560; Streit, Josef * 9/582

Friedrichswalde
Riem, Andreas ~ 8/300

Friedrichswerth
Frölich, (Georg) Gustav (Adolf) ~ 3/504; Haack, Hermann
* 4/281; Müller-Wiener, Wolfgang * 7/291

Friemar
Heinrich von Friemar * 4/537; Helder, Bartholomäus ~
4/558; Linde, Ernst ~ 6/401; Pefferkorn, Georg Michael ~
7/588

Friesach (Kärnten)
Bernhard der Kraiburger, Bischof von Chiemsee ~ 1/466;
Eberhard II., Bischof von Brixen, Erzbischof von Salzburg
† 2/668; Kaiser, Marius * 5/408; Konrad II., Bischof von
Passau, Erzbischof von Salzburg ~ 6/30; Reiser, Fridolin ~
8/230; Thurn und Taxis, Johann Baptist Reichsgraf von ~
10/31

Friesack
Hirsch, Meier * 5/63; Scharf, Kurt ~ 8/567; Schönick,
Wilhelm * 9/96

Friesdorf (Kr. Mansfelder Land)
siehe auch *Rammelburg*
Bauer, Christian Friedrich ~ 1/324; Hobohm, Martin *
5/78; Lepsius, Johannes ~ 11/121

Friesdorf (seit 1969 zu Godesberg, seit 1969 zu Bonn)
Walb, Heinrich * 10/297

Friesen (Reichenbach, Vogtl.)
Metzsch-Reichenbach, Georg Graf von * 7/93

Friesenhagen → Crottorf

Friesenhausen (seit 1972 zu Dipperz)
Mehler, Valentin ~ 7/27

Friesenhausen (seit 1978 zu Aidhausen)
Casseder, Nikolaus ~ 2/293; Geier, Georg Franz * 3/602;
Geier, Peter Philipp * 3/602

Friesheim (seit 1969 zu Erftstadt)
Schneider, Joseph * 9/57

Mia ~ 7/308; Schliemann, (Johann Ludwig) Heinrich (Julius) ~ 8/677

Fürstenberg (Weser) (seit 1973 zu Boffzen)
Feilner, Hans Simon ~ 3/250; Karl I., Herzog von Braunschweig-Lüneburg(-Wolfenbüttel) ~ 5/443; Langen, Johann Georg von ~ 6/238; Lücke, (Johann Christian) Ludwig von ~ 6/514; Roloff, Ernst Max * 8/377; Schrader von Schliestedt, Heinrich Bernhard ~ 9/125; Weitsch, Johann Friedrich ~ 10/418

Fürstenfeld (Fürstenfeldbruck)
Fehrenberg, Hans ~ 3/246; Hausner, Albert ~ 4/453; Ludwig II. der Strenge, Pfalzgraf bei Rhein, Herzog von Bayern ~ 6/500; Mall, Sebastian ~ 6/579; Schöpf, Johann Nepomuk ~ 9/100; Viscardi, Giovanni Antonio ~ 10/214

Fürstenfeld (Steiermark)
Frankl, Adolf ~ 3/407; Fronius, Hans ~ 3/512; Heinrich, Gerhard * 11/82; Otakar IV. (I.), Markgraf, Herzog von Steiermark ~ 7/523; Rezzori, Gregor ~ 11/163; Straßmann-Damböck, Marie ~ 9/569; Taucher, Wilhelm ~ 9/663

Fürstenfeldbruck
siehe auch *Puch*
Asam, Cosmas Damian ~ 1/201; Asam, Egid Quirin ~ 1/201; Blaich, Hans Erich † 1/554; Feldigl, Ferdinand † 3/256; Groß, Karl * 4/192; Heinel, Eduard * 4/513; Heyer, Gustav † 5/21; Keller-Reutlingen, Paul Wilhelm ~ 5/498; Kutta, (Martin) Wilhelm † 6/183; Mall, Sebastian * 6/579; Mattiesen, Emil ~ 6/664; Miller, Ferdinand von * 7/141; Perl, Henriette ~/† 7/601; Schmidt, Gustav Friedrich † 9/9; Schmieder, Wolfgang † 9/28; Scholz, Robert † 9/110; Schwalber, Josef * 9/220; Sonner, Karl ~ 9/375; Stiglmaier, Johann Baptist * 9/531; Trenkle, (Hermann) Rudolf † 10/81; Tröltsch, Hermann ~ 10/93; Tüchle, Hermann ~ 10/113; Utz, (Hermann) Kurt * 10/172; Walterbach, Karl † 10/321

Fürstenried (seit 1912 zu München)
Gunetzrhainer, Johann (Baptist) ~ 4/260; Otto I., König von Bayern ~/† 7/531; Schönleutner, Max ~ 9/98

Fürstenwalde (seit 1994 zu Geising)
Bähr, (Johann) George * 1/256; Schmid, Johann Georg * 8/703

Fürstenwalde (Spree)
siehe auch *Ketschendorf*
Dudek, Walter ~ 2/633; Geschke, Ottomar (Georg Alexander) * 3/664; Gossmann, Gerhard ~/† 4/101; Hofmann, Moritz * 5/131; Katz, Albert ~ 5/464; Kohlhase, Hans * 6/4; Laas, Ernst * 6/187; Lyncker, Moritz Frh. von † 6/544; Morwitz, Ernst ~ 7/220; Musäus, Simon ~ 7/315; Osten, Emil von der * 7/514; Otto der Faule, Markgraf von Brandenburg ~ 7/531; Rückert, Hanns * 8/445; Scharff, Werner ~ 8/568; Stimming, Carl Joachim * 9/534; Stünzner, Karl von † 9/610

Fürstenzell
siehe auch *Bad Höhenstadt*
Fischer, Vinzenz * 3/328; Höckner, (Georg) Hilmar † 5/88; Rosenberg, Frederic † 8/392

Fürth (Kr. Bergstraße)
Kunkel, Wolfgang (Ernst Karl Friedrich) * 6/169; Schott, August ~ 9/120

Fürth (Kr. Fürth, Stadt)
Ammerbacher, Heinrich Daniel ~ 1/117; Aub, Ernst Friedrich */~ 1/211; Bäumler, Christian ~ 1/266; Bamberger, Seligmann Bär ~ 1/285; Baumblatt, Luitpold Jakob ~ 1/339; Bauschinger, Johann ~ 1/354; Bauschinger, Julius * 1/354; Beeg, Johann Kaspar * 1/388; Benda, Ludwig * 1/414; Berneis, Benno * 1/463; Bernhard, Herzog von Sachsen-Weimar ~ 1/466; Bernstein, Max (Ernst) * 1/476; Bischof, Karl August (Leberecht) ~ 1/542; Böckler, Hans ~ 1/611; Böner, Johann Alexander ~ 1/629; Bolz, Johann Gottfried ~ 2/13; Bornkessel, Hans ~ 2/35; Bürklein, (Georg Christian) Friedrich ~ 2/211; Burger, (Heinrich) Carl (August) von ~ 2/236; Campe, (August) Friedrich (Andreas) ~ 2/270; Cnollen, Adam Andreas ~/† 2/347; Craemer, Karl ~ 2/387; Denis, Paul (Camille) von ~ 2/487; Einhorn, David ~ 3/64; Entres, Joseph Otto * 3/130;

Erhard, Ludwig (Wilhelm) */~ 3/145; Feuerlein, Konrad ~ 3/280; Forster, Albert * 3/375; Fränkel, Bärmann Samuel Elie Isachar ~/† 3/382; Fränkel, Elkan ~ 3/383; Frank, Walter * 11/63; Glockner, Hermann * 4/33; Göllerich, August ~ 4/53; Grosch, Georg (Oskar August) ~ 4/189; Grundig, Max ~ 4/223; Hartmann, Paul * 4/412; Hauffe, Christian Gotthold ~ 4/440; Heidenheim, Wolf Benjamin ~ 4/489; Heilbronn, Alfred * 4/495; Helbing, Philipp */~ 4/555; Henle, Elkan */† 4/587; Henle, (Friedrich Gustav) Jakob * 4/587; Herrenberger, Hermann ~ 4/639; Herzog, Otto * 4/666; Hess, Isaak ~ 4/671; Hirt, Johann Christian * 5/69; Hochheimer, Moses ~ 5/81; Höchheimer, Simon ~/† 5/86; Hoffmann, Heinrich * 5/119; Ille-Beeg, Marie * 5/248; Kellermann, Bernhard * 5/499; Kohler, Kaufmann * 6/4; Koschmieder, Harald ~ 6/50; Kraußold, Lorenz ~ 6/86; Krautheimer, Richard * 6/86; Lang, Hans ~ 6/225; Layriz, Friedrich ~ 6/276; Lebrecht, Fürchtegott ~ 6/280; Lehmus, Emilie * 6/298; Lettenbauer, Wilhelm * 6/348; Löhe, (Johann Konrad) Wilhelm * 6/441; Loewe, Siegfried Walter * 6/451; Mahnke, Dietrich (Friedrich Hermann) † 6/568; Maison, Rudolf ~ 6/575; Mayer, Otto * 7/10; Meck, Johann Leonard ~ 7/19; Michel von Derenburg ~ 7/124; Miltner, Ferdinand von * 7/146; Mittermayr, Georg * 7/158; Morgenstern, David ~/† 7/211; Mutschele, Josef Bonaventura ~ 7/321; Ortenau, Ignatz */~ 7/507; Osterberg-Verakoff, Max * 7/516; Platner, Georg Zacharias ~ 7/689; Randegger, Mayer ~ 8/134; Reicke, Ilse † 8/205; Reindel, Albert ~ 8/214; Richter, Christoph Gottlieb ~ 8/276; Rosenbaum, Horst ~ 8/390; Rosenberg, Mary S. */~ 8/394; Rosenthal, Arthur * 8/399; Rudolf, Leopold ~ 8/440; Rutz, Ottmar * 8/479; Sauterleute, (Franz) Joseph ~ 8/531; Scharrer, Christoph Oskar ~ 8/571; Scharrer, Johannes ~ 8/571; Schickedanz, Grete */† 8/622; Schickedanz, Gustav */† 8/622; Schildknecht, Hermann * 11/169; Schuh, Georg Ritter von ~ 9/180; Seeling, Otto */~/~ 9/260; Segitz, Martin */~/~ 9/263; Seldte, Franz † 9/277; Siebert, Ludwig ~ 9/307; Simon, Joseph ~ 9/333; Solbrig, Karl August von ~ 9/363; Sowinetz, Kurt ~ 9/380; Stahl, (Friedrich) Wilhelm ~ 9/440; Stein, Leopold ~ 9/480; Strauß, Benno * 9/574; Sutro, Abraham ~ 9/637; Ullmann, Fritz ~ 10/136; Ullstein, Leopold * 10/140; Vogel, Hans ~ 10/225; Wagner, Rudolf ~ 10/289; Walter, Erich (Heinz) ~ 10/318; Wassermann, Jakob * 10/342; Weber, Franz Carl ~ 10/352; Weigmann, Hermann ~ 10/389; Wießmann, Hans * 10/491; Wolfsohn, Aron ~/† 10/582; Zirndorf, Heinrich * 10/679; Zucker, Friedrich * 10/694

Füssen
siehe auch *Bebele*
Aichler, David ~ 1/61; Albert, Adam ~ 1/68; Baudrexel, Philipp Jakob * 1/322; Boos, Roman Anton ~ 2/24; Braunsberger, Otto * 2/90; Ernest, Wilhelm * 3/157; Fischer, Johann Georg ~/† 3/320; Freyberger, Joseph * 3/437; Friedrich, Graf von Zollern, Bischof von Augsburg ~ 3/460; Geißenhof, Franz */~ 3/610; Gozbert, ~ 4/114; Heinrich von Augsburg ~/† 4/536; Herkomer, Johann Jakob ~/† 4/618; Karl VII., Kaiser, als Karl Albrecht Kurfürst von Bayern ~ 5/441; Kern, Guido Joseph † 5/511; Kleinhans, Franz Xaver ~ 5/580; Klotz, Matthias ~ 5/607; Lechler, Benedikt * 6/276; Lederer, Jörg */† 6/285; Leeb, Wilhelm Ritter von † 6/287; Lumper, Gottfried * 6/530; Maximilian III. Joseph, Kurfürst von Bayern ~ 6/678; Nast, Minnie (Helena) † 7/342; Nida-Rümelin, Wilhelm ~ 7/401; Oberrauch, Herkulan ~ 7/456; Reichert, Heinrich * 8/202; Stuckenberg, Fritz ~/† 9/604; Sturm, Anton ~/† 9/616; Werkmeister, Benedikt Maria ~ 10/442; Zimmermann, Dominikus ~ 10/666; Zimmern, (Johann) Oswald von ~ 10/672

Fugau (tschech. Fugava, Fukov)
Weirich, August ~ 10/400

Fugava → Fugau

Fuggerau (Kärnten)
Fugger, Jakob Reichsgraf ~ 3/535

Fuhlsbüttel (Hamburg)
Bredel, Willi ~ 2/94; Gröwel, Margaretha ~ 4/181;
Guetermann, Erika ~ 4/247; Kunert, Sophie ~ 6/168;
Passarge, Otto ~ 7/567; Saefkow, Anton ~ 8/492; Singer,
Rudolf ~ 9/339; Witte, Otto ~ 10/545
Fuhrbach (seit 1973 zu Duderstadt)
Ehrhardt, Franz * 3/41
Fuirendal (Dänemark)
Villaume, Peter † 10/210
Fukov → Fugau
Fulda
siehe auch *Bernhards, Bronnzell, Maberzell, Neuenberg*
Ackermann, Karl * 1/21; Adalbero, Bischof von Würzburg
~ 1/24; Adam von Fulda * 1/27; Adelmann, Georg Franz
Blasius von * 1/33; Altfrid, Bischof von Hildesheim ~
1/99; Arnold, Eberhard ~ 1/185; Arnold, Thea * 1/189;
Arnoldi, Friedrich Albert von ~ 1/190; Arnoldi, Johannes
~ 1/191; Arnoldi, Johannes von ~ 1/191; Bähr, Otto */~
1/257; Bardo, Erzbischof von Mainz ~ 1/294; Baudrexel,
Philipp Jakob ~ 1/322; Bayer, Jakob ~ 1/357; Beck, Ludwig (August Theodor) ~ 1/372; Bengsch, Alfred ~ 1/422;
Bernhard Gustav, Markgraf von Baden-Durlach ~ 1/464;
Berowelf, Bischof von Würzburg ~ 1/479; Bickell, Gustav
~ 1/513; Böckhn, Placidus von ~ 1/609; Böhlen, Johannes
Hippolytus ~/† 1/615; Bolte, Adolf ~ 2/11; Bonifatius ~
2/19; Braun, Karl Ferdinand ~ 2/83; Brosamer, Hans */~
2/146; Brouwer, Christoph ~ 2/147; Büchel, Konrad *
2/194; Burkhäuser, Nikolaus * 2/243; Coudray, Clemens
Wenzel ~ 2/385; Crotus Rubeanus ~ 2/404; Dalberg, Carl
Theodor von ~ 2/432; Dernbach, Balthasar von ~/† 2/492;
Dernbach, Peter Philipp Graf von ~ 2/492; Dientzenhofer,
Johann ~ 2/519; Dietz, Johannes ~/† 2/540; Dingelstedt,
Franz Frh. von ~ 2/551; Dirichs, Ferdinand ~ 2/555; Doell,
Friedrich Wilhelm Eugen ~ 2/572; Dreyse, Friedrich
Wilhelm ~ 2/620; Dronke, Ernst Friedrich Johann ~/†
2/623; Ebel, Basilius ~ 2/664; Eigil, Abt von Fulda ~/†
3/59; Einhard ~ 3/63; Elgard, Nikolaus ~ 3/84; Endemann,
Friedrich * 3/108; Enoch, Samuel ~/† 3/128; Erb, Anselm
~ 3/137; Erbermann, Vitus ~ 3/138; Erchanbald, Erzbischof
von Mainz ~ 3/139; Fechenbach zu Laudenbach, Johann
Philipp (Karl Anton) Reichsfreiherr von ~ 3/237; Feige von
Lichtenau, Johann ~ 3/248; Flettner, Anton ~ 3/349; Freys,
Ernst ~ 3/439; Gehlhoff, Wilhelm * 3/600; Gottschalk
der Sachse ~ 4/110; Gozwin ~ 4/114; Grebner, Thomas
~ 4/146; Greiffenclau zu Vollraths, Karl Philipp von ~
4/151; Grohne, Ernst † 4/182; Gutberlet, Konstantin
~/† 4/266; Hahn, Johann Joachim */~ 4/330; Haimo,
Bischof von Halberstadt ~ 4/337; Hammerstein, Ludwig
Frh. von ~ 4/363; Hansel, Hans ~ 4/374; Hartig, Ernst
Friedrich ~ 4/400; Hartmut, Abt von St. Gallen ~ 4/414;
Hartz, Franz ~ 4/417; Hatto II., Erzbischof von Mainz ~
4/433; Heinrich VIII. von Bibra, Fürstabt und Bischof
von Fulda ~/† 4/527; Helbig, Johann Lorenz ~ 4/554;
Henkel, Georg Andreas */~/† 4/585; Henkel, Heinrich */~
4/585; Henkel, (Johann) Michael */~/† 4/586; Herquet,
Lothar ~ 4/637; Herrlein, Johann Andreas ~/† 4/640;
Herrlein, Johann Peter ~ 4/640; Heß, Bernhard Franz von
~ 4/669; Hesselbach, Franz Kaspar ~ 5/1; Heye, Wilhelm
* 5/21; Hildebert, Abt von Fulda, Erzbischof von Mainz
~ 5/35; Höckner, (Georg) Hilmar ~ 5/88; Hoffmann,
Karl ~ 5/121; Hrabanus Maurus ~ 5/191; Hundeshagen,
Johann Christian ~ 5/227; Jacobs, Johann ~ 5/276; Janssen,
Heinrich Maria ~ 5/302; Kempf, Wilhelm ~ 5/504; Kircher,
Athanasius ~ 5/548; Koch, (Johann) Carl ~ 5/638; Koebel,
Eberhard (Rudolf Otto) ~ 5/646; König, Heinrich (Joseph)
*/~ 5/659; Konrad III. Wild- und Rheingraf von Daun,
Erzbischof von Mainz ~ 6/28; Kopp, Georg von ~ 6/38;
Krafft, Adam */~ 6/63; Lauer, Aloysius ~ 6/267; Livneh,
Emmi * 6/430; Löwenfinck, Adam Friedrich von ~ 6/453;
Löwenfinck, (Maria) Seraphia (Susanna Magdalena) von
* 6/453; Ludwig I. der Friedsame, Landgraf von Hessen
~ 6/502; Marianus Scottus ~ 6/622; Markward, Abt von
Fulda ~ 6/625; Meginhart † 7/26; Meginheri, Abt von
Hersfeld ~ 7/26; Mehler, Juda */~ 7/27; Mehler, Valentin

~ 7/27; Meir ben Baruch ha Levi * 7/38; Meißner, August
Gottlieb ~/† 7/41; Menius, Justus * 7/63; Motz, Friedrich
(Christian Adolf) von ~ 7/233; Müller, Heinrich Fidelis
*/~/† 7/264; Müller-Fulda, Richard */† 7/286; Münter,
Friedrich (Christian Karl Heinrich) ~ 7/298; Murhard,
(Johann) Karl (Adam) ~ 7/312; Neudecker, Johann d. Ä.
~ 7/375; Oberhauser, Benedikt ~ 7/453; Oer, Anna Maria
Freiin von ~ 7/468; Otfrid von Weißenburg ~ 7/523; Otloh
von St. Emmeram ~ 7/523; Pascher, Joseph ~ 7/567;
Pfaff, Johann Leonhard ~/† 7/634; Pohle, Joseph ~ 8/20;
Pünder, Hermann † 8/87; Raabe, Cuno Heinrich */~
8/106; Reuß-Löwenstein, Harry * 8/259; Richter, Gregor
~/† 8/278; Rieger, Johann Adam ~/† 8/296; Ritter, Emil
~/† 8/327; Ruben, Leonhard ~ 8/431; Rudolf von Fulda
~ 8/440; Ruf, Sep ~ 8/457; Ruppel, Aloys (Leonhard)
~ 8/471; Sabel, Anton ~/† 8/485; Savigny, Karl von
~ 8/533; Schannat, Johann Friedrich ~ 8/563; Schell,
Wilhelm (Joseph Friedrich Nikolaus) * 8/593; Schmitt,
Joseph Damian ~/† 9/32; Schneider, Johann Joseph */~/†
9/56; Schön, Michael ~ 9/81; Schöppner, Alexander *
9/103; Schreiber, Christian ~ 9/134; Schuler, Augustinus
~ 9/184; Siegfried I., Erzbischof von Mainz ~ 9/312;
Siegfried III. von Eppstein, Erzbischof von Mainz ~ 9/312;
Siegmund, Georg ~ 9/314; Simoleit, Herbert ~ 9/330;
Spee von Langenfeld, Friedrich ~ 9/389; Speyer, Emil
John ~ 9/399; Spiegel zum Desenberg, Ferdinand August
Frh. von (seit 1816 Graf) ~ 9/401; Stähle, Hugo * 9/434;
Stahel, Johann Jakob ~ 9/436; Steidl, Melchior (Michael) ~
9/471; Steinbeis, Ferdinand von ~ 9/485; Stengel, Friedrich
Joachim (Michael) ~ 9/505; Stieler, Georg ~/† 9/528;
Storch, Anton Valentin */† 9/558; Talleur, Wunibald ~/†
9/652; Thadden-Trieglaff, Reinold von † 9/685; Theele,
Joseph ~/† 9/691; Trabert, Adam * 10/67; Vernaleken,
Theodor ~ 10/196; Volkmar, Gustav (Hermann Josef
Philipp) ~ 10/247; Vorherr, (Johann Michael Christian)
Gustav ~ 10/254; Vorwerk, Wilhelm ~ 10/257; Wagner,
Josef ~ 10/283; Walahfrid Strabo ~ 10/296; Walderdorff,
Adalbert Reichsfreiherr von ~ 10/302; Walz, Hanna ~/†
10/326; Weber, Christoph (Leopold) ~/† 10/351; Wedekind,
Franz Ignaz ~ 10/368; Wedekind, (Johannes) Georg Joseph
(Nepomuk) * 10/369; Wehrle, Hermann (Josef) ~ 10/378;
Weikard, Melchior Adam ~ 10/390; Weismantel, Leo ~
10/405; Welsch, Maximilian von ~ 10/426; Widenhofer,
Franz Xaver * 10/473; Wiegand, Carl Friedrich * 10/481;
Wilhelm V., Landgraf von Hessen-Kassel ~ 10/503;
Williram von Ebersberg ~ 10/512; Witzel, Georg ~ 10/553;
Zwenger, Konstantin * 10/707
Fuldatal → Simmershausen
Fuldera (Kt. Graubünden)
Wolfensberger, William ~ 10/569
Fulnek (Tschechische Republik)
Comenius, Johann Amos ~ 2/360; Dittel, Leopold
Ritter von * 2/560; Hay, Johann Leopold Ritter von *
4/458; Herbert, Petrus */~ 4/606; Hiernle, Franz ~ 5/32;
Hückel, Johann */~ 5/207; Konwitschny, Franz ~ 6/36;
Loserth, Johann * 6/587; Schindler, Vinzenz Karl * 8/645;
Schwarzer, Ernst Edler von Heldenstamm ~ 9/231; Stratil-
Sauer, Gustav * 9/570; Tham, Michael ~/† 9/689; Weisse,
Michael ~ 10/412
Fulpmes (Tirol)
Denifle, Johann Peter ~ 2/487; Holzmeister, Clemens *
5/161; Holzmeister, Urban * 5/162; Penz, Franz de Paula ~
7/596
Fultenbach (Gem. Holzheim, Kr. Dillingen a. d. Donau)
Angerhorn, Benedikt Maria ~ 1/135; Bachmann, Joseph
Siegmund Eugen ~ 1/246; Herkomer, Johann Jakob ~
4/618; Vogt, Christoph ~ 10/233
Funchal (Madeira)
Cossart, Leland * 2/381; Langerhans, Paul ~/† 6/243;
Schmitz, Ernst ~ 9/35
Funes → Villnöß
Funkenstein (tschech. Háje, heute zu Kolová)
Müller, Ernst * 7/254

Furth i. Wald
Daetzl, Georg Anton * 2/426; Fischer, Aloys * 3/311; Geiger, Hugo * 3/604; Lippert, Johann Kaspar Edler von * 6/418; Müller, Adalbert von * 7/246; Schmidbauer, Richard * 8/708; Zierl, Lorenz * 10/659

Furtwangen im Schwarzwald
Beringer, Oskar * 1/455; Berman, Cipri Adolf ~ 1/458; Eberhardt, Hugo * 2/672; Gerwig, Robert ~ 3/663; Kirner, Johann Baptist * 5/554; Schaezle, Franz Georg * 8/554; Thoma, Hans ~ 10/14

Fußach (Vorarlberg)
Egg, Rudolf * 3/26

Fußberg
Vogelsang, Karl (Friedrich) Frh. von ~ 10/229

Fußesbrunn (Niederösterreich)
Konrad von Fußesbrunnen ~ 6/33

G

Gaaden (Niederösterreich)
Foullon von Norbeek, Heinrich Frh. * 3/380; Hennet, (Maria) Leopold (Albrecht) Frh. von * 4/590; Rankl, Karl (Franz) * 8/138; Schlögl, Nivard * 8/681

Gaarz (Gem. Göhl)
Eggers, Christian Ulrich Detlev Frh. von † 3/29

Gabersee (Gem. Attel, seit 1978 zu Wasserburg a. Inn)
Bandorf, Melchior (Josef) ~ 1/287; Gudden, (Johann) Bernhard (Aloys) von ~ 4/232; Troll, Carl * 10/94

Gabhorn (tschech. Javorná)
Herget, Anton * 4/614

Gablingen → Holzhausen

Gablitz (Niederösterreich)
Ebner, Ferdinand ~/† 3/1; Meichl, Georg * 7/29; Pablasek, Matthias † 7/544

Gablonz an der Neiße (tschech. Jablonec nad Nisou)
Alster, Raoul ~ 1/94; Distelbarth, Paul ~ 2/558; Fischer, Max Heinrich ~ 3/325; Francis, Emerich K. * 3/387; Hartig, Arnold ~ 4/399; Henlein, Konrad ~ 4/587; Joseph, Heinrich ~ 5/367; Konetzni, Hilde ~ 6/24; Leutelt, Gustav ~ 6/355; Schindelar, Adalbert ~ 8/642; Schmid, Anton ~ 8/698; Streit, Robert ~ 9/582; Trautzl, Julius ~ 10/75

Gabrielina Hut' → Gabrielshütten

Gabrielshütten (tschech. Gabrielina Hut')
Balling, Karl Joseph Napoleon * 1/278

Gabrovizza (Italien)
Moser, Ludwig Karl ~ 7/227

Gadebusch
Bornemann, Heinrich Ernst ~ 2/34; Christoph, Herzog von Mecklenburg, Administrator von Ratzeburg, Koadjutor von Riga ~ 2/324; Coster, Johann * 2/382; Giese, Adolf ~ 4/1; Haubitz, Christoph ~ 4/435; Kampen, Heinrich von ~ 5/421; Litzmann, Carl (Konrad Theodor) * 6/429; Schlüsselburg, Konrad ~ 8/687

Gägelow → Gressow

Gänheim (seit 1978 zu Arnstein)
Wecklein, Nikolaus * 10/366

Gänserndorf (Niederösterreich)
Exner, Wilhelm (Johann Franz) * 3/201; Noll, Rudolf * 7/434

Gärten (tschech. Zahrady, seit 1961 zu Vlčí Hora/Wolfsberg)
Michel, Philipp Adalbert † 7/125

Gärtringen
Hofacker, Wilhelm * 5/108; Jäger von Gärtringen, Melchior ~ 5/285; Sieburg, Friedrich † 9/308

Gaeta (Italien)
Leopold II., Erzherzog von Österreich, Großherzog von Toskana ~ 6/334; Lierheimer, Bernhard ~ 6/392; Marie Sophie, Königin von Neapel-Sizilien ~ 6/623; Spaur und Flavon, Karl Graf zu ~ 9/387

Gävernitz (seit 1994 zu Priestewitz)
Schulze, Friedrich Gottlob * 9/199

Gaffert (poln. Jawory)
Raschke, Marie * 8/145

Gaffken (russ. Paruskoe)
Wien, Wilhelm (Karl Werner Otto Fritz Franz) * 10/485

Gaggenau
siehe auch *Rotenfels*
Flürscheim, Michael ~ 3/357; Kissel, Wilhelm ~ 5/559

Gaggstadt (seit 1975 zu Kirchberg an der Jagst)
Schlözer, August Ludwig von * 8/683

Gahmen (Lünen)
Berthold, Gottfried * 1/487

Gaibach (Volkach)
Schönborn, Rudolf Franz Erwein von † 9/88

Gaienhofen
siehe auch *Hemmenhofen*
Erfurth, Hugo † 3/143; Finckh, Ludwig ~/† 3/299; Hesse, Hermann ~ 4/675

Gaildorf
siehe auch *Großaltdorf*
Baisch, Karl * 1/272; Breitling, Wilhelm (August) von * 2/107; Calisius, Johann Heinrich ~/† 2/266; Florath, Albert † 3/354; Georg, Graf zu Waldeck und Pyrmont † 3/630; Hellwag, Christoph (Friedrich) ~ 4/569; Kalanag † 5/409; Kerner, Justinus (Andreas Christian) von ~ 5/513; Kerner, Theobald * 5/513; Pregizer, Christian Gottlob ~ 8/57; Ritter, Rudolf † 8/332; Wagner, (Wilhelm Hermann) Christof ~ 10/278

Gailenkirchen (seit 1972 zu Schwäbisch Hall)
Gailkirchner, Johann * 3/559

Gailhof (seit 1974 zu Wedemark)
Gura, Hermann † 4/262

Gaimberg (Tirol)
Oberegger, Matthäus */† 7/452

Gaimersheim
Berger, Matthias ~ 1/446

Gainfarn (Niederösterreich)
Goldschmiedt, Guido † 4/86; Oser, Leopold † 7/511; Selb, Walter † 11/174; Wohlbrück, Olga * 10/560

Gairing (slowak. Gajary, ungar. Gajar)
Krammer, Franz * 6/70

Gais (Kt. Appenzell Außerrhoden)
Anhorn, Bartholomäus ~/† 1/140; Haug, Gustav ~ 4/440; Keller, Albert Ritter von * 5/490; Krüsi, Hermann */~/† 6/125

Gaispoint (Wessobrunn)
Zimmermann, Dominikus * 10/666; Zimmermann, Johann Baptist * 10/669

Gaißbach (Kr. Bad Tölz-Wolfratshausen)
Knecht, Richard ~ 5/617

Gajar → Gairing

Gajary → Gairing

Gakova (Kroatien)
Urteil, Andreas * 10/169

Galánta (Slowakei)
Esterházy von Galántha, Nikolaus * 3/182

Galaţi → Galatz

Galatz (rumän. Galaţi)
Becke, Franz Karl Frh. von ~ 1/374; Kanner, Heinrich * 5/425; Kremer, Alfred Frh. von ~ 6/95; Ofenheim von Ponteuxin, Viktor ~ 7/476; Wanner, Harald * 10/331; Weirauch, Anna Elisabet * 10/400

Galenberg
Martini, Paul † 6/640

Galgócz (slowak. Hlohovec)
Berté, Heinrich * 1/481

Gallipoli (Italien)
Jollasse, Jean David ~ 5/358

Gallmersgarten → Steinach

Gallneukirchen (Oberösterreich)
Boos, Martin ~ 2/23; Mecenseffy, Grete † 7/18; Schartner, Gilbert * 8/572; Zöckler, Theodor ~ 10/683

Gallspach (Oberösterreich)
Spörr, Martin † 9/414; Starzengruber, Josef * 9/454

Gallusberg (Gem. Mörschwil, Kt. Sankt Gallen)
Wieland, Hans Beat * 10/484

Galmsbüll → Kleiseerkoog

Galossowitz (Schlesien)
Hermann, Josef * 4/629

Gamburg (seit 1975 zu Werbach)
Buscher, Clemens * 2/252; Gerhardt, Carl (Jakob Christian Adolf) † 3/642; Ruland, Thomas August * 8/461

Gaming (Niederösterreich)
Kempf, Nikolaus ~/† 5/504; Konrad von Haimburg ~/† 6/33; Pötsch, Ignaz Sigismund ~ 8/16; Töpper, Andreas ~ 10/58

Gammelin → Bakendorf

Gammelsdorf
Drexl, Franz * 2/618; Heinrich XV., Herzog von Bayern, ~ 4/523

Gammertingen
Ebbecke, Ulrich * 2/663; Reiser, Fridolin * 8/230; Walden, Paul † 10/302

Gams (Kt. Sankt Gallen)
Saxer, Arnold * 8/534

Gamstädt
Loeffler, Josias Friedrich Christian † 6/440

Ganderkesee → Bergedorf, Elmeloh, Hohenböken, Hohenborn

Gandersheim → Bad Gandersheim

Ganei Yehuda (Israel)
Aloni, Jenny † 11/3

Gangelt
Heinrich II., Graf (bzw. Herzog) von Limburg ~ 4/529; Kreiten, Wilhelm * 6/93

Gangerschild (Wagersrott)
Matthiesen, Klaus * 11/127

Gangkofen
Münster, Joseph Joachim (Benedikt) * 7/297

Gangloffsömmern
siehe auch *Schilfa*
Brühl, Heinrich Graf von * 2/156; Thienemann, Johannes * 10/5

Gantkau
Freyer, Hieronymus * 3/438

Ganz (Steiermark)
Strobelberger, Johann Stephan * 9/590

Gapsal' → Hapsal

Garatshausen (Gem. Feldafing)
Wohlbrück, Adolf † 10/560

Garbenheim (seit 1979 zu Wetzlar)
Knortz, Karl * 5/631

Garbicz → Görbitsch

Garbno → Lamgarben

Garbsen → Schloß Ricklingen

Garches (Dép. Hauts-de-Seine, Frankreich)
Eisner, Lotte † 3/77; Zwillinger, Frank Gerhard ~/† 10/708

Garching b. München
Fehling, Hermann ~ 3/244; Harich-Schneider, Margarethe † 4/386; Weber, Gerhard ~ 10/353

Garda (Italien)
Grumbach, Marquard III. von ~ 4/221; Heilmeyer, Ludwig Siegfried † 4/499

Gardelegen
Bornemann, (Johann) Wilhelm (Jakob) * 2/34; Busse, Friedrich Gottlieb von * 2/255; Crusius, Balthasar ~ 2/406; Gedicke, Lambert * 3/596; Lange, Joachim * 6/33; Lindau, Rudolf * 6/400; Parisius, Ludolf */~ 7/564; Reutter, Otto * 8/262; Tiedge, Christoph August * 10/37; Wohlrabe, Jürgen ~ 10/562; Zimmer, Friedrich * 10/664

Garding
Mommsen, Theodor * 7/196

Gardschau (poln. Godziszewo)
Sawicki, Franz * 8/534

Gardzko → Hohenkarzig

Gare (Tansania)
Hassel, Kai-Uwe von * 11/80

Gargellen (Vorarlberg)
Landerer, Albert † 6/216

Garham (Hofkirchen, Kr. Passau, Land)
Plettl, Martin * 8/1

Garitz (seit 1972 zu Bad Kissingen)
Hoffmann, Baptist */† 5/113

Garlstorf (Lüneburg)
Eichhorn, Albert * 3/51

Garmisch (seit 1935 zu Garmisch-Partenkirchen)
Ende, Michael (Andreas Helmuth) * 3/108; Ludendorff, Mathilde ~ 6/494; Mikorey, Franz ~ 7/137; Schmaedel, Joseph Ritter von † 8/690; Wassermann, Oscar * 10/344

Garmisch-Partenkirchen
siehe auch *Garmisch, Partenkirchen*
Adam, Wilhelm * 1/29; Ahlersmeyer, Mathieu (Karl Maria) † 1/58; Albrecht, Lisa Maria Fanny ~ 1/83; Bentlage, Margarete zur ~/† 1/429; Bockelmann, Paul † 1/596; Bornkessel, Hans † 2/35; Cavael, Rolf ~ 2/298; Fester, Richard † 3/275; Fichtmüller, Hedwig † 3/286; Frey, Gottfried (Julius Ottokar) † 3/434; Fuchs, Theobald Ritter von † 3/522; Funk, Carl Friedrich † 3/541; Geiger, Michaela ~ 11/67; Geißler, Paul ~/† 3/612; Goetze, Albrecht ~ 4/71; Grafe, Erich ~ 4/129; Grautoff, Erna † 4/144; Haedenkamp, Karl (Christian Friedrich Hermann) † 4/303; Halt, Karl Ritter von ~ 4/354; Hecker, Rudolf † 4/472; Herzfeld, Friedrich (Karl) † 4/661; Hitzberger, Otto † 5/76; Jaschke, Rudolf Theodor Edler von ~ 5/308; Kampers, Fritz * 5/421; Karlstadt, Liesl * 5/450; Knote, Heinrich * 5/631; Küchler, Georg (Karl Friedrich Wilhelm) von † 6/140; Lehmann, Emil † 6/292; List, Paul W(alter) ~/† 6/425; List, Wilhelm † 6/425; Lorenz, Detlef ~ 11/124; Lorenz, Georg † 6/471; Luther, Carl Joseph ~ 6/535; Mikorey, Franz ~ 7/137; Mirre, Ludwig ~ 7/151; Mulley, Oskar ~/† 7/305; Neuerburg, Heinrich ~ 7/376; Rau, Hans † 8/155; Reisiger, Hans † 8/231; Rixner, Josef * 8/337; Rüdorff, Walter † 11/166; Rutz, Ottmar † 8/479; Sapper, Karl (Theodor) ~ 8/518; Sauter, Fritz † 8/531; Schäfer, Karl ~ 8/548; Schlier, Paula ~ 8/678; Schmuz-Baudiss, Theo ~ 9/41; Schnackenberg, Walter ~ 9/44; Schuster-Woldan, Raffael † 9/216; Seyffardt, Ernst Hermann † 9/299; Spemann, Adolf † 9/392; Stolze, Gerhard (Wolfgang) † 9/556; Strauss, Richard (Georg) † 9/578; Streibl, Max ~ 11/180; Strieder, Jakob † 9/587; Syberberg, Rüdiger (Johannes) † 9/643; Tröltsch, Hermann † 10/93; Unzer, August Wilhelm ~ 10/162; Ursuleac, Viorica † 10/169; Wackerle, Joseph ~ 10/269; Wagner, Georg August † 10/281; Wolf, Ernst (Friedrich) † 10/564

Garmissen (seit 1974 zu Schellerten)
Ebeling, Christoph Daniel * 2/665; Ebeling, Johann Justus ~ 2/665

Garnbach (seit 1950 zu Wiehe, Kyffhäuserkreis)
Feinler, Gottfried † 3/252

Garnpoint (Gem. Greimharting, seit 1970 zu Rimsting)
Mattern, Hermann † 6/658

Garnsdorf (Auerswalde)
Haubold, (Carl) Gottfried * 4/436; Kuba * 6/135

Garrweiler (seit 1974 zu Altensteig)
Brecht, Theodor * 2/94

Gars a. Inn
Bruchmann, Franz Seraph Joseph Vinzenz Ritter von † 2/148; Häring, Bernhard ~/† 11/76; Schmöger, Carl Erhard † 9/37; Schurr, Viktor ~/† 9/212

Garstedt (seit 1970 zu Norderstedt)
Gerkan, Armin von † 3/646; Tischner, Rudolf † 10/50

Garsten (Oberösterreich)
Berthold, Abt von Garsten ~/† 1/486; Carlone, Carlo Antonio ~ 2/281; Carlone, Giovanni Battista ~ 2/281; Pflügl, Albert Edler von ~ 7/650; Reslhuber, Augustin (Wolfgang) * 8/249; Santner, Karl ~ 8/517

Gartow (Kr. Lüchow-Dannenberg)
Bernstorff, Andreas Gottlieb Frh. von † 1/477; Bernstorff, Georg Ernst Graf von * 1/477; Ellissen, (Georg Anton) Adolf * 3/92; Keyßler, Johann Georg ~ 5/526; Lauche, Wilhelm * 6/265

Gartz (poln. Gardziec)
Hellwig, Johann (Christian Ludwig) * 4/570

Gartz (Oder)
Dohna, Christian Albrecht Burggraf zu † 2/582; Fredersdorf, Michael Gabriel * 3/420; Paul, Jonathan (Alexander Benjamin) * 7/574; Schlimbach, Georg Christian Friedrich ~ 8/679; Zscharnack, Leopold (Fritz Carl) ~ 10/690

Garz (Rügen)
Katsch, Gerhardt ~ 5/463; Laag, Heinrich ~ 6/187; Paeplow, Fritz * 11/155

Garzweiler (seit 1975 zu Jüchen)
Frischen, Joseph * 3/491

Gaschwitz (Markkleeberg)
Bischoff, Diedrich † 1/542; Harrassowitz, Otto (Wilhelm) † 4/395; Heuß, Alfred (Valentin) † 5/12

Gasseldorf (seit 1971 zu Ebermannstadt)
Lahner, Johann Georg * 6/199

Gastdorf (tschech. Hostokryje)
Abert, (Johann) Joseph ~ 1/10; Bauschek, Kaspar Johann * 1/354

Gaste (seit 1972 zu Hasbergen)
Hackmann, Heinrich (Friedrich) * 4/299

Gasteig (seit 1978 zu Miesbach)
Daller, Balthasar von * 2/434

Gastewitz (seit 1950 zu Hohenwussen, seit 1993 zu Naundorf, Kr. Torgau-Oschatz)
Steiger, Ernst * 9/473

Gat (Kroatien)
Hamm, Josef * 11/78

Gáta → Gattendorf

Gatčina → Gatschina

Gatersleben
Rothmaler, Werner ~ 8/420; Stubbe, Hans ~ 9/602

Gatschina (russ. Gatčina)
Albrecht, Karl ~/† 1/82

Gattendorf (ungar. Gáta)
Offermann, Karl von † 7/478

Gatterstädt (seit 1995 zu Querfurt)
Döring, Johann Friedrich Samuel * 2/577; Krug von Nidda, Friedrich (Albert Franz) */† 6/126

Gatzen (seit 1945 zu Auligk, seit 1996 zu Groitzsch)
Diezmann, Johann August * 2/545

Gau-Algesheim
Avenarius, Richard Ernst Abund † 1/227; Bieling, Richard * 1/520; Erbach, Christian * 3/137; Vogt, Heinrich * 10/234

Gaudenzdorf (seit 1890/92 zu Wien)
Stolba, Leopold * 9/548; Stüber-Gunther, Fritz * 9/607

Gaunersdorf (heute Gaweinstal, Niederösterreich)
Gunz, Gustav (Georg) * 4/262; Schreiner, Jakob (Gottlieb) * 9/138

Gaustadt (seit 1972 zu Bamberg)
Groß, Rudolf (Josef) * 4/193

Gauting
siehe auch *Buchendorf, Stockdorf*
Bechtolsheim, Clemens Frh. von ~ 1/368; Beckmann, Minna Frieda Helene † 11/15; Grimm, Hans (August Georg) † 4/168; Grote, Ludwig † 4/201; Hahnloser-Bühler, Hedy ~ 4/334; Hallberg-Broich, (Karl) Theodor (Maria Hubert) Frh. von ~ 4/344; Hey, Paul * 5/15; Heydweiller, Adolf † 5/21; Hofmüller, Sebastian † 5/135; Junkers, Hugo † 5/386; Meißinger, Karl August ~/† 7/40; Pustet, Friedrich (IV) * 8/93; Rüdinger, Gottfried † 8/448; Scherer, Rosa ~ 8/610; Schmaus, Michael * 8/693; Schmid, Ignaz * 8/703; Stadelmann, Li * 9/428; Taube, Otto Frh. von ~/† 9/661; Wagenführ, Kurt (Hans Fritz) † 10/275; Wagner, Rudolf † 10/289; Weddigen, Walter † 10/367; Weyrauch, Wolfgang ~ 10/468

Gautzsch (seit 1934 zu Markkleeberg)
Birch-Hirschfeld, (Gustav) Adolf † 1/536; Fritsch, Theodor (Emil) † 3/494; Heuss, Alfred * 5/12; Müller-Reuter, Theodor † 7/290

Gavignano (Italien)
Rameau, (Paul) Hans † 8/131

Gaweinstal → Gaunersdorf

Gawronki → Kleingaffron

Gazenpot → Hasenpoth

Gdynia-Rełowo → Redlau

Gebenstorf (Kt. Aargau)
Bellmann, Hans ~ 1/410; Fröhlich, Abraham Emanuel † 3/501; Rengger, Albrecht * 8/242

Gebesee
Andreesen, Alfred Theodor ~ 1/133; Dedekind, Henning ~/† 2/461; Weissensee, Friedrich ~ 10/414

Gebetsedt (Oberösterreich)
Mühringer, Elise * 7/244

Gebhardsdorf (poln. Giebułtów)
Üchtritz, Edgar von † 10/124

Gebhardshain
Gebauer, Friedrich * 3/591

Gębice → Amtitz

Gebrazhofen (seit 1972 zu Leutkirch im Allgäu)
Brentano, Dominicus von ~/† 2/117; Dobler, Joseph Alois * 2/564; Mayer, Joseph Gabriel * 7/9

Gebweiler (frz. Guebwiller, Dép. Haut-Rhin)
Bourcart, Charles * 2/49; Braun, Johann Karl */~ 2/82; Burchard, Johann */~ 2/229; Diebold Baselwind * 2/513; Kreutzer, Johannes */~ 6/102; Manegold von Lautenbach ~ 6/586; Riggenbach, Nikolaus * 8/310; Stadler, Herbert ~ 9/430; Stapenhorst, Günther * 9/448; Stockhausen-Schmuck, Margarete * 9/539; Sulzer-Sulzer, Salomon ~ 9/633

Geddutz (Kurland)
Grotthuß, (Christian Johann Dietrich) Theodor ~/† 4/204

Gedern
siehe auch *Wenings*
Danz, August Friedrich Wilhelm * 2/444; Danz, Ferdinand Georg * 2/444; Danz, Johann Ernst Friedrich * 2/444; Eleonore, Fürstin Reuß zu Köstritz * 3/83; Fransecky, Eduard (Friedrich Karl) von * 3/409; Reuning, Theodor ~ 8/255; Stolberg-Wernigerode, Otto Graf zu */~ 9/550

Geeste
Dürken, Bernhard (Heinrich) * 2/640

Geestemünde (seit 1924 zu Wesermünde, seit 1947 Bremerhaven)
Ahrens, Adolf * 1/59; Alpers, Ludwig ~ 1/93; Bacmeister, Adolf * 1/250; Bruns, Fritz ~ 2/173; Busse, (Johann) Friedrich (Christoph) ~ 2/255; Claussen, Georg Wilhelm ~ 2/337; Delius, (Hans) Walter ~ 2/478; Fock, Gorch ~ 3/358; Rubardt, Paul (Friedrich Hermann) ~ 8/430; Wieting, Julius (Meno) * 10/492

Geestgottberg
Granzow, Walter ~ 4/136

Geesthacht
Bagge, Erich (Rudolf) ~ 11/9; Ritter, Joachim * 8/329

Gefle (Schweden)
Jernberg, August * 5/324

Gefrees
Franck, Paulus * 3/390; Funck, Heinrich Christian ~/† 3/540; Schwarz, Bernhard Wilhelm ~ 9/225

Gehofen
Eberstein, Ernst Albrecht von * 2/677

Gehrden (Kr. Hannover, Land)
siehe auch *Lenthe*
Blocher, Rudolf ~ 11/24; Lyra, Justus Wilhelm ~/† 6/544

Gehren (Ilmkreis)
Bach, Johann Michael ~/† 1/238; Ernesti, Johann Friedrich Christoph ~ 3/157

Gehren (Kr. Dahme-Spreewald)
Schmidt, Otto * 9/17

Gehsen (poln. Jeże)
Hensel, Paul * 4/598

Geiersthal → Altnußberg

Geigenberg (Niederösterreich)
Gagern, Friedrich Frh. von ~/† 3/557

Geilenkirchen
siehe auch *Beeck, Hünshoven*
Becker, Nikolaus ~ 1/380; Corsten, Hermann * 2/379

Geirenfeld (Schönenberg, Gem. Ruppichteroth)
Perfall, Karl (Theodor Gabriel Christoph) Frh. von ~ 7/599

Geisa
Dernbach, Peter Philipp Graf von * 2/492; Geheeb, Paul (Albert Heinrich Hermann) ~ 3/598; Kircher, Athanasius */~ 5/548; Peter Philipp, Reichsgraf von Dernbach, Bischof von Bamberg und Würzburg * 7/612

Geischen (poln. Giżin)
Schott, Erdmann * 9/120

Geiselbach
siehe auch *Omersbach*
Heilmann, Jacob * 4/499

Geiselbronn (Elsaß)
Bartholmess, Christian * 1/307

Geiselbullach (seit 1978 zu Olching)
Schmid, Heinrich Kaspar ~/† 8/702

Geiselgasteig (Gem. Grünwald, Kr. München, Land)
Becker, Hugo † 1/378; Feindt, Jürgen ~ 3/251; Frauendorfer, Heinrich von † 3/417; Koelle, Fritz ~ 5/655; László, Alexander ~ 6/261; Ostermayr, Peter ~ 7/517

Geiselhöring
Gollowitz, Dominikus * 4/90; Saal, Ignaz * 8/483

Geiselwind
siehe auch *Rehweiler*
Helbig, Johann Lorenz ~ 4/554; Lilge, Friedrich ~ 6/395

Geisenfeld
Ampferle, Franziskus * 1/119; Haid, Herenäus * 4/335; Hessler, Franz ~ 5/3; Michael von Kuenburg, Erzbischof von Salzburg ~ 7/119; Schmid von Altenstadt, Franz Joachim Reichsritter ~/† 8/706; Strasser, Gregor * 9/568; Treyling, Johann Jakob † 10/86

Geisenhausen → Neutenkam

Geisenheim
siehe auch *Johannisberg*
Aderhold, Rudolf (Ferdinand Theodor) ~ 1/36; Arends, Georg Adalbert ~ 1/165; Blum, Peter Josef * 1/582; Burgeff, Carl * 2/236; Burgeff, Hans (Edmund Nicola) * 2/236; Christ, Karl * 2/315; Christ, Wilhelm von * 2/316; Erbslöh, Siegfried ~ 3/138; Ganssen, (Ernst Alwin) Robert ~ 3/571; Goethe, Rudolf ~ 4/67; Gundlach, Gustav * 4/259; Heide, Carl von der ~ 4/485; Jäger, Johann Peter ~ 5/284; Kemper, Heinz P. ~ 11/102; Knickmann, Erich ~ 5/619; Kremer, Martin ~ 6/95; Kulisch, Paul ~ 6/163; Lade, Eduard Frh. von */~/† 6/192; Lüstner, Gustav Julius Bernhard ~ 6/521; Müller-Thurgau, Hermann ~ 7/291; Schanderl, Hugo ~/† 8/563; Scheu, Georg ~ 8/616; Schmitthenner, Friedrich ~ 9/34; Trenkle, (Hermann) Rudolf ~ 10/81; Werthmann, Lorenz * 10/454; Wortmann, Julius ~ 10/588

Geisfeld (seit 1978 zu Strullendorf)
Angerer, Ottmar Ritter von * 1/138

Geising
siehe auch *Fürstenwalde*
Kuhnau, Johann * 6/161; Schelle, Johann * 8/594

Geisingen → Aulfingen

Geislingen (Zollernalbkreis) → Binsdorf

Geislingen an der Steige
siehe auch *Stötten*
Bender, Hermann ~ 1/416; Claß, Helmut * 11/40; Eiff, (Karl) Wilhelm von ~ 3/58; Fischer, Franz ~ 3/315; Goessler, Peter (Friedrich) * 4/63; Kiene, Hans (Baptist) von ~ 5/530; Krafft, Hans Ulrich ~ 6/63; Nägele, Eugen ~ 7/331; Ortlieb, Eduard ~ 7/508; Rau, Wolfgang Thomas ~/† 8/156; Rohr, Ignaz ~ 8/370; Schubart, Christian Friedrich Daniel ~ 9/159; Steiff, Karl * 9/471; Stooss, Heinrich † 9/557; Volkmann, Artur (Joseph Wilhelm) † 10/245

Geismar (Kr. Eichsfeld)
Gutberlet, Konstantin * 4/266; Martin, Konrad * 6/637; Siebold, Regina Josepha von * 9/308

Geismar (seit 1964 zu Göttingen)
Lüdtke, Hans † 6/517

Geißlingen (Gem. Obeickelsheim)
Bachmann, Philipp (Georg Otto) * 1/247

Geistingen (seit 1934 zu Hennef/Sieg)
Mohr, Martin * 7/183; Zerlett, Johann Baptist * 10/645

Geitau (Gem. Bayrischzell)
Samberger, Leo ~/† 8/508

Geithain
Damm, Christian Tobias * 2/437; Goetz, Ferdinand (Hermann Wilhelm) ~ 4/69; Hederich, Benjamin * 4/473; Oertel, Hanns * 11/148

Gelbensande → Willershagen

Gelchsheim
siehe auch *Oellingen*
Roth, Franz Joseph † 8/412

Geldern
siehe auch *Kapellen, Walbeck*
Baring, Franz ~ 1/295; Becanus, Syvert ~ 1/365; Berty, Baptist ~ 1/489; Budde, Emil (Arnold) * 2/191; Burgers, Franz * 2/238; Diekamp, Franz * 2/517; Engelhardt, Wilhelm * 3/119; Matthisius, Gerhard * 6/663; Ratjen, Friedrich Adolf ~ 8/152; Thümmel, Friedrich Wilhelm ~ 10/24

Gelenau (Gem. Lückersdorf-Gelenau)
Goebel, (August) Theodor * 4/49

Gellenau (poln. Jeleniów)
Biron, Peter von † 1/541; Mutius, Gerhard von * 7/321

Gellershausen (seit 1993 zu Bad Colberg-Heldburg)
Dilliger, Johann ~ 2/547; Eichel von Rautenkron, Johann * 3/48

Gellingen
Gunther, Graf von Käfernburg ~ 4/261

Gelnhaar (seit 1972 zu Ortenberg, Wetteraukreis)
Engel, Heinrich ~ 3/114

Gelnhausen
Bernhard, Graf von Aschersleben, Herzog in Sachsen ~ 1/465; Bickell, Ludwig ~ 1/513; Brey, August * 2/128; Egenieff, Franz ~ 3/24; Fischinger, Oskar * 3/331; Gelnhausen, Johannes von ~ 3/618; Goldstein, Johann ~ 4/87; Grimmelshausen, Hans Jakob Christoffel von * 4/173; Hach, Ludwig ~ 4/296; Heinrich der Löwe, Herzog von Sachsen und Bayern ~ 4/533; Johannes von Gelnhausen * 5/352; Kalbfleisch, Karl * 5/410; Karl von Seyn ~ 5/449; Konrad von Gelnhausen * 6/33; Lange, Ernst ~ 6/231; Ludwig III. der Fromme, Landgraf von Thüringen ~ 6/506; Reis, Johann Philipp * 8/228; Rock, Johann Friedrich † 8/341; Savigny, Karl von ~ 8/533; Stock, Jean * 9/537; Strubberg, Friedrich August ~/† 9/595; Wilhelm I., als Wilhelm IX. Landgraf, Kurfürst von Hessen ~ 10/503

Gelnica → Göllnitz

Gelsdorf (seit 1974 zu Grafschaft, Kr. Ahrweiler)
Raaff, Anton * 8/107

Gelsenkirchen
siehe auch *Buer, Hassel, Horst, Rotthausen, Schalke, Ückendorf*
Abel, August * 1/4; Battig, Rudolf ~ 1/318; Beyling, Carl ~ 1/507; Bielefeld, Franz * 1/519; Brenneke, (Johann Friedrich Robert) Adolf † 2/113; Büscher, Josef † 2/213; Burgers, Franz (Karl) ~ 2/238; Busкühl, Ernst ~/† 2/253; Dahmen, Jost ~ 2/430; Dehnke, Reinhold ~ 2/469; Denneborg, Heinrich (Maria) ~ 2/488; Dörner, Friedrich Karl * 11/47; Dütting, Christian (Hubert) ~ 2/644; Dütting, Hans ~ 2/644; Eccarius, Alfons ~/† 3/4; Everding, Hans * 3/195; Everding, Hermann * 3/195; Eyssen, Jürgen ~ 3/205; Feddersen, Helga ~ 3/240; Fischer-Essen, Alfred ~ 3/330; Flick, Friedrich ~ 3/349; Gernhardt, Oskar ~ 3/653; Goergen, Fritz-Aurel * 4/56; Goldschmidt, Alfons * 4/82; Günther, Dorothee * 4/238; Heiland, Rudolf-Ernst † 11/82; Hinrich, Hans ~ 5/54; Hueck, Adolf ~/† 5/207; Imhausen,

Gelterkinden

Arthur * 5/251; Käsemann, Ernst ~ 11/99; Kappen, Norbert * 11/101; Kesten, Wilhelm † 5/521; Kirdorf, Emil ~ 5/554; Klose, Hans ~ 5/605; Kolander, Friedrich ~ 6/9; Krahe, Hans * 6/66; Krahn, Maria †/~ 6/66; Kuhlmann, Werner */~/† 6/158; Lange, Albert † 6/230; Lehnert, Gustav (Adolf) * 6/300; Löffler, Heinrich ~ 6/440; Manger, Jürgen von ~ 6/587; Mölders, Werner * 7/166; Möller, Theodor Adolf von ~ 7/170; Moenting, Heinrich ~ 7/173; Müller, Adolf */~ 7/247; Mulvany, William Thomas ~ 7/305; Nienstedt, Gerd ~ 7/411; Nottarp, (Hugo) Hermann (Adolf Maria) * 7/443; Oberste-Brink, Karl ~ 7/456; Pattberg, Heinrich ~ 11/156; Paul, Erich ~ 7/573; Pielasch, Helmut * 7/666; Piffrader, Hans ~ 7/669; Reuter, Georg ~ 8/260; Richartz, Willy ~ 8/273; Rubin, Hans Wolfgang ~ 8/432; Schirrmann, Richard ~ 8/651; Schmidt, Wolf † 9/21; Sonreck, Franz Wilhelm ~ 9/376; Stankowski, Anton * 11/177; Stieler, Georg ~ 9/528; Strauss, Isabel * 9/576; Thies, (Johann) Heinrich (Wilhelm) ~ 10/9; Waldoff, Claire * 10/306; Wegner, Richard (Nikolaus) * 10/374; Wiegand, Heinrich ~ 10/481; Willner, Max * 10/513; Wimmelmann, Alfred * 10/516; Winschuh, Josef 10/531; Winterstein, Eduard von ~ 10/535; Zimmermann, Emil (Friedrich) ~/† 10/666

Gelterkinden (Kt. Basel-Landschaft)
Vosseler, Paul * 10/260

Gelting (Kr. Schleswig-Flensburg)
Ahlefeldt, Detlev von * 1/57; Thomsen, (Asmus) Julius (Thomas) ~ 10/22

Geltow
Nöllenburg, Rudolf † 11/143; Schönemann, Daniel ~ 9/91

Gemehret (Belgien)
Scheibler, Carl (Bernhard Wilhelm) * 8/586

Gemmenich (Niederlande)
Laurent, Johann Theodor ~ 6/270

Gemmingen
Irenicus, Franciscus ~/† 5/258

Gemünd (Schleiden)
Matthießen, Wilhelm * 6/663

Gemünda (seit 1978 zu Seßlach)
Stephani, Heinrich * 9/510

Gemünden (Rhein-Hunsrück-Kreis)
Grohé, Josef * 4/181

Gemünden a. Main
siehe auch *Langenprozelten*
Ehrhardt, Sigismund Justus * 3/42; Herberich, Johann Michael ~/† 4/604; Schmid, Euchar Albrecht * 8/701; Vogt, Friedrich August ~ 10/233; Weismantel, Leo ~ 10/405

Gemünden (Felda) → Burg-Gemünden, Nieder-Gemünden
Gemünden (Wohra)
Dieterich, Konrad * 2/528; Fabronius, Hermann * 3/216; Mylius, (Johannes) Daniel * 7/322

Geneiken (seit 1972 zu Erkelenz)
Brass, Wilhelm (Engelbert) * 2/74

Geneva (New York, USA)
Alexander, Paul Julius ~ 1/88; Wagner, Helmut ~ 10/282

Genève → Genf

Genf
Abegg, Lily ~ 1/3; Abt, Gottlieb Christian ~ 1/15; Adam, Johannes ~ 1/28; Aeppli, August ~ 1/49; Aeppli, Ernst ~ 1/49; Affolter, Hans ~ 1/50; Agrippa von Nettesheim ~ 1/55; Altenberg, Paul ~ 1/97; Althusius, Johannes ~ 1/102; Ambühl, Johann Ludwig ~ 1/113; Ammann, Hektor ~ 1/115; Ammelburg, (Heinrich) Alfred ~ 1/116; Amsler-Laffon, Jakob ~ 1/120; Ancillon, Charles ~ 1/121; Ancillon, David ~ 1/121; Ancillon, (Jean Pierre) Frédéric ~ 1/122; Andersen, Friedrich Karl Emil * 1/124; Andreae, Johann Valentin ~ 1/130; Angelocrater, Daniel ~ 1/135; Anner, Emil ~ 1/144; Anschütz, Gerhard ~ 1/145; Appia, Adolphe François ~/† 1/159; Arnaud, Henri ~ 1/172; Arndt, Fritz ~ 1/174; Arndt, Georg ~ 1/174; Arndt, Paul ~ 1/175; Arx, Adrian von ~ 1/199; Askanazy, Max ~ 1/205; Assmann, Herbert ~ 1/207; Attenhofer, Adolf ~ 1/210; Atzler, (Berthold) Edgar ~ 1/211; August Wilhelm, Herzog von Braunschweig-Wolfenbüttel ~ 1/220; Baer, Gustav ~ 1/259; Bahlsen, Hermann ~ 1/268; Bakof, Julius ~ 1/272; Barandon, Paul ~ 1/291; Barblan, Otto ~/† 1/292; Barschel, Uwe † 1/298; Barth, Karl ~ 1/303; Bauer, Constantin ~ 1/324; Bauer, Leo(pold) ~ 1/328; Bauhin, Johann ~ 1/331; Baumann, Johannes ~ 1/336; Baumgarten, Arthur ~ 1/343; Becher, Ulrich ~ 1/366; Becker, Johann Philipp ~/† 1/378; Beer, Max ~ 1/390; Bell, August ~ 1/408; Benrath, Henry ~ 1/427; Berber, Felix ~ 1/433; Berchem, Max von */~/† 1/434; Berend, Eduard ~ 1/436; Bergmann, Carl (Georg Lucas Christian) † 1/449; Bernoulli, Jacob ~ 1/473; Bernstorff, Johann Heinrich Graf † 1/477; Berthold IV., Herzog von Zähringen ~ 1/485; Bethge, Hans ~ 1/496; Beuttner, Oskar ~/† 1/504; Bezzola, Reto Raduolf ~ 1/510; Bickel, Adolf ~ 1/513; Biedermann, Hans Jakob ~ 1/517; Bisterfeld, Johann Heinrich ~ 1/549; Blei, Franz ~ 1/566; Blell, Karl ~ 1/568; Bloch, Felix ~ 1/574; Blochmann, Karl Justus † 1/575; Bodemer, Jakob ~ 1/602; Bodmer, Martin † 1/605; Böcklin, Arnold ~ 1/611; Boehringer, Robert † 1/625; Böttcher, Karl ~ 1/637; Bohnenblust, Gottfried ~/† 2/3; Bondy, Joseph Adolf ~ 2/16; Bonjour, Edgar (Konrad) ~ 2/20; Bonstetten, Gustav (Karl Ferdinand) von */~ 2/22; Bonstetten, Karl Viktor von ~/† 2/22; Borel, Eugène ~ 2/29; Bornstein, Arthur ~ 2/36; Boss, Eduard ~ 2/43; Bossard, Johann Karl Silvan ~ 2/43; Boveri, Walter ~ 2/50; Braschler, Otto ~ 2/74; Brauweiler, Roland Heinrich Wilhelm ~ 2/91; Bredt, Ernst Wilhelm ~ 2/96; Breycha-Vauthier de Baillamont, Arthur Carl Baron de ~ 2/128; Bridel, Gustav ~ 2/130; Bringmann, Karl ~ 2/135; Brinitzer, Carl ~ 2/135; Brosi, Albert ~ 2/147; Bruck, Eberhard Friedrich ~ 2/149; Bruckmann, (Georg) Peter ~ 2/150; Brunner von Wattenwyl, Karl Ritter ~ 2/171; Bruns, Oskar ~ 2/173; Bruns, Viktor ~ 2/174; Bühler, Gerhard ~ 2/200; Bülow, Heinrich (Ulrich Wilhelm) Frh. von ~ 2/203; Bürkli, Karl ~ 2/211; Bütler, Heinrich ~ 2/214; Burckhardt, Carl (Emanuel) ~ 2/230; Burckhardt, Carl Jacob ~ 2/231; Burckhardt, Fritz ~ 2/231; Burgers, Franz (Karl) † 2/238; Busch, Hans Peter ~ 11/36; Bussche, Axel Frh. von dem ~ 2/254; Bussche-Haddenhausen, Hilmar Frh. von dem ~ 2/254; Buttinger, Joseph ~ 11/37; Buxtorf, Johannes d. Ä. ~ 2/261; Buxtorf, Johannes d. J. ~ 2/261; Carro, Johann Ritter von ~ 2/288; Chamberlain, Houston Stewart ~ 2/303; Chapiro, Joseph ~ 2/304; Cherbuliez, Émile ~/† 2/309; Chézy, Wilhelmine von † 2/310; Christen, Raphael ~ 2/317; Christian II., Fürst von Anhalt-Bernburg ~ 2/317; Claiß, Johann Sebastian ~ 2/328; Cloetta, Max (Arnold) ~ 2/345; Cohn, Oskar † 2/352; Cohn, Rudolf † 2/353; Colsman, Alfred ~ 2/360; Commelinus, Hieronymus ~ 2/361; Conrad, Michael Georg ~ 2/362; Constantin, Abraham */~/† 2/401; Crocius, Paul ~ 2/401; Croll, Oswald ~ 2/402; Curti, Franz ~ 2/413; Curti, Theodor ~ 2/413; Custer, Jakob Laurenz ~ 2/415; Davidoff, Zino † 2/453; Delaquis, Ernst ~ 2/474; Des Coudres, Theodor ~ 2/496; Deussen, Paul (Jakob) ~ 2/503; Dexbach, Johann Helferich ~ 2/510; Diederichs, Wilhelm Ernst * 2/515; Diest, Gustav von ~ 2/525; Disler, Martin † 11/47; Dodel, Arnold ~ 2/566; Doelle, Franz ~ 2/572; Dönniges, (Franz Alexander Friedrich) Wilhelm von ~ 2/575; Dohany, Werner ~ 2/581; Donellus, Hugo ~ 2/594; Douglas, Wilhelm Graf von * 2/603; Driesch, Margarethe ~ 2/621; Dubois, Paul (Charles) ~ 2/629; Duden, Paul ~ 2/633; Dürr, Emil ~ 2/640; Dürrenmatt, Peter (Ulrich) ~ 2/642; Durig, Arnold ~ 2/655; Durrer, Robert ~ 2/655; Dyk, Peter van ~ 11/49; Ebener, Wilhelm ~ 2/666; Eccarius, Alfons ~ 3/4; Edschmid, Kasimir ~ 3/20; Eglin, Raphael ~ 3/33; Eichberg, Julius ~ 3/47; Eichengrün, (Ernst) Arthur ~ 3/49; Eicken, Karl Otto von ~ 3/57; Eilhardt, (Friedrich Christian) Carl ~ 3/62; Elisabeth Eugenie Amalie, Kaiserin von Österreich, Königin von Ungarn † 3/87; Eloesser, Arthur ~ 3/94; Emmius, Ubbo ~ 3/106; Engelmann, Bernt ~ 3/120; Engi, Gadient ~ 3/124; Enholtz, Walter ~ 3/127; Erman, Heinrich ~ 3/155; Escher von der Linth, Arnold ~ 3/175; Ewers, Hanns Heinz ~ 3/200; Faber, Anton ~ 3/207; Fabricius Hildanus, Wilhelm ~ 3/215; Fehr, Bernhard ~

3/245; Feig, Johannes Fürchtegott Joseph ~ 3/248; Feine, Gerhart ~ 3/251; Feisenberger, Albert (Salomon) ~ 3/252; Fellenberg, Ludwig Rudolf von ~ 3/259; Fellenberg, Theodor von ~ 3/259; Feller, Frank ~ 3/260; Ferand, Ernest ~ 3/266; Feronce von Rotenkreutz, Jean Baptiste ~ 3/272; Feury, Otto (Kajetan) Frh. von ~ 11/59; Feyerabend, Paul (Karl) † 3/283; Finck von Finckenstein, Karl Wilhelm Graf ~ 3/298; Fischer, Beat ~ 3/312; Fischer, Emanuel (Friedrich) ~ 3/313; Fischer, Hans ~ 3/318; Flechtheim, Ossip K(urt) ~ 11/61; Fleischmann, Carlo ~ 3/344; Flury, Richard ~ 3/358; Forke, (Ernst Conrad) Alfred ~ 3/373; Fränkel, Sigmund † 3/385; Frahne, Heinrich Hans ~ 3/386; Frapan, Ilse ~/† 3/416; Frauchiger, Ernst ~ 3/417; Frauscher, Moritz ~ 3/419; Frei, Hans ~ 3/421; Freiwirth-Lützow, Oskar ~ 3/424; Frenkel, Stefan ~ 3/424; Freudenberger, Franz Friedrich ~ 3/430; Frey, Emil ~ 3/434; Frey, Johann Ludwig ~ 3/436; Freyberg, (Bruno Erich) Alfred ~ 3/437; Fricke, Wilhelm ~ 3/443; Friedheim, Ernst ~ 3/450; Friedrich II., Landgraf von Hessen-Kassel ~ 3/463; Friedrich, Walther ~ 3/481; Fries, (Jacob Daniel Georg Gottlieb) Bernhard ~ 3/483; Friesen, Julius Heinrich Graf von ~ 3/486; Fühner, Hermann Georg ~ 3/524; Fürst, Gerhard ~ 3/526; Füssli, Hans Heinrich ~ 3/531; Fueter, Eduard ~ 3/533; Funk, Casimir ~ 3/541; Gablkoven, Hans Balthasar von ~ 3/549; Galahad, Sir † 3/560; Gassmann, Alfred Leonz ~ 3/579; Gauger, Martin ~ 3/585; Gaupp, Robert (Eugen) ~ 3/586; Gaus, Friedrich (Wilhelm Otto) ~ 3/586; Geering, Johann Rudolf ~ 3/597; Geibel, Stephan ~ 3/602; Geißler, Christian Gottlob ~/† 3/611; Geller, Gregor ~ 3/616; Gelpke, Ludwig (Hermann) ~ 3/618; Gentner, Wolfgang ~ 3/623; Georg, Manfred ~ 3/630; Georgievics, Georg (Cornelius Theodor) von ~ 3/633; Gerhaert, Nicolaus von Leiden ~ 3/638; Gerlach, Hellmut (Georg) von ~ 3/648; Geser-Rohner, Albert ~ 3/665; Giorgio, Hans ~ 4/13; Glaser, Johann Heinrich ~ 4/23; Gleichen-Rußwurm, Ludwig Frh. von ~ 4/28; Goergen, Josef-Matthias ~ 4/57; Götze, Sigismund von ~ 4/73; Goldast von Haiminsfeld, Melchior ~ 4/76; Goldmann, Franz ~ 4/80; Goldmann, Nahum ~ 4/80; Goldschmid, Edgar ~ 4/82; Goll, Claire ~ 4/89; Goll, Yvan ~ 4/89; Gorgé, Camille ~ 4/99; Gos, Albert */~/† 4/100; Gosset, Philipp Charles ~ 4/101; Gothofredus, Dionysius ~ 4/103; Gourfein-Welt, Léonore ~/† 4/113; Grabow, Robert ~ 4/117; Gradnauer, Georg ~ 4/119; Graebe, Carl ~ 4/119; Gräfe, Heinrich (Gotthilf Adam) ~ 4/121; Graf, Herbert ~/† 4/127; Graf, Karl Heinrich ~ 4/127; Granigg, Bartholomäus ~ 4/135; Greinacher, Heinrich ~ 4/152; Grimm, Friedrich ~ 4/168; Grolman, Adolf (Karl-Friedrich Wilhelm) von ~ 4/183; Grunholzer, Heinrich ~ 4/227; Güldenstein, Gustav ~ 4/235; Günther, Agnes (Elisabeth) ~ 4/237; Guggenbühl, (Johann) Jakob ~ 4/249; Guggenheim, Kurt ~ 4/249; Guggenheim, Paul ~/† 4/249; Gull, Gustav ~ 4/254; Guyer-Zeller, Adolf (Heinrich) ~ 4/276; Gysi-Roth, Jenny ~ 4/278; Haas, Albert ~ 4/284; Habe, Hans ~ 4/290; Haberler, Gottfried von ~ 4/294; Hackert, Carl ~ 4/297; Hadeln, Detlev Moritz Georg Heinrich Frh. von ~ 4/300; Häfliger, Josef Anton ~ 4/304; Hagenbach, (Jacob) Eduard ~ 4/323; Hahn, Christoph (Ulrich) ~ 4/328; Haller, Adolf ~ 4/345; Haller von Hallerstein, (August) Sigmund (Karl Ulrich) Frh. von ~ 4/350; Handschin, Eduard ~ 4/367; Hardenberg, Hans Carl Graf von ~ 11/79; Hasbach, Wilhelm ~ 4/419; Hase, Karl Alfred von ~ 4/420; Hasler, Gustav Adolf ~ 4/424; Hassler, Emil ~ 4/430; Hauschild, Herbert ~ 4/446; Hausmann, Caspar Anton Friedrich ~ 4/451; Hebler, Gottlieb ~ 4/466; Heck, Karl ~ 11/81; Heer, August ~ 4/474; Heermann, Hugo ~ 4/476; Hegeler, Wilhelm ~ 4/480; Heiduschka, Alfred ~ 4/494; Heiman, Eric ~/† 4/501; Heimerich, Hermann ~ 4/504; Heinrich, Karl Borromäus ~ 4/543; Heldreich, Theodor (Heinrich Hermann) von ~ 4/558; Helwig, Werner ~ 4/577; Henne am Rhyn, Otto ~ 4/588; Hentzner, Paulus ~ 4/601; Herbert, Petrus ~ 4/606; Herbst, Curt (Alfred) ~ 4/608; Hermann, Hans ~ 4/628; Hermés, Erich ~/† 4/632; Herrmann, Matthäus ~ 4/644; Hertz, Paul ~ 4/653;

Herzog, Hans ~ 4/665; Heydt, Eduard Frh. von der ~ 5/20; Heymerick, Arnold ~ 5/26; Hinrichsen, Otto ~ 5/54; Hipp, Matthäus ~ 5/58; Hirnschrot, Johann Andreas ~ 5/59; Hirzel, Hermann (Robert Catumby) ~ 5/72; His, Rudolf ~ 5/72; His, Wilhelm ~ 5/73; Hodler, Ferdinand ~/† 5/84; Hoesch, Leopold von ~ 5/105; Hoffmann, Arthur ~ 5/113; Hoffmann, Felix ~ 5/116; Hoffmann, Hans ~ 5/118; Hofmann, Johannes ~ 5/130; Hohenzollern-Sigmaringen, Karl Anton (Joachim Zephyrin Friedrich Meinhard) Fürst von ~ 5/142; Hohl, Ludwig ~/† 5/142; Holenstein, Thomas ~ 5/147; Holitscher, Arthur † 5/148; Hoop, Josef ~ 5/170; Hottinger, Johann Heinrich ~ 5/187; Hottinger, Johann He(i)nrich ~ 5/187; Hottinger, Johann Jakob ~ 5/187; Hotz, Jean ~ 5/188; Hubacher, Hermann ~ 5/194; Huebschmann, Paul ~ 5/207; Inglin, Meinrad ~ 5/256; Iselin, Jacob Christoph ~ 5/261; Itten, Johannes ~ 5/266; Jaag, Otto ~ 5/269; Jacobi, Friedrich Heinrich ~ 5/273; Jäckh, Ernst ~ 5/281; Jäger, Josef ~ 5/284; Jaques-Dalcroze, Émile ~/† 5/305; Jellinek-Mercédès, Emil ~/† 5/318; Johann Friedrich, Markgraf von Brandenburg-Ansbach ~ 5/339; Johann VIII. der Jüngere, Graf von Nassau-Siegen ~ 5/342; Johann Moritz, Fürst zu Nassau-Siegen ~ 5/342; Jordan, Charles Etienne ~ 5/362; Jüngst, Ernst ~ 5/373; Jung, Carl Gustav ~ 5/378; Kaiser, Isabelle ~ 5/407; Kaminski, André */~ 5/418; Kantorowicz, Hermann (Ulrich) ~ 5/428; Karl II., Herzog von Braunschweig-Lüneburg-Wolfenbüttel ~/† 5/443; Kars, Georg † 5/453; Kastl, Ludwig ~ 5/460; Kaufmann, Fritz ~ 5/472; Kaufmann, Fritz Mordechai ~ 5/472; Kaufmann, Joseph Klemens ~ 5/472; Keller, Adolf ~ 5/490; Keller, Werner ~ 5/498; Kelsen, Hans ~ 5/501; Kertész, István ~ 5/518; Keyserling, Hermann Graf von ~ 5/526; Kielmannsegg, Eduard (Georg Ludwig William Howe) Graf von ~ 5/528; Kircheisen, Friedrich Max ~ 5/547; Klapka, Georg ~ 5/565; Klein, Fritz ~ 5/575; Klemperer, Victor ~ 5/587; Klose, Friedrich ~ 5/605; Knappstein, Karl Heinrich ~ 5/614; Kniep, Hans ~ 5/620; Koebner, Richard ~ 11/108; Köckert, Adolph ~ 5/648; Koeler, Georg Ludwig ~ 5/654; Koelwel, Eduard ~ 5/656; Königsmarck, Otto Wilhelm Graf von ~ 5/666; Kötter, Paul ~ 5/678; Kordt, Erich ~ 6/42; Korsch, Karl ~ 6/48; Koschwitz, Eduard ~ 6/50; Koßmann, Bartholomäus ~ 6/53; Kossodo, Helmut ~/† 6/53; Kozlik, Adolf ~ 6/58; Krannhals, Alexander ~ 6/71; Krauer, Johann Georg ~ 6/74; Krips, Josef † 6/108; Krutter, Franz ~ 6/134; Kühnen, Friedrich ~ 6/147; Kümmerly, Hermann ~ 6/149; Küry, Urs ~ 6/153; Lätt, Arnold ~ 6/196; Landauer, Karl ~ 6/215; Landé, Walter ~ 6/216; Landsberger, Franz ~ 6/221; Lang, Arnold ~ 6/222; Lang, Paul ~ 6/228; Lang, Walter ~ 6/229; Lange, Ernst ~ 6/231; Lassalle, Ferdinand † 6/258; Lauber, Joseph ~/† 6/264; Lautenbach, Wilhelm ~ 6/271; Leerse, Johann Georg ~ 6/288; Lennhoff, Eugen ~ 6/321; Lepsius, (Carl Georg) Richard ~ 6/337; Lesch, Walter ~ 6/341; Leumann, Ernst ~ 6/353; Leuschner, Wilhelm ~ 6/354; Lichtheim, Richard ~ 6/377; Liebknecht, Wilhelm ~ 6/386; Liechtenstein, Karl I. Fürst von ~ 6/389; Liepmann, Wilhelm ~ 6/392; Lion, Max ~ 6/415; Lissner, Anton ~ 6/423; Löwenstein-Wertheim-Freudenberg, Hubertus Friedrich Prinz zu ~ 6/456; Löwenthal, Leo ~ 6/463; Lohmeyer, Karl ~ 6/463; Lornsen, Uwe Jens ~ 6/475; Lory, Gabriel (Ludwig) ~ 6/477; Lotheissen, Georg * 6/482; Louis, Rudolf ~ 6/487; Ludwig, Graf von Nassau ~ 6/504; Ludwig, Karl ~ 6/509; Lüders, Marie-Elisabeth ~ 6/516; Luppe, Hermann ~ 6/531; Luther, Hans ~ 6/535; Lutteroth, Ascan ~ 6/539; Maffei, Joseph Anton von ~ 6/560; Mager, Karl (Wilhelm Eduard) ~ 6/561; Maillart, Robert ~/† 6/572; Maltzan, Vollrath von ~ 6/582; Mangoldt, Hans (Carl Emil) von ~ 6/588; Mannheimer, Georg ~ 6/596; Marcuse, Herbert ~ 6/610; Marperger, Paul Jacob ~ 6/628; Marquardt, Wilhelm ~ 6/629; Marteau, Henri ~ 6/632; Matt, Hans von ~ 6/657; Matthias, Leo ~ 6/663; Matzig, Richard (Blasius) ~ 6/665; Matzky, Gerhard ~ 6/666; Maurice, Pierre † 6/670; Mecklenburg, Werner ~ 7/21; Meister, Jakob Heinrich ~ 7/46; Melamid, Michael ~ 7/49; Menn, Wilhelm ~ 7/63; Mensdorff-Pouilly-Dietrichstein,

Werz, Luitpold ~ 10/455; Wettstein, Johann Rudolf ~ 10/463; Wiens, Paul ~ 10/487; Wiesmann, Richard (Gustav Arnold) ~ 10/491; Wigman, Mary ~ 10/493; Wild, Walter ~ 10/498; Wildi, Max ~ 10/501; Wilhelm V., Landgraf von Hessen-Kassel ~ 10/503; Friedrich Wilhelm Ernst, Reichsgraf von Schaumburg-Lippe ~ 10/505; Wirz-Wyss, Clara ~ 10/540; Witz, Konrad ~ 10/552; Wolf, Berthold ~ 10/564; Wolff, Paul ~ 10/577; Wülfing, Ernst (Anton) ~ 10/592; Wunderlich, Frieda ~ 10/597; Wundt, Walter † 10/598; Wyneken, Alexander ~ 10/602; Wyss, Georg von ~ 10/603; Zahn, Friedrich Wilhelm ~ 10/614; Zanchius, Hieronymus ~ 10/617; Zardetti, Eugen ~ 10/620; Zelger, (Jakob) Joseph ~ 10/635; Ziegler, Eugen ~ 10/653; Ziegler, Jakob Melchior ~ 10/654; Ziegler, Richard ~ 10/656; Zierotin, Karl von ~ 10/659; Zinzendorf und Pottendorf, Christian Renatus Reichsgraf von ~ 10/677; Zollinger, Heinrich ~ 10/687; Zschokke, Bruno ~ 10/691; Zschokke, Friedrich ~ 10/691; Zschokke, Theodor Joseph Karl ~ 10/692; Zünd, Robert ~ 10/697; Zur Mühlen, Hermynia ~ 10/702; Zwinger, Theodor ~ 10/709

Gengenbach
Belli, Joseph † 1/409; Bender, Blasius Columban Frh. von * 1/415; Dill, Ludwig ~ 2/546; Drais von Sauerbronn, Karl (Friedrich Christian Ludwig) Frh. ~ 2/607; Erb, Matthias ~ 3/137; Fehringer, Eduard ~ 3/246; Hieber, Theodor * 5/30; Knauth, Johannes † 5/616; Lamprecht von Brunn, Bischof von Brixen, Speyer, Straßburg und Bamberg ~ 6/210; Maas, Hermann * 6/547; Maier, Friedrich ~ 11/126; Mezler, Franz Xaver ~ 7/119; Osterwald, Peter von ~ 7/518; Rischer, Johann Jakob ~ 8/322

Gengham (Gem. Palling)
Oettl, Georg von * 7/476

Genin (seit 1913 zu Lübeck)
Plitt, Gustav Leopold * 8/3

Genkingen (seit 1975 zu Sonnenbühl)
Baur, Johann Jakob * 1/351

Genna (Gem. Letmathe, seit 1975 zu Iserlohn)
Storck, Wilhelm * 9/559

Gennebreck (Sprockhövel)
Thomée, Friedrich * 11/182

Gennep
Norbert von Xanten * 7/437

Gensingen
Nahm, Peter Paul * 7/337

Gent (Belgien)
Agilfrid, Bischof von Lüttich ~ 1/51; Artevelde, Jakob van */~/† 1/196; Artevelde, Philipp van */~ 1/197; Aspre, Constantin Ghilain Karl Frh. von * 1/206; Baeyer, Adolf (Johann Friedrich Wilhelm) Ritter von ~ 1/266; Battus, Levin * 1/319; Berg, Johann vom * 1/440; Bissing, Moritz Frh. von ~ 1/548; Blomberg, Barbara ~ 1/578; Bluntschli, Johann Caspar ~ 1/590; Boeke, Hendrik Enno ~ 1/625; Brunck, Heinrich von ~ 2/166; Dessau, Bernhard ~ 2/496; Engelbert II., Graf von Nassau ~ 3/117; Eynern, (Johann) Friedrich von ~ 3/204; Feigl, Friedrich ~ 3/249; Fintelmann, Gustav ~ 3/306; Flügel, Heinz ~ 3/356; Friedrich, Elisabeth ~ 3/479; Gerhaert, Nicolaus von Leiden ~ 3/638; Glaser, Karl (Andreas) ~ 4/23; Grob, Johannes von ~ 4/176; Hahn, Heinrich (Joseph Hubert) ~ 4/329; Hauff, Johann Karl Friedrich ~ 4/439; Hübner, Hans ~ 5/205; Hulsius, Levin * 5/220; Jolles, André ~ 5/358; Joris, David * 5/364; Karl V., römisch-deutscher König und Kaiser, König von Spanien * 5/439; Kekulé, (Friedrich) August ~ 5/488; Kekulé von Stradonitz, Stephan ~ 5/489; Kimedoncius, Jakob ~ 5/539; Kochmann, Martin ~ 5/645; Körner, Wilhelm ~ 5/673; Kogel, Gustav (Friedrich) ~ 6/1; Ladenburg, Albert ~ 6/192; Laqueur, Ernst ~ 6/252; Linnemann, Eduard ~ 6/413; Mansfeld, Karl Fürst von ~ 6/599; Maria, Herzogin von Burgund, Erzherzogin von Österreich ~ 6/619; Mayer, Adolf (Eduard) ~ 7/5; Mertens, Evariste ~ 7/77; Moortgat, Anton ~ 7/203; Nivardus von Gent ~ 7/427; Reclam, Hans Heinrich ~ 8/175; Rode, Wilhelm ~ 8/344; Sambucus, Johannes ~ 8/508; Schmölders, Günter ~ 9/38; Schöllgen,

Werner ~ 9/79; Siesmayer, Karl Friedrich von ~ 9/321; Simons, Karl ~ 9/334; Tschermak-Seysenegg, Erich von ~ 10/105; Velde, Henry (Clemens) van de ~ 10/190; Verschaffelt, Peter (Anton) von */~ 10/197; Warnkönig, Leopold August ~ 10/337; Wendelstadt, Carl Friedrich † 10/432

Genthin
siehe auch *Altenplathow*
Alemann, Friedrich Adolph von † 1/86; Esperstedt, Johann Friedrich ~ 3/179; Köppen, Edlef * 5/668; Model, Walter * 7/160; Sombart, Anton Ludwig ~ 9/367; Stemmle, R(obert) A(dolf Ferdinand) ~ 9/504; Wendler, Otto Bernhard ~ 10/433; Wendt, Friedrich von ~ 10/434

Gentilino (Kt. Tessin)
siehe auch *Sant'Abbondio*
Huf, Fritz ~/† 5/215

Gentzrode (seit 1993 zu Neuruppin)
Gentz, Johann Christian ~ 3/625; Kellner, Dorothea (Friederike Emma) * 5/500

Genua (italien. Genova)
Abensberg-Traun, Otto Ferdinand Graf von ~ 1/9; Alfringhaus, Erich ~ 1/89; Amende, Karl Friedrich ~ 1/114; Auer, Johann Paul ~ 1/213; Bamberg, Felix ~ 1/284; Bayer, Johann Wolfgang ~ 1/358; Birker, Hans ~ 1/538; Botta d'Adorno, Anton Otto Marchese ~ 2/47; Burger, Nathanael ~ 2/237; Duden, Konrad ~ 2/633; Erkes, Eduard August * 3/150; Etzdorf, Hasso von ~ 3/186; Fabricius, Ulrich † 3/215; Flugi von Aspermont, Conradin ~ 3/357; Franke, (Max) Walther ~ 3/405; Friedrich II., Kaiser ~ 3/458; Frundsberg, Georg von ~ 3/515; Furttenbach, Joseph von ~ 3/544; Gaus, Friedrich (Wilhelm Otto) ~ 3/586; Gerster-Gardini, Etelka ~ 3/659; Gobelin Person ~ 4/45; Goldberg, Joseph Pasquale ~ 4/78; Groß von Trockau, Auguste Freiin ~ 4/194; Hardenberg, Karl August Fürst † 4/382; Hassell, (Christian August) Ulrich von ~ 4/428; Hildebrandt, Johann Lucas von */~ 5/37; Hochdorf, Max ~ 5/80; Irmer, Georg ~ 5/259; Jesinghaus, Walter * 5/326; Kerényi, Karl ~ 5/509; Klein, Adolf ~ 5/573; Koffler, Johann ~ 5/679; Kohtz, Otto ~ 6/7; Laimbeckhoven, Gottfried Xaver von ~ 6/200; Langewiesche, Karl Robert ~ 6/243; Laurentius von Brindisi ~ 6/270; Macquire von Inniskillen, Johann Sigismund Graf ~ 6/554; Melchior, Carl Joseph ~ 7/52; Mylius, Heinrich ~ 7/323; O'Lynch of Town, Karl † 7/491; Petel, Georg ~ 7/611; Rathenau, Walther ~ 8/150; Reichel, Walther Emil Berthold ~ 8/199; Roll, Georg ~ 8/374; Rummel, Hans ~ 8/463; Sambucus, Johannes ~ 8/508; Scherzer, Karl von ~ 8/616; Schneegans, (Karl) August ~/† 9/48; Seeliger, Ewald Gerhard (Hartmann) ~ 9/259; Teyber, Anton ~ 9/684; Thierry, George Henry de * 10/7; Unger-Sabatier, Karoline (Carlotta) ~ 10/155; Weber, Annie ~ 10/350; Wernher II. von Hohenberg, auch W. von Homberg Graf ~ 10/449; Zach, Franz Xaver Frh. von ~ 10/609; Zschokke, Richard ~ 10/692; Zürcher, Jakob ~ 10/697

Genzano di Roma (Italien)
Hocke, Gustav René † 5/83

Georgenberg → Sankt Georgenberg

Georgenberg (Gem. Micheldorf, Oberösterreich)
Vetters, Hermann ~ 10/202

Georgenberg (Litauen)
Schachnowitz, Selig (Joschua) * 8/539

Georgenberg i. Oberschlesien (poln. Miasteczko Śląskie)
Lewkowitz, Albert ~ 6/366

Georgenberg (Ostpreußen)
Simpson, George William von */~/† 9/336; Simpson, William von ~ 9/336

Georgenhof (seit 1972 zu Feuchtwangen)
Soldner, Johann Georg von * 9/363

Georgensgmünd → Mäbenberg

Georgenthal (Böhmen)
Ernst, Franz Anton * 3/163; Miksch, Johann Nepomuk Alois * 7/137

Georgenthal (Thür. Wald)
Karup, Johannes † 5/455; Marthen, Herbord von der ~ 6/634; Spalatin, Georg ~ 9/382

Georgetown (Australien)
Reschauer, Anton ~ 8/248

Georgetown (Texas, USA)
Bohner, Theodor Paul ~ 2/3

Georgsmarienhütte
Dresler, Heinrich Wilhelm ~ 2/614; Köttgen, Carl ~ 5/678; Kranz, Walther * 6/71; Lürmann, Fritz Wilhelm ~ 6/520; Müller, Friedrich (Carl Georg) ~ 7/258; Vögler, (Emil) Albert (Wilhelm) ~ 10/221; Wendt, Karl ~ 10/434

Geppersdorf (tschech. Linhartovy)
siehe auch *Tropplowitz*
Rieger, Gottfried ~ 8/296; Sedlnitzki, Leopold Graf von * 9/254

Gera
siehe auch *Kleinaga, Langenberg, Untermhaus*
Amthor, Eduard Gottlieb ~/† 1/121; Aner, Karl ~ 1/135; Arnold, Gottfried ~ 1/187; Avenarius, Johann ~/† 1/227; Avianus, Johann ~ 1/228; Bartsch, Johann Wilhelm ~ 1/310; Baumann, Johann Friedrich * 1/336; Baumeister, (Karl) August ~ 1/339; Behr, Christian August */~/† 1/398; Berger, Ernst Hugo * 1/444; Berger, Johann Heinrich Edler von * 1/445; Betz, Franz ~ 1/500; Bornschein, (Johann) Ernst (Daniel) ~/† 2/36; Bracken, Helmut ~ 2/55; Bretschneider, Heinrich Gottfried von * 2/123; Buddeus, Johann Karl Immanuel ~ 2/193; Cramm, (Christian Friedrich Adolf) Burghard Frh. von ~ 2/391; Devrient, Ludwig ~ 2/508; Dix, Otto (Wilhelm Heinrich) ~ 2/563; Döhler, Johann Georg ~/† 2/571; Dombrowski, Erich ~ 2/590; Domin, Friedrich ~ 2/590; Ebbs, Helmuth ~ 2/663; Eccarius, Alfons ~ 3/4; Erler, Otto * 3/154; Fasch, Johann Friedrich ~ 3/232; Fasser, Rosa ~ 3/234; Franck, Heinz-Gerhard * 3/389; Frege, Livia * 3/420; Friederici, Christian Ernst ~/† 3/450; Friedrich III. der Strenge, Markgraf von Meißen, Landgraf von Thüringen ~ 3/466; Gaudig, Hugo ~ 3/583; Geitner, Ernst August * 3/613; Georgi, Yvonne ~ 3/633; Gerhäuser-Saint-Georges, Ottilie ~ 3/638; Grelle, Frido ~ 4/155; Grümmer, Paul * 4/209; Günther-Gera, Heinrich * 4/244; Heinsius, (Johann) Wilhelm (Immanuel) ~/† 4/546; Hercher, Ludwig * 4/610; Heusinger, Johann Heinrich Gottlob ~ 5/11; Hirsch, Georg */~/† 5/61; Hoffmann, Paul ~ 5/123; Hofmeister, (Gotthilf Christian) Adolph * 5/134; Iltz, Walter Bruno ~ 5/250; Junkermann, Hans ~ 5/386; Katz, Henry William ~ 5/465; Kawaczynski, Friedrich Wilhelm von ~ 5/479; Kehrbach, Karl ~ 5/484; Kersten, Paul ~ 5/517; Klauer, Martin Gottlieb ~ 5/567; Kleemann, Karl ~/† 5/572; Klussmann, Rudolph ~ 5/610; Koch, Heinrich Gottfried */~ 5/640; Krohne, Gottfried Heinrich ~ 6/112; Krukenberg, Carl Friedrich Wilhelm † 6/127; Kunzen, Johann Paul ~ 6/174; Laber, Heinrich ~/† 6/188; Lendenstreich, Valentin ~ 6/319; Lentze, August ~ 6/322; Lenz, Carl Gotthold * 6/323; Lewinger, Ernst ~ 6/364; Lieven, Albert (Fritz) ~ 6/394; Lindinger, Hugo ~ 6/406; Lipsius, Richard Adelbert * 6/422; Lommer, Horst ~ 6/465; Lotz, Walther * 6/484; Lummer, Otto * 6/530; Maltitz, (Friedrich) Apollonius Frh. von * 6/581; Martin, Gottfried * 6/636; Metzsch, Horst von † 7/93; Minetti, Bernhard (Theodor Henry) ~ 11/130; Mitternacht, Johann Sebastian ~ 7/158; Mittler, Franz ~ 7/159; Moris, Maximilian ~ 7/214; Müller-Bütow, Hedwig ~ 7/285; Musäus, Simon ~ 7/315; Neff, Dorothea ~ 7/357; Neumann, Karl August ~ 7/385; Neumann, Karl Georg * 7/385; Nieviera, Else ~ 7/416; Otto, Hans ~ 7/534; Paul, Rudolf */~ 7/574; Pauly, Rose ~ 7/582; Pertsch, Johann Georg ~/† 7/606; Petermann, Helene ~ 7/614; Peters, Werner ~ 7/617; Preiser, Erich * 8/58; Rabenalt, Arthur Maria (Lothar Konrad Heinrich Friedrich) ~ 8/109; Rahn, Hans Julius * 8/124; Ramann, Lina ~ 8/130; Rasch, Gustav ~ 8/144; Reichard, Christian Gottlieb ~ 8/196; Reichard, Ernst Heinrich * 8/196; Reinesius, Thomas ~ 8/217; Reinhold, Friedrich (Philipp) */~ 8/223; Reinhold, Heinrich * 8/223; Reuß, Heinrich Erbprinz von ~ 8/257;

Richter, Walter ~ 8/284; Roenneke, Rolf ~ 8/354; Rudolph, Hans-Georg ~ 8/441; Rünger, Gertrude ~ 8/454; Salomon, Horst ~/† 8/504; Schalla, Hans ~ 8/560; Schalreuter, Jodocus ~ 8/562; Schlee, Alfred ~ 11/170; Schoder, Thilo ~ 9/74; Schuh, Oscar Fritz ~ 9/181; Seeling, (Christian) Heinrich ~ 9/260; Siebeck, Hermann ~ 9/304; Siedhoff, Werner ~ 9/309; Siems, Friedrich ~ 9/319; Siercke, Alfred ~ 9/320; Smolny, Paul ~ 9/353; Spies, Johann ~/† 9/404; Steinbeck, Christoph Gottlieb † 9/484; Steiner, Sigfrit ~ 9/491; Stölzel, Gottfried Heinrich ~ 9/545; Stötzner, Walther */† 9/547; Streckfuß, (Adolf Friedrich) Karl * 9/580; Streckfuß, Walter ~ 9/580; Streletz, Rudolf ~ 9/583; Sturz, Friedrich Wilhelm ~ 9/619; Süßenguth, Walther (Wilhelm Rudolf) ~ 9/627; Tietz, Georg * 10/40; Tietz, Oscar ~ 10/40; Transky, Eugen ~ 10/69; Trillitzsch, Otto */~ 10/89; Tuch, Heinrich Agatius Gottlob * 10/111; Vondenhoff, Bruno ~ 10/252; Wagner, Helmut ~ 10/282; Wartenburg, Karl (Friedrich Anton) ~/† 10/338; Weidner, Julius ~ 10/384; Weimann, Hede ~ 10/393; Weisker, Rudolf ~ 10/404; Weissenborn, Hermann Johann Christian * 10/414; Welke, Kurt Heinz ~ 10/424; Winterstein, Eduard von ~ 10/535; Wittmann, Carl Friedrich ~ 10/550; Wloch, Karl ~ 10/554; Wolf, Berthold ~ 10/564; Zimmer, Walter ~ 10/664

Gerabronn
Brecht, Theodor ~ 2/94; Langsdorff, Karl Christian von ~ 6/248

Geras (Niederösterreich)
Munggenast, Joseph ~ 7/308

Geratsried (Gem. Missen, seit 1959 zu Missen-Wilhams)
Hauber, Josef * 4/435

Gerbitz
Mostar, Gerhart Herrmann * 7/232

Gerbstedt
Friderici, Daniel ~ 3/444; Haase, (Reinhold) Ernst * 4/288; Haase, (Christoph) Hermann * 4/289; Haußmann, Valentin */~ 4/455

Gerchsheim (Gem. Großrinderfeld)
Oberdorf, Fritz * 7/452

Gerdauen (russ. Železnodoržnyj)
Hippel, Theodor Gottlieb von * 5/59; Hippel, Theodor Gottlieb von * 5/59; Konrad Zöllner von Rotenstein, Hochmeister des Deutschen Ordens ~ 6/26

Gerderath (seit 1972 zu Erkelenz)
Monforts, August * 7/198

Gerersdorf (Pöggstall, Niederösterreich)
Traunfellner, Franz */~/† 10/72

Geretsried
siehe auch *Buchberg*
Krieg, Hans † 6/105; Nick, Edmund (Josef) † 7/397

Gerhausen (seit 1934 zu Blaubeuren)
Fyner, Konrad * 3/546

Gerichtstetten (seit 1975 zu Hardheim)
Nied, (Johann) Edmund † 7/403

Geringswalde
siehe auch *Altgeringswalde*
Heyne, Christian Leberecht ~ 5/26; Ladegast, Friedrich ~ 6/192; Rüdiger, Horst ~ 8/447

Gerlachsheim (seit 1974 zu Lauda, seit 1975 zu Lauda-Königshofen)
Stein, Fritz * 9/477

Gerlachstein (Bez. Stein, Krain)
Hohenwart, Sig(is)mund Anton Graf von * 5/141

Gerlafingen (Kt. Solothurn)
Dübi, Ernst ~ 2/633; Tafel, Wilhelm * 9/651

Gerlikon (Gem. Gachnang, Kt. Thurgau)
Huggenberger, Alfred ~ 5/216

Gerlingen (Gem. Wenden)
Schneider, Wilhelm * 9/60

Gerlingen (Kr. Ludwigsburg)
Erhard, Johann Ulrich ~ 3/145; Missenharter, Hermann † 7/153; Pongs, Hermann † 8/32; Rebmann, Johannes * 8/171

Germania (Pennsylvania, USA)
Schiller, Josef † 8/637
Germantown (seit 1854 zu Philadelphia, Pennsylvania, USA)
Kelpius, Johannes † 5/501; Pastorius, Franz Daniel ~/† 7/570; Saur, Christoph d. Ä. ~/† 8/530
Germar
Helwig von Germar ~ 4/577
Germaringen → Obergermaringen, Untergermaringen
Germering
siehe auch *Unterpfaffenhofen*
Kolbenhoff, Walter † 6/13
Germersheim
Blaul, Friedrich ~/† 1/564; Bussereau, Jakob Friedrich ~ 2/256; Ebrecht, Walter ~ 3/3; Fahsel, Helmut ~ 3/220; Frey, Johann Michael ~ 3/436; Gemmingen, Uriel Frh. von ~ 3/619; Hagen, Bernhard ~ 4/319; Krebs, Friedrich * 6/88; Kreß von Kressenstein, Otto Frh. * 6/98; Nardini, Paul Josef ~ 7/340; Orth, Eduard * 7/508; Philipp der Aufrichtige, Kurfürst der Pfalz † 7/655; Posthius, Johannes * 8/45; Schmitt-Walter, Karl * 9/33; Schramm, Edmund ~ 9/128; Seuß, Wilhelm * 9/295; Seydel, Max von ~ 9/297; Sponeck, Hans Graf von ~/† 9/415; Stumpf, Hermann * 9/614; Thieme, Karl Otto ~ 10/4; Zahn, Friedrich Wilhelm * 10/614; Zipf, (Johannes) Stephan ~ 10/678
Germsen
Moltke, Carl Melchior Jakob * 7/194
Gern (Gem. Nymphenburg, seit 1899 zu München)
Closen, Karl Frh. von † 2/345; Krieger, Johann Nepomuk ~ 6/107
Gern (seit 1972 zu Eggenfelden)
Hahl, Albert */† 4/327
Gernberg
Rauchenbichler, Josef * 8/159
Gernrode (Kr. Quedlinburg)
Adelheid, Äbtissin von Quedlinburg ~ 1/33; Alvensleben, Gustav von † 1/107; Ernemann, (Johann) Heinrich * 3/156; Franke, (Alwin Wilhelm) Otto * 3/404; Gero, Markgraf der Elbmark ~/† 3/653; Henneberg, Anna * 4/588; Mohs, (Carl) Friedrich (Christian) * 7/184
Gernsbach
siehe auch *Hilpertsau*
Arnsperger, Karl Philipp Friedrich ~ 1/193; Blumhardt, Christoph Friedrich ~ 1/589; Dill, Ludwig * 2/546; Drais von Sauerbronn, (Friedrich) Heinrich Georg Frh. ~ 2/607; Eichrodt, Walther * 3/56; Fikentscher, Jenny † 3/294; Isemann, Bernd * 5/261; Moest, (Karl) Friedrich * 7/179; Montanus, Jacob(us) * 7/199; Posselt, Ernst Ludwig ~ 8/44; Wallraff, Heinrich * 10/315; Zentgraf, Eduard † 10/643
Gernsheim
Beck, Ludwig Joseph * 1/373; Dahl, Johann Konrad ~ 2/428; Gattenhoff, Georg Matthias ~ 3/581; Lehne, (Johann) Friedrich (Franz) * 6/299; Lenhart, Georg * 6/320; Schmitt, Joseph * 9/32; Schöffer, Peter d. Ä. * 9/76
Geroldsgrün
Faber, Lothar Frh. von ~ 3/209; Hoffmann, Karl † 5/121; Keysser, Christian * 5/526
Gerolfing
Gumppenberg, Walter ~ 4/257
Gerolfingen (Gem. Täuffelen, Kt. Bern)
Helbling, Albert * 4/555
Gerolstein
Mertes, Alois * 7/78; Pieper, Ernst * 7/666
Gerolzhofen
Derleth, Ludwig * 2/491; Fey, Nikolaus † 3/282; Glockengießer, Christoph II ~ 4/33; Helbig, Johann Lorenz ~ 4/554; Rosentritt, Johann Baptist * 8/402; Stahl, Friedrich Karl ~ 9/438; Urlaub, Georg Christian ~ 10/167
Gerresheim (seit 1909 zu Düsseldorf)
Dörpfeld, Friedrich Wilhelm ~ 2/579; Dralle, Robert ~ 2/608; Heye, Hermann * 5/21; Losenhausen, Joseph * 6/478; Röttger, Karl ~ 8/364

Gerrietshausen (Hooksiel, seit 1973 zu Wangerland)
Thünen, Johann Heinrich von ~ 10/25
Gersau (Kt. Schwyz)
Camenzind, Josef Maria * 2/268; Dobbert, Eduard † 2/564; Hoverbeck, Leopold Frh. von † 5/189; Nigg, Walter * 7/416
Gersdorf (Gem. Markersdorf, Niederschlesischer Oberlausitzkreis)
Ettmüller, Christian Friedrich Benedikt * 3/186; Ettmüller, (Ernst Moritz) Ludwig * 3/186; Häser, Johann Georg * 4/313; Schneider, Johann Gottlob d. Ä. † 9/56
Gersdorf (Kr. Chemnitzer Land)
Bretschneider, Karl Gottlieb * 2/123
Gersdorf (Mecklenburg)
Moltke, Helmuth (Johannes Ludwig) von * 7/194
Gersdorf (poln. Gawroniec)
Borcke, Caspar Wilhelm von * 2/28; Borcke, Friedrich Wilhelm Frh. von * 2/28
Gersfeld (Rhön)
Buchrucker, Karl (Christoph Wilhelm) von ~ 2/189; Cauer, Wilhelm (Eduard Ludwig) † 2/298; Raabe, Cuno Heinrich † 8/106; Recknagel, Georg * 8/174; Schönfeld, Walther * 9/94; Schöpf, Clemens Josef * 9/100; Thüngen, Johann Karl Graf von * 10/25
Gersheim → Niedergailbach
Gerstetten
siehe auch *Dettingen, Falkenstein*
Berger, Gottlob * 11/18; Camerer, (Johann Friedrich) Wilhelm ~ 2/269; Gaiser, Konrad * 3/559; Roth, Heinrich * 8/413
Gersthofen
siehe auch *Edenbergen*
Klee, Paul ~ 5/570
Gersthofen (Augsburg)
Baumgartner, Johann Wolfgang ~ 1/347; Hermann, Ludwig ~ 4/630
Gerstungen
Otto, Graf von Northeim, Herzog von Bayern ~ 7/532; Stapff, Friedrich-Moritz * 9/448
Gerswalde
Arnim, Friedrich Wilhelm Karl von † 1/180
Gerzensee (Kt. Bern)
Freudenreich, Eduard (Alfred Friedrich Theodor Ernst) von * 3/430
Geschinen (Kt. Wallis)
Werlen, Ludwig * 10/442
Gesees
Baumann, Johann Adolf * 1/336
Geseke
Hagen, Bernhard vom * 4/319; Lorenz, Wilhelm * 6/473; Schupmann, Ludwig */† 9/210
Gesmold (seit 1972 zu Melle)
Hammerstein, Ludwig Frh. von * 4/363
Gessenay → Saanen
Gessertshausen → Oberschönenfeld
Gestorf (Springe)
Ilten, Jobst Hermann von * 5/250; Wahrendorff, Ferdinand ~ 10/294
Gestungshausen (seit 1972 zu Sonnefeld)
Krauß, Werner * 6/85
Gettnau (Kt. Luzern)
Lütolf, Alois * 6/524
Geudertheim (Dép. Bas-Rhin, Frankreich)
Schmitt, Christian * 9/30
Geuensee (Kt. Luzern)
Steiger, Jakob Robert * 9/473
Geulen
Ernesti, Johann Christoph * 3/157
Gevelsberg
Bäumer, Remigius * 11/9; Föcher, Matthias ~ 3/359; Goetze, Otto * 4/73; Hasenclever, Friedrich Wilhelm * 4/422; Hoengen, Elisabeth * 11/89; Öttinghaus, Walter */~ 7/476

Gevezin

Buchheim, Rudolf (Richard) ~/† 2/183; Buchner, Karl (Friedrich August) ~ 2/187; Buchner, Ludwig Andreas ~ 2/187; Buchner, (Christian Ludwig) Otto ~/† 2/188; Bucholtz, Wilhelm Heinrich Sebastian ~ 2/188; Buderus, Hugo ~ 2/193; Büchner, Franz ~ 2/196; Büchner, (Carl) Georg ~ 2/196; Büchner, Georg ~ 2/196; Büchner, Johann Gottfried Sigmund Albert ~ 2/196; Büchner, (Friedrich Karl Christian) Ludwig ~ 2/196; Bücking, (Carl Ferdinand Bertram) Hugo ~ 2/199; Bülow, Oskar ~ 2/206; Bürker, Karl ~ 2/211; Buff, Adolf */~ 2/217; Buff, (Johann) Heinrich ~/† 2/217; Buff, Heinrich Ludwig ~ 2/217; Buff, Johann Friedrich Christoph ~ 2/217; Bultmann, Rudolf (Karl) ~ 2/222; Buri, Christian (Karl Friedrich) von */~ 2/241; Buri, Maximilian von ~ 2/241; Buri, (Christian Karl Ernst) Wilhelm ~ 2/242; Calker, Wilhelm van ~ 2/266; Cancrin, Franz Ludwig von ~ 2/272; Canngiesser, Leonard Heinrich Ludwig Georg von ~ 2/274; Carriere, (Philipp) Moriz ~ 2/288; Cartheuser, Friedrich August ~ 2/290; Casparson, Johann ~ 2/292; Cellarius, Christoph ~ 2/300; Chastel, Franz Thomas ~ 2/306; Chemlin, Kaspar ~ 2/308; Christiani, David ~/† 2/321; Claß, Heinrich ~ 2/331; Classen, Alexander ~ 2/331; Classen, Peter ~ 11/40; Claus, Carl Friedrich ~ 2/334; Clebsch, (Rudolf Friedrich) Alfred ~ 2/338; Clemm, August (Ernst Konrad) Ritter von * 2/341; Clemm, Carl (Friedrich) */~ 2/341; Clemm-Lennig, Carl (Wilhelm Heinrich) ~ 2/341; Clodius, David ~ 2/344; Clossius, Walter Friedrich von ~/† 2/346; Cobet, Rudolf Wilhelm ~ 2/348; Conrad, Wilhelm */~ 2/363; Cordier, Leopold ~/† 2/372; Cothmann, Johann ~ 2/383; Credner, Karl August ~/† 2/395; Creizenach, Michael ~ 2/396; Creizenach, Theodor ~ 2/396; Culemann, Simon August ~ 2/409; Curschmann, Heinrich */~ 2/412; Dafert von Senseltimmer, Franz Wilhelm ~ 2/427; Dahmen, Jost ~ 2/430; Dambmann, Georg Peter ~ 2/436; Dambroth, Manfred ~ 2/436; Dang, Johann Sebastian ~ 2/440; Danz, August Friedrich Wilhelm ~ 2/444; Danz, Ferdinand Georg ~/† 2/444; Danz, Johann Ernst Friedrich ~ 2/444; Dassov, Theodor ~ 2/447; David, Eduard (Heinrich Rudolph) ~ 2/452; Delbrück, Richard ~ 2/476; Demoll, Reinhard ~ 2/483; Dengel, Philipp ~ 2/485; Derenburg, Joseph ~ 2/491; Dernburg, Heinrich ~ 2/492; Dersch, Hermann ~ 2/493; Derschau, August Egbert von ~ 2/493; Désor, (Johann Peter) Eduard ~ 2/496; Dettweiler, Peter ~ 2/502; Deubner, Ludwig (August) ~ 2/502; Dibelius, Otto ~ 2/511; Dieckmann, Johannes ~ 2/514; Diecmann, Johann ~ 2/514; Dieffenbach, Ernst */~/† 2/516; Dieffenbach, Georg Christian ~ 2/516; Dieffenbach, Johann Philipp ~ 2/516; Diehl, Wilhelm ~ 2/516; Diel, August Friedrich Adrian ~ 2/517; Diepenbach, Wilhelm ~ 2/520; Dieterich, Albrecht ~ 2/527; Dieterich, Helwich ~ 2/527; Dieterich, Johann Conrad ~/† 2/528; Dieterich, Konrad ~ 2/528; Dietrich, Ernst Ludwig ~ 2/535; Dietz, Johann Ludwig Friedrich ~ 2/540; Dietz, Rolf ~ 11/46; Diez, Friedrich Christian */~ 2/543; Dillenius, Johann Jakob ~ 2/546; Dillmann, (Christian Friedrich) August ~ 2/547; Dingeldey, Eduard * 2/550; Dingeldey, (Friedolin Gustav Theodor Karl W.) Friedrich ~ 2/551; Dingler, Max ~ 2/552; Dippel, Johann Konrad ~ 2/554; Dirks, Walter ~ 2/555; Dix, Walter (Hans Bruno) ~ 2/563; Döring, Michael ~ 2/577; Dörr, Adolf ~ 2/579; Dornberger, Walter Robert * 2/598; Draudt, August ~ 2/609; Draudt, Karl (Friedrich Wilhelm Christoph) ~ 2/609; Drews, Paul (Gottfried) ~ 2/617; Droop, Friedrich Wilhelm ~ 2/623; Drude, Paul (Karl Ludwig) ~ 2/627; Duboc, Karl Julius ~ 2/629; Dümmler, Georg Ferdinand ~ 2/635; Dünkelberg, (Friedrich) Wilhelm ~ 2/636; Dürken, Bernhard (Heinrich) ~ 2/640; Dumont, Konrad Alexis ~ 2/649; Dunbar, William Philipps ~ 2/650; Ebel, Kaspar */~/† 2/664; Eberhard, Bernhard ~ 2/670; Eberhard, Johann Peter ~ 2/671; Eberlein, Johann Friedrich ~ 2/674; Eberstein, Ernst Albrecht von ~ 2/677; Eck, Ernst Wilhelm Eberhard ~ 3/5; Eck, Samuel ~/† 3/6; Eckert, Christian (Laurenz Maria) ~ 3/11; Eckhard, Conrad ~/† 3/12; Eckhardt, Christian (Leonhard Philipp) ~ 3/12; Eckstein, (Friedrich Ludwig Adolf) Ernst */~ 3/15; Eckstein,

Karl (Georg Wilhelm) ~ 3/16; Edinger, Ludwig ~ 3/19; Edlbacher, Siegfried Augustin Johann ~ 3/19; Edschmid, Kasimir ~ 3/20; Edzard, Georg Elieser ~ 3/21; Eger, Karl (Christian) ~ 3/24; Eger, Otto ~/† 3/24; Eichrodt, Johann ~ 3/55; Eicken, Karl Otto von ~ 3/57; Eidmann, Hermann August ~ 3/58; Eigenbrodt, Karl ~ 3/59; Elbs, Karl (Joseph Xavier) ~/† 3/83; Emge, Carl August ~ 3/103; Emmerling, Ludwig August ~ 3/105; Engel, Friedrich ~/† 3/113; Engel, Ludwig ~ 3/115; Engisch, Karl (Franz Wilhelm) */~ 3/125; Erhard, Hubert ~ 3/144; Erlenmeyer, (Richard August Carl) Emil ~ 3/152; Ernst Ludwig, Landgraf von Hessen-Darmstadt ~ 3/159; Esselborn, Karl ~ 3/180; Estor, Johann Georg ~ 3/183; Ettling, Carl Jakob ~/† 3/185; Eulenburg und Hertefeld, Philipp (Friedrich Karl Alexander Botho) Fürst zu ~ 3/191; Euler, Ludwig Heinrich ~ 3/194; Ewald, (Christian Wilhelm) Carl von ~ 3/197; Eyben, Hulderich von ~ 3/203; Faber, Gustav ~ 11/57; Fabian, Walter (Max) ~ 3/210; Fabrice, Johann Ludwig von ~ 3/212; Fabrice, Weipart Ludwig von ~ 3/212; Fabricius, Johann Philipp ~ 3/214; Fabricius, Philipp Konrad ~ 3/215; Fahr, Theodor ~ 3/219; Falckenberg, (Otto Richard) Hans ~/† 3/223; Falk, Johannes Nepomuk (Maria) ~ 3/225; Faustmann, Martin */~ 3/236; Fecht, Johannes ~ 3/239; Feist, Eduard Richard Karl ~ 3/252; Feldes, Roderich ~ 11/58; Fellenberg, Ludwig Rudolf von ~ 3/259; Felsing, Johann Conrad * 3/263; Ferber, Heinrich */~/† 3/266; Feuerborn, Justus */~ 3/280; Feulgen, Robert (Joachim Wilhelm) ~/† 3/281; Fischer, Franz (Josef Emil) ~ 3/315; Fischer, Heinrich ~ 3/319; Fleckenbühl, (Johann) Philipp Franz von ~ 3/339; Fleitmann, (Franz Friedrich) Theodor ~ 3/345; Fliedner, (Georg Heinrich) Theodor ~ 3/350; Follen, August (Adolf Ludwig) */~ 3/367; Follen, Karl (Theodor Christian) ~ 3/367; Follenius, Paul */~ 3/367; Forch, Carl (Friedrich Otto Hugo) ~ 3/371; Forckenbeck, Max(imilian) (Franz August) von ~ 3/372; Formstecher, Salomon ~ 3/374; Franck, Heinz-Gerhard ~ 3/389; Frank, (Friedrich Wilhelm Ferdinand) Otto ~ 3/402; Frank, Reinhard (Karl Albrecht Otto Friedrich) von ~ 3/403; Franqué, Otto (Friedrich Wilhelm Paul) von ~ 3/408; Fresenius, Georg (Johann Baptist Wolfgang) ~ 3/426; Fresenius, Johann Philipp ~ 3/426; Fresenius, (Carl) Remigius ~ 3/427; Frick, Heinrich ~ 3/441; Fricke, (Otto) Robert ~ 3/443; Friedberger, Ernst */~ 3/447; Fries, Karl (Friedrich Emil) ~ 3/484; Fritze, Friedrich August ~ 3/496; Fritzsche, Karl Friedrich August ~/† 3/498; Frölich, Karl Wilhelm Adolf ~/† 3/505; Fröreisen, Johann Leonhard ~ 3/506; Fromme, Albert */~ 3/510; Fromme, Carl ~/† 3/510; Fuchs, Emil ~ 3/517; Fuchs, Georg ~ 3/518; Fürth, Henriette */~ 3/531; Fuld, Ludwig ~ 3/539; Gaffky, Georg (Theodor August) ~ 3/556; Gagern, Maximilian Frh. von ~ 3/558; Gall, August Frh. von ~ 3/561; Gall, August (Georg) Frh. von ~ 3/561; Gall, Ferdinand (Wilhelm Adam) Frh. von ~ 3/561; Gallas, Wilhelm ~ 3/563; Ganz, Hugo ~ 3/572; Gareis, Karl (Heinrich Franz) ~ 3/574; Garten, (Ernst Heinrich) Siegfried ~ 3/575; Gaß, (Friedrich) Wilhelm (Joachim Heinrich) ~ 3/577; Gaßner, Ferdinand Simon ~ 3/579; Gatzert, (Christian) Hartmann (Samuel) Frh. von † 3/583; Gawalowski, Anton (Carl Wilhelm) ~ 3/589; Gengler, Heinrich Gottfried (Philipp) ~ 3/622; Georgievics, Georg (Cornelius Theodor) von ~ 3/633; Geppert, Harald (Aloysius August Maria) ~ 3/634; Geppert, (August) Julius ~/† 3/634; Gerber, Rudolf ~ 3/636; Gerhardt, Charles (Friedrich) ~ 3/643; Gerthsen, Christian ~ 3/662; Gessner, Adolf ~ 3/667; Gisevius, Paul ~/† 4/17; Giulini, Lorenz (Cäsar Anton) ~ 4/18; Gladbach, Ernst (Georg) ~ 4/19; Gladbach, Georg ~ 4/19; Glaser, (Johann) Ludwig (Valentin) ~ 4/24; Glauber, Johann Rudolf ~ 4/26; Glockner, Hermann ~ 4/33; Gnauth, Feodor ~ 4/42; Godeffroy, Richard ~ 4/46; Göhring, Martin ~ 4/52; Goergen, Josef-Matthias ~ 4/57; Görtler, Henry ~ 4/61; Goethe, Johann Caspar ~ 4/64; Goldast von Haiminsfeld, Melchior † 4/76; Goldner, (Carl Ludwig Christian) Wolfgang von ~ 4/81; Gordan, Paul (Albert) ~ 4/98; Gotschlich, Emil (Carl Anton Constantin) ~ 4/103; Gottron, Adam (Bernhard) ~ 4/109;

Gottschick, Johannes (Friedrich) ~ 4/112; Grabowsky, Adolf ~ 4/117; Graff, Erich ~ 4/130; Graffenried, Christoph von ~ 4/131; Greim, Georg Heinrich ~ 4/152; Greiner, Daniel ~ 4/153; Greser, (Hans) Daniel ~ 4/157; Greve, Eduard Wilhelm Johann ~ 4/159; Griesbach, Hermann Adolf ~ 4/163; Grimm, Karl Ludwig Willibald ~ 4/171; Groedel, Franz (Maximilian) ~ 4/179; Grolman, Adolf (Karl-Friedrich Wilhelm) von ~ 4/183; Grolmann, Johann August von */~/† 4/184; Grolmann, Karl Ludwig Wilhelm von */~ 4/184; Groos, Karl Theodor ~ 4/186; Gross, Walter (Hatto) ~ 11/73; Grothusen, Klaus Detlev ~ 4/203; Gruben, Franz Joseph Frh. von ~ 4/205; Gruber, Johann Daniel ~ 4/206; Grünbaum, Max ~ 4/211; Güßfeldt, (Richard) Paul (Wilhelm) ~ 4/247; Gundel, Wilhelm ~/† 4/257; Gundelfinger, Sigmund ~ 4/258; Gundermann, Gotthold ~ 4/258; Gunkel, (Johann Friedrich) Hermann ~ 4/260; Gutowski, Armin ~ 4/272; Guttenberg, Erich Frh. von ~ 4/273; Gwinner, Philipp Friedrich ~ 4/277; Haas, (Karl Friedrich) Wilhelm ~ 4/288; Haberkorn, Peter ~/† 4/292; Hahn, Ferdinand ~ 4/328; Hahn, Johann Friedrich * 4/330; Hahn, Johann Georg von ~ 4/330; Halfmann, Wilhelm ~ 4/343; Haller, Johannes ~ 4/348; Hamm, Wilhelm (Philipp) Ritter von ~ 4/360; Hanle, Wilhelm ~/† 11/78; Hanneken, Meno ~ 4/372; Hanneken, Philipp Ludwig ~ 4/372; Happel, Eberhard Werner ~ 4/379; Harnack, Adolf von ~ 4/391; Harnack, Arvid ~ 4/391; Harnack, Mildred ~ 4/392; Harrassowitz, Hermann (Ludwig Friedrich) ~ 4/395; Hartig, Georg Ludwig ~ 4/400; Hartmann, Max(imilian) ~ 4/411; Hassel, (Johann Otto) Paul ~ 4/428; Hattemer, Heinrich ~ 4/432; Haupt, (Karl) Albrecht ~ 4/442; Haupt, Herman ~ 4/443; Haussner, Robert (Carl Hermann) ~ 4/455; Hecht, Felix ~ 4/467; Heckroth, Hein * 4/472; Hedinger, (Johann) Reinhard ~ 4/473; Heffter, Lothar (Wilhelm Julius) ~ 4/477; Hegar, (Ernst Ludwig) Alfred ~ 4/478; Heger, Franz ~ 4/482; Heichelheim, Fritz Moritz */~ 4/484; Heimberger, Josef ~ 4/503; Heimburger, Karl Friedrich ~ 4/504; Heineck, Friedrich ~ 4/512; Heinrich I. das Kind, Landgraf von Hessen ~ 4/527; Heinrich, Johann Baptist ~ 4/543; Heister, Lorenz ~ 4/552; Hellwig, Konrad (Maximilian) ~ 4/570; Helm, Karl (Hermann Georg) ~ 4/571; Helwig, Christoph ~/† 4/577; Henneberg, Bruno ~ 4/588; Henneberg, (Johann) Wilhelm (Julius) ~ 4/589; Henrich, Konrad ~ 4/594; Henschel, (Georg Christian) Carl * 4/596; Hepding, Hugo ~/† 4/602; Herff, Otto von ~ 4/613; Hering, Gerhard (Friedrich) ~ 4/616; Hert, Johann Christoph ~ 4/648; Hert, Johann Nicolaus ~/† 4/648; Herzog, Rudolf ~ 4/666; Heß, Richard ~/† 4/672; Heß, Walther ~ 4/673; Hesse, Ernst Christian ~ 4/675; Hessel, Peter ~ 4/679; Hessemer, Friedrich Maximilian ~ 5/1; Hetzer, Hildegard ~/† 5/6; Heusinger, Johann Michael ~ 5/11; Heydweiller, Adolf ~ 5/21; Heyer, Carl ~/† 5/21; Heyer, Gustav */~ 5/21; Hezel, Johann Wilhelm Friedrich ~ 5/28; Hildebrandt, Fritz ~ 5/37; Hillebrand, Joseph ~ 5/43; Hillebrand, Karl */~ 5/43; Hinselmann, Hans ~ 5/55; Hippel, Artur von ~ 5/58; Hippel, Eugen von ~ 5/59; Hippel, Robert ~ 5/59; Hirsch, Ernst Eduard ~ 5/60; Hirsch, Karl ~ 5/62; Hirt, Hermann ~/† 5/69; Hirtzwig, Heinrich ~ 5/71; Hochmann von Hochenau, Ernst Christoph ~ 5/81; Hölscher, Gustav ~ 5/96; Hoepfner, Carl ~ 5/99; Höpfner, Ludwig Julius Friedrich */~ 5/99; Hoffmann, (Heinrich Karl) Hermann ~/† 5/119; Hoffmann, Karl Ernst Emil ~ 5/122; Hoffmann, Walter (Alexis Karl) ~ 5/123; Hofmann, August Frh. von ~ 5/127; Hofmann, August Wilhelm von */~ 5/127; Holthausen, Ferdinand ~ 5/155; Holtzmann, Robert ~ 5/157; Hommel, Hildebrecht ~ 5/164; Horn, Jakob ~ 5/177; Horneffer, Ernst ~ 5/179; Hübner, Rudolf ~ 5/206; Hummel, Karl L. ~ 5/225; Hundeshagen, Johann Christian ~/† 5/227; Hundeshagen, Karl Bernhard ~ 5/227; Hunnius, Nikolaus ~ 5/229; Ihering, Hermann von ~ 5/244; Ihering, (Caspar) Rudolf von ~ 5/245; Ihne, Egon ~ 5/246; Illies, Joachim ~ 5/248; Imkamp, Wilhelm ~ 5/253; Immisch, Otto ~ 5/254; Ippen, Josef Anton ~ 5/258; Jaffé, George Cecil ~ 5/288; Jakob, Heinrich ~ 5/296; Jaschke, Rudolf Theodor Edler von ~

5/308; Jaup, Carl */~ 5/311; Jauß, Hans Robert ~ 11/96; Jentzsch, Felix (Hermann Ferdinand) ~ 5/322; Jentzsch, Karl Alfred † 5/323; Jesionek, Albert ~/† 5/326; Jobst, Karl ~ 5/331; Jörs, Paul ~ 5/337; Jonas, Hildegard ~ 5/360; Jucho, Friedrich ~ 5/370; Jungermann, Ludwig ~ 5/382; Jungius, Joachim ~ 5/383; Kahle, Paul Ernst ~ 5/402; Kaiser, (Friedrich Wilhelm) Erich ~ 5/406; Kalbfleisch, Karl ~/† 5/410; Kalisch, Ludwig ~ 5/412; Kamke, Erich ~ 5/419; Karrillon, Adam ~ 5/453; Kaser, Max ~ 11/101; Kattenbusch, Ferdinand ~ 5/464; Katzenellenbogen, Adolf ~ 5/466; Katzenstein, Simon */~ 5/466; Katzer, Friedrich ~ 5/466; Kehrein, Joseph ~ 5/484; Kehrer, Erwin * 5/484; Kehrer, Hugo * 5/484; Keim, Karl Theodor ~/† 5/487; Kekulé, (Friedrich) August ~ 5/488; Keller, Hermann */~ 5/494; Keller, Walter ~ 5/497; Kellner, Carl ~ 5/499; Kepp, Richard ~ 5/507; Kern, Alfred ~ 5/510; Kessel, Johannes ~ 5/518; Keßler, Otto ~ 5/520; Kirchheimer, Franz (Waldemar) ~ 11/104; Kißkalt, Karl ~ 5/559; Klaas, Walter ~ 5/562; Klein, Hans-Wilhelm ~ 11/106; Klinger, Friedrich Maximilian von ~ 5/597; Klingspor, Karl * 5/599; Klopfer, Balthasar Christoph ~ 5/603; Klüber, Johann Ludwig ~ 5/607; Klute, Fritz ~ 5/610; Knapp, Friedrich (Ludwig) ~ 5/612; Knapp, Georg Friedrich * 5/612; Knapp, Hermann ~ 5/613; Kobelt, Wilhelm ~ 5/635; Koch, Karl (Jakob Ludwig Wilhelm) ~ 5/642; Koch, Wilhelm Daniel Joseph ~ 5/644; Kodweiß, Friedrich ~ 5/646; Köhler, August ~ 5/650; Koehler, Karl Franz ~ 5/651; Köhler, Walther ~ 5/653; Köppe, Hans ~ 5/668; Köppen, Edlef † 5/668; Körner, Wilhelm ~ 5/673; Körte, Alfred ~ 5/674; Köstlin, Heinrich Adolf ~ 5/677; Köthe, Gottfried ~ 11/108; Koffka, Kurt ~ 5/679; Kohut, Oswald (Adolph) ~ 6/8; Koller, Siegfried ~ 11/109; Kopp, Hermann (Franz Moritz) ~ 6/38; Korell, Adolf ~ 6/42; Korff, Hermann August ~ 6/43; Kornemann, Ernst ~ 6/46; Krauch, Carl ~ 6/74; Krauss, Samuel ~ 6/85; Krebs, Friedrich ~ 6/88; Krieger, Johann Christian */~ 6/107; Kroencke, Claus ~ 6/110; Krönlein, Rudolf Ulrich ~ 6/111; Krollpfeiffer, Friedrich ~/† 6/114; Krüger, Fritz ~ 6/122; Krüger, Gustav ~/† 6/122; Küchler, Walther ~ 6/141; Kühne, Georg ~ 6/145; Kühnöl, Christian Gottlieb ~ 6/147; Külz, Helmut ~ 6/148; Küster, Ernst ~/† 6/154; Kuhn, Johannes Evangelista von ~ 6/160; Kuhn, Philaletes ~ 6/161; Kulpis, Johann Georg von ~ 6/165; Kunkel, Wolfgang (Ernst Karl Friedrich) ~ 6/169; Kunze, Karl ~ 6/173; Kunze, Max Friedrich ~ 6/173; Kutscher, Friedrich ~ 6/182; Lackmann, Adam Heinrich ~ 6/191; Lahmeyer, Wilhelm ~ 6/199; Lahr, Rolf ~ 6/199; Lampadius, Jakob ~ 6/208; Lang, Viktor Edler von ~ 6/229; Lange, Ludwig ~ 6/235; Lange, Ludwig */~ 6/235; Langen, Theodor Friedrich ~ 6/238; Langhans, Theodor ~ 6/246; Langsdorff, Johann Wilhelm ~/† 6/247; Langsdorff, Karl Christian von ~ 6/248; Laqueur, Richard ~ 6/252; Laspeyres, Etienne ~/† 6/258; Laubenheimer, August */~ 6/264; Laukhard, Friedrich Christian (Heinrich) ~ 6/268; Lehmann, Emil ~ 6/292; Lehr, Julius ~ 6/300; Leichtweiß, Ludwig ~ 6/306; Leidenfrost, Johann Gottlob ~ 6/306; Lellmann, Eugen ~/† 6/314; Lendle, Ludwig ~ 6/319; Lenz, Friedrich ~ 6/323; Leonhard, Rudolf ~ 6/329; Lerch, Eugen ~ 6/338; Lerch, Georg August ~ 6/338; Lerse, Franz ~ 6/340; Leske, Carl Wilhelm ~ 6/342; Leubuscher, Charlotte ~ 6/350; Leuchtgens, Heinrich ~ 6/352; Leuckart, (Karl Georg Friedrich) Rudolf ~ 6/352; Leutwein, Friedrich ~ 6/356; Leverkus, Carl ~ 6/357; Levi, Benedikt Samuel ~/† 6/358; Levi, Hermann * 6/358; Levy, Max ~ 6/361; Lewy, Julius ~ 6/366; Liebig, Georg Frh. von */~ 6/384; Liebig, (Johann) Justus Frh. von ~ 6/384; Liebknecht, Wilhelm */~ 6/386; Liefmann, Robert ~ 6/390; Liesegang, (Paul) Eduard ~ 6/392; Lindau, Rudolf ~ 6/400; Linde, Justin (Timotheus Balthasar) Frh. von ~ 6/401; Lindemann, August ~ 6/401; Linß, Carl (Wilhelm) ~ 6/414; Lippius, Johannes ~ 6/419; Liszt, Franz von ~ 6/426; Lobstein, Johann Friedrich d. J. * 6/432; Locherer, Johann Nepomuk ~/† 6/434; Löhlein, Walther ~ 6/442; Löhnis, Jonathan Michael Athanasius ~ 6/443; Löhr, Egid (Valentin Johann Felix Nepomuk Ferdinand) von ~/† 6/443; Loehr,

Ferdinand von */~ 6/443; Lorey, Tuisko von ~ 6/474; Lossen, Wilhelm ~ 6/479; Lotz, Franz ~ 6/484; Lowitz, Siegfried ~ 11/124; Lubarsch, Otto ~ 6/488; Lucius, Eugen (Nikolaus) ~ 6/492; Ludat, Herbert ~/† 6/493; Ludwig V., Landgraf von Hessen-Darmstadt ~ 6/503; Ludwig IV., Großherzog von Hessen und bei Rhein ~ 6/504; Ludwig, Georg ~ 6/508; Ludwig, Hubert ~ 6/509; Ludwig, Wilhelm ~ 6/510; Lüft, Johann Baptist ~ 6/517; Lüroth, Jacob ~ 6/520; Lutterbeck, (Johann) Anton (Bernhard) ~/† 6/539; Lyncker, Nikolaus Christoph ~ 6/544; Madai, Carl Otto von ~/† 6/554; Maercker, Max (Heinrich) † 6/558; Malß, Karl (Balthasar) ~ 6/581; Mangold, Ernst ~ 6/588; Marchand, (Jacob) Felix ~ 6/606; Marsson, Theodor ~ 6/632; Martin, Berthold ~/† 6/636; Maruhn, Karl ~/† 6/643; Matossi, Frank ~ 6/656; Maucher, Eugen Frh. von ~ 6/667; Maurer, Friedrich * 6/669; Maurer, Friedrich ~ 6/669; Maus, Heinz ~ 6/671; Maxsein, Agnes ~ 6/679; Mayer, August ~ 7/5; Mayer, Georg ~ 7/7; Mayer, Joseph Anton ~ 7/9; Mayer, Siegmund ~ 7/11; Mayer, Theodor ~ 7/11; Medau, Hinrich † 7/22; Meidinger, Heinrich ~ 7/29; Meiern, Johann Gottfried von ~ 7/32; Meißinger, Karl August */~ 7/40; Meixner, Josef ~ 7/48; Mentzer, Balthasar I. ~ 7/65; Mentzer, Balthasar II. */~ 7/65; Merck, Johann Heinrich ~ 7/68; Mergell, Bodo (Wilhelm Friedrich) * 11/129; Merkel, Adolf ~ 7/73; Merx, Adalbert (Ernst Otto) ~ 7/79; Messer, August ~ 7/83; Metz, August(in) ~ 7/90; Meurer, Heinrich ~ 7/94; Michaelis, Edgar ~ 7/121; Middeldorf, Ulrich ~ 7/129; Miller, Gerhard Andreas ~/† 7/142; Minnigerode, Carl ~ 7/148; Mirbt, Rudolf ~ 7/151; Mischler, Peter ~ 7/152; Mittermaier, Wolfgang Georg Gottfried ~ 7/158; Moellendorff, Willi von ~ 7/167; Mombert, Paul ~ 7/195; Moog, Willy ~ 7/203; Moritz, Friedrich ~ 7/216; Mosbacher, Peter ~ 7/220; Moser, Friedrich Carl Frh. von ~ 7/223; Moser, Georg Michael ~ 7/224; Mosler, (Karl) Friedrich ~ 7/231; Müller, Dode Emken ~ 7/251; Müller, Jacob ~ 7/267; Müller, Johann (Heinrich) ~ 7/268; Müller, Johann Helfrich von ~ 7/269; Müller, Karl (Ferdinand Friedrich) ~ 7/273; Müller-Armack, Alfred ~ 7/284; Müller-Graaf, Carl-Hermann ~ 7/286; Müller-Scheld, Wilhelm ~ 7/291; Münch, Friedrich ~ 7/293; Mylius, (Johannes) Daniel ~ 7/322; Myslenta, Coelestin(us) ~ 7/324; Naujoks, Eberhard ~ 7/347; Naumann, Alexander (Nicolaus Franz) ~/† 7/347; Nees von Esenbeck, Christian Gottfried Daniel ~ 7/356; Nell, Walter ~ 7/362; Netto, (Otto Erwin Johannes) Eugen ~/† 7/369; Neubauer, Johann Ernst * 7/371; Neumann, Rudolf Otto ~ 7/386; Neumann, Wilhelm (Paul) ~ 11/140; Neundörfer, Karl ~ 7/391; Neurath, Karl (August Emil Maximilian) ~ 7/392; Neurath, (Johann Friedrich Albert) Konstantin von ~ 7/392; Neuss, Heinrich Georg ~ 7/393; Niebergall, Ernst Elias ~ 7/402; Nieberle, Karl ~ 7/402; Nigrinus, Georg ~ 7/417; Nitzsch, Friedrich August Berthold ~ 7/426; Noack, Ferdinand ~ 7/427; Noack, Ludwig ~/† 7/428; Nörrenberg, Constantin ~ 7/431; Noether, Max ~ 7/432; Noethig, Jakob ~ 7/432; Noorden, Carl (Harko) von ~ 7/436; Oehler, Karl Gottlieb Reinhard ~ 7/464; Oeing-Hanhoff, Ludger ~ 11/147; Ohm, Johannes ~ 7/480; Olt, Adam ~ 7/491; Oncken, Hermann ~ 7/492; Oncken, Wilhelm ~/† 7/492; Oppenheim, Paul ~ 7/499; Osswald, Albert */~ 11/152; Otto, (Friedrich Victor) Carl ~ 11/153; Otto, (Friedrich) Julius ~ 7/534; Pagenstecher, (Friedrich Hermann) Alexander ~ 7/548; Pasch, Moritz ~ 7/566; Patze, Hans ~ 7/571; Peppler, Albert (Gustav) ~ 7/597; Pescatore, Gustav ~ 7/607; Petersen, Johann Wilhelm ~ 7/618; Pettenkofer, Max von ~ 7/624; Pfahler, Gerhard ~ 7/634; Pfannenstiel, (Hermann) Johannes ~ 7/635; Pfannmüller, Gustav ~ 7/636; Pfeiffer, Karl * 7/641; Pfeilschifter, Julie Sophie Marie Agathe von ~ 7/644; Pflüger, Eduard (Friedrich Wilhelm) ~ 7/650; Phöbus, Philipp ~/† 7/669; Pistorius, Wilhelm Friedrich ~ 7/681; Plate, Otto ~ 7/687; Ploennies, Erich Philipp ~ 8/4; Plügge, Herbert ~ 8/6; Polano, Oskar (Julius Herbert) ~ 8/23; Poleck, (Thomas August) Theodor ~ 8/24; Poppert, Peter ~/† 8/36; Posewitz, Johann Friedrich Sigismund ~/† 8/43; Posner, Carl ~

8/43; Prasch, Johann Ludwig ~ 8/53; Preetorius, Emil ~ 8/57; Press, Volker ~ 8/63; Preuschen, Erwin (Friedrich Ferdinand Wilhelm) ~ 8/64; Priebe, Hermann ~ 11/161; Prinz, Joachim ~ 8/72; Proschko, Franz Isidor ~ 8/80; Pross, Helge ~/† 8/80; Raab, Friedrich ~ 8/105; Rachfahl, Felix ~ 8/112; Raecke, Julius ~ 8/120; Rambach, Johann Jakob ~/† 8/130; Rappaport, Philipp (August) ~ 8/142; Rappard, Carl Heinrich † 8/142; Rau, Gottlieb Martin Wilhelm Ludwig ~/† 8/155; Rau, Johann Wilhelm ~ 8/155; Rauther, Max ~ 8/166; Razum, Hannes ~ 8/169; Rebhann von Aspernbruck, Georg ~ 8/170; Regelsberger, Ferdinand (Aloys Friedrich Woldemar) ~ 8/184; Rehm, Hermann ~ 8/192; Rehm, Walther ~ 8/192; Reichelt, Johann ~ 8/199; Reichmann, Wolfgang ~ 11/162; Reinhard, Kurt (August Georg) * 8/218; Reinkingk, Dietrich von ~ 8/226; Reis, Johann Philipp ~ 8/228; Reischle, Max (Wilhelm Theodor) ~ 8/229; Reiser, Anton ~ 8/230; Reitz, Konstantin ~ 8/236; Reitzenstein, Richard (August) ~ 8/236; Renaud, Achilles ~ 8/241; Rettig, Georg Ferdinand */~ 8/251; Rettig, Heinrich (Christian Michael) */~ 8/251; Reuning, Theodor ~ 8/255; Reusch, Hermann ~ 8/255; Riegel, Franz ~ 8/296; Rieger, (Friedrich Leonhard) Maximilian ~ 8/297; Riehl, Wilhelm Heinrich ~ 8/299; Riesbeck, Johann Kaspar ~ 8/305; Riffel, Kaspar ~ 8/309; Rinck, Johann Christian Heinrich ~ 8/313; Rinne, Friedrich (Wilhelm Berthold) ~ 8/319; Ritgen, Ferdinand (August Maria) Franz von ~/† 8/324; Ritgen, (Josef Maria) Hugo von ~/† 8/324; Ritschl, Otto (Karl Albrecht) ~ 8/325; Ritter, Johann Balthasar ~ 8/330; Ritzel, Heinrich ~ 8/336; Rochleder, Friedrich ~ 8/340; Rodenwaldt, Gerhart ~ 8/345; Roehl, Wilhelm ~ 8/350; Röntgen, Wilhelm Conrad ~ 8/355; Rösch, Siegfried (Wilhelm) ~ 8/357; Rogowsky, Bruno ~ 8/366; Rolfes, Max ~ 8/374; Rolle, Friedrich ~ 8/375; Rollett, Hermann ~ 8/376; Rosenberg, Leo ~ 8/393; Rosenmüller, Johann Georg ~ 8/398; Roth, Johann Richard von ~ 8/413; Roth, (August Heinrich) Ludwig ~ 8/415; Rudolph, Wilhelm ~ 8/442; Rudrauff, Kilian ~/† 8/443; Rübsamen, Ludwig Christoph ~/† 8/443; Rüdiger, Johann Bartholomäus ~/† 8/447; Rüdinger, Nikolaus ~ 8/448; Ruete, Hans Hellmuth ~ 8/456; Rumpf, (Wilhelm Heinrich) Christian (Ludwig) */~/† 8/464; Rus, Johann Reinhard ~ 8/474; Sack, Karl ~ 8/491; Salewski, Wilhelm ~ 8/498; Sandberger, (Carl Ludwig) Fridolin von ~ 8/510; Sander, Friedrich ~ 8/512; Sartorius, (Carl) Christian (Wilhelm) ~ 8/520; Sattler, Hubert ~ 8/524; Sausen, Heinz ~ 8/529; Sausen, Franz ~ 8/531; Schack, Friedrich Otto ~ 8/541; Schäfer, Jakob ~ 8/548; Schäfer, Wilhelm ~ 11/168; Schäffer, Martin */~ 8/551; Schapper, Karl (Christian) ~ 8/566; Scharre, Max ~ 8/571; Scharrer, Karl ~/† 8/571; Schaum, (Ferdinand) Karl (Franz) ~/† 8/576; Scheffer-Boichorst, Paul ~ 8/584; Scheibler, Christoph ~ 8/586; Schelcher, Raimund ~ 8/591; Schellenberg, (Ernst) Ludwig (Theodor) ~ 8/595; Schenk, Friedrich (Franz Karl) ~ 8/602; Schenk von Stauffenberg, Alexander Graf ~ 8/604; Scherer, Johann Joseph von ~ 8/610; Scheumann, Karl Hermann ~ 8/618; Scheunert, (Carl) Arthur ~ 8/619; Schian, Martin ~ 8/620; Schirmer-Pröscher, Wilhelmine * 8/650; Schlagintweit, Robert von ~/† 8/655; Schleiermacher, Andreas ~ 8/664; Schleiermacher, Ernst ~ 8/665; Schlesinger, Ludwig ~/† 8/671; Schlettwein, Johann August ~ 8/672; Schlieper, Adolf ~ 8/678; Schliephake, Erwin (Friedrich Karl Victor Georg Heinrich) */~/† 8/678; Schlink, Edmund (Wilhelm Ludwig) ~ 8/679; Schlossberger, Julius Eugen ~ 8/684; Schlosser, Friedrich Christoph ~ 8/684; Schlosser, (Georg Karl Wilhelm) Gustav ~ 8/684; Schlosser, Hermann August * 8/684; Schlosser, Johann Ludwig ~ 8/685; Schlosser, Ludwig Heinrich ~ 8/685; Schlosser, Philipp Kasimir ~ 8/685; Schlosser, Theodor ~ 8/686; Schmid, Carl Christian Erhard ~ 8/699; Schmid, Leopold ~ 8/704; Schmidt, Adolf ~ 9/1; Schmidt, Georg Gottlieb ~ 9/8; Schmidt, Hans ~ 9/9; Schmidt, Johann Ernst Christian ~/† 9/11; Schmidt, Karl (Ernst Heinrich) ~ 9/13; Schmidt, Karl Ludwig ~ 9/14; Schmidt, Karl Theodor ~ 9/14; Schmidt, Max(imilian) ~ 9/15; Schmidt, (Karl) Paul ~ 9/17; Schmidt,

Wilhelm (Joseph Jakob) ~ 9/21; Schmied-Kowarzik, Walther ~ 9/27; Schmitt, Eduard ~ 9/30; Schmitthenner, Friedrich (Jakob) ~/† 9/34; Schnaubert, Andreas Joseph ~ 9/46; Schneider, Friedrich Anton ~ 9/53; Schneider, Heinrich ~ 9/55; Schneider, Heinrich ~ 9/55; Schneider, Karl Camillo ~ 9/57; Schneider, Ludwig ~ 9/58; Schneider, Paul ~ 9/59; Schneiderhöhn, Hans ~ 9/61; Schorlemmer, Carl ~ 9/117; Schott, August ~ 9/120; Schott, Theodor ~ 9/122; Schott, Wilhelm (Christian) ~ 9/122; Schrader, Eberhard ~ 9/124; Schrautenbach, Balthasar ~ 9/131; Schreiber, Rudolf ~/† 9/137; Schuchhardt, Walter-Herwig ~ 9/167; Schüler, Ernst ~ 9/169; Schürer, Emil (Johannes) ~ 9/172; Schürmann, Walter ~ 9/173; Schüßler, Wilhelm ~ 9/174; Schütz, Paul Wilhelm Lukas ~ 9/179; Schulz, Wilhelm Friedrich ~ 9/198; Schumann, Friedrich Karl ~ 9/206; Schupp, Johann Balthasar */~ 9/210; Schurzfleisch, Conrad Samuel ~ 9/213; Schwann, Theodor (Ambrose Hubert) ~ 9/222; Schwartz, Eduard ~ 9/224; Schwarz, Friedrich Heinrich Christian */~ 9/226; Schweikart, Ferdinand Karl ~ 9/236; Schwenck, Johann (Conrad) ~ 9/240; Schwendler, Karl von ~ 9/242; Seebold, Karl ~ 9/256; Seibertz, Johann Suitbert ~ 9/264; Seitz, Adalbert ~ 9/274; Seitz, Eugen ~ 9/274; Sell, Georg Wilhelm August ~ 9/278; Sell, Karl (Wilhelm Johannes) */~ 9/278; Sellheim, Hugo ~ 9/278; Semmer, Gerd ~ 9/283; Senckenberg, Heinrich Christian von ~ 9/286; Senckenberg, Renatus (Karl) von ~/† 9/286; Seuffert, Hermann ~ 9/294; Seuffert, Lothar von ~ 9/294; Siebeck, Hermann ~/† 9/304; Siebold, Regina Josepha von ~ 9/308; Siegel, Heinrich ~ 9/310; Siegel, Paul Willy ~ 9/310; Siegert, Ferdinand ~ 9/311; Sieglitz, Georg ~ 9/314; Sievers, (Friedrich) Wilhelm ~/† 9/322; Silbergleit, Heinrich ~ 9/326; Simon, Gustav ~ 9/331; Skalweit, August (Karl Friedrich) ~ 9/345; Skraup, Zdenko (Hans) ~ 9/348; Snell, (Christian) Karl ~ 9/354; Snell, (Johann Philipp) Ludwig ~ 9/354; Snell, Ludwig (Daniel Christian) ~ 9/354; Snell, (Johann) Wilhelm ~ 9/355; Solms-Laubach, Friedrich Christian Reichsgraf von ~ 9/365; Solms-Laubach, Hermann Graf zu ~ 9/365; Sommer, Johann Friedrich Josef ~ 9/369; Sommer, (Karl) Robert ~/† 9/370; Sorge, Christian ~ 9/379; Spamer, Adolf (Karl Emil Gustav) ~ 9/382; Spamer, Carl */~ 9/382; Spatz, Hugo ~ 9/386; Spazier, Johann Gottlieb Karl ~ 9/387; Speck, Karl (Friedrich Christian) ~ 9/388; Spengel, (Johann) Wilhelm ~/† 9/394; Spier, Samuel ~ 9/403; Spörer, Gustav (Friedrich Wilhelm) † 9/414; Stade, Bernhard ~/† 9/427; Stadelmann, Rudolf ~ 9/428; Stählin, Adolf ~ 9/434; Stahl, Hermann (Bernhard Ludwig) ~ 9/439; Stahl, (Friedrich) Wilhelm ~/† 9/440; Stahl, Wilhelm ~ 9/440; Stammler, Georg † 9/444; Stammler, Rudolf ~ 9/444; Standfuß, Richard ~/† 9/445; Stangl, Georg ~ 9/447; Starck, Johann Friedrich ~ 9/449; Starck, Julius Frh. von ~ 9/449; Starck, Wilhelm von ~ 9/450; Staudenmaier, Franz Anton ~ 9/456; Steigerwald, Veronus Franck von ~ 9/473; Stein, Erwin ~ 9/476; Stein, Franz Joseph Frh. von ~ 9/477; Stein, Nathan ~ 9/481; Steinbrügge, Hermann ~/† 9/487; Steinbüchel, Theodor ~ 9/487; Steinmann, Theophil (August) ~ 9/499; Stepp, Wilhelm ~ 9/511; Stern, Erich ~ 9/512; Stickel, Max ~ 9/523; Sticker, Georg ~ 9/524; Stieda, Alfred ~ 9/525; Stieda, (Christian Hermann) Ludwig ~/† 9/525; Stieler, Kaspar (David) von ~ 9/528; Stinde, Julius (Ernst Wilhelm) ~ 9/534; Stöhr, Philipp ~ 9/544; Stoetzer, Hermann ~ 9/547; Stohr, Albert ~ 9/548; Stoltenberg, Hans Lorenz ~/† 9/554; Strack, Max Leberecht ~ 9/563; Strahl, Hans ~/† 9/565; Strassmann, Paul Ferdinand ~ 9/569; Strauch, Johannes ~/† 9/572; Strauß, Hans ~ 9/576; Strecker, Adolph (Friedrich Ludwig) ~ 9/579; Strecker, Reinhard ~/† 9/580; Stroh, Friedrich ~ 9/592; Stroof, Ignaz ~ 9/594; Strugger, Siegfried ~ 9/598; Stuhlfauth, Georg ~ 9/612; Sturz, Helfrich Peter ~ 9/619; Stutte, Hermann ~ 9/620; Sucker, Wolfgang ~ 9/623; Susemihl, (Friedrich) Franz (Karl Ernst) ~ 9/635; Tabor, Johann Otto ~ 9/649; Tannert, Hannes ~ 9/656; Tartler, Georg ~ 9/659; Taurinus, Franz Adolph ~ 9/665; Teichmann, Ernst (Gustav Georg) ~ 9/669; Tellenbach, Gerd ~ 11/181;

Textor, Johann Wolfgang ~ 9/684; Thaer, Albrecht Conrad ~/† 9/686; Thiel, Alfred – 10/1; Thieß, Johann Otto ~ 10/9; Thomée, Friedrich ~ 11/182; Thudichum, Friedrich (Karl Wolfgang) ~ 10/24; Thumm, Theodor ~ 10/29; Thurn, Wilhelm Christoph ~ 10/30; Töpelmann, Alfred ~/† 11/182; Trapp, Eduard Christian ~ 10/69; Traube, Moritz ~ 10/71; Trautschold, (Carl Friedrich) Wilhelm ~ 10/74; Trendelenburg, Wilhelm ~ 10/81; Treupel, Gustav ~ 10/85; Triepel, Hermann ~ 10/87; Troost, Paul Ludwig ~ 10/97; Trunk, Johann Jakob ~ 10/102; Uller, Karl ~ 10/135; Ullrich, Egon (Leopold Maria) ~/† 10/137; Ulmann, Heinrich ~ 10/140; Umpfenbach, Hermann ~/† 10/150; Umpfenbach, Karl (Friedrich) */~/† 10/150; Usinger, Fritz ~ 10/170; Utz, (Hermann) Kurt ~ 10/172; Vaerting, (Maria Johanna) Mathilde ~ 10/175; Valentin, Thomas ~ 10/178; Valentini, Michael Bernhard */~/† 10/179; Vanselow, Karl ~ 10/181; Varrentrapp, Franz ~ 10/184; Vaubel, (Johann) Wilhelm (Karl Emil) ~ 10/186; Veit, Ludwig Andreas ~ 10/189; Verdries, Johann Melchior */~ 10/195; Verth, Max zur ~ 10/198; Viëtor, Karl ~ 10/207; Vischer, Eberhard ~ 10/214; Vix, Karl Wilhelm */~/† 10/219; Vömel, Annelise ~ 10/223; Vogel, August ~ 10/224; Vogel, Julius ~ 10/227; Vogt, Carl */~ 10/233; Vogt, Gustav * 10/234; Voit, Fritz ~/† 10/240; Voit, Kurt ~ 10/241; Volbach, Wolfgang Fritz ~ 10/242; Volhard, Franz ~ 10/243; Volkmann, Richard von ~ 10/246; Vonhausen, Wilhelm ~ 10/253; Vossius, Adolf ~/† 10/260; Waas, Adolf ~ 10/263; Wacker, Friedrich ~ 10/268; Wagner, Heinrich ~ 10/282; Wagner, Julius ~ 10/283; Wagner, Kurt (Fritz Konrad) ~ 10/284; Wagner, Wilhelm ~ 10/290; Waibel, Max ~ 10/295; Walde, Alois ~ 10/300; Waldschmidt, Johann Jakob ~ 10/306; Waldschmidt, Wilhelm Hulderich * 10/307; Wallot, (Johann) Paul ~ 10/315; Walther, Friedrich Ludwig ~/† 10/323; Walther, Heinrich ~/† 10/324; Walther(in), Sophia Eleonora * 10/325; Wasserschleben, (Friedrich Wilhelm) Hermann ~/† 10/344; Watzinger, Carl ~ 10/347; Weber, Heinrich ~ 10/355; Weber, Immanuel ~/† 10/355; Weidig, Friedrich Ludwig (Alexander) ~ 10/382; Weihrauch, (Johann) Karl (Friedrich) ~ 10/390; Weiland, Ludwig ~ 10/392; Weinberg, Jacob Yechiel ~ 10/394; Weinel, Heinrich ~ 10/395; Weise, Georg ~ 10/402; Weismann, (Leopold Friedrich) August ~ 10/404; Weiß, Franz ~ 10/408; Weiss, Leopold */~ 10/409; Welcker, Friedrich Gottlieb ~ 10/421; Welcker, Hermann */~ 10/421; Welcker, Karl Theodor ~ 10/421; Wellstein, Josef ~ 10/426; Wenderoth, Erich ~ 10/432; Wendt, Siegfried ~ 10/434; Werner, Ferdinand (Friedrich Karl) ~/† 10/445; Werner, Georg Friedrich ~/† 10/446; Wernher, Adolph ~ 10/450; Wetz, Wilhelm ~ 10/463; Wien, Wilhelm (Karl Werner Otto Fritz Franz) ~ 10/485; Wiener, (Ludwig) Christian ~ 10/486; Wiener, Otto (Heinrich) ~ 10/495; Wilbrand, Johann Bernhard ~/† 10/507; Wilhelmy, Ludwig (Ferdinand) ~ 10/507; Willeke, Eduard (Heinrich Wilhelm) ~ 10/511; Wilmanns, Wolfgang ~ 10/514; Wilms, Max ~ 10/515; Winckelmann, Johann Justus * 10/520; Winderstein, Hans † 10/523; Winkelblech, Karl Georg ~ 10/527; Winter, Georg ~ 10/532; Witte, Karl ~ 10/545; Wittich, Marie * 10/548; Wöhler, Friedrich ~ 10/555; Wöhlken, Egon ~/† 10/556; Wolff, Christian Frh. von ~ 10/571; Wolff, Ludwig † 10/576; Wolfskehl, Karl ~ 10/581; Wünsch, Richard ~ 10/593; Zack, Oskar Viktor * 10/611; Zahn-Harnack, Agnes von * 10/615; Zamminer, Friedrich (Georg Karl) ~/† 10/616; Zange, Johannes ~ 10/618; Zehnder, Ludwig (Albert) ~ 10/629; Zeller, Wilhelm August Friedrich Karl ~ 10/638; Zentgraf, Eduard ~ 10/643; Zezschwitz, Karl Adolf Gerhard von ~ 10/649; Ziegler, Julius ~ 10/655; Zimmer, Friedrich † 10/664; Zimmer, (Franz) Karl (Heinrich) */~/† 10/664; Zimmermann, Emil (Friedrich) ~ 10/666; Zimmermann, Ernst (Christoph Philipp) ~ 10/667; Zimmermann, Georg ~ 10/667; Zimmermann, Wilhelm Ludwig ~/† 10/671; Zinn, Ernst ~ 10/675; Zitz, Franz Heinrich ~ 10/680; Zocha, Karl Friedrich von ~ 10/682; Zöckler, Otto ~ 10/683; Zöppritz, Karl (Jacob) ~ 10/685; Zschietzschmann, Willy ~ 10/690;

Zülzer, Georg (Ludwig) ~ 10/697; Zwenger, Konstantin ~ 10/707; Zycha, Adolf ~ 10/711

Gießen (seit 1937 zu Kressbronn am Bodensee)
Nachbaur, Franz * 7/326

Gießhübel (tschech. Stružná)
Kaulich, Josef † 5/475; Nonne, Christian ~/† 11/143

Gießmannsdorf (poln. Gostków)
Blasche, Johann Christian * 1/560; Friedenthal, (Karl) Rudolf † 3/449

Giez (Kt. Waadt)
Rappard, Carl Heinrich * 8/142

Gifhorn
Albrecht I. der Große, Herzog von Braunschweig ~ 1/76; Habermann, (Hans) Max ~/† 4/295; Isenberg, Paul ~ 5/261; Trumpf, Arnold * 10/102; Velthusen, Johann Kaspar ~ 10/193; Vesper, Bernward ~ 10/199; Volborth, Johann Karl ~/† 10/242; Zimmermann, Heinrich ~/† 10/668

Gilching
Horn, Camilla † 5/176

Gilgenburg (poln. Dąbrówno)
Brodde, Otto * 11/33

Gilginie → Gillgehnen

Gillenfeld
Schmitz, Johann Hubert ~ 9/36

Gillgehnen (poln. Gilginie)
Driesen, Georg Wilhelm von * 2/621

Gilów → Girlachsdorf

Gilten
Martens, Arthur * 6/632

Gimbsheim
Muth, Jakob * 7/319; Seibert, Philipp * 9/264

Gimmeldingen (seit 1969 zu Neustadt an der Weinstraße)
Geissel, Johannes von * 3/610

Gimo (Gimöby, Upland, Schweden)
Marées, Georges des * 6/611

Gingen an der Fils
Abensberg, Niclas Graf von ~ 1/9

Ginsheim-Gustavsburg → Gustavsburg

Girenbad (Gem. Hinwil, Kt. Zürich)
Schmidt, Joseph ~ 9/13

Girgenti (Sizilien)
Reusch, (Johann) Friedrich † 8/255

Girlachsdorf (poln. Gilów)
Heyde, Wilhelm * 5/16

Girlan (italien. Cornaiano)
Schenk, Alois David ~ 8/602

Gisingen (Vorarlberg)
Fritsch, Hans † 3/493

Gissigheim (seit 1972 zu Königheim)
Schmitt, Albert * 9/29; Weigand, Wilhelm * 10/385

Giswil (Kt. Obwalden)
Heymann, Joseph Anton ~ 5/25

Gittelde
Hartwieg, (Leonhard Christoph) Adolf * 4/416; Heinroth, Johann August Günther ~ 4/544

Gitter (seit 1940 zu Salzgitter, seit 1942 zu Watenstedt-Salzgitter, seit 1951 Salzgitter)
Schlemm, Friedrich * 8/668; Steinmann, (Ernst Hermann) Heinrich * 9/498

Gittersee (seit 1945 zu Dresden)
Lachnit, Max * 6/191; Lachnit, Wilhelm * 6/191

Givisiez (Frankreich)
Broillet, Frédéric * 2/144

Giżin → Geischen

Giżycko → Lötzen

Gjentofte (Dänemark)
Schmedes, Erik * 8/694

Gladbach → Mönchengladbach

Gladbeck
Albrecht, Helmuth * 1/81; Linderath, Hugo * 6/405; Müser, Franz Josef * 7/302; Radecki, Sigismund von † 8/114; Weisweiler, Franz Josef * 10/416

Gladenbach
siehe auch *Erdhausen, Weidenhausen*
Borkhausen, Moritz Balthasar ~ 2/31; Diel, August Friedrich Adrian */~ 2/517; Hartig, Ernst Friedrich * 4/400; Hartig, Georg Ludwig * 4/400

Gladstone (Australien)
Gassner, Andre(as) (Ulrich Jakob) ~ 3/579

Gläsendorf (Schlesien)
Diericke, Christian Friedrich von † 2/521

Gläserdorf (Liegnitz)
Eymann, Conrad Erich * 3/204

Glaishammer (Nürnberg)
Morlock, Max * 7/218; Ortner, Eugen * 7/509

Glaisin
Gillhoff, Johannes * 4/9

Gland (Kt. Waadt)
Hamburger, Carl † 4/357

Glandorf
Jostes, Franz * 5/369

Glane
Martin, Marie Clementine ~ 6/637

Glanegg (Kärnten)
Düker von Haßlau, Franz ~ 2/635; Prettner, Johann * 8/64

Glarisegg (Gem. Steckborn, Kt. Thurgau)
Amsler, Richard Emil ~ 1/120; Glauser, Friedrich ~ 4/26; Greyerz, Otto von ~ 4/161

Glarus
Attinghausen-Schweinsberg, Johannes Frh. von ~ 1/210; Bäschlin, Carl Fridolin * 1/263; Blumer, Johann Jakob */~ 1/588; Blumer-Egloff, Johannes */~ 1/589; Böckle, Franz */† 11/26; Buss, Ernst ~/† 2/254; Cloetta, Max (Arnold) ~ 2/345; Davideit, Johann Heinrich ~ 2/453; Ehrenberg, Karl Ferdinand von ~ 3/38; Freuler, Kaspar */~ 3/431; Gehring, Jakob */~† 3/601; Göldi, Anna ~ 4/52; Heer, Joachim */† 4/475; Heer, Johannes */~† 4/475; Heer, Kosmus */~† 4/475; Heer, Nik(o)laus */~† 4/475; Jaeggi, Oswald † 5/286; Legler, Gottlieb Heinrich † 6/290; Leu, Ferdinand Oskar ~ 6/349; Luchsinger, Richard */† 6/491; Rasenberg-Koch, Friedrich (Peter) * 8/145; Reding, Ital(us) ~ 8/178; Ris, Friedrich * 8/322; Ruch, Jakob * 8/433; Soldenhoff, Alexander (Leo) ~ 9/363; Stadler, Ferdinand ~ 9/429; Staub, Rudolf * 9/455; Stutz, Jakob ~ 9/620; Trümpy, Egidius ~/† 10/101; Tscharner, Eduard Horst von * 10/104; Tschudi, Aegidius */† 10/109; Tschudi, Friedrich von * 10/109; Tschudi, Johann Jakob von * 10/110; Tschudi, Niklaus */~† 10/110; Tschudi, Rudolf * 10/110; Winteler, Jost ~ 10/531; Zwingli, Huldrych (Ulrich) ~ 10/709

Glasgow
Albert, Eugen (Franz Karl) d' * 11/2; Becker, Ferdinand Wilhelm ~ 1/377; Beer, Georg Joseph ~ 1/389; Blass, Eduard ~ 1/562; Blohm, (Adolph) Hermann ~ 1/578; Brauksiepe, Aenne ~ 11/30; Buxbaum, Friedrich ~ 2/260; Elster, Ernst ~ 3/98; Fortner, Georg ~ 3/379; Frank, (Friedrich Wilhelm Ferdinand) Otto ~ 3/402; Graefe, (Friedrich Wilhelm Ernst) Albrecht von ~ 4/120; Haswell, John ~ 4/431; Heine, Karl (Wilhelm) von ~ 4/510; Henschel, Sir Georg (Isidor) ~ 4/596; Jacoby, Günther ~ 5/279; Kauffmann, Angelica (Maria Anna Angelica Catarina) ~ 5/468; Kiep, Louis Leisler * 5/532; Leuner, Heinz David ~ 6/353; Müller, Paul Friedrich Wilhelm ~ 7/279; Neuhaus, Albert * 7/378; Paneth, Friedrich Adolf ~ 7/554; Pauli, Reinhold ~ 7/576; Pirani, Marcello von ~ 7/676; Rankl, Karl (Franz) ~ 8/138; Scherrer, Paul ~ 8/615; Schmückle, Hans-Ulrich ~ 9/40; Seibertz, Engelbert ~ 9/264; Spira, Leopold ~ 9/408; Stöcker, (Hulda Caroline Emilie) Helene ~ 9/541; Swarowsky, Hans ~ 9/640; Tellenbach, Gerd ~ 11/181; Tille, Alexander ~ 10/43; Trendelenburg, Friedrich ~ 10/80; Ziese, Carl Heinrich ~ 10/659

Glashütte (Weißeritzkreis)
Großmann, (Carl) Moritz ~ 4/198; Lange, Adolf ~/† 6/230

Glashütten (Hochtaunuskreis)
siehe auch *Oberems*
Hartmann, Hermann † 11/80

Glashütten

Głuszyna → Glausche
Glyndebourne (England)
Konetzni, Hilde ~ 6/24; Kunz, Erich ~ 6/171; Waechter, Eberhard ~ 10/271
Gmünd (Kärnten)
Eberan-Eberhorst, Robert ~ 2/667; Oberlercher, Paul Gabriel ~ 7/454; Porsche, Ferdinand (Anton Ernst) ~ 8/39
Gmünd (Niederösterreich)
Kanitz, Otto Felix ~ 5/424
Gmünd (Oberhessen)
Schleyermacher, Daniel * 8/673
Gmund a. Tegernsee
siehe auch *Schwärzenbach*
Burgstaller, Aloys † 2/241; Dwinger, Edwin Erich † 2/660; Egenieff, Franz † 3/24; Frey, Emil Karl † 3/434; Linnebach, Adolf † 6/413; Mannhardt, Johann * 6/595; Mirbach, Dietrich Frh. von † 7/150; Reiffenstuel, Hanns */† 8/207; Schulz-Dornburg, Rudolf † 9/198; Werder, (Johann) Ludwig ~ 10/440
Gmunden (Oberösterreich)
siehe auch *Ort, Schloß Orth, Weyer*
Albert von Aschach ~ 1/67; Baudissin, Adalbert Heinrich Graf von ~ 1/321; Belcredi, Richard Graf von † 1/408; Bernhard, Thomas † 1/468; Bundschuh, Karl ~/† 2/223; Duftschmid, Kaspar * 2/644; Eckhardt, Ferdinand * 3/12; Ernst August, Prinz von Hannover, Herzog zu Braunschweig und Lüneburg ~ 3/159; Fadinger, Stephan ~ 3/216; Fischer, Adolf ~ 3/310; Fischer, Adolf Johannes */† 3/310; Fötterle, Franz ~ 3/366; Folliot de Crenneville-Poutet, Franz (Maria Johann) Graf † 3/368; Führer, Robert (Johann Nepomuk) ~ 3/524; Geishüttner, Josef Franz * 3/609; Georg V., König von Hannover ~ 3/628; Gossmann, Friederike ~/† 4/101; Grasberger, Franz * 4/136; Haase, Ludwig ~ 4/289; Habert, Johann Evangelist ~/† 4/295; Hanke, Viktor † 4/370; Hatschek, Ludwig ~ 4/432; Hauska, Leo * 4/451; Hebenstreit, Wilhelm ~/† 4/465; Heidler, Hans * 4/492; Hernler, Franz * 4/634; Hornbostel, Theodor † 5/179; Huyn, Johann Carl † 5/238; Jarno, Hansi ~ 5/307; Johann von Gmunden * 5/348; Kastner, Walther * 5/461; Kematmüller, Heinrich * 5/502; Koch, Gustav Adolf † 5/639; Kotzian, Josef Maria ~ 6/56; Kranzl, Johann ~ 6/72; Krasnopolski, Horaz † 6/72; Labor, Josef ~ 6/189; Lanna, Adalbert ~ 6/249; Löcker, Hermann † 6/439; Miller zu Aichholz, Viktor von ~ 7/144; Mitis, Ignaz von ~ 7/153; Müller, Franz Xaver ~ 7/256; Mueller, Otto (H.) † 7/278; Muestinger, Georg (I.) ~ 7/302; Nagl, Maria Assunta † 7/336; Narbeshuber, Max * 7/340; Ohnsorg, Kurt ~/† 7/481; Pacher, Josef Adalbert † 7/545; Peithner von Lichtenfels, Rudolf ~ 7/590; Pepöck, August */~/† 7/597; Pesendorfer, Friedrich Joseph * 7/609; Plieseis, Sepp ~ 8/2; Pöhnl, Hans ~ 8/10; Pöll, Alfred † 8/11; Redl, Alois */~/† 8/178; Reinhold, Friedrich ~ 8/223; Riedemann, Peter ~ 8/292; Roenneke, Rolf * 8/354; Rössing, Karl */~ 8/362; Schiller, Franz Ferdinand Frh. von ~ 8/634; Schleifer, Mathias Leopold † 8/667; Schleiss, Franz */~/† 8/668; Schmidseder, Ludwig ~ 8/710; Schosser, Anton ~ 9/119; Ungewitter, Claus * 10/156; Viktoria Luise, Herzogin von Braunschweig-Lüneburg ~ 10/210; Vischer, Friedrich Theodor von † 10/215; Vogl, Johann Michael ~ 10/231; Ziegler, Ambros * 10/652; Zülow, Franz von ~ 10/696; Zürn, Michael d. J. ~ 10/699
Gnadau
Friedrich, Woldemar * 3/481; König, Paul † 5/662; Rappard, Carl Heinrich ~ 8/142
Gnadendorf (Niederösterreich)
Friebert, (Johann) Joseph * 3/445
Gnadenfeld
Bauer, Hermann Theodor ~ 1/326; Beck, Konrad August ~ 1/372; Becker, Bernhard ~/† 1/375; Bettermann, Wilhelm ~ 1/499; Buchner, Charles ~ 2/186; Councler, Konstantin ~ 2/385; Dalman, (Hermann) Gustaf ~ 2/435; Jaeschke, Heinrich August ~ 5/288; Krüger, Hermann Anders ~ 6/123; Mylius von Gnadenfeld, Hermann ~ 7/323;

Seydlitz-Kurzbach, Ernst (Friedrich August) von ~ 9/298; Steinmann, Theophil (August) ~ 9/499
Gnadenfrei (poln. Piława Górna)
Bruiningk, Heinrich ~ 2/164; Buchner, Charles ~ 2/186; Clemens, Gottfried ~ 2/340; Dalman, (Hermann) Gustaf ~ 2/435; Franke, (August) Hermann * 3/404; Gaudy, Alice Freiin von † 3/584; Geller, Friedrich Christoph * 3/616; Gruschwitz, Johann David ~ 4/228; Mirbt, Carl * 7/151; Plitt, Walter * 8/3; Ritter, Johann Jakob ~ 8/330; Wunderling, Theobald */~ 10/598
Gnadental (Gem. Michelfeld)
Bauer, Max Hermann * 1/328
Gnadenthal (Rußland)
Kroeker, Jakob * 6/110
Gnadenwald (Tirol)
Hörmann von Hörbach, Walther * 5/102; Penz, Franz de Paula ~ 7/596; Zeßner-Spitzenberg, Josef Heinrich † 10/647
Gnaschwitz (seit 1994 zu Gnaschwitz-Doberschau)
Gruhl, Herbert * 4/220
Gnaschwitz-Doberschau → Gnaschwitz, Preuschwitz
Gneisenau (Oberösterreich)
Penn, Joseph ~ 7/596
Gnesen (poln. Gniezno)
Břetislav I., Herzog von Böhmen ~ 2/122; Caro, Jakob * 2/284; Cromer, Martin von ~ 2/403; Davidsohn, Georg * 2/453; Delius, (Hans) Walter ~ 2/478; Dunin, Martin von ~ 2/652; Fromm, Emil * 3/508; Heym, Georg ~ 5/23; Hirschberg, Herbert * 5/65; Horovitz, Markus ~ 5/181; Johannes V. Turzo, Bischof von Breslau ~ 5/351; Kristeller, Samuel ~ 6/109; Kubicki, Stanislaw (Karól) ~ 6/136; Laski, Jan ~ 6/257; Ledóchowski, Mieczysław Graf von ~ 6/286; Martin von Troppau ~ 6/635; Otto III., deutscher König, Kaiser ~ 7/529; Reimann, Albert * 8/209; Roquette, Otto ~ 8/383; Senator, Hermann * 9/285; Storz, Walter * 9/560; Waldstein, Felix * 10/307; Wenzel II., König von Böhmen und Polen ~ 10/438; Zuckermandl, Moses Samuel ~ 10/695
Gnesing
Huber, Adam * 5/194
Gnevezow → Wolkwitz
Gnevkow → Prützen
Gniebel (seit 1972 zu Pliezhausen)
Hermelink, Siegfried * 4/632
Gniew → Mewe
Gnigl (seit 1935 zu Salzburg)
Czuber, Emanuel † 2/421; Kaltner, Balthasar ~ 5/417; Pfest, Leopold Ladislaus ~ 7/645; Schiestl, Matthäus * 8/629
Gnodstadt (seit 1978 zu Marktbreit)
Conrad, Michael Georg * 2/362
Goch
Curtius, Friedrich Wilhelm * 2/413; Janssen, Arnold * 5/302; Mosterts, Carl * 7/232; Rademacher, Johann Gottfried ~/† 8/115; Turck, Heinrich * 10/118
Gochsen (seit 1975 zu Hardthausen am Kocher)
Vogt, Wilhelm */† 10/235
Gochsheim (Baden)
Schweikhart, Gunter * 9/236
Gochsheim (seit 1971 zu Kraichtal)
Dessauer, Alois (Joseph) * 2/497; Groos, Friedrich ~ 4/186; Winter, Christian Friedrich * 10/531
Gockels
Hansen, Gottfried † 4/375
Goddelau (seit 1975 zu Riedstadt)
Büchner, (Carl) Georg * 2/196; Rittershaus, Ernst (Ludwig Johann) ~ 8/333; Zülch, Walther Karl † 10/696
Goddula (seit 1950 zu Bad Dürrenberg)
Fritsch, Karl (Georg Wilhelm) von † 3/493
Godesberg → Bad Godesberg
Godziszewo → Gardschau
Göda → Pietzschwitz
Göddingen (seit 1974 zu Bleckede)
Fietz, Gerhard ~/† 11/59

Brugsch(-Pascha), Heinrich Karl ~ 2/163; Brunn, Walter Albert Ferdinand von */~ 2/167; Brunotte, Heinz Arnold August ~ 2/172; Brunquell, Johann Salomon ~/† 2/172; Bruns, Ivo ~ 2/173; Bruns, Karl Eduard Georg ~ 2/173; Bruns, Ludwig ~ 2/173; Bruns, Oskar ~ 2/173; Buch, Karl Ludwig ~ 2/180; Buch, (Christian) Leopold Frh. von ~ 2/181; Buchenau, Franz (Georg Philipp) ~ 2/181; Bucher, Johann Peter ~ 2/182; Buchka, Gerhard von ~ 2/185; Buchka, Hermann (Friedrich Ludwig Rudolf) von ~ 2/185; Buchka, Karl (Heinrich) von ~ 2/185; Bucholtz, Franz Bernhard von ~ 2/188; Budberg, Otto Christoph Frhr. von ~ 2/191; Buddenbrock, Gustav Johann ~ 2/192; Budenz, Josef ~ 2/193; Buder, Johannes ~ 2/193; Bücher, Karl ~ 2/195; Büchner, Johann Gottfried Sigmund Albert ~ 2/196; Bücking, (Carl Ferdinand Bertram) Hugo ~ 2/199; Büdel, Julius (Karl) ~ 2/199; Bühler, (Johann) Georg ~ 2/200; Bülck, Walter ~ 2/203; Bülow, Friedrich von ~ 2/203; Bülow, (Ludwig Friedrich Viktor) Hans Graf ~ 2/203; Bünger, Heinrich ~ 2/207; Bürger, Gottfried August ~/† 2/209; Bürger, (Heinrich) Otto (Wilhelm) ~ 2/209; Bürkner, Kurd ~ 2/212; Bürkner, Robert * 2/212; Büsch, Johann Georg ~ 2/212; Büsching, Anton Friedrich ~ 2/213; Büsinck, Ludolph ~ 2/213; Büttner, Christian Wilhelm ~ 2/215; Büttner, David Sigismund August ~/† 2/215; Büttner, Johannes Samuel ~ 2/215; Büttner, Konrad (Johannes Karl) ~ 2/215; Büttner, Wolfgang ~ 2/215; Buff, (Johann) Heinrich ~ 2/217; Buff, Heinrich Ludwig ~ 2/217; Buhl, Heinrich ~ 2/218; Buhle, Johann Gottlieb Gerhard ~ 2/219; Bulst, Walther ~ 11/35; Bunsen, (Christian) Karl (Josias) Frh. von ~ 2/224; Bunsen, Robert Wilhelm */~ 2/224; Burckhardt, Albrecht (Eduard) ~ 2/230; Burckhardt, Heinrich (Christian) ~ 2/231; Burckhardt, Johann Ludwig ~ 2/233; Burgeff, Hans (Edmund Nicola) ~ 2/236; Burgsdorff, Wilhelm (Friedrich Theodor) von ~ 2/241; Burkhardt, Heinrich Friedrich (Karl Ludwig) ~ 2/243; Burlage, (Heinrich) Johann ~ 2/244; Burmester, Ludwig (Ernst Hans) ~ 2/245; Burnitz, Karl Peter ~ 2/246; Bushe, Karl-August */~ 11/37; Busolt, Georg ~/† 2/253; Buß, Franz Joseph Ritter von ~ 2/254; Bussche, Axel Frh. von dem ~ 2/254; Bussmann, Walter ~ 2/256; Busson, Arnold ~ 2/256; Butenandt, Adolf (Friedrich Johann) ~ 2/257; Buttel, Christian Diedrich von ~ 2/258; Buttlar, Rudolf Georg Walrab Carl Frh. von ~ 2/259; Buttmann, Philipp Karl ~ 2/259; Callisen, Johann Leonhard ~ 2/267; Campe, Asche Burchhard Karl Ferdinand von ~ 2/270; Campe, Carl (Rudolf) von ~ 2/270; Campe, Rudolf (Ernst Emil Otto) von ~ 2/271; Campenhausen, Hans Frh. von ~ 2/274; Canitz und Dallwitz, Karl Wilhelm Ernst Frh. von ~ 2/274; Cantor, Georg ~ 2/275; Cantor, Moritz Benedikt ~ 2/276; Canzler, Karl Christian ~ 2/276; Capelle, Wilhelm (August Cornelius Friedrich) ~ 11/37; Capellen, Georg ~ 2/276; Carathéodory, Constantin ~ 2/278; Cario, Günther */~ 2/279; Carius, Georg Ludwig ~ 2/279; Carpzov, Friedrich Benedikt ~ 2/287; Carriere, (Philipp) Moriz ~ 2/288; Caselius, Johannes * 2/291; Casper, Johann Ludwig ~ 2/292; Cassebohm, Friedrich (Georg Carl) ~ 2/293; Casselmann, Wilhelm (Theodor Oscar) ~ 2/294; Cella, Ludwig Sebastian ~ 2/299; Chambon, Eduard Egmont Joseph ~ 2/303; Chladni, Ernst Florens Friedrich ~ 2/311; Christ, Karl ~ 2/315; Christiani, (Carl) Rudolf (Ferdinand) ~ 2/321; Chun, Karl ~ 2/326; Cillien, Adolf ~ 2/327; Claisen, Ludwig Rainer ~ 2/328; Claproth, Johann Christian ~/† 2/329; Claproth, Justus ~/† 2/330; Classen, Peter ~ 11/40; Clauren, Heinrich ~ 2/334; Claus, Adolf (Karl Ludwig) ~ 2/334; Claus, Carl Friedrich ~ 2/334; Clebsch, (Rudolf Friedrich) Alfred ~/† 2/338; Cleve, Hartwig ~ 2/342; Cludius, Hermann Heimart ~ 2/346; Clusius, Klaus ~ 2/347; Coehn, Alfred ~/† 2/350; Cohn, Gustav ~/† 11/40; Colloredo-Mannsfeld, Ferdinand Graf von ~ 2/358; Colom du Clos, Isaac von ~/† 2/359; Colonna, Philipp Graf von ~ 2/360; Commer, Ernst ~ 2/361; Conrad-Martius, Hedwig ~ 11/41; Conradi, Johann Wilhelm Heinrich ~/† 2/364; Conrady, Emil von † 2/365; Conwentz, Hugo ~ 2/367; Conze, Alexander (Christian

Leopold) ~ 2/368; Conze, Werner ~ 2/368; Conzelmann, Hans ~/† 11/41; Cornides, Daniel ~ 2/376; Correns, Carl Wilhelm Erich ~/† 2/378; Cotta, Johann Friedrich ~ 2/384; Cotta von Cottendorf, Johann Georg Frh. von ~ 2/384; Courant, Richard ~ 2/386; Cramer, (Johann Baptist Joseph) August ~/† 2/388; Cramer, Karl Friedrich ~ 2/389; Cramm, (Christian Friedrich Adolf) Burghard Frh. von ~ 2/391; Credner, (Karl Friedrich) Heinrich ~ 2/395; Credner, (Karl) Hermann (Georg) ~ 2/395; Credner, Karl August ~ 2/395; Credner, Rudolf ~ 2/395; Creizenach, Theodor ~ 2/396; Creizenach, Wilhelm (Michael Anton) ~ 2/396; Crell, Lorenz Florens Friedrich von ~/† 2/397; Crespel, Johann Bernhard ~ 2/399; Creutzburg, Nikolaus ~ 11/42; Creutzfeldt, Otto ~/† 11/42; Crollius, Georg Christian ~ 2/402; Crome, Bruno ~/† 2/402; Cropp, Friedrich ~ 2/404; Crusius, Magnus ~ 2/407; Culemann, Simon August */~ 2/409; Cuno, Johann Christian ~ 2/410; Curschmann, Karl Friedrich ~ 2/412; Curtius, Ernst ~ 2/413; Curtius, Theodor ~ 2/414; Czapski, Siegfried ~/† 2/416; Dabelow, Christoph Christian Frh. von ~ 2/423; Dahl, Johann Christian Wilhelm ~ 2/428; Dahl, Otto ~ 2/428; Dahler, Johann Georg ~ 2/429; Dahlgrün, Rolf ~ 2/429; Dahlhaus, Carl ~ 2/429; Dahlmann, Friedrich (Christoph) ~ 2/429; Dalberg, (Johann) Friedrich Hugo (Nepomuk Eckenbrecht) Frh. von und zu ~ 2/433; Dalwigk, Karl Friedrich August Philipp Frh. von ~ 2/435; Dambroth, Manfred ~ 2/436; Dammann, Anna ~ 2/437; Damsch, Otto ~ 2/438; Danovius, Ernst Jakob ~ 2/443; Danz, Johann Traugott Leberecht ~ 2/444; Dathe, Johann August ~ 2/447; Davidsohn, Robert ~ 2/454; Daxenberger, Sebastian Franz von ~ 2/454; Debrunner, (Johann) Albert ~ 2/455; Debye, Peter (Joseph Wilhelm) ~ 2/456; Dechent, Hermann (Georg Jakob Friedrich Paulus) ~ 2/456; Decken, Burchard Otto Hans von der ~ 2/457; Decken, Klaus von der ~ 2/458; Deckert, Hermann (Siegfried Joachim) ~ 2/460; Dedekind, Alexander ~ 2/461; Dedekind, Julius (Levin Ulrich) ~ 2/461; Dedekind, Richard ~ 2/461; Deecke, (Heinrich Ludwig) Ernst ~ 2/462; Degering, (Julius August) Hermann ~ 2/466; Dehio, Georg (Gottfried Julius) ~ 2/467; Dehn, Max (Wilhelm) ~ 2/468; Deichgräber, Karl ~ 11/44; De la Camp, Oskar ~ 2/473; Delbrück, Berthold ~ 2/474; Delbrück, Max (Ludwig Henning) ~ 2/475; Delbrück, (Martin Friedrich) Rudolf von (1896) ~ 2/476; Delekat, Friedrich ~ 2/476; Delius, Christian Hermann ~ 2/477; Delius, Rudolph ~ 11/44; Dember, Harry ~ 2/481; Dembitzer, Salomon ~ 2/481; Denckmann, (Heinrich Wilhelm Martin) August ~ 2/485; Denecke, Ludwig ~ 11/44; Deneke, Otto † 2/485; Deneke, (Karl August) Theodor ~ 2/487; Derschau, August Egbert von ~ 2/493; Derschau, Christoph ~ 11/45; Des Coudres, Hans-Peter ~ 2/495; Des Coudres, Theodor ~ 2/496; Detmer, Heinrich (Paul Alexander) ~ 2/501; Detmold, Johann Hermann ~ 2/501; Deuring, Max */~/† 11/45; Deuticke, Hans Joachim ~/† 11/46; Deutsch, Christian Friedrich von ~ 2/504; Deutsch, Joseph ~ 2/505; Deutschmann, Richard (Heinrich) ~ 2/507; Dieckhoff, August Wilhelm */~ 2/514; Dieckmann, Johannes ~ 2/514; Dieckmann, Max ~ 2/514; Diederichs, Christian Wilhelm ~ 2/514; Diederichs, Georg ~ 2/515; Diehl, Karl Ludwig (Hermann) ~ 2/516; Diel, August Friedrich Adrian ~ 2/517; Diels, Otto (Paul Hermann) ~ 2/517; Diesner, Hans-Joachim ~ 11/46; Dieterich, Johann Christian ~/† 2/527; Dietrich, Eduard (Karl Robert Ludwig) ~ 2/535; Dietrich, Hermann Robert ~ 2/536; Dietz, Johann (Simon Jeremias) von ~ 2/540; Dietz, Johann Ludwig Friedrich ~ 2/540; Dietze, (Friedrich Carl Nikolaus) Constantin von ~ 2/541; Dietze, Ursula ~ 2/541; Dilthey, Karl (Peter Friedrich) ~/† 2/548; Dingler, Emil Maximilian ~ 2/551; Dingler, Hugo (Albert Emil Hermann) ~ 2/552; Dinnies, Johann Albert ~ 2/553; Dirichlet, Gustav Peter ~/† 2/555; Dirksen, Enno Heeren ~ 2/556; Disselhoff, Hans-Dietrich ~ 2/558; Disselhorst, Rudolf ~ 2/558; Dissen, Georg Ludolf ~/† 2/558; Dittenberger, Wilhelm ~ 2/560; Dittrich, Max ~ 2/562; Docen, Bernhard Joseph ~ 2/566; Dönhoff, August (Heinrich Hermann) Reichsgraf von ~ 2/574; Döring,

Georg Christian Wilhelm Asmus ~ 2/576; Döring, Gerd ~ 11/47; Doerne, Martin Bernhard Gotthelf ~/† 2/578; Dörrie, Heinrich ~ 2/580; Dörries, (Georg) Bernhard (Adolf) ~ 2/580; Dörries, Hermann ~/† 2/580; Doetsch, Gustav Heinrich Adolf ~ 2/581; Dohm, Christian Conrad (Wilhelm) von ~ 2/581; Dohna zu Schlobitten, (Friedrich Ferdinand) Alexander Graf ~ 2/583; Dolezalek, Friedrich ~ 2/586; Domeier, Wilhelm Friedrich ~ 2/590; Domnick, Hans ~ 2/592; Donandt, Ferdinand ~ 2/592; Donandt, Martin (Donatus Ferdinand) ~ 2/592; Doormann, Hermann ~ 2/596; Dorner, August ~ 2/597; Dorner, Isaak August ~ 2/599; Dove, Heinrich ~ 2/604; Dove, Karl ~ 2/604; Dove, Richard (Wilhelm) ~/† 2/604; Draht, Martin ~ 2/607; Drechsler, (Karl Christian) Gustav ~ 2/611; Drechsler, Gustav (Adolph Wilibald) ~ 2/611; Drechsler, Wolfgang */~ 2/611; Drees, Johannes ~ 2/611; Dreesen, Willrath ~ 2/612; Dresbach, August ~ 2/613; Drescher-Kaden, Friedrich Karl ~ 11/48; Dressel, Heinrich ~ 2/614; Drews, Paul (Gottfried) ~ 2/617; Drews, Wilhelm (Bill) Arnold ~ 2/617; Drost, Rudolf (Karl Theodor) ~ 2/624; Droste-Hülshoff, Clemens August Frh. von ~ 2/625; Droysen, Gustav ~ 2/626; Drude, (Carl Georg) Oscar ~ 2/627; Drude, Paul (Karl Ludwig) ~ 2/627; Druffel, August von ~ 2/628; Dubislav, Walter (Ernst Otto) ~ 2/629; Du Bos Frh. du Thil, Carl (Wilhelm Heinrich) ~ 2/631; Dübner, Johann Friedrich ~ 2/634; Dühr, August (Carl Theodor) † 2/634; Dümmler, (Friedrich Heinrich Georg) Ferdinand ~ 2/635; Düring, (Otto) Albrecht ~ 2/639; Dürken, Bernhard (Heinrich) ~ 2/640; Dürr, Philipp Paul Theodor ~ 2/641; Dürre, Hermann (Christian August Konrad) ~ 2/642; Düsterdieck, Friedrich (Hermann Christian) ~ 2/643; Duhm, Bernhard (Laward) ~ 2/645; Duhn, Friedrich (Carl) von ~ 2/645; Duisberg, (Friedrich) Carl ~ 2/645; Dulckeit, Gerhard ~ 2/647; Du Mont, Markus (Theodor) ~ 2/649; Dumreicher von Österreicher, (Johann Christian) Armand Frh. ~ 2/650; Duncker, (Hans Gottfried) Ludwig ~ 2/651; Duncker, Ludwig Friedrich Wilhelm ~/† 2/652; Dunker, Wilhelm (Bernhard Rudolf Hadrian) ~ 2/653; Du Roi, Georg August Wilhelm ~ 2/655; Du Roi, Julius Georg Paul ~ 2/655; Dusch, Johann Jakob ~ 2/656; Duysing, Bernhard Christian ~ 2/660; Dyckhoff, Friedrich Wilhelm ~ 2/661; Dyrsen, Ludwig ~ 2/662; Dziatzko, Karl (Franz Otto) ~/† 2/662; Ebbecke, Ulrich ~ 2/663; Ebel, Basilius ~ 2/664; Ebeling, Christoph Daniel ~ 2/665; Ebell, Georg ~ 2/666; Eberhard III. der Milde, Graf von Württemberg † 2/669; Eberhard, Fritz ~ 2/670; Eberhard, Johann Peter ~ 2/671; Ebermaier, Johann Edwin Christoph ~ 2/675; Ebers, Georg Moritz ~ 2/676; Ebert, Adolf ~ 2/677; Ebner-Rofenstein, Anton Gilbert Viktor Ritter von ~ 3/2; Ebstein, Erich */~ 3/3; Ebstein, Wilhelm ~/† 3/3; Eck, Samuel ~ 3/6; Eckart, Rudolf (Theodor Abraham) ~ 3/9; Eckermann, Johann Peter ~ 3/10; Eder, Wilhelm Heinrich Ludwig ~ 3/20; Eggers, Christian Ulrich Detlev Frh. von ~ 3/29; Eggers, Kurt ~ 3/30; Egner, Erich ~ 3/33; Ehlers, Ernst (Heinrich) ~/† 3/35; Ehlers, Martin ~ 3/35; Ehlers, Rudolph ~ 3/36; Ehrenberg, Hans ~ 11/50; Ehrenberg, Paul (Richard Rudolf) ~ 3/38; Ehrenberg, Richard ~ 3/38; Ehrenberg, Rudolf (Hans Hermann) ~/† 3/37; Ehrenberg, Victor (Leopold) ~ 11/51; Ehrenberg, Viktor (Gabriel) ~/† 3/38; Ehrenfest, Paul ~ 3/39; Ehrenfeuchter, Friedrich (August Eduard) ~/† 3/39; Ehringhaus, Arthur (Erich) ~/† 3/42; Ehrlich, Paul ~ 3/44; Ehwald, Rudolf ~ 3/45; Eichhorn, Albert ~ 3/51; Eichhorn, Christian Friedrich ~ 3/51; Eichhorn, (Johann Albrecht) Friedrich ~ 3/51; Eichhorn, Heinrich ~ 3/52; Eichhorn, Johann Gottfried ~/† 3/52; Eichhorn, Karl Friedrich ~ 3/53; Eichhorst, Hermann ~ 3/53; Eichler, Ferdinand ~ 3/53; Eichler, Martin (Maximilian Emil) ~ 11/51; Eichler, Willi ~ 3/54; Eichthal, Bernhard von ~ 3/56; Eick, Hans-Joachim ~ 3/57; Eilers, Gerd ~ 3/61; Einem, Herbert Günter von ~/† 3/63; Einsiedel, (Johann) August von ~ 3/64; Eis, Egon ~ 3/68; Eisenberg, Ludwig Julius ~ 3/69; Eisendecher, Wilhelm von ~ 3/70; Eisenhart, Johann Friedrich ~ 3/71; Eißfeldt, Otto ~ 3/78; Ekkard, Friedrich ~ 3/81;

Elben, Karl ~ 3/82; Ellissen, (Georg Anton) Adolf ~/† 3/92; Elsässer, Karl Friedrich ~ 3/94; Elsner, Richard † 3/97; Elster, Ludwig (Hermann Alexander) ~ 3/98; Eltzbacher, Paul ~ 3/100; Elvers, Christian Friedrich ~ 3/100; Emmert, August Gottfried Ferdinand * 3/105; Emminghaus, Hermann ~ 3/106; Emperius, Adolf Karl Wilhelm ~ 3/106; Emrich, Wilhelm ~ 11/53; Encke, Johann (Franz) ~ 3/107; Engel, Johann Christian von ~ 3/114; Engelhardt, Moritz Frh. von ~ 3/119; Engelhus, Dietrich ~ 3/120; Engelmann, (Theodor) Wilhelm ~ 3/121; Enneccerus, Ludwig Karl Martin ~ 3/128; Enslin, Theodor (Johann Christian Friedrich) ~ 3/129; Epstein, Paul ~ 3/134; Erdmann, Martin ~ 3/142; Erlenmeyer, (Friedrich Gustav Karl) Emil ~ 3/152; Ermisch, Hubert (Maximilian) ~ 3/156; Ernesti, (Heinrich Friedrich Theodor) Ludwig ~ 3/157; Ernst August, Herzog von Cumberland, König von Hannover ~ 3/159; Ernst August Georg Wilhelm, Prinz von Hannover ~ 3/159; Ernst, Konrad ~ 3/164; Ernst, (Karl Friedrich) Paul ~ 3/166; Erxleben, Johann Christian Polycarp ~/† 3/170; Eschenburg, Bernhard Georg ~ 3/172; Eschstruth, Hans Adolf Friedrich von ~ 3/177; Esmarch, Erwin von ~/† 3/178; Esmarch, (Johannes) Friedrich (August) von ~ 3/178; Esmarch, Karl Bernhard Hieronymus ~ 3/178; Etzdorf, Hasso von ~ 3/186; Eucken, Arnold (Thomas) ~ 3/187; Eucken, Rudolf (Christoph) ~ 3/187; Euler, August Martin ~ 3/192; Euler, Hermann ~ 3/192; Euler-Chelpin, Hans Karl (August Simon) von ~ 3/194; Euling, Karl (Johannes) ~ 11/56; Ewald, (Christian Wilhelm) Carl von ~ 3/197; Ewald, Gottfried ~/† 3/197; Ewald, (Georg) Heinrich (August) von */~/† 3/198; Ewald, Johann Ludwig ~ 3/198; Ewald, Peter Paul ~ 3/199; Ewald, Schack Hermann ~ 3/199; Ewers, (Johann Philipp) Gustav von ~ 3/200; Exner-Ewarten, Felix Maria von ~ 3/202; Eye, (Johann Ludolf) August von ~ 3/204; Eyring, Jeremias Nikolaus ~ 3/205; Faber, Georg ~ 3/208; Faber, Johann Ernst ~ 3/208; Faber, Johann Melchior ~ 3/209; Fabricius, (Karl) Ferdinand ~ 3/213; Fabricius, Karl Gustav ~ 3/214; Fahnenberg, Karl Heinrich Frh. von ~ 3/218; Falcke, Georg Friedrich Frh. von ~ 3/223; Falckenberg, (Friedrich Otto) Richard ~ 3/224; Falke, Jakob von ~ 3/225; Falkenstein, Adam ~ 3/228; Falkmann, Christian Friedrich ~ 3/228; Farkas, Julius von ~/† 11/58; Faust, Bernhard Christoph ~ 3/236; Feddersen, Berend Wilhelm ~ 3/239; Feder, Johann Georg Heinrich ~ 3/241; Feder, Karl August Ludwig * 3/241; Fehling, Emil Ferdinand ~ 3/244; Fehrmann, Jacob ~ 3/247; Fehse, Willi Richard ~/† 3/247; Fein, Emil Wilhelm ~ 3/250; Fein, Georg ~ 3/251; Feine, Gerhart */~ 3/251; Feine, Hans Erich Alfred * 3/251; Feine, Paul ~ 3/251; Feist, Eduard Richard Karl ~/† 3/252; Fellner, Ferdinand (August Michael) ~ 3/261; Feronce von Rotenkreutz, Jean Baptiste ~ 3/272; Fetscherin, Bernhard Rudolf ~ 3/275; Feuerbach, Johann Peter von ~ 3/278; Feuerlein, Jakob Wilhelm ~/† 3/280; Feyrter, Friedrich ~ 3/283; Fick, (Friedrich Conrad) August ~ 3/287; Fick, Franz Ludwig ~ 3/287; Fick, Richard ~/† 3/287; Ficker, Wilhelm Anton ~ 3/289; Filtsch, Johann ~ 3/296; Finckh, Alexander Christian von ~ 3/299; Finckh, Christian Daniel von ~ 3/299; Finckh, Eugen (Alexander Gustav Fritz Carl Emil) von ~ 3/299; Finckh, Johann Daniel von ~ 3/299; Finckh, Karl ~ 3/299; Finelius, Johann Christian Friedrich ~ 3/300; Fink, Gustav ~ 3/302; Finke, Heinrich ~ 3/304; Finsler, Paul ~ 3/305; Fiorillo, Johann Dominicus ~/† 3/306; Firbas, Franz ~/† 11/60; Fircks, Karl Ferdinand Frh. von ~ 3/306; Fischbeck, Kurt Hellmuth ~ 3/309; Fischer, Ernst (Sigismund) ~ 3/314; Fischer, Ernst ~ 3/314; Fischer, (Heinrich August Wilhelm) Ferdinand ~ 3/315; Fischer, Georg ~ 3/317; Fischer, Johann Heinrich ~ 3/321; Fischer, Laurenz (Martin) Hannibal (Christian) ~ 3/323; Fischer, Otto ~ 3/326; Fischer, Walther ~/† 3/328; Fischer, (Laurenz) Wilhelm ~ 3/328; Fittig, (Wilhelm) Rudolph ~ 3/332; Fitting, Hans ~ 3/333; Flachsbart, Otto (Heinrich Georg) ~ 3/334; Flasdieck, Hermann ~ 3/336; Flatt, Johann Friedrich ~ 3/337; Flatt, Karl Christian ~ 3/337; Fleckeisen, (Karl Friedrich Wilhelm) Alfred ~ 3/339; Fleckenbühl,

(Johann) Philipp Franz von ~ 3/339; Fleisch, Paul Alwin Gottlieb ~ 3/341; Fleischmann, (Gustav Friedrich) Wilhelm ~/† 3/345; Flemming, Johannes ~ 3/347; Flemming, Walther ~ 3/347; Flettner, Anton ~ 3/349; Fliedner, (Georg Heinrich) Theodor ~ 3/350; Flügge, Carl (Georg Friedrich Wilhelm) ~ 3/357; Flügge, Siegfried ~ 11/62; Focke, Johann ~ 3/359; Focke, Rudolf ~ 3/359; Föppl, Ludwig ~ 3/360; Föppl, Otto ~ 3/360; Förstemann, Ernst Günther ~ 3/361; Förstemann, Wilhelm August ~ 3/361; Förster, August ~ 3/361; Förtsch, Paul Jakob ~ 3/366; Forckenbeck, Oskar von ~ 3/372; Forkel, Johann Nikolaus ~/† 3/373; Formey, Johann Ludwig ~ 3/373; Fortlage, (Arnold Rudolf) Karl ~ 3/379; Fraenkel, Eduard (David Mortier) ~ 3/382; Fränkel, Hermann ~ 11/62; Fränkel, Walter ~ 3/385; Franck, Hermann ~ 11/63; Franck, James ~/† 3/389; Francke, Karl (Philipp) ~ 3/394; Francke, Wilhelm Franz Gottfried ~ 3/395; Frank, Johann (Peter) ~ 3/399; Frank, Ludwig ~ 3/401; Frank, Peter Anton Frh. von ~ 3/402; Franke, Johannes ~ 3/404; Franke, (Rudolf) Otto ~ 3/404; Franke, (Alwin Wilhelm) Otto ~ 3/404; Franke-Schievelbein, Gertrud ~ 3/405; Franz, Gottfried ~ 3/413; Franz, Günther ~ 11/64; Franz, Johann Michael ~/† 3/414; Freeden, Wilhelm (Ihno Adolf) von ~ 3/420; Frege, Gottlob (Friedrich Ludwig) ~ 3/420; Frensdorff, Ferdinand ~/† 3/424; Frerichs, Friedrich Theodor von ~ 3/426; Frerk, Julius Friedrich Willy ~ 3/426; Freudenfeld, Burkhard Heinrich ~ 3/430; Freudenthal, Jacob ~ 3/430; Freundlich, Erwin Finlay ~ 3/432; Frey, (Johann Friedrich) Heinrich (Konrad) ~ 3/435; Freytag, Georg Wilhelm ~ 3/439; Frick, Wilhelm ~ 3/442; Fricke, (Paul) Gerhard ~ 3/442; Fricke, Johann Heinrich Gottlieb ~ 3/442; Fricke, Johann Karl Georg ~ 3/442; Fricke, Otto ~ 3/443; Fricke, (Karl Emanuel) Robert ~ 3/443; Fricke, Walter ~ 11/64; Friederichsen, Max ~ 3/450; Friederici, Georg ~ 3/450; Friedreich, Nikolaus Anton ~ 3/456; Friedrich, Friedrich ~ 3/479; Friedrichs, Kurt (Otto) ~ 3/482; Friesen, Richard Frh. von ~ 3/486; Fritsch, Karl (Georg Wilhelm) von ~ 3/493; Fritsche, Hermann (Peter Heinrich) ~ 3/495; Fritze, Wilhelm ~ 3/497; Frobenius, (Ferdinand) Georg ~ 3/499; Fröbel, Friedrich (Wilhelm August) ~ 3/500; Fröhlich, Friedrich Wilhelm ~ 3/502; Frölich, (Georg) Gustav (Adolf) ~ 3/504; Frölich, Karl Wilhelm Adolf ~ 3/505; Frohn, Konrad ~ 3/507; Frommann, Georg Karl ~ 3/510; Frommann, Karl ~ 3/510; Fromme, Albert ~ 3/510; Fromme, Carl ~ 3/510; Frommel, Richard ~ 11/65; Froriep, August (Friedrich) von ~ 3/512; Fuchs, Konrad Heinrich ~/† 3/520; Fuchs, (Immanuel) Lazarus ~ 3/520; Fuchs, (Ernst Adolf) Wilhelm ~/† 3/522; Fürst, Manfred ~ 3/527; Fuess, Rudolf ~ 3/531; Fueter, Eduard ~ 3/533; Fueter, Rudolf ~ 3/533; Fuhrmann, Georg ~ 3/538; Fuhse, Franz ~ 3/538; Fulda, Friedrich Karl ~ 3/539; Fulda, Friedrich Karl von ~ 3/539; Fumetti, Arthur Francis Hans Felix von ~ 3/539; Funk, Paul ~ 3/542; Furchau, Adolf Friedrich ~ 3/543; Furrer, Jonas ~ 3/543; Furtwängler, Philipp ~ 3/544; Gabelentz, (Hans) Conon von der ~ 3/547; Gabler, Johann Philipp ~ 3/549; Gadebusch, Thomas Heinrich ~ 3/551; Gaedechens, Rudolf ~ 3/553; Gärtner, Joseph ~ 3/555; Gärtner, Karl Friedrich von ~ 3/555; Gärtner, Korbinian ~ 3/556; Gagern, Friedrich (Ludwig Balduin Karl Moritz) Frh. von ~ 3/557; Gagern, Hans (Christoph Ernst) Frh. von ~ 3/557; Gagern, (Wilhelm) Heinrich (August) von ~ 3/557; Gagern, Maximilian (Joseph Ludwig) Frh. von ~ 3/558; Gagern, Maximilian Frh. von ~ 3/558; Galle, Andreas (Wilhelm Gottfried) ~ 3/563; Galletti, Johann Georg August ~ 3/563; Galling, Kurt ~ 3/565; Gamillscheg, Ernst † 3/566; Gans, Eduard ~ 3/569; Ganssen, (Ernst Alwin) Robert ~ 3/571; Ganz, Hans (Heinrich) ~ 3/571; Garger, Ernst von ~ 3/574; Gaspari, Adam Christian ~ 3/577; Gaspary, Adolf (Robert) ~ 3/577; Gattenhoff, Georg Matthias ~ 3/581; Gatterer, Christoph (Wilhelm Jakob) */~ 3/582; Gatterer, Johann Christoph ~/† 3/582; Gatterer, Magdalene Philippine ~ 3/582; Gattermann, (Friedrich August) Ludwig ~ 3/582; Gatzert, (Christian) Hartmann (Samuel) Frh. von ~ 3/583; Gaul,

Gerhard ~ 3/585; Gaupp, Ernst Theodor ~ 3/586; Gaus, Friedrich (Wilhelm Otto) † 3/586; Gauß, Carl Friedrich ~/† 3/587; Gauß, Carl Josef ~ 3/588; Gaza, Wilhelm (Philipp Immanuel) von ~ 3/590; Gebhardi, Ludwig Albrecht ~ 3/593; Gebhardt, Oskar (Leopold) von ~ 3/594; Gebler, Tobias Philipp Frh. von ~ 3/595; Geffcken, Johannes ~ 3/597; Geiger, Bernhard ~ 3/603; Geiger, Ludwig (Moritz Philipp) ~ 3/605; Geiger, Moritz (Alfred) ~ 3/605; Geilmann, (Ludwig August) Wilhelm ~ 3/608; Geinitz, (Franz) Eugen ~ 3/608; Gelzer, Heinrich ~ 3/619; Gemmingen-Hornberg, Hans-Lothar Frh. von ~ 3/619; Gennerich, Wilhelm ~ 3/622; Gensichen, Hans-Werner ~ 11/67; Gentzen, Gerhard (Karl Erich) ~ 3/625; Georg, Herzog von Braunschweig-Lüneburg ~ 3/627; Georg II., Kurfürst von Hannover, König von Großbritannien und Irland ~ 3/628; Georg, Graf zu Waldeck und Pyrmont ~ 3/630; Georges, Karl Ernst ~ 3/632; Georgi, Otto (Robert) ~ 3/632; Geppert, Harald (Aloysius August Maria) ~ 3/634; Gerber, Rudolf ~/† 3/636; Gercke, Alfred ~ 3/637; Gerdien, Hans ~ 3/637; Gerhard, Dietrich ~ 3/641; Gerkan, Armin von ~ 3/646; Gerlach, Ernst Ludwig von ~ 3/647; Gerlach, (Ludwig Friedrich) Leopold von ~ 3/648; Gerlach, Otto von ~ 3/649; Gerlach, Walther ~ 3/650; Gerling, Christian Ludwig ~ 3/651; Gerson, (Georg) Hartog ~ 3/656; Gerthsen, Christian ~ 3/662; Gervinus, Georg Gottfried ~ 3/663; Gesenius, (Heinrich Friedrich) Wilhelm ~ 3/665; Gesner, Johann Matthias ~/† 3/665; Geß, Wolfgang (Heinrich Christian) Friedrich ~ 3/666; Geuther, (Johann Georg) Anton ~ 3/670; Gierke, Julius (Karl Otto) von ~/† 3/680; Giese, Adolf ~ 4/1; Giesecke, Karl Ludwig ~ 4/3; Giesel, Friedrich Oskar ~ 4/4; Gieseler, (Friedrich) Eberhard ~ 4/4; Gieseler, (Johann) Karl (Ludwig) ~/† 4/4; Gilbert, Otto ~ 4/7; Gildemeister, Johann Friedrich ~ 4/8; Gildemeister, Johannes Gustav ~ 4/8; Girtanner, Christoph ~/† 4/15; Giseke, Paul Dietrich ~ 4/16; Gittermann, (Johann) Carl ~ 4/18; Gladbach, Georg ~ 4/19; Gleichen-Rußwurm, (Raimund August) Heinrich Frh. von † 4/28; Gmelin, Johann Friedrich ~/† 4/40; Gmelin, Leopold */~ 4/40; Göde, Christian August Gottlieb ~/† 4/51; Goedeke, Karl (Ludwig Friedrich) ~/† 4/51; Gönner, Nikolaus (Thaddäus) Ritter von ~ 4/54; Goeppert, Friedrich ~ 4/55; Goeppert-Mayer, Maria ~ 4/55; Görges, Johannes (Friedrich Heinrich) ~ 4/57; Görtler, Henry ~ 4/61; Görtz-Wrisberg, (Wilhelm Otto Hans) Hermann Graf von ~ 4/61; Goeschen, Alexander ~ 4/62; Göschen, Johann Friedrich Ludwig ~/† 4/62; Göschen, Otto ~ 4/63; Goethe, Johann Wolfgang von ~ 4/64; Gött, Theodor (Gustav Hugo) ~ 4/67; Göttling, Johann Friedrich August ~ 4/68; Goetze, Otto ~ 4/73; Götzinger, Ernst ~ 4/74; Goez, Karl von ~ 4/74; Gogarten, Friedrich ~/† 4/75; Goldberg, Emanuel ~ 4/77; Goldmann, Georg Friedrich August ~ 4/80; Goldner, (Carl Ludwig Christian) Wolfgang von ~ 4/81; Goldschmidt, Dietrich ~ 11/70; Goldschmidt, Hans ~ 4/83; Goldschmidt, Heinrich Jacob ~ 4/83; Goldschmidt, Karl (Bernhard) ~ 4/84; Goldschmidt, Ludwig ~ 4/85; Goldschmidt, Paul ~ 4/85; Goldschmidt, Victor Moritz ~ 4/86; Goll, Jaroslav ~ 4/89; Goppelt, Leonhard ~ 4/98; Gotter, Friedrich Wilhelm ~ 4/103; Gotthardt, Joseph † 4/107; Gotthelf, Jeremias ~ 4/108; Gottschaldt, Kurt ~/† 11/71; Goubeau, Josef ~ 11/70; Grädener, Karl Georg Peter ~ 4/120; Gräffe, Carl Heinrich ~ 4/122; Graeffe, Johann Friedrich Christoph */~/† 4/122; Graepel, (Carl Bernhard) Friedrich ~ 4/123; Gräsel, Arnim ~/† 4/123; Gräven, Hans (August Theodor Wilhelm) ~ 4/125; Graff, Paul ~ 4/131; Graff, Wilhelm Paul ~ 4/131; Gramberg, Gerhard Anton ~ 4/133; Grauert, Hermann (Heinrich) von ~ 4/142; Graumann, Peter Benedict Christian ~ 4/143; Gravenhorst, Johann Ludwig Christian Carl ~ 4/144; Gravenhorst, Karl Theodor ~ 4/145; Gravenreuth, Karl Ernst Graf ~ 4/145; Gregel, Johann Philipp von ~ 4/148; Greim, Georg Heinrich ~ 4/152; Grell, Heinrich ~ 4/155; Grelling, Kurt ~ 4/155; Greßmann, Hugo (Ernst Friedrich Wilhelm) ~ 4/157; Greverus, Johann Ernst ~ 4/160; Greverus, Johann Paul Ernst ~ 4/160; Greyerz, Gottlieb von ~ 4/161; Greyerz, Otto von ~ 4/161; Griepenkerl, Friedrich Konrad ~ 4/162; Gries, Johann Dietrich ~ 4/162; Gries, Johann(es) Michael ~ 4/163; Griesbach, Hermann Adolf ~ 4/163; Griewank, Karl ~ 4/166; Grimm, Jacob (Ludwig Carl) ~ 4/169; Grimm, Julius Otto ~ 4/171; Grimme, Adolf (Berthold Ludwig) ~ 4/172; Grimmel, Walter (Eugen) ~ 4/173; Grimsehl, (Carl) Ernst (Heinrich) ~ 4/174; Grisebach, (Heinrich) August (Rudolph) ~/† 4/175; Grisebach, Eduard (Anton Rudolf) */~ 4/175; Grisebach, Hans (Otto Friedrich Julius) * 4/175; Groddeck, Albrecht von ~ 4/177; Groddeck, Ernst Gottfried ~ 4/177; Gröning, Albert Wilhelm ~ 4/180; Gröning, Georg von ~ 4/180; Grohne, Ernst ~ 4/182; Grolmann, Heinrich Dietrich von ~ 4/183; Grolmann, Johann August von ~ 4/184; Grolmann, Wilhelm Heinrich von ~ 4/184; Groschlag zu Dieburg, (Friedrich Karl) Willibald Frh. von ~ 4/189; Groskurd, Christian Heinrich ~ 4/190; Groskurd, Christoph Gottlieb ~ 4/190; Gross, Walter (Hatto) ~ 11/73; Groß, Wilhelm ~ 4/193; Grosse, Ernst Ludwig ~ 4/194; Grosse, Karl (Friedrich August) ~ 4/195; Grosse, Wilhelm ~ 4/195; Grossmann, Ernst (August Friedrich Wilhelm) ~ 4/197; Grote, August Otto Graf von ~ 4/200; Grote, Carl Georg Christian Frh. von ~ 4/200; Grote, Hermann ~ 4/200; Grote, Louis (Radcliffe) ~ 4/200; Grotefend, (Friedrich) August ~/† 4/201; Grotefend, Georg Friedrich ~ 4/201; Grotefend, (Ernst Heinrich) Hermann ~ 4/201; Grotefend, Karl (Ludwig) ~ 4/201; Grotrian, Otto (Natalius August) ~ 4/203; Grotrian, Walter (Robert Wilhelm) ~ 4/203; Gruber, Georg Benno ~/† 11/73; Gruber, Johann Daniel ~ 4/206; Grümbke, Johann Jakob ~ 4/209; Grüß, Gerhard (Christian) ~ 4/219; Gruner, (Gottlieb) Anton ~ 4/225; Gruner, Justus (Karl Alexander Friedrich Elliot Wilhelm Ferdinand) von ~ 4/226; Gruner, Justus Karl von ~ 4/226; Grunert, Johann August ~ 4/226; Grunwald, Wilhelm ~/† 4/227; Grupe, Eduard (August Rudolf) * 4/227; Grupe, Oskar ~ 4/227; Gudden, Bernhard (Friedrich Adolf) ~ 4/232; Günderrode, Christoph ~ 4/233; Günderrode, Friedrich Maximilian Frh. von ~ 4/236; Günther, Daniel Erhard ~ 4/238; Günther, Johann Arnold ~ 4/241; Günther, Johann Friedrich Ludwig ~ 4/242; Günther, (Ernst Gustav) Paul ~ 11/74; Günther, (Adam Wilhelm) Siegmund ~ 4/243; Guertler, William (Minot) ~ 4/246; Gumpelzhaimer, Christian Gottlieb ~ 4/255; Gund, Konrad ~/† 4/257; Gunkel, (Johann Friedrich) Hermann ~ 4/260; Gurlitt, (Georg Remi Ernst) Ludwig ~ 4/264; Gurlitt, Wilhelm ~ 4/264; Gutenberg, Beno ~ 4/267; Guthe, Hermann (Adolph Wilhelm) ~ 4/269; Guthe, (Friedrich Wilhelm Leopold) Hermann ~ 4/269; Gutmann, Franz ~ 4/271; Guttenberg, Georg Frh. von und zu ~ 4/273; Haack, Hermann ~ 4/281; Haarmann, (Gustav Ludwig Friedrich) Wilhelm ~ 4/284; Haas, Arthur Erich ~ 4/285; Haas, Richard ~ 4/287; Haase, Carl ~ 11/75; Haase, Theodor Karl ~ 4/290; Haasen, Peter ~ 11/75; Haccius, Georg ~ 4/296; Hach, (Johann) Friedrich ~ 4/296; Hackethal, (Karl Heinrich) Julius ~ 11/75; Hackmann, Heinrich (Friedrich) ~ 4/299; Häberlin, Paul ~ 4/302; Hänisch, Erich ~ 4/309; Hänlein, Heinrich Karl Alexander von ~ 4/310; Haering, Theodor d. Ä. ~ 4/312; Härter, Franz Heinrich ~ 4/312; Haffner, Hans ~ 4/316; Haftmann, Werner ~ 11/77; Hagelstange, Alfred ~ 4/317; Hagemann, Theodor ~ 4/318; Hagemeister, Emanuel Friedrich ~ 4/318; Hagen, Carl Heinrich ~ 4/319; Hagenbuch, Johann Kaspar ~ 4/324; Hahn, Hans ~ 4/329; Hahn, Heinrich Wilhelm d. J. ~ 4/329; Hahn, Johann Friedrich ~ 4/330; Hahn, Kurt (Matthias) ~ 4/331; Hahn, Otto ~/† 4/332; Hahn, Traugott (II.) ~ 4/333; Hahn, Wilhelm ~ 11/77; Haindorf, Alexander ~ 4/338; Hakemeyer, Ida */~/† 4/340; Halem, Ludwig (Wilhelm Christian) von ~ 4/343; Halleger, Kurt ~ 4/345; Haller, Albrecht von ~ 4/345; Haller, (Nikolaus) Ferdinand ~ 4/347; Haller, Gottlieb (Emanuel) von ~ 4/347; Hallier, Ernst ~ 4/350; Hallier, Johannes Gottfried ~ 4/350; Hamberger, Georg Christoph ~/† 4/357; Hambruch, Paul ~ 4/357; Hamburger, Hans (Ludwig) ~ 4/358; Hamel, Georg (Karl Wilhelm) ~ 4/358; Hamel, Richard ~ 4/358; Hammersen, Walter ~ 4/363; Hammerstein, (Hans) Detlev

Frh. von ~ 4/363; Hammerstein, Ludwig Frh. von ~ 4/363; Hammerstein-Loxten, Ernst (Georg Philipp Ludolf August Wilhelm) Frh. von ~ 4/364; Hampe, August ~ 4/364; Hanau, Arthur ~/† 11/78; Handovsky, Hans ~ 4/367; Hankel, Hermann ~ 4/370; Hanle, Wilhelm ~ 11/78; Hanne, Johann Wilhelm ~ 4/371; Hansen, Wilhelm (Emil) ~ 4/376; Hanssen, Georg ~/† 4/377; Harbeck, Hans ~ 4/380; Hardenberg, Friedrich Karl ~ 11/79; Hardenberg, Hans Carl Graf von ~ 11/79; Hardenberg, (Bernhard) Heinrich Graf von ~ 4/381; Hardenberg, Karl August Fürst ~ 4/382; Hardenberg, Kuno (Ferdinand) Graf von ~ 4/383; Harding, Carl Ludwig ~/† 4/384; Harleß, Gottlieb Christoph ~ 4/389; Harms, (Georg) Ludwig (Detlef Theodor) ~ 4/390; Harnack, Otto ~ 4/392; Harnisch, Otto Siegfried † 4/393; Harries, Heinrich ~ 4/396; Harscher von Almendingen, Ludwig ~ 4/397; Hartig, Ernst Friedrich ~ 4/400; Hartkopf, Günter ~ 4/402; Hartlaub, (Carl Johann) Gustav ~ 4/402; Hartlaub, Gustav Friedrich ~ 4/402; Hartmann, Anton Theodor ~ 4/406; Hartmann, (Karl Robert) Eduard von ~ 4/406; Hartmann, (Wilhelm) Eugen ~ 4/407; Hartmann, Hermann ~ 11/80; Hartmann, Johann Melchior ~ 4/409; Hartmann, Johannes (Franz) ~/† 4/410; Hartmann, Karl (Julius) ~/† 4/410; Hartmann, (Paul) Nicolai ~/† 4/411; Hartmann, Philipp Karl ~ 4/413; Hartmann, Richard ~ 4/413; Hartwieg, (Leonhard Christoph) Adolf ~ 4/416; Hartwig, (Karl) Ernst (Albrecht) ~ 4/417; Haselberg, Lorenz Wilhelm von ~ 4/421; Hasenack, Wilhelm ~/† 4/422; Hasse, Hel(l)mut ~ 4/426; Hasselblatt, Arnold ~ 4/428; Hassencamp, Johann Matthäus ~ 4/429; Hassenpflug, (Hans Daniel) Ludwig (Friedrich) ~ 4/429; Hassenstein, Walter (Georg) ~ 4/429; Hatschek, Julius (Karl) ~/† 4/432; Haubold, Christian Gottlieb ~ 4/435; Haug, Martin ~ 4/441; Haugwitz, (Heinrich) Christian (Kurt) Graf von ~ 4/441; Haugwitz, Otto Graf von ~ 4/441; Haupt, (Hermann Hugo) Paul ~ 4/443; Hauser, Ernst (Alfred Charles) ~ 4/448; Hausmann, (Johann) Friedrich (Ludwig) ~/† 4/452; Hausmann, Manfred (Georg Andreas) ~ 4/452; Hausrath, Adolf ~ 4/453; Haussner, Robert (Carl Hermann) ~ 4/455; Havemann, Wilhelm ~/† 4/457; Haxel, Otto ~ 11/80; Haxthausen, August (Franz Ludwig Maria) Frh. von ~ 4/458; Haxthausen, Werner (Moritz Maria) Graf von ~ 4/458; Hayn, Friedrich (Karl Traugott) ~ 4/462; Hebenstreit, Wilhelm ~ 4/465; Hecht, Felix ~ 4/467; Hecke, Erich ~ 4/468; Heckmann, Otto (Hermann Leopold) ~ 4/472; Heckscher, Johann Gustav (Wilhelm Moritz) ~ 4/472; Hedenus, August Wilhelm ~ 4/473; Heeren, Arnold (Hermann Ludwig) ~/† 4/476; Heeren, Friedrich ~ 4/476; Hegewisch, Dietrich Hermann ~ 4/482; Hegewisch, Franz (Hermann) ~ 4/483; Heidenreich, (Henriette) Charlotte (Theresia) ~ 4/489; Heiderich, Friedrich ~ 4/492; Heidhues, Theodor ~/† 4/492; Heimann, Betty ~ 4/501; Heimburg, Friedrich (August Gerhard Karl) von ~ 4/504; Heimpel, Hermann ~/† 4/505; Heine, Eduard ~ 4/508; Heine, Heinrich ~ 4/508; Heine, Johann Georg ~ 4/510; Heineken, Johann ~ 4/512; Heineken, Philipp Cornelius ~ 4/513; Heinemann, Gustav ~ 4/514; Heinemann, Isaak ~ 4/514; Heinroth, Johann August Günther ~/† 4/544; Heinzelmann, Gerhard ~ 4/548; Heise, Georg Arnold ~ 4/549; Heise, Johann Arnold ~ 4/549; Heisenberg, Werner ~ 4/550; Heitler, Walter (Heinrich) ~ 4/552; Heitmüller, Wilhelm ~ 4/553; Helbig, Wolfgang ~ 4/554; Helck, (Hans-)Wolfgang ~ 4/555; Helferich, Johann (Alphons Renatus) von ~ 4/559; Helfreich, Friedrich ~ 4/560; Heller, Erich ~ 4/562; Hellinger, Ernst (David) ~ 4/566; Hellmann, (Johann Georg) Gustav ~ 4/567; Hellwag, Christoph (Friedrich) ~ 4/569; Helly, Eduard ~ 4/570; Hempel, Carl Gustav ~ 11/83; Hempel, Johannes ~/† 4/579; Henke, Christian Heinrich Adolph ~ 4/584; Henke, (Hermann Wilhelm) Eduard ~ 4/584; Henke, Ernst (Ludwig Theodor) ~ 4/584; Henke, Karl (Friedrich Wilhelm) ~/† 4/584; Henke, (Philipp Jakob) Wilhelm ~ 4/585; Henking, Hermann (Paul August Otto) ~ 4/586; Henle, (Friedrich Gustav) Jakob ~/† 4/587; Henneberg, Bruno ~ 4/588; Henneberg, Rudolf (Friedrich) ~ 4/589; Henneberg, (Johann) Wilhelm (Julius)

Kaufmann, Paul ~ 5/473; Kaufmann, Theophil Heinrich ~ 11/101; Kaufmann, Walter ~ 5/473; Kaup, Johann Jakob ~ 5/476; Kayser, Wolfgang ~/† 5/481; Kees, Hermann ~/† 5/482; Kehr, Paul Fridolin ~ 5/484; Keil, Heinrich ~ 5/485; Keilhack, (Friedrich Ludwig Heinrich) Konrad ~ 5/486; Kekulé von Stradonitz, Reinhard ~ 5/489; Keller, Friedrich Ludwig von ~ 11/102; Kellermann, Hermann ~ 5/499; Kellner, Georg Christoph ~ 5/500; Kelp, Franz Ludwig Anton ~ 5/501; Kepp, Richard ~ 5/507; Kerl, (Georg Heinrich) Bruno ~ 5/509; Kern, Otto ~ 5/512; Kessler, Gerhard ~ 5/519; Keßler, Otto ~ 5/520; Kestner, (Georg Christian) August ~ 5/522; Kestner, (Johann Georg) Christian ~ 5/522; Kestner, Georg Wilhelm Eduard ~ 5/522; Ketteler, Wilhelm Emmanuel Frh. von ~ 5/523; Kielhorn, Franz ~/† 5/528; Kielmannsegg, Eduard (Georg Ludwig William Howe) Graf von ~ 5/528; Kielmeyer, Carl Friedrich von ~ 5/529; Kienle, Hans ~ 5/530; Kiepenheuer, Karl-Otto ~ 11/103; Kiepert, (Friedrich Wilhelm August) Ludwig ~ 5/532; Kieser, Dietrich Georg von ~ 5/533; Kiesselbach, Wilhelm ~ 5/535; Kilian, (Hermann) Friedrich ~ 5/536; Killy, (Hans) Walther (Theodor Maria) ~ 5/538; Kinder, Christian ~ 5/540; Kirchhoff, Heinz ~/† 11/104; Kirchner, Wilhelm Leopold ~ 5/553; Kirsten, Ernst (Hermann) ~ 11/105; Kitaibel, Paul ~ 5/560; Klein, Christian Felix ~/† 5/574; Klein, Joseph ~/† 5/576; Klein, Karl ~ 5/577; Klein, Wilhelm ~ 5/578; Kleinschmidt, Hans ~ 5/581; Kleinschrod, Gallus Aloysius Caspar ~ 5/582; Kleist, Franz Alexander von ~ 5/582; Klewitz, Hans-Walter ~ 5/591; Klewitz, Wilhelm Anton von ~ 5/591; Klinkerfues, (Ernst Friedrich) Wilhelm † 5/599; Kloos, Johan Hermann ~ 5/603; Klopp, Onno ~ 5/603; Klose, Franz ~ 5/605; Klotz, Christian Adolph ~ 5/606; Klotz, Heinrich ~ 11/107; Kluckhohn, Paul ~/~ 5/607; Klügel, Georg Simon ~ 5/608; Klumker, Christian Jasper ~ 5/610; Klussmann, Rudolph ~ 5/610; Knapp, Georg Friedrich ~ 5/612; Kneser, Hellmuth ~ 11/107; Knigge, Adolph Frh. ~ 5/621; Knoche, Ulrich ~ 5/624; Knoevenagel, (Heinrich) Emil (Albert) ~ 5/627; Knoke, Karl ~/† 5/627; Knoll, Albert ~ 5/627; Knop, (Johann August Ludwig) Wilhelm ~ 5/629; Kobold, Hermann (Albert) ~ 5/637; Koch, Ernst (Wilhelm August Peter) ~ 5/639; Koch, Harald ~ 5/640; Koch, Hermann ~ 5/640; Koch, Joseph ~ 5/641; Koch, Julius August ~ 5/642; Koch, (Heinrich Hermann) Robert ~ 5/643; Koch von Sternfeld, Joseph Judas Thaddäus Ernst Ritter von ~ 5/645; Koebe, Paul ~ 5/646; Köchy, Karl (Georg Heinrich Eduard) ~ 5/648; Köhler, Karl † 5/651; Koehler, Karl Franz ~ 5/652; Köhler, Ulrich (Leopold) ~ 5/653; Köhler, Wolfgang ~ 5/653; Koehne, Werner ~ 5/654; Koeler, Georg Ludwig ~/~ 5/654; Könecke, Fritz ~ 5/657; König, Eberhard ~ 5/658; König, Franz ~ 5/658; König, Fritz ~ 5/659; König, Josef ~/† 5/660; König, (Franz) Joseph ~ 5/660; König, Robert ~ 5/663; Köppe, Hans ~ 5/668; Körber, Friedrich ~/† 5/670; Körner, Christian Gottfried ~ 5/671; Koerner von Gustorf, Ernst ~ 5/673; Körnicke, Max (Walther) ~ 5/674; Körte, Gustav ~/† 5/674; Köstler, Josef Nikolaus ~ 5/676; Köstlin, Julius ~ 5/677; Köthe, Gottfried * 11/108; Köttelwesch, Clemens ~ 5/678; Köttgen, Arnold ~/† 5/678; Kohl, Johann Georg ~ 6/2; Kohlrausch, Friedrich (Wilhelm Georg) ~ 6/5; Kohlrausch, Otto ~ 6/5; Kohlrausch, Rudolf (Hermann Arndt) ~/~ 6/5; Kohlrausch, Wilhelm (Friedrich) ~ 6/5; Kohlschmidt, Werner ~ 11/109; Kohlschütter, Arnold ~ 6/5; Kohlschütter, Ernst ~ 6/5; Koken, Ernst (Friedrich Rudolph Karl) von ~ 6/8; Kolbe, (Adolph Wilhelm) Hermann ~ 6/12; Koldewey, Karl ~ 6/14; Koll, Werner ~/† 6/16; Kolle, Wilhelm ~ 6/16; Koller, Siegfried ~ 11/109; Kopf, Hinrich Wilhelm ~/† 6/37; Kopfermann, Hans ~ 6/37; Kopp, Mila ~ 6/39; Koppmann, Karl ~ 6/41; Koschmieder, Lothar ~ 6/50; Kosegarten, Wilhelm ~ 6/51; Kossinna, Gustaf ~ 6/52; Kraepelin, Karl ~ 6/62; Krafft, Adam ~ 6/63; Kraft, Julius ~ 6/65; Kramer, Kurt ~ 11/110; Krasnopolski, Horaz ~ 6/72; Krauel, Richard ~ 6/74; Krauer, Johann Georg ~ 6/74; Kraus, Christian Jakob ~ 6/75; Kraus, Herbert ~/† 6/77; Kraus, Joseph

Martin ~ 6/78; Krause, Karl Christian Friedrich ~ 6/81; Krause, Karl Friedrich Theodor ~ 6/81; Krause, Paul (Georg Christoph) von ~ 6/82; Krause, Wolfgang ~/† 6/82; Kraut, Karl (Johann) ~ 6/86; Kraut, Wilhelm Theodor ~/† 6/86; Krebs, Sir Hans Adolf ~ 6/88; Krekeler, Karl ~ 6/93; Kren, Otto ~ 6/96; Kreth, Hermann ~ 6/98; Krieger, Arnold ~ 6/106; Krischke, Traugott ~ 11/111; Kristeller, Paul Oskar ~ 11/111; Kröcher, Jordan von ~ 6/109; Kroencke, Claus ~ 6/110; Kroh, Oswald ~ 6/112; Krollpfeiffer, Friedrich ~ 6/114; Krolow, Karl (Heinrich Gustav) ~ 6/116; Krone, Heinrich ~ 6/116; Krückmann, Emil ~ 6/120; Krüger, Eduard ~/† 6/121; Krüger, Friedrich ~ 6/122; Krüger, Gustav ~ 6/122; Krüger, Hartmut ~ 11/113; Krüger, Lorenz ~/† 6/123; Krümmel, Otto ~ 6/124; Krünitz, Johann Georg ~ 6/124; Krug, Wilhelm Traugott ~ 6/126; Krukenberg, Peter ~ 6/127; Krull, Wolfgang ~ 11/113; Kruse, Francis ~ 6/133; Küchemann, Dietrich */~ 6/140; Kühl, (Christoph) August ~ 6/142; Kühn, Alfred ~ 6/143; Kühne, Wilhelm ~ 6/146; Kühnemann, Eugen ~ 6/146; Kühnen, Friedrich ~ 6/147; Külpe, Oswald ~ 6/148; Küppers, Erica ~ 6/153; Küster, Friedrich (Wilhelm Albert) ~ 6/154; Kuhn, Karl-Georg ~ 11/115; Kuhnert, Ernst † 6/162; Kunert, Sophie ~/† 6/168; Kunheim, Hugo ~ 6/168; Kunkel, Adam (Josef) ~ 6/169; Kunkel, Wolfgang (Ernst Karl Friedrich) ~ 6/169; Kunze, Karl */~ 6/173; Kunze, (Carl) Ludwig (Albrecht) ~ 11/115; Lachmann, Gustav ~ 6/189; Lachmann, Karl (Konrad Friedrich Wilhelm) ~ 6/190; Ladenberg, Adalbert von ~ 6/192; Lagarde, Paul Anton de ~/† 6/197; Lahmeyer, Johann Wilhelm ~ 6/199; Lahmeyer, Wilhelm ~ 6/199; Lambert, Johann Heinrich ~ 6/204; Lambrecht, Wilhelm ~/† 6/205; Lammers, August ~ 6/206; Lamp, Ernst August ~ 6/208; Lampadius, Wilhelm August ~ 6/208; Lampe, Philipp Adolf ~ 6/209; Lamprecht, Karl Gotthard ~ 6/211; Lancizolle, Karl Wilhelm von ~ 6/212; Landau, Edmund (Georg Hermann) ~ 6/213; Landé, Alfred ~ 6/216; Landfermann, Dietrich Wilhelm ~ 6/217; Landmann, Julius ~ 6/218; Lang, (Friedrich) Carl ~ 6/222; Lang, Karl Heinrich Ritter von ~ 6/227; Lange, Ernst ~ 6/231; Lange, Friedrich ~ 6/231; Lange, Konrad von ~/~ 6/234; Lange, Ludwig ~ 6/235; Lange, Martin ~ 6/235; Langeheine, Richard ~ 11/117; Langen, Theodor Friedrich ~ 6/238; Langenbeck, Arnold von * 6/239; Langenbeck, Bernhard von ~ 6/239; Langenbeck, Konrad Johann Martin ~ 6/239; Langenbeck, Maximilian Adolf */~ 6/240; Langenbeck, Wolfgang */~ 6/240; Langerfeldt, Gustav Anton Friedrich Frh. ~ 6/243; Langhans, Theodor ~ 6/246; Langsdorf, Georg Heinrich von ~ 6/247; Langsdorff, Johann Wilhelm ~ 6/247; Langsdorff, Karl Christian von ~ 6/248; Langstedt, Friedrich Ludwig ~/† 11/117; Langwerth von Simmern, Heinrich ~ 6/248; Lapide, Pinchas E(lias) ~ 11/117; Larenz, Karl ~ 6/252; Laska, Gustav ~ 6/255; Lasker, Emanuel ~ 6/256; Laspeyres, Adolph ~ 6/258; Laspeyres, Etienne ~ 6/258; Lassar, Oskar ~ 6/259; Latte, Kurt ~ 6/262; Lattermann, Jenny ~ 6/262; Laub, Jakob ~ 6/263; Laue, Max von ~ 6/266; Lauffer, Otto ~ 6/268; Laufs, Carl ~ 6/268; Laukhard, Friedrich Christian (Heinrich) ~ 6/268; Laun, (Konrad Wilhelm) Adolf ~ 6/269; Launitz, Eduard Schmidt von der ~ 6/269; Lautenbach, Wilhelm ~ 6/271; Lautensach, Hermann ~ 6/271; Laves, Fritz ~ 6/276; Laves, Georg Ludwig Friedrich ~ 6/276; Leber, Theodor ~/† 6/279; Ledderhose, Konrad Wilhelm ~ 6/284; Legrand, Johann Lukas ~ 6/290; Lehmann, Franz ~/† 6/292; Lehmann, Fritz ~ 6/292; Lehmann, Hans ~ 6/293; Lehmann, Johann Georg Christian ~ 6/294; Lehmann(-Hartleben), Karl ~ 6/294; Lehmann, Max ~/† 6/295; Lehmann, Paul ~ 6/296; Lehmann, Rudolf ~ 6/296; Lehmann-Haupt, (Ferdinand Friedrich) Carl ~ 6/297; Lehnartz, Emil ~ 6/299; Lehndorff, Hans Graf von ~ 6/299; Lehrberg, Aron Christian ~ 6/301; Leibholz, Gerhard ~/† 6/302; Leichhardt, (Friedrich Wilhelm) Ludwig ~ 6/305; Leiningen, Karl Emich Fürst ~ 6/307; Leisewitz, Johann Anton ~ 6/309; Leist, Justus Christoph ~ 6/310; Lellmann, Eugen ~ 6/314; Lemme, Ludwig ~ 6/316; Lendle, Ludwig ~/† 6/319; Lenkeit, Walter ~/†

11/120; Lentz, Wolfgang ~ 11/120; Lentze, August ~ 6/322; Lentze, Hans ~ 6/322; Lenz, Carl Gotthold ~ 6/323; Lenz, Fritz ~/† 6/323; Lenz, Harald Othmar ~ 6/324; Lenz, Wilhelm ~ 6/325; Lenzen, Heinrich ~ 6/325; Leo, Friedrich ~/† 6/326; Leo, Ulrich */~ 6/326; Leonhard, Karl Caesar von ~ 6/328; Leonhard, Rudolf ~ 6/329; Leonhard, Rudolf ~ 6/329; Leonhard, Susanne ~ 6/329; Leonhardt, Adolf ~ 6/329; Lepel, Georg Ferdinand Frh. von ~ 6/335; Lepel, Viktor Frh. von ~ 6/335; Lepsius, Bernhard ~ 6/337; Lepsius, (Karl) Richard ~ 6/337; Lepsius, (Carl Georg) Richard ~ 6/337; Lerbs, Hermann ~ 6/337; Lerch, Friedrich von ~ 6/338; Leser, Emanuel ~ 6/341; Leskien, August ~ 6/342; Less, Gottfried ~ 6/343; Lessing, Theodor ~ 6/347; Lette, (Wilhelm) Adolf ~ 6/348; Lettré, Hans (Heinrich) ~ 6/349; Leubuscher, Charlotte ~ 6/350; Leuckart, Friedrich Sigismund ~ 6/352; Leuckart, (Karl Georg Friedrich) Rudolf ~ 6/352; Leumann, Manu ~ 6/353; Leuner, Hanscarl ~/† 11/121; Leverkuehn, Paul ~ 6/357; Levezow, (Jakob Andreas) Konrad ~ 6/358; Levi, Friedrich (Wilhelm Daniel) ~ 6/358; Lewinsohn, Richard ~ 6/365; Lexer, Erich ~ 6/367; Lexis, Wilhelm ~/† 6/367; Leyh, Georg ~ 6/371; Lichnowsky, Eduard Maria Fürst von ~ 6/372; Lichte, Hugo ~ 6/373; Lichtenberg, Georg Christoph ~/† 6/374; Lichtenstein, Karl August Frh. von ~ 6/376; Lichtwitz, Leopold ~ 6/377; Lidzbarski, Mark ~/† 6/377; Lieben, Robert von ~ 6/378; Liebermann, Felix ~ 6/380; Liebeskind, Margareta (Sophia Dorothea) * 6/383; Liebich, Bruno ~ 6/383; Liebisch, Theodor ~ 6/385; Liebmann, (Karl Otto) Heinrich ~ 6/387; Liebmann, Jost * 6/387; Liebner, Albert ~ 6/387; Liedtke, Harry ~ 6/390; Liepmann, Moritz ~ 6/391; Lietzmann, Walter (Karl Julius) ~/† 6/394; Lilienthal, (Franz) Reinhold von ~ 6/397; Lilje, Hanns ~ 6/397; Lindau, Wilhelm Adolf ~ 6/400; Linde, Justin (Timotheus Balthasar) Frh. von ~ 6/401; Lindemann, (Carl Louis) Ferdinand Ritter von ~ 6/401; Lindemann, Hugo (Carl) ~ 6/402; Lindemann, Kurt ~ 6/402; Lindinger, Hugo ~ 6/406; Lindner, Friedrich Ludwig ~ 6/407; Lindner, Kurt ~ 6/408; Link, Heinrich Friedrich ~ 6/412; Linke, Franz ~ 6/412; Linzbach, Johannes ~/† 6/415; Lipps, Hans ~ 6/420; Lipschitz, Werner Ludwig ~ 6/421; List, Paul ~ 6/425; Listing, Johann Benedikt ~/† 6/425; Littmann, Enno ~ 6/428; Lochner, Wilhelm ~ 6/435; Lockemann, Georg ~ 6/435; Lockemann, Theodor ~ 6/435; Loder, Justus Christian von ~ 6/435; Lödel, Heinrich ~/† 6/439; Löffler, Klemens ~ 6/441; Löhr, Franz von ~ 6/441; Löhr, Egid (Valentin Johann Felix Nepomuk Ferdinand) von ~ 6/443; Löhr, Georg-Wilhelm ~ 11/124; Löhr, Max ~ 6/444; Loening, George ~ 6/445; Loersch, Hugo ~ 6/445; Löser, Ewald ~ 6/447; Loewe, Siegfried Walter ~ 6/451; Löwen, Johann Friedrich ~ 6/452; Loewenich, Walther von ~ 6/454; Löwenstein, Leo ~ 6/455; Löwenstein, Otto ~ 6/455; Loewy, Alfred ~ 6/459; Lohmann, Hans ~ 6/462; Lohmann, Karl ~ 6/462; Lohse, Bernhard ~ 11/124; Lommel, Hermann ~ 6/465; London, Fritz (Wolfgang) ~ 6/466; Loofs, Friedrich ~ 6/466; Lorenz, Charlotte ~ 6/471; Lorenz, Hans ~ 6/472; Lorenz, Richard ~ 6/473; Lorenzen, Paul ~/† 6/474; Losch, Philipp ~ 6/477; Lossen, Wilhelm ~ 6/479; Lotmar, Philipp ~ 6/482; Lotz, Gerhard ~ 6/484; Lotze, Franz Wilhelm ~ 6/485; Lotze, (Rudolph) Hermann ~ 6/485; Lowitz, Johann Tobias */~ 6/488; Lowitz, Siegfried ~ 11/124; Luden, Heinrich ~ 6/493; Ludwig IV., Großherzog von Hessen und bei Rhein ~ 6/504; Ludwig, Friedrich ~/† 6/508; Ludwig, Hubert ~ 6/509; Ludwig, (Ernst Paul) Walther ~ 6/510; Luecke, Albert Georg ~ 6/513; Lücke, (Gottlieb Christian) Friedrich ~/† 6/514; Lueder, August Ferdinand ~ 6/515; Lüders, Gerhart (Claus Friedrich) ~/† 11/124; Lüders, Heinrich ~ 6/516; Lueken, Emil (Heinrich Wilhelm) ~ 6/519; Lüninck, Ferdinand Frh. von ~ 6/519; Lüninck, Hermann (Joseph Anton Maria) Frh. von ~ 6/519; Lüpsen, Focko ~ 6/520; Lüttringhaus, Arthur ~ 6/524; Lützow, Karl von */~ 6/525; Lugowski, Clemens ~ 6/526; Luipart, Marcel ~ 6/527; Luther, Wilhelm Martin ~/† 6/538; Lyra,

Gerhard ~/† 6/544; Lyra, Justus Wilhelm ~ 6/544; Maak, Wilhelm ~/† 11/125; Maassen, Nikolaus Heinrich ~ 6/549; Mackensen, Wilhelm Friedrich August ~ 6/554; Madelung, Erwin (Rudolf) ~ 6/555; Madelung, Otto Wilhelm † 6/555; Mager, Friedrich ~ 6/561; Magnus, Kurt ~ 6/564; Magnus, Wilhelm ~ 11/125; Mahnke, Dietrich (Friedrich Hermann) ~ 6/568; Mahrenholz, Christhard ~ 6/569; Maier, Anneliese ~ 6/570; Maier, Heinrich ~ 6/570; Maiwald, Kurt ~ 6/575; Malchus, Karl August Frh. von ~ 6/577; Mallinckrodt, Josef von ~ 6/580; Mallison, Heinrich ~ 6/580; Malortie, Ernst von ~ 6/581; Maltzan, Hans Albrecht Frh. von ~ 6/582; Manchot, Wilhelm ~ 6/584; Manes, Alfred ~ 6/586; Mangoldt, Hans (Carl Emil) von ~ 6/588; Mangoldt, Hans (Carl Friedrich) von ~ 6/588; Mann, Fritz Karl ~ 6/590; Mannich, Carl ~ 6/596; Mannkopff, Reinhold ~/† 6/596; Marahrens, August ~ 6/603; Marcus, Adalbert Friedrich ~ 6/609; Marezoll, Johann Gottlob ~ 6/613; Marguerre, Karl ~ 6/616; Markert, Werner ~ 6/625; Martens, Georg Friedrich von ~ 6/633; Martin, Alfred von ~ 6/635; Martin, Karl ~ 6/636; Martin, Marie ~ 6/637; Martini, Christoph David Anton ~ 6/639; Martius, Gerhard ~ 11/127; Martius, Heinrich ~/† 6/642; Marty, (Martin) Anton (Maurus) ~ 6/643; Marx, Erich Anselm ~ 6/644; Marx, Karl (Friedrich Heinrich) ~ 6/645; Masing, Georg ~/† 6/650; Matossi, Frank ~ 6/656; Matthias, Adolf ~ 6/662; Matz, Friedrich ~ 6/665; Maucher, Albert ~ 6/667; Maurenbrecher, Romeo ~ 6/669; Maximilian II. Joseph, König von Bayern ~ 6/678; May, Kurt ~ 7/3; Mayer, (Christian Gustav) Adolph ~ 7/5; Mayer, Herbert ~ 11/128; Mayer, Johann Tobias */~/† 7/8; Mayer, Tobias ~/† 7/11; Mayer, Walther ~ 7/11; Meckel, Johann Friedrich d. Ä. ~ 7/20; Meckel von Helmsbach, Johann Friedrich d. J. ~ 7/20; Meckel, Philipp Friedrich Theodor ~ 7/21; Mecking, Ludwig ~/† 7/21; Meding, Franz von ~ 7/23; Meier, Eduard ~ 7/30; Meier, Ernst von ~ 7/30; Meier, Joachim ~/† 7/31; Meinardus, Wilhelm ~/† 7/33; Meiners, Christoph ~/† 7/35; Meißner, Georg ~/† 7/41; Meißner, Rudolf ~ 11/128; Meister, Albrecht Ludwig Friedrich ~/† 7/46; Mejer, Otto ~ 7/48; Melchers, (Johann) Georg (Friedrich) ~ 11/128; Melle, Werner von ~ 7/53; Menge, Hermann ~ 7/61; Mensching, Gustav ~ 7/64; Mentzel, Rudolf ~ 7/65; Mergenthaler, Christian ~ 7/70; Merian, Peter ~ 7/71; Merkel, Adolf ~ 7/73; Merkel, Friedrich (Siegmund) ~/† 7/73; Merkel, Johannes ~/† 7/74; Mertens, Franz ~ 7/77; Methfessel, Adolph ~ 7/86; Methfessel, Ernst ~ 7/86; Meusebach, Karl Hartwig Gregor Frh. von ~ 7/95; Meusel, Johann Georg ~ 7/95; Meyendorff, Peter von ~ 7/97; Meyer, Arnold Oskar ~ 7/98; Meyer, Arthur ~ 7/98; Meyer, Ernst (Wilhelm) ~ 7/101; Meyer, Erwin ~ 7/101; Meyer, Friedrich Albrecht Anton ~/† 7/102; Meyer, Friedrich Johann Lorenz ~ 7/102; Meyer, Friedrich Ludwig Wilhelm ~ 7/102; Meyer, Heinrich ~ 7/104; Meyer, Heinrich August Wilhelm ~ 7/105; Meyer, Herbert ~ 7/105; Meyer, Johann Friedrich von ~ 7/106; Meyer, Julius ~ 7/107; Meyer, Leo ~/† 7/108; Meyer, Ludwig ~/† 7/108; Meyer, Richard (Emil) ~ 7/109; Meyer, Victor ~ 7/111; Meyer, Wilhelm ~/† 7/111; Meyer, Wilhelm ~/† 7/111; Meyer-Abich, Adolf ~ 7/111; Meyer von Knonau, Gerold (Ludwig) ~ 7/112; Meyerinck, Hubert von ~ 7/116; Michaelis, (Karl Arnold) August ~/† 7/121; Michaelis, Christian Friedrich */~ 7/121; Michaelis, Georg ~ 7/121; Michaelis, Gustav ~ 7/122; Michaelis, Gustav Adolph ~ 7/122; Michaelis, Johann David ~/† 7/122; Michaelis, (Curt) Walter † 7/123; Micheel, Fritz ~ 7/124; Michels, Viktor ~ 7/127; Michelsen, Andreas Ludwig Jacob ~ 7/127; Mielck, Wilhelm ~ 7/131; Miescher-Ruesch, Johann Friedrich ~ 7/133; Miethe, Adolf ~ 7/134; Milchhoefer, Arthur ~ 7/139; Miller, Johann Peter ~/† 7/142; Minkowski, Hermann ~/† 7/147; Mintrop, Ludger (Benedict) ~ 7/148; Miquel, Johannes von ~ 7/149; Mirbt, Carl ~/† 7/151; Mirbt, Rudolf ~ 7/151; Misch, Georg ~/† 7/151; Mitgau, (Johann[es]) Hermann ~/† 7/153; Mitscherlich, Alexander ~ 7/154; Mitscherlich, Christoph Wilhelm ~/† 7/154; Mitscherlich, Eilhard ~ 7/155; Mitscherlich, Waldemar ~ 7/155; Möbius, August

Ferdinand ~ 7/161; Möckel, Gotthilf Ludwig ~ 7/163; Möglich, Friedrich ~ 7/164; Möller, Fritz ~ 7/168; Möller, Hans Georg ~ 7/168; Möller, Johann Friedrich ~ 7/169; Möller, Johann Heinrich ~ 7/169; Möller, Lotte ~/† 7/170; Möller, Reinhard Johannes ~ 7/170; Mönckeberg, Johann Georg ~ 7/173; Mörlin, Joachim ~ 7/176; Möser, Albert (Georg Friedrich) */~ 7/177; Möser, Justus ~ 7/177; Mohl, Robert von ~ 7/179; Mohr, Ernst ~ 7/182; Mohr, Jacob Christian Benjamin ~ 7/183; Moissi, Johanna ~ 7/185; Moldenhauer, Paul ~ 7/187; Moldenhawer, Daniel Gotthilf ~ 7/187; Molinski, Hans ~ 7/188; Molitor, Erich * 7/188; Molitor, Karl ~/† 7/189; Moll, Bruno ~ 7/190; Moller, Georg ~ 7/191; Mollier, Richard ~ 7/192; Mollwo, Erich */~ 7/192; Molsdorf, Wilhelm ~ 7/193; Moltke, Adam Gottlob Detlef Graf von ~ 7/193; Mommsen, Wilhelm ~ 7/197; Monheim, Johann Peter Joseph ~ 7/198; Morawitz, Paul (Oskar) ~ 7/206; Morgenstern, Heinz ~ 7/211; Morsbach, Lorenz ~/† 7/219; Mortensen, Hans ~/† 7/220; Moser, Johann Jacob ~ 7/225; Moser-Rath, Elfriede ~ 7/228; Moshammer Ritter von Mosham, Franz Xaver ~ 7/230; Mosheim, Johann Lorenz von ~/† 7/230; Motzkin, Theodor(e) Samuel ~ 7/233; Mousson, Albert ~ 7/234; Mousson, Johann Markus Samuel Isaak ~ 7/234; Mügge, Otto ~/† 7/239; Mühlenberg, Heinrich (Melchior) ~ 7/241; Mühlenbruch, Christian Friedrich ~/† 7/241; Mühlenfeld, Hans ~ 7/241; Mühlestein, Hans ~ 7/242; Mühry, Adolf ~/† 7/244; Mülinen, Nikolaus Friedrich Graf von ~ 7/245; Müller, Adam Heinrich Ritter von Nittersdorf ~ 7/246; Müller, Conrad ~ 7/250; Müller, Erich (Max) ~ 7/253; Müller, Erwin ~ 7/254; Müller, Fooke Hoissen ~ 11/132; Müller, Friedrich (Theodor Adam Heinrich) von ~ 7/257; Müller, Friedrich (Carl Georg) ~ 7/258; Müller, Friedrich August ~ 7/258; Müller, Georg ~ 7/260; Müller, Georg Elias ~/† 7/260; Müller, Günther ~ 7/261; Müller, Heinz † 7/264; Müller, Johannes von ~ 7/270; Müller, Julius ~ 7/272; Müller, Karl (Ferdinand Friedrich) ~ 7/273; Müller, Kurt (Ferdinand) ~/† 7/274; Müller, (Karl) Otfried ~ 7/278; Müller, Valentin ~ 7/282; Müller, Werner ~ 7/283; Müller, Wilhelm ~/† 11/132; Müller, Wilhelm ~ 7/283; Müller, Wilhelm Carl Gottlieb ~ 7/283; Müller-Erzbach, Rudolf ~ 7/286; Müller-Otfried, Paula ~ 7/289; Müller-Sagan, Hermann ~ 7/290; Münchhausen, Alexander Frh. von ~/† 7/294; Münchhausen, Börries Frh. von ~ 7/294; Münster, Ernst (Friedrich Herbert) Graf zu Münster-Ledenburg ~ 7/296; Münsterberg, Emil ~ 7/297; Münter, Friedrich (Christian Karl Heinrich) ~ 7/298; Muhs, Hermann ~ 7/304; Multhopp, Hans ~ 7/305; Mulzer, Karl Christoph Frh. von ~ 7/305; Mumm von Schwarzenstein, Alfons Frh. von ~ 7/306; Munk, Hermann ~ 7/308; Murawski, Hans ~ 7/311; Murhard, Friedrich (Wilhelm August) ~ 7/312; Murhard, (Johann) Karl (Adam) ~ 7/312; Murray, Johann Andreas ~/† 7/314; Musso, Hans ~ 7/318; Mutzenbecher, Esdras Heinrich ~ 7/321; Mutzenbecher, (Johann) Friedrich ~ 7/321; Mutzenbecher, (Gustav) Wilhelm ~ 7/322; Nacken, Richard ~ 7/328; Nagler, Carl Ferdinand Friedrich von ~ 7/336; Naso, Eckart von ~ 7/341; Nasse, Dietrich ~ 7/341; Nasse, Erwin ~ 7/342; Neander, (Johann) August (Wilhelm) */~ 7/352; Nebelthau, Friedrich (August Wilhelm) ~ 7/354; Neeff, Christian Ernst ~ 7/356; Nehring, (Carl Wilhelm) Alfred ~ 7/359; Nell, Walter ~ 7/362; Nelson, Leonard ~/† 7/363; Nernst, Walther (Hermann) ~ 7/364; Neske, Günther (Hermann Albert) ~ 7/365; Neubauer, Carl (Theodor Ludwig) ~ 7/370; Neubeck, Valerius Wilhelm ~ 7/371; Neubur, Friedrich Christian ~/† 7/374; Neugebauer, Otto ~ 11/138; Neumann, Friedrich ~/† 7/383; Neumann, Hans ~/† 11/139; Neumark, Fritz ~ 7/388; Neurath, (Johann Friedrich Albert) Konstantin von ~ 7/392; Nickel, Karl Eugen ~ 7/397; Nicolai, (Friedrich) Bernhard (Gottfried) ~ 7/398; Nicolai, Johann David ~ 7/400; Nicolaier, Arthur ~ 7/401; Nicolovius, Alfred ~ 7/401; Niebuhr, Carsten ~ 7/403; Niedecken-Gebhard, Hanns (Ludwig) ~ 7/404; Niemann, August (Christian Heinrich) ~ 7/408; Niemann, August ~ 7/408; Niemann, Eduard ~ 7/408; Niese, Benedictus ~ 7/411; Niesel, Wilhelm ~ 7/412; Nietzki, Rudolf (Hugo) ~ 7/414; Nink, Caspar ~ 7/421; Nipperdey, Thomas ~ 7/422; Nippoldt, Alfred ~ 11/142; Nissen, Heinrich ~ 7/424; Noack, Ferdinand ~ 7/427; Noack, Ulrich ~ 7/428; Nobel, Johannes ~ 7/428; Nöldeke, Theodor ~ 7/430; Noether, (Amalie) Emmy ~ 7/432; Noether, Fritz (Alexander Ernst) ~ 7/432; Noether, Max ~ 7/432; Nohl, Herman (Julius) ~/† 7/432; Nolte, Ernst Ferdinand ~ 7/435; Nordheim, Lothar Wolfgang ~ 7/438; Nordmann, Otto (Wilhelm Karl) ~ 7/439; Norrmann, Gerhard Philipp Heinrich ~ 7/440; Obendiek, Harmannus (Anton) ~ 7/451; Obermayer, Johann Leonhard ~ 7/455; Oberndorfer, Johann Adam ~ 7/456; Oberth, Hermann (Julius) ~ 7/457; Obst, Erich † 7/459; Oeder, Georg Christian von ~ 7/462; Oehl, Ilse */~ 7/464; Oehlke, Waldemar ~/† 7/465; Oehme, Curt (Oskar Alfred) ~ 7/465; Oelsen, Willy ~ 11/148; Oelsner, Konrad Engelbert ~ 7/467; Oeri, (Jakob) Albert ~ 7/469; Oertel, Dieter ~ 7/469; Oertmann, Paul (Ernst Wilhelm) ~/† 11/149; Oesterley, Carl (Wilhelm Friedrich) */~ 7/472; Oesterley, Carl (August Heinrich Ferdinand) * 7/472; Oetker, Friedrich ~ 7/474; Oetker, Karl ~ 7/475; Oettingen-Wallerstein, Kraft Ernst Graf (seit 1774 Fürst) zu ~ 11/149; Oettli, Samuel ~ 7/476; Oeynhausen, Karl August Ludwig Frh. von ~ 7/476; Ohlendorf, Otto ~ 7/479; Oken, Lorenz ~ 7/482; Olbers, (Heinrich) Wilhelm (Matthias) ~ 7/483; Oldenberg, Hermann ~/† 7/485; Oldenberg, Karl ~/† 7/485; Olfers, Ignaz (Franz Maria) von ~ 7/487; Olshausen, (Hermann) Otto (Wilhelm) ~ 7/490; Ompteda, (Dietrich Heinrich) Ludwig ~ 11/150; Ompteda, Ludwig Frh. von ~ 7/492; Oncken, Hermann † 7/492; Oncken, Wilhelm ~ 7/492; Oppenheim, Alphons ~ 7/498; Oppenheim, Heinrich Bernhard ~ 7/498; Oppenheim, Hermann ~ 7/498; Oppenheim, Lassa (Francis Lawrence) ~ 11/151; Oppenhoff, Friedrich Christian ~ 7/501; Oppermann, Heinrich Albert */~ 7/501; Orelli, Johann Heinrich von ~ 7/504; Orth, Albert ~ 7/507; Orth, Johannes ~ 7/508; Ortloff, Friedrich ~ 7/508; Osiander, Friedrich Benjamin ~/† 7/512; Osiander, Johann Friedrich ~ 7/512; Ossenfelder, Heinrich August ~ 7/512; Ost, Hermann ~ 7/513; Osterloh, Edo ~ 7/516; Ostermann, Wilhelm (Otto Theodor) ~ 7/516; Ostrowski, Alexander ~ 7/519; Othmer, (Heinrich Friedrich) Wilhelm † 11/152; Otto von der Quade, Herzog von Braunschweig ~ 7/531; Otto, Eberhard ~ 7/534; Otto, Rudolf (Louis Karl) ~ 7/536; Otto, Walter F(riedrich Gustav Hermann) ~ 7/536; Overbeck, Christian Adolf ~ 7/538; Overbeck, Franz Camille ~ 7/538; Overmans, Jakob ~ 7/540; Overweg, Karl ~ 7/540; Paatz, Walter ~ 7/544; Pabst von Ohain, Hans (Joachim) ~ 11/155; Pabst, Johann Heinrich ~ 7/544; Paczka, Cornelia * 7/547; Pallas, Peter Simon ~ 7/550; Pallat, (Friedrich August) Ludwig † 7/551; Palm, Johann Philipp ~ 7/552; Palyi, Melchior ~ 7/553; Pander, Heinrich Christian von ~ 7/554; Pape, Carl ~ 7/558; Pape, Samuel Christian ~ 7/559; Passow, Richard ~/† 7/568; Patat, Franz (Xaver Maria Theresia) ~ 7/570; Patze, Hans ~/† 7/571; Paul, Wolfgang ~ 7/575; Pauli, Alfred ~ 7/575; Pauli, Friedrich August von ~ 7/575; Pauli, Reinhold ~ 7/576; Pauli, Wolfgang (Ernst) ~ 7/577; Pechel, Rudolf (Ludwig August) ~ 7/586; Peek, Werner ~ 11/156; Pels-Leusden, Friedrich ~ 7/592; Penzel, Abraham Jakob ~ 7/596; Pernice, Lothar Anton Alfred ~ 7/603; Pernice, Ludwig Wilhelm Anton ~ 7/603; Perron, Oskar ~ 7/604; Pertz, Georg Heinrich ~ 7/606; Pescheck, Paul ~ 7/607; Pessler, Wilhelm Karl Johannes ~ 7/610; Peter, Hans ~ 7/613; Peters, Carl ~ 7/615; Petersen, Karl Friedrich ~ 7/619; Peterson, Erik ~ 7/620; Petraschek, Walther Emil ~ 11/157; Petri, Ludwig Adolf ~ 7/622; Petriconi, Hellmuth ~ 11/157; Pettersch, Karl Hugo ~ 7/626; Petzoldt, Joseph ~ 7/628; Peucer, (Heinrich Karl) Friedrich ~ 7/629; Peuckert, Will-Erich ~ 7/629; Pevsner, Sir Nikolaus (Bernhard Leon) ~ 7/631; Pfaff, Christoph Heinrich ~ 7/633; Pfaff, Johann Friedrich ~ 7/634; Pfahler, Gerhard ~ 7/634; Pfeffer, Wilhelm (Friedrich Philipp) ~ 7/638; Pfeiffer, August ~ 7/639; Pfeiffer, Johannes ~ 7/641; Pfeiffer, Ludwig ~ 7/641; Pfersche, Emil ~ 7/645; Pflugk-Harttung, Julius

Annemarie † 8/443; Rüdenberg, Reinhold ~ 8/445;
Rüdorff, Friedrich ~ 8/448; Rühs, Christian Friedrich ~
8/452; Rümelin, Gustav ~ 8/453; Rümker, Kurt (Heinrich
Theodor) von ~ 8/454; Ruer, Rudolf ~ 8/454; Rüstow,
Alexander ~ 8/455; Ruete, Christian Georg Theodor ~
8/456; Ruffmann, Karl-Heinz ~ 11/166; Ruge, Sophus
~ 8/459; Ruhl, Ludwig Sigismund ~ 8/460; Ruhstrat,
Franz (Friedrich) † 8/460; Ruhstrat, Friedrich (Andreas) ~
8/461; Rullmann, Georg Wilhelm ~ 8/462; Rumann, Ernst
August ~ 8/462; Rumann, Wilhelm ~ 8/462; Rumohr, Carl
Friedrich (Ludwig Felix) von ~ 8/463; Rumpf, Ludwig
(Daniel) ~ 8/464; Rumpf, Max ~ 8/464; Rumpff, Vincent
~ 8/465; Rumy, Karl Georg ~ 8/466; Runde, Christian
Ludwig ~ 8/466; Runde, Justus Friedrich ~/† 8/466; Runde,
Justus Friedrich ~ 8/466; Runge, Carl (David Tolmé) ~/†
8/467; Runge, Conrad Heinrich ~ 8/467; Runge, Iris ~
8/467; Runge, Max ~ 8/467; Runge, Wilhelm T. ~ 8/468;
Rupp-von Brünneck, (Emmi Agathe Karola Margarete)
Wiltraut ~ 8/471; Ruprecht, Carl Friedrich Günther */~
8/474; Ruprecht, Carl Johann (Friedrich Wilhelm) */†
8/474; Ruprecht, Gustav */† 8/474; Ruprecht, Wilhelm */~
8/474; Rust, Josef ~ 8/476; Saalfeld, Friedrich ~ 8/483;
Sachs, Ludwig Wilhelm ~ 8/488; Sachse, Johann David
Wilhelm ~ 8/490; Sack, Friedrich Ferdinand Adolf ~
8/491; Sack, Johann August ~ 8/491; Sack, Karl Heinrich
~ 8/491; Saldern, Kaspar von ~ 8/497; Saller, Karl Felix
~ 8/501; Salm-Horstmar, Wilhelm Friedrich Karl August
Fürst ~ 8/501; Saltzmann, Friedrich Rudolf ~ 8/505;
Sanden, Horst von ~ 8/511; Sander, Georg Karl Heinrich
*/~ 8/512; Sander, Heinrich ~ 8/512; Sander, Wilhelm
~ 8/513; Sandmeyer, Traugott ~ 8/514; Saran, Mary
(Martha) ~ 8/518; Sartorius, Ernst Wilhelm Christian ~
8/520; Sartorius von Waltershausen, August Frh. */~ 8/521;
Sartorius von Waltershausen, Georg (Friedrich) Frh. ~/†
8/521; Sartorius von Waltershausen, Hermann Wolfgang
Frh. * 8/521; Sartorius von Waltershausen, Wolfgang
Frh. */~/† 8/521; Sauermann, Heinz ~ 8/529; Sauerwald,
Franz ~ 8/529; Sauppe, Hermann ~/† 8/530; Sauter,
Fritz ~ 8/531; Savigny, Leo von ~ 8/533; Saxer, Walter
~ 8/534; Schachenmeier, Richard (Hermann) ~ 8/537;
Schacht, Roland ~ 8/540; Schackow, Albrecht ~ 11/167;
Schaeder, Erich ~ 8/545; Schaeder, (Hans) Heinrich (Georg
Wilhelm) */~/† 8/545; Schäfer, Bernhard ~ 8/546; Schäfer,
Dietrich ~ 8/546; Schäfer, (Johann) Heinrich ~ 8/547;
Schaefer, Karl Ludolf ~ 8/548; Schäfer, Klaus ~ 11/167;
Schaltenbrand, Georges ~ 8/563; Schanz, Martin von ~
8/564; Schauwecker, Franz ~ 8/578; Scheffer-Boichorst,
Paul ~ 8/584; Scheidt, Christian Ludwig ~ 8/588; Scheitlin,
Peter ~ 8/590; Schele zu Schelenburg, Georg (Viktor
Friedrich) Frh. von ~ 8/591; Scheler, Max (Ferdinand)
~ 8/591; Schellenberg, Gustav (August Ludwig David)
~ 8/594; Schelling, (Dorothea) Caroline (Albertina) von
*/~ 8/596; Schelp, Fritz ~ 8/598; Schemann, Ludwig
~ 8/599; Schempp, Paul ~ 8/600; Schenkel, (Georg)
Daniel ~ 8/606; Schepp, Friedrich (Wilhelm) ~ 8/608;
Schering, Ernst (Christian Julius) ~/† 8/612; Schering,
Harald (Ernst Malmsten) */~ 8/612; Schering, Karl (Julius
Eduard) ~ 8/612; Scherk, Heinrich Ferdinand ~ 8/613;
Scherrer, Paul (Hermann) ~ 8/614; Scheuner, Ulrich ~
8/618; Scheunert, (Carl) Arthur ~ 8/619; Schiebeler, Daniel
~ 8/623; Schieck, Franz ~ 8/624; Schieffer, Theodor ~
11/169; Schiemann, Theodor ~ 8/628; Schiemenz, Friedrich
(Karl Berthold) ~ 8/628; Schiff, Hugo (Josef) ~ 8/630;
Schiff, Moritz ~ 8/630; Schilling, (Friedrich) Gustav ~
8/639; Schilling, Johann Georg ~ 8/639; Schindewolf, Otto
(Heinrich Nikolaus) ~ 8/642; Schirmer, Adolf ~ 8/649;
Schittenheim, Alfred ~ 8/651; Schlegel, August Wilhelm
von ~ 8/659; Schlegel, (Karl Wilhelm) Friedrich von ~
8/660; Schlegel, Johann Karl Fürchtegott ~ 8/661; Schlegel,
Karl August Moritz ~ 8/661; Schleiden, Matthias Jakob ~
8/664; Schleiden, Rudolf ~ 8/664; Schleiermacher, Andreas
~ 8/664; Schleiermacher, Ernst ~ 8/665; Schleinitz,
Alexander Frh. von ~ 8/667; Schleinitz, Wilhelm (Johann
Karl Heinrich) Frh. von ~ 8/668; Schleusner, Johann

Friedrich ~ 8/673; Schlichtegroll, Nathanael von ~ 8/674;
Schlichthorst, Hermann ~ 8/675; Schlichthorst, Johann
David ~ 8/675; Schlick, (Friedrich Albert) Moritz ~ 8/675;
Schliephake, Theodor (F. W.) ~ 8/678; Schlippenbach,
Albert (Ernst Ludwig Karl) Graf von ~ 8/680; Schlönbach,
Georg Justin Karl Urban ~ 8/681; Schlözer, August
Ludwig von ~/† 8/683; Schlözer, Christian von */~
8/683; Schlözer, Dorothea von */~ 8/683; Schlözer, Kurd
von ~ 8/683; Schlosser, Christian ~ 8/684; Schlosser,
Friedrich Christoph ~ 8/684; Schlotheim, Ernst Friedrich
Frh. von ~ 8/686; Schlubach, Hans Heinrich ~ 8/687;
Schlüter, Christoph Bernhard ~ 8/688; Schlüter, Johann
Christoph ~ 8/688; Schmalenbach, Herman ~ 8/691;
Schmalz, Theodor Anton Heinrich ~ 8/692; Schmarsow,
August ~ 8/693; Schmedding, Johann Heinrich ~ 8/694;
Schmeidler, Werner (Johannes) ~ 8/694; Schmelzkopf,
(Heinrich Robert) Eduard ~ 8/696; Schmettow, Woldemar
Friedrich Graf von ~ 8/697; Schmid, Heinrich Alfred ~
8/702; Schmid, Konrad Arnold ~ 8/704; Schmidt, Adolf
~ 9/1; Schmidt, Christoph von ~ 9/4; Schmidt, Eberhard
(Ludwig Ferdinand) ~ 9/4; Schmidt, Erhard (Oswald
Johann) ~ 9/5; Schmidt, Georg Gottlieb ~ 9/8; Schmidt,
Georg Philipp ~ 9/8; Schmidt, Jonas (Friedrich Wilhelm)
~ 9/12; Schmidt, Joseph Hermann ~ 9/13; Schmidt, Karl
(Ernst Heinrich) ~ 9/13; Schmidt, Karl (Eduard Franz)
~ 9/13; Schmidt, Kurt Dietrich ~ 9/14; Schmidt, Martin
Benno ~ 9/15; Schmidt, Ottmar ~ 9/17; Schmidt-Clausen,
Kurt ~ 9/22; Schmidt-Künsemüller, Friedrich Adolf ~
9/24; Schmidt-Lorenz, Wilhelm ~ 9/24; Schmidt-Metzler,
(Johann Friedrich) Moritz ~ 9/24; Schmidt-Ott, Friedrich ~
9/24; Schmidt-Pauli, Edgar (Fiath Florentin Richard) von
~ 9/24; Schmidt-Phiseldeck, Karl (Justus Wilhelm) von ~
9/25; Schmidt-Rimpler, Hermann ~ 9/25; Schmidtbonn,
Wilhelm ~ 9/26; Schmieden, Victor (Gottfried Otto)
~ 9/27; Schmit, (Johann Christoph) Friedrich ~ 9/29;
Schmucker, Theodor ~/† 9/40; Schnath, Georg ~ 9/45;
Schneider, Alfons Maria ~ 9/49; Schneider, Johann Gottlob
Saxo ~ 9/56; Schneider, Johann Rudolf ~ 9/56; Schneider,
Johannes Ferdinand ~ 9/56; Schneidewind, Wilhelm ~
9/61; Schnippenkötter, Josef (André) ~ 9/65; Schnorr
von Carolsfeld, Franz ~ 9/68; Schnurrer, Friedrich ~
9/70; Schnuse, Christian Heinrich ~ 11/171; Schöberlein,
Ludwig Friedrich ~/† 9/75; Schöffler, Herbert ~/† 9/77;
Schoen, Paul ~/† 9/81; Schoen, Rudolf ~/† 9/81; Schöne,
Alfred ~ 9/89; Schöne, Günter ~ 9/90; Schönewolf,
Karl ~ 9/92; Schönfeld, Walther ~ 9/94; Schoenflies,
Arthur (Moritz) ~ 9/95; Schoenichen, Walther † 9/96;
Schönlein, Johann Lukas ~ 9/98; Scholder, Klaus ~ 9/104;
Schomerus, Christoph Hermann ~ 9/112; Schopenhauer,
Arthur ~ 9/114; Schorlemer-Lieser, Clemens Frh. von
~ 9/117; Schott, Siegfried ~ 9/122; Schottky, Friedrich
(Hermann) ~ 9/123; Schrader, Eberhard ~ 9/124; Schrader,
Heinrich Adolf ~/† 9/125; Schrader, Heinrich Eduard
Siegfried ~ 9/125; Schrader, (Gabriel Friedrich) Karl ~
9/126; Schramm, Gerhard (Felix) ~ 9/128; Schramm,
Karl Rudolf ~ 9/129; Schramm, Percy Ernst ~/† 9/129;
Schreiber, Otto ~ 9/136; Schreiber, Rudolf ~ 9/137;
Schrenck, Albert Philibert Frh. von ~ 9/140; Schröckh,
Johann Matthias ~ 9/144; Schroeder, Diedrich ~ 9/145;
Schröder, Edward ~/† 9/145; Schroeder, Max (Robert Paul)
~ 9/150; Schroeder, Philipp Georg ~/† 9/150; Schroeder,
Richard (Karl Heinrich) ~ 9/150; Schröter, Adalbert ~
9/154; Schröter, Johann (Hieronymus) ~ 9/155; Schröter,
Karl ~ 9/156; Schrutka, Lothar Edler von Rechtenstamm ~
9/158; Schubring, Walther ~ 9/166; Schuchardt, Bernhard
~ 9/167; Schuchhardt, Carl ~ 9/167; Schuchhardt, Walter-
Herwig ~ 9/167; Schücking, Levin ~ 9/168; Schücking,
Levin L(udwig) ~ 9/168; Schücking, Walther (Max Adrian)
~ 9/168; Schüler, Friedrich ~ 9/169; Schümer, Georg
~ 9/170; Schümer, Wilhelm ~ 9/171; Schürer, Emil
(Johannes) ~/† 9/172; Schütt, Franz ~ 9/174; Schütz,
(Ludwig) Harald ~ 9/177; Schuler, Maximilian (Joseph
Johannes Eduard) ~/† 9/184; Schulten, Adolf ~ 9/187;
Schulten, Rudolf ~ 9/187; Schulthess, Rudolf ~ 9/189;

Schultz, (Heinrich) Hermann ~/† 9/190; Schultz, Hugo ~ 9/190; Schultz, Johannes (Heinrich) */~ 9/191; Schultze, Ernst ~/† 9/192; Schultze, Fritz ~ 9/193; Schultze, Victor ~ 9/194; Schulz, Bruno (Claus Heinrich) ~ 9/195; Schulz, Friedrich ~ 9/196; Schulz, Friedrich von ~ 9/196; Schulz, Fritz ~ 9/196; Schulze, Ernst (Konrad Friedrich) ~ 9/199; Schulze, Ernst (August) ~ 9/199; Schulze, Gottlob Ernst ~/† 9/199; Schulze, Wilhelm ~ 9/200; Schulze-Gävernitz, Gerhart von ~ 9/201; Schumacher, Heinrich Christian ~ 9/203; Schumacher, Hermann † 9/203; Schumann, Kurt ~ 9/206; Schumann, Otto E. ~ 9/206; Schur, (Adolph Christian) Wilhelm ~/† 9/211; Schuster, Adolf Niklaus ~ 9/215; Schuster, Wilhelm ~ 9/216; Schwartz, Eduard ~ 9/224; Schwartz, Oskar ~ 9/224; Schwarz, (Karl) Hermann Amandus ~ 9/227; Schwarzschild, Karl ~ 9/232; Schwarzschild, Martin ~ 9/233; Schweiger, Karl Ernst Theodor ~ 9/235; Schweighäuser, Johannes ~ 9/235; Schweizer, Paul ~ 9/240; Schwenke, Paul ~ 9/242; Schwietering, Julius ~ 9/246; Seckendorf(-Aberdar), (Franz Karl) Leo(pold) Frh. von ~ 9/252; Seckendorff, Gustav Anton Frh. von ~ 9/252; Seebach, Richard Camillo von ~ 9/255; Seebeck, Thomas (Johann) ~ 9/255; Seedorf, Henry ~ 9/257; Seedorf, Wilhelm (Johann Jürgen) ~/† 9/257; Seelig, Wilhelm ~ 9/259; Seelmann, Emil Paul ~ 9/260; Seetzen, Ulrich Jasper ~ 9/261; Segner, Johann Andreas von ~ 9/264; Sehrt, Ernst Theodor ~/† 11/174; Seifert, (Karl Johannes) Herbert ~ 9/270; Seitz, Eugen ~ 9/274; Seitz, Wilhelm (Georg Gustav) ~ 9/275; Selenka, (Hermann) Emil (Robert) ~ 9/277; Sell, Karl (Wilhelm Johannes) ~ 9/278; Selle, Christian Gottlieb ~ 9/278; Selle, Götz von ~/† 9/278; Selling, Eduard ~ 9/279; Semper, Gottfried ~ 9/284; Senckenberg, Renatus (Karl) von ~ 9/286; Senger und Etterlin, Ferdinand (Maria) von ~ 9/288; Sethe, Christoph ~ 9/292; Sethe, Kurt ~ 9/293; Seubert, Werner ~/† 11/175; Seuffert, Johann Adam von ~ 9/294; Sextro, Heinrich Philipp ~ 9/296; Seyffer, Carl Felix ~ 9/299; Seyfried, Heinrich Wilhelm ~ 9/299; Sickel, Wilhelm ~ 9/302; Siebenkees, Johann Christian ~ 9/305; Siebold, Adam Elias von ~ 9/307; Siebold, Eduard Kaspar Jakob von ~/† 9/307; Siebold, Karl Theodor Ernst von ~ 9/308; Siedentopf, Henry Friedrich Wilhelm ~ 9/309; Siegel, Carl ~ 9/310; Siegel, Carl Ludwig ~/† 9/310; Siegel, (Michael) Harro ~/† 9/310; Siemens, (Carl) Wilhelm ~ 9/318; Siemsen, August ~ 9/319; Siemsen, Karl ~ 9/320; Siemssen, Adolf Christian ~ 9/320; Sierp, Heinrich (Matthias Emil) ~ 9/320; Sievers, (Friedrich) Wilhelm ~ 9/322; Sieverts, Adolf (Ferdinand) ~ 9/322; Simon, Arthur (Johann Peter Caspar) ~ 9/330; Simon, Franz (Eugen) ~ 9/351; Sirk, Hugo ~ 9/343; Slotta, Günter ~ 9/351; Smend, Julius ~ 9/352; Smend, Rudolf ~ 9/352; Smend, (Carl Friedrich) Rudolf ~/† 9/352; Snell, Bruno ~ 9/354; Snell, (Christian) Karl ~ 9/354; Snell, Otto ~/† 9/354; Sobernheim, Walter ~ 9/355; Socin, Albert ~ 9/356; Soden, Julius Frh. von ~ 9/357; Soden, Wolfram Frh. von ~ 9/357; Söhning, Kurt ~ 9/358; Soemmerring, Detmar Wilhelm ~ 9/359; Soemmerring, Samuel Thomas von ~ 9/359; Soetbeer, Georg Adolph ~/† 9/360; Sohm, Rudolph ~ 9/360; Solms-Hohensolms-Lich, Ludwig Fürst zu ~ 9/365; Solms-Laubach, Hermann Graf zu ~ 9/365; Sommer, Ferdinand (Johann) ~ 9/368; Sommer, Hans ~ 9/369; Sommer, Julius ~ 9/369; Sommer, (Karl) Otto (August) ~ 9/370; Sommerfeld, Arnold (Johannes Wilhelm) ~ 9/370; Sommerfeld, Heinrich ~ 9/371; Sommerlath, Ernst ~ 9/371; Sommerwerck, Wilhelm ~ 9/371; Sonnemann, Theodor ~ 9/372; Sonnenburg, Ferdinand ~ 9/373; Souchay, Eduard Franz ~ 9/379; Spangenberg, Georg August ~ 9/383; Spannuth-Bodenstedt, Ludwig ~ 9/385; Specht, Minna ~ 9/387; Spehr, Friedrich Wilhelm ~ 9/391; Speiser, Andreas ~ 9/392; Spengel, (Johann) Wilhelm ~ 9/394; Spiegel zum Desenberg, Franz Wilhelm Frh. von ~ 9/401; Spiegelberg, Ernst ~ 9/401; Spiegelberg, Otto ~ 9/401; Spies, Heinrich (Louis) ~ 9/404; Spieser, Friedrich ~ 9/404; Spieß, Alexander ~ 9/405; Spitta, Friedrich (Adolf Wilhelm) ~/† 9/409; Spitta, Heinrich (Helmerich Ludwig)

~ 9/409; Spitta, Heinrich (Arnold Theodor) ~ 9/409; Spitta, (Carl Johann) Philipp d. Ä. ~ 9/409; Spitta, (Julius August) Philipp d. J. ~ 9/409; Spittler, Ludwig Timotheus Frh. von ~ 9/410; Spohr, Karl Heinrich ~ 9/415; Sponer-Franck, Hertha (Dorothea) ~ 9/415; Sprengel, Carl Philipp ~ 9/418; Sprengel, Matthias Christian ~ 9/418; Sprickmann, Anton Matthias ~ 9/419; Springer, Ferdinand (II.) ~ 9/421; Springer, Johann Christoph Erich von ~ 9/421; Spuler, Bertold ~ 9/423; Stadion, Franz Seraph Graf von ~ 9/428; Stadion, Friedrich Lothar Graf von ~ 9/429; Stäckel, Paul (Gustav) ~ 9/432; Staedeler, Georg (Andreas Karl) ~ 9/432; Staedtke, Joachim ~ 9/432; Staehelin, Ernst ~ 9/433; Staehelin, Rudolf ~ 9/434; Stählin, Gustav † 9/434; Stäudlin, Carl Friedrich ~/† 9/435; Staff, Curt ~ 9/436; Stahl, Hermann (Bernhard Ludwig) ~ 9/439; Stamford, Heinrich Wilhelm von ~ 9/442; Stange, Carl ~/† 9/446; Stantz, Ludwig ~ 9/447; Stapel, Wilhelm ~ 9/447; Stapfer, Philipp Albert ~ 9/448; Starck, Johann August von ~ 9/449; Stark, Johann(es) Nicolaus ~ 9/452; Starke, Gotthold ~ 9/453; Starklof, Karl Christian Ludwig ~ 9/453; Staudt, Karl Georg Christian von ~ 9/459; Stechow, Wolfgang ~ 9/462; Steck, Karl Gerhard ~ 9/462; Steffes, Johann Peter ~ 9/466; Stehlin, Karl ~ 9/470; Stein, Edith ~ 9/475; Stein, Georg Wilhelm d. Ä. ~ 9/477; Stein, (Heinrich Friedrich) Karl Frh. vom und zum ~ 9/478; Steinacker, Karl ~ 9/483; Steinbach, Ernst ~ 9/484; Steinbiß, Viktoria ~ 9/486; Steindorff, Georg ~ 9/487; Steinhaus, Wilhelm ~ 9/493; Steinhausen, Heinrich ~ 9/493; Steinheil, Carl August Ritter von ~ 9/493; Steinke, Eduard Gottfried ~ 9/496; Stephani, Franz von ~ 9/510; Stern, Alfred */~ 9/512; Stern, Moritz Abraham ~ 9/514; Stich, Rudolf ~/† 9/522; Stichaner, Franz Joseph Wigand von ~ 9/523; Stichling, Gottfried Theodor ~ 9/523; Stichtenoth, Friedrich ~ 9/523; Sticker, Georg ~ 9/524; Stiebel, Salomon Friedrich ~ 9/524; Stiedenroth, Ernst ~ 9/525; Stiefel, Eduard ~ 9/525; Stiegler, Paul ~/† 9/526; Stieglitz, Heinrich ~ 9/527; Stieglitz, Johann ~ 9/527; Stieler, Adolph ~ 9/527; Stille, (Wilhelm) Hans ~ 9/532; Stille, Ulrich ~ 9/532; Stilling, Heinrich ~ 9/533; Stilling, Jakob ~ 9/533; Stimming, Albert ~/† 9/534; Stobbe, (Johann Ernst) Otto ~ 9/536; Störring, Gustav (Wilhelm) † 9/546; Stohmann, Friedrich (Carl Adolf) ~ 9/548; Stolberg-Stolberg, Christian Graf zu ~ 9/549; Stolberg-Stolberg, Friedrich Leopold Graf zu ~ 9/549; Stolberg-Wernigerode, Otto Graf zu ~ 9/550; Stolper, Paul ~/† 9/553; Stolz, Otto ~ 9/555; Stolzmann, Paulus von ~ 9/557; Storch, Ludwig ~ 9/558; Storz, Walter ~ 9/560; Stoy, Karl Volkmar ~ 9/562; Stratz, Rudolf ~ 9/571; Straub, Hermann ~ 9/571; Straus, Erwin (Walter Maximilian) ~ 9/573; Strecker, Georg ~/† 9/579; Stresau, Hermann ~/† 9/584; Streubel, Karl Wilhelm ~ 9/585; Stricker, Wilhelm (Friedrich Carl) ~ 9/586; Strickrodt, Georg ~ 9/587; Stritter, Johann Gotthelf ~ 9/588; Strohal, Emil ~ 9/592; Strombeck, Friedrich Heinrich von ~ 9/593; Strombeck, Friedrich Karl von ~ 9/593; Stromeyer, Christian Friedrich ~ 9/593; Stromeyer, Friedrich */~/† 9/594; Stromeyer, (Georg Friedrich) Louis ~ 9/594; Stroux, Johannes ~ 9/595; Strube, Julius Melchior ~ 9/595; Struve, Gustav von ~ 9/600; Struve, Heinrich Christoph Gottfried von ~ 9/600; Stubbe, Hans ~ 9/602; Stuchtey, Karl ~ 9/603; Studer, Bernhard (Rudolf) ~ 9/605; Studer, Gottlieb Ludwig ~ 9/605; Studer, Gottlieb Sigmund ~ 9/605; Stüve, Gustav ~ 9/612; Stüve, Johann Carl Bertram ~ 9/612; Stumpf, (Friedrich) Carl ~ 9/614; Stumpff, Karl (Johann Nikolaus) ~/† 9/615; Sturz, Helfrich Peter ~ 9/619; Stutzmann, Johann Josua ~ 9/621; Styx, Martin Ernst von ~ 9/622; Suadicani, Karl Ferdinand ~ 9/622; Suchier, Wolfram ~ 9/623; Süring, Reinhard (Joachim) ~ 9/626; Süss, Theodor (Ludwig) ~ 9/627; Süss, Wilhelm ~ 9/627; Sulzer, Friedrich Gabriel ~ 9/631; Suppius, Christoph Eusebius ~ 9/638; Szasz, Otto ~ 9/645; Szondi, Peter ~ 9/647; Tammann, Gustav (Heinrich Johann Apollon) ~/† 9/653; Tammann, Heinrich (Johann Gustav Linus Alexander) ~ 9/653; Tams, Ernst (Friedrich) ~ 9/653; Tanner, Karl Rudolf ~ 9/656; Tappeiner, (Anton Josef

Franz) Hermann Edler von Tappein ~ 9/658; Taube, Arved Frh. von ~ 9/661; Taube, Johann Daniel ~ 9/661; Taurinus, Franz Adolph ~ 9/665; Taussky-Todd, Olga ~ 9/666; Tautz, Kurt † 9/668; Teichmüller, Gustav ~ 9/670; Teichmüller, (Paul Julius) Oswald ~ 11/181; Telemann, Georg Philipp ~ 9/671; Tellkampf, Johann Ludwig ~ 9/673; Temme, Jodocus Donatus Hubertus ~ 9/673; Textor, Karl ~ 9/684; Thadden, Adolf von ~ 11/181; Thaer, Albrecht Daniel ~ 9/686; Theile, Friedrich Wilhelm ~ 9/691; Theiler, Willy ~ 9/691; Thibaut, Anton Friedrich Justus ~ 10/1; Thibaut, Bernhard Friedrich ~/† 10/1; Thieding, Friedrich (Heinrich Karl) ~ 10/1; Thiele, Heinrich (August Ludwig) ~ 10/2; Thiele, (Karl Emil Hermann) Johannes ~ 10/3; Thiele, Rolf ~ 10/3; Thienemann, Alfred Bernhard ~ 10/5; Thiersch, Friedrich (Wilhelm) von ~ 10/8; Thiersch, Hermann ~/† 10/8; Thiessen, Peter Adolf ~ 10/9; Thilenius, Georg (Heinrich Karl Julius Wilhelm) ~ 10/10; Thilenius, Moritz Gerhard ~ 10/10; Thilenius, (Johann Friedrich Heinrich) Otto ~ 10/10; Thiloninus Philymnus * 10/11; Thimme, Friedrich Wilhelm Karl ~ 10/12; Thimme, Magdalene ~ 10/12; Thöl, Johann Heinrich ~/† 10/13; Thomae, (Karl) Johannes ~ 10/15; Thomas, Karl (Albert Ferdinand) ~/† 10/18; Thomsen, Robert ~ 10/22; Thorbecke, Andreas Heinrich ~ 10/23; Thorbecke, Franz ~ 10/23; Threlfall, William (Richard Maximilian Hugo) ~ 10/24; Thünen, Johann Heinrich von ~ 10/25; Thüngen, Johann Sigmund Karl Frh. von ~ 10/26; Tieck, (Johann) Ludwig ~ 10/36; Tiedemann, Dietrich ~ 10/37; Tiemann, (Johann Karl Wilhelm) Ferdinand ~ 10/38; Tiemann, Hermann ~ 10/39; Tietze, Heinrich (Franz Friedrich) ~ 10/41; Tigges, Eduard ~ 10/41; Tilemann, Heinrich (Johann Cornelius) ~ 10/41; Tiling, Johann Nikolaus ~ 10/42; Tiling, Magdalene von ~ 10/42; Timpe, Aloys Anton ~ 10/45; Tintelnot, Hans ~ 10/46; Titius, Arthur ~ 10/51; Tittmann, Friedrich Julius ~/† 10/52; Tittmann, Karl August ~ 10/52; Töpfer, Karl (Friedrich Gustav) ~ 10/57; Toepler, Maximilian (August) ~ 10/57; Toeplitz, Otto ~ 10/57; Tolle, Heinrich */† 10/60; Tollens, Bernhard (Christian Gottfried) ~/† 10/60; Tollmien, Walter (Gustav Johannes) ~/† 10/61; Tornquist, Alexander (Johannes Heinrich) ~ 10/65; Tourtual, Kaspar Theobald ~ 10/66; Tovote, Heinz ~ 10/66; Traenckner, Kurt ~ 10/67; Traitteur, Karl Theodor von ~ 10/67; Tralles, Johann Georg ~ 10/68; Trapp, Ernst Christian ~ 10/69; Trautmann, Reinhold ~ 10/73; Trefftz, Erich (Immanuel) ~ 10/77; Trefurt, Johann Heinrich Christoph */~/† 10/77; Treibs, Wilhelm ~ 10/77; Trendelenburg, Ferdinand ~ 10/80; Trendelenburg, Johann Georg ~ 10/81; Treue, (Friedrich) Wilhelm (Karl Franz) ~/† 10/84; Treuer, Gottlieb Samuel ~/† 10/84; Treviranus, Georg Gottfried ~ 10/85; Treviranus, Gottfried Reinhold ~ 10/85; Tribolet, Johann Friedrich Albrecht ~ 10/86; Trieps, Jakob Peter Eduard ~ 10/87; Trier, Jost ~ 10/88; Trillhaas, Wolfgang ~/† 10/89; Trinius, Karl Bernhard von ~ 10/89; Troeltsch, Ernst (Peter Wilhelm) ~ 10/91; Trojan, Johannes ~ 10/94; Trott zu Solz, (Friedrich) Adam von ~ 10/98; Trott auf Solz zu Imshausen, August Heinrich ~ 10/99; Troxler, Ignaz Paul Vitalis ~ 10/99; Trübner, Nikolaus ~ 10/101; Trützschler, Wilhelm Adolf ~ 10/102; Tschackert, Paul ~/† 10/103; Tscharner, Johann Baptist von ~ 10/104; Tychsen, Thomas Christian ~/† 10/120; Ueberweg, Friedrich ~ 10/124; Uffelmann, Julius ~ 10/125; Uhde, August Wilhelm Julius ~ 10/126; Uhde, Karl Wilhelm Ferdinand ~ 10/127; Uhde, Wilhelm ~ 10/127; Uhlhorn, (Johann) Gerhard (Wilhelm) ~ 10/130; Uhlig, Carl ~ 10/130; Uhthoff, Wilhelm ~ 10/132; Ullheimer, Josef ~ 10/135; Ullrich, Egon (Leopold Maria) ~ 10/137; Ullrich, Hans ~ 10/138; Ulmann, Heinrich ~/† 10/140; Ulrich, Johannes Martin ~ 10/146; Umbreit, Friedrich Wilhelm Karl ~ 10/149; Ungeheuer, Günther ~ 10/152; Unger, Friedrich Wilhelm ~/† 10/153; Unger, Rudolf ~/† 10/155; Unruh, Max (Curt) von ~ 10/158; Unterholzner, Karl August Dominikus ~ 10/160; Unzer, Johann Christoph ~/† 10/162; Unzer, Johanne Charlotte ~ 10/162; Usener, Friedrich Philipp ~ 10/170; Usener, Hermann (Karl) ~ 10/170;

Usinger, Rudolf ~ 10/170; Uslar, Friedrich Moritz von ~ 10/170; Usteri, Paul ~ 10/171; Vandenhoeck, Abraham ~/† 10/181; Vandenhoeck, Anna ~/† 10/181; Varrentrapp, Konrad ~ 10/184; Vatke, (Johann Karl) Wilhelm ~ 10/185; Veit, David Josef ~ 10/188; Vellmer, Erich ~ 10/191; Veltheim, Franz Wilhelm Werner von ~ 10/192; Veltheim, Hans Graf von ~ 10/193; Velthusen, Johann Kaspar ~ 10/193; Verworn, Max (Richard Konstantin) ~ 10/198; Vetter, Ferdinand ~ 10/200; Vezin, Hermann ~ 10/202; Vielhauer, Philipp (Adam Christoph) ~ 10/204; Vierordt, Karl von ~ 10/206; Viertel, Anton ~/† 10/206; Vieth, Gerhard Ulrich Anton ~ 10/207; Vieweg, Kurt (Hugo Gustav Eduard) * 10/209; Vincke, Georg Frh. ~ 10/211; Vincke, (Friedrich Wilhelm) Ludwig (Philipp) Frh. von ~ 10/212; Vischer, Eberhard */~ 10/214; Vischer, Robert ~ 10/218; Vix, Karl Wilhelm ~ 10/219; Vocke, Wilhelm ~ 10/220; Völchting, Hermann von ~ 10/220; Vötterle, Karl ~ 10/223; Vogel, August ~ 10/224; Vogel, Christian ~ 10/225; Vogel, Hermann Wilhelm ~ 10/226; Vogel, Julius ~ 10/227; Vogel, Kurt ~ 10/227; Vogel, Rudolph Augustin ~/† 10/228; Vogel, Samuel Gottlieb von ~ 10/228; Vogelsang, Thilo ~ 10/229; Vogt, Friedrich ~ 10/233; Voigt, Woldemar ~/† 10/238; Voit, Karl von ~ 10/241; Volborth, Johann Karl ~ 10/242; Volger, Georg Heinrich Otto ~ 10/243; Volk, Wilhelm Gustav ~ 10/243; Volkmann, Johann Jacob ~ 10/246; Voller, (Carl) August ~ 10/247; Vollmöller, Karl ~ 10/249; Volz, Robert Wilhelm ~ 10/252; Voretzsch, Ernst-Arthur ~ 10/254; Vorkastner, Willy ~ 10/254; Vorstius, Joris ~ 10/256; Vorwerk, Anna ~ 10/256; Voss, Aurel (Edmund) ~ 10/257; Voß, Johann Heinrich ~ 10/259; Voss, Otto Friedrich von ~ 10/259; Wach, Adolf ~ 10/264; Wachler, (Johann Friedrich) Ludwig ~ 10/265; Wachsmuth, Adolph ~ 10/266; Wachsmuth, Curt ~ 10/266; Wachsmuth, Richard ~ 10/267; Wackenroder, Heinrich Wilhelm Ferdinand ~ 10/268; Wackernagel, Jakob ~ 10/269; Wackernagel, Martin ~ 10/270; Wackernagel, (Karl Heinrich) Wilhelm ~ 10/270; Wächter, (Georg Philipp Ludwig) Leonhard ~ 10/271; Waehner, Andreas Georg ~/† 11/183; Wätjen, Julius ~ 10/273; Wagemann, Ernst ~ 10/273; Wagener, Oskar ~/† 10/274; Wagenmann, August (Emil Ludwig) */~ 10/275; Wagner, Adolph (Heinrich Gotthilf) ~ 10/277; Wagner, Anton Ulrich Friedrich Karl ~ 10/278; Wagner, Carl ~/† 10/278; Wagner, Gabriel ~ 10/280; Wagner, Hermann ~/† 10/282; Wagner, Johann Jakob ~ 10/282; Wagner, Karl Wilhelm Ulrich ~ 10/284; Wagner, Moritz (Friedrich) ~ 10/285; Wagner, Paul ~ 10/286; Wagner, Rudolph ~/† 10/289; Wagner, (Karl) Willy ~ 10/291; Wahl, Eduard ~ 10/292; Wahrendorff, Ferdinand ~ 10/294; Wahrmund, Adolf ~ 10/294; Waitz, Georg ~ 10/296; Walbaum, Hermann ~ 10/297; Walbaum, Johann Julius ~ 10/297; Walch, Christian Wilhelm Franz ~/† 10/297; Waldeck, (Franz Leo) Benedikt ~ 10/300; Waldeyer-Hartz, (Heinrich) Wilhelm (Gottlieb) von ~ 10/303; Waldmann, Emil ~ 10/304; Waldschmidt, Ernst ~/† 10/306; Waldthausen, Julius (Wilhelm) Frh. von ~ 10/308; Walker, Gustav ~ 10/308; Wallach, Otto (Hermann Theodor Gustav) ~/† 10/309; Wallroth, Karl Friedrich Wilhelm ~ 10/315; Walter, Erich (Heinz) ~ 10/318; Walter, Johannes (Wilhelm) von ~ 10/319; Waltershausen, Hermann Wolfgang Sartorius Frh. von * 10/321; Walther, (Oswald) Alwin ~ 10/322; Walther, Andreas ~ 10/323; Walther, Gebhardt von ~ 10/323; Walther(in), Sophia Eleonora ~/† 10/325; Wappäus, Johann Eduard ~/† 10/332; Warmbold, Hermann ~ 10/335; Warnecke, Georg (Heinrich Gerhard) ~ 10/336; Warnekros, Ehregott Ulrich ~ 10/337; Warnkönig, Leopold August ~ 10/337; Warnstedt, Adolf Eduard von ~/† 10/338; Wartenberg, Hans-Joachim von ~/† 10/338; Waser, Johann Heinrich ~ 10/340; Wasserrab, Karl ~ 10/344; Wattenbach, (Ernst Christian) Wilhelm ~ 10/345; Watteroth, Heinrich Joseph ~ 10/346; Weber, Carl von ~ 10/350; Weber, Friedrich August ~ 10/353; Weber, Fritz ~ 10/353; Weber, Georg Heinrich */~ 10/353; Weber, Georg Michael von ~ 10/353; Weber, Gottfried ~ 10/353; Weber, Heinrich ~ 10/354; Weber, Heinrich ~

10/354; Weber, Moritz ~ 10/360; Weber, Otto ~ 10/360; Weber, Robert ~ 10/361; Weber, Theodor ~ 10/361; Weber, Werner ~/† 10/362; Weber, Wilhelm (Eduard) ~/† 10/362; Wedde, (Friedrich Christoph) Johannes ~ 10/366; Wedekind, Anton Christian ~ 10/367; Wedekind, Christoph Friedrich ~ 10/367; Wedekind, Edgar ~ 10/368; Wedekind, Georg Christian Gottlieb von * 10/368; Wedekind, Georg Wilhelm von ~ 10/369; Wedel, Botho Graf von ~ 10/369; Wedemeyer, Georg (Ludwig Heinrich Karl) ~ 10/370; Wegscheider, Julius August Ludwig ~ 10/375; Wehberg, Hans ~ 10/375; Wehmer, Carl (Friedrich Wilhelm) ~ 10/376; Wehmer, Carl ~ 10/376; Wehrli, Hans ~ 10/378; Wehrstedt, Friedrich-Wilhelm ~ 10/379; Weichmann, Christian Friedrich ~ 10/380; Weickmann, Ludwig ~ 10/381; Weidlich, Hansjürgen † 10/383; Weigel, Christian Ehrenfried von ~ 10/385; Weigel, Oskar ~ 10/387; Weil, Hans ~ 10/391; Weiland, Ludwig ~/† 10/392; Weinert, Hans ~ 10/395; Weinrich, (Friedrich Justus) Karl ~ 10/399; Weippert, Georg (Heinrich) ~ 10/400; Weisbach, Julius (Ludwig) ~ 10/401; Weismann, (Leopold Friedrich) August ~ 10/404; Weiss, Helmut (Ludwig Johann Georg) * 10/408; Weiß, Johannes ~ 10/409; Weiss, Otto ~ 10/410; Weisser, Gerhard ~ 10/414; Weitz, Wilhelm ~ 10/418; Weitzel, Johann(es Ignaz) ~ 10/419; Weizel, Walter ~ 10/419; Welcker, Friedrich Gottlieb ~ 10/421; Weller, Albert (Hermann) ~/† 11/184; Wellhausen, Hans ~ 10/425; Wellhausen, Julius ~/† 10/425; Welzel, Hans ~ 10/431; Wempe, Johann ~ 10/431; Wendland, (Johann Theodor) Paul ~/† 10/433; Wendt, Amadeus ~/† 10/433; Wendt, Friedrich von ~ 10/434; Wendt, Hans Hinrich ~ 10/434; Wendt, Siegfried ~/† 10/434; Weniger, Erich ~/† 10/436; Weppen, Johann August ~ 10/439; Wermuth, Adolf ~ 10/443; Wernle, Paul ~ 10/451; Wertheim, Zacharias ~ 10/453; Werthes, Friedrich August Clemens ~ 10/454; Werunsky, Emil ~ 10/455; Wessel, Walter ~ 10/456; Westermayr, Konrad ~ 10/459; Westhues, Heinrich ~ 10/459; Wettstein, Friedrich Ritter von Westersheim ~ 10/462; Weule, (Johann Konrad) Karl ~ 10/464; Wever, Franz ~ 10/465; Weyl, (Claus Hugo) Hermann ~ 10/466; Wichelhaus, Hermann ~ 10/469; Wichern, Johann Hinrich ~ 10/470; Wichmann, Johann Ernst ~ 10/471; Wichmann, Moritz Ludwig Georg ~ 10/471; Wicke, Wilhelm ~/† 10/472; Wieacker, Franz ~/† 10/476; Wiechert, (Johann) Emil ~/† 10/477; Wieghardt, Karl ~ 10/481; Wiegmann, Rudolf ~ 10/482; Wiegner, Georg ~ 10/482; Wieland, Heinrich (Otto) ~ 10/484; Wiemer, Rudolf Otto ~/† 10/485; Wien, Wilhelm (Karl Werner Otto Fritz Franz) ~ 10/485; Wieseler, Friedrich (Julius August) ~/† 10/489; Wieseler, Karl ~ 10/489; Wieselsberger, Carl ~ 10/489; Wiesmann, Richard (Gustav Arnold) ~ 10/491; Wigand, Otto */~ 10/493; Wigger, Friedrich ~ 10/493; Wiggers, (Heinrich) August (Ludwig) ~/† 10/493; Wiggers, Gustav Friedrich ~ 10/493; Wiggers, Moritz (Karl Georg) ~ 10/493; Wilamowitz-Moellendorff, Ulrich von ~ 10/494; Wilda, Wilhelm Eduard ~ 10/498; Wildführ, Georg ~ 10/500; Wildhagen, Karl ~ 10/501; Wilhelm II. Karl Paul Heinrich Friedrich, König von Württemberg ~ 10/505; Wilhelmi, Hans ~ 10/507; Wilken, Friedrich ~ 10/508; Wilkens, Alexander ~ 10/508; Wille, François ~ 10/510; Willers, Friedrich Adolf ~ 10/511; Willrich, Erich ~ 10/513; Wilm, Alfred ~ 10/514; Wilmanns, August ~ 10/514; Wilmanns, (Franz Heinrich) Karl ~ 10/514; Wilmowsky, Tilo von ~ 10/515; Winckel, Heinrich ~ 10/518; Winckler, Friedrich ~ 10/520; Windaus, Adolf (Otto Reinhold) ~/† 10/521; Windelband, Wilhelm ~ 10/522; Windheim, Christian Ernst ~ 10/523; Winkelmann, August Stephan ~ 10/527; Winkelmann, Eduard (August) ~ 10/527; Winkler, Helmut Gustav Franz ~/† 10/529; Winter, Ludwig Georg ~ 10/533; Winterfeld, (Dorothea Anna) Luise von ~ 10/534; Winterstein, Hans ~ 10/535; Wirtinger, Wilhelm ~ 10/540; Wirtz, Karl ~ 10/540; Wischmann, Adolf ~ 10/541; Wissell, Rudolf * 10/542; Withof, Johann Philipp Lorenz ~ 10/543; Witt, Ernst ~ 10/544; Witte, Karl ~ 10/545; Witte, Karl Heinrich Gottfried ~ 10/545; Wittenberg,

Albrecht ~ 10/546; Wittich, Hans ~ 10/548; Witting, Richard ~ 10/549; Wittmack, Ludwig ~ 10/550; Wittram, Reinhard ~ 10/552; Witzel, Oskar ~ 10/553; Wlassak, Moriz ~ 10/554; Wobbermin, (Ernst Gustav) Georg ~ 10/554; Wöhler, Friedrich ~/† 10/555; Wöhlken, Egon ~ 10/556; Wölfflin, Eduard ~ 10/556; Woermann, Emil ~/† 10/559; Woermann, Karl ~ 10/559; Wohlwill, Emil ~ 10/563; Woldstedt, Paul ~ 10/563; Wolf, Ernst (Friedrich) ~ 10/564; Wolf, Friedrich August (Christian Wilhelm) ~ 10/565; Wolf, Helmut ~ 10/566; Wolfart, Karl Christian ~ 10/569; Wolff, Hans Julius ~ 10/572; Wolff, Hans-Walter ~ 10/573; Wolff, Kurt (Otto Adam) Frh. von ~ 10/575; Wolff, Ludwig ~ 10/576; Wolff, Paul ~ 10/577; Wolffradt, Gustav Anton Graf von ~ 10/579; Wolffson, Isaac ~ 10/579; Wolfslast, (Ernst) Walter ~ 10/582; Wolke, Christian Hinrich ~ 10/583; Woltmann, Karl Ludwig von ~ 10/586; Wrede, William ~ 10/590; Würzer, Heinrich ~ 10/594; Wüstenfeld, Ferdinand ~ 10/595; Wundt, Walter ~ 10/598; Wychgram, Jakob ~ 10/602; Wyneken, Gustav (Adolph) ~/† 10/602; Wyss, Georg von ~ 10/603; Zachariae, Gotthilf Traugott ~ 10/610; Zachariae, Heinrich Albert ~ 10/610; Zachariae, Justus Friedrich Wilhelm ~ 10/610; Zachariae, Theodor Victor Hugo ~ 10/610; Zäunemann, Sidonie Hedwig ~ 10/613; Zahn, Theodor Ritter von ~ 10/614; Zange, Johannes ~ 10/618; Zangemeister, Wilhelm (Karl) ~ 10/618; Zedler, (Karl-August) Gottfried (Immanuel) ~ 10/626; Zehender, Karl Wilhelm von ~ 10/628; Zeisberg, Karl (Wilhelm) ~ 10/632; Zell, (Adam) Carl (Philipp) ~ 10/635; Zenck, Hermann ~ 10/641; Zender, Matthias ~ 10/641; Zenker, Hans † 10/642; Zenker, Julius Theodor ~ 10/642; Zentner, Georg Friedrich Frh. von ~ 10/643; Zeppenfeldt, Franz Ignaz ~ 10/644; Zermelo, Ernst (Friedrich Ferdinand) ~ 10/645; Zeumer, Karl ~ 10/648; Zeynek, Richard Ritter von ~ 10/649; Ziegler, Joseph ~ 10/655; Ziegler, Konrat Julius Fürchtegott ~/† 10/655; Ziegler, Werner Karl Ludwig ~ 10/656; Ziegler, Wilhelm ~ 10/656; Zieler, Kurt ~ 10/658; Ziervogel, Friedrich-Wilhelm ~ 10/659; Zimmerli, Walther ~ 10/665; Zimmermann, Eberhard August Wilhelm von ~ 10/666; Zimmermann, Gustav ~ 10/667; Zimmermann, Johann Georg ~ 10/669; Zimmermann, Karl Gottfried ~ 10/670; Zimmermann, Walter (Wilhelm Hans) ~ 10/671; Zimmern, Siegmund (Wilhelm) ~ 10/672; Zincke, (Ernst Carl) Theodor ~ 10/673; Zinkeisen, Johann Wilhelm ~ 10/674; Zinn, Georg August ~ 10/676; Zinn, Johann Gottfried ~/† 10/676; Zirkel, Ferdinand ~ 10/679; Zitelmann, Ernst ~ 10/680; Zitz, Franz Heinrich ~ 10/680; Zoega, Georg ~ 10/683; Zöller, Philipp ~ 10/683; Zöpffel, Richard Otto ~ 10/685; Zörner, Hans ~ 10/686; Zondek, Hermann ~ 10/688; Zsigmondy, Richard (Adolf) ~/† 10/692; Zuntz, Günther ~ 10/701; Zuschneid, Karl ~ 10/703; Zweigert, Konrad ~ 10/706; Zweigert, Kurt ~ 10/706; Zwirner, (Adolf Wilhelm) Eberhard ~ 10/710

Göttweig (Niederösterreich)
Altmann, Bischof von Passau ~ 1/102; Arigler, Altmann ~/† 1/170; Berthold, Abt von Garsten ~ 1/486; Bessel, Gottfried ~/† 1/493; Blumberger, Friedrich ~/† 1/584; Corner, David Gregor ~ 2/376; Fuchs, Adalbert ~/† 3/516; Fuchs, Alois ~ 3/517; Hötzendorf, Johann Samuel ~ 5/106; Legipont, Oliver ~ 6/290; Partsch, Paul Maria ~ 7/566; Pilgram, Franz Anton ~ 7/670; Rick, Karl ~ 8/286; Schlitpacher von Weilheim, Johann ~ 8/680; Schmidt, Martin Johann ~ 9/15; Schneider, Franz Cölestin von ~ 9/52

Götzens (Tirol)
Helbok, Adolf † 4/555

Götzis (Vorarlberg)
Jonas, Jakob * 5/360; Ritter, Albert ~ 8/326

Gogolin (poln. Miasto Gogolin)
Chory, Werner * 2/314

Gogołowice → Gugelwitz

Gohfeld
Kuhlo, Johannes * 6/158; Schäffer, Bernhard * 11/168; Tiesmeyer, Ludwig * 10/39

Gohlis (seit 1890 zu Leipzig)
Bleichert, Adolf Hermann ~ 1/567; Böttger, Adolf ~/†
1/637; Bossler, Heinrich Philipp Karl † 2/45; Jünger,
Johann Friedrich ~ 5/373; Lehmann, Hans * 6/293; Meiner,
Arthur */† 7/35; Seydel, Martin * 9/297; Wittgenstein, Karl
* 10/547

Gohlis (seit 1997 zu Dresden)
Maurer, Erich (Otto Heinrich) */~ 6/669

Gohlitz (Gem. Wachow)
Kottenrodt, Wilhelm * 6/55

Goimenen (Gem. Seeg)
Scholz, Hugo ~ 9/110

Gołańcz → Gollantsch

Gołaszyn → Bärsdorf

Golčův Jeníkov → Goltschjenikau

Goldach (Kt. Sankt Gallen)
Gaechter, Paul * 3/552; Hättenschwiller, Alphons (Oskar)
* 4/313; Müller, Martin ~ 7/277; Vogel, Carl Gustav †
10/224

Goldap (poln. Gołdap)
Epha, Wilhelm Franz * 3/131; Hartknoch, Johann Friedrich
* 4/401; Jeschonnek, Hans † 5/326; Jonas, (Carl) Rudolf
(Hugo) * 5/360; Schmidt, Paul Ferdinand * 9/18; Schrötter,
Elisabeth (Emma Ida Maria) von ~ 9/156; Thiele, (Karl
Emil Hermann) Johannes * 10/3

Goldau (Kt. Schwyz)
Schrafl, Anton ~ 9/126

Goldbach (Gem. Küsnacht, Kt. Zürich)
Hegi, Gustav † 4/483

Goldbach (Kr. Aschaffenburg, Land)
siehe auch *Unterafferbach*
Klug, Ignaz ~ 5/608

Goldbach (Kr. Gotha)
Böhm, Georg ~ 1/616

Goldbach (Württemberg)
Schiegg, Ulrich * 8/626

Goldberg (poln. Złotoryja)
Gebauer, Christian Samuel * 3/590; Heinrich I. der Bärtige,
Herzog von Schlesien ~ 4/533; Joachimsthal, Ferdinand
* 5/330; Kisch, Ruth * 5/558; Oelsner, Konrad Engelbert
* 7/467; Opitz, Christian (Gottfried) ~ 7/495; Ruffer,
Samuel Benjamin * 8/458; Trotzendorf, Valentin ~ 10/99;
Wallenstein, Albrecht (Wenzel Eusebius) von ~ 10/311;
Zinner, Ernst * 10/676

Goldebee (seit 1950 zu Benz, Kr. Nordwestmecklenburg)
Graefe, Albrecht von ~/† 4/120

Goldegg (Salzburg)
Hitzl, Franz de Paula ~ 5/77; Kaltner, Balthasar * 5/417

Goldene Bremm (Gut)
Kind, Carl Gotthelf † 5/539

Goldenhöhe (tschech. Zlatý Kopec)
Wähner, Franz * 10/272

Goldern → Hasliberg-Goldern

Goldingen (Kt. Sankt Gallen)
Rüegg, Ferdinand * 8/449

Goldingen (lett. Kuldiga, russ. Gol'dingen, poln. Goldynga)
Bauer, Oswald * 1/329; Brunnhofer, Gottlieb Hermann
~ 2/171; Davidow, Karl * 2/453; Deniger von Olinda,
Joachim * 2/487; Fölckersam, Melchior von ~ 3/360; Jakob
Kettler, Herzog von Kurland * 5/294; Monheim, Eberhard
von ~ 7/198

Goldkronach → Nemmersdorf

Goldmühl (Gem. Bad Beneck i. Fichtelgebirge)
Flessa, Johann Adam * 3/349

Goldschmieden (poln. Złotniki, heute zu Wrocław/Breslau)
Bergius, Friedrich (Karl Rudolf) * 1/448

Goldschmieding (Gem. Castrop-Rauxel)
Leyen, Alfred von der ~ 6/370

Goldynga → Goldingen

Golęcino → Frauendorf

Goleniów → Gollnow

Golino (Gem. Intragna, Kt. Tessin)
Eschmann, Ernst Wilhelm ~ 3/176

Golk (seit 1974 zu Diera)
Dietrich, Albert (Hermann) * 2/534

Golkowe (poln. Gołkowo)
Heydebrand und der Lase, Ernst von * 5/16

Gołkowo → Golkowe

Gollachostheim (Gollhofen)
Eyrich, Johann Leonhard * 3/205

Gollantsch (poln. Gołańcz)
Friedländer, Salomo * 3/453

Gollensdorf
Falke, Friedrich † 3/225

Gollhofen → Gollachostheim

Golling an der Salzach (Salzburg)
Degener, Carl ~ 2/465; Hagen, Wilhelm Hermann Adolf †
4/322

Gollnow (poln. Goleniów)
Ledien, Franz * 6/286

Gollwitz
Lampe, (Karl Otto) Emil * 6/209

Golmsdorf
Feine, Paul * 3/251

Gols (Burgenland)
Strattner, Georg Christoph * 9/570

Golßen
Dolz, Johann Christian * 2/588; Wedel, Georg Wolfgang *
10/370

Goltschjenikau (tschech. Golčův Jeníkov)
Kornfeld, Siegmund * 6/46

Gołuszowice → Kreuzendorf

Golzern (seit 1994 zu Nerchau)
Gottschald, (Romilo) Otto ~/† 4/109; Prášil, Franz ~ 8/54

Golzheim (Düsseldorf)
Weinzheimer, Friedrich August * 10/400

Golzheim (Gem. Merzenich)
Kratz, Johann Kaspar * 6/73

Golzheimer Heide (Düsseldorf)
Schlageter, Albert Leo † 8/654

Golzwarden (Gem. Ovelgönne)
Dirks, Theodor * 2/555

Gommern
Essen, August Franz von * 3/180; Fendt, Leonhard ~
3/264; Manheimer, Valentin * 6/589; Schwantes, Martin
~ 9/223

Gompertshausen
Goetz, Georg * 4/69

Gondar (Äthiopien)
Weiß, Liberatus ~/† 10/409

Gongo Socco (Brasilien)
Helmreichen von Brunnfeld, Virgil ~ 4/575

Gonobitz (slowen. Slovenske Konjice)
Kukula, Richard * 6/163

Gonsenheim (seit 1938 zu Mainz)
Acker, Heinrich (Wilhelm Joseph) * 1/19

Gonten (Kt. Apperzell Innerhroden)
Starck, Conrad * 9/449

Gontenschwil (Kt. Aargau)
Erismann, Friedrich * 3/149; Frey, Jakob * 3/435;
Zschokke, (Arnold Leo) Achilles * 10/691; Zschokke,
Erwin (Rudolf Emil) */~ 10/691; Zschokke, Richard */†
10/692; Zschokke, Rudolf Emil Erwin * 10/692

Gonzenheim
Quirin, Eberhard ~/† 8/103

Góra → Guhrau

Góra Świętej Anny → Sankt Annaberg

Gorbach (Kloster, bei Sigmaringen)
Briemle, Theodosius ~ 2/133

Górczyn → Gurczyn

Gordemitz (seit 1994 zu Jesewitz)
Danckelmann, Alexander (Sylvester Flavius Ernst) Frh. von
* 2/438

Gorden
Demandowski, Axel von † 2/481; Salomon, Ludwig *
8/504

Gordola (Kt. Tessin)
Goldhammer, Bruno ~ 4/79
Gorgast
Silex, Paul * 9/328
Gorheim
Aschenbrenner, Johann Baptist ~ 1/203; Frick, Karl ~ 3/442; Lauer, Aloysius † 6/267
Gorheim (Sigmaringen)
Schuler, Augustinus † 9/184
Gorinchem (Niederlande)
Heinrich von Gorkum * 4/537; Morinck, Hans * 7/214
Gorki → Schildberg
Górki (Polen)
Ledóchowski, Mieczysław Graf von * 6/286
Gor'kij → Nischnij Nowgorod
Gorlice (Polen)
Arz von Straußenburg, Arthur Albert Frh. von ~ 1/200; Hofer, Franz † 5/109; Kestranek, Paul ~ 5/522
Górsko → Görshagen
Gorsleben
Calvisius, Sethus * 2/268; Eckard, Heinrich Martin * 3/7
Gorze
Adalbero I., Bischof von Metz ~ 1/24; Adalbero II., Bischof von Metz ~ 1/24; Dietwin, Abt von Gorze ~ 2/539; Eckebert von Gorze ~ 3/9; Eginold ~ 3/32; Heinrich I., Pfalzgraf in Lothringen ~ 4/532; Heribert, Erzbischof von Köln ~ 4/615; Herrand, Abt von Ilsenburg, Bischof von Halberstadt ~ 4/638
Górzna → Gursen
Gorzów Śląski → Landsberg i. Oberschlesien
Gorzyce → Großgorzütz
Gosau (Oberösterreich)
Huebmer, Georg * 5/204
Goschütz (poln. Goszcz)
Bockshammer, Johann Christian ~/† 1/597
Gościkowo → Paradies
Gosdorf (Steiermark)
Riedl, Johann * 8/295
Gosheim (Kr. Tuttlingen)
Jung, Helene ~/† 5/380
Goslar
siehe auch *Hahnenklee-Bockswiese (Oberharz), Jerstedt, Oker, Riechenberg*
Adalbert, Erzbischof von Hamburg-Bremen † 1/25; Adelog, Bischof von Hildesheim ~ 1/34; Ahrens, Hermann ~ 1/60; Albrecht IV., Graf von Wernigerode (als Albrecht VIII.), Bischof von Halberstadt ~ 1/76; Amandus, Johannes ~/† 1/110; Anno II. von Steusslingen, Erzbischof von Köln ~ 1/145; Basse, Gottfried ~ 1/314; Beims, Hermann ~ 1/405; Beneke, Johann Heinrich Friedrich ~/† 1/421; Benno, Bischof von Meißen ~ 1/427; Benno II., Bischof von Osnabrück ~ 1/427; Berendes, Julius Dominikus ~/† 1/436; Berthold I., Bischof von Hildesheim ~ 1/483; Beuys, Joseph ~ 1/504; Bischoff, Georg Friedrich ~ 1/543; Bischoff, Johann Heinrich Christian * 1/543; Böddeker, Philipp Friedrich ~ 1/613; Borchers, (Johann Albert) Wilhelm */† 2/27; Bornhardt, (Friedrich) Wilhelm (Conrad Eduard) † 2/35; Bräuning, Karl Hermann Johannes † 2/56; Brandl, Peter Johann ~ 2/66; Breitkopf, Bernhard Christoph ~ 2/106; Bünting, Heinrich ~ 2/208; Burchard II., Bischof von Halberstadt ~ 2/227; Carius, Georg Ludwig ~ 2/279; Carpov, Jakob * 2/286; Corvinus, Antonius ~ 2/380; Cramer von Clausbruch, Henning */~/† 2/390; Derschau, August Egbert von ~ 2/493; Dyrssen, Carl Ludwig ~/† 2/662; Eckenbrecher, Karl Paul Themistokeles von † 3/9; Ercker, Lazarus von ~ 3/139; Förster, Florentine ~ 3/363; Foertsch, Friedrich † 3/366; Friedrich I. (Barbarossa), Kaiser ~ 3/456; Frobes, Johann Nikolaus * 3/500; Gattermann, (Friedrich August) Ludwig * 3/582; Gennerich, Wilhelm * 3/622; Gerhard, Propst von Steterburg ~ 3/640; Geselschap, Friedrich ~ 3/664; Gilbert, Otto † 4/7; Gisela † 4/16; Glandorp, Johann ~ 4/21; Grimme, Adolf (Berthold Ludwig) * 4/172; Grove, (Karl) Otto Ritter von * 4/204; Heinrich IV., deutscher König,

Kaiser * 4/519; Hendriks, Jan ~ 4/582; Hermann, Graf von Salm, Gegenkönig ~ 4/619; Hermann II., Erzbischof von Köln ~ 4/621; Heßhusen, Tilemann ~ 5/2; Hezilo, Bischof von Hildesheim ~ 5/28; Hildolf, Erzbischof von Köln ~ 5/40; Hirsch, Wilhelm * 5/65; Höegh, Emil von † 5/88; Hölscher, Uvo (Adolf) ~ 5/96; Hoesch, Felix (Alwin) † 5/104; Hoffmann, (Alexander Friedrich) Franz ~ 5/116; Hohnstein, Elger Graf zu ~ 5/143; Hunaeus, Georg (Christian Konrad) * 5/227; Jünger, Ernst ~ 11/97; Klein-Chevalier, Friedrich ~ 5/578; Pfaffe Konemann von Jerxheim ~/† 6/23; Konrad, König ~ 6/25; Konrad I. von Querfurt, Bischof von Hildesheim ~ 6/27; Konrad II. von Sternberg, Erzbischof von Magdeburg ~ 6/28; Konrad von Soltau, Bischof von Verden ~ 6/32; Kotzian, Josef Maria ~/† 6/56; Lange, Friedrich * 6/231; Luther, Hugo † 6/536; Märklin, Adolf † 6/559; Marahrens, August ~ 6/603; Mazo, Bischof von Verden ~ 7/18; Meister der Goslarer Sibyllen ~ 7/44; Menge, Hermann † 7/61; Mordechai ben Hillel ~ 7/207; Moritz, Graf von Sachsen * 7/216; Munk, Franz ~/† 7/308; Rainald von Dassel, Erzbischof von Köln ~ 8/127; Révy, (Karl Julius) Heinrich † 8/263; Rissling, Kurt * 8/323; Rommel, Erwin ~ 8/380; Rosla, Heinrich ~ 8/404; Rothe, Eva ~ 8/417; Sante, Karl August Wilhelm */~ 8/516; Schmidt, Aloys ~ 9/2; Schnabel, Karl ~ 9/43; Schoenichen, Walther ~ 9/96; Schümer, Georg ~ 9/170; Schultz, Hugo ~ 9/190; Schuricht, Carl ~ 9/211; Siegfried I., Erzbischof von Mainz ~ 9/312; Stolberg, Friedrich ~/† 9/549; Thierfelder, Franz (Felix Reinhold) ~ 10/6; Thym, Georg ~ 10/33; Ulrich, (Johann) Friedrich (Theodor) * 10/145; Walbaum, (Johann Gebhard) Justus Erich ~ 10/297; Wislicenus, Hermann ~/† 10/541; Wolfstieg, August (Louis Ferdinand) ~ 10/582; Woltereck, Christoph ~ 10/585
Gospić (Kroatien)
Philippovich von Philippsberg, Franz Frh. * 7/658; Philippovich von Philippsberg, Josef Frh. * 7/658
Gossau (Kt. Sankt Gallen)
Alge, Sines ~ 1/89; Bürkler, Robert ~ 2/211; Gerter, Elisabeth * 3/661; Geser-Rohner, Albert */~ 3/665; Gröbli, Isaak * 4/179; Grubenmann, Jakob ~ 4/205; Haefeli, Max ~ 4/304; Heberlein, (Christian Otto) Ferdinand * 4/466; Scheiwiler, Alois * 8/591
Gossau (Kt. Zürich)
Ackeret, Jakob † 1/19
Gossel
Engert, Thaddäus Hyazinth ~ 3/124
Gossengrün (tschech. Krajková)
Jacob, Gunther Wenzel * 5/270
Gossensaß (italien. Colle Isarco)
Huene von Hoiningen, Karl (Adolph Eduard) Frh. † 5/211; Penz, Franz de Paula ~ 7/596; Santifaller, Franz ~ 8/516
Gossersdorf (Gem. Konzell)
Thürriegel, Joseph Kaspar * 10/27
Goßfelden (seit 1971 zu Lahnfels, seit 1974 zu Lahntal)
Bang, Johann Heinrich Christian */~ 1/288; Ubbelohde, Otto ~/† 10/121
Goßmannsdorf a. Main (Gem. Ochsenfurt)
Dünninger, Josef * 2/636; Stumpf, Joseph Karl ~ 9/614
Goßmar (Kr. Dahme-Spreewald)
Zeitzler, Kurt * 10/634
Gossow (Neumark)
Levetzow, Albert Erdmann Carl Gerhard von */† 6/357
Gostenhof (seit 1825 zu Nürnberg)
Köler, Hieronymus ~ 5/654
Gostków → Gießmannsdorf
Gostyn (poln. Gostyń)
Täubler, Eugen * 9/650
Goszcz → Goschütz
Gotenburg → Göteborg
Gotha
siehe auch *Siebleben, Sundhausen*
Abt, Felicitas ~ 1/15; Adelheid Victoria Amalie Luise Marie Konstanze, Herzogin zu Schleswig-Holstein-Augustenburg ~ 1/33; Agricola, Georg Ludwig ~/† 1/52; Ahlwardt, Wilhelm (Theodor) ~ 1/59; Aldenhoven, Karl ~

Grab (Galizien)
Possinger von Choborski, Ludwig Frh. von * 8/44
Grab (seit 1974 zu Großerlach)
Henne, Willi * 4/588
Grabau (poln. Grabowo)
Goltz, Stanislaus August Graf von der † 4/94
Graben (seit 1972 zu Graben-Neudorf)
Henhöfer, Aloysius ~ 4/583; Kußmaul, Adolf * 6/182;
Zimmern, Heinrich * 10/672
Grabenstätt
Bayer, Aloys † 1/356; Bolgiano, Ludwig † 2/8; Tengel-
mann, Walter † 9/675
Grabenstetten
Weinland, (Christoph) David Friedrich */~/† 10/398
Grabin → Grüben
Grabiny Zameczek → Herrengrebin
Grablaugken (Ostpreußen)
Samel, (Georg Peter) Paul * 8/508
Grabow (Kr. Ludwigslust)
Ackermann, Georg Christian Benedikt ~ 1/20; Bertram,
Meister von Minden ~ 1/488; Christian Ludwig II., Herzog
von Mecklenburg-Schwerin * 2/318; Graff, Karl (Ludwig
Theodor) * 4/131; Havemann, Margarethe * 4/456; Karl
Leopold, Herzog von Mecklenburg-Schwerin * 5/444;
Leverenz, Bernhard * 6/357; Nettelbladt, Rudolf von ~
7/369
Grabow (poln. Grabowo)
Meyer, Joseph Lambert ~ 7/107
Grabowhöfe → Sommerstorf
Grabówko → Neu-Martinshagen
Grabowo → Grabau
Grabowo → Grabow
Grabrovnica (Kroatien)
Preradović, Petar von * 8/63
Grabs (Kt. Sankt Gallen)
Franz Joseph II., Fürst von und zu Liechtenstein † 3/410;
Goetz, Curt † 4/69
Grabsleben → Cobstädt
Grabstede
Eilers, Gerd * 3/61
Gradisca d'Isonzo (Italien)
Appel, Johann Nepomuk Frh. von † 1/158; Inzaghi, Franz
Philipp Graf von ~ 5/257; Pomis, Giovanni Pietro de ~
8/30; Ripper, Maximilian ~ 8/321
Graditz (Torgau)
Lehndorff, Hans Graf von */~ 6/299
Gradlitz (tschech. Choustníkovo Hradiště)
Balzer, Johann (Heinrich) d. Ä. * 1/283
Grächen (Kt. Wallis)
Platter, Thomas * 7/690
Gräfelfing
siehe auch *Lochham*
Apelt, Willibalt † 1/155; Dieckmann, Max ~ 2/514;
Elster, Hanns Martin † 3/98; Hauttmann, Richard † 4/456;
Kölwel, Gottfried ~ 5/656; Kowalewski, Gerhard † 6/57;
Kraus, Hans † 6/77; Lippl, Alois Johannes † 6/419; Moos,
Heinz ~ 7/203; Rasp, Fritz (Heinrich) † 8/146; Thierfelder,
Franz (Felix Reinhold) ~ 10/6; Weigl, Franz Xaver †
10/388
Gräfenberg (Kr. Forchheim)
Lehmus, Emilie ~ 6/298; Oelhafen von und zu Schöllen-
bach, Karl Christoph ~ 7/467; Wirnt von Grafenberg ~
10/538
Gräfenberg (Kr. Walkersbrunn) → Walkersbrunn
Gräfenberg (tschech. Gräfenberk, heute zu Frei-
waldau/Jeseník)
Leitenberger, Friedrich † 6/311; Priessnitz, Vinzenz */†
8/69; Weiss, Joseph ~ 10/409; Winternitz, Wilhelm ~
10/535
Gräfenberk → Gräfenberg
Gräfendorf (seit 1998 zu Niederer Fläming)
Koppe, Johann Gottlieb ~ 6/40
Gräfendorf (Steiermark)
Deibel, Joseph * 2/469

Gräfenhainichen
Amende, Johann Joachim Gottlob * 1/113; Gerhardt,
Paulus * 3/643; Ohnesorge, Wilhelm * 11/149; Steiner,
Franz */~ 11/178; Stephan, Siegfried * 9/510; Trumpf, Karl
~ 10/102; Winckler, Hugo * 10/521
Gräfenhausen (Gem. Weiterstadt)
Alefeld, Friedrich Christoph Wilhelm * 1/85
Gräfenroda
Breuer, Hans ~ 2/124; Brill, Hermann (Luis) * 2/133;
Engert, Thaddäus Hyazinth ~/† 3/124
Gräfentonna (Gem. Tonna)
Blum, Friederike * 1/582; Brun, Sophie Christiane
Friederike * 2/165; Haasenstein, (Carl) Ferdinand (Eduard)
* 4/290; Haun, Johann Ernst Christian * 4/442; Hirth,
Friedrich * 5/70; Hirth, Georg * 5/70; Hirth-du Frênes,
Rudolf * 5/71; Pefferkorn, Georg Michael ~/† 7/588;
Thienemann, Karl Ludwig Christian * 10/6
Gräfenwiesbach
Schirrmann, Richard † 8/651
Gräflich Wiese (poln. Łąka Prudnicka)
Choltitz, Dietrich von * 2/313
Gräfrath (seit 1929 zu Solingen)
Adolf V., Graf von Berg ~ 1/42; Mager, Karl (Wilhelm
Eduard) * 6/561; Schnitzler, Carl Eduard * 11/171
Gränichen (Kt. Aargau)
Schmid, Hans Eduard * 8/702
Gränitz (Langenau, Kr. Freiberg)
Anger, Christian Ernst * 1/137
Gränzendorf (tschech. Hraničná, seit 1955 zu Janov nad
Nisou/Johannesberg)
Streit, Robert * 9/582
Grätz (Bez. Posen, poln. Grodzisk Wielkopolski)
Hancke, Oswald (Wilhelm) * 4/366; Herzfeld, Ernst
Salomon * 4/660; Krause, (Caesar Ernst) Albrecht * 6/80;
Mosse, Albert * 7/231; Mosse, Rudolf * 7/231; Müller,
Hans (Heinrich) * 7/261
Grätz (tschech. Hradec nad Moravicí)
Batthyani, Vinzenz Graf von * 1/318; Lichnowsky, Felix
Fürst * 6/372
Grävenwiesbach → Naunstadt
Grafenau (Kr. Böblingen) → Döffingen
Grafenau (Kr. Freyung-Grafenau)
siehe auch *Bärnstein*
Deutmayr, Bernhard ~/† 2/504; Edel, Alfred * 3/16; Kehrl,
Hans † 11/101; Maußer, Otto * 6/672; Reichlin-Meldegg,
Karl Alexander Frh. von * 8/204
Grafenberg (Düsseldorf)
Grillo, (Heinrich) Friedrich (Theodor Ernst) † 4/166;
Pelman, Karl Wilhelm ~ 7/592
Grafenberg (Kr. Reutlingen)
Klaiber, Manfred * 5/564; Klaiber, Theodor * 5/564;
Kuhn, Gotthilf * 6/159; Pregizer, Christian Gottlob ~ 8/57;
Schenck von Grafenberg, Johannes * 8/601
Grafenberg (Schlesien)
Adler, Emil ~ 1/38
Grafenegg (Niederösterreich)
Ernst, Leopold ~ 3/164; Fischbach, Johann * 3/309; Oser,
Johann * 7/511; Rammelmeyer, Adam ~ 8/132
Grafenhausen
siehe auch *Bulgenbach, Rothaus (Schwarzw)*
Schlatter, Friedrich * 8/656
Grafenstaden (frz. Graffenstaden, heute zu Illkirch-
Graffenstaden, Dép. Bas-Rhin)
Horning, Friedrich (Theodor) ~ 5/181; Messmer, Jacob
Friedrich ~/† 7/84
Grafenwerth (Bad Honnef)
Honnef, Hermann * 5/168
Grafenwörth (Niederösterreich)
Leonhard, Johann Michael * 6/328; Mitterhofer, Leopold ~
7/157; Schmidt, Martin Johann * 9/15
Grafing b. München → Elkofen, Öxing, Straußdorf
Grafschaft (Kr. Ahrweiler) → Gelsdorf, Niederholzweiler

Grainau
siehe auch *Obergrainau, Untergrainau*
Fehdmer, Helene † 3/244; Kemper, Heinz P. † 11/102
Graisbach (seit 1972 zu Marxheim)
Tengler, Ulrich ~ 9/675
Gramastetten (Oberösterreich)
Übeleis, Vinzenz * 10/123
Grambschütz (poln. Gręboszów)
Franckenstein, Moritz Frh. von † 3/396
Gramenz (poln. Grzmiąca)
Bodelschwingh, Friedrich von ~ 1/601; Senfft von Pilsach, Ernst Frh. † 9/287
Gramschütz (bei Glogau)
Hieronymus Schultze, Bischof von Brandenburg und Havelberg * 5/32
Gramsden (lett. Gramzda)
Baumann, Joachim ~ 1/336
Gramzda → Gramsden
Gramzow (Kr. Uckermark)
Theremin, (Ludwig Friedrich) Franz * 9/694
Gramzow (seit 1947 zu Krusenfelde)
Waldow-Dannenwalde, Wilhelm von ~ 10/306
Gran (ungar. Esztergom)
Arnold von St. Emmeram ~ 1/184; Batthyani, Ignaz Graf von ~ 1/318; Christian August, Herzog von Sachsen-Zeitz, Erzbischof von Gran ~ 2/319; Dudith, Andreas ~ 2/633; Hild, Josef ~ 5/34; Johann III. Beckenschlager, Erzbischof von Salzburg ~ 5/346; Kollonitsch, Leopold (Karl) Graf von ~ 6/18; Kollonitsch, Sigismund Graf von ~ 6/18; Krammer, Franz ~ 6/70; Lippert von Granberg, Josef Erwin ~ 6/418; Nobel, Edmund * 7/428; Oláh, Nikolaus ~ 7/483; Remy, Ludwig Gabriel Frh. von ~ 8/241; Rumy, Karl Georg ~/† 8/466; Salm, Niklas II. Graf ~ 8/501; Taurinus, Stephanus ~ 9/665
Grana → Salsitz
Granada (Spanien)
Elbert, Johannes (Eugen Wilhelm) ~ 3/82; Humboldt, Wilhelm von ~ 5/222; Juan d'Austria, Don ~ 5/369
Grandson (Kt. Waadt)
Gersdorff, Hans von ~ 3/656
Granfeld
Bergmann von Olpe, Johann ~ 1/452
Grange (Cty. Sligo, Irland)
Montez, Lola Gräfin von Landsfeld * 7/200
Granges → Grenchen (Kt. Solothurn)
Gransee
Johann I., Markgraf von Brandenburg ~ 5/338; Kirchner, Ernst * 5/551; Morsch, Anna * 7/219; Woldemar, Markgraf von Brandenburg ~ 10/563
Granville (Ohio, USA)
Nies, Konrad ~ 7/411
Grasbrunn → Möschenfeld
Grasdorf (Gem. Holle)
Bose, Christian * 2/42
Grasellenbach → Hammelbach
Grasleben
Ribbentrop, Heinrich Gottlieb * 8/271
Graslitz (tschech. Kraslice)
Dellinger, Rudolf * 2/479; Fink, Johann * 3/303; Isbary, Rudolf Ernst Friedrich ~ 5/261; Keil, Franz * 5/485; Leibl, Ernst Alfred * 6/302; Ludwig, Franz * 6/508; Riedl von Riedenstein, Johann Baptist Edler * /~ 8/295; Rösler, Balthasar ~ 8/360; Span, Sebastian ~/† 9/383; Starck, Johann Anton von * 9/449; Starck, Johann David von * 9/449; Stark, Arthur * /~ 9/451
Grasmannsdorf (Burgebrach)
Bauer, Hans * 1/325
Grassau (Kr. Traunstein)
siehe auch *Rottau*
Reichert, Willy † 8/203; Stieglitz, Heinrich ~ 9/527
Graßlfing
Leibl, Wilhelm (Maria Hubertus) ~ 6/302
Grasswil (Gem. Seeberg, Kt. Bern)
Schläfli, Ludwig * 8/652

Gratkorn (Steiermark)
Rinner, Karl * 11/164
Gratz-Sambach (Pommersfelden)
Dorn, Joseph * 2/598
Gratzen (tschech. Nové Hrady)
Bucquoi, Johann Nepomuk Graf von ~/† 2/191; Kreidl, Alois * 6/91; Martinek, Robert * 6/638; Oppolzer, Johann Ritter von * 7/502; Schafranek, Franz * 8/558; Teichl, Robert * 9/669
Graudenz (poln. Grudziądz)
Behn-Eschenburg, Hermann ~ 1/398; Berger, Christian Gottlieb ~/† 1/444; Broschek, Albert (Vincent) ~ 2/146; Cosack, Karl Johann ~ 2/381; Courbière, Wilhelm René de L'Homme de ~/† 2/386; Dobberstein, Johannes * 2/563; Drawert, Horst * 2/609; Goltz, Stanislaus August Graf von der ~ 4/94; Günther-Gera, Heinrich ~ 4/244; Hardt, (Friedrich Wilhelm) Ernst * 4/384; Krauseneck, (Johann) Wilhelm von ~ 6/83; Kühne, Georg ~ 6/145; Kyser, Hans (Bruno Franz) * 6/185; Lewinsohn, Richard * 6/365; Lindemann, Gustav ~ 6/401; Loerke, Oskar ~ 6/446; Mauthner, Eugen Moritz ~ 6/672; Meissner, Bruno * 7/41; Niedermann, Johann ~ 7/405; Pohlmann, Alexander * 8/21; Probener, Michael * 8/74; Roethe, Gustav * 8/364; Rosenstein, Paul * 8/399; Spering, Wilhelm ~ 9/397; Stobaeus, Johann * 9/536; Titzenhofer, Sophie (Eleonore Helene) von ~ 10/52; Ventzki, August ~ 10/194; Weber, Adelheid ~ 10/348; Winkler, Max ~ 10/529; Witting, Gerhard ~ 10/549; Wohl, Alfred * 10/560
Graun in Vinschgau (italien. Curon Venosta)
Duile, Josef * 2/645; Natter, Heinrich * 7/345
Grauwinkel
Globig, (Hans) Ernst von * 4/32
Grave (Niederlande)
Arnold von Egmond, Herzog von Geldern, Graf von Zutphen † 1/183; Weyer, Johann * 10/465
Gravelotte (Dép. Moselle, Frankreich)
Salm-Salm, Felix Prinz zu † 8/502
Gravenstein (Gem. Eggebek)
Ahlmann, Wilhelm Hans * 1/58
Graz
siehe auch *Andritz, Eggenberg, Mariagrün, Sankt Leonhard, Stifting*
Abich, (Otto Wilhelm) Hermann † 1/10; Abraham a Sancta Clara ~ 1/12; Adamovich, Ludwig ~ 1/31; Afritsch, Josef * 1/50; Ahrens, Heinrich ~ 1/60; Albrecht, Heinrich ~ 1/81; Alexander I., Prinz von Battenberg, Graf von Hartenau, Fürst von Bulgarien † 1/87; Alphons, Theodor † 1/93; Altkirch, Ernst ~ 1/102; Ambros, Michael Hermann ~ 1/112; Ambrosi, Gustinus ~ 1/112; Andreae, Clemens August * 1/128; Andreae, Wilhelm ~ 1/132; Angel, Franz ~/† 1/135; Anker, Matthias Joseph */~/† 1/141; Ankershofen, Gottlieb Frh. von ~ 1/141; Anzoletti, Patrizius ~ 1/154; Apfelbeck, Hugo † 1/156; Appel, Christian Frh. von † 1/158; Appel, Johann Nepomuk Frh. von ~ 1/158; Arco, Joseph Adam Graf von ~/† 1/163; Artaria, August † 1/196; Aslan, Raoul (Maria) ~ 1/205; Attems, Ferdinand Maria Graf von */~/† 1/209; Attems, Ignaz Maria Graf von */~/† 1/209; Attems, Ottocar Maria Graf von ~/† 1/210; Attems-Petzenstein, Carl Graf von */~ 1/210; Auenbrugger, Johann Leopold Edler von * 1/212; Auersperg, Gottfried Leopold Graf von ~ 1/217; Avancini, Nicolaus ~ 1/226; Bachmann, Ingeborg ~ 1/245; Bahr, Hermann ~ 1/269; Baldass, Ludwig ~ 1/273; Baldauf, Adam ~ 1/273; Barnay, Ludwig ~ 1/297; Bartsch, Rudolf Hans */~ 1/310; Bartsch, Zacharias ~ 1/310; Bauer, Adolf ~ 1/323; Baule, Bernhard ~/† 1/332; Baumann, Alexander (Moritz) † 1/334; Baumayer, Marie ~ 1/337; Baumbach, Rudolf * 1/338; Baumkircher, Andreas Frh. von ~/† 1/348; Beckmann, Minna Frieda Helene ~ 11/15; Beckmann, Nikolaus ~/† 1/386; Beer, Hermann */~/† 11/16; Beitzke, Hermann ~ 1/407; Bekk, Adolf ~ 1/407; Bellomo, Joseph ~/† 1/410; Benedek, Ludwig August Ritter von † 1/419; Benfey, Anna ~ 1/421; Benndorf, Hans (Friedrich August) ~/† 1/425; Benndorf, Wolfgang

5/477; Kautsky, Minna * 5/478; Keil, Franz ~ 5/485; Keil, Othmar Edler von Eichenthurn † 5/486; Keiter, Ernst * 5/488; Keller, Alfred */~ 5/490; Keller, Otto von ~ 5/496; Kepler, Johannes ~ 5/506; Kermauner, Fritz ~ 5/510; Kern, Vincenz Ritter von */~ 5/512; Kernmayr, Gustav Johann * 5/514; Kerschner, Ludwig ~ 5/517; Kessel, Johannes ~ 5/518; Kesslitz, Wilhelm von † 5/521; Khuenberg, Sophie von */~ 5/527; Khull von Kholwald, Ferdinand ~/† 5/527; Kienreich, Johann Nepomuk Andreas */~/† 5/531; Kienzl, Hermann */~ 5/531; Kienzl, Wilhelm ~ 5/531; Kinckius, Johann ~ 5/539; Kink, Julius Ritter von ~ 5/542; Kink, Martin Ritter von ~ 5/542; Kinsky, Marie Gräfin von */~/† 5/544; Kippo von Mühlfeld, Johann */~ 5/546; Kirste, Johann (Otto Ferdinand) */~/† 5/556; Kirste, Leo (Emil Eduard) ~ 5/557; Kitzler, Otto † 5/561; Klaudy, Peter (Alexander) ~ 11/105; Klebelsberg zu Thumburg, Hieronymus von ~ 5/569; Klein, Wilhelm ~ 5/578; Klein-Rhoden, Rudolf ~ 5/579; Klein-Rogge, Rudolf † 5/579; Kleinfercher, Johann ~ 5/580; Klemenčič, Ignaz ~ 5/585; Klemensiewicz, Rudolf */~/† 5/585; Klettner, Camilla ~/† 5/591; Klien, Walter */~ 5/593; Klingatsch, Adolf ~/† 5/595; Klinger, Heinrich */~/† 5/597; Kloepfer, Hans ~ 5/602; Knaffl-Lenz, Erich */~ 5/612; Knauer, Emil ~/† 5/615; Knauer, Friedrich (Karl) * 5/615; Knaus, Hermann (Hubert) ~/† 5/616; Kneidinger, Marie ~ 5/618; Knopp, Karl ~ 5/629; Koch, Carl ~ 5/638; Koch, Carl Matthias ~ 5/638; Koch von Langentreu, Friederike ~ 5/645; Königer, Veit ~/† 5/664; Königsbrun-Schaup, Franz Joseph von ~ 5/664; Königsbrunn, Hermann Frh. von ~/† 5/664; Köppen, Wladimir Peter † 5/668; Körösi, Joseph ~/† 5/674; Köthe, Gottfried ~ 11/108; Köttgen, Arnold ~ 5/678; Koffler, Andreas Wolfgang ~ 5/679; Kohl, Johann Georg ~ 6/2; Kolb, Viktor ~/† 6/11; Kollmann, Ignaz */~/† 6/18; Kolneder, Walter ~ 6/21; Komauer, Edwin ~ 6/22; Koren, Hanns ~/† 6/43; Kornberger, Richard von ~ 6/45; Kornfeld, Siegmund ~ 6/46; Korntheuer, Friedrich Josef ~ 6/47; Koschaker, Paul ~ 6/50; Koschmieder, Lothar ~ 6/50; Kosegarten, Wilhelm ~/† 6/51; Kossmat, Franz ~ 6/53; Kotzian, Josef Maria ~ 6/56; Koziol, Herbert ~ 6/58; Kracker, (Johann) Lucas ~ 6/60; Kraemer, August ~ 6/60; Kraemer-Widl, Marie † 6/62; Krafft-Ebing, Richard (Fridolin Joseph) Frh. von ~ 6/64; Kraft, Emil † 6/64; Krainer, Josef ~/† 6/67; Krainz, Johann ~/† 6/67; Krames, Josef Leopold ~ 6/70; Kranzmayer, Eberhard ~ 6/72; Kratky, Otto (Josef Leopold) ~/† 6/73; Kraus, Friedrich ~ 6/76; Krauss, Clemens (Heinrich) ~ 6/83; Krauss, Ingo (Arthur Richard) ~ 6/84; Kreibig, Josef Klemens ~ 6/91; Kreindl, Werner ~ 6/91; Kremann, Robert Konrad ~/† 6/94; Krempl, Josef ~ 6/95; Kresnik, Peter ~ 6/98; Kreutzer, Carl Joseph ~/† 6/102; Krieghammer, Edmund Frh. von ~ 6/107; Krisper, Creszentius * 6/108; Krones, Franz Ritter von Marchland ~/† 6/118; Krones, Therese ~ 6/118; Kruppa, Erwin ~ 6/132; Krzyzanowski, Rudolf † 6/135; Kubitschek, Wilhelm ~ 6/136; Kudler, Josef von */~ 6/138; Kühnelt, Wilhelm ~ 6/146; Kuenburg, Maximilian Gandolf Reichsgraf von */~ 6/150; Kürnberger, Ferdinand ~ 6/153; Kuglmayer, Gotthard */† 6/157; Kuhn von Kuhnfeld, Franz Frh. von ~ 6/161; Kukula, Richard ~ 6/163; Kukula, Richard (Cornelius) ~/† 6/163; Kulik, Jakob Philipp ~ 6/163; Kummer, Karl Ferdinand ~ 6/165; Kundigraber, Hermann */~ 6/167; Kundrat, Hans ~ 6/167; Kunitsch, Michael von ~ 6/169; Kunz, Hubert ~ 6/172; Kunz, Otto ~ 6/173; Kupelwieser, Josef ~ 6/174; Kurtz, Arthur ~ 6/178; Kurtz, August ~ 6/178; Kurz zum Thurn und Goldenstein, Franz Seraph Ritter von ~ 6/180; Kyrle, Josef ~ 6/185; Lacher, Karl ~/† 6/189; Ladstätter, Peter d. Ä. ~ 6/194; Lämmel, Josef Otto ~/† 6/195; Laemmel, Rudolf ~ 6/196; Lagger, Peter ~ 6/198; Lakits, Georg Sigismund ~ 6/201; Lakner, Franz ~ 6/201; Lamberg, Johann Jakob von ~ 6/202; Lamormaini, Wilhelm ~ 6/207; Lamp, Karl */~ 6/208; Lamprecht, Herbert (Anton Karl) ~/† 11/116; Landauer, Gustav ~ 6/215; Lang, Viktor Edler von ~ 6/229; Langenau, Friedrich Karl Gustav Frh. von ~/† 6/238; Langstein, Leo ~ 6/248; Lanius, Frida ~

6/249; Lannoy, Eduard Frh. von ~ 6/249; Lapp, Daniel von † 6/252; Laroche, Johann Joseph ~ 6/253; Lasser, Johann Baptist ~ 6/260; Lauffensteiner, Wolff Jacob ~ 6/268; Layer, Max */~ 6/276; Lebaldt von Lebenwaldt, Adam ~ 6/278; Lechner, Karl ~/† 11/119; Lehnert, Julius ~ 6/300; Leifhelm, Hans ~ 6/306; Leitmeier, Hans ~ 11/119; Leixner von Grünberg, Otto ~ 6/313; Lendlmayer von Lendenfeld, Robert */~ 6/319; Lenz, Adolf ~ 6/323; Lenz, Rudolf */~ 6/325; Leon, Alfons ~ 6/327; Leonhardt, Gustav * 6/330; Leopold V. der Tugendhafte, Herzog von Österreich und von Steier(mark) † 6/333; Leopold V. Ferdinand, Erzherzog von Österreich, Bischof von Passau und Straßburg, Landesfürst von Tirol */~ 6/334; Leopold Wilhelm, Erzherzog von Österreich, Bischof von Straßburg, Passau, Halberstadt, Olmütz und Breslau, Erzbischof von Magdeburg, Hoch- und Deutschmeister, Statthalter der Spanischen Niederlande * 6/334; Leskoschek, Axel */~ 6/342; Lesky, Albin */~ 6/342; Leuer, Hubert ~ 6/352; Lewinsky, Olga * 6/365; Lexer, Matthias Ritter von ~ 6/367; Leykam, Andreas † 6/371; Lieb, Hans ~/† 6/378; Liechtenstein, Alfred Prinz von ~ 6/388; Liesganig, Joseph */~ 6/393; Likavetz, Joseph Kalasanz ~ 6/394; Lindau, Karl ~ 6/400; Linsbauer, Karl ~/† 6/413; Lippert, Albert ~ 6/417; Lippich, Ferdinand (Franz) ~ 6/419; List, Hans */~/† 11/123; Liszt, Franz von ~ 6/426; Loewi, Otto ~ 6/458; Lohner, Alfred ~ 6/463; Loos, Johann ~ 6/467; Lorber, Jakob ~/† 6/469; Lorenz, Detlef ~ 11/124; Lorenz von Liburnau, Josef Roman ~ 6/474; Loserth, Johann ~/† 6/478; Lucerna, Eduard ~ 6/491; Luick, Karl ~ 6/526; Lukas, Eduard ~ 6/529; Luschin, Franz Xaver ~ 6/532; Luschin von Ebengreuth, Arnold Ritter von ~/† 6/532; Lustig-Prean von Preanfeld, Karl ~ 6/534; Lutz, Andreas ~/† 6/539; Maaßen, Friedrich ~ 6/549; Mach, Ernst ~ 6/549; Machatschki, Felix (Karl Ludwig) ~ 6/550; Macheiner, Eduard ~ 6/551; Macher, Matthias † 6/551; Machold, Reinhard ~/† 6/551; Mahorcig, Josef ~/† 6/569; Maier, Otto ~ 6/571; Maierhofer, Ferdinand */~ 6/572; Maliwa, Edmund ~ 6/579; Mallitsch, Ferdinand */~ 6/580; Mally, Ernst ~ 6/581; Maly, Richard */~ 6/583; Manowarda, Josef von ~ 6/598; Mareck, Alois Titus */~ 6/611; Marenzeller, Matthias ~ 6/613; Margarethe, Erzherzogin von Österreich, Königin von Spanien und Portugal * 6/615; Maria, Erzherzogin von Österreich ~/† 6/620; Maria Magdalena, Erzherzogin von Österreich, Großherzogin von Toskana * 6/622; Mariot, Emil ~ 6/623; Markov, Walter * 6/625; Martinak, Eduard ~ 6/638; Martinelli, Louise * 6/638; Martinelli, Ludwig ~ 6/638; Martinitz, Bernhard Ignaz von ~ 6/641; Marx, Joseph (Rupert Rudolf) */~/† 6/644; Marx, Karl ~ 6/645; Materna, Amalia ~ 6/653; Materna, Hedwig ~ 6/653; Matl, Josef ~ 6/656; Matossi, Frank ~ 6/656; Matzak, Franz ~/† 6/665; Matzenauer, Margarethe ~ 6/665; Maull, Otto ~ 6/668; Mauracher, Hans ~/† 6/668; Mauracher, Matthias † 6/668; May, Gerhard * 7/1; Mayer, Carl * 7/5; Mayer, Hans ~ 7/7; Mayer, Walther * 7/11; Mayer, Wilhelm ~/† 7/11; Mayr, Karl ~ 7/14; Mayreder, Rudolf ~ 7/16; Mazelle, Eduard ~ 7/18; Megiser, Hieronymus ~ 7/27; Meinong, Alexius Ritter von Handschuchsheim */~/† 7/37; Meister, Richard ~ 7/47; Melan, Ernst ~ 7/49; Mell, Alexander ~ 7/53; Mell, Marisa * 7/53; Mercy, Heinrich † 7/69; Meringer, Rudolf ~/† 7/72; Merk, Ludwig */~/† 7/72; Mertens, Franz ~ 7/77; Messerschmidt, Franz Xaver ~ 7/83; Metz, Karl */~/† 11/129; Meuerer, Johannes Georg ~ 7/93; Meyer, Adolf ~ 7/97; Meyer, Gustav ~/† 7/103; Michael, Rogier ~ 7/120; Michel, Adalbert Theodor ~ 7/124; Michelitsch, Anton ~/† 7/126; Migerka, Helene † 7/135; Migerka, Katharina ~/† 7/135; Mikovics, Robert */~/† 7/137; Miller, Johann Franz ~ 7/142; Miller von Hauenfels, Albert † 7/144; Millöcker, Carl ~ 7/145; Mischler, Ernst ~ 7/152; Mitsche, Roland † 7/154; Mitterwurzer, (Anton) Friedrich ~ 7/159; Mitterwurzer, Wilhelmine ~ 7/159; Mödlinger, Josef ~ 7/163; Moeller, Joseph † 7/169; Mörath, Edgar * 7/173; Mörl, Franz ~ 7/176; Mohr, Hannes ~ 7/183; Mohs, (Carl) Friedrich (Christian) ~ 7/184; Mojsisovics von Mojsvár,

Angelika ~/† 9/645; Szyszkowitz, Rudolf ~/† 9/647; Tänzler, Hans ~ 9/650; Tangl, Karlmann ~/† 9/654; Tauber, Anton Richard ~ 9/662; Taucher, Franz ~ 9/663; Taucher, Wilhelm ~/† 9/663; Tausk, Martha ~ 9/666; Tautscher, Anton ~/† 9/667; Taux, Alois ~ 9/668; Terkal, Karl ~ 9/677; Terzaghi, Karl (Anton) von ~ 9/678; Teuber, Karl Oskar ~ 9/682; Tewele, Franz ~ 9/684; Thaller, Willy */~ 9/688; Thalmann, Marianne ~ 9/689; Thelen, Peter ~ 9/693; Theyer, Leopold ~/† 9/695; Thieriot, Ferdinand ~ 10/7; Thilo, Erich (Rudolf Julius) ~ 10/10; Thöny, Herbert */~/† 10/13; Thöny, Wilhelm */~ 10/13; Thoma, Franz † 10/14; Thomann, Robert ~ 10/16; Thomaschek, Hans ~ 10/19; Thomaschek-Hinrichsen, Berta ~ 10/19; Thun, Johann Ernst Reichsgraf von * 10/29; Tichatschek, Joseph ~ 10/35; Toepler, August (Joseph Ignaz) ~ 10/57; Toepler, Maximilian (August) * 10/57; Tomaschek, Karl ~ 10/62; Tomaschek, Wilhelm ~ 10/62; Tomek, Ernst (Heinrich) ~ 10/63; Tommasini, Mutius Ritter von ~ 10/63; Tomschik, Marie ~ 10/63; Topitz, Anton Maria ~ 10/63; Tornquist, Alexander (Johannes Heinrich) ~/† 10/65; Touaillon, Christine † 10/66; Trapp, Karl ~ 10/69; Traun, Julius von der ~ 10/71; Trautmannsdorff, Maria Thaddäus Reichsgraf von */~ 10/73; Trauttmansdorff, Maximilian von * 10/75; Treitsaurwein, Marx ~ 10/79; Trenker, Luis ~ 10/81; Treumann, Louis ~ 10/85; Triebnigg, Heinrich ~ 10/87; Triesnecker, Franz von Paula ~ 10/88; Trojan, Alexander ~ 10/94; Trost, Andreas ~/† 10/97; Tschabuschnigg, Adolf (Ignaz) Ritter von ~ 10/103; Tschadek, Otto ~ 10/104; Tschurtschenthaler, Georg von ~ 10/110; Türk-Rohn, Olga von ~ 10/114; Tumlirz, Otto ~/† 10/116; Tunner, Joseph (Ernst) ~/† 10/117; Tunner, Peter von ~ 10/117; Turner, Robert ~/† 10/118; Tyrolt, Rudolf ~ 10/120; Ude, Johannes ~ 10/122; Übelhör, Richard ~ 10/123; Uhlig, Viktor ~ 10/131; Uhlirz, Karl ~/† 10/131; Uhlirz, Mathilde ~/† 10/131; Ullrich, Egon (Leopold Maria) ~ 10/137; Ulram, Karl ~ 10/141; Ungar, Karl ~ 10/151; Unger, Franz ~/† 10/152; Urban, Johann ~ 10/165; Urban, Paul ~/† 10/165; Urbantschitsch, Viktor ~ 10/166; Vacano, Otto-Wilhelm von ~ 10/175; Valentini, Giovanni ~ 10/179; Vasmer, Max ~ 10/184; Vernaleken, Theodor ~/† 10/196; Vest, Lorenz Chrysanth Edler von ~/† 10/199; Viala-Mittermayer, Marie ~ 10/202; Vittorelli, Paul ~ 10/219; Vortmann, Georg ~ 10/256; Voss, Heinrich ~ 10/258; Wacek-Orlic, Anton ~ 10/264; Wächter, Johann Michael ~ 10/271; Wagner, Adolf ~/† 10/277; Wagner, Ernst ~ 10/279; Wagner, Ernst */~ 10/279; Wagner, Hans */~ 10/282; Wagner, Richard ~ 10/288; Wagner von Jauregg, Julius Ritter von ~ 10/291; Wagula, Hans */~/† 10/292; Wahl, Bruno ~ 10/292; Waideck, Leopoldine Frfr. von ~ 10/295; Wallner, Franz ~ 10/314; Wallnöfer, Adolf ~ 10/314; Waltenhofen, Adalbert (Karl) Edler von ~ 10/317; Walter, Minna ~ 10/320; Walther zu Walthersweil, Bernhard ~/† 10/326; Walzel-Wiesentreu, Peter ~/† 10/327; Warsberg, Alexander Frh. von ~ 10/337; Waßmuth, Anton ~/† 10/344; Wedekind, Tilly */~ 10/369; Wegener, Alfred (Lothar) ~ 10/372; Wegener, Kurt ~ 10/373; Weidenhoffer, Emanuel † 10/382; Weidmann, Fritz ~ 10/383; Weidner, Ernst (Friedrich) ~/† 10/384; Weihs, Oskar ~ 10/390; Weiler, Margrit ~ 10/392; Weinhandl, Ferdinand ~/† 10/396; Weinhandl, Margarete ~/† 10/396; Weinhold, Karl ~ 10/397; Weinlich-Tipka, Louise ~/† 10/398; Weiss, Albert (Maria) ~ 10/406; Weiss, Amalie ~ 10/406; Weiss, Johann Baptist ~/† 10/408; Weiß, Liberatus ~ 10/409; Weissegger von Weißeneck, Joseph (oder Johann) Maria ~ 10/412; Weißenkirchner, Hans Adam ~/† 10/414; Welden, Ludwig Frh. von ~/† 10/423; Welitsch, Ljuba ~/424; Wenger, Leopold ~ 10/435; Weninger, Franz Xaver ~ 10/436; Werkgartner, Anton ~/† 10/442; Werner, Richard Maria ~ 10/448; Wertheim, Ernst */~ 10/452; Wertheim, Theodor ~ 10/452; Wessel, Walter ~ 10/456; Weys, Rudolf * 10/468; Wickenburg, Alfred ~/† 10/472; Wickenburg, Matthias Constantin von ~ 10/472; Wickenhaußer, Richard ~ 10/473; Widmann, Erasmus ~ 10/474; Widmannstätten, Aloys Joseph Beck Edler von */~ 10/475; Wielemans, Alexander Augustin Edler von

Monteforte ~ 10/485; Wigand, Otto ~ 10/493; Wilhelm, Gustav ~/† 10/506; Wilhelm, Gustav */~ 10/506; Wilt, Marie ~ 10/516; Winkelmann, Hans ~ 10/527; Winkler, Franz † 10/528; Winter, Franz ~ 10/532; Winternitz-Dorda, Martha ~ 10/535; Wittenbauer, Ferdinand ~/† 10/546; Wlassak, Moriz ~ 10/554; Wölfler, Anton ~ 10/557; Wolf, Adam ~/† 10/563; Wolff, Helmut ~ 10/573; Wolff, Karl ~ 10/574; Wollenweber, Hellmut Ernst Eugen ~ 10/584; Wulfen, Franz Xaver Frh. von ~ 10/596; Wurzbach, Constant Ritter von Tannenberg ~ 10/601; Zach, Richard */~ 10/609; Zacherl, Hans ~ 10/611; Zacherl, Michael ~ 10/611; Zängerle, Roman Sebastian † 10/612; Zahlbruckner, Johann † 10/613; Zallinger, Meinhard von ~ 10/616; Zange, Johannes ~ 10/618; Zapf, Johann Nepomuk ~ 10/620; Zapletal, Joseph ~/† 10/620; Zaun, Fritz ~ 10/623; Zauner, Adolf ~/† 10/623; Zawisch-Ossenitz, Carla Freiin von ~/† 10/624; Zborowski, Helmut Graf von ~ 10/624; Zecha, Fritz ~ 10/626; Zeiller, Franz Anton Edler von * 10/631; Zepharovich, Victor Leopold von ~ 10/643; Zerlacher, Ferdinand (Matthias) * 10/645; Zernatto, Guido ~ 10/645; Zerzer, Julius ~ 10/646; Zeynek, Richard Ritter von * 10/649; Zilcher, Eva ~ 10/661; Zimmermann, Ignaz Franz Sales ~ 10/668; Zindler, Konrad ~ 10/673; Zingerle, Hermann ~/† 10/674; Zinke, Alois ~/† 10/674; Zischka, Gert Alois ~ 10/679; Zizek, Franz */~ 10/682; Zobel, Carl ~ 10/682; Zotter, Friedrich ~/† 10/689; Zottmayr, Ludwig ~ 10/690; Zottmayr, Nina ~ 10/690; Zsigmondy, Richard (Adolf) ~ 10/692; Zuckerkandl, Emil ~ 10/694; Zuntz, Günther ~/† 10/701; Zweigelt, Fritz ~/† 10/706; Zwerger, Johannes Baptist † 10/707; Zwiedineck-Südenhorst, Otto von */~/† 10/708; Zwierzina, Konrad ~/† 10/708

Great Barrington (Massachusetts, USA)
Goslar, Lotte † 11/70
Great Bookham (England)
Schlösser, Carl William Adolph † 8/682
Grebbin → Wozinkel
Grebenhain → Ilbeshausen
Grebenroth
Müller-Scheld, Wilhelm * 7/291
Grebenstein
Pfeffer, Wilhelm (Friedrich Philipp) * 7/638
Grebern
Crusius, Martin * 2/407
Gręboszów → Grambschütz
Grechwitz (Grimma)
Brühl, Heinrich Graf von ~ 2/156
Greding
Engel, Jakob ~ 3/114; Mörlin, David ~ 7/176; Vogl, Annie ~ 10/230
Green Bay (Wisconsin, USA)
Katzer, Friedrich Xaver ~ 5/467
Greene (seit 1971 zu Kreiensen)
Mackensen, Fritz * 6/553
Greenock (Schottland)
Claussen, Georg Wilhelm ~ 2/337; Mackay, John Henry * 6/552; Zimmermann, Robert ~ 10/671
Greenwich (Connecticut, USA)
Lustgarten, Egon ~ 6/533
Greenwich (London, England)
Böhme, Anton Wilhelm † 1/620; Clias, Phokion Heinrich ~ 2/343; Großschedel, Wolfgang ~ 4/199
Greetsiel (seit 1972 zu Krummhörn)
Anna, Gräfin von Ostfriesland † 1/142; Edzard I. der Große, Graf von Ostfriesland * 3/21; Emmius, Ubbo * 3/106
Grefrath → Oedt
Greifenberg (Kr. Landsberg a. Lech)
Raffler, Max */~ 8/123
Greifenberg i. Pomm. (poln. Gryfice)
Brieger, Adolf ~ 2/131; Christiani, David * 2/321; Dreger, Friedrich von 2/612; Ebertin, Reinhold ~ 2/680; Kastner, Karl Wilhelm Gottlob ~ 5/461; Otte, Waldemar ~ 7/525; Rapp, Fritz * 8/141; Schmückert, (Gottlob) Heinrich * 9/40; Seeler, Moriz ~ 9/259; Struensee, Gustav (Karl

Greifenburg

Otto) von * 9/597; Wangerin, (Friedrich Heinrich) Albert * 10/330; Wilke, Fritz * 10/508

Greifenburg (Kärnten)
Meinhard VII., Graf von Görz und Pfalzgraf von Kärnten ~ 7/35; Meinhard II., Graf von Görz (IV.) und Tirol, Herzog von Kärnten † 7/35

Greifensee (Kt. Zürich)
Bodmer, Johann Jakob * 1/605; Edlibach, Gerold ~ 3/20; Frisius, Johannes * 3/492; Landolt, Salomon ~ 6/219

Greifenstein (Lahn-Dill-Kreis) → Burg Beilstein

Greifenstein (Niederösterreich)
Lorenz, Adolf † 6/471

Greifenstein (seit 1971 zu Heiligenstadt i. OFr.)
Pölzel, Simon ~/† 8/11

Greiffenberg in Schlesien (poln. Gryfów Śląski)
Altnikol, Johann Christoph ~ 1/105; Joël, Curt * 5/335; Kruse, Georg Richard * 6/133; Prusse, Ulrich (Ludwig Friedrich Maximilian) ~ 8/82

Greifswald
Abb, Gustav ~ 1/1; Acidalius, Valens ~ 1/19; Ackermann, Hans Konrad Karl Theodor ~ 1/21; Adam, Leonhard ~ 1/29; Adelmann von Adelmannsfelden, Raban ~ 1/34; Adler, Franz Theodor ~ 1/39; Aeminga, Karl Siegfried Abraham */~ 1/48; Aeminga, Siegfried Cäso von ~ 1/48; Ahlfeld, Johann Friedrich ~ 1/58; Ahlwardt, Christian Wilhelm */~/† 1/59; Ahlwardt, Peter */~/† 1/59; Ahlwardt, Wilhelm (Theodor) */~/† 1/59; Alban, (Johann) Ernst (Heinrich) ~ 1/63; Alt, Albrecht ~ 1/95; Althaus, Paul d. Ä. ~ 1/100; Altmann, Richard ~ 1/103; Altmann, Wilhelm ~ 1/104; Altrock, Hermann ~ 1/105; Ammon, Günter ~ 11/4; Aner, Karl ~ 1/135; Anschütz, August ~ 1/145; Anthes, Rudolf ~ 1/149; Arndt, Ernst Moritz ~ 1/173; Arndt, Fritz ~ 1/174; Arndt, Peter Friedrich ~ 1/175; Arndt, Rudolf Gottfried ~/† 1/175; Arnim, Hans (Friedrich) von ~ 1/180; Arnim, Max ~ 1/181; Asmis, Rudolf ~ 1/205; Atzler, (Berthold) Edgar ~ 1/211; Auerbach, Erich ~ 1/215; Auwers, Karl Friedrich von ~ 1/226; Auwers, Otto (Artur Siegfried) von ~ 1/226; Backhaus, Hermann (Emil Wilhelm) ~ 1/250; Bacmeister, Matthäus ~ 1/251; Baethgen, Friedrich (Wilhelm Adolf) ~ 1/264; Baethgen, Friedrich (Jürgen Heinrich) * 1/264; Bahr, Benedikt ~ 1/269; Bahro, Rudolf ~ 11/10; Baier, Alwill ~/† 1/271; Ballowitz, Emil */~ 1/278; Balthasar, Anna Christina Ehrenfried von */~ 1/280; Balthasar, August von */~ 1/280; Balthasar, Augustin */~/† 1/280; Balthasar, Jakob Heinrich von ~/† 1/281; Bandlow, Heinrich (Johann Theodor) ~/† 1/287; Bardeleben, Adolf von * 1/293; Bardeleben, Heinrich Adolf von ~ 1/293; Bardeleben, Karl (Heinrich) von ~ 1/293; Barkow, August Friedrich ~ 1/296; Barkow, Hans Karl Leopold ~ 1/296; Barnstorf, Eberhard ~/† 1/298; Bartels, Paul ~ 1/299; Battus, Abraham */~ 1/319; Battus, Bartholomäus ~/† 1/319; Bauch, Robert ~/† 1/320; Bauernfeind, Otto ~ 1/330; Baumgärtel, Friedrich Johannes ~ 1/341; Bechtel, Heinrich ~ 1/368; Becker, Hermann ~/† 1/378; Becker, Johann Rudolph ~ 1/378; Beckurts, Heinrich ~ 1/387; Behling, Lottlisa ~ 1/396; Behn-Eschenburg, Hermann ~ 1/398; Behrend, Jakob Friedrich ~ 1/400; Bekelin, Heinrich ~ 1/407; Bekker, Ernst Immanuel ~ 1/407; Benzmann, Hans ~ 1/433; Bergholz, Paul * 1/448; Bergsträßer, Ludwig ~ 1/454; Bernd, Friedrich August Gottlob ~/† 1/462; Berndt, Friedrich Gebhard Eduard ~/† 1/462; Bernhard, Ludwig ~ 1/467; Bernheim, Ernst ~/† 1/471; Bernhöft, Franz (Alwin Friedrich August) ~ 1/471; Beseler, Georg (Karl Christoph) ~ 1/490; Beseler, Hans (Hartwig) von * 1/491; Bestelmeyer, Adolf (Christoph Wilhelm) ~ 1/495; Bethe, Erich (Julius Adolf) ~ 1/496; Beuther, Michael ~ 1/503; Beutler, Hans ~ 1/504; Beyer, Hermann Wolfgang ~ 1/506; Beyerle, Franz ~ 11/20; Bickel, Ernst (Johann Friedrich H.) ~ 1/513; Biederstedt, Diederich Hermann ~ 1/518; Bier, (Karl Gustav) August ~ 11/21; Bierling, Ernst Rudolf ~/† 1/523; Biermer, Magnus ~ 1/524; Biese, Alfred (Karl Julius Adolf) ~ 1/525; Billroth, (Christian Albert) Theodor ~ 1/529; Biltz, (Johann) Heinrich ~ 1/530; Biltz, (Eugen)

Wilhelm ~ 1/530; Blaschke, Wilhelm (Johann Eugen) ~ 1/560; Bodelschwingh, Friedrich von ~ 1/601; Bodinus, (Karl August) Heinrich ~ 1/604; Böckel, Dagobert Ernst Friedrich ~ 1/607; Böckel, Ernst Gottfried Adolf ~ 1/607; Böcker, Ewald ~ 1/608; Böhlau, Hugo ~ 1/615; Böhmer, Georg Wilhelm Rudolph ~ 1/622; Boehmer, Gustav ~ 1/622; Boehringer, Erich ~ 1/625; Bökel, Martin von ~ 1/626; Börner, Paul Albrecht ~ 1/633; Böttger, Magnus ~ 1/638; Bogislaw XIII., Herzog von Pommern ~ 1/641; Bohne, Gotthold Hermann ~ 2/2; Bolhagen, David Laurentius ~ 2/8; Bollnow, Otto Friedrich ~ 2/10; Boltenstern, Johann Franz von */~ 2/11; Bonin-Brettin, Gisbert von ~ 2/20; Bonnet, Robert ~ 2/21; Bonnus, Hermann ~ 2/21; Boor, Helmut de ~ 2/23; Borchardt, Hermann ~ 2/26; Bornemann, Friedrich Wilhelm Ludwig ~ 2/34; Bornhäuser, Karl Bernhard ~ 2/35; Brasch, Moritz ~ 2/74; Braun, Gustav Oskar Max ~ 2/80; Braun, Heinrich ~ 2/81; Braun, Maximilian ~ 2/85; Brauner, Leo ~ 2/89; Brauns, Julius (Johann Dietrich Adolf) ~ 2/90; Breit, Thomas ~ 11/31; Breithaupt, Christian David ~ 2/104; Breitsprecher von Breitenstern, Franz Philipp ~ 2/108; Brendel, (Otto Rudolf) Martin ~ 2/111; Brieger, Adolf ~ 2/131; Brieger, Theodor */~ 2/132; Bröcker, Ludwig Oskar * 2/142; Brosius, Caspar Max ~ 2/147; Brünings, Wilhelm ~ 2/161; Bruggencate, Paul ~ 2/162; Brunn, Walter Albert Ferdinand von ~ 2/167; Bubnoff, Serge von ~ 2/179; Buchka, Karl (Heinrich) von ~ 2/185; Buchner, Paul Ernst ~ 2/188; Buder, Johannes ~ 2/193; Budge, (Ludwig) Julius ~/† 2/194; Bücheler, Franz ~ 2/195; Büchsel, (Hermann Martin) Friedrich ~ 2/198; Bülck, Walter ~ 2/203; Bülow, Kurd (Edgar Bodo) von ~ 2/203; Bürgmann, Ferdinand ~ 2/210; Bugenhagen, Johannes ~ 2/217; Bumke, Erwin (Konrad Eduard) ~ 2/222; Burckhard, Georg ~ 2/230; Burckhard, Hugo Ritter von ~ 2/230; Burkhardt, Max ~ 2/244; Buschke, Abraham ~ 2/252; Buschkötter, Wilhelm Ludwig Heinrich ~ 2/252; Busse, Otto (Emil Franz Ulrich) ~ 2/255; Butz, Friedrich Karl ~ 2/260; Calenus, Christian ~/† 2/265; Caroc, Alexander ~/† 2/285; Caskel, Werner ~ 2/291; Charisius, Karl Emanuel ~ 2/304; Christiani, David ~ 2/321; Clemas, Matthäus ~ 2/338; Cnobloch, Karl ~ 2/347; Cobabus, Michael ~ 2/347; Cobet, Rudolf Wilhelm ~ 2/348; Coenders, Albert Aloysius Egon ~ 2/350; Cohen, Emil Wilhelm ~/† 2/351; Cohn, Oskar ~ 2/352; Cohnheim, Julius ~ 2/353; Colberg, Ehregott Daniel ~ 2/354; Colberg, Johannes ~/† 2/354; Coutre, Walter le ~ 2/387; Cracov, Georg ~ 2/387; Credner, Rudolf ~/† 2/395; Credner, Wilhelm (Georg Rudolf) */~ 2/395; Cremer, (August) Hermann ~/† 2/398; Criegee, Rudolf ~ 11/42; Croy, Ernst Bogislaw Herzog von ~ 2/405; Curschmann, Fritz ~/† 2/412; Dähnert, Johann Karl ~/† 2/425; Dalman, (Hermann) Gustaf ~ 2/435; Damerow, Heinrich Philipp (August) */~ 2/436; Dammann, Karl (Johann Christian) */~ 2/437; Debrunner, (Johann) Albert ~ 2/455; Dedelow, Nikolaus ~/† 2/462; Deecke, Wilhelm ~ 2/463; Delbrück, Berthold ~/† 2/474; Delbrück, Clemens (Gottlieb Ernst) von ~ 2/474; Delbrück, Hans (Gottlieb Leopold) ~ 2/475; Delbrück, Max (Emil Julius) ~ 2/475; Denecke, Ludwig ~ 11/44; Deutsch, Joseph ~ 2/505; Dienst, Arthur ~ 2/519; Diesner, Hans-Joachim ~ 11/46; Diestel, Ludwig ~ 2/526; Dietzfelbinger, Hermann ~ 2/542; Dimroth, Otto ~ 2/550; Dinnies, Johann Albert ~ 2/553; Dörner, Friedrich Karl ~ 11/47; Domagk, Gerhard (Johannes Paul) ~ 2/588; Domke, Martin ~ 11/48; Domnick, Hans */~ 2/592; Domnick, Ottomar (Wolfgang Johannes) */~ 2/592; Dorn, (Friedrich) Ernst ~ 2/597; Dräger, Hans-Heinz (Gerhard Kurt) ~ 2/606; Drechsler, Gustav (Adolph Wilibald) ~/† 2/611; Drews, Wolfgang ~ 2/617; Dunkmann, Karl ~ 2/653; Duttenhofer, Christian Friedrich ~ 2/658; Eberhard, Otto Glaubrecht ~ 2/671; Eccius, Max Ernst ~ 3/4; Eckart, Rudolf (Theodor Abraham) ~ 3/9; Edeling, Petrus von ~ 3/17; Eggers, Hans Jürgen ~ 3/29; Egner, Erich ~ 3/33; Ehrismann, Gustav (Adolph) ~ 3/42; Ehrmann, Rudolf ~ 3/45; Eichrodt, Walther ~ 3/56; Eichstädt, Lorenz ~ 3/56; Eichstedt, Karl Ferdinand */~/† 3/56; Eickstedt, Valentin von ~ 3/58;

Schmidt, Otto ~ 9/17; Schmidt-Künsemüller, Friedrich Adolf ~ 9/24; Schmitt, Carl ~ 9/29; Schmitt, Otto ~ 9/32; Schniewind, Julius ~ 9/64; Schömann, Georg Friedrich ~/† 9/79; Schoenberg, Erich (Karl Wilhelm) ~ 9/85; Schöndorf, (Max) Friedrich (Hermann Adolf) ~ 9/89; Schöne, Hermann ~ 9/90; Schönemann, Daniel * 9/91; Schoener, Johann ~ 9/91; Schönfeld, Walther ~ 9/94; Schönfeld, Walther ~ 9/94; Scholder, Rudolf ~ 11/171; Scholinus, Gustav ~ 9/105; Schornbaum, Karl ~ 9/118; Schott, Erdmann ~ 9/120; Schottmüller, (Adolf Alfred Louis George) Hugo ~ 9/124; Schramm, Edmund ~ 9/128; Schridde, Hermann ~ 9/144; Schröder, Paul ~ 9/150; Schröder, Walter Georg Karl ~ 9/151; Schubert, Friedrich Theodor (Theophil) von ~ 9/162; Schubert, Johann Ernst ~/† 9/163; Schütt, Franz ~/† 9/174; Schultze, Bernhard Sigismund ~ 9/192; Schultze, Ernst ~ 9/192; Schultze, Max (Johann Sigismund) ~ 9/193; Schultze, Victor ~/† 9/194; Schulz, Hugo ~/† 9/196; Schulz, Paul ~ 9/197; Schulze, Wilhelm ~ 9/200; Schumann, Friedrich Karl ~ 9/206; Schuppe, Wilhelm ~ 9/210; Schuster, Paul ~ 9/216; Schwartz, Eduard ~ 9/224; Schwarz, Hanns ~/† 9/226; Schwarz, Karl ~ 9/227; Schwarz, Sibylle */† 9/228; Schwenke, Paul ~ 9/242; Schwerin, Otto Frh. von ~ 9/244; Seckerwitz, Johannes ~/† 9/253; Seeberg, Erich ~ 9/255; Seeck, Otto ~ 9/256; Seeliger, Rudolf ~/† 9/260; Seidl, Erwin ~ 11/174; Seiffert, Alfred ~ 9/270; Semmler, Friedrich Wilhelm ~ 9/284; Semrau, Alfred † 9/285; Serner, Walter (Eduard) ~ 9/291; Seuffert, Lothar von ~ 9/294; Sick, Paul ~ 9/302; Siebs, Theodor ~ 9/308; Sieglitz, Georg ~ 9/314; Siemens, Fritz ~ 9/317; Sieverts, Adolf (Ferdinand) ~ 9/322; Sieverts, Rudolf (Hubert) ~ 9/322; Sillib, Rudolf ~ 9/328; Simoleit, Herbert ~ 9/330; Simonson, Ernst ~ 9/335; Sivers, He(i)nrich Jakob ~ 9/344; Slüter, Johann ~ 9/351; Smend, (Carl Friedrich) Rudolf ~ 9/352; Solé, Alphons ~ 9/363; Solger, Bernhard ~ 9/364; Solger, Reinhold (Ernst Friedrich Karl) ~ 9/364; Sommerlath, Ernst ~ 9/371; Spalding, Johann Joachim ~ 9/382; Spangenberg, Dietrich ~ 9/383; Sperling, Otto ~ 9/398; Spethmann, Johannes ~ 9/398; Speyer, Wilhelm ~ 9/399; Spieckernagel, Wilhelm ~ 9/400; Spielhagen, Friedrich ~ 9/402; Spielmeyer, Walter ~ 9/403; Spies, Heinrich (Louis) ~ 9/404; Spiro, Karl ~ 9/408; Sprengel, Kurt Polykarp Joachim ~ 9/418; Sprengel, Wilhelm ~/† 9/418; Staender, Josef ~ 9/435; Stammler, Wolfgang ~ 9/444; Stange, Carl ~ 9/446; Stange, Erich ~ 9/446; Stark, Johann(es) Nicolaus ~ 9/452; Steinbeck, Johannes ~ 9/485; Steinhausen, Georg ~ 9/493; Stempell, Walter ~ 9/504; Stengel, Edmund Ernst ~ 9/505; Stengel, Edmund Max ~ 9/505; Stenzler, Adolf Friedrich ~ 9/507; Stephan Bodeker, Bischof von Brandenburg ~ 9/508; Stephan, Siegfried ~ 9/510; Steubing, Walter (Friedrich Wilhelm) ~ 9/521; Steuernagel, Carl ~/† 9/521; Stiedenroth, Ernst ~/† 9/525; Stöhr, Philipp ~ 9/544; Stoerk, Felix ~/† 9/545; Straub, Hermann ~/† 9/571; Strecker, Reinhard ~ 9/578; Strieder, Jakob ~ 9/587; Struck, Christian Lorenz */~/† 9/596; Struck, Hieronymus Johannes ~ 9/596; Strübing, Paul ~/† 9/597; Strugger, Siegfried ~ 9/598; Studemund, Wilhelm ~ 9/605; Study, (Christian Hugo) Eduard ~ 9/606; Sucker, Wolfgang ~ 9/623; Süss, Wilhelm ~ 9/627; Susemihl, (Friedrich) Franz (Karl Ernst) ~ 9/635; Tartler, Georg ~/† 9/659; Tautz, Kurt ~ 9/668; Telmann, Konrad ~ 9/673; Tenbruck, Friedrich Heinrich (Wilhelm) ~ 9/674; Teschemacher, Hans (Georg) ~ 9/679; Teutsch, (Gustav) Hermann ~ 9/683; Thadden-Trieglaff, Reinold von ~ 9/685; Theremin, (Ludwig Friedrich) Franz ~ 9/694; Thielicke, Helmut ~ 10/3; Thiem, Karl ~ 10/4; Thienemann, August (Friedrich) ~ 10/5; Thiessen, Peter Adolf ~ 10/9; Thomas, Karl (Albert Ferdinand) ~ 10/18; Thorild, Thomas ~/† 10/23; Thurau, Gustav ~/† 10/30; Tilmann, Otto ~ 10/44; Titel, Wilhelm ~/† 10/50; Traube, Hermann ~ 10/70; Traube, Ludwig ~ 10/71; Treuge, Lothar ~ 10/84; Triepel, Hermann ~ 10/87; Trommer, Carl August ~ 10/95; Uckeley, Alfred ~ 10/122; Uhde, Wilhelm ~ 10/127; Uhlenhuth, Paul ~ 10/129; Ulmann, Heinrich ~ 10/140;

Unger, Heinz ~ 10/153; Ungnad, Arthur ~ 10/156; Urlichs, (Karl) Ludwig von ~ 10/167; Usener, Hermann (Karl) ~ 10/170; Usinger, Rudolf ~ 10/170; Vahlen, (Karl) Theodor ~ 10/176; Valentin, Johannes ~/† 10/178; Velhagen, Karl ~ 10/191; Vetter, Walther (Hermann) ~ 10/201; Vieweg, Kurt (Hugo Gustav Eduard) ~/† 10/209; Vogel, (Johannes) Emil (Eduard Bernhard) ~ 10/225; Vogt, Friedrich */~ 10/233; Vogt, Paul Friedrich Immanuel */~/† 10/235; Volck, Wilhelm ~ 10/242; Vorkastner, Willy ~ 10/254; Vortisch, Hermann ~ 10/256; Voß, Emanuel ~/† 10/257; Wachsmann, Alfons Maria ~ 10/266; Waentig, Heinrich ~ 10/272; Wagener, Oskar ~ 10/274; Walch, Georg Ludwig ~/† 10/297; Waldeyer-Hartz, (Heinrich) Wilhelm (Gottlieb) von ~ 10/303; Walter, Georg ~/† 10/318; Warnekros, Ehregott Ulrich */~/† 10/336; Watson, Michael ~ 10/345; Weber, Friedrich Wilhelm ~ 10/353; Weber, Fritz ~ 10/353; Weber, Hans Emil ~ 10/354; Weber, Hans Hermann (Julius Wilhelm) ~ 10/354; Wegner, Richard (Nikolaus) ~/† 10/374; Wehr, Hans ~ 10/377; Wehrli, Hans ~/† 10/378; Weigel, Christian Ehrenfried von ~/† 10/385; Weigelt, (Theodor Gustav Otto) Johannes ~ 10/387; Weiher, Martin ~ 10/390; Wellhausen, Julius ~ 10/425; Wentzel, Gregor ~ 10/437; Werminghoff, Albert ~ 10/443; Werner, Alfred ~ 10/444; Werth, Richard ~ 10/452; Westphal, Alexander ~ 10/460; Westphal, Andreas ~/† 10/460; Wieseler, Karl ~/† 10/489; Wilamowitz-Moellendorff, Ulrich von ~ 10/494; Wilde, Jakob ~ 10/499; Wilhelm-Kästner, Kurt ~ 10/507; Wilke, Fritz ~ 10/508; Wilm, Ernst (Julius Ewald) ~ 10/514; Wilmanns, Wilhelm ~ 10/514; Windscheid, (Josef Hubert) Bernhard ~ 10/525; Witte, Johannes ~ 10/545; Witzel, Oskar ~ 10/553; Wöhler, Friedrich ~ 10/555; Wohleb, Leo ~ 10/561; Wolfers, (Jacob) Philipp ~ 10/569; Wolff, Paul ~ 10/577; Wülfing, Ernst (Anton) ~ 10/592; Wustrow, Paul ~/† 10/601; Wyneken, Gustav (Adolph) ~ 10/602; Zachariae, Theodor Victor Hugo ~ 10/610; Zänker, Otto (Ewald Paul) ~ 10/613; Zahn-Harnack, Agnes von ~ 10/615; Ziegler, Hans Severus ~ 10/654; Ziegler, Konrat Julius Fürchtegott ~ 10/655; Ziegler, Richard ~ 10/656; Ziemssen, Hugo von */~ 10/658; Ziemssen, Johann Christoph ~ 10/659; Zierold, Kurt ~ 10/659; Zimmer, Heinrich ~ 10/664; Zimmer, Heinrich (Robert) */~ 10/664; Zingel, Rudolf Ewald ~/† 10/673; Zintgraff, Eugen ~ 10/677; Zitzewitz, Nicolaus von ~ 10/681; Zivier, Georg ~ 10/681; Zöckler, Otto ~/† 10/683; Zöckler, Theodor * 10/683; Zschiesche, Pauline ~ 10/690

Greiling
Preysing, Johann Christoph Frh. von ~ 8/67

Greimharting → Garnpoint

Grein (Oberösterreich)
Berghofer, Amand * 1/448; Haßlwander, Friedrich † 4/431; Herndl, Franz 4/634; Tichtel, Johannes * 10/35

Greinburg (Oberösterreich)
Panny, Joseph ~ 7/556

Greiz
siehe auch *Reinsdorf*
Anderlind, Ottomar Viktor ~ 1/123; Aner, Karl * 1/135; Barthel, Johann Christian ~ 1/306; Benndorf, (Friedrich August) Otto * 1/425; Coler, Jakob * 2/355; Cordes, Johann Heinrich Karl ~ 2/372; Eberhard, Otto Glaubrecht ~ 2/671; Facius, Friedrich Wilhelm * 3/216; Fasch, Johann Friedrich ~ 3/232; Gebler, Friedrich August von ~ 3/595; Greve, Otto-Heinrich ~ 4/160; Groschopp, Richard ~ 11/72; Günther, Felix (Reinhold) */~ 4/239; Haß, Johannes von * 4/426; Hermine, Prinzessin von Reuß * 4/633; Kahnis, Karl Friedrich August * 5/403; Krieger, Johann ~ 6/106; Overlach, Helene * 7/540; Reinhard, Rudolf * 8/218; Sander, Friedrich * 8/512; Scholz, Willibald (Oscar) * 9/111; Stavenhagen, Bernhard * 9/460; Stier, Alfred */~ 9/529; Watzdorf, Heinrich August von * 10/346; Wilhelm, Paul * 10/506; Wittich, Manfred * 10/548; Ziem, Jochen ~ 10/658

Gremsdorf
Bausback, Friedrich * 1/353; Bausback, Johann Georg ~ 1/353

Grenchen (Kt. Solothurn)
Altenburger, Emil ~ 1/97; Bütikofer, Ernst ~ 2/214; Haug, Hans ~ 4/440; Helbling, Albert ~ 4/555; Heußer, Hans ~ 5/14; Obrecht, Hermann * 7/458; Oppliger, Fritz ~ 7/502; Schedler, Robert ~ 8/580; Schild, Franz Josef */~/† 8/633

Grenoble (Frankreich)
Abosch, Heinz ~ 11/1; Agrippa von Nettesheim † 1/55; Andreas, Willy ~ 1/132; Becker, Max ~ 1/380; Bockwitz, Hans (Heinrich) ~ 1/598; Brunner, Fritz ~ 2/169; Burckhardt, Felix Heinrich ~ 2/231; Burgsdorff, Curt (Ludwig Ehrenreich) von ~ 11/36; Dengler, Paul Leo ~ 2/486; Dietze, Walther Wilhelm Hermann ~ 2/541; Ebbinghaus, Julius Karl Ludwig ~ 2/663; Endell, Kurd (Eduard Karl Heinrich) ~ 3/108; Franke, (Max) Walther ~ 3/405; Gall, Ernst ~ 3/561; Häntzschel, Kurt (Emil Richard) ~ 4/311; Hase, Hellmuth von ~ 4/420; Horten, Anton Hubert ~ 5/183; Jänecke, Walther ~ 5/287; Kammel, Willibald Franz ~ 5/419; Köhler von Damwehr, Else ~ 5/653; Koellreutter, Otto ~ 5/656; Kreller, Hans Christoph ~ 6/94; Levi, Paul ~ 6/359; Loehr, August (Oktavian) von ~ 11/123; Maier, Reinhold ~ 6/571; Müller, Hans ~ 7/262; Muthesius, Hans ~ 7/320; Neumann, Siegmund ~ 7/386; Obenauer, Karl (Justus) ~ 11/145; Oeftering, Wilhelm Engelbert ~ 7/463; Ortner, Eugen ~ 7/509; Rehfisch, Hans José ~ 8/190; Rohlfs, Gerhard ~ 8/369; Schreiber, Walther ~ 9/137; Schurig, Arthur ~ 9/212; Schwarz, Ernst ~ 9/225; Seidl, Walter ~ 9/268; Spieser, Friedrich ~ 9/404; Stadelmayer, Franz ~ 9/428; Stübben, Oscar ~ 9/607; Sulzbach, Walter ~ 9/630; Toller, Ernst ~ 10/60; Trendelenburg, Paul ~ 10/81; Weber, Helene ~ 10/355; Wegner, Richard (Nikolaus) ~ 10/374; Winkler, Emil ~ 10/528; Zweigert, Konrad ~ 10/706

Grenzach (seit 1975 zu Grenzach-Wyhlen)
Hellmich, Waldemar (Theodor Eduard) ~ 4/568; Hoffmann-La Roche, Fritz ~ 5/125; Schneider, Johann Jakob ~ 9/56

Grenzach-Wyhlen → Grenzach

Greppin
Hoehme, Gerhard * 5/93

Gressow (Gem. Gägelow)
Keil, Heinrich * 5/485

Greste (seit 1969 zu Leopoldshöhe)
Hochstetter, Erich † 11/88

Gresten (Niederösterreich)
Mühlbacher, Engelbert * 7/240; Töpper, Andreas ~ 10/58

Gretesch (Osnabrück)
Vincke, Johannes * 10/212

Grettstadt → Obereuerheim

Greußen
Boettner, Johannes * 1/640; Buddensieg, Rudolf (Oskar Gottlieb) * 2/192; Chop, Max (Friedrich Johann Theodor) * 2/313; Dreßler, Ernst Christoph * 2/615; Müller, Heinrich August * 7/264; Tentzel, Wilhelm Ernst * 9/676

Greußenheim
Stegerwald, Adam */~ 9/467

Greven (Kr. Steinfurt)
Biederlack, Johann Christoph * 1/516; Biederlack, (Franz) Joseph (Bernhard) * 1/516; Niehues, Bernhard * 7/407; Ottenjan, Heinrich * 7/526

Grevenbroich
siehe auch *Hülchrath, Kapellen (Erft), Wevelinghoven*
Beier, Peter ~ 11/16; Bonin-Brettin, Gisbert von ~ 2/20; Hasenclever, Richard ~ 4/422; Heinzen, Karl (Peter) * 4/548; Jakobe, Herzogin von Jülich, Kleve und Berg ~ 5/296; Lueck, Gustav (Paul Eduard Wilhelm) ~ 6/513; Maus, Heinrich ~ 6/671; Staff, Curt * 9/436; Uhlhorn, Dietrich ~/† 10/130; Zuccalmaglio, Anton Wilhelm Florentin von ~ 10/693

Grevenbrück (seit 1969 zu Lennestadt)
Schmidt, Albrecht * 9/2

Grevenburg (Gem. Sommersell, seit 1970 zu Nieheim)
Oeynhausen, Karl August Ludwig Frh. von */† 7/476

Grevenmacher (Luxemburg)
Lortz, Joseph * 6/476

Grevenstein (seit 1975 zu Meschede)
Berens-Totenohl, Josefa * 1/438; Lohage, Franz Anton * 6/461

Grevesmühlen
Karstadt, Rudolph * 5/454; Kosegarten, Gotthard Ludwig * 6/51; Pielasch, Helmut ~ 7/666; Tarnow, Johann * 9/659; Tarnow, Paul * 9/659

Griedel (seit 1972 zu Butzbach)
Carriere, (Philipp) Moriz * 2/288

Gries (Bozen, Italien)
Eichborn, Hermann (Ludwig) ~/† 3/48; Felderer, Anton ~ 3/255; Göpfert, Franz Adam † 4/54; Haushofer, Max † 4/451; Jaeggi, Oswald ~ 5/286; Kaserer, Josef † 5/457; Kob, Anton ~ 5/633; Kretz, Leodegar ~ 6/100; Laub, Ferdinand † 6/263; Lierheimer, Bernhard ~/† 6/392; Lucerna, Eduard ~ 6/491; Mayer, (Christian Gustav) Adolph † 7/5; Obwexer, Josef Vinzenz ~ 7/460; Pacher, Michael ~ 7/546; Perathoner, Anton † 7/597; Peyritsch, Johann Josef † 7/632; Regli, Adalbert ~/† 8/187; Rosenkrantz, Wilhelm (Martin Joachim) † 8/397; Schenk, Alois David ~ 8/602; Schöpf, Josef ~ 9/101; Stecher, Franz Anton ~ 9/461; Stoecker, Adolf † 9/541; Tumler, Franz (Ernest Aubert) * 10/116

Gries am Brenner (Tirol)
Prantl, Jakob Isidor ~ 8/52

Griesbach (seit 1973 zu Bad Peterstal-Griesbach)
Erzberger, Matthias † 3/170

Griesbach i. Rottal
siehe auch *Parzham*
Höfer, Franz * 5/89; Jorhan, Christian d. Ä. * 5/364; Jorhan, Wenzeslaus † 5/364; Schmalzgrueber, Franz Xaver * 8/692

Grieselstein (Gem. Jennersdorf, Burgenland)
Kocherscheidt, Kurt ~ 11/107

Griesheim (Gem. Ilmtal)
Fröbel, Friedrich (Wilhelm August) ~ 3/500; Fröbel, (Carl Ferdinand) Julius * 3/501; Griesheim, Heinrich Christoph von ~ 4/164

Griesheim (seit 1928 zu Frankfurt am Main)
Bungartz, Everhard ~ 2/223; König, Karl ~ 5/661; Lepsius, Bernhard ~ 6/337; Meisenheimer, Jakob * 7/39; Meisenheimer, Johannes * 7/39; Stroof, Ignaz ~/† 9/594

Grieskirchen (Oberösterreich)
siehe auch *Schloß Parz*
Kronsteiner, Joseph ~ 6/119; Ostheim, Minna † 7/518; Prechtler, (Johann) Otto * 8/56; Vancsa, Kurt † 10/181

Grießbruck (Prov. Bozen, Italien)
Senhofer, Karl * 9/289

Grieth (Kalkar)
Bebber, Wilhelm Jakob van * 1/363

Grillenberg (Niederösterreich)
Engel, Ludwig † 3/115

Grillenburg (seit 1933 zu Hartha, seit 1999 zu Tharandt)
Lingke, Wilhelm Friedrich * 6/411

Grimersum (seit 1972 zu Krummhörn)
Beninga, Eggerik ~/† 1/423

Grimma
siehe auch *Grechwitz*
Albrecht der Beherzte, Herzog von Sachsen, Markgraf von Meißen * 1/79; Amende, Johann Joachim Gottlob ~ 1/113; Anschütz, Heinrich (Johann Immanuel) ~ 1/145; Arnold von Westfalen ~ 1/185; Bachmann, Johann ~ 1/246; Bauer, Christian Friedrich ~ 1/324; Baumgarten-Crusius, Gottlob August ~ 1/345; Baumgarten-Crusius, (Detlev) Karl Wilhelm ~ 1/345; Baumgarten-Crusius, Ludwig Friedrich Otto ~ 1/345; Bergsträßer, Nikolaus ~ 1/454; Brendel, Johann Gottfried ~ 2/111; Burck, Erich Wilhelm * 11/36; Clasen, Lorenz ~ 2/331; Claußnitzer, (Hermann) Paul ~ 2/337; Clemen, Otto (Konstantin) * 2/339; Cramer, Johann Andreas ~ 2/389; Crell, Nikolaus ~ 2/397; Crusius, Balthasar ~ 2/406; Däbritz, Walter ~ 2/424; Dinter, Gustav Friedrich ~ 2/553; Eckart, Christoph Gottlieb * 3/8; Felten, Wolfgang * 3/263; Ficker, Gerhard ~ 3/288; Ficker, (Philipp) Martin ~ 3/288; Gerhardt, Paulus

~ 3/643; Gerstäcker, Friedrich (Wilhelm Christian) ~ 3/657; Göschen, Georg Joachim ~/† 4/62; Gottschald, (Romilo) Otto ~ 4/109; Grässe, Johann Georg Theodor * 4/123; Hayneccius, Martinus ~/† 4/463; Hofmann, Albert ~ 5/126; Irminger, Johann Jacob † 5/259; Karg-Elert, Sigfrid Theodor ~ 5/435; Köchly, Hermann (August Theodor) ~ 5/648; Könneritz, Julius von ~ 5/667; Körner, Christian Gottfried ~ 5/671; Komerstadt, Georg von ~ 6/22; Langbein, Georg * 6/230; Lipsius, Justus Hermann ~ 6/421; Mahlmann, Siegfried August ~ 6/568; Marberg, Lilli * 6/604; Mayer, Johann Friedrich ~ 7/8; Moritz, Kurfürst von Sachsen ~ 7/215; Müller, Georg Elias * 7/260; Nitzsch, Carl Ludwig ~ 7/426; Poeschel, Hans * 8/14; Pufendorf, Samuel Frh. von ~ 8/89; Rabener, Justus Gottfried ~ 8/109; Schäfer, Arnold (Dietrich) ~ 8/546; Schlick, Ernst Otto * 8/675; Seume, Johann Gottfried ~ 9/294; Siber, Adam ~/† 9/300; Stephani, Hermann * 9/510; Stöckel, Wolfgang ~ 9/541; Stolle, Ferdinand ~ 9/552; Strampfer, Friedrich (Ernst Wolfgang) * 9/566; Sturz, Friedrich Wilhelm ~/† 9/619; Tittmann, Karl Christian ~ 10/52; Töpfer, Heinrich August ~ 10/57; Waschneck, Erich * 10/340; Wermann, (Friedrich) Oskar ~ 10/443; Wilhelm I., Markgraf von Meißen † 10/504; Wohlgemuth, Gustav ~ 10/561

Grimmen
Mohnike, Gottlieb (Christian) * 7/181; Uechtritz-Steinkirch, Kuno von ~ 10/125

Grimmenstein (Burg, Gotha)
Baumgartner, David von ~ 1/346; Gromann, Nikolaus ~ 4/184; Johann Casimir, Herzog von Sachsen-Coburg * 5/346

Grimmenstein (Kloster, heute Gem. Walzenhausen, Kt. Appenzell Innerrhoden)
Hersche, Johann Sebastian ~ 4/646

Grimmenstein (Niederösterreich)
Heller-Ostersetzer, Hermine † 4/565; Ostersetzer, Hermine † 7/517; Pfann, Hans ~ 7/635; Romich, Siegfried ~ 8/379; Sattler, Anton ~ 8/523

Grindelwald (Kt. Bern)
Davinet, (Horace) Edouard ~ 2/454; Hasler, Gustav † 4/424; Jegerlehner, Johannes ~/† 5/314; Rometsch, Rudolf † 11/165; Sobernheim, Georg † 9/355

Grins (Tirol)
Rée, Anita ~ 8/182

Grinzing (seit 1890/92 zu Wien)
Decker, (Johann) Stephan † 2/460; Madjera, Karl (Gustav Jakob) † 6/556

Gripsholm (Schweden)
Gahrlieb von der Mühlen, Gustav Casimir * 3/558

Grischow (Kr. Demmin)
Bilow, Nils Ferdinand von */† 1/529

Grissenbach (seit 1969 zu Netphen)
Stötzel, Gerhard * 9/547

Grobadegast
Seydewitz, Otto Theodor von * 9/298

Grobenentschwil (Gem. Flawil, Kt. Sankt Gallen)
Grob, Johannes von * 4/176

Grobin (lett. Grobina)
Baumann, Joachim ~ 1/336; Baumbach, Johann Christoph ~ 1/338; Fircks, Karl Ferdinand Frh. von ~ 3/306; Launitz, Eduard Schmidt von der * 6/269; Schiemann, Theodor * 8/628

Grobina → Grobin
Grobniki → Gröbnig
Grockstädt → Kleineichstädt
Gródek (Polen)
Meyer-Leviné, Rosa * 7/113

Groden (seit 1935 zu Cuxhaven)
Brandes, Heinrich Wilhelm * 2/63

Grodków → Grottkau
Grodziec → Gröditzberg
Grodzisk Wielkopolski → Grätz
Grodziszcze → Lampertsdorf

Gröba (seit 1923 zu Riesa)
Kübler, Wilhelm ~ 6/139; Speck von Sternburg, Maximilian * 11/176

Gröben (Kr. Teltow-Fläming)
Schlabrendorff, Ernst Wilhelm von * 8/652

Gröben (Kr. Weißenfels)
Weber, Michael * 10/360

Gröben (Pößneck)
Rodigast, Samuel * 8/346

Gröbenzell
Gregor-Dellin, Martin ~/† 4/149; Hennecke, Hans † 4/590; Plate, Roderich † 7/687

Gröbers
Breuer, Hans * 2/124; Schurig-Markee, Arthur * 9/212

Gröbersdorf
Cornet, Georg ~ 2/376; Plesch, Johann ~ 7/693

Gröbitz (Kr. Weißenfels)
Großmann, Christian (Gottlob Leberecht) ~ 4/196

Gröbming (Steiermark)
Forster, Rudolf * 3/377; Hauck, Hans (August) Heinrich † 4/437; Pommer, Josef * 8/30; Thoma, Franz * 10/14

Gröbnig (poln. Grobniki)
Kothe, Bernhard * 6/54; Proske, Karl * 8/80

Gröbzig
Seyffahrt, Karl ~/† 9/299; Steinthal, Heymann * 9/501

Grödig → Drachenloch
Grödig (Salzburg)
Kaltner, Balthasar ~ 5/417

Gröditz (Kr. Riesa-Großenhain)
Abel, Michael ~ 1/6; Einsiedel, Detlev Karl von ~ 3/64; Ledebur, Adolf ~ 6/284

Gröditzberg (poln. Grodziec)
Dirksen, (Karl Ernst Eduard) Willibald von † 2/556; Schweinichen, Hans von * 9/237

Grömitz → Cismar, Guttau
Gröna (auch Ottenreuth, tschech. Otín, früher auch Křinov, seit 1965 zu Planá/Plan)
Haimerl, Franz Xaver * 4/337

Grönau
Brandenburg, Michael Christoph ~ 2/62

Grönenbach
Grashey, Hubert Ritter von * 4/137; Lange, Ludwig ~ 6/235; Liesegang, Raphael ~ 6/393; Merkle, Matthias ~ 7/75; Prestel, Johann Gottlieb * 8/64; Ringeisen, Dominikus ~ 8/315; Schmier, Franz * 9/28

Gröningen (Bördekreis)
Aston, Luise Franziska * 1/209; Augustin, Christian Friedrich Bernhard * 1/222; Christian d. J., Herzog von Braunschweig-Lüneburg-Wolfenbüttel, Administrator von Halberstadt * 2/318; Coler, Alwin Gustav Edmund von * 2/355; Feldmann, Joseph ~ 3/256; Goeckingk, Leopold Friedrich Günther von * 4/50; Heichert, Otto * 4/485; Hoffmann, Friedrich * 5/117; Klamroth, Ludwig ~ 5/565; Praetorius, Michael ~ 8/50; Reimann, Jakob Friedrich * 8/213; Roloff, Friedrich Heinrich * 8/377; Siegfried, Graf von Sachsen ~ 9/312

Gröningen (seit 1973 zu Satteldorf)
Wacker, Johann * 10/269

Grönwohld (Kr. Stormarn)
Claudius, Hermann † 2/333

Gröpelingen (seit 1892/1902 zu Bremen)
Achelis, Thomas Ludwig Bernhard * 1/17

Grötzingen (seit 1974 zu Karlsruhe)
Biese, Karl ~ 1/525; Fikentscher, Jenny ~ 3/294; Fikentscher, Otto ~ 3/295; Gaber, Ernst ~ 3/548; Hein, Franz ~ 4/506; Hein, Franz * 4/506; Kallmorgen, Friedrich ~/† 5/415; Kampmann, Gustav ~ 5/422; Kirschbaum, Emil * 5/555

Grötzingen (seit 1975 zu Aichtal)
Binder, Christoph */~ 1/530

Grohn (seit 1939 zu Bremen)
Klippert, Friedrich † 5/600

Grohnde (seit 1973 zu Emmerthal)
Rosenbach, Friedrich Julius * 8/389

Groß-Haslau (Niederösterreich)
Gerstinger, Hans * 3/659
Groß-Hollenstein (Niederösterreich)
Strubecker, Karl (Georg) * 9/595
Groß-Hoschütz (tschech. Velké Hoštice)
Nebesky-Wojkowitz, René (Mario) * 11/134
Groß Ilsede (seit 1972 zu Ilsede)
Brandes, Bruno * 2/62; Jung, Arthur ~ 5/377
Groß-Inzersdorf (Niederösterreich)
Frimberger, Georg Johann * 3/487
Groß-Jännowitz (Schlesien)
Titzenhofer, Sophie (Eleonore Helene) von * 10/52
Groß-Jedlersdorf (seit 1905 zu Wien)
Apold, Anton * 1/157
Groß Jehser → Mallenchen
Groß-Kanischa (Ungarn)
Degenfeld-Schonburg, August (Franz Johann Christof) Graf
von * 2/465; Szanto, Simon * 9/645
Groß Karben (seit 1970 zu Karben)
Draud, Georg ~ 2/609
Groß-Karpoven (russ. Nekrasovo)
Schaewen, Richard von * 8/554
Groß-Kleeberg (poln. Klebark Wielki)
Thiel, Erich * 10/2
Groß Klein (seit 1934 zu Rostock)
Meyer-Scharffenberg, Fritz † 7/114
Groß-Köllen (poln. Kolno)
Pompecki, Josef Felix * 8/31
Groß-Konojad (poln. Konojady)
Langer, Erich * 6/242
Groß-Kraußnigk (Kr. Luckau)
Schultze, Johannes * 9/193
Groß-Kroße (tschech. Velká Kraš)
Bayer, Johann * 1/357
Groß-Läswitz (poln. Lasowice)
Bobertag, (Karl) Felix * 1/592; Fischer, Max (Gustav
Theodor Alexander) * 3/324
Groß Lafferde (seit 1971 zu Lahstedt)
Böttcher, Ernst Christoph * 1/637; Oldendorp, Christian
Georg Andreas * 7/486
Groß Leipe (poln. Wielka Lipa)
Diebitsch-Zabalkanskij, Hans Karl Friedrich Anton Graf
von * 2/513
Groß-Lesewitz (poln. Lasowice Wielkie)
Löper-Housselle, Marie Luise * 6/445
Groß-Leszno → Großlesen
Groß-Lichterfelde (seit 1920 zu Berlin)
Ardenne, Armand Baron von † 1/164; Biltz, Karl
(Friedrich) † 1/530; Böttcher, Karl † 1/637; Cleinow,
Georg ~ 2/338; Heye, Wilhelm ~ 5/21; Hille, Peter †
5/42; Hopfen, Hans (Demetrius) Ritter von † 5/171; Kerl,
(Georg Heinrich) Bruno † 5/509; Leixner von Grünberg,
Otto † 6/313; Linz, Armin * 6/414; Lotz, Ernst Wilhelm
~ 6/484; Lüders, Hermann † 6/516; Maisch, Herbert ~
6/574; Muret, Eduard † 7/312; Neuhauss, Richard (Gustav)
† 11/139; Rammelsberg, Karl Friedrich † 8/132; Schleich,
Carl Ludwig ~ 8/662; Schweninger, Ernst ~ 9/242; Seidel,
Heinrich † 9/265; Tellenbach, Gerd * 11/181
Groß Luckow
Bueb, Julius † 2/194
Groß Machnow
Jung, Karl Emil * 5/380; Schlabrendorff, Otto Frh. von †
8/652
Groß-Meseritsch (Mähren)
Pick, Arnold * 7/663; Weidlich, Ignaz Joseph * 10/383
Groß Methling (heute zu Stubbendorff, Kr. Malchin)
Kortüm, Gustav (Ferdinand Albert) * 6/49
Groß Miltzow → Badresch
Groß Mimmelage (Badbergen)
Wachhorst de Wente, Friedrich ~/† 10/265
Groß-Montau (poln. Mątowy Wielkie)
Dorothea von Montau ~ 2/600
Groß-Mosty (ukrain. Mosty Welyki, poln. Mosty Wielkie)
Weyr, Siegfried * 10/468

Groß Mühlingen
Bendix, Bernhard * 1/417; Gansauge, Hermann von *
3/570
Groß-Nädlitz (poln. Nadolice Wielkie)
Hillebrandt, Alfred * 5/43
Groß-Nogath (poln. Bożepole)
Schimmelbusch, Curt Theodor * 8/641
Groß-Nossen (poln. Osina Wielka)
Bauch, Bruno (Arthur Kanut) * 1/320
Groß-Oldenburg
Eikemeier, Fritz * 3/60
Groß-Osterhausen (seit 1937 zu Osterhausen, Kr.
Mansfelder Land)
Bodenschatz, Erhard ~/† 1/603; Hahn, August * 4/327
Groß Ottersleben (Ottersleben, seit 1956 zu Magdeburg)
Ferl, Gustav * 3/271; Hirschfeld, Kurt * 5/67
Groß Pankow → Luggendorf
Groß-Pawlowitz (tschech. Velké Pavlovice)
Kassner, Rudolf * 5/459
Groß Peterwitz (poln. Pietrowice Wielkie)
Schebesta, Paul (Joachim) * 8/578
Groß-Rake (poln. Raków Wielki)
Boguslawski, (Heinrich) Georg von * 1/642; Boguslawski,
Palon Heinrich Ludwig von ~ 1/642
Groß-Reichenau → Reichenau bei Naumburg am Bober
Groß Rietz
Wöllner, Johann Christoph von † 10/557
Groß Roge
siehe auch *Zierstorf*
Seemann, August * 9/261
Groß-Rosinsko (Ostpreußen)
Brandes, Esther Charlotte * 2/62
Groß-Sandewalde (bis 1936 Tschistey, poln. Sądowel)
Fischer, Kuno * 3/323
Groß Sankt Florian (Steiermark)
Frischenschlager, Friedrich Friedwig * 3/491; Pölzl, Franz
Xaver * 8/12; Puff, Rudolf Gustav * 8/90; Schreiner, Franz
d. Ä. * 9/138
Groß Schenkenberg
Stahl, Wilhelm * 9/440
Groß-Schilleningken (Ostpreußen)
Hörsing, (Friedrich) Otto * 5/104
Groß-Schmorgau (poln. Smogorzów Wielki)
Majunke, Paul * 6/576
Groß Schneen (Friedland, Kr. Göttingen)
Alberti, Julius Gustav ~ 1/70; Dissen, Georg Ludolf *
2/558
Groß-Schönau (früher Schönau, tschech. Velký Šenov)
Lissner, Anton * 6/423; Müller, Franz Josef */~/† 7/256;
Opitz, Ambros * 7/495
Groß Schönebeck
Reyher, Karl (Friedrich Wilhelm) von * 8/265
Groß Schoritz
Arndt, Ernst Moritz * 1/173
Groß-Schützen (slowak. Vel'ké Leváre, ungar. Nagylévárd,
seit 1951 zu Zahorie)
Kollonitsch, Sigismund Graf von * 6/18
Groß-Schwarzlosen (seit 1973 zu Lüderitz)
Schiele, Martin * 8/627
Groß-Schweinbarth (Niederösterreich)
Reckendorfer, Ferdinand * 8/174
Groß Schwülper (seit 1973 zu Schwülper)
Marenholtz, Asche Christoph Frh. † 6/612
Groß-Skal (tschech. Hrubá Skalá)
Aehrenthal, Aloys (Leopold Johann Baptist) Graf Lexa von
* 1/48
Groß Solschen (1965 zu Solschen, seit 1972 zu Ilsede)
Rave, Judith ~ 8/166
Groß-Steffelsdorf (slowak. Rimavská Sobota, ungar.
Rimaszombat)
Orgéni, Aglaja * 7/505
Groß Strehlitz (poln. Strzelce Opolskie)
Apt, Max * 1/160; Baumgarten, Gotthilf von † 1/343;

Grätzer, Alfred * 4/125; Jacobson, Eduard * 5/277; Mende, Erich * 11/128; Meyer, Gustav * 7/103

Groß-Stürlack (poln. Sterławki Wielkie)
Nadolny, Rudolf * 7/329

Groß-Tabarz → Tabarz

Groß-Tinz (poln. Tyniec Legincki)
Bahr, Robert † 1/270; Rogge, Bernhard Friedrich Wilhelm * 8/365; Vogt, Johann * 10/234

Groß Tuchen (poln. Chocimierz)
Kofler, Leo * 5/680

Groß Twülpstedt
siehe auch *Volkmarsdorf*
Tiegs, Ernst Heinrich Fritz * 10/38

Groß-Tzschacksdorf → Tzschacksdorf b. Triebel

Groß-Umstadt
Büchner, (Johann) August Wilhelm ~ 2/196; Dietrich, Ernst Ludwig * 2/535; Föppl, August (Otto) * 3/360; Frank, (Friedrich Wilhelm Ferdinand) Otto * 3/402; Stoetzer, Walther † 9/547

Groß Vahlberg (seit 1974 zu Vahlberg)
Friedrich, Friedrich * 3/479

Groß Varchow (seit 1994 zu Möllenhagen)
Voss, Ernst (Christian Theodor Sophus Wilhelm) ~ 10/258

Groß Vielen
Brückner, Ernst Theodor Johann ~ 2/153

Groß-Walddorf (Westpreußen)
Glomme, (Moritz) Edmund * 4/34

Groß-Wanzleben → Wanzleben

Groß-Wartenberg
Jäsche, Gottlieb Benjamin * 5/287; Jaeschke, Emil * 5/288

Groß-Wersmeninken (Ostpreußen)
Voigt, Johanna ~ 10/238

Groß-Wormsahten (Kurland)
Schlippenbach, Ulrich (Hermann Heinrich Gustav) Frh. von * 8/680

Groß-Wunneschin (poln. Unieszyno)
Bonin, Anna (Adelheid) von * 2/19

Großaitingen
Kistler, Cyrill * 5/559

Großalbershof (seit 1934 zu Sulzbach-Rosenberg)
Knorr von Rosenroth, Christian † 5/631

Großalm (Neukirchen, Gem. Altmünster, Oberösterreich)
Wolfsgruber, Cölestin * 10/581

Großalmerode
Speck, Wilhelm * 9/388

Großalsleben
Mynsinger von Frundeck, Joachim † 7/324

Großaltdorf (Gaildorf)
Halm, August (Otto) * 4/352

Großandelfingen → Andelfingen

Großarl (Salzburg)
Rieder, Ignaz * 8/293

Großaspach
Geß, Wolfgang (Heinrich Christian) Friedrich ~ 3/666

Großau (rumän. Cristian, ungar. Kereszténysziget)
Goblinus, Bischof von Weißenburg ~ 4/45

Großauheim (seit 1974 zu Hanau)
Gaul, (Georg) August * 3/585; Thylmann, Karl † 10/33

Großbadegast
Krüger, Franz * 6/122

Großbardau
Tauchnitz, Karl Christoph Traugott * 9/664; Tittmann, Karl Christian * 10/52

Großbardorf
Schanz, Georg von * 8/564

Großbartloff
Hahn, Johann Philipp * 4/331

Großbeeren
Bülow von Dennewitz, Friedrich Wilhelm Graf ~ 2/206

Großbeinuhnen (russ. Černyševka)
Fahrenheid, Fritz von ~/† 3/219

Großberghofen
Pichler, Vitus * 7/662

Großbettlingen
Sigwart, Georg Friedrich * 9/326

Großbockenheim (seit 1953 zu Bockenheim an der Weinstraße)
Kautz, Jakob * 5/478

Großbodungen
Meyeren, Wilhelm von */† 7/115

Großbothen
Neumann, Karl August * 7/385; Ostwald, (Friedrich) Wilhelm ~ 7/519; Seemann, Ernst (Elert) Arthur (Heinrich) † 9/261; Wundt, Wilhelm (Maximilian) † 10/598

Großbottwar
Assum, Johann ~ 1/208; Feuerbacher, Matern ~ 3/280; Geyling, Johann ~/† 3/674; Gruber, Eberhard Ludwig ~ 4/205; Huß, Martin * 5/233; Huß, Matthias * 5/233; Kesler, Nicolaus * 5/518; Lechler, Karl (Johann Friedrich) von * 6/282

Großbreesen (poln. Brzeźno)
Crüger, Johann ~ 2/405

Großbreitenbach
Gremels, (Karl Felix) Hans * 4/156; Ratzenberger, Theodor * 8/154

Großbriesen (poln. Brzeziny)
Jedin, Hubert * 5/313

Großburg (poln. Borek-Strzeliński)
Rößler, Robert * 8/363

Großburgwedel (Burgwedel)
Oswald, (Karl) Wilhelm von † 11/152

Großdalzig (seit 1993 zu Zwenkau)
Falkenhagen, Adam * 3/227; Franke, Felix (Hermann) * 3/404

Großdehsa (Löbau, Kr. Löbau-Zittau)
Mittasch, (Paul) Alwin * 7/155

Großderschau → Brenkenhof

Großdobritz (seit 1994 zu Niederau, Kr. Meißen-Radebeul)
Sterl, Robert (Hermann) * 9/512

Großdorf
Mätzler, Anton ~ 6/560

Großdrebnitz
Vetter, Hermann * 10/201

Großdubrau → Quatitz

Großebersdorf (seit 1995 zu Harth-Pöllnitz)
Reuß, Karl August von * 8/258

Großedling (seit 1973 zu Wolfsberg, Kärnten)
Lavant, Christine * 6/274

Großefehn → Spetzerfehn

Großeibstadt → Kleineibstadt

Großen-Sömmerda
Altenburg, Michael ~ 1/97

Großenbaum (Duisburg)
Körner, Ludwig * 5/672; Stolte, Heinz Hermann * 9/553

Großenbehringen (Gem. Behringen)
Wolf, Ernst Wilhelm * 10/565

Großeneder (seit 1975 zu Borgentreich)
Gockeln, Josef (Anton) * 4/46

Großenehrich → Wenigenehrich

Großengottern
Hesse, Ernst Christian * 4/675

Großenhain (Kr. Riesa-Großenhain)
siehe auch *Naundorf*
Balduin, Christian Adolf ~/† 1/275; Bornemann, Friedrich August * 2/34; Borner, Caspar * 2/34; Boxberg, Christian Ludwig ~ 2/51; Buchwald, Georg (Apollo) * 2/189; Buchwald, Reinhard * 2/190; Burgsdorff, Curt (Ludwig Ehrenreich) von ~ 11/36; Clodius, Johann Christian ~ 2/344; Dobbert, Alfred ~ 2/564; Förtsch, Paul Jakob * 3/366; Geißler, Max * 3/612; Geyer, Friedrich August * 3/672; Hacker, Horst ~ 4/297; Harzer, Paul (Hermann) * 4/418; Hederich, Benjamin ~* 4/473; Hoffmann (von Schweidnitz), Johannes ~ 5/120; Langbein, August Friedrich Ernst ~ 6/230; Lupinus Calidomius, Matthäus ~ 6/531; Mann, Eduard * 6/590; Mierendorff, Carlo * 7/132; Otto, (Friedrich) Julius * 7/534; Röder, (Gustav)

Oscar (Wilhelm) ~ 8/349; Schmid, Johann Georg ~ 8/703; Slovák, Karl † 9/351; Zocher, Rudolf * 10/682
Großenkneten
siehe auch *Huntlosen*
Hinrichs, August † 5/54
Großenkörnern
Baumeister, Friedrich Christian * 1/339
Großenlüder
Melde, Franz * 7/52
Großenritte (seit 1966 zu Baunatal)
Grebe, Karl Friedrich August * 4/146
Großensalza
Neuber, August Wilhelm * 7/372
Großenschönfeld
Bellin, Johann * 1/409
Großensiel (Gem. Nordenham)
Müller vom Siel, Georg Bernhard * 7/291
Großenwiehe
Petersen, Peter * 7/620
Großerlach → Grab
Großflintbek (seit 1938 zu Flintbek)
Heitmann, Hans * 4/553
Großfriedrichsburg (Goldküste, heute Ghana)
Groeben, Otto Friedrich von der ~ 4/178
Großfurra
Agricola, Georg Ludwig * 1/52
Großgmain (Salzburg)
Frueauf, Rueland d. Ä. ~ 3/514; Meinrad, Josef † 7/37; Meister der Großgmainer Flügelbilder ~ 7/44; Schlangenhausen, Emma † 8/655; Schuh, Oscar Fritz † 9/181
Großgörschen
Scharnhorst, Gerhard Johann David von ~ 8/569
Großgorzütz (poln. Gorzyce)
Arco, Georg (Wilhelm Alexander Hans) Graf von * 1/162
Großgrabe
Beeger, Julius * 1/388
Großgründlach (seit 1972 zu Nürnberg)
Barfuß, Paul * 1/294; Haller von Hallerstein, (August) Sigmund (Karl Ulrich) Frh. von † 4/350
Großhabersdorf
siehe auch *Unterschlauersbach*
Endres, (Theodor Marquart) Max * 3/111
Großhänchen (Gem. Burkau)
Mucke, (Karl) Ernst * 7/238
Großhansdorf
Blum, Rudolf † 11/24; Reche, Otto † 8/172; Reimann, Hans † 8/210
Großharthau
Broeder, Christian Gottlieb * 2/143
Großhartmannsdorf
siehe auch *Obersaida*
Barthel, Johann Karl Rudolph ~ 1/306; Carlowitz, (Christoph) Anton (Ferdinand) von * 2/282; Carlowitz, Carl Adolf von * 2/282; Carlowitz, Hans Georg von * 2/282
Großhartpenning (seit 1978 zu Holzkirchen, Kr. Miesbach)
Hartig, Otto * 4/400
Großheirath → Neuses a. d. Eichen, Rossach
Großhennersdorf
Adolph, Gottlob ~ 1/45; Gersdorf, Henriette Katharina von ~/† 3/655; Hayn, Henriette Louise von ~ 4/462; Rückert, Leopold Immanuel */~ 8/445
Großheppach (seit 1975 zu Weinstadt)
Canz, Wilhelmine (Friederike Gottliebe) ~/† 2/276; Gauger, Joseph ~ 3/584; Huber, Johann Ludwig * 5/197; Thill, Johann Jacob ~/† 10/10
Großhesselohe (Gem. Pullach i. Isartal)
Gerber, (Johann Gottfried) Heinrich ~ 3/635; Herzog, Rudolf † 4/666; Werder, (Johann) Ludwig ~ 10/440
Großhöchstetten (Kt. Bern)
Brun, Fritz † 2/165; Grunder, Karl ~ 4/223; Joho, Rudolf * 5/357; Muralt, Alexander von † 7/310; Schürch, Ernst * 9/172

Großhöflein (Burgenland)
Esterházy von Galántha, Nikolaus † 3/182
Großingersheim (seit 1972 zu Ingersheim)
Bach, Karl Philipp Heinrich * 1/240; Leitz, Louis * 6/313
Großjena (seit 1950 zu Kleinjena)
Bock, Eduard * 1/594
Großjena (seit 1994 zu Naumburg/Saale)
Klinger, Max ~/† 5/598
Großkamsdorf
Scher, Peter * 8/608
Großkarlowitz (poln. Karłowice Wielkie)
Grützner, Eduard (Theodor) Ritter von * 4/219
Großkissendorf (seit 1978 zu Bibertal)
Eberle, Melchior * 2/673
Großkletzan (tschech. Klecany, heute zu Prag)
Peterka, Otto † 7/614
Großkmehlen
Zachariae, Theodor Victor Hugo * 10/610
Großkötz (seit 1976 zu Kötz)
Rodt, Christoph ~/† 8/346; Rodt, Hans ~/† 8/346
Großkorbetha
Grohmann, (Johann) Christian August * 4/182; Sangerhausen, Christoph Friedrich * 8/515
Großkrausnik
Teubner, Benedictus Gotthelf * 9/682
Großkriegnitz
Steinmetz, Johann Adam * 9/500
Großkrotzenburg
Berberich, Joseph * 1/433
Großkuchen (seit 1974 zu Heidenheim an der Brenz)
Mettenleiter, Johann Jakob * 7/87; Mettenleiter, Johann Michael * 7/87
Großkugel
Schmeil, Otto * 8/694
Großlellenfeld (Arberg)
Veit, Raimund * 10/189
Großlesen (auch Groß-Leszno, poln. Wielkie Leżno)
Wasielewski, Joseph Wilhelm von * 10/341
Großlittgen → Himmerod
Großlohra
siehe auch *Friedrichslohra*
Welper, Eberhard * 10/426
Großlowtschitz (tschech. Lovčice)
Pawlik, Oswald * 7/584
Großmehlra (Obermehler)
Riemann, (Karl Wilhelm Julius) Hugo * 8/301
Großmehring
Weinzierl, (Albert) Franz Xaver * 10/400
Großmeseritsch (tschech. Velké Meziříčí)
Hirschfeld, Robert * 5/67
Großmeseritz (tschech. Velké Meziříčí)
Fischer, Nikolaus Wolfgang * 3/325
Großmockratz (poln. Mokrzyca Wielka)
Hoeppner, Ernst (Wilhelm Arnold) von † 5/100
Großmugl (Niederösterreich)
Pötel, Simon * 8/15
Großneuhausen
Muthesius, Hermann * 7/320
Großniedesheim
Müller, Nikolaus * 7/278
Großobringen
Schmeller, (Johann) Josef * 8/696
Großölsa
Uhlig, (Adolf) Kurt ~ 10/130
Großörner
Honigmann, Ehrenfried * 5/168; Schnee, Gotthilf Heinrich ~ 9/47
Großolbersdorf
Böhm, Johann ~ 1/617
Großpertholz (Niederösterreich)
Pfeiffer von Forstheim, Johann ~ 7/643
Großpiesenham (Pramet, Oberösterreich)
Stelzhamer, (Peter Andreas Xaver) Franz * 9/503

Großpörthen (Wittgendorf, Burgenlandkreis)
Böhme, Karl Wilhelm * 1/621
Großpösna → Störmthal
Großpold (rumän. Apoldu de Sus, ungar. Nagyapold)
Möckel, Konrad ~ 7/163
Großpostwitz O. L.
Böhmer, Johann Gotthold * 1/623; Frentzel, Michael ~/† 3/425; Röhrscheidt, Wenzel d. Ä. ~ 8/352
Großprolling (Niederösterreich)
Gassner, Hieronymus Joseph * 3/580
Großräschen
Gabelmann, (August) Hugo † 3/548
Großrinderfeld → Gerchsheim
Großröhrsdorf (Kr. Westlausitz-Dresdner Land)
Berthelt, Friedrich August * 1/482; Felfe, Werner * 3/257
Großrudestedt
Kanoldt, Edmund * 5/425
Großsachsenheim (seit 1971 zu Sachsenheim)
Brecht, Theodor ~/† 2/94; Schott von Schottenstein, Friedrich (Siegmund Johann Albert Karl) Frh. * 9/122
Großsärchen (poln. Zarki Wielkie)
Fechner, Gustav Theodor * 3/238
Großsalze
Eberlein, Richard * 2/674
Großschenk (rumän. Cincu, ungar. Nagysink)
Reinerth, Karl Daniel * 8/217; Schullerus, Adolf ~ 9/185
Großscheuern (rumän. Sura Mare, ungar. Nagycsür)
Fuss, Michael ~/† 3/546; Teutsch, Friedrich ~ 9/683
Großschirma → Großvoigtsberg
Großschönau (Kr. Löbau-Zittau)
Brandes, Alwin * 2/62; Richter, Ernst Friedrich (Eduard) * 8/277; Schenau, Johann Eleazar * 8/600
Großschretstaken (seit 1972 zu Schretstaken)
Weber, A(ndreas) Paul † 10/349
Großschwaig
Schoen, Wilhelm Albrecht Frh. von † 9/82
Großschwansfeld (poln. Łabędnik)
Arndt, Christian Gottlieb von * 1/173
Großschwein (poln. Duża Wólka)
Remmert, Martha * 8/240
Großschweinbarth (Niederösterreich)
Schaub, Franz von * 8/573
Großseelowitz (tschech. Židlochovice)
Boos, Franz ~ 2/23; Eugen, Erzherzog von Österreich * 3/188; Friedrich, Erzherzog von Österreich * 3/467; Linhart, Wenzel von * 6/411; Maria Christina, Erzherzogin von Österreich, Königin und Regentin von Spanien * 6/621; Reichel, Josef * 8/199; Robert, Julius ~/† 8/338; Robert, Ludwig von ~ 8/338; Strakosch, Moritz * 9/565
Großstädteln (seit 1937 zu Markkleeberg)
Wagner, (Gottlieb Heinrich) Adolf † 10/277
Großstorkwitz (seit 1972 zu Wiederau, seit 1994 zu Pegau)
Gutzschbach, Richard * 4/276
Großsüßen (seit 1933 zu Süßen)
Fischer, Johann Georg * 3/320
Großsulze
Matthes, Max * 6/660
Großthiemig
Braune, Wilhelm Theodor * 2/89
Großullersdorf (tschech. Velké Losiny)
Schmidt, Anton ~/† 9/2
Großvargula
Baldinger, Ernst Gottfried * 1/274; Dietrich, Paul * 2/537; Krohne, Gottfried Heinrich ~ 6/112; Ritschl, Friedrich Wilhelm * 8/325
Großvoigtsberg (seit 1994 zu Großschirma)
Rühle, (Karl Heinrich) Otto * 8/450
Großwangen (Kt. Luzern)
Bühlmann, Josef ~ 2/201; Huber, Eduard ~ 5/195
Großwardein (rumän. Oradea, ungar. Nagyvárad)
Ditters von Dittersdorf, Karl ~ 2/560; Georg von Klausenburg ~ 3/630; Gross, Friedrich */~/† 4/191; Haydn, (Johann) Michael ~ 4/461; Herberstein, Leopold Graf von ~ 4/605; Hillebrandt, Franz Anton ~ 5/43; Hoffhalter,

Rafael ~ 5/112; Hohenlohe-Waldenburg-Schillingsfürst, Alexander Prinz zu ~ 5/140; Hübl, Arthur Frh. von * 5/204; Hündler, Veit ~ 5/211; Johann III. Beckenschlager, Erzbischof von Salzburg ~ 5/346; Kohut, Alexander ~ 6/7; Landesberg, Alexander * 6/217; Oedtl, Christian Alexander ~ 7/463; Pray, Georg ~ 8/55; Preyer, Johann Nepomuk ~ 8/66; Reden, Melchior Frh. von ~ 8/177; Rosenthal, Mori(t)z * 8/401; Tröster, Johannes ~ 10/93; Zimmermann, Gusti * 10/668
Großweier (seit 1973 zu Achern)
Bischoff, Friedrich † 1/543
Großweikersdorf (Niederösterreich)
siehe auch *Ruppersthal*
Maier, Heinrich * 6/571
Großweingarten (Gem. Spalt)
Landmann, Robert Ritter von * 6/218
Großwerther (seit 1950 zu Werther, Kr. Nordhausen)
Bittenfeld, Karl Eberhard Herwarth von * 1/549; Herwarth von Bittenfeld, Karl Eberhard * 4/656
Großwieden
Rischmüller, Heinrich * 8/322
Großwiederitzsch (seit 1904 zu Wiederitzsch, seit 1999 zu Leipzig)
Clauswitz, Benedikt Gottlieb */~ 2/337; Nacke, Emil * 7/328
Großwiesendorf (Niederösterreich)
Winkler, Georg Johann Edler von Brückenbrandt * 10/529
Großwig (Bad Schmiedeberg)
Zschimmer, Emil * 10/691
Großwilmsdorf (poln. Wilamowo)
Kessler, Gerhard * 5/519
Großziethen
Theremin, Charles Guillaume * 9/694
Großzschocher (seit 1922 zu Leipzig)
Leutemann, (Gottlob) Heinrich * 6/355; Vogel, Emil ~ 10/225; Zezschwitz, Karl Adolf Gerhard von ~ 10/649
Grotenburg
Bandel, (Joseph) Ernst von ~ 1/286
Grothe (Badbergen)
Lüdeling, (Johann Hermann) Georg * 6/515
Grottau (tschech. Hrádek nad Nisou)
Kuntze, Johann Josef * 6/171; Leitenberger, Friedrich Franz Josef Frh. von ~ 6/311; Neumann, Alois ~ 7/380; Winter, Eduard ~ 10/532
Grottenherten (Gem. Pütz, seit 1975 zu Bedburg)
Gröteken, Theodor Heinrich ~ 4/181
Grottham (Bad Birnbach)
Unertl, Franz * 10/151
Grottkau (poln. Grodków)
Adam, Melchior * 1/29; Elsner, Joseph (Anton Franz) * 3/97; Henrici, Nikolaus ~ 4/595; Ronge, Johannes ~ 8/381; Rostock, Sebastian (Ignaz) von * 8/409; Sommer, (Karl) Robert * 9/370; Strachwitz, Moritz (Karl Wilhelm Anton) Graf von ~ 9/562
Grub (Niederösterreich)
Heine-Geldern, Robert Frh. von ~ 4/511
Grub (Poing)
Zorn, Wilhelm ~ 10/689
Grub a. Forst
Hanselmann, Johannes ~ 11/78
Grubberg (Gem. Riegersburg, Steiermark)
Fleckh, Johann Anton * 3/339
Grube (Kr. Ostholstein)
Stricker, Johannes */~ 9/586
Grube Ilse
Schöne, Otto (Robert Alwin) * 9/90
Grubenhagen
Ernst, d. Ä., Herzog von Braunschweig-Grubenhagen ~ 3/158; Heinrich II. de Graecia, Herzog von Braunschweig-Lüneburg-Grubenhagen † 4/524
Gruberau (Niederösterreich)
Schmirger, Johann ~ 9/28
Grubschütz
Fuchs, Martha * 3/521

Grudziądz → Graudenz
Grüben (poln. Grabin)
  Sellier, Arthur * 9/279
Grüna (seit 1999 zu Chemnitz)
  Baumgarten, Ernst Georg August ~ 1/343
Grünau → Groß-Grünau
Grünau (Oberösterreich)
  Grimmich, Virgil † 4/173; Reitermayer, Else ~ 8/234
Grünau (seit 1920 zu Berlin)
  Dönitz, Karl * 2/574
Grünbach (Pfalz)
  Lichtenberger, Johannes * 6/375
Grünbach am Schneeberg (Niederösterreich)
  Schoeller, Paul Eduard von ~ 9/78; Wildenauer, Alois ~ 10/499
Grünberg (Kr. Gießen)
  Baldwein, Eber(har)dt ~ 1/276; Bidembach, Balthasar * 1/514; Bidembach, Eberhard * 1/514; Eckstein, Karl (Georg Wilhelm) * 3/16; Glaser, (Johann) Ludwig (Valentin) * 4/24; Peppler, Albert (Gustav) * 7/597; Rüdiger, Johann Bartholomäus * 8/447; Schmidt, Karl Theodor * 9/14; Stein, Erwin * 9/476; Strupp, Joachim * 9/599; Welcker, Friedrich Gottlieb * 10/421; Zöckler, Otto * 10/683
Grünberg (Ottendorf-Okrilla)
  Nagel, (Christian) August * 7/333
Grünberg i. Schlesien (poln. Zielona Góra)
  Arnold, Martin * 1/189; Bederke, Erich * 11/15; Bierbaum, Otto Julius * 1/522; Buchholzer, Abraham ~ 2/184; Dessoir, Susanne * 2/499; Fischer, Karl * 3/322; Foerster, Fritz * 3/363; Foerster, Max * 3/364; Förster, Wilhelm (Julius) * 3/365; Großmann, Louis Adolf ~ 4/198; Häusler, Carl (Samuel) ~ 4/314; Haym, Rudolf * 4/462; Heidenreich, Johannes ~ 4/490; Jaffe, Max * 5/288; König, Eberhard * 5/658; Levysohn, Wilhelm ~/† 6/362; Pitiscus, Bartholomeo * 7/681; Scultetus, Abraham * 9/249; Wiesner, Kurt ~ 10/491
Gründberg (Steyr, Oberösterreich)
  Hölzlhuber, Franz * 5/97
Grüneberg (Kr. Oberhavel)
  Wirzberger, Karl-Heinz * 10/540
Grüneiche (poln. Zielony Dąb, heute zu Breslau/Wrocław)
  Langhans, Carl Gotthard † 6/245
Grünen (Gem. Sumiswald, Kt. Bern)
  Scheurer, Karl (Alfred) * 8/619
Grünenbach
  siehe auch *Ebratshofen, Schüttentobel*
  Frommknecht, Otto * 3/511
Grünfelde (Grunenfeld, poln. Gronówko)
  Schirrmann, Richard */~ 8/651
Grünfier (poln. Zielonowo)
  Kritzinger, Friedrich Wilhelm * 11/112
Grüngiebing (seit 1972 zu Obertaufkirchen)
  Dillis, (Johann) Cantius * 2/547; Dillis, (Maximilian Johann) Georg von * 2/547
Grünhagen (Gem. Bienenbüttel)
  Engelhard, Wilhelm * 3/118
Grünhain
  Dietrich, Ewald Christian Victorin * 2/535; Schein, Johann Hermann * 8/589; Viehweger, (Ferdinand) Hermann * 10/204
Grünheide (Mecklenburg)
  Kaiser, Georg ~ 5/406
Grünheide (Mark)
  Havemann, Robert (Hans Günther) † 4/457
Grünhof (Krain)
  Apfaltern, Leopold Frh. von * 1/156
Grünhof (poln. Święciechowo)
  Beckedorff, Georg Philipp Ludolf von † 1/374
Grünhof (Schloß, bei Pobethen)
  Eltester, Christian ~ 3/99
Grünhorst
  Oldekop, Iwan Christian Hermann * 7/484

Grüningen (Kt. Zürich)
  Bächtold, Albert † 1/254; Edlibach, Gerold ~ 3/20; Escher, Heinrich ~ 3/174; Füssli, Johann Heinrich ~ 3/532; Grebel, Konrad * 4/146; Walder, Johann Jakob ~ 10/302
Grünlas
  Dorschner, Roland * 2/602
Grünsberg (seit 1972 zu Altdorf b. Nürnberg)
  Stromer von Reichenbach, (Karl) Otto Frh. von * 9/593
Grünsfeld
  siehe auch *Kützbrunn*
  Appel, Johannes * 1/158; Steinbach, Fritz * 9/484
Grünstadt
  siehe auch *Asselheim*
  Alefeld, Johann Ludwig * 1/86; Bernhard, Carl Friedrich * 1/466; Dittmar, Heinrich ~ 2/561; Heman, Karl Friedrich * 4/577; Massenez, Josef * 6/651; Pfeil, Christoph Carl Ludwig Frh. von * 7/643; Seekatz, (Johann) Conrad * 9/258
Grünstädtel (seit 1995 zu Schwarzenberg, Erzgeb.)
  Stölzel, Gottfried Heinrich * 9/545
Grüntal (Freudenstadt)
  Canz, Israel Gottlieb * 2/276
Grünwald (Kr. München, Land)
  siehe auch *Geiselgasteig*
  Fauth, (Johann) Philipp (Heinrich) ~/† 3/236; Gerstner, Hermann † 3/660; Halder, Leonhard ~ 4/343; Johannes III., Bischof von Freising * 5/351; Ludwig X., Herzog von Ober- und Niederbayern * 6/500; Schmidt, Hansheinrich † 9/9; Seidl, Gabriel von ~ 9/268; Weil, Grete † 11/183; Ziersch, Roland † 10/659
Grüssau (poln. Krzeszów)
  Bolko I., Herzog von Schweidnitz-Jauer ~ 2/8; Fenderlin, Lukas ~/† 3/264; Gottstein, Leo ~ 4/112; Jentsch, Joseph Anton ~ 5/322; Kottwitz, Hans Ernst Frh. von ~ 6/55; Rosa, Bernhard ~/† 8/384; Theiner, Johann Anton ~ 9/692; Willmann, Michael (Lukas Leopold) ~ 10/513
Grüsselbach (seit 1972 zu Rasdorf)
  Richter, Gregor * 8/278
Grüssow
  Kneser, Adolf * 5/619; Walter, Friedrich Karl * 10/318
Grulich (tschech. Králíky)
  Janauschek, Wilhelm Raphael ~ 5/298; Neuburg, Hans * 7/374; Schmidt, Wilhelm * 9/21
Grumbach (Kr. Kusel)
  Boden, Wilhelm * 1/602; Medicus, Friedrich Casimir * 7/22; Neller, Georg Christoph ~ 7/363
Gruna (Gem. Laußig)
  Gereke, Günther * 3/638
Grunau (Dnjepropetrowsk)
  Keller, Samuel ~ 5/497
Grunau (poln. Stare Gronowo)
  Gemmingen-Steinegg, Julius Frh. von * 3/620
Grunau (seit 1976 zu Bayreuth)
  Warburg, Emil (Gabriel) † 10/333
Grunbach (seit 1975 zu Remshalden)
  Heinkel, Ernst (Heinrich) * 4/516
Grund (seit 1969 zu Hilchenbach)
  Jung-Stilling, Johann Heinrich * 5/381
Grundlsee (Steiermark)
  Kreutz, Rudolf Jeremias † 6/102; Ude, Johannes ~/† 10/122
Grunenfeld → Grünfelde
Grunewald (seit 1920 zu Berlin)
  Archenhold, Friedrich Simon ~ 1/162; Behr, Johann Heinrich ~ 1/399; Booth, John Cornelius ~ 2/24; Borries, August (Friedrich Wilhelm) von ~ 2/37; Dietrich, Alfred † 2/534; Müller, Hermann † 7/265; Peterich, Eckart * 7/614; Potthoff, Karl Wilhelm Hermann ~ 8/47; Rose, Edmund † 8/386; Theiss, Caspar ~ 9/692; Wagner, Franz ~ 10/280; Zürn, (Nora Berta) Unica (Ruth) * 10/699
Grusbach (tschech. Hrušovany nad Jevišovkou)
  Dvořák, Max † 2/660
Gryfice → Greifenberg i. Pomm.
Grzmiąca → Gramenz

409

Grzymałow (ukrain. Hrymajliv)
Puluj, Johann * 8/90
Gschwall (Gem. Inzell)
Lenz, Rudolf ~/† 6/325
Gschwend (Ostalbkreis)
siehe auch *Frickenhofen*
Dietrich, Christian * 2/534
Gstaad (Gem. Saanen, Kt. Bern)
Brack, Max (Eugen) ~ 2/54; Hefti, Beda ~ 4/478;
Strassmann, Paul Ferdinand † 9/569; Thannhauser, Justin
† 9/689
Gstadt a. Chiemsee
siehe auch *Schalchen*
Zimmermann, Alfred ~ 10/665
Gsteig b. Gstaad (Kt. Bern)
Romang, Johann Jakob * 8/378
Gstettenhof (Türnitz, Niederösterreich)
Schläger, Antonie ~/† 8/653
Guadalajara (Spanien)
Maria Anna, Königin von Spanien † 6/621
Guarda (Kt. Graubünden)
Probst, Eugen ~ 8/75
Guat (Hof bei Santa Maria im Münstertal, Kt. Graubünden)
Lemnius, Simon * 6/317
Guatemala (Ciudad de G.)
Berendt, Karl Hermann † 1/437; Bergen, (Carl-Ludwig)
Diego von ~ 1/442; Cordan, Wolfgang † 2/371; Erckert,
Friedrich Carl von ~ 3/139; Frener, Johann Baptist ~/†
3/424; Ippisch, Franz ~/† 5/258; Pfeiffer, Johannes * 7/641
Guayaquil (Ecuador)
Goldbaum, Wenzel ~ 4/76; Karsen, Fritz † 5/454
Guben (aus den östlich der Lausitzer Neiße liegenden
Stadtteilen wurde 1945 die poln. Stadt Gubin gebildet)
Becher, Friedrich Liebegott ~ 1/365; Bettermann, Wilhelm
~ 1/499; Bötius, Sebastian * 1/636; Döring, Friedrich
Wilhelm ~ 2/576; Falkenhausen, Ludwig (Alexander
Friedrich August Philipp) Frh. von * 3/227; Franck,
Johann */~/† 3/389; Galle, (Johann) Gottfried ~ 3/563;
Gossmann, Gerhard * 4/101; Herrmann, Klaus * 4/644;
Kapp, Wolfgang ~ 5/430; Kirch, Christfried * 5/546; Kirch,
Gottfried */~ 5/546; Kock, Theodor ~ 5/646; Köster,
Louise ~ 5/676; Lehmann, Christian d. Ä. ~ 6/291; Mies
van der Rohe, Ludwig ~ 7/132; Moritz, Bernhard * 7/216;
Ochs, Traugott ~ 7/460; Pieck, Wilhelm * 7/665; Schröter,
Corona (Elisabeth Wilhelmine) * 9/154; Siegfried, Karl
Gustav Adolf * 9/313; Tschirch, (Wilhelm Oswald)
Alexander ~ 10/107; Tschirch, Otto * 10/107; Uhse,
Erdmann * 10/132; Wagner, Franz ~ 10/280; Wichert,
Georg Heinrich Robert ~ 10/470; Zweigert, Kurt * 10/706
Gubin → Guben
Gudensberg
Angelocrater, Daniel ~ 1/135; Brunner, Hugo * 2/169; Mel,
Conrad * 7/49; Sonnemann, Ulrich † 9/373
Gudersleben (seit 1994 zu Ellrich)
Bridel-Brideri, Samuel Elias von ~ 2/130
Gudo (Kt. Tessin)
Steinmann, Theophil (August) † 9/499
Gudow (Kr. Herzogtum Lauenburg)
Behrends, Ernst * 1/400
Gudowo → Baumgarten
Guebwiller → Gebweiler
Güglingen
siehe auch *Frauenzimmern*
Kapff, Sixt Carl von * 5/428; Klunzinger, Carl Benjamin *
5/610; Zeller, Hermann von ~ 10/637
Gülitz
Busse, Otto (Emil Franz Ulrich) * 2/255
Güls (seit 1970 zu Koblenz am Rhein)
Ellenberger, Agnes † 3/89
Gültlingen
Storr, Johann Christian ~ 9/560
Gültz
Maltzahn-Gültz, Helmuth Frh. von */† 6/582

Guémar (Dép. Haut-Rhin, Frankreich)
Jud, Leo * 5/370
Gümligen (Gem. Muri b. Bern, Kt. Bern)
Amstein, Rosalie ~ 1/121; Haberstich, Samuel ~ 4/295;
Huttenlocher, Heinrich (Ferdinand) † 5/237; Kohlschmidt,
Werner † 11/109; Kreutzberg, Harald † 6/102; Näf, Werner
† 7/330; Schoeck, Paul † 9/75
Günching
Asam, Cosmas Damian ~ 1/201
Gündelhard
Beroldingen, Paul Joseph * 1/479
Güns (ungar. Kőszeg)
Herzfeld, Karl August * 4/661; Herzfeld, Marie * 4/661;
Klesch, Daniel ~ 5/590; Ludvigh, Samuel * 6/497; Riedel,
Franz Xaver ~/† 8/291; Schey von Koromla, Friedrich
Frh. * 8/620; Weinlich-Tipka, Louise * 10/398; Wimmer,
August Gottlieb ~ 10/516
Güntersberg (poln. Nosowo)
Hollaz, David */~/† 5/151
Güntersberge
Manthey, Axel * 6/601
Güntershagen (poln. Lubieszewo)
Fischbeck, Otto * 3/309
Günthering
Reiter, Michael * 8/234
Günthersleben
Gropp, Ignaz ~/† 4/188; Kolb, Augustin * 6/10; Seitz,
Friedrich * 9/274
Günzburg
Aicher, Otl † 1/61; Aspre, Constantin Ghilain Karl Frh.
von ~ 1/206; Enderle, Johann Baptist ~ 3/109; Froben,
Ambrosius ~ 3/498; Galura, Bern(h)ard ~ 3/566; Grashey,
Otto * 4/137; Graßmann, Josef Ritter von * 4/140;
Greyerz, Gottlieb von ~ 4/161; Hoffmeister, Johannes
† 5/125; Hofmann, Joseph Ehrenfried † 5/130; Huber,
(Marie) Therese (Wilhelmine) ~ 5/199; Kelly, Petra *
5/500; Kratzer, Adolf * 6/73; Mändl, Johann Frh. von *
6/558; Magenau, Rudolf Friedrich Heinrich von ~ 6/560;
Mandl, Johann Frh. von * 6/585; Martin von Cochem ~
6/635; Mengele, Josef * 7/61; Raiser, Johann Nepomuk
von ~ 8/128; Reismüller, Georg † 8/231; Schatzgeyer,
Kaspar ~ 8/573; Schauwecker, Franz † 8/578; Schwarz,
Franz Xaver * 9/226; Simon, Carl ~ 9/330; Wehe, Hans
Jakob ~/† 10/375
Günzlhofen (Gem. Oberschweinbach)
Ratzinger, Georg ~ 8/154; Ursprung, Otto * 10/169
Güssing (Burgenland)
Steinherz, Samuel * 9/494
Güstebiese
Erdmann, David Christian Friedrich * 3/140
Güstrow
siehe auch *Neu Strenz*
Aken, Adolf Friedrich ~/† 1/62; Albrecht VII., Herzog
von Mecklenburg ~ 1/77; Amsberg, Julius ~ 1/120; Arnd,
Josua */~ 1/172; Arnd, Karl * 1/172; Bacmeister, Lukas
d. J. ~ 1/251; Barlach, Ernst ~ 1/296; Becker, Konrad ~
1/380; Behm, Heinrich (Martin Theodor) ~ 1/397; Bökel,
Martin von * 1/626; Brade, William ~ 2/55; Brinckman,
John ~/† 2/134; Buchka, Gerhard von ~ 2/185; Chemnitz,
Johann Friedrich von ~ 2/309; Coler, Jakob ~ 2/355;
Cothmann, Ernst ~ 2/383; Cothmann, Johann † 2/383;
Dahl, Johann Christian Wilhelm ~ 2/428; Darjes, Joachim
Georg * 2/445; Detharding, Georg Christoph * 2/500;
Eddeler, Matthäus ~ 3/16; Giese, Adolf ~ 4/1; Graff,
Karl (Ludwig Theodor) ~ 4/131; Graff, Wilhelm Paul ~
4/131; Gries, Johann(es) Michael ~ 4/163; Havemann,
Gustav * 4/456; Herlitz, David ~ 4/618; Herricht, Rolf ~
4/640; Hinrichsen, Marcus Wolf ~ 5/54; Höcker, Wilhelm
~ 5/87; Holsten, Karl (Christian Johann) * 5/154; Jauch,
Joachim Daniel von ~ 5/310; Joël, Franziskus ~ 5/335;
Johann Albrecht I., Herzog von Mecklenburg ~ 5/341;
Kaehler, Heinrich † 5/394; Kamptz, Karl (Albert Christoph
Heinrich) von ~ 5/422; Kersting, Georg Friedrich ~ 5/517;
Martienssen, Carl Adolf * 6/634; Meyer, Karl Friedrich

* 7/107; Nettelbladt, Rudolf von * 7/369; Nikolaus, Bischof von Verden ~ 7/418; Oemeken, Gerdt ~/† 7/468; Pamperrien, Rudolf (Ernst Ferdinand Martin) * 7/553; Pechel, Rudolf (Ludwig August) * 7/586; Pfleger, Augustin ~ 7/648; Pommeresch, Johann ~ 8/31; Reuter, (Heinrich Ludwig Christian) Fritz ~ 8/260; Rudloff, Friedrich August von ~ 8/435; Schliemann, Adolf Karl Wilhelm ~ 8/677; Schönemann, Daniel ~ 9/91; Schoppius, Andreas ~ 9/116; Schult, Friedrich ~/† 9/186; Slüter, Johann ~ 9/351; Sophie Elisabeth, Herzogin von Braunschweig-Wolfenbüttel * 9/377; Spangenberg, Paul * 9/384; Steinhäuser, Pauline * 9/492; Susemihl, (Friedrich) Franz (Karl Ernst) ~ 9/635; Tabor, Johann Otto ~ 9/649; Tarnow, Fanny * 9/658; Trotsche, Karl Heinrich Christoph ~ 10/98; Ule, Wilhelm ~ 10/134; Unzelmann, Karl Wilhelm Ferdinand ~ 10/161; Vierdank, Johann ~ 10/204; Wacker, Günther ~ 10/269; Warnke, Johannes ~ 10/337; Wiberg, Egon (Gustav Martin) * 10/469

Gütergotz
Rendtorff, Franz (Martin Leopold) * 8/241

Gütersfelde
Ursinus, Benjamin von † 10/168

Gütersloh
Bernsdorf, Wilhelm ~ 11/19; Bertelsmann, Carl (Heinrich) */~/† 1/481; Bertelsmann, Heinrich (Friedrich Christian) * 1/481; Fischer, Albert Friedrich Wilhelm ~ 3/310; Hahn, Wilhelm ~ 11/77; John, Karl ~/† 5/355; Kuhlo, Johannes ~ 6/158; Leherb, Helmut ~ 11/119; Leicht, Martin * 11/119; Lüning, Otto * 6/520; Mahraun, Arthur † 6/569; Meldau, Robert † 7/52; Miehe, Ulf ~ 7/131; Miele, Carl ~/† 7/131; Mohn, Heinrich */† 7/180; Müller, Ludwig * 7/276; Olpp, Gottlieb ~ 7/490; Recklinghausen, Friedrich (Daniel) von * 8/174; Ritter, Gerhard (Georg Bernhard) ~ 8/328; Ulrich, Gerhard ~/† 10/145; Volkening, Johann Heinrich ~ 10/245; Wahrig, Gerhard ~ 10/294; Werkmeister, Karl * 10/442; Zoellner, Wilhelm ~ 10/684

Gütle (Vorarlberg)
Hämmerle, (Franz) Martin ~ 4/306

Güttland (poln. Koźliny)
Halbe, Max * 4/341

Gugelwitz (poln. Gogołowice)
Ettenburg, Alexander * 3/184

Guggenbach (Gem. Übelbach, Steiermark)
Ruhmann, Adolf ~/† 8/460

Guggenbühl (Gem. Andwil, Kt. Thurgau)
Wehrli, Johann Jakob ~/† 10/378

Guggenthal (Salzburg)
Schöpf, Joseph Anton † 9/101

Gugging (seit 1954 zu Klosterneuburg, Niederösterreich)
Schlöss, Heinrich Edmund ~ 8/682; Schnopfhagen, Hans ~ 9/68

Guggisberg (Kt. Bern)
Dürrenmatt, Ulrich * 2/642

Guhrau (poln. Góra)
Erdmann, Benno ~ 3/140; Held, Heinrich ~ 4/556; Klemm, Wilhelm (Karl) * 5/586; Naumann, Werner * 7/351; Rösler, Augustin * 8/360; Scholz, (Jean Paul) Friedrich ~ 9/109; Triller, Valentin * 10/89

Guildford (England)
Kramer, Theodor ~ 6/69

Guildford (Vermont, USA)
Busch, Adolf † 2/248

Gulbene → Schwanenburg
Guldental → Heddesheim
Gulenberg (Vorarlberg)
Blank, Johann Konrad * 1/556

Gumbinnen (russ. Gusev)
Albers, Johann Christoph ~ 1/65; Bagdons, Friedrich ~ 1/267; Bender, Karl Ludwig † 1/416; Blumenthal, Joachim Christian Graf von ~ 1/588; Bockum-Dolffs, Florens Heinrich von ~ 1/598; Borbstädt, Adolf * 2/25; Brandes, Ernst ~ 2/62; Braun, Magnus Frh. von ~ 2/85; Bredow, Matthias Christoph von ~ 2/96; Corvin-Wiersbitzki, Otto Julius Bernhard von * 2/379; Dankwort, Werner ~ 2/442;

Degner, Artur * 2/466; Dieckmann, Johann Friedrich Wilhelm ~ 2/514; Domhardt, Johann Friedrich von ~ 2/590; Dulk, Albert (Friedrich Benno) ~ 2/647; Ehrenreich, Johann Eberhard Ludwig † 3/39; Friese, Richard */~ 3/485; Gregorovius, Ferdinand (Adolf) ~ 4/149; Heinrici, Georg ~ 4/544; Heinrici, Gotthard * 4/544; Jachmann, Günther * 11/94; Jachmann, Reinhold Bernhard ~ 5/270; Korell, Bruno * 6/43; Kreth, Hermann ~ 6/98; Krüger, Heinrich * 6/122; Leyden, Ernst (Viktor) von ~ 6/369; Möller, Reinhard Johannes ~ 7/170; Pfundtner, Hans * 7/653; Pollack, Werner * 8/26; Prittwitz und Gaffron, Maximilian von ~ 8/74; Rosenfeld, Ernst (Heinrich) * 8/395; Scheffner, Johann George ~ 8/585; Schlabrendorff, Ernst Wilhelm von ~ 8/652; Schön, (Heinrich) Theodor von ~ 9/82; Steiner, Arthur * 9/488; Steinhoff, Karl ~ 9/495; Unruh, Hans Victor von ~ 10/158; Urbschat, Fritz * 10/166; Viertel, Anton ~ 10/206; Weisflog, Carl ~ 10/403

Gummersbach
siehe auch *Kalkkuhl, Vollmerhausen, Windhagen*
Dörrenberg, Eduard † 2/580; Dresbach, August ~ 2/613; Ernsthausen, Ernst von * 3/167; Goller, Bruno * 11/70; Heuser, Werner ~ 5/11; Krawinkel, Bernhard (Leopold) ~ 6/87; Lambach, Walther ~ 6/202; Nahmer, Adolf von der ~ 7/337; Schroers, Rolf ~ 9/154

Gumpendorf (seit 1850 zu Wien)
Elßler, Fanny ~ 3/97; Elßler, Hermine * 3/98; Hesse, Carl ~ 4/675; Seidl, Wenzel * 9/268; Zeller, Simon Edler von Zellenberg ~ 10/638

Gumperda
Förtsch, Basilius ~ 3/365

Gumpertshausen
Schwemmer, Heinrich * 9/240

Gumpoldskirchen (Niederösterreich)
Klinger, Karl ~ 5/597; Klinger, Richard ~/† 5/598; Loos, Adolf ~ 6/466; Mairecker, Franz * 6/574; Sachse-Hofmeister, Anna * 8/490

Gunbitz (Prov. Posen)
Schneider, Carl * 9/50

Gundelfingen a. d. Donau
Bamann, Eugen * 1/283; Friedrich, Leonhard ~ 3/480; Manz, Kaspar * 6/602; Rodt, Christoph ~ 8/346; Schneidler, F(riedrich) H(ermann) Ernst † 9/61; Wagner, Ferdinand d. Ä. ~ 10/280

Gundelingen (Kt. Luzern)
Collinus, Rudolfus * 2/357

Gundelsheim (Kr. Heilbronn)
Betz, Philipp Friedrich ~ 1/500; Brüche, Ernst † 2/151; Flaischlen, Cäsar (Otto Hugo) † 3/335; Graaff, Wilhelm † 11/71; Gräter, Kaspar * 4/124; Wenger, Paul Wilhelm * 10/435

Gundelstein (Kr. Heilbronn) → Tiefenbach
Gundernhausen (seit 1977 zu Roßdorf, Kr. Darmstadt-Dieburg)
Bonhard, Georg Christian * 2/17; Sartorius, (Carl) Christian (Wilhelm) * 8/520

Gundersleben
Ludloff, Karl (Rudolf) * 6/495

Gundremmingen
Hauser, Anton * 4/447

Gunskirchen (Oberösterreich)
Salfinger, Johann Baptist ~ 8/498

Gunsleben
Henne, Eberhard Siegfried * 4/588

Gunten (Gem. Sigriswil, Kt. Bern)
Wirz, Otto ~/† 10/540

Guntersblum
Glaser, Georg K. * 4/23

Guntersdorf (Niederösterreich)
Neufeld, Max * 7/376

Guntershausen (Kt. Thurgau)
Ramsperger, Augustin * 8/134

Guntmadingen (Kt. Schaffhausen)
Jaag, Otto * 5/269

Guntramsdorf (Niederösterreich)
Blahetka, Marie Leopoldine * 1/554; Fuss, Heinrich * 3/545; Haiden, Laurenz † 4/336; Heger, Rolf Eugen * 4/482; Mayer-Gunthof, Franz * 7/12; Peuntner, Thomas * 7/629; Schoiswohl, Josef */~ 9/104

Gunzenhausen
siehe auch *Aha, Cronheim, Laubenzeddel, Wald*
Agricola, Johann * 1/54; Ammon, Ludwig (Johann Georg Friedrich) von * 1/118; Bing, Ignaz ~ 1/532; Borch, Wilhelm Friedrich Frh. von der */~/† 2/25; Eberlein, Ludwig * 2/674; Gail, Otto Willi (Albert) * 3/558; Glockengießer, Ulrich ~ 4/33; Götz, Johann Baptist ~/† 4/70; Grund, Johann Jakob (Norbert) * 4/222; Heitefuß, Clara ~ 4/552; Karl Wilhelm Friedrich, Markgraf von Brandenburg-Ansbach † 5/442; Marius, Simon * 6/624; Marzell, Heinrich (Oscar) ~ 6/650; Neureuther, Gottfried von ~ 7/393; Osiander, Andreas * 7/511; Posselt, Karl * 8/44; Regelsberger, Ferdinand (Aloys Friedrich Woldemar) * 8/184; Stählin, Wilhelm * 9/435; Stephani, Heinrich ~ 9/510; Zocha, Johann Wilhelm von * 10/682; Zocha, Karl Friedrich von * 10/682

Gunzwil (Kt. Luzern)
Amrhein, Andreas * 1/119; Beck, Conrad ~ 1/369; Burkhard, Paul ~ 2/243; Job, Jakob ~ 5/331; Ottiger, Ignaz * 7/527; Salis, Jean Rodolphe von ~ 8/499; Schenker, Kurt ~ 8/607; Scherchen, Hermann (Karl) ~ 8/609; Segesser, Agnes von ~ 9/262; Staub, Hans Otto ~ 9/455

Gurczyn (poln. Górczyn, heute zu Poznań/Posen)
Schattschneider, Arnold (Heinrich) * 8/573

Gurevsk → Neuhausen

Gurk (Kärnten)
Auersperg, Joseph Franz Graf von ~ 1/217; Bergler, Joseph d. Ä. ~ 1/449; Christoph IV. Andreas, Frh. von Spaur, Bischof von Brixen ~ 2/324; Colloredo-Waldsee, Hieronymus (Josef Franz de Paula) Graf von ~ 2/358; Gebhard, Erzbischof von Salzburg ~ 3/592; Goëss, Johann (Friedrich) Frh. von ~ 4/63; Hemma von Gurk ~/† 4/578; Hermann, Heinrich ~ 4/628; Hohenwart, Sigismund Graf von ~ 5/141; Johann Ribi von Lenzburg (genannt von Platzheim), Bischof von Gurk und Brixen ~ 5/339; Joseph Maria, Graf von Thun-Hohenstein, Bischof von Passau ~ 5/367; Kahn, Joseph ~ 5/403; Kaltner, Balthasar ~ 5/417; Lamberg, Johann Jakob von ~ 6/202; Lang von Wellenburg, Matthäus ~ 6/228; Salm-Reifferscheidt, Franz Xaver Altgraf von ~ 8/501; Santeler, Josef ~ 8/516; Scheuchenstuel, Karl Frh. von ~ 8/617; Schlattl, Christoph ~ 8/656; Spaur, Christoph Andreas Frh. von ~ 9/386; Thun, Wenzeslaus Reichsgraf von ~ 10/29; Thun und Hohenstein, Jakob Maximilian Reichsgraf von ~ 10/29; Wiery, Valentin ~ 10/488

Gurkfeld
Valvasor, Johann Weichard Frh. von † 10/180

Gurnitz (Kärnten)
Unrest, Jakob ~ 10/157; Wedenig, Ferdinand * 10/370

Gurs (Frankreich)
Arendt, Hannah ~ 1/166; Arning, Marie ~ 1/182; Gan, Peter ~ 3/567; Isolani, Gertrud ~ 5/264; Liefmann, Robert ~ 6/390; Lismann, Hermann ~ 6/423; Mombert, Alfred ~ 7/195; Reinhart, Hans ~ 8/221; Schulze-Wilde, Harry (Paul) ~ 9/202; Sonnemann, Ulrich ~ 9/373; Sterling, Eleonore ~ 9/512; Walter, Hilde ~ 10/319

Gurschdorf (tschech. Skorošice)
Schmidt, Adalbert von * 9/1

Gursen (poln. Górzna)
Gollnick, Erich Walter Alfred * 4/90

Gurten (Oberösterreich)
Schachinger, Norbert * 8/539

Gurtweil (seit 1975 zu Waldshut-Tiengen)
Baltenschwiler, Blasius * 1/280; Fehringer, Eduard ~ 3/246; Jordan, Johann Baptist * 5/362

Gusev → Gumbinnen

Gusjatyn → Husiatyn

Gusow
Derfflinger, Georg Frh. von ~/† 2/491

Gussow
Bieber-Böhm, Hanna ~ 1/516; Claudius, Wilhelm (Ludwig Heinrich) ~ 2/334; Dammeier, Rudolf ~ 2/437; Döpler, Emil ~ 2/575; Franke-Schievelbein, Gertrud ~ 3/405; Hohlfeld, Gottfried ~/† 5/142; Lepsius, Sabine ~ 6/337; Roederstein, Ottilie (Wilhelmine) ~ 8/349

Gußwerk (Steiermark)
Göth, Georg ~ 4/63; Henschel, Gustav † 4/596

Gustavsburg (Ginsheim-Gustavsburg)
Carstanjen, Arnold Julius Maximilian ~ 2/289; Herrmann, Hans (Georg) ~/† 4/643; Kirschmer, Otto ~ 5/555; Rieppel, Anton von ~ 8/304; Schleicher, Ferdinand (Alois) ~ 8/663

Gusteriţa → Hammersdorf

Gutach (Schwarzwaldbahn)
Hasemann, Wilhelm † 4/421

Gutau (Oberösterreich)
Kotzina, Vinzenz † 6/56

Gutenbrunn (Niederösterreich)
Mildner, Johann Joseph ~/† 7/140; Tepser, Johann Joseph Edler von Tepsern ~ 9/677

Gutenbrunnen (Lothringen)
Aeby, Christoph Theodor * 1/47

Gutenstein (Niederösterreich)
Friedrich III. der Schöne, deutscher König, Herzog von Österreich und Steiermark † 3/459; Kaltneker, Hans † 5/417; Keller, Seraphin ~ 5/497; Newald, Johann ~ 7/396; Rechberger, Franz † 8/172; Schack, Adolf Wilhelm † 8/541; Schönthaler, Franz † 9/99; Tyrolt, Rudolf † 10/120

Gutenzell (seit 1975 zu Gutenzell-Hübel)
Graul, Hans † 11/71; Rugel, Joseph Alexander */~ 8/459

Gutenzell-Hübel → Gutenzell

Gutitz
Hesse, Paul * 4/678

Gutstadt
Pfeiffer, Johann Philipp ~/† 7/641

Guttannen (Kt. Bern)
Langhans, Eduard * 6/245

Guttaring (Gem. Feldkirchen in Kärnten)
Rizzi, Vinzenz ~ 8/338

Guttau (seit 1970 zu Grömitz)
Beccau, Joachim * 1/365

Guttenbach (Neckargerach)
Leibfried, Eugen */~ 6/302

Guttenberg (Gem. Haßmersheim)
Gräter, Kaspar ~ 4/124

Guttenberg (Kr. Kulmbach)
Guttenberg, Karl Theodor Frh. von † 4/273

Guttenbrunn (Niederösterreich)
Pfliegler, Michael * 7/650

Guttenbrunn (ungar. Temeshidegkút, seit 1972 zu Zăbrani, Rumänien)
Müller-Guttenbrunn, Adam * 7/286

Guttentag (poln. Dobrodzień)
Cohn, Oskar * 2/352; Gürich, Georg (Julius Ernst) * 4/245

Guttstadt (poln. Dobre Miasto)
Bludau, Augustinus * 1/579; Dorn, (Friedrich) Ernst * 2/597; Frischbier, Hermann ~ 3/491; Jeroschewitz, Karl ~ 5/324; Niedermann, Johann ~ 7/405; Tulawski, Josef ~/† 10/115

Guxhagen
siehe auch *Breitenau*
Weber, Christoph (Leopold) * 10/351

Gwardejsk → Tapiau

Gwatt (Gem. Thun, Kt. Bern)
Brack, Max (Eugen) ~ 2/54

Gymnich (seit 1969 zu Erftstadt)
Kentenich, Peter Joseph * 5/506; Mathar, Ludwig ~ 6/654

Győr → Raab

Györke (slowak. Ďurkov)
Grünfeld, Josef * 4/216

Gysenstein (Gem. Konolfingen, Kt. Bern)
Fankhauser, Alfred ~ 3/230

Gyula (Ungarn)
Dürer, Albrecht d. Ä. * 2/637
Gyulafehérvár → Karlsburg

H

Haag (Gem. Tönisberg, seit 1970 zu Kerken)
Hoensbroech, Paul Graf von * 5/99
Haag (Niederösterreich)
Pehersdorfer, Anna ~ 7/588
Haag am Hausruck (Oberösterreich)
Bayer, Herbert (Wilhelm) * 1/357
Haag i. OB.
siehe auch *Weihermühle*
Franck, Kaspar ~ 3/389
Haale
Kröger, Timm * 6/110
Haan
Barth, Emil * 1/300; Fischer, Hermann † 3/319; Nölting, Erik (Wilhelm) † 7/431
Haapsalu → Hapsal
Haar (Kr. München, Land)
Anders, Helga † 1/124; Mayerhofer, Fanny † 7/13; Reitzner, Richard † 8/236; Roeseler, Albrecht † 8/359; Seeliger, Ewald Gerhard (Hartmann) ~ 9/259; Spiethoff, Bodo † 9/406
Haarbach → Uttlau
Haarbach (seit 1978 zu Vilsbiburg)
Schleich, Eduard d. Ä. * 8/663
Haardt (seit 1969 zu Neustadt an der Weinstraße)
Clemm, August (Ernst Konrad) Ritter von † 2/341
Haardt (Siegen)
Rübsaamen, Ewald Heinrich * 8/443
Haaren (seit 1972 zu Aachen)
Graaff, Carlo * 4/114; Schneider, Emilie * 9/51
Haarlem (Niederlande)
Fleischmann, Johann Michael ~ 3/344; Galle, Philipp * 3/563; Heiller, Anton ~ 4/497; Joest, Jan ~/† 5/337; Landshoff, Fritz Helmut † 6/221; Lemke, Johann Philipp ~ 6/316; Liebermann, Max ~ 6/381; Nordheim, Lothar Wolfgang ~ 7/438; Noske, Sophie ~ 7/440; Rumpf, (Wilhelm Heinrich) Christian (Ludwig) ~ 8/464; Scheits, Matthias ~ 8/590; Sinzheimer, Hugo (Daniel) ~ 9/342
Haarpaint
Wirthmüller, Johann Baptist * 10/539
Haazen
Brack, Viktor * 2/54
Habelschwerdt (poln. Bystrzyca Kłodzka)
Bial, Rudolf * 1/510; Nürnberger, August Joseph * 7/447; Stehr, Hermann */~ 9/470; Ullrich, Titus * 10/139
Habern (Böhmen)
Ullmann, Karl * 10/137
Habersdorf → Finckenstein
Haberstroh
Stifel, Michael ~ 9/530
Habichtswald → Bodenhausen
Habighorst → Burghorn
Habkern (Kt. Bern)
Ringier, Friedrich Hieronymus von * 8/317
Habkirchen (Mandelbachtal)
Müller, Erwin † 7/254
Habsburg (Kt. Aargau)
Albrecht der Weise, Graf von Habsburg ~ 1/76; Ryniker, Adolf J. † 8/480
Hachenburg
Heymann, Karl * 5/25; Müller, (Johann) Daniel ~ 7/251; Rothweil, Julius Ludwig ~ 8/424; Rumpf, Joachim ~ 8/464; Sayn, Luise Juliane Gräfin ~ 8/535; Speck, Karl (Friedrich Christian) ~ 9/388

Hacheney (seit 1929 zu Dortmund)
Dransfeld, Hedwig * 2/608
Hachtel (Niederstetten)
Habel, Johann Simon * 4/291
Hachtel (seit 1974 zu Bad Mergentheim)
Mergenthaler, Ottmar * 7/70
Hacklberg (seit 1972 zu Passau)
Wirkner, Wenzel † 10/537
Hadamar
Almendingen, Ludwig Harscher von ~ 1/93; Böhlen, Johannes Hippolytus ~ 1/615; Braun, Karl Joseph Eduard * 2/84; Braun, Karl Joseph Wilhelm * 2/84; Devora, Victor Josef (Aloysius) * 2/507; Egenolff, Christian * 3/24; Frankenberger, Johann * 3/406; Frorath, Wilhelm † 3/512; Halm, Karl (Felix) Ritter von ~ 4/352; Harscher von Almendingen, Ludwig ~ 4/397; Hatto II., Erzbischof von Mainz ~ 4/433; Herr, (Fritz Moritz) Adolf * 4/637; Holzappel, Peter Melander Graf zu ~ 5/159; Horn, Johann Philipp * 5/177; Kehrein, Joseph ~ 5/484; Langhein, Carl † 6/246; Lorich, Gerhard */~ 6/474; Lorichius, Johannes ~ 6/475; Mathi, Maria */~ 6/654; Neudecker, Johann d. Ä. ~/† 7/375; Rumpf, Joachim ~ 8/464; Speck, Karl (Friedrich Christian) ~ 9/388
Hademarschen
Storm, (Hans) Theodor (Woldsen) ~/† 9/559
Hadersdorf-Weidlingau (seit 1938 zu Wien)
Doderer, (Franz Carl) Heimito (Ritter) von * 2/567; Granitsch, Georg † 4/135; Kübeck von Kübau, Karl Frh. † 6/138
Hadersleben (dän. Haderslev)
Boysen, Jasper * 2/53; Christian III., Herzog von Schleswig und Holstein, König von Dänemark und Norwegen ~ 2/319; Dose, Johannes (Valentin) ~/† 2/602; Friedrich II., Herzog von Schleswig-Holstein, Erzbischof von Bremen * 3/462; Friedrich II., Herzog von Schleswig-Holstein, König von Dänemark und Norwegen * 3/473; Johann der Ältere, Herzog von Schleswig-Holstein */~/† 5/346; Langbehn, (August) Julius * 6/229; Medau, Hinrich ~ 7/22; Nissen, Georg Nikolaus von * 7/424; Nissen, Heinrich * 7/424; Rantzau, Gerhard von ~ 8/139; Schlaikjer, Erich ~ 8/655; Strodtmann, Johann Sigismund */~ 9/591; Wacker, (Peter Johannes Georg) Emil ~ 10/268; Wenth, Johann ~ 10/437
Haderslev → Hadersleben
Hadmersleben
Anna, Kurfürstin von Sachsen * 1/143; Dix, Walter (Hans Bruno) ~ 2/563; Heine, Ferdinand ~/† 4/508; Nitzschke, Emil (Robert Otto) * 7/427; Vettel, Franz ~ 10/200; Winckelmann, Johann Joachim ~ 10/518
Häblkofen
Pergmayr, Joseph * 7/600
Hägermühle
Braune, Paul * 2/88
Häggenschwil (Kt. Sankt Gallen)
Grubenmann, Jakob ~ 4/205
Hämelschenburg
Merkatz, Hans-Joachim von ~ 7/72
Hänchen (Gem. Kolkwitz, Kr. Spree-Neiße)
Pohlenz, Max (Hugo) * 8/20
Härtlingen
Pascher, Joseph * 7/567
Häselrieth (seit 1969 zu Hildburghausen)
Dotzauer, Justus Johann Friedrich * 2/603
Haffkrug (Gem. Scharbeutz)
Kraft, Robert † 6/65
Haffwerder → Agilla
Hafnerbach (Niederösterreich)
Resel, Johann * 8/248; Werner, Karl * 10/447
Hafnerberg (Niederösterreich)
Mildorfer, Josef Ignaz ~ 7/140
Hagen (Gem. Riegsee)
Przywara, Erich † 8/83
Hagen (seit 1975 zu Sundern, Sauerland)
Linneborn, Johannes * 6/413

Hagen

Hagen (Westfalen)
siehe auch *Elsey, Haspe, Haus Busch, Herbeck, Hohenlimburg, Wehringhausen*
Adam, Karl * 1/29; Alberts, Walter * 1/71; Alsen, Herbert ~ 1/94; Axmann, Artur * 11/8; Bechem, August (Johann Friedrich) ~ 1/365; Becker (Arnsberg), Johannes ~ 1/379; Beckmann, Hermann ~ 1/385; Berend, Fritz ~ 1/436; Berg, Fritz ~ 1/440; Bispink, Franz Heinrich ~ 1/548; Brauweiler, Heinz ~ 2/91; Bremiker, Carl * 2/110; Daelen, Reiner Maria ~ 2/425; Delius, Carl Albrecht ~ 11/44; Denker, Alfred (Friedrich Amandus) ~ 2/488; Dornseiff, Richard ~ 2/600; Eklöh, Herbert ~ 3/82; Ellinghaus, (Hermann Bernhard) Wilhelm ~ 3/92; Elmendorff, Karl ~ 3/93; Friedrichs, Adolf * 3/482; Frölich, Rose ~ 3/505; Fuchs, Hans ~ 3/519; Funcke, Wilhelm */~/† 3/540; Genzmer, Felix (August Helfgott) ~ 3/625; Gerhardi, Ida * 3/642; Göring, Michael Christian ~/† 4/58; Gontard, Paul Curt von * 4/96; Gruchot, Julius Albrecht ~ 4/208; Grundmann, Franz Henrich ~ 4/224; Güldner, Hugo ~ 4/235; Guilleaume, (Carl Maria) Theodor Frh. von ~ 11/74; Hagans, Christian ~ 4/317; Harkort, Friedrich Wilhelm ~ 4/387; Hasenclever, Wilhelm ~ 4/423; Hegenscheidt, Rudolf ~ 4/481; Heinemann, Adolf */~ 4/513; Heinz, Wolfgang ~ 4/547; Hilgenstock, Gustav ~ 5/41; Holzmüller, (Ferdinand) Gustav ~ 5/162; Hompel, Rudolf ten ~ 5/165; Huth, Friedrich † 5/236; Jucho, Caspar Heinrich ~ 5/370; Kaiser, Oskar ~ 5/408; Kaltefleiter, Werner * 11/100; Kamke, Erich ~ 5/419; Kollmann, Wilhelm ~ 6/18; Lammert, Will * 6/207; Lange, Friedrich (Wilhelm Theodor) */~ 6/231; Lehmbruck, Wilhelm ~ 6/298; Lehmkuhl, Augustin(us) * 6/298; Lehnkering, Carl ~ 6/300; Lessing, Gotthold Ephraim ~ 6/346; Lippisch, Alexander (Martin) ~ 6/419; Lobe, Friedrich ~ 6/430; Lohage, Franz Anton ~ 6/461; Ludowigs, Paul ~ 6/497; Lübke, Anton ~ 6/512; Lueg, Heinrich ~ 6/518; Manger, Jürgen von ~ 6/587; Mannstaedt, Franz * 6/597; Mannstaedt, Ludwig Emil ~ 6/597; Mannstaedt, Wilhelm ~ 6/598; Meister, Ernst */† 7/46; Meyer, Kurt † 7/108; Milloss, Aurel von ~ 7/145; Nettstraeter, Klaus † 7/369; Neuloh, Otto ~ 11/139; Nuding, Hermann (Christian) ~ 7/447; Oehme-Foerster, Elsa ~ 7/465; Osthaus, Karl Ernst */~ 7/573; Paul, Erich ~ 7/573; Paul, Hugo * 7/574; Pirath, Wilhelm ~ 7/676; Quandt, Herbert ~ 8/99; Raabe, Cuno Heinrich ~ 8/106; Rehkemper, Heinrich ~ 8/191; Rehling, Luise ~/† 8/191; Robertz, Heinz ~ 8/339; Rohlfs, Christian (Friedrich) ~/† 8/368; Sauer, Franz ~ 8/526; Schiele, Egon ~ 8/626; Schümer, Wilhelm ~ 9/171; Schüngeler, Heinz ~ 9/171; Schürmann-Horster, Wilhelm ~ 9/173; Schütz, (Ludwig) Harald ~ 9/177; Schumacher, Emil * 11/173; Siegler, Josef ~ 9/306; Siegl, Otto ~ 9/313; Sistig, Alfred Erich */~ 9/343; Smolny, Paul ~ 9/353; Specht, Renate ~ 9/387; Speelmanns, Hermann ~ 9/389; Spring, Alexander ~ 9/419; Steffen, Wilhelm ~ 9/464; Steger, Milly ~ 9/467; Steinhoff, Fritz ~/† 9/494; Stieler, Elisabeth ~ 9/528; Störring, Willi */~ 9/546; Sträter, Artur ~/† 9/564; Streibing, Karl-Heinz * 9/581; Streletz, Rudolf ~ 9/583; Thedieck, Franz * 9/600; Treskow, Elisabeth ~ 10/83; Undeutsch, Hermann ~ 10/151; Uphoff, Carl Emil ~ 10/162; Vetterlein, Ernst (Friedrich) ~ 10/202; Viehof, Felix (Heinrich) ~ 10/204; Vincke, Georg Frh. ~ 10/211; Voigts, Bodo ~ 10/240; Vordemberge, (Rudolf Heinrich) Friedrich ~ 10/253; Voss, Heinrich ~ 10/258; Weber, Hildegard * 10/355; Wedekind, Hermann ~ 10/369; Weisbach, Hans ~ 10/401; Weiß, Emil Rudolf ~ 10/407; Weisser, Gerhard ~ 10/414; Weyer, Willy */~ 10/465; Witsch, Joseph Caspar ~ 10/543; Wolff, Fritz ~ 10/572; Wolff, Willy * 10/574; Zade, Martin ~ 10/612

Hagenau (frz. Haguenau, Dép. Bas-Rhin)
Aly, (Gottfried) Friedrich ~ 1/109; Angst, Wolfgang ~/† 1/139; Anshelm, Thomas ~/† 1/148; Barner, Christoph von ~ 1/297; Barth-Bartenheim, Johann Baptist Ludwig Ehrenreich Graf von * 1/305; Begert, (Christoph Johannes) Jakob ~ 1/394; Biedert, Philipp ~ 1/518; Billick, Eberhard ~ 1/528; Böddeker, Philipp Friedrich * 1/613; Braubach, Peter ~ 2/76; Brenz, Johannes ~ 2/118; Callenbach, Franz ~ 2/266; Camerlander, Jakob ~ 2/270; Capito, Wolfgang * 2/277; Cruciger, Caspar d. Ä. ~ 2/405; Dankrotzheim, Konrad */† 2/441; Dietterlin, Wendel ~ 2/539; Erich I., Herzog von Braunschweig-Lüneburg † 3/148; Friedrich I. (Barbarossa), Kaiser ~ 3/456; Gebwiler, Hieronymus ~/† 3/596; Gengler, Karl * 3/622; Gottfried von Hagenau ~ 4/106; Gran, Heinrich */~/† 4/134; Grynäus, Simon ~ 4/229; Guerber, Joseph ~ 4/245; Hagenauer, Nikolaus * 4/323; Hannong, Paul Anton ~ 4/372; Heilmann, Johann ~ 4/499; Heinrich II. Knoderer, Erzbischof von Mainz, als Heinrich IV. Bischof von Basel † 4/530; Hellu, Balthasar von * 4/569; Jäger, August ~ 5/282; Kobian, Valentin ~/† 5/637; Köpfel, Wolfgang * 5/667; Lauber, Diebolt ~ 6/264; Lipps, Gottlob (Friedrich) ~ 6/420; Löwenfinck, Adam Friedrich von ~/† 6/453; Löwenfinck, (Maria) Seraphia (Susanna Magdalena) von ~ 6/453; Müller, Gallus ~ 7/259; Nausea, Friedrich ~ 7/351; Otto, Herzog von Österreich, Steiermark und Kärnten ~ 7/532; Pauli, Heinrich ~ 7/575; Philipp II. von Flersheim, Bischof von Speyer ~ 7/656; Pommer, Christoph Friedrich von ~ 8/30; Reinmar der Alte ~ 8/227; Rurer, Johann ~ 8/474; Schlick, Arnold ~ 8/675; Schneck, Wilhelm Karl ~ 9/46; Schneider, Eulogius ~ 9/51; Schnepf, Erhard ~ 9/64; Stroux, Johannes * 9/595; Sturm, Johannes ~ 9/617; Thomas von Straßburg */~ 10/17; Toxites, Michael ~/† 10/66; Truchseß von Waldburg, Otto ~ 10/100

Hagenbach (Kr. Germersheim)
Eichmann, Eduard * 3/55

Hagenbach (seit 1972 zu Pretzfeld)
Arnold, Friedrich Christian Ritter von * 1/186

Hagenberg (Oberösterreich)
Thürheim, Christoph Wilhelm Graf von ~ 10/26; Tumler, Franz (Ernest Aubert) ~ 10/116

Hagenbuch (Kt. Zürich)
Freuler, Kaspar ~ 3/431

Hagenow
Brinkmann, Roland * 11/32; Heincke, Friedrich * 4/507; Schmidt, Carl * 9/4; Schröder, Kurt * 9/148; Stock, Robert * 9/537

Hagenwil (Gem. Amriswil, Kt. Thurgau)
Angehrn, Beda * 1/135; Angehrn, Benedikt Maria * 1/135; Berthold von Falkenstein, Abt von St. Gallen ~ 1/483

Hagnau am Bodensee
Bissier, Julius (Heinrich) ~ 1/548; Hansjakob, Heinrich ~ 4/377; Zimmermann, Reinhard Sebastian * 10/670

Hahn (Odenwald)
Schnaudigel, Otto (Franz August) † 9/46

Hahn (Rheinland)
Scheer, Maximilian * 8/582

Hahnbach
siehe auch *Mimbach*
Prechtl, Maximilian * 8/56; Raselius, Andreas * 8/145; Weigl, Johann Baptist * 10/389

Hahnenklee-Bockswiese (Oberharz) (seit 1972 zu Goslar)
Lincke, Paul † 6/399; Mangold, Ernst † 6/588; Zimmer, Heinrich † 10/664

Haid (seit 1978 zu Wessobrunn)
Feuchtmayer, Franz Xaver I. * 3/276; Feuchtmayer, Johann Michael * 3/276; Günther, Matthäus ~/† 4/242

Haid (tschech. Bor)
Blum, Peter Josef ~ 1/582; Heinl, Franz * 4/517; Höhler, Matthias ~ 5/92; Löwenstein-Wertheim-Rosenberg, Karl Fürst zu * 6/456

Haida (tschech. Nový Bor)
Egermann, Friedrich † 3/25; Fischer, Max (Wilhelm Conrad) ~ 3/324; Hackel, Eduard * 4/297; Heinrich, Walter * 4/543

Haidhausen (seit 1854 zu München)
Berger, Matthias ~ 1/446; Mittermayer, Michael * 7/158; Seidl, Andreas ~ 9/267

Haidju (Prov. Hwanghai-do, Korea)
Li, Mirok * 6/372

Haifa (Israel)
Berg, Christian ~ 11/17; Bergel, Bernd ~ 1/442; Breuer, Samson † 2/126; Friedjung, Josef (Karl) † 3/451; Goldhammer, Leo ~/† 4/79; Hardegg, Georg David ~/† 4/380; Hoffmann, Christoph ~ 5/114; Kastein, Josef † 5/460; Kertész, István † 5/518; Koelle, Sigismund Wilhelm ~ 5/655; Kronberg, Simon † 6/116; Kurrein, Max ~/† 6/177; Landmann, Michael ~/† 6/218; Lazarus, Paul ~/† 6/278; Levinsohn, Georg † 6/360; Lewkowitz, Albert ~/† 6/366; Loewe, Heinrich † 6/450; Ollendorff, Franz Heinrich ~/† 7/489; Rading, Adolf ~ 8/116; Robinson, Saul Benjamin ~ 8/340; Schächter, Josef ~/† 8/545; Schmitz, Ernst † 9/35; Stein-Schneider, Lena ~ 9/482; Struck, Hermann ~/† 9/596; Weissmann, Adolf † 10/415; Zweig, Arnold ~ 10/704
Haig (seit 1975 zu Stockheim, Kr. Kronach)
Moeckel, Balthasar * 7/163
Haiger
siehe auch *Offdilln*
Heitefuß, Clara ~ 4/552; Rumpf, Joachim * 8/464; Textor, Johann */~ 9/684
Haigerloch
siehe auch *Owingen*
Au, Andreas Meinrad von ~ 1/211; Beer, Michael ~ 1/390; Dreher, Theodor ~ 2/613; Lenz, Peter * 6/325; Rösch, Adolf ~ 8/357; Schweigger, Salomon * 9/235
Haimendorf (seit 1972 zu Röthenbach a. d. Pegnitz)
Fürer von Haimendorf, Christoph d. Ä. † 3/525; Fürer von Haimendorf, Christoph d. J. * 3/526
Haimersgrün
Walther, Friedrich Ludwig ~ 10/323
Haimhausen
siehe auch *Ottershausen*
Buttersack, Bernhard ~ 2/259; Degenhart, Max ~ 11/44; Eckartshausen, Franz Karl von ~/* 3/9; Verhelst, Ignaz Wilhelm ~ 10/196; Verhelst, Placidus ~ 10/196; Zuppinger, Ernst (Theodor) ~ 10/701
Haiming (Gem. Obing)
Schmidt, Karl (Eduard Franz) † 9/13
Haina (Kr. Gotha)
Zachariae, Justus Friedrich * 10/610
Haina (Kr. Hildburghausen)
siehe auch *Sülzdorf*
Hut, Hans * 5/235
Haina (Kloster)
siehe auch *Halgehausen*
Bang, Johann Heinrich Christian ~/† 1/288; Dryander, Johann ~ 2/629; Lauze, Wigand ~ 6/274; Strack, Ludwig Philipp * 9/563; Tischbein, Anton Wilhelm * 10/48; Tischbein, Christian Wilhelm ~ 10/48; Tischbein, (Johann) Jacob * 10/48; Tischbein, (Heinrich) Jacob * 10/48; Tischbein, Johann Anton * 10/49; Tischbein, Johann Heinrich d. Ä. * 10/49; Tischbein, Johann Heinrich d. J. * 10/49; Tischbein, Johann Heinrich Wilhelm * 10/49
Hainbach (Gem. Nußdorf am Haunsberg, Salzburg)
Hauthaler, Willibald * 4/455
Hainburg (Kr. Offenbach) → Hainstadt
Hainburg an der Donau (Niederösterreich)
Burstyn, Gunther ~ 2/247; Felbinger, Franz Ritter von * 3/254; Gunther, Bischof von Bamberg ~ 4/261; Haitinger, Max (Robert) ~ 4/339; Hayd, Karl * 4/459; Haydn, (Franz) Joseph ~ 4/459; Hoernes, Hermann von ~ 5/103; Holzapfel, Joseph ~ 5/158; Jung, Georg ~ 5/379; Kodweiß, Friedrich ~/† 5/646; Machold, Joseph ~ 6/551; Palme, Ignaz Samuel ~/† 7/552; Weil, Joseph Ritter von Weilen ~ 10/392; Wertheim, Theodor ~ 10/452
Haindorf (bei Reichenberg, Böhmen)
Klein, Wilhelm † 5/578
Hainfeld (Niederösterreich)
Ehrenzweig, Albert Arnin ~ 3/40; Fischer, Georg * 3/317
Hainfeld bei Fürstenfeld (Steiermark)
Purgstall, Wenzel Karl Graf von ~ 8/91
Hainholz (seit 1938 zu Elmshorn)
Rehmke, Johannes * 8/192

Hainichen (Kr. Mittweida)
siehe auch *Berthelsdorf*
Gellert, Christian Fürchtegott * 3/617; Gellert, Christlieb Ehregott * 3/617; Haentze, (Johann) Carl Gottfried ~ 4/311; Keller, Friedrich (Gottlob) */~ 5/491
Hainichen (Saale-Holzland-Kreis)
Feuerbach, Paul Johann Anselm Ritter von * 3/279
Hainitz
Faltis, Johann ~ 3/230
Hainrode (Hainleite)
Seidenstücker, Johann Heinrich Philipp * 9/267; Wolf, Friedrich August (Christian Wilhelm) * 10/565
Hainsberg (seit 1964 zu Freital)
Krumpach, Nikolaus * 6/130
Hainspach (tschech. Lipová)
Frind, Anton Ludwig * 3/487; Frind, Wenzel Anton * 3/487; Jarisch, Anton Hieronymus ~ 5/307; Kumpf, Heinrich ~ 6/166; Ržiha, Franz Ritter von * 8/482
Hainstadt (Hainburg, Kr. Offenbach)
Kranz, Peter-Paul * 6/71
Haiterbach
Pregizer, Christian Gottlob ~/† 8/57
Haithabu
Marco, Bischof von Haithabu (bei Schleswig) ~ 6/608
Hajduki Wielkie → Bismarckhütte
Háje → Funkenstein
Hajnice (dt. Hainsdorf) → Deutsch-Prausnitz
Halbau (Lausitz)
Praetzel, Karl Gottlieb * 8/51
Halbendorf (poln. Półwsie)
Maiwald, Kurt * 6/575
Halbergmoos → Mariabrunn
Halberstadt
siehe auch *Emersleben, Sankt Burchard, Wehrstedt*
Abel, Friedrich Gottfried */~/† 1/5; Abel, Kaspar ~ 1/5; Abs, Johann Christian Josef ~ 1/14; Adalbert, Erzbischof von Hamburg-Bremen ~ 1/25; Adalgoz von Veltheim, Erzbischof von Magdeburg ~ 1/26; Albert von Sachsen ~/† 1/68; Albrecht II., Herzog von Braunschweig-Lüneburg, Bischof von Halberstadt ~ 1/76; Albrecht IV., Graf von Wernigerode (als Albrecht VIII.), Bischof von Halberstadt ~/† 1/76; Albrecht IV. von Querfurt, Erzbischof von Magdeburg ~ 1/76; Albrecht, Markgraf von Brandenburg, Kardinal, Erzbischof von Mainz und Magdeburg, Administrator von Halberstadt ~ 1/77; Albrecht von Halberstadt * 1/79; Allmenröder, Karl ~ 1/92; Alvensleben, Albrecht Graf von * 1/107; Alvensleben, Johann August Ernst Graf von * 1/108; Ammersbach, Heinrich */~/† 11/3; Anselm Kasimir, Wamboldt von Umbstadt, Erzbischof von Mainz ~ 1/147; Anton, August Friedrich Moritz † 1/151; Arends, Wilhelm Erasmus † 1/166; Arentsche, Joachim ~ 1/168; Arndt, Georg ~ 1/174; Arndt, Johann ~ 1/174; Arnolf, Bischof von Halberstadt ~ 1/192; Auerbach, Moses * 1/216; Augustin, Christian Friedrich Bernhard ~/† 1/222; Augustin, Karl Haymo Semeca * 1/223; Avenarius, Eduard (Ludwig Friedrich) * 1/227; Baerensprung, Horst W. ~ 1/261; Barth, Karl von † 1/302; Basse, Gottfried */~ 1/314; Baumeister, (Karl) August ~ 1/339; Baurmeister, Tobias von ~/† 1/353; Bech, (Wilhelm) Fedor ~ 11/15; Becker, Wilhelm von ~ 1/381; Berlin, Jesaja † 1/458; Berndt, Otto ~ 1/462; Bischoff, Georg Friedrich ~ 1/543; Blüthgen, Clara * 1/581; Blumenthal, Joachim Friedrich von ~ 1/588; Boelcke, Oswald ~ 1/626; Borchardt, Hermann ~ 2/26; Bormann, Martin * 2/31; Boysen, Peter Adolf ~ 2/53; Braun, Lily (Amelia Jenny Emilie Klothilde Johanna) * 2/84; Bridel-Brideri, Samuel Elias von ~ 2/130; Buchhorn, (Karl) Ludwig (Bernhard Christian) * 2/185; Büttner, Johann Arnold Joseph */~ 2/215; Burchard II., Bischof von Halberstadt ~ 2/227; Burchard III., genannt Lappe, Erzbischof von Magdeburg ~ 2/228; Butendach, Johann ~ 2/257; Christian Ernst, Markgraf von Brandenburg-Bayreuth ~ 2/317; Christian d. J., Herzog von Braunschweig-Lüneburg-Wolfenbüttel, Administrator von Halberstadt ~ 2/318; Christian Wilhelm,

Markgraf von Brandenburg, Administrator von Magdeburg ~ 2/318; Claudius, Matthias ~ 2/333; Clemens II. ~ 2/339; Cramer, Friedrich Gottfried Matthias ~/† 2/388; Crotus Rubeanus ~/† 2/404; Danckelmann, Daniel Ludolf Frh. von ~ 2/438; Dohna, Christian Albrecht Burggraf zu ~ 2/582; Ebe, Gustav * 2/663; Eberhard, Johann August */~ 2/671; Eckhart von Hochheim ~ 3/13; Eichholz, Friedrich Wilhelm */~/† 3/51; Eike von Repgow ~ 3/60; Elgard, Nikolaus ~ 3/84; Ernst, Herzog von Sachsen, Erzbischof von Magdeburg ~ 3/160; Ernst, (Friedrich Wilhelm) Adolf von ~ 3/162; Ernsting, Arthur Conrad ~ 3/167; Eß, Karl van ~ 3/179; Feindt, Jürgen * 3/251; Franz Egon, Frh. von Fürstenberg, Bischof von Hildesheim und Paderborn ~ 3/411; Friderich, Frantz ~ 3/444; Friedrich Wilhelm, Kurfürst von Brandenburg ~ 3/461; Friedrich II., Herzog von Schleswig-Holstein, Erzbischof von Bremen ~ 3/462; Fritze, (Johann) Gottlieb ~/† 3/497; Fromhold, Johann ~ 3/508; Gerlach, Andreas Christian ~ 3/647; Germer, Heinrich ~ 3/652; Gerschon ben Meir ~ 3/655; Gleim, Johann Wilhelm Ludwig ~/† 4/29; Glümer, (Carl Ludwig) Adolf von ~ 4/38; Goeckingk, Leopold Friedrich Günther von ~ 4/50; Goeschen, Alexander ~ 4/62; Goeze, Johann Melchior * 4/75; Grawert, Julius August Reinhold von ~ 4/145; Gronemann, Sammy ~ 4/185; Groß, Edgar (Karl Marian) ~ 4/190; Groß-Hoffinger, Anton Johann ~ 4/193; Grosse, Henning * 4/194; Haimo, Bischof von Halberstadt ~ 4/337; Hardenberg, Georg Ludwig von ~/† 4/381; Harenberg, Johann Christian ~ 4/386; Hartmann, Johann David ~ 4/409; Hasenpflug, (George Carl) Adolph ~/† 4/424; Haußmann, Valentin ~ 4/455; Heiland, Karl Gustav ~ 4/495; Heimo von Hirsau ~ 4/505; Heinrich Julius, Herzog von Braunschweig-Lüneburg-Wolfenbüttel ~ 4/525; Heinse, (Johann Jakob) Wilhelm ~ 4/545; Heinzelmann, (Siegfried Ernst) Johannes * 4/548; Helm, Heinrich */~ 4/571; Hense, Otto * 4/597; Hermann, Bischof von Verden ~ 4/622; Hildesheimer, Israel */~ 5/39; Hildiward, Bischof von Halberstadt ~/† 5/40; Hintzsche, Erich * 5/57; Hirsch, Adolphe * 5/59; Hirsch, Aron * 5/60; Hirsch, Max * 5/63; Hirsch, Salli ~ 5/64; Hoffmann, Friedrich ~ 5/117; Huenefeld, Andreas * 5/211; Jacobi, Johann Georg ~ 5/274; Jacobson, Israel * 5/277; Jan von Halberstadt * 5/298; Johannes Teutonicus ~ 5/354; Johannsen, Christa * 5/354; Julius, Herzog von Braunschweig-Lüneburg-Wolfenbüttel ~ 5/376; Karsch, Anna Luise ~ 5/454; Kayserling, Meyer ~ 5/481; Kehr, Johannes Otto ~ 5/484; Klamroth, Ludwig */~/† 5/565; Klein-Rogge, Rudolf ~ 5/579; Kling, Melchior ~ 5/595; Königsberger, Bernhard ~ 5/664; Körte, (Friedrich Heinrich) Wilhelm † 5/674; Kohn, Pinchas ~ 6/6; Korner, Hermann ~ 6/46; Koster, Harmen ~ 6/54; Kraemer, Friedrich Wilhelm ~ 6/60; Kraemer, Gustav * 6/61; Krug von Nidda, Otto ~ 6/127; Kühne, Georg * 6/145; Lampadius, Auctor ~/† 6/208; Laska, Gustav ~ 6/255; Lebrun, Karl August * 6/280; Lehmann, Behrend ~/† 6/291; Leopold Wilhelm, Erzherzog von Österreich, Bischof von Straßburg, Passau, Halberstadt, Olmütz und Breslau, Erzbischof von Magdeburg, Hoch- und Deutschmeister, Statthalter der Spanischen Niederlande ~ 6/334; Lepp, Adolf * 6/336; Levin, Hirsch ~ 6/359; Lichtwer, Gottfried Magnus ~/† 6/377; Lingen, Theo ~ 6/410; Löhr, Johannes Andreas Christian * 6/444; Lucanus, Hermann von */~ 6/490; Ludolf König, Hochmeister des Deutschen Ordens ~ 6/495; Ludolf, Erzbischof von Magdeburg ~ 6/495; Ludwig, Fürst von Anhalt-Köthen ~ 6/499; Ludwig, Markgraf von Meißen, Landgraf von Thüringen, Bischof von Halberstadt und Bamberg, Erzbischof von Mainz und Magdeburg ~ 6/504; Luther, Gottlieb * 6/535; Mack, Heinrich † 6/552; Mack, Max * 6/552; Malchus, Karl August Frh. von ~ 6/577; Mancinus, Thomas ~ 6/584; Meinwerk, Bischof von Paderborn ~ 7/37; Mellin, Friedrich Albert Immanuel ~ 7/54; Mensing, Johann ~/† 7/65; Michaelis, Johann Benjamin ~/† 7/122; Michaelis, Ruth ~ 7/123; Michel von Derenburg ~ 7/124; Misch, Robert ~ 7/152; Motz, Friedrich (Christian Adolf) von ~ 7/233; Mühler, Heinrich (Gottlob) von ~ 7/242; Müntzer, Thomas ~ 7/299; Nachtigal, Johann Carl Christoph */~/† 7/327; Neuhaus, Leopold ~ 11/139; Nicolai, Carl Ludwig ~/† 7/399; Nordmann, Hans Friedrich * 7/438; Petersen, Johann Wilhelm ~ 7/618; Philipp Sigismund, Herzog von Braunschweig-Lüneburg-Wolfenbüttel, Administrator des Bistums Verden, Elekt von Osnabrück ~ 7/655; Pick, Hayyim Herman ~ 7/663; Piontek, Klaus ~ 11/159; Pott, Johann Heinrich * 8/46; Praetorius, Michael ~ 8/50; Raphon, Hans ~ 8/141; Raßmann, (Christian) Friedrich ~ 8/147; Reinhard, Karl von ~ 8/218; Reubke, Adolf * 8/252; Richter, Johann Heinrich ~ 8/281; Rimpau, Arnold Wilhelm ~ 8/312; Rimrott, Fritz ~ 8/313; Rochow, Friedrich (Eberhard) Frh. von ~ 8/341; Rollenhagen, Georg ~ 8/375; Rosenfeld, Hans-Friedrich * 8/395; Rudolph, Hans-Georg ~ 8/441; Rümker, Kurt (Heinrich Theodor) von ~ 8/454; Sachs, Heinrich * 8/487; Sander, Levin (Friedrich) Christian ~ 8/512; Schaffgotsch, Philipp Gotthard Graf von ~ 8/556; Schenck, Hans ~ 8/601; Schlitte, Johann Georg * 8/680; Schmidt, Klamer Eberhard Karl */~/† 9/14; Schnack, Anton ~ 9/44; Schnapper-Arndt, Gottlieb † 9/45; Schöne, Hermann ~ 9/90; Schöner, Georg Friedrich Adolph ~ 9/91; Schoenhals, Albrecht (Moritz James Karl) ~ 9/95; Schwab, Hermann ~ 9/217; Schwarz, Sophie (Agnes) ~/† 9/228; Sigismund, Markgraf von Brandenburg, Erzbischof von Magdeburg ~ 9/324; Sioli, Francesco ~ 9/342; Spering, Wilhelm ~ 9/397; Stoecker, Adolf * 9/541; Strombeck, Friedrich Heinrich von ~/† 9/593; Truestedt, Friedrich Leberecht † 10/101; Ulrich, Bischof von Halberstadt ~ 10/142; Villaume, Peter ~ 10/210; Volk, Wilhelm Gustav * 10/243; Voss, Otto Friedrich von ~ 10/259; Waldeck, (Franz Leo) Benedikt ~ 10/300; Wallburg, Otto ~ 10/310; Werckmeister, Andreas ~/† 10/440; Westphal, Georg Christian Erhard ~ 10/460; Wichmann, Graf von Seeburg, Erzbischof von Magdeburg ~ 10/471; Winckel, Heinrich ~ 10/518; Witte, Otto * 10/545; Zeppenfeldt, Franz Ignaz ~ 10/644

Halbstadt (tschech. Mezimĕstí)
Kamitz, Reinhard * 5/419

Hälchiu → Heldsdorf

Haldensleben → Althaldensleben, Hundisburg, Neuhaldensleben

Haldenstein (Kt. Graubünden)
Tscharner, Johann Baptist von ~ 10/104

Haldenwang (Kr. Oberallgäu)
Hiltensperger, (Johann) Georg * 5/47

Halenbeck
Wachsmuth, Helene * 10/266

Halensee (Gem. Wilmersdorf, seit 1920 zu Berlin)
Bendemann, Felix Robert Eduard Emil von † 1/415; Braun, Julius (W.) † 2/83; Grube, Wilhelm † 4/205; Niemann, Albert ~ 7/408

Halfing
Terofal, Xaver ~ 9/678

Halgehausen (seit 1971 zu Haina, Kloster)
Hessus, Helius Eobanus * 5/3

Halifax (England)
Herschel, (Friedrich) Wilhelm ~ 4/646; Morel, Willy (Alfred) ~ 7/208

Halifax (Kanada)
Kozlik, Adolf ~ 6/58; Münchhausen, Karl Clodwig August Hermann Frh. von ~ 7/295

Hall (Suffolk)
Ullstein, Frederick ~ 10/139

Hall (Tirol)
Aberle, Mat(t)hias ~ 1/9; Bachlechner, Joseph ~/† 1/244; Bayrer, Leonhard ~ 1/360; Brunner, Andreas * 2/168; Collin, Rosalie von ~ 2/357; Gheri, Leopold † 3/676; Glantschnigg, Ulrich * 4/21; Gobat, Georg ~ 4/44; Grienberger, Christoph * 4/162; Grimm, Hugo ~ 4/169; Guarinonius, Hippolytus ~/† 4/232; Haffner, August (Otto Wilhelm) * 4/315; Haller, Philipp ~ 4/349; Hellweger, Franz ~ 4/569; Hinterwaldner, Josef ~ 5/56; Hochegger, Franz † 5/80; Hopffer, Albert ~ 5/171; Huber, Bruno * 5/194; Isser von Gaudententhurn, Max † 5/265; Johann

~ 1/412; Benda, Carl ~ 1/413; Benda, Johann Wilhelm
Otto ~ 1/414; Bendavid, Lazarus ~ 1/414; Beneckendorf,
Karl Friedrich von ~ 1/419; Benedikt, Rudolf ~ 1/420;
Beneke, Friedrich Eduard ~ 1/421; Beneke, Rudolf ~
1/421; Bennecke, Erich ~ 1/425; Bennhold, Fritz ~ 1/426;
Bennhold, Hans-Hermann ~ 1/426; Benz, Ernst (Wilhelm)
~ 1/430; Berg, Johann Friedrich ~ 1/442; Bergemann, Paul
~ 1/442; Berger, Christian Gottlieb ~ 1/444; Berger, Emil ~
1/444; Berger, Johann August von ~ 1/445; Berger, Johann
Gottfried von * 1/445; Berger, Siegfried ~ 1/446; Berger,
Theodor ~ 1/447; Bergk, (Wilhelm) Theodor von ~ 1/448;
Bergsträsser, Johann Andreas Benignus ~ 1/454; Berlepsch,
August (Sittich Eugen Heinrich) Frh. von ~ 1/456; Ber-
lepsch, Hans (Hermann Carl Ludwig) Graf von ~ 1/456;
Bernhardi, (Johann Christian) August Ferdinand ~ 1/469;
Bernhardt, Ernst ~ 1/470; Bernhardy, Gottfried ~/† 1/470;
Bernhold, Johann Michael ~ 1/471; Bernoulli, Christoph
~ 1/472; Bernstein, Felix */~ 1/475; Bernstein, Johann
Gottlob ~ 1/476; Bernstein, Julius ~ 1/476; Bertheau, Carl
~ 1/482; Bertheau, Karl ~ 1/482; Bertram, Christian August
~ 1/488; Bertram, Johann Friedrich ~ 1/488; Bertram,
Philipp Ernst ~/† 1/488; Beseke, Johann Melchior Gottlieb
~ 1/490; Besser, Wilhelm Friedrich ~ 1/494; Bethge, Hans
~ 1/496; Bethmann, Heinrich Eduard † 1/496; Beuth, Peter
Christian Wilhelm ~ 1/503; Beyme, Karl Friedrich von
~ 1/507; Beyschlag, Franz ~ 1/508; Beyschlag, (Johann
Heinrich Christoph) Willibald ~/† 1/508; Bickell, Gustav ~
1/513; Bidder, Heinrich (Friedrich) ~ 1/514; Biedermann,
Traugott Andreas Frh. von ~ 1/518; Biermann, Johannes ~
1/523; Biernatzki, Johann Christoph ~ 1/524; Biesalski,
Konrad (Alexander Theodor) ~ 1/524; Biese, Franz ~
1/525; Bilfinger, Georg Bernhard ~ 1/526; Bilguer, Johann
Ulrich von ~ 1/526; Biltz, Karl (Friedrich) ~ 1/530;
Biltz, (Eugen) Wilhelm ~ 1/530; Binge, Nikolaus Adolf
~ 1/533; Bippen, Wilhelm von ~ 1/535; Bird, Friedrich
Ludwig Heinrich ~ 1/537; Birk, Walter ~ 1/537; Birkner,
Friede * 1/539; Bischoff, Karl ~ 11/22; Bischoffwerder,
Hans Rudolf von ~ 1/544; Bispink, Franz Heinrich ~/†
1/548; Bittner, Heinrich Tobias ~ 1/551; Blanc, Ludwig
Gottfried ~/† 1/555; Blanck, Johann Friedrich ~ 1/555;
Blankensee, Georg Friedrich Alexander Graf von ~ 1/558;
Blasius, Ernst (Carl Friedrich) ~/† 1/561; Blass, Friedrich
Wilhelm ~/† 1/562; Blau, Otto Hermann ~ 1/563; Bley,
Johann Heinrich Christian ~ 1/571; Blochmann, Elisabeth
~ 1/575; Blomberg, Georg Moritz Ernst Frh. von ~ 1/578;
Blomberg, Wilhelm Frh. von ~ 1/578; Blühdorn, Johann
Ernst Christian ~ 1/580; Blüthgen, Viktor (August Eduard)
~ 1/581; Blumenreich, Paul ~ 1/587; Blumenthal, Georg
(Richard) ~ 1/587; Boas, Ismar ~ 1/592; Bobbe, Johann
Benjamin Gottlieb ~ 1/592; Bock, Eduard ~ 1/594; Bock,
Friedrich Samuel ~ 1/594; Bode, Christoph August ~
1/599; Bode, Heinrich von ~/† 1/599; Bodenburg, Joachim
Christoph ~ 1/602; Böckel, Dagobert Ernst Friedrich ~
1/607; Böckh, August ~ 1/608; Böheim, Johann Karl ~
1/614; Böhl, Eduard ~ 1/614; Böhlau, Hermann * 1/615;
Böhlau, Hugo */~ 1/615; Boehm, Elisabeth † 1/616; Böhm,
Johann ~ 1/617; Böhm, Johann ~ 1/617; Böhme, Anton
Wilhelm ~ 1/620; Böhmer, Eduard ~ 1/621; Böhmer,
Georg Ludwig */~ 1/621; Böhmer, Georg Wilhelm
Rudolph ~ 1/622; Boehmer, Gustav ~ 1/622; Böhmer,
Johann Samuel Friedrich von */~ 1/623; Böhmer, Justus
Henning ~/† 1/623; Böhmer, Maria Magdalena ~ 1/623;
Böhmer, Philipp Adolph */~/† 1/623; Böhringer, August
~ 1/624; Boeke, Hendrik Enno ~ 1/625; Bökel, Martin
von ~ 1/626; Boelitz, Otto ~ 1/626; Bönigk, Gottfried ~
1/630; Börne, (Karl) Ludwig ~ 1/632; Boerner, Heinrich
~ 1/633; Börner, Paul Albrecht ~ 1/633; Bötius, Sebastian
~/† 1/636; Boettger, Rudolph Christian ~ 1/638; Boetticher,
Johann Friedrich Wilhelm ~/† 1/639; Bogatzky, Karl
Heinrich von ~/† 1/640; Bohatec, Joseph ~ 2/1; Bohlen,
Peter von ~/† 2/1; Bohse, August * 2/4; Bojanowski,
Paul von ~ 2/6; Bolhagen, David Laurentius ~ 2/8; Boll,
Franz Christian ~ 2/8; Bolten, Joachim Friedrich ~ 2/11;
Bonafont, Karl Philipp ~ 2/15; Bonin, Ulrich Bogislav von

~ 2/20; Bonnet, Johannes (Paul Georg) ~ 2/21; Borcke,
Heinrich Adrian Graf von ~ 2/28; Boretius, Alfred ~ 2/29;
Borgold, Johann Friedrich ~ 2/30; Borgstede, August
Heinrich von ~ 2/30; Bormann, Albert Karl ~ 2/31; Borne-
mann, (Johann) Wilhelm (Jakob) ~ 2/34; Bornhäuser, Karl
Bernhard ~ 2/35; Bornhardt, (Friedrich) Wilhelm (Conrad
Eduard) ~ 2/35; Borott, Johann Baptist ~ 2/36; Borsche,
Samuel Gottfried ~ 2/38; Borz, Georg Heinrich ~ 2/40;
Bosch, Clemens (Emin) ~ 2/41; Bosse, Lothar ~ 11/29;
Bosse, (Julius) Robert ~ 2/44; Bothe, Friedrich Heinrich
~ 2/46; Bothe, Peter Friedrich Gottlieb ~ 2/46; Boysen,
Peter Adolf ~ 2/53; Brachmann, Luise ~ 2/53; Brade,
William ~ 2/55; Bräunig, Werner ~/† 2/56; Bräuning, Karl
Hermann Johannes ~ 2/56; Bramann, Fritz Gustav von ~/†
2/59; Branca, Wilhelm von ~ 2/60; Brandes, Alwin ~ 2/62;
Brandes, Ernst ~ 2/62; Brandes, Gustav (Philipp Hermann)
~ 2/63; Brandes, Rudolph ~ 2/63; Brandis, Ernst Friedrich
Eduard ~ 2/65; Brandt, Heinrich Karl Theodor ~/† 2/69;
Brauchitsch, Bernhard (Eduard Adolf) von ~ 2/76; Brauer,
Arnold Hermann Louis Friedrich ~ 2/77; Brauer, Friedrich
Moritz ~ 2/77; Braun, Heinrich ~ 2/81; Braun, Heinrich
~ 2/81; Braun, Heinz ~ 2/81; Braun, Herbert ~ 11/30;
Braun, Julius (Karl Heinrich) ~ 2/83; Braune, Paul ~
2/88; Braunschweig, Paul Heinrich ~ 2/90; Bredow,
Gabriel Gottfried ~ 2/95; Brehm, Christian Ludwig ~
2/98; Breithaupt, Joachim Justus ~ 2/104; Bremer, Otto
~/† 2/109; Bremi, Johannes Heinrich ~ 2/109; Brenk,
Johannes Wolfgang ~ 2/112; Brennecke, Jakob Andreas ~
2/112; Brennecke, Johannes Benjamin ~ 2/112; Brenner,
(August) Rudolf ~ 2/114; Brenneysen, Enno Rudolf ~
2/115; Brentano, Clemens Wenzeslaus ~ 2/117; Breslau,
Heinrich von ~ 2/119; Bridel-Brideri, Samuel Elias von ~
2/130; Brieger, Adolf ~/† 2/131; Brieger, Theodor ~ 2/132;
Brinckmann, Karl Gustav Frh. von ~ 2/134; Brinckmeier,
Eduard ~ 2/135; Brockelmann, Carl ~/† 2/138; Brockes,
Barthold H(e)inrich ~ 2/138; Brockmann, Hans Heinrich
~ 11/33; Brokes, Heinrich ~ 2/144; Brückner, Eduard ~
2/153; Brückner, Ernst Theodor Johann ~ 2/153; Brühl,
Gustav ~ 2/156; Brüning, Kurt ~ 2/159; Brünneck,
Wilhelm (August Magnus) von ~/† 2/161; Brugmann,
Karl (Friedrich Christian) ~ 2/163; Brugsch, Theodor ~
2/163; Bruhn, David ~ 2/163; Brukenthal, Samuel Frh.
von ~ 2/164; Brumbey, Karl Wilhelm ~ 2/164; Brundert,
Willi ~ 2/166; Brunnenmeister, Emil ~ 2/168; Bruns,
Ivo * 2/173; Bruns, Karl Eduard Georg ~ 2/173; Bruns,
Ludwig ~ 2/173; Bruns, Paul Jakob ~/† 2/174; Bruns,
Viktor von ~ 2/174; Buch, (Christian) Leopold Frh. von
~ 2/181; Bucher, Karl Franz Ferdinand ~ 2/182; Buchholz,
(Paul Ferdinand) Friedrich ~ 2/184; Buchholz, Samuel ~
2/184; Buchner, Christian Friedrich ~ 2/186; Buchner, Paul
Ernst ~ 2/188; Budde, Werner ~/† 2/192; Buddenbrock-
Hettersdorff, Wolfgang (Erich Richard) Frh. von ~ 2/192;
Buddeus, Johann Franz ~ 2/193; Buddeus, Karl Franz
* 2/193; Buder, Johannes ~/† 2/193; Büchner, Andreas
Elias ~/† 2/196; Büchsel, (Hermann Martin) Friedrich ~
2/198; Büchting, Johann Jakob ~ 2/199; Bühler, Ottmar
~ 2/200; Bülovius, Bartholomäus ~ 2/203; Bünemann,
August Rudolph Jesaias ~ 2/207; Bünemann, Johann
Ludolph ~ 2/207; Bünger, Christian Heinrich ~ 2/207;
Bürde, Samuel Gottlieb ~ 2/208; Bürger, Gottfried August
~ 2/209; Bürker, Karl ~ 2/211; Bürkner, Kurd ~ 2/212;
Büsching, Anton Friedrich ~ 2/213; Büsching, Johann
Gustav Gottlieb ~ 2/213; Büttner, Christoph Gottlieb
~ 2/215; Buhlert, Hans ~ 2/219; Bulcke, Karl ~ 2/220;
Bumke, Oswald ~ 2/223; Bumm, Ernst ~ 2/223; Bunge,
Paul ~/† 2/223; Buol, Heinrich (Emanuel) von ~ 2/226;
Burckhard, Jakob ~ 2/230; Burdach, Konrad ~ 2/234;
Burgeff, Hans (Edmund Nicola) ~ 2/236; Burger-Weber,
Amalie */† 2/238; Burghardt, Hans-Georg ~/† 2/239;
Burgsdorff, Wilhelm (Friedrich Theodor) von ~ 2/241;
Burmeister, (Carl) Hermann (Conrad) ~ 2/245; Buschbeck,
Ernst Heinrich ~ 2/252; Buschkötter, Wilhelm Ludwig
Heinrich ~ 2/252; Busse, (Carl Heinrich August) Ludwig
~/† 2/255; Buxbaum, Johannes Christian ~ 2/261; Cabisius,

Julius * 2/263; Caliga-Ihle, Auguste ~ 2/265; Caliga-Reh, Friedrich ~ 2/265; Calker, Fritz van ~ 2/266; Callenberg, Johann Heinrich ~/† 2/266; Campe, Joachim Heinrich ~ 2/270; Canngiesser, Leonard Heinrich Ludwig Georg von ~ 2/274; Cantor, Georg ~/† 2/275; Capieux, Johann Stephan ~ 2/277; Carl, Ernst Ludwig ~ 2/280; Carl, Johann Samuel ~ 2/280; Carlowitz, Carl Adolf von ~ 2/282; Carmer, Johann Heinrich Kasimir Graf von ~ 2/283; Carpov, Jakob ~ 2/286; Carpzov, Konrad ~/† 2/288; Carrach, Johann Philipp von * 2/288; Carrach, Johann Tobias ~/† 2/288; Cartheuser, Friedrich August * 2/290; Cartheuser, Johann Friedrich ~ 2/290; Casper, Johann Ludwig ~ 2/292; Cassebohm, Johann Friedrich */~ 2/293; Catel, Werner ~ 2/297; Cellarius, Christoph ~/† 2/300; Chapuset, Johann Karl ~ 2/304; Charisius, Christian Ehrenfried ~ 2/304; Chelius, Maximilian Joseph von ~ 2/308; Christ, Johann Friedrich ~ 2/315; Christ, Karl ~ 2/315; Clausius, Rudolph (Julius Emanuel) ~ 2/335; Clauswitz, Benedikt Gottlieb ~ 2/337; Clemen, Carl (Christian) ~ 2/338; Cnobloch, Karl ~ 2/347; Cobet, Rudolf Wilhelm ~/† 2/348; Cohen, Hermann ~ 2/351; Coing, Johann Franz ~ 2/353; Colonna, Philipp Graf von ~ 2/360; Comenius, Johann Amos ~ 2/360; Compenius, Esaias † 2/361; Coners, Gerhard Julius ~ 2/362; Conitzer, Alfred ~ 2/362; Conrad, Johannes Ernst ~/† 2/362; Consbruch, Florens Arnold ~ 2/366; Consbruch, Georg Wilhelm Christoph ~ 2/366; Contessa, Carl Wilhelm ~ 2/367; Contius, Christian Gotthold ~ 2/367; Conze, Alexander (Christian Leopold) ~ 2/368; Conze, Friedrich * 2/368; Cordier, Leopold ~ 2/372; Cornill, Karl Heinrich ~/† 2/376; Corrodi, Heinrich ~ 2/378; Cortrejus, Adam ~ 2/379; Cosack, Karl Johann ~/† 2/381; Cosack, Konrad Carl Albert ~ 2/381; Coschwitz, Georg Daniel ~/† 2/381; Cosmar, Emanuel Wilhelm Karl ~ 2/381; Cothenius, Christian Andreas von ~ 2/383; Coutre, Walter le * 2/387; Cramer, Friedrich Gottfried Matthias ~ 2/388; Cramm, (Christian Friedrich Adolf) Burghard Frh. von ~ 2/391; Cranach, Lucas d. Ä. ~ 2/392; Cranz, August Friedrich ~ 2/394; Credner, (Karl Friedrich) Heinrich ~/† 2/395; Credner, Rudolf ~ 2/395; Cremer, (August) Hermann ~ 2/398; Cretzschmar, Philipp Jakob ~ 2/399; Crodel, Carl Fritz David ~ 2/401; Crollius, Georg Christian ~ 2/402; Cronegk, Johann Friedrich Frh. von ~ 2/404; Crotus Rubeanus ~ 2/404; Culemann, Simon August ~ 2/409; Cuno, Johann Christian ~ 2/410; Curtius, Ernst ~ 2/413; Dabelow, Christoph Christian Frh. von ~ 2/423; Dächsel, (Karl) August ~ 2/425; Dächsel, Heinrich Theobald ~ 2/425; Dahlmann, Friedrich (Christoph) ~ 2/429; Damerow, Erich ~ 2/436; Damerow, Heinrich Philipp (August) ~ 2/436; Damm, Christian Tobias ~ 2/437; Danckelmann, Daniel Ludolf Frh. von ~ 2/438; Danckelmann, Eberhard (Christoph) Frh. von ~ 2/439; Danckelmann, Karl Ludolph Frh. von */~ 2/439; Daniel, Christian Friedrich d. Ä. ~ 2/440; Daniel, Christian Friedrich d. J. */~/† 2/440; Daniel, Hermann Adalbert ~ 2/441; Dankwort, Werner ~ 2/442; Danneil, (Johann) Friedrich (Christoph) ~ 2/442; Danzel, Theodor Wilhelm ~ 2/444; Dassel, Christian Konrad Jakob ~ 2/447; Davisson, (Adolf) Walther ~ 2/454; Decho, Ilse ~ 2/457; Decker, (August) Heinrich † 2/459; Deecke, (Heinrich Ludwig) Ernst ~ 2/462; Dehn, Günther ~ 2/468; Deist, Heinrich ~ 2/473; Delbrück, Berthold ~ 2/474; Delbrück, Berthold ~ 2/474; Delbrück, Clemens (Gottlieb Ernst) von */~ 2/474; Delbrück, (Johann Friedrich) Ferdinand ~ 2/474; Delbrück, Max (Emil Julius) ~ 2/475; Delbrück, (Martin Friedrich) Rudolf von (1896) ~ 2/476; Delius, Christian Heinrich ~ 2/477; Delius, Heinrich Friedrich von ~ 2/478; Demuth, Leopold ~ 2/484; Denecke, Ludwig ~ 11/44; Denker, Alfred (Friedrich Amandus) ~ 2/488; Dernburg, Heinrich ~ 2/492; Detharding, Georg Christoph ~ 2/500; Deuticke, Paul ~ 2/504; Deutsch, Christian Friedrich von ~ 2/504; Deutschbein, Max (Leo Ammon) ~ 2/507; Dewischeit, Curt ~ 2/509; Dibelius, Franz Wilhelm ~ 2/511; Dichtel, Anton ~ 2/512; Diehl, Ernst (Johann Ludwig) ~ 2/516; Diehl, Karl ~ 2/516; Diehl, Karl Ludwig (Hermann) *

2/516; Diels, Otto (Paul Hermann) ~ 2/517; Diesner, Hans-Joachim ~/† 11/46; Dietelmair, Johann August ~ 2/526; Dieterici, Friedrich Heinrich ~ 2/528; Dietmar, Siegmund Gottfried ~ 2/530; Dietrich, Eduard (Karl Robert Ludwig) ~ 2/535; Dietz, Johann */~/† 2/540; Dietze, (Friedrich Carl Nikolaus) Constantin von ~ 2/541; Dietze, Walther Wilhelm Hermann ~ 2/541; Diez, Fritz Walter ~ 2/543; Diez, Heinrich Friedrich von ~ 2/543; Disselhoff, August Friedrich Georg ~ 2/558; Disselhoff, Julius August Gottfried ~ 2/558; Disselhorst, Rudolf ~/† 2/558; Dittel, Leopold von ~ 2/560; Dittenberger, Theophor Wilhelm ~ 2/560; Dittenberger, Wilhelm ~/† 2/560; Dobschütz, Ernst (Adolf Alfred Oskar Adalbert) von */~/† 2/566; Doebbelin, Karl Theophil ~ 2/567; Doebner, Oscar (Gustav) ~ 2/570; Döderlein, Christian Albrecht ~ 2/570; Döderlein, Johann Alexander ~ 2/570; Doehring, Bruno ~ 2/571; Döring, Karl August ~ 2/577; Doerne, Martin Bernhard Gotthelf ~ 2/578; Dörries, Hermann ~ 2/580; Doetsch, Gustav Heinrich Adolf ~ 2/581; Dohm, (Wilhelm) Ernst ~ 2/582; Dohna-Schlodien, Alexander (Georg Theobald) Burggraf zu ~ 2/583; Dolch, Moritz ~ 2/585; Dold, Hermann ~ 2/585; Dolp, Daniel Eberhard ~ 2/588; Dolscius, Paul ~/† 2/588; Doppelmayr, Johann Gabriel ~ 2/596; Dorn, Bernhard ~ 2/597; Dorn, (Friedrich) Ernst ~ 2/597; Dorno, Carl (Wilhelm Max) ~ 2/600; Dorow, (Friedrich Ferdinand) Wilhelm † 2/601; Drechsler, Gustav (Adolph Wilibald) ~ 2/611; Dreist, Karl August Gottlieb ~ 2/613; Dreßler, Ernst Christoph ~ 2/615; Drews, (Christian Heinrich) Arthur ~ 2/617; Drews, Paul (Gottfried) ~/† 2/617; Dreyer, (Johann) Carl Henrich ~ 2/619; Dreyhaupt, Johann Christoph von */~/† 2/620; Dreyse, Friedrich Wilhelm ~ 2/620; Drigalski, (Karl Rudolf Arnold Artur) Wilhelm von ~ 2/621; Droysen, Gustav ~/† 2/626; Drüner, Leo ~ 2/627; Drumann, Wilhelm (Karl August) ~ 2/628; Dryander, Ernst von */~ 2/628; Dümmler, Ernst (Ludwig) ~ 2/635; Dümmler, Georg Ferdinand */~ 2/635; Duflos, Adolph (Ferdinand) ~ 2/644; Dulon, (Christoph Josef) Rudolf ~ 2/648; Duncker, Johann Heinrich August ~ 2/651; Duncker, Max ~ 2/652; Dunkel, Johann Gottlob Wilhelm ~ 2/653; Dunkmann, Karl ~ 2/653; Dzondi, Karl Heinrich ~ 2/662; Ebbinghaus, Hermann ~/† 2/663; Ebbinghaus, Julius Karl Ludwig ~ 2/663; Ebeling, (August Hugo) Alfred ~ 2/665; Ebell, Heinrich Karl ~ 2/666; Eberhard, (Christian) August Gottlob ~ 2/670; Eberhard, Christoph † 2/670; Eberhard, Johann August ~/† 2/671; Eberhard, Johann Peter ~/† 2/671; Eberhardt, Siegfried ~ 2/672; Ebert, Max ~ 2/680; Eberth, Karl Joseph ~ 2/680; Echtermeyer, Ernst Theodor ~ 3/5; Eck, Ernst Wilhelm Eberhard ~ 3/5; Ecke, Gustav ~ 3/9; Eckhart von Hochheim ~ 3/13; Eckstein, Friedrich August */~ 3/16; Egen, Peter Nikolaus Kaspar ~ 3/23; Eger, Karl (Christian) ~/† 3/24; Eggeling, Joachim Albrecht ~/† 3/26; Egger, Fritz ~ 3/28; Eggers, Christian Ulrich Detlev Frh. von ~ 3/29; Ehrenberg, Hermann Karl Adolf */~ 3/38; Ehrenberg, Karl Ferdinand von * 3/38; Ehrhardt, Sigismund Justus ~ 3/42; Ehrhart, (Johann) Balthasar ~ 3/42; Ehrlich, Carl Gotthilf * 3/43; Eichel, August Friedrich ~ 3/48; Eichendorff, Joseph (Karl Benedikt) Frh. von ~ 3/49; Eichendorff, Wilhelm Frh. von ~ 3/49; Eichenlaub, Otto ~ 3/49; Eichholz, Friedrich Wilhelm ~ 3/51; Eichhorn, Albert ~ 3/51; Eichler, Martin (Maximilian Emil) ~ 11/51; Eichmann, Otto Ludwig von ~ 3/55; Eilers, Gerd ~ 3/61; Eimbcke, Georg ~ 3/62; Eiselen, Johann Friedrich Gottfried ~/† 3/68; Eisler, Paul ~/† 3/76; Eisler, Tobias ~ 3/76; Eißfeldt, Otto ~/† 3/78; Elend von Elendsheim, Gottfried Heinrich ~ 3/83; Elers, Heinrich Julius ~ 3/84; Eller, Johann Theodor ~ 3/91; Elsner, Johann Gottfried ~ 3/97; Elster, Ludwig (Hermann Alexander) ~ 3/98; Elten, Max ~ 3/99; Eltzbacher, Paul ~ 3/100; Elze, (Friedrich) Karl ~/† 3/101; Elzer, Margarethe Anna Elisabeth * 3/101; Endemann, Friedrich ~ 3/108; Engelbrecht, Hermann Heinrich von ~ 3/117; Engelke, Bernhard ~ 3/120; Engler, Carl (Oswald Viktor) ~ 3/126; Erdberg-Krczenciewski, Robert (Adelbert Wilhelm) von ~ 3/139; Erdmann, Benno ~ 3/140; Erdmann, Ernst ~

Krukenberg, Peter ~/† 6/127; Krukenberg-Conze, Elsbeth
* 6/128; Krumm-Heller, Arnold ~ 6/129; Krummacher,
Friedrich Adolf ~ 6/129; Krummacher, Friedrich Wilhelm
~ 6/129; Kruse, Christian (Karsten) Hinrich ~ 6/132;
Krzymowski, Richard ~ 6/134; Krzyzanowski, Rudolf
~ 6/135; Krzyzanowski-Doxat, Ida ~ 6/135; Kuckhoff,
Adam ~ 6/137; Kuckhoff, Armin-Gerd ~ 6/137; Kügler,
Max Albert ~ 6/142; Kühn, Heinrich ~ 6/144; Kühn,
Julius ~/† 6/144; Kühn, Walter ~ 6/145; Kühne, Georg ~
6/145; Kühnöl, Christian Gottlieb ~ 6/147; Küster, Ernst
~ 6/154; Küster, Georg Gottfried */~ 11/115; Küstner,
Otto ~ 6/155; Kuhlo, Johannes ~ 6/158; Kuhn, Ernst
W(ilhelm) A(ugust) ~ 6/159; Kulmus, Johann Adam ~
6/164; Kummer, Ernst Eduard ~ 6/165; Kundmann, Johann
Christian ~ 6/167; Kunwald, Ernst ~ 6/171; Kunz, Karl
~ 6/172; Kurella, Ernst Gottfried ~ 6/177; Kurtz, Johann
Heinrich ~ 6/178; Ladenberg, Philipp von ~ 6/192; Laehr,
(Bernhard) Heinrich ~ 6/194; Längin, Georg ~ 6/196;
Lafontaine, August (Heinrich Julius) ~/† 6/197; Lagarde,
Paul Anton de ~ 6/197; Lamprecht, Helmut ~ 6/211;
Landory, Alfred ~ 6/219; Landsberger, Julius ~ 6/221;
Lang, August ~/† 6/222; Lang, Richard ~ 6/228; Lange,
Joachim ~/† 6/233; Lange, Rudolf ~ 6/236; Lange, Samuel
Gotthold */~ 6/236; Langenbeck, Wolfgang ~ 6/240;
Langewiesche, Karl Robert ~ 6/243; Langewiesche-Brandt,
Wilhelm ~ 6/244; Langhans, Carl Gotthard ~ 6/245; Lanz,
Titus ~ 6/251; Laqueur, Ernst ~ 6/252; Laqueur, Richard
~ 6/252; Lasch, Agathe ~ 6/254; Laspeyres, Adolph ~/†
6/258; Laspeyres, Etienne */~ 6/258; Laspeyres, Hugo
* 6/258; Lattermann, Ottilie ~ 6/262; Laube, Heinrich
(Rudolf Constanz) ~ 6/263; Lauffer, (Johann) Jakob ~
6/268; Lausberg, Heinrich ~ 11/118; Laves, Fritz ~ 6/276;
Lebrecht, Fürchtegott ~ 6/280; Le Coutre, Walter * 6/283;
Lehmann, Christian d. Ä. ~ 6/291; Lehmann, Emil ~ 6/292;
Lehmann, Erich Arno ~/† 6/292; Lehmann, Ludwig */~
6/295; Lehmann, Marcus ~ 6/295; Lehmbruck, Wilhelm
~ 6/298; Leidenfrost, Johann Gottlob ~ 6/306; Leider,
Frida ~ 6/306; Leipoldt, Johannes ~ 6/308; Lengerke,
Caesar von ~ 6/320; Lengerken, Hanns von ~ 6/320;
Lengnich, Gottfried ~ 6/320; Lenz, Rudolf * 6/325; Leo,
Heinrich ~/† 6/326; Leonhard, Rudolf ~ 6/329; Leopold
III. Friedrich Franz, Fürst, seit 1807 Herzog, von Anhalt-
Dessau, „Vater Franz" ~ 6/332; Lerche, Jakob Johann ~
6/338; Less, Gottfried ~ 6/343; Lessen, Ludwig Salomon ~
6/343; Lesser, Ernst ~ 6/344; Leubuscher, Rudolf ~ 6/350;
Leuschner, Ernst ~ 6/354; Levetzow, Albert Erdmann Carl
Gerhard von ~ 6/357; Levezow, (Jakob Andreas) Konrad
~ 6/358; Levy, Hermann ~ 6/361; Lewandowsky, Max
~ 6/363; Lewin, Georg Richard ~ 6/364; Leyh, Georg
~ 6/371; Leyser, Augustin ~ 6/371; Libavius, Andreas *
6/372; Lichtheim, Ludwig ~ 6/377; Liebenberg de Zsittin,
Adolf Ritter von ~ 6/379; Lieberkühn, Christian Gottlieb
~ 6/380; Liebmann, Otto ~ 6/387; Liebreich, Richard ~
6/388; Liepe, Wolfgang ~ 6/391; Liepmann, Moritz ~
6/391; Liermann, Hans ~ 6/392; Lietz, Hermann ~ 6/393;
Lilienthal, Karl von ~ 6/396; Lindau, Paul ~ 6/400; Linde,
Otto zur ~ 6/401; Lindemann, Werner ~ 6/402; Linden,
Maria Gräfin von ~ 6/403; Lindner, Caspar Gottlieb ~
6/407; Lindner, Theodor ~/† 6/409; Linnebach, Adolf
~ 6/413; Lippmann, Edmund (Oscar) Ritter von ~/†
6/419; Liscow, Christian Ludwig ~ 6/422; Liszt, Franz
von ~ 6/426; Litten, Fritz Julius ~ 6/428; Litten, Hans
Achim * 6/428; Litten, Heinz Wolfgang * 6/428; Litten,
Irmgard * 6/428; Littmann, Enno ~ 6/428; Litzmann,
Carl (Konrad Theodor) ~ 6/429; Lochow, Ferdinand
Jost Friedrich von ~ 6/435; Loeffler, Josias Friedrich Christian ~ 6/440;
Löffler, Klemens ~ 6/441; Löher, Franz von ~ 6/441;
Löhnis, Felix ~ 6/443; Löhr, Johannes Andreas Christian
~ 6/444; Loen, Johann Michael von ~ 6/444; Loening,
Edgar ~/† 6/444; Löschin, Matthias Gotthilf ~ 6/447;
Loewe, Carl ~ 6/450; Lohmann, Ernst ~ 6/461; Lohmann,
Paul * 6/462; Loofs, Friedrich ~/† 6/466; Lorenz, Hans ~
6/472; Losch, Philipp ~ 6/477; Lossen, Hermann ~ 6/478;

Lossen, Karl August ~ 6/478; Lossen, Wilhelm ~ 6/479;
Luchs, Hermann ~ 6/491; Ludewig, Johann Peter von
~/† 6/495; Ludolf, Heinrich Wilhelm ~ 6/496; Ludwig,
Wilhelm ~ 6/510; Luecke, Albert Georg ~ 6/513; Lücke,
(Gottlieb Christian) Friedrich ~ 6/514; Lüdke, Friedrich
Germanus ~ 6/517; Lueken, Bernd ~ 6/519; Lütgert,
Wilhelm ~ 6/522; Lütkemüller, Ludwig Paul Wieland ~
6/523; Lütkemüller, Samuel Christoph Abraham ~ 6/523;
Lüttringhaus, Arthur ~ 6/524; Lumpe, Heinrich ~ 6/530;
Lwowski, Hermann * 6/543; Lwowski, Walter * 6/543;
Lynar, Rochus Friedrich Graf zu ~ 6/543; Lysius, Heinrich
~ 6/545; Maas, Hermann ~ 6/547; Maass, Johann Gebhard
Ehrenreich ~/† 6/549; Mackenroth, Gerhard */~ 6/553;
Madai, Carl Otto von ~ 6/554; Männchen, Adolf ~ 6/558;
Maercker, Max (Heinrich) ~ 6/558; Mager, Friedrich ~
6/561; Mahler, Charlotte ~ 6/566; Malsius, Simon ~/†
6/581; Mangelsdorf, Karl Ehregott ~ 6/587; Manitius,
Max ~ 6/589; Manoff, August von ~ 6/598; Manteufel,
Paul ~ 6/600; Manteuffel, Otto Theodor Frh. von ~ 6/601;
Manteuffel-Szoege, Georg Baron von ~ 6/601; Mantius,
Eduard ~ 6/601; Marbach, (Gotthard[t]) Oswald ~ 6/604;
Marchand, (Jacob) Felix */~ 6/606; Marckart, Johann
Wilhelm ~ 6/607; Marcks, Gerhard ~ 6/608; Marggraf,
Andreas Sigismund ~ 6/615; Martin, Konrad ~ 6/637;
Martiny, Benno ~ 6/641; Marx, Adolph Bernhard * 6/644;
Matthisson, Friedrich von ~ 6/663; Matzen, Peter Friedrich
~ 6/665; Mauthner, Eugen Moritz ~ 6/672; May, Gerhard ~
7/1; May, Kurt ~ 7/3; Mayer, Adolf (Eduard) ~ 7/5; Mayer,
Eduard Alexander von ~ 7/6; Mayer, Georg ~ 7/7; Meckel,
August Albrecht */~ 7/20; Meckel, Heinrich ~ 7/20;
Meckel von Helmsbach, Johann Friedrich d. J. */~/† 7/20;
Meckel, Philipp Friedrich Theodor ~/† 7/23; Medicus, Fritz
(Georg Adolf) ~ 7/23; Medinger, Wilhelm Edler von ~
7/23; Mehring, Daniel Gottlieb Gebhard ~ 7/28; Meier,
Burkhard ~ 7/30; Meier, Eduard */~ 7/30; Meier, Ernst von
~ 7/30; Meier, Georg Friedrich ~ 7/31; Meier, John ~ 7/31;
Meiern, Johann Gottfried von ~ 7/32; Meinardus, Wilhelm
~ 7/33; Meinecke, Johann Ludwig Georg ~ 7/34; Meinhof,
Carl ~ 7/36; Meiser, Hans ~ 7/39; Meißner, Wilhelm Carl
*/~/† 7/43; Mellin, Friedrich Albert Immanuel ~ 7/54;
Mellinger, Johannes */~ 7/55; Mendel, Bruno ~ 7/56;
Menn, Wilhelm ~ 7/63; Menzer, Paul ~/† 7/67; Merckel,
Friedrich Theodor von ~ 7/69; Mering, Joseph Frh. von
~/† 7/72; Merkel, (Paul) Johannes ~/† 7/73; Merkel,
Johannes */~ 7/74; Merx, Adalbert Ernst Otto) ~ 7/79;
Messerschmidt, Daniel Gottlieb ~ 7/83; Mette, Alexander ~
7/86; Metzger-Lattermann, Ottilie ~ 7/92; Meumann, Ernst
~ 7/93; Meusebach, John O. ~ 7/95; Meusel, Hermann ~/†
11/129; Meusel, Johann Georg ~ 7/95; Mewes, Wilhelm ~
7/96; Meyer, Eduard ~ 7/100; Meyer, Elard Hugo ~ 7/100;
Meyer, Hans ~ 7/103; Meyer, Heinrich ~ 7/104; Meyer,
Johann Friedrich ~ 7/106; Meyer, Moritz ~ 7/108; Meyer,
Nikolaus ~ 7/108; Meyer von Knonau, Ludwig ~ 7/113;
Meyerinck, Heinrich von ~ 7/116; Mez, Karl Christian ~
7/118; Michaelis, Christian Benedikt ~/† 7/121; Michaelis,
Johann David */~ 7/122; Michaelis, Johann Heinrich ~/†
7/122; Michaelis, (Curt) Walter ~ 7/123; Michel, Otto ~
7/125; Michels, Robert ~ 7/126; Mie, Gustav Adolf Feodor
Wilhelm ~ 7/130; Mierendorff, Hans ~ 7/132; Miller,
Johann Peter ~ 7/142; Minding, Ferdinand ~ 7/147; Mirbt,
Carl ~ 7/151; Mirre, Ludwig ~ 7/151; Mirsalis, Hans ~
7/151; Mitscherlich, Waldemar ~ 7/155; Mitteis, Heinrich ~
7/156; Mittler, Ernst Siegfried */~ 7/159; Mnioch, Johann
Jacob ~ 7/160; Möbius, August Ferdinand ~ 7/161; Möbus,
Gerhard ~ 7/163; Moehsen, Johann Carl Wilhelm ~ 7/166;
Möllenberg, Walter ~ 7/166; Moellendorff, Paul Georg
von ~ 7/166; Mönch, Günther ~ 7/172; Mörl, Franz †
7/176; Mohn, Samuel ~ 7/181; Mohs, (Carl) Friedrich
(Christian) ~ 7/184; Moll, Bruno ~ 7/190; Mollweide, Karl
Brandan ~ 7/192; Morgenstern, (Johann) Karl (Simon)
von ~ 7/211; Morgenstern, Salomon Jakob ~ 7/211;
Morgenthaler, Otto ~ 7/212; Moritz, Kurfürst von Sachsen
~ 7/215; Moritz, Andreas */~ 7/216; Morwitz, Eduard
~ 7/220; Moser, Carl ~ 7/222; Moser, Hans Joachim ~

Wilhelm ~ 9/159; Schubart-Fikentscher, Gertrud † 9/159; Schubert, Hans von ~ 9/163; Schubert, Hermann (Cäsar Hannibal) ~ 9/163; Schuchardt, Hugo (Ernst Mario) ~ 9/167; Schuckmann, (Kaspar) Friedrich Frh. von ~ 9/168; Schüler, Johannes (Erich Wilhelm) ~ 9/170; Schürer, Oskar ~ 9/173; Schürmann, Walter ~ 9/173; Schütz, Paul Wilhelm Lukas ~ 9/179; Schütze, Gottfried ~ 9/179; Schütze, (Johann) Stephan ~ 9/180; Schulemann, Werner ~ 9/182; Schulenburg-Nimptsch, Werner Graf von der ~ 9/184; Schultz, Franz Albert ~ 9/190; Schultze, Alfred ~ 9/192; Schultze, Christoph ~ 9/192; Schultze, Max (Johann Sigismund) ~ 9/193; Schulz, David ~ 9/195; Schulz, Erich (Gustav Hermann) ~ 9/195; Schulz, (Joachim Christoph) Friedrich ~ 9/196; Schulz, Hans ~ 9/196; Schulze, Johann Heinrich ~/† 9/200; Schulze, Johannes (Karl Hartwig) ~ 9/200; Schumacher, Kurt (Ernst Karl) ~ 9/204; Schumann, Werner ~ 9/208; Schumm, Felix ~ 9/208; Schummel, Johann Gottlieb ~ 9/208; Schur, Willi ~ 9/211; Schuster, Wilhelm ~ 9/216; Schwager, Johann Moritz ~ 9/219; Schwalbe, Gustav (Albert) ~ 9/220; Schwartz, Christian Friedrich ~ 9/224; Schwartz, Rudolf † 9/224; Schwartze, Hermann ~ 9/224; Schwarz, Franz ~ 9/225; Schwarz, (Karl) Hermann Amandus ~ 9/227; Schwarz, Johann Karl Eduard */~ 9/227; Schwarz, Karl ~ 9/227; Schweigger, Johann Salomo Christoph ~/† 9/235; Schweigger, Karl Ernst Theodor */~ 9/235; Schweitzer, Carl Gunther ~ 9/239; Schwencke, Christian Friedrich Gottlieb ~ 9/241; Schwinge, Erich ~ 9/247; Seckendorff, Veit Ludwig von ~/† 9/253; Secker, Hans-Friedrich ~ 9/253; Seeberg, Erich ~ 9/255; Seebohm, Hans-Christoph ~ 9/256; Seel, Hans ~ 9/258; Seeling, (Christian) Heinrich ~ 9/260; Seelmann, Emil Paul ~ 9/260; Segner, Johann Andreas von ~/† 9/264; Seidel, Ina * 9/265; Seifert, Hans (Julius Carl) ~ 9/270; Seligmann, Caesar ~ 9/277; Selle, Christian Gottlieb ~ 9/278; Sellheim, Hugo ~ 9/278; Semler, Christian August ~ 9/282; Semler, Christoph */~/† 9/282; Semler, Johann Salomo ~/† 9/282; Semrau, Alfred ~ 9/285; Senckenberg, Heinrich Christian von ~ 9/286; Serauky, Walter (Karl August) */~/† 9/291; Sethe, Christoph ~ 9/292; Seybold, David Christoph ~ 9/296; Seyffarth, Karl */~ 9/299; Siber, Adam ~ 9/300; Sickel, Theodor Ritter von ~ 9/302; Sickel, Wilhelm ~/† 9/302; Siebeck, Hans Georg ~ 9/303; Siebeck, Hermann ~ 9/304; Siebel, Fritz ~ 9/304; Siegert, Ferdinand ~ 9/311; Siegfried, Karl Gustav Adolf ~ 9/313; Siegle, Hans ~ 9/314; Siegmund-Schultze, Friedrich ~ 9/315; Siegmund-Schultze, Walther ~/† 9/315; Sievers, (Georg) Eduard ~ 9/321; Sigismund, Markgraf von Brandenburg, Erzbischof von Magdeburg † 9/324; Sigwart, Christoph ~ 9/325; Sigwart, Georg Friedrich ~ 9/326; Silex, Paul ~ 9/328; Simoleit, Herbert ~/† 9/330; Simon von Aschaffenburg ~ 9/330; Simon, Ellen ~ 9/330; Simon, Heinrich ~ 9/331; Simonsohn, Berthold ~ 9/335; Sindermann, Horst ~ 9/338; Singer, Rudolf ~ 9/339; Singer, Simon ~ 9/340; Sinzheimer, Hugo (Daniel) ~ 9/342; Sioli, Emil Franz ~ 9/342; Sioli, Francesco ~ 9/342; Sioli, Franz ~ 9/342; Sittig, Ernst (Carl Wilhelm) ~ 9/344; Smekal, Adolf Gustav (Stephan) ~ 9/352; Smend, Julius ~ 9/352; Smend, Rudolf ~ 9/352; Snaga, Josef † 9/354; Snell, (Christian) Karl ~ 9/354; Sobernheim, Georg ~ 9/355; Socin, Albert ~ 9/356; Soemmerring, Samuel Thomas von ~ 9/359; Sohncke, Leonhard */~ 9/362; Sohncke, Ludwig Adolf ~/† 9/362; Solger, Bernhard ~ 9/364; Solger, Karl Wilhelm Ferdinand ~ 9/364; Solger, Reinhold (Ernst Friedrich Karl) ~ 9/364; Solitaire, M. ~ 9/364; Solms-Laubach, Hermann Graf zu ~ 9/365; Solms-Wildenfels, Friedrich Ludwig Graf ~ 11/175; Solmsen, Felix ~ 9/365; Sonnen, Willi ~ 9/373; Sonnin, Ernst Georg ~ 9/375; Sonntag, Waldemar ~ 9/376; Soomer, Walter ~ 9/377; Spangenberg, August Gottlieb ~ 9/383; Spangenberg, Gustav Adolph ~ 9/384; Spazier, Johann Gottlieb Karl ~ 9/387; Speck, Wilhelm ~ 9/388; Spener, Philipp Jakob ~ 9/393; Spengler, Oswald (Arnold Gottfried) ~ 9/396; Sperling, Johann Christian * 9/397; Spielmeyer, Walther ~ 9/403; Spiker, Samuel Heinrich ~ 9/406; Spörri, Theophil ~

9/414; Sprecher, Salomon von ~ 9/417; Sprengel, Christian Konrad ~ 9/418; Sprengel, Kurt Polykarp Joachim ~/† 9/418; Sprengel, Matthias Christian ~/† 9/418; Sprengel, Otto (Gerhard Karl) ~ 9/418; Sprengel, Wilhelm */~ 9/418; Staackmann, (Johannes August) Ludwig ~ 9/425; Stade, (Friedrich Wilhelm * 9/427; Stadelmann, Rudolf † 9/428; Stäckel, Paul (Gustav) ~ 9/432; Stägemann, (Christian) Friedrich August von ~ 9/433; Stählin, Gustav ~ 9/434; Stahl, Ernst ~ 9/436; Stahl, Georg Ernst ~ 9/438; Stahl, (Friedrich) Wilhelm ~ 9/440; Stahr, Adolf (Wilhelm Theodor) ~ 9/440; Stammberger, Wolfgang ~ 9/443; Stammler, Rudolf ~ 9/444; Stammler, Wolfgang */~ 9/444; Standfuß, Max ~ 9/445; Stange, Carl ~ 9/446; Stange, Theodor Friedrich ~/† 9/446; Stangl, Georg ~ 9/447; Stark, Günther ~ 9/451; Staudinger, Hermann ~ 9/458; Stauffer, Ethelbert ~ 9/459; Stebler, Friedrich Gottlieb ~ 9/461; Steck, Johann Christoph Wilhelm von ~ 9/462; Steffens, Henrik ~ 9/465; Stegmann, Johann Gottlieb ~ 9/468; Steiger, Niklaus Friedrich von ~ 9/473; Steigerwald, Veronus Franck von ~ 9/473; Steil, Ludwig ~ 9/474; Stein, Christian Gottfried Daniel ~ 9/475; Stein, Friedrich ~ 9/477; Stein, Heinrich Frh. von ~ 9/478; Stein, Leo Walther ~ 9/479; Stein, Richard Heinrich * 9/481; Steinacker, Gustav ~ 9/483; Steinbart, Gotthilf Samuel ~ 9/484; Steinbrück, Paul ~ 9/487; Steinen, Johann Dietrich von ~ 9/487; Steiniger, Peter Alfons ~ 9/495; Steinitzer, Max ~ 9/496; Steinthal, Walter ~ 9/501; Steller, Georg Wilhelm ~ 9/503; Stengel, Edmund Max */~ 9/505; Stenglein, Melchior ~ 9/506; Stephan, Horst Emil ~ 9/509; Stephan, Martin ~ 9/509; Stephanie, Gottlieb ~ 9/511; Stern, Leo ~/† 9/514; Steuernagel, Carl ~ 9/521; Stieber, Hans (Albert Oskar) ~/† 9/524; Stieda, Alexander (Bernhard Ludwig August) ~ 9/525; Stief, Karl ~ 9/525; Stiehl, (Anton Wilhelm) Ferdinand ~ 9/527; Stierlin, (Johann Gottfried) Adolf ~ 9/529; Stieve, Hermann (Philipp Rudolf) ~ 9/529; Stoecker, Adolf ~ 9/541; Stoeltzner, Wilhelm ~ 9/544; Stohmann, Friedrich (Carl Adolf) ~ 9/548; Stolberg-Stolberg, Christian Graf zu ~ 9/549; Stolberg-Stolberg, Friedrich Leopold Graf zu ~ 9/549; Stolberg-Wernigerode, Udo Graf zu ~ 9/550; Stolle, Philipp ~/† 9/552; Stolle, Heinz Hermann ~ 9/553; Stoltze, Georg Heinrich ~/† 9/554; Strätz, Carl ~ 9/565; Strathmann, Hermann ~ 9/570; Strauch, Philipp ~/† 9/573; Strebel, Johann Siegmund ~ 9/579; Streckfuß, Walter ~ 9/580; Streisand, Joachim ~ 9/582; Strempel, Ernst ~ 9/583; Stritter, Johann Gotthelf ~ 9/588; Strobel, Valentin */~ 9/590; Strodtmann, Johann Sigismund ~ 9/591; Strübing, Paul ~ 9/597; Struensee, Adam ~ 9/597; Struensee, Johann Friedrich */~ 9/597; Struensee von Karlsbach, Karl Gustav */~ 9/598; Struve, (Friedrich Adolph) August ~ 9/599; Struve, Georg Adam ~ 9/600; Stryk, Samuel ~/† 9/601; Stubbe, Hans ~ 9/602; Studemund, Wilhelm ~ 9/605; Studt, Gottlieb Ludwig ~ 9/605; Stüwe, Hans (Karl) ~ 9/612; Stumpf, (Friedrich) Carl ~ 9/614; Sturm, Christoph Christian ~ 9/616; Stuß, Johann Heinrich ~ 9/620; Stuve, Johann Heinrich ~ 9/621; Suchier, Hermann ~/† 9/623; Suchier, Wolfram */~/† 9/623; Sucro, Christoph Joseph ~ 9/624; Süßmilch, Johann Peter ~ 9/627; Süvern, Johann Wilhelm ~ 9/628; Supan, Alexander (Georg) ~ 9/633; Suphan, Bernhard ~ 9/634; Sybelist, Wendelin */~ 9/643; Sydow, Reinhold von ~ 9/644; Sysang, Johann Christoph ~ 9/645; Tannenberg, Joseph ~ 9/655; Tannhäuser, Siegfried ~ 9/657; Tarrasch, Siegbert ~ 9/659; Tartler, Georg ~ 9/659; Taschenberg, Otto ~/† 9/659; Taube, Otto Frh. von ~ 9/661; Taubert, Otto ~ 9/662; Teichmüller, Ernst ~ 9/670; Teichmüller, Gustav ~ 9/670; Telemann, Georg Philipp ~ 9/671; Telemann, Walter ~ 9/672; Tempelhoff, Georg Friedrich von ~ 9/674; Tennstedt, Klaus ~ 9/676; Teske, Johann Gottfried ~ 9/680; Tessmer, Heinrich ~ 9/680; Theele, Joseph */~ 9/691; Theiner, Augustin ~ 9/692; Thelen, Peter ~ 9/693; Theobald, Gottfried Ludwig ~ 9/694; Theremin, (Ludwig Friedrich) Franz ~ 9/694; Theusner, Felix ~ 9/695; Thiele, (Friedrich Karl) Johannes ~ 10/3; Thienemann, Johannes ~ 10/5; Thiersch, Paul (Johann Wilhelm) ~

10/8; Tholuck, Friedrich August Gottreu ~/† 10/13; Thomae, (Karl) Johannes ~ 10/15; Thomasius, Christian ~/† 10/20; Thomasius, Gottfried ~ 10/20; Thorbecke, Andreas Heinrich ~ 10/23; Thümmel, Friedrich Wilhelm ~ 10/24; Thümmig, Ludwig Philipp ~ 10/25; Thulemeier, Wilhelm Heinrich von ~ 10/28; Thurnwald, Richard (Christian) ~ 10/33; Tieck, (Johann) Ludwig ~ 10/36; Tiedge, Christoph August ~ 10/37; Tieftrunk, Johann Heinrich ~/† 10/38; Tillich, Paul (Johannes) ~ 10/43; Tillmanns, (Robert) Hermann ~ 10/44; Tischbein, Willy ~ 10/49; Tittel, Bernhard ~ 10/51; Tittmann, Friedrich Wilhelm ~ 10/52; Toellner, Johann Gottlieb ~ 10/56; Tolberg, Johann Wilhelm ~ 10/60; Traeger, Albert ~ 10/67; Tralles, Balthasar Ludwig ~ 10/68; Tralow, Johannes ~ 10/68; Trapp, Ernst Christian ~ 10/69; Traub, Hellmut ~ 10/70; Trautmann, (Moritz) Ferdinand ~ 10/72; Trautmann, Moritz ~ 10/73; Triebel, Anna (Johanna Caroline) ~ 10/87; Triller, Daniel Wilhelm ~ 10/88; Trillhaas, Wolfgang ~ 10/89; Trinius, Karl Bernhard von ~ 10/89; Troeger, Heinrich ~ 10/91; Troll, Thaddäus ~ 10/95; Troll, Wilhelm ~ 10/95; Tropfke, Johannes (Franz Joseph) ~ 10/97; Trumpf, Arnold ~ 10/102; Tschackert, Paul ~ 10/103; Tschermak-Seysenegg, Erich von ~ 10/105; Tschirch, Otto ~ 10/107; Tschižewskij, Dmitrij ~ 10/108; Tuch, (Johann Christian) Friedrich ~ 10/111; Tümmler, Hans ~ 10/114; Türk, Daniel Gottlob ~/† 10/114; Uber, Christian Benjamin ~ 10/121; Uber, (Christian Friedrich) Hermann ~ 10/121; Uckeley, Alfred ~ 10/122; Uden, Conrad Friedrich ~ 10/123; Ueberweg, Friedrich ~ 10/124; Üchtritz, Edgar von ~ 10/124; Uffenbach, Johann Friedrich von ~ 10/125; Uffenbach, Zacharias Conrad von ~ 10/126; Uhde, Karl Wilhelm Ferdinand ~ 10/127; Uhl, Johann Ludwig ~ 10/128; Uhlich, Leberecht ~ 10/130; Uhlig, Carl ~ 10/130; Ukert, Friedrich August ~ 10/133; Ule, Otto (Eduard Vincenz) ~/† 10/134; Ule, Wilhelm */~ 10/134; Ullmann, Carl Christian ~ 10/136; Ulrich, Karl Friedrich Kaspar ~ 10/147; Ulrici, Hermann ~/† 10/148; Umber, Friedrich * 10/148; Ungeheuer, Edgar ~ 10/152; Unger, (Friedrich Hermann) Hellmuth ~ 10/154; Unger, Karl ~ 10/154; Unger, Rudolf ~ 10/155; Unruh, Max (Curt) von ~ 10/158; Unruhe-Bomst, Hans Wilhelm Frh. von ~ 10/158; Unzer, Johann August */~ 10/162; Unzer, Johanne Charlotte */~ 10/162; Unzer, Ludwig August ~ 10/162; Urdang, Georg ~ 10/166; Urlsperger, Johann August ~ 10/168; Urlsperger, Samuel ~ 10/168; Urner, Hans ~ 10/168; Utitz, Emil ~ 10/172; Uz, Johann Peter ~ 10/173; Vahlen, Ernst Heinrich ~/† 10/176; Vaihinger, Hans ~/† 10/176; Valentin, Karl ~ 10/178; Valentiner, (Richard Wilhelm) Siegfried ~ 10/179; Varnhagen von Ense, Karl August ~ 10/183; Vater, Johann Severin ~/† 10/185; Vatke, (Johann Karl) Wilhelm ~ 10/185; Vehe, Michael ~/† 10/187; Veit, David Josef ~ 10/188; Veit, (Aloys Constantin Conrad) Gustav von ~ 10/188; Veit, Johann (Friedrich Otto Siegfried) ~ 10/188; Veith, Else ~ 10/189; Velhagen, Karl ~ 10/191; Velsen, Gustav von ~ 10/191; Velten, Johannes * 10/192; Veltheim, Franz Wilhelm Werner von ~ 10/192; Veltheim, Valentin * 10/193; Verdries, Johann Melchior ~ 10/195; Vettel, Franz ~ 10/200; Vetter, Walther (Hermann) ~ 10/201; Victor, Walter ~ 10/203; Vieweg, Johann Friedrich * 10/209; Vincent, Heinrich Josef ~ 10/211; Vincke, (Friedrich Wilhelm) Ludwig (Philipp) Frh. von ~ 10/212; Voelcker, Fritz ~ 10/221; Völkel, Eduard ~ 10/222; Völker, Karl */~ 10/222; Vogel, Julius ~/† 10/227; Voigt, Heinrich (Carl Gisbert August) ~/† 10/237; Voigt, Johannes ~ 10/238; Voigtel, Friedrich Wilhelm ~ 10/239; Volckmar, Friedrich ~ 10/242; Volhard, Franz ~ 10/243; Volhard, Jacob ~/† 10/243; Volkening, Johann Heinrich ~ 10/245; Volkmann, Alfred Wilhelm ~/† 10/245; Volkmann, Ernst (Oskar) ~ 10/245; Volkmann, Hans (Richard) von */† 10/246; Volkmann, Otto (Hermann) ~ 10/246; Volkmann, Richard von ~ 10/246; Volz, (Ludwig Emil) Robert ~ 10/251; Volz, Wilhelm (Theodor August Hermann) * 10/252; Vondenhoff, Bruno ~ 10/252; Vorbrodt, Gustav Theodor Ferdinand Franz ~ 10/253; Voretzsch, Karl ~

10/254; Vorkastner, Willy ~/† 10/254; Vorländer, Daniel ~/† 10/255; Voß, (Johann) Heinrich d. J. ~ 10/258; Wachler, Paul ~ 10/266; Wachsmuth, Wilhelm ~ 10/267; Wacker, Friedrich ~ 10/268; Wackernagel, Martin ~ 10/270; Wackernagel, (Karl Eduard) Philipp ~ 10/270; Wächtler, Karl Gottlieb ~ 10/272; Waentig, Heinrich ~ 10/272; Wätjen, Julius ~ 10/273; Waetzoldt, Wilhelm ~/† 10/273; Wagener, Samuel Christoph ~ 10/275; Wagenführ, Kurt (Hans Fritz) ~ 10/275; Wagner, Gabriel ~ 10/280; Wagner, Kurt (Fritz Konrad) ~ 10/284; Wahle, Ernst (Karl Bernhard Hermann) ~ 10/293; Wahle, Heinrich ~ 10/297; Wald, Samuel Gottlieb ~ 10/299; Wallroth, Karl Friedrich Wilhelm ~ 10/315; Walther, Johannes ~ 10/324; Walther, Philipp Franz von ~ 10/325; Wandersleb, Hermann ~ 10/328; Wangemann, Hermann Theodor ~ 10/329; Wangerin, (Friedrich Heinrich) Albert ~/† 10/330; Warneck, Gustav ~/† 10/336; Wasielewski, Theodor (Karl Wilhelm Nicolaus) von ~ 10/341; Wasserfuhr, August Ferdinand ~ 10/342; Wasserfuhr, (Augustus) Hermann ~ 10/342; Wasserschleben, (Friedrich Wilhelm) Hermann ~ 10/344; Weber, Alfred ~ 10/349; Weber, Eduard (Friedrich) ~ 10/352; Weber, Hans Emil ~ 10/354; Weber, Michael ~/† 10/360; Weber, Robert ~ 10/361; Weber, Theodor ~/† 10/361; Weber, Wilhelm (Eduard) ~ 10/362; Weber, Wilhelm ~ 10/363; Wechßler, (Johann) Eduard (Friedrich) ~ 10/365; Weege, Fritz ~ 10/371; Wegner, Arthur (Otto Rudolf) ~/† 10/374; Wegscheider, Hildegard ~ 10/375; Wegscheider, Julius August Ludwig ~/† 10/375; Wehr, Hans ~ 10/377; Wehrenpfennig, Wilhelm ~ 10/377; Weichmann, Christian Friedrich ~ 10/380; Weidlich, Christoph ~/† 10/383; Weigel, Erhard ~ 10/386; Weigelt, (Theodor Gustav Otto) Johannes ~ 10/387; Weimer, Hermann ~ 10/393; Weingarten, Julius ~ 10/396; Weinhold, Karl ~ 10/397; Weinhold, Karl August ~/† 10/397; Weinreich, Otto (Karl) ~ 10/399; Weirauch, Anna Elisabet ~ 10/400; Weisbach, Walter ~ 10/401; Weise, Christian ~ 10/402; Weiss, (Karl Philipp) Bernhard ~ 10/406; Weiss, (Christian) Ernst ~ 10/407; Weiß, Franz ~ 10/408; Weißler, Friedrich ~ 10/415; Welcker, Hermann ~ 10/421; Wellhausen, Julius ~ 10/425; Wendorff, Hugo ~ 10/433; Wendt, Friedrich von ~ 10/434; Werminghoff, Albert ~/† 10/443; Wernher, Adolph ~ 10/450; Wernicke, Carl ~ 10/450; Westphal, Andreas ~ 10/460; Westphal, Georg Christian Erhard ~/† 10/460; Westphal, Rudolf (Georg Hermann) ~ 10/461; Westphalen, Ferdinand Otto Wilhelm von ~ 10/461; Wette, Hermann ~ 10/462; Wetzel, Johann Caspar ~ 10/464; Wetzler, Hans Hermann ~ 10/464; Wichmann, Graf von Seeburg, Erzbischof von Magdeburg ~ 10/471; Widmann, Johann Georg ~ 10/474; Wiedenfeld, Kurt (August Bernhard Julius) ~ 10/480; Wienbeck, Erich ~ 10/486; Wiener, Hermann (Ludwig Gustav) ~ 10/486; Wiesand, Georg Stefan † 10/488; Wigand, Albert ~ 10/492; Wilcken, Ulrich (Emil Elias Friedrich Wilhelm) ~ 10/496; Wilda, Wilhelm Eduard ~ 10/498; Wildberg, Christian Friedrich Ludwig ~ 10/498; Wilke, Fritz ~ 10/508; Wilke, Karl Ludwig ~ 10/509; Willebrand, Christian Ludwig ~ 10/511; Willich, Jodokus † 10/512; Willikens, Werner ~ 10/512; Willisen, Wilhelm von ~ 10/512; Wilm, Ernst (Julius Ewald) ~ 10/514; Wilmowsky, Tilo von ~ 10/515; Winckelmann, Johann Joachim ~ 10/518; Windheim, Christian Ernst ~ 10/523; Windisch, Hans ~/† 10/524; Winter, Eduard ~ 10/532; Winter, Fritz ~ 10/532; Winter, Georg ~ 10/532; Winterfeld, Carl (Georg August Vivigens) von ~ 10/534; Wirth, Albrecht ~ 10/538; Wirth, Johann Georg August ~ 10/539; Wislicenus, Gustav Adolf ~ 10/541; Wislicenus, Johannes (Adolph) ~ 10/542; Wissowa, Georg ~/† 10/542; Witte, Karl ~/† 10/545; Witte, (Otto) Karl (Emil) ~ 10/545; Witte, Karl Heinrich Gottfried ~ 10/545; Wittich, Wilhelm Heinrich von ~ 10/548; Wittrisch, Marcel ~ 10/552; Witzel, Oskar ~ 10/553; Wobbermin, (Ernst Gustav) Georg ~ 10/554; Wöllner, Johann Christoph von ~ 10/557; Woermann, Emil ~ 10/559; Wohltmann, Ferdinand ~/† 10/562; Wolf, Ernst (Friedrich) ~ 10/564; Wolf, Friedrich ~ 10/565; Wolf, Friedrich August (Christian

Wilhelm) ~ 10/565; Wolf, Sophie ~ 10/568; Wolfenstein, Alfred * 10/569; Wolff, Bernhard ~ 10/570; Wolff, Caspar Friedrich ~ 10/570; Wolff, Christian Frh. von ~/† 10/571; Wolff, Emil (Theodor) von ~ 10/572; Wolff, (Ludwig) Ferdinand von † 10/572; Wolff, Hans Julius ~ 10/572; Wolff, Hellmuth ~/† 10/573; Wolfram, Gerhard ~ 11/185; Wolfsohn, Aron * 10/582; Wollenberg, Robert ~ 10/583; Wollny, (Martin) Ewald ~ 10/584; Wolters, Paul ~ 10/586; Wolzendorff, Kurt ~/† 10/587; Worringer, Wilhelm ~ 10/588; Wüst, Albert ~/† 10/595; Wulle, Reinhold ~ 10/596; Wurmb, Lothar von ~ 10/600; Wuttke, Karl Friedrich Adolf ~/† 10/601; Wyneken, Gustav (Adolph) ~ 10/602; Wyss, Johann Rudolf ~ 10/603; Zachariae, Gotthilf Traugott ~ 10/610; Zachariae, Theodor Victor Hugo ~/† 10/610; Zacher, (Ernst) Julius (August) ~/† 10/611; Zachow, Friedrich Wilhelm ~/† 10/611; Zadig, Abraham ~ 10/612; Zänker, Otto (Ewald Paul) ~ 10/613; Zaisser, Else ~ 10/615; Zander, Paul ~ 10/617; Zander, Robert ~ 10/617; Zange, Johannes ~ 10/618; Zaunick, Rudolph (Otto) ~ 10/623; Zech-Burkersroda, Julius Graf von ~ 10/625; Zechlin, Erich (Wilhelm) ~ 10/626; Zedlitz und Leipe, Karl Abraham Frh. von ~ 10/627; Zehender, Karl Wilhelm von ~ 10/628; Zeidler, Johann Gottfried ~/† 10/630; Zeisler, Moritz ~ 10/632; Zell, Albrecht Jakob ~ 10/635; Zentgraf, Eduard ~ 10/643; Zermelo, Ernst (Friedrich Ferdinand) ~ 10/645; Zerrenner, Heinrich Gottlieb ~ 10/646; Zesen, Philipp von ~ 10/646; Ziegenbalg, Bartholomäus ~ 10/651; Ziegert, August (Hermann) ~ 10/651; Ziegler, Franz Wilhelm ~ 10/653; Ziegler, Johann Gotthilf ~/† 10/654; Ziegler, Karl Waldemar ~ 10/655; Ziehen, Theodor ~ 10/657; Zieler, Kurt ~ 10/658; Ziem, Jochen ~ 10/658; Ziemke, Ernst ~ 10/658; Zimmermann, Eberhard August Wilhelm von ~ 10/666; Zimmermann, (Ernst) Heinrich ~ 10/668; Zimmern, Heinrich ~ 10/672; Zincke, Georg Heinrich ~ 10/673; Zingel, Hans Joachim ~ 10/673; Zinzendorf und Pottendorf, Nikolaus Ludwig Reichsgraf von ~ 10/678; Zitelmann, Ernst ~ 10/680; Zocha, Karl Friedrich von ~ 10/682; Zoellner, Wilhelm ~ 10/684; Zörner, Hans ~ 10/686; Zörner, (Ernst Hermann) Richard ~ 10/686; Zopf, Wilhelm Friedrich ~ 10/688; Zschackwitz, Johann Ehrenfried ~/† 10/690; Zunz, Leopold ~ 10/701

Halle (Westf)
siehe auch *Hesseln*
Bennhold, Fritz † 1/426; Buskühl, Ernst * 2/253; Dankberg, Friedrich Wilhelm * 2/441; Großjohann, Christoph (Hartwig) * 4/196; Kisker, August Wilhelm * 5/558

Hallein (Salzburg)
siehe auch *Schloß Rif, Kaltenhausen*
Adrian, Karl ~ 1/47; Dorn, Herbert † 2/598; Francé-Harrar, Annie † 3/387; Gruber, Franz (Xaver) ~/† 4/205; Hagenauer, Wolfgang ~ 4/323; Holzmeister, Clemens † 5/161; Jobst, Franz * 5/331; Kellner, Carl ~ 5/500; Koller, Bronislawa ~ 6/16; Kuenburg, Maximilian Gandolf Reichsgraf von ~ 6/150; Meister des Halleiner Leprosenhaus-Triptychons ~ 7/44; Pingitzer, Virgil * 7/672; Pölleritzer, Leopold * 8/11; Röttel, Johannes ~ 8/364; Rohr, Bernhard von ~ 8/370; Schenk, (Joseph) August von * 8/602

Hallerspring
Peters, Friedrich * 7/615

Hallgarten
Itzstein, Johann Adam von ~/† 5/267

Hallig Nordstrand
Nommensen, (Ludwig) Ingwer * 11/143

Hallig Oland
Augustiny, Johann Rhode Friedrich ~ 1/223

Hallstadt
Osel, Heinrich * 7/511

Hallstaed (Schweden)
Chemnitz, Bogislaus Philipp von † 2/308

Hallstatt (Oberösterreich)
Beregger, Matthias * 1/462; Hieser, Otto † 5/32; Kober, Leopold † 5/635; Morton, Friedrich ~/† 7/220; Pölleritzer,

Leopold ~ 8/11; Püttner, Josef Karl Bartholomäus † 8/88; Swoboda, Eduard † 9/642

Hallungen
Zangemeister, Karl (Friedrich Wilhelm) * 10/618

Hallwang (Salzburg)
Schmid, Franz X. ~ 8/701

Hallwil (Kt. Aargau)
Hallwil, Wilhelmina Gräfin von ~ 4/352

Hals (seit 1972 zu Passau)
Pustet, Friedrich (I) * 8/93

Halsdorf (Gem. Wohratal)
Dingelstedt, Franz Frh. von * 2/551

Haltern → Lavesum

Haltingen (seit 1975 zu Weil am Rhein)
Dürrmeier, Hans * 2/643; Stickelberger, Emanuel ~ 9/523

Halver
siehe auch *Burbach, Othmaringhausen, Stenkenberg*
Matthey, Maja * 6/661; Schmalenbach, Eugen * 8/690

Halzenberg (Gem. Dünn, seit 1975 zu Wermelskirchen)
Goldenberg, (Carl) Friedrich * 4/78

Ham Common (England)
Alvensleben, Johann Friedrich Karl von † 1/108

Hamadan (Iran)
Salzmann, Friedrich * 8/507

Hambach (bei Amberg, Oberpf)
Salm-Salm, Wilhelm Florentin Fürst von † 8/502

Hambach (Dép. Moselle, Frankreich)
Pinck, Louis ~ 7/672

Hambach (Rhein-Lahn-Kreis)
Bussereau, Jakob Friedrich * 2/256

Hambach (seit 1969 zu Neustadt an der Weinstraße)
Knöbel, Friedrich Wilhelm ~ 5/625; Siebenpfeiffer, Philipp Jakob ~ 9/305; Stahl, Johann Georg ~ 9/439

Hamborn (seit 1929 zu Duisburg)
Bansen, Hugo ~ 1/289; Canaris, Carl (August) ~ 2/272; Fischer-Essen, Alfred ~ 3/330; Grillo, Wilhelm (Theodor) ~ 4/166; Hueck, Adolf ~ 5/207; Kozub, Ernst * 6/58; Morian, Daniel ~/† 7/214; Müller, Fritz ~ 7/259; Nieden, Wilhelm zur ~ 7/404; Ollmert, Karl ~ 7/489; Roelen, Wilhelm ~ 8/352; Stroux, Karl-Heinz * 9/595; Trökes, Heinz * 10/91; Vorster, Albert * 10/255

Hamburg
siehe auch *Allermöhe, Altengamme, Altona, Alt-Rahlstedt, Bergedorf, Billwerder, Blankenese, Curslack, Dockenhuden, Eppendorf, Finkenwerder, Flottbek, Fuhlsbüttel, Groß Borstel, Groß Flottbek, Hamm, Harburg, Horn, Klein Flottbek, Langenfelde, Moorfleet, Neuenfelde, Neuengamme, Niendorf, Nienstedten, Ochsenwerder, Othmarschen, Ottensen, Reitbrook, Rissen, Stellingen, Wandsbek, Wohldorf*
Abegg, Lily */~ 1/3; Abendroth, Amandus Augustus */~/† 1/7; Abendroth, (Fedor Georg) Walter ~ 1/8; Abraham, Mayer */~/† 1/12; Abraham, Paul ~/† 1/12; Abs, Karl ~ 1/14; Abshagen, Karl-Heinz (Gert Anton) ~ 1/15; Ackermann, Charlotte (Maria Magdalena) ~/† 1/20; Ackermann, (Karoline) Dorothea ~ 1/20; Ackermann, Konrad (Ernst) ~/† 1/22; Ackermann, Sophie Charlotte † 1/22; Adelbulner, Michael ~ 1/32; Adler, Friedrich ~ 1/39; Adolf IV., Graf von Holstein ~ 1/43; Aepinus, Johannes ~/† 1/49; Ahlborn, Friedrich (Christian Georg) ~/† 1/56; Ahlefeldt, Detlev von ~/† 1/57; Ahlefeldt, Joachim von ~ 1/57; Ahlers, Conrad */~ 1/57; Ahlers-Hestermann, Friedrich */~ 1/58; Ahlsmeyer, Mathieu (Karl Maria) ~ 1/58; Aitzema, Foppe van ~ 1/62; Alardus, Franz ~ 1/63; Alardus, Nikolaus ~/† 1/63; Albaum, Franz Ulrich * 1/63; Albers, Hans * 1/64; Albers, Hans ~ 11/2; Albers-Schönberg, (Heinrich) Ernst */~/† 1/66; Alberti, Julius Gustav ~/† 1/70; Alberti, Leopold David Scharlau ~ 1/70; Alberts, Jacob ~ 1/71; Albrecht, Andreas † 1/80; Albrecht, Carl */~ 1/80; Albrecht, Conrad † 1/80; Albrecht, Johann Friedrich Ernst ~ 1/82; Albrecht, Karl Martin Paul * 1/82; Albrecht, Lisa Maria Fanny * 1/83; Albrecht, Max ~/† 1/83; Albrecht, (Johanne) Sophie (Dorothea) ~/† 1/83; Aldenrath, Heinrich Jakob ~/† 1/85; Alexander, Paul

Julius ~ 1/88; Alexander, Richard ~ 1/88; Allers, Christian Wilhelm */~ 1/91; Alpers, Ludwig ~ 1/93; Alport, Leo ~ 1/93; Alsdorf, Ludwig ~ 1/94; Alt, Johann Karl Wilhelm ~/† 1/95; Alvary, Max ~ 1/106; Alwin, Karl Oskar ~ 1/108; Amalarius, Erzbischof von Trier ~ 1/109; Ambesser, Axel von * 1/111; Ambronn, Leopold (Friedrich Anton) ~ 1/112; Amsinck, Wilhelm */~/† 1/120; Anckelmann, Eberhard */~/† 1/122; Anckelmann, Theodor */~/† 1/122; Anders, Günther ~ 1/124; Anders, Peter † 1/124; Anderson, Christian Daniel */† 1/125; Anderson, Johann */~/† 1/125; Andrae, Oswald ~ 11/4; Anno, Anton ~ 1/145; Anschütz, Georg ~/† 1/145; Ansgarius, Erzbischof von Hamburg und Bremen ~ 1/148; Anthes, Rudolf * 1/149; Appell, Georg ~ 1/159; Ardenne, Manfred Baron von * 11/5; Arens, Johann August */~ 1/168; Arien, Bernhard Christian d' */~/† 1/170; Armbrust, Karl */~ 1/171; Armbrust, Walter */~ 1/171; Arnau, Karl ~ 1/172; Arnauld de la Perière, Raoul von ~/† 1/172; Arndes, Stephan * 1/172; Arndt, Fritz */~/† 1/174; Arnemann, Justus ~/† 1/176; Arno, Siegfried */~ 1/183; Arnold, Ferdinand Philipp ~ 1/186; Arnold, Heinz ~ 11/6; Arnold, Johann Gottfried ~ 1/188; Arnoldi, Daniel ~/† 1/190; Arnoldi, Ernst Wilhelm ~ 1/190; Arpe, Peter Friedrich ~ 1/195; Arresto, Christlieb Georg Heinrich ~ 1/195; Artin, Emil ~/† 1/197; Artner, Josefine von ~ 1/197; Ascher, Anton ~ 1/203; Asher, Carl Wilhelm ~/† 1/205; Asher, Louis (Julius Ludwig) */~/† 1/205; Aslan, Raoul (Maria) ~ 1/205; Asmussen, Anton Claus Christian ~/† 1/206; Assing, David ~/† 1/207; Assing, Ludmilla * 1/207; Assing, Rosa Maria ~/† 1/207; Assmann, Arno ~ 1/207; Ast, Johann Christian ~ 1/208; Aubin, Hermann (Carl William) ~ 1/212; Audorf, Jakob */~/† 1/212; Auer, Ignaz ~ 1/213; Auer, Leopold von (1895) ~ 1/214; Auerbach, Philipp * 1/216; Auerbach, Walter */~ 1/216; Auffm Ordt, Conrad Arnold */~/† 1/219; Aufschläger, Gustav (Moritz Adolf) † 1/220; Augustiny, Waldemar ~ 1/223; Baade, (Wilhelm Heinrich) Walter ~ 1/231; Bach, Carl Philipp Emanuel ~/† 1/235; Bach, Johann Sebastian ~ 1/238; Bach, Rudolf ~ 1/241; Bach, Wilhelm Friedemann ~ 1/241; Bachem, Johann Peter ~ 1/242; Bader, Karl Adam ~ 1/253; Bärmann, Georg Nikolaus */~/† 1/262; Bärtle, Ugge ~ 1/263; Bäumer, Arno Paul ~ 11/9; Bäumer, Gertrud ~ 1/265; Bäumer, Paul ~ 1/265; Bagge, Erich (Rudolf) ~ 11/9; Baggesen, Jens Immanuel † 1/267; Bahnsen, Julius Friedrich August ~ 1/269; Bahr-Mildenburg, Anna ~ 1/270; Baier, Ferdinand Jakob ~ 1/271; Baison, Jean Baptiste ~/† 1/272; Bakof, Julius */~/† 1/272; Baldamus, (Max) Karl ~ 1/273; Ballin, Albert */† 1/278; Balling, Michael Joseph ~ 1/278; Bambamius, Johann ~/† 1/283; Banks, Edward */~ 1/289; Barandon, Paul ~ 1/291; Barbarossa, Christoph ~ 1/291; Bargheer, Eduard */~/† 1/294; Baring, Franz ~ 1/295; Barkany, Marie ~ 1/295; Barlach, Ernst ~ 1/296; Barnowsky, Viktor ~ 1/298; Bartels, Hans von */~ 1/299; Bartels, Johann Heinrich */~/† 1/299; Bartels, Wolfgang von * 1/299; Barth, Heinrich * 1/301; Barth, Richard ~ 1/305; Barthel, Thomas S. ~ 11/12; Bartning, Ludwig * 1/309; Bartram, Walter ~ 1/310; Baschwitz, (Siegfried) Kurt ~ 1/313; Basedow, Johann Bernhard * 1/313; Basta, Marie ~ 1/317; Battermann, Hans Felix Heinrich ~ 1/318; Battus, Bartholomäus * 1/319; Bauck, Matthias Andreas * 1/320; Baudissin, Otto Friedrich Magnus Graf von ~ 1/321; Baudissin, Wolf (Stefan Traugott) Graf von ~/† 1/322; Bauer, Alfred Louis Heinrich */~/† 1/323; Bauer, Erwin Heinrich ~ 1/324; Bauer, Hans ~ 11/13; Bauer, Moritz * 1/329; Baule, Bernhard ~ 1/332; Baum, Marie ~ 1/333; Baumbach, Friedrich August ~ 1/338; Baumeister, (Karl) August * 1/339; Baumeister, Reinhard * 1/340; Baumeister, Wilhelm ~ 1/340; Baumgärtner, Johann Baptist ~ 1/342; Baumgarten, Paul ~ 1/345; Baur, Gustav Adolph Ludwig ~ 1/351; Baur, (Friedrich) Wilhelm ~ 1/352; Baxmann, Hein d. J. ~ 1/356; Bebber, Wilhelm Jakob van ~ 1/363; Beccau, Joachim ~ 1/363; Bechtold(t), Johann ~ 1/368; Beck, Adolf ~ 1/368; Beck, Johann Nepomuk ~ 1/371; Beck, Carl Heinrich ~ 1/376; Becker, Dietrich */~/† 1/376; Becker, Hellmut * 1/377; Becker, Kurt

*/~/† 1/380; Becker, Richard * 1/381; Becker, Walther ~ 1/381; Becker, Wilhelm ~ 11/15; Beckerath, Willy von ~ 1/382; Beckmann, Emmy ~ 1/384; Beckmann, Lukas * 1/385; Beermann, Friedrich ~ 1/391; Beginnen, Ortrud (Elsa Elisabeth) */~ 11/16; Beheim-Schwarzbach, Martin ~/† 1/396; Behn, Hermann */~/† 1/398; Behn, Siegfried * 1/398; Behnke, Heinrich */~ 1/398; Behr, Johann von der ~ 1/399; Behrens, Karl-Christian * 1/402; Behrens, Peter * 1/402; Behrmann, (Friedrich) Georg */~/† 1/403; Behrmann, (Christian Conrad) Georg */~/† 1/403; Beiersdorf, Paul Carl ~ 1/404; Beirer, Hans ~ 1/406; Beit, Sir Alfred */~ 1/406; Beit, Ferdinand */~/† 1/406; Bellin, Johann ~ 1/409; Benda, Clemens Ernst ~ 1/413; Benda, Friedrich Ludwig ~ 1/413; Benda, Georg Anton ~ 1/414; Bender, Karl ~ 1/416; Bendixen, Friedrich ~/† 1/417; Benecke, Christian Daniel ~/† 1/418; Benecke, Wilhelm ~ 1/419; Beneke, Ferdinand ~ 1/420; Beneke, Johann Heinrich Friedrich ~ 1/421; Beneke, Otto */~/† 1/421; Bengtson, Hermann ~ 1/422; Benkhoff, Fita ~ 1/424; Bennewitz von Löfen, Karl d. Ä. ~ 1/426; Bennhold, Hans-Hermann ~ 1/426; Bensel, Carl (Gustav) ~ 1/428; Bente, Hermann ~ 1/428; Bentinck, Charlotte Sophie Gräfin von ~ 1/429; Benzenberg, Johann Friedrich ~ 1/432; Berber, Friedrich ~ 1/433; Berblinger, Walther ~ 1/434; Berchelmann, Johann Philipp ~ 1/434; Berck, Tidemann ~ 1/435; Berenberg-Goßler, Johann */† 1/436; Berenberg-Goßler, Johann Heinrich */† 1/436; Berendsohn, Walter Arthur */~ 1/437; Bergen, Sebastian von */~ 1/442; Berger, Alfred Frh. von ~ 1/443; Berger, Erna ~ 1/444; Berger, Johann Erich ~ 1/445; Berger, Ludwig ~ 1/446; Berghaus, Ruth ~ 11/18; Bergler, Stephan ~ 1/449; Bergmann, Rudolf (Alexander) ~ 1/452; Berkenkopf, Paul ~ 1/455; Berkhan, Karl Wilhelm */~/† 1/455; Bernays, Isaak ~/† 1/461; Bernays, Jakob * 1/461; Bernays, Michael * 1/461; Berndorff, Hans-Rudolf † 1/462; Bernhard, Christoph ~ 1/467; Bernhard, Nikolaus Johann ~ 1/467; Bernheim, Ernst * 1/471; Bernstein, Elsa ~/† 1/475; Bernstorff, Albrecht Graf von ~ 1/476; Bernuth, Julius ~/† 1/478; Bertheau, Carl */~/† 1/482; Bertheau, Ernst * 1/482; Bertheau, Karl */~/† 1/482; Bertram von Cremon, Bischof von Lübeck ~ 1/488; Bertram, Meister von Minden ~/† 1/488; Bertram, Theodor ~ 1/489; Besch, Otto ~ 1/490; Beschort, Jonas Friedrich ~ 1/490; Bessel, Ehmi */† 11/20; Besser, Johann Heinrich ~/† 1/493; Besser, Karl Heinrich Wilhelm * 1/494; Besser, Rudolf */~ 1/494; Beumer, Wilhelm * 1/501; Beuthner, Johann Heinrich * 1/503; Beutler, Ernst (Rudolf) ~ 1/504; Beuys, Joseph ~ 1/504; Bezelin-Alebrand, Erzbischof von Hamburg-Bremen ~ 1/509; Bieber, Hugo von * 1/515; Bielfeld, Jakob Friedrich Frh. von ~ 1/520; Bielfeldt, Hans Holm ~ 11/21; Bierich, Jürgen R(oderich) */~ 11/21; Biermann, Ludwig (Franz Benedikt) ~ 1/523; Biermann-Ratjen, Hans Harder */~/† 1/524; Biese, Karl */~ 1/525; Bill, Max ~ 1/527; Bindseil, Christoph Heinrich ~/† 1/532; Biow, Hermann ~ 1/535; Birghden, Johann von der ~ 1/537; Birrenkoven, Wilhelm ~ 1/541; Birtner, Herbert * 1/541; Bismarck, Klaus von † 11/22; Bismarck-Schönhausen, Gottfried Graf von ~ 1/547; Bittong, Franz ~/† 1/551; Blachstein, Peter † 1/552; Blättner, Fritz ~ 1/553; Blanck, Johann Friedrich ~ 1/555; Blankenstein, Karl † 1/558; Blaschke, Wilhelm (Johann Eugen) ~/† 1/560; Blenkle, Konrad ~ 1/569; Bloch, Markus Elieser ~ 1/575; Blohm, (Adolph) Hermann ~ 1/578; Blohm, (Georg Wilhelm) Rudolf */† 1/578; Blome, (Otto Paul Julius) Gustav Graf von ~ 1/578; Blos, Wilhelm ~ 1/579; Blumenberg, Hans ~ 11/24; Blumenfeld, Erik B. */~/† 11/25; Blumenthal, Lieselotte ~ 11/25; Blunck, Hans Friedrich ~/† 1/590; Bobleter, Carl ~ 1/592; Bock, Johann Christian ~ 1/595; Bockelmann, Rudolf (August Louis Wilhelm) ~ 1/596; Bockelmann, Werner ~ 1/596; Bodden, Ilona † 1/598; Bode, Johann (Joachim Christoph) ~ 1/599; Bode, Johann Elert ~ 1/599; Bodechtel, Gustav ~ 1/600; Bodeck, Johann von ~ 1/600; Bodenstedt, Hans ~ 1/604; Bodinus, Elias ~ 1/604; Böck, Johann Michael ~ 1/606; Böckel, Ernst

Friedrich ~ 2/482; Demmer, Friedrich * 2/483; Dempwolff, Otto (Karl August) ~/† 2/484; Demuth, Leopold ~ 2/484; Dencker, Carl Heinrich (Theodor) * 2/484; Deneke, (Karl August) Theodor ~/† 2/485; Deniger von Olinda, Joachim ~ 2/487; Denner, Balthasar *†/~ 2/488; Denner, Catharina *†/† 2/488; Deppe, (Friedrich Heinrich Christoph) Ludwig ~ 2/490; Depser, Hans ~ 2/490; Derschau, Christoph ~/† 11/45; Dessau, Bernhard *†/~ 2/496; Dessau, Paul * 2/496; Dessauer, Franz (Johann) ~ 2/497; Deter, Adolf (Gustav) ~ 2/499; Dethleffs, Sophie (Auguste) † 2/500; Detlev von Reventlow ~ 2/500; Detmer, Heinrich (Paul Alexander) * 2/501; Detschy, Serafine ~ 2/501; Dettmann, Friedrich (Fiete) *†/~ 2/501; Deumer, Robert ~ 2/502; Deuring, Max ~ 11/45; Deutsch, Leopold ~ 2/506; Deutschmann, Richard (Heinrich) ~/† 2/507; Devrient, Dorothea ~ 2/508; Devrient, (Gustav) Emil ~ 2/508; Dibelius, (Otto Franz) Wilhelm ~ 2/511; Dieckhoff, Hans ~ 2/514; Diederichsen, Carl Heinrich † 2/515; Diels, Hermann (Alexander) ~ 2/517; Diels, (Friedrich) Ludwig Emil * 2/517; Diels, Otto (Paul Hermann) * 2/517; Diener, Franz ~ 2/519; Diestel, Arnold Friedrich Georg † 2/525; Dieterich, Georg Theodor ~/† 2/527; Dieterich, Helwich ~/† 2/527; Dietrich II. Arndes, Bischof von Lübeck * 2/531; Dietrich, Amalie ~ 2/534; Dietrich, Ernst Ludwig ~ 2/535; Dietrich, Günter ~ 2/535; Dietsche, Friedolin Josef † 2/539; Dietz, Johann, ~ 2/540; Dietz, Johann Heinrich Wilhelm ~ 2/540; Diez, Hermann ~ 2/543; Diller, Hans ~ 2/547; Ditfurth, Hoimar von ~ 2/559; Ditterich, Johann Georg ~ 2/560; Döring, Theodor ~ 2/577; Dörnberg, Ferdinand Ernst Wilhelm Karl Frh. von ~ 2/578; Dohna zu Schlobitten, (Friedrich Ferdinand) Alexander Graf ~ 2/583; Dolle, Karl Anton ~ 2/586; Dominik, (Max Wilhelm) Hugo ~/† 2/591; Domizlaff, Hans ~ 2/591; Dommer, Arrey von ~ 2/591; Donner, Otto ~ 2/595; Doormann, Hermann *†/† 2/596; Dorn, Bernhard ~ 2/597; Dorn, Heinrich (Ludwig Egmont) ~ 2/598; Dornseiff, Richard ~ 2/600; Dose, Johannes (Valentin) ~ 2/602; Dralle, Eduard * 2/608; Drawert, Horst † 2/609; Dreher, Anton d. Ä. ~ 2/612; Drescher-Kaden, Friedrich Karl ~ 11/48; Dressel, Erwin (Herbert Alfred) ~ 11/48; Dreuw, Heinrich ~ 2/616; Dreves, Guido Maria ~ 2/616; Dreves, Leberecht Blücher *†/~ 2/616; Drews, Wolfgang ~ 2/617; Drexelius, Wilhelm ~/† 2/618; Dreyer, Johann Matthias *†/~/† 2/619; Dröscher, Wilhelm † 2/623; Duboc, Charles Edouard * 2/629; Duboc, Karl Julius * 2/629; Du Cros, Joseph (August) ~ 2/632; Dudek, Walter ~/† 2/633; Duden, Konrad ~ 11/49; Düring, Ernst von *†/~ 2/639; Düringer, Philipp Jacob ~ 2/640; Dürkopp, (Ferdinand Robert) Nikolaus ~ 2/640; Dugrain, Johann Jeremias ~ 2/645; Duimchen, Theodor ~ 2/645; Dukes, Leopold (Jehuda Löb ben Zebi Hirsch) ~ 2/647; Dunbar, William Philipps ~/† 2/650; Duncker, Alexander (Friedrich Wilhelm) ~ 2/650; Duncker, Arthur *†/† 2/650; Duncker, Hermann ~ 2/651; Duncker, Johann Wilhelm *†/† 2/651; Duncker, Käthe ~ 2/651; Duncker, (Hans Gottfried) Ludwig *†/~ 2/651; Dungern, Emil Frh. von ~ 2/652; Dussek, Johann Ludwig ~ 2/657; Duttenhofer, Christian Friedrich ~ 2/658; Duve, Johann ~ 2/659; Dyk, Peter van ~ 11/49; Ebeling, Adolf * 2/664; Ebeling, Christoph Daniel † 2/665; Ebeling, Johann Georg ~ 2/665; Eberhard, (Christian) August Gottlob ~ 2/670; Eberhardt, Johann Jakob ~ 2/672; Eberl, Anton Franz Josef ~ 2/672; Eberlin, Daniel ~ 2/675; Ebermayer, Erich ~ 2/675; Ebert, Johann Arnold ~ 2/679; Ebert, Wolfgang ~ 11/50; Ebrard, Friedrich August ~ 3/3; Eck, Franz ~ 3/5; Eckardt, Felix von ~ 3/7; Eckardt, Hans von ~ 3/7; Eckardt, Julius (Albert Wilhelm) von ~ 3/8; Eckert, Victor Heinrich Eduard ~ 3/11; Eckhardt, Georg Ludwig *†/† 3/13; Eckhart von Hochheim ~ 3/13; Ecklon, Christian Friedrich ~ 3/15; Eckmann, Otto (Theodor Heinrich) *†/~ 3/15; Eckstein, Albert † 3/15; Edzard, Esdras *†/~/† 3/21; Edzard, Georg Elieser *†/† 3/21; Edzard, Sebastian *†/~/† 3/21; Eger, Paul ~ 3/24; Eggebrecht, Axel † 3/26; Eggers, Hans *†/~ 11/50; Eggers, Hans Jürgen ~ 3/29; Ehlers, Otto * 3/35; Ehlers, Rudolph * 3/36; Ehre, Ida ~/† 3/37; Ehren,

Julius von ~/† 3/37; Ehrhardt, Kurt ~ 11/51; Ehrismann, Gustav (Adolph) † 3/42; Ehrke, Hans (Willi Walter) ~ 3/43; Eibenschütz, Jonathan ~ 3/45; Eibenschütz, José ~ 3/46; Eich, Clemens ~ 11/51; Eichenwald, Wilhelm ~ 3/49; Eiffe, Franz Ferdinand *†/~ 3/59; Eilers, Albert ~ 3/61; Eimbcke, Georg *†/~ 3/62; Eis, Maria Theresia ~ 3/68; Eisenreich, Herbert ~ 3/73; Eisfeld, Curt ~/† 3/74; Eisler-Terramare, Georg ~ 3/77; Eisner, Bruno ~ 3/77; Eitner, Ernst (Wilhelm Heinrich) *†/† 3/78; Eitzen, Albrecht von *†/† 3/79; Eitzen, Paul von *†/~ 3/79; Ekert-Rotholz, Alice (Maria) *†/~ 3/80; Ekhof, (Hans) Conrad (Dietrich) *†/~ 3/80; Eliasberg, Paul † 3/85; Elkart, Karl ~ 3/89; Ellermann, Heinrich *†/~ 3/91; Ellmenreich, Franziska ~ 3/92; Ellwein, Thomas ~ 11/53; Elm, Adolph (Johann) von *†/† 3/93; Elmenhorst, Heinrich ~/† 3/93; Elschner, Kurt ~ 3/94; Elschner, Walter ~ 3/95; Elsner, Gisela ~ 3/97; Elsner, Ilse ~/† 11/53; Elwert, Rudolf * 3/100; Embden, Elieser Salomo von ~ 3/101; Embden, Gustav (Georg) * 3/102; Encke, Johann (Franz) * 3/107; Ende, Edgar (Carl Alfons) ~ 3/107; Endrikat, Fred ~ 3/111; Endrulat, Bernhard Ferdinand Julius ~ 3/111; Engel, Erich (Otto Gustav) *†/~ 3/113; Engel, (Martin Georg) Franz * 3/113; Engelhard, Edgar *†/~/† 3/118; Engelhard, Wilhelm ~ 3/118; Engels, Gabriel *†/† 3/123; Engels, Georg ~ 3/123; Engels, Hubert Heinrich ~ 3/123; Engels, Wolfram ~ 11/54; Enholtz, Walter ~ 3/127; Enoch, Samuel * 3/128; Eppendorfer, Hans † 11/54; Erbhäuser, Georg Heinrich ~/† 3/138; Erdmann, Eduard (Paul Ernst) ~/† 3/140; Erfurth, Ulrich (Wilhelm) ~/† 3/143; Erhardt, Heinz ~/† 3/147; Erhardt, Otto ~ 3/147; Erné, Nino ~ 3/156; Ernst, Otto ~ 3/165; Eschenburg, Hermann ~ 3/172; Eschenburg, Johann Joachim * 3/173; Eschenhagen, (Johann August Friedrich) Max ~ 3/173; Esdorn, Ilse ~ 3/177; Essberger, John Theodor ~/† 3/180; Eule, Carl *†/† 3/190; Eulenburg, Ernst (Emil Alexander) ~ 3/191; Everling, Henry † 3/196; Evers, Carl (Gottfried Friedrich) *†/~ 3/196; Evers, Joachim Dieterich ~ 3/196; Ewers, (Eduard) Friedrich ~ 3/199; Ewers, Ludwig † 3/200; Eyssenhardt, Franz Rudolph ~/† 3/206; Fabricius, Johann Albert ~/† 3/213; Fahr, Theodor ~/† 3/219; Fahrenkrog, Ludwig ~ 3/219; Falck, Jeremias ~/† 3/222; Falk-Auerbach, Nanette * 3/225; Falke, Gustav ~/† 3/225; Falkenhausen, Ludwig (Alexander Friedrich August Philipp) Frh. von ~ 3/227; Fall, Leo ~ 3/228; Fallati, Johannes (Baptista) * 3/229; Fassbinder, Rainer Werner ~ 3/234; Fechner, Eberhard ~/† 3/238; Feddersen, Helga *†/~/† 3/240; Fedeler, Carl Justus Harmen ~ 3/240; Fehling, Hermann ~ 3/244; Fehling, Jürgen † 3/245; Fehringer, Franz ~ 3/246; Feigl, Georg * 3/249; Feiler, Erich ~ 3/250; Feise, Barthold *†/~ 3/251; Feininger, Lyonel (Charles Adrian) ~ 3/252; Felbinger, Franz Ritter von ~ 3/254; Felde, Albert zum *†/~ 3/254; Felgenhauer, Paul ~ 3/257; Fellner, Ferdinand d. J. ~ 3/261; Fels, Erich ~ 3/262; Felser, Frieda ~ 3/263; Feltscher, Anton ~ 3/263; Fendt, Adam ~ 3/264; Ferency, José ~ 3/271; Fernau, Friedrich Wilhelm ~ 3/271; Fernau, Rudolf ~ 3/271; Fersenfeldt, Hermann Peter *†/† 3/273; Feuerring, Josef ~ 3/280; Feustking, Friedrich Christian ~ 3/282; Fichte, Hubert ~/† 3/284; Fick, H(e)inrich Claus von * 3/287; Fiedler, Arnold (André Leonhard) *†/† 3/291; Fiedler, (August) Max ~ 3/292; Fietz, Gerhard ~ 11/59; Finck, Werner ~ 3/298; Finckelthaus, Gottfried ~ 3/298; Findeisen, Otto ~ 3/300; Findeisen, (Theodor Robert) Walter *†/~ 3/300; Fiorillo, Johann Dominicus * 3/306; Firle, Rudolph ~ 3/307; Fischer, (Gustav) Adolph ~ 3/310; Fischer, Emil † 3/313; Fischer, Gustav (Paul Danckert) ~ 3/317; Fischer, Theodor ~ 3/320; Fischer, Paul Thomas Engelbrecht Ivo ~ 3/326; Fischer, Walther ~/† 3/328; Fischer-Trachau, Otto ~/† 3/330; Fitger, Arthur (Heinrich Wilhelm) ~ 3/332; Fittig, (Wilhelm) Rudolph * 3/332; Fitting, Johannes ~ 3/333; Flasche, Hans ~ 3/336; Flaskämper, Paul Johannes ~ 3/336; Fleck, (Johann Friedrich) Ferdinand ~ 3/339; Fleisch, Paul Alwin Gottlieb *†/~ 3/341; Fleischer-Edel, Katharina Wilhelmine ~ 3/343; Fleischmann, Richard (Adolf) ~ 3/345; Fleming, Paul

† 3/346; Flemming, Adolf */~ 3/346; Flickenschildt, Elisabeth */~ 3/350; Flint, Otto * 3/351; Flitner, Wilhelm (August) ~ 3/352; Flössel, Auguste ~ 3/353; Flohr, Justus * 3/353; Flor, Ferdinand * 3/353; Florath, Albert ~ 3/354; Florencourt, Franz Chassot von ~ 3/354; Florenz, Karl Adolf ~/† 3/354; Flotow, Friedrich Frh. von ~ 3/355; Fock, Gorch ~ 3/358; Foerste, William ~ 11/62; Förtsch, (Johann) Philipp ~ 3/366; Forest, Jean Kurt ~ 3/373; Forke, (Ernst Conrad) Alfred † 3/373; Forsmann, Abel Margaretha Sophia † 3/374; Forsthoff, Ernst ~ 3/378; Forti, Anton (Franz) ~ 3/379; Fränkel, David (ben Naftali Hirsch) ~ 3/382; Fraenkel, Ernst Eduard Samuel ~/† 3/383; Fraenkel, Eugen ~/† 3/383; Fränkel, Karl † 3/384; Fränkel, Liepmann ~ 3/384; Fränkel, Ludwig ~ 3/384; Fränkel, Seckel Isaak ~/† 3/384; Frahm, Andrea ~ 3/386; Frahm, Hermann ~ 3/386; Franck, Adolf (Theodor) ~/† 3/388; Franck, Hans ~ 3/388; Franck, James * 3/389; Franck, Johann Wolfgang ~ 3/389; Franck-Witt, Käthe ~ 3/392; Francke, August Hermann ~ 3/392; Francke, Georg Samuel ~ 3/394; Frank, Horst (Bernhard Wilhelm) ~ 11/63; Frank, Kathi ~ 3/401; Franke, Heinrich ~ 3/404; Franke, (Alwin Wilhelm) Otto ~ 3/404; Franke, (Erich) Victor (Carl August) † 3/405; Frankenfeld, Peter † 11/63; Frankfurter, Naftali † 3/407; Fransoyer, Nicolaus ~ 3/409; Franz, Günther * 11/64; Frapan, Ilse * 3/416; Frauenfeld, Alfred Eduard ~/† 11/64; Freder, Johann ~ 3/420; Freeden, Wilhelm (Ihno Adolf) von ~ 3/420; Freese, Heinrich (Johannes Carl) * 3/420; Frensdorff, Salomon * 3/425; Frese, Daniel ~ 3/426; Frey, Erik ~ 3/434; Frey, Willy ~ 3/437; Freytag, Walter ~ 3/440; Fricke, Johann Karl Georg ~ 3/442; Friederichsen, Max */† 3/450; Friedheim, Ernst ~ 3/450; Friedlaender, Ernst ~ 3/452; Friedmann, Siegwart ~ 3/455; Friedrich, Caspar David ~ 3/477; Friedrich, Karl ~ 3/480; Friedrich, Theodor Heinrich ~/† 3/481; Friese, Carl ~ 3/485; Frietzsche, Julius ~ 3/486; Frik, Wolfgang ~ 3/486; Frisch, Otto Robert ~ 3/490; Frischmuth, Johann Christian ~ 3/492; Fritsch, Heinrich ~/† 3/493; Fritsch, Willy ~/† 3/495; Fritz, (Johann Julius Ferdinand Joseph) Gottlieb ~ 3/495; Fritz, Kurt von ~ 3/496; Fritze, Johann ~/† 3/497; Fritzsche, Max Ferdinand * 3/498; Froben, Georg Ludwig † 3/499; Frohme, Karl (Franz Egon) † 3/507; Fromm-Michaels, Ilse */~ 3/509; Frommann, Friedrich (Johannes) ~ 3/510; Froneck, Franz ~ 3/511; Fuchs, Johann Nepomuk ~ 3/519; Fuchs, Marc ~ 3/521; Fuchs, Peter Dominikus ~ 3/521; Fülleborn, Friedrich Georg Hans Heinrich ~ 3/524; Fürbringer, Ernst Fritz ~ 3/525; Fürsen, Johannes */~ 3/526; Fürst, Manfred ~ 3/527; Fuess, Rudolf ~ 3/531; Fueter, Eduard ~ 3/533; Fuld, Harry (Herz Salomon) ~ 3/539; Funhof, Hinrik ~/† 3/541; Gabriel, Max ~ 3/550; Gaedechens, Rudolf * 3/553; Gaiser, Gottlieb Leonhard ~/† 3/559; Galvão, Miken * 3/566; Gampp, Josua Leander ~ 3/567; Gan, Peter */~/† 3/567; Gans, Oscar ~ 3/570; Gans, Richard (Martin) ~ 3/570; Ganse, Robert ~ 3/570; Ganske, Kurt ~ 3/570; Ganssen, Robert ~ 3/571; Garbarini, Kurt * 3/573; Garbe, Robert */~/† 3/573; Garcaeus, Johann d. J. ~ 3/573; Garcaeus, Johannes d. Ä. ~ 3/573; Garmers, Vincent */~ 3/574; Gathy, (Franz Servais) August ~ 3/581; Gaupp, Gustav ~ 3/586; Geertz, Julius */~ 3/597; Geffcken, Friedrich Heinrich */~ 3/597; Geffcken, Heinrich */~/† 3/597; Geffcken, Johannes ~ 3/597; Geffcken, Walter * 3/598; Gehema, Johann Abraham Jakobson von ~ 3/598; Gehlen, Arnold † 3/599; Gehrckens, Heinrich Martin */† 3/600; Geissler, (Friedrich Jakob) Kurt † 3/611; Geistinger, Marie (Charlotte Caecilia) ~ 3/613; Geldersen, Vicko von ~ 3/615; Gelling, Hans ~ 3/618; Gensichen, Hans-Werner ~ 11/67; Gensler, (Johann) Günther */† 3/623; Gensler, (Johann) Jacob */~/† 3/623; Gensler, (Johann) Martin */~/† 3/623; Genzmer, Erich (Stefan Hermann) ~ 3/625; Genzsch, Emil Julius */† 3/626; Georg von Österreich, Bischof von Brixen, Erzbischof von Valencia, Bischof von Lüttich ~ 3/627; Georgi, Arthur ~/† 3/632; Georgii, Walter ~ 3/634; Gerhard II., Edelherr zur Lippe, Erzbischof von Bremen ~ 3/638; Gerhard VI. der Mutige, Graf von Oldenburg ~ 3/640; Gerlach, Eduard ~ 3/647;

Gerling, Christian Ludwig * 3/651; Gerresheim, Anna ~ 3/655; Gerson, (Georg) Hartog */~/† 3/656; Gerstäcker, Friedrich (Wilhelm Christian) * 3/657; Gerstäcker, Samuel Friedrich ~ 3/657; Gerstel, August Christian ~ 3/657; Gerstenberg, Karl Emil ~ 3/658; Gerz, Irmgard ~ 3/664; Getelen, Augustin van ~ 3/669; Geve, Nicolaus Georg ~ 3/670; Giampietro, Joseph ~ 3/677; Giemsa, (Berthold) Gustav (Carl) ~ 3/679; Giese, Hans ~ 4/2; Giesecke, Heinrich ~ 4/3; Giesen, Karl ~ 4/5; Gießwein, Max ~ 4/6; Gilbert, Jean */~ 4/7; Gildemeister, Alfred Hermann ~ 4/7; Gildemeister, Johann Carl Friedrich ~ 4/8; Gille, Karl ~ 4/9; Ginat, Yochanan ~ 4/11; Ginrod, Friedrich ~ 4/11; Girardet, Wilhelm ~ 4/14; Girardi, Alexander ~ 4/14; Giseke, Nikolaus Dietrich ~ 4/16; Giseke, Paul Dietrich */† 4/16; Glaser, Kurt ~/† 4/24; Glaßbrenner, (George) Adolf (Theodor) ~ 4/25; Gleim, (Carl) Otto ~/† 4/29; Glück, Ernst (Johann) ~ 4/37; Glückel von Hameln */~ 4/38; Glücksmann, Joseph ~ 4/38; Glüsing, Johann Otto ~ 4/38; Glum, Friedrich (Johann) * 4/39; Gmelin, Helmuth ~/† 4/40; Gnoß, Ernst ~ 4/44; Gobert, Ascan Klée */† 4/45; Gobert, Boy (Christian Klée) ~ 4/45; Gocht, Moritz Hermann ~ 4/45; Godal, Erich † 4/46; Godeffroy, Ernst Adolph * 4/46; Godeffroy, Johann Cesar VII. */† 4/46; Göhler, (Karl) Georg ~ 4/52; Görlitz, Walter † 4/59; Görner, Karl August † 4/59; Goerttler, Kurt ~ 11/69; Goetz, George ~ 4/69; Götze, Carl (Johann Heinrich) ~ 4/72; Goetze, Marie ~ 4/72; Goetze, Otto ~ 4/73; Goeze, Johann Melchior ~/† 4/75; Gogarten, Heinrich ~ 4/75; Goldberg, Jacques ~ 4/77; Goldmann, Nahum ~ 4/80; Goldschmidt, Adolph * 4/82; Goldschmidt, Berthold */~ 11/70; Goldschmidt, Hans */~ 4/83; Goldschmidt, Johanna ~/† 4/84; Goldschmidt, Otto (Moritz David) */~ 4/85; Goldschmidt, Richard Hellmuth ~ 4/85; Goldstein, Julius * 4/88; Gollmik, Walter † 4/90; Gollwitzer-Meier, Klothilde ~/† 4/91; Goltermann, Julius */~ 4/91; Golyscheff, Jef ~ 4/94; Gomperz, Aaron ben Salman Emmerich ~/† 4/95; Gontard, Susette * 4/96; Goppelt, Leonhard ~ 4/98; Gordon, Walter ~ 4/99; Gorgias, Johann ~ 4/99; Gorvin, Joana Maria ~ 4/100; Gossmann, Friederike ~ 4/101; Gotsche, Otto ~ 4/103; Gottl-Ottlilienfeld, Friedrich von ~ 4/108; Gottschalk, Hans (Ludwig) ~ 4/110; Gottschall, Rudolf (Carl) von ~ 4/111; Goverts, Henry */~ 4/113; Grädener, Karl Georg Peter ~/† 4/120; Gräf, Walther Karl Theodor ~ 4/120; Gräfe, Heinrich Eduard * 4/121; Gräff, Siegfried ~ 4/122; Graf, Friedrich Hartmann ~ 4/126; Graff, Kasimir (Romuald) ~ 4/131; Grafius, Lukas ~ 4/132; Grahl, Hans ~ 4/132; Gramatté, Walter † 4/133; Gramberg, Gerhard Anton Hermann ~ 4/133; Grammann, Karl ~ 4/133; Graupenstein, Friedrich Wilhelm ~/† 4/143; Graupner, (Johann) Christoph ~ 4/143; Greflinger, Georg ~/† 4/148; Grelle, Frido ~ 4/155; Gremels, (Karl Felix) Hans ~ 4/156; Greve, Arnold */~/† 4/159; Greve, Franz † 4/159; Grève, Leopold ~ 4/160; Greve-Lindau, Georg Wilhelm ~ 4/160; Grevenberg, Julius ~ 4/160; Gries, Johann Dietrich */~/† 4/162; Gries, Johann(es) Michael */~ 4/163; Griesheim, Christian Ludwig von ~ 4/164; Grießelich, Ludwig † 4/166; Grimm, Eduard ~ 4/168; Grimm, Hans (Emil Wilhelm) ~ 4/168; Grimm, Hans (August Georg) */~ 4/168; Grimsehl, (Carl) Ernst (Heinrich) ~ 4/174; Gritzinger, Leon (Georg) ~ 4/175; Grob, Johannes von ~ 4/176; Groebbels, Franz (Maria) ~ 4/177; Gröger, Friedrich Carl ~/† 4/179; Gröning, Karl */~ 4/180; Gröwel, Margaretha */~ 4/181; Groh, Herbert Ernst ~ 4/181; Grohmann, (Johann) Christian August ~ 4/182; Grohne, Ernst ~ 4/182; Gronovius, Johann Friedrich * 4/186; Groschopp, Richard ~ 11/72; Groß, Rudolf (Josef) ~ 4/193; Gross, Walter (Hatto) ~/† 11/73; Großheim, Karl von ~ 4/196; Großmann, Louis Adolf ~/† 4/198; Grossmann, Rudolf ~/† 4/198; Großmann-Doerth, Hans (Gustav) ~ 4/199; Grote, August Otto Graf von ~/† 4/200; Grote zu Schauen, Otto Frh. † 4/201; Groth, Wilhelm */~ 4/202; Grothusen, Klaus Detlev ~/† 4/203; Grube, Carl † 4/204; Grube, Max ~ 4/205; Grünbaum, Karoline ~ 4/211; Gründgens, Gustaf ~ 4/212; Grüner,

Christoph Sig(is)mund ~ 4/213; Grünewald, Gottfried ~ 4/214; Grüning, Wilhelm ~ 4/217; Grund, Friedrich Wilhelm */~/† 4/222; Grund, Walter ~ 4/223; Grunert, Carl ~ 4/226; Grunwald, Max ~ 4/227; Gudius, Marquard ~ 4/234; Gümbel, Ludwig (Karl Friedrich) ~ 4/235; Günther, Carl ~ 4/238; Günther, Carl ~/† 4/238; Günther, Dorothee ~ 4/238; Günther, Gotthard ~/† 4/240; Günther, Gustav Biedermann ~ 4/240; Günther, Johann Arnold */~/† 4/241; Günther, Leopold ~ 4/242; Günther-Brauer, Marie ~ 4/243; Günther-Braun, Walter ~ 4/244; Gürich, Georg (Julius Ernst) ~ 4/245; Guericke, Otto von ~/† 4/245; Guetermann, Erika */~ 4/247; Gütt, Dieter † 4/248; Gumprecht, Theodor Gottfried */~ 4/257; Gundelach, Gustav (Rudolf August) ~/† 4/258; Gundert, Wilhelm ~ 4/258; Gura, Eugen ~ 4/262; Gura, Hedy ~/† 4/262; Gura-Hummel, Annie ~ 4/262; Gurlitt, Johannes (Gottfried) ~/† 4/263; Gurlitt, (Georg Remi Ernst) Ludwig ~ 4/264; Guthery, Robert d. Ä. */~ 4/270; Guthery, Robert d. J. ~ 4/270; Gutmann, Julius ~ 4/271; Gutowski, Armin ~/† 4/272; Gutschow, Konstanty */~/† 11/75; Gutzkow, Karl (Ferdinand) ~ 4/275; Gyptner, Richard */~ 4/278; Haas, Dolly * 4/285; Haas, Jonas ~ 4/286; Haas, Willy † 4/288; Haase, Carl * 11/75; Haber, Heinz † 4/292; Habermann, (Hans) Max ~ 4/295; Hachmann, Cord */~/† 4/296; Hachmann, Gerhard */~ 4/296; Hack, Bertold * 4/297; Hadebald, Erzbischof von Köln ~ 4/299; Hadwiger, Hugo ~ 4/301; Händel, Georg Friedrich ~ 4/307; Haenel, Günter ~ 11/76; Haenisch, (George) Fedor ~/† 4/309; Haenisch, Natalie ~ 4/310; Häseler, Ernst ~ 4/313; Häßler, Johann Wilhelm ~ 4/313; Häusser, Karl ~ 4/314; Haferkamp, Wilhelm ~ 4/315; Haff, Karl (Alois) ~/† 4/315; Haffner, Hans ~ 4/316; Haftmann, Werner ~ 11/77; Hagedorn, Christian Ludwig von * 4/317; Hagedorn, Friedrich von */~/† 4/317; Hagemann, (Christian) Carl ~ 4/318; Hagemeister, Johann Gottfried Lucas ~ 4/318; Hagen, Adolf ~ 4/318; Hagenbeck, Carl (Gottfried Wilhelm Heinrich) */~ 4/324; Hagenbeck, Heinrich ~ 4/324; Hagenbeck, Lorenz */† 4/324; Hagenbeck, Willy * 4/324; Hahn, Emil ~ 4/328; Hahn, Johann Friedrich ~ 4/330; Hahnke, (Karl) Wilhelm (Gustav Bernhard) von ~ 4/334; Hainisch, Leopold † 4/338; Halbert, Awrum Albert † 4/342; Halem, Gerhard Anton von ~ 4/343; Hallenstein, Konrad Adolf ~ 4/345; Haller, Anna ~ 4/346; Haller, (Nikolaus) Ferdinand */~/† 4/347; Haller, Martin (Emil Ferdinand) */~/† 4/348; Hallier, Ernst * 4/350; Hallier, Johannes Gottfried ~ 4/350; Hallmann, Albert † 4/351; Halm, Alfred ~ 4/352; Halske, Johann Georg * 4/353; Halstenberg, Armin ~ 4/354; Hamann, Bernhard */~/† 4/355; Hamann, Johann Georg d. Ä. ~/† 4/355; Hambrock, (Dietrich) Alexander * 4/357; Hambruch, Paul */~/† 4/357; Hamburger, Käte * 4/358; Hamel, Gertrud ~ 4/358; Hamelau, Hans ~ 4/358; Hammer, Gusta ~ 4/361; Hammer, Walter ~/† 4/361; Hammerschmidt, Ernst ~ 4/362; Hammes, Karl ~ 4/364; Hanau, Salomo Salman ben Jehuda Löb ha-Kohen ~ 4/365; Hanka, Erika ~ 4/370; Hanne, Johann Wilhelm † 4/371; Hansen, Christian Friedrich ~ 4/375; Hansen, Erik */~/† 4/375; Hansen, Heinrich * 11/79; Hansen, Karl ~ 4/375; Hansen, Karl-Heinz * 4/376; Hanssen, Georg * 4/377; Hantzsche, (Willy) Walter ~ 4/378; Happel, Eberhard Werner ~/† 4/379; Harbeck, Hans † 4/380; Hardorff, Gerdt ~/† 4/384; Hardt, Hermann von der ~ 4/385; Harms, Johann Oswald */~ 4/390; Harmstorf, Raimund */~ 11/79; Harriers-Wippern, Luise ~ 4/396; Harring, Harro Paul (Kasimir) ~ 4/396; Harry, Adelma ~ 4/397; Harteck, Paul ~ 4/398; Hartert, Ernst (Johann Otto) * 4/399; Hartmann, Ernst * 4/407; Hartmann, Gustav ~ 4/408; Hartmann, Helene ~ 4/409; Hartmeyer, (Heinrich) Emil */† 4/414; Hartmeyer, (Heinrich) Robert (Hermann) * 4/414; Hartung, Karl */~ 4/416; Hasemann, Wilhelm * 4/421; Hasenclever, Wilhelm ~ 4/423; Hasler, Gustav André ~ 4/424; Hasse, Hel(l)mut ~/† 4/426; Hasse, Johann Adolf (Peter) ~ 4/426; Hasse, Sella ~ 4/427; Hassenpflug, Gustav ~ 4/429; Haßloch, Christiane Magdalene Elisabeth ~ 4/431; Hatheyer, Heidemarie ~ 4/432; Haubach, Theodor ~ 4/435;

Hauff, Bruno ~ 4/439; Haupt, Theodor ~ 4/444; Haupt, Ullrich ~ 4/444; Hauptmann, Anna ~ 4/444; Hauptmann, Ivo (Manfred Gerhart) ~/† 4/445; Hausegger, Siegmund (Conrad Friedrich) von ~ 4/447; Hausmann, Gottfried ~/† 4/452; Hausner, Rudolf ~ 4/453; Haußmann, Valentin ~ 4/455; Hauswedell, Ernst L(udwig) */~/† 4/455; Havemann, Gustav ~ 4/456; Havemann, Margarethe ~ 4/456; Havemann, Michael ~ 4/457; Hebbel, (Johanne Louise) Christine ~ 4/464; Hebbel, (Christian) Friedrich ~ 4/464; Hebebrand, Werner (Bernhard) ~/† 4/464; Heck, Heinz ~ 4/467; Hecke, Erich ~ 4/468; Hecker, Heinrich Cornelius */~ 4/471; Heckmann, Carl-Justus ~ 4/472; Heckmann, Otto (Hermann Leopold) ~ 4/472; Heckscher, Johann Gustav (Wilhelm Moritz) */~ 4/472; Heeren, Friedrich */~ 4/476; Hegewisch, Dietrich Hermann ~ 4/482; Hegler, Carl (Theodor) ~ 4/483; Hegner, Otto ~/† 4/484; Heide, Carl von der † 4/485; Heidersbach-Källe, Käte ~ 4/492; Heidrich, Richard † 4/493; Heidtrieder, Henning ~/† 4/493; Heilbut, Emil * 4/496; Heilbut, Ivan George * 4/496; Heilbuth, Ferdinand * 4/496; Heile, Gerhard Gottfried Ludolf ~ 4/496; Heile, Paul ~/† 4/496; Heimann, Betty * 4/501; Heimann, Eduard ~/† 4/501; Hein, Franz ~ 4/506; Hein, Karl */† 4/506; Heine, Carl ~ 4/508; Heine, Heinrich ~ 4/508; Heine, Salomon ~/† 4/511; Heineck, Friedrich ~ 4/512; Heinefetter, Kathinka ~ 4/512; Heinitz, Wilhelm ~/† 4/516; Heinrich III. Bockholt, Bischof von Lübeck */† 4/529; Heinrich Bergmeier, Bischof von Ratzeburg * 4/532; Heinrich, Gerhard ~ 11/82; Heins, Valentin */~/† 4/545; Heinsius, (Johann) Ernst ~ 4/545; Heinz, Wolfgang ~ 4/547; Heise, Carl Georg */† 4/549; Heise, Georg Arnold * 4/549; Heise, Johann Arnold */~/† 4/549; Heiser, Heinrich (Joachim Friedrich August) ~ 4/551; Heißenbüttel, Helmut ~ 11/82; Heitmann, Walter * 4/553; Heitmüller, Friedrich ~/† 4/553; Helck, (Hans-)Wolfgang ~/† 4/555; Helfferich, Emil ~ 4/559; Heller, Erich ~ 4/562; Hellerich, Johannes */~ 4/565; Hellmann, C. August */~/† 4/566; Hellmer, Arthur ~/† 4/567; Hellmesberger, Georg d. J. ~ 4/568; Hellmuth-Bräm, Wilhelm ~ 4/568; Helwig, Werner ~ 4/577; Hendrichs, Hermann (Joseph Theodor Aloys Ernst) ~ 4/582; Henkel, Heinrich ~ 4/585; Henkel, Max ~ 4/585; Hennig, Martin ~ 4/591; Henning, Otto ~ 4/592; Hensel, Fanny (Cäcilia) * 4/597; Hensel, Heinrich (August) ~/† 4/597; Hensel, Sophie Friederike ~ 4/598; Hensoldt, Moritz (Carl) ~ 4/599; Hentschel, Theodor † 4/600; Hentzen, Alfred ~/† 4/600; Hepworth, William ~ 4/602; Herbst, Friederike ~ 4/608; Herbst, Thomas (Ludwig) */† 4/609; Herbst-Jazedé, Adele ~/† 4/609; Herder, Johann Gottfried ~ 4/611; Hermann von Heiligenhafen ~ 4/623; Hermann, Bernhard Anton */~/† 4/626; Hermanns, Hans ~ 4/631; Hermbstaedt, Sigismund Friedrich ~ 4/631; Hernsheim, Eduard Ludwig ~/† 4/635; Herntrich, Volkmar (Martinus) ~ 4/635; Herrenberger, Hermann ~ 4/639; Herrlinger, Julie ~ 4/641; Herrmann, Alfred ~ 4/641; Herrmann, Gottfried ~ 4/642; Herrmann, Theo ~/† 4/644; Hertz, Adolph (Jacob) */~/† 4/651; Hertz, Gustav (Ludwig) */~ 4/652; Hertz, Heinrich (Rudolf) */~ 4/652; Hertz, Martin (Julius) ~ 4/653; Hertz, Paul * 4/653; Hertz, Richard (Otto) ~ 4/653; Hertz, Wilhelm (Ludwig) * 4/654; Hertzer, Ludwig ~ 4/655; Herzfeld, Adolf * 4/660; Herzfeld, Arnold */~ 4/660; Herzfeld, Jakob ~/† 4/661; Herzfeld-Link, Rosa (Babette) ~ 4/662; Herzog, Alois † 4/664; Herzog, Rudolf ~ 4/666; Hesch, Wilhelm ~ 4/667; Heske, Franz ~/† 4/668; Heß, Heinrich Ludwig von ~ 4/670; Heß, Walther ~ 4/673; Hesse, August Wilhelm ~ 4/675; Hesse, Ernst Christian ~ 4/675; Hesse, Johanna Elisabeth ~ 4/676; Hesse, (Friedrich August) Max ~ 4/677; Hessel, Peter */† 4/679; Hesselbach, Alexander ~ 5/1; Hettstedt, Emil ~ 5/5; Heydenreich, Ludwig Heinrich ~ 5/19; Heydrich, Karl Gottlob ~ 5/19; Heydrich, (Gustav) Moritz ~ 5/19; Heydrich, Reinhard ~ 5/20; Heylandt, Paul ~ 5/23; Heymann, Lida Gustava ~ 5/25; Heynemann, Theodor ~/† 5/27; Hickel, Anton ~/† 5/29; Hickmann, Hans (Robert Hermann) ~ 5/29; Hildebrand, Hilde ~ 5/36; Hildebrandt, Horst ~ 5/37; Hildesheimer, Wolfgang

*/~ 5/39; Hillebrecht, Rudolf ~ 11/87; Hiller, Kurt ~/† 5/45; Hillern, Wilhelmine von ~ 5/45; Hillers, Wilhelm ~ 5/45; Hilsch, Rudolf * 11/87; Himmelbaur, Wolfgang ~ 5/49; Hindemith, Paul ~ 5/51; Hindermann, Aenne ~ 5/53; Hinrich, Hans ~ 5/54; Hinrichsen, Marcus Wolf ~/† 5/54; Hinrichsen, Siegmund */† 5/54; Hinselmann, Hans † 5/55; Hinz, Werner (Heinz Alfons) ~/† 5/57; Hipper, Franz Ritter von ~ 5/59; Hirsch, Karl ~ 5/62; Hirsch, Marie */† 5/62; Hirsch, Samson Raphael ~ 5/65; Hirschberg, Marie ~ 5/66; Hirschel, Hermann */~ 5/66; Hirschfeld, Hans Emil ~ 5/67; His, Pierre ~/† 5/72; Hochbaum, Werner (Paul Adolf) ~ 5/79; Hock, Wilhelm ~ 5/83; Höbling, Franz ~ 5/85; Höger, Fritz ~ 5/92; Höhne, Ottomar ~ 5/93; Hölscher, Uvo ~ 11/89; Höltje, Gerhard † 5/96; Hölty, Ludwig Christoph Heinrich ~ 5/96; Höpker, Wolfgang ~ 5/99; Hofer, Gottfried ~ 5/109; Hoffmann, Baptist ~ 5/113; Hoffmann, Benjamin Gottlob ~/† 5/113; Hoffmann, Ernst Emil ~ 5/115; Hoffmann, Felix ~ 5/116; Hoffmann, Hans ~ 5/118; Hoffmann, Johann Adolf ~/† 5/120; Hoffmann, (Immanuel Karl) Volkmar ~ 5/123; Hoffmann-La Roche, Fritz ~ 5/125; Hofmann, Hubert ~ 5/129; Hofmeister, Wilhelm (Friedrich Benedikt) ~ 5/135; Hofpauer, Max ~ 5/135; Hofstätter, Peter (Robert) ~ 5/135; Hohenau, Willi Graf von ~ 5/137; Hohusen, Dietrich ~ 5/143; Hollaender, Victor ~ 5/150; Holland, Konstantin ~ 5/150; Hollender, Paul ~ 5/151; Hollweg, Ilse ~ 5/153; Holm, Richard ~ 5/153; Holste, Lukas * 5/154; Holtei, Karl von ~ 5/154; Holthusen, Hermann */~/† 5/155; Holthusen, Johannes (Dietrich) */~ 5/155; Holtzstamm, Auguste ~ 5/157; Holzer, Helmut ~ 11/91; Homberg, Herz ~ 5/163; Homburg, Ernst Christoph ~ 5/163; Honnef, Hermann ~ 5/168; Hoppe, David Heinrich ~ 5/172; Hoppe, Edmund ~ 5/172; Hoppe, Heinz ~ 5/172; Horb, (Johann) Heinrich ~ 5/174; Horbach, Michael ~ 5/174; Horborch, Wilhelm */~ 5/174; Horkheimer, Max ~ 5/175; Horn, Uffo (Daniel) ~ 5/178; Horney, Brigitte † 5/180; Horney, Karen * 5/180; Horváth, Ödön von ~ 5/184; Howaldt, Georg * 5/190; Hoyer, Dore ~ 5/190; Hoyer, Heino (Hinrich) */~/† 5/190; Huch, Friedrich ~ 5/200; Hübbe, Heinrich */~/† 5/203; Hübner, Helmuth * 5/205; Hübner, Herbert ~ 5/205; Hübner, Johann † 5/205; Hübner, Ulrich ~ 5/206; Hüne, Andreas Caspar */~ 5/211; Hüsch, Gerhard (Heinrich Wilhelm Fritz) ~ 5/212; Huhn, Charlotte ~/† 5/220; Huldermann, Bernhard † 5/220; Huldschiner, Richard ~ 5/220; Humboldt, Alexander Frh. von ~ 5/221; Humboldt, Wilhelm von ~ 5/222; Hunold, Christian Friedrich ~ 5/229; Hurlebusch, Conrad Friedrich ~ 5/231; Husmann, Heinrich ~ 5/233; Hussa, Maria ~ 5/233; Hussen, Tilemann von ~ 5/234; Huth, (Johann) Friedrich (Andreas) ~ 5/235; Hutter, Elias ~ 5/237; Iklé, Leopold * 5/246; Illies, (Karl Wilhelm) Arthur */~ 5/248; Illies, Carl ~/† 5/248; Illies, Carl-Heinz ~ 5/248; Imdahl, Max ~ 11/93; Instinsky, Hans Ulrich ~ 11/94; Intze, Otto ~ 5/257; Ippen, Hellmut ~ 11/94; Irschik, Magda ~ 5/260; Italiaander, Rolf (Bruno Maximilian) ~/† 5/265; Italiener, Bruno ~ 5/266; Jacob, Benno ~ 11/95; Jacob, Franz * 5/270; Jacob, Max ~/† 5/271; Jacobi, Friedrich Heinrich ~ 5/273; Jacobi, Hermann ~ 5/274; Jacobj, Carl * 5/276; Jacques, Norbert ~ 5/280; Jäger, Ferdinand ~ 5/283; Jaffé, Edgar * 5/288; Jagic, Nikolaus von ~ 5/289; Jagow, Gottlieb von ~ 5/290; Jahnn, Hans Henny August ~/† 5/292; Jahr, Carl ~ 5/293; Jahr, John */~/† 5/293; Jakob, Alfons Marie ~/† 5/295; Janisch, Antonie ~ 5/299; Janowitz, Hans ~ 5/301; Janssen, Horst */~/† 5/303; Janssen, Victor Emil */~/† 5/304; Jansson, Wilhelm ~ 5/304; Jantzen, Hans * 5/305; Jantzen, Wilhelm */† 5/305; Japha, Louise * 5/305; Jarnach, Philipp ~/† 5/307; Jary, Michael ~ 5/308; Jastram, Cord */~/† 5/309; Jauner, Franz Ritter von ~ 5/311; Jauner-Krall, Emilie von ~ 5/311; Jelenko, Siegfried ~ 5/316; Jenisch, Martin Johann */† 5/319; Jenisch, Zimbert ~/† 5/319; Jenner, Gustav ~ 5/320; Jenny, Heinrich ~ 5/320; Jensen, Christian (Albrecht Theodor) ~/† 5/321; Jensen, Hans Daniel */~ 5/321; Jensen, Uwe Jens */~ 11/96; Jente, Martin ~ 11/97; Jentsch, Max ~ 5/322; Jessen, Carl Ludwig ~ 5/326;

Jessen, Hans * 5/326; Jessen, Jens ~ 5/327; Jessner, Fritz ~ 5/327; Jessner, Leopold ~ 5/327; Jochmann, Georg ~ 5/332; Jochmann, Werner ~/† 5/332; Jochmus von Catignola, August Frh. von * 5/333; Jochum, Eugen ~ 5/333; Jocker, Ernst Robert */~/† 5/333; Jöde, Fritz */~/† 5/334; Jöken, Karl † 5/335; Jörn, Karl ~ 5/336; Johann II., Herzog von Sachsen-Lauenburg ~ 5/344; Johannesson, Rolf † 5/354; Johansen, Paul ~/† 5/355; John, Karl ~ 5/355; Jollasse, Jean David ~ 5/358; Jollasse, Wilhelm */† 5/358; Jooss, Kurt ~ 5/361; Jordan, (Ernst) Pascual ~/† 5/363; Jores, Arthur ~/† 5/364; Jürgens, Jürgen ~/† 5/374; Jugert, Rudolf ~ 5/375; Julius, Nikolaus Heinrich ~/† 5/376; Jung, Heinrich ~ 5/379; Jung, Helene ~ 5/380; Junge, Christian ~ 5/381; Jungius, Joachim ~/† 5/383; Junkermann, Hans ~ 5/386; Justus, Friederich ~/† 5/389; Kadelburg, Gustav ~ 5/393; Kaemmerer, Wilhelm */~/† 5/394; Kaempfert, Bert */~ 5/395; Käutner, Helmut ~ 5/398; Kafka, Victor ~ 5/400; Kaisen, Wilhelm * 5/405; Kaiser, Ludwig ~ 5/408; Kalisch, Paul ~ 5/412; Kalkschmidt, Eugen ~ 5/414; Kalow, Gert ~ 5/416; Kalter, Sabine ~ 5/417; Kaminski, Hannah ~ 5/418; Kammel, Willibald Franz ~ 5/419; Kammer, Klaus ~ 5/419; Kantorowicz, Alfred ~/† 5/427; Kapferer, Chlodwig ~/† 11/100; Kapp, Ernst ~ 5/429; Kaps, Amandus ~ 5/432; Kaps, Robert */~ 5/432; Karg, Georg ~ 5/435; Karpfanger, Berend Jacobsen */~ 5/453; Kaser, Max ~ 11/101; Kasimir-Hoernes, Tanna ~ 5/458; Kather, Linus ~ 5/463; Katona, Julius ~ 5/463; Katz, Rudolf ~ 5/466; Katzenellenbogen, Adolf ~ 5/466; Kauffmann, Hermann */† 5/469; Kaufmann, Karl ~/† 5/473; Kaufmann, Theophil Heinrich ~ 11/101; Kaufung, Clemens ~ 5/474; Keilberth, Joseph ~ 5/486; Keiser, Reinhard ~/† 5/487; Keller, Michael ~ 5/496; Keller, Werner ~ 5/498; Kellner, Carl ~ 5/499; Kellner, David ~ 5/500; Kemp, Paul ~ 5/503; Kempe, Stephan ~/† 5/503; Kempski Rakoszyn, Jürgen von ~ 11/102; Kenckel, Johannes ~ 5/505; Kerner, Johann (Georg) ~/† 5/512; Kerner, Justinus (Andreas Christian) von ~ 5/513; Kerr, Alfred † 5/514; Kerschensteiner, Hermann ~ 5/517; Kessler, Harry Graf ~ 5/519; Keßler, Oskar ~ 5/520; Kestner, Otto ~/† 5/522; Keun, Irmgard ~ 5/524; Keußler, Gerhard von ~ 5/525; Keyserling, Hermann Graf von ~ 5/526; Kiderlen-Waechter, Alfred von ~ 5/528; Kieling, Wolfgang † 5/528; Kienlen, Johann Adam I. ~ 5/531; Kienzl, Wilhelm ~ 5/531; Kiep, Louis Leisler ~ 5/532; Kiesel, Otto */† 5/533; Kiesselbach, Wilhelm (Arnold) ~/† 5/535; Kießling, Adolph ~ 5/535; Kikuth, Walter ~ 5/536; Kinau, Rudolf ~ 5/539; Kinder, Christian ~/† 5/540; Kindler, (Hermann Julius) Karl ~ 5/541; Kippenberg, Katharina * 5/545; Kippenberger, Hans ~ 5/546; Kippenberger, Martin ~ 11/103; Kircheiss, Carl ~/† 5/547; Kirchenpauer, Gustav Heinrich */~/† 5/548; Kirchgeßner, Marianne ~ 5/549; Kirchhof, Nicolaus Anton Johann † 5/549; Kirchhoff, Heinz ~ 11/104; Kirchner, Theodor (Fürchtegott) † 5/553; Kirdorf, Emil ~ 5/554; Kirsten, Adolf */† 5/557; Kittler, Philipp ~ 5/561; Klaas, Walter ~ 5/562; Klabunde, Erich */~ 5/563; Klafsky, Katharina † 5/563; Klasen, Karl */~/† 5/566; Klatt, Fritz ~ 5/566; Kleemann, Therese Marie ~/† 5/573; Klein, Adolf ~ 5/573; Klein, César */~ 5/574; Klein, Peter ~ 5/578; Kleinschmidt, Hans ~ 5/581; Kley, Israel Eduard ~/† 5/592; Kleyer, Heinrich ~ 5/592; Klinckerfuß, Johanna * 5/595; Klingenberg, Georg * 5/596; Klingenheben, August ~/† 5/596; Klingner, Friedrich ~ 5/598; Klöcker von Ehrenstrahl, David */~ 5/601; Klöpper, Friedrich Wilhelm */† 5/603; Klopstock, Friedrich Gottlieb ~/† 5/604; Klügel, Georg Simon * 5/608; Klug, Ulrich ~ 5/608; Kluge, Hans ~ 5/609; Knaust, Heinrich */~ 5/616; Kniep, Christoph (Heinrich) ~ 5/620; Knipping, Erwin ~ 5/622; Knittermeyer, (Johann) Hinrich * 5/623; Knoche, Ulrich ~/† 5/624; Knopp, Auguste ~ 5/629; Knopp, Karl ~ 5/629; Knuth, Gustav ~ 5/632; Kober, Gustav ~ 5/635; Koch, (Johann) Carl * 5/638; Koch, Heinrich Gottfried ~ 5/640; Koch, Hermann ~ 5/641; Koch, Peter Paul ~/† 5/643; Kock, Theodor ~ 5/646; Koechlin, André ~ 5/647; Koegel, Ilse ~/† 5/649; Köhler, Erich ~ 11/108;

Könecke, Fritz ~ 5/657; Koenen, Bern(h)ard (Johann Heinrich) * 5/657; Koenen, Wilhelm * 5/657; König, Johann Ulrich von ~ 5/660; König, Josef ~ 5/660; König, Willi ~ 5/663; Königslöw, Johann Wilhelm Cornelius von * 5/665; Königsmarck, (Marie) Aurora Gräfin von ~ 5/665; Köpcke, Karl-Heinz */~/† 5/667; Köppen, Wladimir Peter ~ 5/668; Körber, Kurt (Adolf) ~/† 5/670; Körner, Hermine ~ 5/672; Köster, Albert * 5/675; Köth, Erika ~ 5/677; Kötter, Paul ~ 5/678; Kohl, Johann Peter ~ 6/2; Kohl von Kohlenegg, Leonhard ~ 6/3; Kohlhaußen, Heinrich ~ 6/4; Kohlschütter, Arnold ~ 6/5; Koigen, David ~ 6/8; Kokoschka, Oskar ~ 6/8; Kolb, Albert ~/† 11/109; Kolbenschlag, Friedrich ~ 6/13; Koldehoff, Reinhard ~ 6/14; Koldewey, Karl ~/† 6/14; Koldewey, Robert ~ 6/14; Kollo, Willi ~ 6/18; Kolmar, Gertrud ~ 6/20; Konetzni, Hilde ~ 6/24; Konow, Sten ~ 6/25; Konwitschny, Franz ~ 6/36; Kopecky, Ottokar ~/† 6/37; Kopf, Hinrich Wilhelm ~ 6/37; Kopp, Johannes ~/† 6/39; Koppel, Walter ~ 6/40; Koppmann, Karl */~ 6/41; Korell, Bruno ~ 6/43; Korn, Maximilian ~ 6/45; Korngold, Erich Wolfgang ~ 6/46; Kortner, Fritz ~ 6/48; Kosegarten, Wilhelm ~ 6/51; Koss, Irene * 6/52; Kosswig, Curt Karl Ferdinand ~/† 6/53; Kotelmann, Ludwig Wilhelm Johannes ~ 6/54; Kozub, Ernst ~ 6/58; Kraatz, Helmut ~ 6/58; Kraemer-Widl, Marie ~ 6/62; Kraepelin, Karl ~/† 6/62; Krafft, David * 6/63; Kraft, Walter (Wilhelm Johann) ~ 6/65; Kramer, Josef von ~ 6/69; Kramer, Otto (Konrad Wilhelm) ~ 6/69; Kramsta, Georg Gottlob ~ 6/70; Krantz, Albert(us) */~/† 6/71; Kranz, Peter-Paul ~ 6/71; Krasselt, Alfred ~ 6/72; Krause, (Caesar Ernst) Albrecht ~/† 6/80; Krause, Emil */~/† 6/80; Krauss, Ingo (Arthur Richard) ~ 6/84; Krebs, Sir Hans Adolf ~ 6/88; Krebs, Karl August ~ 6/89; Kreuzhage, Eduard Adolf Günther ~ 6/103; Krischen, Friedrich ~ 6/108; Krischke, Traugott ~ 11/111; Kroencke, Claus ~ 6/110; Krogmann, Richard Carl */~ 6/112; Krogmann, Willy ~/† 6/112; Krolik, Martin ~ 6/113; Kronenberg, Karl ~ 6/117; Krüger, Eduard * 6/121; Krüger, Emmy ~ 6/121; Krüger, Friedrich ~ 6/122; Krüger, Fritz ~ 6/122; Krüger, Johann Christian † 6/123; Krüger, Lorenz ~ 6/123; Krüger, Wolfgang † 6/124; Krükl, Franz ~ 6/124; Krümmel, Carl * 6/124; Krümmel, Otto ~ 6/124; Krüsike, Johann Christoph */~/† 6/125; Krüss, Hugo Andres * 6/125; Krug, Arnold */~/† 6/126; Krug-Waldsee, Josef ~ 6/127; Krukenberg, Hermann ~ 6/127; Kruse, Lauritz ~ 6/133; Kruspig, Walter ~ 6/134; Krzyzanowski, Rudolf ~ 6/135; Krzyzanowski-Doxat, Ida ~ 6/135; Kubary, Johann Stanislaus ~ 6/135; Kubin, Alfred ~ 6/136; Küchler, Walther ~ 6/141; Kühn, Günther (Hermann Martin) ~ 6/143; Kühne, Wilhelm * 6/146; Kümmell, Hermann ~/† 6/149; Küntscher, Gerhard ~ 6/151; Kürenberg, Joachim von ~ 6/153; Küstner, Friedrich ~ 6/155; Kuhlau, (Daniel) Friedrich (Rudolph) ~ 6/158; Kuhlmann, Quirin(us) ~ 6/158; Kuhlo, Johannes ~ 6/158; Kuhn, Johannes Nicolaus ~/† 6/160; Kummerfeld, Karoline Franziska ~ 6/166; Kummernuss, Adolph (Ludwig) * 6/166; Kunert, Sophie ~ 6/168; Kunze, Wilhelm * 6/173; Kunzen, Adolph Carl ~ 6/174; Kunzen, Johann Paul ~ 6/174; Kupfer, Caesarine ~ 6/175; Kupper, Annelies (Gabriele) ~ 6/176; Kurz, Anton ~ 6/179; Kurz, Otto ~ 6/180; Kusenberg, Kurt † 6/181; Kusser, (Johann) Sigismund ~ 6/181; Kutscher, Hans * 6/183; Laban, Rudolf von ~ 6/188; Lachner, Ignaz ~ 6/190; Lade, Eduard Frh. von ~ 6/192; Laeisz, Carl */† 6/195; Laeisz, Carl Ferdinand ~ 6/195; Laeisz, Erich F. * 6/195; Laeisz, Ferdinand */† 6/195; Lagemann, Clemens Heinrich ~ 6/198; Lahn, Lothar ~ 6/199; Lamac, Carl † 6/202; Lambeck, Peter * 6/202; Lambrecht, Hans ~/† 6/205; Lambrecht, Matthias Georg ~ 6/205; Lammert, Will ~ 6/207; Lampe, Friedo ~ 6/209; Lampel, Peter Martin ~/† 6/209; Lamprecht, Jakob Friedrich * 6/211; Lamszus, Wilhelm ~/† 6/212; Land, Emmy ~ 6/212; Landau, Hermann (Josef) ~ 6/213; Landau, Isidor ~ 6/213; Landau, Jacob Frh. von ~ 6/213; Landau, Leopold ~/† 6/214; Landenberger, Paul ~ 6/216; Landgrebe, Erich ~ 6/217; Landgrebe, Ludwig ~ 6/217; Landshoff, Ludwig ~ 6/221;

Landshut, Siegfried ~/† 6/221; Lang, (Friedrich) Carl ~ 6/222; Lang, Ferdinand ~ 6/223; Lang, Lotte ~ 6/227; Lang-Ratthey, Agnes ~ 6/229; Lange, Friedrich ~ 6/231; Lange, Helene (Henriette Elisabet) ~ 6/232; Lange, Karl ~ 6/234; Lange, Luise Marie Antonie ~ 6/235; Langen, Albert ~ 6/237; Langenbeck, Heinrich * 6/239; Langhans, Paul * 6/245; Langhans, Wilhelm */~ 6/246; Langhein, Carl * 6/246; Langhoff, Udo * 6/246; Langhoff, Wolfgang ~ 6/246; Langko, Dietrich * 6/247; Lanius, Frida ~ 6/249; Lanna, Adalbert ~ 6/249; Lansburgh, Werner Neander ~ 6/250; Lappenberg, Johann Martin */† 6/252; Laqueur, Richard */~ 6/252; L'Arronge, Adolph * 6/254; L'Arronge, Eberhard Theodor ~ 6/254; Lasch, Agathe ~ 6/254; Laska, Julius ~ 6/255; Lassar, Oskar * 6/259; Lattermann, Ottilie ~ 6/262; Lattermann, Theodor ~ 6/262; Laub, Gabriel ~/† 11/118; Laube, Horst ~ 11/118; Laubenthal, Hans Georg ~ 6/264; Laufenberg, Heinrich ~/† 6/268; Lauffer, Otto ~/† 6/268; Laun, Rudolf Edler von ~ 6/269; Lauremberg, Peter ~ 6/270; Lautenburg, Sigmund ~ 6/271; Lavater-Sloman, Mary * 6/275; Lebrun, Karl August † 6/280; Lebrun, Karoline */~/† 6/280; Lederer, Hugo ~ 6/285; Ledig-Rowohlt, Heinrich Maria ~ 6/286; Leeder, Sigurd */~ 6/287; Legal, Ernst ~ 6/289; Legband, Paul † 6/289; Legien, Carl ~ 6/290; Lehmann, Gottfried Wilhelm * 6/293; Lehmann, Johann Georg Christian ~/† 6/294; Lehmann, Lotte ~ 6/295; Lehmann, Ludwig ~ 6/295; Lehmann, Marie */~ 6/295; Lehmann, Wilhelm (Heinrich) ~ 6/297; Lehmann-Haupt, (Ferdinand Friedrich) Carl * 6/297; Leider, Frida ~ 6/306; Leimdörfer, David † 6/307; Leip, Hans */~ 6/308; Leipart, Theodor ~ 6/308; Leisewitz, Johann Anton ~ 6/309; Leithäuser, Gustav * 6/312; Leitner, Ferdinand ~ 6/312; Lendvai, Erwin ~ 6/319; Lengerke, Alexander von * 6/320; Lengerke, Caesar von * 6/320; Lentz, Wolfgang ~ 11/120; Lenz, Max ~ 6/324; Lenz, Wilhelm ~/† 6/325; Leo, Karl Friedrich ~ 6/326; Leonard, Lotte * 6/327; Lerbs, Hermann ~/† 6/337; Leschke, Erich ~ 6/341; Lessing, Gotthold Ephraim ~ 6/345; Leßner, Friedrich ~ 6/347; Lettow-Vorbeck, Paul von † 6/349; Leutwein, Friedrich ~ 6/356; Leverkuehn, Paul † 6/357; Levison, Georg (Mordechai Gumpel Schnaber) ~/† 6/360; Levy, Emil * 6/360; Levy, Richard ~/† 6/362; Lewandowski, Manfred * 6/363; Lewinsky, Herbert C. ~ 6/365; Leybold, Hans ~ 6/368; Leyding, Johann Dietrich ~/† 6/369; Leyrer, Rudolf ~ 6/371; Lichtenstein, Hinrich * 6/376; Lichtenthaeler, Charles ~ 6/376; Lichtwark, Alfred (Danger) ~/† 6/377; Liebermann, Max ~ 6/381; Liebermann, Rolf ~ 11/122; Liebeschütz, Hans */~ 6/383; Liebmann, Jost ~ 6/387; Liechti, Adolf ~ 6/389; Liedtcke, Marie ~ 6/389; Liefmann, Robert * 6/390; Liepman, Heinz ~ 6/391; Liepmann, Moritz ~/† 6/391; Lietzau, Hans ~ 6/393; Lindau, Rudolf ~ 6/400; Lindenbrog, Friedrich */~/† 6/404; Lindenmaier, Fritz (Heinrich Karl Paul) */~/† 6/404; Lindig, Otto ~ 6/406; Lindley, Sir Walter * 6/406; Lindley, Sir William H. ~ 6/406; Lindner, (Maria) Karoline (Friederike) ~ 6/408; Lindner, Richard * 6/408; Lindtberg, Leopold * 6/409; Lingel, Eduard † 6/410; Link, Adolf ~ 6/411; Linnebach, Adolf ~ 6/413; Lion, Hildegard Gudilla */~ 6/415; Lippert, Albert ~ 6/417; Lippowitz, Jakob ~ 6/420; Lipschütz, Benjamin ~ 6/421; List, Herbert * 6/425; Liutbirg ~ 6/430; Lödel, Adi */~/† 6/439; Loeffler, Adolph Friedrich ~ 6/439; Löhr, Georg-Wilhelm ~ 11/124; Loening, Carl Friedrich ~ 6/444; Loerzer, Bruno ~ 6/446; Löser, Ewald ~ 6/447; Loewe, Fritz Philipp ~ 6/450; Löwen, Johann Friedrich ~ 6/452; Loewenbach, Georg ~ 6/452; Loewenberg, Jakob ~/† 6/452; Löwendahl, Woldemar Graf von ~ 6/453; Loewengard, Max † 6/453; Löwenstein-Wertheim-Freudenberg, Hubertus Friedrich Prinz zu ~ 6/456; Lohmann, Hans ~ 6/462; Lohmar, (Karl) Ulrich ~ 6/463; Lohse, Bernhard */~/† 11/124; Lohse-Wächtler, Elfriede ~ 11/124; Loosen, Kurt ~ 6/468; L'Orange, Rudolf ~ 6/469; Lorck, Melchior ~ 6/470; Lorenz, Detlef ~ 11/124; Lothar, Hanns † 6/481; Lotz, Wolfgang ~ 6/484; Louis Ferdinand von Hohenzollern, Prinz von Preußen ~ 6/486; Lubrich, Fritz ~/† 6/489;

Luckner, Felix Nikolaus Alexander Georg Graf von ~ 6/493; Ludwig, Leopold ~/† 6/509; Ludwig, Walther ~ 6/510; Lübbert, Erich (Ferdinand August) ~ 6/512; Lübbert, Hans */~ 6/512; Lübeck, Vincent ~/† 6/512; Lücke, Carl August ~ 6/513; Lücke, Fritz ~ 6/514; Lücke, (Johann Christian) Ludwig von ~ 6/514; Lüders, Gerhart (Claus Friedrich) */~ 11/124; Lüders, Günther ~ 6/515; Lühdorf, Friedrich August Frh. von ~/† 6/519; Lühr, Peter */~ 6/519; Lühring, Anna † 6/519; Lütgens, Rudolf */~/† 6/522; Lüth, Erich Ernst */~/† 6/522; Lütkens, Doris Elisabeth ~/† 6/523; Luipart, Marcel ~ 6/527; Lukas, Johannes ~/† 6/529; Luksch, Richard (Joseph) ~/† 6/529; Luksch-Makowsky, Elena ~/† 6/529; Lund, Zacharias ~ 6/530; Luther, Wilhelm (Alexander) ~ 6/538; Lutteroth, Ascan */† 6/539; Lutteroth, Ascan Wilhelm ~/† 6/539; Lyser, Johann Peter (Theodor) ~ 6/545; Maak, Wilhelm */~ 11/125; Maaß, Alexander ~ 6/547; Maass, Edgar */~ 6/548; Maaß, Hans */~ 11/125; Maass, Joachim */~ 6/548; Maaßen, Carl Georg (Heinrich) von */~ 6/549; Madaus, Gerhard ~ 6/554; Madjera, Karl (Gustav Jakob) */~ 6/556; Mähl, Albert † 6/557; Maertens, Willy ~/† 6/559; Mahlau, Alfred ~/† 6/565; Mahler, Gerhard ~ 11/126; Mahler, Gustav ~ 6/567; Mahlknecht, Carl ~ 6/568; Mahnke, Hans ~ 6/568; Maikl, Georg ~ 6/572; Maimon, Salomon ~ 6/573; Major, Johann Daniel ~ 6/576; Malata, Oscar ~ 6/577; Maler, Wilhelm ~/† 6/578; Maltitz, Gotthilf August Frh. von ~ 6/581; Mampé-Babnigg, Emma ~ 6/583; Mangelsdorff, Simone ~ 6/587; Mankiewitz, Paul ~ 6/589; Mannhardt, Johann Wilhelm */~ 6/595; Manstein, Erich von ~ 6/600; Mantel, Kurt ~ 6/600; Marberg, Lilli ~ 6/604; Marcard, Enno von */~ 6/605; Marchionini, Alfred ~ 6/606; Marcks, Erich ~ 6/607; Marcks, Erich ~ 6/608; Marcks, Gerhard ~ 6/608; Marcus, Ernst ~ 6/609; Marek, Kurt Wilhelm † 6/612; Marggraff, Hermann ~ 6/616; Margolis, Abraham ~ 6/616; Markov, Walter ~ 6/625; Markward von Jesowe, Bischof von Ratzeburg ~ 6/626; Marlow, Mathilde ~ 6/626; Marperger, Bernhard Walther * 6/628; Marperger, Paul Jacob ~ 6/628; Marpurg, Friedrich Wilhelm ~ 6/628; Marr, Heinrich */~/† 6/629; Marr, Heinrich (Joseph Ludwig) * 6/629; Marr, (Friedrich) Wilhelm (Adolph) ~/† 6/629; Martens, Friedrich ~ 6/633; Martens, Georg Friedrich von * 6/633; Martens, Heinrich (Friedrich Karl Emil) ~ 6/633; Martens, Joachim Friedrich */~/† 6/633; Martens, Theodor (Dietrich) ~ 6/633; Martienssen, Oscar * 6/634; Martin, Helmut ~ 11/127; Martin, Karl Heinz ~ 6/637; Martini, Erich ~ 6/639; Martini, Fritz ~ 6/639; Martius, Heinrich ~ 6/642; Márton, Jenö * 6/643; Marx, Jules ~ 6/645; Marxsen, Eduard ~/† 6/649; Massary, Fritzi ~ 6/651; Mathes-Roeckel, Louisabeth ~ 6/654; Matkowsky, Adalbert ~ 6/656; Matterstock, Albert ~ 6/659; Mattheson, Johann */~/† 6/661; Matthias, Adolf ~ 6/662; Matthias, Michael ~ 6/663; Mattoni, Heinrich Edler von ~ 6/664; Mau, Carl ~/† 6/666; Mauke, Wilhelm * 6/668; Maurer, Hans (Theodor Julius Christian Karl) ~ 6/670; Maurice, Chéri ~/† 6/670; Mauthner, Eugen Moritz ~ 6/672; May, Ernst (Georg) † 7/1; May, Maria ~ 7/3; May, Mia ~ 7/3; Mayer, Emil ~/† 7/6; Mayer, Johann Friedrich ~ 7/8; Mayer, Martin ~ 7/10; Mayer-Reinach, Albert Michael ~ 7/12; Mayerhofer, Elfie ~ 7/12; Mayrhofer, Johannes */~ 7/17; Mayrhofer, Karl ~ 7/17; Meck, Johann Leonard ~ 7/19; Mecking, Ludwig ~/† 7/21; Mecklinger, Ludwig ~ 7/22; Medicus, Ludwig Wallrad ~ 7/23; Meerwein, Hans (Lebrecht) * 7/25; Mehring, Walter ~ 7/28; Meier, Harri */~ 11/128; Meinardus, Ludwig ~ 7/33; Meinecke, Michael ~ 7/34; Meiner, Felix ~/† 7/35; Meinhof, Carl ~ 7/36; Meinhof, Ulrike (Marie) ~/† 7/36; Meinhold, Helmut ~ 7/36; Meisel, Kurt ~ 7/38; Meißner, Hinrich */~/† 7/42; Meißner, Kurt */~ 7/42; Meister Francke ~ 7/44; Meister, Wilhelm * 7/47; Meixner, Karl Wilhelm ~ 7/48; Melamid, Michael ~ 7/49; Melchert, Helmut ~/† 7/51; Melchior, Carl Joseph */~/† 7/52; Melle, Werner von ~/† 7/53; Mellerowicz, Konrad ~ 7/54; Menck, Johannes ~ 7/56; Mende, Lotte */~/† 7/56; Mendelssohn, Joseph ~/† 7/58; Mendelssohn Bartholdy, Albrecht ~ 7/60; Mendelssohn Bartholdy,

Felix (Jacob Ludwig) * 7/60; Menne, Bernhard ~/† 7/63; Menzel, Adolph (Friedrich Erdmann) von ~ 7/66; Merck, Ernst Frh. von */~/† 7/68; Merck, Karl (Emanuel) ~ 7/69; Merklein, Renate */~ 7/75; Mermann, Wolfgang (Felix Walter) ~ 7/76; Merveldt, (Hanns) Hubertus Graf von ~/† 7/79; Merz, Carl ~ 7/79; Messerschmitt, Johann Baptist ~ 7/83; Mestorf, Johanna ~ 7/85; Mestwerdt, Wolfgang */~ 7/85; Methfessel, Albert ~ 7/86; Mette, Hans Joachim ~ 7/87; Mettlerkamp, David Christopher */~/† 7/89; Metzger-Lattermann, Ottilie ~ 7/92; Meumann, Ernst ~/† 7/93; Meurer, Heinrich */~/† 7/94; Meusel, Alfred (Theodor Helmut) ~ 7/95; Meyen, Harry */† 7/97; Meyen, Sabine ~ 7/97; Meyer, August Wilhelm ~ 7/98; Meyer, Carl Hermann * 7/99; Meyer, Eduard * 7/100; Meyer, Ernst (Wilhelm) ~ 7/101; Meyer, Franz * 7/101; Meyer, Franz Andreas ~ 7/101; Meyer, Friedrich Albrecht Anton * 7/102; Meyer, Friedrich Johann Lorenz */† 7/102; Meyer, Hans * 7/104; Meyer, Heinrich ~/† 7/104; Meyer, Heinrich ~ 7/104; Meyer, Heinrich Adolph */~ 7/105; Meyer, Heinrich Christian ~/† 7/105; Meyer, Heinz-Werner */~ 7/105; Meyer, Kuno ~ 7/107; Meyer, Ludwig ~ 7/108; Meyer, Rolf ~ 7/110; Meyer-Abich, Adolf ~/† 7/111; Meyer-Schwickerath, Gerhard ~ 7/114; Meyerinck, Hubert von † 7/116; Meyrink, Gustav ~ 7/118; Meysenbug, (Amalie) Malwida (Wilhelmine Tamina) Freiin von ~ 7/118; Michael, Heimann Joseph */† 7/120; Michael, Max */~ 7/120; Michaelis, Herbert */~ 7/122; Micheelsen, Hans Friedrich ~ 7/124; Michelsen, Hans Günter * 7/127; Middendorf, Friedrich Ludwig ~ 7/129; Mielck, Wilhelm * 7/131; Mielke, Otto (Georg Erich) † 7/132; Mierendorff, Hans ~ 7/132; Mies, Otto Heinrich */~/† 7/132; Migge, Leberecht ~ 7/135; Milan, Adele ~ 7/138; Milde, Karl Julius */~ 7/139; Miller, Julius ~ 7/143; Miller zu Aichholz, Vinzenz von ~ 7/144; Millington-Herrmann, Paul */~ 7/144; Mills-Milarta, Maria von ~ 7/145; Minetti, Bernhard (Theodor Henry) ~ 11/130; Minkowski, Rudolf (Leo B.) ~ 7/148; Mittell, Karl Josef ~ 7/156; Mittelstädt, Otto (Samuel Ludwig) ~ 7/156; Mitterwurzer, (Anton) Friedrich ~ 7/159; Mittler, Leo ~ 7/159; Möbius, Karl ~ 7/162; Möbius, Karl August ~ 7/162; Möhring, Philipp ~ 7/165; Moellendorff, Wilhelm von ~ 7/167; Möller, Hans */~/† 7/168; Möller, Hans Georg ~ 7/168; Möller, Heinrich Ferdinand ~ 7/169; Möller, Johann Dietrich ~ 7/169; Möller, Max (Emil Karl) * 7/170; Möller, Theodor Adolf von ~ 7/170; Möller, Waldemar ~ 7/170; Mönch, Günther † 7/172; Mönckeberg, Johann Georg */~ 7/173; Mönckeberg-Kollmar, Vilma ~/† 7/173; Moenig, Siegfried † 7/173; Mohr, Erna */~/† 7/182; Mohr, Ernst-Günther ~ 7/182; Mohr, Johann Georg Paul ~ 7/183; Mohr, Werner ~/† 7/184; Mohwinkel, Hans ~/† 7/185; Molkenbuhr, Hermann ~ 7/189; Moller, Joachim d. J. von */~ 7/191; Moller, Meta */~/† 7/192; Montezuma, Magdalena ~ 7/201; Monti, Max(imilian) ~ 7/202; Mordtmann, Andreas David * 7/207; Mordtmann, August (Justus) * 7/207; Morena, Berta ~ 7/208; Morgenstern, Christian (Ernst Bernhard) */~ 7/210; Morgenstern, Johann Ludwig Ernst ~ 7/211; Moris, Maximilian ~ 7/214; Morstein Marx, Fritz */~ 7/219; Mosenthal, Salomon Hermann Ritter von ~ 7/222; Mosheim, Grete ~ 7/230; Much, Hans ~/† 7/237; Muchow, Martha */~/† 7/238; Muck, Carl ~ 7/238; Mügge, Otto ~ 7/239; Mühlens, Peter ~/† 7/242; Mühlmann, Wilhelm Emil ~/† 7/247; Müller, Adolf ~ 7/247; Müller, Adolf ~ 7/247; Müller, August ~ 7/249; Müller, Carl Heinrich Florenz ~/† 7/250; Müller, Eduard † 7/252; Müller, Erich ~ 7/253; Müller, Franz Hubert ~ 7/256; Müller, Helmut † 7/264; Müller, Johann */† 7/268; Müller, Johann Gottwerth */~ 7/268; Müller, Johann Heinrich Friedrich ~ 7/269; Müller, Johann Samuel ~/† 7/269; Müller, Walt(h)er ~ 7/282; Müller, Wilhelm Carl Gottlieb * 7/283; Müller-Bütow, Hedwig ~ 7/285; Müller-Hartmann, Robert */~ 7/287; Müller-Marein, Josef ~ 7/289; Müller-Osten, Wolfgang ~ 11/133; Münster, Hans (Amandus) */~ 7/297; Münsterberg, Emil ~ 7/297; Münstermann, Ludwig ~/† 7/298; Münz, Ludwig ~ 7/299; Müthel, Johann Gottfried ~

7/302; Murad-Michalkowski, Gabriele ~ 7/310; Murmester, Hinrich */~/† 7/312; Mutzenbecher, Esdras Heinrich * 7/321; Mutzenbecher, Hermann (Franz Matthias) ~/† 7/321; Mutzenbecher, Kurt von * 7/322; Mysz, Susanne ~ 7/324; Nagel, Lorenz Theodor ~/† 7/334; Nannen, Henri ~ 7/339; Nathan, Henry */† 7/343; Natorp, Maria Anna Frfr. von ~ 7/344; Nauck, Ernst (Georg) ~ 7/346; Naujocks, Alfred † 7/347; Naujok, Rudolf ~ 7/347; Naumann, Friedrich ~ 7/349; Naval, Franz ~ 7/352; Nawatzki, Viktor ~ 11/133; Nay, Ernst Wilhelm ~ 7/352; Neckelmann, Skjold */~ 7/355; Neddermeyer, Robert ~ 7/355; Neidlinger, Gustav ~ 7/359; Neiendorff, Emmy ~ 7/360; Nelissen-Haken, Bruno */~/† 7/361; Nelle, Wilhelm ~ 7/362; Nesch, Rolf ~ 7/365; Nesmüller, Joseph Ferdinand ~/† 7/366; Neubauer, Hugo ~ 11/137; Neuber, Friederike Caroline ~ 7/372; Neuert, Hans ~ 7/376; Neuert, Hugo ~ 11/138; Neumann, Adolphine ~ 7/380; Neumann, Julius ~ 7/384; Neumann, Rudolf Otto ~/† 7/386; Neumark, Fritz ~ 7/388; Neumark, Georg ~ 7/389; Neumayer, Georg (Balthasar) von ~ 7/389; Neumeister, Erdmann ~/† 7/390; Neuss, Wolfgang ~ 7/393; Nève, Paul de ~ 7/395; Neven Du Mont, Kurt (Robert Hugo Felix Aloisius) ~ 7/396; Nevermann, Hans (Paul Friedrich Wilhelm) ~ 11/140; Nevermann, Paul */~ 7/396; Nichelmann, Christoph ~ 7/397; Nicolai, Johann David */~ 7/400; Nicolai, Philipp ~/† 7/400; Nieberle, Karl ~ 7/402; Niederhäusern, David von ~ 7/405; Niederreuther, Thomas ~ 7/406; Niehaus, Ruth ~/† 7/407; Nielsen, Hans * 7/407; Niemann, Walter (Rudolph) * 7/409; Niemeyer, Wilhelm ~/† 11/141; Niese, Charlotte ~ 7/412; Nikisch, Arthur ~ 7/418; Nirrnheim, Hans */~/† 7/423; Nissen, Hermann ~ 7/424; Noack, Ursula ~ 7/428; Nobel, Nehemia Anton ~ 11/142; Nocht, Bernhard (Albrecht) ~ 7/429; Nolden, Peter Richard Hubert ~/† 7/434; Noller, Alfred ~ 7/435; Nolte, Ernst Ferdinand * 7/435; Nolting-Hauff, Ilse ~ 7/435; Nonne, Max */~/† 7/436; Nonnenmann, Klaus ~ 7/436; Nordheim, Lothar Wolfgang ~ 7/438; Nordhoff, Heinrich ~ 7/438; Norrmann, Gerhard Philipp Heinrich */~ 7/440; Nossack, Hans Erich */~/† 7/440; Nottarp, (Hugo) Hermann (Adolf Maria) † 7/443; Nürnberger, Ludwig ~ 7/447; Nussbaum, Felix ~ 7/449; Oberländer, Alfred ~ 7/454; Oberländer, Theodor ~ 11/145; Obertimpfler, Karl ~ 7/457; Obst, Erich ~ 7/459; Ochs, Georg Friedrich ~ 7/460; Ochs, Peter ~ 7/460; Ode, Erik ~ 7/461; Oehlecker, Franz */~/† 7/464; Oehlke, Alfred ~ 7/465; Oehme-Foerster, Elsa ~ 7/465; Oellers, Fritz ~ 7/467; Oelschlegel, Gerd ~ 11/148; Oelsner, Gustav ~/† 7/467; Oertzen, Jasper von ~/† 7/470; Oeser, Albert ~ 7/471; Oesterley, Carl (August Heinrich Ferdinand) † 7/472; Österreich, Georg ~ 7/472; Oesterreich, Matthias ~ 7/472; Oestreich, Gerhard ~ 7/473; Oettinger, Eduard Maria ~ 7/475; Offenbach, Joseph ~ 7/477; Offermann, Friedrich * 7/478; Offermann, Sabine ~ 7/478; Ohlendorff, Heinrich Jacob Bernhard Frh. von */~/† 7/479; Ohmacht, Landolin ~ 7/481; Ohmann, Anton Ludwig * 7/481; Ohnsorg, Richard */~/† 7/481; Ohnsorge, Werner ~ 11/149; Oldach, Julius */~ 7/484; Olden, John (Frederick) ~/† 11/149; Oldenberg, Hermann * 7/485; Oldendorp, Johann * 7/486; Olitzka, Rosa ~ 7/488; Olshausen, Theodor † 7/490; Olszewska, Maria ~ 7/491; Olt, Adam ~ 7/491; Oncken, Johann Gerhard ~ 7/492; Opet, Otto † 11/150; Ophüls, Max † 7/494; Oppenheim, Alphons * 7/498; Oppert, Gustav Salomon ~ 7/501; Oppert, Julius ~ 7/501; Orska, Maria ~ 7/507; Ossietzky, Carl von */~ 7/513; Osten-Sacken, Johanne Florentine ~ 7/515; Ostrowski, Alexander ~ 7/519; O'Sullivan de Grass, Elisabeth Charlotte Gräfin ~ 7/520; Otremba, Erich ~/† 7/524; Ottmann, Marie ~ 7/527; Otto, Eberhard ~ 7/534; Otto, Hans ~ 7/534; Otto, (Hans Erich) Moritz */~/† 7/535; Otto, Teo ~ 7/536; Otto, Wilhelm ~ 7/537; Otto-Alvsleben, Melitta ~ 7/537; Overbeck, Johannes (Adolf) ~ 7/539; Overweg, Adolf */† 7/540; Pabst, (Hermann August) Walter ~ 7/544; Pacius, Fredrik * 7/547; Paeplow, Fritz ~/† 11/155; Pagenstecher, Maximilian (Alexander Ludwig) ~ 7/549; Palandt, Otto † 7/550; Panconcelli-Calzia, Giulio ~/† 7/554; Panny, Joseph ~ 7/556; Panofsky,

Erwin ~ 7/557; Panzner, Karl ~ 7/558; Pappenheim, Artur ~ 7/560; Pappenheim, Eugenie ~ 7/560; Papst, Eugen ~ 7/561; Passarge, (Otto Karl) Siegfried ~ 7/568; Passy-Cornet, Adele ~ 7/569; Patry, Albert ~ 7/571; Patsche, Wilhelm ~ 7/571; Paudiss, Christoph * 7/572; Paudler, Maria ~ 7/572; Paul, Albert ~ 7/573; Paul, Elfriede ~ 7/573; Paul, Erich */~/† 7/573; Paul, Johannes ~/† 7/574; Pauli, Gustav ~/† 7/575; Pauli, Max ~ 7/576; Pauli, Wolfgang (Ernst) ~ 7/577; Paulke, Karl ~/† 7/578; Paullini, Christian Franz ~ 7/578; Paulsen, Arno ~ 7/579; Paulsen, Felix */~ 7/579; Paulsen, Harald ~ 7/580; Paulsen, Max */~ 7/580; Peche, Therese ~ 7/585; Peckolt, Theodor ~ 7/587; Peiffer, Engelbert Joseph ~/† 7/589; Pels, Henry * 7/592; Pelzer, Karl J. ~ 7/593; Perard-Petzl, Luise ~ 7/597; Perten, Hanns Anselm ~ 7/605; Perthes, Bernhard ~ 11/156; Perthes, Clemens (Theodor) * 7/605; Perthes, Friedrich Christoph ~ 7/605; Perthes, Wilhelm ~ 11/156; Peschka-Leutner, Minna ~ 7/608; Pessler, Wilhelm Karl Johannes ~ 7/610; Petermann, Helene ~ 7/614; Peters, Albrecht */~ 7/615; Peters, Christian August Friedrich */~ 7/615; Peters, Hermann (Georg Ernst Adolph) ~ 7/616; Peters, Ulrich ~ 7/617; Petersen, Carl Wilhelm */~/† 7/618; Petersen, Eugen (Adolf Hermann) † 7/618; Petersen, Karl Friedich ~/~/† 7/619; Petersen, Peter ~ 7/620; Petersen, Rudolf Hieronymus */~/† 7/620; Peterson, Erik */† 7/620; Petri, Franz † 7/622; Petriconi, Hellmuth */~ 11/157; Petsch, Robert ~/† 7/623; Petter, Franz ~ 7/625; Petzmayer, Johann ~ 7/627; Pewas, Peter ~/† 7/631; Pfann, Karl ~ 7/635; Pfeifer, Gottfried (Georg) ~ 11/157; Pfeiffer, Johannes ~/† 7/641; Pfeiffer, Rudolf ~ 7/642; Pfeifle, Alfred ~ 7/643; Pfeil, Elisabeth ~ 7/643; Pfister, Bernhard ~ 11/158; Pfleiderer, Otto ~ 7/649; Pfohl, Ferdinand † 7/651; Pfretzschner, Norbert ~ 7/652; Philippi-Depner, Maja ~ 7/658; Pierson, Bertha ~ 7/667; Pierson, Heinrich Hugo ~ 7/667; Piglhein, (Elimar Ulrich) Bruno */~ 7/669; Pingeling, Gottfried Christian ~/† 7/672; Pinkus, Lazar Felix ~ 7/673; Piper, Carl (Anton) † 7/675; Pirker, Marianne ~ 7/678; Pistor, Gotthelf ~ 7/680; Pixis, Friedrich Wilhelm ~ 7/682; Plättner, Karl ~ 7/683; Plaichinger, Thila ~ 7/683; Plate, Ernst */† 7/687; Plate, Otto */† 7/687; Plath, Johann Heinrich ~ 7/688; Plath, Theodor Christian */~ 7/688; Platner, Georg Zacharias ~ 7/689; Platow, Robert */~ 7/689; Platten, Fritz ~ 7/689; Plattner, Ernst-Erich */~/† 7/690; Plaut, Hugo Carl ~/† 7/691; Pleßner, Martin ~ 7/695; Plievier, Theodor ~ 8/3; Pochhammer, Adolf ~ 8/7; Podesta, (Kunigunde) Auguste (Ernestine) ~ 8/8; Podewils(-Juncker-Bigatto), Clemens Graf ~ 8/8; Podeyn, Hans (Carl) */~ 8/9; Pörzgen, Hermann ~ 8/14; Poggendorff, Johann Christian */~ 8/17; Pohl, Julius † 8/19; Pohl, Max ~ 8/19; Pohl, Robert (Wichard) * 8/19; Pohlig, Karl ~ 8/21; Polano, Oskar (Julius Herbert) * 8/23; Poll, Heinrich ~ 8/25; Pollak, Egon ~ 8/26; Pollini, Bernhard † 8/28; Popp, Lucia ~ 8/34; Porten, Max von der */~ 8/40; Porth, Hans Heinrich ~/† 8/40; Posadowsky-Wehner, Harald Graf von ~ 8/41; Posch, Leonhard ~ 8/42; Poser, Hans ~/† 8/42; Posipal, Jupp † 8/43; Postel, Christian He(i)nrich ~/† 8/45; Praetorius, Hieronymus */~/† 8/50; Praetorius, Jacob d. Ä. ~/† 8/50; Praetorius, Jacob d. J. */~/† 8/50; Praetorius, Johann Philipp ~ 8/50; Praetzel, Karl Gottlieb ~/† 8/51; Prandtl, Wilhelm * 8/52; Prassek, Johannes */† 8/54; Prausnitz, Giles Carl */~ 8/55; Precht, Burchardt d. Ä. ~ 8/55; Predöhl, Andreas * 8/56; Preller, Ludwig * 8/61; Pretzel, Ulrich ~/† 8/64; Prey, Hermann (Oskar Karl Bruno) ~ 11/160; Prien, Paul ~ 8/69; Prill, Emil ~ 8/70; Prill, Paul ~ 8/70; Printz, Wilhelm ~ 8/72; Prinz, Karl Ludwig ~ 8/72; Prowazek, Stanislaus Edler von Lanow ~ 8/81; Prümer, Karl ~ 8/81; Püttner, Josef Karl Bartholomäus ~ 8/88; Pump, Hans Wilhelm ~ 8/90; Puttlitz, Julius */† 8/94; Putz, Hans ~/† 8/94; Pyritz, Hans ~/† 8/95; Qualtinger, Helmut ~ 8/99; Querner, Ursula ~/† 11/161; Quindt, William ~ 8/103; Raab, Kurt † 8/105; Raape, Leo ~/† 8/107; Raatz-Brockmann, Julius von * 8/107; Rabe, John * 8/108; Rabe, Paul ~/† 8/108; Rachel, Joachim ~ 8/111; Rachel, Samuel ~ 8/112; Rademacher,

Hans Adolph ~ 8/115; Rademacher, Willy ~/† 8/115; Radon, Johann ~ 8/118; Raeber, Kuno (Eduard Franz) ~ 8/120; Raeck, Kurt ~ 8/120; Raeder, Karl Friedrich Balthasar ~ 8/121; Raether, Heinz ~ 11/161; Raethjen, Paul (Ernst Günther Siegmund) ~ 8/122; Raff, (Joseph) Joachim ~ 8/122; Rahn, Hans Julius ~ 8/124; Raimann, Rudolf ~ 8/127; Raimund, Ferdinand (Jakob) ~ 8/127; Rajdl, Maria ~ 8/129; Rambach, August Jakob ~ 8/130; Rambausek, Else ~ 8/130; Ramm, Mathilde ~ 8/132; Ramseger, Georg ~ 8/134; Ranshofen-Wertheimer, Egon (Ferdinand) ~ 8/139; Rantzau, Johann Albrecht von ~ 8/140; Rantzau-Essberger, Liselotte von ~ 8/140; Rasch, Heinrich ~ 8/144; Rathgen, Karl (Friedrich Theodor) ~/† 8/151; Rathjens, Carl August ~/† 8/151; Rauch, Alf ~ 8/157; Rauch, Hans Georg ~ 11/162; Rauers, Friedrich ~ 8/160; Rauff, Franz Ludwig ~ 8/161; Raule, Benjamin † 8/161; Raupach, Bernhard ~/† 8/162; Raupenstrauch, Gustav Adolf ~ 8/163; Rautenberg, Johann Wilhelm ~/† 8/165; Rautmann, Hermann ~ 8/166; Raven, Werner *~ 8/167; Ravené, Louis ~ 8/167; Reche, Otto ~ 8/172; Redslob, Gustav Moritz ~/† 8/181; Rée, Anita *~ 8/182; Rée, Anton *~/† 8/182; Reemtsma, Philipp F. ~/† 8/183; Rehahn, Arne ~ 8/188; Rehfisch, Hans José ~ 8/190; Reicha, Anton (Josef) ~ 8/196; Reichard, Elias Kaspar ~ 8/196; Reichardt, Alexander ~ 8/196; Reichardt, Hans ~ 8/197; Reichardt, Luise ~/† 8/197; Reichelt, Johann ~ 8/199; Reichenbach, Hans (Friedrich Herbert Günther) * 8/200; Reichenow, Anton † 8/201; Reichenow, Eduard Johann ~ 8/201; Reicher, Emanuel ~ 8/202; Reicher-Kindermann, Hedwig ~ 8/202; Reichl, Josef ~ 8/203; Reichmann, Theodor ~ 8/204; Reichow, Hans (Bernhard) ~/† 8/204; Reidemeister, Kurt (Werner Friedrich) ~ 8/206; Reimarus, Hermann Samuel *~/† 8/210; Reimarus, Johann Albert Heinrich *~/† 8/211; Reimers, Paul ~ 8/212; Reimers, Werner ~ 8/212; Reincke, Heinrich (Theodor) *~/~ 8/214; Reinecke, Johann Friedrich ~ 8/215; Reinecke, Sophie ~ 8/215; Reinhard, Johannes Richard ~/† 8/218; Reinhard, Karl von ~ 8/218; Reinhard, Karl Friedrich Graf von ~ 8/218; Reinhard, Philipp Christian ~ 8/218; Reinhardt, Carl August ~ 8/219; Reinhardt, Karl ~ 8/219; Reinhardt, Philipp Jakob † 8/221; Reinhold, Johann Gotthard ~/† 8/223; Reinhold, Karl Wilhelm *~/† 8/224; Reinig, William Frederik ~ 8/224; Reininger, Karl ~ 8/225; Reinken, Johann Adam ~/† 8/226; Reinking, Wilhelm ~ 8/226; Reinmar, Hans ~ 8/227; Reiser, Anton ~/† 8/230; Reiss, Albert ~ 8/231; Reitemeier, Johann Friedrich ~/† 8/233; Reitze, Johanna *†/~ 8/236; Remmele, Adam ~ 8/240; Rémond, Fritz ~ 8/240; Remy, Heinrich (Gerhard Everhard) ~/† 8/241; Renard, Heinrich ~ 8/241; Renker, Gustav (Friedrich) ~ 8/243; Rennert, Günther (Peter) ~ 8/246; Rentzel, Eduard *~/† 8/246; Renz, Ernst (Jakob) ~ 8/247; Repsold, Johann Adolf *†/† 8/247; Repsold, Johann Georg ~ 8/247; Reschke, Ethel ~ 8/248; Rettich, Julie *†/~ 8/251; Rettig, Fritz ~/† 8/251; Reusch, Paul (Hermann) ~ 8/255; Reusche, Theodor * 8/256; Reuß, Heinrich V. Prinz von ~/† 8/257; Reuß-Löwenstein, Harry ~/† 8/259; Reventlow, Franziska Gräfin zu ~ 8/263; Rewald, John ~ 8/264; Rhein, Eduard ~ 8/267; Rhode, Gotthold ~ 8/269; Riccius, August Ferdinand ~ 8/271; Richartz, Walter E. *†/~ 8/273; Richert, Ernst ~/† 8/274; Richey, Michael *†/~/† 8/274; Richthofen, Bolko (Karl Ernst Gotthard) Frh. von ~ 8/285; Ridder, Bernhard Josef Franz ~ 8/288; Ridderbusch, Karl ~ 8/288; Riebesell, Paul *†/~/† 8/289; Riebling, Johannes * 8/289; Riechers, Helene * 8/289; Rieder, Robert Pascha ~ 8/293; Rieder, Wilhelm ~ 8/293; Riegel, Werner † 8/296; Riemann, (Karl Wilhelm Julius) Hugo ~ 8/301; Riemer, Johannes ~/† 8/302; Riese, Lorenz ~ 8/305; Riesenberger, Johann Moritz d. Ä. † 8/306; Riesenberger, Johann Moritz d. J. ~/† 8/306; Riesser, Gabriel *†/~/† 8/307; Rieth, Hans-Heinrich ~/† 8/307; Rihlmann, Andreas ~ 8/310; Ringelnatz, Joachim ~ 8/316; Ripken, Georg ~ 8/321; Rist, Johann ~ 8/323; Rist, Johann Georg ~ 8/323; Ritschl, Hans ~ 8/325; Rittelmeyer, Friedrich † 11/164; Ritter, Gerhard (Georg Bernhard) ~ 8/328; Ritter, Hellmut ~ 8/329; Ritter, Joachim ~

8/329; Ritter, Josef ~ 8/331; Ritterfeldt, Ernst ~ 8/333; Rittershaus, Ernst (Ludwig Johann) ~/† 8/333; Rittmeister, John * 8/335; Roberts, Ralph Arthur ~ 8/339; Robinsohn, Hans (Joachim) *†/~/† 8/339; Robinson, Adolf ~ 8/339; Robinson, Leonore ~ 8/340; Robinson, Saul Benjamin ~ 8/340; Robinson, Therese (Albertine Louise) ~/† 8/340; Rocke, Paul † 8/342; Rocke-Heindl, Anna † 8/342; Rocke, Friedrich Gottlieb Theodor *†/† 8/343; Rodemann, Paul ~ 8/344; Rodemund, Karl † 8/344; Rodenberg, Carl (Friedrich) * 8/344; Rodenberg, Hans Rudolph ~ 8/344; Rodenwaldt, Ernst ~ 8/345; Rodominsky, Eugen ~ 8/346; Röbbeling, Hermann ~ 8/347; Roediger, Elisabeth ~ 8/349; Röllig, Karl Leopold *†/~ 8/352; Röper, Burkhardt ~ 8/356; Roeseler, Marcella ~ 8/359; Rösler, Johann Eberhard ~ 8/360; Rösler, Louise † 8/360; Rössler, (Karl) Constantin ~ 8/362; Röttiger, Hans * 8/364; Rogge, Alma ~ 8/365; Rohde, Alfred *†/~ 8/367; Rohde, Erwin * 8/367; Rohde, Friedrich Wilhelm ~ 8/367; Rohlfs, Christian (Friedrich) ~ 8/368; Rohrbach, Adolf (Karl) ~ 8/371; Rohwedder, Detlev Carsten ~ 8/372; Rokyta, Erika ~ 8/373; Rolfinck, Werner * 8/374; Romberg, Andreas (Jacob) ~ 8/378; Romberg, Bernhard (Heinrich) ~/† 8/378; Romberg, Johann Andreas ~ 8/379; Roose, Betty *†/~ 8/383; Rosar, Annie ~ 8/384; Rose, (Peter Conrad) Hermann ~/† 8/387; Rose, Just(us) Philipp ~ 8/387; Roselius, Ludwig ~ 8/388; Rosen, Erwin † 8/389; Rosen, Julius ~ 8/389; Rosenbaum, Eduard *†/~ 8/390; Rosenbaum, Horst ~ 8/390; Rosenberg, Johann Georg ~ 8/393; Rosenberg, Moritz ~ 8/394; Rosenberger, (Johann Karl) Ferdinand ~ 11/165; Rosengarten, Albert ~ 8/396; Rosenmöller, Bernhard * 8/398; Rosenthal, Wolfgang ~ 8/401; Roser, Dieter ~ 8/402; Ross, Rudolf *†/† 8/404; Roßbach, Gerhard † 8/405; Roth, Alfred ~/† 8/411; Roth, Justus (Ludwig Adolph) *†/~ 8/414; Rothenberger, Curt Ferdinand ~ 8/419; Rothschild, Albert Salomon Anselm Frh. von ~ 8/422; Rothschild, Karl Mayer Frh. von ~ 8/422; Rothschuh, Karl Eduard ~ 8/424; Rott, Adolf (Peter) ~ 8/424; Rowohlt, Ernst (Hermann Heinrich) ~/† 8/429; Ruben, Walter *†/~ 8/431; Rubert, Johann Martin ~ 8/432; Ruckteschell, Walter von ~ 8/434; Rudloff, Johannes von ~/† 8/436; Rudolph, Hans-Georg *†/† 8/441; Rudorff, Ernst Friedrich Karl ~ 8/443; Ruecker, Alfred *†/~ 8/444; Rüdiger, Hermann *†/~ 8/446; Rüdiger, Horst ~ 8/447; Rühl, Franz ~ 8/450; Rühle, (Karl Heinrich) Otto ~ 8/450; Rümker, Karl Ludwig Christian ~ 8/453; Rüthling, Johann Friedrich Ferdinand ~ 8/456; Ruetz, Caspar ~ 8/457; Rufer, Josef (Leopold) ~ 8/458; Rulant, Ruetger I. von ~/† 8/461; Rulant, Ruetger II. *†/~/† 8/461; Rulant, Ruetger III. *†/~/† 8/462; Rumohr, Carl Friedrich (Ludwig Felix) von ~ 8/463; Rumpel, Oskar ~ 8/464; Rumpf, Theodor ~ 8/465; Rumpff, Vincent *†/~ 8/465; Rumpff, Vincent *†/~ 8/465; Runge, Hermann Gustav ~/† 8/467; Runge, Otto Sigismund *†/~ 8/468; Runge, Philipp Otto ~/† 8/468; Runkel, Achilles Matthias † 8/469; Ruperti, Oskar (Heinrich) *†/~/† 8/470; Ruprecht, Carl Johann (Friedrich Wilhelm) ~ 8/474; Ruscheweyh, Herbert August *†/~/† 8/475; Rutgers, Johannes ~ 8/476; Ruthe, Johann Friedrich ~ 8/477; Ruths, Amelie *†/~ 8/477; Ruths, (Johann Georg) Valentin *†/~/† 8/477; Rysanek, Leonie ~ 8/481; Sacco, Johanna ~ 8/485; Sachs, Hans-Georg ~ 8/487; Sachse, Leopold ~ 8/490; Sack, Erna (Dorothea Luise) ~ 8/491; Saefkow, Anton ~ 8/492; Sänger, Alfred ~ 8/492; Sänger, Fritz (Paul) ~ 8/493; Sakheim, Arthur ~ 8/497; Salden, Ida ~/† 8/497; Salomon, Gotthold ~/† 8/503; Salomon, Richard ~ 8/504; Salzinger, Helmut ~/† 11/167; Sandberg, Herbert ~ 8/510; Sander, Ernst ~ 8/511; Sander, Friedrich Emil ~/† 8/512; Sandweg, Hans-Dieter ~ 8/515; Sartorius, Erasmus ~/† 8/520; Sattler, Ernst ~ 8/523; Sattler, Joachim ~ 8/524; Sauer, Emil von ~/† 8/526; Sauer, Karl Adolf ~ 8/527; Sauer von Aichried, Emil Georg (Konrad) * 8/527; Sauerlandt, (Friedrich August) Max ~ 8/529; Saxl, Fritz ~ 8/535; Schacht, Heinrich ~/† 8/539; Schacht, (Horace Greeley) Hjalmar ~ 8/539; Schaeder, Hildegard ~ 8/545; Schäfer, Hermann (Rudolf) ~ 8/547; Schaeffers, Willi ~ 8/551; Schaffshausen, Johann Diederich *†/~/† 8/557;

Schafheitlin, Franz ~ 8/557; Schalk, Fritz ~ 8/560; Schall von Falkenforst, Josef ~ 8/560; Schalla, Hans */† 8/560; Schaltenbrand, Georges ~ 8/563; Scharff, Edwin † 8/568; Scharnberg, Hugo */~ 8/568; Scharrelmann, (Ludwig) Heinrich ~ 8/571; Scharrer, Adam ~ 8/571; Schaub, Hans Ferdinand ~ 8/574; Schaudinn, Fritz Richard ~/† 8/574; Schaufuß, Hans Herrmann ~ 8/576; Schaumann, Ruth * 8/576; Schauwecker, Franz * 8/578; Scheck, Gustav ~ 8/579; Schede, Max (Eduard Hermann Wilhelm) ~ 8/579; Scheel, Gustav Adolf ~/† 11/168; Scheele-Müller, Ida von ~ 8/582; Scheer, Jens * 8/582; Scheffler, Karl * 8/584; Scheibe, Johann Adolph ~ 8/585; Scheidemann, Heinrich ~/† 8/587; Scheits, Matthias */~/† 8/590; Schelcher, Raimund ~ 8/591; Schellbach, Oscar (Felix Arno) ~ 8/593; Scheller, Arthur ~ 8/595; Scheller, Jürgen ~ 8/595; Schellow, Erich ~ 8/598; Schelp, Fritz ~ 8/598; Schelsky, Helmut ~ 8/598; Schenk von Stauffenberg, Melitta Gräfin ~ 8/606; Schenker, Gottfried ~ 8/607; Scheppan, Hilde ~ 8/608; Scherer, Hans d. J. */~ 8/610; Scherpe, Bernhard */~ 8/613; Schetelig, Johann Andreas Gottfried * 8/616; Scheunert, Gerhart ~/† 8/619; Scheurmann, Erich */~ 8/620; Schick, Margarete ~ 8/622; Schiebeler, Daniel */† 8/623; Schiff, Hermann */~/† 8/630; Schildkraut, Rudolf ~ 8/634; Schiller, Karl (August Fritz) ~/† 8/637; Schimank, Hans (Friedrich Wilhelm Erich) ~/† 11/170; Schimmelmann, Heinrich Karl Graf von † 8/641; Schink, Johann Friedrich ~ 8/645; Schirmer, Adolf * 8/649; Schlechta von Wschehrd, Kamill(o) Franz Karl Adam Frh. ~ 8/658; Schlegel, Paul Marquard */~/† 8/662; Schleiden, Matthias Jakob */~ 8/664; Schlenker, Rudolf ~/† 8/669; Schleyermacher, Daniel ~ 8/673; Schlick, Ernst Otto ~ 8/675; Schlieker, Willy H. */~ 8/676; Schliemann, (Johann Ludwig) Heinrich (Julius) ~ 8/677; Schlosser, Hermann August ~ 8/684; Schlosser, Johann Ludwig ~/† 8/685; Schlosser, Johann Ludwig */~ 8/685; Schlubach, Hans Heinrich */~ 8/687; Schlüter, Erna ~/† 8/688; Schlüter, Heinrich * 8/688; Schlunk, (Karl Albert) Martin ~ 8/689; Schlusche, Eduard ~/† 8/689; Schlusnus, Heinrich ~ 8/689; Schmack, Maximilian */~ 8/690; Schmid, Alfred ~ 8/698; Schmid, Arnold ~ 8/698; Schmid, Coloman ~ 8/700; Schmid, Edmund (Anton Paul) ~/† 8/700; Schmid, Josef ~ 8/703; Schmid, Wolfgang ~ 8/706; Schmidt, Arno (Otto) * 9/2; Schmidt, Bernhard ~ 9/3; Schmidt, Bernhard (Woldemar) † 9/4; Schmidt, Betty */~ 9/4; Schmidt, Carl Friedrich Heinrich ~ 9/4; Schmidt, Eberhard (Ludwig Ferdinand) ~ 9/4; Schmidt, Friedrich Ludwig † 9/7; Schmidt, Friedrich Ludwig * 9/7; Schmidt, Hans ~ 9/9; Schmidt, (John) Harry */~ 9/9; Schmidt, Johann Lorenz ~ 9/11; Schmidt, (Johann Friedrich) Julius ~ 9/13; Schmidt, Kurt Dietrich ~/† 9/14; Schmidt, Ole Jürgen ~/† 9/16; Schmidt, (Karl) Paul ~ 9/17; Schmidt, Paul ~ 9/17; Schmidt, Robert ~ 9/19; Schmidt, Theodor ~ 9/19; Schmidt, Werner ~ 9/20; Schmidt, Willi (Erwin Georg) ~ 9/21; Schmidt-Boelcke, Werner ~ 9/22; Schmidt-Isserstedt, (Paul) Hans (Ernst) ~ 9/23; Schmidt-Pauli, Edgar (Fiath Florentin Richard) von */~ 9/24; Schmidt-Wittmack, Karlfranz ~ 9/26; Schmieder, Heinrich Gottlieb ~ 9/27; Schmitt, Viktor Christian ~ 9/33; Schmitt-Walter, Karl ~ 9/33; Schmoranz, Franz ~ 9/40; Schmorell, Alexander ~ 9/40; Schmügel, Johann Christoph ~ 9/41; Schnabel, Ernst ~ 9/42; Schnabel, Johann Gottfried ~ 9/43; Schnadel, Georg ~/† 9/44; Schnakenbeck, Werner ~/† 9/45; Schnars-Alquist, (Carl Wilhelm) Hugo */~/† 9/45; Schneck, Wilhelm Karl ~ 9/46; Schneeweiß, Martin ~ 9/49; Schneider, Alfred ~ 9/50; Schneider, Georg † 9/54; Schneider, Ida ~ 9/55; Schneider, Karl (Rudolf) ~ 9/57; Schneider, Siegmar ~ 9/60; Schneyder-Duncker, Paul ~/† 9/64; Schnitger, Arp ~ 9/65; Schnittke, Alfred (Garrijewitsch) † 9/65; Schnorr von Carolsfeld, Malwina ~ 9/69; Schober, Herbert (August Walter) ~ 9/71; Schock, Rudolf (Johann) ~ 9/73; Schocke, Johannes ~ 9/73; Schöffel, (Johann) Simon ~/† 9/76; Schoen, Matthias Johann Albrecht */~ 9/81; Schönberger, Johanna ~ 9/86; Schönborn, Gottlob Friedrich Ernst ~ 9/87; Schönborn-Wiesentheid, Erwein Clemens

Chlodwig Graf von ~ 9/88; Schöne, Wolfgang ~/† 9/90; Schönerer, Alexandrine von ~ 9/92; Schönewolf, Karl ~ 9/92; Schönfeld, Carl (Emil) ~ 9/93; Schönfeld, Franz Julius ~ 9/93; Schönfelder, Adolph */~/† 9/94; Schönthan von Pernwaldt, Franz ~ 9/100; Scholl, Carl ~ 9/105; Scholz, Auguste ~ 9/108; Scholz, Maximilian ~ 9/110; Schomberg, Hermann ~/† 9/112; Schomburgk, Hans * 9/112; Schondorff, Joachim ~ 9/112; Schonefeld, Stephan */~ 9/113; Schop, Johann */~/† 9/114; Schopenhauer, (Luise) Adel(aid)e (Lavinia) * 9/114; Schopenhauer, Arthur ~ 9/114; Schopenhauer, Johanna (Henriette) ~ 9/115; Schoppe, (Emerentia Catharina) Amalia (Sophia) ~ 9/116; Schorr, Richard (Reinhard Emil) ~ 9/119; Schott, Gerhard */~/† 9/120; Schott, (Paul) Gerhard ~/† 9/121; Schottelius, Justus Georg ~ 9/122; Schottmüller, (Adolf Alfred Louis George) Hugo ~/† 9/124; Schrader, Friedrich Otto * 9/124; Schrader, Georg Wilhelm */~/† 9/125; Schram, August ~ 9/126; Schramm, Anna ~ 9/128; Schramm, Max † 9/129; Schramm, Percy Ernst */~ 9/129; Schreiber, Michael ~ 9/136; Schreier, Otto ~/† 9/138; Schreiner, Liselotte ~ 9/139; Schreyer, Lothar ~/† 9/143; Schreyer, Otto ~/† 9/143; Schroeder, Carl (Adolf Heinrich Friedrich) ~ 9/145; Schröder, Friedrich (Ulrich) Lud(e)wig ~ 9/146; Schroeder, Kurt Frh. von * 9/149; Schroeder, Louise (Dorothea Sophie) ~ 9/149; Schröder, Sophie (Antonie[tte]) ~ 9/151; Schröder-Devrient, Wilhelmine * 9/151; Schroth, Carl-Heinz ~ 9/158; Schubert, Georgine ~ 9/162; Schubert, Hans von ~ 9/163; Schubert, Heinz ~/† 11/172; Schubert, Hermann (Cäsar Hannibal) ~/† 9/163; Schubert, Richard ~ 9/164; Schuberth, Gottlob ~/† 9/165; Schuberth, Julius (Ferdinand Georg) ~ 9/165; Schubotz, (Johann G.) Hermann ~ 9/165; Schubring, Walther ~/† 9/166; Schucht, Elisabeth † 9/167; Schünzel, Reinhold * 9/171; Schütky, Franz Josef ~ 9/174; Schütte, Karl † 9/175; Schütter, Friedrich ~/† 9/175; Schütz, Eduard (Johannes Nikolaus) ~ 9/176; Schütz, Ferdinand */~ 9/177; Schütz, Friedrich Wilhelm von ~ 9/177; Schütz, Gabriel ~ 9/177; Schütz, Paul Wilhelm Lukas ~ 9/179; Schütze, Gottfried ~/† 9/179; Schütze, Johann Friedrich ~ 9/180; Schuh, Oscar Fritz ~ 9/181; Schult, Friedrich ~ 9/186; Schulten, Hans (Joachim) ~ 9/187; Schultz, Clemens (Eduard Ferdinand Carl) */~/† 9/189; Schultz, (Heinrich) Hermann ~ 9/190; Schultze, Johann Heinrich * 9/193; Schultze, Otto † 9/193; Schultze, Walter */~ 9/194; Schulz, Bruno (Claus Heinrich) */~/† 9/195; Schulz, Wilhelm ~ 9/198; Schulze, Adolf ~ 9/199; Schumacher, Bruno ~/† 9/202; Schumacher, Emil ~ 11/173; Schumacher, Fritz ~/† 9/203; Schumacher, Heinrich Christian ~ 9/203; Schumann, Elisabeth ~ 9/205; Schumm, Otto ~/† 9/208; Schupp, Johann Balthasar ~/† 9/210; Schurek, Paul */~/† 9/211; Schuricht, Carl ~ 9/211; Schuselka, Franz ~ 9/214; Schuselka-Brüning, Ida ~ 9/214; Schuster, Wilhelm ~ 9/216; Schwab, Friedrich ~ 9/217; Schwarz, Franz ~ 9/225; Schwarz, Henning ~ 9/227; Schwarz, Werner * 9/229; Schwarzkopf, Klaus ~ 9/232; Schwencke, Christian Friedrich Gottlieb ~/† 9/241; Schwencke, Friedrich Gottlieb */~/† 9/241; Schwencke, Johann Friedrich */† 9/241; Schwencke, Karl * 9/241; Schwenniger, Franz ~ 9/243; Schwerin, Eberhard (Viktor Detlof) Graf von ~ 9/244; Schwieger, Heinrich ~ 9/246; Schwieger, Jacob ~ 9/246; Schwietering, Julius ~ 9/246; Schwoon, Karl ~ 9/248; Seebach, Marie ~ 9/255; Seebach, Wilhelmine ~ 9/255; Seeck, Adelheid ~ 9/256; Seehaus, Paul Adolf † 9/258; Seel, Hans ~ 9/258; Seeliger, Ewald Gerhard (Hartmann) ~ 9/259; Seifert, Ernst ~ 9/270; Seilkopf, Heinrich (Andreas Karl) ~/† 9/272; Seippel, Edda ~ 9/273; Seitz, Gustav */† 9/274; Seligmann, Caesar ~ 9/277; Selle, Thomas ~/† 9/278; Sello, Gottfried ~/† 9/280; Semler, Johann Ferdinand */~ 9/282; Semper, Emanuel ~ 9/284; Semper, Gottfried ~ 9/284; Semper, Manfred ~ 9/285; Senger-Bettaque, Katharina ~ 9/288; Sethe, Paul ~/† 9/293; Seydlitz-Kurzbach, Walther (Kurt) von * 9/298; Seyler, Abel ~ 9/300; Seyler, Friederike Sophie ~ 9/300; Sichowsky, Richard von */~/† 9/302; Sick, Karl ~ 9/302; Sidow, Max (Paul Otto) ~/† 9/303; Siebelist, Arthur ~

9/304; Sieber, Ferdinand ~ 9/306; Sieber, Josef † 9/306; Siegel, Hermann ~/† 9/310; Siegel, Paul Willy ~ 9/310; Sieglitz, Georg ~ 9/314; Siegmann-Wolff, Phila ~ 9/314; Siegmund, Günther */~ 9/314; Siems, Friedrich * 9/319; Siemsen, Anna ~/† 9/319; Siemund, Heinrich ~ 9/320; Siercke, Alfred ~/† 9/320; Sieveking, Amalie (Wilhelmine) */~/† 9/321; Sieveking, Georg Heinrich */~/† 9/321; Sieveking, Heinrich (Johann) */~/† 9/321; Sieveking, Kurt */~/† 9/321; Sievers, Hans (Daniel Charles) * 9/321; Sievers, (Friedrich) Wilhelm * 9/322; Sieverts, Adolf (Ferdinand) * 9/322; Sieverts, Rudolf (Hubert) ~ 9/322; Siewert, Hans ~ 9/322; Sikorski, Hans (Carl) ~ 9/326; Simon, Ellen ~ 9/330; Simon, Julius ~ 9/333; Simons, Karl ~ 9/334; Sinai, Wilhelm ~ 9/337; Singer, Josef ~ 9/339; Singer, Kurt ~ 9/339; Singer, Rudolf */~ 9/339; Singer, Simon ~ 9/340; Singler, Frieda ~/† 9/340; Sinjen, Sabine ~ 9/340; Sirk, Douglas */~ 9/343; Sittard, Alfred ~ 9/343; Sittard, Joseph ~/† 9/343; Skoda, Albin (Michael Johann) ~ 9/346; Skorka, Siegfried ~ 9/347; Skumanz, (Franz) Axel ~ 9/348; Sloman, Robert Miles ~/† 9/351; Slüter, Johann ~/† 9/351; Snell, Bruno ~/† 9/354; Söhnge, Peter ~ 9/357; Soetbeer, Georg Adolph * 9/360; Soetbeer, Volker * 9/360; Solbrig, Karl Friedrich ~ 9/363; Solmitz, Walter Moritz ~ 9/365; Soltau, Hermann Wilhelm */~/† 9/366; Soltau, Nicolaus Heinrich ~/† 9/366; Sonnin, Ernst Georg ~/† 9/375; Sorge, Richard ~ 9/379; Spaethen, Rolf (Carl) */~/† 9/381; Spangenberg, Georg August ~ 9/383; Spangenberg, Gustav Adolph * 9/384; Spangenberg, Louis * 9/384; Spannuth-Bodenstedt, Ludwig ~ 9/385; Spazzer-Palm, Antonia ~ 9/387; Specht, Minna ~ 9/387; Specht, Wilhelm */~ 9/388; Speckter, Erwin */~/† 9/388; Speckter, Hans */~ 9/388; Speckter, Otto */† 9/389; Spemann, Heinrich ~ 9/393; Spengel, Julius (Heinrich) */~/† 9/394; Spengel, (Johann) Wilhelm * 9/394; Spengler, Oswald (Arnold Gottfried) ~ 9/396; Sperling, Johann Christian ~ 9/397; Sperling, Otto */~ 9/398; Sperner, Emanuel ~ 9/398; Spicker, Max ~ 9/400; Spiegelberg, Ernst ~ 9/401; Spiegelberg-Denner, Elisabeth † 9/401; Spielmann, Julius ~ 9/403; Spier, Arthur ~ 9/403; Spiero, Heinrich ~ 9/403; Spieth, Jakob Andreas ~/† 9/406; Spiethoff, Bodo ~ 9/406; Spilcker, Max * 9/406; Spira, Camilla * 9/408; Spira, Fritz ~ 9/408; Spletter, Carla ~/† 9/414; Splittgerber, Arthur Gustav ~ 9/414; Springer, Axel Cäsar ~ 9/420; Sprung, Adolf (Friedrich Wichard) ~ 9/423; Spuler, Bertold ~/† 9/423; Stägemann, Eugen (Eduard Otto) ~ 9/432; Stägemann, Ida Valeska Malwine ~ 9/433; Stägemann, Waldemar (Walter Ludwig Eugen) ~/† 9/433; Standfuß, J(ohann) † 9/445; Stange, Carl * 9/446; Stannius, Hermann Friedrich * 9/447; Stapel, Wilhelm ~/† 9/447; Starke, Johannes † 9/453; Starke, Marie Wilhelmine † 9/453; Staudigl, Gisela ~ 9/457; Staudinger, Lucas Andreas ~ 9/458; Stavenhagen, Fritz */~ 9/460; Steckel, Leon(h)ard ~ 9/462; Steenken, Hartwig ~ 9/463; Steffelbauer, Kurt ~ 9/464; Steffens, Johann ~ 9/466; Steffter, Adalbert ~ 9/466; Stegmann, Karl David ~ 9/468; Stein, Friedrich Constantin Frh. von ~ 9/477; Steinar, Theodor ~ 9/483; Steinbach, Emil ~ 9/483; Steinbrecher, Gustav ~ 9/486; Steinbrügge, Hermann */~ 9/487; Steindorff, (Friedrich) Magnus ~ 9/487; Steinfurth, Hermann */~/† 9/492; Steinschneider, Eva * 9/501; Steinschneider, Moritz ~ 9/501; Stellbrink, Karl-Friedrich */† 9/502; Steller, Walther ~ 9/503; Stelling, Johannes * 9/503; Stenbock-Fermor, Alexander Graf ~ 9/504; Stenbock-Fermor, Nils Graf † 9/505; Steno, Nicolaus ~ 9/507; Stephan, Ruth */~ 9/510; Stern, Curt * 11/178; Stern, Erich ~ 9/512; Stern, Jean ~ 9/513; Stern, Otto */~ 9/514; Stern, William Louis ~ 9/515; Stertz, Georg ~ 9/519; Sterzenbach, Benno ~ 9/519; Stettenheim, Julius */~ 9/519; Steubing, Walter (Friedrich Wilhelm) ~/† 9/521; Steurer, Otto ~/† 9/522; Stichel, (Johann August) Bernhard † 9/523; Stiebner, Hans Friedrich Wilhelm Georg Paul ~ 9/524; Stiefel, Eduard ~ 9/525; Stiegler, Paul ~ 9/526; Stieler, Elisabeth ~ 9/528; Stilke, Georg ~ 9/532; Stilke, Georg H. ~/† 9/532; Stimming, Carl Joachim † 9/534; Stinde, Julius (Ernst Wilhelm) ~ 9/534; Stinnes, Otto †

9/535; Stisser, Johann Andreas ~ 9/536; Stock, Robert ~ 9/537; Stockhausen, (Franz Joseph) Emanuel * 9/539; Stockhausen, Julius ~ 9/539; Stockmann, Erasmus * 9/539; Stockmeyer-Lübken, Edmund */~ 9/540; Stödter, Rolf */~/† 9/543; Störtebeker, Klaus † 9/546; Stöttrup, Andreas */~/† 9/547; Stolberg-Stolberg, Christian Graf zu * 9/549; Stolle, Marie */~ 9/552; Stollwerck, Heinrich ~ 9/552; Stolte, Ferdinand Ludwig ~/† 9/553; Stolte, Heinz Hermann † 9/553; Stolten, Otto */~/† 9/553; Stoltenberg, Hans Lorenz * 9/554; Stoltzenberg, Christoph ~ 9/554; Stolz, Eduard ~ 9/555; Stolze, Diether ~ 9/556; Stoppel, Rose ~/† 9/557; Strack, Ludwig Philipp ~ 9/563; Strack, Max Leberecht * 9/563; Stradiol-Mende, Pauline Henriette von ~ 9/564; Strätz, Carl ~ 9/565; Strakosch, Irma ~/† 9/565; Strakosch, Ludwig ~/† 9/565; Strantz, Ferdinand (Karl Friedrich Felix) von ~ 9/566; Strauch, Philipp * 9/573; Strauss, Leo ~ 9/577; Streim, Alfred ~ 11/180; Streng, Emmy ~ 9/584; Stricker, Fritz ~ 9/586; Striebeck, Karl ~/† 9/587; Stritt, Albert ~ 9/588; Stritt, Marie ~ 9/588; Stritt, Robert ~ 9/588; Strodtmann, Adolf Heinrich ~ 9/591; Strodtmann, Johann Sigismund ~ 9/591; Strohm, Heinrich (Konrad) ~ 9/593; Strüver, Paul * 9/598; Strungk, Nicolaus Adam ~ 9/598; Struve, Heinrich Christoph Gottfried von ~/† 9/600; Stubbe, Wolf † 9/602; Stubmann, Peter Franz † 9/602; Stucken, Rudolf */~ 9/604; Stuckenschmidt, Hans Heinz ~ 9/604; Studer, Hans-Luzius † 9/606; Studnitz, Hans Georg von ~ 9/606; Stuebs, Albin (Gustav Robert) ~/† 9/608; Stückrath, Fritz */~/† 9/608; Stüdemann, Günther ~ 9/609; Stützel, Wolfgang (Hermann Martin) ~ 9/611; Stuhlmann, Franz (Ludwig) */~/† 9/612; Stuhr, Johann Georg */~/† 9/612; Sturm, Christoph Christian ~/† 9/616; Sturm, Johann Christoph ~ 9/617; Sturm, (Friedrich Otto) Rudolf ~ 9/618; Sucher, Josef ~ 9/622; Sucher, Rosa ~ 9/622; Suckow, Lorenz Johann Daniel ~ 9/624; Sudeck, Paul ~/† 9/624; Süring, Reinhard (Joachim) * 9/626; Suess, Hans Eduard ~ 11/181; Süßenguth, Walther (Wilhelm Rudolf) ~ 9/627; Suhr, Eduard R. ~ 9/628; Susa, Charlotte ~ 9/635; Suschka, Herbert ~/† 9/635; Susman, Margarete * 9/635; Swarowsky, Hans ~ 9/640; Sybelist, Wendelin ~/† 9/643; Szewczuk, Mirko ~ 9/646; Taeger, Friedrich (Hermann) ~ 9/649; Taeuber-Arp, Sophie ~ 9/650; Tamm, Franz Werner */~ 9/653; Tams, Ernst (Friedrich) */~/† 9/653; Tannert, Hannes * 9/656; Tarnow, Fanny ~ 9/658; Tassius, Johann Adolph ~/† 9/660; Tau, Max ~ 9/660; Taub, Valter ~ 9/660; Taubmann, Otto * 9/663; Tegtmeier, Wilhelm ~ 9/669; Teich, Walther Siegfried */~ 9/669; Teichmann, Ernst (Gustav Georg) ~ 9/669; Teichs, Alf † 9/670; Teleky, Emmy ~ 9/671; Telemann, Georg Philipp ~ 9/671; Telle-Lindemann, Elisabeth * 9/672; Teller, Leopold ~ 9/673; Teller-Habelmann, Emma ~ 9/673; Tellheim, Karoline ~ 9/673; Tempel, Hermann ~ 9/674; Terhalle, Fritz ~ 9/677; Teschemacher, Margarete ~ 9/679; Tescher, Karl ~ 9/679; Thälmann, Ernst (Fritz Johannes) * 9/686; Thälmann, Rosa ~ 9/686; Theile, Johann ~ 9/691; Thelen, Peter ~ 9/693; Thellmann, Erika von ~ 9/693; Thieding, Friedrich (Heinrich Karl) */~/† 10/1; Thielicke, Helmut ~/† 10/3; Thielmann, Max Frh. von ~ 10/3; Thieme, Karl von ~ 10/4; Thiemig, Karl ~ 10/5; Thienhaus, Erich † 10/6; Thierfelder, Helmuth ~ 10/7; Thieriot, Ferdinand */~/† 10/7; Thieß, Johann Otto */~ 10/9; Thiess, Karl ~ 10/9; Thilenius, Georg (Christian Adolar Emil Julius) ~/† 10/10; Thoma, Max ~/† 10/15; Thoma, Richard (Emil) ~ 10/15; Thomas, Emil ~ 10/18; Thomsen, Robert * 10/22; Thorndike, Andrew ~ 10/24; Thumm, Karl ~ 10/28; Thurn und Taxis, Leonard II. Graf von ~ 10/32; Tielke, Joachim ~/† 10/38; Tiemann, Hermann ~/† 10/39; Tietjen, Heinz ~ 10/40; Tietjens, Therese (Cathline Johanna Alexandra) */~ 10/40; Tietz, Oscar ~ 10/42; Tiling, Johann Nikolaus ~ 10/42; Timm, Herbert ~ 10/45; Timm, Johann Friedrich Heinrich ~ 10/45; Timm, Marianne */~/† 10/45; Timper, Rudo ~ 10/46; Tischbein, (Sophie Margarete) Antonie * 10/48; Tischbein, August (Albrecht Christian) * 10/48; Tischbein, Christian Wilhelm ~ 10/48; Tischbein, (Johann) Jacob ~ 10/48;

Tischbein, (Heinrich) Jacob ~ 10/48; Tischbein, Johann Anton ~/† 10/49; Tischbein, Johann Heinrich Wilhelm ~ 10/49; Tönnis, Wilhelm ~ 10/57; Toepfer, Alfred Carl ~ 10/57; Töpfer, Karl (Friedrich Gustav) ~/† 10/57; Tollens, Bernhard (Christian Gottfried) * 10/60; Tomschik, Marie ~ 10/63; Tornquist, Alexander (Johannes Heinrich) * 10/65; Tralles, Johann Georg * 10/68; Trapp, Ernst Christian ~ 10/69; Trapp, Karl */~/† 10/69; Tratziger, Adam ~ 10/70; Traub, Hellmut ~ 10/70; Treumann, (Matthias) Karl (Ludwig) * 10/85; Treupel, Gustav ~ 10/85; Tricklir, Jean Balthasar ~ 10/87; Trieps, Jakob Peter Eduard ~ 10/87; Trier, Hann ~ 11/182; Trietsch, Sofie */~ 10/88; Trittelvitz, Hermann ~ 10/90; Trökes, Heinz ~ 10/91; Trömner, Ernst ~/† 10/93; Trofimowa, Natacha ~ 10/94; Troger, Ernest ~ 10/94; Trommsdorff, Johann Bartholomäus ~ 10/96; Trooger, Margot (Elfriede) ~ 10/96; Trübner, Nikolaus ~ 10/101; Tschesch, Johann Theodor ~ 10/106; Tschörner, Olga ~ 10/108; Tschurtschenthaler, Georg von ~ 10/110; Tuch, Gustav */~/† 10/111; Tügel, Franz Eduard Alexander */~/† 10/113; Tügel, Ludwig * 10/113; Tügel, (Otto) Tetjus * 10/113; Ucicky, Gustav † 10/121; Ueberhorst, Karl ~ 10/124; Uexküll, Jakob (Johann) Baron von ~ 10/125; Uffenbach, Zacharias Conrad von ~ 10/126; Uhde, Gerhard (Gotthilf Karl) ~ 10/126; Uhde, Hermann ~ 10/126; Uhlig, Friedrich (Otto) ~/† 10/130; Uhsadel, Walter Franz ~/† 10/132; Ulmer, Karl */~ 10/141; Ulram, Karl ~ 10/141; Ulrich, Franz Heinrich ~ 10/145; Ulrich, Johann Caspar ~ 10/146; Ungeheuer, Günther ~ 10/152; Unger, (Christian) Wilhelm (Jacob) ~ 10/155; Ungerer, Paul ~ 10/155; Ungewitter, Georg Gottlob ~ 10/156; Unna, Klaus Robert Walter */~ 10/157; Unna, Paul Gerson */~/† 10/157; Unruh, Walther (Karl Gustav) ~ 10/158; Unsöld, Albrecht Otto Johannes ~ 10/159; Unzelmann, Friederike (Auguste Conradine) ~ 10/161; Unzelmann, Karl Wilhelm Ferdinand ~ 10/161; Unzer, Johann August ~ 10/162; Urbahns, Hugo ~ 10/163; Urban, Wilhelm ~ 10/165; Urlsperger, Johann August † 10/168; Vageler, Paul ~ 10/175; Vagts, Alfred Hermann Friedrich ~ 10/176; Vahl, Henry † 10/176; Valentin, Fritz */~/† 10/177; Vandenhoeck, Abraham ~ 10/181; Varenius, August ~ 10/181; Varnhagen von Ense, Karl August ~ 10/183; Vaterhaus, Hans ~ 10/185; Veit, David Josef ~/† 10/188; Velten, Johannes † 10/192; Venzmer, Erich ~ 10/194; Verschuer, Otmar Frh. von ~ 10/197; Verth, Max zur ~/† 10/198; Vesper, Bernward † 10/199; Vestvali, Felicita von ~ 10/200; Vetter, Heinz Oskar ~ 10/201; Vetter, Walther (Hermann) ~ 10/201; Viala-Mittermayer, Marie ~ 10/202; Vierkandt, Alfred (Ferdinand) * 10/205; Vietor, Albert ~ 10/207; Viëtor, Karl ~ 10/207; Vieweg, (Hans Heinrich) Eduard ~ 10/208; Vieweg, Johann Friedrich ~ 10/209; Villinger, Werner ~ 10/210; Violand, Ernst R. von ~ 10/212; Vivié, Ernst Gottfried */~/† 10/219; Vocke, Wilhelm ~ 10/220; Vogel, Christian ~ 10/225; Vogel, Wilhelm ~ 10/228; Voggenhuber, Vilma von ~ 10/230; Voght, Caspar von * 10/230; Vogl, Josef ~ 10/231; Voigt, Fritz ~ 10/237; Voigtländer, Gabriel ~ 10/239; Voisard, Otto ~ 10/240; Volkmann, Ernst (Oskar) ~ 10/245; Volkmann, Johann Jacob * 10/246; Voller, (Carl) August ~/† 10/247; Vollmer, Adolf (Friedrich) */~/† 10/248; Vollmer, Johannes */~ 10/248; Volmer, Max ~ 10/250; Vordemfelde, August ~ 10/254; Vorwerk, Anna ~ 10/256; Vries, Axel de ~ 10/261; Waagen, Gustav Friedrich * 10/263; Wachtel, Theodor */~ 10/267; Wächter, (Georg Philipp Ludwig) Leonhard ~/† 10/271; Wächter, Max */~ 10/271; Wälterlin, Oskar ~/† 10/272; Waetzoldt, Stephan ~ 10/273; Waetzoldt, Wilhelm */~ 10/273; Wagemann, Ernst ~ 10/273; Wagenfeldt, Otto */† 10/275; Wagenführ, Kurt (Hans Fritz) ~ 10/275; Wagner, Adolph (Heinrich Gotthilf) ~ 10/277; Wagner, Albert Malte */~ 10/278; Wagner, Gabriel ~ 10/280; Wagner, Martin ~ 10/285; Wahl, Adalbert ~ 10/292; Wahl, Gustav ~/† 10/293; Walesrode, Ludwig Reinhold ~ 10/308; Wallbach, Ludwig (Wilhelm August) ~ 10/309; Wallsee, Heinrich Egon ~/† 10/316; Walter, Bernhard ~/† 10/317; Walter, Bruno ~

10/317; Walter, Hellmuth ~ 10/319; Walther, Andreas ~/† 10/323; Walzer, Richard ~ 10/327; Wangel, Hedwig ~ 10/329; Wappäus, Johann Eduard */~ 10/332; Warburg, Aby M(oritz) */~/† 10/332; Warburg, Eric M(oritz) */~/† 10/333; Warburg, Felix * 10/333; Warburg, Fritz M(oritz) */~ 10/333; Warburg, Gustav Otto ~ 10/333; Warburg, Max M(oritz) */~ 10/333; Warburg, Otto * 10/334; Warburg, Paul M(oritz) * 10/335; Warburg, Wulff Salomon ~ 10/335; Warnecke, Georg (Heinrich Gerhard) ~/† 10/336; Warner, Kai † 10/336; Warneyer, Marianne ~/† 10/336; Warnke, Herbert (Werner Kurt) */~ 10/337; Warnke, Johannes * 10/337; Warrens, Eduard ~ 10/337; Waschmann, Karl ~/† 10/339; Wasmann, (Rudolf) Friedrich */~ 10/341; Wassermann, Martin */~ 10/343; Wassertal, Elfriede † 10/344; Watson, Michael ~ 10/345; Weber, Karl ~ 10/356; Weber, Wilhelm * 10/362; Weck, Johannes ~ 10/365; Weckmann, Matthias ~/† 10/366; Wedde, (Friedrich Christoph) Johannes ~ 10/366; Wedderkop, Magnus von † 10/366; Wedekind, Erika ~ 10/368; Wedekind, Pamela ~ 10/369; Wegener, Alfred (Lothar) ~ 10/372; Wegener, Kurt ~ 10/373; Wegner, Arthur (Otto Rudolf) ~ 10/374; Wegner, Christian */~/† 10/374; Wegner, Walburga ~ 10/374; Wegscheider, Julius August Ludwig ~ 10/375; Wehl, Feodor ~/† 10/375; Wehner, Herbert (Richard) ~ 10/376; Weichmann, Christian Friedrich ~ 10/380; Weichmann, Herbert ~/† 10/380; Weidemann, Friedrich ~ 10/381; Weidlich, Hansjürgen ~ 10/383; Weidmann, Fritz ~/† 10/383; Weidt, Jean * 10/384; Weigand, Emil ~ 10/385; Weigel, Hans ~ 10/386; Weigelt, Kurt † 10/388; Weiland, Ludwig ~ 10/392; Weiler, Margrit ~ 10/392; Weiser, Grethe ~ 10/403; Weiser, Karl ~ 10/403; Weiss, Hermann * 10/408; Weisser, Gerhard ~ 10/414; Weissner, Hilde ~ 10/415; Weitbrecht, Richard ~ 10/416; Weitz, Wilhelm ~/† 10/418; Welczek, Johannes Graf von ~ 10/422; Wendland, Heinz-Dietrich † 10/433; Wendt, Ernst ~ 10/434; Wendt, Hans Hinrich ~ 10/434; Wendt, Siegfried * 10/434; Wenig, Josef ~ 10/436; Wenke, Hans ~/† 10/436; Werber, Mia ~ 10/440; Werdenhagen, Johann Angelicus von ~ 10/440; Werdy, Friedrich August ~ 10/441; Werner, Fritz ~ 10/446; Werner, (Otto) Heinrich ~ 10/446; Werner, Heinz ~ 10/446; Wernicke, Christian ~ 10/450; Werth, Helene ~/† 10/452; Wessely, Hartwig */~/† 10/456; Westarp, Theodor (Ernst Georg Viktor) Graf von ~/† 10/458; Westphal, Joachim */~/† 10/460; Westphal, Max * 10/460; Westphal, Wilhelm (Heinrich) * 10/461; Westphalen, Engel Christine */† 10/461; Wetzler, Hans Hermann ~ 10/464; Wex, Helga ~ 10/465; Weygandt, Wilhelm ~ 10/466; Weyrauch, Wolfgang ~ 10/468; Wichern, Johann Hinrich */~/† 10/470; Wichern, Karoline ~/† 10/470; Wichmann, Johanna (Rosemarie) ~ 10/471; Wiebe, Hermann Friedrich * 10/477; Wiedemann, Hermann ~ 10/479; Wieder, Hanne ~ 10/480; Wiegand, Heinrich ~ 10/481; Wiegand, Heinrich ~/† 10/481; Wiemeler, Ignatz ~ 10/485; Wienbarg, Ludolf ~ 10/486; Wieting, Julius (Meno) ~ 10/492; Wigand, Albert ~/† 10/492; Wilckens, Matthäus Arnold */~/† 10/496; Wilda, Wilhelm Eduard ~ 10/498; Wilhelm, Heinrich ~ 10/506; Wilhelm-Kästner, Kurt ~ 10/507; Wilkens, Alexander */~ 10/508; Wille, François ~ 10/510; Wille, Ulrich * 10/510; Willebrand, Christian Ludwig ~/† 10/511; Willeke, Eduard (Heinrich Wilhelm) ~ 10/511; Willer, Alfred ~/† 10/511; Willkomm, Ernst (Adolf) ~ 10/512; Willmann, Heinz ~ 10/512; Wimmer, Maria ~ 10/517; Winckelmann, Johannes */~ 10/520; Wind, Edgar ~ 10/521; Windeck, Agnes */~ 10/522; Windgassen, Fritz ~ 10/523; Winkelmann, Hans * 10/527; Winkelmann, Hermann ~ 10/527; Winkler, Hans ~ 10/529; Winnig, August ~ 10/531; Winter, Arno ~/† 10/531; Winternitz-Dorda, Martha ~/† 10/535; Wirth, (Johann) Albertus ~ 10/538; Witt, Ernst ~/† 10/544; Witt, Lotte ~ 10/544; Witte, (Otto) Karl (Emil) ~ 10/545; Witte, Otto ~ 10/545; Wittekopf, Rudolf ~ 10/546; Wittenberg, Albrecht */~/† 10/546; Witter, Ben */† 10/546; Wittkopf, Rudolf * 10/549; Wittkugel, Klaus ~ 10/550; Wittmaack, Adolph (Heinrich Claus) ~/† 10/550; Wittmack, Ludwig * 10/550; Wlach, Hermann ~ 10/554; Wölber,

Hamden

Hans-Otto (Emil) */~/† 10/556; Wölfl, Joseph ~ 10/557; Wörishöffer, Sophie ~/† 10/558; Woermann, Adolf */~/† 10/558; Woermann, Hedwig * 10/559; Woermann, Karl * 10/559; Wohlfahrt, Frank (Barnim Robert) ~/† 10/561; Wohlfart, Erwin ~/† 10/561; Wohlgemuth, Hildegard ~ 10/561; Wohlwill, Emil ~/† 10/563; Wolf, Berthold ~ 10/564; Wolf, Johann Christoph ~/† 10/566; Wolf, Walther † 10/568; Wolff, Henny ~/† 10/573; Wolff, Hermann ~ 10/573; Wolff, Johanna ~ 10/574; Wolff, Oskar Ludwig Bernhard ~ 10/576; Wolff-Gudenberg, Erich (Julius Georg William August Alwin Karl) Frh. von † 10/578; Wolffson, Isaac */~/† 10/579; Wolfsohn, Aron ~ 10/582; Wolgast, Heinrich ~/† 10/582; Wollenberg, Erich ~/† 10/583; Wollheim da Fonseca, Anton Eduard */~ 10/584; Woltereck, Christoph ~ 10/585; Woltmann, Reinhard ~/† 10/587; Wrede, Victor ~ 10/590; Wuermeling, Franz-Josef ~ 10/593; Würzer, Heinrich */~ 10/594; Wüsten, Johannes ~ 10/595; Wüstendörfer, Hans ~ 10/595; Wullenwever, Jürgen * 10/596; Wunderlich, Friedrich ~ 10/597; Wurda, Josef ~/† 10/599; Wyrgatsch, Otto ~ 10/602; Young, Friedrich ~ 10/607; Zaengl, Marianne Friederike Cäcilie */~ 10/612; Zahn, Lola */~ 10/614; Zajic, Florian ~ 10/616; Zanotelli, Hans ~ 10/619; Zechlin, Egmont (Friedrich Johann Georg) ~ 10/626; Zedler, Johann Heinrich ~ 10/626; Zegenhagen, Johann ~/† 10/628; Zehnder, Alfred ~ 10/629; Zeidler, Hans Dieter ~ 11/185; Zeidler, Wolfgang (Walter Heinrich) */~ 10/630; Zeiger, Karl (Friedrich Heinrich) ~/† 10/631; Zeiss, Heinrich ~ 10/633; Zell, Albrecht Jakob * 10/635; Zellweger, Hans Ulrich ~ 10/639; Zesen, Philipp von † 10/646; Zeska, Carl Edler von * 10/647; Ziebill, Otto * 10/650; Ziegel, Erich ~ 10/650; Ziegenfuß, Werner ~ 10/651; Ziegenhagen, Franz Heinrich ~ 10/651; Ziegler, Karl ~ 10/655; Zietz, Luise ~ 11/185; Zillig, Winfried ~/† 10/662; Zimmer, Hans-Peter ~ 10/664; Zimmermann, Emmy ~ 10/666; Zimmermann, Erich ~ 10/667; Zimmermann, Hans ~ 10/668; Zimmermann, Joachim Johann Daniel ~/† 10/668; Zimmermann, Jörg ~ 10/668; Zimmermann, Johann Jacob ~ 10/669; Zimmermann, Karl Gottfried ~/† 10/670; Zimmermann, Mac ~ 10/670; Zimmermann, Waldemar ~/† 10/671; Zinck, Harnak Otto Conrad ~ 10/673; Zinn, (Adalbert) Alexander ~ 10/675; Zinn, Ernst ~ 10/675; Zöllner, Karl Heinrich ~ 10/684; Zottmayr, Ludwig ~ 10/690; Zsolnay, Paul von ~ 10/692; Zuccarini, Franz Anton ~ 10/693; Zukschwerdt, Ludwig ~/† 10/699; Zumpe, Hermann ~ 10/700; Zweigert, Konrad ~ 10/706; Zwingenberg, Glanka ~ 10/708

Hamden (Connecticut, USA)
Wellek, René † 10/425

Hamegg (bei Arni b. Biglen, Kt. Bern)
Grunder, Karl * 4/223

Hameln
siehe auch *Tündern*

Beißner, Friedrich * 1/406; Berendes, Julius Dominikus ~ 1/436; Bittmann, Carl ~ 1/550; Bockemüller, Friedrich Christian Julius ~ 1/597; Bucholtz, Andreas Heinrich ~ 2/188; Bucholtz, Christoph Joachim ~/† 2/188; Bültemeyer, Heinrich * 2/207; Conradi, Georg Christoph ~ 2/364; Denecke, Ludwig * 11/44; Dralle, Robert † 2/608; Duesterberg, Theodor † 2/643; Du Plat, Johann Wilhelm ~/† 2/653; Eichrodt, Johann ~/† 3/55; Flemes, Christian † 3/346; Frölich, (Georg) Gustav (Adolf) ~ 3/504; Frühling, August ~ 3/515; Georg, Herzog von Braunschweig-Lüneburg ~ 3/627; Gilbert, Otto ~ 4/7; Glesskher, Justus * 4/31; Glückel von Hameln ~/† 4/38; Hammerstein, Ludwig Frh. von ~ 4/363; Hartje-Leudesdorff, Irma ~/† 4/401; Heinrich I. Mirabilis, Herzog von Braunschweig-Lüneburg-Grubenhagen Frh. von * 4/524; Hodenberg, Wilhelm (Iwan August Benedict) Frh. von * 5/84; Holscher, Georg Philipp ~ 5/153; Immessen, Arnold ~ 5/254; Kamphoevener, Elsa Sophia Baronin von * 5/422; Kindt, Georg Christian ~ 5/541; Kramer, Josef † 6/69; Langenbeck, Heinrich ~ 6/239; Lentz, Wolfgang * 11/120; Lödel, Heinrich * 6/439; Ludolf von Rosdorf, Bischof von Minden ~ 6/495;

Hamersleben
Graßhoff, Helmut * 4/139; Hugo von Sankt Viktor ~ 5/217

Hamilton (Bermudas)
Loeb, Jacques † 6/437

Hamilton (Ontario, Kanada)
Hoepfner, Carl ~ 5/99

Hamm (Gem. Werden, seit 1929 zu Essen)
Brust, August * 2/175

Hamm (seit 1879 zu Hamburg)
Rudolphi, Karoline (Christiane Louise) ~ 8/442; Zimmermann, Karl Gottfried * 10/670

Hamm (Stolberg, Rhld.)
Emmerich, Ferdinand * 3/105

Hamm (Sieg)
Althans, Ludwig Karl ~ 1/100; Raiffeisen, Friedrich Wilhelm * 8/126

Hamm (Westf)
siehe auch *Berge, Heessen, Hilbeck, Mark, Wiescherhöfen*

Baader, Ernst W. ~/† 1/231; Bartmann, Bernhard ~ 1/309; Biermann, Ludwig (Franz Benedikt) * 1/523; Blomberg, Wilhelm Frh. von ~ 1/578; Bodelschwingh, (Ludwig) Karl (Christian Gisbert Friedrich) von */~ 1/602; Borcke, Friedrich Heinrich Graf von ~ 2/28; Bracht, (Clemens Emil) Franz ~ 2/54; Bucerius, Gerd * 11/35; Bucher, Johann Peter ~ 2/182; Callwey, Georg Dietrich Wilhelm */~ 2/267; Chateauneuf, Alexis de ~ 2/306; Christians, Clemens ~/† 11/39; Cobet, Heinrich * 2/348; Cosack, Josef Kaspar ~ 2/380; Cremer, Joseph Wilhelm Julius ~ 2/398; Dassel, Christian Konrad Jakob ~ 2/447; Dittmann, Herbert ~ 2/561; Eylert, Rulemann Friedrich * 3/204; Falk, (Paul Ludwig) Adalbert von ~/† 3/224; Figgen, Werner ~/† 3/294; Fischer, Alfred ~ 3/311; Föcher, Matthias ~ 3/359; Freymuth, Arnold ~ 3/439; Freytag, Hermann * 3/440; Fröhlich, Georg Wilhelm ~ 3/502; Fuhrmann, Wilhelm David ~/† 3/538; Glomme, (Moritz) Edmund † 4/34; Goßler, Friedrich Franz Theodor ~ 4/101; Gruchot, Julius Albrecht ~ 4/208; Haedenkamp, Karl (Christian Friedrich Hermann) * 4/303; Haindorf, Alexander † 4/338; Heinhold, Max ~ 4/516; Heraeus, Wilhelm Carl * 4/603; Hille, Peter ~ 5/42; Hobrecker, Eduard * 5/79; Hobrecker, Johann Karl */† 5/79; Hobrecker, Wilhelm */† 5/79; Höpker-Aschoff, Hermann ~ 5/100; Hüser, Hartwig ~ 5/213; Johannes von Deventer ~ 5/352; Juckenack, Adolf * 5/370; Kamp, Wilhelm Heinrich ~ 5/420; Kapp, Friedrich */~ 5/430; Kassmann, Fritz ~ 5/459; Kerssenbrock, Hermann von ~ 5/517; Krummacher, Friedrich Adolf ~ 6/129; Krummacher, Gottfried Daniel ~ 6/129; Krumme, Elisabeth ~ 6/130; Lentze, August * 6/322; Lipperheide, Franz Frh. von ~ 6/417; Loerbroks, Hermann ~ 6/445; Loewenstein, Otto ~ 6/455; Lübke, Wilhelmine ~ 6/513; Mannstaedt, Ludwig Emil ~ 6/597; Maybach, Albert von ~ 7/3; Molckenbuhr, Marcellin(us) ~ 7/186; Neigebaur, (Johann Daniel) Ferdinand ~ 11/135; Nelle, Wilhelm ~ 7/362; Osterroth, Nikolaus ~ 7/517; Otto, Everhard * 11/153; Rademacher, Johann Gottfried ~ 8/115; Ribbentrop, Friedrich (Wilhelm Christian Johann) von ~ 8/270; Rintelen, Viktor ~ 8/320; Rönne, Friedrich (Ludwig) ~ 8/354; Rosenberg, Wilhelm Ludwig * 8/394; Ruer, Julius Wilhelm ~/† 8/454; Sachsse, Eugen Friedrich Ferdinand ~ 8/490; Sandhage, Josepha † 8/513; Schneider-Lenne, Ellen-Ruth ~ 11/171; Schrübbers, Hubert ~ 9/158; Schwenniger,

Meyer, Wilhelm * 7/111; Molanus, Gerard(us) Wolter(us) * 7/186; Moritz, Karl Philipp * 7/217; Oppler, Edwin ~ 7/502; Reden, Friedrich Wilhelm Graf von * 8/176; Requadt, Paul ~ 8/247; Rinck, Hans-Justus * 8/313; Rodemann, Paul ~ 8/344; Schmidt-Lorenz, Wilhelm * 9/24; Sertürner, Friedrich Wilhelm (Adam) ~/† 9/292; Sextro, Heinrich Philipp ~ 9/296; Spitta, (Carl Johann) Philipp d. Ä. ~ 9/409; Steuben, Fritz ~ 9/521; Thibaut, Anton Friedrich Justus * 10/1; Tischbein, Georg Heinrich ~ 10/48; Uffelmann, Julius ~ 10/125; Velthusen, Johann Kaspar ~ 10/193; Vicelin, Bischof von Oldenburg ~ 10/203; Viebrock, Helmut ~ 10/204; Wellhausen, Julius * 10/425; Westrumb, Johann Friedrich ~/† 10/461

Handschuhsheim

Handschuhsheim (seit 1903 zu Heidelberg)
Goette, Alexander (Wilhelm) † 4/67; Rottmann, Anton *
8/427; Rottmann, Carl (Anton Joseph) * 8/427; Rottmann,
Friedrich */~ 8/427
Handzell (seit 1972 zu Pöttmes)
Baumgärtner, Roman † 1/342
Hanemicke (Olpe)
Hitze, Franz * 5/76
Hang-tcheou (China)
Martini, Martin ~/† 6/640
Hangelar (Sankt Augustin)
Schmid, Arnold † 8/698
Hangelsberg
Müller, Georg (Alexander) von † 7/260
Hangenham (seit 1972 zu Marzling)
Heinrich, Karl Borromäus * 4/543
Hanikenfähr
Schnack, Ingeborg * 9/44
Hankensbüttel
siehe auch *Isenhagen*
Dassel, Christian Konrad Jakob * 2/447
Hankow (China)
Falkenhayn, Erich (Georg Anton Sebastian) von ~ 3/227
Hannesreuth (seit 1972 zu Königstein, Kr. Amberg-
Sulzbach)
Daffner, Franz * 2/427
Hannover
siehe auch *Bothfeld, Döhren, Herrenhausen, Limmer,
Linden, Misburg, Ricklingen*
Abeken, Hermann ~/† 1/3; Abendroth, (Fedor Georg)
Walter * 1/8; Abendroth-Obentraut, Andreas Alfred von
~ 1/8; Adler, Nathan Marcus */~ 1/41; Adolf Friedrich,
Herzog von Cambridge, Vizekönig von Hannover ~
1/43; Ahlborn, August Wilhelm Julius * 1/56; Ahrens,
Heinrich Ludolf ~/† 1/60; Ahrens, Hermann ~ 1/60; Aken,
Adolf Friedrich von † 1/62; Albert, Hans ~ 1/68; Albert,
Wilhelm August Julius * 1/69; Alberti, Julius Gustav *
1/70; Albrecht Friedrich Wilhelm Nikolaus, Prinz von
Preußen, Regent in Braunschweig ~ 1/79; Albrecht, Georg
Alexander * 1/81; Albrecht, Heinrich (Karl Wilhelm)
~ 1/81; Albrecht, Helmuth ~ 1/81; Alpers, Ludwig ~
1/93; Althaus, Theodor ~ 1/100; Altman, Georg ~ 1/102;
Alton, (Joseph Wilhelm) Eduard d' ~ 1/105; Alvensleben,
Johann Friedrich von † 1/108; Alvensleben, Johann
Friedrich Karl von ~ 1/108; Alvensleben-Hundisburg,
Philipp Karl Graf von * 1/108; Ameln, Konrad ~ 11/3;
Ander, Alois ~ 1/122; Anders, Peter ~ 1/124; Andrae,
Ferdinand Ludwig Alexander * 1/126; Andreae, August
Heinrich ~/† 1/128; Andreae, Johann Gerhart Reinhart
*/~/† 1/129; Andrée, Karl Erich ~ 1/133; Arendt, Hannah *
1/166; Arentschildt, Alexander Carl Friedrich von † 1/168;
Arentsschildt, Wilhelm (Daniel) von ~ 1/168; Armbrust,
Karl * 1/171; Arnecke, Friedrich ~ 1/176; Arning, Heinrich
Friedrich Wilhelm */† 1/182; Arnold, Carl ~/† 1/185;
Arnold, Thea ~ 1/189; Arnswaldt, August Frh. von */†
1/194; Arnswaldt, Karl Friedrich Alexander Frh. von
~ 1/194; Arresto, Christlieb Georg Heinrich ~ 1/195;
Auer, Leopold von (1895) ~ 1/214; Auhagen, Otto (Georg
Gustav Edwin) * 1/223; Bach, Rudolf ~ 1/241; Bachmann,
Wilhelm (Eduard Paul) ~ 1/247; Backhausen, Karl Wilhelm
August ~ 1/250; Bacmeister, Georg (Heinrich Julius
Friedrich Karl Justus) ~ 1/251; Bade, Peter ~ 1/252;
Bähnisch, Theanolte ~/† 1/256; Baensch, (Friedrich Robert)
Emanuel ~ 1/258; Baer, Reinhold ~ 1/260; Bärndorf von
Bauerhorst, Auguste von ~ 1/262; Bahlsen, Hermann
*/~/† 1/268; Bahlsen, Werner ~ 1/268; Bahro, Rudolf
~ 11/10; Ballhorn, Georg Friedrich */~/† 1/278; Baltz,
Theodor Friedrich ~ 1/282; Bandel, (Joseph) Ernst von
~ 1/286; Bar, Carl Ludwig von */~ 1/290; Bar, Georg
Ludwig von * 1/290; Bar, Herbord Sigismund Ludwig
von ~ 1/290; Barckhaus, Hermann ~/† 1/292; Bargmann,
Heinrich ~ 1/295; Baring, Daniel Eberhard ~ 1/295;
Baring, Eberhard ~ 1/295; Baring, Georg (Konrad Ludwig)
Frh. von ~ 11/11; Barnay, Ludwig ~/† 1/297; Barsig,

Franz ~ 1/298; Barth, Christian Samuel ~ 1/300; Barth,
Richard ~ 1/305; Barth von Wehrenalp, Erwin ~ 11/12;
Bartling, Friedrich Gottlieb * 1/309; Bauer, Anton ~ 1/323;
Bauer, Hans ~ 11/13; Bauer, Heinrich ~ 1/325; Bauer, Karl
~ 1/327; Baumann, Hans ~ 1/335; Baumeister, Bernhard
~ 1/339; Baumeister, Reinhard ~ 1/340; Baumgartner,
Paul ~ 1/348; Baurschmidt, Karl Gustav Wilhelm ~ 1/353;
Bayer-Bürck, Marie ~ 1/359; Beckedorff, Georg Philipp
Ludolf von * 1/374; Becker, Karl Albin * 1/379; Beckert,
Theodor † 1/383; Beckmann, Erich (Adolf Georg Louis)
*/~/† 1/384; Beckmann, Hermann ~ 1/385; Beckmann,
Konrad ~ 1/385; Beckmann, Ludwig * 1/385; Beger,
(Paul) Johannes ~/† 1/394; Behr, Burkhard Christian von
~ 1/398; Behrend, (Anton Friedrich) Robert ~/† 1/400;
Behrens, Elieser ~/† 1/401; Beindorff, Fritz ~ 1/405;
Below, Ernst von † 1/411; Benecke, Wilhelm * 1/419;
Beneke, Friedrich Wilhelm ~ 1/421; Beneke, Johann
Heinrich Friedrich * 1/421; Bening, (Daniel) Heinrich
(Ludwig) ~/† 1/423; Bennigsen, Rudolf (Karl Wilhelm)
von ~ 1/426; Benscheidt, Carl August ~ 1/428; Bentz,
Alfred ~ 1/430; Berend, Eduard */~ 1/436; Berend, Fritz
* 1/436; Berg, Günther Heinrich von ~ 1/440; Bergius,
Friedrich (Karl Rudolf) ~ 1/448; Bergmann, Ernst von ~
1/449; Bergmann, Friedrich Christian * 1/450; Berlepsch,
Friedrich Ludwig von ~ 1/456; Berliner, Siegfried * 1/458;
Bertrand, Ernst ~ 1/489; Beseler, Max ~ 1/491; Betz,
Franz ~ 1/500; Beulwitz, Ludwig Friedrich von ~ 1/501;
Beutel-Keller, Rosa ~ 1/503; Beythien, Heinrich (Friedrich
Wilhelm) ~ 1/508; Bielefeld, Jakob Friedrich Frh. von
~ 1/520; Biermann, Ludwig (Franz Benedikt) ~ 1/523;
Biltz, (Eugen) Wilhelm ~ 1/530; Birnbaum, Hans ~ 1/540;
Bischoff, Christian Heinrich Ernst * 1/542; Bischoff, Georg
Friedrich ~ 1/543; Bischoff, Theodor Ludwig Wilhelm *
1/544; Bismarck, Friedrich Wilhelm Graf von ~ 1/545;
Bismarck, Wilhelm (Otto Albrecht) Graf von ~ 1/547;
Bismarck-Bohlen, Friedrich (Theodor Alexander) Graf von
~ 1/547; Bittmann, Carl ~ 1/550; Blanc, Louis Ammy ~
1/555; Blasius, Wilhelm ~ 1/561; Blass, Eduard ~ 1/562;
Blencke, Erna ~ 1/568; Bletzacher, Josef ~/† 1/570; Blome,
(Otto Paul Julius) Gustav Graf von * 1/578; Blum, Otto
(Leonhard) ~/† 1/582; Blumenhagen, (Philipp Georg
August) Wilhelm */~/† 1/587; Blumhof, Johann Georg
Ludolf * 1/589; Bockelmann, Paul * 1/596; Bodenstein,
Max (Ernst August) ~ 1/604; Böck, Johann Michael ~
1/606; Böcklin, Arnold ~ 1/611; Bödiker, Tonio (Wilhelm
Laurenz Karl Maria) ~ 1/613; Böhmer, Justus Friedrich
* 1/623; Böhmer, Justus Henning */~ 1/623; Böhmer,
Maria Magdalena * 1/623; Böhmer, Philipp Ludwig */~
1/624; Bök, Sophie Elisabeth ~ 1/625; Boeke, Hendrik
Enno * 1/625; Boerger, Albert ~ 1/631; Böse, Heinrich ~
1/635; Bösenberg, Johann Heinrich */~ 1/636; Böttcher,
Ernst Christoph ~/† 1/637; Böttger, (Carl) Wilhelm †
1/638; Bötticher, (Karl) Heinrich von ~ 1/639; Bohrer,
(Joseph) Anton ~/† 2/4; Bolte, Adolf * 2/11; Borchers,
(Georg Heinrich) Carl */~ 2/27; Borchers, (Johann Albert)
Wilhelm ~ 2/27; Borgward, Carl Friedrich Wilhelm ~ 2/30;
Born, Axel ~ 2/32; Borowski, Richard ~/† 2/37; Borries,
August (Friedrich Wilhelm) von ~ 2/37; Borries, Wilhelm
Friedrich Otto Graf von ~ 2/37; Borsche, Dieter */~ 2/38;
Bosse, (Julius) Robert ~ 2/44; Bothmer, Karl Friedrich
Ernst August von ~/† 2/47; Bother, Lennelotte von ~/†
11/29; Bott, Jean Joseph ~ 2/47; Brackebusch, Ludwig ~/†
2/55; Brackmann, Albert (Theodor Johann Karl Ferdinand)
*/~ 2/55; Brahms, Johannes ~ 2/57; Brand, Hennig ~
2/60; Brandes, Ernst */† 2/62; Brandes, Georg (Friedrich)
~/† 2/63; Brandes, Georg * 2/63; Brandes, Gustav
*/~/† 2/63; Brandis, Eberhard Frh. von ~ 2/64; Brandis,
Henning † 2/65; Brandt, Karl ~ 2/70; Bratke, Gustav */~/†
2/75; Brauer, Arnold Hermann Louis Friedrich ~ 2/77;
Braun, Ernst ~ 2/80; Braun, Otto Philipp ~ 2/86; Braune,
Hermann ~ 2/88; Brefeld, Ludwig ~ 2/97; Brehmer,
Heinrich Friedrich */~/† 2/99; Breitscheid, Rudolf ~ 2/107;
Brekenfeld, Hermann ~ 2/108; Bremer, Friedrich Franz
Dietrich Graf von */~/† 2/109; Brenneke, (Johann Friedrich

Eugen (Eduard Otto) ~ 9/432; Stägemann, Ida Valeska Malwine ~ 9/433; Stägemann, Max ~ 9/433; Stammler, Wolfgang ~ 9/444; Stange, Hermann Heinrich ~ 9/446; Stark, Johann(es) Nicolaus ~ 9/452; Steenken, Hartwig † 9/463; Steffani, Agostino ~ 9/463; Steffter, Adalbert ~ 9/466; Steglich, Rudolf ~ 9/468; Steigner, Walter ~ 9/474; Stein, Leo Walther ~ 9/479; Steinacker, Gustav ~ 9/483; Steingräber, Theodor (Leberecht) ~ 9/492; Steinkopf, Willy ~/† 9/497; Steinmann, Alphons * 9/497; Steinrück, Albert ~ 9/500; Stenger, Erich ~ 9/506; Steno, Nicolaus ~ 9/507; Stephan, Ruth ~ 9/510; Stern, Irma ~ 9/513; Stern, Julius Bernhard ~ 9/514; Sternheim, Hermann * 9/518; Sterzenbach, Benno ~ 9/519; Stieber, Hans (Albert Oskar) ~ 9/524; Stieber-Walter, Paul ~ 9/524; Stiedenroth, Ernst * 9/525; Stieglitz, Johann ~/† 9/527; Stigelli, Georg ~ 9/531; Stigler-Staeven, Wilhelm ~ 9/531; Stille, (Wilhelm) Hans */~/† 9/532; Stille, Ulrich ~ 9/532; Stockfleth, Heinrich Arnold * 9/538; Stöger, Alfred ~ 9/543; Stöger, Auguste ~ 9/543; Stoldt, Marianne ~ 9/550; Stollberg, Georg J. ~ 9/551; Stolle-Garvens, Milly ~/† 9/552; Stoltze, Georg Heinrich * 9/554; Stolze, Heinrich Wilhelm ~ 9/556; Stolzenberg, Hertha ~ 9/556; Storch, Anton Valentin ~ 9/558; Strack, Günter ~ 11/179; Strack, Theo ~ 9/563; Strakosch, Alexander ~ 9/565; Strantz, Ferdinand (Karl Friedrich Felix) von ~ 9/566; Strassmann, Fritz ~ 9/569; Straßmann-Damböck, Marie ~ 9/569; Strathmann, Friedrich ~ 9/570; Streibing, Karl-Heinz ~/† 9/581; Streit, Wilhelmine ~ 9/582; Strickrodt, Georg ~ 9/587; Strobl, Julius ~ 9/590; Stromeier, Johann Heinrich ~ 9/593; Stromeyer, Christian Friedrich */~/† 9/593; Stromeyer, Friedrich ~ 9/594; Stromeyer, (Georg Friedrich) Louis */~/† 9/594; Strube, Julius Melchior ~/† 9/595; Strugger, Siegfried ~ 9/598; Strungk, Nicolaus Adam ~ 9/598; Stuckart, Wilhelm † 9/603; Stümpke, Gustav ~/† 9/610; Stüve, Johann Carl Bertram ~ 9/612; Süßenguth, Walther (Wilhelm Rudolf) ~ 9/627; Suhrmann, Rudolf (Johannes) ~ 9/630; Suschke, Herbert ~ 9/635; Sutermeister, Heinrich ~ 9/636; Sutor, Wilhelm ~ 9/637; Sympher, Leo ~ 9/644; Syrup, Friedrich ~ 9/645; Tammann, Heinrich (Johann Gustav Linus Alexander) ~/† 9/653; Tappe, Walter (Paul Heinrich) */~ 9/657; Taube, Robert ~ 9/661; Taucher, Curt ~ 9/663; Tegtmeier, Wilhelm ~ 9/669; Teichmüller, Joachim (Julius Friedrich Heinrich) ~ 9/670; Telemann, Georg Philipp ~ 9/671; Tellkampf, Johann Ludwig ~ 9/673; Tennecker, (Christian Ehrenfried) Seyfert von ~ 9/675; Terpis, Max ~ 9/678; Tgahrt, Erich ~ 9/685; Then-Bergh, Erik */~ 9/693; Thiel, Otto ~ 10/2; Thierfelder, Helmuth † 10/7; Thiersch, Paul (Johann Wilhelm) ~/† 10/8; Thiess, (Theodor) Frank ~ 10/9; Thimme, Friedrich Wilhelm Karl ~ 10/12; Thimme, Magdalene ~ 10/12; Thomas, Eduard ~ 10/18; Thomas-Schwartz, Anny ~ 10/19; Thurn und Taxis, Karl Anselm von ~ 10/31; Thurn und Taxis, Mathilde Therese von * 10/32; Tielker, Johann Friedrich ~ 10/38; Tilemann, Heinrich (Johann Cornelius) ~ 10/41; Timm, Herbert ~ 10/45; Timper, Rudo ~ 10/46; Tischbein, Johann Heinrich Wilhelm ~ 10/49; Tischbein, Willy ~ 10/49; Tödt, Heinz Eduard † 10/56; Tomaselli, Katharina ~ 10/62; Torgler, Ernst † 10/64; Torri, Pietro ~ 10/65; Tovote, Heinz * 10/66; Träder, Willi ~/† 10/67; Tralow, Johannes ~ 10/68; Traube, Isidor ~ 10/70; Treffner, Willy ~ 10/77; Treue, (Friedrich) Wilhelm (Karl Franz) ~ 10/84; Treumann, Julian ~/† 10/84; Trillhaas, Wolfgang ~ 10/89; Trip, Julius ~/† 10/90; Trommsdorff, Paul ~/† 10/96; Troske, Ludwig ~/† 10/97; Trostorff, Fritz ~ 10/98; Turba, (Marie) Sidonie ~ 10/117; Ubbelohde, Leo (Karl Eduard) * 10/121; Ubrich, Asminde ~ 10/121; Ucko-Hüsgen, Paula ~ 10/122; Uhde, Hermann ~ 10/126; Uhlenhuth, Paul * 10/129; Uhlhorn, (Johann) Gerhard (Wilhelm) ~/† 10/130; Uhlitzsch, Wolfgang Heinz ~ 10/131; Ulrich, Franz Heinrich * 10/145; Ulrich, (Johann) Friedrich (Theodor) ~/† 10/145; Ulrich, Pauline ~ 10/147; Umbo ~/† 10/149; Unger, Friedrich Wilhelm * 10/153; Unger, (Christian) Wilhelm (Jacob) ~ 10/155; Unger, William * 10/155; Unruh, Kurt von * 10/158; Unzelmann, Berta

~ 10/161; Urbach, Hans (Hermann) ~ 10/163; Valentin, Bruno ~/† 10/177; Valentiner, (Richard Wilhelm) Siegfried ~ 10/179; Vespermann, Wilhelm */~ 10/199; Vestvali, Felicita von ~ 10/200; Vetterlein, Ernst (Friedrich) ~/† 10/202; Viebig, Ernst ~ 10/203; Vierhaus, Felix ~ 10/204; Vierthaler, Ludwig (Karl Maria) ~/† 10/207; Vieweg, (Hans Heinrich) Eduard ~ 10/208; Viktoria Luise, Herzogin von Braunschweig-Lüneburg † 10/210; Visscher van Gaasbeek, (Gustav) Adolf ~ 10/218; Vix, Karl Wilhelm ~ 10/219; Vogl, Josef ~ 10/231; Voigt, Heinz ~ 10/237; Voigt, Richard † 10/238; Voigts, Bodo ~ 10/240; Voigts-Rhetz, Konstantin Bernhard von ~ 10/240; Volborth, Johann Karl ~ 10/242; Vollmer, Johannes ~ 10/248; Volz, Hermann ~ 10/251; Vordemberge-Gildewart, Friedrich (August Wilhelm) ~ 10/254; Waag, Hans ~ 10/263; Wachenheim, Hedwig † 10/264; Wachtel, Theodor ~ 10/267; Wagener, Hilde * 10/274; Wagener, Kurt ~/† 10/274; Wagner, Elsa ~ 10/279; Wagner, Friedrich Wilhelm ~ 10/280; Wahrendorff, Ferdinand † 10/294; Wahrmann-Schöllinger, Fanny ~ 10/294; Waldersee, Alfred Graf von † 10/303; Wallbrecht, Ferdinand ~/† 10/309; Wallerstein, Anton ~ 10/312; Wallot, (Johann) Paul ~ 10/315; Walter, Ignaz ~ 10/319; Walther, Carl ~ 10/323; Waltking, Friedrich Wilhelm (Christian) ~ 10/326; Wanka, Maria Julia ~ 10/330; Weber, Bernhard Anselm ~ 10/350; Weber, Carl ~ 10/350; Weber, Marianne ~ 10/357; Weber, Moritz ~ 10/360; Weber, Wilhelm ~/† 10/362; Weckerlin, Mathilde ~ 10/365; Wedekind, Anton Christian ~ 10/367; Wedekind, Donald * 10/367; Wedekind, Erika * 10/368; Wedekind, Frank * 10/368; Wedel, Botho Graf von ~ 10/369; Wedemeyer, Georg (Ludwig Heinrich Karl) ~/† 10/370; Wehmer, Carl (Friedrich Wilhelm) ~/† 10/376; Wehmer, Carl * 10/376; Wehrli, Hans ~ 10/378; Wehrstedt, Georg Friedrich Engelhard ~ 10/379; Weidlich, Elfriede ~ 10/383; Weidlich, Hansjürgen ~ 10/383; Weikenmeier, Albert ~ 10/390; Weinbrenner, (Johann Jakob) Friedrich ~ 10/395; Weinländer, Walter ~ 10/398; Weinlich-Tipka, Louise ~ 10/398; Weinrich, Franz Johannes * 10/399; Weiser, Grethe * 10/403; Weiss, Amalie ~ 10/406; Wendt, Ernst * 10/434; Werlhof, Paul Gottlieb ~/† 10/442; Wermuth, Adolf * 10/443; Werner, Theodor (Georg Wilhelm) */~ 10/448; Wessel, Bernhard ~/† 10/455; Westkirch, Luise ~ 10/460; Westrumb, Johann Friedrich ~ 10/461; Weyhe, Eberhard von * 10/466; Wichmann, Johann Ernst */~/† 10/471; Wickop, Walther (Ernst) ~ 10/473; Wieghardt, Karl ~ 10/481; Wiegmann, Rudolf ~ 10/482; Wienbeck, Erich ~ 10/486; Wiese und Kaiserswaldau, Leopold von ~ 10/488; Wieter, Georg */~ 10/491; Wiggers, (Heinrich) August (Ludwig) ~ 10/493; Wigman, Mary * 10/493; Wildbrunn, Karl ~ 10/499; Wildführ, Georg * 10/500; Wildhagen, Karl * 10/501; Wilhelm I., König von Württemberg ~ 10/505; Wilmowsky, Tilo von * 10/515; Winckel, Heinrich ~ 10/518; Windeck, Agnes ~ 10/522; Windthorst, Ludwig ~ 10/525; Winkelmann, Hans ~/† 10/527; Winkelmann, Hermann ~ 10/527; Wintzingerode, Georg Ernst Levin Graf von ~ 10/536; Wischmann, Adolf ~ 10/541; Wittmann, Carl Friedrich ~ 10/550; Wöhler, August ~/† 10/555; Wöhler, Friedrich ~ 10/555; Wohlbrück-Marschner, Marianne ~/† 10/561; Woldstedt, Paul ~ 10/563; Wolfes, Richard */~ 10/570; Wolff, Carl ~ 10/570; Wolff, Lion ~ 10/576; Wolfslast, Jürgen † 10/582; Woltereck, Richard * 10/586; Wrede, Victor ~ 10/590; Wrede, William ~ 10/590; Wüstenfeld, Ferdinand † 10/595; Wunderlich, Erich ~ 10/597; Wurm, Emanuel ~ 10/599; Zachariae, Heinrich Albert ~ 10/610; Zander, (Karl Oswald Richard) Willi ~/† 10/617; Zarest, Julius ~ 10/621; Zecha, Fritz ~ 10/626; Zeisler, Moritz ~ 10/632; Zeitlin, Leon ~ 10/634; Zerlett, Johann Baptist ~ 10/645; Zeumer, Karl * 10/648; Zierold, Kurt ~ 10/659; Ziesenis, Johann Georg ~/† 10/660; Zietzschmann, Otto ~ 10/660; Zille, (Rudolf) Heinrich ~ 10/661; Zimmermann, Emmy ~ 10/666; Zimmermann, Gustav ~/† 10/667; Zimmermann, Johann Georg ~/† 10/669; Zimmermann, Walter (Wilhelm Hans) * 10/671; Zottmayr, Ludwig ~ 10/690; Zotz, Lothar

~ 10/690; Zschille, Dora ~ 10/691; Zuccarini, Franz Anton ~ 10/693

Hannoversch Münden
siehe auch *Bursfelde, Hedemünden*
Arsten, Johann Heinrich */~ 1/196; Baule, Bernhard * 1/332; Berlepsch, Hans (Hermann Carl Ludwig) Graf von ~ 1/456; Bernhardt, August Peter ~/† 1/470; Borggreve, Bernard Robert ~ 2/29; Buchenau, Siegfried * 2/181; Büsgen, Moritz (Heinrich Wilhelm Albert Emil) ~/† 2/213; Büsinck, Ludolph */† 2/213; Burckhardt, Heinrich (Christian) ~ 2/231; Bussche-Haddenhausen, Ernst Gustav Frh. von dem ~ 2/254; Cario, Günther ~ 2/279; Claussen, Peter (Heinrich) ~ 2/337; Councler, Konstantin † 2/385; Dederoth, Johannes * 2/462; Denecke, Ludwig † 11/44; Dengler, Alfred ~ 2/485; Dralle, Robert ~ 2/608; Dürr, Philipp Paul Theodor ~ 2/641; Edler, Wilhelm Heinrich Ludwig ~ 3/20; Ehrenberg, Paul (Richard Rudolf) ~ 3/38; Eidmann, Hermann August ~ 3/58; Eisenbart, Johann Andreas † 3/69; Erich II., Herzog von Braunschweig-Lüneburg * 3/148; Falck, Richard ~ 3/223; Fernow, Bernhard Eduard ~ 3/272; Fürstenberg-Heiligenberg, Egon Graf von ~ 3/530; Goldmann, Georg Friedrich August * 4/80; Greverus, Johann Paul Ernst ~ 4/160; Grotefend, Georg Friedrich * 4/201; Heyer, Gustav ~ 5/21; Hölty, Ludwig Christoph Heinrich ~ 5/96; Hopmann, Josef ~ 11/91; Huschke, Eduard * 5/232; Köstler, Josef Nikolaus ~ 5/676; Letzner, Johannes ~ 6/349; Mantel, Kurt ~ 6/600; Martin, Heinrich ~ 6/636; Mewis, Karl (Wilhelm Alfred) * 7/96; Mitscherlich, Alexander ~ 7/154; Mitscherlich, Waldemar ~ 7/155; Renner, Kaspar Friedrich * 8/245; Sattler, Wilhelm ~ 8/524; Schmucker, Theodor ~ 9/40; Strauss, Bruno * 9/574; Sympher, Leo * 9/644; Wedekind, Edgar ~ 10/368; Wieder, Hanne * 10/480; Wollweber, Ernst Friedrich * 10/584; Wüstenfeld, Ferdinand ~ 10/595

Hannsdorf (tschech. Hanušovice)
Walter, Arnold (Maria) * 10/317

Hanoi
Huber, Eduard ~ 5/195

Hanover (New Hampshire, USA)
Bielschowsky, Alfred ~ 1/520; Fülöp-Miller, René † 3/525

Hansdorf (poln. Ławice)
Behring, Emil von * 1/402

Hanseberg (poln. Krzymów)
Krebs, Carl * 6/88

Hanson (Massachusetts, USA)
Schermann, Lucian † 8/613

Hanstedt (Hessen)
Schaub, Hans Ferdinand † 8/574

Hanstedt (Kr. Harburg)
Birrenkoven, Wilhelm † 1/541

Hanstedt (Kr. Uelzen) → Velgen

Hansühn (seit 1939 zu Wangels)
Hamann, Elisabeth Margareta * 4/355

Hanušovice → Hannsdorf

Happurg
siehe auch *Thalheim*
Ullherr, Johann Conrad * 10/135

Hapsal (estn. Haapsalu, russ. Gapsal')
Hoerschelmann, Fred von * 5/104; Hogenstein, Jodocus † 5/136; Schubert, Friedrich Theodor (Theophil) von ~ 9/162; Wiedemann, Ferdinand (Johannes) * 10/479

Harachsdorf (Böhmen)
Pohl, Franz * 8/18

Harare (bis 1982 Salisbury, Simbabwe)
Eick, Hans-Joachim ~ 3/57

Harber (seit 1974 zu Soltau)
Hanne, Johann Wilhelm * 4/371

Harbke
Du Roi, Johann Philipp ~ 2/655; Schmidt-Phiseldeck, (Wilhelm) Justus (Eberhard) von ~ 9/24; Schrader, Wilhelm * 9/126; Veltheim, August Ferdinand Graf von */~ 10/192; Veltheim, Hans Graf von † 10/193

Harburg (Gem. Drohne, seit 1973 zu Stemwede)
Thibaut, Bernhard Friedrich * 10/1

Harburg (seit 1937 zu Hamburg)
Albrecht, Wilhelm (Eduard) ~ 1/83; Ayrer, Gustav Heinrich ~ 1/229; Becké, (Karl Alfred) Waldemar * 1/374; Behrend, (Anton Friedrich) Robert * 1/400; Bentheim, Heinrich Ludolf ~ 1/429; Berthold, Rudolf † 1/487; Bokelmann, Christian Ludwig ~ 2/6; Bruns, Fritz ~ 2/173; Bubendey, Johann Friedrich ~ 2/177; Creutzfeldt, Hans Gerhard * 2/399; Crusius, Magnus ~/† 2/407; Dudek, Walter ~ 2/633; Eberhardt, Johann Jakob † 2/672; Förtsch, Paul Jakob ~/† 3/366; Franzius, Ludwig ~ 3/416; Gaiser, Gottlieb Leonhard ~ 3/559; Grupen, Christian Ulrich * 4/228; Häusser, Karl ~ 4/314; Hagemann, (Christian) Carl * 4/318; Henrici, Karl (Friedrich Wilhelm) ~ 4/594; Hirschfeld, Hans Emil ~ 5/67; Katona, Julius ~ 5/463; Kettler, Hedwig (Johanna) * 5/523; Kieser, Dietrich Georg von * 5/533; Kircheiss, Carl * 5/547; Krille, Otto Moritz ~ 6/107; Kruse, Gottschalk ~/† 6/133; Meyer, Friedrich Ludwig Wilhelm * 7/102; Michaelis, Gustav Adolph * 7/122; Nöldeke, Theodor * 7/430; Otto, Erich ~ 7/534; Schlegel, Karl August Moritz ~/† 8/661; Schürmann, Walter ~ 9/173; Volkmann, Ernst (Oskar) ~ 10/245; Weichmann, Christian Friedrich * 10/380; Windgassen, Fritz ~ 10/523

Harburg (Schwaben)
siehe auch *Heroldingen*
Angerer, Johann Georg ~ 1/138; Helmer, Hermann (Gottlieb) * 4/572; Herrenschmidt, Jakob ~ 4/639; Mörlin, David * 7/176

Hard (Vorarlberg)
Floeck, Oswald * 3/352; Jenny, Melchior ~/† 5/320; Pesta, Karl * 7/610; Schindler, Samuel ~/† 8/645

Hardegsen
siehe auch *Ellierode, Hettensen*
Letzner, Johannes */~ 6/349; Otto der Quade, Herzog von Braunschweig ~/† 7/531; Spangenberg, Johannes * 9/384; Steuernagel, Carl * 9/521

Hardenberg (Hannover)
Hardenberg, Kuno (Ferdinand) Graf von * 4/383

Hardenberg (Niederlande)
Florenz, Bischof von Wevelinghoven † 3/354; Hardenberg, Albert * 4/381; Hardenberg, Friedrich Karl * 11/79

Hardenberg (Schlesien)
Hügel, Klemens Wenzeslaus Frh. von † 5/209

Harderode (seit 1973 zu Coppenbrügge)
Bartels, August Christian * 1/298

Harderwijk (Niederlande)
Beyer, Johann de ~ 1/506; Duker, Karl Andreas ~ 2/646; Hoffmann, Christoph Ludwig ~ 5/114; Marckart, Johann Wilhelm ~/† 6/607; Sprickmann, Anton Matthias ~ 9/419

Hardheim
siehe auch *Gerichtstetten*
Hohmann, Walter * 5/143

Hardisleben
König, Gottlob * 5/659; Krohne, Gottfried Heinrich ~ 6/112; Mitternacht, Johann Sebastian * 7/158

Hardthausen am Kocher → Gochsen

Haren (Ems)
Esders, Stephan * 3/177

Hargelsberg (Oberösterreich)
Mahr, Gustav † 6/569

Harkerode
Stehle, Sophie † 9/469

Harkotten (Gem. Füchtorf, seit 1969 zu Sassenberg)
Ketteler, Wilderich Frh. von * 5/523

Harland (Sankt Pölten, Niederösterreich)
Demus, Otto * 2/484

Harlingen
Amende, Karl Friedrich * 1/114; Kintzlé, Fritz * 5/544

Harlingerode (seit 1972 zu Bad Harzburg)
Fritz, (Johann Julius Ferdinand Joseph) Gottlieb * 3/495

Harmstorf
Lücke, Fritz † 6/514

Harmuthsachsen (seit 1972 zu Waldkappel)
Hoffmann, Friedrich Wilhelm * 5/117

Harnekop (seit 1965 zu Sternebeck-Harnekop)
Haeseler, Gottlieb Graf von † 4/313
Harpen (seit 1929 zu Bochum)
Bannenberg, Wilhelm * 1/289; Rehling, Luise * 8/191
Harpolingen (seit 1973 zu Bad Säckingen)
Sickinger, (Joseph) Anton * 9/303
Harrach
Gall, Joseph Anton ~ 3/562
Harreveld (Niederlande)
Kleinschmidt, Beda ~ 5/580
Harriehausen (seit 1974 zu Bad Gandersheim)
Ehrlich, Felix * 3/43
Harrington Park (New Jersey, USA)
Nessler, Karl (Ludwig) † 11/136
Harrison (New Jersey, USA)
Walter, Hellmuth ~ 10/319
Harsdorf (Kr. Kulmbach)
Gross, Johann Matthias * 4/191
Harsefeld
Adickes, Franz * 1/37; Büttner, Johannes Samuel * 2/215;
Düring, (Otto) Albrecht * 2/639; Lothar III., Markgraf der
sächsischen Nordmark (Altmark) † 6/481
Harsewinkel
Meldau, Robert ~ 7/52; Rincklake, Johann Christoph *
8/314
Harsleben
Freyberg, (Bruno Erich) Alfred * 3/437
Harste (seit 1973 zu Bovenden)
Henrici, Karl (Friedrich Wilhelm) * 4/594; Meyer, Heinrich
August Wilhelm ~ 7/105
Harsum
Algermissen, Konrad * 1/90; Flohr, (Wilhelm Hermann)
Carl * 3/353
Hart (Gem. Enzenreith, Niederösterreich)
Ehrbar, Friedrich † 3/37; Preleuthner, Johann Baptist †
8/60
Hart bei Graz (Steiermark)
Keller, Paul Anton ~/† 5/497
Harta
Jahn, Hans * 5/291
Hartberg (Steiermark)
Hagenhofer, Franz ~ 4/325; Hörnigk, Philipp Wilhelm von
~ 5/103; Lesky, Erna * 6/342; Macher, Matthias ~ 6/551;
Schöller, Ferdinand (Franz Xaver) von * 9/78; Schöller,
(Franz) Joseph Edler von ~ 9/78; Spinola, Christoph de
Royas y ~ 9/408; Vasovec, Ernst ~ 10/184
Hartenauer Hof (bei Darmstadt)
Breithaupt, Johann Christian * 2/104
Hartenstein (Kr. Nürnberger Land)
Lünig, Johann Christian ~ 6/519
Hartenstein (Kr. Zwickauer Land)
Fleming, Paul * 3/346; Funk, Gottfried Benedikt * 3/541;
Jacob, Max ~ 5/271; Reuter, Hans-Heinrich ~ 8/261;
Schönburg-Hartenstein, (Eduard) Alois Fürst von † 9/89
Hartfeld (Galizien)
Wagner, Oskar * 10/285
Hartford (Connecticut, USA)
Bauschinger, Julius ~ 1/354; Eichele, Erich ~ 3/48;
Hanselmann, Johannes ~ 11/78; Holub, Karl ~ 5/158;
Löwith, Karl ~ 6/459; Schorr, Friedrich ~ 9/119
Harth-Pöllnitz → Großebersdorf
Hartha (Kr. Döbeln) → Diedenhain
Hartha (Sachsen)
Moebius, Bernhard * 7/162; Spitzner, Osmar * 9/412
Hartha (seit 1999 zu Tharandt)
Jobst, Oskar † 5/331
Harthau (seit 1950 zu Chemnitz)
Bernhard, Carl Friedrich ~ 1/466; Evans, Evan ~ 3/195;
Fritz, (Max Daniel) Hermann ~ 3/496
Harthau (seit 1999 zu Zittau)
Brückner, Max Johannes * 2/153
Harthausen (seit 1972 zu Igersheim)
Lösch, Stephan */† 6/446

Hartheim (Oberösterreich)
Sylten, Werner ~/† 9/644
Hartheim (seit 1974 zu Meßstetten)
Kern, Arthur * 5/510
Harting (seit 1977 zu Regensburg)
Geiger, Franz * 3/604
Hartleben
Geibel, (Friedrich Wilhelm) Karl ~ 3/602
Hartmanice → Hartmanitz
Hartmanitz (tschech. Hartmanice)
Gunther, Graf von Käfernburg † 4/261
Hartmannsberg (seit 1977 zu Bad Endorf)
Thorak, Josef † 10/23
Hartmannsdorf (Hartmannsdorf-Reichenau)
Arnold, Christoph * 1/185
Hartmannsdorf (poln. Jarogniewice)
Schönborner, Georg Herr von und zu S. und Ziesendorf *
9/88
Hartschimmel (Gem. Pähl)
Haushofer, Karl (Ernst) † 4/450
Hartsdale (New York, USA)
Speier, Hans † 9/391
Hartum (seit 1973 zu Hille, Kr. Minden-Lübbecke)
Jacobi, Abraham * 5/272; Stegmann, Johann Gottlieb *
9/468
Harwell (Cty. Oxfordshire, England)
Fuchs, Klaus (Emil Julius) ~ 3/520; London, Heinz ~ 6/466
Harwich (Massachusetts, USA)
Erikson, Erik H(omburger) † 11/55
Harzburg → Bad Harzburg
Harzgerode
Büchting, Johann Jakob ~/† 2/199; Eckenberg, Johann Karl
* 3/9; Feddersen, Jakob Friedrich ~ 3/240; Sack, August
Friedrich Wilhelm * 8/491
Hasbeja
Roth, Johannes (Rudolf) † 8/413
Hasbergen → Gaste
Hasel (tschech. Líska, seit 1965 zu Kunnersdorf/Kunratice)
Preidl von Hassenbrunn, Franz * 8/58
Haselau
Lehmann, Johann Georg Christian * 6/294
Haselbach (Kr. Straubing-Bogen)
Atzenberger, Franz Xaver Florian ~/† 1/211
Haselbach (Niederösterreich)
Ebendorfer, Thomas ~ 2/666
Haselbach (Steiermark)
Schlagenhaufen, Florian * 8/653
Haseldorf
Baumgarten, Michael * 1/344; Schönaich-Carolath, Emil
Prinz von ~/† 9/83
Haseleu (poln. Orle)
Rüchel, Ernst (Friedrich Wilhelm Philipp) von † 8/444
Haselhorst (seit 1920 zu Berlin)
Brandis, August Friedrich Karl von * 2/64
Haselstauden (Vorarlberg)
Pfanner, Franz ~ 7/635
Haselünne
Buteranus, Homerus */† 2/258; Janssen, Horst ~ 5/303;
Knyphausen zu Innhausen, Dodo Frh. von † 5/633
Hasenpoth (lett. Aizpute, russ. Gazenpot, poln. Hazenpot)
Behr, Isa(s)char Falkensohn ~/† 1/399; Münchhausen,
Johannes von ~ 7/294; Trinius, Karl Bernhard von ~ 10/89
Haslach/Schwarzwald
Hansjakob, Heinrich * 4/377
Haslach an der Mühl (Oberösterreich)
Löffler, Karl ~ 6/441; Schartner, Gilbert ~ 8/572
Haslach im Kinzigtal
Allgeyer, Julius * 1/92; Hansjakob, Heinrich † 4/377;
Johannes (Rumsich) von Freiburg * 5/352; Kleyle, Franz
Joachim Ritter von * 5/592
Haslar (England)
Lerbs, Hermann ~ 6/337
Haslau (tschech. Hazlov)
Grünbaum, Johann Christoph * 4/211

Haslau/Leitha (Niederösterreich)
Konrad von Haslau ~ 6/34
Hasle b. Burgdorf (Kt. Bern)
Burkhardt, Jakob * 2/244
Haslemere (Surrey, England)
Kahn-Freund, Sir Otto † 11/99
Haslen (Gem. Schlatt-Haslen, Kt. Appenzell Außerrhoden)
Henne, (Josef) Anton † 4/588
Hasliberg-Goldern (Gem. Hasliberg, Kt. Bern)
Geheeb, Paul (Albert Heinrich Hermann) † 3/598
Haspe (seit 1929 zu Hagen, Westfalen)
Eversbusch, Oskar * 3/196; Harkort, Friedrich Wilhelm * 4/387; Harkort, Gustav * 4/388; Harkort, Johann Caspar */† 4/388; Kocher, Jakob ~/† 5/645; Meister, Ernst ~ 7/46; Neuendorff, (Gustav Rudolf) Edmund ~ 11/137; Prion, Willi * 8/73
Hassel (Buer, seit 1928 zu Gelsenkirchen-Buer, seit 1930 Gelsenkirchen)
Aegidii, Aegidius * 1/47
Hasselfelde
Blumenau, Hermann (Bruno Otto) * 1/585; Dunker, Wilhelm * 2/653; Ulrich, Bernhard * 10/145; Werckmeister, Andreas ~ 10/440
Hasselsweiler (seit 1971 zu Titz)
Bornewasser, Franz Rudolf ~ 2/34
Hasselt (Belgien)
Amman, Kaspar * 1/115; Heinrich von Veldeke ~ 4/542
Hasserode
Bose, (Friedrich) Julius (Wilhelm) Graf von † 2/42
Haßfurt
siehe auch *Sylbach*
Heideloff, Karl Alexander von † 4/488; Helbig, Johann Lorenz ~ 4/554; Hochrein, Max ~ 5/81; Knappich, Jacob ~ 5/614; Mayer, Joseph Anton * 7/9; Meiser, Hans ~ 7/39; Sauckel, Fritz * 8/525; Schwab, Johann Baptist * 9/217; Virdung, Johann * 10/214
Haßlinghausen (seit 1970 zu Sprockhövel)
Hilgenstock, Gustav ~ 5/41; Lange, Friedrich (Wilhelm Theodor) ~ 6/231; Lürmann, Fritz Wilhelm ~ 6/520
Haßloch
Kissel, Wilhelm * 5/559
Haßmersheim
siehe auch *Guttenberg, Hochhausen*
Kühnle, Georg Adam * 6/147
Hastedt (seit 1901 zu Bremen)
Achelis, Ernst Christian ~ 1/17; Deichmann, Karl ~ 2/470; Schweikher, Samuel Paul ~ 9/236
Hastedt (seit 1910 zu Bremen)
Achelis, Hans * 1/17
Hastenbeck
Herschel, (Friedrich) Wilhelm * 4/646
Hastings (Cty. East Sussex, England)
Wagner, Winifred * 10/291
Hasungen (Wolfhagen)
Aribo, Erzbischof von Mainz ~ 1/170; Lampert von Hersfeld † 6/210
Hatlerdorf (Vorarlberg)
Rick, Johannes * 8/286
Hattem (Niederlande)
Crüser, Hermann * 2/406
Hatten → Kirchhatten
Hattendorf (Gem. Auetal)
Hagen, Johannes * 4/321
Hattenheim (Eltville am Rhein)
Heimes, Valentin */† 4/504; Köppler, Heinrich * 5/669
Hattersheim (seit 1972 zu Hattersheim am Main)
Baison, Jean Baptiste * 1/272; Eberhardt, Johann Jakob * 2/672
Hattingen
siehe auch *Blankenstein, Buchholz, Haus Bruch, Haus Weile, Niederwenigern, Winz*
Canaris, Carl (August) ~ 2/272; Cramer von Clausbruch, Heinrich */~ 2/390; Forthmann, Wilhelm ~ 3/379; Haarmann, (Hermann) August ~ 4/284; Heintzmann, Johann

Friedrich † 4/547; Höfken, Gustav Ritter von * 5/90; Kuhnke, Hans-Helmut † 11/115; Martin, Helmut † 11/127; Müller, Wilhelm Heinrich ~ 7/283; Peiffer-Watenpuhl, Max ~ 7/589; Pferdekämper, Ewald * 7/645; Pleiger, Paul † 11/159; Schöttler, Walter † 9/104; Seidenfaden, Theodor † 9/266; Stadeler, August ~ 9/427; Wohlgemuth, (August Heinrich Gustav) Otto */† 10/562
Hattorf (seit 1972 zu Wolfsburg)
Backhausen, Karl Wilhelm August * 1/250
Hattorf am Harz → Rödermühle
Hattstedt
Bockelmann, Petrus ~ 1/596; Börm, Heinrich Nikolaus * 1/632; Börm, Johann Friedrich * 1/632
Hattusa
Forrer, Emil Orgetorix ~ 3/374
Hatvan (Ungarn)
Rauwolf, Leonhard † 8/166
Hatzenbühl
Frey, Johann Michael ~ 3/436
Hatzfeld (rumän. Jimbolia, ungar. Zsombolya)
Basch, Franz Anton * 1/312; Jung, Peter */† 5/380; Möller, Karl von † 7/169
Hatzfeld (Eder) → Reddighäuser Hammer
Haubinda (Gem. Westhausen, Kr. Hildburghausen)
Geheeb, Paul (Albert Heinrich Hermann) ~ 3/598; Haase, (Dietrich) Otto ~ 4/289; Halm, August (Otto) ~ 4/352; Lietz, Hermann ~/† 6/393; Specht, Minna ~ 9/387
Hauenstein
Oswald von Wolkenstein ~ 7/520
Hauerz (seit 1972 zu Bad Wurzach)
Bühler, Anton * 2/200; Leiprecht, Carl Joseph * 11/119
Haugsdorf (Niederösterreich)
Gröger, Maximilian * 4/179
Hauingen (seit 1975 zu Lörrach)
Hitzig, Ferdinand * 5/77
Haunersdorf (Simbach, Kr. Dingolfing-Landau)
Mittermeier, Matthäus * 7/158
Haunetal → Rhina
Haunkenzell (seit 1978 zu Rattiszell)
Poißl, Johann Nepomuk Frh. von * 8/21
Haunstein (Gem. Schöfweg)
Leonhard, Johannes † 6/328
Haunstetten (seit 1972 zu Augsburg)
Kretz, Matthias * 6/100; Troeltsch, Ernst (Peter Wilhelm) * 10/91
Hauptmannsgrün (seit 1994 zu Heinsdorfergrund)
Müller, (Alfred) Dedo * 7/251
Hauptwil (Kt. Thurgau)
Dodel, Arnold * 2/566; Fröhlich, Samuel Heinrich ~ 3/503; Hölderlin, (Johann Christian) Friedrich * 5/94
Haus (Steiermark)
Ortner, Gustav * 7/509; Schenzl, Guido (Johann) * 8/608
Haus Bisping (bei Rinkerode)
Christoph Bernhard von Galen, Bischof von Münster * 2/324
Haus Bruch (seit 1970 zu Hattingen)
Sombart, Anton Ludwig * 9/367
Haus Busch (seit 1929 zu Hagen, Westfalen)
Vincke, Georg Frh. * 10/211
Haus Daber (Pommern)
Diest-Daber, Otto † 2/525
Haus Demmin (Kr. Demmin)
Rohr, Hans Joachim (Emil Adolf) von * 8/370
Haus Düsse (Bad Sassendorf)
Ledebur-Wicheln, Friedrich Klemens (Joseph Egon Maria Anton) Frh. von * 6/284
Haus Fürstenberg (Xanten)
Haeften, Hans von * 4/304
Haus Geist (Oelde)
Büren, Moritz von † 2/208; Turck, Heinrich ~ 10/118
Haus Hülshoff (Gem. Havixbeck)
Droste-Hülshoff, Annette von * 2/624
Haus Krein (bei Cochem)
Lauff, Joseph von † 6/268

Haus Leuchtenberg (bei Kaiserswerth)
Bäumer, Suitbert * 1/265
Haus Loevelingloh (Gem. Amelsbüren, seit 1975 zu
Münster, Westf)
Herold, Karl */† 4/636
Haus Morsbroich
Diergardt, Friedrich Frh. von † 2/521
Haus Pröpsting (Gem. Hoxfeld, seit 1969 zu Borken, Kr.
Borken)
Stach, Ilse von * 9/426
Haus Weile (seit 1970 zu Hattingen)
Heintzmann, (Johann) Heinrich * 4/547; Heintzmann,
Julius Philipp † 4/547
Haus zur Siewe (bei Oldersum)
Dornum, Ulrich von † 2/600
Hausach
Fischinger, Emil Gottfried * 3/331; Schuh, Hermine *
9/180
Hausberge (seit 1973 zu Porta Westfalica)
Bocer, Johann(es) * 1/593; Braun, Hermann */† 2/81;
Voigts-Rhetz, Julius von * 10/240
Hausbrunn (Niederösterreich)
Preyer, Gottfried Frh. von * 8/66
Hausdorf (poln. Jugowice)
Buchner, Charles ~ 2/186; Schneider, Fedor * 9/52
Hausen (Gem. Bufleben)
Acker, Johann Heinrich * 1/19
Hausen (Gem. Ellzee)
Goßner, Johannes Evangelista * 4/101
Hausen (Gem. Fremdingen)
Zellinger, Johannes * 10/638
Hausen (Gem. Ossingen, Kt. Zürich)
Hottinger, Johann Jakob * 5/188
Hausen (Kr. Rhön-Grabfeld)
Döpfner, Julius * 2/575
Hausen (Pohlheim)
Preuschen, Erwin (Friedrich Ferdinand Wilhelm) ~/† 8/64
Hausen (seit 1972 zu Rengshausen, seit 1974 zu Knüllwald)
Dörnberg, Johann Kaspar Frh. von * 2/578; Dörnberg,
Wilhelm Kaspar Ferdinand Frh. von * 2/578
Hausen a. d. Aach (Singen/Hohentwiel)
König, Joseph * 5/660
Hausen am Albis (Kt. Zürich)
Rotzler, Willy † 8/428; Scheuchzer, Wilhelm (Rudolf) *
8/618; Würzburger, Karl Jakob Werther † 10/594
Hausen an der Lauchert (Trochtelfingen)
Oehler, Wilhelm * 11/176
Hausen an der Zaber (Brackenheim)
Thumm, Theodor * 10/29
Hausen im Wiesental
Babberger, August * 1/233; Claiß, Johann Sebastian *
2/328; Hebel, Johann Peter ~ 4/464; Schrenk, Elias * 9/141
Hausham (Kr. Miesbach)
Abendroth, (Fedor Georg) Walter † 1/8; Behrend, Siegfried
† 1/400; Bogner, Willy sen. † 1/642; Höller, Karl † 5/95;
Kastl, Ludwig * 5/460
Hausham (Oberösterreich)
Herberstorff, Adam Graf von ~ 4/605
Hausneindorf
Reubke, Adolf ~/† 8/252; Reubke, Friedrich Julius * 8/252;
Reubke, Otto * 8/252
Hauswalde (seit 1950 zu Bretnig, seit 1990 Bretnig-
Hauswalde)
Contius, Christian Gotthold * 2/367
Hautvillers (Dép. Marne, Frankreich)
Gottschalk der Sachse ~/† 4/110
Havanna (Kuba)
Bourry, Christian Wilhelm ~ 2/50; Gundlach, Johannes
(Christoph) † 4/259; Herrlich, (Johann) Philipp † 4/640;
Humboldt, Alexander Frh. von ~ 5/221; Kleiber, Erich ~
5/573; Lasker, Emanuel ~ 6/256; Manes, Alfred ~ 6/586;
Raschdau, Ludwig ~ 8/144; Rethberg, Elisabeth ~ 8/250;
Soden, Julius Frh. von ~ 9/357; Thalberg, Sigismund

~ 9/687; Thalheimer, August † 9/688; Weerth, Georg
(Ludwig) † 10/371
Havelberg
Alvensleben, Busso von ~ 1/107; Ambrosi, Johann Baptist
~ 1/112; Anselm, Bischof von Havelberg, Erzbischof von
Ravenna ~ 1/147; Bahn, Rudolf * 1/268; Blumenthal,
Georg von ~ 1/587; Buchholz, Samuel ~ 2/184; Cothenius,
Christian Andreas von ~ 2/383; Franz, Johann Christian
* 3/413; Georg von Blumenthal, Bischof von Lebus und
Ratzeburg ~ 3/629; Gussow, Karl * 4/265; Hieronymus
Schultze, Bischof von Brandenburg und Havelberg ~
5/32; Hoppe, Theodor ~ 5/173; Jacoby, Louis * 5/280;
Jagow, Matthias ~ 5/290; Joachim Friedrich, Kurfürst von
Brandenburg ~ 5/329; Keil, Bruno * 5/485; Lange, Gregor
* 6/232; Lintorff, Konrad von ~ 6/414; Moellendorff,
Wichard (Joachim Heinrich) von ~/† 7/167; Müller, Erich
* 7/253; Rüdel, Hugo * 8/445; Voss, Otto Friedrich von †
10/259; Winterfeldt, Samuel von ~ 10/534
Haverford (Pennsylvania, USA)
Busch, Hermann ~/† 2/249; Kraus, Hertha † 6/77; Mosse,
George L. ~ 11/131; Rademacher, Hans Adolph † 8/115
Haverlah
siehe auch *Steinlah*
Beims, Hermann * 1/405; Wehrstedt, Georg Friedrich
Engelhard * 10/379
Havilland Hall
Radziwill, Gabriele † 8/119
Havixbeck
siehe auch *Haus Hülshoff*
Jeiler, Ignatius * 5/315
Havlíčkův Brod → Deutsch-Brod
Havlovice → Hawlowitz
Hawangen
Dietrich, Joseph * 2/536
Hawlodno
Gawell, Oskar * 3/589
Hawlowitz (tschech. Havlovice)
Regner, Josef * 8/188
Hay River (Kanada)
Faber, Kurt † 3/209
Hayn (Harz)
Barkhausen, Heinrich Ludwig Willibald † 1/295;
Cartheuser, Johann Friedrich * 2/290
Haynau (poln. Chojnów)
Block, Albrecht ~ 1/576; Funck, Mathias */~ 3/540;
Jacobson, Edith * 5/277; Michaelis, Georg ~ 7/121; Sander,
Wilhelm * 8/513; Struensee von Karlsbach, Karl Gustav
~ 9/598; Tannhäuser, Siegfried * 9/657; Thiersch-Patzki,
Luise * 10/8
Hazenpot → Hasenpoth
Hazlov → Haslau
Hebertshausen → Deutenhofen
Hebsack
Linden, Joseph Frh. von † 6/403
Hechendorf (seit 1978 zu Murnau a. Staffelsee)
Molo, Walter Ritter von † 7/193
Hechendorf a. Pilsensee (seit 1978 zu Seefeld, Kr.
Starnberg)
Berve, Helmut (Friedrich Konrad) † 1/489; Franckenstein,
Clemens (Erwein Georg Heinrich Karl Bonaventura) Frh.
von † 3/395; Geißler, Horst Wolfram ~ 3/611; Neiendorff,
Emmy † 7/360
Hechingen
siehe auch *Schlatt*
Bayern, Konstantin Prinz von † 1/360; Bollius, Daniel *
2/10; Bumiller, Lambert ~ 2/222; Egler, Ludwig */† 3/32;
Eisele, (Hermann Friedrich) Fridolin ~ 3/68; Evelt, August
~/† 3/195; Gnauth, Feodor ~ 4/42; Grell, Karl Gottlieb ~
4/155; Hartmann, Max(imilian) ~ 4/411; Haßler, Jakob
* 4/430; Heisenberg, Werner ~ 4/550; Hohenzollern-
Hechingen, Johann Georg Fürst zu */~/† 5/141; Ixnard,
(Pierre) Michel d' ~ 5/268; Kaulla, Chaile ~/† 5/475;
Laue, Max von ~ 6/266; Lechner, Leonhard ~ 6/283;
Levi, Leopold ~ 6/359; Levi, Paul * 6/359; Lisiewska,

Anna Dorothea ~ 6/422; Mayer, Samuel Marum ~ 7/11;
Meiland, Jakob ~/† 7/32; Nerz, Otto * 7/365; Otto, Walter
F(riedrich Gustav Hermann) * 7/536; Seifriz, Max ~ 9/271;
Weichselbaum, Georg ~ 10/381; Wilhelm, Kronprinz
von Preußen und des Deutschen Reiches † 10/505; Wolf,
Friedrich ~ 10/565; Wolf, Konrad * 10/567; Zängel,
Narcissus ~ 10/612

Hechtsheim (seit 1969 zu Mainz)
Lüft, Johann Baptist * 6/517

Heckenbeck (seit 1974 zu Bad Gandersheim)
Methfessel, Albert † 7/86

Heckholzhausen (Beselich)
Oehler, Richard * 7/464

Hecklingen (Kr. Aschersleben-Staßfurt)
Breitensträter, Hans * 2/103; Eggeling, Julius * 3/26

Heddernheim (Frankfurt am Main)
Hochstädter, Benjamin ~ 5/82; Martens, Arthur * 6/632;
Sontag, Franziska * 9/376

Heddesdorf (seit 1904 zu Neuwied)
Hueppe, Ferdinand * 5/212; Raiffeisen, Friedrich Wilhelm
~/† 8/126

Heddesheim (Rhein-Neckar-Kreis)
Schlatter, Georg Friedrich ~ 8/656

Heddesheim (seit 1969 zu Guldental)
Pfarrius, Gustav 7/637

Hedelfingen (seit 1922 zu Stuttgart)
Britsch, Gustav (Adolf) * 2/136; Burk, Philipp David ~
2/242; Volkart, Hans ~ 10/244

Hedemünden (Hannoversch Münden)
Klumker, Christian Jasper † 5/610

Hedersleben (Kr. Quedlinburg)
Gertrud von Hackeborn, Äbtissin von Helfta ~ 3/662

Hedingen (Kt. Zürich)
Suter, Heinrich * 9/636; Zünti, Werner † 10/697

Hedwigsburg
Rudolf August, Herzog von Braunschweig und Lüneburg †
8/437

Heek
Hegius, Alexander * 4/483

Heerbrugg (Kt. Sankt Gallen)
Roesch, Carl ~ 8/357; Schmidheiny, Ernst I. */~ 8/708;
Schmidheiny, Ernst II. */~ 8/709; Schmidheiny, Jacob I. ~
8/709; Schmidheiny, Jacob II. */~/† 8/709; Schmidheiny,
Max * 8/709; Traber, Hans A. ~ 10/67; Wild, Heinrich ~
10/497

Heeren (Kr. Stendal)
Bonin, Adolf (Albert Ferdinand Karl Friedrich Leopold)
von * 2/19; Bonin, Gustav (Karl Gisbert Heinrich Wilhelm
Gebhard) von * 2/20

Heeren (seit 1910 zu Heeren-Werve, seit 1968 zu Kamen)
Biernat, Hubert * 1/524

Heering (seit 1974 zu Nordenham)
Tantzen, Theodor (Johann) * 9/657

Heerlen (Niederlande)
Belderbusch, Anton Frh. von * 1/408; Bernhard, Thomas
* 1/468; Honigmann, Friedrich ~ 5/168; Laurent, Johann
Theodor ~ 6/270

Heessen (Hamm, Westf)
Tympius, Matthaeus * 10/120; Wimmelmann, Alfred ~
10/516

Hegenheim (Dép. Haut-Rhin, Frankreich)
Nordmann, Moses */~/† 7/439

Hegenlohe → Thomashardt

Hegensberg (seit 1914 zu Esslingen am Neckar)
Spieth, Jakob Andreas * 9/406

Heggen (seit 1969 zu Finnentrop)
Spangenberg, Kurt (Friedrich) † 9/384

Hegi (Gem. Winterthur, Kt. Zürich)
Hohenlandenberg, Hugo von * 5/138

Hegne (seit 1975 zu Allensbach)
Rodt, Marquard Rudolf Reichsritter von † 8/346

Hegnenberg → Althegnenberg

Hegyeshalom (Ungarn)
Bozi, Michael * 11/30

Hehlen
Henke, Heinrich Philipp (Konrad) * 4/584; Lampadius,
Wilhelm August * 6/208; Waldeyer-Hartz, (Heinrich)
Wilhelm (Gottlieb) von * 10/303

Heichelheim
Brehme, Wilhelm Leopold ~ 2/98; Gebser, Anna * 3/595

Heide (Kr. Dithmarschen)
Beckmann, Nikolaus * 1/386; Brahms, Johannes ~ 2/57;
Dethleffs, Sophie (Auguste) * 2/500; Dohrn, Rudolf
* 2/585; Dührssen, Alfred * 2/634; Ebel, Arnold *
2/664; Ginsberg, Ernst ~ 4/12; Groth, Klaus Johannes *
4/202; Heinrich von Zütphen ~/† 4/542; Hennings, Paul
(Christoph) * 4/594; Overbeck, Egon * 11/154; Paulsen,
Anna † 7/579; Rachel, Joachim ~ 8/111; Rist, Johann
~ 8/323; Schlee, Ernst * 8/659; Selle, Thomas ~ 9/278;
Weißenborn, Erna † 10/414

Heidelberg
siehe auch *Bierhelderhof, Handschuhsheim, Kirchheim,
Neuburg, Neuenheim, Rohrbach, Ziegelhausen*
Abegg, Bruno Erhard ~ 1/2; Abegg, Georg Friedrich
Heinrich ~ 1/2; Abegg, Johann Friedrich ~/† 1/2; Abegg,
Julius Friedrich Heinrich ~ 1/3; Abegg, Lily ~ 1/3; Abel,
Heinrich ~ 1/5; Abert, Hermann ~ 1/10; Ablaß, Bruno
~ 1/11; Abt, Siegfried ~ 1/16; Ach, Narziß (Kaspar) ~
1/16; Achelis, Ernst Christian ~ 1/17; Achelis, Johann
Daniel ~ 11/1; Ackermann, Harald Friedrich Nikolaus ~
1/21; Ackermann, Jacob Fidelis ~ 1/21; Ackermann, Karl
(Friedrich) */~ 11/1; Acontius, Melchior ~ 1/23; Adam,
Melchior ~/† 1/29; Adelmann, Georg Franz Blasius von
~ 1/33; Adelmann von Adelmannsfelden, Bernhard ~
1/33; Adelmann von Adelmannsfelden, Konrad ~ 1/34;
Adickes, Franz ~ 1/37; Adler, Felix ~ 1/38; Adler, Nathan
Marcus ~ 1/41; Adrianus, Matthäus ~ 1/47; Aepli, Arnold
Otto ~ 1/49; Affolter, Hans ~ 1/50; Affsprung, Johann
Michael ~ 1/50; Agricola, Johann Georg ~ 1/55; Agricola,
Rudolf ~/† 1/55; Ahles, Wilhelm von ~ 1/58; Ahn, Albert
~ 1/59; Albert, Eugen ~ 1/68; Albrecht, Wilhelm ~ 1/83;
Alefeld, Friedrich Christoph Wilhelm ~ 1/85; Alewyn,
Richard ~ 1/86; Alexander, Kurt ~ 1/88; Alsdorf, Ludwig
~ 1/94; Alting, Heinrich ~ 1/102; Alting, Jakob * 1/102;
Alting, Menso ~ 1/102; Altmann, Samuel Paul ~ 1/104;
Alzheimer, Alois ~ 1/109; Amberg, George ~ 1/111;
Ambronn, Hermann ~ 1/111; Ammon, Clemens ~ 1/117;
Ammon, Günter ~ 11/4; Ammon, Johann † 1/117; Amsler,
Alfred ~ 1/120; Anckelmann, Theodor ~ 1/122; Anders,
Georg ~ 1/124; Anders, Peter ~ 1/124; Andlaw-Birseck,
Heinrich Bernhard Reichsfrh. von ~ 1/126; Andreae,
Hermann Victor ~ 1/128; Andreae, Johann Heinrich ~/†
1/129; Andreae, Philipp Victor Achilles ~ 1/131; Andreae,
Samuel ~ 1/131; Andreae, Wilhelm ~ 1/132; Andreas,
Willy ~ 1/132; Andree, Richard ~ 1/133; Angenheister,
Gustav Heinrich ~ 1/137; Angstmann, Kurt † 1/139; Anno,
Anton ~ 1/145; Anschütz, Gerhard ~/† 1/145; Anschütz,
Hans */~/† 11/4; Anschütz, Richard ~ 1/145; Antonius,
Wilhelm ~ 1/153; Antropoff, Andreas von ~ 1/153; Apel,
Guido Theodor ~ 1/154; Apel, Willi ~ 1/155; Aperbacchus,
Petrejus † 1/155; Apobolymaeus, Johannes ~ 1/157;
Arendt, Hannah ~ 1/166; Aretin, Johann Christoph Frh.
von ~ 1/169; Aretin, Johann Georg Frh. von ~ 1/169;
Armbruster, Adolf ~ 1/171; Arndt, Adolf ~ 11/5; Arndt,
Christian Gottlieb von ~ 1/173; Arndts, Karl Ludwig
Ritter von Arnsberg ~ 1/176; Arneth, Arthur */† 1/177;
Arneth, Joseph ~ 1/177; Arnhold, Adolf ~/† 1/177; Arnim,
(Ludwig) Achim von ~ 1/178; Arnim, Hans (Friedrich)
von ~ 1/180; Arnim-Muskau, Adolf Graf von ~ 1/181;
Arnim-Suckow, Alexander (Heinrich) Frh. von ~ 1/181;
Arnold, August ~ 1/185; Arnold, Carl ~ 1/185; Arnold,
Ferdinand ~ 1/186; Arnold, (Philipp) Friedrich ~/† 1/186;
Arnold, Johann Wilhelm ~/† 1/188; Arnold, Julius ~/†
1/188; Arnold, Wilhelm (Christoph Friedrich) ~ 1/189;
Arnsberg, Paul ~ 1/193; Arnsperger, Karl Philipp Friedrich
*/~/† 1/193; Arntz, Aegidius Rudolph Nicolaus ~ 1/194;
Aron, Hermann ~ 1/194; Arthopius, Balthasar ~ 1/197;
Arx, Adrian von ~ 1/199; Arzruni, Andreas ~ 1/200;

Aschaffenburg, Gustav ~ 1/202; Aschbach, Joseph von ~ ~ 1/202; Aschoff, Jürgen ~ 11/6; Aschrott, Paul Felix ~ 1/204; Asher, Leon ~ 1/205; Askenasy, Eugen ~ 1/205; Asverus, Gustav ~ 1/209; Atzler, (Berthold) Edgar ~ 1/211; Auer von Welsbach, Carl Frh. ~ 1/214; Auerbach, Berthold ~ 1/215; Auerbach, Erich ~ 1/215; Auerbach, Jakob ~ 1/216; Aufschläger, Gustav (Moritz Adolf) ~ 1/220; Augusti, Johann Christian Wilhelm ~ 1/222; Auwers, Karl Friedrich von ~ 1/226; Auwers, Otto (Artur Siegfried) von */~ 1/226; Avé-Lallemant, Robert Christian Berthold ~ 1/227; Baare, Willy ~ 1/233; Babo, (Clemens Heinrich) Lambert Frh. von ~ 1/234; Babo, Lambert Joseph Leopold Frh. von ~ 1/234; Bachoff von Echt, Reiner ~/† 1/248; Bachoff von Echt, Reiner ~/† 1/248; Back, Friedrich Carl ~ 1/249; Bader, Karl Siegfried ~ 11/8; Badius, Johannes ~ 1/253; Bächtold, Jakob ~ 1/254; Baedeker, Fritz ~ 1/255; Baedeker, Karl ~ 1/256; Bähr, Hans Walter ~ 11/8; Bähr, Johann Christian Felix ~/† 1/257; Bähr, Johannes */~ 1/257; Bähr, Karl Wilhelm Christian Felix */~ 1/257; Bähr, Otto ~ 1/257; Baensch, (Friedrich Robert) Emanuel ~ 1/258; Bär, Franz Joseph ~ 1/259; Baer, Karl Anton Ernst ~ 1/259; Baer, Leo(pold Alfred) ~ 1/260; Bärmann, Johannes ~ 11/9; Baernreither, Joseph Maria ~ 1/262; Baesecke, Georg ~ 1/263; Bäßler, Arthur ~ 1/264; Baethgen, Friedrich (Jürgen Heinrich) ~ 1/264; Baeyer, Adolf (Johann Friedrich Wilhelm) Ritter von ~ 1/266; Baeyer, Walter Ritter von ~/† 1/267; Bahder, Karl von */~ 1/268; Bahnsen, Wilhelm ~ 1/269; Bahr, Richard ~ 1/270; Ballerstedt, Kurt ~ 1/277; Baltz, Theodor Friedrich ~ 1/282; Balz, Friedrich ~ 1/283; Bamberger, Eugen ~ 1/284; Banniza von Bazan, Johann Peter ~ 1/289; Bardeleben, Heinrich Adolf von ~ 1/293; Bardeleben, Karl (Heinrich) von ~ 1/293; Bardua, Caroline ~ 1/294; Bargatzky, Walter ~ 11/11; Bartels, Paul ~ 1/299; Bartholomae, Christian ~ 1/307; Bartholomäus von Andlau, Fürstabt von Murbach ~ 1/308; Bartholomäus von Maastricht ~ 1/308; Bartsch, Karl (Friedrich Adolf Konrad) ~/† 1/310; Bary, Anton Heinrich de ~ 1/312; Baschwitz, (Siegfried) Kurt ~ 1/313; Bassermann, Albert ~ 1/315; Bassermann, Alfred ~ 1/315; Bassermann, Anton ~ 1/315; Bassermann, Heinrich ~ 1/315; Bassermann-Jordan, Friedrich von ~ 1/316; Bassewitz-Levetzow, Karl Graf von ~ 1/316; Bauch, Bruno (Arthur Kanut) ~ 1/320; Baudissin, Wolf (Wilhelm Friedrich) Graf von ~ 1/322; Baudissin, Wolf Heinrich Friedrich Karl Graf von ~ 1/322; Bauer, Georg Lorenz ~/† 1/325; Bauer, Johannes (Christian Ludwig August) ~/† 1/327; Bauer, Karl Heinrich ~/† 1/327; Bauer, Karoline (Philippine Auguste) * 1/328; Bauer, Wolfgang ~ 11/13; Baum, Fritz ~ 1/332; Baum, Marie ~/† 1/333; Baumbach, Karl Adolf ~ 1/338; Baumbach, Rudolf ~ 1/338; Baumgärtner, Karl Heinrich ~ 1/342; Baumgardt, David ~ 1/342; Baumgarten, Eduard ~ 1/343; Baumgarten, Hermann ~ 1/344; Baumstark, (Carl) Anton Joseph Maria Dominikus ~ 1/349; Baur, Erwin ~ 1/349; Baurmeister, Tobias von ~ 1/353; Bayer, Jakob ~ 1/357; Bayer, Karl Josef ~ 1/359; Bayersdörfer, Michael ~ 1/360; Becher, Erwin (Friedrich) ~ 1/365; Bechert, Emil ~ 1/367; Bechhold, Heinrich (Jakob) ~ 1/367; Bechtel, Friedrich ~ 1/368; Beck, Bernhard Oktav von ~ 1/369; Beck, Ludwig ~ 1/372; Beck, Otto ~ 1/373; Beckenhub, Johann ~ 1/374; Becker, Bernhard ~ 1/375; Becker, Carl Heinrich ~ 1/376; Becker, Otto ~/† 1/380; Becker, Otto ~ 1/380; Beckmann, Emmy ~ 1/384; Beckmann, Fritz ~ 1/384; Beer, Adolf ~ 1/388; Beer, Georg Joseph ~ 1/389; Beger, Lorenz * 1/394; Behaghel, Otto ~ 1/394; Behn, Hermann ~ 1/398; Behn, Siegfried ~ 1/398; Behnke, Heinrich ~ 1/398; Behrend, Paul Gerhard ~ 1/400; Beier, Peter ~ 11/16; Bekker, Ernst Immanuel ~/† 1/407; Belli, Joseph ~ 1/409; Belzner, Emil ~/† 1/412; Benda, Carl ~ 1/413; Benda, Clemens Ernst ~ 1/413; Bendixen, Friedrich ~ 1/417; Benecke, Ernst Wilhelm ~ 1/418; Benecke, Wilhelm ~/† 1/419; Benecke, Wilhelm * 1/419; Beneke, Otto ~ 1/421; Benfey, Theodor ~ 1/422; Bengtson, Hermann ~ 1/422; Benjamin, Erich ~ 1/423; Benndorf, Friedrich Kurt ~ 1/425; Benndorf,

Hans (Friedrich August) ~ 1/425; Benninghoff, Alfred ~ 1/427; Benrath, Alfred ~ 1/427; Benrath, Karl ~ 1/427; Benz, Richard ~/† 1/431; Berblinger, Walther ~ 1/434; Berchem, Maximilian (Sigismund Rudolf) Graf von ~ 1/434; Berendt, Karl Hermann ~ 1/437; Berger, Arthur ~ 1/444; Berger, Ludwig ~ 1/446; Bergmann, Ernst von ~ 1/449; Bergstraesser, Arnold ~ 1/453; Bergsträßer, Gotthelf ~ 1/453; Bergsträßer, Ludwig ~ 1/454; Bergt, Walther (Adolf) ~ 1/454; Berlichingen, Friedrich Graf von † 1/457; Berliner, Rudolf ~ 1/458; Bernard, Josef Karl ~ 1/459; Bernauer, Ferdinand ~ 1/461; Bernays, Karl Ludwig ~ 1/461; Bernays, Michael ~ 1/461; Bernegger, Matthias ~ 1/462; Berney, Arnold ~ 11/19; Bernhard III. von Sachsen-Meiningen ~ 1/465; Bernhard, Oskar ~ 1/468; Bernhardi, (Felix) Theodor von ~ 1/470; Bernheim, Ernst ~ 1/471; Bernhöft, Franz (Alwin Friedrich August) ~ 1/471; Bernoulli, Daniel ~ 1/472; Bernstein, Julius ~ 1/476; Bernstorff, Andreas Graf von ~ 1/477; Bernthsen, August ~/† 1/477; Bersu, Gerhard ~ 1/480; Bertheau, Karl ~ 1/482; Berthold, Emil ~ 1/486; Berwerth, Friedrich (Martin) ~ 1/490; Beseler, Georg (Karl Christoph) ~ 1/490; Beseler, Max ~ 1/491; Beseler, Wilhelm Hartwig ~ 1/491; Besseler, Heinrich ~ 1/493; Bessels, Emil */~ 1/493; Best, Georg ~ 1/494; Best, Werner ~ 1/494; Beste, Konrad ~ 1/494; Bestelmeyer, Adolf (Christoph Wilhelm) † 1/495; Besthorn, Emil ~ 1/495; Bets, Johann ~ 1/498; Betzinger, Bernhard (Anton) ~ 1/500; Beuttenmüller, Hermann ~ 1/504; Beutterich, Petrus † 1/504; Beyerle, Konrad ~ 1/507; Beyling, Carl ~ 1/507; Bezold, Carl (Christian Ernst) ~/† 1/509; Bezzenberger, Georg Heinrich von ~ 1/510; Bezzola, Andrea ~ 1/510; Bianchi, (Charitas) Bianca */~ 1/511; Biedenfeld, Ferdinand Leopold Frh. von ~ 1/516; Biedermann, (Friedrich) Karl ~ 1/517; Biedermann, (Gustav) Woldemar Frh. von ~ 1/518; Biel, Gabriel ~ 1/519; Bieler, Ludwig ~ 1/520; Bielschowsky, Alfred ~ 1/520; Bilharz, Alfons ~ 1/527; Billican, Theobald ~ 1/528; Billroth, (Christian Albert) Theodor ~ 1/529; Biltz, (Johann) Heinrich ~ 1/530; Biltz, (Eugen) Wilhelm † 1/530; Binding, Karl (Ludwig Lorenz) ~ 1/532; Bingner, Adrian (Aloys Philipp Heinrich) ~ 1/533; Binswanger, Ludwig ~ 1/534; Binswanger, Otto ~ 1/534; Bircher, Eugen ~ 1/536; Bircher, Heinrich ~ 1/536; Birkmeyer, Karl von ~ 1/539; Birtner, Herbert ~ 1/541; Bischoff, Carl Adam ~ 1/542; Bischoff, Gottlieb Wilhelm ~/† 1/543; Bischoff, Johann Jakob */~ 1/543; Bischoff, Theodor Ludwig Wilhelm ~ 1/544; Bismarck-Schönhausen, Gottfried Graf von ~ 1/547; Blaich, Hans Erich ~ 1/554; Blanck, Edwin ~ 1/555; Blanke, Fritz ~ 1/557; Blankenhorn, Adolf (Friedrich) ~ 1/557; Blass, Ernst ~ 1/562; Blaul, Friedrich ~ 1/564; Blaustein, Arthur ~ 1/564; Bleul, Johann Heinrich Frh. von ~ 1/570; Blind, Karl ~ 1/572; Blittersdorf, Friedrich Landolin Karl Frh. von ~ 1/573; Bloch, Ernst ~ 1/573; Bloch, Iwan ~ 1/574; Blochmann, Friedrich (Johann Wilhelm) ~ 1/575; Bloem, Walter ~ 1/577; Blösch, Karl Emil ~ 1/577; Blomberg, Wilhelm Frh. von ~ 1/578; Blome, Reinhold ~ 1/579; Bloss, Sebastian ~ 1/579; Blum, Reinhard Johann ~ 1/582; Blunck, Hans Friedrich ~ 1/590; Bluntschli, Alfred Friedrich ~ 1/590; Bluntschli, Hans (Hermann) ~ 1/590; Bluntschli, Johann Caspar ~ 1/590; Boas, Franz ~ 1/592; Bocerus, Heinrich ~ 1/593; Bock, Hieronymus ~ 1/595; Bock, Kornelius Peter ~ 1/595; Bockelmann, Paul ~ 1/596; Bockendahl, Johannes (Adolf Ludwig) ~ 1/597; Bockum-Dolffs, Florens Heinrich von ~ 1/598; Bode, Rudolf (Fritz Karl Berthold) ~ 1/600; Bodenhausen, (Hans) Eberhard Frh. von ~ 1/603; Bodenheimer, Siegmund * 1/603; Bodenstein, Max (Ernst August) ~ 1/604; Bodmer, Martin ~ 1/605; Böckel, Ernst ~/† 1/607; Böckel, Johann Gotthard ~ 1/607; Böckel, Otto ~ 1/607; Böckelmann, Johann Friedrich ~ 1/608; Böckh, August ~ 1/608; Böckh, Christian Friedrich von ~ 1/609; Böcking, Eduard ~ 1/609; Böckmann, Paul ~ 1/612; Bögehold, Valentin ~ 1/613; Böheim, Johann Karl ~ 1/614; Böhm, Joseph (Anton) ~ 1/618; Böhmer, Johann Friedrich ~ 1/623; Böhmert, (Karl) Viktor ~ 1/624;

Böhtlingk, Artur ~ 1/625; Böker, (Robert) Alexander *
11/27; Bönninghausen, Franz Egon Frh. von ~ 1/631;
Börger, Wilhelm † 1/631; Börnstein, Ernst ~ 1/634;
Börnstein, Richard (Leopold) ~ 1/634; Börsch, Friedrich
August Haubold ~ 1/634; Böschenstein, Johann ~ 1/635;
Boettger, Caesar Rudolf † 1/637; Bohn, Johann Conrad
~ 2/2; Bohner, Theodor Paul ~ 2/3; Boisserée, Melchior
(Hermann Joseph Georg) ~ 2/5; Bojanowski, Paul von ~
2/6; Bokelmann, Wilhelm (Hieronymus) ~ 2/6; Bolgiano,
Karl (Theodor) ~ 2/7; Boll, Franz (Johannes Evangelista)
~/† 2/8; Boll, Franz Christian ~ 2/8; Bolley, Pompejus
(Alexander) */~ 2/9; Bolliger, Adolf ~ 2/10; Boltzmann,
Ludwig Eduard ~ 2/12; Bolza, Oskar ~ 2/13; Bomhard,
Eduard (Peter Appolonius) von ~ 2/15; Bonhoeffer,
Karl ~ 2/18; Bonin-Brettin, Gisbert von ~ 2/20; Bonn,
Moritz Julius ~ 2/20; Bonz, (Ludwig) Adolf ~ 2/22; Boos,
(Georg Christian) Karl ~ 2/23; Borchardt, Moritz ~ 2/26;
Borcholten, Statius ~ 2/28; Bording, Jakob ~ 2/29; Born,
Max ~ 2/32; Bornkamm, Günther ~/† 2/35; Bornkamm,
Heinrich ~ 2/35; Borsche, Walther Georg Rudolf ~ 2/38;
Bosch, Carl † 2/40; Bosch, Clemens (Emin) ~ 2/41; Bosse,
(Julius) Robert ~ 2/44; Bossert, Helmuth Theodor ~ 2/44;
Bostel, Lukas von ~ 2/45; Both, Karl Friedrich von ~ 2/46;
Bothe, Friedrich Heinrich ~ 2/46; Bothe, Walter (Wilhelm
Georg) ~/† 2/46; Bothmer, Karl Friedrich Ernst August
von ~ 2/47; Botzheim, Johann(es) von ~ 2/48; Bouquin,
Pierre ~ 2/49; Bräuer, Karl ~ 2/56; Brahm, Otto ~ 2/57;
Branca, Wilhelm von ~ 2/60; Brande, Johann Matthäus
van den * 2/61; Brandenburg, (Arnold Otto) Erich ~
2/61; Brandl, Rudolf Hermann ~ 2/66; Brandt, Ahasver
von ~/† 11/30; Brandt, Christoph von ~ 2/68; Brandt,
Gerhard (Hans Hermann) ~ 11/30; Brandt, (Christoph)
Jobst vom ~ 2/69; Brandt, Otto */~ 2/70; Brann, Hellmut
Walter ~ 2/73; Brassert, Hermann (Friedrich Wilhelm)
~ 2/74; Brassicanus, Johannes Ludwig ~ 2/75; Brater,
Karl (Ludwig Theodor) ~ 2/75; Braubach, Max ~ 2/76;
Brauchitsch, Bernhard (Eduard Adolf) von ~ 2/76; Brauer,
Alfred Theodor ~ 2/77; Brauer, (Karl Ludwig Wilhelm)
Arthur von ~ 2/77; Brauer, Eduard ~ 2/77; Brauer, Johann
Emanuel Friedrich Wilhelm von ~ 2/77; Brauer, (August)
Ludolf ~ 2/77; Brauer, Richard Dagobert ~ 2/78; Braun,
Alexander (Carl Heinrich) ~ 2/78; Braun, Heinrich ~ 2/81;
Braun, Johann Balthasar ~ 2/82; Braun, Johann Philipp
Otto ~ 2/82; Braun, Julius ~ 2/83; Braun, Julius von ~
2/83; Braun, Paul von ~ 2/86; Braun, Waldemar ~ 2/87;
Braune, Hermann ~ 2/88; Braune, Wilhelm Theodor ~/†
2/89; Braunfels, Ludwig ~ 2/89; Braus, Hermann ~ 2/91;
Bredig, Georg ~ 2/95; Brefeld, Ludwig ~ 2/97; Brei-
denbach, Moritz Wilhelm August ~ 2/100; Breidenstein,
Heinrich Karl ~ 2/100; Breitenstein, Johannes Philipp ~
2/103; Breitinger, Johann Jakob ~ 2/106; Bremer, Otto ~
2/109; Brendel, Otto Johannes ~ 2/111; Brendel, Sebald ~
2/111; Brendel, Walter ~ 2/111; Brenner, Hans ~ 11/32;
Brentano, Clemens Wenzeslaus ~ 2/117; Brentano, Sophie
Friederike † 2/117; Brenz, Johannes ~ 2/118; Bresgen,
(Karl) Maximilian (Hubert) ~ 2/119; Bresslau, Harry †
2/121; Breuer, Salomo ~ 2/126; Breuer, Samson ~ 2/126;
Breuner, Philipp Friedrich Frh. von ~ 2/127; Brie, Siegfried
~ 2/131; Brill, Rudolf ~ 11/32; Brinckmann, Karl Heinrich
Ludwig ~/† 2/134; Brinkmann, Carl ~ 2/135; Brociner,
Marco ~ 2/138; Brockdorff, Cay (Ludwig Georg Konrad)
Baron von ~ 2/138; Brockdorff-Ahlefeldt, Konrad Graf von
~ 2/138; Brockhaus, Albert (Eduard) ~ 2/139; Brockhaus,
Heinrich Eduard ~ 2/140; Brockmann, Hans Heinrich ~
11/33; Bröcker, Ludwig Oskar ~ 2/142; Brömser, Philipp
~ 2/143; Bronn, Heinrich Georg ~/† 2/145; Brosi, Albert
~ 2/147; Brücke, Ernst Wilhelm von ~ 2/152; Brückner,
Alexander ~ 2/153; Brückner, Arthur ~ 2/153; Brückner,
Max Johannes ~ 2/153; Brückner, Nathanael ~ 2/153;
Brückner, Wilhelm ~ 2/153; Brüggemann, Karl Heinrich
~ 2/156; Brühl, Julius Wilhelm ~/† 2/156; Brühler, Ernst-
Christoph ~ 2/158; Brüning, Adolf von ~ 2/159; Brünneck,
Wilhelm (August Magnus) von ~ 2/161; Brünnow, Franz
Friedrich Ernst † 2/161; Bruggisser, Johann Peter ~ 2/162;

Bruggmann, Carl ~ 2/162; Brunner, Guido ~ 11/33;
Brunner, Johann Conrad von ~ 2/169; Brunner, Leonhard
~ 2/170; Brunner, Peter ~/† 11/34; Brunner, Philipp Joseph
~ 2/170; Bruns, Karl Eduard Georg ~ 2/173; Bruns, Oskar
† 2/173; Brunstäd, Hermann Friedrich Theodor ~ 2/174;
Buber, Martin ~ 2/177; Bubnoff, Nicolai von ~/† 2/179;
Bubnoff, Serge von ~ 2/179; Bucer, Martin ~ 2/179;
Buchenberger, Adolf ~ 2/182; Buchinger, Michael ~ 2/185;
Buchka, Hermann (Friedrich Ludwig Rudolf) von ~ 2/185;
Buchner, Karl (Friedrich August) ~ 2/187; Buchner, Max
(Franz Christian) ~ 2/187; Buchthal, Hugo (Herbert) ~
11/35; Buchwald, Reinhard ~/† 2/190; Buddenbrock-
Hettersdorff, Wolfgang (Erich Richard) Frh. von ~ 2/192;
Buddensieg, Hermann (Karl Robert) ~/† 2/192; Buddeus,
Arthur ~ 2/192; Büchel, Hilde ~/† 2/194; Büchner, Franz
~ 2/196; Bücking, (Carl Ferdinand Bertram) Hugo †
2/199; Büff, (Georg) Ludwig ~ 2/200; Bülbring, Karl
(Daniel) ~ 2/202; Bülow, Heinrich (Ulrich Wilhelm) Frh.
von ~ 2/203; Bülow, Oskar ~/† 2/206; Büren, Daniel
von, d. J. ~ 2/208; Bürger-Prinz, Hans ~ 2/210; Bürker,
Karl ~ 2/211; Bürklin, Albert */~/† 2/212; Bürkner, Hans
(Friedrich Hermann) ~ 2/212; Bürvenich, Adam ~ 2/212;
Bütschli, (Johann Adam) Otto ~/† 2/214; Buhl, Heinrich
~ 2/218; Bukofzer, Manfred F. ~ 2/219; Bulst, Walther
~/† 11/35; Bunsen, (Christian) Karl (Josias) Frh. von ~
2/224; Bunsen, Robert Wilhelm ~/† 2/224; Bunte, Hans
(Hugo Christian) ~ 2/225; Buol von Berenberg, Rudolf Frh.
~ 2/226; Burchard, (Franz) Emil (Emanuel) von ~ 2/229;
Burchard, Johann ~ 2/229; Burckhard, Georg ~ 2/230;
Burckhard, Hugo Ritter von ~ 2/230; Burckhardt, Ludwig
August ~ 2/233; Buri, Maximilian von ~ 2/241; Burkard,
Heinrich † 2/242; Burmester, Ludwig (Ernst Hans) ~
2/245; Burnitz, Karl Peter ~ 2/246; Burschell, Friedrich ~
2/247; Busch, Paula ~ 2/250; Busche, Hermann von dem ~
2/252; Buß, Franz Joseph Ritter von ~ 2/254; Butenschön,
Johann Friedrich ~ 2/258; Buttel, Christian Diedrich
von ~ 2/258; Buttersack, Felix ~ 2/259; Butz, Friedrich
Karl ~ 2/260; Buxtorf, Johannes d. J. ~ 2/261; Cahn-
Garnier, Fritz ~ 2/264; Calice, Heinrich Graf von ~ 2/265;
Calvinus, Justus ~ 2/267; Camerarius, Ludwig ~/† 2/269;
Campenhausen, Hans Frh. von ~/† 2/271; Camphausen,
Otto von ~ 2/272; Canstatt, Karl Friedrich ~ 2/274; Cantor,
Moritz Benedikt ~/† 2/276; Carius, Georg Ludwig ~
2/279; Carl, Peter ~ 2/280; Caroli, Nikolaus ~ 2/285;
Carové, Friedrich Wilhelm ~/† 2/285; Carpzov, Christian
~ 2/287; Carsten, Francis L(udwig) ~ 11/38; Cartellieri,
Alexander (Georg Maximilian) ~ 2/289; Cartellieri, Otto
(Ernst Wilhelm) ~ 2/289; Cartellieri, Wolfgang */~ 2/289;
Caspar, Erich ~ 2/291; Cassander, Georgius ~ 2/293;
Celtis, Konrad ~ 2/300; Chelius, Maximilian Joseph von
~/† 2/308; Chelius, Oskar von ~ 2/308; Chézy, Max †
2/310; Chézy, Wilhelmine von ~ 2/310; Christ, Sophie ~
2/316; Christmann, Jakob ~/† 2/323; Clapmarius, Arnold
~ 2/329; Clarus, Hermann Julius ~ 2/330; Classen, Peter
~/† 11/40; Claus, Hans (Max Wilhelm) ~ 2/334; Clauss,
Isaak ~/† 2/337; Clemm-Lennig, Carl (Wilhelm Heinrich)
† 2/341; Cocceji, Heinrich Frh. von ~ 2/341; Cocceji,
Samuel Frh. von * 2/348; Coccyus, Sebastian ~ 2/349;
Cohen, Emil Wilhelm ~ 2/351; Cohn, Gustav ~ 11/40;
Cohn, Jonas ~ 11/40; Cohn, Paul ~ 2/353; Cohn-Wiener,
Ernst ~ 2/353; Coler, Christoph ~ 2/355; Colin, Alexander
~ 2/356; Colle, Hippolyt von ~/† 2/356; Comenius, Johann
Amos ~ 2/360; Commelinus, Hieronymus ~/† 2/361;
Conradi, Johann Wilhelm Heinrich ~ 2/364; Conradi,
Kasimir ~ 2/364; Conrat, Max ~/† 2/368; Conze, Werner
~/† 2/368; Conzelmann, Hans ~ 11/41; Coppenstein,
Johannes Andreas ~ 2/371; Cordier, Honorius ~ 2/372;
Cordier, Leopold ~ 2/372; Cornill, Karl Heinrich * 2/376;
Corvinus, Christoph ~ 2/380; Coßmann, Hermann Josef ~
2/382; Cotta, Bernhard Carl von ~ 2/383; Cotta, Christoph
Friedrich ~ 2/385; Cotta von Cottendorf, Johann Georg
Frh. von ~ 2/384; Courvoisier, Leo ~ 2/386; Coutre, Walter
le ~ 2/387; Cramm, (Christian Friedrich Adolf) Burghard
Frh. von ~ ~ 2/391; Cratander, Andreas ~ 2/394; Credé,

Carl (Siegmund Franz) ~ 2/395; Credner, Wilhelm (Georg Rudolf) ~ 2/395; Creizenach, Theodor ~ 2/396; Cremer, Martin ~ 2/398; Creutzfeldt, Otto ~ 11/42; Creuzer, Georg Friedrich ~/† 2/400; Crocius, Paul ~ 2/401; Croll, Oswald ~ 2/402; Crollius, Johann ~ 2/402; Cron, Helmut ~ 2/403; Cropp, Friedrich ~ 2/404; Crusius, Otto ~ 2/407; Culmann, Hellmut ~ 2/409; Culmann, Herbert ~ 11/43; Cuno, Johannes ~ 2/410; Cuno, Wilhelm (Carl Josef) ~ 2/410; Curti, Basil Ferdinand ~ 2/412; Curtius, Ernst Robert ~ 2/413; Curtius, Julius ~/† 2/413; Curtius, Ludwig ~ 2/414; Curtius, Theodor ~ 2/414; Curtius, Theodor ~/† 2/414; Czellitzer, Arthur ~ 2/417; Czerny, Vinzenz von ~/† 2/419; Czolbe, Heinrich ~ 2/421; Dabelow, Christoph Christian Frh. von ~ 2/423; Dalberg, Carl Theodor von ~ 2/432; Dalberg, Johannes von ~/† 2/433; Dalton, Hermann (Friedrich) ~ 2/435; Dam, Hendrik George van ~ 2/435; Dammann, Oswald ~ 2/437; Danckelmann, Daniel Ludolf Frh. von ~ 2/438; Danckelmann, Silvester Jacob Frh. von ~ 2/439; Darmstaedter, Friedrich (Ludwig Wilhelm) ~/† 2/445; Darmstaedter, Ludwig ~ 2/445; Daub, Karl ~/† 2/448; Dechent, Hermann (Georg Jakob Friedrich Paulus) ~ 2/456; Decker, Wilhelm ~ 2/460; Decurtins, Caspar ~ 2/461; Degler, Josef ~ 2/466; Deißmann, (Gustav) Adolf ~ 2/472; Deite, Hermann (Gustav Adolf) ~ 2/473; Deiters, Heinrich (Karl Theodor) ~ 2/473; Delaquis, Ernst ~ 2/474; Delbrück, Clemens (Gottlieb Ernst) von ~ 2/474; Delbrück, Hans (Gottlieb Leopold) ~ 2/475; Delsen, Leo ~ 2/480; Denais, Peter † 2/484; Denecke, Gerhard ~ 2/485; Dereser, Anton ~ 2/491; Dernburg, Heinrich ~ 2/492; Derra, Ernst ~ 2/493; Dersch, Hermann ~ 2/493; Dessoir, Ferdinand ~ 2/498; Detmold, Johann Hermann ~ 2/501; Deucher, Adolf (Karl Wilhelm) ~ 2/502; Deutsch, Joseph ~ 2/505; Deutschmann, Richard (Heinrich) ~ 2/507; De Wette, Martin Leberecht ~ 2/509; Dibelius, Martin (Franz) ~/† 2/511; Diener, Hermann ~ 2/519; Dierbach, Johannes Heinrich *~/† 2/521; Diest, Gustav von ~ 2/525; Diest, Heinrich van ~ 2/525; Diesterweg, Friedrich Adolph Wilhelm ~ 2/526; Diesterweg, Wilhelm Adolph ~ 2/526; Dieterich, Albrecht ~/† 2/527; Dieterici, Conrad (Heinrich) ~ 2/528; Dieterle, Wilhelm ~ 2/529; Dietrich II. von Moers, Erzbischof und Kurfürst von Köln ~ 2/531; Dietrich, Hermann ~ 2/536; Dietrich, Hermann Robert ~ 2/536; Dietz, Rudolf ~ 2/541; Dietzel, (Gottlob) Heinrich (Andreas) ~ 2/542; Dietzel, Karl August ~ 2/542; Dietzel, Richard Paul ~ 2/542; Dill, Ludwig ~ 2/546; Diller, Michael † 2/547; Dilthey, Wilhelm (Christian Ludwig) ~ 2/548; Dingeldey, Eduard † 2/550; Dinkler, Erich ~/† 11/47; Dirksen, Heinrich Eduard ~ 2/556; Dirksen, Herbert von ~ 2/556; Dirksen, (Karl Ernst Eduard) Willibald von ~ 2/556; Dirlmeier, Franz ~ 2/556; Dirscherl, Wilhelm ~ 11/47; Dischinger, Franz * 2/557; Ditfurth, Hoimar von ~ 2/559; Ditscheiner, Leander ~ 2/560; Dittenberger, Theophor Wilhelm ~ 2/560; Dittenberger, Wilhelm * 2/560; Dittrich, Max ~/† 2/562; Dobbert, Eduard ~ 2/564; Döderlein, (Johann) Ludwig (Christoph Wilhelm) von ~ 2/570; Döll, Johann Christoph ~ 2/572; Dölsch, Johannes ~ 2/573; Dönhoff, August (Heinrich Hermann) Reichsgraf von ~ 2/574; Doerkes(-Boppard), Wilhelm Nikolaus ~ 2/578; Dörner, Karl ~ 2/578; Doerr, Wilhelm (Georg) ~/† 11/47; Dössekel, Eduard ~ 2/581; Dohna, Abraham Graf von ~ 2/582; Dohna, Christoph Graf von und zu ~ 2/582; Dohna-Schlodien, Alexander (Georg Theobald) Burggraf zu ~ 2/583; Dohrn, Max ~ 2/585; Dolaeus, Johann ~ 2/585; Dolivo-Dobrowolsky, Michael † 2/586; Doll, Karl Wilhelm ~ 2/586; Doller, Johann Lorenz ~ 2/587; Dollmann, Karl Friedrich ~ 2/588; Domaszewski, Alfred von ~ 2/589; Donellus, Hugo ~ 2/594; Douglas, Hugo Sholto (Oskar Georg) Graf von ~ 2/603; Dove, Alfred ~ 2/604; Dove, Heinrich ~ 2/604; Dove, Richard (Wilhelm) ~ 2/604; Drach, Carl Alhard von ~ 2/605; Drach, Emil * 2/605; Drach, Erich ~ 2/605; Drändorf, Johannes von † 2/606; Dragendorff, (Johann) Georg (Noël) ~ 2/606; Drais von Sauerbronn, Karl (Friedrich Christian Ludwig) Frh. ~ 2/607; Drechsler, Wolfgang

~ 2/611; Dresbach, August ~ 2/613; Dresch, (Georg) Leonhard von ~ 2/614; Dreßler, Helmut ~ 2/615; Dreves, Leberecht Blücher ~ 2/616; Drews, (Christian Heinrich) Arthur ~ 2/617; Dreyfus, Georg(es) L. ~ 2/619; Driesch, Hans Adolf Eduard ~ 2/620; Driesch, Margarethe ~ 2/621; Dringenberg, Ludwig ~ 2/622; Driver, Friedrich Matthias ~ 2/622; Droop, Friedrich Wilhelm ~ 2/623; Du Bois-Reymond, (David) Paul (Gustave) ~ 2/631; Dubs, Jakob ~ 2/631; Duden, Konrad † 11/49; Dümge, Karl Georg */~ 2/635; Düring, Ernst von † 2/639; Dütting, Christian (Hubert) ~ 2/644; Duhn, Friedrich (Carl) von ~/† 2/645; Dulckeit, Gerhard ~/† 2/647; Dumont, Konrad Alexis ~ 2/649; Du Moulin-Eckart, Richard Graf ~ 2/649; Dungern, Emil Frh. von ~ 2/652; Durm, Josef (Wilhelm) ~ 2/655; Du Roi, Georg August Wilhelm ~ 2/655; Dusch, Alexander (Anton) von ~/† 2/656; Dusch, Alexander Frh. von ~ 2/656; Dusch, Gottfried (Maria) Frh. von ~ 2/656; Dusch, (Georg) Theodor Frh. von ~/† 2/656; Duttenhofer, Christian Friedrich ~ 2/658; Duttlinger, Johann Georg ~ 2/659; Dyckerhoff, Rudolf (Philipp Wilhelm) ~ 2/661; Ebbinghaus, Julius Karl Ludwig ~ 2/663; Ebeling, Adolf ~ 2/664; Ebener, Wilhelm ~ 2/666; Eberle, Christian ~ 2/673; Ebermayer, Erich ~ 2/675; Ebert, Friedrich * 2/677; Ebert, Max ~ 2/680; Ebrecht, Walter ~ 3/3; Ebstein, Erich ~ 3/3; Eccius, Max Ernst ~ 3/4; Eck, Ernst Wilhelm Eberhard ~ 3/5; Eck, Johannes ~ 3/6; Eckardstein, Ernst Frh. von ~ 3/7; Eckardt, Hans von ~/† 3/7; Eckardt, Hans ~ 3/7; Eckardt, Wilhelm (Richard Ernst) ~ 3/8; Eckart, Anselm (Franz Dominik) von ~ 3/8; Ecker, Alexander ~ 3/10; Eckert, Victor Heinrich Eduard */~ 3/11; Eckhard, Carl Maria Joseph ~ 3/12; Edel, Elmar ~ 11/50; Edelhagen, Kurt ~ 3/17; Edinger, Ludwig ~ 3/19; Edinger, Tilly ~ 11/50; Edlbacher, Siegfried Augustin Johann ~ 3/19; Edzard, Georg Elieser ~ 3/21; Egell, Paul ~ 3/23; Eggeling, Heinrich Friedrich von ~ 3/26; Ehem, Christoph von ~/† 3/34; Ehlers, Rudolph ~ 3/36; Ehrenberg, Hans ~/† 11/50; Ehrenberg, Viktor (Gabriel) ~ 3/38; Ehrenfeuchter, Friedrich (August Eduard) ~ 3/39; Ehrenreich, Paul ~ 3/40; Ehrenzweig, Albert Arnim ~ 3/40; Ehret, Georg Dionys * 3/41; Ehrismann, Gustav (Adolph) ~ 3/42; Ehrmann, Rudolf ~ 3/45; Eichborn, Eduard von ~ 3/47; Eichborn, Kurt von ~ 3/48; Eichendorff, Joseph (Karl Benedikt) Frh. von ~ 3/49; Eichendorff, Wilhelm Frh. von ~ 3/49; Eichenlaub, Otto ~ 3/49; Eichholtz, Fritz ~/† 3/51; Eichler, Ferdinand ~ 3/53; Eichmann, Jodocus ~/† 3/55; Eichrodt, Ludwig ~ 3/55; Eichrodt, Ludwig Friedrich ~ 3/56; Eichrodt, Walther ~ 3/56; Eichthal, Bernhard von ~ 3/56; Eicken, Karl Otto von ~ 3/57; Eiff, August Wilhelm von ~ 11/51; Eigenbrodt, Karl ~ 3/59; Eilers, Gerd ~ 3/61; Eimer, Theodor (Gustav Heinrich) ~ 3/62; Eis, Gerhard ~ 11/52; Eisenberg, Ludwig Julius ~ 3/69; Eisendecher, Wilhelm von ~ 3/70; Eisenhart, (Johann) August von ~ 3/70; Eisenlohr, August (Adolf) ~/† 3/71; Eisenlohr, Ernst */~ 3/72; Eisenlohr, Friedrich ~ 3/72; Eisenlohr, Wilhelm Friedrich ~ 3/72; Eisenmann, (Volker) Kurt (Erich) ~ 3/73; Eisenmenger, Johann Andreas ~ 3/73; Eistert, Bernd (Karl Georg) ~ 3/78; Eitel, Wilhelm (Hermann Julius) ~ 3/78; Elias, Norbert ~ 3/85; Elisabeth Charlotte, Kurfürstin von Brandenburg * 3/86; Elisabeth, Pfalzgräfin bei Rhein, Fürstäbtissin von Herford * 3/87; Elisabeth, Gräfin von Nassau-Saarbrücken ~ 3/87; Elisabeth, Pfalzgräfin bei Rhein † 3/87; Elisabeth Charlotte, Herzogin von Orléans, genannt Liselotte von der Pfalz * 3/87; Ellenbog, Nikolaus ~ 3/90; Ellenbog, Ulrich ~ 3/90; Ellinger, Philipp ~ 3/92; Ellissen, (Georg Anton) Adolf ~ 3/92; Ellstätter, Moritz ~ 3/93; Elsenhans, Ernst ~ 3/95; Elsenhans, Theodor ~ 3/95; Elster, Julius ~ 3/98; Eltzbacher, Paul ~ 3/100; Emden, (Jacob) Robert ~ 3/102; Emge, Carl August ~ 3/103; Endemann, Friedrich ~/† 3/108; Endemann, (Samuel) Wilhelm ~ 3/109; Enderlen, Eugen ~ 3/110; Enders, (Ernst) Ludwig ~ 3/110; Engel, (Martin Georg) Franz ~ 3/113; Engel, Ludwig ~ 3/115; Engelhart, Hans */† 3/119; Engelking, Ernst ~/† 11/54; Engelmann, Georg (Theodor) ~ 3/121; Engelmann, (Theodor) Wilhelm ~

3/121; Engisch, Karl (Franz Wilhelm) ~ 3/125; Englisch, (Wilhelm) Eugen ~ 3/126; Enzlin, Matthäus ~ 3/130; Eppenstein, (Martin) Otto ~ 3/132; Epstein, Naphtali ~ 3/134; Erastus, Thomas ~ 3/136; Erb, Wilhelm Heinrich ~/† 3/137; Erdmann, Benno ~ 3/140; Erdmannsdörffer, Bernhard ~/† 3/142; Erdmannsdörffer, Otto (Heinrich) */~/† 3/142; Erhardt, Franz (Bruno) ~ 3/147; Erhardt, Johann Simon ~/† 3/147; Erlenmeyer, (Richard August Carl) Emil ~ 3/152; Erlenmeyer, (Friedrich Gustav Karl) Emil */~ 3/152; Erler, Adalbert ~ 11/55; Ermisch, Hubert (Maximilian) ~ 3/156; Ernst, Fritz ~/† 11/55; Ernst, Paul ~/† 3/166; Ernsthausen, Ernst von ~ 3/167; Erpf, Hermann Robert ~ 3/167; Eschenburg, Bernhard Georg ~ 3/172; Escher, Heinrich ~ 3/174; Eschmann, Ernst Wilhelm ~ 3/176; Esselborn, Karl ~ 3/180; Esser, Hermann (Joseph Maria) ~ 3/180; Etterer, Wolfgang ~ 3/184; Ettingshausen, Andreas (Johannes Jakob) Frh. von * 3/185; Ettlinger, Josef (Moritz) ~ 3/186; Ettlinger, Max (Emil) ~ 3/186; Euler, Hermann ~ 3/192; Euler, Ludwig Heinrich ~ 3/194; Ewald, Carl ~ 3/197; Ewald, Gottfried ~ 3/197; Ewald, Johann Ludwig ~ 3/198; Ewald, Karl Anton (Emil) ~ 3/198; Ewald, Richard (Ernst Julius) ~ 3/199; Ewers, Hans ~ 3/200; Exner, Adolf ~ 3/200; Exner, Franz ~ 3/201; Exner-Ewarten, Sigmund von ~ 3/202; Eymer, Heinrich ~ 3/204; Eynatten, Maria Carola Freiin von ~/† 3/204; Faber, Gustav ~ 11/57; Faber, Johann Ludwig ~ 3/208; Faber, Karl Wilhelm ~ 3/209; Fabricius, Johann Ludwig ~ 3/214; Färber, Eduard ~ 3/217; Fagius, Paul ~ 3/218; Fahnenberg, Aegidius (Joseph Karl) Frh. von ~ 3/218; Fahrländer, Karl Emanuel ~ 3/220; Fahrländer, Karl Franz Sebastian ~ 3/220; Fajans, Kasimir ~ 3/221; Falke, Konrad ~ 3/226; Falkenstein, Adam ~/† 3/228; Fallati, Johannes (Baptista) ~ 3/229; Fassbinder, Franz ~ 3/233; Fastenrath, Johannes (Karl Ferdinand) ~ 3/235; Faust, Johannes ~ 3/236; Fecht, Hermann ~ 3/239; Fecht, Johannes ~ 3/239; Feder, Karl August Ludwig ~ 3/241; Federer, Julius ~ 3/241; Feer, (Walter) Emil ~ 3/243; Fehling, Emil Ferdinand ~ 3/244; Fehling, Hermann Christian von ~ 3/244; Fehlmann, Heinrich ~ 3/245; Fehr, Hans ~ 3/245; Fehr, Oskar ~ 3/246; Fehrle, Eugen Joseph ~/† 3/247; Feig, Johannes Fürchtegott Joseph ~ 3/248; Feilchenfeld, Walter ~ 3/249; Feiler, Arthur ~ 3/250; Feiler, Erich ~ 3/250; Fein, Eduard ~ 3/250; Fein, Georg ~ 3/251; Feitler, Siegmund ~ 3/254; Feldhaus, Franz Maria ~ 3/256; Felix, Kurt Arthur Alfred Oskar ~ 3/258; Fellner, Ferdinand (August Michael) ~ 3/261; Ferro, Pasqual Joseph Ritter von ~ 3/273; Ferus, Johannes ~ 3/273; Feuerbach, Anselm ~ 3/277; Feuerbach, Henriette ~ 3/278; Feuerbach, Joseph Anselm von ~ 3/278; Feuerbach, Ludwig (Andreas) ~ 3/278; Feyerabend, Sigmund * 3/283; Fichard, Johann ~ 3/284; Fiedler, (Adolph) Conrad ~ 3/291; Fieser, Emil ~ 3/293; Filehne, Wilhelm ~ 3/295; Finckh, Alexander Christian von ~ 3/299; Finckh, Johann Daniel von ~ 3/299; Finger, Gottfried ~ 3/301; Fisch, Walter * 3/308; Fischbeck, Kurt Hellmuth ~/† 3/309; Fischer, Adolf ~ 3/310; Fischer, Alfons ~ 3/311; Fischer, Emil ~ 3/314; Fischer, Kuno ~/† 3/323; Fischer, Max (David) ~ 3/325; Fischer, Otto ~ 3/325; Fischer, Theobald ~ 3/327; Fischer, (Laurenz) Wilhelm ~ 3/328; Fischler, Franz Josef (Bendedikt) ~ 3/332; Fitting, (Heinrich) Hermann ~ 3/333; Flad, Friedrich ~ 3/334; Flad, Georg * 3/334; Flad, Johann Daniel */~ 3/334; Flaischlen, Cäsar (Otto Hugo) ~ 3/335; Flasdieck, Hermann ~/† 3/336; Flatau, Theodor ~ 3/337; Flechsig, (Wilhelm) Eduard ~ 3/338; Flechtheim, Ossip K(urt) ~ 11/61; Fleckenstein, Albrecht ~ 11/61; Fleiner, Fritz ~ 3/340; Fleischer, Tobias ~ 3/343; Fleischhauer, Karl von ~ 3/343; Flemming, Ernst ~ 3/347; Flückiger, Friedrich August ~ 3/355; Flügler, Adolf ~ 3/357; Focke, Gustav Woldemar ~ 3/358; Focke, Johann ~ 3/359; Förster, (Carl Friedrich) Richard ~ 3/364; Fohmann, Vinzenz ~ 3/367; Fohr, Carl Philipp */~ 3/367; Fohr, Daniel * 3/367; Follen, August (Adolf Ludwig) ~ 3/367; Follenweider, Rudolf ~ 3/368; Fontanus, Johann ~ 3/371; Forck, Gottfried ~ 11/62; Forckenbeck, Oskar von ~ 3/372; Forsthoff, Ernst

~/† 3/378; Forstmann, Richard ~ 3/378; Fortlage, (Arnold Rudolf) Karl ~ 3/379; Fortner, Wolfgang ~/† 3/379; Fraenger, Wilhelm ~ 3/381; Fraenkel, Albert ~/† 3/382; Fraenkel, Ernst ~ 3/383; Fraenkel, Ernst ~ 3/383; Fränkel, Walter ~ 3/385; Franck, James ~ 3/389; Franck, Richard † 3/390; Franck, Sebastian ~ 3/391; Franck von Franckenau, Georg ~ 3/392; Franck von Franckenau, Georg ~ 3/392; Francke, Karl (Philipp) ~ 3/394; Frank, Bruno (Sebald) ~ 3/398; Frank, Erich ~ 11/63; Frank, Horst (Bernhard Wilhelm) † 11/63; Frank, Johann (Peter) ~ 3/399; Frank, (Friedrich Wilhelm Ferdinand) Otto ~ 3/402; Franke, (Ludwig) Adolf (Constantin Georg Hermann) ~ 3/403; Franke, Johannes ~ 3/404; Franken, Alexander ~ 3/405; Frankenthal, Käte ~ 3/407; Frankfurter, Naftali ~ 3/407; Frantzius, Alexander von ~ 3/409; Franz, Günther ~ 11/64; Franzen, Hartwig ~ 3/416; Frecht, Martin ~ 3/419; Freese, Hans (Dietrich Georg) ~ 3/420; Frege, Ludwig ~ 3/421; Freher, Marquard ~/† 3/421; Freinsheim, Johannes Caspar ~ 3/423; Frensdorff, Ferdinand ~ 3/424; Fresenius, August ~ 3/426; Fresenius, Georg (Johann Baptist Wolfgang) ~ 3/426; Freudenberg, Karl ~ 3/429; Frey, Alexander Moritz ~ 3/433; Frey, Erich (Maximilian) ~ 3/434; Frey, Julius ~ 3/436; Frey, Rudolf */~ 3/436; Freydorf, Rudolf von ~ 3/438; Freyeisen, Johann Christoph ~ 3/438; Freytag, Walter † 3/440; Fricke, Walter ~/† 11/64; Frickhoeffer, Otto (Karl Friedrich) ~ 3/444; Friedberg, Emil (Albrecht) von ~ 3/447; Friedberg, Robert ~ 3/447; Friedell, Egon ~ 3/448; Friedemann, Edmund ~ 3/448; Friedemann, Ulrich ~ 3/448; Friedenthal, Hans von ~ 3/449; Friedenthal, (Karl) Rudolf ~ 3/449; Friederich, Ernst (Otto Heinrich) ~ 3/449; Friedländer, Benedikt ~ 3/451; Friedländer, Max ~ 3/452; Friedmann, Alfred ~ 3/454; Friedmann, (Adolph) Hermann ~/† 3/455; Friedreich, Nikolaus ~/† 3/456; Friedrich II., Großherzog von Baden ~ 3/460; Friedrich I. der Siegreiche, Pfalzgraf bei Rhein, Herzog von Bayern, Kurfürst von der Pfalz */† 3/467; Friedrich III. der Fromme, Kurfürst von der Pfalz ~/† 3/467; Friedrich IV. der Aufrichtige, Kurfürst von der Pfalz † 3/467; Friedrich, Carl Joachim ~ 3/477; Friedrich, Hugo ~ 3/479; Friedrich, Otto Andreas ~ 3/481; Friedrich-Freksa, Hans ~ 11/65; Friedrichs, Adolf ~ 3/482; Fries, (Jacob Daniel Georg Gottlieb) Bernhard */~ 3/483; Fries, Ernst */~ 3/483; Fries, Jakob Friedrich ~ 3/483; Frisch, Hans von ~ 3/488; Frisch, Walter ~ 3/490; Fritsch, Gustav Theodor ~ 3/493; Frohwein, Erich ~ 3/507; Fromm, Erich ~ 3/509; Fromm-Reichmann, Frieda ~ 3/509; Frommann, Georg Karl ~ 3/510; Frommann, Karl ~ 3/510; Frommel, Emil (Wilhelm) ~ 3/511; Frommel, Gerhard † 3/511; Frommel, Otto */~/† 3/511; Fuchs, Johann Heinrich von ~ 3/519; Fuchs, Johann Nepomuk von ~ 3/519; Fuchs, (Immanuel) Lazarus ~ 3/520; Fürbringer, Max Carl ~/† 3/525; Fürbringer, Paul ~ 3/525; Fürstenberg, Karl Egon Fürst zu ~ 3/529; Fürstenberg, Karl Egon Fürst zu ~ 3/529; Fürstner, Karl ~ 3/530; Fürth, August Frh. von ~ 3/530; Fürth, Otto von ~ 3/531; Fugger, Ulrich ~/† 3/537; Fuld, Ludwig ~ 3/539; Fulda, Ludwig (Anton Salomon) ~ 3/539; Furbach, Curt ~ 3/543; Furler, Hans ~ 3/543; Furrer, Jona ~ 3/543; Furtwängler, (Gustav Heinrich Ernst Martin) Wilhelm ~ 3/545; Futterer, Karl (Joseph Xaver) ~ 3/546; Gaber, Erwin ~ 3/548; Gabriel, Siegmund ~ 3/550; Gadow, Hans (Friedrich) ~ 3/552; Gaertner, Friedrich ~ 3/555; Gagern, (Wilhelm) Heinrich (August) von ~ 3/557; Gagern, Maximilian (Joseph Ludwig) Frh. von ~ 3/558; Gagern, Maximilian Frh. von ~ 3/558; Galinsky, Hans (Karl) ~ 11/66; Gall, Ferdinand (Wilhelm Adam) Frh. von ~ 3/561; Gallas, Wilhelm ~/† 3/563; Gallinarius, Johannes */~ 3/565; Galliner, Julius ~ 3/565; Gallus Rubiacensis, Jodocus ~ 3/565; Gambsjäger, Franz Wilhelm Anton * 3/566; Gans, Eduard ~ 3/569; Gans, Leo (Ludwig) ~ 3/569; Gans, Oscar ~ 3/570; Ganzhorn, Wilhelm (Christian) ~ 3/572; Gareis, Karl (Heinrich Franz) ~ 3/574; Gaß, (Friedrich) Wilhelm (Joachim Heinrich) ~ 3/577; Gasser, Adolf ~ 3/577; Gasser, Emil ~ 3/578; Gast, (Adolf Emil) Paul ~ 3/580; Gattenhoff, Georg Matthias ~ 3/581; Gatterer, Christoph (Wilhelm Jakob) ~/† 3/582;

Gattermann, (Friedrich August) Ludwig ~ 3/582; Gatz, Felix Maria ~ 3/583; Gaub, Hieronymus David * 3/583; Gaupp, Robert (Eugen) ~ 3/586; Gaus, Friedrich (Wilhelm Otto) ~ 3/586; Gaus, Wilhelm (Karl Friedrich) ~ 3/586; Gebser, Anna ~ 3/595; Geck, Oskar ~ 3/596; Gegenbaur, Carl ~/† 3/598; Gehrig, Hans ~ 3/600; Geib, (Karl) Gustav ~ 3/601; Geierhaas, Gustav ~ 3/602; Geiger, Abraham ~ 3/603; Geiger, Albert ~ 3/603; Geiger, Bernhard ~ 3/603; Geiger, (Elieser) Lazarus (Salomon) ~ 3/605; Geiger, Ludwig (Moritz Philipp) ~ 3/605; Geiger, Philipp Lorenz ~/† 3/605; Geiger, Rudolf ~ 3/605; Geiler, Karl (Hermann Friedrich) ~/† 3/607; Geisberg, Max (Heinrich) ~ 3/609; Geißler, Ewald (Ludwig) ~ 3/611; Geitel, Hans (Friedrich Karl) ~ 3/613; Gelzer, Heinrich ~ 3/619; Gemmingen-Guttenberg, Wilhelm Frh. von ~ 3/619; Gemmingen-Hornberg, Hans-Lothar Frh. von ~/† 3/619; Gemmingen-Hornberg, Otto Heinrich Frh. von † 3/620; Gengler, Heinrich Gottfried (Philipp) ~ 3/622; Gensichen, Hans-Werner ~/† 11/67; Gentilis, Scipio ~ 3/623; Gentner, Wolfgang ~/† 3/623; Genzmer, Felix (Stephan Hermann) ~ 3/625; Georgi, Felix ~ 3/632; Georgi, Otto (Robert) ~ 3/632; Georgi, Walter * 3/633; Georgiades, Thrasybulos ~ 3/633; Geppert, (August) Julius ~ 3/634; Gerhäuser-Saint-Georges, Ottilie ~ 3/638; Gerhard von Elten ~ 3/640; Gerhard, Dietrich ~ 3/641; Gerhard, Gustav Adolf ~ 3/641; Gerhard, Wilhelm (Christoph Leonhard) † 3/642; Gerhardt, Dietrich ~ 3/643; Gerlach, Ernst Ludwig von ~ 3/647; Gerlach, Johann Valentin ~ 3/648; Gerlach, Leo ~ 3/648; Gerlach, (Ludwig Friedrich) Leopold von ~ 3/648; Gerlach, Otto von ~ 3/649; Gerstung, Ferdinand ~ 3/661; Gerth, Hans Heinrich ~ 3/662; Gerthsen, Christian ~ 3/662; Gervinus, Georg Gottfried ~/† 3/663; Gerwig, Max ~ 3/663; Geyersbach, Gertrude ~ 3/673; Geyling, Johann ~ 3/674; Gienanth, (Johann Michael) Ludwig Frh. von ~ 3/679; Gierke, Edgar (Otto Konrad) von ~ 3/680; Gierke, Julius (Karl Otto) von ~ 3/680; Gierke, Otto von ~ 3/680; Giese, Adolf ~ 4/1; Gieseke, Paul Ferdinand Karl Otto ~ 4/3; Gilbert, Felix ~ 4/7; Ginrod, Friedrich ~ 4/11; Girardet, Hellmut ~ 4/14; Girtanner, Wilhelm ~ 4/15; Giulini, Georg (Otto) von ~ 4/18; Giulini, Lorenz (Cäsar Anton) ~ 4/18; Gladbach, Ernst (Georg) ~ 4/19; Gladbach, Georg ~ 4/19; Glaser, Johann Heinrich ~ 4/23; Glaser, Karl (Andreas) † 4/23; Gleichen-Rußwurm, Ludwig Frh. von ~ 4/28; Glockner, Hermann ~ 4/33; Gmelin, Hermann Ernst ~ 4/40; Gmelin, Leopold ~/† 4/40; Gmelin, Otto ~ 4/41; Gobert, Ascan Klée ~ 4/45; Gockel, Albert (Wilhelm Friedrich Eduard) ~ 4/45; Gönnenwein, Otto ~/† 4/54; Gönner, Albert ~ 4/54; Göppert, Ernst ~ 4/54; Goeppert, Friedrich ~ 4/55; Göppert, Heinrich (Robert) ~ 4/55; Görres, (Johann) Joseph von ~ 4/59; Görres, Marie * 4/61; Goerttler, Kurt ~ 11/69; Goethe, (Julius) August (Walther) von ~ 4/63; Goethe, (Maximilian) Wolfgang Frh. von ~ 4/67; Götz, (Friedrich Wilhelm) Paul ~ 4/70; Götz, Sebastian ~ 4/71; Goetze, Albrecht ~ 4/71; Goetze, Otto † 4/73; Götzenberger, Jakob * 4/74; Gogarten, Friedrich ~ 4/75; Goldmann, Franz ~ 4/80; Goldmann, Nahum ~ 4/80; Goldschagg, Edmund Rudolf ~ 4/81; Goldschmidt, Hans ~ 4/83; Goldschmidt, Heinrich Jacob ~ 4/83; Goldschmidt, James Paul ~ 4/84; Goldschmidt, Karl (Bernhard) ~ 4/84; Goldschmidt, Levin ~ 4/85; Goldschmidt, Paul ~ 4/85; Goldschmidt, Richard (Benedikt) ~ 4/85; Goldschmidt, Richard Hellmuth ~ 4/85; Goldschmidt, Victor Mordecai ~ 4/86; Goldschmidt-Rothschild, Maximilian Benedikt Frh. von ~ 4/86; Goldschmiedt, Guido ~ 4/86; Goldschmit-Jentner, Rudolf ~ 4/87; Goldstein, Kurt ~ 4/88; Golitschek, Hubertus von ~ 4/89; Golling, Alexander ~ 4/90; Goltdammer, Eduard ~ 4/91; Goltdammer, Theodor ~ 4/91; Goltz, Rüdiger Frh. von der ~ 4/93; Gompe, Nikolaus ~ 4/95; Goppelsröder, (Christoph) Friedrich ~ 4/98; Goßler, Gustav von ~ 4/101; Gothein, Eberhard ~ 4/102; Gothein, Percy ~ 4/102; Gothofredus, Dionysius ~ 4/103; Gotschlich, Emil (Carl Anton Constantin) ~/† 4/103; Gottfried IV., Schenk von Limpurg, Bischof von Würzburg ~ 4/105; Gottfried, Johann Ludwig ~ 4/107;

Gotthelf, Felix ~ 4/108; Gottl-Ottlilienfeld, Friedrich von ~ 4/108; Gottlieb, Rudolf ~/† 4/109; Gottron, Heinrich Adolf ~ 4/109; Goubeau, Josef † 11/70; Goverts, Henry ~ 4/113; Grab, Hermann ~ 4/114; Grabner, Hermann ~ 4/117; Grabower, Rolf ~ 4/117; Gradenwitz, Otto ~ 4/118; Graebe, Carl ~ 4/119; Gräf, Walther Karl Theodor ~ 4/120; Graefe, Alfred (Karl) ~ 4/121; Graefe, Friedrich ~ 4/121; Gräff, Franz Friedrich ~ 4/122; Gräff, Siegfried ~ 4/122; Graepel, (Carl Bernhard) Friedrich ~ 4/123; Gräter, Kaspar ~ 4/124; Grafe, Erich ~ 4/129; Graimberg, Carl Graf von ~/† 4/132; Graul, Hans ~ 11/71; Greber, (Johann) Jakob ~ 4/146; Grebner, Thomas ~ 4/146; Greeff, Richard ~ 4/147; Gresemund, Dietrich d. J. ~ 4/157; Gretener, Xaver Severin ~ 4/158; Greverus, Johann Ernst ~ 4/160; Greyerz, Gottlieb von ~ 4/161; Gries, Johann Dietrich ~ 4/162; Griesbach, Hermann Adolf ~ 4/163; Grießelich, Ludwig ~ 4/166; Grimm, Julius ~ 4/171; Grimm, Karl Otto ~ 4/171; Grimm, Ludwig Emil ~ 4/171; Groebbels, Franz (Maria) ~ 4/177; Grolman, Adolf (Karl-Friedrich Wilhelm) von ~ 4/183; Groos, Friedrich ~ 4/186; Groos, Karl Theodor */~ 4/186; Groote, Eberhard von ~ 4/187; Groß, Bernhard ~ 4/190; Gross, Franz ~/† 4/191; Gross, Walter (Hatto) * 11/73; Groß, Walther ~ 4/193; Grosse, Ernst (Carl Gustav) ~ 4/194; Grua, Carlo (Luigi Pietro) ~ 4/204; Grua, Carlo (Luigi) Pietro ~ 4/204; Grubenmann, (Johann) Ulrich ~ 4/205; Gruchot, Julius Albrecht ~ 4/208; Grün, Johann Christoph von der † 4/210; Grün, Karl (Theodor Ferdinand) ~ 4/210; Grünberg, Walter ~ 11/73; Grünrade, Otto von ~/† 4/218; Gruenter, Rainer ~ 4/218; Grüntzig, Andreas ~ 4/218; Gruhle, Hans Walter ~ 4/220; Grundmann, Herbert ~ 4/224; Gruner, Justus (Karl Alexander Friedrich Elliot Wilhelm Ferdinand) von ~ 4/226; Grunow, Hans ~ 4/227; Grupe, Eduard (August Rudolf) ~/† 4/227; Gruter, Jan(us) ~ 4/228; Grynäus, Johann Jakob ~ 4/229; Grynäus, Simon ~ 4/229; Güde, Max ~ 4/234; Gümbel, (Carl) Wilhelm von ~ 4/235; Günther, Fritz (Karl) † 4/239; Günther, (Adam Wilhelm) Siegmund ~ 4/243; Güßfeldt, (Richard) Paul (Wilhelm) ~ 4/247; Gumbel, Emil (Julius) ~ 4/254; Gumpert, Martin ~ 4/255; Gundel, Wilhelm ~ 4/257; Gundelfinger, Sigmund ~ 4/258; Gundlach, Karl ~ 4/259; Gundolf, Friedrich (Leopold) ~/† 4/259; Gurlitt, Willibald (Ludwig Ferdinand) ~ 4/264; Gutzwiller, Max ~ 4/276; Guyet, Karl Julius ~ 4/276; Haak, Theodor(e) ~ 4/283; Haake, Paul ~ 4/283; Haas, Hans ~ 4/286; Haas, Hippolyt Julius ~ 4/286; Haas, Ludwig ~ 4/286; Habe, Hans ~ 4/290; Haber, Fritz ~ 4/291; Haber, Heinz ~ 4/292; Hachenburg, Max ~ 4/296; Hachmann, Gerhard ~ 4/296; Hadeler, Werner ~ 4/300; Haeffelin, Kasimir (Johann Baptist) Frh. von ~ 4/304; Hägele, Joseph Matthias ~ 4/305; Haehn, Hugo ~ 4/305; Hämel, Josef ~ 4/306; Haen, Carl Johann Eugen de ~ 4/307; Hänel, Albert ~ 4/309; Haenel, Erich (Anton) ~ 4/309; Häntzschel, Kurt (Emil Richard) ~ 4/311; Haerdter, Robert ~ 11/76; Häusser, Ludwig ~/† 4/314; Haeussermann, Carl (Friedrich) ~ 4/314; Hagemann, (Christian) Carl ~ 4/318; Hagen, (Carl) Ernst (Bessel) ~ 4/319; Hagen, Hermann */~ 4/321; Hagen, Karl ~ 4/321; Hagenbach, Ernst ~ 4/323; Hahn, Friedrich von ~ 4/329; Hahn, Johann Georg von ~ 4/330; Hahn, Karl August */~ 4/331; Hahn, Ludwig Albert ~ 4/331; Hahn, Wilhelm ~/† 11/77; Hahnemann, Paul G. ~ 11/78; Haindorf, Alexander ~ 4/338; Halbe, Max ~ 4/341; Haller, Ernst ~ 4/347; Haller, (Nikolaus) Ferdinand ~ 4/347; Haller, Johannes ~ 4/348; Hamburger, Franz ~ 4/357; Hamel, Carl ~ 4/358; Hammann, Otto ~ 4/360; Hammerstein, Ludwig Frh. von ~ 4/363; Hampe, Karl (Ludwig) ~/† 4/364; Hampe, Roland */~/† 4/364; Handovsky, Hans ~ 4/367; Hanfstaengl, Eberhard (Viktor Eugen) ~ 4/368; Hanhart, Ernst ~ 4/369; Haniel, (Curt) Alfons ~ 4/369; Hankamer, Paul (Johannes August) ~ 4/370; Hanle, Wilhelm ~ 11/78; Hansen, Karl ~ 4/375; Hanssen, Georg ~ 4/377; Harder, Richard ~ 4/384; Hardy, Edmund (Georg Nicolaus) ~ 4/385; Harer, Peter ~/† 4/386; Harkort, Günther ~ 4/388; Harlan, Walter ~ 4/389; Harleß, (Johann) Christian Friedrich ~ 4/389;

Harnack, Adolf von † 4/391; Harnisch, Matthäus ~ 4/393; Hartl, Karl ~ 4/402; Hartlaub, Felix ~ 4/402; Hartlaub, Gustav Friedrich ~/† 4/402; Hartleben, Franz Joseph ~ 4/403; Hartlieb, Jacob ~ 4/403; Hartmann, (Karl) Alfred (Emanuel) ~ 4/405; Hartmann, (Johann Georg) August ~ 4/406; Hartmann, Fritz ~ 4/408; Hartmann, Richard ~ 4/413; Hartmann, Siegfried ~ 4/413; Hartmanni, Hartmann d. Ä. ~ 4/414; Hartmeyer, (Heinrich) Emil ~ 4/414; Hartung, Fritz ~ 4/415; Hartung, Gustav (Ludwig) ~/† 4/415; Hartung, Johann ~ 4/415; Hasse, (Martin) Karl (Woldemar) ~ 4/427; Hatschek, Julius (Karl) ~ 4/432; Hattstein, Johann von ~ 4/433; Hatzfeld, Helmut ~ 4/433; Haubach, Theodor ~ 4/435; Hauer, Erich (Karl Hermann) ~ 4/438; Hauptmann, Benvenuto ~ 4/444; Hausenstein, Wilhelm ~ 4/447; Hauser, Sebastian ~ 4/450; Hausmann, Caspar Anton Friedrich ~ 4/451; Hausmann, Manfred (Georg Andreas) ~ 4/452; Hausrath, Adolf ~/† 4/453; Haussser, Isolde ~/† 4/453; Haussser, (Karl) Wilhelm ~/† 4/453; Haxel, Otto ~/† 11/80; Hayen, Heinrich Wilhelm ~ 4/462; Hebbel, (Christian) Friedrich ~ 4/464; Heberer, Michael ~ 4/466; Hecht, Felix ~ 4/467; Heck, Philipp (Nicolai) von ~ 4/468; Hecker, Friedrich (Franz Karl) ~ 4/471; Hecker, Rudolf ~ 4/472; Heckmann, Herbert ~ 11/81; Heckscher, Johann Gustav (Wilhelm Moritz) ~ 4/472; Heer, Joachim ~ 4/475; Heeremann van Zuydwyk, Klemens Frh. von ~ 4/476; Heffter, Lothar (Wilhelm Julius) ~ 4/477; Hegar, (Ernst Ludwig) Alfred ~ 4/478; Heger, Hans ~ 4/482; Heger, Klaus ~/† 11/81; Heidegger, Johann Heinrich ~ 4/486; Heidland, Hans ~ 4/492; Heilbrunn, Ludwig ~ 4/496; Heilfron, Eduard ~ 4/497; Heilmann, Georg Friedrich ~ 4/499; Heimann, Betty ~ 4/501; Heimann, Eduard ~ 4/501; Heimann, Fritz ~ 4/502; Heimann, Georg ~ 4/502; Heimann, Hanns ~ 4/502; Heimann, Walter ~ 4/503; Heimburger, Karl Friedrich ~ 4/504; Heimerich, Hermann ~/† 4/504; Heims-Heymann, Paul ~ 4/506; Heimsoeth, Heinz ~ 4/506; Hein, Max ~ 4/507; Heine, Ferdinand ~ 4/508; Heine, Karl (Wilhelm) von ~ 4/510; Heinrich von Hessen (d.J.) ~ 4/538; Heinrich, Karl Borromäus ~ 4/543; Heinsheimer, Karl (August) ~/† 4/545; Heinze, (Karl Friedrich) Rudolf ~/† 4/547; Heinze, (Karl) Rudolf ~ 4/548; Heise, Georg Arnold ~ 4/549; Heisler, August (Gustav) ~ 4/551; Helbing, Albert ~ 4/554; Helbing, Philipp ~ 4/555; Held, Heinrich ~ 4/556; Held, Hermann (Josef) ~ 4/557; Held, Joseph von ~ 4/557; Hell, Carl (Magnus) von ~ 4/560; Helldorff, Otto (Heinrich) von ~ 4/561; Heller, August ~ 4/562; Heller, Gustav ~ 4/563; Heller, Julius ~ 4/564; Hellinger, Ernst (David) ~ 4/566; Hellingrath, (Friedrich) Norbert (Theodor) von ~ 4/566; Hellpach, Willy (Hugo) ~/† 4/569; Hellwig, Konrad (Maximilian) ~ 4/570; Helm, Karl (Hermann Georg) ~ 4/571; Helmholtz, Hermann (Ludwig Ferdinand) von ~ 4/573; Helssig, (Karl) Rudolf (Bernhard) ~ 4/576; Helvig, (Anna) Amalie von ~ 4/576; Helwig, Paul ~ 4/577; Hempel, Carl Gustav ~ 11/83; Hempel, Eberhard ~ 4/579; Hempel, Walther (Matthias) ~ 4/579; Henckell, Karl (Friedrich) ~ 4/581; Henglein, Friedrich August ~ 4/583; Henglein, Martin ~ 4/583; Henkel, Konrad ~ 11/83; Henle, (Friedrich Gustav) Jakob ~ 4/587; Henne, (Josef) Anton ~ 4/588; Henneberg, (Ernst) Lebrecht ~ 4/588; Henneberg, Rudolf (Friedrich) ~ 4/589; Hennecke, Hans ~ 4/590; Henning, Leopold (August Wilhelm Dorotheus) von ~ 4/592; Henrich, Ferdinand (August Karl) ~ 4/594; Henschel, August Wilhelm (Eduard Theodor) ~ 4/595; Hensel, Paul (Hugo) ~ 4/598; Hentig, Otto von ~ 4/600; Henze, (Friedrich Wolfgang) Martin ~ 4/601; Hepp, Karl Ferdinand Theodor ~ 4/602; Herbig, Reinhard ~ 4/607; Herbst, Curt (Alfred) ~/† 4/608; Herfurth, (Julius) Edgar ~ 4/613; Hergenhahn, (Jakob Ludwig Philipp) August ~ 4/613; Hergt, Franz Joseph ~ 4/614; Hergt, Karl ~ 4/614; Hering, Gerhard (Friedrich) ~ 4/616; Hermann, Daniel ~ 4/626; Hermann, Karl Friedrich ~ 4/630; Hermelink, Siegfried ~ 4/632; Herold, Otto ~ 4/636; Herr, Michael ~ 4/638; Herrich-Schäffer, Gottlieb August (Wilhelm) ~ 4/639; Herrmann, Christine ~/† 4/641; Herrmann, Emil ~

4/642; Herrmann, Franz ~ 4/642; Herrmann, Theo * 4/644; Herrnstadt, Rudolf ~ 4/645; Hertz, Heinrich (Rudolf) ~ 4/652; Hertz, Paul ~ 4/653; Hertzog, Bernhard ~ 4/655; Herxheimer, Salomon ~ 4/657; Herz, Norbert ~ 4/659; Herz, Paul ~ 4/659; Herz, Richard (Leopold) ~ 4/659; Herzig, Josef ~ 4/662; Hess, Carl von ~ 4/669; Hess, Gerhard ~ 4/670; Hesse, (Ludwig) Otto ~ 4/677; Hessel, Alfred ~ 4/678; Hessel, Friedrich Christian ~ 4/678; Hesselbacher, Karl ~ 5/1; Heßhusen, Tilemann ~ 5/2; Hessler, Franz ~ 5/3; Heßler, Georg von ~ 5/3; Hetsch, Ludwig ~ 5/4; Hettner, Alfred ~/† 5/4; Hettner, Hermann (Julius Theodor) ~ 5/5; Hettstedt, Emil ~ 5/5; Heubner, Wolfgang (Otto Leonhard) ~/† 5/7; Heumann, Karl ~ 5/9; Heumann, Peter Ernst Anton ~ 5/9; Heyck, Eduard ~ 5/15; Heydebrand und der Lase, Ernst von ~ 5/16; Heydemann, Ludwig Eduard ~ 5/17; Heyden, Karl (Heinrich Georg) von ~ 5/18; Heyden-Cadow, Wilhelm von ~ 5/18; Heyden-Rynsch, Hermann Frh. von der ~ 5/18; Heydweiller, Hermann ~ 5/21; Heyl zu Herrnsheim, Cornelius Wilhelm Frh. von ~ 5/23; Heyl zu Herrnsheim, Ludwig Cornelius Frh. von ~ 5/23; Heymann, Otto ~ 5/25; Heyse, Hans ~ 5/27; Hieber, Walter (Otto) ~ 5/30; Hielscher, Johannes ~ 5/31; Hierl, Konstantin † 5/31; Hilchen, David ~ 5/34; Hildebrand, Camillo ~ 5/35; Hildebrandt, Fritz ~ 5/37; Hildebrandt, Hans ~ 5/37; Hilger, Albert ~ 5/41; Hillebrand, Joseph ~ 5/43; Hillebrand, Wilhelm ~/† 5/43; Hillengaß, Hedwig ~ 5/44; Hiller, Karl ~ 5/45; Hiller, Kurt ~ 5/45; Hiltebrant, Johannes ~ 5/47; Hilty, Carl ~ 5/48; Hinrichs, Carl ~ 5/54; Hinrichs, Hermann Friedrich Wilhelm ~ 5/54; Hinschius, Paul ~ 5/54; Hinselmann, Hans ~ 5/55; Hipler, Wendel ~/† 5/58; Hipp, Otto ~ 11/87; Hippel, Ernst (Arthur Franz) von ~ 5/58; Hippel, Eugen von ~ 5/59; Hirsch, Adolphe ~ 5/59; Hirsch, Felix Eduard ~ 5/60; Hirsch, Julius ~ 5/62; Hirsch, Karl ~ 5/62; Hirsch, Otto ~ 5/63; Hirschfeld, Kurt ~ 5/67; Hirschfeld, Magnus ~ 5/67; Hirt, Arnold ~ 5/69; Hirzel, Konrad Melchior ~ 5/72; Hirzel, Rudolf ~ 5/72; Hirzel, Salomon ~ 5/72; His, Rudolf ~ 5/72; Hist, Johann ~ 5/73; Hist, Konrad ~ 5/73; Hitzig, Ferdinand ~/† 5/77; Hobohm, Martin ~ 5/78; Hoche, Alfred (Erich) ~ 5/80; Hochrein, Max ~ 5/81; Hochstetter, Gustav ~ 5/82; Hodenberg, (Karl Iwan) Bodo Frh. von ~ 5/84; Hoeber, Karl ~ 5/85; Hoefer, Edmund ~ 5/88; Höfken, Gustav Ritter von ~ 5/90; Höfler, Heinrich ~ 5/90; Hölscher, Gustav ~/† 5/96; Hölscher, Uvo ~ 11/89; Höniger, Hermann ~ 5/98; Hörth, Franz Ludwig ~ 5/104; Hoesch, Leopold von ~ 5/105; Hoffmann, Carl ~ 5/114; Hoffmann, Ernst ~/† 5/115; Hoffmann, Heinrich ~ 5/119; Hoffmeister, Johannes ~ 5/125; Hofmann, Carl ~ 5/127; Hofmann, Martha ~ 5/131; Hofmann, Ulrich ~/† 11/89; Hofmeister, Wilhelm (Friedrich Benedikt) ~ 5/135; Hofstätter, Robert (Wilhelm) ~ 5/136; Holborn, Hajo ~ 5/146; Holborn, Louise W. ~ 11/90; Holder, Alfred (Gottlieb) ~ 5/147; Holitscher, Arthur ~ 5/148; Hollander, Walther (Georg Heinrich) von ~ 5/150; Holst, Hermann (Eduard) von ~ 5/154; Holsten, Karl (Christian Johann) ~/† 5/154; Holtermann, Arnold Moritz ~ 5/155; Holthausen, Ferdinand ~ 5/155; Holthusen, Hermann ~ 5/155; Holtzendorff, Franz von ~ 5/156; Holtzmann, Adolf ~/† 5/157; Holtzmann, Adolf ~ 5/157; Holtzmann, Heinrich Julius ~ 5/157; Holtzmann, Robert * 5/157; Holtzmann, Walther ~ 5/157; Homburger, August ~ 5/163; Homeyer, Carl Gustav ~ 5/164; Hommel, Hildebrecht ~ 5/164; Hommer, Josef (Ludwig Alois) von ~ 5/165; Honigmann, David ~ 5/168; Honigsheim, Paul ~ 5/168; Hoops, Johannes (Ludwig) ~/† 5/170; Hopf, Heinz ~ 5/170; Hoppe, Heinz ~ 5/172; Horche, Heinrich ~ 5/175; Horkheimer, Hans ~ 5/175; Horn, Jakob ~ 5/177; Horn, Rudolf ~ 11/91; Hornbostel, Erich (Moritz) von ~ 5/178; Horneck, Anton ~ 5/179; Horstmann, August (Friedrich) ~/† 5/183; Hospinian, Rudolf ~ 5/186; Hottinger, Johann Heinrich ~ 5/187; Hottinger, Johann He(i)nrich ~/† 5/187; Hotzel, Curt ~ 5/188; Howald, Ernst ~ 5/189; Hub, Ignaz ~ 5/193; Huber, Paul ~ 5/198; Huber, Willi ~ 5/199; Hubert, Konrad ~ 5/200; Huch, Rudolf ~ 5/201; Huck, Wolfgang

Hermann August ~ 6/43; Kossel, Albrecht (Ludwig Karl Martin Leonhard) ~/† 6/52; Kossel, Walther (Ludwig) ~ 6/52; Kossmann, Wilfried ~ 6/53; Kowalski, Max ~ 6/57; Kraatz, Helmut ~ 6/58; Kraemer, Hans ~ 6/61; Kraepelin, Emil ~ 6/62; Krafft, (Wilhelm Ludwig) Friedrich ~/† 6/63; Krafft-Ebing, Richard (Fridolin Joseph) Frh. von ~ 6/64; Kraft, Stephan † 6/65; Krahe, Hans ~ 6/66; Kramer, Gustav ~ 6/68; Kramer, Kurt ~ 11/110; Kramer, Matthias ~ 6/69; Krauch, Carl ~ 6/74; Krauel, Richard ~ 6/74; Krauer, Heinrich ~ 6/74; Kraus, Herbert ~ 6/77; Kraus, Theodor ~ 6/79; Krause, Hermann ~/† 11/111; Krause, Martin ~ 6/81; Krause, Paul (Georg Christoph) ~ 6/82; Krausnick, Helmut ~ 6/83; Krefting, Heinrich ~ 6/89; Krehl, Ludolf von ~/† 6/90; Kreutzer, Johannes ~ 6/102; Kreuzhage, Eduard Adolf Günther ~ 6/103; Krieck, Ernst ~ 6/105; Kristeller, Paul Oskar ~ 11/111; Krönig, Bernhard ~ 6/111; Kromer, Heinrich Ernst ~ 6/115; Kronacher, Alwin ~ 6/115; Kronecker, Hugo ~ 6/117; Kronenberg, Moritz ~ 6/117; Kroner, Richard ~ 6/117; Kronstein, Heinrich David ~ 6/119; Kroyer, Theodor ~ 6/120; Kruckenberg, Franz ~/† 6/120; Krüger, Gustav ~ 6/122; Krüger, Lorenz ~ 6/123; Krukenberg, Carl Friedrich Wilhelm ~ 6/127; Krukenberg, Hermann ~ 6/127; Krupp von Bohlen und Halbach, Gustav ~ 6/132; Kruse, Francis ~ 6/133; Krutter, Franz ~ 6/134; Kuckhoff, Adam ~ 6/137; Kuczynski, Jürgen ~ 11/114; Kügler, Max Albert ~ 6/142; Kühl, (Christoph) August ~ 6/142; Kühne, Wilhelm ~/† 6/146; Kühnel, Ernst ~ 6/146; Kümmel, Werner ~/† 6/148; Kümmel, Werner Georg */~ 11/114; Kuen, Heinrich ~ 6/149; Künßberg, Eberhard Frh. von ~/† 6/151; Küpper, Helmut ~ 6/152; Küppers, Erica ~ 6/153; Kürenberg, Joachim von ~ 6/153; Küstner, Friedrich ~ 6/155; Kugler, Franz (Theodor) ~ 6/156; Kugler, Franz Xaver ~ 6/156; Kuhn, Ernst W(ilhelm) A(ugust) ~ 6/159; Kuhn, Josef ~ 6/160; Kuhn, Karl-Georg ~/† 11/115; Kuhn, Richard (Johann) ~/† 6/161; Kuhn, Werner ~ 6/161; Kulisch, Max ~ 6/163; Kunheim, Hugo ~ 6/168; Kunkel, Wolfgang (Ernst Karl Friedrich) ~ 6/169; Kunze, Stefan ~ 6/173; Kurlbaum, Ferdinand ~ 6/177; Kußmaul, Adolf ~/† 6/182; Kutscher, Friedrich ~ 6/182; Kutscher, Hans ~ 6/183; Kwast-Hodapp, Frieda ~ 6/184; Laband, Paul ~ 6/188; Lachmann, Johann ~ 6/190; Ladenburg, Adalbert von ~ 6/192; Ladenburg, Albert ~ 6/192; Ladenburg, Rudolf ~ 6/193; Längin, Georg ~ 6/196; Längin, Theodor ~ 6/196; Lagemann, Clemens Heinrich ~ 6/198; Lahmann, Heinrich ~ 6/199; Lainberger, Simon ~ 6/200; Lamertz, Maximilian ~ 6/205; Lamey, (Franz Friedrich) August ~/† 6/206; Lammers, Hans Heinrich ~ 6/207; Lamp, Karl ~ 6/208; Lampadius, Jakob ~ 6/208; Lampe, Friedo ~ 6/209; Lanczkowski, Günther ~ 6/212; Landauer, Gustav ~ 6/215; Landfermann, Dietrich Wilhelm ~ 6/217; Landmann, Ludwig ~ 6/218; Landolt, Edmund ~ 6/219; Landolt, Hans (Heinrich) ~ 6/219; Landsberg, Georg ~ 6/219; Landsberg-Velen, Ignaz Graf von ~ 6/220; Landsberg-Velen, Maximilian Graf von ~ 6/220; Landshut, Siegfried ~ 6/221; Lang, Johann Jakob */~ 6/226; Lang, Johannes ~ 6/226; Lang, Konrad ~ 6/227; Lang, Viktor Edler von ~ 6/229; Lange, Johann † 6/233; Lange, Wilhelm ~/† 6/236; Langerfeldt, Gustav Anton Friedrich Frh. ~ 6/243; Langhans, Theodor ~ 6/246; Langhans, Wilhelm ~ 6/246; Langsdorff, Karl Christian von † 6/248; Langstein, Leo ~ 6/248; Langwerth von Simmern, Ernst Frh. ~ 6/248; Langwerth von Simmern, Heinrich ~ 6/248; Lanz, Karl ~ 6/250; Lapicida, Erasmus ~ 6/251; Lappe, Franz † 6/252; Laqueur, Ernst ~ 6/252; Lasch, Agathe ~ 6/254; Lask, Emil ~ 6/255; Lasker, Emanuel ~ 6/256; Laspeyres, Etienne ~ 6/258; Laspeyres, Hugo ~ 6/258; Lassar, Oskar ~ 6/259; Lassen, Christian ~ 6/260; Laub, Jakob ~ 6/263; Laur-Belart, Rudolf ~ 6/270; Lauser, Wilhelm ~ 6/271; Lautenschläger, Carl Ludwig ~ 6/272; Lautenschlager, Friedrich ~ 6/272; Lauterbach, Wolfgang Adam ~ 6/273; Lauterborn, Robert ~ 6/273; Laux, Karl ~ 6/274; Layer, Max ~ 6/276; Lazarus, Paul ~ 6/277; Leber, Theodor ~/† 6/279; Lebschée, Carl August ~ 6/281; Lechleiter, Georg ~ 6/281; Lechler, Lorenz */† 6/282; Lecküchner,

Hans (Johannes) ~ 6/283; Ledebour, Karl (Christian) Friedrich von ~ 6/284; Lederer, Emil ~ 6/284; Lefmann, Salomon ~/† 6/289; Le Fort, Gertrud (Auguste Lina Elsbeth Mathilde Petrea) Freiin von ~ 6/289; Lehmann, Fritz ~ 6/292; Lehmann, Herbert ~ 6/293; Lehmann, Jon ~ 6/294; Lehmann(-Hartleben), Karl ~ 6/294; Lehmann, Theodor ~ 6/296; Lehmann-Löw, Maria Theresia * 6/297; Lehn, Georg ~ 6/299; Lehne, Adolf ~ 6/299; Leibholz, Gerhard ~ 6/302; Leichter, Käthe ~ 6/305; Leifhelm, Hans ~ 6/306; Leipziger, Leo ~ 6/308; Lejeune, Robert ~ 6/313; Lemberg, (Max) Rudolf ~ 11/120; Lemke, Helmut ~ 6/315; Lemme, Ludwig ~/† 6/316; Lenard, Philipp ~ 6/317; Lenel, Otto ~ 6/319; Lenz, Hermann (Karl) ~ 11/120; Leonhard, Gustav von ~/† 6/328; Leonhard, Karl Caesar von ~/† 6/328; Leonhard, Rudolf ~ 6/329; Leonrod, Leopold von ~ 6/330; Leopold, Großherzog von Baden ~ 6/332; Lepsius, (Carl Georg) Richard ~ 6/337; Lerber, Helene von ~ 6/337; Lerchenfeld, Gustav Frh. von ~ 6/338; Lersner, Kurt Frh. von ~ 6/340; Leschnitzer, Adolf (Friedrich) ~ 6/341; Leser, Emanuel ~/† 6/341; Less, Emil ~ 6/343; Leszynsky, Rudolf ~ 6/348; Lettau, Reinhard ~ 6/348; Lette, (Wilhelm) Adolf ~ 6/348; Lettré, Hans (Heinrich) ~/† 6/349; Leubuscher, Georg ~ 6/350; Leuckart, Friedrich Sigismund ~ 6/352; Leunclavius, Johannes ~ 6/353; Leutheusser, Richard ~ 6/355; Leveling, Peter Theodor von ~ 6/357; Leverenz, Bernhard ~ 6/357; Levetzow, Albert Erdmann Carl Gerhard von ~ 6/357; Levi, Paul ~ 6/359; Leviné, Eugen ~ 6/359; Levy, Emil ~ 6/360; Levy, Ernst ~ 6/361; Levy, Hermann ~ 6/361; Levy, Isidor ~ 6/361; Levy, Ludwig ~ 6/361; Levy, Max ~ 6/361; Levy, Richard ~ 6/362; Lewald, Hans ~ 6/363; Lewald, Walter ~ 11/122; Lewin, Adolf ~ 6/364; Lewin, Louis ~ 6/364; Lexis, Wilhelm ~ 6/367; Leyen, Alfred von der ~ 6/370; Lieben, Adolf ~ 6/378; Lieber, Ernst (Philipp Maria) ~ 6/380; Liebermann, Carl (Theodor) ~ 6/380; Liebert, Paul ~ 6/382; Liebeschütz, Hans ~ 6/383; Liebmann, (Karl Otto) Heinrich ~ 6/387; Lienert, Meinrad ~ 6/390; Lilienfein, Heinrich ~ 6/395; Lilienthal, Karl von ~/† 6/396; Lilienthal, (Franz) Reinhold von ~ 6/397; Lindemann, Kurt ~/† 6/402; Lindenschmit, Wilhelm d. J., Ritter von ~ 6/404; Linder, Fritz ~/† 6/405; Lindwurm, Josef von ~ 6/410; Lingelsheim, (Georg) Michael ~ 6/410; Linnemann, Eduard ~ 6/413; Linser, Karl ~ 6/414; Lion, Ferdinand ~ 6/415; Lipmann, Fritz (Albert) ~ 6/416; Lipphardt, Walther ~ 6/419; Lippisch, Alexander (Martin) ~ 6/419; Lippmann, Edmund (Oscar) Ritter von ~ 6/419; Lisco, Hermann ~ 6/422; List, Herbert ~ 6/425; Livneh, Emmi ~ 6/430; Loch, Wolfgang ~ 6/433; Lockemann, Georg ~ 6/435; Lockemann, Theodor ~ 6/435; Loebell, Johann Wilhelm ~ 6/438; Loeben, (Ferdinand August) Otto Heinrich Graf von ~ 6/438; Loefen, Michael von ~ 6/439; Löffler, Mathilde † 6/441; Loehr, August (Oktavian) von ~ 11/123; Loening, Carl Friedrich ~ 6/444; Loening, Edgar ~ 6/444; Loeper, Gustav von ~ 6/445; Loersch, Hugo ~ 6/446; Loewe, Siegfried Walter ~ 6/451; Loewenberg, Jakob ~ 6/452; Löwenstein, Karl ~/† 6/455; Löwenthal, Richard ~ 6/457; Löwig, Karl Jacob ~ 6/458; Löwith, Karl ~/† 6/459; Lohmann, Karl ~ 6/462; Lohmeyer, Ernst ~ 6/463; Lohmeyer, Karl ~ 6/463; Lohse, Bernhard ~ 11/124; L'Orange, Prosper ~ 6/469; Lorch, Wilhelm ~/† 6/469; Lorenz von Bibra, Bischof von Würzburg ~ 6/471; Lorich, Gerhard ~ 6/474; Lossen, Hermann ~ 6/478; Lossen, Karl Maximilian ~ 6/478; Lossen, Wilhelm ~ 6/479; Lossow, William † 6/479; Lothar, Rudolf ~ 6/482; Lotichius Secundus, Petrus ~/† 6/482; Lotmar, Philipp ~ 6/482; Lotz, Walther † 6/484; Lubarsch, Otto ~ 6/488; Lublinski, Samuel ~ 6/489; Lucanus, Hermann von ~ 6/490; Lucius, Eugen (Nikolaus) ~ 6/492; Lucius von Ballhausen, Robert Frh. ~ 6/492; Luder, Petrus ~ 6/495; Ludwig II. der Strenge, Pfalzgraf bei Rhein, Herzog von Bayern */~ 6/500; Ludwig III. der Ältere, der Bärtige, Pfalzgraf bei Rhein, Herzog von Bayern, Kurfürst von der Pfalz ~/† 6/505; Ludwig IV., Pfalzgraf bei Rhein, Herzog von Bayern, Kurfürst von der Pfalz * 6/505; Ludwig VI., Pfalzgraf bei Rhein, Statthalter der Oberpfalz, Kurfürst von der Pfalz † 6/505; Ludwig Philipp, Pfalzgraf von Simmern, Administrator der Kurpfalz * 6/505; Ludwig, Emil ~ 6/508; Ludwig, Georg ~ 6/508; Ludwig, Wilhelm ~ 6/510; Luecke, Albert Georg ~ 6/513; Lueken, Emil (Heinrich Wilhelm) ~ 6/519; Lüppo-Cramer, Hinricus ~ 6/520; Lüroth, Jacob ~ 6/520; Lütkens, Charlotte ~ 6/523; Lütkens, Gerhart ~ 6/524; Lüttringhaus, Arthur † 6/524; Lüttringhaus, Arthur ~ 6/524; Lüttwitz, Heinrich von ~ 6/524; Lugowski, Clemens ~ 6/526; Luitpold, Josef ~ 6/528; Lukács, György von ~ 6/528; Lunge, Georg ~ 6/531; Luschka, Hubert von ~ 6/532; Luscinius, Ottmar ~ 6/533; Lust, Franz Alexander ~ 6/533; Luther, Arthur ~ 6/535; Lutz, Friedrich August ~ 6/540; Luxburg, Friedrich Karl Ludwig Reinhard Graf von ~ 6/542; Lynar, Rochus Quirinus Graf zu ~ 6/543; Maas, Hermann ~/† 6/547; Maass, Ern(e)st ~ 6/548; Maaß, Hans ~/† 11/125; Mack, Heinrich ~ 6/552; Mästlin, Michael ~ 6/560; Magnus, Rudolf ~ 6/565; Mai, Julius ~ 6/570; Maier, Heinrich ~ 6/570; Maier, Julius Joseph ~ 6/571; Maier, Reinhold ~ 6/571; Mair, Johann Ulrich ~ 6/574; Mair, Martin ~ 6/574; Makarov, Alexander ~/† 6/576; Malchus, Karl August Frh. von ~/† 6/577; Maler, Wilhelm */~ 6/578; Malfatti, Johann (Giovanni Domenico Antonio) ~ 6/578; Mallison, Heinrich ~ 6/580; Maltzahn-Gültz, Helmuth Frh. von ~ 6/582; Maltzan, Heinrich (Karl Eckard Helmuth) von ~ 6/582; Maltzan, Vollrath von ~ 6/582; Mandry, Gustav ~ 6/586; Manes, Alfred ~ 6/586; Mangoldt-Reiboldt, Ursula-Ruth von ~ 6/589; Mann, Golo ~ 6/590; Mannesmann, Reinhard ~ 6/595; Mannhardt, Johann Wilhelm ~ 6/595; Mannheim, Karl ~ 6/595; Manteuffel-Szoege, Georg Baron von ~ 6/601; Marchionini, Alfred ~ 6/606; Marcks, Erich ~ 6/607; Marcus, Ernst ~ 6/609; Margarethe, Pfalzgräfin bei Rhein, Herzogin von Lothringen ~ 6/614; Marggraff, Hermann ~ 6/616; Marheineke, Philipp Konrad ~ 6/617; Marius, Georg ~/† 6/624; Marius, Wolfgang ~ 6/624; Marquardsen, Heinrich ~ 6/629; Marschak, Jacob ~ 6/630; Marschalk de Grohenberg, Nikolaus ~ 6/630; Marschall von Bieberstein, Adolf (Hermann) Frh. ~ 6/631; Marsilius von Inghen ~/† 6/632; Martens, Theodor (Dietrich) ~ 6/633; Martin, Eduard Arnold */~ 6/636; Martin, Ernst ~ 6/636; Martin, Helmut ~ 11/127; Martius, Georg (Feodor Albert) ~ 6/642; Marum, Ludwig ~ 6/643; Marx, Karl (Friedrich Heinrich) ~ 6/645; Marx, Werner ~ 6/648; Maschke, Erich ~/† 11/127; Mastiaux, Kaspar Anton Frh. von ~ 6/652; Mathy, Karl ~ 6/656; Mattes, Wilhelm ~ 6/659; Matthäus von Krakau, Bischof von Worms ~ 6/659; Matthaeus, Anton ~ 6/660; Matthes, Karl ~/† 6/660; Matthias von Ram(m)ung, kurpfälzischer Kanzler, Bischof von Speyer */~/† 6/662; Matthias von Kemnat ~/† 6/662; Matzig, Richard (Blasius) ~ 6/665; Maurer, Friedrich ~ 6/669; Maurer, Friedrich ~ 6/669; Maurer, Georg Ludwig Ritter von ~ 6/670; Maurina, Zenta ~ 6/670; May, Franz Anton */~ 7/1; Mayer, Adolf (Eduard) ~/† 7/5; Mayer, (Christian Gustav) Adolph */5; Mayer, Christian ~ 7/6; Mayer, Gustav ~ 7/7; Mayer, Hans Ferdinand ~ 7/7; Mayer, Helene † 7/8; Mayer, Martin ~ 7/10; Mayer, Otto ~ 7/10; Mayer, Siegmund ~ 7/11; Mayer, Wilhelm ~ 7/12; Mayer-Gross, Willy ~ 7/12; Mayrhofer, Bernhard ~ 7/17; Mechthild, Gräfin von Württemberg, Erzherzogin von Österreich */~/† 7/19; Medicus, Friedrich Casimir ~ 7/22; Medicus, Ludwig Wallrad ~ 7/23; Meding, (Johann Ferdinand Martin) Oskar ~ 7/23; Meerwarth, Rudolf ~ 7/25; Meiche, Alfred ~ 7/29; Meidinger, Heinrich ~ 7/29; Meier, Ernst von ~ 7/30; Meier, Harri ~ 11/128; Meinhold ~/† 7/36; Meisel, James Hans ~ 7/38; Meisenheimer, Jakob ~ 7/39; Meisenheimer, Johannes ~ 7/39; Meissner, Hans-Otto ~ 7/41; Meister des Hausbuchs ~ 7/44; Meister, Ernst ~ 7/46; Meister, Karl ~/† 7/47; Meitzen, August ~ 7/48; Melanchthon, Philipp ~ 7/49; Melissus, Paulus ~/† 7/53; Melle, Werner von ~ 7/53; Mendelssohn Bartholdy, Albrecht ~ 7/60; Mendelssohn Bartholdy, Paul ~ 7/61; Meng, Heinrich ~ 7/61; Mercy, Heinrich */~ 7/69; Merk, Walther ~ 7/72; Merk, Wilhelm ~ 7/72; Merker, (Ernst) Paul ~ 7/74; Merx,

Adalbert (Ernst Otto) † 7/79; Merz, Kurt Walter ~ 7/80; Meschendörfer, Adolf ~ 7/81; Messer, August ~ 7/83; Metlinger, Bartholomäus ~ 7/86; Mette, Alexander ~ 7/86; Mettenius, Georg Heinrich ~ 7/87; Metz, August(in) ~ 7/90; Metz, Carl */~/† 7/90; Metz, Friedrich ~ 7/90; Metzger, Wolfgang */~ 7/92; Metzke, Erwin ~ 7/92; Meurer, Noë † 7/95; Meyer, Bernhard Ritter von ~ 7/98; Meyer, Christian Erich Hermann ~ 7/99; Meyer, Ernst (Sigismund Christian) von ~ 7/100; Meyer, Ernst Hermann ~ 7/101; Meyer, Georg ~/† 7/102; Meyer, Georg Hermann von ~ 7/102; Meyer, Hans Leopold ~ 7/104; Meyer, Heinrich ~ 7/104; Meyer, Hermann (August Heinrich) ~ 7/105; Meyer, (Julius) Lothar von ~ 7/108; Meyer, Moritz ~ 7/108; Meyer, Oskar Emil ~ 7/109; Meyer, Richard (Emil) ~ 7/109; Meyer, Robert ~ 11/130; Meyer, Victor ~/† 7/111; Meyer-Leviné, Rosa ~ 7/113; Meyer-Lindenberg, Hermann ~ 7/113; Meyer von Schauensee, Plazid ~ 7/114; Meyer von Schauensee, Renward ~ 7/114; Meyerhof, Otto ~ 7/116; Meynberger, Friedrich ~ 7/117; Meyr, Melchior ~ 7/118; Miaskowski, August von ~ 7/119; Michel, Ernst ~ 7/124; Michels, Viktor ~ 7/127; Michelsen, Andreas Ludwig Jacob ~ 7/127; Micyllus, Jacobus ~/† 7/128; Mie, Gustav Adolf Feodor Wilhelm ~ 7/130; Mieg, Arnold Ritter von * 7/130; Mieg, Johann Friedrich ~/† 7/132; Mierendorff, Carlo ~ 7/132; Mießner, Wilhelm Hans Paul ~ 7/134; Milch, Ludwig ~ 7/138; Miller zu Aichholz, Viktor von ~ 7/144; Milojčić, Vladimir ~/† 7/145; Mintrop, Ludger (Benedict) † 7/148; Miquel, Johannes von ~ 7/149; Misch, Ludwig ~ 7/152; Mitgau, (Johann[es]) Hermann ~ 7/153; Mitscherlich, Alexander ~ 7/154; Mitscherlich, Eilhard ~ 7/155; Mittasch, (Paul) Alwin † 7/155; Mitte de Caprariis, Petrus ~ 7/156; Mitteis, Heinrich ~ 7/156; Mittermaier, Karl Joseph Anton ~/† 7/157; Mittermaier, Wolfgang Georg Gottfried */~/† 7/158; Mittnacht, Hermann (Friedrich Karl) Frh. von ~ 7/159; Mitzenheim, Moritz ~ 7/159; Mitzka, Walther ~ 7/160; Möbius, Martin ~ 7/162; Möhrle, Eduard ~ 7/166; Moellendorff, Wilhelm von ~ 7/167; Moeller, Eduard von ~ 7/168; Mönckeberg, Johann Georg ~ 7/173; Moericke, Dagobert ~ 7/173; Mohl, Robert von ~ 7/179; Mohr, Ernst ~/† 7/182; Mohr, (Carl) Friedrich ~ 7/182; Mohr, Jacob Christian Benjamin ~/† 7/183; Mohr, Werner ~ 7/184; Mojsisovics von Mojsvár, Roderich Edler ~ 7/186; Molckenbuhr, Marcellin(us) ~ 7/186; Moleschott, Jacob ~ 7/187; Molitor, Karl ~ 7/189; Moll, Bruno ~ 7/190; Mollison, Theodor ~ 7/192; Mombert, Alfred ~ 7/195; Mombert, Paul ~ 7/195; Mommsen, Ernst Wolf ~ 7/195; Mommsen, Wolfgang ~ 7/197; Mond, Ludwig ~ 7/197; Mone, Franz Joseph ~ 7/198; Montenuovo, Alfred Fürst von ~ 7/200; Moos, Heinz ~ 7/203; Moos, Salomon ~/† 7/204; Moosbrugger, Leopold ~ 7/205; Moras, Joachim ~ 7/206; Morata, Olympia Fulvia ~/† 7/206; Morawitz, Paul (Oskar) ~ 7/206; Morel, Karl ~ 7/208; Moritz, Graf von Nassau-Katzenelnbogen, Prinz von Oranien, Statthalter von Holland, Seeland, Geldern, Utrecht, Overijssel, Groningen und Drenthe ~ 7/215; Moro, Ernst ~/† 7/218; Morsheim, Johann von ~ 7/219; Morwitz, Ernst ~ 7/220; Moschel, Wilhelm ~ 7/220; Moser, Anton ~ 7/222; Moser, Hans Joachim ~ 7/225; Moser, Helmut */~ 7/225; Moser, Joseph ~ 7/226; Moses, Siegfried ~ 7/229; Mosle, Johann Ludwig ~ 7/230; Moßbrugger, Leopold von ~ 7/231; Moszkowski, Alexander ~ 7/232; Motta, Giuseppe ~ 7/233; Moulin-Eckart, Richard Graf du ~ 7/234; Muck, Carl ~ 7/238; Mühlenbruch, Christian Friedrich ~ 7/241; Mühlenfels, Ludwig von ~ 7/242; Mühlmann, Wilhelm Emil ~ 7/243; Müller, Eberhard ~/† 7/251; Müller, Eugen ~ 7/255; Müller, Franz ~ 7/256; Müller, Heinrich ~ 7/263; Müller, Johann Josef ~ 7/269; Müller, John W. Frh. von ~ 7/271; Müller, Karl Emanuel ~ 7/274; Müller, Wilhelm ~ 7/283; Müller, Wilhelm Carl Gottlieb ~ 7/283; Müller-Braunschweig, Carl ~ 7/285; Müller-Clemm, Hellmuth ~ 7/285; Müller-Hess, Eduard ~ 7/287; Müller-Wulckow, Walter Lothar ~ 7/292; Müllner, Johannes ~ 7/292; Münchhausen, Börries Frh. von ~ 7/294; Münsinger, Albrecht ~ 7/296;

Münsinger, Heinrich ~ 7/296; Münster, Sebastian ~ 7/297; Münsterberg, Hugo ~ 7/297; Muheim, Karl ~ 7/304; Mulzer, Karl Christoph Frh. von ~ 7/305; Mumm von Schwarzenstein, Alfons Frh. von ~ 7/306; Mumm von Schwarzenstein, (Daniel) Heinrich ~ 7/306; Munk, Marie ~ 7/308; Munzinger, Ludwig ~ 7/310; Muralt, Alexander von ~ 7/310; Murnau, Friedrich Wilhelm ~ 7/312; Murrho, Sebastian ~ 7/314; Muther, Richard ~ 7/320; Muthmann, Wilhelm ~ 7/320; Mutzenbecher, (Gustav) Wilhelm ~ 7/322; Nachmann, Werner ~ 7/326; Nachmansohn, David ~ 7/326; Nadler, Karl (Christian) Gottfried */~/† 7/329; Näff, Wilhelm Matthias ~ 7/330; Nägele, Franz Carl Joseph ~/† 7/331; Nägeli, Oskar ~ 7/332; Napp-Zinn, Anton Felix ~ 7/339; Narath, Albert ~ 7/340; Nathan, Paul ~ 7/343; Nathorff, Hertha ~ 7/343; Nathusius, Martin Friedrich Engelhard von ~ 7/344; Neal, Heinrich Maria ~/† 7/352; Neander, (Johann) August (Wilhelm) ~ 7/352; Neander, Joachim ~ 7/353; Neckel, Gustav (Karl Paul Christoph) ~ 7/354; Neef, Ernst ~ 11/134; Neff, Alfred (Heinrich) ~ 11/134; Negelein, Paul ~ 11/135; Neinhaus, Karl ~ 7/360; Nell, Walter ~ 7/362; Nelson, Leonard ~ 7/363; Neßler, Julius ~ 7/366; Netscher, Caspar * 7/369; Neu, Maximilian ~/† 7/370; Neubert-Drobisch, Walther ~ 7/373; Neuburger, Paul ~ 7/375; Neuffer, Hans ~ 7/376; Neufville, Gerhard de ~ 7/376; Neuhaus, Albert ~ 7/378; Neumann, Ernst Richard ~ 7/382; Neumann, Fritz ~/† 7/383; Neumann, Hans Otto ~ 7/383; Neumann, Hugo ~ 7/384; Neumann, Karl Friedrich ~ 7/385; Neumann, Rudolf Otto ~ 7/386; Neumann, Siegmund ~ 7/386; Neumar, Rudolf ~ 7/388; Neumayr, Melchior ~ 7/390; Neurath, Otto (Karl Wilhelm) ~ 7/392; Neven Du Mont, Jürgen ~ 7/396; Nevermann, Hans (Paul Friedrich Wilhelm) ~ 11/140; Nicolai, Georg (Friedrich) ~ 7/399; Nicolaier, Arthur ~ 7/401; Niebergall, Friedrich ~ 7/402; Niemeyer, Theodor ~ 7/410; Niemeyer, Wilhelm ~ 11/141; Niessen, Carl (Hubert) ~ 7/412; Niggli, Arnold ~ 7/417; Nikolaus von Kues ~ 7/419; Nipperdey, Hans Carl ~ 7/421; Nippold, Friedrich ~ 7/423; Nissl, Franz (Alexander) ~ 7/425; Nittinger, Karl Georg Gottlob ~ 7/426; Nitze, Maximilian ~ 11/142; Nöll von der Nahmer, Robert Philipp ~ 7/431; Noether, Max ~ 7/432; Nohl, (Karl Friedrich) Ludwig ~/† 7/433; Nokk, Wilhelm ~ 7/433; Noll, Fritz ~ 7/434; Noller, Alfred ~ 7/435; Nolting-Hauff, Ilse ~ 7/435; Nonne, Max ~ 7/436; Nonnenmann, Klaus ~ 7/436; Oberheid, Heinrich (Josef) ~ 11/145; Oberkamp, Franz Joseph von ~/† 7/453; Obermann, Emil ~ 7/455; Obermayer, Johann Leonhard ~ 7/455; Oberndorff, Alfred Graf von ~/† 7/456; Oberndorff, Franz Albert (Fortunat Leopold) Frh. von, seit 1790 Reichsgraf ~ 11/146; Oberth, Hermann (Julius) ~ 7/457; Obrist, Hermann ~ 7/459; Obser, Karl ~ 7/459; Ochs, Karl Wilhelm ~ 7/460; Ochs, Siegfried ~ 7/460; O'Daniel, Herbert ~ 11/146; Oebbeke, Konrad ~ 7/462; Oeftering, Wilhelm Engelbert ~ 7/463; Oehler, Karl Gottlieb Reinhard ~ 7/464; Oehme, Curt (Oskar Alfred) ~/† 7/465; Oehme, Ruthardt (Alexander Johannes) ~ 11/147; Oekolampad, Johannes ~ 7/466; Oertel, (Friedrich Philipp) Wilhelm ~ 7/470; Oesterlen, Friedrich ~ 7/472; Österreicher, Heinrich ~ 7/472; Oestreich, Gerhard ~ 7/473; Oettingen, Hans (-Georg) von * 7/475; Olden, Rudolf ~ 7/484; Olevianus, Kaspar ~ 7/487; Olshausen, (Hermann) Otto (Wilhelm) ~ 7/490; Olt, Adam ~ 7/491; Oncken, August */~ 7/492; Oncken, Hermann ~ 7/492; Oncken, Wilhelm */~/† 7/492; Opitz, Martin ~ 7/495; Opiz, Georg Emanuel ~ 7/496; Oppenheim, Alphons ~ 7/498; Oppenheim, Dagobert ~ 11/151; Oppenheim, Franz ~ 11/151; Oppenheim, Heinrich Bernhard ~ 7/498; Oppenheim, Lassa (Francis Lawrence) ~ 11/151; Oppenheimer, Josef Süß * 7/500; Oppenheimer, Samuel * 7/501; Oppenheimer, Zacharias Hugo ~/† 7/501; Oppert, Julius ~ 7/501; Orth, Johannes ~ 7/508; Osann, Carl Alfred ~ 7/510; Osborn, Max ~ 7/510; Ostendorf, Friedrich ~ 7/515; Osthoff, Hermann ~/† 7/519; Othmayr, Caspar ~ 7/523; Ott, Alfred E. ~ 7/524; Otten, Ignaz Anton Frh. von (Reichsfreiherr 1705) ~ 11/153; Otter, Jakob ~ 7/526; Otto I., Pfalzgraf von Mosbach und Neumarkt ~

11/153; Otto Heinrich, Pfalzgraf bei Rhein, Kurfürst von der Pfalz ~/† 7/532; Otto von Ziegenhain, Erzbischof von Trier ~ 11/153; Otto von Speyer ~ 7/534; Otto, Eberhard ~ 7/534; Otto, Wilhelm ~ 7/537; Overbeck, Fritz ~ 7/539; Overweg, August ~ 7/540; Ow-Wachendorf, Hans Otto Frh. von ~ 7/541; Paatz, Walter ~/† 7/544; Pächt, Otto ~ 7/547; Pagel, Walter ~ 11/155; Pagenstecher, (Friedrich Hermann) Alexander ~ 7/548; Pagin, Ferdinand ~ 7/549; Palgen, Rudolf ~ 7/550; Paltz, Johann (Jeusser) von ~ 7/553; Paneth, Josef ~ 7/554; Pankow, Otto ~ 7/556; Pantaleon, Heinrich ~ 7/557; Panzer, Friedrich (Wilhelm) ~/† 7/557; Pape, Carl ~ 7/558; Pappenheim, Martin ~ 7/560; Paquet, Alfons ~ 7/561; Paret, Rudi ~ 7/563; Pareus, David ~/† 7/563; Passarge, Ludwig ~ 7/567; Passavant, Johann Karl ~ 7/568; Passow, Adolf ~ 7/568; Patow, (Erasmus) Robert Frh. von ~ 7/570; Patry, Albert ~ 7/571; Pattenhausen, Hellmuth ~ 7/571; Paulus, (Elisabeth Friederike) Caroline ~/† 7/580; Paulus, Heinrich Eberhard Gottlob ~/† 7/581; Pauly, August Friedrich von ~ 7/581; Pause, Walter * 7/583; Paweck, Heinrich ~ 7/583; Pawel-Rammingen, Rudolf von ~ 7/583; Pebal, Leopold von ~ 7/585; Peez, August Heinrich ~ 7/588; Penck, Walther ~ 7/594; Perron, Oskar ~ 7/604; Pescatore, Gustav ~ 7/607; Peschel, Oscar (Ferdinand) ~ 7/608; Peschin, Gregor ~/† 7/608; Pesl, Ludwig Daniel ~ 7/609; Peters, Albrecht ~/† 7/615; Peters, Johannes ~ 7/616; Petersen, Carl Wilhelm ~ 7/618; Petersen, Karl Friedich ~ 7/619; Petri, Emil ~ 7/622; Petrus von Schaumberg, Bischof von Augsburg, Kardinal ~ 7/623; Petsch, Robert ~ 7/623; Pettendorfer, Johannes ~ 7/624; Pettersch, Karl Hugo ~ 7/626; Pfannenstiel, Max (Jakob) ~ 7/635; Pfau, (Karl) Ludwig ~ 7/637; Pfeffer, Otto */~ 7/638; Pfeifer, Gottfried (Georg) ~ 11/157; Pfeifer, Ernst Friedrich ~ 11/158; Pfeiffer, Johannes ~ 7/641; Pfeiffer, Maximilian ~ 7/641; Pfeiffer-Belli, Erich * 7/642; Pfeilschifter, Julie Sophie Marie Agathe von ~ 7/644; Pfeufer, Karl von ~ 7/646; Pfeufer, Sigmund Heinrich Frh. von ~ 7/646; Pfister, Friedrich Eduard ~ 7/646; Pfitzer, Ernst ~/† 7/647; Pfleiderer, Otto ~ 7/649; Pfordten, Ludwig Frh. von der ~ 7/651; Pfordten, Otto Frh. von der ~ 7/651; Pfyffer von Altishofen, Kasimir ~ 7/653; Philipp, Pfalzgraf bei Rhein, Bischof von Freising, Administrator von Naumburg * 7/654; Philipp der Aufrichtige, Kurfürst der Pfalz ~ 7/655; Philipp I., Herzog von Pommern-Wolgast ~ 7/656; Philipp II. von Flersheim, Bischof von Speyer ~ 7/656; Picard, Jacob ~ 7/659; Picard, Max ~ 7/660; Piccard, Jules ~ 7/660; Pichler, Hans ~ 7/661; Picht, Georg ~ 7/662; Pick, Friedrich (Gottfried) ~ 7/663; Piderit, Theodor ~ 7/664; Pier, Matthias ~/† 7/666; Pinkas, Adolf Maria ~ 7/673; Pirker, Theo ~ 7/678; Piscator, Johannes ~ 7/679; Pithopoeus, Lambertus Ludolfus ~/† 7/681; Pitiscus, Bartholomeo ~/† 7/681; Planta, Andreas Rudolf ~ 7/685; Planta, Peter Conradin von ~ 7/685; Plenge, Johann (Max Emanuel) ~ 7/693; Pleschner, Hans Gallus ~ 7/694; Plessner, Helmuth ~ 7/694; Plücker, Julius ~ 8/5; Plügge, Herbert ~ 8/6; Pockels, Friedrich Carl Alwin ~/† 8/7; Pöschl, Viktor ~/† 8/15; Pogge, Paul ~ 8/17; Pohl, Robert (Wichard) ~ 8/19; Pohle, Wolfgang ~ 8/20; Polak, Karl ~ 8/23; Polanus von Polansdorf, Amandus ~ 8/23; Pollatschek, Walther ~ 8/28; Pommersfelden, Lorenz Truchseß von ~ 8/31; Ponfick, Emil ~ 8/31; Pongs, Hermann ~ 8/32; Poppen, Hermann Meinhard ~ 8/35; Port, Gottlieb ~ 8/39; Posselt, Ernst Ludwig † 8/44; Posthius, Johannes ~ 8/45; Praechter, Karl * 8/49; Prausnitz, Wilhelm ~ 8/55; Precht, Julius ~ 8/56; Preisendanz, Karl (Lebrecht) ~/† 8/58; Preiser, Erich ~ 8/58; Preiswerk-Becker, Heinrich ~ 8/60; Prerauer, Walter ~ 8/63; Pressentin, Adolf von ~ 8/64; Presser, Helmut ~ 11/160; Preuß, Hugo ~ 8/65; Preyer, William Thierry ~ 8/67; Prieger, Erich ~ 8/68; Pringsheim, Alfred ~ 8/70; Pringsheim, Ernst ~ 8/70; Pringsheim, Fritz ~ 8/71; Prinzhorn, Hans ~ 8/73; Prokosch, Eduard ~ 8/79; Pross, Helge ~ 8/80; Pruckner, Dionys † 8/81; Prüfer, (Hermann Bernhard) Arthur ~ 8/81; Prym, Friedrich Emil ~ 8/83; Przybyllok, Erich ~ 8/83; Pufendorf, Samuel Frh.

8/513; Sarre, Friedrich ~ 8/520; Sartorius, Otto ~ 8/521; Sauerländer, Johann David ~ 8/528; Sauermann, Heinz ~ 8/529; Sauerwein, Johann Wilhelm ~ 8/529; Savoye, Joseph ~ 8/533; Schachermeyr, Fritz ~ 8/538; Schachner-Korn, Doris ~/† 8/539; Schack, Adolf Friedrich Graf von ~ 8/541; Schackow, Albrecht ~ 11/167; Schäfer, Dietrich ~ 8/546; Schäfer, Hermann (Rudolf) ~ 8/547; Schäfer, Klaus ~/† 11/167; Schätzlein, Christian ~ 8/553; Schäzler, (Johann Lorenz) Konstantin Frh. von ~ 8/555; Schalch, Ferdinand ~ 8/559; Schalling, Martin ~ 8/562; Schannat, Johann Friedrich † 8/563; Schardt, Hans ~ 8/566; Schasler, Max (Alexander Friedrich) ~ 8/572; Schatzgeyer, Kaspar ~ 8/573; Schauberg, Joseph ~ 8/574; Schaumberg, Peter von ~ 8/577; Schede, Franz Ludwig ~ 8/579; Schede, Max (Eduard Hermann Wilhelm) ~ 8/579; Scheel, Gustav Adolf ~ 11/168; Scheer, Jens ~ 8/582; Scheffel, Joseph Viktor von ~ 8/583; Schefold, Karl ~ 11/168; Schelcher, Walter (Friedrich Ernst) ~ 11/169; Scheliha, Rudolf von ~ 8/592; Schellenberg, Gustav (August Ludwig David) ~ 8/594; Schelling, Konrad */~ 8/597; Schellong, Friedrich ~ 8/597; Schemann, Ludwig ~ 8/599; Schenck, Gerhard ~ 8/600; Schenk, Friedrich (Franz Karl) ~ 8/602; Schenk, (Heinrich Eduard) Paul ~ 8/603; Schenk von Stauffenberg, Alexander Graf ~ 8/604; Schenkel, (Georg) Daniel ~/† 8/606; Schenkel, Karl ~ 8/606; Schenker, Gottfried ~ 8/607; Schepp, Friedrich (Wilhelm) ~ 8/608; Scherer, Anton ~/† 11/169; Scherer, Joseph ~ 8/610; Schettler, Gotthard ~/† 8/616; Scheurl von Defersdorf, Christoph ~ 8/619; Schick, Joseph ~ 8/621; Schieck, Franz ~ 8/624; Schieske, Alfred ~ 8/629; Schiff, Moritz ~ 8/630; Schildknecht, Hermann ~/† 11/169; Schiller, Karl (August Fritz) ~ 8/637; Schimper, Karl Friedrich ~ 8/642; Schirmer, Walter F(ranz) ~ 8/649; Schlatter, Carl ~ 8/656; Schlatter, Georg Friedrich ~ 8/656; Schlegel, Theodul ~ 8/662; Schleiden, Matthias Jakob ~ 8/664; Schlenther, Paul ~ 8/670; Schlesinger, Ludwig ~ 8/671; Schletterer, Hans Michael ~ 8/672; Schlick, Arnold */~/† 8/675; Schlick, (Friedrich Albert) Moritz ~ 8/675; Schliephake, Theodor (F. W.) ~/† 8/678; Schlink, Edmund (Wilhelm Ludwig) ~/† 8/679; Schlippe, Karl Friedrich † 8/679; Schlosser, Friedrich Christoph † 8/684; Schlosser, Julie ~ 8/685; Schlosser, Philipp Kasimir ~ 8/685; Schmähl, Dietrich ~ 8/690; Schmaltz, Kurt Robert ~/† 8/692; Schmeil, Otto ~/† 8/694; Schmid, Hans Hermann ~ 8/702; Schmid, Leopold ~ 8/704; Schmid-Bloss, Karl ~ 8/706; Schmid Noerr, Friedrich Alfred ~ 8/707; Schmid-Wildy, Ludwig ~ 8/707; Schmidt, Adolf ~/† 9/1; Schmidt, Albrecht ~ 9/2; Schmidt, Eberhard (Ludwig Ferdinand) ~/† 9/4; Schmidt, Friedrich Karl ~/† 9/6; Schmidt, Georg Benno ~/† 9/8; Schmidt, Joseph Hermann ~ 9/13; Schmidt, Martin † 9/15; Schmidt, Martin Benno ~ 9/15; Schmidt, Otto Theodor ~/† 11/170; Schmidt, Philipp Anton ~ 9/18; Schmidt-Heyder, (Johann) Adolph ~ 9/23; Schmidt-Isserstedt, (Paul) Hans (Ernst) ~ 9/23; Schmidt-Osten, Hans */~ 9/24; Schmidt-Ott, Friedrich ~ 9/24; Schmidt-Weißenfels, Eduard ~ 9/26; Schmieder, Oskar ~ 9/28; Schmieder, Wolfgang ~ 9/28; Schmitt, Georg Philipp ~/† 9/31; Schmitt, Josef ~ 9/32; Schmitt, Kurt (Paul) */† 9/32; Schmitt, Nikolaus Eduard ~ 9/32; Schmitthenner, Adolf ~/† 9/34; Schmitthenner, Heinrich (Wilhelm) ~ 9/34; Schmitthenner, (Ludwig Wilhelm Martin) Paul ~/† 9/34; Schmitthenner, Walter ~ 9/35; Schmittmann, Heinrich ~ 9/35; Schmitz, (Heinrich Gustav) Hermann † 9/36; Schmitz, Oskar A(dolf) H(ermann) ~ 9/37; Schmitz, Viktor A(ugust) ~/† 9/37; Schmückle, Georg ~ 9/40; Schnaase, Carl (Julius Ferdinand) ~ 9/42; Schnabel, Franz ~ 9/42; Schnack, Friedrich ~ 9/44; Schnappinger, Bonifaz Martin ~ 9/45; Schnaudigel, Otto (Franz August) ~ 9/46; Schnauffer, Karl Heinrich ~ 9/46; Schneider, Carl ~ 9/50; Schneider, Heinrich ~ 9/55; Schneider, Kurt ~/† 9/57; Schneider, Lambert ~/† 9/57; Schnell, Karl ~ 9/62; Schnepf, Erhard ~ 9/64; Schniewind, Otto ~ 9/64; Schnuse, Christian Heinrich ~ 11/171; Schoch, Johannes ~ 9/73; Schöberlein, Ludwig Friedrich ~ 9/75; Schöfferlin, Bernhard ~ 9/76; Schöffler, Heinz ~ 9/76; Schöffling, Karl

~ 9/77; Schoeller, Julius Victor ~ 9/78; Schön, Michael ~ 9/81; Schoen, Rudolf ~ 9/81; Schoen, Wilhelm Albrecht Frh. von ~ 9/82; Schönberger-Mahler, Margarethe ~ 9/86; Schönborn-Wiesentheid, Erwein Clemens Chlodwig Graf von ~ 9/88; Schönborner, Georg Herr von und zu S. und Ziesendorf ~ 9/88; Schönenberg, Georg von ~ 9/91; Schönfeld, Herbert ~ 9/93; Schönfeld, Walther † 9/94; Schoeps, Hans-Joachim ~ 9/103; Scholl, Carl ~ 9/105; Scholtissek, Herbert ~ 9/107; Scholtz, (Moritz Wilhelm) Walther ~ 9/107; Scholz, Ernst ~ 9/108; Scholz, Gerhard ~ 9/109; Schomberg, Friedrich Hermann Graf von * 9/112; Schopper, Jakob ~ 9/116; Schorn, Heinrich ~ 9/118; Schott, Ehrhart */~/† 9/120; Schott, Gerhard ~ 9/120; Schott, Johann ~ 9/121; Schott, Siegfried ~ 9/122; Schott, Sigmund ~/† 9/122; Schottlaender, Julius (Gustav Adam) ~ 9/123; Schottlaender, Rudolf ~ 9/123; Schrade, Leo ~ 9/124; Schramm, Friedrich ~ 9/128; Schramm, Max ~ 9/129; Schramm, Percy Ernst ~ 9/129; Schrautenbach, Balthasar ~ 9/131; Schreck, Eugen ~ 9/132; Schreiber, Aloys Wilhelm ~ 9/134; Schreus, Hans Theodor ~ 9/142; Schreyer, Lothar ~ 9/143; Schröder, (Friedrich Wilhelm Karl) Ernst ~ 9/145; Schröder, Franz Rolf ~ 9/146; Schröder, Paul ~ 9/150; Schroeder, Richard (Karl Heinrich) ~/† 9/150; Schröder, Robert ~ 9/150; Schröter, Karl ~ 9/156; Schubart, Johann Heinrich Christian ~ 9/159; Schubert, Carl (Theodor Conrad) von ~ 9/160; Schubert, Hans von ~/† 9/163; Schubert, Richard ~ 9/164; Schubotz, (Johann G.) Hermann ~ 9/165; Schuchhardt, Carl ~ 9/167; Schuchhardt, Walter-Herwig ~ 9/167; Schücking, Levin ~ 9/168; Schühly, Alfred ~ 9/169; Schüle, Heinrich ~ 9/169; Schüller, Arno ~/† 9/170; Schürer, Emil (Johannes) ~ 9/172; Schürer, Oskar † 9/173; Schürmayer, Ignaz Heinrich ~ 9/173; Schürmeyer, Walter ~ 9/173; Schüssler, Wilhelm ~ 9/174; Schütt, Franz ~ 9/174; Schütte, Ernst ~ 9/175; Schulenburg, Friedrich Graf von der ~ 9/182; Schultz, (Heinrich) Hermann ~ 9/190; Schultze, Alfred ~ 9/192; Schultze, Friedrich ~ 9/193; Schulz, Friedrich von ~ 9/196; Schulz, Hugo ~ 9/196; Schulze, Ernst (August) ~ 9/199; Schulze-Gävernitz, Gerhart von ~ 9/201; Schulze-Gävernitz, Hermann von ~/† 9/201; Schumacher, Karl ~ 9/203; Schumann, Friedrich Karl ~ 9/206; Schumann, Robert (Alexander) ~ 9/207; Schunn, Heinrich † 9/210; Schwab, Alexander ~ 9/216; Schwan, Christian Friedrich ~/† 9/221; Schwarz, Friedrich Heinrich Christian ~/† 9/226; Schwarzschild, Heinrich ~ 9/232; Schweinfurth, Georg ~ 9/236; Schweinfurth, Philipp ~ 9/237; Schweitzer, Bernhard (Heinrich Eduard Stephan Robert) ~ 9/239; Schweitzer, Johann Baptist von ~ 9/239; Schwerin, Maximilian von ~ 9/244; Schwering, Julius ~ 9/245; Scioppius, Gaspar ~ 9/247; Scultetus, Abraham ~ 9/249; Seeck, Adelheid ~ 9/256; Seeger, Ernst ~ 9/257; Seelig, Wilhelm ~ 9/259; Seeliger, Hugo (Hans) Ritter von ~ 9/260; Seeliger, Rudolf ~ 9/260; Seeßberg, Friedrich ~ 9/261; Segesser von Brunegg, Anton Philipp ~ 9/262; Seghers, Anna ~ 9/263; Seibertz, Johann Suitbert ~ 9/264; Seifert, Hans (Julius Carl) ~ 9/270; Seifert, (Karl Johannes) Herbert ~/† 9/270; Seiffert, Alfred ~/† 9/270; Seifriz, Adalbert ~ 9/271; Seilern, Johann Friedrich Reichsgraf ~ 9/272; Seiterich, Eugen ~ 9/273; Seitz, Ludwig ~ 9/275; Sekles, Bernhard ~ 9/276; Selb, Walter ~ 11/174; Seligsohn, Arnold ~ 9/278; Sell, Georg Wilhelm August ~ 9/278; Sellier, Arthur ~ 9/279; Selz, Otto ~ 9/281; Semon, Richard Wolfgang ~ 9/284; Sengle, Friedrich ~ 9/288; Serr, Johann Jakob ~/† 9/292; Seuffert, Hermann ~ 9/294; Seuffert, Walter ~ 9/294; Sexau, Richard Wilhelm ~ 9/296; Seybold, August ~/† 9/296; Sickinger, (Joseph) Anton ~ 9/303; Siebeck, Richard ~/† 9/304; Sieburg, Friedrich ~ 9/308; Siegel, Heinrich ~ 9/310; Siegfried, Herbert ~ 9/312; Siegrist, Hans Emil ~ 9/315; Siegrist, Reinhold ~ 9/316; Siegwart-Müller, Constantin ~ 9/316; Siemens, Hermann von ~ 9/317; Siemens, Wilhelm von ~ 9/319; Sieveking, Kurt ~ 9/321; Sieverts, Rudolf (Hubert) † 9/322; Sillib, Rudolf ~ 9/328; Simmel, Georg ~ 9/329; Simon, Gustav ~/† 9/331; Simon, Kurt ~ 9/333; Simon,

10/102; Tscharner, Eduard Horst von ~ 10/104; Tschermak-Seysenegg, Armin von ~ 10/105; Tschernembl, Georg Erasmus Frh. von ~ 10/106; Tschiżewskij, Dmitrij ~/† 10/108; Tucher, Sixtus ~ 10/111; Tucher von Simmelsdorf, Gottlieb Sigismund von ~ 10/111; Tuhr, Andreas von ~ 10/115; Turban, Ludwig (Karl Friedrich) ~ 10/117; Twesten, Karl ~ 10/119; Uexküll, Jakob (Johann) Baron von ~ 10/125; Uhde, Wilhelm ~ 10/127; Uhde-Bernays, Hermann (Hans Friedrich) ~ 10/127; Uhden, Carl Albrecht Alexander von ~ 10/127; Uhlig, Carl */~ 10/130; Uhlmann, Ernst ~ 10/131; Ullmann, Carl Christian ~ 10/136; Ullmann, Emanuel Ritter von ~ 10/136; Ullrich, Otto ~ 10/138; Ullstein, Franz (Edgar) ~ 10/139; Ulmer, Eugen ~/† 10/141; Ulrich, Konrad ~ 10/147; Umber, Friedrich ~ 10/148; Umbreit, Friedrich Wilhelm Karl ~/† 10/149; Ungeheuer, Edgar ~ 10/152; Unger, Rudolf ~ 10/155; Unna, Paul Gerson ~ 10/157; Unruhe-Bomst, Hans Wilhelm Frh. von ~ 10/158; Unterholzner, Karl August Dominikus ~ 10/160; Ursinus, Zacharias ~ 10/168; Usener, Hermann (Karl) ~ 10/170; Usinger, Fritz ~ 10/170; Valentin, Bruno ~ 10/177; Valentin, Veit ~ 10/178; Valentiner, (Richard Wilhelm) Siegfried ~ 10/179; Valentiner, (Karl) Wilhelm (Friedrich Johannes) ~ 10/179; Valentiner, Wilhelm (Reinhold) ~ 10/179; Vangerow, Carl Adolph von † 10/181; Varrentrapp, Johann Georg ~ 10/184; Vegesack, Siegfried von ~ 10/186; Vehe, Michael ~ 10/187; Vehring, Friedrich (Heinrich Theodor Hubert) ~ 10/187; Veiel, Theodor ~ 10/187; Veiras, Hans Franz ~ 10/188; Veit, (Aloys Constantin Conrad) Gustav von ~ 10/188; Veit, Hermann ~ 10/188; Veit, Ludwig Andreas ~ 10/189; Velden, Reinhard (Friedrich Wilhelm Alexander) von den ~ 10/191; Venator, Balthasar ~ 10/193; Venedey, Jacob ~ 10/193; Venningen, Johann von ~ 10/194; Vering, Friedrich Heinrich ~ 10/196; Vetter, Benjamin ~ 10/200; Vetter, Karl (Otto Paul) ~ 10/201; Vielhauer, Philipp (Adam Christoph) ~ 10/204; Vierhaus, Felix ~ 10/204; Vierordt, Heinrich ~ 10/206; Vierordt, Karl von ~ 10/206; Vierordt, Oswald ~/† 10/206; Vieweg, (Hans) Heinrich (Rudolf) ~ 10/208; Vigilantius, Publius ~ 10/209; Vignau, Hippolith von ~ 10/209; Virdung, Johann ~/† 10/214; Virdung, Michael ~ 10/214; Virdung, Sebastian ~ 10/214; Vischer, Robert ~ 10/218; Voelcker, Fritz ~ 10/221; Voelcker, Heinrich ~ 10/222; Vogt, Heinrich ~/† 10/234; Voigt, Andreas ~ 10/236; Volbach, Fritz ~ 10/241; Volp, Rainer ~ 10/250; Voltolini, Friedrich Eduard Rudolph ~ 10/250; Volz, (Ludwig Emil) Robert ~ 10/251; Volz, Robert Wilhelm ~ 10/252; Vonwiller, Paul ~ 10/253; Vopelius, Richard von ~ 10/253; Vorkastner, Willy ~ 10/254; Vorstius, Conrad ~ 10/255; Voß, Abraham (Sophus) ~ 10/257; Voss, Aurel (Edmund) ~ 10/257; Voß, (Marie Christiane Henriette) Ernestine ~/† 10/258; Voß, (Johann) Heinrich d. J. ~/† 10/258; Voss, Hermann ~ 10/258; Voß, Johann Heinrich ~/† 10/259; Vossler, Karl ~ 10/260; Vossler, Otto * 10/261; Vulpius, Oskar ~ 10/262; Vultejus, Hermann von ~ 10/262; Waagen, Gustav Friedrich ~ 10/263; Wach, Adolf ~ 10/264; Wach, Joachim ~ 10/264; Wachler, Ludwig ~ 10/265; Wachsmuth, Curt ~ 10/266; Wachsmuth, Richard ~ 10/267; Wachsmuth, Werner (Curt Ferdinand) ~ 10/267; Wacker, Alexander Ritter von * 10/268; Wackerbarth, August Christoph Reichsgraf von ~ 10/269; Wächter, Carl (Joseph) Georg (Sigismund) von ~ 10/271; Waenker, Ludwig Anton von ~ 10/272; Wätjen, Hermann ~ 10/273; Wätjen, Julius ~ 10/273; Waffenschmidt, Walter Georg ~/† 10/273; Wagemann, Ernst ~ 10/273; Wagenführ, Rolf (Karl Willy) ~/† 10/275; Wagenmann, August (Emil Ludwig) ~/† 10/275; Wagner, Adolph (Heinrich Gotthilf) ~ 10/277; Wagner, Elsa ~ 10/279; Wagner, Friedrich Wilhelm ~ 10/280; Wagner, Hans ~ 10/281; Wagner, Johann Jakob ~ 10/282; Wagner, Karl Ernst Albrecht ~ 10/284; Wagner, Werner ~ 10/290; Wahl, Eduard ~ 10/292; Wahl, Rudolf ~ 10/293; Wahle, Ernst (Karl Bernhard Hermann) ~/† 10/293; Waibel, Leo ~/† 10/294; Waitz, Karl ~ 10/296; Waldau, Max ~ 10/299; Waldeck, Florian ~ 10/300; Waldenburg, Louis ~ 10/302; Waldkirch, Wilhelm ~

10/304; Waldmann, Emil ~ 10/304; Waldthausen, Julius (Wilhelm) Frh. von ~ 10/308; Waldthausen, (Gottfried) Wilhelm von ~ 10/308; Wallaschek, Richard ~ 10/309; Wallenberg, Adolf ~ 10/310; Walloth, Wilhelm ~ 10/315; Wallraf, (Ludwig Theodor Ferdinand) Max ~ 10/315; Walter, Ferdinand ~ 10/318; Walter, Heinrich ~ 10/319; Walther, Heinrich ~ 10/324; Walther, Philipp Franz von ~ 10/325; Walz, Ernst (Friedrich Joseph) */~/† 10/326; Walzel-Wiesentreu, Peter ~ 10/327; Wandersleb, Hermann ~ 10/328; Wankel, Felix † 10/331; Warburg, Emil (Gabriel) ~ 10/333; Warburg, Moritz M. ~ 10/334; Warburg, Otto (Heinrich) ~/† 10/334; Warnkönig, Leopold August ~ 10/337; Wartensleben, Hermann Graf von ~ 10/339; Wasielewski, Theodor (Karl Wilhelm Nicolaus) von ~ 10/341; Wassermann, Friedrich ~ 10/342; Wassermann, Martin ~ 10/343; Wattenbach, (Ernst Christian) Wilhelm ~ 10/345; Wattenwyl, Eduard von ~ 10/345; Watzinger, Carl ~ 10/347; Weber, Alfred ~/† 10/349; Weber, Bernhard Anselm ~ 10/350; Weber, Carl Otto ~/† 10/351; Weber, Gottfried ~ 10/353; Weber, Hans ~ 10/354; Weber, Hans Hermann (Julius Wilhelm) ~/† 10/354; Weber, (Ludwig Karl) Heinrich von ~ 10/354; Weber, Heinrich */~ 10/354; Weber, Johann ~ 10/356; Weber, Leonhard ~ 10/357; Weber, Marianne ~ 10/357; Weber, Max ~ 10/358; Weber, Robert ~/† 10/361; Weber, Wilhelm */~ 10/363; Wechßler, (Johann) Eduard (Friedrich) ~ 10/365; Wedde, (Friedrich Christoph) Johannes ~ 10/366; Wedderkop, Magnus von ~ 10/366; Weddigen, Walter ~ 10/367; Wedekind, Franz Ignaz ~/† 10/368; Wedekind, (Johannes) Georg Joseph (Nepomuk) ~/† 10/369; Wedel-Piesdorf, Wilhelm ~ 10/370; Weech, Friedrich ~ 10/370; Wegele, Franz Xaver von ~ 10/371; Wegener, Alfred (Lothar) ~ 10/372; Wegener, Georg ~ 10/372; Wegener, Hans ~ 10/373; Wehmer, Carl ~/† 10/376; Wehrle, Emil ~ 10/378; Wehrstedt, Friedrich-Wilhelm ~ 10/379; Weichbrodt, Raphael ~ 10/380; Weichmann, Herbert ~ 10/380; Weidel, Hugo ~ 10/381; Weidenreich, Franz ~ 10/382; Weidner, Erich ~ 10/384; Weidner, Johann Leonhard ~/† 10/384; Weigert, Fritz ~ 10/388; Weihrauch, (Johann) Karl (Friedrich) ~ 10/390; Weil, Adolf */~ 10/390; Weil, Gustav ~ 10/391; Weill, Friedrich ~ 10/392; Weinberger, Martin ~ 10/394; Weinert, Hans † 10/395; Weinkauff, Hermann (Karl August) ~/† 10/397; Weinreich, Otto (Karl) ~ 10/399; Weise, Georg ~ 10/402; Weiser, Arthur ~ 10/403; Weislinger, Johann Nikolaus ~ 10/404; Weismann, Robert ~ 10/405; Weiß, Johannes ~/† 10/409; Weiss, Leopold ~ 10/409; Weissenbach, Plazid ~ 10/413; Weissert, Otto (Heinrich) ~ 10/415; Weitbrecht, Richard † 10/416; Weiterer, Maria (Elisabeth Wilhelme) ~ 10/417; Weizel, Walter ~ 10/419; Weizsäcker, Viktor Frh. von ~/† 10/420; Weizsäcker, Wilhelm (Karl Rudolf) ~/† 10/421; Welcker, Hermann ~ 10/421; Welcker, Karl Theodor ~ 10/421; Wellhausen, Hans ~ 10/425; Welzel, Hans ~ 10/431; Wempe, Johann ~ 10/431; Wendelin, Markus Friedrich ~ 10/432; Wendland, Heinz-Dietrich ~ 10/433; Wendt, Hans Hinrich ~ 10/434; Wenger, Leopold ~ 10/435; Wenzel, Karl Egbert ~ 10/439; Werk, Franz Xaver ~ 10/442; Wermuth, Adolf ~ 10/443; Werner, Richard (Victor) ~ 10/448; Werner, Theodor (Georg Wilhelm) ~ 10/448; Werner von Themar, Adam ~/† 10/449; Wernher, Adolph ~ 10/450; Wertheimer, Fritz ~ 10/453; Wertheimer, Ludwig ~ 10/453; Wessel, Kurt ~ 10/456; Wessel, Walter ~ 10/456; Wessely, Karl ~ 10/457; Westphal, Alexander ~ 10/460; Westphal, Carl (Friedrich Otto) ~ 10/460; Westphal, Joachim ~ 10/460; Wette, Wilhelm Martin Leberecht de ~ 10/462; Wex, Helga ~ 10/465; Weygandt, Wilhelm ~ 10/466; Wichelhaus, Hermann ~/† 10/469; Widebram, Friedrich ~/† 10/473; Widenhofer, Franz Xaver ~ 10/473; Widmann, Johannes ~ 10/474; Widmann, Josef Victor ~ 10/475; Wiedemann, Eilhard (Ernst Gustav) ~ 10/479; Wiehl, Emil ~ 10/482; Wieland, Emil ~ 10/484; Wieland, Heinrich (Otto) ~ 10/484; Wieland, Hermann ~/† 10/484; Wieland, Theodor ~/† 10/484; Wien, Wilhelm (Karl Werner Otto Fritz Franz) ~ 10/485; Wieser, Friedrich

Heidelberg (Australien)

Heidelsheim (seit 1974 zu Bruchsal)

Heiden (Kt. Appenzell Außerrhoden)

Heiden (Lage, Kr. Lippe)

Heidenau

Heidendorf

Heidenfeld (seit 1978 zu Röthlein)

Heidenheim (Kr. Weißenburg-Gunzenhausen)

Heidenheim an der Brenz

Heidenreichstein (Niederösterreich)

Heidersdorf (Schlesien)

Heidesheim am Rhein

Heidhausen (Gem. Werden, seit 1929 zu Essen)

Heidingsfeld (seit 1930 zu Würzburg)

Heikendorf → Möltenort

Gutolf von Heiligenkreuz ~/† 4/272; Janetschek, Ottokar * 5/299; Lanz von Liebenfels, Jörg ~ 6/251; Leopold III., Markgraf von Österreich ~ 6/333; Luze, Karl ~ 4/543; Neumann, Wilhelm Anton ~ 7/387; Richter, Ferdinand Tobias ~ 8/278; Schirnhofer, Gerhard ~ 8/650; Schlögl, Nivard ~ 8/681; Schuselka, Franz † 9/214; Wiesinger, Alois ~ 10/491; Zetsche, Eduard ~ 10/648

Heiligenkreuz am Waasen (Steiermark)
Mikovics, Robert ~ 7/137

Heiligenschwendi (Kt. Bern)
Heimann, Erwin † 4/502; Schmid, Helmut † 8/703

Heiligenstadt (Heilbad H.)
Adolf I., Graf von Nassau, Erzbischof von Mainz † 1/44; Bachmann, Franz Moritz */~ 1/244; Bernhard, Otto (Heinrich Christoph) * 1/468; Birkenstock, Johann Melchior Edler von * 1/538; Bolte, Adolf ~ 2/11; Borsche, Samuel Gottfried ~ 2/38; Brendel von Homburg, Daniel ~ 2/111; Brunchorst, Christoph ~ 2/166; Daude, Hadrian ~ 2/449; Dorsch, Anton Joseph (Friedrich Caspar) ~ 2/601; Fuhlrott, Karl ~ 3/538; Gesenius, (Heinrich Friedrich) Wilhelm ~ 3/665; Grimme, Friedrich Wilhelm ~ 4/172; Hager, Balthasar ~ 4/325; Hartmann, Philipp Karl * 4/413; Heidenreich, (Henriette) Charlotte (Theresia) * 4/489; Isenbiehl, Johann Lorenz * 5/261; Jagemann, Johann von * 5/289; Kircher, Athanasius ~ 5/548; Loewe, Isidor * 6/450; Loewe, Ludwig * 6/451; Möllenberg, Walter † 7/166; Müller, Ludolf H. ~ 7/276; Riemenschneider, Tilman * 8/301; Storm, (Hans) Theodor (Woldsen) ~ 9/559; Varges, August Wilhelm ~ 10/182; Wedekind, Franz Ignaz ~ 10/368; Werner von Elmendorf ~ 10/443; Wilbrandt, Christian (Ludwig Theodor) ~ 10/495; Zehrt, Conrad */~/† 10/630

Heiligenstadt (Kr. Eichsfeld) → Heilbad Heiligenstadt
Heiligenstadt (seit 1890/92 zu Wien)
Böck-Gnadenau, Josef ~ 1/607
Heiligenstadt i. OFr. → Greifenstein
Heiligenstedten
Wittmaack, Ernst * 10/550
Heiligenstein (Dép. Bas-Rhin, Frankreich)
Schaller, Jakob * 8/561
Heiligenwalde (poln. Święty Gaj)
Öhlschläger, Otto Karl von * 7/465
Heiligerlee (Niederlande)
Arenberg, Johann Graf von † 1/165
Heiligkreuz (Gem. Hall in Tirol)
Du Prel, Carl (Ludwig August Friedrich Maximilian Alfred) Frh. von † 2/654; Haslmayr, Adam ~ 4/425; Pöll, Josef * 8/11; Resch, Joseph * 8/248; Rieger, Sebastian † 8/297; Schöpf, Ignaz † 9/100
Heiligkreuz (Gem. Sölden, Tirol)
Puellacher, Leopold Josef ~ 8/87
Heiligkreuzsteinach
Rössle, Karl Friedrich * 8/362
Heiligkreuzthal
Bernritter, Friedrich ~ 1/475
Heilsberg (Kr. Saalfeld-Rudolstadt)
Schmid, Carl Christian Erhard * 8/699
Heilsberg (poln. Lidzbark Warmiński)
Copernicus, Nicolaus ~ 2/368; Cromer, Martin von † 2/403; Dantiscus, Johann † 2/443; Ferber, Mauritius † 3/267; Frischbier, Hermann ~ 3/491; Giese, Tidemann (Bartholomäus) ~/† 4/2; Johann Abezier, Bischof von Ermland † 5/339; Johann III. Mewe von Heilsberg, Bischof von Pomesanien ~ 5/344; Nietzki, Rudolf (Hugo) * 7/414; Pfeiffer, Johann Philipp ~ 7/641; Schmidt, Werner * 9/20; Siebold, Karl Theodor Ernst von ~ 9/308; Stegmann, Karl David ~ 9/468; Tischler, Friedrich ~ 10/50
Heilsbronn
Eyb, Ludwig von † 3/203; Georg der Fromme oder der Bekenner, Markgraf von Brandenburg-Ansbach † 3/626; Grass, Abraham ~ 4/138; Händel, Christoph Christian * 4/307; Hartung, Johannes ~/† 4/416; Heideloff, Karl Alexander von ~ 4/488; Herman, Stephan ~ 4/619; Kaulbach, Friedrich † 5/474; Konrad von Ebrach ~ 6/33;

Mergner, (Adam Christoph) Friedrich ~/† 7/70; Othmayr, Caspar ~ 7/523
Heimbach (Kr. Düren)
siehe auch *Mariawald*
Acker, Amandus ~ 1/19
Heimbach (seit 1972 zu Schwäbisch Hall)
Schmidt, Ottmar * 9/17
Heimenkirch → Syrgenstein
Heimersheim (seit 1969 zu Bad Neuenahr-Ahrweiler)
Linden, Jakob * 6/403
Heimerzheim (Gem. Swisttal)
Belderbusch, Anton Frh. von † 1/408
Heimhof (Bärnau)
Loefen, Michael von † 6/439; Negelein, Paul ~/† 11/135
Heimiswil (Kt. Bern)
Lüdi, Rudolf * 6/517
Heimsheim
Carlone, Carlo (Innocenzo) ~ 2/281; Ernst, Hans ~ 3/163; Fausel, Heinrich ~ 3/236; Schnauffer, Karl Heinrich * 9/46; Stahl, Johann Friedrich * 9/439
Heinebach (seit 1972 zu Alheim)
Speyer, Emil John * 9/399
Heinersdorf (Böhmen)
Volkert, (Johann) Franz * 10/245
Heinersdorf (Gem. Osdorf, Kr. Teltow-Fläming)
Voss, Hans-Alexander † 10/258
Heinersreuth (Kr. Bayreuth, Land)
Flügel, Gustav * 3/356; Lerchenfeld, Maximilian Emanuel Frh. von † 6/338
Heinfels (Tirol)
Meinhard VII., Graf von Görz und Pfalzgraf von Kärnten † 7/35
Heinrichau (poln. Henryków)
Bolko I., Herzog von Schweidnitz-Jauer ~ 2/8; Dierich, Karl ~ 2/521; Grund, (Franz) Friedrich (Alexander) * 4/222; Rosa, Bernhard ~ 8/384
Heinrichs (seit 1936 zu Suhl)
Bach, Georg Christoph ~ 1/237; Reyher, Andreas * 8/265
Heinrichsberg
Schnee, Gotthilf Heinrich ~ 9/47
Heinrichsdorf
siehe auch *Heinrichsfelde*
Disselhoff, August Friedrich Georg ~ 2/558; Goltz, Karl Franz Frh. von der * 4/93
Heinrichsfeld (poln. Henryków)
Runge, Paul * 8/468
Heinrichsfelde (Gem. Heinrichsdorf)
Holtz-Baumert, Gerhard † 5/156
Heinrichsgrün (tschech. Jindřichovice)
Rösler, Balthasar * 8/360
Heinrichsöd (Böhmen)
Honner, Franz * 5/168
Heinrichsthal (tschech. Jinořichov)
Piette du Rivage, Prosper d. Ä. ~ 7/668
Heinrichswalde (Kr. Uecker-Randow)
Tisch, Harry * 10/47
Heinrichswalde (russ. Slavsk)
Hirsch, Salli * 5/64; Rechlin, Wilhelm * 8/173; Siehr, Ernst (Ludwig) * 9/316
Heinrikau (poln. Henrykowo)
Poschmann, Bernhard * 8/42
Heinsberg
siehe auch *Oberbruch, Randerath, Theberath*
Begas, Karl d. Ä. * 1/393; Haeffelin, Kasimir (Johann Baptist) Frh. von ~ 4/304; Heinrich II., Graf (bzw. Herzog) von Limburg ~ 4/529; Hemmer, Johann Jakob ~ 4/578; Kinckius, Johann * 5/539; Lindemann, (Johann) Wilhelm ~ 6/402; Rauschen, Gerhard * 8/163
Heinsdorfergrund → Hauptmannsgrün
Heinsen
Lampadius, Jakob * 6/208
Heinzenberg (Kt. Graubünden)
Ragaz, Leonhard ~ 8/123

Heinzendorf (tschech. Hyncice)
Fründ, Hugo ~/† 3/515; Mendel, Johann Gregor */~ 7/57
Heisingen (seit 1929 zu Essen)
Funke, Carl ~ 3/542
Heisterbach (Königswinter)
Caesarius von Heisterbach ~ 2/263; Heinrich, Abt von Heisterbach ~/† 4/538; Karl von Seyn ~ 5/449
Heisterberg (seit 1972 zu Driedorf)
Klaas, Adolph * 5/562
Heitenried (Kt. Freiburg)
Broillet, Frédéric ~ 2/144
Heitersheim
Ittner, Franz von * 5/267; Ittner, Johann Albrecht von ~ 5/267; Zotz, Lothar * 10/690
Heiterwang (Tirol)
Mauracher, Matthias ~ 6/668
Helberg
Carl, Peter * 2/280
Helberhausen (seit 1969 zu Hilchenbach)
Ochsenfeld, Robert */† 11/146
Helbigsdorf (seit 1994 zu Mulda, Sa.)
Gauhe, Johann Friedrich ~/† 3/585; Spieß, Christian Heinrich * 9/405
Helbra
Agricola, Stephan d. J. ~ 1/55; Steinbrück, Paul * 9/487
Heldburg (seit 1993 zu Bad Colberg-Heldburg)
Bartenstein, Lorenz Adam * 1/300; Becher, Karl Anton Ernst ~ 1/366; Gerhard, Johann ~ 3/642; Gromann, Nikolaus ~ 4/184; Rühle von Lilienstern, (Johann) August Friedemann * 8/451; Wagner, Johann Wilhelm * 10/283
Helden (seit 1969 zu Attendorn)
Heukeshoven, Fritz * 5/8
Heldenberg (Hessen)
Hartig, Franz Christian * 4/400; Schneider, Ernst * 9/51
Heldra (seit 1972 zu Wanfried)
Wagner, Julius * 10/283
Heldrungen
Elert, Werner * 3/84; Hoffmeister, Johannes * 5/125; Kayser-Langerhannß, Agnes * 5/481; Klesch, Daniel ~ 5/590; Müntzer, Thomas ~ 7/299; Schulze, Gottlob Ernst * 9/199
Heldsdorf (rumän. Hălchiu, ungar. Höltöveny)
Fronius, Marcus ~ 3/512
Helenaberg
Andreae, Karl Christian † 1/130
Helenenthal (tschech. Helenín, heute zu Jihlava Město/Iglau)
Löw, Karl ~/† 6/448
Helenín → Helenenthal
Helfenberg (Oberösterreich)
Gedeler, Elias * 3/596
Helfenberg (Schönfeld-Weißig)
Dehn-Rothfelser, Hans ~ 2/469; Dieterich, Eugen ~/† 2/527; Wehle, Johannes (Raphael) † 10/376
Helffenberg
Gablkoven, Hans Balthasar von * 3/549
Helfta (seit 1960 zu Eisleben)
Gertrud von Hackeborn, Äbtissin von Helfta ~ 3/662; Gertrud von Helfta, auch G. die Große ~/† 3/662; Haase, (Christoph) Hermann ~ 4/289; Mechthild von Hackeborn ~/† 7/19; Mechthild von Magdeburg ~/† 7/19; Wostry, Wilhelm † 10/589
Helgoland
Bacmeister, Adolf ~ 1/250; Bremer, Otto ~ 2/109; Danckwerth, Caspar ~ 2/439; Drost, Rudolf (Karl Theodor) ~ 2/624; Emsmann, Hugo Georg August ~ 3/106; Franz, Victor (Julius) ~ 3/415; Gätke, Heinrich ~/† 3/556; Geitler-Armingen, Lothar (Rudolf Robert) Edler von ~ 3/613; Hatzfeldt-Wildenburg, (Melchior Gustav) Paul Graf von ~ 4/434; Heincke, Friedrich ~/† 4/507; Herzog, Jakob ~ 4/665; Jordan, Rudolf ~ 5/363; Keller, Hans Peter ~ 5/494; Krüss, James * 11/113; Maier, Hermann Nikolaus ~ 6/571; Mettenius, Georg Heinrich ~ 7/87; Mielck, Wilhelm ~/† 7/131; Oetker, Friedrich ~ 7/474; Olshausen,

(Hermann) Otto (Wilhelm) ~ 7/490; Osten, Eva von der * 7/514; Pringsheim, Nathanael ~ 8/71; Püttner, Josef Karl Bartholomäus ~ 8/88; Robert-Tornow, Walther (Heinrich) † 8/339; Schnakenbeck, Werner ~ 9/45; Störtebeker, Klaus ~ 9/546; Tegetthoff, Wilhelm Frh. von ~ 9/668; Tratz, Eduard Paul ~ 10/70; Wallenberg, Adolf ~ 10/310; Wienbarg, Ludolf ~ 10/486; Wittmann, Carl Friedrich ~ 10/550; Wollweber, Ernst Friedrich ~ 10/584
Hellbrunn (Salzburg)
Sitticus von Hohenems, Marcus Graf ~ 9/344; Tratz, Eduard Paul ~ 10/70
Hellengerst (seit 1963 zu Weitnau)
Bach, Anton ~ 1/235
Hellenorm (estn. Hellenurme)
Middendorff, Alexander Theodor von † 7/129; Middendorff, Ernst ~ 7/130
Hellenthal → Blumenthal
Hellenthal/Eifel
Pirath, Carl * 7/676
Hellenurme → Hellenorm
Hellerau (seit 1950 zu Dresden)
Adler, Paul ~ 1/41; Appia, Adolphe François ~ 1/159; Baur, Karl ~ 1/351; Bode, Rudolf (Fritz Karl Berthold) ~ 1/600; Chladek, Rosalia ~ 11/39; Demeter, Peter A. ~ 2/482; Ferand, Ernest ~ 3/266; Feudel, Elfriede ~ 3/277; Gebhard, Hans ~ 3/593; Georgi, Yvonne ~ 3/633; Güldenstein, Gustav ~ 4/235; Haaß-Berkow, Gottfried ~ 4/290; Hegner, Jakob ~ 4/484; Jaques-Dalcroze, Émile ~ 5/305; Kronberg, Simon ~ 6/116; Lang, Walter ~ 6/229; Lendvai, Erwin ~ 6/319; Lux, Joseph August ~ 6/541; Muthesius, Hermann ~ 7/320; Oelfken, Tami ~ 7/467; Riemerschmid, Richard ~ 8/303; Schardt, Alois (Jakob) ~ 8/566; Schlee, Alfred ~ 11/170; Schnack, Friedrich ~ 9/44; Schürer, Oskar ~ 9/173; Strauß, Emil (Josef) ~ 9/575; Tessenow, Heinrich ~ 9/680; Wiesenthal, Grete ~ 10/490
Hellersen (seit 1969 zu Lüdenscheid)
Steguweit, Heinz † 9/469
Hellertown (Pennsylvania, USA)
Böhm, Johann Philipp † 1/618
Hellertshausen → Mombach
Hellziechen (Langenbruck, seit 1971 zu Vilseck)
Schlör, Gustav von * 8/682
Helmarshausen
Hermann, Mönch von Helmarshausen ~ 4/623; Roger von Helmarshausen ~ 8/365
Helmberg (Gem. Kremsmünster, Oberösterreich)
Achleuthner, Leonhard * 1/18
Helmbrechts
Friedrich, Bruno * 3/477; Heimeran, (Georg Arthur) Ernst * 4/504; Thümmig, Ludwig Philipp * 10/25
Helme → Helmet
Helmet (estn. Helme)
Rennenkampff, (Carl Jacob) Alexander Edler von * 8/243
Helmprechting
Amann, Joseph Albert * 1/110
Helmscherode (seit 1974 zu Bad Gandersheim)
Keitel, Wilhelm * 5/488
Helmsdorf
Döring, Karl August ~ 2/577
Helmsgrün (Kr. Colmar)
Heise, Fritz (Hermann) * 4/549
Helmstadt (Kr. Würzburg)
Böhm, Hans * 1/617; Flasch, Adam ~ 3/336
Helmstadt-Bargen → Bargen
Helmstedt
Abel, Friedrich Gottfried ~ 1/5; Abel, Kaspar ~ 1/5; Acidalius, Valens ~ 1/19; Adersbach, Andreas ~ 1/37; Adolph, Johann Traugott ~ 1/46; Agnethler, Michael Gottlieb ~/† 1/52; Ahrens, Heinrich Ludolf */~ 1/60; Aitzema, Foppe van ~ 1/62; Alardus, Nikolaus ~ 1/63; Albaum, Franz Ulrich ~ 1/63; Algoewer, David ~ 1/90; Alvensleben, Johann August Ernst Graf von ~ 1/108; Alvensleben, Johann Friedrich Karl von ~ 1/108; Anckelmann, Theodor ~ 1/122; Angelocrater, Daniel ~ 1/135; Anschel, Julie

Frundeck, Joachim ~ 7/324; Neocorus, Johannes ~ 7/364; Neubur, Friedrich Christian ~ 7/374; Nihus, Bartholdus ~ 7/417; Nose, Carl Wilhelm ~ 7/440; Nunning, Jodok Hermann ~ 7/448; Olearius, Johannes ~ 7/487; Paulmann, Johann Ludwig ~ 7/578; Pfaff, Johann Friedrich ~ 7/634; Philipp Sigismund, Herzog von Braunschweig-Lüneburg-Wolfenbüttel, Administrator des Bistums Verden, Elekt von Osnabrück ~ 7/655; Pingitzer, Virgil ~ 7/672; Pott, David Julius ~ 8/46; Pratje, Johann Hinrich ~ 8/54; Quenstedt, Johann Andreas ~ 8/101; Rachel, Samuel ~ 8/112; Raspe, Gabriel Nikolaus ~ 8/146; Reineccius, Reiner(us) ~/† 8/215; Reinecke, Johann Friedrich * 8/215; Reinhard, Karl von */~ 8/218; Remer, Julius August ~/† 8/239; Remer, Karl Julius Wilhelm Paul * 8/239; Remer, Wilhelm (Hermann Georg) ~ 8/239; Rempen, Johann ~ 8/240; Rennemann, Henning ~ 8/243; Reß, Johann Heinrich */~ 8/249; Rhode, Johann Gottlieb ~ 8/269; Ribbentrop, Friedrich (Wilhelm Christian Johann) von ~ 8/270; Ribov, Georg Heinrich ~ 8/271; Ricklefs, Friedrich Reinhard ~ 8/287; Rittershausen, Konrad ~ 8/334; Rivinus, August Quirinus ~ 8/337; Rottendorff, Bernhard ~ 8/426; Rudloff, Karl Gustav von ~ 8/436; Rudolphi, Andreas ~ 8/442; Rulmann, Anton ~ 8/462; Sander, Georg Karl Heinrich ~ 8/512; Schaffshausen, Johann Diederich ~ 8/557; Schelhammer, Günther Christoph ~ 8/592; Schelhammer, Maria Sophia * 8/592; Scheurl, Lorenz ~/† 8/619; Schirach, Gottlob Benedikt ~ 8/648; Schläger, Julius Karl ~ 8/653; Schmidt-Phiseldeck, (Wilhelm) Justus (Eberhard) von ~ 9/24; Schmidt-Phiseldeck, Konrad (Georg) Friedrich (Elias) von ~ 9/25; Schnaubert, Andreas Joseph ~ 9/46; Schönborner, Georg Herr von und zu S. und Ziesendorf ~ 9/88; Schott, Gerhard ~ 9/120; Schottelius, Justus Georg ~ 9/122; Schrader, Heinrich Eduard Siegfried ~ 9/125; Schubert, Friedrich Theodor (Theophil) von */~ 9/162; Schubert, Johann Ernst ~ 9/163; Schulze, Gottlob Ernst ~ 9/199; Schurzfleisch, Conrad Samuel ~ 9/213; Seidenstücker, Johann Heinrich Philipp ~ 9/267; Sextro, Heinrich Philipp ~ 9/296; Sieber, Justus ~ 9/306; Slüter, Johann ~ 9/351; Spies, Johann Karl ~/† 9/404; Stahl, Konrad Dietrich Martin ~ 9/439; Stisser, Johann Andreas ~/† 9/536; Strombeck, Friedrich Heinrich von ~ 9/593; Strombeck, Friedrich Karl von ~ 9/593; Struve, Georg Adam ~ 9/600; Stuß, Johann Heinrich ~ 9/620; Tappe, Jakob ~/† 9/657; Tassius, Johann Adolph ~ 9/660; Teichmüller, Ernst * 9/670; Teller, Wilhelm Abraham ~ 9/673; Teschner, Melchior ~ 9/680; Thiele, Heinrich (August Ludwig) ~ 10/2; Thieß, Johann Otto ~ 10/9; Titius, Gerhard ~/† 10/51; Tolle, Heinrich ~ 10/60; Topp, Johann Konrad Sigismund ~/† 10/64; Treuer, Gottlieb Samuel ~ 10/84; Trinks, Franz * 10/89; Unzer, Johanne Charlotte ~ 10/162; Veltheim, August Ferdinand Graf von ~ 10/192; Veltheim, Hans Frh. von ~ 10/192; Velthusen, Johann Kaspar ~ 10/193; Venturini, Karl (Heinrich Georg) ~ 10/194; Viebing, Konrad Heinrich ~ 10/203; Voigt, Richard ~ 10/238; Vorst, Johannes ~ 10/255; Waehner, Andreas Georg ~ 11/183; Walbaum, Johann Julius ~ 10/297; Walther, Michael ~ 10/325; Wedderkop, Magnus von ~ 10/366; Wedekind, Anton Christian ~ 10/367; Wedekind, Christoph Friedrich ~ 10/367; Wegscheider, Julius August Ludwig ~ 10/375; Weise, Friedrich ~/† 10/402; Werdenhagen, Johann Angelicus von */~ 10/440; Werlhof, Paul Gottlieb */† 10/442; Wiedeburg, Johann Bernhard */~ 10/478; Windheim, Christian Ernst ~ 10/523; Witte, Henning ~ 10/545; Ziegenbein, (Johann) Heinrich (Wilhelm) ~ 10/651; Zimmermann, Joachim Johann Daniel ~ 10/668; Zincke, Georg Heinrich ~ 10/673; Zitzewitz, Nicolaus von ~ 10/681

Helpen
Alting, Menso ~ 1/102

Helsa
Keil, Wilhelm * 5/486; Schember, Konrad * 8/599; Ziegler, Karl Waldemar * 10/655

Helsen (seit 1970 zu Bad Arolsen)
Bier, (Karl Gustav) August * 11/21; Rauch, Christian Daniel ~ 8/157; Weskamm, Wilhelm * 10/455

Helsingborg (Schweden)
Busoni, Ferruccio (Dante Michelangiolo Benvenuto) ~ 2/253; Buxtehude, Dietrich */~ 2/261; Christoph III., Pfalzgraf bei Rhein, König von Dänemark, Schweden und Norwegen † 2/324; Krahwinkel-Sperling, Hildegard † 6/66; Tettau, Julius Ernst von ~ 9/681

Helsingfors → Helsinki

Helsingør (Dänemark)
Bötticher, Johann Gottlieb ~ 1/639; Buxtehude, Dietrich ~ 2/261; Chemnitz, Johann Hieronymus ~ 2/309; Raloff, Karl ~ 8/130

Helsinki (schwed. Helsingfors, Finnland)
Argelander, Friedrich Wilhelm (August) ~ 1/169; Bläser, Gustav Hermann ~ 1/553; Brost, Erich (Eduard) ~ 11/33; Duckwitz, Georg (Ferdinand) ~ 2/632; Engel, Johann Carl Ludwig ~/† 3/114; Flügel, Heinz ~ 3/356; Foerste, William ~ 11/62; Friedmann, (Adolph) Hermann ~ 3/455; Goldberg, Jacques ~ 4/77; Grädener, Karl Georg Peter ~ 4/120; Grundherr zu Altenthann und Weierhaus, Werner von ~ 4/223; Gura, Hermann ~ 4/262; Gura-Hummel, Annie ~ 4/262; Hamel, Richard ~ 4/358; Hauschild, Herbert ~ 4/446; Honecker, Erich ~ 5/166; Jedzink, Paul ~ 5/314; Krüger, Adalbert ~ 6/120; Lewinger, Maximilian ~ 6/365; Mikorey, Franz ~ 7/137; Overbeck, Karl ~ 7/540; Pacius, Fredrik ~/† 7/547; Parrot, Georg Friedrich von † 7/565; Paul, Adolf Georg ~ 7/573; Paul, Ernst ~ 7/573; Petzet, Walter ~ 7/627; Radowitz, Otto von ~ 8/119; Rappoldi, Adrian (Hans Eduard) ~ 8/143; Reuter, Wolfgang */~ 8/261; Stackelberg, Traugott Frh. von ~ 9/427; Stange, Erich ~ 9/446; Tietz, Friedrich ~ 10/40; Ullrich, Egon (Leopold Maria) ~ 10/137; Wallroth, Erich (Wilhelm Theodor) ~ 10/315; Walter, Josef ~ 10/319; Zech-Burkersroda, Julius Graf von ~ 10/625; Zechlin, Erich (Wilhelm) ~ 10/626

Heltau (rumän. Cisnadie, ungar. Nagydisznod)
Felmer, Martin ~ 3/262; Filtsch, Johann ~ 3/296; Helth, Caspar * 4/576; Paulini, Oskar */~ 7/578

Hemau
siehe auch Aichkirchen
Kallendin-Pappenheim, Heinrich von ~ 5/414

Hemberg (Kt. Sankt Gallen)
Bühlmann, Johann Rudolf * 2/201; Kilian, Peter ~ 5/537

Hemer
siehe auch Niederhemer
Hobrecker, Karl † 5/79; Prinzhorn, Hans * 8/73; Reuther, Oscar * 11/163; Schüssler, Wilhelm ~ 9/174; Schumann, Friedrich Karl ~ 9/206

Hemern
Forstmann, Johann Gangolf Wilhelm ~ 3/378

Hemhofen
Bauriedel, Johann Albrecht ~ 1/353

Hemleben
Cuno, Johannes ~ 2/410

Hemmehübel (tschech. Kopec)
Klinger, Johann Bartholomäus * 5/597; Schütz, Hans * 9/177

Hemmelmark (Barkelsby)
Heinrich, Prinz von Preußen † 4/532

Hemmenhofen (seit 1974 zu Gaienhofen)
Dix, Otto (Wilhelm Heinrich) ~ 2/563; Fehringer, Eduard ~ 3/246; Heckel, Erich ~/† 4/468; Macke, Helmuth † 6/553

Hemmental (Kt. Schaffhausen)
Rich, Arthur ~ 8/272

Hemmingen (Kr. Hannover) → Wilkenburg

Hemmingen (Kr. Ludwigsburg)
Dillenius, Friedrich Wilhelm Jonathan ~/† 2/546; Majer, Christian * 6/575; Meyrink, Gustav ~ 7/118; Schäfer, Walter Erich * 8/549; Schairer, Erich * 8/558; Spitzemberg, Hildegard Frfr. von * 9/411; Varnbüler von und zu Hemmingen, Friedrich Gottlob Karl Frh. von * 10/182; Varnbüler, Karl Friedrich Frh. von ~/† 10/182

Hemmoor → Basbeck
Hempstead (New York, USA)
Kolberg, Hugo † 6/13
Henau (Kt. Sankt Gallen)
Heer, Oswald * 4/475; Rutz, Benno (Jakob) ~ 8/479
Henderson (Kentucky, USA)
Bernhard, Otto (Heinrich Christoph) ~ 1/468
Hendon (Middlesex, England)
Bielschowsky, Max † 1/521
Henfenfeld
Ziegler, Hans * 10/653
Hengeler (seit 1969 zu Stadtlohn)
Kötting, Bernhard * 5/678
Hengsen (seit 1968 zu Holzwickede)
Brauckmann, Karl * 2/76
Hengstfeld (seit 1974 zu Wallhausen, Kr. Schwäbisch Hall)
Jandorf, Adolf * 5/299; Schnurr, Balthasar ~/† 9/70
Henhart
Ritzberger, Albert ~ 8/336
Henndorf (rumän. Bradeni, ungar. Hégen)
Binder, Georg ~ 1/531
Henndorf am Wallersee (Salzburg)
Freumbichler, Johannes * 3/431; Herdan-Zuckmayer, Alice ~ 4/610; Mayr, Richard * 7/15; Stelzhamer, (Peter Andreas Xaver) Franz ~/† 9/503; Wagner, Sylvester */~/† 10/290; Zuckmayer, Carl ~ 10/695
Henneberg (poln. Kokoszewo)
Hagius, Petrus * 4/326
Hennef (Sieg)
siehe auch *Blankenberg (Sieg), Geistingen, Uckerath*
Anselmino, Karl-Julius * 1/148
Hennemannstadt → Werschetz
Hennersbach
Süß, Bruno * 9/626
Hennersdorf (Kr. Freiberg)
Hohlfeld, Gottfried * 5/142
Hennersdorf (Schlesien)
Kraus, Felix Ritter von * 6/76; Waetzoldt, Stephan * 10/273; Winterfeldt, Hans Karl von ~ 10/534
Hennersdorf (tschech. Dubnice)
Jaksch, Hans * 5/296
Henningsdorf b. Berlin → Nieder Neuendorf
Hennstedt (Kr. Dithmarschen)
Hudemann, Ludwig Friedrich ~/† 5/202; Micheelsen, Hans Friedrich * 7/124
Hennweiler
Wagner, Friedrich Wilhelm * 10/280
Henryków → Heinrichau
Henryków → Heinrichsfeld
Henrykowo → Heinrikau
Henschleben
Schmidt, Wilhelm ~ 9/20
Heppenheim (Bergstraße)
Buber, Martin ~ 2/177; Dörr, Adolf † 2/579; Dorsch, Anton Joseph (Friedrich Caspar) * 2/601; Holzamer, Wilhelm ~ 5/158; Langosch, Karl † 11/117; Löck, Carsta ~ 6/439; Ludwig, Georg ~/† 6/508; Metzendorf, Georg * 7/91; Mischler, Peter * 7/152; Schäfer, Jakob ~ 8/548; Vettel, Franz * 10/200; Volusius, Adolph Gottfried ~ 10/251; Wagner, Hans † 10/281; Walbe, Heinrich † 10/297; Zuckmayer, Eduard ~ 10/695
Heppens (seit 1911 zu Rüstringen, seit 1937 zu Wilhelmshaven)
Lueken, Bernd * 6/519
Heraklion
Forrer, Emil Orgetorix ~ 3/374
Herálec → Heraletz
Heraletz (tschech. Herálec)
Groß, Lothar * 4/192
Herbeck (seit 1929 zu Hagen)
Hövel, Friedrich Frh. von */~ 5/107
Herbern (seit 1975 zu Ascheberg, Kr. Coesfeld)
Ligges, Fritz ~/† 6/394; Westhues, Heinrich * 10/459; Wette, Hermann * 10/462

Herbesthal (Kr. Eupen)
Rossaint, Joseph * 8/405
Herbitzheim (Dép. Bas-Rhin, Frankreich)
Ehrhard, (Josef Maria) Albert * 3/41
Herbligen (Kt. Bern)
Diessenhofen, Johann Truchseß von ~ 2/525; Lädrach, Otto † 6/194
Herbolzheim (Kr. Emmendingen)
Behrle, Rudolf * 1/403; Galura, Bern(h)ard * 3/566
Herborn (Lahn-Dill-Kreis)
siehe auch *Burg, Uckersdorf*
Abresch, Friedrich Ludwig ~ 1/13; Albinus, Johann ~ 1/74; Almendingen, Ludwig Harscher von ~ 1/93; Alsted, Johann Heinrich ~ 1/94; Althusius, Johannes ~ 1/102; Alting, Heinrich ~ 1/102; Andreae, Johann Nikolaus ~ 1/130; Andreae, Johann Philipp */~ 1/130; Andreae, Samuel ~ 1/131; Arnoldi, Albrecht Jakob * 1/190; Arnoldi, Friedrich Albert von ~ 1/190; Arnoldi, Johannes von * 1/191; Arnoldi, Valentin ~ 1/191; Beeck, Peter von ~ 1/387; Bernhard, Johann ~/† 1/467; Bisterfeld, Johann Heinrich ~ 1/549; Böttger, (Heinrich) Ludwig (Christian) ~ 1/638; Breuhaus de Groot, Fritz August ~ 2/126; Burchardi, Wolrad ~/† 2/229; Buxtorf, Johannes d. Ä. ~ 2/261; Clauberg, Johann ~ 2/332; Coing, Johann Franz ~ 2/353; Comenius, Johann Amos ~ 2/360; Corvinus, Christoph ~/† 2/380; Cramer, Johann Jakob ~ 2/389; Crocius, Paul ~ 2/401; Crollius, Johann ~ 2/402; Dauber, Johann Henrich von */~ 2/448; Deißmann, (Gustav) Adolf ~ 2/472; Deißmann, (Friedrich Jakob Wilhelm) Carl ~ 2/472; Diest, Heinrich van ~ 2/525; Diesterweg, Friedrich Adolph Wilhelm ~ 2/526; Diesterweg, Wilhelm Adolph ~ 2/526; Draud, Georg ~ 2/609; Dresler, Justus Heinrich */~ 2/614; Duker, Karl Andreas ~ 2/646; Eberhard, Johann Heinrich ~ 2/671; Eibach, Ludwig Wilhelm ~ 3/45; Ferber, Nikolaus * 3/267; Fliedner, (Georg Heinrich) Theodor ~ 3/350; Franz, Gottfried ~ 3/413; Fritze, Friedrich August ~/† 3/496; Fritze, Wilhelm * 3/497; Goeddaeus, Johannes ~ 4/51; Guichard, Karl Theophil von ~ 4/251; Harscher von Almendingen, Ludwig ~ 4/397; Hatzfeld, Georg Heinrich ~ 4/433; Heidfeld, Justus ~ 4/492; Heinrich I., Graf von Nassau-Dillenburg ~ 4/531; Hermann, Johannes Jakob ~ 4/629; Herxheimer, Salomon ~ 4/657; Heydenreich, (August) Ludwig (Christian) ~ 5/19; Hoen, Philipp Heinrich von ~ 5/98; Hofmann, Karl * 5/130; Holzappel, Peter Melander Graf zu ~ 5/159; Horche, Heinrich ~ 5/175; Johann VI., Graf von Nassau-Katzenelnbogen ~ 5/342; Johann VIII. der Jüngere, Graf von Nassau-Siegen ~ 5/342; Johann Moritz, Fürst zu Nassau-Siegen ~ 5/342; Lotichius, Johannes Petrus ~ 6/482; Ludwig Heinrich, Fürst von Nassau-Dillenburg ~ 6/504; Mallet, Friedrich Ludwig ~ 6/579; Martinius, Matthias ~ 6/641; Matthaeus, Anton ~ 6/660; Mieg, Johann Friedrich ~ 7/130; Mohr von Leun, Johann ~ 7/184; Nebe, August * 7/353; Olevianus, Kaspar ~/† 7/487; Otterbein, Philipp Wilhelm ~ 7/526; Pezel, Christoph ~ 7/632; Piscator, Johannes ~/† 7/679; Ravensberger, Hermann ~ 8/167; Reinhard, Johann Jakob ~ 8/217; Rosenbach, Zacharias ~/† 8/390; Rühle von Lilienstern, (Johann) August Friedemann ~ 8/451; Ruppel, Heinrich ~ 8/471; Sachsse, Eugen Friedrich Ferdinand ~ 8/490; Schrumpf, Friedrich Ludwig ~ 9/158; Schwaner, Wilhelm ~ 9/221; Schwarzhaupt, Wilhelm ~ 9/232; Siegen, Ludwig von ~ 9/311; Snell, Richard (August Emil) ~ 9/354; Speck, Karl (Friedrich Christian) ~ 9/388; Spengler, Ludwig ~ 9/395; Spiecker, Johannes ~ 9/400; Spieß, Johann Christoph ~ 9/405; Stifft, Christian Ernst ~ 9/530; Textor, Johann ~ 9/684; Thielmann, Wilhelm * 10/4; Treupel, Gustav * 10/85; Treutler von Kroschwitz, Hieronymus ~ 10/85; Vorstius, Conrad ~ 10/255; Zepper, Wilhelm ~/† 10/644; Zimmer, Friedrich ~ 10/664
Herbrechtingen
siehe auch *Bolheim*
Bengel, Johann Albrecht ~ 1/422; Burk, Philipp David ~ 2/242; Hedinger, (Johann) Reinhard ~ 4/473

Herbsdorf (Nußdorf, Kr. Traunstein)
Brückner, Wilhelm † 2/153
Herbsleben
Kirchner, Timotheus ~ 5/553; Zachariae, Heinrich Albert * 10/610
Herbstein
siehe auch *Lanzenhain*
Dersch, Wilhelm (Heinrich) * 11/45
Herbsthausen (seit 1973 zu Bad Mergentheim)
Mayer, Johann (Georg) Friedrich (Hartmann) * 7/8
Herby → Preußisch Herby
Herca → Herta
Herczegszentmárton → Bailand
Herda (Berka/Werra)
Rabich, (Christian Heinrich) Ernst * 8/110
Herdecke
Freitag, Walter † 3/424; Güldner, Hugo * 4/235; Harkort, Günther * 4/388; Nicolai, Philipp ~ 7/400; Schwab-Felisch, Hans † 9/218; Vögler, (Emil) Albert (Wilhelm) † 10/221; Wagner, Friedelind † 10/280; Walter, Erich (Heinz) † 10/318
Herdern (Freiburg im Breisgau)
Rudolf von Zähringen, Bischof von Lüttich ~/† 8/438
Herdern (Kt. Thurgau)
Bein, Peter ~ 1/405
Herdorf
Brühl, Gustav * 2/156; Sander, August * 8/511
Herdringen (seit 1975 zu Arnsberg)
Eisenhoit, Anton ~ 3/71; Franz Egon, Frh. von Fürstenberg, Bischof von Hildesheim und Paderborn * 3/411; Fürstenberg, Franz Friedrich Wilhelm Maria Frh. von * 3/528; Fürstenberg-Stammheim, Franz Egon Graf von * 3/530; Zwirner, Ernst Friedrich ~ 10/711
Heresbach (Gem. Mettmann)
Heresbach, Konrad * 4/613; Kemmann, Gustav * 5/502
Herford
siehe auch *Radewig*
Adalhard, Abt von Corbie ~ 1/26; Badurat, Bischof von Paderborn ~ 1/253; Barckhaus, Hermann * 1/292; Benno II., Bischof von Osnabrück ~ 1/427; Berghaus, Hermann * 1/447; Bismarck, Klaus von ~ 11/22; Blomberg, Wilhelm Frh. von ~/† 1/578; Borries, Bodo von ~ 2/37; Botsack, Johann(es) * 2/47; Bruns, Fritz ~ 2/173; Buteranus, Homerus ~ 2/258; Consbruch, Florens Arnold ~/† 2/366; Consbruch, Georg Wilhelm Christoph * 2/366; Copper, Reiner ~ 2/371; Costenoble, Carl Ludwig ~ 2/382; Crugot, Martin ~ 2/406; Deer, Nikolaus van ~ 2/463; Des Bosses, Bartholomäus * 2/495; Dieburg, Peter ~ 2/513; Dürkopp, (Ferdinand Robert) Nikolaus * 2/640; Ehmann, Wilhelm Christoph Ernst ~ 3/36; Elisabeth, Pfalzgräfin bei Rhein, Fürstäbtissin von Herford ~/† 3/87; Feuerborn, Justus * 3/280; Frauenfeld, Alfred Eduard ~ 11/64; Fürstenau, Johann Hermann */~ 3/528; Funk, Heinrich * 3/542; Gaede, Kurt (Wilhelm) ~ 3/552; Glandorp, Johann ~ 4/21; Gottfried ~ 4/105; Grestius, Hieronymus * 4/158; Gümmer, Paul ~ 4/236; Gutenberg, Erich * 4/267; Hanneken, Hermann von † 4/372; Hartmann, Anton Theodor ~ 4/406; Hartmann, Johann David ~ 4/409; Heinrich von Herford * 4/538; Heringsdorf, Johannes ~ 4/617; Hermann von Lerbeck ~ 4/624; Hermann von Schildesche ~ 4/625; Heyden, Adolf ~ 5/17; Höpker-Aschoff, Hermann * 5/100; Hohenegger, Ludwig ~ 5/137; Hohenhausen, Henriette von * 5/138; Hollen, Gottschalk ~ 5/151; Holzapfel, Friedrich ~ 5/158; Kleine, Eduard * 5/579; Klenkok, Johann ~ 5/588; Kornfeld, Theodor * 6/46; Kunst, (Rudolf) Hermann (Adolf) ~ 11/115; Lindner, Wilhelm * 6/409; Maack, Reinhard */~ 6/547; Mathilde die Heilige, Königin ~ 6/654; Montanus, Jacob(us) ~/† 7/199; Montenglaut, (Artemisia) Henriette (Marianne) ~ 7/200; Müller, Gerhard Friedrich von *~ 7/260; Münter, Gabriele ~ 7/298; Mutschmann, Martin ~ 7/321; Nobbe, Karl ~ 7/428; Normann, (Karl Peter) Wilhelm (Theodor) ~/† 7/439; Olpp, Johannes ~/† 7/490; Perlitius, Ludwig ~ 7/602; Pöppelmann, Matthäus Daniel * 8/13; Pustkuchen(-Glanzow), Johann Friedrich

Wilhelm ~ 8/93; Quest, Hans * 8/102; Raphael, Günter (Albert Rudolf) † 8/141; Riem, Andreas ~ 8/300; Schaper, Edzard (Hellmuth) ~ 8/565; Schauenburg, (Karl) Hermann ~ 8/574; Schauenburg, (Johann) Moritz (Konrad) * 8/574; Scherchen, Hermann (Karl) ~ 8/609; Schurmann, Anna Maria van ~ 9/212; Seemann, Ernst (Elert) Arthur (Heinrich) * 9/261; Severing, (Wilhelm) Carl */~ 9/296; Siegl, Otto ~ 9/313; Steinhoff, Karl * 9/495; Tachenius, Otto * 9/649; Vogelstrom, Fritz * 10/230; Wachler, (Johann Friedrich) Ludwig ~ 10/265; Weddigen, Otto * 10/367; Wiese, Ludwig * 10/489; Wilm, Ernst (Julius Ewald) ~ 10/514
Herforst
Richel, Friedrich August * 8/273
Hergatz → Wohmbrechts
Hergiswil (Kt. Luzern)
Zihlmann, Josef * 10/660
Hergiswil (Kt. Nidwalden)
Geyer, Hans † 3/672; Rosenberg, Richard † 8/394
Herhagen (Eslohe, Sauerland)
Koch, Christine ~ 5/638
Heringen (Helme)
Hendrich, Hermann * 4/582
Heringen (Werra)
Grau, Rudolf Friedrich * 4/141
Heringhafen (Niederlande)
Bönninghausen, Klemens Maria Franz Frh. von * 1/631
Heringhausen (Westfalen)
Hoberg, Gottfried * 5/78
Herisau (Kt. Appenzell Außerrhoden)
Baumann, Ida * 1/336; Baumann, Johannes */† 1/336; Buchstab, Johannes ~ 2/189; Eggenberger, Hans ~ 3/27; Grob, Adrian David ~ 4/176; Grob, Johannes von ~ 4/176; Hinrichsen, Otto ~/† 5/54; Leeder, Sigurd ~/† 6/287; Lory, Gabriel (Ludwig) ~ 6/477; Mettler, Walter * 7/89; Meyer-Peter, Eugen ~ 7/113; Naef, Adolf * 7/330; Nef, Clara */† 7/357; Ramseyer, Alfred ~ 8/134; Ritter, Max ~ 8/332; Rorschach, Hermann ~/† 8/384; Sonderegger, Emil * 9/372; Suhner, Gottlieb ~ 9/628; Walser, Robert (Otto) ~/† 10/316; Zellweger, Lily * 10/639
Herischdorf (poln. Malinnik, heute zu Hirschberg i. Rsgb./Jelenia Góra)
Schmauch, Werner * 8/693; Walter, Max * 10/320
Herkulesbad (bei Mehadia, Südungarn)
Martini, Friedrich von * 6/639
Herleshausen
siehe auch *Markershausen*
Weygandt, Sebastian † 10/466
Herlingsburg
Heinrich I. Mirabilis, Herzog von Braunschweig-Lüneburg-Grubenhagen ~ 4/524
Hermagor (Kärnten)
Kerschbal, Richard † 5/515; Moro, Oswin * 7/218
Heřmanice → Hermanitz
Heřmanice → Hermsdorf
Hermanitz (tschech. Heřmanice)
Wallenstein, Albrecht (Wenzel Eusebius) von * 10/311
Heřmanměstetz → Hermannstädtel
Hermannsacker (Kr. Nordhausen)
Dieckmann, Max * 2/514
Hermannsburg
Haccius, Georg ~/† 4/296; Harms, (Georg) Ludwig (Detlef Theodor) ~/† 4/390; Läwen, Arthur † 6/197; Schmidt, Kurt Dietrich ~ 9/14; Schomerus, Christoph Bernhard ~/† 9/112; Schweitzer, Bernhard (Heinrich Eduard Stephan Robert) † 9/239; Speckmann, Diedrich (Wilhelm Gotthilf) * 9/388; Thimme, Magdalene ~ 10/12; Wischmann, Adolf ~ 10/541
Hermannseifen (tschech. Rudník)
Kluge, Franz Seraphim * 5/609; Kluge, Johann Adam */~ 5/609
Hermannstadt (rumän. Sibiu, ungar. Nagyszeben)
Abensberg-Traun, Otto Ferdinand Graf von † 1/9; Ackner, Johann Michael ~ 1/23; Agnethler, Michael Gottlieb * 1/52; Arz von Straußenburg, Arthur Albert Frh. von *

Hertenstein

Herrenchiemsee (Gem. Chiemsee)
Bernhard der Kraiburger, Bischof von Chiemsee ~ 1/466; Chenich von Hohemos, Siboto ~ 2/309; Dollmann, Georg (Carl Heinrich) von ~ 2/588; Effner, Carl Joseph von ~ 3/22; Fischbacher, Jakob ~ 3/309; Hartmann, Bischof von Brixen ~ 4/403; Hauner, Norbert ~ 4/442; Hauschild, Wilhelm (Ernst Ferdinand Franz) ~ 4/446; Hirt, Johann Christian ~ 5/69; Hofmann, Julius ~ 5/130; Karger, Karl ~ 5/436; Kreisel, Heinrich ~ 6/92; Lobmeyr, Ludwig ~ 6/432; Ludwig II., König von Bayern ~ 6/501; Maison, Rudolf ~ 6/575; Munsch, Josef ~ 7/309; Perron, Philipp ~ 7/604; Piloty, Ferdinand d. J. ~ 7/671; Rögge, (Ernst Friedrich) Wilhelm ~ 8/350; Schwoiser, Eduard ~ 9/248; Watter, Joseph ~ 10/346; Widnmann, Franz ~ 10/475; Zürcher, Paul ~ 10/697

Herrendorf (poln. Chłopowo)
Berge, Joachim vom * 1/442; Vaerst, (Friedrich Christian) Eugen Baron von † 10/175

Herrengrebin (poln. Grabiny Zameczek)
Brachvogel, Udo * 2/54

Herrenhausen (seit 1891 zu Hannover)
Borchers, (Georg Heinrich) Carl ~/† 2/27; Ehrhart, (Jakob) Friedrich ~/† 3/42; Ernst August, Herzog von Braunschweig und Lüneburg, Kurfürst von Hannover, Bischof von Osnabrück † 3/159; Georg II., Kurfürst von Hannover, König von Großbritannien und Irland * 3/628; Giusti, Tommaso ~ 4/19; Grote, Carl Georg Christian Frh. von * 4/200; Johann Friedrich, Herzog von Braunschweig-Lüneburg ~ 5/339; Sophie von der Pfalz, Kurfürstin von Hannover † 9/377

Herrenschwanden (Gem. Kirchenlindach, Kt. Bern)
Wilker, Gertrud † 10/508

Herrenwies (Gem. Forbach)
Schmidt auf Altenstadt, Karl August * 9/21

Herreth
Franck, Peter ~ 3/390

Herrieden
Cella, Johann Jakob ~ 2/299; Fugger, Jakob Reichsgraf ~ 3/535; Heinrich von Berching ~ 4/537; Johann VI. Ambundi, Erzbischof von Riga ~ 5/344; Liutbert, Erzbischof von Mainz ~ 6/430; Motzel, Georg † 7/233; Zehmen, Johann Anton Frh. von ~ 10/629

Herringen
Rosterg, August ~ 8/408

Herringhausen (seit 1975 zu Lippstadt)
Schorlemer-Alst, Burghard Frh. von * 9/117

Herrischried
Kükelhaus, Hugo † 6/147

Herrliberg (Kt. Zürich)
Fierz, Henry * 3/293; Karner, Leopold † 5/451; Paretti, Sandra ~ 7/563; Simler, Johann Wilhelm ~ 9/329

Herrlingen (1975 zu Blaustein-Herrlingen, seit 1975 Blaustein)
Kantorowicz, Gertrud ~ 5/428; Rommel, Erwin † 8/380

Herrlishöfen (seit 1976 zu Warthausen, Kr. Biberach)
Arnold, Karl * 1/189

Herrnbaumgarten (Niederösterreich)
Bayer, (Franz) Thaddäus Edler von * 1/359

Herrnhag (Gem. Eckartshausen, seit 1972 zu Büdingen)
Hayn, Henriette Louise von ~ 4/462; Roentgen, David * 8/354; Schlicht, Ludolf Ernst ~ 8/674; Zinzendorf und Pottendorf, Nikolaus Ludwig Reichsgraf von ~ 10/678

Herrnhut
Aderkas, Friedrich Wilhelm von ~/† 1/36; Albertini, Johann Baptist von ~ 11/2; Bauer, Hermann Theodor † 1/326; Baumeister, Karl August † 1/340; Beck, Johann ~ 1/370; Beck, Konrad August */~/† 1/372; Becker, Bernhard * 1/375; Bettermann, Wilhelm ~/† 1/499; Bruiningk, Heinrich † 2/164; Buchner, Charles † 2/186; Castell, Ludwig Friedrich Graf zu ~ 2/295; Clemens, Gottfried ~/† 2/340; Dalman, (Hermann) Gustaf † 2/435; David, Christian ~/† 2/451; Dürninger, Abraham ~/† 2/640; Edelmann, Johann Christian ~ 3/17; Garve, Karl Bernhard † 3/576; Gersdorff, Ernst Christian August Frh.

von * 3/655; Gregor, Christian ~ 4/148; Hayn, Henriette Louise von ~/† 4/462; Hehl, Matthäus Gottfried ~ 4/484; Heyde, Wilhelm † 5/16; Hohenthal, Peter Graf von † 5/141; Jaeschke, Heinrich August */~/† 5/288; Kaufmann, Christoph ~ 5/470; Kölbing, Eugen * 5/654; Lier, Adolf (Heinrich) * 6/392; Möschler, Heinrich Benno * 7/177; Nitschmann, Anna ~/† 7/426; Nitschmann, David ~ 7/426; Oldendorp, Christian Georg Andreas ~ 7/486; Roentgen, Abraham † 8/354; Rothe, Johann Andreas ~ 8/418; Schlicht, Ludolf Ernst † 8/674; Schmuz-Baudiss, Theo * 9/41; Spangenberg, August Gottlieb ~ 9/383; Steinhofer, Friedrich Christoph ~ 9/494; Steinmann, Theophil (August) ~ 9/499; Vogt, Johannes ~ 10/234; Woltersdorf, Ernst Gottlieb ~ 10/586; Zinzendorf und Pottendorf, Christian Renatus Reichsgraf von * 10/677; Zinzendorf, Erdmuth(e) Dorothea Gräfin von † 10/677; Zinzendorf und Pottendorf, Nikolaus Ludwig Reichsgraf von ~/† 10/678

Herrnsdorf
Treu, (Joseph) Marquard ~ 10/84

Herrnsheim (seit 1969 zu Worms)
Dalberg, Emmerich Joseph Herzog von † 2/433; Dalberg, (Johann) Friedrich Hugo (Nepomuk Eckenbrecht) Frh. von und zu * 2/433; Dalberg, Wolfgang Heribert (Tobias Otto Maria Johann N.) Frh. von * 2/433; Trunk, Johann Jakob * 10/102

Herrnstadt (poln. Wąsosz)
Beilschmied, Karl Traugott † 1/405

Herrsching a. Ammersee
siehe auch Widdersberg
Angermann, Erich † 11/4; Ellmenreich, Franziska † 3/92; Fick, Adolf (Gaston Eugen) † 3/287; Fiori, Ernesto de ~ 3/306; Gorter, Albert † 4/99; Grassmann, Wolfgang † 4/140; Hanauer, Rudolf ~/† 4/365; Janssen, Marie Hermine ~ 5/303; Kandl, Eduard */† 5/423; Köhler, Hanns Erich ~/† 5/651; Kölzer, Josef ~/† 5/656; Oelschlegel, Gerd † 11/148; Ploetz, Alfred (Julius) † 8/4; Reinhardt, Fritz ~ 8/219; Ringleb, Karl ~ 11/163; Rudorf, Wilhelm (Hermann Friedrich) † 8/442; Trunk, Richard † 10/103; Winter, Fritz † 10/532; Wislicenus, Hans † 10/541; Wördemann, Franz † 10/558

Hersbruck
Althofer, Christoph * 1/101; Apin, Johann Ludwig ~ 1/157; Apin, Siegmund Jakob * 1/157; Arnold, Christoph * 1/185; Arnold, Kaspar ~ 1/189; Bauder, Johann Friedrich * 1/320; Baumann, Johann Adolf ~ 1/336; Bayer, Karl ~ 1/358; Blumröder, Gustav Philipp ~ 1/590; Borst, Johann Nepomuk ~ 2/39; Cnopf, Matthäus Ferdinand * 2/347; Engelmann, Bernt ~ 3/120; Faber, Johann Ludwig ~ 3/208; Gundling, Jacob Paul Frh. von * 4/259; Panzer, Georg Wolfgang Franz ~/† 7/558; Scharrer, Johannes * 8/571; Schickedanz, Grete ~ 8/622; Schultze, Walther (August Ludwig) * 9/194; Selnecker, Nikolaus * 9/280; Strobel, Georg Theodor * 9/590; Titius, Christoph ~/† 10/51

Herschdorf (Ilmkreis)
Israel, Hans (Theodor Karl Konrad) * 5/264; Vetter, Nikolaus * 10/201

Herscheditz (tschech. Hertošice, heute zu Udritsch/Údrč)
Müller, Franz (Anton) * 7/255

Herscheid → Schönebecke

Hersfeld → Bad Hersfeld

Herstelle
Casel, Odo † 2/291; Falkenberg, Dietrich von * 3/226

Herta (ukrain. Herca)
Wittner, Victor * 10/551

Herten (Kr. Recklinghausen)
Ollmert, Karl * 7/489; Ruschen, Carl ~ 8/475; Tengelmann, Ernst ~ 9/675

Herten (Rheinfelden, Baden)
Rolfus, Karl Joseph ~/† 8/374

Hertenstein (Gem. Weggis, Kt. Luzern)
Dübi, Ernst † 2/633; Elmiger, Robert ~ 3/94; Markus, Stefan ~ 6/625; Talhoff, Albert ~ 9/652

479

Hertingen
Hebel, Johann Peter ~ 4/464; Schlotterbeck, Wilhelm Friedrich * 8/686
Hertošice → Herscheditz
Herve (Niederlande)
Bosses, Bartholomäus des * 2/44
Herwigsdorf (Gem. Rosenbach)
Vopelius, Gottfried * 10/253; Willkomm, Ernst (Adolf) * 10/512
Herxheim bei Landau (Pfalz)
Bussereau, Jakob Friedrich ~ 2/256; Finck, Albert * 11/60; Fink, Albert * 3/301
Herzberg (Elster)
Gerhardt, Carl Immanuel * 3/642; Haehn, Hugo * 4/305; Janensch, Werner * 5/299
Herzberg am Harz
siehe auch *Pöhlde, Scharzfeld*
Clajus, Johannes */~ 2/328; Einem, Karl (Wilhelm George August) von * 3/63; Ernst August, Herzog von Braunschweig und Lüneburg, Kurfürst von Hannover, Bischof von Osnabrück * 3/159; François, (Marie) Louise von * 3/396; Georg Wilhelm, Herzog von Braunschweig-Lüneburg * 3/627; Haas, Albert * 4/284; Heiland, Karl Gustav * 4/495; Johann Friedrich, Herzog von Braunschweig-Lüneburg * 5/339; Schemelli, Georg Christian * 8/599
Herzebrock
Miele, Carl * 7/131; Zumbusch, Caspar (Clemens Eduard) Ritter von * 10/699; Zumbusch, Julius * 10/700
Herzfeld (Kr. Parchim) → Repzin
Herzfeld (Westfalen)
Farwick, Wilhelm Anton ~ 3/232; Herold, Theodor * 4/636; Ida von Herzfeld ~/† 5/242
Herzhorn
siehe auch *Obendeich*
Eggers, Heinrich Friedrich von ~ 3/30; Esmarch, Nicolaus Ludwig ~/† 3/178
Herzkamp (Sprockhövel)
Zänker, Otto (Ewald Paul) * 10/613
Herznach (Kt. Aargau)
Amsler, Alfred ~ 1/120
Herzogenaurach
Dassler, Adolf * 2/447; Dassler, Horst ~ 2/447; Lecküchner, Hans (Johannes) ~ 6/283; Nopp, Hieronymus */~ 7/436; Seckendorff, Veit Ludwig von * 9/253; Werner, Johann(es) ~ 10/447; Wersin, Herthe von * 10/451
Herzogenbuchsee (Kt. Bern)
Dürrenmatt, Peter (Ulrich) * 2/642; Dürrenmatt, Ulrich ~/† 2/642; Erlach, Sigmund von ~ 3/151; Gotthelf, Jeremias ~ 4/108; Gygax, Fritz * 4/277; Matter, Mani * 6/658; Moser, Robert * 7/228; Voellmy, Erwin * 10/223; Waser, Maria * 10/340; Zollinger, Heinrich ~ 10/687
Herzogenburg (Niederösterreich)
siehe auch *Heiligenkreuz*
Breu, Jörg d. Ä. ~ 2/124; Ehrenzweig, Albert Arnim * 3/40; Frenzel, Hans * 3/425; Musger, Erwin ~ 7/316; Sattler, Johann Michael * 8/524; Schneider, Franz Cölestin von ~ 9/52; Till, Walter Curt † 10/43
Herzogenbusch (niederländ. 's-Hertogenbosch)
Agyläus, Heinrich * 1/56; Andreae, Tobias ~ 1/131; Moleschott, Jacob * 7/187; Rath, Arnold * 8/148; Ulsenius, Theodoricus † 10/148
Herzogenrath
siehe auch *Kohlscheid*
Domagk, Gerhard (Johannes Paul) ~ 2/588; Ernst, Johann ~ 3/164; Holzapfel, (Gustav Hermann) Eduard ~ 5/158; Kliesing, Georg ~ 5/593; Schieren, Wolfgang * 8/629
Herzogswalde (poln. Wierzbnik)
Erdtelt, Alois * 3/143
Hesdin
Haller von Hallerstein, Ruprecht ~ 4/350
Heslach (vor 1900 zu Stuttgart)
Hahn, Christoph (Ulrich) ~ 4/328; Kirn, Otto * 5/554
Hesperange (Luxemburg)
Ungeschick, Peter */† 10/156

Heßberg (Veilsdorf)
Rosenmüller, Ernst Friedrich Karl * 8/398; Rosenmüller, Johann Christian * 8/398; Rosenmüller, Johann Georg ~ 8/398
Hesseln (seit 1973 zu Halle, Westf)
Windthorst, Margarete * 10/526
Hessen (Kr. Halberstadt)
Scheller, Karl Friedrich Arend * 8/595
Hessendamm (Gem. Veltheim, Kr. Halberstadt)
Weitsch, Johann Friedrich * 10/418
Hessenthal (seit 1972 zu Mespelbrunn)
Ruhland, Gustav * 8/460
Hesserode (seit 1974 zu Felsberg, Schwalm-Eder-Kreis)
Coch, Georg Theodor ~ 2/349
Hessisch Lichtenau
siehe auch *Teichhof*
Bente, Hermann * 1/428; Fabronius, Hermann ~ 3/216; Feige von Lichtenau, Johann * 3/248; Ritter, Hellmut * 8/329; Ritter, Karl Bernhard * 8/331; Schäfer, (Johann) Heinrich † 8/547; Schneider, Johannes ~ 9/56
Hessisch Oldendorf
Fuchs, Paul Karl Richard * 3/521; Krone, Heinrich * 6/116; Münchhausen, Karl Clodwig August Hermann Frh. von * 7/295; Schlüsselburg, Konrad * 8/687
Heßlingshof (seit 1973 zu Schöntal)
Zürn, Franz * 10/698
Hethars (Ungarn)
Neumann, Heinrich von * 7/383
Hetschbach (seit 1971 zu Höchst i. Odw.)
Stenger, Carl * 11/178
Hettenleidelheim
Osterroth, Nikolaus * 7/517
Hettensen (seit 1974 zu Hardegsen)
Hueck, Adolf * 5/207
Hettstedt
Agthe, Karl Christian * 1/56; Borowski, Richard * 2/37; Bückling, Karl Friedrich ~ 2/199; Haubner, Gottlieb (Carl) * 4/435; Hildebrandt, Zacharias ~ 5/38; Sombart, Anton Ludwig ~ 9/367; Titius, Kaspar ~/† 10/51
Hetzeldorf (rumän. Atel, ungar. Ecsel)
Grafius, Lukas * 4/132
Hetzendorf (seit 1890/92 zu Wien)
Maria Karoline, bis 1768 Marie Charlotte, Erzherzogin von Österreich, Königin von Neapel-Sizilien † 6/621; Maximilian Franz, Erzherzog von Österreich, Erzbischof von Köln † 6/679; Müller, Johann ~ 7/268
Hetzerath (Kr. Bernkastel-Wittlich)
Feiten, Josef * 3/253
Hetzles
Deinlein, Michael von * 2/472
Heubach (Kr. Hildburghausen) → Einsiedel
Heuberg
Roßmann, Erich Hermann ~ 8/406
Heuchelheim-Klingen
Müller-Landau, Rolf ~ 7/288
Heufeld (Gem. Bruckmühl)
Kaul, Oskar * 5/474
Heukerswalde
Wolframsdorf, (Wolf) Otto von * 10/581
Heumaden (seit 1942 zu Stuttgart)
Weitbrecht, Richard * 10/416
Heumar (Köln)
Mülhens, Peter Paul ~ 7/245
Heutingsheim (seit 1972 zu Freiberg am Neckar)
Breyer, Karl Wilhelm Friedrich Ritter von * 2/129
Heuwisch (Gem. Neuenkirchen, Kr. Dithmarschen)
Heuck, Christian * 5/7; Witt, Johann Niklas * 10/544
Heven (seit 1921 zu Witten)
Müller, Hans * 7/262
Heves (Ungarn)
Hevesi, Ludwig * 5/14
Heworth (Cty. Yorkshire, England)
Ward, Mary † 10/335

Heybach
Denk, Hans * 2/487
Heydeck
Isenhut, Leonhard * 5/262
Heydekrug (litauisch Šilutė, russ. Šilutė)
Brauweiler, Roland Heinrich Wilhelm ~ 2/91; Brust, Alfred ~ 2/175; Dullien, Reinhard * 2/648; Kuhnke, Hans-Helmut * 11/115
Heynitz
Roller, David Samuel * 8/376
Hiddesen (seit 1970 zu Detmold)
Keysser, Adolf † 5/526
Hiddigwarden (Germ. Berne)
Kruse, Christian (Karsten) Hinrich * 6/132
Hieflau (Steiermark)
Gasteiger, Hans von ~ 3/581
Hiesfeld (seit 1917 zu Dinslaken)
Witzell, Carl * 10/553
Hietzing (seit 1890/92 zu Wien)
Abel, Lothar * 1/5; Auer von Welsbach, Alois Ritter † 1/214; Bauer, Ferdinand Lukas † 1/324; Baumgartner, Andreas Frh. von † 1/346; Born, Ignaz Edler von ~ 2/32; Diamantidi, Demeter * 2/511; Egger, Berthold Anton ~ 3/27; Eskeles, Bernhard Frh. von † 3/178; Haspinger, Joachim ~ 4/426; Hügel, (Johann) Aloys (Joseph) Frh. von † 5/208; Klopp, Onno ~ 5/603; Lanner, Joseph (Karl Franz) ~ 6/249; Malfatti, Johann (Giovanni Domenico Antonio) † 6/578; Meding, (Johann Ferdinand Martin) Oskar ~ 7/23; Schwender, Carl ~ 9/241; Steinl, Matthias ~ 9/497; Zeiller, Franz Anton Edler von † 10/631
Higher Broughton (bei Manchester, England)
Mainzer, Joseph * 6/573
Hiiuma → Dagö
Hilbeck (Hamm, Westf)
Beckmann, Fritz * 1/384
Hilbersdorf (Kr. Freiberg)
Ende, Adolf † 3/107
Hilchenbach
siehe auch *Dahlbruch, Helberhausen*
Bernhardt, August Peter ~ 1/470; Bormann, Eugen * 2/31; Rübsaamen, Ewald Heinrich ~ 8/443; Sachsse, Eugen Friedrich Ferdinand ~ 8/490
Hildburghausen
siehe auch *Häselrieth*
André, Christian Karl * 1/127; Barth, Johann Carl ~ 1/302; Basch, Siegmund ~ 1/312; Becher, Karl Anton Ernst * 1/366; Beck, Heinrich ~ 1/370; Benz, Ottomar ~ 1/431; Bonno, Josef ~ 2/21; Bornmüller, (Friedrich Nicolaus) Joseph * 2/36; Brunnquell, Josef Friedrich August * 2/171; Bucholtz, Wilhelm Heinrich Sebastian ~ 2/188; Burckhard, Jakob ~ 2/230; Döhler, Johann Georg ~ 2/571; Eckardt, Wilhelm (Richard Ernst) * 3/8; Faber, Benedikt * 3/207; Falke, Gustav ~ 3/225; Fischer, Laurenz (Martin) Hannibal (Christian) */~ 3/323; Fischer, (Laurenz) Wilhelm ~ 3/328; Forberg, Friedrich Karl † 3/371; Gedeler, Elias ~/† 3/596; Girschner, Otto ~ 4/15; Gleichmann, Hans * 4/28; Goebel, Otto ~ 4/49; Gottfried III. von Hohenlohe, Bischof von Würzburg ~ 4/105; Hamann, Karl ~ 4/356; Heinsius, (Johann) Ernst ~ 4/545; Heinze, (Karl Friedrich) Rudolf ~ 4/547; Joseph Friedrich, Prinz von Sachsen-Hildburghausen † 5/367; Junghans, Sophie † 5/383; Keßlau, Albrecht Friedrich von ~/† 5/519; Löffler, Johann Heinrich ~ 6/440; Matschoß, Conrad ~ 6/657; Mayer, Christian ~ 7/6; Meyer, Arndt ~ 7/98; Meyer, Carl Joseph ~/† 7/99; Meyer, Hans * 7/103; Meyer, Hermann (August Heinrich) * 7/105; Meyer, Hermann Julius ~ 7/105; Mitzenheim, Moritz ~ 7/159; Nonne, Karl Ludwig */~/† 7/436; Pfranger, Albertine * 7/652; Ravenstein, Hans * 8/167; Rosenmüller, Johann Georg ~ 8/398; Ruppius, Johann Karl ~ 8/472; Schmid, Ernst Erhard (Friedrich Wilhelm) * 8/700; Schönfeld, Eduard * 9/93; Schweitzer, Anton ~ 9/239; Seckendorff, Gustav Anton Frh. von ~ 9/252; Seyler, Friederike Sophie ~ 9/300; Stolle, Gottlieb ~ 9/552; Tischbein, Johann Friedrich August ~ 10/49; Ulbrich, Anton ~ 10/133;

Unger, Rudolf * 10/155; Wagner, Johann Wilhelm ~ 10/283; Weber, Carl Maria (Friedrich Ernst) von ~ 10/350; Zschackwitz, Johann Ehrenfried ~ 10/690
Hilden
Fabricius Hildanus, Wilhelm * 3/215; Rosemann, Heinz Rudolf † 11/165; Spindler, Gert P(aul) * 11/176; Volmer, Max * 10/250
Hilders → Unterbernhards
Hildesheim
siehe auch *Einum, Itzum*
Adalbert II., Erzbischof von Mainz ~ 1/25; Adaldag, Erzbischof von Hamburg-Bremen ~ 1/26; Adami, Adam ~/† 1/30; Adelog, Bischof von Hildesheim ~/† 1/34; Albertus Magnus ~ 1/71; Albrecht II., Erzbischof von Magdeburg ~ 1/76; Algermissen, Konrad ~/† 1/90; Alsen, Herbert * 1/94; Altfrid, Bischof von Hildesheim ~ 1/99; Altmann, Wilhelm † 1/104; Alzog, Johannes Baptist ~ 1/109; Amthor, Eduard Gottlieb ~ 1/121; Andreae, Philipp Victor Achilles ~/† 1/131; Anselm der Peripatetiker ~ 1/147; Arendt, Johann Josef Franz * 1/166; Arentsschildt, Wilhelm (Daniel) von † 1/168; Aribo, Erzbischof von Mainz ~ 1/170; August Damian Philipp Carl, Graf von Limburg-Stirum, Fürstbischof von Speyer ~ 1/222; Bärtling, (Theodor Carl Wilhelm) Richard * 1/263; Bahrfeldt, Max Ferdinand ~ 1/271; Bargmann, Heinrich ~ 1/295; Baumbach-Freudenthal, Karl Friedrich von ~ 1/338; Baumhauer, Heinrich (Adolph) ~ 1/348; Becker, Karl Ferdinand ~ 1/379; Becker, Konrad ~ 1/380; Benno II., Bischof von Osnabrück ~ 1/427; Bergmann, Gottlob Heinrich ~ 1/450; Bernhard II., Herzog von Braunschweig ~ 1/465; Bernhard, Bischof von Hildesheim ~ 1/465; Bernhard von Konstanz ~ 1/466; Bernward, Bischof von Hildesheim ~/† 1/478; Beroldingen, Franz Cölestin Frh. von ~ 1/478; Beroldingen, Joseph (Anton Siegmund) Frh. von ~/† 1/478; Berthold I., Bischof von Hildesheim ~ 1/483; Berthold II., Bischof von Verden und Hildesheim ~ 1/484; Bertram, Adolf Johannes */~ 1/488; Bischoff, Georg Friedrich ~/† 1/543; Bittmann, Carl ~ 1/550; Bodden, Ilona * 1/598; Boller, Friedrich Wilhelm * 2/9; Brabender, Johann ~ 2/53; Brandes, Ernst ~ 2/62; Brandis, Christian August ~ 2/64; Brandis, Eberhard Frh. von */~ 2/64; Brandis, Henning */~ 2/65; Brandis, Joachim d. J. */~/† 2/65; Brandis, Joachim Dietrich */~ 2/65; Brandis, Johannes Heinrich ~ 2/65; Brandis, Tilo ~ 2/66; Brennecke, Carl Wilhelm Adolf * 2/112; Brumleu, Johann Heinrich ~ 2/165; Brunnquell, Josef Friedrich August ~ 2/171; Buddensieg, Rudolf (Oskar Gottlieb) ~ 2/192; Büderich, Bernhard (Derike) von ~/† 2/200; Bugenhagen, Johannes ~ 2/217; Burchard von Oberg, Bischof von Hildesheim ~ 2/228; Burchard III., genannt Lappe, Erzbischof von Magdeburg ~ 2/228; Busch, Johannes ~/† 2/250; Busembaum, Hermann ~ 2/253; Bussche-Haddenhausen, Ernst Gustav Frh. von dem 2/254; Bussmann, Walter ~ 2/256; Caesarius von Speyer ~ 2/263; Calvör, Caspar * 2/268; Campe, Carl (Rudolf) von * 2/270; Campe, Rudolf (Ernst Emil Otto) von ~/† 2/277; Cappel, Johann Friedrich Ludwig ~ 2/277; Ceulen, Ludolph van * 2/302; Clemens August Maria Hyazinth von Wittelsbach, Herzog von Bayern, Kurfürst und Erzbischof von Köln ~ 2/339; Cludius, Hermann Heimart ~/† 2/346; Cohausen, Johann Heinrich * 2/351; Conitzer, Alfred ~ 2/362; Cramer von Clausbruch, Henning ~ 2/390; Daetrius, Brandanus ~ 2/426; Debo, (Heinrich) Ludwig ~ 2/455; Deer, Nikolaus van ~ 2/463; Des Bosses, Bartholomäus ~ 2/495; Dieburg, Peter † 2/513; Dietrich II. Arndes, Bischof von Lübeck ~ 2/531; Dionysius von Werl ~/† 2/554; Döteber, Franz Julius ~ 2/581; Droste zu Vischering, Franz Otto Frh. von ~ 2/626; Ebeling, Johann Justus ~ 2/665; Eberhard von Gandersheim ~ 2/670; Ebo, Erzbischof von Reims, Bischof von Hildesheim ~/† 3/3; Eckardt, Siegfried Gotthilf ~ 3/8; Egell, Paul ~ 3/23; Egidi, Hans ~ 3/31; Ehrbar, Friedrich */~ 3/37; Ehrhardt, Kurt ~ 11/51; Ekhof, (Hans) Conrad (Dietrich) ~ 3/80; Engelbert, Kurt ~/† 3/117; Engels, Georg ~ 3/123; Enoch, Samuel ~

3/128; Ernst, Herzog von Bayern, Kurfürst und Erzbischof von Köln ~ 3/159; Ernst, Konrad ~ 3/164; Eule, Gottfried ~ 3/190; Euling, Karl (Johannes) */~ 11/56; Ferdinand, Herzog von Bayern, Kurfürst und Erzbischof von Köln ~ 3/269; Feuerhahn, Hermann * 3/280; Fick, (Friedrich Conrad) August † 3/287; Finselberger, Erni * 3/305; Franz Wilhelm, Graf von Wartenberg, Bischof von Osnabrück, Minden, Verden und Regensburg ~ 3/411; Franz Egon, Frh. von Fürstenberg, Bischof von Hildesheim und Paderborn ~/† 3/411; Franz Egon, Fürst von Fürstenberg, Fürstbischof von Straßburg ~ 3/412; Friderici, Christoph (Konrad) Wilhelm * 3/444; Friedrich, Herzog von Braunschweig-Lüneburg ~ 3/462; Fuchte, Johann von ~ 3/523; Fürstenberg, Wilhelm Egon Graf von ~ 3/529; Gams, Pius ~ 3/567; Gebauer, Johannes Heinrich ~/† 3/591; Georg, Herzog von Braunschweig-Lüneburg ~/† 3/627; Georg, Herzog von Braunschweig-Lüneburg, Erzbischof von Bremen ~ 3/627; Gerhard vom Berge, Bischof von Hildesheim ~/† 3/639; Gerhoh von Reichersberg ~ 3/645; Gero, Erzbischof von Magdeburg ~ 3/653; Gerstenberg, Johann Daniel ~/† 3/658; Gerstenberg, Walter * 3/658; Gesenius, Justus ~ 3/665; Getelen, Augustin van ~ 3/669; Godehard ~/† 4/47; Goetten, Gabriel Wilhelm ~ 4/68; Gottfried ~/† 4/105; Goué, (August) Siegfried von * 4/113; Gravenhorst, Karl Theodor ~ 4/145; Gröning, Georg von ~ 4/180; Grotefend, Karl (Ludwig) ~ 4/201; Güdemann, Moritz * 4/234; Guttmann, Jakob ~ 4/274; Guttmann, Julius * 4/274; Haasemann, Albert (Friedrich Theodor) */~ 4/290; Hackmann, Heinrich (Friedrich) † 4/299; Hamann, Karl * 4/356; Hammerstein-Equord, Hans (Georg) Frh. von † 4/363; Harriers-Wippern, Luise * 4/396; Hartzer, (Carl) Ferdinand ~ 4/417; Hatteisen, Ludwig ~/† 4/432; Havemann, Wilhelm * 4/457; Heilersieg, Bernhard ~ 4/497; Heinrich III., Herzog von Braunschweig-Lüneburg, Bischof von Hildesheim † 4/527; Heinrich von Brabant, Bischof von Lübeck ~ 4/529; Heinrich III. Bockholt, Bischof von Lübeck ~ 4/529; Hemeling, Johann */~ 4/577; Hergt, Oskar (Gustav Rudolf) ~ 4/615; Heringsdorf, Johannes ~ 4/617; Herrmann, Josef † 4/643; Hezilo, Bischof von Hildesheim ~/† 5/28; Hillebrand, Joseph ~ 5/43; Himmer, Franz † 5/49; Hinüber, Rütger ~/† 5/57; Holborn, Louise W. ~ 11/90; Hornemann, Friedrich (Konrad) * 5/179; Hurwitz, Adolf * 5/232; Indagine, Johannes de ~ 5/255; Janssen, Heinrich Maria ~/† 5/302; Johann III., Graf von Hoya, Bischof von Hildesheim ~ 5/340; Johann IV., Herzog von Sachsen-Lauenburg, Bischof von Hildesheim ~ 5/340; Johannes Schadland, Bischof von Kulm, Hildesheim, Worms und Augsburg ~ 5/351; Johannes Gallicus ~ 5/352; Johannes von Hildesheim */~ 5/353; Johannes Marcus von Hildesheim ~ 5/353; Jonas, Justus ~ 5/360; Kindermann, Adolf ~ 5/540; Kniep, Christoph (Heinrich) * 5/620; Knuth, Gustav ~ 5/632; Konrad I. von Querfurt, Bischof von Hildesheim ~ 6/27; Konrad II., Bischof von Hildesheim ~ 6/27; Konrad I. von (Lauenrode-)Velber, Bischof von Osnabrück ~ 6/29; Konrad II., Bischof von Passau, Erzbischof von Salzburg ~ 6/30; Konrad von Soltau, Bischof von Verden ~ 6/32; Kopp, Georg von * 6/38; Koster, Harmen ~ 6/54; Krebs, Sir Hans Adolf * 6/88; Krüger, Louis ~ 6/123; Kühn, Friedrich † 6/143; Kümmel, Werner ~ 6/148; Langstedt, Friedrich Ludwig ~ 11/117; Ledebur-Wicheln, Friedrich Klemens (Joseph Egon Maria Anton) Frh. von ~ 6/284; Lehmann, Fritz ~ 6/292; Leunis, Johannes ~/† 6/353; Lewinsky, Abraham ~ 6/365; Liebmann, Jost ~ 6/387; Liesegang, Wilhelm ~ 6/393; Link, Heinrich Friedrich * 6/412; Liste, Anton */~ 6/425; Logemann, Fritz ~ 6/460; Loofs, Friedrich ~ 6/466; Ludolf von Hildesheim ~ 6/496; Ludolfus de Lucohe (Florista) ~ 6/497; Magnus, Herzog von Sachsen-Lauenburg, Bischof von Cammin und Hildesheim ~ 6/563; Malchus, Karl August Frh. von ~ 6/577; Marheineke, Philipp Konrad */~ 6/617; Markward, Bischof von Hildesheim ~ 6/626; Maximilian Heinrich, Herzog von Bayern, Kurfürst und Erzbischof von Köln ~ 6/678; Meinwerk, Bischof von Paderborn ~ 7/37; Meister, Heinrich * 7/46; Meyerhof,

Max * 7/116; Müller, Heinz ~ 7/264; Münchhausen, Börries Frh. von * 7/294; Muhs, Hermann ~ 7/304; Neuhaus, Leopold ~ 11/139; Nihus, Bartholdus ~ 7/417; Nordhoff, Heinrich * 7/438; Oebbeke, Konrad * 7/462; Oldecop, Johan */~/† 7/484; Olms, Georg (Ernst Walter) */† 7/489; Otto der Quade, Herzog von Braunschweig ~ 7/531; Pelcking, Johannes ~ 7/590; Pelizäus, Wilhelm */~/† 7/591; Pestel, Eduard */~ 7/611; Peters, Friedrich ~ 7/615; Platte, Rudolf (Antonius Heinrich) ~ 7/689; Pommer, Erich * 8/30; Prell, Hermann ~ 8/60; Quindt, William * 8/103; Raabe, Felix ~ 8/106; Rainald von Dassel, Erzbischof von Köln ~ 8/127; Rave, Judith ~ 8/166; Reimmann, Jakob Friedrich ~/† 8/213; Rempen, Johann ~ 8/240; Rennemann, Henning ~ 8/243; Rese, Friedrich † 8/248; Reuter, Hermann * 8/261; Riemer, Johannes ~ 8/302; Ripping, Ludwig Hugo ~ 8/321; Röder, Adam ~ 8/348; Roeder, Günther Ernst ~ 8/348; Römer, Ferdinand * 8/352; Römer, Friedrich Adolph */~ 11/164; Rubensohn, Otto ~ 8/431; Saenger, Konrad ~ 8/493; Sante, Georg Wilhelm * 8/516; Schlaun, Johann Conrad ~ 8/657; Schmidt-Phiseldeck, (Wilhelm) Justus (Eberhard) von ~ 9/24; Schmitz, Ernst ~ 9/35; Schöndorf, (Max) Friedrich (Hermann Adolf) ~/† 9/89; Schrader, Heinrich Adolf ~ 9/125; Schrader, Heinrich Eduard Siegfried * 9/125; Schubert, Hermann (Cäsar Hannibal) ~ 9/163; Schuch, Werner (Wilhelm Gustav) * 9/167; Selnecker, Nikolaus ~ 9/280; Siercke, Alfred ~ 9/320; Snell, Bruno * 9/354; Snell, Ludwig (Daniel Christian) † 9/354; Snell, Otto */~ 9/354; Snell, Richard (August Emil) */~ 9/354; Sommerwerck, Wilhelm ~/† 9/371; Sonnemann, Theodor * 9/372; Sophie ~ 9/378; Spiegel zum Desenberg, Franz Wilhelm Frh. von ~ 9/401; Spitta, (Johannes Heinrich) Oscar † 9/409; Stahlhuth, Georg */~ 9/440; Starck, Johann Friedrich */~ 9/449; Steffen, Heinrich † 9/464; Steigentesch, August Ernst Frh. von ~ 9/472; Strube, Julius Melchior * 9/595; Syrup, Friedrich ~ 9/609; Talleur, Wunibald * 9/652; Tappe, Jakob * 9/657; Telemann, Georg Philipp ~ 9/671; Tetleben, Valentin von ~ 9/681; Traube, Isidor * 10/70; Trott, Eva von ~/† 10/98; Turck, Heinrich ~ 10/118; Ubrich, Asminde * 10/121; Umbo ~ 10/149; Unwan, Erzbischof von Hamburg-Bremen ~ 10/161; Vesti, Justus */~ 10/199; Wachsmuth, Wilhelm * 10/267; Werlhof, Paul Gottlieb ~ 10/442; Westphalen zu Fürstenberg, Friedrich Wilhelm Frh. von ~/† 10/461; Willigis, Erzbischof von Mainz ~ 10/512; Winckel, Heinrich ~ 10/518; Wink, Joseph Gregor ~/† 10/526; Wolf, Ebert * 10/564; Wolf, Walther * 10/568; Wyrgatsch, Otto ~ 10/602; Zeppenfeldt, Franz Ignaz */~/† 10/644; Zierenberg, Tilemann † 10/659

Hilgen (Emsland)
Hilling, Nikolaus * 5/46

Hilgermissen → Mehringen, Wechold

Hille
siehe auch *Hartum*
Volkening, Johann Heinrich * 10/245

Hilleröd
Arnisäus, Henning † 1/182

Hillersdorf (tschech. Holčovice)
Türk, Wilhelm * 10/114

Hillersleben
Herrand, Abt von Ilsenburg, Bischof von Halberstadt ~ 4/638

Hillesheim (Kr. Mainz-Bingen)
Wehsarg, Otto * 10/379

Hillstett (seit 1972 zu Rötz, Kr. Cham)
Schrenck von Notzing, Sebastian von * 9/140

Hilmersdorf
Höckner, (Woldemar) Georg * 5/87; Uhlig, Friedrich (Otto) * 10/130

Hilpertsau (Gem. Obertsrot, seit 1974 zu Gernsbach)
Mayer, Otto † 7/10

Hilpoltstein
Bauer, Georg Lorenz * 1/325; Bezzel, Christoph */~ 1/510; Eibner, Friedrich ~ 3/46; Sturm, Johann Christoph * 9/617

Hilter am Teutoburger Wald → Borgloh

Hilterfingen (Kt. Bern)
Baltzer, Armin (Richard) † 1/282
Hiltersried (seit 1978 zu Schönthal, Kr. Cham)
Sturm, Marcelin † 9/618
Hiltpoltstein
Haller von Hallerstein, (Johann) Carl (Christoph Wilhelm Joachim) Frh. * 4/349
Hiltrup (seit 1975 zu Münster, Westfalen)
Baader, Theodor † 1/232; Weber, Josef † 10/356
Hilvarenbeek (Niederlande)
Becanus, Martin * 1/365
Hilzingen → Weiterdingen
Himbach (Limeshain)
Gruber, Eberhard Ludwig ~ 4/205
Himberg (Niederösterreich)
Bandl, Ludwig * 1/287; Robert, Julius * 8/338; Robert, Ludwig von ~ 8/338
Himmelmert (seit 1941 zu Plettenberg)
Brockhaus, Carl (Friedrich Wilhelm) * 2/139
Himmelstadt
Nötscher, Friedrich * 7/432
Himmelwitz (poln. Jemielnica)
Nucius, Johannes ~/† 7/446
Himmerod (Großlittgen)
Agricius, Mathias ~/† 1/52; Albero, Erzbischof von Trier ~ 1/64; Karl von Seyn ~ 5/449; Kretschmar, Christian ~ 6/99
Himmighofen
Ebenau, (Johann) Karl (Heinrich Wilhelm) * 2/666
Hindelang
siehe auch *Bad Oberdorf, Hinterstein*
Beckler, Hermann ~ 1/383; Eberhard, Konrad * 2/671; Jacob, Walter † 5/272
Hindelbank (Kt. Bern)
Erlach, Hieronymus von ~/† 3/150; Nahl, Johann August d. Ä. ~ 7/337
Hindenburg (Altmark)
Abel, Kaspar * 1/5
Hindenburg O. S. → Zabrze
Hindhead (Cty. Surrey, England)
Lion, Hildegard Gudilla † 6/415
Hinnenburg
Westphalen zu Fürstenberg, Friedrich Wilhelm Frh. von * 10/461
Hinrichshagen (Kr. Mecklenburg-Strelitz)
Hammerstein-Equord, Kurt (Gebhard Adolf Philipp) Frh. von * 4/363; Rüdiger, Minna ~ 8/447
Hinrichshagen (Kr. Müritz)
Rudeloff, Max * 8/435
Hinsbeck (seit 1970 zu Nettetal)
Birckmann, Franz * 1/537
Hinte
Obendiek, Harmannus (Anton) ~ 7/451
Hinterberg (Niederösterreich)
Bosse, Lothar † 11/29
Hinterbergen (bei Riga)
Fischer, Johann Bernhard von ~/† 3/320
Hinterbrühl (Niederösterreich)
Bernatzik, Wilhelm † 1/461; Duschek, Adalbert (Ludwig) * 2/657; Fraenkel, Alexander (Wilhelm) † 3/382; Frank, Gustav (Wilhelm) † 3/399; Gaul, Gustav ~ 3/585; Heiss, Berta ~ 4/551; Herr, Josef Philipp † 4/637; Karlweis, Oscar Leopold * 5/450; Küfferle, August Josef † 6/141; Neustädter-Stürmer, Odo von ~ 7/394; Schmidt, (Christoph) Rudolf † 9/19; Schnitzler, Heinrich * 9/67; Waldmüller, Ferdinand Georg † 10/305; Werba, Erik † 10/439
Hinterhäuser (tschech. Zadní Chalupy)
Schott, Anton ~ 9/120
Hinterjessen
Jentzsch, Johann Gottfried * 5/322
Hintermauer (Meißen)
Sparmann, Karl Christian * 9/386
Hinternahe
Eck, Johann Georg * 3/6

Hintersee (Gem. Ramsau b. Berchtesgaden)
Ebermayer, (Wilhelm Ferdinand) Ernst † 2/675
Hinterstein (Gem. Hindelang)
Frauberger, Heinrich † 3/417
Hinterstoder (Oberösterreich)
Peham von Bojernberg, Heinrich Ritter † 7/588; Pollak, Oscar † 8/27
Hinterzarten
Dammert, (Karl) Rudolf † 2/438; Flügge, Siegfried † 11/62; Moritz, Andreas ~ 7/216; Picht, Georg ~/† 7/662; Todd, Bobby * 10/55
Hinwil (Kt. Zürich)
siehe auch *Ringwil*
Egli, Jakob ~ 3/33; Schmidt, Joseph † 9/13; Wehrli, Werner ~ 10/379
Hinzenkamp (Gem. Eggesin)
Schröder, Ludwig von * 9/149
Hinzweiler
Candidus, Pantaleon ~ 2/273
Hippach (Tirol)
Egger, Franz * 3/28; Katschthaler, Johann Baptist * 5/464; Kogler, Ferdinand * 6/1; Maikl, Georg * 6/572
Hirm (Burgenland)
Broch, Hermann (Josef) ~ 2/137
Hirnstetten (seit 1975 zu Kipfenberg)
Stufler, Johann * 9/612
Hiroshima
Enomiya-Lassalle, Hugo Makibi ~ 3/128
Hirrlingen
Brentano, (Franz Ernst) Heinrich ~ 2/117
Hirsau
Dietger, Abt von St. Georgen ~ 2/529; Erhard, Johann Ulrich ~ 3/145; Erminold, Abt von Prüfening ~ 3/156; Fischer, Ludwig Eberhard ~ 3/324; Fröhner, (Friedrich) Eugen * 3/504; Gebhard III., Bischof von Konstanz ~ 3/592; Heimo von Hirsau ~ 4/505; Hermann I. von Baden, Markgraf von Verona ~ 4/622; Konrad von Hirsau ~ 6/34; Oetinger, Friedrich Christoph ~ 7/473; Reysmann, Dietrich ~ 8/266; Storr, Johann Christian ~ 9/560; Ulrich von Zell ~ 10/145; Weismann, Christian Eberhard * 10/405; Wilhelm, Abt von Hirsau ~/† 10/505
Hirschau
Frenckel, Ulrich * 3/424
Hirschbach (Kr. Amberg-Sulzbach) → Eschenfelden
Hirschberg (Saale-Orla-Kreis)
Döring, Friedrich Christlieb ~ 2/576; Heyne, Christian Leberecht † 5/26; Knoch, Heinrich */† 5/624; Mutschmann, Martin * 7/321; Nacke, Emil ~ 7/328
Hirschberg (tschech. Doksy)
Pascher, Adolf † 7/566
Hirschberg i. Rsgb. (poln. Jelenia Góra)
siehe auch *Bad Warmbrunn, Kunnersdorf*
Ablaß, Bruno ~/† 1/11; Adamy, Heinrich ~ 1/31; Adlersfeld-Ballestrem, Eufemia von ~ 1/42; Adolph, Gottlob ~/† 1/45; Adolph, Johann Traugott */~ 1/46; Adolphi, Christian Michael * 1/46; Anthony, Wilhelm ~ 1/149; Bach, Ottilie * 1/241; Balsam, Paul Heinrich * 1/279; Bauer, Karl Ludwig ~/† 1/328; Baumert, Georg * 1/341; Baumert, (Friedrich) Moritz * 1/341; Bolko I., Herzog von Schweidnitz-Jauer ~ 2/8; Contessa, Carl Wilhelm * 2/367; Contessa, Christian Jakob */~ 2/367; Corner, David Gregor ~ 2/376; Eberty, Felix ~ 2/680; Förster, Erich ~ 3/362; Fränkel, Walter * 3/385; Frantzen, Martin ~ 3/409; Freund, Wilhelm ~ 3/432; Friedensburg, Ferdinand † 3/448; Fuchs, Leo * 3/519; Gassel, Heinrich (Christoph) ~ 11/66; Gottschalk, Benno ~ 4/110; Hälschner, Hugo (Philipp Egmont) * 4/306; Häusler, Carl (Samuel) ~ 4/314; Hahn, Karl ~ 4/331; Harrer, Hugo Paul * 4/396; Hein, Udo * 4/507; Henne am Rhyn, Otto ~ 4/588; Herrmann, Ludolf * 4/630; Hesse, Ferdinand ~ 4/675; Heym, Georg * 5/23; Jaeckel, Georg ~ 5/281; Jentsch, Joseph Anton */~ 5/322; Joël, Karl ~ 5/335; Klemme, Pankratius * 5/586; Lee, Heinrich ~ 6/287; Lindner, Caspar Gottlieb ~/† 6/407; Lochner, Rudolf ~ 6/434; Nève, Paul de ~

7/395; Peiper, (Leo) Rudolf (Samuel) * 7/589; Pelldram, Leopold ~ 7/591; Pfannschmidt, Ernst Christian † 7/636; Reitsch, Hanna ~ 8/235; Richter, Jeremias (Benjamin) * 8/280; Richter, (Adolf) Maximilian † 8/282; Riedemann, Peter * 8/292; Rönne, Ludwig (Peter Moritz) von ~ 8/354; Schneider, Johann Gottlieb ~/† 9/56; Schwedler, Maximilian * 9/234; Scultetus, Johannes ~/† 9/250; Spiller, Gottfried * 9/406; Stoppe, Daniel */~/† 9/557; Syrup, Friedrich ~ 9/645; Vollhardt, Emil Reinhardt ~ 10/248; Wander, Karl Friedrich Wilhelm ~ 10/328

Hirschegg
Dietrich, Franz Xaver ~ 2/535

Hirschfeld (Kr. Elbe-Elster)
Dächsel, (Karl) August ~ 2/425

Hirschfeld (poln. Jelonki)
Madsack, August * 6/557

Hirschfelde (Oberlausitz)
Anton, Paul * 1/151

Hirschhorn (Neckar)
Best, Georg ~/† 1/494; Diehl, Wilhelm ~ 2/516; Preuschen, Erwin (Friedrich Ferdinand Wilhelm) ~ 8/64

Hirschlanden (Gem. Ditzingen)
Heuglin, (Martin) Theodor von * 5/8

Hirschstetten (seit 1904 zu Wien)
Pirquet, Clemens Frh. von * 7/678; Pirquet, Guido (Peter) Frh. von * 7/678; Schönbrunner, Karl † 9/89

Hirschwang an der Rax (Niederösterreich)
Huebmer, Georg ~ 5/204; Schoeller, Paul Eduard von ~ 9/78

Hirsingen
Haegy, Franz Xaver * 4/305

Hirslanden (seit 1893 zu Zürich)
Mertens, Evariste ~ 7/77; Zeller, (Johann) Conrad * 10/636

Hirtenberg (Niederösterreich)
Barényi, Béla (Viktor Karl) von * 11/11; Keller, Seraphin ~/† 5/497; Mandl, Fritz ~ 6/585

Hirtenfeld (Gem. Langegg bei Graz, Steiermark)
Fux, Johann Joseph ~ 3/546

Hirtstein → Satzung

Hirzel (Kt. Zürich)
Haller, Johannes d. J. ~ 4/348; Heusser-Schweizer, Meta */† 5/14; Hospinian, Rudolf ~ 5/186; Spyri, Johanna * 9/424; Strickler, Johannes * 9/586; Tobler, Adolf * 10/53; Tobler, Ludwig * 10/54

Hirzenhain
Arsten, Johann Heinrich ~ 1/196; Briegleb, Elard ~ 2/132; Buderus, Hugo */† 2/193; Kellner, Carl * 5/499

Hitdorf (seit 1975 zu Leverkusen)
Guthnick, Paul * 4/270

Hittbergen
Block, August Samuel ~ 1/576

Hittfeld (seit 1972 zu Seevetal)
Siebelist, Arthur † 9/304

Hittisau (Vorarlberg)
Bein, Peter * 1/405; Bergmann, Joseph Ritter von * 1/451; Helbok, Adolf * 4/555; Schönach, Alois ~ 9/82

Hittnau (Kt. Zürich)
Tappolet, Ernst * 9/658

Hitzacker
Anton Ulrich, Herzog von Braunschweig-Wolfenbüttel * 1/151; August d. J., Herzog von Braunschweig-Wolfenbüttel ~ 1/220; Borchling, Conrad * 11/28; Harlem, Simon Leonhard von */~ 4/389; Rudolf August, Herzog von Braunschweig und Lüneburg ~ 8/437; Sibylle Ursula, Herzogin von Holstein-Glücksburg * 9/301; Varenius, Bernhardus * 10/181; Wohltmann, Ferdinand * 10/562

Hitzendorf (Steiermark)
Zweigelt, Fritz * 10/706

Hitzkirch (Kt. Luzern)
Dommann, Hans ~ 2/591; Gassmann, Alfred Leonz ~ 3/579

Hitzleried (Gem. Seeg)
Lipp, Balthasar * 6/416

Hlinik (slowak. Hliník nad Váhom, ungar. Vágagyagos, seit 1946 zu Bytča)
Leimdörfer, David * 6/307; Neudörfer, Ignaz Josef * 7/375

Hliník nad Váhom → Hlinik

Hlinná → Kundratitz

Hlinsko (Böhmen)
Haas, Philipp ~ 4/287

Hlohovec → Galgócz

Hlubany → Lubau

Hluboká nad Vlatvou → Frauenberg

Hoau (China)
Genähr, Ferdinand ~/† 3/620

Hoberge (seit 1972 zu Bielefeld)
Woermann, Emil * 10/559

Hoboken (Belgien)
Offermann, Leopold ~ 7/478; Tafel, Viktor (Eugen) ~ 9/651

Hoboken (New Jersey, USA)
Kamm, Wunibald ~ 5/419; Korn, Arthur ~ 6/44; Kudlich, Hans † 6/138

Hoch-Lieben (tschech. Vysoká Libeň)
Austerlitz, Friedrich * 1/225

Hochaltingen
Welden, Ludwig Josef Frh. von * 10/423

Hochborn → Blödesheim

Hochburg-Ach (Oberösterreich) → Unterweizberg

Hochdahl (Erkrath)
Stratmann, Franziskus Maria † 9/570

Hochdorf (Kr. Biberach) → Schweinhausen

Hochdorf (Kt. Luzern)
Feierabend, Maurus August ~ 3/248; Frey, (Johann) Jakob d. Ä. * 3/435; Kolroß, Johannes * 6/22; Widmer, Joseph * 10/475

Hochegg (Niederösterreich)
Sklenka, Johann † 9/346

Hochemmerich (seit 1975 zu Duisburg)
Neinhaus, Karl * 7/360

Hocheppan (Schloß, italien. Castello d'Appiano)
Domanig, Karl (Anton) † 2/589; Ploner, Innozenz † 8/5

Hochfluh (Kt. Wallis)
Sigristen, Anton ~ 9/325

Hochhausen (Gem. Haßmersheim)
Plügge, Herbert † 8/6

Hochheim am Main
Burgeff, Carl ~/† 2/236; Jansen, Bernhard † 5/302; Pagenstecher, Maximilian (Alexander Ludwig) ~ 7/549; Snell, Ludwig (Daniel Christian) ~ 9/354; Sussdorf, Max Julius Felix von † 9/636

Hochkamp
Schultze, August (Karl Friedrich) † 9/192

Hochkirch (Kr. Bautzen)
siehe auch *Pommritz*
Anhalt-Dessau, Moritz Prinz von ~ 1/140; Barco, Vinzenz Frh. von ~ 1/292; Friedrich II. der Große, König in, seit 1772 von Preußen ~ 3/468; Keith, James † 5/488; Lacy, Franz Moritz Graf von ~ 6/192; Moritz, Prinz von Anhalt-Dessau ~ 7/215

Hochkirch (poln. Wysoka Cerekiew)
Majunke, Paul ~/† 6/576

Hochmössingen (Oberdorf am Neckar)
Rohr, Ignaz * 8/370

Hochneukirch (Gem. Jüchen)
Busch, Max Gustav Reinhold * 2/250

Hochneukirch (Sachsen)
Bamm, Peter * 1/286

Hochosterwitz (Kärnten)
Khevenhüller-Metsch, Johann Joseph Fürst * 5/527

Hochsal
Huber, Fridolin * 5/196

Hochspeyer
Mantel, Sebastian ~ 6/600; Moschel, Wilhelm * 7/220

Hochstadt (Maintal)
Böhm, Johann Philipp * 1/618; Eberhard, Johann Heinrich * 2/671

Höselsthal (Isen)
Keilhacker, Martin * 5/486
Hößlinsülz (seit 1971 zu Löwenstein)
Knaus, Ludwig * 5/616
Hötting (seit 1938 zu Innsbruck)
Ampferer, Otto * 1/119; Heinricher, Emil (Johann Lambert) ~ 4/543; Mader, Johann * 6/556; Prey, Siegmund * 11/161
Höxter
siehe auch *Bosseborn, Corvey*
Adalgar, Erzbischof von Hamburg-Bremen ~ 1/26; Adalhard, Abt von Corbie ~ 1/26; Becker, Karl Ferdinand ~ 1/379; Böger, Hinrich */~ 1/613; Buschkötter, Wilhelm Ludwig Heinrich * 2/252; Casel, Odo ~ 2/291; Eichrodt, Johann * 3/55; Fahrenhorst, Walther ~ 3/219; Falcke, Johann Friedrich * 3/223; Fauth, Gertrud * 3/236; Göbel, Johann Wilhelm ~ 4/49; Gotthardt, Joseph ~ 4/107; Haarmann, (Gustav Ludwig Friedrich) Wilhelm † 4/284; Held, (Karl August) Adolf * 4/555; Herte, Adolf ~/† 4/648; Jürgens, Helmut * 5/374; Krafft, Adam ~ 6/63; Krekeler, Karl */† 6/93; Nonnenbruch, Wilhelm † 7/436; Potthast, (Franz) August * 8/46; Reschke, Hans ~ 8/248; Schneider, Johannes */† 9/56; Thiele, Alexander ~ 10/2; Werdehausen, Hans † 10/440; Wortmann, Julius * 10/588
Hof (Gem. Inzing, Tirol)
Kölderer, Jörg * 5/654
Hof (Salzburg)
Harl, Johann Paul Ritter von * 4/388
Hof (seit 1994 zu Naundorf, Kr. Torgau-Oschatz)
Frohberger, Christian Gottlieb † 3/507; Zinzendorf, Friedrich August Graf von * 10/677
Hof (tschech. Dvorce)
Beidtel, Ignaz * 1/403; Hartel, Wilhelm (August) Ritter von ~ 4/398; Jahn, Wilhelm * 5/292; Krumholz, Ferdinand * 6/128
Hof (Saale)
Agricola, Stephan d. Ä. ~ 1/55; Arnheim, Fischel ~ 1/177; Bärmann, Johannes * 11/9; Bausback, Johann Georg ~ 1/353; Bayer, Karl ~ 1/358; Behaim, Hans d. Ä. ~ 1/395; Bodenschatz, Georg (Johann Christoph) * 1/603; Brehm, Georg Nikolaus * 2/98; Decius, Nikolaus * 2/457; Dobenecker, Katharina Margaretha * 2/564; Döbereiner, Johann Wolfgang * 2/568; Ellwein, Thomas * 11/53; End, Gustav ~ 3/107; Enhuber, Karl von * 3/127; Gerber, (Johann Gottfried) Heinrich * 3/635; Grässel, Hans (Georg) ~ 4/124; Holzschuher, Heinrich ~ 5/162; Jean Paul ~ 5/312; Kaiser, Gottlieb Philipp Christian * 5/406; Kotschenreiter, (Johann) Hugo (Georg Gottlieb) * 6/54; Laubmann, Georg Ritter von * 6/265; Lichtenberg, Bernhard † 6/374; Löner, Kaspar ~ 6/444; Lossow, Otto von ~ 6/479; Medler, Nikolaus * 7/24; Militzer, Hermann */† 7/141; Nienstedt, Gerd ~ 7/411; Petzet, (Georg) Christian * 7/627; Reinhart, Johann Christian * 8/222; Schöffel, Josef */† 9/76; Streitberger, Johann */~ 9/582; Vollmer, Artur ~ 10/248; Wirth, Franz Peter ~ 11/185; Wirth, Johann Georg August * 10/539; Zietsch, Friedrich ~ 10/660
Hof am Brühl (Niederösterreich)
Foltanek, Karl * 3/368
Hof Hegnenberg → Althegnenberg
Hof Zaglach (seit 1971 zu Oberaudorf)
Dietrich, Hans Christian † 2/536
Hofbieber → Bieberstein, Schwarzbach
Hofen (Gem. Bönnigheim)
Gruber, Eberhard Ludwig ~ 4/205
Hofendorf (Neufahrn i. NB.)
Aichbichler, Josef Frh. von † 1/60
Hoff (poln. Trzęsacz)
Flemming, Jakob Heinrich Graf von * 3/347
Hoffe
Tantzen, Richard (Hinrich) * 9/657
Hoffeld
Haag, Anna † 4/282

Hoffelde (poln. Dargomyśl)
Dewitz, Joachim Balthasar von * 2/509
Hoffenheim (seit 1972 zu Sinsheim)
Rahl, Carl Heinrich * 8/124
Hoffnungstal-Lobetal
Bodelschwingh, Friedrich von ~ 1/601
Hoffnungsthal (bei Olmütz)
Balatka, Hans * 1/273
Hofgeismar
siehe auch *Beberbeck, Carlsdorf*
Bogler, Theodor * 1/641; Clement, David */~ 2/340; Dolaeus, Johann * 2/585; Eschstruth, Nataly (Auguste Karoline Amalia Hermine) von * 3/177; Günther, Joachim * 4/241; Hertzberg, Hans Wilhelm ~ 4/654; Hoffmann, Christoph Ludwig ~ 5/114; Jung, Hans-Gernot ~ 5/379; Kätelhön, Hermann * 5/398; Klinkerfues, (Ernst Friedrich) Wilhelm * 5/599; Mattern, Hermann * 6/658; Möhl, Heinrich ~ 7/164; Siewerth, Gustav * 9/323; Tintelnot, Hans † 10/46; Westermann, Johann * 10/459; Zerkaulen, Heinrich † 10/644
Hofheim am Taunus
siehe auch *Wallau*
Amelung, Ludwig Franz ~/† 1/113; Breiting, Hermann ~/† 2/105; Elmendorff, Karl † 3/93; Friedrich, Adolf (Wilhelm) * 3/476; Kolbeck, Rosmarie * 11/109; Lauze, Wigand ~ 6/274; Ludwig, Georg ~ 6/508; Messer, Adolf * 7/83; Nay, Ernst Wilhelm ~ 7/352; Peschkau, Emil ~ 7/608; Ravenstein, Ernst Georg † 8/167; Roederstein, Ottilie (Wilhelmine) ~/† 8/349; Spamer, Carl ~ 9/382; Talleur, Wunibald ~ 9/652; Winterhalter, Elisabeth ~/† 10/535
Hofheim i. UFr.
siehe auch *Eichelsdorf, Manau, Rügheim*
Ankermüller, Willi ~ 1/141; Kunkel, Adam (Josef) ~ 6/169; Osann, Carl Alfred * 7/510
Hofkirchen (Kr. Passau, Land) → Garham
Hofstetten (Kt. Solothurn)
Küry, Adolf * 6/153
Hofstetten (Ortenaukreis)
Kohl, Rudolf † 6/3
Hofwil (Gem. Münchenbuchsee, Kt. Bern)
Albrecht, Wilhelm ~ 1/83; Amberger, Gustav (Adolf) ~ 1/111; Apetz, Johann Heinrich ~ 1/155; Arneth, Arthur ~ 1/177; Bähr, Christian August ~ 1/256; Fellenberg, Philipp Emanuel von ~/† 3/259; Flückiger, Otto ~ 3/356; Götzinger, Maximilian (Wilhelm) ~ 4/74; Greith, Franz Josef ~ 4/155; Griepenkerl, Friedrich Konrad ~ 4/162; Griepenkerl, (Wolfgang) Robert * 4/162; Guggenbühl, (Johann) Jakob ~ 4/249; Hamm, Wilhelm (Philipp) Ritter von ~ 4/360; Jegerlehner, Johannes ~ 5/314; Leuenberger, Adolf ~ 6/352; Nussbaum, Fritz ~ 7/449; Osterwald, Georg Rudolf Daniel ~ 7/518; Recke-Volmerstein, Adalbert Graf von der ~ 8/174; Rochholz, Ernst Ludwig ~ 8/340; Schott, Theodor Friedrich ~ 9/122; Schübler, Gustav ~ 9/168; Sinner, Carl Ahasver von ~ 9/340; Thurn und Taxis, Maximilian Karl von ~ 10/32; Weckherlin, August von ~ 10/366; Wehrli, Johann Jakob ~ 10/378; Zulliger, Hans (Alfred) ~ 10/699
Hohberg → Diersburg
Hohburg → Zschorna
Hohburg (Muldentalkreis)
Brückner, Benno Bruno ~ 2/153; Goetze, Johann Christian * 4/72
Hohebach (Dörzbach)
Cranz, Carl Julius * 2/394
Hohegeiß (seit 1972 zu Braunlage)
Denger, Fred † 2/485; Schnuse, Christian Heinrich * 11/171; Uhde, Karl Wilhelm Ferdinand * 10/127
Hohen-Aybach
Degenfeld, Christoph Martin Frh. von * 2/465
Hohen Luckow (seit 1947 zu Bölkow, Kr. Bad Doberan)
Dörschlag, Carl * 2/580
Hohen-Neuendorf b. Berlin
Eberhard, Otto Glaubrecht ~ 2/671

Hohenaltheim
Erchanger, Pfalzgraf ~ 3/139; Herrle, Johannes * 4/640;
Langenfaß, Friedrich * 6/240; Oettingen-Wallerstein, Kraft
Ernst Graf (seit 1774 Fürst) zu * 11/149

Hohenaschau i. Chiemgau (seit 1966 zu Aschau i.
Chiemgau)
Cramer-Klett, Theodor Frh. von † 2/391; Freyberg, Pankraz
von */~/† 3/437; Hillern, Wilhelmine von † 5/45; Preysing,
Johann Christoph Frh. von ~ 8/67; Ritz, Joseph Maria †
8/336; Zeitzler, Kurt † 10/634

Hohenasperg (Asperg)
Auerbach, Berthold ~ 1/215; Bacmeister, Adolf (Lucas)
~ 1/250; Clemm, Heinrich Wilhelm * 2/341; Fickler,
Joseph ~ 3/289; Franckh, (Friedrich) Gottlob ~ 3/396;
Fulda, Friedrich Karl ~ 3/539; Glück, (Johann Ludwig)
Friedrich ~ 4/37; Griesinger, Karl Theodor ~ 4/165; Karl
Eugen, Herzog von Württemberg ~ 5/448; Kauffmann,
Ernst Friedrich ~ 5/469; Kolb, Gustav Eduard ~ 6/11;
Pirker, Marianne ~ 7/678; Rieger, Philipp Friedrich ~/†
8/297; Schubart, Christian Friedrich Daniel ~ 9/159; Tafel,
(Johann Friedrich) Leonhard ~ 9/651

Hohenau (Niederösterreich)
Heilig, Bruno * 4/497; Klima, Rudolf * 5/593; Peschke,
Julius (Paul) † 7/608; Sima, Oskar (Michael) */† 9/328;
Strakosch-Feldringen, Siegfried von ~ 9/565

Hohenauen
Hagen, Thomas Philipp von * 4/322

Hohenberg (Niederösterreich)
Stundl, Theodor † 9/615

Hohenberg a. d. Eger
Hutschenreuther, Carl Magnus ~/† 5/236; Hutschenreuther,
Lorenz * 5/236; Mantel, Kurt * 6/600

Hohenbocka
Dächsel, (Karl) August ~ 2/425; Dächsel, Heinrich
Theobald * 2/425

Hohenböken (Gem. Ganderkesee)
Fischbeck, Ludwig ~/† 3/309

Hohenborn (Gem. Ganderkesee)
Schleinitz, Georg (Emil Gustav) Frh. von † 8/667

Hohenborn (Zierenberg)
Geller-Wolter, Luise * 3/617

Hohenbruck (tschech. Třebechovice pod Orebem)
Held, Johann Theobald * 4/557

Hohenbrunn (Kr. München, Land)
siehe auch *Riemerling*
Dieterle, Wilhelm † 2/529; Schulze-Wilde, Harry (Paul) †
9/202

Hohenbrunn (Sankt Florian, Oberösterreich)
Prandtauer, Jakob ~ 8/52

Hohenburg (Gem. Lenggries)
Adolf Wilhelm Karl August Friedrich, Herzog von Nassau,
Großherzog von Luxemburg † 1/45; Marie Adelheid,
Herzogin zu Nassau, Großherzogin von Luxemburg †
6/623

Hohenburg (Kloster, Elsaß)
Herrad von Hohenburg ~ 4/638

Hohenburg (Kr. Amberg-Sulzbach)
Ried, Thomas * 8/290

Hohendodeleben
Matthisson, Friedrich von * 6/663

Hohendorf (Groitzsch)
Bach, Johann August * 1/237

Hohendorf (Ostpreußen)
Below-Hohendorf, Alexander Ewald von ~ 1/411

Hohendorf (poln. Czernin)
Brandt, Ahasverus von ~ 2/68

Hohendorf (poln. Wysoka)
Below-Hohendorf, Alexander Ewald von † 1/411

Hohendorf (seit 1932 zu Neugattersleben)
Kamlah, Wilhelm * 11/100

Hohenebra
Rube, Johann Christoph * 8/430

Hoheneck (Ludwigsburg, Kr. Ludwigsburg)
Nagel, (Gottlieb) Wilhelm * 7/335

Hoheneck (Stollberg, Erzgeb.)
Irmisch, Hans † 5/259

Hoheneggelsen (seit 1974 zu Söhlde)
Hoyermann, Gerhard */~ 5/190; Ohlendorf, Otto * 7/479;
Rose, (Peter Conrad) Hermann * 8/387

Hoheneich (Niederösterreich)
Zach, Andreas ~ 10/609

Hoheneiche (Gem. Kleingeschwenda b. Arnsgereuth, seit
1997 zu Saalfelder Höhe)
Fischer, Ernst Gottfried * 3/315

Hoheneiche (seit 1971 zu Wehretal)
Vellmer, Erich * 10/191

Hohenelbe (tschech. Vrchlabí)
Ehrenhofer, Walther Edmund * 3/39; Halir, Karl * 4/343;
Nettl, Paul * 7/369; Roller, Julius ~ 8/376

Hohenems (Vorarlberg)
Bein, Peter ~ 1/405; Ehrmann, Daniel ~ 3/44; Frey,
Wilhelm * 3/436; Hohenems, Jakob Hannibal von †
5/137; Randegger, Mayer ~ 8/134; Sitticus von Hohenems,
Marcus * 9/344; Sitticus von Hohenems, Marcus Graf *
9/344; Stark, Arthur † 9/451; Steinach, Eugen * 9/482;
Sulzer, Marie * 9/632; Sulzer, Salomon */~ 9/632; Tänzer,
Ahron ~ 9/649

Hohenentringen (seit 1971 zu Ammerbuch)
Georg von Ehingen * 3/630; Zeller, Christian Heinrich *
10/636; Zeller, Karl August * 10/637

Hohenerxleben
Hilprecht, Hermann * 5/47

Hohenfelde (Kr. Plön)
Olshausen, Justus * 7/490

Hohenfelde (poln. Wysokie)
Kameke, Ernst Boguslav von * 5/418

Hohenfelde (russ. Lugovoe)
Klinckowström, Agnes Gräfin von * 5/595

Hohenfels (Kr. Neumarkt i. d. OPf.)
Schmidtmüller, Johann Anton * 9/27

Hohenfelsbuch
Gampp, Josua Leander * 3/567

Hohenfichte
Bang, Paul Franz † 1/288

Hohenfinow
Bethmann Hollweg, Theobald (Theodor Friedrich Alfred)
von */† 1/497

Hohenfriedberg
Harsch, Ferdinand Philipp Graf von ~ 4/397

Hohenfürst (poln. Wyszkowo)
Rogge, (Johann Friedrich) Christian (Albrecht) * 8/366

Hohenfurth (tschech. Vyšší Brod)
Förster, Anton ~ 3/361; Proschko, Franz Isidor * 8/80

Hohengebraching (seit 1978 zu Pentling, Kr. Regensburg,
Land)
Enhueber, Johann Baptist ~ 3/127

Hohengrün (seit 1869 zu Beerheide)
Planitz, Karl Paul Edler von der * 7/685

Hohenhameln → Bierbergen, Equord

Hohenhaslach (seit 1973 zu Sachsenheim)
Hauber, Eberhard David * 4/435

Hohenhausen (Gem. Kalletal)
Jacobi, Stephan Ludwig */† 5/275

Hohenhausen (Kr. Thorn)
Brauer, (August) Ludolf * 2/77

Hohenheida (seit 1992 zu Seehausen, seit 1997 zu Leipzig)
Weber, Immanuel * 10/355

Hohenheim (scit 1942 zu Stuttgart)
Abel, Gottlieb Friedrich ~ 1/5; Adelmann von Adel-
mannsfelden, Heinrich ~ 1/33; Aereboe, Friedrich ~ 1/49;
Armbruster, Johann Michael ~ 1/171; Askenasy, Eugen ~
1/205; Bauknecht, Bernhard ~ 1/332; Baumeister, Johann
Wilhelm ~ 1/340; Baur, Franz Adolf Gregor von ~ 1/350;
Behrend, Paul Gerhard ~ 1/400; Brandt, Karl ~ 2/70;
Braun, Karl Philipp ~ 2/84; Bühler, Anton ~ 2/200; Calker,
Wilhelm van ~ 2/266; Cohen-Blind, Ferdinand ~ 11/40;
Dannecker, Johann Heinrich von ~ 2/442; Dorrer, August
von ~ 2/601; Ellrichshausen, Ludwig Frh. von ~ 3/93;

Firbas, Franz ~ 11/60; Fischbach, Carl (Eberhard) von */~ 3/308; Fischer, Reinhard Ferdinand Heinrich ~ 3/326; Fleischer, (Hermann A.) Moritz ~ 3/342; Friedrich Eugen, Herzog von Württemberg † 3/475; Fries, Karl (Friedrich Emil) ~ 3/484; Frölich, Oskar ~ 3/505; Fruwirth, Karl ~ 3/516; Fugger von Glött, Joseph Ernst Fürst ~ 3/537; Gaupp, Robert von ~ 3/586; Gleichen-Rußwurm, Ludwig Frh. von ~ 4/28; Göriz, Karl Wilhelm Friedrich ~ 4/58; Graner, Friedrich von ~ 4/135; Gwinner, Wilhelm Heinrich von ~ 4/277; Haecker, (Ferdinand Carl) Valentin ~ 4/303; Hamann, Karl ~ 4/356; Hamm, Wilhelm (Philipp) Ritter von ~ 4/360; Harms, (Christoph) Bernhard (Cornelius) ~ 4/389; Hartmann, (Johann Georg) August ~ 4/406; Heideloff, Victor Wilhelm Peter ~ 4/488; Hering, Eduard von ~ 4/616; Hertenstein, Wilhelm Friedrich ~ 4/648; Hesse, Paul ~ 4/678; Hiller, Eduard ~ 5/44; Hohenheim, Franziska Reichsgräfin von ~ 5/138; Johansen, Paul ~ 5/355; Karl Eugen, Herzog von Württemberg † 5/448; Kellner, Oskar (Johann) ~ 5/500; Klinsky, Johann Gottfried ~ 5/600; Klunzinger, Carl Benjamin ~ 5/610; Komers, Anton Emanuel Ritter von ~ 6/22; Krzymowski, Richard ~ 6/134; Kühne, Georg ~ 6/145; Landolt, Elias ~ 6/219; Lang, Emil (Karl Georg Adolf) ~ 6/223; Lang, Johann Friedrich ~ 6/226; Lang, Wilhelm ~ 6/229; Leemann, Julius von ~ 6/288; Lommel, Eugen (Cornelius Joseph) Ritter von ~ 6/465; Lorey, Tuisko von ~ 6/474; Losch, Hermann ~ 6/477; Lucas, Eduard ~ 6/490; Ludwig, Wilhelm Friedrich ~ 6/510; Mack, Karl (Friedrich) ~ 6/552; Maiwald, Kurt ~ 6/575; Müller, Karl ~ 7/273; Münzinger, Adolf ~ 7/301; Nördlinger, Hermann von ~ 7/431; Oppel, Albert * 7/497; Ow-Wachendorf, Hans Otto Frh. von ~ 7/541; Pabst, Heinrich Wilhelm ~ 7/544; Pompecki, Josef Felix ~ 8/31; Rademacher, Bernhard ~ 8/115; Rechberg und Rothenlöwen, Otto Graf von ~ 8/172; Reitter, Johann Daniel ~ 8/235; Rheinwald, Hans ~ 8/268; Riecke, Karl Viktor von ~ 8/289; Roemer, Theodor ~ 8/353; Röntgen, Wilhelm Conrad ~ 8/355; Rüdiger, Max (Theodor) ~ 8/447; Rueff, Gottlob Adolf ~ 8/449; Ruths, (Johann) Heinrich ~ 8/477; Schäfer, Walter Erich ~ 8/549; Scheffauer, Philipp Jakob ~ 8/583; Schönerer, Georg Ritter von ~ 9/92; Schott von Schottenstein, Friedrich (Siegmund Johann Albert Karl) Frh. ~ 9/122; Schultz-Lupitz, Albert ~ 9/191; Schwarz, Werner ~ 9/229; Schwerz, Johann Nepomuk Hubert von ~ 9/245; Settegast, Hermann ~ 9/293; Sieglin, Hermann ~ 9/314; Stählin, Adolf ~ 9/434; Stooss, Heinrich ~ 9/557; Teichert, Kurt ~ 9/669; Tischler, Georg (Friedrich Leopold) ~ 10/50; Tscherning, Friedrich August ~ 10/106; Ulmer, Richard ~ 10/141; Vossler, Karl * 10/260; Wacker, Friedrich ~ 10/268; Wacker, Johann ~ 10/269; Waldburg-Syrgenstein, Karl Graf von ~ 10/300; Walz, Gustav ~ 10/326; Warmbold, Hermann ~ 10/335; Waterstradt, Franz ~ 10/344; Weber, (Ludwig Karl) Heinrich von ~ 10/354; Weckherlin, August von ~ 10/366; Weiß, Franz ~ 10/408; Wigand, Albert ~ 10/492; Wilhelm I., König von Württemberg ~ 10/505; Wilhelm, Gustav ~ 10/506; Wilhelm, Karl ~ 10/506; Winkelmann, Adolph ~ 10/527; Wolff, Emil (Theodor) von ~ 10/572; Wolzogen, Wilhelm (Friedrich Ernst Franz August) Frh. von ~ 10/587; Wrangell, Margarethe von ~ 10/589; Wülfing, Ernst (Anton) ~ 10/592; Zeller, Christian Felix ~ 10/636; Ziegler, Heinrich Ernst ~ 10/654; Zörner, Hans ~ 10/686; Zorn von Bulach, Hugo Frh. ~ 10/689; Zürn, Franz ~ 10/698

Hohenhonnef (Bad Honnef)
Arzruni, Andreas † 1/200

Hohenkarzig (poln. Gardzko)
Brenkenhoff, Franz Balthasar Schönberg von † 2/112

Hohenkirchen
Böhm, Georg * 1/616; Fugger, Jakob Reichsgraf ~ 3/535; Hermann von Accum ~/† 4/623; Müller, Dode Emken * 7/251

Hohenkränig (poln. Krajnik Górny)
Braune, Paul ~ 2/88

Hohenlandin (Gem. Landin, Kr. Uckermark)
Eltester, Walther * 3/99

Hohenlehnen
David, Gustav † 2/452

Hohenleina
Baltzer, Eduard Wilhelm * 1/282

Hohenleuben
Hauschild, (Johann) Friedrich * 4/446; Sturm, Karl (Christian Gottlieb) * 9/618

Hohenlimburg (seit 1976 zu Hagen, Westfalen)
Bäumer, Gertrud * 1/265; Engels, Johann Adolf ~ 3/123; Overweg, Karl ~ 7/540; Ribbert, Hugo * 8/271

Hohenlinden
Bönisch, Johann Gottfried ~ 1/630

Hohenmauth (tschech. Vysoké Mýto)
Fischl, Rudolf * 3/332

Hohenmölsen
Rudolf von Rheinfelden, Herzog von Schwaben, deutscher König ~/† 8/436; Tischner, Rudolf * 10/50

Hohenpeißenberg
Scherpenberg, Albert Hilger van † 8/613

Hohenrain (Oberbayern)
Bosetti, Hermine † 2/42

Hohenrechberg (seit 1975 zu Schwäbisch Gmünd)
Kümmel, Konrad * 6/148; Scherr, Johannes * 8/614; Scherr, (Ignaz) Thomas * 8/614

Hohenreinkendorf
Skorka, Siegfried * 9/347

Hohenroda (Kr. Hersfeld-Rotenburg) → Mansbach

Hohenrodt
Buber, Martin ~ 2/177

Hohenroth → Leutershausen

Hohensaaten → Kalkofen

Hohensalza (poln. Inowrocław)
Ballerstedt, Kurt * 1/277; Bergel, Bernd * 1/442; Consbruch, Johannes * 11/41; Dichmann, Carl † 2/512; Ehmcke, Fritz Helmuth * 3/36; Fernow, Bernhard Eduard * 3/272; Hammersen, Walter ~ 4/363; Herrmann, Alfred * 4/641; Jeschonnek, Hans * 5/326; Kurtzig, Heinrich * 6/179; Lewin, Louis ~ 6/364; Oertzen, (Klaus) Detlof * 11/149; Pinschewer, Julius * 7/674; Reichmann, Hans * 8/204; Schaul, Hans * 8/576; Unger, Alfred H(ermann) * 10/152

Hohenschäftlarn (Gem. Schäftlarn)
Kautzsch, Rudolf ~ 5/479; Mühlhaus, Hermann † 11/132; Rehberg, Hans ~ 8/189

Hohenschwangau (Gem. Schwangau)
Adam, Eugen ~ 1/28; Baumgartner, David von ~ 1/346; Glink, Franz Xaver ~ 4/31; Jodl, Ferdinand ~ 5/334; Kolmsperger, Waldemar ~ 6/21; Lindenschmit, Wilhelm d. Ä. ~ 6/404; Maria Friederike, Königin von Bayern † 6/619; Muheim, Jost ~ 7/303; Neher, Michael ~ 7/359; Nilson, Friedrich Christoph ~ 7/421; Quaglio, Domenico II. ~/† 8/97; Quaglio, Lorenzo II. ~ 8/98; Scheuchzer, Wilhelm (Rudolf) ~ 8/618; Ziebland, Georg Friedrich ~ 10/650

Hohensolms
Bonnet, Johannes (Paul Georg) ~ 2/21

Hohenstadt (Gem. Abtsgmünd)
Adelmann von Adelmannsfelden, Heinrich */~ 1/33; Adelmann von Adelmannsfelden, Johann Christoph * 1/34; Adelmann von Adelmannsfelden, Raban * 1/34

Hohenstadt (tschech. Zábřeh)
Brass, Kurt * 2/74; Brass, Wilhelm (Engelbert) ~/† 2/74; Johannsen, Otto ~ 5/355

Hohenstaufen (Göppingen)
Wurster, Paul * 10/600

Hohenstein (Bad Schwalbach)
Bernhard, Johann * 1/467

Hohenstein (bei Dresden)
Schaffrath, Christoph * 8/557

Hohenstein (Gem. Barkelsby)
Schroeder, Kurt Frh. von ~ 9/149

Hohenstein (Kr. Reutlingen) → Eglingen

Hohenstein (seit 1898 zu Hohenstein-Ernstthal)
Blachstein, Peter ~ 1/552; Böttcher, Karl ~ 1/637;
Schubert, Gotthilf Heinrich von * 9/162; Schulze, Fritz
(Rudolf) ~ 9/199; Schulze-Knabe, Eva ~ 9/202; Tag,
Christian Gotthilf ~ 9/652
Hohenstein-Ernstthal
siehe auch *Ernstthal, Hohenstein*
Bach, Max Hugo ~ 1/241; Degner, Erich Wolf(gang) *
2/466; Kluge, Ewald ~ 5/609
Hohenstein i. Ostpr. (poln. Olsztynek)
Kahle, Paul Ernst * 5/402; Lieven, Albert (Fritz) * 6/394;
Mrongovius, Christoph Coelestin * 7/237; Töppen, Max
Pollux ~ 10/58; Wendland, (Johann Theodor) Paul * 10/433
Hohenthann → Schmatzhausen
Hohentwiel
Hadwig, Herzogin von Schwaben ~ 4/300
Hohenurach
Frischlin, Nicodemus ~/† 3/492
Hohenweiler (Vorarlberg)
Greißing, Joseph * 4/154
Hohenwerfen (Gem. Werfen, Salzburg)
Gebhard, Erzbischof von Salzburg † 3/592
Hohenwestedt
Hennings, Paul (Christoph) ~ 4/594; Koll, Otto * 6/16;
Weber, Carl Albert ~ 10/350
Hohenwettersbach (seit 1972 zu Karlsruhe)
Müller, Martin * 7/277
Hohenwittlingen (Gem. Wittlingen, seit 1971 zu Bad
Urach)
Glock, Paul ~ 4/32; Weinland, Ernst * 10/398
Hohenwussen → Gastewitz
Hohenzieritz
Luise Auguste Wilhelmine Amalie, Königin von Preußen †
6/527
Hohkirch
De Kowa, Victor * 2/473
Hohlenegg (Gem. Ried im Oberinntal, Tirol)
Maaß, Ferdinand * 6/548
Hohlstedt
Brunchorst, Christoph ~ 2/166; Einicke, Georg Friedrich *
3/64
Hohndorf
Heiland, Rudolf-Ernst * 11/82
Hohne (Eschwege)
Melander, Otho * 7/51
Hohne (Gem. Lohheide)
Baurschmidt, Karl Gustav Wilhelm * 1/353
Hohnhurst (seit 1975 zu Kehl)
Meng, Heinrich * 7/61
Hohnstedt
Frank, Johann Georg † 3/400; Schliestedt, Heinrich * 8/679
Hohnstein
siehe auch *Rathewalde*
Jacob, Max ~ 5/271; Schmidt, Johann Christoph ~ 9/11;
Schröter, Christoph Gottlieb * 9/154
Hohwacht
Schmidt-Rottluff, Karl ~ 9/25
Hohwald (frz. Le Hohwald, Dép. Bas-Rhin)
Dieffenbach, Anton † 2/515; Neven Du Mont, August
(Libert) † 7/395
Hoirup
Paulsen, Anna * 7/579
Holasovice → Camenz
Holčovice → Hillersdorf
Holdenstedt (Kr. Sangerhausen)
Artzt, Gottlob Friedrich ~/† 1/199
Holderbank (Kt. Aargau)
Ehrhart, (Jakob) Friedrich * 3/42
Holderbaum (Gem. Bauma, Kt. Zürich)
Kaegi, Adolf * 5/393
Holedeč → Welletitz
Holešice → Holschitz
Holešov → Holleschau
Holíč → Holitsch

Holice → Holitz
Holics → Holitsch
Holitsch (slowak. Holíč, ungar. Holics)
Rünger, Julius * 8/454
Holitz (tschech. Holice)
Holub, Emil * 5/157
Hollabrunn (Niederösterreich)
Bayer, Josef * 1/358; Czermak, Emmerich ~ 2/418;
Dollfuß, Engelbert ~ 2/587; Forstner, Leopold ~ 3/378;
Klausberger, Maria Leopoldine * 5/568; Kosch, Franz ~
6/49; Kubitschek, Wilhelm ~ 6/136; Lambel, Hans ~ 6/202;
Luschan, Felix Ritter von * 6/532; Minichthaler, Joseph
~ 7/147; Nowotny, Karl Anton * 11/144; Salzer, Josef *
8/506; Schirnböck, Ferdinand * 8/650; Schoiswohl, Josef ~
9/104; Synek, Liane † 9/644
Hollage (Gem. Wallenhorst)
Vincke, Johannes † 10/212
Holle → Derneburg, Grasdorf
Holleben → Beuchlitz
Hollenbach (Kr. Aichach-Friedberg) → Igenhausen
Hollenburg (Niederösterreich)
Albrecht IV., Herzog von Österreich ~ 1/78
Hollenstedt (Kr. Harburg)
Ondra, Anny † 7/492
Hollenstedt (seit 1974 zu Northeim)
Lockemann, Georg */† 6/435
Hollern (1990 zum Teil zu Eching, Kr. Freising)
Kulisch, Paul ~/† 6/163
Hollern (Hollern-Twielenfleth)
Brüning, Heinrich * 2/159; Diecmann, Johann † 2/514
Hollern-Twielenfleth → Hollern
Holleschau (tschech. Holešov)
Eibenschütz, Jonathan ~ 3/45; Eisler, Arnold * 3/75;
Freimann, Jakob ~ 3/423; Holzbauer, Ignaz Jakob * 5/159;
Kaufmann, Adolf * 5/470; Kiesewetter, Raphael (Georg)
Edler von Wiesenbrunn * 5/534; Kubinzky, Emil Frh. von
~ 6/136; Richter, Franz Xaver * 8/278
Hollfeld → Schönfeld
Hollinetz (Böhmen)
Becke, Franz Karl Frh. von * 1/374
Hollingstedt
Augustiny, Johann Rhode Friedrich ~ 1/223; Callisen,
Christian Friedrich ~ 2/267
Hollstadt
siehe auch *Wargolshausen*
Braun, Philipp * 2/86; Leucht, Valentin * 6/351
Hollywood
Arno, Siegfried ~ 1/183; Barnowsky, Viktor ~ 1/298;
Baum, Vicki ~/† 1/333; Benatzky, Ralph ~ 1/413; Berger,
Ludwig ~ 1/446; Bressart, Felix ~/† 2/121; Dessau, Paul
~ 2/496; Deutsch, Ernst ~ 2/504; Dieterle, Wilhelm ~
2/529; Dippel, Andreas ~/† 2/554; Donath, Ludwig ~
2/593; Eisler, Hanns ~ 3/75; Eyck, Peter van ~ 3/204; Fall,
Richard ~ 3/228; Fischinger, Oskar ~/† 3/331; Forster,
Rudolf ~ 3/377; Fraenkel, Heinrich ~ 3/383; Frank, Paul
~ 3/402; Fürst, Manfred ~ 3/527; Glücksmann, Joseph ~
4/38; Gontard, Gert von ~ 4/96; Goslar, Lotte ~ 11/70;
Granichstaedten, Bruno ~ 4/135; Gregor, Nora ~ 4/149;
Grothe, Franz (Johannes August) ~ 4/202; Grüning,
Ilka † 4/216; Haas, Dolly ~ 4/285; Habe, Hans ~ 4/290;
Haeusserman, Ernst ~ 11/76; Harvey, Lilian ~ 4/418;
Hasenclever, Walter (Georg Alexander) ~ 4/423; Heymann,
Werner Richard ~ 5/25; Hollaender, Victor † 5/150; Horn,
Camilla ~ 5/176; Jannings, Emil ~ 5/300; Jeritza, Marie ~
5/324; Jordan, Egon ~ 5/362; Junkermann, Hans ~ 5/386;
Kalser, Erwin ~ 5/416; Katscher, Robert ~/† 5/464; Kaus,
Gina ~ 5/476; Kniepert, Erni ~ 5/620; Korngold, Erich
Wolfgang ~/† 6/46; Korngold, Julius † 6/47; Kortner, Fritz
~ 6/48; Koster, Henry ~ 6/54; László, Alexander ~ 6/261;
Leander, Zarah (Stina) ~ 6/321; Leni, Paul ~/† 6/321;
Lorre, Peter ~/† 6/476; Lubitsch, Ernst † 6/488; Lustig,
Jan ~ 6/534; Martin, Paul ~ 6/637; May, Joe ~/† 7/2; May,
Mia ~/† 7/3; Morgan, Paul ~ 7/209; Müller, Hans ~ 7/262;
Murnau, Friedrich Wilhelm ~ 7/312; Neumann, Alfred ~

489

7/380; Neutra, Richard (Josef) ~ 7/394; Ophüls, Max ~ 7/494; Oswald, Gerd ~ 7/521; Pabst, Georg Wilhelm ~ 7/544; Palmer, Lilli ~ 7/552; Pauli, Hertha ~ 7/576; Polgar, Alfred ~ 8/24; Pommer, Erich ~ 8/30; Porges, Friedrich ~ 8/37; Preminger, Otto (Ludwig) ~ 8/61; Pringsheim, Klaus ~ 8/71; Rameau, Emil ~ 8/131; Rameau, (Paul) Hans ~ 8/131; Reichert, Heinz ~ 8/203; Reinhardt, Max ~ 8/220; Reisch, Walter ~ 8/229; Remarque, Erich Maria ~ 8/238; Riesenfeld, Hugo ~ 8/306; Schaetzler, Fritz ~ 8/553; Schalit, Heinrich ~ 8/559; Schneider, Romy ~ 9/60; Schünzel, Reinhold ~ 9/171; Schumann-Heink, Ernestine † 9/208; Selinko, Annemarie ~ 9/278; Siodmak, Robert ~ 9/342; Skala, Lilia ~ 9/345; Sopher, Bernhard (Burnat David) ~/† 9/377; Stern, Ernst (Julian) ~ 9/512; Sternberg, Josef von ~/† 9/516; Stössel, Ludwig ~ 9/546; Straus, Fritz † 9/573; Straus, Oscar (Nathan) ~ 9/573; Stroheim, Erich (Oswald) von ~ 9/592; Susa, Charlotte ~ 9/635; Thiele, Wilhelm ~ 10/3; Thimig, (Ottilie) Helene ~ 10/11; Torberg, Friedrich ~ 10/64; Twardowski, Hans Heinrich von ~ 10/119; Ulmer, Edgar G. ~ 10/140; Veidt, (Hans Walter) Conrad ~ 10/187; Viertel, Berthold ~ 10/206; Viertel, Salka ~ 10/206; Wachsmann, Franz ~ 10/266; Wallmann, Margarethe ~ 10/313; Weill, Kurt (Julian) ~ 10/392; Werbezirk, Gisela ~/† 10/440; Wicclair, Walter ~/† 10/469; Wieck, Dorothea (Olavia) ~ 10/477; Winter, Max † 10/533; Wisbar, Frank ~ 10/540; Zilzer, Wolfgang ~ 10/663; Zinnemann, Fred ~ 10/676; Zweig, Fritz † 10/705

Holm (Kr. Pinneberg)
Schmidt-Isserstedt, (Paul) Hans (Ernst) † 9/23

Holme
Meinhard, Bischof von Livland ~ 7/35

Holnstein
Wagner, Johannes Evangelist ~ 10/283

Holschitz (tschech. Holešice)
Dietz, Ferdinand * 2/539

Holsterhausen (Wanne-Eickel, seit 1975 zu Herne)
Steil, Ludwig ~ 9/474

Holte (Gem. Bissendorf)
Kornfeld, Theodor † 6/46

Holten (Niederrhein)
Becker, Heinrich * 1/377

Holtenau (seit 1922 zu Kiel)
Esmarch, Heinrich Karl * 3/178

Holthausen
Hennemann, Franz(iskus Josef) * 4/590

Holtorf
Nihus, Bartholdus * 7/417

Holtrup (Weser)
Koch, Karl ~ 5/642

Holtwick (seit 1975 zu Rosendahl)
Gratius, Ortwin * 4/140

Holungen
Iseke, Hermann * 5/261

Holz (Gem. Bad Wiessee)
Sikorski, Hans (Carl) † 9/326

Holz (Gem. Lindlar)
Neef, Fritz † 7/356

Holzdorf (bei Jena)
Stifel, Michael ~ 9/530

Holzen
Vogt, Christoph ~ 10/233

Holzendorf (Kr. Uckermark)
Höcker, Wilhelm * 5/87

Holzgau (Tirol)
Schneller, Christian * 9/63

Holzhausen (Gem. Gablingen)
Kreitmaier, Josef † 6/93

Holzhausen (Gem. Homberg/Efze)
Breidenbach, Johannes Nikolaus * 2/99

Holzhausen (Gem. Porta Westfalica)
Volkening, Johann Heinrich † 10/245

Holzhausen (Hessen)
Noack, Ferdinand * 7/427

Holzhausen (Kr. Leipziger Land)
Wildführ, Georg † 10/500

Holzhausen (seit 1972 zu Bad Aibling)
Schmid, Josef * 8/704

Holzhausen (seit 1972 zu Utting a. Ammersee)
Georgi, Walter (Karl Gustav) † 3/632; Münzer, Adolf ~ 7/300; Thöny, Eduard † 10/13

Holzhausen (Württemberg)
Lipp, Joseph * 6/416

Holzhausen a. d. Haide
Otto, Nicolaus August * 7/535

Holzheim (Kr. Dillingen a. d. Donau)
siehe auch *Weisingen*
Adelmann von Adelmannsfelden, Konrad † 1/34; Kollmann, Julius * 6/18; Nack, Karl Alois * 7/328

Holzheim (seit 1971 zu Pohlheim)
Engel, Heinrich * 3/114

Holziken (Kt. Aargau)
Bolliger, Adolf * 2/10

Holzkirch
Angerer, Johann Georg ~ 1/138; Moser, Gustav von ~ 7/224

Holzkirchen (Kr. Miesbach)
siehe auch *Erlkam, Großhartpenning*
Burgstaller, Aloys * 2/241; Esser, Hermann † 3/180; Graf, Thomas * 4/128; Vordermayer, Hans * 10/254; Zaininger, Benedikt ~ 10/615

Holzkirchen (Kr. Würzburg)
siehe auch *Wüstenzell*
Waldo, Bischof von Freising † 10/306

Holzkirchen (Söldenau, seit 1970 zu Iglbach, seit 1978 zu Ortenburg)
Matheis, Max ~ 6/654

Holzmaden
Betz, Rudolf ~ 1/500; Hauff, Bernhard */~/† 4/439

Holzminden
siehe auch *Altendorf, Neuhaus*
Bielefeld, Franz ~ 1/519; Brandes, Bruno ~ 2/62; Bretschneider, Friedrich ~/† 2/123; Campe, Asche Burchhard Karl Ferdinand von ~ 2/270; Dedekind, Julius (Levin Ulrich) * 2/461; Diede, Charlotte ~ 2/514; Dittmar, Kurt † 2/561; Dürre, Hermann (Christian August Konrad) ~ 2/642; Falkenhorst, Nikolaus von † 11/58; Fromme, Albert † 3/510; Grabichler, Alois ~ 4/116; Grimm, Heinrich * 4/169; Haarmann, (Gustav Ludwig Friedrich) Wilhelm */~ 4/284; Hampe, August */† 4/364; Hartmann, Johann David ~/† 4/409; Hartmann, Nicolaus d. Ä. ~ 4/412; Hausmann, (August Adolph) Bernhard ~ 4/451; Heusinger, Adolf * 5/11; Heusinger, Bruno * 5/11; Lehmann, Wilhelm (Heinrich) ~ 6/297; Mackensen, Otto * 6/554; Matthias, Adolf ~ 6/662; Menge, Hermann ~ 7/61; Meyer, Friedrich Albrecht Anton ~ 7/102; Müller, Wilhelm * 11/132; Nordmann, Otto (Wilhelm Karl) ~/† 7/439; Pawel-Rammingen, Rudolf von * 7/583; Ržiha, Franz Ritter von ~ 8/482; Schäfer, Karl ~ 8/548; Schnitger, Gerhard ~ 9/65; Sonnenburg, Ferdinand * 9/373; Stegner, Artur ~ 9/469; Steinacker, Karl ~/† 9/483; Stern, Gerson * 9/513; Uhde, Karl Wilhelm Ferdinand ~ 10/127; Uhlmann, Gustav ~ 10/131; Weidlich, Hansjürgen * 10/383; Wilke, Rudolf ~ 10/508

Holzwickede
siehe auch *Hengsen, Opherdicke*
Vollmer, Walter ~ 10/249

Homatzyowitz (Böhmen)
Kozak, Johann Sophron ~ 6/58

Homberg (seit 1975 zu Duisburg)
Kapsch, Georg ~ 5/432; Lenzen, Heinrich * 6/325; Pattberg, Heinrich ~ 11/156; Roß, Wilhelm Johann Gottfried ~ 8/404; Stürmer, Bruno ~ 9/610; Wilisch, Hugo ~ 10/507

Homberg (Efze)
siehe auch *Holzhausen*
Beermann, Johann Heinrich * 1/391; Bing(e), Simon * 1/533; Bode, Adolf ~ 1/599; Eckhard, Conrad * 3/12; Gehren, Reinhard von ~ 3/600; Gehrig, Hans * 3/600;

Hartmann, Karl (Julius) * 4/410; Hartung, Fritz * 11/80; Hoffmann, Friedrich Wilhelm ~/† 5/117; Hoffmann, Max * 5/122; Krafft, Adam ~ 6/63; Lauze, Wigand */~ 6/274; Magnus, Frieda ~ 6/564; Mutianus Rufus, Conradus * 7/320; Philipp I. der Großmütige, Landgraf zu Hessen, Graf zu Katzenelnbogen, Dietz, Ziegenhain und Nidda ~ 7/654; Ruppel, Heinrich ~ 8/471; Schwaner, Wilhelm ~ 9/221; Staden, Hans * 9/428; Volckmar, Wilhelm (Valentin) ~/† 10/243

Homberg (Ohm)
siehe auch *Ober-Ofleiden*
Milichius, Ludwig */† 7/140; Nigrinus, Georg ~ 7/417

Hombrechtikon (Kt. Zürich)
Bodmer, Gottlieb * 1/605; Finsler, Georg ~ 3/305; Grubenmann, Jakob † 4/205; Perrottet, André * 7/604; Speck, Paul * 9/388; Volkart, Albert * 10/244

Hombruch (seit 1929 zu Dortmund)
Harkort, Friedrich Wilhelm † 4/387

Homburg (Gem. Nümbrecht)
Adelog, Bischof von Hildesheim ~ 1/34; Bernhard, Bischof von Hildesheim ~ 1/465; Hilger, Albert * 5/41

Homburg (Kt. Thurgau)
Traber, Johann Evangelist * 10/67

Homburg (Saarpfalz-Kreis)
Batz, Simon van Homborch ~ 1/319; Braun, Waldemar ~ 2/87; Conrad, Kurt */~/† 2/362; Huthmacher, Eugen † 5/236; Koßmann, Bartholomäus † 6/53; Muth, Hermann † 7/319; Neuberger, Hermann † 7/373; Piloty, Ferdinand d. Ä. * 7/671; Regitz, Friedrich † 8/187; Roth, Michael * 8/415; Schiffgens, Luise † 8/631; Schmidt, Patrick † 9/17; Trittelvitz, Hermann ~ 10/90; Zimmermann, Wilhelm ~/† 11/185

Homburg (Unstrut)
Brüllisauer, Bartholomäus ~ 2/159; Ernst von Österreich, Markgraf der bayerischen Ostmark ~/† 3/160; Lothar II., Markgraf der sächsischen Nordmark (Altmark) ~ 6/481; Magnus, Herzog in Sachsen ~ 6/563; Nikolaus von Siegen ~ 7/420; Otto, Graf von Northeim, Herzog von Bayern ~ 7/532; Rudolf von Rheinfelden, Herzog von Schwaben, deutscher König ~ 8/436

Homburg a. Main (Gem. Triefenstein)
Grandaur, Bernhard (Johann Michael) Ritter von ~ 4/134

Homole → Hummel

Homonna (Ungarn)
Alber, Ferdinand † 1/64

Homoródbene → Meeburg

Homrighausen (Bad Berleburg)
Gruber, Eberhard Ludwig ~ 4/205

Hongkong
Dittmann, Herbert ~ 2/561; Faber, Ernst ~ 3/207; Genähr, Ferdinand ~ 3/620; Gützlaff, Karl (Friedrich August) † 4/248; Hamberg, Theodor † 4/356; Hirth, Friedrich ~ 5/70; Jebsen, Michael ~ 5/313; Justi, Eduard (Wilhelm Leonhard) * 5/388; Lechler, Rudolf ~ 6/282; Lühdorf, Friedrich August Frh. von ~ 6/519; Moellendorff, Wichard (Georg Otto) von ~ 7/167; Paulsen, Felix ~ 7/579; Schickedanz, Gustav ~ 8/622; Soden, Julius Frh. von ~ 9/357; Voretzsch, Ernst-Arthur ~ 10/254

Honhardt (Gem. Frankenhardt)
Ludewig, Johann Peter von * 6/495

Honnef → Bad Honnef

Honolulu (Hawaii, USA)
Hackfeld, Heinrich ~ 4/298; Isenberg, Paul ~ 5/261; Lorenz, Detlef ~ 11/124; Mehnert, Klaus ~ 7/27; Passavant, Karl ~/† 7/568; Porada, Edith † 8/36

Honsholvedyk (Niederlande)
Clossius, Karl Friedrich * 2/346

Honsolgen (seit 1972 zu Buchloe)
Spieß, Meinrad * 9/405

Honstetten (seit 1975 zu Eigeltingen)
Fehringer, Eduard ~ 3/246

Honyen (Kanton, China)
Vortisch, Hermann ~ 10/256

Hoogstraeten (Prov. Antwerpen, Belgien)
Hoogstraeten, Jakob van * 5/169

Hooksiel (seit 1973 zu Wangerland)
Lübben, Heinrich August * 6/511; Meinardus, Ludwig * 7/33; Vieth, Gerhard Ulrich Anton * 10/207

Hoorn (Niederlande)
Ceratinus, Jakob * 2/301; Hoernen, Arnold ter * 5/102

Hopfau (Kemnath)
Rieppel, Anton von * 8/304; Rieppel, Ferdinand * 8/304

Hopfgarten (Mittlerer Erzgebirgskreis)
Bauer, Christian Friedrich * 1/324

Hopfgarten im Brixental (Tirol)
Feilmoser, Andreas Benedikt * 3/250; Hagleitner, Kaspar (Benedikt) ~ 4/326

Hopfmannsfeld
Briegleb, Elard * 2/132

Hoppenrode
Siemund, Heinrich * 9/320

Hopsten
Brüggemann, Karl Heinrich * 2/156; Ketteler, Wilhelm Emmanuel Frh. von ~ 5/523; Otte, Bernhard * 7/525

Horatitz (tschech. Hořetice, heute zu Žiželice)
Bernard, Josef Karl * 1/459; Pachmann, Theodor Ritter von * 7/547

Horažd'ovice (Böhmen)
Rudolf, König von Böhmen und Polen, Herzog von Österreich und Steiermark als Rudolf III. † 8/437

Horb am Neckar
siehe auch *Untertalheim*
Arnold, Franz Xaver ~ 1/186; Brischar, Johannes Nepomuk * 2/136; Bucher, Jordan ~ 2/182; Gerbert von Hornau, Martin * 3/636; Gratz, Peter Alois ~ 4/141; Haffner, Paul Leopold * 4/316; Haid, August * 4/335; Kaltenmoser, Kaspar * 5/417; Lösch, Stephan ~ 6/446; Lotzer, Sebastian * 6/486; Mayer, Georg 7/7; Reublin, Wilhelm ~ 8/252; Schanz, Paul * 8/564; Stoß, Veit * 9/561

Horbach (Kr. Pirmasens)
Hemmer, Johann Jakob * 4/578

Horbourg-Wihr → Horburg

Horburg (frz. Horbourg, seit 1972 zu Horbourg-Wihr, Dép. Haut-Rhin)
Erb, Matthias ~ 3/137; Friedrich I., Herzog von Württemberg * 3/475

Horchheim (seit 1937 zu Koblenz am Rhein)
Beckenkamp, Jakob * 1/374; Berger, Louis Constanz † 1/446; Mendelssohn, Georg Benjamin † 7/58; Rosenbaum, Johann Joseph * 8/390

Hořejší Staré Město → Ober-Altstadt

Hořenice → Horschenz

Hořenoves (Böhmen)
Gallas, Johann Wenzel Graf von * 3/563

Hořetice → Horatitz

Horgen (Kt. Zürich)
Burkhardt, Hedwig * 2/243; Feller, Elisabeth */† 3/260; Fierz, (Johann) Heinrich ~ 3/293; Fisch, Rudolf (Samuel) ~ 3/308; Füssli, Heinrich „der Jüngste" * 3/532; Heingartner, Konrad * 4/515; Keller-Escher, Carl Caspar ~ 5/498; Kienast, Alfred * 5/530; Krüger, Emmy ~ 6/121; Meyer, Karl Alphons † 7/107; Schwarzenbach, Gerold Karl * 9/230; Spörri, Theophil ~ 9/414; Staiger, Emil † 9/441; Zehnder, Alfred † 10/629; Zollinger, Heinrich ~ 10/687

Horhausen (Westerwald)
siehe auch *Huf*
Dasbach, (Georg) Friedrich * 2/446; Höffner, Joseph * 5/90

Horheim
Claus, Adolf (Karl Ludwig) † 2/334

Hořice → Horschitz

Hořice na Šumavě → Höritz

Hořin → Horschin

Horn (Erwitte)
Blomberg, Georg Moritz Ernst Frh. von * 1/578; Schulz, Erich (Gustav Hermann) † 9/195

Horn (Kt. Thurgau)
Tobler, Titus ~ 10/54
Horn (Niederösterreich)
Andree-Eysn, Marie * 1/133; Dobner, Felix Jakob ~ 2/565; Gruber, Gregor (Maximilian) * 4/206; Kranzl, Johann ~/† 6/72; Miklas, Wilhelm ~ 7/136; Peuerl, Paul ~ 7/629; Rauch, Adrian ~ 8/156; Robinson, Leonore * 8/340; Rosner, Ferdinand ~ 8/404; Scholz, Karl */~/† 9/110; Schrauf, Karl ~ 9/131; Winternitz, Moritz * 10/535
Horn (Rhein-Hunsrück-Kreis)
Oertel, (Friedrich Philipp) Wilhelm * 7/470
Horn (seit 1879 zu Hamburg)
Aereboe, Friedrich * 1/49; Wichern, Karoline * 10/470
Horn (seit 1921 zu Bremen)
Fitger, Arthur (Heinrich Wilhelm) † 3/332; Meier, John * 7/31
Horn-Bad Meinberg → Meinberg
Horna Krupa (Ungarn)
Zador, Desider * 10/612
Hornau (Kelkheim/Taunus)
Gagern, Hans (Christoph Ernst) Frh. von † 3/557
Hornbach
Bock, Hieronymus ~/† 1/595; Dick, Hermann ~ 2/512; Götz, Johann Nikolaus ~ 4/70; Hock von Zwaybruck, Theobald ~ 5/83; Schopper, Jakob ~ 9/116; Sturm, Johannes ~ 9/617; Theodor, Jakob ~ 9/694
Hornbaek
Fürth, Emil Ritter von † 3/531
Hornberg (Burg, bei Neckarzimmern)
Berlichingen, Götz (Gottfried) von † 1/457
Hornberg (Kirchberg an der Jagst)
Schnurr, Balthasar ~ 9/70
Hornberg (Ortenaukreis)
Bähr, Hans Walter * 11/8; Canz, Wilhelmine (Friederike Gottliebe) * 2/276; Engelberg, Burkhard * 3/116; Hausenstein, Wilhelm * 4/447; Niedbruck, Johann Bruno von ~/† 7/404; Vierordt, Heinrich † 10/206
Horné Obdokovce → Paczolaj
Horneburg
Büttner, Johannes Samuel ~ 2/215; Bussche-Ippenburg, Friedrich August Philipp Frh. von dem * 2/255; Corleis, Ehrenfried Johann * 2/374; Langenbeck, Konrad Johann Martin * 6/239; Pratje, Johann Hinrich */~ 8/54; Risler, Johann ~ 8/322
Horneck → Tworog
Hornegg
Klein, Philipp † 5/578
Hornhausen
Bode, Wilhelm * 1/600
Hornheim (Gaarden, heute zu Kiel)
Jessen, Peter † 5/327
Horní Benešov → Benisch
Horní Chrastava → Oberkratzau
Horní Heřspice → Ober-Gerspitz
Horní Jiřetín → Ober-Georgenthal
Horní Krupka → Obergraupen
Horní Litvínov → Oberleutensdorf
Horní Loděnice → Neuhof
Horní Maršov (dt. Marschendorf) → Dunkelthal
Horní Pěna → Oberbaumgarten
Horní Planá → Oberplan
Horní Podlůči → Obergrund
Horní Růžodol → Ober-Rosenthal
Horní Slavkov → Schlaggenwald
Horní Stropnice → Lang Strobnitz
Horní Teplice → Ober-Wekelsdorf
Hornsey (London)
Harvey, Lilian * 4/418
Hornstein (Burgenland)
Sedlmayr, Hans * 9/254
Horodec (Rußland)
Stramm, August † 9/566
Hořovice → Horschowitz

Horrheim (seit 1972 zu Vaihingen an der Enz)
Reuss, Jeremias Friedrich * 8/258; Reuß, Johann August von * 8/258; Vischer, Friedrich Theodor von ~ 10/215
Horsbüll (seit 1974 zu Emmelsbüll-Horsbüll)
Tychsen, Thomas Christian * 10/120
Horschau (tschech. Horšov, heute zu Bischofteinitz/Horšovský Týn)
Steinbach, Josef * 9/484
Horschenz (tschech. Hořenice)
Ofner, Julius * 7/478
Horschin (tschech. Hořin)
Neubauer, Franz Christoph * 11/137
Horschitz (tschech. Hořice)
Hirsch, Arnold * 5/60; Mauthner, Fritz * 6/672; Mauthner, Gustav Ritter von * 6/672
Horschowitz (tschech. Hořovice)
Böhm von Böhmersheim, Karl * 1/619; Hönigschmid, Otto * 5/99; Labor, Josef * 6/189; Paul, Gustav ~ 7/574; Seifert, Alfred * 9/269
Horská Kvilda → Inneergefild
Horsmar
Cuno, Johannes ~ 2/410
Horšov → Horschau
Horšovský Týn → Bischofteinitz
Horst (Garbsen)
Andreae, August Heinrich * 1/128
Horst (Gem. Steele, seit 1929 zu Essen)
Dinnendahl, Franz * 2/552; Dinnendahl, Johann * 2/553; Dütting, Hans * 2/644
Horst (Kr. Nordvorpommern)
Böttger, Magnus ~ 1/638
Horst (Prignitz)
Georg von Blumenthal, Bischof von Lebus und Ratzeburg * 3/629
Horst (seit 1928 zu Gelsenkirchen-Buer, seit 1930 Gelsenkirchen)
Denneborg, Heinrich (Maria) * 2/488; Hinzpeter, Georg (Ernst) * 5/58; Wagner, Josef ~ 10/283
Horst (Holstein)
Bolten, Joachim Friedrich * 2/11
Horstmar
siehe auch *Alst*
Brinkhaus, Hermann Joseph * 2/135; Cohausen, Johann Heinrich ~ 2/351; Ludwig, Landgraf von Hessen, Bischof von Münster ~ 6/504
Hørup (Dänemark)
Gerthsen, Christian * 3/662
Horw (Kt. Luzern)
Maass, Ernst ~ 6/548; Reinhart, Joseph * 8/222
Hory Matky Boží → Bergstadtl
Hossenreith (tschech. Jenišov, heute zu Oberplan/Horní Planá)
Pleischl, Adolph Martin * 7/693
Hosszúaszó → Langenthal
Hosterwitz (seit 1950 zu Dresden)
Hollrung, Max (Udo) * 5/152; Planitz, Karl Paul Edler von der † 7/685; Weber, Carl Maria (Friedrich Ernst) von ~ 10/350; Weigel, Theodor Oswald † 10/387
Hostinné → Arnau
Hošt'ka → Kochowitz
Hostokryje → Gastdorf
Hostomitz (Böhmen)
Mühlig, Josef ~ 7/242
Hotegan (Niederländisch-Neuguinea, heute Irian-Jaya)
Wolf, Franz † 10/565
Hotsi (Rußland)
Renteln, Theodor Adrian von * 8/246
Hottebruch (seit 1969 zu Lüdenscheid)
Sonnenhol, Gustav Adolf * 9/374
Hottenstein (Barmen, seit 1929 zu Barmen-Elberfeld, seit 1930 Wuppertal)
Söhngen, Oskar * 9/358

Hottingen (seit 1893 zu Zürich)
Beust, Friedrich (Karl Ludwig) von ~ 1/502; Böcklin, Arnold ~ 1/611; Eggenschwyler, Urs ~ 3/27; Fischer, Heinrich ~ 3/318; Götz, Hermann (Gustav) † 4/70; Lauber, Hans * 6/264; Schwalbe, Karl Gustav * 9/220; Weitbrecht, Karl ~ 10/416

Hottwil (Kt. Aargau)
Keller, Emanuel Gottfried * 5/491

Hotzendorf (tschech. Hodslavice)
Palacký, František * 7/549

Houserovra → Ostrovec

Houston (Texas, USA)
Gröwel, Margaretha ~ 4/181; Held, (Karl August) Adolf ~ 4/555; Kahn, Robert (Ludwig) ~ 5/403; Mies van der Rohe, Ludwig ~ 7/132; Schmidt, Jürgen ~/† 9/13

Hovedgård (Dänemark)
Baudissin, Adalbert Heinrich Graf von * 1/321; Heiberg, Asta Sophie Charlotte ~ 4/484

Hoven (seit 1927 zu Zülpich)
Hermann Joseph von Steinfeld † 4/625

Howe
Dräger, (Alexander) Bernhard * 2/606

Hoxfeld → Haus Pröpsting

Hoya
Beckmann, Johann * 1/385; Bollmann, Justus Erich * 2/10; Elias, Julius * 3/85; Meyer, Heinrich August Wilhelm ~ 7/105; Müller-Otfried, Paula * 7/289; Oppermann, Heinrich Albert ~ 7/501; Ramdohr, Friedrich Wilhelm Basilius von * 8/131; Reden, Franz Ludwig Wilhelm Frh. von * 8/176; Tiede, Erich † 10/37

Hoyer
Nagel, Wilhelm */~ 7/335

Hoyershausen
Brunotte, Heinz Arnold August ~ 2/172

Hoyerswerda
Alt, Johann Karl Wilhelm * 1/95; Berlepsch, Gottlob (Franz August Adolf) Frh. von ~ 1/456; Contius, Christian Gotthold ~ 2/367; Kossok, Manfred ~ 6/53; Mau, Hermann * 6/666; Moellendorff, Otto Franz von * 7/166; Paulick, Richard ~ 7/578; Reimann, Brigitte ~ 8/210; Sulze, Heinrich ~ 9/631

Hoyerswort (Gem. Oldenswort)
Hoyers, Anna Ovena ~ 5/191

Hoym
Bley, Johann Heinrich Christian ~ 1/571; Kügelgen, Wilhelm (Georg Alexander) von ~ 6/142; Rabe, Paul * 8/108; Vorster, Johannes * 10/255

Hrabišín (dt. Rabersdorf) → Wiesen

Hracholusky → Rakolus

Hradec Králové → Königgrätz

Hradec nad Moravicí → Grätz

Hrádek nad Nisou → Grottau

Hranice → Mährisch-Weißkirchen

Hraničná → Gränzendorf

Hrastnigg (Slowenien)
Kulisch, Paul * 6/163

Hrochowteinitz (tschech. Hrochův Tynec)
siehe auch *Blansko*
Reisich, Josef * 8/230; Simony, Friedrich * 9/335

Hrochův Tynec → Hrochowteinitz

Hroznětín → Lichtenstadt

Hrubá Skalá → Groß-Skal

Hruschau (tschech. Hrušov)
Hochstetter, Carl Christian ~ 5/82; Hochstetter, Ferdinand * 5/82; Miller zu Aichholz, Josef Maria von ~ 7/144; Miller zu Aichholz, Viktor von ~ 7/144

Hruschowan (tschech. Hrušovany, heute zu Polepy)
Pillat, Arnold * 7/670

Hrušov → Hruschau

Hrušovany → Hruschowan

Hrušovany nad Jevišovkou → Grusbach

Hrymajliv → Grzymałow

Hub (Bayern)
Häglsperger, Franz Seraph * 4/305

Hub (Mettmach, Oberösterreich)
Schott, Anton ~ 9/120

Hubersdorf (Kt. Solothurn)
Morach, Otto * 7/205

Hubertusburg (bei Oschatz)
Krell, Max * 6/94

Hubertusburg (Gem. Wermsdorf)
Altmann, Richard † 1/103; Bergsträßer, Nikolaus ~ 1/454; Bormann, Siegmund Gottlieb ~ 2/32; Clemens Wenzeslaus Hubertus Franziskus, Herzog zu Sachsen, Kurfürst und Erzbischof von Trier * 2/339; Döbel, Heinrich Wilhelm ~ 2/568; Friedrich August II., Kurfürst von Sachsen ~ 3/472; Friedrich Christian, Kurfürst von Sachsen ~ 3/473; Fritsch, Thomas Frh. von ~ 3/494; Guichard, Karl Theophil von ~ 4/251; Hertzberg, Ewald Friedrich Graf von ~ 4/654; Knöffel, Johann Christoph ~ 5/625; Näcke, Paul Adolf ~ 7/330; Nagel, (Christian) August ~ 7/333; Oeser, (Adam) Friedrich ~ 7/471; Sachsen, Johann Georg Ritter von ~ 8/490; Saldern, Friedrich Christoph von ~ 8/497; Thierfelder, (Fürchtegott) Felix ~ 10/6

Hubli-Dharwar → Dharwar

Huckelrieden (Gem. Löningen)
Burlage, (Heinrich) Eduard * 2/244

Huckingen (seit 1928 zu Duisburg)
Canaris, Carl (August) ~ 2/272; Weisweiler, Franz Josef ~ 10/416

Hude (Oldenburg)
siehe auch *Brokdeich*
Lohse, Friedrich * 6/464

Hudemühlen (seit 1936 zu Hodenhagen)
Hodenberg, (Karl Iwan) Bodo Frh. von ~/† 5/84

Hudlice → Hudlitz

Hudlitz (tschech. Hudlice)
Jungmann, Anton Johann Ritter von * 5/384

Hudson (Kanada)
Grasshoff, Fritz † 11/71

Hübingen (seit 1970 zu Boppard)
Schönfeld, Carl (Emil) † 9/93

Hüchelhoven
Braun, Joseph ~ 2/83

Hückelhoven → Brachelen, Rurich

Hückeswagen
siehe auch *Dörperhöhe, Eichenhof*
Daume, Willi * 11/43; Klingelnberg, Adolf ~ 5/596; Natorp, (Bernhard Christoph) Ludwig ~ 7/344; Reche, Johann Wilhelm ~ 8/172; Schramm, Karl * 9/129; Schreus, Hans Theodor * 9/142

Hüfingen
siehe auch *Fürstenberg*
Gleichauf, Rudolf * 4/28; Lang, Hieronymus * 6/226; Reich, Lucian */† 8/195; Schelble, Johann Nepomuk */† 8/591

Hügel (Gem. Bredeney, seit 1915 zu Essen)
Krupp, Friedrich Alfred † 6/131; Schürenberg, (Johann) Wilhelm ~ 9/172

Hühnerfeld
Theis, Peter ~/† 9/692

Hülchrath (seit 1975 zu Grevenbroich)
Stübben, (Hermann) Joseph * 9/607

Hüll (Gem. Wolnzach)
Zattler, Friedrich ~ 10/622; Zimmer, Carl † 10/663

Hüllhorst (Westfalen)
Gieseler, (Friedrich) Eberhard * 4/4

Hüls (Marl, Kr. Recklinghausen)
Wimmelmann, Alfred ~ 10/516

Hüls (seit 1975 zu Krefeld)
Hartz, Franz * 4/417

Hülsede
Blumenberg, Werner * 1/586

Hümpfershausen → Sinnershausen

Hünern (poln. Psary)
Pringsheim, Fritz * 8/71

Hünfeld
Pfaff, Johann Leonhard * 7/634; Sommerfeld, Heinrich †
9/371; Streit, Robert ~ 9/582; Zuse, Konrad (Ernst Otto) †
10/703

Hünfelden → Dauborn, Kirberg, Nauheim

Hünhan (seit 1972 zu Burghaun)
Wieber, Franz * 10/477

Hünibach (Gem. Hilterfingen, Kt. Bern)
Müller, Elisabeth ~/† 7/252; Rupp, Albert * 8/470;
Schädelin, Klaus ~ 8/545

Hünshoven (Geilenkirchen)
Becker, Nikolaus † 1/380; Camphausen, Ludolf * 2/271;
Camphausen, Otto von * 2/272; Wilms, Max * 10/515

Hünstetten → Kesselbach, Strinz

Hürben (Bayern)
Buschor, Ernst * 2/253; Goßner, Balthasar † 4/101;
Hochstädter, Benjamin */~ 5/82; Landauer, Samuel * 6/216

Hürtgenwald → Zerkall

Hürth
siehe auch *Burbach, Efferen, Fischenich, Gleuel,
Kalscheuren*
Henckels, Paul * 4/581

Hüsten (seit 1941 zu Neheim-Hüsten, seit 1975 zu
Arnsberg)
Feldmann, Franz * 3/256; Lwowski, Walter ~ 6/543;
Meyer-Eckhard, Viktor * 7/112; Overbeck, Wilhelm ~
11/154

Hueth (Rees)
Borcke, Friedrich Heinrich Graf von † 2/28

Hütschenhausen → Spesbach

Hütteldorf (seit 1890/92 zu Wien)
Arndts, Bertha † 1/176; Dehne, August ~/† 2/469; Erl,
Joseph † 3/150; Ilg, Johann Georg * 5/247; Schoeller, Paul
Eduard von ~ 9/78

Hütten (Kr. Rendsburg-Eckernförde)
Boysen, Jasper ~ 2/53; Callisen, Christian Friedrich ~
2/267; Kunckel von Löwenstern, Johann * 6/166

Hüttenberg (Gem. Ofterschwang)
Hofmann, Hubert † 5/129

Hüttenberg (Kärnten)
Clar, Eberhard ~ 11/39; Granigg, Bartholomäus * 4/135

Hüttenberg (Lahn-Dill-Kreis) → Kleinrechtenbach

Hüttendorf (Kr. Oppeln)
Sladek, Maximilian Viktor * 9/348

Hüttendorf (seit 1972 zu Erlangen)
Kalb, Johann * 5/409

Hüttengrund-Bernhardshütte
Koch, Alexander * 5/637

Hüttensteinach (Sonneberg)
Franck, Walter ~ 3/391

Hüttenweiler (seit 1972 zu Wangen im Allgäu)
Mennel, Faustinus * 7/64

Hüttschlag (Salzburg)
Mielichhofer, Mathias ~ 7/131

Hüttwilen (Kt. Thurgau)
Bachmann, Albert (Johann) * 1/244

Huf (Horhausen/Westerwald)
Müller, Josef * 7/272

Hufen (poln. Włoki)
Arnold, Eberhard * 1/185

Hugolsdorf → Rönkendorf

Hugshofen
Volz, Paul ~ 10/251

Hugstetten (seit 1973 zu March, Kr. Breisgau-
Hochschwarzwald)
Andlaw-Birseck, Heinrich Bernhard Reichsfrh. von † 1/126

Huisberden (seit 1969 zu Bedburg-Hau)
Antonius von Königstein † 1/152

Huisburg
Burchard II., Bischof von Halberstadt ~ 2/227

Hull → Kingston upon Hull

Hullersen (seit 1970 zu Einbeck)
Groskurd, Christian Heinrich * 4/190; Groskurd, Christoph
Gottlieb * 4/190

Hulst (Niederlande)
Barkey, Nikolaus ~ 1/295

Hultschin (tschech. Hlučín)
Bitta, Joseph * 1/549; Maier-Hultschin, Johannes * 6/572

Humbach
Hermann I., Herzog von Schwaben ~ 4/622

Hummel (tschech. Homole)
Hibsch, Josef Emanuel * 5/29

Hummendorf (seit 1972 zu Weißenbrunn)
Herzog, Johann Georg * 4/665; Weilnböck, Luitpold ~
10/393

Humpolec → Humpoletz

Humpoletz (tschech. Humpolec)
Grafe, Felix * 4/130; Klein, Adolf * 5/573; Komers, Anton
Emanuel Ritter von * 6/22

Huncovce → Hunsdorf

Hundersingen (Gem. Münsingen)
Lechler, Rudolf * 6/282

Hundham (Gem. Fischbachau)
Müller-Partenkirchen, Fritz ~/† 7/290

Hundisburg (seit 1994 zu Haldensleben)
Alvensleben, Joachim von * 1/107; Alvensleben, Johann
Friedrich von ~ 1/108; Nathusius, (Johann) Gottlob ~
7/343; Nathusius, Hermann von ~ 7/343

Hundorf (Böhmen)
Inwald Edler von Waldtreu, Josef ~ 5/257

Hundsangen
Meurer, Albert * 7/94

Hundsbrunn
Hopf, Gustav * 5/170

Hundsdorf → Hunsdorf

Hundsfeld (poln. Psie Pole, heute zu Breslau)
Theiner, Johann Anton ~ 9/692

Hundshübel
Bernhard, Robert ~ 1/468

Hundsthurm (seit 1850 zu Wien)
Mestrozi, Paul * 7/85

Hundwil (Kt. Appenzell Außerrhoden)
Eugster-Züst, Howard ~ 3/190; Künzler, Jakob * 6/152

Hunfalva → Hunsdorf

Hungen
Draudt, Karl (Friedrich Wilhelm Christoph) * 2/609;
Hartig, Georg Ludwig ~ 4/400; Schlosser, (Georg Karl
Wilhelm) Gustav * 8/684

Hunschgrün (tschech. Podhoří, heute zu Jenišov)
Hegen, Josef * 4/481

Hunsdorf (auch Hundsdorf, slowak. Huncovce, ungar.
Hunfalva)
Altmann, Adolf */~ 1/103; Joseffy, Rafael * 5/365

Huntington (New York, USA)
Grosz, George ~ 4/199; Wedekind, Kadidja (Epiphania
Mathilde Franziska) ~ 10/369

Huntlosen (seit 1933 zu Großenkneten)
Hinrichs, August ~ 5/54

Huntsville (Alabama, USA)
Braun, Wernher Frh. von ~ 2/87; Oberth, Hermann (Julius)
~ 7/457

Hurden (Gem. Freienbach, Kt. Schwyz)
Oswald, Werner † 7/522

Husiatyn (ukrain. Gusjatyn)
Pomeranz, Cesar * 8/30

Hustopeče → Auspitz

Husum
Bockelmann, Petrus ~ 1/596

Husum (Kr. Nordfriesland)
siehe auch *Rödemis*
Aldenhoven, Karl ~ 1/85; Axen, Peter * 1/228; Bassewitz,
Henning Friedrich Graf von ~ 1/316; Bockelmann, Petrus
† 1/596; Böhme, Margarete * 1/621; Bokemeyer, Heinrich
~ 2/6; Brütt, Adolf * 2/162; Bruhns, Nicolaus ~/† 2/164;
Danckwerth, Caspar ~/† 2/439; Delff, (Heinrich Karl)
Hugo */† 2/476; Denner, Balthasar ~ 2/488; Eucken,
Rudolf (Christoph) ~ 3/187; Feddersen, Johann Daniel ~
3/240; Förtsch, (Johann) Philipp ~ 3/366; Forchhammer,

Johann Georg * 11/62; Forchhammer, Peter Wilhelm * 3/372; Francke, Georg Samuel ~ 3/394; Francke, Johann Valentin * 3/394; Hansen, Christian Friedrich ~ 4/375; Heidtrieder, Henning ~ 4/493; Lübker, Friedrich * 6/513; Matthiessen, Ludwig ~ 6/663; Mies, Otto Heinrich ~ 7/132; Müller, Ferdinand Frh. von ~ 7/255; Petersen, Eugen (Adolf Hermann) ~ 7/618; Petersen, Hans von * 7/618; Reventlow, Ernst (Christian Einar Ludwig Detlev) Graf zu * 8/262; Reventlow, Franziska Gräfin zu * 8/263; Schmid, Bernhard † 8/699; Schönemann, Friedrich ~/† 9/91; Storm, (Hans) Theodor (Woldsen) */~ 9/559; Strodtmann, Johann Sigismund ~ 9/591; Tast, Hermann */~/† 9/660; Vogt, Oskar (Georg) * 10/235; Wedderkop, Magnus von * 10/366; Wolfslast, (Ernst) Walter † 10/582; Zinck, Harnak Otto Conrad * 10/673

Húszt (ukrain. Chust)
Rauscher, Michael † 8/165

Hutĕ → Eisenhammer

Huttenried (Gem. Ingenried)
Boos, Martin * 2/23

Huttwil (Kt. Bern)
Kummer, Johann Jakob ~ 6/165; Roth-de Markus, Albert (Samuel) † 8/416; Trüssel, Bertha * 10/101

Hutzenau (Gem. Ruhpolding)
Eisenberger, Georg */~ 3/69

Huy (Belgien)
Alexander I., Bischof von Lüttich ~ 1/87; Argenteau, Eugen Graf von * 1/170; Heinrich von Verdun, Bischof von Lüttich ~ 4/529

Huysburg (Gem. Röderhof, seit 1953 zu Dingelstedt am Huy)
Eß, Karl van ~/† 3/179; Herrand, Abt von Ilsenburg, Bischof von Halberstadt ~ 4/638; Ulrich, Bischof von Halberstadt ~ 10/142; Zitzewitz, Nicolaus von ~/† 10/681

Huzová → Deutsch Hause

Hvar (Insel H., Kroatien)
Sternberg, Leo † 9/517

Hwai-lai (China)
Yorck von Wartenburg, (Hans Ludwig David) Maximilian † 10/605

Hyattsville (Maryland, USA)
Allers, Rudolph † 1/91

Hyderabad (Indien)
Fürer-Haimendorf, Christoph von ~ 11/66

Hyères (Dép. Var, Frankreich)
Bonstetten, Gustav (Karl Ferdinand) von ~/† 2/22; Fehling, Hermann * 3/244; Nees von Esenbeck, Theodor Friedrich Ludwig † 7/357; Simon, Friedrich (Rudolf) † 9/331

I

Iaşi → Jassy

Ibaşfalău → Elisabethstadt

Ibbenbüren
Koepe, Friedrich ~ 5/667; Raehlmann, Eduard * 8/121; Schwering, Julius * 9/245; Thies, (Johann) Heinrich (Wilhelm) ~ 10/9; Wiemeler, Ignatz * 10/485

Ibenhain (seit 1923 zu Waltershausen)
Guts Muths, Johann Christoph Friedrich † 4/272; Sahlender, (Paul) Emil (Wilhelm) * 8/495

Iber (seit 1974 zu Einbeck)
Evers, Otto Justus * 3/196; Letzner, Johannes ~ 6/349

Iburg → Bad Iburg

Ichenhausen
siehe auch *Oxenbronn*
Hardt, (Friedrich Wilhelm) Ernst ~/† 4/384

Ichenheim (seit 1973 zu Neuried, Ortenaukreis)
Baur, Erwin * 1/349

Ichstedt
Ruediger, Karl August * 8/447

Ichtershausen
Hey, (Johann) Wilhelm ~/† 5/15

Icking
siehe auch *Irschenhausen, Meilenberg, Schlederloh*
Buttersack, Bernhard ~/† 2/259; Erler, Erich ~/† 3/152; Foerster, Wolfgang † 3/365; Pfister, Bernhard † 11/158; Rosenfeld, Elsbeth Rahel Charlotte ~ 8/395; Wachsmuth, Richard † 10/267

Icogne (Kt. Wallis)
Bonvin, Roger * 2/22

Ida- und Marienhütte (bei Saarau)
Kulmiz, Carl Friedrich von † 6/164

Idar (seit 1933 zu Idar-Oberstein)
Dippel, Leopold ~ 2/554; Dörr, Walther (Hugo) */~ 2/579

Idar-Oberstein
siehe auch *Idar, Kirchenbollenbach*
Falz, Ernst */† 3/230; Goffiné, Leonhard ~/† 4/75; Huber, Ernst Rudolf * 5/195; Nacken, Richard ~ 7/328; Rave, Paul Ortwin * 8/167; Wagner, Helmut * 10/282

Idavere → Itfer

Idensen
Schürmann, Georg Caspar * 9/173

Idria (slowen. Idrija)
Dolliner, Georg ~/† 2/587; Hacquet de la Motte, Balthasar ~ 4/299; Inzaghi, Karl Graf von * 5/257; Leithner, Joseph Frh. von ~ 6/312; Schikaneder, (Josef) Karl ~ 8/632

Idrija → Idria

Idstedt
Willisen, Wilhelm von ~ 10/512

Idstein
siehe auch *Wörsdorf*
Albrecht, Wilhelm ~ 1/83; Bergsträsser, Johann Andreas Benignus * 1/454; Cartheuser, Friedrich August ~ 2/290; Dirichs, Ferdinand † 2/555; Eibach, Ludwig Wilhelm ~ 3/45; Franqué, Johann Baptist (Friedrich Anton) von ~ 3/408; Friedemann, Friedrich Traugott ~/† 3/448; Gasser, Emil * 3/578; Gilsa, Adolf Frh. von und zu * 4/10; Gruner, (Gottlieb) Anton ~ 4/225; Hagelgans, Johann Georg ~/† 4/317; Hayn, Henriette Louise von * 4/462; Herber, Pauline * 4/604; Herrnschmidt, Johann Daniel ~ 4/645; Hill, Karl * 5/42; Klinger, Karl ~ 5/597; Langsdorf, Georg Heinrich von * 6/247; Müller-Scheld, Wilhelm ~ 7/291; Ravenstein, Simon ~ 8/168; Riedesel zu Eisenbach, Johann Hermann Frh. von ~ 8/294; Roth, Heinrich ~ 8/413; Schellenberg, Karl Adolf Gottlob */~ 8/595; Schepp, Friedrich (Wilhelm) ~ 8/608; Schliephake, Theodor (F. W.) ~ 8/678; Schmidt, Marie */~ 9/15; Schmitthenner, Friedrich (Jakob) ~ 9/34; Snell, (Johann Philipp) Ludwig */~ 9/354; Snell, (Johann) Wilhelm */~ 9/355; Stosskopf, Sebastian ~/† 9/562; Stritter, Johann Gotthelf * 9/588; Thomae, (Johann) Karl (Jakob) ~ 10/16

Iesi (Prov. Ancona, Italien)
Friedrich II., Kaiser * 3/458; Spontini, Gasparo (Luigi Pacifico) ~ 9/416

Iffeldorf
Baumann, Hans ~ 11/13

Ifta
Pefferkorn, Georg Michael * 7/588

Igelshieb (seit 1923 zu Neuhaus am Rennweg)
Geißler, (Johann) Heinrich (Wilhelm) */~ 3/611

Igenhausen (Gem. Hollenbach, Kr. Aichach-Friedberg)
Gambihler, Joseph * 3/566

Igersheim
siehe auch *Harthausen, Neuhaus, Simmringen*
Möhler, Johann Adam ~ 7/164

Iggenhausen (Lage, Kr. Lippe)
Blomberg, (Karl) Alexander (Johann Ludwig) Frh. von * 1/578; Blomberg, Wilhelm Frh. von * 1/578

Igis (Kt. Graubünden)
Bühler, Gerhard ~ 2/200; Michel, Johann Luzius * 7/125

Iglau (tschech. Jihlava)
siehe auch *Altenberg*
Abel, Michael ~ 1/6; Amon, Anton ~ 1/118; Bayer, Paul Ignaz * 1/359; Dietrichstein, Andreas Jakob Reichsgraf von * 2/538; Dinzenhofer, Wenzel ~ 2/553; Eitner, Wilhelm * 3/79; Filek-Wittinghausen, Egid von ~ 3/295; Foglár, Adolf ~/† 3/366; Fürnberg, Louis * 3/526; Gelnhausen, Johannes von ~ 3/618; Groß, Gustav ~ 4/191; Haardt von Hartenthurn, Vincenz Karl * 4/283; Haase, Josef Ludwig † 4/289; Heidenreich, Johannes ~ 4/490; Heller, Isidor ~ 4/563; Heller, Johann Florian * 4/563; Heller, Prokop Benedikt * 4/564; Hirtz, Hanns ~ 5/71; Janstein, Elisabeth von * 5/304; Johannes von Gelnhausen ~/† 5/352; Kaiser, Wolf (Wilhelm) ~ 5/408; Komers, Anton Emanuel Ritter von † 6/22; Kozel, Hans Eduard ~ 6/58; Krafft, Barbara (Maria) * 6/63; Kremann, Robert Konrad * 6/94; Kübeck von Kübau, Karl Frh. * 6/138; Lorenz, Ottokar * 6/473; Maler, Valentin * 6/578; Meyer, Adolf ~ 7/97; Mojsisovics von Mojsvár, Edgar (Hermann Georg) Edler ~ 7/186; Neubauer, Ernst Rudolf * 7/370; Ortner, Hermann Heinz ~ 7/510; Pepöck, August ~ 7/597; Prokop, August * 8/78; Reichardt, Heinrich Wilhelm * 8/197; Schnarf, Karl ~ 9/45; Schreinzer, Karl Michael ~ 9/139; Sommer, Ernst * 9/368; Speratus, Paul(us) ~ 9/396; Stamitz, Johann (Wenzel Anton) ~ 9/442; Steiner, Johann (Nepomuk) */~/† 9/489; Strobl, Karl Hans */~ 9/591; Tandler, Julius ~ 9/654; Tomaschek, Johann Adolf Edler von Stratowa */~ 10/61; Tomaschek, Karl * 10/62; Touaillon, Christine ~ 10/66; Weigel, Wenzel ~ 10/387; Werner, Richard Maria * 10/448
Igló → Zipser Neudorf
Igls (seit 1942 zu Innsbruck)
Fabini, Ludwig † 3/211; Hauttmann, Max † 4/456; Hofmann, Eduard Ritter von † 5/127
Ihlbruck
Möller, (Hermann) Friedrich * 7/168
Ihlen (Kurland)
Hoerner, Herbert von * 5/103
Ihlow
Bredow, Caspar Ludwig von † 2/95
Ihrhove (seit 1973 zu Westoverledingen)
Obendiek, Harmannus (Anton) ~ 7/451
Ikskile → Üxküll
Ilanz (Kt. Graubünden)
Comander, Johannes ~ 2/360; Gabriel, Luzius ~/† 3/550; Gabriel, Stephan ~/† 3/551; Gallicius, Philipp ~ 3/564; Hofmeister, Sebastian * 5/134; Nissen, (Benedikt) Momme † 7/424; Schlegel, Theodul ~ 8/662
Iława → Deutsch Eylau
Ilbenstadt (seit 1970 zu Niddatal)
Gottfried, Graf von Cappenberg ~/† 4/105
Ilbeshausen (seit 1972 zu Grebenhain)
Gutermuth, Heinrich * 4/269; Löffler, Heinrich * 6/440
Ilbesheim bei Landau in der Pfalz
Hoffmann, Johannes * 5/121; Zinn, (Friedrich Karl) August * 10/675
Ilfeld
Ahrens, Heinrich Ludolf ~ 1/60; Albrecht, Paul ~ 1/83; Bandhauer, Mauritius Zacharias ~ 1/287; Colom du Clos, Isaac von ~ 2/359; Delius, Christian Heinrich ~ 2/477; Fahner, Johann Christoph ~/† 3/218; Groskurd, Christoph Gottlieb ~ 4/190; Grotefend, (Friedrich) August * 4/201; Havemann, Wilhelm ~ 4/457; Karman, Wilhelm * 5/451; Liesegang, Wilhelm † 6/393; Mauvillon, Jacob ~ 6/674; Mitscherlich, Christoph Wilhelm ~ 7/154; Neander, Michael ~/† 7/353; Neubert-Drobisch, Walther † 7/373; Nihus, Bartholdus ~ 7/417; Rhodoman, Lorenz ~ 8/270; Stamford, Heinrich Wilhelm von ~ 9/442; Stuß, Johann Heinrich ~ 9/620; Wolf, Friedrich August (Christian Wilhelm) ~ 10/565
Illenau (seit 1974 zu Achern)
Amann, Heinrich † 1/110; Drach, Emil † 2/605; Drews, (Christian Heinrich) Arthur * 2/617; Geibel, (Friedrich Wilhelm) Karl † 3/602; Gudden, (Johann) Bernhard (Aloys) von ~ 4/232; Heinefetter, Sabine † 4/512; Hergt,

Franz Joseph † 4/614; Hergt, Karl ~/† 4/614; Krauskopf, Wilhelm † 6/83; Oettli, Samuel † 7/476; Roller, Christian ~ 8/375; Roller, Christian Friedrich Wilhelm ~ 8/376; Schmid-Reutte, Ludwig † 8/707; Schüle, Heinrich ~/† 9/169; Zinn, (Friedrich Karl) August ~ 10/675
Illerkirchberg → Oberkirchberg, Unterkirchberg
Illerrieden
siehe auch *Dorndorf*
Weiss, Franz (Borgias Reinhold) ~ 10/408
Illertissen
Rodt, Christoph ~ 8/346; Wagner, Hans ~ 10/281
Illesheim
Gailingen, Eppelein von * 3/559
Illingen (Enzkreis)
Dillmann, (Christian Friedrich) August * 2/547
Illingen (Kr. Neunkirchen)
Kerpen, Wilhelm Frh. von ~ 5/514; Loth, Katharina ~ 6/480
Illkirch-Graffenstaden → Grafenstaden
Illkofen (seit 1978 zu Barbing)
Frohschammer, Jakob * 3/507; Reithmayr, Franz Xaver * 8/235
Illmersdorf
Brückner, Johann Gottfried * 2/153
Illnau (Kt. Zürich)
Haller, Johannes d. J. ~ 4/348; Zehnder, Ludwig (Albert) * 10/629
Illowo
Caspary, Johann Xaver Robert † 2/292
Ilmenau (Ilmkreis)
Ackermann, Ernst Wilhelm ~ 1/20; Apel, Erich ~ 11/4; Aquila, David ~ 1/161; Bartholomäi, Johann Christian ~ 1/308; Bartholomäi, Wilhelm Ernst * 1/308; Bernstein, Johann Gottlob ~ 1/476; Bulling, Karl * 2/220; Elisabeth, Herzogin von Braunschweig-Lüneburg ~/† 3/86; Forck, Gottfried * 11/62; Füchsel, Georg Christian * 3/523; Goethe, Johann Wolfgang von ~ 4/64; Großgebauer, Theophil * 4/196; Gutheil-Schoder, Marie † 4/270; Heinsius, (Johann) Ernst * 4/545; Heinsius, (Johann) Julius * 4/546; Heintz, (Johann) Christian ~ 4/546; Hezel, Johann Wilhelm Friedrich ~ 5/28; Knebel, Karl Ludwig von ~ 5/617; Knebel, Luise von ~ 5/617; Krohne, Gottfried Heinrich ~ 6/112; Libavius, Andreas ~ 6/372; Mantius, Eduard † 6/601; Matthes, Hermann ~ 6/660; Michael, Friedrich * 7/120; Nonne, Christian ~ 11/143; Reinhardt, Fritz */~ 8/219; Schlegel, Julius Heinrich Gottlieb ~ 8/661; Schröter, Corona (Elisabeth Wilhelmine) ~/† 9/154; Spinner, (Heinrich) Wilfri(e)d ~ 9/408; Ulrich, Johannes Martin * 10/146; Voigt, Johann Carl Wilhelm ~/† 10/237; Weil, (Lucio) Felix (José) ~ 10/391
Ilmtal → Griesheim
Ilof
Gunzelin I., Graf von Schwerin ~ 4/262
Ilsede → Groß Bülten, Groß Ilsede, Groß Solschen
Ilsenburg (Harz)
Bührle, Emil (Georg) ~ 2/202; Burchard II., Bischof von Halberstadt † 2/227; Crola, Georg Heinrich ~/† 2/402; Eleonore, Fürstin Reuß zu Köstritz † 3/83; Gloege, Gerhard (Hans Georg Karl) ~ 4/34; Günther, Georg * 4/239; Herrand, Abt von Ilsenburg, Bischof von Halberstadt ~ 4/638; Koster, Harmen ~ 6/54; Kotelmann, Ludwig Wilhelm Johannes † 6/54; Lietz, Hermann ~ 6/393; Schott, Walter * 9/122; Stier, Alfred † 9/529; Stutzer, Therese * 9/621; Unzer, Ludwig August ~ 10/162; Wyneken, Gustav (Adolph) ~ 10/602; Zanthier, Hans Dietrich von ~ 10/620
Ilsfeld
siehe auch *Auenstein*
Agster, Alfred (Emil Oskar) * 1/56; Bender, Hermann * 1/416; Geyling, Johann * 3/674; Niethammer, Friedrich Georg * 7/413; Trumpp, Ernst * 10/102; Vollmöller, Karl * 10/249
Ilshofen → Oberaspach

Ilten (Gem. Sehnde)
Föppl, Otto † 3/360; Hilten, Johann * 5/47; Schenzinger, Karl Aloys ~ 8/608; Schmidt, (Max Karl Wilhelm) Adolf ~ 9/1; Sponer-Franck, Hertha (Dorothea) † 9/415; Topp, Johann Konrad Sigismund * 10/64; Wahrendorff, Ferdinand ~ 10/294

Ilversgehofen (seit 1911 zu Erfurt)
Bräuning, Karl * 2/56; Hagans, Christian ~ 4/317

Ilz (Steiermark)
Frankl, Adolf ~ 3/407

Imbach (Leverkusen)
Pilgram, Friedrich * 7/670

Imbach (Niederösterreich)
Mörzinger, Johann Nepomuk * 7/177

Imbshausen (seit 1974 zu Northeim)
Rheinwald, Hans ~ 8/268

Imgenbroich (seit 1972 zu Monschau)
Böttcher, Christian Eduard * 1/636; Graf, Eduard ~ 4/126

Immecke (Meinerzhagen)
Beurhaus, Friedrich * 1/501

Immelborn
Freislich, Johann Balthasar Christian * 3/423; Freislich, Maximilian Dietrich * 3/423

Immendingen
siehe auch *Bachzimmern*
Aberle, Mat(t)hias * 1/9

Immeneich
Thoma, Busso * 10/14

Immenhausen → Kleeberg

Immensee (Gem. Küssnacht am Rigi, Kt. Schwyz)
Browe, Peter ~ 2/147; Camenzind, Josef Maria ~/† 2/268; Schrafl, Anton ~ 9/126

Immensen (Lehrte)
Bokemeyer, Heinrich * 2/6

Immenstadt i. Allgäu
siehe auch *Rieder, Zaumberg*
Bechteler, Theo */~ 1/368; Dietrich, Franz Xaver ~ 2/535; Dietz, Johannes ~ 2/540; Erhart, Jörg ~ 3/148; Glötzle, Ludwig * 4/34; Gracklauer, Oscar * 4/118; Hamann, (Heinrich) Richard † 4/356; Hess, Kurt † 4/671; Jörg, Joseph Edmund * 5/336; Kunert, Julius ~/† 6/168; Liebherr, Joseph * 6/383; Nomi, Klaus * 7/435; Podewils, Friedrich Frh. von ~ 8/8; Rathgeber, Alphons Maria ~ 8/151; Rittershausen, Joseph Sebastian von * 8/334; Schlund, Fidel */~ 8/689; Vogl, Coelestin * 10/231; Wagner, Werner * 10/290; Zahn, Friedrich (Wilhelm Karl Theodor) † 10/614

Immichenhain (Gem. Ottrau)
Bömer, Aloys (Wilhelm Joseph) * 1/628

Immigrath (seit 1936 zu Langenfeld, Rheinland)
Kronenberg, Rudolph ~/† 6/117

Imnitz (seit 1929 zu Zwenkau)
Beyer, Moritz * 1/506

Imperia (Italien)
Grock † 4/177

Impfingen (Tauberbischofsheim)
Schlör, Johann Georg * 8/682

Imshausen (seit 1972 zu Bebra)
Gerland, Ernst * 3/650; Trott zu Solz, August (Clemens Bodo Paul Willy) von */† 10/99

Imst (Tirol)
Ammon, Anton Blasius * 1/117; Denifle, Heinrich Suso * 2/486; Egg, Franz ~ 3/25; Gebhart, Andreas ~ 3/594; Giner, Johann d. Ä. ~ 4/11; Gmeiner, Hermann ~ 4/39; Gorbach, Alfons * 4/98; Haller, Johann Nepomuk ~ 4/347; Hörmann von Hörbach, Theodor * 5/102; Kapeller, Josef Anton * 5/428; Kerausch, Josef * 5/508; Klotz, Hermann * 5/606; Knabl, Josef ~ 5/611; Kuen, Heinrich * 6/149; Liebener von Monte Cristallo, Leonhard ~ 6/379; Lutterotti, Karl Anton Josef von † 6/539; Matthäus an der Gassen, Bischof von Brixen ~ 6/659; Miller, Josef Kassian ~ 7/143; Paulmichl, Karl ~ 7/578; Plattner, Christian * 7/690; Posch, Eduard */~ 8/41; Raffeiner, Emanuel ~ 8/122; Schatz, Josef * 8/573; Schindler, Cosmus ~ 8/643;

Schnegg, Johann ~ 9/49; Schöpf, Peter Paul */~ 9/101; Tschuggmall, Christian ~ 10/110; Wallnöfer, Eduard ~ 10/314

Imsterberg (Tirol)
Praxmarer, Josef * 8/55; Schnegg, Johann * 9/49

Inden
siehe auch *Lamersdorf*
Engels, Jakob (Gerhard) * 3/123; Johnen, Wilhelm * 5/356; Rohland, Walter * 8/368

Indersdorf
Bernhard von Waging ~ 1/466; Johannes von Indersdorf ~/† 5/353; Keck, Johannes ~ 5/482; Michl, Augustin Liebhart ~ 7/128; Roth, Josef ~ 8/414; Weiss, Albert (Maria) * 10/406

India (Sirmien)
Kraft, Stephan * 6/65

Indianapolis (Indiana, USA)
Knortz, Karl ~ 5/631

Ingeleben
Erdmann, Martin * 3/142

Ingelfingen
siehe auch *Dörrenzimmern*
Chytraeus, David * 2/326; Fischer, Kilian ~ 3/323; Kirschmer, Otto * 5/555

Ingelheim am Rhein
siehe auch *Nieder-Ingelheim, Ober-Ingelheim*
Boehringer, Albert † 11/27; Christoff, Daniel † 11/39; Friedrich I. (Barbarossa), Kaiser ~ 3/456; Gero, Erzbischof von Köln ~ 3/653; Hartwig, Erzbischof von Salzburg ~ 4/417; Heinrich IV., deutscher König, Kaiser ~ 4/519; Heinrich II. der Zänker, Herzog von Bayern, Herzog von Kärnten ~ 4/522; Leopold von Österreich, „junger" Markgraf ~ 6/333; Ludwig I. der Fromme, fränkischer Kaiser † 6/497; Münster, Sebastian * 7/297; Otto I. der Große, ostfränkischer König, Kaiser ~ 7/527; Pauli, Richard * 7/576; Tobien, Heinz † 10/53

Ingenbohl (Kt. Schwyz)
Christen, Bernhard † 2/316; Heimgartner, Maria Bernarda ~ 4/505; Scherer, Maria Theresia ~/† 8/610; Wetzel, Franz Xaver † 10/463

Ingenried → Huttenried

Ingersheim → Großingersheim

Ingersheim (seit 1940 zu Crailsheim)
Aicher-Scholl, Inge * 11/2; Scholl, (Fritz) Hans * 9/105; Scholl, Robert ~ 9/106

Inghen (Niederlande)
Marsilius von Inghen * 6/632

Ingoldingen
siehe auch *Degernau*
Geißer, Georg * 3/610

Ingolstadt
Abraham a Sancta Clara ~ 1/12; Adelmann von Adelmannsfelden, Johann Christoph ~ 1/34; Adelmann von Adelmannsfelden, Konrad ~ 1/34; Adlzreiter von Tettenweis, Johann ~ 1/42; Agricola, Johann ~/† 1/54; Agricola, Stephan d. J. ~ 1/55; Aichbichler, Josef Frh. von ~ 1/60; Aichinger, Gregor ~ 1/61; Alber, Ferdinand ~ 1/64; Albrecht III. der Fromme, Herzog von Bayern-München ~ 1/75; Albrecht V., Herzog von Bayern ~ 1/75; Amerbach, Veit ~/† 1/114; Amman, Kaspar ~ 1/115; Amort, Caspar d. Ä. ~ 1/118; Amort, Eusebius ~ 1/118; Angelus, Johannes ~ 1/136; Apian, Philipp ~/† 1/156; Apian, Philipp */~ 1/156; Apobolymaeus, Johannes ~ 1/157; Appel, Beda */~ 1/158; Arco, Johann Philipp Graf von ~ 1/163; Aretin, Johann Adam Frh. von */~ 1/169; Aretin, Johann Baptist Christoph Frh. von ~ 1/169; Aretin, Johann Christoph Frh. von * 1/169; Aretin, Johann Georg Frh. von * 1/169; Asam, Cosmas Damian ~ 1/201; Aschenbrenner, Beda ~/† 1/202; Auer, Lambert ~ 1/214; Aurpach, Johann ~ 1/224; Aventinus, Johannes ~ 1/228; Ayrer, Marcus ~ 1/230; Baader, Ferdinand Maria */~ 1/231; Baader, (Benedikt) Franz (Xaver) von ~ 1/231; Baader, Joseph Franz von Paula ~ 1/232; Baader, Klemens (Alois) ~ 1/232; Bacher, Petrus ~ 1/243; Banholzer, Johann ~ 1/289;

von ~ 6/357; Linbrunn, Johann Georg Dominicus von ~ 6/398; Lipowsky, Felix Joseph ~ 6/416; Lippert, Johann Kaspar Edler von ~ 6/418; Lippius, Johannes ~ 6/419; Locher, Jakob ~/† 6/434; Lodron, Paris Reichsgraf von ~ 6/436; Lohner, Tobias ~ 6/464; Lori, Johann Georg von ~ 6/474; Ludwig VIII. der Bucklige, Herzog von Bayern-Ingolstadt † 6/500; Ludwig IX. der Reiche, Herzog von Bayern-Ingolstadt ~ 6/500; Lutz, Cyriacus ~ 6/540; Lutz, Johann Evangelist Georg ~ 6/540; Mändl, Johann Frh. von ~ 6/558; Magold, Maurus ~ 6/565; Mair, Martin ~ 6/574; Mandl, Johann Frh. von ~ 6/585; Manz, Georg Joseph ~ 6/602; Manz, Kaspar ~/† 6/602; Markward, Abt von Fulda ~ 6/625; Martinitz, Bernhard Ignaz von ~ 6/641; Mathesius, Johannes ~ 6/654; Maximilian I., Herzog, seit 1623 Kurfürst von Bayern ~/† 6/677; Maxlrain, Wolf Dietrich von ~ 6/679; Mayr, Anton ~/† 7/13; Mayr, Georg ~ 7/14; Mayr, (Johannes) Simon ~ 7/15; Meggenhofen, Ferdinand Frh. von ~ 7/26; Mercy, Franz Frh. von ~ 7/69; Merz, Alois ~ 7/79; Mesmer, Franz Anton ~ 7/81; Michael von Kuenburg, Erzbischof von Salzburg ~ 7/119; Michaeler, Karl Josef ~ 7/120; Michl, Anton ~ 7/127; Milbiller, Joseph (Anton) ~ 7/138; Minderer, Raimund ~ 7/146; Möhl, Arnold Ritter von ~ 7/164; Mörlin, David ~ 7/176; Monschein, Joseph ~ 7/199; Montgelas, Maximilian Joseph Frh. ~ 7/201; Morasch, Johann Adam ~/† 7/206; Morawitzky, Theodor (Heinrich) Graf von ~ 7/207; Moshammer Ritter von Mosham, Franz Xaver ~ 7/230; Motzel, Georg ~ 7/233; Müller, Hermann Paul ~/† 7/266; Müller, Ludwig * 7/276; Müllner, Johannes ~ 7/292; Muffat, Georg ~ 7/303; Mutschelle, Sebastian ~ 7/321; Nas, Johannes ~ 7/340; Neidhart, Sebastian von ~ 11/135; Neuert, Hans ~ 7/376; Niavis, Paul ~ 7/397; Nigri, Petrus ~ 7/417; Oberhauser, Benedikt ~ 7/453; Obermayer, Johann Leonhard ~/† 7/455; Obermayr, Joseph Eucharius Frh. von ~ 7/455; Obernberg, Ignaz Joseph von ~ 7/456; Obertimpfler, Karl ~ 7/457; Oefele, Andreas Felix von ~ 7/463; Oertel, Aegidius ~ 7/469; Oettl, Georg von ~ 7/476; Oexl, Johann Georg Frh. von ~ 7/476; Orban, Ferdinand ~/† 7/503; Ortenburg, Joachim Graf von ~ 7/507; Ortloph, Klement ~ 7/509; Osiander, Andreas ~ 7/511; Ossinger, Johann Felix ~ 7/513; Oswald, Heinrich ~ 7/521; Pantaleon, Heinrich ~ 7/557; Pasetti, Peter (Viktor Rudolf) ~ 11/156; Pausch, Eugen ~ 7/582; Peltan, Theodor (Anton) ~ 7/593; Perneder, Andreas ~ 7/602; Pettendorfer, Johannes ~ 7/624; Peysser, Wolfgang ~/† 7/632; Pfinzing von Hensenfeld, Melchior ~ 7/646; Philipp Wilhelm, Herzog von Bayern, Bischof von Regensburg ~ 7/656; Pickel, (Johann) Ignaz Balthasar ~ 7/664; Pingitzer, Virgil ~ 7/672; Pirhing, Enricus ~ 7/677; Plinganser, Georg Sebastian ~ 8/3; Pocci, Franz Graf von ~ 8/6; Pretzl, Otto * 8/64; Preysing, Johann Christoph Frh. von ~ 8/67; Prommer, Wolfgang ~ 8/79; Prugger, Johann Joseph ~/† 8/82; Quichelberg, Samuel ~ 8/102; Rader, Matthäus ~ 8/116; Rainer, Johann Baptist ~ 8/143; Rappe, Christoph von ~ 8/143; Raßler, (Johann) Christoph ~ 8/146; Raßler, Max ~ 8/147; Rath, Arnold ~/† 8/148; Rauscher, Wolfgang ~ 8/165; Rechberg, Wolf Konrad Graf von ~ 8/171; Redwitz, Weigand von ~ 8/182; Reichenau, Wilhelm von ~ 8/200; Reiffenstuel, Hanns ~ 8/207; Reihing, Jakob ~ 8/208; Reiner, Gregor Leonhard ~ 8/215; Reisach-Sternberg, Karl August (Franz Anton) Graf von ~ 8/228; Reisch, Gregor ~ 8/229; Reismüller, Georg * 8/231; Reißner, Adam ~ 8/233; Rem, Jakob ~/† 8/237; Reuchlin, Johannes ~ 8/253; Reuß, August ~ 8/256; Rhegius, Urbanus ~ 8/267; Richel, Bartholomäus von ~ 8/273; Riedl, Adrian von ~ 8/294; Rixner, Thaddäus Anselm ~ 8/337; Rodenstein, Philipp von ~ 8/345; Rosenberg, Philipp von ~ 8/394; Rotenbucher, Erasmus ~ 8/410; Rotenhan, Sebastian von ~ 8/410; Rotmar, Valentin ~/† 8/424; Rottaler, Stephan */~ 8/424; Rottmanner, Simon ~ 8/428; Rousseau, Georg Ludwig Claudius ~/† 8/428; Ruepp, Johann Christoph Frh. von ~ 8/454; Rummel, Franz Ferdinand von ~ 8/463; Rurer, Johann ~ 8/474; Sailer, Johann Michael von ~ 8/495; Samberger, Leo * 8/508; Sambucus, Johannes ~ 8/508;

Sandizell, Moritz von ~ 8/513; Sandrart, Joachim von, d. Ä. ~ 8/514; Schacht, Heinrich ~ 8/539; Schaffgotsch, Christoph Leopold Frh. von ~ 8/556; Schafhäutl, Karl Emil * 8/557; Schatzgeyer, Kaspar ~ 8/573; Schaumberg, Martin von ~ 8/576; Scheiner, Christoph ~ 8/589; Schenk von Castell, Franz Ludwig Reichsfreiherr ~ 8/603; Schenk von Castell, Johann Euchar Reichsfreiherr ~ 8/604; Schenk von Castell, Marquard ~ 8/604; Schenk von Limpurg, Georg ~ 8/604; Schenk von Stauffenberg, Marquard Sebastian Reichsfreiherr ~ 8/605; Scheringer, Richard ~ 8/612; Schlattl, Christoph ~ 8/656; Schleinitz, Johann von ~ 8/667; Schlör, Johann Georg ~ 8/682; Schmalzgrueber, Franz Xaver ~ 8/692; Schmid, Kaspar Frh. von ~ 8/704; Schmid von Altenstadt, Franz Joachim Reichsritter ~ 8/706; Schmidt, Benedikt ~/† 9/3; Schneider, Magda ~ 9/58; Schön, Heinrich ~ 9/80; Schönleutner, Max ~ 9/98; Scholliner, Hermann ~ 9/106; Schrank, Franz de Paula von ~ 9/130; Schreckenfuchs, Erasmus Oswald ~ 9/133; Schröffer, Joseph * 9/153; Schubaur, Johann Lukas ~ 9/160; Schwäbl, Franz Xaver ~ 9/219; Schwarz, Ignaz ~ 9/227; Scioppius, Gaspar ~ 9/249; Seehofer, Arsacius ~ 9/258; Seidenbusch, Johann Georg ~ 9/266; Seld, Georg Sigismund ~ 9/277; Selhamer, Christoph ~ 9/277; Senefelder, (Johann Nepomuk) Aloys ~ 9/287; Seydel, Wolfgang ~ 9/297; Siber, Thaddäus ~ 9/300; Sichardt, Johannes ~ 9/301; Sitticus von Hohenems, Marcus Graf ~ 9/344; Socher, Joseph (Lorenz Erdmann Gebhart) ~ 9/356; Stabius, Johann ~ 9/425; Staphylus, Friedrich ~/† 9/449; Stattler, Benedikt (Alexius Andreas) ~ 9/454; Stauf, Hieronymus Frh. von † 9/459; Steigenberger, Gerhoh ~ 9/472; Steiglehner, Cölestin ~ 9/473; Stengel, Georg ~/† 9/505; Stiborius, Andreas ~ 9/522; Stichaner, Franz Joseph Wigand von ~ 9/523; Stocker, Johannes ~ 9/538; Stöffler, Johannes ~ 9/543; Stoll, Maximilian ~ 9/551; Stoß, Andreas ~ 9/561; Streber, Franz Ignaz von ~ 9/579; Sturm, Marcelin ~ 9/618; Sutner, Georg (Karl) von ~ 9/637; Taller, Placidus ~ 9/652; Tanner, Adam ~ 9/655; Tatius, Marcus ~ 9/660; Thiermair, Franz Ignaz ~ 10/7; Tilly, Johann Tserclaes Graf von ~/† 10/44; Töpsl, Franz ~ 10/58; Törring, Joseph August Graf von ~ 10/59; Tonsor, Michael */~ 10/63; Trennbach, Urban von ~ 10/82; Treyling, Johann Jakob ~ 10/86; Tritonius, Petrus ~ 10/90; Truchseß von Waldburg, Gebhard ~ 10/100; Tucher, Sixtus ~ 10/111; Türst, Konrad ~ 10/115; Turner, Robert ~ 10/118; Uhse, Bodo ~ 10/172; Utzschneider, Joseph von ~ 10/172; Valencia, Gregor de ~ 10/177; Veit Adam von Gepeckh, Bischof von Freising ~ 10/188; Veith, Lorenz Franz Xaver ~ 10/190; Vischer, Johannes ~ 10/216; Vorwalter, Johann Menrad von */~ 10/256; Wämpl von Tettenweis, Johann (Sebastian) ~ 10/272; Wagner, Franz Michael von ~ 10/280; Wahl, Johann Graf von ~/† 10/293; Weber, Josef von ~ 10/356; Weiher, Martin ~ 10/390; Weinzierl, (Albert) Franz Xaver ~ 10/400; Weishaupt, Johann Adam Joseph */~ 10/403; Weißbrod, Johann Baptist von ~ 10/412; Weitenauer, Ignaz Frh. von * 10/417; Welker, Heinrich Johann * 10/424; Werner, Johann(es) ~ 10/447; Widl, Adam ~ 10/474; Wilhelm IV., Herzog von Bayern ~ 10/503; Wilhelm V. der Fromme, Herzog von Bayern ~ 10/503; Will, Anton Joseph ~ 10/509; Winter, Vitus Anton ~ 10/533; Wirschinger, Ludwig ~ 10/538; Zeiler, Kaspar ~ 10/631; Zenger, Joseph ~ 10/641; Zetl, Paul ~ 10/648; Ziegler, Hieronymus ~/† 10/654; Ziegler, Jakob ~ 10/654; Zimmer, Patrizius Benedikt ~ 10/664; Zimmern, (Johann) Oswald von ~/† 10/672; Zingel, Georg ~/† 10/673; Zipf, (Johannes) Stephan ~ 10/678; Zucker, Friedrich ~ 10/694; Zwackh, Franz Xaver Edler von ~ 10/703

Ingrowitz (tschech. Jimramov)
Belcredi, Richard Graf von * 1/408; Löw-Beer, Rudolf ~ 6/449

Ingstetten (Gem. Roggenburg)
Huber, Konrad ~ 5/198

Ingstetten (seit 1972 zu Schelklingen)
Stigelli, Georg * 9/531

Ingweiler (frz. Ingwiller, Dép. Bas-Rhin)
Rusch von Ingweiler, Adolf ~ 8/475
Ingwiller → Ingweiler
Inneergefild (tschech. Horská Kvilda, heute zu Modrava/Mader)
Lötz, Johann ~ 6/448
Innerkrems (Kärnten)
Holdhaus, Karl ~ 11/90
Innerpfitsch (italien. Vizze di Dentro)
Prantl, Jakob Isidor ~/† 8/52
Innertkirchen (Kt. Bern)
Erb, Fritz * 3/137
Innichen (italien. San Candido)
Anzoletti, Patrizius ~/† 1/154; Arbeo, Bischof von Freising ~ 1/161; Cornet, Julius * 2/376; Jäger, Alderich von * 5/282; Johannes III., Bischof von Freising ~ 5/351; Konrad I. von Tölz, Bischof von Freising ~ 6/27; Mauracher, Matthias ~ 6/668; Pacher, Michael ~ 7/546; Rader, Matthäus * 8/116; Rainer, (Peter) Paul * 8/128; Resch, Joseph ~ 8/248; Supan, Alexander (Georg) * 9/633
Inning a. Ammersee
Birkmaier, Anton * 1/538; Egk, Werner † 3/32; Grasmann, Eustachius * 4/138; Rameau, (Paul) Hans ~ 8/131; Weidl, Josef † 10/383; Wink, (Johann) Christian (Thomas) ~ 10/526
Inningen (Augsburg)
Peutinger, Ulrich * 7/630
Innsbruck
siehe auch *Amras, Arzl, Hötting, Igls, Mühlau, Pradl, Schloß Ambras, Wilten*
Abel, Heinrich ~ 1/5; Aberle, Mat(t)hias ~ 1/9; Abt, Hans ~ 1/15; Adam, Walter ~/† 1/29; Ahorner von Ahornrain, Joseph Georg Franz von Paula ~ 1/59; Aichner, Simon ~ 1/61; Alber, Ferdinand ~ 1/64; Albert, Eduard ~ 1/68; Alberthal, Hans ~ 1/69; Altenweisel, Josef ~ 1/99; Altmutter, Franz ~/† 1/104; Altmutter, Jakob Plazidus */~ 1/105; Alton, Johann Baptist ~ 1/105; Ambros, Michael Hermann ~/† 1/112; Ammann, Hermann Josef ~/† 1/116; Ammon, Anton Blasius ~ 1/117; Amonn, Alfred ~ 1/118; Ampferer, Otto ~/† 1/119; Anders, Helga */~ 1/124; Andreae, Clemens August ~ 1/128; Andri, Ferdinand ~ 1/134; Angermair, Christof ~ 1/138; Anholt, Johann Jakob Graf von ~ 1/140; Anich, Peter † 1/140; Antoine, Tassilo ~ 1/150; Aretin, Johann Georg Frh. von ~ 1/169; Arnau, Karl † 1/172; Arnold, Josef d. Ä. † 1/188; Arzt, Leopold ~ 1/200; Asam, Cosmas Damian ~ 1/201; Aufhauser, Johann Baptist ~ 1/219; Bachmann, Ingeborg ~ 1/245; Back, Josef ~ 1/249; Ball, Georg Adam ~/† 1/277; Bamer, Alfred ~ 1/285; Bandhauer, Herbert */~ 1/287; Banholzer, Johann ~ 1/289; Banniza von Bazan, Joseph Leonhard ~/† 1/289; Barth von Barthenau, Ludwig ~ 1/305; Bauer, Julius ~ 1/327; Baumgartner auf Breitebach, Martin Ritter von ~ 1/347; Bayer, Hans ~ 1/357; Bebel, Heinrich ~ 1/364; Beck, Joseph ~ 1/371; Benziger, Carl Joseph ~ 1/432; Benzler, Willibrord ~ 1/433; Berendes, Julius Dominikus ~ 1/436; Berger, Franz ~ 1/444; Bergner, Elisabeth ~ 1/452; Bernheimer, Walter Ernst ~ 1/471; Bernuth, Max ~ 1/478; Bertalanffy, Ludwig von ~ 1/480; Bertram, Adolf Johannes ~ 1/488; Bettinger, Franz Karl Ritter von ~ 1/499; Bianca Maria Sforza, Kaiserin † 1/511; Bickell, Gustav ~ 1/513; Biederlack, (Franz) Joseph (Bernhard) ~/† 1/516; Bierbaum, Max ~ 1/522; Billinger, Richard ~ 1/528; Biner, Josef ~ 1/532; Bissingen und Nippenburg, Cajetan Graf von ~ 1/548; Blaas, Josef */~/† 1/552; Blankenstein, Karl ~ 1/558; Blasel, Karl ~ 1/560; Blasel, Paul ~ 1/561; Bleibtreu, Maximiliane ~ 1/567; Bobek, Hans ~ 1/592; Bobleter, Carl ~ 1/592; Böger, Hinrich ~ 1/613; Böhm, Joseph Georg ~ 1/618; Bolsterer, Hans ~ 2/11; Bolte, Adolf ~ 2/11; Borchardt, Rudolf ~ 2/27; Bradl, Sepp ~ 2/55; Brandis, Anton Graf von ~ 2/64; Brandis, Jakob Andrä Frh. von ~ 2/65; Brandl, Alois */~ 2/66; Brantner, Ignaz ~ 2/73; Breitner, Burghard ~/† 2/107; Brenner, Hans */~ 11/32; Bretschneider, Hermann ~/† 11/32; Breycha-Vauthier de Baillamont, Arthur Carl Baron de ~ 2/128;

Bruders, Heinrich ~ 2/151; Brüch, Josef ~ 2/151; Brücke, Ernst Theodor von ~ 2/152; Brücke, Franz Theodor ~ 2/152; Brücke, Hans Gottfried ~ 2/152; Brunner, Andreas ~/† 2/168; Brunner, Karl ~/† 2/169; Bülow, Emil Frh. von ~ 2/203; Bürkler, Robert ~ 2/211; Buhl, Hermann * 2/218; Bumiller, Lambert ~ 2/222; Buol von Berenberg, Maria Anna Freiin * 2/226; Buol-Schauenstein, Karl Rudolf Graf von * 2/227; Burger, Franz ~/† 2/236; Burger, Norbert ~ 2/238; Burglechner, Matthias von */~/† 2/240; Busse, (Carl Heinrich August) Ludwig ~ 2/255; Busson, Arnold ~ 2/256; Busson, Paul * 2/256; Butze-Beermann, Nuscha ~ 2/260; Call zu Rosenberg und Kulmbach, Friedrich Frh. von ~ 2/266; Canestrini, Antonio ~ 2/273; Canisius, Petrus ~ 2/274; Christ, Rudolf ~ 2/315; Christiani, Edmund ~ 2/321; Christl, Anton Joseph ~ 2/322; Christoph (Fuchs), Fürstbischof von Brixen ~ 2/324; Christoph, Herzog von Württemberg ~ 2/324; Claudia, Erzherzogin von Österreich, Landesfürstin von Tirol † 2/332; Colin, Alexander ~/† 2/356; Coreth und Starkenberg, Emerich Nikolaus Ferdinand Otto Maria Graf zu ~ 2/373; Cranach, Lucas d. Ä. ~ 2/392; Cremer, Erika ~ 11/41; Czermak, Wilhelm ~ 2/418; Dalla Torre von Turnberg-Sternhof, Karl Wilhelm ~/† 2/434; Damberger, Joseph Ferdinand ~ 2/436; Dankl von Krasnik, Viktor Graf ~/† 2/441; Dax, Paul */~ 2/454; Defant, Albert (Joseph Maria) ~ 11/43; Defregger, Franz (Jakob) Ritter von ~ 2/464; Degenfeld-Schonburg, Ferdinand Graf ~ 2/465; Demelius, Ernst ~ 2/482; Dempf, Alois ~ 2/484; Dengel, Ignaz Philipp ~/† 2/485; Denifle, Johann Peter ~/† 2/487; Derra, Ernst ~ 2/493; Diehl, Ernst (Johann Ludwig) ~ 2/516; Dietl, Hans ~ 2/530; Dimmer, Friedrich ~ 2/549; Dinzenhofer, Wenzel ~ 2/553; Di Pauli von Treuheim, Andreas (Alois) Frh. ~/† 2/554; Di Pauli von Treuheim, Josef (Maria Valentin) Frh. * 2/554; Dörrer, Anton Franz */~/† 2/580; Dollmayr, Viktor ~ 2/588; Domanig, Karl (Anton) ~ 2/589; Domnick, Hans ~ 2/592; Domnick, Ottomar (Wolfgang Johannes) ~ 2/592; Donat, Josef ~ 2/593; Donner, Sebastian ~ 2/595; Dostal, Nico ~ 2/603; Draxler, Ludwig ~ 2/609; Dreger, Moritz ~ 2/612; Dreher, Eduard ~ 11/48; Drinkwelder, Otto ~ 2/622; Druffel, August von ~ 2/628; Düker von Haßlau, Franz * 2/635; Duile, Josef ~/† 2/645; Durig, Arnold */~ 2/655; Ebenhoch, Alfred ~ 2/666; Eberle, Konrad ~ 2/673; Ebers, Godehard Josef ~/† 2/676; Ebert, Max ~ 2/680; Ebner-Rofenstein, Anton Gilbert Viktor Ritter von ~ 3/2; Eckert-Labin, Josef * 3/12; Edlbacher, Maximilian Josef Augustin ~ 3/19; Egg, Franz ~/† 3/25; Egger, Franz † 3/28; Egger, Josef ~/† 3/28; Egger-Lienz, Albin Ingenuin ~ 3/29; Eggs, Ignatius ~ 3/31; Ehmann, Wilhelm Christoph Ernst ~ 3/36; Eichendorff, Wilhelm Frh. von ~/† 3/49; Einsiedel, Ludwig von Sachsen ~ 3/65; Eleonore, Erzherzogin von Österreich † 3/83; Elhafen, Ignaz */~ 3/84; Emmer, Johannes ~/† 3/104; Ender, Otto ~ 3/109; Endörfer, Jörg † 3/111; Ennemoser, Joseph ~ 3/128; Enzinger, Moritz ~ 11/54; Erben, Wilhelm ~ 3/138; Erismann, Theodor ~/† 3/149; Ermacora, Felix ~ 3/154; Ertel, Hans (Richard Max) ~ 3/167; Eschelbach, Hans † 3/172; Eßlair, Ferdinand (Johann Baptist) ~ 3/182; Ettingshausen, Andreas (Johannes Jakob) Frh. von ~ 3/185; Ettmayer von Adelsburg, Karl ~ 3/186; Eugling, Max ~ 3/189; Ewald, Carl ~ 3/197; Exl, Ferdinand */† 3/200; Exl, Ilse */† 3/200; Exner, Karl (Franz Joseph) ~ 3/201; Exner-Ewarten, Felix Maria von ~ 3/202; Eybel, Joseph Valentin ~ 3/203; Eymer, Heinrich ~ 3/204; Faber, Erwin * 11/57; Fahsel, Helmut ~ 3/220; Federspiel, Johann Anton Frh. von ~ 3/243; Feichter, Michael † 3/247; Feilmoser, Andreas Benedikt ~ 3/253; Feistmantel, Franz */~ 3/253; Felsburg, Albrecht Steiner von */~/† 3/262; Ferchl, Friedrich Gottfried Michael ~ 3/267; Ferdinand II., Erzherzog von Österreich, Landesfürst von Tirol † 3/270; Ferdinand I., Kaiser von Österreich ~ 3/270; Fesenmair, Hans Christoph ~ 3/273; Feßler, Josef ~ 3/274; Fick, Rudolf Armin ~ 3/287; Ficker, Heinrich von ~ 3/288; Ficker, (Johann Kaspar) Julius von ~/† 3/288; Ficker, Ludwig von ~/† 3/288; Ficker, Rudolf von ~/† 3/288;

Friedrich von ~ 9/359; Spahn, Martin ~ 9/382; Spaur, Joseph Philipp Reichsgraf von */~ 9/386; Spielmann, Max */~/† 9/403; Spindler, Franz Stanislaus ~ 9/407; Spörr, Martin ~ 9/414; Spötl, Maria ~ 9/415; Sprecher von Bernegg, Jakob Ulrich ~ 9/417; Springenschmid, Karl * 9/420; Spülbeck, Otto ~ 9/423; Staackmann, Alfred ~ 9/425; Stadlin, Franz Karl ~ 9/430; Stadlmayr, Johannes ~/† 9/431; Stäblein, Bruno ~ 9/431; Staff, Alois ~ 9/436; Stapf, Joseph Ambrosius ~ 9/448; Stapf, Otto † 9/448; Starhemberg, Ernst Rüdiger Fürst ~ 9/450; Stattler, Benedikt (Alexius Andreas) ~ 9/454; Staudacher, Michael ~ 9/456; Stecher, Franz Anton † 9/461; Stegmüller, Wolfgang ~ 9/469; Steidele, Raphael Johann * 9/471; Steidl, Melchior (Michael) * 9/471; Steidle, Richard ~ 9/471; Steinach, Eugen ~ 9/482; Steinacker, Harold ~/† 9/483; Steinböck, Otto ~/† 11/178; Steinhuber, Andreas ~ 9/495; Steinitzer, Max * 9/496; Steinmayr, Johann ~ 9/499; Stellwag von Carion, Karl ~ 9/503; Stengel, Karl von ~ 9/506; Stentrup, Ferdinand ~ 9/507; Stiefler, Georg ~ 9/526; Stieve, Hermann (Philipp Rudolf) ~ 9/529; Stift, Markus ~ 9/530; Stoll, Gisela ~ 9/551; Stolz, Josef ~ 9/555; Stolz, Otto ~/† 9/555; Stolz, Rudolf ~ 9/555; Stoß, Veit ~ 9/561; Strasburger, Hermann ~ 9/567; Straßmann-Damböck, Marie ~ 9/569; Straubinger, Heinrich ~ 9/572; Strauch, Lorenz ~ 9/572; Streng, Franz von ~ 9/584; Stülz, Jodok ~ 9/609; Stufler, Johann ~ 9/612; Sussin, Mathilde ~ 9/636; Sym, Igo */~ 9/644; Talleur, Wunibald ~ 9/652; Tangl, Karlmann ~ 9/654; Tanner, Adam */~ 9/655; Tapfer, Siegfried ~/† 9/657; Tappeiner, Franz von ~ 9/658; Tappeiner, (Anton Josef Franz) Hermann Edler von Tappein ~ 9/658; Tausch, Christoph * 9/665; Teimer von Wildau, Martin Rochus ~ 9/687; Tewele, Franz ~ 9/684; Thaler, Karl von ~ 9/687; Thienemann, August (Friedrich) ~ 10/5; Thoman, Moritz ~ 10/16; Thomas, Alois ~ 10/17; Thuilius, Johann ~ 10/27; Thurmair, Georg ~ 10/30; Thurn und Taxis, Franz von ~ 10/31; Thurwieser, Peter Karl ~ 10/33; Told von Toldenburg, Franz Xaver ~ 10/60; Toldt, Karl ~/† 10/60; Trabert, Wilhelm ~ 10/67; Tratz, Eduard Paul ~ 10/70; Trendelenburg, Wilhelm ~ 10/81; Tribus, Max ~/† 10/87; Troger, Ernest ~ 10/94; Troger, Simon ~ 10/94; Trooger, Margot (Elfriede) ~ 10/96; Tschallener, Johann ~ 10/104; Tschiderer zu Gleifheim, Johannes Nepomuk ~ 10/107; Tschiggfrey, Hans ~/† 10/107; Türing, Gregor ~ 10/114; Türing, Niklas d. Ä. ~/† 10/114; Türing, Niklas d. J. ~ 10/114; Tumler, Marian ~ 10/116; Tumlirz, Ottokar (Anton Alois) ~/† 10/116; Tunmann, Paul Otto † 10/117; Ulf, Otto ~/† 10/134; Ullmann, Emanuel Ritter von ~ 10/136; Ullmann, Walter ~ 10/137; Umberg, Johann Baptist ~/† 10/149; Unger, William ~ 10/155; Unterberger, Franz Richard ~ 10/159; Unterberger, Franz Sebald ~ 10/159; Urban, Hubert ~/† 10/165; Vareschi, Volkmar */~ 10/181; Verdroß-Droßberg, Alfred */† 10/195; Villinger, Werner † 10/210; Vintschgau zu Altenburg und Hohenhaus, Maximilian (Heinrich Christof Leopold Carl) Ritter von ~ 10/212; Vischer, Georg Matthaeus ~ 10/216; Vischer, Peter d. Ä. ~ 10/217; Vogelsang, Karl (Friedrich) Frh. von ~ 10/229; Vogt, Alois ~ 10/232; Volmar, Isaak Frh. von Rieden ~ 10/249; Voltelini, Hans */~ 10/250; Wackernell, Joseph Eduard ~/† 10/270; Wagner, Richard ~ 10/288; Wahrmund, Ludwig ~ 10/294; Waitz, Sigismund ~ 10/296; Waldau, Gustav ~ 10/299; Waldburger, Hans * 10/300; Walde, Alois */~/† 10/300; Waldleitner, Ludwig † 10/304; Waldmann, Johann Joseph */~/† 10/304; Waldmann, Kaspar */~/† 10/305; Waldmann, Michael ~/† 10/305; Walker, Gustav ~ 10/308; Walleck, Oskar ~ 10/308; Wallenöfer, Albrecht (Wenzel Eusebius) von ~ 10/311; Wallnöfer, Eduard ~/† 10/314; Waltenhofen, Adalbert (Karl) Edler von ~ 10/317; Walter, Otto ~ 10/320; Walterbach, Karl ~ 10/321; Wanner, Karl ~ 10/331; Waßmuth, Anton ~ 10/344; Wastl, Helene ~ 10/344; Wattmann-Maelcomp-Beaulieu, Joseph von ~ 10/346; Weber, Beda ~ 10/350; Weber, Herbert ~ 10/355; Weber, Josef ~ 10/356; Weber-Tirol, Hans Josef ~ 10/363; Weddigen, Walter ~ 10/367; Wedding, Alex ~ 10/367; Wegener, Alfred (Lothar) ~ 10/372; Wegener, Kurt ~ 10/373; Wehr, Matthias ~ 10/377; Weingartner, Josef ~ 10/396; Weinmann, Karl ~ 10/399; Weirotter, Franz Edmund */~ 10/401; Weissmann, Adolf ~ 10/415; Weitenauer, Ignaz Frh. von ~ 10/417; Welzenbacher, Lois ~ 10/431; Wenig, Johann Baptist ~/† 10/435; Weninger, Franz Xaver ~ 10/436; Wibmer-Pedit, Fanny * 10/469; Widl, Adam ~ 10/474; Wielemans, Alexander Augustin Edler von Monteforte ~ 10/485; Wienken, Heinrich ~ 10/487; Wieser, Franz Ritter von ~/† 10/490; Wiesinger, Alois ~ 10/491; Wilmanns, August ~ 10/514; Winckelmann, Otto ~ 10/520; Windaus, Adolf (Otto Reinhold) ~ 10/521; Winkler, Emil ~ 10/528; Winter, Eduard ~ 10/532; Winter, Franz ~ 10/532; Wirtinger, Wilhelm ~ 10/540; Wörndle von Adelsfried, Edmund ~/† 10/559; Wolff, Karl ~ 10/574; Wolfram, Karl ~ 10/581; Wolker, Ludwig ~ 10/583; Wopfner, Hermann */~ 10/588; Wotschitzky, Alfons */~ 10/589; Zacherl, Hans ~ 10/611; Zallinger, Meinhard von ~ 10/616; Zallinger zum Thurn, Jakob Anton von ~ 10/616; Zallinger zum Thurn, Otto von ~ 10/616; Zardetti, (Johann Joseph Friedrich) Otto ~ 10/621; Zeissberg, Heinrich von ~ 10/633; Zekert, Otto (Friedrich) ~ 10/634; Zimmer, Walter ~ 10/664; Zimmern, Johannes Werner (d. Ä.) Frh. von ~ 10/672; Zindler, Konrad ~/† 10/673; Zingerle, Anton ~/† 10/674; Zingerle, Ignaz Vinzenz Edler von Summersberg ~/† 10/674; Zingerle, Pius ~ 10/674; Zischka, Gert Alois ~ 10/679; Zwerger, Johannes Baptist ~ 10/707; Zwierzina, Konrad ~ 10/708

Inowrocław → Hohensalza

Ins (Kt. Bern)
Altmann, Johann Georg ~/† 1/103; Anker, Albert */† 1/141; Braschler, Otto * 2/74; Geiler, Voli ~ 11/67

Insel Mainau (Gem. Litzelstetten, seit 1971 zu Konstanz)
Friedrich I., Großherzog von Baden † 3/460; Heufeld, Franz * 5/8; Hugo von Langenstein ~ 5/217; Lotsch, Christian ~ 6/482; Spiegler, Franz Joseph ~ 9/402; Süs, (Peter Augustin) Wilhelm ~ 9/626; Wallraff, Heinrich ~ 10/315

Insel Nordstrand (Kr. Husum)
Heukelum, Gerhard van * 5/8

Insel Poel → Malchow

Insel Reichenau → Reichenau

Insenthal (Kt. Uri)
Hauser, Walter ~ 4/450

Insterburg (russ. Černjahovsk)
siehe auch *Althof, Zaupern*
Barclay de Tolly, Michael Andreas Fürst von † 1/292; Behrendt, Johann */~/† 1/400; Blanck, Johann Friedrich * 1/555; Braunschweig, Paul Heinrich * 2/90; Brust, Alfred * 2/175; Bülovius, Bartholomäus ~ 2/203; Bülow, Friedrich von ~ 2/203; Conze, Friedrich ~ 2/368; Flottwell, Eduard Heinrich von * 3/355; Fricke, Richard ~ 3/443; Gille, Alfred * 4/8; Hößlin, Roland-Heinrich von ~ 5/106; Jordan, Wilhelm ~ 5/363; Jung, Frieda ~/† 5/379; Koehler, Otto (David Waldemar) * 5/652; Lehndorff, Hans Graf von ~ 6/299; Loesel, Johannes ~ 6/447; Ludat, Herbert * 6/493; Luschnat, David (Christian Samuel) * 6/532; Malten, Therese ~ 6/581; Martitz, Ferdinand von * 6/641; Meyer, Hans Horst * 7/104; Nève, Paul de ~ 7/395; Orlowski, Hans Otto */ 7/506; Sanden, Bernhard von, d. Ä. * 8/510; Scharoun, Hans ~ 8/570; Schlenther, Paul * 8/670; Schliepe, Ernst Heinrich ~ 8/677; Siegel, Paul Willy ~ 9/310; Siehr, Ernst (Ludwig) ~ 9/316; Utech, Joachim (Christoph Ludwig) ~ 10/171; Wichert, Ernst (Alexander August George) * 10/470

Interlaken (Kt. Bern)
Büdingen, Theodor † 2/200; Buri, Max † 2/241; Davinet, (Horace) Edouard ~ 2/454; Fillunger, Marie † 2/296; Fischer, Hans † 3/318; Frutschi, Friedrich ~ 3/516; Graffenried, Johann Rudolph ~ 4/131; Gutzwiller, Stephan † 4/276; Haug, Hans ~ 4/440; Hefti, Beda ~ 4/478; Schäzler, (Johann Lorenz) Konstantin Frh. von † 8/555; Schmelkes, Gottfried † 8/695; Streich, Albert † 9/581;

Wannenmacher, Johannes ~ 10/331; Weingartner, Felix (Paul) Edler von Münzberg ~ 10/396

Intragna (Kt. Tessin)
Hay, Julius † 4/459

Inwenden
Heinhold, Max * 4/516

Inwil (Kt. Luzern)
Göldlin von Tiefenau, Franz Bernhard ~ 4/52; Rudolf von Liebegg ~ 8/440

Inzell
siehe auch *Gschwall*
Adelgasser, Anton Cajetan * 1/32

Inzersdorf (Niederösterreich)
Drasche von Wartinberg, Heinrich ~ 2/608; Drasche von Wartinberg, Richard Frh. ~/† 2/609; Lutz, Wilhelm Friedrich ~ 6/541; Oelzelt von Newin, Anton d. Ä. * 7/468; Popp, Adelheid * 8/33; Redlich, Emil ~ 8/179; Ruben, Christian † 8/431; Schlöss, Heinrich Edmund † 8/682

Inzing (Tirol)
Gasser, Vinzenz (Ferrer[ius]) * 3/578; Hueber, Blasius † 5/203; Pernlochner, Franz Xaver ~ 7/604; Schretter, Josef * 9/141

Inzlingen
Gehrig, Oscar Hermann * 3/600; Kolb, Franz * 6/10

Ioannina (Janina, Griechenland)
Schläfli, Alexander ~ 8/652

Iowa City (Iowa, USA)
Bergmann, Gustav † 11/18; Burian, (Anton) Richard † 2/242; Graff de Pancsova, Erwin ~ 4/131; Zellweger, Hans Ulrich ~/† 10/639

Iphofen
siehe auch *Nenzenheim*
Froben, Georg Ludwig * 3/499

Ippesheim
Beigel, Georg Wilhelm Siegmund * 1/404; Lampert, Friedrich */~/† 6/210; Lampert, Kurt * 6/210; Schlez, Johann (Friedrich) Ferdinand */~ 8/674

Ipsheim
Gruber, Johann Daniel * 4/206; Knöller, Johann Georg * 5/626; Levita, Elias * 6/360; Thürach, Hans * 10/26

Ipswich (Australien)
Beckler, Hermann ~ 1/383

Iptingen (seit 1974 zu Wiernsheim)
Blumhardt, Johann Christoph ~ 1/589; Rapp, Johann Georg * 8/142; Schempp, Paul ~ 8/600

Iquique (Chile)
Gildemeister, Johann Matthias ~ 4/8; Gildemeister, Martin Hermann ~ 4/8

Irdning (Steiermark)
Pachernegg, Alois * 7/546; Schöller, (Franz) Joseph Edler von ~ 9/78

Irfersgrün (seit 1994 zu Lengenfeld, Vogtlandkreis)
Dittes, Friedrich * 2/561

Irgen (Kurland)
Rohrbach, Paul (Carl Albert) * 8/371

Irgenhausen (Gem. Pfäffikon, Kt. Zürich)
Heusser-Staub, Jakob * 5/14

Irlbach (Kr. Straubing-Bogen)
Bray, François Gabriel Graf von † 2/92

Irmelshausen (seit 1978 zu Höchheim)
Diezel, Carl Emil * 2/544; Hey, Julius * 5/15

Irmenach
Ströher, Karl (Friedrich) */~/† 9/591

Irritz (tschech. Jiřice u Miroslavi)
Müller, Ernst * 7/253

Irsa (Ungarn)
Csillag, Rosa * 2/408

Irschenhausen (Gem. Icking)
Beckerath, Willy von * 1/382; Erbslöh, Adolf ~/† 3/138; Frickhinger, (Hans) Walter † 3/443; Geyr von Schweppenburg, Leo Frh. von † 3/675; Hegeler, Wilhelm ~/† 4/480; Heindl, Robert † 4/507; Langewiesche, Marianne * 6/243; Manstein, Erich von † 6/600; Pause, Walter † 7/583

Irsee
Bandorf, Melchior (Josef) ~ 1/287; Beer, Franz Edler von Blaichten ~ 1/388; Hagen, Friedrich Wilhelm ~ 4/320; Hauber, Johann Michael * 4/435; Peutinger, Ulrich ~/† 7/630; Sender, Clemens ~ 9/286; Spieß, Meinrad ~/† 9/405; Wagner, Leonhard ~ 10/284; Weiß, Ulrich ~/† 10/411

Irsingen (seit 1978 zu Türkheim)
Kern, Franz * 5/511

Irwinhill (Jamaika)
Buchner, Charles * 2/186

Ischangi (Ruanda)
Lamp, Ernst August † 6/208

Ischgl (Tirol)
Tschallener, Johann * 10/104

Ischia
Amrein, Robert ~ 1/119; Bargheer, Eduard ~ 1/294; Gilles, Werner ~ 4/9; Levy, Rudolf ~ 6/362

Iselsberg-Stronach (Tirol) → Stronach

Isen
siehe auch *Höselsthal*
Drakolf, Bischof von Freising ~ 2/608; Escherich, Georg † 3/175; Heilmaier, Max * 4/498; Johannes III., Bischof von Freising ~ 5/351; Pfest, Leopold Ladislaus * 7/645; Sixtus von Tanberger, auch Tannberg, Bischof von Freising ~ 9/345; Welden, Ludwig Josef Frh. von ~ 10/423

Isenburg
Pappenheim, Bertha † 7/560; Rühle von Lilienstern, (Johann) August Friedemann ~ 8/451; Sinzendorf, Georg Ludwig Graf von * 9/341

Isenburg (Harz)
Crola, Hugo * 2/402

Isenburg (Kierspe)
Reininghaus, Johann Peter von * 8/225

Isengau
Arno, Erzbischof von Salzburg * 1/182

Isenhagen (seit 1928 zu Hankensbüttel)
Berthold II., Bischof von Verden und Hildesheim ~ 1/484; Evers, Ernst August * 3/196; Martens, Heinrich (Friedrich Karl Emil) * 6/633

Isenheim (frz. Issenheim, Dép. Haut-Rhin)
Holbein, Hans d. Ä. ~/† 5/144

Isenschnibbe
Kröcher, Jordan von * 6/109

Iserlohn
siehe auch *Dröschede, Genna, Letmathe*
Aderhold, Rudolf (Ferdinand Theodor) ~ 1/36; Basse, Detmar Friedrich Wilhelm */~ 1/314; Becke, Johann Karl von der * 1/374; Beckhaus, Mauritz Johann Heinrich ~ 1/383; Bensel, Carl (Gustav) */† 1/428; Dechen, Ernst Heinrich Carl von ~ 2/456; Ehrenberg, Friedrich ~ 3/37; Fleitmann, (Franz Friedrich) Theodor † 3/345; Geyer, Otto ~ 3/673; Heide, (Alexander) Walther * 4/485; Hesse, Albert (Friedrich) * 4/674; Holzmeister, Lieselotte * 5/162; Horneffer, Ernst * 5/179; Jacobi, Werner Rudolf Fritz ~ 5/275; Kaiser, Friedrich */† 5/406; Kirchhoff, Friedrich */~/† 5/550; Lennemann, Wilhelm ~ 6/321; Limbertz, Heinrich (Wilhelm) ~ 6/398; Lindner, Wilhelm * 6/409; Lürmann, Fritz Wilhelm * 6/520; Möllmann, Ferdinand † 7/172; Müllensiefen, Peter Eberhard ~ 7/246; Müllensiefen, Theodor * 7/246; Münsterberg, Emil * 7/297; Nohl, (Karl Friedrich) Ludwig * 7/433; Overweg, August */~ 7/540; Overweg, Karl ~ 7/540; Pfänder, Alexander * 7/633; Pütter, Johann Stephan * 8/87; Rauschenbusch, August Christian Ernst ~ 8/164; Schultz, Hugo * 9/190; Selve, Gustav ~ 9/281; Tolberg, Johann Wilhelm * 10/60; Uhlmann-Bixterheide, Wilhelm * 10/132; Weber, Ludwig ~ 10/357; Wehren, Hans K(aspar) */~/† 10/377

Isernhagen
siehe auch *Altwarmbüchen, Kirchhorst, Lohne*
Mühlenfeld, Hans † 7/241

Iseron (Frankreich)
Robert, Ludwig von * 8/338

6/398; Lindau, Rudolf ~ 6/400; Lipschitz, Werner Ludwig ~ 6/421; Lorck, Melchior ~ 6/470; Lossow, Otto von ~ 6/479; Lubenau, Reinhold ~ 6/488; Ludwig, Emil ~ 6/508; Lutsch, Johannes ~/† 6/538; Mangold I. von Werd ~ 6/587; Manlich, Melchior ~ 6/589; Marschall von Bieberstein, Adolf (Hermann) Frh. ~ 6/631; Meißner, Heinrich August ~/† 7/41; Michaelis, Ruth ~ 7/123; Miklosich, Franz von ~ 7/136; Milder-Hauptmann, Anna Pauline * 7/140; Mises, Richard Martin Edler von ~ 7/152; Mitsche, Roland ~ 7/154; Moltke, Helmuth Karl Bernhard Graf von ~ 7/194; Morawitz, Karl Ritter von ~ 7/206; Mordtmann, Andreas David ~/† 7/207; Mordtmann, Johann Heinrich ~ 7/207; Mücke, Hellmuth von ~ 7/239; Müller-Wiener, Wolfgang ~/† 7/291; Mundt, Robert ~ 7/307; Mundy, Jaromir Frh. von ~ 7/307; Mutius, Gerhard von ~ 7/321; Nasse, Dietrich ~ 7/341; Naumann, Rudolf ~ 11/133; Neuböck, Max ~ 7/373; Neumark, Fritz ~ 7/388; Neuner, Jakob Anton ~ 7/391; Neurath, Konstantin Frh. von ~ 7/392; Nikolaus von Kues ~ 7/419; Nissen, Rudolf ~ 7/424; Noot, Hugo von ~ 11/143; Oberndorfer, Siegfried ~/† 7/456; Obst, Erich ~ 7/459; Oppenheim, Max Frh. von ~ 7/498; Ottenfels-Gschwind, Franz Xaver Frh. von ~ 7/525; Ow-Wachendorf, Wernher Melchior Frh. von ~ 7/541; Paungarten, Emma Freiin von ~ 7/582; Penck, Walther ~ 7/594; Penkler, Heinrich Frh. von ~ 7/595; Penkler, Josef Frh. von * 7/595; Peschke, Paul ~ 7/609; Peters, Wilhelm ~ 7/617; Pezzen von Ulrichskirchen, Bartholomäus Frh. ~ 7/633; Pfander, Karl Gottlieb ~ 7/634; Plessner, Helmuth ~ 7/694; Pourtalès, Albert Graf von ~ 8/47; Prager, William ~ 8/52; Pressel, Wilhelm von † 8/64; Prokesch von Osten, Anton Graf ~ 8/78; Prowazek, Stanislaus Edler von Lanow ~ 8/81; Radolin, Hugo Fürst von ~ 8/118; Radowitz, Joseph Maria von ~ 8/118; Rainalter, Erwin H(erbert) * 8/128; Rantzau, Gerhard von ~ 8/139; Raschdau, Ludwig ~ 8/144; Reichenbach, Hans (Friedrich Herbert Günther) ~ 8/200; Rhodokanakis, Nikolaus ~ 8/269; Richter, Werner ~ 8/284; Richthofen, Herbert Frh. von ~ 8/286; Rieder, Robert Pascha ~ 8/293; Rigler, Lorenz ~ 8/310; Ritter, Hellmut ~ 8/329; Ritter, Joachim ~ 8/329; Roemer, Hans Robert ~ 11/164; Röpke, Wilhelm ~ 8/356; Romich, Siegfried ~ 8/379; Rosenberg, Hans Oswald † 8/393; Rosenzweig von Schwannau, Vinzenz Ritter von ~ 8/402; Roth, Heinrich ~ 8/412; Rüstow, Alexander ~ 8/455; Ruttin, Erich ~ 8/478; Sandvoß, Franz ~ 8/515; Scheliha, Rudolf von ~ 8/592; Schildkraut, Rudolf * 8/634; Schiltberger, Hans ~ 8/640; Schlechta von Wschehrd, Ottokar Maria Frh. ~ 8/658; Schlee-Pascha, Max ~ 8/659; Schlottmann, Konstantin ~ 8/687; Schmid, Johann Rudolf Frh. von ~ 8/703; Schneck, (Gustav) Adolf (Friedrich) ~ 9/46; Schneider, Alfons Maria ~ 9/49; Schoefft, August ~ 9/77; Schönburg-Hartenstein, Johannes Prinz von ~ 9/89; Schwartz, Philipp ~ 9/224; Schweinfurth, Philipp ~/† 9/237; Seelos, Gebhard ~ 9/260; Siegrist, Hans Emil * 9/315; Simeon von Trier ~ 9/328; Speer, Georg Daniel ~ 9/390; Spitzer, Leo ~ 9/412; Spitzer, Siegmund ~ 9/412; Stolzmann, Paulus von ~ 9/557; Straubinger, Johannes ~ 9/572; Strupp, Carl ~ 9/599; Süßheim, Karl ~/† 9/627; Terzaghi, Karl (Anton) von ~ 9/678; Testa, Adelheid * 9/680; Thielmann, Max Frh. von ~ 10/3; Thugut, (Johann Amadeus) Franz de Paula Frh. von ~ 10/27; Twardowski, Fritz von ~ 10/119; Uhl, Alfred ~ 10/127; Ulfeldt, Anton Corfiz Graf ~ 10/134; Volkart, Salomon ~ 10/244; Vorhoelzer, Robert ~ 10/254; Warsberg, Alexander Frh. von ~ 10/337; Weber, Hans ~ 10/354; Weil, Gustav ~ 10/391; Wendt, Siegfried ~ 10/434; Wiegand, Theodor ~ 10/441; Wieting, Julius (Meno) ~ 10/492; Wildenbruch, Ernst von ~ 10/499; Wirer, Franz Ritter von Rettenbach ~ 10/537; Wolffsohn, David ~ 10/579; Wulff, Oskar ~ 10/596; Zechlin, Walter ~ 10/626; Zucker-Schilling, Erwin ~ 10/694

Istein (Gem. Efringen-Kirchen)
Roggenbach, Franz Joseph Sigismund Johann Baptist von ~ 8/366

Itfer (estn. Idavere)
Tiesenhausen, Paul Frh von * 10/39

Ithaca (New York, USA)
Bucherer, Alfred (Heinrich) ~ 2/183; Debye, Peter (Joseph Wilhelm) ~/† 2/456; Ewald, Peter Paul † 3/199; Fernow, Bernhard Eduard ~ 3/272; Hamburger, Hans (Ludwig) ~ 4/358; Heidhues, Theodor ~ 4/492; Hylla, Erich ~ 5/239; Kahler, Erich (Gabriel) von ~ 5/402; Küchler, Walther ~ 6/141; Lange, Victor ~ 11/117; Maiwald, Kurt ~ 6/575; Mayer, Hans Ferdinand ~ 7/7; Oehlke, Waldemar ~ 7/465; Paneth, Friedrich Adolf ~ 7/554; Solmsen, Friedrich ~ 9/365; Sternberg, Wolfgang ~ 9/517

Ithaka (Griechenland)
Dirlmeier, Franz ~ 2/556

Ittenbach (seit 1969 zu Königswinter)
Müller, Josef † 7/272

Ittenheim (Dép. Bas-Rhin, Frankreich)
Agerius, Nikolaus * 1/51; Härter, Franz Heinrich ~ 4/312; Lehmann, Emil * 6/292

Ittersbach (Karlsruhe)
Knauf, Werner † 5/615

Ittigen (Kt. Bern)
Zulliger, Hans (Alfred) † 10/699

Ittingen (Gem. Warth, Kt. Thurgau)
Hermann, Franz Ludwig ~ 4/627; Moser, Lud(e)wig ~ 7/227; Murer, Heinrich ~/† 7/311

Itzehoe
Bongers, Hans M. * 2/17; Brockdorff, Cay (Ludwig Georg Konrad) Baron von * 2/138; Brodhagen, Peter Heinrich Christoph † 2/142; Eggers, Christian Ulrich Detlev Frh. von ~ 3/29; Endrulat, Bernhard Ferdinand Julius ~ 3/111; Fabricius, Werner * 3/215; Fehrs, Johann Hinrich ~/† 3/247; Feldmann, Louis * 3/257; Focke, Rudolf * 3/359; Frahm, Andrea ~/† 3/386; Gerhard I. von Holstein und Schauenburg † 3/639; Harzen-Müller, Andreas Nikolaus * 4/418; Kirchhof, Nicolaus Anton Johann * 5/549; Koll, Otto ~ 6/16; Leybold, Hans ~/† 6/368; Martens, Heinrich (Friedrich Karl Emil) ~ 6/633; Mestorf, Johanna ~ 7/85; Mohr, Walter * 7/184; Müller, Johann Gottwerth ~/† 7/268; Munier-Wroblewska, Mia † 7/308; Poggendorff, Johann Christian ~ 8/17; Rantzau, Johann von ~ 8/139; Sander, Levin (Friedrich) Christian * 8/512; Scherer, Hans d. J. ~ 8/610; Selle, Thomas ~ 9/278; Sinjen, Sabine * 9/340; Sloman, Robert Miles ~ 9/351; Steffens, Johann * 9/466; Stein, Anna ~ 9/474; Stuhr, Johann Georg ~ 9/612; Trapp, Ernst Christian ~ 10/69; Uhse, Bodo ~ 10/132; Völkel, Eduard ~ 10/222; Wille, Eliza * 10/510; Wittmaack, Adolph (Heinrich Claus) * 10/550

Itzgrund → Gleußen

Itzum (seit 1974 zu Hildesheim)
Schrader, Clemens * 9/124

Ivančice → Eibenschütz

Ivánka (seit 1924 Ivánka pri Nitre, Slowakei; ungar. Lükigergelyfalu)
Mojsisovics von Mojsvár, Georg Edler * 7/186

Ivanovice u Brna → Eiwanowitz

Ivanovka → Bielkenfeld

Ivanovskoe → Sankt Johannis

Iven
Flemming, (Carl) Georg Friedrich Graf von * 3/347

Ivenack
Maltzan, Hans Albrecht Frh. von ~ 6/582

Ivenec → Iwenez

Ivenrode
Lamprecht, Helmut * 6/211

Ivjanec → Iwenez

Iwenez (weißruss. Ivjanec, russ. Ivenec, poln. Iwieniec)
Maimon, Salomon ~ 6/573

Iwieniec → Iwenez

Ixheim (seit 1938 zu Zweibrücken)
Lapp, Daniel von * 6/252

Izdebnik (Polen)
Reuter, Jakob ~ 8/261

Izmir (früher Smyrna)
Axenfeld, Theodor * 1/228; Brinkmann, Roland ~ 11/32; Bülow, Frieda Freiin von ~ 2/203; Bülow, Margarethe

von ~ 2/203; Carathéodory, Constantin ~ 2/278; Diestel, Bernhard ~ 2/526; Dittmann, Herbert ~ 2/561; Fröbel, (Carl Ferdinand) Julius ~ 3/501; Grisebach, Eduard (Anton Rudolf) ~ 4/175; Humann, Carl ~/† 5/221; Keil, Josef ~ 5/485; Mordtmann, Johann Heinrich ~ 7/207; Proskowetz von Proskow und Marstorff, Maximilian Ritter von ~ 8/80; Pückler-Muskau, Hermann (Ludwig Heinrich) Fürst von ~ 8/86; Raschdau, Ludwig ~ 8/144; Scherzer, Karl von ~ 8/616; Urlsperger, Samuel ~ 10/168; Volkart, Salomon ~ 10/244; Vordtriede, Werner † 10/254; Wiegand, Theodor ~ 10/481

Iznang (seit 1974 zu Moos, Kr. Konstanz)
Mesmer, Franz Anton * 7/81

J

Jablonec (Slowakei)
Füssl, Karl Heinz * 11/66
Jablonec nad Nisou → Gablonz an der Neiße
Jabłonka → Jablonken
Jablonken (poln. Jabłonka)
Hartknoch, Christoph * 4/401
Jablonné Podještědí → Deutsch-Gabel
Jablonové → Almás
Jablonow
Arnoldi, Nikolaus ~ 1/191
Jablunkau (tschech. Jablunkov)
Brée, Malvine * 2/96
Jablunkov → Jablunkau
Jáchymov → Sankt Joachimsthal
Jackson Height (USA)
Dolbin, Benedikt Fred † 2/585
Jacobshagen (poln. Dobrzany)
Börner, Paul Albrecht * 1/633; Bork, Wilhelm * 2/30; Brüggemann, Ludwig Wilhelm * 2/156; Hollaz, David ~/† 5/151; Leisering, Theodor * 6/309; Splitgerber, David * 9/414
Jaczkowice → Jätzdorf
Jade
Spitta, Walter ~ 9/410
Jaderberg
Oeltjen, Jan * 7/468
Jadersdorf (Kärnten)
Koplenig, Johann * 6/38
Jägerndorf (poln. Strzelniki)
Bronner, Ferdinand ~ 2/145; Chemnitz, Martin ~/† 2/309; Ernst, Markgraf von Brandenburg * 3/158; Fröhlich, Otto Karl * 3/503; Zieten, Hans Joachim von ~ 10/660
Jägerndorf (tschech. Krnov)
Hohlbaum, Robert * 5/142; Kinzer, Karl * 5/544; Larisch, Alois */~/† 6/253; Larisch, Hermann */~ 6/253; Machura, Lothar * 6/551; Peter, Emanuel Thomas * 7/613; Taschner, Gerhard * 9/659
Jægersborg (Dänemark)
Langen, Johann Georg von † 6/238; Müller-Christensen, Sigrid * 7/285
Jägersburg (Gem. Eggolsheim)
Schlagintweit, Hermann (Rudolf Alfred) von ~ 8/654; Schönborn, Lothar Franz Reichsfreiherr (seit 1701 Reichsgraf) von ~ 9/88
Jägerthal (Elsaß)
Bilfinger, Gustav (Adolf) * 1/526
Järua-Jaani → Sankt Johannis
Jätzdorf (poln. Jaczkowice)
Schnürer, Gustav * 9/69
Jaffa (seit 1949 zu Tel Aviv-Jaffa, Israel)
Hoffmann, Christoph ~ 5/114; Lutz, Carl Robert ~ 6/539

Jagetzow
Rodbertus, Johann Karl † 8/342
Jagniątków → Agnetendorf
Jagow
Holtzendorff, Henning von † 5/156
Jagstfeld (seit 1933 zu Kochendorf, seit 1951 zu Bad Friedrichshall)
Müller, Hermann * 7/265
Jagsthausen
siehe auch *Olnhausen*
Berlichingen, Götz (Gottfried) von * 1/457; Weber, Karl Julius ~ 10/357
Jaguarão (Brasilien)
Lindemann, Hugo (Carl) * 6/402
Jahnishausen
Aufschläger, Gustav (Moritz Adolf) * 1/220
Jahnsdorf
Blühdorn, Johann Ernst Christian * 1/580
Jahnsfelde
Pfuel, Ernst * 7/652; Ruthe, (Friedrich) Wilhelm * 8/477
Jaina
Hornbostel, Theodor ~ 5/179
Jaipur (Indien)
Strobl, Andreas ~ 9/590
Jakarta (bis 1950 Batavia)
Allardt, Helmut ~ 1/90; Andreas, Friedrich Carl * 1/132; Anthing, Karl Heinrich Wilhelm Baron von ~ 1/149; Behr, Johann von der ~ 1/399; Cleyer, Andreas ~/† 2/343; Eschenbach, Hieronymus (Christoph Wilhelm) ~ 3/172; Friedenthal, Albert † 3/449; Gabriel, Alfons ~ 3/550; Geselschap, Maria * 3/665; Gildemeister, Martin Hermann ~ 4/8; Helfferich, Emil ~ 4/559; Hertz, Richard (Otto) ~ 4/653; Homberg, Wilhelm * 5/163; Junghuhn, Franz ~ 5/383; Klaiber, Manfred ~ 5/564; Kuhl, Heinrich ~ 6/157; Lorber, Johann Christoph ~ 6/469; Merklein, Johann Jakob ~ 7/75; Rosenberg, (Karl Benjamin) Hermann von ~ 8/393; Rudolph, Johann Philipp Julius ~ 8/441; Wenckebach, Karl Friedrich ~ 10/431
Jakobeney (Bukowina)
Manz von Mariensee, Anton ~ 6/603
Jakobsdorf
Treuer, Gottlieb Samuel * 10/84
Jakobshof (Edlitz, Niederösterreich)
Tschudi, Hugo von * 10/109; Tschudi, Johann Jakob von † 10/110
Jakobskirch (poln. Jakubów)
Marckwald, Willy * 6/608
Jakobswalde (poln. Kotlarnia)
Hoym, Adolf Magnus Graf von ~ 5/191; Zwirner, Ernst Friedrich * 10/711
Jakosbzell (Gem. Sternenberg, Kt. Zürich)
Stutz, Jakob ~ 9/620
Jakovlevo (Rußland)
Gangl, Josef † 3/569
Jakubów → Jakobskirch
Jalta (Krim)
Hofbauer, Louis * 5/108
Jamburg (estn. Jamburi Linn, russ. Kingisepp)
Tammann, Gustav (Heinrich Johann Apollon) * 9/653
Jamburi Linn → Jamburg
Jamnice → Jamnitz
Jamnitz (tschech. Jamnice)
Bisinger, Josef Konstantin * 1/545; Charlemont, Hugo * 2/304; Gründgens, Gustaf ~ 4/212; Oppenheim, David ~ 7/498
Jamno → Jamund
Jamund (poln. Jamno)
Haken, Johann Christian Ludwig * 4/340
Janina → Ioannina
Jankau (bei Danzig)
Passow, Franz (Ludwig Karl Friedrich) ~ 7/568
Jankau (tschech. Jankov)
Götz, Johann Graf von † 4/70
Jankov → Jankau

Jankowe (poln. Jantkawe)
Bogatzky, Karl Heinrich von * 1/640
Janov → Janow
Janov → Jansdorf
Janov → Johannesdorf
Janovice → Johnsdorf
Janow (poln. Janow Lubelski)
Fligely, August von * 3/351
Janow (tschech. Janov)
Matthias von Janow * 6/662
Janow Lubelski → Janow
Janowa Góra → Johannesberg
Janowitz (Böhmen)
Dallinger, Franz Theodor ~ 2/434; Faltis, Johann ~ 3/230; Rychnovsky, Ernst * 8/480
Jansdorf → Nieder-Jansdorf
Janské Lázně → Johannisbad
Jantarnyj → Palmnicken
Jantkawe → Jankowe
Januschau (poln. Januszewo)
Oldenburg-Januschau, Elard von ~ 7/486
Januševec (Kroatien)
Dumreicher von Österreicher, Johann (Heinrich Georg) Frh. † 2/650
Janušov → Johnsdorf
Januszewo → Januschau
Janzenhaus (seit 1963 zu Wengi, Kt. Bern)
Stämpfli, Jakob * 9/435
Jarandowo → Süßenberg
Jarantowice → Arnoldsdorf
Jarchlin (poln. Jarchlino)
Bismarck, Klaus von * 11/22
Jarchlino → Jarchlin
Jarogniewice → Hartmannsdorf
Jaroměř (Böhmen)
siehe auch *Josefstadt*
Plaschke, Friedrich * 7/686
Jaromer (tschech. Jaroměřice)
Pick, Ernst Peter * 7/663
Jaroměřice → Jaromer
Jaronty (Polen)
Przybyszewski, (Felix) Stanisław † 8/83
Jaropolz (Rußland)
Eisen von Schwarzenberg, Johann Georg ~ 3/69
Jaroslau (poln. Jarosław)
Fenner von Fenneberg, Franz Philipp (Maria) Frh. † 3/265; Kalter, Sabine * 5/417; Lipiner, Siegfried * 6/415
Jarosław → Jaroslau
Jarotschin (poln. Jarocin)
Kraft, Waldemar * 6/65; Lasker, Eduard * 6/256; Radolin, Hugo Fürst von † 8/118
Jarownión → Jernau
Jarßum (Gem. Widdelswehr, seit 1972 zu Emden, Kr. Emden)
Buurman, Ulrich (Albrecht) * 2/260
Jasenitz (poln. Jasienica)
Andreae, Peter ~/† 1/131; Giesebrecht, (Heinrich) Ludwig (Theodor) † 4/3; Gröning, Peter ~ 4/180
Jasienica → Jasenitz
Jasionek → Laubgrund
Jaslo (poln. Jasło)
Frydmann, Marcell Ritter von * 3/516
Jasnaja Poljana → Trakehnen
Jasnoje → Kuckerneese
Jassy (rumän. Iaşi)
Babinger, Franz ~ 1/233; Brociner, Marco * 2/138; Celibidache, Sergiu ~ 11/38; Fischer, Eduard ~ 3/313; Fraenkel, Alexander (Wilhelm) * 3/382; Gerbel, Bernhard Moritz * 3/635; Gluck, Themistokles * 4/36; Grisebach, Eduard (Anton Rudolf) ~ 4/175; Herbst-Jazedé, Adele * 4/609; Lichenhaeuser, Eliza * 5/242; Klein, Karl Kurt ~ 5/577; Margosches, Benjamin Max * 6/616; Neigebaur, (Johann Daniel) Ferdinand ~ 11/135; Pick, Lupu * 7/663; Reinhard, Karl Friedrich Graf von ~ 8/218; Richthofen,

Oswald Frh. von * 8/286; Rosé, Arnold Josef * 8/386; Rosé, Eduard * 8/386; Roth, Daniel ~/† 8/411; Segal, Arthur * 9/262
Jastrow (poln. Jatrowie, heute zu Wałcz/Deutsch Krone)
Lueck, Gustav (Paul Eduard Wilhelm) * 6/513
Jastrzemb (Schlesien)
Höfer von Heimhalt, Hugo ~ 5/89
Jauer (poln. Jawor)
Bersu, Gerhard * 1/480; Bolko I., Herzog von Schweidnitz-Jauer ~ 2/8; Ebstein, Wilhelm * 3/3; Elsbeth, Thomas ~/† 3/94; Hackner, Christoph * 4/299; Hanke, Henriette (Wilhelmine) */† 4/370; Heidingsfeld, Ludwig * 4/492; Heinrich V. der Dicke, Herzog von Schlesien, Herr von Breslau und Liegnitz ~ 4/534; Heinrich I., Herzog von Schlesien, Herr von Fürstenberg und Jauer ~ 4/534; Keller, Paul ~ 5/496; Kulmiz, Carl Friedrich von * 6/164; Lindner, Theodor ~ 6/409; Marbach, (Gotthard[t]) Oswald * 6/604; Mattuschka, Heinrich Gottfried Frh. von * 6/664; Peucker, Nikolaus * 7/629; Sebisch, Albrecht von ~ 9/252; Seidlitz, Ernst Julius Frh. von ~ 9/269
Jauernig (tschech. Javorník)
Goetz, Franz ~ 4/69; Helle, Friedrich Wilhelm ~ 4/561; Leder, Hans * 6/284; Sax, Emil * 8/534; Schölzig, Amandus * 9/79; Tinter von Marienwil, Wilhelm * 10/46
Jaunauce → Neu-Autz
Jaunde → Yaoundé
Jaunpils → Neuenburg
Jávea (Spanien)
Wittkopf, Rudolf ~ 10/549
Javorina → Leutschau
Javorná → Gabhorn
Javorník → Jauernig
Jawor → Jauer
Jawornica → Jawornitz
Jawornitz (poln. Jaworica)
Ruesch, Joseph Theodor Frh. von † 8/455
Jawory → Gaffert
Jaworze → Ernsdorf
Jebenhausen (Göppingen)
Blumhardt, Christoph Friedrich ~ 1/589; Sontheim, Heinrich * 9/377
Jechaburg (1922-24 und seit 1950 zu Sondershausen)
Albrecht von Halberstadt ~/† 1/79
Jechnitz (tschech. Jesenice)
Fischer, Eduard * 3/313
Jechtingen
Gött, Emil (Servatius) von * 4/67
Jedenspeigen (Niederösterreich)
Posch, Eduard ~ 8/41
Jedina → Neu-Losimthal
Jegenstorf (Kt. Bern)
Erlach, Ludwig von ~ 3/151; Würgler, Otto * 10/593
Jeinsen (seit 1974 zu Pattensen)
Eckhard, Arnold ~/† 3/12; Garve, Karl Bernhard * 3/576
Jekaterinburg (1924-91 Sverdlovsk)
Alexandra Feodorowna, Kaiserin von Rußland † 1/88; Hermann, Benedikt Franz Johann ~ 4/625; Stümcke, Heinrich C. A. * 9/610
Jekaterinoslaw → Dnjepropetrowsk
Jelcz → Jeltsch
Jelenia Góra → Hirschberg i. Rsgb.
Jeleniów → Gellenau
Jelgava → Mitau
Jelgawa → Mitau
Jelonki → Hirschfeld
Jeltsch (poln. Jelcz)
Konrad IV., Herzog von Oels, Bischof von Breslau † 6/26
Jemappe-sur-Meuse (Frankreich)
Bicheroux, Toussaint ~ 1/512
Jembke
Rengstorf, Karl Heinrich * 8/242
Jemgum → Ditzum
Jemielnica → Himmelwitz

Jemnik (tschech. Jemníky)
Müller, Friedrich * 7/257
Jemníky → Jemnik
Jena
siehe auch *Cospeda, Lobeda, Zwätzen*
Abbe, Ernst (Carl) ~/† 1/1; Abeken, Bernhard Rudolf ~ 1/3; Abendroth, Hermann (Paul Maximilian) † 1/7; Abendroth, Wolfgang ~ 1/8; Abicht, Johann Georg ~ 1/11; Abromeit, Johann † 1/13; Abusch, Alexander ~ 1/16; Achenwall, Gottfried ~ 1/18; Acker, Johann Heinrich ~ 1/19; Ackermann, Ernst Wilhelm ~/† 1/20; Ackermann, (Johann Christian) Gottlieb ~ 1/20; Ackermann, Jacob Fidelis ~ 1/21; Acoluth, Karl Gottlieb Immanuel ~ 1/23; Adami, Ernst Daniel ~ 1/30; Adelung, Jakob ~ 1/34; Aderhold, Rudolf (Ferdinand Theodor) ~ 1/36; Adolph, Johann Traugott ~ 1/46; Aepinus, Franz Ulrich Theodosius ~ 1/48; Aereboe, Friedrich ~ 1/49; Agster, Alfred (Emil Oskar) ~ 1/56; Ahlefeldt, Friedrich von ~ 1/57; Ahles, Wilhelm von ~ 1/58; Ahlwardt, Peter ~ 1/59; Albers, Johann Abraham ~ 1/64; Albert, Heinrich ~ 1/69; Albert, Michael ~ 1/69; Alberti, Michael ~ 1/70; Albrecht, Gerhard ~ 1/81; Albrecht, Johann Sebastian ~ 1/82; Albrecht, Johann Wilhelm ~ 1/82; Albrecht, Karl Martin Paul ~ 1/82; Aldenhoven, Karl ~ 1/85; Alexander, Walter ~ 1/88; Altenstein, Karl (Sigmund Franz) Frh. vom Stein zum A. ~ 1/98; Althaus, Theodor ~ 1/100; Althofer, Christoph ~ 1/101; Altman, Georg ~ 1/102; Alverdes, Paul ~ 1/108; Ambronn, Hermann ~/† 1/111; Amerbach, Veit ~ 1/114; Amling, Wolfgang ~ 1/115; Ammerbacher, Heinrich Daniel ~ 1/117; Ammersbach, Heinrich ~ 11/3; Amsdorf, Nikolaus von ~ 1/120; Amsler-Laffon, Jakob ~ 1/120; Anckelmann, Eberhard ~ 1/122; Anding, Ernst ~ 1/125; André, Johann Anton ~ 1/127; Andreae, Paul Christoph Gottlob ~/† 1/131; Andree, Carl Theodor ~ 1/133; Andres, Stefan ~ 1/133; Andresen, Momme ~ 1/134; Aner, Karl ~ 1/135; Anheisser, (Carl Maximilian) Roland ~ 1/140; Anna, Herzogin von Sachsen-Coburg ~ 1/143; Anthing, Johann Friedrich ~ 1/149; Apelt, Ernst Friedrich ~ 1/155; Apetz, Johann Heinrich ~ 1/155; Appell, Georg ~ 1/159; Aquila, David ~ 1/161; Arendt, Oskar ~ 1/167; Arents, Balthasar ~ 1/168; Arletius, Johann Caspar ~ 1/170; Arndt, Alfred ~ 11/5; Arndt, Ernst Moritz ~ 1/173; Arndt, Franz ~ 1/173; Arnold, August * 1/185; Arnold, (Johann) Georg Daniel ~ 1/187; Arnold, Hermann † 1/187; Arnold, Johann Christian ~ 1/188; Arnoldi, Daniel ~ 1/190; Arnschwanger, Johann Christoph ~ 1/193; Arntz, Aegidius Rudolph Nicolaus ~ 1/194; Arthus, Gotthard ~ 1/197; Arumäus, Dominikus ~/† 1/199; Aschenbrenner, Christian Heinrich ~/† 1/203; Ast, (Georg Anton) Friedrich ~ 1/208; Asverus, Gustav */~ 1/209; Auerbach, Felix ~/† 1/215; August, Prinz von Preußen ~ 1/221; Augusti, Friedrich Albert ~ 1/222; Augusti, Johann Christian Wilhelm ~ 1/222; Autel, August Heinrich d' ~ 1/225; Avé-Lallemant, Friedrich Christian Benedikt ~ 1/227; Avenarius, Johann ~ 1/227; Avenarius, Johann ~ 1/227; Avianus, Johann Jacob ~ 1/228; Axen, Peter ~ 1/228; Axter, Franz ~ 1/229; Ayrer, Georg Heinrich ~ 1/229; Bach, Johann Nikolaus ~/† 1/238; Bach, Max Hugo ~ 1/241; Bachmann, Johann Heinrich ~ 1/246; Bachmann, (Gottlieb) Ludwig (Ernst) ~ 1/246; Bachstrom, Johann Friedrich ~ 1/249; Backhaus, Hermann (Emil Wilhelm) ~ 1/250; Bacmeister, Matthäus ~ 1/251; Bähr, David Andreas ~ 1/256; Baehrens, Emil ~ 1/257; Baentsch, Bruno (Johannes Leopold) ~/† 1/259; Bär, Max ~ 1/260; Bagge, Oskar ~ 1/267; Baggesen, Jens Immanuel ~ 1/267; Baier, Johann Jakob */~ 1/271; Baier, Johann Wilhelm ~ 1/271; Baldinger, Ernst Gottfried ~ 1/274; Balthasar, Anna Christina Ehrenfried von ~ 1/280; Balthasar, August von ~ 1/280; Bamberg, Günther von ~ 1/284; Bamberg, (Johann) Karl (Wilhelm Anton) ~ 1/284; Banck, Karl ~ 1/286; Bandtke, Georg Samuel ~ 1/288; Banks, Edward ~ 1/289; Barckhaus, Hermann ~ 1/292; Bardeleben, Karl (Heinrich) von ~/† 1/293; Barnstorf, Eberhard ~ 1/298; Baron, Ernst Gottlieb ~ 1/298; Bartels, Ernst Daniel August ~ 1/299; Barth, (Magdalene Wilhelmine) Carola ~ 11/12;

Barth, (Ernst Emil) Paul ~ 1/305; Bartholomäi, Johann Christian ~ 1/308; Basch, Siegmund ~ 1/312; Bassermann, Heinrich ~ 1/315; Batsch, August Johann Georg Karl */~/† 1/317; Bauch, Bruno (Arthur Kanut) ~/† 1/320; Baudis, Gottfried Leonhard ~ 1/320; Bauersfeld, Walther ~ 1/331; Baumbach, Karl Adolf ~ 1/338; Baumeister, Friedrich Christian ~ 1/339; Baumer, Johann Wilhelm ~ 1/340; Baumgarten, Hermann ~ 1/344; Baumgarten, Otto ~ 1/344; Baumgarten-Crusius, Ludwig Friedrich Otto ~/† 1/345; Baur, Johann Jakob ~ 1/351; Baur, Samuel ~ 1/352; Bauriedel, Johann Albrecht ~ 1/353; Bebber, Wilhelm Jakob van ~ 1/363; Bechmann, Friedemann ~/† 1/367; Bechstein, Reinhold ~ 1/368; Beck, Johann Jobst ~ 1/371; Beck, Kaspar Achatius ~/† 1/372; Beckedorff, Georg Philipp Ludolf von ~ 1/374; Becker, Hermann ~ 1/378; Becker, Walther ~ 1/381; Beckurts, Heinrich ~ 1/387; Behling, Lottlisa ~ 1/396; Behm, Ernst ~ 1/397; Behrens, Dietrich ~ 1/401; Beier, Adrian */~/† 1/404; Beißner, Friedrich ~ 1/406; Bekk, Adolf ~ 1/407; Bekker, Georg ~ 1/407; Bel, Karl Andreas ~ 1/408; Benda, Clemens Ernst ~ 1/413; Bender, Georg ~ 1/416; Benecke, Wilhelm ~ 1/419; Benfey, Anna ~ 1/421; Bengtson, Hermann ~ 1/422; Bense, Max ~ 1/428; Bentheim, Heinrich Ludolf ~ 1/429; Benz, Ottomar ~ 1/431; Berber, Felix * 1/433; Berblinger, Walther ~ 1/434; Berchelmann, Johann Philipp ~ 1/434; Berg, Johann Friedrich ~ 1/440; Berg, Karl Ernst von ~ 1/440; Bergemann, Paul ~ 1/442; Berger, Hans ~/† 1/445; Berger, Johann Erich ~ 1/445; Berger, Johann Gottfried von ~ 1/445; Berger, Johann Heinrich Edler von ~ 1/445; Berger, Wilhelm (Reinhard) † 1/447; Bergmann, Benjamin Fürchtegott Balthasar ~ 1/449; Bergsträsser, Johann Andreas Benignus ~ 1/454; Berlich, Burkhard ~ 1/457; Berlich, Matthias ~ 1/457; Bernd, Christian Samuel Theodor ~ 1/462; Bernewitz, Elsa ~ 1/463; Bernhard, Herzog von Sachsen-Weimar ~ 1/466; Bernhard, Johann Adam ~ 1/467; Bernhold, Johann Balthasar ~ 11/19; Bernhold, Johann Michael ~ 1/471; Bernstein, Georg Heinrich ~ 1/476; Bernstein, Johann Gottlob ~ 1/476; Bertele, Georg August ~ 1/481; Bertelsmann, Conrad (Gustav) ~ 11/19; Berthold, Luise ~ 1/487; Bertling, Ernst August ~ 1/487; Bertuch, Friedrich Justin ~ 1/489; Bertuch, Heinrich Friedrich Christian ~ 1/489; Bertuch, Karl ~ 1/489; Besseler, Heinrich ~ 1/493; Bessels, Emil ~ 1/493; Besser, Leopold (August) ~ 1/494; Beumer, Wilhelm ~ 1/501; Beuthner, Johann Heinrich ~ 1/503; Beyer, Hermann Wolfgang ~ 1/506; Beyer, Johann Rudolph Gottlieb ~ 1/506; Beyerle, Franz ~ 11/20; Beyerlein, Franz Adam ~ 1/507; Bezold, Albert (Ludwig Friedrich) von ~ 1/509; Bezzel, Erhard Christoph ~ 1/510; Bezzola, Andrea ~ 1/510; Bidder, Heinrich ~ 1/514; Biedermann, Wilhelm ~/† 1/518; Bielcke, Johann ~/† 1/519; Bielfeld, Detlev Friedrich ~ 1/520; Bienemann, Kaspar ~ 1/521; Biermann, Ludwig (Franz Benedikt) ~ 1/523; Biermann-Ratjen, Hans Harder ~ 1/524; Biernatzki, Johann Christoph ~ 1/524; Biltz, Karl (Friedrich) ~ 1/530; Binge, Nikolaus Adolf ~ 1/533; Binswanger, Ludwig ~ 1/534; Binswanger, Otto ~ 1/534; Binzer, August Daniel von ~ 1/535; Bischoff, Christian Heinrich Ernst ~ 1/542; Bischoff, Georg Friedrich ~ 1/543; Bischoff, Johann Nikolaus ~ 1/543; Bittner, Heinrich Tobias ~ 1/551; Blarer, Bartholomäus ~ 1/559; Blasche, Bernhard Heinrich */~ 1/559; Blasche, Georg Adolph * 1/560; Blasche, Johann Christian ~/† 1/560; Blaufuss, Jakob Wilhelm * 1/564; Bleyer, Georg ~ 1/571; Block, August Samuel ~ 1/576; Blös(s)t, Johann Christoph ~ 1/577; Blomberg, (Karl) Alexander (Johann Ludwig) Frh. von ~ 1/578; Blumberg, Christian Gotthelf ~ 1/584; Blumenbach, (Johann) Friedrich ~ 1/585; Blumenreich, Paul ~ 1/587; Blumentrost, Laurentius ~ 1/588; Bluth, Karl-Theodor ~ 1/591; Bock, Benedikt ~ 1/594; Bockshammer, Johann Christian ~ 1/597; Bocris, Johann Heinrich d. Ä. ~ 1/598; Bocris, Johann Heinrich d. J. ~ 1/598; Bode, Johann Justus ~ 1/600; Bodenschatz, Georg (Johann Christoph) ~ 1/603; Böckh, Christian Gottfried ~ 1/609; Böckmann, Johann Lorenz ~ 1/612; Böheim, Johann Karl ~ 1/614;

Boehlendorff, Casimir Ulrich ~ 1/615; Böhm, Franz ~ 1/616; Böhm, Georg ~ 1/616; Böhme, Christian Friedrich ~ 1/620; Böhme, Johann Andreas David */~ 1/621; Böhmer, Justus Henning ~ 1/623; Böhner, Johann Louis ~ 1/624; Böhtlingk, Artur ~ 1/625; Böhtlingk, Otto Nikolaus von ~ 1/625; Böker, Hans ~ 1/626; Boerner, Heinrich † 1/633; Bötticher, Georg */~ 1/639; Bötticher, Johann Gottlieb ~ 1/639; Bogatzky, Karl Heinrich von ~ 1/640; Boguslawski, Karl Andreas von ~ 1/642; Bohm, Friedrich Samuel ~ 2/1; Bohn, Johannes ~ 2/2; Bohne, Gotthold Hermann ~ 2/2; Bohse, August ~ 2/4; Boie, Heinrich Christian ~ 2/5; Bojanus, Ludwig Heinrich ~ 2/6; Bolhagen, David Laurentius ~ 2/8; Boll, Jakob ~ 2/8; Bollert, Martin ~ 2/9; Bonhard, Georg Christian ~ 2/17; Bonin, Eduard (Wilhelm Ludwig) von ~ 2/19; Borchard, August ~ 2/26; Borinski, Fritz ~ 11/28; Born, Jakob ~ 2/32; Bornkamm, Heinrich ~ 2/35; Borsche, Walther Georg Rudolf ~ 2/38; Bosse, Lothar ~ 11/29; Bosshardt, Alfred ~ 2/45; Bothe, Peter Friedrich Gottlieb ~ 2/46; Boyen, Leopold Hermann von † 2/51; Boyneburg, Johann Christian Frh. von ~ 2/52; Bozzini, Philipp ~ 2/53; Brachmann, Luise ~ 2/53; Brachvogel, Udo ~ 2/54; Bracken, Helmut ~ 2/55; Brahm, Otto ~ 2/57; Bran, Friedrich Alexander ~/† 2/60; Brandis, Ernst Friedrich Eduard ~ 2/65; Brandsch, Rudolf ~ 2/67; Brandt, Fritz † 2/68; Brandt, Karl ~ 2/70; Brasch, Moritz ~ 2/74; Brauckmann, Karl ~ 2/76; Braun, Heinrich ~ 2/81; Braun, Johann Andreas ~ 2/82; Braun, Karl Adolf von ~ 2/83; Braun, Wilhelm von ~ 2/87; Brauner, Leo ~ 2/89; Braunschweig, Paul Heinrich ~ 2/90; Braus, Hermann ~ 2/91; Breckling, Friedrich ~ 2/94; Bredetzky, Samuel ~ 2/95; Brehm, Alfred Edmund ~ 2/97; Brehm, Christian Ludwig ~ 2/98; Brehme, Wilhelm Leopold ~/† 2/98; Breidenbach, Johannes Nikolaus ~ 2/99; Breithaupt, (Johann Friedrich) August ~ 2/103; Breithaupt, Christian David ~ 2/104; Breithaupt, Johannes Jakob ~ 2/104; Breithaupt, (Theodor Maria Paul Franz) Rudolf ~ 2/105; Breloer, Bernhard ~ 2/108; Bremser, Johann Gottfried ~ 2/110; Brenk, Johannes Wolfgang ~ 2/112; Brenneke, (Johann Friedrich Robert) Adolf ~ 2/113; Brentano, Christian ~ 2/117; Brentano, Clemens Wenzeslaus ~ 2/117; Brentano, Sophie Friederike ~ 2/117; Bresgen, (Karl) Maximilian (Hubert) ~ 2/119; Brevern, Hermann von ~ 2/127; Breyer, Karl Wilhelm Friedrich Ritter von ~ 2/129; Briegleb, Johann Christian ~ 2/132; Briegleb, Johann Valentin ~ 2/132; Brill, Hermann (Luis) ~ 2/133; Brinkmann, (Johann Heinrich) Theodor ~ 2/136; Brintzinger, Herbert ~ 2/136; Brisger, Eberhard ~ 2/136; Brockdorff-Ahlefeldt, Konrad Graf von ~ 2/138; Brockhaus, Friedrich Arnold ~/† 2/139; Brockhaus, Hermann ~ 2/140; Brodmann, Korbinian ~ 2/142; Bröcker, Ludwig Oskar ~ 2/142; Brokes, Heinrich ~ 2/144; Bruch, Christian Gottlieb ~ 2/148; Brucker, Johann Jakob ~ 2/149; Brück, Gregor ~/† 2/151; Brückmann, Franz Ernst ~ 2/153; Brückner, Alexander ~/† 2/153; Brückner, Arthur ~ 2/153; Brückner, Eduard * 2/153; Brückner, Ernst Moritz Karl ~ 2/153; Brückner, Wilhelm Hieronymus ~/† 2/155; Brünings, Wilhelm ~ 2/161; Brukenthal, Samuel Frh. von ~ 2/164; Brummer, Friedrich ~ 2/165; Brunchorst, Christoph ~ 2/166; Brunn, Balthasar von ~ 2/167; Brunnquell, Josef Friedrich August ~ 2/171; Brunquell, Johann Salomon ~ 2/172; Bruns, Paul Jakob ~ 2/174; Brzoska, Heinrich Gustav ~/† 2/176; Bube, Adolf ~ 2/177; Bubendey, Johann Friedrich ~ 2/177; Buchal, Hermann (Franz Joseph) † 2/181; Buchenau, Heinrich ~ 2/181; Buchfürer, Michel */~ 2/183; Buchheim, Karl (Arthur) ~ 2/183; Buchholz, Rudolf ~ 11/35; Buchholz, Wilhelm ~ 2/184; Buchius, Levin ~ 2/185; Bucholtz, Wilhelm Heinrich Sebastian ~ 2/188; Buckisch und Löwenfels, Gottfried Ferdinand Ritter von ~ 2/190; Budäus, Johann Christian Gotthelf ~ 2/191; Budberg, Karl Woldemar Frh. von ~ 2/191; Buddenbrock-Hettersdorff, Wolfgang (Erich Richard) Frh. von ~ 2/192; Buddensieg, Hermann (Karl Robert) ~ 2/192; Buddeus, Johann Franz ~ 2/193; Buddeus, Johann Karl Immanuel ~ 2/193; Buddeus, Karl Franz ~ 2/193; Buder, Christian Gottlieb ~ 2/193; Büchner, Gottfried

~ 2/196; Büchner, Johann Gottfried Sigmund Albert ~ 2/196; Bülow, Arthur ~ 2/203; Bülow, Frieda Freiin von † 2/203; Bülow, Heinrich (Ulrich Wilhelm) Frh. von ~ 2/203; Bülow-Cummerow, Ernst (Gottfried Georg) von ~ 2/206; Büsgen, Moritz (Heinrich Wilhelm Albert Emil) ~ 2/213; Büssing, Kaspar ~ 2/213; Büttner, Christian Wilhelm ~/† 2/215; Büttner, Georg Konrad ~ 2/215; Bulling, Karl ~/† 2/220; Bunge, Paul ~ 2/223; Burckhard, Georg * 2/230; Burckhard, Hugo Ritter von ~ 2/230; Burckhard, Jakob ~ 2/230; Burgeff, Hans (Edmund Nicola) ~ 2/236; Burghardt, Hans-Georg ~ 2/239; Burkhardt, (Carl August) Hugo */† 2/244; Burmester, (Franz Joachim) Heinrich ~ 2/245; Burr, Viktor ~ 2/246; Bursian, Konrad ~ 2/247; Butenschön, Johann Friedrich ~ 2/258; Buttel-Reepen, Hugo Berthold von ~ 2/258; Buxbaum, Johannes Christian ~ 2/261; Callisen, Christian Friedrich ~ 2/267; Calvör, Caspar ~ 2/268; Cancrin, Franz Ludwig von ~ 2/272; Cannabich, Johann Günther Friedrich ~ 2/274; Cappeler, Karl ~/† 2/277; Carlowitz, Hans Carl von ~ 2/282; Carmer, Johann Heinrich Kasimir Graf von ~ 2/283; Carmon, Jakob ~ 2/283; Carnap, Rudolf Leo ~ 2/283; Caro, Jakob ~ 2/284; Carpov, Jakob ~ 2/286; Carpzov, August ~ 2/286; Carpzov, August Benedikt ~ 2/286; Carpzov, Benedikt II. ~ 2/286; Carpzov, Christian ~ 2/287; Carpzov, Johann Benedikt II. ~ 2/287; Carpzov, Konrad ~ 2/288; Cartellieri, Alexander (Georg Maximilian) ~/† 2/289; Cartellieri, Wolfgang ~ 2/289; Cartheuser, Johann Friedrich ~ 2/290; Castelli, Ignaz Franz ~ 2/296; Cellarius, Balthasar ~ 2/300; Cellarius, Christoph ~ 2/300; Cellarius, Ludwig Friedrich ~ 2/300; Cerrini di Monte Varchi, Heinrich Frh. von ~ 2/301; Cerrini di Monte Varchi, Klemens Franziskus Xaver Frh. von ~ 2/301; Chambon, Eduard Egmont Joseph ~ 2/303; Charisius, Christian Ehrenfried ~ 2/304; Chelius, Maximilian Joseph von ~ 2/308; Chemnitz, Bogislaus Philipp von ~ 2/308; Chemnitz, Christian ~/† 2/308; Chop, Max (Friedrich Johann Theodor) ~ 2/313; Christ, Johann Friedrich ~ 2/315; Christiani, Wilhelm Ernst ~ 2/321; Claproth, Johann Christian ~ 2/329; Claß, Heinrich † 2/331; Classen, Walther Friedrich ~ 2/332; Clauder, Gabriel ~ 2/332; Claudius, Matthias ~ 2/333; Clemens, Gottfried ~ 2/340; Clenck, Rudolph ~ 2/341; Clodius, Johann Christian ~ 2/344; Cloos, Hans ~ 2/345; Cludius, Johannes Thomas ~ 2/346; Clüver, Detlev ~ 2/346; Cnobloch, Karl ~ 2/347; Cnollen, Adam Andreas ~ 2/347; Cober, Gottlieb ~ 2/348; Cobet, Rudolf Wilhelm ~ 2/348; Coelestin, Johann Friedrich ~ 2/350; Coing, Johann Franz ~ 2/353; Colb, Lukas ~ 2/354; Colberg, Johannes ~ 2/354; Coler, Matthias ~/† 2/355; Colmar, Johann Albert ~ 2/359; Colom du Clos, Isaac von ~ 2/359; Conrad, Johannes Ernst ~ 2/362; Cornarius, Friedrich ~/† 2/374; Cortrejus, Adam ~ 2/379; Coschwitz, Georg Daniel ~ 2/381; Cotta, (Johann) Heinrich ~ 2/385; Cotta, Johann Friedrich ~ 2/384; Crailsheim-Rügland, Carola von ~ 2/388; Credner, Karl August ~ 2/395; Creutzfeldt, Hans Gerhard ~ 2/399; Creuzer, Georg Friedrich ~ 2/400; Crodel, Carl Fritz David ~ 2/401; Crone-Münzebrock, August ~ 2/404; Croph, Philipp Jakob ~ 2/404; Crusius, Johann Paul(us) ~ 2/407; Cuno, Johannes ~ 2/410; Curtius, Karl Georg ~ 2/414; Cyprian, Ernst Salomo ~ 2/415; Czapski, Siegfried ~ 2/416; Czermak, Johann Nepomuk ~ 2/418; Dabelow, Christoph Christian Frh. von ~ 2/423; Dahl, Johann Christian Wilhelm ~ 2/428; Dahler, Johann Georg ~ 2/429; Dahlmann, Friedrich (Christoph) ~ 2/429; Dambmann, Georg Peter ~ 2/436; Danckelmann, Alexander (Sylvester Flavius Ernst) Frh. von ~ 2/438; Danckert, Werner ~ 2/439; Danckwortt, Peter (Walter Richard) ~ 2/439; Daniel, Christian Friedrich d. Ä. ~ 2/440; Dannhauer, Johann Conrad ~ 2/443; Danovius, Ernst Jakob ~/† 2/443; Danz, August Heinrich Emil */~ 2/444; Danz, Ferdinand Georg ~ 2/444; Danz, Johann Andreas ~/† 2/444; Danz, Johann Traugott Leberecht ~/† 2/444; Danzel, Theodor Wilhelm ~ 2/445; Darjes, Joachim Georg ~ 2/445; Dassel, Hartwig von ~ 2/447; Debrunner, (Johann) Albert ~ 2/455; Deckel, Friedrich (Wilhelm) ~ 2/457; Deeters, Gerhard ~ 2/463; Deetjen, (Otto Paul)

Johannes ~ 4/409; Hase, (Arndt Michael) Albrecht ~ 4/419; Hase, Karl (August) von ~/† 4/420; Hase, Karl Alfred von */~ 4/420; Hase, Karl Benedikt ~ 4/420; Hase, Martin von ~ 4/420; Hase, Oskar von */~ 4/421; Hasse, Johann Gottfried ~ 4/427; Hassel, (Johann Otto) Paul † 4/428; Haubner, Gottlieb (Carl) ~ 4/435; Haugwitz, (Heinrich) Christian (Kurt) Graf von ~ 4/441; Hauptmann, Carl (Ferdinand Max) ~ 4/444; Hauptmann, Gerhart (Johann Robert) ~ 4/444; Hauschild, Richard ~/† 4/446; Hauser, Friedrich (Ludwig Gustav) ~/† 4/448; Hausrath, Adolf ~ 4/453; Haussknecht, (Heinrich) Carl ~ 4/454; Haussner, Robert (Carl Hermann) ~ 4/455; Haußwald, Günter ~ 4/455; Hautt, (Johann) Christian Ludwig ~ 4/456; Hayen, Heinrich Wilhelm ~ 4/462; Hayner, Christian August Fürchtegott ~ 4/463; Hebenstreit, (Johann) Ernst ~ 4/465; Hebenstreit, Johann Paul ~ 4/465; Hecker, (Johann) Julius ~ 4/471; Hecker, Oskar (Ernst August) ~ 4/472; Hedemann, Justus Wilhelm ~ 4/473; Heeringen, Gustav von ~ 4/476; Heermann, Johann(es) ~ 4/477; Hegel, Georg Wilhelm Friedrich ~ 4/478; Heidenhain, Arthur ~ 4/488; Heider, Wolfgang ~/† 4/491; Heilmeyer, Ludwig Siegfried ~ 4/499; Heim, Johann Ludwig ~ 4/500; Heimbach, Karl Wilhelm Ernst ~ 4/503; Hein, Franz ~/† 4/506; Heinemann, (Heinrich Ernst Ludwig) Ferdinand von ~ 4/513; Heinicke, Samuel ~ 4/516; Heins, Valentin ~ 4/545; Heinse, (Johann Jakob) Wilhelm ~ 4/545; Heise, Georg Arnold ~ 4/549; Hellerich, Johannes ~ 4/565; Hellmund, Egidius Günther ~ 4/568; Hellwig, Christoph von ~ 4/570; Helm, Rolf ~ 4/571; Henckel, Johann Friedrich ~ 4/580; Henel von Hennenfeld, Nicolaus ~ 4/582; Henke, Ernst (Ludwig Theodor) ~ 4/584; Henke, (Philipp Jakob) Wilhelm * 4/585; Henkel, Max ~/† 4/585; Henker, Otto (Rudolf) ~/† 4/586; Henneberg, Bruno † 4/588; Henneberg, Hugo ~ 4/588; Henneberg, (Johann) Wilhelm (Julius) ~ 4/589; Herbart, Johann Friedrich ~ 4/603; Herbert, Franz Paul Frh. von ~ 4/606; Herbig, Reinhard ~ 4/607; Herbst, Curt (Alfred) ~ 4/608; Herchenhahn, Johann Christian ~ 4/609; Herder, (Siegmund) August (Wolfgang) Frh. von ~ 4/610; Hermann, Eduard ~ 4/626; Hermes, Andreas (Anton Hubert) ~ 4/632; Hermes, Otto ~ 4/633; Herold, Johann Gregor * 4/636; Herold, Johannes * 4/636; Herre, Paul ~ 4/639; Herrenschmidt, Jakob ~ 4/639; Herrfurth, (Ernst) Ludwig ~ 4/639; Herrmann, Klaus ~ 4/644; Herrmann, Zacharias ~ 4/645; Hert, Johann Christoph ~ 4/648; Hert, Johann Nicolaus ~ 4/648; Hertel, Ernst ~ 4/648; Herter, Erwin Karl ~ 4/649; Hertwig, Günther * 4/650; Hertwig, Oskar (Wilhelm August) ~ 4/650; Hertwig, Richard (Carl Wilhelm Theodor) Ritter von ~ 4/651; Hertz, Wilhelm (Ludwig) ~ 4/654; Herzberger, Maximilian Jakob ~ 4/659; Herzlieb, (Christiane Friederike) Wilhelmine ~ 4/663; Herzog, Theodor (Carl Julius) † 4/666; Hesberg, Louis von ~ 4/667; Hesekiel, (Johann) George (Ludwig) ~ 4/667; Hesekiel, Johannes ~ 4/667; Hess, Kurt ~ 4/671; Heßhusen, Tilemann ~ 5/2; Hessling, Elias Theodor von ~ 5/3; Hettner, Georg * 5/5; Hettner, (Georg) Gerhard ~ 5/5; Hettner, Hermann (Julius Theodor) ~ 5/5; Hettstedt, Emil ~ 5/5; Heucher, Johann Heinrich von ~ 11/86; Heumann, Christoph August ~ 5/9; Heusinger, Johann Heinrich Gottlob ~ 5/11; Heusinger, Johann Michael ~ 5/11; Heusinger, Karl Friedrich ~ 5/11; Heusler, Andreas ~ 5/12; Heussi, Karl ~/† 5/14; Hey, (Johann) Wilhelm ~ 5/15; Heyden, Friedrich von ~ 5/18; Heydrich, Karl Gottlob ~ 5/19; Heyfelder, Johann Ferdinand (Martin) ~ 5/22; Heym, Georg ~ 5/23; Heyser, Christian ~ 5/28; Hezel, Johann Wilhelm Friedrich ~ 5/28; Hieber, Walter (Otto) ~ 5/30; Hildebrand, Bruno ~/† 5/35; Hildebrand, Otto ~ 5/36; Hildebrand, Richard ~ 5/36; Hilgenfeld, Adolf ~/† 5/40; Hillers, Wilhelm ~ 5/45; Himly, Karl ~ 5/49; Hinrichs, Carl ~ 5/54; Hinselmann, Hans ~ 5/55; Hippel, Arthur Robert von ~ 5/58; Hirsch, Karl ~ 5/62; Hirsch, Richard ~ 5/64; Hirth, Georg ~ 5/70; Hirzel, Rudolf ~/† 5/72; Hlasiwetz, Heinrich ~ 5/77; Hodler, Ferdinand ~ 5/84; Hoefer, Edmund ~ 5/88; Hölderlin, (Johann Christian) Friedrich ~ 5/94; Höllein, Emil ~ 5/95; Hoelper, Otto ~

5/96; Hoen, Philipp Heinrich von ~ 5/98; Höpfner, Ludwig Julius Friedrich ~ 5/99; Höpker, Wolfgang ~ 5/99; Höpker-Aschoff, Hermann ~ 5/100; Hörlein, (Philipp) Heinrich ~ 5/101; Hofe, Christian von ~ 5/108; Hofenfels, Christian von ~ 5/109; Hoffmann, Alexander ~ 5/113; Hoffmann, Christoph Ludwig ~ 5/114; Hoffmann, Daniel ~ 5/114; Hoffmann, Friedrich ~ 5/117; Hoffmeister, (Friedrich Ludwig) Cuno ~ 5/125; Hofmann, Ernst von ~ 5/128; Hofmann, Heinrich */~/† 5/129; Hohenlohe-Ingelfingen, Friedrich Ludwig Fürst zu ~ 5/139; Hohmann, (Karl) Georg (Gottlieb) ~ 5/143; Hollander, Walther (Georg Heinrich) von ~ 5/150; Hollmann, Hans Erich ~ 5/152; Hollmann, Samuel Christian ~ 5/152; Hollwich, Fritz ~ 11/90; Holthausen, Ferdinand ~ 5/155; Holzapfel, Rupert ~ 5/159; Homberg, Wilhelm ~ 5/163; Homburg, Ernst Christoph ~ 5/163; Hoops, Johannes (Ludwig) ~ 5/170; Horb, (Johann) Heinrich ~ 5/174; Horn, Ernst ~ 5/177; Horn, Franz (Christoph) ~ 5/177; Horn, Karl ~ 5/178; Horner, Johann Kaspar ~ 5/180; Hort, Wilhelm ~ 5/183; Hortleder, Friedrich ~/† 5/183; Howard, Walt(h)er (Otto Hermann) ~ 5/190; Hübener, (Friedrich Julius) Erhard ~ 5/203; Hübner, Rudolf ~ 5/206; Hübotter, Franz ~ 5/206; Hueck, Alfred ~ 5/207; Hüfner, (Carl) Gustav von ~ 5/208; Hülsen, August Ludwig ~ 5/209; Hüttig, Gustav (Franz) ~ 5/214; Hufeland, Christoph Wilhelm ~ 5/215; Humbert, Claas (Hugo) ~ 11/92; Humboldt, Wilhelm von ~ 5/222; Hund, Friedrich ~ 11/92; Hunold, Christian Friedrich ~ 5/229; Huppert, Karl Hugo ~ 5/230; Husanus, Henricus ~ 5/232; Huschke, Emil ~/† 5/232; Hutter, Elias ~ 5/237; Hutter, Leonhard ~ 5/238; Ibrahim, Jussuf ~/† 5/241; Ilgen, Karl David ~ 5/248; Iseke, Hermann ~ 5/261; Issleib, Kurt ~ 11/94; Jacobs, (Christian) Friedrich (Wilhelm) ~ 5/276; Jacobsson, Johann Karl Gottfried ~ 5/278; Jäger, Rolf * 5/285; Jaensch, Erich ~ 5/287; Jankuhn, Herbert ~ 11/96; Jean Paul ~ 5/312; Jensen, Christian (Cornelius) ~ 5/321; Jensen, Paul ~ 5/321; Jensen, Wilhelm (Hermann) ~ 5/321; Jentzsch, Felix (Hermann Ferdinand) ~ 5/322; Joël, Curt ~ 5/335; Johnsen, Arrien ~ 5/356; Jolles, Oscar ~ 5/358; Joos, (Jakob Christoph) Georg ~ 5/360; Jordan, Max ~ 5/363; Jucho, Friedrich ~ 5/370; Jungermann, Ludwig ~ 5/382; Justi, Johann Heinrich Gottlob von ~ 5/388; Justi, Karl Wilhelm ~ 5/388; Kähler, (Joachim) Siegfried A(ugust) ~ 11/98; Kalchegger von Kalchberg, Johann (Nepomuk) Ritter von ~ 5/410; Kalkowsky, Ernst ~ 5/414; Kalow, Gert ~ 5/416; Kanne, Johann Arnold ~ 5/424; Kannegießer, Gottlieb Heinrich ~ 5/425; Kanoldt, Edmund ~ 5/425; Kant, Immanuel ~ 5/425; Karl Wilhelm Ferdinand, Herzog von Braunschweig-Lüneburg(-Wolfenbüttel) ~ 5/443; Karl August, Herzog, seit 1815 Großherzog von Sachsen-Weimar-Eisenach ~ 5/446; Karl Alexander, Großherzog von Sachsen-Weimar-Eisenach ~ 5/447; Kastner, Karl Wilhelm Gottlob ~ 5/461; Kauffmann, Friedrich ~ 5/469; Kaufmann, Hans Paul ~ 5/472; Kehr, Johannes Otto ~ 5/484; Keilhack, (Friedrich Ludwig Heinrich) Konrad ~ 5/486; Keller, Conrad ~ 5/491; Keller, Oskar ~/† 5/496; Keller, Werner ~ 5/498; Keller, Wolfgang ~ 5/498; Kempe, Martin ~ 5/503; Kern, Walther ~ 5/512; Kerneck, Heinz * 5/512; Kessel, Johannes ~/† 5/518; Kessler, Gerhard ~ 5/519; Kestner, Christian Wilhelm ~/† 5/522; Keup, Erich Wilhelm Ferdinand ~ 5/525; Kieser, Dietrich Georg von ~/† 5/533; Kirch, Gottfried ~ 5/546; Kirchhoff, Alfred ~ 5/549; Kirchner, Fritz ~ 5/552; Kirchner, Timotheus ~ 5/553; Kirste, Johann (Otto Ferdinand) ~ 5/556; Kläber, Kurt * 5/563; Klaus, Georg ~ 5/568; Klein, Matthäus ~ 5/577; Kleinschmidt, Karl ~ 5/581; Klesch, Christoph ~ 5/590; Klesch, Daniel ~ 5/590; Kliemann, Horst ~ 5/593; Klingemann, (Ernst) August (Friedrich) ~ 5/596; Kloeppel, Peter ~ 5/602; Klöß, Hermann ~ 5/603; Klopstock, Friedrich Gottlieb ~ 5/604; Klostermann, Vittorio */~ 5/605; Klotz, Christian Adolph ~ 5/606; Kluge, Friedrich ~ 5/609; Knebel, Karl Ludwig von ~/† 5/617; Knebel, Luise von ~/† 5/617; Kniep, Hans */~ 5/620; Knittermeyer, (Johann) Hinrich ~ 5/623; Knoche, Ulrich ~ 5/624; Knöll, Hans ~ 5/626; Knorr,

Jesingen (seit 1974 zu Kirchheim unter Teck)
Schempp, Johannes d. Ä. * 8/600
Jessen (russ. Solov'ëvo)
Naujoks, Hans * 7/347
Jessen (Elster)
Bieler, Benjamin ~ 1/519; Feustking, Johann Heinrich ~ 3/282; Lamprecht, Karl Gotthard * 6/211
Jessenetz (tschech. Jesenec)
Ettmayer von Adelsburg, Karl * 3/186
Jessentuki → Essentuki
Jeßnitz
Conradi, (Heinrich Gottlieb) Hermann * 2/364; Hesse, Otto Ernst * 4/677
Jesteburg
siehe auch *Lüllau*
Langhoff, Udo ~ 6/246
Jettenbach (Kr. Mühldorf a. Inn)
Törring, Ignaz Felix Graf von * 10/59
Jettenburg (seit 1975 zu Kusterdingen)
Werner, Theodor * 10/448
Jettingen (Kr. Böblingen)
siehe auch *Sindlingen*
Seidl, Erwin † 11/174
Jettingen (seit 1970 zu Jettingen-Scheppach)
Böhm, Dominikus * 1/616; Braun, Isabella * 2/82; Eberlin, Johann Ernst * 2/675; Ertlin, Johann ~ 3/169; Schenk von Stauffenberg, Claus (Philipp) Graf * 8/605
Jettingen-Scheppach → Jettingen, Ried, Scheppach
Jetzendorf
Buchberger, Michael * 2/181; Freyberg, Karl (Leopold Maria) Frh. von */~/† 3/437; Haid, Herenäus ~ 4/335; Rechberg, Wolf Konrad Graf von ~ 8/171
Jeutendorf (Niederösterreich)
Rudroff, Andreas ~ 8/443
Jevenstedt
Gardthausen, Hans * 3/574
Jever
Andrae, Oswald */~/† 11/4; Anhalt-Zerbst, Friederike Auguste Sophie Fürstin von ~/† 1/140; Barbarossa, Christoph * 1/291; Beaulieu-Marconnay, Eugen Karl Theodor Levin Frh. von ~ 1/362; Bentinck, Charlotte Sophie Gräfin von ~ 1/429; Billich, Anton Günther * 1/528; Böckel, Dagobert Ernst Friedrich ~ 1/607; Böckel, Ernst * 1/607; Burlage, (Heinrich) Eduard ~ 2/244; Buttel, Christian Diedrich von * 2/258; Edzard II. Cirksena, Graf von Ostfriesland ~ 3/21; Freeden, Wilhelm (Ihno Adolf) von ~ 3/420; Graepel, (Carl Bernhard) Friedrich ~/† 4/123; Hamelmann, Hermann ~ 4/359; Hemken, Ernst (Georg Melchior Bernhard) */~ 4/578; Janßen, Hinrich ~ 5/303; Johann XVI. (VII.), Graf von Oldenburg und Delmenhorst ~ 5/343; Kunze, (Carl) Ludwig (Albrecht) * 11/115; Lübben, Heinrich August ~ 6/511; Malsius, Simon ~ 6/581; Maria, Fräulein zu Jever ~ 6/619; Martin, Marie Clementine ~ 6/637; Matthiessen, Ludwig ~ 6/663; Meinardus, Otto ~ 7/33; Mendelssohn, Joseph * 7/58; Michaelis, Laurentius † 7/122; Mitscherlich, Karl Gustav * 7/155; Moehring, Paul Heinrich Gerhard */† 7/165; Mölling, Georg Philipp Friedrich ~ 7/172; Müller, Karl ~ 7/273; Schlosser, Friedrich Christoph */~ 8/684; Seetzen, Ulrich Jasper ~ 9/261; Stiehl, Karl (Johann Christian) ~ 9/527; Strackerjan, Christian Friedrich ~ 9/564; Struve, Gustav von ~ 9/600; Tantzen, Richard (Hinrich) ~ 9/657; Tiling, Mathias * 10/42; Vring, Georg von der ~ 10/262; Wolke, Christian Hinrich */~ 10/583
Jéveros (Peru)
Fritz, Samuel ~/† 3/496
Jevíčko → Gewitsch
Jewarkant (Estland)
Taube, Otto Frh. von ~ 9/661
Jeże → Gehsen
Jeziorany → Seeburg
Jezvé → Neustadtl
Jičín → Jitschin
Jihlava → Iglau

Jilemnice → Starkenbach
Jimbolia → Hatzfeld
Jimramov → Ingrowitz
Jindřichovice → Heinrichsgrün
Jinořichov → Heinrichsthal
Jiřetín pod Jedlovou → Sankt Georgenthal
Jiřice u Miroslavi → Irritz
Jirkov (dt. Görkau) → Rothenhaus
Jítrava → Pankraz
Jitschin (tschech. Jičín)
Brosche, Franz Xaver ~ 2/146; Kraft, Zdenko (Josef August) Edler von Helmhacker * 6/66; Kraus, Johann † 6/78; Kraus, Karl * 6/78; Kucharž, Johann Baptist ~ 6/137; Polak, Ernst * 8/23; Winterstein, Robert * 10/536
Jivová → Giebau
Jizerka → Wilhelmshöhe
Joachimstein
Karcher, Johann Friedrich ~ 5/434
Joachimsthal (Kr. Barnim)
siehe auch *Elsenau*siehe auch *Elsenau*
Magirus, Tobias ~ 6/562; Neumann, Franz Ernst * 7/382; Schnack, Elisabeth * 9/44
Joch (Kochelsee)
Barth von Harmating, Heinrich ~ 1/306
Jochenau
Feldigl, Ferdinand ~ 3/256
Jockgrim
Haueisen, (Carl) Albert ~ 4/438
Joditz (Köditz, Kr. Hof, Land)
Jean Paul ~ 5/312
Jöhstadt
Cramer, Johann Andreas * 2/389; Magirus, Hermann ~ 6/562; Stichart, Alexander (Otto) † 9/523
Jöllenbeck (seit 1972 zu Bielefeld)
Schwager, Johann Moritz ~/† 9/219; Volkening, Johann Heinrich ~ 10/245
Jönköping (Schweden)
Schäffer, Hans † 8/550
Jöör (estn. Jõõri)
Steinmann, Theophil (August) * 9/499
Jörden (Estland)
Rausch von Traubenberg, Heinrich (Adolf August Julius) Frh. * 8/163
Jördenstorf
Steinmann, Ernst * 9/498
Jößnitz → Steinsdorf
Johannesberg (Kr. Aschaffenburg, Land)
Goppel, Alfons † 4/97
Johannesberg (poln. Janowa Góra)
Diepenbrock, Melchior Ferdinand Joseph Frh. von † 2/520; Ditters von Dittersdorf, Karl ~ 2/560; Förster, Heinrich ~/† 3/363; Schaffgotsch, Philipp Gotthard Graf von ~/† 8/556; Zedlitz und auf Nimmersatt, Joseph Christian Frh. von * 10/626
Johannesberg (Rheingau)
Walderdorff, Adalbert Reichsfreiherr von ~/† 10/302
Johannesburg
Idelsohn, Abraham Zwi ~/† 5/243; Klaudy, Peter (Alexander) ~ 11/105; Kleine, Friedrich Karl (Berthold) † 5/579; Kuntz, Julius ~ 6/170; Lehmann, Rudolf ~ 6/296; Leisegang, Dieter ~ 6/308; Seidler, Herbert ~ 11/174; Struve, Georg (Otto Hermann) von ~ 9/600; Ullmann, Ernest ~ 10/136; Voretzsch, Ernst-Arthur ~ 10/254; Wolff, Kurt (Otto Adam) Frh. von ~ 10/575
Johannesdorf (tschech. Janov, heute zu Bürgstein/Sloup)
Max, Joseph * 6/674
Johanngeorgenstadt
Baumgarten, Ernst Georg August * 1/343; Beck, Carl Gottlob * 1/369; Haentze, (Johann) Carl Gottfried ~ 4/311; Röder, (Gustav) Oscar (Wilhelm) * 8/349
Johannis → Sankt Johannis
Johannisbach
Ritter, Immanuel Heinrich † 8/329

Johannisbad (tschech. Janské Lázně)
Frankl, Pinkas Fritz † 3/408; Stolberg-Wernigerode, Eberhard Graf zu † 9/550

Johannisberg (Sachsen)
Nacke, Emil † 7/328

Johannisberg (seit 1972 zu Geisenheim)
Butzbach, Johannes ~ 2/260; Christmann, Jakob * 2/323; Hecker, Ewald ~ 4/470; Herquet, Lothar * 4/637; Laspée, Johannes de */~ 6/257; Weitzel, Johann(es Ignaz) * 10/419

Johannisberg (tschech. Kopec Svateho Jana)
Haugwitz, Otto Graf von † 4/441; Hein, Franz Frh. von ~ 4/506

Johannisburg (poln. Pisz)
Eulenburg, Jonas Kasimir von * 3/191; Hensel, Paul ~ 4/598; Lublinski, Samuel * 6/489; Spindler, Franz Stanislaus ~ 9/407; Thiesen, Max Ferdinand * 10/9

Johanniskirchen
Müller, Martin ~ 7/277

Johannisthal (seit 1920 zu Berlin)
Beese, Amelie ~ 1/391; Bücker, Carl Clemens ~ 2/199

Johnsdorf (tschech. Janovice)
Handke, Johann Christoph * 4/367

Johnsdorf (tschech. Janušov)
Jettel, Eugen * 5/328

Joinville
Holbein, Hans d. J. ~ 5/144

Jokohama → Yokohama

Jongny (Kt. Waadt)
Morgenthaler, Max † 7/212

Jonschwil (Kt. Sankt Gallen)
Federer, Heinrich ~ 3/241; Notker Balbulus * 7/443

Jööri → Jöör

Jork → Estebrügge

Jormannsdorf (Burgenland)
Trattner, Johann Thomas Edler von * 10/70

Josbach
Allendorf, Johann Ludwig Konrad * 1/91

Joscelin
Hermann von Salza, Hochmeister des Deutschen Ordens ~ 4/620

Josefov → Josefstadt

Josefsdorf (seit 1890/92 zu Wien)
Schilcher, Friedrich ~ 8/633

Josefstadt (seit 1850 zu Wien)
Carl, Karl ~ 2/280; Chrudimsky, Ferdinand ~ 2/325; Demmer, Friedrich ~ 2/483; Demmer, Friedrich ~ 2/483; Dietrich, Josef ~ 2/536; Drechsler, Joseph ~ 2/611; Fischer, Anton (Friedrich) ~ 3/311; Gleich, Joseph Alois ~ 4/27; Greiner, Michael ~ 4/153; Hensler, (Albrecht) Karl Friedrich ~ 4/599; Herbst-Jazedé, Adele ~ 4/609; Hopp, Friedrich (Ernst) ~ 5/171; Kaan, Eduard ~ 5/391; Kaiser, Friedrich (Anton) ~ 5/406; Krones, Josef Franz ~ 6/118; Kunze, Wilhelm ~ 6/173; Kupelwieser, Josef ~ 6/174; Marlow, Mathilde ~ 6/626; Meisl, Karl ~ 7/40; Mirani, Johann Heinrich ~ 7/150; Moser, Joseph ~ 7/226; Müller, Adolf ~ 7/247; Payer, Hieronymus ~ 7/584; Pischek, Johann Baptist ~ 7/679; Pöck, Karl Josef ~ 8/9; Pokorny, Alois ~ 8/22; Pokorny, Franz ~ 8/22; Preisinger, Joseph ~ 8/58; Proch, Heinrich ~ 8/75; Raab, Johann ~ 8/105; Raimund, Ferdinand (Jakob) ~ 8/127; Rauch, Adrian ~ 8/156; Remmark, Karl ~ 8/239; Richter-Ender, Elise ~ 8/285; Rosenberg, Moritz ~ 8/394; Roser von Reiter, Franz de Paula ~ 8/403; Scherzer, Franz Jakob ~ 8/615; Schickh, Antonie ~ 8/623; Schickh, Josef Kilian ~ 8/623; Schikaneder, (Josef) Karl ~ 8/632; Schindler, Anton ~ 8/643; Schmidt, (Maria) Johanna Carolina ~ 9/12; Schönau, Johann ~ 9/83; Scholz, Wenzel ~ 9/111; Schuselka-Brüning, Ida ~ 9/214; Sechter, Simon ~ 9/252; Stegmayer, Ferdinand ~ 9/468; Stegmayer, Matthäus ~ 9/468; Stöger, Johann August ~ 9/543; Storch, Anton Maria ~ 9/558; Suppè, Franz von ~ 9/634; Swiedack, Karl ~ 9/640; Swoboda, Josef Wilhelm ~ 9/642; Titl, Anton Emil ~ 10/51; Tomaselli, Ignaz ~ 10/62; Tomaselli, Katharina ~ 10/62; Wagner, Joseph ~ 10/283; Wallner,

Franz ~ 10/314; Wild, Franz ~ 10/497; Wildauer, Mathilde ~ 10/498; Zahlhas, Karl Ritter von ~ 10/613

Josefstadt (tschech. Josefov, heute zu Jaroměř)
Kozeny, Josef Alexander * 11/110

Josefstadt (tschech. Josefov, heute zu Prag)
Winternitz, Wilhelm * 10/535

Josefsthal (tschech. Josefův Důl, Bez. Gablonz an der Neiße)
siehe auch *Antoniwald*
Finke, Fidelio Fritz * 3/304; Frenzel, Alfred * 3/425; Leutelt, Gustav * 6/355

Josefsthal (tschech. Josefuv Důl, Bez. Mladá Boleslav)
Leitenberger, Friedrich Franz Josef Frh. von † 6/311

Josephinenhütte (poln. Szklarska Poręba Huta)
Partsch, Karl * 7/566; Pohl, Franz ~/† 8/18

Josephsberg (ukrain. Korosnicja, poln. Korośnica)
Fäsi, Johann Ulrich * 3/218

Jossa (Gem. Schlüchtern)
Hartmann, (Johann) Georg † 4/408

Jouhe (Dép. Jura, Frankreich)
Beatrix von Burgund † 1/361

Juan-les-Pins (Antibes, Dép. Alpes-Maritimes, Frankreich)
Brammer, Julius † 2/59

Judenbach
Apel, Erich * 11/4; Meyer, Andreas ~/† 7/98

Judenburg (Steiermark)
Arco, Joseph Adam Graf von ~ 1/163; Auersperg, Gottfried Leopold Graf von * 1/217; Crantz, Heinrich Johann Nepomuk Edler von † 2/393; Fellinger, Johann (Nepomuk) Georg ~ 3/260; Foest-Monshoff, Rudolf ~ 3/366; Haller von Hallerstein, Augustin ~ 4/349; Körbler, Clemens ~ 5/670; Paltauf, Arnold * 7/552; Paltauf, Richard * 7/552; Paracelsus ~ 7/561; Peinlich, Richard ~ 7/589; Powolny, Michael * 8/47; Schiemer, Leonhard ~ 8/628; Stekl, Konrad ~ 9/502; Weinhandl, Ferdinand * 10/396; Wittgenstein, Karl ~ 10/547

Judendorf (1939-45 Hermannswalde, poln. Warszewo)
Zedlitz-Neukirch, Constantin Frh. von * 10/627

Judendorf (Steiermark)
Hoernes, Rudolf † 5/103

Juditten (Kaliningrad/Königsberg)
Gottsched, Johann Christoph * 4/111

Jüchen
siehe auch *Garzweiler, Hochneukirch*
Blanckertz, Heinrich Siegmund * 1/556; Hersch, Hermann * 4/646

Jückelberg → Flemmingen

Jüdenberg
Klopfer, Balthasar Christoph * 5/603

Jühnde
Sohnrey, Heinrich * 9/362

Jülich
siehe auch *Mersch*
Alefeld, Georg Otto ~ 11/2; Badius, Johannes ~ 1/253; Beckurts, Karl Heinz ~ 1/387; Boyen, Ludwig Wilhelm Otto Karl von ~ 2/52; Cäsarius, Johannes * 2/263; Calcheim, Wilhelm von ~ 2/265; Campanus, Johannes ~ 2/270; Classen, Matthias * 2/332; Fahne, Anton ~ 3/218; Fischer, Antonius * 3/311; Götze, Sigismund von ~ 4/73; Goldenberg, (Carl) Friedrich ~ 4/78; Hallberg-Broich, (Karl) Theodor (Maria Hubert) Frh. von ~ 4/344; Johnen, Wilhelm ~/† 5/356; Lühring, Anna ~ 6/519; Nakatenus, Wilhelm ~ 7/338; Neumann, Joseph Maria ~ 7/384; Reichardt, Günther ~/† 8/197; Rimbach, (Friedrich) Eberhard * 8/312; Rombach, Wilhelm ~ 8/378; Schirmer, Johann (Wilhelm) ~ 8/649; Schulten, Rudolf ~ 9/187; Schwarzenberg, Adam Graf zu ~ 9/230; Thissen, Eugen (Johann Theodor) ~ 10/12; Tympius, Matthaeus ~ 10/120; Wolter, Maurus ~ 10/585

Jünkerath
Meier, Eduard ~ 7/30

Jüterbog
August, Herzog von Sachsen-Weißenfels ~ 1/221; Bereit, Johannes */~ 1/435; Blau, Paul ~ 1/563; Brandt, Johann

Friedrich * 2/69; Deutschmann, Johann * 2/507; Eschke, Richard † 3/176; Ettmüller, Christian Friedrich Benedikt ~ 3/186; Fähse, Gottfried † 3/217; Flemming, Carl Friedrich * 3/346; Gabriel, Karl Eduard * 3/550; Goltz, Rüdiger Frh. von der ~ 4/93; Hafftitz, Peter * 4/316; Hepp, Leo ~ 4/602; Jakob von Jüterbog * 5/295; Kempff, Wilhelm (Walter Friedrich) * 5/504; Löscher, Valentin Ernst ~ 6/447; Martini, Wolfgang ~ 6/640; Müntzer, Thomas ~ 7/299; Schmidt, Eberhard (Ludwig Ferdinand) * 9/4; Vater, Christian * 10/185; Wichmann, Graf von Seeburg, Erzbischof von Magdeburg ~ 10/471; Wilmanns, Wilhelm * 10/514

Jugenheim a. d. Bergstraße (seit 1979 zu Seeheim-Jugenheim)
Anheisser, (Carl Maximilian) Roland † 1/140; Christaller, Helene ~/† 2/316; Fraenkel, Ernst ~ 3/383; Greim, Georg Heinrich † 4/152; Greiner, Daniel ~/† 4/153; Habich, Ludwig † 4/295; Herrlinger, Julie ~/† 4/641; Neundörfer, Ludwig ~ 7/391; Pauer, Ernst † 7/572; Pauer, Max von † 7/572; Ploennies, L(o)uise von ~ 8/4; Saul, Daniel (Johannes) ~/† 8/529; Schaubert, Else (Constanze Wilhelmine) † 8/574

Jugowice → Hausdorf

Juist
Ebeling, (August Hugo) Alfred ~ 2/665; Klumker, Christian Jasper * 5/610; Leege, Otto (Karl Georg) ~ 6/287; Luserke, Martin ~ 6/533; Weyer, Willy † 10/465; Zuckmayer, Eduard ~ 10/695

Juliusberg (poln. Dobroszyce)
Basch, Siegmund * 1/312

Jumprava → Jungfernhof

Jungbuch (tschech. Mladé Buky)
Faltis, Johann ~ 3/230

Jungbunzlau (tschech. Mladá Boleslav)
Bayer, Paul Ignaz ~ 1/359; Beczwarzowsky, Anton Felix * 1/387; Brik, Johann Emanuel ~ 2/133; Eibenschütz, Jonathan ~ 3/45; Fischel, Alfred von * 3/309; Helfert, Joseph † 4/559; Heller, Isidor * 4/563; Herbert, Petrus ~ 4/606; Horn, Johannes ~/† 5/177; Kraus, Rudolf * 6/79; Neumann, Alois * 7/380

Jungen (poln. Wiąg)
Loerke, Oskar * 6/446

Jungfernhof (lett. Jumprava)
Baumann, Johann Heinrich † 1/336

Jungingen
Bumiller, Lambert * 2/222; Deckel, Friedrich (Wilhelm) * 2/457; Faulhaber, Elias Matthäus ~ 3/235; Miller, Johann Martin ~ 7/142

Jungnau (seit 1974 zu Sigmaringen)
Fürstenberg, Friedrich Graf von ~ 3/528

Junkersdorf (seit 1975 zu Köln)
Herwegen, Ildefons * 4/656

Justingen (seit 1972 zu Schelklingen)
Karl Eugen, Herzog von Württemberg ~ 5/448; Stöffler, Johannes */~ 9/543

Jutroschin (poln. Jutrosin)
Bernhardt, Ernst * 1/470

Jutrosin → Jutroschin

Južnyi → Katharinenhof

Južnyj → Jesau

K

Kaaden (tschech. Kadaň)
Bernt, Alois ~/† 1/477; Grimmich, Virgil */~ 4/173; Loeschner, Joseph Wilhelm Frh. von * 6/447; Nigri,

Petrus * 7/417; Schede, Elias * 8/579; Ulrich, Herzog von Württemberg ~ 10/143; Wildner, Hugo † 10/501

Kaarst
siehe auch *Büttgen*
Keller, Hans Peter † 5/494; Mollenhauer, Ernst ~ 7/191

Kaarz (Gem. Weitendorf b. Brüel)
Bülow, Burghart (Heinrich Friedrich Adolf Otto) von * 2/203

Kabul
Honigberger, Johann Martin ~ 5/167

Kaczki → Katzke

Kadaň → Kaaden

Kadenbach
Maxsein, Agnes * 6/679

Kadienen (Ostpreußen)
Bock, Ignatius Friedrich Raphael ~ 1/595

Käbschütztal → Krögis, Löthain, Mauna

Kälberbronn (seit 1975 zu Pfalzgrafenweiler)
Vieweg, (Gotthold) Richard † 10/209

Kämmerswalde
Walther, (Adolf) Wilhelm * 10/325

Kaeselow
Eichhoff, Ernst † 3/50

Käsmark (auch Kesmark, slowak. Kežmarok, ungar. Késmárk)
Genersich, Johann (August) * 3/621; Grünvalszky, Karl * 4/218; Kray, Paul Frh. von Krajowa und Topolya * 6/87; Rumy, Karl Georg ~ 8/466

Kagendorf (seit 1950 zu Neu Kosenow)
Manzel, Ludwig * 6/603

Kagenheim
Piette du Rivage, Prosper d. Ä. ~ 7/668

Kahl a. Main
siehe auch *Emmerichshofen*
Schnack, Anton ~/† 9/44

Kahla (Thür.)
Appel, Johann ~/† 1/158; Dobenecker, Otto * 2/564; Glaß, Luise ~ 4/24; Günther, Friedrich Christian */† 4/239; Lorentz, Paul Günther * 6/470; Naogeorg, Thomas ~ 7/339; Rebhuhn, Paul ~ 8/170; Rudolph, Paul * 8/441; Undeutsch, Hermann * 10/151; Walter, Johann * 10/319; Walther, Carl Ferdinand Wilhelm ~ 10/323

Kahleby (Gem. Schaalby)
Christiani, Christoph Johann Rudolph ~ 2/321

Kahnsdorf (seit 1994 zu Lobstädt)
Ernesti, Johann Christian Gottlieb † 3/157

Kahren (Cottbus)
Gutschmid, (Christian) Gotthelf Frh. von * 4/272

Kainberg (Steiermark)
Conrad von Eybesfeld, Siegmund Frh. von * 2/363

Kaindorf → Kopfing

Kairo
Anthes, Rudolf ~ 1/149; Aubin, Hermann (Carl William) ~ 1/212; Bauer, Adolf ~ 1/323; Becker, Walther ~ 1/381; Bendix, Bernhard † 1/417; Bernstorff, Johann Heinrich Graf ~ 1/477; Bielka, Erich ~ 1/520; Bilharz, Alfons ~ 1/527; Bilharz, Theodor (Maximilian) ~/† 1/527; Bissing, Friedrich Wilhelm Frh. von ~ 1/548; Bittel, Kurt ~ 1/549; Blanckenhorn, Max (Ludwig Paul) ~ 1/556; Borchardt, Ludwig ~ 2/26; Bornhak, Konrad ~ 2/35; Brand, Joel Jenö ~ 2/60; Brauer, (Karl Ludwig Wilhelm) Arthur von ~ 2/77; Brugsch(-Pascha), Heinrich Karl ~ 2/163; Bülow, Hans (Guido) von † 2/203; Burckhardt, Johann Ludwig † 2/233; Bussche-Haddenhausen, Hilmar Frh. von dem ~ 2/254; Diercks, Gustav ~ 2/521; Dittel, Leopold von ~ 2/560; Dobretsberger, Josef ~ 2/565; Ebeling, Adolf ~ 2/664; Engel, (Martin Georg) Franz ~ 3/113; Engel, Hans * 3/114; Federer, Georg ~ 3/241; Fischer, Beat ~ 3/312; Frank, Ludwig ~ 3/401; Friedinger-Pranter, Robert ~ 3/451; Gauchat, Pierre ~ 3/583; Genczik, August von ~ 3/620; Grantzow, Adele ~ 4/136; Griesinger, Wilhelm ~ 4/165; Grohmann, Adolf ~ 4/182; Haggenmacher, (Gustav) Adolf ~ 4/326; Harms, Jürgen (Wilhelm) ~ 4/390; Harnier, Wilhelm von ~ 4/393; Hatzfeldt-Wildenburg,

Kalischt (tschech. Kaliště)
Mahler, Gustav * 6/567
Kaliště → Kalischt
Kalisz → Kalisch
Kalisz Pomorski → Kallies
Kalk (seit 1910 zu Köln)
Grüneberg, Hermann Julius ~ 4/213; Mannstaedt, Ludwig Emil ~ 6/597; Oppenheim, Franz ~ 11/151; Spannuth-Bodenstedt, Ludwig * 9/385; Zörner, (Ernst Hermann) Richard ~ 10/686
Kalk-Podol (tschech. Vápenny Podol)
Ruttner, Franz * 8/478
Kalkar
siehe auch *Grieth*
Brandt, (Christian) Friedrich ~ 2/68; Dilthey, Wernhard ~ 2/548; Douvermann, Heinrich ~ 2/603; Eger von Kalkar, Heinrich * 3/25; s'Grooten, Christian ~/† 4/187; Joest, Jan ~ 5/337; Juppe, Ludwig ~ 5/387; Mönnig, Hugo * 7/173; Nauen, Heinrich ~/† 7/347; Seydlitz, Friedrich Wilhelm von * 9/298
Kalkfontein (Namibia)
Iseke, Hermann † 5/261
Kalkkuhl (seit 1975 zu Gummersbach)
Schwager, Johann Moritz * 9/219
Kalkofen (Gem. Hohensaaten)
Schmidt, Paul * 9/17
Kalkofen (poln. Wapnica)
Küster, Ernst * 6/154
Kalkreuth (seit 1994 zu Ebersbach, Kr. Riesa-Großenhain)
Komerstadt, Georg von † 6/22
Kalksburg (seit 1938 zu Wien)
Abel, Heinrich ~ 1/5; Bülow, Emil Frh. von ~/† 2/203; Fischer, Eduard ~ 3/313; Hagleitner, Kaspar (Benedikt) ~/† 4/326; Leistler, Carl † 6/310; Loos, Adolf † 6/466; Parschalk, Josef ~ 7/565; Reschauer, Anton ~ 8/248; Rinn, Friedrich ~/† 8/319; Stentrup, Ferdinand † 9/507; Stephanie Clothilde Louise Hermine Marie Charlotte, Kronprinzessin von Österreich ~ 9/511
Kalkstein (Ostpreußen)
Schwimmer, Eva (Lizzie Toni) * 9/246
Kalkuhnen (lett. Kalkuni, russ. Kalkuny)
Fölckersam, Melchior von * 3/360
Kalkum (Düsseldorf)
Langer, Johann Peter von * 6/242
Kalkuni → Kalkuhnen
Kalkuny → Kalkuhnen
Kalkutta
Brandis, Sir Ludwig Christian Georg ~ 2/65; Czapek, Friedrich (Johann Franz) ~ 2/416; Feistmantel, Ottokar ~ 3/253; Griesbach, Carl Ludolf ~ 4/163; Häberlin, Johannes ~/† 4/301; Hoernle, Rudolf ~ 5/103; Hoffmann, Johann Baptist ~ 5/120; Honigberger, Johann Martin ~ 5/167; Jolly, Julius ~ 5/359; Keller, Friedrich von ~ 5/492; Levi, Friedrich (Wilhelm Daniel) ~ 6/358; Liebig, Georg Frh. von ~ 6/384; Nagler, Josef ~ 7/336; Ow-Wachendorf, Wernher Melchior Frh. von ~ 7/541; Pfander, Karl Gottlieb ~ 7/634; Richthofen, Herbert Frh. von ~ 8/286; Ringeltaube, Wilhelm Tobias ~ 8/316; Ruete, Hans Hellmuth ~ 8/456; Siemens, (Ernst) Werner von ~ 9/317; Solf, Wilhelm Heinrich ~ 9/364; Sprenger, Aloys ~ 9/418; Voretzsch, Ernst-Arthur ~ 10/254; Welczek, Johannes Graf von ~ 10/422
Kall → Steinfeld
Kallern (Kt. Aargau)
Renz, Carl ~ 8/246
Kalletal → Bavenhausen, Hohenhausen
Kallham (Oberösterreich)
Enengl, Josef * 3/112; Firmian, Franz Karl Maria Cajetan Reichsgraf von ~ 3/307
Kallies (poln. Kalisz Pomorski)
Skopnik, Günter * 9/347
Kallnen → Drachenberg
Kalnciems → Kalnezeem

Kalnezeem (lett. Kalnciems)
Biron, Ernst Johann Reichsgraf von * 1/541
Kalocsa (Ungarn)
Braun, Karl ~ 2/83; Oberkamp, Rudolf Frh. von ~ 7/453; Schreck, Konrad ~ 9/133; Stufler, Johann ~ 9/612
Kals am Großglockner (Tirol)
Huter, Rupert * 5/235
Kalscheuren (Hürth)
Wagner, Ernst ~ 10/279
Kalsdorf (Steiermark)
Herberstorff, Adam Graf von * 4/605
Kaltenbach (Bez. Schwaz, Tirol)
Mauracher, Hans * 6/668
Kaltenbach (Gem. Wagenhausen, Kt. Thurgau)
Küng, Emil * 11/114
Kaltenbach (seit 1975 zu Engelskirchen)
Feller, Kurt * 3/260
Kaltenbach (tschech. Nové Hutě, heute zu Nový Svět/Neugebäu)
Kralik von Meyrswalden, Wilhelm Ritter * 6/68
Kaltenberg
Hundt zu Lautterbach, Wiguleus * 5/228
Kaltenbrunn (Gem. Gmund a. Tegernsee)
Reiffenstuel, Anaklet * 8/207
Kaltenbrunn (Gem. Kaunertal, Tirol)
Hefele, Melchior * 4/477; Rauch, Anton * 8/157
Kaltenburg-Lindau → Lindau
Kaltendorf (seit 1918 zu Oebisfelde)
Wahnschaffe, Felix * 10/294
Kaltenhausen (Au, Gem. Hallein, Salzburg)
Schreiner, Johann Nepomuk ~ 9/138
Kaltenherberg (Burscheid, Rheinisch-Bergischer Kreis)
Prümmer, Dominikus Maria * 8/81
Kaltenhof
Albert II., Bischof von Lübeck † 1/66
Kaltenkirchen
Timm, Herbert * 10/45
Kaltenleutgeben (Niederösterreich)
Binder, Josef † 1/531; Robert, Richard † 8/338; Strasser, Alois ~ 9/567; Winternitz, Wilhelm ~ 10/535
Kaltennordheim
Cotta, (Johann) Heinrich ~ 2/385; Merkl, Willy * 7/75; Stickel, Max * 9/523
Kaltern an der Weinstraße (italien. Caldaro sulla strada del vino)
siehe auch *Sankt Anton*
Atz, Karl * 1/211; Buol von Berenberg, Maria Anna Freiin ~/† 2/226; Giovanelli, Karl Frh. von † 4/13; Klocker, Hans ~ 5/601; Kob, Anton ~ 5/633; Mörl, Maria Theresia von */~/† 7/176; Oberrauch, Herkulan ~ 7/456; Schenk, Alois David * 8/602; Sepp von Rainegg (auch Rechegg) und Seppenburg, Anton * 9/290; Unterberger, Ignaz ~ 10/159
Kaluš → Kalusz
Kalusz (ukrain. Kaluš, poln. Kałusz)
Geller, Leo * 3/616; Smolka, Franz * 9/353
Kalwang (Steiermark)
Stammel, Josef Thaddäus ~ 9/443
Kamba
Konrad II., römisch-deutscher Kaiser ~ 6/25
Kambi → Camby
Kambja → Camby
Kamen
siehe auch *Heeren, Werve, Wasserkurl*
Boeddinghaus, Karl * 1/613; Buxtorf, Johannes d. Ä. * 2/261; Hamelmann, Hermann ~ 4/359; Heymann, Bernhard * 5/24; Jasper Linde, Erzbischof von Riga * 5/308; Marcus, Ernst Moses * 6/610; Meinberg, Wilhelm † 7/33; Meyer, Heinz-Werner ~ 7/105; Oemeken, Gerdt * 7/468; Rürup, Heinrich ~ 8/455; Tengelmann, Wilhelm ~ 9/675
Kamenec → Camenz
Kamenec → Steinsdorf
Kamenice nad Lipou → Kamenitz a. d. Linde
Kamenický Šenov → Steinschönau

Kamenitz (tschech. Kamenice)
Krommer, Franz Vinzenz * 6/115
Kamenitz a. d. Linde (tschech. Kamenice nad Lipou)
Epstein, Alois * 3/133; Tordek, Ella * 10/64
Kamenka → Friedrichstein
Kamenskoje (Estland)
Nottbeck, Arvid von * 7/443
Kamenz
siehe auch *Zschornau*
Bönisch, Johann Gottfried ~/† 1/630; Budäus, Johann
Christian Gotthelf ~ 2/191; Conradi, Michael ~/† 2/364;
Drechsler, Karl * 2/611; Eppendorf, Heinrich ~ 3/132;
Ficinus, Heinrich David August ~ 3/286; Goldschmidt,
Abraham Meyer ~ 4/82; Lessing, Gottfried */† 6/345;
Lessing, Gotthold Ephraim */~ 6/345; Lessing, Karl Gott-
helf * 6/347; Ruffini, Alwin * 8/458; Unger, Hermann *
10/154; Warnatz, Gustav Heinrich */~ 10/336; Weißmantel,
Christian * 10/415
Kamien (Oberschlesien)
Nanker * 7/339
Kamień Pomorski → Cammin i. Pom.
Kamieniec → Finckenstein
Kamienna Góra → Landeshut i. Schles.
Kamillenthal (Posen)
Rhode, Gotthold * 8/269
Kaminetz
Rosenberg, Marc * 8/394
Kamionka → Steinau
Kammelwitz (Schlesien)
Raymond, Walter * 8/168
Kammer (Oberösterreich)
Foglár, Ludwig † 3/367; Uiberacker, Wolfgang Christoph
Graf * 10/133
Kammer (Traunstein)
Permoser, Balthasar * 7/602
Kammeri → Duckershof
Kammerstein
Heckel, Johannes (Wilhelm Otto) * 4/470; Heckel, Theodor
* 11/81
Kamnik → Stein in Krain
Kamp/Rhein
Roos, Johannes Christian * 8/382
Kamp-Lintfort
Slembeck, Dieter * 9/349
Kampen (Niederlande)
Crüser, Hermann * 2/406; Kempe, Stephan * 5/503;
Ulsenius, Theodoricus ~ 10/148
Kampen (Sylt)
Avenarius, Ferdinand (Ernst Albert) ~/† 1/227; Gert,
Valeska ~/† 3/661; Killy, (Hans) Walther (Theodor Maria)
† 5/538; Leisner, Emmi ~ 6/310; Rée, Anita † 8/182;
Rohrbach, Adolf (Karl) † 8/371; Schröder, Gerhard †
9/147; Wichert, Fritz ~/† 10/470
Kamphye
Petersen, Asmus * 7/618
Kandau (lett. Kandawa, russ. Kandava)
Külpe, Oswald * 6/148
Kandava → Kandau
Kandawa → Kandau
Kandel (Elsaß)
Leuchsenring, Franz (Michael) * 6/351
Kandel (Kr. Germersheim)
Haueisen, (Carl) Albert † 4/438; Hauenstein, Fritz * 4/438;
Jung, Kurt * 5/380
Kandergrund (Kt. Bern)
Greyerz, Hans Karl Walter von ~ 4/161; Haller, Lilli *
4/348; Sturzenegger, Anna Catharina ~ 9/619
Kandern
siehe auch *Feuerbach*
Bampi, Richard † 1/286; Dengler, Leopold ~ 2/486;
Gagern, Friedrich (Ludwig Balduin Karl Moritz) Frh.
von † 3/557; Hecker, Friedrich (Franz Karl) ~ 4/471;
Holtzmann, Adolf ~ 5/157; Laeuger, Max ~ 6/196;

Mez, Karl * 7/118; Schmidt, Adolf ~ 9/1; Sutter, John
(Augustus) * 9/637
Kandersteg (Kt. Bern)
Greyerz, Hans Karl Walter von ~ 4/161
Kandia (Krain)
Sattner, Hugolin * 8/525
Kanditten (poln. Kandyty)
Mulert, Oskar * 7/305
Kandyty → Kanditten
Kanena (seit 1950 zu Halle/Saale)
Dieskau, Karl Wilhelm von * 2/524
Kanice → Kanitz
Kanig (poln. Kaniów)
Kerber, Arthur */~ 5/508
Kaniów → Kanig
Kanischa (Slowenien)
Lorber, Jakob * 6/469
Kanitz (tschech. Kanice)
Deutsch, Gotthard * 2/505; Hitschmann, Hugo * 5/75
Kankelfitz (poln. Kąkolewice)
Alemann, Johann Ernst von † 1/86
Kannawurf
Leuch-Reineck, Annie * 6/350
Kansas City (Missouri, USA)
Altschul, Salomon Eugen ~/† 11/3; Dengler, Paul Leo ~
2/486; Heichelheim, Fritz Moritz ~ 4/484; Lamm, Hans ~
6/206; Wolff, Hans Julius ~ 10/573
Kanthen
Friese, Karl Ferdinand * 3/485
Kanton (China)
Blum, Klara ~/† 11/24; Credner, Wilhelm (Georg Rudolf)
~ 2/395; Dewall, Wolf von ~ 2/509; Faber, Ernst ~ 3/207;
Greim, Robert Ritter von ~ 4/152; Haller von Hallerstein,
Augustin ~ 4/349; Hirth, Friedrich ~ 5/70; Jaekel, Otto
~ 5/286; Jucker, Waldemar ~ 5/370; Moellendorff, Otto
Franz von ~ 7/166; Moellendorff, Paul Georg von ~ 7/166;
Neumann, Heinz ~ 7/384; Schrameier, (Ludwig) Wilhelm
~ 9/127; Strachwitz, Rudolf (Alfred Emanuel) Graf von
~ 9/563; Stumpf, Kilian ~ 9/614; Walbaum, Hermann ~
10/297; Westhues, Heinrich ~ 10/459
Kantreck (poln. Łoźnica)
Köller, Ernst (Matthias) von * 5/655
Kanzach
Braig, Karl * 2/58
Kap Finisterre (Prov. La Coruna, Spanien)
Schwier, Hans † 9/246
Kapellen (seit 1969 zu Geldern)
Brey, Henriette * 2/128; Peters, Theodor ~ 7/617
Kapellen (seit 1975 zu Moers)
Kost, Heinrich † 6/53; Pattberg, Heinrich † 11/156
Kapellen (Erft) (seit 1975 zu Grevenbroich)
Gruenter, Rainer † 4/218
Kapellen-Drusweiler → Drusweiler
Kapellendorf
Hunnius, Friedrich Johann Wilhelm * 5/228; Siebert,
Friedrich ~ 9/307
Kapfenberg (Steiermark)
Diamant, Moritz ~ 2/510; Reiser, Fridolin ~ 8/230; Stekl,
Konrad ~ 9/502
Kapfenburg
Boemus, Johann ~ 1/629
Kapitz (poln. Kopiec)
Bräuer, Leonore ~ 2/56
Kaplice → Kaplitz
Kaplitz (tschech. Kaplice)
Bucquoi, Johann Nepomuk Graf von ~ 2/191; Feitler,
Siegmund / 3/254; Kindermann, Ferdinand Ritter von
Schulstein ~ 5/540; Oberparleiter, Ignaz */~/† 7/456
Kaposvár (Ungarn)
Kaposi, Moritz * 5/429
Kappel (Gem. Ebnat-Kappel, Kt. Sankt Gallen)
Feierabend, Maurus August ~ 3/248
Kappel (Gem. Rust)
Burg, Joseph Vitus ~ 2/235

Kappel (Waldsassen)
Dientzenhofer, Georg ~ 2/519
Kappel am Albis (Kt. Zürich)
Bullinger, Heinrich ~ 2/221; Geroldseck, Diebold von †
3/654; Gwalther, Rudolf ~ 4/276; Näf-Enz, Johannes *
7/330; Näf-Gallmann, Rudolf * 7/330; Schmid, Konrad †
8/704; Simler, Josias * 9/329; Walder, Heinrich ~ 10/302;
Zwingli, Huldrych (Ulrich) † 10/709
Kappeln (Kr. Schleswig-Flensburg)
Aereboe, Friedrich ~ 1/49; Gardthausen, Hans ~/† 3/574;
Gudewerdt, Hans II. ~ 4/233; Kaftan, Theodor ~ 5/401;
Thomsen, (Asmus) Julius (Thomas) ~/† 10/22; Weigmann,
Hermann † 10/389
Kappelrodeck
Weislinger, Johann Nikolaus ~/† 10/404
Kappl (Bez. Landeck, Tirol)
Santeler, Josef * 8/516
Kappl (Gem. Unterammergau)
Stainhart, Franz (I.) ~ 9/441; Umbach, Jonas ~ 10/148
Kaprun (Salzburg)
Schneiderhan, Franz † 9/61
Kapsdorf (poln. Czerńczyce)
Scholz, (Johann Martin) Augustin * 9/108; Zedlitz und
Leipe, Karl Abraham Frh. von † 10/627
Kapstadt
Bleek, Wilhelm Heinrich Emanuel ~ 1/566; Bohle, Ernst
~ 2/1; Brendel, Walter ~ 2/111; Döhne, Jacob Ludwig ~
2/571; Ecklon, Christian Friedrich ~/† 3/15; Eick, Hans-
Joachim † 3/57; Hahn, (Karl) Hugo * 4/330; Hennemann,
Franz(iskus Josef) ~ 4/590; Herxheimer, Gotthold † 4/657;
Hollender, Paul † 5/151; Keller, Friedrich von ~ 5/492;
Kindermann, Joseph Karl ~ 5/541; Kisker, August Wilhelm
~ 5/558; Lindequist, Friedrich von ~ 6/405; Rutenberg,
(Diedrich) Christian ~ 8/476; Schmidt, Georg ~ 9/7;
Schwarz, Bernhard Wilhelm ~ 9/225; Stern, Irma † 9/513
Karachi → Karatschi
Karaganda (Kasachstan)
Buber-Neumann, Margarete ~ 2/179
Karanschebesch (rumän. Caransebeş, ungar. Karánsebes)
Fülöp-Miller, René * 3/525; Jaumann, Gustav (Andreas
Johannes) * 5/310; Klein, Wilhelm * 5/578; Menzinger,
Moritz * 7/67; Stürmer, Viktor * 9/611
Karánsebes → Karanschebesch
Karapčiv → Karapcziu
Karapcziu (ukrain. Karapčiv)
Fischer, Eduard * 3/313; Kovács, Edgar * 6/57
Karaś → Karrasch
Karassubasar (ukrain. Bilogirs'k)
Krüdener, (Barbara) Juliane von † 6/120
Karatschi (Pakistan)
Jaenicke, Wolfgang ~ 5/287; Schmieder, Oskar ~ 9/28
Karbach (Kr. Main-Spessart)
Carbach, Nikolaus Fabri von * 2/279
Karben → Burg-Gräfenrode, Groß Karben
Karbitz
Loose, Emmy * 6/468
Karbowo (Polen)
Krause, Paul (Georg Christoph) von * 6/82
Karcag (Ungarn)
Karczag, Wilhelm * 5/434
Karge (poln. Kargowa Wieś)
Stern, Sigismund * 9/515
Kargowa → Unruhstadt
Kargowa Wieś → Karge
Karisch (poln. Karszówek)
Prittwitz, Karl Ludwig Wilhelm Ernst von * 8/73
Karkeln (russ. Mysouka)
Heinrici, Georg * 4/544
Karl-Marx-Stadt → Chemnitz
Karlín → Karolinenthal
Karlino → Körlin a./Pers.
Karlkow (Pommern)
Bernhöft, Franz (Alwin Friedrich August) * 1/471
Karlócza → Karlowitz

Karlová Hut' → Karlshütte
Karlova Studánka → Karlsbrunn
Karlovy Vary → Karlsbad
Karłowice → Karlsmarkt
Karłowice Wielkie → Großkarlowitz
Karlowitz (serb. Sremski Karlovci, ungar. Karlócza)
Hadik von Futak, Andreas Graf ~ 4/300; Rumy, Karl
Georg ~ 8/466
Karlsbad → Langensteinbach
Karlsbad (tschech. Karlovy Vary)
siehe auch *Fischern, Neudek, Pirkenhammer*
Abendroth, Irene ~ 1/7; Adalbert Heinrich Wilhelm, Prinz
von Preußen † 1/26; Adler, Bruno * 1/38; Adler, Leopold
~ 1/40; Amon, Anton ~ 1/118; Apfelbeck, Hugo ~ 1/156;
Arneth, Joseph Calasanza Ritter von † 1/177; Baudissin,
Karoline Adelheid Cornelia Gräfin von ~ 1/321; Baumann,
Johann Friedrich ~ 1/336; Beethoven, Ludwig van ~
1/391; Blatny, Fanny ~ 1/562; Bloch, Markus Elieser †
1/575; Blum, Friederike ~ 1/582; Buber, Martin ~ 2/177;
Carro, Johann Ritter von ~/† 2/288; Cerri, Kajetan †
2/301; Cosack, Josef Kaspar ~ 2/380; Coudenhove, Karl
Graf von ~ 2/385; Cuno, Heinrich ~/† 2/410; Dellinger,
Rudolf ~ 2/479; Dientzenhofer, Kilian Ignaz ~ 2/520;
Dietrich, (Johann Christian) Gottlieb ~ 2/535; Dorothea,
Kurfürstin von Brandenburg † 2/600; Dorothea, Herzogin
von Kurland ~ 2/600; Ebenstein, Viktor ~ 2/666; Eckhardt,
Fritz ~ 3/12; Eybenberg, Marianne ~ 3/203; Falta, Wilhelm
* 3/229; Fellner, Ferdinand d. J. ~ 3/261; Ferency, José
~ 3/271; Fischer, Heinrich * 3/319; Fleißner, Hans †
3/345; Floderer, Wilhelm * 3/352; Förster, Alban ~ 3/361;
Forkardt, (Hermann) Paul (Max) ~ 3/373; Frank, Adolf
~ 3/397; Frank, Karl Hermann * 3/401; Frenzel, Alfred
~ 3/425; Gaßmann, Florian (Leopold) ~ 3/579; Gehren,
Reinhard von † 3/600; Gfrörer, August Friedrich † 3/676;
Giampietro, Joseph ~ 3/677; Gilly, Friedrich (David) †
4/10; Girardi, Alexander ~ 4/14; Goldmann, Emil * 4/80;
Gruber, Ludwig ~ 4/207; Grünwald-Zerkowitz, Sidonie †
4/218; Günther, Mizzi ~ 4/242; Guttmann, Arthur ~ 4/274;
Haaß-Berkow, Gottfried ~ 4/290; Harrach, Ferdinand
Bonaventura Graf von † 4/395; Harrer, (Johann) Gottlob
† 4/396; Hauschka, Vinzenz ~ 4/446; Hausner, Berta
~ 4/453; Heinemann, Albert ~ 4/513; Hellmesberger,
Ferdinand ~ 4/567; Herberstein, Ferdinand Leopold Graf
von ~/† 4/604; Hiebsch, Josef † 5/30; Hilferding, Rudolf
~ 5/40; Hirth, Hellmuth * 5/70; Janke, Johannes ~ 5/300;
Jarno, Hansi ~ 5/307; Kafka, Victor * 5/400; Kampe,
Robert ~ 5/421; Kaufmann, David † 5/471; Klein, Hugo †
5/575; Klemm, Walther * 5/586; Kolisch, Rudolf ~ 6/15;
Kotzian, Josef Maria * 6/123; Krüger, Karl Friedrich ~
6/123; Kuensberg, Sophie Freiin von * 6/151; Kundt, Ernst
~ 6/167; Lehnert, Julius ~ 6/300; Lehnich, Oswald † 6/300;
Leibniz, Gottfried Wilhelm ~ 6/303; Leppa, Karl Franz
~ 6/336; Lochner, Rudolf ~ 6/434; Löwenstein, Ernst *
6/454; Manteuffel, Edwin (Hans Karl) Frh. von † 6/600;
Manzer, Robert ~ 6/603; Maria Ludovika, Kaiserin von
Österreich ~ 6/620; Mattoni, Heinrich Edler von */~/†
6/664; Meisel, Johann ~ 7/38; Metternich-Winneburg,
Clemens (Wenzeslaus Lothar Nepomuk) Graf, später Fürst
von ~ 7/88; Meyer, Heinrich ~ 7/104; Moser, Ludwig
*/~/† 7/227; Moser, Paul ~ 7/228; Mozart, Franz Xaver
Wolfgang † 7/235; Müller, Ernst ~ 7/254; Neubauer,
Otto * 7/371; Ohmann, Friedrich ~ 7/481; Olden, Hans ~
7/484; Pallenberg, Max † 7/551; Peter, (Johann) Wenzel
* 7/614; Pfizmaier, August */~ 7/648; Pincus, Lily */~
7/672; Pleschner, Hans Gallus * 7/694; Pöschmann,
Johann ~/† 8/15; Pohler, Armand ~ 8/20; Porges, Nathan
~ 8/37; Quandt, (Johann) Gottlob von ~ 8/99; Ramming
von Riedkirchen, Wilhelm Frh. † 8/133; Reinhard, Karl
Friedrich Graf von ~ 8/218; Reininger, Karl † 8/225;
Révy, Richard (Anton Robert Felix) ~ 8/263; Riccius,
August Ferdinand † 8/271; Rittner, Rudolf ~ 8/335;
Schenker, Gottfried ~ 8/607; Schnée, (Karl) Emil ~ 9/47;
Schnurbusch, (Johann Heinrich Friedrich) Diedrich ~ 9/70;
Schütz, Ferdinand ~ 9/177; Seeber, (Friedrich Konrad)

Guido ~ 9/255; Seegen, Joseph ~ 9/257; Serner, Walter (Eduard) */~ 9/291; Sommer, Ernst ~ 9/368; Sondegg, Adolf ~ 9/372; Sorg, Heinrich ~ 9/378; Spörr, Martin ~ 9/414; Stampfer, Friedrich ~ 9/445; Steidl, Franz ~ 9/471; Stephani, Clemens ~ 9/510; Strobelberger, Johann Stephan ~ 9/590; Struve, (Friedrich Adolph) August ~ 9/599; Tandler, Max ~ 9/654; Taub, Valter ~ 9/660; Taubert, Gustav (Friedrich Amalius) ~ 9/662; Teller, Friedrich (Joseph) * 9/673; Teschner, Richard * 9/680; Thiele, Wilhelm ~ 10/3; Thiemann, Carl (Theodor) */~ 10/4; Uher, Hugo */~ 10/127; Uhlig, (Adolf) Kurt ~ 10/130; Uhlig, Viktor † 10/131; Wallisch, Wilhelm ~ 10/313; Wehding, Hans Hendrik ~ 10/375; Wirkner, Wenzel */~ 10/537; Witte, Eugen de * 10/544; Wörl, Georg ~ 10/558; Zimmer, Carl ~ 10/663; Zimmermann, Gusti ~ 10/668; Zollschan, Ignaz ~ 10/688; Zumpt, Karl Gottlob † 10/700

Karlsberg (bei Mansfeld)
Bennecke, Erich * 1/425

Karlsberg (Kärnten)
Aufenstein, Konrad von ~ 1/218; Vetter, Alois Rudolf * 10/200

Karlsberg (Rheinpfalz)
Euler, Hermann * 3/192

Karlsbrunn (tschech. Karlova Studánka)
Micklitz, Theodor * 7/128

Karlsburg (auch Weißenburg, rumän. Alba Iulia, Bălgrad, ungar. Károlyfehérvár, Gyulafehérvár)
Alsted, Johann Heinrich ~/† 1/94; Batthyani, Ignaz Graf von ~/† 1/318; Bisterfeld, Johann Heinrich ~/† 1/549; Block, Wilhelm von dem ~ 1/577; Born, Ignaz Edler von * 2/32; Drinkwelder, Otto ~ 2/622; Eisenmenger, Rudolf * 3/73; Ferdinand, Prinz von Hohenzollern-Sigmaringen, König von Rumänien ~ 3/270; Goblinus, Bischof von Weißenburg ~ 4/45; Heinrich von Bobenhausen, Hochmeister des Deutschen Ordens † 4/527; Hoffhalter, Rafael ~/† 5/112; Taurinus, Stephanus ~ 9/665

Karlsburg (Kr. Ostvorpommern)
Bismarck-Bohlen, Friedrich (Theodor Alexander) Graf von */† 1/547; Bismarck-Bohlen, Theodor Alexander Friedrich Philipp Graf von † 1/547; Henning, Fritz (Gustav Hermann) * 4/592

Karlseck (Friesland)
Hinrichs, Hermann Friedrich Wilhelm * 5/54

Karlsfeld (Sachsen) .
Anger, Christian Ernst ~ 1/137; Boretius, Alfred † 2/29; Schäfer, Karl † 8/548

Karlshafen → Bad Karlshafen

Karlshof (Neumark)
Albedyll, Emil (Heinrich Ludwig Wilhelm) von * 1/63

Karlshorst (seit 1920 zu Berlin)
Sergel, Albert ~ 9/291

Karlshütte (bei Rendsburg)
Pape, (Friedrich Georg) William * 7/559

Karlshütte (tschech. Karlová Hut', heute zu Lískovec/Leskowitz)
Karner, Leopold ~ 5/451; Oelwein, Arthur * 7/468; Uhlig, Viktor * 10/131

Karlshuld
Lutz, Johann Evangelist Georg ~ 6/540

Karlskron
siehe auch *Pobenhausen*
Aretin, Johann Georg Frh. von ~ 1/169

Karlskrona (Schweden)
Ferber, Johann Jakob * 3/266; Walden, Nell * 10/301

Karlsmarkt (poln. Karłowice)
Dzierzon, Johannes ~ 2/662

Karlsruhe
siehe auch *Augustenberg, Ittersbach*
Adam, Richard Benno ~ 1/29; Adlersfeld-Ballestrem, Eufemia von ~ 1/42; Affsprung, Johann Michael ~ 1/50; Agricola, Karl (Joseph Aloys) ~ 1/55; Alastair * 1/63; Albiker, Karl ~ 1/73; Allers, Christian Wilhelm ~/† 1/91; Allgeyer, Julius ~ 1/92; Altherr, Heinrich ~ 1/101; Amende, Hans ~ 1/113; Ammon, Otto Georg */† 1/118;

Amsler, Richard Emil ~ 1/120; Andlaw-Birseck, Heinrich Bernhard Reichsfrh. von ~ 1/126; Andlaw-Birseck, Konrad Reichsfrh. von ~ 1/126; Andreae, Abraham ~ 1/128; Andreae, August Heinrich ~ 1/128; Andreas, Willy */~ 1/132; Andrée, Karl Erich ~ 1/133; Andri, Ferdinand ~ 1/134; Anheisser, (Carl Maximilian) Roland ~ 1/140; Antropoff, Andreas von ~ 1/153; Apostel, Hans Erich */~ 1/158; Armbruster, Adolf ~ 1/171; Arnold, Engelbert ~/† 1/186; Asmus, (Johann) Rudolf ~ 1/206; Asmussen, Anton Claus Christian ~ 1/206; Auch, Jakob ~ 1/212; Auerbach, Adolf * 1/215; Auerbach, Jakob ~ 1/216; Baare, Fritz ~ 1/232; Babberger, August ~ 1/233; Babo, August Wilhelm Frh. von ~ 1/234; Babo, (Clemens Heinrich) Lambert Frh. von † 1/234; Bach, Carl von ~ 1/235; Backhaus, Hermann (Emil Wilhelm) ~ 1/250; Bähr, Johannes ~/† 1/257; Bär, Franz Joseph † 1/259; Baer, Karl Anton Ernst ~ 1/259; Baisch, Hermann ~/† 1/272; Baldung, Hans ~ 1/275; Baldus, Richard ~ 1/275; Balling, Michael Joseph ~ 1/278; Balmer, Johann Jakob ~ 1/279; Balmer, Joseph ~ 1/279; Balzar-Kopp, Elfriede ~ 1/283; Band, Karl (Friedrich Heinrich) ~ 11/10; Barth-Bartenheim, Johann Baptist Ludwig Ehrenreich Graf von ~ 1/305; Bartning, Ludwig ~ 1/309; Bartning, Otto */~ 1/309; Bassermann, Anton ~ 1/315; Bassermann-Jordan, Ernst von ~ 1/316; Bauer, Karl * 1/327; Bauer, Karoline (Philippine Auguste) ~ 1/328; Baum, Marie ~ 1/333; Baumann, Heinrich Carl ~ 1/335; Baumeister, Reinhard ~/† 1/340; Baumert, Georg ~ 1/341; Baumgärtner, Karl Heinrich ~ 1/342; Baumgarten, Hermann ~ 1/344; Baumgartner, Eugen ~ 1/346; Bayer, August von ~/† 1/356; Bayern, Konstantin Prinz von ~ 1/360; Bayrhammer, Gustl ~ 1/360; Bechert, Emil ~/† 1/367; Beck, Otto */~ 1/373; Beck, Theodor ~ 1/373; Becker, Philipp Jakob ~ 1/381; Beckerath, Herbert von ~ 1/382; Beckurts, Karl Heinz ~ 1/387; Behaghel, Otto * 1/394; Behm, Alexander (Karl Friedrich Franz) ~ 1/396; Behrens, Dieter ~/† 1/401; Belzner, Emil ~ 1/412; Bender, Julius † 1/416; Bender, Traugott ~/† 1/417; Benkard, Georg ~/† 11/17; Benz, Karl Friedrich */~ 1/430; Berblinger, Walther */~ 1/434; Berckheim, (Karl) Christian Frh. von † 1/435; Berg, Carl ~ 1/439; Bergius, Friedrich (Karl Rudolf) ~ 1/448; Bergmann, Ernst David * 1/450; Bergmann, Julius (Hugo) ~/† 1/451; Berman, Cipri Adolf ~ 1/458; Bernays, Michael † 1/461; Bernoulli, Hans ~ 1/473; Berrer, Alfred (Wilhelm Albert) ~ 1/479; Berri, Melchior ~ 1/479; Berstett, (Wilhelm Ludwig) Leopold Reinhard Frh. von † 1/480; Bertelsmann, Wilhelm (Heinrich) ~ 1/481; Betz, Franz ~ 1/500; Betzinger, Bernhard (Anton) ~/† 1/500; Beurmann, Emil ~ 1/501; Beyer, Adolf ~ 1/505; Beyschlag, Franz * 1/508; Beyschlag, (Johann Heinrich Christoph) Willibald ~ 1/508; Bianchi, (Charitas) Bianca ~ 1/511; Biechele, Johann Nepomuk ~ 1/516; Biedenfeld, Ferdinand Leopold Frh. von */~/† 1/516; Bielefeld, Joseph */† 1/519; Bienstock, Heinrich ~ 1/522; Biese, Karl ~ 1/525; Billing, Hermann */~/† 1/528; Bilz, Jakob ~ 1/530; Bingner, Adrian (Aloys Philipp Heinrich) * 1/533; Bismarck, Friedrich Wilhelm Graf von ~ 1/545; Bissier, Julius (Heinrich) ~ 1/548; Bissinger, Hermann */~ 1/549; Bittmann, Carl ~ 1/550; Blacker, Carola * 1/553; Blankenhorn, Adolf (Friedrich) ~ 1/557; Blankenhorn, Ernst ~ 1/558; Blind, Karl ~ 1/572; Blochmann, Friedrich (Johann Wilhelm) * 1/575; Blos, Carl ~ 1/579; Bluntschli, Johann Caspar ~ 1/590; Bodendorf, Kurt ~ 1/590; Bodman, (Johann) Ferdinand Frh. von und zu * 1/605; Bodman, (Johann) Heinrich Frh. von und zu ~/† 1/605; Böckel, Ernst ~ 1/607; Böckh, August * 1/608; Böckh, Christian Friedrich von ~ 1/609; Böcking, Rudolf ~ 1/610; Böckmann, Johann Lorenz ~/† 1/612; Böckmann, Karl Wilhelm */~/† 1/612; Böhtlingk, Artur ~/† 1/625; Böse, (Diedrich Albert) Emil (Wilhelm) ~ 1/635; Bohner, Gerhard */~ 2/3; Bokelmann, Christian Ludwig ~ 2/6; Boller, (Jakob) Ludwig (Wilhelm) ~ 2/9; Bollmann, Justus Erich ~ 2/10; Boos, (Georg Christian) Karl ~ 2/23; Borbet, Walter (Adolf) ~ 2/25; Borch, Wilhelm Friedrich Frh. von der ~ 2/25; Bornhäuser, Karl Bernhard ~ 2/35;

Borries, Bodo von ~ 2/37; Bouginé, Karl Joseph ~/†
2/48; Bouvard, Hugo Ritter von ~ 2/50; Bracht, Eugen
~ 2/53; Brambach, Wilhelm ~/† 2/59; Brandes, Wilhelm
~ 2/64; Brandl, Johann ~/† 2/66; Brandt, Heinrich Karl
Theodor ~ 2/69; Brauer, (Karl Ludwig Wilhelm) Arthur
von */~ 2/77; Brauer, Eduard */~ 2/77; Brauer, Johann
Emanuel Friedrich Wilhelm von */† 2/77; Brauer, Johann
(Nikolaus) Friedrich † 2/77; Brauer, Max ~/† 2/78; Brauer,
Theodor ~ 2/78; Braun, Alexander (Carl Heinrich) ~ 2/78;
Braun, Hermann ~ 2/81; Braun, Julius * 2/83; Braun, Karl
Ferdinand ~ 2/83; Brauns, Reinhard Anton ~ 2/90; Bredig,
Georg ~ 2/95; Bredt, Rudolf ~ 2/96; Breitner, Anton ~
2/107; Brendel, Walter * 2/111; Brentano, Clemens von ~
2/117; Breuer, Samson ~ 2/126; Brill, Alexander (Wilhelm)
von ~ 2/133; Bröckelmann, Julie ~ 2/142; Brühl, Alfred
Graf von ~ 2/156; Brünner, Karl */~ 2/161; Brugier,
Gustav ~ 2/162; Bruhn, Christian Nis Nikolaus ~ 2/163;
Brulliot, Karl Johann ~ 2/164; Brumhard, August ~ 2/165;
Brunner, Philipp Joseph † 2/170; Brurein, Wilhelm ~
2/175; Buback, Siegfried † 2/176; Buchenberger, Adolf
† 2/182; Bucherer, Hans Theodor ~ 2/183; Bueb, Julius
~ 2/194; Bücher, Karl ~ 2/195; Bühler, Gerhard ~ 2/200;
Bühler, Hans Adolf ~ 2/200; Bürger, Kurt * 2/209;
Bürklin, Albert ~ 2/212; Bürkner, Robert ~ 2/212; Bütschli,
(Johann Adam) Otto ~ 2/214; Bulst, Walther ~ 11/35;
Bunte, Hans (Hugo Christian) ~/† 2/225; Buntru, Alfred
~ 2/225; Buol-Schauenstein, Karl Ferdinand Graf von
~ 2/227; Burckhardt, Fritz ~ 2/231; Burger, Wilhelm ~
2/238; Burger, Willy Friedrich ~ 2/238; Burnitz, Heinrich
~ 2/246; Burte, Hermann ~ 2/247; Bussmann, Walter
~ 2/256; Buttersack, Bernhard ~ 2/259; Buz, Heinrich
Ritter von ~ 2/262; Cahn-Garnier, Fritz ~ 2/264; Canon,
Hans ~ 2/274; Cartellieri, Otto (Ernst Wilhelm) ~ 2/289;
Chateauneuf, Alexis de ~ 2/306; Christen, Joseph Maria ~
2/317; Chrudimsky, Ferdinand ~ 2/325; Clebsch, (Rudolf
Friedrich) Alfred ~ 2/338; Clemm, Carl (Friedrich) ~
2/341; Closs, Gustav Adolf Karl ~ 2/345; Coester, Oskar
~ 2/351; Consentius, Rudolf Otto ~/† 2/366; Conz, Walter
~ 2/368; Cordier, Leopold ~ 2/372; Cornill, Otto ~ 2/376;
Cortolezis, Fritz ~ 2/379; Criegee, Rudolf ~/† 11/42;
Crodel, Paul Eduard ~ 2/401; Culmann, Carl ~ 2/409;
Curjel, Hans */~ 2/412; Daimler, Paul * 2/432; Dalberg,
Wolfgang Heribert (Tobias Otto Maria Johann N.) Frh. von
~ 2/433; Dambacher, Josef ~/† 2/436; Dammann, Oswald
† 2/437; Danzi, Franz (Ignaz) † 2/444; Decker, Wilhelm
~ 2/460; Deetz, Arthur ~ 2/463; Dehn, Max (Wilhelm) ~
2/468; Deiker, Karl Friedrich ~ 2/471; Deimling, Berthold
(Karl Adolf) von * 2/471; Deimling, Otto */~/† 2/471;
Delisle, Karl ~/† 2/476; Demeter, Ignaz (Anton) ~ 2/482;
Dengler, Leopold */~/† 2/486; Denk, Joseph ~/† 2/487;
Dereser, Anton ~ 2/491; Deschwanden, Joseph Wolfgang
(Aloys) von ~ 2/495; Des Coudres, Hans-Peter ~ 2/495;
Des Coudres, Ludwig ~/† 2/495; Dessoff, (Felix) Otto ~
2/498; Dessoir, Ludwig ~ 2/498; Devrient, (Philipp) Eduard
~/† 2/508; Devrient, Karl (August) ~ 2/508; Devrient, Otto
~ 2/508; Dietrich, Hermann Robert ~ 2/536; Dietsche,
Friedolin Josef ~ 2/539; Dietz, Fedor ~ 2/539; Dietz,
Oswald ~ 2/541; Dietze, Ursula ~ 2/541; Dill, Emil ~
2/546; Dill, Ludwig * 2/546; Dill, Ludwig ~/† 2/546;
Diogg, Felix Maria ~ 2/553; Dippel, Leopold ~ 2/554;
Dirscherl, Wilhelm ~ 11/47; Dischinger, Franz ~ 2/557;
Döll, Johann Christoph ~ 2/572; Doll, Karl Wilhelm ~
2/586; Doll, Max ~ 2/586; Doller, Johann Lorenz ~ 2/587;
Drach, Adolf ~/† 2/605; Draht, Martin ~/† 2/607; Drais
von Sauerbronn, Karl (Friedrich Christian Ludwig) Frh.
*/~/† 2/607; Drews, (Christian Heinrich) Arthur ~ 2/617;
Dümge, Karl Georg ~/† 2/635; Düringer, Adelbert ~ 2/640;
Durm, Josef (Wilhelm) */~/† 2/655; Dusch, Alexander Frh.
von ~/~ 2/656; Dusch, Gottfried (Maria) Frh. von ~ 2/656;
Dusch, (Georg) Theodor Frh. von ~/† 2/656; Dyckerhoff,
Jakob Friedrich ~ 2/661; Dyckerhoff, Rudolf (Philipp
Wilhelm) ~ 2/661; Ebel, Friedrich ~ 2/664; Ebeling, Ernst
Friedrich Hieronymus ~ 2/665; Eberbach, Otto ~ 2/667;
Eberhardt, Hugo ~ 2/672; Eberle, Christoph ~ 2/673;

Eberle, Josef ~ 2/673; Ebert, Karl (Leopold Felix) Egon
Ritter von ~ 2/680; Ebert, (Johannes) Ludwig ~ 2/680;
Eberz, Josef ~ 2/681; Ebner-Eschenbach, Marie Frfr. von ~
3/2; Eckardt, Ludwig ~ 3/8; Edelsheim, Georg Ludwig Frh.
von † 3/18; Edelsheim, Ludwig Friedrich Wilhelm Frh. von
* 3/18; Edelsheim, Wilhelm Frh. von † 3/18; Edelsheim-
Gyulai, Leopold Wilhelm Frh. von * 3/18; Edzard, Kurt ~
3/21; Eggers, Friedrich ~ 3/29; Ehrenfeuchter, Friedrich
(August Eduard) ~ 3/39; Ehrenberger, Hugo ~ 3/40;
Eichfeld, Hermann * 3/50; Eichhorn, Fritz (Ludwig
Edmund) ~/† 3/52; Eichrodt, Hellmut ~/† 3/55; Eichrodt,
Ludwig Friedrich ~/† 3/56; Eiermann, Egon ~ 3/58; Eimer,
Ernst ~ 3/62; Einstein, Carl ~ 3/67; Eisendecher, Karl
von ~ 3/70; Eisenlohr, Friedrich ~/† 3/72; Eisenlohr,
Wilhelm Friedrich ~/† 3/72; Eisenmann, Oskar † 3/73;
Eisner, Stella ~ 3/77; Eitner, Ernst (Wilhelm Heinrich)
~ 3/78; Elkan, Benno ~ 3/89; Ellenrieder, (Anna) Maria
~ 3/90; Ellinghaus, (Hermann Bernhard) Wilhelm ~/†
3/92; Ellmenreich, Albert * 3/92; Ellstätter, Moritz */~/†
3/93; Elsenhans, Ernst ~ 3/95; Eltz-Rübenach, (Peter) Paul
(Raimund Maria Josef Hubert) Frh. von ~ 3/99; Emelé,
Wilhelm ~ 3/103; Emminghaus, Arwed (Karl Bernhard)
~ 3/105; Enderlin, Joseph Friedrich † 3/110; Endres,
(Theodor Marquart) Max ~ 3/111; Engel, Otto Heinrich
~ 3/115; Engesser, Friedrich ~ 3/124; Engesser, Lukas
~ 3/124; Engler, Carl (Oswald Viktor) ~/† 3/126; Epp,
Rudolf ~ 3/131; Epstein, Naphtali */† 3/134; Erbslöh,
Adolf ~ 3/138; Erikson, Erik H(omburger) ~ 11/55; Ersing,
Joseph ~ 3/167; Escher vom Glas, Johann Kaspar ~ 3/174;
Escherich, Karl (Leopold) ~ 3/176; Eschke, Richard ~
3/176; Essenwein, August Ottmar Ritter von */~ 3/180;
Esser, Hermann (Joseph Maria) ~/† 3/180; Ethofer, Rosa
~ 3/183; Ettlinger, Jakob * 3/185; Ettlinger, Josef (Moritz)
*/~ 3/186; Euler, Eduard ~ 3/192; Ewald, Johann Ludwig
~/† 3/198; Ewer, Leopold ~ 3/199; Ey, Louise ~ 3/202;
Faber, Georg ~ 3/208; Faber, Gustav ~ 11/57; Färber,
Otto ~ 3/217; Fahnenberg, Karl Heinrich Frh. von ~
3/218; Faißt, Clara Mathilde */† 3/220; Fajans, Kasimir
~ 3/221; Faßbender, Zdenka ~ 3/233; Federer, Julius †
3/241; Fehr, Friedrich ~/† 3/245; Fehringer, Franz ~ 3/246;
Fein, Emil Wilhelm ~ 3/250; Feldmann, Wilhelm ~ 3/257;
Fellmann, Aloys ~ 3/261; Fenner, Paul Emmerich ~ 3/265;
Fersenfeldt, Hermann Peter ~ 3/273; Fesca, Friedrich Ernst
~/† 3/273; Fester, Richard ~ 3/275; Fettweis, Rudolf ~
3/275; Feuerbach, Anselm ~ 3/277; Feurstein, Heinrich
Karl Josef ~ 3/281; Feußner, Karl ~ 3/282; Fiederling,
Otto ~ 3/291; Fieser, Emil ~ 3/293; Fikentscher, Otto
~ 3/295; Findeisen, (Theodor Robert) Walter ~ 3/300;
Finkelnburg, (Karl Ernst) Wolfgang ~ 3/304; Finsterwalder,
Richard ~ 3/306; Fischel, Luise ~/† 3/309; Fischer, Alfons
~/† 3/311; Fischer, Eugen * 3/315; Fischer, Friedrich
(Wilhelm Heinrich) ~ 3/316; Fischer-Schwarzböck, Beatrix
~ 3/330; Föppl, August (Otto) ~ 3/360; Forbes-Mosse,
Irene (Anna Maria Magdalena Gisela Gabriele) ~ 3/371;
Franck, Hans-Heinrich ~ 3/388; Frank, Hans * 3/399;
Frank, Raoul ~ 3/403; Franke, Heinrich ~ 3/404; Franzen,
Hartwig ~/† 3/416; Freese, Hans (Dietrich Georg) ~
3/420; Freiberg, Gottfried Rudolf ~ 3/421; Freudenberg,
Karl ~ 3/429; Freydorf, Rudolf von */† 3/438; Freytag,
Otto ~ 3/440; Friedländer, Ludwig Hermann ~ 3/452;
Friedländer, Paul ~ 3/453; Friedlein, Christine ~ 3/454;
Friedrich I., Großherzog von Baden ~ 3/460; Friedrich II.,
Großherzog von Baden * 3/460; Friedrich, Adolf (Moritz)
~ 3/476; Friedrich, Elisabeth */~/† 3/479; Friedrich, Hugo
* 3/479; Friedrich, Karl ~ 3/480; Fries, (Jacob Daniel
Georg Gottlieb) Bernhard ~ 3/483; Fries, Ernst ~/† 3/483;
Fritz, Karl ~ 3/496; Fritz, Reinhold ~ 3/496; Froben, Anton
Frh. von */~/† 3/498; Fröhlich, Georg Wilhelm ~ 3/502;
Fromm-Reichmann, Frieda * 3/509; Frommel, Carl Ludwig
~ 3/510; Frommel, Emil (Wilhelm) ~/† 3/511; Frommel,
Gerhard * 3/511; Frommel, Max */~ 3/511; Frommel, Otto
~ 3/511; Fueter, Rudolf ~ 3/533; Furler, Hans ~ 3/543;
Futterer, Karl (Joseph Xaver) ~/† 3/546; Gaber, Ernst ~/†
3/548; Gaber, Erwin ~ 3/548; Gaede, Wolfgang ~ 3/552;

Genast, Karoline (Christine) * 3/620; Georg I. der Fromme, Landgraf von Hessen-Darmstadt * 3/628; Gerechter, Siegmund † 3/637; Gerhardt, Heinrich */~/† 3/643; Gerlach, Eduard ~ 3/647; Gerlach, Theodor (Heinrich) ~ 3/649; Gerland, Ernst */~ 3/650; Gerland, Georg (Cornelius Karl) * 3/650; Gerling, Christian Ludwig ~ 3/651; Gerson, Max ~ 3/656; Gerstäcker, Friedrich (Wilhelm Christian) ~ 3/657; Gerstäcker, Samuel Friedrich † 3/657; Gerth, Hans Heinrich * 3/662; Gettke, Ernst ~ 3/669; Geuck, Valentin */~/† 3/669; Gilles, Werner ~ 4/9; Gilsa, Adolf Frh. von und zu ~/† 4/10; Girnus, Wilhelm (Karl Albert) ~ 4/15; Gnade, Elisabeth † 4/41; Goclenius, Rudolph d. Ä. ~ 4/46; Goergen, Fritz-Aurel ~ 4/56; Goldmann, Georg Friedrich August ~ 4/80; Goldschmidt, Siegfried * 4/86; Gräfe, Heinrich (Gotthilf Adam) ~ 4/121; Graff, Erich ~ 4/130; Grebe, Ernst Wilhelm ~ 4/145; Grein, Christian Wilhelm Michael ~ 4/152; Grieß, Johann Peter ~ 4/166; Grimm, Herman (Friedrich) * 4/169; Grimm, Jacob (Ludwig Carl) ~ 4/169; Grimm, Julius * 4/171; Grimm, Ludwig Emil ~/† 4/171; Gronau, Georg ~ 4/184; Grosheim, Georg Christoph */† 4/189; Gross, Walter ~ 4/193; Grün, Friederike ~ 4/210; Grzesinski, Albert (Karl Wilhelm) ~ 4/230; Günterode, Tilemann † 4/236; Günther, Wolfgang ~ 4/243; Günther-Brauer, Marie ~ 4/243; Guhr, Karl (Wilhelm Ferdinand) ~ 4/251; Guise, Konstantin */~ 4/252; Gundelach, Matthäus * 4/258; Gustedt, Jenny von * 4/266; Guthery, Robert d. Ä. ~ 4/270; Haas, Karl Franz Lubert * 4/286; Haedenkamp, Karl (Christian Friedrich Hermann) ~ 4/303; Haftmann, Werner ~ 11/77; Hahn, Eduard Moritz ~ 4/328; Halberstadt, Wilhelmine ~/† 4/341; Hallwachs, Karl ~/† 4/351; Hamel, Gertrud ~ 4/358; Hammersen, Walter ~ 4/363; Harbich, Adolf ~ 4/380; Harms, Johann Oswald ~ 4/390; Hartig, Heinz Friedrich * 4/400; Hartmann, Anton (Christian) ~ 4/406; Hartmann, Johann Adolf ~ 4/409; Hartmann, Johann Melchior ~ 4/409; Hartmann, Johannes ~ 4/409; Hasse, Hel(l)mut * 4/426; Hassenpflug, (Hans Daniel) Ludwig (Friedrich) ~ 4/429; Haßkarl, Justus Karl * 4/429; Haßloch, Christiane Magdalene Elisabeth ~ 4/431; Hauptmann, Moritz ~ 4/445; Hauptmann, Susette ~ 4/445; Hauser, Franz ~ 4/448; Hausmann, (Johann) Friedrich (Ludwig) ~ 4/452; Hausmann, Manfred (Georg Andreas) * 4/452; Haußwald, Günter ~ 4/455; Haxthausen, Anton Wolf Frh. von ~ 4/458; Haynau, Friedrich Wilhelm Karl Eduard Frh. von ~/† 4/462; Haynau, Julius Jacob Frh. von * 4/462; Haynau, Wilhelm Karl Frh. von † 4/462; Hehl, Christoph */~ 4/484; Heigelin, Karl Marcell ~ 4/494; Heiliger, Bernhard ~ 4/498; Heinefetter, Sabine ~ 4/512; Heinemann, Jeremias ~ 4/514; Heinrich II. der Eiserne, Landgraf von Hessen † 4/527; Heinrich III. der Reiche, Landgraf von Hessen ~ 4/527; Heinrich VII., Prinz Reuß-Köstritz ~ 4/532; Heinroth, Johann August Günther ~ 4/544; Hemfler, Karl ~/† 4/578; Henkel, Heinrich † 4/585; Henschel, (Carl) Anton † 4/595; Henschel, (Georg Christian) Carl † 4/596; Henschel, Karl (Anton Theodor Ferdinand) */† 4/596; Henschel, (Carl Anton) Oscar */† 4/596; Henschel, Oscar (Robert) * 4/596; Henschel, (Johann) Werner */~ 4/597; Hensoldt, Moritz (Carl) ~ 4/599; Heppe, Heinrich */~ 4/602; Heraeus, Wilhelm Carl ~ 4/603; Herberholz, Wilhelm ~ 4/604; Hermann II. der Gelehrte, Landgraf von Hessen ~ 4/621; Hermann, Hans ~ 4/628; Hermann, Gottfried ~ 4/662; Hertzer, Ludwig ~ 4/655; Hesberg, Louis von † 4/667; Heßler, Friedrich Alexander ~ 5/3; Heugel, Johannes ~/† 5/8; Heukeshoven, Fritz ~ 5/8; Heydekampff, Gerd Stieler von ~ 5/17; Hiller, Paul ~ 5/45; Hoch, Fritz ~/† 11/88; Hoelscher, (Friedrich August) Richard ~ 5/96; Höpfner, Ludwig Julius Friedrich ~ 5/99; Hövel, Friedrich Frh. von ~ 5/107; Hoffmann, Ludwig ~ 5/122; Hoffmann von Fallersleben, August Heinrich ~ 5/124; Hülsen, Botho von ~ 5/210; Hülsen-Haeseler, Georg Graf von ~ 5/210; Hummel, Caspar * 5/224; Hummel, (Johann) Erdmann * 5/224; Hummel, Ludwig ~/† 5/225; Jacobi, Franz ~ 5/273; Jacobson, Israel ~ 5/277; Jacoby, Hildegard * 5/279; Jäger, Ferdinand ~ 5/283; Jagemann, Ferdinand ~ 5/289; Jahn, Gerhard *

11/96; Jatho, Carl * 5/310; Jérôme Bonaparte, König von Westfalen ~ 5/324; Jochmus, Hedwig * 5/333; Johannes von Hildesheim ~ 5/353; John, Karl ~ 5/355; Jordan, Julius * 5/362; Jordan, (Franz) Sylvester † 5/363; Jürgens, Helmut ~ 5/374; Jung, Hans-Gernot † 5/379; Junghans, Sophie * 5/383; Jussow, Heinrich Christoph */~/† 5/387; Juvenel, Nicolas ~ 5/389; Kätelhön, Hermann ~ 5/398; Kahle, Maria ~ 5/402; Kainz, Marianne ~ 5/405; Kaiser, Otto ~ 5/408; Kalckreuth, Jo ~ 5/410; Kalk, Heinrich-Otto ~/† 5/413; Kalkbrenner, Christian ~ 5/413; Kalkbrenner, Friedrich (Wilhelm Michael) ~ 5/413; Kallensee, Olga ~ 5/414; Kaps, Robert ~ 5/432; Karl, Landgraf von Hessen-Kassel */~/† 5/443; Kase, Alfred ~ 5/456; Katz, David * 5/465; Katz, William ~ 5/466; Katzenstein, Louis */† 5/466; Kaupert, (Jakob Heinrich Christoph) Gustav */~/† 5/476; Kaupert, Johann August */~ 5/476; Keil, Wilhelm ~ 5/486; Keller, Harald * 5/494; Keller, Oskar ~ 5/496; Kellner, Georg Christoph */† 5/500; Kelterborn, Gustav ~ 5/502; Kessler, Gerhard ~/† 5/519; Kippenberger, Martin ~ 11/103; Kirchhof, Hans Wilhelm */~ 5/549; Kirchweger, Johann Gottfried Heinrich ~ 5/553; Kleinschmidt, Johannes */~ 5/581; Klenze, Leo von ~ 5/588; Klinkerfues, (Ernst Friedrich) Wilhelm ~ 5/599; Kloth, Willi ~ 5/606; Knackfuß, Hermann * 5/612; Knackfuß, Hubert ~ 5/612; Kniep, Christoph (Heinrich) ~ 5/620; Knies, Karl (Gustav Adolf) ~ 5/620; Knigge, Adolph Frh. ~ 5/621; Knopp, Auguste ~ 5/629; Knothe, Willi * 5/632; Koch, Ernst (Wilhelm August Peter) ~ 5/639; Koch-Weser, Erich ~ 5/645; Kochendörffer, Karl */~/† 11/107; Kocherscheidt, Kurt ~ 11/107; Köbrich, Karl ~ 5/647; Köhler, (Karl) Heinrich (Ludwig) */~ 5/651; Körner, Wilhelm */~ 5/673; Kohlrausch, Rudolf (Hermann Arndt) ~ 6/5; Kohtz, Otto ~ 6/7; Kolitz, Louis ~ 6/16; Korell, Bruno ~ 6/43; Korff, Gustav ~ 6/43; Kossel, Walther (Ludwig) † 6/52; Kramer, Harry † 11/110; Kramer, Theodor von ~ 6/69; Kremer, Martin ~ 6/95; Krenek, Ernst ~ 6/96; Kretschmann, Theodor von † 6/99; Krieger, Johann Christian ~ 6/107; Kuefstein, Franz Graf * 6/141; Kufferath, Johann Hermann ~ 6/156; Lanczkowski, Günther * 6/212; Landau, (Johann) Georg */† 6/213; Langenbeck, Curt ~ 6/239; Langer, (Joseph) Robert von ~ 6/243; Langkammer, Margarete ~ 6/246; Laska, Gustav ~ 6/255; Laube, Horst ~ 11/118; Laufs, Carl ~/† 6/268; Lauppert-Martin, Isabella von ~ 6/269; Lauritzen, Lauritz ~ 6/270; Lauterbach, Heinrich ~ 6/273; Lauze, Wigand ~ 6/274; Laves, Georg Ludwig Friedrich ~ 6/276; Ledderhose, Konrad Wilhelm ~/† 6/284; Legal, Ernst ~ 6/289; Lehmann, Kurt ~ 6/295; Lehmann-Löw, Maria Theresia ~ 6/297; Lemberg, Eugen ~ 6/315; Leonhardt, Albert ~ 6/329; Lepel, Georg Ferdinand Frh. von ~ 6/335; Leveilly, Michael ~ 6/357; Lewinsky, Olga ~ 6/365; Liebhardt, Luise ~ 6/383; Lindner, Willi ~/† 6/409; Löwe, Ludwig ~ 6/451; Logier, Johannes Bernhard * 6/460; Losch, Philipp * 6/477; Loßberg, Friedrich von ~ 6/478; Lotz, Ernst Wilhelm ~ 6/484; Ludwig II. der Freimütige, Landgraf von Hessen ~ 6/502; Ludwig IV. der Ältere, Landgraf von Hessen-Marburg * 6/503; Lühr, Peter ~ 6/519; Lüninck, Ferdinand Frh. von ~ 6/519; Lüth, Paul (Egon Heinrich) ~ 6/522; Lusser, Robert ~ 6/533; Magnus, Kurt * 6/564; Mahler, Gustav ~ 6/567; Mahraun, Arthur */~ 6/569; Mara, Gertrud Elisabeth * 6/603; Marées, Georges des ~ 6/611; Marr, Heinrich ~ 6/629; Martens, Georg Friedrich von ~ 6/633; Martersteig, Max ~ 6/634; Martin, Heinrich * 6/636; Martin, Helmut * 11/127; Martin, Marie † 6/637; Mathes-Roeckel, Louisabeth † 6/654; Mattern, Hermann ~ 6/658; Maurer, Wilhelm * 6/670; Mayer, Karl ~ 7/10; Meding, Franz von ~ 7/23; Meibom, Viktor von */† 7/29; Meinecke, Johann Ludwig Georg ~ 7/34; Melander, Dionysius d. Ä. ~/† 7/51; Merck, Johann Heinrich ~ 7/68; Merz, Carl ~ 7/79; Messel, Alfred ~ 7/82; Meyer, Ernst (Sigismund Christian) von * 7/100; Meysenbug, (Amalie) Malwida (Wilhelmine Tamina) Freiin von * 7/118; Michaelis, Christian Friedrich ~ 7/121; Miller, Julius ~ 7/143; Mills-Milarta, Maria von ~ 7/145; Mirsalis, Otto ~ 7/151; Möbius, Hans ~ 7/162; Möhl, Arnold Ritter von ~ 7/164; Möhl, Heinrich ~/† 7/164; Moeli, Karl * 7/166; Moeller, Eduard von † 7/168; Mond, Ludwig * 7/197; Moníková, Libuše ~ 11/131; Moog, Heinz ~ 7/203; Moritz der Gelehrte, Landgraf von Hessen-Kassel */~ 7/215; Mosenthal, Salomon Hermann Ritter von * 7/222; Motz, Friedrich (Christian Adolf) von * 7/233; Mülinen, Bernhard Albrecht Rudolf Graf von ~ 7/245; Müller, Andreas (Johannes Jacobus Heinrich) * 7/248; Müller, Franz Hubert ~ 7/256; Müller, Georg ~ 7/260; Müller, Hans † 7/262; Müller, Heinrich Fidelis ~ 7/264; Müller, Johann (Heinrich) * 7/268; Müller, Johannes von ~/† 7/270; Müller, Kurt ~ 7/275; Müsebeck, Ernst (Friedrich Christian) † 7/301; Murhard, Friedrich (Wilhelm August) */~/† 7/312; Murhard, (Johann) Karl (Adam) */~/† 7/312; Mylius, Franz (Benno) ~ 7/323; Nahl, Johann August d. Ä. ~/† 7/337; Nahl, Johann August d. J. ~/† 7/337; Nathusius, (Johann) Gottlob ~ 7/343; Nebelthau, Friedrich (August Wilhelm) */~/† 7/354; Neubert-Drobisch, Walther ~ 7/373; Neumann, Adolphine ~ 7/380; Neumann, Ernst */~ 11/139; Nida-Rümelin, Maximilian ~ 7/401; Niemeyer-Holstein, Otto ~ 7/410; Nipperdey, Hans Carl ~ 7/421; Noelle, Heinrich ~ 7/431; Ochsenius, Carl (Christian) * 7/461; Oesterley, Carl (Wilhelm Friedrich) ~ 7/472; Oetker, Friedrich ~ 7/474; Oetker, Friedrich Wilhelm ~ 7/474; Oetker, Karl ~ 7/475; Olde, Hans ~/† 7/484; Oldenburg, Ferdinand August ~ 7/486; Oppeln-Bronikowski, Friedrich Frh. von * 7/497; Osiander, Friedrich Benjamin ~ 7/512; Osten, Vally van der ~/† 7/515; Ostertag, Karl ~ 7/517; Osthoff, Hermann ~ 7/519; Ott, Alfred E. * 7/524; Otto, Georg ~/† 7/534; Otto, Teo ~ 7/536; Otto-Thate, Karoline ~ 7/537; Pacius, Fredrik ~ 7/547; Palandt, Otto ~ 7/550; Pauly, Georg ~ 7/581; Paur, Emil ~ 7/582; Pawel-Rammingen, Rudolf von ~ 7/583; Pedrillo, Christiane Dorothea * 7/587; Pelcking, Johannes ~ 7/590; Penzoldt, Ernst ~ 7/597; Peters, Werner ~ 7/617; Pfaff, Adam */~ 7/633; Pfannkuch, Wilhelm * 7/636; Pfannkuch, Wilhelm * 7/636; Pfeiffer, Burkhard Wilhelm */~/† 7/639; Pfeiffer, Ludwig */~/† 7/641; Pflanzl, Heinrich ~ 7/648; Pforr, Franz ~ 7/651; Philipp I. der Großmütige, Landgraf zu Hessen, Graf zu Katzenelnbogen, Dietz, Ziegenhain und Nidda † 7/654; Philippi, Rudolph Amandus ~ 7/658; Pilartz, Joseph ~ 7/669; Pinder, Wilhelm * 7/672; Platiel, Nora ~/† 7/688; Plaut, Felix * 7/691; Plett, Heinrich */~/† 8/1; Podesta, (Kunigunde) Auguste (Ernestine) ~/† 8/8; Pohl, (Friedrich Karl Ludwig) Emil ~ 8/17; Pollak, Ferdinande * 8/26; Porst, Ottilie ~/† 8/39; Pott, (Friedrich) August ~ 8/46; Potthoff, Karl Wilhelm Hermann ~ 8/47; Praetorius, Michael ~ 8/50; Prager, William ~ 8/52; Preser, Karl */~/† 8/63; Printzen, Marquard Ludwig Frh. von ~ 8/72; Raabe, Siegfried ~ 8/106; Radowitz, Joseph Maria von ~ 8/118; Rathke, (Heinrich) Bernhard ~ 8/151; Rauch, Alf ~ 8/157; Raufft, Franz Ludwig ~/† 8/161; Reichardt, Johann Friedrich ~ 8/197; Reiffenstein, Johann Friedrich ~ 8/207; Rein, Walter ~ 8/213; Reinhardt, Walther ~ 8/221; Reuss, Wilhelm Franz ~ 8/258; Reuter, Paul Julius Frh. von ~ 8/261; Riepenhausen, Franz ~ 8/303; Ries, Hubert ~ 8/305; Riewel, Hermann von ~ 8/309; Rintelen, Fritz Martin */~ 8/320; Ritter, Anna ~ 8/326; Ritter, Erasmus ~ 8/328; Ritter, Gerhard (Georg Bernhard) ~ 8/328; Ritter, Karl Bernhard ~ 8/331; Röhr, Hugo ~ 8/351; Roeseler, Marcella ~ 8/359; Rohden, Johann Martin von * 8/368; Rolfes, Max † 8/374; Rommel, Dietrich Christoph von */~/† 8/379; Roos, Johann Heinrich ~ 8/382; Rosengarten, Albert */~ 8/396; Rosenzweig, Franz */~ 8/402; Rosner, Franz ~ 8/404; Rothfels, Hans * 8/419; Rubensohn, Otto * 8/431; Rubino, Joseph ~ 8/432; Rudolph, Hans-Georg ~ 8/441; Rudolph, Johann Philipp Julius ~ 8/441; Rudolph, Julius ~ 8/441; Rülf, Isaak ~ 8/452; Ruethling, Bernhard ~ 8/456; Ruhl, Johann Christian */~/† 8/460; Ruhl, Ludwig Sigismund */~/† 8/460; Rumpel, Oskar * 8/464; Runde, Christian Ludwig * 8/466; Runde, Justus Friedrich ~ 8/466; Rusca, Carlo Francesco ~ 8/474; Rust, Josef ~/† 8/476; Ry, Paul du ~/† 8/479; Ry, Simon Louis du */~/† 8/479; Sabel, Jakob ~ 8/485; Sander, Ernst ~ 8/511; Santoroc,

Johann Kaspar * 8/517; Sartorius von Waltershausen, Georg (Friedrich) Frh. * 8/521; Sattler, Wilhelm * 8/524; Sauerbruch, (Ernst) Ferdinand ~ 8/528; Savigny, Karl von ~ 8/533; Sayn-Wittgenstein-Hohenstein, Wilhelm Ludwig Georg Fürst von ~ 8/535; Schaedel, Johann Heinrich ~ 8/545; Schäfer, Karl */~ 8/548; Schäfer, Lina ~ 8/548; Schäfer, Walter Erich ~ 8/549; Schaffgans, Wilhelm ~ 8/556; Scheffer, Friedrich (Heinrich Ernst Leopold) ~ 8/583; Scheidemann, Philipp */~ 8/587; Scherer, Hans d. J. ~ 8/610; Scheurenberg, Joseph ~ 8/619; Schletterer, Hans Michael ~ 8/672; Schley, Karl-Maria ~ 8/673; Schleyer, Wilhelm ~ 8/673; Schlotheim, Karl Ludwig Frh. von † 8/686; Schmid, Josef Alois ~ 8/704; Schmidt, Heinrich (Maria) ~ 9/10; Schmidt, Paul ~ 9/17; Schmidt-Phiseldeck, (Wilhelm) Justus (Eberhard) von ~ 9/24; Schmidt-Reindahl, Theo ~ 9/25; Schmitt, Emil ~ 9/31; Schneider, Hugo */~/† 9/55; Schneider, Joseph ~ 9/57; Schönfeld, Eduard ~ 9/93; Schönfeld, Gregor ~/† 9/93; Scholz, Auguste ~ 9/108; Scholz, Ernst ~ 9/108; Schorn, Heinrich ~ 9/118; Schorr, Richard (Reinhard Emil) * 9/119; Schottroff, Willy † 11/172; Schröder, Friedrich Joseph Wilhelm ~ 9/146; Schröder, Johann Heinrich ~ 9/148; Schröder-Kaminsky, Clarissa ~ 9/152; Schubart, Johann Heinrich Christian ~/† 9/159; Schütz, Heinrich ~ 9/177; Schultze, Heinrich August ~ 9/193; Schumacher, Emil ~ 11/173; Schunke, Ludwig * 9/209; Schwander, Rudolf ~ 9/221; Schweikhart, Gunter ~ 9/236; Schweinitz, Hans Lothar von † 9/237; Seebach, Marie ~ 9/255; Seelig, Wilhelm * 9/259; Selbert, Elisabeth */~/† 9/276; Seydelmann, Karl ~ 9/298; Sieber, Carl ~/† 9/305; Siebert, Emil ~ 9/306; Siebert, Hans ~ 9/307; Siegel, (Michael) Harro */~ 9/310; Siegen, Ludwig von ~ 9/311; Siems, Christian ~ 9/319; Sievers, Georg Ludwig Peter ~ 9/321; Skopnik, Günter ~ 9/347; Skraup, Karl ~ 9/347; Skraup, Siegmund Hans Ludwig ~ 9/348; Söhning, Kurt ~/† 9/358; Soemmerring, Samuel Thomas von ~ 9/359; Sonnemann, Ulrich ~ 9/373; Sonnenberg, Franz Anton (Joseph Ignaz Maria) Frh. von ~ 9/373; Sontag, Nina ~ 9/376; Spangenberg, Georg August ~ 9/383; Speck, Wilhelm † 9/388; Spitzeder, Josef * 9/411; Spohn, Jürgen ~ 9/415; Spohr, Louis ~/† 9/415; Stadler, Herbert ~ 9/430; Stähle, Hugo ~/† 9/434; Stahl, Hermann ~ 11/177; Stange, Erich ~/† 9/446; Starck, Karl von * 9/449; Starck, Wilhelm von * 9/450; Stegmann, Johann Gottlieb ~ 9/468; Stein, Georg Wilhelm d. Ä. */~ 9/477; Stein, Georg Wilhelm d. J. */~ 9/493; Steinhausen, Adelheid ~ 9/497; Steinmetz, Karl Friedrich von ~ 9/500; Stenzel, Hugo ~ 9/507; Stern, Jean ~ 9/513; Steude, Albert ~/† 9/521; Stichtenoth, Friedrich * 9/523; Stiedry, Fritz ~ 9/525; Stieler von Heydekampf, Gerd ~ 9/528; Stilling, Benedikt */~ 9/533; Stilling, Heinrich ~ 9/533; Stilling, Jakob */~ 9/533; Stock, Werner Bruno Wilhelm Hartmann ~ 9/537; Stölzel, Adolf ~ 9/544; Stolberg, Friedrich ~ 9/549; Stolte, Ferdinand Ludwig ~ 9/553; Stoltz von Stoltzenberg, Daniel ~ 9/554; Stosch, Anny von ~/† 9/560; Strack, Ludwig Philipp ~ 9/563; Strack, Magda ~ 9/563; Strickrodt, Georg * 9/587; Strieder, Friedrich Wilhelm */† 9/587; Ströbel, Heinrich ~ 9/591; Strombeck, Friedrich Karl von ~ 9/593; Stromeier, Johann Heinrich ~ 9/593; Strubberg, Friedrich August * 9/595; Struck, Gustav ~/† 9/596; Struve, Heinrich Christoph Gottfried von ~ 9/600; Stürmer, Bruno ~ 9/610; Stumpf, Hermann ~ 9/614; Suhr, Otto ~ 9/628; Susato, Johannes de ~ 9/635; Sutro, Abraham ~ 9/637; Taube, Otto Frh. von ~ 9/661; Taubmann, Horst ~ 9/663; Telle-Lindemann, Elisabeth ~ 9/672; Tennhardt, Johann † 9/676; Thesee, Joseph ~ 9/691; Theuerkauf, (Christian) Gottlob (Heinrich) */~/† 9/695; Thiele, (Johann) Alexander ~ 10/2; Thielmann, Wilhelm ~/† 10/4; Thomaschek, Hermann ~ 10/19; Thümmig, Ludwig Philipp ~/† 10/25; Tiedemann, Dietrich ~ 10/37; Tiedemann, Friedrich * 10/37; Tiesmeyer, Ludwig † 10/39; Tiling, Magdalene von ~ 10/42; Tischbein, (Wilhelmine Caroline) Amalie */† 10/48; Tischbein, August (Albrecht Christian) ~ 10/48; Tischbein, Georg Heinrich ~ 10/48; Tischbein, (Johann) Jacob ~ 10/48;

Tischbein, (Heinrich) Jacob ~ 10/48; Tischbein, Johann Friedrich August ~ 10/49; Tischbein, Johann Heinrich d. Ä. ~/† 10/49; Tischbein, Johann Heinrich d. J. ~/† 10/49; Tischbein, Johann Heinrich Wilhelm ~ 10/49; Toenniessen, Erich ~/† 10/56; Tralow, Johannes ~ 10/68; Trier, Hann ~ 11/182; Trott zu Solz, August (Clemens Bodo Paul Willy) von ~ 10/99; Trott auf Solz zu Imshausen, August Heinrich * 10/99; Trümpy, Hans † 10/101; Tullinger, Paula ~ 10/116; Turba, (Marie) Sidonie ~/† 10/117; Uber, (Christian Friedrich) Hermann ~ 10/121; Ulbrich, Franz (Ludwig) ~/† 10/133; Ullmann, Johann Christoph * 10/136; Ulram, Karl ~/† 10/141; Undereyck, Theodor ~ 10/150; Unger, (Christian) Wilhelm (Jacob) ~ 10/155; Ungewitter, Georg Gottlob ~/† 10/156; Varena, Adolf ~ 10/181; Vellmer, Erich ~/† 10/191; Vierhaus, Felix ~ 10/204; Vietor, Albert */~ 10/207; Voelcker, Heinrich ~ 10/222; Vötterle, Karl ~/† 10/223; Vogler, Paul * 10/232; Volkmar, Gustav (Hermann Josef Philipp) ~ 10/247; Volusius, Adolph Gottfried ~ 10/251; Vosberg, Harry ~ 10/257; Wachtel, Theodor ~ 10/267; Wacker, Alexander Ritter von ~ 10/268; Wallach, Joseph * 10/309; Walter, Max ~ 10/320; Wangel, Hedwig ~ 10/329; Weber, Fritz ~ 10/353; Weigel, Hermann */~/† 10/387; Weinmeister, Philipp * 10/399; Weitsch, (Johann) Anton (August) ~ 10/418; Weitsch, Friedrich (Georg) ~ 10/418; Weitzmann, Karl Friedrich ~ 10/419; Wendelstadt, Karl Eduard ~ 10/432; Werdehausen, Hans ~ 10/440; Werder, Diederich von dem ~ 10/440; Wessel, Bernhard ~ 10/455; Westermayr, Konrad ~ 10/459; Weygandt, Sebastian ~ 10/466; Wienrich, Adele * 10/487; Wigand, Albert * 10/492; Wild, Franz ~ 10/497; Wilhelm II., Deutscher Kaiser, König von Preußen ~ 10/502; Wilhelm I., als Wilhelm IX. Landgraf, Kurfürst von Hessen */† 10/503; Wilhelm II., Kurfürst von Hessen ~ 10/503; Wilhelm IV. der Weise, Landgraf von Hessen-Kassel */† 10/503; Wilhelm V., Landgraf von Hessen-Kassel * 10/503; Wilhelm VIII., Landgraf von Hessen-Kassel * 10/504; Windgassen, Fritz ~ 10/523; Winkelblech, Karl Georg ~/† 10/527; Winter, Fritz ~ 10/532; Wintzingerode, Georg Ernst Levin Graf von ~ 10/536; Wintzingerode, Heinrich (Friedrich Karl Levin) Graf von * 10/536; Wöhler, Friedrich ~ 10/555; Wolf, Arnoldine (Charlotte Henriette) * 10/564; Wolff, Hans Julius ~ 10/572; Wrede, Victor ~ 10/590; Wünnenberg, Carl ~/† 10/592; Wuermeling, Franz-Josef ~ 10/593; Wunderlich, Fritz * 10/598; Wuzél, Hans ~/† 10/602; Zade, Adolf ~ 10/612; Zahn, (Johann Karl) Wilhelm ~ 10/615; Zedlitz und Trützschler, (Karl Eduard) Robert Graf von ~ 10/628; Zergiebel, Dankmar * 10/644; Zimmer, Friedrich ~ 10/664; Zinn, Georg August ~ 10/676; Zoll, Hermann * 10/686; Zottmayr, Nina ~/† 10/690; Zscharnack, Leopold (Fritz Carl) † 10/690; Zumbach von Koesfeld, Lothar ~/† 10/699

Kasselburg
Friedrich von Blankenheim, Bischof von Straßburg und Utrecht * 3/475

Kassleck
Fehse, Willi Richard * 3/247

Kastanienbaum (Gem. Horw, Kt. Luzern)
Müller, Alois † 7/248

Kastel (seit 1908 zu Mainz, nach 1945 zu Wiesbaden)
Blanc, Ludwig Gottfried ~ 1/555; Busch, Adolphus * 2/248; Disch, Hubert Anton ~ 2/557; Goßner, Johannes Evangelista ~ 4/101; Grosch, Minnie * 4/189; Heinroth, Oskar August * 4/545; Porst, Ottilie * 8/39; Schultze-Westrum, Edith * 9/194; Wichert, Fritz * 10/470

Kastellaun
Back, Friedrich Carl ~/† 1/249; Bäumer, Eduard * 1/265; Borgmann, Wilhelm ~ 2/29; Eduard Fortunat, Markgraf von Baden † 3/21; Philipp Christoph von Sötern, Bischof von Speyer, Erzbischof von Trier ~ 7/656; Sötern, Philipp Christoph Reichsritter von * 9/360; Zimmer, Heinrich * 10/664

Kastelruth (italien. Castelrotto)
siehe auch *Überwasser*
Hofer, Joseph Anton * 5/110; Mayrhofer, Karl * 7/17; Parschalk, Josef * 7/565; Santifaller, Leo * 8/516; Schenk, Alois David ~ 8/602

Kasten (Niederösterreich)
Scheibe, Theodor † 8/585

Kasten (Oberösterreich)
Scheindler, August von * 8/589

Kastenholz (rumän. Casolt, ungar. Hermany)
Roth, Daniel ~ 8/411

Kastl (Kr. Altötting)
Froschauer, Christoph * 3/513

Kastl (Kr. Amberg-Sulzbach)
siehe auch *Pfaffenhofen*
Fridericus ~ 3/445; Hermann, Abt von Kastl ~ 4/624; Johann von Kastl ~ 5/348

Kastorf (Kr. Herzogtum Lauenburg)
Hammerstein, (Hans) Detlev Frh. von ~ 4/363

Kateřinky → Katharein

Katernberg (seit 1929 zu Essen)
Rauch, Heinrich Julius Otto * 8/158

Katharein (tschech. Kateřinky, heute zu Troppau/Opava)
Leder, Hans † 6/284; Wessely, Karl * 10/457

Katharinau
Breithaupt, Christian David * 2/104

Katharinenhof (Backnang)
Reusch, Hermann † 8/255

Katharinenhof (russ. Južnyi)
Bender, Karl Ludwig ~ 1/416

Katholisch-Willenroth (seit 1974 zu Bad Soden-Salmünster)
Lauer, Aloysius * 6/267

Kating (seit 1974 zu Tönning)
Pauls, Volquart * 7/579

Katowice → Kattowitz

Kattenbach (seit 1971 zu Aarbergen)
Kettenbach, Heinrich von * 5/523

Kattenhochstadt (seit 1972 zu Weißenburg i. Bay.)
Stählin, Adolf von ~ 9/434

Kattenstroth
Kattenstroth, Ludwig * 5/464

Kattowitz (poln. Katowice)
Adelmann von Adelmannsfelden, Raban ~ 1/34; Bellmer, Hans * 1/410; Berlepsch, Hans Hermann Frh. von ~ 1/457; Bernhardi, Friedrich ~ 1/469; Bialas, Günter ~ 11/20; Borinski, Karl * 2/30; Breuer, Isaak ~ 2/124; Dierich, Karl ~/† 2/521; Doms, Joseph ~ 2/592; Ehrhardt, Franz ~ 3/41; Fikentscher, Jenny ~ 3/294; Franz, Eugen ~ 3/413; Fritsch, Willy * 3/495; Fröhlich, Georg Wilhelm * 3/502; Goeppert, Friedrich * 4/55; Goeppert-Mayer, Maria * 4/55; Goldstein, Franz * 4/87; Goldstein, Kurt * 4/88; Graevenitz, Kurt-Fritz von ~ 4/125; Grundmann, Friedrich Wilhelm ~/† 4/224; Haas, Philipp de ~ 4/287; Jary, Michael ~ 5/308; Klausa, Anton Johann ~ 5/568; Kleiner, Ernst * 5/579; Königsberger, Bernhard * 5/664; Kowoll, Johann ~ 6/57; Kükelhaus, Hermann ~ 6/147; Landsberger, Franz ~ 6/221; Lewin, Louis ~ 6/364; Loebinger, Lotte * 11/123; Löffler, Heinrich ~ 6/440; Lubrich, Fritz ~ 6/489; Maerz, Johannes ~ 6/559; Maier-Hultschin, Johannes ~ 6/572; Malzacher, Hans ~ 11/126; Matuschka, Michael Graf von ~ 6/664; Müller, Wilhelm ~ 7/283; Neumann, Franz Leopold * 7/382; Oberfohren, Ernst ~ 7/452; Oelsner, Gustav ~ 7/467; Pant, Eduard † 7/557; Pohlmann, Alexander ~ 8/21; Przywara, Erich * 8/83; Sachs, Hans ~ 8/487; Sauer, Fred ~ 8/526; Scheliha, Rudolf von ~ 8/592; Schmeidler, Carl Friedrich * 8/694; Schmidtmann, Paul ~ 9/26; Schuster, Wilhelm ~ 9/216; Singer, Simon ~ 9/430; Stegner, Artur * 9/469; Streletz, Rudolf ~ 9/583; Theusner, Felix * 9/695; Thierfelder, Franz (Felix Reinhold) ~ 10/6; Wagner, Oskar ~ 10/285; Wahrmann-Schöllinger, Fanny ~ 10/294; Waterstradt, Berta * 10/344; Wisten, Fritz ~ 10/543; Zohsel, Fritz ~ 10/686

Katwik
Egger-Lienz, Albin Ingenuin ~ 3/29
Katyčiai → Koadjuthen
Katzelsdorf (Niederösterreich)
Wurm, Ernst * 10/599
Katzenelnbogen
Diels, Rudolf † 2/518; Puttkamer, Gertrud Frfr. von † 8/94
Katzenrüti (Gem. Rümlang, Kt. Zürich)
Gujer, Jakob ~/† 4/252; Guyer, Jakob ~/† 4/276
Katzheim
Katzheimer, Wolfgang * 5/467
Katzhütte
Dörell, Georg Ludwig (Wilhelm) ~ 2/575; Truppel, Oskar von * 10/103
Katzke (poln. Kaczki)
Czolbe, Heinrich * 2/421
Kaub
Cuba, Dietrich von * 2/408
Kaufbeuren
Amende, Christian Karl ~ 1/113; Ammerbacher, Heinrich Daniel ~ 1/117; Barth, Marquard ~ 1/304; Baudrexel, Philipp Jakob ~ 1/322; Baumgartner, David von ~ 1/346; Blös(s)t, Johann Christoph ~/† 1/577; Brucker, Johann Jakob ~ 2/149; Dertsch, Richard † 2/494; Ehrhart, (Johann) Balthasar * 3/42; Franck, Hans Ulrich * 3/388; Frey, Emil Karl * 3/434; Frölich, Georg ~ 3/504; Fuchs, Bernhard ~ 3/517; Ganghofer, August von ~ 3/568; Ganghofer, Ludwig (Albert) * 3/568; Gerhauser, Johann Balthasar * 3/645; Hering, Loy * 4/616; Höss, (Maria) Creszentia */~/† 5/105; Hopfer, Daniel * 5/171; Klammer, Balthasar * 5/564; Kreszentia von Kaufbeuren */~/† 6/98; La Roche, (Marie) Sophie von * 6/253; Lederer, Jörg ~ 6/285; Lindenschmit, Wilhelm d. J., Ritter von ~ 6/404; Miller, Josef Kassian ~ 7/143; Naogeorg, Thomas ~ 7/339; Neustädter, Erwin ~/† 7/394; Pfandl, Ludwig † 7/635; Rathgeber, Alphons Maria † 8/151; Ringeisen, Dominikus ~ 8/315; Röhm, Ernst ~ 8/351; Rössler, (Karl) Rudolf * 8/363; Satzger, Alfons ~ 8/525; Schramm, Friedrich ~ 9/128; Stang, Georg ~ 9/446; Strigel, Victorinus * 9/588; Tobler, Ernst ~ 10/53; Ullherr, Johann Conrad † 10/135; Wanner, Johannes ~ 10/331; Wilm, Hubert * 10/514
Kaufering
Welf V., als Herzog von Bayern Welf II. † 10/423
Kaufungen (Kr. Kassel, Land)
Kunigunde, geb. Gräfin von Luxemburg, Kaiserin ~/† 6/168; Philipp I. der Großmütige, Landgraf zu Hessen, Graf zu Katzenelnbogen, Dietz, Ziegenhain und Nidda ~ 7/654
Kaukehmen → Kuckerneese
Kaulwitz (poln. Kowalowice)
Bitta, Joseph † 1/549
Kaunas → Kowno
Kauns (Tirol)
Bachlechner, Joseph ~ 1/244; Gfall, Johann * 3/675
Kauřim (auch Kauřimer Vorstadt, tschech. Kouřimske Předměstí, heute zu Kolín)
Jelinek, Franz Xaver * 5/317
Kautzen (Niederösterreich)
Donin, Ludwig ~ 2/594
Kavelsdorf
Amsberg, August Philipp Christian Theodor von * 1/120
Kayingchow (China)
Müller-Landau, Rolf * 7/288
Kayna
Kurth, Max * 6/178; Wetzel, Heinz * 10/464
Kaysersberg (Dép. Haut-Rhin, Frankreich)
Angst, Wolfgang * 1/139; Gebwiler, Hieronymus * 3/596; Geiler von Kaysersberg, Johannes ~ 3/607; Gresemund, Dietrich d. J. ~ 4/157; Kohlmann, Anton * 6/4; Lang, Joseph * 6/227; Schweitzer, Albert * 9/237; Scriptoris, Paul † 9/249; Zell, Matthäus * 10/636
Kcynia → Exin
Ke-cho (Tonking)
Kratz, Johann Kaspar † 6/73

Keblas (estn. Keblase)
Uexküll, Jakob (Johann) Baron von * 10/125
Keblase → Keblas
Keckau (Lettland)
Baum, Peter † 1/333
Kecskemét (Ungarn)
Fleischer, Anton * 3/341; Goldstein, Josef * 4/87; Hugelmann, Karl (Heinrich) * 5/216
Kedabek (Aserbaidschan)
Sauce, Wilhelm Karl August de la * 8/525
Keeken (Amt Rindern, seit 1969 zu Kleve, Kr. Kleve)
Bautz, Josef * 1/355
Keetmanshoop (Namibia)
Kuhn, Philaletes ~ 6/161
Kefermarkt (Oberösterreich)
Ehinger, Elias ~ 3/34; Kurz, Franz (Seraph) * 6/179; Oberchristl, Florian * 7/452
Kefikon (Gem. Gachnang, Kt. Thurgau)
Greuter, Bernhard ~ 4/159
Kehl (Ortenaukreis)
siehe auch *Auenheim, Bodersweier, Hohnhurst, Kork, Leutesheim*
Bittmann, Carl * 1/550; Dietrich, Hermann Robert ~ 2/536; Grünewald, Matthias (Gothart Nithart) ~ 4/214; Hintze, Carl (Adolf Ferdinand) ~ 5/56; Kerpen, Wilhelm Frh. von ~ 5/514; Korf, Willy ~ 6/43; Lamey, August Wilhelm * 6/206; Michal, Jacques (de) ~ 7/123; Neßler, Julius * 7/366; Petri, Emil † 7/622; Rodt, Maximilian Augustinus Christoph Reichsfreiherr von * 8/346
Kehnert
Hilzheimer, Max * 5/49; Schulenburg-Kehnert, Friedrich Wilhelm Graf von der */† 9/184
Kehrberg (poln. Krzywin)
Roßbach, Gerhard * 8/405
Kehrsatz (Kt. Bern)
Tscharner, Niklaus Emanuel von ~/† 10/105
Keilberg
Klug, Ignaz * 5/608
Keilhau (seit 1993 zu Rudolstadt)
Fröbel, Friedrich (Wilhelm August) ~ 3/500; Middendorff, Wilhelm ~/† 7/130; Schönbein, Christian Friedrich ~ 9/84; Schrader, (Johanne Juliane) Henriette ~ 9/125
Keina → Keinis
Keinis (estn. Keina)
Haller, Johannes * 4/348
Keisd (rumän. Saschiz, ungar. Szászkézd)
Binder, Georg ~ 1/531; Binder, Georg Paul ~ 1/531; Haner, Georg Jeremias * 4/368
Keitum (Sylt-Ost)
Jenner, Gustav * 5/320; Lornsen, Boy Jakob */† 6/475; Lornsen, Uwe Jens * 6/475; Mungard, Jens (Emil) * 7/307
Kelbra (Kyffhäuser)
siehe auch *Sittendorf*
Günther, (Johann Heinrich) Friedrich */~ 4/239; Scharre, Max * 8/571
Kelheim
Adam, Benno (Raffael) † 1/27; Eck, Leonhard von ~ 3/6; Egger, Joseph Georg * 3/28; Grueber, Benno * 4/208; Klenze, Leo von ~ 5/588; Krüll, Franz Xaver von ~ 6/124; Krummauer, Hans ~ 6/129; Ludwig I. der Kelheimer, Herzog von Bayern † 6/499; Otto I., Herzog von Bayern * 7/531; Otto II. der Erlauchte, Herzog von Bayern * 7/531; Schäffer, Fritz ~ 8/550; Socher, Joseph (Lorenz Erdmann Gebhart) ~/† 9/356; Welz, Robert * 10/430; Zenetti, Franz Xaver ~ 10/641
Kelkheim (Taunus)
siehe auch *Hornau, Rossert*
Böhlen, Johannes Hippolytus ~ 1/615; Briemle, Theodosius ~ 2/133; Günther, Eberhard † 4/239; Krenzlin, Anneliese † 6/98; Staff, Curt † 9/436; Voigt, Heinz † 10/237
Kellinghusen
Bockel, Franz ~ 1/596; Egard, Paul * 3/22; Kähler, Wilhelmine * 11/99; Liliencron, Detlev von ~ 6/395; Wartenberg, Hans-Joachim von * 10/338

Kelsterbach
Franckenstein, Sir George † 3/395
Keltern → Ellmendingen
Kelz (seit 1972 zu Vettweiß)
Bollig, Johann * 2/10
Kematen am Innbach (Oberösterreich)
Kornhuber, Andreas * 6/47
Kematen in Tirol
siehe auch *Afling*
Praxmarer, Josef ~/† 8/55
Kemberg
Bernhardi, Bartholomäus ~/† 1/469; Böhmer, Georg
Rudolph ~ 1/622; Feustking, Johann Heinrich ~ 3/282;
Franz, Wolfgang ~ 3/415; Nitzsch, Carl Immanuel ~ 7/426;
Schulenburg, Friedrich Werner Graf von der * 9/182
Kemmelbach (Gem. Neumarkt an der Ybbs, Niederöster-
reich)
Etzel, Carl von † 3/187
Kemmendine (Birma)
Peters, Theodor ~/† 7/617
Kemna
Hirtsiefer, Heinrich ~ 5/71
Kemnade (seit 1973 zu Bodenwerder)
Körting, Johannes * 5/675
Kemnate (Waltershausen)
Bechstein, Johann Matthäus ~ 1/367
Kemnath (Kr. Tirschenreuth)
siehe auch *Hopfau*
Bayer, Johann Philipp ~ 1/358; Denzinger, Franz Joseph
Ritter von ~ 2/489; Horn, Georg * 5/177; Matthias von
Kemnat ~ 6/662; Poeverlein, Hermann ~ 8/16; Schlör,
Gustav von ~ 8/682; Schmeltzl, Wolfgang * 8/696;
Schrenck von Notzing, Sebastian von ~ 9/140; Stattler,
Benedikt (Alexius Andreas) ~ 9/454; Wann, Paul * 10/331
Kemnitz (Kr. Ostvorpommern)
Kabisch, Richard * 5/391
Kempen (Kr. Viersen)
Brugman, Johannes * 2/162; Büchel, Dietrich von ~ 2/194;
Gelenius, Aegidius * 3/616; Gelenius, Johann(es) ~ 3/616;
Kempe, Stephan * 5/503; Kimedoncius, Jakob * 5/539;
Kuene von der Hallen, Konrad ~ 6/150; Lennerz, Heinrich
* 6/321; Otte, Bernhard ~ 7/525; Piel, Peter ~ 7/666;
Thomas von Kempen * 10/17
Kempen (poln. Kępno)
Aron, Hermann * 1/194; Born, Gustav Jakob * 2/32;
Freund, Wilhelm ~ 3/432; Goldbaum, Wilhelm * 4/77;
Holdheim, Samuel * 5/147; Honigmann, David * 5/168;
Lewin, Louis ~ 6/364; Warschauer, Adolf * 10/338
Kempfenhausen (seit 1937 zu Berg, Kr. Starnberg)
Albers, Hans † 1/64; Mosbacher, Peter † 7/220
Kempten (Gem. Wetzikon, Kt. Zürich)
Ruegg, Johann Jakob * 8/450
Kempten (Allgäu)
siehe auch *Lenzfried, Leubas*
Abele, Johann Martin von ~ 1/6; Beer, Michael ~ 1/390;
Bernatz, Matthäus ~ 1/460; Bernhard Gustav, Markgraf
von Baden-Durlach ~ 1/464; Breit, Herbert ~ 2/101;
Brentano, Dominicus von ~ 2/117; Burger, Carl (Christian)
von ~ 2/236; Coelestin Sfondrati, Fürstabt von St. Gallen
~ 2/350; Dietl, Eduard (Wohlrat Christian) ~ 2/529; Dorn,
Hanns * 2/597; Dornier, Claude * 2/599; Eberle, Syrius
~ 2/674; Einslin, Michael * 3/65; Eisenhut, Thomas ~/†
3/71; Fröhlich, Ernst * 3/502; Fürstenberg-Heiligenberg,
Egon Graf von ~ 3/530; Gracklauer, Oscar ~ 4/118; Gratz,
Lorenz Klemens ~ 4/141; Grimm, Georg * 4/168; Grosse,
Ernst Ludwig ~ 4/194; Haggenmüller, Johann Baptist
*/~/† 4/326; Hartmann, Otto ~ 4/412; Hengeler, Adolf *
4/582; Hermann, Franz Benedikt */~/† 4/627; Hermann,
Franz Georg */~/† 4/627; Huber, Paul */~/† 5/198; Huber-
Anderach, Theodor * 5/199; Hutter, Franz * 5/238; Kaim,
Franz † 5/404; Keller, Johann Heinrich II. ~ 5/495;
Knappe, Karl * 5/614; Kösel, Joseph */~/† 5/675; Kreuzer,
Erwin ~ 6/103; Lang, Michl ~ 6/228; Liebherr, Joseph ~
6/383; Manz, Georg Joseph ~ 6/602; Megerlin, Peter *

7/25; Michl, Augustin Liebhart ~ 7/128; Müller, Anton
Josef ~/† 7/248; Müller, Markus Joseph * 7/276; Mündler,
Otto * 7/295; Naogeorg, Thomas ~ 7/339; Poeschel, Erwin
~ 8/14; Pustet, Friedrich (III) ~ 8/93; Rathgeb, Caspar ~/†
8/151; Rauwolf, Leonhard ~ 8/166; Reisach-Sternberg,
Karl August (Franz Anton) Graf von ~ 8/228; Richter,
Franz Xaver ~ 8/278; Ried, Franz Jordan von * 8/290;
Riepp, Balthasar (Johann) * 8/304; Rippler, Heinrich */~
8/322; Roemer, Adolf ~ 8/352; Rummel, Hans ~ 8/463;
Sachse, Helmuth ~ 11/167; Saller, Karl Felix * 8/501;
Schlund, Fidel ~ 8/689; Schmid von Leubas, Jörg ~ 8/707;
Schmidt, Hansheinrich ~ 9/9; Sfondrati, Coelestin I. ~
9/300; Sickenberger, Joseph * 9/302; Siebertz, Paul ~
9/307; Stahl, Ernst Konrad ~ 9/437; Stülz, Jodok ~ 9/609;
Thiersch, Ludwig ~ 10/8; Thomann von Hagelstein, Jakob
Ernst ~ 10/17; Thürlings, Adolf ~ 10/27; Trubar, Primož ~
10/99; Udalrich, Bischof von Augsburg ~ 10/122; Üblhör,
Johann Georg ~ 10/124; Verhelst, Ägid d. Ä. ~ 10/195;
Walch, Johann * 10/298; Weinhart, Benedikt * 10/396;
Wille, Ludwig * 10/510; Winkler, Gerhard † 10/529; Zorn,
Rudolf * 10/689
Kemptthal (Gem. Lindau, Kt. Zürich)
Kunz, (Hans) Heinrich ~ 6/172
Kennelbach (Vorarlberg)
Jenny, Melchior ~ 5/320; Schindler, Anna Margareta *
8/643; Schindler, Cosmus ~ 8/643; Schindler, Fridolin ~
8/644; Schindler, Friedrich Wilhelm ~/† 8/644
Kennenburg (Gem. Esslingen am Neckar)
Stark, Karl ~ 9/452; Young, Friedrich ~/† 10/607
Kenninghall (England)
Lendvai, Erwin ~ 6/319
Kensington (seit 1965 zu London)
Cramer, Johann Baptist † 2/389; Zweig, Walter † 10/706
Kenzingen
Demoll, Reinhard * 2/483; Otter, Jakob ~ 7/526
Kephallenia (Griechenland)
Lusi, Spiridion Graf von * 6/533
Kepinka → Neuenkamp
Kępno → Kempen
Keppurren (auch Dreibrücken, russ. Černjahovsk)
Busolt, Georg * 2/253
Kerc → Kerz
Kerelöszentpál → Paulsdorf
Keresténysziget → Großau
Keresztfalu → Kreutz
Kerken → Haag
Kerkrade (Niederlande)
Kreiten, Wilhelm ~/† 6/93; Schneemann, Gerhard † 9/48;
Six, Michael ~ 9/345
Kernen im Remstal → Rommelshausen, Stetten im
Remstal
Kernenried (Kt. Bern)
Buri, Fritz * 11/36
Kerns (Kt. Obwalden)
Abart, Franz † 1/1; Ah, Joseph Ignaz von ~/† 1/56; Gisig,
Sebastian ~ 4/17; Schill, Emil ~/† 8/634
Kerpen (Erftkreis)
siehe auch *Blatzheim*
Horster, Franz * 5/183; Kolping, Adolph * 6/21
Kerpen (poln. Kierpień)
Zupitza, Julius * 10/701
Kersténtyfalu → Neustadt
Kerz (rumän. Cîrța, ungar. Kerc)
Kästner, (Josef) Viktor * 5/398
Kesmark → Käsmark
Késmárk → Käsmark
Kesselbach (seit 1972 zu Hünstetten)
Müthel, Eva † 7/302
Kesseldorf
Borcke, Heinrich Adrian Graf von ~ 2/28; Geßler,
Friedrich Leopold Graf von ~ 3/666; Klengel, Johann
Christian * 5/588; Leopold I., Fürst von Anhalt-Dessau ~
6/331
Kesselsdorf → Braunsdorf

Kesselshain (seit 1994 zu Borna, Kr. Leipziger Land)
Bauriegel, Johann Christoph * 1/353
Kessenich (seit 1904 zu Bonn)
Eichhoff, Johann Joseph † 3/50; Piel, Peter * 7/666
Kesswil (Kt. Thurgau)
Häberlin, Paul * 4/302; Jung, Carl Gustav * 5/378;
Künzler, August * 6/152; Weidenmann, Jakobus ~ 10/382
Kestenholz (frz. Châtenois, Dép. Bas-Rhin)
Schilling, Florentius * 8/639
Keswick (Cty. Cumbria, England)
Hoechstetter, Daniel ~/† 5/86
Keszthely (Ungarn)
Goldmark, Karl * 4/81; Heckel, Johann Jakob ~ 4/469
Keta (Ghana)
Oloff, Friedrich (Christian) ~ 11/150; Schlegel, (Johann)
Bernhard ~/† 8/660
Kętrzyn → Rastenburg
Ketschendorf (Fürstenwalde/Spree)
Bingel, Rudolf ~ 1/533
Kettenbach (Gem. Hausheim, seit 1972 zu Neumarkt i. d.
OPf.)
Kettenbach, Heinrich von * 5/523
Kettenhof (Schwechat, Niederösterreich)
Rechberg und Rothenlöwen, Johann Bernhard Graf von ~/†
8/171
Kettenis (Belgien)
Alleker, Johannes ~ 1/91
Kettershausen
Bachmann, Joseph Siegmund Eugen * 1/246
Kettin (Alsen, Dänemark)
Lassen, Hans * 6/260
Kettwig (seit 1975 zu Essen)
Engels, Johann Adolf * 3/123; Gebühr, Otto * 3/596;
Kattenbusch, Ferdinand * 5/464; Krummacher, Friedrich
Adolf ~ 6/129; Müller, Erich † 7/253; Schäferdiek, Willi ~
8/549; Schütte, Ernst ~ 9/175; Volkmann, Ernst (Oskar) *
10/245
Ketzerbachtal → Wolkau
Ketzin
siehe auch *Paretz*
Illies, Joachim * 5/248; Maurer, Erich (Otto Heinrich) ~
6/669
Keula
Günter, Siegfried * 4/236
Kevelaer
Brinkmann, Johannes Bernhard ~ 2/135; Cramer, Wilhelm
~ 2/390; Deitmer, Joseph (Carl Maria) ~ 2/473; Janssen,
Heinrich Maria ~ 5/302; Schellen, Thomas Joseph Heinrich
* 8/594; Seifert, Ernst (Hubert) ~ 9/269; Statz, Vinzenz ~
9/455; Stummel, Friedrich (Franz Maria) ~/† 9/613
Kew (Australien)
Hatvani, Paul † 4/433
Kew (Richmond upon Thames, London)
Bauer, Franz Andreas ~/† 1/324; Beyrich, Heinrich Karl
~ 1/508; Dietrich, (Johann Christian) Gottlieb ~ 2/535;
Günther, Albert (Charles Lewis Gotthilf) ~ 4/237; Stapf,
Otto ~ 9/448
Kežmarok → Käsmark
Kfar Schmarjahu (Israel)
Leonard, Lotte † 6/327; Pauly, Rose † 7/582
Khalatse
Franke, (August) Hermann ~ 3/404
Khaneh Zenjahn (Iran)
Minutoli, Julius (Rudolf Ottomar) Frh. von † 7/149
Khartum
David, Adam ~ 2/451; Dümichen, Johannes ~ 2/635;
Genczik, August von ~ 3/620; Gerbl, Franz Lorenz †
3/636; Haggenmacher, (Gustav) Adolf ~ 4/326; Harnier,
Wilhelm von ~ 4/393; Knoblecher, Ignaz ~ 5/624;
Marno, Ernst ~ 6/627; Nachtigal, Gustav ~ 7/326; Reitz,
Konstantin ~ 8/236; Roth, Gottfried ~ 8/412
Kherson (ukrain. und russ. Cherson)
Bern, Maximilian * 1/459; Golyscheff, Jef * 4/94

Khorosan (Türkei)
Thiemo, Erzbischof von Salzburg ~ 10/5
Kiaulkehmen (Ostpreußen)
Jung, Frieda * 5/379
Kiautschou (China)
Brüninghaus, Franz Willi ~ 2/160; Bülow, Bernhard Fürst
von ~ 2/203; Falkenhayn, Erich (Georg Anton Sebastian)
von ~ 3/227; Grießmeyer, Albert ~ 4/166; Lindenberg, Paul
~ 6/404; Maercker, Georg ~ 6/558; Schrameier, (Ludwig)
Wilhelm ~ 9/127; Tirpitz, Alfred von ~ 10/47; Truppel,
Oskar von ~ 10/103; Witzell, Carl ~ 10/553
Kiebitzreihe → Bekenreihe
Kieckow (poln. Kikowo)
Kleist-Retzow, Hans Hugo von */† 5/584
Kiedrich
Fries, Karl (Theophil) * 3/484; Ritter zu Grünstein, Anselm
Franz Frh.von † 8/333
Kiel
siehe auch *Brunswik, Friedrichsort, Holtenau, Hornheim,
Pries*
Abegg, Richard (Wilhelm Heinrich) ~ 1/3; Abel, Wilhelm
~ 11/1; Achenbach, Adolf von ~ 11/1; Ackermann,
Harald Friedrich Nikolaus */~ 1/21; Ackermann, Johann
Friedrich ~/† 1/21; Adelheid Victoria Amalie Luise Marie
Konstanze, Herzogin zu Schleswig-Holstein-Augustenburg
~ 1/33; Adickes, Erich ~ 1/37; Adler, Georg ~ 1/39;
Adler, Jakob Georg Christian ~ 1/40; Adolf IV., Graf
von Holstein ~/† 1/43; Ahlefeld, Hunold von */~ 1/57;
Ahlmann, (Carl Johann Hermann) Ludwig */~/† 1/58;
Ahlmann, Wilhelm * 1/58; Ahlmann, Wilhelm Hans
~/† 1/58; Ahrens, Felix Benjamin ~ 1/60; Aichel, Otto
~/† 1/60; Alardus, Nikolaus ~ 1/63; Alberti, Eduard
Christian Scharlau ~ 1/70; Albrecht, Karl Martin Paul
~ 1/82; Aldenhoven, Karl ~ 1/85; Aldenrath, Heinrich
Jakob ~ 1/85; Alder, Kurt ~ 1/85; Allemann, Beda ~
11/3; Alsleben, Julius ~ 1/94; Amberg, George ~ 1/111;
Amthor, Christoph Heinrich ~ 1/121; Andresen, Carl ~
1/134; Andresen, Karl Gustav ~ 1/134; Aner, Karl ~/†
1/135; Anschütz, Hans ~ 11/4; Anschütz, Willy ~ 1/147;
Anschütz-Kaempfe, Hermann (Franz Joseph Hubertus
Maria) ~ 1/147; Anselmino, Karl-Julius ~ 1/148; Apel,
Georg Christian ~/† 1/154; Apstein, Carl Heinrich ~
1/160; Arndt, Fritz ~ 1/174; Arnecke, Friedrich ~ 1/176;
Arnim, Volkmar von ~ 1/181; Arnkiel, Trogillus ~ 1/182;
Arnold, Heinz ~ 11/4; Arpe, Peter Friedrich */~ 1/195;
Arps, (Johann) Friedrich (Nikolaus) ~ 1/195; Aschenfeld,
Christoph Karl Julius * 1/203; Asmis, Walter ~ 1/206;
Asmussen, Hans Christian ~ 1/206; Augustiny, Johann
Rhode Friedrich ~ 1/223; Avé-Lallemant, Robert Christian
Berthold ~ 1/227; Axhausen, Georg ~ 1/228; Baade, Fritz
~/† 1/231; Bach, Adolf ~ 1/234; Bachmann, Gustav †
1/245; Bacmeister, Matthäus ~ 1/251; Baden, Torkel ~
1/252; Bähr, David Andreas ~ 1/256; Baer, Reinhold ~
1/260; Bärensprung, Friedrich Wilhelm Felix von † 1/261;
Baethgen, Friedrich (Wilhelm Adolf) ~ 1/264; Bagge, Erich
(Rudolf) ~/† 11/9; Baggesen, Jens Immanuel ~ 1/267;
Bahnsen, Christian August ~ 1/269; Bahnsen, Wilhelm
~ 1/269; Bahr, Richard ~ 1/270; Balla, Emil ~ 1/277;
Ballerstedt, Kurt ~ 1/277; Bambanius, Johann ~ 1/283;
Barandon, Paul */~ 1/291; Bargmann, Wolfgang Ludwig
~/† 1/295; Barlach, Ernst ~ 1/296; Barnick, Johannes
(Ferdinand) ~ 1/297; Barschel, Uwe ~ 1/298; Bartram,
Walter ~ 1/310; Bassermann, Alfred ~ 1/315; Baudissin,
Friedrich Graf von ~ 1/321; Baudissin, Wolf (Wilhelm
Friedrich) Graf von ~ 1/322; Baudissin, Wolf Heinrich
Friedrich Karl Graf von ~ 1/322; Bauer, Wilhelm Sebastian
Valentin ~ 1/330; Baule, Bernhard ~ 1/332; Baumgarten,
Michael ~ 1/344; Baumgarten, Otto ~/† 1/344; Baur,
Erwin ~ 1/349; Beccau, Joachim ~ 1/365; Bechmann,
(Georg Carl) August Ritter von ~ 1/367; Becker, Carl
Heinrich ~ 1/376; Becker, Hellmut ~ 1/377; Becker, Otto
~/† 1/380; Beckerath, Erwin von ~ 1/382; Beckh, Hermann
~ 1/383; Beer, Max ~ 1/390; Beermann, Friedrich †
1/391; Beetz, Wilhelm * 1/393; Behm, Alexander (Karl

Cay ~/† 5/66; Hirschfeld, Hans Emil ~ 5/67; Hirschfeld-Mack, Ludwig (Johann) ~ 5/68; Hobohm, Martin ~ 5/78; Hochbaum, Werner (Paul Adolf) * 5/79; Höber, Rudolf (Otto Anselm) ~ 5/85; Höfler, Otto ~ 11/88; Höhne, Ottomar ~ 5/93; Hoenes, Dieter ~ 5/98; Höniger, Heinrich ~ 5/98; Hoff, Ferdinand * 5/111; Hoffman, Melchior ~ 5/113; Hoffmann, Friedrich */~/† 5/117; Hoffmann, Hans ~ 5/118; Hoffmann, Hans ~ 5/118; Hoffmann-Fölkersamb, Hermann † 5/124; Hofmann, Leopold Frh. von ~ 5/131; Holm, Richard ~ 5/153; Holst, Erich von ~ 5/153; Holstein, Günther ~/† 5/154; Holthausen, Ferdinand ~ 5/155; Hoppe, (Ernst) Reinhold (Eduard) ~ 5/172; Horb, (Johann) Heinrich ~ 5/174; Howaldt, Georg ~ 5/190; Hubala, Erich ~ 11/91; Huber, Ernst Rudolf ~ 5/195; Hudemann, Ludwig Friedrich ~ 5/202; Hübener, (Friedrich Julius) Erhard ~ 5/203; Hüllmann, Hermann ~ 5/209; Hülsen, August Ludwig ~ 5/209; Huppenbauer, Carl ~ 5/230; Hussak, Eugen ~ 5/234; Ihering, Hermann von * 5/244; Ihering, (Caspar) Rudolf von ~ 5/245; Illies, Joachim ~ 5/248; Isele, Hellmut Georg ~ 11/94; Jacobi, Hermann (Georg) ~ 5/274; Jacoby, Felix ~ 5/279; Jaeger, Werner (Wilhelm) ~ 5/285; Jahn, Otto */~ 5/292; Jahr, Carl * 5/293; Jankuhn, Herbert ~ 11/96; Janssen, Sigurd ~ 5/303; Jellinek, Walter ~ 5/318; Jencke, Hanns ~ 5/319; Jenner, Gustav ~ 5/320; Jensen, Adolf Ellegard */~ 5/320; Jensen, Christian ~ 5/321; Jensen, Christian (Albrecht Theodor) ~ 5/321; Jensen, Christian (Cornelius) ~ 5/321; Jensen, Hans Detlev ~ 5/321; Jensen, Wilhelm (Hermann) ~ 5/321; Jesionek, Albert ~ 5/326; Jessel, Leon ~ 5/326; Jessen, Carl Friedrich Wilhelm ~ 5/326; Jessen, Jens ~ 5/327; Jessen, Peter ~ 5/327; Jochmann, Georg ~ 5/332; Jochum, Eugen ~ 5/333; Jörs, Paul ~ 5/337; Johnsen, Arrien ~ 5/356; Jores, Arthur ~ 5/364; Jülg, Bernhard ~ 5/372; Jürgensen, Theodor von ~ 5/374; Jung, Heinrich ~ 5/379; Jung, Karl Theodor ~/† 5/380; Junge, Friedrich ~/† 5/382; Justi, Carl ~ 5/388; Justi, Eduard (Wilhelm Leonhard) ~ 5/388; Kähler, Heinz ~ 5/394; Kähler, Karl */~ 5/394; Kästner, Erhart ~ 5/397; Kafka, Gustav E. ~ 5/400; Kaftan, Julius ~ 5/400; Kaftan, Theodor ~ 5/401; Kaiserling, Carl ~ 5/409; Kallensee, Olga ~ 5/414; Kaltefleiter, Werner ~/† 11/100; Kaluza, Theodor ~ 5/418; Kandl, Eduard ~ 5/423; Kannegießer, Gottlieb Heinrich ~/† 5/425; Kantorowicz, Hermann (Ulrich) ~ 5/428; Karsten, Gustav ~/† 5/454; Kattenstroth, Ludwig ~ 5/464; Katz, Rudolf * 5/466; Kauffmann, Friedrich ~ 5/469; Kaufmann, Erich ~ 5/471; Kaun, Hugo ~ 5/475; Kawerau, Gustav ~ 5/479; Keller, Robert ~ 5/497; Kern, Fritz ~ 5/511; Kern, Walther ~ 5/512; Kerschensteiner, Georg (Michael) ~ 5/516; Kewenig, Wilhelm Alexander ~ 5/525; Kiep, Louis Leisler ~ 5/532; Kierulff, Johann Friedrich Martin ~ 5/533; Kiesel, Otto ~ 5/533; Kinder, Christian ~ 5/540; Kirchhoff, Heinz ~ 11/104; Kirchner, Wilhelm Leopold ~ 5/553; Kißkalt, Karl ~ 5/559; Kittel, Gerhard ~ 5/560; Klawitter, Carl William ~ 5/569; Klein-Rogge, Rudolf ~ 5/579; Kleinschmidt, Hans ~ 5/581; Klemm, Wilhelm (Karl) ~ 5/586; Kleuker, Johann Friedrich ~/† 5/591; Klipstein, Editha * 5/600; Klose, Franz ~/† 5/605; Klostermann, Erich */~ 5/605; Knauff, Andreas * 5/615; Kniep, Hans ~ 5/620; Knipping, Erwin † 5/622; Knoche, Ulrich ~ 5/624; Knoop, Franz ~ 5/628; Knuth, Paul ~/† 5/633; Kobbe, Theodor (Christian Cay) von ~ 5/634; Kobold, Hermann (Albert) ~/† 5/637; Koch, Alexander ~ 5/637; Koch, Waldemar ~ 5/644; Kochendörffer, Karl ~ 11/107; Koebe, Paul ~ 5/646; Köhler, Erich ~ 5/650; Koelsch, Franz ~ 5/656; Koenig, Alexander ~ 5/657; Koenig, Ernst ~ 5/658; Köppen, Edlef ~ 5/668; Körting, Gustav ~/† 5/675; Koes, Friedrich ~/† 5/675; Koester, Hans (Ludwig Raimund) von ~/† 5/676; Köstler, Josef Nikolaus ~ 5/676; Kohl, Johann Peter */~ 6/2; Kohlschmidt, Werner ~ 11/109; Kohlschütter, Arnold ~ 6/5; Kohlschütter, Ernst ~ 6/5; Kolander, Friedrich ~ 6/9; Koll, Werner */~ 6/16; Kolle, Kurt (Albert Bernhard) ~ 6/16; Konow, Gerhard ~ 11/109; Konrad, Erich ~ 6/35; Kopf, Hermann ~ 6/37; Kopfermann, Hans ~ 6/37; Kordes, Berend ~/† 6/42;

Kortholt, Christian ~/† 6/48; Kossel, Walther (Ludwig) ~ 6/52; Kraemer, Augustin Friedrich ~ 6/60; Krannhals, Hanns von ~ 6/71; Krekeler, Karl ~ 6/93; Kreutz, Heinrich ~/† 6/102; Kröger, Timm ~/† 6/110; Krönig, Bernhard ~ 6/111; Krohn, Johannes ~ 6/112; Krone, Heinrich ~ 6/116; Kroner, Richard ~ 6/117; Krüger, Adalbert ~/† 6/120; Krüger, Felix ~ 6/121; Krüger, Friedrich ~ 6/122; Krüger, Hartmut ~ 11/113; Krümmel, Otto ~ 6/124; Krüsike, Johann Christoph ~ 6/125; Krug, Arnold ~ 6/126; Krupp, Friedrich Alfred ~ 6/131; Krupp von Bohlen und Halbach, Gustav ~ 6/132; Küntscher, Gerhard ~ 6/151; Küster, Ernst ~ 6/154; Küttner, Hermann ~ 6/155; Kuhn, Hans ~/† 6/160; Kuhn, Werner ~ 6/161; Kuhnt, Bernhard ~ 6/162; Kunzen, Friedrich Ludwig Aemilius ~ 6/174; Kupffer, Karl Wilhelm ~ 6/175; Kutner, Robert ~ 6/182; Kutscher, Artur (Heinrich Theodor Christoph) ~ 6/182; Lackmann, Adam Heinrich ~/† 6/191; Ladenburg, Albert ~ 6/192; Ladenburg, Rudolf * 6/193; Lamp, Ernst August */~ 6/208; Landgrebe, Ludwig ~ 6/217; Landmann, Julius ~/† 6/218; Landsberg, Georg ~/† 6/219; Landshoff, Ludwig ~ 6/221; Lang, Emil (Karl Georg Adolf) ~/† 6/223; Lang, Konrad ~ 6/227; Langbehn, (August) Julius ~ 6/229; Lange, Johannes ~ 6/234; Langeheine, Richard ~ 11/117; Langenbeck, Bernhard von ~ 6/239; Langhans, Paul ~ 6/245; Larenz, Karl ~ 6/252; Lasaulx, Ernst von ~ 6/254; Laspeyres, Hugo ~ 6/258; Lassen, Hans ~ 6/260; Lauritzen, Lauritz */~ 6/270; Leers, Johann von ~ 6/288; Lehmann, Ernst August ~ 6/292; Lehmann, Heinrich * 6/293; Lehmann, Theodor ~/† 6/296; Lehmann, Wilhelm (Heinrich) ~ 6/297; Leipoldt, Johannes ~ 6/308; Leisner, Georg * 6/310; Lemke, Helmut */~ 6/315; Lenard, Philipp ~ 6/317; Lenel, Otto ~ 6/319; Leo, Friedrich ~ 6/326; Leonhardt, Albert ~ 6/329; Leonhardt, (Max) Johannes ~/† 6/330; Leskien, August */~ 6/342; Leunenschloß, Otto ~ 6/353; Leupold, Ernst ~ 6/354; Leuze, Eduard ~ 6/356; Leverenz, Bernhard ~ 6/357; Levetzow, Magnus von ~ 6/360; Lichte, Hugo ~ 6/373; Lichtenberger, Berthold (Hans Alfred) ~ 6/375; Lichtenfeld, Manfred */~ 11/122; Lidzbarski, Mark ~ 6/377; Liebner, Albert ~ 6/387; Lienau, Otto ~ 6/390; Liepe, Wolfgang ~/† 6/391; Liepmann, Moritz ~ 6/391; Lietzau, Hans ~ 6/393; Liliencron, Detlev von * 6/395; Liliencron, Rochus (Wilhelm Traugott Heinrich Ferdinand) Frh. von ~ 6/395; Lindemann, August ~ 6/401; Lindemann, Hugo (Carl) ~ 6/402; Lindemann, Kurt ~ 6/402; Lindenmaier, Fritz (Heinrich Karl Paul) ~ 6/404; Lipsius, Richard Adelbert ~ 6/422; Litzmann, Berthold */~ 6/429; Litzmann, Carl (Konrad Theodor) ~ 6/429; Loebinger, Lotte ~ 11/123; Löck, Carsta ~ 6/439; Löhner, Kurt ~ 6/443; Löhr, Georg-Wilhelm * 11/124; Lösch, August ~ 6/446; Löschin, Matthias Gotthilf ~ 6/447; Loewe, Carl † 6/450; Lohmann, Hans ~ 6/462; Lohse, Oswald ~ 6/464; Lorenzen, Paul */~ 6/474; Lornsen, Uwe Jens ~ 6/475; Lowe, Adolph ~ 6/487; Lubarsch, Otto ~ 6/488; Ludat, Herbert ~ 6/493; Ludwig, Wilhelm ~ 6/510; Lübbert, Hans ~ 6/512; Lübbing, Hermann ~ 6/512; Lübker, Friedrich ~ 6/513; Lücke, Fritz ~ 6/514; Lüdeling, (Johann Hermann) Georg ~ 6/515; Lueders, Adolph Friedrich ~/† 6/515; Lüders, Heinrich ~ 6/516; Lühr, Peter ~ 6/519; Lueken, Bernd ~ 6/519; Lueken, Emil (Heinrich Wilhelm) ~ 6/519; Lüring, Heinrich Ludwig Emil ~ 6/520; Lütgendorff-Leinburg, Leo (Willibald) Frh. von ~ 6/521; Lütgens, Rudolf ~ 6/522; Lütjens, Günther ~ 6/523; Lüttringhaus, Arthur ~ 6/524; Lugowski, Clemens ~ 6/526; Luppe, Hermann */~/† 6/531; Luther, Hans ~ 6/535; Maaßen, Friedrich ~ 6/549; Mackay, John Henry ~ 6/552; Mackenroth, Gerhard ~/† 6/553; Mackensen, Wilhelm Friedrich August ~/† 6/554; Madai, Carl Otto von ~ 6/554; Madelung, Erwin (Rudolf) ~ 6/555; Mähl, Albert */~ 6/557; Märker, Friedrich ~ 6/559; Magnus, Georg ~ 6/564; Maier, Michel */~ 6/571; Majer, Johann Christian von ~ 6/575; Major, Johann Daniel ~ 6/576; Mangoldt, Hermann von ~/† 6/588; Mann Edler von Tiechler, Ernst Ritter von ~ 6/590; Mann, Fritz Karl ~ 6/590; Mantey, Eberhard von ~ 6/601; Marche, Kaspar

~ 6/606; Marg, Walter ~ 6/613; Marquardsen, Heinrich ~ 6/629; Marschall, Wilhelm ~ 6/631; Martienssen, Oscar ~ 6/634; Martini, Paul ~ 6/640; Martius, Lilly (Anna Louise) ~/† 6/642; Marx, Erich Anselm ~ 6/644; Marxsen, Willi */~ 6/650; Matthaei, Rupprecht * 6/659; Matthiesen, Klaus ~ 11/127; Matthiessen, Ludwig ~ 6/663; Matz, Elsa ~ 6/665; Mau, August */~ 6/666; Mau, Carl ~ 6/666; Maus, Heinz ~ 6/671; Mayer-Gross, Willy ~ 7/12; Mayer-Reinach, Albert Michael ~ 7/12; Mecking, Ludwig ~ 7/21; Medicus, Fritz (Georg Adolf) ~ 7/23; Meinhold, Helmut ~ 7/36; Meinhold, Peter ~ 7/36; Meißner, Rudolf ~ 11/128; Melcher, Kurt ~ 7/51; Melchers, (Johann) Georg (Friedrich) ~ 11/128; Melchert, Helmut * 7/51; Melle, Jacob von ~ 7/53; Mendelssohn, Georg Benjamin ~ 7/58; Mersmann, Wolfgang (Felix Walter) */~ 7/76; Mertens, Eduard ~ 7/77; Mestorf, Johanna ~/† 7/85; Mette, Hans Joachim ~ 7/87; Meulenbergh, Gottfried ~ 7/93; Meusel, Alfred (Theodor Helmut) */~ 7/95; Meyer, Arnold Oskar ~ 7/98; Meyer, Ernst (Wilhelm) ~ 7/101; Meyer, Georg Conrad ~ 7/102; Meyer, Hans ~ 7/103; Meyer, Hans ~ 7/104; Meyer, Heinrich ~ 7/104; Meyer, Heinrich Adolph † 7/105; Meyer, Johann (Hinrich Otto) ~/† 7/105; Meyer, Nikolaus ~ 7/108; Meyer-Abich, Adolf ~ 7/111; Meyer-Steineg, Theodor ~ 7/114; Meyerhof, Otto ~ 7/116; Michaelis, Adolf */~ 7/120; Michaelis, Gustav Adolph ~ 7/122; Michel, (Friedrich Chaumont) Eugen ~ 7/124; Michel, Fritz ~ 7/124; Michelsen, Andreas Ludwig Jacob ~ 7/127; Mielck, Wilhelm ~ 7/131; Mies, Otto Heinrich ~ 7/132; Mikulicz-Radecki, Felix von ~ 7/138; Milchhoefer, Arthur ~/† 7/139; Minetti, Bernhard (Theodor Henry) */~ 11/130; Minner, Hans ~ 7/148; Mirbt, Rudolf ~ 7/151; Mitscherlich, Eilhard Alfred (Max) ~ 7/155; Mitscherlich, Waldemar ~ 7/155; Möbius, Karl August ~ 7/162; Möbius, Theodor ~ 7/162; Moellendorff, Wilhelm von ~ 7/167; Möller, Johann Gottlieb ~ 7/169; Mohr, Ernst ~ 7/182; Mohr, Walter ~ 7/184; Mohr, Wolfgang ~ 11/131; Moldenhawer, Daniel Gotthilf ~ 7/187; Moltke, Adam Gottlob Detlef Graf von ~ 7/193; Mommsen, Theodor ~ 7/196; Mordtmann, Andreas David ~ 7/207; Morhof, Daniel Georg ~ 7/213; Mosheim, Johann Lorenz von ~ 7/230; Much, Hans ~ 7/237; Müllenhoff, Karl (Viktor) ~ 7/246; Müller, Ferdinand Frh. von ~ 7/255; Müller, Nikolaus ~ 7/278; Müller, Walt(h)er ~ 7/282; Müller-Osten, Wolfgang ~ 11/133; Münster, Hans (Amandus) ~ 7/297; Mulert, Hermann ~ 7/305; Nägeli, Theodor (Rudolph) ~ 7/332; Naso, Eckart von ~ 7/341; Naujocks, Alfred ~ 7/347; Naumann, Hans ~ 7/349; Neisser, Hans (Philip) ~ 11/135; Nesselhauf, Herbert (Adolf Josef) ~ 7/366; Netter, Hans ~ 11/137; Neubeck, Ludwig ~ 7/371; Neuber, August Wilhelm ~/† 7/372; Neuber, Gustav ~/† 7/372; Neuffer, Hans ~ 7/376; Neuhaus, Alfred */~ 11/138; Neumann, Rudolf Otto ~ 7/386; Neumark, Georg ~ 7/389; Nicodé, Jean Louis ~ 7/398; Niebuhr, Barthold Georg ~ 7/403; Niebuhr, Markus Carsten Nikolaus von ~ 7/403; Nielsen, Nicolaus Johann Ernst ~ 7/407; Niemann, August (Christian Heinrich) ~/† 7/408; Niemann, Rudolph (Friedrich) ~ 7/408; Niemeyer, Theodor ~ 7/410; Niemeyer-Holstein, Otto * 7/410; Niese, Benedictus ~ 7/411; Nikisch, Arthur Philipp ~/† 7/418; Nissen, Heinrich ~ 7/424; Nitzsch, Friedrich August Berthold ~/† 7/426; Nitzsch, Gregor Wilhelm ~ 7/427; Nitzsch, Karl Wilhelm ~ 7/427; Noack, Ferdinand ~ 7/427; Nöldeke, Theodor ~ 7/430; Noelle, Heinrich ~ 7/431; Nörrenberg, Constantin ~ 7/431; Nötel, Louis ~ 7/432; Nolde, Emil ~ 7/433; Noller, Alfred ~ 7/435; Nolte, Ernst Ferdinand ~/† 7/435; Nonne, Max ~ 7/436; Noorden, Carl (Harko) von ~ 7/436; Noske, Gustav ~ 7/440; Noskowski, Sigismund ~ 7/440; Oberfohren, Ernst ~/† 7/452; Oberholzer, Otto ~/† 11/145; Oberndorfer, Siegfried ~ 7/456; Obrecht, Karl ~ 7/458; Oehlecker, Franz ~ 7/464; Ohlendorf, Heinrich ~ 7/479; Ohly, Friedrich ~ 7/479; Ohnesorge, Lena ~ 7/481; Ohnesorge, Wilhelm ~ 11/149; Oldekop, Iwan Christian Hermann † 7/484; Oldenberg, Hermann ~ 7/485; Olshausen, Hermann ~ 7/490; Olshausen, Justus ~ 7/490; Olshausen, (Hermann)

Otto (Wilhelm) * 7/490; Olshausen, Robert von */~ 7/490; Olshausen, Theodor ~ 7/490; Onowotschek, Ferdinand ~ 7/493; Opet, Otto ~ 11/150; Oppert, Julius ~ 7/501; Ortmann, Arnold (Edward) ~ 11/152; Ortmann, Rolf ~ 7/509; Osenbrüggen, Eduard ~ 7/511; Osterloh, Edo † 7/516; Osthaus, Karl Ernst ~ 7/518; Otth, Adolf Karl ~ 7/526; Otto, Berthold ~ 7/534; Otto, (Hans Erich) Moritz ~ 7/535; Ottow, Benno ~ 7/538; Overbeck, Fritz ~ 7/539; Overmans, Jakob ~ 7/540; Pagay, Sofie ~ 7/548; Pander, Oskar von ~ 7/554; Pappenheim, Max ~/† 7/560; Pasch, Georg ~/† 7/566; Pasetti, Peter (Viktor Rudolf) ~ 11/156; Passow, Richard ~ 7/568; Paul, Wolfgang ~ 7/575; Paulina-Mürl, Lianne-Maren ~ 7/578; Paulini, Oskar ~ 7/578; Pauls, Volquart ~/† 7/579; Paulsen, Anna ~ 7/579; Paulsen, Felix ~ 7/579; Paulsen, Friedrich ~ 7/579; Paulsen, Johannes (Joachim Heinrich) ~ 7/580; Paulsen, Rudolf ~ 7/580; Pax, Ferdinand Albin ~ 7/584; Pellicer, Hans Georg ~ 7/591; Perels, Ferdinand ~ 7/598; Pescheck, Paul ~ 7/607; Pesl, Ludwig Daniel ~ 7/609; Peter Feodorowitsch III., Herzog von Holstein-Gottorp, Kaiser von Rußland * 7/612; Peters, Christian August Friedrich ~/† 7/615; Peters, Johannes ~ 7/616; Peters, Ulrich ~ 7/617; Petersen, Eugen (Adolf Hermann) ~ 7/618; Petersen, Peter ~ 7/620; Pfaff, Christoph Heinrich ~/† 7/633; Pfannenstiel, (Hermann) Johannes ~/† 7/635; Pfannschmidt, Ernst Christian ~ 7/636; Pfeifer, Gottfried (Georg) ~ 11/157; Pfister, Bernhard ~ 11/158; Pfleger, Augustin ~ 7/648; Pfleiderer, Otto ~ 7/649; Philipp, Ernst ~/† 11/158; Philippi-Depner, Maja ~ 7/658; Pischel, Richard ~ 7/679; Pischinger, Alfred ~ 7/680; Placzek, Siegfried ~ 7/683; Planck, Max (Karl Ernst Ludwig) */~ 7/684; Plaß, Ludwig ~ 7/686; Plath, Theodor Christian ~ 7/688; Plath, Werner ~ 7/688; Platow, Robert ~ 7/689; Plaut, Hugo Carl ~ 7/691; Plehn, Albert ~ 7/692; Plehn, Friedrich ~ 7/692; Pochhammer, Leo August ~/† 8/7; Pörzgen, Hermann * 8/14; Pokorny, Julius ~ 8/22; Polano, Oskar (Julius Herbert) ~ 8/23; Poppen, Hermann Meinhard ~ 8/35; Posadowsky-Wehner, Harald Graf von * 8/41; Posner, Akiva Baruch ~ 8/43; Prausnitz, Giles Carl ~ 8/55; Predöhl, Andreas ~ 8/56; Prell, Heinrich (Bernward) * 8/60; Preller, Ludwig ~ 8/61; Press, Volker ~ 8/63; Prieger, Erich ~ 8/68; Purgstall, Gottfried Wenzel Graf von ~ 8/91; Quandt, Herbert † 8/99; Quincke, Heinrich Irenäus ~ 8/103; Quistorp, Johann Jacob ~ 8/104; Rabel, Ernst ~ 8/108; Rabsch, Edgar ~/† 8/111; Rachel, Samuel ~ 8/112; Rachfahl, Felix ~ 8/112; Rachbruch, Gustav (Lambert) ~ 8/113; Rademacher, Bernhard ~ 8/115; Raecke, Julius ~ 8/120; Raeder, Erich (Hermann Albert) † 8/120; Raitz von Frentz, Edmund (Erwin) Frh. ~ 8/129; Rammelmeyer, Alfred ~ 8/132; Ramsauer, Carl Wilhelm ~ 8/133; Ranke, Hans-Jürg ~ 8/136; Ranke, Kurt ~ 8/136; Rantzau, (Christian) Emil zu ~/† 8/139; Rantzau, Johann Albrecht von ~ 8/140; Rantzau-Essberger, Liselotte von * 8/140; Rathjens, Carl August ~ 8/151; Rathke, Arthur ~/† 8/151; Ratjen, Friedrich Adolf ~ 8/152; Ratschow, Max ~ 8/153; Rau, Leopold ~ 8/156; Rauch, Georg von ~/† 8/158; Rauch, Karl ~ 8/158; Rauers, Friedrich ~ 8/160; Raupach, Bernhard ~ 8/162; Rausch von Traubenberg, Heinrich (Adolf August Julius) Frh. ~/† 8/163; Rautenberg, Johann Wilhelm ~ 8/165; Rauterberg, Eduard (Conrad Christian Friedrich) ~ 8/166; Redeker, Martin ~/† 8/176; Redwitz, Erich Frh. von ~ 8/182; Rée, Anton ~ 8/182; Reese, Heinrich * 8/183; Rehbaum, Theobald ~ 8/188; Rehbein, Franz ~ 8/188; Rehbenitz, Theodor ~/† 8/188; Rehfeldt, Bernhard ~ 8/190; Rehme, Paul (Walter Julius) ~ 8/192; Rehmke, Johannes ~ 8/192; Rehs, Reinhold ~/† 8/194; Reigbert, Otto */~ 8/208; Reinecke, Carl (Heinrich Carsten) ~ 8/215; Reinhold, Karl Leonhard ~/† 8/223; Reinisch, Franz ~ 8/225; Reinke, Johannes ~ 8/226; Reisig, Karl Christian ~ 8/231; Reitemeier, Johann Friedrich ~ 8/233; Remane, Adolf ~ 8/238; Rembold, Viktor ~ 8/238; Remy, Theodor ~ 8/241; Rendtorff, Franz (Martin Leopold) ~ 8/241; Rendtorff, Heinrich ~/† 8/241; Renfranz, Hans Peter ~ 8/242; Rengstorf, Karl Heinrich ~ 8/242; Reusche, Theodor ~ 8/256; Reuß, Heinrich Erbprinz von

~ 8/257; Reuter, Hermann ~ 8/261; Reventlow, Friedrich (Karl) Graf zu ~ 8/263; Reventlow, Friedrich Graf von ~ 8/263; Reyher, Samuel ~/† 8/265; Ribbeck, (Johannes Karl) Otto ~ 8/270; Richey, Michael ~ 8/274; Richter, Werner ~ 8/284; Riebesell, Paul ~ 8/289; Riehl, Alois ~ 8/298; Rinne, Friedrich (Wilhelm Berthold) ~ 8/319; Rist, Johann Georg ~ 8/323; Ristenpart, Karl * 8/323; Ritschl, Otto (Karl Albrecht) ~ 8/325; Ritter, (August) Heinrich ~ 8/329; Ritter, Joachim ~ 8/329; Ritter, Johann Balthasar ~ 8/330; Rodenwaldt, Ernst ~ 8/345; Roediger, Conrad * 8/349; Rönne, Friedrich (Ludwig) ~ 8/354; Rörig, Fritz ~ 8/357; Rössle, Robert ~ 8/362; Rogge, (Johann Friedrich) Christian (Albrecht) ~ 8/366; Rohde, Erwin ~ 8/367; Rohlfs, Christian (Friedrich) ~ 8/368; Rohwer, Jens ~ 8/372; Rominger, Erich (Gottfried) ~ 8/379; Ronnefeld, Peter ~/† 8/381; Rosenbaum, Eduard ~ 8/390; Rosenberg, Hans Oswald ~ 8/393; Roß, Ludwig ~ 8/404; Roßbach, Otto ~ 8/405; Rost, Georg ~ 8/407; Roth, Paul (Rudolf) ~ 8/415; Rothacker, Erich ~ 8/416; Rothe, Edith ~ 8/417; Rothenberger, Curt Ferdinand ~ 8/419; Rothlin, Ernst ~ 8/420; Rudolph, Hans-Georg ~ 8/441; Rügheimer, Leopold ~/† 8/450; Rueppell, Julius Johann August ~ 8/454; Ruete, Hans Hellmuth ~ 8/456; Ruge, Reinhold ~ 8/459; Runge, Hermann Gustav ~ 8/467; Runkel, Achilles Matthias ~ 8/469; Ruscheweyh, Herbert August ~ 8/475; Sabalitschka, Theodor ~ 8/484; Sacer, Gottfried Wilhelm ~ 8/485; Sachau, Eduard ~ 8/485; Sachse, Leopold ~ 8/490; Saenger, Alwin ~ 8/493; Saldern, Kaspar von ~ 8/497; Saller, Karl Felix ~ 8/501; Salomon, Ernst (Friedrich Karl) von * 8/503; Salomon, Hugo ~ 8/504; Samwer, Karl (Friedrich Lucian) ~ 8/509; Sanden, Kurt Bernhard von ~ 8/511; Sander, Levin (Friedrich) Christian ~ 8/512; Sattler, Carl Hubert ~ 8/523; Sauer, Albert ~ 8/526; Sauer, Fred ~ 8/526; Savelsberg, Gertrud ~/† 8/532; Schade, Heinrich (Karl Wilhelm) */~/† 8/542; Schaeder, Erich ~ 8/545; Schaeder, (Hans) Heinrich (Georg Wilhelm) ~ 8/545; Schaeder, Hildegard * 8/545; Schaefer, Carl Anton ~/† 8/546; Schätzel, Walter ~ 8/553; Schaeuble, Johann ~/† 8/554; Schäve, Heinrich * 8/554; Schanzara, Hans ~ 8/564; Scharfenberg, Joachim ~ 8/567; Scharff, Alexander ~/† 8/567; Scharrer, Adam ~ 8/571; Scheck, Gustav ~ 8/579; Schede, Franz Ludwig ~ 8/579; Scheel, Otto ~/† 8/581; Scheer, Reinhard ~ 8/582; Scheffel, Christian Stephan ~ 8/583; Schelhammer, Günther Christoph ~/† 8/592; Schellenberg, Gustav (August Ludwig David) ~ 8/594; Schellong, Friedrich ~ 8/597; Schenzinger, Karl Aloys ~ 8/608; Scherk, Heinrich Ferdinand ~ 8/613; Schetelig, Johann Andreas Gottfried ~ 8/616; Schiller, Karl (August Fritz) ~ 8/637; Schirach, Carl Baily Norris von * 8/648; Schirren, Carl ~/† 8/650; Schittenheim, Alfred ~ 8/651; Schlee, Ernst ~ 8/659; Schleiden, Rudolf ~ 8/664; Schlick, Ernst Otto ~ 8/675; Schlick, (Friedrich Albert) Moritz ~ 8/675; Schlunk, (Karl Albert) Martin ~ 8/689; Schmalenbach, Ernst Friedrich ~ 8/690; Schmeidler, Werner (Johannes) ~ 8/694; Schmid, Edmund (Anton Paul) ~ 8/700; Schmid, Helmut ~ 8/703; Schmid, Konrad Arnold ~ 8/704; Schmid, Waldemar (Berthold Georg) ~/† 8/706; Schmidt, Eberhard (Ludwig Ferdinand) ~ 9/4; Schmidt, Georg Philipp ~ 9/8; Schmidt, Johannes (Carl) ~ 9/12; Schmidt, Kurt Dietrich ~ 9/14; Schmidt, Paul Wilhelm ~/† 9/18; Schmidt, Theodor ~ 9/19; Schmidt-Elmendorff, Hans (Reinhard) ~ 9/23; Schmidt-Künsemüller, Friedrich Adolf ~/† 9/24; Schmidtmann, Paul ~ 9/26; Schmieder, Oskar ~ 9/28; Schneider, Erich ~/† 9/51; Schniewind, Julius ~ 9/64; Schnurre, Wolfdietrich † 9/70; Schoenberg, Erich (Karl Wilhelm) ~ 9/85; Schönborn-Wiesentheid, Erwein Clemens Chlodwig Graf von ~ 9/88; Schöne, Alfred ~/† 9/89; Schönfeld, Walther ~ 9/94; Schönlank, Bruno ~ 9/97; Scholz, Heinrich ~ 9/109; Scholz, (Franz Johann) Wilhelm von ~ 9/111; Schornbaum, Karl ~ 9/118; Schorr, Richard (Reinhard Emil) ~ 9/119; Schott, Carl ~ 9/120; Schottlaender, Julius (Gustav Adam) ~/† 9/123; Schrader, Friedrich Otto ~/† 9/124; Schrader, Johann Gottlieb Friedrich ~ 9/125; Schreib, Werner ~

9/134; Schreus, Hans Theodor ~ 9/142; Schriewer, Franz (Wilhelm Heinrich) ~ 9/144; Schroeder, Diedrich ~/† 9/145; Schröder, Ernst (August) ~ 9/146; Schröder, Franz Rolf */~ 9/146; Schröder, Horst ~ 9/147; Schröder, Ludwig von ~ 9/149; Schröder, Robert ~ 9/150; Schröter, Adalbert ~ 9/154; Schröter, Carl ~/† 11/172; Schubert, Hans von ~ 9/163; Schücking, Walther (Max Adrian) ~ 9/168; Schürer, Emil (Johannes) ~ 9/172; Schürmann, Walter ~ 9/173; Schütt, Franz ~ 9/174; Schütz, Erich ~ 9/176; Schütze, Johann Friedrich ~ 9/180; Schuler, Maximilian (Joseph Johannes Eduard) ~ 9/184; Schulten, Hans (Joachim) ~ 9/187; Schultze, Otto ~ 9/193; Schultze-Jena, Leonhard (Sigmund Friedrich Kuno Klaus) ~ 9/194; Schulz, Fritz ~ 9/196; Schulze-Boysen, Harro * 9/200; Schumacher, Hans ~ 9/203; Schumacher, Heinrich Christian ~ 9/203; Schumacher, Hermann ~ 9/203; Schur, Ernst (Erich Walter) * 9/210; Schur, (Adolph Christian) Wilhelm ~ 9/211; Schuster, Wilhelm ~ 9/216; Schwartz, Eduard * 9/224; Schwarz, Henning † 9/227; Schwenke, Paul ~ 9/242; Sedlmaier, Richard ~ 9/253; Seeberg, (Oskar Theodor) Alfred ~ 9/255; Seelig, Wilhelm ~/† 9/259; Seeling, (Christian) Heinrich ~ 9/260; Seger, Gerhart Heinrich ~ 9/262; Sehling, Emil ~ 9/264; Sehmer, Theodor (II.) ~ 9/264; Seifert, Ernst ~ 9/270; Seifert, Hans (Julius Carl) ~ 9/270; Seiffert, Alfred ~ 9/270; Seifriz, Adalbert ~ 9/271; Selle, Götz von ~ 9/278; Sellin, Ernst (Franz Max) ~ 9/279; Sellner, Gustav Rudolf ~ 9/280; Semler, Johann Ferdinand ~ 9/282; Sick, Paul ~ 9/302; Siegle, Hans ~/† 9/314; Siegmund, Herbert ~ 9/315; Siemerling, Ernst ~ 9/319; Siems, Friedrich ~ 9/319; Sievers, Hans (Daniel Charles) ~/† 9/321; Silex, Karl ~ 9/327; Simons, Walter ~ 9/335; Simson, Werner von * 9/337; Sivers, He(i)nrich Jakob ~ 9/344; Skalweit, August (Karl Friedrich) ~ 9/345; Skasa-Weiß, Eugen ~ 9/345; Skita, Aladar ~ 9/346; Skorka, Siegfried ~ 9/347; Smend, (Carl Friedrich) Rudolf ~ 9/352; Smidt, Heinrich ~ 9/353; Snell, Richard (August Emil) ~ 9/354; Söhnker, Hans (Albrecht Edmund) */~ 9/358; Soetbeer, Volker ~/† 9/360; Solf, Wilhelm Heinrich ~ 9/364; Solms-Rödelheim und Assenheim, Maximilian Ludwig Graf zu ~ 9/365; Sonnenschein, (Johann) Valentin ~ 9/375; Sorge, Richard ~ 9/379; Spahn, Peter ~ 9/382; Spangenberg, Kurt (Friedrich) ~ 9/384; Spee, Ferdinand Graf von ~ 9/389; Spethmann, Johannes ~ 9/398; Spetzler, Johann Anton David */~ 9/399; Stackelberg, Traugott Frh. von ~ 9/427; Stäckel, Paul (Gustav) ~ 9/432; Stahr, Hermann ~ 9/440; Stange, Hermann Heinrich */~/† 9/446; Stargardt, Karl (Bruno) ~ 9/450; Stechow, Wolfgang * 9/462; Steenbeck, Max (Christian Theodor) */~ 9/463; Steffen, Jochen ~/† 9/464; Steffens, Henrik ~ 9/465; Steffensen, Karl (Christian Friedrich) ~ 9/466; Stegmüller, Wolfgang ~ 9/469; Stein, Fritz ~ 9/477; Stein, Lorenz von ~ 9/480; Steindorff, (Friedrich) Magnus ~/† 9/487; Steinecke, (Friedrich Heinrich) Wolfgang ~ 9/487; Steinert, Otto ~ 9/491; Steinhaus, Wilhelm ~ 9/493; Steinheim, Salomon Ludwig ~ 9/494; Steinitz, Ernst ~/† 9/495; Steller, Walther ~/† 9/503; Steltzer, Theodor (Hans Friedrich) ~ 9/503; Stenger, Erich ~ 9/506; Stepp, Wilhelm ~ 9/511; Sternberg, Erich Walter ~ 9/516; Sternberger, Dolf ~ 9/517; Stertz, Georg ~ 9/519; Steudel, Hermann ~ 9/521; Stich, Rudolf ~ 9/522; Stickel, Max ~ 9/523; Stieber, Hans (Albert Oskar) ~ 9/524; Stigler, Robert ~ 9/531; Stilling, Heinrich ~ 9/533; Stimming, Albert ~ 9/534; Stimming, Carl Joachim ~ 9/534; Stinde, Julius (Ernst Wilhelm) ~ 9/534; Stintzing, (Johann August) Roderich von ~ 9/535; Stock, Robert ~ 9/537; Stockhausen, (Franz Joseph) Emanuel ~ 9/539; Stoeckel, Walter ~ 9/541; Stoecker, Walter ~ 9/541; Stöger, Alfred ~ 9/543; Stöhr, Hermann ~ 9/544; Stoevesandt, Karl ~ 9/547; Stolley, Ernst */~ 9/552; Stoltenberg, Hans Lorenz ~ 9/554; Stolzenberg, Hertha ~ 9/556; Storm, (Hans) Theodor (Woldsen) ~ 9/559; Strack, Max Leberecht ~ 9/563; Streibing, Karl-Heinz ~ 9/581; Stritt, Albert ~ 9/588; Strodtmann, Adolf Heinrich ~ 9/591; Strodtmann, Johann Sigismund ~ 9/591; Ströbel, Heinrich ~ 9/591; Strohm, Heinrich (Konrad) ~ 9/593; Stromeyer,

Krackowizer, Ernst ~ 6/60; Marschak, Jacob */~ 6/630;
Middendorff, Alexander Theodor von ~ 7/129; Ostrowski,
Alexander * 7/519; Plank, Rudolf (Aloys Valerian) */~
7/685; Praxedis, Kaiserin † 8/55; Rajewsky, Boris ~
8/129; Saitzew, Manuel */~ 8/496; Sayn-Wittgenstein,
Caroline Fürstin von ~ 8/535; Schädel, Gottfried ~/† 8/545;
Siegelberg, Mark * 9/311; Tschiżewskij, Dmitrij ~ 10/108

Kijowiec (Weißrußland)
Groddeck, Ernst Gottfried † 4/177

Kikowo → Kieckow

Kilchberg (Kt. Zürich)
Conzett, Verena */† 2/368; Flury, Philipp † 3/358; Förster,
Friedrich Wilhelm † 3/363; Jaeger, Maximilian † 5/285;
Klages, Ludwig ~/† 5/564; Lion, Ferdinand † 6/415; Mann,
Erika (Julia Hedwig) ~ 6/590; Mann, Golo ~ 6/590; Mann,
Katia ~/† 6/591; Mann, Thomas ~ 6/592; Meyer, Conrad
Ferdinand ~/† 7/99; Nägeli, Carl (Wilhelm) von * 7/331;
Obrist, Hermann * 7/459; Poeschel, Erwin † 8/14; Steiger,
Carl ~/† 9/472; Sulzbach, Walter † 9/630

Kilchberg (seit 1971 zu Tübingen)
Georg von Ehingen † 3/630

Kilimane
Lenz, Oskar ~ 6/325

Killingen (Ellwangen/Jagst)
Drey, Johann Sebastian von * 2/618

Killingsworth (Connecticut, USA)
Broch, Hermann (Josef) ~ 2/137

Kimberley (Republik Südafrika)
Beit, Sir Alfred ~ 1/406; Holub, Emil ~ 5/157; Kolle, Kurt
(Albert Bernhard) * 6/16

Kimpling (Gem. Kallham, Oberösterreich)
Popp, Wilhelm * 8/34

Kimratshofen (seit 1972 zu Altusried)
Hilsenbeck, Adolf * 5/47

Kindberg (Steiermark)
Schmölzer, Jakob Eduard † 9/38

Kindelbrück
Kestner, Christian Wilhelm * 5/522

Kinena (Zaire)
Emin Pascha, Mehmed † 3/104

Kingisepp → Arensburg

Kingisepp → Jamburg

Kingston (Jamaika)
Bollmann, Justus Erich † 2/10

Kingston (Kanada)
Schmidt, Gerhard ~ 9/8

Kingston upon Hull (Cty. Humberside, England)
Gerberich, Karl † 3/636; Siemens, Ernst (Albrecht) von *
9/316

Kinneret (Israel)
Nussbaum, Jakob † 7/449

Kinsegg (Bernbeuren)
Goltz, Rüdiger (Gustav Adolf Joachim) Graf von der †
4/93

Kipfenberg
siehe auch *Hirnstetten*
Taeschner, Franz Gustav † 9/650; Widnmann, Franz *
10/475

Kippenheim
siehe auch *Schmieheim*
Stern-Täubler, Selma * 9/516

Kirberg (seit 1971 zu Hünfelden)
Bücher, Hermann * 2/195; Bücher, Karl * 2/195; Seebold,
Karl * 9/256

Kirch Jesar
Voss, Ernst (Christian Theodor Sophus Wilhelm) ~ 10/258

Kirchanschöring → Fronholzen

Kirchau (Gem. Warth, Niederösterreich)
Friedl, Theodor † 3/451; Rotter, Adrian † 8/426

Kirchbach (Kärnten)
Patéra, Lothar ~ 7/570

Kirchbach (Steiermark)
Fleckh, Johann Anton ~/† 3/339

Kirchbarkau
Engelke, Bernhard † 3/120

Kirchberg (Gem. Dipperz)
Crotus Rubeanus ~ 2/404

Kirchberg (Gem. Kremsmünster, Oberösterreich)
Lanz, Engelbert ~ 6/250

Kirchberg (Gem. Salem, Bodenseekreis)
Hermann, Franz Ludwig ~ 4/627

Kirchberg (Hunsrück)
Back, Friedrich Carl ~ 1/249; Lambrecht, Nanny * 6/205

Kirchberg (Kloster)
Möckel, Konrad † 7/163

Kirchberg (Kr. Simmern)
Back, (Karl August Albert) Otto * 1/249

Kirchberg (Kr. Zwickauer Land)
Bornemann, Friedrich August ~/† 2/34; Brandt, Marianne
† 2/70; Graupner, (Johann) Christoph * 4/143; Schroll,
Kaspar Melchior Balthasar * 9/157

Kirchberg (Kt. Aargau)
Haller, Paul ~ 4/348; Landolt, Edmund * 6/219

Kirchberg (Kt. Bern)
Tschiffeli, Johann Rudolf ~ 10/107

Kirchberg (Kt. Sankt Gallen)
Beer, Johann Ferdinand ~ 1/390; Beer, Johann Michael ~
1/390; Egger, Augustin * 3/27

Kirchberg am Wagram (Niederösterreich)
Langer, Angela † 6/241; Triesnecker, Franz von Paula *
10/88; Wessely, Friedrich * 10/456

Kirchberg am Walde (Niederösterreich)
Hamerling, Robert * 4/359

Kirchberg am Wechsel (Niederösterreich)
Burger, Norbert */† 2/238; Mitis, Ignaz von ~ 7/153;
Preyer, Johann Nepomuk † 8/66

Kirchberg an der Iller
Fugger, Octavianus Secundus Graf ~ 3/537

Kirchberg an der Jagst
siehe auch *Gaggstadt, Hornberg, Lendsiedel*
Frankenberg und Ludwigsdorf, Alex-Victor von ~ 3/406;
Gundelfinger, Sigmund * 4/258; Jäger von Jaxtthal,
Friedrich Ritter * 5/286; Störl, Johann Georg Christian *
9/546

Kirchberg an der Pielach (Niederösterreich)
Vittorelli, Paul ~ 10/219

Kirchberg in Tirol
siehe auch *Aschau*
Hagleitner, Kaspar (Benedikt) * 4/326; Stigler, Robert †
9/531

Kirchbichl (Tirol)
Bamberger, Max (Georg Mathias) * 1/285; Hauser, Sebastian * 4/450

Kirchdorf (Kr. Mühldorf a. Inn)
Goldenberger, Franz Xaver † 4/79

Kirchdorf (Kt. Bern)
Ringier, Friedrich Hieronymus von ~/† 8/317

Kirchdorf an der Krems (Oberösterreich)
Arigler, Altmann * 1/170; Brunner von Wattenwyl, Karl
Ritter † 2/171; Höfler, Alois * 5/90; Hofmann, Egon ~
5/127; Redtenbacher, Josef * 8/181; Redtenbacher, Joseph
* 8/181; Redtenbacher, Ludwig * 8/182; Schiedermayr,
Karl ~/† 8/625

Kirchehrenbach
Stürmer, Viktor † 9/611

Kirchen (seit 1972 zu Ehingen/Donau)
Sproll, Johannes Baptista ~ 9/423

Kirchen (Sieg)
Herbig, Ernst † 4/607; Jung, Wilhelm * 5/381; Rauschenbusch, Helmut * 8/164

Kirchenarnbach (Gem. Obernheim-Kirchenarnbach)
Habelitz, Ludwig * 4/291

Kirchenbirk (tschech. Kostelní Bříza)
Brandl, Johann * 2/66

Kirchenbollenbach (seit 1969 zu Idar-Oberstein)
Euler, Carl (Philipp) * 3/192

Kirschgartshausen (Mannheim)
Franck, Albert (Heinrich Rudolf) ~ 3/388
Kirschienen (poln. Kiersiny)
Ernst, Johann * 3/164
Kirtorf
siehe auch *Ober-Gleen, Wahlen*
Garthe, Balthasar ~ 3/575
Kirwein (tschech. Skrebň)
Hatschek, Berthold * 4/432
Kisbér (Ungarn)
André, Emil † 1/127
Kischinew (moldaw. Chişinău, russ. Kišinëv)
Cebotari, Maria */~ 2/298; Goldenthal, Jakob ~ 4/79;
Tumarkin, Anna * 10/116
Kislau (Gem. Bad Schönborn)
Elsenhans, Ernst ~ 3/95; Luder, Petrus * 6/495; Marum,
Ludwig ~/† 6/643
Kismaju (Somalia)
Erlanger, Carlo Frh. von ~ 3/151; Jühlke, Karl Ludwig †
5/372
Kispéterfalva → Petersdorf
Kisprázsmár → Tartlau
Kisselyk → Kleinschelken
Kissing
Klostermayer, Matthias * 5/606
Kissingen → Bad Kissingen
Kißlegg
Miller, Jakob * 7/142
Kistritz
Adler, Franz Theodor * 1/39
Kisungunu
Roscher, Albrecht † 8/385
Kitten
Hecker, August Friedrich * 4/470
Kittlitz (Kr. Löbau-Zittau)
Buder, Christian Gottlieb * 2/193
Kittlitz (tschech. Kytlice)
Kittel, Johann Joseph † 5/560
Kittlitztreben
Bibran, Abraham von * 1/512
Kittsee (Burgenland)
Joachim, Joseph * 5/330
Kitzbühel (Tirol)
Aufschnaiter, Benedikt Anton * 1/220; Behaim, Lukas
Friedrich ~ 1/395; Brockhausen, Carl † 2/140; Dalla Torre
von Turnberg-Sternhof, Karl Wilhelm * 2/434; Eder,
Joseph Maria Ludwig † 3/19; Erler, Franz Christoph *
3/152; Faistenberger, Andreas */~ 3/221; Faistenberger,
Benedikt ~/† 3/221; Faistenberger, Simon Benedikt */~/†
3/221; Filzer, Johannes * 3/296; Grimm, Hugo † 4/169;
Kempf-Hartenkampf, Gottlieb Theodor Edler von † 5/504;
Maximilian I., deutscher König und Kaiser ~ 6/675;
Mitterer, Otto */† 7/157; Mornauer, Alexander ~ 7/218;
Nechansky, Arnold ~ 7/354; Petzold, Alfons ~/† 7/628;
Poensgen, Ernst ~ 8/13; Rohracher, Hubert † 8/371;
Sickenberger, Joseph † 9/302; Sölch, Johann † 9/358;
Unger, Franz ~ 10/152; Walde, Alfons ~/† 10/300; Zötl,
Gottlieb von */~ 10/686
Kitzen → Eisdorf, Kleinschkorlopp
Kitzingen
siehe auch *Repperndorf, Sickershausen*
Albrecht Alcibiades, Markgraf von Brandenburg-Kulmbach
~ 1/76; Appel, Johannes ~ 1/158; Barthel, Johann Kaspar
* 1/306; Basler, Otto * 1/314; Bausback, Johann Georg *
1/353; Behr, Georg Anton * 1/399; Bernbeck, Friedrich
*/~/† 1/462; Besserer, Georg * 1/494; Biedermann, Johann
Gottfried ~ 1/517; Borscht, Wilhelm Ritter von ~ 2/38;
Braun, Paul von * 2/86; Dietzfelbinger, Hermann ~
2/542; Eber, Paul * 2/667; Fehr, Johann Michael * 3/245;
Geistbeck, Alois ~/† 3/612; Glauber, Johann Rudolf ~
4/26; Göpfert, Franz Adam ~ 4/54; Goldenberger, Franz
Xaver ~ 4/79; Goldstein, Kilian d. Ä. * 4/88; Grumbach,
Markward II. von ~ 4/221; Hedwig, Herzogin von
Schlesien ~ 4/474; Heuler, Raimund ~ 5/8; Klaj, Johann

d. J. ~/† 5/564; Petrini, Antonio ~ 7/623; Pöhlmann, Olga
* 8/10; Poeschel, Erwin * 8/14; Riemenschneider, Tilman
~ 8/301; Rutta, Karl * 8/478; Schnurr, Balthasar ~ 9/70;
Spiegel, Friedrich von * 9/400; Urlaub, Georg Anton
Abraham * 10/167; Urlaub, Georg Christian ~ 10/167;
Virdung, Michael * 10/214
Kius (seit 1974 zu Ulsnis)
Thomsen, Johann Hinrich ~ 10/22
Kladno (Böhmen)
Bertrand, Ernst ~/† 1/489; Hromada, Anton * 5/193;
Jičínský, Wilhelm ~ 5/328; Kerpely von Krassai, Anton
~ 5/514; Lanna, Adalbert ~ 6/249; Lichtenecker, Karl *
6/375; Wendt, Karl ~ 10/434
Kladrau (tschech. Kladruby)
Asam, Cosmas Damian ~ 1/201; Ebert, Ludwig * 2/680;
Jacob, Gunther Wenzel ~ 5/270; Rieser, Michael ~ 8/306;
Santini, Giovanni ~ 8/516
Kladruby → Kladrau
Kläden (Kr. Stendal)
Felke, Erdmann Leopold Stephanus Emanuel * 3/258
Klafeld (seit 1975 zu Siegen)
Schatzki, Walter * 8/573
Klagenfurt
siehe auch *Emmersdorf, Sankt Martin, Sankt Ruprecht,
Viktring*
Adam, Walter * 1/29; Angerer, Hans ~/† 1/138; Ankers-
hofen, Gottlieb Frh. von */† 1/141; Apfaltern, Leopold
Frh. von ~ 1/156; Bachmann, Ingeborg * 1/245; Benndorf,
Wolfgang ~ 1/425; Benzinger-Wahlmann, Eleonore *
1/432; Biermann, (August Leo) Otto ~ 1/523; Blasel,
Paul ~ 1/561; Bobek, Hans * 1/592; Boeckl, Herbert
* 1/610; Bonelli, Karl von ~ 2/17; Boor, Peter ~ 2/23;
Boroević von Bojna, Svetozar Frh. † 2/36; Braun, Karl
Friedrich Wilhelm ~ 2/83; Budik, Peter (Alcantara) ~/†
2/194; Burger, Johann ~ 2/237; Calles, Sigismund ~
2/267; Corti, Egon Cäsar Conte † 2/379; Daublebsky von
Sterneck, Maximilian Frh. * 2/448; Deutsch-Kempny,
Erwin * 11/46; Drozdowski, Georg von † 11/49; Eckstein,
Gustav ~ 3/16; Ehrfeld, Joseph * 3/41; Eichhorn, Ambros
~ 3/51; Eisenburger, Otto ~ 3/70; Ermacora, Felix * 3/154;
Feistmantel, Franz ~ 3/253; Findenegg, Ingo ~/† 11/60;
Fink, Humbert † 11/60; Friedel, Johann † 3/448; Fröhlich,
Erasmus ~ 3/502; Fromiller, Josef Ferdinand ~/† 3/508;
Führich, Max ~/† 3/524; Gängl von Ehrenwerth, Josef
† 3/553; Gasser, Hanns ~ 3/578; Gatterer, Michael ~
3/582; Geistinger, Marie (Charlotte Caecilia) * 3/613;
Gewey, Franz Xaver Karl ~ 3/670; Gmeiner, Josef Anton ~
4/39; Graf, Ferdinand * 4/126; Gugitz, Gustav */~ 4/250;
Haas, August ~/† 4/285; Haindl, Anton Franz ~ 4/337;
Hans, Josef * 4/373; Heim, Wilhelm ~ 4/501; Heller,
Hermann Vinzenz † 4/563; Helmer, Hermann (Gottlieb)
~ 4/572; Helmer, Oskar ~ 4/572; Hemma von Gurk ~
4/578; Hempel, Sebastian R. von ~ 4/579; Hennings, Fred
* 4/593; Herbert, Albin Frh. von */~/† 4/605; Herbert,
Franz Paul Frh. von * 4/606; Herbert, Franz Paul Anton
Frh. von ~ 4/606; Herbert-Kerchnawe, Ernst * 4/606;
Herbst, Ignaz ~ 4/609; Hermann, Herzog von Kärnten ~
4/621; Hermann, Heinrich */~/† 4/628; Herold, Johannes
~ 4/636; Herrmann, Emanuel */~ 4/642; Hildebrand,
Camillo ~ 5/35; Höfer von Heimhalt, Hans ~ 5/89; Höfer
von Heimhalt, Hugo * 5/89; Hörmann von Hörbach,
Ludwig ~ 5/102; Hofmann, Gert ~ 5/128; Hohenwart,
Sigismund Graf von ~ 5/141; Hoys, Johann Leopold ~
5/191; Hurdes, Felix ~ 5/231; Isser von Gaudententhurn,
Max ~ 5/265; Jabornegg zu Gamsenegg, Markus Frh. von
*/~/† 5/270; Jäger von Jaxtthal, Friedrich Ritter ~ 5/286;
Jahne, Ludwig ~/† 5/292; Jaksch von Wartenhorst, August
† 5/297; Jenull, Johann Ritter von ~ 5/323; Kaan, Arthur
* 5/391; Kahn, Joseph ~ 5/403; Karl VII., Kaiser, als Karl
Albrecht Kurfürst von Bayern ~ 5/441; Kattnigg, Rudolf
† 5/464; Kenner, Hedwig † 11/102; Khull von Kholwald,
Ferdinand * 5/527; Klatte, Fritz † 5/567; Klein, Joseph ~
5/576; Kleinwächter, Friedrich ~ 5/582; Klimsch, Robert
~ 5/594; Klingenbeck, Fritz ~ 5/596; Kocherscheidt, Kurt

Klecany → Großkletzan

Kleckewitz
Anhalt, Friedrich Reichsgraf von * 1/139

Kleczewo (poln. Kleszczewo)
Diebitsch-Zabalkanskij, Hans Karl Friedrich Anton Graf von † 2/513; Löwenberg, Julius ~ 6/452

Kleeberg (Gem. Holzhausen, seit 1970 zu Immenhausen)
Viëtor, (Karl Adolf Theodor) Wilhelm * 10/208

Kleeberg (Wetterau)
Fabricius, Johann Philipp * 3/214

Kleeburg (frz. Cleebourg, Dép. Bas-Rhin)
Beuther, Friedrich (Christian) * 1/503; Häusser, Ludwig * 4/314

Klein-Ballhausen (Ballhausen, Unstrut-Hainich-Kreis)
Lucius, Sebastian † 6/492; Lucius von Ballhausen, Robert Frh. † 6/492

Klein Belitz
Langen, Carl-Friedrich Frh. von * 6/237

Klein-Chotiebor → Chotěborek

Klein-Cromsdorf
Stark, Johann Christian (II.) * 9/451

Klein-Droguen (Kurland)
Fircks, Karl Ferdinand Frh. von * 3/306

Klein Flottbek (seit 1937 zu Hamburg)
Bülow, Bernhard Fürst von * 2/203; Hertz, Richard (Otto) * 4/653; Voght, Caspar von † 10/230

Klein-Freden
Hubmann, Hanns * 11/92

Klein-Gerau (gem. Büttelborn)
Weigelt, (Theodor Gustav Otto) Johannes † 10/387

Klein Glienicke (seit 1925 Neubabelsberg, seit 1938 zu Nowawes, seit 1938 Babelsberg, seit 1939 zu Potsdam)
Becker, Eduard * 1/376; Chieze, Philippe de ~ 2/311; Friedrich Karl, Prinz von Preußen † 3/471; Persius, Ludwig ~ 7/605

Klein Grabow (seit 1950 zu Charlottental)
Behn, Fritz * 1/398

Klein-Heinstedt
Warmbold, Hermann * 10/335

Klein-Iser → Wilhelmshöhe

Klein-Kniegnitz (poln. Ksieginice Małe)
Liess, Andreas (Karl Friedrich) * 6/393

Klein Krichen (poln. Krzeczyn Mały)
Schweinitz, Hans Lothar von * 9/237

Klein-Lichtenau (poln. Lichnówki)
Friedrich, Ernst * 3/479

Klein-Lübars (Gem. Lübars)
Stambke, Moritz * 9/442

Klein Midlum
Staedtke, Joachim * 9/432

Klein-Neusiedl (Niederösterreich)
Polsterer, Rudolf ~/† 8/29

Klein-Nördlingen
Kohn, Pinchas * 6/6

Klein-Nordsee
Brockdorff, Kai Lorenz Graf von * 2/138

Klein Oels (poln. Oleśniczka)
Thiel, Carl * 10/1; Yorck von Wartenburg, Hans David Ludwig Graf † 10/605; Yorck von Wartenburg, (Hans Ludwig David) Maximilian * 10/605; Yorck von Wartenburg, Paul Graf ~/† 10/606; Yorck von Wartenburg, Peter Graf * 10/606

Klein-Reinprechtsdorf (Gem. Röschitz, Niederösterreich)
Schmit von Tavera, Anton * 9/29

Klein Rodensleben
Rabbethge, Matthias Christian */~ 8/108

Klein-Schwadowitz (tschech. Malé Svatoňovice)
Poller, Alfons * 8/28

Klein Siemen (seit 1952 zu Altenhagen, Kr. Bad Doberan)
Gildemeister, Johannes Gustav * 4/8; Gildemeister, Martin Hermann * 4/8

Klein-Skal (tschech. Malá Skála)
Medinger, Wilhelm Edler von ~ 7/23

Klein-Spiegel (poln. Poźrzadło)
Wangenheim, Conrad von † 10/329

Klein-Tajax (tschech. Dyjákovičky)
Kauer, Ferdinand * 5/468

Klein-Tromnau (poln. Trumiejki)
Schönaich, Paul Frh. von * 9/83

Klein-Tschunkawe (poln. Wziąchowo Małe)
Heydebrand und der Lase, Ernst von † 5/16

Klein-Wachau (Wachau b. Radeberg)
Fiedler, Alfred ~ 3/291

Klein-Waltersdorf (heute zu Freiberg, Kr. Freiberg)
Plattner, Karl Friedrich * 7/691

Klein Wanzleben
Oberdorf, Fritz ~ 7/452; Rabbethge, Matthias Christian ~/† 8/108; Rauterberg, Eduard (Conrad Christian Friedrich) * 8/166

Klein Warin (Gem. Zurow)
Uhthoff, Wilhelm * 10/132

Klein-Welzheim (seit 1977 zu Seligenstadt)
Michel, Ernst * 7/124

Klein-Winternheim
Falk, Franz ~/† 3/224

Klein-Wrangelshof (bei Dorpat)
Hagen-Schwarz, Julie Wilhelmine * 4/322

Klein-Zillbach (Zillbach, seit 1992 zu Schwallungen)
Cotta, Bernhard Carl von * 2/383; Cotta, (Johann) Heinrich * 2/385

Klein-Zschachwitz
Hackewitz, Lili von ~ 4/298

Kleinaga (seit 1994 zu Gera)
Thape, Ernst * 9/690

Kleinalmerode (Witzenhausen)
Köbrich, Karl * 5/647; Weitzmann, Kurt * 10/419

Kleinandelfingen (Kt. Zürich)
Landolt, Elias * 6/219

Kleinbartloff → Reifenstein

Kleinbautzen (seit 1994 zu Malschwitz)
Schirach, Adam Gottlob ~/† 8/648

Kleinbobritzsch (seit 1974 zu Frauenstein, Kr. Freiberg)
Silbermann, Andreas * 9/327; Silbermann, Gottfried * 9/327

Kleinbottwar (seit 1971 zu Steinheim an der Murr)
Zeller, Eduard * 10/637

Kleinbrembach
Tennemann, Wilhelm Gottlieb * 9/676

Kleindietwil (Kt. Bern)
Morgenthaler, Ernst * 7/212

Kleindrebnitz
Neumeister, Max * 7/390

Kleineibstadt (seit 1978 zu Großeibstadt)
Herrlein, Johann Peter ~ 4/640

Kleineichstädt (seit 1972 zu Grockstädt)
Friderici, Daniel * 3/444; Wislicenus, Gustav Adolf ~ 10/541; Wislicenus, Johannes (Adolph) * 10/542

Kleineislingen (Eislingen/Fils)
Haid, Johann Jakob * 4/335

Kleinenberg (Lichtenau, Kr. Paderborn)
Mandelartz, Carl August † 6/584; Witkop, Philipp (Wilhelm) * 10/543

Kleinenglis (Borken, Hessen)
Friedrich, Herzog von Braunschweig-Lüneburg † 3/462

Kleingaffron (poln. Gawronki)
Gaupp, Ernst Theodor * 3/586

Kleingartach (Eppingen)
Balz, Friedrich * 1/283

Kleingeschwenda b. Arnsgereuth → Hoheneiche

Kleinglattbach (Vaihingen an der Enz)
Neurath, Konstantin Frh. von * 7/392

Kleinheubach
Heller, Arnold (Ludwig Gotthilf) * 4/562; Kahl, Wilhelm * 5/401; Löwenstein-Wertheim-Rosenberg, Alois Fürst zu * 6/456; Löwenstein-Wertheim-Rosenberg, Karl Fürst zu * 6/457; Schork, Joseph von * 9/117

Kleinjena → Großjena

Kleinkötz (seit 1976 zu Kötz)
Eberlin von Günzburg, Johann * 2/675; Rodt, Hans ~ 8/346
Kleinlandau (frz. Petit-Landau, Dép. Haut-Rhin)
Schmidlin, Joseph * 8/710
Kleinlangheim
Beyer, Christian * 1/505; Craemer, Karl * 2/387
Kleinmachnow
Fliegel, (Walter) Gotthard (Waldemar) † 3/350; Gramatzki, Hugh Ivan † 4/133; Groschopp, Richard † 11/72; Kayßler, Friedrich † 5/481; Kuntz, Julius † 6/170; Lampe, Friedo † 6/209; Maaßen, Hanns † 6/549; Mayer, Anton ~ 7/5; Reinhold, Johannes † 8/223; Rubiner, Fri(e)da † 8/432; Runkehl, Karla † 8/469; Wander, Maxie † 10/328
Kleinmünchen (seit 1923 zu Linz, Oberösterreich)
Hofmann, Egon * 5/127
Kleinneuhausen
Köhler, Ulrich (Leopold) * 5/653
Kleinniedesheim
Gagern, Hans (Christoph Ernst) Frh. von * 3/557; Mehring, Johannes */† 7/28
Kleinort (poln. Pierslawek)
Wiechert, Ernst * 10/477
Kleinow (Kr. Prignitz)
Sprung, Adolf (Friedrich Wichard) * 9/423
Kleinpaschleben
siehe auch *Merzien*
Lehmann, Franz * 6/292
Kleinpoppen (Niederösterreich)
Eichhorn, Rudolf * 3/53
Kleinrechtenbach (seit 1971 zu Schwingbach, seit 1977 zu Hüttenberg)
Weinrich, (Friedrich Justus) Karl * 10/399
Kleinreifling (Oberösterreich)
Schosser, Anton * 9/119
Kleinrinderfeld
Allemann, (Fritz) René ~/† 11/3
Kleinschelken (rumän. Seica Mica, ungar. Kisselyk)
Grafius, Lukas ~ 4/132; Haner, Georg Jeremias ~ 4/368
Kleinschkorlopp (seit 1994 zu Kitzen)
Sack, Rudolf */~ 8/492
Kleinschmalkalden
Straubel, (Constantin) Rudolf * 9/572
Kleinschwarzenlohe (seit 1978 zu Wendelstein, Kr. Roth)
Scharrer, Adam * 8/571
Kleinsedlitz (seit 1933 zu Heidenau)
Johne, (Heinrich) Albert † 5/356
Kleinsorheim (seit 1975 zu Möttingen)
Bezold, Gustav von * 1/509
Kleinvarchow (seit 1959 zu Groß Flotow)
Maltzan, Adolf Georg Otto von * 6/582
Kleinwallstadt
Diezel, Carl Emil ~ 2/544; Dölger, Franz * 2/571
Kleinweisach (seit 1978 zu Vestenbergsgreuth)
Buchrucker, Karl (Christoph Wilhelm) von * 2/189; Wucherer, Rudolf * 10/591
Kleinwelka
Baumeister, Karl August ~ 1/340; Buchner, Charles ~ 2/186; Franke, (August) Hermann ~ 3/404
Kleinwetzdorf (Niederösterreich)
Pargfrider, Josef Gottfried von ~/† 7/563
Kleinwinnaden (Bad Schussenried)
Schussen, Wilhelm * 9/214
Kleinwittenberg (Wittenberg)
Lorbeer, Hans * 6/469
Kleinzell im Mühlkreis (Oberösterreich)
Piringer, Joseph Friedrich * 7/678
Kleiseerkoog (seit 1974 zu Galmsbüll)
Feddersen, Hans Peter ~/† 3/240
Klempau
Havemann, (Johannes) Julius † 4/456
Klenovec (Ungarn)
Bartholomäides, Ladislaus * 1/308

Kleßheim (Gem. Wals-Siezenheim)
Lerperger, Emil ~ 6/339
Kleszczewo → Kleczewo
Kletkamp
Brockdorff, Ursula Gräfin ~ 2/138
Klettenberg (Kr. Nordhausen)
Michaelis, Johann Heinrich * 7/122; Spangenberg, August Gottlieb * 9/383
Klettgau → Erzingen
Kletzen-Zschölkau → Zschölkau
Kleve (Kr. Kleve)
siehe auch *Keeken, Rindern*
Ackermann, Ernst Wilhelm ~ 1/20; Adolf I., Graf von Kleve † 1/44; Adolf I., Herzog von Kleve und Graf von Mark † 1/44; Angenheister, Gustav Heinrich * 1/137; Arntz, Aegidius Rudolph Nicolaus */~ 1/194; Bebber, Wilhelm Jakob van ~ 1/363; Berghaus, Heinrich (Karl Wilhelm) * 1/447; Bernsau, Wirich von ~ 1/475; Beuth, Peter Christian Wilhelm * 1/503; Beuys, Joseph ~ 1/504; Blaspeil, Lukas † 1/562; Borcke, Friedrich Wilhelm Frh. von ~ 2/28; Brauer, Theodor ~ 2/78; Brillmacher, Peter Michael ~ 2/134; Brinkmann, Johann Peter ~ 2/135; Busz, Karl Heinrich ~ 2/257; Cranz, August Friedrich ~ 2/394; Cuny, Ludwig von ~ 2/411; Derschau, Christoph Friedrich von ~ 2/493; Diest, Heinrich von */~ 2/525; Dix, Walter (Hans Bruno) ~ 2/563; Döring, August ~ 2/576; Douvermann, Heinrich ~ 2/603; Ebermaier, Johann Edwin Christoph ~ 2/675; Eichhorn, (Johann Albrecht) Friedrich ~ 3/51; Eltester, Otto Christoph * 3/99; Ewich, Johann von * 3/200; Feltmann, Gerhard * 3/263; Fleischer, (Hermann A.) Moritz * 3/342; Fontanus, Johann ~ 3/371; Fritzen, (Johann) Adolf * 3/497; Goecke, Carl Friedrich (Melchior) ~ 4/50; Grolmann, Wilhelm Heinrich von ~ 4/184; Gudden, (Johann) Bernhard (Aloys) von * 4/232; Gudermann, Christoph ~ 4/233; Hagen, Ludwig Philipp Frh. vom ~ 4/321; Herbst, (Friedrich Ludwig) Wilhelm ~ 4/609; Heymerick, Arnold ~ 5/26; Jacobus ~ 5/279; Johann II., Herzog von Kleve-Mark ~/† 5/340; Jost, Eduard ~ 5/368; Knipping, Erwin * 5/622; Kühne, Eduard † 6/145; Loe, Felix Frh. von ~ 6/436; Maaßen, Karl Georg * 6/549; Maywald, Wilhelm * 7/18; Meckenem, Isra(h)el van, d. J. ~ 7/21; Minuit, Peter ~ 7/149; Mönnig, Hugo ~ 7/173; Moleschott, Jacob ~ 7/187; Müller, Johann Helfrich von ~ 7/269; Nagel, Wilibald ~ 7/335; Neigebaur, (Johann Daniel) Ferdinand ~ 11/135; Olisleger, Heinrich ~/† 7/488; Rademacher, Johann Gottfried ~ 8/115; Reibmayr, Albert ~/† 8/194; Sack, Johann August ~ 8/491; Sauter, Benedikt ~ 8/531; Schaefer, Friedrich ~ 8/547; Schlabrendorff, Otto Frh. von ~ 8/652; Sedulius, Heinrich * 9/254; Sethe, Christoph */~ 9/292; Sinsteden, Wilhelm Joseph * 9/341; Steinen, Johann Dietrich von ~ 9/487; Strathmann, Theodor (Althet) Graf von ~ 9/570; Sybel, Heinrich Ferdinand Philipp von ~ 9/643; Tettau, Julius Ernst von ~ 9/681; Wegelin, Adolf * 10/371; Weyer, Johann ~ 10/465
Kley (seit 1928 zu Dortmund)
Tönnis, Wilhelm * 10/57
Kliczków → Klitschdorf
Klieken
Eyserbeck, Johann Friedrich * 3/205
Klievenhof (Kurland)
Veichtner, Franz Adam † 10/187
Klimkovice → Königsberg
Klin (Slowakei)
Olexik, Paul * 7/487
Klingen → Altenklingen
Klingenberg a. Main
Adrian, Johann Valentin * 1/46; Drathschmidt von Bruckheim, Anna * 2/609; Richartz, Walter E. † 8/273
Klingenmünster
Becker, August */~ 1/375; Brandes, Wilhelm † 2/64; Dick, Hermann ~/† 2/512; Gottschalk von Aachen ~/† 4/110; Johann, Pfalzgraf bei Rhein, Administrator des Bistums

Klingenthal (Sa.)

Regensburg ~ 5/344; Klein, Jacob */† 5/575; Klein, Johannes * 5/576; Reess, Max † 8/183; Zipf, (Johannes) Stephan * 10/678

Klingenthal (Sa.)
Anthes, Johann Heinrich von ~ 1/149; Rauda, Fritz * 8/160

Klingnau (Kt. Aargau)
Häfeli, Leo * 4/304; Heer, Rustenus * 4/475; Höchle, Johann Baptist * 5/86; Raeber, Kuno (Eduard Franz) * 8/120; Rottler, Berthold ~ 8/427; Zwyer, Sebastian Peregrin * 10/711

Klinthenen (russ. Znamenka)
Rehs, Reinhold * 8/194

Klipphausen
siehe auch *Röhrsdorf, Sora*
Heinrich VII., Prinz Reuß-Köstritz * 4/532

Klissow
Friedrich IV., Herzog von Schleswig-Holstein-Gottorf ~/† 3/474

Klissza (Kroatien)
Margareta von Ungarn * 6/614

Klitschdorf (poln. Kliczków)
Solms-Baruth, Friedrich Fürst zu ~/† 9/365

Klitzschen (Audenhain)
Schreckenbach, Paul (Friedrich Immanuel) ~/† 9/133

Klixbüll
Esmarch, Nicolaus Ludwig * 3/178

Klobenstein (italien. Collalbo)
Reiner, Max † 8/216

Klobikau → Niederklobikau

Klockries (Gem. Lindholm, seit 1969 zu Risum-Lindholm)
Hansen, Heinrich * 4/375

Klocksin → Blücherhof

Kloddram
Bolten, (Johann) August (Gottfried) * 2/11

Klöden
Döring, Friedrich Christlieb ~ 2/576; Trautmann, Moritz * 10/73

Klösterle (tschech. Klášterec nad Ohří)
Brokoff, Johann ~ 2/144; Löscher, Carl Imanuel ~ 6/446; Venier, and ~/† 10/194; Weber, Johann Nikolaus ~ 10/356

Klösterle am Arlberg (Vorarlberg)
Ospel, Anton * 7/512

Klötze
Frank, Adolf * 3/397; Frank, Fritz * 3/398

Klopein (Kärnten)
Rabl, Walter † 8/111

Kloster (Böhmen)
Banhans, Karl Frh. von * 1/288; Schnellar, Hans * 9/62

Kloster Sulz (seit 1972 zu Dombühl)
Enslin, Theodor (Johann Christian Friedrich) * 3/129

Kloster Veßra
König, Willi * 5/663

Klosterbruck (Mähren)
Divisch, Procopius ~ 2/562; Kövess von Kövessháza, Hermann Baron ~ 5/679

Klosterlangheim → Langheim (Kloster)

Klosterlechfeld
Wolff, Leo † 10/576

Klosterneuburg (Niederösterreich)
siehe auch *Gugging, Höflein, Kierling, Kritzendorf, Weidling*
Abel, Heinrich ~ 1/5; Ackermann, Leopold ~ 1/22; Albrecht IV., Herzog von Österreich † 1/78; Albrechtsberger, Johann Georg * 1/84; Allio, Donato Felice d' ~ 1/92; Altdorfer, Erhard ~ 1/96; Altmann von Sankt Florian ~ 1/103; Babo, August Wilhelm Frh. von ~ 1/234; Berze, Josef ~ 1/490; Bormann, Eugen † 2/31; Braun, Felix † 2/80; Breisky, Walter † 2/101; Dock, Hans ~ 2/566; Dostal, Nico ~ 2/603; Eckhardt, Fritz ~ 3/12; Egger, Berthold Anton ~/† 3/27; Eichhorn, Rudolf ~ 3/53; Erler, Franz Christoph ~ 3/152; Fanti, Gaetano ~ 3/230; Fischer, Engelbert ~ 3/314; Fischer, Franz * 3/316; Fischer, Lorenz Maximilian ~/† 3/323; Fischer von Erlach, Joseph Emanuel Frh. ~ 3/330; Frei, Bruno † 3/421; Fridericus ~ 3/445;

Frueauf, Rueland d. J. ~ 3/514; Gertrud, Herzogin von Süpplingenburg † 3/662; Götzinger, Gustav † 4/74; Goller, Vinzenz ~ 4/89; Gorvin, Joana Maria † 4/100; Gran, Daniel (Johannes) ~ 4/134; Günther, Jeremias ~ 4/241; Haitinger, Max (Robert) ~/† 4/339; Hartmann, Bischof von Brixen ~ 4/403; Hauer, Joseph von ~ 4/438; Hauk, Karl * 4/441; Hermann, Julius ~ 4/629; Herold, Balthasar von ~ 4/635; Jahn, Gustav ~ 5/291; Janchen-Michel, Erwin † 5/298; Jeitteles, Richard ~ 5/316; Jobst, Franz ~ 5/331; Kabasta, Oswald ~ 5/391; Känischbauer von Hohenried, Johann Baptist ~ 5/396; Kandler, Franz Sales * 5/423; Kappen, Norbert † 11/101; Kaserer, Hermann ~ 5/457; Klaar, Adalbert † 5/562; Kober, Franz ~/† 5/635; Koenig, Otto † 5/662; Koenig, Otto † 5/662; Korn, Arthur † 6/44; Kornhäusel, Josef ~ 6/47; Kossak-Raytenau, Karl Ludwig * 6/52; Laaber, Otto ~ 6/187; Ledwinka, Hans * 6/287; Leopold III., Markgraf von Österreich ~ 6/333; Leopold von Wien ~ 6/334; Linsbauer, Ludwig ~/† 6/414; Mattauch, Joseph † 6/658; Meister des Albrechtsaltars ~ 7/43; Meynert, Theodor † 7/117; Mielich, Alphons Leopold * 7/131; Monn, Georg Mathias ~ 7/199; Mosel, Katharina * 7/222; Mucha, Viktor ~ 7/238; Müller-Guttenbrunn, Herbert † 7/286; Muestinger, Georg (I.) ~/† 7/302; Nikolaus von Verdun ~ 7/420; Odehnal, Franz ~ 7/461; Otto von Freising */~ 7/533; Parsch, Pius ~/† 7/565; Pauser, Sergius † 7/583; Peyfuss, Karl Johann ~ 7/632; Piffl, Friedrich (Gustav) ~ 7/668; Plischke, Ernst Anton * 8/3; Poll, Konrad ~ 8/25; Poosch-Gablenz, Max von ~ 8/33; Prill, Karl † 8/70; Pröll, Karl ~ 8/77; Ramus, Pierre ~ 8/134; Ráthay, Emerich ~/† 8/149; Reckendorfer, Ferdinand ~ 8/174; Reischek, Andreas * 8/229; Ripper, Maximilian ~ 8/321; Roesler, Leonhard ~ 8/360; Rumpler, Franz ~/† 8/465; Ruttenstock, Jakob ~/† 8/478; Sacher, Friedrich ~ 8/486; Saller, Walter ~ 8/501; Schellenberg, Heinrich ~ 8/594; Schiele, Egon ~ 8/626; Schnopfhagen, Hans ~ 9/68; Schnürer, Franz † 9/86; Schölzig, Amandus ~ 9/79; Scholz, Roman (Karl) ~ 9/110; Schreck, Adam ~ 9/132; Springer, Max ~ 9/422; Steinacker, Edmund † 9/482; Steinl, Matthias ~ 9/497; Stratil-Sauer, Gustav † 9/570; Streitmann, Bruno ~ 9/582; Sunthaym, Ladislaus ~ 9/633; Suttner, Bertha (Sophie Felicita) Frfr. von ~ 9/638; Tobenz, Daniel ~ 10/53; Ulrich von Lilienfeld * 10/144; Weißenbäck, Franz Andreas ~ 10/413; Wondracek, Rudolf ~ 10/588; Zweigelt, Fritz ~ 10/706

Klosterrath
Norbert von Xanten ~ 7/437

Klosterreichenbach (seit 1974 zu Baiersbronn)
Grammel, Richard * 4/134

Klosterroda
Schulenburg-Nimptsch, Werner Graf von der ~ 9/184

Klosters (Kt. Graubünden)
David, Ferdinand ~ 2/452; Kroeger, Theodor * 6/110; Muehlon, Johann Wilhelm † 7/243; Siebenmann, Friedrich ~ 9/305; Tietz, Oscar † 10/40; Tschudi, Fridolin † 10/109; Viertel, Salka † 10/206

Klostersande (seit 1978 zu Elmshorn)
Bockel, Franz * 1/596

Klosterwalde → Metzelthin

Kloten (Kt. Zürich)
Lips, Johann Heinrich * 6/421

Klotten
Thomas, Alois */† 10/17

Klotzsche (seit 1950 zu Dresden)
Bernhard, Robert † 1/468; Felixmüller, Conrad ~ 3/258; Gjellerup, Karl * 4/19; Nebuschka, Franz Josef † 7/354; Ruge, Reinhold * 8/459; Ruge, Sophus * 8/459; Sandig, Curt * 8/513; Schilling, Johannes † 8/639

Klučov → Elstiborsch

Kluczbork → Kreuzburg O. S.

Kluis → Silenz

Klus (Gem. Balsthal, Kt. Solothurn)
Dübi, Ernst ~ 2/633; Haefeli, Emil ~ 4/303

Kluvensiek (Bovenau)
Birch-Hirschfeld, Felix Victor * 1/536

Knappensee → Wartha
Knapsack
  Winnacker, Karl ~ 10/530
Knau/Dreba
  Michel, (Georg) Hugo (Paul) * 7/125
Knauthain (seit 1936 zu Leipzig)
  Coccius, Ernst Adolf * 2/349; Falkenhagen, Adam ~ 3/227;
  Müller, Carl Wilhelm * 7/250
Knechtsteden (seit 1975 zu Dormagen)
  Acker, Amandus ~/† 1/19; Friedrich I. von Schwarzenburg,
  Erzbischof von Köln ~ 3/464
Knehden (Templin)
  Dietrich, Hermann ~ 2/536
Kneitlingen
  Eulenspiegel, Till */~ 3/191
Knetzgau → Eschenau, Oberschwappach
Kneževo → Föherczeglak
Kněžice → Mohr
Kniephof
  Bismarck, Otto (Eduard Leopold) von ~ 1/545
Kniestedt (seit 1942 zu Watenstedt-Salzgitter, seit 1951
  Salzgitter)
  Ahrens, Heinrich * 1/60
Knin
  Dudith, Andreas ~ 2/633
Knínice → Knönitz
Kniphausersiel (Niedersachsen)
  Graepel, (Carl Bernhard) Friedrich * 4/123
Knittelfeld (Steiermark)
  Eichler, Ferdinand † 3/53; Federhofer, Karl * 3/242; Strani-
  tzky, Joseph Anton * 9/566; Waldmüller, Lizzy * 10/305
Knittlingen
  siehe auch *Freudenstein*
  Dillenius, Friedrich Wilhelm Jonathan * 2/546; Faust,
  Johannes */~ 3/236; Lechler, Gotthard Viktor ~ 6/282
Knobelsdorf (Gem. Ziegra-Knobelsdorf)
  Gebauer, Christian August * 3/590
Knönitz (tschech. Knínice, heute zu Paßnau/Veselov)
  Haugwitz, Friedrich Wilhelm Graf von † 4/441
Knokke (Belgien)
  Mediz-Pelikan, Emilie ~ 7/23
Knonau (Kt. Zürich)
  Groddeck, Georg † 4/177; Hirzel, Konrad Melchior ~ 5/72;
  Kläsi, Jakob ~/† 5/563
Knoop (Gem. Altenholz)
  Baudissin, Heinrich Christoph Graf von ~ 1/321; Baudissin,
  Karoline Adelheid Cornelia Gräfin von † 1/321
Knoppen (Gem. Pichl-Kainisch, Steiermark)
  Zand, Herbert * 10/617
Knüllwald
  siehe auch *Hausen*
  Lüth, Paul (Egon Heinrich) † 6/522
Knurow (Schlesien)
  Velsen, Otto von ~ 10/192
Koadjuthen (litauisch Katyčiai)
  Rasch, Ewald Ferdinand Wilhelm * 8/144
Koban
  Virchow, Rudolf (Ludwig Carl) ~ 10/213
Kobdil (Küstenland)
  Fabiani, Max * 3/210
Kobe (Japan)
  Hax, Karl ~ 11/80; Laska, Joseph (Julius) ~ 6/255;
  Strachwitz, Rudolf (Alfred Emanuel) Graf von ~ 9/563;
  Trautmann, Oskar ~ 10/73
Kobierschin (poln. Kobierzyn)
  Hobrecht, Artur (Heinrich Ludolf Johnson) * 5/78; Mathy,
  Ignaz Anton Stanislaus von * 6/655
Kobierzyn → Kobierschin
Koblenz am Rhein
  siehe auch *Arenberg, Bubenheim, Ehrenbreitstein, Güls,
  Horchheim, Lay, Moselweiß, Mülheim, Pfaffendorf*
  Albero, Erzbischof von Trier † 1/64; Altmeier, Peter ~/†
  1/104; Anschütz, Hermann */~ 1/145; Anschütz, Josef
  Andreas */† 1/145; Antonius von Königstein ~ 1/152;

Arnold, (Johann) Georg Daniel ~ 1/187; Arnold, Thea ~
1/189; Aster, Ernst Ludwig von ~ 1/208; Augusti, Bertha
~/† 1/222; Augusti, Johann Christian Wilhelm † 1/222;
Avenarius, Richard Ernst Abund * 1/227; Baedeker, Fritz
*/~ 1/255; Baedeker, Julius ~ 1/256; Baedeker, Karl †
1/256; Bär, Max ~/† 1/260; Bärsch, Georg Friedrich †
1/262; Baeyer, Johann Jakob ~ 1/266; Ball, Ernst Friedrich
~ 1/277; Bandemer, Susanne von † 1/287; Baur, Renward
~ 1/352; Baur, (Friedrich) Wilhelm ~/† 1/352; Beck,
Ludwig Joseph ~ 1/373; Berger, Johann Baptist */~ 1/445;
Berlepsch, Hans Hermann Frh. von ~ 1/457; Bernstorff,
Albrecht Graf von ~ 1/476; Beyer, Gustav Friedrich von ~
1/506; Beyschlag, (Johann Heinrich Christoph) Willibald ~
1/508; Biedermann, Johann Jakob ~ 1/517; Biese, Alfred
(Karl Julius Adolf) ~ 1/525; Bissinger, Joseph August
~ 1/549; Bleul, Johann Heinrich Frh. von */~ 1/570;
Bodelschwingh, Ernst (Albert Karl Wilhelm Ludwig) von ~
1/601; Boden, Wilhelm ~ 1/602; Bodmer, (Johann) Karl
~ 1/605; Böcking, Adolf ~ 1/609; Boelcke, Oswald ~
1/626; Boëmund II. von Ettendorf-Warnesberg, Erzbischof
von Trier ~ 1/629; Bonin, Eduard (Wilhelm Ludwig) von
~/† 2/19; Bonin, Gustav (Karl Gisbert Heinrich Wilhelm
Gebhard) von ~ 2/20; Borgmann, Wilhelm ~ 2/29; Borstell,
(Karl Leopold Heinrich) Ludwig von ~ 2/39; Brandenburg,
Friedrich Wilhelm Graf von ~ 2/61; Braun, Joseph * 2/83;
Braun, Lebrecht Johann Ernst von * 2/84; Breidbach,
Emmerich Joseph Frh. von * 2/99; Breithaupt, Joseph ~
2/101; Breithaupt, Johann Christian ~ 2/104; Brentano,
Clemens Wenzeslaus ~ 2/117; Brentano, Maximiliane ~
2/117; Brommer, Frank † 2/145; Bruch, Max (Karl August)
~ 2/148; Brüggemann, (Johann Heinrich) Theodor ~ 2/156;
Bruno II., Erzbischof von Köln ~ 2/171; Buchstaller,
Werner † 2/189; Bürvenich, Adam ~/† 2/212; Burchard
I., Bischof von Worms ~ 2/228; Cahensly, (Simon) Peter
Paul † 2/264; Carové, Friedrich Wilhelm * 2/285; Casel,
Odo * 2/291; Chauvin, Franz von ~ 2/307; Chorus,
Gerhard ~ 2/314; Christ, Liesel ~ 11/39; Chrudimsky,
Ferdinand ~ 2/325; Clemens, Franz (Friedrich) Jakob *
2/340; Cling, Bartholomäus * 2/343; Colchon, Leonard ~
2/354; Contzen, Johann ~ 2/367; Coppenstein, Johannes
Andreas ~ 2/371; Cordier, Honorius * 2/372; Créve,
Johann (Caspar Ignaz Anton) * 2/400; Dahlmann, Joseph
* 2/430; Deiters, Hermann (Clemens Otto) ~/† 2/473;
Dersch, Wilhelm (Heinrich) ~ 11/45; Deycks, Ferdinand
~ 2/510; Diederichs, Wilhelm Ernst ~ 2/515; Diepenbrock,
Apolonia von ~ 2/520; Diest, Gustav von ~ 2/525; Dieter,
Graf von Nassau, Dominikaner, Erzbischof und Kurfürst
von Trier ~ 2/527; Dominikus, Jakob ~/† 2/591; Dronke,
Ernst * 2/623; Dronke, Ernst */~ 2/623; Dronke, Ernst
Friedrich Johann ~ 2/623; Droste-Hülshoff, Annette von
~ 2/624; Druffel, August von * 2/628; Dryander, Johann
~ 2/629; Dünewald, Heinrich Johann Graf von * 2/636;
Dunin-Borkowski, (Zbigniew) Stanislaus (Martin) Graf
~ 2/652; Ebel, Friedrich ~ 2/664; Eberhard, Erzbischof
von Trier ~ 2/669; Eberhard, Matthias ~ 2/671; Ebert,
Ludwig ~ 2/680; Ehses, Stephan ~ 3/45; Eibenschütz, José
~ 3/46; Eicher, Hermann ~ 3/50; Eigenbrodt, Reinhard
~ 3/59; Eilers, Gerd ~ 3/61; Elben, Otto (Hermann
Karl) ~ 3/82; Ellenberger, Agnes ~ 3/89; Elvenich, Peter
Joseph ~ 3/100; Enslin, Adolf ~ 3/129; Erich, Herzog von
Braunschweig-Wolfenbüttel ~ 3/148; Eulenberg, Hermann
~ 3/190; Fabarius, (Ernst) Albert * 3/207; Fabricius,
Ulrich * 3/215; Falckenberg, Otto * 3/223; Fellenstein,
Niclaus * 3/259; Fischel, Max von * 3/309; Föhl, Carl
† 11/62; Foltz, Ludwig ~ 3/368; Forch, Carl (Friedrich
Otto Hugo) † 3/371; Franul von Weißenthurn, Johanna
(Rachel Theresia) * 3/409; Friedhofen, Peter ~/† 3/450;
Gärtner, (Johann) Andreas d. J. * 3/554; Gärtner, (Johann)
Friedrich Ritter von * 3/554; Gantenberg, Mathilde
~ 3/571; Gélieu, Bernard von ~ 3/616; Gerstenkorn,
Robert ~ 3/659; Gerz, Irmgard ~ 3/664; Gille, Karl ~ 4/9;
Gneisenau, August Wilhelm Anton Graf Neidhardt von
~ 4/42; Goebel, Max ~/† 4/49; Goeben, August (Karl
Christian) von † 4/50; Görres, Guido (Moritz) * 4/59;

Görres, (Johann) Joseph von */~ 4/59; Goltz, Theodor Alexander Georg Ludwig Frh. von der * 4/94; Graff, Eberhard (Gottlieb) ~ 4/130; Gretscher, Philipp * 4/158; Griesheim, Karl Gustav Julius von ~/† 4/164; Grisar, Hartmann * 4/174; Günther, Wilhelm Arnold */~ 4/243; Guérard, Theodor von */~ 4/245; Haberling, Wilhelm Gustav Moritz ~ 4/294; Hagen, Richard ~ 4/322; Hahn, Mary ~ 4/332; Harkort, Johann Caspar ~ 4/388; Hartmann, Julius (Hartwig Friedrich) von ~ 4/410; Haßlacher, Peter * 4/430; Heidland, Hans * 4/492; Heimann, Philipp Franz Joseph ~ 4/503; Heinemann, Adolf ~/† 4/513; Hensel, Luise (Maria) ~ 4/597; Henselder-Barzel, Helga * 11/85; Hepp, Karl * 4/602; Hercher, Ludwig ~ 4/610; Heriger, Erzbischof von Mainz ~ 4/615; Hermann I., Erzbischof von Köln ~ 4/621; Hermans, Hubert ~/† 11/85; Herter, Hans (Lukas) * 11/85; Herz, Ernst ~ 4/657; Heß, (Maria) Joseph (Aloysius) ~ 4/671; Heubner, Konrad ~/† 5/7; Heyl, Ferdinand * 5/22; Hildebrandt, Fred † 5/39; Hilgers, Jacob ~ 5/41; Hindenburg, Paul (Ludwig Hans Anton) von Beneckendorff und von ~ 5/52; Hoevel, Andreas ~ 5/107; Hommer, Josef (Ludwig Alois) von */~ 5/165; Hontheim, (Johann) Nikolaus von ~ 5/169; Hügel, (Johann) Aloys (Joseph) Frh. von * 5/208; Hügel, Klemens Wenzeslaus Frh. von * 5/209; Hünten, Franz */~/† 5/212; Hunolt, Franz ~ 5/229; Ingersleben, Karl von ~/† 5/256; Jacob, Paul Walter ~ 5/271; Jacques, Norbert † 5/280; Jagow, Gustav von ~ 5/290; Jakob III., zu Eltz, Kurfürst und Erzbischof von Trier ~ 5/295; Johann I., Erzbischof von Trier ~ 5/346; Johannes Schadland, Bischof von Kulm, Hildesheim, Worms und Augsburg † 5/351; Judas, Johann Georg ~ 5/371; Kaiser, Oskar ~ 5/408; Kalteisen, Heinrich */† 5/416; Kanter, Ernst ~ 5/427; Kemmerich, Max Philipp Albert * 5/502; Kentenich, Peter Joseph ~ 5/506; Kerver, Thielmann ~ 5/518; Kircher, Athanasius ~ 5/548; Klinger, Paul ~ 5/598; Klöckner, Florian */~ 5/601; Klöckner, Peter * 5/601; Kloeppel, Peter ~ 5/602; Kneip, Jakob ~ 5/618; Kocks, Friedrich ~ 5/646; Köhler, Karl ~ 5/651; Konrad III., König ~ 6/26; Konrad von Marburg ~ 6/34; Koven, Ludolf ~ 6/57; Krahe, Peter Joseph ~ 6/66; Krauß, Otto ~ 6/85; Krementz, Philipp */~ 6/94; Kügelgen, Gerhard von ~ 6/141; Kuhl, Hermann von * 6/158; Kurtz, Johann Heinrich ~ 6/178; Lammert, Will ~ 6/207; Landauer, Gustav ~ 6/215; Landfermann, Dietrich Wilhelm ~ 6/217; Langwerth von Simmern, Ernst Frh. ~ 6/248; Lasaulx, Amalie von ~ 6/254; Lasaulx, Ernst von * 6/254; Lasinsky, Gustav */~ 6/255; Lassaulx, Franz von */~ 6/259; Latomus, Bartholomäus ~/† 6/261; Lehmann, Kurt * 6/295; Lendvai, Erwin ~ 6/319; Lewin, Adolf ~ 6/364; Leyen-Hohengeroldseck, Karl Kaspar Reichsfrh. von der ~ 6/370; Liesegang, Wilhelm † 6/393; Liliencron, Rochus (Wilhelm Traugott Heinrich Ferdinand) Frh. von † 6/395; Lindpaintner, Peter Josef von * 6/409; Lindtberg, Leopold ~ 6/409; Link, Ernst * 6/412; Loe, Walter Frh. von ~ 6/437; Lohmer, Gerd ~ 6/463; Ludolf von Sachsen ~ 6/496; Ludwig, Peter * 6/510; Lütke, Albert (Friedrich Clemens) * 6/523; Lütkemüller, Ludwig Paul Wieland ~ 6/523; Lüttwitz, Smilo Frh. von * 6/524; Maier, Peter ~/† 6/571; Maisch, Herbert ~ 6/574; Maltzahn-Gültz, Helmuth Frh. von ~ 6/582; Manger, Jürgen von * 6/587; Manger-Koenig, Ludwig von * 6/587; Matthias, Adolf ~ 6/662; Megingaud, Erzbischof von Trier ~/† 7/26; Mehler, Juda * 7/27; Metternich, Lothar von † 7/87; Metternich-Winneburg, Clemens (Wenzeslaus Lothar Nepomuk) Graf, später Fürst von */~ 7/88; Metternich-Winneburg, Franz Georg Graf von * 7/89; Michel, Fritz ~ 7/124; Miltitz, Karl von ~ 7/145; Möbus, Gerhard ~ 7/163; Möller, Lotte * 7/170; Mohr, Christian ~ 7/182; Mohr, (Carl) Friedrich * 7/182; Mohr, Werner ~ 7/184; Mommsen, Wolfgang ~/† 7/197; Moreau, Clément ~ 7/208; Müller, Johann Georg * 7/268; Müller, Johannes Peter */~ 7/271; Münter, Gabriele ~ 7/298; Nachtsheim, Hans (Friedrich Josef) * 7/327; Neisch, Marga ~ 7/360; Nettstraeter, Klaus ~ 7/369; Nobiling, Eduard Adolph ~ 11/142; Odemar, Fritz (Otto Emil) ~ 7/461; Oswald, (Karl) Wilhelm von ~ 11/152;

Otten, Karl ~ 7/525; Otto von Ziegenhain, Erzbischof von Trier ~/† 11/153; Pauly, Ferdinand † 7/581; Pempelfort, Karl ~ 7/594; Peter von Koblenz ~ 7/613; Piccaneser, Hugo ~ 7/660; Pilgram, Friedrich ~ 7/670; Poppe, Reimar ~ 8/34; Prentzel, Felix Alexander (Gustav August) * 8/62; Rath, Gerhard vom † 8/148; Ratibor und Corvey, Karl (Egon) von ~ 8/152; Rehfues, Philipp Joseph von ~ 8/191; Reichensperger, August * 8/202; Reichensperger, August * 8/202; Reichensperger, Peter (Franz) * 8/202; Reisach-Sternberg, Karl August (Franz Anton) Graf von ~/† 8/228; Reisinger, Franz * 8/231; Reuleaux, Franz ~ 8/253; Rittershaus, (Hermann) Trajan ~ 8/333; Rodemund, Karl ~ 8/344; Rösler, Franz ~ 8/360; Rogge, Bernhard Friedrich Wilhelm ~ 8/365; Rogge, (Johann Friedrich) Christian (Albrecht) ~ 8/366; Rohmer, Ernst ~ 8/369; Rosenbaum, Johann Joseph ~ 8/390; Rudolph, Ferdinand ~ 8/440; Rübsaamen, Ewald Heinrich ~/† 8/443; Salomon, Hugo * 8/504; Sauer, Franz ~ 8/526; Savigny, Karl von ~ 8/533; Schaaffhausen, Hermann ~ 8/537; Schalscha-Ehrenfeld, Amalie von ~ 8/562; Schauenburg, (Karl) Hermann ~ 8/574; Schenkendorf, (Gottlob Ferdinand) Max(imilian Gottfried) von ~/† 8/606; Schlönbach, Karl Arnold * 8/681; Schlosser, Christian ~ 8/684; Schmidt, Aloys ~ 9/2; Schmitt-Vockenhausen, Hermann † 9/33; Schmitz, Bruno ~ 9/35; Schneider, Joseph ~ 9/57; Schönenberg, Johann von † 9/91; Schorn, Carl (Philipp Theodor) ~ 9/118; Schramm, Margit ~ 11/172; Schultze, Johannes ~ 9/193; Schulze, Johannes (Karl Hartwig) ~ 9/200; Schwerz, Johann Nepomuk Hubert von */~/† 9/245; Schynse, Katharina ~ 9/249; Seitz, Johannes ~ 9/274; Sentpaul, Frithjof * 9/290; Settegast, (Joseph) Anton (Nikolaus) */~ 9/293; Simon, Johann Friedrich ~ 9/332; Smets, (Philipp Karl Joseph Anton Johann) Wilhelm ~ 9/353; Sontag, Franziska ~ 9/376; Sontag, Henriette (Gertrude Walpurgis) * 9/376; Sontag, Nina * 9/376; Sowade, Eduard d. Ä. ~ 9/380; Spankeren, Friedrich Wilhelm von ~ 9/385; Spanuth, August ~ 9/385; Stegemann, Hermann * 9/467; Steinmetz, Hans ~ 9/499; Stieber, Hans (Albert Oskar) ~ 9/524; Stiehl, (Anton Wilhelm) Ferdinand ~ 9/527; Stolle-Garvens, Milly ~ 9/552; Stosch, Albrecht von * 9/560; Strubberg, Otto von ~ 9/595; Struck, Wolfgang E. ~ 9/596; Struensee, Gustav (Karl Otto) von ~ 9/597; Stumpf, Theodor ~/† 9/615; Süsterhenn, Adolf † 9/628; Thielmann, Johann Adolf Frh. von † 10/3; Thomas, Emil ~ 10/18; Thomas-Schwartz, Anny * 10/19; Trepte, Curt ~ 10/82; Trotha, Adolf von * 10/98; Trott zu Solz, August (Clemens Bodo Paul Willy) von ~ 10/99; Tschepe und Weidenbach, Franz ~ 10/113; Unruh, Fritz von * 10/158; Wallraf, (Ludwig Theodor Ferdinand) Max ~ 10/315; Walther, Hans ~/† 10/324; Wandersleb, Hermann ~ 10/328; Weber, Karl ~/† 10/356; Weber-Liel, Friedrich Eugen * 10/363; Wegeler, Franz Gerhard ~/† 10/371; Wegener, Paul ~ 10/373; Wentzcke, Paul * 10/437; Werner von Falkenstein, Erzbischof von Trier ~ 10/443; Friedrich Wilhelm I. Ludwig, König von Preußen, Deutscher Kaiser ~ 10/501; Winand von Steeg ~/† 10/518; Wolf, Berthold ~ 10/564; Wolff, Karl (Joseph) * 10/574; Wuhrmann, Ernst ~ 10/595; Zador-Bassth, Emma ~ 10/612; Zimmermann, Wilhelm ~ 11/185

Kobylin (Polen)
Klausner, Max Albert * 5/569

Kochel a. See
siehe auch *Ried, Walchensee*
Finck, August von * 3/297; Guenther, Johannes (Ferdinand) von † 4/242; Oestreich, Gerhard † 7/473; Suhrlandt, Carl * 9/629

Kochertürn (Neuenstadt am Kocher)
Allgayer, Franz Xaver ~/† 1/91

Kochov (Tschechische Republik)
Bohatec, Joseph * 2/1

Kochovice → *Kochowitz*

Kochowitz (tschech. Kochovice, heute zu Hošt'ka)
Abert, (Johann) Joseph * 1/10

Kochstedt
Baurmeister, Tobias von * 1/353
Kockelburg (rumän. Cetatea-de-Balta, ungar. Kükülövár)
Roth, Stephan Ludwig ~ 8/416
Koczała → Flötenstein
Köben a. d. Oder (poln. Chobienia)
Heermann, Johann(es) ~ 4/477; Rolle, Georg * 8/375
Köditz (Kr. Hof, Land) → Joditz
Köfering (Kr. Regensburg, Land)
Lerchenfeld-Köfering, Hugo Graf von † 6/339;
Lerchenfeld-Köfering, Hugo Graf von * 6/339
Köflach (Steiermark)
Kloepfer, Hans ~/† 5/602; Koren, Hanns * 6/43; Pamberger, Ferdinand * 7/553
Köglen (Tirol)
Lumpert, Anton * 6/530
Kölbigk
Egilbert, Bischof von Bamberg ~ 3/31
Kölleda
siehe auch *Battgendorf*
Flemming, Johannes * 3/347; Groschopp, Richard * 11/72; Hellwig, Christoph von * 4/570; Hofmann, Fritz * 5/128; Kalkoff, Paul * 5/413; Reiffenstein, Gottlieb Benjamin * 8/207; Riem, Wilhelm Friedrich * 8/300; Traeger, Albert ~ 10/67; Wurmb, Lothar von * 10/600
Kölliken (Kt. Aargau)
Roesch, Carl ~ 8/357
Kölln (heute zu Berlin)
Albrecht, Markgraf von Brandenburg, Kardinal, Erzbischof von Mainz und Magdeburg, Administrator von Halberstadt * 1/77; Brunnemann, Johannes * 2/168; Eitzen, Paul von ~ 3/79; Friedrich II. der Eiserne, Kurfürst und Markgraf von Brandenburg ~ 3/461; Friedrich Wilhelm, Kurfürst von Brandenburg * 3/461; Friedrich Wilhelm I., König in Preußen, Kurfürst von Brandenburg * 3/468; Fromm, Andreas ~ 3/508; Georg Wilhelm, Kurfürst von Brandenburg * 3/626; Götze, Sigismund von * 4/73; Gutke, Georg * 4/270; Huebner, Joachim * 5/205; Joachim I. Nestor, Kurfürst von Brandenburg † 5/329; Joachim II. Hektor, Kurfürst von Brandenburg * 5/329; Joachim Friedrich, Kurfürst von Brandenburg ~ 5/329; Joachim Ernst, Markgraf von Brandenburg-Ansbach * 5/329; Johann Georg, Kurfürst von Brandenburg */† 5/338; Matthias, Michael † 6/663; Memhardt, Johann Gregor ~ 7/55; Peucker, Nikolaus ~/† 7/629; Raue, Johann ~ 8/160; Reinbeck, Johann Gustav * 8/214; Reusner, Esaias † 8/256; Schoch, Johann Georg ~ 9/73; Teller, Wilhelm Abraham ~ 9/673
Kölln (poln. Glinna)
Dix, Arthur * 2/562
Köln
siehe auch *Bayenthal, Deutz, Ehrenfeld, Fühlingen, Heumar, Junkersdorf, Kalk, Mülheim, Rondorf, Sürth, Wahn, Weiden, Weiss, Zündorf*
Aachen, Hans von */~ 1/1; Abel, Adolf ~ 1/4; Abendroth, Hermann (Paul Maximilian) ~ 1/7; Abraham, Reinhardt ~ 11/1; Abs, Hermann J(osef) ~ 1/13; Achtélik, Josef (Hermann) ~ 1/18; Achterfeldt, Johann Heinrich ~ 1/18; Acker, Heinrich (Wilhelm Joseph) ~ 1/19; Ackermann, Ernst Wilhelm ~ 1/20; Ackermann, Otto ~ 1/22; Adalbert I., Erzbischof von Magdeburg ~ 1/25; Adalgar, Erzbischof von Hamburg-Bremen ~ 1/26; Adami, Adam ~ 1/32; Adela, Gräfin ~ 1/32; Adelmann von Adelmannsfelden, Raban † 1/34; Adenauer, Konrad (Hermann Joseph) */~ 1/35; Adolf IV., Graf von Berg ~ 1/42; Adolf I., Herzog von Berg, Herzog von Jülich ~ 1/44; Adolf I., Graf von Kleve ~ 1/44; Adolf I., Herzog von Kleve und Graf von Mark ~ 1/44; Adolf von Kleve und von der Mark, Herr zu Ravenstein und Winnendahl ~ 1/44; Adolf I., Erzbischof von Köln ~ 1/44; Adolf III., Graf von Schaumburg, Kurfürst und Erzbischof von Köln ~ 1/44; Adolf von Essen ~ 1/45; Adrichem, Christian ~/† 1/47; Agartz, Viktor ~ 1/51; Agnes, Lore † 11/2; Agricius, Mathias ~ 1/52; Agricola, Franz ~ 1/52; Agricola, Rudolf ~

1/55; Agrippa von Nettesheim */~ 1/55; Ahaus, Heinrich von ~ 1/56; Ahlefeldt, Friedrich von ~ 1/57; Ahlers-Hestermann, Friedrich ~ 1/58; Ahlersmeyer, Mathieu (Karl Maria) */~ 1/58; Ahn, Albert */~ 1/59; Ainmiller, Max Emanuel ~ 1/62; Aitzing, Michael Frh. von ~ 1/62; Albermann, Wilhelm ~/† 1/64; Albers, Johannes ~/† 1/65; Albert II. Suerbeer, Erzbischof von Riga * 1/67; Albertus Magnus ~/† 1/71; Albrecht der Ältere, Markgraf von Brandenburg-Ansbach, Hochmeister des Deutschen Ordens, Herzog in Preußen ~ 1/78; Aldenhoff, Bernd ~ 1/85; Aldenhoven, Karl ~/† 1/85; Alder, Kurt ~/† 1/85; Aler, Paul ~ 1/86; Alewyn, Richard ~ 1/86; Alexander von Köln ~ 1/87; Alexander von Roes ~ 1/87; Alexander, Andreas ~ 1/88; Alexander, Paul Julius ~ 1/88; Alfter, Bartholomäus Joseph Blasius */~/† 1/89; Alleker, Johannes */~ 1/91; Almenräder, Karl ~ 1/93; Alpen, Johann von ~ 1/93; Altfrid, Bischof von Hildesheim ~ 1/99; Althoff, Friedrich ~ 1/101; Althusius, Johannes ~ 1/102; Alting, Menso ~ 1/102; Altmann, Oskar * 1/103; Altzenbach, Gerhard ~ 1/106; Altzenbach, Wilhelm ~ 1/106; Amberg, George ~ 1/111; Ambrosi, Gustinus ~ 1/112; Amelunxen, Rudolf */~ 1/113; Ammende, Ewald ~ 1/117; Amplonius Ratink de Berka ~/† 1/119; Anderledy, Anton Maria ~ 1/123; Anders, Peter ~ 1/124; Andreae, Christoph ~ 1/128; Andreae, Clemens August ~ 1/128; Andreae, Lambert ~/† 1/130; Andreae, Volkmar ~ 1/131; Andres, Stefan ~ 1/133; Angermann, Erich ~ 11/4; Anheisser, (Carl Maximilian) Roland ~ 1/140; Anno II. von Steusslingen, Erzbischof von Köln ~ 1/145; Anno, Anton ~ 1/145; Anselm Kasimir, Wamboldt von Umbstadt, Erzbischof von Mainz ~ 1/147; Anselm von Ingelheim, Kurfürst und Erzbischof von Mainz * 1/147; Anselmino, Karl-Julius ~ 1/148; Antonius von Königstein ~ 1/152; Antweiler, Anton */~ 1/153; Arend, Max */~/† 1/165; Arndt, Paul ~ 1/175; Arnold I., Erzbischof von Köln ~ 1/183; Arnold II., Erzbischof von Köln ~ 1/183; Arnold I., Erzbischof von Trier ~ 1/184; Arnold von Tongern ~ 1/184; Arnold, Friedrich Wilhelm ~ 1/186; Arnold, Thea ~ 1/189; Arnoldus Vesaliensis ~/† 1/192; Arnsberg, Conrad Graf von ~ 1/192; Arnsburg, Friedrich Ludwig ~ 1/193; Arp, Hans ~ 1/195; Artopoeus, Johannes ~ 1/198; Asbach, Hugo * 1/202; Asbeck, Franz Wilhelm Friedrich Frh. von ~ 1/202; Aschaffenburg, Gustav ~ 1/202; Assmann, Arno ~ 1/207; Asten, Friedrich Emil von */~ 1/208; Asthöwer, Fritz * 1/208; Auerbach, Hermann ~/† 1/216; Auerbach, Moses ~ 1/216; Auerbach, Walter ~ 1/216; Augusti, Bertha * 1/222; Aussem, Cilly * 1/225; Avenarius, Tony ~/† 1/227; Baargeld, Johannes Theodor ~ 11/8; Bachem, Carl */~ 1/242; Bachem, Franz Xaver * 1/242; Bachem, Johann Peter ~/† 1/242; Bachem, Joseph (Wilhelm Peter) */~ 1/242; Bachem, Julius † 1/242; Bachem, Lambert Joseph Franz */† 1/242; Bachem, Robert */† 1/243; Bachem-Sieger, Minna */† 1/243; Bachmann, Kurt ~/† 11/8; Bachmann, Paul ~ 1/247; Bachoff von Echt, Reiner * 1/248; Bachoff von Echt, Reiner * 1/248; Badenhausen, Rolf ~ 1/252; Badewitz, Friedrich Gustav ~ 1/253; Badius, Johannes ~ 1/253; Baedeker, Karl ~ 1/256; Bahro, Rudolf ~ 11/10; Baierlein, Josef ~/† 1/271; Ball, Georg Adam ~ 1/277; Balser, Ewald ~ 1/279; Baltrusch, Georg Friedrich ~ 1/281; Band, Karl (Friedrich Heinrich) */~/† 11/10; Bardenheuer, Franz Bernhard ~ 1/293; Barfuß, Grischa ~ 11/11; Bargiel, Woldemar ~ 1/294; Baring, Franz ~ 1/295; Barion, Hans ~ 11/11; Barth, (Magdalene Wilhelmine) Carola ~ 11/12; Barthel, Ernst ~ 1/306; Bartholomäus von Köln ~ 1/308; Bartholomäus von Maastricht ~/† 1/308; Baruch, Simon ~ 1/311; Barvitius, Johann Anton ~/† 1/311; Barwich, Heinz */† 1/311; Basse, Detmar Friedrich Wilhelm ~ 1/314; Bassermann, Albert ~ 1/315; Bassermann, Else ~ 1/315; Basta, Marie */~ 1/317; Baudri, (Peter Ludwig) Friedrich ~/† 1/323; Bauer, Hans ~ 11/13; Bauerband, Johann Joseph ~ 1/330; Baum, Theodor ~ 1/333; Baumann, Ernst † 1/334; Baumgarten, Arthur ~ 1/343; Baumgartner, Paul ~ 1/348; Baur, Renward ~ 1/352; Baussnern, Waldemar Edler von ~ 1/355; Bayer, Otto ~ 1/359; Becanus, Martin ~ 1/365; Becanus, Syvert ~/† 1/365; Becher, Alfred Julius ~ 1/365;

Erich ~ 4/407; Hartmann, (Bruno) Felix (Bernhard Albert) von ~/† 4/407; Hartmann, Georg ~ 4/408; Hartmann, (Paul) Nicolai ~ 4/411; Hartzheim, Hermann Joseph */~/† 4/418; Haselberg, Johann ~ 4/421; Haselberg, Peter von ~ 4/421; Hasemann, Wilhelm ~ 4/421; Hasenack, Wilhelm ~ 4/422; Hasse, (Martin) Karl (Woldemar) ~/† 4/427; Hassert, (Ernst Emil) Kurt ~ 4/429; Haßler, (Johannes Konrad) Theodor Ritter von ~ 4/431; Hatteisen, Ludwig ~ 4/432; Haubrich, Josef */~ 4/436; Hauff, Johann Karl Friedrich ~ 4/439; Hauser, Miska ~ 4/449; Hauß, Karl ~ 4/453; Havestadt, Bernhard * 4/458; Hax, Karl */~/† 11/80; Haxthausen, Werner (Moritz Maria) Graf von ~ 4/458; Haymann, Franz (Karl Abraham Samuel) ~ 4/462; Hayo, Johannes ~ 4/463; Heck, Heinz ~ 4/467; Heck, Ludwig (Franz Friedrich Georg) ~ 4/468; Heckel, Erich ~ 4/468; Hecker, Max (Franz Emil) * 4/471; Hedderich, Philipp ~ 4/473; Hedio, Kaspar ~ 4/473; Hegner, Jakob ~ 4/484; Heidkamp, Peter */~ 4/492; Heilersieg, Bernhard ~ 4/497; Heiliger, Bernhard ~ 4/498; Heim, Ernst ~ 4/500; Heimann, Eduard ~ 4/501; Heimann, Friedrich Carl ~/† 4/502; Heimann, Karl Maria */~ 4/502; Heimann, Klaus ~/† 11/82; Heimann, Philipp Franz Joseph */~ 4/503; Heimann-Kreuser, Karl Wilhelm */~ 4/503; Heimig, Walther ~ 4/505; Heimsoeth, Friedrich * 4/506; Heimsoeth, Heinz */~/† 4/506; Hein, Udo ~ 4/507; Heinemann, Gustav ~ 4/514; Heinen, Reinhold ~/† 4/515; Heinen, Werner ~/† 4/515; Heinrich I., Herzog von Brabant, Herzog von Lothringen, Herzog von Löwen, Markgraf von Antwerpen † 4/524; Heinrich I. von Müllenark, Erzbischof von Köln ~ 4/528; Heinrich II. von Virneburg, Erzbischof von Köln ~ 4/528; Heinrich I., Graf von Limburg ~ 4/529; Heinrich III. Bockholt, Bischof von Lübeck ~ 4/529; Heinrich von Ahaus (bzw. von Schöppingen) ~ 4/536; Heinrich von Gorkum ~/† 4/537; Heinrich von Hessen (d. J.) ~ 4/538; Heinrich von Köln */~/† 4/538; Heinrich von Löwen ~ 4/539; Heinrich von Lübeck ~ 4/539; Heinrich von Neuß ~ 4/539; Heinrich von Werl ~ 4/542; Heinrich von Xanten ~ 4/542; Heinrich von Zütphen ~ 4/542; Heis, Eduard */~ 4/549; Held, Heinrich (Karl Ewald) ~ 4/557; Held, Matthias ~/† 4/557; Heldreich, Theodor (Heinrich Hermann) von ~ 4/558; Heller, Jakob ~ 4/563; Heller, Johannes ~ 4/563; Hellweger, Franz ~ 4/569; Helmerding, Karl (Heinrich) ~ 4/572; Helmont, Johann Franz van ~ 4/575; Hemmer, Johann Jakob ~ 4/578; Hendrichs, Hermann (Joseph Theodor Aloys Ernst) * 4/582; Henkels, Walter ~ 4/586; Henneberg, Claus H. ~/† 11/84; Hennes, Aloys ~ 4/590; Hennig, Karl (Wilhelm Julius Hildebrandt Gustav) ~ 4/591; Henrici, Karl (Friedrich Wilhelm) ~ 4/594; Hensel, Luise (Maria) ~ 4/597; Henselder-Barzel, Helga ~ 11/85; Hentsch, (Friedrich Heinrich) Richard * 4/600; Herbertz, Richard * 4/606; Herbst, (Friedrich Ludwig) Wilhelm ~ 4/609; Heresbach, Konrad ~ 4/613; Heribert, Erzbischof von Köln ~/† 4/615; Hering, Ewald ~ 4/616; Herkenrath, Peter ~ 4/617; Hermann, Markgraf von Baden-Baden ~ 4/619; Hermann I., Erzbischof von Köln ~ 4/621; Hermann II., Erzbischof von Köln ~ 4/621; Hermann III. von Hochstaden, Erzbischof von Köln ~ 4/621; Hermann IV., Landgraf von Hessen, Erzbischof von Köln ~ 4/621; Hermann V., Graf von Wied, Erzbischof von Köln ~ 4/621; Hermann von Goch ~/† 4/623; Hermann von Scheda */~ 4/625; Hermann Joseph von Steinfeld * 4/625; Hermanni, Agnes ~ 4/625; Hermans, Hubert * 11/85; Hermens, Ferdinand (Aloys) ~ 11/85; Hermes, Andreas (Anton Hubert) * 4/632; Hermes, Georg ~ 4/632; Herr, Trude */~ 4/638; Herrhausen, Alfred ~ 4/639; Herrmann, Hans (Georg) ~/† 4/643; Hersch, Hermann ~ 4/646; Herstatt, Iwan D. */~/† 4/647; Herstatt, Johann David */~/† 4/647; Hertz, Henriette */~ 4/653; Herwegen, Leo * 4/656; Herzog, Alfred ~ 4/664; Hespers, Karl ~/† 4/668; Heß, (Maria) Joseph (Aloysius) */~ 4/671; Hess, Kurt ~ 4/671; Hess, Moses ~ 4/672; Heß, Willy ~ 4/674; Hesse, August Wilhelm ~ 4/675; Hesse, Johanna ~ 4/676; Hesse, Max René ~ 4/677; Hessen, Johannes ~ 5/1; Heßler, Georg von ~ 5/3; Heubach, Julius ~ 5/6; Heumann, Fritz

~ 5/9; Heuser, Ernst ~/† 5/10; Heusinger, Adolf † 5/11; Hewel, Walther * 5/15; Heyde, Ludwig (Hans Karl) ~/† 5/16; Heydrich, (Richard) Bruno ~ 5/19; Heyer, Wilhelm (Ferdinand) */~/† 5/22; Heyl, Johann ~/† 5/22; Heymann-Rheineck, Karl ~ 5/25; Heymerick, Arnold ~ 5/26; Hiecke, Robert ~ 5/31; Hierat, Anton ~/† 5/31; Hilber, Johann Baptist ~ 5/33; Hildebald, Erzbischof von Köln ~/† 5/34; Hildebert, Abt von Fulda, Erzbischof von Mainz ~ 5/35; Hildolf, Erzbischof von Köln ~ 5/40; Hilgers, Bernhard Josef ~ 5/41; Hiller, Ferdinand von ~/† 5/44; Hiller, Paul ~/† 5/45; Hillgruber, Andreas ~/† 5/45; Hilpert, Heinz ~ 5/46; Hilverding, Johann Baptist ~ 5/48; Hinnenberg-Lefèbre, Margot ~ 5/54; Hippel, Ernst (Arthur Franz) von ~ 5/58; Hirsch, Julius ~ 5/62; Hirsch, Karl ~ 5/62; Hirz, Heinrich ~/† 5/71; Hittorff, Jakob Ignaz * 5/75; Hittorp, Gottfried */† 5/75; Hlavaček, Anton ~ 5/77; Hochrein, Max ~ 5/81; Hoeber, Karl ~/† 5/85; Höfer, Werner ~/† 11/88; Höffer, Paul ~ 5/89; Höffner, Joseph ~/† 5/90; Hoehn, Alfred (Hermann) ~ 5/93; Hoelscher, Ludwig ~ 11/89; Hölterhof, Franz Daniel ~/† 5/96; Hoerle, Heinrich */† 5/101; Hoernen, Arnold ter ~/† 5/102; Hoffa, Albert † 5/112; Hoffaeus, Paul ~ 5/112; Hoffmann, Baptist ~ 5/113; Hoffmann, Joseph */~/† 5/121; Hoffmann, Ludwig ~ 11/89; Hoffmann, Josef ~ 5/135; Hogenberg, Franz † 5/136; Holländer, Eugen * 5/149; Hollaender, Gustav ~ 5/150; Hollar von Prahenberg, Wenzel ~ 5/151; Hollweg, Ilse ~ 5/153; Holste, Lukas ~ 5/154; Holtzbrinck, Georg von ~ 5/156; Honigsheim, Paul ~ 5/168; Hoogstraeten, Jakob van ~/† 5/169; Horch, August ~ 5/174; Horschelt, Friedrich * 5/182; Host, Johannes ~/† 5/186; Huber-(Feldkirch), Josef ~ 5/197; Hübscher, Arthur * 5/206; Huene von Hoiningen, Karl (Adolph Eduard) Frh. * 5/211; Hüpsch, (Johann Wilhelm Karl) Adolf Baron von ~ 5/212; Hüsch, Gerhard (Heinrich Wilhelm Fritz) ~ 5/212; Hüsgen, Eduard ~ 5/213; Hüsgen, Johann ~/† 5/213; Huhn, Charlotte ~ 5/220; Humery, Konrad ~ 5/224; Humperdinck, Engelbert ~ 5/226; Humperdinck, Karl ~ 5/226; Hunfried, Erzbischof von Ravenna ~ 5/228; Hunolt, Franz ~ 5/229; Hupfeld, (Adolf Hermann) Ludwig ~ 5/230; Husemann, Walter ~ 5/233; Husmann, Heinrich * 5/233; Hutten, Ulrich von ~ 5/236; Huyssen, Heinrich Frh. von ~ 5/238; Ibach, Rudolf ~ 5/241; Iffert, August ~ 5/243; Imkamp, Anton ~ 5/252; Impekoven, Anton * 5/254; Irmgard von Köln ~ 5/259; Isaac, Alfred */~ 5/260; Isaac, Simon * 5/260; Isaak, Johann(es) Levita ~/† 5/260; Isaak, Stephan ~ 5/260; Israel Episcopus ~ 5/264; Isselburg, Peter ~ 5/265; Jabach, Eberhard III. ~/† 5/269; Jabach, Eberhard IV. */~ 5/269; Jachmann, Günther ~/† 11/94; Jacob, Paul Walter ~ 5/271; Jacobi, Hermann (Georg) * 5/274; Jacobi, Werner Rudolf Fritz † 5/275; Jadlowker, Hermann ~ 5/281; Jaeckel, Rudolf ~ 5/281; Jäger, Ferdinand ~ 5/283; Jaeger, Hans (Heinrich Ferdinand) ~ 5/284; Jähn, Hannes ~/† 5/286; Jaffe, Theodor Julius ~ 5/289; Jagusch, Heinrich ~ 11/95; Jahrreiß, Hermann ~/† 5/293; Jakob II., Markgraf von Baden, Kurfürst und Erzbischof von Trier † 5/295; Jakob von Gouda ~/† 5/295; Jakob von Soest ~ 5/295; Jakobs, Konrad ~ 5/296; Janauschek, Fanny ~ 5/298; Janke, Johannes ~ 5/300; Jansen, Franz Maria * 5/302; Janssen, Herbert * 5/302; Japha, Georg Joseph ~/† 5/305; Jarnach, Philipp ~ 5/307; Jarres, Karl ~ 5/307; Jatho, Carl ~/† 5/310; Jeidels, Otto ~ 5/315; Jenny, Albert * 5/320; Jensen, Uwe Jens ~ 11/96; Jessen, Otto ~ 5/327; Joannis, Georg Christian ~ 5/330; Jöhlinger, Otto * 5/334; Joel, Tilmann ~/† 5/335; Joest, Jan ~ 5/337; Johann I., Herzog von Brabant und Lothringen, seit 1287 auch Herzog von Limburg ~ 5/338; Johann II., Herzog von Brabant, Lothringen und Limburg ~ 5/338; Johann, Graf von Kleve ~ 5/340; Johann Friedrich Karl, Graf von Ostein, Kurfürst und Erzbischof von Mainz ~ 5/341; Johann II., Markgraf von Baden, Kurfürst und Erzbischof von Trier * 5/347; Johann von Köln ~ 5/348; Johann von Landen ~/† 5/348; Johann von Speyer ~ 5/349; Johann von Westfalen ~ 5/350; Johannes Schadland, Bischof von Kulm, Hildesheim, Worms und Augsburg */~ 5/351;

Johannes von Dambach ~ 5/352; Johannes von Deventer ~ 5/352; Johannes von Hildesheim ~ 5/353; Johannes von Köln */~/† 5/353; Johannes Korngin von Sterngassen */~/† 5/353; John, Karl * 5/355; Johner, Dominicus ~ 5/356; Johnson, Uwe (Klaus Dietrich) ~ 5/356; Jolles, Henry ~ 5/358; Jordan, Hans ~ 5/362; Jordan, Peter ~ 5/363; Joseph Clemens, Herzog von Bayern, Kurfürst und Erzbischof von Köln ~ 5/366; Jostock, Paul ~ 5/369; Jovy, Michael ~ 5/369; Juchacz, Marie ~ 5/369; Juchhoff, Rudolf ~/† 5/370; Jude, Daniel ~/† 5/371; Julius, Herzog von Braunschweig-Lüneburg-Wolfenbüttel ~ 5/376; Julius Echter von Mespelbrunn, Bischof von Würzburg ~ 5/376; Jung, Georg ~ 5/379; Kähler, Heinz ~ 5/394; Kahl, Willi ~/† 5/401; Kaiser, Oskar ~ 5/408; Kaiser, Rudolf ~ 11/99; Kalckhoven, Jost ~/† 5/410; Kalenberg, Josef */~ 5/411; Kalisch, Paul ~ 5/412; Kalkbrenner, Gerhard ~/† 5/413; Kallen, Gerhard ~ 11/99; Kaltefleiter, Werner ~ 11/100; Kalteisen, Heinrich ~ 5/416; Kamann, Karl * 5/418; Kamp, Heinrich ~ 5/420; Kanter, Ernst ~/† 5/427; Kapferer, Chlodwig ~ 11/100; Kappen, Norbert ~ 11/101; Kaps, Amandus ~ 5/432; Kaps, Robert ~ 5/432; Kapsch, Georg ~ 5/432; Karg von Bebenburg, Johann Friedrich Frh. ~ 5/435; Karl Martell ~ 5/436; Karl von Lothringen, Kardinal, Bischof von Metz und Straßburg ~ 5/444; Karl, Erzherzog von Österreich, Bischof von Breslau und Brixen ~ 5/445; Karl (III.) Philipp, Kurfürst von der Pfalz ~ 5/446; Karl von Seyn * 5/449; Karlstadt, Andreas (Rudolf) ~ 5/450; Karoch von Lichtenberg, Samuel ~ 5/451; Kaser, Ludwig ~ 5/457; Katzer, Hans */~/† 5/467; Kauffmann, Leo Justinus ~ 5/470; Kaufmann, Herbert */† 5/472; Kaufmann, Otto ~ 5/473; Kaufung, Clemens ~ 5/474; Kaulen, Franz Philipp ~ 5/475; Kaunitz, Dominik Andreas Graf von ~ 5/475; Kautny, Theodor ~ 5/477; Kayser, Heinrich (Joseph) ~ 5/480; Kehr, Günter ~ 5/484; Keisch, Henryk ~ 5/487; Keiter, Therese ~ 5/488; Kellenbenz, Hermann ~ 11/102; Keller, Hans Peter ~ 5/494; Keller, Wolfgang † 5/498; Kellerhoven, Moritz ~ 5/499; Kelsen, Hans ~ 5/501; Kemp, Paul ~ 5/503; Keppel, Rudolf Heinz * 5/507; Kerckmeister, Johannes ~ 5/508; Kerle, Jacobus de ~ 5/509; Kerssenbrock, Hermann von ~ 5/517; Kertész, István ~ 5/518; Kettel, Johann Georg ~ 5/522; Kettler, Hedwig (Johanna) ~ 5/523; Keun, Irmgard ~/† 5/524; Keussen, (Gerhard Emil) Hermann ~ 5/525; Kewenig, Wilhelm Alexander * 5/525; Keysser, Adolf ~ 5/526; Kieling, Wolfgang ~ 5/528; Kienbaum, Gerhard † 11/103; Kiepenheuer, Gustav ~ 5/532; Kiesgen, Laurenz ~ 5/534; Killy, (Hans) Walther (Theodor Maria) ~ 5/538; Kimmich, Karl ~ 5/539; Kinckius, Johann † 5/539; Kinon, Ferdinand ~ 5/543; Kinsky, Georg Ludwig ~ 5/543; Kippenberger, Martin ~ 11/103; Kircher, Athanasius ~ 11/104; Kirchheimer, Otto ~ 11/104; Kirchner, Ernst Ludwig ~ 5/551; Kirchner, Fritz ~/† 5/552; Kirschbaum, Engelbert * 5/555; Kirschmann, Emil ~ 5/555; Kisa, Anton Karl ~ 5/557; Kisch, Bruno (Zacharias) ~ 5/557; Klatzkin, Jakob ~ 5/567; Klauwell, Otto (Adolf) ~/† 5/569; Kleemann, Therese Marie ~ 5/573; Kleffel, Arno ~ 5/573; Klein, Bernhard */* 5/574; Klein, Joseph ~ 5/576; Klein, Martin ~ 5/577; Klein, Peter ~ 5/578; Klein-Rogge, Rudolf ~ 5/579; Kleinschmidt, Hans ~ 5/581; Klemmer, Franz ~ 5/586; Klemperer, Johanna ~ 5/586; Klemperer, Otto ~ 5/587; Klenk, Ernst ~/† 5/588; Klönne, August ~ 5/602; Klönne, Carl ~ 5/602; Klöpfer, Eugen ~ 5/602; Kloeppel, Peter */~ 5/602; Klopriß, Johann ~ 5/603; Klotz, Hans ~/† 5/606; Klug, Ulrich ~/† 5/608; Kluge, Friedrich * 5/609; Kluthe, Hans Albert ~ 5/610; Knappertsbusch, Hans ~ 5/614; Knappich, Jacob ~ 5/614; Knappstein, Karl Heinrich ~ 5/614; Knauth, Johannes * 5/616; Kneip, Jakob ~ 5/618; Knieper, Werner † 5/620; Knipping, Hugo Wilhelm ~ 5/622; Knobloch, Johann ~ 5/624; Knoche, Ulrich ~ 5/624; Knorr, Ernst Lothar von ~ 5/630; Kober, Adolf ~ 5/635; Koch, Alexander * 5/637; Koch, Christian Friedrich ~ 5/638; Koch, Helmut ~ 5/640; Koch, Joseph ~/† 5/641; Koch, Werner ~/† 5/644; Koebke, Benno ~ 5/647; Köler, Hieronymus ~ 5/654; Koelhoff, Johann d. J. */† 5/655; Koelhoff, Johann d. Ä.

~/† 5/654; König, Christian Ludwig ~/† 5/658; König, René ~/† 5/662; Koenigs, Franz Wilhelm ~/† 5/664; Königsegg-Rothenfels, Hugo Franz Reichsgraf von ~ 5/664; Königsegg und Rothenfels, Maximilian Friedrich Reichsgraf von */~ 5/665; Koenigswald, (Gustav Heinrich) Ralph von ~ 5/666; Koerfer, Jacob ~/† 5/670; Koeßler, Hans ~ 5/675; Köttgen, Arnold ~ 5/678; Kofler, Leo ~/† 5/680; Kogel, Gustav (Friedrich) ~ 6/1; Kokoschka, Oskar ~ 6/8; Kolde, Dietrich ~ 6/14; Kolping, Adolph ~/† 6/21; Konen, Heinrich (Mathias) * 6/23; Koner, Sophie ~ 6/24; Konrad von Hochstaden, Erzbischof von Köln † 6/27; Konrad von Berg, Dompropst von Köln, erwählter Bischof von Münster ~/† 6/29; Konrad IV. von Rietberg, Bischof von Osnabrück und Münster ~ 6/29; Konrad von Staufen, Pfalzgraf bei Rhein ~ 6/29; Konrad von Soest, Bischof von Regensburg ~ 6/30; Konrad II., Bischof von Passau, Erzbischof von Salzburg ~ 6/30; Konrad I., auch Kuno, Erzbischof von Trier ~ 6/31; Konrad II. von Falkenstein(-Münzenberg), Erzbischof von Trier ~ 6/31; Konrad III. von Bibra, erwählter und bestätigter Bischof von Würzburg ~ 6/32; Konsalik, Heinz G. */~ 11/110; Koppe, Carl † 6/39; Koppel, Walter * 6/40; Koppenhöfer, Maria ~ 6/40; Kordt, Walter ~ 6/42; Korn, Heinz ~/† 6/45; Kornpforte, Hermann von der † 6/47; Kosiol, Erich */~ 6/51; Kowalewski, Gerhard ~ 6/57; Kraemer, Friedrich Wilhelm ~/† 6/60; Kraft, Walter (Wilhelm Johann) * 6/65; Krahn, Johannes ~ 6/66; Krahn, Maria * 6/66; Kraiger, Karl ~ 6/67; Kramer, Matthias * 6/69; Kramp, Christian ~ 6/70; Kratzer, Nikolaus ~ 6/73; Kraus, Hertha ~ 6/77; Kraus, Theodor ~ 6/79; Krauß, Sigmund ~ 6/85; Krautwig, Carl */~/† 6/87; Kreitmaier, Josef ~ 6/93; Krementz, Philipp ~/† 6/94; Kreutzer, Conradin ~ 6/102; Kreuzer, Erwin ~/† 6/103; Kreuzer, Heinrich ~ 6/103; Krevel, Ludwig ~ 6/103; Krieg, Werner ~/† 6/105; Krischen, Friedrich * 6/108; Kroeber-Riel, Werner ~ 6/109; Kroll, Josef ~ 6/113; Kronenberg, Karl ~ 6/117; Kroyer, Theodor ~ 6/120; Krüger, Hartmut ~/† 11/113; Krümmel, Otto † 6/124; Kruffter, Servas */~/† 6/126; Krumme, Elisabeth ~ 6/130; Kruse, Francis * 6/133; Kruse, Friedrich ~/† 6/133; Kruse, Heinrich (August Theodor) ~ 6/133; Kubicki, Stanislaw (Karól) ~ 6/136; Küchen, Gerhard ~ 6/140; Kügelgen, Gerhard von ~ 6/141; Kühn, Heinz */~/† 6/144; Kühn, Herbert ~ 6/144; Kühne, Eduard ~ 6/145; Kühns, Volkmar ~ 6/147; Kuene von der Hallen, Konrad */~/† 6/150; Kufferath, Johann Hermann ~ 6/156; Kuhn, Alfred (Kurt) ~ 6/159; Kuhn, Gotthilf ~ 6/159; Kuhn, Josef ~ 6/160; Kunze, Wilhelm ~ 6/173; Kupfer, Caesarine ~ 6/175; Kuske, Bruno ~/† 6/181; Kusserow, Heinrich von * 6/182; Lacroix, Claudius ~/† 6/191; Ladenspelder, Johann ~/† 6/193; Lambert von Heerenberg ~/† 6/203; Lamertz, Maximilian ~ 6/205; Lammers, Aloys † 6/206; Landau, Leopold ~ 6/214; Landauer, Georg */~ 6/215; Landgrebe, Ludwig ~/† 6/217; Landsberg, Johann Justus ~/† 6/220; Landshut, Siegfried ~ 6/221; Lang, Hans ~ 6/225; Lange, Friedrich Albert ~ 6/231; Lange, Samuel de ~ 6/236; Langen, Albert ~ 6/237; Langen, Arnold * 6/237; Langen, Eugen */~ 6/237; Langen, Johann Jakob ~/† 6/238; Langen, Joseph * 6/238; Langenbeck, Curt ~ 6/239; Langfeldt, Johannes ~/† 6/244; Langosch, Karl ~ 11/117; Lankow, Anna ~ 6/249; Lapide, Pinchas E(lias) ~ 11/117; L'Arronge, Adolph ~ 6/254; L'Arronge, Eberhard Theodor ~/† 6/254; Lasinsky, Adolf (Johann) ~ 6/255; Lasinsky, Gustav ~ 6/255; Lassen, Hans ~ 6/260; Latomus, Bartholomäus ~ 6/261; Lattermann, Ottilie ~ 6/262; Lattermann, Theodor ~ 6/262; Laubenthal, Hans Georg * 6/264; Laufenberg, Heinrich ~ 6/268; Laufer, Berthold * 6/268; Lauff, Joseph von * 6/268; Lauscher, Albert ~ 6/271; Lazarus, Gustav */~ 6/277; Ledig-Rowohlt, Heinrich Maria ~ 6/286; Lee, Heinrich ~/† 6/287; Leffler-Burckard, Martha ~ 6/288; Lehmann, Heinrich ~ 6/293; Lehmann, Marie ~ 6/295; Leibl, Wilhelm (Maria Hubertus) */~ 6/302; Leichner, Johann Ludwig ~ 6/305; Lejeune-Jung, Paul * 6/314; Lemacher, Heinrich ~/† 6/314; Lemberg, Tidemann ~/† 6/315; Lempertz, Heinrich */† 6/317;

Lennemann, Wilhelm ~ 6/321; Leuer, Hubert * 6/352; Leupold, Ernst ~/† 6/354; Lewald, Hans ~ 6/363; Lewin, Herbert ~ 6/364; Lewinger, Ernst ~ 6/364; Ley, Kurt ~ 6/367; Leybold, Ernst † 6/368; Leyen, Friedrich von der ~ 6/370; Leyen-Hohengeroldseck, Damian Hartard Reichsfrh. von der ~ 6/370; Leyen-Hohengeroldseck, Karl Kaspar Reichsfrh. von der ~ 6/370; Leyrer, Rudolf ~ 6/371; Lichtenberger, Johannes ~ 6/375; Liebrucks, Bruno ~ 6/388; Lindemann, Hugo (Carl) ~ 6/402; Lindemann, Klaus ~ 6/402; Lindemann, (Johann) Wilhelm ~ 6/402; Linden, Walter ~ 6/403; Lindgens, Adolf ~ 6/405; Lindworsky, Johannes ~ 6/410; Linfert, Andreas ~/† 6/410; Lion, Hildegard Gudilla ~ 6/415; Lippert, Albert ~ 6/417; Lips, Julius (Ernst) ~ 6/421; Loch, Hans */~ 6/433; Lochner, Stefan ~/† 6/434; Loe, Paulus Frh. von ~ 6/436; Löffler, Klemens ~/† 6/441; Löhner, Helmut ~/† 6/442; Löwenstein-Wertheim-Rosenberg, Karl Fürst zu ~/† 6/456; Lohmar, Heinz ~ 6/462; Lohmar, Paul † 6/462; Lohmar, (Karl) Ulrich ~ 6/463; Lohmer, Gerd */† 6/463; Lohse, Otto ~ 6/464; Lommer, Horst ~ 6/465; L'Orange, Prosper ~ 6/469; Lorentz, Kay ~ 6/470; Lorentz, Lore ~ 6/470; Lorenz, Max ~ 6/473; Lorich, Gerhard ~ 6/474; Lortzing, Albert (Gustav) ~ 6/476; Lothar, Markgraf der sächsischen Nordmark (Altmark) † 6/481; Louis, Herbert ~ 6/488; Lowenthal, Ernst Gottfried */~ 6/488; Lubinus, Eilhardus ~ 6/488; Luchtenberg, Paul ~ 6/491; Ludowigs, Paul * 6/497; Ludwig I. der Friedsame, Landgraf von Hessen ~ 6/502; Ludwig III. der Ältere, der Bärtige, Pfalzgraf bei Rhein, Herzog von Bayern, Kurfürst von der Pfalz ~ 6/505; Ludwig, (Friedrich) August ~ 6/507; Ludwig, Gerhard † 6/509; Ludwig, Peter ~ 6/510; Lübbe, Gustav H. ~ 6/511; Lueck, Gustav (Paul Eduard Wilhelm) ~ 6/513; Lüninck, Ferdinand Frh. von ~ 6/519; Lütkemüller, Ludwig Paul Wieland ~ 6/523; Lüttwitz, Heinrich von ~ 6/524; Lunen, Johann von ~ 6/531; Lutterbeck, (Georg) Alfred ~/† 6/539; Maaß, Alexander ~ 6/547; Macke, August ~ 6/553; Mager, Reimer * 6/561; Mahlberg, Walter ~ 6/566; Mahler, Gerhard ~ 11/126; Mai, Franz * 11/126; Maier, Willibald Apollinar ~ 6/572; Maisch, Herbert ~/† 6/574; Malata, Fritz ~ 6/577; Malata, Oscar ~ 6/577; Malchus, Karl August Frh. von ~ 6/577; Maler, Wilhelm ~ 6/578; Mallinckrodt, Bernhard von ~ 6/579; Mallinckrodt, Gustav ~/† 6/579; Mallinckrodt-Haupt, Asta ~ 6/580; Mallitsch, Ferdinand ~ 6/580; Mampé-Babnigg, Emma ~ 6/583; Mandel, Heinrich ~ 6/584; Manderscheid-Blankenheim, Johann Graf von ~ 6/585; Manderscheid-Blankenheim, Johann Moritz Gustav Graf von ~ 6/585; Mangelsdorff, Simone ~/† 6/587; Manger, Jürgen von ~ 6/587; Mann, Fritz Karl ~ 6/590; Mann, Ludwig * 6/592; Mannfeld, (Karl Julius) Bernhard ~ 6/595; Manns, Sir August ~ 6/597; Mantz, Werner */~ 6/602; Marchand, Theobald (Hilarius) ~ 6/606; Marchesi de Castrone, Mathilde ~ 6/606; Marcks, Gerhard ~ 6/608; Marées, Horst de ~/† 6/612; Markert, Richard † 6/625; Markov, Walter ~ 6/625; Marschall, Bernhard ~/† 6/630; Martersteig, Max ~/† 6/634; Martin, Gottfried ~ 6/636; Martin, Marie Clementine ~/† 6/637; Marx, Karl ~ 6/645; Marx, Wilhelm */~ 6/649; Masen, Jacob ~/† 6/650; Maslowski, Peter (Markus) ~ 6/651; Mastiaux, Kaspar Anton Frh. von ~ 6/652; Mathar, Ludwig ~ 6/654; Mathilde die Heilige, Königin ~ 6/654; Matschoß, Conrad ~ 6/657; Matthes, Max ~ 6/660; Matthias von Ram(m)ung, kurpfälzischer Kanzler, Bischof von Speyer ~ 6/662; Matthisius, Gerhard ~/† 6/663; Matzerath, Christian Joseph ~/† 6/665; Matzerath, Otto ~ 6/665; Mauracher, Hans ~ 6/668; Maus, Heinrich */~/† 6/671; Maus, Heinz ~ 6/671; Mausbach, (Karl) Joseph ~ 6/671; Max, Prinz von Sachsen ~ 6/674; Maximilian II. Emanuel, Kurfürst von Bayern ~ 6/677; Maximilian Heinrich, Herzog von Bayern, Kurfürst und Erzbischof von Köln ~/† 6/678; May, Helmut † 7/1; Mayer, Jacob ~ 7/8; Mayer, Karl ~ 7/10; Maywald, Wilhelm ~ 7/18; Meckel, Jacob * 7/20; Meermann, Heinrich ~ 7/25; Meidner, Ludwig ~ 7/30; Meister des Bartholomäus-Altars ~/† 7/43; Meister der Heiligen Sippe d. Ä. ~ 7/44; Meister

der Heiligen Sippe d. J. */† 7/44; Meister der Heiligen Veronika ~ 7/44; Meister des Marienlebens ~ 7/45; Meister von Sankt Severin ~ 7/45; Meister der Ursula-Legende ~ 7/46; Meistermann, Georg † 7/47; Melanchthon, Philipp ~ 7/49; Melchers, Paulus ~ 7/51; Meldau, Robert * 7/52; Memling, Hans ~ 7/55; Mende, Erich ~ 11/128; Mende, Lotte ~ 7/56; Mendelssohn, Arnold Ludwig ~ 7/58; Menne, Ernst * 7/63; Mense, Carlo ~ 7/64; Mering, Joseph Frh. von * 7/72; Merkens, Peter Heinrich ~/† 7/74; Mermann von Schönburg zu Aufhofen, Thomas * 7/76; Merode, Johann Graf von † 7/76; Mersmann, Hans ~/† 7/76; Mertens, Anton ~/† 7/77; Mertes, Alois ~ 7/78; Metternich, Lothar ~ 7/87; Metternich-Winneburg, Clemens (Wenzeslaus Lothar Nepomuk) Graf, später Fürst von ~ 7/88; Metternich-Winneburg, Franz Georg Graf von ~ 7/89; Metz, Johann Martin † 7/90; Metzger-Lattermann, Ottilie ~ 7/92; Metzke, Erwin ~ 7/92; Meulenbergh, Gottfried ~ 7/93; Meurin, Johann Gabriel Leo ~ 7/95; Mevissen, Gustav von ~ 7/96; Mewes, Ernst ~ 7/96; Meyer, Adam ~/† 7/97; Meyer, Alex(is) (Moritz Philipp) ~ 7/98; Meyer, Ulfilas ~/† 7/110; Meyer, Wilhelm Christian ~ 7/111; Meyer-Eppler, Werner ~ 7/112; Meyer-Lindenberg, Hermann ~ 7/113; Meyer-Sevenich, Maria * 7/114; Meynen, Emil */~ 7/117; Michels, Gustav */† 7/126; Michels, Peter */~/† 11/130; Michels, Robert * 7/126; Michiels, Johann Franz ~/† 7/127; Michl, Augustin Liebhart ~ 7/128; Middelhauve, Friedrich ~ 7/129; Mielke, Antonie ~ 7/131; Mies, Paul */~/† 7/132; Milan, Adele ~ 7/138; Milloss, Aurel von ~ 7/145; Millowitsch, Willy */† 11/130; Miltitz, Karl von ~ 7/145; Minetti, Bernhard (Theodor Henry) ~ 11/130; Minkowski, Oskar ~ 7/148; Minucci, Minuccio ~ 7/149; Mitteis, Heinrich ~ 7/156; Mittler, Franz ~ 7/159; Mitzscherling, Peter ~ 7/160; Möhlau, Richard * 7/164; Möhring, Philipp ~ 7/165; Moeller, Eduard von ~ 7/168; Möller, Theodor ~ 7/170; Möller, Theodor Adolf von ~ 7/170; Mönnig, Hugo ~ 7/173; Mörsdorf, Klaus ~ 7/176; Mohr, Christian ~/† 7/182; Mohr, Wolfgang */~ 11/131; Mohwinkel, Hans ~ 7/185; Moldenhauer, Paul */~/† 7/187; Mommer, Karl (Adolf) ~ 7/195; Monheim, Johannes ~ 7/198; Montanus, Jacob(us) ~ 7/199; Monzel, Nikolaus ~ 7/202; Moog, Georg ~ 7/202; Moras, Joachim ~ 7/206; Moritz Adolph, Herzog zu Sachsen-Zeitz-Neustadt, Bischof von Königgrätz, dann von Leitmeritz ~ 7/215; Moritz, Carl ~ 7/216; Moritz, Friedrich ~/† 7/216; Morman, Friedrich ~ 7/218; Moschner, Gerhard ~/† 7/221; Mosellanus, Petrus ~ 7/222; Moser, Hans Albrecht ~ 7/224; Mosheim, Grete ~ 7/230; Mühlenfels, Ludwig von ~ 7/242; Mülhens, Ferdinand * 7/244; Mülhens, Peter Joseph */~/† 7/244; Mülhens, Peter Paul * 7/245; Mülhens, Wilhelm ~/† 7/245; Müller, Edmund Josef ~/† 7/252; Müller, Emil ~ 7/252; Müller, Franz ~ 7/256; Müller, Franz (Hermann) ~ 7/256; Müller, (Michael) Franz Joseph ~ 7/256; Müller, Gerhard (Maria) ~ 11/132; Müller, Hans * 7/261; Müller, (Josef) Heinz ~ 7/264; Müller, Heinz ~ 7/264; Müller, (Jacob) Hermann (Joseph) ~ 7/265; Müller, Max Carl ~ 7/277; Müller, Otto ~ 7/278; Müller, Paul Friedrich Wilhelm ~ 7/279; Müller, Wolfgang ~ 7/284; Müller-Armack, Alfred ~/† 7/284; Müller-Marein, Josef ~ 7/289; Münch, Franz Xaver */~ 7/293; Münemann, Rudolf ~ 7/295; Münster, Hans (Amandus) ~ 7/297; Muhr, Caroline ~ 7/304; Mulberg, Johannes ~ 7/304; Mundt, Johann Heinrich * 7/307; Murawski, Hans ~ 7/311; Murmellius, Johannes ~ 7/312; Murner, Thomas ~ 7/313; Mutschmann, Martin ~ 7/321; Nachtigal, Gustav ~ 7/326; Nagiller, Matthäus ~ 7/335; Nakatenus, Wilhelm ~ 7/338; Nalbach, Lothar Friedrich von ~ 7/338; Napp-Zinn, Anton Felix ~ 7/339; Naujoks, Hans ~ 7/347; Naumann, Johann Wilhelm * 7/350; Nay, Ernst Wilhelm ~/† 7/352; Neefe, Christian Gottlieb ~ 7/356; Neff, Alfred (Heinrich) ~ 11/134; Neisch, Marga ~ 7/360; Neitzel, Otto ~/† 7/361; Nell-Breuning, Oswald von ~ 7/362; Nesper, Josef ~ 7/366; Nette, Herbert ~ 7/369; Neubauer, Friedrich ~ 7/371; Neuberger, Josef ~ 7/373; Neubner, Ottomar ~/† 7/373; Neuenahr, Hermann Graf von ~ 7/375; Neuerburg, Heinrich ~ 7/376; Neuert,

Hugo ~ 11/138; Neuhof, Theodor Frh. von * 7/379; Neumann, Mathieu */~ 7/386; Neumeyer, Fritz ~ 7/391; Neuß, Alwin ~ 7/393; Neuss, Wilhelm ~ 7/393; Neustätter, Otto ~ 7/394; Neven Du Mont, Alfred (Eduard Maria) */~/† 7/395; Neven Du Mont, August (Libert) */~ 7/395; Neven Du Mont, August (Philipp Christian) */~/† 7/395; Neven Du Mont, Joseph (August) */† 7/395; Neven Du Mont, Jürgen ~ 7/396; Neven Du Mont, Kurt (Robert Hugo Felix Aloisius) */~ 7/396; Nick, Edmund (Josef) ~ 7/397; Nickel, Goswin ~ 7/397; Niclaes, Hendrik ~/† 7/398; Nico * 7/398; Nicolai, Philipp ~ 7/400; Niebergall, Buschi ~ 11/142; Niederhäusern, David von ~ 7/405; Nienstedt, Gerd ~ 7/411; Niering, Joseph * 7/411; Niessen, Carl (Hubert) */~ 7/412; Niessen, Wilhelm * 7/412; Niessen, Wilhelm Joseph * 7/412; Nihus, Bartholdus ~ 7/417; Nikolaus von Straßburg ~ 7/420; Nikolaus von Verdun ~ 7/420; Nipperdey, Hans Carl ~/† 7/421; Nipperdey, Thomas */~ 7/422; Nissen, (Benedikt) Momme ~ 7/424; Nittner, Konrad ~/† 7/426; Nobel, Nehemia Anton ~ 11/142; Nolde, Emil ~ 7/433; Nollau, Günther (Konrad) ~ 7/435; Nopel, Johann d. Ä. ~ 7/436; Nopel, Johann d. J. ~/† 7/436; Norden, Jakob van ~/† 11/143; Norrenberg, Peter ~ * 7/439; Nose, Carl Wilhelm ~ 7/440; Nürnberger, Ludwig ~ 7/447; Oberborbeck, Felix ~ 7/451; Oberheid, Heinrich (Josef) ~ 11/145; Occo, Pompeius ~ 11/146; O'Daniel, Herbert * 11/146; Oehme-Foerster, Elsa ~/† 7/465; Offenbach, Isaac ~/† 7/477; Offenbach, Jacques * 7/477; Offermann, Sabine */~ 7/478; Ohly, Friedrich ~ 7/479; Ohm, Georg Simon ~ 7/480; Oldendorp, Johann ~ 7/486; Olesch, Reinhold ~/† 7/487; Olisleger, Heinrich ~ 7/488; Oliver von Paderborn ~ 7/488; Omphal, Jakob von ~ 11/150; Oppenheim, Abraham */† 7/497; Oppenheim, Adolf ~ 7/497; Oppenheim, Dagobert * 11/151; Oppenheim, Friedrich Carl Frh. von */~/† 7/498; Oppenheim, Max Frh. von * 7/498; Oppenheim, Salomon ~ 7/499; Oppenheim, Simon Frh. von */~/† 11/151; Oppenhoff, Friedrich Christian ~ 7/501; Oppler, Alfred C. ~ 7/501; Ortmann, Rolf ~/† 7/509; Osborn, Max * 7/510; Osten, Gert von der ~ 7/514; Osten, Vally van der ~ 7/515; Osterkamp, Ernst ~ 7/516; Osterwald, Georg Rudolf Daniel ~/† 7/518; O'Sullivan de Grass, Elisabeth Charlotte Gräfin */~ 7/520; Oswald, Wendelin ~ 7/522; Othegraven, August von */~ 7/523; Otremba, Erich ~ 7/524; Ottiker, Ottilie ~ 7/527; Otto I. der Große, ostfränkischer König, Kaiser ~ 7/527; Otto von Passau ~ 7/533; Otto, Gustav * 11/154; Otto, Nicolaus August ~/† 7/535; Otto, Wilhelm ~ 7/537; Otto, Wilhelm ~/† 7/537; Pachter, Henry Maximilian ~ 7/547; Pagenstecher, Maximilian (Alexander Ludwig) ~ 7/549; Pape, Georg Friedrich ~ 7/559; Papst, Eugen ~ 7/561; Parler, Heinrich ~ 7/564; Paryla, Karl ~ 7/566; Pasqué, Ernst * 7/567; Pauer, Max von ~ 7/572; Paul von Rusdorf, Hochmeister des Deutschen Ordens * 7/572; Paul, Bruno ~ 7/573; Paul, Elfriede * 7/573; Pauli, Max ~ 7/576; Pauly, Rose ~ 7/582; Pavel, Emil Wilhelm Rudolf ~ 7/583; Peche, Therese ~ 7/585; Peerenboom, Else † 7/588; Peiffer, Engelbert Joseph * 7/589; Peltan, Theodor (Anton) ~ 7/593; Pempelfort, Karl ~ 7/594; Perfall, Karl (Theodor Gabriel Christoph) Frh. von ~ 7/599; Perl, Anna Josephine * 7/601; Pesch, Heinrich * 7/607; Pesch, Tilmann * 7/607; Peschka-Leutner, Minna ~ 7/608; Peters, Hans (Carl Maria Alfons) ~/† 7/616; Peters, Johann (Anton) de */~/† 7/616; Peters, Johann Theodor * 7/616; Petersen, Jürgen ~/† 7/619; Petri, Franz ~ 7/622; Petter, Franz ~ 7/625; Petzer, Toni ~ 7/626; Pfarrius, Gustav ~/† 7/637; Pfefferkorn, Johannes ~ 7/638; Pfeifer, Emil ~ 11/157; Pfeiffer, Hubert ~ 7/640; Pfeilschmidt, Andreas ~ 7/644; Pferdmenges, Robert ~/† 7/645; Pfuel, Ernst ~ 7/652; Philipp von Schwaben, deutscher König ~ 7/654; Philipp von Heinsberg, Erzbischof von Köln ~ 7/655; Philipp Sigismund, Herzog zu Braunschweig-Lüneburg-Wolfenbüttel, Administrator des Bistums Verden, Elekt von Osnabrück ~ 7/655; Philipp Wilhelm, Herzog von Bayern, Bischof von Regensburg ~ 7/656; Philippi, Maria ~ 7/658; Picard, Jacob ~ 7/659; Piccaneser, Hugo */~

7/660; Piel, Peter ~ 7/666; Pieper, Ernst ~ 7/666; Pighius, Albertus ~ 7/669; Pilartz, Joseph */~ 7/669; Pilgrim, Erzbischof von Köln ~ 7/670; Pillney, Karl Hermann ~ 7/671; Piltz, Klaus ~ 7/671; Pinkus, Hans Hubert ~ 7/673; Pirath, Carl ~ 7/676; Pistor, Gotthelf † 7/680; Piutti, Karl ~ 7/682; Planck, Erwin ~ 7/683; Plessner, Helmuth ~ 7/694; Poelzig, (Hans) Peter ~ 8/12; Poensgen, Mimi ~ 8/13; Pörtner, Paul ~ 8/14; Pörzgen, Hermann ~ 8/14; Pöschl, Viktor ~ 8/15; Pollini, Bernhard */~ 8/28; Pollius, Johannes ~ 8/29; Pommeranz-Liedtke, Gerhard ~ 8/31; Pomp, Anton ~ 8/31; Ponto, Jürgen ~ 8/33; Popitz, Johannes ~ 8/33; Popp, Lucia ~ 8/34; Poppe, Reimar ~ 8/34; Poppelreuter, Walther ~ 8/35; Potthoff, Heinz ~ 8/47; Praetorius, Ernst ~ 8/50; Praetorius, Hieronymus ~ 8/50; Preuss, Arthur ~ 8/65; Preysing, Hermann ~/† 8/67; Pribilla, Max */~ 8/67; Prinz, Gerhard ~ 8/72; Prion, Willi ~ 8/73; Proebst, Hermann ~ 8/76; Prott, Johann von ~ 8/81; Prüwer, Julius ~ 8/82; Przybyllok, Erich ~/† 8/83; Pünder, Hermann ~ 8/87; Pustet, Friedrich (II) ~ 8/93; Pustet, Friedrich (IV) ~ 8/93; Quadt von Kinckelbach, Matthias ~ 8/97; Quentel, Arnold † 8/101; Quentel, Heinrich ~/† 8/101; Quentel, Peter ~/† 8/101; Questenberg, Gerhard Frh. von * 8/102; Quint, Josef ~/† 8/103; Quix, Christian ~ 8/104; Raab, Friedrich * 8/105; Raaff, Anton ~ 8/107; Rabus, (Johann) Jakob ~ 8/111; Rademacher, Arnold ~ 8/115; Rademacher, Karl ~/† 8/115; Rader, Matthäus ~ 8/116; Radl, Anton ~ 8/117; Räderscheidt, Anton (Hubert) */~/† 8/121; Raederscheidt, (Friedrich) Georg */~ 8/121; Raesfeld, Bernhard von ~ 8/121; Raff, (Joseph) Joachim ~ 8/122; Rahlwes, Alfred ~ 8/124; Raimann, Rudolf ~ 8/127; Rainald von Dassel, Erzbischof von Köln ~ 8/127; Ramboux, Johann Anton ~/† 8/131; Ramrath, Konrad ~ 8/133; Ramus, Johann Daniel ~/† 8/134; Randerath, Edmund ~ 8/135; Raphael, Günter (Albert Rudolf) ~ 8/141; Raps, August * 8/143; Raschdorff, Julius Carl ~ 8/144; Rassow, Peter ~/† 8/147; Rath, Felix vom */~ 8/148; Rathenau, Henri G. ~ 8/150; Rathgeber, (Johann) Valentin ~ 8/151; Rathke, Arthur ~ 8/151; Rathmann, Hermann ~ 8/151; Rathofer, Johannes ~/† 11/161; Ratinck de Berka, Amplonius ~/† 8/152; Ratjen, Friedrich Adolf ~ 8/152; Ratjen, Hans-Georg ~ 8/158; Rauch, Karl ~ 8/158; Rauch, Petrus von Ansbach ~ 8/159; Raumer, Karl Otto von ~ 8/162; Rave, Paul Ortwin ~ 8/167; Raveaux, Franz */~ 8/167; Reche, Johann Wilhelm ~ 8/172; Rechenberg, Hans Albrecht Frh. von ~/† 8/172; Rechlin, Wilhelm ~ 8/173; Redlich, Paul Clemens † 8/180; Rehbein, Arthur ~ 8/188; Rehdiger, Thomas ~/† 8/190; Rehfeldt, Bernhard ~/† 8/190; Rehmann, Theodor Bernhard ~ 8/192; Reichensperger, August ~/† 8/202; Reichensperger, Peter (Franz) ~ 8/202; Reichmann, Theodor ~ 8/204; Reidemeister, Leopold ~ 8/206; Reifferscheidt, Adolph */~ 8/208; Reinecke, Carl (Heinrich Carsten) ~ 8/215; Reinhard, Kurt (August Georg) ~ 8/218; Reinhard, Philipp Christian ~ 8/218; Reinkens, Joseph Hubert ~ 8/226; Reinkingk, Dietrich von ~ 8/226; Reisinger, Erich ~ 11/162; Rem, Lucas ~ 8/237; Rémond, Fritz ~ 8/240; Renard, Edmund */~ 8/241; Renard, Heinrich ~/† 8/241; Renfert, Bernhard ~ 8/242; Rethius, Johannes */~/† 8/250; Reusch, (Franz) Heinrich ~ 8/255; Reymann, Matthäus ~ 8/265; Rheiner, Walter */~ 8/268; Richard, Herzog von Pfalz-Simmern ~ 8/272; Richartz, Johann Heinrich */~/† 8/272; Richartz, Willy */~ 8/273; Richeza, Pfalzgräfin von Lothringen, Königin von Polen ~ 8/274; Richstätter, Karl ~ 8/275; Richter, Georg August ~ 8/278; Richter, Hermann ~ 8/280; Richter, Johann Julius ~ 8/281; Richter, Walter ~ 8/284; Richter-Ender, Elise ~/† 8/285; Ridder, Bernhard Josef Franz ~ 8/288; Riechmann, Friedrich ~ 8/289; Riegel, Franz ~ 8/296; Riemerschmid, Richard ~ 8/303; Ries, Franz Anton ~ 8/305; Riese, Lorenz ~ 8/305; Riesen, Günther ~ 8/306; Rieß, Karl ~ 8/307; Rinkens, Wilhelm ~ 8/319; Riphahn, Wilhelm */~/† 8/321; Ritter, Anna ~ 8/326; Rittershausen, Heinrich ~/† 8/334; Rittmeyer, Robert ~ 8/335; Rittner, Rudolf ~ 8/335; Rivius, Johann d. Ä. ~ 8/337; Robertz, Heinz */~/† 8/339; Rode, Johann ~ 8/343; Rodenberg,

Rainer * 9/335; Singer, Otto ~ 9/339; Singer, Ventur ~ 9/340; Sinjen, Sabine ~ 9/340; Sinzendorf, Philipp Rudolf Reichsgraf von ~ 9/341; Sioli, Francesco ~ 9/342; Skasa-Weiß, Eugen ~ 9/345; Sleidanus, Johannes ~ 9/349; Smets, (Philipp Karl Joseph Anton Johann) Wilhelm ~ 9/353; Snaga, Josef ~ 9/354; Söhngen, Gottlieb (Clemens) */~ 9/357; Söhngen, Oskar ~ 9/358; Söhngen, Werner ~ 9/358; Sörgel, Herman ~ 9/360; Sohl, Willi ~ 9/360; Sohn, Carl Ferdinand † 9/361; Soiron, Heinz H. */~/† 9/362; Soller, August ~ 11/175; Sollmann, (Friedrich) Wilhelm ~ 9/365; Sommer, Christian ~ 9/368; Sommer, Kurt ~ 9/370; Sommerfeld, Heinrich ~ 9/371; Sondheimer, Robert ~ 9/372; Sonnenschein, Carl ~ 9/374; Sonreck, Franz Wilhelm ~/† 9/376; Spahn, Martin ~ 9/382; Spankeren, Friedrich Wilhelm von ~ 9/385; Spaur, Maria Clara Gräfin von † 9/387; Spee von Langenfeld, Friedrich ~ 9/389; Speelmanns, Hermann ~ 9/389; Spelz, Franz ~ 9/392; Spemann, Heinrich ~ 9/393; Spengel, Julius (Heinrich) ~ 9/394; Spennrath, Friedrich ~ 9/396; Spethmann, Johannes ~ 9/398; Spicker, Max ~ 9/400; Spiegel zum Desenberg, Ferdinand August Frh. von (seit 1816 Graf) ~/† 9/401; Spiegelberg, Julius † 9/401; Spieker, Joseph Anton ~ 9/402; Spies, Hans ~ 9/404; Spinola, Christoph de Royas y ~ 9/408; Spitzer, Leo ~ 9/412; Spohr, Auguste ~ 9/415; Sprenger, Jakob ~ 9/419; Spring, Alexander ~ 9/419; Srbik, Heinrich von ~ 9/424; Stackelberg, Heinrich Frh. von ~ 9/426; Stadler, Herbert ~ 9/430; Staff, Curt ~ 9/436; Stahel, Johann Jakob * 9/436; Stanek, Josef ~ 9/445; Starck, Karl von ~ 9/449; Stark, Günther ~ 9/451; Starke, Hermann Franz Gerhard ~ 9/453; Starke, Richard F. ~ 9/453; Statz, Vinzenz */~/† 9/455; Staub, Hans ~ 9/455; Staupitz, Johann von ~ 9/460; Stech, Willi ~ 9/461; Steckel, Leon(h)ard ~ 9/462; Steffann, Emil ~ 9/464; Steffens, Günter */~ 9/465; Stegerwald, Adam ~ 9/467; Steguweit, Heinz * 9/469; Steigner, Walter ~ 9/474; Stein, Gustav ~ 9/477; Steinbach, Fritz ~ 9/484; Steinberg, William */~ 9/486; Steinbüchel, Theodor * 9/487; Steinecke, (Friedrich Heinrich) Wolfgang ~ 9/487; Steiner-Prag, Hugo ~ 9/491; Steinher, Berta ~ 9/494; Steinle, Eduard (Jakob) von ~ 9/497; Steinmann, (Ernst Hermann) Heinrich ~/† 9/498; Stella, Tilmann ~ 9/502; Stenzel, Hugo ~ 9/507; Stephan, (Ernst) Heinrich (Wilhelm) von ~ 9/509; Stern, Georg ~ 9/512; Sternberg, Fritz ~ 9/516; Stichtenoth, Friedrich ~ 9/523; Sticker, Georg */~ 9/524; Stier-Somlo, Fritz ~/† 9/529; Stigler-Staeven, Wilhelm ~ 9/531; Stilke, Georg H. ~ 9/532; Stockhausen, (Franz Joseph) Emanuel ~ 9/539; Stockmeyer-Lübken, Edmund ~ 9/540; Stoecker, Walter */~ 9/541; Stökl, Günther ~/† 9/544; Störring, Willi ~ 9/546; Stoll, Gisela ~ 9/551; Stollwerck, Heinrich */~/† 9/552; Stollwerck, Karl */~ 9/553; Stollwerck, Ludwig */† 11/179; Stolz, Otto ~/† 9/555; Stolzenberg, Benno ~ 9/556; Stolzenberg, Hertha */~ 9/556; Storch, Ambrosius ~ 9/558; Sträßer, Ewald ~ 9/564; Sträter, Artur ~ 9/564; Strätz, Carl ~ 9/565; Strakosch, Ludwig ~ 9/565; Stratmann, Franziskus Maria ~ 9/570; Straub, Josef ~/† 9/571; Strauss, Isabel ~ 9/576; Strauss, Ottmar ~ 9/578; Strienz, Wilhelm ~ 9/587; Stritt, Robert ~ 9/588; Strobl, Julius ~ 9/590; Ströhlin, Otto ~ 9/592; Strohbach, Hans ~ 9/592; Strohm, Heinrich (Konrad) ~/† 9/593; Stroof, Ignaz * 9/594; Stross, Wilhelm (Carl) ~ 9/594; Strub, Max ~ 9/595; Stübben, (Hermann) Joseph ~ 9/607; Stünke, Hein ~ 9/610; Stumpf, Hermann ~/† 9/614; Sturm, Vilma ~ 9/618; Sudermann, Daniel ~ 9/624; Süss, Theodor (Ludwig) ~/† 9/627; Süsterhenn, Adolf */~ 9/628; Surius, Laurentius ~/† 9/634; Susa, Charlotte ~ 9/635; Susato, Johannes de ~ 9/635; Susato, Tilman */~ 9/635; Suthaus, Ludwig */~ 9/637; Synek, Liane ~ 9/644; Szenkar, Eugen ~ 9/646; Tänzler, Hans ~ 9/650; Tappe, Eberhard ~/† 9/657; Tappolet, Siegfried ~ 9/658; Taschner, Gerhard ~ 9/659; Taube, Michael ~ 9/661; Taube, Robert ~ 9/661; Tauler, Johannes ~ 9/664; Taurinus, Franz Adolph † 9/665; Taut, Bruno ~ 9/667; Teichmüller, Joachim (Julius Friedrich Heinrich) ~ 9/670; Tellenbach, Hubertus * 9/672; Teller-Habelmann, Emma ~/† 9/673; Tenbruck, Friedrich Heinrich (Wilhelm) ~ 9/674; Terhalle,

Fritz ~ 9/677; Teschemacher, Margarete * 9/679; Teusch, Christine */~/† 9/682; Teyber, Franz ~ 9/685; Tgahrt, Erich ~ 9/685; Thedieck, Franz ~ 9/690; Theele, Joseph ~ 9/691; Thelen, Albert Vigoleis ~ 9/693; Thelen, Jean */~ 9/693; Thelen, Peter * 9/693; Therstappen, Paul ~ 9/695; Theunert, Hugo ~ 9/695; Theusner, Felix ~ 9/695; Thiel, Bernhard August ~ 10/1; Thiel, Otto † 10/2; Thiess, Karl ~/† 10/9; Thietgaud, Erzbischof von Trier ~ 10/9; Thissen, Eugen (Johann Theodor) ~ 10/12; Thoelke, Wim ~ 10/13; Thomas, Emil ~ 10/18; Thomas, Kurt (Georg Hugo) ~ 10/18; Thomas, Stephan G. ~ 10/19; Thomas, Wolfgang (Alexander) ~ 10/19; Thomas-Schwartz, Anny ~ 10/19; Thomaschek-Hinrichsen, Berta ~ 10/19; Thorbecke, Franz ~ 10/23; Thurn und Taxis, Leonard II. Graf von ~ 10/32; Thurneisser, Leonhard † 10/32; Thyssen, Fritz ~ 10/34; Tiburtius, Joachim ~ 10/35; Tietz, Alfred Leonhard ~ 10/40; Tietz, Leonhard ~/† 10/40; Tigges, Hubert ~ 10/41; Tile Kolup ~/† 10/41; Tille, Armin ~ 10/43; Tilly, Johann Tserclaes Graf von ~ 10/44; Tilmann, Otto ~/† 10/44; Tölle, Hermann ~ 10/57; Tönnis, Wilhelm ~/† 10/57; Tonger, Peter J(oseph) */† 10/63; Torhorst, Marie ~ 10/64; Toussaint, Hans ~ 10/66; Tralow, Johannes ~ 10/68; Trapp, Karl ~ 10/69; Treskow, Emil ~/† 10/83; Triebel, Anna (Johanna Caroline) ~ 10/87; Trimborn, Karl */~ 10/89; Truchseß von Waldburg, Gebhard ~ 10/100; Trundt, Henny ~ 10/102; Trunk, Richard ~ 10/103; Tschörner, Olga † 10/108; Tuczek, Franz */~ 10/112; Tümmler, Hans ~ 10/114; Turba, (Marie) Sidonie ~ 10/117; Turck, Heinrich ~ 10/118; Tympius, Matthaeus ~ 10/120; Uhlenbruck, Paul ~/† 10/129; Uhlmann, Walter ~ 10/132; Ulenberg, Kaspar ~/† 10/134; Ulmer, Karl ~ 10/141; Ungeheuer, Günther */~ 10/152; Unger, Alfred H(ermann) ~/† 10/152; Unger, Hermann ~/† 10/154; Unkel, Peter * 10/157; Vacano, Otto-Wilhelm von ~ 10/175; Varnbüler, Nikolaus ~ 10/182; Vaterhaus, Hans ~ 10/185; Veghe, Johannes ~ 10/187; Veith, Else */~/† 10/189; Velde, Henry (Clemens) van de ~ 10/190; Velden, Johannes Joseph van der ~ 10/191; Veltheim-Ostrau, Hans Hasso von * 10/193; Venedey, Jacob */~ 10/193; Verbeek, Hans * 10/195; Vespermann, Wilhelm ~ 10/199; Viebrock, Helmut ~ 10/204; Viehöver, Joseph */~ 10/204; Vielhaber, Gerd ~ 10/204; Vierhaus, Felix * 10/204; Vleugels, Wilhelm ~ 10/219; Voegelin, Eric * 10/220; Vogelsang, Hermann ~ 10/229; Vogelsang, Karl (Friedrich) Frh. von ~ 10/229; Vogelsang, Wilhelmine Baronin ~ 10/230; Voggenhuber, Vilma von ~ 10/230; Vogt, Joseph (Heinrich Peter) ~ 10/234; Voigtel, (Karl Eduard) Richard ~/† 10/239; Voit, Kurt ~ 10/241; Volbach, Fritz ~ 10/241; Vollmer, Johannes ~ 10/248; Volp, Rainer † 10/250; Vomelius, Cyprianus ~ 10/252; Vondenhoff, Bruno */~ 10/252; Vordemberge, (Rudolf Heinrich) Friedrich ~/† 10/253; Vordemfelde, August ~ 10/254; Vorstius, Conrad */~ 10/255; Vosen, Christian Hermann */~/† 10/257; Wackers, Coba ~ 10/270; Wagenführ, Kurt (Hans Fritz) ~ 10/275; Wagenführ, Rolf (Karl Willy) ~ 10/275; Waibel, Leo ~ 10/294; Walb, Ernst ~/† 10/297; Waldau, Gustav ~ 10/299; Waldmeier, Karl ~ 10/305; Waldthausen, Eugen von ~ 10/308; Wallich, Hermann ~ 10/312; Wallich, Paul † 10/313; Wallraf, Ferdinand Franz */~/† 10/315; Wallraf, (Ludwig Theodor Ferdinand) Max */~ 10/315; Walram von Jülich, Erzbischof von Köln ~ 10/316; Walter, Bruno ~ 10/317; Walter, Otto F(riedrich) ~ 10/320; Walter, Reinhold von ~ 10/321; Walther, Gebhardt von ~/† 10/323; Wamser, Christoph ~/† 10/327; Wandruszka, Adam ~ 10/329; Waninger, Carl ~ 10/330; Ward, Mary ~ 10/335; Warneyer, Marianne ~ 10/336; Wasserburger, Paula (Therese) von ~ 10/342; Weber, Adolf ~ 10/348; Weber, Annie ~ 10/350; Weber, Helene ~ 10/355; Weber, Ludwig ~ 10/357; Weber, Otto * 10/360; Wedekind, Pamela ~ 10/369; Wedekind, Tilly ~ 10/369; Wedepohl, Edgar ~ 10/370; Weerth, Georg (Ludwig) ~ 10/371; Weese, Helmut ~ 10/371; Wegelin, Adolf ~/† 10/371; Wegner, Ernestine * 10/374; Wegner, Walburga */~/† 10/374; Wehrle, Emil ~ 10/378; Wehrli, Hans ~ 10/378; Weikenmeier, Albert ~/† 10/390; Weinhöppel, Hans Richard ~ 10/397; Weinsberg,

Hermann */~/† 10/399; Weinzheimer, Friedrich August ~ 10/400; Weisenborn, Günther ~ 10/402; Weißenborn, Erna * 10/414; Weisser, Gerhard ~ 10/414; Weitz, Heinrich ~ 10/418; Welter, Michael */~/† 10/428; Welty, Eberhard ~ 10/430; Welzel, Hans ~ 10/431; Wenzel, Karl Egbert ~ 10/439; Werner, Fritz ~ 10/446; Werth, Helene ~ 10/452; Wertheimer, Josef ~ 11/184; Wessel, Karl-Heinz † 10/456; Wessels, Theodor ~ 10/456; Westerburg, Gerhard */~ 10/458; Westrick, Ludger ~ 10/461; Wette, Hermann ~ 10/462; Wetzler, Hans Hermann ~ 10/464; Wever, Franz ~ 10/465; Weyer, Johann Peter */~/† 10/465; Wickop, Georg ~ 10/473; Wickop, Walther (Ernst) */~ 10/473; Wiedenfeld, Kurt (August Bernhard Julius) ~ 10/480; Wiese und Kaiserswaldau, Leopold von ~/† 10/488; Wiese, Otto † 10/489; Wiesmann, Richard (Gustav Arnold) ~ 10/491; Wildbrunn, Karl ~ 10/499; Wildenmann, Rudolf ~ 10/499; Wildermann, Hans */~/† 10/499; Wildführ, Georg ~ 10/500; Wilmers, Wilhelm ~ 10/515; Wilms, Max ~ 10/515; Wilpert, Paul ~/† 10/516; Winkler, Eugen Gottlob ~ 10/528; Winschuh, Josef ~ 10/531; Winterfeld, (Dorothea Anna) Luise von ~ 10/534; Wirri, Heinrich ~ 10/538; Wirt, Wigand ~ 10/538; Wirtz, Karl * 10/540; Witsch, Joseph Caspar */~/† 10/543; Witt, Josef ~ 10/544; Witte, Fritz ~/† 10/544; Woensam, Anton ~/† 10/558; Wördemann, Franz ~ 10/558; Wohlfart, Erwin ~ 10/561; Wolf, Sophie ~ 10/568; Wolff, Ernst ~ 10/572; Wolff, Henny */~ 10/573; Wolff, Hermann * 10/573; Wolff, Otto ~/† 10/576; Wolff, Willy ~ 10/578; Wolffhart, Conrad ~ 10/578; Wolffsohn, David ~ 10/579; Wolfhelm (von Köln) ~ 10/580; Wolfrath, Franz Anton * 10/581; Wolfslast, (Ernst) Walter ~ 10/582; Wollgarten, Adelheid ~/† 10/584; Wolter, Placidus ~ 10/585; Wüllner, Franz ~ 10/592; Wüllner, Ludwig ~ 10/592; Wünzer, Theodor ~ 10/593; Wüstendörfer, Hans ~ 10/595; Wuhrmann, Ernst ~ 10/595; Wunderlich, Hermann ~/† 10/598; Wunsch, Hermann ~ 10/599; Zallinger, Meinhard von ~ 10/616; Zanders, Carl Richard ~ 10/617; Zanders, Johann Wilhelm ~ 10/617; Zaun, Fritz */~ 10/623; Zeiz, August Hermann * 10/634; Zell, Friedrich (Joseph) ~ 10/635; Zell, Heinrich * 10/635; Zell, Ulrich ~/† 10/636; Zender, Matthias ~ 10/641; Ziebill, Otto ~ 10/650; Ziegler, Jakob ~ 10/654; Ziekursch, Johannes ~/† 10/657; Ziervogel, Friedrich-Wilhelm † 10/659; Zilcher, Eva ~ 10/661; Zilcken, Detta */† 10/661; Zilken, Willy * 10/661; Zimmer, Pauline ~ 10/664; Zimmermann, Agnes ~ 10/665; Zimmermann, Bernd Alois ~ 10/666; Zimmermann, Walter (Wilhelm Hans) ~ 10/671; Zimmermann, Wilhelm * 11/185; Zingel, Hans Joachim ~/† 10/673; Zinsser, Ferdinand ~ 10/677; Zipp, (Carl) Hermann ~ 10/678; Zitzewitz, Nicolaus von ~ 10/681; Znamenáček, Wolfgang */~ 10/682; Zobel, Carl ~ 10/682; Zöllner, Heinrich ~ 10/684; Zörgiebel, Karl (Friedrich) ~ 10/685; Zottmayr, Nina ~ 10/690; Zschiesche, Pauline ~ 10/690; Zuckmayer, Eduard ~ 10/695; Zülch, Walther Karl ~ 10/696; Zumbach von Koesfeld, Lothar ~ 10/699; Zwirner, Ernst Friedrich ~/† 10/711

Kölpin
Matusche, Alfred ~ 6/664

Köndringen (Teningen)
Dannhauer, Johann Conrad * 2/443; Krayer, Otto * 6/87; Sander, Heinrich */† 8/512

Köngen
Geyer, David * 3/671; Weishaar, Jakob Friedrich † 10/403

Köngetried (seit 1978 zu Apfeltrach)
Seefried, Irmgard * 9/257

König → Bad König

Königgrätz (tschech. Hradec Králové)
Albrecht Friedrich Rudolf, Erzherzog von Österreich, Herzog von Teschen ~ 1/78; Alten, Viktor (Karl Albert Johannes) von ~ 1/107; Alvensleben, Constantin Graf von ~ 1/107; Angeli, Moritz Edler von ~ 1/135; Arco, Joseph Adam Graf von ~ 1/163; Bach, Friedrich * 1/236; Benedek, Ludwig August Ritter von ~ 1/419; Biener, Karl Joseph Ritter von Bienenberg ~ 1/522; Blumenthal, Leonhart Graf von ~ 1/588; Bonin, Adolf

(Albert Ferdinand Karl Friedrich Leopold) von ~ 2/19; Bose, (Friedrich) Julius (Wilhelm) Graf von ~ 2/42; Boyen, Leopold Hermann von ~ 2/51; Bronsart von Schellendorf, Paul (Leopold Eduard Heinrich Anton) ~ 2/146; Bronsart von Schellendorf, Walter ~ 2/146; Červeny, Václav František ~/† 2/302; Coronini von Cronberg, Franz Carl Alexius Graf ~ 2/377; Dedenroth, Eugen Hermann von ~ 2/462; Dumreicher von Österreicher, Johann (Heinrich Georg) Frh. ~ 2/650; Duschek, Franz Xaver ~ 2/657; Fransecky, Eduard (Friedrich Karl) von ~ 3/409; Franz Joseph I., Kaiser von Österreich ~ 3/410; Friedrich III., deutscher Kaiser, König von Preußen ~ 3/460; Gablenz, Ludwig (Karl Wilhelm) Frh. von ~ 3/549; Gélieu, Bernard von ~ 3/616; Gritzner, (Adolf) Maximilian (Ferdinand) ~ 4/175; Guttenberg, Emil Frh. von ~ 4/273; Handke, Johann Christoph ~ 4/367; Hay, Johann Leopold Ritter von ~ 4/458; Henikstein, Alfred (Johann Baptist Karl Boromäus) Frh. von ~ 4/583; Herwarth von Bittenfeld, Karl Eberhard ~ 4/656; Heyden, Otto (Johann Heinrich) ~ 5/18; Hurdalek, Josef Franz ~ 5/231; Khevenhüller-Metsch, Rudolf Graf von ~ 5/527; Kucharž, Johann Baptist ~ 6/137; Leowitz, Cyprian * 6/335; Lodgman von Auen, Rudolf * 6/436; Lurago, Carlo ~ 6/532; Machek, Anton ~ 6/551; Manzer, Robert ~ 6/603; Mensdorff-Pouilly, Alexander Graf von ~ 7/64; Moritz Adolph, Herzog zu Sachsen-Zeitz-Neustadt, Bischof von Königgrätz, dann von Leitmeritz ~ 7/215; Morstadt, Vinzenz ~ 7/219; Mucha, Viktor * 7/238; Petersdorff, Ernst von ~ 7/617; Prokop, Philipp Jakob ~ 8/79; Ramming von Riedkirchen, Wilhelm Frh. ~ 8/133; Rokitansky, Carl Frh. von * 8/373; Trautmannsdorff, Maria Thaddäus Reichsgraf von ~ 10/73; Voigts-Rhetz, Konstantin Bernhard von ~ 10/240; Volkert, (Johann) Franz ~/† 10/245; Werder, Bernhard von ~ 10/440; Wurda, Josef ~ 10/599

Königheim → Gissigheim

Königinhof an der Elbe (tschech. Dvůr Králové nad Labem)
Pax, Ferdinand Albin * 7/584; Wagner, Anton (Paul) * 10/278

Königlich Blumenau (poln. Kwietniewo)
Tromnau, Friedrich Karl * 10/96

Königlich-Neudorf (poln. Nowa Wieś Królewska, heute zu Opole/Oppeln)
Grund, Walter * 4/223

Königliche Weinberge (tschech. Královské Vinohrady, heute zu Prag)
Hauptmann, Anna † 4/444; Natonek, Hans * 7/344

Königs Wusterhausen
Brümmer, Franz Karl Wilhelm * 2/159; Dessau, Paul † 2/496; François, Kurt von † 3/396; Friedrich Wilhelm I., König in Preußen, Kurfürst von Brandenburg ~ 3/468; Grund, (Friedrich Wilhelm) Bernhard † 4/222; Hofé, Günter † 5/108; Honnef, Hermann ~ 5/168; Karl (III.) Philipp, Kurfürst von der Pfalz ~ 5/446; Miehe, Ulf * 7/131; Seckendorff, Friedrich Heinrich Frh. von ~ 9/252; Theiss, Caspar ~ 9/692

Königsaal (tschech. Zbraslav, seit 1974 zu Prag)
Adler, Paul † 1/41; Matthäus von Königsaal ~ 6/660; Petrus von Zittau ~ 7/623; Rad, Jakob Christof ~ 8/112; Richter, Anton */~ 8/275

Königsbach (seit 1974 zu Königsbach-Stein)
Kugler, Franz Xaver ~ 6/156; Schmidt, Ludwig Friedrich von * 9/15; Schoch, Johannes * 9/73; Stahl, Johann Georg ~ 9/439

Königsbach-Stein → Königsbach, Stein

Königsberg (seit 1970 zu Biebertal)
Sinold, Philipp Balthasar * 9/341

Königsberg (tschech. Klimkovice)
Kunzek von Lichton, August * 6/173; Saliger, Ivo * 8/498

Königsberg (Pr) (russ. Kaliningrad)
siehe auch *Groß-Friedrichsberg, Juditten, Kraußen, Metgethen*
Abegg, Bruno Erhard ~ 1/2; Abegg, Georg Friedrich Heinrich * 1/2; Abegg, Julius Friedrich Heinrich ~ 1/3;

3/328; Fischer, (Rudolf Erich) Walther * 3/328; Fitting, Hans ~/† 3/333; Flach, Karl-Hermann * 11/61; Flakowski, Walther ~ 3/335; Flanss, Adam Christoph von † 3/336; Flatau, Joseph Jacob ~ 3/337; Fleischmann, (Michael) Max ~ 3/344; Fleischmann, (Gustav Friedrich) Wilhelm ~ 3/345; Flottwell, Eduard Heinrich von ~ 3/355; Flügge, Siegfried ~ 11/62; Focke, Rudolf ~ 3/359; Fölckersam, Melchior von ~ 3/360; Forsthoff, Ernst ~ 3/378; Fränkel, Karl ~ 3/384; Franck, Johann ~ 3/389; Frangenheim, Paul ~ 3/397; Franke, (Rudolf) Otto ~/† 3/404; Frantzke, Georg ~ 3/409; Franz, Carl */~ 3/413; Franz, Julius (Heinrich Georg) ~ 3/414; Franz, Victor (Julius) * 3/415; Frenkel, Stefan ~ 3/424; Frey, Johann Gottfried */~/† 3/435; Freyberg, (Bruno Erich) Alfred ~ 3/437; Fricke, August Ludwig ~ 3/442; Friedberger, Ernst ~ 3/447; Friede, Aline ~ 3/447; Friederichsen, Max ~ 3/450; Friedländer, David (Joachim) * 3/451; Friedländer, Ludwig (Heinrich) */~ 3/452; Friedländer, Ludwig Hermann * 3/452; Friedländer, Paul * 3/453; Friedrich Wilhelm, Kurfürst von Brandenburg ~ 3/461; Friedrich I., König in Preußen ~/† 3/468; Friedrich, Ernst ~ 3/479; Friedrich, Konrad ~ 3/480; Friedrich, Otto Andreas ~ 3/481; Friedrich, Paul Leopold ~/† 3/481; Frisch, Otto von ~ 3/490; Frischbier, Hermann */~/† 3/491; Frölich, Oskar ~ 3/505; Fromhold, Johann ~ 3/508; Fromm-Reichmann, Frieda ~ 3/509; Frühling, August ~ 3/515; Fründ, Hugo ~ 3/515; Führer, Hermann Georg ~ 3/524; Fürst, Alexander ~ 3/526; Fürst, Max */~ 3/527; Fuhrmann, Wilhelm ~/† 3/538; Funck, Johann ~/† 3/540; Furbach, Curt ~ 3/543; Gadebusch, Friedrich Konrad ~ 3/551; Gaedeke, (Heinrich) Konrad */~/† 3/553; Gagel, (Friedrich August Wilhelm) Curt ~ 3/557; Gahrlieb von der Mühlen, Gustav Casimir ~ 3/558; Gaiser, Gerd ~ 3/559; Gallas, Wilhelm ~ 3/563; Gamp, Karl Frh. von ~ 3/567; Gans, Richard (Martin) ~ 3/570; Garbe, Richard (Karl) von ~ 3/573; Gareis, Karl (Heinrich Franz) ~ 3/574; Garrè, Carl (Alois Philipp) ~ 3/575; Gaspari, Adam Christian ~/† 3/577; Gaupp, Ernst (Wilhelm Theodor) ~ 3/586; Gayl, Wilhelm (Moritz Egon) Frh. von * 3/589; Gehema, Johann Abraham Jakobson von ~ 3/598; Gehlen, Adolph Ferdinand ~ 3/599; Gehlen, Arnold ~ 3/599; Gehr, Theodor ~/† 3/600; Gehrmann, Hermann ~ 3/601; Gemmel, Hermann (Johann Ernst) ~/† 3/619; Gensichen, Hans-Werner ~ 11/67; Gentz, Friedrich ~ 3/624; Genzmer, Alfred ~ 3/625; Genzmer, Berthold † 3/625; Genzmer, Erich (Stefan Hermann) ~ 3/625; Georg Wilhelm, Kurfürst von Brandenburg † 3/626; Gerber, Paul Henry */~/† 3/636; Gercke, Alfred ~ 3/637; Gerdien, Hans * 3/637; Gerhardt, Paul ~ 3/643; Gerlach, Otto ~/† 3/649; Gerlach-Rusnak, Rudolf ~ 3/650; Gielen, Josef ~ 3/679; Gierke, Julius (Karl Otto) von ~ 3/680; Giesebrecht, Friedrich ~ 4/2; Giesebrecht, (Friedrich) Wilhelm (Benjamin) von ~ 4/3; Gildemeister, (Georg Eduard) Martin ~ 4/8; Gille, Alfred ~ 4/8; Gillmann, Alexander ~ 4/10; Girardet, Hellmut ~ 4/14; Girnus, Wilhelm (Karl Albert) ~ 4/15; Gisevius, Paul ~ 4/17; Gladenbeck, Hermann ~ 4/19; Glasenapp, (Otto Max) Helmuth von ~ 4/22; Glaß, Otto ~ 4/24; Gnapheus, Gulielmus ~ 4/42; Göbel, Johann Wilhelm von ~ 4/49; Goercke, Johann ~ 4/55; Göschen, Johann Friedrich Ludwig */~ 4/62; Götz, Hermann (Gustav) */~ 4/70; Goldbach, Christian von */~ 4/76; Goldberg, Albert ~ 4/77; Goldberg, Emanuel ~ 4/77; Goldberg, Heinz * 4/77; Goldschmidt, Harry ~ 4/83; Goldschmidt, Johann Baptista ~ 4/84; Goldstein, Kurt ~ 4/88; Goldstein, Ludwig */~/† 4/88; Goldstücker, Theodor */~ 4/88; Gollnick, Erich Walter Alfred ~ 4/90; Goltz, Friedrich Leopold ~ 4/92; Goltz, Theodor Alexander Georg Ludwig Frh. von der ~ 4/94; Gonszar, Rudolf ~ 4/96; Gordan, Paul (Albert) ~ 4/98; Goßler, Gustav von ~ 4/101; Gossmann, Friederike ~ 4/101; Gottberg, Walter Philipp Werner von */~/† 4/103; Gottschall, Rudolf (Carl) von ~ 4/111; Gottsched, Johann */~/† 4/111; Gottsched, Johann Christoph ~ 4/111; Goy, Samuel (Ludwig Carl) ~ 4/114; Grabe, Johannes Ernst */~ 4/115; Grabe, Martin Sylvester ~ 4/115; Grabe, Martin Sylvester */~/† 4/116; Grabower, Rolf ~ 4/117;

Gradenwitz, Otto ~ 4/118; Graebe, Carl ~ 4/119; Gräfe, Heinrich Eduard ~ 4/121; Gräner, Paul ~ 4/123; Graff, Eberhard (Gottlieb) ~ 4/130; Gralath, Daniel d.J. ~ 4/133; Grau, Rudolf Friedrich ~/† 4/141; Grawert, Julius August Reinhold von * 4/145; Gregorovius, Ferdinand (Adolf) ~ 4/149; Grève, Leopold ~ 4/160; Grevenberg, Julius ~ 4/160; Grimmer, Walter (Eugen) ~/† 4/173; Groddeck, Gabriel */~ 4/177; Groeben, Georg Dietrich von der * 4/178; Groeben, Otto von der ~ 4/178; Gronau, Hans von ~ 4/184; Gronau, Johann Friedrich Wilhelm */~ 4/185; Groschuff, Friedrich ~ 4/189; Großmann-Doerth, Hans (Gustav) † 4/199; Grot, Joachim Christian ~ 4/200; Grube, Adolf Eduard */~ 4/204; Grüner, Christoph Sig(is)mund ~ 4/213; Grundmann, Herbert ~ 4/224; Günther, Leopold ~ 4/242; Güssefeld, Franz (Ludwig) ~ 4/246; Güterbock, Karl Eduard */~/† 4/247; Gütt, Arthur ~ 4/248; Gulden, Paul ~/† 4/253; Gulkowitsch, Lazar ~ 4/254; Gumtau, Friedrich ~ 4/257; Gundelfinger, Sigmund ~ 4/258; Gutschmid, (Hermann) Alfred Frh. von ~ 4/272; Haase, Hugo ~ 4/289; Haberling, Wilhelm Gustav Moritz ~ 4/294; Haecker, Hans-Joachim */~ 4/303; Haehn, Hugo ~ 4/305; Hänel, Albert ~ 4/309; Haffner, Felix ~ 4/315; Haffner, Friedrich Wilhelm ~ 4/316; Haffner, Karl * 4/316; Hagen, (Ernst) August */~/† 4/319; Hagen, Carl Gottfried */~/† 4/319; Hagen, Carl Heinrich */~/† 4/319; Hagen, (Carl) Ernst (Bessel) * 4/319; Hagen, Gotthilf (Heinrich Ludwig) */~ 4/320; Hagen, Heinrich ~/† 4/320; Hagen, Hermann August */~ 4/321; Hagen, Wilhelm Hermann Adolf */~ 4/322; Hagius, Petrus ~/† 4/326; Hagnauer, Gottlieb ~ 4/327; Hahn, August ~ 4/327; Hahn, Eugen ~ 4/328; Hahn, Friedrich (Gustav) ~/† 4/329; Hahn, Heinrich August */~ 4/329; Hahn, Karl ~ 4/331; Halberstaedter, Ludwig ~ 4/341; Halir, Karl ~ 4/343; Halle, Johann Samuel ~ 4/345; Hallenstein, Konrad Adolf ~ 4/345; Hamann, Johann Georg */~ 4/355; Hamann, Johann Michael */~/† 4/356; Hancke, Oswald (Wilhelm) ~ 4/366; Hankamer, Paul (Johannes August) ~ 4/370; Hans von Tiefen, Hochmeister des Deutschen Ordens † 4/373; Hansen, Johannes ~ 4/375; Harder, Agnes (Marie Luise Gabrielle) * 4/383; Harder, Richard ~ 4/384; Harich, Walter ~ 4/386; Harich, Wolfgang * 4/386; Harms, Jürgen (Wilhelm) ~ 4/390; Harney, Fritz (Gustav Erich) * 4/392; Hartknoch, Christoph ~ 4/401; Hartknoch, Johann Friedrich ~ 4/401; Hartmann, Anton (Christian) ~ 4/406; Hartmann, Karl (Julius) ~ 4/410; Hartmann, Philipp Jacob ~/† 4/412; Hartmann, Richard ~ 4/413; Hartung, Georg Friedrich */~/† 4/415; Hartung, Gottlieb Lebrecht * 4/415; Hartung, Johann Heinrich ~ 4/416; Hasbach, Wilhelm ~ 4/419; Hase, Karl Alfred von ~ 4/420; Hasse, Johann Gottfried ~/† 4/427; Hassenstein, Walter (Georg) */~ 4/429; Hayn, Friedrich (Karl Traugott) ~ 4/462; Hecht, (Karl) Heinrich ~ 4/467; Hecker, Ewald ~ 4/470; Hecker, Johann(es) ~ 4/471; Hedinger, Ernst ~ 4/473; Heichert, Otto ~ 4/485; Heidemann, August Wilhelm ~/† 4/488; Heidenhain, Rudolf (Peter Heinrich) ~ 4/489; Heidenstein, Reinhold */~ 4/490; Heimsoeth, Heinz ~ 4/506; Hein, Max ~ 4/507; Heine, Bernhard ~ 4/508; Heine, Eduard ~ 4/508; Heinemann, Heinrich ~ 4/514; Heinen, Reinhold ~ 4/515; Heinrich Dusemer, Hochmeister des Deutschen Ordens ~ 4/526; Heinrich Reffle von Richtenberg, Hochmeister des Deutschen Ordens † 4/526; Heinrich, (Ernst Gustav) Theodor ~/† 4/543; Heinze, Richard ~ 4/547; Heisrath, Friedrich ~ 4/551; Held, Heinrich ~ 4/556; Held, Martin ~ 4/557; Helmholtz, Hermann (Ludwig Ferdinand) von ~ 4/573; Helmholtz, Richard (Wilhelm Ferdinand) * 4/575; Henke, Friedrich ~ 4/584; Henke, Waldemar */~ 4/585; Hennenberger, Kaspar ~/† 4/590; Hennig, Ottfried * 11/84; Hensel, Kurt (Jakob Wilhelm Sebastian) * 4/597; Hensel, Paul ~ 4/598; Herbart, Johann Friedrich ~ 4/603; Herbert, Petrus ~ 4/606; Herbert-Förster, Therese ~ 4/606; Herder, Johann Gottfried ~ 4/611; Hering, Johanna ~ 4/616; Herklots, Carl Alexander ~ 4/617; Hermann, Daniel ~ 4/626; Hermann, Ludimar ~/† 4/630; Hermes, Johann Timotheus ~ 4/633; Herrant, Crispin ~/† 4/638; Herrmann, Josef ~ 4/643;

Hertwig, Richard (Carl Wilhelm Theodor) Ritter von ~ 4/651; Hertzer, Ludwig ~ 4/655; Herz, (Naphtali) Markus ~ 4/658; Herzog, Alfred ~ 4/664; Heß, Ludwig ~ 4/672; Hesse, Albert (Hermann) ~ 4/674; Hesse, August Wilhelm ~ 4/675; Hesse, (Ludwig) Otto */~ 4/677; Hesse, Otto Ernst ~ 4/677; Hesselbach, Alexander ~ 5/1; Heumann, Felix */~/† 5/9; Heumann, Fritz † 5/9; Heuss, Alfred ~ 5/12; Heydeck, Johannes ~/† 5/17; Heyden, Friedrich (August) von ~ 5/17; Heyer, Franz ~ 5/21; Heymann, Ernst ~ 5/24; Heymann, Walther */~ 5/25; Heymann, Werner Richard */~ 5/25; Heyse, Hans ~ 5/27; Hilbert, David */~ 5/33; Hildach, Anna * 5/34; Hilverding, (Johann) Peter ~ 5/48; Himmel, Friedrich Heinrich ~ 5/49; Hindenburg, Oskar von * 5/52; Hindenburg, Paul (Ludwig Hans Anton) von Beneckendorff und von ~ 5/52; Hinrichs, Carl ~ 5/54; Hintze, Jacob ~ 5/56; Hipler, Franz ~ 5/58; Hippel, Artur von ~ 5/58; Hippel, Ernst (Arthur Franz) von ~ 5/58; Hippel, Eugen von * 5/59; Hippel, Robert * 5/59; Hippel, Theodor Gottlieb von ~/† 5/59; Hippel, Theodor Gottlieb von ~ 5/59; Hirschberg, Elise ~ 5/65; Hirschberg, Leopold ~ 5/65; Hirschberg, (Karl) Rudolf ~ 5/66; Hirschfeld, Gustav ~ 5/66; Hirschfeld, Max ~ 5/67; Hirschfeld, Otto */~ 5/67; His, Rudolf ~ 5/72; Hobrecht, Artur (Heinrich Ludolf Johnson) ~ 5/78; Hoburg, Christian ~ 5/79; Hoch, Gustav ~ 5/79; Höfermeyer, Walter ~ 5/89; Hoeftman, Heinrich ~/† 5/91; Hölder, (Ludwig) Otto ~ 5/93; Höpfner, Karl ~ 5/99; Höveln, Gotthard von ~ 5/107; Hofer, Bruno ~ 5/109; Hoff, Ferdinand ~ 5/111; Hoffmann, E(rnst) T(heodor) A(madeus) */~ 5/115; Hoffmann, Gerhard ~ 5/118; Hoffmann, Johann Gottfried ~ 5/120; Hoffmann, Otto ~ 5/122; Hoffmann, Wolfgang */~ 5/124; Hofmann, Franz Bruno ~ 5/128; Hohendorff, Georg Wilhelm von ~ 5/137; Hoinkes, Herfried ~ 11/89; Holland, Konstantin ~ 5/150; Hollidt, Karl ~ 5/151; Hollmann, Samuel Christian ~ 5/152; Holtzstamm, Auguste ~ 5/157; Holzknecht, Guido ~ 5/161; Hopp, Hans ~ 5/171; Horenstein, Jascha ~ 5/175; Horn, Rudolf ~ 11/91; Hoverbeck, Leopold Frh. von ~ 5/189; Huebschmann, Paul * 5/207; Hüllmann, Karl Dietrich ~ 5/209; Hünefeld, (Ehrenfried) Günther Frh. von * 5/211; Hufeland, Christoph Wilhelm ~ 5/215; Humboldt, Wilhelm von ~ 5/222; Hummel, Otto ~ 5/226; Hundrieser, Emil * 5/228; Hurwitz, Adolf ~ 5/232; Imkamp, Anton ~ 5/252; Immisch, Otto ~ 5/254; Ipsen, Gunther ~ 5/258; Iwand, Hans Joachim ~ 5/268; Jablonski, Daniel Ernst ~ 5/269; Jachmann, Reinhold Bernhard */~ 5/270; Jacobi, Karl Gustav Jacob ~ 5/275; Jacobsohn, Louis ~/† 5/277; Jacobson, Julius */~ 5/277; Jacobson, Ludwig */~/† 5/278; Jacobson, Paul * 5/278; Jacobsson, Johann Karl Gottfried ~/† 5/278; Jacoby, Günther */~ 5/279; Jacoby, Johann */~/† 5/279; Jäsche, Gottlieb Benjamin ~ 5/287; Jaffe, Max ~ 5/288; Janauschek, Fanny ~ 5/298; Jankuhn, Herbert ~ 11/96; Jansen, Carl ~ 5/302; Jantsch, Heinrich ~ 5/304; Japha, Georg Joseph */~ 5/305; Jedzek, Klaus ~ 5/314; Jeep, Ludwig ~/† 5/314; Jenisch, Daniel ~ 5/319; Jensen, Adolf */~ 5/320; Jensen, Christian (Cornelius) ~ 5/321; Jentzsch, Felix (Hermann Ferdinand) * 5/322; Jentzsch, Karl Alfred ~ 5/323; Jernberg, Olof (August Andreas) ~ 5/324; Jerrmann, Eduard ~ 5/324; Jessner, Fritz ~ 5/327; Jessner, Leopold */~ 5/327; Jester, Friedrich Ernst */~/† 5/328; Joachim, Erich Julius ~/† 5/329; John, George Friedrich ~/† 5/355; John, Karl ~ 5/355; Johnsen, Arrien ~ 5/356; Jonas, (Carl) Rudolf (Hugo) ~ 5/360; Jordan, Hans ~ 5/362; Jordan, Wilhelm ~ 5/363; Joseph, David (Dagobert) * 5/367; Joseph, Jacques * 5/367; Jung, Alexander ~/† 5/377; Kadelburg, Heinrich ~ 5/393; Kähler, Martin ~ 5/394; Kaempfer, Engelbert ~ 5/395; Kahlbaum, Karl Ludwig ~ 5/401; Kaiserling, Carl ~ 5/409; Kalckreuth, Friedrich Adolf Graf von ~ 5/410; Kaldenbach, Christoph ~ 5/411; Kallensee, Olga ~ 5/414; Kaluza, Theodor ~ 5/418; Kamlah, Wilhelm ~ 11/104; Kamossa, Käthe ~ 5/420; Kann, Lily ~ 5/424; Kant, Immanuel */~/† 5/425; Kanter, Johann Jakob */~/† 5/427; Kaps, Robert ~ 5/432; Kaschnitz, Marie Luise ~ 5/456; Kaschnitz-Weinberg, Guido Frh. von ~ 5/456; Kather, Linus ~ 5/463; Katte,

Hans Hermann von ~ 5/464; Kattwinkel, Wilhelm ~ 5/464; Kaufmann, Erich ~ 5/471; Kaufmann, Walter ~ 5/473; Kawerau, Siegfried ~ 5/479; Kehr, Eckart ~ 5/484; Keibel, Franz ~ 5/485; Kempe, Martin */~/† 5/503; Keudell, (Felix Max Leopold) Robert von */~/† 5/524; Kiesewetter, Johann Gottfried Karl Christian ~ 5/534; Kikuth, Walter ~ 5/536; Kirchhoff, Gustav Robert */~ 5/550; Kirschner, Martin ~ 5/556; Kirst, Hans Hellmut ~ 11/104; Kisch, Guido ~ 5/558; Kißkalt, Karl ~ 5/559; Kitzler, Otto ~ 5/561; Klebs, Edwin */~ 5/570; Klebs, Georg ~ 5/570; Klee, Eugen */~ 5/570; Kleeberg, Hermann */~ 5/572; Klein, Adolf ~ 5/573; Klein, Jacob Theodor */~ 5/576; Klein, Martin ~ 5/577; Kleinmichel, (Ferdinand) Julius (Theodor) ~ 5/580; Kleist, Ewald Christian von ~ 5/582; Kleist, (Bernd) Heinrich (Wilhelm) von ~ 5/583; Klinckowström, Agnes Gräfin von ~ 5/595; Klostermann, Erich ~ 5/605; Kluck, Alexander von ~ 5/607; Kneisel, Rudolf * 5/618; Kniprode, Winrich von ~ 5/622; Knopp, Auguste ~ 5/629; Knopp, Konrad ~ 5/629; Knutzen, Martin */~/† 5/633; Knutzen, Matthias ~ 5/633; Koch, Carl ~ 5/638; Koch, Erich ~ 5/638; Koch, Hans ~ 5/639; Koch, Hans ~ 5/640; Kochendörffer, Karl ~ 11/107; Koebke, Benno ~ 5/647; Köckritz, Sieghart von * 5/648; Köhler, (Christian) Louis (Heinrich) ~/† 5/652; Koehler, Otto (David Waldemar) ~ 5/652; Köpke, Friedrich Karl ~ 5/667; Kötteritz, Wolf von ~ 5/678; Kohl, Johann Georg ~ 6/2; Kohl von Kohlenegg, Leonhard ~ 6/3; Kohlrausch, Eduard ~ 6/5; Koken, Ernst (Friedrich Rudolph Karl) von ~ 6/8; Kolbielski, Karl ~ 6/14; Kollo, (Elimar) Walter ~ 6/18; Kollo, Willi * 6/18; Kollwitz, Käthe */~ 6/19; Kongehl, Michael ~/† 6/24; Korach, Alfred George */~ 6/41; Korell, Bruno ~ 6/43; Kosch, Raphael Jacob ~ 6/49; Koschwitz, Eduard ~/† 6/50; Kotzebue, (August) Alexander von * 6/55; Kowalewski, Gerhard ~ 6/57; Krafft, Johann(es) ~ 6/63; Krages, Louis ~ 6/66; Kramp, Willy ~ 6/70; Krannhals, Hanns von ~ 6/71; Kraus, Christian Jakob ~/† 6/75; Kraus, Ernst ~ 6/76; Kraus, Friedrich ~ 6/76; Kraus, Herbert ~ 6/77; Krause, Martin ~ 6/81; Krause, Paul (Georg Christoph) von ~ 6/82; Krause, Wolfgang ~ 6/82; Kraußneck, Arthur (Carl Gustav) ~ 6/85; Kremplsetzer, Georg ~ 6/95; Kreth, Hermann ~ 6/98; Kreuz, Lothar ~ 6/103; Kreyssig, Friedrich (Alexander Theodor) ~ 6/104; Kries, Wolfgang (Ludwig Moritz) von ~ 6/107; Kroll, Erwin ~ 6/113; Krollmann, Christian ~/† 6/114; Krückmann, Emil ~ 6/120; Krüger, Heinrich ~ 6/122; Krug, Wilhelm Traugott ~ 6/126; Kruse, Walther ~ 6/134; Kübler, (Johann) Jakob ~ 6/139; Küchler, Georg (Karl Friedrich Wilhelm) von ~ 6/140; Kühn, Heinrich */~ 6/144; Kühne, Georg ~ 6/145; Kürenberg, Joachim von */~ 6/153; Kugelmann, Hans ~/† 6/156; Kuhnert, Ernst ~ 6/162; Kunwald, Ernst ~ 6/171; Kupffer, Karl Wilhelm ~ 6/175; Kurella, Ernst Gottfried ~ 6/177; Kutscher, Hans ~ 6/183; Laband, Paul ~ 6/188; La Baume, Wolfgang ~ 6/188; Lachmann, Karl (Konrad Friedrich Wilhelm) ~ 6/190; Laddey, Gustav * 6/192; Laemmer, (Eduard Ludwig) Hugo ~ 6/196; Läwen, Arthur ~ 6/197; Lagus, Daniel ~ 6/198; Lang, Emil (Karl Georg Adolf) ~ 6/223; Lang, Georg ~ 6/225; Lange, Bruno ~ 6/230; Lange, Konrad von ~ 6/234; Langendorff, Oskar ~ 6/240; Langhansen, Christoph */~/† 6/246; Langhoff, Wolfgang ~ 6/246; Laqueur, Ernst ~ 6/252; La Roche, Karl von ~ 6/253; Lasch, Otto ~ 6/255; Latte, Kurt */~ 6/262; Lauckner, Rolf * 6/265; Lehmann(-Danzig), Bernhard ~ 6/291; Lehmann, Max ~ 6/295; Lehndorff, Ahasverus Graf † 6/299; Lehndorff, Hans Graf von ~ 6/299; Lehndorff, Heinrich Graf von ~ 6/299; Lehrs, Karl */~/† 6/301; Leichner, Johann Ludwig ~ 6/305; Leider, Frida ~ 6/306; Leisinger, Berta ~ 6/309; Lengerke, Caesar von ~ 6/320; Lenkeit, Walter ~ 11/120; Lenz, Jakob (Michael Reinhold) ~ 6/324; Lenzewski, Gustav ~ 6/326; Less, Emil */~ 6/343; Leverkuehn, Paul ~ 6/357; Levin, Julius ~ 6/359; Levy, Isidor ~ 6/361; Lewald, (Johann Karl) August * 6/362; Lewald, Fanny * 6/363; Lewandowski, Manfred ~ 6/363; Lexer, Erich ~ 6/367; Ley, Willy ~ 6/368; Leyden, Ernst (Viktor) von ~ 6/369; Leyh, Georg ~ 6/371; Lichtenberger,

Berthold (Hans Alfred) ~ 6/375; Lichtenstein, Ernst ~ 6/376; Lichtheim, Ludwig ~ 6/377; Liebenberg de Zsittin, Adolf Ritter von ~ 6/379; Liebisch, Theodor ~ 6/385; Liebreich, (Matthias Eugen) Oscar * 6/388; Liebreich, Richard */~ 6/388; Liedtcke, Marie * 6/389; Liedtke, Harry * 6/390; Liek, Erwin ~ 6/390; Lieven, Albert (Fritz) ~ 6/394; Lindemann, (Carl Louis) Ferdinand Ritter von ~ 6/401; Lindner, Johann Gotthelf ~/† 6/408; Lipmann, Fritz (Albert) */~ 6/416; Lipschitz, Rudolf (Otto Sigismund) */~ 6/421; Litten, Fritz Julius ~ 6/428; Litten, Heinz Wolfgang ~ 6/428; Lobeck, Christian August ~/† 6/431; Lobwasser, Ambrosius ~/† 6/433; Loeber, Valentin ~ 6/438; Löhr, Max ~/† 6/444; Loesel, Johannes ~/† 6/447; Löwe, Moses Samuel */~ 6/451; Lohmeyer, Hans ~ 6/463; Lommer, Horst ~ 6/465; Lorenz, Konrad (Zacharias) ~ 6/472; Lossen, Wilhelm ~ 6/479; Lotz, Gerhard ~ 6/484; Lubenau, Reinhold */~/† 6/488; Ludloff, Karl (Rudolf) ~ 6/495; Ludwich, Arthur ~/† 6/497; Ludwig, Walther ~ 6/510; Lübbring, Joseph ~ 6/512; Lüttwitz, Heinrich von ~ 6/524; Luft, Friedrich (John) ~ 6/526; Lugowski, Clemens ~ 6/526; Lukschy, Wolfgang (Jakob Ludwig Franz) ~ 6/530; Lummitzsch, Otto ~ 6/530; Lutteroth, Ascan Wilhelm ~ 6/539; Lysius, Heinrich ~/† 6/545; Maas, Paul ~ 6/547; Mach, (Adolf Albert) Felix ~ 6/550; Madaus, Gerhard ~ 6/554; Mager, Friedrich ~ 6/561; Magnus, Frieda */~ 6/564; Maier, Michel ~ 6/571; Mailhac, Pauline Rebecca ~ 6/572; Maimon, Salomon ~ 6/573; Majewski, Hans-Martin ~ 6/575; Mallison, Heinrich * 6/580; Maltitz, Gotthilf August Frh. von * 6/581; Mangelsdorf, Karl Ehregott ~/† 6/587; Mangoldt, Hermann von ~ 6/588; Manigk, Alfred ~ 6/589; Mann, Fritz Karl ~ 6/590; Mannheim, Hermann ~ 6/595; Mannheim, Lucie ~ 6/596; Manns, Sir August ~ 6/597; Manteuffel, Otto Theodor Frh. von ~ 6/601; Marchionini, Alfred */~ 6/606; Marg, Walter ~ 6/613; Marschner, Heinrich August ~ 6/632; Marti, Hugo ~ 6/634; Martin Truchseß von Wetzhausen, Hochmeister des Deutschen Ordens † 6/635; Martitz, Ferdinand von ~ 6/641; Maschke, Erich ~ 11/127; Massow, Julius Eberhard (Wilhelm Ernst) von ~ 6/652; Matkowsky, Adalbert * 6/656; Matthaei, Rupprecht ~ 6/659; Matthes, Hermann ~/† 6/660; Matthes, Karl ~ 6/660; Matthes, Max ~ 6/660; Matzen, Peter Friedrich ~ 6/665; Maurach, Reinhard ~ 6/668; Maurenbrecher, Max * 6/669; Maußer, Otto ~ 6/672; Mayer, (Christian Gustav) Adolph ~ 7/5; Mayer, Charles * 7/6; Mayer-Reinach, Albert Michael ~ 7/12; Meder, Johann Valentin ~ 7/22; Meding, (Johann Ferdinand Martin) Oskar */~ 7/23; Meerwein, Hans (Lebrecht) ~ 7/25; Meinardus, Otto ~ 7/33; Meißner, Rudolf ~ 11/128; Meister, Karl ~ 7/47; Meixner, Karl Wilhelm * 7/48; Mejer, Otto ~ 7/48; Mel, Conrad ~ 7/49; Mellerowicz, Harald ~ 7/53; Menges, (Dietrich) Wilhelm von ~ 7/62; Menius, Justus ~ 7/63; Merckel, Friedrich Theodor von ~ 7/69; Merkel, Friedrich (Siegmund) ~ 7/73; Merkel, (Paul) Johannes ~ 7/73; Merz, Kurt Walter ~ 7/81; Meschede, Franz ~ 7/81; Metzger, Johann Daniel ~/† 7/91; Metzke, Erwin ~ 7/92; Meumann, Ernst ~ 7/93; Mewaldt, Johannes ~ 7/96; Mewes, Wilhelm ~ 7/96; Meyer, Eugenie ~ 7/98; Meyer, Ernst ~ 7/100; Meyer, Franz ~/† 7/101; Meyer, Hans ~ 7/104; Meyer, Hans Horst ~ 7/104; Meyer, Oskar Emil ~ 7/109; Meyer, Wilhelm ~ 7/111; Mez, Karl Christian ~ 7/118; Michaelis-Nimbs, Eugenie ~ 7/123; Micraelius, Johannes ~ 7/128; Miegel, Agnes */~ 7/130; Mikulicz-Radecki, Felix von ~ 7/138; Mikulicz-Radecki, Johannes von ~ 7/138; Milch, Erhard (Alfred Richard Oskar) ~ 7/138; Milkau, Fritz ~ 7/141; Miller, Julius ~ 7/143; Minkowski, Hermann ~ 7/147; Minkowski, Oskar ~ 7/148; Mirbach, Dietrich Frh. von ~ 7/150; Mirsalis, Otto ~ 7/151; Mitscherlich, Eilhard Alfred (Max) ~ 7/155; Mitzka, Walther ~ 7/160; Möhring, Bruno * 7/165; Möllenberg, Walter ~ 7/166; Möller, Anton d. Ä. * 7/167; Mönch, Günther ~ 7/172; Moering, Klaus-Andreas ~ 7/175; Mörlin, Joachim ~/† 7/176; Mohwinkel, Hans ~ 7/185; Moldenhawer, Daniel Gotthilf * 7/187; Molitor, Karl ~ 7/189; Mollenhauer, Ernst ~ 7/191; Moller,

Gertraud */† 7/191; Mortensen, Hans ~ 7/220; Mosengel, Johann Josua ~/† 7/222; Mosewius, Johann Theodor */~ 7/229; Mosewius, Sophie Wilhelmine ~ 7/230; Mosse, Albert ~ 7/231; Motherby, Johanna Charlotte */~ 7/232; Mothes, (Alwin) Kurt ~ 7/232; Moufang, Ruth ~ 7/234; Mrongovius, Christoph Coelestin ~ 7/237; Mügge, Otto ~ 7/239; Mügge, Ratje * 7/240; Mühlenbruch, Christian Friedrich ~ 7/241; Müller, (Friedrich) August ~ 7/249; Müller, Emil ~ 7/252; Müller, Erich ~ 7/253; Müller, Ernst Ferdinand ~ 7/254; Müller, Heinrich ~ 7/263; Müller, Johannes * 7/270; Müller, Kurt ~ 7/275; Müller, Ludwig ~ 7/276; Müller, Rudolf ~ 7/281; Müller, Wilhelm Carl Friedrich ~ 7/283; Müller-Blattau, Joseph Maria ~ 7/284; Müller-Erzbach, Rudolf ~ 7/286; Müller-Hermann, Ernst */~ 7/287; Münchhausen, Alexander Frh. von ~ 7/294; Münster, Hans (Amandus) ~ 7/297; Münzer, Friedrich ~ 7/301; Müttrich, Anton */~ 7/302; Muhs, Hermann ~ 7/304; Mulert, Oskar ~ 7/305; Munk, Esra ~ 7/308; Muther, Theodor ~ 7/320; Mylius, Georg */~ 7/323; Myslenta, Coelestin(us) ~/† 7/324; Nadler, Josef ~ 7/329; Näcke, Paul Adolf */~ 7/330; Nagel, Albrecht (Eduard) ~ 7/333; Natzmer, (Leopold Anton) Oldwig von ~ 7/346; Nauck, August ~ 7/346; Naujoks, Hans ~ 7/347; Naumann, Karl Georg */~ 7/350; Naunyn, Bernhard ~ 7/351; Nebe, Eduard ~ 7/353; Nehring, Kurt (Julius Adolf) ~ 7/359; Neidhardt, Johann Georg ~/† 7/359; Neigebaur, (Johann Daniel) Ferdinand ~ 11/135; Nesselhauf, Herbert (Adolf Josef) ~ 7/366; Nesselmann, Georg Heinrich Ferdinand ~/† 7/366; Nesstraeter, Klaus ~ 7/375; Neudörffer, Julius ~ 7/375; Neuhaus, Julie ~ 7/378; Neumann, Carl Gottfried */~ 7/381; Neumann, Ernst (Christian) */~/† 7/382; Neumann, Ernst Richard * 7/382; Neumann, Franz Ernst ~/† 7/382; Neumann, Friedrich Julius von */~ 7/383; Neumann, Johanna */~ 7/384; Neumann, Julius ~ 7/384; Neumark, Georg ~ 7/389; Neustätter, Otto ~ 7/394; Nicolai, Georg (Friedrich) ~ 7/399; Nicolai, (Carl) Otto (Ehrenfried) * 7/400; Nicolovius, Alfred */~ 7/401; Nicolovius, Georg Heinrich Ludwig */~ 7/401; Niebuhr, Barthold Georg ~ 7/403; Nikolaus von Jeroschin ~ 7/419; Nippe, Martin ~/† 7/421; Nißle, Alfred ~ 7/425; Nitzsch, Karl Wilhelm ~ 7/427; Nobel, Nehemia Anton ~ 11/142; Noeldechen, Bernhard ~ 7/430; Noetel, Konrad Friedrich ~ 7/432; Nötel, Louis ~ 7/432; Noske, Gustav ~ 7/440; Noth, Martin ~ 7/442; Nothnagel, (Karl Wilhelm) Hermann ~ 7/442; Nottarp, (Hugo) Hermann (Adolf Maria) ~ 7/443; Oberländer, Heinrich ~ 7/454; Oberländer, Theodor ~ 11/145; Oechelhäuser, Wilhelm ~ 7/462; Oehlke, Alfred ~ 7/465; Öhlschläger, Otto Karl von ~ 7/465; Ohlin, Anna Christine */~/† 7/479; Ohly, Dieter ~ 7/479; Ohly, Friedrich ~ 7/479; Olearius, Johannes ~ 7/487; Olfers, Hedwig von ~ 7/487; Olfers, Sybille von ~ 7/488; Olitzki, Walter ~ 7/488; Olshausen, Hermann ~ 7/490; Olshausen, Justus ~ 7/490; Olshausen, Robert von ~ 7/490; Osiander, Andreas */~ 7/512; Ostau, Lukas d. Ä. ~ 7/512; Ostau, Christoph Albrecht von ~/† 7/514; Osterberger, Georg ~/† 7/516; Otakar II. Přemysl, König von Böhmen ~ 7/522; Otter, Christian ~ 7/526; Otto, Walter F(riedrich Gustav Hermann) ~ 7/536; Overbeck, Karl ~ 7/540; Pabst, Louis */~ 7/544; Paneth, Friedrich Adolf ~ 7/554; Pape, Carl ~ 7/558; Pape, Heinrich (Eduard) ~ 7/559; Pappenheim, Artur ~ 7/560; Parrot, Georg Friedrich von ~ 7/565; Passarge, Ludwig ~ 7/567; Passarge, (Otto Karl) Siegfried * 7/568; Pauli, Karl Friedrich ~ 7/576; Paullini, Christian Franz ~ 7/578; Payr, Erwin ~ 7/585; Peiser, Felix Ernst ~/† 7/589; Pempelfort, Karl ~ 7/594; Pencz, Georg ~ 7/594; Penzel, Abraham Jakob ~ 7/596; Peristerus, Wolfgang ~ 7/600; Perles, Felix ~/† 7/601; Pernet, Johann ~ 7/603; Pessler, Wilhelm Karl Johannes ~ 7/610; Peters, Christian August Friedrich ~ 7/615; Peterson, Luise ~ 7/620; Petruschky, Johannes (Theodor Wilhelm) ~ 7/623; Pfänder, Alexander ~ 7/633; Pfeiffer, Johann Philipp ~ 7/641; Pfeiffer, Richard (Friedrich Johann) ~ 7/642; Pfeiffer-Belli, Erich ~ 7/642; Pfitzer, Ernst */~ 7/647; Pfundtner, Hans ~ 7/653; Philipp, Wolfgang */~ 7/657; Philipps, George * 7/658; Piccaneser,

Hugo ~ 7/660; Pietsch, Johann Valentin */~/† 7/667; Plactomus, Johannes ~ 7/682; Plehn, Albert ~ 7/692; Plessing, Friedrich Viktor Lebrecht ~ 7/694; Pleyer, Kleo(phas) ~ 8/2; Pörschke, Karl Ludwig ~/† 8/14; Pohl, (Friedrich Karl Ludwig) Emil * 8/17; Pohl, Jacques ~ 8/18; Polentz, Georg von ~ 8/24; Poliander, Johannes ~/† 8/24; Pollak, Ferdinande ~ 8/26; Poller, Alfons ~ 8/28; Pompecki, Josef Felix ~ 8/31; Pouchenius, Levin */~/† 8/47; Predöhl, Andreas ~ 8/56; Prellwitz, Gertrud ~ 8/61; Preuss, Arthur * 8/65; Preuß, Eduard */~ 8/65; Preuß, Konrad Theodor ~ 8/65; Preuß, Paul ~ 8/66; Preyer, Wilhelm Dietrich ~ 8/67; Priebe, Hermann ~ 11/161; Procksch, Otto ~ 8/76; Proell, Friedrich Wilhelm ~ 8/77; Prutz, Hans ~ 8/82; Przybyllok, Erich ~ 8/83; Pulewka, Paul ~ 8/90; Purgstall, Gottfried Wenzel Graf von ~ 8/91; Pyritz, Hans ~ 8/95; Quandt, Johann Jacob */~/† 8/99; Quenstedt, Werner ~ 8/101; Quessel, Ludwig */~ 8/102; Quidde, Margarethe * 8/103; Quincke, Georg Hermann ~ 8/103; Raabe, Cuno Heinrich ~ 8/106; Raabe, Peter ~ 8/106; Rabow, Siegfried ~ 8/111; Rachfahl, Felix ~ 8/112; Radziwill, Boguslaw Fürst † 8/119; Radziwill, (Friederike) Luise (Dorothea Philippine) Fürstin ~ 8/119; Radziwill, Luise Charlotte */~ 8/119; Raethjen, Paul (Ernst Günther Siegmund) ~ 8/122; Rahlwes, Alfred ~ 8/124; Raillard, Theodor * 8/126; Rameau, (Paul) Hans ~ 8/131; Rammelmeyer, Alfred ~ 8/132; Ranke, Friedrich (Gotthold Johann) ~ 8/136; Rankl, Karl (Franz) ~ 8/138; Rapagelanus, Stanislaus ~/† 8/141; Rapp, Fritz ~ 8/141; Rarkowski, Franz Justus ~ 8/143; Rast, Georg Heinrich */~/† 8/147; Rathke, (Heinrich) Bernhard */~ 8/151; Rathke, Martin Heinrich ~/† 8/151; Rauch, Heinrich Julius Otto ~ 8/158; Rauch, Karl ~ 8/158; Raumer, Kurt von ~ 8/162; Rausch, Alfred (Christian Theodor) ~ 8/163; Rauther, Max * 8/166; Reccard, Gotthilf Christian ~/† 8/171; Rechlin, Wilhelm ~ 8/173; Reck-Malleczewen, Friedrich ~ 8/173; Recke von der Horst, (Friedrich) Eberhard Frh. von der ~ 8/174; Recklinghausen, Friedrich (Daniel) von ~ 8/174; Reclam, Heinrich ~ 8/176; Redetzky, Hermann ~ 8/177; Rehberg, Theodor ~ 8/189; Rehn, Eduard ~ 8/193; Rehs, Carl ~/† 8/194; Rehs, Reinhold ~ 8/194; Reichardt, Hans ~ 8/197; Reichardt, Johann ~/† 8/197; Reichardt, Johann Friedrich * 8/197; Reichl, Josef ~ 8/203; Reicke, Emil */~ 8/205; Reicke, Georg */~ 8/205; Reicke, Siegfried ~ 8/206; Reidemeister, Kurt (Werner Friedrich) ~ 8/206; Reiffenstein, Johann Friedrich ~ 8/207; Reigbert, Otto ~ 8/208; Reinhold, Johannes ~ 8/223; Reinl, Josefine ~ 8/226; Reisenauer, Alfred * 8/230; Reiss, Albert ~ 8/231; Reiter, Hans ~ 8/233; Remak, Georg ~ 8/237; Remer, Wilhelm (Hermann Georg) ~ 8/239; Rennert, Günther (Peter) ~ 8/246; Reusch, (Johann) Friedrich ~ 8/255; Reuß, Maternus ~ 8/258; Reuss, Wilhelm Franz ~/† 8/258; Reymann, Daniel Gottlob ~ 8/265; Rhesa, Ludwig (Jedemin Martin) ~/† 8/269; Rhode, Gotthold ~ 8/269; Riccio, Antonio Teodoro ~ 8/271; Richelot, Friedrich Julius */~/† 8/274; Richter, Carl Gottlieb ~/† 8/276; Richter, Georg August ~ 8/278; Richter, Gustav Hermann */~/† 8/279; Richter, Jeremias (Benjamin) ~ 8/280; Richter, Klaus (Carl Friedrich) ~ 8/282; Richthofen, Bolko (Karl Ernst Gotthard) Frh. von ~ 8/285; Richthofen, Herbert Frh. von ~ 8/286; Riedel, Georg ~/† 8/291; Rilla, Walter ~ 8/312; Rimarski, Walther ~ 8/312; Rimrott, Fritz ~ 8/313; Rinck, Friedrich Theodor ~ 8/313; Rindfleisch, Walter ~ 8/314; Rinne, Friedrich (Wilhelm Berthold) ~ 8/319; Rintel, Karl Gustav Nikolaus */~ 8/319; Rintelen, Max ~ 8/320; Roberthin, Robert ~/† 8/339; Rodemund, Karl ~/† 8/344; Roediger, Johann ~ 8/350; Röling, Johann ~/† 8/352; Rösler, Robert ~/† 8/361; Rösler, Waldemar ~ 8/361; Rössle, Karl Friedrich ~ 8/362; Rötger, Max ~ 8/364; Rogall, Georg Friedrich */~/† 8/365; Rogge, (Johann Friedrich) Christian (Albrecht) ~ 8/366; Rogosinski, Werner Wolfgang ~ 8/366; Rogowsky, Bruno ~ 8/366; Rohde, Alfred ~/† 8/367; Rohr, Wilhelm ~ 8/371; Rohrbeck, Walter * 8/371; Roose, Friedrich ~ 8/383; Rosenberg, Johann Georg ~ 8/393; Rosenfeld, Max */~ 8/396; Rosenfelder, (Karl) Ludwig (Julius) ~/† 8/396;

Rosenhain, (Simon) Johann Georg */~ 8/396; Rosenkranz, (Johann) Karl (Friedrich) ~/† 8/397; Rosenow, Georg ~ 8/398; Rosenstein, Paul ~ 8/399; Roßbach, Otto ~ 8/405; Rost, Franz ~ 8/407; Rothfels, Hans ~ 8/419; Rudolph, Ferdinand ~ 8/440; Rudolph, Julius ~ 8/441; Rübsam, Richard ~ 8/443; Rüchel, Ernst (Friedrich Wilhelm Philipp) von ~ 8/444; Rühl, Franz ~ 8/450; Ruffini, Alwin ~ 8/458; Ruhenstroth, Gustav Adolf * 8/460; Ruhnken, David ~ 8/460; Rundt, Karl Ludwig * 8/466; Runze, Georg ~ 8/469; Rupp, Erwin ~ 8/470; Rupp, Julius */~/† 8/471; Rupp-von Brünneck, (Emmi Agathe Karola Margarete) Wiltraut ~ 8/471; Saak, Therese ~ 8/483; Saalschütz, Joseph Levin */~/† 8/483; Saalschütz, Louis */~/† 8/483; Sabais, Heinz Winfried ~ 8/484; Sabatzky, Kurt ~ 8/485; Sabinus, Georg ~ 8/485; Sachs, Hans-Georg ~ 8/487; Sachs, Johann Jakob ~ 8/487; Sachs, Ludwig Wilhelm ~/† 8/488; Salbach, Klara ~ 8/497; Salkowski, Ernst */~ 8/500; Salkowski, Heinrich Otto */~ 8/500; Salomon, Gottlieb ~ 8/503; Samter, Adolf */~ 8/509; Samuel, Simon ~/† 8/509; Sanden, Bernhard von, d. Ä. ~/† 8/510; Sanden, Bernhard von, d. J. */~/† 8/511; Sanden, Christian Bernhard von */~/† 8/511; Sanden, Heinrich von */~/† 8/511; Sanio, Karl Gustav ~ 8/516; Sartorius, Ernst Wilhelm Christian ~/† 8/520; Sattler, Carl Hubert ~ 8/523; Sauer, Wilhelm (Johannes Franz) ~ 8/527; Sauerbaum, Heinz ~ 8/528; Sauerbruch, (Ernst) Ferdinand ~ 8/528; Sauter, Fritz ~ 8/531; Schacht, Joseph ~ 8/540; Schack, Herbert ~ 8/541; Schade, Oskar ~/† 8/542; Schadewaldt, Wolfgang ~ 8/543; Schaeder, Erich ~ 8/545; Schaeder, (Hans) Heinrich (Georg Wilhelm) ~ 8/545; Schätzel, Walter ~ 8/553; Schäve, Heinrich ~ 8/554; Schaewen, Richard von ~ 8/554; Schaper, Alfred ~ 8/565; Schasler, Max (Alexander Friedrich) ~ 8/572; Schauinsland, Hugo Hermann ~ 8/576; Schaumann, Ernst */~ 8/576; Scheffer, Thassilo von ~ 8/584; Scheffner, Johann George */~/† 8/585; Scheinpflug, Paul ~ 8/590; Schellong, Friedrich */~ 8/597; Schellong, Otto ~/† 8/598; Schelsky, Helmut ~ 8/598; Schenck, Hans ~ 8/601; Schenkendorf, (Gottlob Ferdinand) Max(imilian Gottfried) von ~ 8/606; Schennich, Emil (Anton) ~ 8/607; Scherbring, Karl ~ 8/608; Scherchen, Hermann (Karl) ~ 8/609; Scherer, Wilhelm † 8/611; Scherk, Heinrich Ferdinand ~ 8/613; Scherrer, Paul (Hermann) ~ 8/614; Scherres, Karl */~ 8/615; Schieck, Franz ~ 8/624; Schieder, Theodor ~ 8/624; Schindelmeißer, Louis Alexander Balthasar * 8/642; Schipper, Jacob M. ~ 8/648; Schirdewan, Karl * 11/170; Schittenheim, Alfred ~ 8/651; Schlegel, Gottlieb * 8/661; Schlegelberger, Franz * 8/662; Schlenther, Paul ~ 8/670; Schliemann, Adolf Karl Wilhelm ~ 8/677; Schliepe, Ernst Heinrich ~ 8/677; Schlippenbach, Ulrich (Hermann Heinrich Gustav) Frh. von ~ 8/680; Schlüsselburg, Konrad ~ 8/687; Schlüter, Heinrich ~/† 8/688; Schmalz, Theodor Anton Heinrich ~ 8/692; Schmidt, Agnes ~ 9/2; Schmidt, Aloys ~ 9/2; Schmidt, Bernhard ~ 9/3; Schmidt, Conrad * 9/4; Schmidt, Gerhard Karl (Nathaniel) ~ 9/8; Schmidt, Johann Philipp Samuel */~ 9/12; Schmidt, (Heinrich) Julian (Aurel) ~ 9/13; Schmidt, Karl (Eduard Franz) ~ 9/13; Schmidt, Maximilian ~/† 9/16; Schmidt, Robert ~ 9/18; Schmidt, Werner ~ 9/20; Schmidt-Heyder, (Johann) Adolph ~ 9/23; Schmieder, Oskar ~ 9/28; Schmohl, Johann Christian ~ 9/39; Schnaase, Carl (Julius Ferdinand) ~ 9/42; Schneider, Carl ~ 9/50; Schneider, Gustav ~ 9/54; Schniewind, Julius ~ 9/64; Schnorr von Carolsfeld, Hans Veit Friedrich ~ 9/68; Schnorr von Carolsfeld, Ludwig Ferdinand * 9/69; Schön, Johann ~ 9/81; Schoen, Paul */~ 9/81; Schön, (Heinrich) Theodor von ~ 9/82; Schöndörffer, Otto Konrad ~ 9/89; Schöne, Alfred ~ 9/89; Schöne, Hermann ~ 9/90; Schönfeld, Walther ~ 9/94; Schoenflies, Arthur (Moritz) ~ 9/95; Schönherr, Johann Heinrich ~ 9/95; Scholder, Rudolf ~ 11/171; Scholtz, (Moritz Wilhelm) Walther ~ 9/107; Schosser, Johannes ~ 9/119; Schrade, Leo ~ 9/124; Schrader, Wilhelm ~ 9/126; Schreiber, Ilse ~ 9/135; Schreiber, Johann Friedrich */~ 9/135; Schreiber, Julius ~/† 9/136; Schreiber, Michael */~/† 9/136; Schreiber, Otto ~/† 9/136; Schreiber, Ottomar ~

9/136; Schrenck, Leopold-Peter von ~ 9/140; Schrenk, Walter ~ 9/141; Schröder, (Friedrich Wilhelm Karl) Ernst ~ 9/145; Schroeder, Ernst */~ 9/145; Schröder, Gerhard ~ 9/147; Schröder, Paul ~ 9/150; Schröter, Heinrich Eduard */~ 9/155; Schrötter, Friedrich Leopold Frh. von ~ 9/156; Schroetter, Karl Wilhelm Frh. von ~/† 9/156; Schubert, Friedrich Wilhelm */~/† 9/162; Schubert, Johannes (Oskar) ~ 9/164; Schüler, Hans (Ernst Wilhelm Carl) ~ 9/170; Schüler, Johannes (Erich Wilhelm) ~ 9/170; Schülke, Albert (Martin Wilhelm) ~ 9/170; Schütz, Caspar ~ 9/176; Schulenburg, Fritz-Dietlof Graf von der ~ 9/182; Schulte, Marcel ~ 9/186; Schultheiß von Unfried, Joachim Ludwig ~/† 9/188; Schultz, Ernst Gustav ~ 9/190; Schultz, Franz Albert ~/† 9/190; Schultz, Gustav (Theodor August Otto) ~ 9/190; Schultz, Johann ~/† 9/191; Schulze, Alfred ~ 9/199; Schulze, Ludwig (Theodor) ~ 9/200; Schumacher, Bruno ~ 9/202; Schupp, Johann Balthasar ~ 9/210; Schur, (Philipp) Johann Ferdinand * 9/211; Schuselka-Brüning, Ida */~ 9/214; Schustehrus, Kurt (Louis Wilhelm) ~ 9/215; Schwalbe, Gustav (Albert) ~ 9/220; Schwarz, Robert ~ 9/228; Schwedler, Maximilian ~ 9/234; Schweichel, (Georg Julius) Robert */~ 9/234; Schweigger, August Friedrich ~ 9/235; Schweikart, Ferdinand Karl ~/† 9/236; Schweikart, Hans ~ 9/236; Schweitzer, Bernhard (Heinrich Eduard Stephan Robert) ~ 9/239; Schwenke, Paul ~ 9/242; Sebastiani, Johann ~/† 9/251; Seebach, Wilhelmine ~ 9/255; Seeberg, Erich ~ 9/255; Seidel, Ludwig Philipp von ~ 9/266; Selle, Götz von ~ 9/278; Sellien, Reinhold ~ 9/279; Selter, Hugo ~ 9/281; Semrau, Alfred ~ 9/285; Seraphim, Hans-Jürgen ~ 9/291; Settegast, Hermann * 9/293; Seydel, Karl ~/† 9/297; Sieben, Wilhelm (Ludwig) ~ 9/304; Siebold, Karl Theodor Ernst von ~ 9/308; Siefert, Paul ~ 9/309; Sieg, Georg Erich ~ 9/310; Siegel, Rudolf ~ 9/311; Siegmund, Condi ~ 9/314; Siehr, Ernst (Ludwig) ~ 9/316; Siehr, Gustav ~ 9/316; Siemering, (Leopold) Rudolf */~ 9/319; Siewert, Hans ~ 9/322; Simon, Julius ~ 9/333; Simons, Karl ~ 9/334; Simons, Rainer ~ 9/335; Simson, (Martin) Eduard (Sigismund) von */~ 9/336; Sippl, Alois ~ 9/343; Sittig, Ernst (Carl Wilhelm) ~ 9/344; Six, Franz (Alfred) ~ 11/175; Skasa-Weiß, Eugen ~ 9/345; Skoda, Albin (Michael Johann) ~ 9/346; Skowronnek, Richard ~ 9/347; Skrzeczka, Karl */~ 9/348; Slevogt, (Heinrich) Carl ~ 9/349; Sobolewski, Eduard (Johann Friedrich) */~ 9/355; Sobotta, Johannes ~ 9/356; Söhning, Kurt ~ 9/358; Sohncke, Leonhard ~ 9/362; Sohncke, Ludwig Adolf */~ 9/362; Solms-Wildenfels, Friedrich Ludwig Graf * 11/175; Sommer, Kurt ~ 9/370; Sommerfeld, Arnold (Johannes Wilhelm) */~ 9/370; Sondegg, Adolf ~ 9/372; Sonnenburg, Ferdinand ~ 9/373; Sonnenthal, Adolf Ritter von ~ 9/375; Sonntag, Erich ~ 9/376; Sonntag-Uhl, Emmy ~ 9/376; Specht, Wilhelm ~ 9/388; Speith, Rudolf ~ 9/392; Speratus, Paul(us) ~ 9/396; Sperner, Emanuel ~ 9/398; Spicker, Max */~ 9/400; Spiegelberg, Otto ~ 9/401; Spiero, Heinrich * 9/403; Spilcker, Max ~ 9/406; Spoliansky, Mischa ~ 9/415; Stadelmayer, Franz ~ 9/428; Stäckel, Paul (Gustav) ~ 9/432; Stägemann, (Christian) Friedrich August von ~ 9/433; Stägemann, Max ~ 9/433; Stägemann, Waldemar (Walter Ludwig Eugen) ~ 9/433; Stammer, Emil ~ 9/444; Stange, Carl ~ 9/446; Staphylus, Friedrich ~ 9/449; Starck, Johann August von ~ 9/449; Starlinger, Wilhelm ~ 9/454; Steffeck, Carl (Constantin Heinrich) ~/† 9/464; Stegmann, Karl David ~ 9/468; Stein, Philipp * 9/481; Steinberg, Karl ~/† 9/485; Steinheil, Carl August Ritter von ~ 9/493; Steinhoff, Karl ~ 9/495; Steinke, Eduard Gottfried ~ 9/496; Steinkopf, Willy ~ 9/497; Stenger, Paul (Karl Georg Heinrich) ~ 9/506; Steuben, Kuno von ~ 9/521; Steudel, Johannes ~ 9/521; Stich, Rudolf ~ 9/522; Stieda, Alexander (Bernhard Ludwig August) ~ 9/525; Stieda, Alfred ~ 9/525; Stieda, (Christian Hermann) Ludwig ~ 9/525; Stieler, Kaspar (David) von ~ 9/528; Stifel, Michael ~ 9/530; Stirner, Max ~ 9/535; Stitzer, Karl * 9/536; Stobaeus, Johann ~/† 9/536; Stobbe, (Johann Ernst) Otto */~ 9/536; Stoeckel, Walter ~ 9/541; Stökl, Günther ~ 9/544; Stoeltzner, Wilhelm ~

9/544; Störmer, Urban ~/† 9/546; Stojus, Matthias */~/† 9/548; Stoldt, Marianne ~ 9/550; Stolte, Heinz Hermann ~ 9/553; Stolzenberg, Benno */~ 9/556; Stosch, Anny von ~ 9/560; Stradiol-Mende, Pauline Henriette von ~ 9/564; Strakosch, Ludwig ~ 9/565; Stralendorf, Carl (Hermann Fritz Johannes) ~ 9/565; Strantz, Ferdinand (Karl Friedrich Felix) von ~ 9/566; Strauss, Johann */~/† 9/576; Strich, Fritz ~ 9/586; Strimes, Samuel * 9/588; Stritt, Albert */~ 9/588; Strombeck, Friedrich Heinrich von ~ 9/593; Strümpell, Ludwig (Adolf) von ~ 9/597; Struve, (Friedrich Adolph) August ~ 9/599; Struve, (Karl) Hermann von ~ 9/600; Struve, (Jacob) Theodor ~ 9/601; Studt, Konrad von ~ 9/606; Stüler, (Friedrich) August ~ 9/609; Stuhrmann, Heinrich (Wilhelm) ~ 9/613; Stumpff, Hans-Jürgen ~ 9/615; Stumpp, Emil ~ 9/615; Stury, Franz Xaver ~ 9/618; Stutte, Hermann ~ 9/620; Stutterheim, Joachim Friedrich von ~/† 9/620; Stutterheim, Ludwig August (Wilhelm) von ~/† 9/620; Sucher, Rosa ~ 9/622; Suchten, Alexander von ~ 9/623; Sudermann, Hermann ~ 9/624; Süßenguth, Walther (Wilhelm Rudolf) ~ 9/627; Süvern, Johann Wilhelm ~ 9/628; Suhr, Eduard R. ~ 9/628; Susa, Charlotte ~ 9/635; Swientek, Horst Oskar ~ 9/640; Tachenius, Otto ~ 9/649; Taut, Bruno */~ 9/667; Taut, Max */~ 9/667; Teichert, Kurt ~ 9/669; Telemann, Walter */~/† 9/672; Tellenbach, Hubertus ~ 9/672; Teschemacher, Hans (Georg) ~ 9/679; Teske, Johann Gottfried */~/† 9/680; Tettau, Daniel von */~ 9/681; Theiler, Willy ~ 9/691; Theiss, Konrad ~ 9/692; Thelen, Jean ~ 9/693; Thelen, Peter ~ 9/693; Therstappen, Paul ~ 9/695; Thibaut, Anton Friedrich Justus ~ 10/1; Thiel, Erich ~ 10/2; Thieler, Fred * 11/182; Thienemann, Johannes ~ 10/5; Thiesen, Max Ferdinand ~ 10/9; Thilo, Valentin d. Ä. ~/† 10/11; Thilo, Valentin d. J. */~/† 10/11; Thomas, Georg * 10/18; Thurau, Gustav ~ 10/30; Tiburtius, Joachim ~ 10/35; Tielke, Joachim * 10/38; Tiessen, Ernst (Georg) ~ 10/39; Tiessen, Heinz Richard Gustav * 10/39; Tietz, Friedrich */~ 10/40; Tischer, Friedrich (Carl Adalbert) ~ 10/50; Tischler, Friedrich ~ 10/50; Tischler, Georg (Friedrich Leopold) ~ 10/50; Tischler, Otto ~/† 10/50; Titius, Arthur ~ 10/51; Titz, Johann Peter ~ 10/52; Töppen, Max Pollux */~ 10/58; Tornquist, Alexander (Johannes Heinrich) ~ 10/65; Trapp, (Hermann Emil Alfred) Max ~ 10/70; Trautmann, Reinhold */~ 10/73; Trautz, Wilhelm ~ 10/75; Trenck, Friedrich Frh. von der */~ 10/80; Tromnau, Friedrich Karl ~/† 10/96; Trostorff, Fritz ~ 10/98; Tschackert, Paul ~ 10/103; Uckeley, Alfred ~ 10/122; Ucko, Sinai ~ 10/122; Ueberhorst, Karl ~ 10/124; Ueberweg, Friedrich ~/† 10/124; Uhl, Johann Ludwig ~ 10/128; Ulbrich, Anton ~/† 10/133; Umpfenbach, Karl (Friedrich) ~ 10/150; Unger, Joseph ~ 10/154; Unger, Karl ~/† 10/154; Unger, Rudolf ~ 10/155; Ungewitter, Claus ~ 10/156; Unterberger, Franz (Karl Christian) */~/† 10/159; Unterberger, Reinhold ~/† 10/160; Unzer, August Wilhelm ~/† 10/162; Urbschat, Fritz ~ 10/166; Usedom, Ernst von * 10/170; Vageler, Paul ~ 10/175; Vahlen, (Karl) Theodor ~ 10/176; Valentin, Johannes ~ 10/178; Varena, Adolf ~/† 10/181; Varenius, August ~ 10/181; Varenius, Bernhardus ~ 10/181; Vater, Johann Severin ~ 10/185; Venediger, Georg von ~ 10/194; Verth, Max zur ~ 10/198; Viertel, Anton ~ 10/206; Villaret, Albert ~ 10/210; Vleugels, Wilhelm ~ 10/219; Vogel von Falckenstein, Eduard ~ 10/228; Vogelstein, Hermann ~ 10/230; Voigt, Georg ~ 10/237; Voigt, Heinrich (Carl Gisbert August) ~ 10/237; Voigt, Johanna ~/† 10/238; Voigt, Johannes ~/† 10/238; Voigt, Woldemar ~ 10/238; Volkmann, Paul (Oskar Eduard) ~/† 10/246; Vollmer, Artur * 10/248; Volz, (Ludwig Emil) Robert ~ 10/251; Vondenhoff, Bruno ~ 10/252; Vorster, Johannes ~ 10/255; Vossius, Adolf ~ 10/260; Wach, Adolf ~ 10/264; Waenker, Ludwig Anton von ~ 10/272; Wagner, Hermann ~ 10/282; Wagner, Karl Ernst Albrecht ~ 10/284; Wagner, Martin * 10/285; Wagner, (Wilhelm) Richard ~ 10/286; Waissel, Matthäus ~/† 10/295; Walb, Ernst ~ 10/297; Wald, Samuel Gottlieb ~/† 10/299; Waldburg, Karl Heinrich Graf von ~/† 10/300; Walde, Alois ~ 10/300;

Waldow-Dannenwalde, Wilhelm von ~ 10/306; Walesrode, Ludwig Reinhold ~ 10/308; Wallach, Otto (Hermann Theodor Gustav) * 10/309; Walleck, Oskar ~ 10/310; Walter, Johann Gottlieb */~ 10/319; Walter, Julius ~ 10/320; Wangerin, (Friedrich Heinrich) Albert ~ 10/330; Waterstradt, Franz ~ 10/344; Watson, Michael ~ 10/345; Weber, Adelheid ~ 10/348; Weber, Christoph (Leopold) ~ 10/351; Weber, Hans Hermann (Julius Wilhelm) ~ 10/354; Weber, Heinrich ~ 10/354; Wedekind, Hermann ~ 10/369; Wegner, Christian ~ 10/374; Weierstraß, Karl (Theodor Wilhelm) ~ 10/385; Weingartner, Felix (Paul) Edler von Münzberg ~ 10/396; Weinlich-Tipka, Louise ~ 10/398; Weippert, Georg (Heinrich) ~ 10/400; Weisflog, Carl ~ 10/403; Weiss, (Karl Philipp) Bernhard */~ 10/406; Weiss, Hugo ~ 10/408; Weiss, Otto ~ 10/410; Weissel, Georg ~/† 10/412; Weissert, Otto (Heinrich) ~ 10/415; Weltner, Armin ~ 10/429; Wendel, Ernst ~ 10/431; Werber, Mia ~ 10/440; Werminghoff, Albert ~ 10/443; Werner, Adam Friedrich ~ 10/444; Werner, Fritz ~ 10/446; Werner, (Friedrich Ludwig) Zacharias */~ 10/448; Wernich, Albrecht (Ludwig Agathon) ~ 10/450; Weyrauch, Wolfgang * 10/468; Wichert, Ernst (Alexander August George) ~ 10/470; Wichert, Georg Heinrich Robert */~ 10/470; Wichert, Karl * 10/471; Wichmann, Moritz Ludwig Georg ~/† 10/471; Wiebe, Adolf ~ 10/476; Wiechert, (Johann) Emil ~ 10/477; Wiechert, Ernst ~ 10/477; Wieland, Hermann ~ 10/484; Wien, Max (Carl Werner) */~ 10/485; Wiens, Paul * 10/487; Wigand, Johannes ~ 10/492; Wild, Heinrich ~ 10/497; Wilde, Jakob ~ 10/499; Friedrich Wilhelm I. Ludwig, König von Preußen, Deutscher Kaiser ~ 10/501; Wilke, Fritz ~ 10/508; Wilkow, Christoph */~/† 10/509; Willamov, Johann Gottlieb ~ 10/509; Willer, Alfred ~ 10/511; Willmann, Michael (Lukas Leopold) * 10/513; Wilmanns, August ~ 10/514; Windelband, Wolfgang ~ 10/523; Winter, Georg ~ 10/532; Wittich, Wilhelm Heinrich von */~/† 10/548; Wittmann, Carl Friedrich ~ 10/550; Wöhlisch, Edgar ~ 10/556; Wolff, Charlotte ~ 10/571; Wolff, Heinrich ~ 10/573; Wolff-Eisner, Alfred ~ 10/578; Wolff-Zimmermann, Elisabeth ~ 10/578; Wolffsohn, David ~ 10/579; Wolfram, Karl ~ 10/581; Wollenberg, Erich */~ 10/583; Wollenberg, Robert ~ 10/583; Wollenweber, Hellmut Ernst Eugen ~ 10/584; Wolzendorff, Kurt ~ 10/588; Wormit, Hans-Georg ~ 10/588; Worringer, Wilhelm ~ 10/588; Wrangel, Friedrich Heinrich Ernst von ~ 10/589; Wünsch, Richard ~ 10/593; Wunderlich, Hans-Heinz ~ 10/598; Wuzél, Hans ~ 10/602; Wyneken, Alexander ~/† 10/602; Wyrgatsch, Otto ~ 10/602; Zachariae, Gotthilf Traugott ~ 10/610; Zachariae, Theodor Maximilian ~ 10/610; Zacher, (Ernst) Julius (August) ~ 10/611; Zamehl, Friedrich ~ 10/616; Zander, Paul */~ 10/617; Zander, Richard */~ 10/617; Zangemeister, Wilhelm (Karl) ~/† 10/618; Zaunick, Rudolph (Otto) ~ 10/623; Zehmen, Achatius von † 10/629; Zeiger, Karl (Friedrich Heinrich) ~ 10/631; Zeisler, Moritz ~ 10/632; Zell, Heinrich † 10/635; Zeller, Karl August ~ 10/637; Ziebill, Otto ~ 10/650; Ziegler, Karl ~ 10/655; Ziesemer, Walther ~ 10/660; Zimmer, Friedrich ~ 10/664; Zimmermann, Theodor Franz */~ 10/671; Zimmern, Heinrich ~ 10/672; Zinniker, Otto ~ 10/676; Zöppritz, Karl (Jacob) ~/† 10/685; Zörner, Hans ~ 10/686; Zondek, Max ~ 10/688; Zorn, (Karl Ludwig) Philipp ~ 10/689; Zscharnack, Leopold (Fritz Carl) ~ 10/690; Zwehl, Hans Wilhelm von ~ 10/703

Königsberg an der Eger (tschech. Kynšperk nad Ohří)
Perger, Hugo ~ 7/599; Schmidt, Wilhelm ~ 9/21; Steidl, Franz * 9/471; Wolf, Edmund */~/† 10/564

Königsberg i. Bay.
Hezel, Johann Wilhelm Friedrich * 5/28; Lingel, Eduard * 6/410; Ludwig, Daniel ~ 6/507; Regiomontanus, Johannes * 8/186; Rosenmüller, Johann Georg ~ 8/398; Schröder, Wilhelm Frh. von * 9/151; Seckendorff, Friedrich Heinrich Frh. von * 9/252; Tann, Eberhard von der ~ 9/654; Waldersee, Paul Hermann Otto Graf von † 10/303

Königsberg Nm. (poln. Chojna)
Arnold, August ~ 1/185; Beyme, Karl Friedrich von * 1/507; Doebbelin, Karl Theophil ~ 2/567; Friedrich, Theodor Heinrich * 3/481; Henning, Leopold (August Wilhelm Dorotheus) von ~ 4/592; Keudell, Walter von ~ 5/524; Kuhn, (Franz Felix) Adalbert ~ 6/158; Levetzow, Albert Erdmann Carl Gerhard von ~ 6/357; Meyer, Arnold Oskar † 7/98; Schramm, Karl Rudolf ~ 9/129; Schüler, Gustav ~ 9/170; Sucro, Christoph Joseph * 9/624

Königsborn (Unna)
Krause, Friedrich Conrad Theodor * 6/80

Königsbronn
Blezinger, Johann Georg */~/† 1/572; Erhardt, Albrecht Johannes ~ 3/146; Faber du Faur, (Achilles Christian) Wilhelm (Friedrich) von ~ 3/210; Groß, Johann Adam d. Ä. ~/† 4/191; Heuglin, (Martin) Theodor von ~ 5/8; Reusch, Paul (Hermann) * 8/255

Königsbrück (Kr. Westlausitz-Dresdner Land)
Bartisch, Georg * 1/309; Meurer, Gottlob Siegfried ~ 7/94; Rose, (Karl) Julius * 8/387

Königsbrunn
Zangmeister, Kaspar ~ 10/619

Königsdorf (Frechen)
Zimmermann, Bernd Alois † 10/666

Königsee (Kr. Saalfeld-Rudolstadt)
Abicht, Johann Georg * 1/11; Langstedt, Friedrich Ludwig * 11/117

Königsee (seit 1978 zu Schönau a. Königssee)
Loesche, Georg † 6/446

Königseggwald
Härle, Carl * 4/312

Königsfeld (Gem. Wolnzach)
Forster, Frobenius * 3/376

Königsfeld (Kr. Mittweida)
Chemnitz, Christian * 2/308; Ernesti, Johann Heinrich * 3/157

Königsfeld (tschech. Královo Pole, heute zu Brno/Brünn)
Rad, Jakob Christof ~ 8/112

Königsfeld im Schwarzwald
siehe auch *Burgberg*
Aner, Karl * 1/135; Bassermann, Alfred † 1/315; Bettermann, Wilhelm ~ 1/499; Gottschalk, Sigmund * 4/111; Heisler, August (Gustav) ~ 4/551; Hirsch, Ernst Eduard † 5/60; Krüger, Hermann Anders ~ 6/123; Sellner, Gustav Rudolf † 9/280

Königsfelden (Gem. Windisch, Kt. Aargau)
Agnes von Österreich, Königin von Ungarn ~/† 1/51; Christen, Joseph Maria ~/† 2/317; Eckhart von Hochheim ~ 3/13; Elisabeth, deutsche Königin ~/† 3/86; Heinrich von Nördlingen ~ 4/540; Nüscheler, Richard Arthur ~ 7/447; Otto von Passau ~ 7/533; Schaufelbüel, Edmund ~ 8/575; Waldstetter, Ruth ~ 10/307; Welti-Escher, Lydia ~ 10/429; Wischak, Maximilian ~ 10/541

Königshagen
Roller, David Samuel ~ 8/376

Königshein-Wiederau → Topfseifersdorf, Wiederau

Königshof (tschech. Králův Dvůr)
Bergl, Johann Baptist Wenzel * 1/448; Gutfreund, Otto * 4/269; Trenkler, Herbert * 10/81

Königshofen (seit 1975 zu Lauda-Königshofen)
Geyer, Florian ~ 3/672; Hipler, Wendel ~ 5/58; Hirsch, Jakob von ~ 5/61; Hirsch, Julius ~ 5/61; Rousseau, Georg Ludwig Claudius * 8/428; Schott, Kaspar ~ 9/121

Königshofen (Straßburg)
Naab, Ingbert ~ 7/325; Twinger von Königshofen, Jakob * 10/120

Königshofen i. Grabfeld → Bad Königshofen i. Grabfeld

Königshütte (poln. Chorzów)
Alberts, Walter ~ 1/71; Alder, Kurt * 1/85; Bernhardi, Friedrich ~ 1/469; Buntzel, Alfred ~ 2/226; Clauberg, Carl ~ 2/332; Delius, (Hans) Walter ~ 2/478; Eck, Heinrich Adolf von ~ 3/5; Epstein, Max ~ 3/133; Friedlaender-Fuld, Friedrich Viktor von ~ 3/454; Glatschke, Leopold ~/† 4/25; Goldschmidt, Ernst Daniel * 4/82; Grau, Bernhard ~ 4/141;

Franz I., Herzog von Pommern-Stettin ~ 3/412; Freder, Johann * 3/420; Goltdammer, Theodor ~ 4/91; Grade, Hans (Gustav Bernhard) * 4/118; Gravenhorst, (Heinrich Ludwig Diedrich) Friedrich ~ 4/144; Grieben, Hermann * 4/161; Haken, Hermann * 4/340; Hakenberger, Andreas * 4/340; Heffter, Lothar (Wilhelm Julius) * 4/477; Hendel-Schütz, (Johanne) Henriette (Rosine) † 4/581; Kleist, Ewald Jürgen (Georg) von ~/† 5/582; Lange, Joachim ~ 6/233; Mahnke, Hans ~ 6/568; Micraelius, Johannes ~ 7/128; Prager, Stephan (Friedrich) ~ 8/51; Rauch, Heinrich Julius Otto ~ 8/158; Richert, Hans * 8/274; Sabatzky, Kurt * 8/485; Schallock, Richard ~ 8/562; Schneck, Wilhelm Karl ~ 9/46; Schönthan von Pernwaldt, Franz ~ 9/100; Selchow, Bogislaw (Werner Heinrich) Frh. von * 9/277; Stutterheim, Ludwig August (Wilhelm) von * 9/620; Trautschold, Ilse ~ 10/74; Wendel, Friedrich * 10/432; Wernich, Albrecht (Ludwig Agathon) ~ 10/450

Kössen (Tirol)
Hörfarter, Matthäus * 5/101; Sprenger, Jakob † 9/419

Köstritz → Bad Köstritz

Köthen (Anhalt)
Abel, Carl Friedrich * 1/4; Agde, Georg ~ 1/51; Allendorf, Johann Ludwig Konrad ~ 1/91; Angelocrater, Daniel ~/† 1/135; Bach, Johann Sebastian ~ 1/238; Bandhauer, (Christian) Gottfried (Heinrich) ~ 1/287; Begas, Karl d. J. † 1/393; Bienek, Horst ~ 1/521; Bredow, Hans (Karl August Friedrich) ~ 2/96; Brückner, Katharina Magdalena ~/† 2/153; Büsching, (Polyxene) Christiane (Auguste) * 2/213; Bunge, Rudolf */† 2/224; Cramer, Richard Edmund Otto * 2/390; Damerow, Erich ~ 2/436; Daniel, Hermann Adalbert * 2/441; Deharbe, Joseph (Gervais) ~ 2/467; Dierichs, Paul ~ 11/46; Doebbelin, Konrad Karl Theodor Ernst ~ 2/567; Dunkel, Johann Gottlob Wilhelm * 2/653; Eckhart, Johann Gottlieb von * 3/15; Eilers, Albert * 3/61; Emanuel Lebrecht, Fürst zu Anhalt-Köthen * 3/101; Erdberg-Krczenciewski, Robert (Adelbert Wilhelm) von ~ 3/139; Ferdinand, Herzog von Anhalt-Köthen † 3/269; Gallus, Nicolaus * 3/566; Gocht, Moritz Hermann * 4/45; Görner, Karl August ~ 4/59; Groß, Johann Gottfried ~ 4/191; Gueintz, Christian ~ 4/234; Hahnemann, (Christian Friedrich) Samuel ~ 4/334; Heine, Leopold * 4/510; Hille, Carl Gustav von ~ 5/42; Höppler, Fritz ~ 5/100; Isensee, Ludwig Theodor Emil * 5/263; Joho, Rudolf ~ 5/357; Klughardt, August */~ 5/609; Krause, Georg */† 6/81; Ludwig, Fürst von Anhalt-Köthen ~/† 6/499; Masius, Ernst Albert * 6/650; Naue, Julius * 7/347; Naumann, Johann Friedrich ~ 7/350; Onowotschek, Ferdinand ~ 7/493; Pfeiffer, Max Adolf ~ 7/641; Ratke, Wolfgang ~ 8/152; Rindfleisch, (Georg) Eduard von * 8/314; Röckel, Josef August † 8/348; Rösler, Robert */~ 8/361; Rose, Paul (Arthur Max) ~ 8/387; Schmidt, (John) Harry ~ 9/9; Schnurbein, Markus (II.) ~ 9/70; Simon, Günther ~ 9/331; Sommerfeld, Heinrich ~ 9/371; Stadlinger, Hermann (Friedrich August) ~/† 9/431; Stange, Theodor Friedrich ~ 9/446; Uhlich, Leberecht * 10/130; Wolfgang, Fürst zu Anhalt-Köthen * 10/579; Wolfram, Gerhard ~ 11/185; Zipp, (Carl) Hermann ~ 10/678

Köthensdorf (Sachsen)
Esche, Johann Georg * 3/171

Kötitz (Gem. Calbitz, seit 1972 zu Luppa, seit 1999 zu Wermsdorf)
Nacke, Emil ~ 7/328

Kötschach (seit 1958 zu Kötschach-Mauthen, Kärnten)
Patéra, Lothar † 7/570

Kötschach-Mauthen → Kötschach

Köttmannsdorf (Kärnten)
Lessiak, Primus * 6/344; Storchenau, Sig(is)mund Maria Laurentius von * 9/559

Kötz → Großkötz, Kleinkötz

Kötzlin
Königsmarck, Hans Christoph Graf von * 5/665

Kötzschau → Schladebach, Thalschütz

Kötzschenbroda (seit 1935 zu Radebeul)
Bierbaum, Otto Julius † 1/522; Dedenroth, Eugen Hermann von ~/† 2/462; Hallbauer, Joseph (August) † 4/344; Heimburg, Wilhelmine † 4/504; Hilger, Ewald † 5/41; Johann Georg I., Kurfürst von Sachsen ~ 5/345; Lietz, Hermann ~ 6/393; Manitius, Max ~ 6/589; Mayr, Lina † 7/15; Reinhardt, Carl August † 8/219; Schuch, Ernst Edler von ~ 9/166; Schuch-Proska, Clementine von † 9/167

Kötzting
siehe auch *Liebenstein*
Armansperg, Joseph Ludwig Graf von * 1/171; Stattler, Benedikt (Alexius Andreas) * 9/454; Taller, Placidus ~ 9/652

Köwerich
Jostock, Paul * 5/369

Kogel (seit 1928 zu Sterley)
Wackerbarth, August Christoph Reichsgraf von * 10/269

Kőhalom → Reps

Kohl-Janowitz (tschech. Uhlířské Janovice)
Friedländer-Malheim, Friedrich Ritter von * 3/454

Kohlberg (Kr. Esslingen)
Manz, Philipp Jakob * 6/602

Kohlberg (Kr. Neustadt a. d. Waldnaab)
Beer-Walbrunn, Anton * 1/391

Kohlberg (Steiermark)
Schwab, Werner ~ 9/218

Kohlfurt (poln. Wegliniec)
Bergemann, Paul † 1/442; Hornig, Ernst (Walter Erich) * 5/180

Kohlheim (tschech. Uhliště)
Schott, Anton * 9/120

Kohlo (poln. Koło)
Gueintz, Christian * 4/234

Kohlscheid (seit 1972 zu Herzogenrath)
Albrecht, Paul † 1/83; Soiron, Hubert Heinrich Leo * 9/362

Kohoutov → Koken

Kohren (heute zu Kohren-Salis)
Cellarius, Simon † 2/300; Kozel, Hans Eduard ~ 6/58; Mosen, Julius ~ 7/222

Kohren-Salis → Kohren, Rüdigsdorf

Koischwitz (poln. Koskowice)
Czepko und Reigersfeld, Daniel von * 2/417

Kojetein (tschech. Kojetín)
Brüll, Adolf * 2/158; Brüll, Jakob (ben Michael) ~/† 2/158; Brüll, Nehemias ~ 2/158; Fleckeles, Eleasar (Elieser) ben David ~ 3/339; Goldemund, Heinrich * 4/78; Kaufmann, David * 5/471

Kojetín → Kojetein

Koken (tschech. Kohoutov)
Schmitt, Hans * 9/31

Kokenguzen → Kokenhusen

Kokenhusen (lett. Koknese, russ. Kokenguzen, poln. Kokenhuza)
Czarnewski, Johann Georg Martin Friedrich † 2/417

Kokenhuza → Kokenhusen

Koknese → Kokenhusen

Kokoszewo → Henneberg

Kołbacz → Kolbatz

Kolbatz (poln. Kołbacz)
Krause, Friedrich Wilhelm ~/† 6/80

Kolberg (poln. Kołobrzeg)
Assmann, Johann Baptist (Maria) ~ 1/207; Auen, Euphrosyne */† 1/212; Bartholdy, Georg Wilhelm * 1/307; Benzmann, Hans * 1/433; Bitterfeld, Johann Eberhard Ernst Herwarth von ~ 1/550; Böhringer, August ~ 1/624; Bonin, Georg Otto von ~ 2/19; Bülow, (Adam Heinrich) Dietrich Frh. von ~ 2/203; Chieze, Philippe de ~ 2/311; Colberg, Ehregott Daniel * 2/354; Colberg, Johannes */~ 2/354; Dewitz, Joachim Balthasar von ~/† 2/509; Diez, Heinrich Friedrich von ~ 2/543; Dossow, Friedrich Wilhelm von ~ 2/602; Dunin, Martin von ~ 2/652; Edeling, Petrus von ~/† 3/17; Ellendt, Friedrich Theodor * 3/90; Ellendt, Johann Ernst * 3/90; Faßmann, Auguste von

~ 7/462; Oppenheim, Max Frh. von ~ 7/498; Orabuena, José ~ 7/503; Orsini-Rosenberg, Franz Xaver Wolf Fürst von (Reichsfürst 1790) ~ 11/152; Osius, Hieronymus ~ 7/512; Patzak, Julius ~ 7/571; Pauli, Wolfgang (Ernst) ~ 7/577; Paullini, Christian Franz ~ 7/578; Peierls, Sir Rudolf Ernst ~ 7/588; Peschke, Paul ~ 7/609; Peters, Wilhelm Karl Hartwig ~ 7/617; Petersen, Peter ~ 7/620; Petter, Franz ~ 7/625; Pfaundler von Hadermur, Richard ~ 7/637; Pirker, Marianne ~ 7/678; Placzek, George ~ 7/682; Podewils, Heinrich Graf von ~ 8/8; Preißler, Johann Georg */~/† 8/59; Preißler, Johann Martin ~ 8/59; Pufendorf, Samuel Frh. von ~ 8/89; Quehl, Ryno ~/† 8/100; Raatz-Brockmann, Julius von ~ 8/107; Raloff, Karl ~ 8/130; Ramus, Johann Daniel ~ 8/134; Rantzau, Christian Reichsgraf von † 8/139; Reimers, Wilhelm (Georg Detlev) ~ 8/212; Reinecke, Carl (Heinrich Carsten) ~ 8/215; Reinowski, Hans ~ 8/227; Reitemeier, Johann Friedrich ~ 8/233; Resewitz, Friedrich Gabriel ~ 8/249; Reusche, Theodor ~ 8/256; Reuss, Christian Friedrich * 8/257; Reuss, Jeremias Friedrich ~ 8/258; Reventlow, Friederike Julia(ne) Gräfin zu */~ 8/263; Richthofen, Hartmann (Oswald Heinrich Ferdinand) Frh. von ~ 8/285; Richthofen, Herbert Frh. von ~ 8/286; Riphahn, Wilhelm ~ 8/321; Rist, Johann Georg ~ 8/323; Robinsohn, Hans (Joachim) ~ 8/339; Rösel von Rosenhof, August Johann ~ 8/359; Rohde, Friedrich Wilhelm ~/† 8/367; Rohrbach, Adolf (Karl) ~ 8/371; Rosen, Georg ~ 8/389; Rosenberg, Frederic ~ 8/392; Roß, Ludwig ~ 8/404; Rosvaenge, Helge Anton */~ 8/409; Roth, Dieter ~ 11/166; Rothschild, Anselm Salomon Frh. von ~ 8/422; Rudelbach, Andreas Gottlob */~ 8/434; Runge, Philipp Otto ~ 8/468; Saloman, Siegfried ~ 8/502; Sanden, Heinrich von ~ 8/511; Sander, Levin (Friedrich) Christian ~/† 8/512; Schairer, Reinhold ~/† 8/558; Scheibe, Johann Adolph ~/† 8/585; Scheidemann, Philipp † 8/587; Scheidt, Christian Ludwig ~ 8/588; Scheiner, Jakob ~ 8/590; Schiele, Egon ~ 8/626; Schlack, Paul ~ 8/652; Schleiden, Rudolf ~ 8/664; Schleinitz, Alexander Frh. von ~ 8/667; Schlözer, Kurd von ~ 8/683; Schmedes, Erik ~ 8/694; Schmid, Johann Jakob ~ 8/703; Schmidt, Georg Philipp ~ 9/8; Schmidt, Johannes (Carl) ~ 9/12; Schmidt, Ole Jürgen */~ 9/16; Schmidt-Phiseldeck, Konrad (Georg) Friedrich (Elias) von ~/† 9/25; Schmit von Tavera, Ernst ~ 9/29; Schmitt-Walter, Karl ~ 9/33; Schneeweiß, Martin ~ 9/49; Schnorr von Carolsfeld, Malwina */~ 9/69; Schoen, Wilhelm (Eduard) Frh. von ~ 9/82; Schönborn, Gottlob Friedrich Ernst ~ 9/87; Schop, Johann ~ 9/114; Schornstein, Max(imilian) ~ 9/118; Schütz, Heinrich ~ 9/177; Schütze, Gottfried ~ 9/179; Schulz, Johann Abraham Peter ~ 9/197; Schumacher, Heinrich Christian ~ 9/203; Schumann, Clara ~ 9/205; Schweitzer, Albert ~ 9/237; Schwerin von Schwanenfeld, Ulrich Wilhelm Graf von * 9/245; Selinko, Annemarie ~/† 9/278; Sieburg, Friedrich ~ 9/308; Sierp, Heinrich (Matthias Emil) ~ 9/320; Sievers, Jakob Johann Graf von ~ 9/322; Spee, Maximilian Reichsgraf von * 9/389; Spengler, Lorenz ~/† 9/395; Sperling, Otto ~/† 9/398; Spetzler, Johann Anton David ~ 9/399; Spiegel, Friedrich von * 9/400; Steffens, Henrik ~ 9/465; Stein, Lorenz von ~ 9/480; Steinbrecher, Gustav ~ 9/486; Steno, Nicolaus */~ 9/507; Stöttrup, Andreas ~ 9/547; Stolberg-Stolberg, Christian Graf zu ~ 9/549; Stolberg-Stolberg, (Henriette) Katharina Gräfin zu ~ 9/550; Strodtmann, Johann Sigismund ~ 9/591; Struensee, Johann Friedrich ~/† 9/597; Struensee von Karlsbach, Karl Gustav ~ 9/598; Sturz, Helfrich Peter ~ 9/619; Suadicani, Karl Ferdinand ~ 9/622; Suhrlandt, Carl ~ 9/629; Tetens, Johann Nicolaus ~/† 9/680; Textor, Karl ~ 9/684; Thielmann, Max Frh. von ~ 10/3; Thode, Henry ~/† 10/12; Thomsen, (Asmus) Julius (Thomas) ~ 10/22; Tode, Johann Klemens ~/† 10/55; Treu, Michael Daniel ~ 10/84; Trippel, Alexander ~ 10/90; Trotha, Thilo von ~ 10/98; Tuscher, Marcus ~/† 10/119; Uhde, Hermann ~/† 10/126; Ulfeldt, Leonora Christina ~ 10/134; Verner, Waldemar ~ 10/197; Vierdank, Johann ~ 10/204; Vieweg, Kurt (Hugo Gustav Eduard) ~ 10/209; Vollmer, Adolf

(Friedrich) ~ 10/248; Waagen, Gustav Friedrich † 10/263; Wacker, (Peter Johannes Georg) Emil ~ 10/268; Wahle, Christian ~ 10/293; Waldthausen, Julius (Wilhelm) Frh. von ~ 10/308; Warnstedt, Adolf Eduard von ~ 10/337; Wasserthal, Elfriede ~ 10/344; Weidt, Jean ~ 10/384; Weizsäcker, Ernst Frh. von ~ 10/420; Wels, Otto ~ 10/426; Werner, Adam Friedrich ~/† 10/444; Wernicke, Christian ~/† 10/450; Wilda, Wilhelm Eduard ~ 10/498; Wintrich, Anton ~ 10/536; Witt, Johann Niklas ~ 10/544; Wolff, Abraham Alexander ~/† 10/570; Wolff, Emil (Theodor) von ~ 10/572; Wolff, Theodor ~ 10/577; Wollheim da Fonseca, Anton Eduard ~ 10/584; Young, Friedrich ~ 10/607; Zawilowski, Konrad von ~ 10/624; Ziesenis, Johann Georg * 10/660; Zinck, Harnak Otto Conrad ~/† 10/673; Zöllner, Karl Heinrich ~ 10/684; Zuntz, Günther ~ 10/701; Zuppinger, Ernst (Theodor) ~ 10/701

Koper (früher Kopar, italien. Capodistria, Slowenien)
Heinzel, Richard * 4/548; Puff, Rudolf Gustav ~ 8/90; Vergerius, Peter Paul * 10/195

Koperniki → Köppernig

Kopetzen (tschech. Kopec)
Wölfler, Anton * 10/557

Kopfing (seit 1968 zu Kaindorf, Steiermark)
Hagenhofer, Franz ~ 4/325

Kopfing im Innkreis (Oberösterreich)
Hauser, Johann Nepomuk ~ 4/449

Kopiec → Kapitz

Koppen (poln. Kopanie)
Schönemann, Daniel † 9/91

Koppigen (Kt. Bern)
Schädelin, Walter ~ 8/545

Kopriewe (poln. Koprzywnica)
Goltz, Konrad Frh. von der * 4/93

Kopřivnice → Nesseldorf

Koprivnik pri Kočevju → Nesseltal

Koprzywnica → Kopriewe

Koralpe (Kärnten)
Rosthorn, Josef von † 8/409

Korb (Rems-Murr-Kreis)
Heigelin, Karl Marcell ~ 4/494; Saalfeld, Friedrich † 8/483; Weishaar, Jakob Friedrich * 10/403

Korbach
siehe auch *Lengefeld*
Angelocrater, Daniel * 1/135; Bunsen, (Christian) Karl (Josias) Frh. von * 2/224; Buxtorf, Joachim Gerlach * 2/261; Goclenius, Rudolph d. Ä. */~ 4/46; Günther, Wolfgang ~ 4/243; Halberstadt, Wilhelmine * 4/341; Heitefuß, Clara * 4/552; Heller, Johannes * 4/563; Kümmell, Hermann * 6/149; Milichius, Ludwig ~ 7/140; Pfeilschmidt, Andreas ~/† 7/644; Schurzfleisch, Conrad Samuel * 9/213; Schurzfleisch, Heinrich Leonhard * 9/213; Schwaner, Wilhelm * 9/221

Kordofan (Sudan)
Brehm, Alfred Edmund ~ 2/97

Kořenov → Wilhelmshöhe

Korfantów → Friedland O. S.

Korfu
Heider, Arthur von ~ 4/490; Herter, Ernst ~ 4/648; Kaiser-Herbst, Carl ~ 5/408; Matsch, Franz Josef Karl von ~ 6/657; Schulenburg, Johann Matthias von der, Frh. (seit 1715 Reichsgraf) ~ 9/182; Schulenburg, (Gebhard) Werner von der ~ 9/183

Korinth
Kapp von Gültstein, Otto ~ 5/430

Koritschan (tschech. Koryčany)
Kolisch, Rudolf * 6/15; Kolisch, Sigmund * 6/15; Reich, Emil * 8/194

Kork (seit 1971 zu Kehl, Ortenaukreis)
Drach, Adolf ~ 2/605; Kobelt, Georg Ludwig * 5/635; Vortisch, Hermann ~ 10/256

Kornelimünster (seit 1972 zu Aachen)
Benedikt von Aniane ~/† 1/419; Giesen, Hubert */~ 4/4; Thissen, Eugen (Johann Theodor) ~ 10/12

Korneuburg (Niederösterreich)
Burckhard, Max Eugen * 2/230; Burstyn, Gunther † 2/247; Dostal, Nico * 2/603; Foglár, Adolf ~ 3/366; Friedmann, Otto ~ 3/455; Gaheis, Franz (Anton) de Paula ~ 3/558; Gall, Franz * 3/561; Gerö, Josef ~ 3/653; Gleispach, Karl Josef Graf von * 4/29; Himmelbaur, Wolfgang ~ 5/49; Kreisler, Karl ~ 6/93; Krticzka von Jaden, Hans Frh. ~ 6/120; Lickl, Johann Georg */~ 6/377; Matejka, Viktor * 6/653; Matthias I. Corvinus, König von Ungarn und von Böhmen ~ 6/662; Mayern, Franz Ferdinand ~ 7/13; Neugebauer, Max † 7/377; Pamer, Ignaz * 7/553; Roller, Josef * 8/376; Stanzig, Ferdinand ~ 9/447; Trapp, Hede von † 10/69; Wirer, Franz Ritter von Rettenbach * 10/537

Kornevo → Zinten

Kórnik-Bnin → Bnin

Kornsand
Kleinschmidt, Otto * 5/581

Korntal (seit 1975 zu Korntal-Münchingen)
Bausch, Paul */~/† 1/353; Flad, Johann Martin † 3/335; Hartenstein, Karl ~ 4/399; Hesse, Johannes ~/† 4/676; Hoffmann, Gottlieb Wilhelm ~/† 5/118; Kapff, Sixt Carl von ~ 5/428; Krapf, Johann Ludwig † 6/72; Olpp, Johannes ~ 7/490; Pfleiderer, Johann Gottlob † 7/649; Rebmann, Johannes † 8/171; Schick, Conrad ~ 8/621; Simpfendörfer, Wilhelm ~ 9/336

Korntal-Münchingen
siehe auch *Korntal, Münchingen*
Niethammer, Anneliese † 11/142; Niethammer, Friedrich Georg † 7/413

Kornwestheim
Auch, Jakob ~ 1/212; Hahn, Philipp Matthäus ~ 4/333; Lechler, Rudolf † 6/282; Sigle, Jakob */~ 9/325; Simon, Joseph † 9/333; Vogel, Jacob * 10/226

Korolivka → Korólówka

Korólówka (ukrain. Korolivka)
Frank, Jakub Lejbowicz * 3/399

Korompa → Krupa

Korośnica → Josephsberg

Korosnicja → Josephsberg

Korozwky → Sedlitz

Korpona → Karpfen

Korschenbroich
siehe auch *Glehn*
Wages, Peter * 10/276

Korsør (Seeland)
Baggesen, Jens Immanuel * 1/267

Kortnitz (Kr. Sprottau)
Elsner, Moritz * 3/97

Kortrijk
Piscator, Erwin (Friedrich Max) ~ 7/678

Koryčany → Koritschan

Kos (Griechenland)
Rehm, Albert ~ 8/191

Košátky → Koschatek

Koschatek (tschech. Košátky)
Kirschner, Lola † 5/556

Koschentin (poln. Koszęcin)
Borggreve, Bernard Robert ~ 2/29; Hohenlohe-Ingelfingen, Adolf Prinz zu † 5/139

Kościerzyna → Berent

Koseir
Klunzinger, Carl Benjamin ~ 5/610

Kosel (Kr. Rendsburg-Eckernförde) → Missunde

Kosel (Oberlausitz)
Frentzel, Michael ~ 3/425

Kosel (Österr.-Schlesien)
Eisinger, Irene * 3/75

Kosel (poln. Koźle)
Heydebrand und der Lase, Ernst von ~ 5/16; Wittola, Markus Anton * 10/551

Koselitz (poln. Koziełec)
Deetjen, (Otto Paul) Werner * 2/463

Koselitz (seit 1994 zu Röderaue)
Hantzsche, (Willy) Walter * 4/378

Koserow
Gaza, Wilhelm (Philipp Immanuel) von * 3/590; Meinhold, (Johann) Wilhelm ~ 7/36

Košice → Kaschau

Koskowice → Koischwitz

Koslar (seit 1972 zu Jülich)
Nickel, Goswin * 7/397

Kosma (seit 1996 zu Altenburg, Kr. Altenburger Land)
Rosth, Nikolaus ~/† 8/408

Kosmanos (tschech. Kosmonosy)
Leitenberger, Franz † 6/311; Leitenberger, Friedrich * 6/311; Ludwik, Kamill * 6/511; Neumann, Karl August ~ 7/385

Kosmodemjanskoe → Molsehnen

Kosmonosy → Kosmanos

Kosobudy → Kossabude

Kosolup (tschech. Kozolupy)
Gruber, Josef * 4/207

Kosová Hora → Amschelberg

Kossabude (poln. Kosobudy)
Schramm, Hermann * 9/129

Koßdorf
siehe auch *Lehndorf*
Mechau, Emil † 7/18

Kossenblatt
Barfus, Hans Albrecht Reichsgraf von † 1/294

Kostajnica (Kroatien)
Katzianer, Hans † 5/467

Kostanjevica → Mariabrunn

Kostelec → Kostelitz

Kostelec nad Černými Lesy → Schwarzkosteletz

Kostelec nad Orlicí → Adlerkosteletz

Kostelitz (tschech. Kostelec)
Pessina von Czechorod, Ignaz Josef * 7/610

Kostelní Bříza → Kirchenbirk

Kostenblatt (tschech. Kostomlaty pod Milešovkou)
Mörl, Franz * 7/176

Kostenblut (poln. Kostomłoty)
Ollendorff, Paula * 7/489

Kostheim (seit 1913 zu Mainz, nach 1945 zu Wiesbaden)
Disch, Hubert Anton ~ 2/557; Lux, Adam ~ 6/541; Lux, Maria Anna */† 6/541

Kostomlaty pod Milešovkou → Kostenblatt

Kostomłoty → Kostenblut

Kostrzyca → Quirl

Kostrzyn → Küstrin

Koszęcin → Koschentin

Kőszeg → Güns

Kotelow
Eberhard, Otto Glaubrecht ~ 2/671

Kotlarnia → Jakobswalde

Kotor (italien. Cattaro, Montenegro)
Gelcich, Eugen (Nikolaus Triphonius Balthasar) * 3/615; Parisini, Emil Frh. von * 7/564; Tommasini, Mutius Ritter von ~ 10/63; Wöß, Josef Venantius von * 10/560

Kottenem
Cervaes, Matthias * 2/301

Kottenheim
Staub, Walther † 9/455

Kotteritz
Kirchner, Ernst * 5/551

Kotthausen (Gem. Marienheide)
Kind, Otto ~/† 5/540

Kottingbrunn (Niederösterreich)
Boor, Peter ~ 2/23

Kotzen
Decken, Carl Claus von der * 2/457

Kotzenbüll
Wacker, (Peter Johannes Georg) Emil * 10/268

Kotzman
Gritzinger, Leon (Georg) * 4/175

Kouřimske Předměstí → Kauřim

Kovač → Kowatsch

Kovel' → Kowel

Kovna → Kowno
Kowal (Polen)
  Kowalski, Max * 6/57
Kowalewo (Polen)
  Molzahn, Ilse * 7/195
Kowalowice → Kaulwitz
Kowarren (russ. Zaozërnoe)
  Bagdons, Friedrich * 1/267
Kowary → Schmiedeberg i. Rsgb.
Kowatsch (tschech. Kovač)
  Patsch, Karl * 7/571
Kowel (ukrain. Kovel')
  Strasser, Vera * 9/569
Kowno (litauisch Kaunas, russ. Kovna)
  siehe auch *Alexoten*
  Andreae, Samuel Traugott * 1/131; Goldschmidt, Lazarus ~ 4/84; Hardenberg, (Bernhard) Heinrich Graf von ~ 4/381; Hellmann, C. August ~ 4/566; Heß, Walther ~ 4/673; Klemperer, Victor ~ 5/587; Moellendorff, Otto Franz von ~ 7/166; Rabinowitch-Kempner, Lydia * 8/110; Wagner, Karl ~ 10/284; Zechlin, Erich (Wilhelm) ~ 10/626; Zweig, Arnold ~ 10/704
Kozáni
  Karajan, Georg Johann * 5/432
Kožichovice → Kožichowitz
Kožichowitz (tschech. Kožichovice)
  Zdarsky, Matthias * 10/625
Kozielec → Koselitz
Koźle → Kosel
Koźliny → Güttland
Kozmin (poln. Koźmin)
  Kalckreuth, (Eduard) Stanislaus Graf von * 5/411
Kozolupy → Kosolup
Kradolf (Kt. Thurgau)
  Meier, Karl * 7/31
Krähenberg (Beerfelden)
  Reissig, Jakob * 8/232
Krälingen (Gem. Berg, Kr. Ahrweiler)
  Hermes, Andreas (Anton Hubert) † 4/632
Kraftshof (seit 1930 zu Nürnberg)
  Limburger, Martin ~/† 6/398
Krahne
  Rochow, Friedrich (Eberhard) Frh. von ~ 8/341
Kraiburg a. Inn
  siehe auch *Ensfelden*
  Bernhard der Kraiburger, Bischof von Chiemsee * 1/466; Greif, Martin ~ 4/150; Mechow, Karl Benno von ~ 7/19; Pfeiffer, Peter (Hermann Josef) † 7/642; Wämpl von Tettenweis, Johann (Sebastian) ~ 10/272
Kraichtal → Gochsheim, Menzingen, Oberacker
Krailling
  Bayrhammer, Gustl † 1/360; Belling, Rudolf ~/† 1/410; Braunfels, Wolfgang ~ 2/89; Fitz, Hans ~ 3/333; Maucher, Albert † 6/667; Nagel zu Aichberg, Ludwig von † 7/335; Prey, Hermann (Oskar Karl Bruno) † 11/160; Ruf, (Johann) Paul † 8/457; Schallmayer, (Friedrich) Wilhelm ~/† 8/562; Schultze, Walther (August Ludwig) † 9/194
Krain (poln. Krajno)
  Koppy, Moritz von ~/† 6/41
Krainburg (slowen. Kranj)
  Hayne, Anton * 4/463; Mally, Ernst * 6/581
Krainsdorf (poln. Krajanów)
  Schulze-Gävernitz, Gerhart von † 9/201
Krajanów → Krainsdorf
Krajenka → Krojanke
Krajková → Gossengrün
Krajnik Górny → Hohenkränig
Krajno → Krain
Krakau
  Abb, Gustav ~ 1/1; Abusch, Alexander * 1/16; Adametz, Leopold ~ 1/30; Adamkiewicz, Albert ~ 1/31; Aesticampianus, Johannes Rhagius ~ 1/50; Albert von Aschach ~ 1/67; Albrecht der Ältere, Markgraf von Brandenburg-Ansbach, Hochmeister des Deutschen Ordens, Herzog in Preußen ~ 1/78; Alphons, Theodor * 1/93; Alvensleben, Albrecht Graf von ~ 1/107; Anshelm, Valerius ~ 1/148; Arnold, Karl ~ 1/188; Augusti, Friedrich Albert ~ 1/222; Aventinus, Johannes ~ 1/228; Badeni, Kasimir Felix Graf von ~ 1/252; Baldner, Oswald ~ 1/274; Bandtke, Georg Samuel ~/† 1/288; Baumgarten, Franziska ~ 1/343; Bebel, Heinrich ~ 1/364; Beeth, Lola * 1/391; Berkowitz, Michael ~ 1/455; Bömer, Karl † 1/629; Boner, Hans ~/† 2/17; Bornstein, Joseph * 2/36; Boyen, Leopold Hermann von ~ 2/51; Bredetzky, Samuel ~ 2/95; Břetislav I., Herzog von Böhmen ~ 2/122; Brühl, Karl Bernhard ~ 2/156; Brus von Müglitz, Anton ~ 2/175; Burgsdorff, Curt (Ludwig Ehrenreich) von ~ 11/36; Carl, Karl * 2/280; Celtis, Konrad ~ 2/300; Chiaveri, Gaetano ~ 2/311; Christl, Anton Joseph ~ 2/322; Clenck, Rudolph ~ 2/341; Coler, Christoph ~ 2/355; Collin, Matthäus Kasimir von ~ 2/357; Copernicus, Nicolaus ~ 2/368; Corvinus, Laurentius ~ 2/380; Creizenach, Wilhelm (Michael Anton) ~ 2/396; Cromer, Martin von ~ 2/403; Czaja, Herbert ~ 11/43; Dantiscus, Johann ~ 2/443; Decius, Jo(b)st Ludwig ~/† 2/457; Dembitzer, Salomon * 2/481; Demelius, Ernst * 2/482; Demelius, Gustav ~ 2/482; Derblich, Wolfgang ~ 2/491; Diesing, Karl Moritz * 2/524; Dietl, Joseph ~/† 2/530; Dornspach, Nikolaus von ~ 2/600; Duczyński, Irma von ~ 2/632; Dunajewski, Julian Ritter von ~ 2/650; Eibenschütz, Jonathan * 3/45; Eisenberger, Severin * 3/70; Ellenbog, Nikolaus ~ 3/90; Elyan, Kaspar ~ 3/101; Esmarch, Karl Bernhard Hieronymus ~ 3/178; Falkenberg, Johannes ~ 3/226; Faust, Johannes ~ 3/236; Ferber, Eberhard ~ 3/266; Finck, Heinrich ~ 3/297; Fränkel, Jonas * 3/384; Fränkel, Sigmund * 3/385; Fränkli, Hans ~ 3/385; Freimann, Jakob * 3/423; Friederich, Frantz ~ 3/444; Friedrich, Prinz von Hohenzollern-Hechingen ~ 3/463; Funck, Mathias ~ 3/540; Gallina, Josef (Wilhelm) Frh. von ~ 3/564; Gans, David ben Salomon ~ 3/569; Genast, Anton ~ 3/620; Gerteis, Adolf ~ 3/661; Glinz, Andreas ~ 4/31; Goldschmidt, Abraham Meyer ~ 4/82; Grammateus, Heinrich ~ 4/134; Graul, Hans ~ 11/71; Grossmann, Henryk */~ 4/197; Grünpeck, Joseph ~ 4/217; Gumplowicz, Ludwig */~ 4/255; Haan, (Johann) Wenzel ~ 4/283; Hacquet de la Motte, Balthasar ~ 4/299; Hadeke, Johannes ~ 4/300; Halban, Alfred von */~ 4/340; Haller, Johann ~/† 4/347; Halm, Friedrich * 4/352; Hatzfeldt, Melchior Graf von ~ 4/434; Haubenstock-Ramati, Roman */~ 4/435; Heilmeyer, Ludwig Siegfried ~ 4/499; Heinrich I. der Bärtige, Herzog von Schlesien ~ 4/533; Heinrich II. der Fromme, Herzog von Schlesien ~ 4/534; Heinrich IV., Herzog von Schlesien-Breslau ~ 4/534; Heinrich, Albin ~ 4/542; Helfert, Joseph Alexander Frh. von ~ 4/589; Heller, Kamill ~ 4/564; Hennecke von Riga ~/† 4/589; Herbich, Franz ~/† 4/606; Heschl, Richard (Ladislaus) ~ 4/667; Hessus, Helius Eobanus ~ 5/3; Hildenbrand, Johann Valentin Edler von ~ 5/44; Hillengaß, Hedwig ~ 5/44; Hochfeder, Kaspar ~ 5/81; Hoff, Konrad ~ 5/111; Holzapfel, Rudolf Maria * 5/158; Honter, Johannes ~ 5/169; Hornstein, Karl ~ 5/181; Hosius, Stanislaus */~ 5/185; Huebner, Joachim ~ 5/227; Huna, Ludwig ~ 5/227; Jakob von Jüterbog ~ 5/295; Jenny, Karl ~ 5/320; Johann von Glogau ~/† 5/348; Johannes V. Turzo, Bischof von Breslau */~ 5/351; Josephi, Josef * 5/368; Jülg, Bernhard ~ 5/372; Kaempfer, Engelbert ~ 5/459; Kauffmann, Paul † 5/470; Kinckius, Johann ~ 5/539; Koberger, Anton ~ 5/636; Kövess von Kövessháza, Hermann Baron ~ 5/679; Krautwald, Valentin ~ 6/87; Krieg-Hochfelden, Franz Frh. von ~ 6/106; Krieghammer, Edmund Frh. von ~ 6/107; Kulmbach, Hans von ~ 6/164; Lagus, Konrad ~ 6/198; Landau, Saul Raphael * 6/214; Lang, Paul ~ 6/228; Lange, Johann ~ 6/233; Laub, Jakob ~ 6/263; Lauber, Hans ~ 6/264; Ledóchowska, Ursula ~ 6/286; Ledóchowski, Wladimir Graf von ~ 6/287; Leisentrit von Juliusberg, Johann ~ 6/309; Lelewer, Georg ~ 6/314; Lewinger, Maximilian ~ 6/365; Lexer, Matthias Ritter von ~ 6/367; Lilien, Ephraim Mose ~ 6/395; Lipmann, Jom Tow ben Salomo ~ 6/416; Littrow, Joseph Johann

Edler von ~ 6/429; Littrow, Karl Ludwig von ~ 6/429; Löwenthal, Jakob ~ 6/457; Logau, Georg von ~ 6/460; Lorenz von Ratibor ~/† 6/471; Manowarda, Josef von * 6/598; Mantel, Kurt ~ 6/600; Marcus von Nürnberg ~ 6/609; Marlitt, Eugenie ~ 6/626; Martin Truchseß von Wetzhausen, Hochmeister des Deutschen Ordens ~ 6/635; Matthäus von Krakau, Bischof von Worms * 6/659; Mehlich, Ernst ~ 7/27; Meinhold, Helmut ~ 7/36; Meister der Worcester-Kreuztragung ~ 7/46; Menger, Carl ~ 7/62; Merkel, Georg ~ 7/73; Mertens, Franz ~ 7/77; Metzburg, Johann Nepomuk Frh. von ~ 7/90; Mieses, Fabius ~ 7/134; Mikulicz-Radecki, Johannes von ~ 7/138; Minz, Moses ben Isaak ~ 7/149; Molitor, Johann Peter ~/† 7/189; Moskovics, Simon ~ 7/230; Murner, Thomas ~ 7/313; Nanker ~ 7/339; Nencki, Marcell von ~ 7/363; Neumann, Angelo ~ 7/380; Neuschul, Ernst ~ 7/393; Neusser, Edmund von ~ 7/393; Niedźwiedzki, Julian ~ 7/406; Nolden, Peter Richard Hubert ~ 7/434; Nollau, Günther (Konrad) ~ 7/435; Nowalski de Lilia, Josef Hilarius ~ 7/446; Nunberg, Hermann ~ 11/145; Overmans, Jakob ~ 7/540; Persius, Ludwig ~ 7/605; Polack, Jan * 8/22; Pratobevera von Wiesborn, Karl Joseph Frh. ~ 8/54; Przybyszewski, (Felix) Stanisław ~ 8/83; Quadrantinus, Fabian ~ 8/97; Raimann, Johann Nepomuk Ritter von ~ 8/126; Rapagelanus, Stanislaus ~ 8/141; Rauchinger, Heinrich */~ 8/160; Rheticus, Georg Joachim ~ 8/269; Rohrer, Margarete von * 8/372; Rokyta, Erika * 8/373; Rosenstock, Joseph */~ 8/399; Schallgruber, Josef Franz ~ 8/562; Schenkl, Adolf ~ 8/607; Schindler, Oskar ~ 8/644; Schmidt, Johann Christoph ~ 9/11; Schmidt, (Eduard) Oskar ~ 9/16; Schultes, Joseph August ~ 9/188; Schultz, Alwin ~ 9/189; Stein, Barthel ~ 9/474; Stoß, Andreas */~ 9/561; Stoß, Veit ~ 9/561; Svoboda, Adalbert Victor ~ 9/640; Svoboda, Albin (August Heinrich Emil) ~ 9/641; Telemann, Georg Philipp ~ 9/671; Trakl, Georg ~/† 10/68; Trapp, Karl ~ 10/69; Traßler, Josef Georg ~ 10/70; Treffner, Willy * 10/77; Triller, Valentin ~ 10/89; Tscharner, Johann Wilhelm von ~ 10/104; Velius, Caspar Ursinus ~ 10/191; Vetter, Alois Rudolf ~ 10/200; Vietor, Hieronymus ~/† 10/207; Virdung, Johann ~ 10/214; Vischer, Hermann d. J. ~ 10/216; Vischer, Peter d. Ä. ~ 10/217; Voigt, Christian August ~ 10/237; Weinhold, Karl ~ 10/397; Weisse, Michael ~ 10/412; Wenzel II., König von Böhmen und Polen ~ 10/438; Zängerle, Roman Sebastian ~ 10/612; Zawilowski, Konrad von * 10/624; Zech, Karl ~ 10/625; Zepharovich, Victor Leopold von ~ 10/643

Kralice → Kralitz
Králíky → Grulich
Kralitz (tschech. Kralice)
Schmidt, Theodor * 9/20
Kraljevec (Kroatien)
Steiner, Rudolf (Joseph Lorenz) * 9/490
Královo Pole → Königsfeld
Královské Vinohrady → Königliche Weinberge
Království → Königswalde
Kralup a. d. Moldau (tschech. Kralupy nad Vltavou)
Kars, Georg * 5/453; Lanna, Adalbert ~ 6/249
Kralupy nad Vltavou → Kralup a. d. Moldau
Krampe (poln. Krępa)
Martiny, Benno * 6/641
Kramsach (Tirol)
Böhm-Bawerk, Eugen Ritter von † 1/619; Thurwieser, Peter Karl * 10/33
Kranenburg (Kr. Kleve)
siehe auch *Mehr, Nütterden*
Gelenius, Aegidius ~ 3/616
Kranichbruch (Ostpreußen)
Stahl, Jockel * 9/439
Kranichfeld
Anne Sophie, Gräfin von Schwarzburg-Rudolstadt ~ 1/144; Bamberg, (Johann) Karl (Wilhelm Anton) * 1/284; Baumbach, Rudolf * 1/338; Gollner, Hermann ~ 4/90; Müller, Karl ~ 7/273

Kranj → Krainburg
Kranowitz (poln. Krzanowice)
Kollar, Vincenz * 6/16
Kranzegg (Gem. Rettenberg)
Hofmiller, Josef * 5/135
Krapkowice → Krappitz
Krappitz (poln. Krapkowice)
Freund, Wilhelm Alexander * 3/432; Herrnstadt, Rudolf ~ 4/645; Jadasch, Anton * 5/281; Pohl, Hermine */~ 8/18; Rosenbach, Ottomar * 8/390
Kraschnitz (poln. Krośnice)
Recke-Volmerstein, Adalbert Graf von der † 8/174
Krasíkov → Schwanberg
Kraslice → Graslitz
Krásná → Schönbach
Krásná → Schumburg
Krásná Lípa → Schönlinde
Krasne (Galizien)
Badeni, Kasimir Felix Graf von † 1/252
Krasne (Gouv. Smolensk)
Nowalski de Lilia, Josef Hilarius * 7/446
Krásné Pole → Schönfeld
Krasnoborskoe → Starkenberg
Krasnoe → Agilla
Krasnojarsk
Merhart von Bernegg, Gero ~ 7/70
Krasnoznamensk → Neuhof
Krásný Buk → Schönbüchel
Krásný Dvůr → Lobeditz
Krásný Dvůr → Schönhof
Krasov → Kronsdorf
Krasovice → Krasowitz
Krasowitz (tschech. Krasovice)
Hauser, Franz * 4/448
Kraszna (slowak. Krasná nad Torysou)
Friedmann, Meir * 3/455
Kratzau (tschech. Chrastava)
siehe auch *Oberkratzau*
Exner, Robert (Emil Julius) * 3/201; Führich, Joseph Ritter von * 3/524; Kratzmann, (Karl) Gustav (Philipp) * 6/74; Schroff, Karl Damian Ritter von * 9/157; Schütky, Franz Josef * 9/174
Krauchenwies
Dreher, Theodor * 2/613; Hohenzollern-Sigmaringen, Karl Anton (Joachim Zephyrin Friedrich Meinhard) Fürst von * 5/142; Karl Anton, Fürst von Hohenzollern-Sigmaringen * 5/443; Leopold, Fürst von Hohenzollern-Sigmaringen * 6/332
Kraupach (Ungarn)
Tetmajer von Przerwa, Ludwig (Wenzel Rudolf) * 9/681
Krauschwitz (Kr. Weißenfels) → Krössuln
Krauschwitz (Niederschlesischer Oberlausitzkreis) → Pechern
Kraußen (Kaliningrad/Königsberg Pr)
Heinrich, (Ernst Gustav) Theodor ~ 4/543
Krautergersheim (Dép. Bas-Rhin, Frankreich)
Paulus, Nikolaus * 7/581; Schönemann, Lili † 9/91
Krautheim (Hohenlohekreis)
siehe auch *Neunstetten*
Eichhorn, Fritz (Ludwig Edmund) * 3/52
Krautheim (seit 1977 zu Volkach)
Baumer, Johann Wilhelm ~ 1/340
Krautostheim (seit 1972 zu Sugenheim)
Rummel, Hans * 8/463
Kray (seit 1929 zu Essen)
Börger, Wilhelm * 1/631; Hueck, Adolf ~ 5/207; Müller-Kray, Hans (Albert) * 7/288; Pattberg, Heinrich ~ 11/156; Weber, Jacob ~ 10/355
Krebes (Burgstein)
Vogel, Hermann ~/† 10/226
Krebs (seit 1994 zu Dohna)
Oppel, Friedrich Wilhelm von * 11/150
Krechting
Finke, Heinrich * 3/304

7/136; Mitterhofer, Leopold ~ 7/157; Oberwalder, Oskar * 7/458; Pflieger, Silvester ~ 7/649; Pollak, Wilhelm Johann ~ 8/27; Pollhammer, Josef ~/† 8/28; Pommer, Josef ~ 8/30; Portele, Karl von † 8/39; Rakowitsch, Adolf ~ 8/130; Ranzoni, Hans † 8/140; Reckendorfer, Ferdinand ~ 8/174; Retzer, Joseph Friedrich Frh. von * 8/252; Riedel, Franz Xaver * 8/291; Riedl, Franz Xaver † 8/294; Riehl, Anton * 8/298; Roesler, Leonhard † 8/360; Rubatscher, Maria Veronika ~ 8/430; Schiele, Egon ~ 8/626; Schmidt, Johann Georg † 9/11; Schmidt, Martin Johann ~ 9/15; Schneider, Franz Cölestin von * 9/52; Schrauf, Karl ~ 9/131; Schweighofer, Felix ~ 9/236; Töpper, Andreas ~ 10/58; Vaugoin, Carl † 10/186; Wagner-Schönkirch, Hans ~ 10/292; Waideck, Leopoldine Frfr. von * 10/295; Wallner, Franz ~ 10/314; Wertheim, Franz Frh. von * 10/452; Wickenburg, Matthias Constantin von ~ 10/472; Winiwarter, Joseph Ritter von * 10/526

Kremsier (tschech. Kroměříž)
Biber von Bibern, Heinrich Franz ~ 1/511; Brestel, Rudolf ~ 2/121; Büchner, Fritz † 2/196; Colloredo-Waldsee, Hieronymus (Josef Franz de Paula) Graf von ~ 2/358; Dobner, Felix Jakob ~ 2/565; Donath, Adolf * 2/593; Endlicher, Stephan (Ladislaus) ~ 3/111; Etgens, Johann Georg ~ 3/183; Fischer, Alois ~ 3/311; Frankl, Oskar * 3/408; Frankl-Grün, Adolf ~ 3/408; Goetz, Franz † 4/69; Haimerl, Franz Xaver ~ 4/337; Hallaschka, (Franz Ignaz) Cassian ~ 4/344; Halter, Josef ~ 4/354; Hamilton, Maximilian Reichsgraf von ~/† 4/359; Hay, Johann Leopold Ritter von ~ 4/458; Heger, Ignaz Jakob ~ 4/482; Hein, Franz Frh. von ~ 4/506; Herold, Franz ~ 4/635; Hiernle, Franz ~ 5/32; Hornbostel, Theodor (Friedrich) von ~ 5/179; Hubala, Erich ~ 11/91; Jäger, Franz ~ 5/283; Koberwein, Joseph * 5/636; Kohn, Theodor ~ 6/7; Koller, Oswald ~ 6/17; Kreisler, Karl ~ 6/93; Kudlich, Hans ~ 6/138; Kübeck von Kübau, Karl Frh. ~ 6/138; Löhner, Ludwig Edler von ~ 6/443; Militsch, Johann * 7/140; Palacký, František ~ 7/549; Palko, (Franz) Xaver (Karl) ~ 7/550; Palla, Eduard ~ 7/550; Pfretzschner, Norbert ~ 7/652; Pinkas, Adolf Maria ~ 7/673; Schinzel, Josef ~ 8/647; Schneider, Carl Samuel ~ 9/50; Schwarzenberg, Felix Fürst zu ~ 9/230; Walheim, Alfred ~ 10/308

Kremsmünster (Oberösterreich)
Achleuthner, Leonhard ~/† 1/18; Bernardus Noricus ~ 1/460; Besange, Hieronymos ~ 1/490; Bischoff von Altenstern, Ignaz Rudolf * 1/544; Czerny, Franz ~/† 2/419; Desing, Anselm ~ 2/496; Engilbert, Bischof von Passau ~ 3/125; Fadinger, Stephan ~ 3/216; Fellöcker, Siegmund ~/† 3/262; Fixlmillner, Placidus ~/† 3/333; Ganglbauer, Cölestin Josef ~ 3/569; Genczik, August von ~/† 3/620; Graser, Rudolph (Johann Nepomuk) ~ 4/137; Gresemund, Gottschalk ~ 4/157; Grimmich, Virgil ~ 4/173; Haase, Ludwig ~ 4/289; Hagn, Theoderich ~ 4/327; Kaiser, Josef Maria * 5/407; Kofler, Tina ~/† 5/680; Lechler, Benedikt ~/† 6/282; Mangold, Graf von Berg, Benediktiner, Bischof von Passau ~ 6/587; Mohr, Joseph (Franz) ~ 7/183; Moll, Karl Marie Ehrenbert Frh. von ~ 7/190; Pasterwitz, Georg von ~/† 7/569; Pfaffinger, Joseph Anton ~ 7/634; Pötsch, Ignaz Sigismund ~ 8/16; Remp, Franz Carl ~ 8/240; Reslhuber, Augustin (Wolfgang) ~/† 8/249; Rettenpacher, Simon ~/† 8/251; Riezlmair, Georg ~/† 8/309; Rippl, Otto ~ 8/322; Roser von Reiter, Franz de Paula ~ 8/403; Schmidinger, Heinrich ~ 8/709; Schönfeld, Luise Gräfin von ~ 9/94; Stadler, Maximilian ~ 9/430; Steidl, Melchior (Michael) ~ 9/471; Stifter, Adalbert ~ 9/530; Strasser, Gabriel ~/† 9/568; Süßmayer, Franz Xaver ~ 9/627; Thuille, Ludwig (Wilhelm Andreas Maria) ~ 10/27; Vischer, Georg Matthaeus ~ 10/216; Wartha, Johann Paul ~/† 10/339; Wolfrath, Franz Anton ~ 10/581; Ziegler, Ambros ~ 10/652; Zürn, Michael d. J. ~ 10/699

Krenglbach (Oberösterreich)
Reidinger, Anton * 8/206

Křenov → Krönau

Krensko (tschech. Krnsko)
Sporck, Ferdinand Graf von * 9/416

Krępa → Krampe

Křepkovice → Schrikowitz

Kreßbach
Langer, Richard † 6/242

Kreßberg → Lustenau

Kreßbronn
Albrecht, Helmuth † 1/81

Kressbronn am Bodensee → Gießen

Kretinga → Deutsch-Krottingen

Kreuchthal (Burgdorf, Kt. Bern)
Wälti, Christian * 10/272

Kreuth (Kr. Miesbach)
Berber, Friedrich † 1/433; Blaas, Karl Theodor von * 1/552; Boehm, Gottfried † 1/617; Escherich, Karl (Leopold) † 3/176; Frohschammer, Jakob † 3/507; Geffcken, Walter † 3/598; Graevenitz, Kurt-Fritz von * 4/125; Herald, Heinz † 4/603; Kiem, Paul † 5/529; Mayr, Simon ~ 7/16; Piloty, Hans † 7/671; Rainer, Johann Baptist † 8/128; Rainer, Ludwig * 8/128; Römer, Matthäus † 8/353; Schmitt-Walter, Karl † 9/33; Weidl, Josef ~ 10/383

Kreutz (Kroatien)
Löw, Philipp * 6/449

Kreutz (slowak. Krížova Ves, ungar. Keresztfalu)
Schiffel, Adalbert * 8/631

Kreutzberg (poln. Głowaczów)
Bärenklau zu Schönreith, Johann Leopold Frh. von * 1/261

Kreuzau
siehe auch *Langenbroich*
Hoesch, Ludolf ~ 5/105; Schlack, Peter * 8/652

Kreuzberg (Kloster, bei Bonn)
Kleinschmidt, Beda ~ 5/580

Kreuzburg (Ostpr.) (russ. Slavskoe)
Boyen, Hermann (Ludwig Leopold Gottlieb) von * 2/51; Kongehl, Michael * 6/24

Kreuzburg O. S. (poln. Kluczbork)
Crell, Samuel * 2/397; Daluege, Kurt * 2/435; Desczyk, Gerhard * 2/496; Freytag, Gustav * 3/440; Koch, Erwin Julius ~/† 11/107; Männling, Johann Christoph ~ 6/558; Menz, Gerhard * 7/65; Scholtissek, Herbert * 9/107; Ulitzka, Carl ~ 10/135; Wicclair, Walter */~ 10/469

Kreuzegg (Gem. Pfronten)
Erhart, Jörg * 3/148

Kreuzendorf (poln. Gołuszowice)
Beck, Johann * 1/370

Kreuzenort (poln. Krzyżanowice)
Lichnowsky, Karl Max Fürst von * 6/372

Kreuzlingen (Kt. Thurgau)
siehe auch *Egelshofen, Emmishofen*
Baumgartner, Hans ~ 11/13; Benda, Clemens Ernst ~ 1/413; Binswanger, Ludwig */~/† 1/534; Binswanger, Otto ~/† 1/534; Blanke, Fritz * 1/557; Brunnenmeister, Emil * 2/168; Decker, Wilhelm ~ 2/460; Dodel, Arnold ~ 2/566; Enholtz, Walter * 3/127; Fischer, Erich * 3/314; Häberlin, Paul ~ 4/302; Häberlin, (Henriette) Paula ~ 4/302; Hermann, Franz Ludwig ~ 4/627; L'Arronge, Adolph † 6/254; Lenz, Max Werner * 11/121; Looser, Guido ~ 6/468; Morf, Heinrich ~ 7/209; Schatzmann, Rudolf Friedrich ~ 8/573; Schibler, Armin * 8/621; Staiger, Emil * 9/441; Sulzer, Johann Anton ~ 9/631; Sury, Max Joseph von † 9/635; Warburg, Aby M(oritz) ~ 10/332; Wehrli, Johann Jakob ~ 10/378; Westphal, Carl (Friedrich Otto) † 10/460

Kreuznach → Bad Kreuznach

Kreuztal
siehe auch *Ernsdorf, Ferndorf, Krombach*
Dresler, Heinrich Wilhelm ~/† 2/614; Eigenbrodt, Reinhard ~ 3/59; Menne, Ernst † 7/63

Kreuzwertheim
Storch, Ludwig † 9/558

Krevese
Schäffer, Julius * 8/551

Krężoły → Adlig-Krümmendorf

Kriebitzsch
siehe auch *Petsa*
Ernst, Jakob Daniel ~ 3/164
Krieblowitz (poln. Krobielowice)
Blücher von Wahlstatt, Gebhard Leberecht Fürst † 1/580
Kriebstein
Arnold von Westfalen ~ 1/185; Carlowitz, Georg von ~/†
2/282; Niethammer, (Ludwig) Albert (Julius) ~/† 7/413
Krieglach (Steiermark)
siehe auch *Alpl*
Rosegger, Hans Ludwig * 8/388; Rosegger, Peter ~/† 8/388
Kriegsheim (Monsheim)
Kupferberg, Christian Adalbert * 6/175
Kriegstetten (Kt. Solothurn)
Hänggi, Anton ~ 4/309
Krien
Ahlwardt, Hermann * 1/59
Kriens (Kt. Luzern)
Bell, August ~/† 1/408; Bolzern, Joseph * 2/14; Krauer,
Johann Georg * 6/74; Pfyffer von Altishofen, Ludwig
~ 7/653; Rössler, (Karl) Rudolf † 8/363; Thoma, Max *
10/15; Walther, Heinrich † 10/324; Wieland, Hans Beat ~/†
10/484
Kriesfelde (poln. Smarzewo)
Kries, Wolfgang (Ludwig Moritz) von * 6/107
Krima (tschech. Křimov)
Schubert, Gustav * 9/163
Krimderode (Nordhausen)
Thimme, Friedrich Wilhelm Karl * 10/12
Křimice → Krimitz
Krimitz (tschech. Křimice)
Bretschneider, Heinrich Gottfried von † 2/123
Křimov → Krima
Křinice → Weckersdorf
Krinitz
Koppe, Johann Gottlieb ~ 6/40
Křínov → Gröna
Krippehna
Mahler, Charlotte * 6/566
Krippen
Keller, Friedrich (Gottlob) † 5/491
Krisanowitz (Schlesien)
Cohn, Theodor * 2/353
Kristiania → Oslo
Kristiansand (Norwegen)
Schoder, Thilo ~/† 9/74
Kristineberg (Schweden)
Warburg, Otto (Heinrich) ~ 10/334
Kritzendorf (seit 1954 zu Klosterneuburg, Niederösterreich)
Fuchs, Ernst * 3/517
Kritzow
Siemssen, Adolf Christian ~ 9/320
Krížova Ves → Kreutz
Krnsko → Krensko
Krobielowice → Krieblowitz
Kröchlendorff (Brandenburg)
Arnim, Detlev von ~ 1/179
Krögis (seit 1994 zu Käbschütztal)
Erler, Georg ~ 3/153
Kröligkeim (poln. Krelikiejmy)
Nieswandt, Wilhelm (Julius) * 7/413
Kröllwitz (seit 1900 zu Halle/Saale)
Keferstein, Adolph * 5/483
Krölpa
Raspe, Gabriel Nikolaus * 8/146
Krönau (tschech. Křenov)
Kasparides, Eduard * 5/459
Kröß (seit 1937 zu Oldenburg in Holstein)
Langhammer, Carl † 6/245
Krössuln (Gem. Krauschwitz, Kr. Weißenfels)
Bach, Max Hugo * 1/241; Heinichen, Johann David *
4/516
Kröv
Schirach, Baldur von † 8/648

Krojanke (poln. Krajenka)
Wolfsfeld, Erich * 10/581
Krombach (Kr. Aschaffenburg, Land)
Hessler, Franz * 5/3
Krombach (seit 1969 zu Kreuztal)
Mallinckrodt, Gustav ~ 6/579
Kroměříž → Kremsier
Kronach
siehe auch *Vogtendorf*
Bayer, Johann Philipp * 1/358; Cranach, Lucas d. Ä.
*/~ 2/392; Eberhard, Rudolf ~ 11/49; Grau, Johannes
*/~ 4/141; Mang, Johann ~ 11/126; Mantel, Sebastian ~
6/600; Moeckel, Balthasar ~ 7/163; Redwitz, Weigand von
~/† 8/182; Schäfer, Adam Joseph */~ 8/546; Stadlinger,
Hermann (Friedrich August) * 9/431; Stangl, Josef *
9/447; Welsch, Maximilian von */~ 10/426
Kronberg (Niederösterreich)
Kraus, Josef */~/† 6/78
Kronberg im Taunus
siehe auch *Schloß Friedrichshof, Schönberg*
Beer, Wilhelm Amandus ~ 1/391; Brütt, Ferdinand (Martin
Cordt) ~ 2/162; Burger, Anton ~/† 2/236; Burnitz, Karl
Peter ~ 2/246; Chelius, Adolf ~ 2/307; Christ, Johann Lud-
wig ~/† 2/315; Cronberg, Hartmuth von ~/† 2/403; Dessoir,
Max ~ 2/498; Dettweiler, Peter † 2/502; Dielmann, Jakob
Fürchtegott ~ 2/517; Droop, Friedrich Wilhelm † 2/623;
Eysen, Louis ~ 3/205; Franck, (Johann Heinrich) Philipp ~
3/390; Hammerbacher, Hans (Leonhard) † 4/362; Jacobi,
Louis ~ 5/275; Kapp, (Johann) Gottfried ~ 5/430; Kiep,
Louis Leisler † 5/532; Klingspor, Karl † 5/599; Menne,
Wilhelm Alexander † 7/64; Neubronner, Julius */~/†
11/137; Quirin, Eberhard ~ 8/103; Rath, Walter vom
† 8/148; Reifenberg, Benno † 8/206; Rumpf, (Peter)
Philipp ~/† 8/464; Sauer, Ludwig */† 8/527; Sauermann,
Heinz † 8/529; Schlosser, Hermann August † 8/684;
Scholderer, Otto ~ 9/104; Schreyer, (Christian) Adolf ~/†
9/142; Schrödl, Norbert ~/† 9/153; Spieß, Gustav ~ 9/405;
Stampfer, Friedrich ~/† 9/445; Steinen, Karl von den †
9/488; Süs, (Peter Augustin) Wilhelm ~ 9/626; Thurn,
Wilhelm Christoph ~ 10/30; Wucherer, Fritz (Ferdinand)
~/† 10/591
Kronborg (Dänemark)
Holk, Henrik Graf * 5/148; Obbergen, Antonius van ~
7/451; Rantzau, Gerhard von ~ 8/139
Kronenburg
Peiner, Werner ~ 7/589
Kronförstchen
Möschler, Heinrich Benno † 7/177
Kronprinzenkoog → Sophienkoog
Kronsberg
Backhausen, Karl Wilhelm August ~ 1/250
Kronsdorf (poln. Krasov)
Schinzel, Josef * 8/647
Kronshagen
Paulina-Mürl, Lianne-Maren ~/† 7/578
Kronstadt
Maurer, Georg ~ 6/669
Kronstadt (estn. Kroonlinn, russ. Kronštat)
Bauer, Wilhelm Sebastian Valentin ~ 1/330; Wittram,
(Gottlieb Friedrich) Theodor ~ 10/552
Kronstadt (rumän. Brașov)
Albrich, Johann */~ 1/84; Albrich, Martin ~ 1/84; Bergler,
Stephan * 1/449; Bömches, Friedrich * 1/628; Brennerberg,
Irene von * 2/115; Colb, Lukas ~ 2/354; Depner,
Margarete */~/† 2/490; Derblich, Wolfgang ~ 2/491;
Deubel, Friedrich */~/† 2/502; Eder, Joseph Karl * 3/18;
Eisenburger, Eduard † 3/70; Fischer, Emil * 3/314; Friese,
Carl Adolf ~ 3/485; Fronius, Marcus */~/† 3/512; Fuchs,
Karl ~ 3/520; Glondys, Viktor ~ 4/35; Gooß, Roderich
* 4/97; Gorgias, Johann */~ 4/99; Hajek, Egon */~
4/339; Hauser, Arnold * 4/448; Hedwig, Johann * 4/474;
Hermann, Georg Michael Gottlieb von */~/† 4/627;
Hesshaimer, Ludwig * 5/2; Heyser, Christian */~ 5/28;
Honigberger, Johann Martin */~/† 5/167; Honter, Johannes

*/~/† 5/169; Hündler, Veit * 5/211; John von Johnesberg, Conrad Heinrich * 5/356; Kirsten, Adolf ~ 5/557; Korodi, Lutz */~ 6/47; Kruspig, Walter † 6/134; Lange, Martin */~ 6/235; Lassel, Rudolf */~/† 6/259; Latzina, Anemona * 6/262; Lurtz, Franz Eduard */~/† 6/532; Maager, Carl Joseph */~/† 6/547; Marienburg, Lukas Joseph * 6/623; Merz, Carl * 7/79; Meschendörfer, Adolf */~/† 7/81; Mieß, Friedrich */~/† 7/134; Möckel, Konrad ~ 7/163; Mokka, Irene ~ 7/186; Moltke, Max(imilian) Leopold ~ 7/195; Müller-Langenthal, Friedrich ~ 7/288; Mysz-Gmeiner, Lula * 7/324; Neubner, Ottomar ~ 7/373; Neustädter, Erwin ~ 7/394; Nouveau, Henri * 7/444; Ongyerth, Gustav ~ 7/493; Oschanitzky, Richard Karl ~ 7/511; Ostermayer, Georg * 7/517; Petri, Norbert Wilhelm ~/† 7/622; Philippi-Depner, Maja */~ 7/658; Reimesch, Fritz Heinz * 8/212; Reimesch, Ragimund ~ 8/213; Rezzori, Gregor ~ 11/163; Richter, Otmar */~/† 8/283; Richter, (Wilhelm) Paul */~ 8/283; Ruesch, Joseph Theodor Frh. von * 8/455; Scherg, Georg Alfred */~/† 8/612; Schesäus, Christian ~ 8/616; Schiel, Karl */~ 8/626; Schiel, Samuel */~/† 8/626; Schiel, Samuel Traugott */~/† 8/626; Schunn, Heinrich ~ 9/210; Schur, (Philipp) Johann Ferdinand ~ 9/211; Sommer, Johannes ~ 9/369; Stollwerck, Karl ~ 9/553; Stoltz von Stoltzenberg, Daniel ~ 9/554; Stopius, Martinus ~ 9/557; Stürmer, Viktor ~ 9/611; Taschendorfer, Laurenz * 9/659; Teutsch, Traugott */~/† 9/683; Teutsch, Walther * 9/683; Thomas, Oswald */~ 10/19; Trausch von Trauschenfels, Johann Karl Eugen */~/† 10/72; Trausch von Trauschenfels, Joseph */~/† 10/72; Wagner, Valentin */~/† 10/290; Weiß, Michael ~ 10/410; Witting, Emil */~ 10/549; Wittstock, Erwin † 10/552; Ziegler, Regine † 10/656; Zillich, Heinrich */~ 10/662

Kronštat → Kronstadt
Kronstorf (Oberösterreich)
   Födermayr, Florian * 3/359
Kronwinkel (seit 1970 zu Eching, Kr. Landshut)
   Preysing-Lichtenegg-Moos, Konrad Graf von * 8/67
Kroonlinn → Kronstadt
Kropa (Gem. Ratmannsdorf/Radovljica, Slowenien)
   Dermota, Anton * 2/491
Kropp (Kr. Schleswig-Flensburg)
   Andersen, Jürgen ~/† 1/125; Paulsen, Johannes (Joachim Heinrich) ~/† 7/580
Kroppenstedt
   Bodenburg, Joachim Christoph * 1/602; Könnecke, Gustav * 11/108; Ludolf, Erzbischof von Magdeburg * 6/495; Scharf, Johann * 8/567
Kropstädt (früher Ließnitz)
   Moller, Martin * 7/191
Krosdorf
   Bode, Adolf ~ 1/599
Krośnice → Kraschnitz
Krosno Odrzańskie → Crossen/Oder
Krossen (Schlesien)
   Heinrich I. der Bärtige, Herzog von Schlesien † 4/533; Heinrich II. (IV.) der Getreue, Herzog von Schlesien, Herr von Sagan (und Posen), zeitweise auch von Glogau ~ 4/535; Hentzner, Paulus * 4/601; Jeroschewitz, Karl ~ 5/324
Krotoschin (poln. Krotoszyn)
   Dienemann, Max * 2/519; Eppenstein, Simon * 3/132; Füllkrug, Gerhard * 3/524; Gebhardt, Bruno * 3/594; Goldschmidt, Abraham Meyer */~ 4/82; Goldschmidt, Henriette * 4/83; Huth, Georg * 5/236; Ihm, Max * 5/246; Kraze, Friede(rike) II(enriette Marie) * 6/88; Kübler, Bernhard * 6/139; Kullak, Theodor * 6/164; Remane, Adolf * 8/238; Römer, Oskar * 8/353; Roquette, Otto * 8/383; Schenk von Stauffenberg, Melitta Gräfin * 8/606
Krotoszyn → Krotoschin
Krottendorf (Güssing, Burgenland)
   Reichl, Josef * 8/204
Krottingen (Ostpreußen)
   Kraus, Friedrich * 6/76

Krottorf
   Arends, Wilhelm Erasmus ~ 1/166; Maass, Johann Gebhard Ehrenreich * 6/549
Krottowitz
   Oelzelt von Newin, Anton d. Ä. ~ 7/468
Krückwald (poln. Krykulec, heute zu Gdańsk/Danzig)
   Oehlke, Waldemar * 7/465
Krün
   Rothenberger, Curt Ferdinand † 8/419
Krukanice → Krukanitz
Krukanitz (tschech. Krukanice)
   Gruber, Wenzel * 4/208
Krumau → Böhmisch Krumau
Krumau am Kamp (Niederösterreich)
   Margarethe von Österreich, Königin ~/† 6/614
Krumbach (Gem. Sauldorf)
   Schleyer, Johann Martin ~ 8/673
Krumbach (Schwaben)
   Buchner, Alois ~ 2/186; Gerhäuser, Emil * 3/638; Lachmann, Hedwig */~/† 6/189; Landauer, Gustav ~ 6/215
Krummau an der Moldau → Böhmisch Krumau
Krummen
   Locher, Bonifaz * 6/433
Krummendeich → Deckenhausen
Krummendorf bei Züllichau → Adlig-Krümmendorf
Krummhennersdorf
   Albrecht I. der Stolze, Markgraf von Meißen † 1/77
Krummhörn → Eilsum, Greetsiel, Grimersum, Hamswehrum, Manslagt, Osterburg, Pilsum, Rysum, Uttum
Krummhübel (poln. Karpacz)
   Zepler, Bogumil † 10/643
Krummwisch → Neukönigsförde
Krumnußbaum (Niederösterreich)
   Fenzl, Eduard * 3/266
Krumpendorf (Kärnten)
   Schönn, Alois † 9/98; Vollbehr, Ernst † 10/247
Krupa (slowak. Krupá, ungar. Korompa)
   Heitler, Moritz * 4/552
Krupina → Karpfen
Krupka (dt. Graupen) → Mariaschein, Marschen, Obergraupen
Kruschowitz (tschech. Krušovice)
   Fürstenberg, Karl Egon Fürst zu * 3/529
Krusenfelde → Gramzow
Krušovice → Kruschowitz
Kruszewnia (Polen)
   Ludendorff, Erich (Friedrich-Wilhelm) * 6/494
Krute → Kruthen
Kruthen (lett. Krute)
   Bilterling, Georg Sigmund von * 1/530
Krykulec → Krückwald
Krzanowice → Kranowitz
Krzecko → Kreitzig
Krzeczyn Mały → Klein Krichen
Krzepielów → Tschepplau
Krzeszów → Grüssau
Krzymów → Hanseberg
Krzywin → Kehrberg
Krzyżanowice → Kreuzenort
Krzyżowa → Kreisau
Krzyżowice → Kreisewitz
Ksiaz Wielkopolski → Xions
Ksieginice Małe → Klein-Kniegnitz
Kuchelna (tschech. Chuchelná)
   Lichnowski, Karl Max Fürst von † 6/372
Kuchenheim (seit 1969 zu Euskirchen)
   Graf, Willi * 4/129
Kuchl (Salzburg)
   Lienbacher, Georg */† 6/390
Kuchle (Böhmen)
   Kodweiß, Friedrich ~ 5/646
Kuckädel (poln. Kukodło)
   Knobelsdorff, (Hans) Georg Wenceslaus von * 5/623

Kuckerneese (russ. Jasnoje, bis 1938 Kaukehmen)
Hirschfeld, Max * 5/67; Schroeder-Sonnenstern, Friedrich * 9/152

Kudinow (Rußland)
Stackelberg, Heinrich Frh. von * 9/426

Kudowa → Bad Kudowa

Kudowa-Zdrój → Bad Kudowa

Kudrynce (Galizien)
Gelles, David * 3/617; Schächter, Josef * 8/545

Küblingen (seit 1938 zu Schöppenstedt)
Marenholtz-Bülow, Bertha von * 6/613; Schrader von Schliestedt, Heinrich Bernhard † 9/125; Wegscheider, Julius August Ludwig * 10/375

Kühlungsborn
siehe auch *Arendsee*
Lauter, Ernst-August ~ 6/273; Sprenger, Klaus ~/† 9/419

Kühndorf (Kr. Schmalkalden-Meiningen)
Schade, Johann Caspar * 8/542

Kühnitz (Mähren)
Böhm, Joseph * 1/618

Kühren-Burkartshain → Sachsendorf

Kükenbruch (Extertal)
Hugenberg, Alfred † 5/216

Kükülövár → Kockelburg

Külsheim (seit 1978 zu Bad Windsheim)
Moll, Leonhard * 7/190

Külte (Volkmarsen)
Heitefuß, Clara ~ 4/552

Kümmeritz
Birkholz, Georg Wilhelm von */† 1/538

Künzelsau
Beyer, August von * 1/505; Oehler, Gustav Friedrich ~ 7/464; Roos, Hans * 8/382; Roth, Heinrich ~ 8/413; Schmid, Wilhelm * 8/706; Schüle, Johann Heinrich Ritter von * 9/169; Wagner, Georg * 10/281; Widenmann, Wilhelm von ~ 10/473

Küps
siehe auch *Schmölz, Theisenort, Tüschnitz*
Herwarth von Bittenfeld, Hans Heinrich † 11/86

Kürenz (seit 1930 zu Trier)
Wagner, Peter (Josef) * 10/286

Kürnach (Gem. Wiggensbach)
Krumbacher, Karl * 6/128

Kürnberg
Zinzendorf, Ludwig Graf von * 10/678

Kürzell (seit 1972 zu Meißenheim)
Armbruster, Adolf ~ 1/171; Gießler, Franz Josef * 4/5

Kues (seit 1905 zu Bernkastel-Kues)
Nikolaus von Kues ~ 7/419

Küsnacht (Kt. Zürich)
Abegg, Emil */~ 1/2; Abegg-Arter, Carl * 1/3; Aeppli, August ~ 1/49; Becker, Fridolin † 1/377; Bodmer, (Johann) Georg ~ 1/605; Boßhart, Jakob ~ 2/45; Carlsen, Traute † 2/282; Dändliker, Karl ~/† 2/426; Egender, Karl ~ 3/24; Fierz, Hans Eduard † 3/293; Frey-Wyssling, Albert * 3/437; Geiser, (Carl) Friedrich † 3/609; Gimmi, Wilhelm ~ 4/11; Gubler, Max ~ 4/232; Halbert, Awrum Albert ~ 4/342; Heer, Jakob (Christoph) ~ 4/475; Hunziker, Max ~ 5/229; Itschner, Karl ~ 5/266; Job, Jakob ~ 5/331; Jung, Carl Gustav ~/† 5/378; Keller, Curt † 5/491; Kern, Walter * 5/512; Lesch, Walter † 6/341; Lienert, Meinrad ~/† 6/390; Maggi, Julius † 6/561; Mann, Thomas ~ 6/592; Meister, Jakob Heinrich ~ 7/46; Meyer, Adolf † 7/97; Oppliger, Fritz ~/† 7/502; Rahn, Johann Heinrich ~ 8/124; Reithard, Johann Jakob * 8/234; Ritter, Max † 8/332; Schalch, Ferdinand † 8/559; Scherr, (Ignaz) Thomas ~ 8/614; Schmid, Konrad * 8/704; Schnitter, Gerold † 9/65; Schuh, Gotthard † 9/180; Schulthess-Rechberg, Gustav von ~ 9/189; Smeikal, Marie † 9/351; Snell, (Johann Philipp) Ludwig † 9/354; Stamm, Karl ~ 9/443; Strickler, Johannes ~ 9/586; Suhner, Gottlieb † 9/628; Sulzbach, Walter ~ 9/630; Suter, Karl † 9/636; Treichler, Johann Jakob ~ 10/78; Vaterlaus, Ernst Arthur ~ 10/185; Vernaleken, Theodor ~ 10/196; Vögtlin, Adolf ~ 10/221;

Weber, Werner ~ 10/362; Weidenmann, Jakobus ~ 10/382; Zeerleder, Alfred von † 10/628; Zollinger, Albin ~ 10/687; Zollinger, Heinrich ~ 10/687

Küssnacht am Rigi (Kt. Schwyz)
Bütler, Anton ~ 2/214; Bütler, Nikolaus ~ 2/214; Donauer, Friedrich */~ 2/593; Emmenegger, Hans * 3/104; Probst, Eugen ~ 8/75; Räber, Joseph */~ 8/120; Reding, Ital(us) ~ 8/178; Ritz, Cäsar † 8/336; Schmidinger, Alfred * 8/709

Küstrin (poln. Kostrzyn)
Alber, Erasmus ~ 1/64; Anhalt-Dessau, Moritz Prinz von ~ 1/140; Barth, Caspar von * 1/300; Barth, Karl von ~ 1/302; Bernd, Friedrich August Gottlob ~ 1/462; Berndt, Friedrich Gebhard Eduard * 1/462; Bock, Fedor von * 1/594; Böckel, Dagobert Ernst Friedrich ~ 1/607; Bosse, Lothar * 11/29; Brandt, Wilhelm von */~ 2/71; Buddenbrock, Wilhelm Dietrich von ~ 2/192; Caffe, Daniel * 2/263; Carrichter, Bartholomäus ~ 2/288; Chieze, Philippe de ~ 2/311; Dohna, Christian Albrecht Burggraf zu */~ 2/582; Dohna, Christoph Graf von und zu ~ 2/582; Elver, Leonhard von ~ 3/100; Eytelwein, Johann (Albert) ~ 3/206; Friedrich Wilhelm, Kurfürst von Brandenburg ~ 3/461; Friedrich II. der Große, König in, seit 1772 von Preußen ~ 3/468; Fromhold, Johann * 3/508; Giese, (Friedrich Julius) Erich * 4/1; Görzke, Joachim Ernst von ~/† 4/61; Held, Hans (Heinrich Ludwig) von ~ 4/556; Heyfelder, Johann Ferdinand (Martin) * 5/22; Hilliger, Wolfgang ~ 5/46; Hobrecht, James ~ 5/78; Johann, Markgraf von Brandenburg † 5/338; Justi, Johann Heinrich Gottlob von ~/† 5/388; Katte, Hans Hermann von ~/† 5/464; Knobelsdorff, (Hans) Georg Wenceslaus von ~ 5/623; Knopken, Andreas ~ 5/629; Leopold II. Maximilian, Fürst von Anhalt-Dessau ~ 6/332; Magirus, Hermann ~ 6/562; Matzky, Gerhard ~ 6/666; Moltke, Max(imilian) Leopold * 7/195; Obbergen, Antonius van * 7/451; Richter, Carl Gottlieb ~ 8/276; Schaper, Johann Ernst * 8/565; Schultze, Heinrich August ~ 9/193; Schwarz, Ella (Melanie) ~ 9/225; Theuner, Otto ~ 9/695; Tirpitz, Alfred von * 10/47; Trautmann, Moritz ~ 10/73; Wendt, Karl * 10/434; Zedler, (Karl-August) Gottfried (Immanuel) † 10/626

Kütten
Reuter, Christian * 8/259

Küttigen (Kt. Aargau)
Bircher, Heinrich * 1/536

Küttigkofen (Kt. Solothurn)
Obrecht, Karl † 7/458

Küttolsheim (frz. Kuttolsheim, Dép. Bas-Rhin)
Flach, Martin d. Ä. * 3/334

Kützbrunn (seit 1975 zu Grünsfeld)
Waibel, Leo * 10/294

Kufstein (Tirol)
Baumgartner, Johann Wolfgang * 1/347; Baumgartner auf Breitebach, Martin Ritter von */† 1/347; Erler, Franz Christoph ~ 3/152; Exner, Adolf † 3/200; Flattich, Wilhelm Ritter von ~ 3/338; Frank, Josef Maria ~/† 3/400; Greiderer, Vigil(ius) * 4/150; Greif, Martin † 4/150; Greussing, Paul ~ 4/159; Gruber, Hermann * 4/206; Gumpp, Johann Martin d. J. ~ 4/256; Hörfarter, Matthäus ~/† 5/101; Kabasta, Oswald † 5/391; Kaiser, Gustav ~ 5/406; Kink, Anton */~/† 5/542; Kink, Franz ~/† 5/542; Kinz, Franziska * 5/544; Kneissl, Paul */† 5/618; Lauterbacher, Hartmann ~ 11/118; List, Friedrich † 6/424; Madersperger, Joseph * 6/556; Maximilian I., deutscher König und Kaiser ~ 6/675; Mornauer, Alexander ~ 7/218; Mulley, Oskar ~ 7/305; Pant, Eduard ~ 7/557; Pfretzschner, Norbert * 7/652; Reisch, Max */† 8/229; Sieghardt, August ~ 9/313; Singer, Otto ~ 9/339; Wieser, Franz Ritter von ~ 10/490

Kuglmoos (Kr. Rosenheim)
Dewitz, Johann-Georg von ~ 2/509

Kuhnau (poln. Konin)
Haupt, Karl August * 4/443

Kuhnkendorf
Eilers, Konrad * 3/61

Kuhstedt
Brünings, Wilhelm * 2/161

Kuihinin (Ungarn)
Steckel, Leon(h)ard * 9/462

Kujbyschew (Kujbyšev, bis 1935 und seit 1991 Samara, Rußland)
Loening, George † 6/445

Kukodło → Kuckädel

Kuks → Kukus

Kukus (tschech. Kuks)
Rint, Johann * 8/319

Kuldiga → Goldingen

Kulebaki
Lessing, Anton ~ 6/344

Kuling (China)
Haenisch, Wolf * 4/310

Kulm → Culm

Kulm (tschech. Chlumec)
Bianchi, (Vincenz Ferrerius) Friedrich Frh. von ~ 1/511; Schindler, Josef ~ 8/644

Kulmain
Burger, Nathanael * 2/237; Vogt, Martin * 10/234

Kulmbach
siehe auch *Burghaig, Plassenburg*
Althofer, Christoph ~/† 1/101; Amende, Christian Karl ~ 1/113; Baur, Friedrich † 1/350; Biedermann, Johann Gottfried ~ 1/517; Dieterich, Johann Georg ~/† 2/528; Egranus, Johannes Sylvius ~ 3/34; Esper, Eugen Johann Christoph ~ 3/179; Friedrich, Bruno ~ 3/477; Glaser, Hans ~ 4/23; Grass, Abraham † 4/138; Hagen, Georg */~ 4/320; Harleß, Gottlieb Christoph * 4/389; Herman, Stephan ~ 4/619; Hirschvogel, Veit d. Ä. ~ 5/69; Irmischer, Johann Konrad * 5/259; Kempff, Wilhelm (Walter Friedrich) ~ 5/504; Kienle, Hans * 5/530; Knorr, Peter * 5/631; Kulmbach, Hans von * 6/164; Limmer, Michael Friedrich */† 6/398; Meyer, Andreas ~ 7/98; Proles, Andreas † 8/79; Reuschel, Wilhelm * 8/256; Riedel, Emil Frh. von ~ 8/291; Schade, Abraham ~/† 8/542; Schlehendorn, Hans Georg ~/† 8/662; Staden, Johann ~ 9/428; Staden, Sigmund Theophil * 9/428; Streitberger, Johann † 9/582; Tichi, Hans ~ 10/35; Traut, Wolf ~ 10/72; Tretzscher, Matthias ~/† 10/83; Wildner, Hugo ~/† 10/501; Winkler, Robert * 10/530; Zeitler, Julius * 10/634

Kulsam (tschech. Odrava)
Bachmann, Adolf * 1/244

Kumlosen (Priegnitz)
Ideler, Carl Wilhelm † 5/242

Kummerow (poln. Komorowo)
Maltzan, Hans Albrecht Frh. von * 6/582; Willrich, Erich * 10/513

Kummin
Meinhold, (Johann) Wilhelm ~ 7/36

Kumpfmühl (seit 1818 zu Regensburg)
Kornmann, Rupert † 6/47

Kunda (Estland)
Wittlich, Michael * 10/550

Kundl (Tirol)
Hofmann, Michael * 5/131; Macheiner, Eduard ~ 6/551

Kundratice → Kundratitz

Kundratitz (tschech. Kundratice, heute zu Hlinná)
Riedel, Wilhelm † 8/292

Kunern (poln. Konary)
Achard, Franz (Carl) ~/† 1/16

Kunersdorf
Friedrich II. der Große, König in, seit 1772 von Preußen ~ 3/468; Rabsch, Edgar ~ 8/111

Kunewald (tschech. Skoronice)
Jurende, Karl Josef ~ 5/387

Kunewalde (tschech. Kunová)
Nitschmann, Anna * 7/426; Schmidt, Georg */~ 9/7

Kunnersdorf (heute zu Hirschberg i. Rsgb./Jelenia Góra)
Bernhardi, Friedrich (Adam Julius) von † 1/469; Bernhardi, (Felix) Theodor von † 1/470

Kunová → Kunewalde

Kunratice (dt. Kunnersdorf) → Hasel

Kunrau
Rimpau, Wilhelm ~ 8/313

Kunreuth
Erlwein, Georg * 3/154; Müller, Friedrich (Theodor Adam Heinrich) von * 7/257

Kunstadt (Mähren)
Pischinger, Carl ~ 7/680

Kunzendorf (Schlesien)
Abraham, Reinhardt * 11/1; Wehl, Feodor * 10/375

Kup → Kupp

Kupferberg (Kr. Kulmbach)
Findel, (Gottfried Josef) Gabriel * 3/300

Kupferberg (Schlesien)
Decius, Jo(b)st Ludwig ~ 2/457

Kupferdreh (seit 1929 zu Essen)
Bender, Friedrich August ~/† 1/415; Funke, Carl ~ 3/542; Hüffer, Anton Wilhelm ~ 5/207; Klotzbach, Arthur * 5/607; Koepe, Friedrich ~ 5/667; Narjes, Theodor Gustav ~ 7/340

Kupferhammer (Brackwede, seit 1972 zu Bielefeld)
Möller, Friedrich Wilhelm */~/† 7/168; Möller, Theodor ~ 7/170; Möller, Theodor Adolf von */† 7/170

Kupferhütte (bei Dillenburg)
Becher, Johann Philipp * 1/366

Kupferzell
Hohenlohe-Waldenburg-Schillingsfürst, Alexander Prinz zu * 5/140; König, Gustav (Ferdinand Leopold) ~ 5/659; Mayer, Johann (Georg) Friedrich (Hartmann) ~/† 7/8; Weber, Karl Julius ~/† 10/357

Kupp (poln. Kup)
Schottky, Julius Max(imilian) * 9/123

Kuppenheim
Herr, Franz Josef Wilhelm August ~/† 4/637; Schaeuble, Johann * 8/554; Scharnke, Reinhold (Ernst Rudolf) † 8/569

Kurczów → Kurtsch

Kuressaare → Arensburg

Kurl (seit 1928 zu Dortmund)
Recke, Dietrich Adolf von der * 8/173

Kurmahlen (Kurland)
Broedrich, Silvio ~ 2/143

Kursk
Krause, Otto † 6/82

Kurtsch (poln. Kurczów)
Brehmer, Hermann * 2/99

Kurzenaltheim
Riedel, Emil Frh. von * 8/291

Kuschlin (poln. Kuślin)
Tank, Wilhelm (Heinrich) * 9/654

Kuschwarda (tschech. Strážný)
Stögbauer, Isidor * 9/543

Kusel
Hofenfels, Christian von * 5/109; Koch, Karl Ludwig * 5/642; Koch, Wilhelm Daniel Joseph * 5/644; Lauth, Franz Joseph ~ 6/274; Lüder, Ludwig von * 6/515; Schultz, Friedrich Wilhelm ~ 9/190; Thinnes, Friedrich ~ 10/12

Kusey → Lupitz

Kuślin → Kuschlin

Kusterdingen → Jettenburg

Kut el-Amara (Irak)
Goltz, (Wilhelm Leopold) Colmar Frh. von der ~ 4/92

Kutná Hora → Kuttenberg

Kutten (Ostpreußen)
Myslenta, Coelestin(us) * 7/324

Kuttenberg (tschech. Kutná Hora)
siehe auch *Sedlitz*
Ambrosi, Václav Bernard * 1/112; Brandl, Peter Johann ~/† 2/66; Dobrzenski von Dobrzeniec, Johann Ulrich Frh. von * 2/566; Ercker, Lazarus von ~ 3/139; Gelnhausen, Johannes von ~ 3/618; Hiebsch, Herbert ~ 5/30; Johannes von Gelnhausen ~ 5/352; Konrad von Vechta, Erzbischof von Prag ~ 6/30; Maler, Valentin ~ 6/578; Preiss, Balthasar ~ 8/58; Ried, Benedikt ~ 8/290; Rösler, Franz Anton ~

8/360; Stoltz von Stoltzenberg, Daniel * 9/554; Wenzel II.,
König von Böhmen und Polen ~ 10/438
Kuttenplan (tschech. Chodová Planá)
Bürgmann, Ferdinand * 2/210; Ehrmann, Daniel ~ 3/44;
Hönig von Hönigsberg, Israel * 5/98; Veith, Johann Elias *
10/190; Veith, Johann Emanuel * 10/190
Kutterling (Bad Feilnbach)
Leibl, Wilhelm (Maria Hubertus) ~ 6/302
Kuttolsheim → Küttolsheim
Kvasice → Kwassitz
Kvilda → Inneergefild
Kwangtung (China)
Lechler, Rudolf ~ 6/282
Kwassitz (tschech. Kvasice)
Benedikt, Moriz * 1/420; Proskowetz von Proskow und
Marstorff, Maximilian Ritter von * 8/80
Kwei-lin (Prov. Kuangsi, China)
Koffler, Andreas Wolfgang ~ 5/679
Kwiatków → Blumenthal
Kwidzyn → Marienwerder
Kwielice → Quilitz
Kwietniewo → Königlich Blumenau
Kyburg (Kt. Zürich)
Hartmann I., Graf von Dillingen-Kyburg ~ 4/404;
Hertenstein, Wilhelm Friedrich * 4/648; Lavater, Hans
Rudolf ~ 6/274; Lavater, Ludwig * 6/275; Leu, Johann
Jakob ~ 6/350; Oeri, Hans Jakob * 7/469; Rahn, Johann
Heinrich ~ 8/124
Kydullen (Ostpreußen)
Burow, Julie * 2/246
Kyelang
Franke, (August) Hermann ~ 3/404
Kyïv → Kiew
Kyjov (Mähren)
Sonnenschein, Hugo * 9/375
Kynau (poln. Zagórze Śląskie)
Grüner, Christoph Sig(is)mund * 4/213
Kynšperk nad Ohří → Königsberg an der Eger
Kyoto (Japan)
Löwenstein, Karl ~ 6/455; Voretzsch, Ernst-Arthur ~
10/254
Kyritz
Delbrück, Heinrich (Ludwig) ~ 2/475; Diercke, Carl *
2/521; Lubrich, Fritz ~ 6/489; Reubke, Adolf ~ 8/252;
Wetzel, Justus Hermann * 10/464
Kyrkhult
Heidersbach-Källe, Käte † 4/492

L

La Bollène (Frankreich)
Poschinger, Heinrich Ritter von † 8/42
La Calzada (Gran Canaria)
Krüss, James † 11/113
La Chaux-de-Fonds (Kt. Neuenburg)
Bellac, Paul ~ 1/409; Brandt, Heinrich Franz * 2/69;
Brandt, Paul * 2/70; Dubois, Paul (Charles) * 2/629;
Gerter, Elisabeth ~ 3/661; Haug, Hans ~ 4/440; Kaaz, Carl
Ludwig ~ 5/391; Levy, Ernst ~ 6/361; Monnier, (Charles)
Edouard * 7/199; Quervain, Fritz de ~ 8/102; Samson,
Johann Ulrich ~ 8/508; Speyr, Adrienne von * 9/399;
Veillon, Charles ~ 10/188
La Concezione (Italien)
Unger-Sabatier, Karoline (Carlotta) † 10/155
La Coruña
Humboldt, Alexander Frh. von ~ 5/221; Huth, (Johann)
Friedrich (Andreas) ~ 5/235

La Estanzuela/La Plata (bei Col, Uruguay)
Boerger, Albert † 1/631
La Gracieuse (Gem. Morges, Kt. Waadt)
Forel, Auguste * 3/372
La Guaira (Venezuela)
Harrassowitz, Otto (Wilhelm) * 4/395; Mälzel, Johann
Nepomuk ~ 6/557
La Habra (Kalifornien, USA)
Schaetzler, Fritz † 8/553
La Jolla (Kalifornien, USA)
Blume, Bernhard † 11/24; Goeppert-Mayer, Maria ~ 4/55;
Heuser, Emil † 5/10; Lettau, Reinhard ~ 6/348; Nordheim,
Lothar Wolfgang † 7/438; Suess, Hans Eduard ~/† 11/181
La Neuveville (Kt. Bern)
Fetscherin, Rudolf Friedrich ~ 3/275; Peter, Walter ~
7/614; Quervain, Alfred de * 8/102; Spitteler, Carl ~ 9/410
La Paz
Becker, Friedrich (Eberhard) ~ 1/377; Eisler-Terramare,
Georg † 3/77; Müller, Rolf (Hans) ~ 7/280; Schumacher,
Ernst ~ 9/202
La Petite-Pierre → Lützelstein
La Plata (Argentinien)
Fassbender, Heinrich (Konrad Friedrich) ~ 3/233;
Hartmann, Johannes (Franz) ~ 4/410
La Pleine
Noelting, (Domingo) Emilio ~ 7/431
La Punt-Chamues-ch (Kt. Graubünden)
Albertini, Christoph von * 1/71
La Punt Chamues-ch (Kt. Graubünden)
Gallicius, Philipp ~ 3/564
La Rocca (bei Tarent, Italien)
Basta, Georg Graf von * 1/317
La Sagne (Kt. Neuenburg)
JeanRichard, Daniel */~ 5/313
La Spezia (Italien)
Oberth, Hermann (Julius) ~ 7/457
La Torre (Italien)
Bruno von Köln † 2/172
La Tour (Frankreich)
Arnaud, Henri ~ 1/172
La Valetta → Valetta
La Wantzenau → Wanzenau
Laa an der Thaya (Niederösterreich)
Bergauer, Josef * 1/441; Börner, Wilhelm * 1/634; Johann
von Gmunden ~ 5/348
Laa an der Tulln (Gem. Neulengbach, Niederösterreich)
Löwinger, Paul * 6/458
Laab im Walde (Niederösterreich)
Schindler, Carl † 8/643; Weißenbach, Egon ~ 10/413
Laaber
Auer, Ludwig * 1/214; Forster, Fortunatus Joseph Michael
Anton * 3/376
Laag (Steiermark)
Braun, Adolf * 2/78
Laage
Intze, Otto * 5/257; Susemihl, (Friedrich) Franz (Karl
Ernst) * 9/635
Laar (seit 1904 zu Ruhrort, 1905 zu Duisburg)
Beukenberg, (Heinrich) Wilhelm ~ 1/500; Bicheroux, Tous-
saint ~ 1/512; Bierwes, Heinrich * 1/524; Coupette, Gustav
Karl Wilhelm * 2/385
Laar (seit 1971 zu Zierenberg)
Starck, Wilhelm von † 9/450
Laas (italien. Lasa)
Tappeiner, Franz von */~ 9/658
Laaske (Mark Brandenburg)
Putlitz, Wolfgang Gans Edler Herr zu * 8/94
Laatsch (italien. Láudes, Gem. Mals)
Ortwein, Magnus * 7/510
Laatzen
Braune, Hermann † 2/88; Diederichs, Georg † 2/515;
Reuleaux, Otto (Hermann Karl Henning) ~ 8/254
Laband (poln. Łabędy, heute zu Gleiwitz/Gliwice)
Caro, Oscar ~ 2/285; Welczek, Johannes Graf von * 10/422

Karl */~/† 5/55; Hirschvogel, Augustin ~ 5/69; Hlubek, Franz Xaver Ritter von ~ 5/78; Hochenegg, Carl ~ 5/80; Hofmann, Gert ~ 5/128; Hohenwart, Sigismund Graf von ~ 5/141; Hohenwart, Sig(is)mund Anton Graf von ~ 5/141; Jarno, Josef ~ 5/307; Jeblinger, Raimund ~ 5/313; Jesenko, Fran ~/† 5/326; Kern, Vincenz Ritter von ~ 5/512; Klinkowström, Max von ~ 5/600; Knoblecher, Ignaz ~ 5/624; Kopitar, Bartholomäus ~ 6/38; Kottaun, Leopold ~ 6/55; Kreuzer, Heinrich ~ 6/103; Krones, Therese ~ 6/118; Kübeck von Kübau, Karl Frh. ~ 6/138; Kukula, Richard (Cornelius) * 6/163; Kurz zum Thurn und Goldenstein, Franz Seraph Ritter von ~ 6/180; Lamberg, Joseph Frh. von † 6/203; Liebich, Johann Karl (Kaspar) ~ 6/384; Likavetz, Joseph Kalasanz ~/† 6/394; Luckmann, Karl */~ 6/493; Mahler, Gustav ~ 6/567; Mantuani, Joseph */~/† 6/602; Mastalier, Karl ~ 6/652; Matzak, Franz ~ 6/665; Megiser, Hieronymus ~ 7/27; Meisl, Karl */~ 7/40; Metternich-Winneburg, Clemens (Wenzeslaus Lothar Nepomuk) Graf, später Fürst von ~ 7/88; Mitteis, Ludwig * 7/156; Moro, Ernst * 7/218; Natzler, Siegmund ~ 7/346; Naval, Franz */~ 7/352; Neumann, Johann Philipp ~ 7/384; Neustädter-Stürmer, Odo von * 7/394; Noë, Heinrich (August) ~ 7/430; Noot, Hugo von ~ 11/143; O'Lynch of Town, Karl * 7/491; Oppenheim, Adolf ~ 7/497; Orsini und Rosenberg, Karl Dominik Maximilian Graf von ~ 7/507; Penn, Heinrich Moritz * 7/595; Pfann, Karl ~ 7/635; Pollini, Franz */~ 8/29; Pregl, Fritz * 8/57; Premerstein, Anton (Maria Amand) Ritter von * 8/61; Ranzoni, Gustav ~ 8/140; Reil, Johann Anton Friedrich ~ 8/208; Ressel, Josef (Ludwig Franz) ~/† 8/249; Rizzi, Vinzenz ~ 8/338; Sattner, Hugolin ~/† 8/525; Schack, Friedrich Otto ~ 8/541; Schaffer, Adolf ~/† 8/555; Schemerl von Leythenbach, Josef Maria Ritter */~ 8/599; Schikaneder, Eleonore ~ 8/632; Schikaneder, (Josef) Karl ~ 8/632; Schmid, Coloman ~ 8/700; Schmidt, Eduard Johann ~ 9/5; Schneider, Erwin Eugen ~ 9/51; Scholz, Josefa ~ 9/110; Scholz, Wenzel ~ 9/111; Schubert, Franz (Peter) ~ 9/160; Schütz, Carl * 9/176; Sirk, Hugo ~ 9/343; Slatkonia, Georg * 9/349; Stoll, August ~ 9/551; Strampfer, Friedrich (Ernst Wolfgang) ~ 9/566; Supan, Alexander (Georg) ~ 9/633; Taufferer, Johann Siegfried Heribert Frh. von * 9/644; Teller, Leopold ~ 9/673; Treumann, Louis ~ 10/85; Trubar, Primož ~ 10/99; Valvasor, Johann Weichard Frh. von */~ 10/180; Vetter, Alois Rudolf ~ 10/200; Voigt, Christian August ~ 10/237; Wagner, Adolf ~ 10/277; Wattmann-Maelcomp-Beaulieu, Joseph von ~ 10/346; Wayß, Gustav Adolf ~ 10/348; Wiener, Paul */~ 10/487; Wulfen, Franz Xaver Frh. von ~ 10/596; Wurzbach, Constant Ritter von Tannenberg * 10/601; Zindler, Konrad * 10/673

Laichingen
siehe auch *Feldstetten*
Koch, Julius Ludwig August * 5/642; Lang, Heinrich * 6/225; Mack, Johann Martin ~ 6/552; Zech, Paul Heinrich von † 10/625

Laichling
Winter, Vitus Anton ~ 10/533

Laidsen (lett. Laidze)
Schmiedeberg, (Johann Ernst) Oswald * 9/27

Laidze → Laidsen

Laigueglia (Ital. Riviera)
Laves, Fritz † 6/276

Laimen
Schunn, Heinrich ~ 9/210

Laino (Italien)
Frisoni, Donato Giuseppe * 3/492; Quaglio, Giulio III. * 8/98; Quaglio, Giuseppe * 8/98; Quaglio, Lorenzo I. von * 8/98; Retti, Leopold(o) * 8/251

Lainz (seit 1890/92 zu Wien)
Bülow, Emil Frh. von ~ 2/203; Duhr, Bernhard (Matthias Wilhelm Heinrich) ~ 2/645; Schantl, Josef Hermann ~ 8/564; Schey von Koromla, Friedrich Frh. ~ † 8/620

Laion → Lajen

Laiz (seit 1975 zu Sigmaringen)
Henselmann, Josef * 4/599; Kienle, Ambrosius * 5/530

Lajen (italien. Laion)
siehe auch *Sankt Peter*
Haller, Johannes Evangelist ~ 4/348

Łąka Prudnicka → Gräflich Wiese

Lake George (New York, USA)
Jacobi, Abraham † 5/272

Lake Mahopac (New York, USA)
Ruge, Clara Ottilie † 8/459

Lake Placid (New York, USA)
Glaser, Kurt † 4/24; Schäfer, Karl ~ 8/548

Lakehurst (New Jersey, USA)
Eckener, Hugo ~ 3/10; Lehmann, Ernst August † 6/292

Lakie
Brandt, Heinrich von * 2/68

Lalendorf → Raden

Lalling (Kr. Deggendorf)
siehe auch *Dösing, Durchfurth*
Gunther, Graf von Käfernburg ~ 4/261; Peter I., Benediktiner, Abt von Niederaltaich * 7/612

Lalobbe (Frankreich)
Friesen, (Karl) Friedrich † 3/485

Lam → Riedermühle

Lambach (Oberösterreich)
Adalbero, Bischof von Würzburg † 1/24; Altdorfer, Erhard ~ 1/96; Dierzer von Traunthal, Josef Ritter ~ 2/522; Eckebert von Gorze ~ 3/9; Fellner, Josef Koloman ~/† 3/261; Haase, Ludwig */~ 4/289; Hagn, Theoderich ~/† 4/327; Heindl, Wolfgang Andreas ~ 4/507; Holzinger, Franz Joseph (Ignatius) ~ 5/161; Kremenezky, Johann ~ 6/94; Lindemayr, Maurus ~ 6/402; Newald, Richard (Ludwig Adalbero) † 7/396; Oberhauser, Benedikt ~ 7/453; Pausinger, Clemens von ~ 7/583; Reinold, Ferdinand ~/† 8/227; Steidl, Melchior (Michael) ~ 9/471

Lambarene (Gabun)
Preminger, Marion Mill ~ 8/61; Schweitzer, Albert ~/† 9/237; Zellweger, Hans Ulrich ~ 10/639

Lambelhof (Gem. Bernau a. Chiemsee)
Stratz, Rudolf † 9/571

Lambrecht
Tossanus, Daniel d. Ä. ~ 10/65

Lambsheim
Böhm, Johann Philipp ~ 1/618; Geib, (Karl) Gustav * 3/601

Lamerdingen
Riedel, Valentin * 8/292

Lamersdorf (seit 1972 zu Inden)
Bardenheuer, Franz Bernhard */† 1/293

Lamgarben (poln. Garbno)
Braun, Herbert ~ 11/30

Lamorménil (heute zu Dochamps, Belgien)
Lamormaini, Wilhelm * 6/207

Lampertheim (Dép. Bas-Rhin, Frankreich)
Lobstein, Johann Friedrich d. Ä. * 6/432

Lampertheim (Kr. Bergstraße)
Fuchs, Emil ~ 3/517; Stein, Erwin ~ 9/476; Waas, Adolf * 10/263

Lampertsdorf (poln. Grodziszcze)
Wallenrodt, Johanne Isabelle Eleonore von † 10/310

Lampertshaus (ukrain. Beregove, russ. Beregovo, ungar. Beregszász)
Kerschner, Ludwig ~ 5/517

Lampertswalde (Kr. Riesa-Großenhain)
Frege, Gottlob (Christian) * 3/420

Lampertswalde (Kr. Torgau-Oschatz)
Exner, Christian Friedrich * 3/201; Reuss, Christian Gottlob * 8/257

Lamprechtshausen (Salzburg)
Rettensteiner, Werigand ~ 8/251

Lamspringe
Berthold I., Bischof von Hildesheim ~ 1/483; Heinrich von Lamme(s)springe * 4/538

Lamstedt
Freudenthal, (Heinrich) Friedrich ~ 3/430

Lana (Prov. Bozen, Italien)
Ohrwalder, Joseph * 7/482; Pfretzschner, Norbert ~/†
7/652; Riedl, Franz Hieronymus † 8/294; Rigler, Peter
(Paul) ~ 8/310; Scala, Arthur von † 8/536; Schälzky,
Robert (Johann) † 8/552
Lana (tschech. Lány)
Fürstenberg, Maximilian Egon Fürst zu * 3/529
Lancaster (Cty. Lancashire, England)
Klietsch, Karl ~ 5/593
Lancaster (Pennsylvania, USA)
Miller, John Henry ~ 7/142; Mühlenberg, (Gotthilf)
Heinrich (Ernst) ~/† 7/241; Otterbein, Philipp Wilhelm ~
7/526; Sachs, Ernst ~ 8/486
Lancefield (bei Glasgow)
Haswell, John * 4/431
Lančov → Landschau
Łańcut → Landshut
Lancy
Vonwiller, Paul † 10/253
Landau a. d. Isar
siehe auch *Wildthurn*
Döllinger, Johann Joseph Ignaz von ~ 2/573; Heinrich
XV., Herzog von Bayern, ~ 4/523; Orban, Ferdinand *
7/503; Piechler, Arthur † 7/665; Rümann, Wilhelm Ritter
von ~ 8/453; Schmid, Heinrich Kaspar * 8/702; Schmidt,
(Karl) Paul ~ 9/17; Sellner, Joseph * 9/280; Ziegler, Jakob
* 10/654
Landau in der Pfalz
siehe auch *Arzheim, Queichheim*
Amann, Heinrich ~ 1/110; Bader, Johannes ~/† 1/252;
Barner, Christoph von ~ 1/297; Baumann, Johann Adolf
~ 1/336; Baumblatt, Luitpold Jakob ~ 1/339; Birnbaum,
Johann von ~ 1/540; Blenker, Ludwig ~ 1/569; Bomhard,
Eduard (Peter Appolonius) von ~ 2/15; Boner, Hans
* 2/17; Bossert, Helmuth Theodor * 2/44; Brunner,
Leonhard ~/† 2/170; Clauß, Gustav (Ernst Friedrich) *
2/337; Cordier, Leopold * 2/372; Dürer, Albrecht ~ 2/638;
Eichborn, Johann Ludwig * 3/48; Faber, Karl Wilhelm ~
3/209; Fried, Heinrich Jakob * 3/446; Grüneaum, Elias
~/† 4/213; Gümbel, (Wilhelm) Theodor von ~/† 4/235;
Hartlieb, Jacob */~/† 4/403; Hauttmann, Max * 4/456;
Hellingrath, Karl Max von * 11/83; Jaeger, Ernst */~
5/282; Kohl-Larsen, Ludwig * 6/3; Kuhn, Karl-Georg
~ 11/115; Lerchenfeld, Gustav Frh. von ~ 6/338; Levy,
Ludwig * 6/361; Metzger, Arnold * 7/91; Minz, Moses
ben Isaak ~ 7/149; Mohler, Philipp (Heinrich) ~ 7/180;
Müller-Landau, Rolf ~ 7/288; Naumann, Johann Wilhelm
~ 7/350; Picard, Lil * 7/660; Podewils, Friedrich Frh. von
~ 8/8; Remling, Franz Xaver ~ 8/239; Rhodius, Theodorus
* 8/269; Rink, Melchior ~ 8/319; Rohmer, Ernst ~ 8/369;
Ruth, Lewis * 8/476; Saalfeld, Martha * 8/483; Schaaf,
Julius (Jakob) † 8/537; Seligmann, Caesar ~ 9/277; Sellner,
Joseph * 9/280; Sieben, Wilhelm (Ludwig) * 9/304;
Sinzendorf, Philipp Ludwig Graf von ~ 9/341; Stempel,
Hans ~/† 9/504; Strieffler, Heinrich ~/† 9/587; Stübinger,
Oskar ~ 9/607; Thomä, Nikolaus ~ 10/16; Xylander,
Joseph Ritter von ~ 10/605
Landeck → Bad Landeck i. Schl.
Landeck (poln. Lędyczek)
Falck, Richard * 3/223
Landeck (Tirol)
siehe auch *Angedair*
Fischer, Alois ~ 3/311; Haueis, Alois ~ 4/437;
Jeczmieniowski, Karl ~ 5/313; Kölderer, Jörg ~ 5/654;
Mader, Otto † 6/556; Paulmichl, Karl * 7/578; Spötl, Maria
* 9/415; Tschallener, Johann ~ 10/104
Landenburg
Babo, (Clemens Heinrich) Lambert Frh. von * 1/234
Landersdorf (Krems an der Donau, Niederösterreich)
Nordmann, Johann(es) * 7/438
Landeshut i. Schles. (poln. Kamienna Góra)
Adami, Ernst Daniel ~ 1/30; Adamy, Heinrich * 1/31;
Arndt, Walter * 1/176; Bolko I., Herzog von Schweidnitz-
Jauer ~ 2/8; Bruiningk, Heinrich Friedrich Frh. von ~/†

2/164; Förster, Heinrich ~ 3/363; Frahne, Heinrich Hans
* 3/386; Fries, Wilhelm * 3/484; Grünfeld, Falk Valentin
~ 4/216; Hasenclever, Peter ~/† 4/422; Jentsch, Karl *
5/322; Kaselowsky, Ferdinand ~ 5/456; Langhans, Carl
Gotthard * 6/245; Laudon, Ernst Gideon Frh. von ~ 6/266;
Nocht, Bernhard (Albrecht) * 7/429; Oberländer, Heinrich
* 7/454; Prerauer, Walter * 8/63; Rößler, Robert ~ 8/363;
Stephanie, Gottlieb ~ 9/511; Stolberg-Wernigerode, Anton
Graf zu ~ 9/550; Stolberg-Wernigerode, Eberhard Graf
zu ~ 9/550; Stolberg-Wernigerode, Udo Graf zu ~ 9/550;
Wiese, Otto ~ 10/489
Landin (Kr. Uckermark) → Hohenlandin
Landsberg
Eigruber, August † 3/60
Landsberg (Saalkreis)
Altenburg, Johann Ernst ~ 1/97
Landsberg/Warthe (poln. Gorzów Wielkopolski)
Alport, Leo ~ 1/93; Axhausen, Georg * 1/228; Bahr,
Max * 1/269; Baumann, Hans * 1/335; Berend, Heimann
Wolf * 1/436; Bernd, Friedrich August Gottlob ~ 1/462;
Bernhardy, Gottfried * 1/470; Bingel, Rudolf ~/† 1/533;
Boas, Eduard */† 1/591; Börner, Paul Albrecht ~ 1/633;
Borchardt, Ludwig * 2/26; Bredemann, Gustav ~ 2/95;
Dencker, Carl Heinrich (Theodor) ~ 2/484; Ende, Hermann
(Gustav Louis) * 3/107; Enslin, Theodor (Johann Christian
Friedrich) ~ 3/129; Ferrand, Eduard * 3/272; Graßmann,
Gottfried Ludolf * 4/140; Hagen, Otto (Franz Herrmann)
* 4/322; Hartmann, Julius (Hartwig Friedrich) von ~
4/410; Hayduck, Max ~ 4/461; Johann I., Markgraf von
Brandenburg ~ 5/338; Juchacz, Marie * 5/369; Kawerau,
Siegfried ~ 5/479; Klemperer, Georg * 5/586; Klemperer,
Victor * 5/587; Martin, Marie * 6/637; Müller, Wilhelm
Carl Friedrich ~ 7/283; Peristerus, Wolfgang ~/† 7/600;
Pescatore, Gustav * 7/607; Rheinwald, Hans ~ 8/268;
Rose, Willi (Bernhard Max) ~ 11/165; Ruthe, (Friedrich)
Wilhelm ~ 8/477; Schaeffers, Willi * 8/551; Scharf, Kurt
* 8/567; Schleiermacher, Friedrich Daniel Ernst ~ 8/665;
Schoenflies, Arthur (Moritz) * 9/95; Schwarz, Ernst *
9/225; Solitaire, M. ~/† 9/364; Sparr, Otto Christoph Frh.
von ~ 9/386; Wagener, Kurt ~ 10/274; Wernicke, Erich
(Arthur Emanuel) ~ 10/450
Landsberg a. Lech
Arco-Valley, Anton Graf von ~ 1/163; Bayrer, Leonhard
~ 1/360; Bidermann, Jakob ~ 1/515; Brack, Viktor † 2/54;
Brandt, Karl † 2/70; Brunner, Andreas ~ 2/168; Dörfler,
Peter ~ 2/576; Eber, Jakob ~ 2/667; Erhard, Thomas Aquin
~ 3/146; Feldigl, Ferdinand * 3/256; Feneberg, Johann
Michael (Nathaniel) ~ 3/264; Fischer, Johann Nepomuk
~ 3/321; Fontaine, Karl Alois ~ 3/369; Friderich, Melchior
* 3/444; Gretz, Matthias ~ 4/158; Gürtner, Franz ~ 4/246;
Gumppenberg, Wilhelm Frh. von ~ 4/257; Heß, Rudolf ~
4/673; Hewel, Walther ~ 5/15; Hitler, Adolf ~ 5/73;
Hörmann, Johannes ~ 5/102; Kino, Eusebio (Franz) ~ 5/543;
Kögler, Ignaz * 5/649; Krauer, Franz Regis ~ 6/74;
Kühlmann, Otto Ritter von * 6/142; Kürenberg, Joachim von ~ 6/153;
Landsberg, Johann Justus * 6/220; Lang, Franz ~ 6/223;
Laymann, Paul ~ 6/276; Ledig, Gert † 11/119; Leeb,
Wilhelm Ritter von * 6/287; Lindenschmit, Wilhelm d. Ä.
~ 6/404; Lohner, Tobias ~ 6/464; Lutz, Cyriacus */†
6/540; Mayr, Heinrich ~ 7/14; Münzer, Adolf * 7/300;
Mutschelle, Sebastian ~ 7/321; Oefele, Franz Ignaz ~
7/463; Ohlendorf, Otto † 7/479; Perfall, Anton Frh. von
* 7/598; Perfall, Karl (Theodor Gabriel Christoph) Frh.
von ~ 7/599; Pohl, Oswald † 8/19; Prantl, Karl von ~ 8/53;
Prommer, Wolfgang */~/† 8/79; Prugger, Johann Joseph *
8/82; Reihing, Jakob ~ 8/208; Riegg, Ignaz Albert von *
8/297; Rottmanner, Odilo * 8/428; Schilling, Claus (Karl)
† 8/638; Socher, Joseph (Lorenz Erdmann Gebhart) ~
9/356; Staudacher, Michael ~ 9/456; Staudigl, Ulrich *
9/457; Tanner, Adam ~ 9/655; Warlimont, Walter ~ 10/335;
Weilnböck, Luitpold ~ 10/393; Zimmermann, Dominikus ~
10/666

Landsberg i. Oberschlesien

Landsberg i. Oberschlesien (poln. Gorzów Śląski)
Weichmann, Herbert * 10/380
Landschau (tschech. Lančov)
Fuchs, Adalbert * 3/516
Landscheid
Marx, Jakob * 6/644
Landsee (Burgenland)
Oláh, Nikolaus ~ 7/483
Landshut
siehe auch *Burg Wolfstein, Wolfstein*
Abegg, Julius Friedrich Heinrich ~ 1/3; Aberle, Mat(t)hias
~ 1/9; Adam, Christian ~ 1/27; Aesslinger, Hans ~ 1/50;
Aiblinger, Johann Kaspar ~ 1/60; Albrecht, Wilhelm ~
1/83; Aldringen, Johann Reichsgraf von † 1/85; Allioli,
Joseph Franz von ~ 1/92; Andlaw-Birseck, Heinrich
Bernhard Reichsfrh. von ~ 1/126; Aretin, Karl Maria Frh.
von ~ 1/169; Armansperg, Joseph Ludwig Graf von ~
1/171; Armbrust, Franz Amand ~ 1/171; Arnim, Bettine
von ~ 1/179; Arnold, Friedrich Christian Ritter von ~
1/186; Arnpeck, Veit ~/† 1/192; Asam, Cosmas Damian ~
1/201; Ast, (Georg Anton) Friedrich ~ 1/208; Atzenberger,
Franz Xaver Florian ~ 1/211; Aurpach, Johann ~ 1/224;
Barth, Franz Xaver ~ 1/301; Bauer, Wolfgang ~ 1/330;
Baumgartner, Augustin ~/† 1/346; Baumgartner, Peter ~
1/348; Bayer, Hieronymus von ~ 1/357; Beierlein, Johann
Peter */~ 1/404; Beilhack, Johann Georg ~ 1/405; Benda,
Johann Wilhelm Otto ~ 1/414; Bernatz, Matthäus ~ 1/460;
Bertele, Georg August ~/† 1/481; Birnbaum, Johann
Michael Franz ~ 1/540; Bocksberger, Johann d. Ä. ~
1/597; Bocksberger, Johann Melchior ~ 1/597; Boeselager,
Csilla von ~ 11/27; Bollmann, Friedrich Wilhelm Emil
~ 2/10; Botta d'Adorno, Jakob ~ 2/48; Braun, Konrad ~
2/84; Brendel, Sebald ~ 2/111; Brenner, Friedrich von
~ 2/113; Brentano, Clemens Wenzeslaus ~ 2/117; Breu,
Jörg d. Ä. ~ 2/124; Breyer, Karl Wilhelm Friedrich Ritter
von ~ 2/129; Bruckbräu, Friedrich Wilhelm ~ 2/149;
Brunner, Thomas * 2/170; Buchinger, Johann Nepomuk
~ 2/185; Buchner, Alois ~ 2/186; Buchner, (Joseph)
Andreas ~ 2/186; Buchner, Johann Andreas ~ 2/187;
Bürgel, Hugo * 2/209; Chelius, Maximilian Joseph von
~ 2/308; Chlingensberg, Christoph von ~ 2/311; Closen,
Karl Frh. von ~ 2/345; Cotta von Cottendorf, Johann
Georg Frh. von ~ 2/384; Dachsberg, Johann (Nepomuk
Joseph) Frh. von ~/† 2/424; Daetzl, Georg Anton ~ 2/426;
Daisenberger, (Joseph) Alois ~ 2/432; Damberger, Joseph
Ferdinand ~ 2/436; Dell, Peter d. Ä. ~ 2/478; Destouches,
Franz Seraph ~ 2/499; Dielitz, Gabriel Maria Theodor
* 2/517; Diepenbrock, Melchior Ferdinand Joseph Frh.
von ~ 2/520; Dietl, Georg Alois ~/† 2/529; Dingler, Emil
Maximilian ~ 2/551; Dingler, Max ~ 2/552; Doderer,
(Franz Carl) Heimito (Ritter) von ~ 2/567; Donnersberg,
Joachim Frh. von ~ 2/595; Dorner, Johann Jakob d. J. ~
2/599; Dresch, (Georg) Leonhard von ~ 2/614; Drexel,
Anton ~ 2/617; Dreyer, Alois * 2/619; Du Prel, Carl
(Ludwig August Friedrich Maximilian Alfred) Frh. von
* 2/654; Egger, Joseph Georg ~ 3/28; Eich, Clemens ~
11/51; Erhard, Andreas ~ 3/144; Ernsdorfer, Bernhard
von ~ 3/158; Ernst, Herzog von Bayern, Administrator
von Passau und Salzburg ~ 3/160; Ernst, Bernhard ~
3/162; Ernst, Johann ~ 3/164; Eschweiler, Franz Gerhard
~ 3/177; Fallmerayer, Jakob Philipp ~ 3/229; Fechenbach
zu Laudenbach, Johann Philipp (Karl Anton) Reichsfreiherr
von ~ 3/237; Fernbach, Franz Xaver ~ 3/271; Feßmaier,
Johann Georg von ~ 3/274; Feuerbach, Ludwig (Andreas) *
3/278; Feuerbach, Paul Johann Anselm Ritter von ~ 3/279;
Finck, Johannes ~/† 3/297; Fingerlos, Matthäus ~ 3/301;
Fischer, Johann Nepomuk ~ 3/321; Frauenholz, Eugen
von † 3/417; Freyberg-Eisenberg, Max(imilian) Prokop
Frh. von ~ 3/437; Freytag, Theodor ~ 3/440; Friedrich,
Herzog von Bayern ~ 3/461; Frohn, Konrad ~ 3/507;
Fuchs, Alois ~ 3/516; Fuchs, Felix Heinrich Christopher
~ 3/518; Fuchs, Johann Nepomuk von ~ 3/519; Fuetrer,
Ulrich * 3/533; Gadner von Garneck, Georg */~ 3/551;
Gemlich, Ambrosius ~ 3/619; Gengler, Adam von ~ 3/622;

Georg der Reiche, Herzog von Bayern-Landshut * 3/626;
Giehse, Therese ~ 3/678; Gietl, Franz Xaver Ritter von ~
4/6; Gleich, Lorenz ~ 4/27; Glutz-Blotzheim, Urs Robert
Joseph ~ 4/39; Gönner, Nikolaus (Thaddäus) Ritter von ~
4/54; Goidobon, Johann Baptist Frh. von ~ 4/76; Graser,
Johann Baptist ~ 4/137; Gratz, Lorenz Klemens ~ 4/141;
Greith, Franz Josef ~ 4/155; Grossi, Ernst von ~ 4/196;
Großschedel, Wolfgang ~/† 4/199; Gruithuisen, Franz von
Paula ~ 4/220; Gruner, Gottlieb Sigmund ~ 4/225; Gügler,
(Josef Heinrich) Alois ~ 4/234; Gumppenberg, Hanns
(Theodor Karl Wilhelm) Frh. von * 4/256; Haggenmüller,
Johann Baptist ~ 4/326; Haid, Herenäus ~ 4/335; Hamel,
Georg (Karl Wilhelm) † 4/358; Hardt, Ignaz ~ 4/385;
Haslang, Rudolf Frh. von ~ 4/424; Heckel, August von
* 4/468; Heinrich XIV., Herzog von Bayern, ~ 4/523;
Heinrich XVI. der Reiche, Herzog von Bayern, † 4/524;
Henke, (Hermann Wilhelm) Eduard ~ 4/584; Herrich-
Schäffer, Gottlieb August (Wilhelm) ~ 4/639; Heydte,
Friedrich August Frh. von † 5/20; Hierl, Johann Eduard ~
5/31; Hierle, Carl Joseph ~ 5/31; Hiernle, Franz Matthias
* 5/32; Himmler, Heinrich ~ 5/50; Hoffstadt, Friedrich ~
5/126; Hofpauer, Max ~ 5/135; Hornthal, Johann Peter
von ~ 5/181; Hortig, Johann Nepomuk ~ 5/183; Hueber,
Fortunatus ~ 5/203; Hundt zu Lautterbach, Wiguleus
~ 5/228; Ittner, Franz von ~ 5/267; Jäger von Jaxtthal,
Friedrich Ritter ~ 5/286; Jörg, Joseph Edmund ~/† 5/336;
Jordan, (Franz) Sylvester ~ 5/363; Jorhan, Christian d. Ä.
~/† 5/364; Jorhan, Christian d. J. * 5/364; Jüngken, Johann
Christian ~ 5/373; Klöpfer, Eugen ~ 5/602; Kobell, Franz
Ritter von ~ 5/634; Könnecke, Gustav ~ 11/108; Kristl,
Wilhelm Lukas ~ 6/109; Kronacher, Carl * 6/115; Krüll,
Franz Xaver von ~/† 6/124; Krummauer, Hans ~ 6/129;
Lechner, Leonhard ~ 6/283; Leinberger, Hans */~/† 6/307;
Lenbach, Franz Seraph von ~ 6/318; Leuk, Franz Xaver
Ritter von * 6/352; Leydl, Johann Baptist ~ 6/369; Lippert,
Albert ~ 6/417; Lippert, Franz ~ 6/418; Löw, Joseph †
6/448; Louis, Rudolf ~ 6/487; Ludwig I. der Kelheimer,
Herzog von Bayern ~ 6/499; Ludwig IX. der Reiche,
Herzog von Bayern-Landshut † 6/500; Ludwig X., Herzog
von Ober- und Niederbayern ~/† 6/500; Lutterotti, Karl
Anton Josef von ~ 6/539; Magold, Maurus ~/† 6/565;
Mair, Hans ~/† 6/574; Mair, Martin */~ 6/574; Mall,
Sebastian ~ 6/579; Manz, Georg Joseph ~ 6/602; Medicus,
Ludwig Wallrad ~ 7/23; Meßthaler, Emil * 7/85; Michl,
Anton ~/† 7/127; Milbiller, Joseph (Anton) † 7/138; Mit-
termaier, Karl Joseph Anton ~ 7/157; Mittermayr, Georg
~ 7/158; Mornauer, Alexander */~ 7/218; Moshammer
Ritter von Mosham, Franz Xaver ~ 7/230; Moy de Sons,
(Kraft Karl) Ernst Frh. von ~ 7/234; Müller, Adalbert
von ~ 7/246; Müller, Georg ~ 7/260; Müller, Georg ~
7/300; Muxel, Johann Nepomuk † 7/322; Neidhart von
Reuental ~ 7/359; Neukäufler, Jakob ~ 7/379; Neumeyer,
Alfred ~ 7/390; Noethig, Jakob ~ 7/432; Oberndorfer,
Johann Adam ~ 7/456; Oettingen-Wallerstein, Ludwig
(Kraft Ernst) Fürst zu ~ 7/475; Oexl, Johann Georg Frh.
von † 7/476; Oppenheim, Max Frh. von † 7/498; Orban,
Ferdinand ~ 7/503; Ortmann, Benno ~ 7/509; Osterrieder,
Sebastian ~ 7/517; Otto II. der Erlauchte, Herzog von
Bayern † 7/531; Otto III., Herzog von Nieder-Bayern,
König von Ungarn † 7/530; Otto Heinrich, Pfalzgraf bei
Rhein, Kurfürst von der Pfalz * 7/532; Ow-Felldorf, Karl
Frh. von */~ 7/541; Pangkofer, Joseph Anton ~ 7/555; Perl,
Karl ~ 7/601; Permaneder, Franz Michael ~ 7/602; Perty,
Joseph Anton Maximilian ~ 7/606; Petzer von Rasenheim,
Anton Ritter ~ 7/627; Pfeilschifter, Johann Baptist von ~
7/644; Pfeufer, Christian von ~ 8/8; Podewils-Dürnitz,
Clemens Frh. von */~ 8/8; Pösl, Friedrich von */~ 8/15;
Pracher, Ferdinand Maximilian von † 8/48; Preysing,
Johann Christoph Frh. von ~ 8/67; Rainer, Johann Baptist
~ 8/128; Ratzinger, Georg ~ 8/154; Rauchenbichler,
Josef ~ 8/159; Rauscher, Wolfgang ~ 8/165; Reiffenstuel,
Anaklet ~ 8/207; Reigersberg, August Lothar Graf von
† 8/208; Reiner, Gregor Leonhard ~/† 8/215; Reisach,
Karl August Graf von ~ 8/228; Reisinger, Franz ~ 8/231;

Reiter, Michael ~ 8/234; Reuß, Leopold ~ 8/258; Riedel, Valentin ~ 8/292; Ringseis, Johann Nepomuk von ~ 8/318; Röschlaub, Andreas ~ 8/358; Rohr, Max ~ 8/370; Roider, Peter ~ 8/372; Roßhirt, Konrad Eugen Franz ~ 8/406; Rotermundt, Joseph Alois ~ 8/410; Roth, Karl ~ 8/415; Rottaler, Stephan ~/† 8/424; Rottmanner, Karl ~ 8/428; Rudhart, Georg Thomas ~ 8/435; Rudhart, Ignaz von ~ 8/435; Ruhland, Reinhold Ludwig ~ 8/460; Rumpf, Ludwig (Daniel) ~ 8/464; Ruprecht, Pfalzgraf bei Rhein † 8/473; Sailer, Johann Michael von ~ 8/495; Salat, Jakob ~/† 8/497; Savigny, Friedrich Carl von ~ 8/532; Scala, Nikodemus della ~ 8/536; Schafhäutl, Karl Emil ~ 8/557; Schatzgeyer, Kaspar */~ 8/573; Scheffler, Christoph Thomas ~ 8/584; Schenk, Eduard von ~ 8/602; Scherr, Gregor von ~ 8/614; Schlagintweit, (Wilhelm August) Joseph ~ 8/655; Schlichtegroll, Nathanael von ~ 8/674; Schmid-Wildy, Ludwig ~ 8/707; Schmidtmüller, Johann Anton ~/† 9/27; Schönlein, Johann Lukas ~ 9/98; Schönleutner, Max ~ 9/98; Schöpfer, Matthäus Michael * 9/102; Schott, Erich ~ 9/120; Schrank, Franz de Paula von ~ 9/130; Schrenck von Notzing, Karl Frh. von ~ 9/140; Schultes, Joseph August ~/† 9/188; Schwäbl, Franz Xaver ~ 9/219; Schwarz, Christoph ~ 9/225; Seyffer, Carl Felix ~ 9/299; Sickinger, Anselm ~ 9/303; Siebenkees, Johann Christian ~ 9/305; Silbernagl, Isidor * 9/327; Slevogt, Max * 9/349; Stadler, Johannes Evangelist ~ 9/430; Stahl, Konrad Dietrich Martin ~ 9/439; Stattler, Benedikt (Alexius Andreas) ~ 9/454; Stengel, Karl von ~ 9/506; Stephan I., Herzog von Nieder-Bayern */† 9/508; Stephan II., Herzog von Bayern † 9/508; Stethaimer, Hans d. Ä. ~/† 9/519; Stethaimer, Hans d. J. ~ 9/519; Steyrer, Clemens ~ 9/522; Stieglitz, Heinrich * 9/527; Stingl, Karl ~ 9/534; Stoeckel, Joe ~ 9/541; Strasser, Gregor ~ 9/568; Textor, Kajetan von ~ 9/684; Thoma, Ludwig ~ 10/14; Thumb, Michael ~ 10/28; Tiedemann, Friedrich ~ 10/37; Tiedemann, Gustav Nikolaus * 10/37; Ulsamer, Adam ~ 10/148; Unterholzner, Karl August Dominikus ~ 10/160; Urban, Bonifaz Kaspar ~ 10/163; Veit, Raimund ~ 10/189; Vento, Ivo de ~ 10/194; Vock, Alois ~ 10/219; Voit, (Richard Jacob) August von ~ 10/240; Vordermayer, Hans ~ 10/254; Walther, Philipp Franz von ~ 10/325; Weber, Josef von ~ 10/356; Wegele, Franz Xaver von * 10/371; Weißbrod, Johann Baptist von ~ 10/412; Wertinger, Hans */† 10/455; Westenrieder, Lorenz von ~ 10/458; Wibmer, Carl August ~ 10/469; Widmer, Joseph ~ 10/475; Wilhelm V. der Fromme, Herzog von Bayern * 10/503; Winter, Vitus Anton ~/† 10/533; Wirschinger, Ludwig ~ 10/538; Witt, Franz Xaver † 10/544; Wolff, (Johann) Andreas ~ 10/570; Zattler, Friedrich */† 10/622; Zenetti, Johann Baptist von ~ 10/641; Zettler, Franz Xaver ~ 10/648; Zierl, Lorenz ~ 10/659; Zimmer, Patrizius Benedikt ~ 10/664; Zwackh, Franz Xaver Edler von ~ 10/703

Landshut (poln. Łańcut)
Leschetizky, Theodor (Hermann) von * 6/341

Landshut (tschech. Lanžhot)
Krieghammer, Edmund Frh. von * 6/107

Landskron (seit 1973 zu Villach, Kärnten)
Khevenhüller-Frankenburg, Franz Christoph Graf von * 5/526

Landskron (tschech. Lanškroun)
Herbert, Petrus ~ 4/606; Marci von Kronland, Johann Marcus * 6/607; Müller, Emil * 7/252; Philipp, Peter * 7/657; Piffl, Friedrich (Gustav) * 7/668; Piffl, Otto */† 7/669; Stephan von Landskron */~ 9/508; Tham, Michael ~ 9/689; Weisse, Michael ~/† 10/412

Landskrona (Schweden)
Lamprecht, Herbert (Anton Karl) ~ 11/116

Landstraß → Mariabrunn

Landstuhl
Bettinger, Franz Karl Ritter von * 1/499; Fauth, (Johann) Philipp (Heinrich) ~ 3/236; Gillmann, Franz */† 4/10; Thoma, Ludwig ~ 10/14

Landsweiler-Reden (seit 1974 zu Schiffweiler)
Hoffmann, Johannes * 5/121; Pfordt, Fritz * 7/651

Lang Strobnitz (tschech. Horní Stropnice)
Jaksch, Wenzel * 5/297

Langebrück
Gleich, Ferdinand † 4/27; Hickmann, Hugo † 5/29; Toepler, Maximilian (August) † 10/57

Langegg bei Graz (Steiermark) → Hirtenfeld

Langelage
Münster, Georg Graf zu * 7/296

Langelsheim → Wolfshagen im Harz

Langemarck (Belgien)
Grimsehl, (Carl) Ernst (Heinrich) † 4/174; Morgner, Wilhelm † 7/213

Langemüß
Liebermann, Ernst * 6/380

Langen (bei Bregenz, Vorarlberg)
Pfanner, Franz * 7/635

Langen (Kr. Cuxhaven) → Debstedt

Langen (Kr. Offenbach)
Bahner, Hermann † 1/269; Bonhard, Georg Christian ~ 2/17; Doerr, Wilhelm (Georg) * 11/82; Gennrich, Friedrich (Albert Ferdinand) † 3/622; Gläser, Gotthelf Leberecht † 4/20; Herchenröder, Jan * 4/609; Kohut, Oswald (Adolph) ~/† 6/8; Mann, Gunter */† 6/590; Peuckert, Will-Erich † 7/629; Schmidt, Horst ~ 9/11; Schmidt, Wilhelm (Joseph Jakob) † 9/21; Urbschat, Fritz † 10/166

Langenaltheim → Rehlingen

Langenargen
Dewall, Wolf von † 2/509; Gessner, Fritz ~ 11/68; Kiene, Hans (Baptist) von * 5/530; Mahler, Franz Joseph ~ 6/566; Maulbertsch, Franz Anton * 6/668; Purrmann, Hans (Marsilius) ~ 8/92; Rhegius, Urbanus * 8/267; Thoman, Moritz * 10/16

Langenau (Alb-Donau-Kreis)
siehe auch *Albeck*
Camerer, (Johann Friedrich) Wilhelm ~ 2/269; Fuchs, Ernst † 3/518; Honold, Gottlob * 5/169; Köhler, Erich * 11/108

Langenau (Kr. Freiberg) → Gränitz

Langenau (Oberlausitz)
Geißler, Johann Gottfried * 3/611

Langenberg (Gera)
Steinbeck, Christoph Gottlieb ~ 9/484

Langenberg (Rheinland)
Dilthey, Wernhard * 2/548; Eich, Wilhelm Karl * 3/47; Köllmann, Gustav ~/† 5/656; Nelle, Wilhelm ~ 7/362; Steinitzer, Max ~ 9/496

Langenberg (Westfalen)
Dittmann, Herbert * 2/561

Langenbielau (poln. Bielawa)
Dierig, Christian Gottlob */~/† 2/521; Dierig, Friedrich */† 2/522; Franz, Adolf * 3/413; Franz, Karl * 3/414; Herber, Richard ~ 4/604

Langenbrand
Kurrer, (Jacob) Wilhelm Heinrich von * 6/177

Langenbroich (Gem. Hürtgenwald, seit 1972 zu Kreuzau)
Böll, Heinrich † 1/627

Langenbruck (Kt. Basel-Landschaft)
Bider, Oskar * 1/515; Brandmüller, Johannes ~ 2/67; Goltz, Eduard Alexander Frh. von der * 4/92; Jenny, Heinrich * 5/320

Langenbruck (tschech. Dlouhý Most)
Hübner, Bruno * 11/92; Lefler, Franz * 6/288

Langenbrück (Dresden)
Doenges, Paula † 2/574; Nicodé, Jean Louis † 7/398

Langenbrücken (seit 1971 zu Bad Schönborn)
Hergt, Franz Joseph ~ 4/614; Molitor, Karl * 7/189

Langenburg
siehe auch *Bächlingen, Nesselbach*
Adelheid Victoria Amalie Luise Marie Konstanze, Herzogin zu Schleswig-Holstein-Augustenburg * 1/33; Bäumlein, Wilhelm Friedrich Ludwig von */~ 1/266; Günther, Agnes (Elisabeth) ~ 4/237; Hohenlohe-Langenburg, Hermann Fürst zu */† 5/139; Kern, Michael d. J. ~ 5/512; Müller, Karl (Ferdinand Friedrich) ~ 7/273; Rohrbach, Paul (Carl Albert) † 8/371; Weber, Karl Julius * 10/357

Langenchursdorf (seit 1994 zu Chursbachtal, seit 1999 zu Callenberg)
Walther, Carl Ferdinand Wilhelm * 10/323

Langendembach (seit 1950 zu Langenorla)
Schwenke, Paul * 9/242

Langendorf (Kr. Weißenfels)
Höpfner, Karl * 5/99; Müllner, (Amadeus Gottfried) Adolph * 7/292; Töpfer, Heinrich August ~ 10/57

Langendorf (Kt. Solothurn)
Cramer, Heinrich ~ 2/389; Matthey, Maja † 6/661

Langendorf (seit 1978 zu Elfershausen)
Petri, Adam * 7/621; Petri, Johannes * 11/157

Langendorf (tschech. Dlouhá Ves)
Schell, Karl */† 8/593; Schön, Johann * 9/81; Stellwag von Carion, Karl * 9/503

Langenegg (Vorarlberg)
Eberle, Konrad * 2/673; Mätzler, Anton ~ 6/560; Schäufele, Hermann † 8/554

Langeneichstädt
siehe auch *Obereichstädt*
Schlegel, Johann Christian Traugott * 8/661

Langenenslingen
siehe auch *Andelfingen, Wilflingen*
Helding, Michael * 4/558; Sauter, Benedikt * 8/531

Langenfeld (Neumark)
Proetel, Hermann Friedrich * 8/77; Ringwaldt, Bartholomäus ~/† 8/318

Langenfeld (Rheinland)
siehe auch *Immigrath, Reusrath, Richrath*
Abetz, Otto † 1/10

Langenfelde (Glewitz)
Hagenow, (Karl) Friedrich von * 4/325

Langenfelde (Hamburg)
Claudius, Hermann * 2/333

Langenhagen (Kr. Hannover, Land)
Gura-Hummel, Annie † 4/262; Holweg, August † 5/158; Kernic, Beatrix † 5/514; Rademacher, Willy * 8/115; Thape, Ernst ~ 9/690

Langenhain (Gem. Ober-Mörlen)
Hirtzwig, Heinrich * 5/71

Langenhain (seit 1950 zu Waltershausen)
Burggraf, Julius ~ 2/239

Langenhanshagen (Gem. Trinwillershagen)
Peters, Ulrich * 7/617

Langenhennersdorf
Grimmer, Christian Friedrich † 4/173; Lehmann, Johann Gottlob * 6/294

Langenholtensen (seit 1974 zu Northeim)
Letzner, Johannes ~ 6/349

Langenholzen (Alfeld/Leine)
Harenberg, Johann Christoph * 4/386; Wrede, William ~ 10/590

Langenhorn
Paulsen, Friedrich * 7/579

Langenhorst
Bockemöller, Johann Hermann Heinrich ~ 1/597

Langenisarhofen (seit 1978 zu Moos, Kr. Deggendorf)
Nesselthaler, Andreas * 7/366

Langenleuba-Niederhain → Zschernichen

Langenlois (Niederösterreich)
Hoffer, Johann * 5/112; Mitterhofer, Leopold ~ 7/157

Langenöls (poln. Oleszna)
siehe auch *Ober-Langenöls*
Beilschmied, Karl Traugott * 1/405; Sachs, Hans-Georg * 8/487

Langenorla → Langendembach

Langenpeuerbach (Gem. Steegen, Oberösterreich)
Rupertsberger, Matthias * 8/470

Langenprozelten (seit 1978 zu Gemünden a. Main)
Mantel, Joseph Nikolaus von */~ 6/600; Mantel, Sebastian * 6/600

Langenrohr (Niederösterreich)
Reither, Josef */~ 8/234

Langensalza → Bad Langensalza

Langenscheid
Deißmann, (Gustav) Adolf * 2/472

Langenschemmern (Gem. Schemmerhofen)
Gerster, Matthäus * 3/659

Langenschwalbach → Bad Schwalbach

Langenstein (Kr. Halberstadt)
Arends, Wilhelm Erasmus * 1/166; Martini, Jakob * 6/639; Rimpau, Arnold Wilhelm ~/† 8/312; Rimpau, Wilhelm ~ 8/313

Langenstein (seit 1972 zu Kirchhain)
Heinrich Heinbuche von Langenstein, auch H. von Hessen d. Ä. * 4/538

Langensteinach (seit 1978 zu Uffenheim)
Kleinknecht, Theodor * 11/106

Langensteinbach (Gem. Karlsbad)
Autenrieth, Wilhelm * 1/226

Langensteinbach (Kr. Mittweida) → Niedersteinbach

Langenthal (Kt. Bern)
Flückiger, Friedrich August * 3/355; Frauchiger, Ernst */~ 3/417; Geiser, (Carl) Friedrich * 3/609; Geiser, Karl * 3/609; Geiser, Karl * 3/609; Graf, Emma Elise * 4/126; Jaberg, Karl */† 5/269; Klaesi, Adam ~/† 5/563; Mumenthaler, Hans Jacob */† 7/306; Saegesser, Max * 8/492; Schedler, Robert ~ 8/580; Zaugg, Ernst Rudolf * 10/623

Langenthal (rumän. Valea Lungă, ungar. Hosszúaszó)
Müller-Langenthal, Friedrich * 7/288

Langenwang (Steiermark)
Kurz zum Thurn und Goldenstein, Franz Seraph Ritter von † 6/180; Rosegger, Sepp ~/† 8/388

Langenwinkel (seit 1972 zu Lahr/Schwarzwald)
Jolberg, Regine ~ 5/358

Langenzenn
Artomedes, Sebastian * 1/198; Friedrich, Erzbischof von Mainz ~ 3/465; Löslein, Peter * 6/448; Stoß, Veit ~ 9/561

Langenzersdorf (Niederösterreich)
Brand, Max(imilian) † 2/60; Herzmansky, Bernhard jun. * 4/664

Langeoog
Bartholomae, Christian † 1/307; Dreesen, Willrath ~/† 2/612

Langerfeld
Weidemann, Friedrich Wilhelm ~ 10/382; Weskott, Friedrich * 10/455

Langerringen
Friedrich, Leonhard */~ 3/480

Langerwehe → Merode

Langewiesen
Heinse, (Johann Jakob) Wilhelm * 4/545; Höpflinger, Wilhelm * 5/99; Musäus, Johannes * 7/315; Wagenführ, Rolf (Karl Willy) * 10/275

Langfuhr (poln. Wrzeszcz, heute zu Gdańsk/Danzig)
Archenholtz, Johann Wilhelm von * 1/162; Curschmann, Karl Friedrich † 2/412; Niemann, Johanna * 7/408

Langgöns
siehe auch *Niederkleen, Oberkleen*
Henrich, Konrad * 4/594

Lángh (Ungarn)
Pyrker, Johann Ladislaus * 8/95

Langhagen (Kr. Güstrow)
Wedemeyer, Ludwig-Wilhelm von * 10/370

Langheim (Kloster)
Bregler, Philipp Friedrich ~ 2/97; Fink, Lorenz ~ 3/303; Heidenreich, Nicolaus ~/† 4/490; Knauer, Mauritius ~/† 5/615; Krohne, Gottfried Heinrich ~ 6/112

Langheim (poln. Łankiejmy)
Waissel, Matthäus ~ 10/295

Langheinersdorf (poln. Łęgowo)
Unruhe-Bomst, Hans Wilhelm Frh. von † 10/158

Langhorne (Pennsylvania, USA)
Schwarzschild, Martin † 9/233

Langkampfen (Tirol)
Sassmann, Hans † 8/522

Langnau am Albis (Kt. Zürich)
Escher, Nanny von ~/† 3/175; Hitz, Konrad * 5/76; Köhler, Ludwig (Hugo) ~ 5/652; Weber, Werner * 10/362

Langnau im Emmental (Kt. Bern)
Böhm, Johanna * 1/618; Gerber, Alfred * 3/635; Haberstich, Samuel ~ 4/295; Hermann, Daniel */~/† 4/626; Müller, Elisabeth * 7/252; Renker, Gustav (Friedrich) ~/† 8/243; Steiger, Eduard von * 9/472; Studer, Gottlieb Samuel * 9/605; Studer, Gottlieb Sigmund ~/† 9/605

Langquaid → Paring

Langsdorf (seit 1977 zu Lich)
Köhler, Philipp */~/† 5/652

Langula
Arsten, Johann Heinrich ~/† 1/196

Langwasser (Lager)
Glaise-Horstenau, Edmund von † 4/20

Langwedel (Kr. Verden)
Decken, (Johann) Friedrich Graf von der * 2/458

Langweid a. Lech
siehe auch *Stettenhofen*
Weber, Norbert * 10/360

Langwethen (Ostpreußen)
Voigt, Johanna * 10/238

Langwies (Kt. Graubünden)
Gallicius, Philipp ~ 3/564; Züblin, Eduard ~ 10/696

Langwiesen (Gem. Feuerthalen, Kt. Zürich)
Schnetzler, (Johann) Ulrich † 9/64

Lank (seit 1910 zu Lank-Latum, seit 1970 zu Meerbusch)
Hespers, Karl * 4/668

Łankiejmy → Langheim

Lankwitz (seit 1920 zu Berlin)
Groß, Edgar (Karl Marian) * 4/190; Jassoy, Heinrich ~ 5/309; Juliusburger, Otto ~ 5/376; Ostrowski, Otto ~ 7/519; Rupp-von Brünneck, (Emmi Agathe Karola Margarete) Wiltraut * 8/471; Zülzer, Georg (Ludwig) ~ 10/697

Lannesdorf (seit 1935 zu Godesberg, seit 1969 zu Bonn)
Schulz-Tattenbach, Hannes * 9/198

Lans (Tirol)
Czermak, Wilhelm † 2/418

Lanškroun → Landskron

Lantsch/Lenz (Kt. Graubünden)
Ardüser, Hans ~ 1/164

Lanz
Jahn, Friedrich Ludwig * 5/290

Lanzendorf
Proft, Gabriele ~ 8/78

Lanzenhain (Herbstein)
Hummel, Karl L. † 5/225

Lanžhot → Landshut

Lanzo d'Intelvi → Scaria

Laon
Karl, Herzog von Niederlothringen * 5/443

Laon (Frankreich)
Boehn, Max (Ferdinand Carl) von ~ 1/624; Israel Episcopus ~ 5/264; Karl, Herzog von Niederlothringen ~ 5/443; Norbert von Xanten ~ 7/437; Vicelin, Bischof von Oldenburg ~ 10/203

Laplacken (Ostpreußen)
Gustedt, Jenny von † 4/266

Lappenraute
Stigelli, Georg † 9/531

Lappersdorf → Rodau

Lappienen (Ostpreußen)
Neumann-Hofer, Adolf * 7/387; Neumann-Hofer, Gilbert Otto * 7/388

L'Aquila (Italien)
Ruthart, Carl (Borromäus Andreas) † 8/477

Larchmont (New York, USA)
Keinath, Georg(e) † 5/487; Zemlinsky, Alexander von † 10/640

Lasa → Laas

Lasbeck
Heitmann, Walter ~ 4/553

Lasberg (Oberösterreich)
Blöchl, Johann ~ 1/577

Lasdinehlen (russ. Miурino)
Donalitius, Christian * 2/592

Łasin → Lessen

Lask (Polen)
Laski, Jan * 6/257

Lasów → Lissa

Lasowice → Groß-Läswitz

Lasowice Wielkie → Groß-Lesewitz

Lassahn → Stintenburg

Lassan
Boltenstern, Johann Franz von ~ 2/11; Caroc, Alexander * 2/285; Notke, Bernt * 7/442; Spalding, Johann Joachim ~ 9/382

Lassee (Niederösterreich)
Nußbaumer, Adolf * 7/449; Sallinger, Rudolf * 8/501

Laßnitzhöhe (Steiermark)
Mischler, Ernst † 7/152; Schlegel, Thomas ~ 8/662

Latendorf
Bartram, Walter † 1/310; Kruse, Hinrich † 6/133

Lathen → Hilgen

Latrobe (Pennsylvania, USA)
Wimmer, Bonifaz ~/† 10/517

Latschach (Faaker See, Kärnten)
Breus, Karl † 2/127

Latzfons (italien. Lazfons, Gem. Klausen)
Hinterholzer, Andreas * 5/55

Laubach (Gem. Grävenwiesbach)
Reich, Philipp Erasmus * 8/195

Laubach (Kr. Gießen)
Crespel, Johann Bernhard ~/† 2/399; Faber, Anton * 3/207; Herrlich, (Johann) Philipp * 4/640; Klipstein, Editha ~/† 5/600; Klopfer, Balthasar Christoph ~/† 5/603; Sinold, Philipp Balthasar ~/† 9/341; Solms-Laubach, Friedrich Christian Reichsgraf von */† 9/365; Solms-Laubach, Hermann Graf zu * 9/365; Solms-Laubach, Otto Graf zu */† 9/365; Tischbein, Anton Wilhelm ~ 10/48; Tischbein, Johann Heinrich d. Ä. ~ 10/49; Zimmermann, Friedrich * 10/667

Lauban (poln. Lubań)
Abel, Michael ~ 1/6; Anton, Christian Gotthelf */~ 1/151; Anton, Karl Gottlob von * 1/151; Anton, Konrad Gottlob * 1/151; Bartsch, Jakob */† 1/310; Bauer, Karl Ludwig ~ 1/328; Bayer, Johann Georg ~ 1/358; Becher, Friedrich Liebegott ~ 1/365; Behemb, Martin */† 1/396; Bernstein, Georg Heinrich † 1/476; Bornmann, Johannes Gottfried * 2/36; Burmann, Gottlob Wilhelm * 2/244; Coler, Jakob ~ 2/355; Conradi, Michael * 2/364; Günther, Johann Christian ~ 4/241; Hanke, Karl * 4/370; Heinrich I., Herzog von Schlesien, Herr von Fürstenberg und Jauer ~ 4/534; Jördens, Karl Heinrich ~/† 5/336; Kruse, Georg ~ 6/133; Lentze, Hans * 6/322; Mager, Friedrich * 6/561; Morus, Samuel Friedrich Nathanael * 7/220; Schmolck, Benjamin ~ 9/39; Ulitz, Arnold ~ 10/135; Volkelt, Johann Gottlieb * 10/244; Walbe, Heinrich * 10/297; Wittig, Joseph ~ 10/549

Laubegast (seit 1921 zu Dresden)
Bärbig, Kurt ~ 1/261; Beese, Amelie * 1/391; Bewer, Max † 1/505; Collande, Gisela Huberta Valentine Maria von * 2/356; Kietz, Gustav (Adolf) † 5/536; Krone, Hermann † 6/116; Neuber, Friederike Caroline † 7/372

Laubenheim (seit 1969 zu Mainz)
Kupferberg, Christian Adalbert ~ 6/175

Laubenzeddel (seit 1971 zu Gunzenhausen)
Titius, Christoph ~ 10/51

Laubgrund (poln. Jasionek)
Bayer, Johann Georg * 1/358

Laubias (tschech. Lubojaty)
Sattke, Otto * 8/523

Laublingen (seit 1820 zu Beesenlaublingen)
Lange, Samuel Gotthold ~/† 6/236

Laucha an der Unstrut
Flügel, Otto ~ 3/356; Tetleben, Valentin von * 9/681; Thomae, (Karl) Johannes * 10/15

Lauchhammer
Fischinger, Emil Gottfried ~ 3/331

Lauchheim
siehe auch *Röttingen*
Bestlin, Johann Nepomuk ~/† 1/495; Biener, Wilhelm * 1/522; Hess, Isaak * 4/671

Lauchstädt → Bad Lauchstädt

Lauda (seit 1975 zu Lauda-Königshofen)
Knüttel, Wilhelm * 5/632; Schmitt, Josef */† 9/32; Ulrich, Philipp Adam * 10/147

Lauda-Königshofen → Beckstein, Gerlachsheim, Königshofen, Lauda, Messelhausen, Oberlauda, Sachsenflur

Laudenbach (Kr. Miltenberg)
Fechenbach, (Friedrich) Karl Konstantin Frh. von ~ 3/237; Fechenbach zu Laudenbach, Georg Adam Reichsfreiherr von * 3/237; Scultetus, Johann ~ 9/250

Laudenbach (Rhein-Neckar-Kreis)
Schlör, Simon * 8/682

Láudes → Laatsch

Lauenau
Cordemann, Friedrich * 2/371; Münchhausen, Karl Clodwig August Hermann Frh. von ~/† 7/295

Lauenbrück
Bothmer, Johann Kaspar von * 2/47

Lauenburg (Elbe)
Baring, Franz ~ 1/295; Berlepsch, Emilie von ~/† 1/456; Bernhard, Graf von Aschersleben, Herzog in Sachsen ~ 1/465; Bleyer, Georg ~ 1/571; Boddien, Friedrich Gotthard von ~ 1/599; Bök, Sophie Elisabeth * 1/625; Brennecke, Ludwig Nathaniel August ~ 2/113; Chrysander, (Karl Franz) Friedrich ~ 2/325; Düring, Johann Christian von ~ 2/639; Findorff, Dietrich * 3/300; Findorff, Jürgen Christian * 3/300; Friedrich III., Herzog von Schleswig-Holstein-Gottorf ~ 3/474; Guilleaume, Arnold (Karl Hubert) von ~ 4/252; Hackethal, (Karl Heinrich) Julius ~ 11/75; Harding, Carl Ludwig * 4/384; Harms, (Georg) Ludwig (Detlef Theodor) ~ 4/390; Hochmann von Hochenau, Ernst Christoph * 5/81; Rudloff, Ernst August ~ 8/435; Schlöpke, Christian ~/† 8/681

Lauenburg i. Pom. (poln. Lębork)
Bach-Zelewsky, Erich von dem * 1/242; Bahnsen, Julius Friedrich August ~/† 1/269; Denzin, (Karl) Friedrich von ~/† 2/489; Groth, Ernst Johann */† 4/202; Hertzberg, Hans Wilhelm * 4/654; Hirschwald, Julius * 5/69; Horovitz, Jakob * 5/181; Horovitz, Josef * 5/181; Horovitz, Markus ~ 5/181; Jacoby, Leopold * 5/280; Neuhaus, Leopold ~ 11/139; Nipkow, Paul (Julius Gottlieb) * 7/421; Reschke, Ethel * 8/248; Siemens, Fritz ~ 9/317; Sucker, Wolfgang ~ 9/623; Utech, Joachim (Christoph Ludwig) ~ 10/171; Voltolini, Friedrich Eduard Rudolph ~ 10/250

Lauenen (Kt. Bern)
Strasser, Hans * 9/568

Lauenstein
Düring, Johann Christian von ~ 2/639; Schwenke, Michael ~ 9/242

Lauenstein (Bärenstein, Weißeritzkreis)
Henker, Otto (Rudolf) * 4/586; Kittel, Kaspar * 5/561; Tille, Alexander * 10/43; Tille, Armin * 10/43

Lauenstein (Burg)
Hügel, Helmut vom ~ 5/208

Lauenstein (Salzhemmendorf)
Goeben, William von † 4/50

Lauf a. d. Pegnitz
siehe auch *Beerbach*
Behaim, Paulus ~ 1/395; Bittner, Heinrich Tobias † 1/551; Geuder, Johann ~/† 3/670; Jonas, Hildegard † 5/360; Roesler, (Carl Friedrich) Hermann * 8/360; Trew, Christoph Jakob * 10/86

Laufeld
Arnoldi, Wilhelm ~ 1/191

Laufen (Kr. Berchtesgadener Land)
Brunmeyer, Andreas * 2/167; Gutrater, Gabriel d. J. * 4/272; Haag, Heinrich (Daniel Maria) Ritter von ~ 4/282; Naab, Ingbert ~ 7/325; Pfaffinger, Joseph Anton * 7/634; Rottmayr von Rosenbrunn, Johann Michael Frh. * 8/428; Seydel, Karl Ritter von * 9/297; Sixtus von Tanberger, Bischof von Freising ~ 9/345; Steyrer, Clemens ~ 9/522; Strobl, Andreas ~ 9/590; Weißenkirchner, Hans Adam * 10/414

Laufen (Kt. Bern)
Fiala, Friedrich (Xaver Odo) ~ 3/283; Fringeli, Albin * 3/487; Müller, Willy * 7/284; Roggenbach, Franz Joseph Sigismund Johann Baptist von * 8/366

Laufen an der Eyach (Albstadt)
Daser, Ludwig Herkules ~ 2/446; Fraas, Oscar (Friedrich) ~ 3/381

Laufen-Uhwiesen (Kt. Zürich)
Egli, (Johann) Jakob * 3/33; Müller, Ernst * 7/254

Laufenburg (Kt. Aargau)
Albrecht der Weise, Graf von Habsburg ~ 1/76; Baltenschwiler, Blasius ~ 1/280; Eggs, Ignatius † 3/31; Fricker, Hans ~ 3/443; Gruner, Heinrich Eduard ~ 4/226; Haas, Friedrich * 4/285; Jehle, Johann Baptist ~ 5/314; Müller, Hans † 7/262; Saugy, Louis † 8/529

Laufersweiler (Kr. Simmern)
Alsdorf, Ludwig * 1/94

Lauffen (Oberösterreich)
Pichl, Eduard † 7/661; Plieseis, Sepp * 8/2

Lauffen am Neckar
Bidlingmaier, Friedrich * 1/515; Dolivo-Dobrowolsky, Michael ~ 2/586; Gradmann, Robert (Julius Wilhelm) * 4/119; Harttmann, Karl Friedrich ~ 4/414; Hölderlin, (Johann Christian) Friedrich * 5/94; Körner, Theodor * 5/673; Reinerth, Karl Daniel † 8/217; Seyffer, August (Friedrich) * 9/299

Laufzorn (seit 1978 zu Oberhaching)
Schubert, Gotthilf Heinrich von † 9/162

Laugna
Holzhauser, Bartholomäus * 5/160

Lauingen (Donau)
Albertus Magnus * 1/71; Amman, Kaspar ~ 1/115; Bienemann, Kaspar ~ 1/521; Birkmeyer, Fritz ~ 1/539; Brentel, Friedrich * 2/118; Coelestin, Johann Friedrich ~ 2/350; Eberlin von Günzburg, Johann ~ 2/725; Friedrich, Leonhard ~ 3/480; Gerung, Mathies ~/† 3/662; Greiner, Albert ~ 4/153; Herbrot, Jakob ~ 4/607; Hitzenauer, Christoph ~ 5/76; Höschel, David ~ 5/105; Homberger, Jeremias ~ 5/163; Jochum, Otto ~ 5/333; Kemptner, Lothar * 5/505; Kistler, Cyrill ~ 5/559; Koeniger, Albert * 5/664; Leowitz, Cyprian ~/† 6/335; Mittermaier, Ludwig */† 7/158; Rauwolf, Leonhard ~ 8/166; Reusner, Nikolaus von ~ 8/256; Röhm, Ernst * 8/351; Röhm, Johann Baptist * 8/351; Ruland, Martin d. Ä. * 8/461; Ruland, Martin d. J. * 8/461; Schnitzer, Joseph 9/66; Sender, Clemens * 9/286; Zenetti, Paul * 10/641

Laukischken (russ. Saranskoe)
Glogau, Gustav * 4/34

Laumersheim
Eberle, Christian * 2/673

Launceston (Tasmanien)
Hinteröcker, Johann Nepomuk † 5/55

Launingken (poln. Ołownik)
Keudell, Marie von * 5/524

Launowitz (tschech. Louňovice pod Blaníkem)
Gottschalk, Abt von Selau † 4/110; Zelenka, Jan Dismas * 10/634

Laupen (Kt. Bern)
Blösch, Karl Emil ~ 1/577; Erlach, Rudolf von ~ 3/151; Graf, (Kaspar) Ernst ~ 4/126; Hartmann V. der Jüngere, Graf von Kyburg ~ 4/404; Langhans, Eduard ~ 6/245; Mülinen, Nikolaus Friedrich Graf von ~ 7/245; Ruprecht, Ernst */~ 8/474; Schenk, Carl ~ 8/602

Lauperswil (Kt. Bern)
Lüthy, Oskar (Wilhelm) † 6/522

Laupertshausen (Maselheim)
Moll, Josef * 7/190
Laupheim
siehe auch *Baustetten*
Adler, Friedrich * 1/39; Einstein, Siegfried * 3/67;
Müller-Gögler, Maria ~ 7/286; Nathorff, Hertha * 7/343;
Schlierholz, Josef von ~ 8/678; Wassermann, Moses von ~
10/343; Welden, Ludwig Frh. von * 10/423
Laura (Australien)
Reschauer, Anton ~ 8/248
Laurahütte → Siemianowitz
Laurenburg
Diehl, Guida † 2/516
Laurensberg (seit 1972 zu Aachen)
Cohen, Karl Hubert * 2/352
Laurion (Griechenland)
Glogau, Gustav † 4/34
Lausa
Döring, Friedrich Christlieb ~ 2/576; Kluge, Ewald *
5/609; Roller, David Samuel ~/† 8/376
Lausanne
siehe auch *Monrepos*
Aepli, Arnold Otto ~ 1/49; Aerni, Franz Theodor ~ 1/49;
Affolter, Hans † 1/50; Albers, Anton d. Ä. ~/† 1/64; Arnau,
Frank ~ 1/171; Arnhold, Hans † 1/178; Arx, Adrian von
~/† 1/199; Baldensperger, Guillaume ~ 1/274; Bauser,
Adolf ~ 1/354; Becker, Carl Heinrich ~ 1/376; Beer, Max
~ 1/390; Beitzke, Hermann ~ 1/407; Bentinck, Wilhelm
Gustav Friedrich Reichsgraf von ~ 1/429; Berthold IV.,
Herzog von Zähringen ~ 1/485; Biberti, Leopold ~ 1/511;
Bilfinger, Gustav (Adolf) ~ 1/526; Binswanger, Ludwig
~ 1/534; Blumer, Johann Jakob ~/† 1/588; Bohnenblust,
Gottfried ~ 2/3; Bouquin, Pierre ~/† 2/49; Breitinger,
Heinrich ~ 2/105; Bretholz, Wolfgang † 2/122; Brunner,
Alfred ~ 2/168; Büchner, (Friedrich Karl Christian) Ludwig
~ 2/196; Bülow, Alfred von ~ 2/203; Bülow, Bernhard
Fürst von ~ 2/203; Burckhardt, Johann Ludwig * 2/233;
Burckhardt, Walther ~ 2/233; Buschbeck, Ernst Heinrich
~ 2/252; Chaudet, Paul † 2/306; Cossart, Leland ~ 2/381;
Curione, Celio Secundo ~ 2/412; Deschwanden, Melchior
(Paul) von ~ 2/495; Dieckhoff, Hans-Heinrich ~ 11/46;
Diepenbach, Wilhelm ~ 2/520; Doblhoff-Dier, Joseph ~
2/565; Dölle, Hans (Heinrich Leonhard) ~ 2/572; Dörrie,
Heinrich ~ 2/580; Dohna-Schlodien, Alexander (Georg
Theobald) Burggraf zu ~ 2/583; Draeseke, Felix (August
Bernhard) ~ 2/606; Dubs, Jakob ~/† 2/631; Ebbinghaus,
Julius Karl Ludwig ~ 2/663; Egg, Karl ~ 3/25; Ehrenberg,
Carl Emil Theodor ~ 3/37; Eisenhart-Rothe, Georg Emil
Ferdinand Karl von ~ 3/71; Elwert, (Wilhelm) Theodor
~ 11/53; Endell, Kurd (Eduard Karl Heinrich) ~ 3/108;
Erlanger, Carlo Frh. von ~ 3/151; Erman, Heinrich ~
3/155; Faber, Anton ~ 3/207; Fabricius Hildanus, Wilhelm
~ 3/215; Faesi, Robert ~ 3/218; Feder, Karl August
Ludwig ~ 3/241; Fellenberg, Ludwig Rudolf von ~ 3/259;
Fiedler, (Adolph) Conrad ~ 3/291; Fischer, Hans ~ 3/318;
Fischer, Otto (Christian) ~ 3/326; Flatt, Robert ~ 3/337;
Fleisch, Alfred ~ 3/340; Forster, Helene von ~ 3/376;
Freund, Marya ~ 3/432; Frey, Erich (Maximilian) ~ 3/434;
Frey, Julius ~ 3/436; Friedrichs, Adolf ~ 3/482; Fülöp-
Miller, René ~ 3/525; Gabelentz, Georg von der ~ 3/547;
Gabelentz, Hans von der ~ 3/547; Gafner, Max (Rudolf)
~ 3/556; Ganz, Rudolph (Hermann) ~ 3/572; Geissler,
Wilhelmine ~ 3/612; Genzmer, Erich (Stefan Hermann)
~ 3/625; Gesner, Konrad ~ 3/665; Geyer, Hans ~ 3/672;
Geymüller, Heinrich (Adolf) Frh. von ~ 3/674; Giorgio,
Hans ~ 4/13; Glayre, Moritz */~ 4/26; Glücksmann, Frieda
~ 4/38; Gmür, Max ~ 4/41; Goldschmid, Edgar ~/† 4/82;
Goldschmidt-Rothschild, Albert Max Frh. von † 4/86;
Grätz, Curt Emil Alexander ~ 4/124; Grelling, Kurt ~
4/155; Grimm, Hans (Emil Wilhelm) ~ 4/168; Groß,
Walther ~ 4/193; Guggenheim, Werner Johannes ~ 4/250;
Gull, Gustav ~ 4/254; Gwalther, Rudolf ~ 4/276; Gysler,
Paul ~ 4/279; Hackert, Carl ~ 4/297; Hadorn, (Friedrich)
Wilhelm ~ 4/300; Haensel, Carl ~ 4/311; Haff, Karl

(Alois) ~ 4/315; Hahn, Christoph (Ulrich) ~ 4/328; Haller,
Ernst ~ 4/347; Hamburger, Erna ~/† 4/357; Hardenberg,
Hans Carl Graf von ~ 11/79; Hartmann, Nicolaus d. J. ~
4/412; Hasenclever, Walter (Georg Alexander) ~ 4/423;
Hassell, (Christian August) Ulrich von ~ 4/428; Haug,
Hans ~/† 4/440; Hausmann, Caspar Anton Friedrich ~
4/451; Haymann, Franz (Karl Abraham Samuel) ~ 4/462;
Hedemann, Justus Wilhelm ~ 4/473; Heer, Oswald †
4/475; Heerklotz, Adolph ~ 4/476; Hegi, Franz * 4/483;
Heiman, Eric ~ 4/501; Heimburger, Karl Friedrich ~ 4/504;
Heindl, Robert ~ 4/507; Heinsheimer, Karl (August) ~
4/545; Held, Alfred ~ 4/555; Helferich, Burckhardt ~
4/559; Herold, Otto ~ 4/636; Herzog, Johann Jakob ~
4/665; Hess, Walter Rudolf ~ 4/673; Hoffmann, Felix †
5/116; Hohenlandenberg, Hugo von ~ 5/138; Hohenlohe-
Langenburg, Hermann Fürst zu ~ 5/139; Hollitscher, Walter
~ 5/151; Holzapfel, Rudolf Maria ~ 5/158; Horsch, Paul
~ 5/182; Huber, Hans ~ 5/196; Huber, Max ~ 5/198;
Huebner, Friedrich Markus ~ 5/204; Hülsen, Hans von
~ 5/210; Huene, Friedrich Frh. von ~ 5/211; Isler, Peter
Emil ~ 5/264; Jordan, Charles Etienne ~ 5/362; Kähler,
(Joachim) Siegfried A(ugust) ~ 11/98; Kampffmeyer,
Georg ~ 5/421; Katharina, Prinzessin von Württemberg,
Königin von Westfalen † 5/462; Kauffmann, Angelica
(Maria Anna Angelica Catarina) ~ 5/468; Keckeis, Gustav
~ 5/482; Keller, Conrad ~ 5/491; Keller, Gottfried ~
5/493; Kern, Fritz ~ 5/511; Kiesel, Otto ~ 5/533; Kinkelin,
Hermann ~ 5/543; Kippenberg, Anton ~ 5/545; Kissler,
Hermann ~ 5/559; Klatzkin, Jakob ~ 5/567; Klebs, Edwin
~ 5/570; Klee, Eugen ~ 5/570; Knopp, Konrad ~ 5/629;
Koch, Richard ~ 5/643; Koechlin-Thurneysen, Alphons ~
5/648; Kopsch, Julius Eugen ~ 6/41; Kossmann, Wilfried
~ 6/53; Krupp von Bohlen und Halbach, Gustav ~ 6/132;
Kuntze, Friedrich ~ 6/171; Lauber, Cécile ~ 6/264;
Lavater, Ludwig ~ 6/275; Lehner, Peter ~ 6/299; Lenz,
Friedrich ~ 6/323; Lewald, Hans ~ 6/363; Lichtenthaeler,
Charles */~ 6/376; Lienert, Meinrad ~ 6/390; Lindt,
(Johann) Rudolf ~ 6/409; Link, Ernst ~ 6/412; Lion,
Max ~ 6/415; Lismann, Hermann ~ 6/423; Luchsinger,
Richard ~ 6/491; Ludwig, Emil ~ 6/508; Maillet, Léo ~
6/573; Maler, Josua ~ 6/577; Marr, (Friedrich) Wilhelm
(Adolph) ~ 6/629; Matuschka, Michael Graf von ~ 6/664;
Maybach, Karl ~ 7/3; Mayer, Eduard Alexander von ~
7/6; Mayet, Paul ~ 7/13; Meyer von Gonzenbach, Rolf
~ 7/112; Mirbach, Dietrich Frh. von ~ 7/150; Mirbach-
Harff, Wilhelm Graf von ~ 7/150; Molitor, Erich ~ 7/188;
Monnard, Karl ~ 7/199; Mooser, Hermann ~ 7/205;
Moser, Hans Albrecht ~ 7/224; Mosterts, Carl † 7/232;
Mousson, Johann Markus Samuel Isaak ~ 7/234; Müncker,
Theodor ~ 7/295; Muheim, Gustav ~/† 7/303; Naegeli,
Hans Franz ~ 7/331; Nägeli, Otto ~ 7/332; Neuburger,
Paul ~ 7/375; Niedecken-Gebhard, Hanns (Ludwig) ~
7/404; Orelli, Konrad von ~ 7/511; Oser, Hugo ~ 7/511;
Oswald, Wilhelm ~ 7/522; Overbeck, Alfred Frh. von ~
7/538; Pagenstecher, Maximilian (Alexander Ludwig) ~
7/549; Petersen, Julius ~ 7/619; Piccard, Auguste † 7/660;
Piccard, Jean Félix ~ 7/660; Piccard, Jules */† 7/660; Pilet-
Golaz, Marcel (Edouard) ~ 7/670; Poensgen, Helmuth
~ 8/13; Pollack, Werner ~ 8/26; Pollak, Robert ~ 8/27;
Popitz, Johannes ~ 8/33; Praechter, Karl ~ 8/49; Rabow,
Siegfried ~ 8/111; Raitz von Frentz, Edmund (Erwin) Frh.
~ 8/129; Rath, Willy ~ 8/148; Ratzenberger, Theodor ~
8/154; Rau, Karl August ~ 8/156; Raumer, Hans ~ 8/161;
Rehfues, Georg Adam ~ 8/191; Rehfuß, Carl * 8/191;
Reichel, Alexander † 8/198; Renaud, Achilles * 8/241;
Rengger, Albrecht ~ 8/242; Ricdesel zu Eisenbach, Johann
Hermann Frh. von ~ 8/294; Riese, Otto ~/† 8/306; Rilla,
Walter ~ 8/312; Ringler-Kellner, Ilse ~ 8/318; Ritter,
Erasmus ~ 8/328; Ritzmann, Martin ~ 8/337; Rohn, Arthur
~ 8/369; Rosenmund, Max ~ 8/398; Roth-de Markus,
Albert (Samuel) ~ 8/416; Rothe, Ferdinand ~ 8/418;
Rudolf III., König von Burgund ~ 8/438; Rüegger, Paul
~ 8/449; Ruete, Hans Hellmuth ~ 8/456; Salis-Seewis,
Johann Gaudenz von ~ 8/500; Sandoz, Edouard † 8/514;

Sauerländer, Karl Heinrich Remigius ~ 8/529; Saugy, Louis ~ 8/529; Schärer, Hans ~ 8/553; Schätzel, Walter ~ 8/553; Schardt, Hans ~ 8/566; Schatzmann, Rudolf Friedrich ~/† 8/573; Schlick, (Friedrich Albert) Moritz ~ 8/675; Schmid, Walter ~ 8/706; Schnöller, Etienne ~ 9/67; Schoeller, Johann Christian ~ 9/78; Scholz, (Franz Johann) Wilhelm von ~ 9/111; Schröter, Fritz (Georg Ernst) ~ 9/155; Schürch, Ernst ~ 9/172; Schulenburg, Friedrich Werner Graf von der ~ 9/182; Schultz, Johannes (Heinrich) ~ 9/191; Schultze-Jena, Leonhard (Sigmund Friedrich Kuno Klaus) ~ 9/194; Schwerd, Friedrich ~ 9/243; Seiler, Franz ~ 9/271; Senger, Hugo Franz Ludwig von ~ 9/288; Simson, Ernst von ~ 9/337; Sommer, Johann Wilhelm Ernst ~ 9/369; Spallart, Johannes von ~ 9/382; Spangenberg, Berthold ~ 9/383; Speiser, Johann Jakob ~ 9/392; Spielrein, Sabina ~ 11/176; Springer, Konrad Ferdinand ~ 9/422; Staehelin, Rudolf ~ 9/434; Stange, Erich ~ 9/446; Staub, Walther ~ 9/455; Steffen, Albert ~ 9/464; Steinen, Wolfram von den ~ 9/488; Steiner, Arthur † 9/488; Steinmann, Fritz ~ 9/498; Stengel, Edmund Ernst ~ 9/505; Stern, Erich ~ 9/512; Sternberg, Theodor (Hermann) ~ 9/517; Stettler, Michael ~ 9/520; Stilgebauer, (Johannes) Edward (Alexander) ~ 9/532; Stilling, Heinrich † 9/533; Stralendorf, Carl (Hermann Fritz Johannes) ~ 9/565; Stratmann, Franziskus Maria ~ 9/570; Strauß, Emil (Josef) ~ 9/575; Stueckelberg von Breidenbach, Ernst Carl Gerlach ~ 9/608; Sulzberger, Arnold ~ 9/631; Sulzer, Robert ~ 9/632; Sulzer-Schmidt, Carl ~ 9/633; Tantzen, Richard (Hinrich) ~ 9/657; Tavel, Rudolf von ~ 9/668; Teichert, Kurt ~ 9/669; Teichmann, Ernst (Gustav Georg) ~ 9/669; Thelen, Albert Vigoleis ~ 9/693; Thierfelder, Max Ulrich ~ 10/7; Thomann, Robert ~ 10/16; Thurnheer, Walter ~ 10/33; Tiburtius, Joachim ~ 10/35; Töndury, Hans ~ 10/56; Treichler, Johann Jakob ~ 10/78; Treu, Emanuel ~ 10/83; Uhde, Wilhelm ~ 10/127; Ullmann, Fritz ~ 10/136; Umbricht, Victor H. ~ 10/149; Valangin, Aline ~ 10/177; Varrentrapp, Franz ~ 10/184; Veillon, Charles ~/† 10/188; Verdroß-Droßberg, Alfred ~ 10/195; Volmar, (Johann) Georg ~ 10/249; Waldthausen, Eugen von ~ 10/308; Wartburg, Walther von ~ 10/338; Waser, Maria ~ 10/340; Wattenwyl, Niklaus von ~ 10/345; Weber, Eduard ~ 10/352; Weimer, Hermann ~ 10/393; Weinberg, Jacob Yechiel † 10/394; Weinbrenner, (Johann Jakob) Friedrich ~ 10/395; Welti, Albert ~ 10/428; Werenfels, Samuel ~ 10/441; Werthes, Friedrich August Clemens ~ 10/454; Wiedenfeld, Kurt (August Bernhard Julius) ~ 10/480; Wiedersheim, Robert (Ernst) ~ 10/480; Wieland, Philipp ~ 10/484; Wiens, Paul ~ 10/487; Wildbolz, Hans ~ 10/498; Winckelmann, Otto ~ 10/520; Wölfflin, Ernst ~ 10/556; Wolff, Ernst ~ 10/572; Wüstendörfer, Hans ~ 10/595; Wyss, Johann David ~ 10/603; Ziegler, Heinrich Ernst ~ 10/654; Ziehen, Eduard ~ 10/656; Zimmermann, Karl-Heinz ~ 10/670; Zschokke, Friedrich ~ 10/691

Lauscha
Müller-Uri, Friedrich Adolph */~ 7/291; Müller-Uri, Ludwig */~/† 7/291

Lausen (Kt. Basel-Landschaft)
Balmer, Johann Jakob * 1/279

Lausnitz
Dehn-Rothfelser, Hans ~ 2/469

Laußig → Gruna

Lautenburg (Westpreußen)
Moses, Siegfried * 7/229; Neumann, Alfred * 7/380

Lauter (Kr. Bamberg, Land)
Berger, Theodor * 1/447

Lauter (Sachsen)
Gnüchtel, Friedrich August ~/† 4/44; Gnüchtel, (Friedrich) Gustav */† 4/44; Gottschald, (Romilo) Otto * 4/109; Paul, Jonathan (Alexander Benjamin) † 7/574; Weidauer, Walter * 10/381

Lauterach (Vorarlberg)
Pezzey, Bruno */~ 7/633

Lauterbach (Elsaß)
Andlau, Georg von ~ 1/125; Andlaw, Peter von ~ 1/126

Lauterbach (Kr. Rottweil)
Linsenmann, Franz Xaver von † 6/414

Lauterbach (Mittlerer Erzgebirgskreis)
Heubner, (Heinrich) Leonhard * 5/7; Kayser, Johann Christian ~ 5/480; Keil, Karl (Friedrich) * 5/486

Lauterbach (Wartburgkreis)
Alemann, Friedrich Adolph von ~ 1/86

Lauterbach (Ziemetshausen)
Heine, Jacob * 4/510; Heine, Johann Georg * 4/510

Lauterbach (Hessen)
siehe auch *Maar*
Beck, Heinrich Valentin ~ 1/370; Buri, Christian (Karl Friedrich) von ~/† 2/241; Eigenbrodt, Karl Christian * 3/59; Hagelgans, Johann Georg * 4/317; Rau, Gottlieb Martin Wilhelm Ludwig ~ 8/155; Riedesel zu Eisenbach, Friedrich Adolf Frh. von * 8/294; Riedesel zu Eisenbach, Volpert Christian Frh. von * 8/294; Selbmann, Fritz * 9/276; Spamer, Carl ~ 9/382; Spieß, Adolf * 9/404; Thilenius, Moritz Gerhard ~ 10/10; Thilenius, (Johann Friedrich Heinrich) Otto * 10/10; Trapp, Eduard Christian * 10/69

Lauterberg → Bad Lauterberg im Harz

Lauterbrunnen (Kt. Bern)
Ryniker, Adolf J. * 8/480

Lauterburg (frz. Lauterbourg, Dép. Bas-Rhin)
Ball, Georg Adam * 1/277; Otter, Jakob * 7/526; Schmitthenner, Paul * 9/35

Lauterburg (seit 1972 zu Essingen, Ostalbkreis)
Schüz, Carl (Wolfgang Christoph) von * 9/180

Lauterecken
Dippel, Leopold * 2/554; Georg Johann I. der Scharfsinnige, Pfalzgraf zu Veldenz-Lützelstein ~ 3/630; Gümmer, Paul † 4/236; Hartmann, Max(imilian) * 4/411; Weizel, Walter * 10/419

Lauterhofen → Trautmannshofen

Lautertal (Kr. Coburg) → Rottenbach

Lautertal (Odenwald) → Reichenbach

Lautertal (Vogelsberg) → Eichenrod, Engelrod

Lautlingen (seit 1975 zu Albstadt)
Demeter, Ignaz (Anton) ~ 2/482; Schenk von Stauffenberg, Johann Franz Reichsfreiherr † 8/605

Lautschin (tschech. Loučeň)
Nabl, Franz † 7/325

Laval
Hinteröcker, Johann Nepomuk ~ 5/55

Lavamünd (Kärnten)
Keller, Franz Carl † 5/491

Lavello (Italien)
Konrad IV., König von Sizilien und Jerusalem † 6/26

Lavesum (Haltern)
König, (Franz) Joseph * 5/660

Lavigny (Kt. Waadt)
Ledig-Rowohlt, Heinrich Maria ~ 6/286

Lavin (Kt. Graubünden)
Gallicius, Philipp ~ 3/564; Truog-Saluz, Tina ~ 10/103

Lavis (Italien)
Herbert, Franz Paul Anton Frh. von ~ 4/606

Lawek (poln. Ławki)
Ruberg, Johann Christian † 8/432

Ławice → Hansdorf

Ławszowa → Lorenzdorf

Laxenburg (Niederösterreich)
Albrecht III., Herzog von Österreich ~/† 1/78; Bergl, Johann Baptist Wenzel ~ 1/448; Bergobzoomer, Katharina ~ 1/453; Burnacini, Ludovico Octavio Frh. von ~ 2/246; Chladek, Rosalia ~ 11/39; Ferand, Ernest ~ 3/266; Fischer, Vinzenz ~ 3/328; Geyling, (Franz) Carl (Michael) ~ 3/674; Hartmann, Eduard * 4/407; Höchle, Johann Baptist ~ 5/86; Jordan, Peter ~ 5/363; Koberwein, Simon Friedrich ~ 5/636; Kohl, Ludwig ~ 6/2; Machek, Anton ~ 6/551; Moll, Balthasar (Ferdinand) ~ 7/189; Natterer, Johann */~ 7/345; Pacassi, Nikolaus Franz Leonhard Frh. von ~ 7/545; Petznek, Elisabeth Marie Erzherzogin von Österreich *

7/627; Puellacher, Leopold Josef ~ 8/87; Rudolf Franz Karl Josef, Erzherzog von Österreich, Kronprinz * 8/438

Laxendorf (Niederösterreich)
Degen, Jakob ~ 2/464

Lay (Koblenz am Rhein)
Bappert, Jakob (Joseph) * 1/290

Layen → Lajen

Lazfons → Latzfons

Lázně Kynžvart → Bad Königswart

Lazyn (Kr. Inowrazlaw)
Rohr, (Louis Otto) Moritz von * 8/370

Lazzago (Como, Italien)
Giulini, Georg (Otto) ~/† 4/18; Giulini, Paul Franz † 4/18

Le Bonhomme → Diedolshausen

Le Caugnet (Dép. Isère, Frankreich)
Münzenberg, Willi † 7/300

Le Châtelard (1953-61 Montreux-Châtelard, seit 1962 zu Montreux, Kt. Waadt)
Manteuffel-Szoege, Georg Baron von * 6/601

Le Chesnay Trianon (Frankreich)
Miksche, Ferdinand Otto † 7/137

Le Conquet (Dép. Finistère, Frankreich)
Hacquet de la Motte, Balthasar * 4/299

Le Havre (Dép. Seine-Maritime, Frankreich)
Cahensly, (Simon) Peter Paul ~ 2/264; Dessauer, Franz (Johann) ~ 2/497; Engel-Dollfus, Friedrich ~ 3/116; Eynern, Ernst von ~ 3/204; Friederich, Johann Konrad ~/† 3/449; Grund, Franz (Joseph) ~ 4/222; Guggenheim, Kurt ~ 4/249; Holbein, Hans d. J. ~ 5/144; Honegger, Arthur * 5/166; Hottenroth, Woldemar ~ 5/187; Röchling, Karl ~ 8/347; Schnizlein, Adalbert ~ 9/67; Sehmer, Theodor (I.) ~ 9/264; Waldthausen, Eugen von ~ 10/308

Le Lavandou (Frankreich)
Rheinhardt, Emil Alphons ~ 8/268

Le Locle (Kt. Neuenburg)
JeanRichard, Daniel ~/† 5/313; Lauber, Joseph ~ 6/264; Moser, Heinrich ~ 7/225

Le Mans (Dép. Sarthe, Frankreich)
Alvensleben, Constantin Graf von ~ 1/107; Badurat, Bischof von Paderborn ~ 1/253; Berghe von Trips, Wolfgang Graf ~ 1/447; Lang, Hermann ~ 6/226; Mahlknecht, Johann Dominik ~ 6/568; Pidoll, Johann Michael Josef von † 7/665; Rindt, Jochen ~ 8/314; Schneegans, Ludwig ~ 9/48

Le Perreux (Frankreich)
Friedrich, Ernst † 3/479

Le Perys (Frankreich)
Göler von Ravensburg, Friedrich Karl (Eberhard) Frh. † 4/53

Le Quesnoy (Dèp. Nord, Frankreich)
Johann, Herzog von Bayern, Bischof von Lüttich, Graf von Holland * 5/341

Le Quesnoy (Dép. Nord, Frankreich)
Margarethe, Kaiserin, Gräfin von Holland-Hennegau, Seeland, Herrin von Friesland † 6/614

Le Vernet (Frankreich)
Bögler, Franz ~ 1/614

Leangolla (Ceylon)
Crüwell, Gottlieb August * 2/406

Leba
Weiher, Martin * 10/390

Lebach
Duttlinger, Johann Georg * 2/659; Weber, Jacob * 10/355

Lebanon (New Hampshire, USA)
Köhler, Wolfgang † 5/653

Lebenstedt (seit 1942 zu Watenstedt-Salzgitter, seit 1951 Salzgitter)
Schoppius, Andreas * 9/116

Lébényi Szent Miklos (Ungarn)
Nikisch, Arthur * 7/418

Lębork → Lauenburg i. Pom.

Lebus
Albrecht, Markgraf von Brandenburg, Kardinal, Erzbischof von Mainz und Magdeburg, Administrator von Halberstadt ~ 1/77; Banz, Heinrich ~ 1/289; Berends, Karl August Wilhelm ~ 1/437; Blumenthal, Georg von ~ 1/587; Bülow, Dietrich von ~/† 2/203; Curtius, Valentin * 2/414; Eich, Günter * 3/46; Erich, Markgraf von Brandenburg, Erzbischof von Magdeburg ~ 3/148; Georg von Blumenthal, Bischof von Lebus und Ratzeburg ~/† 3/629; Gleditsch, Johann Gottlieb ~ 4/27; Goelicke, Andreas Ottomar ~ 4/53; Heinrich, Bischof von Meißen ~ 4/531; Heinrich I. der Bärtige, Herzog von Schlesien ~ 4/533; Joachim Friedrich, Kurfürst von Brandenburg ~ 5/329; Johann I., Markgraf von Brandenburg ~ 5/338; Johannes von Schwenkenfeld ~ 5/354; Kleiner, Ernst ~ 5/579; Ludwig IV. der Heilige, Landgraf von Thüringen, Pfalzgraf von Sachsen ~ 6/506; Michel von Derenburg ~ 7/124; Roloff, Ernst Max ~ 8/377

Lebusa
Mende, Johann Friedrich * 7/56

Lecco (Italien)
Schimmelthor, Carl August von † 8/641

Lechaschau (Tirol)
Schmid-Reutte, Ludwig * 8/707

Lechbruck
Fischer, Johann * 3/320; Hess, Johannes ~ 4/671; Knappich, Jacob */~/† 5/614; Münch, Ernst † 7/293

Lechfeld (Gem. Graben)
Hitler, Adolf ~ 5/73

Lechfeld (Gem. Untermeitingen)
Schubaur, Johann Lukas * 9/160

Lechtingen (Gem. Wallenhorst)
Müller, Hubert * 7/266

Łęczno → Lenzen

Ledde (Westfalen)
Torhorst, Marie * 10/64

Lednice → Eisgrub

Ledurga → Loddiger

Lędyczek → Landeck

Leeds (England)
Beyschlag, Adolf ~ 1/508; Esser, Hermann (Joseph Maria) ~ 3/180; Eyth, (Eduard Friedrich) Max(imilian) von ~ 3/206; Fester, Georg Gustav Anselm ~ 3/274; Guilleaume, Arnold (Karl Hubert) von ~ 4/252; Hauser, Arnold ~ 4/448; Herschel, (Friedrich) Wilhelm ~ 4/646; Kaselowsky, Ferdinand ~ 5/456; Pohle, Joseph ~ 8/20; Speck von Sternburg, Hermann Frh. * 9/388; Ullmann, Walter ~ 10/137; Unger, Heinz ~ 10/153; Winkler, Helmut Gustav Franz ~ 10/529

Leer (Ostfriesland)
siehe auch *Bingum, Evenburg, Leerort, Nüttermoor*
Bavink, Bernhard * 1/355; Emmius, Ubbo ~ 3/106; Gittermann, (Johann) Carl ~/† 4/18; Gleimius, Rudolf * 4/29; Jungeblut, Nikolaus * 5/382; Klopp, Onno * 5/603; Lehzen, Johann Heinrich Wilhelm ~ 6/301; Lüppo-Cramer, Hinricus * 6/520; Norden, Jakob van */~ 11/143; Raven, Mathilde ~ 8/167; Reimers, Heinrich ~ 8/212; Reuter, Ernst (Rudolf Johannes) ~ 8/259; Schoon, Greta † 9/113; Schümer, Georg ~ 9/170; Siefkes, Wilhelmine */~/† 9/309; Tannen, Karl */~ 9/655; Tempel, Hermann ~ 9/674; Westermann, Johann ~ 10/459; Wilhelm V., Landgraf von Hessen-Kassel † 10/503

Leerort (seit 1971 zu Leer, Ostfriesland)
Beninga, Eggerik ~ 1/423; Enno III., Graf von Ostfriesland † 3/128; Heinrich der Ältere, Herzog von Braunschweig-Lüneburg-Wolfenbüttel ~/† 4/525

Leesdorf (Baden, Niederösterreich)
Engerth, Wilhelm Frh. von † 3/124

Leeuwarden (Niederlande)
Arumäus, Dominikus * 1/199; Bertolf, Gregor † 1/487; Mata Hari * 6/652; Menno Simons ~ 7/64; Steller, Walther ~ 9/503

Legau (Kr. Unterallgäu)
siehe auch *Steinbach*
Echteler, Josef * 3/4

Legnago (Italien)
Salieri, Antonio * 8/498

Leider (seit 1901 zu Aschaffenburg)

Leidersbach

Leidesdorf (Niederösterreich)

Leimbach (Mansfeld)

Leimen (Rhein-Neckar-Kreis)

Leina (Kr. Gotha)

Leinefelde

Leinfelden (seit 1975 zu Leinfelden-Echterdingen)

Leinfelden-Echterdingen
siehe auch *Oberaichen*

Leinsweiler → Neukastel

Leipa (tschech. Lípa)

Leipheim

Leipnik (tschech. Lipník nad Bečvou)

Leipnitz

Leipsdorf (Sachsen)

Leipzig
siehe auch *Anger, Connewitz, Gohlis, Großzschocher, Großwiederitzsch, Hohenheida, Knauthain, Leutzsch, Lindenau, Mockau, Möckern, Neuschönefeld, Pfaffendorf, Plagwitz, Reudnitz, Schönefeld, Sellershausen, Sommerfeld, Stötteritz, Thonberg, Volkmarsdorf, Wahren*

Benedikt ~ 1/523; Bierling, Ernst Rudolf ~ 1/523; Bierling, Friedrich Wilhelm ~ 1/523; Billeter, (Karl) Agathon ~ 1/528; Billwiller, Robert (August) ~ 1/529; Binder, Margarethe ~ 1/531; Binding, Karl (Ludwig Lorenz) ~ 1/532; Bingner, Adrian (Aloys Philipp Heinrich) † 1/533; Binz, Arthur (Heinrich) ~ 1/534; Binzer, August Daniel von ~ 1/535; Biow, Hermann ~ 1/535; Birch-Hirschfeld, (Gustav) Adolf ~ 1/536; Birch-Hirschfeld, Felix Victor ~/† 1/536; Birghden, Johann von der ~ 1/537; Birk, Walter ~ 1/537; Birnbaum, Hans ~ 1/540; Birt, Theodor ~ 1/541; Birtner, Herbert ~ 1/541; Bischof, Karl August (Leberecht) ~ 1/542; Bischoff, Carl Adam ~ 1/542; Bischoff, Diedrich ~ 1/542; Bischoff, Georg Friedrich ~ 1/543; Bitta, Joseph ~ 1/549; Bittcko, Karl Friedrich Otto ~ 1/549; Blachstein, Artur (Georg) ~/† 1/552; Bläsing, David ~ 1/553; Blättner, Samuel † 1/554; Blanckertz, Rudolf ~ 1/556; Bland, Hermine ~ 1/556; Blankenburg, Christian Friedrich von ~/† 1/557; Blankenfeld, Johannes ~ 1/557; Blankenhagen, Wilhelm von ~ 1/557; Blankenhorn, Ernst ~ 1/558; Blaschke, Wilhelm (Johann Eugen) ~ 1/560; Blaschnik, Arthur ~ 1/560; Blau, Otto Hermann ~ 1/563; Blaustein, Arthur ~ 1/564; Blech, Hans Christian ~ 11/23; Blecher, Friedrich ~ 1/565; Bleichert, Adolf Hermann ~ 1/567; Blesendorf, Joachim Ernst ~ 1/569; Bley, Fritz ~ 1/571; Bley, Johann Heinrich Christian ~ 1/571; Bleyer, Georg ~ 1/571; Bleyer, Jakob ~ 1/571; Bloch, Ernst ~ 1/573; Bloch, Felix ~ 1/574; Bloch, Hermann ~ 1/574; Blochmann, Karl Justus ~ 1/575; Blochmann, Rudolf Sigismund ~ 1/576; Block, Martin (Friedrich) ~ 1/576; Block, Paul ~ 1/576; Bloem, Walter ~ 1/577; Blos, Wilhelm ~ 1/579; Blücher von Wahlstatt, Gebhard Leberecht Fürst ~ 1/580; Blüher, Bernhard ~ 1/580; Blümner, Heinrich */~/† 1/580; Blüthgen, Viktor (August Eduard) ~ 1/581; Blüthner, Julius ~/† 1/581; Blum, Hans */~ 1/582; Blum, Michael ~ 1/582; Blum, Robert ~ 1/582; Blumberg, Christian Gotthelf ~ 1/584; Blume, Friedrich ~ 1/584; Blumenau, Laurentius ~ 1/585; Blumenreich, Paul ~ 1/587; Blumenthal, Lieselotte † 11/25; Blumenthal, Oskar ~ 1/588; Blumentrost, Laurentius ~ 1/588; Blumer, Theodor ~ 1/589; Bluntschli, Hans (Hermann) ~ 1/590; Boas, Ismar ~ 1/592; Bocer, Johann(es) ~ 1/593; Bochmann, Werner ~ 11/26; Bock, Abraham von ~ 1/593; Bock, August Karl ~/† 1/594; Bock, Karl Ernst */~ 1/595; Bockelmann, Rudolf (August Louis Wilhelm) ~ 1/596; Bockum-Dolffs, Florens Heinrich von ~ 1/598; Bockwitz, Hans (Heinrich) ~/† 1/598; Bode, Christoph August ~ 1/599; Bode, Rudolf (Fritz Karl Berthold) ~ 1/600; Bodemer, (Georg) Jacob * 1/602; Bodenhausen, (Hans) Eberhard Frh. von ~ 1/603; Bodenschatz, Erhard ~ 1/603; Bodenstein, Adam von ~ 1/604; Bodenstein, Max (Ernst August) ~ 1/604; Böck, Johann Michael ~ 1/606; Böckel, Dagobert Ernst Friedrich ~ 1/607; Böheim, Johann Karl ~ 1/614; Böhm, Amadeus Wenzel ~/† 1/615; Boehm, Gottfried ~ 1/617; Böhm, Johann ~ 1/617; Böhm(e), Johann Heinrich d. Ä. ~ 1/617; Böhme, Franz Magnus ~ 1/620; Böhme, Johann August ~ 1/621; Böhme, Johann Gottlob ~/† 1/621; Böhmer, Georg Rudolph ~ 1/622; Böhmer, Heinrich ~ 1/622; Böhmer, Johann Benjamin ~/† 1/622; Böhmer, (Heinrich) Wilhelm (Ludwig) ~ 1/624; Böhmert, (Karl) Viktor ~ 1/624; Böhtlingk, Otto Nikolaus von ~/† 1/625; Boeke, Hendrik Enno ~ 1/625; Bökel, Martin von ~ 1/626; Boell, Heinrich ~ 1/627; Boeltzig, Reinhold ~ 1/628; Bömers, Karl Wilhelm Theodor ~ 1/629; Boemus, Johann ~ 1/629; Boenheim, Felix ~/† 1/630; Bönigk, Gottfried */† 1/630; Börgen, Carl Nicolay Jensen ~ 1/631; Börner, Christian Friedrich ~/† 1/633; Börner, Friedrich */~/† 1/633; Börner, Georg Gottfried */~/† 1/633; Böschen, Karl Franz ~ 1/635; Boese, Carl (Hermann Eduard) ~ 1/635; Böse, Heinrich ~ 1/635; Böse, Johann Georg ~ 1/635; Böttger, Adolf */~ 1/637; Böttger, (Carl) Wilhelm ~ 1/638; Bötticher, Georg ~/† 1/639; Bötticher, Johann Gottlieb ~ 1/639; Böttiger, Karl August ~ 1/639; Böttiger, Karl Wilhelm ~ 1/640; Bogeng, Gustav Adolf Erich ~ 1/640; Bohl, Johann Christoph ~ 2/1; Bohn, Johannes */~/†

2/2; Bohne, Gotthold Hermann ~ 2/2; Bohner, Theodor Paul ~ 2/3; Bohnke, Emil ~ 2/3; Bohse, August ~ 2/4; Bolliger, Adolf ~ 2/10; Bolte, Johannes ~ 2/11; Bolton, Werner von ~ 2/11; Boltzmann, Ludwig Eduard ~ 2/12; Bolzmann, Karl Anton ~ 2/14; Bombeck, Seger ~/† 2/14; Bomhard, Ernst von ~ 2/15; Bonasegla-Schüler, Felicitas ~ 2/15; Bonde, Oskar ~ 2/15; Bonini, Pasquale ~ 2/16; Bonelli, Karl von ~ 2/17; Bonhoeffer, Karl Friedrich ~ 2/18; Bonitz, Hermann ~ 2/20; Boock, Georg (Franz) ~ 2/23; Boor, Helmut de ~ 2/23; Borchardt, Moritz ~ 2/26; Borcke, Adrian Bernhard Graf von ~ 2/28; Bording, Jakob ~ 2/29; Borinski, Fritz ~ 11/28; Borkenau, Franz ~ 2/30; Born, Friedrich Gottlieb */~ 2/32; Born, Jakob */~/† 2/32; Born, Jakob Heinrich von */~ 2/32; Born, Stephan ~ 2/33; Bornemann, Wilhelm ~ 2/34; Borner, Caspar ~/† 2/34; Bornkamm, Heinrich ~ 2/35; Bornmann, Christian ~ 2/35; Bornmann, Johannes Gottfried ~ 2/36; Bornschein, (Johann) Ernst (Daniel) ~ 2/36; Borott, Johann Baptist ~ 2/36; Borst, Bernhard ~ 2/39; Borstell, (Karl Leopold Heinrich) Ludwig von ~ 2/39; Bortkiewicz, Ladislaus von ~ 2/39; Bortkiewicz, Sergej von ~ 2/39; Borum, Andreas ~ 2/40; Boruttau, Heinrich * 2/40; Borz, Georg Heinrich ~/† 2/40; Bose, Friedrich Wilhelm August von ~ 2/42; Bose, Georg Matthias */~ 2/42; Bose, (Ernst) Gottlob */~/† 2/42; Bosse, Gustav ~ 2/44; Bosse, Hans Alexander von ~ 2/44; Bossler, Heinrich Philipp Karl ~ 2/45; Bostel, Nikolaus von ~ 2/46; Bostroem, August ~ 2/46; Botgarschek, Karoline ~ 2/46; Bothe, Friedrich Heinrich ~ 2/46; Botsack, Johann(es) ~ 2/47; Bourcart, Charles ~ 2/49; Bousset, (Johann Franz) Wilhelm ~ 2/50; Boxberg, Christian Ludwig ~ 2/51; Boysen, Karl ~/† 2/53; Bracken, Helmut ~ 2/55; Bräuer, Karl ~ 2/56; Bräunig, Werner ~ 2/56; Brahms, Johannes ~ 2/57; Bran, Friedrich Alexander ~ 2/60; Brandenburg, (Arnold Otto) Erich ~/† 2/61; Brandenburg, Michael Christoph ~ 2/62; Brandes, Alwin ~ 2/62; Brandes, Ernst ~ 2/62; Brandes, Gustav (Philipp Hermann) ~ 2/63; Brandes, Heinrich Wilhelm ~/† 2/63; Brandes, Wilhelm ~ 2/64; Brandis, Ernst Friedrich Eduard ~ 2/65; Brandis, Lucas ~ 2/65; Brandis, Marcus ~ 2/66; Brandis, Matthaeus ~ 2/66; Brandis, Moritz ~ 2/66; Brandl, Rudolf Hermann ~ 2/66; Brandstetter, (Georg Christian) Friedrich ~ 2/67; Brandstetter, Oscar */~/† 2/67; Brandstetter, Renward ~ 2/67; Brandt, Ahasverus von ~ 2/68; Brasch, Moritz ~/† 2/74; Brassicanus, Johannes Ludwig ~ 2/75; Brauer, Arnold Hermann Louis Friedrich ~ 2/77; Braun, Heinrich ~ 2/81; Braun, Karl Adolf von ~ 2/83; Braun, Karl Ferdinand ~ 2/83; Braun, Karl Joseph Wilhelm ~ 2/84; Braune, Albert */~/† 2/88; Braune, Christian Wilhelm */~/† 2/88; Braune, Wilhelm Theodor ~ 2/89; Braunreuther, Kurt * 2/90; Brauser, August Georg ~ 2/91; Brawe, Joachim Wilhelm von ~ 2/91; Brecher, Gustav ~ 2/92; Brecht, Arnold ~ 2/92; Brechtel, Stephan ~ 2/94; Breckling, Friedrich ~ 2/94; Bredig, Georg ~ 2/95; Bredt, Ernst Wilhelm */~ 2/96; Bredt, Ferdinand Max * 2/96; Bredt, Heinrich ~ 11/31; Bredt, (Conrad) Julius ~ 2/96; Brehm, Alfred Edmund ~ 2/97; Brehm, Georg Nikolaus ~/† 2/98; Brehm, Karl August */~/† 2/98; Brehme, Christian */~ 2/98; Breitenau, Christoph Gensch von ~ 2/101; Breitenbach, Georg von */~ 2/102; Breitenbach, Johannes von ~ 2/102; Breitenbach, Paul von ~ 2/102; Breitengraser, Wilhelm ~ 2/102; Breithaupt, Christian David ~ 2/104; Breithaupt, (Theodor Maria Paul Franz) Rudolf ~ 2/105; Breitkopf, Bernhard Christoph ~/† 2/106; Breitkopf, Bernhard Theodor * 2/106; Breitkopf, Christoph Gottlob */† 2/106; Breitkopf, Gregor ~/† 2/106; Breitkopf, Johann Gottlob Immanuel */† 2/106; Breitner, Anton ~ 2/107; Breitner, Erhard ~ 2/107; Bremer, Johannes Gottfried ~ 2/109; Bremer, Otto ~ 2/109; Brendel, (Karl) Franz ~/† 2/110; Brenk, Johannes Wolfgang ~ 2/112; Brennecke, (Karl Wilhelm) Erich ~ 2/112; Brenner, Ernst ~ 2/113; Brenner, Ludwig von ~ 2/113; Brenner, (August) Rudolf ~/† 2/114; Brentano, Lujo ~ 2/117; Brescius, Karl Friedrich ~ 2/119; Bretschneider, Karl Gottlieb ~ 2/123; Bretzner, Christoph Friedrich */† 2/124; Breuer, (Friedrich)

2/338; Clemas, Matthäus ~ 2/338; Clemen, Carl (Christian) ~ 2/338; Clemen, Otto (Konstantin) ~ 2/339; Clemen, Paul */~ 2/339; Clericus, Ludwig (August) ~ 2/342; Clodius, Christian ~ 2/344; Clodius, Christian (August) ~/† 2/344; Clodius, Christian August Heinrich ~/† 2/344; Clodius, Johann Christian ~/† 2/344; Clodius, Julie Friederike Henriette ~ 2/344; Cludius, Hermann Heimart ~ 2/346; Cnobloch, Karl ~/† 2/347; Cober, Gottlieb ~ 2/348; Cobet, Heinrich ~ 2/348; Coccius, Ernst Adolf ~/† 2/349; Coelestin, Georg ~ 2/350; Coenen, Hermann Wilhelm M. ~ 2/350; Cohen, Walter ~ 2/352; Cohn, Gustav ~ 11/40; Cohn, Jonas ~ 11/40; Cohnheim, Julius ~/† 2/353; Colberg, Johannes ~ 2/354; Coler, Matthias ~ 2/355; Collins, Georg Ludwig ~ 2/357; Colmar, Johann Albert ~ 2/359; Conrad, Karl Eduard */~/† 2/362; Conradi, Franz Karl ~ 2/364; Conradi, (Heinrich Gottlieb) Hermann ~ 2/364; Conradi, Johann Ludwig ~ 2/364; Conradi, Michael ~ 2/364; Conrady, August ~/† 2/365; Conried, Heinrich ~ 2/365; Contius, Christian Gotthold ~ 2/367; Conze, Friedrich ~ 2/368; Conze, Werner ~ 2/368; Cordes, Johann Heinrich Karl ~ 2/372; Cordus, Valerius ~ 2/372; Cori, Carl Isidor ~ 2/373; Cornelius, Hans ~ 2/374; Cornill, Karl Heinrich ~ 2/376; Correns, Carl Erich ~ 2/377; Corrodi, Heinrich ~ 2/378; Corte, Gottlieb ~/† 2/379; Corthum, Lukas ~ 2/379; Corvin-Wiersbitzki, Otto Julius Bernhard von ~ 2/379; Corvinus, Andreas ~/† 2/380; Corvinus, Antonius ~ 2/380; Coschwitz, Georg Daniel ~ 2/381; Cosel, Charlotte von ~ 2/381; Cossmann, Bernhard ~ 2/382; Cotta von Cottendorf, Johann Georg Frh. von ~ 2/384; Coudray, Clemens Wenzel ~ 2/385; Councler, Konstantin ~ 2/385; Courths-Mahler, Hedwig (Ernestine Friederike Elisabeth) ~ 2/386; Courvoisier, Karl ~ 2/386; Cracov, Georg † 2/387; Crailsheim, (Friedrich August Ernst Gustav Christoph) Krafft Graf von ~ 2/387; Cramer, Johann Andreas ~ 2/389; Cramer, Johann Andreas ~ 2/389; Cramer, Karl Friedrich ~ 2/389; Cramer, Karl Gottlob ~ 2/390; Cramer, Ludwig Dankegott † 2/390; Cramer von Clausbruch, Heinrich ~/† 2/390; Cranach, Lucas d. Ä. ~ 2/392; Cranz, August (Heinrich) ~ 2/394; Crato von Krafftheim, Johannes ~ 2/394; Credé, Benno ~ 2/395; Credé, Carl (Siegmund Franz) ~/† 2/395; Credner, (Karl) Hermann (Georg) ~/† 2/395; Credner, Rudolf ~ 2/395; Cregel, Ernst ~ 2/396; Creizenach, Wilhelm (Michael Anton) ~ 2/396; Crell, Christoph Ludwig */~ 2/396; Crell, Ludwig Christian ~/† 2/397; Crell, Nikolaus */~ 2/397; Cremer, Ernst Richard ~ 2/398; Cremer, Martin ~ 2/398; Criginger, Johannes ~ 2/400; Crocius, Paul ~ 2/401; Crome, Bruno ~ 2/402; Crome, (Friedrich Theodor) Karl ~ 2/403; Crone-Münzebrock, August ~ 2/404; Cronegk, Johann Friedrich Frh. von ~ 2/404; Croph, Philipp Jakob ~ 2/404; Cruciger, Caspar d. Ä. */~ 2/405; Crusius, Balthasar ~ 2/406; Crusius, Christian ~ 2/406; Crusius, Christian August ~/† 2/406; Crusius, Gottlieb Leberecht ~/† 2/406; Crusius, Jakob Andreas ~ 2/407; Crusius, Otto ~ 2/407; Crusius, (Heinrich) Wilhelm (Leberecht) */~ 2/407; Crusius von Krusenstjern, Philipp ~ 2/407; Cunrad, Caspar ~ 2/411; Cunz, Martha ~ 2/411; Cuppener, Christoph ~/† 2/411; Cursch-Bühren, Theodor ~/† 2/412; Curschmann, Fritz ~ 2/412; Curschmann, Hans ~ 2/412; Curschmann, Heinrich ~/† 2/412; Curtius, Georg ~ 2/413; Curtius, Karl Friedrich * 2/414; Curtius, Theodor ~ 2/414; Cuspinianus, Johannes ~ 2/415; Cyprian, Ernst Salomo ~ 2/415; Czapek, Friedrich (Johann Franz) ~/† 2/416; Czepko und Reigersfeld, Daniel von ~ 2/417; Czermak, Johann Nepomuk ~/† 2/418; Dabelow, Adolf ~ 2/423; Däbritz, Walter ~ 2/424; Dächsel, (Karl) August ~ 2/425; Dähnhardt, Oskar ~ 2/425; Daelliker, Johann Rudolf ~ 2/426; Dahlmann, Hellfried ~ 11/43; Dallwitz, Hans von ~ 2/434; Dalman, (Hermann) Gustav ~ 2/435; Dammer, Otto ~ 2/437; Danckelmann, Alexander (Sylvester Flavius Ernst) Frh. von ~ 2/438; Danckert, Werner ~ 2/439; Danckwortt, Peter (Walter Friedrich) ~ 2/439; Daniel, Hermann Adalbert † 2/441; Danzel, Theodor Wilhelm ~/† 2/444; Darmstaedter, Ludwig ~ 2/445; Dassdorf, Karl Wilhelm ~ 2/446; Dathe, Johann

August ~ 2/447; Dathe von Burgk, (Carl) Friedrich August Frh. ~ 2/447; Daum, Christian ~ 2/449; Daume, Willi ~ 11/43; Daumer, Georg Friedrich ~ 2/450; Dauth, Johann ~ 2/450; Dauthe, Johann Carl Friedrich */~ 2/450; David, Ferdinand ~ 2/452; David, Johann Nepomuk ~ 2/452; David, Lucas ~ 2/453; Davidow, Karl ~ 2/453; Davisson, (Adolf) Walther ~ 2/454; Debes, Ernst ~/† 2/455; Debye, Peter (Joseph Wilhelm) ~ 2/456; Decho, Ilse */~ 2/457; Decius, Nikolaus ~ 2/457; Decker, Georg Jakob I. ~ 2/458; Decker, Wilhelm ~ 2/460; Deckert, (Friedrich Karl) Emil ~ 2/460; Deckert, Hermann (Siegfried Joachim) ~ 2/460; Deecke, (Ernst Georg) Wilhelm ~ 2/463; Deeters, Gerhard ~ 2/463; Deetjen, (Otto Paul) Werner ~ 2/463; Deetz, Arthur ~ 2/463; Deetz, Marie ~ 2/463; Deffner, (Josef) Michael ~ 2/464; Dehmel, Richard (Fedor Leopold) ~ 2/468; Dehn, Siegfried (Wilhelm) ~ 2/469; Deist, Heinrich ~ 2/473; De la Camp, Oskar ~ 2/473; Delitsch, Otto ~/† 2/477; Delitzsch, Franz (Julius) */~/† 2/477; Delitzsch, Friedrich (Conrad Gerhard) ~ 2/477; Demantius, (Johannes) Christoph ~ 2/481; Demeter, Peter A. ~ 2/482; Demuth, Leopold ~ 2/484; Denecke, Johannes ~ 11/44; Denecke, Ludwig ~ 11/44; Denner, Johann Christoph * 2/488; Dernschwam von Hradiczin, Johannes ~ 2/492; Derra, Ernst ~ 2/493; Derschau, Christoph Friedrich von ~ 2/493; Dertinger, Georg ~/† 2/494; Des Coudres, Hans-Peter ~ 2/495; Des Coudres, Theodor ~/† 2/496; Desczyk, Gerhard ~ 2/496; Dessau, Bernhard ~ 2/496; Dessoff, (Felix) Otto */~ 2/498; Dessoir, Ferdinand ~ 2/498; Dessoir, Ludwig ~ 2/498; Dessoir, Therese ~ 2/499; Detharding, Georg Christoph ~ 2/500; Detmer, Heinrich (Paul Alexander) ~ 2/501; Dettmann, Friedrich (Fiete) ~ 2/501; Deumer, Robert */~ 2/502; Deuring, Max ~ 11/45; Deussen, (Franz Jakob Paul) Ernst ~/† 2/503; Deuticke, Franz ~ 2/503; Deutschbein, Max (Leo Ammon) ~ 2/507; Deutschinger, Franz ~ 2/507; Devrient, Dorothea ~ 2/508; Devrient, (Gustav) Emil ~ 2/508; Devrient, Otto ~ 2/508; Dewerdeck, Gottfried ~ 2/509; Deyling, Salomo ~ 2/510; Dibelius, Martin (Franz) ~ 2/511; Dieckmann, Max ~ 2/514; Diederichs, Eugen ~ 2/514; Diem, Nelly ~ 2/518; Dienst, Arthur ~ 2/519; Diepgen, Paul ~ 2/520; Dierich, Karl ~ 2/521; Dierig, Christian Gottlob ~ 2/521; Diesch, Carl ~/† 2/523; Dieterich, Albrecht ~ 2/527; Dieterich, Karl (Gustav) ~/† 2/528; Dieterici, Friedrich Heinrich ~ 2/528; Dietrich III. von Bocksdorf (Bouksdorf, Buckenstorff), Bischof von Naumburg ~ 2/534; Dietrich, Albert (Hermann) ~ 2/534; Dietrich, Eduard (Karl Robert Ludwig) ~ 2/535; Dietrich, Ewald Christian Victorin † 2/535; Diettrich, Fritz ~ 2/539; Dietz, Johann Heinrich Wilhelm ~ 2/540; Dietz, Johannes ~ 2/540; Dietze, Walter */~ 2/541; Dietzel, (Gottlob) Heinrich (Andreas) */~ 2/542; Dietzel, Richard Paul ~ 2/542; Diezel, Carl Emil ~ 2/544; Diezmann, auch Dietrich III. der Jüngere, Landgraf von Thüringen ~/† 2/544; Dietrich, Johann August ~ 2/545; Dilherr, Johann Michael ~ 2/545; Diller, Hans ~ 2/547; Dindorf, Gottlieb Immanuel ~/† 2/550; Dindorf, Karl Wilhelm */~/† 2/550; Dindorf, Ludwig August */† 2/550; Dingeldey, (Friedolin Gustav Theodor Karl W.) Friedrich ~ 2/551; Dingler, Hermann ~ 2/551; Dinter, Gustav Friedrich ~ 2/553; Distelmeyer, Lampert */~ 2/558; Distler, Hugo ~ 2/559; Ditfurth, Franz Wilhelm Frh. von ~ 2/559; Dittes, Friedrich ~ 2/561; Dittler, Rudolf ~ 2/561; Dittrich, Joseph ~ 2/562; Dittrich, Max ~ 2/562; Dix, Arthur ~ 2/562; Doebner, Oscar (Gustav) ~ 2/570; Döderlein, Albert ~ 2/570; Döderlein, Gustav * 2/570; Döderlein, Johann Alexander ~ 2/570; Doehle, Paul ~ 2/571; Döhler, Johann Georg ~ 2/571; Döll, Emil ~ 2/572; Dölling, Rudolf ~ 2/573; Doenges, Paula */~ 2/574; Dörffel, Alfred ~/† 2/575; Dörffel, Georg Samuel ~ 2/576; Döring, David von ~ 2/576; Döring, Friedrich Christlieb ~ 2/576; Döring, Friedrich Wilhelm ~ 2/576; Döring, Moritz Wilhelm ~ 2/577; Döring, Wolfgang * 2/577; Doerne, Martin Bernhard Gotthelf ~ 2/578; Dörrie, Heinrich ~ 2/580; Dörries, (Georg) Bernhard (Adolf) ~ 2/580; Döteber, Franz Julius † 2/581; Dohm,

Christian Conrad (Wilhelm) von ~ 2/581; Dohnanyi, Hans von ~ 2/584; Dohrn, Georg ~ 2/584; Dohrn, Max ~ 2/585; Dohrn, Rudolf ~ 2/585; Doles, Johann Friedrich ~/† 2/585; Dolz, Johann Christian ~/† 2/588; Dolzig, Johann † 2/588; Domizlaff, Georg ~/† 2/591; Domizlaff, Helmuth */~ 2/591; Dommer, Arrey von ~ 2/591; Donle, Ludwig Friedrich Karl Ritter von ~ 2/594; Donnepp, Bert ~ 11/48; Door, Anton ~ 2/596; Dorer, (Karl) Edmund (Arnold) ~ 2/597; Dorn, Bernhard ~ 2/597; Dorn, Heinrich (Ludwig Egmont) ~ 2/598; Dorn, Richard W. ~ 2/598; Dornau, Caspar von ~ 2/598; Dornewaß, Wilhelm ~ 2/599; Dorsche, Johann Georg ~ 2/602; Dose, Johannes (Valentin) ~ 2/602; Doss, (Carl) Bruno ~ 2/602; Dost, Walter ~ 2/602; Dove, Alfred ~ 2/604; Dovifat, Emil ~ 2/604; Drändorf, Johannes von ~ 2/606; Draeseke, Felix (August Bernhard) ~ 2/606; Dräxler, Karl Ferdinand ~ 2/606; Draht, Martin ~ 2/607; Drasche, Anton von ~ 2/608; Drechsel, (Ferdinand Heinrich) Edmund */~ 2/610; Drechsler, Wolfgang ~ 2/611; Dreher, Eduard ~ 11/48; Drerup, Engelbert (Julius Philipp) ~ 2/613; Dresde, Friedrich Wilhelm ~ 2/614; Dresser, Matthäus ~/† 2/615; Dreßler, Bruno ~ 2/615; Dreßler, Ernst Christoph ~ 2/615; Dreßler, Helmut * 2/615; Dreßler, Johann Gottlieb ~ 2/616; Drews, Paul (Gottfried) ~ 2/617; Dreyer, Johann Matthias ~ 2/619; Dreyer, Max ~ 2/619; Driesch, Hans Adolf Eduard ~/† 2/620; Driesch, Margarethe */~ 2/621; Drobisch, Karl Ludwig */~ 2/622; Drobisch, Moritz Wilhelm */~/† 2/622; Drollinger, Karl Friedrich ~ 2/623; Druckenmüller, Alfred ~ 2/627; Drude, Paul (Karl Ludwig) ~ 2/627; Drugulin, Wilhelm (Eduard) */~/† 2/628; Drygalski, Erich von ~ 2/629; Duboc, Karl Julius ~ 2/629; Duda, Herbert (Wilhelm) ~ 2/629; Dudek, Walter ~ 2/633; Dümmler, (Friedrich Heinrich Georg) Ferdinand ~ 2/635; Dürck, Friedrich */~ 2/637; Dürckheim, Karlfried Graf ~ 2/637; Düring, Ernst von ~ 2/639; Düringer, Adelbert ~ 2/640; Dürr, Alphons (Friedrich) */~/† 2/640; Dürr, (Georg) Ernst ~ 2/641; Dürrner, Johannes (Ruprecht Julius) ~ 2/643; Dufour-Feronce, Albert (Johann Markus) */~ 2/644; Dulichius, Philipp ~ 2/647; Dulk, Albert (Friedrich Benno) ~ 2/647; Du Mont, (Karl) Joseph (Daniel) ~ 2/649; Du Moulin-Eckart, Richard Graf */~ 2/649; Duncker, Hermann ~ 2/651; Duncker, Käthe ~ 2/651; Duncker, (Hans Gottfried) Ludwig ~ 2/651; Dunger, Hermann ~ 2/652; Dungersheim, Hieronymus ~/† 2/652; Durand, Friedrich August ~ 2/654; Duttenhofer, Christian Friedrich ~ 2/658; Dyck, Johann Gottfried */~/† 2/660; Dyck, Walther (Franz Anton) von ~ 2/660; Ebeling, Christoph Daniel ~ 2/665; Eber, August ~/† 2/666; Eberhard, (Christian) August Gottlob ~ 2/670; Eberhard, (Paul Alexander Julius) Gustav ~ 2/670; Eberhard, Johann Peter ~ 2/671; Eberhard, Wolfram ~ 2/672; Eberl, Anton Franz Josef ~ 2/672; Eberle, Christian ~ 2/673; Eberle, Josef ~ 2/673; Ebermayer, Erich ~ 2/675; Ebermayer, Ludwig (Friedrich Peter) ~/† 2/676; Ebers, Georg Moritz ~ 2/676; Ebers, Hermann * 2/676; Ebert, Adolf ~/† 2/677; Ebert, Friedrich Adolf ~ 2/679; Ebert, Hermann */~ 2/679; Ebert, Johann Arnold ~ 2/679; Ebert, Johann Jakob ~ 2/680; Ebner, Blandine ~ 3/1; Ebrard, Friedrich August ~ 3/3; Ebstein, Erich ~/† 3/3; Eccard, Johann Georg von ~ 3/4; Eck, Johann Georg ~/† 3/6; Eck, Johann Georg */~/† 3/6; Eck, Johannes ~ 3/6; Eck, Samuel ~ 3/6; Eckardt, Julius (Albert Wilhelm) von ~ 3/8; Eckardt, Wilhelm (Richard Ernst) ~ 3/8; Eckener, Hugo ~ 3/10; Eckert, Karl Anton Florian ~ 3/11; Eckert, Victor Heinrich Eduard ~ 3/11; Eckert-Greifendorff, Friedrich Eduard Max ~ 3/12; Eckstein, Albert ~ 3/15; Eckstein, (Friedrich Ludwig Adolf) Ernst ~ 3/15; Eckstein, Friedrich August ~/† 3/16; Edelmann, Richard Heinrich Christian ~ 3/18; Edlbacher, Maximilian Josef Augustin ~ 3/19; Edzard, Esdras ~ 3/21; Eelbo, Bruno ~ 3/21; Egenberger, Rupert ~ 3/23; Eger, Karl (Christian) ~ 3/24; Eger, Otto ~ 3/24; Eggebrecht, Axel */~ 3/26; Egger, August ~ 3/27; Eggers, Christian Ulrich Detlev Frh. von ~ 3/29; Eggers, Friedrich ~ 3/29; Eggers, Karl Friedrich Peter ~ 3/30; Egner, Erich ~ 3/33; Egranus, Johannes Sylvius ~ 3/34; Ehlermann, Erich

Friedrich Theodor ~ 3/35; Ehmann, Wilhelm Christoph Ernst ~ 3/36; Ehmig, Paul * 3/36; Ehrenberg, Christian Gottfried * 3/37; Ehrenberg, Hermann Karl Adolf ~ 3/38; Ehrenberg, Viktor (Gabriel) ~ 3/38; Ehrismann, Gustav (Adolph) ~ 3/42; Ehrlich, Paul (Friedrich Ernst) ~/† 3/44; Ehrmann, (Hermann Felix) Paul */~/† 3/45; Ehwald, Rudolf ~ 3/45; Eibenschütz, Albert Maria ~ 3/45; Eibenschütz, Riza ~ 3/46; Eich, Günter ~ 3/46; Eichberger, Josef ~ 3/47; Eichborn, Eduard von ~ 3/47; Eichenberg, Karl Wilhelm ~ 3/48; Eichenwald, Wilhelm ~ 3/49; Eichhorn, Albert ~ 3/51; Eichstädt, Heinrich Karl Abraham ~ 3/56; Eick, Hans-Joachim * 3/57; Eicke, Carl Julius ~/† 3/57; Eickemeyer, Willy ~ 3/57; Eilers, Albert ~ 3/61; Eilers, Wilhelm (Max) */~ 11/51; Eilhardt, (Friedrich Christian) Carl ~ 3/62; Einenkel, Eugen */~ 3/63; Einert, Carl */~ 3/63; Einert, Christian Gottlob ~/† 3/63; Einicke, Georg Friedrich ~ 3/64; Einsiedel, Detlev Graf von ~ 3/64; Einsiedel, Heinrich Hildebrand von ~ 3/65; Einsiedel, Heinrich Hildebrand von ~ 3/65; Einsiedel, Johann Georg (Friedrich) Graf von ~ 3/65; Eisenberg, Nikolaus ~ 3/69; Eisenburger, Otto ~ 3/70; Eisentraut, Herbert ~ 3/74; Eisler, Gerhart * 3/75; Eisler, Hanns * 3/75; Eisler, Rudolf ~ 3/76; Eitel, Wilhelm (Hermann Julius) ~ 3/78; Ekhof, (Hans) Conrad (Dietrich) ~ 3/80; Elben, Karl ~ 3/82; Elenson, Andreas ~ 3/83; Elers, Heinrich Julius ~ 3/84; Elert, Werner ~ 3/84; Ellenberger, Wilhelm ~ 3/89; Ellinger, Andreas ~ 3/92; Ellmenreich, Johann Baptist ~ 3/92; Elmenhorst, Heinrich ~ 3/93; Elschner, Walter */~ 3/95; Elsholtz, Ludwig ~ 3/96; Elsner, Georg Wilhelm ~ 3/97; Elster, Daniel ~ 3/98; Elster, Ernst ~ 3/98; Elster, Hanns Martin ~ 3/98; Elster, Ludwig (Hermann Alexander) ~ 3/98; Elten, Max ~ 3/99; Eltzbacher, Paul ~ 3/100; Elyan, Kaspar ~ 3/101; Elze, (Friedrich) Karl ~ 3/101; Emcke, Max ~ 3/102; Emil, Prinz von Hessen und bei Rhein ~ 3/104; Emmerich, Rudolf ~ 3/105; Emminghaus, Hermann ~ 3/106; Emperius, Adolf Karl Wilhelm ~ 3/106; Emser, Hieronymus ~ 3/106; Ende, Johann Heinrich am ~/† 3/108; Ende, Konrad ~ 3/108; Enderlein, Günther */~ 3/110; Enderlein vom Burgstadl, Matthes ~ 3/110; Endler, Johann Samuel ~ 3/110; Endt, Hermann vom ~ 3/112; Endter, Johann Andreas ~ 3/112; Endter, Wolfgang d. J. ~ 3/112; Engel, (Martin Georg) Franz ~ 3/113; Engel, Friedrich ~ 3/113; Engel, Johann Jakob ~ 3/115; Engelbrecht, Hermann Heinrich von ~ 3/117; Engelbrecht, (Thieß) Hinrich ~ 3/118; Engelhard, Regnerus ~ 3/118; Engelhardt, Moritz Frh. von ~ 3/119; Engelhorn, Carl ~ 3/120; Engelhus, Dietrich ~ 3/120; Engelke, Bernhard ~ 3/120; Engell, Hans Egon ~ 3/120; Engelmann, Wilhelm ~/† 3/121; Engelmann, (Theodor) Wilhelm */~ 3/121; Engelmann, Woldemar (August) ~ 3/121; Engländer, Richard (Bernhard Wilhelm Otto) */~ 3/125; Enslin, Adolf ~ 3/129; Enslin, Theodor (Johann Christian Friedrich) ~ 3/129; Epp, Leon ~ 3/131; Eppelsheimer, Hanns W(ilhelm) ~ 3/131; Eppendorf, Heinrich ~ 3/132; Erasmus von Manteuffel, Bischof von Cammin ~ 3/134; Erb, Wilhelm Heinrich ~ 3/137; Erdmann, Oskar ~ 3/142; Erdmann, Otto * 3/142; Erdmann, Otto Linné ~ 3/142; Erdmannsdörfer, Max (Carl Christian) von ~ 3/142; Erdmannsdorf, Otto von ~ 3/142; Erfurdt, Karl Gottlob August ~ 3/143; Erhard, Christian Daniel ~/† 3/144; Erkes, Eduard August ~/† 3/150; Erler, (Johann) Friedrich (Gottlob) */~ 3/153; Erler, Georg ~ 3/153; Erman, (Johann Peter) Adolf ~ 3/154; Erman, Heinrich ~ 3/155; Erman, Wilhelm (Adolf) ~ 3/155; Ermisch, Hubert (Georg Karl Rudolf Wilhelm) ~ 3/156; Ernesti, August Wilhelm ~/† 3/157; Ernesti, Johann August ~/† 3/157; Ernesti, Johann Christian Gottlieb ~ 3/157; Ernesti, Johann Friedrich Christoph ~ 3/157; Ernesti, Johann Heinrich ~/† 3/157; Ernst, Kurfürst von Sachsen ~ 3/161; Ernst I., Herzog von Sachsen-Coburg-Saalfeld, seit 1826 Sachsen-Coburg und Gotha ~ 3/161; Ernst, Jakob Daniel ~ 3/164; Erpf, Hermann Robert ~ 3/167; Erythropilus, Rupert ~ 3/170; Esch, Ernst ~ 3/171; Esch, Peter ~ 3/171; Eschenbach, Christian Ehrenfried ~ 3/172; Eschenbach, Christian Gotthold */~/† 3/172;

Eschenbach, Hieronymus (Christoph Wilhelm) */~ 3/172; Eschenbach, Johann Christian ~ 3/172; Eschenburg, Johann Joachim ~ 3/173; Esdorn, Ilse ~ 3/177; Estor, Johann Georg ~ 3/183; Etrich, Ignaz ~ 3/184; Ettinger, Max ~ 3/185; Ettmüller, (Ernst Moritz) Ludwig ~ 3/186; Ettmüller, Michael */~/† 3/186; Ettner von Eiteritz, Johann Christoph ~ 3/186; Eulenberg, Herbert ~ 3/190; Eulenburg, Ernst (Emil Alexander) ~/† 3/191; Eulenburg, Franz ~ 3/191; Eulenburg und Hertefeld, Philipp (Friedrich Karl Alexander Botho) Fürst zu ~ 3/191; Evers, Carl (Gottfried Friedrich) ~ 3/196; Evers, Joachim Dieterich ~ 3/196; Everth, Erich ~/† 3/197; Ewald, (Christian Wilhelm) Carl von ~ 3/197; Ewald, Gottfried * 3/197; Ewald, Paul */~ 3/199; Ewald, Richard (Ernst Julius) ~ 3/199; Exner, Franz ~ 3/201; Eyken, Heinrich Robert von ~ 3/204; Faber, Gregor ~ 3/208; Faber, Jakob ~ 3/208; Faber, Robert (Friedrich Gustav) ~ 3/209; Faber, Wenzel ~ 3/209; Fabian, Walter (Max) ~ 3/210; Fabri de Werdea, Johannes ~/† 3/212; Fabricius, Georg ~ 3/213; Fabricius, Johann Albert */~ 3/213; Fabricius, Johann Andreas ~ 3/214; Fabricius, Werner ~/† 3/215; Fähse, Gottfried ~ 3/217; Färber, Eduard ~ 3/217; Fäsi, Johann Ulrich ~ 3/218; Fahlberg, Constantin ~ 3/218; Fajans, Kasimir ~ 3/221; Falck, (Ferdinand) August ~ 3/222; Falckenberg, (Friedrich Otto) Richard ~ 3/224; Falk, Friedrich (August) ~ 3/224; Falke, Friedrich ~ 3/225; Falkenhagen, Adam ~ 3/227; Falkenstein, Adam ~ 3/228; Falkenstein, (Johann) Paul Frh. von ~ 3/228; Fallou, Friedrich Albert ~ 3/229; Farner, Konrad ~ 3/232; Fasch, Johann Friedrich ~ 3/232; Fasser, Rosa ~ 3/234; Faßmann, Auguste von ~ 3/234; Fassmann, David ~ 3/234; Faust, Johannes ~ 3/236; Fechner, Gustav Theodor ~/† 3/238; Feddersen, Berend Wilhelm ~/† 3/239; Fehlig, Ursula ~ 3/244; Fehling, Emil Ferdinand ~ 3/244; Fehling, Hermann Johannes Carl ~ 3/244; Fehr, Hans ~ 3/245; Fehr, Johann Michael ~ 3/245; Feinler, Gottfried ~ 3/252; Feisenberger, Albert (Salomon) ~ 3/252; Feld, Walther ~ 3/254; Felde, Albert zum ~ 3/254; Feldscher, Peter Anton ~ 3/257; Felgentreff, Paul ~ 3/258; Felix, Johannes Paul */~/† 3/258; Felix, Walther * 3/258; Felixmüller, Conrad ~ 3/258; Fell, Johann ~ 3/259; Feller, Joachim ~/† 3/260; Felseneck, Marie von */~ 3/262; Fenderlin, Lukas ~ 3/264; Ferdinand, Prinz von Hohenzollern-Sigmaringen, König von Rumänien ~ 3/270; Fernau, Friedrich Wilhelm ~ 3/271; Feronce von Rotenkreutz, Jean Baptiste * 3/272; Feuchtwanger, Ludwig ~ 3/277; Feudel, Elfriede ~ 3/277; Feuerlein, Konrad ~ 3/280; Feuermann, Emanuel ~ 3/280; Feurich, Walter ~ 3/281; Fichte, Johann Gottlieb ~ 3/284; Fick, Rudolf Armin ~ 3/287; Ficker, Gerhard ~ 3/288; Ficker, Johannes */~ 3/288; Ficker, (Philipp) Martin ~ 3/288; Fiebig, Paul (Wilhelm Julius) ~ 3/290; Fiedler, Alfred ~ 3/291; Fiedler, (Adolph) Conrad ~ 3/291; Fiedler, Johann Kuno ~ 3/292; Fiedler, Karl ~ 3/292; Fiedler, (Otto) Wilhelm ~ 3/292; Fielitz, Alexander von * 3/293; Figulus, Wolfgang ~ 3/294; Filtsch, Eugen ~ 3/296; Finck, Heinrich ~ 3/297; Finck, Hermine ~ 3/297; Finckelthaus, Gottfried */~ 3/298; Finckh, Ludwig ~ 3/299; Findeisen, Julius * 3/300; Findeisen, Otto † 3/300; Findel, (Gottfried Josef) Gabriel ~/† 3/300; Finger, August (Anton Franz) ~ 3/301; Fink, Agnes ~ 3/301; Fink, Carl (Emil Adam) ~ 3/302; Fink, (Christian) Gottfried Wilhelm ~/† 3/302; Finke, Fidelio Fritz ~ 3/304; Finkelstein, Heinrich */~ 3/304; Finselberger, Erni ~ 3/305; Fischer, Alexander ~ 3/310; Fischer, Aloys ~ 3/311; Fischer, August (Wilhelm Hermann Gustav) ~/† 3/312; Fischer, Bernhard ~/† 3/312; Fischer, Christian August */~ 3/312; Fischer, Fritz ~ 3/316; Fischer, Heinz Leo ~ 11/60; Fischer, Hermann von ~ 3/319; Fischer, Johann Andreas ~ 3/320; Fischer, Kuno ~ 3/323; Fischer, Max ~ 3/324; Fischer, Otto ~/† 3/325; Fischer, Otto * 3/325; Fischer, Ruth * 3/327; Fischer, Walther ~ 3/328; Fischer-Trachau, Otto ~ 3/330; Fischer von Waldheim, (Johann) Gotthelf ~ 3/331; Fischl, Rudolf ~ 3/332; Fischler, Franz Josef (Benedikt) ~ 3/332; Fitting, Hans ~ 3/333; Fitting, Johannes ~ 3/333; Flad, Friedrich ~ 3/334; Flade, Ernst (Christian Fürchtegott)

~ 3/335; Flaischlen, Cäsar (Otto Hugo) ~ 3/335; Flake, Otto ~ 3/335; Flaschenträger, Bonifaz ~ 3/336; Flasdieck, Hermann ~ 3/336; Flaskämper, Paul Johannes * 3/336; Flechsig, (Wilhelm) Eduard ~ 3/338; Flechsig, Paul Emil ~/† 3/338; Fleck, (Johann Friedrich) Ferdinand ~ 3/339; Fleiner, Albert ~ 3/340; Fleiner, Fritz ~ 3/340; Fleischer, (Georg) Friedrich */~/† 3/341; Fleischer, Heinrich Leberecht ~/† 3/341; Fleischer, Paul */~ 3/342; Fleischer, Rudolf Amadeus ~ 3/342; Fleischer, Viktor ~ 3/343; Fleischhack, Curt */~/† 3/343; Fleischhauer, Karl von ~ 3/343; Fleischmann, Carlo ~ 3/346; Fleming, Paul ~ 3/346; Flemming, Johannes ~ 3/347; Flinsch, Alexander Ferdinand * 3/351; Flinsch, Ferdinand Traugott ~/† 3/351; Flinzer, Fedor (Alexis) ~/† 3/352; Flössel, Auguste ~ 3/353; Flor, (Karl) Wilhelm ~/† 3/353; Florencourt, Franz Chassot von ~ 3/354; Florenz, Karl Adolf ~ 3/354; Flotow, Albrecht von ~ 3/355; Flügel, Fritz (Eugen) ~ 3/356; Flügel, Gustav Leberecht ~ 3/356; Flügge, Carl (Georg Friedrich Wilhelm) ~ 3/357; Fock, Gustav ~/† 3/358; Föppl, August (Otto) ~ 3/360; Föppl, Ludwig * 3/360; Föppl, Otto * 3/360; Förstemann, Joseph ~ 3/361; Förster, Anton ~ 3/361; Förster, (Johann) August ~ 3/361; Förster, Johann Christian ~ 3/363; Förster, Karl (August) ~ 3/363; Förster, Karl Richard ~ 3/364; Förster, Max (Theodor Wilhelm) ~ 3/364; Förster, Sofie ~ 3/365; Förtsch, Paul Jakob ~ 3/366; Folliot de Crenneville, Ludwig Karl Graf ~ 3/368; Fontane, Theodor ~ 3/369; Forchhammer, Peter Wilhelm ~ 3/372; Forster, Johann ~ 3/377; Forster, Joseph ~ 3/377; Fortner, Wolfgang */~ 3/379; Foy, Willy * 3/381; Fraas, Eberhard ~ 3/381; Fraenkel, Ernst Eduard Samuel ~ 3/383; Fränkel, Karl ~ 3/384; Fränkel, Ludwig */~ 3/384; Fränkel, Siegmund ~ 3/384; Fränkel, Walter ~ 3/385; Frahne, Heinrich Hans ~ 3/386; Franck, Richard ~ 3/390; Franck, Sebastian ~ 3/391; Franck-Witt, Käthe ~ 3/392; Francke, August Hermann ~ 3/392; Francke, Gregor(ius) ~ 3/394; Francke, Heinrich Gottlieb ~/† 3/394; Francke, Johann Michael ~ 3/394; Franckel, Adolf ~ 3/395; Franckenberg, Abraham von ~ 3/395; Franckenstein, Christian Friedrich */~/† 3/395; Franckenstein, Jakob August */~/† 3/396; Frangenheim, Paul ~ 3/397; Frank, Albert Bernhard ~ 3/397; Frank, Bruno (Sebald) ~ 3/398; Frank, Franz Hermann Reinhold von ~ 3/398; Frank, Gustav Ritter von ~ 3/399; Frank, (Friedrich Wilhelm Ferdinand) Otto ~ 3/402; Franke, Felix (Hermann) ~ 3/404; Franke, Traugott Samuel ~ 3/405; Franke, (Max) Walther */~ 3/405; Frankfurter, David ~ 3/407; Franz, Johann Georg Friedrich */~/† 3/414; Franz, Leonhard ~ 3/414; Franz, Victor (Julius) ~ 3/415; Fraustädter, Werner * 3/419; Frech, Fritz (Friedrich Daniel) ~ 3/419; Frege, Gottlob (Christian) ~/† 3/420; Frege, Livia ~/† 3/420; Freiesleben, Christian Heinrich ~ 3/422; Freiesleben, Johann Karl ~ 3/422; Frels, Wilhelm (Gustav Adolf) ~/† 3/424; Frensdorff, Ferdinand ~ 3/424; Frentzel, Johann ~/† 3/425; Frentzel, Michael ~ 3/425; Fresenius, (Remigius) Heinrich ~ 3/426; Freudenberg, Wilhelm ~ 3/430; Freund, Erich ~ 3/431; Freund, Richard ~ 3/432; Freundlich, Erwin Finlay ~ 3/432; Freundlich, Herbert Max Finlay ~ 3/432; Frey, (Gustav) Adolf ~ 3/433; Frey, Alfred ~ 3/433; Frey, Martin (Alfred) ~ 3/436; Frey, Max (Ruppert Franz) von ~ 3/436; Freyberg, (Bruno Erich) Alfred ~/† 3/437; Freyer, Hans */~ 3/438; Freysleben, Johannes ~ 3/439; Freystein, Johanna Marianne */† 3/439; Freytag, Gustav ~ 3/440; Freytag, Gustav ~ 3/440; Fricke, (Karl Emanuel) Robert ~ 3/443; Friderich, Johann ~ 3/444; Friderich, Mattheus ~ 3/444; Friderici, Christoph (Konrad) Wilhelm ~ 3/444; Frieb, Lina † 3/445; Friedberg, Emil (Albrecht) von ~/† 3/447; Friedberg, Robert ~ 3/447; Friederici, Georg ~ 3/450; Friedlaender, Ernst ~ 3/452; Friedländer, Ludwig (Heinrich) ~ 3/452; Friedländer, Max Jacob ~ 3/452; Friedman, Ignaz ~ 3/454; Friedrich II., Großherzog von Baden ~ 3/460; Friedrich Wilhelm, Fürst von Nassau-Weilburg ~ 3/466; Friedrich I. der Streitbare, Markgraf von Meißen, Kurfürst von Sachsen ~ 3/471; Friedrich II. der Sanftmütige, Kurfürst von Sachsen */~/† 3/471;

Friedrich August I. der Gerechte, König von Sachsen ~ 3/473; Friedrich Christian II., Herzog von Schleswig-Holstein-Sonderburg-Augustenburg ~ 3/474; Friedrich I., König von Württemberg ~ 3/476; Friedrich, Carl Joachim * 3/477; Friedrich, Ernst ~/† 3/479; Friedrich, Friedrich ~ 3/479; Friedrich, Johann Christoph ~ 3/480; Friedrich, Johannes */~ 3/480; Friedrich, Otto Andreas * 3/481; Friedrich, Paul Leopold ~ 3/481; Friedrich, (Johann) Wilhelm (Ludwig) ~ 3/481; Friedrich, (Max) Wilhelm (Karl) ~ 3/481; Friedrichs, Hermann ~ 3/482; Friedrichs, Rudolf ~ 3/482; Frieling, Rudolf */~ 3/482; Fries, Jakob Friedrich ~ 3/483; Fries, Lorenz ~ 3/484; Fries, Moritz (Christian Johann) Graf von ~ 3/484; Friesen, Julius Heinrich Graf von ~ 3/486; Friesen, Richard Frh. von ~ 3/486; Friesner, Andreas ~ 3/486; Frings, Theodor ~/† 3/487; Fritsch, Karl Wilhelm Frh. von ~ 3/494; Fritsch, Thomas */~/† 3/494; Fritsch, Thomas Frh. von */~ 3/494; Fritsche, Hermann (Peter Heinrich) ~ 3/495; Fritz, (Johann Julius Ferdinand Joseph) Gottlieb ~ 3/495; Fritze, Wilhelm ~ 3/497; Fritzsch, Ernst Wilhelm ~/† 3/497; Fritzsche, Franz Volkmar ~ 3/497; Fritzsche, Friedrich Wilhelm */~ 3/498; Fritzsche, Hermann Traugott */~ 3/498; Fritzsche, Karl Friedrich August ~ 3/498; Froböss, Georg ~ 3/500; Fröhlich, Paul ~/† 3/503; Fröhlich, Siegbert */~/† 3/503; Frölich, Karl Wilhelm Adolf ~ 3/505; Frölich, Paul */~ 3/505; Frölicher, Hans ~ 3/505; Fröschel, Sebastian ~ 3/506; Frohberger, Christian Gottlieb ~ 3/507; Frohne, Edmund * 3/507; Fromhold, Johann ~ 3/508; Fromm, Emil ~ 3/508; Frommann, Friedrich (Johannes) ~ 3/510; Frommel, Gerhard ~ 3/511; Frommel, Max ~ 3/511; Frommel, Otto ~ 3/511; Fronius, Franz Friedrich ~ 3/512; Froriep, August (Friedrich) von ~ 3/512; Froriep, Justus Friedrich von ~ 3/513; Frosch, Paul (Max Otto) ~ 3/513; Frotscher, Gotthold ~ 3/513; Frotscher, Karl Heinrich ~ 3/513; Frucht, Adolf-Henning ~ 3/514; Fuchs, August ~ 3/517; Fuchs, Emil ~ 3/517; Fuchs, Georg ~ 3/518; Fuchs, Georg Friedrich Christian ~ 3/518; Fuchs, Gottlieb ~ 3/518; Fuchs, Johann Nepomuk ~ 3/519; Fuchs, Klaus (Emil Julius) ~ 3/520; Fuchs, Marc ~ 3/521; Fuchs, Robert ~ 3/522; Fuchs, (Ernst Adolf) Wilhelm ~ 3/522; Füchsel, Georg Christian ~ 3/523; Füger, Heinrich (Friedrich) ~ 3/523; Fühner, Hermann Georg ~ 3/524; Fürst, Julius ~/† 3/527; Fürst, Livius */~ 3/527; Füth, Heinrich ~ 3/533; Fuhrmann, Arved ~ 3/538; Fuhse, Franz ~ 3/538; Fuld, Harry (Herz Salomon) ~ 3/539; Fulda, Fürchtegott Christian ~ 3/539; Fulda, Ludwig (Anton Salomon) ~ 3/539; Fumetti, Arthur Francis Hans Felix von ~ 3/539; Funk, Gottfried Benedikt ~ 3/541; Funk, Salomon ~ 3/542; Funk, Walther (Immanuel) ~ 3/542; Funke, Otto ~ 3/543; Funke, Rudolf Ludwig Hermann ~ 3/543; Furtwängler, Adolf ~ 3/544; Furtwängler, (Gustav Heinrich Ernst Martin) Wilhelm ~ 3/545; Gabelentz, (Hans) Conon von der ~ 3/547; Gabelentz, (Hans) Georg (Conon) von der ~ 3/547; Gabelentz, Georg von der ~ 3/547; Gabriel, Max ~ 3/550; Gährich, Wenzel ~ 3/553; Gaertner, Eduard ~ 3/554; Gärtner, Heinrich ~ 3/555; Gärtner, Karl Christian ~ 3/555; Gagern, Hans (Christoph Ernst) Frh. von ~ 3/557; Gallas, Wilhelm ~ 3/563; Galliculus, Johannes ~ 3/564; Gallmeyer, Josephine * 3/565; Galston, Gottfried ~ 3/566; Ganswindt, (Johann) Hermann ~ 3/571; Ganz, Hans (Heinrich) ~ 3/571; Garbrecht, Friedrich Wilhelm ~ 3/573; Gareis, (Johann) Franz (Peter Paul) ~ 3/574; Garrè, Carl (Alois Philipp) ~ 3/575; Garten, (Ernst Heinrich) Siegfried ~/† 3/575; Garve, Christian ~ 3/576; Gasser, Simon Peter ~ 3/578; Gatscher, Emanuel ~ 3/581; Gattermann, (Friedrich August) Ludwig ~ 3/582; Gaubisch, Urban ~ 3/583; Gaudig, Hugo ~/† 3/583; Gawalowski, Karl Wilhelm ~ 3/589; Gaza, Wilhelm (Philipp Immanuel) von ~ 3/590; Gebbing, Johannes ~ 3/591; Gebhard, Bruno ~ 3/593; Gebhardt, Oskar (Leopold) von ~/† 3/594; Gebser, Anna ~ 3/595; Geffcken, Heinrich ~ 3/597; Gehe, Ludwig Franz ~ 3/598; Gehlen, Arnold */~ 3/599; Gehler, Gustav Willy * 3/599; Gehler, Johann Karl ~/† 3/599; Gehler, Johann Samuel Traugott ~/† 3/599; Gehlhoff, Georg Richard ~

3/599; Gehrmann, Hermann ~ 3/601; Geibel, Carl (Stephan Albert) * 3/601; Geibel, (Friedrich Wilhelm) Karl ~ 3/602; Geibel, Karl ~/† 3/602; Geibel, Stephan ~ 3/602; Geier, Martin */~ 3/602; Geiger, Benno ~ 3/603; Geiger, Moritz (Alfred) ~ 3/605; Geiger, Willi ~ 3/606; Geipel, Christian ~ 3/608; Geisler, Johann Gottlieb ~ 3/609; Geisler, Paul ~ 3/609; Geisler, Walter ~ 3/610; Geißler, Christian Gottfried Heinrich */~/† 3/610; Geißler, Ewald (Ludwig) ~ 3/611; Geissler, Ewald Albert ~ 3/611; Geissler, Friedrich Adolf ~ 3/611; Geißler, Fritz ~ 3/611; Geißler, Johann Gottfried ~ 3/611; Geißler, Rudolf (Carl Gottfried) ~ 3/612; Geitner, Ernst August ~ 3/613; Geizkofler von Reifenegg, Michael ~ 3/614; Geldner, Karl (Friedrich) ~ 3/615; Gellert, Christian Fürchtegott ~/† 3/617; Gellert, Christlieb Ehregott ~ 3/617; Gelpke, Ernst Friedrich ~ 3/618; Gelzer, Matthias ~ 3/619; Gemeiner, Karl Theodor ~ 3/619; Genast, Eduard (Franz) ~ 3/620; Genast, Karoline (Christine) ~ 3/620; Genelli, (Giovanni) Bonaventura ~ 3/621; Gensch von Breitenau, Christoph Edler von ~ 3/623; Gensel, Walter (Julius) ~ 3/623; Gensichen, Hans-Werner ~ 11/67; Genzmer, Alfred ~ 3/625; Georg III. der Gottselige, Fürst von Anhalt-Dessau ~ 3/626; Georg II., Herzog von Sachsen-Meiningen ~ 3/629; Georges, Karl Ernst ~ 3/632; Georgi, Arthur ~ 3/632; Georgi, Otto * 3/632; Georgi, Otto (Robert) ~/† 3/632; Georgi, Theophil † 3/632; Georgi, (Friedrich) Traugott ~/† 3/632; Georgi, Walter (Karl Gustav) * 3/632; Georgi, Yvonne * 3/633; Georgii, Theodor Immanuel ~ 3/633; Georgii, Walter ~ 3/634; Georgii, Walter ~ 3/634; Georgy, Wilhelm ~ 3/634; Gerber, Carl (Friedrich Wilhelm) von ~ 3/635; Gerber, Ernst Ludwig ~ 3/635; Gerber, Niklaus ~ 3/635; Gerber, (Heinrich) Nikolaus ~ 3/636; Gerber, Rudolf ~ 3/636; Gercken, Philipp Wilhelm ~ 3/637; Gereke, Günther ~ 3/638; Gerhard, Adolar Johann Dietrich */~/† 3/641; Gerhard, Wilhelm (Christoph Leonhard) ~ 3/642; Gerhardt, Charles (Friedrich) ~ 3/643; Gerhardt, Elena */~ 3/643; Gerhardt, Paul (Friedrich Ernst) */~ 3/643; Gerhardt, Reinhold Oskar * 3/644; Gerike, Peter ~ 3/646; Gering, Hugo ~ 11/68; Gerlach, Hellmut (Georg) von ~ 3/648; Gerlach, Leo ~ 3/648; Gerlach, Otto ~ 3/649; Gerlach, Otto */~ 3/649; Gerlach, Richard ~ 3/649; Gerlach, Theodor (Heinrich) ~ 3/649; Gerloff, Wilhelm ~ 3/651; Germann, Heinrich Friedrich ~ 3/652; Germar, Ernst (Friedrich) ~ 3/652; Gerold, Moriz (Josef Karl) Ritter von ~ 3/654; Gersdorf, Ernst Gotthelf ~/† 3/655; Gersdorf, Henriette Katharina von ~ 3/655; Gersdorff, Adolf Traugott von ~ 3/655; Gersdorff, Ernst Christian August Frh. von ~ 3/655; Gerstein, Karl ~ 3/657; Gerstenberg, Johann Daniel ~ 3/658; Gerstenberg, Walter ~ 3/658; Gerster, Ottomar ~/† 3/659; Gerth, Bernhard ~/† 3/661; Gerwig, Max ~ 3/663; Gesner, Johann Matthias ~ 3/665; Geß, Friedrich Ludwig von ~ 3/666; Gettke, Ernst ~ 3/669; Geyer, Christian (Karl Ludwig) ~ 3/671; Geyer, Curt Theodor */~ 3/671; Geyer, Elias ~/† 3/671; Geyer, Friedrich August ~ 3/672; Geyer, Ludwig (Heinrich Christian) ~ 3/673; Geyler, Hermann Theodor ~ 3/674; Geyser, Christian Gottlieb ~/† 3/675; Giemsa, (Berthold) Gustav (Carl) ~ 3/679; Giese, (Wilhelm Oskar) Fritz ~ 4/2; Giese, Tidemann (Bartholomäus) ~ 4/2; Giesecke, Christian Alfred */~ 4/3; Giesecke, Georg (Friedrich) */† 4/3; Giesecke, Hermann */~/† 4/3; Giesecke, (Bruno) Konrad */~/† 11/68; Gieseke, Paul Ferdinand Karl Otto ~ 4/3; Gießwein, Max ~ 4/6; Gilbert, Ludwig Wilhelm ~/† 4/7; Gildemeister, (Georg Eduard) Martin ~/† 4/8; Gipser, Else ~ 4/14; Girardet, Wilhelm ~ 4/14; Girgensohn, Karl (Gustav) ~/† 4/15; Giseke, Nikolaus Dietrich ~ 4/16; Giseke, (Heinrich Ludwig) Robert ~ 4/16; Glaedenstedt, Helmold ~ 4/19; Gläser, Gotthelf Leberecht ~ 4/20; Glafey, Adam Friedrich ~ 4/20; Glasenapp, Otto (Georg Bogislav) von ~ 4/22; Glaser, Kurt * 4/24; Glaßberger, Nikolaus ~ 4/24; Glatz, (Karl Heinrich) Eduard ~ 4/25; Glauning, Otto (Heinrich Julius) ~ 4/26; Gleditsch, Johann Friedrich ~/† 4/27; Gleditsch, Johann Gottlieb */† 4/27; Gleditsch, Johann Gottlieb */~ 4/27; Gleditsch, Johann Ludwig ~/† 4/27; Gleich, Ferdinand

Hans ~/† 4/286; Haas, Joseph ~ 4/286; Haas, Otto ~ 4/287; Haas, Richard ~ 4/287; Haas, Rudolf ~/† 4/287; Haas, Willy ~ 4/288; Haase, Adolf Theodor ~ 4/288; Haase, (Ludwig Heinrich) Friedrich ~ 4/289; Haase, Johann Gottlob ~/† 4/289; Haasenstein, (Carl) Ferdinand (Eduard) ~ 4/290; Habenicht, Kurt ~ 4/291; Haber, Heinz ~ 4/292; Haberkorn, Peter ~ 4/292; Haberl, Gotthard Johannes ~ 4/293; Habetin, Rudolf */~ 4/295; Hachenburg, Max ~ 4/296; Hachmann, Gerhard ~ 4/296; Hackmann, Heinrich (Friedrich) ~ 4/299; Hadeke, Johannes ~ 4/300; Hadeln, Detlev Moritz Georg Heinrich Frh. von ~ 4/300; Haebler, Konrad ~ 4/302; Haedenkamp, Karl (Christian Friedrich Hermann) ~ 4/303; Häffner, Johann Christian Friedrich ~ 4/304; Haehn, Hugo ~ 4/305; Hänel, Albert */~ 4/309; Haenel, Erich (Anton) ~ 4/309; Hänisch, Erich ~ 4/309; Haenisch, (Benno Fritz Paul Alexander) Konrad ~ 4/309; Haenisch, Wolf ~ 4/310; Häntzschel, Kurt (Emil Richard) ~ 4/311; Häpe, Hugo ~ 4/312; Härle, Carl ~ 4/312; Härtel, Gottfried Christoph ~ 4/312; Häser, Charlotte Henriette * 4/313; Haeser, Heinrich ~ 4/313; Häser, Johann Georg ~/† 4/313; Haessel, Hermann Adolf */~/† 4/313; Häßler, Johann Wilhelm ~ 4/313; Haeusserman, Ernst * 11/76; Haffner, Friedrich Wilhelm ~ 4/316; Hagelstange, Alfred ~ 4/317; Hagenbach, August ~ 4/323; Hager, Johann Georg ~ 4/325; Hahn, August ~ 4/327; Hahn, Diederich (Christian) ~ 4/328; Hahn, Eduard ~ 4/328; Hahn, Ferdinand ~ 4/328; Hahn, Friedrich von ~ 4/329; Hahn, Friedrich (Gustav) ~ 4/329; Hahn, Heinrich Wilhelm d. Ä. ~ 4/329; Hahn, Heinrich Wilhelm d. J. ~ 4/329; Hahn, Hugo (Carl) ~ 4/330; Hahn, Johann (Siegmund) ~ 4/330; Hahn, Johann Gottfried von ~ 4/330; Hahn, Mary ~ 4/332; Hahnemann, (Christian Friedrich) Samuel ~ 4/334; Haimhausen, (Johann) Sigmund (Ferdinand Joseph) Graf von ~ 4/337; Hain, Ludwig (Friedrich Theodor) ~ 4/337; Hainisch, Michael (Arthur Josef Jakob) ~ 4/338; Halban, Hans von ~ 4/340; Halbert, Awrum Albert ~ 4/342; Hallberger, (Georg) Eduard von ~ 4/344; Haller, Johannes d. J. ~ 4/348; Hallwachs, Wilhelm (Ludwig Franz) ~ 4/351; Haloander, Gregor ~ 4/353; Haltrich, Josef ~ 4/354; Hamann, Johann Georg d. Ä. ~ 4/355; Hamann, Karl ~ 4/356; Hamm, Adolf ~ 4/359; Hamm, Wilhelm (Philipp) Ritter von ~ 4/360; Hammann, Otto ~ 4/360; Hammer, (Friedrich) Julius ~ 4/361; Hammerdörfer, Karl */~ 4/362; Hammermeister, Heinrich ~ 4/362; Han, Ulrich ~ 4/365; Hancke, Oswald (Wilhelm) ~ 4/366; Hand, Ferdinand (Gotthelf) ~ 4/366; Handschin, Jacques (Samuel) ~ 4/367; Hankel, Hermann ~ 4/370; Hankel, Wilhelm Gottlieb ~/† 4/371; Hanneken, Philipp Ludwig ~ 4/372; Hannenheim, Norbert (Wolfgang Stephan) von ~ 4/372; Hanow, Michael Christoph ~ 4/373; Hans von Waltheym ~/† 4/373; Hansch, Michael Gottlieb ~ 4/374; Hansemann, David (Paul) ~ 4/374; Hanssen, Georg ~ 4/377; Hantzsch, Arthur ~ 4/378; Hantzsch, (Gustav Robert) Viktor ~ 4/378; Hardekopf, Ferdinand (Wilhelm Emil) ~ 4/381; Hardenberg, Friedrich August ~ 4/381; Hardenberg, Karl August Fürst ~ 4/382; Hardt, Hermann von der ~ 4/385; Harkort, Gustav ~/† 4/388; Harkort, Johann Caspar ~ 4/388; Harlan, Walter ~ 4/389; Harleß, (Gottlieb Christoph) Adolf von ~ 4/389; Harms, (Christoph) Bernhard (Cornelius) ~ 4/389; Harnack, Adolf von ~ 4/391; Harrassowitz, Otto (Wilhelm) ~ 4/395; Harrer, (Johann) Gottlob ~ 4/396; Harry, Adelma ~ 4/397; Hartenstein, Gustav ~ 4/399; Hartknoch, Johann Friedrich ~ 4/401; Hartleben, (Conrad) Adolf ~ 4/403; Hartleben, Otto Erich ~ 4/403; Hartmann, Anton (Christian) ~/† 4/406; Hartmann, (Karl Robert) Eduard von ~ 4/407; Hartmann, Ferdinand (Johann Heinrich) ~ 4/407; Hartmann, Georg ~ 4/408; Hartmann, (Carl-Eduard) Hermann ~/† 4/409; Hartmann, Johannes ~ 4/409; Hartmann, Johannes (Franz) ~ 4/410; Hartmann, Martin ~ 4/411; Hartmann, Moritz ~ 4/411; Hartmann, Richard ~ 4/413; Hartmann, Walther G(eorg) ~ 4/413; Hartmeyer, (Heinrich) Robert (Hermann) ~ 4/414; Hartung, Fritz ~ 11/80; Hartung, Hans (Heinrich Ernst) */~ 4/415; Hartung, Hugo ~ 4/415; Hartung, Johann Heinrich ~/†

4/416; Hartung, Johannes ~ 4/416; Hartwig, (Karl) Ernst (Albrecht) ~ 4/417; Hartwig, Friederike Wilhelmine * 4/417; Harwerth, Willi ~ 4/418; Harzer, Paul (Hermann) ~ 4/418; Hase, Friedrich Traugott ~ 4/419; Hase, Hellmuth von */~ 4/420; Hase, Johann Matthias ~ 4/420; Hase, Karl (August) von ~ 4/420; Hase, Martin von */~ 4/420; Hase, Oskar von † 4/421; Haseloff, Arthur (Erich Georg) ~ 4/421; Hasemann, Wilhelm ~/† 4/421; Hasenack, Wilhelm ~ 4/422; Hasenclever, Walter (Georg Alexander) ~ 4/423; Hasenclever, Wilhelm ~ 4/423; Haß, Johannes von ~ 4/426; Hasse, Else ~ 4/426; Hasse, (Traugott) Ernst (Friedrich) ~/† 4/426; Hasse, Friedrich Christian August ~/† 4/426; Hasse, Friedrich Rudolf ~ 4/426; Hasse, (Martin) Karl (Woldemar) ~ 4/427; Hassebrauk, Ernst ~ 4/427; Hassert, (Ernst Emil) Kurt ~/† 4/429; Hasskerl, Hugo ~ 4/430; Haßler, Konrad Dieterich ~ 4/431; Haßloch, Christiane Magdalene Elisabeth ~ 4/431; Hatschek, Berthold ~ 4/432; Haubold, Christian Gottlieb ~/† 4/435; Hauck, Albert ~/† 4/436; Hauff, Bruno ~ 4/439; Hauffen, Adolf ~ 4/440; Haupt, (Karl) Albrecht ~ 4/442; Haupt, (Adolph) Hugo ~ 4/443; Haupt, Joachim (Thomas) Leopold ~ 4/443; Haupt, (Rudolph Friedrich) Moritz ~ 4/443; Haupt, (Hermann Hugo) Paul ~ 4/443; Hauptmann, Moritz ~/† 4/445; Hauptmann, Susette † 4/445; Hauschild, Ernst Innozenz ~/† 4/446; Hauschild, Herbert ~ 4/446; Hausdorff, Felix ~ 4/446; Hausen, Karl Renatus */~ 4/447; Hauser, Franz ~ 4/448; Hausmann, Nikolaus ~ 4/452; Haußleiter, Johannes ~ 4/454; Haußmann, Karl (Gottlob Friedrich) ~ 4/454; Haußwald, Günter ~ 4/455; Havemann, (Johannes) Julius ~ 4/456; Havemann, Margarethe ~ 4/456; Haverland, Anna ~ 4/457; Havers, Wilhelm (Maria Hubert) ~ 4/457; Haydn, (Franz) Joseph ~ 4/459; Hayduck, Friedrich ~ 4/461; Hayn, Friedrich (Karl Traugott) ~/† 4/462; Hayneccius, Martinus ~ 4/463; Hayner, Christian August Fürchtegott ~ 4/463; Heartfield, John ~ 4/463; Hebenstreit, (Johann) Ernst ~/† 4/465; Hebenstreit, Pantaleon ~ 4/465; Hecht, Michael ~ 4/466; Hecht, (Karl) Wilhelm ~ 4/467; Heck, Ludwig (Franz Friedrich Georg) ~ 4/468; Heck, Philipp (Nicolai) von ~ 4/468; Hecker, Heinrich Cornelius ~ 4/471; Hedemann, Justus Wilhelm ~ 4/473; Hedenus, August Wilhelm ~ 4/473; Hederich, Benjamin ~ 4/473; Hedwig, Johann ~/† 4/474; Heerklotz, Adolph ~ 4/476; Heermann, Johann(es) */~ 4/477; Heffter, Arthur (Wilhelm Karl) */~ 4/477; Heffter, August (Wilhelm) ~ 4/477; Hegar, (Eduard Ernst) Friedrich ~ 4/478; Hegenbarth, Emanuel ~ 4/481; Hegendorff, Christoph(orus) */~ 4/481; Hegner, Anna ~ 4/483; Hegner, Jakob ~ 4/484; Heidenheimer, Heinrich ~ 4/489; Heidenreich, David Elias */~ 4/490; Heidrich, Ernst (Friedrich R.) ~ 4/493; Heiduschka, Alfred ~ 4/494; Heiland, Gerhard Richard */~ 4/495; Heiland, Karl Gustav ~ 4/495; Heilbronner, Johann Christoph † 4/495; Heilbrunn, Ludwig ~ 4/496; Heiler, Günther ~ 4/497; Heilfron, Eduard ~ 4/497; Heim, Konrad ~ 4/501; Heim-Vögtlin, Marie ~ 4/501; Heimann, Fritz ~ 4/502; Heimann, Karl Maria ~ 4/502; Heimbach, Karl Wilhelm Ernst ~ 4/503; Heimburger, Karl Friedrich ~ 4/504; Heimpel, Hermann ~ 4/505; Hein, Franz ~/† 4/506; Hein, Franz ~ 4/506; Heincke, Friedrich ~ 4/507; Heine, Carl Erdmann */~/† 4/508; Heine, Max Hermann */† 4/511; Heine, Samuel Friedrich * 4/511; Heine, Thomas Theodor * 4/511; Heineccius, Johann Gottlieb ~ 4/512; Heineken, Karl Heinrich Ritter von ~ 4/512; Heinichen, Johann David ~ 4/516; Heinicke, Georg ~ 4/516; Heinicke, Samuel † 4/516; Heinig, Kurt */~ 4/516; Heinrich von Morungen † 4/539; Heinrich, Ernst ~ 4/543; Heinrici, Georg ~ 4/544; Heinroth, Johann August Günther ~ 4/544; Heinroth, Johann Christian August */~/† 4/544; Heinroth, Oskar August ~ 4/545; Heins, Valentin ~ 4/545; Heinsheimer, Karl (August) ~ 4/545; Heinsius, (Johann) Wilhelm (Immanuel) * 4/546; Heinze, Max ~/† 4/547; Heinze, Richard ~ 4/547; Heinze, (Karl Friedrich) Rudolf ~ 4/547; Heinze, (Karl) Rudolf ~ 4/548; Heise, Johann Arnold ~ 4/549; Heisenberg, August ~ 4/550; Heißenbüttel, Helmut ~ 11/82; Heitmann, Fritz ~ 4/552; Heitmüller, Wilhelm ~

4/553; Heitzer, Heinz ~ 4/553; Helbig, Carl Ernst ~ 4/554; Helbig, Karl Gustav ~ 4/554; Helbok, Adolf ~ 4/555; Held, (Johann) Friedrich Wilhelm (Franz) ~ 4/556; Held, Hans ~/† 4/556; Held, Johann Theobald ~ 4/557; Helder, Bartholomäus ~ 4/558; Helferich, Burckhardt ~ 4/559; Helferich, Heinrich ~ 4/559; Helldorff, Otto (Heinrich) von ~ 4/561; Heller, Arnold (Ludwig Gotthilf) ~ 4/562; Heller, Gustav ~ 4/563; Heller, Hermann Ignatz ~ 4/563; Hellinghaus, Otto ~ 4/566; Hellingrath, Berthold (Franz) ~ 4/566; Hellmann, Siegmund ~ 4/567; Hellpach, Willy (Hugo) ~ 4/569; Hellwig, Konrad (Maximilian) ~ 4/570; Helm, Georg (Ferdinand) ~ 4/570; Helm, Karl (Hermann Georg) ~ 4/571; Helm, Rolf ~ 4/571; Helm, Theodor (Otto) ~ 4/571; Helmbold, Ludwig ~ 4/571; Helmert, (Friedrich) Robert ~ 4/573; Helmolt, Hans (Ferdinand) ~ 4/575; Helssig, (Karl) Rudolf (Bernhard) ~/† 4/576; Helt, Georg ~ 4/576; Hempel, Frieda * 4/579; Hempel, Johannes ~ 4/579; Hempelmann, Friedrich (Albert) ~ 4/580; Henisch, Georg ~ 4/584; Henke, Ernst ~ 4/584; Henke, Friedrich ~ 4/584; Henkel, Heinrich ~ 4/585; Henking, Hermann (Paul August Otto) ~ 4/586; Henne, Eberhard Siegfried ~ 4/588; Henne am Rhyn, Otto ~ 4/588; Hennig, Gustav Adolph † 4/591; Hennig, Karl ~/† 4/591; Hennig, Karl Raphael ~ 4/591; Henrici, Christian Friedrich ~/† 4/594; Henry, Felix ~ 4/595; Henschel, Sir Georg (Isidor) ~ 4/596; Hense, Otto ~ 4/597; Hensel-Schweitzer, Elsa ~ 4/598; Hentsch, (Friedrich Heinrich) Richard ~ 4/600; Hentschel, Theodor ~ 4/600; Henze, (Friedrich Wolfgang) Martin ~ 4/601; Henzen, Wilhelm ~/† 4/601; Hepp, Karl ~ 4/602; Hepworth, William ~ 4/602; Herbst, Hermann ~ 4/608; Herfurth, (Julius) Edgar */~ 4/613; Herglotz, Gustav (Ferdinand Joseph) ~ 4/614; Hergot, Hans ~/† 4/614; Hering, Carl Gottlieb ~ 4/615; Hering, (Karl) Ewald (Konstantin) ~/† 4/616; Hering, Richard ~ 4/616; Herkner, Heinrich ~ 4/617; Herlitz, David ~ 4/618; Herloßsohn, Karl (Borromäus Sebastian) ~ 4/619; Hermann von der Loveia ~ 4/624; Hermann, Caspar † 4/626; Hermann, Eduard ~ 4/626; Hermann, Friedrich † 4/627; Hermann, Gottfried (Johann Jakob) */~/† 4/628; Hermann, Hans */~ 4/628; Hermann, Karl Friedrich ~ 4/630; Hermann, Robert ~ 4/630; Hermberg, Paul Gustav August ~ 4/631; Hermelink, Heinrich (August) ~ 4/632; Héroux, Bruno */† 4/637; Herre, Paul ~ 4/639; Herrmann, Emil ~ 4/642; Herrmann, Gustav */† 4/643; Hert, Johann Nicolaus ~ 4/648; Hertel, Ernst ~/† 4/648; Hertel, Johannes ~/† 4/648; Herterich, Franz ~ 4/649; Hertwig, (Gustav Wilhelm) Robert * 4/651; Hertwig-Bünger, Doris */~ 4/651; Hertz, Gustav (Ludwig) ~ 4/652; Hertz, Paul ~ 4/653; Hertz, Wilhelm (Ludwig) ~ 4/654; Hertzberg, Gustav (Friedrich) ~ 4/654; Herz, Paul ~ 4/659; Herzfeld, Albrecht ~ 4/660; Herzfeld, Jakob ~ 4/661; Herzfeld-Link, Rosa (Babette) ~ 4/662; Herzfelde, Wieland ~ 4/662; Herzog, Alfred ~ 4/664; Herzog, David ~ 4/664; Herzog, Wilhelm ~ 4/666; Herzogenberg, (Leopold) Heinrich Frh. von ~ 4/667; Hesekiel, Johannes ~ 4/667; Hess, Carl von ~ 4/669; Heß, Hans ~ 4/670; Heß, Heinrich Ludwig von ~ 4/670; Heß, Johann ~ 4/671; Hess von Wichdorff, Hans Curt ~ 4/674; Hesse, Albert (Friedrich) ~ 4/674; Hesse, Erich */~ 4/675; Hesse, Johanna ~ 4/676; Hesse, Johanna Elisabeth ~ 4/676; Hesse, (Friedrich August) Max ~/† 4/677; Hesse, (Julius) Oswald ~ 4/677; Hesse, Otto Ernst ~ 4/677; Hesse, Paul ~ 4/678; Hesse, Walther ~ 4/678; Hesselbacher, Karl ~ 5/1; Hessenberg, Kurt ~ 5/2; Heßler, Friedrich Alexander ~ 5/3; Heßler, Georg von ~ 5/3; Hessus, Helius Eobanus ~ 5/3; Hettner, Alfred ~ 5/4; Hetzer, Theodor (Johann) ~ 5/6; Heubner, Konrad ~ 5/7; Heubner, Otto (Leonhard) ~ 5/7; Heubner, Otto (Johann Leonhard) ~ 5/7; Heubner, Rudolf Leonhard ~ 5/7; Heubner, Wolfgang (Otto Leonhard) * 5/7; Heucher, Johann Heinrich von ~ 11/86; Heugel, Johannes ~ 5/8; Heune, Johannes ~ 5/9; Heuser, Frederick ~ 5/10; Heusinger von Waldegg, Edmund ~ 5/11; Heuß, Alfred (Valentin) ~ 5/12; Heuss, Alfred ~ 5/12; Heussi, Karl */~ 5/14; Heyck, Eduard ~ 5/15; Heyde, Georg Moritz ~ 5/16; Heyden, Friedrich von ~ 5/18; Heydenreich, Karl Heinrich

~ 5/19; Heydenreich, Ludwig Heinrich * 5/19; Heydrich, (Gustav) Moritz ~ 5/19; Heydweiller, Adolf ~ 5/21; Heydweiller, Hermann ~ 5/21; Heyer, Wilhelm (Ferdinand) ~ 5/22; Heyl zu Herrnsheim, Cornelius Wilhelm Frh. von ~ 5/23; Heym, Karl Friedrich */~/† 5/24; Heymann, Friedrich Moritz ~ 5/25; Heymann, Karl ~ 5/25; Heymann, Otto ~ 5/25; Heyne, Christian Gottlob ~ 5/26; Heyne, Christian Leberecht ~ 5/26; Heyne, Hildegard */~/† 5/26; Heynlin de Lapide, Johannes ~ 5/27; Heyse, Hans ~ 5/27; Heyse, Walter ~ 5/28; Hibler-Lebmannsport, Leo Nikolaus ~ 5/28; Hibsch, Josef Emanuel ~ 5/29; Hickmann, Hugo ~ 5/29; Hielscher, Johannes ~ 5/31; Hieronymus Schultze, Bischof von Brandenburg und Havelberg ~ 5/32; Hiersemann, Anton */~ 5/32; Hiersemann, Karl (Wilhelm) ~/† 5/32; Hildach, Anna ~ 5/34; Hildach, Eugen ~ 5/34; Hildebrand, Bruno ~ 5/35; Hildebrand, Richard ~ 5/36; Hildebrand, Rudolf */~/† 5/36; Hildebrandt, Zacharias ~ 5/38; Hilf, Arno ~ 5/40; Hille, Peter ~ 5/42; Hiller, Ferdinand von ~ 5/44; Hiller, Johann Adam ~/† 5/44; Hilpert, Werner Johannes */~ 5/46; Hilprecht, Hermann ~ 5/47; Hindenburg, Carl Friedrich ~/† 5/52; Hinz, (Adolf) Walther ~ 5/57; Hipler, Franz ~ 5/58; Hipler, Wendel ~ 5/58; Hirsch, August ~ 5/60; Hirsch, Heinrich ~ 5/61; Hirsch, Jenny ~ 5/61; Hirsch, Karl ~ 5/62; Hirsch, Otto ~ 5/63; Hirsch, Rahel ~ 5/64; Hirsch, Rudolf ~ 5/64; Hirsch, Samuel ~ 5/65; Hirsch, Wilhelm ~ 5/65; Hirschberg, Max ~ 11/87; Hirschberg, (Karl) Rudolf ~ 5/66; Hirschfeld, Gustav ~ 5/66; Hirt, Arnold ~/† 5/69; Hirt, Hermann ~ 5/69; Hirth, Friedrich ~ 5/70; Hirth, Georg ~ 5/70; Hirzel, Hans Caspar ~ 5/71; Hirzel, Rudolf */~ 5/72; Hirzel, Salomon ~ 5/72; Hirzel-Langenhan, Anna ~ 5/72; His, Rudolf ~ 5/72; His, Wilhelm */~ 5/73; His, Wilhelm ~ 5/73; Hobbing, Reimar ~ 5/78; Hobrecht, Artur (Heinrich Ludolf Johnson) ~ 5/78; Hobrecker, Eduard ~ 5/79; Hochbrucker, Jacob ~ 5/80; Hochmann von Hochenau, Ernst Christoph ~ 5/81; Hochmann, Max ~ 5/81; Hock, Wilhelm ~ 5/83; Hoë von Hoënegg, Matthias ~ 5/85; Höbling, Franz ~ 5/85; Höcker, Oskar ~ 5/87; Höckner, (Woldemar) Georg ~ 5/87; Höckner, (Georg) Hilmar */~ 5/88; Höfer, Conrad ~ 5/88; Hoeftman, Heinrich ~ 5/91; Hölder, Ernst */~ 11/88; Hölder, (Ludwig) Otto ~/† 5/93; Hölscher, Gustav ~ 5/96; Hoelscher, Ludwig ~ 11/89; Hölty, Ludwig Christoph Heinrich ~ 5/96; Hönemann, Martin ~ 5/98; Höpfl, Josef ~ 5/99; Höppler, Fritz ~ 5/100; Hoesch, Leopold von ~ 5/105; Höschel, David ~ 5/105; Hoetzsch, Otto */~ 5/107; Hofé, Günter ~ 5/108; Hofer, Gottfried ~ 5/109; Hoffmann, Alexander ~/† 5/113; Hoffmann, Arthur ~ 5/113; Hoffmann, Carl ~ 5/114; Hoffmann, Carl Gottlieb ~ 5/114; Hoffmann, E(rnst) T(heodor) A(madeus) ~ 5/115; Hoffmann, Gerhard ~ 5/118; Hoffmann, Hans ~ 5/118; Hoffmann, Hans-Joachim ~ 5/118; Hoffmann, Johann Christian */~/† 5/120; Hoffmann, Johann Gottfried ~ 5/120; Hoffmann (von Schweidnitz), Johannes ~ 5/120; Hoffmann, Ludwig ~ 5/122; Hoffmann, Paul ~ 5/122; Hoffmann, (Immanuel Karl) Volkmar ~/† 5/123; Hoffmann-Krayer, Eduard ~ 5/124; Hoffmannsegg, Johann Centurius Graf ~ 5/125; Hoffmeister, Franz Anton ~ 5/125; Hofmann, Franz Bruno ~ 5/128; Hofmann, Gert ~ 5/128; Hofmann, Johannes ~/† 5/130; Hofmann, (Alberich) Konrad ~ 5/131; Hofmann, Ludwig von ~ 5/131; Hofmann, Richard † 5/132; Hofmann, Walter ~/† 5/132; Hofmann-Bosse, Elise */~/† 5/132; Hofmeister, Franz ~ 5/134; Hofmeister, Friedrich ~ 5/134; Hofmeister, Wilhelm (Friedrich Benedikt) */~ 5/135; Hogenstein, Jodocus ~ 5/136; Hohenlohe-Schillingsfürst, Alexander Fürst zu ~ 5/139; Hohenthal, Peter Graf von */~ 5/141; Hohlfeld, Johannes ~/† 5/142; Hohmann, Peter ~/† 5/143; Holek, Wenzel ~ 5/147; Holk, Henrik Graf ~ 5/148; Hollender, Paul ~ 5/151; Hollitscher, Walter ~ 5/151; Hollrung, Max (Udo) ~ 5/152; Holsten, Karl (Christian Johann) ~ 5/154; Holtei, Karl von ~ 5/154; Holthausen, Ferdinand ~ 5/155; Holtz-Baumert, Gerhard ~ 5/156; Holtzstamm, Auguste ~ 5/157; Holzhausen, Hamman ~ 5/160; Homann, Johann Baptist ~ 5/162; Homberg, Wilhelm ~ 5/163;

Kunth, Karl Sigismund * 6/170; Kunwald, Ernst ~ 6/171; Kunz, Carl Friedrich ~ 6/171; Kunz, Karl Theodor ~ 6/172; Kunze, Emil ~ 6/173; Kunze, Gustav */~/† 6/173; Kunze, Johannes (Wilhelm) ~ 6/173; Kunze, Max Friedrich ~ 6/173; Kunze, Wilhelm ~ 6/173; Kunzen, Johann Paul ~ 6/174; Kupfer, Caesarine ~ 6/175; Kupferschmidt, Paul ~ 6/175; Kuranda, Ignaz ~ 6/176; Kurella, Alfred ~ 6/176; Kurth, Max ~ 6/178; Kurz, Heinrich ~ 6/179; Kuske, Bruno ~ 6/181; Kutschera, Franz ~ 6/183; Kyber, (Carl) Manfred ~ 6/184; Laar, Clemens ~ 6/187; Laber, Heinrich ~ 6/188; Lacher, Ambrosius ~ 6/189; Lachmann, Karl (Konrad Friedrich Wilhelm) ~ 6/190; Lachnit, Wilhelm ~ 6/191; Ladegast, Friedrich ~ 6/192; Laemmer, (Eduard Ludwig) Hugo ~ 6/196; Läwen, Arthur ~ 6/197; Lahmann, Heinrich ~ 6/199; Lahusen, Christian ~ 6/200; Lamberg, Abraham */~/† 6/202; Lambert, Johann Heinrich ~ 6/204; Lambertz, Maximilian ~ 6/204; Lampadius, Auctor ~ 6/208; Lampadius, Jakob ~ 6/208; Lampe, Walther * 6/209; Lampert, Friedrich ~ 6/210; Lamprecht, Jakob Friedrich ~ 6/211; Lamprecht, Karl Gotthard ~/† 6/211; Landau, Leopold ~ 6/214; Landau, Paul ~ 6/214; Landau, Richard ~ 6/214; Landerer, Albert ~ 6/216; Landsberg, Ernst ~ 6/219; Landsberg, Georg ~ 6/219; Landsberg, Martin ~/† 6/220; Landsberger, Benno ~ 6/220; Landsberger, Hugo ~ 6/221; Lang, (Friedrich) Carl ~ 6/222; Lang, Carl Emil ~ 6/223; Lang, Carl Ludwig ~ 11/116; Lang, Johannes ~ 6/226; Lang, Richard ~ 6/228; Langbein, August Friedrich Ernst ~ 6/230; Langbein, Georg ~/† 6/230; Lange, Fritz ~ 6/231; Lange, Henry ~ 6/233; Lange, Joachim ~ 6/233; Lange, Johann ~ 6/233; Lange, Johannes ~ 6/234; Lange, Karl ~ 6/234; Lange, Konrad von ~ 6/234; Lange, Ludwig ~ 6/235; Lange, Max ~/† 6/235; Lange, Rudolf ~ 6/236; Lange, Samuel Gotthold ~ 6/236; Lange, Victor ~ 11/117; Langen, Albert ~ 6/237; Langenfaß, Friedrich ~ 6/240; Langenn, Friedrich Albert von ~ 6/241; Langer, Ernst Theodor ~ 6/242; Langerhans, Paul ~ 6/243; Langermann, Johann Gottfried ~ 6/243; Langewiesche, Karl Robert ~ 6/243; Langewiesche-Brandt, Wilhelm ~ 6/244; Langguth, Georg August */~ 6/245; Langhammer, Artur ~ 6/245; Langhans, Carl Ferdinand ~ 6/245; Langhans, Paul ~ 6/245; Langhans, Wilhelm ~ 6/246; Langkammer, Margarete ~ 6/246; Langlotz, Ernst ~ 6/247; Langwerth von Simmern, Ernst Frh. ~ 6/248; Lankow, Anna ~ 6/249; Lapide, Johannes Heynlin de ~ 6/251; La Roche, Karl von ~ 6/253; L'Arronge, Adolph ~ 6/254; Lasche, Oskar * 6/255; Lasker, Eduard ~ 6/256; Lassalle, Ferdinand ~ 6/258; Lassel, Rudolf ~ 6/259; Lasson, Adolf ~ 6/261; Lau, Franz */~/† 6/263; Laube, Heinrich (Rudolf Constanz) ~ 6/263; Lauerer, Hans ~ 6/267; Laufer, Berthold ~ 6/268; Laun, Friedrich ~ 6/269; Lauppert-Martin, Isabella von ~ 6/269; Lausberg, Heinrich ~ 11/118; Lautenschlager, Karl ~ 6/272; Lauterbach, Anton ~ 6/273; Lauterbach, Wolfgang Adam ~ 6/273; Lavant, Rudolf */~/† 6/274; Layriz, Friedrich ~ 6/276; Lebek, Johannes ~ 6/278; Le Blanc, Max (Julius Louis) ~/† 6/280; Lechler, Gotthard Viktor ~/† 6/282; Lecküchner, Hans (Johannes) ~ 6/283; Ledebur, Karl Frh. von ~ 6/284; Ledig, Gert * 11/119; Ledig-Rowohlt, Heinrich Maria * 6/286; Legal, Ernst ~ 6/289; Legrand, Johann Lukas ~ 6/290; Lehár, Franz ~ 6/290; Lehman, Christoph(orus) ~ 6/291; Lehmann, Arthur-Heinz * 6/291; Lehmann, Edgar ~/† 6/291; Lehmann, Emil ~ 6/292; Lehmann, Erich Arno ~ 6/292; Lehmann, Georg ~ 6/293; Lehmann, Hans ~ 6/293; Lehmann, Johann Gottlob ~ 6/294; Lehmann, Julius Friedrich ~ 6/294; Lehmann, Lilli ~ 6/295; Lehmann, Max ~ 6/295; Lehmann, Otto ~ 6/296; Lehmann, Paul ~/† 6/296; Lehmann, Robert ~ 6/296; Lehmann, Rudolf ~ 6/296; Lehmann-Löw, Maria Theresia ~ 6/297; Lehms, Georg Christian ~ 6/298; Leibnitz, Eberhard ~ 6/303; Leibniz, Gottfried Wilhelm */~ 6/303; Leidenfrost, Johann Gottlob ~ 6/306; Leins, Hermann ~ 6/308; Leipoldt, Johannes ~ 6/308; Leipziger, Leo ~ 6/308; Leisegang, Hans ~ 6/309; Leising, Richard ~ 11/119; Leisinger, Berta ~ 6/309; Leiske, Walter ~ 6/309; Leisner, Emmi ~ 6/310; Leißring, Christian August

Joachim ~ 6/310; Leistner, Albrecht */† 6/311; Lemberger, Georg ~ 6/315; Lempe, Johann Friedrich ~ 6/317; Lendle, Ludwig ~ 6/319; Lenel, Otto ~ 6/319; Lensch, Paul ~ 6/321; Lent, Friedrich ~ 6/322; Lentze, August ~ 6/322; Lenz, Harald Othmar ~ 6/324; Lenz, Oskar */~ 6/325; Leonhardt, Carl ~ 6/329; Leonhardt, (Max) Johannes ~ 6/330; Leppmann, Arthur ~ 6/336; Lepsius, (Karl) Richard ~ 6/337; Lersch, Philipp ~ 6/340; Lerse, Franz ~ 6/340; Lert, Ernst Josef Maria ~ 6/340; Leske, Carl Wilhelm * 6/342; Leskien, August ~/† 6/342; Less, Emil ~ 6/343; Lesser, Edmund ~ 6/343; Lesser, Stanislaus ~ 6/344; Lessiak, Primus ~ 6/344; Lessing, Friedrich Hermann ~ 6/345; Lessing, Gotthold Ephraim ~ 6/345; Lessing, Karl Gotthelf ~ 6/347; Leßmann, Daniel ~ 6/347; Leube, Erich Hans */~ 6/350; Leuckart, (Karl Georg Friedrich) Rudolf ~/† 6/352; Leumann, Ernst ~ 6/353; Leupold, Jacob ~/† 6/354; Leuschner, Wilhelm ~ 6/354; Leutemann, (Gottlob) Heinrich ~ 6/355; Levi, Friedrich (Wilhelm Daniel) ~ 6/358; Levi, Hermann ~ 6/358; Levinstein, Eduard ~ 6/360; Levy, Max ~ 6/361; Levy-Dorn, Max ~ 6/362; Lewald, Fanny ~ 6/363; Lewald, Hans */~ 6/363; Lewald, Walter */~ 11/122; Lewinger, Maximilian ~ 6/365; Lewinsky, Olga ~ 6/365; Lewkowitz, Albert ~ 6/366; Lewy, Ernst ~ 6/366; Lewy, Julius ~ 6/366; Ley, Hermann */~ 6/367; Leyen, Friedrich von der ~ 6/370; Lichnowsky, Eduard Maria Fürst von ~ 6/372; Licht, Hugo ~/† 6/373; Lichtenstein, Leon ~ 6/376; Lichtwark, Alfred (Danger) ~ 6/377; Lichtwer, Gottfried Magnus ~ 6/377; Lichtwitz, Leopold ~ 6/377; Liebisch, Rudolf ~ 6/385; Liebknecht, Karl */~ 6/385; Liebknecht, Otto * 11/122; Liebknecht, Theodor */~ 6/386; Liebknecht, Wilhelm ~ 6/386; Liebmann, (Karl Otto) Heinrich ~ 6/387; Liebmann, Otto ~ 6/387; Liebner, Albert ~ 6/387; Liepe, Emil ~ 6/391; Liepmann, Hugo ~ 6/391; Liepmann, Moritz ~ 6/391; Liesegang, Helmuth † 6/392; Lietzau, Hans ~ 6/393; Lilje, Hanns ~ 6/397; Linck, Johann Heinrich */~/† 6/399; Linck, Wenzeslaus ~ 6/399; Lindau, Paul ~ 6/400; Lindau, Wilhelm Adolf ~ 6/400; Lindemann, Werner ~/† 6/402; Lindenau, Bernhard (August) von ~ 6/403; Lindenau, Paul ~ 6/404; Lindener, Michael */~ 6/404; Lindenmaier, Fritz (Heinrich Karl Paul) ~ 6/404; Lindner, Amanda */~ 6/407; Lingner, Max * 6/411; Linke, Franz ~ 6/412; Linser, Karl ~ 6/414; Lipiner, Siegfried ~ 6/415; Lipinski, Richard (Robert) ~ 6/415; Lipperheide, Franz Frh. von ~ 6/417; Lippert, (Hermann) Woldemar ~ 6/418; Lippius, Johannes ~ 6/419; Lippowitz, Jakob * 6/420; Lipps, Gottlob (Friedrich) ~ 6/420; Lips, Eva */~/† 6/420; Lips, Julius (Ernst) ~/† 6/421; Lipsius, Justus Hermann */~/† 6/421; Lipsius, (Johann Wilhelm) Konstantin */~ 6/422; Lipsius, Marie ~ 6/422; Lipsius, Richard Adelbert ~ 6/422; Lisiewski, Christian Friedrich Reinhold ~ 6/423; Lissauer, Ernst ~ 6/423; List, Paul ~/† 6/425; List, Paul W(alter) */~ 6/425; Litolff, Henry (Charles) ~ 6/427; Litt, Theodor ~ 6/428; Litten, Fritz Julius ~ 6/428; Litzmann, Berthold ~ 6/429; Lobe, Johann Christian † 6/431; Lobe, Theodor Eduard ~ 6/431; Lobeck, Christian August ~ 6/431; Lobwasser, Ambrosius ~ 6/433; Lochner, Jacob Hieronymus ~ 6/434; Lockemann, Georg ~ 6/435; Lockemann, Theodor ~ 6/435; Loebell, Friedrich Wilhelm von ~ 6/438; Loeber, Valentin ~ 6/438; Löhner, Johann ~ 6/443; Löhnis, Felix ~/† 6/443; Loening, Edgar ~ 6/444; Loeschcke, Georg ~ 6/446; Löscher, Hans ~ 6/447; Loesel, Johannes ~ 6/447; Löser, Ewald ~ 6/447; Löw, Immánuel ~ 6/448; Loew, (Carl Benedikt) Oscar ~ 6/449; Löw, Philipp ~ 6/449; Löwe, Friedrich */~ 6/450; Löwe, Richard ~ 6/451; Loewenstein, Otto ~/† 6/455; Lohenstein, Daniel Casper von ~ 6/461; Lohmann, Paul ~ 6/462; Lohmeyer, Hans ~ 6/463; Lohse, Oswald */~ 6/464; Lohse, Otto ~ 6/464; Loitz, Michael ~ 6/465; Lomnitz, Marie ~/† 6/466; Loofs, Friedrich ~ 6/466; Loos, Theodor ~ 6/468; Loose, Fritz ~ 6/468; Loosen, Kurt ~ 6/468; Lorck, Carl Berendt † 6/470; Lorenz, Otto * 6/473; Lortzing, Albert (Gustav) ~ 6/476; Lossius, Lukas ~ 6/479; Lossnitzer, Heinz ~ 6/479; Lossow, William ~ 6/479;

9/474; Stein, Christian Gottfried Daniel */~ 9/475; Stein, Ernst ~ 9/476; Stein, Friedrich ~/† 9/477; Stein, Fritz ~ 9/477; Stein, Philipp ~ 9/481; Stein-Schneider, Lena */~ 9/482; Steinar, Theodor ~ 9/483; Steinbach, Emil ~ 9/483; Steinbach, Fritz ~ 9/484; Steinbeis, Ferdinand von † 9/485; Steindorff, Georg ~ 9/487; Steinen, Wolfram von den ~ 9/488; Steiner-Prag, Hugo ~ 9/491; Steingräber, Theodor (Leberecht) ~/† 9/492; Steinhoff, Hans ~ 9/495; Steinitzer, Max † 9/496; Steinmann, Ernst ~ 9/498; Steinmetz, Johann Adam ~ 9/500; Steinschneider, Moritz ~ 9/501; Steinthal, Walter ~ 9/501; Stella, Erasmus */~ 9/502; Steller, Georg Wilhelm ~ 9/503; Stenglein, Melchior ~ 9/506; Stenzel, Gustav Adolf Harald ~ 9/507; Stephan Bodeker, Bischof von Brandenburg ~ 9/508; Stephan, Horst Emil ~/† 9/509; Stephan, Martin ~ 9/509; Stephani, Clemens ~ 9/510; Stephani, Eduard ~/† 9/510; Stephani, Hermann ~ 9/510; Stern, Adolf */~ 9/512; Stern, Gustave ~ 9/513; Sternheim, (William Adolf) Carl * 9/518; Steudel, Hermann ~ 9/521; Steudel, Johannes ~ 9/521; Steuernagel, Carl ~ 9/521; Stich, Conrad */~/† 9/522; Stieber, Hans (Albert Oskar) ~ 9/524; Stieda, Wilhelm ~/† 9/525; Stieff, Christian ~ 9/526; Stieglitz, Christian Ludwig */~/† 9/527; Stieglitz, Heinrich ~ 9/527; Stiehl, Karl (Johann Christian) ~ 9/527; Stieler, Elisabeth ~ 9/528; Stieler, Kaspar (David) von ~ 9/528; Stieler, Kurt ~ 9/528; Stier, Alfred ~ 9/529; Stierlin, (Johann Gottfried) Adolf ~ 9/529; Stieve, Friedrich ~ 9/529; Stieve, Hermann (Philipp Rudolf) ~ 9/529; Stigler-Staeven, Wilhelm ~ 9/531; Stilke, Hermann (Georg Friedrich Wilhelm) ~ 9/532; Stille, (Wilhelm) Hans ~ 9/532; Stintzing, Roderich ~ 9/535; Stobbe, Hans (Hermann August Adolph) ~/† 9/536; Stobbe, (Johann Ernst) Otto ~/† 9/536; Stock, (Johanna) Dorothea ~ 9/537; Stock, Johann Michael ~/† 9/537; Stockmann, Ernst ~ 9/539; Stockmann, Joachim ~ 9/539; Stoeckel, Walter ~ 9/541; Stöckel, Wolfgang ~ 9/541; Stoecker, Walter ~ 9/541; Stöckhardt, Julius Adolph ~ 9/542; Stöhr, Philipp ~ 9/542; Stölzel, Gottfried Heinrich ~ 9/545; Stoermer, (Heinrich Friedrich) Richard ~ 9/546; Störring, Gustav (Wilhelm) ~ 9/546; Stoevesandt, Karl ~ 9/547; Stoeving, Kurt */~ 9/547; Stohmann, Friedrich (Carl Adolf) ~/† 9/548; Stolle, Ferdinand ~ 9/552; Stolle, Gottlieb ~ 9/552; Stolper, Paul ~ 9/553; Stoltz von Stoltzenberg, Daniel ~ 9/554; Stolzenberg, Benno ~ 9/556; Stooß, Carl ~ 9/557; Stoppe, Daniel ~ 9/557; Stoy, Karl Volkmar ~ 9/562; Strack, Hermann (Leberecht) ~ 9/563; Strakosch, Alexander ~ 9/565; Strantz, Ferdinand (Karl Friedrich Felix) von ~ 9/566; Strassen, Otto (Ladislaus) zur ~ 9/567; Strasser, Charlot ~ 9/567; Strassman, Fritz ~ 9/569; Straßmann-Dambӧck, Marie ~ 9/569; Stratil-Sauer, Gustav ~ 9/570; Stratz, Rudolf ~ 9/571; Straub, Walther ~ 9/571; Straub, Werner ~ 9/572; Straube, (Montgomery Rufus) Karl (Siegfried) ~/† 9/572; Strauch, Johannes ~ 9/572; Strecker, Ludwig ~ 9/580; Strecker, Reinhard ~ 9/580; Streckfuß, (Adolf Friedrich) Karl ~ 9/580; Streckfuß, Walter ~ 9/580; Streibing, Karl-Heinz ~ 9/581; Streit, Wilhelmine ~ 9/582; Streitberg, Wilhelm (August) ~/† 9/582; Strempel, Ernst ~ 9/583; Streng, Emmy ~ 9/584; Streubel, Karl Wilhelm */~/† 9/585; Strickrodt, Georg ~ 9/587; Strieder, Jakob ~ 9/587; Strieffler, Heinrich ~ 9/587; Strigel, Victorinus ~ 9/588; Strohal, Emil ~/† 9/592; Strohmayer, Wilhelm ~ 9/593; Strubell-Harkort, Alexander ~ 9/595; Strümpell, Adolf von ~/† 9/597; Strümpell, Ludwig (Adolf) von ~/† 9/597; Strützel, (Leopold) Otto ~ 9/598; Strungk, Nicolaus Adam ~ 9/598; Struve, (Friedrich Adolph) August ~ 9/599; Struve, (Gustav Wilhelm) Ludwig von ~ 9/600; Stubbe, Wolf ~ 9/602; Stubmann, Peter Franz ~ 9/602; Stuckenberg, Fritz ~ 9/604; Studer, Heinrich ~ 9/606; Study, (Christian Hugo) Eduard ~ 9/606; Stübel, (Moritz) Alfons */~ 9/607; Stübel, Alfred ~ 9/607; Stübel, Andreas ~/† 9/607; Stübel, Christoph Karl ~ 9/607; Stübner, Friedrich Wilhelm ~ 9/607; Stümcke, Heinrich C. A. ~ 9/610; Stünzner, Elisa ~ 9/610; Stürzinger, (Johannes) Jakob ~ 9/611; Stüwe, Hans (Karl) ~ 9/612; Stummvoll, Josef ~ 9/613; Stumpf, Johannes ~ 9/614; Sturm, Johann Christoph

~ 9/617; Sturm, Julius (Karl Reinhold) † 9/618; Sturm, Leonhard (Christoph) ~ 9/618; Sturz, Friedrich Wilhelm ~ 9/619; Such, Heinz ~/† 9/622; Sucher, Josef ~ 9/622; Sucher, Rosa ~ 9/622; Suchier, Hermann ~ 9/623; Sudhoff, Karl (Friedrich Jakob) ~ 9/625; Süß, Bruno ~ 9/626; Suhr, Otto ~ 9/628; Sulze, Heinrich * 9/631; Sulzer, Hans ~ 9/631; Sulzer, Oscar ~ 9/632; Supan, Alexander (Georg) ~ 9/633; Suppius, Christoph Eusebius ~ 9/634; Susemihl, (Friedrich) Franz (Karl Ernst) ~ 9/635; Suter, Hermann ~ 9/636; Sutter, Anna ~ 9/637; Swarzenski, Georg ~ 9/640; Swoboda, Josef Wilhelm ~ 9/642; Syberberg, Rüdiger (Johannes) ~ 9/643; Sylvius, Petrus ~ 9/644; Sysang, Johann Christoph */~/† 9/645; Sysang, Johanna Dorothea † 9/645; Tabor, Johann Otto ~ 9/649; Tacke, Gerd ~ 9/649; Taeger, Friedrich (Hermann) */~ 9/649; Täufel, Kurt (Albert) ~ 9/650; Talhoff, Albert ~ 9/652; Tamm, Erich ~ 9/653; Tancke, Joachim ~/† 9/653; Tanner, Georg ~ 9/656; Tanner, Hermann Alfred ~ 9/656; Tannhäuser, Siegfried ~ 9/657; Tapfer, Siegfried ~ 9/657; Tappeiner, (Anton Josef Franz) Hermann Edler von Tappein ~ 9/658; Taschenberg, Otto ~ 9/659; Taube, Michael ~ 9/661; Taube, Otto Frh. von ~ 9/661; Tauchnitz, Karl Christoph Traugott ~/† 9/664; Tauentzien von Wittenberg, (Friedrich) Bogislaw (Emanuel) Graf von ~ 9/664; Tausch, Julius ~ 9/665; Tausig, Karl † 9/666; Tautz, Kurt ~ 9/668; Tavel, Rudolf von ~ 9/668; Teichmann, Albert ~ 9/669; Teichmann, Curt */~ 9/669; Teichmeyer, Hermann Friedrich ~ 9/670; Teichmüller, Robert ~/† 9/670; Teichs, Alf ~ 9/670; Telemann, Georg Philipp ~ 9/671; Teller, Jürgen ~/† 11/181; Teller, Leopold ~ 9/673; Teller, Wilhelm Abraham */~ 9/673; Tennecker, (Christian Ehrenfried) Seyfert von ~ 9/675; Tenschert, Roland ~ 9/676; Tentzel, Ernst ~ 9/676; Teschemacher, Hans (Georg) ~ 9/679; Tescher, Karl ~ 9/679; Tetzel, Johann ~/† 9/681; Tetzlaff, Carl Albert Ferdinand ~ 9/681; Teubner, Benedictus Gotthelf ~/† 9/682; Teubner, Hans ~ 9/682; Teutenberg, Elisabeth ~ 9/683; Teutsch, Friedrich ~ 9/683; Thadden-Trieglaff, Reinold von ~ 9/685; Thalheim, Karl C(hristian) ~ 9/688; Thalmann, Hans */~ 9/689; Theile, Johann ~ 9/691; Theilhaber, Adolf ~ 9/691; Thelen, Peter ~ 9/693; Theremin, Charles Guillaume ~ 9/694; Theunert, Hugo ~ 9/695; Thiele, Alfred */~/† 10/2; Thiele, Hertha (Margaretha) */~ 10/2; Thieme, Clemens (Wilhelm) ~/† 10/4; Thieme, Georg */~/† 10/4; Thieme, Karl Otto */~ 10/4; Thieme, (Conrad) Ulrich */~/† 10/5; Thiemich, Martin ~/† 10/5; Thienemann, Friedrich August Ludwig ~ 10/5; Thienemann, Johannes ~ 10/5; Thierack, Otto Georg ~ 10/6; Thierfelder, Albert ~ 10/6; Thierfelder, Benjamin Theodor ~ 10/6; Thierfelder, (Fürchtegott) Felix ~ 10/6; Thierfelder, Ferdinand Albert ~ 10/6; Thierfelder, Franz (Felix Reinhold) ~ 10/6; Thierfelder, Helmuth ~ 10/7; Thierfelder, Johann Gottlieb */~ 10/7; Thieriot, Ferdinand ~ 10/7; Thiersch, Carl ~/† 10/7; Thiersch, Friedrich (Wilhelm) von ~ 10/8; Thiersch-Patzki, Luise ~/† 10/8; Thilmann, Johannes Paul ~ 10/10; Thilo, Friedrich Theophilus ~ 10/11; Thode, Henry ~ 10/12; Thӧl, Johann Heinrich ~ 10/13; Thomas, Christian Gottfried ~/† 10/18; Thomas, Emil ~ 10/18; Thomas, Karl (Albert Ferdinand) ~ 10/18; Thomas, Kurt (Georg Hugo) ~ 10/18; Thomas, (Georg Friedrich) Ludwig ~ 10/18; Thomas, Oskar Heinrich ~ 10/19; Thomaschek, Hans ~ 10/19; Thomasius, Christian */~ 10/20; Thomasius, Jakob */~/† 10/20; Thomasius, Johann */~ 10/21; Thoms-Heinrich, Lieselotte ~ 10/21; Thomsen, Robert ~ 10/22; Thon, Sixtus (Armin) ~ 10/22; Thorbecke, Andreas Heinrich ~ 10/23; Threlfall, William (Richard Maximilian Hugo) ~ 10/24; Thümmel, Friedrich Wilhelm ~ 10/24; Thümmel, Moritz August von ~ 10/24; Thurn und Taxis, Leonard II. Graf von ~ 10/32; Thurneysen, (Eduard) Rudolf ~ 10/33; Thurnheer, Walter ~ 10/33; Tiburtius, Joachim ~ 10/35; Tiedemann, Christoph (Willers Markus Heinrich) von ~ 10/37; Tiegs, Ernst Heinrich Fritz ~ 10/38; Tiemann, Walter ~/† 10/39; Tilemann, Heinrich (Johann Cornelius) ~ 10/41; Tilesius von Tilenau, Wilhelm Gottlieb von ~ 10/42; Tille, Alexander ~ 10/43; Tille, Armin ~ 10/43; Tillich,

Adolf ~ 10/310; Wallenrodt, Johanne Isabelle Eleonore von ~ 10/310; Wallner, Agnes * 10/314; Wallner-Basté, Franz ~ 10/314; Wallraf, (Ludwig Theodor Ferdinand) Max ~ 10/315; Walser, Robert (Otto) ~ 10/316; Walter, Bernhard ~ 10/317; Walter, Bruno ~ 10/317; Walter, Friedrich Karl ~ 10/318; Walter, Georg ~ 10/318; Walter, Johannes (Wilhelm) von ~ 10/319; Walther, Augustin Friedrich ~/† 10/323; Walther, Carl Ferdinand Wilhelm ~ 10/323; Walther, Heinrich ~ 10/324; Walther, Hermann ~ 10/324; Walther, Johann Karl Wilhelm */~/† 10/324; Walther, Johannes ~ 10/324; Walther zu Waltherseil, Bernhard */~ 10/326; Warnatz, Gustav Heinrich ~ 10/336; Warneyer, Marianne */~ 10/336; Wartburg, Walther von ~ 10/338; Wartenburg, Karl (Friedrich Anton) */~ 10/338; Waschneck, Erich ~ 10/340; Waschow, Gustav ~ 10/340; Wasmuth, Günther ~ 10/341; Wasmuth, Matthias ~ 10/341; Watzdorf, Christian Bernhard von ~ 10/346; Watzdorf, Heinrich August von ~ 10/346; Watzek, Hans ~ 10/347; Wauer, William ~ 10/347; Weber, Adolf ~ 10/348; Weber, Carl von ~ 10/350; Weber, Eduard (Friedrich) ~/† 10/352; Weber, Ernst ~ 10/352; Weber, Ernst Heinrich ~/† 10/352; Weber, Felix (Carl Raimund) */~ 10/352; Weber, Friedrich Benedikt */~ 10/353; Weber, Guido ~ 10/354; Weber, Heinrich ~/† 10/354; Weber, Heinrich ~ 10/354; Weber, Hellmuth von ~ 10/355; Weber, Hildegard ~ 10/355; Weber, Immanuel ~ 10/355; Weber, Johann Jakob ~/† 10/356; Weber, Leonhard ~ 10/357; Weber, Michael ~ 10/360; Weber, Moritz * 10/360; Weber, (Felix) Siegfried (Arthur) */~/† 10/361; Weber, Theodor */~ 10/361; Weber, Werner ~ 10/362; Weber, Wilhelm (Eduard) ~ 10/362; Wechselmann, Wilhelm ~ 10/365; Wedekind, Frank ~ 10/368; Wegener, Georg ~ 10/372; Wegner, Christian ~ 10/374; Wegner, Max ~ 10/374; Wehle, Johannes (Raphael) ~ 10/376; Wehr, Hans */~ 10/377; Wehrli, Hans ~ 10/378; Weickert, Carl * 10/381; Weickmann, Ludwig ~ 10/381; Weidauer, Walter ~ 10/381; Weidlich, Christoph ~ 10/383; Weidmann, Fritz ~ 10/383; Weidner, Ernst (Friedrich) ~ 10/384; Weidner, Julius ~ 10/384; Weidt, Lucie ~ 10/384; Weigand, Gustav ~ 10/385; Weigel, Johann August Gottlob */~/† 10/387; Weigel, Theodor Oswald */~ 10/387; Weigel, Valentin ~ 10/387; Weigert, Carl ~ 10/388; Weigert, Fritz ~ 10/388; Weinert, Hans ~ 10/395; Weingartner, Felix (Paul) Edler von Münzberg ~ 10/396; Weinkauff, Hermann (Karl August) ~ 10/397; Weinland, Ernst ~ 10/398; Weinlig, Christian Albert ~ 10/398; Weinlig, Christian Ehregott ~ 10/398; Weinlig, Christian Theodor ~/† 10/398; Weinmann, Sebastian ~ 10/399; Weinmeister, Philipp ~ 10/399; Weisbach, Hans ~ 10/401; Weisbach, Werner ~ 10/401; Weischedel, Wilhelm ~ 10/402; Weise, Christian ~ 10/402; Weisgerber, (Johannes) Leo ~ 10/403; Weisker, Rudolf * 10/404; Weismann, Wilhelm ~/† 10/405; Weiss, Christian Samuel */~ 10/406; Weißbach, Franz Heinrich ~ 10/411; Weißbach, Hermann */~ 10/412; Weiße, Christian Felix ~/† 10/412; Weisse, Christian Hermann */~/† 10/412; Welczek, Johannes Graf von ~ 10/422; Welk, Ehm ~ 10/424; Wellek, Albert ~ 10/424; Weller, Albert (Hermann) ~ 11/184; Welsch, Gottfried */~/† 10/426; Welti, Franz ~ 10/429; Weltner, Armin ~/† 10/429; Welzenbacher, Lois ~ 10/431; Wendt, Amadeus */~ 10/433; Wendt, Erich * 10/434; Wendt, Hans Hinrich ~ 10/434; Wenger, Leopold ~ 10/435; Wenter, Josef (Gottlieb) ~ 10/437; Wentzel, Gregor ~ 10/437; Werber, Mia ~ 10/440; Werfel, Franz ~ 10/441; Wermann, (Friedrich) Oskar ~ 10/443; Werminghoff, Albert ~ 10/443; Wermuth, Adolf ~ 10/443; Werner, Bruno E(rich) ~ 10/445; Werner, Carl (Friedrich Heinrich) ~/† 10/445; Werner, Ernst ~/† 10/445; Werner von Themar, Adam ~ 10/449; Wernher, Johann Balthasar ~ 10/450; Werth, Richard ~ 10/452; Werthern, Ernst Friedrich Karl Aemil von ~ 10/454; Werthern, Georg von ~ 10/454; Werthern, Georg Reichsgraf von ~ 10/454; Westarp, Kuno Graf von ~ 10/458; Westermann, George */~ 10/459; Westphal, Joachim ~ 10/460; Westphal, Rudolf (Georg Hermann) ~ 10/461; Westphal, Siegfried * 10/461; Wetz, Richard ~ 10/463; Wetzel, August ~

10/463; Wetzel, Friedrich Gottlob Karl ~ 10/463; Wetzel, (Gottlieb) Friedrich Wilhelm ~ 10/463; Weule, (Johann Konrad) Karl ~/† 10/464; Weygandt, Wilhelm ~ 10/466; Weyr, Emil ~ 10/467; Weyrauch, Johannes */~/† 10/468; Wezel, Johann Karl ~ 10/468; Widmann, Johannes ~/† 10/475; Wieacker, Franz ~ 10/476; Wieck, (Johann Gottlob) Friedrich ~ 10/478; Wieck, Friedrich Georg ~/† 10/478; Wieck, Marie * 10/478; Wiedemann, Eilhard (Ernst Gustav) ~ 10/479; Wiedemann, Gustav Heinrich ~/† 10/479; Wiedemann, Max ~ 10/479; Wiedemann, Michael ~ 10/479; Wiedenfeld, Kurt (August Bernhard Julius) ~ 10/480; Wiegand, Heinrich ~ 10/481; Wiegler, Paul ~ 10/482; Wiegner, Georg */~ 10/482; Wiehmayer, Theodor ~ 10/482; Wiemeler, Ignatz ~ 10/485; Wiener, Hermann (Ludwig Gustav) ~ 10/486; Wiener, Otto (Heinrich) ~/† 10/487; Wieprecht, Wilhelm Friedrich ~ 10/488; Wiesand, Georg Stefan ~ 10/488; Wiese und Kaiserswaldau, Benno (Georg Leopold) von ~ 10/488; Wieser, Friedrich Frh. von ~ 10/490; Wiesner, Kurt ~/† 10/491; Wietersheim, (Karl August Wilhelm) Eduard von ~ 10/492; Wigand, Albert ~/† 10/492; Wigand, Otto ~/† 10/493; Wigman, Mary ~ 10/493; Wilcken, Ulrich (Emil Elias Friedrich Wilhelm) ~ 10/496; Wilckens, Matthäus Arnold ~ 10/496; Wildbrunn, Karl ~ 10/499; Wildermuth, Eberhard (Hermann) ~ 10/500; Wildermuth, Hermann Adalbert ~ 10/500; Wildführ, Georg ~ 10/500; Wildhagen, Karl ~ 10/501; Wilhelm Ludwig August, Graf von Hochberg, Markgraf von Baden ~ 10/502; Wilhelm II., Markgraf von Meißen ~ 10/504; Wilhelm, Friedrich ~ 10/506; Wilhelmj, (Ernst Daniel Friedrich) August ~ 10/507; Wilke, Karl Alexander */~ 10/508; Wilken, Friedrich ~ 10/508; Willkomm, Ernst (Adolf) ~ 10/512; Willmann, Otto (Philipp Gustav) ~ 10/513; Willner, Arthur ~ 10/513; Willrich, Erich ~ 10/513; Wilmanns, Wolfgang ~ 10/514; Wilms, Max ~ 10/515; Wilsdorf, (Max) Georg ~ 10/516; Wilt, Marie ~ 10/516; Wimmer, Maria ~ 10/517; Wimpina, Konrad ~ 10/518; Winckel, Heinrich ~ 10/518; Winckler, Friedrich ~ 10/520; Winckler, Johann Heinrich ~/† 10/521; Winckler, Johann Joseph ~ 10/521; Winderstein, Hans ~ 10/523; Windisch, Ernst ~/† 10/523; Windisch, Hans */~ 10/524; Windisch-Graetz, Alfred I. Candidus Ferdinand Fürst zu ~ 10/524; Winds, Erich Alexander ~ 10/525; Windscheid, (Josef Hubert) Bernhard ~/† 10/525; Windscheid, Franz ~/† 10/525; Winer, Johann Georg Benedikt */~/† 10/526; Winkler, Clemens (Alexander) ~ 10/528; Winkler, Hans ~ 10/529; Winkler, Johannes ~ 10/529; Winkler, Karl Gottfried */~/† 10/529; Winkler, Werner ~ 10/530; Winsloe, Christa ~ 10/531; Winteler, Jost ~ 10/531; Winter, Georg */~ 10/532; Winter, Johann Adolf */~/† 10/532; Winterberger, Alexander ~/† 10/534; Winternitz-Dorda, Martha ~ 10/535; Wirth, Emanuel ~ 10/539; Wirth, Wilhelm ~ 10/539; Wirz-Wyss, Clara ~ 10/540; Wislicenus, Hans ~ 10/541; Wislicenus, Johannes (Adolph) ~/† 10/542; Witkowski, Georg ~ 10/543; Witsch, Joseph Caspar ~ 10/543; Witte, Karl ~ 10/545; Wittekopf, Rudolf ~ 10/546; Wittfogel, Karl August ~ 10/546; Wittich, Manfred ~/† 10/548; Wittrisch, Marcel ~ 10/552; Witzel, Georg ~ 10/553; Wlassak, Rudolf ~ 10/554; Wobbermin, (Ernst Gustav) Georg ~ 10/554; Wöhler, Friedrich ~ 10/555; Wölfl, Joseph ~ 10/557; Woerl, Leo ~/† 10/558; Woermann, Ernst ~ 10/559; Wörner, (Johannes) Gerhard ~/† 10/559; Wohlbrück, Olga ~ 10/560; Wohlbrück, Wilhelm August ~ 10/561; Wohlbrück-Marschner, Marianne ~ 10/561; Wohlgemuth, Gustav */~/† 10/561; Wohlgemuth, Joachim ~ 10/561; Woikowsky-Biedau, Hugo von ~ 10/563; Wolf, Ernst (Friedrich) ~ 10/564; Wolf, Friedrich */~/† 10/565; Wolf, Johannes ~ 10/567; Wolf, Kurt ~ 10/567; Wolf, Leopold ~/† 10/567; Wolf, Walther ~ 10/568; Wolff, Amalie ~ 10/570; Wolff, Christian Frh. von ~ 10/571; Wolff, (Ludwig) Ferdinand von ~ 10/572; Wolff, Karl ~ 10/574; Wolff, Kurt (August Paul) ~ 10/575; Wolff, Kurt (Otto Adam) Frh. von ~ 10/575; Wolff, Lion ~ 10/576; Wolff, Willy ~ 10/578; Wolff-Gudenberg, Erich (Julius Georg William August Alwin Karl) Frh.

Leksand (Schweden)
Moeschlin, Felix ~ 7/177
Lelow (poln. Lelów)
Bensef, Juda Löw * 1/428
Lembang (Java, Indonesien)
Bruggencate, Paul ~ 2/162; Junghuhn, Franz † 5/383
Lemberg (Dép. Moselle, Frankreich)
Pinck, Louis * 7/672
Lemberg (ukrain. L'viv, russ. L'vov, poln. Lwów)
Abb, Gustav ~ 1/1; Abendroth, Irene */~ 1/7; Alster, Raoul * 1/94; Arbter, Emma Wanda von */~ 1/162; Bagge, Selmar ~ 1/267; Bauer, Ferdinand Frh. von * 1/324; Beeth, Lola ~ 1/391; Beidtel, Ignaz ~ 1/403; Bernfeld, Siegfried * 1/464; Berres, Christian Joseph Edler von ~ 1/479; Bianchi, Friedrich Frh. von ~ 1/511; Biermann, Johannes † 1/523; Bischoff, Ferdinand (Franz Xaver Georg) ~ 1/542; Böhm-Ermolli, Eduard Frh. von ~ 1/619; Börnstein, Heinrich ~ 1/634; Brand, Max(imilian) * 2/60; Bredetzky, Samuel ~ 2/95; Bretschneider, Heinrich Gottfried von ~ 2/123; Brückner, Alexander ~ 2/153; Brühl, Julius Wilhelm ~ 2/156; Brunner, Heinrich ~ 2/169; Buber, Martin ~ 2/177; Buber, Salomon */† 11/34; Bürde-Ney, Jenny ~ 2/208; Buol-Schauenstein, Karl Rudolf Graf von ~ 2/227; Claar, Emil * 2/327; Czech, Ludwig * 2/417; Dawison, Bogumil ~ 2/454; Derblich, Wolfgang ~ 2/491; Dietl, Joseph ~ 2/530; Dische, Zacharias ~ 2/557; Dollmayr, Viktor ~ 2/588; Doppler, Franz * 2/597; Dräxler, Karl Ferdinand * 2/606; Duczyński, Irma von * 2/632; Dunajewski, Julian Ritter von ~ 2/650; Elsner, Joseph (Anton Franz) ~ 3/97; Ettinger, Max * 3/185; Fabini, Ludwig ~ 3/211; Feßler, Ignaz Aurelius ~ 3/274; Filnköstl, Alois Vinzenz ~ 3/296; Finger, August (Anton Franz) * 3/301; Franzelin, Johann Baptist * 3/415; Frenkel-Brunswik, Else * 11/64; Gabel, Heinrich ~ 3/547; Gallina, Josef (Wilhelm) Frh. von ~ 3/564; Gallus, Johann ~/† 3/566; Gebel, Franz Xaver ~ 3/591; Gelber, Adolf (Aron) ~ 3/614; Gelber, Nathan Michael * 3/614; Gerstmann, Josef * 3/660; Glanz, Joseph * 4/21; Goluchowski, Agenor Maria Adam Graf */† 4/94; Goluchowski, Agenor Romuald Graf von */† 4/94; Granach, Alexander ~ 4/134; Grünstein, Leo * 4/218; Güssmann, Franz ~ 4/247; Haan, (Johann) Wenzel ~/† 4/283; Haas, Richard ~ 4/287; Haase, Adolf Theodor ~/† 4/288; Haase, Theodor Karl * 4/290; Hacquet de la Motte, Balthasar ~ 4/299; Haimberger, Anton Frh. von ~ 4/337; Haindl, Anton Franz ~ 4/337; Halban, Alfred von ~/† 4/340; Halpern, Mose Leib ~ 4/353; Haubenstock-Ramati, Roman ~ 4/435; Henning, Georg Friedrich ~ 11/84; Herbst, Eduard ~ 4/608; Hildenbrand, Johann Valentin Edler von ~ 5/39; Hiller, Johann Frh. von † 5/44; Hinteröcker, Johann Nepomuk ~ 5/55; Hlubek, Franz Xaver Ritter von ~ 5/78; Hochenegg, Carl ~ 5/80; Hofmann, Andreas Joseph ~ 5/126; Holzgethan, Georg ~ 5/160; Holzmann, Michael ~ 5/161; Homberg, Herz ~ 5/163; Jablonowski, Karl Fürst von */~/† 5/269; Jäger, Gustav ~ 5/283; Jülg, Bernhard ~ 5/372; Kalchegger von Kalchberg, Josef Frh. ~ 5/410; Kner, Rudolf ~ 5/619; Koch, Hans * 5/640; Köhler von Damwehr, Else ~ 5/653; Kovács, Edgar ~ 6/57; Kowoll, Johann ~ 6/57; Kratter, Franz */~ 6/73; Krauß, Karl Frh. von */~ 6/84; Krauß, Philipp Frh. von */~ 6/85; Krieg-Hochfelden, Franz Frh. von ~ 6/106; Krieghammer, Edmund Frh. von ~ 6/107; Kronfeld, Adolf * 6/118; Kulik, Jakob Philipp */~ 6/163; Kunzek von Lichton, August ~ 6/173; Ladstätter, Peter d. Ä. ~ 6/194; Landau, Jakob * 6/214; Landmann, Julius * 6/218; Lange, Samuel de ~ 6/236; La Roche, Karl von ~ 6/253; Leichner, Johann Ludwig ~ 6/305; Lewinger, Maximilian ~ 6/365; Lewytzkyj, Borys ~ 6/366; Liebich, Christoph ~ 6/384; Liesganig, Joseph */~ 6/393; Lindner, Anton * 6/407; Linnemann, Eduard ~ 6/413; Luschin, Franz Xaver ~ 6/532; Luschin von Ebengreuth, Arnold Ritter von * 6/532; März, Eduard * 6/559; Manescul, Ursula von * 6/586; Mann, Joseph */~ 6/591; Marek, Czeslaw (Jósef) ~ 6/612; Martinovics, Ignaz Joseph ~ 6/641; Max, Prinz von Sachsen ~ 6/674; Mederitsch, Johann (Georg Anton) ~/† 7/22; Meinong,

Alexius Ritter von Handschuchsheim * 7/37; Meisl, Karl ~ 7/40; Mensdorff-Pouilly-Dietrichstein, Albert Graf von * 7/64; Merkel, Georg * 7/73; Messenhauser, Wenzel Georg (Cäsar) ~ 7/82; Metzburg, Johann Nepomuk Frh. von ~ 7/90; Mises, Ludwig Edler von * 7/152; Mises, Richard Martin Edler von * 7/152; Moysa von Rosochacki, Stefan Frh. von ~ 7/235; Mozart, Franz Xaver Wolfgang ~ 7/235; Müller, Adolf ~ 7/247; Nadel, Siegfried (Ferdinand) * 7/328; Necker, Moritz * 7/355; Neuda-Bernstein, Rosa * 7/375; Niedźwiedzki, Julian ~/† 7/406; Nossig, Alfred */~ 7/441; Nüll, Eduard van der ~ 7/447; Ofenheim von Ponteuxin, Viktor ~ 7/476; Ohligs, Bernhard Wilhelm ~ 7/479; Ohmann, Friedrich * 7/481; Ossolinski, Józef Maksymilian Graf ~ 7/513; Pebal, Leopold von ~ 7/585; Penther, Daniel * 7/596; Perl, Henriette * 7/601; Peschka, Gustav Adolf Viktor ~ 7/608; Pfeiffer, Ida ~ 7/640; Pfleger von Wertenau, Anton Ritter ~ 7/649; Pins, Emil (Elias) * 7/674; Plener, Ignaz Frh. von ~ 7/693; Pokorny, Johann */~ 8/22; Pollack, Vincenz * 8/26; Pollini, Bernhard ~ 8/28; Polzer-Hoditz und Wolframitz, Arthur Graf von * 8/30; Possinger von Choborski, Ludwig Frh. von ~ 8/44; Radek, Karl (Bernhardovič) * 8/114; Rand, Rose * 8/134; Rapoport, Salomo Jehuda Löw * 8/141; Rappaport, Moritz */~ 8/142; Redl, Alfred * 8/178; Reichardt, Alexander ~ 8/196; Reichel, Josef ~ 8/199; Revertera von Salandra, Friedrich (Karl Maria Anton) Graf * 8/263; Riedel, Josef Gottfried Ritter von ~ 8/292; Ritter von Rittershain, Gottfried */~ 8/333; Rittner, Tadeusz * 8/336; Rochleder, Friedrich ~ 8/340; Rösler, Robert ~ 8/361; Rohrer, Joseph ~ 8/372; Rosenberg, Moritz ~ 8/394; Rosenthal, Moritz * 8/401; Roth, (Moses) Joseph ~ 8/414; Rutra, Arthur Ernst * 8/478; Ruttin, Erich ~ 8/478; Sacher-Masoch, Leopold von */~ 8/486; Schadetzky, Karl ~ 8/542; Schatz, Josef ~ 8/573; Schlüter, Andreas ~ 8/687; Schram, Robert Gustav * 9/127; Schütky, Franz Josef ~ 9/174; Seipelt, Joseph ~ 9/273; Sembrich, Marcella ~ 9/282; Smolka, Franz ~/† 9/353; Spinner, Leopold * 9/407; Stein, Leo * 9/479; Stöger, Michael Franz */~ 9/543; Stolte, Ferdinand Ludwig ~ 9/553; Stubenrauch, Moritz Edler von ~ 9/602; Szeps, Moritz ~ 9/646; Tangl, Karlmann ~ 9/654; Tauschinski, Oskar Jan ~ 9/666; Tewele, Franz ~ 9/684; Tomaselli, Franz ~ 10/62; Tomaselli, Ignaz ~ 10/62; Torczyner, Harry (Naftali Hirsch) ~ 10/64; Tscharner, Johann Wilhelm von * 10/104; Ullrich, Josef * 10/138; Ulram, Karl ~ 10/141; Völker, Karl ~ 10/222; Voigt, Christian August ~ 10/237; Wandruszka, Adam * 10/329; Weiss, Adolph ~ 10/405; Werner, Richard Maria ~ 10/448; Winiwarter, Joseph Ritter von ~ 10/526; Wurzbach, Alfred Ritter von Tannenberg * 10/601; Wurzbach, Constant Ritter von Tannenberg ~ 10/601; Zach, Franz Xaver Frh. von ~ 10/609; Zawilowski, Konrad von ~ 10/624; Zeissberg, Heinrich von ~ 10/633; Zinner, Hedda ~ 10/676; Zirkel, Ferdinand ~ 10/679
Lemburg (lett. Mahlpils)
Deeters, Gerhard ~ 2/463
Lemgo
siehe auch Brake, Lieme
Barckhaus, Hermann ~ 1/292; Baring, Eberhard ~ 1/295; Benzler, Johann Lorenz */~ 1/432; Bernhard II., Edelherr zur Lippe ~ 1/465; Bösendahl, Anton Heinrich */~ 1/636; Borchard, August * 2/26; Bucholtz, Andreas Heinrich ~ 2/188; Cothmann, Ernst * 2/383; Cothmann, Hermann */~/† 2/383; Cothmann, Johann * 2/383; Dohm, Christian Conrad (Wilhelm) von * 2/581; Drake, Heinrich (Hermann Wilhelm) * 2/607; Einhorn, Alexander * 3/64; Engelmann, Wilhelm * 3/121; Gall, August Frh. von ~ 3/561; Gall, August (Georg) Frh. von ~ 3/561; Greverus, Johann Paul Ernst ~ 4/160; Hahn, Heinrich Wilhelm d. Ä. * 4/329; Hamelmann, Hermann ~ 4/359; Heynemann, Theodor * 5/27; Huppelsberg, Joachim ~/† 5/230; Kaempfer, Engelbert * 5/395; Kleuker, Johann Friedrich ~ 5/591; Matthias, Adolf ~ 6/662; Meibom, Heinrich d. Ä. */~ 7/28; Oemeken, Gerdt ~ 7/468; Prott, Johann von * 8/81; Rhegius, Urbanus ~ 8/267; Runge, Ludolph Heinrich ~ 8/467; Schröder, Ernst August ~ 9/146; Siewing, Rolf

* 9/323; Smetius a Leda, Henricus ~ 9/352; Stadion, Johann Kaspar Graf von ~ 9/429; Student, Kurt † 9/605; Süvern, Johann Wilhelm * 9/628; Tachenius, Otto ~ 9/649; Tintelnot, Hans † 10/46; Weber, Marianne ~ 10/357

Lemitten (poln. Limity)
Hatten, Andreas Stanislaus von * 4/432

Lemnitz
Gabelentz, (Hans) Conon von der † 3/547; Gabelentz, Georg von der * 3/547; Gabelentz, Hans von der ~ 3/547

Lemsdorf
Fischer, Albert Friedrich Wilhelm † 3/310

Lemwerder
siehe auch *Altenesch*
Lürssen, Friedrich * 6/520; Röver, Carl * 8/365

Lénarto (Slowakei)
Widmannstätten, Aloys Joseph Beck Edler von ~ 10/475

Lenarty → Lehnarten

Lenauheim (auch Tschatad, rumän. Lenauheim, ungar. Csatád)
Lenau, Nikolaus * 6/318

Lendersdorf (seit 1972 zu Düren)
Daelen, Reiner ~ 2/425; Daelen, Reiner Maria * 2/425

Lendikon (Gem. Weisslingen, Kt. Zürich)
Meili, Carl * 7/32

Lendorf (Borken, Hessen)
Wittich, Hans * 10/548

Lendsiedel (seit 1975 zu Kirchberg an der Jagst)
Schnurr, Balthasar * 9/70

Lengde (seit 1972 zu Vienenburg)
Fricke, Otto * 3/443

Lengefeld (Kr. Sangerhausen)
Glümer, (Carl Ludwig) Adolf von * 4/38

Lengefeld (Mittlerer Erzgebirgskreis)
Geitner, Valentin * 3/614; Hildebrandt, Zacharias ~ 5/38; Schönherr, Karl Gottlob * 9/95

Lengefeld (seit 1970 zu Korbach)
Orth, Albert */~ 7/507

Lengenfeld (Gem. Oberostendorf)
Danzer, Jakob * 2/444

Lengenfeld (Niederösterreich)
Hohberg, Wolf Helmhard Frh. von * 5/137

Lengenfeld (seit 1972 zu Tirschenreuth)
Virdung, Sebastian ~ 10/214

Lengenfeld (Vogtlandkreis)
siehe auch *Irfersgrün*
Tischendorf, Lobegott Friedrich Constantin von * 10/49

Lengenrieden (Gem. Boxberg, Main-Tauber-Kreis)
Steinbach, Emil * 9/483

Lengerich (Kr. Steinfurt)
siehe auch *Wechte*
Finke, Leonhard Ludwig ~ 3/304; Hoff, Ernst ~ 5/110; Schaefer, Friedrich * 8/547; Smend, Julius * 9/352; Smend, Rudolf * 9/352; Vorster, Albert ~/† 10/255

Lenggries
siehe auch *Hohenburg*
Brill, Rudolf † 11/32; Drexel, Anton * 2/617; Grünwedel, Albert * 4/219; Jaenicke, Wolfgang † 5/287; Seibold, Kaspar */~/† 11/174; Vordermayer, Hans ~ 10/254

Lenglern (seit 1973 zu Bovenden)
Hartmann, Fritz † 4/408

Lengnau (Kt. Aargau)
Kayserling, Meyer ~ 5/481

Lengnau (Kt. Bern)
Bratschi, Robert * 2/75; Marschall, Franz † 6/630; Schibli, Emil ~/† 8/621; Zurlinden, Hans ~ 10/702

Lengsfeld
Adler, Dankmar * 1/38; Heß, Mendel * 4/672

Lenhausen (seit 1969 zu Finnentrop)
Bartling, Eduard * 1/309; Haindorf, Alexander * 4/338

Leningrad → Sankt Petersburg

Lenk (Kt. Bern)
Buss, Ernst ~ 2/254

Lenne
Rauschenbusch, August Christian Ernst ~ 8/164

Lennep (seit 1929 zu Remscheid)
Ball, Ernst Friedrich ~ 1/277; Bercken, Erich von der * 1/435; Calm, Marie ~ 2/267; Clarenbach, Adolf ~ 2/330; Eulenberg, Hermann ~ 3/190; Fabricius, Johann Jacob * 3/214; Girardet, Wilhelm */~ 4/14; Hentzen, Alfred * 4/600; Hölterhof, Franz Daniel * 5/96; Lüdemann, Karl-Friedrich * 6/515; Reche, Johann Wilhelm * 8/172; Röntgen, Wilhelm Conrad ~ 8/355; Scheibler, Johann Heinrich ~ 8/586; Schlitter, Oskar * 8/680; Tigges, Hubert ~ 10/41; Windgassen, Fritz * 10/523

Lennestadt → Elspe, Förde, Grevenbrück, Meggen

Lenningen → Diepoldsburg

Lenora → Eleonorenhain

Lensahn
Binge, Nikolaus Adolf * 1/533; Bock, Fedor von † 1/594

Lenthe (seit 1971 zu Gehrden, Kr. Hannover, Land)
Siemens, (Ernst) Werner von * 9/317; Siemens, (Carl) Wilhelm * 9/318

Lentzke
Hülsen, August Ludwig ~/† 5/209

Lenz → Lantsch/Lenz

Lenzburg (Kt. Aargau)
Bubenberg, Adrian von ~ 2/177; Büchli, Werner */~/† 2/195; Dössekel, Eduard ~ 2/581; Elmiger, Robert ~ 3/94; Elster, Daniel ~ 3/98; Ensinger, Moritz † 3/129; Henckell, Gustav ~/† 4/581; Hesse, (Johann Heinrich Karl) Hermann ~/† 4/675; Hünerwadel, Arnold * 5/211; Hünerwadel, Theodor * 5/212; Knöbel, Friedrich Wilhelm ~ 5/625; Mieg, Peter * 7/130; Oschwald-Ringier, Fanny */~ 7/511; Pfeiffer, Michael Traugott ~ 7/641; Plepp, Joseph ~ 7/693; Rauchenecker, Georg (Wilhelm) ~ 8/160; Rüdisühli, (Traugott) Hermann * 8/448; Rüdisühli, Jakob Lorenz ~ 8/448; Sinner, Carl Ahasver von ~ 9/340; Trüssel, Bertha ~ 10/101; Villiger-Keller, Gertrud */~ 10/210; Weber, Johann */~ 10/356; Wedekind, Frank ~ 10/368; Wirz-Wyss, Clara */~ 10/540

Lenzen (poln. Łęczno)
Müller, Clara ~ 7/250

Lenzen (Elbe)
Gottschalk, Fürst der slawischen Abodriten † 4/110; Harlem, Simon Leonhard von ~ 4/389

Lenzerheide/Lai (Gem. Vaz/Obervaz, Kt. Graubünden)
Kühne, Alfred † 6/145; Mann, Thomas ~ 6/592; Meili, Carl ~ 7/32; Moellendorff, Wilhelm von † 7/167; Schroeder, Ernst † 9/145

Lenzfried (seit 1972 zu Kempten, Allgäu)
Haneberg, Daniel Bonifatius von * 4/368

Lenzing (Oberösterreich)
Reimesch, Ragimund ~ 8/213

Lenzkirch
Dieckhoff, Hans-Heinrich † 11/46; Everth, Franz † 3/197; Faller, Franz Josef */~ 3/229; Gießler, Franz Josef † 4/5; Raufer, Alois * 8/161; Schnarrenberger, Wilhelm ~ 9/45

Leoben (Steiermark)
siehe auch *Göß*
Apfelbeck, Hugo ~ 1/156; Apold, Anton ~ 1/157; Attems, Ottocar Maria Graf von ~ 1/210; Beck, Ludwig ~ 1/372; Bischoff, Richard ~ 1/544; Bliemetzrieder, Placidus Franz * 1/572; Böcking, Rudolf ~ 1/610; Brantner, Ignaz ~ 2/73; Brell, Heinrich ~ 2/108; Bulhart, Vinzenz ~ 11/35; Calles, Sigismund ~ 2/267; Dexler, Hermann ~ 2/510; Dolezal, Eduard ~ 2/586; Donath, Eduard ~ 2/593; Donath, Gustav * 2/593; Drolz, Hugo ~ 2/623; Eckhel, Joseph Hilarius von ~ 3/15; Egger, Max Thaddäus Frh. von ~ 3/29; Federhofer, Karl ~ 3/242; Fischer, Christian ~ 3/312; Fleißner, Hans ~ 3/345; Foest-Monshoff, Rudolf ~ 3/366; Fröhlich, Erasmus ~ 3/502; Gängl von Ehrenwerth, Josef ~ 3/553; Geyer, Georg ~ 3/672; Glaser, Friedrich (Carl) ~ 4/23; Gösser, (Johann) Wilhelm * 4/63; Granigg, Bartholomäus ~ 4/135; Grueber, Johann ~ 4/209; Günther, Georg ~ 4/239; Gutmann, Max Ritter von ~ 4/271; Hauttmann, Richard ~ 4/456; Hingenau, Otto Bernhard Gottlieb Frh. von ~ 5/53; Höfer von Heimhalt, Hans ~ 5/89; Höfer von Heimhalt,

Hugo ~ 5/89; Hofmann, Adolf ~ 5/126; Hohenlohe-Schillingsfürst, Konrad Prinz zu † 5/140; Holz, Emil ~ 5/158; Homann von Herimsberg, Emil Frh. ~/† 5/163; Isser von Gaudententhurn, Max ~ 5/265; Janauschek, Wilhelm Raphael ~ 5/298; Jüptner von Jonstorff, Hans Frh. von ~ 5/373; Kandutsch, Wolfgang * 5/423; Karl, Erzherzog von Österreich ~ 5/445; Katzer, Friedrich ~ 5/466; Keil, Othmar Edler von Eichenthurn ~ 5/486; Klingatsch, Adolf ~ 5/595; Kneidinger, Marie ~ 5/618; Kobald, Engelbert ~/† 5/634; Kosch, Wilhelm (Franz Josef) ~ 6/50; Krebs, Norbert * 6/89; Kupelwieser, Franz ~ 6/174; Kupelwieser, Paul ~ 6/174; Lebaldt von Lebenwaldt, Adam ~/† 6/278; Leder, Hans ~ 6/284; Leon, Alfons ~ 6/327; Löcker, Hermann ~ 6/439; Löw-Beer, Rudolf ~ 6/449; Lotz, Franz ~ 6/484; Malzacher, Hans ~ 11/126; Martinak, Eduard ~ 6/638; Massenez, Josef ~ 6/651; Matzak, Franz ~ 6/665; Mayr von Melnhof, Franz Frh. */† 7/16; Meier, Eduard ~ 7/30; Meier, Max ~ 7/31; Merveldt, Maximilian Graf ~ 7/79; Metz, Karl ~ 11/129; Miller von Hauenfels, Albert ~ 7/144; Miller von Hauenfels, Erich ~ 7/144; Mitsche, Roland ~ 7/154; Mödlinger, Josef * 7/163; Mohr, Hannes ~ 7/183; Müller, Robert ~ 7/280; Neuner, Jakob Anton ~/† 7/391; Nowack, Ernst ~ 7/445; Oberegger, Josef */~ 7/452; Oesterlein, Nikolaus Johannes ~ 7/471; Orel, Walther von ~/† 7/504; Ottawa, Theodor (Hugo Georg) * 7/525; Pachernegg, Alois ~ 7/546; Paintner, Michael Anton ~ 7/549; Paweck, Heinrich ~ 7/583; Peithner von Lichtenfels, Rudolf ~ 7/590; Pengg von Auheim, Johann d. Ä. ~ 7/595; Pengg von Auheim, Johann d. J. ~ 7/595; Petraschek, Walther Emil ~ 11/157; Petraschek, Wilhelm ~/† 7/621; Plöckinger, Erwin ~ 8/4; Pöschl, Theodor (Michael Friedrich) ~ 8/14; Pokorny, Alois † 8/22; Pošepný, Franz ~ 8/42; Rauscher von Stainberg, Ernst ~ 8/165; Redlich, Karl August ~ 8/179; Reimesch, Ragimund ~ 8/213; Reiser, Fridolin ~/† 8/230; Rezzori, Gregor ~ 11/163; Riedl, Johann ~ 8/295; Rosegger, Sepp ~ 8/388; Schauenstein, Anton von ~ 8/575; Scheuchenstuel, Karl Frh. von ~ 8/617; Schider, Fritz ~ 8/623; Schmidt, Gustav Johann Leopold ~ 9/9; Schmidt, Rudolf * 9/19; Schmidt, Rudolf ~ 9/19; Schmidt, Walter ~ 9/20; Schöffel, Rudolf (Friedrich Klephas) ~ 9/76; Schoy, Johann Jakob ~ 9/124; Schraml, Franz ~ 9/127; Schuster, Fritz (Ferdinand) ~ 9/215; Seidler, Alma * 9/268; Siegl, Otto ~ 9/313; Skumanz, (Franz) Axel ~ 9/384; Storchenau, Sig(is)mund Maria Laurentius von ~ 9/559; Töpper, Andreas ~ 10/58; Trenkler, Herbert ~/† 10/81; Tunner, Peter von ~/† 10/117; Vetters, Hermann ~ 10/202; Voisard, Otto ~ 10/240; Wagner, Ernst ~ 10/279; Wallisch, Koloman † 10/313; Wallner, Joseph † 10/314; Weisweiler, Franz Josef ~ 10/416; Wieseneder, Hans ~ 10/489; Zängerle, Roman Sebastian ~ 10/612

Leobersdorf (Niederösterreich)
Baudisch, Hans ~ 1/321; Kaplan, Viktor ~ 5/429; Mechtwart von Belecska, Andreas ~ 7/19; Schilcher, Friedrich ~ 8/633

Leobschütz (poln. Głubczyce)
Fränkel, Ludwig * 3/384; Frantzke, Georg * 3/409; Hollaender, Felix * 5/149; Hollaender, Gustav * 5/150; Hollaender, Victor ~ 5/150; Liebisch, Rudolf ~ 6/385; Löwenstern, Matthäus Apelles von ~ 6/457; Meyer, Ernst Wilhelm ~ 7/101; Potthast, (Franz) August † 8/46; Praschma, Hans Graf ~ 8/54; Scherffer von Scherffenstein, Wenzel * 8/611; Stoscheck, Walter * 9/561; Veit, (Aloys Constantin Conrad) Gustav von * 10/188; Vosberg-Rekow, Max * 10/257; Wanke, Robert * 10/330

Leombach (Gem. Sipbachzell, Oberösterreich)
Cordatus, Konrad * 2/371

Leonberg (Kr. Böblingen)
siehe auch *Eltingen, Seehaus, Warmbronn*
Berwart, Blasius d. Ä. */~ 1/489; Giesen, Hubert † 4/4; Gmelin, Hermann * 4/40; Graevenitz, Fritz von ~ 4/125; Hoffmann, Christoph * 5/114; Hoffmann, Gottlieb Wilhelm ~ 5/118; Hoffmann, (Ludwig Friedrich) Wilhelm * 5/123; Huppenbauer, Carl † 5/230; Kepler, Johannes ~ 5/506; Lämmle, August (Julius) ~ 6/196; Längerer, Heinrich *

6/196; Oehler, Anna (Alexandra) * 7/464; Oehler, Theodor (Friedrich) ~ 7/464; Osiander, Lukas d. J. ~ 7/512; Paulus, Heinrich Eberhard Gottlob * 7/581; Röckle, Christian † 8/348; Schelling, Friedrich Wilhelm Joseph von * 8/596; Schöttle, Erwin * 9/103; Schweikher, Samuel Paul * 9/236; Seehofer, Arsacius ~ 9/258; Sporer, Bernhard */~ 9/416; Storz, Gerhard † 9/560; Ulrich V. der Vielgeliebte, Graf von Württemberg † 10/143; Varnbüler, Johann Konrad von ~ 10/182; Vigilis von Weißenburg, Heinrich ~ 10/209; Volz, Paul ~ 10/251; Wacker, Friedrich * 10/268; Wacker, Johann ~ 10/269; Wiedenmann, Wilhelm von ~ 10/480

Leonding (Oberösterreich)
Gitlbauer, Michael * 4/17

Leoni (Gem. Berg, Kr. Starnberg)
Hackländer, Friedrich Wilhelm Ritter von † 4/298; Sündermann, Helmut † 9/625

Leonstein (Oberösterreich)
Hölzlhuber, Franz ~ 5/97; Salburg, Edith Gräfin * 8/497; Vischer, Georg Matthaeus ~ 10/216

Leopoldka → Leopoldsruh

Leopoldschlag (Oberösterreich)
Arneth, Joseph Calasanza Ritter von ~ 1/177; Arneth, Michael * 1/177; Gerstner, Franz Anton Ritter von ~ 3/660

Leopoldshafen (seit 1974 zu Eggenstein-Leopoldshafen)
Ehrenfeuchter, Friedrich (August Eduard) * 3/39

Leopoldshagen
Gaß, Joachim Christian * 3/577

Leopoldshall (Staßfurt)
Block, Martin (Friedrich) ~ 1/576; Borsche, Walther Georg Rudolf * 2/38; Ebeling, Georg ~ 2/665; Feit, Wilhelm Friedrich August ~ 3/253; Frank, Adolf ~ 3/397

Leopoldshöhe → Greste

Leopoldskron (seit 1935/39 zu Salzburg)
Firmian, Franz Lactanz Graf und Herr zu ~ 3/307; Firmian, Leopold Anton (Eleutherius) Graf von ~ 3/307; Reinhardt, Max ~ 8/220; Traun, Julius von der ~ 10/71

Leopoldsruh (tschech. Leopoldka)
Jäger, Gustav * 5/283

Leopoldstadt (seit 1850 zu Wien)
Boor, Peter † 2/23; Carl, Karl ~ 2/280; Deodat, Johannes † 2/490; Drechsler, Joseph ~ 2/611; Ennöckl, Katharina ~ 3/128; Gleich, Joseph Alois ~ 4/27; Gruber, Johann Josef Augustin ~ 4/207; Hasenhut, Anton ~ 4/423; Hasenhut, Philipp (Karl) ~ 4/423; Hensler, (Albrecht) Karl Friedrich ~ 4/599; Hild, Joseph ~ 5/34; Kolletschka, Jakob ~ 6/17; Krones, Therese ~ 6/118; Lickl, Johann Georg ~ 6/377; Meisl, Karl ~ 7/40; Mildorfer, Josef Ignaz † 7/140; Müller, Adolf ~ 7/247; Müller, Wenzel ~ 7/282; Nestroy, Johann (Nepomuk Eduard Ambrosius) ~ 7/368; Pennauer, Anton ~ 7/596; Perinet, Joachim ~ 7/600; Raimund, Ferdinand (Jakob) ~ 8/127; Rauscher, Jakob (Wilhelm) ~ 8/164; Rosner, Franz ~ 8/404; Sartory, Anton ~ 8/521; Sartory, Johann ~ 8/521; Schickh, Antonie ~ 8/623; Schikaneder, (Josef) Karl ~ 8/632; Schuselka-Brüning, Ida ~ 9/214; Steinhausen, Werner Arnold ~ 9/493; Tomaselli, Franz ~ 10/62; Wertheimer, Joseph Ritter von ~ 10/453; Wild, Franz ~ 10/497; Zsigmondy, Adolf ~ 10/692

Leopoldsthal (Kr. Lippe)
Huesmann, Fritz * 5/213; Husemann, (Friedrich Ernst) Fritz * 5/232

Leoprechting (Oberösterreich)
Bilger, Margret ~ 1/526

Lerbach (seit 1972 zu Osterode am Harz)
Kolle, Wilhelm * 6/16

Lerbeck (seit 1973 zu Porta Westfalica)
Hermann von Lerbeck ~ 4/624; Schwier, Hans * 9/246

Lerchenborn (Schlesien)
Gerhard, Carl Abraham * 3/641

Lerchenhausen (Hattingen)
Anneke, Mathilde Franziska * 1/144

Lermoos (Tirol)
Petz, Johann * 7/626

Les Brenets (Kt. Neuenburg)
Gauchat, Louis * 3/583

Les Salles

Les Salles (Dép. Haute-Marne, Frankreich)
Denis, Paul (Camille) von * 2/487
Leschkirch (rumän. Nocrich, ungar. Ujegyház)
Baumgarten, Johann Christian Gottlob ~ 1/344; Brukenthal, Samuel Frh. von * 2/164; Müller, Friedrich (d. Ä.) ~ 7/257
Leschnitz (poln. Leśnica)
Aufrecht, (Simon) Theodor * 1/219; Schaffran, Gerhard * 8/557
Leschwitz (Kr. Görlitz)
Körner, Edmund (Hermann Georg) * 5/671
Leskovec nad Moravici → Spachendorf
Leskowitz (tschech. Lískovec)
Eisenkolb, Friedrich ~ 3/71
Leslau → Włocławek
Lesná → Liliendorf
Leśna → Marklissa
Lesná → Neu-Losimthal
Lesna (poln. Leśna)
Arnoldi, Nikolaus * 1/191
Lesneven (Frankreich)
Haenzel, Gerhard (Karl Theodor) † 4/311
Leśnica → Deutsch-Lissa
Leśnica → Leschnitz
Lesnoje → Warnicken
Lesse (seit 1942 zu Watenstedt-Salzgitter, seit 1951 Salzgitter)
Baumgarten, Hermann * 1/344; Cramm, (Christian Friedrich Adolf) Burghard Frh. von * 2/391
Lessen (Westpr.) (poln. Łasin)
Lessen, Ludwig Salomon * 6/343
Lessenich (seit 1935 zu Duisdorf, seit 1969 zu Bonn)
Wiltberger, August † 10/516
Lesses → Schönberg
Lestelle-Bétharram (Frankreich)
Einstein, Carl † 3/67
Lesten (lett. Lestene)
Kupffer, Karl Wilhelm * 6/175
Lestene → Lesten
Lesum (seit 1939 zu Bremen)
Adickes, Erich * 1/37; Pape, Samuel Christian * 7/559
Leszno → Lissa (Bez. Posen)
Letmathe (seit 1975 zu Iserlohn)
Bewerunge, Heinrich * 1/505; Overweg, August ~/† 7/540; Overweg, Karl † 7/540; Pomp, Anton ~ 8/31; Thies, (Johann) Heinrich (Wilhelm) * 10/9
Letovice → Lettowitz
Letschin
Fontane, Theodor ~ 3/369
Lette (seit 1970 zu Oelde)
Bodde, Johann Bernhard * 1/598; Temme, Jodocus Donatus Hubertus * 9/673
Lettin (lett. Litene)
Wolff, Karl (Otto Adam) Frh. von */~ 10/575
Lettowitz (tschech. Letovice)
Kálnoky von Köröspatak, Gustav (Sigmund) Graf * 5/416
Leubas (seit 1972 zu Kempten, Allgäu)
Schmid von Leubas, Jörg * 8/707
Leuben (seit 1993 zu Leuben-Schleinitz)
Heydrich, (Richard) Bruno * 5/19; Heyne, Christian Leberecht * 5/26
Leuben-Schleinitz → Leuben
Leuber (poln. Lubrza)
Otte, Waldemar * 7/525
Leubnitz (Kr. Zwickauer Land)
Hugershoff, Reinhard * 5/216
Leubnitz (seit 1921 zu Dresden)
Palitzsch, Johann Georg † 7/550; Ziegler, Johann Gotthilf * 10/654
Leubringen → Evilard
Leubus (poln. Lubiąż)
Alter, Wilhelm ~ 1/99; Bolesław I. der Lange, Herzog von Schlesien ~ 2/7; Damerow, Heinrich Philipp (August) ~ 2/436; Giseke, (Heinrich Ludwig) Robert ~/† 4/16; Heinrich I. (III.), Herzog von Schlesien, Herr von Glogau,

zuletzt auch von Posen und Großpolen ~ 4/535; Kraepelin, Emil ~ 6/62; Leppmann, Arthur ~ 6/336; Liška Ritter von Rottenwald, Johann Christoph † 6/423; Martini, Moritz Gustav ~ 6/640; Neumann, Heinrich ~ 7/383; Peiper, Erich * 7/589; Simon, Franz ~ 9/331; Sioli, Emil Franz ~ 9/342; Sioli, Franz * 9/342; Willich, Jodokus ~ 10/512; Willmann, Michael (Lukas Leopold) ~/† 10/513; Zenker, Wilhelm ~ 10/643
Leudersdorf
Grysar, Karl Josef * 4/230
Leuk (Kt. Wallis)
Werra, Ernst von * 10/451; Zen-Ruffinen, Franz Melchior Joseph * 10/641
Leulitz (seit 1994 zu Bennewitz, Muldentalkreis)
Hasse, (Traugott) Ernst (Friedrich) * 4/426
Leun
Mohr von Leun, Johann * 7/184
Leuna
Crusius, Christian August * 2/406; Gaus, Wilhelm (Karl Friedrich) ~ 3/586; Pier, Matthias ~ 7/666; Roessert, Hanns ~ 8/362; Tannhäuser, Siegfried ~ 9/657
Leutenbach (Rems-Murr-Kreis)
Schäfer, Marie * 8/548
Leutenberg
Mansfeld, Albrecht III. Graf von † 6/598
Leutershausen (Gem. Hohenroth)
Klör, Johann * 5/603
Leutershausen (Kr. Ansbach, Land)
siehe auch *Brunst*
Eberlin von Günzburg, Johann ~/† 2/675; Weißkopf, Gustav Albin * 10/415
Leutesdorf
Breysig, Johann Adam * 2/129; Bungert, (Friedrich) August † 2/224
Leutesheim (seit 1975 zu Kehl, Ortenaukreis)
Jolberg, Regine ~ 5/358
Leutewitz
Steiger, Otto ~/† 9/473
Leuthen
Friedrich II. der Große, König in, seit 1772 von Preußen ~ 3/468
Leutherheide
Meyer-Eckhard, Viktor ~ 7/112
Leutkirch im Allgäu
siehe auch *Gebrazhofen, Reichenhofen, Winterstetten* siehe auch *Schloß Zeil, Zeil*
Aicher, Otl ~ 1/61; Aicher-Scholl, Inge † 11/2; Baumann, Franz Ludwig von * 1/334; Blaich, Hans Erich ~ 1/554; Buder, Paul von * 2/193; Fabri, Johannes ~ 3/211; Furttenbach, Joseph von ~ 3/544; Gangloff, Karl Wilhelm * 3/569; Haider, Ursula ~ 4/336; Held, Willibald ~ 4/558; Künkelin, Anna Barbara * 6/150; Liebendörfer, Georg (Eugen) ~ 6/379; Losch, Hermann ~ 6/477; Moser, Georg * 7/224; Müller-Gögler, Maria ~ 7/286; Waldburg zu Zeil und Trauchburg, Erich Fürst von † 10/300; Weber, Heinrich † 10/355
Leutschau (slowak. Levoča, ungar. Löcse, seit 1953 zu Javorina)
Engel, Johann Christian von * 3/114; Fuchs, Wilhelm * 3/522; Hann, Sebastian * 4/371; Henckel von Donnersmarck, Lazarus * 4/581; Marko, Karl (Andreas Gabriel) * 6/625; Ratzenberger, Franz ~ 8/154; Rumy, Karl Georg ~ 8/466; Thellmann, Erika von ~ 9/693
Leutstetten (seit 1978 zu Starnberg)
Rupprecht Maria Luitpold Ferdinand, Kronprinz von Bayern † 8/472
Leutwil (Kt. Aargau)
Fröhlich, Samuel Heinrich ~ 3/503
Leutzsch (seit 1922 zu Leipzig)
Nitzschke, Emil (Robert Otto) † 7/427
Leuven → Löwen
Leuzigen (Kt. Bern)
Baumberger, Ernst * 1/339
Léva → Lewentz

Lichtenegg (Bayerischer Wald)
Linke, Johannes ~ 6/412
Lichtenegg (Wels, Oberösterreich)
Hinterschweiger, Ludwig ~/† 5/55
Lichtenfels (Grönland)
Beck, Johann † 1/370
Lichtenfels (Kr. Lichtenfels)
siehe auch *Buch a. Forst, Langheim (Kloster)*
Cantor, Johann Chrysostomus * 2/276; Dehler, Thomas
* 2/467; Faber, Heinrich * 3/208; Hiltner, Johannes *
5/48; Jacobi, Franz * 5/273; Kapfinger, Johannes ~ 5/429;
Landgraf, Gustav * 6/217; Mykonius, Friedrich * 7/322;
Nüsslein, Georg ~ 7/448; Röschlaub, Andreas * 8/358;
Zorn, Rudolf ~ 10/689
Lichtenfels (Kr. Waldeck-Frankenberg) → Schaaken
Lichtenheim (Gem. Weichering)
Pettenkofer, Max von * 7/624
Lichtenstadt (tschech. Hroznětín)
Broda, Abraham ben Saul ~ 2/141; Fassmann, David †
3/234; Glaser, Erhard * 4/23; Tretzscher, Matthias * 10/83
Lichtensteig (Kt. Sankt Gallen)
Bolt, Niklaus * 2/11; Bräker, Ulrich ~ 2/55; Bürgi, Jost
* 2/210; Bürkler, Robert ~ 2/211; Reding, Augustin *
8/177; Rychner, Max * 8/480; Stauss, Traugott ~/† 9/460;
Tschudi, Friedrich von ~ 10/109
Lichtenstein (tschech. Líšťany)
Turnwald, Wilhelm * 10/119
Lichtenstein (Sa.)
siehe auch *Rödlitz*
Avenarius, Philipp * 1/227
Lichtenstern (Gem. Löwenstein)
Simpfendörfer, Wilhelm ~ 9/336; Volz, Paul * 10/251
Lichtental (seit 1850 zu Wien)
Mederer Edler von Wuthwehr, Matthäus * 7/22; Schubert,
Franz (Peter) */~ 9/160; Tepser, Johann Joseph Edler von
Tepsern ~ 9/677
Lichtental (seit 1909 zu Baden-Baden)
Bauer, Benedikt ~ 1/323; Böhmer, Eduard † 1/621;
Brahms, Johannes ~ 2/57; Herwegh, Georg (Friedrich
Rudolf Theodor Andreas) † 4/656; Nörber, Thomas ~
7/431; Pixis, Francilla * 7/682
Lichtenwald → Thomashardt
Lichtenwald (Slowenien)
Ausserer, Karl * 1/225; Mareck, Alois Titus ~ 6/611
Lichtenwalde (auch Przyschetz, poln. Przysiecz)
Rücker, Adolf * 8/444; Vitzthum von Eckstädt, Friedrich
Graf ~ 10/219
Lichterfelde (seit 1920 zu Berlin)
Arnauld de la Perière, Lothar Eugen von ~ 1/172;
Bernstein, Aaron David † 1/475; Booth, John Cornelius
~ 2/24; Breuer, Peter ~ 2/126; Butze-Beermann, Nuscha
† 2/260; Falkenhorst, Nikolaus von ~ 11/58; Fischer,
Max † 3/324; Gary, Max (Louis Wilhelm Richard) ~
3/576; Hardt, (Friedrich Wilhelm) Ernst ~ 4/384; Heym,
Georg ~ 5/23; Hobrecht, Artur (Heinrich Ludolf Johnson)
† 5/78; Hohenau, Willi Graf von ~ 5/137; Ilgner, Max
~ 11/93; Lilienthal, Gustav ~ 6/396; Lissner, Anton ~
6/423; Lommer, Horst * 6/465; Müller, Karl von ~ 7/273;
Neuhauss, Richard (Gustav) ~ 11/139; Ostau, Joachim von
~ 7/514; Richter, Eugen † 8/277; Richthofen, Wolfram Frh.
von ~ 8/286; Riese, Heinrich ~ 8/305; Rümelin, Theodor
~ 8/453; Salomon, Ernst (Friedrich Karl) von ~ 8/503;
Soden, Hans Frh. von ~ 9/356; Stülpnagel, Joachim (Fritz
Constantin) von ~ 9/609; Witzleben, Erwin von ~ 10/553
Lido di Jesolo (Italien)
Sauerbaum, Heinz † 8/528
Liebau (tschech. Libava)
Czapka, Ignaz Frh. von ~ 2/416
Liebau i. Schlesien (poln. Lubawka)
Faltis, Johann ~ 3/230; Gottstein, Hans * 4/112; Jentsch,
Joseph Anton ~/† 5/322; Klippel, Ernst (August Josef)
* 5/600; Liebeneiner, Wolfgang * 6/379; Müller, Otto *
7/279

Liebefeld (Gem. Köniz, Kt. Bern)
Morgenthaler, Max ~ 7/212; Morgenthaler, Otto ~ 7/212
Liebemühl
Venediger, Georg von † 10/194; Wigand, Johannes †
10/492
Lieben (tschech. Libeň, heute zu Prag)
Herrnheiser, Isidor * 4/645; Homberg, Herz * 5/163;
Schumann-Heink, Ernestine * 9/208
Liebenau (Bayern)
Schenk von Castell, Marquard * 8/604
Liebenau (Kr. Kassel) → Niedermeiser
Liebenau (Kr. Nienburg/Weser)
Wagner, Paul * 10/286
Liebenau (Worms)
Meyer, Johannes ~ 7/106
Liebenberg (Harz)
Rimpau, Wilhelm ~ 8/313
Liebenberg (Templin)
Eulenburg und Hertefeld, Philipp (Friedrich Karl Alexander
Botho) Fürst zu † 3/191
Liebenburg
siehe auch *Dörnten*
Meyer, Heinrich * 7/104; Wink, Joseph Gregor ~ 10/526
Liebenstein (Kötzting)
Brandt, (Christoph) Jobst vom ~ 2/69
Liebenstein (Schwaben)
Jakob von Liebenstein, Erzbischof und Kurfürst von Mainz
* 5/294
Liebenstein (tschech. Libá)
Zedtwitz-Liebenstein, Klemens Graf von */† 10/628
Liebenthal (poln. Lubomierz)
Contessa, Christian Jakob † 2/367; Goetze, Heinrich
~ 4/72; Musiol, Robert Paul Johann ~ 7/317; Vietor,
Hieronymus * 10/207
Liebenwalde
Jaffé, Franz ~ 5/288; Krause, Wilhelm von * 6/82;
Neddermeyer, Robert ~ 7/355
Liebenwerda → Bad Liebenwerda
Lieberose
Bernhard, Robert ~ 1/468
Liebertwolkwitz
Ziegler und Kliphausen, Heinrich Anshelm von † 10/656
Liebfrauenberg (Gem. Bad Bergzabern)
Bussereau, Jakob Friedrich † 2/256
Liebotitz (auch Libotitz, tschech. Libědice)
Ander, Alois * 1/122; Schmalfuß, Anton * 8/691
Liebsee (poln. Liwiec)
Strempel, Ernst * 9/583
Liebshausen (tschech. Libčeves)
Cartellieri, Casimir Antonio † 2/289; Peters, Karl Ferdi-
nand * 7/616
Liebstadt (Kr. Sächsische Schweiz)
Marggraf, Georg * 6/615
Liebstadt (poln. Miłakowo)
Decius, Nikolaus ~ 2/457
Liechental (heute zu Wien)
Moser, Joseph * 7/226
Liedertswil (Kt. Basel-Landschaft)
Degen, Jakob * 2/464
Liedolsheim (seit 1975 zu Liedolsheim-Rußheim, seit 1978
Dettenheim)
Zimmermann, Gustav * 10/667
Liegau
Freye, Hermann (Georg) † 3/438
Liegnitz (poln. Legnica)
siehe auch *Groß Beckern*
Abschatz, Hans Aßmann Frh. von † 1/14; Adolph, Johann
Traugott ~ 1/46; Albrecht, Max * 1/83; Anhalt, Leopold
Ludwig Reichsgraf von ~/† 1/139; Arnauld de la Perière,
Raoul von ~ 1/172; Arnold, Franz ~ 1/186; Baensch,
Otto (Friedrich Bernhard) Paul ~ 1/258; Barth, (Ernst Emil)
Paul ~ 1/305; Barthel, Johann Karl Rudolph ~ 1/306;
Baudis, Gottfried Leonhard * 1/320; Baumann, Georg
~ 1/335; Bequignolles, Hermann d'Artis von */~ 1/433;

Besler, Simon ~ 1/492; Bibliander, Theodor ~ 1/512; Bilse, Benjamin */~/† 1/529; Blätterbauer, Theodor ~/† 1/553; Blos, Anna * 1/579; Bock, Eduard ~/† 1/594; Böhmer, Georg Rudolph * 1/622; Böhmer, Johann Benjamin */~ 1/622; Böse, Johannes ~ 1/635; Bogentan(t)z, Bernhard(in) */~/† 1/640; Bohse, August ~/† 2/4; Boleslaw II. der Kahle, Herzog von Liegnitz-Brieg ~ 2/7; Bonnell, (Charles Guillaume) Ed(o)uard ~ 2/21; Both, Julius Gustav Friedrich von † 2/46; Boyen, Gustav Ferdinand von ~ 2/51; Bülow, Johann Albrecht von ~ 2/203; Clemenz, Bruno */~ 2/340; Cordatus, Konrad ~ 2/371; Cunrad, Johann Heinrich † 2/411; Dallwitz, Hans von ~ 2/434; Deutschmann, Richard (Heinrich) * 2/507; Dewerdeck, Gottfried */~/† 2/509; Domagk, Gerhard (Johannes Paul) ~ 2/588; Dornseiff, Richard ~ 2/600; Dove, Heinrich Wilhelm * 2/604; Driesen, Georg Wilhelm von ~ 2/621; Eilhardt, (Friedrich Christian) Carl ~ 3/62; Elsbeth, Thomas ~ 3/94; Elschner, Walter ~ 3/95; Faber, Ägidius * 3/207; Falkenberg, Johannes † 3/226; Falkenhorst, Nikolaus von ~ 11/58; Fechner, Eberhard * 3/238; Förster, Heinrich ~ 3/363; Fränkel, Hans-Joachim * 11/62; Frantz, Erich * 3/409; Frantzen, Martin ~/† 3/409; Friedensburg, Ferdinand * 3/448; Friedrich II., Herzog von Liegnitz */~/† 3/464; Fritze, Wilhelm ~ 3/497; Frommel, Max ~ 3/511; Gebauer, Christian Samuel ~ 3/590; Georg Rudolf, Herzog von Liegnitz ~ 3/628; Gerhardt, Dagobert von ~ 3/643; Gneisenau, Bruno Friedrich Alexander Graf Neidhardt von ~ 4/43; Goetze, Heinrich ~ 4/72; Goldmann, Karlheinz * 4/80; Granow, Hans-Ulrich * 4/135; Groll, Gunter * 4/183; Haberling, Wilhelm Gustav Moritz * 4/294; Hahn, (Friedrich Wilhelm) Oskar ~ 4/332; Heidingsfeld, Ludwig ~ 4/492; Hein, Udo ~ 4/507; Heinrich II. der Fromme, Herzog von Schlesien † 4/534; Heinrich III., Herzog von Schlesien ~ 4/534; Heinrich IV., Herzog von Schlesien-Breslau ~ 4/534; Heinrich V. der Dicke, Herzog von Schlesien, Herr von Breslau und Liegnitz ~ 4/534; Hergt, Oskar (Gustav Rudolf) ~ 4/615; Hetzelt, Friedrich * 11/86; Heubner, Konrad ~ 5/7; Heynicke, Kurt * 5/27; Hinckeldey, Carl (Ludwig) von ~ 5/50; Hoch, Fritz ~ 11/88; Hohenlohe-Oehringen, Christian Kraft Fürst zu, Herzog von Ujest ~ 5/139; Hoßfeld, Oskar ~ 5/186; Hüsing, Georg * 5/213; Jacobi, Eduard * 5/272; Jadassohn, Josef * 5/281; Jochmann, Georg * 5/332; Klein, Fritz † 5/575; Klose, Franz * 5/605; Körner, Edmund (Hermann Georg) ~ 5/671; Koschmieder, Erwin * 6/50; Koschmieder, Harald * 6/50; Koschmieder, Lothar * 6/50; Kospoth, Otto Carl Erdmann Frh. von ~ 6/52; Krause, Friedrich Conrad Theodor † 6/80; Krautwald, Valentin ~/† 6/87; Kronecker, Hugo * 6/117; Kronecker, Leopold * 6/117; Krukenberg, Hermann ~ 6/127; Krumbhaar, Heinrich (Hermann Adolf) */† 6/128; Kruse, Georg ~ 6/133; Kügler, Max Albert * 6/142; Kulmiz, Carl Friedrich von ~ 6/164; Kummer, Ernst Eduard ~ 6/165; Lange, Horst (Wilhelm Ernst Max) * 6/233; Langhans, Carl Ferdinand ~ 6/245; Laudon, Ernst Gideon Frh. von ~ 6/266; Lehms, Georg Christian * 6/298; Lindner, Caspar Gottlieb * 6/407; Lindner, Friedrich * 6/407; Löbe, Paul (Gustav Emil) * 6/437; Logau, Friedrich Frh. von ~/† 6/460; Magiera, Kurtmartin * 6/561; Marbach, (Gotthard[t]) Oswald ~ 6/604; Marschler, Willy * 6/631; Mauthner, Eugen Moritz ~ 6/672; Michel von Derenburg ~ 7/124; Müller-Sagan, Hermann ~ 7/290; Neisser, Max * 7/361; Neubeck, Valerius Wilhelm ~ 7/371; Opitz, Christian (Gottfried) ~/† 7/495; Osterna, Poppo von ~ 7/517; Otte, Waldemar * 7/525; Otto, Erich ~ 7/534; Peterson, Luise ~/† 7/620; Poeschel, Hans ~ 8/14; Pourtalès, Friedrich Graf von ~ 8/47; Prager, Stephan (Friedrich) * 8/51; Quedenfeldt, Max ~ 8/100; Queiß, Erhard von ~ 8/101; Rahlwes, Alfred ~ 8/124; Rauchmiller, Matthias ~ 8/160; Reymann, Daniel Gottlob ~ 8/265; Richter-Ender, Elise ~ 8/285; Ritter, Johann Wilhelm ~ 8/330; Röbbeling, Hermann ~ 8/347; Röhricht, Wolf * 8/351; Roll, Georg * 8/374; Rose, Paul (Arthur Max) ~ 8/387; Rosenthal, Ludwig ~ 8/400; Rothkirch und Panthen, Eberhard (Carl Sigismund) von ~ 8/420; Ruehle, Hugo * 8/450; Ruffer, Samuel Benjamin ~/† 8/458; Schack, Benedikt ~ 8/541; Schaefer, Oda ~ 8/548; Scharoun, Hans ~ 8/570; Schian, Martin * 8/620; Schlegel, Karl Wilhelm Ferdinand ~/† 8/662; Schmauch, Werner ~ 8/693; Schmidt-Pauli, Edgar (Fiath Florentin Richard) von ~ 9/24; Schmit, (Johann Christoph) Friedrich ~/† 9/29; Schmolck, Benjamin ~ 9/39; Scholz, Gerhard * 9/109; Schubart, Wilhelm * 9/159; Schummel, Johann Gottlieb ~ 9/208; Schweinichen, Hans von ~/† 9/237; Schweinitz, David von ~/† 9/237; Schwenckfeld, Kaspar von ~ 9/241; Sentpaul, Frithjof ~ 9/290; Siegmund, Justina ~ 9/315; Soller, August ~ 11/175; Soomer, Walter * 9/377; Steinbrecher, Gustav ~ 9/486; Stieber-Walter, Paul * 9/524; Stieff, Christian * 9/526; Stolle, Gottlieb * 9/552; Struensee von Karlsbach, Karl Gustav ~ 9/598; Sucker, Wolfgang * 9/623; Theiner, Johann Anton ~ 9/692; Thomas, Emil ~ 10/18; Tiburtius, Joachim ~ 10/35; Titz, Johann Peter * 10/52; Trotzendorf, Valentin ~/† 10/99; Ulrici, Robert Oswald von ~ 10/148; Vogelsang, Karl (Friedrich) Frh. von * 10/229; Volkelt, Johann Gottlieb ~/† 10/244; Wasserschleben, (Friedrich Wilhelm) Hermann * 10/344; Wendland, Waldemar * 10/433; Westphalen, Ferdinand Otto Wilhelm von ~ 10/461; Wiedemann, Michael ~ 10/479; Wilm, Alfred ~ 10/514; Wurm, Nikolaus ~ 10/600; Zedlitz und Leipe, Karl Abraham Frh. von ~ 10/627; Zedlitz-Neukirch, Constantin Frh. von ~ 10/627; Zieten, Hans Joachim von ~ 10/660; Zingel, Rudolf Ewald * 10/673

Liel (seit 1973 zu Schliengen)
Sutter-Kottlar, Beatrice † 9/638

Lieme (Lemgo)
Kaempfer, Engelbert † 5/395; Pustkuchen(-Glanzow), Johann Friedrich Wilhelm ~ 8/93

Liemehna (seit 1994 zu Jesewitz)
Krause, Karl * 6/81

Liempsfield (Surrey, England)
Gans, Oscar † 3/570

Lienen
Kriege, Hermann * 6/106; Thiemann, Walter (Wilhelm August) ~ 10/4

Lienz (Tirol)
Baldauf, Adam ~ 1/273; Baumgartner auf Breitebach, Martin Ritter von ~ 1/347; Bergler, Joseph d. Ä. ~ 1/449; Egger-Lienz, Albin Ingenuin ~ 3/29; Haidegger, Wendelin ~ 4/336; Pater Hartmann ~ 4/404; Haßlwanter, Johann ~ 4/431; Jäger, Alderich von ~ 5/282; Jele, Kaspar ~ 5/316; Keil, Franz ~ 5/485; Kraus, Wolfgang † 11/111; Leonhard, Graf von Görz † 6/327; Madrutz, Christoph Frh. von ~ 6/556; Martens, Valérie von * 6/633; Mayr, Johann Alois ~ 7/14; Pichler, Thomas † 7/662; Ploner, Innozenz ~ 8/5; Reiter, Johann Maria * 8/234; Rheden, Josef † 8/266; Rohracher, Andreas * 8/371; Rohracher, Hubert * 8/371; Schaffgotsch, Levin Gotthard Graf von ~ 8/556; Thoor, Jesse † 10/23; Truchseß von Waldburg, Georg III. ~ 10/100; Vest, Lorenz Chrysanth Edler von * 10/199; Wanner, Karl */~/† 10/331; Weber, Beda * 10/350; Wibmer-Pedit, Fanny ~/† 10/469

Lienzingen (seit 1975 zu Mühlacker)
Zeller, Johann Gottfried * 10/637

Liepāja → Libau

Lier (frz. Lierre, Belgien)
Friedrich, Markgraf von Baden, Bischof von Utrecht † 3/475; Johann I., Herzog von Brabant und Lothringen, seit 1287 auch Herzog von Limburg † 5/338

Lierre → Lier

Liesborn (seit 1975 zu Wadersloh)
Altfrid, Bischof von Hildesheim ~ 1/99; Tyrell, Ferdinand Franz Anton ~ 10/120; Vehring, Friedrich (Heinrich Theodor Hubert) * 10/187; Vering, Albrecht Mathias ~/† 10/196; Vering, Friedrich Heinrich * 10/196

Lieser
Becker, Karl Ferdinand * 1/379

Liesing (Kärnten)
Lexer, Matthias Ritter von * 6/367

Liesing

Liesing (seit 1938 zu Wien)
Endstorfer, Anton * 3/112; Gessner, Hubert (Johann Karl) ~ 3/668; Julius, Paul * 5/376; Lohner, Ludwig * 6/464; Pichl, Eduard * 7/661; Plischke, Ernst Anton ~ 8/3

Lieskau (Saalkreis)
Sioli, Emil Franz * 9/342

Liessau (Weichsel)
Behrend, (Michael Wilhelm) Theodor * 1/400

Ließnitz → Kropstädt

Liestal (Kt. Basel-Landschaft)
Birmann, Martin † 1/539; Dill, Emil */† 2/546; Gelzer, Matthias * 3/619; Gertsch, Max * 3/662; Gysin, Samuel */† 4/278; Handschin, Eduard * 4/367; Herold, Gustav (Karl Martin) * 4/635; Meinel, August ~/† 7/34; Merian, Johann Bernhard * 7/70; Plattner, Otto (Jakob) */~ 7/691; Probst, Jakob ~ 8/75; Ritter, (Karl) Wilhelm * 8/333; Rosenmund, Max ~ 8/398; Salis, Arnold von ~ 8/499; Scharpff, Paulus * 8/571; Seyler, Abel * 9/300; Spitteler, (Friedrich) Adolf * 9/410; Spitteler, Carl * 9/410; Weber, Karl */† 10/356; Wenner, Robert ~ 10/437; Werenfels, Peter * 10/441; Woog, Edgar * 10/588; Zinniker, Otto ~ 10/676

Lieth (Kr. Dithmarschen)
Urbahns, Hugo * 10/163

Lietzow (Kr. Havelland)
Herntrich, Volkmar (Martinus) † 4/635; Sophie Charlotte, Kurfürstin von Brandenburg, Königin von Preußen ~ 9/378

Lietzow (Kr. Rügen)
Eisenhart-Rothe, Georg Emil Ferdinand Karl von */† 3/71

Liezen (Steiermark)
Fossel, Viktor ~ 3/380; Gebauer, Ernst * 3/590; Maischberger, Thomas † 6/574; Perl, Karl * 7/601; Pesendorfer, Josef ~ 7/609; Pischinger, Carl † 7/680; Poosch-Gablenz, Max von ~ 8/33

Ligerz (Kt. Bern)
Dürrenmatt, Friedrich ~ 2/642; Giauque, Elsi ~/† 3/677; Hänny, Karl † 4/310; Huber, Hans ~ 5/196

Ligetfalu → Engerau

Ligetfalva → Engerau

Liggersdorf
Brodmann, Korbinian * 2/142

Lignitz (Böhmen)
Thurn von Valsassina, Heinrich Matthias Graf von * 10/32

Ligny (Gem. Sombreffe, Belgien)
Jérôme Bonaparte, König von Westfalen ~ 5/324

Ligornetto (Kt. Tessin)
Burckhardt, Carl ~/† 2/231

Lildstrand (Dänemark)
Nolde, Emil ~ 7/433

Liliendorf (tschech. Lesná)
Reuß, August * 8/256

Lilienfeld (Niederösterreich)
Auersperg, Leopold (Wolfgang Albert) Graf von ~ 1/218; Castelli, Ignaz Franz ~ 2/296; Gran, Daniel (Johannes) ~ 4/134; Hanthaler, Chrysostomus ~/† 4/378; Neumann, Wilhelm Anton ~ 7/387; Pyrker, Johann Ladislaus ~ 8/95; Rick, Karl * 8/286; Sachs, Walter † 8/489; Schirnhofer, Gerhard ~ 8/650; Stadler, Maximilian ~ 9/430; Ulrich von Lilienfeld ~ 10/144

Lilienthal
siehe auch *Sankt Jürgen, Trupe*
Bessel, Friedrich Wilhelm ~ 1/492; Harding, Carl Ludwig ~ 4/384; Heineken, Johann ~ 4/512; Hodenberg, (Karl Iwan) Bodo Frh. von * 5/84; Schmidt-Barrien, Heinrich (Adolf) † 9/22; Schröter, Johann (Hieronymus) ~ 9/155; Tischbein, Georg Heinrich ~ 10/48

Lille
Böse, Heinrich ~ 1/635; Dahmen, Jost ~ 2/430; Geser-Rohner, Albert ~ 3/665; Heller, Otto ~ 4/564; Immelmann, Max ~ 5/253; Koch, Wilhelm ~ 5/644; Lieben, Adolf ~ 6/378; Praschma, Hans Graf ~ 8/54; Schmack, Maximilian ~ 8/690; Schmid, Carlo ~ 8/699; Sievers, Max (Wilhelm Georg) ~ 9/322; Stahr, Hermann * 9/440; Wunderlich, Hans-Heinz ~ 10/598

Lima
Bayer, Johann Wolfgang ~ 1/358; Blumenfeld, Walter Georg ~/† 1/586; Domagk, Gerhard (Johannes Paul) ~ 2/588; Fernau, Albert * 3/271; Gildemeister, Johann Matthias ~ 4/8; Goldbaum, Wenzel † 4/76; Haenke, Thaddäus ~ 4/310; Horkheimer, Hans ~/† 5/175; Lisperguer, Pedro ~/† 6/423; Moll, Bruno ~/† 7/190; Pfeiffer, Ernst Friedrich ~ 11/158; Schrödinger, Erwin ~ 9/152; Soden, Julius Frh. von ~ 9/357; Thomsen, Henning ~ 10/21; Tschudi, Rudolf ~ 10/110; Uhle, Max ~ 10/129; Zimmermann, Walter (Wilhelm Hans) ~ 10/671

Limbach (Gem. Kirkel)
Hock von Zwaybruck, Theobald * 5/83

Limbach (Gem. Steinheid)
Pfeffer, Friedrich * 7/638

Limbach (seit 1950 zu Limbach-Oberfrohna)
Esche, Johann Georg ~/† 3/171; Hofmann, Gert * 5/128; Nagler, Franciscus (Johannes) ~ 7/336; Schönherr, Karl Gottlob ~ 9/95; Staude, Otto * 9/456; Stier, Alfred ~ 9/529

Limbach-Oberfrohna
siehe auch *Bräunsdorf, Limbach, Oberfrohna, Pleißa*
Mauersberger, Heinrich † 11/128

Limburg (Belgien)
Heinrich I., Graf von Limburg ~ 4/529

Limburg (Kloster, Bad Dürkheim)
Hayo, Johannes ~ 4/463; Jakob von Liebenstein, Erzbischof und Kurfürst von Mainz ~ 5/294; Konrad II., römisch-deutscher Kaiser ~ 6/25; Ludwig I., Frh. von Helmstatt, Bischof von Speyer ~ 6/506

Limburg (Weilheim an der Teck)
Berthold I. von Zähringen, Herzog von Kärnten † 1/484

Limburg a. d. Lahn
Abt, Anton ~/† 1/15; Arnold II., Erzbischof von Köln ~ 1/183; Bappert, Jakob (Joseph) ~ 1/290; Beck, Ludwig Joseph ~/† 1/373; Beckmann, Liesel * 1/385; Blum, Peter Josef ~/† 1/582; Cahensly, (Simon) Peter Paul */~ 2/264; Destouches, Franz Seraph ~ 2/499; Diepenbrock, Konrad Joseph von ~/† 2/520; Dirichs, Ferdinand ~ 2/555; Dolaeus, Johann ~ 2/585; Ebert, Ferdinand ~ 2/677; Eberz, Josef * 2/681; Egbert, Erzbischof von Trier ~ 3/22; Elhen von Wolfhagen, Tilemann ~/† 3/84; Eschenfelder, Christoph ~/† 3/173; Frankenberger, Johann ~ 3/406; Graef, Adam ~ 4/120; Henkes, Richard ~ 4/586; Hennemann, Franz(iskus Josef) ~ 4/590; Herr, Jakob ~ 4/637; Höhler, Matthias ~/† 5/92; Hof, Willy * 5/107; Kempf, Wilhelm ~ 5/504; Kentenich, Peter Joseph ~ 5/506; Keßler, Otto */† 5/520; Klein, Karl ~/† 5/576; Lohmer, Gerd ~ 6/463; Marx, Wilhelm ~ 6/649; Mechtel, Johann ~ 7/19; Müller, Gerhard (Maria) */~ 11/132; Müller, Matthäus ~ 7/277; Oertel, Curt † 7/469; Pinand, Jan Hubert ~ 7/672; Puttfarcken, Hans ~ 8/94; Reuß, Josef-Maria * 8/258; Rieth, Hans-Heinrich * 8/307; Roessler, Ludwig (Friedrich Carl) von * 8/363; Roos, Johannes Christian ~ 8/382; Roose, Friedrich * 8/383; Sabel, Jakob † 8/485; Sattler, Carl Hubert † 8/523; Sauerborn, Maximilian ~ 8/528; Schardt, Alois * 8/566; Schmid, Leopold ~ 8/704; Scholl, Johann Baptist d. J. † 9/105; Skolaster, Hermann ~/† 9/346; Steigerwald, Veronus Franck von ~ 9/473; Sternberg, Leo * 9/517; Thissen, Eugen (Johann Theodor) ~/† 10/12; Walderdorff, Wilderich Reichsritter (seit 1660 Reichsfreiherr) von * 10/303; Weber, Beda ~ 10/350; Weimer, Hermann * 10/393; Werthmann, Lorenz ~ 10/454; Willi, Dominikus † 10/512

Limeshain → Himbach

Limity → Lemitten

Limmatau (Gem. Brugg, Kt. Aargau)
Haggenmacher, (Gustav) Adolf * 4/326

Limmer (seit 1913 zu Linden, seit 1920 zu Hannover)
Dürr, Philipp Paul Theodor ~ 2/641; Ehrhart, (Jakob) Friedrich ~ 3/42; Grote, Hermann † 4/200; Sackmann, Jacobus ~/† 8/492

Limmersdorf (Gem. Thurnau)
Bartholomae, Christian * 1/307

Huyn, Johann Carl ~ 5/238; Itzinger, Karl † 5/267; Jäger, Hanns Ernst ~ 11/95; Jahn, Friedrich * 11/96; Jaschke, Rudolf Theodor Edler von ~ 5/308; Jax, Karl * 5/312; Jeblinger, Raimund ~ 5/313; Jelinek, Franz Xaver ~ 5/317; Jellouschek, Carl Johann * 5/318; Jenny, Rudolf Christoph ~ 5/320; Jerger, Wilhelm ~/† 5/323; Jobst, Carl ~ 5/331; Jochum, Georg Ludwig ~ 5/333; Jörger von Tollet, Helmhard ~/† 5/336; Kadmon, Stella ~ 5/393; Kahr, Heinrich * 5/404; Kainz, Josef Wolfgang ~ 5/405; Kaiser, Josef Maria ~/† 5/407; Kalliwoda, Johann Wenzel ~ 5/414; Kaltenbrunner, Ernst ~ 5/416; Kaltenbrunner, Karl Adam ~ 5/416; Kaltenhauser, Franziska ~ 5/417; Kartousch, Louise */~ 5/455; Kaserer, Philipp ~ 5/457; Katzer, Friedrich Xaver ~ 5/467; Kaym, Franz ~ 5/479; Kepler, Johannes ~ 5/506; Kerausch, Josef ~ 5/508; Kern, Felix ~/† 5/510; Khevenhüller-Frankenburg, Kadmon, Ludwig Andreas Graf von * 5/526; Khuenberg, Sophie von ~ 5/527; Kitzler, Otto ~ 5/561; Klein, Franz ~ 5/575; Klinkowström, Max von ~ 5/600; Kner, Rudolf * 5/619; Kögl, Ferdinand * 5/649; König, Rudolf ~ 5/663; Körbler, Clemens ~ 5/670; Kofler, Tina ~ 5/680; Kohlmünzer, Ernst ~/† 6/5; Koko, Demeter */~/† 6/8; Kolbenschlag, Friedrich ~ 6/13; Kolbensteiner, Wilhelm Frh. von * 6/13; Komzák, Karl ~ 6/23; Konrad IV. von Fohnsdorf-Praitenfurt, Erzbischof von Salzburg ~ 6/30; Kotzian, Josef Maria ~ 6/56; Kowarz, Wilhelm Maria ~/† 6/57; Krachenberger, Johann ~ 6/59; Kralik von Meyrswalden, Mathilde * 6/68; Kralik von Meyrswalden, Richard Ritter ~ 6/68; Krauss, Georg Ritter von ~ 6/84; Krempl, Josef ~ 6/95; Kretschmann, Theobald ~ 6/99; Kriechbaum, Georg Friedrich Frh. von * 6/105; Kronau, Friederike ~ 6/115; Kronberger, Karl ~ 6/116; Kronsteiner, Joseph ~/† 6/119; Kuefstein, Hans Ludwig Frh. (seit 1634 Reichsgraf) von † 6/141; Kühnelt, Wilhelm * 6/146; Kuenburg, Gandolph Graf von ~ 6/150; Kummer, Karl Ferdinand * 6/165; Kupfer, Caesarine ~ 6/175; Kurrein, Adolf ~ 6/177; Kurrein, Max * 6/177; Lach, Friedrich */~ 6/189; Ladstätter, Peter d. Ä. ~ 6/194; Der Laimbauer † 6/200; Lambel, Hans * 6/202; Lang, Lotte ~ 6/227; Lanius, Frida ~ 6/249; Lanz, Engelbert ~/† 6/250; Laska, Joseph (Julius) */~ 6/255; Laska, Julius */~/† 6/255; Lasser, Johann Baptist ~ 6/260; Latour, Theodor Graf Baillet de * 6/262; Leichner, Johann Ludwig ~ 6/305; Leonhardt, Robert */~ 6/330; Leopold VI. der Glorreiche, Herzog von Österreich und Steier(mark) ~ 6/333; Lewinsky, Herbert C. † 6/365; Liesganig, Joseph ~ 6/393; Linzinger, Ludwig Max ~/† 6/415; Lippert, Johann Georg ~ 6/418; Littrow, Hermann von ~ 6/429; Löcker, Hermann * 6/439; Löffler, Karl ~ 6/441; Löw Ritter von Erlsfeld, Johann Franz ~ 6/448; Lorenz von Liburnau, Josef Roman * 6/474; Luca, Ignaz de ~ 6/490; Lucas, Karl Wilhelm ~ 6/490; Ludwig, Paula ~ 6/510; Lugert, Josef † 6/526; Machek, Anton ~ 6/551; März, Eduard ~ 6/559; Mätzler, Anton ~ 6/560; Mahr, Gustav ~ 6/569; Maier, Friedrich Sebastian ~ 6/570; Maleta, Alfred ~ 6/578; Malzacher, Hans ~ 11/126; Maria Elisabeth, Erzherzogin von Österreich, Statthalterin der Österreichischen Niederlande * 6/620; Marra-Vollmer, Marie von * 6/629; Martinelli, Ludwig * 6/638; Massary, Fritzi ~ 6/651; Matosch, Anton * 6/656; Mayer, Anton ~/† 7/5; Mayer, Carl ~ 7/5; Mayer, Emil */~ 7/6; Mayer, Ignaz ~/† 7/8; Mayer, Theodor ~ 7/11; Mayr, Lina ~ 7/15; Mayreder, Rudolf ~ 7/16; Mayrhofer, Bernhard ~ 7/17; Mayrhofer, Johann Nepomuk ~ 7/17; Megiser, Hieronymus ~/† 7/27; Meister, Ernst ~ 7/46; Mellerowicz, Konrad ~ 7/54; Memhardt, Johann Gregor * 7/55; Mitis, Ignaz von ~ 7/153; Montecuccoli, Raimund Graf, Fürst (seit 1651), Herzog von Melfi (seit 1679) † 7/200; Monti, Max(imilian) ~ 7/202; Mordeisen, Ulrich von ~ 7/207; Moris, Maximilian ~ 7/214; Moser, Josef ~ 7/226; Mozart, Wolfgang Amadeus ~ 7/235; Müller, Ernst ~/† 7/253; Müller, Franz Xaver ~/† 7/269; Müller, Johann Heinrich Friedrich ~ 7/269; Müller, Maria ~ 7/276; Müller-Guttenbrunn, Roderich † 7/287; Munsch, Josef * 7/309; Murr, Josef ~ 7/314; Narbeshuber, Max ~/† 7/340; Neuhofer, Franz Karl ~/† 7/379; Neukäufler, Jakob ~

7/379; Nida-Rümelin, Wilhelm */~ 7/401; Nippel von Weyerheim, Franz Xaver ~ 7/421; Noldin, Hieronymus ~ 7/434; Nowotny, Hans * 11/144; Nußdorf, Ulrich von ~ 7/449; Oberchristl, Florian ~/† 7/452; Oberländer, Alfred ~ 7/454; Oberparleiter, Karl ~ 7/456; Oberwalder, Oskar ~ 7/458; Oegg, Johann Georg ~ 7/463; Ohnsorg, Kurt ~ 7/481; Ortner, Max * 7/510; Ortner von Rodenstätt, Norbert Ritter * 7/510; Osterrieder, Sebastian ~ 7/517; Ostheim, Minna */~ 7/518; Ottenheimer, Paul ~ 7/526; Ozlberger, Karl ~ 7/541; Pachinger, Anton Maximilian * 7/546; Pagay, Hans ~ 7/548; Pappenheim, Eugenie ~ 7/560; Patiss, Georg ~ 7/570; Pauly, Max ~ 7/582; Pehersdorfer, Anna */~ 7/588; Pesendorfer, Friedrich Joseph ~/† 7/609; Peteani, Maria Josefa Luise von ~/† 7/611; Petermandl, Anton * 7/614; Petrina, Franz Adam ~ 7/622; Pettera, Günter ~ 7/625; Petzer, Toni * 7/626; Pfaffinger, Joseph Anton ~ 7/634; Pflanzl, Otto ~ 7/648; Pflügl, Albert Edler von */~ 7/650; Pischinger, Alfred * 7/680; Plappart von Leenheer, August Frh. ~ 7/686; Plenk, Andreas ~/† 7/693; Plieseis, Sepp ~ 8/2; Ploberger, Herbert ~ 8/3; Poda von Neuhaus, Nicolaus ~ 8/8; Pöll, Alfred ~ 8/11; Poell, Alfred * 8/11; Pohler, Armand ~ 8/20; Popp, Wilhelm ~ 8/34; Posse, Hans ~ 8/44; Prasch, Alois ~ 8/53; Prechtler, (Johann) Otto ~ 8/56; Preiß, Kornelius ~/† 8/59; Prenner, Anton Joseph von † 8/62; Priesner, Hermann */~/† 8/69; Priessnitz, Reinhard ~ 8/69; Pritz, Franz X. ~ 8/74; Prokop von Templin ~/† 8/78; Proschko, Franz Isidor ~ 8/80; Proschko, Hermine Camilla * 8/80; Prunner, Johann Michael */† 8/82; Pühringer, Franz ~ 8/87; Puellacher, Leopold Josef ~ 8/87; Puttlitz, Julius ~ 8/94; Rafael, Franz ~ 8/122; Rapp, Josef ~ 8/142; Rappel, Jakob ~ 8/143; Rathausky, Hans ~ 8/149; Ratschky, Joseph Franz von ~ 8/153; Rauscher, Michael ~ 8/165; Rauwolf, Leonhard ~ 8/166; Rechberger, Augustin */~/† 8/172; Rechberger, Georg */~/† 8/172; Redtenbacher, (Jacob) Ferdinand ~ 8/181; Redtenbacher, Josef † 8/181; Reibmayr, Albert * 8/194; Reichenberger, Andreas ~/† 8/201; Reidinger, Anton ~ 8/206; Reininger, Karl */~ 8/225; Reininger, Robert * 8/225; Reischek, Andreas */~/† 8/229; Reischek, Andreas ~ 8/229; Reiter, Josef ~/† 8/234; Reiter, Josef ~ 8/234; Reitzenbeck, Heinrich ~ 8/236; Remmark, Karl ~ 8/239; Renner, Franz ~ 8/244; Reschauer, Anton ~ 8/248; Reslhuber, Augustin (Wolfgang) ~ 8/249; Reuchlin, Johannes ~ 8/253; Reuß, Leopold ~ 8/258; Richter, Ferdinand Tobias ~ 8/278; Riedel, Franz Xaver ~ 8/291; Rieder, Franz Seraph ~/† 8/293; Riegl, Alois * 8/298; Riegl, Anton ~/† 8/298; Riepel, Joseph ~ 8/303; Ringseis, Emilie ~ 8/318; Rint, Johann ~/† 8/319; Ripper, Maximilian ~ 8/321; Rippl, Otto ~ 8/322; Ritzberger, Albert */† 8/336; Rosenberg, Moritz ~ 8/394; Roser von Reiter, Franz de Paula ~ 8/403; Rosth, Nikolaus ~ 8/408; Rudigier, Franz Josef ~/† 8/435; Rueff, Johann ~ 8/449; Rupertsberger, Matthias ~ 8/470; Ruttenstein, Konstanze Frfr. von ~ 8/478; Sailer, Franz ~/† 8/495; Sailer, Karl Hans ~ 8/496; Salfinger, Johann Baptist ~ 8/498; Salzmann, Joseph ~ 8/507; Santifaller, Franz ~ 8/516; Sartory, Anton * 8/521; Sartory, Johann ~ 8/521; Sattler, Josef Ignaz */~/† 8/524; Schachermeyr, Fritz * 8/538; Schaller, Gustav ~/† 8/561; Scharrer, Karl * 8/571; Schartner, Gilbert † 8/572; Scherer, Georg ~/† 8/609; Scherer, Rosa ~/† 8/610; Scherndl, Balthasar ~/† 8/613; Schiedermayr, Johann Baptist ~ 8/625; Schiedermayr, Karl */~ 8/625; Schikaneder, Eleonore ~ 8/632; Schindler, Fridolin ~ 8/644; Schirmer, Otto ~ 8/649; Schlegel, Josef † 8/661; Schmalnauer, Rudolf * 8/691; Schmerber, Hugo ~ 8/697; Schmid, Josef Alois ~ 8/704; Schmidberger, Josef ~ 8/708; Schmidt, Guido ~ 9/8; Schmidt-Renner, Franz ~/† 9/25; Schneller, Julius Franz Borgias ~ 9/63; Schönach, Alois ~ 9/82; Schönthan von Pernwaldt, Franz Seraph Simon ~ 9/100; Schöpfer, Matthäus Michael ~ 9/102; Schollum, Robert ~ 9/106; Scholz, Josefa ~ 9/110; Scholz, Maximilian ~ 9/110; Schopper, Klemens Isidor */~/† 9/116; Schütky, Franz Josef ~ 9/174; Schuselka-Brüning, Ida ~ 9/214; Sechter, Simon ~ 9/252; Sedlacek,

Franz August ~ 9/253; Seeau, Joseph Anton Graf von * 9/254; Seifert, Franz † 9/270; Seipelt, Joseph ~ 9/273; Seisenegger, Jakob ~/† 9/273; Siegmund, Ferdinand † 9/314; Sinelli, Emerich ~ 9/338; Sittner, Hans */~ 9/344; Skumanz, (Franz) Axel ~ 9/348; Sprinzl, Josef */~ 9/423; Stadler, Karl R(udolph) ~/† 9/430; Stägemann, Ida Valeska Malwine ~ 9/433; Stanger, Alois ~ 9/447; Stangl, Franz ~ 9/447; Starhemberg, Fanny ~ 9/450; Statz, Vinzenz ~ 9/455; Stecher, Franz Anton ~ 9/461; Stegmayer, Ferdinand ~ 9/468; Steiner, Friedrich * 9/488; Stelzhamer, (Peter Andreas Xaver) Franz ~ 9/503; Sterrer, Karl ~ 9/518; Stiefler, Georg */~/† 9/526; Stift, Markus ~ 9/530; Stifter, Adalbert ~/† 9/530; Stigelli, Georg ~ 9/531; Stillfried und Rattonitz, Raimund (Maria Bernhard) Frh. von ~ 9/533; Stirnbrand, Franz Seraph */~ 9/535; Stöckl, Franz ~ 9/542; Stögbauer, Isidor ~ 9/543; Stopius, Martinus ~ 9/557; Storch, Anton Maria ~ 9/558; Strakosch, Irma ~ 9/565; Strakosch, Ludwig ~ 9/565; Strampfer, Friedrich (Ernst Wolfgang) ~ 9/566; Strasser, Gabriel ~ 9/568; Strauss, Johann ~ 9/576; Stülz, Jodok ~ 9/609; Stuppäck, Hermann ~ 9/616; Sutter, Joseph */~/† 9/638; Swoboda, Albin (August Heinrich Emil) ~ 9/641; Tauber, Anton Richard ~ 9/662; Tauber, Richard * 9/662; Taux, Alois ~ 9/668; Telasko, Ralph ~ 9/671; Thalmann, Marianne * 9/689; Thürheim, Christoph Wilhelm Graf von */~/† 10/26; Thürheim, Johann Wilhelm Graf von * 10/26; Thugut, (Johann Amadeus) Franz de Paula Frh. von * 10/27; Töpper, Andreas ~ 10/58; Tomaselli, Franz ~ 10/62; Tomaselli, Ignaz ~ 10/62; Trenkler, Herbert ~ 10/81; Tumler, Franz (Ernest Aubert) ~ 10/116; Übeleis, Vinzenz ~ 10/123; Uher, Hugo ~ 10/127; Unruh, Walther (Karl Gustav) ~ 10/158; Urban, Hubert ~ 10/165; Urbanitzky, Grete von * 10/166; Ursinus, Benjamin ~ 10/168; Vancsa, Kurt ~ 10/181; Vischer, Georg Matthaeus † 10/216; Vogl, Johann Michael ~ 10/231; Waldner, Franz * 10/305; Walleck, Oskar ~ 10/310; Waniek, Herbert ~ 10/330; Watzinger, Carl Hans † 10/347; Weber, Herbert † 10/355; Weingartner, Johannes ~ 10/396; Weinwurm, Rudolf ~ 10/399; Weiss, Dorothea ~ 10/406; Wenig, Johann Baptist ~ 10/435; Weninger, Franz Xaver ~ 10/436; Wenzel, Gottfried Immanuel ~/† 10/438; Wersin, Karl ~ 10/451; Wersin, Wolfgang von ~ 10/451; Wilhelm IV., Herzog von Bayern ~ 10/503; Willemer, Marianne von * 10/511; Windischgrätz, Gottlieb Frh., später Graf von ~ 10/524; Winternitz-Dorda, Martha ~ 10/535; Wittgenstein, Ludwig (Josef Johann) ~ 10/547; Wössner, Jakobus ~/† 10/560; Wolff, Helmut ~ 10/573; Zahlhas, Karl Ritter von ~ 10/613; Zapf, Johann Nepomuk ~ 10/620; Zauner, Franz Salesius ~/† 10/623; Zerzer, Julius ~/† 10/646; Ziegler, Gregorius Thomas ~/† 10/653; Zimmermann, Gusti ~ 10/668; Zischka, Gert Alois */† 10/679; Zülow, Franz von ~ 10/696

Linz am Rhein
Bleibtreu, (Johann) Leopold ~ 1/567; Brandis, Johannes † 2/65; Eltz-Rübenach, (Peter) Paul (Raimund Maria Josef Hubert) Frh. von † 3/99; Feld, Walther ~ 3/254; Gogarten, Heinrich * 4/75; Joel, Tilmann * 5/335; Keller, Joseph von * 5/495; Kordt, Walter ~ 6/42; Lück, Stephan * 6/513; Pohl, Heinrich * 8/18; Richarz, Franz * 8/273; Sander, August ~ 8/511

Lipie → Arnhausen
Lipienica (Westpreußen)
  Gering, Hugo * 11/68
Lipik (Kroatien)
  Hertling, Philippine Freiin von * 4/650
Lipine (poln. Lipiny)
  Köhler, Gustav ~ 5/651
Lipiny → Lipine
Lipnik (Kr. Biala)
  Singer, Felix (Gustav) * 9/338; Volkelt, Johannes * 10/245
Lipnik (Woiwodschaft Opole)
  Schnabel, Artur * 9/42
Lipník nad Bečvou → Leipnik
Lipniki Łużyckie → Linderode

Lipno (Polen)
  Negri, Pola * 7/358
Lipossollo (Friaul)
  Craigher de Jachelutta, Jacob Nikolaus * 2/387
Lipová → Hainspach
Lipová-lázně → Nieder-Lindewiese
Lipowa → Deutsch-Leippe
Lippborg
  Farwick, Wilhelm Anton † 3/232; Heidhues, Theodor * 4/492
Lippehne
  Moser, Moses */† 7/228
Lippendorf (Lippendorf-Kieritzsch)
  Bora, Katharina von * 2/25
Lippendorf-Kieritzsch → Kieritzsch, Lippendorf
Lipperschwändi (Gem. Bauma, Kt. Zürich)
  Stamm, Karl ~ 9/443
Lippersdorf (Mittlerer Erzgebirgskreis)
  Fuchs, Gottlieb * 3/518
Lippitzbach (Kärnten)
  Egger, Max Thaddäus Frh. von ~ 3/29
Lippoldsberg (seit 1971 zu Wahlsburg)
  Grimm, Hans (Emil Wilhelm) ~/† 4/168; Sievers, (Georg) Eduard * 9/321
Lippstadt
  siehe auch *Bökenförde, Herringhausen*
  Ahaus, Heinrich von ~ 1/56; Bernhard II., Edelherr zur Lippe ~ 1/465; Canzler, Carl * 2/276; Clotz, Stephan * 2/346; Conze, Johannes * 2/368; Eichholtz, Fritz * 3/51; Erwitte, Dietrich Ottmar von ~ 3/169; Feit, Wilhelm Friedrich August * 3/253; Friedrich, (Johann) Wilhelm (Ludwig) ~ 3/481; Gans, David ben Salomon * 3/569; Grimme, Hubert ~ 4/172; Hautcharmoy, Heinrich Karl Ludwig de Hérault * 4/455; Heinrich von Ahaus (bzw. von Schöppingen) ~ 4/536; Heye, Hermann ~ 5/21; Huber, Ferdinand (Fürchtegott) ~ 5/195; Humbert, Claas (Hugo) ~ 11/92; Justinus Lippiensis ~ 5/389; Kapp, (Johann) Gottfried ~ 5/430; Kassmann, Fritz ~ 5/459; Müller, Hermann ~ 7/265; Müller, Johann Patroklus † 7/269; Müller-Sagan, Hermann */~ 7/290; Niemöller, Martin * 7/410; Nonne, Johann Heinrich Christian * 7/435; Nopel, Johann d. Ä. * 7/436; Nopel, Johann d. J. * 7/436; Nottebohm, (Johann) Abraham * 11/144; Oemeken, Gerdt ~ 7/468; Ostendorf, Friedrich * 7/515; Ostendorf, Julius ~ 7/515; Sandhage, Josepha ~ 8/513; Seidenstücker, Johann Heinrich Philipp ~ 9/267; Stuve, Johann Heinrich * 9/621; Ulenberg, Kaspar * 10/134; Valentin, Thomas ~/† 10/178; Wessel, Karl-Heinz * 10/456
Liptingen
  Fürstenberg, Karl Alois Fürst von ~/† 3/529
Liptó Szent Miklós (slowak. Liptovský Mikuláš)
  Fischer, Samuel * 3/327; Stodola, Aurel * 9/540; Zirndorf, Heinrich ~ 10/679
Liptovský Mikuláš → Liptó Szent Miklós
Lisborn
  Brockmann, Johann Heinrich * 2/140
Lischau (tschech. Lišov)
  Hanslick, Josef (Adolf) * 4/377
Lisdorf (seit 1936 zu Saarlouis)
  Ecker, Jakob * 3/10
Lisie Kąty → Fuchswinkel
Lisies → Fuchsmühl
Lisieux (Frankreich)
  Frechulf ~ 3/419
Líska → Hasel
Lískovec (dt. Leskowitz) → Karlshütte
L'Isle (Kt. Waadt)
  Schmidt, Eberhard † 9/4
Lišov → Lischau
Lispitz (tschech. Blížkovice)
  Procháska, Georg * 8/76
Lissa → Vis
Lissa (bei Breslau)
  Spiske, Robert * 9/409

Georg ~ 7/611; Schulthesius, Johann Paul ~/† 9/188; Tuscher, Marcus ~ 10/119

Liwiec → Liebsee

Lixheim
Musculus, Wolfgang ~ 7/316

Ljubljana → Laibach

Ljutomer → Luttenberg

Llangellidt (Caernarvonshire, Nordwales)
Evans, Evan * 3/195

Llanquihue (Chile)
Erckert, Friedrich Carl von † 3/139

Loanda (Angola)
Barth von Harmating, Hermann Frh. ~ 1/306; Pogge, Paul † 8/17

Lobbach → Lobenfeld

Lobberich (seit 1970 zu Nettetal)
Ball, Leo (Anton Carl) de * 1/277; Debal, Leo Anton Karl * 2/455; Hessen, Johannes * 5/1; Jaeger, Werner (Wilhelm) * 5/285

Lobbes (Belgien)
Burchard I., Bischof von Worms ~ 2/228

Lobeč → Lobes

Lobeda (seit 1922 zu Jena)
Rosenberger, (Johann Karl) Ferdinand * 11/165; Valenti, Ernst Joseph Gustav de * 10/177

Lobeditz (tschech. Zlovětice, heute zu Krásný Dvůr)
Meder, Josef * 7/22

Loben → Lublinitz

Lobendau (poln. Lubiatów)
Scholze, Johann Sigismund * 9/111

Lobendau (tschech. Lobendava)
Drasche, Anton von * 2/608

Lobendava → Lobendau

Lobenfeld (Gem. Lobbach)
Feuling, Daniel * 3/281

Lobenstein (Moorbad L.)
Albert, Heinrich * 1/69; Clemens, Gottfried ~ 2/340; Kayser, Philipp Christoph ~ 5/481; Kirch, Gottfried ~ 5/546; Reichard, Christian Gottlieb ~/† 8/196; Sorge, Georg Andreas ~/† 9/379; Stobwasser, Johann Heinrich */~ 9/536

Lobenstein (tschech. Úvalno)
Kudlich, Hans * 6/138

Lobes (tschech. Lobeč)
Ehemant, Lothar Franz * 3/34; Horak, Wenzel Emanuel * 5/174

Łobez → Labes

Lobkovice → Lobkowitz

Lobkowitz (tschech. Lobkovice, heute zu Neratovice)
Fiala, Joseph * 3/283

Lobnig (tschech. Lomnice)
Gans, Johann * 3/569; Schlusche, Eduard ~ 8/689

Lobositz (tschech. Lovosice)
August Wilhelm, Herzog von Braunschweig und Lüneburg ~ 1/221; Bittner, Maximilian * 1/551; Breitenlohner, Jakob ~ 2/102; Czyhlarz, Karl Ritter von ~ 2/421; Dopsch, Alfons * 2/597; Löwenstein-Wertheim, Christian Philipp Fürst zu ~ 6/456

Lobsens (Prov. Posen)
Arndt, Wilhelm (Ferdinand) * 1/176

Lobstädt
siehe auch *Kahnsdorf*
Goetze, Matthias * 4/73; Könneritz, Heinrich von ~/† 5/667; Krause, Martin * 6/82

Loburg (Kr. Anhalt-Zerbst)
Brömel, Wilhelm Heinrich * 2/143; Christian Wilhelm, Markgraf von Brandenburg, Administrator von Magdeburg ~ 2/318; Koch, Erdwin Julius * 11/107; Siedler, Eduard Wolf Jobst * 9/309

Locarno (Kt. Tessin)
Aellen, Hermann ~ 1/48; Alfringhaus, Erich ~ 1/89; Baumgartner, Paul † 1/348; Bleibtreu, Karl † 1/567; Bucherer, Max † 2/183; Bührer, (Hans) Jakob † 2/202; Bustelli, Franz Anton * 2/256; Canaris, Carl (August)

† 2/272; Courvoisier, Walter † 2/386; Dessoff, (Emma) Margarete † 2/498; Eckbrecht von Dürckheim-Montmartin, Alfred Graf † 3/9; Eschmann, Ernst Wilhelm ~ 3/176; Fischer, Ernst † 3/315; Garovi, Josef † 3/574; Gillmeister, Karl ~ 4/10; Glarner, Fritz † 4/22; Guetermann, Erika † 4/247; Habe, Hans † 4/290; Hammer, Walter ~ 4/361; Hauptmann, Benvenuto † 4/444; Henninger, Manfred ~ 4/593; Huber, Hans (Johann Alexander) † 5/196; Jugert, Rudolf ~ 5/375; Katz, Richard † 5/466; Klee, Paul ~ 5/570; Klein, Fritz ~ 5/575; Lazarus, Paul † 6/277; Lietzmann, Hans † 6/393; Lippert, Peter † 6/418; Mayer, Eduard Alexander von ~ 7/6; Meißner, Kurt † 7/42; Neumann, Robert ~ 7/386; Remarque, Erich Maria † 8/238; Schawinski, Alexander † 8/578; Siodmak, Robert ~ 9/342; Staub, Hans † 9/455; Wolf, Berthold ~ 10/564; Wolff, Johanna † 10/574; Zuppinger, Ernst (Theodor) † 10/701

Loccum (seit 1974 zu Rehburg-Loccum)
Berthold, Bischof von Livland ~ 1/484; Böhmer, Justus Friedrich ~ 1/623; Brunotte, Heinz Arnold August ~ 2/172; Chalybaeus, Heinrich Franz ~ 2/303; Corvinus, Antonius ~ 2/380; Düsterdieck, Friedrich (Hermann Christian) ~ 2/643; Ebell, Georg ~/† 2/666; Fleisch, Paul Alwin Gottlieb ~/† 3/341; Gebhardt, Eduard Karl Franz von ~ 3/594; Graeffe, Johann Friedrich Christoph ~ 4/122; Graff, Paul ~ 4/131; Hase, Konrad Wilhelm ~ 4/420; Haunold, Johann Sigismund ~ 4/442; Ihmels, Ludwig ~ 5/246; Krause, Gerhard † 6/81; Lilje, Hanns ~ 6/397; Marahrens, August ~/† 6/603; Molanus, Gerard(us) Wolter(us) ~ 7/186; Rengstorf, Karl Heinrich ~ 8/242; Sackmann, Jacobus ~ 8/492; Schmidt-Clausen, Kurt ~ 9/22; Tilemann, Heinrich (Johann Cornelius) ~ 10/41; Uhlhorn, (Johann) Gerhard (Wilhelm) ~ 10/130; Wrede, William ~ 10/590

Lochau (bei Torgau)
Friedrich III. der Weise, Kurfürst von Sachsen † 3/472

Lochau (Saalkreis)
Cranach, Lucas d. Ä. ~ 2/392; Stifel, Michael ~ 9/530; Witte, Karl * 10/545; Witte, Karl Heinrich Gottfried ~ 10/545

Lochau (Vorarlberg)
Feßler, Josef * 3/274; Rhomberg, Adolf † 8/270

Lochham (Gem. Gräfelfing)
Böhme, Herbert ~/† 1/620; Eipper, Paul † 3/68; Schilling, Erich † 8/638

Lochkov → Lochkow

Lochkow (tschech. Lochkov)
Kirschner, Lola ~ 5/556

Lockenhaus (Burgenland)
Stössel, Ludwig * 9/546

Loddiger (lett. Ledurga)
Merkel, Garlieb (Helwig) * 7/73

Loděnice → Lodenitz

Lodenitz (tschech. Loděnice)
Nachtweh, Alwin (Wilhelm Rudolf Arnold) * 7/328; Otakar I. Přemysl, König von Böhmen ~ 7/522; Pollak, Leopold * 8/27

Lodersleben
Bieck, Johann Erdmann * 1/516

Lodi (Italien)
Beaulieu de Marconnay, Jean Pierre Baron ~ 1/362; Konrad I. von Wittelsbach, Erzbischof von Mainz und Salzburg ~ 6/28; Pomis, Giovanni Pietro de */~ 8/30; Rudolf von Zähringen, Bischof von Lüttich ~ 8/438

Lodrino (Kt. Tessin)
Siegwart-Müller, Constantin * 9/316

Lodron
Lodron, Ludwig * 6/436

Lodz (poln. Łódź, 1939-45 dt. Litzmannstadt)
Baumgarten, Franziska * 1/343; Becker, Jurek * 11/15; Berwald, Ludwig ~/† 1/489; Buckwitz, Harry ~ 2/190; Burmester, Ludwig (Ernst Hans) ~ 2/245; Caro, Niko-dem(us) * 2/284; Caspari, Wilhelm † 2/292; Cleinow, Georg ~ 2/338; Eckert, Heinrich Ferdinand ~ 3/11; Faktor, Emil ~/† 3/222; Gerteis, Adolf ~ 3/661; Geyer, Louis Ferdinand ~/† 3/672; Goldbaum, Wenzel * 4/76; Haagen,

Margarethe ~ 4/282; Hemfler, Karl * 4/578; Katz, Albert * 5/464; Klein, Adolf ~ 5/573; Kopsch, Julius Eugen ~ 6/41; Kornfeld, Paul † 6/46; Litzmann, Karl ~ 6/429; Scheibler, Karl Wilhelm ~/† 8/587; Scheuer, Oskar (Franz) ~/† 8/618; Schumacher, Kurt (Ernst Karl) ~ 9/204; Speyer, Edmund (Jakob) † 9/399; Swoboda, Albin (August Heinrich Emil) ~ 9/641; Taube, Michael * 9/661; Teschemacher, Hans (Georg) * 9/679; Wiese, Otto ~ 10/489

Löbau (Kr. Löbau-Zittau)
siehe auch *Großdehsa*
Apelt, Willibalt * 1/155; Burgsdorff, Curt (Ludwig Ehrenreich) von ~ 11/36; Doerne, Martin Bernhard Gotthelf ~ 2/578; Eckert-Greifendorff, Friedrich Eduard Max ~ 3/12; Förster, (Franz) Cäsar */~/† 3/362; Jost, Eduard ~ 5/368; Lauterbach, Johann * 6/273; Metzsch, Horst von ~ 7/93; Mitzscherling, Peter * 7/160; Moschkau, Alfred * 7/221; Scharoun, Hans ~ 8/570; Schirach, Adam Gottlob * 8/648; Schwarze, Friedrich Oscar ~ 9/229; Seidel, Karl August Gottlieb * 9/266

Löbau (Westpr.) (poln. Lubawa)
Cuppener, Christoph * 2/411; Giese, Tidemann (Bartholomäus) ~ 4/2; Jastrowitz, Moritz * 5/310; Liek, Erwin * 6/390; Öhlschläger, Otto Karl von ~ 7/465; Schellong, Otto * 8/598; Ziesemer, Walther * 10/660

Löbejün
Förner, Christian * 3/360; Loewe, Carl * 6/450; Thiess, Karl * 10/9; Titius, Kaspar * 10/51

Löbichau
Dorothea, Herzogin von Kurland ~/† 2/600; Schink, Johann Friedrich ~ 8/645

Löbitz
Diederichs, Eugen * 2/514

Löbnitz (Groitzsch)
Levetzow, Ulrike von * 6/358

Löbnitz (Kr. Delitzsch) → Reibitz, Sausedlitz
Löbnitz (Kr. Nordvorpommern) → Saatel
Löbtau (seit 1903 zu Dresden)
Lohse-Wächtler, Elfriede * 11/124

Löchau (tschech. Lachov, heute zu Teplice nad Metují/Wekelsdorf)
Ansorge, Marie * 1/148

Löchgau
Creiling, Johann Konrad * 2/396

Löcknitz
Schulz, Erich (Gustav Hermann) * 9/195

Löcse → Leutschau
Lödderitz
Meyerinck, Heinrich von ~ 7/116; Nobiling, Eduard Adolph * 11/142

Löderburg → Athensleben
Löffelstelzen (seit 1972 zu Bad Mergentheim)
Schönborn, Johann Philipp Franz Reichsfreiherr (seit 1701 Reichsgraf) von † 9/88

Löffingen
Hildenbrand, Adolf * 5/38

Löhnberg → Löhnberger Hütte
Löhnberger Hütte (Gem. Löhnberg)
Spies, Hermine * 9/404

Löhne
Kissler, Hermann * 5/559

Löhnen (seit 1950 zu Voerde/Niederrhein)
Noot, Hugo von * 11/143

Löhnhorst (Kr. Osterholz)
Lahusen, (Johann) Carl † 6/200

Löhningen
Benno II., Bischof von Osnabrück * 1/427

Löhrstorf (Gem. Neukirchen, Kr. Ostholstein)
Du Plat, Georg Josua * 2/653

Loeken (Heinsberg)
Frenken, Joseph * 3/424

Löningen
siehe auch *Huckelrieden*
Schmücker, Kurt */† 9/40; Wöste, Wilhelm * 10/560

Löpsingen (Nördlingen)
Haußleiter, Johannes * 4/454
Lörrach
siehe auch *Hauingen, Stetten*
Aichele, Albert * 1/61; Berckheim, (Karl) Christian Frh. von * 1/435; Brauchle, Alfred ~ 2/76; Brockhaus, Max ~/† 2/140; Burte, Hermann † 2/247; Duncker, Käthe * 2/651; Eisenlohr, Friedrich * 3/72; Engesser, Lukas ~ 3/124; Geiger, Philipp Lorenz ~ 3/605; Gerstel, Wilhelm ~ 3/657; Hebel, Johann Peter ~ 4/464; Hess, Gerhard * 4/670; Hugo, Gustav * 5/219; Laeuger, Max */† 6/196; Reitzenstein, Sigismund (Karl Johann) Frh. von ~ 8/236; Schneider, Johann Jakob ~ 9/56; Strübe, Adolf ~ 9/597; Vortisch, Hermann */† 10/256; Zittel, Carl ~ 10/680

Lößnitz
Amende, Christian Karl * 1/113; Cordes, Johann Heinrich Karl † 2/372; Geitner, Ernst August ~ 3/613; Gessner, Ernst */~ 3/667

Löthain (seit 1994 zu Käbschütztal)
Arnhold, Johann Samuel * 1/178; Steiger, Otto * 9/473

Lötzen (poln. Giżycko)
Boretius, Matthias Ernst * 2/29; Davidson, Paul * 2/454; Gille, Alfred ~ 4/8; Milkau, Fritz * 7/141; Pfemfert, Franz * 7/644; Stumpp, Emil ~ 9/615; Willer, Alfred * 10/511

Löwen (Belgien)
Adelmann, Georg Franz Blasius von ~ 1/33; Adrianus, Matthäus ~ 1/47; Agricola, Franz ~ 1/52; Agricola, Rudolf ~ 1/55; Aitzing, Michael Frh. von ~ 1/62; Andreas, Valerius ~/† 1/132; Arnulf von Kärnten, ostfränkischer König, Kaiser ~ 1/194; Athin, Walther von † 1/209; Bang-Kaup, Willy ~ 1/288; Baur, Renward ~ 1/352; Beck, Joseph ~ 1/371; Beissel, Jodokus ~ 1/406; Belderbusch, Kaspar Anton Frh. von ~ 1/408; Bernaerts, Johann ~ 1/459; Bernhard von Luxemburg ~ 1/466; Bernhardi, Karl Christian Sigismund ~ 1/469; Bertels, Johann */~ 1/481; Bertolf, Gregor */~ 1/487; Bets, Johann ~ 1/498; Birnbaum, Heinrich von dem ~ 1/540; Birnbaum, Johann Michael Franz ~ 1/540; Bock, Eduard ~ 1/594; Borcholt, Heinrich ~ 2/27; Bording, Jakob ~ 2/29; Breycha-Vauthier de Baillamont, Arthur Carl Baron de ~ 2/128; Brügger, Friedrich ~ 2/156; Bumiller, Lambert ~ 2/222; Campen, Heimerich von ~/† 2/271; Canisius, Heinrich ~ 2/273; Cantiuncula, Claudius ~ 2/275; Cassander, Georgius ~ 2/293; Ceratinus, Jakob ~/† 2/301; Christoph IV. Andreas, Frh. von Spaur, Bischof von Brixen ~ 2/324; Christoph Bernhard von Galen, Bischof von Münster ~ 2/324; Clenck, Rudolph ~ 2/341; Clusius, Carolus ~ 2/347; Doß, Adolf von ~ 2/602; Echt, Johannes ~ 3/4; Ecker, Jakob ~ 3/10; Eichel von Rautenkron, Johann ~ 3/48; Elgard, Nikolaus ~ 3/84; Eppendorf, Heinrich ~ 3/132; Erasmus von Rotterdam, Desiderius ~ 3/134; Eyschen, Georg von ~ 3/205; Eyß, Johann Matthias von ~ 3/205; Fabricius, Andreas ~ 3/212; Falk, Franz ~ 3/224; Felten, Joseph ~ 3/263; Ferber, Rudolf ~ 3/267; Fink, Eugen ~ 3/302; Fräßle, (Martin) Joseph ~ 3/386; Frankenberg von Ludwigsdorf, Johann Heinrich (Ferdinand Joseph Johann Nepomuk) von ~ 3/406; Franzelin, Johann Baptist ~ 3/415; Fürstenberg, Wilhelm Egon Graf von ~ 3/529; Fugger, Markus Graf ~ 3/537; Fugger, Octavianus Secundus Graf ~ 3/537; Gail, Andreas von ~ 3/558; Galen, Ferdinand (Heribert) Graf von ~ 3/560; Geiger, Malachias ~ 3/605; Geldenhauer, Gerhard ~ 3/615; Geldorp, Gortzius * 3/616; Giphanius, Hubertus ~ 4/13; Goëss, Johann (Friedrich) Frh. von ~ 4/63; Gothofredus, Dionysius ~ 4/103; Gottfried VII. in der Wiege, Herzog von Niederlothringen ~ 4/105; Graf, Georg ~ 4/127; Guttenberg, Johann Gottfried Reichsritter von ~ 4/273; Hardenberg, Albert ~ 4/381; Harst, Karl ~ 4/397; Heinrich II., Herzog von Brabant † 4/524; Heinrich von Löwen * 4/539; Heynlin de Lapide, Johannes ~ 5/27; Hontheim, (Johann) Nikolaus von ~ 5/169; Hoogstraeten, Jakob van ~ 5/169; Hussen, Tilemann von ~ 5/234; Husserl, Edmund ~ 5/234; Ingen-Housz, Jan ~ 5/255; Isaak, Johann(es) Levita ~ 5/260; Isaak, Stephan ~ 5/260; Jacquin, Nikolaus

Löwen

Joseph Frh. von ~ 5/280; Jakob III., zu Eltz, Kurfürst
und Erzbischof von Trier ~ 5/295; Janssen, Johannes ~
5/303; Jerin, Andreas von ~ 5/324; Johann von Westfalen
~/† 5/350; Julius Echter von Mespelbrunn, Bischof von
Würzburg ~ 5/376; Kalteisen, Heinrich ~ 5/416; Karl
(IV.) Theodor, Kurfürst von der Pfalz und von Bayern ~
5/446; Keller, Hans Peter ~ 5/494; Kinsky, Franz Ulrich
Graf ~ 5/543; Kögel, Gustav ~ 5/649; Kolde, Dietrich
~/† 6/14; Kupferschmidt, Paul ~ 6/175; Lambach, Johann
~ 6/202; Landgrebe, Ludwig ~ 6/217; Lapide, Johannes
Heynlin de ~ 6/251; Latomus, Bartholomäus ~ 6/261;
Lauremberg, Peter ~ 6/270; Leidinger, Georg ~ 6/306;
Leyen-Hohengeroldseck, Damian Hartard Reichsfrh.
von der ~ 6/370; Lobwasser, Ambrosius ~ 6/433; Loe,
Klemens Frh. von ~ 6/436; Loos, Cornelius ~ 6/467;
Luscinius, Ottmar ~ 6/533; Madrutz, Ludwig Frh. von ~
6/557; Mager, Alois ~ 6/561; Marquard von Hattstein,
Bischof von Speyer ~ 6/628; Marschalk de Grohenberg,
Nikolaus ~ 6/630; Maximilian Heinrich, Herzog von
Bayern, Kurfürst und Erzbischof von Köln ~ 6/678;
Mercator, Gerhard ~ 7/67; Metternich, Lothar Friedrich
Frh. von ~ 7/87; Meyer, Theodor ~ 7/110; Mohlberg,
Kunibert ~ 7/180; Mone, Franz Joseph ~ 7/198; Münster,
Sebastian ~ 7/297; Nalbach, Lothar Friedrich von ~ 7/338;
Nesen, Konrad ~ 7/365; Nesen, Wilhelm ~ 7/365; Nikolaus
von Straßburg ~ 7/420; Notke, Bernt ~ 7/442; Oefele,
Andreas Felix von ~ 7/463; Oehler, Richard ~ 7/464;
Oeing-Hanhoff, Ludger ~ 11/147; Oelhafen von und zu
Schöllenbach, Johann Christoph ~ 7/467; Ottiger, Ignaz
~ 7/527; Pastor, Ludwig Frh. von Camperfelden (1916) ~
7/569; Petrasch, Joseph Frh. von ~ 7/621; Philipp II. von
Flersheim, Bischof von Speyer ~ 7/656; Pighius, Albertus
~ 7/669; Pighius, Stephan Vinandus ~ 7/669; Prümmer,
Dominikus Maria ~ 8/81; Renner, Carl Oskar ~ 8/244;
Richard, Herzog von Pfalz-Simmern ~ 8/272; Rodenstein,
Philipp von ~ 8/345; Roh, Peter ~ 8/367; Romanus,
Adrianus */~ 8/378; Rosemondt, Godschalk ~/† 8/389;
Savigny, Karl von ~ 8/533; Schäzler, (Johann Lorenz)
Konstantin Frh. von ~ 8/555; Schannat, Johann Friedrich
~ 8/563; Schneider, Ceslaus Maria ~ 9/50; Schnütgen,
(Johann Wilhelm) Alexander ~ 9/69; Schönborn, Damian
Hugo Philipp Reichsfreiherr (seit 1701 Reichsgraf) von
~ 9/86; Schrader, Clemens ~ 9/124; Schuler, Augustinus
~ 9/184; Schwann, Theodor (Ambrose Hubert) ~ 9/222;
Schweikard von Kronberg, Johann ~ 9/236; Sedulius,
Heinrich ~ 9/254; Sierp, Heinrich (Matthias Emil) ~ 9/320;
Stammler, Jakobus ~ 9/444; Stiebar von Butterheim ~
9/524; Streng, Alfons von ~ 9/584; Streng, Franz von ~
9/584; Studer, Eugen ~ 9/605; Sturm, Johannes ~ 9/617;
Suchten, Alexander von ~ 9/623; Swieten, Gerard van
~ 9/640; Tellenbach, Gerd ~ 11/181; Thüngen, Neidhart
von ~ 10/26; Thürheim, Johann Wilhelm Graf von ~
10/26; Traber, Johann Evangelist ~ 10/67; Truchseß von
Waldburg, Gebhard ~ 10/100; Ulsenius, Theodoricus ~
10/148; Varnbüler, Nikolaus ~ 10/182; Voit von Salzburg,
Melchior Otto Reichsritter ~ 10/241; Warnkönig, Leopold
August ~ 10/337; Wesenbeck, Matthaeus ~ 10/455;
Wilmers, Wilhelm ~ 10/515; Winter aus Andernach,
Johann ~ 10/533; Zimmern, Froben Christoph Graf von
~ 10/672

Löwen (poln. Lewin Brzeski)
Eckardstein, Hermann (Johannes Arnold Wilhelm Julius
Ernst) Frh. von * 3/7; Hellmann, (Johann Georg) Gustav *
4/567

Löwenberg (poln. Lwówek Śląski)
Banz, Heinrich * 1/289; Bergemann, Johann Gottfried
Georg * 1/442; Bergemann, Paul * 1/442; Bolko I., Herzog
von Schweidnitz-Jauer ~ 2/8; Cabisius, Julius ~ 2/263;
Förster, Franz ~ 3/363; Grünewald, Armin * 4/214; Hauser,
Alois ~ 4/447; Heidenreich, Johannes * 4/490; Heinrich I.
der Bärtige, Herzog von Schlesien ~ 4/533; Hess, Kurt ~
4/671; Höegh, Emil von * 5/88; Lange, Johann * 6/233;
Liebmann, Otto * 6/387; Moller, Martin ~ 7/191; Müller,
Eduard ~ 7/252; Popper, David ~ 8/35; Puschmann,

Theodor * 8/93; Raupach, Hans ~ 8/163; Reusner, Esaias
* 8/256; Reusner, Nikolaus von * 8/256; Seifriz, Max ~
9/271; Zwirner, (Adolf Wilhelm) Eberhard * 10/710

Löwenhagen (russ. Komsomol'sk)
Gollnick, Erich Walter Alfred ~ 4/90; Schultz, Johann ~
9/191; Steinkopf, Willy * 9/497

Löwenstein
siehe auch *Hößlinsülz, Lichtenstern, Rittelhof*
Geyling, Johann ~ 3/674; Hipler, Wendel ~ 5/58; Kyber,
(Carl) Manfred ~/† 6/184; Schwamberger, Emil ~ 9/220;
Wielandt, Manuel * 10/484

Löwitz (Kr. Ostvorpommern)
Schwerin, Kurd Christoph Graf von * 9/244; Schwerin-
Löwitz, Hans Graf von ~ 9/245

Logelbach (Elsaß)
Grad, Charles ~/† 4/118

Loham (Gem. Mariaposching)
Mächler, Martin * 6/557

Lohausen (Düsseldorf)
Calcheim, Wilhelm von * 2/265; Dichgans, Hans (Hermann) ~ 2/512

Lohe (seit 1935 zu Lohe-Föhrden)
Wangel, Hedwig † 10/329

Lohe (seit 1975 zu Steimbke)
Thimme, Magdalene * 10/12; Thimme, Wilhelm * 10/12

Lohe-Föhrden → Lohe

Lohheide → Hohne

Lohmar → Breidt, Oberstehöhe

Lohme → Bisdamitz

Lohme (Ostprignitz)
Rose, Bernhard * 8/386

Lohn (Gem. Kehrsatz, Kt. Bern)
Sinner, Carl Ahasver von ~ 9/340

Lohn (Kt. Schaffhausen)
Beck, Conrad * 1/369; Schalch, Tobias † 8/559

Lohn (seit 1972 zu Eschweiler)
Agricola, Franz * 1/52

Lohnde (Seelze)
Egestorff, Johann Hinrich * 3/25; Wagner-Jachmann,
Johanna * 10/291

Lohne (Isernhagen)
Gauß, Carl Josef * 3/588

Lohne (Oldenburg)
Nieberding, Carl Heinrich ~/† 7/402

Lohnsburg (Oberösterreich)
Ritzberger, Albert ~ 8/336

Lohowa (tschech. Luhov)
Jaksch von Wartenhorst, Anton Ritter † 5/297

Lohr a. Main
Blum, Hans * 1/582; Brendel, Franz Anton ~ 2/110;
Erthal, Lothar Franz Michael von und zu */~ 3/168;
Franz Ludwig, Frh. von Erthal, Bischof von Bamberg und
Würzburg * 3/410; Koeth, Joseph * 5/677; Kreuter, Franz
Jakob * 6/101; Kunkel, Adam (Josef) * 6/169; Martin-
Amorbach, Oskar ~ 6/638; Nätscher, Hans * 7/333; Rehm,
Heinrich ~ 8/192; Stadler, Hans * 9/429; Taschner, Ignatius
* 9/660; Ulmer, Johann Conrad ~ 10/141

Lohsa
siehe auch *Litschen*
Räbiger, Julius Ferdinand * 8/120

Loibersdorf (Niederösterreich)
Schmidinger, Heinrich * 8/709

Loissin → Ludwigsburg

Loit (Dänemark)
Kaftan, Julius * 5/400; Kaftan, Theodor * 5/401

Loitz
Bartels, Friedrich * 1/299; Hagenow, (Karl) Friedrich von
~ 4/325; Schröder, Johannes * 9/148

Łojewo (Polen)
Przybyszewski, (Felix) Stanisław * 8/83

Lokau (poln. Tłokowo)
Thiel, Andreas * 10/1

Loket → Elbogen

Lollar
Jantzen, Georg † 5/304; Schneider, Ludwig † 9/58
Lommatzsch
Feige, Johann Christian ~ 3/248; Volkmann, (Friedrich) Robert * 10/246
Łomnica → Lomnitz
Lomnice → Lobnig
Lomnice → Lomnitz
Lomnitz (Kr. Westlausitz-Dresdner Land)
Arnold, Heinrich Gotthold * 1/187
Lomnitz (poln. Łomnica)
Stosch-Sarrasani, Hans * 9/561
Lomnitz (tschech. Lomnice)
Wallsee, Heinrich Egon * 10/316
Lomza (poln. Łomża)
Poritzky, Jakob Elias * 8/37; Stern, Otto ~ 9/514
Lon (Westfalen)
Küng, Erhart * 6/150
Lonay (Kt. Waadt)
Geissler, Wilhelmine ~ 3/612
London
siehe auch *Beckenham, Chelsea, Chislehurst, Finchley, Hampstead, Hornsey, Kensington, Kew, Putney Hill, Whitehall*
Abarbanell, Lina ~ 1/1; Abeken, Heinrich (Johann Wilhelm Rudolf) ~ 1/3; Abel, Carl Friedrich ~/† 1/4; Abel, Emil † 1/4; Abel, Paul ~/† 1/6; Abendroth, Wolfgang ~ 1/8; Aber, Adolf ~/† 1/9; Abert, (Johann) Joseph ~ 1/10; Abraham, Max ~ 1/12; Abs, Hermann J(osef) ~ 1/13; Abshagen, Karl-Heinz (Gert Anton) ~ 1/15; Ackermann, (Wilhelm) Heinrich ~ 1/21; Ackermann, Rudolf ~ 1/22; Adam, Leonhard ~ 1/29; Adamberger, Valentin ~ 1/30; Adams, John Quinc(e)y ~ 1/31; Adelmann von Adelmannsfelden, Raban ~ 1/34; Adler, Bruno ~/† 1/38; Adler, H(ans) G(ünther) ~/† 1/40; Adler, Nathan Marcus ~/† 1/41; Adolf Friedrich, Herzog von Cambridge, Vizekönig von Hannover */~/† 1/43; Adrian, Johann Valentin ~ 1/46; Agrippa von Nettesheim ~ 1/55; Albers, Anton d. Ä. ~ 1/64; Albers, Johann Abraham ~ 1/64; Albers, Johann Hinrich ~ 1/65; Albert Franz Albrecht August Karl Emanuel, Prinz von Sachsen-Coburg-Gotha ~ 1/67; Albert, Eugen (Franz Karl) d' ~ 11/2; Aldenhoff, Bernd ~ 1/85; Alfred Ernst Albert, Herzog von Sachsen-Coburg-Gotha * 1/89; Alfringhaus, Erich ~ 1/89; Algarotti, Francesco Graf von ~ 1/89; Alice Maud Mary, Großherzogin von Hessen * 1/90; Allemann, (Fritz) René ~ 11/3; Allina, Heinrich ~ 1/92; Alsen, Herbert ~ 1/94; Althaus, Friedrich † 1/100; Altmaier, Jakob ~ 1/102; Altmann-Gottheiner, Elisabeth ~ 1/104; Altschul, Salomon Eugen ~ 11/3; Alvary, Max ~ 1/106; Alvensleben, Johann Friedrich Karl von ~ 1/108; Alvensleben-Hundisburg, Philipp Karl Graf von ~ 1/108; Amerling, Friedrich von ~ 1/114; Ammann, Johannes ~ 1/116; Anday, Rosette ~ 1/122; Anderssen, Adolf ~ 1/125; Andrássy, Gyula (Julius) Graf ~ 1/126; Andri, Ferdinand ~ 1/134; Andrian-Werburg, Victor Franz Frh. von ~ 1/134; Angeli, Heinrich von ~ 1/135; Antropoff, Andreas von ~ 1/153; Appun, Karl Ferdinand ~ 1/160; Arenberg, Franz Ludwig Prinz von ~ 1/164; Arnemann, Justus ~ 1/176; Arneth, Joseph Calasanza Ritter von ~ 1/177; Arnhold, Adolf ~ 1/177; Arnhold, Eduard ~ 1/178; Arnim, Karl Otto Ludwig von ~ 1/181; Arnold, Franz † 1/186; Arnold, Friedrich Wilhelm ~ 1/186; Arnoldson, Sigrid ~ 1/191; Artner, Josefine von ~ 1/197; Artôt de Padilla, (Marguerite Joséphine) Désirée ~ 1/198; Asher, Adolf ~ 1/204; Asher, Carl Wilhelm ~ 1/205; Atabay, Cyrus ~ 11/6; Audorf, Jakob ~ 1/212; Auerbach, Erna ~/† 1/215; Auerbach, Walter ~ 1/216; Aufhäuser, Siegfried ~ 1/219; Aufseeser, Ernst ~ 1/220; Auliczek, Dominik ~ 1/223; Baare, Willy * 1/233; Bach, David Josef ~/† 1/236; Bach, Johann Christian ~/† 1/237; Bach, Wilhelm (Friedrich Ernst) ~ 1/241; Badt, Kurt ~ 1/253; Badt-Strauß, Bertha ~ 1/253; Bächtold, Jakob ~ 1/254; Baeck, Leo ~/† 1/254; Baer, Gustav ~ 1/259; Bäumler, Christian ~ 1/266; Bahlsen, Hermann ~ 1/268; Balden, Theo ~

11/10; Baltensperger, (Hans) Walter ~ 1/280; Balthasar, Joseph Anton von ~ 1/281; Baltzar, Thomas ~/† 1/282; Bamm, Peter ~ 1/286; Bandel, Heinrich von ~ 1/286; Bang, Paul Franz ~ 1/288; Banks, Edward ~ 1/289; Bar, Georg Ludwig von ~ 1/290; Barandon, Paul ~ 1/291; Baratier, Johann Philipp ~ 1/291; Bardenheuer, Franz Bernhard ~ 1/293; Baron, Hans ~ 11/12; Barth, Heinrich ~ 1/301; Barth, Johann August ~ 1/302; Bartholdy, Jakob Ludwig Salomo ~ 1/307; Bauer, Andreas Friedrich ~ 1/323; Bauer, Ferdinand Lukas ~ 1/324; Bauer, Karoline (Philippine Auguste) ~ 1/328; Bauer, Melchior ~ 1/329; Bauerle, Karl Wilhelm Friedrich ~ 1/330; Baumann, Ida ~ 1/336; Baumann, Johannes ~ 1/336; Baumberger, Otto ~ 1/339; Baumgärtner, Karl Heinrich ~ 1/342; Baur, Ludwig ~ 1/352; Bebel, (Ferdinand) August ~ 1/363; Becher, Alfred Julius ~ 1/365; Becher, Johann Joachim † 1/366; Bechstein, Carl ~ 1/367; Beck, Ludwig ~ 1/372; Becker, Hugo ~ 1/378; Becker, Johann Philipp ~ 1/378; Becker, Wilhelm ~ 11/15; Beeth, Lola ~ 1/391; Beheim-Schwarzbach, Martin */~ 1/396; Behl, Carl Friedrich Wilhelm ~ 1/396; Behn-Eschenburg, Hermann ~ 1/398; Behrens, Eduard ~ 1/401; Beilke, Irma ~ 1/405; Beirer, Hans ~ 1/406; Beit, Sir Alfred ~ 1/406; Benedetti, Thomas * 1/419; Beneke, Friedrich Wilhelm ~ 1/421; Beneke, Paul ~ 1/421; Beradt, Martin ~ 1/433; Berberich, Joseph ~ 1/433; Berchtold, Leopold Graf von ~ 1/435; Berend, Fritz ~/† 1/436; Bergenroth, Gustav Adolf ~ 1/443; Berger, (Carl) Ludwig (Heinrich) ~ 1/446; Bergmann, Hugo ~ 1/451; Bergner, Elisabeth ~/† 1/452; Beringer, Oskar ~/† 1/455; Bernard, Esther ~ 1/459; Bernasconi, Antonia ~ 1/460; Bernauer, Rudolf ~/† 1/461; Bernays, Paul (Isaak) * 1/461; Bernoulli, Johann ~ 1/474; Bernstein, Eduard ~ 1/475; Bernstorff, Albrecht Graf von ~/† 1/476; Bernstorff, Albrecht Graf von ~ 1/476; Bernstorff, Andreas Graf von ~ 1/477; Bernstorff, Johann Heinrich Graf */~ 1/477; Bernuth, Julius ~ 1/478; Beroldingen, Joseph Ignaz ~ 1/478; Berstl, Julius ~ 1/480; Bertalanffy, Ludwig von ~ 1/480; Bertram, Theodor ~ 1/489; Bertz, Eduard ~ 11/19; Beta, (Johann) Heinrich ~ 1/495; Beta, Ottomar ~ 1/495; Beust, Friedrich Ferdinand Graf von ~ 1/502; Beutel, Ernst Emanuel ~ 1/502; Beuttner, Oskar ~ 1/504; Beyrich, (Carl Ernst Friedrich) Ferdinand ~ 1/508; Bezold, Carl (Christian Ernst) ~ 1/509; Bialloblotzky, Christoph Heinrich Friedrich ~ 1/511; Bianchi, (Charitas) Bianca ~ 1/511; Biedermann, Rudolf ~ 1/518; Bielefeld, Joseph ~ 1/519; Bielfeld, Jakob Friedrich Frh. von ~ 1/520; Binder, Paul ~ 1/531; Bing, (Paul) Robert ~ 1/533; Birckmann, Franz ~ 1/537; Bischoff, Christoph ~ 1/542; Bismarck, Herbert Fürst von ~ 1/545; Bismarck, Otto Fürst von ~ 1/547; Bitter, Friedrich Wilhelm Heinrich ~/† 1/550; Blaas, Karl Theodor von ~ 1/552; Blacker, Carola ~ 1/553; Blanckertz, Rudolf ~ 1/556; Blankenhorn, Herbert ~ 1/558; Blatny, Fanny ~/† 1/562; Blind, Karl ~ 1/572; Bloch, Martin ~/† 1/575; Blümelhuber, Michel ~ 1/580; Bluth, Karl-Theodor ~/† 1/591; Boas, Walter ~ 11/26; Bockelmann, Rudolf (August Louis Wilhelm) ~ 1/596; Bode, Wilhelm ~ 1/600; Böcking, Georg ~ 1/610; Boeddinghaus, Karl ~ 1/613; Böhm, Joseph Edgar ~/† 1/618; Böhme, Anton Wilhelm ~ 1/620; Boelitz, Martin ~ 1/626; Bölte, Amely ~ 1/628; Boër, Johann Lukas ~ 1/631; Böttinger, Heinrich Theodor von ~ 1/640; Bohner, Theodor Paul ~ 2/3; Bois, Curt ~ 2/5; Bollmann, Justus Erich ~ 2/10; Bolváry, Géza (Maria) von ~ 2/13; Bonawitz, Johann Heinrich ~/† 2/16; Bondy, Joseph Adolf ~/† 2/16; Boner, Charles ~ 2/17; Bonhoeffer, Dietrich ~ 2/18; Bonn, Moritz Julius ~ 2/20; Bontjes van Beek, Jan ~ 2/22; Bopp, Franz ~ 2/24; Borchard, Lucy † 2/26; Borcke, Caspar Wilhelm von ~ 2/28; Borel, Eugène ~ 2/29; Borel, Jacques-Louis ~ 2/29; Borinski, Fritz ~ 11/28; Borkenau, Franz ~ 2/30; Borner, Wilhelm ~ 2/34; Borsig, Conrad (August Albert) ~ 2/38; Boss, Medard ~ 2/43; Bossard, Johann Karl Silvan ~ 2/43; Bothmer, Johann Kaspar von ~/† 2/47; Bottomley, John William ~/† 2/48; Boué, Ami ~ 2/48; Bourcart, Charles ~ 2/49; Bourdin, Paul ~ 2/49; Bramsted, Ernest ~ 2/59; Brandis, Johannes ~ 2/65; Brandl,

Max ~ 7/258; Müller, Helmut ~ 7/264; Müller, Hugo ~ 7/266; Müller, Julius ~ 7/272; Müller-Lyer, Franz Carl ~ 7/289; Müller-Pack, Johann Jakob ~ 7/289; Müller-Sagan, Hermann ~ 7/290; Münchhausen, Gerlach Adolf Frh. von ~ 7/294; Münster, Georg (Herbert) Graf zu M.-Ledenburg, seit 1899 Fürst M. v. Derneburg */~ 7/297; Multhopp, Hans ~ 7/305; Mumm von Schwarzenstein, Alfons Frh. von ~ 7/306; Munkácsi, Martin ~ 7/309; Muralt, Johannes von ~ 7/311; Musil, Alois ~ 7/316; Muthesius, Hermann ~ 7/320; Mutzenbecher, Hermann (Franz Matthias) ~ 7/321; Mylius, Christlob † 7/322; Mysz-Gmeiner, Lula ~ 7/324; Nachbaur, Franz ~ 7/326; Nadel, Siegfried (Ferdinand) ~ 7/328; Nadolovitch, Jean ~ 7/329; Nagler, Alois ~ 11/133; Naglo, Emil (Ottomar) ~ 7/336; Nathorff, Hertha ~ 7/343; Natorp, Maria Anna Frfr. von ~ 7/344; Natter, Johann Lorenz ~ 7/345; Naval, Franz ~ 7/352; Nebe, Carl (Johann Eduard) ~ 7/353; Nebesky-Wojkowitz, René (Mario) ~ 11/134; Necker, Wilhelm ~ 7/355; Neher, Dora ~ 7/359; Neithardt, Heinrich August ~ 7/361; Németh, Maria ~ 7/363; Neruda, Franz ~ 7/365; Neruda, Wilma Maria Franziska ~ 7/365; Nessler, Karl (Ludwig) ~ 11/136; Nestle, (Christoph) Eberhard ~ 7/367; Nettlau, (Carl Hermann) Max ~ 7/369; Neubrunn, Emanuel ~ 7/374; Neuburger, Max ~ 7/374; Neuhof, Theodor Frh. von ~/† 7/379; Neumann, Angelo ~ 7/380; Neumann, Franz Leopold ~ 7/382; Neumann, Robert ~ 7/386; Neumann, Siegmund ~ 7/386; Neumann-Hofer, Annie ~ 7/388; Neurath, Konstantin Frh. von ~ 7/392; Neuschul, Ernst ~/† 7/393; Neuß, Alwin ~ 7/393; Neustätter, Otto ~ 7/394; Nicolai, Robert (Emil Gottlieb) ~ 7/400; Niebuhr, Barthold Georg ~ 7/403; Niecks, Friedrich ~ 7/403; Niedermoser, Otto (Wilhelm) ~ 7/406; Niemann, Albert ~ 7/408; Niemeyer, Maximilian David ~ 7/409; Nietan, Hans ~ 7/413; Nikisch, Arthur ~ 7/418; Nissen, Hans Hermann ~ 7/424; Noack, Kurt ~ 7/428; Nobel, Edmund ~/† 7/428; Noë, Heinrich (August) ~ 7/430; Noeldechen, Bernhard ~ 7/430; Nonne, Max ~ 7/436; Nordau, Max ~ 7/437; Nostitz-Wallwitz, Helene von ~ 7/441; Novy, Franz ~ 7/445; Oberländer, Alfred ~ 7/454; Obermayer, Adolf ~ 7/455; Oberparleiter, Karl ~ 7/456; Oberstetter, Edgar ~ 7/457; Oberthür, Karl ~/† 7/457; Oelfken, Tami ~ 7/467; Ohms, Elisabeth ~ 7/481; Olden, John (Frederick) ~ 11/149; Olden, Rudolf ~ 7/484; Oldenbourg, Rudolf ~ 7/485; Olitzka, Rosa ~ 7/488; Ollenhauer, Erich ~ 7/489; Olshausen, (Hermann) Otto (Wilhelm) ~ 7/490; Olszewska, Maria ~ 7/491; Onegin, Sigrid ~ 7/492; Opel, Adam ~ 7/493; Oppenheim, Alphons ~ 7/498; Oppenheim, Lassa (Francis Lawrence) ~ 11/151; Oppenheimer, Fritz Ernst ~ 7/500; Oppenheimer, Oscar Franklin † 7/501; Oppler, Ernst ~ 7/502; Orgéni, Aglaja ~ 7/505; Orlich, Leopold von † 7/506; Orsini-Rosenberg, Franz Xaver Wolf Fürst von (Reichsfürst 1790) ~ 11/152; Orth, Johann ~ 7/508; Osborn, Franz Joachim ~ 7/510; Osten, Eva von der ~ 7/514; Osten, Friedrich von der ~ 7/514; Ostertag, Karl ~ 7/517; Ostwald, Walter (Karl Wilhelm) ~ 11/152; Otten, Karl ~ 7/525; Otto-Alvsleben, Melitta ~ 7/537; Ow-Wachendorf, Wernher Melchior Frh. von ~ 7/541; Paalen, Bella ~ 7/543; Pabst, Louis ~ 7/544; Pächt, Otto ~ 7/547; Pagel, Walter † 11/155; Palitzsch, Johann Georg ~ 7/550; Pallas, Peter Simon ~ 7/550; Pan, Peter ~ 7/554; Paneth, Friedrich Adolf ~ 7/554; Panny, Joseph ~ 7/556; Panofka, Heinrich ~ 7/556; Paradis, Maria Theresia von ~ 7/563; Pasqué, Ernst ~ 7/567; Passavant, Johann Karl ~ 7/568; Pauer, Ernst ~ 7/572; Pauer, Max von */~ 7/572; Pauli, Friedrich August von ~ 7/575; Pauli, Reinhold ~ 7/576; Paullini, Christian Franz ~ 7/578; Pauly, Rose ~ 7/582; Paur, Emil ~ 7/582; Pedretti, Turo ~ 7/587; Pellegrini, Julius ~ 7/591; Pels, Henry † 7/592; Pepusch, Johann Christoph ~/† 7/597; Perard-Petzl, Luise ~ 7/597; Perras, Margherita ~ 7/604; Perrottet, André ~ 7/604; Peschka-Leutner, Minna ~ 7/608; Peter, Walter ~ 7/614; Peterich, Eckart ~ 7/614; Petermann, August ~ 7/614; Petermann, Helene ~ 7/614; Peters, Oscar ~ 7/617; Peters, Wilhelm ~ 7/617; Petráss, Ilona von ~ 7/621; Pevsner, Sir Nikolaus

(Bernhard Leon) ~/† 7/631; Pfeffinger, Philipp Jacob ~ 7/638; Pfeifle, Alfred ~ 7/643; Pferdmenges, Robert ~ 7/645; Pfister, Bernhard ~ 11/158; Pfuhl, Ernst ~ 7/652; Piccaver, Alfred ~ 7/660; Pick, Otto ~/† 7/664; Pincus, Lily ~/† 7/672; Pinschewer, Julius ~ 7/674; Piper, Carl (Anton) ~ 7/675; Pirani, Marcello von ~ 7/676; Pirker, Marianne ~ 7/678; Pitz, Wilhelm ~ 7/682; Pixis, Francilla ~ 7/682; Plaichinger, Thila ~ 7/683; Plaschke, Friedrich ~ 7/686; Plaut, Paul ~/† 7/692; Plener, Ernst Frh. von ~ 7/693; Pless, Daisy Fürstin von ~ 7/694; Pleyel, Ignaz (Joseph) ~ 8/2; Poell, Alfred ~ 8/11; Pohl, Franz ~ 8/18; Pohl, Karl Ferdinand ~ 8/19; Pohlig, Karl ~ 8/21; Polak, Ernst † 8/23; Polanyi, Karl ~ 8/23; Politzer, Adam ~ 8/25; Pollak, Egon ~ 8/26; Pollak, Leo † 8/27; Pollak, Marianne ~ 8/27; Pollak, Oscar ~ 8/27; Pollard, Sidney ~ 11/160; Pollatschek, Stefan † 8/28; Pollini, Bernhard ~ 8/28; Pollitzer, Adolf ~/† 8/29; Popp, Lucia ~ 8/34; Poppel, Johann Gabriel Friedrich ~ 8/35; Popper, David ~ 8/35; Popper, Sir Karl Raimund ~/† 8/36; Porges, Friedrich ~ 8/37; Posener, Julius ~ 8/42; Pott, (Friedrich) August ~ 8/46; Pourtalès, Albert Graf von ~ 8/47; Praeger, Ferdinand (Christian Wilhelm) ~/† 8/49; Praeger, Frederick Amos ~ 8/49; Prausnitz, Giles Carl ~ 8/55; Prenn, Daniel † 8/62; Pretsch, Paul ~ 8/64; Pribram, Alfred Francis */~/† 8/68; Priebsch, Robert ~ 8/68; Pringsheim, Nathanael ~ 8/71; Probst, Emil ~/† 8/74; Prölß, Johannes ~ 8/77; Prutscher, Otto ~ 8/82; Puchinger, Erwin ~ 8/84; Pünder, Hermann ~ 8/87; Putlitz, Wolfgang Gans Edler Herr zu ~ 8/94; Quantz, Johann Joachim ~ 8/100; Quincke, Friedrich (Peter Hermann) ~ 8/103; Raab, Johann ~ 8/105; Rading, Adolf † 8/116; Raecke, Julius * 8/120; Raimund, Ferdinand (Jakob) ~ 8/127; Ramberg, Johann Heinrich ~ 8/131; Ramsauer, Carl Wilhelm ~ 8/133; Ramus, Pierre ~ 8/134; Ranke, Heinrich von ~ 8/136; Rankl, Karl (Franz) ~ 8/138; Ranshofen-Wertheimer, Egon (Ferdinand) ~ 8/139; Rapp, (Julius) Franz ~ 8/141; Rappard, Clara von ~ 8/142; Rathaus, Karol ~ 8/149; Rathenau, Walther ~ 8/150; Rauschning, Hermann (Adolf Reinhold) ~ 8/165; Ravenstein, Ernst Georg ~ 8/167; Ravenstein, Hans ~ 8/167; Rebhann von Aspernbruck, Georg ~ 8/170; Rebmann, Johannes ~ 8/171; Reck, Hans ~ 8/173; Regan, Anna ~ 8/183; Rehahn, Arne ~ 8/188; Rehberg, Friedrich ~ 8/189; Reich, Theodor ~ 8/195; Reichardt, Alexander ~ 8/196; Reichardt, Johann Friedrich ~ 8/197; Reichenbach, Bernhard ~ 8/200; Reicher, Ernst ~ 8/202; Reicher-Kindermann, Hedwig ~ 8/202; Reichmann, Eva (Gabriele) ~/† 11/162; Reichmann, Hans ~ 8/204; Reichmann, Theodor ~ 8/204; Reimann, Albert ~/† 8/209; Reimarus, Johann Albert Heinrich ~ 8/211; Reiner, Imre ~ 8/216; Reinhardt, Delia ~ 8/219; Reinhardt, Max ~ 8/220; Reinhardt, Philipp Jakob ~ 8/221; Reiniger, Lotte ~ 8/224; Reining, Maria ~ 8/225; Reinl, Josefine ~ 8/226; Reisinger, Franz ~ 8/231; Reiss, Albert ~ 8/231; Reiter, Michael ~ 8/234; Reitzner, Richard ~ 8/236; Rennert, Günther (Peter) ~ 8/246; Rethberg, Elisabeth ~ 8/250; Reumont, Gerhard ~ 8/255; Reuss-Belce, Luise ~ 8/258; Reuter, Ernst (Rudolf Johannes) ~ 8/259; Reuter, Paul Julius Frh. von ~ 8/261; Reventlow, Friedrich (Karl) Graf zu ~ 8/263; Rheiner, Walter ~ 8/268; Rhesa, Ludwig (Jedemin Martin) ~ 8/269; Ribbentrop, Friedrich Christian Heinrich ~ 8/271; Richter, August Gottlieb ~ 8/275; Richter, Hans ~ 8/278; Richter, Hans ~ 8/279; Richthofen, Herbert Frh. von ~ 8/286; Ridderbusch, Karl ~ 8/288; Rie, Lucie ~/† 8/288; Riechmann, Friedrich ~ 8/289; Riederer, Johann Fried(e)rich ~ 8/293; Ries, Ferdinand ~ 8/305; Rilla, Walter ~ 8/312; Ringeltaube, Wilhelm Tobias ~ 8/316; Rist, Johann Georg ~ 8/323; Ritter, Joachim-Friedrich ~ 8/330; Ritter, Rudolf ~ 8/332; Rittershausen, Heinrich ~ 8/334; Rittmeyer, Franz Elisäus ~ 8/335; Ritz, Cäsar ~ 8/336; Robert, Eugen ~/† 8/338; Robinson, Leonore ~ 8/340; Robitschek, Kurt ~ 8/340; Rocker, Rudolf ~ 8/342; Rode, Wilhelm ~ 8/344; Rodemund, Karl ~ 8/344; Röckel, August ~ 8/347; Röckel, Josef August ~ 8/348; Roederer, Johann Georg ~ 8/349; Roediger, Conrad ~

8/349; Roentgen, Abraham ~ 8/354; Roeser, Jakob von ~ 8/359; Rössler, Carl ~/† 8/362; Rogge, Friedrich Wilhelm ~ 8/366; Rohr, Wilhelm ~ 8/371; Rohs, Martha ~ 8/372; Rolfes, Max * 8/374; Rosé, Arnold Josef ~/† 8/386; Roselius, Ludwig ~ 8/388; Rosen, Friedrich (August) ~/† 8/389; Rosen, Georg ~ 8/389; Rosenbaum, Eduard ~/† 8/390; Rosenberg, Ludwig ~ 8/393; Rosenfeld, Siegfried ~/† 8/396; Rosenthal, Ernst (Georg Wilhelm) ~/† 8/400; Rosenthal, Oskar ~ 8/401; Rost, Ernst Reinhold ~ 8/407; Rostal, Max ~ 8/408; Roth, (Walter) Rudolf von ~ 8/415; Rothbarth, Erwin ~ 8/417; Rothschild, Jakob Mayer Frh. von ~ 8/422; Rothschild, Nathan Mayer Frh. von ~ 8/423; Rothschild, Salomon Mayer Frh. von ~ 8/423; Rotten, Elisabeth † 8/425; Ruecker, Alfred ~ 8/444; Rücker, August Gottlieb ~ 8/444; Rüfenacht, Hermann ~ 8/449; Rüsche-Endorf, Cäcilie ~ 8/455; Rütschi, Salomon ~ 8/456; Ruland, Karl ~ 8/461; Rummel, Franz * 8/463; Rummel, Joseph ~/† 8/463; Ruprecht der Kavalier, Pfalzgraf bei Rhein † 8/473; Ruprecht, Wilhelm ~ 8/474; Rusca, Carlo Francesco ~ 8/474; Ruston, Joseph John * 8/476; Rutenberg, (Diedrich) Christian ~ 8/476; Rysanek, Leonie ~ 8/481; Sabatzky, Kurt ~/† 8/485; Sack, Erna (Dorothea Luise) ~ 8/491; Salis, Peter von * 11/167; Salomon, Gotthold ~ 8/503; Salomon, Johann Peter ~/† 8/504; Sanden, Aline ~ 8/510; Sander, Wilhelm ~ 8/513; Saran, Mary (Martha) ~ 8/518; Sattler, Hubert ~ 8/524; Saudek, Robert ~/† 8/525; Saudek, Rudolf ~ 8/525; Sauer von Aichried, Emil Georg (Konrad) ~ 8/527; Saugy, Louis ~ 8/529; Sauter, George ~ 8/531; Savigny, Leo von ~ 8/533; Savoye, Joseph ~/† 8/533; Saxl, Fritz ~/† 8/535; Scaria, Emil ~ 8/536; Schacherl, Max Gerwin ~/† 8/538; Schachner, Joseph Rudolf ~ 8/539; Schacht, Joseph ~ 8/540; Schäffler, Theodor Heinrich Otto ~ 8/552; Schaer, Eduard ~ 8/552; Schärnack, Louise ~ 8/553; Schairer, Reinhold ~ 8/558; Schalch, Johann Jakob ~ 8/559; Schalit, Leon † 8/559; Schalk, Franz ~ 8/560; Schapper, Karl (Christian) ~/† 8/566; Scheff, Fritzi ~ 8/583; Scheffler, Erna † 8/584; Scheidl, Theodor ~ 8/588; Schelper, Otto ~ 8/598; Scherchen, Hermann (Karl) ~ 8/609; Scherz, Alfred ~ 8/615; Scherzer, Karl von ~ 8/616; Scheu, Andreas ~ 8/616; Scheu, Heinrich ~ 8/617; Scheuchzer, Johann Jakob ~ 8/617; Schibler, Armin ~ 8/621; Schiefer, Friedrich ~ 8/625; Schiff, Victor ~ 8/630; Schimmelpfeng, (Franz Karl) Wilhelm ~ 8/641; Schimon, Adolf ~ 8/641; Schindler-Lange, Maria Antonia ~ 8/645; Schipper, Emil ~ 8/648; Schirach, Rosalind von ~ 8/648; Schirnding, August Carl Friedrich Frh. von ~ 8/650; Schlange-Schöningen, Hans ~ 8/655; Schleiden, Rudolf ~ 8/664; Schleinitz, Alexander Frh. von ~ 8/667; Schleiss, Franz ~ 8/668; Schlenke, Manfred ~ 8/669; Schlesinger, Georg † 8/670; Schlicht, Ludolf Ernst ~ 8/674; Schlieffen, Martin Ernst von ~ 8/676; Schliemann, (Johann Ludwig) Heinrich (Julius) ~ 8/677; Schlienz, Christoph Friedrich ~ 8/677; Schlösser, Carl William Adolph ~ 8/682; Schlossberger, Hans (Otto Friedrich) ~ 8/684; Schlosser, Theodor ~ 8/686; Schlottmann, Louis ~ 8/687; Schlumberger, Robert von Goldeck ~ 8/689; Schmeidler, Josef ~ 8/694; Schmezer, Friedrich ~ 8/698; Schmid, Heinrich ~ 8/702; Schmid, Paul von ~ 8/705; Schmid, Walter ~ 8/706; Schmidt, Gerhard Karl (Nathaniel) * 9/8; Schmidt, Hans ~ 9/9; Schmidt, Heinz H. ~ 9/10; Schmidt-Weißenfels, Eduard ~ 9/26; Schmitt-Walter, Karl ~ 9/33; Schmitz, (Heinrich Gustav) Hermann ~ 9/36; Schnabel, Ernst ~ 9/42; Schnee, Heinrich ~ 9/47; Schneider, Albert ~ 9/49; Schneider, Ern(e)st ~ 9/51; Schneider, Hugo ~ 9/55; Schneider, Johann Gottlob d. J. ~ 9/56; Schneider-Lenne, Ellen-Ruth ~ 11/171; Schneller, Julius Franz Borgias ~ 9/63; Schnippenkötter, Swidbert ~ 9/65; Schnurbusch, (Johann Heinrich Friedrich) Diedrich † 9/70; Schnyder von Wartensee, Charles ~ 9/71; Schock, Rudolf (Johann) ~ 9/73; Schödl, Max ~ 9/75; Schöffler, Paul ~ 9/77; Schoefft, August ~/† 9/77; Schoen, Ernst (Fritz Erich) ~ 9/80; Schönberg, Johann Nepomuk ~ 9/85; Schönberger, Benno ~ 9/85; Schönborn, Franz Georg Reichsfreiherr

(seit 1701 Reichsgraf) von ~ 9/87; Schönborn, Friedrich Karl Reichsfreiherr (seit 1701 Reichsgraf) von ~ 9/87; Schönborn, Gottlob Friedrich Ernst ~ 9/87; Schönborn-Wiesentheid, Erwein Clemens Chlodwig Graf von ~ 9/88; Schönburg-Hartenstein, (Josef) Alexander Fürst von ~ 9/89; Schönburg-Hartenstein, Johannes Prinz von ~ 9/89; Schöne, Lotte ~ 9/90; Schönfeld, Carl (Emil) ~ 9/93; Schöttle, Erwin ~ 9/103; Scholderer, Otto ~ 9/104; Scholl, Carl ~ 9/105; Schomburgk, Hans ~ 9/112; Schomburgk, Sir Robert (Hermann) ~ 9/112; Schorr, Friedrich ~ 9/119; Schott, Anton ~ 9/119; Schram, Franz (Leopold Matthias) ~ 9/127; Schreiber, Josef ~ 9/136; Schreiber, Rudolf ~ 9/137; Schreiber-Krieger, Adele ~ 9/137; Schröder, Friedrich (Ulrich) Lud(e)wig ~ 9/146; Schröder, Kurt ~ 9/148; Schrödinger, Erwin ~ 9/152; Schröter, Johann Samuel ~ 9/155; Schubert, Carl (Theodor Conrad) von ~ 9/160; Schubert, Georgine ~ 9/162; Schuberth, Karl (Eduard) ~ 9/165; Schuch-Proska, Clementine von ~ 9/167; Schüddekopf, Karl (Bernhard Conrad) ~ 9/169; Schüller, Richard ~ 9/170; Schütte, Karl ~ 9/175; Schütz, Hans ~ 9/177; Schütz-Oldosi, Amalie ~ 9/179; Schulemann, Werner ~ 9/182; Schulenburg, Friedrich Graf von der ~ 9/182; Schulenburg, Fritz-Dietlof Graf von der * 9/182; Schultz, Ernst Gustav ~ 9/190; Schulze, Adolf ~ 9/199; Schumacher, Fritz ~ 9/203; Schumann, Clara ~ 9/205; Schumann-Heink, Ernestine ~ 9/208; Schurz, Carl ~ 9/212; Schwab, Hermann ~/† 9/217; Schwabe, Samuel Heinrich ~ 9/219; Schwaiger, Rosl ~ 9/220; Schwarz, Joseph ~ 9/227; Schwarz, Vera ~ 9/228; Schwarz-Senborn, Wilhelm Frh. von ~ 9/229; Schwarzenberg, Felix Fürst zu ~ 9/230; Schweigger, Karl Ernst Theodor ~ 9/235; Schweighäuser, Johannes ~ 9/235; Schweikher, Samuel Paul ~ 9/236; Schwippert, Hans ~ 9/247; Sealsfield, Charles ~ 9/250; Segal, Arthur ~/† 9/262; Seifert, Ernst ~ 9/270; Seifert, Victor Heinrich ~ 9/270; Seligmann, Caesar † 9/277; Selinko, Annemarie ~ 9/278; Semper, Gottfried ~ 9/284; Seyffardt, Ludwig Friedrich ~ 9/299; Siebeck, Hans Georg ~ 9/303; Sieburg, Friedrich ~ 9/308; Siegenthaler, Albert ~ 9/311; Siemens, Carl von ~ 9/316; Siemens, Carl Friedrich von ~ 9/316; Siemens, (Ernst) Werner von ~ 9/317; Siemens, (Carl) Wilhelm ~ 9/318; Siems, Margarethe ~ 9/319; Sievers, Jakob Johann Graf von ~ 9/322; Sigerist, Henry E(rn[e]st) ~ 9/323; Sigismund von Luxemburg, König von Ungarn, des Reiches und von Böhmen, Kaiser ~ 9/324; Silberer, (Miriam) Rose ~ 9/326; Silex, Karl ~ 9/327; Simon, Ellen ~ 9/330; Simon, Helene (Henriette) ~/† 9/332; Simons, Anna ~ 9/334; Simons, Walter ~ 9/335; Simrock, Nikolaus ~ 9/336; Sinsheimer, Hermann ~/† 9/341; Sintzenich, Heinrich ~ 9/341; Skasa-Weiß, Eugen ~ 9/354; Snell, (Johann Philipp) Ludwig ~ 9/354; Sobernheim, Curt (Joseph) ~ 9/355; Sobernheim, Walter ~ 9/355; Solmitz, Walter Moritz ~ 9/365; Solti, Sir Georg ~ 9/366; Sommer, Ernst † 9/368; Sommerschuh, Gerda ~ 9/371; Sondermann, Robert ~ 9/372; Sontag, Henriette (Gertrude Walpurgis) ~ 9/376; Soot, Fritz ~ 9/377; Sorell, Walter ~ 9/378; Spanheim, Ezechiel Frh. von ~/† 9/384; Speer, (Berthold Konrad Hermann) Albert † 9/390; Spengler, Lorenz ~ 9/398; Sperrle, Hugo ~ 9/398; Speyer, Emil John ~/† 9/399; Speyer, Wilhelm von ~ 9/399; Spiegel, Friedrich von ~ 9/400; Spiegelberg, Ernst ~ 9/401; Spiel, Hilde (Maria Eva) ~ 9/402; Spieß, Gustav Adolf ~ 9/405; Spindler, Gert P(aul) ~ 11/176; Spinner, Leopold † 9/407; Spira, Leopold ~ 9/408; Spitzweg, (Franz) Carl ~ 9/412; Spoliansky, Mischa ~/† 9/415; Springer, Hermann ~ 9/421; Spurzheim, Johann Christoph ~ 9/424; Stadion, Johann Philipp Graf von ~ 9/429; Stadlen, Peter ~/† 11/177; Stägemann, Waldemar (Walter Ludwig Eugen) ~ 9/433; Stalder, Joseph Franz Xaver Dominik ~ 9/442; Stamitz, Carl (Philipp) ~ 9/442; Stamm, August Theodor ~ 9/442; Stapenhorst, Günther ~ 9/448; Staudigl, Josef d. Ä. ~ 9/457; Steffensmeier, Heinrich ~ 9/466; Stehle, Sophie ~ 9/469; Stein, Erwin ~/† 9/476; Steinbach, Emil ~ 9/483; Steinberg, William ~ 9/486; Steinke, Martin ~ 9/496; Steinkopf, Karl Friedrich Adolf

Hugo ~ 10/610; Zador, Desider ~ 10/612; Zanker, Arthur † 10/619; Zarek, Otto ~ 10/621; Zaunick, Rudolph (Otto) ~ 10/623; Zawilowski, Konrad von ~ 10/624; Zeitlin, Leon ~/† 10/634; Zeller, Heinrich ~ 10/637; Zellweger, Elisabeth ~ 10/639; Zenneck, Jonathan (Adolf Wilhelm) ~ 10/643; Zerr, Anna ~ 10/645; Zeuner, Frederick Everard ~/† 10/649; Ziegler, Karl ~ 10/655; Ziegler, Richard ~ 10/656; Zilcken, Detta ~ 10/661; Zimmermann, Agnes ~/† 10/665; Zimmermann, Armin ~ 10/665; Zimmermann, Eberhard August Wilhelm von ~ 10/666; Zimmermann, (Ernst Wilhelm) Eduard ~ 10/666; Zimmermann, Johann von ~ 10/668; Zinnemann, Fred † 10/676; Zinzendorf und Pottendorf, Christian Renatus Reichsgraf von † 10/677; Zinzendorf und Pottendorf, Nikolaus Ludwig Reichsgraf von ~ 10/678; Zirkel, Ferdinand ~ 10/679; Zoffany, John Edler von ~ 10/686; Zollschan, Ignaz ~/† 10/688; Zsolnay, Paul von ~ 10/692; Zügel, Willy ~ 10/696; Züllig, Hans ~ 10/696; Zumpe, Hermann ~ 10/700; Zur Linde, Otto ~ 10/702; Zur Mühlen, Raimund von ~ 10/702; Zweig, Fritz ~ 10/705; Zweigert, Konrad ~ 10/706

London (Ontario, Kanada)
Frasch, Hermann ~ 3/416

Londorf (seit 1970 zu Rabenau, Kr. Gießen)
Engel, Karl (Wilhelm Jakob) ~ 3/115; Juncker, Johann * 5/376; Weber, Heinrich * 10/355

Long Beach (New York, USA)
Baumgardt, David † 1/342

Long Grove (Illinois, USA)
Alberti, Leopold David Scharlau ~ 1/70

Long Sutton (Lincolnshire, England)
Piccaver, Alfred * 7/660

Longueville (Frankreich)
Ladurner, Ignaz Anton ~ 6/194

Longuich
Spurzheim, Johann Christoph * 9/424

Longwy (Lothringen)
Mercy, Claudius Florimund Graf von * 7/69; Mercy, Franz Frh. von * 7/69

Lonnerstadt
Sensburg, Ernst Philipp von * 9/290

Lonsee → Ettlenschieß, Radelstetten

Lontal (seit 1972 zu Niederstotzingen)
Mettenleiter, Johann Georg * 7/87

Loosdorf (Niederösterreich)
Bach, Alexander Frh. von ~ 1/234; Ledóchowska, Maria Theresia Gräfin * 6/286; Ledóchowska, Ursula * 6/286; Ledóchowski, Wladimir Graf von * 6/287

Loosdorf (tschech. Ludvíkovice)
Stubenberg, Johann Wilhelm von ~ 9/602

Loppow (Kr. Landsberg/Warthe)
Teuchert, Hermann * 9/682

Lorch (Ostalbkreis)
siehe auch *Waldhausen*
Conz, Karl Philipp * 2/368; Fraas, Oscar (Friedrich) * 3/381; Friedrich I., Herzog von Schwaben ~ 3/474; Hafenreffer, Matthias ~ 4/315; Mörike, Eduard ~ 7/174; Pilgrim, Bischof von Passau ~ 7/670; Reuss, Jeremias Friedrich ~ 8/258; Rösler, Johann Eberhard * 8/360; Schmitt, Alfons * 9/29

Lorch (Rheingau-Taunus-Kreis)
Konrad II. von Weinsberg, Erzbischof von Mainz ~ 6/28; Nahm, Peter Paul † 7/337; Schmitt, Wilhelm Joseph * 9/33; Thilenius, (Johann Friedrich Heinrich) Otto ~ 10/10

Lorenzdorf (poln. Ławszowa)
Andersch, Max * 1/124

Lorenzkirch (seit 1994 zu Zeithain)
Paul, Theodor * 7/575; Paul, Wolfgang * 7/575

Loreto (Italien)
Friedrich von Antiochien ~ 3/476; Morlacchi, Francesco ~ 7/217; Vogel, Joseph Anton ~/† 10/227

Loretto (Pennsylvania, USA)
Lemke, Heinrich ~ 6/315

Lorettohöhe (bei Arras, Dép. Pas-de-Calais, Frankreich)
Ostendorf, Friedrich † 7/515

Lorsch
Adalbero, Bischof von Augsburg ~ 1/24; Bischoff, Bernhard ~ 11/22; Falk, Franz ~ 3/224; Grynäus, Simon ~ 4/229; Hatto I., Erzbischof von Mainz ~ 4/433; Kohlhaußen, Heinrich † 6/4; Lupold, Bischof von Worms ~ 6/531; Siegfried III. von Eppstein, Erzbischof von Mainz ~ 9/312

Los Alamos (New Mexico, USA)
Fuchs, Klaus (Emil Julius) ~ 3/520; Nordheim, Lothar Wolfgang ~ 7/438; Schardt, Alois (Jakob) † 8/566

Los Ángeles (Chile)
Kraemer, Augustin Friedrich * 6/60

Los Angeles (Kalifornien, USA)
siehe auch *Hollywood*
Altman, Georg ~/† 1/102; Arno, Siegfried † 1/183; Aufhäuser, Martin † 1/219; Bauer, Julius ~ 1/327; Bertalanffy, Ludwig von ~ 1/480; Brunner, Karl ~ 11/34; Bühler, Charlotte ~ 2/200; Bühler, Karl ~/† 2/200; Carnap, Rudolf Leo ~ 2/283; Collin, Erich ~/† 11/41; Creutzfeldt, Otto ~ 11/42; Cycowski, Roman ~ 11/43; Dupont, Ewald Andreas † 2/654; Ebert, Carl (Anton) ~ 2/677; Feuchtwanger, Lion ~/† 3/276; Frank, Paul † 3/402; Friedländer, Paul ~/† 3/453; Gaede, William Richard ~ 3/552; Gomperz, Heinrich ~/† 4/95; Gottschalk, Benno ~/† 4/110; Graudan, Nikolai ~ 4/142; Haber, Heinz ~ 4/292; Hacker, Friedrich ~ 4/297; Hauptmann, Elisabeth ~ 4/444; Hertz, Richard (Otto) ~ 4/653; Hofer, Johanna ~ 5/110; Hollmann, Hans Erich † 5/152; Horkheimer, Max ~ 5/175; Jellinek, Oskar ~/† 5/318; Jessner, Leopold † 5/327; Kanitz, Ernest ~ 5/423; Kaus, Gina ~/† 5/476; Keller, Adolf † 5/490; Klemperer, Otto ~ 5/587; Klemperer, Wolfgang † 5/587; Klose, Margarethe ~ 5/605; Korn, Peter Jona ~ 11/110; Künkel, Fritz ~/† 6/150; Ladner, Gerhard B. ~/† 11/116; László, Alexander † 6/261; Ligges, Fritz ~ 6/394; Mahler, Anna Justine ~ 6/566; Marcuse, Ludwig ~ 6/611; Marschak, Jacob ~/† 6/630; Marschütz, Carl † 6/632; Massary, Fritzi † 6/651; Matray, Maria ~ 6/656; Mönius, Georg ~ 7/173; Motzkin, Theodor(e) Samuel ~/† 7/233; Müller, Heiner ~ 7/262; Nagy, Käthe von † 7/337; Neutra, Richard (Josef) ~ 7/394; Nüll, Werner von der ~ 11/144; Oppenheimer, Franz ~ 7/500; Oswald, Gerd ~ 7/521; Palmer, Lilli † 7/552; Pappenheim, Eugenie ~/† 7/560; Pisk, Paul A(madeus) † 7/680; Plesch, Johann † 7/693; Pommer, Erich † 8/30; Porges, Friedrich † 8/37; Prinzhorn, Hans ~ 8/73; Rademacher, Erich ~ 8/115; Reichenbach, Hans (Friedrich Herbert Günther) ~/† 8/200; Reichert, Heinz † 8/203; Reichl, Fritz ~/† 8/203; Reinhardt, Gottfried † 8/219; Reisch, Walter † 8/229; Révy, Richard (Anton Robert Felix) ~/† 8/263; Riesenfeld, Hugo † 8/306; Rintelen, Fritz Joachim ~ 8/320; Rüdenberg, Reinhold ~ 8/445; Schildkraut, Rudolf † 8/634; Schindler, Rudolf Michael ~/† 8/645; Schönberg, Arnold (Franz Walter) ~/† 9/84; Simon, Ernst ~ 9/331; Tänzler, Hans ~ 9/650; Tintner, Gerhard ~ 10/46; Toch, Ernst ~/† 10/54; Veidt, (Hans Walter) Conrad ~ 10/187; Vollmoeller, Karl Gustav † 10/249; Wachsmann, Franz ~/† 10/266; Wachsmann, Konrad ~/† 10/266; Werbezirk, Gisela ~ 10/440; Wicclair, Walter ~ 10/469; Wolff, Victoria (Trude) † 10/577; Zweybrück, Emmy ~ 10/707

Loschwitz (seit 1921 zu Dresden)
Arnold, Friedrich ~ 1/186; Gutschmid, (Hermann) Alfred Frh. von ~ 4/272; Hermann, Joseph ~/† 4/629; Heydrich, (Gustav) Moritz ~ 5/19; Hübner, (Rudolf) Julius (Benno) † 5/205; Jahn, Georg ~ 5/290; Kügelgen, Gerhard von † 6/141; Leonhardi, (Emil August) Eduard ~/† 6/329; Moholy-Nagy, Sibyl * 7/181; Pless, Hans Heinrich XI. Herzog von † 7/694; Reinhard, Johannes Richard * 8/218; Scheinpflug, Paul * 8/590; Siebelist, Arthur * 9/304; Vogel, Hermann ~ 10/226; Weber, Carl von † 10/350; Wieck, (Johann Gottlob) Friedrich † 10/478

Losenstein (Oberösterreich)
Kronsteiner, Joseph * 6/119; Zach, Franziska * 10/609

Losgehnen (poln. Lusiny)
Tischler, Friedrich */† 10/50; Tischler, Georg (Friedrich Leopold) * 10/50
Losheim am See → Rissenthal
Loslau (poln. Wodzisław Śląski)
Hennig, Martin * 4/591; Lewinsky, Abraham * 6/365
Losone (Kt. Tessin)
siehe auch *Arcegno*
Rheinbaben, Werner (Karl Ferdinand) Frh. von † 8/267; Schmidhauser, Julius ~/† 8/708
Lossa (seit 1973 zu Thallwitz)
Könneritz, Julius von ~ 5/667
Loßburg
siehe auch *Vordersteinwald, Wittendorf*
Kohlhammer, Walter † 6/4
Losse
Bratring, Friedrich Wilhelm August * 2/75
Lossow (Frankfurt/Oder)
Ule, Otto (Eduard Vincenz) * 10/134
Lostorf (Kt. Solothurn)
Arx, Ildefons von ~ 1/199
Lottin (poln. Lotyń)
Grulich, Martin * 4/220; Hertzberg, Ewald Friedrich Graf von * 4/654
Lotyń → Lottin
Loučeň → Lautschin
Loučky → Wiese
Loučky → Wiesen
Loučná nad Desnou → Wiesenberg
Louisenhof (poln. Ludwiczyn)
Mühler, Heinrich (Gottlob) von * 7/242
Louisville (Kentucky, USA)
Drexel, Franz Martin ~ 2/617; Gundlach, Karl ~ 4/259; Krautheimer, Richard ~ 6/86; Rittig, Johann ~ 8/334; Strubberg, Friedrich August ~ 9/595
Louňovice pod Blaníkem → Launowitz
Lourenço (Marques, Mozambique)
Reck, Hans † 8/173
Louvain → Löwen
Lovasberény (Ungarn)
Saphir, (Carl Friedrich) Moritz (Gottlieb Georg) * 8/517; Schön, Friedrich * 9/80
Lovčice → Großlowtschitz
Lovosice → Lobositz
Lovrana (italien. Laurana, heute Lovran, Kroatien)
Exner, Emilie † 3/201; Falke, Jakob von † 3/225; Kropatschek, Alfred Ritter von † 6/119
Lovrin → Lowrin
Łowce (Polen)
Pokorny, Johann ~/† 8/22
Lowell (Massachusetts, USA)
Schlieper, Adolf ~ 8/678
Łowkowice → Lowkowitz
Lowkowitz (poln. Łowkowice)
Dzierzon, Johannes */† 2/662
Lowrin (rumän. Lovrin, ungar. Lovrin)
Muth, Kaspar * 7/319
Loxstedt
siehe auch *Nesse*
Luden, Heinrich * 6/493
Loxten (Gem. Nortrup)
Hammerstein-Loxten, Ernst (Georg Philipp Ludolf August Wilhelm) Frh. von */† 4/364
Loyal Valley (Texas, USA)
Meusebach, John O. † 7/95
Łoźnica → Kantreck
Lstiboř → Elstiborsch
Luanda (Insel, Angola)
Marggraf, Georg † 6/615
Lubau (tschech. Hlubany, heute zu Podbořany)
Martin, Christian Ludwig * 6/636
Lubawa → Löbau (Westpr.)
Lubawka → Liebau i. Schlesien
Lubiatów → Lobendau

Lubiąż → Leubus
L'ubica → Leibitz
Lubieszewo → Güntershagen
Lubieszewo → Ladekopp
Lubin → Lüben
Lublin (Polen)
Abb, Gustav ~ 1/1; Bandtke, Georg Samuel * 1/288; Campi, Antonia * 2/272; Clasen-Schmid, Mathilde ~ 2/331; Globocnik, Odilo ~ 4/32; Hohenberger, Franz ~ 5/137; Katz, Albert ~ 5/464; Satori-Neumann, Bruno Thomas ~ 8/523
Lubliniec → Lublinitz
Lublinitz (1941-45 Loben, poln. Lubliniec)
Brauweiler, Roland Heinrich Wilhelm ~ 2/91; Courant, Richard * 2/386; Kollek, Helmut ~ 6/16; Lammers, Hans Heinrich * 6/207; Ratibor und Corvey, Karl (Egon) von ~ 8/152; Reichmann, Eva (Gabriele) * 11/162; Uhle, Max † 10/129
Lubmin
Bärbig, Kurt † 1/261
Lubno → Lüben (Westpr.)#m
Lubochin (poln. Lubochiń)
Plehn, Albert * 7/692; Plehn, Friedrich * 7/692
Lubojaty → Laubias
Lubrza → Leuber
Lubsko → Sommerfeld
Lučany nad Nisou → Wiesenthal a. d. Neiße
Lucca (Italien)
Gottfried von Viterbo ~ 4/107; Lucchesini, Girolamo Marchese di * 6/491; Malfatti, Johann (Giovanni Domenico Antonio) * 6/578; Martinelli, Domenico */† 6/638; Otto, Herzog von Schwaben und Bayern † 7/533; Reinhart, Joseph ~ 8/222; Schnurbein von und zu Meitingen, Balthasar (III.) ~ 9/70; Schönberg, Nikolaus von ~ 9/85; Tremellius, Immanuel ~ 10/79; Zanchius, Hieronymus ~ 10/617
Lucelle → Lützel
Lucelle (Kt. Jura)
Stockmar, Xavier ~ 9/540
Luchau
Stisser, Johann Andreas * 9/536
Luchsingen (Kt. Glarus)
Klaesi, Adam * 5/563
Lucka (Kr. Altenburger Land)
Apetz, Johann Heinrich ~ 1/155; Blättner, Samuel * 1/554; Diezmann, auch Dietrich III. der Jüngere, Landgraf von Thüringen ~ 2/544; Friedrich I. der Freidige, Markgraf von Meißen, Landgraf von Thüringen ~ 3/465; Voretzsch, Ernst-Arthur * 10/254; Zahlhas, Johann Baptist Ritter von ~ 10/613
Lucka (Lausitz)
Röseler, Matthäus Lucanus * 8/359
Lucka (tschech. Lukov, heute zu Auscha/Úštěk)
Brosche, Franz Xaver ~ 2/146
Luckau (Kr. Dahme-Spreewald)
Abendroth, Wolfgang ~ 1/8; Adami, Johann Christian */~ 1/30; Anschütz, Heinrich (Johann Immanuel) * 1/145; Baudius, Karl Friedrich * 1/322; Baumgarten, Johann Christian Gottlob */~ 1/344; Behla, Robert * 1/396; Böhme, Christian Friedrich ~ 1/620; Bülow von Dennewitz, Friedrich Wilhelm Graf ~ 2/206; Cerrini di Monte Varchi, Klemens Franziskus Xaver Frh. von ~ 2/301; Czollek, Walter ~ 2/421; Döring, Johann Friedrich Samuel ~ 2/577; Houwald, (Christoph) Ernst Frh. von ~ 5/189; Jendretzky, Hans ~ 5/319; Manteuffel, Otto Theodor Frh. von ~ 6/601; Otto der Faule, Markgraf von Brandenburg ~ 7/531; Paulke, Karl ~ 7/578; Saemisch, (Edwin) Theodor * 8/492; Siewert, Robert ~ 9/323; Weisenborn, Günther ~ 10/402; Winckler, Johann Joseph ~ 10/521
Luckenwalde
Arndt, Paul * 1/175; Bonus, Arthur ~ 2/22; Burg, Ernst von der * 2/235; Großmann, (Karl) Julius (Franz) † 4/197; Harries, Carl Dietrich * 4/396; Hentig, Otto von * 4/600;

Jänicke, Johannes ~ 5/287; Kieling, Wolfgang ~ 5/528; Koebe, Paul * 5/646; Nicklisch, Maria * 11/140; Rescher, Wilhelm ~ 8/248; Steinhoff, Hans † 9/495; Urbig, Franz */~ 10/166

Lucknow (Indien)
Tieffenthaler, Joseph † 10/38

Luditz (tschech. Žlutice)
Criginger, Johannes ~ 2/400; Gerstner, Hans * 3/660; Wirth, Emanuel * 10/539

Ludom (Bez. Posen) (poln. Ludomy)
Nathusius, Annemarie * 7/343; Westarp, Kuno Graf von * 10/458

Ludomy → Ludom (Bez. Posen)
Ludvíkov pod Smrkem → Lusdorf an der Tafelfichte
Ludvíkovice → Loosdorf
Ludwiczyn → Louisenhof
Ludwigsburg (Kr. Ludwigsburg)
siehe auch *Eglosheim, Hoheneck, Neckarweihingen, Oßweil*
Abel, Heinrich */~/† 1/5; Ackerknecht, Erwin ~/† 1/19; Ackermann, Karl (Friedrich) ~ 11/1; Adelmann von Adelmannsfelden, Alfred ~ 1/33; Bahnmaier, Jonathan Friedrich ~ 1/269; Bauer, Karl von * 1/327; Baur von Breitenfeld, Fidel ~/† 1/352; Beck, Adolf * 1/368; Berend, Eduard † 1/436; Betz, Philipp Friedrich ~ 1/500; Bilfinger, Hermann Frh. von ~ 1/526; Blezinger, (Gustav) Adolf † 1/572; Brastberger, Immanuel Gottlob ~ 2/75; Buhl, Bernhard ~ 2/218; Carlone, Carlo (Innocenzo) ~ 2/281; Carlone, Diego Francesco ~ 2/281; Charlotte Augusta, Königin von Württemberg † 2/305; Christlieb, Theodor ~ 2/323; Clodt-Jürgensburg, Elisabeth von ~ 2/344; Colombo, Luca Antonio ~ 2/359; Deffner, Carl (Christian Ulrich) * 2/463; Dieter, Christian Ludwig * 2/527; Dietrich, Joseph † 2/536; Duttenhofer, Friedrich Martin ~/† 2/658; Ebel, Johannes Wilhelm ~/† 2/664; Eberhard Ludwig, Herzog von Württemberg ~/† 2/670; Eberle, Rudolf † 2/674; Eckert, Erwin ~ 3/11; Eggert, Eduard * 3/30; Ehrenreich, Johann Eberhard Ludwig * 3/39; Elwert, Noa Gottfried ~ 3/100; Faber du Faur, (Adolph Eduard) Otto von * 3/210; Feifel, Eugen * 3/248; Fein, Emil Wilhelm * 3/250; Fischer, August (Ludwig Gottlieb) ~ 3/312; Fischer, Franz ~ 3/315; Franckh, (Friedrich) Gottlob ~ 3/396; Franquemont, Friedrich Graf von ~ 3/409; Frisoni, Donato Giuseppe ~/† 3/492; Füssli, Hans Kaspar „der Ältere" ~ 3/531; Gebhardt, Ernst Heinrich */~/† 3/594; Geßler, Otto (Karl) * 3/666; Graevenitz, (Christiane) Wilhelmine (Friederike) Gräfin von ~ 4/126; Graner, Friedrich von * 4/135; Groener, (Karl Eduard) Wilhelm * 4/179; Groß, Johann Adam d.J. ~ 4/191; Groz, Theodor ~ 4/204; Guibal, Nicolas ~ 4/271; Haas, Friedrich ~ 4/285; Hahn, Christoph (Ulrich) ~ 4/328; Hammer, Ernst (Hermann Heinrich) von * 4/361; Hardegg, Georg David ~ 4/380; Hardegg, Julius (Friedrich Moritz Karl) von ~ 4/380; Hartmann, (Johann) Georg ~ 4/408; Haug, Balthasar ~ 4/440; Hausser, Paul † 4/453; Haußmann, (Friedrich) Julius */~ 4/454; Heigelin, Karl Marcell ~ 4/494; Henne, Willi ~ 4/588; Hermann, Karl * 4/629; Herrmann, Hugo ~ 4/643; Hofacker, Cäsar von * 5/108; Hofer, (Johannes) Ludwig von * 5/110; Hoffmann, Christoph ~ 5/114; Hoffmann, Felix * 5/116; Hoven, Friedrich Wilhelm von * 5/189; Jenisch, Philipp Joseph ~ 5/319; Kachel, Ludwig d. Ä. * 5/392; Kammerer, Jakob Friedrich ~/† 5/419; Karl Alexander, Herzog von Württemberg † 5/447; Karl Eugen, Herzog von Württemberg ~ 5/448; Kauffmann, Ernst Friedrich */~ 5/469; Kauffmann, Karl Emil * 5/469; Keil, Wilhelm † 5/486; Kerner, Johann (Georg) * 5/512; Kerner, Justinus (Andreas Christian) von ~ 5/513; Kerner, Karl Frh. von * 5/513; Kiesinger, Kurt Georg ~ 5/534; Klinckerfuß, Johanna † 5/595; Knosp, Rudolf von * 5/631; Koch, Wilhelm * 5/644; Koenig, Paul ~ 5/662; Kropp, Georg ~ 6/119; Kümmerle, Salomon ~ 6/149; Lebert, Sigmund */~ 6/280; Lechler, Karl (Johann Friedrich) von † 6/282; Leybold, Johann Friedrich ~ 6/368; Löwenfinck, (Maria) Seraphia (Susanna Magdalena) von ~ 6/453; Mack, Karl (Friedrich) * 6/552; Majer, Johann Christian

von * 6/575; Marchtaler, Otto von ~ 6/607; Maucher, Eugen Frh. von † 6/667; Mayer, (Johann) Ernst */~ 7/6; Meid, Hans † 7/29; Metzler, Johann Benedikt ~ 7/92; Miller, Max ~ 7/143; Mörike, Eduard */~ 7/174; Moser, Friedrich Carl Frh. von ~/† 7/223; Moser, Johann Jacob ~ 7/225; Müller, Johann Gotthard von ~ 7/268; Müller, Karl (Ferdinand Friedrich) ~ 7/273; Müller-Weiss, Louise * 7/291; Neubauer, Alfred † 7/370; Neuffer, Hans * 7/376; Nördlinger, Hermann von † 7/431; Notter, Friedrich * 7/443; Oelenhainz, Friedrich ~ 7/466; Pedetti, Mauritio ~ 7/587; Pfaff, Wilhelm von ~ 7/634; Planck, Mathilde † 7/684; Quaglio, Giuseppe ~ 8/98; Retti, Leopold(o) ~ 8/251; Riedel, Gottlieb Friedrich ~ 8/291; Rieger, Karl Heinrich ~ 8/297; Ringler, Joseph Jakob ~/† 8/317; Römpp, Hermann ~ 8/354; Rüdiger, Hermann † 8/446; Sauer, Wilhelm ~ 8/527; Sauterleute, (Franz) Joseph ~ 8/531; Scholl, Robert ~ 9/106; Schott, Anton ~ 9/119; Schubart, Christian Friedrich Daniel ~ 9/159; Schuler, Gottlob ~/† 9/184; Schulz-Euler, Carl Friedrich ~ 9/198; Schumacher, Tony von */† 9/205; Silcher, (Philipp) Friedrich ~ 9/327; Simanowiz, (Kunigunde Sophie) Ludovika ~/† 9/328; Soden-Fraunhofen, Maximilian Graf von * 9/357; Sperrle, Hugo * 9/398; Starklof, Karl Christian Ludwig * 9/453; Steinkopf, Johann Friedrich ~ 9/496; Steinkopf, Karl Friedrich Adolf * 9/496; Strauß, David Friedrich */† 9/574; Streim, Alfred ~ 11/180; Suckow, Albert von * 9/623; Suckow, Emma von ~ 9/623; Supper, Auguste (Luise) ~/† 9/634; Thouret, Nicolaus Friedrich von */~ 10/24; Toeschi, Karl Joseph * 10/59; Tügel, Ludwig ~/† 10/113; Ulmer, Richard ~ 10/141; Varnbüler von und zu Hemmingen, Ferdinand Frh. von */† 10/182; Varnbüler von und zu Hemmingen, Friedrich Gottlob Karl Frh. von ~ 10/182; Veiel, Albert von * 10/187; Vischer, Friedrich Theodor von * 10/215; Vogel, Eduard * 10/225; Vogel, Rudolf ~ 10/228; Walcker, Eberhard Friedrich ~/† 10/298; Walcker, Oscar */† 10/299; Walesrode, Ludwig Reinhold † 10/308; Walter, Felix * 11/183; Watter, Oskar von * 10/346; Weigle, Carl Gottlieb * 10/389; Wekhrlin, Wilhelm Ludwig ~ 10/421; Wolff, Kurt (August Paul) † 10/575; Zeller, Hermann von ~ 10/637; Zeppelin, Ferdinand Graf von ~ 10/644; Zoll, (Max) Alfred † 10/686; Zoller, Edmund von † 10/687

Ludwigsburg (seit 1947 zu Loissin)
Klinkowström, Friedrich (August) von * 5/600

Ludwigsdorf (poln. Bystre)
Franckenberg, Abraham von */~/† 3/395

Ludwigshafen a. Bodensee
Dungern, Emil Frh. von ~/† 2/652; Gutknecht, Rosa * 4/271; Keller-Escher, Carl Caspar ~ 5/498; La Baume, Wolfgang † 6/188; Lhotzky, Heinrich ~/† 6/371; Schäfer (-Dittmar), Wilhelm ~ 8/549; Scharrelmann, (Ludwig) Heinrich ~ 8/571; Sulzer-Hirzel, Johann Jakob ~ 9/632; Sulzer-Ziegler, Eduard ~ 9/633

Ludwigshafen am Rhein
Albers, Hans ~/† 11/2; Bessel, Ehmi * 11/20; Blenker, Ludwig ~ 1/569; Bloch, Ernst */~ 1/573; Bockelmann, Werner ~ 1/596; Bohn, René ~ 2/2; Bosslet, Albert ~ 2/45; Brill, Rudolf ~ 11/32; Brunck, Heinrich von ~/† 2/166; Bucherer, Hans Theodor ~ 2/183; Burschell, Friedrich * 2/247; Clemm, August (Ernst Konrad) Ritter von ~ 2/341; Clemm, Carl (Friedrich) ~ 2/341; Clemm, Hans * 2/341; Croissant-Rust, Anna (Flora Barbara) ~ 2/402; Denis, Paul (Camille) von ~ 2/487; Dierichs, Paul ~ 11/46; Dieterle, Wilhelm * 2/529; Dunkel, Manfred ~ 2/653; Ebrecht, Walter */~ 3/2; Eckhard, Carl Maria Joseph ~ 3/12; Edel, Elmar * 11/50; Edlbacher, Siegfried Augustin Johann ~ 3/19; Ehrhart, Franz Josef ~/† 3/42; Eichenlaub, Otto ~ 3/49; Eistert, Bernd (Karl Georg) ~ 3/78; Engelhorn, Friedrich ~ 3/120; Exter, Julius * 3/202; Fardely, William ~ 3/231; Fink, Albert ~ 3/301; Firle, Rudolph ~ 3/307; Fränkel, Ludwig ~/† 3/384; Frei, Hans ~ 3/421; Friderich, Karl (Hans Reinhold) ~ 3/444; Fritz, Gerhard ~ 3/495; Futterer, Karl (Wilhelm) † 3/546; Gaus, Wilhelm (Karl Friedrich) ~ 3/586; Geistbeck, Alois ~ 3/612; Giulini,

Georg (Otto) ~ 4/18; Glaser, Karl (Andreas) ~ 4/23; Gorlitt, Robert * 4/99; Grünzweig, Carl (Otto) ~/† 4/219; Günther, Fritz (Karl) ~ 4/239; Haenisch, (Benno Fritz Paul Alexander) Konrad ~ 4/309; Hecht, Felix ~ 4/467; Hermann, Karl Heinrich ~ 4/630; Hermés, Erich * 4/632; Hess, Hans ~ 4/670; Hochrein, Max ~/† 5/81; Hoffmann, Hans ~ 5/118; Hoffmann, Joseph ~/† 5/121; Hüttenmüller, Robert ~ 5/214; Hummel, Hermann ~ 5/225; Jäger, Eugen ~ 5/283; Jakob, Max * 5/296; Jochmus, Hedwig ~ 5/333; Jörns, Carl * 5/337; Julius, Paul ~ 5/376; Jung, Edgar Julius * 5/378; Klages, August Wilhelm Hermann ~ 5/564; Kleeberg, Hermann ~ 5/572; Knietsch, Rudolf (Theophil Josef) ~/† 5/621; Knoll, Albert ~ 5/627; Krauch, Carl ~ 6/74; Kreuzhage, Eduard Adolf Günther † 6/103; Kühnle, Georg Adam ~ 6/147; Lappe, Franz ~ 6/252; Lauterborn, Robert * 6/273; Laux, Karl */~ 6/274; Lechleiter, Georg ~ 6/281; Lehmann, Ernst August * 6/292; Lüttringhaus, Arthur ~ 6/524; Lüttringhaus, Arthur † 6/524; Mager, Jörg (Adam) ~ 6/561; Meer, (Hermann) Edmund ter ~ 7/24; Meyer, Kurt Hans ~ 7/108; Müller, Carl ~ 7/249; Müller, Willy * 7/284; Mündnich, Karl Rudolf ~ 7/295; Neureuther, Gottfried von ~ 7/393; Oberdorffer, Kurt ~ 7/452; Osterheld, Horst * 11/152; Peters, Kurt Gustav Karl ~ 7/616; Pier, Matthias ~ 7/666; Poeverlein, Hermann ~/† 8/16; Pummerer, Rudolf ~ 8/90; Raschig, Friedrich (August) ~ 8/145; Remmele, Adam ~ 8/240; Remmele, Hermann ~ 8/240; Reppe, Walter Julius ~ 8/247; Röchling, Hermann ~ 8/347; Rösch, Siegfried (Wilhelm) * 8/357; Rüdiger, Max (Theodor) ~ 8/447; Rumpf, Hans ~ 8/464; Schätzlein, Christian * 8/553; Schenck, Gerhard ~ 8/600; Schleicher, Irene ~/† 8/663; Schmitt, Walther * 9/33; Schmitz, (Heinrich Gustav) Hermann ~ 9/36; Schwalbe, Karl Gustav ~ 9/220; Sellmair, Josef † 9/279; Siebert, Ludwig * 9/307; Sinsheimer, Hermann ~ 9/341; Slevogt, Max ~ 9/349; Sohl, Willi * 9/360; Speicher, Rosine ~ 9/391; Stern, Jean * 9/513; Stimm, Helmut * 9/533; Taubmann, Otto ~ 9/663; Timm, Bernhard (Jonn Christian) ~ 10/45; Trittelvitz, Hermann ~ 10/90; Tröltsch, Hermann ~ 10/93; Volz, (Ludwig Emil) Robert ~ 10/251; Wagner, Friedrich Wilhelm */~/† 10/280; Waldkirch, Wilhelm */~/† 10/304; Weikenmeier, Albert * 10/390; Wurster, Carl ~ 11/185; Zenneck, Jonathan (Adolf Wilhelm) ~ 10/643; Zwißler, Karl Maria * 10/711

Ludwigshausen
Driver, Friedrich Matthias † 2/622

Ludwigshöhe (Bayern)
Talhoff, Albert ~ 9/652

Ludwigshöhe (Kr. Mainz-Bingen)
Becker, Johann (Baptist) */† 1/378

Ludwigslust
Ackermann, Georg Christian Benedikt ~ 1/20; Bernstorff, Georg Ernst Graf von † 1/477; Bilguer, Paul Rudolf von * 1/527; Brauns, Julius (Johann Dietrich Adolf) * 2/90; Brückner, Gustav Adam ~/† 2/153; Burmeister, Annelies * 2/245; Chrysander, (Karl Franz) Friedrich ~ 2/325; Clément, Bertha */† 2/340; Clodt-Jürgensburg, Elisabeth von ~ 2/344; Ditmar, Gottfried Rudolf Frh. von ~ 2/559; Eberhard, Otto Glaubrecht * 2/671; Findorff, Dietrich † 3/300; Friedrich Franz I., Großherzog von Mecklenburg-Schwerin † 3/465; Friedrich Franz II., Großherzog von Mecklenburg-Schwerin ~ 3/465; Heine, Samuel Friedrich ~ 4/511; Hertel, Johann Wilhelm ~ 4/648; Hinstorff, Detloff Carl ~ 5/55; Junge, Gustav * 5/382; Kliefoth, Theodor ~ 5/593; Legeay, Jean-Laurant ~ 6/289; Lisiewski, Christian Friedrich Reinhold ~/† 6/423; Matthieu, Georg David ~/† 6/663; Passow, Franz (Ludwig Karl Friedrich) * 7/568; Rösler, Franz Anton ~/† 8/360; Sachse, Johann David Wilhelm ~ 8/490; Schuldt, (Johann Wilhelm) Hermann ~ 9/182; Sperger, Johannes Matthias ~/† 9/397; Strempel, (Johann) Karl Friedrich † 9/584; Suhrlandt, Carl * 9/629; Suhrlandt, Johann Heinrich ~/† 9/629; Suhrlandt, Rudolph Friedrich Karl */~ 9/630; Thierfelder, (Fürchtegott) Felix ~ 10/6; Venzmer, Gerhard * 10/194; Voss, Ernst (Christian

Theodor Sophus Wilhelm) ~ 10/258; Zinck, Harnak Otto Conrad ~ 10/673

Ludwigsschwaige (Buttenwiesen)
Olszewska, Maria * 7/491

Lübars → Klein-Lübars

Lübbecke
Hautcharmoy, Heinrich Karl Ludwig de Hérault ~ 4/455; Michaelis, Otto * 7/123; Niermann, Gustav ~ 7/411; Rodenberg, Hans Rudolph * 8/344; Röttger, Karl */~ 8/364; Runge, Karl Friedrich Ferdinand ~ 8/467; Strubberg, Otto von * 9/595

Lübben (Spreewald)
siehe auch *Steinkirchen*
Adami, Johann Christian ~/† 1/30; Bahrdt, Johann Friedrich * 1/270; Brescius, Karl Friedrich ~ 2/119; Eberty, Felix ~ 2/680; Figulus, Wolfgang ~ 3/294; Gerhardt, Paulus ~/† 3/643; Gruhle, Hans Walter * 4/220; Günther, Carl Gottlob * 4/238; Knöffler, Gottfried ~ 5/625; Manteuffel, Otto Theodor Frh. von * 6/601; Roth, Wilhelm August * 8/416; Schacher, Quirin ~ 8/538; Ulrici, Robert Oswald von * 10/148; Voss, Christian Friedrich * 10/257

Lübbenau (Spreewald)
Lynar, Rochus Friedrich Graf zu */† 6/543

Lübbenow
Baumann, Eberhard * 1/334

Lübeck
siehe auch *Falkenhusen, Genin, Israelsdorf*
Abendroth, Hermann (Paul Maximilian) ~ 1/7; Adolf II., Graf von Holstein ~ 1/43; Adolf III., Graf von Holstein ~ 1/43; Adolf Friedrich, Herzog von Holstein-Gottorp, König von Schweden ~ 1/43; Adolf, Herzog von Schleswig-Holstein-Gottorp ~ 1/45; Aitzema, Foppe van ~ 1/62; Albert II., Bischof von Lübeck ~ 1/66; Albert II. Suerbeer, Erzbischof von Riga ~ 1/67; Aldenrath, Heinrich Jakob */~ 1/85; Altdorfer, Erhard ~ 1/96; Anthes, Otto (Wilhelm Joachim Eugen) ~ 1/149; Anthony, Wilhelm * 1/149; Arnauld de la Perière, Raoul von ~ 1/172; Arndes, Stephan ~/† 1/172; Arnold Westphal, Bischof von Lübeck */~/† 1/183; Arnold von Lübeck ~ 1/184; Asher, Carl Wilhelm ~ 1/205; Asmussen, Anton Claus Christian ~ 1/206; Assmann, Arno ~ 1/207; Auffm Ordt, Conrad Arnold ~ 1/219; August Friedrich, Herzog von Schleswig-Holstein-Gottorf, Bischof von Lübeck ~ 1/221; Avé-Lallemant, Friedrich Christian Benedikt */~ 1/227; Avé-Lallemant, Robert Christian Berthold */~/† 1/227; Babst, Diederich Georg ~ 1/234; Bach, Johann Sebastian ~ 1/238; Bähr, David Andreas ~ 1/256; Bahr, Benedikt ~ 1/269; Balhorn, Johann */~ 1/276; Balling, Michael Joseph ~ 1/278; Baltzar, Thomas * 1/282; Bangert, Heinrich ~ 1/288; Barbarossa, Christoph ~ 1/291; Barckhusen, Hermann ~ 1/292; Baring, Eberhard * 1/295; Barlach, Ernst ~ 1/296; Bart, Georg ~ 1/298; Batz, Simon van Homborch ~/† 1/319; Bauch, Karl ~ 11/12; Bauck, Matthias Andreas ~/† 1/320; Baudissin, Eva Gräfin von * 1/321; Baumann, Eugen ~ 1/334; Baumann, Nikolaus ~ 1/337; Baumeister, (Karl) August ~ 1/339; Becker, Johann Rudolph ~/† 1/378; Behn, Heinrich Theodor */~/† 1/398; Behrends, Ernst † 1/400; Beler, Johannes ~ 1/408; Bender, Karl ~ 1/416; Benkhoff, Fita ~ 1/424; Berck, Tidemann */~/† 1/435; Berg, Claus ~ 1/439; Bergengruen, Werner ~ 1/443; Bertram von Cremon, Bischof von Lübeck ~/† 1/488; Bielfeldt, Hans Holm * 11/21; Biester, Johann Erich * 1/525; Bippen, Wilhelm von */~/† 1/535; Bippen, Wilhelm von * 1/535; Blankenstein, Karl ~ 1/558; Bloch, Hermann ~ 1/574; Block, Benjamin von * 1/576; Bloem, Walter ~/† 1/577; Blohm, (Adolph) Hermann ~ 1/578; Blum, Wolf ~ 1/584; Blumenberg, Hans * 11/24; Böckmann, Johann Lorenz * 1/612; Bökel, Martin von ~ 1/626; Börm, Heinrich Nikolaus ~ 1/632; Böttcher, Walther */~ 1/637; Bomhower, Berend ~/† 2/15; Bonnus, Hermann ~/† 2/21; Bording, Jakob ~ 2/29; Botsack, Bartholomäus * 2/47; Bousset, (Johann Franz) Wilhelm * 2/50; Boy, Peter * 2/51; Boy-Ed, Ida (Cornelia Ernestine) ~ 2/51; Brandenburg, Michael Christoph ~ 2/62; Brandis, Lucas

~ 10/673; Zöllner, Karl Heinrich ~ 10/684; Zottmayr, Georg ~ 10/689; Zuccarini, Franz Anton ~ 10/693; Zülzer, Wilhelm ~ 10/697

Lüben (poln. Lubin)
Czachórski, Ladislaus von * 2/416; Dallwitz, Hans von ~ 2/434; Dienst, Arthur * 2/519; Gersdorff, Rudolf-Christoph Frh. von * 3/656; Hermes, Johann Timotheus ~ 4/633; Kuhn, Helmut * 6/160; Reymann, Daniel Gottlob * 8/265; Simon, Franz ~ 9/331; Wilhelm I., König von Württemberg * 10/505

Lüben (Westpr.) (poln. Lubno)
Redetzky, Hermann * 8/177

Lübtheen
Chrysander, (Karl Franz) Friedrich * 2/325; Spitaler, Rudolf (Ferdinand) † 9/409

Lübz
Ahrens, Wilhelm (Ernst Maria Georg) * 1/60; Diers, Marie * 2/522; Hermann, Markgraf von Brandenburg † 4/620; Warncke, Paul * 10/336

Lüchow (Kr. Lüchow-Dannenberg)
Ayrer, Gustav Heinrich * 1/229; Baurschmidt, Karl Gustav Wilhelm ~/† 1/353; Evers, Otto Justus † 3/196; Goering, (Wilhelm Bernhard) Adolf * 4/57; Lipperheide, Frieda Frfr. von * 6/417; Neubauer, Carl (Theodor Ludwig) * 7/370; Peters, Hermann (Georg Ernst Adolph) ~ 7/616; Ribov, Georg Heinrich * 8/271; Schultz, (Heinrich) Hermann * 9/190; Sophie Elisabeth, Herzogin von Braunschweig-Wolfenbüttel ~/† 9/377; Syrup, Friedrich * 9/645; Voigts, Bodo * 10/240

Lückenburg
Renner, Heinz * 8/244

Lückendorf
Doerne, Martin Bernhard Gotthelf ~ 2/578

Lückersdorf-Gelenau → Gelenau

Lüdenhausen
Diede, Charlotte * 2/514

Lüdenscheid
siehe auch *Hellersen, Hottebruch, Peddensiepen*
Ackermann, (Friedrich) Wilhelm † 1/23; Ameln, Konrad ~/† 11/3; Berg, Carl */~ 1/439; Blankertz, Herwig * 1/558; Bracht, Fritz ~ 2/54; Burmann, Maximilian Heinrich von ~ 2/244; Fischer, Otto * 3/325; Gayk, Andreas ~ 11/67; Gerhardi, Ida † 3/642; Grell, Heinrich ~ 4/155; Grün, Albert * 4/209; Grün, Karl (Theodor Ferdinand) * 4/210; Grundmann, Franz Henrich ~ 4/224; Gumpel, Kurt ~ 4/254; Henning, Wolfgang ~ 4/593; Hueck, Alfred * 5/207; Hueck, Eduard */† 5/207; Hueck-Dehio, Else ~ 5/207; Juchhoff, Rudolf ~ 5/370; Mayer, Paul * 7/10; Naumann, Werner ~/† 7/351; Nottebohm, (Martin) Gustav * 7/443; Pels-Leusden, Hans * 7/592; Raithel, Hans Adolf ~ 8/129; Rauschenbusch, August Christian Ernst ~ 8/164; Schöne, Friedrich ~ 9/90; Schürmann, Walter ~ 9/173; Schulte, Robert Werner * 9/187; Stuchtey, Rudolf † 9/603; Wilm, Ernst (Julius Ewald) ~ 10/514; Zintl, Erich C. L. * 10/677

Lüderitz → Groß-Schwarzlosen

Lüders
Andreas von Österreich, Markgraf von Burgau ~ 1/132; Leopold V. Ferdinand, Erzherzog von Österreich, Bischof von Passau und Straßburg, Landesfürst von Tirol ~ 6/334; Leopold Wilhelm, Erzherzog von Österreich, Bischof von Straßburg, Passau, Halberstadt, Olmütz und Breslau, Erzbischof von Magdeburg, Hoch- und Deutschmeister, Statthalter der Spanischen Niederlande ~ 6/334; Raitenau, Wolf Dietrich von ~ 8/129

Lüdersdorf (Prov. Brandenburg)
Thaer, Albrecht Conrad * 9/686

Lüdinghausen
Baumhauer, Heinrich (Adolph) ~ 1/348; Coenders, Albert Aloysius Egon * 2/350; Cremer, Arnold † 2/397; Cremer, Joseph Wilhelm Julius * 2/398; Rüschkamp, Felix * 8/455; Schwering, Julius † 9/245; Wagenfeld, Karl * 10/275

Lüdingworth (seit 1972 zu Cuxhaven)
Niebuhr, Carsten * 7/403

Lügde
siehe auch *Niese, Ratsiek*
Buttlar, Eva Margaretha von ~ 2/259; Gigas, Johann * 4/6; Mynsicht, Adrian von * 7/323; Pelster, Franz */~ 7/592

Lükigergelyfalu → Ivánka

Lüllau (seit 1972 zu Jesteburg)
Bossard, Johann Michael * 2/43

Lülsdorf (seit 1969 zu Niederkassel)
Gerhard VII., Herzog von Jülich-Berg † 3/639; Reche, Johann Wilhelm † 8/172

Lüne (seit 1943 zu Lüneburg)
Spitta, (Carl Johann) Philipp d. Ä. ~ 9/409; Voß, Emanuel * 10/257

Lüneburg
siehe auch *Lüne*
Abicht, Karl Ernst ~ 1/11; Adalbero, Erzbischof von Hamburg-Bremen ~ 1/24; Aken, Adolf Friedrich ~ 1/62; Albert von Soest ~/† 1/68; Albrecht I. der Große, Herzog von Braunschweig ~ 1/76; Arentschildt, Alexander Carl Friedrich von ~ 1/168; Arnemann, Justus * 1/176; Arnold Westphal, Bischof von Lübeck ~ 1/183; Arnoldi, Daniel ~ 1/190; Bach, Johann Sebastian ~ 1/238; Bachmann, Johann ~/† 1/246; Bacmeister, Lukas d. Ä. * 1/251; Bacmeister, Matthäus ~/† 1/251; Baldamus, (Max) Karl ~ 1/273; Balduin II., Erzbischof von Bremen ~ 1/274; Barbarossa, Christoph ~ 1/291; Beckert, Theodor ~ 1/383; Bennigsen, Rudolf (Karl Wilhelm) von * 1/426; Berck, Tidemann ~ 1/435; Berkefeld, Wilhelm † 1/455; Blome, (Otto Paul Julius) Gustav Graf von ~ 1/578; Bockelmann, Werner ~ 1/596; Bodinus, Elias ~ 1/604; Böger, Hinrich ~ 1/613; Böhm, Georg ~/† 1/616; Börm, Heinrich Nikolaus † 1/632; Boie, Margarethe Ida * 2/5; Bokelmann, Christian Ludwig ~ 2/6; Borchert, Wolfgang ~ 2/27; Borcholt, Heinrich */~ 2/27; Borinski, Fritz ~ 11/28; Borneman, Hans ~ 2/34; Bornemann, Wilhelm * 2/34; Brese, Wilhelm ~ 2/119; Brinckmann, Hans-Heinrich † 2/134; Bruns, Simon ~ 2/174; Buchmayer, (Ernst) Richard (Immanuel) ~ 2/186; Burmeister, Joachim * 2/245; Christiani, Christoph Johann Rudolph ~/† 2/321; Christiani, (Carl) Rudolf (Ferdinand) ~ 2/321; Clasen, Peter */~ 2/331; Crappius, Andreas * 2/394; Curtius, Michael Konrad ~ 2/414; Dassel, Hartwig von */† 2/447; Decken, Burchard Otto Hans von der ~ 2/457; Dedekind, Euricius ~/† 2/461; Dedekind, Friedrich ~/† 2/461; Delbrück, Heinrich (Ludwig) ~ 2/475; Derschau, August Egbert von */~ 2/493; Dreyer, Benedikt ~ 2/619; Ebeling, Johann Georg ~ 2/665; Ebeling, Johann Justus † 2/665; Ehlers, Ernst (Heinrich) * 3/35; Ekhof, (Hans) Conrad (Dietrich) ~ 3/80; Elver, Leonhard von ~ 3/100; Estorff, Eggert Ludwig von ~ 3/183; Evers, Ernst August † 3/196; Fabrice, Friedrich Ernst von ~/† 3/212; Feldmann, Wilhelm * 3/257; Forkel, Johann Nikolaus ~ 3/373; Francke, August Hermann ~ 3/392; Francke, Wilhelm Franz Gottfried * 3/395; Frese, Daniel ~/† 3/426; Freytag, Georg Wilhelm ~ 3/439; Funhof, Hinrik ~ 3/541; Gagel, (Friedrich August Wilhelm) Curt ~/† 3/557; Ganssen, Robert † 3/571; Gaßner, (Johann) Gustav † 3/579; Gebhardi, Ludwig Albrecht */~ 3/593; Georg Wilhelm, Herzog von Braunschweig-Lüneburg ~ 3/627; Getelen, Augustin van ~ 3/669; Görges, Johannes (Friedrich Heinrich) * 4/57; Goetten, Gabriel Wilhelm ~ 4/68; Gottschalk, Fürst der slawischen Abodriten ~ 4/110; Gravenhorst, Karl Theodor ~ 4/145; Gripeswoldt, Jochim ~ 4/174; Grote, August Otto Graf von ~ 4/200; Haacke, Johann Wilhelm † 4/282; Haccius, Georg * 4/296; Häusser, Karl ~ 4/314; Hammerstein, Ludwig Frh. von ~ 4/363; Harms, (Georg) Ludwig (Detlef Theodor) ~ 4/390; Harnisch, Otto Siegfried ~ 4/393; Hasselblatt, Werner (Richard Karl) † 4/428; Havemann, Wilhelm */~ 4/457; Hegendorff, Christoph(orus) ~/† 4/481; Heiler, Günther ~ 4/497; Heinemann, Fritz * 4/514; Heß, August */~ 4/668; Himmler, Heinrich * 5/50; Hoburg, Christian */~ 5/79; Hodenberg, Wilhelm (Iwan August Benedict) Frh. von ~ 5/84; Huhn, Charlotte * 5/220; Husanus, Henricus ~/† 5/232; Illies, (Karl Wilhelm) Arthur † 5/248;

Lundbeck (Jütland, Dänemark)
Adeler, Christian Frh. von Lente * 1/32

Lunden
Cornelius, Ernst-August * 2/374; Harms, Claus ~ 4/390; Krüss, James ~ 11/113; Rachel, Joachim * 8/111; Rachel, Samuel * 8/112; Reimers, Paul * 8/212

Lundenburg (tschech. Břeclav)
Carl, Rudolf * 2/281; Ellenbogen, Wilhelm * 3/90; Fischer, Albert ~ 3/310; Fleischer, Max ~ 3/341; Glück, Guido ~ 4/37; Hardtmuth, Joseph ~ 4/385; Hrdlitschka, Wilhelm * 5/192; Kuffner, Ignaz von * 6/156; Lieban, Julius * 6/378; Obsieger, Robert ~ 7/459; Pollak, Wilhelm Johann ~ 8/27; Volk, Richard * 10/243

Lunéville (Dép. Meurthe-et-Moselle, Frankreich)
Beck, Christian August Frh. von ~ 1/369; Cobenzl, (Johann) Ludwig (Joseph) Graf von ~ 2/348; Duval, Valentin Jamerai ~ 2/659; Frank, Ludwig † 3/402; Friedrich Wilhelm, Fürst von Nassau-Weilburg ~ 3/466; Guibal, Nicolas * 4/251; Karl Alexander, Prinz von Lothringen * 5/444; Pigage, Nicolas de * 7/669; Schuppen, Johann Jakob van ~ 9/210

Lungern (Kt. Obwalden)
Heymann, Joseph Anton ~ 5/25

Lunz
Kupelwieser, Carl ~ 6/174

Lunz am See (Niederösterreich)
Findenegg, Ingo ~ 11/60; Götzinger, Gustav ~ 4/74; Ruttner, Franz ~/† 8/478

Lunzenau
siehe auch *Göritzhain*
Weck, Johannes * 10/365

Lupitz (seit 1950 zu Kusey)
Schultz-Lupitz, Albert † 9/191

Luppau
Baudissin, Wolf Heinrich von * 1/322

Luschan (tschech. Lužany)
Hlávka, Josef * 5/77

Lusdorf an der Tafelfichte (tschech. Ludvíkov pod Smrkem, heute zu Nové Město pod Smrkem/Neustadt an der Tafelfichte)
Bergmann, Josef * 1/451

Lusiny → Losgehnen

Luso → Bone

Lussingrande → Veli Lošinj

Lussinpiccolo → Mali Lošinj

Lustenau (heute Marktlustenau, seit 1973 zu Kreßberg)
Beck, Karl Theodor * 1/372

Lustenau (Vorarlberg)
Alge, Sines * 1/89; Hollenstein, Stephanie * 5/151; Stark, Arthur ~ 9/451

Lustnau (seit 1934 zu Tübingen)
Eisenlohr, Theodor ~ 3/72; Riecke, (Victor) Heinrich ~/† 8/289; Roos, Magnus Friedrich ~ 8/382; Unkair, Jörg * 10/156

Luststadt → Oberlustadt

Lutheran
Brunow, Ludwig * 2/172; Meyer, Heinrich ~ 7/104; Zöckler, Otto ~ 10/683

Luthersbrunn (Gem. Vinningen)
Culmann, Hellmut ~ 2/409

Lutherstadt Eisleben → Eisleben

Lutherstadt Wittenberg → Wittenberg

Lutindi (Tansania)
Bodelschwingh, Friedrich von * 1/601

Lutkowo → Rehwinkel

Lutry (Kt. Waadt)
Karsten, Paula (Franziska Wilhelmine) ~ 5/455

Luttenberg (slowen. Ljutomer)
Knolz, Joseph Johann * 5/628

Lutter am Barenberge
Fuhse, Franz * 3/538

Lutzenberg (Kt. Appenzell Außerrhoden)
Kurz, Gertrud * 6/179; Tobler, Johann Jakob * 10/54; Tobler, Titus ~ 10/54

Luxemburg
Aldringen, Johann Reichsgraf von * 1/85; Anhalt-Zerbst, Friederike Auguste Sophie Fürstin von ~ 1/140; Baumgartner, Alexander ~/† 1/346; Beck, Johann Baron von * 1/370; Bender, Hedwig * 1/416; Berman, Cipri Adolf † 1/458; Birnbaum, Johann von ~ 1/540; Braun, Joseph ~ 2/83; Bülow, Alfred von ~ 2/203; Chardel, Friedrich Johann von ~ 2/304; Corycius, Johannes * 2/380; Dichgans, Hans (Hermann) ~ 2/512; Dionysius von Luxemburg * 2/553; Dunin-Borkowski, (Zbigniew) Stanislaus (Martin) Graf ~ 2/652; Eckenberg, Johann Karl † 3/9; Enzweiler, Max * 3/130; François, Hermann von * 3/396; François, Kurt von * 3/396; Groethuysen, Bernhard † 11/71; Haan, Heinrich (Aloys Hubert Anton Franz Xaver) † 4/283; Hein, Udo * 4/507; Hirsch, (Friedrich) Julius * 5/62; Hirsch, Samuel ~ 5/65; Houdremont, Eduard * 5/188; Jacob, Paul Walter ~ 5/271; Jacques, Norbert * 5/280; Jansen, Josef ~ 5/302; Kirsch, Johann Peter ~ 5/555; Koch, Ernst (Wilhelm August Peter) † 5/639; Kolneder, Walter ~ 6/21; Kunigunde, geb. Gräfin von Luxemburg, Kaiserin ~ 6/168; Kutscher, Hans ~ 6/183; Lamertz, Maximilian ~ 6/205; Laurent, Johann Theodor ~ 6/270; Litten, Heinz Wolfgang ~ 6/428; Lortz, Joseph † 6/476; Mansfeld, Ernst II. Graf von * 6/598; Mansfeld, Peter Ernst I. Fürst von † 6/599; Neipperg, Wilhelm Reinhard Reichsgraf von ~ 7/360; Oberberger, Josef ~ 7/451; Oberhoffer, Heinrich † 7/453; Roberts, Alexander Frh. von * 8/339; Schannat, Johann Friedrich * 8/563; Spillmann, Joseph Martin † 9/406; Thürheim, Franz Ludwig Graf von ~ 10/26; Voigt, Wilhelm † 10/238

Luxeuil (Luxeuil-les-Bains, Dép. Haute-Saône, Frankreich)
Drogo, Bischof von Metz ~ 2/623

Luxor (Ägypten)
Anthes, Rudolf ~ 1/149; Auwers, Arthur (Julius Georg Friedrich) von ~ 1/226; Buhl, Heinrich † 2/218; Herrenburg, Johann Andreas ~ 4/639

Luzan (ukrain. Lužani)
Spiru, Basil * 9/408

Lužany → Luschan

Luzein (Kt. Graubünden)
Sprecher von Berneng, Jakob Ulrich * 9/417

Luzern
Abt, Roman † 1/16; Allgäuer, Oscar ~/† 1/91; Amrhein, Andreas ~ 1/91; Amrhyn, Joseph Karl */† 1/119; Amrhyn, Joseph Karl Franz */† 1/119; Anda, Géza ~ 1/122; Attinghausen-Schweinsberg, Johannes Frh. von ~ 1/210; Babel, Johann Baptist ~ 1/233; Bachmann, Karl Otto ~ 11/8; Bally, Peter ~ 1/278; Balmer, Alois */~/† 1/279; Balmer, Joseph ~/† 1/279; Balthasar, (Joseph Anton) Felix von */~/† 1/280; Balthasar, Franz Urs von */~/† 1/281; Balthasar, Hans Urs von * 1/281; Balthasar, Joseph Anton von */~/† 1/281; Baumann, Johannes ~/† 1/336; Baumgartner, Heinrich ~ 1/347; Beck, Joseph ~ 1/371; Bell, August * 1/408; Benz, Albert ~/† 1/430; Biner, Josef ~ 1/532; Bletz, Zacharias von ~/† 1/570; Bluntschli, Niklaus ~ 1/591; Bohren, Arnold ~ 2/4; Bolzern, Joseph ~ 2/14; Bossard, Johann Karl Silvan */~/† 2/43; Brandstetter, Josef Leopold ~ 2/67; Brandstetter, Renward ~ 2/67; Breidenbach, Tilli ~ 11/31; Breitenbach, Franz Joseph ~/† 2/102; Bretscher, Karl ~ 2/122; Brun, Fritz * 2/165; Büel, Johannes ~ 2/200; Bühlmann, Josef ~ 2/201; Bürgisser, Leodegar * 2/210; Bütler, Anton ~/† 2/214; Bütler, Nikolaus † 2/214; Christen, Joseph Maria ~ 2/317; Clausner, Jakob Joseph ~ 2/336; Curtz, Albert Graf von ~ 2/414; Cysat, Johann Baptist */~/† 2/416; Cysat, Renward */~/† 2/416; Damberger, Joseph Ferdinand ~ 2/436; Dassler, Horst ~ 2/447; Deharbe, Joseph (Gervais) ~ 2/467; Denzler, Robert F. ~ 2/490; Dereser, Anton ~ 2/491; Dommann, Hans ~ 2/591; Donauer, Friedrich ~/† 2/593; Dreyer, Otto */~/† 2/619; Düggeli, (Franz) Max ~ 2/634; Dula, (Kaspar) Franz (Joseph Matthias) ~ 2/647; Durieux, Tilla ~ 2/655; Dziatzko, Karl (Franz Otto) ~ 2/662; Eberle, Oskar ~ 2/674; Ebrard, Friedrich August † 3/3; Eckardt, Ludwig ~ 3/8; Eger, Paul ~/† 3/24;

M

Maciejowiec → Matzdorf
Macikai → Matzicken
Mackov → Motzdorf
Macolin → Magglingen/Macolin
Macon (Georgia, USA)
Redlich, Fritz ~ 8/179
Madelungen (seit 1994 zu Eisenach, Kr. Eisenach)
Hort, Wilhelm * 5/183
Madfeld (Gem. Brilon)
Bartmann, Bernhard * 1/309
Madison (New Jersey, USA)
Nuelsen, John Louis † 7/447
Madison (Wisconsin, USA)
Baumgarten, Eduard ~ 1/343; Baur, Erwin ~ 1/349;
Harnack, Mildred ~ 4/392; Heidhues, Theodor ~ 4/492;
Kaufmann, Theophil Heinrich ~ 11/101; Kühnemann,
Eugen ~ 6/146; Kurath, Hans ~ 11/116; Morsbach, Lorenz
~ 7/219; Mosse, George L. ~/† 11/131; Musso, Hans ~
7/318; Prokosch, Eduard ~ 8/79; Ranke, Hermann ~ 8/136;
Solmsen, Friedrich ~ 9/365; Urdang, Georg † 10/166;
Waibel, Leo ~ 10/294; Zbinden, Hans ~ 10/624
Madiswil (Kt. Bern)
Ringier, Johann Heinrich * 8/317
Madiun (Java, Indonesien)
Dagover, Lil * 2/427
Madonna del Piano (Gem. Croglio, Kt. Tessin)
Horten, Helmut † 5/183
Madonna di Campiglio (Italien)
Gaigher, Horatius ~ 3/558
Madras (Indien)
Eschenbach, Hieronymus (Christoph Wilhelm) † 3/172;
Fabricius, Johann Philipp ~/† 3/214; Falz, Ernst ~ 3/230;
Gensichen, Hans-Werner ~ 11/67; Gericke, Christian Wil-
helm ~/† 3/645; Gundert, Hermann ~ 4/258; Hartenstein,
Karl ~ 4/399; Hultzsch, Eugen ~ 5/220; Oppert, Gustav
Salomon ~ 7/501; Pischel, Richard † 7/679; Stählin, Gustav
~ 9/434
Madrid
Abshagen, Karl-Heinz (Gert Anton) ~ 1/15; Allardt,
Helmut ~ 1/90; Auburtin, Victor ~ 1/212; Bachoff von
Echt, Ludwig Heinrich Frh. ~ 1/248; Baumann, Ernst ~
1/334; Becker, Walther ~ 1/381; Beimler, Hans ~/† 1/405;
Bergen, (Carl-Ludwig) Diego von ~ 1/442; Bergenroth,
Gustav Adolf † 1/443; Berlepsch, Marie Gertrude von
~ 1/457; Braun, Johann Philipp Otto ~ 2/82; Brunner,
Guido */~/† 11/33; Carl, Henriette Berta ~ 2/280; Chelius,
Adolf ~ 2/307; Cranach, Lucas d. Ä. ~ 2/392; Cron,
Ferdinand † 2/403; Deines, Adolf von ~ 2/471; Dewall,
Wolf von ~ 2/509; Dieckhoff, Hans-Heinrich ~ 11/46;
Dietrichstein, Franz Fürst von * 2/538; Dönhoff, August
(Heinrich Hermann) Reichsgraf von ~ 2/574; Dombay,
Franz von ~ 2/589; Dürer, Albrecht ~ 2/638; Eckardstein,
Hermann (Johannes Arnold Wilhelm Julius Ernst) Frh. von
~ 3/7; Eiberle, Kurt * 3/46; Eilers, Konrad ~ 3/61; Finke,
Heinrich ~ 3/304; Fliedner, Fritz ~/† 3/350; Friederike
Luise, Königin von Griechenland † 3/450; Gan, Peter ~
3/567; Gieß, Hermann Jakob ~ 4/5; Goldschmidt, James
Paul ~ 4/84; Grammaticus, Nicasius ~ 4/134; s'Grooten,
Christian ~ 4/187; Gruber, Karl ~ 4/207; Gwinner, Arthur
(Philipp Friedrich Wilhelm) von ~ 4/277; Harrach, Aloys
(Thomas Raimund) Graf von ~ 4/394; Harrach, Ferdinand
Bonaventura Graf von ~ 4/395; Harst, Karl ~ 4/397;
Hatzfeldt-Wildenburg, (Melchior Gustav) Paul Graf von
~ 4/434; Heger, Klaus ~ 11/81; Heller, Hermann Ignatz
~/† 4/563; Hesse, Max René ~ 4/677; Hoesch, Leopold
von ~ 5/105; Hoffmann, Heinz ~ 5/119; Hügel, Klemens
Wenzeslaus Frh. von ~ 5/209; Humboldt, Wilhelm von
~ 5/222; Istel, Edgar ~ 5/265; Jacobi, Abraham ~ 5/272;
Jaeger, Maximilian ~ 5/285; Jansen, Hermann ~ 5/302;
John, Hans ~ 5/355; John, Otto ~ 11/97; Karl, Erzherzog
von Österreich, Bischof von Breslau und Brixen ~/† 5/445;
Kaufmann, Otto ~ 5/473; Khevenhüller-Frankenburg, Franz
Christoph Graf von ~ 5/526; Knappstein, Karl Heinrich ~
5/614; Königsegg-Rothenfels, Joseph Lothar Graf von ~

5/665; Körner, Gustav ~ 5/671; Kogel, Gustav (Friedrich)
~ 6/1; Koppay, Josef Arpád von ~ 6/39; Krauss, Werner ~
6/85; Kristl, Wilhelm Lukas ~ 6/109; Kroll, Hans ~ 6/113;
Kunwald, Ernst ~ 6/171; Laber, Heinrich ~ 6/188; Lahn,
Lothar ~ 6/199; Lamberg, Johann Maximilian Graf von
~ 6/203; Langwerth von Simmern, Ernst Frh. ~ 6/248;
Laurentius von Brindisi ~ 6/270; Lauser, Wilhelm ~ 6/271;
Lenbach, Franz Seraph von ~ 6/318; Lewinsohn, Richard
† 6/365; Liener, Gerhard ~ 11/123; Lisola, Franz Paul Frh.
von ~ 6/423; Margarethe, Infantin von Spanien, Kaiserin *
6/614; Maria (de Austria), Kaiserin, Königin von Böhmen
und Ungarn */~/† 6/617; Maria Amalia, Erzherzogin von
Österreich, Herzogin von Parma ~ 6/620; Maria Anna,
Erzherzogin von Österreich, Königin von Spanien † 6/621;
Maria Christina, Erzherzogin von Österreich, Königin und
Regentin von Spanien † 6/621; Martini zu Wasserberg,
Karl Anton Frh. von ~ 6/640; Matting, Alexander ~ 6/664;
Maurenbrecher, Wilhelm ~ 6/669; Medau, Hinrich ~ 7/22;
Memling, Hans ~ 7/55; Mengs, Anton Raphael ~ 7/63;
Metastasio, Pietro ~ 7/85; Meyendorff, Peter von ~ 7/97;
Meyer-Lindenberg, Hermann ~ 7/113; Meyern, Wilhelm
Friedrich von ~ 7/117; Millenet, Johann Heinrich ~ 7/141;
Mingotti, Regina ~ 7/147; Morgenthau, Hans Joachim
~ 7/213; Muster, Wilhelm ~ 7/318; Nidhard, (Johann)
Eberhard ~ 7/402; Nordau, Max ~ 7/437; Obermaier, Hugo
~ 7/455; Oberndorff, Alfred Graf von ~ 7/456; Orsini-
Rosenberg, Franz Xaver Wolf Fürst von (Reichsfürst
1790) ~ 11/152; Pan, Peter ~ 7/554; Pappenheim, Georg
Graf zu ~ 7/560; Paur, Emil ~ 7/582; Raaff, Anton ~
8/107; Rabl, Walter ~ 8/111; Radolin, Hugo Fürst von ~
8/118; Radowitz, Joseph Maria von ~ 8/118; Rechenberg,
Albrecht Frh. von * 8/172; Rist, Johann Georg ~ 8/323;
Rode, Wilhelm ~ 8/344; Roos, Joseph ~ 8/382; Rothmaler,
Werner ~ 8/420; Rucker, August ~ 8/434; Rudolf II.,
deutscher Kaiser ~ 8/437; Schmeller, Johann Andreas ~
8/695; Schmettow, Woldemar Friedrich Graf von ~ 8/697;
Schramm, Edmund ~ 9/128; Schrödinger, Erwin ~ 9/152;
Schröter, Fritz (Georg Ernst) ~ 9/155; Schulten, Adolf ~
9/187; Seelos, Gebhard ~ 9/260; Skorzeny, Otto ~/† 9/347;
Stackelberg, Heinrich Frh. von ~/† 9/426; Steiger, Arnald
~/† 9/472; Teyber, Anton ~ 9/684; Thyssen-Bornemisza,
Heinrich Baron ~ 10/34; Tilke, Max ~ 10/42; Trebelli,
Zélia ~ 10/76; Trimborn, Hermann ~ 10/89; Trudel, Hans
~ 10/100; Tucher von Simmelsdorf, Heinrich Frh. von ~
10/112; Umber, Friedrich † 10/148; Vauthier, Petrus ~
10/186; Vincke, Johannes ~ 10/212; Vollmöller, Karl ~
10/249; Waldthausen, Julius (Wilhelm) Frh. von ~ 10/308;
Wedel, Botho Graf von ~ 10/369; Weidert, Franz ~/†
10/382; Weil, Hermann ~ 10/391; Welck, (Kurt Heinrich)
Wolfgang Frh. von ~ 10/421; Welczek, Johannes Graf von
~ 10/422; Welti, Albert Jakob ~ 10/428; Werz, Luitpold ~
10/455; Wittkopf, Rudolf ~ 10/549; Wohlhaupter, Eugen
~ 10/562; Zechlin, Walter ~ 10/626; Zimmermann, Ernst
Reinhard ~ 10/667; Zumpe, Hermann ~ 10/700
Maduari (Tschadsee)
Overweg, Adolf † 7/540
Mäbenberg (seit 1972 zu Georgensgmünd)
Konrad von Megenberg * 6/34
Mägerkingen (seit 1975 zu Trochtelfingen)
Gauger, Joseph ~ 3/584
Mährisch-Aussee (tschech. Úsov)
Fleischmann, Leo * 3/344; Micklitz, Robert ~ 7/128;
Templer, Bernhard ~ 9/674
Mährisch-Budwitz (tschech. Moravské Budějovice)
Benatzky, Ralph ~ 1/413; Dolezal, Eduard * 2/586
Mährisch Kromau (tschech. Moravský Krumlov)
Mariot, Emil ~ 6/623; Tichi, Hans */~ 10/35
Mährisch-Neustadt (tschech. Uničov)
Baumgarten, Maximilian von * 1/344; Portele, Karl von *
8/39; Waber, Leopold * 10/263
Mährisch-Ostrau (tschech. Moravská Ostrava, heute zu
Ostrava)
Buchta, Hubert ~ 2/189; Delsen, Leo ~ 2/480; Farkas,
Karl ~ 3/232; Fillunger, August ~/† 3/296; Geiger-Torel,

Hermann ~ 3/606; Holz, Emil ~ 5/158; Horváth, Ödön von ~ 5/184; Kadmon, Stella ~ 5/393; Kainz-Prause, Clothilde Emilie * 5/405; Könnemann, Arthur ~ 5/666; Krenn, Robert Adolf Ludwig Gustav ~ 6/97; Kuchinka, Karl ~ 6/137; Kurzweil, Max(imilian) ~ 6/181; Land, Emmy ~ 6/212; Laska, Joseph (Julius) ~ 6/255; Lorentz, Lore * 6/470; Mattauch, Joseph * 6/658; Meisel, Johann ~ 7/38; Pant, Eduard * 7/557; Pfann, Karl ~ 7/635; Popp, Wilhelm ~ 8/34; Rossipaul, Lothar * 8/406; Rys, Jan * 8/481; Schinzel, Josef ~ 8/647; Schmitz, Siegfried ~ 9/37; Spiegel, Magda ~ 9/400; Taglicht, David Israel ~ 9/652; Taub, Valter ~ 9/660; Trojan, Alexander ~ 10/94; Urban, Ernst ~ 10/164; Wieland, Guido ~ 10/484

Mährisch-Schönberg (tschech. Šumperk)
Halleger, Kurt * 4/345; Heiterer-Schaller, Paul R. von ~ 4/552; Hielle, Karl Theodor ~ 5/31; Klein, Hans * 11/106; Krischke, Traugott * 11/111; Lagus, Daniel * 6/198; Oberleithner, Max von */† 7/454; Rommel, Otto * 8/380; Schlesinger, Josef * 8/670; Scholz, Roman (Karl) * 9/110; Slezak, Leo * 9/350; Templer, Bernhard ~ 9/674; Ullmann, Dominik * 10/136; Vacano, Emil (Mario) * 10/175; Wagner, Max * 10/285

Mährisch-Trübau (tschech. Moravská Třebová)
Czepa, Alois * 2/417; Dornspach, Nikolaus von * 2/600; Eichthal, Rudolf von * 3/56; Friedrich, Adolf * 3/476; Giskra, Karl * 4/17; Handke, Johann Christoph ~ 4/367; Hensel, Walther * 4/598; Herrmann, Hugo * 4/643; Heyl, Johann Adolf ~ 5/22; Mayer-Gunthof, Franz ~ 7/12; Nesmüller, Joseph Ferdinand * 7/366

Mährisch-Weißkirchen (tschech. Hranice)
Chorin, Aaron Ben Kalman * 2/313; David, Jakob Julius * 2/452; Dock, Hans ~ 2/566; Falk, Norbert * 3/225; Frombeck, Carl * 3/508; Jugoviz, Rudolf ~ 5/375; Körner, Theodor ~ 5/673; Kropatschek, Alfred Ritter von ~ 6/119; Musil, Robert Edler von ~ 7/317; Potočnik, Hermann ~ 8/45; Schaukal, Richard ~ 8/576; Seeber, Joseph ~ 9/255; Vogl, August Emil von * 10/231; Wallisch, Friedrich * 10/313; Wallisch, Wilhelm ~ 10/313; Wöß, Josef Venantius von ~ 10/560

Mäken (poln. Majki)
Vageler, Paul * 10/175

Männedorf (Kt. Zürich)
Billeter, (Karl) Agathon * 1/528; Birchler, Linus † 1/536; Bosshardt, Alfred † 2/45; Dahm, Helen † 2/430; Eyck, Peter van † 3/204; Fietz, Hermann * 3/294; Korach, Alfred George † 6/41; Lejeune, Robert † 6/313; Roffler, Thomas † 8/365; Rüegg, Ernst Georg † 8/449; Schaal, Eric ~/† 8/537; Staub, Friedrich */~ 9/455; Welti, Kaspar * 10/429

Märkisch-Friedland (poln. Mirosławiec)
Friedberg, Heinrich von * 3/447; Jacobsohn, Bernhard ~ 5/277; Phöbus, Philipp * 7/659; Sachs, Johann Jakob * 8/487; Wolff, Julius * 10/574; Zuckermandl, Moses Samuel ~ 10/695

Märstetten (Kt. Thurgau)
Meuli, Karl * 7/93; Roth, Abraham * 8/410

Märwil (Gem. Affeltrangen, Kt. Thurgau)
Früh, Johann Jacob * 3/515; Thomann, Hans * 10/16

Maeseyk (Belgien)
Campanus, Johannes * 2/270

Maffersdorf (tschech. Vratislavice)
Ginzkey, Ignaz */† 4/13; Henlein, Konrad * 4/587; Porsche, Ferdinand * 8/38

Magdalena (Sonora, Mexiko)
Kino, Eusebio (Franz) † 5/543

Magdalenaberg (Oberösterreich)
Wiesinger, Alois * 10/491

Magdalensberg (Kärnten)
Vetters, Hermann ~ 10/202

Magdeburg
siehe auch *Benneckenbeck, Friedrichstadt, Groß Ottersleben, Neustadt, Olvenstedt, Puppendorf, Salbke*
Abosch, Heinz * 11/1; Adalbert I., Erzbischof von Magdeburg ~ 1/25; Adalbert, Bischof von Prag ~ 1/25; Adalgoz von Veltheim, Erzbischof von Magdeburg ~/†

1/26; Adelbulner, Michael ~ 1/32; Adolf, Fürst von Anhalt-Zerbst, Bischof von Merseburg ~ 1/45; Agricola, Georgius ~ 1/52; Agricola, Martin ~/† 1/55; Ahlefeldt-Laurwig, Elisa (Davidia Margarete) Gräfin von ~ 1/57; Ahrens, Wilhelm (Ernst Maria Georg) ~ 1/60; Alber, Erasmus ~ 1/64; Albert, Herzog von Braunschweig, Erzbischof von Bremen ~ 1/66; Albert II. Suerbeer, Erzbischof von Riga ~ 1/67; Albert, Heinrich */~ 1/69; Albrecht II., Erzbischof von Magdeburg ~ 1/76; Albrecht IV. von Querfurt, Erzbischof von Magdeburg ~ 1/76; Albrecht, Markgraf von Brandenburg, Kardinal, Erzbischof von Mainz und Magdeburg, Administrator von Halberstadt ~ 1/77; Alemann, Friedrich Adolph von ~ 1/86; Alt, Konrad † 1/95; Alvensleben, Busso von ~ 1/107; Alvensleben, Gebhard von ~ 1/107; Alvensleben, Joachim von ~ 1/107; Alvensleben, Johann August Ernst Graf von ~ 1/108; Alvensleben, Johann Friedrich Karl von * 1/108; Aly, (Gottfried) Friedrich */~ 1/109; Ameis, Karl Friedrich ~ 1/113; Amsdorf, Nikolaus von ~ 1/120; Andreae, Abraham ~/† 1/128; Andreae, August Wilhelm ~/† 1/128; Andreae, Wilhelm */132; Angern, Ferdinand Ludwig Friedrich Frh. von */~ 1/138; Anthony, Wilhelm ~ 1/149; Armbrust, Karl ~ 1/171; Arndt, Georg ~ 1/174; Arndt, Johann ~ 1/174; Arndt, Johann Friedrich Wilhelm ~ 1/175; Arnecke, Friedrich ~ 1/176; Arning, Marie ~/† 1/182; Arnold von St. Emmeram ~ 1/184; Arnold, Franz ~ 1/186; Asseburg, Rosamunde Juliane von ~ 1/207; Aßmann, Richard */~ 1/207; August, Herzog von Sachsen-Weißenfels ~ 1/221; Baader, Johannes ~ 1/232; Bach, Johann Bernhard ~ 1/237; Baensch, (Friedrich Robert) Emanuel */† 1/258; Baensch, Wilhelm von */~ 1/258; Baensch-Drugulin, (Egbert) Johannes * 1/258; Baerensprung, Horst W. ~ 1/261; Baison, Jean Baptiste ~ 1/272; Baldung, Hans ~ 1/275; Balthasar, Karl ~ 1/281; Bamberger, Johann Peter * 1/285; Banck, Karl * 1/286; Banck, Otto (Alexander) * 1/286; Bandhauer, Mauritius Zacharias ~ 1/287; Barkhausen, Heinrich Ludwig Willibald ~ 1/295; Barlach, Ernst ~ 1/296; Barner, Klaus von ~ 1/297; Barth, Richard ~ 1/305; Basedow, Johann Bernhard † 1/313; Baumgart, Johann † 1/342; Baumgarten, Jakob ~ 1/344; Baumgarten, Johann Christoph Friedrich */~/† 1/344; Baumgarten-Crusius, Gottlob August ~ 1/345; Bech, (Wilhelm) Fedor ~ 11/15; Behne, Adolf * 1/398; Beims, Hermann ~/† 1/405; Beradt, Martin * 1/433; Berber, Felix ~ 1/433; Berndt, Otto ~ 1/462; Bernhardi, Bartholomäus ~ 1/469; Bernhardi, Otto (Heinrich Wilhelm) ~ 1/469; Bernstein, Elsa ~ 1/475; Bersu, Gerhard † 1/480; Berthold von Regensburg ~ 1/486; Bethmann, Heinrich Eduard ~ 1/496; Betzel, Andreas ~ 1/500; Biedenfeld, Ferdinand Leopold Frh. von ~ 1/516; Bierling, Friedrich Wilhelm * 1/523; Bischof, Carl ~ 1/541; Blass, Friedrich Wilhelm ~ 1/562; Blenck, Emil * 1/568; Blencke, Erna * 1/568; Blühdorn, Johann Ernst Christian ~ 1/580; Blume, Bianka ~ 1/584; Bocholt, Johannes ~/† 1/593; Bock, August Karl * 1/594; Bode, Adolf ~ 1/599; Bode, Heinrich von ~ 1/599; Bodenstedt, Hans * 1/604; Bodenstein, Max (Ernst August) * 1/604; Böhmer, Justus Henning ~ 1/623; Böhringer, August ~ 1/624; Bönigk, Gottfried ~ 1/630; Böttger, Johann Friedrich ~ 1/637; Boguslawski, Palon Heinrich Ludwig von * 1/642; Bohner, Theodor Paul ~ 2/3; Bolzmann, Karl Anton ~ 2/14; Bonin, Anselm Christoph von ~/† 2/19; Bonin, Christian Friedrich (Ferdinand Anselm) von * 2/19; Bonin, Gustav (Karl Gisbert Heinrich Wilhelm Gebhard) von ~ 2/20; Bonte, Paula * 2/22; Bora, Katharina von ~ 2/25; Borcke, Friedrich Wilhelm Frh. von ~ 2/28; Borggreve, Bernard Robert * 2/29; Bormann, Albert Karl ~/† 2/31; Bornemann, Wilhelm ~ 2/34; Boruttau, Ernst Paul ~ 11/29; Bosch, Robert (August) ~ 2/41; Bose, Georg Matthias ~/† 2/42; Bosse, Georg von ~ 2/44; Bosselt, Rudolf ~ 2/44; Bothe, Friedrich Heinrich * 2/46; Bott, Jean Joseph ~ 2/47; Brandes, Alwin ~ 2/62; Brandis, Ernst Friedrich Eduard ~ 2/65; Brandis, Lucas ~ 2/65; Brandis, Moritz ~ 2/66; Brandt, (Andreas Heinrich) Carl * 2/68; Brandt, Wilhelm von ~ 2/71; Braun, Heinz ~ 2/81; Braun,

Rhoden, Emmy (Henriette Auguste Karoline) von *
8/269; Ribbeck, Konrad Gottlieb ~ 8/270; Richter, Trude
* 8/284; Ricker, Gustav ~ 8/287; Riebe, Karl August ~
8/288; Riechmann, Friedrich ~ 8/289; Rimrott, Fritz ~
8/313; Rintelen, Friedrich ~ 8/320; Riotte, Philipp Jakob
~ 8/321; Ritter, August Gottfried ~/† 8/326; Ritter, Gerhard
(Georg Bernhard) ~ 8/328; Rodemann, Paul * 8/344;
Rolle, Johann Heinrich ~/† 8/375; Rollenhagen, Gabriel
*/† 8/375; Rollenhagen, Georg ~/† 8/375; Rosen, Willy *
8/389; Rosenkranz, (Johann) Karl (Friedrich) */~ 8/397;
Roßdeutscher, Eberhard ~/† 8/405; Rothe, Eva * 8/417;
Rotth, August ~ 8/427; Rudloff, Ernst August * 8/435;
Rudolf III., Herzog, Kurfürst von Sachsen-Wittenberg ~
8/439; Rudolphi, Andreas */~ 8/442; Rudolphi, Karoline
(Christiane Louise) * 8/442; Ruediger, Erzbischof von
Magdeburg ~ 8/446; Rünger, Gertrude ~ 8/454; Rünger,
Julius ~ 8/454; Rütschi, Salomon ~ 8/456; Saccur, Alma
~ 8/485; Sachs, Karl * 8/488; Sachtleben, Hans * 8/490;
Sack, August Friedrich Wilhelm ~ 8/491; Sack, Friedrich
Samuel Gottfried */~ 8/491; Sahm, Heinrich (Friedrich
Wilhelm Martin) ~ 8/495; Saldern, Friedrich Christoph von
† 8/497; Samwer, Adolf (Franz) ~ 8/509; Sander, Johann
Daniel * 8/512; Sarcerius, Erasmus ~/† 8/519; Sauer, Oskar
~ 8/527; Savigny, Karl von ~ 8/533; Scaria, Emil ~ 8/536;
Schäffer, Bernhard ~/† 11/168; Schaeffer-Heyrothsberge,
Paul ~ 8/551; Schalreuter, Jodocus ~/† 8/562; Schawinski,
Alexander ~ 8/578; Schede, Franz Ludwig * 8/579;
Schenk von Stauffenberg, Claus (Philipp) Graf ~ 8/605;
Scherenberg, Christian Friedrich ~ 8/609; Schiebold,
Ernst ~/† 8/624; Schieß, Ernst * 8/629; Schink, Johann
Friedrich * 8/645; Schmeil, Otto ~ 8/694; Schmeißer, Karl
~ 8/695; Schmidt, Aloys ~ 9/2; Schmidt, Paul Ferdinand
~ 9/18; Schmidthässler, Walter ~ 9/26; Schmitt, Friedrich
~ 9/31; Schnitger, Arp ~ 9/65; Schnorr von Carolsfeld,
Hans Veit Friedrich ~ 9/68; Schocke, Johannes ~ 9/73;
Schöbel von Rosenfeld, Georg ~/† 9/74; Schöne, Günter
*/~ 9/90; Schondorff, Joachim ~ 9/112; Schorlemer-
Lieser, Clemens Frh. von ~ 9/117; Schorn, Heinrich ~
9/118; Schrauth, Walther * 9/132; Schröter, Leonhar(d)t
~/† 9/156; Schuberth, Gottlob ~ 9/165; Schuberth, Julius
(Ferdinand Georg) ~ 9/165; Schuberth, Karl (Eduard)
*/~ 9/165; Schümer, Georg ~ 9/170; Schümer, Wilhelm
* 9/171; Schütz, Eduard (Johannes Nikolaus) ~ 9/176;
Schütze, (Johann) Stephan ~ 9/180; Schulenburg, Johann
Matthias von der, Frh. (seit 1715 Reichsgraf) ~ 9/182;
Schultze, Johannes ~ 9/193; Schulz, (Joachim Christoph)
Friedrich * 9/196; Schulze, Ludwig (Theodor) ~ 9/200;
Schummel, Johann Gottlieb ~ 9/208; Schuster, Bernhard
~ 9/215; Schwabe, Johann Joachim * 9/218; Schwantes,
Martin ~ 9/223; Schwartzkopff, Louis (Viktor Robert) *
9/224; Schwarz, Franz † 9/225; Schweikart, Hans ~ 9/236;
Scriver, Christian ~ 9/249; Secker, Hans-Friedrich ~ 9/253;
Seitz, Friedrich ~ 9/274; Seldte, Franz * 9/277; Sick,
Karl ~ 9/302; Siebenhaar, Malachias ~/† 9/305; Siede,
Johann Christian * 9/309; Siegfried, Karl Gustav Adolf */~
9/313; Siemens, (Ernst) Werner von ~ 9/317; Sigismund,
Markgraf von Brandenburg, Erzbischof von Magdeburg ~
9/324; Silbergleit, Heinrich ~ 9/326; Simons, Karl ~ 9/334;
Singer, Kurt * 9/339; Sonnen, Willi * 9/373; Sontag, Nina
~ 9/376; Spanier, Arthur ~ 9/385; Spanier, Moritz ~/†
9/385; Spielhagen, Friedrich * 9/402; Spies, Johann Karl
~ 9/404; Starcke, Johann Georg * 9/405; Steffelbauer, Kurt
~ 9/464; Steiger, Eduard ~ 9/472; Steiner, Julius ~ 9/490;
Steiniger, Karl ~ 9/495; Steinkopff, Theodor * 9/497;
Steinmetz, Johann Adam ~/† 9/500; Steinmetz, Karl Fried-
rich von ~ 9/500; Stemmle, R(obert) A(dolf Ferdinand)
*/~ 9/504; Steuben, Friedrich Wilhelm (Ludolf Gerhard
Augustin) von * 9/520; Stiehl, Otto (Max Johannes) *
9/527; Stierlin, (Johann Gottfried) Adolf ~ 9/529; Stolle-
Garvens, Milly ~ 9/552; Stolte, Ferdinand Ludwig ~ 9/553;
Stolzenberg, Klara ~ 9/556; Stosch, Albrecht von ~ 9/560;
Strantz, Ferdinand (Karl Friedrich Felix) von ~ 9/566;
Strigel, Victorinus ~ 9/588; Strüver, Paul ~ 9/598; Struve,
Georg Adam * 9/600; Stühmer, Alfred * 9/609; Sturm,

Christoph Christian ~ 9/616; Sturm, Johann Christoph
~ 9/617; Stutterheim, Joachim Friedrich von ~ 9/620;
Sulzer, Johann Georg(e) ~ 9/631; Szpinger, Leondhardt
von ~ 9/647; Tannenhofer, Karl ~/† 9/655; Tauentzien von
Wittenberg, (Friedrich) Bogislaw (Emanuel) Graf von ~
9/664; Taut, Bruno ~ 9/667; Telemann, Georg Philipp */~
9/671; Tescher, Karl ~ 9/679; Teschner, Gustav Wilhelm
*/~ 9/680; Tetleben, Valentin von ~ 9/681; Thape, Ernst
~ 9/690; Thiele, Hertha (Margaretha) ~ 10/2; Thiemich,
Martin ~ 10/5; Thietmar von Merseburg ~ 10/10; Thoma,
Richard Andreas ~ 10/15; Thym, Georg ~ 10/33; Tiedge,
Christoph August ~ 10/37; Tilly, Johann Tserclaes Graf
von ~ 10/44; Tischbein, Albrecht Johann Heinrich ~
10/47; Tischbein, Willy ~ 10/49; Toke, Heinrich ~/† 10/60;
Tollin, Henri Wilhelm Nathanael ~/† 10/61; Trede, Paul ~
10/77; Trenck, Friedrich Frh. von der ~ 10/80; Tresckow,
Henning von * 10/82; Trotha, Thilo von ~ 10/98; Trott auf
Solz zu Imshausen, August Heinrich ~ 10/99; Truestedt,
Friedrich Leberecht ~ 10/101; Tübben, Ludwig ~ 10/113;
Uhlich, Leberecht ~/† 10/130; Uhlirz, Karl ~ 10/131;
Uhlitzsch, Wolfgang Heinz ~ 10/131; Unger, Heinz ~
10/153; Ungnad, Arthur * 10/156; Unruh, Hans Victor von
~ 10/158; Unverricht, Heinrich † 10/160; Vahsel, Margarete
von ~ 10/176; Valentin, Erich ~ 10/177; Varena, Adolf ~
10/181; Varges, August Wilhelm ~/† 10/182; Vespermann,
Wilhelm ~ 10/199; Völker, Karl ~ 10/222; Vogel, Hugo
* 10/226; Voigt, Valentin ~/† 10/238; Voigtel, Friedrich
Wilhelm */~/† 10/239; Voigtel, (Karl Eduard) Richard
* 10/239; Voigtländer, Robert von ~ 10/240; Volbehr,
Theodor ~ 10/242; Volk, Wilhelm Gustav ~ 10/243;
Volkmann, Otto (Hermann) ~ 10/246; Vomelius, Cyprianus
~ 10/252; Vorbrodt, Gustav Theodor Ferdinand Franz */~
10/253; Vosberg-Rekow, Max ~ 10/257; Voß, Emanuel ~
10/257; Voß, Georg * 10/258; Voss, Otto Friedrich von ~
10/259; Waetzoldt, Stephan ~ 10/273; Wagener, Hermann ~
10/274; Wagner, (Wilhelm) Richard ~ 10/286; Wahle, Ernst
(Karl Bernhard Hermann) * 10/293; Waldthausen, Eugen
von ~ 10/308; Walrave, Gerhard Cornelius von ~/† 10/316;
Walzel, Camillo * 10/326; Wasielewski, Theodor (Karl
Wilhelm Nicolaus) von ~ 10/341; Wedel-Piesdorf, Wilhelm
~ 10/370; Wedepohl, Edgar * 10/370; Wehl, Feodor ~
10/375; Weinert, Erich */~ 10/395; Weinmann, Sebastian
~ 10/399; Weisker, Rudolf ~ 10/404; Weissensee, Friedrich
~ 10/414; Weisser, Gerhard ~ 10/414; Weißler, Friedrich ~
10/415; Weitling, Wilhelm (Christian) * 10/417; Wendler,
Otto Bernhard ~ 10/433; Werdenhagen, Johann Angelicus
von ~ 10/440; Werner von Elmendorf ~ 10/443; Werth,
Richard * 10/452; Weskamm, Wilhelm ~ 10/455; Wessel,
Kurt ~ 10/456; Werst, Franz * 10/458; Wichert, Georg
Heinrich Robert ~/† 10/470; Wichmann, Graf von Seeburg,
Erzbischof von Magdeburg ~ 10/471; Wichmann von
Arnstein (oder von Ruppin) ~ 10/471; Wiedmann, Albert
* 10/480; Wieland, Christoph Martin ~ 10/482; Wigand,
Johannes ~ 10/492; Wigger, Graf von Bilstein, Bischof
von Brandenburg ~ 10/493; Wilhelm, Heinrich ~ 10/506;
Wille, Bruno * 10/509; Willrich, Erich ~ 10/513; Winckler,
Johann Joseph ~/† 10/521; Wirsing, Rudolf ~ 10/538;
Wittich, Marie ~ 10/547; Wittmaack, Ernst ~ 10/550;
Wöhr, Elisabethe Anna ~ 10/556; Wohlbrück, Wilhelm
August ~ 10/561; Woldemar, Markgraf von Brandenburg
~ 10/563; Wolf, Otto ~ 10/568; Wolfgang, Fürst zu Anhalt-
Köthen ~ 10/579; Wurm, Nikolaus ~ 10/600; Wuzél, Hans
~ 10/602; Zander, Robert * 10/617; Zander, (Karl Oswald
Richard) Willi ~ 10/617; Zange, Johannes ~ 10/618;
Zegenhagen, Johann ~ 10/628; Zettler, Franz Xaver ~
10/648; Ziem, Jochen * 10/658; Zimmermann, Friedrich ~
10/667; Zschiesche, Pauline ~ 10/690; Zschokke, (Johann)
Heinrich (Daniel) * 10/691; Zumpe, Hermann ~ 10/700;

Magdenau (Gem. Degersheim, Kt. Sankt Gallen)
Molitor, Fidel ~/† 7/188

Magdlos (Flieden)
Heurich, Fridolin * 5/10

Magenta

Magenta (Italien)
Angeli, Moritz Edler von ~ 1/135; Clam-Gallas, Eduard Graf von ~ 2/329; Hartung, Ernst Ritter von ~ 4/415
Magglingen/Macolin (Gem. Evilard, Kt. Bern)
Gobat, Marguerite ~/† 4/44
Magliaso (Kt. Tessin)
Onegin, Sigrid † 7/492
Magrè → Margreid
Magreglio (Italien)
Benrath, Henry † 1/427
Magstadt
Haug, Balthasar ~ 4/440; Lautenschlager, Christian * 6/272
Magugnano sul Garda (Brenzone, Italien)
Friedrich, (Max) Wilhelm (Karl) † 3/481
Magyaróvár → Ungarisch-Altenburg
Magyarszölgyén → Szölgyén
Mahabalipuram (Indien)
Horsch, Paul † 5/182
Mahlberg (Ortenaukreis)
Blittersdorf, Friedrich Landolin Karl Frh. von * 1/573; Engesser, Lukas ~ 3/124
Mahle
Buchner, Max (Franz Christian) † 2/187
Mahlerten (seit 1974 zu Nordstemmen)
Leunis, Johannes * 6/353
Mahlpils → Lemburg
Mahlum (Bockenem)
Breymann, Adolf * 2/129; Gaus, Friedrich (Wilhelm Otto) * 3/586; Schrader, (Johanne Juliane) Henriette * 9/125
Mahndorf
Roemer, Theodor ~ 8/353
Maia alta → Obermais
Maichingen (seit 1971 zu Sindelfingen)
Erhard, Johann Ulrich ~ 3/145; Wagner, Gottlieb Friedrich ~/† 10/281
Maienfeld (Kt. Graubünden)
Anhorn, Bartholomäus ~ 1/140; Ardüser, Hans ~ 1/164; Comander, Johannes * 2/360; Grebel, Konrad † 4/146; Gugelberg von Moos, Hortensia */† 4/248; Knittel, John † 5/623; Mooser, Hermann * 7/205; Stäger, Hans Konrad * 9/433; Tscharner, Johann Baptist von ~ 10/104; Turban, Karl † 10/117
Maiersreuth (Gem. Wernersreuth, seit 1971 zu Neualbenreuth)
Schmaus, Alois * 8/693
Maierus → Nußbach
Maihingen
Grupp, Georg ~/† 4/228; Haas, Joseph * 4/286; Stimpfle, Joseph * 11/179
Maikammer
Hartmann, Jakob Frh. von * 4/409; Koch, Heinrich * 5/640; Zimmermann, Holmes * 10/668
Mailand (italien. Milano)
Abendroth, Irene ~ 1/7; Abensberg-Traun, Otto Ferdinand Graf von ~ 1/9; Abraham, Max ~ 1/12; Achenbach, Andreas ~ 1/17; Adam, Albrecht ~ 1/27; Adam, Eugen ~ 1/28; Adam, Franz * 1/28; Adler, Salomon ~/† 1/41; Agricola, Alexander ~ 1/52; Aiblinger, Johann Kaspar ~ 1/60; Albertus Magnus ~ 1/71; Aldenhoff, Bernd ~ 1/85; Alvary, Max ~ 1/106; Anday, Rosette ~ 1/122; Andreae, Volkmar ~ 1/131; Annone, Johann Jacob d' ~ 1/145; Anselm, Bischof von Havelberg, Erzbischof von Ravenna † 1/147; Arthaber, Rudolf Edler von ~ 1/197; Artôt de Padilla, (Marguerite Joséphine) Désirée ~ 1/198; Auer, Johann Paul ~ 1/213; Bach, Johann Christian ~ 1/237; Basta, Marie ~ 1/317; Baumgartner, Heinrich ~ 1/347; Beckmann, Hermann ~ 1/385; Beeth, Lola ~ 1/391; Beilke, Irma ~ 1/405; Beirer, Hans ~ 1/406; Bergler, Joseph d. J. ~ 1/449; Bernasconi, Andrea * 1/460; Bernasconi, Antonia ~ 1/460; Bianca Maria Sforza, Kaiserin ~ 1/511; Bill, Max ~ 1/527; Birago, Karl Frh. von ~ 1/535; Blanckertz, Rudolf ~ 1/556; Brauda, Benno ~ 2/76; Brauer, Arnold Hermann Louis Friedrich ~ 2/77; Breisach, Paul ~ 2/100; Brentano, Dominicus von ~ 2/117; Bretschneider,

Friedrich Frh. von ~/† 2/123; Bromme, Karl Rudolf ~ 2/144; Brunck, Constantin ~ 2/166; Bubna von Lititz, Ferdinand Graf † 2/179; Burger, Johann ~ 2/237; Caliga-Reh, Friedrich ~ 2/265; Cannabich, (Johann) Christian (Innocenz Bonaventura) ~ 2/274; Carl, Henriette Berta ~ 2/280; Cerri-Bukovics, Cäcilie ~ 2/301; Chiodera, Alfred * 2/311; Christen, Joseph Maria ~ 2/317; Clam-Gallas, Eduard Graf von ~ 2/329; Coelestin Sfondrati, Fürstabt von St. Gallen * 2/350; Collinus, Rudolfus ~ 2/357; Conrad von Eybesfeld, Siegmund Frh. von ~ 2/363; Curione, Celio Secundo ~ 2/412; Cysat, Renward ~ 2/416; Dammann, Hans ~ 2/437; Daun, Wirich von ~ 2/450; Denža, Erna ~ 2/485; Dettmann, Ludwig ~ 2/501; Diesbach, Sebastian von ~ 2/523; Dippel, Andreas ~ 2/554; Ditmar, (Karl Friedrich Jakob) Rudolph ~ 2/560; Domgraf-Fassbaender, Willi ~ 2/590; Donegani von Stilfsberg, Carlo Ritter von ~ 2/593; Dux, Claire ~ 2/659; Erhardt, Otto ~ 3/147; Ernst, Erzherzog von Österreich * 3/160; Falck, Peter ~ 3/222; Farina, Johann Anton ~ 3/231; Fechner, Eberhard ~ 3/238; Feinhals, Friedrich (Fritz) Joseph ~ 3/252; Fell, Georg ~ 3/258; Felsing, Georg Jacob ~ 3/263; Fenneker, Josef ~ 3/265; Ferdinand Karl Josef, Erzherzog von Österreich-Este * 3/270; Ferency, José ~ 3/271; Ferrara, Gabriele von */~ 3/272; Firmian, Karl Gotthard Graf und Herr zu ~/† 3/307; Fischer, Vinzenz ~ 3/328; Francillo-Kaufmann, Hedwig ~ 3/387; Frank, Joseph ~ 3/400; Frank, Ludwig ~ 3/401; Franke, (Max) Walther ~ 3/405; Franz IV. Joseph Carl Ambros Stanislaus, Erzherzog von Österreich, Herzog von Modena * 3/410; Freund, Erich ~ 3/431; Frick, Gottlob ~ 3/441; Friedrich I. (Barbarossa), Kaiser ~ 3/456; Fröhlich, Josefine ~ 3/503; Frundsberg, Georg von ~ 3/515; Galli-Bibiena, Antonio † 3/564; Ganahl, Johann Josef ~ 3/568; Gebauer, Julius (Hermann Carl) ~ 3/591; Gerlach, Otto ~ 3/649; Gerlach-Rusnak, Rudolf ~ 3/650; Glaser, Anthoni ~ 4/22; Gluck, Christoph Willibald Ritter von ~ 4/35; Goenner, Alfred * 4/54; Goidobon, Johann Baptist Frh. von ~ 4/76; Graevenitz, Kurt-Fritz von ~ 4/125; Grassi, Ernesto */~ 4/139; Grisebach, Eduard (Anton Rudolf) ~ 4/175; Groh, Herbert Ernst ~ 4/181; Grosch, Georg (Oskar August) ~ 4/189; Grua, Carlo (Luigi Pietro) * 4/204; Grümmer, Elisabeth ~ 4/209; Grumbach, Marquard III. von ~ 4/221; Gudenus, Valentin Ferdinand Frh. von ~ 4/233; Guillimann, Franz ~ 4/252; Gyrowetz, Adalbert ~ 4/278; Hager, Joseph */~ 4/325; Halirsch, Friedrich Ludwig ~ 4/344; Harlfinger, Richard * 4/389; Harrach, Ferdinand (Bonaventura Joseph Georg Leopold Anton) Graf von ~ 4/394; Hartig, Franz de Paula Graf von ~ 4/400; Hartmann, Christoph ~ 4/406; Hartzheim, Hermann Joseph ~ 4/418; Heinefetter, Sabine ~ 4/512; Heinrich VI., deutscher König, Kaiser, König von Sizilien ~ 4/520; Heinrich von Herford ~ 4/538; Heller von Hellwald, Friedrich Jakob ~ 4/565; Henckell, Karl (Friedrich) ~ 4/581; Hersche, Johann Sebastian ~ 4/646; Heß, Ludwig ~ 4/672; Heß, Otto ~ 4/672; Heydenreich, Ludwig Heinrich ~ 5/19; Heymann, Joseph Anton ~ 5/25; Hieber, Theodor ~ 5/30; Hildenbrand, Franz Xaver von ~ 5/39; Hilscher, Joseph Emanuel † 5/47; Hodel, Ernst ~ 5/84; Hofmann, Ludwig ~ 5/131; Horschelt, Friedrich ~ 5/182; Hromada, Anton ~ 5/193; Jacoby, Leopold ~ 5/280; Jary, Michael ~ 5/308; Jobst, Julius von ~ 5/331; Jobst, Karl ~ 5/331; Johannes Hinderbach, Bischof von Trient ~ 5/351; Joseph I., deutscher König, römisch-deutscher Kaiser ~ 5/365; Jungen, Johann Hieronymus Frh. von und zum ~ 5/382; Kalisch, Paul ~ 5/412; Kamann, Karl ~ 5/418; Kappeler, Moritz Anton ~ 5/431; Karajan, Herbert von ~ 5/432; Karl VI., Kaiser, als Karl III. König von Spanien ~ 5/441; Kaser, Max ~ 11/101; Kauffmann, Angelica (Maria Anna Angelica Catarina) ~ 5/468; Kaufmann, (Johann) Peter ~ 5/473; Kaunitz, Dominik Andreas Graf von ~ 5/475; Kiepura, Jan ~ 5/533; Kilian, Wolfgang ~ 5/537; Kisch, Ruth ~ 5/558; Kleist, (Bernd) Heinrich (Wilhelm) von ~ 5/583; Klett, Ernst ~ 5/590; Klose, Margarethe ~ 5/605; Knoller, Martin ~/† 5/628; Koboth, Irma ~ 5/637; Koebke, Benno ~ 5/647; Köck, Michael ~ 5/648; Körner, Wilhelm

~/† 11/160; Pröckl, Ernst Johann ~ 8/76; Raab, Heribert ~ 8/105; Rabus, (Johann) Jakob ~ 8/111; Radowitz, Joseph Maria von ~ 8/118; Räß, Andreas ~ 8/121; Raich, Johann Michael ~/† 8/125; Rassow, Peter ~ 8/147; Rathgeber, (Johann) Valentin ~ 8/151; Ratinck de Berka, Amplonius ~ 8/152; Rauch, Petrus von Ansbach ~ 8/159; Rauch, Wendelin ~ 8/159; Rauchmiller, Matthias ~ 8/160; Reatz, August */~/† 8/169; Rebmann, Andreas Georg Friedrich ~ 8/170; Recke, Dietrich Adolf von der ~ 8/173; Redlich, Hans Ferdinand ~ 8/179; Reinach, Adolf * 8/213; Reinhart, Hans ~ 8/221; Remling, Franz Xaver ~ 8/239; Renfranz, Hans Peter ~/† 8/242; Renner, Maria (Johanna) * 8/245; Rennert, Günther (Peter) ~ 8/246; Reppe, Walter Julius ~ 8/247; Requadt, Paul ~/† 8/247; Rethius, Johannes ~ 8/250; Reuleaux, Ludwig ~/† 8/254; Reuß, Josef-Maria ~/† 8/258; Reuss, Wilhelm Franz ~ 8/258; Rewich, Erhard ~ 8/264; Rezniček, Emil Nikolaus Frh. von ~ 8/266; Rhode, Gotthold ~ 8/269; Richard, Herzog von Pfalz-Simmern ~ 8/272; Rieger, Johann Adam ~ 8/296; Ries, Daniel Christoph ~ 8/305; Riesbeck, Johann Kaspar ~ 8/305; Riese, Lorenz */~ 8/305; Riffel, Kaspar ~/† 8/309; Rimbert, Erzbischof von Hamburg-Bremen ~ 8/312; Rimpl, Herbert ~ 11/163; Rindt, Jochen * 8/314; Rintelen, Fritz Joachim ~ 8/320; Ritter zu Grünstein, Anselm Franz Frh.von */~ 8/333; Robin, Georg ~/† 8/339; Robin, Johann d. J. ~ 8/339; Rocker, Rudolf * 8/342; Rodenstein, Georg Anton Reichsritter von ~/† 8/345; Roeder, Emy ~/† 8/348; Rösicke, Adolf ~ 8/359; Rösler, Franz Anton ~ 8/360; Roffmann, Ludwig ~ 8/365; Rohwedder, Detlev Carsten ~ 8/372; Romanus, Adrianus † 8/378; Rommel, Theodore (Wilhelmine Christiane) von * 8/380; Roos, Johann Heinrich ~ 8/382; Roose, Friedrich ~ 8/383; Rosbaud, Hans ~ 8/385; Rosenberg, Richard ~ 8/394; Rotenhan, Sebastian von ~ 8/410; Roth, Johann Richard von */~ 8/413; Rothmann, Bernhard ~ 8/420; Rotho, Bischof von Paderborn ~ 8/421; Rucherath, Johann ~/† 8/433; Rudolf, Fürst von Anhalt ~ 8/437; Rudolf von Zähringen, Bischof von Lüttich ~ 8/438; Rudolph, Karlheinz † 8/441; Rüdiger, Horst ~ 8/447; Ruel, Johann Baptist de ~ 8/452; Rünger, Julius ~ 8/454; Ruland, Ludwig ~ 8/461; Rummel, Joseph ~ 8/463; Ruppel, Aloys (Leonhard) ~/† 8/471; Ruprecht, Pfalzgraf von Zweibrücken-Veldenz ~ 8/473; Rustige, Heinrich (Franz Gaudenz) von ~ 8/476; Ruthard, Erzbischof von Mainz ~/† 8/477; Ryff, Walther Hermann ~ 8/480; Sack, Erna (Dorothea Luise) † 8/491; Sack, Karl ~ 8/491; Salbach, Klara ~ 8/497; Salentin, Graf von Isenburg, Erzbischof von Köln, Bischof von Paderborn ~ 8/498; Sallet, Friedrich (Karl Ernst Wilhelm) von ~ 8/501; Salomo III., Bischof von Konstanz ~ 8/502; Sante, Georg Wilhelm ~ 8/516; Sausen, Franz */~/† 8/531; Sax, Joseph Edler von ~ 8/534; Schachleiter, Alban * 8/539; Schaefer, Georg * 8/547; Schäfer, Jakob */~/† 8/548; Schaefer, Oda ~ 8/548; Schätzel, Walter ~ 8/553; Schäufele, Hermann ~ 8/554; Schannat, Johann Friedrich ~ 8/563; Schardt, Alois ~ 8/566; Schaumberg, Peter von ~ 8/577; Scheel, Helmuth Friedrich August ~/† 8/581; Schelling, (Dorothea) Caroline (Albertina) von ~ 8/586; Schenk, Daniel ~ 8/602; Schick, Ernst (Johann Christoph) ~ 8/621; Schick, Margarete */~ 8/622; Schieffer, Theodor ~ 11/169; Schinderhannes ~/† 8/642; Schlechta, Karl ~ 8/658; Schließmann, Hans * 8/679; Schlör, Johann Georg ~/† 8/682; Schmid, Leopold ~ 8/704; Schmidt, Ernst (Albert) ~ 9/6; Schmidt, Gustav (Friedrich) ~ 9/8; Schmidt, Marie * 9/15; Schmidt, Martin ~ 9/15; Schmidt, Otto * 9/17; Schmidt, Philipp Anton ~ 9/18; Schmidt-Künsemüller, Friedrich Adolf ~ 9/24; Schmieder, Heinrich Gottlieb ~ 9/27; Schmitt, Viktor Christian ~ 9/33; Schmitt, Wilhelm Joseph ~ 9/33; Schmitz, (Franz) Arnold ~/† 9/35; Schmölders, Günter ~ 9/38; Schnaubert, Andreas Joseph ~ 9/46; Schneider, Carl ~ 9/50; Schneider, Friedrich (Karl Wilhelm) */~/† 9/53; Schneider, Karl (Rudolf) */~ 9/57; Schneiderhöhn, Hans * 9/61; Schnorr von Carolsfeld, Ludwig ~ 9/69; Schnütgen, (Johann Wilhelm) Alexander ~ 9/69; Schober, Ildefons ~ 9/72; Schoeck, Helmut ~ 9/75;

Schöffer, Peter d. Ä. ~/† 9/76; Schöffer, Peter d. J. * 9/76; Schönberger, Eugen ~ 9/86; Schönberger, Lorenz (Adolf) † 9/86; Schönberger-Marconi, Marianna ~ 9/86; Schönborn, Damian Hugo Philipp Reichsfreiherr (seit 1701 Reichsgraf) von */~ 9/86; Schönborn, Franz Georg Reichsfreiherr (seit 1701 Reichsgraf) von * 9/87; Schönborn, Friedrich Karl Reichsfreiherr (seit 1701 Reichsgraf) von */~ 9/87; Schönborn, Johann Philipp Reichsfreiherr von ~ 9/87; Schönborn, Johann Philipp Franz Reichsfreiherr (seit 1701 Reichsgraf) von ~ 9/88; Schönborn, Lothar Franz Reichsfreiherr (seit 1701 Reichsgraf) von ~/† 9/88; Schönborn, Rudolf Franz Erwein von * 9/88; Schönborn-Wiesentheid, Franz Erwein Graf von * 9/88; Schöne, Hermann ~ 9/90; Schönenberg, Georg von ~ 9/91; Scholder, Klaus ~ 9/104; Scholl, Johann Baptist d. Ä. ~ 9/105; Scholl, Johann Baptist d. J. */~ 9/105; Scholl, Joseph Franz */~/† 9/106; Scholz, Bernhard (Ernst) * 9/108; Schott, (Peter) Bernhard ~ 9/120; Schott, Erich ~/† 9/120; Schott, Kaspar ~ 9/121; Schott, Rolf * 9/121; Schott, Wilhelm (Christian) * 9/122; Schottroff, Willy ~ 11/172; Schramm, Edmund ~/† 9/128; Schreiber, Aloys Wilhelm ~ 9/134; Schröder, Wolfgang ~ 9/151; Schütz, Christian Georg ~ 9/176; Schuler, Alfred * 9/184; Schulz, Gottfried * 9/196; Schumacher, Karl ~ 9/203; Schuricht, Carl ~ 9/211; Schwamb, Ludwig ~ 9/220; Schwarz, Franz ~ 9/225; Schwarz, Jean Albert † 9/227; Schwarzkopf, Nikolaus ~ 9/232; Schweikard von Kronberg, Johann */~ 9/236; Sedlmair, Sophie ~ 9/254; Seghers, Anna */~ 9/263; Seitz, Adalbert * 9/274; Sekles, Bernhard ~ 9/276; Selbst, (Franz) Joseph (Heinrich) ~/† 9/276; Senger-Bettaque, Katharina ~ 9/288; Serarius, Nikolaus ~/† 9/291; Settegast, (Joseph) Anton (Nikolaus) ~/† 9/293; Seybold, Christian * 9/296; Sichel, Nathanael */~ 9/301; Siegen, Ludwig von ~ 9/311; Siegert, Emil ~ 9/311; Siegfried II. von Westerburg, Erzbischof von Köln ~ 9/312; Siegfried I., Erzbischof von Mainz ~ 9/312; Siegfried II. von Eppstein, Erzbischof von Mainz ~ 9/312; Siegfried III. von Eppstein, Erzbischof von Mainz ~ 9/312; Sieglitz, Georg * 9/314; Siesmayer, (Franz) Heinrich * 9/320; Siggel, Alfred (Karl Gustav Johannes) † 9/324; Simon, Johann Friedrich ~ 9/332; Simon, Leo * 9/333; Simons, Rainer ~ 9/335; Simrock, Nikolaus * 9/336; Soemmerring, Samuel Thomas von ~ 9/359; Soetbeer, Volker ~ 9/360; Sötern, Philipp Christoph Reichsritter von ~ 9/360; Sondheimer, Robert */~ 9/372; Sontag, Franziska ~ 9/376; Sowade, Eduard d. Ä. ~ 9/380; Spamer, Adolf (Karl Emil Gustav) */~ 9/382; Spamer, Carl ~ 9/382; Spee von Langenfeld, Friedrich ~ 9/389; Spemann, Heinrich ~ 9/393; Speyer, Emil John ~ 9/399; Sprenger, Jakob ~ 9/419; Stadion, Friedrich Graf von ~ 9/428; Stadion, Friedrich Lothar Graf von ~ 9/429; Staedtke, Joachim ~ 9/432; Stählin, Gustav ~ 9/434; Stammler, Jakobus ~ 9/444; Steffan, Jakob ~/† 9/463; Stegmann, Karl David ~ 9/468; Stehlin, Johann Jakob d. J. ~ 9/470; Stein, Franz */~ 9/476; Stein, (Heinrich Friedrich) Karl Frh. vom und zum ~ 9/478; Steinbach, Emil ~/† 9/483; Steinbach, Fritz ~ 9/484; Sterkel, Franz Xaver ~ 9/511; Stern, Erich ~ 9/512; Stern, Karoline ~ 9/514; Stieber-Walter, Paul ~ 9/524; Stieler, Joseph (Karl) */~ 9/528; Stimm, Helmut ~ 9/533; Stohr, Albert ~ 9/548; Stoltze, (Karl) Adolf * 9/554; Strack, Karl */~ 9/563; Strätz, Carl ~ 9/565; Strassmann, Fritz ~/† 9/569; Strathmann, Friedrich ~ 9/570; Straus, Oscar (Nathan) ~ 9/573; Strecker, Karl (Georg Bernhard Christian) * 9/580; Strecker, Konrad Wilhelm ~ 9/580; Strecker, Ludwig */~ 9/580; Strecker, Paul * 9/580; Strub, Max * 9/595; Sucker, Wolfgang ~ 9/623; Suder, Joseph * 9/624; Tetleben, Valentin von ~/† 9/681; Tetzlaff, Carl Albert Ferdinand ~ 9/681; Thamer, Theobald ~ 9/689; Thieme, Karl Otto ~ 10/4; Thiersch, Friedrich Ritter von ~ 10/8; Thietmar, Bischof von Prag ~ 10/9; Thoman, Johann (Valentin Anton) */~/† 10/16; Thomas, Eduard ~ 10/18; Thüngen, Karl Frh. von * 10/26; Tischbein, Georg Heinrich ~ 10/48; Tischleder, Peter ~/† 10/49; Tix, Arthur † 10/53; Tobien, Heinz ~ 10/53; Tralow, Johannes ~ 10/68; Traxel, Josef (Friedrich) */~ 10/76; Trede, Paul ~ 10/77;

Tricklir, Jean Balthasar ~ 10/87; Troll, Wilhelm ~/† 10/95; Trundt, Henny ~ 10/102; Trunk, Johann Jakob ~ 10/102; Tugy, Hans ~ 10/115; Turba, (Marie) Sidonie ~ 10/117; Uber, (Christian Friedrich) Hermann ~ 10/121; Ucko, Louis ~ 10/122; Ueberhorst, Karl ~ 10/124; Ullrich, Egon (Leopold Maria) ~ 10/137; Ulrich, Karl ~ 10/146; Ulsenius, Theodoricus ~ 10/148; Umpfenbach, Hermann * 10/150; Unzelmann, Friederike (Auguste Conradine) ~ 10/161; Unzelmann, Karl Wolfgang * 10/162; Urbantschitsch, Viktor ~ 10/166; Urlaub, Georg Anton Abraham ~ 10/167; Usinger, Fritz ~ 10/170; Utz, (Hermann) Kurt ~ 10/172; Varena, Adolf * 10/181; Veit, Ludwig Andreas ~ 10/189; Veit, Philipp ~/† 10/189; Venzmer, Erich † 10/194; Versing, Wilhelm ~ 10/198; Vespermann, Wilhelm ~ 10/199; Viala-Mittermayer, Marie ~ 10/202; Viehöver, Joseph ~ 10/204; Vierling, Georg ~ 10/205; Voelcker, Fritz † 10/221; Vogl, Josef ~ 10/231; Vogt, (Johann) Nicolaus */~ 10/235; Vohl, Hermine ~ 10/236; Vohsen, Ernst * 10/236; Voit, Kurt ~ 10/241; Voit von Salzburg, Melchior Otto Reichsritter ~ 10/241; Volbach, Fritz ~ 10/241; Volbach, Walther * 10/242; Volbach, Wolfgang Fritz */~/† 10/242; Volk, Hermann ~/† 10/243; Vollerthun, Georg ~ 10/247; Volp, Rainer ~ 10/250; Volusius, Adolph Gottfried ~/† 10/251; Vomelius, Cyprianus ~ 10/252; Vosberg-Rekow, Max ~ 10/257; Waas, Adolf ~ 10/263; Wagner, Karl */~ 10/284; Wagner, Kurt (Fritz Konrad) ~/† 10/284; Wagner, (Karl) Willy ~ 10/291; Wahrig, Gerhard ~ 10/294; Walderdorf, Philipp Franz Wilderich Nepomuk Graf (seit 1767 Reichsgraf) von */~ 10/302; Walderdorff, Johann Philipp Reichsfreiherr (seit 1767 Reichsgraf) von ~ 10/303; Walderdorff, Wilderich Reichsritter (seit 1660 Reichsfreiherr) von ~ 10/303; Waldmeier, Karl ~ 10/305; Walter, Ignaz ~ 10/319; Walther, Johann Jakob ~/† 10/324; Watzka, Maximilian ~/† 10/347; Weber, Georg Viktor ~/† 10/353; Weber, Gottfried ~ 10/353; Weber, Hildegard ~ 10/355; Wedekind, Georg Christian Gottlieb von ~ 10/368; Weihrauch, (Johann) Karl (Friedrich) */~ 10/390; Weikard, Melchior Adam ~ 10/390; Weirotter, Franz Edmund ~ 10/401; Weitzel, Johann(es Ignaz) ~ 10/419; Wellek, Albert ~/† 10/424; Welsch, Maximilian von ~/† 10/426; Welter, Erich ~ 10/428; Wenzel, Joseph */~/† 10/438; Wenzel, Karl */~ 10/439; Werner von Eppenstein, Erzbischof von Mainz ~ 10/443; Wernher, Adolph */† 10/450; Weygandt, Friedrich ~ 10/465; Wezler, Karl ~ 10/468; Widmann, Hans (Jakob) ~/† 10/474; Wieland, Theodor ~ 10/484; Wienrich, Adele ~ 10/487; Wilhelm I., als Wilhelm IX. Landgraf, Kurfürst von Hessen ~ 10/503; Wilhelm, Erzbischof von Mainz ~ 10/504; Wilhelmi, Hans * 10/507; Willigis, Erzbischof von Mainz ~/† 10/512; Windeck, Eberhard */~ 10/522; Windisch-Graetz, Alfred I. Candidus Ferdinand Fürst zu ~ 10/524; Windischmann, Carl Joseph Hieronymus */~ 10/524; Windsperger, Lothar ~ 10/525; Winkopp, Peter Adolph ~ 10/530; Winterwerb, (Georg) Philipp ~ 10/536; Wisbar, Frank † 10/540; Wissmann, Hermann von ~ 10/542; Witt, Lotte ~ 10/544; Witzel, Georg ~/† 10/553; Woermann, Emil ~ 10/559; Wörner, Karl Heinrich ~ 10/559; Wolf, Otto ~ 10/568; Wolff, Abraham Alexander ~ 10/570; Wolff, Hans Julius ~ 10/573; Wolff, Hans-Walter ~ 10/573; Würdtwein, Stephan Alexander ~ 10/593; Xylander, Oskar Ritter von * 10/605; Zabern, Karl Theodor von †/† 10/609; Zabern, Theodor von ~/† 10/609; Zach, Jan ~ 10/609; Zell, Matthäus ~ 10/636; Zell, Ulrich ~ 10/636; Ziegler, Leopold (Carl Claudius) ~ 10/656; Zillich, Nikolaus ~ 10/662; Zimmern, Wilhelm Werner Graf von ~ 10/672; Zinn, Ernst ~ 10/675; Zinnkann, Heinrich † 10/677; Zitz, Franz Heinrich */~ 10/680; Zitz, Kathinka */† 10/681; Zivi, Hermann ~ 10/681; Zobel, Carl ~ 10/682; Zörgiebel, Karl (Friedrich) */† 10/685; Zuckmayer, Eduard ~ 10/695; Zu Rhein, Maximilian Joseph von ~ 10/702; Zwißler, Karl Maria ~/† 10/711

Maiolana (Ungarn)
Martin, Paul * 6/637

Maiolati Spontini (Prov. Ancona, Italien)
Spontini, Gaspare (Luigi Pacifico) */† 9/416

Maisach (seit 1974 zu Oppenau)
Börsig, Ludwig * 1/635

Majdanek (Lublin, Polen)
Freundlich, Otto ~/† 3/433; Globocnik, Odilo ~ 4/32; Lismann, Hermann ~/† 6/423; Plättner, Karl ~ 7/683

Majki → Mäken

Majorenhof (Lettland)
Mohr, Laura † 7/183

Makoschau (poln. Makoszowy)
Godulla, Karl * 4/48

Makoszowy → Makoschau

Makowice → Schwengfeld

Mala Gora → Malgern

Malá Skála → Klein-Skal

Mala Tur'ja → Turza Mała

Malabar (Indien)
Franciscus Salesius a Matre Dolorosa ~ 3/387; Gundert, Hermann ~ 4/258; Hanxleden, Johann Ernst ~ 4/379

Malaga (Spanien)
Ehinger, Heinrich ~ 3/35

Malang (Java, Indonesien)
Dauthendey, Max(imilian Albert) † 2/451

Malans (Kt. Graubünden)
Gallicius, Philipp ~ 3/564

Malapane (poln. Ozimek)
Bannenberg, Wilhelm ~ 1/289; Lilge, Friedrich * 6/395; Wachler, Paul * 10/266

Malborghet (italien. Malborghetto)
Reyer, Franz Thaddäus Ritter von * 8/265

Malbork → Marienburg

Malcesine (Italien)
Siegmund, Günther † 9/314

Malchin
Arnd, Karl ~ 1/172; Barlach, Ernst ~ 1/296; Dreyer, Max ~ 2/619; Peregrina, Cordula * 7/598; Walter, Bernhard * 10/317

Malchow (Insel Poel)
Lembke, Hans */~ 6/315

Malchow (Kr. Müritz)
Becker, Otto * 1/380

Malchow (seit 1920 zu Berlin)
Fuchs, Paul Frh. von † 3/521; Porst, Johann ~ 8/39

Malczyce → Maltsch

Malé Svatoňovice → Klein-Schwadowitz

Malec (Westgalizien)
Haempel, Oskar * 4/307

Maleczewo → Maleczewen

Malente
siehe auch *Malente-Gremsmühlen*
Evers, Ernst (Eduard) † 3/196; Held, Hermann (Josef) † 4/557

Malente-Gremsmühlen (Malente)
Alberts, Jacob ~ 1/71; Bade, Peter */† 1/252; Dorpmüller, Julius (Heinrich) † 2/601; Harms, Heinrich ~ 4/390; Laehr, Max ~/† 6/194

Maleschau (tschech. Malešov)
Meisl, Hugo * 7/39

Malešov → Maleschau

Malgern (slowen. Mala Gora)
Eppich, Josef * 3/132

Mali Lošinj (italien. Lussinpiccolo, Kroatien)
Gopčevič, Spiridon Graf ~ 4/97; Herbert-Kerchnawe, Ernst † 4/606; Martinelli, Louise † 6/638

Malines → Mecheln

Maliniec → Höckenberg

Malix (Kt. Graubünden)
Raschein, Paul */~/† 8/145

Malleczewen (poln. Maleczewo)
Reck-Malleczewen, Friedrich * 8/173

Mallenchen (seit 1974 zu Groß Jehser)
Patow, (Erasmus) Robert Frh. von * 7/570

Mallersdorf (Mallersdorf-Pfaffenberg)
Heiß, Hugo * 4/552; Nardini, Paul Josef ~ 7/340; Pezzl, Johann * 7/633

Mallersdorf-Pfaffenberg → Mallersdorf, Oberellenbach
Málles Venosta → Mals
Mallmitz (poln. Małomice)
Rimpl, Herbert * 11/163
Mallnitz (Kärnten)
Kolmer, Walter † 6/20; Mojsisovics von Mojsvár, Edmund Edler † 7/186
Mallorca
Davring, Henri ~ 2/454; Feltz, Kurt † 3/264; Fleischmann, Richard (Adolf) ~ 3/345; Heldt, Werner ~ 4/558; Levy, Rudolf ~ 6/362; Ludwig Salvator, Erzherzog von Österreich ~ 6/504; Martin, Hansjörg † 11/127; Moilliet, Louis René ~ 7/185; Pollatschek, Walther ~ 8/28; Segal, Arthur ~ 9/262; Thelen, Albert Vigoleis ~ 9/693; Welti, Albert Jakob ~ 10/428; Zischka, Anton (Emmerich) ~ 10/679
Malmedy (Belgien)
Alertz, Clemens August ~ 1/86; Blondel, Franz ~ 1/579; Doutrelepont, (Louis Guillaume) Joseph * 2/603; Fürstenberg, Wilhelm Egon Graf von ~ 3/529; Lambrecht, Nanny ~ 6/205; Monheim, Johann Peter Joseph ~ 7/198; Schneider, Ceslaus Maria ~ 9/50; Sendler, Hans-Jörg * 9/286; Wallraf, (Ludwig Theodor Ferdinand) Max ~ 10/315
Malmö (Schweden)
Bonin, Eduard (Wilhelm Ludwig) von ~ 2/19; Fischer, (Friedrich Wilhelm) Hermann ~ 3/319; Halt, Karl Ritter von ~ 4/354; Hansen, Max ~ 4/376; Henneberg, (Carl Albert Wilhelm) Richard ~/† 4/589; Luckner, Felix Nikolaus Alexander Georg Graf von † 6/493; Olshausen, Theodor ~ 7/490; Scheele, Carl Wilhelm ~ 8/581; Schumann, Albert ~ 9/205; Uhlig, (Adolf) Kurt ~ 10/130; Zechlin, Erich (Wilhelm) † 10/626
Malmsheim (seit 1972 zu Renningen)
Kümmerle, Salomon * 6/149
Maloja (Gem. Stampa, Kt. Graubünden)
Ludwig, Karl * 6/509; Pinkus, Theo ~ 7/673
Malplaquet (Frankreich)
Eugen, Prinz von Savoyen ~ 3/188; Friedrich Wilhelm I., König in Preußen, Kurfürst von Brandenburg ~ 3/468; Grumbkow, Friedrich Wilhelm von ~ 4/221; Tettau, Daniel von ~/† 9/681
Mals (italien. Málles Venosta)
siehe auch *Burgeis, Laatsch, Marienberg*
Peer von Egerthal, Josef Johann Ritter ~ 7/587; Raffeiner, Johann Stefan * 8/122; Stecher, Franz Anton ~ 9/461
Malsch
siehe auch *Völkersbach, Waldprechtsweier*
Schoepflin, Adolf † 9/102
Malschwitz → Baruth, Kleinbautzen
Malsfeld → Beiseförth
Malstatt-Burbach (seit 1909 zu Saarbrücken)
Daub, Philipp * 2/448; Goldenberg, (Carl) Friedrich † 4/78; Jung, Carl Theobald † 5/378; Simon, Gustav * 11/175
Malters (Kt. Luzern)
Brandstetter, Josef Leopold ~ 2/67; Siegwart, Hugo * 9/316
Maltsch (poln. Malczyce)
Heinke, Franz Josef Frh. von * 4/516
Malvaglia (Kt. Tessin)
Baur, Valentin ~ 1/352; Goldhammer, Bruno ~ 4/79
Mamaroneck (New York, USA)
Knapp, Hermann † 5/613
Mammendorf → Nannhofen
Mammern (Gem. Steckborn, Kt. Thurgau)
Beer, Johann Michael ~ 1/390; Bernhard, Hans Ulrich † 1/467; Fleisch, Alfred † 3/340; Hertlein, Hans (Christoph) † 4/649; Kroner, Richard † 6/117; Rantzau-Essberger, Liselotte von † 8/140; Ružička, Leopold † 8/479; Schifferli, Peter † 8/631
Mammertshofen (Kt. Thurgau)
Berthold von Falkenstein, Abt von St. Gallen ~ 1/483
Mamonowo → Heiligenbeil
Mamuret-ul-Asis (heute Azig, Türkei)
Sommer, Jakob Karl Ernst * 9/369; Sommer, Johann Wilhelm Ernst ~ 9/369

Manau (seit 1978 zu Hofheim i. UFr.)
Geyer, Christian (Karl Ludwig) * 3/671
Manchester
siehe auch *Moss Side*
Altmaier, Jakob ~ 1/102; Asher, David ~ 1/205; Backhaus, Wilhelm ~ 1/250; Baer, Reinhold ~ 1/260; Balling, Michael Joseph ~ 1/278; Baum, Peter Rudolf von ~ 1/333; Becher, Alfred Julius * 1/365; Bergner, Elisabeth ~ 1/452; Berndorff, Hans-Rudolf ~ 1/462; Bernhard, Carl Friedrich ~ 1/466; Beyschlag, Adolf ~ 1/508; Binz, Arthur (Heinrich) ~ 1/534; Borchardt, Ludwig ~ 2/26; Bossardt, Rudolf * 2/43; Brodsky, Adolf ~/† 2/142; Bunzl, Hugo ~ 2/226; Canetti, Elias ~ 2/273; Christ, Adolf ~ 2/314; Clouth, Max (Josef Wilhelm) ~ 2/346; Eisler, Georg ~ 11/52; Engels, Friedrich ~ 3/122; Engels, Friedrich ~ 3/122; Esser, Hermann (Joseph Maria) ~ 3/180; Evans, Evan ~ 3/195; Eysen, Louis * 3/205; Fajans, Kasimir ~ 3/221; Fillunger, Marie ~ 3/296; Fuchs, Emil ~ 3/517; Gaedertz, Alfred * 3/553; Galinsky, Hans (Karl) ~ 11/66; Geiger, Hans ~ 3/604; Gordon, Walter ~ 4/99; Haswell, John ~ 4/431; Herlinger, Erich ~ 4/618; Herz, Richard (Leopold) ~ 4/659; Heß, Willy ~ 4/674; Hobrecker, Eduard ~ 5/79; Jaffé, Edgar ~ 5/288; Kahler, Erich (Gabriel) von ~ 5/402; Katz, David ~ 5/465; Knoop, Ludwig ~ 5/629; Laban, Rudolf von ~ 6/188; Lechleitner, Franz ~ 6/281; Leubuscher, Charlotte ~ 6/350; Loewenstamm, Arthur ~ 6/454; Lowe, Adolph ~ 6/487; Lucius, Eugen (Nikolaus) ~ 6/492; Machatschki, Felix (Karl Ludwig) ~ 6/550; Meister, Wilhelm ~ 7/47; Meldau, Robert ~ 7/52; Merling, Georg ~ 7/75; Milde, Karl August ~ 7/139; Mitsche, Roland ~ 7/154; Müller, Ernst ~ 7/254; Paneth, Friedrich Adolf ~ 7/554; Petri, Egon ~ 7/621; Polanyi, Michael ~ 8/23; Prausnitz, Giles Carl ~ 8/55; Rau, Heinz ~ 8/155; Redlich, Hans Ferdinand ~/† 8/179; Richter, Hans ~ 8/279; Rosenberg, Emanuel ~ 8/392; Rothschild, Nathan Mayer Frh. von ~ 8/423; Schorlemmer, Carl ~/† 9/117; Straus, Ludwig ~ 9/573; Tarrasch, Siegbert ~ 9/659; Teichmann, Ernst (Gustav Georg) ~ 9/669; Till, Walter Curt ~ 10/43; Wichern, Karoline ~ 10/470; Wittgenstein, Ludwig (Josef Johann) ~ 10/547; Wolff, (Friedrich) Wilhelm † 10/578; Zondek, Hermann ~ 10/688; Zuntz, Günther ~ 10/701
Mandel
Hirsch, Julius * 5/62
Mandelbachtal → Habkirchen
Manderscheid (Kr. Bernkastel-Wittlich)
Heid, Nikolaus * 4/485; Schmitz, Johann Hubert * 9/36; Thomas, Alois ~ 10/17
Manetin (tschech. Manětín)
Brokoff, Johann ~ 2/144
Mangali (Tansania)
Schmitt, Robert Hans † 9/32
Mangalore (Indien)
Hebich, Samuel ~ 4/466; Pfander, Karl Gottlieb ~ 7/634; Schaller-Härlin, Käte * 8/561
Mangienne (Dép. Meuse, Frankreich)
Maillot, Nikolas de la Treille * 6/573
Manila
Camel, Georg Joseph ~/† 2/268; Emminger, Otmar † 3/105; Gründgens, Gustaf ~/† 4/212; Keller, Luk * 5/496; Moellendorff, Otto Franz von ~ 7/166; Moellendorff, Wilhelm von ~ 7/167; Schlegelberger, Günther ~ 8/662
Maniów (Galizien)
Menger, Anton * 7/61
Maniz
Graf, Johann ~ 4/127
Mank (Niederösterreich)
Duelli, Raimund † 2/635
Mannersdorf am Leithagebirge (Niederösterreich)
Opferkuh, Friedrich */~ 7/494; Richter, Eduard * 8/276; Sekyra, Hugo-Michael * 11/174; Strasser, Otto † 9/568; Tschadek, Otto ~ 10/104
Mannewitz
Scheibe, Friedrich Hermann * 8/585

Mannhagen (seit 1938 zu Panten)
Schulze, Adolf * 9/199

Mannheim
siehe auch *Kirschgartshausen, Neckarau, Strassenheim, Waldhof*
Achelis, Johann Daniel ~ 11/1; Ackermann, Karl (Friedrich) † 11/1; Agde, Georg ~ 1/51; Albert, Herbert ~ 1/69; Alster, Raoul ~ 1/94; Altman, Georg ~ 1/102; Altmann, Samuel Paul ~ 1/104; Altmann-Gottheiner, Elisabeth ~/† 1/104; Ammann, Hektor ~ 1/115; André, Johann Anton ~ 1/127; Angerer, Gottfried ~ 1/137; Angstmann, Kurt */~ 1/139; Anschütz, Hans ~ 11/4; Appel, Johann ~ 1/158; Artaria, Domenico ~/† 1/196; Artaria, Matthias */~ 1/196; Asam, Cosmas Damian ~ 1/201; Asam, Egid Quirin ~/† 1/201; Auerbach, Jakob ~ 1/216; Auler, Wilhelm ~ 1/223; Babo, Joseph (Marius Franz) von ~ 1/234; Babo, Lambert Joseph Leopold Frh. von * 1/234; Bach, Johann Christian ~ 1/237; Bär, Franz Joseph ~ 1/259; Baer, Karl Anton Ernst ~ 1/259; Baerwind, Rudi */~/† 1/263; Ball, Georg Adam ~ 1/277; Bartram, Walter ~ 1/310; Basse, Detmar Friedrich Wilhelm † 1/314; Bassermann, Albert */~ 1/315; Bassermann, Alfred * 1/315; Bassermann, Anton */~/† 1/315; Bassermann, Dieter † 1/315; Bassermann, Ernst ~ 1/315; Bassermann, Friedrich Daniel */~/† 1/315; Baumgarten, Eduard ~ 1/343; Baumstark, Reinhold ~/† 1/349; Baussnern, Waldemar Edler von ~ 1/355; Beck, Franz */~ 1/370; Beck, Heinrich † 1/370; Beck, Otto ~/† 1/373; Becker, Jean */~/† 1/378; Behaghel, Wilhelm Jakob ~ 1/395; Beil, Johann David ~/† 1/404; Belzner, Emil ~ 1/412; Benz, Eugen * 1/430; Benz, Karl Friedrich ~ 1/430; Bergner, Elisabeth ~ 1/452; Berlichingen, Friedrich Graf von * 1/457; Berlinger, Rudolph * 11/18; Berner, Elise ~ 1/463; Bernhard von Sachsen-Weimar-Eisenach ~ 1/466; Beutel-Keller, Rosa ~ 1/503; Beyschlag, Adolf ~ 1/508; Bilfinger, Paul † 1/526; Billing, Hermann ~ 1/528; Billroth, (Christian Albert) Theodor ~ 1/529; Bingel, Rudolf ~ 1/533; Birgel, Willy ~ 1/537; Bissinger, Joseph August */~/† 1/549; Blaimhofer, Maximilian ~ 1/554; Blankenstein, Karl ~ 1/558; Blaustein, Arthur ~ 1/564; Blind, Karl ~ 1/572; Blos, Carl * 1/579; Blume, Bianka ~ 1/584; Bodanzky, Artur ~ 1/598; Böck, Johann Michael † 1/606; Börsig, Ludwig ~/† 1/635; Bötticher, Georg ~ 1/639; Bohn, René † 2/2; Bohner, Gerhard ~ 2/3; Bohrer, Maximilian * 2/4; Boltshauser, Hans Heinrich ~/† 2/12; Borgnis, Fritz * 2/30; Bornhäuser, Karl Bernhard ~ 2/35; Bothe, Friedrich Heinrich ~ 2/46; Branden, Johann Matthäus van den ~/† 2/61; Brandes, Esther Charlotte ~ 2/62; Brandt, Fritz ~ 2/68; Brandt, Heinrich Carl ~ 2/69; Brauer, Eduard ~ 2/77; Brauer, Max * 2/78; Braun, Heinrich ~ 2/81; Braunhofer, Karl ~ 2/89; Breisach, Paul ~ 2/100; Breiting, Hermann ~ 2/105; Brentano, Lorenz Peter Karl */~ 2/117; Brinckmann, Philipp Hieronymus ~/† 2/134; Bruch, Max (Karl August) ~ 2/148; Brühl, Moritz ~ 2/158; Brühler, Ernst-Christoph * 2/158; Brümmer, Johann ~ 2/159; Brulliot, Joseph (August) * 2/164; Brunner, Johann Conrad von ~/† 2/169; Brurein, Wilhelm */~ 2/175; Bubnoff, Nicolai von ~ 2/179; Buchner, Paul ~ 2/188; Budberg, Otto Christoph Frhr. von ~ 2/191; Bürkner, Robert ~ 2/212; Buol von Berenberg, Rudolf Frh. ~ 2/226; Cahn-Garnier, Fritz */~/† 2/264; Cannabich, (Johann) Christian (Innocenz Bonaventura) */~ 2/274; Cannabich, Karl ~ 2/274; Cantor, Moritz Benedikt ~ 2/276; Cardauns, (Bernhard) Hermann ~ 2/279; Carlsen, Traute ~ 2/282; Caro, Joseph ~ 2/284; Cartellieri, Wolfgang ~ 2/289; Catel, Werner * 2/297; Chelius, Maximilian Joseph von * 2/308; Chelius, Oskar von */~ 2/308; Chellery, Fortunato ~ 2/308; Claus, Willi * 2/334; Clemm, Adolf (Carl) */~ 2/341; Clemm, August (Ernst Konrad) Ritter von ~ 2/341; Clemm, Carl (Friedrich) ~ 2/341; Clemm-Lennig, Carl (Wilhelm Heinrich) ~ 2/341; Cobet, Heinrich ~ 2/348; Cohen-Blind, Ferdinand * 11/40; Collini, Cosimo Alessandro ~/† 2/357; Cornelius, Karl ~ 2/375; Coutre, Walter le ~ 2/387; Cramer, Johann Baptist * 2/389; Cramer, Wilhelm * 2/390; Cremer, Ernst Richard ~ 2/398; Cron, Helmut */~ 2/403; Crux, Marianne */~

2/407; Dahmen, Jost ~ 2/430; Dahn-Hausmann, Marie ~ 2/431; Dalberg, Carl Theodor von * 2/432; Dalberg, Wolfgang Heribert (Tobias Otto Maria Johann N.) Frh. von ~/† 2/433; Darmstaedter, Friedrich (Ludwig Wilhelm) * 2/445; Darmstaedter, Ludwig * 2/445; Daude, Hadrian ~ 2/449; Davidson, Paul ~ 2/454; Decker, Jacques ~ 2/459; Deetz, Arthur ~ 2/463; Deetz, Marie ~ 2/463; Degenfeld, Loysa (Maria Susanna) Freiin von † 2/465; Delp, Alfred (Friedrich) * 2/479; Denis, Paul (Camille) von ~ 2/487; Deroy, (Bernhard) Erasmus von */~ 2/493; Dessoir, Ferdinand ~ 2/498; Dessoir, Therese ~/† 2/499; Deurer, Ludwig */~/† 2/503; Deurer, Peter Ferdinand */~ 2/503; Dieffenbacher, August (Wilhelm) * 2/516; Diesterweg, Friedrich Adolph Wilhelm ~ 2/526; Diesterweg, Wilhelm Adolph ~ 2/526; Dieterle, Wilhelm ~ 2/529; Diffené, Heinrich Christian ~ 2/545; Diffené, Philipp */† 2/545; Dirlewanger, Oskar ~ 2/556; Disch, Hubert Anton ~ 2/557; Döll, Johann Christoph * 2/572; Döring, Theodor ~ 2/577; Doerr, Wilhelm (Georg) ~ 11/47; Dornewaß, Wilhelm ~ 2/599; Dornseiff, Richard ~/† 2/600; Drais von Sauerbronn, Karl (Wilhelm Ludwig) Karl Friedrich Frh. ~ 2/607; Dreesbach, August ~ 2/611; Duden, Konrad ~ 11/49; Düringer, Adelbert */~ 2/640; Düringer, Philipp Jacob */~ 2/640; Dürr, Franz Anton * 2/641; Duka von Kadar, Peter Frh. von ~ 2/646; Durm, Josef (Wilhelm) ~ 2/655; Dusch, Alexander (Anton) von ~ 2/656; Dusch, Alexander Frh. von ~ 2/656; Dusch, Gottfried (Maria) Frh. von ~ 2/656; Dusch, (Georg) Theodor Frh. von ~ 2/656; Dyckerhoff, Gustav (Wilhelm Wernhard) * 2/661; Dyckerhoff, Jakob Friedrich */~/† 2/661; Dyckerhoff, Rudolf (Philipp Wilhelm) * 2/661; Eberstein, (Josef) Karl (Theodor) Frh. von * 2/677; Ebert, Friedrich ~ 2/677; Eck, Franz * 3/5; Eck, Friedrich Johannes (Gerhard) ~ 3/5; Eckardt, Siegfried Gotthilf ~ 3/8; Eckart, Anselm (Franz Dominik) von ~ 3/8; Eckert, Erwin ~/† 3/11; Eckert, Victor Heinrich Eduard ~ 3/11; Eckhard, Carl Maria Joseph ~/† 3/12; Edlbacher, Maximilian Josef Augustin ~ 3/19; Edlinger, Joseph Georg ~ 3/20; Egell, Augustin */~ 3/23; Egell, Paul */~/† 3/23; Ehre, Ida ~ 3/37; Ehrenfeuchter, Friedrich (August Eduard) ~ 3/39; Eichfeld, Hermann ~/† 3/50; Eichhorn, Emil Robert ~ 3/51; Eichler, Matthias Gottfried ~ 3/54; Einstein, Siegfried ~/† 3/67; Eisenlohr, August (Adolf) * 3/71; Eisenlohr, Friedrich ~ 3/72; Eisenlohr, Wilhelm Friedrich ~ 3/72; Eisenmenger, Johann Andreas */~ 3/93; Elmendorff, Karl ~ 3/93; Elsenhans, Ernst ~ 3/95; Engelhorn, Friedrich */† 3/120; Engesser, Friedrich ~ 3/124; Ernst, Marianne Katharina ~ 3/165; Esser, Heinrich (Joseph) */~ 3/180; Eßlair, Ferdinand (Johann Baptist) ~ 3/182; Ethofer, Rosa ~ 3/183; Ettlinger, Jakob ~ 3/185; Exter, Friedrich (Christian) ~/† 3/202; Färber, Eduard ~ 3/217; Fahr, Theodor ~ 3/219; Fardely, William ~/† 3/231; Feder, Heinrich von ~ 3/241; Fehringer, Franz ~ 3/246; Fein, Maria ~ 3/251; Felsenstein, Walter ~ 3/263; Fendt, Adam ~ 3/264; Feuerbach, Anselm ~ 3/277; Fick, Friedrich Georg Heinrich ~ 3/287; Fickler, Karl Alois † 3/289; Fidesser, Hans ~ 3/290; Filtz, Anton † 3/296; Finger, Gottfried ~ 3/301; Firle, Rudolph ~ 3/307; Fischbeck, Kurt Hellmuth ~ 3/309; Fischer, Franz ~ 3/315; Fischer, Guido ~ 3/317; Fischer, Johann Nepomuk ~ 3/321; Fischer, Joseph ~/† 3/322; Fischer, (Heinrich) Karl (Joseph) von * 3/322; Fischer, Ludwig (Johann Ignaz) ~ 3/323; Flad, Johann Daniel ~ 3/334; Follenweider, Rudolf ~ 3/368; Formes, Karl Johann ~ 3/373; Formes, Theodor ~ 3/373; Fraenger, Wilhelm ~ 3/381; Fraenkel-Claus, Mathilde ~ 3/385; Fränzl, Ferdinand (Ignaz Joseph) † 3/386; Fränzl, Ignaz (Franz Joseph) */~/† 3/386; Franck, Hans-Heinrich ~ 3/388; Frank, Erich ~ 11/63; Frank, Ernst ~ 3/398; Frank, Ludwig ~ 3/402; Franz Freifrau von Heldburg, Ellen ~ 3/413; Franzen, Hans ~ 3/415; Frey, Emil ~/† 3/434; Freydorf, Rudolf von ~ 3/438; Fricke, (Paul) Gerhard ~ 3/442; Friederich, Johann Konrad ~ 3/449; Friedlein, Christine ~ 3/454; Friedrich IV. der Aufrichtige, Kurfürst von der Pfalz ~ 3/467; Friedrichs, Adolf ~ 3/482; Frieling, Rudolf ~ 3/482; Fries, Heinrich

~ 6/599; Marchand, Theobald (Hilarius) ~ 6/606; Marcus, Paul ~ 6/610; Margulies, Robert ~/† 6/617; Maria Anna, Herzogin von Bayern ~ 6/619; Marschall von Bieberstein, Adolf (Hermann) Frh. ~ 6/631; Martersteig, Max ~ 6/634; Martin, Karl Heinz ~ 6/637; Marx, Jules ~ 6/645; Mathy, Karl * 6/656; Mattes, Wilhelm ~ 6/659; Maurenbrecher, Max ~ 6/669; Maurer, Friedrich ~ 6/669; Maximilian I. Joseph, König von Bayern (als Kurfürst Maximilian IV. Joseph) */~ 6/678; May, Franz Anton ~/† 7/1; Mayer, Christian ~/† 7/6; Mayer-Mahr, Moritz */~ 7/12; Mayer-Reinach, Albert Michael * 7/12; Medicus, Friedrich Casimir ~/† 7/22; Medicus, Ludwig Wallrad * 7/23; Melchior, Johann Peter ~ 7/52; Mettenleiter, Johann Jakob ~ 7/87; Metz, Carl ~ 7/90; Metzger, Max Josef ~ 7/91; Mewes, Ernst ~/† 7/96; Michaelis-Nimbs, Eugenie ~ 7/123; Miksch, Leonhard ~ 7/137; Mittelhauser, Albert ~/† 7/156; Mödlinger, Josef ~ 7/163; Möllers, Alfred (Dionysius) ~ 7/171; Moest, (Karl) Friedrich ~ 7/179; Mohler, Ludwig Arnold * 7/180; Mohwinkel, Hans ~ 7/185; Mojsisovics von Mojsvár, Roderich Edler ~ 7/186; Moosbrugger, Wendelin ~ 7/205; Morena, Berta */~ 7/208; Mosbacher, Peter * 7/220; Moser, Andreas ~ 7/222; Moser, Friedrich Carl Frh. von ~ 7/223; Moser, Hugo (Leonhard) ~ 7/225; Moses Reinganum, Lemle ~/† 7/229; Mozart, Wolfgang Amadeus ~ 7/235; Mühldorfer, Josef ~/† 7/240; Müller, Adolf ~ 7/247; Müller, Friedrich ~ 7/256; Müller, Fritz ~ 7/259; Müller, Hermann * 7/265; Müller, Sophie */~ 7/281; Müller-Clemm, Hellmuth * 7/285; Mutzenbecher, Hermann (Franz Matthias) ~ 7/321; Nagel, Werner */~/† 7/334; Nallinger, Friedrich † 7/338; Nallinger, Fritz ~ 7/338; Nebe, Eduard ~ 7/353; Neefe, Hermann Josef ~ 7/356; Neff, Alfred (Heinrich) ~ 11/134; Neff, Paul */~ 7/357; Nerz, Otto ~ 7/365; Nesper, Josef ~ 7/366; Netzer, Hubert ~ 7/370; Neuert, Hugo * 11/138; Neugebauer, Helmuth ~ 7/377; Neuhaus, Julie ~ 7/378; Neumann, Julius ~ 7/384; Neureuther, Gottfried von * 7/393; Nibel, Johann ~ 11/140; Nicklisch, Heinrich (Karl) ~ 7/398; Nicolai, (Friedrich) Bernhard (Gottfried) ~/† 7/398; Nicolai, Robert (Emil Gottlieb) ~ 7/400; Niemeyer-Holstein, Otto ~ 7/410; Nikolaus, Paul * 7/420; Noack, Friedrich ~ 7/427; Nörber, Thomas ~ 7/431; Noether, Max * 7/432; Nouseul, Johann ~ 7/444; Nouseul, Rosalia (Caroline) ~ 7/444; Oberndorff, Franz Albert (Fortunat Leopold) Frh. von, seit 1790 Reichsgraf † 11/146; Ochs, Karl Wilhelm ~ 7/460; Ochsenheimer, Ferdinand ~ 7/461; Orbin, Johann Baptist ~ 7/503; Orff, Carl ~ 7/504; Orska, Maria ~ 7/507; Ott, August * 7/524; Ottiker, Ottilie ~ 7/527; Otto, Wilhelm ~ 7/537; Pappenheim, Eugenie ~ 7/560; Parth, Wolfgang W(illy) * 7/565; Pauer, Max von ~ 7/572; Paul, Ernst ~ 7/573; Pauli, Max ~ 7/576; Paur, Emil ~ 7/582; Perles, Moritz ~ 7/601; Peters, Wilhelm ~ 7/617; Petersen, Wilhelm ~ 7/620; Pfaff, Georg Michael ~ 7/633; Pfeffel, Christian Friedrich ~ 7/637; Pfeilschifter, Julie Sophie Marie Agathe von * 7/644; Pigage, Nicolas de ~/† 7/669; Pixis, Francilla ~ 7/682; Pixis, Friedrich Wilhelm * 7/682; Pixis, Johann Peter * 7/682; Pokorny, Franz Xaver Thomas ~ 8/22; Popp, Lucia ~ 8/34; Popper, Nathan * 8/37; Post, Herbert * 8/44; Pozzi, Carlo Ignazio */~ 8/47; Pozzi, Giuseppe ~/† 8/48; Pozzi, Maximilian Joseph */~/† 8/48; Prasch, Alois ~ 8/53; Prinz, Gerhard ~ 8/72; Quaglio, Giovanni Maria II. von ~ */~ 8/98; Quaglio, Giulio III. ~ 8/98; Quaglio, Giuseppe ~ 8/98; Quaglio, Lorenzo I. von ~ 8/98; Raabe, Peter ~ 8/106; Raaff, Anton ~ 8/107; Rabaliatti, Franz Wilhelm ~/† 8/108; Rau, Heribert ~ 8/155; Rauscher, Jakob (Wilhelm) ~ 8/164; Raymond, Walter ~ 8/168; Redinghoven, Johann Gottfried von ~ 8/178; Redlich, Hans Ferdinand ~ 8/179; Rehberg, Willy ~/† 8/189; Reichenbach, Georg (Friedrich) von ~ 8/200; Reichenberg, Franz von ~ 8/201; Remmele, Adam ~ 8/240; Remmele, Hermann ~ 8/240; Rémond, Fritz ~ 8/240; Renner, Maria (Johanna) ~ 8/245; Reschke, Hans ~/† 8/248; Rezniček, Emil Nikolaus Frh. von ~ 8/266; Rheineck, Christoph ~ 8/267; Richter, Franz Xaver ~ 8/278; Richter, Paul (Martin Eduard) ~ 8/283; Rieger, Fritz ~ 8/296; Riehm, Eduard (Karl August) ~ 8/299; Rischer, Johann Jakob ~ 8/322; Ritschel, Johannes Michael Ignatius */~/† 8/324; Ritter, Peter */† 8/332; Rocke, Leopold ~/† 8/341; Rocke-Heindl, Anna ~ 8/342; Röbbeling, Hermann ~ 8/347; Röchling, Ernst */~ 8/347; Röchling, Hermann † 8/347; Röckel, Josef August ~ 8/348; Röhr, Hugo ~ 8/351; Rösser, Kolumban ~ 8/361; Rössle, Karl Friedrich ~ 8/362; Roggenbach, Franz Frh. von * 8/366; Roos, Theodor ~ 8/383; Roose, Betty ~ 8/383; Rose, Paul (Arthur Max) ~ 8/387; Rosenbach, Zacharias ~ 8/390; Rosenhain, Jakob */~ 8/396; Rosenstock, Joseph ~ 8/399; Rosenthal, Friedrich ~ 8/400; Roßhirt, Franz Karl (Friedrich Eugen) ~ 8/406; Rost, Franz ~ 8/407; Roth, Ernst ~ 8/412; Rottmann, Friedrich ~ 8/427; Roux, Karl ~/† 8/429; Ruchti, Hans * 8/433; Ruckmich, Karl (Maria) ~ 8/434; Rüsberg, Ernst * 8/455; Rüttenauer, Benno ~ 8/457; Rummel, Christian ~ 8/462; Rummel, Hans ~ 8/463; Rumpf, Max ~ 8/464; Saalfeld, Martha ~ 8/483; Sacher-Masoch, Leopold von ~ 8/486; Salden, Ida ~ 8/497; Salz, Arthur ~ 8/505; Sambuga, Joseph Anton Franz Maria ~ 8/508; Sand, Karl Ludwig † 8/509; Sandig, Curt ~ 8/513; Satori, Johanne * 8/522; Sauerbaum, Heinz ~ 8/528; Savits, Jocza ~ 8/533; Schachtschabel, Hans Georg */~ 8/541; Schäfer, Lina ~ 8/548; Schäfer, Walter Erich ~ 8/549; Schätzlein, Christian ~ 8/553; Schattschneider, Arnold (Heinrich) † 8/573; Schiller, (Johann Christoph) Friedrich von ~ 8/635; Schimper, Karl Friedrich */~ 8/642; Schinnerer, Adolf Ferdinand ~ 8/646; Schirach, Rosalind von ~ 8/648; Schlatter, Georg Friedrich ~ 8/656; Schlenke, Manfred ~ 8/669; Schlettow, Hans Adalbert von ~ 8/672; Schlicht, Abel */~ 8/674; Schlichten, Johann Franz von der */~/† 8/674; Schlönbach, Karl Arnold ~ 8/681; Schlottmann, Carl ~ 8/687; Schlüter, Erna ~ 8/688; Schmaltz, Kurt Robert ~ 8/692; Schmidt, Eberhard ~ 9/4; Schmidt, Otto d. Ä. ~ 9/17; Schmieder, Heinrich Gottlieb ~ 9/27; Schmitthenner, Walter * 9/35; Schmitz, Ludwig (Joseph) ~ 9/36; Schnabel, Franz */~ 9/42; Schnack, Anton ~ 9/44; Schnack, Friedrich ~ 9/44; Schnauffer, Karl Heinrich ~ 9/46; Schoeck, Helmut ~ 9/75; Schönberger-Marconi, Marianna */~ 9/86; Schönfeld, Eduard ~ 9/93; Schönfeld, Franz Julius ~ 9/93; Schoenhals, Albrecht (Moritz James Karl) * 9/95; Schöpfer, Franziska */~ 9/102; Scholl, Carl ~ 9/105; Schopenhauer, Arthur ~ 9/114; Schott, Sigmund ~ 9/122; Schrickel, Mina ~ 9/144; Schröder, (Friedrich Wilhelm Karl) Ernst * 9/145; Schrumpf, Friedrich Ludwig ~ 9/158; Schubert, Richard ~ 9/164; Schüler, Hans (Ernst Wilhelm Carl) ~/† 9/170; Schulz-Dornburg, Rudolf ~ 9/198; Schumacher, Heinrich Christian ~ 9/203; Schumann, Friedrich Karl ~ 9/206; Schwan, Christian Friedrich ~ 9/221; Schwarz, Franz ~ 9/225; Seebach, Wilhelmine ~ 9/255; Seebold, Karl ~/† 9/256; Seeger, Ernst * 9/257; Seekatz, (Johann) Conrad ~ 9/258; Sellner, Gustav Rudolf ~ 9/280; Selz, Otto ~ 9/281; Seyffert, Rudolf ~ 9/299; Seyler, Abel ~ 9/300; Sichel, Nathanael ~ 9/301; Sickinger, (Joseph) Anton ~ 9/303; Siebert, Emil * 9/306; Siebert, Franz ~ 9/306; Sieder, Kurt ~ 9/309; Siegel, Rudolf ~ 9/311; Sievert, Ludwig ~ 9/322; Sigel, Franz ~ 9/323; Sillib, Rudolf * 9/328; Simon, Julius ~ 9/333; Sinjen, Sabine ~ 9/340; Sintzenich, Heinrich */~ 9/341; Six, Franz (Alfred) * 11/175; Slovák, Karl ~ 9/351; Soiron, Alexander von */~ 9/362; Sommerfeld, Heinrich ~ 9/371; Sorg, Johann Jacob ~ 9/378; Speer, Albert ~ 9/390; Speer, (Berthold Konrad Hermann) Albert */~ 9/390; Speeth, Peter * 9/391; Spengler, Alexander * 9/395; Spitzeder, Adele ~ 9/411; Splittgerber, Arthur Gustav ~ 9/414; Stadelhofer, Emil ~ 9/427; Stahl, Ernst Leopold */~/† 9/437; Stamitz, Anton (Thadäus Johann Nepomuk) ~ 9/442; Stamitz, Carl (Philipp) * 9/442; Stamitz, Johann (Wenzel Anton) ~/† 9/442; Stammer, Otto ~ 9/444; Starke, Johannes ~ 9/453; Starke, Ottomar ~ 9/453; Starke, Richard F. ~ 9/453; Steiglehner, Cölestin ~ 9/473; Steinbach, Emil ~ 9/483; Steingruber, Johann David ~ 9/492; Steinke, Eduard Gottfried † 9/496; Steinmetz, Stefan ~ 9/500; Stengel,

Balthasar Wilhelm ~ 9/505; Stengel, Georg von * 9/505; Stengel, Stephan (Christian) Frh. von */~ 9/506; Stern, Josef ~ 9/513; Sterzenbach, Benno ~ 9/519; Stiefel, Ernst C(arl) */~ 9/526; Stockhausen, Julius ~ 9/539; Stoesser, Franz Ludwig von ~ 9/546; Stoll, Peter ~/† 9/551; Storz, Gerhard ~ 9/560; Straus, Fritz * 9/573; Strauß, Joseph ~ 9/577; Streckfuß, Walter */† 9/580; Streicher, (Johann) Andreas ~ 9/581; Struve, Gustav von ~ 9/600; Stury, Franz Xaver ~ 9/618; Stury, Richard ~ 9/619; Suckow, Friedrich Wilhelm Ludwig ~/† 9/623; Süs, (Peter Augustin) Wilhelm ~/† 9/626; Susa, Charlotte ~ 9/635; Tappolet, Siegfried ~ 9/658; Tausch, Franz ~ 9/665; Thiersch, Friedrich Ritter von ~ 10/8; Thomamüller, Liselotte * 10/16; Thorbecke, Andreas Heinrich † 10/23; Thorbecke, Franz ~ 10/23; Thum, August ~ 10/28; Tiedemann, Gustav Nikolaus ~ 10/37; Tillessen, Rudolf ~/† 10/43; Toch, Ernst ~ 10/54; Törring, Joseph August Graf von ~ 10/59; Toeschi, Alessandro ~/† 10/59; Toeschi, Johann Baptist Maria ~ 10/59; Toeschi, Karl Joseph ~ 10/59; Toeschi, Karl Theodor * 10/59; Traitteur, Karl Theodor von */~/† 10/67; Treu, (Maria) Catharina (Wilhelmine) ~/† 10/83; Tricklir, Jean Balthasar ~ 10/87; Trieloff, Wilhelm ~ 10/87; Trier, Jost ~ 10/88; Trostorff, Fritz ~ 10/98; Trützschler, Wilhelm Adolf † 10/102; Tuschkau-Huth, Elsa ~ 10/119; Ucko, Sinai ~ 10/122; Uhlmann, Gustav ~/† 10/131; Unger, Georg ~ 10/153; Ungern-Sternberg, (Peter) Alexander Frh. von ~ 10/155; Ungeschick, Peter ~ 10/156; Unna, Isak ~ 10/157; Unruh, Walther (Karl Gustav) ~ 10/158; Unzelmann, Karl Wolfgang ~ 10/162; Urbschat, Fritz ~ 10/166; Valentiner, (Richard Wilhelm) Siegfried * 10/179; Valentiner, (Karl) Wilhelm (Friedrich Johannes) ~ 10/179; Verhelst, Ägid d. J. ~ 10/196; Verschaffelt, Maximilian von */~ 10/197; Verschaffelt, Peter (Anton) von ~/† 10/197; Villiger-Keller, Gertrud † 10/210; Vogel, Wilhelm */~ 10/228; Voges, (Robert Karl) Fritz */~/† 10/230; Vogl, Therese ~ 10/231; Vogler, Georg Joseph ~ 10/232; Vogt, Hans ~ 10/234; Volhard, Franz ~ 10/243; Volz, Hermann ~ 10/251; Waag, Hans ~ 10/263; Wachenheim, Hedwig */~ 10/264; Waffenschmidt, Walter Georg ~ 10/273; Wagner, Karl ~ 10/284; Wahl, Adalbert * 10/292; Waldeck, Florian */~/† 10/300; Walz, Ernst (Friedrich Joseph) ~ 10/326; Wandel, Paul * 10/328; Weber, Bernhard Anselm * 10/350; Weber, Gerhard ~ 10/353; Weber, Gottfried ~ 10/353; Weber, Robert ~ 10/361; Wedekind, (Johannes) Georg Joseph (Nepomuk) ~ 10/369; Weichselbaum, Georg ~ 10/381; Weikard, Melchior Adam ~ 10/390; Weil, Hermann ~ 10/391; Weingartner, Felix (Paul) Edler von Münzberg ~ 10/396; Weiss, Leopold ~/† 10/409; Weissert, Otto (Heinrich) * 10/415; Wendel, Fritz ~ 10/432; Wendling, Johann Baptist ~ 10/433; Wendt, Siegfried ~ 10/434; Werber, Mia ~ 10/440; Werdy, Friedrich August ~ 10/441; Werner, Fritz ~ 10/446; Werther, Julius von ~ 10/454; Werthes, Friedrich August Clemens ~ 10/454; Widenhofer, Franz Xaver ~ 10/473; Widmann, Ellen ~ 10/474; Wigard, Franz Jakob * 10/493; Wildbrunn, Karl ~ 10/499; Wildenmann, Rudolf ~/† 10/499; Wilderer, Johann Hugo von ~/† 10/499; Willeke, Eduard (Heinrich Wilhelm) ~ 10/511; Wink, Joseph Gregor ~ 10/526; Winter, Ludwig Georg ~ 10/533; Winter, Peter von * 10/533; Winternitz-Dorda, Martha ~ 10/535; Witt, Otto Nikolaus ~ 10/544; Wittmann, Heinrich ~ 10/551; Wlach, Hermann ~ 10/554; Wolf, Hugo (Philipp Jakob) ~ 10/566; Wolff, Willy ~ 10/578; Wührer, Friedrich ~/† 10/591; Wurmser, Dagobert (Siegmund) Graf von ~ 10/600; Zajic, Florian ~ 10/616; Zarest, Julius ~ 10/621; Zarth, Georg ~/† 10/621; Zeitel, Gerhard (Friedrich Hermann) ~/† 10/634; Zell, (Adam) Carl (Philipp) * 10/635; Zenker, Rudolf ~ 10/642; Ziervogel, Friedrich-Wilhelm ~ 10/659; Ziesenis, Johann Georg ~ 10/660; Zillich, Nikolaus ~ 10/662; Zimmermann, Gustav ~ 10/667; Zipf, (Johannes) Stephan ~ 10/678; Zischka, Gert Alois ~ 10/679; Zobel, Carl ~ 10/682; Zuccarini, Franz Anton * 10/693; Zuccarini, Franz Karl * 10/693; Zuschneid, Karl ~ 10/703; Zwackh,

Franz Xaver Edler von † 10/703; Zweig, Fritz ~ 10/705; Zwingenberg, Glanka † 10/708

Mannstedt
Mylius, Wolfgang Michael * 7/323

Mansbach (Gem. Hohenroda, Kr. Hersfeld-Rotenburg)
Schöner, Georg Friedrich Adolph * 9/91

Mansfeld
siehe auch *Leimbach*

Mansfeld (Kr. Mansfelder Land)
Aemilius, Georg * 1/48; Agricola, Stephan d. J. ~ 1/55; Aldringen, Johann Reichsgraf von ~ 1/85; Augustin, Karl Haymo Semeca ~ 1/223; Aurifaber, Johannes ~ 1/224; Boltze, Johann Gottfried ~ 2/12; Bünau, Heinrich Graf von ~ 2/207; Burckhardt, Helmuth ~ 2/231; Crusius von Krusenstjern, Philipp ~ 2/407; Fürstenberg-Heiligenberg, Egon Graf von ~ 3/530; Gallus, Nicolaus ~ 3/566; Gaubisch, Urban ~ 3/583; Götz, Johann Graf von ~ 4/70; Gotsche, Otto ~ 4/103; Heideck, Johann Frh. von ~ 4/486; Heinhold, Max ~ 4/516; Holtzhausen, August Friedrich ~ 5/156; Junghuhn, Franz * 5/383; Klingspor, Walter ~ 5/599; Luther, Martin ~ 6/536; Musäus, Simon ~ 7/315; Plechacek, Aloisia ~ 7/692; Poliander, Johannes ~ 8/24; Seusse, Johannes ~ 9/295; Spangenberg, Johannes ~ 9/384; Spangenberg, Wolfhart * 9/384; Stifel, Michael ~ 9/530; Stutterheim, Otto Ludwig von ~/† 9/620; Wigand, Johannes */~ 10/492

Mansfeld (Kr. Prignitz)
Benn, Gottfried * 1/424

Mansholt (Gem. Wiefelstede)
Niebour, August Karl Adalbert * 7/402

Manslagt (seit 1972 zu Krummhörn)
Immer, Karl * 5/253

Manteno (Illinois, USA)
Wallenberg, Adolf † 10/310

Mantova → Mantua

Mantua (italien. Mantova)
Abensberg-Traun, Otto Ferdinand Graf von ~ 1/9; Agricola, Alexander ~ 1/52; Aldringen, Johann Reichsgraf von ~ 1/85; Anno II. von Steusslingen, Erzbischof von Köln ~ 1/145; Arco, Johann Baptist Gerard Graf d' ~/† 1/163; Brandenberg, Johann(es) ~ 2/61; Burnacini, Ludovico Octavio Frh. von */~ 2/246; Collalto, Rambaldo Graf von * 2/356; Dannecker, Johann Heinrich von ~ 2/442; Deuticke, Paul ~ 2/503; Egckl, Wilhelm ~ 3/23; Escherich, Gustav von * 3/175; Farina, Carlo * 3/231; Fugger, Raymund Baron von Kirchberg ~ 3/537; Gallas, Matthias Reichsgraf von ~ 3/563; Galli-Bibiena, Antonio † 3/564; Gonzaga, Hannibal Fürst von * 4/97; Helmschmied, Kolman ~ 4/576; Hentzi von Arthurm, Heinrich ~ 4/600; Herwegh, Emma (Charlotte) ~ 11/86; Herz, Daniel ~ 4/657; Hofer, Andreas ~/† 5/109; Karl, Markgraf von Baden ~ 5/441; Kilian, Wolfgang ~ 5/537; Königsegg-Rothenfels, Joseph Lothar Graf von ~ 5/665; Kraus, Alfred Frh. von ~ 6/75; Künlin, Konrad ~ 6/151; Kupezky, Johann ~ 6/175; Lang, Katharina ~ 6/227; Magni, Valerian ~ 6/562; Manz von Mariensee, Anton * 6/603; Mosen, Julius ~ 7/222; Nollet, Georg ~ 7/435; Otto, Graf von Northeim, Herzog von Bayern ~ 7/532; Paumann, Konrad ~ 7/582; Scherer, Heinrich ~ 8/610; Stigelli, Georg ~ 9/531; Strada, Jacopo da * 9/564; Tugy, Hans ~ 10/115; Wurmser, Dagobert (Siegmund) Graf von ~ 10/600

Manubach
Kutscher, Friedrich * 6/182; Oertel, (Friedrich Philipp) Wilhelm ~ 7/470

Manzell (Friedrichshafen)
Zeppelin, Ferdinand Graf von ~ 10/644

Mao (Tschad)
Beurmann, Moritz von † 1/501

Maradi (Italien)
Lynar, Rochus Quirinus Graf zu * 6/543

Marbach (frz. Marbache, Dép. Meurthe-et-Moselle)
Manegold von Lautenbach ~ 6/586

Marbach (Gem. Eppenschlag)
Schränghamer, Franz * 9/154

Marbach (Gem. Petersberg, Kr. Fulda)
Schmitt, Joseph Damian * 9/32
Marbach (Kt. Luzern)
Benz, Albert * 1/430
Marbach (Kt. Sankt Gallen)
Benz, Severin * 1/431; Bourry, Christian Wilhelm * 2/50; Kobelt, Karl * 5/635; Reichmann, Theodor † 8/204; Ruegg, Johann Jakob ~ 8/450; Ruppanner, Ernst * 8/471
Marbach (Marburg)
Utz, (Hermann) Kurt ~ 10/172
Marbach (Niederösterreich)
Preindl, Joseph * 8/58
Marbach am Neckar
siehe auch *Rielingshausen*
Ackerknecht, Erwin ~ 1/19; Bahnmaier, Jonathan Friedrich ~ 1/269; Bengel, Ernst Gottlieb ~ 1/422; Berend, Eduard ~ 1/436; Bolley, Heinrich Ernst Ferdinand ~ 2/9; Clossius, Johannes Friedrich * 2/345; Cremer, Martin ~ 2/398; Denzel, Bernhard Gottlieb von ~ 2/489; Eisenlohr, Ludwig ~ 3/72; Eisenlohr, Theodor ~ 3/72; Ernst, Viktor * 3/166; Güntter, Otto von ~/† 4/244; Haffner, Felix * 4/315; Jenisch, Philipp Joseph * 5/319; Joerg, Aberlin ~ 5/336; Koschlig, Manfred ~ 6/50; Mayer, Tobias * 7/11; Pinthus, Kurt ~/† 7/674; Rau, Ernst ~ 8/155; Schiller, (Johann Christoph) Friedrich von * 8/635; Schmückle, Georg ~ 9/40; Seitz, Alexander * 9/274; Sigle, Jakob ~ 9/325; Steiner, Herbert ~ 9/489; Volke, Werner ~ 10/244; Wächter, Carl (Joseph) Georg (Sigismund) von * 10/271
Marbache → Marbach
Marbella (Spanien)
Welczek, Johannes Graf von † 10/422
Marburg
siehe auch *Bauerbach, Marbach, Michelbach, Wehrda*
Abée, Conrad ~/† 1/2; Abendroth, Wolfgang ~ 1/8; Ach, Narziß (Kaspar) ~ 1/16; Achelis, Ernst Christian ~/† 1/17; Achelis, Hans ~ 1/17; Achenwall, Gottfried ~ 1/18; Ackermann, Karl ~ 1/21; Adam, Curt (Fr. O. Chr.) ~ 1/27; Adelmann, Georg Franz Blasius von ~ 1/33; Affelmann, Johannes ~ 1/50; Agartz, Viktor ~ 1/51; Agricola, Stephan d. Ä. ~ 1/55; Ahlfeld, Johann Friedrich ~/† 1/58; Aitinger, Johann Konrad ~ 1/62; Alardus, Nikolaus ~ 1/63; Alastair ~ 1/63; Albers, Johann Abraham ~ 1/64; Albrecht, Gerhard ~ 1/81; Albrecht, Helmuth ~ 1/81; Alewyn, Richard ~ 1/86; Alsberg, Moritz ~ 1/94; Altmann, Richard ~ 1/103; Altmann, Walter ~/† 1/104; Altmüller, Karl ~ 1/104; Aly, (Gottfried) Friedrich ~/† 1/109; Amalia Elisabeth, Landgräfin von Hessen-Kassel ~ 1/109; Ancillon, Charles ~ 1/121; Andreae, Clemens August ~ 1/128; Andreae, Samuel ~/† 1/131; Andreas, Willy ~ 1/132; Andrée, Karl Erich ~ 1/133; Andresen, Carl ~ 1/134; Angelocrater, Daniel ~ 1/135; Anno von Sangerhausen, Hochmeister des Deutschen Ordens ~ 1/145; Anrich, Gustav Adolf ~ 1/145; Anschütz, Willy ~ 1/147; Anton, Gottfried ~ 1/151; Arcularius, Daniel ~ 1/164; Arendt, Hannah ~ 1/166; Arens, Franz Josef Frh. von ~ 1/167; Aretius, Benedikt ~ 1/169; Arndt, Adolf ~/† 11/5; Arndt, Adolf ~ 1/172; Arndt, Helmut ~ 11/6; Arnecke, Friedrich ~ 1/176; Arnim, Bettine von ~ 1/179; Arnold, Wilhelm (Christoph Friedrich) ~/† 1/189; Arnoldi, Albrecht Jakob ~/† 1/190; Arnoldi, Friedrich Albert von ~ 1/190; Asbrand, Johann Philipp Burkhard */~ 1/202; Aschbach, Joseph von ~ 1/202; Aschoff, Ludwig ~ 1/204; Asclepius, Nikolaus (Hiltbrant Barbatus) ~/† 1/204; Auerbach, Erich ~ 1/215; Auler, Wilhelm ~ 1/223; Auwers, Karl Friedrich von ~/† 1/226; Auwers, Otto (Artur Siegfried) von ~ 1/226; Avenarius, Matthäus ~ 1/227; Axenfeld, Theodor ~ 1/228; Bach, (Richard) Ludwig ~/† 1/240; Bach, Max Hugo ~ 1/241; Bähr, Otto ~ 1/257; Bärmann, Georg Friedrich ~ 1/262; Baldinger, Ernst Gottfried ~/† 1/274; Baldwein, Eber(har)dt ~/† 1/276; Balla, Emil ~/† 1/277; Bangert, Heinrich ~ 1/288; Bantzer, Carl (Ludwig Noah) ~ 1/289; Baring, Eberhard ~ 1/295; Bartels, Ernst Daniel August ~ 1/299; Barth, Heinrich ~ 1/302; Barth, Karl ~ 1/303; Barth, Richard ~/† 1/305; Bary, Anton Heinrich de ~

1/312; Bassewitz, Hans-Barthold von ~ 1/316; Baudissin, Wolf (Wilhelm Friedrich) Graf von ~ 1/322; Bauer, Anton */~ 1/323; Bauer, Johannes (Christian Ludwig August) ~ 1/327; Bauer, Max Hermann ~/† 1/328; Bauer, Walter ~ 1/329; Bauernfeind, Otto ~ 1/330; Baum, Paul ~ 1/333; Baumbach, Adolf ~ 1/337; Baumbach, Moritz von ~ 1/338; Baumgartner, Walter ~ 1/348; Bay, David Ludwig ~ 1/356; Bayrhoffer, Karl Theodor */~ 1/361; Becher, Erwin (Friedrich) ~ 1/365; Becher, Hellmut ~ 1/366; Bechmann, (Georg Carl) August Ritter von ~ 1/367; Becker, Carl ~ 1/375; Becker, Joseph ~ 1/379; Becker, Max ~ 1/380; Becker, Theophilus Christian ~ 1/381; Beckhaus, Mauritz Johann Heinrich ~/† 1/383; Beckmann, Nikolaus ~ 1/386; Beermann, Johann Heinrich ~ 1/391; Begrich, Joachim ~ 1/394; Behrens, Gustav ~ 1/401; Behring, Emil von ~/† 1/402; Below, Georg von ~ 1/411; Beneke, Friedrich Wilhelm ~/† 1/421; Beneke, Rudolf */~ 1/421; Benn, Gottfried ~ 1/424; Bennecke, Erich ~ 1/425; Benninghoff, Alfred ~/† 1/427; Benz, Ernst (Wilhelm) ~ 1/430; Benz, Gustav ~ 1/430; Berber, Friedrich * 1/433; Berblinger, Walther ~ 1/434; Berek, Max ~ 1/436; Bergbohm, Karl Magnus ~ 1/441; Bergengruen, Werner ~ 1/443; Berger, Siegfried ~ 1/446; Bergk, (Wilhelm) Theodor von ~ 1/448; Bergmann, Gustav von ~ 1/450; Bergmann, Julius (Friedrich Wilhelm Eduard) ~/† 1/451; Bering, Friedrich ~ 1/454; Bering, Johannes ~ 1/454; Berlepsch, Erich Volkmar von ~ 1/456; Berlich, Matthias ~ 1/457; Bernoulli, Carl Albrecht ~ 1/472; Berthold, Luise ~/† 1/487; Berve, Helmut (Friedrich Konrad) ~ 1/489; Bessau, Georg ~ 1/492; Beumann, Helmut ~/† 11/20; Beuther, Michael ~ 1/503; Beutin, Ludwig (Karl Johannes) ~ 1/503; Bibran, Abraham von ~ 1/512; Bickell, Gustav ~ 1/513; Bickell, Johann Wilhelm */~ 1/513; Bickell, Ludwig */~/† 1/513; Bielfeldt, Hans Holm ~ 11/21; Bieling, Richard ~ 1/520; Bielschowsky, Alfred ~ 1/520; Billican, Theobald ~/† 1/528; Bing(e), Simon ~ 1/533; Birt, Theodor ~/† 1/541; Birtner, Herbert ~ 1/541; Bischoff, Karl ~ 11/22; Bittel, Kurt ~ 1/549; Bittner, Ludwig ~ 1/551; Bizer, Ernst ~ 11/23; Blanckenhorn, Max (Ludwig Paul) † 1/556; Blecher, Friedrich ~ 1/565; Bleek, Karl Theodor ~/† 1/566; Blochmann, Elisabeth ~/† 1/575; Block, Martin (Friedrich) ~/† 1/576; Bloem, Walter ~ 1/577; Blüthgen, Viktor (August Eduard) ~ 1/581; Blum, Reinhard Johann ~ 1/582; Blumenberg, Werner ~ 1/586; Blunck, (Johann Christian) Hans ~ 1/590; Bocerus, Heinrich ~ 1/593; Bock, Kornelius Peter ~ 1/595; Bode, Heinrich von ~ 1/599; Böckel, Otto ~ 1/607; Böckler, Otto Heinrich ~ 1/611; Bögehold, Valentin ~ 1/613; Böhm, Andreas ~ 1/616; Böhme, Herbert ~ 1/620; Boehmer, Eduard ~ 1/622; Böhmer, Heinrich ~ 1/622; Börsch, Friedrich August Haubold ~ 1/634; Börsch, (Carl Cäsar Ludwig) Otto */~ 1/634; Böttger, (Heinrich) Ludwig (Christian) ~ 1/638; Bohn, Johann Conrad ~ 2/2; Bohnstedt, Rudolf ~ 2/4; Bongs, Rolf ~ 2/17; Boor, Carl (Gotthard) de ~ 2/23; Boor, Helmut de ~ 2/23; Boots, Abraham ~ 2/24; Borchard, August ~ 2/26; Borié, Egidius Valerius Felix Frh. von ~ 2/30; Borkenau, Franz ~ 2/30; Bormann, Eugen ~ 2/31; Bornewasser, Franz Rudolf ~ 2/34; Borngässer, Ludwig ~ 11/28; Bornhäuser, Karl Bernhard ~/† 2/35; Bornkamm, Günther ~ 2/35; Bourdon, Samuel ~ 2/49; Boyneburg, Johann Christian Frh. von ~ 2/52; Boysen, Karl ~ 2/53; Bracken, Helmut † 2/55; Brackmann, Albert (Theodor Johann Karl Ferdinand) ~ 2/55; Brandi, Karl (Maria Prosper Laurenz) ~ 2/64; Brandis, Moritz ~ 2/66; Brandsch, Rudolf ~ 2/67; Brauer, (August) Ludolf ~ 2/77; Braun, Hans * 2/81; Braun, Heinrich ~ 2/81; Braun, Johann Balthasar ~ 2/82; Braun, Johann Philipp Otto ~ 2/82; Braun, Karl Ferdinand ~ 2/83; Braun, Karl Joseph Wilhelm ~ 2/84; Braun, Waldemar ~ 2/87; Brauns, Reinhard Anton ~ 2/90; Bredemann, Gustav ~ 2/95; Bredt, Johann (Viktor) ~ 2/96; Bregler, Philipp Friedrich ~ 2/97; Breidenbach, Johannes Nikolaus ~ 2/99; Breidenbach, Moritz Wilhelm August ~ 2/100; Breitenstein, Johannes Philipp ~/† 2/103; Breitinger, Johann Jakob ~ 2/106; Breitscheid, Rudolf ~ 2/107; Brenneke, (Johann

Ferber, Nikolaus ~ 3/267; Ferrarius Montanus, Johannes ~/† 3/272; Feuerborn, Justus ~ 3/280; Feußner, Karl ~ 3/282; Feußner, Wilhelm ~/† 3/282; Fick, Adolf ~ 3/286; Fick, Adolf (Gaston Eugen) */~ 3/287; Fick, Franz Ludwig ~/† 3/287; Fick, Rudolf Armin ~ 3/287; Finck, Franz (Nikolaus) ~ 3/297; Fischer, August (Wilhelm Hermann Gustav) ~ 3/312; Fischer, Hans ~ 3/318; Fischer, Otto ~ 3/325; Fischer, Theobald ~/† 3/327; Flasche, Hans ~ 3/336; Fleckenbühl, (Johann) Philipp Franz von ~ 3/339; Flemming, Willi (Karl Max) ~ 3/348; Fliedner, Conrad ~ 3/350; Flitz, Hedi ~ 3/352; Floericke, Curt (Ehrenreich) ~ 3/352; Florencourt, Franz Chassot von ~ 3/354; Flügge, Siegfried ~ 11/62; Foerste, William ~ 11/62; Förster, Erich ~ 3/362; Forster, Valentin Wilhelm * 3/378; Forsthoff, Ernst ~ 3/378; Fraenkel, Adolf ~ 3/382; Fränkel, Hans-Joachim † 11/62; Fränkel, Karl ~ 3/384; Frank, Erich ~ 11/63; Frank, Reinhard (Karl Albrecht Otto Friedrich) von ~ 3/403; Franz, Günther ~ 11/64; Freinsheim, Johannes Caspar ~ 3/423; Freytag, Walter ~ 3/440; Frick, Heinrich ~/† 3/441; Fricke, (Otto) Robert ~ 3/443; Friedensburg, Ferdinand ~ 3/448; Friedländer, Paul ~ 3/453; Friedrich II., Landgraf von Hessen-Homburg ~ 3/463; Friedrich, Carl Joachim ~ 3/477; Friedrich, Otto Andreas ~ 3/481; Friedrich, Paul Leopold ~ 3/481; Frieling, Rudolf ~ 3/482; Fries, Karl (Theophil) ~/† 3/484; Frings, Theodor ~ 3/487; Frischlin, Nicodemus ~ 3/492; Fritsch, Paul (Ernst Moritz) ~/† 3/494; Frobes, Johann Nikolaus ~ 3/500; Frölich, Karl Wilhelm Adolf ~ 3/505; Fromme, Carl ~ 3/510; Fuchs, Ernst ~ 3/518; Fuchs, (Ernst Adolf) Wilhelm ~ 3/522; Fürer, Karl Eduard ~ 3/525; Fueter, Rudolf ~ 3/533; Funck, Johannes Nikolaus */~ 3/540; Fuss, Heinrich ~ 3/545; Gadamer, Johannes (Georg) ~/† 3/551; Gaede, William Richard ~ 3/552; Gan, Peter ~ 3/567; Garthe, Balthasar ~ 3/575; Gasser, Emil ~/† 3/578; Gattermann, Hans H(ermann) ~ 3/582; Gaugler, Ernst ~ 3/585; Gebhard, Hans ~/† 3/593; Gebhard, Kurt (Alfred Thomas) ~ 3/593; Gehren, Reinhard von ~ 3/600; Geibel, Johannes ~ 3/602; Geiger, (Elieser) Lazarus (Salomon) ~ 3/605; Geldenhauer, Gerhard ~/† 3/615; Geldner, Karl (Friedrich) ~/† 3/615; Genzmer, Felix (Stephan Hermann) ~ 3/625; Georg I. der Fromme, Landgraf von Hessen-Darmstadt ~ 3/628; Georg II. der Gelehrte, Landgraf von Hessen-Darmstadt ~ 3/628; Gerhard, Johann ~ 3/642; Gerland, Ernst ~ 3/650; Gerland, Georg (Cornelius Karl) ~ 3/650; Gerling, Christian Ludwig ~/† 3/651; Gerstein, Wigand † 3/658; Gertrud, Prämonstratenserin, Äbtissin von Altenberg ~ 3/662; Giese, Hans ~ 4/2; Gieseke, Paul Ferdinand Karl Otto ~ 4/3; Giesenhagen, Karl (Friedrich Georg) ~ 4/5; Gildemeister, Johannes Gustav ~ 4/8; Girardet, Wilhelm ~ 11/69; Gisevius, Hans Bernd ~ 4/17; Glandorp, Johann ~ 4/21; Glinz, Gustav Adolf ~ 4/31; Gloege, Gerhard (Hans Georg Karl) ~ 4/34; Goclenius, Rudolph d. Ä. ~ 4/46; Goclenius, Rudolph d. J. ~/† 4/46; Godet, Marcel ~ 4/47; Goebel, Karl (Immanuel Eberhard) Ritter von ~ 4/49; Goeddaeus, Johannes ~/† 4/51; Göppert, Ernst ~/† 4/54; Goerttler, Kurt ~ 11/69; Goldbaum, Wenzel ~ 4/76; Goltwurm, Kaspar ~ 4/91; Gooß, Roderich ~ 4/97; Gottfried von Hohenlohe, Hochmeister des Deutschen Ordens † 4/104; Gottlieb, Rudolf ~ 4/109; Goy, Samuel (Ludwig Carl) ~ 4/114; Goyert, Georg ~ 4/114; Grabowsky, Adolf ~ 4/117; Gradnauer, Georg ~ 4/119; Graebe, Carl ~ 4/119; Graebner, (Robert) Fritz ~ 4/119; Graff, Erich */~/† 4/130; Gralath, Daniel d. Ä. ~ 4/133; Gratzl, Emil ~ 4/141; Grau, Rudolf Friedrich ~ 4/141; Grautoff, Ferdinand ~ 4/144; Grebe, Ernst Wilhelm ~ 4/145; Grebe, Karl Friedrich August ~ 4/146; Grebe, Paul Ernst ~ 4/146; Greeff, Richard ~/† 4/147; Greeff, (Karl) Richard ~ 4/147; Grein, Christian Wilhelm Michael ~ 4/152; Gremels, (Karl Felix) Hans ~ 4/156; Greser, (Hans) Daniel ~ 4/157; Greßmann, Hugo (Ernst Friedrich Wilhelm) ~ 4/157; Griesbach, Hermann Adolf ~ 4/163; Griesheim, Heinrich Christoph von ~ 4/164; Grieß, Johann Peter ~ 4/166; Grimm, Friedrich ~ 4/168; Grimm, Jacob (Ludwig Carl) ~ 4/169;

Grimm, Julius ~ 4/171; Groschel, Franz Karl ~ 4/189; Groschlag zu Dieburg, (Friedrich Karl) Willibald Frh. von ~ 4/189; Grossmann, Rudolf ~ 4/198; Grüneisen, Eduard ~/† 4/213; Grund, Friedrich Wilhelm † 4/222; Grunwald, Wilhelm ~ 4/227; Gülich, Wilhelm (Johannes Daniel Otto) ~ 4/235; Günther, Agnes (Elisabeth) ~/† 4/237; Günther, Herbert ~ 4/240; Günther, Wolfgang ~ 4/243; Guggisberg, Kurt Viktor ~ 4/250; Guleke, Nicolai (Gustav Hermann) ~ 4/253; Gundlach, Johannes (Christoph) */~ 4/259; Guttenberg, Erich Frh. von ~ 4/273; Gwalther, Rudolf ~/† 4/276; Haas, Karl Franz Lubert ~/† 4/286; Haas, Richard ~ 4/287; Haas, Wilhelm ~ 4/288; Haberkorn, Peter ~ 4/292; Haberling, Wilhelm Gustav Moritz ~ 4/294; Hach, Ludwig ~/† 4/296; Häfeli, Johann Caspar ~ 4/303; Haenisch, Wolf ~/† 4/310; Haensel, Carl ~ 4/311; Hagelgans, Johann Georg ~ 4/317; Hahn, Karl-Heinz ~ 11/77; Hahn, Ludwig Albert ~ 4/331; Hahn, Otto ~ 4/332; Halbert, Awrum Albert ~ 4/342; Haller, Johannes d. J. ~ 4/348; Haller, Johannes ~ 4/348; Haller, Paul ~ 4/348; Haller von Hallerstein, (August) Sigmund (Karl Ulrich) Frh. von ~ 4/350; Hamann, (Heinrich) Richard ~ 4/356; Hampe, Theodor (Eduard) ~ 4/364; Hanau, Arthur ~ 4/365; Hanneken, Meno ~ 4/372; Hanneken, Philipp Ludwig * 4/372; Hansel, Hans ~ 4/374; Happel, Eberhard Werner ~ 4/379; Harms, Jürgen (Wilhelm) ~/† 4/390; Harnack, Adolf von ~ 4/391; Harnack, Ernst von * 4/392; Harpprecht, Johann ~ 4/394; Hartig, Ernst Friedrich ~ 4/400; Hartmann, Georg ~ 4/408; Hartmann, Hermann ~ 11/80; Hartmann, Johann Adolf ~/† 4/409; Hartmann, Johann Melchior ~/† 4/409; Hartmann, Johannes ~/† 4/409; Hartmann, (Paul) Nicolai ~ 4/411; Hartung, Fritz ~ 11/80; Hartwig, Otto (Peter Conrad) ~/† 4/417; Hase, (Arndt Michael) Albrecht ~ 4/419; Hasse, Hel(l)mut ~ 4/426; Hassencamp, Johann Matthäus */~ 4/429; Hassenpflug, (Hans Daniel) Ludwig (Friedrich) † 4/429; Hatzfeld, Carl (Wilhelm) ~ 4/433; Hauck, Albert ~ 4/436; Hauer, (Jakob) Wilhelm ~ 4/438; Hauff, Johann Karl Friedrich ~ 4/439; Hausmann, Walther ~ 4/452; Hebebrand, Werner (Bernhard) ~ 4/464; Heck, Heinz ~ 4/467; Hedio, Kaspar ~ 4/473; Heffter, Arthur (Wilhelm Karl) ~ 4/477; Heichelheim, Fritz Moritz ~ 4/484; Heide, (Alexander) Walther ~ 4/485; Heidegger, Johann Heinrich ~ 4/486; Heidegger, Martin ~ 4/486; Heidenhain, Arthur ~ 4/488; Heidtmann, Günter ~ 4/493; Heiler, Anne Marie ~ 4/497; Heiler, (Johann) Friedrich ~ 4/497; Heimann, Klaus ~ 11/82; Heimann, Werner ~ 4/503; Heimsoeth, Heinz ~ 4/506; Heine, Leopold ~ 4/510; Heinemann, Fritz ~ 4/514; Heinemann, Gustav ~ 4/514; Heinemann, Hilda ~ 4/514; Heinrich I. das Kind, Landgraf von Hessen ~ 4/527; Heinrich III. der Reiche, Landgraf von Hessen */† 4/527; Heinrici, Georg ~ 4/544; Heintzenberger, Johannes ~/† 4/547; Heisenberg, August ~ 4/550; Heitefuß, Clara † 4/552; Heitmüller, Wilhelm ~ 4/553; Held, Heinrich ~ 4/556; Hellinger, Ernst (David) ~ 4/566; Hellwig, Konrad (Maximilian) ~ 4/570; Helm, Karl (Hermann Georg) ~/† 4/571; Helwig, Christoph ~ 4/577; Hengge, Edwin (Franz) ~ 11/83; Henke, Ernst (Ludwig Theodor) ~/† 4/584; Henke, (Philipp Jakob) Wilhelm ~ 4/585; Henkel, Georg Andreas ~ 4/585; Henkel, Heinrich ~ 4/585; Henkel, Heinrich ~ 4/585; Hensel, Kurt (Jakob Wilhelm Sebastian) ~/† 4/597; Heppe, Heinrich ~/† 4/602; Hermann von Salza, Hochmeister des Deutschen Ordens ~ 4/620; Hermann II. der Gelehrte, Landgraf von Hessen † 4/621; Hermann, Karl Friedrich ~ 4/630; Hermann, Karl Heinrich ~/† 4/630; Hermann, Rudolf ~ 4/631; Hermelink, Heinrich (August) ~ 4/632; Herquet, Lothar ~ 4/637; Herrmann, (Johann Georg) Wilhelm ~/† 4/645; Hertwig-Bünger, Doris ~ 4/651; Hertzberg, Hans Wilhelm ~ 4/654; Herxheimer, Salomon ~ 4/657; Hess, Carl von ~ 4/669; Heß, Ludwig * 4/672; Hesse, Kurt ~ 4/677; Hessel, Friedrich Christian ~/† 4/678; Hessus, Helius Eobanus ~/† 5/3; Heubner, Wolfgang (Otto Leonhard) ~ 5/7; Heusinger, Karl Friedrich ~/† 5/11; Heusler, Karl Ludwig ~ 5/12; Heussi, Karl ~ 5/14; Heymann, Ernst ~ 5/24; Heyse, Hans ~ 5/27; Hilchenbach, Karl Wilhelm ~

6/490; Ludwig I. der Friedsame, Landgraf von Hessen ~ 6/502; Ludwig II. der Freimütige, Landgraf von Hessen ~ 6/502; Ludwig IV. der Ältere, Landgraf von Hessen-Marburg ~/† 6/503; Ludwig V., Landgraf von Hessen-Darmstadt ~ 6/503; Ludwig, Carl Friedrich Wilhelm ~ 6/507; Ludwig, Friedrich ~ 6/508; Lübbing, Hermann ~ 6/512; Lüpsen, Focko ~ 6/520; Lütge, Friedrich ~ 6/521; Lundorff, Michael Caspar ~ 6/530; Luthardt, (Christoph) Ernst ~ 6/534; Luther, Arthur ~ 6/535; Lutsch, Johannes ~ 6/538; Lyncker, Nikolaus Christoph * 6/544; Maass, Ernst ~/† 6/548; Mach, (Adolf Albert) Felix ~ 6/550; Macher, Matthias ~ 6/551; Mackeldey, Ferdinand ~ 6/553; Magnus, Georg ~ 6/564; Mahnke, Dietrich (Friedrich Hermann) ~ 6/568; Mallinckrodt, Bernhard von ~ 6/579; Malsburg, Ernst (Friedrich Georg Otto) Frh. von ~ 6/581; Mandern, Konrad von ~ 6/584; Manger-Koenig, Ludwig von ~ 6/587; Manigk, Alfred ~ 6/589; Mann, Gunter ~ 6/590; Mannhardt, Johann Wilhelm ~ 6/595; Mannich, Carl ~ 6/596; Marchand, (Jacob) Felix ~ 6/606; Marius, Georg ~ 6/624; Martin, Berthold ~ 6/636; Martin, Gottfried ~ 6/636; Marx, Adolph Bernhard ~ 6/644; Matossi, Frank ~ 6/656; Matthaeus, Anton ~ 6/660; Matthes, Max ~ 6/660; Matthias, Adolf ~ 6/662; Matz, Friedrich ~/† 6/665; Maull, Otto ~ 6/668; Maurenbrecher, Romeo ~ 6/669; Maurer, Wilhelm ~ 6/670; Maus, Heinz ~ 6/671; Mauß, Hans ~ 6/672; Mayer, Andreas ~ 7/5; Mayer, Theodor ~ 7/11; Maync, Harry ~/† 7/13; Meibom, Viktor von ~ 7/29; Meier, Burkhard † 7/30; Meier, Ernst von ~ 7/30; Meier, Joachim ~ 7/31; Meinhof, Ulrike (Marie) ~ 7/36; Meisenheimer, Johannes ~ 7/39; Meister, Ernst ~ 7/46; Melde, Franz ~/† 7/52; Menius, Justus ~ 7/63; Mensching, Gustav ~ 7/64; Mentzer, Balthasar I. ~/† 7/65; Mentzer, Balthasar II. ~ 7/65; Menzer, Paul ~ 7/67; Merhart von Bernegg, Gero ~ 7/70; Merk, Walther ~ 7/72; Merling, Georg ~ 7/75; Merten, Hans ~ 7/76; Merx, Adalbert (Ernst Otto) ~ 7/79; Mewaldt, Johannes ~ 7/96; Meydenbauer, Albrecht ~ 7/96; Meyer, Alfred Richard ~ 7/98; Meyer, Arthur ~/† 7/98; Meyer, Ernst Wilhelm ~ 7/101; Meyer, Georg ~ 7/102; Meyer, Hans ~/† 7/103; Meyer, Hans Horst ~ 7/104; Meyer, Kurt Hans ~ 7/108; Mezger, Edmund ~ 7/119; Michaelis, Christian Friedrich ~/† 7/121; Michel, Fritz ~ 7/124; Middelhauve, Friedrich ~ 7/129; Mierdel, Georg ~ 7/132; Milch, Werner (Johannes) ~ 7/139; Milichius, Ludwig ~ 7/140; Mirbach, Dietrich Frh. von ~ 7/150; Mirbt, Carl ~ 7/151; Mirbt, Rudolf * 7/151; Misch, Georg ~ 7/151; Mislowitzer, Ernst ~ 7/153; Mitgau, (Johann[es]) Hermann ~ 7/153; Mitzka, Walther ~ 7/160; Möbius, Hans ~ 7/162; Möbius, Paul (Julius) ~ 7/162; Möhl, Heinrich ~ 7/164; Moeli, Karl ~ 7/165; Möllenberg, Walter ~ 7/166; Mohr, Friedrich Wilhelm ~ 7/183; Mohr, Martin ~ 7/183; Molitor, Franz Joseph ~ 7/189; Mommsen, Wilhelm ~/† 7/197; Mond, Ludwig ~ 7/197; Moral, Hans ~ 7/205; Morman, Friedrich † 7/218; Mortensen, Hans ~ 7/220; Mosenthal, Salomon Hermann Ritter von ~ 7/222; Moser, Hans Joachim ~ 7/225; Moser, Simon ~ 7/228; Motz, Friedrich (Christian Adolf) von ~ 7/233; Motz, Gerhard Heinrich ~ 7/233; Much, Hans ~ 7/237; Müller, (Alfred) Dedo ~ 7/251; Müller, Erich ~ 7/253; Müller, Friedrich von ~ 7/258; Müller, (Josef) Heinz ~ 7/264; Müller, Jacob ~ 7/267; Müller, Julius ~ 7/272; Müsebeck, Ernst (Friedrich Christian) ~ 7/301; Muhr, Caroline ~ 7/304; Mulert, Hermann ~ 7/305; Murhard, (Johann) Karl (Adam) ~ 7/312; Musso, Hans ~ 7/318; Mylius, (Johannes) Daniel ~ 7/322; Nadolny, Burkhard ~ 7/329; Nagel, Wilhelm ~ 7/335; Nasse, Christian Friedrich † 7/341; Nasse, Karl Friedrich Werner ~ 7/342; Nasse, Otto (Johann Friedrich) */~ 7/342; Nathan, Hans ~ 7/342; Natorp, Paul ~/† 7/344; Naujoks, Hans ~ 7/347; Nebelthau, Friedrich (August Wilhelm) ~ 7/354; Neeff, Christian Ernst ~ 7/356; Nestriepke, Siegfried Friedrich Heinrich ~ 7/367; Nettelbladt, Daniel ~ 11/136; Neumann, Ernst Richard ~ 7/382; Neumann, Friedrich ~ 7/383; Neumann, Hans Otto ~ 7/383; Neustädter, Erwin ~ 7/394; Nicolai, Heinrich ~ 7/400; Nicolai, Helmuth (Alphons Gottfried) ~/† 7/400; Nicolai, Philipp ~ 7/400; Niebergall, Buschi */~ 11/141; Niebergall, Friedrich ~/† 7/402; Niese, Benedictus ~ 7/411; Nigrinus, Georg ~ 7/417; Nissen, Heinrich ~ 7/424; Nissen, Rudolf ~ 7/424; Nittner, Konrad ~ 7/426; Noack, August ~ 7/427; Nobel, Johannes ~/† 7/428; Nobel, Nehemia Anton ~ 11/142; Nörrenberg, Constantin ~ 7/431; Noll, Fritz ~ 7/434; Noorden, Karl von ~ 7/436; Nuschke, Otto (Gustav) ~ 7/448; Nussbaum, Moritz ~ 7/449; Oberheid, Heinrich (Josef) ~ 11/145; Obst, Erich ~ 7/459; Ochsenfeld, Robert ~ 11/146; Ochsenius, Carl (Christian) ~/† 7/461; Oekolampad, Johannes ~ 7/466; Oelhafen von und zu Schöllenbach, Johann Christoph ~ 7/467; Oellers, Fritz ~ 11/148; Oestreich, Gerhard ~ 7/473; Oetker, Friedrich ~ 7/474; Oetker, Friedrich ~ 7/474; Oetker, Karl ~ 7/475; Oettingen, Hans(-Georg) von ~ 7/475; Oettingen, Wolfgang von ~ 7/475; Ohm, Johannes ~ 7/480; Ohnsorg, Richard ~ 7/481; Oldenberg, Karl ~ 7/485; Oldendorp, Johann ~/† 7/486; Olearius, Johannes ~ 7/487; Olpp, Gottlieb ~ 7/490; Oppel, Horst ~/† 11/150; Osiander, Andreas ~ 7/471; Ossenfelder, Heinrich August ~ 7/512; Osten, Gert von der ~ 7/514; Osterloh, Edo ~ 7/516; Ostrowski, Alexander ~ 7/519; Otto, Rudolf (Louis Karl) ~/† 7/536; Otto, Walter (Gustav Albrecht) ~ 7/536; Paasche, Hermann ~ 7/544; Paganus, Petrus ~ 7/548; Pagenstecher, Maximilian (Alexander Ludwig) ~ 7/549; Palgen, Rudolf ~ 7/550; Pannwitz, Rudolf ~ 7/556; Patze, Hans ~ 7/571; Pauli, Reinhold ~ 7/576; Pauly, Georg ~ 7/581; Pels-Leusden, Friedrich ~ 7/592; Pescatore, Gustav ~ 7/607; Peter, Karl Georg ~ 7/613; Petri, Ludwig Adolf ~ 7/622; Pezold, Hans von ~ 7/632; Pfaff, Adam ~ 7/633; Pfeffer, Wilhelm (Friedrich Philipp) ~ 7/638; Pfeifer, Gottfried (Georg) ~ 11/157; Pfeiffer, August ~ 7/639; Pfeiffer, Burkhard Wilhelm ~ 7/639; Pfeiffer, Ludwig ~ 7/641; Pfeil, Elisabeth ~ 7/643; Pfister, Friedrich Eduard ~ 7/646; Pflüger, Eduard (Friedrich Wilhelm) ~ 7/650; Pforr, Philipp ~ 7/652; Philipp I. der Großmütige, Landgraf zu Hessen, Graf zu Katzenelnbogen, Dietz, Ziegenhain und Nidda */~ 7/654; Philipp, Wolfgang ~ 7/657; Philippi, Fritz ~ 7/657; Pietschmann, Richard ~ 7/668; Piper, Otto Alfred Wilhelm ~ 7/675; Pistorius, Johann d. J. ~ 7/680; Plate, Ludwig (Hermann) ~ 7/687; Platner, Eduard ~/† 7/689; Poelchau, Harald ~ 8/10; Pongs, Hermann ~ 8/32; Posse, Hans ~ 8/44; Praechter, Karl ~ 8/49; Prager, Richard ~ 8/51; Prell, Heinrich (Bernward) ~ 8/60; Premerstein, Anton (Maria Amand) Ritter von ~/† 8/61; Prinz, Gerhard ~ 8/72; Pritzkoleit, Kurt ~ 8/74; Proesler, Hans ~ 8/77; Prott, Johann von ~ 8/81; Puchta, Georg Friedrich ~ 8/85; Pütter, Johann Stephan ~ 8/87; Puschmann, Theodor ~ 8/93; Quervain, Alfred de ~ 8/102; Raab, Heribert ~ 8/105; Raabe, Cuno Heinrich ~ 8/106; Rade, Martin ~ 8/114; Radenbach, Karl Ludwig ~ 8/116; Raithel, Hans Adolf ~ 8/129; Rammelmeyer, Alfred ~ 8/132; Rath, Klaus Wilhelm (Kurt Otto) ~ 8/148; Rathgen, Karl (Friedrich Theodor) ~ 8/151; Rathke, (Heinrich) Bernhard ~ 8/151; Rauber, Theodor ~ 8/156; Rauch, Georg von ~ 8/158; Rauschenbusch, August Christian Ernst ~ 8/164; Ravensberger, Hermann ~ 8/167; Rehling, Luise ~ 8/191; Rehm, Hermann ~ 8/192; Rehmke, Johannes ~/† 8/192; Rehn, Eduard ~ 8/193; Rehn, Ludwig ~ 8/193; Reich, Eduard (Maria Anton Johann) ~ 8/194; Reichardt, Hans ~ 8/197; Reicke, Siegfried ~ 8/206; Reidemeister, Kurt (Werner Friedrich) ~ 8/206; Rein, Johannes Justus ~ 8/213; Reineccius, Reiner(us) ~ 8/215; Reiner, Hans ~ 8/216; Reinerth, Karl Daniel ~ 8/217; Reinhard, Philipp Christian ~ 8/218; Reinhard, Karl ~ 8/219; Remak, Robert ~ 8/238; Rettberg, Friedrich Wilhelm ~/† 8/250; Reuß, Heinrich Erbprinz von ~ 8/257; Reuter, Ernst (Rudolf Johannes) ~ 8/259; Ribbert, Hugo ~ 8/271; Richarz, Franz ~/† 8/273; Richter, Aemilius Ludwig ~ 8/275; Richter, Christoph Gottlieb ~ 8/276; Richter, Werner ~ 8/284; Riedel, Otto ~ 8/292; Riedemann, Peter ~ 8/292; Riedesel zu Eisenbach, Friedrich Adolf Frh. von ~ 8/294; Riehl, Wilhelm Heinrich ~ 8/299; Rietschel, Siegfried ~ 8/308; Rippel-Baldes, August ~ 11/164; Risse, Heinz ~ 8/323; Rister, Herbert

~ 9/587; Stroh, Friedrich ~ 9/592; Strupp, Carl ~ 9/599; Strupp, Joachim ~ 9/599; Struppler, Theodor ~ 9/599; Stuchtey, Karl ~ 9/603; Study, (Christian Hugo) Eduard ~ 9/606; Stühmer, Alfred ~ 9/609; Stürzinger, (Johannes) Jakob ~ 9/611; Stumpp, Emil ~ 9/615; Stutte, Hermann ~/† 9/620; Suchier, Hermann ~ 9/623; Suchier, Wolfram ~ 9/623; Süring, Reinhard (Joachim) ~ 9/626; Sybel, Heinrich (Karl Ludolf) von ~/† 9/643; Tangl, Michael ~ 9/654; Tannenberg, Joseph ~ 9/655; Tantzen, Richard (Hinrich) ~ 9/657; Tappolet, Ernst ~ 9/658; Teichmann, Ernst (Gustav Georg) ~ 9/669; Teichmüller, Joachim (Julius Friedrich Heinrich) † 9/670; Telemann, Walter ~ 9/672; Temme, Jodocus Donatus Hubertus ~ 9/673; Tenbruck, Friedrich Heinrich (Wilhelm) ~ 9/674; Tennemann, Wilhelm Gottlieb ~/† 9/676; Teschemacher, Hans (Georg) ~ 9/679; Thamer, Theobald ~ 9/689; Theobald, Gottfried Ludwig ~ 9/694; Therstappen, Paul ~ 9/695; Thesing, Curt (Egon) ~ 9/695; Thiel, Alfred ~/† 10/1; Thielicke, Helmut ~ 10/3; Thienemann, Alfred Bernhard ~ 10/5; Thierack, Otto Georg ~ 10/6; Thiersch, August * 10/7; Thiersch, Friedrich Ritter von * 10/8; Thiersch, Heinrich Wilhelm Josias ~ 10/8; Thomas, Wolfgang (Alexander) ~ 10/19; Thorbecke, Franz ~ 10/23; Thurau, Gustav ~ 10/30; Tiedemann, Dietrich ~/† 10/31; Tiedemann, Friedrich ~ 10/37; Tigges, Eduard ~ 10/41; Tilemann, Philipp Johann ~/† 10/41; Tillich, Paul (Johannes) ~ 10/43; Tischbein, Christian Wilhelm * 10/48; Tischbein, Georg Heinrich * 10/48; Tomaschek, Rudolf ~ 10/62; Trabert, Adam ~ 10/67; Treutler von Kroschwitz, Hieronymus ~ 10/85; Trier, Jost ~ 10/88; Troeltsch, (Friedrich) Walter (Julius) ~/† 10/93; Trott zu Solz, August (Clemens Bodo Paul Willy) von ~ 10/99; Tschesch, Johann Theodor ~ 10/106; Tschižewskij, Dmitrij ~ 10/108; Tuczek, Franz ~/† 10/112; Turnwald, Wilhelm ~ 10/119; Ubbelohde, Otto * 10/121; Uckeley, Alfred ~/† 10/122; Ucko, Sinai ~ 10/122; Ude, Karl ~ 10/122; Udluft, Hans ~ 10/123; Uhlenhuth, Paul ~ 10/129; Uhsadel, Walter Franz ~ 10/132; Uhthoff, Wilhelm ~ 10/132; Ullmann, Johann Christoph ~/† 10/136; Ullrich, Egon (Leopold Maria) ~ 10/137; Ungeheuer, Edgar ~ 10/152; Usener, Friedrich Philipp ~ 10/170; Utech, Joachim (Christoph Ludwig) ~/† 10/171; Utz, (Hermann) Kurt ~/† 10/172; Vaerting, (Maria Johanna) Mathilde ~ 10/175; Vangerow, Carl Adolph von ~ 10/181; Varrentrapp, Franz */~ 10/184; Varrentrapp, Konrad ~/† 10/184; Velden, Reinhard von den ~ 10/191; Velden, Reinhard (Friedrich Wilhelm Alexander) von den ~ 10/191; Vellmer, Erich ~ 10/191; Verschuer, Otmar Frh. von ~ 10/197; Versé, Max August ~/† 10/198; Viebrock, Helmut ~ 10/204; Vielhauer, Philipp (Adam Christoph) ~ 10/204; Vietor, Heinrich ~/† 10/207; Viëtor, Karl ~ 10/207; Viëtor, (Karl Adolf Theodor) Wilhelm ~/† 10/208; Villinger, Werner ~ 10/210; Vilmar, August Friedrich Christian ~/† 10/211; Vincke, (Friedrich Wilhelm) Ludwig (Philipp) Frh. von ~ 10/212; Vogt, Friedrich ~/† 10/233; Vogt, Walter ~ 10/235; Voigt, Wolfgang ~ 10/239; Volkmar, Gustav (Hermann Josef Philipp) ~ 10/247; Volmer, Max ~ 10/250; Volp, Rainer ~ 10/250; Vorherr, (Johann Michael Christian) Gustav ~ 10/254; Vorländer, Karl */~ 10/255; Vorster, Albert ~ 10/255; Vorster, Johannes ~ 10/255; Vorstius, Joris ~ 10/256; Vultejus, Hermann von ~/† 10/262; Wachenhusen, Hans † 10/265; Wachler, Ernst * 10/265; Wachler, Ernst ~ 10/265; Wachler, (Johann Friedrich) Ludwig ~ 10/265; Wachsmuth, Curt ~ 10/266; Wachsmuth, Richard * 10/267; Waentig, Heinrich ~ 10/272; Waetzoldt, Wilhelm ~ 10/273; Wagener, Guido Richard ~/† 10/274; Wagener, Oskar ~ 10/274; Wagner, Karl Wilhelm Ulrich ~ 10/284; Wagner, Kurt (Fritz Konrad) ~ 10/284; Wagner, Oskar ~ 10/285; Wagner, Wilhelm ~ 10/290; Wahl, Eduard ~ 10/292; Waitz, Karl * 10/296; Waitz, Theodor ~/† 10/296; Waldschmidt, Johann Jakob ~/† 10/306; Waldschmidt, Wilhelm Hulderich ~ 10/307; Wallach, Joseph ~ 10/309; Wallenreiter, Christian ~ 10/310; Walz, Gustav Adolf ~ 10/326; Weber, August ~ 10/350; Weber, Heinrich ~ 10/354; Weber, Werner ~ 10/362; Weber-Kellermann, Ingeborg ~/† 10/363;

Wechßler, (Johann) Eduard (Friedrich) ~ 10/365; Wegener, Alfred (Lothar) ~ 10/372; Wegener, Georg ~ 10/372; Wehmer, Carl (Friedrich Wilhelm) ~ 10/376; Wehmer, Carl ~ 10/376; Wehrle, Emil ~ 10/378; Weiffenbach, Julius ~ 10/385; Weigel, Hermann ~ 10/387; Weigel, Oskar ~/† 10/387; Weigert, Oscar ~ 10/388; Weimer, Hermann ~ 10/393; Weinmeister, Philipp ~ 10/399; Weischedel, Wilhelm ~ 10/402; Weisgerber, (Johannes) Leo ~ 10/403; Weiß, Johannes ~ 10/409; Wellhausen, Julius ~ 10/425; Wenderoth, Georg Wilhelm Franz */~/† 10/432; Wenker, Georg ~/† 10/436; Werder, Diederich von dem ~ 10/440; Werner, Joachim ~ 10/447; Werner, Oskar † 10/447; Wernicke, Erich (Arthur Emanuel) ~ 10/450; Wertheimer, Ludwig ~ 10/453; Westermann, Johann ~ 10/459; Westermayr, Konrad ~ 10/459; Westphal, Joachim ~ 10/460; Wetzel, Justus Hermann ~ 10/464; Wetzer, Heinrich Joseph ~ 10/464; Weyhe, Eberhard von ~ 10/466; Wienbarg, Ludolf ~ 10/486; Wiese, Otto ~ 10/489; Wieting, Julius (Meno) ~ 10/492; Wigand, Albert (Julius Wilhelm) ~/† 10/492; Wigand, Albert ~ 10/492; Wilbrandt, Robert (August Hermann Friedrich Karl) ~ 10/496; Wilhelm-Kästner, Kurt ~ 10/507; Wilhelmi, Ludwig Wilhelm ~ 10/507; Willms, Günther ~ 11/184; Wilms, Max ~ 10/515; Winckelmann, Johann Justus ~ 10/520; Windisch, Hans ~ 10/524; Winkelbleck, Karl Georg ~ 10/527; Winkelmann, Eduard (August) ~ 10/527; Winkler, Helmut Gustav Franz ~ 10/529; Winschuh, Josef ~ 10/531; Wissowa, Georg ~ 10/542; Witkop, Philipp (Wilhelm) ~ 10/543; Wittich, Hans ~ 10/548; Wittig, Georg (Friedrich Karl) ~ 10/549; Wobbermin, (Ernst Gustav) Georg ~ 10/554; Wöhler, Friedrich ~ 10/555; Wolfart, Karl Christian ~ 10/569; Wolff, Christian Frh. von ~ 10/571; Wolff, Ludwig ~ 10/576; Wolff, Martin ~ 10/576; Wollenberg, Robert ~ 10/583; Wolters, Friedrich ~ 10/586; Woltmann, Ludwig ~ 10/587; Wolzendorff, Kurt ~ 10/587; Wrede, Ferdinand ~/† 10/590; Wülker, Richard Paul ~ 10/592; Wüllner, (Friedrich Hugo Anton) Adolph ~ 10/592; Wünsch, Georg ~/† 10/593; Wünsch, Richard ~ 10/593; Würzburger, Karl Jakob Werther ~ 10/594; Wundt, Max ~ 10/598; Zachariae, Theodor Maximilian ~ 10/610; Zander, Paul ~ 10/617; Zangemeister, Wilhelm (Karl) ~ 10/618; Zechlin, Egmont (Friedrich Johann Georg) ~ 10/626; Zedler, (Karl-August) Gottfried (Immanuel) ~ 10/626; Zeiger, Karl (Friedrich Heinrich) ~ 10/631; Zeis, Eduard ~ 10/632; Zeiss, Heinrich ~ 10/633; Zeller, Eduard ~ 10/637; Zenker, Rudolf ~ 10/642; Zepper, Wilhelm ~ 10/644; Zergiebel, Dankmar ~ 10/644; Zerkaulen, Heinrich ~ 10/644; Ziegler, Julius ~ 10/655; Ziegler, Karl Waldemar ~ 10/655; Ziegler, Wilhelm ~ 10/656; Zieler, Kurt ~ 10/658; Ziesemer, Walther ~/† 10/660; Zincke, (Ernst Carl) Theodor ~/† 10/673; Zinkernagel, Franz (August Anton) ~ 10/675; Zoll, Hermann ~/† 10/686; Zscharnack, Leopold (Fritz Carl) ~ 10/690; Zuntz, Günther ~ 10/701; Zwenger, Konstantin ~/† 10/707

Marburg/Drau → Maribor

Marchegg (Niederösterreich)
Machura, Lothar ~ 6/551

Marching (Neustadt a. d. Donau)
Nagel, Anton ~ 7/333

Marchtal
Thurn und Taxis, Karl Anselm von ~ 10/31

Maredsous (Belgien)
Amrhein, Andreas ~ 1/119; Bäumer, Suitbert ~ 1/265; Gaißer, Hugo Athanasius ~ 3/559; Herwegen, Ildefons ~ 4/656; Morin, Germain ~ 7/214; Schott, Anselm ~ 9/119; Wolter, Placidus ~ 10/585

Marengo (Italien)
Lambert von Spoleto † 6/203; Melas, Michael Frh. von ~ 7/51; Strunz, Georg Jakob ~ 9/599

Mares (ukrain. Mareš)
Marschall von Bieberstein, Friedrich August Frh. † 6/631

Margareten (seit 1850 zu Wien)
Scheu, Andreas * 8/616; Schreck, Adam * 9/132

Margarethenhöhe (Essen)
Metzendorf, Georg ~ 7/91
Marggrabowa → Treuburg
Marggrafen (lett. Mērsrags)
Boehlendorff, Casimir Ulrich † 1/615
Margonin (Polen)
Schocken, Salmann * 9/74
Margreid (italien. Magrè)
Grieninger, August(in) * 4/162
Maria-Einsiedel (Gem. Thalkirchen, seit 1900 zu München)
Kunz, Adam † 6/171
Maria Enzersdorf am Gebirge (Niederösterreich)
Braun, Ernst (Vincenz) † 2/80; Duczynska, Ilona * 2/632; Gregorig, Josef † 4/149; Lenz, Alfred Edler von ~ 6/323; Mayerhofer, Elfie † 7/12; Peyfuss, Karl Johann ~ 7/632; Riemerschmid, Werner * 8/303; Schebesta, Paul (Joachim) ~ 8/578; Weigel, Hans † 10/386
Maria Hamikolt
Pösl, Friedrich von ~ 8/15
Maria Kulm (tschech. Chlum nad Ohří)
Bergmann, Josef ~ 1/451
Maria Laach (Gem. Glees)
Adenauer, Konrad (Hermann Joseph) ~ 1/35; Anderledy, Anton Maria ~ 1/123; Aschenbrenner, Johann Baptist ~ 1/203; Baumgartner, Alexander ~ 1/346; Baur, Benedikt ~ 1/349; Baur, Renward ~ 1/352; Benzler, Willibrord ~ 1/433; Bogler, Theodor ~ 1/641; Butzbach, Johannes † 2/260; Cathrein, Victor ~ 2/297; Cornely, Rudolf Karl Josef ~ 2/375; Deharbe, Joseph (Gervais) † 2/467; Dold, Alban ~ 2/585; Dunin-Borkowski, (Zbigniew) Stanislaus (Martin) Graf ~ 2/652; Ebel, Basilius ~/† 2/664; Epping, Joseph ~ 3/133; Fäh, Jakob ~ 3/216; Gruber, Hermann ~ 4/206; Haan, Heinrich (Aloys Hubert Anton Franz Xaver) ~ 4/283; Hammerstein, Ludwig Frh. von ~ 4/363; Hatzfeld, Adolf (Franz Iwan) von ~ 4/433; Heinrich II., Graf von Laach, Pfalzgraf (bei Rhein) † 4/532; Herwegen, Ildefons ~/† 4/656; Hummelauer, Franz von ~ 5/226; Knabenbauer, Joseph ~ 5/611; Kreiten, Wilhelm ~ 6/93; Lehmkuhl, Augustin(us) ~ 6/298; Meyer, Theodor ~ 7/110; Mohlberg, Kunibert † 7/180; Mohr, Joseph ~ 7/183; Pesch, Tilmann ~ 7/607; Rieß, (Joseph) Florian ~ 8/307; Schneemann, Gerhard ~ 9/48; Schott, Anselm ~/† 9/119; Wolter, Placidus ~ 10/585
Maria Lankowitz (Steiermark)
Gauby, Josef * 3/583; Reinisch, Leo (Simon) † 8/225
Maria Loretto (Kärnten)
Orsini und Rosenberg, Felix Graf von * 7/507
Maria Medingen
Ebner, Margarethe ~/† 3/1; Tauler, Johannes ~ 9/664
Maria Plain (Gem. Bergheim, Salzburg)
Böckhn, Placidus von ~ 1/609; Deixlberger, Innozenz ~ 2/473; Gaelle, Meingosus ~/† 3/553; Kuenburg, Maximilian Gandolf Reichsgraf von ~ 6/150; Schmidt, Martin Johann ~ 9/15
Maria-Rain (Gem. Mittelberg, seit 1974 zu Oy-Mittelberg)
Riefler, Sigmund * 8/295
Maria Saal (Kärnten)
Bernhard, Thomas ~ 1/468; Harrach zu Rohrau, Ernst Adalbert Frh. von ~ 4/394; Röttel, Johannes ~ 8/364; Unrest, Jakob ~ 10/157; Welwitsch, Friedrich * 10/430
Maria Schmolln (Oberösterreich)
Reiter, Johann Maria † 8/234
Maria Schutz (Gem. Schottwien, Niederösterreich)
Gessner, Adrienne * 3/667; Thommen, Achilles † 10/21
Maria Taferl (Niederösterreich)
Albrechtsberger, Johann Georg ~ 1/84; Weißenbach, Egon ~ 10/413
Maria-Theresiopel (Subotica)
Gerö, Josef * 3/653
Mariabrunn (Gem. Halbergmoos)
Ullmann, Regina ~ 10/137
Mariabrunn (Kloster, bei Landstraß, slowen. Kostanjevica)
Bernhard II., Herzog von Kärnten ~ 1/465

Mariabrunn (seit 1938 zu Wien)
Abraham a Sancta Clara ~ 1/12; Berenger, (Joseph Maria) Adolf von ~ 1/437; Breitenlohner, Jakob ~ 2/102; Breymann, Karl ~/† 2/129; Dimitz, Ludwig ~ 2/549; Exner, Wilhelm (Johann Franz) ~ 3/201; Feistmantel, Rudolf Ritter von ~ 3/253; Grabner, Leopold ~ 4/117; Höhnel, Franz Ritter von ~ 5/93; Janka, Gabriel ~ 5/300; Lorenz von Liburnau, Heinrich ~ 6/474; Marchet, Gustav ~ 6/606; Micklitz, Robert ~ 7/128; Moeller, Joseph ~ 7/169; Newald, Johann ~ 7/396; Oser, Johann ~ 7/511; Pfeiffer von Forstheim, Johann ~ 7/643; Ressel, Josef (Ludwig Franz) ~ 8/249; Schiffel, Adalbert ~ 8/631; Schlesinger, Josef ~ 8/670; Schmirger, Johann ~ 9/28; Simony, Oskar ~ 9/336; Swoboda, Heinrich ~ 9/642; Tschermak, Leo ~ 10/105; Wiesner, Julius Ritter von ~ 10/491; Winkler, Georg Johann Edler von Brückenbrandt ~/† 10/529; Zötl, Gottlieb von ~ 10/686
Mariagrün (Gem. Graz)
Krafft-Ebing, Richard (Fridolin Joseph) Frh. von † 6/64
Mariagrün (Graz)
Königer, Veit ~ 5/664
Mariahalden (Gem. Erlenbach, Kt. Zürich)
Benzel-Sternau, (Karl) Christian Ernst Graf von † 1/431
Mariahilf (Passau)
Pell, Georg ~ 7/591; Prokop von Templin ~ 8/78
Mariahilf (seit 1850 zu Wien)
Hauzinger, Josef ~ 4/456; Raimund, Ferdinand (Jakob) * 8/127
Mariahöfchen (Kr. Breslau)
Krolik, Martin * 6/113
Mariahof (Steiermark)
Hanf, Blasius ~/† 4/368; Hermann, Benedikt Franz Johann * 4/625
Mariampol (litauisch Marjampole)
Rubiner, Fri(e)da * 8/432
Marianhill (Republik Südafrika)
Pfanner, Franz ~ 7/635; Schölzig, Amandus ~ 9/79
Marianská Hora → Marienberg
Mariánské Lázně → Marienbad
Mariaort (Gem. Pettendorf)
Ortmann, Benno * 7/509
Mariapfarr (Salzburg)
Konrad I., Erzbischof von Salzburg † 6/30; Schitter, Balthasar * 8/651
Mariaposching
siehe auch *Loham*
Federl, Johann * 3/242
Mariaschein (tschech. Bohosudov, heute zu Krupka)
Braun, Karl ~ 2/83; Kern, Anton ~ 5/510; Laufberger, Ferdinand ~ 6/267; Oberkamp, Rudolf Frh. von ~ 7/453; Schneider, Ferdinand Josef * 9/52
Mariastern (Kloster, bei Banja Luka)
Pfanner, Franz ~ 7/635
Mariawald (Heimbach, Kr. Düren)
Pfanner, Franz ~ 7/635
Mariazell (Steiermark)
Abel, Heinrich ~ 1/5; Dimmel, Herbert ~ 2/549; Frass, Rudolf ~ 3/417; Jahn, Gustav ~ 5/291; Känischbauer von Hohenried, Johann Baptist ~ 5/396; Macher, Matthias ~ 6/551; Maischberger, Thomas * 6/574; Preindl, Joseph ~ 8/58; Prokop von Templin ~ 8/78; Rinna von Sarenbach, Ernst ~ 8/319; Schlitpacher von Weilheim, Johann ~ 8/680; Würth, Ignaz Sebastian von ~ 10/594
Maribo
Ulfeldt, Leonora Christina † 10/134
Maribor (dt. Marburg, Slowenien)
Bienenstein, Karl ~ 1/521; Carneri, Bartholomäus von † 2/284; Dolezalek, Carl (Borromäus) * 2/586; Fuchs, Johann * 3/519; Glowacki, Sylvia ~ 4/35; Hackl, Gabriel * 4/298; Heim, Wilhelm * 4/501; Herzfeld-Link, Rosa (Babette) ~ 4/662; Hibler-Lebmannsport, Leo Nikolaus ~ 5/28; Homma, Hans ~ 5/164; John, Friedrich † 5/355; Kaup, Ignaz ~ 5/476; Keil, Franz † 5/485; Kernstock, Ottokar * 5/514; Kneidinger, Marie ~ 5/618; Kyser, Karl

~ 6/185; Matzak, Franz ~ 6/665; Mayerhofer, Elfie * 7/12; Meddlhammer, Albin von * 7/22; Mell, Max * 7/53; Murr, Josef ~ 7/314; Muster, Wilhelm ~ 7/318; Natzler, Leopold ~ 7/345; Neupauer, Franz Xaver von * 7/391; Ott, Josef Friedrich Frh. von ~ 7/524; Pascher, Johann ~/† 7/567; Pohl, Max ~ 8/19; Pohler, Armand ~ 8/20; Puff, Rudolf Gustav ~/† 8/90; Rast, Ferdinand Gregor Frh. von ~/† 8/147; Regelsberger, (Johann) Christoph ~ 8/184; Schenzl, Guido (Johann) ~ 8/608; Schönherr, Max * 9/96; Schoy, Johann Jakob * 9/124; Seiller, Johann Kaspar * 9/272; Stolz, Robert ~ 9/555; Stundl, Theodor * 9/615; Svoboda, Adalbert Victor ~ 9/640; Tegetthoff, Wilhelm Frh. von * 9/668; Triebnigg, Heinrich * 10/87; Urban, Johann * 10/165; Wayß, Gustav Adolf ~ 10/348; Weinhandl, Margarete ~ 10/396; Weiss, Amalie * 10/406; Wittenbauer, Ferdinand * 10/546

Marienau (Gem. Coppenbrügge)
Johannes von Hildesheim ~/† 5/353

Marienau (Großer Werder)
Margenau, Johannes * 6/615; Nikel, Emil ~ 7/417

Marienbad (Kloster, bei Nürnberg)
Groß, Erhart ~ 4/190

Marienbad (Rosenheim)
Göring, Hermann (Wilhelm) * 4/57

Marienbad (tschech. Mariánské Lázně)
Basch, Samuel Siegfried Karl Ritter von ~ 1/312; Diamant, Moritz † 2/510; Friese, Carl ~ 3/485; Fritzsche, Hermann Traugott † 3/498; Frühling, August † 3/515; Germann, Heinrich Friedrich † 3/652; Goethe, Johann Wolfgang von ~ 4/64; Gurschner, Gustav ~ 4/265; Hammerschmidt, Ernst * 4/362; Heidler von Heilborn, Karl ~ 4/493; Hellmesberger, Ferdinand ~ 4/567; Hollaender, Victor ~ 5/150; Kadelburg, Heinrich † 5/393; Kalischer, Salomon † 5/413; Kisch, Enoch Heinrich ~/† 5/558; Knöchel, Franz ~ 5/625; Laska, Julius ~ 6/255; Lautenburg, Sigmund † 6/271; Lessing, Theodor ~/† 6/347; Levetzow, Ulrike von ~ 6/358; Lucka, Samuel Benedikt ~ 6/492; Nebehay, Gustav † 7/353; Nehr, Johann Joseph ~/† 7/359; Ortner, Hermann Heinz ~ 7/510; Ottmann, Marie ~ 7/527; Puluj, Johann ~ 8/90; Reitenberger, Kaspar Karl ~ 8/233; Rubritius, Hans ~ 8/433; Schneidawind, Franz Josef (Adolph) † 9/49; Schnellar, Hans ~ 9/62; Schram, August † 9/126; Schreiber, Alfred ~ 9/134; Struve, (Friedrich Adolph) August ~ 9/599; Stubner, Herbert * 9/603; Tandler, Max ~ 9/654; Wanka, Maria Julia ~ 10/330; Zahn, Albert von † 10/613; Zauper, Stanislaus ~ 10/624; Zerritsch, Fritz ~ 10/646; Zörkendörfer, Karl */~ 10/685; Zörkendörfer, Walter ~ 10/685

Marienberg (Boppard)
Brentano, Franz (Clemens Honoratus Hermann Josef) * 2/117

Marienberg (Festung, Würzburg)
Riemenschneider, Tilman ~ 8/301

Marienberg (Güns, Ungarn)
Gutolf von Heiligenkreuz ~ 4/272

Marienberg (italien. Monte Maria, Gem. Mals)
Goswin von Marienberg ~/† 4/102; Gschwari, Georg ~ 4/231; Isingrim, Abt von Ottobeuren ~ 5/263; Jäger, Albert ~ 5/282; Ortwein, Magnus ~ 7/510; Weber, Beda ~ 10/350; Wiehe, Ernst ~ 10/482; Zingerle, Pius ~/† 10/674

Marienberg (Mittlerer Erzgebirgskreis)
Ackermann, Hans ~ 1/20; Bartzsch, Karl Friedrich ~ 1/311; Biedermann, (Gustav) Woldemar Frh. von * 1/518; Gartner, Andreas ~ 3/575; Heune, Johannes ~ 5/9; Heyser, Christian ~ 5/28; Huppert, Karl Hugo * 5/230; Just, Eduard Alexander * 5/387; Krille, Otto Moritz ~ 6/107; Offermann, Friedrich ~ 7/486; Pohle, David * 8/20; Richter, Andreas * 8/275; Rivius, Johann d. Ä. ~ 8/337; Rülein von Calw, Ulrich ~ 8/452; Trebra, Friedrich Wilhelm (Heinrich) von ~ 10/77

Marienberg (tschech. Marianská Hora)
Criginger, Johannes ~/† 2/400

Marienborn (Gem. Eckartshausen, seit 1972 zu Büdingen)
Miller, John Henry ~ 7/142; Müller, (Gottfried) Polycarp ~ 7/279; Oldendorp, Christian Georg Andreas ~ 7/486; Schrautenbach, Ludwig Carl Frh. von ~ 9/132; Zinzendorf und Pottendorf, Nikolaus Ludwig Reichsgraf von ~ 10/678

Marienburg (bei Nordstemmen)
Ernst August, Prinz von Hannover, Herzog zu Braunschweig und Lüneburg ~/† 3/159; Viktoria Luise, Herzogin von Braunschweig-Lüneburg ~ 10/210

Marienburg (lett. Aluksne)
Glück, Ernst (Johann) ~ 4/37; Goswin von Herike ~ 4/102

Marienburg (rumän. Feldioara, ungar. Földvar)
Marienburg, Lukas Joseph † 6/623; Weiß, Michael ~/† 10/410

Marienburg (Westpr.) (poln. Malbork)
Auer, Ludwig Kasimir von ~ 1/214; Auerswald, Rudolf (Ludwig Cäsar) von ~ 1/218; Baysen, Hans von ~/† 1/361; Baysen, Stibor von ~ 1/361; Beck, Jakob Sigismund * 1/370; Boockmann, Hartmut * 11/28; Cosack, Karl Johann * 2/381; Dohna, Fabian Burggraf zu ~ 2/583; Ebel, Friedrich ~ 2/664; Echtermeyer, Theodor ~ 3/5; Ellrichshausen, Konrad von ~/† 3/92; Ellrichshausen, Ludwig von ~ 3/93; Fellenstein, Niclaus ~ 3/259; Galinski, Heinz * 3/561; Genzmer, Felix (Stephan Hermann) * 3/625; Genzmer, Stephan ~ 3/626; Gersdorff, Carl August von */~/† 3/655; Gilly, Friedrich (David) ~ 4/10; Goltz, Stanislaus August Graf von der ~ 4/94; Gottfried von Hohenlohe, Hochmeister des Deutschen Ordens ~ 4/104; Hayduck, Friedrich * 4/461; Heidt, Eduard Friedrich ~ 4/493; Heinrich von Pfalzpaint ~ 4/540; Hermann von Wartberge ~ 4/625; Jachmann, Reinhold Bernhard ~ 5/270; John, Friedrich * 5/355; Kamke, Erich * 5/419; Karl von Trier, Hochmeister des Deutschen Ordens ~ 5/443; Kniprode, Winrich von ~/† 5/622; Köhler, (Christian) Louis (Heinrich) ~ 5/652; Kolbe, Carl Wilhelm d. J. ~ 6/12; Konrad Zöllner von Rotenstein, Hochmeister des Deutschen Ordens † 6/26; Konrad von Jungingen, Hochmeister des Deutschen Ordens † 6/27; Krauskopf, Bruno * 6/83; Kröger, Timm ~ 6/110; Krüger, Adalbert * 6/120; Lander von Spanheim, Siegfried ~ 6/216; Legien, Carl * 6/290; Oetken, August (Heinrich Hermann) ~ 7/474; Orseln, Werner von ~/† 7/506; Paul von Rusdorf, Hochmeister des Deutschen Ordens † 7/572; Rindfleisch, Walter * 8/314; Rosenbach, Johann Bartman von ~ 8/390; Rundt, Karl Ludwig ~ 8/466; Rusdorf, Paul von † 8/475; Schmid, Bernhard ~ 8/699; Schön, (Heinrich) Theodor von ~ 9/82; Schreiber, Ottomar * 9/136; Siegfried von Feuchtwangen, Hochmeister des Deutschen Ordens ~ 9/312; Spahn, Martin * 9/382; Spahn, Peter ~ 9/382; Steinbrecht, Conrad (Emanuel) ~/† 9/486; Stephan, (Ernst) Heinrich (Wilhelm) von ~ 9/509; Störmer, Urban * 9/546; Welter, Michael ~ 10/428; Zehmen, Achatius von ~ 10/629; Zöllner von Rotenstein, Konrad † 10/685

Mariendorf
Plate, Roderich * 7/687; Roelen, Wilhelm * 8/352

Marieney (seit 1994 zu Mühlental, Vogtlandkreis)
Mosen, Julius * 7/222; Zürner, Adam Friedrich * 10/699

Marienfeld (Kloster)
Hermann II. von Katzenelnbogen, Bischof von Münster ~/† 4/622; Koerbecke, Johann ~ 5/669; Müller, Johann Patroklus ~ 7/269; Wenge, Franz Ferdinand Frh. von ~ 10/435

Marienfelde (seit 1920 zu Berlin)
Avé-Lallemant, Friedrich Christian Benedikt † 1/227

Mariengarten (Gem. Dramfeld, seit 1973 zu Rosdorf, Kr. Göttingen)
Cortrejus, Adam * 2/379

Marienhafe
Fabricius, Johannes † 3/214; Schomerus, Christoph Bernhard * 9/112

Marienhagen (seit 1974 zu Vöhl)
Heimig, Walther ~ 4/505

Marienhausen (Gem. Sande)
Beseler, Wilhelm Hartwig * 1/491

Marienhausen (Rüdesheim am Rhein)
Müller, Matthäus † 7/277
Marienheide
siehe auch *Kotthausen, Schöneborn*
Müller, Edmund Josef * 7/252; Müller-Marein, Josef * 7/289
Marienhof (Mecklenburg)
Behrens, Franz * 1/401; Bronsart von Schellendorf, Walter † 2/146
Marienhoff
Voigt-Diederichs, Helene * 10/239
Mariensee
Hölty, Ludwig Christoph Heinrich * 5/96
Marienstatt
Willi, Dominikus ~ 10/512
Marienstern
Bernhard von Kamenz, Bischof von Meißen ~ 1/465
Mariental (Luxemburg)
Hermann, Bruder ~ 4/623
Marienthal (Geisenheim)
Biel, Gabriel ~ 1/519
Marienthal (Gem. Schweina, Wartburgkreis)
Fröbel, Friedrich (Wilhelm August) † 3/500
Marienthal (Hamminkeln)
Scharff, Edwin ~ 8/568
Marienthal (Kr. Helmstedt)
Botsack, Bartholomäus ~ 2/47; Brückmann, Franz Ernst * 2/153; Cellarius, Balthasar ~ 2/300; Müller-Lenhartz, Wilhelm * 7/288; Pott, David Julius ~ 8/46; Rhode, Johann Gottlieb ~ 8/269; Ribbentrop, Friedrich (Wilhelm Christian Johann) von * 8/270; Velthusen, Johann Kaspar ~ 10/193
Marienthal (Niederösterreich)
Lang, Eduard ~ 6/223; Tedesco, Herman ~ 9/668
Marienthal (Oberlausitz)
Gareis, Anton Johann * 3/574; Gareis, (Johann) Franz (Peter Paul) * 3/574; Seibt, Karl Heinrich * 9/265; Sontag, Nina ~/† 9/376
Marienthal (Weimar)
Wilmowsky, Tilo von ~ 10/515
Marienwerder (Kr. Barnim)
Ernest, Gustav ~ 3/157; Lahr, Rolf * 6/199
Marienwerder (poln. Kwidzyn)
Alberti, Karl Edmund Robert ~ 1/70; Auerswald, Hans Adolf Erdmann von * 1/218; Balk(e), Hermann ~ 1/276; Berdau, Johann Christoph ~/† 1/435; Blau, Bruno * 11/23; Bludau, Augustinus ~ 1/579; Bock, Ignatius Friedrich Raphael * 1/595; Bock, Karl Gottlieb ~ 1/595; Bötticher, Clarissa Johanna ~ 1/639; Brauweiler, Roland Heinrich Wilhelm ~ 2/91; Cohn, Gustav * 11/40; Conitzer, Alfred ~ 2/362; Daude, Paul ~ 2/449; Dechend, Hermann (Friedrich Alexander) von * 2/456; Delbrück, Berthold ~ 2/474; Dietrich, Eduard (Karl Robert Ludwig) ~ 2/535; Dohna zu Schlobitten, (Friedrich Ferdinand) Alexander Graf ~ 2/583; Dorothea von Montau ~/† 2/600; Draconites, Johannes ~ 2/605; Eulenburg, Botho Heinrich Graf zu ~ 3/190; Feyerabend, Ernst * 3/282; Flottwell, Eduard Heinrich von ~ 3/355; Genzmer, Alfred * 3/625; Genzmer, Erich (Stefan Hermann) * 3/625; Genzmer, Stephan */~ 3/626; Giseke, (Heinrich Ludwig) Robert * 4/16; Graff, Eberhard (Gottlieb) ~ 4/130; Groeben, Otto Friedrich von der ~/† 4/178; Grolmann, Wilhelm Heinrich von ~ 4/184; Gütt, Arthur * 4/248; Gütt, Dieter * 4/248; Haenisch, Natalie * 4/310; Heidenhain, Rudolf (Peter Heinrich) * 4/489; Hippel, Theodor Gottlieb von ~ 5/59; Johann III. Mewe von Heilsberg, Bischof von Pomesanien † 5/344; Johann von Marienwerder */~/† 5/349; Kanter, Johann Jakob ~ 5/427; Kinsky, Georg Ludwig ~ 5/543; Koch, Christian Friedrich ~ 5/638; Köhler, Karl ~ 5/651; Kolbe, Ernst * 6/12; Kolbielski, Karl ~ 6/14; Kossak, (Karl Ludwig) Ernst * 6/52; Kühn, Walter ~ 6/145; Ladenberg, Philipp von ~ 6/192; Lehrs, Karl ~ 6/301; Lenz, Harald Othmar ~ 6/324; Lindemann, Gustav ~ 6/401; Lisco, Hermann ~ 6/422; Martiny, Benno ~ 6/641; Mathy, Ignaz Anton Stanislaus von ~ 6/655; Neigebaur, (Johann Daniel)

Ferdinand ~ 11/135; Neumann, Hermann Kunibert * 7/384; Oldenburg-Januschau, Elard von † 7/486; Paul von Rusdorf, Hochmeister des Deutschen Ordens ~ 7/572; Räuber, Wilhelm Carl * 8/122; Rosenfeld, Kurt * 8/396; Rosenfeld, Siegfried * 8/396; Salzmann, Max ~ 8/507; Scheffner, Johann George ~ 8/585; Schmidt, (Heinrich) Julian (Aurel) * 9/13; Schnaase, Carl (Julius Ferdinand) ~ 9/42; Schülke, Albert (Martin Wilhelm) * 9/170; Schulte, Marcel ~ 9/186; Schumacher, Bruno ~ 9/202; Speratus, Paul(us) ~/† 9/396; Tgahrt, Erich * 9/685; Töppen, Max Pollux ~ 10/58; Weber, Adelheid * 10/348; Ziehm, Ernst (Bruno Victor) ~ 10/657; Zimmer, Alois ~ 10/663
Marignane (Frankreich)
Langfelder, Helmut † 6/244
Marignano (Italien)
Schiner, Matthäus ~ 8/645; Schodelor, Wern(h)er d. Ä. ~ 9/74
Marignolle (Italien)
Geyger, Ernst Moritz † 3/673
Marimond
Prielmair von Priel, Korbinian Frh. von † 8/69
Marin-Epagnier (Kt. Neuenburg)
Schmid, Emil † 8/700
Marino (Italien)
Bergler, Joseph d. J. ~ 1/449
Marjampole → Mariampol
Mark (Hamm, Westf.)
Siemsen, Anna * 9/319; Siemsen, August * 9/319; Siemsen, Hans * 9/320; Siemsen, Karl * 9/320
Markdorf
Gretser, Jakob * 4/158; Heggelin, Ignaz Valentin * 4/483
Markersdorf (Niederschlesischer Oberlausitzkreis) → Deutsch-Paulsdorf, Friedersdorf, Gersdorf
Markersdorf (seit 1919 zu Chemnitz)
Jeremias, Alfred * 5/323
Markershausen (seit 1970 zu Herleshausen)
Doemling, Johann Josef * 2/574
Markgröningen
siehe auch *Unterriexingen*
Burk, Philipp David ~ 2/242; Gaum, Johann Ferdinand ~ 3/585; Gaupp, Gustav * 3/586; Grüninger, Johann * 4/217; Grüninger, Markus Reinhard * 4/217; Heyd, Ludwig Friedrich ~/† 5/15; Heyd, Wilhelm von * 5/16; Magenau, Rudolf Friedrich Heinrich von */~ 6/560; Rohrbach, Jäcklin ~ 8/371; Ulrich III., Graf von Württemberg ~ 10/143
Markkleeberg
siehe auch *Gaschwitz, Gautzsch, Großstädteln, Wachau*
Bentlage, Margarete zur ~ 1/429; Lambertz, Maximilian † 6/204; Rauch, Karl * 8/159; Volz, Wilhelm (Theodor August Hermann) † 10/252; Weißbach, Franz Heinrich † 10/411
Marklissa (poln. Leśna)
Wieder, Joachim * 10/480
Markneukirchen
Harlan, Peter ~ 4/388; Meinel, August * 7/34
Markowice → Markowitz (Bez. Bromberg)
Markowitz (Bez. Bromberg) (poln. Markowice)
Wilamowitz-Moellendorff, Ulrich von * 10/494
Markranstädt
siehe auch *Quesitz, Schkölen*
Harnisch, Matthäus * 4/393; Karg-Elert, Sigfrid Theodor ~ 5/435; Lange, Victor * 11/117; Most, Otto * 7/231; Schumann, Victor * 9/208
Marksburg (zu Braubach)
Ebhardt, Bodo (Heinrich Justus) † 2/681
Marksuhl → Schloß Wilhelmsthal
Markt-Alvensleben
Döring, Karl August * 2/577
Markt Bibart
Haupt, Herman * 4/443
Markt Einersheim
Eisenhut, Johann Simon */† 3/71; Hellmuth, Otto * 4/568

Marterbüschel (Gem. Pockau)
Lorenz, Hermann ~/† 6/472
Marthahütte (bei Kattowitz/Katowice)
Monden, Herbert * 7/197
Marthalen (Kt. Zürich)
Diessenhofen, Johann Truchseß von ~ 2/525
Martinov → Martnau
Martinroda
Schneider, Christian Wilhelm * 9/50
Martinskirchen (Kr. Elbe-Elster)
Graefe, Alfred (Karl) * 4/121
Martinsried
Lux, Hans Dieter ~ 6/541; Lynen, Feodor (Felix Konrad) ~ 6/544
Martirano (Prov. Catanzaro)
Heinrich (VII.), deutscher König, König von Sizilien † 4/521
Martnau (tschech. Martinov, heute Wilkowitz/Vlkovice)
Watzka, Maximilian * 10/347
Marutendorf (seit 1928 zu Achterwehr)
Stein, Anna * 9/474
Marwede (Gem. Scharnhorst, Kr. Celle)
Brese, Wilhelm ~ 2/119
Marwice → Marwitz
Marwitz (Mecklenburg)
Waterstradt, Franz * 10/344
Marwitz (poln. Marwice)
Cranz, August Friedrich * 2/394
Marxheim → Graisbach, Schweinspoint
Marxzell → Frauenalb
Marzling → Hangenham
Masans (Kt. Graubünden)
Jörger, Johann Joseph ~ 5/336
Masein (Kt. Graubünden)
Feldscher, Peter Anton */† 3/257
Maselheim → Laupertshausen
Massagno (Kt. Tessin)
Bô Yin Râ ~/† 1/591; Saager, Adolf † 8/483
Massaua (Massawa, Eritrea)
Haggenmacher, (Gustav) Adolf ~ 4/326; Hemprich, Friedrich Wilhelm † 4/580
Massaunen (poln. Masuny)
Gamp, Karl Frh. von * 3/567
Maßbach → Poppenlauer
Massen (seit 1968 zu Unna)
Rosterg, August * 8/408
Massenbach (seit 1971 zu Schwaigern)
Franck, Albert (Heinrich Rudolf) * 3/388; Massenbach, Christian Frh. von ~ 6/651
Masserberg
Brass, Otto † 2/74
Maßfeld
Rasche, Johann Christoph † 8/144
Massing (Kr. Rottal-Inn)
Hummel, Maria Innocentia */~ 5/225
Massow (poln. Maszewo)
Croy, Ernst Bogislaw Herzog von ~ 2/405
Masuny → Massaunen
Maszewo → Massow
Matelica (Italien)
Vogel, Joseph Anton ~ 10/227
Mątowy Wielkie → Groß-Montau
Matrei am Brenner (Tirol)
Altenweisel, Josef † 1/99; Burger, Franz * 2/236; Eisenstecken, Josef * 3/74; Liebener von Monte Cristallo, Leonhard ~ 6/379; Lott, Julius ~ 6/482; Rapp, Josef * 8/142; Stolz, Josef * 9/555; Türing, Niklas d. J. ~ 10/114
Matrei in Osttirol (bis 1921 Windisch Matrei, 1938-45 Matrei am Großvenediger)
Bergler, Joseph d. Ä. * 1/449; Kobald, Engelbert * 5/634; Kürschner, Joseph † 6/153; Mattersberger, Joseph * 6/658; Rainer, Virgil */~ 8/128; Stampfer, Simon von * 9/445; Zeiller, Franz Anton ~ 10/631

Matt (Kt. Glarus)
Boltz, Valentin ~ 2/12
Mattenzell (Gem. Zell, Kr. Cham)
Fuchs, Johann Nepomuk von * 3/519
Mattersburg (bis 1924 Mattersdorf, Burgenland)
Beer, Peter ~ 1/390; Berger von der Pleiße, Johann Frh. * 1/447; Chorin, Aaron Ben Kalman ~ 2/313; Kitaibel, Paul * 5/560; Pollak, Heinrich * 8/26
Mattersdorf → Mattersburg
Mattighofen (Oberösterreich)
Frauscher, Moritz * 3/419; Gerzer, Oskar * 3/664; Hittmair, Anton * 5/75; Hittmair, Rudolf * 5/75; Joseph Maria, Graf von Thun-Hohenstein, Bischof von Passau † 5/367; Rechberger, Augustin ~ 8/172
Mattsee (Salzburg)
Berg, Karl † 11/17; Breitner, Anton ~/† 2/107; Breitner, Burghard * 2/107; Diabelli, Anton * 2/510; Engilbert, Bischof von Passau ~ 3/125; Halter, Josef ~ 4/354; Pfest, Leopold Ladislaus ~ 7/645; Pichler, Anton ~ 7/661; Radnitzky, (Wenzel) August ~/† 8/117; Sattler, Johann Michael † 8/524; Tröster, Johannes ~ 10/93
Matupit (Neuguinea)
Kubary, Johann Stanislaus ~ 6/135
Matzdorf → Motzdorf
Matzdorf (poln. Maciejowiec)
Natzmer, (Leopold Anton) Oldwig von † 7/346
Matzen (Niederösterreich)
Neusser, Hans Lothar Josef * 7/394; Seyringer, Nikolaus * 9/300
Matzenbach (Kr. Kusel)
Leppla, August * 6/336
Matzendorf (Kt. Solothurn)
Eggenschwyler, (Urs) Pankraz * 3/27
Matzicken (litauisch Macikai)
Sudermann, Hermann * 9/624
Matzing (Niederbayern)
Matzinger, Sebastian * 6/666
Matzingen (Kt. Thurgau)
Bornhauser, Thomas ~ 2/35
Matzleinsdorf (Niederösterreich)
Dietrich, Josef ~/† 2/536; Kainz, Josef (Gottfried Ignaz) ~ 5/404
Maubeuge (Frankreich)
Duka von Kadar, Peter Frh. von ~ 2/646
Maubuisson (Frankreich)
Louise, Pfalzgräfin bei Rhein ~/† 6/487
Mauchenheim
Fitting, (Heinrich) Hermann * 3/333
Mauer (seit 1892 bzw. 1938 zu Wien)
Baumgärtel, Karl Emmerich * 1/341; Hörbiger, Hanns † 5/101; Kapp, Gisbert * 5/430; Kappel von Savenau, Vincenz Ludwig Frh. * 5/431; Knöfler, Heinrich * 5/626; La Jana * 6/201; Mallmann, Josef Ritter von † 6/580; Oelzelt von Newin, Anton d. Ä. * 7/468; Scheda, Josef Ritter von * 8/579; Schreyvogl, Friedrich * 9/143; Winkelmann, Hermann * 10/527
Mauer-Öhling (Niederösterreich)
Druskowitz, Helene von ~/† 2/628
Mauerbach (Niederösterreich)
Konrad von Haimburg ~ 6/33; Rinna von Sarenbach, Ernst ~ 8/319
Mauerkirchen (Oberösterreich)
Jobst, Carl * 5/331; Mayrhofer, Bernhard ~ 7/17; Vierthaler, Franz Michael * 10/207
Mauern (Kr. Freising)
Hartig, Michael * 4/400
Mauersberg (seit 1994 zu Großrückerswalde)
Mauersberger, Erhard * 6/667; Mauersberger, Rudolf * 6/667
Maulbronn
Abel, Jakob Friedrich von ~ 1/5; Bäumlein, Wilhelm Friedrich Ludwig von ~/† 1/266; Bardili, Christoph Gottfried ~ 1/294; Bidembach, Balthasar ~ 1/514; Bidembach, Felix ~ 1/514; Burk, Philipp David ~ 2/242; Denzel, Bernhard

Gottlieb von ~ 2/489; Diller, Michael ~ 2/547; Ernst, Viktor ~ 3/166; Fausel, Heinrich ~ 3/236; Geß, Wolfgang (Heinrich Christian) Friedrich ~ 3/666; Gundert, Hermann ~ 4/258; Hartmann, Julius von ~ 4/410; Hartmann, Richard ~ 4/413; Hegler, Alfred (Wilhelm) ~ 4/483; Herwegh, Georg (Friedrich Rudolf Theodor Andreas) ~ 4/656; Hesse, Hermann ~ 4/675; Hinderer, August ~ 5/53; Hochstetter, Johann Andreas ~ 5/82; Hölderlin, (Johann Christian) Friedrich ~ 5/94; Jäger, Johann Wolfgang ~ 5/284; Kepler, Johannes ~ 5/506; Kirn, Otto ~ 5/554; Knapp, Albert ~ 5/612; Köstlin, Heinrich Adolf ~ 5/677; Kurz, Hermann ~ 6/179; Laistner, Ludwig ~ 6/229; Lang, Wilhelm ~ 6/229; Memminger, Johann Daniel Georg von ~ 7/56; Mörike, Otto ~ 7/175; Mulberg, Johannes ~ 7/304; Nestle, (Christoph) Eberhard ~/† 7/367; Niethammer, (Ludwig) Albert (Julius) ~ 7/413; Osiander, Lukas d. J. ~ 7/512; Pauly, August Friedrich von ~ 7/581; Planck, Karl Christian ~/† 7/683; Rieger, Magdalena Sibylle * 8/297; Ritter, (Heinrich Gottlob) Konstantin ~ 8/331; Roos, Hans ~ 8/382; Schelling, (Dorothea) Caroline (Albertina) von † 8/596; Schmid, Rudolf von ~ 8/706; Schott von Schottenstein, Friedrich (Siegmund Johann Albert Karl) Frh. ~ 9/122; Sprenger, Balthasar ~ 9/419; Strauß, David Friedrich ~ 9/574; Vischer, Friedrich Theodor von ~ 10/215; Walz, Gustav Adolf ~ 10/326

Maulburg
Burte, Hermann * 2/247; Strübe, Adolf * 9/597

Mauna (seit 1994 zu Käbschütztal)
Hoffmann, (Immanuel Karl) Volkmar * 5/123

Maur (Kt. Zürich)
Herrliberger, David ~ 4/640; Kuhn, Werner * 6/161; Schulthess, Emil † 9/188

Mauren (Gem. Ehningen)
Dusch, Alexander Frh. von † 2/656

Maursmünster (frz. Marmoutier, Dép. Bas-Rhin)
Benedikt von Aniane ~ 1/419; Dietwin, Abt von Gorze ~ 2/539; Frey, Jacob ~/† 3/435; Gerber, Erasmus ~ 3/635

Mautern (Steiermark)
Innerkofler, Adolf ~ 5/256; Janauschek, Wilhelm Raphael ~ 5/298; Rösler, Augustin ~ 8/360

Mautern an der Donau (Niederösterreich)
Corner, David Gregor ~ 2/376; Kerner von Marilaun, Anton Ritter * 5/514; Riedel, Franz Xaver * 8/291; Waldeck, Heinrich Suso ~ 10/301

Mauterndorf (Salzburg)
Jocher, Wilhelm * 5/332; Michl, Leopold ~ 7/128

Mauth (tschech. Mýto)
Ambros, August Wilhelm * 1/112

Mauthausen (Oberösterreich)
Angermayer, Fred * 1/138; Dahlem, Franz ~ 2/428; Drexel, Joseph (Eduard) ~ 2/618; Eigruber, August ~ 3/60; Gabler, Leo ~ 3/549; Gerstmayr, Hans † 3/660; Grosse, Fritz (Willibald) ~ 4/194; Hammerstein-Equord, Hans (Baptist August Franz Seraph Placidus Maria) Frh. von ~ 4/363; Heller, Otto ~ 4/564; Hirsch, Otto ~/† 5/63; Hurdes, Felix ~ 5/231; Karwinsky, Carl Frh. von ~ 5/455; Kuttner, Erich ~/† 6/183; Der Laimbauer ~ 6/200; Leuschner, Bruno ~ 6/354; Mayer-Gunthof, Franz ~ 7/12; Migsch, Alfred ~ 7/135; Peltzer, Otto (Paul Eberhard) ~ 7/593; Plättner, Karl ~ 7/683; Poschacher, Anton */~/† 8/42; Poschacher, Marie Louise † 8/42; Rau, Heinrich ~ 8/155; Schiftan, Hans ~/† 8/632; Sindermann, Horst ~ 9/338; Starkenstein, Emil ~/† 9/453; Steinbrecher, Gustav ~/† 9/486; Streit, Josef ~ 9/582; Weinberger, Alois ~ 10/394; Werkgartner, Anton * 10/442

Mautitz (seit 1994 zu Riesa)
Marx, Erwin * 6/644

Maxen (Gem. Müglitztal)
Beyer, Moritz ~ 1/506; Lacy, Franz Moritz Graf von ~ 6/192; Langermann, Johann Gottfried * 6/243; Rebentisch, Johann Karl Frh. von ~ 8/169

Maxglan (seit 1935 zu Salzburg)
Fitzner, Rudolf † 3/333

Maxhütte-Haidhof
Fromm, Ernst Ritter von */~ 3/509; Lennings, Wilhelm * 6/321

Maxlrain (seit 1978 zu Tuntenhausen)
Arco-Zinneberg, Ludwig Graf von ~ 1/164; Püttner, Walter † 8/88

Mayen
Becher, Bruno ~/† 1/365; Boëmund I. von Warnesberg, Erzbischof von Trier ~ 1/629; Frank, Josef Maria * 3/400; Hauchecorne, (Heinrich Lambert) Wilhelm ~ 4/436; Jansen, Josef ~ 5/302; Lamberz, Werner * 6/204; Loeb, Jacques * 6/437; Müller-Bütow, Hedwig * 7/285; Runkel, Peter * 8/469; Schaufuß, Hans Herrmann ~ 8/576; Schütz, Ludwig * 9/179; Uller, Karl * 10/135

Mayerling (Niederösterreich)
Dehm, Ferdinand ~ 2/467; Gorup von Besánez, Ferdinand Johann Frh. ~ 4/100; Ricker, Anselm (Joseph) † 8/286; Rudolf Franz Karl Josef, Erzherzog von Österreich, Kronprinz ~/† 8/438; Schmalzhofer, Josef ~ 8/692

Maynooth (Irland)
Bewerunge, Heinrich ~/† 1/505; Esser, Thomas ~ 3/181

Mazsalaca → Salisburg

Mazutkehmen (Kr. Gumbinnen)
Heisrath, Friedrich * 4/551

McLean (Washington, USA)
Wallich, Heinrich Christoph † 10/312

Meadville (Pennsylvania, USA)
Benzinger, Immanuel (Gustav Adolf) ~ 1/432

Meaux (Dép. Seine-et-Marne, Frankreich)
Ancillon, David ~ 1/121

Mechelen → Mecheln

Mecheln (niederländ. Mechelen, frz. Malines, Belgien)
Adrichem, Christian ~ 1/47; Agrippa von Nettesheim ~ 1/55; Bernaerts, Johann */~/† 1/459; Bets, Johann * 1/498; Block, Wilhelm von dem * 1/577; Brugman, Johannes ~ 2/162; Clusius, Carolus ~ 2/347; Colin, Alexander */~ 2/356; Ferdinand I., Römischer König und Kaiser, König von Böhmen und Ungarn ~ 3/267; Frankenberg von Ludwigsdorf, Johann Heinrich (Ferdinand Joseph Johann Nepomuk) Graf von ~ 3/406; Heidanus, Caspar * 4/485; Heinrich von Xanten ~/† 4/542; Hogenberg, Franz ~ 5/136; Hogenberg, Nikolaus ~/† 5/136; Hogenberg, Remigius */† 5/136; Karl V., römisch-deutscher König und Kaiser, König von Spanien ~ 5/439; Kerens, Heinrich Johann von ~ 5/509; Margarethe, Erzherzogin von Österreich, Statthalterin der Niederlande ~/† 6/615; Meit, Conrad ~ 7/47; Monheim, Eberhard von ~ 7/198; Monte, Filippo di * 7/199; Obbergen, Antonius van * 7/451; Onghers, Oswald * 7/493; Schannat, Johann Friedrich ~ 8/563; Thurn und Taxis, Franz von ~ 10/31

Mechelroda
Gottschalg, Alexander Wilhelm * 4/110

Mechelsdorf (seit 1960 zu Bastorf)
Schuldt, Ewald * 9/182

Mecher (Luxemburg)
Reding, Marcel * 8/178

Mechernich
siehe auch *Floisdorf*
Kneip, Jakob † 5/618; Meyer, Adolf * 7/97; Weber, Adolf * 10/348

Mechowo → Zimmerhausen

Mechtern
Christianus, Johannes ~ 2/322

Mechtshausen (seit 1974 zu Seesen)
Busch, (Heinrich Christian) Wilhelm ~/† 2/250

Meckenbeuren → Buch

Meckenheim (Kr. Bad Dürkheim)
Scharf, Ludwig * 8/567

Meckenheim (Rhein-Sieg-Kreis)
Carstens, Karl † 2/289; Scheeben, Matthias Joseph * 8/580

Meckesheim
Bühler, Karl * 2/200

Medard
Glück, August * 4/36

Medebach
siehe auch *Glindfeld, Wissinghausen*
Bodelschwingh, Ernst (Albert Karl Wilhelm Ludwig) von †
1/601; Dörries, (Georg) Bernhard (Adolf) * 2/580; Hohoff,
Wilhelm * 5/143; Ritgen, Ferdinand (August Maria) Franz
von ~ 8/324; Ritter, Franz * 8/328

Medelby
Calixt, Georg * 2/266

Medford (Massachusetts, USA)
Wagner, Richard ~ 10/288

Medgyes → Mediasch

Mediaş → Mediasch

Mediasch (rumän. Mediaş, ungar. Medgyes)
Albrich, Martin */~ 1/84; Alemann, Wilhelm Frh. von *
1/86; Ballmann, Johann Michael */~/† 1/278; Brandsch,
Rudolf * 2/67; Dörschlag, Anna (Maria Friederike) *
2/580; Dörschlag, Carl ~ 2/580; Dolezalek, Carl Anton
Vincens * 2/586; Fay, Martin ~ 3/237; Grafius, Lukas ~
4/132; Haner, Georg ~ 4/368; Haner, Georg Jeremias ~
4/368; Hermann, David */~ 4/626; Heydendorff, Michael
Konrad */~/† 5/19; Ipsen, Carl * 5/258; Klöß, Hermann *
5/603; Meißner, Paul Traugott * 7/42; Oberth, Hermann
(Julius) ~ 7/457; Oberth, Julius */† 7/457; Roth, Stephan
Ludwig */~ 8/416; Scheiner, Andreas Gottlieb */~ 8/589;
Schesäus, Christian */~/† 8/616; Weiß, Michael * 10/410

Medina del Campo (Spanien)
Valencia, Gregor de * 10/177

Medingen
Brüning, Heinrich ~ 2/159; Höppler, Fritz ~/† 5/100

Medlingen → Obermedlingen

Medlov → Meedl

Mednicken (russ. Družnoe)
Kanitz, Hans (Wilhelm Alexander) Graf von * 5/424

Medow
Köpke, Friedrich Karl * 5/667

Medved'evo (Rußland)
Winkler, Konstantin (Georg Alexander) * 10/529

Meeburg (rumän. Beia, ungar. Homoródbene)
Binder, Johann * 1/531

Meeder
Forkel, Johann Nikolaus */~ 3/373; Nachtenhöfer, Kaspar
Friedrich ~ 7/326

Meedl (tschech. Medlov)
Schindler, Anton * 8/643

Meerane
Bilz, Friedrich Eduard ~ 11/21; Bochmann, Werner *
11/26; Friederici, Christian Ernst * 3/450; Geucke, Kurt *
3/670; Griebel, Otto * 4/161; Grübler, Martin (Fürchtegott)
* 4/209; Grundmann, Herbert * 4/224; Hofmann, Richard
* 5/132; Knauf, Erich * 5/615; Külz, Helmut * 6/148;
Meyer, (Christian) Friedrich ~ 7/102; Müller, Fritz Paul
* 7/259; Rein, Ernst ~ 11/162; Roberts, Ralph Arthur *
8/339; Schob, Franz * 9/71; Trömner, Ernst * 10/93

Meerbusch
siehe auch *Büderich, Lank*
Ulrich, Franz Heinrich † 10/145

Meerdorf (Gem. Wendeburg)
Knorr, Carl Heinrich * 5/629

Meersburg
Baumgartner, Johann Wolfgang ~ 1/347; Baumgartner,
Leopold ~ 1/347; Benz, Ernst (Wilhelm) † 1/430; Dalberg,
Carl Theodor von ~ 2/432; Droste-Hülshoff, Annette
von ~/† 2/624; Eberle, Robert * 2/674; Eckert, Erwin
~ 3/11; Felder, Franz Karl */~ 3/255; Feuchtmayer,
Joseph ~ 3/276; Fugger, Jakob Graf † 3/536; Göldlin
von Tiefenau, Franz Bernhard ~ 4/52; Henhöfer,
Aloysius ~ 4/583; Herder, Bartholomä ~ 4/610; Hirscher,
Johann Baptist von ~ 5/66; Hohenlandenberg, Hugo
von ~/† 5/138; Itzstein, Johann Adam von ~ 5/267;
Kauffmann, Angelica (Maria Anna Angelica Catarina)
~ 5/468; Lacher, Ambrosius * 6/189; Laßberg, Joseph
(Maria Christoph) Frh. von † 6/259; Locherer, Johann
Nepomuk ~ 6/434; Lochner, Stefan * 6/434; Luschka,
Hubert von ~ 6/532; Mätzler, Anton ~ 6/560; Mauthner,

Fritz ~ 6/672; Menz, Maria ~ 7/66; Merk, Walther *
7/72; Merk, Wilhelm * 7/72; Mesmer, Franz Anton ~/†
7/81; Mühldorfer, Josef * 7/240; Neumann, Balthasar ~
7/380; Rodt, Franz Konrad (Kasimir Ignaz) Reichsfreiherr
von * 8/346; Rodt, Maximilian Augustinus Christoph
Reichsfreiherr von † 8/346; Schücking, Levin ~ 9/168;
Schwarz, Berthold ~ 9/225; Stadelhofer, Emil ~ 9/427;
Walchner, Friedrich August * 10/298; Weiß, Emil Rudolf
† 10/407; Zimmermann, Reinhard Sebastian ~ 10/670

Meesow (poln. Mieszewo)
Dewitz, Johann-Georg von * 2/509

Meffersdorf (poln. Unięcice)
Gersdorff, Adolf Traugott von † 3/655

Mégève (Savoyen)
Muffat, Georg * 7/303

Meggen (Kt. Luzern)
Gros, Jacques † 4/188; Hofer, Fridolin * 5/109; Ingrim,
Robert ~ 5/256; Scherer, Maria Theresia * 8/610; Zahn,
Ernst † 10/614

Meggen (seit 1969 zu Lennestadt)
Hennecke, Adolf */~ 4/589; Peters, Albert * 7/615; Weber,
Wilhelm * 10/363

Mehedorf (seit 1974 zu Bremervörde)
Findorff, Jürgen Christian † 3/300

Mehlauken (russ. Zales'e)
Freymuth, Arnold * 3/439

Mehlem (seit 1935 zu Godesberg, seit 1969 zu Bonn)
Deichmann, Wilhelm Ludwig † 2/470; Fischerkoesen, Hans
~ 3/331; Gütgemann, Alfred * 4/248; Küstner, Friedrich
† 6/155; Pels-Leusden, Friedrich † 7/592; Pfeifer, Emil †
11/157; Solmsen, Felix † 9/365

Mehlis (seit 1919 zu Zella-Mehlis)
Hartmann, Johann * 4/409

Mehlkehmen (Ostpreußen)
Behrendt, Johann ~ 1/400

Mehlra
Heeringen, Gustav von * 4/476

Mehltheuer (Kr. Riesa-Großenhain) → Prausitz

Mehr (seit 1969 zu Kranenburg, Kr. Kleve)
Wibbelt, Augustin ~ 10/469

Mehrerau (Bregenz)
Beer, Franz Anton ~ 1/388; Blarer von Wartensee,
Diethelm ~ 1/559; Gerstmayr, Hans ~ 3/660; Haid, Kassian
~ 4/335; Hergenröther, Joseph (Adam Gustav) † 4/614;
Hermann, Franz Benedikt ~ 4/627; Müller, Gregor ~/†
7/261; Werra, Ernst von ~ 10/451; Willi, Dominikus ~
10/512; Wotschitzky, Alfons † 10/589; Zwyssig, Alberich
~/† 10/711

Mehringen (Gem. Hilgermissen)
Rudorff, Adolf August Friedrich * 8/442

Mehringen (Kr. Aschersleben-Staßfurt)
Ahlfeld, Johann Friedrich * 1/58

Meiderich (seit 1905 zu Duisburg)
Dresel, Adolf * 2/614; Duker, Karl Andreas † 2/646; Gängl
von Ehrenwerth, Josef ~ 3/553; Gillhausen, Gisbert ~ 4/9;
Hesse, Hermann Albert ~ 4/676

Meidling (seit 1890/92 zu Wien)
Dafert von Senseltimmer, Franz Wilhelm * 2/427; Flattich,
Wilhelm Ritter von ~ 3/338; Kottaun, Leopold ~ 6/55;
Payer, Hieronymus */† 7/584; Schneiderhan, Franz * 9/61;
Umlauff, Ignaz † 10/150

Meienberg (Gem. Sins, Kt. Aargau)
Albrecht der Weise, Graf von Habsburg ~ 1/76

Meienried (Kt. Bern)
Schneider, Johann Rudolf * 9/56

Meierhof (Gem. Obersaxen, Kt. Graubünden)
Sigristen, Anton ~ 9/325

Meilen (Kt. Zürich)
Diem, Nelly † 2/518; Dolder, Johann Rudolf * 2/585;
Egender, Karl * 3/24; Frey-Wyssling, Albert † 3/437;
Guggenbühl, (Johann) Jakob * 4/249; Huber, Konrad *
5/198; Martius, Carl † 6/642; Meyer, Johann Jakob *
7/106; Moor, Paul * 7/203; Nobs, Ernst † 7/429; Paretti,
Sandra ~/† 7/563; Ullmann, Regina ~ 10/137; Wille, Eliza

† 10/510; Wille, François ~/† 10/510; Wille, Ulrich †
10/510; Wille, Ulrich † 10/510; Zorn, Fritz * 10/689

Meilenberg (seit 1978 zu Icking)
Goetz, Carl † 4/68

Meimsheim (seit 1972 zu Brackenheim)
Hirth, Albert * 5/70; Kohlhammer, Wilhelm * 6/4

Meinberg (seit 1970 zu Horn-Bad Meinberg)
Immer, Karl † 5/253; Kollwitz, Johannes (Franz) ~ 6/18

Meinersdorf
Breitfeld, Walter * 2/103

Meinerzhagen
siehe auch *Immecke*
Bährens, Johann Christoph Friedrich * 1/257

Meineweh
Bodenhausen, (Hans) Eberhard Frh. von † 1/603

Meinheim
Roth, Karl Friedrich † 8/415

Meiningen
Alvensleben, Ludwig (Karl Friedrich Wilhelm Gustav) von
~ 1/108; Ambach, Melchior * 1/111; Ambronn, Hermann
* 1/111; Ambronn, Leopold (Friedrich Anton) * 1/112;
Anton Ulrich, Herzog von Sachsen-Meiningen ~ 1/151;
Augspurg, Anita (Johanna Theodora S.) ~ 1/220; Ayrer,
Georg Heinrich * 1/229; Bach, Johann Ludwig † 1/238;
Bach, Johann Philipp */~/† 1/238; Barthel, Alexander
~ 1/306; Bassermann, Albert ~ 1/315; Baumbach, Karl
Adolf * 1/338; Baumbach, Rudolf ~/† 1/338; Bechstein,
Johann Matthäus † 1/367; Bechstein, Ludwig ~/† 1/367;
Bechstein, Reinhold */~ 1/368; Beck, Heinrich † 1/370;
Bennewitz, Fritz ~ 11/17; Benz, Ottomar ~ 1/431; Berger,
Wilhelm (Reinhard) ~ 1/447; Bernhard III. von Sachsen-
Meiningen */† 1/465; Bodenstedt, Friedrich (Martin) von ~
1/603; Bott, Jean Joseph ~ 2/47; Brahms, Johannes ~ 2/57;
Breithaupt, Joachim Justus ~ 2/104; Büchner, (Adolf) Emil
~ 2/196; Bülow, Hans (Guido) von ~ 2/203; Burggraf,
Waldfried ~ 2/239; Cabisius, Julius ~ 2/263; Chronegk,
Ludwig ~/† 2/325; Cramer, Karl Gottlob ~ 2/390; Diez,
Fritz Walter */~ 2/543; Diez, Samuel Friedrich ~/† 2/544;
Doebner, Oscar (Gustav) * 2/570; Döhler, Johann Georg ~
2/571; Döring, Georg Christian Wilhelm Asmus ~ 2/576;
Drach, Emil ~ 2/605; Eggeling, Heinrich Friedrich von *
3/26; Ehlert, Louis ~ 3/36; Elisabeth Eleonore, Herzogin
von Sachsen-Meiningen † 3/88; Ellmenreich, Franziska ~
3/92; Emmrich, Hermann Friedrich */~/† 3/106; Everth,
Franz ~ 3/197; Eysoldt, Gertrud ~ 3/205; Feer, Johannes
~ 3/243; Findeisen, Julius ~ 3/300; Frank, Rudolf ~ 3/403;
Franz Freifrau von Heldburg, Ellen ~/† 3/413; Füßlein,
Otto † 3/531; Gatzert, (Christian) Hartmann (Samuel) Frh.
von * 3/583; Georg II., Herzog von Sachsen-Meiningen
*/~ 3/629; Georgii, Walter */~ 3/634; Gerhardt, Dietrich
† 3/643; Gerstel, August Christian ~ 3/657; Girschner,
Otto ~ 4/15; Gleichen-Rußwurm, Emilie Frfr. von ~ 4/28;
Grabner, Hermann ~ 4/117; Grabowsky, Carl ~ 4/118;
Grelle, Frido ~ 4/155; Grube, Carl ~ 4/204; Grube, Max
~/† 4/205; Guntermann, Joseph ~ 4/261; Gutbier, Louise
~ 4/267; Harlan, Veit ~ 4/388; Haverland, Anna ~ 4/457;
Heim, Johann Ludwig */~/† 4/500; Hellmuth-Bräm, Wilhelm ~ 4/568; Herrle, Johann Friedrich */~ 4/640; Hertzer, Ludwig
~ 4/655; Hesselbach, Alexander † 5/1; Höcker, Oskar ~
5/87; Höcker, Paul Oskar * 5/87; Hoehn, Alfred (Hermann)
~ 5/93; Hofmann, Werner * 5/132; Holland, Konstantin
~ 5/150; Jacobi, Hermann ~ 5/274; Jantsch, Johann ~
5/304; Jean Paul ~ 5/312; Kainz, Josef (Gottfried Ignaz) ~
5/404; Kirchner, Theodor (Fürchtegott) ~ 5/553; Klamroth,
Anton ~ 5/564; Knorr, Hilmar ~ 5/630; Kober, Gustav
~ 5/635; Köppe, Hans ~ 5/668; Kohlund, Erwin ~ 6/6;
Konrad III. von Bibra, erwählter und bestätigter Bischof
von Würzburg ~ 6/32; Kraußneck, Arthur (Carl Gustav)
~ 6/85; Kufferath, Wilhelm ~ 6/156; Kummer, Friedrich
August * 6/165; Leubuscher, Viktor ~ 6/183; Leubuscher,
Georg ~/† 6/350; Lindner, Amanda ~ 6/407; Link, Adolf ~
6/411; Ludwig, Otto ~ 6/509; Magyar, Emmerich ~ 6/565;
Mannstaedt, Franz ~ 6/597; Mauthner, Eugen Moritz ~
6/672; Meurer, Kurt Erich * 7/95; Meyer, Carl Joseph ~

7/99; Motz, Paul(us) † 7/233; Mühlfeld, Richard ~/† 7/242;
Nachbaur, Franz ~ 7/326; Nesper, Eugen (Heinrich Josef) *
11/136; Nesper, Josef ~ 7/366; Neukäufler, Marie ~ 7/379;
Nonne, Karl Ludwig ~ 7/436; Obereit, Jakob Hermann
~ 7/452; Oberländer, Theodor * 11/145; Paul, Albert ~
7/573; Paulke, Karl ~ 7/578; Peter, Hermann * 7/613;
Pfranger, Albertine † 7/652; Poppen, Hermann Meinhard
~ 8/35; Prasch, Alois ~ 8/53; Prasch-Grevenberg, Auguste
~ 8/53; Reinhart, Johann Christian ~ 8/222; Reinhart,
Walther ~ 8/222; Reinwald, Wilhelm Friedrich Hermann
~/† 8/228; Richard, Paul ~/† 8/272; Röbbeling, Hermann
~ 8/347; Romberg, Moritz (Heinrich) * 8/379; Ruethling,
Bernhard */~ 8/456; Sandrock, Adele ~ 8/514; Schlegel,
Julius Heinrich Gottlieb † 8/661; Schleicher, August *
8/663; Schlottmann, Carl ~ 8/687; Schmidthässler, Walter
~ 9/26; Schneider, Hugo ~ 9/55; Schröder, Johann Heinrich
*/† 9/148; Schürmann, Georg Caspar ~ 9/173; Schütte,
Ernst (Heinrich Conrad) ~ 9/175; Schultes, Karl ~ 9/188;
Schwendler, Karl von * 9/242; Seebach, Wilhelmine
~ 9/255; Simons, Walter ~ 9/335; Splittgerber, Arthur
Gustav * 9/414; Stägemann, Eugen (Eduard Otto) ~ 9/432;
Starke, Johannes ~ 9/453; Stein, Dietrich Frh. von † 9/475;
Stein, Fritz ~ 9/477; Steinbach, Fritz ~ 9/484; Stoetzer,
Hermann ~ 9/547; Strauss, Richard (Georg) ~ 9/578;
Struve, Burkhard Gotthelf ~ 9/599; Sturm, Julius (Karl
Reinhold) ~ 9/618; Stury, Franz Xaver ~ 9/618; Swoboda,
Josef Wilhelm ~ 9/642; Teller, Leopold ~ 9/673; Teller-
Habelmann, Emma ~ 9/673; Thimig, (Ottilie) Helene ~
10/11; Thimig, Hermann (Friedrich August) ~ 10/11;
Thorbecke, Andreas Heinrich * 10/23; Ulbrich, Franz
(Ludwig) ~ 10/133; Unger, Hermann ~ 10/154; Viala-
Mittermayer, Marie ~ 10/202; Wagner, Carl ~/† 10/278;
Wagner, (Johann) Ernst ~/† 10/279; Walch, Johann Georg
* 10/298; Wallner, Franz ~ 10/314; Wandersleb, Hermann
* 10/328; Wasserburger, Paula (Therese) von ~ 10/342;
Weichert, Richard (Gustav-Wilhelm) ~ 10/380; Weiser,
Karl ~ 10/403; Wendling, Carl ~ 10/464; Wetzel, Johann
Caspar */~/† 10/464; Wilbrandt-Baudius, Auguste ~
10/496; Wilke, Gisela ~ 10/508; Winckelmann, Franz Karl
Philipp von * 10/518; Wohlmuth, Alois ~ 10/562; Wüllner,
Ludwig ~ 10/592; Wünzer, Theodor ~ 10/593; Zehlen,
Egon (Otto) ~ 10/629; Zeiß, Karl * 10/633; Ziegel, Erich
~ 10/650; Ziegler, Johann Andreas * 10/654

Meinsdorf → Weißen

Meires (Niederösterreich)
Eipeldauer, Anton * 3/67

Meiringen (Kt. Bern)
Ernst, (Friedrich Wilhelm) Adolf von † 3/162

Meisenheim
Bruch, Christian Gottlieb ~ 2/148; Candidus, Pantaleon
~ 2/273; Exter, Friedrich (Christian) ~ 3/202; Kramp,
Christian ~ 6/70; Ludwig (I.) der Schwarze, von Veldenz,
Herzog von Pfalz-Zweibrücken ~ 6/505; Schaffner,
(Friedrich) Max(imilian) * 8/557; Venator, Balthasar ~/†
10/193

Meißen
siehe auch *Hintermauer*
Acier, Michael Victor ~ 1/19; Ackermann, Oskar ~ 1/22;
Adela, Königin von Böhmen ~ 1/31; Adolf von Nassau
~ 1/42; Albinus, Peter ~ 1/74; Albrecht I. der Stolze,
Markgraf von Meißen ~ 1/77; Arends, Georg ~ 1/165;
Arnhold, Johann Samuel ~ 1/178; Arnold von Westfalen
~ 1/185; Arnold, Friedrich ~ 1/186; Arnoldi, Franz ~
1/190; August, Kurfürst von Sachsen ~ 1/221; Badehorn,
Leonhard * 1/252; Baltzer, Richard * 1/282; Bang, Paul
Franz * 1/288; Bartzsch, Karl Friedrich ~ 1/311; Baum,
Paul */~ 1/333; Baumgart, Johann */~ 1/342; Baumgarten-
Crusius, (Detlev) Karl Wilhelm ~/† 1/345; Bayer, Johann
Christoffer ~ 1/358; Becker, Wilhelm Adolf ~/† 1/381;
Benno, Bischof von Meißen ~ 1/427; Bergander, Rudolf
*/~ 1/441; Bernhard von Kamenz, Bischof von Meißen ~
1/465; Berthold VII., Graf von Henneberg-Schleusingen
~ 1/483; Beyerlein, Franz Adam * 1/507; Blöde, Karl
August ~ 1/577; Böhmert, (Karl) Viktor ~ 1/624; Börner,

Meißenheim

Christian Friedrich ~ 1/633; Böttger, Johann Friedrich ~ 1/637; Bornemann, Friedrich August ~ 2/34; Bosse, Hans Alexander von */~ 2/44; Breitenbach, Johannes von */~ 2/102; Brückner, Benno Bruno ~ 2/153; Chalybäus, Heinrich Moritz ~ 2/303; Cochläus, Johannes ~ 2/349; Cranach, Lucas d. Ä. ~ 2/392; Crell, Paul ~/† 2/397; Crola, Georg Heinrich ~ 2/402; Crusius, Christian August ~ 2/406; Dabercusius, Matthias Markus ~ 2/423; Dedekind, Constantin Christian ~ 2/461; Desczyk, Gerhard ~ 2/496; Dessoir, Ferdinand ~ 2/498; Deyling, Salomo ~ 2/510; Diericke, Christian Friedrich von ~ 2/521; Diethe, Alfred (Richard) ~ 2/529; Dietrich II., Bischof von Naumburg ~ 2/532; Dresser, Matthäus ~ 2/615; Ebeleben, Nikolaus von ~ 2/664; Eberhard II., Graf von Mark ~ 2/668; Eberlein, Johann Friedrich † 2/674; Eid, Bischof von Meißen ~ 3/58; Einsiedel, Detlev Graf von ~ 3/64; Ekkehard I., Markgraf von Meißen ~ 3/81; Ekkehard II., Markgraf der Ostmark und von Meißen ~ 3/81; Ermisch, Hubert (Maximilian) ~ 3/156; Ernst, Kurfürst von Sachsen * 3/161; Eschenbach, Hieronymus (Christoph Wilhelm) ~ 3/172; Eschke, Ernst Adolph * 3/176; Esser, Max ~ 3/181; Fabricius, Andreas ~ 3/212; Fabricius, Georg ~/† 3/213; Fichte, Johann Gottlieb ~ 3/284; Fiedler, (Adolph) Conrad ~ 3/291; Figulus, Wolfgang ~/† 3/294; Flügel, Gustav Leberecht ~ 3/356; Friderici, Daniel ~ 3/444; Friedrich, Herzog von Sachsen, Hochmeister des Deutschen Ordens * 3/462; Friedrich I. der Freidige, Markgraf von Meißen, Landgraf von Thüringen ~ 3/465; Friedrich Tuta, Markgraf von Meißen und Landsberg † 3/465; Friedrich III. der Strenge, Markgraf von Meißen, Landgraf von Thüringen ~ 3/466; Friedrich II. der Sanftmütige, Kurfürst von Sachsen ~ 3/471; Friesen, Julius Heinrich Graf von ~ 3/486; Fritzsche, Gottfried */~ 3/498; Fuchs, Gottlieb † 3/518; Gäbler, Fritz * 3/552; Gärtner, Karl Christian ~ 3/555; Gaulrap, Erhard ~ 3/585; Gebauer, Christian August ~ 3/590; Gellert, Christian Fürchtegott ~ 3/617; Gellert, Christlieb Ehregott ~ 3/617; Georg der Bärtige, Herzog von Sachsen */~ 3/629; Georgi, Otto ~ 3/632; Gleditsch, Johann Ludwig ~ 4/27; Graf, Karl Heinrich ~/† 4/127; Gröber, Konrad ~ 4/178; Haach, Ludwig ~ 4/281; Haasemann, Albert (Friedrich Theodor) ~ 4/290; Hahnemann, (Christian Friedrich) Samuel * 4/334; Heinrich II., deutscher König, Kaiser ~ 4/518; Heinrich II. Knoderer, Erzbischof von Mainz, als Heinrich IV. Bischof von Basel ~ 4/530; Heinrich, Bischof von Meißen ~ 4/531; Heinrich I., Graf von Nassau-Dillenburg ~ 4/531; Helmerding, Karl (Heinrich) ~ 4/572; Hermann, Markgraf von Meißen ~ 4/621; Herold, Johann Gregor ~/† 4/636; Hickmann, Hugo */~ 5/29; Hieronymus Schultze, Bischof von Brandenburg und Havelberg ~ 5/32; Hirschberg, (Karl) Rudolf * 5/66; Hirt, Max * 5/70; Hoffmann (von Schweidnitz), Johannes ~ 5/120; Hohenthal, Peter Graf von ~ 5/141; Homberger, Jeremias ~ 5/163; Hultzsch, Hermann ~ 5/220; Irminger, Johann Jacob ~ 5/259; Jahn, Georg * 5/290; Jehmlich, Gotthelf Friedrich ~ 5/315; Jenstein, Johann von ~ 5/322; Jentzsch, Johann Gottfried ~ 5/322; Johann der Beständige, Kurfürst von Sachsen * 5/344; Kändler, Johann Joachim † 5/395; Kersting, Georg Friedrich ~/† 5/517; Kirchner, Gottlieb ~ 5/552; Klaj, Johann d. J. * 5/564; Kleiner, Ernst † 5/579; Klipfel, Karl Jakob Christian ~ 5/600; Knöfler, Heinrich ~ 5/626; Köhler, Siegfried * 5/653; König, (Karl Wilhlem) Otto * 5/661; Köttig, Friedrich August ~/† 5/678; Köttig, Otto Friedrich * 5/678; Komerstadt, Georg von */~ 6/22; Krebs, Conrad ~ 6/88; Krehl, Ludolf * 6/90; Kühn, Heinrich Gottlieb ~/† 6/144; Langbein, August Friedrich Ernst ~ 6/230; Langer, Richard ~ 6/242; Legge, Peter ~ 6/289; Lehmann, Christian d. Ä. ~ 6/291; Leisentrit von Juliusberg, Johann ~ 6/309; Lessing, Gotthold Ephraim ~ 6/345; Lippert, Johann Georg ~ 6/418; Lipsius, Justus Hermann ~ 6/433; Lobwasser, Ambrosius ~ 6/433; Löwenfinck, Adam Friedrich von ~ 6/453; Lücke, Christian Gottlob ~/† 6/514; Lücke, Johann Friedrich ~/† 6/514; Lücke, Karl Gottlieb ~ 6/514; Lücke, (Johann Christian) Ludwig von ~ 6/514; Maltitz, Johann von ~ 6/582; Mannfeld, (Karl Julius) Bernhard ~ 6/595; Marshall, James ~ 6/632; Martin, Bischof von Meißen ~ 6/635; Matthäi, (Johann) Friedrich * 6/659; Melchior von Meckau, Bischof von Brixen, Kardinal ~ 7/52; Meyer, (Christian) Friedrich ~ 7/102; Meyer, Friedrich Elias ~ 7/102; Miltitz, Karl von ~ 7/145; Mitterwurzer, (Anton) Friedrich ~ 7/159; Mohn, Paul * 7/180; Moritz, Kurfürst von Sachsen ~ 7/215; Müller, Jacob † 7/267; Münch, Otto * 7/293; Münch-Khe, Willi ~ 7/294; Naumann, Edmund * 7/348; Naumann, Friedrich ~ 7/349; Netter, Hans * 11/137; Neumann, Karl Georg ~ 7/385; Oehme, (Ernst) Erwin ~ 7/465; Ossenfelder, Heinrich August ~ 7/512; Otto der Reiche, Markgraf von Meißen ~ 7/532; Otto-Peters, Luise * 7/537; Pack, Otto * 7/547; Pässler, Ernst Johannes ~ 7/548; Peter, Hermann ~/† 7/613; Peters, August ~ 7/615; Pfeifer, Richard Arwed ~ 7/639; Pfeiffer, Mauritius ~ 7/641; Pfeiffer, Max Adolf ~ 7/641; Pflug, Julius von */~ 7/650; Porth, Karl ~ 8/40; Prokop, Markgraf von Mähren ~ 8/78; Rabener, Gottlieb Wilhelm ~ 8/109; Rabener, Justus Gottfried ~/† 8/109; Rauer, Maximilian ~ 8/160; Reineccius, Reiner(us) ~ 8/215; Reusch, Johannes ~ 8/255; Reuss, Christian Gottlob ~ 8/257; Richter, (Adrian) Ludwig ~ 8/282; Richter, Richard (Immanuel) ~ 8/283; Riedel, Gottlieb Friedrich ~ 8/291; Riedel, Otto ~ 8/292; Rivius, Johann d. Ä. ~/† 8/337; Röder, (Gustav) Oscar (Wilhelm) ~ 8/349; Roquette, Otto ~ 8/383; Roscher, Wilhelm Heinrich ~ 8/386; Rosenmüller, Johann Georg ~ 8/398; Rothe, Hans (Ludwig) * 8/418; Rotschitz, Georg von ~ 8/424; Rudolf I., Herzog, Kurfürst von Sachsen-Wittenberg ~ 8/439; Ruppel, Julius ~ 8/471; Salhausen, Johann von ~ 8/498; Sauer, Fred ~ 8/526; Schacher, Quirin Hartmann ~ 8/538; Schade, Abraham ~ 8/542; Schade, Abraham */~ 8/542; Schäfer, Aloys ~ 8/546; Schaffran, Gerhard ~ 8/557; Schaufuß, Heinrich Gotthelf ~/† 8/576; Schenau, Johann Eleazar ~ 8/600; Schertzer, Johann Adam ~ 8/615; Scheurich, Paul ~ 8/619; Schilling, Friedrich Gustav ~ 8/639; Schlegel, Johann Adolf * 8/661; Schlegel, Johann Elias * 8/661; Schleinitz, Johann von ~ 8/667; Schnabel, Ernst ~ 9/42; Schönberg, Nikolaus von ~ 9/85; Schönfeld, Gregor ~ 9/93; Schönfelder, Heinrich (Ernst) ~ 9/94; Schreiber, Christian ~ 9/134; Schwedler, Maximilian ~ 9/242; Schwenk, Paul * 9/242; Seuter, Bartholomäus ~ 9/295; Sieverts, Rudolf (Hubert) * 9/322; Sparmann, Karl Christian ~ 9/386; Speck von Sternburg, Hermann Frh. ~ 9/388; Spülbeck, Otto ~ 9/423; Stübel, Andreas ~ 9/607; Thierfelder, Benjamin Theodor ~ 10/6; Thierfelder, (Fürchtegott) Felix */~ 10/6; Thierfelder, Ferdinand Albert * 10/6; Thierfelder, Johann Gottlieb ~/† 10/7; Tittmann, Johann August Heinrich ~ 10/52; Tröger, Fritz ~ 10/91; Trotha, Thilo von ~ 10/98; Tschirnhaus, Ehrenfried Walther von ~ 10/107; Tzschirner, Heinrich Gottlieb ~ 10/120; Ullrich, Friedrich Andreas * 10/137; Umlauft, Paul * 10/150; Vischer, Peter d. Ä. ~ 10/217; Vitzthum von Eckstädt, Woldemar Graf ~ 10/219; Vogel, Theodor ~ 10/228; Vorbrodt, Gustav Theodor Ferdinand Franz ~ 10/253; Wagner, Maria Dorothea † 10/285; Watzdorf, Heinrich August von ~ 10/346; Wehle, Johannes (Raphael) ~ 10/376; Weinhold, Karl August */~ 10/397; Wenzel III., König von Böhmen, Polen und Ungarn ~ 10/483; Wienken, Heinrich ~ 10/487; Wilhelm I., Markgraf von Meißen ~ 10/504; Wobus, Gerhard ~ 10/554; Wörner, (Johannes) Gerhard * 10/559; Zachariae, Theodor Maximilian * 10/610; Zachariae von Lingenthal, Karl Salomo * 10/610; Zehmen, Ludwig von ~ 10/629; Ziller, Gerhart ~ 10/662; Zimmermann, Erich */~ 10/667; Zügel, Willy ~ 10/696; Zwintscher, Oskar (Bruno) ~ 10/710

Meißenheim
siehe auch *Kürzell*
Brion, Friederike (Elisabeth) ~/† 2/136

Meißner → Abterode

Meisterschwanden (Kt. Aargau)
Manazza, Bruno † 6/584

Meistersdorf (tschech. Mistrovice)
Moser, Ludwig ~ 7/227

Meitingen → Erlingen

Horatius ~/† 3/558; Gasser, Gregor † 3/578; Gerster, Thomas Villanova ~/† 3/659; Giampietro, Joseph ~ 3/677; Glantschnigg, Ulrich ~ 4/21; Goldbacher, Alois * 4/76; Grabmayr von Angerheim, Karl von ~/† 4/116; Greinz, Rudolf (Heinrich) ~ 4/154; Gschwari, Georg * 4/231; Gufler, Josef * 4/248; Gumprecht, Otto ~/† 4/257; Gyr, Niklaus ~/† 4/278; Haller, Johannes Evangelist ~ 4/348; Hausmann, Walther * 4/452; Heilmaier, Max ~ 4/498; Hellensteiner, Emma † 4/562; Henoch, Eduard (Heinrich) ~ 4/594; Heribert von Salurn † 4/615; Herzmanovsky-Orlando, Fritz Ritter von ~ 4/663; Hintner, Johann ~ 5/56; Hintze, Paul von † 5/57; Isser von Gaudententhurn, Johanna ~ 5/265; Jäger, Albert ~ 5/282; Jehly, Georg ~ 5/315; Jensen, Adolf ~ 5/320; Junghans, Helmuth † 5/383; Kerber, Hermann * 5/508; Kinz, Franziska † 5/544; Knille, Otto † 5/621; Knoll, Albert (Joseph) ~ 5/627; Koch, Gaudentius ~ 5/639; Kornberger, Richard von ~ 6/45; Kraft, Emil ~ 6/64; Kretz, Leodegar ~ 6/100; Kudriaffsky, Ludwig Frh. von † 6/138; Kürenberg, Joachim von † 6/153; Kuh, Emil † 6/157; Kurtz, Arthur ~ 6/178; Laska, Julius ~ 6/255; Lazarus, Moritz ~/† 6/277; Lechthaler, Josef ~ 6/283; Lentner, Joseph Friedrich ~/† 6/322; Lepsius, Johannes † 11/121; Levy, Max † 6/361; Liebner, Albert † 6/387; Löwe, Wilhelm † 6/452; Ludwig, Rudolf † 6/510; Matthes, Max † 6/660; Meinhard III., Graf von Tirol, Herzog von Oberbayern † 7/36; Menghin, Oswald * 7/62; Morgenstern, Christian † 7/210; Morlock, Martin ~ 7/217; Müller, Gallus † 7/259; Müllner, Laurenz † 7/292; Natter, Heinrich ~ 7/345; Noelting, (Domingo) Emilio † 7/431; Oberländer, Moritz Jakob † 7/454; Ohmann, Friedrich ~ 7/481; Ompteda, Georg Frh. von ~ 7/491; Ortwein, Magnus ~/† 7/510; Osthaus, Karl Ernst † 7/518; Oswald von Wolkenstein † 7/520; Pendl, Emanuel */~ 7/594; Pendl, Franz Xaver */~ 7/595; Pendl, Johann Baptist ~/† 7/595; Piffl-Perčević, Theodor * 7/669; Puluj, Johann ~ 8/90; Putz, Gottlieb */~/† 8/94; Putz, Leo */~/† 8/95; Quaglio, Julius † 8/98; Raffl, Ignaz * 8/123; Rasch, Wolfdietrich † 8/144; Redwitz(-Schmölz), Oskar Frh. von ~ 8/182; Reitzenbeck, Heinrich ~ 8/236; Roßmann, Erich Hermann † 8/406; Rost, Dionys Frh. von ~ 8/406; Rubatscher, Maria Veronika ~ 8/430; Santifaller, Franz * 8/516; Schäffer, Harry † 8/550; Schaffner, (Friedrich) Max(imilian) † 8/557; Scheid, Georg Adam † 8/587; Schenk, Martin ~ 8/603; Schiele, Friedrich Michael Martin ~ 8/627; Schiffner, Rudolf † 8/631; Schimmelthor, Carl August von ~ 8/641; Schirmacher, Käthe † 8/649; Schleinitz, Alexandra Freiin von ~/† 8/667; Schmidt, Marie ~ 9/15; Schönach, Alois ~/† 9/82; Schreiber, Clara ~/† 9/134; Seemann, Artur (Gustav Otto Emil) † 9/260; Sickel, Theodor Ritter von † 9/302; Sigmund der Münzreiche, Herzog (seit 1477 Erzherzog) von Österreich und Graf von Tirol ~ 9/325; Simm-Mayer, Marie * 9/329; Sölder, Friedrich von * 9/359; Spitzer, Daniel † 9/412; Staff, Alois ~ 9/436; Steinacher, Hans ~ 9/482; Strachwitz, (Maximilian Friedrich) Kurt (Joseph) * 9/562; Tänzer, Ahron ~ 9/649; Tann-Rathsamhausen, Ludwig (Samson Arthur) Frh. von † 9/655; Tappeiner, Franz von ~ 9/658; Tappeiner, (Anton Josef Franz) Hermann Edler von Tappein * 9/658; Teimer von Wildau, Martin Rochus ~ 9/670; Tiemann, (Johann Karl Wilhelm) Ferdinand † 10/38; Troger, Simon ~ 10/94; Tschiderer zu Gleifheim, Johannes Nepomuk ~ 10/107; Wackernell, Joseph Eduard ~ 10/270; Wasmann, Erich * 10/341; Wasmann, (Rudolf) Friedrich ~/† 10/341; Weber, Beda ~ 10/350; Weingartner, Josef † 10/396; Wenter, Josef (Gottlieb) * 10/437; Wickenburg, Erik Graf ~ 10/472; Wittram, Reinhard † 10/552; Wolf, Karl */~/† 10/567; Zeidler, Wolfgang (Walter Heinrich) † 10/630; Zingerle, Anton * 10/674; Zingerle, Ignaz Vinzenz Edler von Summersberg * 10/674; Zingerle, Pius */~ 10/674

Mercara (Indien)
Veil, Theodor * 10/187
Mercersburg (Pennsylvania, USA)
Schaff, Philip(p) ~ 8/555

Merckem (Belgien)
Strack, Max Leberecht † 9/563
Merckenstein
Schreckenfuchs, Erasmus Oswald * 9/133
Merekjul' → Mereküll
Mereküll (estn. Meriküla, russ. Merekjul')
Brandt, Johann Friedrich † 2/69
Mergelstetten (seit 1937 zu Heidenheim an der Brenz)
Bardili, Christoph Gottfried † 1/294; Troeltsch, (Friedrich) Walter (Julius) * 10/93; Zoeppritz, Rudolf (Karl Wolf Franz) */~ 10/685
Mergentheim
Möhler, Johann Adam ~ 7/164
Mérida (Yucatán, Mexiko)
Cordan, Wolfgang ~ 2/371; Maler, Teobert † 6/578
Meriküla → Mereküll
Mering
Irmentrud von Lützelburg ~ 5/259; Janssen, Marie Hermine ~ 5/303; Kerschensteiner, Joseph von ~ 5/517; Pfeilschifter, Georg * 7/644
Merishausen
Seiler, Jakob * 9/271
Merkelsdorf (tschech. Zdoňov)
Rost, Anton Franz * 8/406
Merken (Düren)
Müller, Eugen * 7/255
Merkendorf (Kr. Ansbach, Land)
Layriz, Friedrich ~ 6/276; Schmidt, Hermann (Karl) * 9/10
Merklin (tschech. Merklín)
Hurka, Friedrich Franz * 5/231
Merklingen
Gangloff, Karl Wilhelm † 3/569; Olpp, Johannes * 7/490; Tafel, (Johann Friedrich) Immanuel ~ 9/651
Merkwitz
Gehe, Ludwig Franz * 3/598
Merlach (Kt. Freiburg)
Rehfues, Georg Adam ~ 8/191
Merligen (Gem. Sigriswil, Kt. Bern)
Müller, Adolf † 7/247; Stegemann, Hermann † 9/467
Merode (Gem. Langerwehe)
Merode Markgraf von Westerloo, Johann Philipp Eugen Graf von † 7/76
Mersch (Jülich)
Sommer, Christian */† 9/368
Merscheid (Gem. Morbach)
Thinnes, Friedrich * 10/12
Merscheid (Solingen)
Adams, Carl * 1/31
Merseburg (Saale)
Adela, Gräfin ~ 1/32; Adolf, Fürst von Anhalt-Zerbst, Bischof von Merseburg ~/† 1/45; Agricola, Stephan d. J. ~ 1/55; Alberti, Johann Friedrich † 1/70; Albrecht IV. von Querfurt, Erzbischof von Magdeburg ~ 1/76; Alt, Johann Karl Wilhelm ~ 1/95; Altenburg, Johann Ernst ~ 1/97; Arnim-Boitzenburg, Adolf Heinrich Graf ~ 1/181; Arnold, August ~/† 1/185; Aschenbrenner, Christian Heinrich ~ 1/203; August, Kurfürst von Sachsen ~ 1/221; Bach, Wilhelm Friedemann ~ 1/241; Bähnisch, Theanolte ~ 1/256; Basedow, Carl (Adolf) von ~/† 1/313; Baudis, Gottfried Leonhard ~ 1/320; Bauer, Johann Gottfried ~ 1/326; Bauer, Walter * 1/330; Baumgarten-Crusius, Gottlob August ~/† 1/345; Baumgarten-Crusius, (Detlev) Karl Wilhelm ~ 1/345; Baumgarten-Crusius, Ludwig Friedrich Otto * 1/345; Baumgarten-Crusius, Moritz August * 1/346; Bennigsen, Rudolph Christian von ~ 1/427; Berger, Arthur * 1/444; Berger, Siegfried */† 1/446; Bergmann, Julius von * 1/451; Biener, Christian Gottlob ~ 1/521; Bitter, Rudolf von * 1/550; Blättner, Hans Samuel * 1/554; Blancke, Alfred */~ 1/555; Blüthgen, Viktor (August Eduard) ~ 1/581; Böschen, Karl Franz */~ 1/635; Boltze, Erich (Adolf Otto) ~ 2/12; Bonafont, Karl Philipp ~ 2/15; Boso, Bischof von Merseburg ~ 2/43; Brandis, Lucas ~ 2/65; Brandis, Marcus ~ 2/66; Bredenbach, Tilmann ~ 2/95; Brenner, (August) Rudolf */~ 2/114; Brotuff, Ernst

*/~/† 2/147; Bruno von Magdeburg ~ 2/172; Bueb, Julius ~ 2/194; Buhl, Bernhard ~ 2/218; Buxbaum, Johannes Christian */† 2/261; Carlowitz, Carl Adolf von ~ 2/282; Carpzov, August Benedikt ~/† 2/286; Cellarius, Christoph ~ 2/300; Christian I., Erzbischof von Mainz ~ 2/318; Clauswitz, Benedikt Gottlieb ~ 2/337; Däumig, Ernst * 2/427; Diest, Gustav von ~/† 2/525; Dietrich, Eduard (Karl Robert Ludwig) ~ 2/535; Drese, Adam ~ 2/614; Dudek, Walter ~ 2/633; Ebeleben, Nikolaus von † 2/664; Eilenberg, Richard * 3/61; Einsiedel, Heinrich Hildebrand von ~ 3/65; Erfurdt, Karl Gottlob August ~/† 3/143; Falkenhagen, Adam ~ 3/227; Feldtkeller, Richard * 3/257; Fischer, Heinrich ~ 3/319; Förster, Christoph (Heinrich) ~ 3/362; Forster, Johann ~ 3/377; Friedrich I. (Barbarossa), Kaiser ~ 3/456; Georg III. der Gottselige, Fürst von Anhalt-Dessau ~ 3/626; Gero, Erzbischof von Magdeburg ~ 3/653; Giselher, Bischof von Merseburg, Erzbischof von Magdeburg ~ 4/16; Graun, August Friedrich ~/† 4/143; Graun, Johann Gottlieb ~ 4/143; Haeckel, Ernst (Heinrich Philipp August) ~ 4/302; Harnack, Ernst von ~ 4/392; Hebenstreit, Pantaleon ~ 4/465; Hegemann, Ernst ~ 4/480; Heimbach, Karl Wilhelm Ernst * 4/503; Heinrich von Merseburg */~ 4/539; Helding, Michael ~ 4/558; Helldorff, Otto (Heinrich) von ~ 4/561; Helldorff, Wolf Heinrich Graf von ~ 4/561; Helm, Clementine ~ 4/570; Henckel, Johann Friedrich * 4/580; Hermann, Markgraf von Meißen ~ 4/621; Herrmann, Curt * 4/641; Herrnstadt, Rudolf ~ 4/645; Hiecke, Robert ~ 5/31; Hinckeldey, Carl (Ludwig) von ~ 5/50; Holzmüller, (Ferdinand) Gustav */~ 5/162; Hoppenhaupt, Johann Christian ~ 5/173; Hübner, Johann ~ 5/205; Ilgner, Max ~ 11/93; Jänicke, Johannes ~ 5/287; Keller, Robert ~ 5/497; Kirchner, Christian * 5/551; Kirchner, Gottlieb * 5/552; Kleinau, Willy A. † 5/579; Koenen, Bern(h)ard (Johann Heinrich) ~ 5/657; Könneritz, Julius von */~ 5/667; Komerstadt, Georg von ~ 6/22; Kunzen, Johann Paul ~ 6/174; Ladegast, Friedrich ~ 6/192; Langenn, Friedrich Albert von * 6/241; Löhr, Johannes Andreas Christian ~ 6/444; Major, Andreas ~ 6/575; Mallinckrodt, Hermann von ~ 6/579; Margarethe, Fürstin von Anhalt ~ 6/614; Müller, Carl ~ 7/249; Müller, (Johann) Daniel ~ 7/251; Müller, Lucian * 7/275; Musa, Anthonius ~/† 7/315; Nelles, Johannes ~ 11/136; Nötel, Louis ~ 7/432; Ohtrich ~ 7/482; Osterrath, Heinrich Philipp ~ 7/517; Philippi, Johann Ernst */~ 7/657; Pohle, David ~/† 8/20; Prager, Stephan (Friedrich) ~ 8/51; Quantz, Johann Joachim ~ 8/100; Rheinbaben, Georg Frh. von ~ 8/267; Ritter, August Gottfried ~ 8/326; Rochow, Gustav Adolf Rochus von ~ 8/341; Römhildt, Johann Theodor ~/† 8/354; Roessert, Hanns ~ 8/362; Roessig, Karl Gottlob * 8/362; Rössler, (Karl) Constantin * 8/362; Rohr, Julius Bernhard von ~ 8/370; Rohrscheidt, Kurt von ~/† 8/372; Rupp-von Brünneck, (Emmi Agathe Karola Margarete) Wiltraut ~ 8/471; Schaper, Johann Ernst ~ 8/565; Schleinitz, Alexandra Freiin von * 8/667; Schleinitz, Vinzenz von ~ 8/668; Schubarth, Ernst Ludwig * 9/160; Schumann, Elisabeth * 9/205; Seydewitz, Otto Theodor von ~ 9/298; Tannhäuser, Siegfried ~ 9/657; Tennstedt, Klaus * 9/676; Theile, Johann ~ 9/691; Thietmar von Merseburg ~ 10/10; Triller, Daniel Wilhelm ~ 10/88; Trotha, Thilo von ~/† 10/98; Uhse, Erdmann ~/† 10/132; Vischer, Peter d. Ä. ~ 10/217; Wartislaw I., Fürst in Pommern ~ 10/339; Weskamm, Wilhelm ~ 10/455; Wilmowsky, Tilo von ~ 10/515; Winkler, Karl Gottfried ~ 10/529; Wurmb, Lothar von ~ 10/600

Mērsrags → Marggrafen
Mertingen
  Steichele, Anton * 9/470
Mertschütz (poln. Mierczyce)
  Hancke, (Johann Wenceslaus) Wenzel * 4/366; Richthofen, Bolko (Karl Ernst Gotthard) Frh. von * 8/285
Merxhausen
  Dryander, Johann ~ 2/629; Lauze, Wigand ~ 6/274; Schedtler, Otto * 8/580

Merzalben
  Emanuel, Isidor (Markus) * 3/101
Merzdorf (Kr. Elbe-Elster)
  Lutze, Ernestine * 6/541
Merzenich → Golzheim
Merzhausen (Kr. Breisgau-Hochschwarzwald)
  Felner, Ignaz Andreas Anton ~/† 3/262; Heynicke, Kurt ~/† 5/27; Maurer, Friedrich † 6/669; Schill, Lambert */~ 8/634; Schnelle, Fritz † 9/62; Unruh, Friedrich Franz von † 10/158
Merzien (Gem. Kleinpaschleben)
  Behmer, Hermann * 1/397
Merzig (Saar)
  Ennen, Edith * 11/54; Kretschmar, Christian † 6/99; Regler, Gustav * 8/187; Röder, Franz-Josef * 8/348
Meschede
  siehe auch *Grevenstein, Mülsborn*
  Bender, Joseph * 1/416; Berens-Totenohl, Josefa † 1/438; Franco von Meschede ~ 3/396; Gresemund, Gottschalk * 4/157; Hegenscheidt, (Carl August) Wilhelm ~ 4/481; Lange, Fritz * 6/232; Macke, August * 6/553; Poggel, Heinrich ~ 8/17; Poppe, Reimar * 8/34; Rintelen, Friedrich ~ 8/320; Ruer, Julius Wilhelm */~ 8/454; Schumacher, Emil ~ 11/173
Meschen (rumän. Mosna, ungar. [Szasz-]Muszna)
  Roth, Stephan Ludwig ~ 8/416
Mĕschitz (auch Mieschitz, tschech. Mĕšice)
  Nostitz-Rieneck, Erwein (Felix Maria) Graf von * 7/441
Mesekenhagen
  Asmis, Rudolf * 1/205; Asmis, Walter * 1/206
Meseritz (poln. Międzyrzecz)
  Bernd, Christian Samuel Theodor * 1/462; Boretius, Alfred * 2/29; Fräntzel, Oskar (Maximilian Victor) * 3/385; Havenstein, Rudolf (Emil Albert) * 4/457; Heinrich II. (IV.) der Getreue, Herzog von Schlesien, Herr von Sagan (und Posen), zeitweise auch von Glogau ~ 4/535; Jakob von Jüterbog ~ 5/295; Karg, Georg ~ 5/435; Peckolt, Theodor ~ 7/587; Seibt, Georg * 9/265
Meseritz (poln. Międzyrzecze)
  Cruciger, Elisabeth */~ 2/405
Meseritzer Mühle (Semerow, poln. Ząbrowo)
  Lenz, Friedrich † 6/323
Mĕšice → Mĕschitz
Mesnil-St.-Denis (Dep. Yvelines, Frankreich)
  Dyk, Peter van † 11/49
Mesothen (lett. Mežotne)
  Dorothea, Herzogin von Kurland * 2/600; Wanach, (Carl) Bernhard * 10/327
Mespelbrunn
  siehe auch *Hessenthal*
  Julius Echter von Mespelbrunn, Bischof von Würzburg * 5/376; Zimmern, Froben Christoph Graf von * 10/672
Messel
  Bertelsmann, Wilhelm (Heinrich) ~ 1/481; Jahn, Janheinz † 5/291
Messelhausen (seit 1975 zu Lauda-Königshofen)
  Lenard, Philipp ~/† 6/317; Zehnter, Johann Anton */~ 10/630
Messen (Kt. Solothurn)
  Ziegler, Ernst Albrecht * 10/652
Messina (Italien)
  Abensberg-Traun, Otto Ferdinand Graf von ~ 1/9; Bamberg, Felix ~ 1/284; Derbolav, Josef ~ 11/45; Duden, Konrad * 11/49; Hartmeyer, (Heinrich) Robert (Hermann) ~ 4/414; Hartwig, Otto (Peter Conrad) ~ 4/417; Heinrich VI., deutscher König, Kaiser, König von Sizilien † 4/520; Porporino ~ 8/37; Schneegans, (Karl) August ~ 9/48; Schneider, Friedrich Anton ~ 9/53
Messingen
  Vaerting, (Maria Johanna) Mathilde * 10/175
Meßkirch
  Au, Andreas Meinrad von ~ 1/211; Bender, Julius ~ 1/416; Gröber, Konrad * 4/178; Haydlauf, Sebastian * 4/459; Heidegger, Martin * 4/486; Kreutzer, Conradin

Middoge (seit 1972 zu Wangerland)
Christians, Rudolf * 2/322
Midhurst (England)
Ferber, Christian † 11/58
Midzychód → Birnbaum
Mieders (Tirol)
Breit, Franz Xaver von * 2/101; Kapferer, Josef Simon *
5/428; Penz, Franz de Paula ~ 7/596
Międzybórz → Neumittelwalde
Międzygórze → Wölfelsgrund
Międzylesie → Mittelwalde
Międzylesie → Münsterberg
Międzyrzecz → Meseritz
Międzyrzecze → Meseritz
Międzyzdroje → Misdroy
Miehlen (Rhein-Lahn-Kreis)
Schinderhannes * 8/642
Mielęcin → Mellentin
Mielnica (ukrain. Mel'nicja-Podil'ska)
Marmorek, Alexander * 6/627
Mieming (Tirol)
Raffl, Johannes ~ 8/123
Miercurea-Sibiului → Reußmarkt
Mierczyce → Mertschütz
Mieroszów → Friedland
Mies (tschech. Stříbro)
Dill, Hans ~ 2/546; Friedrich I. der Streitbare, Markgraf
von Meißen, Kurfürst von Sachsen ~ 3/471; Gassner,
Heinrich ~ 3/580; Haas, Rudolf * 4/287; Hauschka,
Vinzenz * 4/446; Juritsch, Georg ~ 5/387; Pokorny,
Franz Xaver Thomas * 8/22; Schmutzler, Leopold * 9/41;
Streeruwitz, Ernst Ritter von Streer ~ 9/580; Werunsky,
Emil * 10/455
Miesbach
siehe auch *Gasteig, Wallenburg*
Ableitner, Balthasar * 1/11; Cremer, Lothar † 11/42;
Fischer, Johann Nepomuk * 3/321; Gasteiger, Michael ~
3/581; Hasselwander, Albert * 4/428; Heimbucher, Max
*/† 4/503; Hessler, Franz ~ 5/3; Kammerer, Otto */† 5/420;
Koch, Fritz † 5/639; Mannhardt, Johann ~ 6/595; Podewils-
Dürnitz, Clemens Frh. von ~ 8/8; Premauer, Werner †
11/160; Proebst, Max Ritter von † 8/76; Rasche, Thea ~
8/144; Schad, Christian * 8/541; Speer, Julius † 9/390
Mieschitz → Měschitz
Miesenbach (Bez. Wiener Neustadt, Niederösterreich)
Gauermann, Friedrich (August Matthias) * 3/584
Miesenheim (Andernach)
Müller, Wilhelm * 7/283
Mieste
Hildebrandt, Adolf (Matthias) * 5/36
Mieszewo → Meesow
Mieszków → Metschkau
Mieussy
Jajus, Claudius * 5/294
Mihăileni (Rumänien)
Goldhammer, Leo * 4/79
Mihilëv → Mohilew
Mihla
Homburg, Ernst Christoph * 5/163
Mikolaïv → Nikolajeff
Mikołajowice → Nikolstadt
Mikulášovice → Nixdorf
Mikulčice → Mikultschitz
Mikulov → Nikolsburg
Mikultschitz (tschech. Mikulčice)
Sax, Emanuel Hans * 8/534
Miłakowo → Liebstadt
Milbitz
Schulze, Johann Friedrich */~ 9/200
Mildenau (Kr. Annaberg) → Mittelschmiedeberg
Mildenau (tschech. Luh, heute zu Raspenava)
Scholz, Heinrich Karl * 9/109

Milet
Gerkan, Armin von ~ 3/646; Rehm, Albert ~ 8/191;
Wiegand, Theodor ~ 10/481
Miletin (tschech. Miletín)
Erben, Karl Jaromir * 3/138
Milevsko → Mühlhausen
Milicz → Militsch
Milikowice → Arnsdorf
Militsch (poln. Milicz)
Adlersfeld-Ballestrem, Eufemia von ~ 1/42; Bahr, Robert ~
1/270; Cunrad, Johann Heinrich ~ 2/411; Dächsel, Heinrich
Theobald ~/† 2/425; Franz, Agnes * 3/413; Guhr, Karl
(Wilhelm Ferdinand) * 4/251; Heydebrand und der Lase,
Ernst von ~ 5/16; Maltzan, Maria Gräfin von * 11/126;
Nanker ~ 7/339; Reinsberg-Düringsfeld, Ida von * 8/227;
Schulz, Hermann ~ 9/196
Milken (poln. Miłki)
Schleicher, Irene * 8/663
Milkendorf (tschech. Milotice nad Opavou)
Kafka, Heinrich * 5/400
Miłki → Milken
Miłków → Arnsdorf
Mill Valley (Kalifornien, USA)
Nies, Konrad ~ 7/411
Millàn → Milland
Milland (italien. Millàn)
Denifle, Johann Peter ~ 2/487
Millesimo (Italien)
Beaulieu de Marconnay, Jean Pierre Baron ~ 1/362
Millstatt (Kärnten)
Krauss, Helene Baronin von † 6/84; Meinhard VII., Graf
von Görz und Pfalzgraf von Kärnten ~ 7/35
Milotice nad Opavou → Milkendorf
Mils (Bez. Innsbruck-Land, Tirol)
Moser, Simon † 7/228
Miltach
Seltmann, Christian Wilhelm † 9/281
Miltenberg
Butzbach, Johannes * 2/260; Draconites, Johannes ~ 2/605;
Eberhardt, Hugo † 2/672; Ehrenfried, Matthias ~ 3/39;
Ehrler, Joseph Georg von * 3/43; Eisenmann, Joseph Anton
~ 3/73; Geisow, Hans ~ 3/610; Hartung, Johann * 4/415;
Hauck, (Johannes) Jacobus von * 4/437; Hirth-du Frênes,
Rudolf ~/† 5/71; Juncker, Hans ~ 5/376; Juncker, Zacharias
~/† 5/377; Kraus, Joseph Martin * 6/78; Matthias, Graf
von Bucheck (Buchegg), Erzbischof von Mainz † 6/661;
Neudecker, Johann d. Ä. */~ 7/375; Noethig, Jakob */~/†
7/432; Rothmund, Franz Christoph von ~ 8/421; Wamser,
Christoph * 10/327; Weygandt, Friedrich ~ 10/465
Miltitz (Kr. Leipziger Land)
Gildemeister, (Martin Wilhelm) Eduard ~ 4/7; Treibs,
Wilhelm ~ 10/77
Milwaukee (Wisconsin, USA)
Anneke, Mathilde Franziska ~/† 1/144; Balatka, Hans ~
1/273; Edthofer, Anton ~ 3/20; Gundlach, Karl ~ 4/259;
Gutmann, Franz † 4/271; Harnack, Mildred */~ 4/392;
Hölzlhuber, Franz ~ 5/97; Hollaender, Victor ~ 5/150;
Katzer, Friedrich Xaver ~/† 5/467; Kaun, Hugo ~ 5/475;
Kentenich, Peter Joseph ~ 5/506; Langer, Paul ~ 6/242;
Lerski, Helmar ~ 6/340; Marr, Carl ~ 6/629; Middelschulte,
Wilhelm ~ 7/129; Nehring, Alfons ~ 11/135; Noth,
Ernst Erich ~ 7/442; Prokosch, Eduard ~ 8/79; Rehrl,
Kaspar ~ 8/194; Rein, Ernst ~ 11/162; Rittig, Johann ~
8/334; Rohling, August ~ 8/369; Ruppius, Otto ~ 8/472;
Salzmann, Joseph ~/† 8/507; Simonson, Ernst ~ 9/335;
Sobolewski, Eduard (Johann Friedrich) ~ 9/355; Stresau,
Hermann * 9/584; Taussig, Emanuel ~ 9/666; Volbach,
Walther ~ 10/242; Zardetti, (Johann Joseph Friedrich) Otto
~ 10/621
Milz
Hesselbach, Alexander */~ 5/1
Mimbach (Hahnbach)
Agricola, Georg * 1/52

Mimmenhausen (seit 1972 zu Salem, Bodenseekreis)
Babel, Johann Baptist ~ 1/233; Dirr, Johann Georg ~/† 2/557; Feuchtmayer, Joseph (Anton) ~/† 3/276; Wocher, Marquard (Fidel Dominikus) * 10/554
Mimoň → Niemes
Mindelheim
siehe auch *Nassenbeuren*
Aichler, David * 1/61; Altenstaig, Johannes */~/† 1/98; Brenner, Oskar † 2/114; Dörfler, Peter ~ 2/576; Frundsberg, Georg von */† 3/515; Geizkofler von Reifenegg, Lukas ~ 3/614; Guldimann, Joseph ~ 4/253; Hörmann, Johannes * 5/102; Homann, Johann Baptist ~ 5/162; Mayr, Karl * 7/14; Neuber, Heinz (August Paul) † 11/137; Nordström, Clara † 7/439; Reeb, Georg ~ 8/183; Reißner, Adam */~/† 8/233; Schallmayer, (Friedrich) Wilhelm * 8/562; Strigel, Bernhard ~ 9/588; Valta, Richard Anton von * 10/180; Wanner, Johannes ~ 10/331
Minden (Westf)
siehe auch *Dankersen*
Adolf I., Graf von Holstein ~ 1/43; Adolf II., Graf von Holstein ~ 1/43; Arnim, Friedrich Wilhelm Karl von * 1/180; Baare, Louis * 1/232; Balhorn, Johann ~ 1/276; Bangert, Heinrich ~ 1/288; Bar, Georg Ludwig von ~ 1/290; Bartholomäus von Köln ~/† 1/308; Beneke, Ferdinand ~ 1/420; Bertram, Meister von Minden * 1/488; Bessel, Friedrich Wilhelm */~ 1/492; Boas, Franz * 1/592; Bocer, Johann(es) ~ 1/593; Böninger, Karl Friedrich ~ 1/630; Böse, Heinrich ~ 1/635; Boldensele, Wilhelm von ~ 2/7; Borcholt, Heinrich ~ 2/27; Borcke, Friedrich Wilhelm Frh. von ~ 2/28; Borckenhagen, Ludwig * 2/28; Boyen, Gustav Ferdinand von ~ 2/51; Boyen, Ludwig Wilhelm Otto Karl von ~ 2/52; Brehmer, Wilhelm von * 2/99; Brüning, Heinrich ~ 2/159; Bruns, Max */† 2/173; Bünemann, August Rudolph Jesaias */~ 2/207; Bünemann, Johann Ludolph ~ 2/207; Büttner, Johann Arnold Joseph ~ 2/215; Bulle, Heinrich */~/† 2/220; Buresch, Ernst (Friedrich) ~ 2/234; Bussche, Georg Wilhelm Friedrich von dem * 2/254; Campe, Rudolf (Ernst Emil Otto) von ~ 2/271; Cölln, (Georg) Friedrich (Willibald Ferdinand) von ~ 2/350; Consbruch, Florens Arnold */~ 2/366; Cornelsen, Franz * 2/375; Crusius, Jakob Andreas ~ 2/407; Dietrich von Portitz, genannt Kagelwit, Erzbischof von Magdeburg ~ 2/531; Dingler, Johann Gottfried ~ 2/552; Dinnendahl, Johann ~/† 2/553; Droop, Friedrich Wilhelm * 2/623; Eckhart von Hochheim ~ 3/13; Eichhorn, (Karl Friedrich) Hermann ~ 3/52; Emmich, Otto (Albert Theodor) von * 3/105; Ferdinand, Herzog von Braunschweig-Lüneburg ~ 3/269; Forckenbeck, Oskar von * 3/372; Franz, Graf von Waldeck, Bischof von Minden, Münster und Osnabrück ~ 3/410; Franz Wilhelm, Graf von Wartenberg, Bischof von Osnabrück, Minden, Verden und Regensburg ~ 3/411; Friedrich Wilhelm, Kurfürst von Brandenburg ~ 3/461; Gall, August Frh. von ~ 3/547; Georg, Herzog von Braunschweig-Lüneburg ~ 3/627; Georg, Herzog von Braunschweig-Lüneburg, Erzbischof von Bremen ~ 3/627; Gerhard vom Berge, Bischof von Hildesheim ~ 3/639; Gerhard von Minden ~ 3/640; Gibel, Otto ~/† 3/677; Gluge, Gottlieb ~ 4/38; Graupenstein, Friedrich Wilhelm * 4/143; Hahn, Wilhelm ~ 11/77; Hall, Johann von * 4/344; Heinrich von Herford † 4/538; Hermann von Lerbeck ~ 4/624; Hermann von Minden ~ 4/624; Hesse, Paul ~ 4/678; Heyden, Adolf ~ 5/17; Heye, Hermann ~ 5/21; Hindermann, Aenne ~ 5/53; Hinrich, Hans ~ 5/54; Hövel, Friedrich Frh. von ~ 5/107; Hoffmann, Carl † 5/114; Hoffmann, Friedrich ~ 5/117; Hohenhausen, Elise (Philippine Amalie) Frfr. von ~ 5/138; Holzapfel, Friedrich ~ 5/158; Humboldt, Karoline von * 5/222; Ilgen, Heinrich Rüdiger von ~ 5/248; Indagine, Johannes de † 5/255; Jakob von Soest ~ 5/295; Johannes Schele, Bischof von Lübeck ~ 5/351; Julius, Herzog von Braunschweig-Lüneburg-Wolfenbüttel ~ 5/376; Kalkbrenner, Christian ~ 5/413; Königsmarck, Otto Wilhelm Graf von ~ 5/666; Koven, Ludolf ~ 6/57; Kruse, Francis ~ 6/133; Kruse, Heinrich (August Theodor) ~ 6/133; Kuhn, Hans * 6/160; Kunze,

Wilhelm ~ 6/173; Le Fort, Gertrud (Auguste Lina Elsbeth Mathilde Petrea) Freiin von * 6/289; Levi, Behrend † 6/358; Ludolf von Rosdorf, Bischof von Minden ~ 6/495; Ludwig von Braunschweig-Lüneburg, Bischof von Minden ~ 6/504; Magiera, Kurtmartin † 6/561; Mallinckrodt, Hermann von * 6/579; Mallinckrodt, Pauline von * 6/580; March, Werner ~ 6/606; Meibom, Heinrich d. Ä. ~ 7/28; Meyer, Nikolaus ~/† 7/108; Moeller, Eduard von * 7/162; Moris, Maximilian ~ 7/214; Müller, Albert */~ 7/248; Müller, Max Carl ~ 7/277; Münchhausen, Johannes von ~ 7/294; Oemeken, Gerdt ~ 7/468; Osterrath, Heinrich Philipp ~ 7/517; Pelcking, Johannes ~ 7/590; Pescheck, Paul */† 7/607; Polko, Elise ~ 8/25; Pollius, Johannes ~ 8/29; Reckert, Karl Christian * 8/174; Reifferscheidt, Adolph ~ 8/208; Reisach-Sternberg, Karl August (Franz Anton) Graf von ~ 8/228; Rhegius, Urbanus ~ 8/267; Ribbentrop, Friedrich (Wilhelm Christian Johann) von ~ 8/270; Risch, Curt ~ 8/322; Rocke, Paul ~ 8/342; Sassnick, Walter ~ 8/522; Schaper, Edzard (Hellmuth) ~ 8/565; Schaumann, Ruth ~ 8/576; Scherer, Hans d. J. ~ 8/610; Schlenker, Rudolf ~ 8/669; Schlottmann, Konstantin * 8/687; Schoen, Wilhelm ~ 9/82; Schröter, Christoph Gottlieb ~ 9/154; Schwarzkopf, Joachim von ~ 9/232; Sommerwerck, Wilhelm * 9/371; Stamm, Friedrich Moritz ~ 9/443; Stein, (Heinrich Friedrich) Karl Frh. vom und zum ~ 9/478; Ströver-Wedigenstein, Ida Carola */~/† 9/592; Teichmeyer, Hermann Friedrich * 9/670; Thamer, Theobald ~ 9/689; Thulemeier, Wilhelm Heinrich von */~ 10/28; Vesling, Johann * 10/198; Vincke, Karl (Friedrich Ludwig) Frh. von * 10/212; Vincke, (Friedrich Wilhelm) Ludwig (Philipp) Frh. von */~ 10/212; Voigts, Bodo ~ 10/240; Wagenführ, Rolf (Karl Willy) ~ 10/275; Waltking, Friedrich Wilhelm (Christian) * 10/326; Werkmeister, Karl † 10/442; Wolfers, (Jacob) Philipp * 10/569; Ziegert, August (Hermann) ~ 10/651; Zoellner, Wilhelm * 10/684; Zuschneid, Karl ~ 10/703
Mindszent (Ungarn)
Kohut, Adolph * 6/7
Minfeld
Haeffelin, Kasimir (Johann Baptist) Frh. von * 4/304
Mingolsheim (seit 1971 zu Bad Schönborn)
Mone, Franz Joseph * 7/198
Mining (Oberösterreich)
Herzfeld, Marie † 4/661
Minino → Bögen
Minkelfeld (Gem. Kerben)
Esch, Peter * 3/171
Minlaba (Kamerun)
Hennemann, Franz(iskus Josef) ~ 4/590
Minneapolis (Minnesota, USA)
Feigl, Herbert † 11/58; Freundlich, Herbert Max Finlay † 3/432; Graudan, Nikolai ~ 4/142; Meyer, Robert † 11/130; Petzet, Walter ~ 7/627; Piccard, Jean Félix * 7/660; Schumacher, Emil ~ 11/173; Simonson, Ernst ~/† 9/335; Thieler, Fred ~ 11/182; Waibel, Leo ~ 10/294
Minsk
Borchardt, Hermann ~ 2/26; Brack, Viktor ~ 2/54; Bronn, Jegor (Israel) * 2/145; Eliasberg, Alexander * 3/85; Forst, Grete ~ 3/375; Jokl, Norbert † 5/358; Klett, Arnulf Theodor ~ 5/590; Koenig, Alma Johanna † 5/657; Kube, Wilhelm ~/† 6/135; Müller, Vincenz ~ 7/282; Rutra, Arthur Ernst ~ 8/478; Schmenkel, Fritz ~/† 8/697; Simchowitz, Sascha * 9/328; Tölle, Hermann ~ 10/56
Mintraching → Moosham
Minusio (Kt. Tessin)
Aellen, Hermann * 1/48; Behrens, Eduard * 1/401; Gaberel, Rudolf † 3/548; George, Stefan (Anton) * 3/631; Huelsenbeck, (Karl) Richard † 5/210; Mayer, Eduard Alexander von † 7/6; Otten, Karl ~ 7/525; Richter, Hans † 8/279; Uehlinger, Max ~/† 10/125
Mirachowo → Mirchau
Mirador (Mexiko)
Müller, Wilhelm ~ 7/283; Otto, (Friedrich Victor) Carl * 11/153; Sartorius, (Carl) Christian (Wilhelm) ~/† 8/520

Miramare (Castello di M.)
Charlotte, Kaiserin von Mexiko ~ 2/305; Hofmann, Julius ~ 5/130; Mahorcig, Josef ~ 6/569; Maximilian, Kaiser von Mexiko ~ 6/679; Orel, Eduard von * 7/504; Orel, Walther von * 7/504

Mirandola (Prov. Modena, Italien)
Znamenáček, Wolfgang † 10/682

Mirča → Mirz

Mirchau (poln. Mirachowo)
Röhrig, Arnold * 8/351

Mirchel (Kt. Bern)
Wahlen, Friedrich Traugott * 10/293

Mircze → Mirz

Miroslav → Mißlitz

Mirosławiec → Märkisch-Friedland

Mirostowice Górne → Ober-Ullersdorf

Mírov → Mürau

Mírovka → Hochtann

Mirow (Kr. Mecklenburg-Strelitz)
Giesebrecht, Karl (Heinrich Ludwig) * 4/2; Giesebrecht, (Heinrich) Ludwig (Theodor) * 4/3; Karl II. Ludwig Friedrich, Großherzog von Mecklenburg-Strelitz * 5/444; Wohlgemuth, Joachim † 10/561

Mirowitz (Böhmen)
Schack, Benedikt * 8/541

Mirsk → Friedeberg

Mirz (ukrain. Mirča, russ. Mirča, poln. Mircze)
Maimon, Salomon ~ 6/573

Misburg (seit 1974 zu Hannover)
Bratke, Gustav ~ 2/75; Wahrmann-Schöllinger, Fanny † 10/294

Misdroy (poln. Międzyzdroje, seit 1973/84 zu Świnoujście-Międzyzdrojen)
Eiselen, Ernst (Wilhelm Bernhard) † 3/68; Trott, Magda † 10/98

Miskolc (Ungarn)
Deichsel, Adolf ~ 2/470; Ferenczi, Sándor * 3/271; Friedmann, Meir ~ 3/455; Klein, Julius Leopold * 5/576; Klein, Salomon * 5/578; Spitzer, Alexander * 9/411

Miskovice → Miskowitz

Miskowitz (tschech. Miskovice)
Freund, Leopold * 3/432

Misliborschitz (tschech. Myslibořice)
Heller, Karl Bartholomäus * 4/564

Missen-Wilhams → Geratsried, Wilhams

Mißlitz (tschech. Miroslav)
Benesch, Fritz * 1/421; Brunner, Armin * 2/168; Herzog, Jakob * 4/665; Neumann von Heilwart, Isidor Edler * 7/387

Missunde (Gem. Kosel, Kr. Rendsburg-Eckernförde)
Augustiny, Johann Rhode Friedrich * 1/223; Willisen, Wilhelm von ~ 10/512

Mistek (tschech. Místek, heute zu Frýdek-Místek)
Chvostek, Franz * 2/326

Mistelbach (Niederösterreich)
Bernatzik, Edmund * 1/460; Bernatzik, Wilhelm * 1/461; Dietz, Max * 2/541; Kabasta, Oswald * 5/391; Missong, Alfred † 7/153; Mitscha-Märheim, Herbert † 11/131; Potuznik, Herbert † 8/47; Rappoldi, Laura * 8/143

Mistelgau
siehe auch *Mengersdorf*
Kraußold, Lorenz * 6/86

Mistrovice → Meistersdorf

Mitau (lett. Jelgava, russ. Jelgawa)
Adelung, Friedrich von ~ 1/34; Angely, Louis Jean Jacques ~ 1/136; Arbusow, Leonid */~ 1/162; Bahr, Richard * 1/270; Baumann, Joachim ~ 1/336; Baumann, Johann Heinrich * 1/336; Baumbach, Johann Christoph */~ 1/338; Beseke, Johann Melchior Gottlieb ~ 1/490; Bidder, Heinrich ~ 1/514; Bielenstein, August (Johann Gottfried) */† 1/519; Bilterling, Georg Sigmund von ~/† 1/530; Biron, Ernst Johann Reichsgraf von † 1/541; Biron, Peter von * 1/541; Bode, Adolph Friedrich ~ 1/599; Boehlendorff, Casimir Ulrich * 1/615; Bornmann, Christian ~/† 2/35;

Brennecke, Jakob Andreas ~ 2/112; Brode, Max ~ 2/141; Broedrich, Silvio * 2/143; Cruse, Karl Wilhelm † 2/406; Czarnewski, Johann Georg Martin Friedrich ~ 2/417; Dorner, Johann Konrad ~ 2/599; Dornewaß, Wilhelm ~ 2/599; Eichwald, Karl Eduard von * 3/57; Einhorn, Alexander ~/† 3/64; Eisen von Schwarzenberg, Johann Georg ~ 3/69; Ferber, Johann Jakob ~ 3/266; Fischer, Johann ~ 3/320; Fölkersahm, (Wilhelm) Hamilcar von * 3/360; Friedrich Kettler, Herzog von Kurland und Semgallen ~/† 3/464; Gotthard Kettler, Herzog von Kurland † 4/107; Guenther, Johannes (Ferdinand) von * 4/242; Hartknoch, Johann Friedrich ~ 4/401; Hartmann, Gottlob David ~/† 4/408; Hiller, Johann Adam ~ 5/44; Jacobsohn, Simon * 5/277; Jakob Kettler, Herzog von Kurland † 5/294; Kanter, Johann Jakob ~ 5/427; Krüdener, (Barbara) Juliane von ~ 6/120; Kütner, Karl August ~/† 6/155; Kurtz, Johann Heinrich ~ 6/178; Lindner, Friedrich Ludwig */~ 6/407; Napiersky, Karl Eduard von ~ 7/339; Pantenius, Theodor Hermann * 7/557; Recke, Johann Friedrich von der */~/† 8/174; Rose, Heinrich ~ 8/387; Schlippenbach, Ulrich (Hermann Heinrich Gustav) Frh. von ~/† 8/680; Schmidt, Karl (Ernst Heinrich) * 9/13; Schulz, (Joachim Christoph) Friedrich ~/† 9/196; Starck, Johann August von ~ 9/449; Stephanie, (Christian) Gottlob ~ 9/511; Tiling, Johann Nikolaus ~ 10/42; Veichtner, Franz Adam ~ 10/187

Mitling-Mark (Gem. Westoverledingen)
Bartels, Petrus Georg ~ 1/299

Mitlödi (Kt. Glarus)
Wild, Heinrich * 10/497; Zimmermann, Balthasar * 10/666

Mittel-Kauffung (Kr. Schönau)
Gneisenau, Bruno Friedrich Alexander Graf Neidhardt von * 4/43

Mittel-Neuland (poln. Średnia Wieś, heute zu Neisse/Nysa)
Berliner, Arnold * 1/458

Mittel-Peilau (heute zu Piława Górna/Ober-Peilau)
Seidlitz, Ernst Julius Frh. von * 9/269

Mittel-Schreiberhau (Schreiberhau, poln. Szklarska Poręba)
Fechner, Hanns † 3/238

Mittel-Sohra (Gem. Sohra, poln. Żarki)
Tacke, Gerd * 9/649

Mittelberg (seit 1974 zu Oy-Mittelberg)
Gratz, Peter Alois * 4/141

Mittelberg (Vorarlberg)
Müller, Christian Leo * 7/250

Mittelbergheim (Dép. Bas-Rhin, Frankreich)
Josel von Rosheim ~ 5/365

Mittelbiberach
Schwendi, Lazarus von * 9/242

Mittelbuch (seit 1975 zu Ochsenhausen)
Gams, Pius * 3/567

Mittelhausen (seit 1994 zu Erfurt)
Zöllner, Carl Friedrich * 10/683

Mittelheim (seit 1972 zu Oestrich-Winkel)
Heye, Hellmuth † 5/21

Mitteloderwitz (Kr. Bautzen)
Elsner, Alexander (Georg) * 3/96

Mittelschmiedeberg (Gem. Arnsfeld, seit 1999 zu Mildenau, Kr. Annaberg)
Weisbach, Julius (Ludwig) */† 10/401

Mittelstetten (Rain, Kr. Donau-Ries)
Völk, Joseph * 10/222

Mittelwalde (poln. Międzylesie)
Lüdtke, Hans * 6/517; Viebig, Clara ~ 10/203

Mittenaar → Ballersbach

Mittenheim (Gem. Oberschleißheim)
Mallinckrodt, Josef von * 6/580

Mittenwald
Albrecht, Lisa Maria Fanny ~ 1/83; Eidmann, Hermann August † 3/58; Ferchl, Friedrich Gottfried Michael † 3/267; Förster, Emanuel Aloys ~ 3/362; Hirsch, Karl ~ 5/62; Klotz, Matthias */~/† 5/607; Schlüter, Gisela † 8/688; Schmidt, Martin Benno † 9/15; Unruh, Kurt von ~ 10/158

Mittenwalde (Kr. Dahme-Spreewald)
Gerhardt, Paulus ~ 3/643; Johann I., Markgraf von Brandenburg ~ 5/338; Rötscher, Heinrich Theodor * 8/364; Rose, Christian * 8/386
Mitterberg (Randegg, Niederösterreich)
Pötsch, Ignaz Sigismund † 8/16
Mitterdorf (slowen. Stara Cerkev)
Eppich, Josef ~/† 3/132
Mitterham (Gem. Tettenweis)
Schörghuber, Josef * 9/103
Mitterndorf (Dachau)
Taschner, Ignatius † 9/660
Mitterndorf (Niederösterreich)
Haas, Philipp ~ 4/287
Mitterode
Deist, Heinrich * 2/472
Mittersill (Salzburg)
Grienberger, Theodor (Maria) Ritter von * 4/162; Hörfarter, Matthäus ~ 5/101; Kaltner, Balthasar ~ 5/417; Webern, Anton (Friedrich Wilhelm) von ~/† 10/363
Mitterteich
Dennerlein, Thomas * 2/489; Flurl, Matthias Bartholomäus Ritter von ~ 3/357; Schott, Erich ~ 9/120; Schrems, Theobald * 9/140; Stingl, Karl * 9/534
Mittewald (italien. Mezzaselva)
Prantl, Jakob Isidor ~ 8/52; Regenbogen, Barthel ~ 8/184
Mittweida
Benscheidt, Carl August ~ 1/428; Bode, Wilhelm ~ 1/600; Buchwald, Georg (Apollo) ~ 2/189; Fleming, Paul ~ 3/346; Gerdes, Heinrich (Bernhard) ~ 3/637; Hasse, Rudolf * 4/427; Hauffe, Christian Gotthold * 4/440; Hayner, Christian August Fürchtegott ~ 4/463; Hirsch, Richard ~ 5/64; Horch, August ~ 5/174; Kemper, Heinz P. ~ 11/102; Körber, Kurt (Adolf) ~ 5/670; Krüger, Friedrich ~ 6/122; Opel, Fritz Franz ~ 7/494; Schell, Karl ~ 8/593; Schilling, Johannes ~ 8/639; Schmidt, Bernhard (Woldemar) ~ 9/4; Spülbeck, Otto † 9/423; Tzschirner, Heinrich Gottlieb * 10/120; Uhland, Wilhelm Heinrich ~ 10/128; Ursinus, Oskar ~ 10/168; Zimmer, Walter * 10/664
Mitwitz
siehe auch *Schwärzdorf*
Dreves, Guido Maria ~/† 2/616; Petrus von Schaumberg, Bischof von Augsburg, Kardinal * 7/623; Rein, Friedrich Hermann * 8/213; Schaumberg, Peter von * 8/577; Schrauth, Johann Baptist * 9/132
Miyurino → Lasdinehlen
Mixnitz (Gem. Pernegg an der Mur, Steiermark)
Kyrle, Georg ~ 6/185
Mladá Boleslav → Jungbunzlau
Mladé Buky → Jungbuch
Mladějov (Böhmen)
Gerstner, Franz Josef Ritter von † 3/660
Mlázovice → Mlazowicz
Mlazowicz (tschech. Mlázovice)
Dussek, Johann Joseph * 2/657
Młynary → Mühlhausen i. Ostpr.
Mnichov → Einsiedel (Bez. Marienbad)
Mnichovo Hradiště → Münchengrätz
Mnischek (tschech. Mníšek pod Brdy)
Nowack, Ernst * 7/445
Mníšek pod Brdy → Mnischek
Moabit (seit 1861 zu Berlin)
Borsig, (Johann Friedrich) August ~ 2/38
Mobile (Alabama, USA)
Mohr, Charles Theodore ~ 7/181
Mochau → Beicha
Mochenthal (Ehingen/Donau)
Diemand, Anton Alexander * 2/518
Mockau (seit 1915 zu Leipzig)
Kirchhoff, Alfred † 5/549
Moczyolnica Klasztorna → Mönchmotschelnitz
Modena (Italien)
Abaco, Evaristo Felice dall' ~ 1/1; Aerni, Franz Theodor ~ 1/49; Aspre, Constantin Frh. von ~ 1/206; Franz IV. Joseph

Carl Ambros Stanislaus, Erzherzog von Österreich, Herzog von Modena † 3/410; Gartner, Anton ~ 3/576; Henzi, Samuel ~ 4/601; Hiller, Johann Frh. von * 5/44; Humm, Rudolf Jakob */~ 5/224; Köchlin, Michael ~/† 5/648; Leopold II., Erzherzog von Österreich, Großherzog von Toskana (Pietro Leopoldo), König von Ungarn, römisch-deutscher Kaiser ~ 6/331; Lucchesini, Girolamo Marchese di ~ 6/491; Maria Beatrix, Erzherzogin von Österreich, Erbin von Modena, Herzogin von Massa und Carrara */~ 6/620; Marie Adelheid, Herzogin zu Nassau, Großherzogin von Luxemburg ~ 6/623; Montecuccoli degli Erri, Rudolf Graf von ~ 7/200; Reumont, Alfred von ~ 8/255; Wallbach-Canzi, Katharina ~ 10/309
Modern (slowak. Modra, ungar. Modor)
Wimmer, August Gottlieb ~ 10/516
Modon
Kobes, Alois ~ 5/636; Königsmarck, Otto Wilhelm Graf von ~/† 5/666
Modor → Modern
Modra → Modern
Modrava (dt. Mader) → Inneergefild
Modřice → Mödritz
Mödriku → Mödders
Möchingen
Widmann, Johannes * 10/474
Möckern (Kr. Jerichower Land)
Beseke, Christian Wilhelm * 1/490; Beust, Joachim von * 1/502; Dietrich, Eduard (Karl Robert Ludwig) ~ 2/535
Möckern (seit 1910 zu Leipzig)
Arendt, Rudolf Friedrich Eugen ~ 1/167; Biedermann, (Johann Carl) Richard ~ 1/518; Crusius, (Heinrich) Wilhelm (Leberecht) ~ 2/407; Fleischer, (Hermann A.) Moritz ~ 3/342; Kellner, Oskar (Johann) ~ 5/500; Knop, (Johann August Ludwig) Wilhelm ~ 5/629; Mach, (Adolf Albert) Felix ~ 6/550; Reuning, Theodor ~ 8/255; Ritthausen, (Karl) Heinrich Leopold ~ 8/334; Stöckhardt, Julius Adolph ~ 9/542; Thomas, (Georg Friedrich) Ludwig * 10/18; Wolff, Emil (Theodor) von ~ 10/572
Möckmühl
siehe auch *Assumstadt*
Alvensleben, Gustav Hermann von † 1/107
Mödders (estn. Mõdriku)
Neff, (Karl) Timoleon von * 7/357
Möderitz
Czerny, Franz * 2/419
Mödling (Niederösterreich)
Anschütz, Roderich † 1/145; Bahr, Richard † 1/270; Baumann, Rudolf ~ 1/337; Baxa, Jakob † 1/355; Biedermann, Therese ~ 1/518; Bittner, Maximilian † 1/551; Brincken, Gertrud von den ~ 2/134; Brunner, Otto ~ 2/170; Demelius, Heinrich ~ 2/482; Dessauer, Joseph † 2/498; Dombrowski, Katharina Ludovika von * 2/590; Drach, Albert ~/† 2/605; Embel, Franz Xaver † 3/102; Fick, Friedrich Georg Heinrich ~ 3/287; Fischer, Hermann ~ 3/319; Fritsch, Hans ~ 3/493; Fronius, Hans ~/† 3/512; Fruwirth, Karl ~ 3/516; Fuchs, Siegmund † 3/522; Ganahl, Johann von † 3/568; Gohren, Karl Theodor von ~ 4/75; Güttenberger, Heinrich † 4/248; Gusinde, Martin ~/† 4/265; Harlfinger, Richard ~ 4/389; Hartel, Sebastian † 4/398; Hartmann, Friedrich ~ 4/407; Hasenhut, Anton ~ 4/423; Hausner, Rudolf † 4/453; Heiderich, Franz ~ 4/492; Heiss, Berta ~ 4/551; Janitschek, Maria * 5/299; Johannes Hinderbach, Bischof von Trient ~ 5/351; Klinger, Karl † 5/597; Kolisch, Rudolf ~ 6/15; Koppers, Wilhelm ~ 6/40; Lebzelter, Viktor † 6/281; Maleta, Alfred * 6/578; Millenkovich, Stefan von ~/† 7/141; Moser, Ludwig ~ 7/227; Moses, Leopold * 7/229; Myrdacz, Gustav von ~ 7/324; Neidhart von Reuental ~ 7/359; Neumann, Ludwig Gottfried † 7/386; Neumann, Wilhelm Anton † 7/387; Pawlik, Franz Xaver † 7/584; Peche, Dagobert † 7/585; Pettera, Günter † 7/625; Petznek, Leopold ~ 7/628; Pichelmayer, Karl † 7/661; Pötzl, Eduard † 8/16; Pohl, Johann ~ 8/18; Pohl-Meiser, Viktoria † 8/20; Potočnik, Hermann ~ 8/45; Probst, Johann Eugen † 8/75; Profeld,

Hubert † 8/77; Prohaska, Karl * 8/78; Rakowitsch, Adolf ~ 8/130; Ranzenhofer, Adolf ~/† 8/140; Raschke, Hermann † 8/145; Reichardt, Heinrich Wilhelm † 8/197; Richarz, Stefan ~ 8/273; Richter, Wilhelm † 8/284; Richtera, Leopold ~ 8/285; Riemerschmid, Werner † 8/303; Schebesta, Paul (Joachim) † 8/578; Schmid, Julius † 8/704; Schmidt, Wilhelm ~ 9/20; Schmied-Kowarzik, Walther */† 9/27; Schmitz, Franz ~ 9/36; Schmitzhausen, Marie ~ 9/37; Schnapper, Mayer (Salomon) Arthur von † 9/45; Schneider, Constantin ~/† 9/51; Schürff, Hans */~ 9/173; Schwarz-Senborn, Wilhelm Frh. von † 9/229; Seeber, Joseph ~ 9/255; Solar, Lola ~/† 9/363; Steffter, Adalbert ~ 9/466; Ströhl, Hugo (Gerard) † 9/591; Thauren, Johannes ~ 9/690; Till, Walter Curt ~ 10/43; Tomek, Ernst (Heinrich) † 10/63; Ullrich, Hermann * 10/138; Ulrich von Pottenstein ~ 10/144; Wagner, Joseph ~ 10/283; Waldner, Franz † 10/305; Webern, Anton (Friedrich Wilhelm) von ~ 10/363; Weihs, Oskar ~ 10/390; Weinzierl, Max Ritter von † 10/400; Wetter, Gustav * 10/462; Wildgans, Anton † 10/500; Wildgans, Friedrich † 10/500

Mödritz (tschech. Modřice)
Gunert, Johann * 4/260; Mayer, Christian * 7/6; Pablasek, Matthias * 7/544

Mögelin
Barfus, Hans Albrecht Reichsgraf von * 1/294

Möglin
Koppe, Johann Gottlieb ~ 6/40; Sprengel, Carl Philipp ~ 9/418; Thaer, Albrecht Conrad ~ 9/686; Thaer, Albrecht Daniel ~/† 9/686; Thaer, Albrecht Philipp ~/† 9/687; Trommer, Carl August ~ 10/95; Wappäus, Johann Eduard ~ 10/332

Möhlin (Kt. Aargau)
Frey, Julius */~ 3/436

Möhnesee → Drüggelte, Körbecke, Wamel

Möhren (Treuchtlingen)
Stöckl, Albert * 9/542

Möhrendorf (Kr. Erlangen-Höchstadt)
Puchta, Wolfgang Heinrich * 8/86

Möhringen (seit 1942 zu Stuttgart)
Puhonny, Ivo † 8/90

Möllenhagen → Groß Varchow, Lehsten

Möllensen (seit 1974 zu Sibbesse)
Sohnrey, Heinrich ~ 9/362

Möllersdorf (Niederösterreich)
Antoine, Franz * 1/150; Stöger, Alfred * 9/543

Mölln (Kr. Demmin)
Aeminga, Siegfried Cäso von * 1/48; Schliemann, Adolf Karl Wilhelm * 8/677; Schuckmann, (Kaspar) Friedrich Frh. von * 9/168

Mölln (Kr. Herzogtum Lauenburg)
Behrends, Ernst ~ 1/400; Bücker, Carl Clemens † 2/199; Draeseke, (Johann Heinrich) Bernhard ~ 2/606; Eulenspiegel, Till † 3/191; Feldmann, Johann † 3/257; Greßmann, Hugo (Ernst Friedrich Wilhelm) * 4/157; Groebbels, Franz (Maria) † 4/177; Johann II., Herzog von Sachsen-Lauenburg ~ 5/344; Kunze, Wilhelm ~ 6/173; Marschall, Wilhelm † 6/631; Müthel, Johann Gottfried * 7/302; Schmügel, Johann Christoph ~/† 9/41

Möltenort (seit 1913 zu Heikendorf)
Lau, Fritz * 6/263

Mömpelgard → Montbéliard

Mönchaltorf (Kt. Zürich)
Zangger, Rudolf * 10/619

Mönchberg → Schmachtenberg

Mönchberg (Vogtland)
Wetzel, (Gottlieb) Friedrich Wilhelm * 10/463

Mönchenfrei
Lessing, Friedrich Hermann * 6/345

Mönchengladbach (bis 1950 München-Gladbach)
siehe auch *Giesenkirchen, Rheindahlen, Odenkirchen, Rheydt, Wickrath*
Ahlersmeyer, Mathieu (Karl Maria) ~ 1/58; Albers, Johannes * 1/65; Albertus Magnus ~ 1/71; Anton, Max ~ 1/151; Bardenhewer, (Bertram) Otto * 1/293; Beermann,

Friedrich ~ 1/391; Berg, Philipp von † 1/441; Berten, Walter ~ 1/481; Bockemühl, Erich ~ 1/597; Bölling, Johann Peter ~/† 1/627; Brandts, Franz */~/† 2/72; Brauweiler, Heinz * 2/91; Bückmann, Robert */~/† 2/199; Daniels, Wilhelm ~ 2/441; Delbrück, (Gottlieb) Adelbert ~ 2/474; Denecke, Gerhard ~ 2/485; Doelle, Franz * 2/572; Eilbertus Coloniensis ~ 3/61; Engels, Wolfram ~ 11/54; Ercklentz, Wilhelm * 3/139; Erkens, Peter ~/† 3/150; Fitting, Hans * 3/333; Franken, Joseph Paul * 3/406; Fricke, (Otto) Robert * 3/443; Gauger, Martin ~ 3/585; Gelbke, Hans ~ 3/615; Gerhard ~ 3/640; Gero, Erzbischof von Köln ~ 3/653; Giesberts, Johann ~/† 4/1; Ginrod, Friedrich † 4/11; Gold, Käthe ~ 11/70; Gotthelf, Felix * 4/108; Gundlach, Gustav ~/† 4/259; Heinen, Anton ~ 4/515; Heinrich, Karl Borromäus ~ 4/543; Hermann III. von Hochstaden, Erzbischof von Köln ~ 4/621; Hespers, Theodor (Franz Maria) * 4/668; Heyer, Friedrich * 5/21; Hitze, Franz ~ 5/76; Höfle, Anton ~ 5/90; Issels, Josef (Maria Leonhard) */~ 11/94; Jochum, Eugen ~ 5/333; Jonas, Hans * 5/359; Jürgens, Helmut ~ 5/374; Kapp, (Johann) Gottfried * 5/430; Katz, William ~ 5/466; Laven, Paul * 6/275; Leifhelm, Hans * 6/306; Lersch, Heinrich * 6/339; Letterhaus, Bernhard ~ 6/348; Marx, Wilhelm ~ 6/649; Matzerath, Otto ~ 6/665; Mausbach, (Karl) Joseph ~ 6/671; Meffert, Franz † 7/25; Monforts, August ~/† 7/198; Monforts, Joseph */~/† 7/198; Müller, Otto ~ 7/278; Müller-Wipperfürth, Alfons */~ 7/291; Nakatenus, Wilhelm * 7/338; Ottiger, Ignaz ~/† 7/527; Pferdmenges, Robert * 7/645; Poeschel, Hans ~ 8/14; Rehfeldt, Bernhard ~ 8/190; Ritter, Emil ~ 8/327; Schlebusch, Hubert */~ 8/657; Schmidtmann, Paul ~ 9/26; Schulte-Drüggelte, Friedrich (August) ~ 9/187; Simons, Anna * 9/334; Soetbeer, Volker ~ 9/360; Soiron, Hubert Heinrich Leo ~ 9/362; Sonnenschein, Carl ~ 9/374; Sonreck, Franz Wilhelm ~ 9/376; Spiecker, Carl * 9/400; Stadeler, August * 9/427; Stieler, Georg ~ 9/528; Sturm, Vilma * 9/618; Therstappen, Paul ~ 9/695; Turek, Anton ~ 10/118; Ullmann, Robert * 10/137; Velden, Johannes Joseph van der ~ 10/191; Vogts, Hanns * 10/236; Vorländer, Karl ~ 10/255; Weber, Hans Emil * 10/354; Weber, Ludwig ~ 10/357; Wolfhelm (von Köln) ~ 10/580

Mönchmotschelnitz (poln. Moczyolnica Klasztorna)
Gerlach, Hellmut (Georg) von * 3/648

Mönchsroth
Benecke, Christian Daniel * 1/418; Benecke, Georg Friedrich * 1/418

Mönchstockheim (seit 1978 zu Sulzheim, Kr. Schweinfurt)
Rösser, Kolumban * 8/361

Mönchweiler
Renner, Viktor (Johannes Wilhelm) * 8/245

Mörbisch am See (Burgenland)
Alsen, Herbert ~ 1/94

Mörchingen (frz. Morhange, Dép. Moselle)
Hachfeld, Eckart * 4/296

Mörfelden-Walldorf
siehe auch *Walldorf*
Rosemeyer, Bernd † 8/388

Mörlenbach
Trooger, Margot (Elfriede) † 10/96

Mörnsheim → Mühlheim

Moers
siehe auch *Kapellen, Repelen*
Bagel, (Peter) August ~ 11/9; Bommelius, Heinrich ~ 2/15; Cäsarius, Johannes ~ 2/263; Copper, Reiner * 2/371; Diergardt, Friedrich Frh. von * 2/521; Diesterweg, Friedrich Adolph Wilhelm ~ 2/526; Dörpfeld, Friedrich Wilhelm ~ 2/579; Erk, Ludwig (Christian) ~ 3/150; Friedrich I., König in Preußen ~ 3/468; Goossens, Josse (Maria Konstantin) ~ 4/97; Hagen, Ludwig Philipp Frh. vom ~ 4/321; Keisch, Henryk * 5/487; Krummacher, Friedrich Adolf ~ 6/129; Krummacher, Friedrich Wilhelm * 6/129; Krummacher, Gottfried Daniel ~ 6/129; Perthes, Georg Clemens * 7/605; Piscator, Johannes ~ 7/679; Reichstein, Walter † 8/205; Roß, Wilhelm Johann Gottfried

~ 8/404; Schauenburg, (Karl) Hermann ~/† 8/574; Schmid, Wolfgang * 8/706; Schultze, Ernst * 9/192; Tersteegen, Gerhard */~ 9/678; Timmermann, Theodor Gerhard † 10/45; Velten, Wilhelm ~ 10/192; Vielhaber, Heinrich (Gustav August) * 10/204; Wibbelt, Augustin ~ 10/469; Winckler, Josef ~ 10/521; Zahn, Theodor Ritter von * 10/614; Zipp, (Carl) Hermann * 10/678

Mörtitz
Scholl, Roland (Heinrich) † 9/106

Möschenfeld (seit 1978 zu Grasbrunn)
Finck, August von † 3/297; Maillot, Nikolas de la Treille ~ 6/573

Möskirch
Wintzingerode, Ferdinand Frh. von ~ 10/536

Mössingen → Belsen, Talheim

Möttingen → Balgheim, Kleinsorheim

Möttling (slowen. Metlika)
Hocevar, Franz * 5/79

Möttlingen (seit 1972 zu Bad Liebenzell)
Barth, Christian Gottlob ~ 1/300; Blumhardt, Christoph Friedrich * 1/589; Blumhardt, Johann Christoph ~ 1/589; Bodelschwingh, Friedrich von ~ 1/601; Bührer, Viktor Matthäus * 2/202

Mogelsberg (Kt. Sankt Gallen)
Rüegg, Ferdinand ~ 8/449

Mogger (seit 1950 Mupperg, seit 1994 zu Föritz)
Franck, (Johann) Ludwig * 3/390

Mogilëv → Mohilew

Mogilno (Polen)
Conze, Friedrich ~ 2/368; Lewin, Kurt * 6/364

Mohács (Ungarn)
Karl (IV.) V. Leopold, Herzog von Lothringen ~ 5/444; Ludwig II., König von Ungarn und Böhmen ~/† 6/502

Mohelnice → Müglitz

Mohilew (weißruss. Mihilëv, russ. Mogilëv)
Baumer, Johann Wilhelm Christian ~ 1/340; Behr, Isa(s)char Falkensohn ~ 1/399; Delsen, Leo ∗ 2/480; Schur, Issai * 9/211

Mohorn
Bapst, Michael ~/† 1/290

Mohr (tschech. Mory, heute zu Kněžice)
Merker, Emil * 7/74

Mohrin (poln. Morýn)
Koch, Christian Friedrich * 5/638

Mohrungen (poln. Morąg)
Berdau, Johann Christoph * 1/435; Doehring, Bruno * 2/571; Dohna, Abraham Graf von ~ 2/582; Dohna, Christoph Graf von und zu * 2/582; Dullien, Reinhard ~ 2/648; Forckenbeck, Max(imilian) (Franz August) von ~ 3/372; Harich, Walter * 4/386; Heinrich Reuß von Plauen, Hochmeister des Deutschen Ordens ~/† 4/526; Herder, Johann Gottfried * 4/611; Hoverbeck, Leopold Frh. von ~ 5/189; Kreyssig, Friedrich (Alexander Theodor) * 6/104; Thadden, Elisabeth von * 9/685; Thadden-Trieglaff, Reinold von * 9/685; Willamov, Johann Gottlieb * 10/509

Moisburg
Foerste, William ~ 11/62

Moitzelfitz (poln. Mysłowice)
Arnim-Suckow, Harry (Kurt Eduard Carl) Graf * 1/182

Moitzlin (poln. Myślino)
Blankenburg, Christian Friedrich von * 1/557

Mokrice → Mokritz

Mokritz (slowen. Mokrice)
Gagern, Friedrich Frh. von * 3/557

Mokronog → Nassenfuß

Mokry Dwór → Nassenhuben

Mokrzyca Wielka → Großmockratz

Mol (Belgien)
Rometsch, Rudolf ~ 11/165

Molbergen → Stalförden

Moldau (tschech. Moldava)
Scholz, Franz * 9/108

Moldava → Moldau

Moldenit (seit 1974 zu Schaalby)
Christiani, Christoph Johann Rudolph ~ 2/321

Molfetta (Italien)
Laquai, Reinhold * 6/252

Molini di Túres → Mühlen

Mollis (Kt. Glarus)
Glareanus, Henricus * 4/21; Schindler, Fridolin */~/† 8/644; Schindler, Friedrich Wilhelm * 8/644; Schindler, Samuel * 8/645; Schuler, Fridolin ~ 9/184; Schuler, (Johann) Melchior * 9/185

Molln (Oberösterreich)
Groß, Wilhelm * 4/193

Mollwitz
Neipperg, Wilhelm Reinhard Reichsgraf von ~ 7/360

Molmerswende
Bürger, Gottfried August * 2/209

Molsberg
Nink, Caspar * 7/421; Walderdorff, Adalbert Reichsfreiherr von * 10/302; Walderdorff, Johann Philipp Reichsfreiherr (seit 1767 Reichsgraf) von * 10/303

Molschleben
Callenberg, Johann Heinrich * 2/266; Hartwig, Johann Christoph * 4/417

Molsehnen (russ. Kosmodemjanskoe)
Pörschke, Karl Ludwig * 8/14

Molsheim (Dép. Bas-Rhin, Frankreich)
Begert, (Christoph Johannes) Jakob ~ 1/394; Berthold II. von Buchegg (Bucheck), Bischof von Straßburg † 1/485; Berthold III., Herzog von Zähringen ~/† 1/485; Buchinger, Michael ~ 2/185; Büdel, Julius (Karl) * 2/199; Contzen, Adam ~ 2/367; Gerber, Erasmus ~ 3/635; Jacobs, Johann ~ 5/276; Karl von Lothringen, Kardinal, Bischof von Metz und Straßburg ~ 5/444; Klein, Anton von */~ 5/573; Liebermann, Bruno Franz Leopold * 6/380; Muffat, Georg ~ 7/303; Paulus, Nikolaus ~ 7/581; Rippel, Gregor ~ 8/321; Schilling, Florentius ~ 8/639; Wamser, Christoph ~ 10/327

Mombach (Hellertshausen)
Falk, Franz ~ 3/224

Mombasa (Kenia)
Fischer, (Gustav) Adolph ~ 3/310; Krapf, Johann Ludwig ~ 6/72; Rebmann, Johannes ~ 8/171

Momberg (Gem. Neustadt, Hessen)
Ungewitter, Georg Gottlob ~ 10/156

Monaco
Schreker, Franz * 9/139; Theremin, Charles Guillaume ~ 9/694

Monastir (Mazedonien)
Wibald † 10/469

Moncalieri (Italien)
Bernhard II., Markgraf von Baden ~/† 1/464

Mondorf
Kind, Carl Gotthelf ~ 5/539

Mondragone (Italien)
Petrus von Rosenheim ~ 7/623; Seyringer, Nikolaus ~ 9/300

Mondsee (Oberösterreich)
Braunhofer, Karl * 2/89; Eberhard II., Abt von Weihenstephan ~ 2/669; Fuchsberger, Ortolph ~ 3/523; Guggenbichler, (Johann) Meinrad ~/† 4/249; Hauser, Johann ~/† 4/449; Hildebald, Erzbischof von Köln ~ 5/34; Joseph Ferdinand Salvator, Erzherzog von Österreich ~ 5/366; List, Franz † 6/424; Reusche, Theodor † 8/256; Schücking, Levin ~ 9/168; Strähuber, Alexander * 9/564; Tuto, Bischof von Regensburg † 10/119; Uhl, Friedrich † 10/128; Waldburger, Hans ~ 10/300; Wolfgang, Bischof von Regensburg ~ 10/579; Zapf, Johann Nepomuk */~ 10/620; Zauner, Franz Salesius ~ 10/623

Monfalcone (Italien)
Fajkmajer, Karl † 3/221; Wondracek, Rudolf ~ 10/588

Monguelfo → Welsberg

Monheim
Monheim, Eberhard von * 7/198; Pilgram, Friedrich † 7/670; Riegg, Ignaz Albert von ~ 8/297; Romstoeck, Franz Sales ~ 8/381; Zeiler, Kaspar ~ 10/631

3/41; Ellenbog, Nikolaus ~ 3/90; Gaede, William Richard ~ 3/552; Gasser, Achilles Pirminius ~ 3/577; Gerhardt, Charles (Friedrich) ~ 3/643; Gesner, Konrad ~ 3/665; Günther, Rudolf Biedermann ~ 4/243; Guggenbühl, Adolf ~ 4/249; Hamm, Harry ~ 4/359; Heldreich, Theodor (Heinrich Hermann) von ~ 4/558; Hergt, Karl ~ 4/614; Herr, Michael ~ 4/638; Hompesch, Ferdinand Frh. von ~/† 5/165; Hummelberg, Gabriel ~ 5/226; Jenstein, Johann von ~ 5/322; Köhler, Christian † 5/650; Lindau, Rudolf ~ 6/400; Losse, Rudolf ~ 6/478; Lotichius Secundus, Petrus ~ 6/482; Mergell, Bodo (Wilhelm Friedrich) ~ 11/129; Muralt, Johannes von ~ 7/311; Nigri, Petrus ~ 7/417; Palgen, Rudolf ~ 7/550; Peyer, Johann Conrad ~ 7/631; Platter, Felix ~ 7/690; Posthius, Johannes ~ 8/45; Rauwolf, Leonhard ~ 8/166; Rotten, Elisabeth ~ 8/425; Salis, Jean Rodolphe von ~ 8/499; Schöpf, Thomas ~ 9/101; Schorer, Christoph ~ 9/117; Steck, Leo ~ 9/462; Strobelberger, Johann Stephan ~ 9/590; Stübben, Oscar ~ 9/607; Theobald, Gottfried Ludwig ~ 9/694; Vischer, Wilhelm ~/† 10/218; Friedrich Wilhelm Ernst, Reichsgraf von Schaumburg-Lippe ~ 10/505; Zimmerli, Walther ~ 10/665

Montquintin (Luxemburg)
Hontheim, (Johann) Nikolaus von † 5/169

Montreal (Kanada)
Gutbrod, (Konrad) Rolf (Dietrich) ~ 11/74; Jonas, Hans ~ 5/359; Jost, Dominik ~ 5/368; Rehfuß, Heinz ~ 8/191; Reifferscheidt, Adolph ~ 8/208; Ribbentrop, Joachim von ~ 8/271; Selye, Hans (Hugo Bruno) ~/† 9/281; Thurnheer, Walter ~ 10/33; Wohlfart, Erwin ~ 10/561

Montreuil (Dép. Meurthe-et-Moselle, Frankreich)
Albero, Erzbischof von Trier * 1/64

Montreuil-sous-Bois (Frankreich)
Dübner, Johann Friedrich † 2/634

Montreux (Kt. Waadt)
siehe auch *Le Châtelard, Clarens, Glion, Territet, Valmont*
Baer, Karl Anton Ernst † 1/259; Bally, Theodor Armand ~ 1/279; Berger, Emil † 1/444; Bridel, Philipp Syrach ~/† 2/130; Cossart, Leland ~ 2/381; Dreyfus, Willy † 2/620; Fischer, Heinrich ~ 3/318; Gieß, Hermann Jakob ~ 4/5; Grünewald, Armin ~ 4/214; Guggenbühl, (Johann) Jakob † 4/249; Heilbut, Emil † 4/496; Kokoschka, Oskar † 6/8; Lussy, Mathis ~/† 6/533; Muckermann, Friedrich (Joseph) † 7/238; Niehans, Paul † 7/406; Salin, Edgar (Bernhard) † 8/498; Salzenberg, Wilhelm † 8/506; Salzmann, Friedrich ~ 8/507; Schardt, Hans ~ 8/566; Schelting, Alexander von † 8/599; Simon, Ludwig ~/† 9/333; Szasz, Otto † 9/645; Weinberg, Jacob Yechiel ~ 10/394

Montrouge (Paris)
Gall, Franz Joseph † 3/561

Montzen
Belderbusch, Karl Leopold Graf von * 1/408; Belderbusch, Kaspar Anton Frh. von * 1/408

Monza (Italien)
Berghe von Trips, Wolfgang Graf ~/† 1/447; Manser, Gallus Maria ~ 6/598; Maria Ludovika, Kaiserin von Österreich * 6/620; Maximilian Joseph, Erzherzog von Österreich-Este, Hochmeister des Deutschen Ordens ~ 6/678; Rindt, Jochen * 8/314; Schneck, (Gustav) Adolf (Friedrich) ~ 9/46

Monzernheim
Wendel, Fritz * 10/432

Monzingen
Fuchs, Johann Heinrich von * 3/519

Mooker Heide (Prov. Limburg)
Ludwig, Graf von Nassau † 6/504

Moor (bei Preßburg)
Lamberg, Franz (Philipp) Graf von * 6/202

Moorburg
Cropp, Friedrich * 2/404

Moorenweis
Sedlmayr, Lorenz * 9/254

Moorfleet (seit 1923 zu Hamburg)
Baxmann, Hein d. J. ~ 1/356; Rautenberg, Johann Wilhelm * 8/165

Moormerland → Oldersum

Moos (Gem. Forstinning)
Hundhammer, Alois * 5/228

Moos (italien. Palù, Prov. Bozen)
Huter, Jakob * 5/235

Moos (Kr. Deggendorf) → Langenisarhofen

Moos (Kr. Konstanz) → Iznang

Moos in Passeier (italien. Moso in Passíria)
siehe auch *Rabenstein*
Illmer, Andreas * 5/249

Moosach
Calker, Fritz van † 2/266; Khuen, Johannes * 5/527

Moosbrunn (Niederösterreich)
Kaym, Franz * 5/479

Moosburg (Kärnten)
Grimschitz, Bruno * 4/174; Lindner, Johannes */† 6/408

Moosburg a. d. Isar
Adlzreiter von Tettenang, Johann ~ 1/42; Albert I., Bischof von Freising ~ 1/66; Drakolf, Bischof von Freising ~ 2/608; Egilbert, Bischof von Freising ~ 3/31; Gerhoh von Reichersberg ~ 3/645; Hummel, Georg */~ 5/225; Kretz, Matthias ~ 6/100; Krieck, Ernst † 6/105; Leinberger, Hans ~ 6/307; Nagel, Anton */~/† 7/333; Oertel, Aegidius ~ 7/469; Rabus, (Johann) Jakob ~ 8/111; Wertinger, Hans ~ 10/455

Moosdorf (Oberösterreich)
Filnköstl, Alois Vinzenz ~ 3/296

Moosham (Gem. Mintraching)
Aufhauser, Johann Baptist * 1/219

Mooskirchen (Steiermark)
Thom, Andreas † 10/13

Moosleerau (Kt. Aargau)
Schädelin, Johann Jakob * 8/545

Moosschwaige
Hoechstetter, Sophie † 5/87

Morag → Mohrungen

Morat → Murten

Moravská Ostrava → Mährisch-Ostrau

Moravská Třebová → Mährisch-Trübau

Moravské Budějovice → Mährisch-Budwitz

Moravský Beroun → Bärn

Moravský Krumlov → Mährisch Krumau

Morbach → Merscheid

Morchenstern (tschech. Smržovka)
Kwaysser, Marie ~/† 6/184

Morcote (Kt. Tessin)
Vorbrodt, Karl † 10/253

Morea
Wackerbarth, August Christoph Reichsgraf von ~ 10/269

Moresnet (Belgien)
Dovifat, Emil * 2/604; Soiron, Hubert Heinrich Leo ~/† 9/362

Morgarten
Leopold I., Herzog von Österreich und Steiermark ~ 6/333

Morges (Kt. Waadt)
Bettex, Frédéric * 1/499; Bracht, Eugen * 2/53; Catt, Henri Alexandre de * 2/297; Hackert, Carl † 4/297; Hotz, Jean † 5/188; Levy, Ernst † 6/361; Manuel, Hans Rudolf ~/† 6/602; Rehberg, Willy * 8/189; Schad, Joseph ~ 8/542; Späth, Andreas ~ 9/381

Morhange → Mörchingen

Morimond
Adam, Abt von Ebrach ~ 1/27; Konrad von Ebrach ~ 6/33; Otto von Freising ~/† 7/533

Moringen
Domeier, Wilhelm Friedrich * 2/590; Fuess, Rudolf * 3/531; Matern, Jenny ~ 6/653; Otto der Quade, Herzog von Braunschweig ~ 7/531

Moritz (seit 1958 zu Roderau, seit 1994 zu Roderau-Bobersen)
Hölz, Max * 5/97

Mosna → Meschen

Mosnang (Kt. Sankt Gallen)
Müller, Johann Georg * 7/268; Müller, Johann Josef * 7/269

Moso in Passíria → Moos in Passeier

Moson (Ungarn)
Kainz, Josef (Gottfried Ignaz) * 5/404

Mosonmagyaróvár → Ungarisch-Altenburg

Moss (Norwegen)
Schwenzen, Per * 9/243

Moss Side (Manchester, England)
Preyer, William Thierry * 8/67

Mossul (Irak)
Bellino, Karl † 1/410

Most → Brüx

Mostar
Eisler, Fritz ~ 3/75; Michel, Robert ~ 7/125; Podhajsky, Alois * 8/9

Mosty Welyki → Groß-Mosty

Mosty Wielkie → Groß-Mosty

Moszyce → Muschlitz

Motarzyno → Muttrin

Môtiers-Travers (Kt. Neuenburg)
Neuweiler, Walter * 7/395

Motovun (Poreč, Kroatien)
Ressel, Josef (Ludwig Franz) ~ 8/249

Motterwitz (seit 1967 zu Dürrweitzschen, seit 1994 zu Thümmlitzwalde)
Staupitz, Johann von * 9/460

Motzdorf (auch Matzdorf, tschech. Mackov, heute zu Osek/Ossegg)
Schindler, Franz Martin * 8/644; Schindler, Josef * 8/644

Moudeau
Berner, Elise * 1/463

Moudon (Kt. Waadt)
Bridel, Philipp Syrach * 2/130

Mount Angel (Oregon, USA)
Gottwald, Benedikt ~ 4/113; Reissner, Hans Jacob † 8/233

Mount Carmel (Connecticut, USA)
Sollmann, (Friedrich) Wilhelm † 9/365

Mount Vernon (New York, USA)
Girsch, Frederick † 4/15; Hess, Victor (Franz) † 4/673

Mount Vernon (Ohio, USA)
Salomon, Richard † 8/504

Mountain View (Kalifornien, USA)
Lert, Richard † 6/340

Moutier-Grandval → Münster-Granfelden

Mowbray (Republik Südafrika)
Bleek, Wilhelm Heinrich Emanuel † 1/566

Moyenvic
Georg, Markgraf von Baden, Bischof von Metz † 3/629

Moys (seit 1925 zu Görlitz)
Winterfeldt, Hans Karl von ~/† 10/534

Mrągowo → Sensburg

Mramotice → Mramotitz

Mramotitz (tschech. Mramotice)
Fötterle, Franz * 3/366

Mscheno (auch Wemschen, tschech. Mšeno)
Pischek, Johann Baptist * 7/679

Mšeno → Mscheno

Mstislawl' (Litauen)
Saitschick, Robert * 8/496

Much-Bennrath (Rhein-Sieg-Kreis)
Fette, Christian † 11/59

Muchow
Bardey, Ernst * 1/293

Muckendorf
Koeler, Christoph ~ 5/654

Muckross (Irland)
Raspe, Rudolf Erich † 8/146

Muckum (Bünde)
Osten, Maria * 7/514

Mudau
Grimm, Arthur */† 4/167

Mücheln (Geiseltal)
Fritsch, Ahasverus * 3/492

Mücke → Groß-Eichen

Mückenberg
Arndt, Georg * 1/174; Einsiedel, Detlev Karl von † 3/64; Wächtler, Karl Gottlieb * 10/272; Wiskotschill, Thaddäus (Ignatius) ~ 10/541

Mückenloch (Neckargemünd)
Hesselbacher, Karl * 5/1

Mückhausen
Schwarz, Ignaz * 9/227

Müden (Örtze) (seit 1977 zu Faßberg)
Rose, Felicitas ~/† 8/387

Mügeln
Heinrich von Mügeln * 4/539; Mulert, Hermann † 7/305; Schmorl, (Christian) Georg * 9/40

Müggelheim (seit 1920 zu Berlin)
Baeyer, Johann Jakob * 1/266

Müggenhahl (poln. Rokitnica)
Hansch, Michael Gottlieb * 4/374

Müglitz (tschech. Mohelnice)
Brus von Müglitz, Anton * 2/175; Schmitz, Richard * 9/37; Vasovec, Ernst * 10/184

Müglitztal → Maxen, Weesenstein

Mühlacker
siehe auch *Dürrmenz, Lienzingen, Mühlhausen*
Frick, Gottlob † 3/441

Mühlau (Gem. Kyburg, Kt. Zürich)
Hess, Johannes * 4/671

Mühlau (seit 1938 zu Innsbruck)
Eßlair, Ferdinand (Johann Baptist) † 3/182; Godl, Stefan ~ 4/47; Moy de Sons, (Kraft Karl) Ernst Frh. von † 7/234; Rasim, Otto ~ 8/146; Rauch, Anton ~/† 8/157; Trakl, Georg ~ 10/68; Treitzsaurwein, Marx * 10/79

Mühlbach (Dép. Haut-Rhin, Frankreich)
Abel, Hans Karl † 1/5

Mühlbach (rumän. Sebes Alba, ungar. Szaszsebes)
Filtsch, Carl * 3/296; Geltsch, Johann (Friedrich) * 3/618; Krasser, Friedrich */~ 6/72; Marienburg, Georg Friedrich * 6/623; Marlin, Josef * 6/626; Neugeboren, Daniel Georg ~ 7/377; Neugeboren, Johann Ludwig * 7/377; Roth, Victor */~/† 8/416; Schuster, Friedrich Wilhelm * 9/215

Mühlbach am Hochkönig (Salzburg)
Bradl, Sepp † 2/55; Demel-Seebach, Hans ~ 2/481; Helmreichen von Brunnfeld, Virgil ~ 4/575

Mühlberg (Elbe)
Brandis, Ernst Friedrich Eduard † 2/65; Clarus, Max * 2/330; Ernst, d.J., Herzog von Braunschweig-Grubenhagen ~ 3/158; Gablenz, Carl-August (Heinrich Adolf) Frh. von † 3/548; Hasemann, Wilhelm * 4/421; Johann Friedrich I. der Großmütige, Kurfürst, später Herzog von Sachsen ~ 5/345; Karl V., römisch-deutscher König und Kaiser, König von Spanien ~ 5/439; Krümmel, Carl † 6/124; Müller, Hermann * 7/265; Wagner, Georg Gottfried * 10/281

Mühlburg (seit 1886 zu Karlsruhe)
Ernst Friedrich, Markgraf von Baden-Durlach * 3/158; Jakob I., Markgraf von Baden † 5/294; Weil, Hermann * 10/391

Mühldorf (Kärnten)
Wallack, Franz Friedrich ~ 10/309

Mühldorf a. Inn
Fingerlos, Matthäus ~ 3/301; Friedrich III. der Schöne, deutscher König, Herzog von Österreich und Steiermark ~ 3/459; Friedrich IV., Burggraf von Nürnberg ~ 3/466; Gebsattel, Lothar Anselm Frh. von † 3/595; Grill, Nikolaus ~/† 4/166; Gurschner, Gustav * 4/265; Herold, Erzbischof von Salzburg ~ 4/635; Konrad I. von Tölz, Bischof von Freising ~ 6/27; Leopold I., Herzog von Österreich und Steiermark ~ 6/333; Ludwig IV. der Bayer, deutscher König, Kaiser ~ 6/498; Ostermayr, Peter * 7/517; Rauch, Hans ~ 8/158; Rauscher, Wolfgang * 8/165; Weißbrod, Johann Baptist von ~ 10/412

Mühlebach (Kt. Wallis)
Schiner, Matthäus * 8/645

Mühledorf

Mühledorf (Kt. Solothurn)
Lätt, Arnold * 6/196
Mühlen
Wiltfang, Gerd ~ 10/516
Mühlen (italien. Molini di Túres)
Feichter, Michael * 3/247
Mühlenbarbek
Fehrs, Johann Hinrich * 3/247; Lohse, Hinrich */† 6/464
Mühlenbeck (Kr. Oberhavel)
Krug, Leopold † 6/126
Mühlental (Vogtlandkreis) → Marieney, Wohlbach
Mühlhausen (Kr. Erlangen-Höchstadt)
Lessing, Anton * 6/344
Mühlhausen (Kr. Neumarkt i. d. OPf.)
Gmelch, Joseph * 4/40; Walther, Johann Philipp * 10/324
Mühlhausen (seit 1974 zu Mühlhausen-Ehingen)
Riederer, Friedrich * 8/293
Mühlhausen (Stuttgart)
Kroeker, Jakob ~/† 6/110
Mühlhausen (Thüringen) → Görmar, Pfafferode
Mühlhausen (tschech. Milevsko)
Figner, Leopold * 3/294
Mühlhausen (Württemberg)
Hiller, Philipp Friedrich * 5/45; Nabor, Felix * 7/325; Wayß, Gustav Adolf * 10/348
Mühlhausen (Thüringen)
Ahle, Johann Georg */~/† 1/56; Ahle, Johann Rudolf */~/† 1/56; Albrecht, Johann Lorenz ~/† 1/82; Altenburg, Christian Gottlieb */~/† 1/97; Altmann, Josef ~ 1/103; Ameis, Karl Friedrich ~ 1/113; Auerbach, Johann Gottfried * 1/216; Bach, Johann Sebastian ~ 1/238; Becmann, Christian ~ 1/387; Beireis, Gottfried Christoph * 1/406; Berlepsch, August (Sittich Eugen Heinrich) Frh. von ~ 1/456; Blumentrost, Laurentius ~ 1/588; Bötius, Sebastian ~ 1/636; Bossann, Friedrich Wilhelm ~ 2/43; Burck, Joachim von ~/† 2/230; Cuno, Johannes ~ 2/410; Demme, Hermann Christoph Gottfried */~ 2/482; Doehle, Paul * 2/571; Dungersheim, Hieronymus ~ 2/652; Eccard, Johannes */~ 3/4; Friedrich II. der Ernsthafte, Markgraf von Meißen, Landgraf von Thüringen ~ 3/466; Girbert, Johann(es) ~/† 4/14; Grosse, Ernst Ludwig * 4/194; Günther, Walther (Franz Gustav) ~ 4/243; Helmbold, Ludwig */~/† 4/571; Helmerking, Heinz * 4/572; Hermann I., Landgraf von Thüringen, Pfalzgraf von Sachsen ~ 4/622; Hertwig, August * 4/650; Kleinau, Willy A. * 5/579; Kristan von Mühlhausen, Deutschordenspriester, Bischof von Samland † 6/108; Lampadius, Jakob ~ 6/208; Lentze, August ~ 6/322; Lipmann, Jom Tow ben Salomo * 6/416; Ludolf, Erzbischof von Magdeburg ~ 6/495; Ludwig, Eduard * 6/508; Lutteroth, Ascan Wilhelm * 6/539; Mankewitz, Paul */~ 6/589; Mayer, Karl ~ 7/10; Methfessel, Adolph * 7/86; Methfessel, Ernst * 7/86; Mix, Erich ~ 7/160; Müntzer, Thomas ~/† 7/299; Paquet, Alfons ~ 7/561; Pfannschmidt, Carl Gottfried * 7/636; Pfeiffer, Heinrich ~/† 7/640; Röbling, Johann August * 8/347; Sanden, Hans ~ 8/511; Scharf, Benjamin ~ 8/567; Schernberg, Dietrich ~ 8/613; Schmidt, (Max Karl Wilhelm) Adolf † 9/1; Schönlank, Bruno * 9/97; Schütz, Heinrich ~ 9/177; Schuke, Hans-Joachim ~ 9/181; Schulze, Johann Friedrich ~ 9/200; Schumann, Werner ~ 9/208; Stammler, Georg * 9/444; Steinrück, Albert ~ 9/500; Strätz, Carl ~ 9/565; Stüler, (Friedrich) August * 9/609; Thierfelder, Albert * 10/6; Tilesius von Tilenau, Wilhelm Gottlieb von */† 10/42; Wagner, Liborius */~ 10/284; Werner, (Otto) Heinrich * 10/446; Ziehn, Bernhard ~ 10/657
Mühlhausen an der Enz (seit 1972 zu Mühlacker)
Fulda, Friedrich Karl ~ 3/539; Fulda, Friedrich Karl von * 3/539
Mühlhausen-Ehingen → Mühlhausen
Mühlhausen i. Ostpr. (poln. Młynary)
Alscher, Robert ~ 1/94; Decius, Nikolaus ~ 2/457; Hennenberger, Kaspar ~ 4/590; Schultz, Johann * 9/191

Mühlheim (Mörnsheim)
Morgott, Franz von Paula * 7/213
Mühlheim am Main
Herz, Richard (Leopold) ~ 4/659; Selbst, (Franz) Joseph (Heinrich) * 9/276
Mühlheim an der Donau → Stetten
Mühlhof (Nürnberg)
Müller-Meiningen, Ernst * 7/289
Mühlingen → Mainwangen
Mühltal (Kr. Darmstadt-Dieburg)
siehe auch *Frankenstein, Nieder-Ramstadt*
Kreuder, Ernst ~ 6/101
Mühltal (Oberbayern)
Wild, Joseph * 10/498
Mühltroff
Heubner, Otto (Leonhard) ~ 5/7; Heubner, Otto (Johann Leonhard) * 5/7; Kospoth, Otto Carl Erdmann Frh. von */~/† 6/52; Naogeorg, Thomas ~ 7/339
Mühringen
Stern, Jakob ~ 9/513; Wassermann, Moses von ~ 10/343
Mülben (seit 1975 zu Waldbrunn, Neckar-Odenwald-Kreis)
Otto, Eberhard † 7/534
Mülfort
Arndgen, Josef ~ 1/172
Mülhausen (frz. Mulhouse, Dép. Haut-Rhin)
siehe auch *Dornach*
Baldensperger, Guillaume * 1/274; Beckenkamp, Jakob ~ 1/374; Becker, Philipp August * 1/380; Biedermann, Rudolf * 1/518; Bienstock, Heinrich * 1/522; Blankenhorn, Herbert * 1/558; Brandmüller, Johannes ~/† 2/67; Brandt, Karl * 2/70; Brass, Kurt ~ 2/74; Broch, Hermann (Josef) ~ 2/137; Bronn, Jegor (Israel) ~ 2/145; Cherbuliez, Antoine-Elisée * 2/309; Cherbuliez, Émile * 2/309; Coßmann, Hermann Josef ~ 2/382; Deecke, (Ernst Georg) Wilhelm ~ 2/463; Dietsch, Andreas ~ 2/538; Dingler, Johann Gottfried ~ 2/552; Dinter, Artur * 2/553; Döderlein, Ludwig (Heinrich Philipp) ~ 2/571; Egender, Karl * 3/24; Eichhoff, Wilhelm Joseph ~ 3/51; Engel-Dollfus, Friedrich ~ 3/116; Faber, Karl Wilhelm ~/† 3/209; Faber, Kurt * 3/209; Ferber, Heinrich ~ 3/266; Flatt, Robert ~ 3/337; Fries, Johann Graf von * 3/483; Gebhard, Hans * 3/593; Georgievics, Georg (Cornelius Theodor) von ~ 3/633; Gillig, Charles ~ 4/9; Goldschmidt, (Johannes) Friedrich ~ 4/82; Goppelsröder, (Christoph) Friedrich ~ 4/98; Graf, Karl Heinrich * 4/127; Griesbach, Hermann Adolf ~ 4/163; Grütsch, Konrad ~ 4/219; Häussermann, Reinhold ~ 4/315; Heilmann, Johann Kaspar * 4/499; Heilmann, Josua * 4/499; Hersing, Otto ~ 4/647; Herzog, Jakob ~ 4/665; Heß, Otto ~ 4/672; Imbert, Georg ~ 5/250; Iseke, Hermann ~ 5/261; Kalischer, Georg ~ 5/413; Kaufung, Clemens ~ 5/444; Kleist, Karl * 5/584; Knoop, Gerhard Ouckama ~ 5/628; Koechlin, André */~ 5/647; Kohl-Larsen, Ludwig ~ 6/3; Kramp, Willy * 6/70; Krannhals, Alexander ~ 6/71; Lambert, Johann Heinrich * 6/204; Lehmann, Otto ~ 6/296; Levi, Friedrich (Wilhelm Daniel) * 6/358; Lindner, Friedrich Ludwig ~ 6/407; Lion, Ferdinand * 6/415; Luipart, Marcel ~ 6/527; Luttringhausen, Johann Heinrich * 6/539; Mayer, Otto ~ 7/10; Meebold, Johann Gottlieb ~ 7/24; Moll, Margarete * 7/190; Müller, Wolf Johannes ~ 7/284; Münch, Hans * 7/293; Neßler, Julius ~ 7/366; Noelting, (Domingo) Emilio ~ 7/431; Osann, Carl Alfred ~ 7/510; Otto, Gustav ~ 11/154; Pommer, Christoph Friedrich von ~ 8/30; Ruckmich, Karl (Maria) ~ 8/434; Rüsch, Niklaus ~ 8/455; Rupe, Hans ~ 8/469; Schleyer, Hanns-Martin ~ 8/673; Schwab-Plüß, Margarethe ~ 9/218; Stadler, Herbert ~ 9/430; Steinmann, Johann Jacob ~ 9/498; Stengel, Karl (Joseph Leopold) Frh. von ~ 9/506; Stöber, Adolf Ludwig ~ 9/540; Stöber, August (Daniel Ehrenfried) ~/† 9/540; Strauss, Ottmar * 9/578; Vischer, Eduard ~ 10/215; Waas, Alfred ~ 10/263; Wachter, Ernst * 10/267; Werner, Alfred * 10/444; Wildhagen, Erik ~ 10/501; Wolff, Paul * 10/577; Wurstisen, Christian ~ 10/600; Zickendraht, Hans ~ 10/650; Zottmayr, Georg ~ 10/689

1/272; Baisch, Karl ~ 1/272; Baisch, Otto ~ 1/272; Baiter, Johann Georg ~ 1/272; Bakof, Julius ~ 1/272; Baldass, Ludwig ~ 1/273; Balde, Jakob ~ 1/273; Baldus, Richard ~/† 1/275; Bal(l)enberger, (Johann Georg) Karl ~ 1/276; Balke, Siegfried ~/† 11/10; Ball, Hugo ~ 1/277; Ball-Hennings, Emmy ~ 1/277; Ballasko, Viktoria von ~ 1/277; Bally, Theodor Armand ~ 1/279; Balmer, Alois ~ 1/279; Balmer, (Paul Friedrich) Wilhelm ~ 1/279; Balser, Ewald ~ 1/279; Balticus, Martin */~ 1/281; Baltzer, Johann Baptist ~ 1/282; Bamann, Eugen ~/† 1/283; Bamberger, Eugen ~ 1/284; Bamberger, Fritz ~ 1/284; Bampi, Richard ~ 1/286; Banck, Otto (Alexander) ~ 1/286; Bandel, (Joseph) Ernst von ~ 1/286; Bandel, Heinrich von * 1/286; Bandorf, Melchior (Josef) ~ 1/287; Banholzer, Johann ~/† 1/289; Bardenhewer, (Bertram) Otto ~/† 1/293; Barfuß, Paul ~/† 1/294; Barion, Hans ~ 11/11; Barkhausen, Heinrich Georg ~ 1/295; Barnowsky, Viktor ~ 1/298; Bartels, Hans von ~/† 1/299; Bartels, Wolfgang von ~/† 1/299; Bartels-Heimburg, Wera von */~/† 1/300; Barth, Christian Gottlob ~ 1/300; Barth, Christian Karl ~ 1/300; Barth, Ferdinand ~ 1/301; Barth, Franz Xaver ~/† 1/301; Barth, Johann Carl ~ 1/302; Barth, Marquard ~ 1/304; Barth, Paul Basilius ~ 1/305; Barth von Barthenau, Ludwig ~ 1/305; Barth von Harmating, Heinrich * 1/306; Barth von Harmating, Hermann Frh. ~ 1/306; Barthel, Ludwig Friedrich ~/† 1/307; Barthelmess, Nikolaus ~ 1/307; Bartholomae, Christian ~ 1/307; Bartning, Ludwig ~ 1/309; Bartsch von Sigsfeld, Hans ~ 1/311; Barvitius, Johann Anton ~ 1/311; Bary, Alfred (Erwin Cajetan Maria) von ~/† 1/311; Bary, Erwin von */~ 1/312; Baschwitz, (Siegfried) Kurt ~ 1/313; Basil, Otto ~ 1/314; Basler, Otto ~ 1/314; Bassermann-Jordan, Ernst von ~/† 1/316; Bassermann-Jordan, Friedrich von ~ 1/316; Bassus, Konrad Maximilian Friedrich Maria Frh. von */~/† 1/316; Basta, Marie ~ 1/317; Bastian, Gert * 1/317; Bauberger, Wilhelm ~ 1/320; Bauch, Kurt ~ 11/12; Baudisch, Paul ~ 1/321; Baudissin, Eva Gräfin von † 1/321; Baudissin, Wolf (Stefan Traugott) Graf von ~ 1/322; Baudri, (Peter Ludwig) Friedrich ~ 1/323; Bauer, Clemens ~ 1/324; Bauer, Gustav (Conrad) ~/† 1/325; Bauer, Hermann ~ 1/326; Bauer, Karl von † 1/327; Bauer, Karl (Konrad Friedrich) ~/† 1/327; Bauer, Karl ~ 1/327; Bauer, Karl Heinrich ~ 1/327; Bauer, Karl Josef ~/† 1/328; Bauer, Wilhelm Sebastian Valentin † 1/330; Bauer, Wolfgang */~/† 1/330; Bauer, Wolfgang ~/† 11/13; Bauerle, Karl Wilhelm Friedrich ~ 1/330; Bauernfeind, Carl Maximilian von ~ 1/330; Bauernfeind, Gustav ~ 1/330; Baule, Bernhard ~ 1/332; Baum, Julius ~ 1/332; Baum, Paul ~ 1/333; Baumann, Franz Ludwig von ~ 1/334; Baumann, Fritz (Cäsar) ~ 1/335; Baumann, Guido † 1/335; Baumann, Hermann † 1/335; Baumann, Johannes ~ 1/336; Baumann, Rudolf ~ 11/13; Baumbach, Max ~ 1/338; Baumberger, Otto ~ 1/339; Baumblatt, Luitpold Jakob ~ 1/339; Baumeister, (Karl) August ~/† 1/339; Baumeister, (Franz) Carl ~ 1/339; Baumeister, Johann Wilhelm ~ 1/340; Baumgärtner, Adam Friedrich Gotthelf ~ 1/341; Baumgärtner, Albrecht Heinrich ~ 1/341; Baumgärtner, Georg August ~ 1/341; Baumgardt, David ~ 1/342; Baumgarten, Hermann ~ 1/344; Baumgarten, Otto * 1/344; Baumgarten, Paul ~ 1/345; Baumgartner, Augustin * 1/346; Baumgartner, Hans Michael */~ 11/13; Baum-gartner, Joseph † 1/347; Baumgartner, Matthias ~ 1/348; Baumgartner, Paul ~ 1/348; Baur, Albert ~ 1/348; Baur, Emil ~ 1/349; Baur, Franz */~ 1/350; Baur, Franz Adolf Gregor von ~/† 1/350; Baur, Friedrich ~ 1/350; Baur, Karl */~/† 1/351; Baur, Wilhelm */~ 11/14; Bausch, Hans ~ 11/14; Bauschinger, Johann ~/† 1/354; Bauschinger, Julius ~ 1/354; Bausewein, Kaspar † 1/355; Bayer, Aloys ~ 1/356; Bayer, August von ~ 1/356; Bayer, Hieronymus von ~/† 1/357; Bayer, Karl ~ 1/358; Bayerlein, Fritz ~ 1/359; Bayern, Konstantin Prinz von ~ 1/360; Bayersdörfer, Michael ~/† 1/360; Bayersdorfer, Adolph ~/† 1/360; Bayrhammer, Gustl */~ 1/360; Bayros, Franz Marquis von ~ 1/361; Bazille, Wilhelm ~ 1/361; Bebermeyer, Gustav ~ 11/14; Becher, Erich ~/† 1/365; Becher, Erwin

(Friedrich) ~ 1/365; Becher, Hellmut ~ 1/366; Becher, Johann Joachim ~ 1/366; Becher, Johannes R(obert) * 1/366; Bechert, Karl ~ 1/367; Bechmann, (Georg Carl) August Ritter von ~/† 1/367; Bechstein, Lothar ~/† 1/367; Bechstein, Ludwig ~ 1/367; Bechstein, Reinhold ~ 1/368; Bechtel, Heinrich ~ 1/368; Bechtolsheim, Clemens Frh. von */~/† 1/368; Beck, (Christian) Friedrich ~/† 1/370; Beck, Hans-Georg ~/† 11/15; Beck, Heinrich ~/† 1/370; Beck, Oscar ~/† 1/373; Becker, August ~ 1/375; Becker, Benno ~/† 1/375; Becker, Carl ~/† 1/375; Becker, Enno (Franz August) ~/† 1/376; Becker, Friedrich (Eberhard) † 1/377; Becker, Johann (Baptist) ~ 1/378; Becker, Joseph ~ 1/379; Becker, Karl Ludwig Friedrich ~ 1/379; Becker, Walther ~ 1/381; Becker-Gundahl, Carl Johann ~/† 1/382; Beckerath, Hermann von ~ 1/382; Beckerath, Moritz von ~/† 1/382; Beckerath, Willy von ~ 1/382; Beckers, Hubert (Karl Philipp) */~/† 1/382; Beckh, Hermann ~ 1/383; Beckler, Hermann ~ 1/383; Beckmann, Konrad ~/† 1/385; Beckmann, Liesel ~/† 1/385; Beckmann, Max ~ 1/385; Beckmann, Minna Frieda Helene ~ 11/15; Beckurts, Karl Heinz ~ 1/387; Beeg, Johann Kaspar ~ 1/388; Beer, Hermann ~ 11/16; Beer, Max ~ 1/390; Beer, Michael ~/† 1/390; Beer, Wilhelm Amandus ~ 1/391; Beer-Walbrunn, Anton ~/† 1/391; Beese, Amelie ~ 1/391; Beetschen, Lucie ~ 1/393; Beetz, Wilhelm von ~/† 1/393; Behaghel, Otto † 1/394; Beham, Barthel ~ 1/395; Beham, Hans Sebald ~ 1/395; Behl, Carl Friedrich Wilhelm ~/† 1/396; Behler, Ernst ~ 11/16; Behling, Lottlisa ~/† 1/396; Behmer, Marcus ~ 1/397; Behn, Fritz ~/† 1/398; Behn, Hermann ~ 1/398; Behn, Siegfried ~ 1/398; Behrend-Brandt, Magdalena ~/† 1/400; Behrens, Peter ~ 1/402; Behringer, Edmund ~ 1/403; Beich, Joachim Franz ~/† 1/403; Beier, Friedrich-Karl ~/† 11/16; Beierlein, Johann Peter ~/† 1/404; Beigel, Georg Wilhelm Siegmund ~ 1/404; Beilhack, Johann Georg ~/† 1/405; Beimler, Hans */~ 1/405; Beisbarth, Carl Friedrich ~ 1/406; Beisler, Hermann Ritter von ~ 1/406; Beit, Ferdinand ~ 1/406; Beitzke, Hermann ~ 1/407; Bekk, Adolf ~ 1/407; Beling, Ernst von ~/† 1/408; Ben-Chorin, Schalom */~ 11/17; Benatzky, Ralph ~ 1/413; Benckert, Johann Peter ~ 1/413; Benda, Clemens Ernst ~/† 1/413; Benda, Hans Robert Gustav von ~ 1/414; Bendel, Hans ~ 1/414; Bendemann, Rudolf Christian Eugen ~ 1/415; Bender, Paul Friedrich Gustav ~/† 1/417; Benecke, Ernst Wilhelm ~ 1/418; Benfey, Theodor ~ 1/422; Bengsch, Alfred ~ 1/422; Bengtson, Hermann ~/† 1/422; Benjamin, Erich ~ 1/423; Benkhoff, Fita ~/† 1/424; Benndorf, (Friedrich August) Otto ~ 1/425; Benndorf, Wolfgang ~ 1/425; Bennewitz von Löfen, Karl d. Ä. ~ 1/426; Bennhold, Hans-Hermann ~ 1/426; Benninghoff, Alfred ~ 1/427; Bensel, Carl (Gustav) ~ 1/428; Bentlage, Margarete zur ~ 1/429; Bentz, Alfred ~ 1/430; Benz, Ottomar ~ 1/431; Benz, Richard ~ 1/431; Benz, Severin ~ 1/431; Benziger, August ~ 1/432; Benziger, Carl Joseph ~ 1/432; Beradt, Martin ~ 1/433; Berber, Felix ~/† 1/433; Berber, Friedrich ~ 1/433; Berberich, Ludwig ~ 1/433; Berblinger, Walther ~ 1/434; Berchem, Egon (August) Frh. von ~ 1/434; Berchem, Maximilian (Franz Joseph) Graf von † 1/434; Berchem, Maximilian (Sigismund Rudolf) Graf von */~/† 1/434; Berchtold, Joseph ~/† 1/435; Bercken, Erich von der ~ 1/435; Berdellé, Johann Baptist ~/† 1/435; Berend, Alice ~ 1/436; Berend, Eduard ~ 1/436; Berend, Fritz ~ 1/436; Berendsohn, Walter Arthur ~ 1/437; Berenger, (Joseph Maria) Adolf von ~ 1/437; Berg, Adam ~/† 1/438; Bergeat, Alfred (Edmund) ~ 1/442; Bergengruen, Werner ~ 1/443; Berger, Alfred ~ 1/443; Berger, Ernst ~/† 1/444; Berger, Franz ~ 1/444; Berger, Karl Philipp ~ 1/446; Berger, Ludwig ~ 1/446; Berger, Matthias */~/† 1/446; Berghe von Trips, Wolfgang Graf ~ 1/447; Bergmann, Ernst von ~ 1/449; Bergmann, Gustav von ~ 1/450; Bergmann, Hermann ~ 1/451; Bergmann, Julius (Hugo) ~ 1/451; Bergmann, Michael Adam von */~/† 1/452; Bergmeister, Hermann ~ 1/452; Bergmüller, Johann Georg ~ 1/452; Bergner, Elisabeth ~ 1/452; Bergobzoomer, Johann Baptist

München

(Richard) Walter † 2/446; Daser, Ludwig */~ 2/446; Dasio, Max(imilian) */~ 2/446; Daume, Willi ~/† 11/43; David, (Martin) Alois ~ 2/451; Davideit, Johann Heinrich ~/† 2/453; Davring, Henri ~ 2/454; Daxenberger, Sebastian Franz von */~/† 2/454; Debye, Peter (Joseph Wilhelm) ~ 2/456; Deckel, Friedrich (Wilhelm) ~/† 2/457; Decurtins, Caspar ~ 2/461; Dedler, Rochus ~ 2/462; Deermann, Bernhard ~ 2/463; Deeters, Gerhard ~ 2/463; Deetjen, (Otto Paul) Werner ~ 2/463; Deffner, (Josef) Michael ~ 2/464; Defregger, Franz (Jakob) Ritter von ~/† 2/464; Degele, Eugen */~ 2/464; Degenhart, Bernhard */~/† 11/44; Degenhart, Max */~/† 11/44; Degler, Hans ~ 2/466; Degler, Johann ~ 2/466; Degler, Josef ~ 2/466; Dehio, Georg (Gottfried Julius) ~ 2/467; Dehler, Thomas ~ 2/467; Dehm, Richard ~ 11/44; Deibel, Joseph ~ 2/469; Deiker, Karl Friedrich ~ 2/471; Deinet, Anna ~/† 2/471; Deininger, Heinz Friedrich ~ 2/472; Delaquis, Ernst ~ 2/474; Delff, (Heinrich Karl) Hugo ~ 2/476; Deller, Florian (Johann) ~/† 2/479; Dellingshausen, Eduard (Alexander Julius) Frh. von ~ 2/479; Delp, Alfred (Friedrich) ~ 2/479; Delsarta, Ernesta * 2/479; Delsen, Leo ~ 2/480; Delug, Alois (Johann Josef) ~ 2/480; Delvard, Marya ~ 2/480; Demel-Elswehr, Hans ~ 2/481; Demeter, Karl ~ 2/482; Demmel, Augustin Joseph */~/† 2/483; Demoll, Reinhard ~ 2/483; Dempf, Alois ~ 2/484; Demuth, Fritz ~ 2/484; Deneke, (Karl August) Theodor ~ 2/485; Denifle, Heinrich Suso † 2/486; Denis, Paul (Camille) von ~ 2/487; Denk, Joseph */~ 2/487; Denk, Joseph */~/† 2/488; Denk, Otto ~ 2/488; Denker, Alfred (Friedrich Amandus) ~/† 2/488; Dennerlein, Thomas ~/† 2/489; Denzinger, Franz Joseph Ritter von ~ 2/489; Depser, Hans */~ 2/490; Derleth, Ludwig ~ 2/491; Derra, Ernst ~ 2/493; Dertsch, Richard ~ 2/494; Déry, Juliane ~ 2/494; Desberger, (Franz) Eduard */~/† 2/494; Desch, Kurt ~/† 2/495; Deschwanden, Melchior (Paul) von ~ 2/495; Deschwanden, Theodor von ~ 2/495; Des Coudres, Ludwig ~ 2/495; Des Coudres, Theodor ~ 2/496; Desczyk, Gerhard ~ 2/496; Dessauer, Friedrich ~ 2/497; Deßloch, Otto † 2/498; Destouches, Ernst von */~/† 2/499; Destouches, Franz Seraph */† 2/499; Destouches, Johanna von */~/† 2/499; Destouches, Joseph Anton */~/† 2/499; Destouches, Joseph Claudius ~ 2/499; Destouches, Ulrich ~/† 2/499; Dettling, Joseph (Leonard) ~ 2/501; Deumer, Robert ~ 2/502; Deurer, Ludwig ~ 2/503; Deurer, Peter Ferdinand ~/† 2/503; Deutinger, Martin von ~/† 2/504; Deutinger, Martin ~ 2/504; Deutmayr, Bernhard * 2/504; Deutsch, Felix ~ 2/504; Deutsch, Helene ~ 2/505; Deutsch, Joseph ~ 2/505; Dewald, Georg ~ 2/508; Dexel, Walter * 2/510; Deym von Střítež, Franz (Severin Wenzel Maria Philipp Benitus) Graf ~ 2/510; Diabelli, Anton ~ 2/510; Diamant, Moritz ~ 2/510; Diebold, Bernhard Ludwig ~ 2/513; Dieckhoff, Hans-Heinrich ~ 11/46; Dieckmann, Max ~/† 2/514; Dieffenbacher, August (Wilhelm) ~/† 2/516; Diehl, Ernst (Johann Ludwig) † 2/516; Diehl, Karl Ludwig (Hermann) ~ 2/516; Diels, Otto (Paul Hermann) ~ 2/517; Diels, Paul (Cäsar Oskar Gottlieb) ~/† 2/517; Diem, Eugen ~/† 2/518; Diemand, Anton Alexander ~ 2/518; Diemer, Michael Zeno ~ 2/518; Dienst, Arthur ~ 2/519; Dierichs, Paul ~ 11/46; Dierkes, Paul ~ 2/522; Diesel, Rudolf (Christian Karl) ~ 2/523; Dieß, Wilhelm ~/† 2/525; Dieterich, Eugen ~ 2/527; Dieterich, Karl (Gustav) ~ 2/528; Dieterich, Viktor ~ 2/528; Dieterle, Wilhelm ~ 2/529; Dietl, Eduard (Wohlrat Christian) ~ 2/529; Dietrich, Franz Xaver ~ 2/535; Dietrich, Hans Christian ~ 2/536; Dietrich, Joseph ~ 2/536; Dietrich, Otto ~ 2/537; Dietrich, Wendel ~ 2/537; Dietsche, Friedolin Josef ~ 2/539; Dietz, Fedor ~ 2/539; Dietz, Johann (Simon Jeremias) von ~ 2/540; Dietz, Johanna (Margarethe) ~ 2/540; Dietz, Maria ~ 2/541; Dietz, Oswald ~ 2/541; Dietz, Rolf ~/† 11/46; Dietz, Rudolf ~ 2/541; Dietze, Walther Wilhelm Hermann ~ 2/541; Dietzel, Richard Paul ~ 2/542; Dietzfelbinger, Hermann ~/† 2/542; Dieudonné, Adolf ~ 2/543; Diez, Ernst Friedrich ~/† 2/543; Diez, Hermann ~ 2/543; Diez, Julius ~/† 2/544; Diez, Robert ~ 2/544; Diez, (Albrecht Christoph) Wilhelm von ~/† 2/544; Dill, Emil ~ 2/546;

Dill, Hans ~ 2/546; Dill, Ludwig ~ 2/546; Dill, Otto ~ 2/546; Diller, Hans ~ 2/547; Dillis, (Johann) Cantius ~/† 2/547; Dillis, (Maximilian Johann) Georg von ~/† 2/547; Dimroth, Otto ~ 2/550; Dingeldey, (Friedolin Gustav Theodor Karl W.) Friedrich ~ 2/551; Dingler, Hermann ~ 2/551; Dingler, Hugo (Albert Emil Hermann) */~/† 2/552; Dingler, Max ~/† 2/552; Dinter, Artur ~ 2/553; Dippel, Leopold ~ 2/554; Dirksen, Herbert von † 2/556; Dirlmeier, Franz ~ 2/556; Dirr, Adolf ~ 2/557; Dirr, Pius ~/† 2/557; Dirschedl, Johann Baptist ~ 2/557; Dirscherl, Wilhelm ~ 11/47; Disselhoff, Hans-Dietrich ~ 2/558; Disteli, Martin ~ 2/558; Ditfurth, Franz Wilhelm Frh. von ~ 2/559; Ditfurth, Maximilian von * 2/559; Dittler, Rudolf ~ 2/561; Dittmann, Herbert † 2/561; Dittrich, Franz ~ 2/562; Dittrich, Franz Georg von ~/† 2/562; Dittrich, Max ~ 2/562; Dobbert, Eduard ~ 2/564; Dobereiner, Philipp ~/† 2/564; Docen, Bernhard Joseph ~/† 2/566; Dodel, Arnold ~ 2/566; Döbereiner, Christian ~/† 2/568; Doeberl, Michael ~ 2/568; Doebner, Oscar (Gustav) ~ 2/570; Döderlein, Albert ~/† 2/570; Döderlein, Gustav ~/† 2/570; Döderlein, Ludwig (Heinrich Philipp) ~/† 2/571; Dölger, Franz ~/† 2/571; Dölle, Hans (Heinrich Leonhard) † 2/572; Döllgast, Hans ~/† 2/572; Döllinger, Ignaz (Christoph) ~/† 2/573; Döllinger, Johann Joseph Ignaz von ~/† 2/573; Dönhoff, August (Heinrich Hermann) Reichsgraf von ~ 2/574; Dönniges, (Marie Josephine) Helene von */~/† 2/574; Dönniges, (Franz Alexander Friedrich) Wilhelm von ~ 2/575; Döpfner, Julius ~/† 2/575; Döpler, Emil * 2/575; Döpler, Karl Emil ~ 2/575; Dörfler, Anton */~ 2/576; Dörfler, Peter ~/† 2/576; Döring, Gerd ~ 11/47; Döring, Oskar ~ 2/577; Doerner, Max (Wilhelm) ~/† 2/578; Dörnhöffer, Friedrich ~/† 2/579; Dörr, Walther (Hugo) ~ 2/579; Dörr, Wilhelm Ernst ~ 2/579; Dörschlag, Anna (Maria Friederike) ~ 2/580; Doetsch, Gustav Heinrich Adolf ~ 2/581; Doflein, Erich */~ 2/581; Doflein, Franz Theodor ~ 2/581; Dohrn, Anton Felix † 2/584; Dohrn, Georg ~ 2/584; Dollmann, Georg (Carl Heinrich) von ~/† 2/588; Dollmann, Karl Friedrich ~/† 2/588; Domarus, Alexander von ~ 2/589; Domaszewski, Alfred von † 2/589; Domgraf-Fassbaender, Willi † 2/590; Domin, Friedrich † 2/590; Dominicus, (Adolf) Alexander (Eberhard) ~ 2/590; Domizlaff, Helmuth ~ 2/591; Domnick, Ottomar (Wolfgang Johannes) ~ 2/592; Doms, Wilhelm ~ 2/592; Donadini, Ermenegildo Antonio ~ 2/592; Donath, Ludwig ~ 2/593; Donle, Ludwig Friedrich Karl Ritter von ~ 2/594; Donnersberg, Joachim Frh. von * 2/595; Dorer, (Karl) Edmund (Arnold) ~ 2/597; Dorn, Hanns ~/† 2/597; Dorn, Herbert ~ 2/598; Dorn, Joseph ~ 2/598; Dorn, Richard W. ~ 2/598; Dornblüth, Otto (Wilhelm Albert Julius) ~ 2/598; Dorner, Johann Jakob d. Ä. ~ 2/599; Dorner, Johann Jakob d. J. */~/† 2/599; Dorner, Johann Konrad ~ 2/599; Dornier, Claude ~ 2/599; Doss, (Carl) Bruno ~ 2/602; Dove, Alfred ~ 2/604; Dovifat, Emil ~ 2/604; Drach, Emil ~ 2/605; Drach, Erich */~ 2/605; Dralle, Eduard ~ 2/608; Dreber, (Carl) Heinrich ~ 2/610; Drechsel, Jeremias † 2/610; Drechsel, Karl Joseph Graf von ~/† 2/610; Drechsel, Max Ulrich Graf von ~ 2/610; Drechsel, Sammy ~ 2/610; Drechsler, Christoph Moritz Bernhard Julius ~/† 2/611; Drechsler, Gustav (Adolph Wilibald) ~ 2/611; Dreger, Tom Richard von ~ 2/612; Dreher, Konrad */~ 2/612; Dreher, Theodor ~ 2/613; Drerup, Engelbert (Julius Philipp) ~ 2/613; Drerup, Heinrich * 2/613; Dresch, (Georg) Leonhard von ~/† 2/614; Drescher, Carl (Maria) ~ 2/614; Drescher-Kaden, Friedrich Karl ~ 11/48; Dreuw, Heinrich ~ 2/616; Drevermann, Friedrich Ernst ~ 2/616; Drews, (Christian Heinrich) Arthur ~ 2/617; Drews, Wilhelm (Bill) Arnold ~ 2/617; Drews, Wolfgang ~/† 2/617; Drexel, Jeremias ~/† 2/618; Drexel, Joseph (Eduard) */~ 2/618; Drexelius, Wilhelm ~ 2/618; Drexl, Franz ~ 2/618; Drexler, Anton */~/† 2/618; Drexler, Ludwig */† 2/618; Dreyer, Alois ~/† 2/619; Dreyfus, Georg(es) L. ~ 2/619; Driesch, Hans Adolf Eduard ~ 2/620; Drobisch, Karl Ludwig ~ 2/622; Druckenmüller, Alfred ~ 2/627; Druffel, August von ~/† 2/628; Druskowitz, Helene von ~ 2/628; Drygalski, Erich

Urs Robert Joseph † 4/39; Gmelin, Hermann Ernst ~ 4/40; Gmelin, Leopold ~/† 4/41; Gnauth, Adolf ~ 4/42; Gobat, Georg ~ 4/44; Godeffroy, Ernst Adolph ~ 4/46; Godet, Marcel ~ 4/47; Godin, Amélie Frfr. von ~/† 4/47; Godin, Marie Amélie Frfr. von */† 4/47; Godin, Michael Paul Ludwig Richard Frh. von */~ 4/47; Godin, Reinhard Ludwig Bernhard Frh. von */~/† 4/47; Goebel, Fritz ~/† 4/48; Goebel, Karl (Immanuel Eberhard) Ritter von ~/† 4/49; Goebeler, Elise ~ 4/50; Gögler, Hermann ~ 4/52; Gönner, Albert ~ 4/54; Gönner, Nikolaus (Thaddäus) Ritter von ~/† 4/54; Göring, Hermann (Wilhelm) ~ 4/57; Goering, Reinhard ~ 4/58; Görres, Guido (Moritz) ~/† 4/59; Görres, (Johann) Joseph von ~/† 4/59; Görres, Marie † 4/61; Görtler, Henry ~ 4/61; Goerttler, Kurt ~ 11/69; Goeschl, Heinrich */† 4/63; Goetsch, (Johann Heinrich) Wilhelm ~ 4/67; Gött, Theodor (Gustav Hugo) */~ 4/67; Göttler, Joseph ~/† 4/68; Göttsberger, Johann (Baptist) ~ 4/68; Götz, Josef Matthias † 4/70; Goetz, Karl ~/† 4/70; Götz, (Johann) Michael ~ 4/70; Götz, Sebastian ~ 4/71; Goetz, Walter (Wilhelm) ~ 4/71; Götz, (Johann Konrad) Wilhelm (Friedrich Eduard) ~/† 4/71; Goetze, Albrecht ~ 4/71; Götze, Emil ~ 4/72; Goetze, Otto ~ 4/73; Götzenberger, Jakob ~ 4/74; Goez, Joseph Franz Frh. von ~ 4/74; Gogarten, Heinrich ~/† 4/75; Goidobon, Johann Baptist Frh. von ~ 4/76; Goldbaum, Wenzel ~ 4/76; Goldberg, Gustav Adolf ~/† 4/77; Goldberg, Heinz ~ 4/77; Goldberg, Oskar ~ 4/78; Goldenberger, Franz Xaver */~ 4/79; Goldhofer, Prosper * 4/79; Goldmann, Emil ~ 4/80; Goldmann, Wilhelm ~ 4/81; Goldschagg, Edmund Rudolf ~/† 4/81; Goldschmid, Edgar ~ 4/82; Goldschmidt, Alfons ~ 4/82; Goldschmidt, Hermann (Mayer Salomon) ~ 4/83; Goldschmidt, Leopold ~ 4/85; Goldschmidt, Richard (Benedikt) ~ 4/85; Goldschmidt, Richard Hellmuth ~ 4/85; Goldschmidt, Stefan ~/† 4/86; Goldschmidt, Theodor (Heinrich Hermann) ~ 4/86; Goldschmidt, Victor Moritz ~ 4/86; Goldschmidt-Rothschild, Albert Max Frh. von ~ 4/86; Goldschmit-Jentner, Rudolf † 4/87; Goldschmitt, Bruno ~ 4/87; Goldstein, Eugen ~ 4/87; Goldstein, Moritz ~ 4/88; Goll, Claire ~ 4/89; Goll, Yvan ~ 4/89; Golling, Alexander */~ 4/90; Gollwitzer, Helmut (Hans) ~ 4/90; Gollwitzer-Meier, Klothilde ~ 4/91; Goltermann, Georg (Eduard) ~ 4/91; Golther, Wolfgang ~ 4/91; Goltz, Alexander Demetrius ~ 4/92; Gonne, Friedrich ~ 4/96; Gonzenbach, Carl Arnold ~ 4/97; Gonzenbach, Willi von ~ 4/97; Goossens, Josse (Maria Konstantin) ~ 4/97; Goppel, Alfons ~ 4/97; Goppelt, Leonhard */~/† 4/98; Gorlitt, Robert ~ 4/99; Gorter, Albert ~ 4/99; Gorup von Besánez, Eugen Franz Frh. ~ 4/99; Gosen, Theodor von ~ 4/100; Gossmann, Friederike ~ 4/101; Goßner, Balthasar ~ 4/101; Goßner, Johannes Evangelista ~ 4/101; Gosswin, Anton ~ 4/102; Gotthelf, Felix ~ 4/108; Gottl-Ottlilienfeld, Friedrich von ~ 4/108; Gottschalk, Alfred ~ 4/110; Gottschalk, Hans (Ludwig) ~ 4/110; Gottstein, Hans ~ 4/112; Goubeau, Josef ~ 11/70; Goumois, William de ~ 4/113; Grabe, Georg Eugen Leopold ~ 4/115; Grabichler, Alois ~/† 4/116; Grabmann, Martin ~ 4/116; Grabower, Rolf † 4/117; Gradl, Hermann ~ 4/118; Graebe, Kurt ~ 4/119; Grädener, Hermann ~ 4/120; Gräfe, Friedrich (Heinrich Franz Konrad Karl) ~ 4/121; Gräff, Franz Friedrich ~ 4/122; Gräffe, Eduard ~ 4/122; Gräfle, Albert ~/† 4/122; Gräner, Paul ~ 4/123; Graepel, Otto (Friedrich) ~ 4/123; Gräser, Wolfgang ~ 4/123; Grässel, Hans (Georg) ~/† 4/124; Grätz, Heinrich (Hirsch) † 4/124; Grätz, Joseph ~/† 4/124; Grätz, Leo ~/† 4/124; Grätzer, Alfred ~ 4/125; Graevenitz, Fritz von ~ 4/125; Graevenitz, Kurt-Fritz von † 4/125; Graf, Emil ~/† 4/126; Graf, Ernst ~ 4/126; Graf, (Kaspar) Ernst ~ 4/126; Graf, Georg ~ 4/127; Graf, Heinrich */~ 4/127; Graf, Maxl */~/† 4/128; Graf, Oskar ~ 4/128; Graf, Oskar Maria ~ 4/128; Graf, Otto ~ 4/128; Graf, Robert ~/† 4/128; Graf, Thomas ~ 4/128; Graf, Ulrich ~/† 4/129; Graf, Willi ~/† 4/129; Graf-Pfaff, Cäcilie ~ 4/129; Grafe, Felix ~ 4/130; Graff, Wilhelm Paul ~ 4/131; Graff de Pancsova, Erwin ~ 4/131; Graff

de Pancsova, Ludwig (Bartholomäus) ~ 4/131; Grahn-Young, Lucile (Alexia) ~/† 4/132; Grammel, Richard ~ 4/134; Granach, Alexander ~ 4/134; Grandaur, Bernhard (Johann Michael) Ritter von † 4/134; Granichstaedten-Czerva, Rudolf von ~ 4/135; Grasegger, Georg ~ 4/136; Graser, Ernst ~/† 4/137; Grashey, Hubert Ritter von ~/† 4/137; Grashey, Otto † 4/137; Grashey, Rudolf ~ 4/137; Grasmann, Eustachius ~/† 4/138; Grasser, Erasmus ~/† 4/139; Grassi, Ernesto ~/† 4/139; Grassl, Otto * 4/140; Graßmann, Josef Ritter von ~/† 4/140; Grassmann, Peter * 4/140; Grassmann, Wolfgang */~ 4/140; Gratz, Lorenz Klemens ~ 4/141; Gratzl, Emil */~/† 4/141; Gratzmüller, Hieronymus */~ 4/141; Graubner, Gerhard ~ 4/142; Grauert, Hermann (Heinrich) von ~/† 4/142; Graul, Hans ~ 11/71; Gravenhorst, Traud ~/† 4/145; Gravenreuth, Karl Frh. von * 4/145; Gravenreuth, Karl Ernst Graf ~ 4/145; Gref, Franz Heinrich ~ 4/147; Gregor, Joseph ~ 4/148; Gregor-Dellin, Martin ~ 4/149; Gregorovius, Ferdinand (Adolf) ~/† 4/149; Greif, Martin ~ 4/150; Greil, Philipp Jakob ~ 4/152; Greim, Georg Heinrich ~ 4/152; Greindl, Josef * 4/152; Greiner, Leo ~ 4/153; Greiner, (Ernst) Otto ~/† 4/153; Greinz, Rudolf (Heinrich) ~ 4/154; Greith, (Emil Franz) Karl ~/† 4/155; Greith, Karl Johann ~ 4/155; Gremels, (Karl Felix) Hans ~ 4/156; Grengg, Karl ~ 4/156; Gresser, Franz von ~ 4/157; Grethe, Carlos ~ 4/158; Gretz, Matthias ~/† 4/158; Greve, Franz ~ 4/159; Greve, Hedwig ~ 4/159; Greve-Lindau, Georg Wilhelm ~ 4/160; Greven, Anton ~ 4/160; Grevenberg, Julius ~ 4/160; Greving, Joseph ~ 4/160; Grienwald, Franz Joseph ~/† 4/162; Grieß, Johann Peter ~ 4/166; Grießmeyer, Albert ~ 4/166; Grill, Oswald ~ 4/166; Grillenberger, Karl † 4/166; Grillmeier, Alois † 11/71; Grimm, Hans (Emil Wilhelm) ~ 4/168; Grimm, Hans (August Georg) ~ 4/168; Grimm, Joseph ~ 4/170; Grimm, Ludwig Emil ~ 4/171; Grimm-Sachsenberg, Richard ~ 4/172; Grimme, Adolf (Berthold Ludwig) ~ 4/172; Grimminger, Adolf ~ 4/173; Grisar, Hartmann ~ 4/174; Grob, Konrad † 4/176; Groebbels, Franz (Maria) ~ 4/177; Gröber, Hermann † 4/178; Groedel, Franz (Maximilian) ~ 4/179; Grögler, Wilhelm */~/† 4/179; Groethuysen, Bernhard ~ 11/71; Groff, Guillielmus de ~/† 4/181; Groff, Karl de ~/† 4/181; Groll, Gunter ~ 4/183; Grolman, Adolf (Karl-Friedrich Wilhelm) von ~ 4/183; Grom-Rottmayer, Hermann ~ 4/184; Grooth, Johann Nikolaus ~ 4/187; Gropius, Walter (Adolf Georg) ~ 4/187; Gross, Babette (Lisette) ~ 4/190; Groß, Karl ~ 4/192; Gross, Walter (Hatto) ~ 11/73; Groß, Walther ~ 4/193; Groß, Wilhelm (Ernst Julius) ~ 4/193; Groß-Hoffinger, Anton Johann ~ 4/193; Grosse, Ernst (Carl Gustav) ~ 4/194; Grosse, Ernst Ludwig ~ 4/194; Grosse, Julius (Waldemar) ~ 4/195; Großfeld, Johann (Gerhard) ~/† 4/196; Grossi, Ernst von ~/† 4/196; Grossmann, Ernst (August Friedrich Wilhelm) ~/† 4/197; Großmann, Hermann ~ 4/197; Großmann, Rudolf (Wilhelm Walter) ~ 4/198; Grossmann, Rudolf ~ 4/198; Grosz, George ~ 4/199; Grote, Louis (Radcliffe) ~ 4/200; Grote, Ludwig ~ 4/201; Groth, Otto ~/† 4/202; Groth, Paul Heinrich Ritter von ~/† 4/202; Groth, Wilhelm ~ 4/202; Grothe, (Albert Louis) Hugo ~ 4/202; Grothusen, Klaus Detlev ~ 4/203; Grove, (Karl) Otto Ritter von ~ 4/204; Grua, (Franz) Paul (Joseph) ~/† 4/204; Grubenmann, (Johann) Ulrich ~ 4/205; Gruber, Edmund */~/† 11/73; Gruber, Ferdinand Joseph ~ 4/205; Gruber, Georg Benno */~ 11/73; Gruber, Max(imilian Franz Maria) Ritter von ~ 4/207; Gruber, Otto (Heinrich Franz Anton) Ritter von ~ 4/207; Grueber, Albrecht ~ 4/208; Grueber, Benno ~ 4/208; Grueber, Bernhard ~/† 4/208; Grünbaum, Max ~/† 4/211; Grünberger, Johann Georg ~ 4/212; Grünebaum, Elias ~ 4/213; Grünenwald, Jakob ~ 4/213; Grüner, Karl Franz ~ 4/214; Grünewald, Matthias (Gothart Nithart) ~ 4/214; Grünhut, (Jacques-)Leo ~/† 4/216; Grünwedel, Albert */~ 4/217; Grünzweig, Carl (Otto) ~ 4/219; Grützner, Eduard (Theodor) Ritter von ~/† 4/219; Gruhle, Hans Walter ~ 4/220; Gruithuisen, Franz von Paula ~/† 4/220; Grund, Walter ~ 4/223; Grundmann, Herbert ~/† 4/224;

Antonius von ~ 4/587; Henle, Franz (Wilhelm) */~ 4/587; Henle, Fritz ~ 4/587; Henne, (E.) Heinrich † 4/588; Henneberg, Anna ~/† 4/588; Henneberg, Richard (Max Wilhelm) ~ 4/589; Henneberg, Rudolf (Friedrich) ~ 4/589; Hennecke, Hans ~ 4/590; Henning, Theo(dor) ~ 4/592; Henrich, Ferdinand (August Karl) ~ 4/594; Henrichs, Helmut ~/† 11/85; Henrici, Karl (Friedrich Wilhelm) ~ 4/594; Henriette Adelheid, Kurfürstin von Bayern † 4/595; Henschel, (Georg Christian) Carl ~ 4/596; Henschel, Oscar (Robert) ~ 4/596; Hensel, Heinrich (August) ~ 4/597; Hensel, Walther ~/† 4/598; Hensel-Schweitzer, Elsa ~ 4/598; Henselmann, Josef ~/† 4/599; Henselt, Adolf (Georg Martin) von ~ 4/599; Hentig, Hans von ~ 4/599; Hentzen, Alfred ~ 4/600; Henzen, Wilhelm ~ 4/601; Hepp, Eduard ~ 4/602; Hepp, Leo ~ 4/602; Her, Theodor ~/† 4/603; Herald, Heinz ~ 4/603; Herbig, Gustav ~/† 4/607; Herbig, Reinhard * 4/607; Herbst, Thomas (Ludwig) ~ 4/609; Herder, Benjamin ~ 4/610; Hergenröther, Joseph (Adam Gustav) ~ 4/614; Herger, Edmund ~/† 4/614; Herglotz, Gustav (Ferdinand Joseph) ~ 4/614; Hergt, Oskar (Gustav Rudolf) ~ 4/615; Herigoyen, Emanuel Joseph von ~/† 4/615; Hering, Eduard von ~ 4/616; Hering, Gerhard (Friedrich) ~ 4/616; Herking, Ursula ~/† 4/617; Herkomer, Sir Hubert von ~ 4/617; Herlinger, Erich */~ 4/618; Hermann, Friedrich Benedikt Wilhelm von ~/† 4/627; Hermann, Karl Heinrich ~ 4/630; Hermann, Ludwig ~ 4/630; Hermanns, Will (Peter Josef) ~ 4/631; Hermberg, Paul Gustav August ~/† 4/632; Hermés, Erich ~ 4/632; Hermes, Karl Heinrich ~ 4/633; Herold, Gustav (Karl Martin) ~ 4/635; Herpfer, Carl ~ 4/637; Herrenberger, Hermann ~ 4/639; Herrenburg, Johann Andreas ~ 4/639; Herrligkoffer, Karl Maria ~/† 4/641; Herrlinger, Julie ~ 4/641; Herrmann, Albert ~ 4/641; Herrmann, Alexander ~ 4/641; Herrmann, Alfred ~ 4/641; Herrmann, Curt ~ 4/641; Herrmann, Hans (Georg) ~ 4/643; Herrmann, Joseph von ~/† 4/644; Herrmann-Neiße, Max ~ 4/645; Herrmannsdorfer, Adolf ~ 4/645; Hersch, Hermann ~ 4/646; Herschel, Otto ~ 4/646; Hertel, Ernst ~ 4/648; Herterich, Franz * 4/649; Herterich, Johann (Caspar) ~/† 4/649; Herterich, Ludwig ~ 4/649; Hertlein, Adolf ~/† 4/649; Hertlein, Hans (Christoph) ~ 4/649; Hertling, Georg (Friedrich) Graf von ~ 4/650; Hertling, Philippine Freiin von ~ 4/650; Hertwig, Günther ~ 4/650; Hertwig, Karl Heinrich ~ 4/650; Hertwig, Richard (Carl Wilhelm Theodor) Ritter von ~ 4/651; Hertz, Friedrich (Otto) ~ 4/651; Hertz, Gustav (Ludwig) ~ 4/652; Hertz, Heinrich (Rudolf) ~ 4/652; Hertz, Paul ~ 4/653; Hertz, Rudolf ~ 4/654; Hertz, Wilhelm (Carl Heinrich) von ~/† 4/654; Hertz, (Gottfried) Wilhelm ~ 4/654; Hertzer-Deppe, Marie ~ 4/655; Herwarth von Bittenfeld, Hans Heinrich ~ 11/86; Herweg, Stephan ~ 4/656; Herwig, Franz ~ 4/656; Herz, Daniel * 4/657; Herz, Ernst * 4/657; Herz, Franz ~/† 4/658; Herz, Fritz */~ 4/658; Herzfeld, Adolf ~ 4/660; Herzfeld, (Emil) ~ 4/660; Herzfeld, Ernst Salomon ~ 4/660; Herzfeld, Friedrich (Karl) ~ 4/661; Herzfeld-Link, Rosa (Babette) ~/† 4/662; Herzig, Gottfried ~ 4/662; Herzmanovsky-Orlando, Fritz Ritter von ~ 4/663; Herzog, Emilie ~ 4/664; Herzog, Ernst von ~ 4/664; Herzog, Jakob ~ 4/665; Herzog, Johann Georg ~/† 4/665; Herzog, Otto ~/† 4/666; Herzog, Theodor (Carl Julius) ~ 4/666; Herzog, Wilhelm ~/† 4/666; Herzog, Wilhelm ~/† 4/667; Hess, Anton */~/† 4/668; Hess, August */~/† 4/668; Hess, Carl von ~ 4/669; Hess, Carl Ernst Christoph ~/† 4/669; Hess, Fritz ~ 4/669; Hess, Hans ~ 4/670; Hess, Heinrich Maria von ~/† 4/670; Hess, Johannes † 4/671; Hess, Julius ~ 4/671; Heß, Ludwig ~ 4/672; Hess, Max * 4/672; Heß, Otto */~ 4/672; Heß, Peter (Heinrich Lambert) von † 4/672; Heß, Rudolf ~ 4/673; Heß, Walther ~ 4/673; Heß, Wilhelm (Philipp) ~ 4/674; Hessdörfer, Ludwig ~ 4/674; Hesse, Johanna ~ 4/676; Hesse, (Ludwig) Otto ~/† 4/677; Hesse, Otto Ernst ~ 4/677; Hesse, Walther ~ 4/678; Hessel, Alfred ~ 4/678; Hessel, Franz ~ 4/678; Hessel, Friedrich Christian ~ 4/678; Hesselbach, Alexander ~ 5/1; Hessler, Franz ~/† 5/3; Hesterberg, Trude ~/† 5/3; Hettner, (Georg)

Gerhard ~/† 5/5; Heubach, Julius ~ 5/6; Heuber, Wilhelm */~ 5/6; Heuberger, Samuel ~ 5/6; Heubner, Friedrich (Leonhard) ~/† 5/7; Heubner, Wolfgang (Otto Leonhard) ~ 5/7; Heun, Karl (Ludwig Wilhelm Max) ~ 5/9; Heupel-Siegen, Ludwig Wilhelm ~ 5/9; Heurich, Alfred ~ 5/10; Heuser, Emil ~ 5/10; Heuser, Kurt ~ 5/11; Heuß, Alfred (Valentin) ~ 5/12; Heuss, Eduard (Franz) Edler von ~ 5/12; Heuss, Theodor ~ 5/13; Heuwieser, Max ~ 5/14; Hewel, Walther ~ 5/15; Hey, Hans Erwin */~ 5/15; Hey, Julius ~/† 5/15; Hey, Paul */~ 5/15; Heyde, Ludwig (Hans Karl) ~ 5/16; Heyden, Hubert von ~/† 5/18; Heydenreich, Ludwig Heinrich ~/† 5/19; Heydrich, Reinhard ~ 5/20; Heydte, Friedrich August Frh. von */~ 5/20; Heyer, Gustav ~ 5/21; Heyer, Wilhelm (Ferdinand) ~ 5/22; Heylandt, Paul ~ 5/23; Heymann, Bernhard ~ 5/24; Heymann, Ernst ~ 5/24; Heymann, Lida Gustava ~ 5/25; Heymann, Otto ~ 5/25; Heymann, Walther ~ 5/25; Heymann, Werner Richard ~/† 5/25; Heymel, Alfred Walter von ~ 5/26; Heyne, Kurd Erich ~ 5/26; Heyne, Wilhelm ~ 11/87; Heyse, Paul von ~/† 5/28; Hiebel, Johann ~ 5/30; Hieber, Gelasius ~/† 5/30; Hieber, Walter (Otto) ~/† 5/30; Hiecke, Robert ~ 5/31; Hierl, Johann Eduard ~/† 5/31; Hierl, Konstantin ~ 5/31; Hierl-Deronco, Otto ~/† 5/31; Hieser, Helene † 5/32; Hilb, Emil ~ 5/33; Hildebrand, Adolf von ~/† 5/35; Hildebrand, Dietrich von ~ 5/35; Hildebrand, Heinrich */~ 5/36; Hildebrand, Hilde ~ 5/36; Hildebrandt, Fritz ~ 5/37; Hildebrandt, Hans ~ 5/37; Hildebrandt, Kurt ~ 5/37; Hildesheimer, Wolfgang ~ 5/39; Hilger, Albert ~ 5/41; Hilger, Gustav ~ 5/41; Hillebrandt, Alfred ~ 5/43; Hiller, Anton */~/† 5/44; Hillern, Wilhelmine von * 5/45; Hillers, Wilhelm ~ 5/45; Hilsenbeck, Adolf ~/† 5/47; Hiltensperger, (Johann) Georg ~/† 5/47; Hiltner, Lorenz ~/† 5/48; Hilzheimer, Max ~ 5/49; Himmler, Heinrich */~ 5/50; Hinnenberg-Lefèbre, Margot ~ 5/54; Hinterholzer, Andreas ~ 5/55; Hinterstoisser, Franz ~ 5/55; Hintner, Johann ~ 5/56; Hintner, Michael ~/† 5/56; Hintze, Hedwig */~ 5/56; Hipler, Franz ~ 5/58; Hipp, Otto */~/† 11/87; Hirnschrot, Johann Andreas ~ 5/59; Hirsch, Ernst Eduard ~ 5/60; Hirsch, Georg ~ 5/61; Hirsch, Jakob von ~/† 5/61; Hirsch, Julius ~ 5/62; Hirsch, Karl ~ 5/62; Hirsch, Karl Jakob ~/† 5/62; Hirsch, Moritz Frh. von * 5/63; Hirsch-Gereuth, Clara Baronin von ~ 5/65; Hirschberg, Leopold ~ 5/65; Hirschberg, Max */~ 11/87; Hirschberg, (Karl) Rudolf ~ 5/66; Hirschfeld, Georg ~/† 5/66; Hirschfeld, Magnus ~ 5/67; Hirschfeld-Mack, Ludwig (Johann) ~ 5/68; Hirt, Johann Christian † 5/69; Hirth, Friedrich ~/† 5/70; Hirth, Georg ~ 5/70; Hirth, Wolf ~ 5/70; Hirth-du Frênes, Rudolf ~ 5/71; Hirzel-Langenhan, Anna ~ 5/72; Hitler, Adolf ~ 5/73; Hitz, Dora ~ 5/75; Hitz, Konrad ~/† 5/76; Hitzberger, Otto * 5/76; Hobohm, Martin ~ 5/78; Hochdorf, Max ~ 5/80; Hocheder, Karl ~/† 5/80; Hochrein, Max ~ 5/81; Hochschild, Zachary † 5/81; Hodel, Ernst ~ 5/84; Hodler, Alfred ~ 5/84; Höcherl, Hermann ~ 5/86; Höchle, Johann Baptist ~ 5/86; Höchle, Johann Nepomuk */~ 5/86; Hoecker, Paul ~ 5/87; Höfel, Johann Nepomuk ~ 5/88; Höfer, Franz ~ 5/89; Höfermeyer, Walter ~ 5/89; Höfle, Anton ~ 5/90; Höfler, Konstantin Ritter von ~ 5/90; Höfler, Otto ~ 11/88; Höfling, (Johann) Wilhelm (Friedrich) ~/† 5/91; Hoefnagel, Georg ~ 5/91; Högger, (Andreas) Renatus ~ 5/92; Hoegner, Wilhelm (Johann Harald) */~/† 5/92; Höller, Karl ~ 5/95; Hölscher, Gustav ~ 5/96; Hoelscher, Ludwig ~ 11/89; Hölscher, Uvo ~/† 11/89; Hölzel, Adolf ~ 5/97; Hoengen, Elisabeth ~ 11/89; Hönig, Eugen ~ 5/98; Hönigschmid, Otto ~/† 5/99; Hönigswald, Richard ~ 5/99; Höpker-Aschoff, Hermann ~ 5/100; Hoerbst, Baptist ~ 5/101; Hörmann, Johannes ~/† 5/102; Hörmann, Joseph Ignaz ~ 5/102; Hoerner, Herbert von ~ 5/103; Hoerschelmann, Fred von ~ 5/104; Hörth, Franz Ludwig ~ 5/104; Hörwarth von Hohenburg, Hans Georg d. Ä. ~ 5/104; Hörwarth von Hohenburg, Hans Georg d. J. ~ 5/104; Hoesch, Leopold von ~ 5/105; Hösl, Ignaz */~/† 5/105; Hoeßlin, Franz von * 5/106; Hoeßlin, Georg von ~/† 5/106; Hößlin, Roland-Heinrich von * 5/106; Hötzendorf, Johann Samuel ~ 5/106; Hoetzsch, Otto

~ 5/107; Hofe, Christian von ~ 5/108; Hofenfels, Christian von ~ 5/109; Hofer, Bruno ~/† 5/109; Hofer, Franz ~/† 5/109; Hofer, Gottfried ~ 5/109; Hofer, Johanna ~/† 5/110; Hofer, (Johannes) Ludwig von ~ 5/110; Hoferichter, Ernst */~/† 5/110; Hoff, Konrad ~/† 5/111; Hoffaeus, Paul ~ 5/112; Hoffmann, Alexander ~ 5/113; Hoffmann, Arthur ~ 5/113; Hoffmann, Baptist ~ 5/113; Hoffmann, Felix ~ 5/116; Hoffmann, Franz ~ 5/116; Hoffmann, Hans ~ 5/118; Hoffmann, Hans ~ 5/118; Hoffmann, Heinrich ~/† 5/119; Hoffmann, Johannes ~ 5/121; Hoffmann, Leonhard ~ 5/122; Hoffmann, Ludwig ~ 11/89; Hoffmann, Walter (Alexis Karl) ~ 5/123; Hoffmann-Harnisch, (Friedrich) Wolfgang ~ 5/124; Hoffstadt, Friedrich ~ 5/126; Hoffstetter, Gustav von ~ 5/126; Hofmann, Egon ~ 5/127; Hofmann, Gustav */~/† 5/128; Hofmann, Hans ~ 5/129; Hofmann, Heinrich ~ 5/129; Hofmann, Johann Baptist ~/† 5/130; Hofmann, Joseph Ehrenfried * 5/130; Hofmann, Julius ~/† 5/130; Hofmann, Karl */~ 5/130; Hofmann, Karl (Andreas) ~ 5/130; Hofmann, (Alberich) Konrad ~ 5/131; Hofmann, Ulrich * 11/89; Hofmann, Werner ~ 5/132; Hofmiller, Josef * 5/135; Hofmüller, Sebastian ~ 5/135; Hofpauer, Max */† 5/135; Hofstätter, Heinrich ~ 5/135; Hogenberg, Nikolaus * 5/136; Hohenegger, Ludwig ~ 5/137; Hohenemser, Richard (Heinrich) ~ 5/138; Hohenlohe-Schillingsfürst, Gustav Adolf Prinz zu ~ 5/140; Hohenner, Heinrich ~ 5/141; Hohenzollern-Sigmaringen, Johann Fürst zu † 5/141; Hohlwein, Ludwig ~ 5/142; Hohmann, (Karl) Georg (Gottlieb) ~ 5/143; Hohmann, Walter ~ 5/143; Holbein, Sigmund ~ 5/146; Holitscher, Arthur ~ 5/148; Holl, Karl ~ 5/149; Hollaender, Friedrich † 5/150; Holländer, Ludwig ~ 5/150; Holland, Hyacinth ~/† 5/150; Hollander, Walther (Georg Heinrich) von ~ 5/150; Hollenstein, Stephanie ~ 5/151; Hollwich, Fritz */~/† 11/90; Holm, Korfitz ~/† 5/153; Holm, Richard ~/† 5/153; Holmberg, August (Johann) */~/† 5/153; Holst, Erich von † 5/153; Holstein, Günther ~ 5/154; Holstein, Horst ~ 5/154; Holtei, Karl von ~ 5/154; Holthusen, Hans Egon ~/† 11/90; Holthusen, Hermann ~ 5/155; Holthusen, Johannes (Dietrich) ~/† 5/155; Holtzendorff, Franz von ~/† 5/156; Holtzmann, Adolf ~ 5/157; Holzbauer, Ignaz Jakob ~ 5/159; Holzbogen, Johann Georg ~/† 5/159; Holzer, Helmut ~ 11/91; Holzer, Joseph ~ 5/159; Holzhausen, Rudolf (Hermann Johannes) ~/† 5/160; Holzschuher, Heinrich ~ 5/162; Homma, Hans ~ 5/164; Hommel, Fritz ~/† 5/164; Hommel, Hildebrecht */~ 5/164; Homolka, Benno ~ 5/165; Homolka, Oskar ~ 5/165; Hompel, Rudolf ten ~/† 5/165; Hompesch-Bollheim, Johann Wilhelm Frh. von ~/† 5/165; Honcamp, Franz ~ 5/165; Honecker, Martin ~ 5/166; Hopf, Hans ~/† 5/170; Hopf, Ludwig ~ 5/170; Hopfen, Hans (Demetrius) Ritter von */~ 5/171; Hopfner, Friedrich ~ 5/171; Hopp, Hans ~ 5/171; Hoppe, Heinz C. † 5/172; Hoppenbichl, Franz Xaver von ~ 5/173; Horkheimer, Hans ~ 5/175; Horkheimer, Max ~ 5/175; Horlacher, Michael ~ 5/176; Hormayr zu Hortenburg, Josef Frh. von ~/† 5/176; Horn, Annie */~/† 5/176; Horneffer, Ernst ~ 5/179; Horny, Franz (Theobald) ~ 5/181; Horowitz, Leopold ~ 5/182; Horschelt, Friedrich ~/† 5/182; Horschelt, Theodor */~/† 5/182; Horst, Karl August ~ 5/182; Hortig, Johann Nepomuk ~/† 5/183; Horváth, Ödön von ~ 5/184; Horwitz, Kurt (Thomas) ~/† 5/185; Hosaeus, Hermann ~ 5/185; Howald, Ernst ~ 5/189; Hoyer, Egbert Ritter von ~/† 5/190; Hoyoul, Balduin ~ 5/191; Hub, Ignaz ~ 5/193; Hubacher, Hermann ~ 5/194; Hubala, Erich ~/† 11/91; Huber, Adam † 5/194; Huber, Anton ~ 5/194; Huber, Bruno ~/† 5/194; Huber, Ernst Rudolf ~ 5/195; Huber, Franz ~ 5/196; Huber, Hermann ~ 5/196; Huber, Johann Nepomuk */~/† 5/197; Huber-(Feldkirch), Josef ~ 5/197; Huber, Kaspar ~ 5/197; Huber, Kurt (Theodor) ~/† 5/198; Huber-Anderach, Theodor ~ 5/199; Hubmann, Heinrich ~ 11/92; Huch, Friedrich ~/† 5/200; Huch, Ricarda ~ 5/200; Huck, Wolfgang ~/† 5/202; Hudler, August ~ 5/202; Hueber, Fortunatus † 5/203; Hueber, Hans ~ 5/203; Hueber, Max ~/† 11/92; Hübner, Bruno ~/† 11/92; Hübner, Herbert ~/† 5/205; Hübner,

Lorenz ~/† 5/206; Hübner, Ulrich ~ 5/206; Hübscher, Angelika ~ 11/92; Hübscher, Arthur ~ 5/206; Hübschmann, Heinrich ~ 5/207; Huebschmann, Paul ~ 5/207; Hueck, Alfred ~/† 5/207; Hügel, Helmut vom ~ 5/208; Hühnlein, Adolf † 5/209; Hülsen, Hans von ~ 5/210; Huelsenbeck, (Karl) Richard ~ 5/210; Hülskamp, Franz ~ 5/210; Hüsch, Gerhard (Heinrich Wilhelm Fritz) ~ 5/212; Hüssy, Paul ~ 5/214; Hüther, Julius ~/† 5/214; Hüthig, Alfred ~ 5/214; Hugendubel, Heinrich ~ 5/216; Huggenberger, Alfred ~ 5/216; Huhn, (Georg) Adalbert ~ 5/219; Huldschiner, Richard ~ 5/220; Humm, Rudolf Jakob ~ 5/224; Hummel, Georg ~/† 5/225; Hummel, Joseph Friedrich ~ 5/225; Hummel, Maria Innocentia ~ 5/225; Hummel, Theodor ~/† 5/226; Hundertpfund, Liberat ~ 5/227; Hundhammer, Alois ~/† 5/228; Hunger, Richard ~ 5/228; Hupp, Otto ~ 5/230; Huppenbauer, Carl ~ 5/230; Hurwitz, Adolf ~ 5/232; Huttenlocher, Heinrich (Ferdinand) ~ 5/237; Huttler, Max */~ 5/238; Ibach, Alfred ~ 5/241; Ibrahim, Jussuf ~ 5/241; Ickstatt, Johann Adam Frh. von ~ 5/242; Ickstatt, Maria Franziska Freiin von ~ 5/242; Igelhoff, Peter ~ 5/244; Igler, Gustav ~/† 5/244; Ihering, Herbert (Georg Albrecht E. Gustav) ~ 5/244; Ihering, (Caspar) Rudolf von ~ 5/245; Ihm, Max ~ 5/246; Ille-Beeg, Marie ~ 5/248; Illies, (Karl Wilhelm) Arthur ~ 5/248; Illies, Carl-Heinz † 5/248; Imhof, Karl ~ 5/251; Imhof, Maximus von ~/† 5/251; Imhoff, Karl ~ 5/252; Immler, Werner ~ 5/254; Inama von Sternegg, Franziska ~ 5/254; Inama von Sternegg, (Karl) Theodor ~ 5/255; Ininger, Johann Baptist */~/† 5/256; Instinsky, Hans Ulrich ~ 11/94; Intze, Otto ~ 5/257; Ipsen, Carl ~ 5/258; Iro, Otto ~ 5/259; Irschik, Magda ~ 5/260; Isemann, Bernd ~ 5/261; Isenring, Johann Baptist ~ 5/263; Israel, Hans (Theodor Karl Konrad) ~ 5/264; Issels, Josef (Maria Leonhard) ~ 11/94; Istel, Edgar ~ 5/265; Itschner, Karl ~ 5/266; Ittenbach, Franz ~ 5/267; Ivogün, Maria ~ 5/267; Jachmann, Günther ~ 11/94; Jacob, Hans ~ 5/270; Jacob, Walter ~ 5/272; Jacobi, Annot † 5/272; Jacobi, Bernhard von ~ 5/272; Jacobi, Erwin Reuben ~ 5/273; Jacobi, Franz ~ 5/273; Jacobi, Friedrich Heinrich ~/† 5/273; Jacobi, Lotte ~ 5/275; Jacobi, Wolfgang ~/† 5/275; Jacobs, (Christian) Friedrich (Wilhelm) ~ 5/276; Jacobs, Monty ~ 5/276; Jacobson, Edith ~ 5/277; Jacoby, Felix ~ 5/279; Jacoby, Georg † 5/279; Jäckh, Ernst ~ 5/281; Jäger, August ~ 5/282; Jäger, Eugen ~ 5/283; Jäger, Ferdinand ~ 5/283; Jäger, Johannes Ernst † 11/95; Jäger, Johann ~/† 5/284; Jaeger, Lorenz ~ 5/285; Jaeger, Richard ~ 11/95; Jäger, Rolf ~ 5/285; Jaeger, Wolfgang ~ 11/95; Jaekel, Otto ~ 5/286; Jänecke, Ernst Gustav Georg ~ 5/287; Jaffé, Edgar ~ 5/288; Jaffé, George Cecil ~ 5/288; Jagow, Gottlieb ~ 5/290; Jagow, Gustav von ~ 5/290; Jahn, Friedrich ~ 11/96; Jahn, Georg ~ 5/290; Jahn, Gustav ~ 5/291; Jahn, Janheinz ~ 5/291; Jahr, Carl ~ 5/293; Jakesch, Alexander ~ 5/294; Jakesch, Heinrich ~ 5/294; Jakob, Alfons Marie ~ 5/295; Jakob, Heinrich ~ 5/296; Jakob, Max ~ 5/296; Jameson, Egon ~ 5/297; Janauschek, Fanny ~ 5/298; Jander, Gerhart ~ 5/299; Janitschek, Maria ~/† 5/299; Jank, Angelo */† 5/300; Janker, Robert */~ 5/300; Jannott, Horst K. † 5/301; Janowitz, Hans ~ 5/301; Jansen, Bernhard ~ 5/302; Jansen, Josef ~ 5/302; Janssen, Herbert ~ 5/302; Janssen, Johannes ~ 5/303; Janssen, Marie Hermine ~ 5/303; Janssen, Peter (Johann Theodor) ~ 5/303; Janssen, Sigurd ~ 5/303; Janssen, Ulfert ~/† 5/304; Janssen, Victor Emil ~ 5/304; Jantzen, Hans ~ 5/305; Jarcke, Karl Ernst ~ 5/306; Jary, Michael † 5/308; Jaschke, Rudolf Theodor Edler von ~ 5/308; Jaskolla, Else ~/† 5/308; Jaspers, Karl (Theodor) ~ 5/309; Jaumann, Anton † 5/310; Jawlensky, Alexej von ~ 5/311; Jeblinger, Raimund ~ 5/313; Jedin, Hubert ~ 5/313; Jehly, Jacob ~ 5/315; Jellouschek, Carl Johann ~ 5/318; Jenner, Charles von ~ 5/320; Jensen, Adolf Ellegard ~ 5/320; Jensen, Wilhelm (Hermann) ~ 5/321; Jentsch, Karl ~ 5/322; Jentzen, Friedrich ~ 5/322; Jerger, Alfred ~ 5/323; Jerrmann, Eduard ~ 5/324; Jesionek, Albert ~ 5/326; Jessen, Hans ~ 5/326; Jessen, Otto ~/† 5/327; Jessner, Fritz ~ 5/327;

Joseph ~ 5/560; Kittler, Erasmus ~ 5/561; Kittler, Philipp ~ 5/561; Klabund ~ 5/563; Klages, Ludwig ~ 5/564; Klarer, Josef */~ 5/566; Klasing, August ~ 5/566; Klaudy, Peter (Alexander) ~ 11/105; Klausing, Friedrich Karl * 5/568; Klawa-Morf, Anny ~ 5/569; Klebelsberg zu Thumburg, Raimund von ~ 5/569; Klee, Eugen ~ 5/570; Klee, Felix * 5/570; Klee, Heinrich ~/† 5/570; Klee, Paul ~ 5/570; Kleefeld, Wilhelm ~ 5/572; Kleiber, Johann */~/† 5/573; Klein, Christian Felix ~ 5/574; Klein, Hans ~ 11/106; Klein, Johann Adam ~/† 5/576; Klein, Johannes ~ 5/576; Klein, Karl ~ 5/576; Klein, Martin ~ 5/577; Klein, Philipp ~ 5/578; Klein, Richard */~ 5/578; Klein, Tim ~ 5/578; Klein-Rhoden, Rudolf ~ 5/579; Kleinert, Josef Edgar ~ 5/580; Kleinmichel, (Ferdinand) Julius (Theodor) ~/† 5/580; Kleinschmidt, Hans ~ 5/581; Kleinschmidt, Karl ~ 5/581; Kleinschmidt, Paul ~ 5/581; Kleist, Karl ~ 5/584; Klemm, Friedrich ~/† 5/585; Klemm, Gottlob Gottfried ~ 5/585; Klemm, Walther ~ 5/586; Klemmer, Franz ~ 5/586; Klemperer, Johanna † 5/586; Klemperer, Victor ~ 5/587; Klenau, Paul von ~ 5/587; Klenze, Camillo von ~ 5/588; Klenze, Leo von ~/† 5/588; Klett, Arnulf Theodor ~ 5/590; Kley, Heinrich ~/† 5/592; Klibansky, Josef ~ 5/592; Kliebert, Karl ~ 5/593; Kliemann, Horst ~/† 5/593; Klinckowström, Agnes Gräfin von ~/† 5/595; Klinckowström, Carl Graf von ~/† 5/595; Klingenbeck, Walter ~/† 5/596; Klinger, Julius ~ 5/597; Klinger, Max ~ 5/598; Klinger, Paul ~/† 5/598; Klingler, Karl ~/† 5/598; Klingner, Friedrich ~/† 5/598; Klippel, Ernst (August Josef) ~ 5/600; Klönne, Moritz ~ 5/602; Klöpfer, Eugen ~ 5/602; Klopfer, Karl Eduard ~ 5/603; Klose, Adolph ~/† 5/605; Klose, Friedrich ~ 5/605; Klostermann, Vittorio ~ 5/605; Klotz, Alfred ~ 5/606; Klotz, Matthias ~/† 5/607; Kluckhohn, August ~/† 5/607; Kluckhohn, Paul ~ 5/607; Klug, Joseph ~/† 5/608; Kluge, Hans ~ 5/609; Kluke, Paul ~ 5/610; Klumpp, Karl Friedrich */~/† 5/610; Klunzinger, Carl Benjamin ~ 5/610; Klussmann, Rudolph † 5/610; Klute, Fritz ~ 5/610; Kluthe, Hans Albert ~ 5/610; Knab, Ferdinand ~/† 5/611; Knab, Franz Joseph † 5/611; Knabl, Josef ~/† 5/611; Knackfuß, Hubert ~/† 5/612; Knapp, Friedrich (Ludwig) ~ 5/612; Knapp, Georg Friedrich ~ 5/612; Knapp, Horst ~ 5/613; Knappe, Karl ~/† 5/614; Knappertsbusch, Hans ~/† 5/614; Knappich, Jacob ~ 5/614; Knecht, Hermann ~ 5/617; Knecht, Richard ~/† 5/617; Kneidinger, Marie ~ 5/618; Kneipp, Sebastian ~ 5/618; Kneißl, Max */~/† 5/618; Knille, Otto ~ 5/621; Knilling, Eugen Ritter von */† 5/622; Knipping, Hugo Wilhelm ~ 5/622; Knirr, Heinrich ~ 5/622; Knoblauch, Jakob ~ 5/624; Knöller, Fritz ~/† 5/626; Knöpfler, Alois ~ 5/626; Knoll, Konrad Ritter von ~/† 5/627; Knoop, Franz ~ 5/628; Knoop, Gerhard Ouckama ~ 5/628; Knorr, Ernst Lothar von ~ 5/630; Knorr, Hilmar ~/† 5/630; Knorr, Julius */~/† 5/630; Knorr, Ludwig */~ 5/631; Knorr, Thomas */† 5/631; Knote, Heinrich */~ 5/631; Kny, Leopold ~ 5/633; Kob, Anton ~ 5/633; Kobell, Ferdinand ~/† 5/634; Kobell, Franz (Innocenz Josef) ~/† 5/634; Kobell, Franz Ritter von */~/† 5/634; Kobell, Wilhelm (Alexander Wolfgang) von ~/† 5/634; Kober, Theodor ~ 5/635; Koberwein, Simon Friedrich ~ 5/636; Koboth, Irma ~ 5/637; Kobus, Kathi † 11/107; Koch, (Johann) Carl ~ 5/638; Koch, Carl ~ 5/638; Koch, Fritz ~ 5/639; Koch, Hans ~/† 5/640; Koch, Hugo ~/† 5/641; Koch, Joseph ~ 5/641; Koch, Max */~ 5/642; Koch, Peter Paul ~ 5/643; Koch, Rudolph ~ 5/644; Koch, Werner ~ 5/644; Koch von Langentreu, Friederike ~ 5/645; Koch von Sternfeld, Josef Judas Thaddäus Ernst Ritter von ~ 5/645; Köberle, Georg ~ 5/647; Koebke, Benno † 5/647; Kögel, Gustav */~ 5/649; Kögel, Linda ~ 5/649; Köhl, Hermann † 5/649; Köhler, Georges (Jean Franz) * 5/650; Köhler, Günther ~ 5/651; Köhler, Hanns Erich ~ 5/651; Koehler, Otto (David Waldemar) ~/† 5/652; Köhler, Wilhelm Reinhold Walter † 5/653; Koehne, Werner ~ 5/654; Koelle, Fritz ~ 5/655; Koellreutter, Otto ~ 5/656; Koelsch, Franz ~ 5/656; Koelwel, Eduard ~ 5/656; Kölwel, Gottfried ~/† 5/656; Kölzer, Joseph ~ 5/656; König, Friedrich ~ 5/659; König, Gustav (Ferdinand Leopold) ~ 5/659; König, Josef

~ 5/660; König, Joseph ~ 5/660; König, (Franz) Joseph ~ 5/660; König, Lothar ~/† 5/661; König, Robert ~/† 5/663; König, Siegmund ~/† 5/663; König, Willi ~ 5/663; Koeniger, Albert ~ 5/664; Koenigs, Wilhelm ~/† 5/664; Königsbrunn, Hermann Frh. von ~ 5/664; Koenigswald, (Gustav Heinrich) Ralph von ~ 5/666; Könnemann, Arthur ~ 5/666; Köppen, Edlef ~ 5/668; Koeppen, Wolfgang ~/† 5/668; Koepping, Karl ~ 5/669; Körber, Friedrich ~ 5/670; Körber, Hilde ~ 5/670; Körbler, Clemens ~ 5/670; Koerle, Pankraz */~ 5/671; Körner, Gustav ~ 5/671; Körte, Gustav ~ 5/674; Koeßler, Hans ~ 5/675; Köster, Adolf ~ 5/675; Köster, Kurt ~/† 5/676; Köstler, Josef Nikolaus ~ 5/676; Köth, Erika ~ 5/677; Koeth, Joseph ~ 5/677; Kötter, Paul ~ 5/678; Köttgen, Arnold ~ 5/678; Kofler, Tina ~ 5/680; Kogon, Eugen */~ 6/1; Kohl, Johann Georg ~ 6/2; Kohl-Larsen, Ludwig ~ 6/3; Kohlbrenner, Johann Franz Seraph ~/† 6/3; Kohlenegg, Viktor von * 6/3; Kohler, Kaufmann ~ 6/4; Kohn, David ~ 6/6; Kohn, Maier ~/† 6/6; Koigen, David ~ 6/8; Koko, Demeter ~ 6/8; Kokoschka, Oskar ~ 6/8; Kolander, Friedrich ~ 6/9; Kolb, Albert ~ 11/109; Kolb, Alfred ~ 6/9; Kolb, Alois ~ 6/9; Kolb, Annette */~/† 6/10; Kolb, Augustin ~ 6/10; Kolb, Georg Friedrich ~/† 6/10; Kolb, Richard ~ 6/11; Kolb, Walter ~ 6/11; Kolbe, Georg ~ 6/12; Kolbenheyer, Erwin Guido ~/† 6/13; Kolbenhoff, Walter ~ 6/13; Koldewey, Robert ~ 6/14; Koll, Werner ~ 6/16; Kolle, Kurt (Albert Bernhard) ~/† 6/16; Koller, Bronislawa ~ 6/16; Koller, (Johann) Rudolf ~ 6/17; Kollmann, Julius ~ 6/18; Kollwitz, Käthe ~ 6/19; Kolman, Trude ~/† 6/19; Kolmsperger, Waldemar ~ 6/21; Kolping, Adolph ~ 6/21; Komorzynski, Egon von ~ 6/23; Konrad I. von Tölz, Bischof von Freising † 6/27; Konrad II. Wildgraf, Bischof von Freising ~ 6/27; Konsalik, Heinz G. ~ 11/110; Konstantin, Leopoldine (Eugenie Amelie) ~ 6/36; Kopf, Hermann ~ 6/37; Kopf, Josef von ~ 6/37; Kopp, Mila ~ 6/39; Koppay, Josef Arpád von ~ 6/39; Koppenhöfer, Maria ~ 6/40; Korach, Alfred George ~ 6/41; Kordt, Erich ~ 6/42; Kordt, Walter ~ 6/42; Korff, Gustav ~/† 6/43; Korn, Arthur ~ 6/44; Korn, Maximilian ~ 6/45; Korn, Peter Jona ~/† 11/110; Kornberger, Richard von ~ 6/45; Kornemann, Ernst † 6/45; Korngold, Erich Wolfgang ~ 6/46; Korodi, Lutz ~ 6/47; Korsch, Karl ~ 6/48; Kortner, Fritz ~/† 6/48; Koschaker, Paul ~ 6/50; Koschlig, Manfred ~ 6/50; Koschmieder, Erwin ~ 6/50; Kosina, Heinrich ~/† 6/51; Koss, Irene ~/† 6/52; Kossel, Walther (Ludwig) ~ 6/52; Kotányi-Pollak, Hilda ~ 6/54; Kotsch, Theodor ~/† 6/54; Kotschenreiter, (Johann) Hugo (Georg Gottlieb) † 6/54; Kotzebue, (August) Alexander von ~/† 6/55; Kowalewski, Gerhard ~ 6/57; Kozel, Hans Eduard ~ 6/58; Kraepelin, Emil ~/† 6/62; Krafft, (Johann) Martin † 6/64; Kraft, Zdenko (Josef August) Edler von Helmhacker † 6/66; Krain, Willibald ~ 6/67; Kral, Josef * 6/67; Krallinger, Hans Friedrich */~ 6/68; Kramer, Ferdinand ~ 6/68; Kramer, Josef von ~ 6/69; Kramer, Josef * 6/69; Kramer, Kurt ~/† 11/110; Kramer, Theodor von ~ 6/69; Kranz, Peter-Paul ~/† 6/71; Kranzberger, Joseph ~ 6/72; Kranzmayer, Eberhard ~ 6/72; Krasselt, Alfred ~ 6/72; Krattner, Karl ~ 6/73; Kratzer, Adolf ~ 6/73; Kratzer, Nikolaus * 6/73; Kratzmann, (Karl) Gustav (Philipp) ~ 6/74; Kraupp, Otto ~ 11/110; Kraus, Agnes ~ 6/75; Kraus, Anton ~ 6/75; Kraus, Carl von ~/† 6/75; Kraus, Ernst ~ 6/75; Kraus, Ernst ~/† 6/76; Kraus, Felix von † 6/76; Kraus, Fred † 6/76; Kraus, Gustav (Wilhelm) ~/† 6/77; Kraus, Hans ~ 6/77; Kraus, Karl ~/† 6/78; Kraus, Karl ~ 6/78; Kraus, Theodor ~ 6/79; Krause, Hermann ~ 11/111; Krause, Karl Christian Friedrich ~/† 6/81; Krause, Martin ~ 6/82; Krauskopf, Wilhelm ~ 6/83; Krausnick, Helmut ~ 6/83; Krauss, Clemens (Heinrich) ~ 6/83; Krauss, Georg Ritter von ~/† 6/84; Krauß, Otto ~ 6/85; Krauss, Werner ~ 6/85; Kraußer, Johann Konrad ~ 6/85; Kraut, Heinrich (Albrecht) ~ 6/86; Krautheimer, Richard ~ 6/86; Krawutzcky, Adam ~ 6/87; Krayer, Otto ~ 6/87; Krazer, (Carl) Adolf (Joseph) ~ 6/88; Krebs, Engelbert ~ 6/88; Krebs, Sir Hans Adolf ~ 6/88; Krehle, Heinrich */~/† 6/90; Kreidolf, Ernst ~ 6/91; Kreis, Wilhelm Heinrich

Sebastian † 7/517; Ostertag, Karl ~/† 7/517; Osterwald, Georg Rudolf Daniel ~ 7/518; Osterwald, Peter von † 7/518; Osthaus, Karl Ernst ~ 7/518; Osthoff, Helmuth ~ 7/519; Ostini, Fritz Frh. von *⁄~ 7/519; Oswald, Heinrich ~/† 7/521; Oswald, Josef ~ 7/521; Othegraven, August von ~ 7/523; Ott, Alfons ~/† 7/524; Ott, Alfred E. ~ 7/524; Ott, Gustav (Heinrich) ~ 7/524; Ott, Johann Nepomuk *⁄~/† 7/524; Otten, Karl ~ 7/525; Ottensooser, David ~ 7/526; Otterstedt, Carl Alexander Friedrich Frh. von ~ 7/526; Ottiker, Ottilie ~ 7/527; Otto I., König von Bayern * 7/531; Otto, Gustav ~/† 11/154; Otto, Karl ~ 7/535; Otto, Ludwig ~ 7/535; Otto, Siegfried ~/† 7/536; Otto, Walter (Gustav Albrecht) ~/† 7/536; Otto, Walter F(riedrich Gustav Hermann) ~ 7/536; Overbeck, Alfred Frh. von ~ 7/538; Overbeck, Johann Friedrich ~ 7/539; Overbeck, Karl † 7/540; Ow, Honorat Frh. von † 7/541; Ow-Felldorf, Karl Frh. von ~/† 7/541; Ow-Felldorf, Sigismund Felix Frh. von ~ 7/541; Ow-Wachendorf, Adolf Frh. von ~/† 7/541; Ozlberger, Ekke ~ 7/541; Paal, Carl (Ludwig) ~ 7/543; Paatz, Walter ~ 7/544; Pabst, Georg Wilhelm ~ 7/544; Pacher, Michael ~ 7/546; Pachinger, Anton Maximilian ~ 7/546; Pachnicke, Hermann ~ 7/547; Paczka, Cornelia ~ 7/547; Pader, Konstantin *⁄† 7/547; Paeschke, Hans (Karl Hermann) † 11/155; Pagenstecher, Wolfgang ~ 7/549; Palgen, Rudolf ~ 7/550; Palko, (Franz) Xaver (Karl) ~/† 7/550; Pallat, (Friedrich August) Ludwig ~ 7/551; Pallenberg, Max ~ 7/551; Palm, Johann Philipp ~ 7/552; Palme, (Franz) Augustin ~/† 7/552; Palmié, (Johann) Charles ~/† 7/552; Palucca, Gret *⁄~ 7/553; Palyi, Melchior ~ 7/553; Pan, Peter ~ 7/554; Pander, Oskar von ~/† 7/554; Paneth, Friedrich Adolf ~ 7/554; Pangkofer, Joseph Anton ~/† 7/555; Panholzer, Josef ~/† 7/555; Panizza, (Leopold Hermann) Oskar ~ 7/555; Pankok, Bernhard ~ 7/555; Pankow, Otto ~ 7/556; Panny, Joseph ~ 7/556; Panofka, Heinrich ~ 7/556; Panofsky, Erwin ~ 7/557; Panzer, Friedrich ~/† 7/557; Panzer, Friedrich (Wilhelm) ~ 7/557; Pape, Joseph ~ 7/559; Pappenheim, Georg Graf zu ~/† 7/560; Pappenheim, Karl Graf zu ~/† 7/560; Papperitz, (Johannes) Erwin ~ 7/561; Papperitz, (Friedrich) Georg ~/† 7/561; Papst, Eugen ~ 7/561; Paquet, Alfons ~ 7/561; Paretti, Sandra ~ 7/563; Parin, Gino ~ 7/563; Parseval, Otto von † 7/565; Parth, Wolfgang W(illy) ~/† 7/565; Pascher, Joseph ~ 7/567; Pasetti, Peter (Viktor Rudolf) *⁄~ 11/156; Passini, Ludwig (Johann) ~ 7/568; Patat, Franz (Xaver Maria Theresia) ~ 7/570; Patzak, Julius ~ 7/571; Patzelt, Julius ~/† 7/572; Paudler, Maria ~/† 7/572; Pauer, Ernst ~ 7/572; Paul, Bruno ~ 7/573; Paul, Hermann ~/† 7/574; Paul, Johannes ~ 7/574; Paul, Theodor ~/† 7/575; Paul, Wolfgang ~ 7/575; Pauli, Friedrich August von ~ 7/575; Pauli, Fritz Eduard ~ 7/575; Pauli, Heinrich ~ 7/575; Pauli, Max ~ 7/576; Pauli, Richard ~/† 7/576; Pauli, Wolfgang (Ernst) ~ 7/577; Paulmichl, Karl ~ 7/578; Pauls, Volquart ~ 7/579; Paulsen, Friedrich ~ 7/579; Paulssen, Hans Constantin ~/† 7/580; Paulus, Eduard d. J. † 7/581; Paulus, Nikolaus ~/† 7/581; Pauly, August *⁄~/† 7/581; Paumann, Konrad ~/† 7/582; Paungarten, Emma Freiin von ~ 7/582; Pause, Walter ~ 7/583; Pauser, Sergius ~ 7/583; Pausinger, Clemens von ~ 7/583; Pausinger, Franz August von ~ 7/583; Payer, Julius Ritter von ~ 7/585; Payr, Artur ~ 7/585; Pechmann, Günther Frh. von ~/† 7/586; Pechmann, Heinrich Frh. von ~ 7/586; Pechmann, Wilhelm Frh. von ~/† 7/586; Pecht, (August) Friedrich ~/† 7/586; Pechuel-Loesche, Eduard † 7/586; Peerdt, Ernst Carl Friedrich te ~ 7/587; Peerenboom, Else ~ 7/588; Peeters, Emil (Aloys Angelique) ~ 7/588; Peierls, Sir Rudolf Ernst ~ 7/588; Pelargus, Wilhelm ~ 7/590; Pell, Georg ~ 7/591; Pellar, Hanns ~ 7/591; Pellegrini, Alfred Heinrich ~ 7/591; Pellegrini, Julius ~/† 7/591; Pellon, Alfred ~ 7/592; Pelster, Franz ~ 7/592; Peltan, Theodor (Anton) ~ 7/593; Peltzer, Otto (Paul Eberhard) ~ 7/593; Pembaur, Josef d. Ä. ~ 7/593; Pembaur, Josef d. J. ~ 7/593; Pembaur, Karl Maria ~ 7/594; Pendl, Franz Xaver ~ 7/595; Penz, Alois ~ 7/596; Penz, Ludwig ~ 7/596; Penzoldt, Ernst ~/† 7/597; Peppler, Albert (Gustav) ~ 7/597; Perard-Petzl, Luise ~/†

7/597; Perathoner, Hans ~ 7/598; Perfall, Anton Frh. von ~ 7/598; Perfall, Karl Frh. von *⁄~/† 7/599; Perfall, Karl (Theodor Gabriel Christoph) Frh. von ~ 7/599; Pergen, Johann Anton Graf von ~ 7/599; Perger, Johann Nepomuk ~/† 7/600; Pergmayr, Joseph ~/† 7/600; Perl, Henriette ~ 7/601; Perles, Felix * 7/601; Perles, Joseph ~/† 7/601; Perles, Max ~/† 7/601; Permaneder, Franz Michael ~ 7/602; Perneder, Andreas ~/† 7/602; Pernhart, Marcus ~ 7/603; Pernlochner, Franz Xaver ~ 7/604; Pernwerth von Bärnstein, Adolf (Joseph Friedrich) ~/† 7/604; Perron, Karl ~ 7/604; Perron, Oskar ~/† 7/604; Perron, Philipp ~ 7/604; Perrottet, André ~ 7/604; Perry, Joseph Anton Maximilian ~ 7/606; Pertz, Georg Heinrich ~/† 7/606; Pescheck, Paul ~ 7/607; Peschel, Carl Gottlieb ~ 7/607; Peschel, Max ~/† 7/607; Peschl, Ernst Ferdinand ~ 7/609; Peschuël-Loesche, Eduard † 7/609; Pesl, Ludwig Daniel *⁄~/† 7/609; Pessler, Wilhelm Karl Johannes ~ 7/610; Petel, Georg ~ 7/611; Peter, Hermann ~ 7/613; Peter, Karl Georg ~ 7/613; Peterich, Eckart ~ 7/614; Peterka, Hubert ~ 7/614; Peterka, Otto ~ 7/614; Peters, Gerd ~/† 11/157; Peters, Guido ~ 7/616; Peters, Werner ~ 7/617; Peters, Wilhelm ~ 7/617; Petersen, Hans von ~/† 7/618; Petersen, Jürgen ~ 7/619; Petersen, Julius ~ 7/619; Petersen, Wilhelm ~ 7/620; Peterson, Erik ~ 7/620; Petitpierre, Max ~ 7/621; Petriconi, Hellmuth ~ 11/157; Pettenkofer, Franz Xaver ~/† 7/624; Pettenkofer, Max von ~/† 7/624; Petter, Alexander ~ 7/625; Petz, Johann ~/† 7/626; Petz, Johann Christoph *⁄~ 7/626; Petzer, Toni ~ 7/626; Petzet, (Georg) Christian ~/† 7/627; Petzet, Erich ~/† 7/627; Petzet, Hermann ~/† 7/627; Petzet, Walter ~ 7/627; Petzl, Ferdinand *⁄~/† 7/627; Petzl, Joseph *⁄† 7/627; Petzmayer, Johann † 7/627; Petzoldt, Joseph ~ 7/628; Pevsner, Sir Nikolaus (Bernhard Leon) ~/† 7/631; Pewas, Peter ~ 7/631; Peyer, Bernhard ~ 7/631; Peyerl, Johann Nepomuk ~/† 7/631; Peyser, Alfred ~ 7/632; Pezold, Hans von ~ 7/632; Pfänder, Alexander ~/† 7/633; Pfaff, Annetta ~ 7/633; Pfaff, Hermann Ritter von ~/† 7/634; Pfandl, Ludwig ~ 7/635; Pfann, Hans ~ 7/635; Pfannschmidt, Carl Gottfried ~ 7/636; Pfaundler von Hadermur, Meinhard ~ 7/637; Pfeffel, Christian Friedrich ~ 7/637; Pfeffer, Friedrich ~ 7/638; Pfeffer, Otto ~ 7/638; Pfeifer, Berthold (Christian) ~/† 7/638; Pfeifer, Franz Xaver ~ 7/639; Pfeifer, Gottfried (Georg) ~ 11/157; Pfeiffer, Anton ~/† 7/639; Pfeiffer, Ernst Friedrich ~ 11/158; Pfeiffer, Franz ~ 7/640; Pfeiffer, Franz ~ 7/640; Pfeiffer, Mauritius ~/† 7/641; Pfeiffer, Maximilian ~/† 7/641; Pfeiffer, Peter (Hermann Josef) ~ 7/642; Pfeiffer, Rudolf ~/† 7/642; Pfeiffer, Urban ~/† 7/642; Pfeiffer-Belli, Erich ~/† 7/642; Pfeil, Elisabeth ~ 7/643; Pfeilschifter, Georg ~/† 7/644; Pfeilschifter, Johann Baptist von ~ 7/644; Pfenninger, Hans ~ 7/644; Pfeufer, Benno Heinrich ~/† 7/645; Pfeufer, Christian von ~/† 7/646; Pfeufer, Karl von ~ 7/646; Pfeufer, Sigmund Heinrich Frh. von ~/† 7/646; Pfister, Bernhard ~ 11/158; Pfister, Friedrich Eduard ~ 7/646; Pfitzner, Hans (Erich) ~ 7/647; Pfizer, Theodor Paul ~/† 7/648; Pflanzl, Heinrich ~ 7/648; Pflaumbaum, Walter ~ 7/648; Pfleger, Johannes ~ 11/158; Pfleger, (Franz) Joseph ~ 7/649; Pfleghar, Michael ~ 7/649; Pfleiderer, Karl ~ 7/649; Pfordten, Ludwig Frh. von der † 7/651; Pfordten, Otto Frh. von der ~/† 7/651; Pfretzschner, Adolf Frh. von ~/† 7/652; Pfretzschner, Norbert ~ 7/652; Pfretzschner, Norbert ~ 7/652; Pfülf, Antonie ~/† 7/652; Philipp Wilhelm, Herzog von Bayern, Bischof von Regensburg * 7/656; Philippi, Felix ~ 7/657; Philipps, George ~ 7/658; Picard, Jacob ~ 7/659; Picard, Max ~ 7/660; Piccard, Jean Félix ~ 7/660; Pichler, Alois ~ 7/661; Pichler, Vitus ~/† 7/662; Pichlmayr, Rudolf *⁄~ 7/662; Pickel, (Johann) Ignaz Balthasar ~ 7/664; Pidoll, Carl (Friedrich) Frh. von ~ 7/665; Piechler, Arthur ~ 7/665; Piel, Harry † 7/666; Pieper, Josef ~ 11/158; Pietzsch, Albert (Theodor) ~/† 7/668; Pietzsch, Richard ~/† 7/668; Piglhein, (Elimar Ulrich) Bruno ~/† 7/669; Piloty, Ferdinand d. Ä. ~/† 7/671; Piloty, Ferdinand d. J. *⁄~/† 7/671; Piloty, Hans ~ 7/671; Piloty, Karl (Theodor) von * 7/671; Piloty, Robert von *⁄~ 7/671; Piltz, Klaus ~ 7/671; Piltz, Otto ~/† 7/671; Pinder,

Wilhelm ~ 7/672; Pinkus, Hermann (Karl Benno) ~ 7/673; Piper, Carl (Anton) ~ 7/675; Piper, Otto (Karl Heinrich Christoph) ~/† 7/675; Piper, Reinhard ~/† 7/675; Pirchan, Emil d. J. ~ 7/677; Pirker, Max ~ 7/678; Pirker, Theo */† 7/678; Pirkl, Fritz ~ 7/678; Pirrung, Adolf ~ 7/678; Piscator, Erwin (Friedrich Max) ~ 7/678; Pixis, Francilla ~ 7/682; Pixis, Theodor ~ 7/682; Plaichinger, Thila ~ 7/683; Planck, Max (Karl Ernst Ludwig) ~ 7/684; Planitz, Ernst Edler von ~ 7/685; Plaschke, Friedrich ~ 7/686; Plate, Ludwig (Hermann) ~ 7/687; Platen, August von ~ 7/687; Plath, Johann Heinrich ~/† 7/688; Plattner, Franz ~ 7/690; Plattner, Otto (Jakob) ~ 7/691; Platz, Hermann ~ 7/691; Plaut, Felix ~ 7/691; Plehn, Albert ~ 7/692; Plettner, Bernhard † 8/1; Plettner, Helmut ~ 8/1; Pleyer, Kleo(phas) ~ 8/2; Plieningen, Dietrich von ~ 8/2; Plievier, Hildegard ~/† 8/2; Plischke, (Hermann) Hans ~ 8/3; Ploberger, Herbert ~/† 8/3; Plockhorst, Bernhard ~ 8/3; Ploetz, Alfred (Julius) ~ 8/4; Plüddemann, Martin ~ 8/6; Pocci, Franz Graf von */~/† 8/6; Pocci, Maria Elisabeth Gräfin von * 8/7; Podewils(-Juncker-Bigatto), Clemens Graf † 8/8; Podewils, Friedrich Frh. von ~ 8/8; Podewils-Dürnitz, Clemens Frh. von ~/† 8/8; Podewils-Dürnitz, Maximilian Graf von * 8/9; Poehlmann, August ~/† 8/10; Pöhlmann, Josef */~ 8/10; Pöhlmann, Robert von ~/† 8/10; Pöhner, Konrad ~ 8/10; Pöll, Alfred ~ 8/11; Pölnitz, Götz Frh. von */~ 8/11; Poelt, Josef ~ 11/160; Pölzer, Julius ~/† 8/12; Pörtner, Paul † 8/14; Poeschel, Erwin ~ 8/14; Poeschel, Hans † 8/14; Pöschl, Viktor ~ 8/15; Poetzelberger, Robert ~ 8/16; Poeverlein, Hermann ~ 8/16; Pözl, Joseph von ~/† 8/16; Pogge, Paul ~ 8/17; Pohl, Gerhart (Oskar Ferdinand) ~ 8/18; Pohl-Meiser, Viktoria */~ 8/20; Pohle, Wolfgang † 8/20; Pohlig, Johannes ~ 8/21; Poißl, Johann Nepomuk Frh. von ~/† 8/21; Pokorny, Julius ~ 8/22; Polack, Jan ~/† 8/22; Polak, Karl ~ 8/23; Polano, Oskar (Julius Herbert) ~ 8/23; Polko, Elise ~/† 8/25; Pollack, Werner ~ 8/26; Pollak, Leo ~ 8/27; Pollak, Leopold ~ 8/27; Pollatschek, Walther ~ 8/28; Pollock, Friedrich ~ 8/29; Polsterer, Ludwig ~ 8/29; Pommer, Erich ~ 8/30; Pompecki, Josef Felix ~ 8/31; Pongs, Hermann ~ 8/32; Ponten, (Servatius) Josef ~/† 8/32; Ponto, Erich (Johannes Bruno) ~ 8/32; Popeller, Johann ~ 8/33; Popp, Franz Josef ~ 11/160; Popp, Lucia ~/† 8/34; Poppel, Johann Gabriel Friedrich ~ 8/35; Porges, Heinrich ~/† 8/37; Port, Gottlieb */~ 8/39; Port, Konrad (Wilhelm Eduard) */~ 8/39; Posch, Eduard ~ 8/41; Poschacher, Marie Louise ~ 8/42; Poschinger, Heinrich Ritter von ~ 8/42; Pospiech, Heinrich ~ 8/43; Possart, Ernst Ritter von ~ 8/44; Posselt, Karl ~/† 8/44; Post, Herbert ~ 8/44; Pourtalès, Friedrich Graf von ~ 8/47; Pozzi, Maximilian Joseph ~ 8/48; Prachensky, Wilhelm Nikolaus ~ 8/48; Pracher, Ferdinand Maximilian von */~ 8/48; Pracher, Max (Joseph Karl Ignaz) von ~ 8/48; Praeger, Frederick Amos ~ 8/49; Prändel, Johann Georg */~/† 8/49; Praesent, Hans ~ 8/49; Pranckh, Sigmund Frh. von ~/† 8/52; Prandtl, Ludwig ~ 8/52; Prandtl, Wilhelm ~/† 8/52; Prange, (Heinrich Friedrich Wilhelm) Georg ~ 8/52; Prantl, Karl von ~ 8/53; Prantl, Karl */~ 8/53; Prantl, Therese ~ 8/53; Praschma, Friedrich Graf ~ 8/53; Praun, Paul Ritter von ~/† 8/55; Prausnitz, Wilhelm ~/† 8/55; Prechtler, (Johann) Otto ~ 8/56; Preen, Hugo von ~ 8/56; Preetorius, Emil ~/† 8/57; Preger, Johann Wilhelm ~/† 8/57; Preger, Konrad von */~ 8/57; Preisendanz, Karl (Lebrecht) ~ 8/58; Preiser, Erich ~/† 8/58; Preiswerk, Theophil ~ 8/60; Prell, Heinrich (Bernward) ~ 8/60; Prem, Heimrad ~/† 8/61; Premauer, Werner ~ 11/160; Press, Volker ~ 8/63; Pressel, Konrad Viktor ~ 8/64; Presser, Helmut ~ 11/160; Pretzell, Lothar ~ 8/64; Pretzl, Otto ~ 8/64; Preuss, Paul ~/† 8/66; Preußner, Eberhard † 8/66; Prey, Hermann (Oskar Karl Bruno) ~ 11/160; Preyer, Johann Wilhelm ~ 8/67; Preysing, Hermann ~ 8/67; Preysing-Lichtenegg-Moos, Konrad Graf von † 8/67; Preysing-Lichtenegg-Moos, Konrad Graf von ~ 8/67; Pribilla, Max ~ 8/67; Přibram, Richard ~ 8/68; Prielmair von Priel, Korbinian Frh. von ~ 8/69; Prijs, Joseph ~ 8/69; Prill, Paul ~ 8/70; Pringsheim, Alfred ~ 8/70; Pringsheim, Ernst

Georg ~ 8/71; Pringsheim, Fritz ~ 8/71; Pringsheim, Heinz (Gerhard) */~/† 8/71; Pringsheim, Klaus */~ 8/71; Pringsheim, Peter */~ 8/71; Prinz, Christian ~/† 8/72; Prinz, Karl Ludwig ~ 8/72; Prinzhorn, Hans ~ 8/73; Prinzing, Friedrich ~ 8/73; Prion, Willi ~ 8/73; Probst, Christian */~ 8/74; Probst, Christoph ~/† 8/74; Probst, Jakob ~ 8/75; Probst, Maria */~ 8/75; Proebst, Hermann */~/† 8/76; Proebst, Max Ritter von ~ 8/76; Proebstl, Max */~/† 8/76; Pröll, Rudolf ~ 8/77; Proesler, Hans † 8/77; Prohaska, Jaro † 8/78; Prowazek, Stanislaus Edler von Lanow ~ 8/81; Prucker, Nikolaus ~/† 8/81; Pruckner, Dionys * 8/81; Pruckner, Karoline ~ 8/81; Prümer, Karl ~ 8/81; Pruner, Franz (Ignaz) ~ 8/82; Prutz, Hans ~ 8/82; Przywara, Erich ~ 8/83; Pschorr, August */~/† 8/84; Pschorr, Georg Theodor */~ 8/84; Pschorr, Josef */~/† 8/84; Psenner, Ludwig ~ 8/84; Puchta, Anton ~ 8/85; Puchta, Christian Heinrich (Rudolf) ~ 8/85; Puchta, Georg Friedrich ~ 8/85; Püterich von Reichertshausen, Jakob */~ 8/87; Püttner, Walter ~ 8/88; Pütz, Theodor ~ 11/161; Pulewka, Paul ~ 8/90; Pulver, Max ~ 8/90; Pummerer, Rudolf ~ 8/90; Puntschart, Paul ~ 8/91; Puschmann, Theodor ~ 8/93; Pustet, Friedrich (I) ~/† 8/93; Pustet, Friedrich (III) ~ 8/93; Pustet, Friedrich (IV) ~ 8/93; Puttkamer, Jesco von ~ 8/94; Putz, Hans ~ 8/94; Putz, Heinrich ~ 8/95; Putz, Leo ~ 8/95; Quaglio, (Michael) Angelo I. */~ 8/97; Quaglio, Angelo II. */~/† 8/97; Quaglio, Domenico II. */~ 8/97; Quaglio, Eugen */~ 8/98; Quaglio, Giovanni Maria II. von ~/† 8/98; Quaglio, Giulio III. ~/† 8/98; Quaglio, Giuseppe ~/† 8/98; Quaglio, Julius */~ 8/98; Quaglio, Lorenzo I. von ~/† 8/98; Quaglio, Lorenzo II. */~/† 8/98; Quaglio, Simon */~/† 8/98; Quenstedt, Werner */~/† 8/101; Queri, Georg ~/† 8/101; Quest, Hans † 8/102; Quichelberg, Samuel ~/† 8/102; Quidde, Margarethe ~/† 8/103; Quirin, Eberhard ~ 8/103; Quitzmann, Ernst Anton ~ 8/104; Raab, Friedrich ~ 8/105; Raab, Heribert ~ 8/105; Raab, Kurt ~ 8/105; Raabe, Cuno Heinrich ~ 8/106; Raabe, Felix ~ 8/106; Raabe, Peter ~ 8/106; Raabe, Siegfried † 8/106; Raaff, Anton ~/† 8/107; Rabel, Ernst ~ 8/108; Rabes, Max (Friedrich Ferdinand) ~ 8/110; Rabinovitch, Gregor ~ 8/110; Radbruch, Gustav (Lambert) ~ 8/113; Radecke, Ernst ~ 8/114; Radecki, Sigismund von ~ 8/114; Rademacher, Hanna ~ 8/115; Rader, Matthäus ~ 8/116; Rading, Adolf ~ 8/116; Radlkofer, Ludwig von */~/† 8/117; Radowitz, Joseph Maria von ~ 8/118; Räber, Joseph ~ 8/120; Raeber, Kuno (Eduard Franz) ~ 8/120; Raether, Heinz ~ 11/161; Räuber, Wilhelm Carl ~/† 8/122; Raff, Helene ~/† 8/122; Raffalt, Reinhard (Karl-Maria Michael) † 8/122; Raffeiner, Emanuel ~ 8/122; Raglovich, Klemens von ~/† 8/123; Rahn, Hans Julius ~ 8/124; Rahner, Hugo † 8/125; Rahner, Karl (Josef Erich) ~ 8/125; Raida, Carl Alexander ~ 8/126; Raimann, Rudolf ~ 8/127; Raimund, Ferdinand (Jakob) ~ 8/127; Rainer, Virgil ~ 8/128; Raiser, Ludwig ~ 8/129; Raithel, Hans Adolf ~ 8/129; Ramann, Emil ~/† 8/130; Ramann, Lina ~/† 8/130; Ramberg, Arthur Georg Frh. von ~/† 8/131; Ramboux, Johann Anton ~ 8/131; Rameau, (Paul) Hans ~ 8/131; Ramoser, Peter ~ 8/133; Rampf, Michael von */~ 8/133; Ramsauer, Carl Wilhelm ~ 8/133; Ranke, Friedrich (Gotthold Johann) ~ 8/136; Ranke, Hans-Jürg ~ 8/136; Ranke, (Philipp Friedrich) Heinrich ~/† 8/136; Ranke, Heinrich von ~/† 8/136; Ranke, Hermann ~ 8/136; Ranke, Johannes ~/† 8/136; Ranke, Karl Ernst */~/† 8/136; Ranke, Leopold von ~ 8/137; Ranke, Otto (Friedrich) */~ 8/138; Ranshofen-Wertheimer, Egon (Ferdinand) ~ 8/139; Rantz, August ~ 8/139; Ranzinger, Anton ~ 8/140; Ranzoni, Hans ~ 8/140; Raphael, Max ~ 8/141; Rapp, (Julius) Franz ~ 8/141; Rappard, William Emmanuel ~ 8/143; Rarkowski, Franz Justus ~/† 8/143; Rasch, Gustav ~ 8/144; Rasch, Heinrich ~ 8/144; Rasch, Wolfdietrich ~ 8/144; Raschein, Paul ~ 8/145; Raschke, Martin ~ 8/145; Rasenberg-Koch, Friedrich (Peter) ~ 8/145; Rasp, Fritz (Heinrich) ~ 8/146; Rassow, Berthold (Leopold Peter) ~ 8/147; Rath, Felix vom ~/† 8/148; Rath, Klaus Wilhelm (Kurt Otto) ~ 8/148; Rath, Willy ~ 8/148; Rathenau, Fritz ~ 8/150; Rathenau, Henri G. ~ 8/150;

Rathgeb, Caspar ~ 8/151; Rathgeber, Alphons Maria ~ 8/151; Rathjens, Carl August ~ 8/151; Ratjen, Hans-Georg ~/† 8/152; Ratschow, Max ~ 8/153; Rattenhuber, Ernst */† 8/153; Ratzel, Friedrich ~ 8/153; Ratzel, Friedrich (Karl Julius) ~ 8/154; Ratzinger, Georg ~/† 8/154; Rau, Hans ~ 8/155; Rau, Karl August ~ 8/156; Rauber, August ~ 8/156; Rauber, Eugen Siegfried ~ 8/156; Rauch, Alf ~ 8/157; Rauch, Christian Daniel ~ 8/157; Rauch, Gregor ~ 8/158; Rauch, Hans ~/† 8/158; Rauch, Hans ~ 8/158; Raucheisen, Michael ~ 8/159; Rauchenecker, Georg (Wilhelm) */~ 8/160; Rauchenegger, Benno † 8/160; Rauers, Friedrich ~ 8/160; Raumer, Hans von ~ 8/161; Raumer, Kurt von ~ 8/162; Raumer, Rudolf (Heinrich Georg) von ~ 8/162; Rauner, Johann Thomas von ~ 8/162; Raupach, Hans ~/† 8/163; Raupp, Karl ~/† 8/163; Rausch, Jürgen ~ 11/162; Rauschenberger, Walther (Georg Heinrich) ~ 8/164; Rauscher, Michael ~ 8/165; Rauscher, Wolfgang ~/† 8/165; Rauschning, Hermann (Adolf Reinhold) ~ 8/165; Rauße, (Hans Hermann) Hubert ~ 8/165; Rauter, Hanns ~ 8/166; Rautmann, Hermann ~ 8/166; Rave, Paul Ortwin ~ 8/167; Reber, Franz Ritter von ~ 8/169; Reber, Peter ~/† 8/170; Rechnagel und Rothenlöwen, Aloys Franz Xaver Graf von */~ 8/171; Rechberg und Rothenlöwen, Anton Graf von † 8/171; Rechberg und Rothenlöwen, Otto Graf von ~ 8/172; Recher, Peter Emil ~ 8/173; Reck, Hans ~ 8/173; Recknagel, Georg ~ 8/174; Recknagel, Hermann */~/† 8/175; Recktenwald, Fritz ~ 8/175; Reclam, Ernst ~ 8/175; Reclam, Heinrich ~ 8/176; Reder, Heinrich Ritter von ~/† 8/177; Redinghoven, Johann Gottfried von ~ 8/178; Redler, Ferdinand ~ 8/178; Redlich, Fritz ~ 8/179; Redlich, Hans Ferdinand ~ 8/179; Redlich, Oswald ~ 8/180; Redlich, Virgil ~ 8/180; Redwitz, Erich Frh. von ~ 8/182; Redwitz(-Schmölz), Oskar Frh. von ~ 8/182; Rée, Paul ~ 8/182; Reeb, Georg † 8/183; Reess, Max ~ 8/183; Refinger, Ludwig ~/† 8/183; Regan, Anna ~/† 8/183; Reger, Erik ~ 8/185; Reger, Max (Johann Baptist Joseph) ~ 8/185; Regler, Gustav ~ 8/187; Regli, Adalbert ~ 8/187; Rehbenitz, Theodor ~ 8/188; Rehberg, Friedrich ~/† 8/189; Rehbock, Theodor ~ 8/190; Rehfeldt, Bernhard ~ 8/190; Rehfisch, Hans José ~ 8/190; Rehfuß, Heinz ~ 8/191; Rehkemper, Heinrich ~/† 8/191; Rehle, Johann ~/† 8/191; Rehling, Luise ~ 8/191; Rehm, Albert ~/† 8/191; Rehm, Heinrich ~/† 8/192; Rehm, Hermann ~ 8/192; Rehm, Walther ~ 8/192; Rehn, Eduard ~ 8/193; Reibmayr, Albert ~ 8/194; Reich, Emil ~ 8/194; Reich, Theodor ~ 8/195; Reichardt, Martin ~ 8/198; Reichel, Hans ~ 8/199; Reichel, Karl Anton ~ 8/199; Reichel, Manfred ~ 8/199; Reichenau, Walter von ~ 8/199; Reichenbach, Erwin ~ 8/200; Reichenbach, Georg (Friedrich) von ~/† 8/200; Reichenbach, Hans (Friedrich Herbert Günther) ~ 8/200; Reichenberger, Hugo */~/† 8/201; Reichenow, Eduard Johann ~ 8/201; Reicher, Ernst ~ 8/202; Reicher-Kindermann, Hedwig */~ 8/202; Reichert, Jakob Wilhelm ~ 8/203; Reichert, Karl ~ 8/203; Reichert, Willy ~ 8/203; Reichle, Hans ~ 8/204; Reichmann, Eva (Gabriele) ~ 11/162; Reichmann, Theodor ~ 8/204; Reichmann, Wolfgang ~ 11/162; Reicke, Siegfried ~ 8/206; Reidemeister, Kurt (Werner Friedrich) ~ 8/206; Reidemeister, Leopold ~ 8/206; Reifenberg, Benno ~ 8/206; Reiff, Lili ~ 8/207; Reiffenstuel, Anaklet ~ 8/207; Reiffenstuel, Hanns ~ 8/207; Reifferscheid, Martin † 8/208; Reigbert, Otto ~/† 8/208; Reigersberg, August Lothar Graf von ~/† 8/208; Reigersberg, Heinrich Alois Graf von ~/† 8/208; Reimann, Hans ~ 8/210; Reimer, Eduard ~ 8/211; Rein, Friedrich Hermann ~ 8/213; Reinach, Adolf ~ 8/213; Reinbold, Adelheid ~ 8/214; Reindl, Ludwig Emanuel ~ 8/215; Reiner, Gregor Leonhard ~ 8/215; Reiner, Hans ~ 8/216; Reiner, Jakob ~ 8/216; Reiners, Ludwig ~ 8/216; Reinhard, Kurt (August Georg) ~ 8/218; Reinhardstöttner, (Gustav Ferdinand Adolf) Karl von */~/† 8/218; Reinhardt, Carl August ~ 8/219; Reinhardt, Delia ~ 8/219; Reinhardt, Ernst ~/† 8/219; Reinhardt, Fritz ~ 8/219; Reinhart, Hans ~ 8/221; Reinhart, (Johann) Heinrich ~ 8/221; Reinicke, René ~ 8/224; Reiniger, Otto ~ 8/224;

Reining, Maria ~ 8/225; Reinking, Wilhelm ~ 8/226; Reinmar, Hans ~ 8/227; Reisach, Karl August Graf von ~ 8/228; Reischl, Wilhelm Karl */~/† 8/229; Reisinger, Franz ~ 8/231; Reismüller, Georg ~ 8/231; Reiss, Albert ~ 8/231; Reissiger, Karl Gottlieb ~ 8/232; Reissinger, Hans ~ 8/232; Reißner, Anton * 8/233; Reiter, Michael ~/† 8/234; Reithmann, Christian ~/† 8/235; Reithmayr, Franz Xaver ~/† 8/237; Rem, Jakob ~ 8/237; Remak, Georg † 8/237; Remling, Franz Xaver ~ 8/239; Rémond, Fritz ~ 8/240; Renk, Friedrich (Georg) */~ 8/242; Renn, Ludwig ~ 8/243; Renner, Carl Oskar ~/† 8/244; Renner, Joseph ~ 8/244; Renner, Maria (Johanna) ~ 8/245; Renner, Otto ~/† 8/245; Renner, Paul (Friedrich August) ~ 8/245; Rennert, Günther (Peter) ~ 8/246; Rentsch, Eugen ~ 8/246; Renz, Barbara Klara ~ 8/246; Renz, Carl ~ 8/246; Renz, Franz ~ 8/247; Reppe, Walter Julius ~ 8/247; Resch, Joseph */~/† 8/248; Reuling, Wilhelm Ludwig ~/† 8/254; Reusch, (Franz) Heinrich ~ 8/255; Reuschel, Wilhelm ~/† 8/256; Reuß, August ~/† 8/256; Reuß, Heinrich Erbprinz von ~ 8/257; Reuss, Wilhelm Franz ~ 8/258; Reuss-Belce, Luise ~ 8/258; Reuter, Ernst (Rudolf Johannes) ~ 8/259; Reuter, Gabriele ~ 8/260; Reutter, Hermann ~ 8/262; Reventlow, Ernst (Christian Einar Ludwig Detlev) Graf zu † 8/262; Reventlow, Franziska Gräfin zu ~ 8/263; Révy, Richard (Anton Robert Felix) ~ 8/263; Reyscher, August Ludwig ~ 8/265; Rezniček, Ferdinand (Franz) Frh. von ~/† 8/266; Rheinbaben, Werner (Karl Ferdinand) Frh. von ~ 8/267; Rheinberger, Joseph Gabriel von ~/† 8/267; Rheinfelder, Hans (Anton Felix) ~/† 8/268; Rheinhardt, Emil Alphons ~ 8/268; Rheinstein, Max ~ 8/268; Rheinstrom, Heinrich ~ 8/268; Rhode, Gotthold ~ 8/269; Rhomberg, Hanno */~ 8/270; Rhomberg, Josef Anton ~/† 8/270; Ribbentrop, Friedrich Christian Heinrich ~ 8/271; Riccabona von Reichenfels, Karl Josef ~ 8/271; Richartz, Walter E. ~ 8/273; Richartz, Willy ~ 8/273; Richarz, Stefan ~ 8/273; Richel, Bartholomäus von † 8/273; Richter, August ~ 8/275; Richter, Gustav (Karl Ludwig) ~ 8/279; Richter, Hans ~ 8/279; Richter, Hans ~ 8/279; Richter, Hans Werner † 8/279; Richter, Heinrich ~/† 8/280; Richter, Karl ~/† 8/281; Richter, Walter ~ 8/284; Richter, Werner ~ 8/284; Richthofen, Bolko (Karl Ernst Gotthard) Frh. von ~ 8/285; Rickelt, Gustav ~ 8/286; Ricklin, Eugen ~ 8/287; Rickmers, Willy Rickmer ~/† 8/288; Riebesell, Paul ~ 8/289; Riechmann, Friedrich ~ 8/289; Ried, Franz Jordan von ~ 8/290; Riedel, Arthur ~ 8/290; Riedel, August ~ 8/290; Riedel, Eduard von ~ 8/291; Riedel, Emil Frh. von † 8/291; Riedel, Valentin ~ 8/292; Rieder, Hermann ~/† 8/293; Riederer, Karl */~ 8/293; Riedl, Adrian von ~/† 8/294; Riedler, Alois ~ 8/295; Riedner, Otto ~/† 8/295; Riedt, Heinz ~ 8/295; Riefler, Sigmund ~/† 8/295; Riefstahl, Wilhelm (Ludwig Friedrich) ~/† 8/296; Riegel, Jobst ~/† 8/296; Rieger, Fritz ~ 8/296; Riegg, Ignaz Albert von ~ 8/297; Riehl, Alois ~ 8/298; Riehl, Berthold */~/† 8/298; Riehl, Wilhelm Heinrich ~/† 8/299; Riemenschneider, Tilman ~ 8/301; Riemerschmid, Anton ~/† 8/303; Riemerschmid, Richard */~/† 8/303; Riemerschmid, Robert */~ 8/303; Rienäcker, Günther ~ 8/303; Rieple, Max ~ 8/304; Rieppel, Anton von ~ 8/304; Rieppel, Ferdinand ~/† 8/304; Riesemann, Oskar von ~ 8/306; Rieser, Michael ~ 8/306; Riess, Curt ~ 8/306; Rieß, Paul ~ 8/307; Rietschel, Ernst Friedrich August ~ 8/308; Rietter, Anton ~ 8/308; Rietz, Erwin ~/† 8/309; Riezler, Franz Xaver */~/† 8/309; Riezler, Joseph */~/† 8/309; Riezler, Kurt */~/† 11/163; Riezler, Si(e)gmund von */~/† 8/309; Riezler, Walter */~ 8/309; Riggenbach, (Germann) Albert ~ 8/310; Rilke-Westhoff, Clara (Henriette Sophie) ~ 8/311; Rilke, Rainer Maria ~ 8/311; Rimpl, Herbert ~ 11/163; Rinderspacher, Ernst ~ 8/314; Rinecker, Franz von ~ 8/314; Ringelmann, Friedrich von ~/† 8/316; Ringelmann, Richard ~/† 8/316; Ringelnatz, Joachim ~ 8/316; Ringier, (Karl Albrecht) Gottlieb ~ 8/317; Ringleb, Karl ~ 11/163; Ringler, Joseph Jakob ~ 8/317; Ringseis, Bettina * 8/318; Ringseis, Emilie */~/† 8/318; Ringseis, Johann Nepomuk von ~/† 8/318; Rinner, Karl ~

11/164; Rint, Johann ~ 8/319; Rintelen, Friedrich ~ 8/320; Rintelen, Fritz Joachim ~ 8/320; Riphahn, Wilhelm ~ 8/321; Rippel-Baldes, August ~ 11/164; Rippler, Heinrich ~ 8/322; Risch, Martin ~ 8/322; Ritter, Adolf ~ 8/326; Ritter, Albert ~/† 8/326; Ritter, Bernhard ~ 8/326; Ritter, Emma (Georgina Karoline) ~ 8/328; Ritter, Gerhard (Georg Bernhard) ~ 8/328; Ritter, Joachim-Friedrich ~ 8/330; Ritter, Johann Wilhelm ~/† 8/330; Ritter, Josef ~ 8/331; Ritter, Karl ~ 8/331; Ritter, Kaspar ~ 8/331; Ritter, Philipp ~ 8/332; Rittershaus, Ernst (Ludwig Johann) ~ 8/333; Rittershausen, Joseph Sebastian von ~/† 8/334; Rittmeyer, Dora Fanny ~ 8/335; Rittmeyer, (Gottlob) Emil ~ 8/335; Ritz, Joseph Maria ~ 8/336; Ritzberger, Albert ~ 8/336; Rixner, Josef * 8/337; Rixner, Thaddäus Anselm † 8/337; Rizzi, Hans ~ 8/338; Robert, Eugen ~ 8/338; Robinsohn, Hans (Joachim) ~ 8/339; Rochholz, Ernst Ludwig ~ 8/340; Rocholl, (Rudolf) Theodor ~ 8/341; Rochowanski, Leopold Wolfgang ~ 8/341; Rockinger, Ludwig Ritter von ~/† 8/342; Roda Roda, Alexander ~ 8/342; Rode, Wilhelm ~/† 8/344; Rodenstock, (Christian) Alexander */~ 8/345; Rodenstock, Rolf */~/† 8/345; Röchling, Ernst ~ 8/347; Röckel, August ~ 8/347; Röckel, Wilhelm ~/† 8/348; Röder, Georg Vincent ~ 8/348; Rögge, (Ernst Friedrich) Wilhelm ~/† 8/350; Röhm, Ernst (Julius) */† 8/350; Röhm, Ernst ~ 8/351; Röhm, Johann Baptist ~ 8/351; Röhr, Hugo ~ 8/351; Röhr-Brajnin, Sophie ~/† 8/351; Röhricht, Wolf ~/† 8/351; Röhrig, Arnold ~ 8/351; Roemer, Adolf ~ 8/352; Römer, Georg ~/† 8/353; Römer, Josef ~ 8/353; Römer, Matthäus ~ 8/353; Roenneke, Rolf ~ 8/354; Röntgen, (Gottfried) August von ~ 8/354; Röntgen, Wilhelm Conrad ~/† 8/355; Rösch, Augustin † 8/357; Roesch, Carl ~ 8/357; Rösch, Friedrich ~ 8/357; Rösch, Siegfried (Wilhelm) ~ 8/357; Röschlaub, Andreas ~ 8/358; Röse, Otto ~ 8/358; Rösger, Karl ~/† 8/359; Roesler, (Carl Friedrich) Hermann ~ 8/360; Rösler, Jo Hanns † 8/360; Rösner, Willy ~/† 8/361; Roessert, Hanns ~ 8/362; Rössing, Karl ~ 8/362; Rössle, Karl Friedrich ~/† 8/362; Rössle, Robert ~ 8/362; Roessler, Arthur ~ 8/362; Rössler, Carl ~ 8/362; Roeßler, Gustav ~ 8/363; Rogge, Alma ~ 8/365; Roh, Franz ~/† 8/366; Rohbock, Ludwig ~/† 8/367; Rohde, Alfred ~ 8/367; Rohde, Emil ~/† 8/367; Rohlfs, Christian (Friedrich) ~ 8/368; Rohlfs, Gerhard ~ 8/369; Rohmer, Ernst ~ 8/369; Rohmer, Friedrich ~/† 8/369; Rohn, Karl (Friedrich Wilhelm) ~ 8/369; Rohr, Max ~/† 8/370; Rohr, Wilhelm ~/† 8/371; Rohracher, Hubert ~ 8/371; Rohs, Martha ~ 8/372; Roider, Peter */~/† 8/372; Roland, Marc ~ 8/374; Roleff, Peter ~/† 8/374; Roll, Georg ~ 8/374; Romako, Anton ~ 8/377; Roman zu Schernau, Rudolf von ~ 8/378; Rombach, Wilhelm ~ 8/378; Romberg, Ernst von ~/† 8/379; Romeis, Benno */~/† 8/379; Rominger, Erich (Gottfried) ~ 8/379; Romstoeck, Franz Sales ~ 8/381; Roos, Johannes Christian ~ 8/382; Roritzer, Konrad ~ 8/384; Rosar, Annie ~ 8/384; Rosbaud, Hans ~ 8/385; Roscher, Max ~ 8/385; Rose, (Karl) Julius ~/† 8/387; Rosemann, Heinz Rudolf ~ 11/165; Rosemann, Rudolf (Robert Adolf) ~ 8/388; Rosen, Georg ~ 8/389; Rosenbaum, Eduard ~ 8/390; Rosenbaum, Julius ~ 8/391; Rosenberg, Alfred ~ 8/391; Rosenberg, Emil † 8/392; Rosenberg, Hans Oswald ~ 8/393; Rosenberg, Leo ~/† 8/393; Rosenberg, Moritz ~ 8/394; Rosenberg, Wolf ~ 11/165; Rosenberger, Raimund */~/† 8/395; Rosenbusch, Hans ~ 8/395; Rosenfeld, Hans-Friedrich ~/† 8/395; Rosenfeld, Hellmut ~/† 8/395; Rosenfeld, Max ~ 8/396; Rosengart, Siegfried * 8/396; Rosenheim, Arthur ~ 8/397; Rosenkrantz, Wilhelm (Martin Joachim) */~ 8/397; Rosenthal, Arthur ~ 8/399; Rosenthal, Ernst (Georg Wilhelm) ~ 8/400; Rosenthal, Hans (Günter) ~ 8/400; Rosenthal, Jacques ~/† 8/400; Rosenthal, Ludwig ~/† 8/400; Rosenzweig, Franz ~ 8/402; Roß, Colin ~ 8/404; Roßbach, Johann Joseph † 8/405; Roßbach, Michael Joseph ~ 8/405; Roßhaupter, Albert ~ 8/405; Roßhirt, Konrad Eugen Franz ~ 8/406; Rossipaul, Lothar † 8/406; Rost, Hans ~ 8/407; Rostosky, Gertraud ~ 8/409; Rosvaenge, Helge Anton ~/† 8/409; Rotermundt, Joseph Alois ~ 8/410;

Roth, Christian ~ 8/411; Roth, Christoph ~/† 8/411; Roth, Daniel ~ 8/411; Roth, Eugen */~/† 8/412; Roth, Johannes (Rudolf) ~ 8/413; Roth, Josef ~ 8/414; Roth, (Moses) Joseph ~ 8/414; Roth, Karl ~/† 8/415; Roth, Karl Friedrich ~ 8/415; Roth, Karl Johann Friedrich von ~/† 8/415; Roth, Paul (Rudolf) ~/† 8/415; Roth, Rolf ~ 8/415; Rothacker, Erich ~ 8/416; Rothaug, Alexander ~ 8/417; Rothbart, Ferdinand ~/† 8/417; Rothbarth, Margarete (Johanna) ~ 8/417; Rothe, Ferdinand ~ 8/418; Rothe, Hans (Ludwig) ~ 8/418; Rothermel, Fridolin ~ 8/419; Rothfels, Hans ~ 8/419; Rothmund, August von ~/† 8/421; Rothmund, Franz Christoph von ~/† 8/421; Rothmund, (Ludwig) Viktor */~ 8/421; Rothpletz, (Friedrich) August ~ 8/421; Rothschuh, Karl Eduard ~ 8/424; Rottenhammer, Hans */~ 8/426; Rottmann, Carl (Anton Joseph) ~/† 8/427; Rottmann, Friedrich ~ 8/427; Rottmann, Josefine ~ 8/428; Rottmann, Leopold ~/† 8/428; Rottmanner, Karl */~ 8/428; Rottmanner, Odilo ~/† 8/428; Rottmanner, Simon ~ 8/428; Rottonara, Franz Angelo ~ 8/428; Rousseau, Georg Ludwig Claudius ~ 8/428; Rousseau, Johann Baptist ~ 8/428; Roux, Karl ~ 8/429; Ruben, Christian ~ 8/431; Ruben, Franz Leo ~/† 8/431; Rubiner, Fri(e)da ~ 8/432; Rubinstein, Susanna ~ 8/433; Rubner, Konrad ~ 8/433; Rubner, Max */~ 8/433; Rucker, August */~ 8/434; Ruckteschell, Walter von ~ 8/434; Rudder, Bernhard de ~/† 8/434; Rudhart, Franz Michael ~ 8/435; Rudhart, Georg Thomas ~/† 8/435; Rudhart, Ignaz von ~ 8/435; Rudolph, Friedrich von ~ 8/440; Rudolph, Julius ~ 8/441; Rübelt, Lothar ~ 8/443; Rückert, Johannes ~/† 8/445; Ruederer, Josef (Anton Heinrich) */~/† 8/446; Rüdiger, Hermann ~ 8/446; Rüdiger, Max (Theodor) ~ 8/447; Rüdin, Ernst ~/† 8/447; Rüdinger, Gottfried ~ 8/448; Rüdinger, Nikolaus ~ 8/448; Rüdisühli, (Traugott) Hermann ~/† 8/448; Rüegg, Albert ~ 8/448; Rüegger, Paul ~ 8/449; Rühle-Gerstel, Alice ~ 8/451; Rühmann, Heinz ~ 8/451; Rühr, Josef ~/† 8/452; Rümann, Wilhelm Ritter von ~/† 8/453; Rümelin, Christian Adolf ~ 8/453; Rümelin, Theodor † 8/453; Rünger, Julius ~ 8/454; Ruepp, Johann Christoph Frh. von */† 8/454; Rueprecht, Christian */~/† 8/454; Ruest, Anselm ~ 8/455; Rüstow, Alexander ~ 8/455; Ruethling, Bernhard ~/† 8/456; Rüttenauer, Benno ~/† 8/457; Ruf, (Johann) Paul ~ 8/457; Ruf, Sep */~/† 8/457; Ruff, Ludwig ~ 8/458; Ruge, Arnold ~ 8/458; Ruggli, Paul (Emil) ~ 8/460; Ruhl, Ludwig Sigismund ~ 8/460; Ruhland, Gustav ~ 8/460; Ruhland, Reinhold Ludwig ~ 8/460; Ruland, Ludwig */~ 8/461; Ruland, Wilhelm ~/† 8/461; Rumford, Benjamin Thompson ~ 8/462; Rummel, Walter Frh. von ~/† 8/463; Rumpelmayer, Viktor ~ 8/464; Rumpf, Andreas ~ 8/464; Rumpf, Max ~/† 8/464; Runge, Iris ~ 8/467; Runge, Otto Sigismund ~ 8/468; Rupe, Hans ~ 8/469; Ruppel, Karl Heinrich ~/† 8/471; Ruppel, Sigwart ~ 8/472; Rupprecht Maria Luitpold Ferdinand, Kronprinz von Bayern */~ 8/472; Ruprecht, Ernst ~ 8/474; Rusch, Paul */~ 8/474; Ruschen, Carl ~ 8/475; Ruscheweyh, Herbert August ~ 8/475; Ruska, Ernst (August Friedrich) ~ 8/475; Rust, Bernhard ~ 8/476; Rust, Josef ~ 8/476; Ruth, Lewis ~ 8/476; Rutra, Arthur Ernst ~ 8/478; Ruttmann, Walther ~ 8/478; Rutz, Ottmar ~ 8/479; Rychner, Johann Jakob ~ 8/480; Rysanek, Leonie ~ 8/481; Saager, Adolf ~ 8/483; Saal, Ignaz ~ 8/483; Sacher, Maja ~ 8/486; Sachs, Willy ~ 8/489; Sachtleben, Hans ~ 8/490; Sack, Erna (Dorothea Luise) ~ 8/491; Sack, Gustav ~ 8/491; Sack, Karl ~ 8/491; Saegesser, Max ~ 8/492; Saemisch, Friedrich (Ernst Moritz) ~ 8/492; Sänger, Alfred ~ 8/492; Saenger, Alwin ~/† 8/493; Sänger, Fritz (Paul) † 8/493; Saenger, Hans Erling ~ 8/493; Safferling, Benignus Ritter von ~ 8/494; Sahm, Heinrich (Friedrich Wilhelm Martin) ~ 8/495; Sailer, Johann Michael von ~ 8/495; Saitzew, Manuel ~ 8/496; Salat, Jakob ~ 8/497; Salin, Edgar (Bernhard) ~ 8/498; Salis, Carl Albert von ~ 8/499; Saller, Karl Felix ~/† 8/501; Sallwürk, (Ernst) Sigmund von ~ 8/501; Salminger, Sigmund */~ 8/502; Salomon, Erich ~ 8/503; Salomon(-Delatour), Gottfried ~ 8/503; Salomon, Heinrich ~ 8/503; Salomon, Richard

Johann (Baptist) von ~/† 9/131; Schrauth, Johann Baptist ~/† 9/132; Schrauth, Walther ~ 9/132; Schreiber, Michael ~/† 9/136; Schreiber, Ottomar † 9/136; Schreiber, Walther ~ 9/137; Schreiner, Franz d. Ä. ~ 9/138; Schreiner, Jakob (Gottlieb) ~ 9/138; Schrenck-Notzing, Albert Frh. von ~/† 9/140; Schrenck von Notzing, Karl Frh. von ~ 9/140; Schrenck von Notzing, Sebastian von ~/† 9/140; Schrenk, Wenz(e)l † 9/141; Schretter, Josef ~ 9/141; Schrettinger, Martin ~/† 9/142; Schreus, Hans Theodor ~ 9/142; Schreyer, Joseph ~/† 9/143; Schrimpf, Georg */~ 9/144; Schröder, Alfred ~ 9/145; Schröder, Arnulf */~/† 9/145; Schröder, Ernst (August) ~ 9/146; Schröder, Hanning ~ 9/147; Schröder, Joachim (Hermann) ~ 9/148; Schroeder, Max (Robert Paul) ~ 9/150; Schröder, Rudolf Alexander ~ 9/151; Schröder, Sophie (Antonie[tte]) ~/† 9/151; Schrödinger, Erwin ~ 9/152; Schrödl, Karl */~ 9/153; Schrönghamer, Franz 9/154; Schrörs, (Johann) Heinrich ~ 9/154; Schroers, Rolf ~ 9/154; Schröter, Adalbert ~ 9/154; Schröter, (Ernst) Manfred */~/† 9/156; Schrot, Martin (Michael) * 9/158; Schroth, Carl-Heinz ~/† 9/158; Schroth, Hannelore (Emilie Käte Grete) † 9/158; Schrott, Johannes ~/† 9/158; Schubart-Fikentscher, Gertrud ~ 9/159; Schubaur, Johann Lukas ~/† 9/160; Schubert, Gotthilf Heinrich von ~ 9/162; Schubert, Heinz ~ 11/172; Schubert, Karl † 9/164; Schubert, Richard ~ 9/164; Schuberth, Hans ~/† 9/165; Schubring, Walther ~ 9/166; Schuch, Carl ~ 9/166; Schuch, Franz Joseph ~ 9/166; Schuch, Werner (Wilhelm Gustav) ~ 9/167; Schücking, Levin ~ 9/168; Schücking, Levin L(udwig) ~ 9/168; Schücking, Walther (Max Adrian) ~ 9/168; Schündler, Rudolf (Ernst Paul) ~/† 9/171; Schünzel, Reinhold † 9/171; Schürer, Oskar ~ 9/173; Schürmann, Walter ~ 9/173; Schürmeyer, Walter ~ 9/173; Schütte, Ernst (Heinrich Conrad) ~ 9/175; Schütte, Ernst ~ 9/175; Schütte, Karl ~ 9/175; Schütz, Hans ~/† 9/177; Schuh, Georg Ritter von ~ 9/180; Schuh, Oscar Fritz */~ 9/181; Schuh, Willi ~ 9/181; Schuhmacher, Eugen (Josef Robert) † 9/181; Schulenburg, Friedrich Werner Graf von der ~ 9/182; Schuler, Alfred ~/† 9/184; Schuler, Georg Michael ~ 9/184; Schuler, Maximilian (Joseph Johannes Eduard) ~ 9/184; Schullern, Heinrich Ritter von und zu Schrattenhofen ~ 9/185; Schulte, Johann Friedrich Ritter von ~ 9/186; Schulte vom Brühl, (Heinrich) Walter ~ 9/187; Schulte-Drüggelte, Friedrich (August) ~ 9/187; Schulte im Hofe, Rudolf ~ 9/187; Schultes, Joseph August ~ 9/188; Schultes, Karl ~ 9/188; Schulthess, Edmund ~ 9/188; Schulthess, Walter ~ 9/189; Schultz, Alwin † 9/189; Schultz, Friedrich Wilhelm ~ 9/190; Schultz, Gustav (Theodor August Otto) ~/† 9/190; Schultz, Johann Karl ~ 9/191; Schultz, Karl Heinrich ~ 9/191; Schultze, Fritz ~ 9/193; Schultze, Walther (August Ludwig) ~ 9/194; Schultze-Naumburg, Paul ~ 9/194; Schultze-Westrum, Edith ~/† 9/194; Schulz, Bruno (Claus Heinrich) ~ 9/195; Schulz, Erich (Gustav Hermann) ~ 9/195; Schulz, Gottfried ~ 9/196; Schulz, Hans † 9/196; Schulz, Rolf S. * 9/197; Schulz, Wilhelm ~/† 9/198; Schulz-Euler, Carl Friedrich ~ 9/198; Schulze-Smidt, Berhardine (Cornelie Wilhelmine) ~ 9/202; Schumacher, Emil ~ 11/173; Schumacher, Fritz ~ 9/203; Schumacher, Hermann ~ 9/203; Schumacher, Joseph ~ 9/203; Schumacher von Marienfrid, Siegmund ~ 9/205; Schumann, Karl ~ 9/206; Schumann, Winfried (Otto) ~/† 9/208; Schur, Ernst (Erich Walter) ~ 9/210; Schurth, Ernst ~ 9/212; Schuster, Paul ~ 9/216; Schuster-Woldan, Georg ~/† 9/216; Schuster-Woldan, Raffael ~ 9/216; Schwab, Georg-Maria ~/† 9/217; Schwab, Josef */~ 9/218; Schwäbl, Franz Xaver ~ 9/219; Schwaiger, Rosl ~/† 9/220; Schwalber, Josef ~ 9/220; Schwann, Mathieu (Franz Josef) ~ 9/222; Schwann, Theodor (Ambrose Hubert) ~ 9/222; Schwanthaler, Franz (Jacob) ~/† 9/223; Schwanthaler, Franz Xaver ~ 9/223; Schwanthaler, Ludwig (Michael) von */† 9/223; Schwanzer, Karl ~ 9/223; Schwartz, Eduard ~/† 9/224; Schwarz, Christoph */~/† 9/225; Schwarz, Franz Xaver ~ 9/226; Schwarz, Georg ~/† 9/226; Schwarz, Hanns ~ 9/226; Schwarz, Walter ~ 9/229; Schwarz, Werner ~ 9/229; Schwarze, Hans Dieter ~ 9/229;

Schwarzkopf, Klaus ~ 9/232; Schwarzmann, Joseph Anton ~/† 9/232; Schwarzschild, Karl ~ 9/232; Schwarzschild, Leopold ~ 9/233; Schwegerle, Hans ~/† 9/234; Schweikart, Hans ~/† 9/236; Schweikher, Samuel Paul ~/† 9/236; Schweinfurth, Georg ~ 9/236; Schweizer, Otto (Ernst) ~ 9/240; Schwend, Karl † 9/241; Schwendener, Simon ~ 9/241; Schwendenwein von Lonauberg, August ~ 9/241; Schweninger, Ernst ~/† 9/242; Schwenzen, Per † 9/243; Schwerd, Friedrich ~/† 9/243; Schwerin, Claudius Frh. von ~/† 9/243; Schwerin, Ernst ~ 9/244; Schwerin von Schwanenfeld, Ulrich Wilhelm Graf von ~/† 9/245; Schweyer, Franz Xaver † 9/246; Schwiefert, Fritz (Walter) ~ 9/246; Schwind, Moritz von ~/† 9/247; Schwinge, Erich ~ 9/247; Schwingshackl, Johannes † 9/247; Schwob, Susanne ~ 9/248; Schwoiser, Eduard ~/† 9/248; Sckell, Friedrich Ludwig Ritter von ~/† 9/249; Sedlmaier, Richard ~ 9/253; Sedlmayr, Hans ~ 9/254; Sedlmayr, Lorenz ~ 9/254; Sedlmayr, Walter */† 9/254; Seeau, Joseph Anton Graf von ~/† 9/254; Seebohm, Hans-Christoph ~ 9/256; Seefelder, Richard ~ 9/257; Seehofer, Arsacius * 9/258; Seel, Hanns */~ 9/258; Seel, Otto ~ 9/258; Seeliger, Gerhard (Wolfgang) ~ 9/259; Seeliger, Hugo (Hans) Ritter von ~/† 9/260; Seeliger, Rudolf */~ 9/260; Seelos, Gebhard * 9/260; Seemann, Josef ~ 9/261; Seewald, Richard (Josef Michael) ~/† 9/261; Segal, Arthur ~ 9/262; Segesser von Bruneck, Franz Ludwig Philipp ~ 9/262; Segesser von Brunegg, Anton Philipp ~ 9/262; Seggel, Karl ~/† 9/263; Segitz, Martin ~ 9/263; Sehmer, Theodor (II.) ~ 9/264; Seibertz, Engelbert ~ 9/264; Seibold, Kaspar ~ 11/174; Seidel, August */† 9/265; Seidel, Hanns † 9/265; Seidel, Heinrich Wolfgang ~ 9/265; Seidel, Ina ~ 9/265; Seidel, Ludwig Philipp von ~/† 9/266; Seidel, Willy ~ 9/266; Seidenbusch, Johann Georg */~ 9/266; Seidl, Alfred */† 9/267; Seidl, Andreas */~/† 9/267; Seidl, Arthur */~ 9/267; Seidl, Emanuel von */~/† 9/267; Seidl, Erich ~ 9/267; Seidl, Erwin */~ 11/174; Seidl, Gabriel von */~/† 9/268; Seidlein, Lorenz Ritter von † 9/268; Seidlitz, Wilfried von ~ 9/269; Seidlmayer, Michael ~ 9/269; Seifert, Alfred ~/† 9/269; Seifert, Alwin */~ 9/269; Seiffert, Alfred ~ 9/270; Seifried, Josef */~/† 9/270; Seiler, Jakob ~ 9/271; Seiler, Johannes ~ 9/271; Seiler, Karl Wilhelm ~/† 9/272; Seippel, Edda ~/† 9/273; Seitz, Alexander Maximilian */~ 9/274; Seitz, Ludwig ~ 9/275; Seitz, Otto */† 9/275; Seitz, Rudolf Ritter von */~/† 9/275; Seitz, Walter */~/† 9/275; Seitz, Wilhelm (Georg Gustav) */~ 9/275; Selb, Josef Anton † 9/276; Selb, Walter * 11/174; Selenka, (Hermann) Emil (Robert) ~/† 9/277; Seligmann, Adalbert Franz ~ 9/277; Seligmann, Caesar ~ 9/277; Sellier, Arthur ~ 9/279; Sellier, Arthur L(ouis) ~/† 9/279; Selling, Eduard ~/† 9/279; Sellmair, Josef ~ 9/279; Selter, Hugo ~ 9/281; Selz, Otto */~ 9/281; Sembach, Carl † 9/282; Semler, Johann Ferdinand ~/† 9/282; Semon, Richard Wolfgang ~/† 9/284; Semper, Gottfried ~ 9/284; Semper, (Johann) Max ~ 9/285; Sendelbach, Hermann Josef ~ 9/286; Sendtner, Otto */~ 9/286; Senefelder, (Johann Nepomuk) Aloys ~/† 9/287; Senfft von Pilsach, Friedrich Christian Ludwig ~ 9/287; Senfl, Ludwig ~/† 9/287; Senger, Hugo Franz Ludwig von ~ 9/288; Senger-Bettaque, Katharina ~ 9/288; Sengle, Friedrich ~ 9/288; Sepp, Johannes Nepomuk † 9/290; Seppelt, Franz Xaver ~/† 9/290; Serr, Johann Jakob ~ 9/292; Servatius, Robert ~ 9/292; Settegast, (Joseph) Anton (Nikolaus) ~ 9/293; Seubert, Werner */~ 11/175; Seuffert, Ernst (Clemens Hermann) von */~/† 9/294; Seuffert, Hermann ~ 9/294; Seuffert, Johann Adam von ~ 9/294; Seuffert, Lothar von ~ 9/294; Seuffert, Walter ~/† 9/294; Sexau, Richard Wilhelm ~/† 9/296; Seybold, August ~ 9/296; Seydel, Karl Ritter von ~/† 9/297; Seydel, Max von ~/† 9/297; Seydel, Wolfgang ~/† 9/297; Seyffer, Carl Felix ~/† 9/299; Siber, Thaddäus ~/† 9/300; Sichowsky, Richard von ~ 9/302; Sick, Karl ~/† 9/302; Sickenberger, Joseph ~ 9/302; Sickenberger, Otto */~ 9/302; Sickinger, Anselm ~/† 9/303; Siebel, Fritz ~ 9/304; Siebelist, Arthur ~ 9/304; Sieben, Wilhelm (Ludwig) ~/† 9/304; Siebenmann, Friedrich ~ 9/305; Sieber, Josef

Steffani, Agostino ~ 9/463; Steffen, Albert ~ 9/464; Steffensmeier, Heinrich ~ 9/466; Steffter, Adalbert * 9/466; Stefl, Max ~/† 9/466; Stegemann, Hermann ~ 9/467; Stegerwald, Adam ~ 9/467; Stegmann, Hans ~/† 9/468; Stegmüller, Friedrich ~ 9/469; Stegmüller, Wolfgang ~/† 9/469; Stehle, Sophie ~ 9/469; Steichele, Anton ~ 9/470; Steidl, Melchior (Michael) ~/† 9/471; Steidle, Luitpold ~ 9/471; Steigenberger, Gerhoh ~/† 9/472; Steiger, Carl ~ 9/472; Steiger, Edgar ~/† 11/177; Steigner, Walter ~/† 9/474; Stein, Franz Josef von ~/† 9/476; Stein-Schneider, Lena † 9/482; Steinacker, Karl ~ 9/483; Steinbach, Fritz † 9/484; Steinbacher, Josef ~/† 9/484; Steinbüchel, Theodor ~ 9/487; Steiner, Elisabeth ~ 9/488; Steiner, Felix † 9/488; Steiner, Gabriel ~ 9/489; Steiner, Herbert ~ 9/489; Steiner, Sigfrit ~/† 9/491; Steiner-Prag, Hugo ~ 9/491; Steinert, Otto ~ 9/491; Steinhausen, Wilhelm (August Theodor) ~ 9/493; Steinhauser, Walter ~ 11/178; Steinheil, Carl August Ritter von ~/† 9/493; Steinheil, Hugo Adolph von */~/† 9/493; Steinhoff, Hans ~ 9/495; Steinhoff, Karl ~ 9/495; Steinhuber, Andreas ~ 9/495; Steinicke, Georg Carl ~/† 9/495; Steinitzer, Max ~ 9/496; Steinke, Eduard Gottfried ~ 9/496; Steinmann, (Johann Heinrich Konrad Gottfried) Gustav ~ 9/498; Steinmann, Paul ~ 9/498; Steinmetz, Stefan ~ 9/500; Steinrück, Albert ~ 9/500; Steinschneider, Moritz ~ 9/501; Steinthal, Walter ~ 9/501; Steltzer, Theodor (Hans Friedrich) ~/† 9/503; Stemmle, R(obert) A(dolf Ferdinand) ~ 9/504; Stempel, Hans ~ 9/504; Stengel, Georg ~ 9/505; Stengel, Georg von ~/† 9/505; Stengel, Hermann Frh. von ~/† 9/505; Stengel, Karl von ~/† 9/506; Stengel, Karl (Joseph Leopold) Frh. von ~/† 9/506; Stengel, Stephan (Christian) Frh. von ~ 9/506; Stenger, Erich ~ 9/506; Stenglein, Albert ~/† 9/506; Stennes, Walter ~ 9/507; Stephan, Rudi ~ 9/510; Stephani, Hermann ~ 9/510; Stepp, Wilhelm ~/† 9/511; Steppes, Edmund ~ 9/511; Stepun, Fedor ~/† 9/511; Stern, Ernst (Julian) ~ 9/512; Stern, Jean ~ 9/513; Stern, Karoline ~ 9/514; Stern, Otto ~ 9/514; Stern-Täubler, Selma ~ 9/516; Sternberg, Fritz † 9/516; Sternberg, Leo ~ 9/517; Sterneck, Berthold ~/† 9/517; Sternfeld, Alfred */~/† 9/518; Sternheim, (William Adolf) Carl ~ 9/518; Stertz, Georg ~/† 9/519; Sterzenbach, Benno ~ 9/519; Sterzinger von Sigmundslust und Lichtenwörth, Ferdinand ~/† 9/519; Steub, Fritz ~ 9/520; Steub, Ludwig ~/† 9/520; Steyrer, Clemens */~/† 9/522; Stichaner, Franz Joseph Wigand von ~/† 9/523; Stichart, Alexander (Otto) ~ 9/523; Stieber, Hans (Albert Oskar) ~ 9/524; Stiefel, Eduard ~ 9/525; Stieglitz, Heinrich ~/† 9/527; Stiehl, Otto (Max Johannes) ~ 9/527; Stieler, Elisabeth ~ 9/528; Stieler, Eugen Ritter von */~/† 9/528; Stieler, Joseph (Karl) † 9/528; Stieler, Karl */~/† 9/528; Stieler, Karl ~ 9/528; Stieler, Kurt */~/† 9/528; Stieve, Friedrich */~/† 9/529; Stieve, Hermann (Philipp Rudolf) */~/† 9/529; Stigler-Staeven, Wilhelm ~ 9/531; Stiglmaier, Johann Baptist ~/† 9/531; Stilke, Georg H. ~ 9/532; Stilke, Hermann (Anton) ~ 9/532; Still, Valentin Stefan ~/† 9/532; Stille, Ulrich ~ 9/532; Stimm, Helmut ~/† 9/533; Stingl, Karl ~/† 9/534; Stinnes, Otto ~ 9/535; Stintzing, Roderich ~ 9/535; Stobbe, Hans (Hermann August Adolph) ~ 9/536; Stock, Hanns ~ 9/537; Stock, Wolfgang ~ 9/538; Stockhausen, (Franz Joseph) Emanuel ~ 9/539; Stockmann, Anton ~ 9/539; Stockmann, Hermann ~/† 9/539; Stoeckel, Joe */~/† 9/541; Stoeckel, Walter ~ 9/541; Stöckel, Wolfgang * 9/541; Stöckl, Karl ~ 9/542; Stöckli, Paul ~ 9/542; Stoecklin, Franziska ~ 9/542; Stoecklin, Niklaus ~ 9/543; Stöger, Auguste ~/† 9/543; Stöger, Johann August † 9/543; Stölzle, Remigius ~ 9/545; Stoermer, (Heinrich Friedrich) Richard ~ 9/546; Stötzner, Walther ~ 9/547; Stohmann, Friedrich (Carl Adolf) ~ 9/548; Stolberg-Wernigerode, Otto Graf zu ~/† 9/550; Stollberg, Georg J. ~/† 9/551; Stollberg, Otto Karl ~ 9/553; Stolley, Ernst ~ 9/553; Stollwerck, Karl † 9/553; Stoltze, (Karl) Adolf ~ 9/554; Stolz, Friedrich ~ 9/555; Stolz, Otto ~ 9/555; Stolz, Rudolf ~ 9/555; Stolze, Alfred Otto ~ 9/556; Storch, Nikolaus † 9/558; Storck, Karl ~ 11/179; Storck, Wilhelm ~ 9/559; Storz, Walter ~

9/560; Strachwitz, (Maximilian Friedrich) Kurt (Joseph) ~ 9/562; Strachwitz, Rudolf (Alfred Emanuel) Graf von ~ 9/563; Strada, Jacopo da ~ 9/564; Strähuber, Alexander ~/† 9/564; Sträter, Artur ~ 9/564; Strakosch, Alexander ~/† 9/565; Stranitzky, Joseph Anton ~ 9/566; Strasburger, Hermann ~ 9/567; Strasser, Charlot ~ 9/567; Strasser, Gregor ~ 9/568; Strasser, Otto † 9/568; Straßmann-Dambböck, Marie ~/† 9/569; Straßmeyer, Leopold ~ 9/569; Strassner, Fritz */† 9/569; Strathmann, Carl ~/† 9/570; Strathmann, Friedrich ~ 9/570; Straub, Agnes (Josephine) * 9/571; Straub, Hermann ~ 9/571; Straub, Johann Baptist ~/† 9/571; Straub, Walther ~ 9/571; Strauch, Philipp ~ 9/573; Straus, Erwin (Walter Maximilian) ~ 9/573; Straus, Fritz ~ 9/573; Straus, Rahel ~ 9/573; Strauß, Benno ~ 9/574; Strauss, Eduard ~ 9/575; Strauß, Franz Josef ~/† 9/575; Strauß, Franz Josef */~ 9/575; Strauss, Isabel ~ 9/576; Strauss, Richard (Georg) * 9/578; Strauß, Walter ~ 9/578; Streber, Franz Ignaz von ~/† 9/579; Streck, Karl */~ 9/579; Strecker, Ludwig ~ 9/580; Strecker, Max † 9/580; Strecker, Paul ~ 9/580; Streibl, Max ~/† 11/180; Streicher, (Johann) Andreas ~ 9/581; Streitberg, Wilhelm (August) ~ 9/582; Stresau, Hermann ~ 9/584; Stresemann, Erwin (Friedrich Theodor) ~ 9/584; Streuli, Hans ~ 9/585; Strich, Fritz ~ 9/586; Striebeck, Karl ~ 9/587; Strieder, Jakob ~ 9/587; Striedinger, Ivo ~ 9/587; Strieffler, Heinrich ~ 9/587; Striegler, Kurt (Emil) ~ 9/587; Strietzel, Achim ~/† 9/587; Stritt, Albert ~ 9/588; Stritt, Robert ~ 9/588; Strittmatter, Thomas ~ 9/589; Strixner, (Johann) Nepomuk ~/† 9/589; Strobel, Heinrich (Edmund August) ~ 9/590; Ströher, Karl (Friedrich) ~ 9/591; Ströver-Wedigenstein, Ida Carola ~ 9/592; Strohm, Heinrich (Konrad) ~ 9/593; Stromer von Reichenbach, Ernst Frh. ~ 9/593; Stromer von Reichenbach, (Karl) Otto Frh. von ~ 9/593; Stromeyer, (Georg Friedrich) Louis ~ 9/594; Stross, Wilhelm (Carl) ~ 9/594; Stroux, Johannes ~ 9/595; Strubell-Harkort, Alexander ~ 9/595; Strützel, (Leopold) Otto ~/† 9/598; Strüver, Paul ~ 9/598; Strunz, Georg Jakob ~/† 9/599; Struppler, Theodor ~/† 9/599; Struve, Gustav von * 9/600; Strzygowski, Josef ~ 9/601; Stubenrauch, Amalie */~ 9/602; Stuchtey, Karl ~ 9/603; Stuchtey, Rudolf ~ 9/603; Stuck, Franz von ~/† 9/603; Stuck, Paula ~ 9/603; Stuckart, Wilhelm ~ 9/603; Stucken, Rudolf ~ 9/604; Stuckenberg, Fritz */~ 9/604; Stucki, Walter ~ 9/604; Studach, Jakob Lorenz ~ 9/604; Studer, Friedrich I. ~ 9/605; Studer, Heinrich ~ 9/606; Study, (Christian Hugo) Eduard ~ 9/606; Stückelberg, Ernst (Johann Melchior) ~ 9/608; Stueckelberg von Breidenbach, Ernst Carl Gerlach ~ 9/608; Stückgold, Jacques ~ 9/608; Stühmer, Alfred ~ 9/609; Stülz, Jodok ~ 9/609; Stümcke, Heinrich C. A. ~ 9/610; Stümpke, Gustav ~ 9/610; Stürmer, Bruno ~ 9/610; Stürmer, Karl (Benjamin) ~ 9/611; Stürzinger, (Johannes) Jakob ~ 9/611; Stuhlfauth, Georg ~ 9/612; Stumpf, Andreas Sebastian ~ 9/613; Stumpf, (Friedrich) Carl ~ 9/614; Stumpf, Max */~ 9/615; Stumpf, Theodor ~ 9/615; Stuntz, Johann Baptist ~/† 9/615; Stuntz, Joseph Hartmann ~/† 9/615; Sturm, Alexander */~ 9/616; Sturm, Hertha ~ 9/618; Sturm, Kaspar ~ 9/618; Sturm, Marcelin ~ 9/618; Stury, Franz Xaver */† 9/618; Stury, Richard */~/† 9/619; Sturz, Helfrich Peter ~ 9/619; Stutte, Hermann ~ 9/620; Sucher, Rosa ~ 9/622; Suchy, Viktor ~ 11/180; Suckow, Emma von ~ 9/623; Suder, Joseph ~/† 9/624; Suedekum, Albert (Oskar Wilhelm) ~ 9/625; Süffert, (Karl) Eduard ~ 9/625; Sündermann, Helmut */~ 9/625; Süpfle, Karl ~ 9/626; Süs, (Peter Augustin) Wilhelm ~ 9/626; Süskind, Wilhelm Emanuel ~ 9/626; Suess, Hans Eduard ~ 11/181; Süss, Theodor (Ludwig) ~ 9/627; Süßheim, Karl ~ 9/627; Suhrlandt, Carl ~ 9/629; Suida, Wilhelm ~ 9/630; Sulger-Gebing, Emil ~/† 9/630; Sulzbach, Walter ~ 9/630; Sulzer-Sulzer, Salomon ~ 9/633; Supf, Peter ~/† 9/634; Surbek, Victor ~ 9/634; Sury, Max Joseph von ~ 9/635; Suschka, Herbert ~ 9/635; Suske, Ferdinand ~/† 9/635; Susman, Margarete ~ 9/635; Sussdorf, Max Julius Felix von ~ 9/636; Sustris, Friedrich ~/† 9/636; Sutermeister, Heinrich ~ 9/636; Sutner, Georg (Karl) von */~/† 9/637;

Sutner, Josef ~/† 9/637; Sutor, Wilhelm ~ 9/637; Sutter, Anna ~ 9/637; Sutter, Joseph ~ 9/638; Sutter-Kottlar, Beatrice ~ 9/638; Svoboda, Adalbert Victor ~/† 9/640; Swarzenski, Georg ~ 9/640; Swarzenski, Hanns (Peter) ~ 9/640; Swoboda, Albin ~ 9/641; Swoboda, Karl ~ 9/642; Swoboda, Margarethe ~/† 9/643; Sybel, Heinrich (Karl Ludolf) von ~ 9/643; Syberberg, Rüdiger (Johannes) ~ 9/643; Synek, Liane ~ 9/644; Syrup, Friedrich ~ 9/645; Szabo, Wilhelm ~ 9/645; Szadrowsky, Manfred ~ 9/645; Szasz, Otto ~ 9/645; Szewczuk, Mirko ~ 9/646; Tacke, Gerd ~/† 9/649; Täglichsbeck, Thomas ~ 9/649; Taeschner, Franz Gustav ~ 9/650; Taeuber-Arp, Sophie ~ 9/650; Täufel, Kurt (Albert) ~ 9/650; Tafel, Albert ~ 9/651; Tafel, Gottlieb Lukas Friedrich ~ 9/651; Tafel, Julius ~/† 9/651; Tafel, Wilhelm ~ 9/651; Taglioni, Paul ~ 9/652; Talhoff, Albert ~ 9/652; Tammann, Heinrich (Johann Gustav Linus Alexander) ~ 9/653; Tamms, Friedrich W. ~ 9/653; Tank, Kurt ~/† 9/654; Tann-Rathsamhausen, Ludwig (Samson Arthur) Frh. von ~ 9/655; Tann-Rathsamhausen, Luitpold Frh. von und zu der */~ 9/655; Tanner, Adam ~ 9/655; Tantzen, Richard (Hinrich) ~ 9/657; Tappe, Walter (Paul Heinrich) ~ 9/657; Tappeiner, (Anton Josef Franz) Hermann Edler von Tappein ~/† 9/658; Tarrasch, Siegbert ~/† 9/659; Taschner, Ignatius ~ 9/660; Tatius, Marcus ~ 9/660; Taube, Otto Frh. von ~ 9/661; Taubmann, Horst ~/† 9/663; Taucher, Curt ~/† 9/663; Tausch, Franz ~ 9/665; Teege, Joachim ~/† 9/668; Teichlein, Anton */~ 9/669; Tellenbach, Gerd ~ 11/181; Tellenbach, Hubertus ~ 9/672; Tenner, Eduard ~ 9/676; Terboven, Josef (Antonius Heinrich) ~ 9/677; Terhalle, Fritz ~/† 9/677; Terofal, Xaver ~ 9/678; Terres, Ernst † 9/678; Teschemacher, Margarete ~ 9/679; Tessenow, Heinrich ~ 9/680; Teutsch, Walther ~/† 9/683; Tewele, Franz ~ 9/684; Textor, Kajetan von ~ 9/684; Textor, Karl */~ 9/684; Thadden-Trieglaff, Adolf von ~ 9/685; Thadden-Trieglaff, Reinold von ~ 9/685; Thäter, Julius Cäsar ~/† 9/687; Thaler, Franz Christian ~ 9/687; Thalheimer, August ~ 9/688; Thalhofer, Valentin ~ 9/688; Thalmann, Marianne ~/† 9/689; Thannhauser, Justin */~ 9/689; Thannhauser, Siegfried (Josef) */~ 9/689; Thedy, Max (Eduard) */~ 9/691; Theiler, Friedrich ~ 9/691; Theilhaber, Adolf */† 9/691; Theilhaber, Felix (Aaron) ~ 9/692; Thelemann, Heinrich von ~/† 9/693; Thelen, Peter ~/† 9/693; Thellmann, Erika von ~ 9/693; Then-Bergh, Erik ~ 9/693; Therese Kunigunde Karoline, Kurfürstin von Bayern ~ 9/694; Therese, Prinzessin von Bayern ~/† 9/695; Therstappen, Paul ~ 9/695; Thesing, Curt (Egon) ~ 9/695; Thieding, Friedrich (Heinrich Karl) ~ 10/1; Thiel, Alfred ~ 10/1; Thiel, Erich ~/† 10/2; Thiel, (Ferdinand) Rudolf ~ 10/2; Thiele, Alexander ~ 10/2; Thiele, Alfred ~ 10/3; Thiele, (Friedrich Karl) Johannes ~ 10/3; Thiele, Rolf † 10/3; Thieler, Fred ~ 11/182; Thielmann, Max Frh. von ~ 10/3; Thieme, Karl von ~/† 10/4; Thiemig, Karl ~/† 10/5; Thienemann, Karl Ludwig Christian ~ 10/6; Thienhaus, Erich ~ 10/6; Thierfelder, Franz (Felix Reinhold) ~ 10/6; Thierfelder, Hans ~ 10/7; Thieriot, Ferdinand ~ 10/7; Thiermair, Franz Ignaz */~/† 10/7; Thiersch, August ~ 10/7; Thiersch, Carl */~ 10/7; Thiersch, Friedrich (Wilhelm) von ~/† 10/8; Thiersch, Friedrich Ritter von ~/† 10/8; Thiersch, Heinrich Wilhelm Josias */~ 10/8; Thiersch, Hermann */~ 10/8; Thiersch, Ludwig */~ 10/8; Thiersch, Paul (Johann Wilhelm) */~ 10/8; Thode, Henry ~ 10/12; Thöny, Eduard ~ 10/13; Thöny, Wilhelm ~ 10/13; Thoma, Antonius von */~/† 10/14; Thoma, Cella */~ 10/14; Thoma, Hans ~ 10/14; Thoma, Ludwig ~ 10/14; Thoma, Richard (Emil) ~ 10/15; Thomann, (Gustav) Adolf ~ 10/16; Thomas, Karl (Albert Ferdinand) ~ 10/18; Thomas, Wolfgang (Alexander) ~ 10/19; Thomaschek, Hermann ~ 10/19; Thomassin, Désiré ~/† 10/21; Thomkins, André ~ 10/21; Thon-Dittmer, Gottlieb Frh. von † 10/22; Thorak, Josef ~ 10/23; Thorbecke, Andreas Heinrich ~ 10/23; Thormann, Werner (Ernst Heinrich Karl) ~ 10/23; Thüngen, Hans Karl Frh. von ~ 10/25; Thürach, Hans ~ 10/26; Thürheim, Friedrich Graf von ~ 10/26; Thürlings, Adolf ~ 10/27; Thürmer,

Joseph */~/† 10/27; Thuille, Ludwig (Wilhelm Andreas Maria) ~/† 10/27; Thum, August ~ 10/28; Thun und Hohenstein, Friedrich Graf von ~ 10/29; Thurmair, Georg */~/† 10/30; Thurn und Taxis, Franz Joseph Maria Lamoral Fürst von ~ 10/31; Thurn und Taxis, Johannes Fürst von † 10/31; Thurnheer, Walter ~ 10/33; Thylmann, Karl ~ 10/33; Tieck, Christian Friedrich ~ 10/36; Tiedemann, Friedrich ~/† 10/37; Tiesenhausen, Paul Frh von ~/† 10/39; Tietz, Georg † 10/40; Tietz, Martin */~ 10/40; Tietz, Oscar ~ 10/40; Tietze, Heinrich (Franz Friedrich) ~/† 10/41; Tiling, Magdalene von † 10/42; Tillier, Johann Anton von † 10/44; Timerding, (Heinrich Carl Franz) Emil ~ 10/45; Timm, Johann Friedrich Heinrich ~/† 10/45; Timpe, Aloys Anton ~ 10/45; Tintelnot, Hans ~ 10/46; Tischbein, August Anton ~ 10/48; Tischler, Friedrich ~ 10/50; Tischler, Georg (Friedrich Leopold) ~ 10/50; Tischner, Rudolf ~ 10/50; Tobien, Heinz ~ 10/53; Tobler, Titus ~/† 10/54; Tobler, Viktor ~/† 10/54; Todd, Bobby ~ 10/55; Todt, Fritz ~ 10/55; Toeche-Mittler, Konrad (Heinrich Ernst Siegfried) ~ 10/55; Toenniessen, Erich ~ 10/56; Töpsl, Franz */~/† 10/58; Törring, Ignaz Felix Graf von † 10/59; Törring, Joseph August Graf von */† 10/59; Törring-Jettenbach, Max Prokop Reichsgraf von */~ 10/59; Toeschi, Johann Baptist Maria ~/† 10/59; Toeschi, Karl Joseph ~/† 10/59; Toeschi, Karl Theodor † 10/59; Toldt, Karl ~ 10/60; Toller, Ernst ~ 10/60; Tomaschek, Rudolf ~ 10/62; Tonsor, Michael ~ 10/63; Torbrügge, Walter ~ 10/64; Tordek, Ella † 10/64; Tornquist, Alexander (Johannes Heinrich) ~ 10/65; Torri, Pietro ~/† 10/65; Tovote, Heinz ~ 10/66; Trapp, Eduard Christian ~ 10/69; Trapp, Jakob ~ 10/69; Traub, Gottfried † 10/70; Traube, Ludwig ~/† 10/71; Traube, Wilhelm ~ 10/71; Trautmann, Franz */~/† 10/72; Trautschold, (Carl Friedrich) Wilhelm † 10/74; Traxel, Josef (Friedrich) ~ 10/76; Treffner, Willy ~ 10/77; Treibs, Wilhelm ~ 10/77; Treidler, Adolf ~ 10/78; Tremel-Eggert, Kuni ~/† 10/79; Tremmel, Max ~ 10/79; Tremper, Will † 11/182; Trendelenburg, Ferdinand ~ 10/80; Trenker, Luis ~ 10/81; Trenkle, (Hermann) Rudolf ~ 10/81; Trenkler, Herbert ~ 10/81; Treptow, Günther ~ 10/82; Treskow, Elisabeth ~ 10/83; Treu, Michael Daniel ~/† 10/84; Treupel, Gustav ~ 10/85; Treutler, Karl George von ~ 10/85; Triesch, Irene ~ 10/88; Trillhaas, Wolfgang ~ 10/89; Trimborn, Hermann ~ 10/89; Trimborn, Karl ~ 10/89; Trinkler, Emil ~ 10/89; Triva, Johann Nepomuk von */† 10/90; Troche, Ernst Günter ~ 10/90; Tröltsch, Hermann ~ 10/93; Troeltsch, (Friedrich) Walter (Julius) ~ 10/93; Troendle, Hugo ~/† 10/93; Trofimowa, Natacha ~/† 10/94; Troger, Simon ~/† 10/94; Troll, Carl ~ 10/94; Troll, Thaddäus ~ 10/95; Troll, Wilhelm */~ 10/95; Trooger, Margot (Elfriede) ~ 10/96; Troost, Paul Ludwig ~/† 10/97; Trost, Carl ~/† 10/97; Trott zu Solz, (Friedrich) Adam von ~ 10/98; Truchseß von Zeil und Trauchburg, Sigmund Christoph * 10/100; Trübner, Alice ~ 10/100; Trübner, Wilhelm ~ 10/101; Trump, Georg ~/† 10/102; Trumpf, Karl ~ 10/102; Trumpp, Ernst ~/† 10/102; Trundt, Henny ~ 10/102; Trunk, Richard ~ 10/103; Truppe, Karl ~ 10/103; Tschechowa, Olga ~/† 10/105; Tschichold, Jan ~ 10/106; Tschudi, Hugo von ~ 10/109; Tschumi, Otto ~ 10/110; Tubeuf, Karl Frh. von ~/† 10/110; Tucher von Simmelsdorf, Gottlieb Sigismund von ~/† 10/111; Tuczek, Franz ~ 10/112; Tüchle, Hermann ~ 10/113; Tümmler, Hans ~ 10/114; Türheim, Heinrich ~ 10/115; Tulbeck, Johann (IV.) */~/† 10/115; Tunica, Hermann (August Theodor) ~ 10/117; Turnwald, Wilhelm ~/† 10/119; Ubbelohde, Otto ~ 10/121; Ucko-Hüsgen, Paula ~ 10/122; Ude, Karl ~/† 10/122; Ueberhorst, Karl ~ 10/124; Uebersberger, Hans † 10/124; Uhde, Fritz von ~/† 10/126; Uhde, Hermann ~ 10/126; Uhde, Wilhelm ~ 10/127; Uhde-Bernays, Hermann (Hans Friedrich) ~ 10/127; Uhden, Maria ~/† 10/127; Uhlenbruck, Paul ~ 10/129; Uhlitzsch, Wolfgang Heinz ~ 10/131; Uhlmann, Fred ~ 10/131; Ulbrich, Franz (Ludwig) ~ 10/133; Ulich, (Heinrich Gottlob) Robert ~ 10/135; Ulich-Beil, Else ~ 10/135; Ullersperger, Johann Baptist ~/† 10/135; Ullheimer, Josef ~ 10/135; Ullherr, Johann

(Wenzel Eusebius) von ~ 10/311; Wallerstein, Lothar ~ 10/312; Wallich, Paul ~ 10/313; Wallichs, Adolf ~ 10/313; Wallner, Bertha Antonia */~/† 10/314; Wallner-Basté, Franz ~ 10/314; Wallnöfer, Adolf ~/† 10/314; Wallot, Julius ~ 10/315; Walloth, Wilhelm ~/† 10/315; Walser, Karl ~ 10/316; Walser, Robert (Otto) ~ 10/316; Walter, Benno * 10/317; Walter, Bruno ~ 10/317; Walter, Caspar ~ 10/318; Walter, Erich (Heinz) ~ 10/318; Walter, Franz Xaver ~/† 10/318; Walter, Gustav ~ 10/318; Walter, Hans ~ 10/318; Walter, Raoul ~/† 10/321; Walter, Reinhold von ~ 10/321; Walterbach, Karl ~ 10/321; Waltershausen, Hermann Wolfgang Sartorius Frh. von ~/† 10/321; Walther, Friedrich ~/† 10/323; Walther, Johannes ~ 10/324; Walther, Philipp Franz von ~/† 10/325; Waltking, Friedrich Wilhelm (Christian) ~ 10/326; Walz, Gustav Adolf ~ 10/326; Wanderer, Friedrich (Wilhelm) */† 10/328; Wangel, Hedwig ~ 10/329; Wangnereck, Heinrich * 10/330; Wanka, Rolf ~/† 10/330; Wanke, Robert ~ 10/330; Ward, Mary ~ 10/335; Warnekros, Ehregott Ulrich ~ 10/336; Warneyer, Marianne ~ 10/336; Wartenberg, Albert Ernst Reichsgraf von * 10/338; Waser, Ernst (Bernhard Heinrich) ~ 10/340; Waser, Wilhelm ~ 10/340; Waske, Erich ~ 10/341; Wasmann, (Rudolf) Friedrich ~ 10/341; Wasmuth, Günther ~ 10/341; Wassermann, August (Paul) von ~ 10/342; Wassermann, Friedrich */~ 10/342; Wassermann, Heinrich Joseph ~ 10/342; Wassermann, Jakob ~ 10/342; Wasserrab, Karl ~/† 10/344; Wasserthal, Elfriede ~ 10/344; Watter, Joseph † 10/346; Watzek, Hans ~ 10/347; Wauer, William ~ 10/347; Weber, Adelheid † 10/348; Weber, Adolf ~/† 10/348; Weber, Carl Maria (Friedrich Ernst) von ~ 10/350; Weber, Ernst ~/† 10/352; Weber, Georg Michael von † 10/353; Weber, Gerhard ~ 10/353; Weber, Hans */~ 10/354; Weber, Johann ~ 10/356; Weber, Joseph Miroslav † 10/356; Weber, Ludwig ~ 10/357; Weber, Max ~/† 10/358; Weber, Maximilian ~/† 10/360; Weber, Otto Friedrich ~ 10/360; Weber, Paul ~/† 10/360; Weber, Theodor ~ 10/361; Weber, Therese † 10/361; Weber, (Franz) Thomas ~ 10/362; Weber-Bell, Susanne ~ 10/363; Weber-Tirol, Hans Josef ~ 10/363; Wechs, Thomas ~ 10/365; Wechselmann, Wilhelm ~ 10/365; Wechßler, (Johann) Eduard (Friedrich) ~ 10/365; Weckerlin, Mathilde ~ 10/366; Wecklein, Nikolaus ~/† 10/366; Wecus, Walter von ~ 10/366; Wedekind, Donald ~ 10/367; Wedekind, Edgar ~ 10/368; Wedekind, Erika ~ 10/368; Wedekind, Frank ~/† 10/368; Wedekind, Kadidja (Epiphania Mathilde Franziska) */† 10/369; Wedekind, Pamela ~ 10/369; Wedekind, Tilly ~/† 10/369; Weech, Friedrich */~ 10/370; Weese, Helmut */~ 10/371; Wegele, Franz Xaver von ~ 10/371; Wegelin, Adolf ~ 10/371; Wegener, Friedrich ~ 10/372; Wegener, Kurt ~/† 10/373; Wegener, Paul ~ 10/373; Wegmann, August ~ 10/373; Wegner, Max ~ 10/374; Wegner, Richard (Nikolaus) ~ 10/374; Wegner, Walburga ~ 10/374; Wehle, Johannes (Raphael) ~ 10/376; Wehner, Josef Magnus ~/† 10/377; Wehrle, Hermann (Josef) ~ 10/378; Wehsarg, Otto ~ 10/379; Weichardt, Wolfgang ~ 10/379; Weichbrodt, Raphael ~ 10/380; Weichert, Richard (Gustav-Wilhelm) ~ 10/380; Weichselbaum, Georg ~ 10/381; Weickert, Carl ~ 10/381; Weickmann, Ludwig ~ 10/381; Weidenreich, Franz ~ 10/382; Weidert, Franz ~ 10/382; Weidert, Otto */~ 10/382; Weidl, Josef ~ 10/383; Weidt, Lucie ~ 10/384; Weigand, Wilhelm ~/† 10/385; Weigl, Franz Xaver ~ 10/388; Weiglin, Paul ~ 10/389; Weigmann, Hermann ~ 10/389; Weikenmeier, Albert ~ 10/390; Weil, Bruno ~ 10/390; Weil, Grete ~ 11/183; Weil, Hans ~ 10/391; Weiler, Margrit ~/† 10/392; Weiller, Cajetan von */~/† 10/393; Weinberg, Arthur von ~ 10/393; Weinberg, Wilhelm ~ 10/394; Weinberger, Martin ~ 10/394; Weinert, Hans ~ 10/395; Weingartner, Felix (Paul) Edler von Münzberg ~ 10/396; Weinhandl, Ferdinand ~ 10/396; Weinhart, Benedikt ~ 10/396; Weinhart, Kaspar ~ 10/397; Weinhöppel, Hans Richard */~/† 10/397; Weinkamm, Otto ~ 10/397; Weinkauff, Hermann (Karl August) ~ 10/397; Weinländer, Walter * 10/398; Weinland, Ernst ~ 10/398; Weinlich-Tipka, Louise

~ 10/398; Weinzierl, (Albert) Franz Xaver ~ 10/400; Weippert, Georg (Heinrich) */~ 10/400; Weirauch, Anna Elisabet ~ 10/400; Weis, Hans ~ 10/401; Weisbach, Hans ~ 10/401; Weisbach, Werner ~ 10/401; Weise, Robert ~ 10/402; Weisgerber, Albert ~ 10/403; Weisgerber, (Johannes) Leo ~ 10/403; Weishaupt, Viktor * 10/404; Weismann, Julius ~ 10/405; Weiss, Albert (Maria) ~ 10/406; Weiss, Bernhard ~ 10/406; Weiss, Ernst ~ 10/407; Weiss, Eugen Robert ~/† 10/407; Weiß, Ferdl † 10/407; Weiss, Johann Evangelist ~ 10/409; Weiss, Konrad ~/† 10/409; Weiss, Olga */~/† 10/410; Weiß, Ulrich ~ 10/411; Weiss, Viktricius ~ 10/411; Weiß, Wilhelm ~ 10/411; Weißbrod, Johann Baptist von ~/† 10/412; Weissenbach, Plazid ~ 10/413; Weissenborn, Hermann Johann Christian ~ 10/414; Weissert, Otto (Heinrich) ~ 10/415; Weissmann, Maria Luise ~/† 10/415; Weitbrecht, Richard ~ 10/416; Weitpert, Hans */~ 10/418; Weizel, Walter ~ 10/419; Weizsäcker, Heinrich * 10/420; Welck, (Kurt Heinrich) Wolfgang Frh. von ~ 10/421; Welczek, Johannes Graf von ~ 10/422; Welitsch, Ljuba ~ 10/424; Welker, Heinrich Johann ~ 10/424; Weller, Albert (Hermann) ~ 11/184; Welskopf-Henrich, Liselotte * 10/427; Welte, Bernhard ~ 10/428; Welter, Ludwig ~ 10/428; Welti, Albert Jakob ~ 10/428; Welti, Heinrich ~ 10/429; Weltrich, Richard ~/† 10/430; Welzenbach, Wilhelm */~ 10/431; Welzenbacher, Lois */~ 10/431; Wempe, Johann ~ 10/431; Wende, Erich ~ 10/431; Wendel, Hermann ~ 10/432; Wendel, Joseph ~/† 10/432; Wendelstadt, Karl Eduard ~ 10/432; Wendling, Dorothea ~/† 10/433; Wendling, Johann Baptist † 10/433; Wendt, Ernst ~/† 10/434; Wenger, Leopold ~ 10/435; Wenglein, Joseph */~ 10/435; Wenter, Josef (Gottlieb) ~ 10/437; Wentzel, Gregor ~ 10/437; Wenz-Viëtor, Else ~ 10/437; Wenzl, Alois */~/† 10/439; Werder, (Johann) Ludwig ~ 10/440; Werdy, Friedrich August ~ 10/441; Werefkin, Marianne ~ 10/441; Werlen, Ludwig ~ 10/442; Werner, Bruno E(rich) ~ 10/445; Werner, Carl (Friedrich Heinrich) ~ 10/445; Werner, Fritz ~ 10/446; Werner, Heinz ~ 10/446; Werner, Joachim ~/† 10/447; Werner, Joseph ~ 10/447; Werner, Mose Cossmann ~/† 10/447; Werner, Theodor (Georg Wilhelm) ~ 10/448; Werner, Theodor ~/† 10/448; Wernicke, Otto (Karl Robert) ~/† 10/451; Wersin, Herthe von ~ 10/451; Wersin, Wolfgang von ~ 10/451; Wertheimer, Fritz ~ 10/453; Wertheimer, Ludwig ~ 10/453; Werunsky, Emil ~ 10/455; Wery, Carl † 10/455; Werz, Luitpold ~/† 10/455; Weskamm, Wilhelm ~ 10/455; Wessel, Kurt † 10/456; Wessel, Walter ~ 10/456; Wessels, Theodor ~ 10/456; Wessely, Karl ~/† 10/457; Wessenberg, Johann Philipp Reichsfreiherr von ~ 10/457; Westenrieder, Lorenz von */~/† 10/458; Westermann, Gerhart von ~ 10/459; Westermayer, Anton ~/† 10/459; Westkirch, Luise † 10/460; Westphal, Wilhelm (Heinrich) ~ 10/461; Wette, Hermann ~ 10/462; Wettstein, Friedrich Ritter von Westersheim ~ 10/462; Wetz, Richard ~ 10/463; Wetzel, Justus Hermann ~ 10/464; Weydenhammer, Konrad ~ 10/465; Weyer, Willy ~ 10/465; Weygandt, Sebastian ~ 10/466; Wezler, Karl ~ 10/468; Wiberg, Egon (Gustav Martin) ~/† 10/469; Wibmer, Carl August */~/† 10/469; Wichert, Fritz ~ 10/471; Wichmann, Johanna (Rosemarie) ~ 10/471; Wickenburg, Alfred ~ 10/472; Wickenburg, Erik Graf ~ 10/472; Wickop, Walther (Ernst) ~ 10/473; Widemann, Wilhelm ~ 10/473; Widl, Adam * 10/474; Widmann, Franz ~ 10/475; Widmann, Max von ~/† 10/475; Wiebeking, Carl Friedrich von ~/† 10/477; Wiechert, Ernst ~ 10/477; Wieck, Dorothea (Olavia) ~ 10/477; Wiedemann, Eilhard (Heinrich Karl) ~ 10/479; Wiedemann, Hermann ~ 10/479; Wiedenfeld, Kurt (August Bernhard Julius) ~ 10/480; Wieder, Hanne † 10/480; Wieder, Joachim ~/† 10/480; Wiegand, Heinrich ~ 10/481; Wiegand, Heinrich ~ 10/481; Wiegand, Theodor ~ 10/481; Wieland, Hans Beat ~ 10/484; Wieland, Heinrich (Otto) ~/† 10/484; Wieland, Hermann ~ 10/484; Wieland, Theodor */~ 10/484; Wielandt, Manuel ~/† 10/484; Wieleitner, Heinrich ~/† 10/485; Wiemken, Walter Kurt ~ 10/485; Wien, Wilhelm (Karl Werner Otto Fritz Franz)

Alfred */~ 10/665; Zimmermann, Clemens von ~/† 10/666; Zimmermann, Erich ~ 10/667; Zimmermann, Ernst (Karl Georg) */† 10/667; Zimmermann, Ernst Reinhard */~/† 10/667; Zimmermann, Friedrich (August) ~ 10/667; Zimmermann, Jörg ~ 10/668; Zimmermann, Johann Baptist † 10/669; Zimmermann, Joseph Anton ~/† 10/669; Zimmermann, Julius ~/† 10/669; Zimmermann, Mac ~ 10/670; Zimmermann, (August) Max(imilian) ~/† 10/670; Zimmermann, Max Georg ~ 10/670; Zimmermann, Reinhard Sebastian ~/† 10/670; Zimmermann, (August) Richard ~/† 10/670; Zimmermann, (August) Robert ~/† 10/670; Zimmermann, Walter ~ 10/671; Zimmern, Johannes Werner (d. Ä.) Frh. von † 10/672; Zingerle, Ignaz Vinzenz Edler von Summersberg ~ 10/674; Zinkeisen, Johann Wilhelm ~ 10/674; Zinn, Ernst ~ 10/675; Zinn, Wilhelm ~ 10/676; Zinner, Ernst ~ 10/676; Zinsser, Ferdinand ~ 10/677; Zintl, Eduard ~ 10/677; Zipf, (Johannes) Stephan ~ 10/678; Zirkel, Ferdinand ~ 10/679; Zirndorf, Heinrich ~ 10/679; Zischka, Anton (Emmerich) ~ 10/679; Zittel, Karl Alfred von ~/† 10/680; Zitz, Franz Heinrich ~/† 10/680; Zivier, Georg ~ 10/681; Znamenáček, Wolfgang ~ 10/682; Zocher, Rudolf ~ 10/682; Zoder, Anna ~ 10/683; Zoege von Manteuffel, Peter (Arthur) Baron ~ 10/683; Zöller, Philipp ~ 10/683; Zoellner, Adalbert † 10/683; Zoff, Otto ~/† 10/686; Zoll, (Max) Alfred ~ 10/686; Zoller, Friedrich von */† 10/687; Zorn, (Karl Ludwig) Philipp ~ 10/689; Zorn, Rudolf ~/† 10/689; Zorn, Wilhelm ~/† 10/689; Zottmayr, Georg */~ 10/689; Zottmayr, Ludwig ~ 10/690; Zottmayr, Nina ~ 10/690; Zschietzschmann, Willy ~ 10/690; Zschokke, Alexander ~ 10/691; Zschokke, Theodor Joseph Karl ~ 10/692; Zsigmondy, Richard (Adolf) ~ 10/692; Zuccalli, Enrico ~/† 10/693; Zuccalli, Gaspare ~/† 10/693; Zuccarini, Franz Anton ~/† 10/693; Zuccarini, Joseph Gerhard */~/† 10/693; Zucker, Friedrich ~ 10/694; Zucker, Paul ~ 10/694; Zuckmayer, Carl ~ 10/695; Zuckmayer, Eduard ~ 10/695; Züchner, Wolfgang † 10/696; Zügel, Heinrich von ~/† 10/696; Zügel, Willy */~ 10/696; Züricher, Bertha ~ 10/696; Zürn, Franz † 10/698; Zumbusch, Caspar (Clemens Eduard) Ritter von ~ 10/699; Zumbusch, Julius ~/† 10/700; Zumbusch, Leo Ritter von ~ 10/700; Zumbusch, Ludwig Ritter von */~/† 10/700; Zumbusch, Nora von ~ 10/700; Zumpe, Hermann ~/† 10/700; Zu Rhein, Maximilian Joseph von † 10/702; Zurlinden, Hans ~ 10/702; Zusanek, Harald ~ 10/702; Zutt, Jürg ~ 10/703; Zutt, Richard Adolf ~ 10/703; Zwackh, Franz Xaver Edler von ~ 10/703; Zwehl, Theodor (Carl Nepomuk) von ~/† 10/703; Zweifel, Erwin ~ 10/704; Zwiedineck-Südenhorst, Otto von ~ 10/708; Zwillenberg, Hugo ~ 10/708; Zwißler, Karl Maria ~ 10/711

München-Gladbach → Mönchengladbach

Münchenbernsdorf
Avianus, Johann ~ 1/228; Gabelentz, Georg von der † 3/547; Gabelentz, Hans von der * 3/547; Lendenstreich, Valentin ~ 6/319

Münchenbuchsee (Kt. Bern)
Friedli, Emanuel ~ 11/64; Gehri, Karl † 3/600; Grunholzer, Heinrich ~ 4/227; Klee, Paul * 5/570; Kocher, Rudolf ~ 5/645; Langhans, Eduard ~ 6/245; Morf, Heinrich ~ 7/209; Morf, Heinrich * 7/209; Morgenthaler, Walter ~ 7/212; Niederer, Johannes ~ 7/404; Pestalozzi, Johann Heinrich ~ 7/610; Schneider-Orelli, Otto * 9/61; Tobler, Johann Georg ~ 10/54; Wyss, Johann Rudolf ~ 10/603

Münchengosserstädt
Förster, Ernst F. * 3/362; Förster, Friedrich (Christoph) * 3/363

Münchengrätz (tschech. Mnichovo Hradiště)
Ewald, Carl * 3/197; Kompert, Leopold * 6/23

Münchenhof (Quedlinburg)
Albert, Friedrich * 1/68

Münchenstein (Kt. Basel-Landschaft)
Biedermann, Alois Emanuel ~ 1/516; Haefeli, Emil ~ 4/303

Münchhausen (Kr. Marburg-Biedenkopf) → Simtshausen

Münchingen (seit 1975 zu Korntal-Münchingen)
Flattich, Johann Friedrich ~/† 3/338; Sporer, Bernhard ~ 9/416

Münchsteinach
Strack, Günter † 11/179

Münchweiler (Ettenheim)
Rest, Josef * 8/249

Münchwilen (Kt. Thurgau)
Streng, Alfons von ~ 9/584; Thomann, Hans † 10/16; Thomann, Robert * 10/16

Münden → Hannoversch Münden

Münder → Bad Münder am Deister

Müngsten
Halbach, (Johann) Arnold ~/† 4/340

Münnerstadt
Abert, Friedrich Philipp von * 1/10; Amling, Wolfgang * 1/115; Büttner, Sigismund ~ 2/215; Gattenhoff, Georg Matthias * 3/581; Hahn, Georg Joachim Joseph */~/† 4/329; Helbig, Johann Lorenz ~ 4/554; Herrlein, Johann Andreas * 4/640; Herrlein, Johann Peter * 4/640; Heubach, Julius * 5/6; Johann III. von Grumbach, Bischof von Würzburg ~ 5/347; Kaspar von der Rhön * 5/458; Keller, Pius ~/† 5/497; Klüpfel, Engelbert ~ 5/608; Leitschuh, Friedrich * 6/313; Lutz, Johann Frh. von * 6/540; Matzinger, Sebastian ~ 6/666; Molitor, Alexius ~ 7/188; Onymus, Adam Joseph ~ 7/493; Riemenschneider, Tilman ~ 8/301; Rosentritt, Johann Baptist ~ 8/402; Schöppner, Alexander ~ 9/103; Siegrist, Philipp * 9/315; Stoß, Veit ~ 9/561

Münsing → Ambach, Ammerland, Seeheim

Münsingen (Kr. Reutlingen)
siehe auch *Buttenhausen, Hundersingen*
Bloss, Sebastian * 1/579; Eberhard I. (V.) im Bart, Herzog (Graf) von Württemberg ~ 2/669; Eberhard (II.) der Jüngere, Herzog von Württemberg ~ 2/669; Ehmann, Carl (Christian) von ~ 3/36; Haffner, Alex * 4/315; Kapff, Sixt Carl von ~ 5/428; Kommerell, Max * 6/23; Münsinger, Heinrich * 7/296; Peter von Koblenz ~ 7/613; Rupp, Hans (Georg) † 8/470; Schuler, Gottlob ~ 9/184

Münsingen (Kt. Bern)
Morgenthaler, Walter ~ 7/212; Müller, Max ~ 7/277; Schnyder, Franz † 9/71

Münster (Butzbach)
Schwarz, Friedrich Heinrich Christian ~ 9/226

Münster (Creglingen)
Pfister, Albert von * 7/646

Münster (frz. Munster, Dép. Haut-Rhin)
Graff, Johann Jakob * 4/130; Lamey, Andreas * 6/206

Münster (Gem. Steinach, Kr. Straubing-Bogen)
Schiedermayr, Johann Baptist ~ 8/625

Münster (Kt. Bern)
Gorgé, Camille * 4/99

Münster (Kt. Graubünden)
Florentini, Theodosius * 3/354; Kappeler, Moritz Anton † 5/431; Mont, Ulrich de ~ 7/199

Münster (Kt. Wallis)
Schaper, Edzard (Hellmuth) ~ 8/565

Münster (Luxemburg)
Bertels, Johann ~ 1/481

Münster (Münster-Sarmsheim)
Hoffaeus, Paul * 5/112

Münster (seit 1931 zu Stuttgart)
Lauster, Imanuel * 6/271

Münster (seit 1972 zu Bielefeld)
Bachofen von Echt, Claudia ~/† 1/248

Münster (Tirol)
Nagiller, Matthäus * 7/335

Münster (Westfalen)
siehe auch *Angelmodde, Handorf, Haus Loevelingloh, Hiltrup, Laer, Sankt Mauritz, Wolbeck*
Achterfeldt, Johann Heinrich ~ 1/18; Achtermann, (Theodor) Wilhelm */~ 1/18; Ackermann, (Friedrich) Wilhelm ~ 1/23; Adickes, Erich ~ 1/37; Adolf I., Graf von Kleve ~ 1/44; Aegidii, Aegidius ~/† 1/47; Ahaus, Heinrich

Hermann von ~ 5/517; Ketteler, Wilhelm Emmanuel Frh. von */~ 5/523; Kiesekamp, Hedwig ~/† 5/533; Killing, Wilhelm (Karl Joseph) ~/† 5/538; Kindermann, Heinz ~ 5/541; Kippenberger, Martin ~ 11/103; Kircher, Athanasius ~ 5/548; Kirchheimer, Otto ~ 11/104; Kissler, Hermann ~ 5/559; Kistemaker, Johann Hyacinth ~/† 5/559; Kistler, Bartholomäus ~ 5/559; Klauser, Theodor ~ 5/568; Klein, Hans-Wilhelm ~ 11/106; Klein, Kaspar ~ 5/577; Klemm, Wilhelm (Karl) ~ 5/586; Klepper, Otto ~ 5/589; Klopriß, Johann ~ 5/603; Klose, Hans ~ 5/605; Klostermann, Erich ~ 5/605; Kluck, Alexander von * 5/607; Kluckhohn, Paul ~ 5/607; Knipperdollinck, Bernd(t) */~/† 5/622; Koch, Albert ~ 5/637; Kochendörffer, Karl ~ 11/107; König, (Franz) Joseph ~/† 5/660; König, Robert ~ 5/663; Königsegg und Rothenfels, Maximilian Friedrich Reichsgraf von ~ 5/665; Könnemann, Arthur ~ 5/666; Koerbecke, Johann */~/† 5/669; Körting, Gustav ~ 5/675; Kösters, Wilhelm */~/† 5/676; Köthe, Gottfried ~ 11/108; Kötting, Bernhard ~/† 5/678; Kolde, Dietrich * 6/14; Konen, Heinrich (Mathias) ~ 6/23; Konrad von Berg, Dompropst von Köln, erwählter Bischof von Münster ~ 6/29; Konrad IV. von Rietberg, Bischof von Osnabrück und Münster ~ 6/29; Kordt, Walter ~ 6/42; Kottenberg, Kurt (August Rudolf) ~ 6/55; Krabbe, Kaspar Franz ~/† 6/59; Kramer, Kurt * 11/110; Kramer, Walter † 6/69; Kratzer, Adolf ~/† 6/73; Krauch, Carl ~ 6/74; Krechting, Heinrich ~ 6/89; Kreiten, Wilhelm ~ 6/93; Kreller, Hans Christoph ~ 6/94; Kries, Wolfgang (Ludwig Moritz) von ~ 6/107; Kroll, Josef ~ 6/113; Kroll, Wilhelm ~ 6/114; Kroner, Theodor ~ 6/118; Krüger, Gerhard ~ 6/122; Krummacher, Friedrich Adolf ~ 6/129; Kühlwetter, Friedrich von ~/† 6/143; Kühn, Friedrich ~ 6/143; Kühnen, Friedrich † 6/147; Küstermeier, Rudolf ~ 6/154; Kuhlo, Johannes ~ 6/158; Kukuk, Paul ~ 6/163; Kunst, (Rudolf) Hermann (Adolf) ~ 11/115; Lacroix, Claudius ~ 6/191; Lagemann, Clemens Heinrich */~ 6/198; Lamberg, Johann Maximilian Graf von ~ 6/203; Landfermann, Dietrich Wilhelm ~ 6/217; Landois, Hermann */~/† 6/218; Landois, Leonard ~ 6/219; Landsberg-Velen, Ignaz Graf von */~ 6/220; Landsberg-Velen, Maximilian Graf von */~ 6/220; Langen, Rudolf von ~/† 6/238; Langenbeck, Wolfgang ~ 6/240; Langenscheidt, Paul ~ 6/241; Lantzke, Ulf ~ 6/250; Latte, Kurt ~ 6/262; Laumann, Arthur (Wilhelm Franz) † 6/269; Lausberg, Heinrich ~/† 11/118; Lauscher, Albert ~ 6/271; Lechter, Melchior * 6/283; Leeder, Sigurd ~ 6/287; Lefmann, Salomon ~ 6/289; Lehmann(-Danzig), Bernhard ~ 6/291; Lehmann(-Hartleben), Karl ~ 6/294; Lehmkuhl, Augustin(us) ~ 6/298; Lehnartz, Emil ~/† 6/299; Leicht, Martin ~/† 11/119; Leipoldt, Johannes ~ 6/308; Lendle, Ludwig ~ 6/319; Leppich, Johannes † 6/336; Lerch, Eugen ~ 6/338; Lerg, Winfried B(ernhard) ~/† 6/339; Leunenschloß, Otto ~ 6/353; Levedag, Fritz * 6/357; Lewinski, Alfred (August Ludwig) von * 6/365; Lewinski, Eduard (Julius Ludwig) von * 6/365; Ley, Robert ~ 6/368; Lichtenstein, Leon ~ 6/376; Lichtenstein, Leon ~ 6/376; Lilienthal, (Franz) Reinhold von ~/† 6/397; Linde, Justin (Timotheus Balthasar) Frh. von ~ 6/401; Lindner, Theodor ~ 6/409; Lindt, Andreas ~ 6/409; Lingen, Theo ~ 6/410; Linneborn, Johannes ~ 6/413; Linnemann, (Anton Josef) Felix ~ 6/413; Liudger, Bischof von Münster ~ 6/430; Loe, Paulus Frh. von ~ 6/436; Löffler, Klemens ~ 6/441; Loening, George ~ 6/445; Loewenich, Walther von ~ 6/454; Lohmann, Karl ~ 6/462; Lohmar, (Karl) Ulrich ~ 6/463; Lortz, Joseph ~ 6/476; Loßberg, Friedrich von ~ 6/478; Lotze, Franz Wilhelm ~/† 6/485; Luchtenberg, Paul ~ 6/491; Luck und Witten, Hans Philipp August von ~ 6/492; Ludat, Herbert ~ 6/493; Ludolf von Holte, Bischof von Münster ~/† 6/496; Ludwig, Landgraf von Hessen, Bischof von Münster ~/† 6/504; Ludwig, Franz ~/† 6/508; Ludwig, Walther ~ 6/510; Lübke, Heinrich ~ 6/513; Lübke, Wilhelmine ~ 6/513; Lüninck, Ferdinand Frh. von ~ 6/519; Lüninck, Hermann (Joseph Anton Maria) Frh. von ~ 6/519; Lützow, (Ludwig) Adolf (Wilhelm) Frh. von ~ 6/525; Luhmann, Niklas ~ 11/125; Lukas, Eduard ~ 6/529; Lutterbeck, (Georg)

Alfred * 6/539; Lutterbeck, (Johann) Anton (Bernhard) ~ 6/539; Maas, Otto ~ 6/547; Maaß, Alexander ~ 6/547; Maaßen, Karl Georg ~ 6/549; Mackensen, Georg * 6/554; Madelung, Erwin (Rudolf) ~ 6/555; Magon, Leopold ~ 6/565; Mallinckrodt, Bernhard von ~ 6/579; Mallinckrodt, Hermann von ~ 6/579; Manger, Jürgen von ~ 6/587; Manger-Koenig, Ludwig von ~ 6/587; Mann, Golo ~ 6/590; Marcus, Eli */~/† 6/609; Mariaux, Walter ~ 6/622; Martin, Konrad ~ 6/637; Marxsen, Willi ~/† 6/650; Masen, Jacob ~ 6/650; Mathys, Jan van Haarlem ~/† 6/656; Matz, Friedrich ~ 6/665; Matzky, Gerhard ~ 6/666; Mauer, Otto ~ 6/667; Mausbach, (Karl) Joseph ~ 6/671; Maximilian II. Emanuel, Kurfürst von Bayern ~ 6/677; Maximilian Heinrich, Herzog von Bayern, Kurfürst und Erzbischof von Köln ~ 6/678; Mayr, Julius Karl ~ 7/14; Mayrhofer, Johannes ~ 7/17; Mecking, Ludwig ~ 7/21; Meier, Burkhard ~ 7/30; Meinardus, Wilhelm ~ 7/33; Meinhof, Ulrike (Marie) ~ 7/36; Meister von Osnabrück ~ 7/45; Meister, Aloys ~/† 7/46; Melchers, Paulus */~/† 7/51; Meldau, Robert ~ 7/52; Mensching, Gerhard ~ 11/129; Meschede, Franz † 7/81; Metzger, Wolfgang ~ 7/92; Meumann, Ernst ~ 7/93; Meurer, Albert ~ 7/94; Meurin, Johann Gabriel Leo ~ 7/95; Meyer, Arthur ~ 7/98; Meyer-Eckhard, Viktor ~ 7/112; Meyer-Schwickerath, Gerhard ~ 7/114; Micheel, Fritz ~/† 7/124; Michelis, Friedrich */~ 7/126; Michels, Thomas ~ 7/127; Michelsen, Hans Günter ~ 7/127; Middelhauve, Friedrich ~ 7/129; Milchhoefer, Arthur ~ 7/139; Möllenberg, Walter ~ 7/166; Möller, Alfred ~ 7/167; Mönckeberg-Kollmar, Vilma ~ 7/173; Mönkemeyer, Karl ~ 11/131; Mörsdorf, Klaus ~ 7/176; Mohr, Joseph ~ 7/183; Mohr, Wolfgang ~ 11/131; Molckenbuhr, Marcellin(us) ~ 7/186; Molitor, Erich ~ 7/188; Molitor, Karl ~ 7/189; Montanus, Jacob(us) ~ 7/199; Morman, Friedrich ~ 7/218; Most, Otto ~ 7/231; Müffling, Karl Frh. von ~ 7/239; Mügge, Otto ~ 7/239; Müller, Eduard ~ 7/252; Müller, Erich Albert ~ 7/253; Müller, Eugen ~ 7/255; Müller, Günther ~ 7/261; Müller, Hubert ~ 7/266; Müller, Johann Georg ~/† 7/268; Müller, Wolf Johannes ~ 7/284; Müller-Armack, Alfred ~ 7/284; Müller-Kray, Hans (Albert) ~ 7/288; Mündnich, Karl Rudolf ~/† 7/295; Münster, Clemens ~ 11/133; Münzer, Friedrich ~ 7/301; Murmellius, Johannes ~ 7/312; Nakatenus, Wilhelm ~ 7/338; Natorp, Gustav ~ 7/344; Natorp, (Bernhard Christoph) Ludwig ~/† 7/344; Neigebaur, (Johann Daniel) Ferdinand ~ 11/135; Nell-Breuning, Oswald von ~ 7/362; Nelle, Wilhelm † 7/362; Nellen, Peter ~ 7/362; Neuloh, Otto ~ 11/139; Neumann, Hans ~ 11/139; Neuss, Wilhelm ~ 7/393; Neuwiem, Erhard ~/† 7/395; Ney, Elisabeth (Franzisca Bernhardina Wilhelmina) * 7/396; Nieberding, Carl Heinrich ~ 7/402; Niedecken-Gebhard, Hanns (Ludwig) ~ 7/404; Niehues, Bernhard ~/† 7/407; Niemöller, Martin ~ 7/410; Nienkemper, Fritz ~ 7/411; Niesel, Wilhelm ~ 7/412; Niessen, Wilhelm ~ 7/412; Niessner, Alois ~ 7/413; Niggemeyer, Maria */~ 7/416; Nipperdey, Thomas ~ 7/422; Nottarp, (Hugo) Hermann (Adolf Maria) ~ 7/443; Nunning, Jodok Hermann ~ 7/448; Oberborbeck, Felix ~ 7/451; Oberniedermayr, Anton ~ 11/146; Oberste-Brink, Karl ~ 7/456; Odemar, Fritz (Otto Emil) ~ 7/461; Oeing-Hanhoff, Ludger ~ 11/147; Oelmüller, Willi ~ 11/148; Oelsen, Willy ~ 11/148; Offermann, Sabine ~ 7/478; Ohligs, Bernhard Wilhelm * 7/479; Ohly, Friedrich ~/† 7/479; Ohm, Thomas ~ 7/481; Olfers, Ignaz (Franz Maria) von * 7/487; Oppenheim, Alphons ~ 7/498; Osthoff, Helmuth ~ 7/519; Oswald, Heinrich ~ 7/521; Ottenjan, Heinrich ~ 7/526; Otto, Marcus ~ 11/154; Otto, Wilhelm * 7/537; Overberg, Bernhard (Heinrich) ~/† 7/540; Overmans, Jakob ~ 7/540; Pankok, Bernhard * 7/555; Papst, Eugen ~ 7/561; Parker, Erwin ~ 7/564; Paschen, (Louis Carl Heinrich) Friedrich ~ 7/566; Pascher, Joseph ~ 7/567; Peek, Werner ~ 11/156; Peerenboom, Else ~ 7/588; Pelcking, Johannes * 7/590; Peschel, Ernst Ferdinand ~ 7/609; Peters, Hans (Carl Maria Alfons) ~ 7/616; Peters, Norbert ~ 7/616; Peters, Theodor ~ 7/617; Petri, Franz ~ 7/622; Petzelt, Alfred ~/† 7/626; Philipp I. der Großmütige, Landgraf

Stumpf, Theodor ~ 9/615; Sturm, (Friedrich Otto) Rudolf ~ 9/618; Suchier, Hermann ~ 9/623; Sutro, Abraham ~/† 9/637; Swientek, Horst Oskar ~ 9/640; Sybel, Heinrich Ferdinand Philipp von ~ 9/643; Szivessy, Guido ~ 9/646; Taeschner, Franz Gustav ~ 9/650; Tellenbach, Gerd ~ 11/181; Temme, Jodocus Donatus Hubertus ~ 9/673; Tenhumberg, Heinrich ~/† 9/675; Terbeck, Franz Anton ~ 9/677; Terhalle, Fritz ~ 9/677; Teschemacher, Hans (Georg) ~ 9/679; Thauren, Johannes ~ 9/690; Theiss, Konrad ~ 9/692; Thelen, Albert Vigoleis ~ 9/693; Therstappen, Paul ~ 9/695; Thiel, Alfred ~ 10/1; Thiemann, Walter (Wilhelm August) ~ 10/4; Thienemann, August (Friedrich) ~ 10/5; Thiessen, Peter Adolf ~ 10/9; Thimme, Magdalene ~ 10/12; Thimme, Wilhelm ~ 10/12; Thomée, Friedrich ~ 11/182; Tielker, Johann Friedrich ~ 10/38; Tigges, Hubert ~ 10/41; Timm, Herbert ~/† 10/45; Timpe, Aloys Anton ~ 10/45; Tischleder, Peter ~ 10/49; Tobler, Friedrich ~ 10/53; Törne, Volker von † 10/58; Tourtual, Kaspar Theobald ~/~/† 10/66; Trauttmansdorff, Maximilian von ~ 10/75; Trautz, Max (Theodor) ~ 10/75; Trier, Jost ~ 10/88; Troske, Ludwig * 10/97; Turck, Heinrich ~ 10/118; Tympius, Matthaeus ~/† 10/120; Tyrell, Ferdinand Franz Anton ~/† 10/120; Uhlenbruck, Paul ~ 10/129; Uhlendahl, Heinrich ~ 10/129; Ungeheuer, Günther ~ 10/152; Veghe, Johannes */~/† 10/187; Vering, Albrecht Mathias */~ 10/196; Verschuer, Otmar Frh. von ~/† 10/197; Viehof, Felix (Heinrich) */~ 10/204; Vignau, Hippolith von * 10/209; Vincke, Georg Frh. ~ 10/211; Vincke, Johannes ~ 10/212; Vincke, (Friedrich Wilhelm) Ludwig (Philipp) Frh. von ~/† 10/212; Vits, Ernst Hellmut ~ 10/218; Vockel, Heinrich ~ 10/220; Volbach, Fritz ~ 10/241; Volbach, Walther ~ 10/242; Volk, Hermann ~ 10/243; Vollmer, Bernhard ~ 10/248; Vollmer, Walter ~ 10/249; Vorländer, Karl ~/† 10/255; Voß, Heinrich Hubert Aloysius ~ 10/258; Vries, Wilhelm de † 10/261; Vrieslander, Otto * 10/261; Wackernagel, Martin ~ 10/270; Waentig, Heinrich ~ 10/272; Wätjen, Hermann ~ 10/273; Wagenfeld, Karl ~/† 10/275; Wagenführ, Kurt (Hans Fritz) ~ 10/275; Wagner, Hans ~ 10/282; Waldeck, (Franz Leo) Benedikt * 10/300; Walleser, Salvator ~ 10/312; Walter, Julius † 10/320; Walzer, Raphael ~ 10/327; Wamper, Adolf ~ 10/327; Wannenmacher, Eugen (Viktor) ~/† 10/331; Warsinsky, Werner † 10/338; Watterich, Johannes Matthias ~ 10/346; Weber, Christoph (Leopold) ~ 10/351; Weber, Hans Emil ~ 10/354; Weber, Hans Hermann (Julius Wilhelm) ~ 10/354; Weber, Heinrich ~/† 10/355; Weber, Hermann ~ 10/355; Weber, Josef ~ 10/356; Weber, Ludwig ~ 10/357; Weber, Wilhelm ~/† 10/363; Weckermann, Bernhard † 10/365; Wedekind, Hermann ~ 10/369; Wegener, Hans ~ 10/373; Wegmann, August ~ 10/373; Wegner, Arthur (Otto Rudolf) ~ 10/374; Wegner, Max ~/† 10/374; Wehr, Hans ~/† 10/377; Wehrli, Hans ~ 10/378; Weierstraß, Karl (Theodor Wilhelm) ~ 10/385; Weigmann, Hermann ~ 10/389; Weiskirch, Willi ~ 11/184; Weiss, Hugo ~ 10/408; Weitzmann, Kurt ~ 10/419; Wende, Erich ~ 10/431; Wendland, Heinz-Dietrich ~ 10/433; Wenge, Franz Ferdinand Frh. ~ 10/435; Werthes, Friedrich August Clemens ~ 10/454; Wery, Carl ~ 10/455; Westhues, Heinrich ~ 10/459; Westphalen zu Fürstenberg, Karl Graf von * 10/461; Westrick, Ludger */~ 10/461; Weyrauch, Wolfgang ~ 10/468; Wibbelt, Augustin ~ 10/468; Wicclair, Walter ~ 10/469; Wienken, Heinrich ~ 10/487; Wiese und Kaiserswaldau, Benno (Georg Leopold) von ~ 10/488; Wiesmann, Richard (Gustav Arnold) * 10/491; Wilbrand, Johann Bernhard ~ 10/495; Wilhelm-Kästner, Kurt ~ 10/507; Willeke, Eduard (Heinrich Wilhelm) */~ 10/511; Wilmans, Roger ~/† 10/515; Wimpffen, Maximilian von * 10/517; Windthorst, Margarete ~ 10/526; Winkelheide, Bernhard ~ 10/527; Winnefeld, Hermann ~ 10/531; Wittler, Helmut (Hermann) ~ 10/550; Wördemann, Franz */~ 10/558; Wöste, Wilhelm ~/† 10/560; Wolf, Walther ~ 10/568; Wolff, Hans Julius ~/† 10/572; Wolff, Willy ~ 10/578; Wolfslast, (Ernst) Walter */~ 10/582; Wüllner, Franz */~ 10/592; Wüllner, Ludwig */~ 10/592;

Wuermeling, Franz-Josef ~/† 10/593; Wunderlich, Hans-Heinz ~ 10/598; Wust, Peter ~/† 10/601; Zänker, Otto (Ewald Paul) ~ 10/613; Zell, (Adam) Carl (Philipp) ~ 10/635; Zörkendörfer, Walter ~ 10/685; Zopf, Wilhelm Friedrich ~/† 10/688; Zukowsky, Ludwig (Karl) ~ 10/699; Zwirner, (Adolf Wilhelm) Eberhard ~ 10/710

Münster-Granfelden (Moutier-Grandval, Kt. Bern)
Heinrich III., Graf von Neuenburg, Bischof von Basel ~ 4/522; Iso */† 5/264

Münsterberg in Schlesien (poln. Ziębice)
Berger, Oskar * 1/446; Bock, Eduard ~ 1/594; Elsner, Johann Gottfried ~ 3/97; Friedrich II., Herzog von Liegnitz ~ 3/464; Gürrlich, Joseph Augustin * 4/246; Heinrich I., Herzog von Schlesien, Herr von Fürstenberg und Jauer ~ 4/534; Hildebrandt, Zacharias * 5/38; Johannes von Münsterberg * 5/353; Philipp, Ernst ~ 11/158; Rönne, Ludwig (Peter Moritz) von ~ 8/354; Schottlaender, Salo * 9/124; Schramm, Melchior * 9/129; Suckow, Karl Adolf * 9/623; Weigert, Carl * 10/388

Münsterdorf
Hermberg, Paul Gustav August * 4/631

Münsterlingen (Kt. Thurgau)
Aufseß, Hans (Philipp Werner) Frh. von † 1/220; Bertholet, Alfred (Robert Felix) † 1/487; Binswanger, Otto * 1/534; Brunner, Conrad ~ 2/168; Dammer, Karl † 2/437; Stauder, Jacob Carl ~ 9/457; Wille, Ludwig ~ 10/510; Zeller, Ernst von ~ 10/637

Münstermaifeld
Kießelbach, Clemens ~ 5/535; Klee, Heinrich * 5/570; Stumm, Johann Michael ~ 9/613; Wiltberger, August ~ 10/516

Münsterschwarzach (seit 1973 zu Schwarzach a. Main)
Drakolf, Bischof von Freising ~ 2/608; Eckebert von Gorze ~ 3/9; Hermann I., Bischof von Bamberg ~/† 4/620; Li, Mirok ~ 6/372; Zeiller, Franz Anton ~ 10/631

Müntz (seit 1972 zu Titz)
Isenkrahe, Kaspar * 5/262

Münzbach (Oberösterreich)
Salzmann, Joseph * 8/507

Münzebrock (Gem. Essen, Oldenburg)
Crone-Münzebrock, August * 2/404

Münzenberg
siehe auch *Trais*
Bender, Wilhelm * 1/417; Münzenberg, Kuno (I.) ~ 7/300; Rumpf, Georg Eberhard * 8/464

Münzkirchen (Oberösterreich)
Reschauer, Anton * 8/248

Mürau (tschech. Mírov)
Levetzow, Karl Michael Frh. von † 6/358

Mürsbach
Schad, Johann Baptist * 8/542

Mürzsteg (Steiermark)
Goluchowski, Agenor Maria Adam Graf ~ 4/94; Ott, Josef Friedrich Frh. von * 7/524

Mürzzuschlag (Steiermark)
Birk, Alfred ~ 1/537; Bleckmann, Johann Heinrich August ~/† 1/565; Buchebner, Walter * 2/181; Frankl, Adolf * 3/407; Kaplan, Viktor * 5/429; Mayrhofer, Bernhard * 7/17; Pommer, Josef * 8/30; Sanzin, Rudolf * 8/517; Scheindler, August von † 8/589; Schneeberger, Konrad ~ 9/48

Müschenbach
Dickopf, Paul * 2/512

Müssen (Lage, Kr. Lippe)
Müssemeier, Friedrich * 7/302

Müssow
Siemerling, Ernst * 9/319

Müstair → Münster (Kt. Graubünden)

Muggendorf (seit 1972 zu Wiesenttal)
Esper, Johann Friedrich ~ 3/179; Heumann von Teutschenbrunn, Johann von * 5/9; Mergner, (Adam Christoph) Friedrich ~ 7/70

Muhen (Kt. Aargau)
Haller, Adolf * 4/345

Muhl (seit 1970 zu Neuhütten, Kr. Trier-Saarburg)
Mörsdorf, Klaus * 7/176
Muhr (Salzburg)
Premm, Matthias * 8/62
Muhr a. See → Neuenmuhr
Muiderberg (Niederlande)
Reich, Eduard (Maria Anton Johann) † 8/194
Muischazeem (lett. Muizciem)
Bernewitz, Elsa * 1/463
Muizciem → Muischazeem
Mukačevo → Munkatsch
Mulda (Sa.)
siehe auch *Helbigsdorf*
Grimmer, Christian Friedrich * 4/173; Klemm, Friedrich *
5/585
Mulfingen → Buchenbach, Eberbach
Mulinsk
Zerrenner, Karl Michael ~ 10/646
Mulki (Indien)
Hermelink, Heinrich (August) * 4/632
Mulwith (Cty. Yorkshire, England)
Ward, Mary * 10/335
Mumsdorf (seit 1993 zu Meuselwitz, Kr. Altenberger Land)
Kettner, Gerhard * 5/524
Munderfing (Oberösterreich)
Hofbauer, Louis † 5/108
Munderkingen
Dold, Alban † 2/585; Müller-Gögler, Maria ~ 7/286;
Wanner, Johannes * 10/331
Mundingen
Dietz, Rudolf † 2/541
Mundolsheim (Frankreich)
Baldensperger, Guillaume ~ 1/274
Munkács → Munkatsch
Munkatsch (ukrain. Mukačevo, ungar. Munkács, tschech.
Mukačevo)
Munkácsy, Mihály von * 7/309
Munkbrarup
Johnsen, Arrien * 5/356; Lüders, Philipp Ernst ~ 6/516
Munstadt
Behrens, Heinrich * 1/401
Munster → Münster
Munzingen (Gem. Wallerstein)
Graf, Georg * 4/127
Muotathal (Kt. Schwyz)
Mohr, Walburga ~/† 7/184
Muralto (Kt. Tessin)
Fahsel, Helmut † 3/220; Fromm, Erich † 3/509; Gilbert,
Robert † 4/7; Hanselmann, Heinrich † 4/374; Hess, Walter
Rudolf † 4/673; Klee, Paul † 5/570; Klose, Friedrich
~ 5/605; Morwitz, Ernst † 7/220; Otten, Karl † 7/525;
Reventlow, Franziska Gräfin zu † 8/263; Wellauer, Fried-
rich † 10/424; Willstätter, Richard † 10/513; Zuppinger,
Ernst (Theodor) ~ 10/701
Muräsel → Sigmundshausen
Murau (Steiermark)
Raffalt, Ignaz ~ 8/122; Raffalt, Johann Gualbert * 8/122
Murbach (Dép. Haut-Rhin, Frankreich)
Andreas von Österreich, Markgraf von Burgau ~ 1/132;
Bartholomäus von Andlau, Fürstabt von Murbach ~/†
1/308; Karl Martell ~ 5/436; Kluber, Hans Hug ~ 5/607;
Leopold V. Ferdinand, Erzherzog von Österreich, Bischof
von Passau und Straßburg, Landesfürst von Tirol ~ 6/334;
Leopold Wilhelm, Erzherzog von Österreich, Bischof
von Straßburg, Passau, Halberstadt, Olmütz und Breslau,
Erzbischof von Magdeburg, Hoch- und Deutschmeister,
Statthalter der Spanischen Niederlande ~ 6/334; Matthias,
Graf von Bucheck (Buchegg), Erzbischof von Mainz ~
6/661; Raitenau, Wolf Dietrich von ~ 8/129
Murcki → Emanuelssegen
Mureck (Steiermark)
Lamprecht, Herbert (Anton Karl) * 11/116; Schütz, Julius
(Franz) * 9/178; Zerzer, Julius * 10/646

Murg (Gem. Quarten, Kt. Sankt Gallen)
Simon, (August) Heinrich † 9/331
Murgenthal (Kt. Aargau)
siehe auch *Riken*
Künzli, Arnold † 6/152; Steffen, Albert * 9/464
Murghi (Indien)
Stoliczka, Ferdinand † 9/550
Muri (Kt. Aargau)
Abt, Siegfried ~ 1/16; Aegeri, Carolus von ~ 1/47;
Attenhofer, Karl ~ 1/210; Baur, Renward * 1/352;
Bellmann, Hans † 1/410; Bluntschli, Niklaus ~ 1/591;
Elster, Daniel ~ 3/98; Haller, Josef ~ 4/348; Heuberger,
Jakob ~ 5/6; Konrad von Mure * 6/34; Kretz, Leodegar
~ 6/100; Moosbrugger, Caspar ~ 7/204; Rauber, Theodor
~ 8/156; Regli, Adalbert ~ 8/187; Schalch, Hans Georg ~
8/559; Schott, Thomas ~ 9/122; Siebenmann, Friedrich ~
9/305; Staffelbach, Hans Peter ~ 9/436; Stammler, Jakobus
~ 9/444; Stauder, Jacob Carl ~ 9/457; Volger, Georg
Heinrich Otto ~ 10/243; Vorster, Pankratius † 10/255;
Wolf, Caspar */~ 10/564; Zschokke, Rudolf Emil Erwin
~ 10/692
Muri b. Bern (Kt. Bern)
Berblinger, Walther † 1/434; Boss, Eduard */~ 2/43; Boss,
Gottlieb * 2/43; Breitenbach, Franz Joseph */~ 2/102;
Cardinaux, Emil ~ 2/279; Fehr, Hans */† 3/245; Hirschfeld,
Hans Emil † 5/67; Holzapfel, Rudolf Maria † 5/158;
Huber, Hans † 5/196; Morgenthaler, Walter ~/† 7/212;
Näff, Wilhelm Matthias † 7/330; Oprecht, Hans * 7/503;
Rebmann, Hans Rudolf † 8/170; Schenker, Kurt † 8/607;
Studer, Eugen † 9/605; Vogt, Walter ~/† 10/235; Volmar,
Theodor † 10/250
Murmansk
Breitfuss, Leonid ~ 2/103
Murnau a. Staffelsee
siehe auch *Hechendorf*
Baumann, Hans † 11/13; Berchtold, Joseph * 1/435; Borst,
Max(imilian) † 2/39; Buchner, Alois * 2/186; Camerloher,
Placidus von * 2/270; Eichhorn, Kurt (Peter) † 3/53;
Feder, Gottfried † 3/240; Ferchl, Friedrich Gottfried
Michael ~ 3/267; Fischer, Alfred † 3/311; Fischer-Essen,
Alfred † 3/330; Geiger, Franz Xaver * 3/604; Gobsch,
Friedrich Johannes ~/† 4/45; Günther, Matthäus ~ 4/242;
Hauner, August von ~ 4/442; Hengeler, Adolf ~ 4/582;
Hueck-Dehio, Else ~/† 5/207; Kandinsky, Wassily ~
5/422; Kolb, Alois ~ 6/9; Kolmsperger, Waldemar ~ 6/21;
Kruse, Käthe † 6/133; Link, Ernst † 6/412; Loeb, James †
6/437; Mayr, Karl ~/† 7/14; Münter, Gabriele ~/† 7/298;
Murnau, Friedrich Wilhelm ~ 7/312; Petersen, Julius †
7/619; Probst, Christoph * 8/74; Reiner, Gregor Leonhard
* 8/215; Richthofen, Bolko (Karl Ernst Gotthard) Frh.
von † 8/285; Ritter, Karl * 8/331; Sattler, Carl ~ 8/523;
Schede, Franz Ludwig * 8/579; Schmaedl, Franz Xaver ~
8/690; Schmidt, Fritz (Franz Anton) ~ 9/7; Schnitzler, Lilly
(Bertha Dorothea) † 9/67; Schönegg, Ulrich II. von ~ 9/91;
Ströver-Wedigenstein, Ida Carola ~ 9/592; Viehof, Felix
(Heinrich) † 10/204; Windgassen, Fritz * 10/523; Zimmer,
Walter † 10/664
Murovana-Goslin (poln. Murowana-Goślina)
Ernst, Eugen (Oswald Gustav) * 3/163
Murowana-Goślina → Murovana-Goslin
Murrhardt
Abel, Hans Karl ~ 1/5; Adami, Adam ~ 1/30; Assum,
Johann ~ 1/208; Losch, Hermann * 6/477; Nägele, Eugen *
7/331; Naegele, Reinhold */~ 7/331; Oesterlen, Friedrich
*/~ 7/472; Oesterlen, Otto * 7/472; Oetinger, Friedrich
Christoph ~/† 7/473; Seitz, Johannes ~ 9/275; Wüst,.
Eduard * 10/595; Zügel, Heinrich von * 10/696
Murstadt
Plactomus, Johannes * 7/682
Murten (frz. Morat, Kt. Freiburg)
Aberli, Johannes * 1/10; Bubenberg, Adrian von ~ 2/177;
Diesbach, Wilhelm von ~ 2/523; Flury, Philipp ~ 3/358;
Gersdorff, Hans von ~ 3/656; Gotthelf, Jeremias * 4/108;
Hefti, Beda ~ 4/478; Kauer, Walther † 5/468; Küng, Erhart

~ 6/150; Schweizer, Alexander * 9/239; Stauffer, Ernest Henry * 9/459; Voellmy, Adolf * 10/223; Waldmann, Hans ~ 10/304; Zollikofer, Georg Joachim ~ 10/687

Murzelen (Gem. Wohlen b. Bern, Kt. Bern)
Lüscher, Martin † 6/521

Murzuk (Mursuk, Libyen)
Nachtigal, Gustav ~ 7/326

Muschlitz (poln. Moszyce)
Boguslawski, Karl Andreas von * 1/642

Muschwitz
Kluge, Hans * 5/609

Muskau → Bad Muskau

Mußbach (Neustadt an der Weinstraße)
Fraenkel, Albert * 3/382; Stuhlfauth, Georg * 9/612

Mustér → Disentis

Muszna → Meschen

Mutěnín → Muttersdorf

Muttenz (Kt. Basel-Landschaft)
Annoni, Hieronymus ~/† 1/145; Brenner-Kron, Emma * 2/114; Endres, Franz Carl † 3/111; Jauslin, Karl */† 5/311; Meyer, Hannes ~ 7/103; Preiswerk, Samuel ~ 8/59

Mutters (Tirol)
Schuschnigg, Kurt von ~/† 9/213; Stegmüller, Wolfgang * 9/469

Muttersdorf (tschech. Mutěnín)
Ehrmann, Daniel * 3/44

Mutterstadt
Ehrhardt, (Karl) Ludwig (August) * 3/41; Emmerich,

Rudolf * 3/105

Muttrin (poln. Motarzyno)
Beitzke, Heinrich * 1/407; Zitzewitz, Eberhard von * 10/681; Zitzewitz, Jakob von * 10/681

Mutzig (Dép. Bas-Rhin, Frankreich)
Gaß, Joseph * 3/577; Guerber, Joseph ~ 4/245; Sorg, Johann Jacob † 9/378

Mutzschen
Bursian, Konrad * 2/247; Eichler, Reinhold Max * 3/54; Kummer, Paul Gotthelf * 6/165

Muzasserpur (Indien)
Ribbentrop, Friedrich Christian Heinrich † 8/271

Muzot (Kt. Wallis)
Rilke, Rainer Maria ~ 8/311; Ullmann, Regina ~ 10/137

Mylau
Brückner, Christian Gotthelf */~/† 2/153; Georgi, Otto (Robert) * 3/632; Weber, Gerhard * 10/353

Mylendonck (Niederlande)
Berlepsch, Marie Gertrude von ~/† 1/457

Myslibořice → Misliborschitz

Myślino → Moitzlin

Mysłowice → Moitzelfitz

Mysłowice → Myslowitz

Myslowitz (poln. Mysłowice)
Braun, Maximilian * 2/85; Klausa, Anton Johann ~/† 5/568; Manteufel, Paul * 6/600; Norden, Albert * 7/438

Mysouka → Karkeln

Mýto → Mauth